网民来自老百姓，老百姓上了网，民意也就上了网。群众在哪儿，我们的领导干部就要到哪儿去。

不然怎么联系群众呢?

各级党政机关和领导干部要学会通过网络走群众路线，经常上网看看，潜潜水、聊聊天、发发声，了解群众所思所愿，收集好想法好建议，积极回应网民关切、解疑释惑。

要多一些包容和耐心，对建设性意见要及时吸纳，对困难要及时帮助，对不了解情况的要及时宣介，对模糊认识要及时廓清，对怨气怨言要及时化解，对错误看法要及时引导和纠正，让互联网成为我们同群众交流沟通的新平台，成为了解群众、贴近群众、为群众排忧解难的新途径，成为发扬人民民主、接受人民监督的新渠道。

对网上那些出于善意的批评，对互联网监督，不论是对党和政府工作提的还是对领导干部个人提的，不论是和风细雨的还是忠言逆耳的，我们不仅要欢迎，而且要认真研究和吸取。

——《习近平谈治国理政》第二卷，外文出版社，第 336~337 页

主编　侯锷

CHINA GOVERNMENT NEW MEDIA (MICROBLOG)

中国政务新媒体（微博）年鉴·（2009—2018）

第 3 卷

YEARBOOK (2009-2018)

本卷主编　侯锷

社会科学文献出版社
SOCIAL SCIENCES ACADEMIC PRESS (CHINA)

中国政务新媒体（微博）年鉴·（2009—2018）

编　委　会

陈文峰　中国警察网影视中心主任
陈新建　河南省永城市科学技术协会副主席
陈　杨　湖北省黄石市法律援助中心新媒体负责人
陈永博　广东省肇庆市公安局副调研员
池德生　中共山西省委宣传部网络宣传处副处长
崔保国　清华大学教授、清华大学文化创意发展研究院副院长
崔　跃　中共宁夏回族自治区委网信办网络信息管理处处长
戴建华　中国传媒大学经济与管理学院信息管理与决策研究所所长
董全喜　中共安徽省马鞍山市委宣传部“@马鞍山发布”官方微博负责人
冯建平　中央电视台新闻中心制片人
付士山　陕西省新媒体联合会副会长，新浪陕西总经理
耿子威　辽宁省沈阳市环境保护科技情报宣传教育中心主任助理
顾富林　浙江省嘉善县经济和信息化局原党组书记
关　清　中国警察网董事长、总经理
郭　鹏　陕西省电子政务办公室副主任
郭全中　中共中央党校（国家行政学院）文史教研部高级经济师
侯　锷　中国传媒大学媒介与公共事务研究院高级研究员、公共关系与战略传播研究所副所长、政务新媒体实验室主任
侯建民　中国地震台网中心数据服务部副主任
侯文昌　最高人民检察院检察日报社正义网总裁助理、传媒研究院院长
黄楚新　中国社会科学院新媒体研究中心副主任兼秘书长、教授
黄双润　中国社会科学院新闻与传播研究所综合办公室主任兼党办主任、人事处长
黄伟清　中共南京市委网信办互联网宣传信息中心主任
黄子华　中共德州市委宣传部副部长，中共德州市委、市政府原新闻发言人
姜　飞　北京外国语大学教授、博士生导师，国际新闻与传播学院院长
金中一　浙江省海宁市原司法局局长
靖　鸣　南京师范大学教授、博士生导师
凯　雷　香港文汇报北京分社执行总编辑
寇佳婵　中国传媒大学媒介与公共事务研究院秘书长、公共关系与战略传播研究所常务副所长
匡文波　中国人民大学教授、博士生导师，全国新闻自考委员会秘书长
李传江　山东省潍坊市人民政府新闻办公室主任
李德刚　中共北京市大兴区委网信办主任、区委宣传部副部长
李　刚　沈阳城市学院副院长兼新闻与传播学院院长
李　平　河南省郑州市城市管理局党委书记、中共郑州市委原宣传部副部长
李　飒　云南省昆明市互联网新闻中心副主任、昆明市网络文化协会会长
李峥嵘　微博政务运营总经理
廖　霞　中共四川省成都市武侯区委宣传部副调研员、原网信办副主任

刘桂明　中国法学会《民主与法制》周刊总编辑、高级编辑
刘海舒　中共北京市通州区委宣传部网管中心负责人，新闻传播学博士后
刘海中　广东警官学院公共管理系副教授
刘　杰　中国行政管理学会县级行政研究会副会长兼秘书长
刘　力　中共江西省南昌市委宣传部副部长、市政协常委
刘鹏飞　人民在线副总编辑、智库中心主任，人民网舆情数据中心主任分析师
刘松超　广东省深圳市公安局交警支队“@深圳交警”官方微博负责人
刘伟海　广东省肇庆市旅游局新媒体负责人
刘小明　宁夏回族自治区银川市人民政府办公厅网站工程师
刘徐州　中国政法大学光明新闻传播学院副院长、政法宣传与舆情研究中心主任
刘学刚　人民公安报内参室主任
刘志飞　河南省新乡市中级人民法院执行局综合处处长
鲁婧晗　最高人民法院人民法院新闻传媒总社新媒体部编辑
鲁心茵　中国传媒大学媒介与公共事务研究院院长助理、企业传播研究所常务副所长
陆亚明　深圳职业技术学院特聘教授、前深圳之窗网总经理
马　江　宁夏日报报业集团宁夏新闻网副总编辑
马　烨　中央广播电视总台央广中国之声新媒体部主任编辑
孟小红　山东省环境保护宣传教育中心副主任
穆占劳　中共中央党校（国家行政学院）教授、国际战略研究院国际政治研究室副主任
那世钢　浙江省网络界人士联谊会副会长、高级编辑
牛兴全　甘肃省司法厅副厅长
邱永浩　成都青年全媒体中心主任、“@成都共青团”官方微博负责人
单学刚　人民网舆情数据中心副主任
沈国麟　复旦大学新闻学院教授、复旦发展研究院网络理政研究中心副主任
沈伟红　铁道警察学院公安传播与新闻发布研究中心主任，中国人民大学危机管理研究中心研究员
沈　阳　清华大学新闻学院教授、博士生导师
史安斌　教育部青年长江学者特聘教授，清华大学教授、博士生导师，新闻与传播学院副院长，清华－伊斯雷尔·爱泼斯坦对外传播研究中心执行主任
宋丽君　河南省济源市互联网舆情信息中心主任
宋晓阳　中国传媒大学播音主持艺术学院副教授、央视社会与法频道新闻评论员
宋　煜　中国社会科学院社会学研究所科研助理
孙华昌　新疆维吾尔自治区党委政法委宣传教育指导处（网络舆情工作处）副处长
孙祥飞　华东政法大学副教授、新媒体数据研究院院长
孙　逊　天津市公安局交通管理局新媒体工作室负责人

孙忠良　吉首大学马克思主义学院教授
覃辉君　新疆维吾尔自治区人民检察院新媒体负责人
唐晓勇　中国警察网副总编辑
逯　飞　河南省郑州市城市管理局官方微博办公室主任
田　宇　沈阳工业大学新闻传播系主任、副教授
汪宝玉　新浪安徽副总编辑、政府事业部负责人
王　兵　最高人民法院人民法院新闻传媒总社新媒体部副主任、法学博士
王海峰　河南省洛阳市公安局政治部副主任
王　菁　最高人民法院人民法院新闻传媒总社新媒体部编辑
王凯华　中共陕西省委政法委宣传教育处处长
王　琳　海口日报党委副书记、副社长
王刘纪　中共宁夏回族自治区固原市委宣传部副调研员
王　敏　微博国际部副总经理、微博商学院院长
王　铭　中共陕西省委普法办副主任
王秋菊　河北大学新闻传播学院教授、硕士生导师
王　祥　微博党委书记
王新涛　工信部国家工信安全中心计算机世界传媒集团副总裁
王　颖　京东集团副总裁、中国铁路总公司宣传部原副部长
王于京　浙江省公安厅政治部政务新媒体负责人
吴德祖　共青团中央宣传部传播处处长
武润林　中共山西省太原市委宣传部网络处处长
夏　鹏　广东省广州市公安局指挥中心新媒体负责人
徐剑箫　四川省成都市大数据和电子政务管理办公室成都服务运营中心运营总监，“@成都服务”官方微博负责人
徐丽华　微博政务运营总监
杨　刚　检察日报正义网舆情事业部主任
杨乾坤　中国维和警察首席新闻官、发言人
杨新河　新华社高级记者
余秀才　中南财经政法大学新闻与文化传播学院副教授
禹亚钢　湖南省公安厅政治部“@湖南公安”官方微博负责人
袁　明　湖北省人民检察院刑事执行检察处副处长、三级高级检察官
曾润喜　重庆大学舆情信息研究所副所长、新闻学院新媒体与传媒管理教研室主任
詹海宝　西北政法大学社会政策与社会舆情评价协同创新研究中心研究员
张爱凤　广州大学新闻与传播学院教授
张爱军　西北政法大学新闻传播学院教授
张德忠　“@中国反邪教”官方微博负责人
张　戈　广东消防救援总队宣传处专业技术一级指挥员
张　玲　中共北京市委党校（北京行政学院）公共管理教研部教授

张荣刚　中国传媒大学亚洲传媒研究中心特约研究员

张　锐　辽宁省大连市公安局治安管理支队“@大连户口身份证”官方微博负责人

张守增　最高人民法院人民法院新闻传媒总社党委委员、副总编辑

张云生　国家铁路局机关服务中心部门主任

章晓英　北京外国语大学国际新闻与传播学院教授

赵安金　云南省人民检察院原新闻处处长

赵　峰　北京市公安局办公室新闻中心副主任，北京市公安局“@平安北京”官方微博负责人

赵　刚　最高人民法院人民法院新闻传媒总社新媒体部主任

赵　杰　中国浦东干部学院城市治理与危机管理研究中心副主任

郑东鸿　沈阳城市学院绿岛舆情研究所所长

周　鹏　中共宁夏回族自治区银川市委督查室督查问政主管、“@问政银川”官方微博负责人

朱　琳　华东理工大学社会与公共管理学院副教授，上海感知城市数据科学研究院副院长

主　　编　侯　锷

主编助理　蔡幼林（内容）　马　迪（数据）

编纂团队　（按姓氏拼音排序）

陈新建　郭　涛　侯　锷　李向鑫　鲁婧晗　马富凯　王　兵

王　菁　王刘纪　徐剑箫　徐丽华　张　锐　张云生　赵　刚

编辑团队　（按姓氏拼音排序）

程丽霞　单远举　郭锡超　郭　欣　胡安义　贾敬超

李蓉蓉　汪延平　肖世伟　徐　花　徐琳琳　杨鑫磊

· 本卷序 ·

政务微博的价值演进

回顾过去：感谢与致敬

2018年，是中国改革开放的第40年，在刚刚过去的庆祝改革开放40周年大会上，在习近平总书记高屋建瓴而又充满真挚感情和力量的讲话中，我们共同回顾了这波澜壮阔的40年。作为个人，生逢大时代倍感荣幸和骄傲。我所服务的新浪公司同样是改革开放40年来的受益者，是伴随着改革开放的东风一步步发展壮大起来的。习总书记的这个重要讲话，以辩证唯物主义和历史唯物主义认识论和方法论，为我们全面回顾总结了改革开放40年来的成就和经验，我们既能感到成绩的来之不易，也能深深感受到未来的任重道远。回顾新浪这么多年的发展，我们也坚信我们的发展正来自坚守了媒体的社会责任感与使命的初心，来自我们始终坚守强党性和正确导向，引领企业持续健康发展的核心理念，积极全面配合党和政府的各项工作，始终坚持传播社会主义核心价值观，传承和弘扬中华优秀传统文化，以正确舆论凝心聚力，在弘扬时代精神方面发挥平台独特的价值和作用。

2018年恰逢新浪集团成立20周年，微博上线9周年。在微博这个生态里，各级党委、政府一直扮演着极其重要的角色，承担着沟通政府与民众的桥梁纽带的社会功能。2018年，中国政务微博的发展也进入了第8个年头。纵观8年发展，政务微博已经成为在新时期践行党的群众路线，打造共建共治共享社会新治理格局的重要途径之一。这个发展历程，正是中国依法治网的纵深推进、网络舆论环境不断净化和清朗的进程。“网民来自老百姓”“民意上了网”已成为当前中国不容回避的新国情与最大的互联网政治形势。政务微博也已经成为中国党政机关8年来“互联网+社会治理”发展实践的重要平台之一。作为平台方，我们既是亲历者，也是推动参与者，备感荣幸，也深感责任重大。

在政务微博发展的过程中，一直都得到了从中央到地方各级政府部门、社会组织、媒体支持与帮助，在此表达最真挚的感谢。

还要感谢众多活跃在政务微博实践一线的新媒体运营工作者，是他们的坚持与探索，使得政务微博不断焕发新的生命力，为政务微博的发展做出了巨大的贡献，在此代表微博对他们表示崇高的敬意。政务微博正是通过与社会各界协同合作，优势互补，一直坚持开放合作态度，才迎来今天的发展局面，成为中国最大的移动政务平台。

还有众多学术机构、专家学者，在政务微博发展过程中，给予了我们科学理论上的指导，形成了严谨而有高度的政务新媒体研究体系，为政务微博的发展起到保驾护航的作用，我们在此也深深表达谢意。特别要感谢这8年如一日深入全国各地政务微博第一线做实地调研，针对大量政务微博账号做样本研究，为政务微博发展提供长期智库支持的中国传媒大学媒介与公共事务研究院董关鹏老师领导下的政务新媒体实验室侯锷老师团队。更为重要的是，在即将迎来微博10周年发展之际，他们又策划并编纂了第一部中国政务新媒体（微博）年鉴，既对政务微博发展做了系统、完整、细致、严谨的回顾与梳理，更是他们对自己研究成果的一次无私分享。我相信，这部年鉴对中国政务新媒体当前和今后的发展会产生巨大的推动作用。

发展中的启发与思考：政务微博的初心与使命

政务微博的初心是什么？一言概之，就是全心全意为人民服务。我们很高兴地看到政务微博初心未改，继续前行。从首个政务微博诞生起至今，政务微博已经8岁多了，他们仍然充满了活力，不断自我革新以适应人民群众对美好生活向往的期望与诉求的微博表达。在“互联网+政务服务”的大趋势下，政务微博始终牢记自身使命，致力于扮演好政府和民众之间沟通与对话的角色，通过扩大主流声音，凝聚社会共识，释放正能量。政务微博8年坚守、8年互动、8年服务。政务微博从最初的几个、成千上万，持续增长到现在的17万以上。这不仅是数字规模上的壮大，更重要的是从中央部委到地方不同层级、各个职能领域的政务微博，都在此过程中见证了政务公开的实效，积累了丰富而宝贵的治理经验。政务微博发展的8年，涌现了一批又一批典型的政务微博现象，这些现象又体现了新媒体时代政府公共服务的演进。

纵观政务微博的发展，演进路径清晰可见。

2009年11月，认证信息为“湖南桃源县政府网站官方微博”的“@桃源网”被认为是国内首个政府官方微博；2010年“两会”期间，各政协委员和人大代表在微博上就议题与网友进行讨论，更是掀起了微博问政的热潮；2011政务微博进入爆发式发展阶段，成为网络问政的新平台和重要渠道。截至2018年6月，经过认证的政务微博达到17.58万个，涉及党委、法院、检察院、人大系统、社会团体、政府系统（含公安、外宣、基层组织、卫计、交通运输、旅游机构）、政协等。2018年上半年政务微博的总粉丝已经达到29亿，总阅读量达到1523亿次。经过8年多的发展，政务微博在社会治理创新、政府信息公开、新闻舆论引导、倾听民众呼声、树立政府形象等方面发挥了积极的作用。

8年的发展历程中，政务微博经历了微博发布、微博问政、微博行政三个阶段的发展，而实践证明，此三阶段也并非不可逾越的必由之路，譬如宁夏银川市政务微博从最初的科学定位，即贯通了这三阶段的融合发展至今。但是从全国范围的客观实践来看，这三个阶段在不同的地域、不同职能领域还存在发展的不均衡性。在从微博发布到微博问政阶段，政务微博逐渐成为党务政务信息公开与互动、政务服务提供与收集百姓民意的主要连接平台，阳光政务得以逐步实现，越来越多的在线便民服务事项开始得到应用，微博问政使得城市行政服务体系、各项政策、权力运行更加透明。在微博行政阶段，城市政务微博矩阵框架化逐渐形成，并与政府各职能部门实现全面打通，微博矩阵形成了管理制度化、规范化、联动化、线上线下工作流程化的运营模式，标志着部分城市进入综合微博行政模式阶段。微博发布、微博问政、微博行政构成了建构在微博上的社会化城市服务体系，而这个体系依存的基础与微博产品独特的传播机制密不可分。

微博独有的开放性，决定了各类信息流动的真实与公开，虚假信息在这个平台上可以实现对冲，从而帮助政府进行有效的信息甄别，而开放带来了政民之间的平等对话关系。同时，微博最具优越性的信息动态发布与互动性，为城市居民随时随地在不同场景下表达自己的诉求与意愿提供了可能，这就要求各级政府在响应各类诉求时，从被动告知到建立一套主动发现机制，从而形成线上到线下快速的发现、响应、引导和解决的政务O2O模式成为必然。还有，微博独有的协同性优势。一方面，市民与政府之间的协同，从线上民意的“倒逼”发展为政府如何主动不断再造、优化行政流程，以提升社会治理的效能；另一方面，政府职能部门之间必须面对如何打破部门壁垒和职能条块的分割体系，在线上构建各职能体系联动的微博矩阵，以建立市民各类诉求受理、转办、督办、回复、公开（公示）的“五位一体”的城市服务体系。

政务微博在本质上是新媒体上的各级政府，是政府行政在微博平台上的延伸。其中包括了从中央部委到基层街道办各级党委、政府职能机构微博以及公职人员个人微博，截至目前，覆盖所有公共发声、服务职能的部门几乎都开通了微博，从行政级别分布看，县处级以下政府机构一直是政务微博的增长极。他们既是微博生态系统中的生力军，也是上述城市服务体系的核心构成。在这个体系形成的过程中，我们也清晰地看到了政府管理理念的转变升级，以及政府行政业务流程再造正在实现比以往任何阶段都要快捷的优化和完善。一是管理理念的转变，实现了从“俯视”到“平视”的转变。政务微博的出现改变了社会舆论格局，改变了政府与社会沟通的方式，党政部门要以平等的姿态与社会群众沟通交流，放下身段听取民声、收集民意。二是实现了从“管理”到“服务”的转变。微博零距离、全透明的沟通交流方式，正在实现政府部门正视群众需求、创新服务模式，以实现社会治理方式的转变。同时，微博推进了政府行政流程的优化和再造，成为市民群众在线“下单”和政府服务部门在线“接单”的社会化政务受理平台。线上受理、行政办理、线上答复，最终实现微博行政。这些理念的变化均折射出现实社会治理的巨大进步，并不断加强了政府的公信力与权威性。

在“互联网+社会治理”的大趋势下，开放与多元的微博平台一致致力于参与社会治理，已经成为政府工作的新常态，政务微博在新媒体发展中的核心地位进一步确立。近年来，微博平台一直致力于携手政府，充分发挥微博在政民互动、协同服务方面的优势，共同打造共建、共治、共享的社会治理模式，让微博真正成为习总书记所说的“了解群众、贴近群众、为群众排忧解难的新途径”。从这一角度来看，政务微博客观上也已经成为一个城市居民在获得感、体验感方面最为直接的软性评价体系。这些软性指标的核心聚焦于：政府如何构建更以人为本的服务体系，保证城市居民获得各项服务的快捷与便利性；城市居民如何最大程度地参与社会治理，与政府各职能部门实现公开、平等对话，通过构建公开的行政服务监督体系，提升政务透明度，保证人民享有最大知情权，持续改善民生。

始于2016年的移动直播风口，以公安、宣传、司法、交通为代表的各级政务机构积极探索与应用微博移动直播，体现了各级政府推行政务公开的坚决与自信。仅2016年当年，就实现政务机构微博直播5000余场，总观看人数1.61亿，获得点赞2.4亿，被网友称为直播界的一股清流。时至今日，微博移动直播已经成为众多政务微博实现政务公开的标配。值得一提的是，在最高人民法院的推动下，全国的法院系统建立起了视频庭审直播体系，不断推动面向百姓的普法、强化公开执法、阳光执法的司法公开平台建设，而其中实现了视频庭审直播与微博打通的法庭，已经覆盖了从最高人民法院到除港澳台以外的省区市的2400余家法院，建立直播法庭15000多间，2018年度每天直播案件数量已经接近12000场。

在新媒体多元而快速的发展趋势下，政务微博的核心定位依然没有变。微博依然是网络舆论场的核心、政府公信力的最大策源地。在政府部门、权威媒体、各垂直领域活跃代表和微博平台的共同努力下，微博之上独立的思考越来越多，理性的声音越来越多，积极的观点越来越多。公众对政务微博的信任度不断提升，对谣言和偏激言论的抵抗力不断加强。“国有大事，必有微博”，政务微博作为各级政府、社会组织对外权威发声的标配和第一信源进一步得到强化。微博在突发的各类自然灾害、群体事件中，为民众提供安全信息、保护其生命财产安全，同时塑造政府公信力、避免谣言滋生，是政务微博义不容辞的责任，也是构建和谐社会的第一要务。同时，微博作为公众知情权和表达意愿的重要诉求通道，依然是网民重要且首选的舆论参与平台，依然是连接政民的首选平台。政务微博凭借其突发事件“稳定器”、正面能量“聚合器”、公益行动“催化器”、社会治理“连接器”的角色，始终处于政务新媒体的核心位置，并最终打通了社会治理的微循环。还有，微博作为典型的公共社交应用，已经成为城市形象创新宣传、危机管理不可替代的平台。传统媒体时代，城市形象宣传只能依赖于第三方媒介，而进入移动互联时代，每个城市特别是中小城市甚至是小镇，都可以依托自己的新媒体矩阵平台，再与其他平台相融合，构建起全新城市形象传播体系，这个体系对于城市而言，最核心的价值在于可以更灵活地搭建自己的内容营销体系、依托社交媒体构建自己的粉丝经济即社交资产，从而弥补了传统媒体无法与用户之间的互动链接缺陷，利用微博进行城市形象创新宣传已经趋于常态化。

展望未来：政务微博只有起点，没有终点

第一，在热点事件日趋多元化的讨论趋势当中，政务微博所发挥的中流砥柱作用更加凸显。政务微博的权威发布，从过去的信息公开属性增加了信息服务属性。这一演进，我们从2018年9月超强台风“山竹”的应急救援中，就能够解读出政务微博的进一步变化。在微博平台上，我们看到政务官微紧急集结，从“等风来”到“迎风战”，48小时内共有6800余个官微，发布43000余条微博。这些跨地域、跨部门、跨层级的官方微博高效联动、滚动播报，迅速形成新媒体上的全方位灾情应对和发布服务矩阵。在部委层面，应急管理部、中国气象局官方微博持续发布。地方层面仅以受“山竹”影响最大的广东省来说，48小时内发布的微博数超过50条的政务官微超过70个，主要是气象、交通、公安、应急、水务、交通、电力等服务部门的官方微博。所以，在诸如台风、洪灾、火灾等自然灾害或突发事故等场景中，我们切实地感受到，政务微博实时权威的信息发布已经成为救援服务工作的重要部分。

第二，社会治理型政务微博矩阵管理模式，已经成为未来政务微博发展的主要方向和主流趋势，其通过更高效参与社会管理，更有效地推进了官居城市发展与建设。国务院办公厅于2017年3月发布的《2017年政务公开工作要点》，着重强调政务新媒体“要强化互动和服务功能”。同年5月发布的《关于进一步做好政务新媒体工作的通知》指出，要“集中力量做优做强一个主账号，有条件的部门要建立上下联动、整体发声的新媒体矩阵”，将政务微博的发展提到了新的高度。微博独有的传播与互动机制，使得政务微博能够形成跨地域、跨行业的多重矩阵，产生更强的即时联动效应，进而深度参与到社会服务当中。越来越多的政务微博在做好信息发布、服务城市居民的基础上，也投身到矩阵政务服务中来，不论大事小事，无不彰显了政务微博“为人民群众排忧解难”的终极属性。政务微博以城市或垂直部门矩阵为依托，成为社交媒体时代政府提供社会化服务、推进“互联网＋社会治理”的

重要组成。“@问政银川”“@成都服务”“@昆明发布”“@马鞍山发布”均是城市综合服务模式的代表。以“@成都服务”为例，其矩阵组建于2013年8月，包涵2000余个政务微博，覆盖了成都市、区县、乡镇街道、社区的四级科层体系。经过5年多的发展，“@成都服务”已形成微博、微信、支付宝等混合型政务新媒体平台，并在现有民意渠道的基础上进一步扩大诉求的来源途径。通过与当地知名社区、本地微博自媒体、媒体微博等开展合作，先后将“@成都第四城”“@成都发布”“@成都商报”接入矩阵体系，实现网民诉求政府处理、新闻线索政府提供的共享机制。“@成都服务”还自行研发了“政务新媒体信息接入平台”提升办件效率和智能化程度，整合多种渠道，实现一站式服务，仅2018年上半年累计处理市民及企业诉求近9万条，按时办结率93.5%，其中来自微博的诉求量占89%。政务微博矩阵的服务理念和成功经验，正在被全国更多的城市复制，也在政府各职能领域逐步渗透。比如“@新疆检察”“@湖南公安”“@天津交警”等，多层级、多层次的政务微博服务体系，让他们通过微博直接沟通社会、服务社会，走好了网络群众路线。

第三，社会综合治理离不开媒体的高度协同和舆论共振。近年来，党中央持续致力于推动媒体融合发展，微博作为新媒体阵营的中坚力量，将全力支持媒体深度融合，助力传统媒体做好移动布局。我们将以强大的技术优势为传统媒体提供坚实的转型基础；以海量的用户规模为传统媒体提供巨大的用户来源；以多元的内容生态为传统媒体提供灵活多变的呈现方式；以独特的社会化传播机制，为传统媒体提供独一无二的互动沟通渠道。兼具社交属性和媒体属性的微博，能够深刻融入这场新媒体与传统媒体“融为一体、合而为一”的革新大潮中，扮演好平台、纽带的角色。我们注意到，微博与传统媒体已实现大小屏深度互动，民众在大屏观看，在小屏讨论，精彩视频在大屏播放的同时，在小屏扩散传播，这样的融合机制正在形成。

第四，在各级政府加快推动县级融媒体中心的建设过程中，在县级拥有良好基础的各领域政务微博，在探索通过媒体服务和公共服务有机结合实现互联网+新闻+服务的同时，实现了用户黏性更大化，从而更好地在服务民生和推动地方经济发展中找到更大的发展空间领域，发挥更加积极的作用。

综上所述，由发布到服务，以政务微博为代表的新媒体已经越来越体现出“新媒体政府”的综合职能，并全面嵌合到了政府公共服务和社会治理体系当中。从媒介到服务的场景延伸，微博由社交媒体完成了向社会化城市服务平台的演进，这是一个逐渐的“去媒体化”的过程；公众从被动接受到主动参与，成为社会治理的真正主体，这又是一个共识逐渐形成的过程。

在未来发展中，微博针对各级政务机构会进一步提高服务能力，开放资源，帮助政务机构加快移动化、社会化进程，将继续牢固树立通过抓党建促业务发展意识，建立健全结合业务推进党建的工作机制，紧扣时代发展脉搏，坚定信仰信念，秉承敬畏之心，用更开放的心态，始终把平台治理和社会责任放在企业发展核心位置，并致力于与社会各界一起打造共同营造清朗互联网空间。继续发挥实干、苦干创新精神，与众多互联网企业一起共同书写新的历史篇章。

王高飞
微博 CEO

本卷编纂说明

本卷内容为传播纪实。主要基于编者在多年观摩和研究微博、政务微博过程中所收藏、截屏、收集的碎片化资料，以及相关微博发展与公共事务、政务微博等专题议程的座谈会、学术研讨会、年会（峰会）、发展论坛等重大活动材料，包括活动概况、出席专家和领导的演讲实录文字稿，以及依据全国各大媒体公开报道检索汇编而形成的微博事件、微博故事、微博案例、权威官方媒体评论等综合性碎片化资料和学术研究笔记，经严谨求证后整理汇编而成稿。部分数据由新浪微博大数据中心提供。

关于“薄熙来案”等特殊人物、敏感事件等相关信息，经由最高人民法院新闻传媒总社审查并函复，确认符合相关法律法规规范。

目　录

·第 1 卷·

第一篇　研究综述

·第一章　微博与国家治理·

·第二章　微博与政党形象·

·第三章　微博与政治传播·

·第四章 微博与公众参与·

·第五章 微博与司法监督·

·第六章 微博与社会公益·

·第七章 微博与社会调查·

第二篇 论著题录

·第 2 卷·

第三篇　发展报告

· 第 3 卷 ·

第四篇　传播纪实

第五篇　重大活动

· ‖ 2013 年度 ‖ ·

·‖2017 年度‖·

· ‖ 2014 年度 ‖ ·

· ‖ 2015 年度 ‖ ·

·‖2016 年度‖·

· ‖ 2017 年度 ‖ ·

· ‖ 2018 年度 ‖ ·

第二章　微博涉诉司法案例评论（2009—2018）

第七篇　微博涉诉案件审理相关法律及司法解释

第四篇

传播纪实

一　微博*社会化传播生态与治理纪实

2009

2009 年 11 月 21 日，云南省昆明市螺蛳湾批发市场发生群体性事件，在时任云南省委宣传部副部长伍皓主导下，云南省人民政府新闻办除了及时召开现场新闻发布会、网络新闻发布会外，还同步在新浪微博开设了国内第一家省级政府官方微博"@ 微博云南"（UID：1662558237）。当日晚 21 时 35 分，"@ 微博云南"发布了"螺蛳湾事件"的首条新闻："今天上午 9 时许，昆明市螺蛳湾市场及云纺商业区 100 余名不愿搬迁的商户聚集散发传单，抵制关闭市场。随即，现场围观人员聚集了 1000 余人，部分人员沿途砸毁施工隔离栏，堵断交通，打砸工程车辆，并用砖块攻击现场值勤民警。下午，警方先后将 24 人带离审查，事态得以平息。"云南省政府新闻办首开"政务微博"新闻发布先河，得到了社会各界的关注。一些媒体发表评论说："应对突发事件要'边做边说'，要说得合理、说得正确……要从根本上解决问题，还要靠理顺和化解民众各种利益诉求，改进政府公共决策和社会管理。"网友对此表示，"信息越公开政府越可爱"，这一举动不仅有益于政府信息的公开、透明，更增加了一条政府应对突发公共事件处置的信息公开通道，并且也是对政府行政能力的考验。还有人认为，开通这样的信息发布和互动沟通交流平台，是政府对自己执政能力有自信的一种表现。中国政务微博的实践自此肇始。

2009 年 11 月 27 日，时任中共云南省委宣传部副部长伍皓做客新浪网，与广大新浪网友和微博网友进行了在线交流。访谈中伍皓认为，"通过微博这种方式跟公众沟通，最平等、最快捷也最能够体现及时互动。作为我们宣传部门来说，要对外宣传云南，就必须要与时俱进地掌握现代传播技术手段。及时互动的传播极大地改变了我们原来对外宣传的时效性比较滞后的问题"。"通过微博可以实现无障碍、无限制的交流和沟通，只有心与心能得到及时的沟通，才会体现互联网的温暖力量。"

2009 年 12 月 18 日，网友"@ flypig"（UID：1639529981。实名：林嘉澍）所著的《敢吗：改变人生的日记书》在微博（线上）召开新书发行新闻发布会。从图书创作过程到设计理念的互动宣传介绍，同步基于淘宝进行线上订单销售，一切均通过微博线上线下完成。从当天上午 10 时直至 19 时，9 小时完成在线图书订单发货 100 多本。据活动组织者在微博介绍，将微博变成新书发行式和新闻发布会，在新浪微博还是第一次。"好处是显而易见的，省地盘、省预算。但难度也很大，幕后准备并不输于一场真正的现场新闻发布会。"

2009 年 12 月 31 日，在新浪微博平台发起的"你的愿望我来实现"新年行动中，网友"@ 斓粢铯醘烊"（UID：1672422972）说，"父亲的手机很旧了，而且字体、音量太小，父亲的年纪大

* 本卷所涉"微博"以及相关微博事件和微博数据，如在相关段落出现"微博"字样时，未加微博网络平台的区分说明，均特指新浪微博（SINA WEIBO）。

了，所以我希望能捡到钱，帮父亲换一部……”这条充满孝心却又显天真无邪的爱心“愿望”，当天引发了众多网友的互动参与，转发达150条。从“捡到东西要交给警察叔叔”、“少上网多节俭”到“自我奋斗、努力赚钱”、“靠天靠地不如靠自己”,最终在与网友“@睛天娃娃hxl”（UID：1492475524）说“我送你一部吧，有一个放我这一直没用，不知嫌弃不?”的互动中，该网友回复道，“谢谢你了，经过反复思量，我决定靠自己给父亲买一部，别人的终究是别人的，始终不是自己的，劳动创造美好未来”。网友们积极的评论就像是一堂奋斗主题的社会公开课。

2010

一月

2010年1月13日21时43分，网友“@闲暇心”（UID：1518610444）微博发布的《抗击白血病的悲惨纪实——末路中寻找希望》一文，引起广大网友的关注。文中写道，“一农村女孩韩卫丽得了急性白血病急需要骨髓移植，因家中父亲哥哥都丧失劳动能力，家境贫寒和近乎凄惨的家境，使得家里根本拿不出近30万元的手术费，所以肯请大家能帮忙转发，希望更多的人来资助她，一齐为延续她年轻的生命而努力!”此微博得到了网友371次转发和155条评论。截至2010年1月20日晚，韩卫丽已接到来自社会方方面面40多位好心人共计3.8万元的捐款。随后，该事件被媒体广泛报道。早前2009年11月4日，该网友在BTV7一档新闻故事节目中了解到身患急性白血病的农村女孩韩卫丽遭遇后，“就再也无法将她放下”。随后，她联系节目组核心、致电医院询问病情、动员社会慈善机构、向媒体求助……全面寻求社会爱心资助。直到2010年1月13日，她在无意间得到一位网友的指点后开通了微博。

2010年1月24日上午8时，四川省政协委员樊建川通过自己实名微博“@樊建川”（UID：1676368781）发出了当年四川省“两会”的第一条微博直播信息：“本人是省政协资深委员，戴起牌牌，提起包包，一身正装，正儿八经地去参政议政了。”在接受媒体采访时，樊建川说：“参加两会是来干正事的，不是来吃伙食的。微博平台能够让更多群众及时了解政协会议信息，以及参政议政情况，同时也能通过这个平台听到网友反馈的声音。”

2010年1月26日，在此间举行的湖南省第十一届人民代表大会第三次会议上，“网络民意”成为“热词”。在时任湖南省省长周强所作的政府工作报告中，“网络民意”首次与“院士专家”、“咨询机构”、“社会听证”并列，成为推进政府民主决策的重要影响力量。周强在报告中表示，要积极推进民主政治建设，健全民主制度，丰富民主形式，拓宽民主渠道，发展基层民主，发挥院士专家等咨询研究机构和社会听证、网络民意在决策中的作用，把公开透明原则贯穿于政府决策行政全过程，提高政府的公信力。周强还特别强调，要充分发挥政府网站的作用，开展网上办公和网上服务，充分利用现代信息技术改进政府的组织和管理。

二月

2010年2月10日凌晨，南兰高速开封县陇海铁路桥段，由于路面结冰发生重大交通事故，20多辆车追尾。然而谁也没想到，这起车祸却牵出了一个感天动地的故事：为抢在大雪封路前给已回武汉的民工发工钱，武汉市黄陂区建筑商孙水林连夜从天津驾车回家，一家五口在车祸中不幸遇难。为了替哥哥完成遗愿，弟弟孙东林在大年三十前一天，将33.6万元工钱发到60多名民工手上。这个故事被传颂到微博后，感动无数网友，并引起舆论对商道与良心的巨大讨论和反响。凤凰卫视主持人“@曾子墨”（UID：1663665981）说：“诚信与良知，致敬!”网友“@海A上善若水A”（UID：1648300531）说：“这就是世界，最光亮的一面。就因为有他们，我们生存的世界才不会那么暗淡。”网友“@心中那粒沙”（UID：1659764820）说：“相信这个社会并不都是冰冷的，还有温暖。”网友“@旧游时节好花天”（UID：2125717945）说，“这兄弟俩可以提名2010年感动中国候选人，不为别的，只为‘诚信’两个字。”2011年2月14日，由中央电视台举办的“感动中国2010年度人物”评选活动揭晓，被誉为“信义兄弟”的孙水林、孙东林获“感动中国人物”殊荣。颁奖辞：“言忠信，行笃敬，古老相传的信条，演绎出现代传奇。他们为尊严承诺，为良心奔波，大地上一场悲情接力。雪夜里的好兄弟，只剩下孤独一个。雪落无声，但情义打在地上铿锵有力。”

2010年2月18日，大年初五。14时左右，浙江省天台县下路王村的蔡氏5兄妹一起外出玩耍，尔“离奇失踪”。全村都去寻找失踪的孩子多日，却始终未果，父母心急如焚网络求救，微博全面爱心动员。随后据网友补充并矫正，“不只是全村，整个三合镇都发动起来在寻找，镇书记找到现在嗓子都哑了。附近的山上都找遍了。这几个孩子平时都在甘肃，是随父母回乡过年的。”随后，天台县委县政府启动重大事件应急预案，天台县公安局全警出动查找。同时，时任浙江省委书记赵洪祝、省长吕祖善、公安厅厅长王辉忠、宣传部部长茅临生，以及台州市等领导先后就此事做出批示。2月22日，5名孩子的尸体在龙珠潭水库下游鱼塘的蓄水池被发现。2月25日16时，天台县政府召开新闻发布会，时任天台县公安局政委王燮蛟、县政府办公室主任兼新闻发言人徐亦镇通报5名失踪儿童尸检初步结果，均发现孩子在肺部出现水气肿，并有大量积水，尸体无外伤、扼颈迹象，事发水塘有相互救援痕迹，5名儿童为意外溺亡，并非他杀。央视新闻频道对此事故进行了实时报道。

三月

2010年3月16日11时12分，网友“@梁树新”（UID：1648664373）在新浪微博发帖称，位于广西昭平县走马乡的佛丁村小学围墙坍塌、厕所简陋、操场破烂，全部完成校舍修缮还需要12万，为此发起了一个名为“铅笔换校舍”的行动：“我们将用一支佛丁村小学学生用过的铅笔来和网友交换任何物品，直到交换到价值12万的物品为止。终极物品将进行爱心拍卖，所得款项全部用于援建佛丁村小学校舍。”网友参与这个活动的方式也很简单，只需将交换物的照片、价格和联系方式发在微博上即可。仅仅半个小时后，便有网友“@路人甲”以明治巧克力换走了象征爱心的铅笔，当天，又陆续有网友以全新的电饭煲、打印机、球衣和人物写真拍摄套餐等参与交换。凤凰卫视主持人曾子墨在18日凌晨捐出了一套价值1998元的化妆品，同时也捐出了交换得来的欧洲知名球队球衣。3月22日中午，时任央视主持人王凯捐赠总长度60分钟的配音时间。这些软产品所得款项或实物将全部交给“@梁树新”继续交换价值更高的物品。此举引发了更多博友的转发和评论。最终，该行动筹款15.8万元，成功为广西昭平县走马乡佛丁小学“换”到一座新校舍。

2010年3月17日13时59分始，时任《中国经济时报》调查记者王克勤在其个人实名官方微博[1]“@王克勤”（UID：1700757973）连续发布7篇《山西疫苗乱象调查》系列的

① 本卷所涉“官方微博”，综合包括微博服务运营平台方审核注册主体的身份之后加“V”的党委政府官方微博（政务微博）、个人官方微博和企业官方微博，“官方”意指掌控和行使微博话语权利和责任的一切认证账号主体，包括但不限于自然人、机关法人、媒体法人、企业法人、NGO等，其“官方微博”具有与特定微博认证信息密切相关的排他性和言论“以此为准”的权威性。

见报文章关联博客文章。3月18日19时59分，“@王克勤”微博呼吁，“问题疫苗是中国所有孩子的一道鬼门关!! 为了更多中国孩子的生命安全，也为了真正实现中国疫苗的安全接种，也是为了我所在媒体及我个人能够相对平安的渡过这一‘劫难’。我强烈建议朋友们将我所写《山西疫苗乱象调查》广泛传播。透明与开放是公民安全的保障!! 尤其是每个孩子生命安全的保障!!”随后多日，王克勤持续在其微博公布多方证据、调查实录以及注射问题疫苗的孩子家长求助的实情，国内疫苗市场乱象与疫苗安全成为公共讨论议程。

2010年3月23日上午7时20分左右，福建省南平市实验小学校门口发生一起恶性案件，一位40多岁的盲人因感情挫折，悲观厌世，持刀沿学校周边路上一路砍杀儿童，致9死4伤。当天，微博舆论痛斥暴行，并对我国中小学校校园安全防护现状及其隐藏的社会成因展开广泛讨论。8时58分，中央人民广播电台新闻综合频率《中国之声》官方微博“@中国之声”（UID：1699540307）及中国之声《新闻纵横》节目率先对外发出新闻报道。

2010年3月24日，福建省南平实验小学举行“3·23”遇难学生悼念仪式。当天11时41分，女星姚晨在其个人实名官方微博微博“@姚晨”（UID：1266321801）表达哀悼，“我的家乡南平，昨天发生了一件令人心碎的惨案，我无力转那些新闻贴。因为人世间最悲痛的事，莫过于白发人送黑发人……写下一段悼词，愿幼小的亡魂安息：孩子，你们原是天堂里的小天使，来人世间转了一圈，又要张开翅膀飞回去了。飞吧，你们来过，你们很乖……”。网友“@水击三千yi九万”（UID：1097215102）说，“福建南平，弱者为暴力宣泄埋单。55秒，8条鲜活的小生命，在突如其来的刀光中，惨遭屠戮。这样的所谓‘小概率事件’和‘极端个案’，我们的社会真的只能嗟叹，而不该反思、改变一些什么吗?”

2010年3月28日14时30分左右，山西王家岭煤矿发生透水事故，事发时153人被困。该事件迅速成为微博热议话题，媒体记者、知情人士的微博对此次救援展开直播，梳理各方信息，并与国际救援进行比较分析。截至4月5日15时40分许，在现场救援8天8夜和微博网友守望相告8天8夜后，115条顽强生命平安升井获救，另有38名矿工遇难。王家岭煤场通风巷广场群众的现场含泪欢呼，与微博之上网络情绪同频共振。然而，对于矿工获救后的官方媒体新闻报道，有网友斥责“丧事当成喜事办”“明明是一场灾难，搞得像一场喜庆”。也有网友说，“即使全部人员都获救，‘3·28’山西王家岭矿难也给百姓造成了巨大的经济损失和精神痛苦，其灾难的根源必须深刻反思”。

四月

2010年4月14日，青海省玉树藏族自治州玉树市发生6次地震，最高震级7.1级发生于7点49分。震后第一时间，4月14日上午5时50分，网友“@逍遥Radio”（UID：1428654397）发出首条玉树震情微博：“2010年4月14日早上5：40分，青海省玉树县发生地震，震感明显，震级不详~好可怕~我从梦中被震醒~心情很压抑~”然而，在此条微博发出后的7天时间内，该网友微博再无更新，许多网友每天专程前往关心询问。网友们纷纷留言：“~担心~如果平安。请你回个话~”“博主自此之后没有更新了，揪心!”“你还好吗？我们都在为你祈祷！你承载了好多好多人的希望，别让我们失望好吗！等待你的更新!”直到4月21日20时19分，“@逍遥Radio”更新微博说，“地震过去好几天了，我第一次发消息是在4月14日早上5：50分，但7：49我在洗脸的时候大地震来袭，我被甩倒在地上，膝盖受了伤，不过还好，这些天，我连续救出了5人，有些累，但只要大家一起努力，我们就能共度时坚！玉树加油~”这才让关心他的网友们松了一口气。“你出现了。真好。”

2010 年 4 月 15 日零时 25 分，玉树地震后有网友通过微博传出求助信息："玉树地震灾区靠西 100 公里有个叫隆宝镇的地方受灾严重，目前尚无救援队伍抵达。"此消息随即被凤凰卫视实时播出，为救灾工作及时明确了目标区域。得到了许多网友的转发，并引起相关部门重视，有效弥补了主流媒体的信息盲区。有媒体评论认为，"这也许也是第一次，中国平面媒体借助微博，得以把消息从闭塞偏远、信号不够通畅的灾区，将信息广为传播"。

2010 年 4 月 15 日 10 时 07 分，新浪微博官方账号"@微博小秘书"（UID：1642909335）发起"转发点亮绿丝带"活动。倡议主题词："聚集每一个人的声音，哪怕它微小；传递每一份力量，哪怕它微弱；收集每一份祝福，无论此刻你身在何方。转发本微博，便可点亮昵称后绿丝带标识，为青海祈福，让我们把爱传递下去!"新浪微博用户只要转发含有"#青海祈祷#"字样的微博话题内容，其微博昵称后都由系统自动加载出现一条显眼的"绿丝带"，借此来表达自己对玉树的爱心祈福。截至 4 月 20 日，有超过 15 万微博网友点亮了自己的绿丝带。体育界明星刘翔、前体操运动员桑兰等还通过微博和博客呼吁各界关注和救援灾区，为灾区祈福。

2010 年 4 月 16 日 13 时 14 分，网友"@希热多吉居士"（UID：1211995380）发布微博称，"4 月 17 日下午四点在首都机场一号航站楼北线货运站征集救灾物资，我们有一架海航救灾包机明晚八点起飞前往玉树。需：棉大衣、厚的围巾、帐篷、瓶装水、方便面、火腿肠、饼干（要小包装食品，好分发的）、线手套、口罩、消毒纸巾和消毒剂等"。17 时 52 分，"@希热多吉居士"更新微博说，"一下午我们已经筹集到近 8 吨的救灾物资，原计划是筹集一架（4 吨）飞机的物资，现在已经超额了。微博的力量太强大了。感谢所有爱心人士！灾区人民感谢你们!"4 月 18 日零时整，该网友微博感叹并反馈道："神奇新浪微博，半天筹集到的七吨半救灾物资，已经空运至玉树灾区。"

2010 年 4 月 21 日零时 13 分，蓝天救援队官方微博"@蓝天救援队"（UID：1662269744）发布消息，"请紧急转发：青海省人民医院目前需要大量懂玉树藏语的翻译，青海省人民医院急症科，有院领导值班。0971－8066293 0971－8066293，这一条麻烦紧急发一下，刚刚收到，需要帮助"。此微博被转发 8074 次，评论 1644 条。

2010 年 4 月 21 日，青海玉树地震"全国哀悼日"当天，国内所有网站页面色系均变成灰色，所有的视频网站均关闭娱乐节目。众多网友和政务微博也自觉自发参与此活动，以无声方式祭奠逝者。

2010 年 4 月 30 日，被同村人赵作海"杀害"10 多年的河南省商丘市柘城县老王集乡赵楼村村民赵振裳突然回家。而此时，曾经的"杀人犯"赵作海已经被判服刑 11 年。2010 年 5 月 6 日，《大河报》A10 版以《"你不是死了吗，咋又复活了?"》为题，在全国媒体中首次独家报道赵作海冤狱案。该报道当天即被人民网、新浪网、腾讯网、新华网等多家门户网站转载，柘城版的"佘祥林案"广为人知，并由此同步进入微博舆论场。5 月 6 日至 7 日，随着媒体对该事件高密度的追踪报道和抽丝剥茧式的真相还原之后，河南省高级人民法院重审赵作海案并认定其无罪、赵作海冤案细节、赵作海被释放并提出国家赔偿等议程成为舆论关注焦点，特别是赵作海的那句"我当时不说人是我杀的，能活到现在吗，打也打死我了"，引发舆论对刑讯逼供和司法公平正义的热议。

五月

2010 年 5 月 9 日，新华网报道《赵作海被无罪释放》；《南方都市报》发表文章《河南

“佘祥林案”追踪：赵作海妻子曾被羁押逼供》，首次以确定性语气使用“河南‘佘祥林案’”一词。5月10日，央视《新闻1+1》播出《我没杀人!》，进一步扩大了赵作海案的公众知晓度和关切度。10日当天，《京华时报》报道《赵作海闻无罪释放后痛哭，案件负责人均已升迁》，称赵作海在庭审现场鞠躬并“对监区警察多年来的管理教育表示了感谢”，引发舆论对赵作海躬谢的评论热潮；《广州日报》报道称，赵作海拟向政府提出国家赔偿100万元。“国家赔偿”成为微博舆论关注的焦点之一。

2010年5月10日，微博网友“@永远有多远j”发布了一篇名为《临行临别，我的死亡日记》的帖子，宣布要在4天之后结束自己的生命。重庆市公安局网安总队官方微博“@重庆网警”（UID：1980140617）及时介入，引导规劝。最终在多方干预下，该网友放弃了自杀念头，回归正常生活。

六月

2010年6月3日上午，广东省广州市发生枪击事件，民警与持枪的犯罪嫌疑人对峙，并于当晚20时许将犯罪嫌疑人击毙。在此事件进程中，广州市公安局官方微博“@广州公安”（UID：1722022490）进行了全程直播，第一时间发布了公安机关权威的准确消息，当天25万余人在微博上关注此话题，高居新浪话题榜首位。16时16分，“@广州公安”在与网友互动中即时发布：“6月3日上午，白云区京溪派出所民警在清查辖区某出租屋时，其中一名民警被屋内一名身份不明男子用手枪击伤。事发后，广州市委常委、政法委书记、市公安局局长吴沙等领导高度重视，迅速赶到现场指挥，并立即展开救治伤员及围捕嫌疑人等工作。”16时17分，修订前文原创发布：“6月3日10时20分许，京溪派出所民警会同街道工作人员清查辖区银兴路某住宅时，屋内一名年约40岁的男子突然从房间冲出，从身后拿出一支手枪对民警先后开了两枪，击伤一名民警。在场民警迅速反击，并将受伤民警立即送附近医院救治。警方迅速调集警力封锁现场，将嫌疑人控制在室内。”20时29分，嫌疑人现场被击毙29分钟后即时发布：“枪伤民警负隅顽抗的嫌疑人已被警方击毙。”21时38分，较完整通稿：“6月3日上午，白云区京溪派出所民警在清查辖区某出租屋时，其中一名民警被屋内一名身份不明的男子用手枪击伤。案发后，警方迅速抽调精干力量，第一时间封锁现场，转移周边群众，全力展开围捕工作。晚上20时许，警方采取果断措施，当场将犯罪嫌疑人击毙。”

2010年6月20日，父亲节。时任浙江省委组织部部长蔡奇在其腾讯网微博“@蔡奇”发文纪念自己的父亲，博文写道：我的父亲是农家出生，早期在机电学校上学，参加过地下党活动。曾任县邮电载波室主任、工程师。文革被戴上资产阶级技术权威帽子，做了二年木工。“文革”后任邮电局长，后调回省城邮电学校至退休。儿时父亲不多话但很严厉，常教导饭碗要吃净，农民伯伯种粮不易。父亲一直教做人至今不忘。以此纪念父亲节。

七月

2010年7月1日20时20分，“@方舟子”（UID：1195403385）在其微博上连发21条消息，矛头直指时任新华都集团总裁兼CEO、有“打工皇帝”之称的唐骏，称唐骏博士学历造假，随即引发了网民的热烈关注。且随后一连数日，“@方舟子”微博连续质疑不停。7月6日，唐骏接受中国之声专访首度正式回应，称自己从来没有说是加州理工大学博士，拿到的是西太平洋大学的博士学位。针对唐骏的回应，方舟子在微博中进行了更猛烈的炮轰，称西太平洋大学为“野鸡大学”，唐骏学历和假文凭没有差别。五个多月后，沉默的唐骏终于爆发，于12月10日在其微博“@唐骏”（UID：1003716184）连发数条博文，否认学历造假，但承认自己在这件事情中有责任。唐骏“学历门”事件引发网络和媒体热议。不少网友自称为“挺方派”和“挺唐派”，在微博和众多论坛上展开了深入讨论。一些网站还针对该事件发起网络调查，不少网友认为唐骏作为公众人物应做诚信表率。

2010年7月27日22时12分，微博网友“@冒安林”（UID：1078698962）发布消息称：“记者因报道定罪或遭全国通缉!!据传，《经济观察报》记者仇子明，因报道上市公司凯恩股份关联交易内幕，已被凯恩公司所在地浙江丽水遂昌县公安局以‘涉嫌损害公司商业信誉’罪名，认定为刑拘在逃人员，并向全国发出通缉令。目前，通过公安部内网查询，确有‘仇子明’被通缉”。此微博迅速激起舆论巨澜，“仇子明事件”为公众所关注。当晚，《南方都市报》为《经济观察报记者报道公司交易内幕遭警方网上通缉》一稿，较平日延迟一个半小时后签版付印。7月28日上午，上海第一财经频道和中央电视台迅速做出采访报道，新浪、腾讯、搜狐、和讯、凤凰等各大门户网站开辟专题。7月28日14时30分，经济观察网刊发《经济观察报严正声明》，声明表示对遂昌县公安局滥用公权、压制新闻监督的做法提出强烈谴责，呼吁原新闻出版署、中国记协采取维权行动，维护新闻工作者的正当采访和报道权，保护新闻工作者的人身安全。29日，《中国青年报》《南方都市报》《成都商报》《现代快报》等平面媒体大篇幅甚至于整版报道该事件。29日13时30分，浙江在线网率先发布《丽水市公安局责令遂昌县公安局依法撤销对<经济观察报>仇子明刑事拘留的决定》。

八月

2010年8月8日凌晨3时23分，90后网友“@Kayne”（UID：1168422054）在微博上发出了一条19字的讯息：“水灾、停电，几乎一幢楼的人们都围在这烛火旁。”这条来自舟曲的移动即时微博信息，也让他成为在媒体抵达灾区之前国内第一个图文报道“8·7甘肃舟曲特大泥石流”灾情的“草根记者”和“一个人的通讯社”。在之后的许多天里，“@Kayne”微博成了网友和媒体了解灾情的重要信息源。

2010年8月19日，陕西渭南警方进京将原《方圆》杂志记者、作家谢朝平以“涉嫌非法经营”刑拘押回渭南，经“@李承鹏”（UID：1189591617。后被依法注销）等网友博客及微博披露后，引发社会各界广泛热议。事件起因于作家谢朝平自费出版的10万字报告文学《大迁徙》一书，披露了渭南市官方在三门峡移民工程上贪污挪用移民款的问题。因《大迁徙》系以火花杂志增刊的形式出版，且由于出版前杂志社未及时向主管部门报批，渭南警方认定此刊物为“非法出版物”。2010年9月17日，陕西省渭南市人民检察院对谢朝平做出不予批准逮捕决定，谢被取保候审。当日，“@谢朝平”（UID：1820744673）开通微博。22时25分首发微博：“大家好，我已经返回北京，感谢关注此事的媒体，感谢律师，感谢网民及社会各界！祝大家中秋节快乐！”

2010年8月27日20时许，河南省安阳市官方网站“安阳新闻网”发布消息称，原安阳市委副书记李卫民涉嫌职务犯罪出逃，已被开除党籍和公职，河南省人民检察院反贪局已对其立案侦查。8月28日，著名童话作家郑渊洁在其微博“@郑渊洁”（UID：1195031270）上发布了一则带照片的“通缉令”，“通缉”河南安阳出逃官员李卫民，并号召网友如发现李卫民的线索，请报警。“微博通缉令”发出后，得到了网民的积极响应，到次日16点，原文转发2741次。（编者注：2011年1月10日，李卫民被河南公安机关抓获；2012年12月31日，河南省周口市中级人民法院一审判处李卫民死刑，缓期两年执行。）

2010年8月27日23时20许，济南女网友“@苏小沫儿”（UID：1868719945）开始在微博上直播自杀过程，迅速引起网民关注。经新浪微博官方账号“@微博小秘书”（UID：1642909335）后台核查微博发出地为济南后，第一时间在线联动“@济南公安”（UID：1702549133）。8月28日8时40分，济南公安接警并线下出动100余名警力，在全市范围内展开大搜救。28日10时33分许，“@苏小沫儿”微博更新信息说：“各位，我没事了，刚从医院出来，谢谢大家关心。”13分钟后，“@济南公安”发布信息：“我们已经找到了‘苏小沫儿’，虽然我们未能与其见面，但从我们的交谈来看，其情绪基本稳定，我们也在谈话中对其进行了心理疏导，她表示不会再做傻事了。”对欲自杀网友营救过程的微博直播，让“@济南公安”迅速走红，中央电视台《今日说法》、《大家看法》等栏目进行了专题报道。

2010年8月29日17时许，知名“打假斗士”方舟子在北京住所附近遇袭。18时19分，方舟子妻子在“@方舟子”（UID：1195403385）微博正式披露此事件，微博写道：“我是方舟子的爱人，代替他发布这条微博。刚才在北京住所附近，方舟子遭到两个埋伏歹徒的辣椒水和铁锤袭击，受轻伤。方舟子两袖清风，铁骨铮铮，为民除害，无怨无悔，更无所畏惧。期待北京警方早日缉拿凶手，更期待中国社会不再需要方舟子以一己之力抗拒群魔的那一天。”随即在微博上引发热议。北京市公安局官方微博“@平安北京”（UID：1288915263）于当日21时02分发布信息对该事件进行证实：“关于方舟子遇袭一事，警方正在开展调查，后续情况会及时通报给大家。无论是谁受到不法侵害，都应该及时报警，警方会依法及时处理，最大程度的保护公民的合法权益！”

2010年8月30日6时55分，在得知日前曾在微博直播自杀并被济南警民真情挽救的网友“@苏小沫儿”说要离开济南时，济南公安公共交通分局官方微博“@济南公安公共交通分局”（UID：1793604335）发微博说，“当这个我们曾经亲身经历参与救助的女孩真的告别时，心中依然有很多的牵挂。她坦诚的告白，也让我们看到了她的真诚和善良，包容她吧，也许她只是没有长大。离开前，她对参与救助过她的广大网友，以及‘@济南公安’‘@济南公安公共交通分局’‘@北京市公安局海淀分局’等警方表示感谢和歉意！”真情话语再次引发众多网友的祝福。“@济南电视台生活看法”（UID：1796385393）在互动评论中写道：“几天来一直在关注这件事，在那些简单的文字间想象一段紧张焦虑的救援过程。不想去探询那个女孩的情况，但确实为来自各方的真诚大爱感动，为济南公安的倾力付出感动。想象有一天，当自己面临困境、绝境时，也能有人这样不顾一切地施以援手，应该会觉得很温暖吧。身为济南人，为济南公安骄傲！”

九月

2010年9月1日，山西尘肺病矿工钟光伟开通个人实名官方微博“@钟光伟2010”（UID：1806214273），开始讲述自己患矽肺病晚期的生活境况和维权遭遇，面对不断恶化的病情和艰难的维权经历，钟光伟多次在微博中透露出有“跳楼”的想法，只是因为挂念着三个孩子，他才放弃了轻生的念头。钟光伟的微博很快引起众多网友的关注，甚至有网友专程从北京等地前往山西看望钟光伟一家。从9月1日至11月3日，钟光伟用手机发出700

多篇微博，关注他的微博网友逾万。2010 年 10 月 16 日，在网友的建议下，钟光伟公布了妻子的银行账号，此后不断有爱心网友将捐款汇到这个账号中。而钟光伟也每天将接受捐助的银行到账信息公布在微博里。

2010 年 9 月 6 日 11 时 09 分，坚守微博近 8 个月、广泛呼吁和动员网络公益力量救助农村白血病女孩韩卫丽的网友“@闲暇心”（UID：1518610444），在其微博发布有关韩卫丽的“最后一条信息”：“刚刚韩卫丽的母亲打电话过来说，韩卫丽在 9 月 4 日下午安静地离开了。因为一直忙着后事所以今天才打电话告诉，请大家原谅。”最后表示，“感谢一直以来为韩卫丽献爱心的各位朋友，再次表示最衷心地感谢，愿微博所承载的爱陪伴她的天堂之路”。

2010 年 9 月 7 日 11 时，在江苏省新沂市新安镇良辰花苑小区，3 岁半男童李某被四次碾压致死。9 月 8 日，新沂市公安局对此立案侦查，嫌疑人被刑事拘留。12 日，此案件被网友曝光微博后，舆论在对男童表示同情的同时纷纷谴责司机冷漠，甚至怀疑司机存在故意杀人行为。16 日上午，新沂市召开新闻发布会称，司机不存在故意杀人，且司机伍某并非车主。有网友怀疑司机是替车主顶包。17 日，网友人肉出车主系新沂市人大代表、村党支部书记张某。20 日，新沂市公安局对流言进行否认。10 月 25 日，新沂警方将此案移送审查起诉。2011 年 4 月 29 日，新沂市人民法院以过失致人死亡罪判处伍某有期徒刑 4 年。

2010 年 9 月 10 日，江西抚州市宜黄县凤冈镇在当地政府的拆迁期间发生一起恶性事件，31 岁的女儿钟如琴、59 岁的母亲罗志凤、79 岁高龄的大伯叶忠诚以自焚抗争，致两人严重烧伤、一人死亡。9 月 12 日下午，宜黄县人民政府办公室发布公告称，在整个事情发生过程中，工作人员未对该拆迁对象实施依法强拆行为。14 日，自焚当天现场视频被网友曝光至微博。9 月 16 日，自焚者家属钟如九姐妹欲赴京接受媒体采访，在南昌机场被原宜黄县委书记邱建国带队的工作人员劝堵，随后躲进厕所。在媒体记者协助下，微博持续 40 分钟直播“女厕攻防战”，直至两姐妹离开机场。这次微博直播引发大量网友围观，“宜黄事件”急剧升温。9 月 17 日上午 11 时，钟如九开通当事人实名认证微博“@钟如九”（UID：1819775930）继续讲述受伤亲属抢救现状。同日晚，抚州市委对事件 8 名责任人做出处理决定。9 月 18 日，“@钟如九”用手机发起第二场微博直播。9 月 18 日，原宜黄县委书记、县长被立案调查，10 月 10 日两人被宣布免职。

2010 年 9 月 14 日 11 时 23 分，网友“@极客 Space”发布图文微博称，“天啊，万达广场一个 30 多岁的女人带一小女孩要跳楼，什么经济原因，没有听清楚她哭泣的声音……”一时引发网友围观。大量网友“@”向北京市公安局官方微博“@平安北京”（UID：1288915263）报警，请求施救。12 时 17 分，“@平安北京”互动回应称，“经民警工作，11 时 50 分小孩已被民警救下，目前正在进一步做该名女子的工作”。12 时 27 分，“@平安北京”微博再次传出喜讯：“经现场民警工作，12 时 20 分欲跳楼女子也被民警救下。在此提醒大家，遇有纠纷矛盾，不要过于冲动，要理智对待，珍惜生命！”网友微博顿时欢呼，为警方的效率点赞。“@红尘千丈”（UID：1723218655）更是直接表白：“警察叔叔俺爱你～！”

2010 年 9 月 14 日 18 时 10 分，北京市公安局官方微博“@平安北京”（UID：

1288915263）发布消息称，门头沟警方成功救援 38 名驴友。9 月 12 日上午，38 名“驴友”结队来到北京市门头沟斋堂镇，分成 3 个小队进行徒步爬山穿越活动。入夜后，21 名驴友在海拔近千米的后桑峪山上迷路，前有断崖，后无退路，于是打电话报警求助。其间，另外两队 17 名驴友前往营救，最终也在茫茫大山和灌木丛中迷路。门头沟公安分局接警后，立即部署斋堂派出所和消防支队组织力量全力营救。21 时许，派出所民警、消防战士、政府干部和当地村民 40 余人组成两支营救队，分从两个方向进山开展救援。23 时 30 分，第一批 7 名驴友被救下山；13 日零时 40 分，第二批驴友 10 人成功获救。由于最早迷路的 21 人在大山深处，海拔较高，没有道路，最窄通人处宽不过 1 米，旁边就是 200 米深的悬崖。救援队伍在灌木、荆棘和峭壁边缘艰难穿行了 2 个多小时，终于找到了受困驴友，凌晨 5 点多，21 人被营救下山。

2010 年 9 月 26 日 20 时 23 分，“宜黄事件”当事人“@ 钟如九”（UID：1819775930）再发求助微博，称其母亲情况非常危急，急需寻找烧伤专家。这条求助微博当晚就被转发 13184 次，评论 3034 条。热心网友分头寻找专家、安排转院、联系机场，上演了一场 24 小时微博接力大救援。9 月 27 日早晨，钟如飞陪母亲搭乘飞机顺利转入北京 304 医院急救。

2010 年 9 月 27 日，北京奇虎科技有限公司 360 安全卫士发布新开发的“隐私保护器”，专门曝光窥私软件，而该软件目前仅支持监控唯一一款软件，即腾讯即时通信 QQ 软件。随后，深圳腾讯科技 QQ 立即指出，360 浏览器涉嫌借黄色网站推广。由此，被网民喻为中国互联网领域的“3Q（360 VS QQ）大战”正式打响。尽管这一场“战役”主要基于双方软件远程操作在用户 PC 电脑端的右下角，以信息弹窗的方式“交火”，但其双方官方微博、各自投资领域的互联网科技界微博名人，以及双方“站队”的亿万用户微博、媒体微博，却基于微博平台对这场战役的实时动态进行了开放参与式的“舆论观战”和热议评判，并进而由此引发了中国“微博涉诉第一案”，和自国家《反不正当竞争法》出台多年以来最高人民法院审理的“首例互联网反不正当竞争案”，前后持续 4 年之久，相关司法判例为中国互联网名誉侵权、互联网领域垄断案均树立了司法裁判的典型标杆，其意义深远，影响重大而广泛。

2010 年 9 月 30 日 9 时 59 分，云南省曲靖市人民政府新闻办公室官方微博“@ 微博曲靖”（UID：1665222757）发布消息称，“开学已近 1 个月，陆良县马街镇前所小学却大门紧闭。因为学校欠建筑商 94 万余元的工程款一直未付，学校刚开学就被建筑商把大门锁住。412 名学生只得自带板凳，在校门口的马路上听课。然而两天后，这个课堂也因安全问题被取消，于是，孩子们彻底‘放假’了。放假 20 多天，不论是孩子还是家长，都急坏了”。此微博虽是转载媒体报道内容发布，但同样被网友认为“不遮丑”“说真话”。

十月

2010 年 10 月 8 日，有媒体报道称，时任重庆市江津区委书记说区内某在建楼盘“挡住了政府的风水”，从而导致楼盘被停工，此事被称为“风水门”。消息传至微博，引发舆论关注。13 日下午，江津区召开新闻发布会，当事书记王银峰直接否认。但官商对话的录音于 14 日曝光后，有关“风水”的言论也因此被证实，同时“跟政府作对就是恶”一说也现身微博网络，王银峰也被舆论冠以“风水书记”之名。“风水门”事件通过媒体的报道、微博舆论发酵，短时间引起全国民众的关注，网民对某些地方领导干部的行政乱令表示强烈不满。

2010 年 10 月 16 日 21 时 40 分许，在河北大学新区超市前，一牌照为“冀 FWE420”的黑色轿车将两名女生撞出数米远。事故致陈姓女生 17 日傍晚因经抢救无效死亡，另一女生重伤，经抢救后脱离生命危险。肇事车辆在返回途中被学生和保安拦下。2010 年 10 月 18 日，某通讯社在其网站发出的报道《河北官二代大学内撞飞，2 名学生后接女友（组图）》一文中，未加证实而沿用了网上帖文中“有本事你们告去，我爸是李刚!”的说法，同时将“我爸是李刚”一说与“官二代”相联系，立即成为各大网站的焦点话题，在网上迅速掀起波澜，网民情绪被迅速升温。（据保定市公安局在该案中就此“我爸是李刚”这一说法所进行的专门调查，当晚处警的两位民警明确核实，当晚实际情况是：“一进屋就看到一个年轻男子从学校值班室里间出来，边哭边说他错了，他叫李启铭，他爸是李刚，说话时带着酒气，而且语无伦次。”“当时在场的有几名保安，没有学生，另外李启铭说话时是边哭边说，态度很是害怕，还说出了事他愿意负责任，千万别跟他爸说，样子有点恐慌，但并无张狂的态度。”）“李刚门”事件就此迅速轰动全国。

2010 年 10 月 18 日 14 时 36 分，河北省保定市公安局官方微博“@保定公安网络发言人”（UID：1812456955）首次回应“李刚门”事件，发布内容是其官方网站通稿的一句话标题《两女生在河大生活区内被撞肇事者被刑事拘留》，并附链接。19 时 40 分，“@保定公安网络发言人”微博再次发布官方网站链接消息标题句《警方最新消息：“河大校园车祸”肇事者已被刑事拘留。保定警方表示：将严格依法予以惩处!》。该文系官方网站前一链接被删除后重新发布，正文系转载以“记者今天从保定市公安局新闻发言人办公室了解到”开篇的新华网媒体报道。文中披露，“涉嫌交通肇事犯罪的李启铭已于 10 月 17 日晚被警方依法刑事拘留。警方新闻发言人表示，法律面前人人平等，无论是谁，只要触犯法律，将严格依法予以惩处”。“事故处理民警经对李启铭采血检测，鉴定为醉酒驾驶。”“伤者陈某因抢救无效不幸死亡。张某病情稳定，无生命危险。”

2010 年 10 月 18 日，猫扑网率先曝料“李刚门”事件，缘于在前一版本语境下“我爸是李刚”的表述，引发众怒，被网友“人肉”。同期，事件同步被搬运至微博。随后，网友们由愤怒变为调侃，猫扑网友最先发起“‘我爸是李刚’造句大赛”的活动，参与者迅速过万，微博同步跟进，相关网站论坛复制传播，引发全网舆论娱乐化关注和传播。对于“我爸是李刚”“恨爹不成刚”的流行，北京师范大学传播学教授张洪忠评论认为，“造句行动”看似幽默搞笑的背后，其实是人们自发形成的对权力阶层的一种声讨，网络行为背后表现出的是对权力阶层的痛恨。“我爸是李刚”一词荣获 2010 网络十大流行语之一，并被外媒所关注。2010 年 11 月 18 日，《国际先驱报》头版头条刊文《中国隐晦笑话：我爸是李刚》。纽约时报国际版《International Herald Tribune》头版标题《China's bitter joke：“My father is Li Gang”》。

2010 年 10 月 19 日 23 时 24 分，河北省保定市公安局官方微博“@保定公安网络发言人”（UID：1812456955）就“李刚门”事件再作复述发布。原文：“‘河大校园车祸’肇事者已被刑事拘留，警方表示：将严格依法予以惩处。记者今天从保定市公安局新闻发言人办公室了解到，引起人们关注的河北大学‘校园车祸’一案事故调查处理工作正在紧张进行中，涉嫌交通肇事犯罪的李启铭已于 10 月 17 日晚被警方依法刑事拘留。”23 时 27 分，“@保定公安网络发言人”再发布：“警方新闻发言人表示，法律面前人人平等，无论是谁，只要触犯法律，将严格依法予以惩处。”1 分钟后，“@保定公安网络发言人”在 23 时 28 分同一时间连续发布 3 条微博，内容系 18 日官方网站媒体新闻稿的碎片化摘录复述，并无当日该案件的实质动态消息。

2010 年 10 月 20 日 17 时 24 分，河北省保定市公安局官方微博“@保定公安网络发言人”（UID：1812456955）就“李刚门”更新发布：“最新消息：明日（2010 年 10 月 21 日）中午 12：35，请大家关注中央电视台新闻频道《法制在线》节目，届时将有关于‘河大校园车祸’进展的最新报道。”

2010 年 10 月 21 日 20 时 40 分，河北省保定市公安局官方微博“@保定公安网络发言人”（UID：1812456955）对“李刚门”事件更新消息称：河大校园交通肇事案犯罪嫌疑人李启铭（又名李一帆）的父亲李刚接受央视独家采访，“向受害人及家属表示诚恳道歉，并深深鞠躬。采访中李刚多次哽咽，不能自已”。同期，不断有网友爆料“李刚有 5 套房产”“李刚岳父是某省副省长”“李启铭经营地下赌博城”“河北大学校长论文抄袭剽窃”等传闻，虽经保定警方查证均系“谣言”，但所有调查结果却未向媒体和社会公布。2011 年 3 月 28 日，《河北法制报》头版刊登题为《“我爸是李刚”是怎样炒起来的——李启铭交通肇事案的前前后后》的文章，该文解释说，因为“任何一个澄清都将招致更猛烈的嘲讽和谩骂”，“不回应”反倒成了暂时平息社会舆论的唯一选择。

2010 年 10 月 21 日 17 时 37 分，河北省保定市公安局官方微博“@保定公安网络发言人”（UID：1812456955）就“李刚门”更新发布：“河大校园车祸”肇事者已被批准逮捕。保定市公安局新闻发言人办公室最新发布：河北大学“校园车祸”一案，由保定市公安局指定望都县公安局管辖，经望都县警方依法对事故进行调查、取证及责任认定后，提请望都县人民检察院逮捕。10 月 24 日，李启铭因涉嫌交通肇事犯罪被河北省望都县人民检察院依法批准逮捕。

2010 年 10 月 27 日，湖北省建始县长梁乡某初中 15 岁女生曾某某离校出走，去向不明，其父母焦急万分，找寻无果后，于 11 月 1 日上午 11 时许向警方求助。11 月 1 日 11 时 48 分，湖北省建始县公安局在其官方微博“@平安建始”（UID：1442398011）迅速发布：“曾某某，你妈喊你回家”。“希望你早日回家，你的家人为你很担心。同时，希望各位网友发现该人及时劝告她回家。”此条微博引起大量网友关注参与。11 月 2 日，有网友在建始县城一网吧里看到该女生后立即通报其母亲，将其寻回。

十一月

2010 年 11 月 1 日 11 时 56 分，湖北省建始县公安局在其官方微博“@平安建始”（UID：1442398011）发布警情通报称，“10 月 24 日，我县长梁乡某初中学生秦某某（女，1996 年 12 月 12 日出生）在上学的途中走失，疑被拐骗。希望有知道她的网友及时报告当地公安机关，或致电建始县公安局 07183222995、3232010（刑侦）、3410110（长梁所）。其照片稍后上传”。微博动员后即有相关线索传来。15 时 10 分，“@平安建始”互动更新：“感谢各位网友的关心！报告各位一条好消息，刚收到长梁所消息：秦宏柳已被人带到广州去了，秦宏柳的家人已与秦本人取得联系，她的家人已赶赴广东。希望秦宏柳能够被顺利接回家。”

2010 年 11 月 1 日 13 时 03 分，中国社会科学院农村发展研究所社会问题研究中心主任于建嵘在自己的微博“@于建嵘”（UID：1827652007）爆料，“昨晚深夜赶到万载县，今天给七百多人讲课，号召大家不要去拆老百姓房子。刚才吃饭，县委书记称，为了发展，就得拆。我怒言，现代社会就是以保障个人基本权利为基础，你们这些人最要做的就是确保个人权利。他说，如果没有我们这些县委书记这样干，你们这些知识分子吃什么？我一怒推椅而起，离席而去。”此微博一经发布，立即引发舆论轩然大波，强拆逻辑、官派作风、学者的话语权问题等成为各方关注焦点。有评论称，学者与官员的私下的交流交锋，通过一篇百余字的微博演变成公共事件。随后，人民论坛杂志发表《中国官员的“网络恐惧”》专题调查数据及观点称，此次事件再次触动中国官员的“网络恐惧”神经。而于建嵘在接受媒体采访时说：“我的愤怒并不针对个人”。

2010 年 11 月 3 日下午，“3Q”大战中，腾讯 QQ 弹窗发布《致广大 QQ 用户的一封信》。公开信称，将在装有 360 软件的电脑上停止运行 QQ 软件。在公开的首段首句，腾讯称：“当您看到这封信的时候，我们刚刚作出了一个非常艰难的决定。”一时，“艰难的决定”成为微博热词和流行语，甚至于一举超越“我爸是李刚”而成为网络最热词，并引发微博网友模仿各种主体和竞争场景，调侃式编写并发布出海量的“艰难的决定”。《每日经济新闻》报道指出，两家公司之间的口水仗引来众多网民关注，这一切都是客户端的强势推送促成的，从这个意义上讲，数亿网民都是“被迫围观”。腾讯与 360 互不相让的“弹窗”举动，更是掀起了“全民娱乐”的高潮。

2010 年 11 月 4 日 12 时 05 分，奇虎公司 360 安全卫士官方微博“@ 360 安全卫士”（UID：1645903643）发布《360 致用户的一封公开信》：“11 月 3 日，我们与亿万互联网用户一起度过了中国互联网上最惊心动魄的一个不眠夜。360 和腾讯之间由产品的争执上升到公司之间的对抗，继而又演变成了互联网用户必须做非此即彼选择的站队大战，这样的局面是任何人都不愿看到的。”附加全文内容为其官方网站 BBS 的链接。

2010 年 11 月 6 日凌晨 4 时许，位于肇庆市七星岩景区的端州区岩前村发生一宗爆炸案，一辆小汽车尾总严重受损，一名男子当场身亡。在时任肇庆市公安局局长郑针和口述、警察公共关系科科长陈永博通过在移动笔记本电脑操作下，此次刑事命案的新闻通稿从现场即时发布在了肇庆市公安局官方微博“@ 平安肇庆”（UID：1700207693）。这是中国政务微博首次在突发公共事件现场进行的“移动即时新媒体新闻发布”，是从抢占“第一时间”向抢夺“第一空间”的大胆尝试。

2010 年 11 月 10 日 8 时 01 分，网友“@ 迷雾旋清流”（UID：1682308225）向广东省珠海市公安局官方微博“@ 珠海公安”（UID：1709350393）反映称，“从湖湾里转过来岭南世家这个路口的红绿灯，右转灯不仔细观察还真不容易发现”，影响交通安全。当日 15 时 45 分，“@ 珠海公安”互动回应“此情况已经转告市交警支队”。17 时 31 分，“@ 珠海公安”再次互动反馈：“已收到交警支队的回复，情况如下：柠溪路修路后，多个路口的信号灯是道路建设单位设计安装的，目前处于调试和试验配时阶段，工程尚未验收和移交交警部门管理。此前，交警设施科已发现此问题并书面通知建设单位进行完善和整改，届时信号灯将调整到合理的位置。”

2010 年 11 月 12 日，天涯论坛一篇名为《腐败书记微博直播》的帖子迅速红遍网络。随着发帖人“某_ 书_ 记”以第一人称的日记形式不断更新，主人公从 1999 年到 2010 年间从权力斗争、行贿受贿到官商勾结、情色交易的官场经历也被生动刻画。长达数万字、112 篇的日记展现出一名全能型的“贪官”形象，短时间内点击量即冲破百万人次，跟帖数千余条。虽然此帖只是分多次以简短的“微博体”而发轫舆论，其发稿源并非真正的微博平台，但微博成为该热点舆论的主要汇聚地。尽管日记中的关键地名均用缩写字母代替，仍很快被网友们“人肉”搜索出主人公疑似时任湖北省恩施州公安局副局长谭志国。2010 年 11 月 16 日，恩施州公安局正式回应：谭志国本人表明从未写过相关内容的日记。11 月 20 日，恩施州纪委宣布：已收集大量信息和材料，将安排专人进行甄别真实性及调查，待调查结果出来后，如谭志国真的有问题，一定会处理。并强调，发帖者是谁不重要，首要是调查清楚日记内容的真实性。2011 年 1 月 28 日，谭志国被免去州公安局副局长职务。但随后据时任恩施州州委常委、政法委书记、公安局局长李云开在 2011 年 2 月 24 日的言论称，免去谭志国副局长的职务“只是一个组织程序，不属于组织处理”。

2010 年 11 月 15 日，上海市胶州路一栋高层公寓特大火灾，无数网友用手机和相机记录下了这场火灾的实况并第一时间上传微博。人们几乎是眼睁睁地看着这栋楼烧成灰烬，却无能为力。“11·15”火灾最终造成58 人死亡，震惊上海乃至全国。城市高楼的安全与救灾话题，引发微博网友们的高度关注和热议。

2010 年 11 月 16 日 11 时 17 分，“11·15”上海静安区高层住宅大火后，新浪新闻中心 24 小时播报全球重大新闻官方微博“@头条新闻”（UID：1618051664）转载发出新民网独家报道的最新消息：《上海高层住宅楼火灾 4 名疑犯被刑事拘留》，消息称：现已初步查明，上海“11.15”特别重大火灾事故，是一起责任事故。事故原因是由无证电焊工违章操作引起的，四名犯罪嫌疑人已经被公安机关依法刑事拘留。随即引发微博网友热议，其中网友“@华子”（UID：1400353615）微博发表的意见得到了 6500 余次转发响应：“如果无证电焊工被判罪，那这社会太可怕了。微薄的工资，没有社保，缺乏安全防护，没有消防措施。这些，绝不是农民工的错。那些爬在高高的架子上挥汗如雨的农民工，他们的肩膀不足以扛起几十个人死亡的职责，也不应该扛。”

2010 年 11 月 16 日，湖北省武汉市城管局和黄陂区政府组织 2000 余名城管人员，对黄陂后湖村违建房屋实施强制拆除。15 时许，35 岁的村民龚泽林为阻拦执法人员拆除其建筑的一栋 8 间 4 层楼房，突然发动越野车冲进警戒线内的执法队伍，致 11 名城管人员受伤，其中重伤 3 人、轻伤 8 人。11 月 18 日 16 时，龚泽林被武汉警方以涉嫌危害公共安全罪刑事拘留，并送入黄陂区看守所羁押。但是 18 日起，微博上却谣传“有自称知情者称，16 日，龚泽林被城管用警棍、钢筋殴打，当时并未死亡，送到医院后于当晚 7 时死亡”。11 月 22 日，武汉警方请龚泽林手持一份当日报纸合影拍照后，提供给《新京报》记者用以澄清谣言。

2010 年 11 月 21 日，上海“11·15”特大火灾发生后的第七天，也是中国传统殡葬习俗的“头七”之日，网友在微博发起“万人齐为上海静安高楼大火中逝去的同胞祈福”等活动。当日上午，在静安区胶州路火灾现场周围，十万市民自发前来致哀，胶州路百米长的街道上放满了遇难者亲属、群众和社会各界献上的花圈花篮花束。时任中共中央政治局委员、上海市委书记俞正声，时任上海市委副书记、市长韩正等也亲赴火灾现场，与市民群众一起悼念遇难者。舆论认为，“上海花祭”平和收场，并通过微博集体哀恸，见证“公民力量”成长，也化解了一场官民之间潜在的对峙，被群体性事件专家视为城市危机管理的一次创举。

2010 年 11 月 18 日，最高人民检察院机关报《检察日报》在第 1 版发表了《一博友正义网微博留言举报，检察官循线索查处涉案村官》的报道文章。据报道，2010 年 6 月，在北京某高校就读的大学生小王浏览正义网时，看到自己家乡的检察院在正义网上以“@临朐检察”为名开通了官方微博，于是将自己了解到的家乡村干部利用宅基地管理从中贪污腐败的举报信息反映给了“@临朐检察”。“@临朐检察”微博管理员接到举报后即向分管院领导汇报，并及时将线索转给该院举报中心。经临朐县检察院反贪局初步调查，认定情况基本属实，并很快立案查处了这起宅基地管理贪腐案，为群众挽回经济损失2万余元。

2010年11月19日，湖南省常德市79岁老人李连枝在家中用两条围巾上吊自杀。此前，李连枝之子熊剑平因经商失败而被法院进行破产清算。12日再次被一些债主上门催债后，老人前往与其子有经济纠纷的时任常德市桃源县委书记郑弟祥家讨要说法，在苦等无人、砸坏郑家玻璃后回家，随后于19日自杀。19日当晚，在并未得到家属同意的情况下，老人遗体被常德警方强行带走，称此举是为“维护当地公共秩序”。老人家属连夜联系时任《凤凰周刊》记者邓飞请求声援协助。11月20日17时20分，邓飞到达湖南常德抢尸现场，开始通过其微博（UID：1642326133）直播“常德抢尸事件”，从“常德抢尸事件最新”到“常德抢尸内幕”，在随后的十多个小时内“@邓飞”发出近40条微博，成为该事件舆论的涡轮。在此期间，老人的孙女熊惟艺也开通了个人微博“@熊惟艺”（UID：1869073485）形成协同。“@邓飞”称，当地政府动用警力抢尸，突破了人伦道德底线，“太匪夷所思”，数家媒体紧盯“@邓飞”微博，跟进写出新闻调查并当日发稿。11月22日上午，被夺走近30个小时后，老人遗体终被归还。

2010年11月22日夜，柬埔寨发生严重踩踏事件。次日11时12分，河北省公安厅官方微博“@河北公安网络发言人”（UID：1189617115）第一时间发布了踩踏事件中的防范措施和自救方法——“防踩踏秘笈”，教网友如何在踩踏事件中通过护住脑颈和胸腔腹腔等来保护自己，受到了网友的热烈追捧。

2010年11月23日晚，在利用传统媒体征集女童被害案件线索一周，但“反响不理想”的情况下，福建省厦门市公安局官方微博“@厦门警方在线”（UID：1778455640）微博登出启事：“11月14日，随着退潮，一具女童的尸体被冲上高崎附近海滩，最后‘陪伴’她的只有一身破旧的衣裤和一个编织袋，她身上伤痕累累，生前受尽虐待，死后才被投入大海。犯罪手段令人发指，罪犯必将得到严惩。湖里警方悬赏5000元征集线索，相信网友的力量，您知道任何线索，请告诉我们！”微博一发出，立刻引起强烈关注，最终有一位网友通过女童的面部特征辨认出了其身份。11月29日23时15分，“@厦门警方在线”发布消息：警方已在江西控制住女童被害案的两名犯罪嫌疑人。29日23时55分，“@厦门警方在线”发微博致谢称，“收到了网友评论3000余条，转发一万余条，为警方提供线索100余条，为该案件的侦破发挥了重要作用”。

2010年11月29日上午9时53分，女网友“@蛋饼鱼淡淡”（UID：1863374434）在作家郑渊洁的微博“@郑渊洁”（UID：1195031270）评论留言说，“郑老师，今天系我老公30岁生日，你能否给他去条短信‘蛋饼老公，生日快乐’至138××××4580呢？我觉得他肯定会很开心的~~谢谢您啦~~”。7分钟后，郑渊洁互动回复称自己不用手机，只有一个专“织围脖”（玩微博）的“爱疯”（iphone），“我就在这里‘祝蛋饼的老公生日快乐’吧”。随后，郑渊洁的微博粉丝看到后跟帖说“多一份祝福应当不介意吧？”表示会以郑渊洁“围脖群”（微博群）的身份参与。于是当天，400多条以“郑渊洁微博粉丝”名义发出的爱心短信抵达“蛋饼老公”的手机。“@蛋饼鱼淡淡”随后在微博致谢中说，“也许我们不能像郑老湿一样能写出很美的童话，也不能像他一样有呼之百应的魔力，但我们可以像郑老湿一样关爱他人，追求更多的美好～～”。

十二月

2010年12月3日，中国联通用户金娜女士发微博称，她在莫斯科用联通iPhone手机发了3条微博，竟由此产生了3900元费用。此微博受到广泛关注，关于运营商是否该在高额收费前预警这一话题，争议不断。12月4日，金娜发在微博中称，已接到联通10010客服部门电话正式回应，承认联通没有尽到对消费者事先告知的义务、过程中也没有尽到提醒与预警的职能，诚恳向她致歉并愿接受意见，努力提升服务品质。

2010年12月6日晚，“金庸去世”的传言出现在微博上。19点15分，香港方面迅速证实这是一则假消息。然而20时许，“被死亡”的谣言依然被一位《中国新闻周刊》杂志编辑采信后草率发布于其官方微博“@中国新闻周刊”（UID：1642512402），谣言在全国范围大肆传播，直至21时22分“@中国新闻周刊”才发现了问题，并匆忙发出更正和致歉微博，23时38分再发正式致歉信。这条不足60字的微博，令《中国新闻周刊》一名副总编辑辞职、一名网站内容总监降职和一名网站编辑被解聘。

2010年12月11日17时30分许，上海市宝山区长江南路长江西路路口发生一起交通事故，一中年男子被车辆撞击后当场死亡，肇事司机逃逸。事发后，死者的家属在微博上发帖求助，希望目击者能提供逃逸车辆及驾驶员的信息，上海公安网上接警后立即侦办。经过60小时的侦察，上海宝山警方成功抓获肇事司机。

2010年12月12日17点30分，上海罗先生接到自己在复旦大学读书外甥从黄山发来的求救短信，称其与17个同伴被困黄山风景区一未开发的山区里。接到报警后，上海警方与安徽警方联动，安徽警方连夜派出200人上山搜索救援。12月13日凌晨2时37分，18名迷路大学生获救，安然无恙。在下撤过程中，参与救援的安徽民警张宁海因天雨路滑，不幸坠崖牺牲，年仅24岁。“我来给你们照路，你们跟着我走。”成为张宁海留下的最后一句话。此事引发微博网友关注。12月14日凌晨1时，18名驴友返回。同一时间，媒体网友“@淡淡esse香”（UID：1136729232）在微博中对复旦学生的冷漠提出了谴责，“下午采访时，复旦学生冷漠的样子让我心寒。他们甚至连张宁海的追悼会都没参加，就匆匆回去了”。该微博被各大网站转发4000余次，复旦学生的行为引起舆论谴责。2小时后，18队员之一的杜彬和另一网友在人人网上的关于如何利用这次遇险机会“抢班夺权”控制复旦“登山协会”的对话被曝光。随后，在微博及各论坛上各地网友在沉痛哀悼牺牲民警，而在复旦校园论坛上却被网友连续爆出复旦学生们忙着讨论如何控制媒体和危机公关。复旦学生的“舆论控制论”引发了一场更大的舆论危机。12月16日，共青团安徽省委、安徽省青联决定，追授张宁海同志“安徽青年五四奖章”。12月17日，安徽省黄山市和上海复旦校园同步举行张宁海烈士追悼会，18位获救学生分别在两地参加了追思活动，并首次站出来回应舆论批评，表示自己很内疚，也不奢求原谅，只希望用行动去弥补。

2010年12月15日晚上，广东省肇庆市公安局官方微博“@平安肇庆”（UID：1700207693）邀请专业防盗公司职员，在微博上就家居、车辆防盗问题与广大市民网友探讨。专业人士的讲解使得警民互动热烈，一夜间为“@平安肇庆”增加了3480个粉丝，获得网友评论、转发达到432条。

2010年12月25日上午9时45分左右，浙江省温州市乐清市蒲岐镇寨桥村的前任村委会主任钱云会死于一场车祸。不到20分钟，车祸现场照片已在社区、微博等网络空间疯狂转载。因为在此同期，钱云会还有一个复杂的多重身份——因村庄被征地而上访多年的老村长和借助网络维权的网民“意见领袖”。因此，“钱云会之死”“老村长之死”迅速引发舆论关注和传播，网络舆论更愿意和倾向于接受他“被死”于一场“阴谋”。借助网络和微博的动员，不断聚集而来“看热闹”的人群，最终让事态演变成为群体性事件。12时57分，时任乐清市公安局治安大队大队长侯金海带领四位民警着便服进入现场了解情况时被村民认出，遭到一男子殴打，周围村民参与围攻，“造成三名民警受伤”。而网络传言“现场有人看到，钱云会是被四个保安按住手脚，送进工程车轧死的”，“现场的摄像头前两天被故意弄坏了”，还有人声称“警察是事先埋伏，很快就到了”等，让事态与真相变得更为复杂。一名叫作“驴粪蛋”的网友在微博上“呼唤钱云会之死真相”，短短一句话在5分钟内被转载119次，众多网友义愤参与，有人表示：“不能相信有这样的恶！”

2010年12月25日11时47分，网友“@記住鬆手”（UID：1768184281）发微博向安徽省公安厅官方微博“@安徽公安在线”（UID：1419172372）表达自己对合肥公安民警的观察和体验。文称，“很多天以来我想说，合肥的交警和协警真得很棒！无论早晚或天气有多么恶劣，他们都会出现在尘土飞扬、交通混乱的城市里。经常见到他们扶老婆婆过马路，在三轮车过路坎的时候帮助推一下……。真得很久没见过这么温暖的场景了，好像小时候(听到的故事）一样，不是每个人可以做到。对自己的工作有这样态度，崇拜！”引来众多网友点赞和共鸣。网友“@多姿多彩1841399961”说，“现在看见路上有交警，的确有增加安全感。”

2010年12月25日18时42分，“钱云会事件”中温州网发布官方消息称，“乐清蒲岐镇今日发生一起交通事故，致一人死亡”。“乐清市相关领导非常重视，第一时间赶赴现场指导处置。目前，肇事司机已被警方控制，该事件正在调查处置中。”在官方做出“交通事故”的认定后，再次激起舆论广泛质疑，微博上各领域的学者专家和意见领袖从法学、证据学、痕迹学、法医学等多专业学科探讨并拉出各自维度的“质疑清单”，舆论持续高涨。

2010年12月27日16时30分，乐清市公安局、乐清市交警大队、乐清蒲岐镇人民政府、中国移动乐清分公司等联合召开新闻发布会，通报了相关事项：“根据肇事车驾驶员供述、现场目击证人反映的情况及现场勘查结果，该事故为一起交通肇事案件。”“在民警现场调查中，现场部分不明真相群众在个别人的煽动下，对公安民警进行围攻，造成两位民警受伤。随后，死者家属及部分村民在事发现场搭建灵堂、非法设置路障，并阻挠民警进行现场调查工作。乐清市公安局接到蒲岐所情况报告后，指令治安大队、特巡警大队派员到现场处置。在处置过程中，民警再次受到部分村民围攻，造成3名民警受伤。”“警方已对涉嫌寻衅滋事的钱成宇等6名犯罪嫌疑人依法予以刑事拘留。现案件正在进一步侦查中。”据相关媒体报道，此次新闻发布会共有22家中央及地方媒体到场。

2010年12月27日，中青在线法治频道联手人民网舆情监测室、天涯社区发布“2010年度微博事件及年度微博人物”。通过微博持续打假并因此遭遇报复的“@方舟子”（UID：1195403385）被网友授予“推动进步奖”；宜黄拆迁直播者“@钟如九”（UID：1819775930）获得“维护权益奖”；不惧威胁、坚持爆料足球界黑幕，有足球界“良心”之称的“@李承鹏”（UID：1189591617。已被依法注销）被授予“见证社会奖”。同时，中国青年报法治社会部联手人民网舆情监测室、天涯社区邀请网友对2010年的一些微博事件进行回顾总结后，梳理出年度十大微博事件，分别是：（1）“我爸是李刚”事件；（2）江西宜黄强拆自焚事件；（3）上海高层住宅大火事件；（4）腾讯与360大战事件；（5）方舟子遇袭事件；（6）唐骏“学历门”事件；（7）周立波与网民对骂事件；（8）湖南常德抢尸直播事件；（9）三条微博计费3900元惹争议事件；（10）微博传金庸去世谣言事件。

2010年12月27日，“12·25”钱云会事件期间，浙江省乐清市公安局官方微博“@乐清公安”（UID：1909545300）注册开通。当日20时09分作第一次发布：乐清市和乐清警方对“钱云会事件”非常关注，今天下午召开了新闻发布会，披露了相关进展。随后，我们会通过新浪官方微博第一时间披露该事件的进展，欢迎广大网民监督，对大家的建议我们会认真阅读。首发微博被转发超过1.6万，评论超7.4万。

2010年12月28日，《中国青年报》第2版刊发时任人民网舆情监测室秘书长祝华新署名文章《2010：微博让社会减压》。祝华新认为，微博打破了精英和平民的界限，尝试用“只言片语”来解读政府决策、沟通民意，微博客针对一次次突发事件和热门话题的“爆料”和“围观”，就是民众用碎片化的帖文释放社会压力。文章同时指出，要让微博客有序发展，对于传统媒体和网民来说，需要达成和遵守对微博客信息传播、意见表达的自律和社会规范；对政府来说，则需要习惯于在互联网上的众声喧哗中执政。在今天，微博客更出色地发挥了“去塞求通”的功用，让人民政府变得耳聪目明，更敏感也更有人情味，有力地推动了良政和善治。

2010年12月28日22时04分，“温州网”（网站简介：“是经国务院新闻办批准创办，具有国家广电总局批准的在互联网上传播视听节目的资质，并由温州日报报业集团主办的地市级新闻网站”）发布报道称，28日下午温州市警方在钱云会案的案情分析会上，称目前未发现有“谋杀”动机和迹象的证据。报道称，案件发生后，温州市公安局立即成立调查组，按照依法、科学、公正、严谨的要求，调集交警、治安、刑侦和刑事科学技术等相关警种精干民警，分4个工作小组进行深入细致、全面系统、有序周密的调查和侦查。从接处警入手，紧紧抓住事故现场勘查复核、肇事司机情况调查、刑事技术检验及调查访问等关键环节，综合运用多种侦查措施和手段展开工作。目前，案件调查情况进展顺利，未发现有“谋杀”动机和迹象的证据。

2010年12月28日，关于钱云会之死是“普通交通肇事”还是“谋杀”致死，微博之上两派意见辩论持续进行。当日，时微博“意见领袖”王功权在其个人实名官方微博“@王功权”（UID：1525396581。已被依法注销）率先发出倡议，拟召集成立钱云会事件“学界公民乐清观察团”前往乐清作独立观察。12月30日，第一组观察团成员中国社会科学院农村发展研究所社会问题研究中心主任“@于建嵘”（UID：1827652007）和媒体评论人“@笑蜀”（UID：1905617875）等出发，第二组预定12月31日出发。2010年12月31日21时07分，浙江省乐清市公安局官方微博“@乐清公安”（UID：1909545300）发布消息：对“学界公民乐清观察团”的到来，我们表示欢迎！我们欢迎他们的监督！但随后，12月31日15时56分，“@于建嵘”微博称，“由于公布事件定性之后，村民群情激愤。凭着我这些年研究群体性事件所获得经验，感觉如不迅速采取措施，会发生较大的事件。建议所有观察者迅速离开现场。”“学界公民乐清观察团”行程就此中止。

2010年12月28日，网友“@张洪峰”（UID：1611664444）在其微博上爆料称，12月

25日央视女主持人管彤受邀主持陕西省延安市志丹县一场小型文艺演出时，志丹县委书记祁玉江不仅当场“熊抱”管彤，夸管彤“俊、白、美”，还追问对方“我是不是男人”。很快，祁书记热情拥抱管彤的照片在微博引起热议，其现场的“雷人语录”也被网友整理了出来。舆论认为，以革命先烈的英名命名的志丹县的县委书记祁玉江在履职践行的庄重场合，公然使用了只有在阴暗的色情场所才能使用的语言，县委书记的职守到底是被亵渎、玷污、损毁，还是被坚守了？据事后媒体向时任志丹县委办公室副主任韩永明了解情况，韩永明称“祁书记认为活动现场与主持人亲密互动十分正常，并无大碍，对网友的评论，他颇为意外，认为自己的本意被大众误解了，很难过”。

2010年12月29日下午，“12·25”浙江乐清钱云会被碾死案肇事司机费良玉被拘后，在乐清市公安局看守所的铁栏内接受央视采访，承认自己是无证驾驶，并披露了案发现场的其他一些细节。29日23时42分，央视新闻频道（CCTV13）以“插播一条最新消息”的导语接入，对当天的采访视频进行首播，时长5分17秒。肇事司机费良玉首先向记者描述事发经过，与此前乐清警方向外界公布的信息一致，并向记者描述了事发那一刻的详细场景。12月30日19时58分至20时02分，浙江省乐清市公安局官方微博“@乐清公安”（UID：1909545300）分享公开了该视频《温州钱云会案肇事司机接受采访讲述经过》，以及央视新近播出的相关节目视频《温州就钱云会事件召开新闻发布会》《浙江乐清钱云会案目击者讲述事件现场》和《温州公安局长就钱云会案接受央视专访》。

2010年12月31日晚，浙江省杭州市黄龙体育馆内正在举办浙江卫视“2010风尚盛典”跨年晚会。20时57分，新华网突然发布消息称，当晚“19时50分许，杭州市消防部门接警，位于西湖景区附近的黄龙体育馆发生火灾。目前，消防部门已经出动2个消防中队前往救援”。21时03分，新浪微博“@头条新闻”转载发出，瞬间引发网友关注。1分钟后，21时04分，网友“@Tony欢”（UID：1733641770）在评论中表示质疑：“震惊！我刚路过怎么没看见？”21时05分，晚会现场的网友“@杭州－找乐”（UID：1900694145）矫正消息：“风尚盛典进行中，只是浙江卫视的机器设备着火。”21时09分，现场网友“@抚摸三下”（UID 1025708803）互动说：“消息真快，小问题，只是一盏追光灯坏了而已，这才是事实，我在现场。”22时02分，人民网法人微博“@人民网”（UID：2286908003）发布最新消息称，“杭州市消防支队接到报警后，立即调派两个中队共8辆消防车赶赴现场，因现场处置完毕而中途返回。目前，晚会仍在进行中”。

2011

一月

2011年1月1日，结合首批“学界公民乐清观察团”成员从乐清带回的调查资料，以及乐清政府官方发布、媒体报道等各方面综合证据信息，中国政法大学副教授“@吴法天”（UID：1405603123）完成了《对钱云会案证据的分析和初步判断》并上传微博分享，该文不到48小时点击量达12万。2011年1月21日22时41分，“@吴法天”再次发文《钱云会案总结陈词》，文末得出个人评析意见：“结论：为了杀掉一个上访的村长，当地动用了巨大的人力、物力，直接成本保守估计2亿。钱云会可能是史上最难被杀害的村长。拥有如此庞大的资源，却选用如此匪夷所思的杀人方式，制定该方案的决策者，可能是史上最有想象力的凶手。”

2011 年 1 月 5 日 23 时许，湖南湘潭网友“@ 张洪峰”（UID：1611664444）收到朋友万女士求助短信，称其被骗困在安徽合肥一传销组织，被控制无法脱身。情况紧急，张洪峰立即拨打了合肥 110 报警，警方建议其第二天与工商部门联系。报警无果后，张洪峰于 1 月 6 日凌晨 1 时 46 分在微博发出第一条求助信息，“湖南两名女子在合肥被限制人身自由，呼请合肥网友施救”。所幸的是万女士的手机还未被收走，能避开传销人员与张洪峰保持短信联系。6 日凌晨 2 时 10 分，张洪峰发出第二条求助微博，“两女士手机能短信，但（监控者）一女两男看守很警惕，一有动静就出来监视，两女士欲借口宵夜未能脱身。她们无法说清楚所住小区名称地点……我需要当地网友和我一起通过她们提供的线索先摸清具体位置。请合肥网友私信给我，谢谢！”微博发出后得到了众多网友的响应。20 分钟后，合肥媒体人“@ 恭小兵”（UID：1448665064）致电张洪峰说：“我在合肥，我去救人。”6 日凌晨 3 时 07 分，营救团开始微博直播救援行动，甚至有网友从合肥临近的县市驱车赶往参与救援，网友热情围观加油，然而当晚万女士再无短信。6 日早 8 时，万女士再一次有了消息，并凭借回忆为恭小兵提供了更多所在小区的位置细节信息，当地电视台也加入搜救。6 日早上午 9 时，万女士姐妹俩被顺利营救，一名女传销组织者被网友当场控制，另两男脱逃。一场历时 8 小时的救援行动圆满结束。1 月 6 日 14 时，合肥网友将万女士姐妹安全送上了开往长沙的火车。

2011 年 1 月 7 日，在同学家上网学会了发微博后，10 岁的湖北枣阳小网友小海注册了微博“@ 寻找妈妈周文红 S”（UID：1913845345），2 月 27 日 8 时 56 分，她发出了第一条寻母微博启事，呼唤因父母骂架后负气离家出走已近半年的母亲早日归来。此后，每当父亲出车回来，小海就抢过手机疯狂地发微博。父亲出差在外时，小海就去同学家用电脑发。2011 年 6 月 6 日上午，她的寻母微博在被媒体关注和报道后，感动并动员了全国万千网友参与。2011 年 11 月 20 日 20 时 51 分，四川省成都市公安局机动警务支队官方微博“@ 成都市机动警务支队”（UID：1908399402）转发了该寻母信息后，“@ 枣庄公安”“@ 金乡公安”“@ 成武公安”“@ 营口公安微博”“@ 平安单县”等一大批的公安微博带动全国网友发起了又一轮的接力，然而依然无果。在此后两年的时间里，她无数次利用节假日前往母亲出走地武汉寻亲，微博也记载了她时时思念母亲、锲而不舍的点点滴滴。终于，2013 年 11 月 20 日 18 时 11 分，她更新微博向网友报喜说，“我的妈妈回来了，我非常非常的开心，后天妈妈的生日，提前祝福妈妈！”

2011 年 1 月 7 日中午，山东省济南市公安局天桥区分局接到报案称，一名女子在天桥辖区某酒店酒后留下遗书后不知去向。警方随即在其官方微博“@ 天桥公安”（UID：1793398603）发布消息，动员网友参与，对该女子进行全力搜救。8 小时后，该女子在另一家宾馆内被找到，安然无恙。

2011 年 1 月 7 日晚，广东省肇庆市大旺公安分局官方微博“@ 平安大旺”（UID：1740428564）发布了一条“请您帮助查找犯罪嫌疑人”的协查通报微博，并配发了该犯罪嫌疑人的照片和身份信息。“微博通缉令”发出后随即引来众多网友的关注。2 月 19 日，一名网友在某网吧发现犯罪嫌疑人正在上网，立即登录新浪微博并搜索出大旺警方官方微博上发布的内容，经再三比对之后确认是同一人，随即拨打了当地派出所的电话报警，民警迅速出动将犯罪嫌疑人抓获。至此，“11 · 26”恶性抢劫强奸案中的五名犯罪嫌疑人全部落网。

2011 年 1 月 10 日 15 时至 17 时，江苏省南通市公安局官方微博“@ 南通公安”（UID：

1805087952）首次尝试“110 常识警方微博在线答疑”，3 名资深接警员通过“@南通公安”微博平台，与 15 万粉丝公开进行网上实时交流互动。短短 2 个小时内，网民就“110 处警时限”“公安 110 受理范围”“110 电话拨打技巧”等问题提出了各类咨询和建议 140 余条。微博平台的开通让网民加深了对公安 110 以及公安工作的了解，同时也提升了公安 110 接处警的效率。

2011 年 1 月 12 日，江苏省常州市公安局经侦支队官方微博“@常州经侦”（UID：1804072642）在上午 10 时 30 分和 10 时 37 分发布了两条微博称，“今天有抓捕行动！”“心情有点激动，又一次大规模抓捕行动”。此内容当日被网友质疑涉嫌泄密行动计划。

2011 年 1 月 15 日上午，北京市公安局海淀分局举办了“创新群众工作，争做爱民模范”大走访开门评警活动启动仪式。海淀分局在网上依托海淀公安微博“@海淀公安分局”（UID：1710175603）、网上警务工作站等建立网上“开门评警”互动平台，承诺做到“事事有回音”。

2011 年 1 月 25 日，中国社会科学院农村发展研究所教授于建嵘发起注册的“@随手拍照解救乞讨儿童”（UID：1932619445）官方微博正式开通，该微博聚集热心网友力量，展开打击拐卖儿童犯罪的行动。该微博一周之内就拥有了近 10 万“粉丝”，收到乞讨儿童照片 1000 余张。公安部打拐办主任陈士渠的个人微博“@陈士渠”（UID：1890443153）也从一开始就关注并参与了“微博打拐”活动，并在 1 月 28 日下午关注了“@随手拍照解救乞讨儿童”。

2012 年 1 月 29 日，海南省三亚市人民政府新闻办公室官方微博“@三亚市政府新闻办”（UID：2074376453。现已更名为“@三亚发布”）应对“春节宰客门”事件时，接连应对失误而陷入多轮舆论漩涡，最终关停长达近三年之久。直至 2014 年 12 月 31 日更名为“@三亚发布”（现认证信息：三亚市委宣传部新闻发布官方微博）后重新恢复运营。

2011 年 1 月 30 日，曾经引起社会广泛关注的 2010 年“10·16”河北大学校园车祸案（即“李刚门”舆论事件）一审宣判，河北省望都县人民法院认定李启铭醉酒驾驶，致 1 人死亡 1 人受伤，且肇事后逃逸，构成交通肇事罪。李启铭被判处有期徒刑 6 年。此案于 2011 年 1 月 26 日在河北省望都县人民法院公开开庭审理。李启铭当庭认罪，对犯罪事实供认不讳。法庭鉴于李启铭认罪态度较好，其亲属积极赔偿被害人损失，酌情从轻处罚。

二月

2012 年 2 月 8 日 11 时 06 分、13 时 09 分，重庆市人民政府新闻办公室官方微博“@重庆市政府新闻办”（UID：1988438334，现已更名为“@重庆发布”）先后连续发出内容完全相同的微博内容：“据悉，王立军副市长因长期超负荷工作，精神高度紧张，身体严重不适，经同意，现正在接受休假式的治疗。”“休假式治疗”引发全网关注和热议，成当日流行启事新宠。后也被学界认为，此发布书写了自有政务微博以来最为经典的“官谣”。

2011 年 2 月 10 日 11 时 49 分，河北省公安厅官方微博“@河北公安网络发言人”（UID：1189617115）发布消息：河北省公安厅联合河北青年报共同发起的“微博打拐”项目正式启动。举报对象为河北境内疑似被拐或被强制乞讨儿童，举报方式为微博私信或微博“@”方式向河北省公安厅官方微博“@河北公安网络发言人”或河北青年报官方微博“@河青在线”进行在线举报，还可拨打河北省公安厅打拐热线 0311－83033538，及河北青年报热线 0311－83830000。

2011 年 2 月 18 日下午，新浪微博上一条“东直门来福士广场一外国人被枪击致死”的消息被广为传播。北京市公安局官方微博“@平安北京”（UID：1288915263）及时与相关部门联动核实情况，了解到这是一起跳楼自杀事件，死者既不是外国人更没有枪击的情节。在“@平安北京”及时快速准确的权威发布后，真相阻断了谣言。

2011 年 2 月 19 日，广东省肇庆市公安局大旺分局在其官方微博“@平安大旺”（UID：1740428564）发布消息称，根据网友举报，成功在高新区的一家网吧内，将“11·26”案脱逃的最后一名犯罪嫌疑人黄某抓捕归案。此前，2010 年 11 月 26 日，肇庆市大旺发生一起恶性抢劫强奸案件，一女子与男友吵架后独自到大旺公园散心，却被五名男子抢劫财物并遭受强奸。肇庆警方通过近 1 个月的缜密侦查，将 4 名涉案的犯罪嫌疑人抓捕归案，但其中一名主要犯罪嫌疑人黄某负案在逃。随后，肇庆警方利用警方微博发布通缉令，发动微博网友提供线索。

2011 年 2 月 21 日 9 时 39 分，网友“@漂流瓶里的鱼 1”发微博称，其女友的哥哥伍某被骗入传销组织，目前在广东乐昌，“请救救我的哥哥”。随后又发了两张其女友哥哥的照片。21 日 11 点 29 分，广东省韶关市公安局官方微博“@平安韶关”（UID：1736347493）发出信息：“请大家放心，乐昌市公安局当前已经开展营救行动。”18 时 57 分，“@平安韶关”通告：经过大量排查工作后，已经将被骗入传销组织的男子成功解救。此次行动共解救 16 名误入传销组织的人员。

2011 年 2 月 22 日至 3 月 5 日，因利比亚国内形势发生重大变化，中国政府分批组织中国在利比亚人员（包括港澳台同胞）35860 人安全有序撤离。这是新中国成立以来中国政府最大规模的有组织撤离海外中国公民的行动。2 月 22 日北京时间凌晨 1 时 17 分，网友“@开心徐峰”（UID：1910728311）发布了一条令国人揪心的微博：“紧急情况。100 多暴乱分子包围我们驻地了。急急急!!”消息立即激发了网友对同胞安危的关注。在此期间，有网友悲情鼓励，“不要再想什么支援，没有任何人可以得到任何支援，包括卡扎非。现在要在心理上保证全体人员明白，靠自己的智慧和勇敢；勇敢之后才能想出智慧，才会安全！靠你们自己!”“组织起来自卫吧……等政府救人还不知道哪年呢。”8 时 10 分，外交官“@剑兰的微博”（UID：1402812202）回应，“此情况已告领保中心。他们彻底不眠，正在为此奔波”。11 时 31 分，外交官“@吃斋的猫 2011”（UID：1829496883）互动回应：“外交部领保中心彻夜不眠，请大家放心，每个中国人都会得到保护的。我的同事们已经将近 36 个小时没有合眼了，我们在利比亚的同胞一定会安全的。”

2011 年 2 月 22 日 12 时 13 分，在利比亚撤侨的国家行动中，面对应接不暇的网友“@”求助微博，中国外交官“@吃斋的猫 2011”（UID：1829496883）发布微博道：“谢谢有这么多朋友转发。我能告诉大家的是，外交部办公厅、值守应急中心、领保中心、亚非司及其他相关部门的同志们在夜以继日地工作，就是要保护我们在利同胞的安全。请互相转告，也请在利同胞的家人放心。我们会尽全力的!”一时间，网友们群情振奋，“加油!!!!!”“向外交部领事保护中心等……致敬！加油！全国人民看着你们呢!”“由衷的致敬，我们相信你们，加油……”

2011 年 2 月 22 日，网友“@红橙黄绿青蓝紫 Q”（UID：1649952504）的父亲正身处乱局中的利比亚。从 2 月 22 日 12 时 13 分起，她的微博感同身受地记录了利比亚撤侨的国家行动。22 日 12 时 13 分，她不间断地发布微博并“@”多位微博名人开始求助，“求救!!!!! 我爸爸是中国水利水电第九工程局的工人，目前正在利比亚塞卜哈省乌姆艾拉尼卜市，他们有一百多人，是为中国水电九局的工程项目部工作，已经没有物资运进去，所有网络都中断，急需求援，请救救他们啊!!!!!!!!”2月22日16时33分，中国驻亚历山大总领馆的工作人员“@外交小兵”（UID：1436955262）互动回复称，“几小时前此消息已被转发至领事保护中心同事。各位，等待救援同时要积极自救！我的好多同学也都在利比亚，那里国人很多，据说有几万人，工作难度之大可想而知，大家要注意安全啊!”16时33分，中国外交官“@zhengdoudou”（UID：1753002533）互动反馈：“现有1.3万人将经由利比亚埃及边境进入埃及，随后我们（驻亚历山大总领馆）和驻埃及使馆会合作设法安置、安排他们离开，蚂蚁搬家吧，一次性撤走是不现实的。”

2011年2月22日16时35分起，中国外交官“@zhengdoudou”（UID：1753002533）微博记录了他在利比亚撤侨行动中的工作行程，他写道：“已经组织50辆大巴自亚历山大前往利埃边境小镇萨卢姆（Sallum），预计当地时间下午4、5点到达。每车可载50人。”18时03分：“告知车队路上要经过四道关口，必须由外交官陪同才能过关，我先出发去边境，视情更新。”18时07分：“第一批100多人将首先进入埃及，预计今天被安置在亚历山大。据告，这些人来自中建公司。”23时55分：“路途如预料中的不顺利，离边境还有180公里左右，通讯信号非常不理想，为保留手机电力，有重要进展再作更新。”2月23日北京时间凌晨1时50分：“顺利通过最后一道关口，边境近在咫尺了。”2月25日5时整：“暂时回到亚历山大，不成人形。因边境驻扎地无电无网、手机几无信号且必须保留电池电力供工作之用，本微博暂停了。24日撤出近400名同胞，主要是中水电员工，他们将分批乘坐包机及其它班机回国，最晚一批将于埃及时间25日中午起飞离开。”——连日来，他的这些微博信息成为中国网民最宝贵的精神慰藉。

2011年2月22日晚，广东省汕头市中医院内科女护士李某在其微博中说，“半夜很可能要起床收尸，这大冷天我暖个被窝也不容易，等我下班再死啊……”该微博一出激起众怒，遭遇网友疯狂人肉谴责。随后，汕头市中医院成立由医院医务科、监察室组成的调查组对此事进行调查处理，对李某进行了严厉批评教育，并已停止了李某的处方权，调离临床岗位。

2011年2月23日10时55分，中国外交官“@外交小兵”（UID：1436955262）的妻子“@AnnieZhang043”（UID：1826664533）在她的微博上写道：“昨天夜里，老公加班刚回家便接到收拾行李准备赴利比亚撤侨的消息。心里不安，浑浑噩噩的不知多久才睡着，只记得我们第一次睡觉的时候十指相扣。我知道没经历过风浪的他心里很不安，他知道留在国内的亲人心里更焦虑。Am proud of U. 在家等你回来。”13时13分，“@外交小兵”回复她说：“老婆，等我回来。”临别前夫妻俩的微博公开对话，引来众多网友的围观、安慰和祝福。网友“@黄海波”（UID：1668336530）说：“感人的对话。人间自有情在。”网友“@王小东”（UID：1403497553）说，“政府派人去利比亚撤侨了，我们没有强大的舰队，没有军事基地，撤侨很难很危险，祝福那些去危险环境做困难工作的外交工作人员，他们也是英雄!”

2011年2月24日8时26分，新浪网航空频道官方微博“@新浪航空”（UID：1659756840）发布最新消息：国航方面最新消息，国航首架赴利比亚接滞留人员包机CCA060已于北京时间2月24日8时07分降落在利比亚首都的黎波里。

2011年2月24日15时50分，身在利比亚撤侨行动中的中国公民“@开心徐峰”（UID：1910728311）发布微博说：“我们撤离方案是先乘车去突尼斯，然会专机回国。”微博一出，引来无数网友的祝福。

2011年2月24日22时42分，新浪新闻中心24小时播报全球重大新闻官方微博“@头条新闻”（UID：1618051664）转载发布中新网最新消息：记者24日从中国国防部新闻事务局获悉，经中央军委批准，正在亚丁湾索马里海域执行护航任务的中国海军第七批护航编队“徐州”号导弹护卫舰已启程赶赴利比亚附近海域，为撤离中国在利比亚被困人员的船舶提供支持和保护。

2011年2月25日，网友“@深夜里的鬼魅”（UID：1311265770）向江苏省南京市公安局白下分局警务服务平台官方微博“@警务百晓生”（UID：2644621661）反映称，“南京幼师门口有很多小偷团伙”，且每到下午三四点钟就会有一些形迹可疑的犯罪分子作案，盗窃非机动车辆。接网友举报之后，“@警务百晓生”值班民警立即将此事向南京幼师所在辖区止马营派出所进行了通报。根据网友提供的线索，止马营派出所民警方将幼师地区列为重点防范区域，全面加强巡逻防范力度。在2月28日16时许，办案民警将一名正在行窃的犯罪嫌疑人张某成功抓获，当场缴获扳手等作案工具及被盗自行车一辆。3月1日17时26分，“@警务百晓生”以在线互动转发的形式，对该网友反映的案情进行了通报。

2011年2月26日5时57分，中国外交官“@外交小兵”（UID：1436955262）发布的一条微博感动了关注利比亚撤侨行动的中国网友：“有人在上船的时候大喊了一声‘感谢祖国’！然后我看到每个人脸上的笑容，真心的笑容、回家的喜悦……同胞们，你们受苦了！你们安全了，我们再累也值得！”网友们在评论中响应着“感谢祖国！”网友“@逗咪逗咪发发宇”（UID：1753209287）说：“中国万岁！！！我们的祖国越来越强大了！！！”“@史庸人”（UID：1919702433）说：“感谢祖国，也感谢你们！”“@帅党”（UID：1400581660）说：“我代表祖国拥抱你们这些游子，请速归！”

2011年2月26日20时57分，网友“@红橙黄绿青蓝紫Q”（UID：1649952504）更新微博说，“爸爸来电话了，他们项目部已经开始撤离第一批，八十几个人，主要是妇女等，先到塞卜哈，然后到苏丹，相信回家的日子指日可待了！！”

2011年2月28日，中国外交部官方网站发表文章《外交部重视中国公民微博求助》。文中表示，在此次撤离中国在利比亚人员的行动中，除了通过两部热线电话和传真等传统方式了解公民求助信息，领保中心还高度重视中国在利比亚公民和机构通过网络和微博发出的信息，及时协调驻外使领馆和前方工作组联系核实，为他们提供帮助。26日，有网民反映的黎波里地区中国通信服务公司80余人请求协助，领保中心立即要求驻利比亚使馆联系核实，协助他们与其他公司人员一同经陆路撤离。25日，有网民通过微博反映，利比亚米苏拉塔地区有800余名我人员请求协助。领保中心指示前方工作组提供帮助。据前方工作组报告，该批人员系长江岩土公司员工，工作组已与他们取得联系并正协助他们乘船撤离。24日，有48名我在利人员通过微博发出救助请求。领保中心即要求驻利使馆和前方工作组核实。据工作组报告，已与塞里尔电厂的48名我工人取得联系，他们安全并有足够食物，正协调其总公司安排他们撤离。利比亚安全局势依然紧张，通信时断时续。外交部领保中心将继续关注微博等各种渠道发来的信息，及时提供帮助，尽最大努力保障在利比亚中国公民和机构安全。文末，外交部领保中心提醒广大网民和博主，为高效提供救助，希望大家发布求助信息时应尽可能包括时间、地点、电话等具体信息和联系方式，以便使馆和前方工作组及时联系核实并提供帮助；取得联系、得到救助后请及时更新帖子和微博。

2011 年 2 月 28 日 17 时 15 分，新浪新闻中心 24 小时播报全球重大新闻官方微博“@头条新闻”（UID：1618051664）转载发布央视新闻频道最新消息：“经中央军委批准，今日下午 16 时空军两架伊尔－76 运输机起程，赴利比亚实施接回我国滞留人员任务，单次航程 9500 公里，预计北京时间明天抵达利比亚。此次空军一共派出 4 架运输机担任接回我国滞留人员任务，共计 24 架次，一共将接回 5000 人。今天稍晚时候另外两架伊尔－76 将从新疆乌鲁木齐地窝堡国际机场起飞。这是空军第一次派运输机赴海外执行接护人员的任务。”

三月

2011 年 3 月 1 日，《检察日报・廉政周刊》报道：四川省遂宁市安居区人民检察院借助官方微博，成功查处一起受贿案。2010 年 12 月，遂宁市安居区人民检察院开通官方搜狐微博。2011 年初，举报人通过该微博上公布的电话，反映某村干部腐败问题。该院根据这条线索，很快查明了某村三名干部在修建通村公路过程中收受工程承包商贿赂 7 万元的事实。案件侦查终结后，该院迅速在微博上以信息方式公布查办结果。事后，举报人在微博上留言，说自己在外地打工，是看到了该院在微博上公布的举报电话才举报的，本来只是抱着试一试的态度，没想到这么快就有了结果。

2011 年 3 月 3 日，四川省成都市人民政府新闻办公室官方微博“@成都发布”（UID：1523766213）公布了一段大熊猫宝宝的嬉戏视频。不到两天，这个标题为“熊猫宝宝打群架”的视频在网上爆红，被网友们疯狂转发，全国媒体及其官方微博也对此进行了大量报道，成为一个全国的热点话题。

2011 年 3 月 3 日下午，全国政协十一届四次会议开幕会举行。政协委员、人民日报高级记者詹国枢通过其个人实名认证官方微博“@詹国枢”（UID：1705981052）直播政协开幕会。从当天 14 时上车赴人民大会堂开始，到会议结束回宾馆，现场发布 36 条微博。对于微博体验，16 时 46 分“@詹国枢”说，“今天试了一把微博现场直播，效果如何，不得而知。姑且一试吧，既然微博改变一切，为什么不可以改变改变我们的开会方式、报道方式和生活方式呢?”他还特地让网友放心：“老詹在大会堂边开会边发微博，会不会影响自己开会呢？不会的。一边听报告，一边看文件，一边动脑筋，一边写成文，我相信，如此认真，如此集中精力，效果绝不会差于其他委员的。”对于网友表示的支持，詹国枢表示：“下回听温总理报告，老詹还直播，主要写评论，以评为主，以播为辅。”

2011 年 3 月初，南京因地铁 3 号线和 10 号线的修建，计划大量移植地铁沿线约 1100 棵梧桐树。3 月 3 日 18 时 15 分，网友“@小胖猫关耳”（UID：1810221215）发布微博，“市长先生，南京也许只是您政治舞台的短暂一站，可她却是我们的故乡。这些从小陪伴我们长大的树，移栽成活的几率不会有多大”。此微博得到了 1382 条转发和 466 条评论。3 月 9 日，微博网友发起“拯救南京梧桐树，筑起绿色长城”活动，峰值有 37904 条微博。3 月 15 日，“老南京”知名体育主持人黄健翔在新浪微博发帖呼吁“请大家拯救南京梧桐树”，同时呼吁孟非、乐嘉，曾在南京读书的导演陆川，以及姚晨、赵薇、郑渊洁、王菲等微博名人共同关注。另外，黄健翔还创建了以“树不会说话，人要说人话”为标签的“南京的梧桐树”微群，微群成员达到 2 万多名。在黄健翔的倡议下，微博的名人效应得到了充分体现，众多微博名人参与“护树”事件。3 月 15 日，南京市政府首度正面回应表示“将优化方案保护南京梧桐”。3 月 17 日，南京市政府发布了《关于进一步加强城市古树名木及行道大树保护的意见》。3 月 19 日下午，上千南京市民在南京图书馆前表达抗议。3 月 20 日，南京市政府再次正面回应：地铁 3 号线的移树工作全面停止，以“尊重生命的态度”对待树木的迁移养护并落实责任制；南京地铁方面也积极回应将高度重视施工期间的树木保护，并采取措施做好后期的绿化恢复工作。3 月 23 日，南京市政府发布了《南京市城市建设工程树木移植、保护咨询评估规定》（暂行），要求加强重点工程绿化保护，并引入公众参与评估机制。

2011 年 3 月 10 日，中共浙江省委组织部腾讯网官方微博“@之江先锋”与 11 个浙江省辖市的市委组织部同时开通了腾讯网官方微博。10 日上午，浙江省衢州市委组织部腾讯网官方微博“@衢州先锋”开通后，在微博中向时任浙江省委组织部部长“@蔡奇”在线“报到”。随后，“@蔡奇”在互动转评说，“（‘@衢州先锋’是）浙江省组织系统第一个官方微博！推荐！”浙江省委组织部表示，基层党员干部、群众可以通过组工微博平台，与组织部门进行即时交流。浙江省、市两级组织部门将充分利用微博互动性强、传播快捷的优势，以更加民主、开放的姿态，主动听取群众意见，自觉接受群众评议。

2011 年 3 月 11 日，日本当地时间 11 日 14 时 46 分发生里氏 8.9 级大地震后，通信、交通瘫痪，微博成为华人寻找亲属的唯一平台。通过转发微博，两天时间，喜讯不断，30 余日本华人和同胞与亲人取得了联系。

2011 年 3 月 11 日，时任浙江省委组织部部长蔡奇个人腾讯网官方微博“@蔡奇”发布消息，“近段收到的诉求较多，这是对我的信任，理应提供帮助。考虑到精力有限，宜分类做出处理：凡是属于组织工作，包括干部政策、基层组织建设及人才工作等问题，由省委组织部官方微博答复；涉及我省其他领域问题的，转有关方面研究答复；反映外省问题的，由于不同行政区域，不便过问，但有机会的话会反映”。

2011 年 3 月 16 日下午，时任中共十七届中央委员、新疆维吾尔自治区党委书记、新疆生产建设兵团第一政委张春贤在新疆传达全国两会精神的大会上，特别谈及自己通过微博与广大网民交流时的感受。通过这次开通微博，体会到互联网包括微博是个巨量信息源；传播的碎片化特征明显，能够很方便地发表自己的感想。同时，网络是很重要的沟通交流平台，可以使沟通便捷化、扁平化、快捷化。通过这个平台，可以更加直接地了解民生、民意和民情，可以加强舆论监督，提高社会管理现代化水平。

2011 年 3 月 16 日晚，一名网友在腾讯微博上向时任浙江省委组织部部长蔡奇“@蔡奇”反映称，“蔡部长，现在全省在哄抢食盐，请省领导关注”。蔡奇迅速回复并“@”时任浙江省人民政府副省长郑继伟微博“@郑继伟”说，“请继伟省长关注”。很快，郑继伟在微博上回应“已部署”，同时告诉网友，“盐会有的，请参阅浙江在线”。同期，时任浙江省杭州市卫生局长陈卫强也在微博做出回应。浙江省公务人员微博之间互动并回应网友，及时平复了民众惊慌情绪，更使得浙江省政府相关部门在这次“谣盐”事件中及时把握了话语权，阻止了谣言的进一步扩散。

2011 年 3 月 18 日 22 时许，时任中共新疆维吾尔自治区党委书记张春贤在结束全国“两会”返回乌鲁木齐后，通过其个人腾讯微博与网友“告别”。22 时 47 分，张春贤说，“两会圆满结束，我也回到乌鲁木齐开始紧张的工作了。十几天来，大家通过微博积极建言献策，表达和传递对建设美好新疆的愿望和激情，我能深切体会到这其中的信任、支持、真诚和期待，在此真心感谢大家”。22 时 53 分，“回乌后像两会期间这样集中时间关注这里不易做到，所以和大家的微博交流要暂时告一段落了，但我还会通过各种方式和渠道了解大家的建议意见和心声，使我们的工作更加贴近群众，决策更加科学。对于大家提出的建议和反映的问题，党委、政府已于十七日召集会议专题研究，回复意见可见微博‘民生建议回复’”。22 时 54 分，“再次感谢广大网民朋友们，让我们共同努力，让美好的新疆更加生机勃勃，更加充满希望”。

2011 年 3 月 19 日下午，山东省莱阳市人民法院首次通过其官方微博“@ 公正莱阳”（UID：1791987617）对一起买卖合同纠纷案的庭审进行了全程网络直播，将历时 1 小时 20 分钟的整个庭审过程通过微博面向社会公开。通过微博庭审直播，让群众坐在家中就能旁听庭审内容，为司法公开开辟了新途径。这是该省法院系统的首次尝试，受到网友的广泛好评。在微博直播庭审过程中，网友纷纷留言，“微博直播庭审的方式太好啦，我正在用手机登录微博看呢”，“此次直播既是司法公正公开的有效形式，也是一次很好的普法宣传教育，希望继续开展”。

2011 年 3 月 21 日 21 时许，福建省福州市公安局官方微博“@ 福州公安”（UID：1925694254）发布消息称：“今晚本博将联合新浪福建随警作战，对鼓楼刑侦大队一场重大抓捕行动进行现场微直播。”这一消息立即引起广大网友的围观。随后，“@ 福州公安”又发布 40 多条微博，全程介绍了警方抓捕盗窃车内物品团伙以及打击非法六合彩销售摊点的行动，直播一直持续到次日早上 6 时 20 分，网友转发评论千余条。福州市公安局此举将公安打击犯罪活动的画面直接展示在群众面前，同时通过宣传，激发群众踊跃加入打击犯罪、维护社会治安的层面上来，受到网友的热烈赞誉。

2011 年 3 月 21 日，腾讯网微博网友“@ 藤色花香”向时任浙江省委组织部部长“@ 蔡奇”微博反映称，“蔡部长，本来收听你的微博是我自愿的，也算是你的粉丝了，可现在组织部要示乡镇必须要有多少个名额，去收听你的、省委、市委、区委组织部的微博，以此提高收听率，这个（做法）就‘被微博’了，您说是吗?”收到网友的“@”反馈后，当晚“@ 蔡奇”互动回应称，“对官方微博不允许采取行政命令收听，乡镇这个行为必须制止。已请有关方面过问此事”。

2011 年 3 月 25 日 8 时 30 分许，福建省三明市公安局三元分局接群众报警，在三元区沙溪河边发现一具女尸。经现场勘验，发现尸体有多处伤痕，系他杀。尸体已经浮肿，无任何身份证明，无法辨别死者身份。3 月 28 日，三明市公安局刑侦支队紧急与市局警察公共关系办公室协调，决定将死者衣着、佩戴的首饰照片等和案件有关的情况通过官方微博“@ 三明公安”（UID：1271615412）等网站发布，发动广大网友协助辨别死者身份。3 月 31 日，宁化人张某通过三明公安微博获悉情况后，经辨认，死者为自己失踪多日的姐姐。死者身份确认后，公安机关迅速围绕死者生前主要交往的社会关系人员进行全面调查，并确定梅列陈某伟有重大作案嫌疑，经审讯，陈某伟如实交代了杀人抛尸的犯罪事实。在微博助力下，“3・25”沙溪河女尸案成功告破。

2011 年 3 月 29 日零时许，福建莆田网友“@ 风中许愿”两次向河南省公安厅官方微博“@ 平安中原”（UID：1968863541）发出报警求助信息，称其朋友李某（女）被骗进河南漯河的传销组织被控制，难以脱身，并称已向莆田警方报案。3 月 29 日下午，“@ 平安中原”回应并督导漯河市公安局官方微博“@ 平安漯河”（UID：1359922744）要“高度关注，设法开展营救工作”。3 月 30 日 13 时 51 分，漯河警方处置一起“市区辽河路与昆仑路交叉口有人胁迫一女子”警情时，恰巧成功解救“@风中许愿”求助的同学李某。3月30日当晚，漯河市警方组织20名民警，在李某的指认下，成功打掉了这一传销团伙，共抓获主要涉案人员5人，解救受骗人员18人。

2011年3月30日15时，广东省珠海市公安局110报警服务台做客新浪网《微访谈·公安微博大走访》，时任珠海市公安局党委委员、指挥中心主任于长利与网友们围绕“给力110，一起保安宁”进行了在线交流。广东省珠海市公安局官方微博“@珠海公安”（UID：1709350393）在微博访谈现场呼吁市民在确有紧急报警、紧急求助时再拨打报警台，以保证珠海110能更好地为真正处于危难中的人提供帮助。众网友称赞“@珠海公安”此举“好亲民”，同时也希望今后能有更多这样的交流机会。

四月

2011年4月1日，中共云南省红河州委宣传部在其官方腾讯微博“@红河宣传”与腾讯微博联合发布了《红河州“我要去红河”歌词（曲）作品征集公告》。公告称，此次活动最高奖金额为1万元，所有获奖作者还可同时获得到红河为期5天的免费旅游奖励。组委会将从微博网友创作的歌词作品中评选出30～50首歌词，然后再公开征集曲谱，并从中优选出20首歌曲，在微博上公开邀请“微博歌手”进行音乐录制，再公开接受微博网友的网络投票，最终选出优秀作品，拍成MTV《我要去红河》专辑。整个征集、制作、评选过程全部通过微博开展。由于是全国首次“微博征歌”，活动一经推出就得到众多腾讯微博网友的踊跃响应，并成为微博上热议的话题。网友“@晓艺”说，“期待能有一曲天籁之音荡漾在红河大地！”但也有网友担心，歌曲创作更多或只能音乐界专业人士参与征集，微博普通网友非专业且不少网友并没有去过红河，要能写出声情并茂的歌曲难。“@红河宣传”回应说：“举办这个活动的目的，就是要让没去过红河的人写出心中对红河的向往。”“写出你心中对红河最朴实的向往，胜过任何文采。”“我们要征集的不是曲高和寡的歌曲，就是要让微博网友这样庞大的群体大家写、大家唱，不仅是要荡漾在红河大地，更要唱响在祖国的大江南北！”

2011年4月3日傍晚，有微博网友爆料“39名登山爱好者被困猫耳山”，消息传出后引发网友关切。北京市公安局官方微博“@平安北京”（UID：1288915263）获悉情况后，立刻派出专人连夜赶赴现场，通过微博直播现场营救行动。从4月3日深夜至4日凌晨，“@平安北京”连续发布了14条微博，详细介绍了警方首次组织警用直升机参与救援、利用锁降方式将被困学生营救返回的实时动态，与微博网友共同度过了难眠一夜。

2011年4月8日14时01分，网友“@济南便衣警察－独牧001”发微博询问，“今天谁在洪家楼淘宝街附近丢东西了，我们已将嫌疑人抓获。速回微博”。紧随其后，济南市公安局公共交通分局官方微博“@济南公安公共交通分局”（UID：1793604335）在转发中评论说：“（这是）分局第三派出所80后民警韩炜的个人微博，今天上午有在洪家楼淘宝街丢钱包的吗？警方请您协助！”在公安官方微博的一声动员后，此寻失微博获网友大量转发，相关线索也通过私信不断开始提供。17点24分，韩炜更新微博说：“谢谢大家的关心和帮助了。案件的最新进展是，我们已找到被盗事主，被盗钱物已如数发还。现违反治安管理行为人已被处理。失主很高兴，我们很欣慰，小偷很沮丧。希望大家多关注我，最近要发些防扒文。”此微博同时配发了缴获赃物的图片。3小时，一起扒窃案通过微博直播结案。

2011年4月11日17时06分，银川市委市政府官方微博“@微博银川”（UID：

1898782627）发布了《银川市面向全国征集首届全国休闲体育大会会徽》的通告。通告称，由国家体育总局社体中心主办、宁夏回族自治区体育局和银川市人民政府承办的全国首届体育休闲大会，将于2011年5月28日在银川市隆重举办，现面向全国征集全国首届体育休闲大会会徽。截稿时间为2011年5月10日。5月13日，“@微博银川”公告，首届全国休闲体育大会会徽敲定为作品《超越》。《超越》获得专家的一致认可，最终被选为正式会徽。专家们一致认为，“该作品简洁明了，色彩明快，内容丰富、动感时尚，符合休闲体育大会的特点”。

2011年4月12日，网友“@Multivac”（UID：1400070642）在其微博吐槽称，去了一趟装修后重新开放的国家博物馆，竟然看到了“经典的翻译牌子”。在微博配发的照片中，一张中英文标志牌中的“出口”的英文“exit”被翻译为“外贸出口”的“export”。此微博一时引来网友们的各种调侃批评，被转发2100余次。4月20日13时51分，中国国家博物馆官方微博“@国家博物馆”（UID：1624763627）回应网友，“各位亲爱的网友，近日我馆展厅内一个错误翻译的指示牌引起了大家关注 ，特此感谢网友的热心提醒！据了解，制作部门已紧急动员进行排查，一定会尽快修正这些错误！我馆刚刚试运行，肯定有错漏之处，要是您还发现了其他文字错误，及早私信我们给我们修正的时间啊！谢谢大家了！”

2011年4月12日下午，北京市公安局官方微博“@平安北京”（UID：1288915263）发布消息称，“在粉丝突破一百万之际，为更好地请粉丝为平安北京‘指路’，促进‘平安北京’新浪微博继续健康成长，我们向广大粉丝发出邀请，希望粉丝们能多为‘平安北京’新浪微博‘挑刺’”。

2011年4月13日，时任安徽省利辛县国土局干部周文彬为了举报所在单位的领导，选择了“自首式举报”，在微博上直播了自首的过程，称自己与单位领导贪污行贿。此事引起网友围观，亳州市纪委迅速介入调查。周文彬因此被网友称为“中国微博反腐实名举报第一人”。

2011年4月15日，腾讯网微博网友“@张年宏”与时任浙江省委组织部部长“@蔡奇”微博探讨称，“蔡奇你好。今天看到张志洲（北京外国语大学公共外交研究中心研究员）的《中国该如何化解网络新媒体带来的社会公共舆论分裂的隐忧》，深有感触，蔡部长带了个很好的化解之头。不过我在想，作为一个副省级领导如何有足够的时间来应付自己的围脖缠绕呢?”“@蔡奇”互动说，“说实在，上微博时间靠挤。见缝插针，将碎片化时间利用起来；以往的上网时间，现在也转身微博为主；为及时处理工作类问题，还得加班加点，牺牲了不少休息时间。虽然有点累，但充实，值!”

2011年4月19日14时13分，网友“@zeneva”（UID：1371585877）在微博吐槽，“春熙路暑袜南街的‘瑶瑶香串串’，黑你不需要任何道理。神马，我吃了500根（签)!!OMG，活了这么多年第一次知道自己胃口这么大！春熙路的黑心串串，不吐不快！成都的鼻屎，必须抠掉!”一语引来大量同遭遇过的网友齐声声讨。21日下午，锦江区工商局春熙路工商所获悉此情况后，立即与锦江区工商局公平交易执法分局和春熙路街道办事处会商通气，决定取缔该营业场所。22日上午9点半，20名联合执法人员对春熙路4家串串店铺调查后，发现均存在证照不全或者过期的问题，执法人员立即对四家店铺进行现场查封。考虑到串串香与春熙童装城的经营不协调且存在安全隐患，工商工作人员进一步与市场管理方沟通，后续招租时这几个铺面不得再允许做串串香生意。

2011 年 4 月 21 日上午 10 时许，东莞市第一人民法院官方微博“@ 东莞市第一人民法院”（UID：2024295957）发出全国治理代号为“春雷”的执行行动正式开始，法官兵分多路，微博直播抓“老赖”。“春雷”行动微博直播的消息传出之后 20 分钟不到，该法院微博上就发出了第一条消息：“第一片区石碣法庭首战告捷!”被执行人王某向法庭缴清全部执行款 2 万元。此前，田某与王某因合同纠纷发生争议，法律文书生效后王某未按期付款。

2011 年 4 月 22 日 14 时 42 分，东莞市第一人民法院通过官方微博“@ 东莞市第一人民法院”（UID：2024295957）发出全国治理“老赖”的“微博悬赏”创新机制，即通过法院微博发布由申请执行人提供并设定的奖励条件和奖励额度，在执行到位后的案款中，按照申请执行人应收款的 8%，对知晓被执行人的人身下落、财产线索的举报者给予奖励。

2011 年 4 月 26 日，在重庆武隆沧沟乡党委书记张宏的带领下，沧沟西瓜官方微博与 10 位大户瓜农的个人微博上线腾讯网。5 月 6 日，应网友要求，张宏个人实名认证官方微博“@ 武隆县沧沟乡党委书记张宏”（UID：2130407950）正式开通。

2011 年 4 月 27 日 15 时至 16 时，广东省东莞市人民政府新闻办官方微博“@ 莞香花开”（UID：2030371897）举行“‘对话东莞市委书记刘志庚’——如何走向幸福”微访谈活动。时任东莞市委书记刘志庚通过“@ 莞香花开”与广大网友进行互动，在线回答了 36 条网友提问。2017 年 5 月 31 日，广东省原副省长刘志庚受贿案一审被判无期徒刑，剥夺政治权利终身，没收个人全部财产。刘志庚当庭表示服判，不上诉。

五月

2011 年 5 月 9 日凌晨 3 时 47 分左右，南京玄武湖畔古寺鸡鸣寺内的药师塔突发大火。消防人员经过两小时全力抢救，于清晨 6 时许扑灭明火。5 点 28 分，中共南京市委宣传部新闻发布官方微博“@ 南京发布”（UID：2097024354）在火场发出第一条微博，随后陆续滚动发出 4 条微博。及时公开、速报事实的表现得到了网友和媒体界的赞许。

2011 年 5 月 9 日，时任中央电视台经济频道节目主持人王凯在其个人微博发布倡议，倡议捐出主持人的出镜装在网上进行义卖，所得善款捐给民间慈善团体。该倡议得到了广大网友的积极响应和转发，两个小时上千条转发量。一个名为“爱心衣橱”的公益基金从这条微博开始相与酝酿。

2011 年 5 月 10 日，陆续有网友在微博上爆料称，5 月 8 日晚至 9 日凌晨之间，故宫博物院被“凿墙盗宝”，有“文物”被盗。5 月 10 日 12 时 08 分，故宫在其腾讯网官方微博上发帖回应，承认“在故宫博物院斋宫展出的临时展览《交融一两依藏珍选粹展》（展品为首饰盒等 20 世纪作品），5 月 8 日发生展品失窃。现公安部门正在侦破中”。

2011 年 5 月 12 日上午 9 时 24 分，有网友通过微博向银川市食品安全委员会官方微博“@ 银川食品安全”（UID：2100267792）举报称，银川市新城贸易巷岐山凉皮店在销售疑似非法添加“柠檬黄”和“日落黄”的“黄色酿皮”。11 时，根据这条线索，银川市食品安全委员会立即安排督查及执法人员赶往现场进行调查。经询问，该店酿皮在附近加工点制作。执法人员又立即赶往加工点现场进行调查，并根据所查实的问题对该店进行了依法处罚。

2011 年 5 月 15 日，从 14 时 28 分至 20 时许，网友“@ 二毛”微博直播他割腕自杀的过程，3 条微博、3 张图片，瞬间引起网友的热心留言和疯狂转发，上百人拨打陕西西安 110 报警电话营救。经网友“人肉”、公安技术侦测后，西安警方联动榆林警方展开搜索行动。

最终，男孩获救脱险。

2011年5月15日晚，女模特杨紫璐在其微博称5月17日是其“干爹”生日，随后又在5月17日午后发微博说：“爱死宏儿！要带我去伦敦看奥运，这架小灰机的身材不错。”连续多条微博炫耀其有一干爹“宏儿”将花费888万元包一架公务客机与其一起飞赴伦敦看奥运。这一行为引发网友极大反感和热议。2014年8月14日，北京市朝阳区人民法院庭审揭秘了此一事件的真相：杨秀宇一手导演了这场事件。2012年4月，杨秀宇（微博“@立二拆四”）与凯撒旅游国际旅行社有限公司签订“奥运奢华游”网络推广合同，约定对该公司“888万元包机去伦敦看奥运会开幕式”旅游项目进行炒作。后杨秀宇负责策划，并选择女模特巫某（别名“杨紫璐”）假扮炫富女，杨秀宇拍摄相关图片，利用微博账号“@杨紫璐”在互联网上陆续发布“干爹888万带我包机看伦敦奥运”等虚假信息，以引发网民关注达到炒作该公司奥运奢华游项目的目的。为此，杨秀宇收取该公司支付的19万元。

2011年5月16日23时21分，时微博认证鼎晖创业投资合伙人的网友“@王功权”（UID：1525396581，已被依法注销）微博发布称，“各位亲友，各位同事，我放弃一切，和王琴私奔了。感谢大家多年的关怀和帮助，祝大家幸福！没法面对大家的期盼和信任，也没法和大家解释，也不好意思，故不告而别。叩请宽恕！功权鞠躬”。这条微博被瞬时间传播，一小时内转发近5000次，评论近3000条，引发全网热议。同时，该微博成为红极一时的“私奔体”的例句格式。

2011年5月17日14时36分，网友“@蔡成平”在故宫博物院官方微博“@故宫官网”（UID：1655363172）为“锦旗错字门”发出道歉信的微博评论中说，“故宫博物院副院长纪天斌到北京市公安局赠送锦旗，是纪天斌亲手送给北京市公安局长的。纪天斌到底是副院长还是保卫处长？若为副院长，那算不算‘院领导’，道歉信怎么能说‘下午媒体播出’后，‘院里才发现’呢?”“@故宫官网”微博针对此评论互动说：“先生，你现在批都马后炮了，这些人家早都批过了。财经记者就别在非专业领域当专家啦。”随后两个小时，“@故宫官网”在和“@蔡成平”数回合的交锋中还称，“我们只是想说您现在这么批已经没意思了，第一波想出名的人已经出名了，您晚了一步，下次赶早。”这样的“辩论”引起了网民的围观。过程中，“@故宫官网”一度“拉黑”了“@蔡成平”，在被指出后又恢复了其评论权限。最终“@故宫官网”道歉：“今天对蔡先生不尊敬的后果由我小编一人承担，请各位媒体大人手下留情，不要再因为这件事发起新一轮声讨了，真的跟官方的态度无关。”

2011年5月17日23时26分，时任北京市环境保护局副局长、新闻发言人杜少中在其个人官方微博“@巴松狼王”（UID：1244589914）发布“更名说明”，将原微博名称更名为实名“@杜少中”。他在微博中写道，“我很喜欢‘巴松狼王’这个名字，它是我和老朋友们友谊的见证，但一些新朋友们说找起来很费劲。为此，我接受昨天一个新粉丝的建议——名正言顺说环保。从现在起完全改用实名，把‘巴松狼王’留在MSN里，留在我和朋友们的记忆里。承蒙错爱，感谢关心！”然而此条微博发出后，却被众多粉丝表达了“抗议”。网友“@北京男人海洋”说，“啊！杜局改名啦～～我还是喜欢狼王这个名字，已经习惯每天在围脖里看到这个霸气十足、自由强捍的名字了～～”。“@二三狼烟”则说，“名字是代号，我们重视的是人，呵呵！您叫什么都没关系啦”。6月24日11时21分，杜少中更新微博宣布，“亲爱的新老朋友们，别说我折腾，我要回归自然，恢复点野性，从今天起恢复原来的名字——巴松狼王”。

2011 年 5 月 18 日，安徽省阜阳市颍泉区公安分局官方微博“@颍泉公安在线”（UID：5317493745）发布消息称：“暴力抗法者之所以嚣张狂妄，暴露出一些地方行政执法的疲软，公权的萎缩。唯有迎头痛击，方能扶正驱邪，固我江山。”微博一发，立即蹿红，引发舆论关注。网友认为该微博“语言咄咄逼人”，显示着“公权力的暴力”。

2011 年 5 月 19 日，美国华文媒体《侨报》发表题为《美籍华人越洋求助，广东“平安肇庆微博”伸援手》的新闻故事，讲述了美籍华人网友“@微笑微笑再微笑”在 4 月下旬通过网络找到“@平安肇庆”微博，并得到警方协助处理一起交通事故赔偿案的故事。该美籍华人说，他是从美国的媒体上知道“@平安肇庆”（UID：1700207693）的，没想到一试果然受益。

2011 年 5 月 20 日 8 时 13 分，时任中共浙江省委组织部部长蔡奇在其个人腾讯官方微博“@蔡奇”动员部署节电工作，微博称：“入夏以来浙江出现严重电荒。为了共克时艰，要求全省组织系统带头节约用电，限用空调，低碳办公，让电于民，希全体组工干部互相转告，共同遵守。”此微博同时“@”抄送浙江省委组织部腾讯官方微博“@之江先锋”落实节电具体事宜。之后，300 多名网友转播和评论了这条微博。宁波、湖州、台州等组织部门官方微博积极响应，表示组工干部要带头做好节电工作。

2011 年 5 月 26 日，中国健康教育中心/原卫生部新闻宣传中心在北京宣布，正式启动“无烟医院随手拍”活动，并公布了该活动在新浪微博的官方账号“@随手拍支持控烟”（UID：2138043973）。时任中国健康教育中心主任毛群安说，希望借助网络微博这样新兴媒体的力量，让更多的人参与到落实室内公共场所禁烟行动中来。毛群安表示，中国健康教育中心和新浪网将对网友上传的信息进行整理统计，针对较集中曝光的机构或地区，将在各省级卫生行政部门配合下督促被举报单位进行查实和反馈。

2011 年 5 月 26 日，《人民日报》发表了题为《倾听那些“沉没的声音”》的评论文章。文章说，那些为网络关注、被媒体聚焦的热点事件，只是“冰山的一角”，海面之下这些体量更大的冰块，才是让冰尖浮出水面的庞大基石，也才是决定社会心态的“潜意识”“核心层”。文章认为，“发出声音，是主张利益的基础。有利益的表达才有相对的利益均衡，有相对的利益均衡才有长久的社会稳定。事实表明，诸多矛盾冲突事件背后，往往是利益表达机制的缺失。从这个角度看，维权就是维稳，维权才能维稳”。“要尽可能多地倾听社会各方面的声音，兑现社会公众的表达权，对于维稳大有好处。在众声喧哗中，尽可能打捞那些沉没的声音，是社会管理者的应尽之责。”

2011 年 5 月 26 日 9 时 18 分至 9 时 45 分，江西省抚州市人民检察院等三地先后发生爆炸，造成 3 死 5 伤。犯罪嫌疑人钱明奇当场死亡。此前，他因拆迁补偿纠纷上访已达十年之久。当天 15 时 09 分，江西省抚州市公安局官方微博“@抚州公安”（UID：1942362003）发布消息称，“政府即将召开新闻发布会，有关详情请看官方网站公布消息”。而 27 日《东方早报》报道，“新闻发布会不了了之”，且至少三家采访单位记者的相机、手机遭没收，而在抚州市委市政府门户网站上也没有相关新闻发布。6 月 4 日，原抚州市临川区委书记傅清、区长刁东森被免职。“5·26”事件后，钱明奇在事发前通过其个人微博“@钱明奇”（UID：1773401361）所讲述的维权遭遇、利益诉求表达，以及明确公示的其拟实施作案的方式、时间等大量细节信息被网友和媒体发现，也使得此案件性质与主要情节在极短时间内得以确证，同时为对相关官员的问责起到了不可忽略的作用。遗憾的是，悲剧发生前，抚州相关政务微博无人问津和回应钱明奇的这些微博信息。

2011 年 5 月 26 日，有微博疯传 2009 年“6·30”醉驾致使 5 死 4 伤的肇事人张明宝已经出狱，“张花钱买通人出狱”的传言四起。当日 16 时 59 分，江苏省南京市委宣传部新闻发布官方微博“@ 南京发布”（UID：2097024354）迅速求证后权威辟谣，“近日有网民发贴称，因醉酒驾驶酿下 5 死板伤的南京市江宁区‘6·30’特大交通事故案的主角张明宝，已经保外就医回家。江苏省监狱管理局对此传闻加以辟谣：张明宝现在仍在苏州某监狱服刑，网帖内容属于谣言。”

2011 年 5 月 27 日，网友孙策拍发照片向时任北京市环保局副局长、新闻发言人杜少中的个人官方微博“@ 巴松狼王”（UID：1244589914）投诉称，通州区梨园南街的金隅 7090 小区附近化工厂、光盘厂、印刷厂、化粪池密集，一年到头都有异味在小区内“飘动”，7000 多名业主饱受“臭味”侵扰。正出差在外的杜少中立即微博互动回应，5 月 30 日一大早致电咨询，并对其微博中提供的照片和线索进行详细询问，并协调部署北京市环保监察大队开展执法调查。5 月 31 日，北京市环保监察大队和通州区环保局 4 名工作人员通过对该小区周边空气环境观察监测和实地走访居民和物业公司了解后，查明污染源，并责令多家污染厂家限期整治。在此基础上，杜少中再次实地暗访，并于 6 月 4 日协调开展了通州区水务、市政、城管、环保等多部门现场联合执法调研活动。6 月 28 日，北京市环保局发布通报，水务部门将尽快解决碧水污水处理厂进水明沟问题；2013 年之前，小区附近的通州区污物处理站将搬迁；最大的异味来源东方化工厂也将于 2015 年前整体搬迁。这是北京市首次处理微博举报的环保污染问题。

2011 年 5 月 31 日 8 点 01 分，疑因丈夫有外遇，网友“@ kelly 小妞 - 啦啦啦”微博直播割腕自杀的过程。整个“直播”的过程持续了将近一个小时，一个小时内其微博被转发几千次，引起了网友的关注。在此期间，自杀女子亲属于 8 时 45 分许拨打 110 报警，民警迅速赶到现场处置，将该女子送往医院进行救治。

六月

2011 年 6 月 8 日 7 时 40 分左右，有感于江西上饶“医闹”的触目惊心，时任广东省卫生厅副厅长廖新波在其实名微博“@ 波子哥 - 廖新波”（UID：1228977142）中看到网友“@ 亲爱妈咪”互动留下的评论后，再次激起义愤，他将该网友的评论稍作编辑后重发新篇：“网友愤怒了：上饶医闹，砸坏医院，暴打医生致残，生命垂危。医护人员求救公安，竟以不介入医疗纠纷为由，拒绝求救，导致百多名医护人员抗议。虽上饶离我们很远，但心里特别难受。医生也是人，无怨无悔地奉献青春，守护生命，他们的安全谁来保护？今是高考，唯告学子：要有尊严，别学医！”该微博迅速引发网友强烈关注，在不到两小时里，就被网友狂转 800 余次，评论超 300 条。时值全国高考第二天，上午 9 时许，《华商晨报》官方微博“@ 华商晨报”以“广东省卫生厅副厅长劝高考生别学医”为题，发布了廖新波奉劝高考考生“要有尊严，别学医”的消息。当天傍晚，《羊城晚报》第一个以“广东副厅长劝别学医称无尊严”为题登上纸媒报道。随后，晚点在太原机场的廖新波同时在微博和博客上发布题为《要有尊严，别学医》的文章，对事情经过及其原委进行了详细解释说明。10 日凌晨，“@ 波子哥 - 廖新波”再发题为《再续“要有尊严，别学医”》的微博文章，他写道：“学医者对于前途早已存在的悲观思潮，并非我说没有就没有。为什么不把一种早已存在的思潮客观的告诉涉医者呢？为什么总以‘掩耳盗铃’之态‘安慰’学子呢？媒体真的应该到网海中，到医生中多了解目前医生的生存状况，而不是挑起学子对一位直言官员

‘问责’和‘兴师问罪’。……”

2011年6月9日，基于微博而发起的“爱心衣橱”的慈善项目宣布成立。“爱心衣橱”基金由时任中央电视台主持人王凯与马洪涛发起，旨在将明星和主持人捐出的有纪念意义的戏服、出镜装、礼服、演出服进行线上和线下的拍卖、义卖，以筹集到善款为贫困地区的孩子们定制防风防雨防寒保暖美观的校服，并扶持孩子们的艺术教育和审美教育。

2011年6月14日，因南京遭遇3次秸秆燃烧致重度污染而没有及时回应社会关切，江苏省南京市环保局官方微博“@南京环保”（UID：2131828884）就此失误行为通过微博向市民公开道歉。6月15日，“@南京环保”本想在匿名参与一项由媒体发起的“是否接受南京市环保局在6月14日微博向市民的公开道歉”的民意调查时，为自己“拉一票”，结果弄巧成拙，将此自我投票选项公开分享发布至官方微博。网友们直呼“有喜感”，“自己接受自己的道歉”，“自我肯定”。

2011年6月20日，网民郭美玲在其微博“@郭美美baby”（UID：1741865482）公然炫耀其奢华生活，晒出了自家的大别墅、二十岁生日礼物之玛莎拉蒂跑车、数十个价格不菲的名牌包等各种炫富内容，而真正引发网友转载和热议的，是她的新浪微博认证身份——“中国红十字会商业总经理”，微博舆论场引起轩然大波。6月22日中国红十字会称“郭美美”与红十字会无关。

2011年6月20日，时任江苏省溧阳市卫生局局长谢志强误将开放传播的微博当作私密聊天的QQ，在其个人微博“@为了你5123”（UID：2091425792）与一名女网友“@Y珍爱一生Y”（UID：2176007034）情色露骨地调情，二人的微博互动记录被网友截图传播，引起无数网友笑谈围观。6月22日下午，中共溧阳市委召开紧急常委会研究决定，撤销谢志强溧阳市卫生局党委委员、副书记职务。同时，经溧阳市第十四届人大常委会第二十二次会议表决通过，撤销谢志强市卫生局局长职务。

2011年6月26日晚，网友“jiaoao592”在天涯论坛发表网贴《太假了，我县的宣传图片》，爆料称四川省会理县政府官方网站涉嫌宣传造假，某相片显示三名领导“漂浮”视察“新建成的通乡公路”。该帖迅速惹来众多网友围观。随后该图片信息被“搬运”到微博，舆论再度火爆，而网友们也开始以涉事图片为原型开始PS大赛，微博不断出现“会理领导一日环游世界各地视察”系列套图。6月27日下午，四川省会理县人民政府官方微博“@四川省会理县政府”（UID：2203793661）火线注册开通。

2011年6月26日17时，“领导悬浮门”事件后，四川省会理县政府官方网站发布落款为“孙正东”的《向网络媒体、各位网友致歉信》文章。信中称，“孙正东”是会理县政府办负责跟随领导视察拍照的工作人员，6月16日在政府网站刊发通讯稿时对该张照片做了拼接、修改，“孙正东”表示“向各有关网络媒体和广大网友表示深深的歉意，恳请谅解”。18时24分，“@四川省会理县政府”微博正式回应“悬浮照事件”，对此事道歉并澄清。18时40分，“@四川省会理县政府”贴出领导视察的原图并再次致歉。

2011年6月27日晚开始，“孙正东”在其个人微博“@会理县孙正东”（UID：2141797217）上公开转发并轻松调侃点评网友的PS恶搞图片作品，网友对会理印象也随之逆转发生改变。随后，新浪四川旅游频道官方微博“@浪迹四川”借机宣传会理的历史文化和名胜特产。6月28日，“@会理县孙正东”微博开始转向宣传会理及其旅游资源，称“大家PS了一天一夜，一定很累了，欣赏几张我们会理的照片吧！”“会理是座有着两千多年历史文化的古城，也是古南方丝绸之路的重镇，看看美丽的会理吧，绝对没有 PS 哦～。”此后几天，会理石榴、会理古城开始从“@会理县孙正东”走进网民的视野。不少网友表示，在 PS 的欢乐之余，“对会理产生了浓厚兴趣，很想去旅游”。

七月

2011 年 7 月 1 日早上，广东省肇庆市公安局官方微博“@平安肇庆”（UID：1700207693）收到一网民紧急求救信息称，其在昨天 21 时被多名男子从高要市某地绑架至肇庆市区某酒店，值班员立即向市公安局刑警支队报告。随后，肇庆市公安局刑警支队和公关科派出警力，会同端州公安分局宝月派出所民警赴现场，成功解救当事人，犯罪嫌疑人邓某、孔某被公安机关行政拘留。

2011 年 7 月 4 日，广西柳州市公安局官方微博“@柳州公安”（UID：1770545650）通报，该市公安局巡警支队反扒大队通过网友 6 月 20 日在其官方“反扒微博”提供的信息线索，成功侦破一个专门盗窃名牌服装的团伙，抓获 4 名女团伙成员，查获涉嫌被盗服装一批。

2011 年 7 月 5 日 11 时 40 分，知名运动员田亮在其个人官方微博（UID：1649166140）上发布消息称其外婆走失，希望网友们转发帮忙，网友云集响应。不到一个小时，叶一茜和田亮先后发微博说，“刚刚收到消息，外婆被好心人找到并送到医院，谢谢朋友们的转发与关心！”

2011 年 7 月 8 日下午，上海市徐汇区公安分局交通警察支队官方微博“@徐汇交警支队团总支”（UID：2162514652）发布微博：“亲～被通缉的逃犯们，徐汇公安‘清网行动’大优惠开始啦！亲，现在拨打 24 小时客服热线 021－64860697 或 110，就可预订‘包运输、包食宿、包就医’优惠套餐，在徐汇自首还可获赠夏季冰饮、清真伙食、编号制服……亲，告别日日逃，分分慌，秒秒惊的痛苦吧，赶紧预订喔！”微博配图上，身着红色囚服的流氓兔站在铁栅栏后，图片上方是“通缉令”三个黑色大字。这则“微博通缉令”被网友誉为“最萌通缉令”，也成为政务微博“淘宝体”的开篇之作。

2011 年 7 月 9 日 21 时 53 分，腾讯微博网友“@kakapo”向山东省济南市公安局腾讯官方微博“@济南公安”发出紧急求助称，“急求黄台派出所柳行警务室警官手机号码，有急事与之联系！”9 时 59 分，该网友再次更新求助，讲明了详情：“求助，住东太平庄 3 号 412，现在青岛，今早上临走忘了关风扇，要一周之后回来，房东电话暂停服务，连开一周的风扇会不会引发火灾？坐卧不安中……”接到求助后，“@济南公安”微博负责人立即联系社区民警将屋内电源关闭。“出差男忘关风扇微博求助，800 里外‘遥控’公安关停”成为一时佳话。

2011 年 7 月 12 日，清华大学学生微博协会官方微博“@清华大学微博协会”（UID：2001981217）发布消息称，“熊华春，清华数学系 2011 届博士毕业生，10 天前刚刚离校，却不幸在这医疗保障的缝隙里被确诊为 M5 型急性白血病。他家庭困难，全家仅靠每月 1000 元生活补助费维持生活。如今他正常入职已无可能……”这条微博一经发布就得到了网友大量关注和转发，熊华春的困境与悲惨遭遇牵动无数人的心。当天，熊华春同门师妹赵蕾代其注册开通募捐微博“@清华大学熊华春”（UID：2240885452），并于 18 时 48 分发出第一条微博向网友的关注表达感谢。7 月 19 日，由清华大学数学系党委、工会领导以及师生代表组成的“救助熊华春捐款管理领导小组”正式成立，并宣布，鉴于已募到的捐款可以满足熊华春现阶段治疗所需费用，暂时关闭捐款账号。7 月 26 日晚“@ 清华大学熊华春”公示：“四个银行账户及支付宝共募得 369591. 01 元，Paypal 账户 3110. 99 美元，另有校内募捐款 132944. 41 元。以上款项存入清华大学校基金会专开基金项目，全部以公对公形式支付熊华春医疗费。目前已向医院预付 10 万元医疗款，请大家继续监督捐款使用状况。”7 月 21 日所有募捐银行账号全面销户或注销关闭。10 月 28 日 19 时 37 分，“@ 清华大学熊华春”更新消息说，“我出院啦，在一次次入院与出院的过程中，在和病友们排列组合地睡病床的过程中，我们都变得更坚强了”。然而，不幸的是 2012 年 8 月 18 日，熊华春因并发症再次入院后，经抢救无效离世。当日 14 时 06 分，“@ 清华大学熊华春”发布此一消息：“小熊一路走好，我们很荣幸在生命的轨迹里和你有过交集。[蜡烛]。”

2011 年 7 月 14 日，银川市委办公厅、市政府办公厅官方微博“@ 问政银川”（UID：2239586647）正式开通。当天，“@ 问政银川”即通过微博的“@”功能直接“点名”，督导银川市西夏区党委、政府官方微博“@ 西夏微博”（UID：1920125313），银川兴庆区党委、政府官方微博“@ 兴庆微博”（UID：2167231825），银川市园林管理局官方微博“@ 银川市园林管理局”（UID：2150898240。现更名为“@ 银川园林”），原银川市建设局官方微博“@ 微博银川建设”（UID：1630695947。现更名为“@ 银川住建”），银川市住房保障局官方微博“@ 银川市住房保障局”，原银川市物业管理办公室官方微博“@ 银川市物业管理办公室”（UID：2139417593。现更名为“@ 银川物业”）等多家政府机构微博加速处理网友反映的各种问题。同日，“@ 问政银川”还就网友反映的银川公交问题，在微博互动中公开对“@ 银川交通”（UID：1256656810）做出“工作缺乏责任心”的批评，赢得了大批网民的叫好。

2011 年 7 月 14 日，曾在四川省会理县“领导悬浮门”事件中化解危机而出现的“孙正东”微博“@ 会理县孙正东”（UID：2141797217）披露并声称：“其实我不在会理县，更不是孙正东，那次美丽的巧合，我冒名说了个自认为善意的谎言。感谢大家这段时间的开心互动，或许正因有了不满和批判、宽容与谅解，才让微博的声音显得如此动听。”

2011 年 7 月 15 日中午，某实名微博发布消息称，“线人爆料：今天上午 10 时许，延庆县康庄镇商业街一农业银行网点遭到抢劫，嫌疑人逃走”。不久又滚动出一条信息，“12 时 50 分许，农行延庆支行康庄分理处，大门周边都被警戒线封锁，营业厅外，十几名警察正在现场做记录”。两条微博让不少网友都以为发生了“抢劫银行”事件。当天 21 时 43 分，“@ 平安北京”（UID：1288915263）发布辟谣消息称，“7 月 15 日上午 9 时 30 分许，市公安局接一司机报警称，一男子在延庆县康庄镇附近将其胁迫驾车行至康庄某银行附近，该男子自行逃离。接报案后，警方迅速开展工作，于当日 17 时 10 分，在京藏高速公路康庄收费站将犯罪嫌疑人闫某抓获”。

2011 年 7 月 16 日 13 时 45 分，新疆维吾尔自治区北疆晨报记者王子在其微博“@ 夜妖说”（UID：1967581931）发出了寻找一部“特殊手机”的动员启事。微博写道，“一位母亲跪寻丢失的手机，手机是她儿子生前留下的遗物，里面有儿子生前录音，里面是留给她的话……她是一名环卫工，7 月 3 日，在（新疆克拉玛依市）白碱滩区 5 区 15 栋附近打扫卫生时丢的，哪位捡到，期待您能还回手机，那是一位母亲的全部寄托”。微博发出后引起包括赵薇等明星在内的大量热心网友关注互动，微博转发超过 12 万。7 月 20 日 14 时 52 分，环卫工为此也专门开通微博说，“我是王国兰，感谢大家对我的关注，帮我寻找手机，谢谢网友们”。克拉玛依市白碱滩区公安分局领导得知此事后，派民警主动上门联系协助。7月29日，民警通过线索排查找到拾遗者，但是手机却被其称送给了伊犁的亲戚。于是民警当晚驱车9小时近600公里于次日凌晨3点抵达伊犁市，却又发现手机还有两次转手经历。最终，民警在4天辗转4县市、行程超过1700公里后追回该手机。8月3日上午，王国兰接过手机激动地说：“儿子啊，你终于回来了!”并忍不住抱着随行女记者放声痛哭。当天，她在为公安局送去的锦旗上写道：“找回爱子生前手机，圆了一位母亲心愿。”

2011年7月19日上午9时07分，河南省郑州市交巡警五大队民警杨华民在其个人官方微博“@杨华民”（UID：1635664560。微博认证：全国先进工作者、郑州市花园路农业路交通示范标准岗岗长）配发图片微博说道：“跑掉两只车轮的公交车硬着陆!”照片上，一辆公交车紧贴护栏停在花园路上，其右后侧双排车轮不见了。微博一发出，立即引起不少网友关切询问有无人员受伤，大家都说经常坐K9路，车轮跑掉太吓人了。在线得知是一车空车，且司机也未受伤后才松了一口气。在随后的两个多小时，交警杨华民坚持原地疏导交通，组织抢险清障，全程微博“微直播”并提醒市民网友绕道。

2011年7月20日，经济学家郎咸平在其微博上发文称“红十字会存在三大腐败”，“第一垄断红十字会品牌。例如成立商业红十字会，旗下再成立例如王鼎公司独享利润。第二垄断血液骨髓。无偿接受老百姓的捐献，血液以每百毫升百元高价卖给医院，骨髓收取5万元高价。第三垄断公益类房地产。例如曜阳国际老年公寓，竟然还构建了291平方米的豪华别墅。红十字会几乎无偿取得土地，和北京城建合作，以高于周边地产的高价卖出”。7月21日18时27分，中国红十字会总会官方微博“@中国红十字会总会”（UID：2205860842）正面回应称，“郎咸平先生指责红十字会‘垄断红十字会品牌’，这种指责是不负责任的，是在法律上无知的表现。”间隔一分钟后再发微博：“郎咸平先生通过微博指责红十字会‘垄断血液’，这一说法完全不符合事实。”中国红十字会解释道，红十字会只参与无偿献血的宣传、动员和表彰工作，血液的采集、化验、保存和使用等工作具体由政府卫生部门负责，中国红十字会在参与无偿献血工作中从不收取任何费用。而且，红十字名称和标志是受《日内瓦公约》及其附加议定书等法律保护，不存在“垄断品牌”。7月22日8时49分，对于郎咸平关于“垄断骨髓”一说，“@中国红十字会总会”回应称，“中华骨髓库”采取代收费形式从接受方收取2万元用于支付上述费用，并按实际情况多退少补，中华骨髓库不留分文。7月22日9时05分，“@中国红十字会总会”转发中国红十字基金会官方微博“@中国红十字基金会”相关微博，再对郎咸平在微博中提到的“曜阳国际老年公寓”问题做出回应称，“这是中国红十字基金会适应人口老龄化国情，探索由公益机构与爱心企业合作，建立一种公益性服务与市场化运作相结合的新型社会养老模式。土地通过挂牌出让有偿获得，投资全部由企业承担”。

2012年7月23日下午，为悼念在北京“7·21”暴雨抢险中牺牲的战友——北京市公安局燕山分局向阳路派出所原所长李方洪，以及在那个夜晚所有不幸的罹难者，北京市公安局官方微博“@平安北京”（UID：1288915263）将原鲜亮色系的微博头像去色后变为灰色，以寄托哀思。2012年7月21日17时20分许，李方洪在辖区积水严重的凤凰亭村冲入水中救助群众时，李方洪走到村西头的电线杆时，因触碰到电线杆的拉线而倒了下去。牺牲前，李方洪带领民警共救出63名群众。

2011年7月23日20时27分，在甬温线D301次动车车厢里，网友“@Smm_苗”

（UID：1890955222）在自己的微博上写道：“狂风暴雨后的动车这是怎么了?? 爬的比蜗牛还慢…可别出啥事儿啊…”。这条配发照片的微博，成为“7·23”甬温线特别重大铁路交通事故发生前3分钟最早记录征兆的现场微博。

2011年7月23日20时30分05秒，在甬温线浙江省温州市境内，由北京南站开往福州站的D301次动车与杭州站开往福州南站的D3115次动车发生动车组列车追尾事故。事故发生8分钟后的20时38分，新浪网友“@袁小芫”（UID：1144332832）在现场用手机移动发布微博，传出了该事故的第一条即时消息：“D301在温州出事了，突然紧急停车了，有很强烈的撞击。还撞了两次！全部停电了！我在最后一节车厢。”这一条微博让数万网民在第一时间获悉突发事件信息。

2011年7月23日20时47分，在“7·23”事故发生17分钟后，网友“@羊圈圈羊”（UID：1736782135）在出事车厢内发出第一条求助微博：“求救！动车D301现在脱轨，在距离温州南站不远处！现在车厢里孩子的哭声一片……快点救我们！”

2011年7月23日20时54分，“7·23”事故车厢现场，网友“@Smm_ 苗”（UID：1890955222）持续更新微博：“动车真的出事故了，一朋友亲眼看到一辆动车开得很慢，后面一辆速度超快的撞了上去，还看到动车冒烟了……”

2011年7月23日21时05分，“7·23”事故车厢现场，网友“@羊圈圈羊”（UID：1736782135）滚动更新微博，发布目击现场见证：“火车现在处于倾斜状态，车内封闭，前面几节车厢基本连撞了。”

2011年7月23日21时27分，“7·23”事故车厢现场，网友“@Sam是我”（UID：1768019320）微博称：“确切的消息，D3115次列车15号车厢断裂脱轨！不确切消息，15号车厢一死一伤！我所在的2号车厢一人被空架物品砸伤！”

2011年7月23日21时35分，“7·23”事故发生后，从附近赶到现场的网友“@摄影师小刀的地盘”（UID：1670890060）发出首张坠落地面的损毁列车的车体图片，微博配文：“杭州到福州动车双屿发生坠落事故，目前各部门在紧急抢救中……”他的微博持续以图文发布，成为事故发生后网友了解现场境况的第一窗口。

2011年7月23日夜，通过微博，时任浙江省委组织部部长蔡奇对当晚发生在浙江境内的“7·23”事故给予了高度关注，这也是当晚通过社交媒体最早关注并线上介入“7·23”事故的国内最高级别的党政公务人员。22时33分起，蔡奇在个人腾讯网官方微博“@蔡奇”转评中新网温州记者的消息时直接进行线上救援部署：“严重关注这起脱轨事故！请浙江卫生帮助。”22时54分，互动发布：“已联系温州市，市党政领导正在现场全力组织施救。”23时02分，转发浙江省卫生厅腾讯网官方微博消息：“我厅（浙江省卫生厅）现在已经由杨敬厅长，马伟杭副厅长、医政处长等人分别带领浙一、浙二、省人民医、台州医院等四支医疗队火速赶往事故现场，开展医疗救援。由叶真副厅长负责总调度指挥。省血液中心已做好充足准备，确保救援用血。请附近医疗队有序组织，火速赶往救援现场，进行支援。”23时10分：“已电告温州市委组织部，积极配合做好抢救工作。”23时11分：“温州医院已收治105人。”23时15分：“浙江吕省长正赶赴温州出事地。”23时26分：“省委书记赵洪祝出访在外，专门致电全力抢救。”23时37分：“央视刚在播发突发新闻。”23时47分：“现场又发现4人遇难，现累计遇难16人。”23时54分：“浙江卫视正在直播！”

2011年7月24日凌晨，时任浙江省委组织部部长蔡奇通过其个人腾讯网官方微博“@

蔡奇”持续保持对“7·23”甬温线动车事故的关注和直播。零时21分：“现场累计抢救出169人在医院，其他车厢人员基本疏散。但车厢因撞击严重变形还无法准确统计里面人数。”零时24分，互动转发消息：“温州血液库存告急，正在从丽水和各县调集血液。其他献血点晚上不一定有设备。省卫生厅在征调全省血液库存救急，恳请温州本地的网友救急!!”并在线动员称，“请温州市同学献爱心!”零时38分：“现在省市正在全力有序组织施救，抢救伤员，有关消息会由新华社正式对外发布。我们共同祈祷这趟动车所有人员平安，若需要帮助，省里会统一调遣。”1时43分：“20秒钟就有1辆救护车到现场。抢救出人数上升到190名。温州网视频在直播，参加救援警力达1400多名。”上午10时14分：“震惊！昨晚两辆动车在温州段发生特大追尾事故，死亡33人，受伤近200人。神速！省市党政领导带各路救援人员第一时间赶赴现场，全力组织施救，20秒钟1辆救护车，温州所有医院通宵抢救。感动！温州市民闻讯后连夜纷纷赶赴采血点义务献血，出租车司机免费接送，整个微博世界在传递爱心。不眠的一夜!!!”11时37分：“还有反思。这么大的事故，怎么能归咎于天气和技术性因素？又该谁来埋单？铁道部门应痛定思痛，从中汲取深刻教训：铁路再提速，也要安全第一！生命伤不起啊!!!”

2011年7月24日12时25分，“7·23”事件后中国红十字会总会官方微博“@中国红十字会总会”（UID：2205860842）及时介入并发布消息：“发生在温州的特大动车追尾事故牵挂着全国人民的心。中国红十字会总会和中国红十字基金会24日上午决定各提供15万元的人道救助基金共计30万元，请浙江省和温州市红十字会代表总会和基金会前往慰问。”此条微博被网友转发超14万次、评论近8万条。然而，缘于同期“郭美美”微博炫富所引发的信任危机，网友转评中充斥着不信任的情绪表达，“亲，留给郭美美买包吧”成为大多数网友千篇一律的复制评论。

2011年7月25日，网友“@舞美师”（UIDD：1229327625）发出的一条图文微博让无数网友瞬间飙泪。24日下午，“一只军用搜救犬发现一位大爷，它就钻进里面，结果塌陷了，当战士们将其挖出的时候，发现军犬的内脏已经砸烂。这只狗狗在这几天已经发现了35名幸存者，有32名获救。听到噩耗，狗的主人负责人李指导像失去孩子父亲般失声痛哭”。图片中，一条军犬趴卧地面，其身旁是一位身穿橘红衣救援战斗服的军人。此条微博被转发156738次，评论20130条。

2011年7月26日上午10时50分，实名认证“远光软件股份有限公司董事长，九三学社中央委员，珠海市政协常委珠海政协委员”的“@陈利浩”（UID：1969451625）发微博称：“向温州市特警支队长邵曳戎致敬！是他反对‘把车厢吊起放到地上清理’的指令，他的理由是：‘万一里面有生命呢？你怎么交代？’他坚持在铁轨清理，才有了小伊伊的得救。呼吁支持为邵曳戎记功!”并表示：“本人承诺：凡本微博被转发一次，就捐献一元给小伊伊!”这则微博很快得到了网友的关注并被大量转发。4分钟后，10时54分陈利浩更新微博补充修订规则：“在24小时内转发有效。”10分钟后，他再次更新：“按照朋友建议再补充：上限为100万元人民币。”至27日10点50分转发活动结束，“爱心微博”共被转发907382次。11点06分，陈利浩发布结果：“已经24小时。虽然转发数还不到100万，但网友的踊跃爱心和各界的密切关注，一定会让24小时前的这条微博成为我一生最深刻、最有意义的回忆。按照网友的建议，我决定捐款1072417.20元，以对应小伊伊的获救时间：7月24日17点20分。因为我相信：这一时刻，也会在我国的社会进步进程中具有特殊的意义。”针对有网友质疑"为什么要用转发微博的方式、而不是直接捐助?"陈利浩说，"我想通过转发的方式让更多的网友了解到，我们有这样的人民子弟兵，他们以人民的生命和尊严为自己的最高利益、最高命令，值得我们崇敬!"2011 年 12 月 18 日，广东省民政厅批复同意陈利浩申请设立的"广东省依依关爱儿童基金会"。

2011 年 7 月 27 日 21 时 46 分，网友"@主播曾慧君"（UID：1030648103）发微博称，一辆车与其相撞，对方称自己的车辆是中山市政府的，并威胁博主。该微博立即激起了众多网友的义愤，并有网友"@"中共广东省中山市纪律检查委员会、中山市监察委员会官方微博"@中山纪检监察"（UID：1898268005）关注。28 日上午 10 时 53 分，"@中山纪检监察"回复称，"已接到有关投诉件，市纪委监察局正在查处中。查处结果将尽快公布"。7 月 29 日 11 时 53 分，"@中山纪检监察"微博公布结果称，"经市纪委、监察局调查，市公安交警支队核查确认：粤 TK934×号轿车并非公务用车，车主为郑某，事发当晚驾驶员是车主本人。另据调查，郑某并非公务人员，最近两年其劳动关系在中山市火炬开发区某包装厂。因此，不涉及公务人员的违法违纪和作风问题"。

2011 年 7 月 29 日，腾讯微博认证用户"@郭瑶"发帖称，其一百天大的孩子在"7·23"事故中不在了，微博中上传了多张孩子的照片，并说其儿子生前手上戴的银色的小手镯不见了，上面有波浪花纹，"有看见的请通知我一下，希望你们能体会一个母亲的心，做做好事"。随后，强大的社会同情心让此条微博被转发数十万次，包括数百位媒体人和认证用户，甚至于很多网友跟帖说已经给这个郭瑶汇去了慰问金。然而，此事件很快被微博辟谣小组成员合理质疑，并快速证实"郭瑶"用户是假冒遇难者家属借用他人照片发布微博，本意在于实施诈骗，而照片中婴儿已经 6 个多月且并未遇难。最终，账号"@郭瑶"被注销。

2011 年 7 月 30 日 18 时，实名认证微博网友"@时寒冰"（UID：1258463770）发文说："坐动车从郑州到武汉途中，旁边一位清华女生给周围人讲述清华人的骄傲。她说，她此行去武汉，有领导派'宝马'接。然后，她让周围的人看学生证等清华证物，引来一片羡慕。"23 分钟后，"@时寒冰"又发微博感评道，"大学应该以培养多少有人格的独立的知识分子或者对社会有奉献的人而自豪"，"大学精神沦丧带给青年学子的这种误导，是我们这个时代的悲剧"，"自信是不可或缺的，但踏实、勤奋更重要"。这条被网友称为"炫校姐"的微博一天被转发 3000 多次，评论超过 1200 条，引发舆论热议。华中师范大学社会学教授梅志罡表示，此一现象背后折射出的是"教育思想导向的错误，社会价值观的错误"。

2011 年 7 月 31 日，有微博网友发帖爆料，称捡到一个存有疑似官员"艳照"的 U 盘，该网友根据 U 盘上的其他文件推测，失主应该是昆明某发改委官员。此帖一经发布便得到众多网友"围观"。据网友根据上传的 3 张"艳照"对男主角进行人肉搜索后，认为图片中男子疑似昆明市发改委收费管理处副处长成建军。8 月 1 日，有媒体向昆明市发改委求证"疑似艳照"真伪时，昆明市发改委表示，网帖反映的内容不属实，照片上的人并不是他们单位的工作人员，他们已经向警方报案。8 月 4 日上午 8 点 55 分左右，昆明市委宣传部官方微博"@昆宣发布"（UID：1990226474）称，8 月 3 日下午，昆明市公安局公布"昆明市发改委官员艳照"检验结果：经昆明市公安局刑事技术检验部门检验认定，在网络上传播的"昆明市发改委官员艳照"三张图片，均为人工拼接修改后形成的。该微博帖不久即被删除。8 月 9 日晚，昆明市公安局向媒体通报，这是一起有预谋的利用互联网色情勾引实施敲诈勒索的刑事案件。8 月 10 日，云南省昆明市纪委监察局通报，在昆明市公安机关破获的首例利用互联网交友勾引实施敲诈勒索事件中，昆明市发改委工作人员成某因聚众淫乱，已被开除党籍、行政撤职，并移交公安机关依法处罚。

八月

2011 年 8 月 1 日上午，外交部官方微博“@ 外交小灵通”（UID：1938330147）在发布一则微博招聘信息时创新语风，被网友称为“淘宝体”和“咆哮体”，2 个多小时内被转载 4800 多次。微博全文：“亲，你大学本科毕业不？办公软件使用熟练不？英语交流顺溜不？驾照有木有？快来看，中日韩三国合作秘书处招人啦！这是个国际组织，马上要在裴勇俊李英爱宋慧乔李俊基金贤重 RAIN 的故乡韩国建立喔 ~ 此次招聘研究与规划、公关与外宣人员 6 名，有意咨询 65962175 ~ 不包邮。”

2011 年 8 月 1 日 22 时左右，青岛一名 23 岁的女网友在网上发出正在自杀的消息。2 日凌晨，热心网友将这一信息和一张显示割腕自杀的照片转发到新浪微博后，引起更多网友的关注，不少人自发加入寻找割腕失踪女孩的行列中。青岛崂山警方接到网友报警后，派出多个派出所民警连夜寻找女孩的下落。8 月 2 日早上 6 时，失踪了一夜的女孩自行回到了家中。

2011 年 8 月 1 日晚，一条在微博上热传的“艳帖”让河南省汝阳县人大某官员陷入“艳照门”，而发帖者“@ 河南洛阳下岗女工”正是艳照女主角。该网友爆料称，河南省汝阳县某人大常委会主任以给其安排工作为借口，多次骗取女色，而且受骗者并非一个女人。“今天我求助网络，我把他自拍的荒淫视频公布出来，希望有良知的网友有能耐的网友把他的行为曝光，也希望媒体加以关注。”8 月 3 日，经洛阳市纪委调查，确定网帖中的当事人为汝阳县人大常委会党组成员田汉文。汝阳县召开县委常委会，做出了停止田汉文县人大常委会党组成员职务的决定，待相关问题查实后，按有关规定从严、从重、从快处理。

2011 年 8 月 2 日上午，中央电视台《朝闻天下》栏目以“微博的伦理底线在哪里”为题，报道了微博上的造假现象，并质问微博造假者的道德伦理底线安在。节目播出后，“微博”话题在微博上被公众热议。有网友表示，要讨论“微博的伦理底线”首先要讨论微博的定位。也有观点认为，“央视的标题错了，微博是个平台不是人，所以谈不上什么伦理底线。只有对平台运营者和使用者可以讨论伦理底线。网友在现实世界中是什么伦理底线，在微博上就是什么伦理底线”。

2011 年 8 月 2 日 18 时 35 分，微博实名认证用户“@ 湘潭广电熊兴保”（UID：1965473717）发出的一条求助微博却让网友忍俊不禁，“微博求助：有谁能够帮忙提供加拿大著名导演詹姆斯 · 卡梅隆业务联系方式？他导演的《泰坦尼克号》和《阿凡达》成为电影票房史上最卖座的典范。刚组建的韶山红色文化旅游集团正在引进战略合作伙伴，准备斥巨资在韶山做一台大型实景剧，想请他做创意策划。请提供，请转发。谢谢了！”政府官员微博求卡梅隆的联系方式，很多网友开始在微博中嘲笑调侃。有网友提出质疑，“炒作！不过炒作得很搞笑”。还有网友指出，卡梅隆作为国际知名导演，片酬都是以千万美元计的，这个钱难道由政府出？对此，熊兴保用结果回击了这位网友，“向您报告，我们通过微博找到了他公司的联系电话与电子邮件”。对于网友质疑炒作一说，熊兴保没有否认，“借微博宣传韶山红色文化，也没什么不可”。

2011 年 8 月 4 日，浙江省开化县国土局副局长朱小红被免职，起因是其妻林菁 8 月初在微博“@ 夕阳下的秋叶”（UID：2196487031）接连爆料，称自己的丈夫朱小红是“国土贪官”，长期与有夫之妇江霞有染，为情人购车购房，房款“系赃款所得”。林在微博中还称“老公对我太绝情”，不仅打电话发短信叫她搬出家，而且边给她放哀乐边念悼词。“伤心绝忘（望）之下，逼得我不得不走到这一步。”8 月 15 日晚，联合调查组宣布朱小红涉嫌违纪；衢州市国土资源局党委决定免除朱小红开化县国土资源局党委委员、副局长职务，衢州市国土资源局纪委已对朱小红立案调查。

2011 年 8 月 4 日，网友“@ 秋天的童话 60”微博截屏爆料称，“现在这些领导官员们上班都在干嘛？上次我随意看微博，撞见一个‘党委办公室主任’在和露乳自拍的大波女在微博调情，也不避讳，是因为工作太闲了吗？”据图片显示，该微博认证信息为时任四川省成都市青羊区教育局党委办公室主任赵子俊。相关截屏配图显示，2011 年 4 月 12 日，赵子俊在该女网友发布的大尺度自拍图下互动表达“白、嫩、柔滑，喜欢”等，毫不避讳。此帖一出，立刻引来网友调侃拍砖。当天下午，四川省成都市青羊区教育局做出处理意见：成都市青羊区教育局称其上班时间违反工作纪律情况属实，“免去赵子俊同志局党委办公室主任职务，并调离局党委办公室；8 月 4 日下午召开局机关干部作风整顿大会，要求全体同志引以为戒，加强学习，提高自身修养，努力做好本职工作”。

2011 年 8 月 7 日，涉嫌聚众赌博罪潜逃两年之久的易某从甘肃赶回湖南省东安县公安局投案自首。据悉，他是在网吧上网时，看到湖南省永州市公安局官方微博“@ 永州警事”（UID：1595424264）于 8 月 5 日发布的《关于敦促在逃人员投案自首的通告》后，清楚自己在“微博追逃”名单信息之列，遂决定结束逃亡，向警方自首争取宽大处理。

2011 年 8 月 10 日，福建省福州市公安局官方微博“@ 福州公安”（UID：1925694254）敦促逃犯自首的一条“淘宝体”通报，引发网友热议。微博全文：“亲，想结束居无定所、四处漂泊的日子吗？想早日回到家人的身边吗？亲，家中的老母来已经哭干了眼泪；无助的孩子记忆里已经模糊了父亲的模样……亲，现在起至 12 月 31 日，您拨打 24 小时免费‘客服热线’110，包全身体检、包吃住……还有许多巨划算的‘优惠套餐’哦！您对此满意吗？满意请给五分评价哦！”

2011 年 8 月 12 日，时任美国驻华大使骆家辉携妻女从美国出发前往中国赴任的全程实时动态新闻出现在中国的微博上。网友“@ 唐朝晖_ adSage”（UID：1748584244）爆料称，“在 Seattle 机场咖啡馆巧遇美国新任驻华大使骆家辉及其妻子和三个孩子”，发现一行人行李都非常简单，“连保安也没有，他排在我前面买咖啡”。唐朝晖在微博中还透露，骆家辉在机场用优惠券购买咖啡而被拒。此条微博引发微博网友 27789 次转发和 7999 条评论。有中国网友感叹道：“很可爱，店员可爱，骆大使也很可爱！让人觉得大家都是在服务于人！没有地位的差异。”

2011 年 8 月 13 日 11 时 52 分，网友孙某发布了一条配发有一白衣男子被两男子摁倒在地，一把菜刀已经“切入”其右手拇指的图文微博，并称图中的白衣男子正是其湖南常德的表弟，该图片是山西晋中的传销组织人员通过彩信发送给表弟家人的。随后，山西省晋中市公安局官方微博“@ 晋中公安”（UID：1914281205）表示，“各区分局已展开行动”。当日 23 时许，“@ 晋中公安”发布消息称，李某已经被晋中警方解救。同时警方确认，李某手指完好，照片系摆拍，菜刀上原本就有缺口。此时，距孙某公开发布微博不到 12 小时。

2011 年 8 月 13 日晚，媒体人“@ 卓越兄”（UID：1402828774）在微博实时报道了其目击时任美国驻华大使骆家辉抵达北京首都国际机场的见闻。该微博写道：“悄悄地他来了，携妻带女。他身背双肩包，手提电脑包，裤头上还挂着一个带套手机。……若不告诉你图人是骆家辉一家，你定以为这是华强北的老板，刚从潮州老家过完节回深圳，带着满满的番薯粉，装着重重的菜干……”

2011 年 8 月 18 日，陕西省旬邑县马栏镇马栏村为了解决土豆滞销的市场窘境，开通了其村委会官方微博“@ 马栏村村委会”（UID：2318781274），这也成为全国最早最基层的村级政务微博。首条求助微博发出后被转发了 5 万多条，评论达到 1.3 万，全国网友及陕西省驻全国各地的商会、陕西籍微博名人积极参与宣传推广。广州易初莲花连锁超市有限公司官方微博“@ 卜蜂莲花 - 南区”（UID：1908979854）率先在线下单意向购买 2000 吨，上海佳惠超市意向购买 1000 余吨，深圳专供港澳的某企业彭老板也意向大批购买。8 月 22 日，百事食品（中国）有限公司内蒙古分公司在意向订购马栏村土豆的同时，决定实地考察并拟在马栏村实施 5000 亩薯片专用土豆种植基地项目，实行“订单农业”长期合作。

2011 年 8 月 18 日，中央电视台综艺频道官方微博“@ 央视综艺”（UID：2210168325）发布了两个 2012 年央视春晚征集令——“我为春晚献欢乐”“春晚 30 年——我和春晚的故事”，并承诺“一经采用，将给予相应稿酬”。

2011 年 8 月 19 日，在甘肃省张掖市甘州区陷入传销窝点的四川打工仔李某“@ 酒醉醉人心”通过手机发出的一条求助微博引发网友们的关注。8 月 20 日和 21 日，李某又连续发了 5 条求助微博。尽管李某的微博粉丝很少，但是他的求助微博一经发出便不断被热心网友转发。其间，甘肃兰州网友“@ 宜邪亦正”与李某保持了密切关注和互动。8 月 21 日 20 时左右，“@ 宜邪亦正”在确认了求助人所在的传销窝点的具体位置后，马上拿起电话报警。4 小时后，李某被甘肃省张掖市甘州区警方成功解救。

2011 年 8 月 20 日，网民“@ 中国秦火火”微博造谣称，“刚得到消息，铁道部已向动车事故中意大利遇难者茜茜协议赔偿三千万欧元（折合人民币接近两亿），据悉，这是铁道部参照欧洲法律中有关人身意外伤害条款后，不得不同意此赔偿协议。若此赔偿协议属实，将开创中国对外个人意外最高赔偿纪录”。8 月 21 日 11 时 20 分，铁道部辟谣回应：网传在“7·23”事故中遇难的意大利籍旅客获赔三千万欧元一事纯属谣言，并再次重申，对此次事故中遇难的外籍旅客，将依据《中华人民共和国涉外民事关系法律适用法》《中华人民共和国侵权责任法》等法律规定，与中国籍遇难旅客实行同一赔偿救助标准。

2011 年 8 月 25 日，广受社会关注的“微博诉讼第一案”——金山起诉奇虎 360 董事长周鸿祎微博名誉侵权案，由北京第一中级人民法院做出终审判决。二审法院基本接受周鸿祎的上诉理由，在二审判决中，将一审认定的应删除微博由原 20 条减少为 2 条，并认定其他微博内容尚未构成侵犯名誉权，赔偿款也由 8 万元减为 5 万元。诉讼费 60200 元，由金山承担 60000 元，周鸿祎只承担 200 元。该判决的意义在于，法院用了一定的篇幅对微博进行了司法意义上的定性：微博作为一个自由发表言论的空间，可以以个人的视角，通过只言片语，表达对人对事的所感所想，为实现我国宪法所保障的言论自由提供了一个平台。同时，由于微博上的言论具有随意性，主观色彩浓厚，甚至一些语惊四座的表达方式，都成为吸引“粉丝”关注的要素。特别是涉及批评的内容，还往往起到了舆论监督的积极作用。鉴于微博对丰富人们的精神生活具有一定的积极意义，每个网民都应该维护它，避免借助微博发表言论攻击对方，避免微博成为相互谩骂的空间。

2011 年 8 月 26 日，作家郑渊洁驾车经过北京朝阳区王四营桥时，因暴雨致王四营桥下严重积水，致使其堵车 3 小时。8 月 28 日 17 时 45 分，郑渊洁通过其个人官方微博“@郑渊洁”（UID：1195031270）以“纳税人郑渊洁”为落款并配发“个人所得税完税证明”图片，向时任北京市朝阳区区长程连元（现任云南省委常委、昆明市委书记、滇中新区党工委书记）发出“微博信”，反映桥下严重积水，并提议改造王四营桥下的排水设施。8 月 29 日，郑渊洁微博公示的电子邮箱收到了程连元通过朝阳区防汛办公室反馈的《关于 8·26 王四营桥积水问题的回复》邮件，并表示将尽快改进王四营桥下的排水设施。郑渊洁对复信较为满意，他说，“较快时间内给予回复，且没有官话、套话，都是实实在在地在说事儿，说明问题、分析原因，并告知下一步将采取什么措施”。很快，王四营桥下的排水管更换为直径更大的排水管。

2011 年 8 月 30 日晚，日本湖南人会会长段跃中在出演完日本 Nicovideo 网络电视台关于日本新首相诞生的直播节目后，已是当地时间晚上 12 点 10 分。在东京车站转车时天降大雨，一边乘车一边看微博的段跃中，突发微博寻雨伞的想法。23 时 47 分，段跃中在他的微博“@日本侨报段跃中”（UID：1802479691）发出了“我在山手线上野站，忘了带伞，还有十多分钟到池袋，看看有没有同行的童鞋？或者能否在池袋碰到打伞人？期待奇迹发生！”看到这条微博的博友，马上有多人互动，或询问或表达关切之情。1 时 06 分，网友“@左右曲下伊人立”（UID：1658681447）评论说：“住池袋的童鞋飘过……现在雨貌似还蛮大的，还需要吗？”1 时 24 分，段跃中最后一次回复“在池袋站三个大字下躲雨”。1 时 26 分，“@左右曲下伊人立”手持一把尼龙雨伞出现在段跃中的面前。对于本次雨夜微博寻伞的体验，段跃中在微博中说，“从发表求伞的微博到拿到雨伞，一共只有 40 分钟。这么短的时间能够获得博友送来雨伞，这充分说明微博不仅在中国国内影响越来越大，海外华人也在积极利用。可以说，微博已经深入到海外华人的日常生活当中”。

九月

2011 年 9 月 2 日 12 时 41 分，中国反传销协会官方微博“@中国反传销协会”发布了一条紧急求助信息称，24 岁的商洛女孩赵倩，在网上应聘时被叫去一个名叫深圳中航集团（后被证实是假冒的）的培训公司，到韶关后被非法拘禁 5 天。15 时 12 分，广东省韶关市公安局刑事警察支队官方微博“@韶关刑警”（UID：1861424272）回复，“您所反映的宝贵信息我们已收到，并转辖区公安机关。案件进展情况我们会及时公布”。22 时，警方成功解救赵倩。

2011 年 9 月 2 日凌晨，湖北省仙桃市电台 25 岁的 DJ 奕扬服安眠药自杀。从 9 月 1 日凌晨至傍晚发布最后告别期间开始，奕扬在其个人微博“@DJ 奕扬”（UID：2440099610）连发了 5 条情绪悲观的留言，他的许多同事、粉丝网友看到后纷纷留言鼓励、挽留，却最终没能阻止这个年轻生命的终结，此事件引发全国 DJ 行业震动。

2011 年 9 月 8 日，网民“@中华秦火火”微博造谣称：“中国红十字会再度发生大事，由于受郭美美及卢俊卿事件影响，红十字会七八月份捐款严重缩水，九月红十字会通过各地民政局发通知，要求各地单位企业职工按工作年限进行捐款，标准为工作一年一百块，工作两年两百块，以此类推。如有不捐，单位须从职工工资里扣，目前该规定暂于普通职工中执行。”9 月 16 日《每日经济新闻》对此事调查发现，北京、天津等地的公务员均表示，没有听说过红十字会通过民政部门发文件要求公务员和企业职工按工作年限捐款的事情。

2011 年 9 月 9 日上午 8 时 14 分，浙江网友“@薇薇”发出一条连呼“求救”的微博，称其男友徐凯和他朋友身陷传销，被困于安徽淮南田家庵区新淮村的农民房里。8 时 51 分，正在网上巡查的淮南市互联网宣传管理办公室工作人员发现该条微博后迅速转给了淮南市公安局官方微博“@淮南公安在线”（UID：1977407911）。9 时 54 分，“@淮南公安在线”回应“@薇薇”：“已安排辖区新淮村派出所摸排核实。如果了解到你男朋友的被困的确切地址，请及时告知。”从当日 22 时一直持续到次日凌晨 5 时，民警在两处出租房查获传销窝点及涉传人员 17 人，但始终未能发现“@薇薇”的男友。9 月 14 日，新淮村派出所民警在一处出租房走访时获悉，因看管“徐凯”的传销人员被民警遣返，“徐凯”已逃离了传销窝点。22 日晚，“@薇薇”发微博致谢，并证实其男友已安全返乡。

2011 年 9 月 13 日北京时间 23 时（纽约时间中午 11 时），时任联合国秘书长潘基文首次通过新浪微博等世界 3 大网络社交平台，和全球各国网友进行了 1 小时的互动交流。事先征集的问题有一半来自中国的微博，热情的中国网友抛出了约 6 万个问题，最终被选出了 3 个问题，占潘基文当晚回答的所有 15 个问题的 1/5。时任联合国新闻部新闻与媒体司司长斯特凡・杜加里克在接受中国之声采访时说：“这个活动（对话全球网友）的目的，是为联合国秘书长潘基文找到一个除传统媒体之外更加直接的与广大民众交流的形式。”

2011 年 9 月 16 日，犯罪嫌疑人“@捞仔辉”在通过腾讯微博私信向中山市公安局官方腾讯微博“@平安中山”主动了解网上追讨人员自首的有关政策后，于 9 月 18 日前往三乡公安分局投案自首，成为在公安部“清网行动”中首例微博追逃案例。

2011 年 9 月 16 日，网友“@鄙视官二代”从当日 18 时 45 分到 20 时 06 分，连续发表了 13 条微博，爆料时任贵州锦屏县委常委、副县长，黔东南州公积金管理中心主任尤成华的“千金”尤异希在其微博“@小希希 xi”炫富，“又是 LV，又是爱马仕，零用钱上千”，引发全国网民和媒体的关注。随后，贵州黔西南州纪委正式约谈尤成华。10 月 27 日上午，在黔东南州委外宣办会同州纪委、州委组织部召开的新闻发布会结束前，州纪委还就网上出现的“副县长女儿身陷炫富门”事件回应称，“审计部门对其任职期间的情况进行了经济责任审计，结果未发现该副县长有违反廉洁自律规定和违纪违法的行为”。（2016 年 5 月 17 日，黔东南州纪委发布消息，尤成华涉嫌严重违纪，接受组织调查；2016 年 10 月 21 日，黔东南州纪委对尤成华严重违纪问题进行了立案审查。经审查，尤成华违反廉洁纪律，收受他人礼金；违反国家法律法规，利用职务上的便利，为他人谋取利益，收受他人巨额财物，且在党的十八大后仍不收敛、不收手，性质恶劣，情节严重。经黔东南州纪委常委会审议并报州委批准，决定给予尤成华开除党籍处分；经黔东南州监察局长办公会议研究并报州人民政府批准，决定给予其开除公职处分；将其涉嫌犯罪问题、线索移送司法机关依法处理。）

2011 年 9 月 25 日，日本东京汉语角开通官方微博“@東京漢語角”（UID：2422479604），推进中日民间交流。东京汉语角于 2007 年 8 月 5 日在日本东京西池袋公园诞生，是中日民间交流的著名品牌。东京汉语角活动在每周日下午 2 点至 5 点举行。

2011 年 9 月 27 日 14 时 37 分，上海地铁 10 号线两列列车发生追尾事故。事故发生 8 分钟后，即 14 时 45 分，现场乘客“@安默然 lucky”（UID：1406678385）微博发出第一条消息，“上海地铁十号线追尾了！现在车停在豫园路站和老西门站之间!”；事故发生 12 分钟后，即 14 时 49 分，网友“@季法师”（UID：1945572480）在事故列车的车厢现场图文发布："现在地铁十号线两车相撞了，大家保佑我们吧！"24 小时内，该微博被转发 48180 次，评论 14828 条。

2011 年 9 月 27 日下午，"9·27"上海地铁 10 号线追尾事故造成 295 人到医院就诊检查。15 时 17 分，上海地铁官方微博"@上海地铁 shmetro"（UID：1742987497）通告事故情况，随后直播救援情况，并称"今天是上海地铁有史以来最黯淡的一天"。但随后官方微博反复删改道歉微博引发网络热议。在第一条微博中，上海地铁写道，"无论最终原因和责任怎样，给市民乘客造成的伤害和损失尤感愧疚。全力抢救伤员；尽快恢复运营；接受和配合有关部门对事故的调查和追责；坚决整改举一反三；再多致歉比起实际损害也显苍白，但还是要深深道歉。"但很快，网友发现微博被删除了。就在网友议论道歉微博为什么被删时，一条主题词为"心声"的微博又出现在其官方微博。博文称，"10 号线运营正在逐步恢复，事故原因将进一步调查。无论最终原因和责任怎样，我们对乘客造成的伤害和损失深感愧疚，事故发生后，车厢里互救互助有序撤离的感人场景，让人倍感温暖，那些一路狂奔全力参与抢险的武警消防官兵和抢修队员，让人肃然起敬……"尔后，更为戏剧的一幕随后出现了，第二条致歉微博发出不久再次被删除，再次引发轩然大波。网友"@ 12079—ldp888"发出疑问，"他们还在研究合适的官方解释？"

2011 年 9 月 28 日，为了贯彻落实广东省两院两厅联合发出的《关于敦促在逃犯罪嫌疑人和逃脱罪犯投案自首的通告》的精神，广东省肇庆市公安局官方微博"@平安肇庆"（UID：1700207693）发表了民警陈永博为进行网上追逃"攻心战"而创作的微博体短诗："秋风萧瑟凉风吹拂，你远逃在外，可有遮风挡寒？东躲西藏心惊胆战，你远逃在外，可有片刻宁静？拨琴抚弦欲诉衷肠。你远逃在外，怎能割舍情怀？珠泪下落情洒空床。你远逃在外，谁人肝肠寸断？举头望月星河西流，你远逃在外，何时重新开头？燕群辞归大雁南飞，你远逃在外，何时悬崖勒马？"此条微博诗迅速被全国媒体关注，人民网、新华网、《南方日报》、中国警察网手机报、《南方法治报》等 300 余家媒体引述报道，被喻为网络追逃的"催泪弹"。

2011 年 9 月 29 日晚，我国首个目标飞行器"天宫一号"成功发射。同日，"天宫一号"在腾讯网开通同名官方科普微博"@天宫一号"，向网友连续直播"自己"的发射进展，介绍"窗口期"等基础航天知识，以及天宫一号发射的目的和相关背景。利用微博简洁、通俗且互动性强的特点，将遥不可及的航天科技，带入了普通网友的视野当中，成为当天腾讯微博最热话题。"开设天宫一号科普微博，目的在于搭建一个宣传载人航天工程的公众通道，让航天科普知识深入千家万户，把高深、尖端、抽象的科学知识和动态，通过微博平台与广大民众进行互动和交流，是一件很有意义的事情"，时任中国载人航天工程办公室副主任、中国首飞航天员杨利伟说。

2011 年 9 月 30 日，网友"@ LCHANGR"向广东省茂名市公安局官方微博"@平安茂名"（UID：1713419250）咨询"今晚广湛高速会塞车塞到几点呢？"不多久后，"@平安茂名"评论回应："我又没有预知能力，怎么知道今晚的情况？"被网友围观批评如此回答"太轻浮"。

十月

2011 年 10 月 2 日，广东省肇庆市公安局官方微博"@平安肇庆"（UID：1700207693）收到了来自福建平南邵武一个自称丁莹的求助私信，称其被警察职业的前男友散布不实谣言，严重影响了她工作和生活，在当地求助无门后，产生了轻生的念头。值班民警陈永博意识到事件的严重性，连续十多天耐心与当事人进行微博互动开展思想工作，为该网友提供了各种有助于她解决问题的方法，并在局领导的同意下，将整个事件通过传真反映给当地公安机关，协助解决问题。

2011 年 10 月 4 日 20 时 41 分，山东省临沂市公安局民警周长彦接到一北京网友的报警电话，声称有一女子在微博上表态要自杀，警方立即展开营救行动。当晚 21 时 8 分，半程镇派出所民警通过照片，在一家网吧里找到这名轻生女。整个营救行动总共历时 27 分钟。

2011 年 10 月 7 日上午 11 时许，成都网友“@ milito22”疑因失恋，在微博发布了数张疑似“割腕”的照片，3 小时被超过 2 万名网友转发，评论近千条，并引发成渝两地的媒体及警方官方微博关注。在随后媒体联系到“@ milito22”的前女友后，其前女友称“他很好，在重庆学校，你们真的被耍了”。相关自杀微博于 14 点半被删除。

2011 年 10 月 7 日，有网友通过微博向银川市公安局官方微博“@ 平安银川”（UID：1978054071）投诉称，几天前丢失了手机后，她通过被盗手机的定位功能搜索到窃贼的位置，遂于 10 月 7 日 17 时左右拨打 110 报警，询问民警能否出警一起去抓贼。不料接警员回复，让她“自己先去抓，抓到了送到公安部门，再由警方处理”。接诉后，“@ 平安银川”立即与该网友互动沟通，确认网友报警的准确时间和细节信息。当天下午，“@ 平安银川”微博发出通报，公示对该投诉的调查处理结果：“经我们调取当时的录音资料，您反映的情况属实，接警员给您答复欠妥，在此向您道歉。该接警员是一名刚刚录用不久的新同志，我们已将情况转到该接警员主管部门，已对该同志作出了停职培训的处理。”

2011 年 10 月 9 日 17 时 26 分，网友“@ Ms 晨裳”（UID：1244206441）发出微博求助称，其父亲 10 月 3 日在陕西榆林不幸遭遇车祸，浑身多处骨折，脾脏被碎骨戳穿后淤血，迫切需要手术，但其父亲是稀有的 O 型 RH 阴性血，俗称“熊猫血”，该血型库的血根本不够。此条微博既出，迅速得到网友关注。22 时 38 分，“@ Ms 晨裳”在微博中写道，“我看着微博被呼啦呼啦转发，好想哭……这么多好人……谢谢所有人”。23 时 54 分，新浪微博陕西站官方微博“@ 新浪陕西”（UID：2162541102）发起新一轮动员，并开启微博直播模式。随后，爱心微博大营救行动得到众多媒体的关注和加入。当日深夜，许多西安爱心市民网友闻讯后赶往西京医院，出现众人排队献血验血的感人场景。10 月 10 日 12 时 20 分，首位“熊猫血”捐献者、西安建筑科技大学大四学生刘叶出现在献血屋。16 时，第二位“熊猫血”热心网友“@ 法号阿门”出现。10 月 11 日 9 时 15 分，第三位血型相符者出现。10 月 12 日 13 时 54 分，“@ 陕西新浪”更新动态消息，“因麻醉问题手术延迟到 13 日”。10 月 13 日，病人手术顺利实施。

2011 年 10 月 13 日 17 时 30 分，广东佛山南海黄岐的广佛五金城里，2 岁女童小悦悦在过马路时不慎被一辆面包车撞倒并两度碾压，肇事车辆逃逸，随后开来的另一辆车直接从已经被碾压过的女童身上再次开了过去，7 分钟内在女童身边经过的十多个路人，却都对此冷眼漠视，只有一名拾荒阿姨陈贤妹上前施以援手。这段监控视频被传至微博后，舆论对社会冷漠和道德沦丧表达严重关切，甚至有不少人希望推动立法来惩罚“见死不救”者，以挽救道德滑坡。2011 年 10 月 21 日零时 32 分，小悦悦经医院全力抢救无效后离世。

2011 年 10 月 21 日，有网友微博配发了拍摄者卢七星于 2011 年 7 月 29 日记录湖南省凤凰县山江镇好友村小学课堂上的一张《弟弟要睡了》的图片。小学二年级女学童的父母外出打工，爷爷奶奶要干农活，所以只能让她带着弟弟上学听课。“因为小弟弟闹困，正在听课的姐姐急忙抱起他，其实她自己也很困了。”图片与简短的说明文字一下子让许多微博网友称“感动得直想哭”，1小时内该条微博被上千网友转发。一幅看似普通的留守女童带弟上学的图文微博，瞬间引爆了关于农村留守儿童安全、进城务工农民子弟教育，并进而延伸为农民工收入水平、城市房价水平、户籍制度和教育体制改革等一系列重大社会问题的讨论。

2011年10月22日22点左右，微博加V用户“@模特演员苏巍”因情感纠葛，在位于朝阳区苹果社区的寓所吞药自杀，并连发数条微博直播自杀。有网友将微博转发给北京市公安局官方微博“@平安北京”（UID：1288915263）后，警方通过相关手段查到了这名女网友的地址，苏巍最终获救。2011年11月23日，女模苏巍和家属来到北京市公安局，向“@平安北京”献上一面锦旗，感谢一个月前警方的相救之举。

2011年10月24日13时许，在微博里发出4条“要自杀”的消息后，23岁的乌鲁木齐网民“@格格巫－落落”的微博停止了更新，而她发表的这些微博牵动了众多网民的心，上千网民留言表示关心。24日22时许，在医院接受完洗胃的“@格格巫－落落”打开手机后，发现有600余条陌生电话的记录，“他们都是劝我放弃轻生念头的好心人”。

2011年10月24日凌晨4时，网友“@赖宝”在微博上以发帖预告的方式开演一场微博自杀直播的闹剧，称“准备于昨日下午3时准时自杀”，但3时一到又将微博删除，并又发布一条微博称“不玩了”，自己只是想“嘲讽一下微博自杀现象”。

2011年10月25日，银川市委办公厅、市政府办公厅官方微博“@问政银川”（UID：2239586647）公开曝光了19个“最懒微博管理员”。通报指出，这些直属单位政务微博大多连续7个工作日未更新。其中，“@银川经济合作”（UID：2120791435。现变更为银川市经济技术合作和外事侨务局官方微博“@银川经合外侨”）于2011年6月3日开通，4个月仅发微博17条，平均每周一条。政务微博这种“对内不讲情面”的公开批评一时竞相被网友称道，各大媒体纷纷转载报道。26日《南方都市报》在新闻评论中说，“一份微博通报让网民将目光转向银川”，“这个地处西部的省会级城市，政务微博之风劲吹”。

2011年10月30日23时40分许，山东省淄博市公安局官方微博“@淄博警方”（UID：2052120021）收到新浪网友留言称，淄博网友“@仙儿e”发微博自称吃了一瓶安眠药在自杀，希望淄博警方能够解救。由于相关信息并不多，“@淄博警方”发布微博向网友征集“@仙儿e”相关线索。最终当警方终于找到该女子家时，发现该女子已经睡下，“并没有吃安眠药的事情发生”。民警在反复核实没有特殊情况后方才离开。随后，据发微博的女子称，自己的微博账号被盗了，所以不知道是谁发布了这条消息，当民警离开她家后，那条微博也被迅速删除。

十一月

2011年11月1日，新疆维吾尔自治区伊犁州发生6级地震，新疆地震局应时开通官方微博“@地震在新疆”（UID：2404615911），及时播报地震现场情况，宣传防震减灾知识及进行信息交流，获得了网民肯定，但是这个微博的昵称却很快引起了网友们的异议。大多数网友认为这个名字欠妥、太“雷人”，甚至有网友调侃说，用“@地震在新疆”莫不如叫“@新疆在地震”。新疆地震局在线回应称，是否更改微博名称将尊重大多数网友的意见。11月11日，新疆地震局在线发起了网络投票活动，截至投票活动结束，有近300名网友参与投票，86%的网友建议更名为“新疆地震局”。11月21日，新疆地震局官方微博名称正式更名为“@新疆地震局”。

2011年11月1日下午，银川市委办公厅、市政府办公厅官方微博“@问政银川”（UID：2239586647），在线“@”点名批评原银川市地税局官方微博“@银川地税”（UID：2153160230。现变更为国家税务总局银川市税务局官方微博“@银川税务”）是“后进典型”，理由是批转给“@银川地税”的34条市民投诉很少得到回复，而该官方微博从7月份到11月1日共发12条微博且无原创，基本上都是一键转发。“@问政银川”在批评的同时“@”呼叫银川市纪律检查委员会官方微博“@银川纪委”（UID：2120240287），“@银川纪委”即时响应“强烈关注”。随后，银川市委市政府官方微博“@微博银川”（UID：1898782627）也在线介入表态：“请‘@银川地税’认真对待!”而后，被批评的“@银川地税”不仅迅速回复了几个民众投诉的问题，并且公开向网民致歉。

2011年11月4日上午7时40分许，西安市沙井村嘉天国际一楼樊家肉夹馍小吃店，由于液化气罐泄漏引发爆炸，冲击波伤及路边公交站候车人员和行人。事故最终造成11人死亡、31人受伤、40余车辆及数家店面受损。爆炸发生后，时任陕西省委书记赵乐际等第一时间做出批示并赶赴现场组织救援和前往医院看望受伤人员。与此同时，各种版本的事故信息开始出现在微博。10时33分，陕西省西安市公安局官方微博“@西安公安”（UID：1903747781）在了解现场情况、核实爆炸原因及伤亡数字后，滚动发布情况通报，成为当天各大主流媒体和网络媒体报道该事件的重要依据。

2011年11月4日14时30分，宁夏《新消息报》官方微博“@新消息报”（UID：1882632930）发布的《紫甘蓝滞销农民愁》消息被网友热转。该微博称，“银川市兴庆区掌政镇杨家寨村的村民们最近很郁闷，今年他们村产了50万公斤紫甘蓝，却迟迟找不到买主，村民们只好聚在田间地头等买主。菜卖不出去，贮藏也成了问题，库房租金太贵”。随后，银川市政务微博全面介入。15时22分，“@微博银川”首先动员：“请大家关注、转发、扩散，诚挚感谢。请‘@兴庆微博’重点关注。”15时25分“@银川市住房保障局”加入动员：“别让农民朋友白辛苦了一年。”15时28分，“@问政银川”再次动员。……15时37分，商务局官方微博“@银川商务”发布：“已经在联系我市流通企业，希望能缓解销售难问题。”与此同时，“@银川商务”在国家商务部主办的“新农村商务”平台发出供应需求信息。15时54分，“@银川城管”传出最新消息：“还有20万斤了!”……11月5日上午10时44分，“@银川农牧”发布：“紫甘蓝滞销问题已经解决，截至目前收购已全部结束。”10时50分，“@银川商务”发布：“剩余紫甘蓝已被我市宁夏领鲜果蔬产业发展有限公司全部收购，领鲜公司下设宁夏领鲜果蔬产业发展有限公司、宁夏领鲜农产品销售有限公司、宁夏领鲜物流有限公司3个控股子公司，是我市骨干农产品流通企业。”在此行微博助农行动中，银川市市直区县的党委办、政府办、人大、政协、商务、农牧、仲裁、住建、财政、粮食、市志办、工信、环境、工会、纪委、食品安全、审计、国土、物业办、气象、社保、人社、宣传部、文化、法制办、体育、医院、妇联、残联、文联、城管、水务、法律援助、工商联、统计、党校、档案、老干部局、市政、公安、交警、交通、编办、科协、地震、民防、煤气、燃气、园林、公园、机关事务等50多个职能序列70多家党政微博直接参与、多方联系并立体协同，自求助微博发出后整整20小时，50万公斤滞销紫甘蓝倾销一空。

2011 年 11 月 8 日上午 8 时许，“您手指轻轻一动，就能换来家人的团聚……”一条北京市昌平区一 60 岁老人携 1 岁多的外孙女走失的微博出现在网上，很快引起众多网友关注。8 日上午，公安部打拐办主任陈士渠留意到该微博，转发并提示家人应联系救助站查找，并通过微博上所留电话致电其家人询问情况。11 月 10 日，走失的祖孙俩在 18 个小时后返家。随后，“@ 陈士渠”（UID：1890443153）微博发布：“老人与孩子均已回家，无恙。”

2011 年 11 月 10 日 22 时许，网友“@ 婉约派土贼”将从网上看到的一张照片发到了微博上，照片中清晰可见一辆悬挂福建省南平市牌照为“闽 HA042 警”的白色警车停在路边，一位中年阿姨坐在车门外为车内男子擦鞋。这条微博迅速在网上被热评热转过万，舆论纷纷谴责“国内伸出尊贵的臭脚”。11 日 18 时 02 分，福建省南平市公安局官方微博“@ 南平公安”及时回应“核实中，谢谢提醒”。13 日 17 时 49 分，“@ 南平公安”正式回应，“经我局初步核实确定，‘闽 HA042 警’号警车为福建南平市浦城县人民法院车辆，不属于南平市公安机关部门的车辆，驾乘人员也不是公安民警”。同时，“@ 南平公安”还引导性地发布了“教你如何辨别警车牌照”的普及信息。

2011 年 11 月 12 日，时任北京市环境保护局副局长、新闻发言人杜少中在其个人官方微博“@ 巴松狼王”（UID：1244589914）上发布了一张北京市天通苑附近某工地沙土裸露的照片，并在微博正文中说，“扬尘是四个主要污染之一，企业自律，行业管理，社会监督，行政执法，缺一不可，弄成这样谁也难脱干系。我为有关部门联合检查提供线索”。环保局的官员用微博曝光空气污染并声明要督查，迅速引起网友的围观热议。随后，在接受中国青年报记者采访时杜少中说，“发微博是为了让更多人看到，对污染现象起到监督的作用”。“环境保护要动员公众参与，改善空气质量不是环保部门一家的事，在公众的监督下，解决问题的效率会更高一些。”杜少中认为，微博为深入及时了解社情民意增加了一个渠道，但不应该是唯一的渠道。微博的主要作用不是解决问题，而是讨论问题。“最起码不是办事的主渠道，必须充分发挥原有机制的作用。”他说，“微博上经常有人抬杠，说光说不练是‘棒槌’，我说不是，瞎说才是。因为微博上谁都在说，微博上不能搬山也不能挪河，问题是能不能把它变成行动。不能漫无边际地说，胡说，有人连自己在说什么都不知道。微博上说的事，还能拿到现实中去办，这就不是‘棒槌’”。

2011 年 11 月 13 日，广东省广州市公安交警支队官方微博“@ 广州交警”（UID：1796542650）在回应某报记者对某起交通事故处理的质疑时称，“真相都没搞清楚，就乱吠?”“乱吠”二字引曝舆论关注。当天 20 时 41 分，广东省公安厅官方微博“@ 平安南粤”（UID：1701367442）发现该舆情后立刻通过微博主动向网友致歉并督导“@ 广州交警”纠错改正：“我们诚恳地向各位网友道歉！同时提醒‘@ 广州交警’的同事注意：微博是开放平台，人人都可以表达自己的想法和情绪，会有很多不同的声音，即使是再尖锐的批评和质疑，我们都应虚心听取，有错就改，有问题就纠正。要 hold 住自己，不要把个人情绪带到工作中，绝不能再犯这样低级的错误了！”22 时 43 分，“@ 广州交警”正式发出微博向当事记者和网友道歉。

2011 年 11 月 14 日，四川省乐山市犍为县官方微博“@ 金犍为”（UID：1804598840）连续且密集性地转发某品牌手机的商业活动促销广告信息多达 15 次，一时令网友发出了犍为县政府官方微博是否“改行”或参与商业化微博营销而谋取私利、“收入归谁”等质疑。11 月 15 日下午，乐山市犍为新闻网工作人员回应媒体记者采访时称，“不是我们转发，官微的账号和密码曾被盗”。该工作人员称他们和广告中的某品牌手机没有任何利益关系，商业广告并非他们所转发，并于当天发表微博道歉声明。

2011 年 11 月 16 日，甘肃庆阳校车惨案发生后，甘肃省人民政府新闻办公室官方微博“@甘肃省政府新闻办”（UID：1937187173。现更名为“@甘肃发布”）在 11 月 17 日凌晨 1 时 52 分发布的一条微博中称，“要不惜‘血本’，进一步加大对宣传工作的投入，营造铺天盖地的宣传氛围。要在前期印发张贴 3 万份《关于进一步加强道路运输交通安全的通告》和客运车辆监督标识的基础上，再印制 100 万份《安全行车的忠告——至广大驾驶人朋友的公开信》《平安出行的忠告——致中、小学生的公开信》，广泛散发、张贴”。旋即引发全国网友们强烈情绪，责问其“不惜血本”竟然不是购买校车而只是为了“加大宣传”。

2011 年 11 月 15 日，时任云南盈江县委副书记李毅在腾讯微博上发帖称，盈江地震灾区盏西镇中心寄宿制小学是一所山区小学，全校共有师生 1000 多人却只有一个男女各 7 个蹲位的小厕所。每到早操结束或课间休息时，上厕所都要排长长的“方便队”。李毅呼吁：孩子们希望有一个“大厕所”，有能力的大人们帮助解决啊！11 月 23 日 21 点 35 分李毅再次更新微博，通报了建校厕的最新进展情况：学生如厕难引起了县委县政府的重视，并得到了社会各界的关注。11 月 24 日，浙江宁波博洋家纺等 10 家家纺企业来到盈江。此行主题为“拥抱爱，传递温暖”的爱心捐助活动共捐款 18 万元，其中，向盏西镇中心小学捐款 10 万元援建厕所，向另外 4 所小学捐款 8 万元。

2011 年 11 月 16 日 16 时 28 分，甘肃省首家获得国务院新闻办公室新闻资质的门户网站“每日甘肃网”官方微博“@每日甘肃网”（UID：1706406001）发布消息：11 月 16 日 9 时 40 分许，庆阳市正宁县榆林子镇发生一起重大交通事故，一辆车号为陕 D－72231 的大翻斗运煤货车与一辆榆林子镇幼儿园校车迎面相撞。目前，运煤大货车司机已被公安机关控制。10 分钟后，中共甘肃省委外宣办官方微博“@微博甘肃”（UID：2204040167）转发该微博，对“11·16”甘肃正宁校车事故正式回应。事件引发舆论强烈震动，全网呼吁尽快将中小学生幼儿园校车安全工作纳入国家级法治保障体系。

2011 年 11 月 16 日 23 时 33 分，甘肃省教育厅官方微博“@甘肃省教育厅”（UID：2155653790）发布：甘肃省教育厅今天下午发出了《关于加强校车管理确保师生生命安全的紧急通知》，要求切实加强校车交通管理，消除校车交通安全隐患，有效预防学校道路交通事故，保障广大师生人身安全。

2011 年 11 月 16 日 23 时 36 分，甘肃省教育厅官方微博“@甘肃省教育厅”（UID：2155653790）就校车事故再次发布：甘肃省教育厅启动突发事件应急预案，成立以基础教育处和民办教育管理处为成员的工作组，由副厅长旦智塔带队前往正宁，开展救援、善后等工作。

2011 年 11 月 17 日凌晨零时 18 分，网友“@秋秋那一束温暖的光”发布的一条图片微博引发网友关注，画面中一女子手腕上被割了一条血口子，配文写道“就这样 S 掉”。就在众多网友大量转发呼救时，该微博再次更新称：“你们不会找到的。”过了 3 个小时，又一张血淋淋的割腕照片被传上了微博，情况更严重。为了将女孩从死亡边缘拉回，素不相识的网友通过微博评论或私信规劝其回头。凌晨 4 时许，上海市警方接到了山东警方转来的一则报警电话，称一名山东网友在微博上发现有人要割腕自杀，根据对网友微博登记的信息和相关内容分析后，锁定位置在上海市闸北区。事发地芷江西路派出所当天 7 位值班民警立即全部投入搜救行动。最终，在上海警方和网友们彻夜不眠的共同努力下，17 日上午 10 时，警方在闸北一处宿舍内找到了奄奄一息的女孩。经过紧急抢救，女孩脱离生命危险。

2011 年 11 月 17 日 8 时 55 分，中共甘肃省委外宣办官方微博“@ 微博甘肃”（UID：2204040167）发布：正宁县“11 · 16”特大交通事故处置工作深入开展，市、县在全力组织抢救受伤人员、安抚死伤家属的同时，及时成立专门的工作组，对事故进行深入细致调查，彻查原因，分清责任，依照有关党纪政纪，迅速启动了行政问责机制。

2011 年 11 月 17 日上午 9 时整，中共甘肃省委外宣办官方微博“@ 微博甘肃”（UID：2204040167）发出呼吁，“请大家行动起来，将微博头像变成黑白，以表达我们对正宁县‘11 · 16’特大交通事中逝去的 18 个幼小生命的哀思！”（注：该事故最终造成 21 人死亡，其中幼儿 19 人）并率先更换去色后的黑白微博头像。此号召立即得到了微博网友的响应。将微博头像去色变灰，借此表达对在事故中遇难者的沉痛哀悼，这是政务微博的第一次。

2011 年 11 月 17 日 9 时 51 分，人民网法人微博“@ 人民网”（UID：2286908003）发布消息：针对 16 日上午甘肃省庆阳市正宁县榆林子镇小博士幼儿园接送幼儿车辆发生交通事故，造成重大人员伤亡的情况，教育部当日发出紧急通知《关于做好冬季有关工作的通知》，要求各地教育部门和中小学幼儿园，立即开展对中小学生和幼儿上下学乘车安全情况的排查。通知要求逐校逐园逐生对学生上下学乘车情况进行全面检查了解，对学校和幼儿园租用的车辆进行安全检查，存在安全隐患的要立即停用维修，发现有家长租用社会非法运营车辆的要予以劝阻。对农村贫困地区、交通运力比较困难的地区，当地教育部门要积极争取地方政府支持，统一为学生和幼儿配备或租用安全车辆上下学，确保中小学生和幼儿安全。

2011 年 11 月 17 日 21 点 45 分，浙江省乐清市人民政府乐成街道办事处官方微博“@ 乐清乐成”（UID：2133616270）发布了一条关注社会底层群众生活题材的真情故事，质朴又励志，令无数网友感动鼓舞。微博全文：“鸣阳路口的小馄饨夜摊坚持了很多年，每晚摆至深夜。夫妻俩包小馄饨手艺快速纯熟，调味料也用得极其简单，食盐、味精、猪油、榨菜、虾皮、葱末各一点儿，再放点香油纯醋，一碗热腾腾的小馄饨就成了，简单食材却让人百吃不厌。这外地夫妻俩无视生命流离，疏忽生活阴影层面，是一种十分坚韧的生命态度。”微博配图是一间普遍民房前用棚布搭建的简易小食摊，三面通风，夜色中一位身穿橘红色厨裙的短发中年妇女挽着袖子，在灯光下微笑忙碌着。

2011 年 11 月 17 日 14 时许，网友小志向陕西省西安市公安局官方微博“@ 西安公安”（UID：1903747781）发出两条求助私信称，他身陷传销，在西安临潼区东秀岭小区单元楼内被传销组织控制，请警方解救。当日 15 时 40 分，西安市公安局新闻中心民警刘宏伟查看到这条微博私信后，立即互动询问具体地址和联系方式，并同步与西安临潼公安分局取得联系，通知开展解救工作。临潼分局华清路派出所出动 15 名便衣民警迅速行动，成功解救小志，并依法遣散涉传人员 11 人。

2011 年 11 月 18 日 14 时 30 分至 16 时 30 分，“天宫一号”通过腾讯微博“@ 天宫一号”与网民开展了一场命名为“天地对话”的微访谈活动。在“天宫一号”与“神舟八号”飞船成功经过了两次对接分离，而后神八飞船又于 17 日晚成功回收之际，这次前所未有的微访谈，被视为庆祝中国载人航天首次空间交汇对接圆满收官的重要活动，承载着第一次官方与网民共享荣耀、同庆胜利的特殊历史意义。

2011 年 11 月 18 日，广东省中山市公安局官方微博“@ 平安中山”（UID：1719916573）

收到网友“@yy123abcyy”于15时31分发来的私信，“近来听说犯人自首可以减轻，我的一个朋友托我问你：他的名字叫游××，很多年前就在外逃，多年前犯了杀人罪！在外一直逃亡，真的不好过。现在听说中山出了个好政策，多年来，心里也不好受，很想回来自首，想了解一下！谢谢”。经交流后核实，私信中所称的游某于2010年因生意矛盾与同伴故意伤害致一男子死亡，警方抓获同案的两名嫌疑人，而游某一直在外逃亡。游某通过其朋友的微博发私信向“@平安中山”表达的自首意愿后，“@平安中山”立即回复劝导并留下了办案警官的联系手机。11月21日，中山市南朗镇派出所顺利将自首的犯罪嫌疑人游某接回派出所，依法办理相关程序。

2011年11月21日10时27分，银川市委市政府官方微博“@微博银川”（UID：1898782627）发布了《市政府办向社会公开征集2012年为民办实事》征集公告。征集要求，内容围绕支农惠农、扶贫助困、就业创业、教育均衡、医疗卫生、社会保障、城乡安居、食品质量、文体促进、公共安全等10方面的内容，提出老百姓最关心、最直接、最现实的利益问题。银川网友积极参与。网友“@蒋_vv_波”说：“赶紧把全市中小学校车都给落实了！”“@改变change001”说：“修路啊，解放街延长线（丽景街东边那段路），急需修复。”

2011年11月21日晚，被称为全国旅游界的双年盛典的“中国最具影响力的旅游营销事件”评选活动在浙江宁波举行。该评选活动每两年评选一次，每次从初选出的全国各地共200多个旅游营销成功案例中，由专家委员会投票评出十个最具影响力的案例。在颁奖典礼上，由青年歌唱演员董冬激情演唱的全国首支微博原创歌曲《我要去红河》，深深打动了专家评委和全场观众的心，以名列第二的好成绩入选“中国最具影响力十大旅游营销事件”。时任国家旅游局副局长杜江、浙江省副省长王建满出席颁奖礼并颁发奖杯、奖状。

2011年11月26日，星期六。当天中午，有网友发微博称，宁夏回族自治区银川市某饭店开业，在楼墙外围悬挂的祝贺条幅中“银川市人民政府祝贺”等政府单位整齐列队，咸来道贺，网友讥讽“真乃牛B饭店！”16时18分，银川电视台《直播银川》官方微博“@直播银川”（UID：1883739571）发现该微博后及时转发并“@”呼叫银川市委办公厅、市政府办公厅官方微博“@问政银川”（UID：2239586647）关注。16时27分，“@问政银川”转发该网友爆料微博并正式回复：此事已调查清楚：该饭店私自以“银川市人民政府”“兴庆区人民政府”祝贺等内容制作并悬挂横幅，目前已责令其改正。据现场反馈，该饭店已接受责令，本微博管理员马上前往现场核实改正情况。感谢各位网友及媒体及时反映此情况，请大家都来监督这种违规行为。前后过程只用了9分钟！17时35分，“@问政银川”再次以手机微博跟评确认，“各位亲，小二已到达现场，违规行为确已纠正，感谢各位网友及时反映”。

2011年11月29日15点19分，贵州省贵阳市公安局官方微博“@贵阳公安”（UID：2101553952）发布了一条“凡客体”防范飞车抢夺警务宣传微博：“我是飞车抢夺嫌疑犯，爱戴头盔，还在夜晚出行，爱东张西望……我不是在等人，也不是在兜风，我是在寻找单独挎包露富女性，如果遇到跟我一样的人，请警惕!!!”据悉，这张防飞车抢夺的宣传海报最早于当年10月份出现在贵阳中山西路辖区，搬上微博后，更为流行火爆。

十二月

2011年12月1日，一则《盲童学校前盲道竟是断头路》的微博引发上海网友热议。文称，位于上海市虹桥路的上海盲童学校前有一段人行道上没有盲道，盲道在此处成了断头路，而距离该处最近的公交车站约五十米。发帖网友还称，自己曾看到一个明显弱视的孩子小心翼翼向前挪动，在他的身后，几个盲童一个接一个排成队，扶着前面孩子的肩膀前行。当天，上海市长宁区政府新闻办公室官方微博“@常萱围脖”（UID：1812581591。现更名为“@上海长宁”）回应称，长宁区建交委正协调相关部门，待审批后实施盲道贯通。不到1个月，盲道贯通工程于2011年12月25日施工完毕。

2011年12月1日18时09分，山东省枣庄市公安局市中分局解放北路派出所官方微博“@枣庄解放北路派出所”（UID：2473157995）发布了一则寻人启事称，“昨天群众报警一位中年妇女在肯德基找不到家，今天沟通一天，该女性自称叫李杰，七二年出生（又说自己58岁），家住齐村镇郭村，民警查询未发现她的户籍信息，此人身高一米六左右，中等身材，平头，上身穿褐色绣花短袄，下身穿深色条绒裤，脚穿红黑相间运动鞋，有认识此人者请与我们联系”。微博刚刚发出5分钟后，枣庄广播电台即播出了这则微博寻人公告。21时17分，山东省枣庄市公安局官方微博“@枣庄公安”（UID：1839681925）附上走失女士照片再发寻人通告。其间，解放北路派出所管理员田警官及网友在当地论坛发现了一个寻人启事的帖子，上面所附走失妇女照片与微博寻人的女士非常相像。“@枣庄公安”值班民警随即拨通了联系人的手机，请其辨别警方微博发布照片，1分钟后，电话中传来确认的声音：“就是她！”21时58分，“@枣庄解放北路派出所”发布消息：“走失妇女已由其妹妹带回家。”整个寻亲过程仅用不到4个小时。

2011年12月2日上午，时任中国政法大学法学院副院长、教授何兵应邀前往中国传媒大学授课时，因未提前办好手续遭保安拒绝车辆进入校园，只能步行入校。13时07分，“@何兵”（UID：1215031834）发微博抱怨说“传媒大学的保安好牛啊。学校请（我）给博士生讲课，联系的学生忘了办手续，一再解释不行。学生出示讲课安排单不行。给看名片不行。大雪天就是不让车进。传媒大学保安，（你）以为（是）在保卫中南海啊？”微博一出，引众网友围观论战。网友“@老姜_不老”说：“法学院的老师按规章制度办事应该懂吧？人家保安大雪天还在站岗执勤呢！”17时14分，时任中国传媒大学党委副书记田维义在其实名认证微博“@田维义”（UID：1111627437）回应称，“学校保安很辛苦，也很尽职，我希望大家都能尊重和理解他们，尤其是为人师表的教师，更要尊重他人。他们忠于职守，而不是牛。其实校园保安和中南海保安职责理应是一样的，何必厚此薄彼呢？”

2011年12月2日19时04分，疑似阻拦中国政法大学教授何兵无证车辆进入校园的中国传媒大学当事保安，以新注册的微博“@传媒保安”发布称，“今天拦住了一辆车，自称是来给博士上课的政法大学的院长。我才疏学浅，没听过其威名。学生又没有手续，车子又没有入校车证。学校有规定确实不让进。校长都不另（例）外。什么量裁权我也不懂，只知道我校南门车流量极大。为了学生安全不得让外来车辆入内。但学校也没封死，还有西门”。22时31分，“@田维义”（UID：1111627437）在互动转评时说：“在这件事上保安没有错，感谢保安尽心尽职，也感谢保安队员们平日对同学们的热情相助！”22时55分，网友“@点子正”（UID：1584255432）微博在线发起专题投票：“@何兵”应该给“@传媒保安”道歉吗？参与投票网友1019人，认为应该道歉者971人，占比95.3%。12月3日零时28分，“@何兵”在与“@田维义”互动称，“当你觉得，大学的保安和中南海保安职责一样时，我知道我们的争议实质在何处。我认为大学应当尽量开放，而你认为大学要向中南海学习。”一时间，“列宁与卫兵”“规则与堡垒”的论战进一步升级。

2011 年 12 月 3 日，上海市人民政府新闻办公室官方微博“@上海发布”（UID：2539961154）的一条微博消息引来市民热烈“围观”：上海市郊目前在田卷心菜有 3.69 万亩，菜量很大，卖菜难让菜农头疼；市农委和市商务委联手，正推动超市、卖场特价促销，批发市场也特地为卷心菜销售开了“小灶”。信息一经发出即引发网友们热议：“支持郊区菜农！捣鼓全家人今天的午饭，素菜里就有这个。”迅速从超市传来的消息：“卷心菜几乎都已在 2 小时之内卖光!”“有个市民一口气就买了 15 斤，说是看到‘@上海发布’的消息，决定多买点回去做泡菜。”

2011 年 12 月 3 日，黑龙江省哈尔滨市公安局民警齐炳利在其个人实名官方微博“@冰城暗哨”（UID：2412604955）发布“哈市街头扒窃易发区域示意图”，并配发“暗哨警讯”对示意图中的标注地进行详情解读。“街头扒窃多以商业区为主，主要为道外家乐福附近，道里中央大街、新一百商城附近，南岗火车站地下通道、教化广场、秋林公司、哈西服装城附近，香坊乐松家乐福、通乡商店附近等重点商业区。提醒博友们注意防范!”该微博发布后，立即引发被网友关注和互动评论。对于网友们互动提供的线索反馈，“@冰城暗哨”立即回复：“感谢您的提示，我们把此情况转给便衣侦查部门注意发现和打击。”

2011 年 12 月 6 日，北京后海公园“老和尚大玩船震门”及其视频下载地址成为网友关注和热议的焦点。据“曝光”该视频的网友微博：“北京后海惊现‘船震门’，昨日下午在后海闲逛，忽然看见不远处的船在微微的震动，激起层层波纹，这都不算啥！而且听到船舱里传出一些好似猫叫的‘呻吟’，这都不算啥！而且声音越来越大引得人们纷纷围观，这都不算啥！接下来的一幕让哥的道德观完全崩溃了!”视频中，船里走出了一位和尚模样的长髯老者和两位身材姣好的女子，女子一左一右紧紧搀扶着老者的双臂，行色忸怩，而老者在接完电话后，又冲着右手边的女子唇上轻轻一吻，随后坐着奔驰扬长而去。该网友还称：“随后我找到那里的一位工作人员问了问，才知道刚才的‘和尚’是五台山一个寺院的方丈，经常带着不同的美女来这里游玩。”随后，“船震门”的男主角“被证实”为画家安某某，而其经纪人称视频是“安先生为寻找创作灵感邀请好友后海采风游玩”而被随行摄影师的弟弟拍摄发布。2014 年 8 月 14 日，北京市朝阳区人民法院的庭审揭秘了此一事件的真相：杨秀宇（“@立二拆四”）与北京续风堂文化发展有限公司签订网络推广合同，约定对该公司旗下画家安某某进行炒作。后杨秀宇负责策划，安排安某某着僧服与两名女子在后海登船，并在船中引发船体晃动，杨秀宇拍摄视频后将该视频以名为“僧人船震”的新闻事件上传至互联网引发网民关注，以达到炒作画家安某某的目的。为此，杨秀宇收取该公司 17 万余元。

2011 年 12 月 7 日 13 时 57 分至 15 时 03 分，网友“@多摔多烂尽快换”在微博上直播自己服安眠药自杀的过程。16 时 52 分，引起网友的关注并在线呼叫广东省公安厅官方微博“@平安南粤”（UID：1701367442）和广州市公安局官方微博“@广州公安”（UID：1722022490）。17 时左右，警方根据网友举报找到了轻生者，并将之送往荔湾区第二人民医院。21 时 25 分许，女孩暂时脱离生命危险。

2011 年 12 月 9 日，重庆农民工网友“@讨薪寒”在微博发表了篇对仗工整的 17 行“讨薪诗”称，“民工苦，民工累；背井离乡把钱挣，累死累活大半年；老板差我万多元，拿着字据去要钱；恶人不给反出拳，钱没要到鼻骨断；相关部门都求遍，推来推去谁人管……”由此，“@讨薪寒”也被网友称为“微博讨薪第一人”。

2011 年 12 月 10 日，以“教育，因你而改变”为主题的“新浪 2011 教育盛典”在北京万达索菲特大酒店举行。盛典颁出九项微博大奖；八位嘉宾围绕着主题进行演讲分享；多位嘉宾被分成正反两方围绕“好家长胜过好老师吗”展开唇舌之战；在教育盛典上《2011 年中国家庭教育消费报告》权威发布。在盛典当晚，新浪教育携手 21 世纪教育研究院举办慈善晚宴并进行义卖，上百位教育界知名人士和社会爱心人士共同出席，晚宴中揭晓了年度微博教育人物奖、领军中国教育人物奖等重要奖项。

2011 年 12 月 10 日，以“教育，因你而改变”为主题的“新浪 2011 教育盛典”在北京万达索菲特大酒店举行，发布“2011 年度微博风尚高校领军人物”获奖名单：时任湖南大学党委副书记栾永玉“@千年学夫”（UID：1301497830）、时任中国传媒大学党委副书记田维义“@田维义”（UID：1111627437）、时任重庆大学党委副书记肖铁岩“@虎溪虎－肖铁岩”（UID：608316506）、时任东北师范大学党委书记盛连喜“@盛连喜”（UID：1702519100）、时任杭州师范大学校长叶高翔“@叶高翔老师”（UID：1998888382）。几位获奖者在微博发表了获奖感言：15 时 40 分，“@田维义”说，“没想到会获奖。我只是把微博看作是沟通的工具，通过它贴近学生，了解学生，与师生互动，做点实事，为构建和谐校园尽点力。其他都是次要的。谢谢各位对我的关注!”21 时 11 分“@叶高翔老师”说，“感谢新浪教育给我的荣誉！感谢老师和同学们对我微薄的支持和配合！新浪微薄是个好平台，是我管理工作的好助手，我会继续努力提高使用这一平台的水平，努力为师生服务”。

2011 年 12 月 14 日，也是 2011 年公安部“清网”行动最后一天。22 时 28 分，山东省济南市公安局天桥区分局官方微博“@天桥公安”发布了一条犯罪嫌疑人刘邵伟父母面对镜头劝慰儿子自首的视频。视频中刘父说，“孩子，快回来吧”，母亲则抹着眼泪哽咽着。刘父又说：“别再糊涂了，我们年龄也不小了，这事爹不怨你了，你娘盼着你回来呢!”“@天桥公安”在微博正文写道：“刘邵伟，听到父母的呼唤了吗？看到父母的泪水了吗？快回来吧，早自首，早回家!”简单的多媒体影视剪辑制作，却传递了真情下的真实力量，更令无数网友为之动容。

2011 年 12 月 16 日 13 时 36 分，湖北省武汉市公安局官方微博“@平安武汉”（UID：2418542712）发布消息称，“感谢广大网民对武汉‘12·1’爆炸案的关注和支持。经过 15 个昼夜缜密侦查，周密布控，16 日中午 12 时，武汉警方在武昌某医院不费一枪一弹，成功擒获在洪山雄楚大道建行一网点门前实施爆炸的犯罪嫌疑人王海剑”。此案件侦破过程中，武汉警方的大量信息发布、线索征集均通过“@平安武汉”微博实时在线进行：12 月 5 日 17 时 37 分，“@平安武汉”公布疑犯五官清晰的大头近照，此条微博转发很快过万；12 月 7 日 19 时 34 分，“@平安武汉”微博再次发布消息称，爆炸案重大犯罪嫌疑人王海剑已被确认。“这是武汉警方首次利用微博并贴出监控视频‘开门破案’，正是广泛发动网民群众提供线索，才有了 15 天内不费一枪一弹抓获嫌犯的胜利。”武汉市公安局相关负责人说。

2011 年 12 月 17 日 14 时 02 分，“自杀现场直播。哈哈”，女网友“@苏七小丸纸”（UID：2471312635）发出配有一张手臂上多处流血的照片的微博，并附带着一个调皮的表情，引起众多网友高度关注。山东省公安厅、济南市公安局等多个政务微博同时介入劝慰。最终，自杀女子在 15 时 52 分发布微博称，“我已经想清楚，没有任何苦难是值得自己付出一切，谢谢你们。我是个骄傲的人。不会做傻事，只是人有的时候，总是容易冲动，这只是我的一贯发泄方式，我不会轻生，我只是抑郁”。

2011 年 12 月 21 日，湖北民生微博服务厅正式上线。22 日，湖北省公安厅交通管理局官方微博“@湖北交警”（UID：1343370153）在宣介互动过程中，模拟大阅兵分列式直播的解说词语体，获得网友关注好评，被称为“阅兵体”。微博原文：“现在走来的是湖北民生微博服务厅方阵，他们迈着矫健步伐，左手牵着法制湖北，右手拖着宜居湖北，头上顶着青春湖北，背上背着文教湖北，怀里揣着灵秀湖北，肩上扛着媒体湖北，他们精神抖擞，打着‘微民生大温暖’的标语满怀热情而过。老百姓的问候：服务厅的童鞋辛苦了！湖北民生微博服务厅方阵响亮回答：想我就@我，找我就评论我。”

2011 年 12 月 21 日 11 时 28 分，爱心网友“@芒柳青”（UID：2161477253）向河南省罗山县公安交警大队民警胡警官微博“@豫南交警 Police 胡”（UID：2104183287）反映某位 26 年前从河南省渑池县走失的一位寻亲者信息，请求帮助。23 日，胡警官发现这条“@”信息后马上开始工作，并于 25 日基本确认寻亲者亲属的户籍地址。25 日 10 时 10 分，河南省三门峡市公安局官方微博“@平安三门峡”（UID：1997211191）互动发布称：“已通知渑池公安局，并安排专人负责，正在与相关人员联系，很快就会有结果。”12 月 29 日，时任河南省公安厅宣传处副处长陶清廉获知此消息后，进一步在河南公安 QQ 群内动员，要求全省公安微博群积极协助认真调查，让失散亲人早日团聚。29 日 10 时 49 分，三门峡市渑池县公安局官方微博“@平安三门峡渑池”（UID：1996777233）更新发布称，寻亲者的哥哥杨卫峰已被当地民警联系到，正在赶往渑池县公安局的路上。11 时 24 分，河南省公安厅官方微博“@平安中原”（UID：1968863541）加入在线联动协同。随后杨氏兄弟通过公安微博平台传递的照片相互确认。但由于寻亲进展神速，当事人妹妹顾虑若当天赶往相认会让养父伤心，表示先电话相认，择日再当面认亲。11 时 38 分“@平安三门峡”直播：“失散多年的亲人正在电话联系中。”“闻见其声，如见其人，亲人打电话已痛苦流涕，声音哽咽。”……微博即时消息引发众多网民的高度关注。12 时 02 分，“@平安中原”发布权威公告：“通过网友接力传递，多地警方微博联动寻亲，失散 26 年的兄妹相认了，平安中原感谢所有网友力挺!”

2011 年 12 月 24 日至 27 日，中共银川市第十三次代表大会召开，银川政务微博报道小组在银川的主要商业街区、购物商场、宾馆饭店等人群密集场所通过 13 块“微博大屏幕”同步直播展示党代会动态，而市民网友通过微博也可以直接参与话题讨论，意见建议会显示在微博大屏幕，这也第一次让党代会借助微博变成了社会公众可以参与互动开放式大会。同时，为了让党代表感受到市民关注、参与党代会的热情，银川又同时在代表休息室、住宿客房部和出入频繁的会议大厅安置了多台微博大屏幕。这样一来，党代会期间，银川市区街道上的行人与会议现场的代表，都可以随时通过微博大屏幕参与党代会互动。

2011 年 12 月 27 日 19 点 17 分，银川市高建民等 15 个农民工在承接工程完工后无法讨回工资，抱着试试看的心理，通过其个人微博“@嫣嫣——YHQ”（UID：2140386025）向银川市委办公厅、市政府办公厅官方微博“@问政银川”（UID：2239586647）发出了求助，该条微博发出后 12 分钟，“@问政银川”立即做出响应批办督办，在银川市总工会官方微博“@银川总工会”（UID：2137821047）、银川市兴庆区工会官方微博“@兴庆工会”（UID：2346353871）、银川市金凤区工会官方微博“@金凤工会”（UID：2413525732，现更名为“@金凤区总工会”）的接力响应下，3 天讨回 3 万元。高建民于 2012 年 1 月 4 日在微博上留言反馈：“真心的感谢，我们银川的政府微博真的很鼓舞人心，银川人民的微博，没话说，绝对是为人民办实事的！”这也是全国首例微博成功讨薪案例。

2011 年 12 月 27 日，江西首例微博名誉维权案在抚州发生。微博网友小月向当地人民法院提起民事诉讼，提出的诉讼请求包括：要求被告停止侵害名誉权、隐私权；要求被告在侵权范围内消除不利影响、恢复名誉，并在单位官网发布道歉声明；要求原告赔偿精神损失费 1 元。

2011 年 12 月 27 日，在新疆首届政务微博论坛期间，时任新疆教育厅党组书记兼厅长赵德忠欣慰感慨道，“现在我通过微博可以及时了解新疆全区教育事业发展与管理的真实现状和存在问题，我经常一个电话直接下去过问相关事情时，基层教育行政部门主管很惊讶，说‘赵书记，这事我们还不知道，您是怎么知道的？’我就告诉他们，因为我开通微博了！”2011 年 4 月 18 日，赵德忠开通个人实名认证微博“@新疆赵德忠”（UID：2092732297），微博从此成了赵德忠的“第二办公间”。

2012

一月

2012 年 1 月 3 日晚上，年轻记者“@南都校尉”微博留言欲跳楼自杀，引发网友关注。其自杀的地点被网友确定在湖南长沙市，多名网友向长沙警方报警。4 日凌晨零点 15 分，湖南省长沙市公安局官方微博“@长沙警事”（UID：1973743580）发帖称，“刚接到前方最新消息，经警方全力处置，网友‘@南都校尉’已被找到，人很安全，有关情况警方正在做进一步调查”。

2012 年 1 月 6 日 11 时 45 分，在“@政务微博观察”（UID：1813554857）微博发表《银川农民工微博 3 天成功讨薪 3 万元》的典型案例后，银川网友“@小雨沐禾”（UID：1109467002）在评论区质疑并再次“挑战”：“是真的吗？政务微博能帮农民工讨回工资，能不能帮帮我们失地农民要回征地补偿款？我们是贺兰县通义乡幸福村的失地农民，2010 年 3 月份被县政府征用耕地作为商业用地，再过两个月就满两年了，可政府还差 40% 的征地补偿款没有发放给农民，今年多次到信访办信访，被一推再推。年关将至，两会召开，请政府……”35 分钟后，即 12 时 20 分，银川市委办公厅、市政府办公厅官方微博“@问政银川”互动回应督办：“请‘@贺兰微博’关注。”当天下午，银川市贺兰县人民政府官方微博“@贺兰微博”（UID：2129935833）受理回应：“来件收悉，请静候回复！”4 天后，1 月 11 日 8 时 19 分，“@贺兰微博”正式回复：“据核实，网友反应问题属实。按照宏兴石油公司与立岗镇幸福村签订的合约，宏兴石油公司尚下欠立岗镇幸福村 40% 土地流转补偿款。经积极协调，宏兴石油公司已经承诺于本月底前支付剩余的 40% 补偿款。具体兑现时间请关注立岗镇相关通知。请广大群众继续监督！”9 时 42 分，“@小雨沐禾”在收到“@”提示的微博公示后，激动地说“真的太感谢了！我们本以为会再次石沉大海，没想到政府能回复我们，虽然还没有拿到钱，但是一个小小的微博能得到如此重视，让我们的心里很暖和！再次感谢！”在“围观者”的评论中，网友“@晓菲花园”（UID：1961679532）说，“政务微博心系于民！‘@问政银川’微博讨薪给力！感叹、感慨、感动！！”网友“@LorenzoLiee”（UID：1751051093）说，“我不是宁夏人，但是‘@问政银川’是我关注的第一个政务微博，他们的务实和阳光让我深受震动，我真觉得他们是全国微博政务做得最好的，全国的榜样！”

2012 年 1 月 10 日 14 时，品牌中国产业联盟秘书长王永联合邓飞、赵普、郎永淳、陈伟鸿等五位“公益哥”以个人身份在新浪微博联合发起了“春节回家顺风车”活动。“如果你开车回家还有空座，不如让我们结伴回家过年吧！”活动倡议准备开车回家且有空座的网友，可以进入新浪微博活动地址 http：//event. weibo. com/325719，编写#春节回家顺风车#加上回家时间、路线、车型、车况、空余座位数等信息发布微博。而对于有需要的网友，则通过微博搜索找到合适的路线后相互交流，出发前互相核实资料并下载、签订拼车协议。阳光保险集团特别为该活动提供 2012 份总保额为十亿零六百万元的阳光“志愿者关爱计划”保险保障。活动当事人签订搭车协议后，爱心车主将获得阳光“志愿者关爱计划”保险。

2012 年 1 月 12 日 1 点 24 分，时任中共云南省红河州委常委、宣传部部长伍皓在自己的实名微博“@伍皓红河微语”（UID：1662450871）说，“春节期间，老百姓最希望什么样的文化活动？搞了民意调查，排在首位的居然是放焰火。放焰火烧的是钱啊！红河州为了省钱修路、办学、扶贫等，州府蒙自多年没放过焰火，老百姓居然对此蛮大意见。而宣传部门的职责就是满足人民群众的文化需求，群众这一心愿，要不要满足？大伙儿帮我拿个主意”。此帖很快引发大量网友建言献策，但赞同和反对的声音各执一词。直到网友“@清醒老苗”给出了一个“两全其美”的建议说，“焰火是可以放放的，缺钱嘛找企业赞助赞助，顺带给他们打个广告，双赢的事情嘛”。伍皓马上回应说，“这办法好！求肯为老百姓做点好事的企业赞助！”1 月 13 日凌晨零时 16 分，伍皓通过微博宣布，“给大伙儿报告一声：这事儿已有圆满结果，红云红河集团慷慨解囊提供全部赞助，满足百姓期待！大年初一晚，红河有热闹瞧啦！此次大型烟火晚会，由红河州委宣传部主办、红河日报社具体承办！”

2012 年 1 月 12 日 22 点 20 分，浙江省乐清市人民政府乐成街道办事处官方微博“@乐清乐成”（UID：2133616270）发布了此前“小馄饨夜摊”真情故事的续篇。微博全文：“再次去鸣阳路口吃馄饨。见夫妻俩在寒风中微笑着忙活，便随口问了句‘这段时间生意怎样？’老板娘说‘突然增加了很多食客，来时都说是在微博上看到的，我们感到奇怪，但我们很感谢发微博的人，若知道是谁，我们请他吃馄饨，别的没有，馄饨有的是。’老板娘说着，眼里有泪水涌出，我微笑着，泪水悄然而落。”这一条微博再次触动了网友，不少人感慨“人间自有真情在”。“@政务微博观察”（UID：1813554857）发表评论说，在平凡群众生活中发掘积极意义，小小的基层政务微博，引导着人们热情面对生活，还间接地带动了小馄饨夜摊的生意，这更是“政务微博服务社会”的生动实践。

2012 年 1 月 15 日，“2011 年度中国正义人物”颁奖盛典在北京国家会议中心举行，公安部打击拐卖妇女儿童犯罪办公室主任陈士渠，荣获“2011 年度中国正义人物”。作为首开微博的“打拐英雄”，陈士渠获奖后现场表示，“利用微博报案一定要审核线索的真实性，不要发布道听途说的内容，如果发现妇女儿童被拐，或者有人在从事拐卖犯罪，大家可以拨打 110，公安机关会对这些线索进行侦查，加大破案力度”。在谈到为什么要利用微博开展“打拐”时，陈士渠表示：受害人在被拐卖之后通常报案比较困难，尤其是孩子年龄太小，根本不会报案，而妇女则会受到人身自由的限制，没有能力报案。所以，如何发现线索主动进攻，是摆在公安机关面前的重大任务。利用微博平台可以有效地发动群众，只要群众把线索反映给公安机关，我们就可以据此展开侦查，解救被拐卖的妇女儿童。正义人物评选组委会给“打拐英雄”陈士渠的颁奖词是：让妈妈擦干泪眼，让宝贝睡得酣甜。他以缜密的部署安排，让被拐儿童重回母亲的怀抱；他以微博的正义之声，让离散的骨肉看到团圆的希望。“让天下无拐”，这是最美丽的正义之光。

2012 年 1 月 16 日 10 时 22 分，银川市委市政府官方微博“@微博银川”（UID：1898782627）发布了关于《银川市政府办向社会公开征集2012 年为民办实事》的征集结果，为民办 30 件实事出炉：2012 年的 10 项民生计划、为民办 30 件实事，经过 1 个多月的公开征集，收到实事 356 件，涉及扶贫、就业、交通、教育等多方面。

2012 年 1 月 19 日，中共深圳市福田区委组织部官方微博“@深圳市福田区全国公选领导干部”（UID：2551040207）开通并发布了第一条微博，“面向全国公开选拔区卫生和人口计划生育局局长 1 名（正处级）、医院院长 2 名”。该条政务微博在 1 月 28 日之前是零转发，到 29 日突然每条传播数据呈现“曝发式”增长，而在 30 日更是“神奇”地条条高达 9000 多转发，引发舆论质疑“政府搞数据政绩，弄虚作假”。最终，福田市委组织部在官方微博承认，“为了扩大报名公告的知晓度，我们使用了一些技术性的方式，以高转发量的方式扩大知晓度”。

2012 年 1 月 31 日，银川市委办公厅、市政府办公厅官方微博“@问政银川”（UID：2239586647）再次公开发布微博通报称，“请‘@银川物业’温习《银川市城市供热条例》，尽快回复网友诉求，解决现实问题”。2 月 2 日，银川市委督查室要求银川市住房保障局就此事展开进一步调查。2 月 6 日 11 时 25 分，银川市住房保障局经调查后在其官方微博“@银川住房保障”（UID：1938967772。2015 年 3 月 6 日起，因机构合并已停用）正式发布关于银川物业整改情况的通报。通报认为，银川市物业办存在“对做好微博管理工作重视程度不够，微博管理制度不健全；微博管理员责任心不强，业务不熟练，对微博管理的特点掌握不到位，与网民的沟通、交流技巧有所欠缺，问题处理和反馈不主动、不及时；监督工作不到位，存在疏漏、脱节现象”等三方面问题，并提出 5 条整改措施。

2012 年 1 月 31 日 14 时 43 分至 2 月 1 日 15 时 49 分，网友“@请救救我吧”以“14 岁少女”身份连发 7 条微博，自曝并指控被河南省南阳市唐河县“公安局副局长郑勇强奸”等相关问题。此事件立即激起网络舆论强烈反响，全国各大媒体网络跟进报道。2 月 1 日 18 时，唐河县政府官方网站发布题为《关于对“唐河公安局长郑勇强奸少女”网络报道的情况说明（一）》的文章回应称，“郑勇（55 岁）系唐河县公安局一名普通民警，并非公安局长。针对网上反映郑勇的有关问题，唐河县委高度重视，已组织纪检监察部门开展调查，如有违法违纪问题，将依法依纪严肃追究”。落款为“唐河县网络新闻管理中心”。2 月 2 日 13 时，唐河县政府官网再发《关于“2. 01”网络舆情处置的情况说明（二）》称，“2. 01”网络舆情发生后，在唐河县“2. 01”网络舆情处置领导小组的领导下，成立 33 个专门调查小组开始连夜进行调查。调查进展情况将及时在唐河网、唐河县人民政府网予以公布。此次通告落款为唐河县“2. 01”网络舆情处置领导小组。2 月 3 日，唐河县政府官方网站刊发《关于“2. 01”网络舆情处置的情况说明（三）》第三次回应称：经调查，新浪微博“@请救救我吧”并非所谓“14 岁受害女孩”，实为与当事人有矛盾的一名中年男子。另，对微博所反映的郑勇其他相关问题正在依法进行调查，待查清事实后及时公布。落款同“说明（二）”。从该事件整体传播表现看，新浪微博共有相关信息 3360 条，腾讯微博有信息 129 条；国内网络媒体、卫视级电视媒体多家参与，共有相关视频 203 个，并引起了海外媒体关注和大量不实报道。据分析，此事件发生后唐河县公安局相关工作人员、时任公安局长杨鹏程等多人随意接受媒体采访，并传递出前言后语、彼此之间自相矛盾的“官方信息”，并由此引发舆论广泛质疑，对公安机关的形象造成了负面影响。

二月

2012 年 2 月 2 日，公安部治安管理局暨打四黑除四害专项行动办公室官方微博“@ 公安部打四黑除四害”（UID：2328516855）公布了公安部和全国各省级公安机关“打四黑除四害”专项行动办公室举报方式，发动广大群众继续积极举报“四黑四害”案件线索，广泛征集群众对专项行动的意见和建议。公安部有关负责人表示，对群众举报线索，公安机关将逐一认真组织核查，一旦查实，将依法严厉打击。同时，欢迎广大群众通过微博等渠道加强与公安机关交流互动，对“打四黑除四害”专项行动提出意见和建议，公安机关将虚心听取、认真对待，不断强化辖区重点行业、复杂场所的基础管理，会同有关部门建立健全防范打击“四黑四害”等违法犯罪的长效机制，切实保障群众餐桌安全，维护良好的社会治安秩序。

2012 年 2 月 2 日起，四川省成都市公安局武侯分局官方微博“@ 平安武侯”（UID：2263787232）推出“解救单身警察计划”，为单身公安民警征女友。此举一出，立即引起广大网友的热切关注和追捧。2 月 2 日 15 时 12 分，首条征友微博发出后不到半天时间，就引起上万网友关注转发，并引来众多女粉丝的围观。2 月 3 日，《华西都市报》、《天府早报》等平面媒体跟踪报道，光明网、新浪网等各大网站转载。这是全国首个公安微博为警察推出征友计划。时任成都市公安局武侯分局政治处副主任石亿说，此举初衷是为了帮助单身警察，特别是在成都没有家的外地籍青年民警解决个人婚姻问题，让他们尽快有个家，从而安心工作，“希望用微博为单身警察小伙儿们带来好姻缘”。石亿说，警察职业的“光鲜”背后是什么？借助征友活动晒一下，也能让更多人了解干警察的不易，就连找对象都是难题。警察也是有血有肉的人，他们也需要家庭、需要家庭的温暖。只有他们体会到了家的温暖，才能更好地除暴安民。

2012 年 2 月 3 日凌晨 5 时 46 分，网友“@ 晶晶与叠”（UID：2286518765）通过微博配发安眠药图片直播自杀。9 时 30 分，网友发现这条微博后向济南市公安局官方微博“@ 济南公安”（UID：1702549133）报警。济南公安接警后立即核查信息，迅速锁定“@ 晶晶与叠”自杀微博的 IP 地址展开营救。13 时 17 分，济南市公安局历下分局官方微博发布消息，“确定女子情绪比较稳定”。

2012 年 2 月 6 日 15 点，贵州交通广播官方微博“@ 贵州交通广播”（UID：2037509875）收到一条网友私信称，他正乘坐一辆从遵义开往贵阳的黑车，该黑车是一辆面包车，严重超载。看到信息后，“@ 贵州交通广播”随即与贵阳市公安局交警支队官方微博“@ 贵阳交警”在线联系，交警开始全城布控，蹲点守候这辆黑车。在微博上，网友也随时在更新这辆黑车的位置。最终，交警在金清线与云潭路交叉口处拦截该车，车内共有 18 个人，但该车核载 11 人，属于严重超载。

2012 年 2 月 7 日 14 时许，随岳高速公路，网友“如是季末”在一辆正由湖南常德开往上海的长途客车上发布微博称，该辆核载 38 人的客车装载了 70 人，客运交通安全存在重大隐患！并附上了车内拥挤的实况照片，迅速引起众多网友围观。随即，湖北省公安厅高速公路警察总队官方微博“@ 湖北高速交警”（UID：1981000265）第一时间关注并互动回复：“省公安厅高警总队指挥中心已通知相关大队，急寻超员客车现在方位，我们将对举报人予以奖励！”16 时许，超载客车在武汉后湖服务区暂停后继续向仙桃方向行使。“@ 湖北高速交警”、“@高警蔡甸大队”（UID：1954884893）、“@高警仙桃大队”（UID：1934568420）先后与该网友微博互动，询问客车所在位置并提供交警路面指挥员手机号，请其协助。16时50分，湖北高速交警在汉宜高速仙桃段成功查获超载车辆，并联系车属单位加派2辆卧铺客车对超员乘客进行了转员。20时30分，“@如是季末”再次微博举报，称转员后的客车在中途又一次拼车并超员，“@湖北高速交警”再次组织布控，于当日23时48分在大广高速鄂东服务站将该车查获，并依法进行了严厉处罚。

2012年2月7日23时许，重庆市巫山县政府官方腾讯微博“@巫山县政府”发出了一则寻人启事，2月7日上午一14岁女学生小芳离家出走至重庆方向。寻人微博发出之后，迅速被腾讯和新浪的网友传播，同时，重庆市交通行政执法总队、重庆铁路、重庆网警等政务微博介入转播。次日，有网友从巫山县政府官方腾讯微博上获知小芳出走消息后，马上在线组织了本地近10名网友，一边与走失小芳家长联系，一边赶赴巫山县城各大汽车客运站追堵。2月8日15时左右，终于有市民在巫山县城长途客运站发现小芳，并将已买好票正欲登车的小芳和她的同学拦下及时联络其家长会。经规劝，小芳最终放弃出走的念头，当日19时许，小芳的妈妈赶到将女儿接回家。

2012年2月8日，网友微博爆料称，时任浙江省台州市三门县药监局局长章文清的儿媳张益在其微博“@小Y_ _Y”炫富，大秀奢侈用品照。微博晒出的奢侈品包括各式各样的名牌手表、皮包、香水、鞋子、手机、打火机，其中一款钻石男式手表价值15万元，一款从巴黎买的黑色女式皮包价值14900元……这一情况引发舆论关注。9日，章文清向媒体证实炫富者确系其儿媳张益，并澄清15万元的手表系其儿媳初中同学所有，只是有意转售在微博代为宣传。同时解释称，儿媳张益是独生女，其娘家经济家底丰厚，从小父母溺爱，生活方式大手大脚，张益婚后的生活费用也大都由其母亲提供，在微博晒奢侈品系其虚荣性格所致。

2012年2月9日21时14分，人民网法人微博“@人民网”（UID：2286908003）发布消息称，“今晚人民网将有王立军最新动态，请时刻关注人民网滚动新闻或人民网微博”。这一消息几乎瞬间引发“意外的狂欢”，这条微博被转发了5万余次，该微博粉丝也一夜间暴增12万左右。

2012年2月10日，腾讯微博网友“@风中百合”以“一个人事经理的维权之路”为题的1600多篇“微博讨薪日记”引发网友热议。“微博讨薪日记”始自2011年4月26日，终于2012年1月20日，记录了她从讨薪不成反被诬告的绝望，和最终法官依法帮她成功讨回欠薪的艰辛历程，更以一位当事人的视角翔实记录了从最初不相信法院，到最终心口皆服的心路历程。而承办该案的湖北省武汉市江汉区人民法院法官李靖也由此被网友赞誉为“讨薪法官”和“护法精灵”。微博显示，2011年12月10日，“@风中百合”在拿到讨薪判决书后写道：“李法官：这两天心情无比激动，禁不住发博真心感谢你的支持！你的支持犹如给我注入一针强心剂，让我看到世界的美好、人性的美丽！”

2012年2月12日，福建省厦门市公安海警三支队官方微博“@厦门海警在线”发布“教你对付指纹考勤机”的指纹造假方法，并详细配图示范，被网友指责涉嫌宣传弄虚作假和教唆犯罪、传授犯罪方法。

2012年2月15日，“春节回家顺风车”公益活动主要发起者之一、时任品牌中国产业联盟秘书长王永通报了当年基于微博的“春节回家顺风车”活动成果：该活动自2012年1

月10日开始至2月10日圆满结束。其间，参与活动的微博网友超过18000人，参与城市达到20个，500余车主帮助1000余名乘客免费回家过年或返城工作。时任北京市交通委副主任刘缙在接受媒体对“春节回家顺风车”活动收官采访时表示，“顺风车宜疏不宜堵，应该给予合理的疏导和规范，政府也会适当给予一些政策性支持，比如高速通道开放，费用减免等”。对于最受关注的营利性问题，她表示，“如何区别车辆搭乘非营利与营利，以及如何应对顺风车对出租车行业的冲击仍然需要进一步的思考”。

2012年2月16日，网友“@木棉花开kapok”（UID：1643156830）大学假期回到家乡银川后，在微博“抱怨”称“银川你用不用发展太快啊，这明明在家呢，出门还得靠百度地图”，而“百度地图太慢”竟然搜不到外婆家的新地址，并说近日在公交车站遇到有行人问路时，她和朋友都无奈地说“我们也不知道，我们是外地人”。随后13时14分，该网友又“@”银川市委办公厅、市政府办公厅官方微博“@问政银川”（UID：2239586647）表达诉求说，“你能不能建议百度和谷歌更新一下地图呢?”13时54分，“@问政银川”回应并“@”百度公司官方微博“@百度”说，“亲，该更新了，银川又变样了”。16时26分，“@百度”及百度地图官方微博“@百度地图”先后出面回应，“数据的确有不完善之处，百度地图会注意及时更新，谢谢提醒!”并称“每一次使用百度地图的时候，若遇到不顺心、不正确的地方，就及时反馈给我们吧。你们的反馈是我们进步的动力，是我们优化产品的准则!”

2012年2月16日14时41分，江苏省南京市审计局官方微博“@南京市审计局”发布了一条时政新闻类的微博，“由已故美国总统肯尼迪发动的对古巴的经济、贸易和金融封锁已满50年，封锁对古巴造成的损失约9750亿美元。1992年开始，联合国大会在20年里连续谴责美国对古巴的封锁，要求美国取消封锁。2011年联大表决谴责美国对古巴的封锁决议时，186国投了千万票，2票反对，3票弃权。但是美国拒不执行联合国的决议”。该微博发出后，网友批评其“关你什么事！神经！你还是公布一下你们的审计结果吧。”而在网友“@尹晓波”调侃评论“审计它!”后，“@南京市审计局”跟帖回应称“下达审计整改通知书，责令限期整改!”网友更进一步的“调侃”出炉：“最新消息：南京市审计局介入美国封锁古巴计划是否废除事项，已经对老美下达审计整改通知书，要求‘责令限期整改’，但老美及古巴方面尚未作出正面回应。”

2012年2月16日14时45分，网友“@王小彤”发布微博称，“菲律宾马尼拉机场遇一中国小留学生，护照和证件被机场扣押不让入境，求助当地中国使馆，只有语音服务，现被迫滞留入境处超过十五个小时，手机快要没电，孤立无援，小姑娘急得直掉眼泪。特帮忙向祖国求救”。并同时通过微博“@”外交部官方微博“@外交小灵通”（UID：1938330147）。16时28分，“@外交小灵通”发布信息表示，在注意到求助信息后外交部紧急联系中国驻菲使馆，使馆官员已到达机场。经了解情况，拒绝入境的原因是这位留学生童鞋的入境手续不全，使馆领事官员正在同机场入境处进行协商。

2012年2月16日18点16分，一名微博认证为福州本土某网站编辑的网友小陈发出一条求助微博称，自己的妹妹失恋了，一个人开着一辆白色宝马X3，要出去自杀，车牌号为浙B8 ×××。该微博一发出，就被网友迅速关注转发。当地的电台、的士公司也在全城广播征集线索。20点10分左右，小陈在微博上表示，妹妹已经找到了，“是一名好心司机GPS定位跟踪找到的”。

2012 年 2 月 17 日晚，湖北省武汉市武昌公安分局东亭派出所接到一名叫河源啓一郎的日本游客丢失自行车的报警后，立即立案并连夜组织开展侦查工作。2 月 20 日 23 时，警方在武昌南湖将被盗自行车追回，并发还河源啓一郎。2 月 20 日，武汉市公安局官方微博在通稿中称“抽调精干刑侦力量”为日本游客寻车，并发动网民为寻车出谋划策提供线索，同时“为河源啓一郎提供一辆自行车，以方便其继续武汉之旅”后，武汉警方也因被指“选择性执法”“日本人在中国享受超国民待遇”而被推上舆论的风口浪尖。

2012 年 2 月 19 日，联合国官方微博“@ 联合国”（UID：1709157165）发布“历史上的今天”特别主题微博缅怀已故中国国家领导人邓小平。全文为：“2 月 19 日是邓小平逝世 15 周年的日子。1974 年 4 月 6 日，邓小平率领中国代表团出席联合国大会第六届特别会议。4 月 10 日，邓小平在大会发言，全面阐述了‘三个世界’理论和中国的对外政策。这是中国国家领导人第一次登上联合国讲坛。”该条微博还特别附上了邓小平在联大特别会议上发言的珍贵音频，音频中是邓小平浓厚的四川口音普通话。

2012 年 2 月 20 日，山东省临沂市公安局官方微博“@ 临沂公安”（UID：2637132697）通过微博平台认证正式上线。当日 10 点 41 分发布了首条微博“临沂公安政务微博开通试运行了，正在完善中，大家有空可以进来聊聊了，呵呵”，立刻即引来大量微博网友围观，由于无法面对和回应网友质疑同期发生在临沂的某敏感性问题，20 分钟后开始删除网友的敏感性评论，30 分钟后禁止网友评论，50 分钟后禁止网友转发，瞬间演变为“僵尸微博”。2012 年 5 月初，“@ 临沂公安”微博账号技术性关闭。2013 年 3 月 1 日恢复运营。

2012 年 2 月 21 日上午 8 时 10 分，时任中共浙江省委组织部部长蔡奇在其腾讯微博发文称：“3 月初将赴北京参加全国人代会。作为人大代表，应尽自己的职责。为此，特向社会征集有哪些建议或意见需带到会上。欢迎大家进言！”网友纷纷表示对“@ 蔡奇”的“建言号召”表示支持，同时也有许多网友积极响应号召，提出了许多建议或意见。

2012 年 2 月 22 日，多位网友微博在线求助称，成都女孩王芳“@ 王小抽抽”2 月 21 日中午在泰国甲米浮潜时溺水约 5 分钟，直到 22 日未醒，抢救后有生命体征但呼吸微弱，被泰国甲米当地医院医生诊断为“脑死亡”。因当地医疗技术设备等资源相对落后且无法转院，急寻国内神经外科医生专家，以求专业诊断其是否为“脑死亡”。数小时内，几条相关求助微博被知情网友极尽可能向每一位医疗领域的微博认证用户“@”联系。当日 18 点 23 分，原外交部新闻司公共外交办公室官方微博“@ 外交小灵通”（UID：1938330147）也转发了相关求助微博，并表示“看到求助信息后，外交部领保中心即联系中国驻宋卡总领馆，知总领馆在获悉王女士溺水病危消息后已第一时间与其国内家属取得联系。家属表示欲立即赴泰，总领馆即联系泰国驻华使馆，要求其为家属赴泰提供签证便利。总领馆将继续密切关注事件进展，及时提供领事协助。为王女士祈福”。鉴于众多爱心网友关注，2 月 23 日上午 10 时许，王芳的朋友还紧急注册并认证了一个“泰国溺水女孩王芳救助信息发布”的官方账号“@ 献给深爱的王小抽”（UID：2723694930），不间断地更新发布“@ 王小抽抽”的即时急救动态。直至 23 日 17 时 27 分，“@ 献给深爱的王小抽”微博沉痛发布：“北京时间 2012 年 2 月 23 日星期四 17 点 25 分，抽抽去了，生命已停止。”

2012 年 2 月 22 日，阿根廷首都布宜诺斯艾利斯发生一起城铁列车出轨和站台相撞的严重事故。截至当地时间 23 日中午，事故共造成 50 人死亡、703 人受伤。23 日中国驻阿根廷大使馆证实，一名中国公民在 22 日发生的布宜诺斯艾利斯城铁事故中不幸遇难。2 月 23 日

16 时 45 分，原外交部新闻司公共外交办公室官方微博“@外交小灵通”（UID：1938330147）发布消息称，“阿根廷布宜诺斯艾利斯发生列车脱轨事故，中方对死难者表示哀悼，对遇难者家属和受伤者表示慰问。中国驻阿使馆启动了领事保护应急机制。三名中国公民受轻伤，在接受治疗后已自行离开医院”。2 月 24 日 18 时 35 分，“@外交小灵通”再次对此事件发布消息：“一名中国公民在阿根廷首都发生的列车脱轨事故中遇难。我们对她表示沉痛哀悼。事故发生后，中国驻阿根廷使馆立即启动应急机制。使馆已与遇难者家属取得联系，并提供了帮助。中国驻阿根廷使馆将继续密切关注有关事态，妥善处理善后事宜。”

2012 年 2 月 23 日下午，暨南大学大三女生杨泰宇在微博上晒出一张《病危通知书》并求助，“妈妈抢救 6 次，今天抽搐 9 次，我的心都快撕裂了，求大家帮帮忙!”。微博称，其母亲初步确诊为硬皮病肾危象，这两日需 5 万元费用，并承诺“捐款人请留姓名，本人必还”。许多网友看到后第一时间在响应，“支付宝已转账”“转了 300 元，希望尽微薄之力”……当天下午，杨泰宇就不断收到社会上热心人士共 2 万元善款。2 月 24 日，在面对媒体采访时杨泰宇说，“如果不是大家帮忙，医院昨日催缴的 1 万元不知从哪里凑齐”。她说，“每位捐款者名字我都记得，他日必还”。“他们给我转了账，对方的银行卡号我会有的，将来有能力一定会还给他们”，“网友不接受我的还钱是他们的事情，但是我一定会还”。

2012 年 2 月 24 日，微博热传一则《安徽官二代子女横行霸道，恋爱不成将少女毁容》的消息。该消息称，2011 年 9 月 17 日下午，凶手陶汝坤因长期追求少女周岩不成，将其烧成重伤。凶手父母分别为合肥市审计局和规划局“高干”。案件发生后，因受害人家属拒绝在关于“认可陶汝坤当天积极救治和自首”的材料上签字，陶汝坤父母不再支付治疗费用，周家在拖欠十多万元住院费用之后，被迫将周岩接出医院。当天，经多方媒体记者分别联系受害人亲属，均证实该帖文所述内容属实。2 月 25 日凌晨，实名认证为“合肥市审计局办公室主任陶文”的微博用户“@合肥陶文”发布道歉声明。声明中说：“我是合肥市审计局职工陶文，由于教子无方，儿子陶汝坤给周岩及周岩一家造成的无可挽回的伤害和痛苦表示深深地愧疚，并对广大网民深表歉意。我会竭尽全力为周岩治疗，陶汝坤已被关押，案件按司法程序在进行，我将接受法律判决，绝不回避我应该承担的法律责任。”

2012 年 2 月 24 日，时任湖南省张家界市委常委、纪委书记汪业元通过实名认证的腾讯微博“@汪业元”发帖《我的公开承诺书》。承诺书中，汪业元说：“我的职务是市纪委书记，为了便于全市人民对我实行监督，我公开承诺如下……”随后，汪业元公开了自己的手机号码、办公地点房间号、电子邮箱、实名认证微博、工作情况发布网站。承诺书被晒出后，当天中午，网友的评论和转发就达到 3000 多条，“官员公开承诺书”迅速成为当日腾讯微博的热门话题，有 98 万多网友参与评议。

2012 年 2 月 29 日 19 时 09 分，时任中共中央政治局委员、上海市委书记俞正声通过上海市新闻办公室官方微博“@上海发布”（UID：2539961154）给癌症患者家属回信，公开回应“就医难”这一民生关切问题，引发社会舆论积极评价。2 月 27 日下午，上海市民秦岭在网上发布了《一名癌症晚期病人家属致上海市市委书记俞正声同志的公开信》。28 日，经热心网友转发于微博后，引发公众强烈转发和期待。在信中，秦岭反映了癌症晚期的父亲屡被拒收、辗转多家医院的遭遇，呼吁“为癌症晚期病人提供一个有尊严、稳定而安全的就医环境”，希望“能完善癌症晚期病人的治疗环境和用药保障，对患者和家属进行心理救治，并打击医托和高价医护用品带来的二次伤害”等四点诉求。

三月

2012年3月2日，网友“@雪狼”向中共眉山市东坡区纪律检查委员会官方微博“@东坡区纪委”（UID：2659185912）举报称，有一辆车“挂着警灯在附小接送小孩”。该网友还公布了涉事车的车牌号。“@东坡区纪委”立即会同区委政法委展开调查，确认该车属于某镇卫生院救护车后，责成区卫生局在5个工作日内将处理结果上报。查实后，“@东坡区纪委”迅速将处理结果回复给“雪狼”：“经查，此车系某镇卫生院救护车。3月1日，该车驾驶员董某借到区疾控中心取疫苗之便，到附小接女儿放学。处理如下：由卫生院对董某进行批评教育、（责令其）写出书面检查、（对其）扣发一季度绩效工资、（予以）缓聘。同时，对该院院长作如下处理：诫勉谈话、（责令）写出书面检查、全区通报、取消本年度评先评优资格、调整职务。”“@雪狼”看到留言评论：“没想到随便一提便有了详尽答复，还具处理意见。致敬！”

2012年3月4日，网友“@非诚勿扰许亚丽”在微博上为其兄申诉其“11年前被人室内抢劫伤害差点致死”而“上访10年未果”时，河南省禹州市公安局官方微博“@平安禹州”（UID：2035926712）回应“你的人证物证俱全？10年无果？可能吗？如今是一个法治的社会。不要为了出名，什么都说！”此官方表态立刻引发网友的强烈声讨。3月5日11时许，“@平安禹州”发表道歉声明：“对许亚丽女士反映的问题，禹州市公安局党委高度重视，定会查清事件原因，还原真相。对微博管理员发言不慎，对许亚丽女士及广大网友造成的不适，表示最真诚的歉意！”

2012年3月7日凌晨2时50分，网友“@Barbie_ Nananana”在微博上直播自杀，一名远在深圳的网友“@好火药”四处设法营救，并拨打了成都110和女孩以前工作单位的电话。最终，在众网友的接力下，女孩被家人成功救下。女孩手腕只受皮外伤，并无大碍。

2012年3月7日，时任天津市西青区副区长李治阳被调查，起因是其女李颖在微博“@莜莜笑了”上毫不掩饰地“微博炫富”引发网友大肆围观。2012年2月份，“@莜莜笑了”多次发布自己购买的LV皮包、菲拉格慕皮鞋以及迪奥、香奈儿化妆品等诸多奢侈品照片，仅是一个普拉达的黑色鹿皮包价值就近20000元。很快，李颖又被网友搜出“跨分数转校”“免试特招进国土分局”，其“每个月工资不过两三千元”等，李颖被称为官二代“坑爹”的代表。3月7日，天津市西青区人民政府网站发布公告，称消息传播以后“天津市西青区委、区政府高度重视，及时组织力量对事件进行调查核实。目前，相关工作正在进行中。非常感谢媒体和广大网民朋友的监督”。

2012年3月8日凌晨零时13分，新疆维吾尔自治区人民政府新闻办公室官方腾讯微博“@新疆发布”配发图片发布的一则寻人启事称，家住甘肃省岷县娃世村、曾在梅川镇下文斗小学读二年级的11岁男孩何鹏飞，于2011年9月从家里出走，现在乌鲁木齐救助站等待家人。据孩子讲，其父叫何老三，母亲姓名不详，学校电话也打不通，请网友扩散助其回家。微博发布后，立即被众多热心网友转发，截至中午12时转发达700余次。其间，甘肃省政府新闻办官方腾讯微博“@甘肃发布”、甘肃省定西市外宣办官方微博“@定西发布”（UID：2626472813）等甘肃政务微博积极协同，与岷县相关部门进行联系寻找。小鹏飞的遭遇也引起了其家乡网友的热切关注，网友“@马向荣”在微博中说，“我是岷县某机关工作人员，刚刚看到这条微博，并且已与他所在的乡镇工作人员取得了联系，告知了情况，目前正在联系他家所在的村，争取与他的家人取得直接联系。孩子不要急，我们会共同努力早日让你回家的”。8日17时许，“@新疆发布”再次发布微博称，通过大家的努力，小鹏飞已经于中午12时被他的父亲何明珍接回家。

2012年3月8日，吉林省公安厅禁毒总队官方微博“@吉林省公安厅禁毒总队”（UID：1969817932）发布的一则揭秘女毒枭的热辣配图微博，被网友举证质疑图片源自某黄色网站，且内容涉嫌虚假宣传。

2012年3月11日，武汉大学生的自行车被盗10小时追回后，发微博感谢警察却引热议。3月10日晚9时30分，武汉音乐学院大一学生“@陈旭侃Kenny”（UID：1939753633）停在车棚里花600元新买的自行车被盗。11日凌晨6时，该偷车贼再次在校园作案时被现场抓获，上午8时许，办案民警从其住处搜出“@陈旭侃Kenny”的被盗自行车并归还失主。事后，“@陈旭侃Kenny”发微博说，“日本人的自行车丢了之后武汉警方真的已经站出来了，我昨天不见的车今天就找到了。谢谢武汉凤凰山派出所的警察叔叔”。这条本不起眼的微博瞬间引来数百条评论。

2012年3月12日，中央电视台新闻中心官方微博“@央视新闻”（UID：2656274875）注册登录新浪，微博简介：“@央视新闻”微博是中央电视台新闻中心官方微博，是央视重大新闻、突发事件、重点报道的首发平台。

2012年3月12日，北京卫视在其官方微博发出《我在机关织微博》的节目预告内容中出现了“北京市环保局副局长畅谈织微博的感受……环保局长如何解读北京的环境问题?”的措辞后，当时刚刚卸任北京市环境保护局副局长、新闻发言人的杜少中以其个人官方微博“@巴松狼王”（UID：1244589914）转评道，“不许再说‘副局长’啦，说也得说‘原副局长’。能不能就说‘巴松狼王’，这名不是‘工作服’了”。网友“@老杜老杜老杜老杜老杜”直呼“老杜的严谨令人钦佩”。网友“@侯锷”说，“习惯性叫杜局，看来得改改了，‘狼王’好，像狼一样巡视环保!”杜少中后来解释说，之所以喜欢大家叫“巴松狼王”，只想表明自己“要把环保作为终生事业，不管是不是在职，都应该像狼一样为保护环境锲而不舍”。

2012年3月14日，河南省商丘市人民政府房屋征收办公室官方微博“@商丘房屋征收”（UID：6279779923），因发布多张人体艺术裸照引发舆论广泛关注。对此，官方回应媒体称，该办公室“从未开通任何官方微博，裸照事件与其无关”。而新浪微博管理人员则称，该官方微博的加V认证程序完全正常，裸照事件可能由盗号引起。裸照事件后，该微博曾两度改名，最终取消认证，并删除了所有与裸照相关的图片。

2012年3月18日10点54分，微博网友“@走饭”（UID：1648007681。博主系南京高校学生马某，2012年3月17凌晨自缢身亡）通过定时发布的“遗言微博”引发网友关注。“我有抑郁症，所以就去死一死，没什么重要的原因，大家不必在意我的离开。拜拜啦。”2012年3月19日凌晨1点32分，江苏省南京市公安局江宁分局新浪微博“@江宁公安在线”（UID：1113218211）发布微博，“经初步调查，警方确认其为自杀”，证实“@走饭”已经遗憾离世。时至今日，“@走饭”的微博上仍时时有网友前往留言陪她“说话”，网友在她所弥留的最后一篇微博评论区留言已逾145万余条，且仍在继续。

2012 年 3 月 27 日凌晨 3 点左右，江苏省兴化市旅游局官方微博“@ 江苏兴化旅游局”（UID：1922000027）在微博上发布了一条 10 秒钟的“江苏兴化旅游央视宣传广告”，此后，有网友对片中的“郑板桥故里”这一宣传回应说，郑板桥是“扬州八怪”之首，其故里应是扬州不是兴化。兴化旅游局政务微博管理员因“郑板桥是兴化人还是扬州人”等与网友发生争执，并在官方微博上口不择言称“扬州无赖，扬州全是人造景点，扬州偷了兴化博物馆几十幅画……”最终，微博发布者被问责，并被派往扬州“负荆请罪”。

2012 年 3 月 27 日 13 时 30 分许，湖北省武汉市某生物制品厂突发爆炸事件。仅仅在事发 37 分钟后，即 14 点零 7 分，湖北省消防总队官方微博“@ 湖北消防总队”（UID：2527687040。现更名为“@ 湖北消防”）即发布了该事件动态新闻。全文：“3 月 27 日 13 点 30 分许武汉江夏消防中队对面一生物制品厂厂房突然发生爆炸，将一层砖瓦结构厂房炸塌，消防中队接到报警后，赶赴现场处置，已经疏救出 7、8 名人员，现场挖出一名被埋者。目前被困人员数量不详，武汉消防已经调集增援力量赶赴现场处置。俺们也在前往现场途中。”“@ 政务微博观察”案例评论称，“消防官方微博首发该事件新闻，成为当天该事件所有媒体新闻的第一线索。突发事件面前，政务机构往往在第一时间直接介入，微博时代更应充分发挥这种时间、现场等优势，引领真相，遏制谣言空间”。网友“@ 老邹 laozou”评论道：“‘养兵千日，用兵一时。’这句话有点适用于政务微博，不见得非常恰当，但有点相似。”

2012 年 3 月 27 日 20 时 54 分，网友“@ 宁波 Ryan”（UID：1497299591）向浙江省宁波市海曙区政府及教育部门咨询“莲桥街小学新建工程在 2012 年是否继续是民生实事工程？能否按计划在 2012 年 9 月竣工？什么时候正式投入使用？”28 日 17 时 22 分，海曙区教育局官方微博“@ 海曙教育”（UID：2388254175）回复称，“您所述的第一个问题可以咨询海曙区政府。第二、第三个问题，建议您咨询宁波房地产股份有限公司，原因是莲桥街小学由宁房负责建造”。这种推诿“打太极”的回应立刻引来了网友异议。19 时 38 分，海曙区区长吴胜武以个人官方微博“@ 吴胜武 007”（UID：1495060577）评论介入说，“我不得不批评‘@ 海曙教育’了。你是怎么履行首问负责制的？教育局作为区政府的组成部门，该你回答你不回答还让人家问区政府！？莲桥街小学虽然是宁房公司代建，但仍是你教育部门管理的，你不知道不了解不作为还让人家去问开发公司！这种作风不可长！希望你好好反省！”此言一出，再掀舆论热潮。20 时 26 分，“@ 海曙教育”微博回应，“向吴区长、‘@ 宁波 Ryan’及各位关心支持海曙教育的朋友们检讨！重新答复：莲桥街小学已于 2011 年底结项，2012 年竣工，待水电器‘三通’后即投入使用”。22 时 20 分，“@ 吴胜武 007”再转评说：“知耻而后勇，我理解有些问题一时不好回答或解决不了，但可以表达进一步努力的决心，不要给群众造成事事推诿之感。刚才看到你这条微博确实有点生气，索性公开提出批评，但并不针对你个人，也是让海曙区所有工作人员知道我的态度。”

2012 年 3 月 28 日，国务院第 197 次常务会议通过了《校车安全管理条例》。4 月 5 日，国务院第 617 号令正式公布该条例，自公布之日起施行。这是在 2011 年“11·16”甘肃正宁幼儿园校车事故发生 4 个月后，全国校车安全被全面纳入法治化、规范化管理和治理的国家行动。

2012 年 3 月 28 日，联合国官方微博“@ 联合国”（UID：1709157165）发起“我们期望的未来”微博作品征集大赛，让网友畅想今后 20 年希望生活的世界，邀请新浪微博用户使用文字、绘画、照片、音频或视频来描绘与自身、家人和社区相关的可持续发展未来的蓝图。时任联合国可持续发展大会秘书长、联合国负责经济与社会事务的副秘书长沙祖康通过视频鼓励网友广泛参与，表达对于可持续发展的关注与呼声。本次微博作品征集活动于 2012 年 5 月 20 日截止，大赛评审小组在转发最多的 50 个“愿景”中挑选 20 个，在 5 月 21 日至 31 日期间供网友投票评选。最终前 10 位获奖者于 6 月 1 日产生，并得到联合国提供的纪念品和证书，获奖作品在联合国可持续发展大会期间向全世界领导人展示。

2012 年 3 月 28 日，网友“@ 黄蹭蹭 hehe”发微博“@”其前雇主微博“@ 我是陆青峰”（UID：2502440317。时微博认证：深圳市文化创意产业协会秘书长）爆料讨薪。微博中说，“几年前，小女子初出校门踏入社会，遇一老板拖欠工资，因心善以为老板破产便不加以追讨。近日发现此老板频繁露脸各种媒体活动……陆青峰，您别装了”。半天时间，在网友的围观力挺下，“@ 黄蹭蹭 hehe”成功维权。12 时 16 分，“@ 黄蹭蹭 hehe”发微博说：“钱已收到他已道歉，微博已删除，此事将不再提。”

2012 年 3 月 30 日，来自湖北省第二师范学院的网友“@ 小熊 G 大调”（UID：1211502005）在被同学骗至山西省晋中市榆次区的传销窝点后，为解救同学，他利用微博直播传销窝里的所见所闻，最终引起晋中市公安局官方微博“@ 晋中公安”（UID：1914281205）的关注。“@ 晋中公安”微博鼓励他“请保持镇定，有条件请打 110 或持续发微博。我们会成功的，小伙子！”4 月 9 日晚，在经过警方的查证和线索搜集后，公安民警一举捣毁了在晋中市榆次区某小区的传销窝点，在解救出了该网友的同时，还遣散了 12 名传销人员。

2012 年 3 月 31 日 9 时 34 分，网友“@ 夏零零八”（UID：1487909794）向广东省广州市司法局官方微博“@ 广州司法”投诉称，“今早送 3 岁宝宝上学，走到龙口中路天河区司法局服务大厅时，宝宝忽喊肚子疼，要上厕所。我情急之下只好进服务大厅求助，结果工作人员先是骗我们前面有厕所（具体哪里他却说不出，就让我们走）后来又说没厕所，再后来又说锁了，就是不肯让孩子去，一些政府工作人员真让人心寒！”随后，“@ 广州司法”（UID：2609712200）回复称，“您也要体谅对方，那里是办公区域，不是公共厕所，如果每个人走到那里都说肚子疼，借厕所用，那就存在重大的安全隐患了”。该回应引发网友热度关切，转评逾 2300 条。广东省政法委官方微博“@ 广东政法”（UID：2176235777）看到后及时介入并公开批评，“服务大厅是对外窗口，非涉密，当当公共厕所有何不可？建议我省政法单位服务大厅只要有厕所都向公众开放！”当日 15 时 54 分，“@ 广州司法”就此事发表致歉：“市司法局获悉天河司法局法律服务大厅人员不顾社会公德心的行为，十分震惊，立即将情况通报天河司法局，责成该局迅速对具体人员进行严厉谴责批评，责令其作出深刻检讨，并进行处理。同时，欢迎广大市民和媒体对司法行政机关进行监督，今后发现系统内个别人再出现类似行为，发现一起查处一起，决不姑息。”

四月

2012 年 4 月 1 日上午 8 时许，一辆载有约 20 吨液化天然气的重型槽罐车，在行驶至 104 国道浙江省乐清市大荆镇白箬岙村路段时发生侧翻，直接造成车内 2 人死亡，罐体车一定程度破损。时值清明时节，气温升高，加上周边区域百姓使用明火扫墓祭祀活动等因素，极易导致次生重大灾害发生。当天，中共浙江省乐清市委宣传部、乐清市人民政府新闻办公室官方微博“@微博乐清”（UID：2330089424）全程直播事故处置情况，以“@微博乐清”为权威发布和信息协调指挥中心，当地政务微博、公务人员微博、媒体微博、企业微博等多主体积极参与互动协同下，严谨有序地应对并处置了此起突发事件。

2012年4月9日，广东省江门市公安局首次借助微博发布悬赏信息，仅用5天就将一宗命案侦破。4月3日22时04分，广东省江门市公安局蓬江分局宣传股官方微博“@江门蓬江公安”（UID：2205165460）发布微博称，3日早上在范罗岗花园侧边楼梯平台上发现一女子死亡，“希望市民如有线索积极与公安机关联系”。4月6日，“@江门蓬江公安”微博进一步公布死者身高、衣裤等特征，并贴出其面部和全身照片，提出“对准确反映死者身份的奖励人民币3000元以上”。两条微博受到众多网民的关注。4月7日18时，“@江门蓬江公安”针对该案再发微博，声明女性死者身份已确定。一个半小时之后，该微博又发布案件最新进展，称当日15时已成功侦破这宗命案，抓获犯罪嫌疑人陈某棠。

2012年4月13日，江苏首例由微博引发的侵权纠纷案在淮安市清河区人民法院开庭审理。只因一条转发的微博链接，素不相识的当事双方对簿公堂，最终在法院的调解下，双方达成和解，江苏首例微博侵权纠纷案低调收场。

2012年4月13日17时17分，山东省临清市司法局魏湾司法所官方微博“@魏湾-司法”（UID：1938177240）发布微博“#新浪玩玩#来玩玩床上调戏美女小游戏，挺有意思的”，引发网友争议。虽然事后魏湾司法所迅速删除了该条微博，新浪工作人员也协助做出辩解回应，称该条微博的发布因“被盗号”所致，但仍难以服众。舆论普遍认为，即使该微博是在被盗号的情况下发布，魏湾司法所及临清市司法局仍难逃疏于管理之责。

2012年4月15日17时，一辆车身印有“司法”字样但未挂车牌的五菱面包车，在兰州市安宁区与一辆转弯小轿车险些发生碰撞，两名司机因此发生争执，且面包车司机动手殴打小轿车司机。随后，小轿车司机发现面包车司机满身酒气，涉嫌酒后驾驶行为，立即向安宁交警大队报警，随后面包车司机被交警带回调查。事发同期，有网友现场拍发照片并以“警车司机酒驾打人”为题发至微博，问询警方调查结果。4月17日，甘肃省兰州市公安局官方微博“@兰州公安在线”（UID：319178777）公开答复：警车司机实为安宁区司法局培黎司法所所长贾某，警车为司法所车辆，非公安警用车辆。贾某涉嫌无照酒后驾车，血样中酒精含量为161.8mg/100ml，属无照醉酒驾驶，相关部门已立案调查。

2012年4月19日起，微博热传在4月18日湖南省湘潭市岳塘区干部任职公示中，一名拟任命为区发展改革局副局长的90后女生被网民戏称为“湘潭神女”。随后在4月19日晚22时11分，湖南省湘潭国家高新区党工委书记、中共湘潭市岳塘区委书记肖克和在其实名微博“@肖克和”（UID：2152319892）对此事件做出表态回应称，“鉴于社会各界对王茜同志拟任岳塘区发改局副局长（副科级）一事提出了质疑，经区委常委会研究决定，对王茜同志暂缓任用。”在网民的强烈质疑中，4月20日，湘潭市纪委向媒体回应称正在对相关事件进行调查，而后迅速查明，王茜系湖南省发改委重大项目办公室主任王达武之女。4月21日，湖南省相关政府部门授权新华社发布针对王茜被违规聘用、违规登记为参照公务员法管理机关工作人员以及被违规提拔的问题后，邵阳市、湘潭市和湖南省发改委分别对王茜及相关责任人依纪依规处理决定：取消王茜参照公务员法管理机关工作人员资格；撤销对王茜拟任岳塘区发改局副局长职务的决定；给予其父王达武党内警告处分，免去其湖南省发改委重大项目办公室主任职务。

2012 年 4 月 19 日 6 时 42 分，“我把自己洗得很干净，打扮得很漂亮……等待这血流干，我可以静静地离开了。”女网友“@ xuying8898”在其腾讯微博直播自杀，众多网友纷纷留言劝慰，并“@”呼叫辽宁省大连市公安局官方腾讯微博“@ 大连公安”。“@ 大连公安”迅速接警并与网警支队和西岗分局八一路派出所取得联系。后通过该女子前男友提供的电话号码，民警成功劝导女孩放弃自杀念头，但其拒绝了民警探视要求，说自己伤不重。9 时 46 分，女孩更新微博说，“对不起，让你们担心了。我要好好地活着，谢谢你们说的话！”

2012 年 4 月 22 日，在澳大利亚的华人留学生“@ Xuan 皓”突发微博称，自己在当地搭乘火车回家时遭遇抢劫和殴打，并微博配发自己受伤的照片。4 月 23 日 16 时 10 分，原外交部新闻司公共外交办公室官方微博“@ 外交小灵通”（UID：1938330147）在线互动介入表示，“我们很同情‘@ Xuan 皓’的遭遇。我们驻悉尼总领馆已经知道了这个情况，已经与警方取得联系，但目前缺乏当事人的详细信息。请‘@ Xuan 皓’尽快与总领馆的孙领事取得联系，电话是：00612 – 8595 – 8029”。21 时 40 分，“@ 外交小灵通”再次互动反馈：“告诉所有关心此事的朋友们一个好消息，我们驻悉尼总领馆已经和‘@ Xuan 皓’联系上了，总领馆会尽力为他们提供帮助的。”

2012 年 4 月 24 日 18 时 45 分，就华人留学生“@ Xuan 皓”在澳大利亚遭遇抢劫和殴打事件，澳大利亚前总理陆克文通过其个人官方微博“@ 陆克文”（UID：2726223703）表达关切，“关于在悉尼中国留学生的安全的问题，我接受了微博朋友的担心。我昨天跟有关周政府的警察局的局长联络，也跟有关部门表达我的担心。按照警察，六个人已经被悉尼警察抓了以及出庭，遭抢劫的人有两个中国人，还有别的人，不针对中国公民。我完全讨厌种族歧视。我相信保证留学生的安全是我们最根本的责任。”4 月 25 日中午 12 时 30 分，时任澳大利亚悉尼市华裔副市长郭耀文通过其个人官方微博“@ RobertKok”（UID：2649128984）对此事件做出回应，并向遇袭的两位中国留学生致歉：“首先，我要对‘@ Xuan 皓’等两位同学在悉尼火车上的不幸遭遇诚挚道歉。无论何时，悉尼市对于任何歧视行为，尤其是种族歧视，绝不容忍。我本人也是澳大利亚的早期移民，我坚信，在这个国家的每一个人都应该享受平等和尊重。我将尽快和警察与学校联系，让悉尼市政府为两位同学提供更多帮助，并随时公布进展。”

2012 年 4 月 25 日，广东省肇庆市怀集县公安局城南派出所冼副所长在出警过程中遭到董某用砖头和扁担袭击。在多次发出口头警告和鸣枪示警后，仍被疯狂追打，冼副所长被迫依法开枪，董某受伤后送医院抢救无效死亡。该事件迅速在微博热炒发酵。广东省肇庆市公安局官方微博“@ 平安肇庆”（UID：1700207693）及时发布新闻通稿，澄清事实，并从法理的角度普及依法开枪的正当性与合法性，舆情得到根本扭转。

2012 年 4 月 28 日，被微博网友曝出“15 年未上班吃空饷且经商多年”的原山西吕梁文水县副县长王辉被免职。

五月

2012 年 5 月 4 日，网友“@ 马山寨主”（UID：1369633925）发微博称，湖南高校教师职称评审工作 3 日在母山基地开始，“前天下午评委名单刚定，全省参评教师即获悉名单，前晚开始一年一度的疯狂送钱活动。今年体育专业评委刘某某教授为方便老师们送钱，在新天宾馆开了套间并广而告之，一时门庭若市。”该网友上传了手机短信，列出体育专业刘、蒋、谢等四位评委的单位和姓名，相关短信中甚至还说：“请准备3万到4万元，于今晚到新天宾馆2408房间找刘××教授，晚了就送不进了。”时任湖南省纪委预防腐败室副主任陆群看到后转发了该微博，并回应“初步了解证实确有教师给评委送钱的现象，教育部门跟进调查”。

2012年5月7日上午11时22分，网友“@宽带山懂”爆料，在微博上发现疑似“小偷微博”，该“小偷微博”自曝“五一节后，虽然已经过了旺季，但是得手率明显提高，今天早上八点八号线人民广场站开工，盯了十个主，得手8个。每逢节假日后的第一天大家都很匆忙，而且没有精神，得手率就高。共计6000元到手”。同时，该疑似“小偷微博”进行了大量的赃物展示炫耀。时任上海市公安局新闻发言人陆峰在该网友微博信息发布后28分钟立即微博回应：“警方相关部门已经开展核查工作。如此叫嚣，岂有此理！一经核实，依法查处！”官方表现出来的速度和态度，迅速让网络舆论得到理性聚焦和有效引导。随后在当天下午18时26分再发布调查真相。原来，所谓“小偷微博”实系上海某广告公司为推广某品牌手机，以赃物微博展示为噱头炒作，意在向网友曝光展现该手机，以达到营销目的，警方快速结束了这场涉嫌商业炒作又损害公安机关公信形象的舆情闹剧。

2012年5月11日20时31分，已故亚洲举重冠军才力的女儿才巾涵通过微博“@才巾涵”（UID：2727747785）发出求助微博说，“我的爸爸是一名亚洲举重冠军，他叫才力，可是不幸早早地离开了我们。妈妈也是一名举重运动员，最近妈妈检查身体，发现得了癌症。谁能帮帮我……我没有了爸爸，我不能再没有了妈妈……”10月份，这条尘封已久的微博在网友的转发下被唤醒，经10月14日《半岛晨报》率先报道后，北京、成都、上海、广州等地的媒体也跟进报道，并被各大门户网站转载，引发各界爱心。10月15日15时许，辽宁省体育局将破格审批的一笔“老运动员关怀基金”送到刘成菊家中。10月18日，沈阳年轻企业家胡野枫亲自赶往沈阳捐助5万元，并说“我们不能让英雄的妻子和孩子感到无助、流泪。我们要让为祖国争得过荣誉的英雄知道，就算他不在了，我们一样感谢他。决不让这些冠军感到心寒”。10月20日，前辽足名将庄毅也来探望并一次性捐款10万。21日，山东省医学科学院内分泌与代谢病医院表示，愿意为才力女儿提供全程免费治疗。此次微博上下的社会参与和公益行动，成为推动中国体育界逐步完善退役运动员保障机制建设中的一个重要节点事件。

2012年5月14日上午9时28分，上海网友“@勒亦率”（UID：1896684940）五一假期到江西考察时发现，进贤县文港镇曾湾村村民把明代的坊额拆下，取而代之是新刻的坊额，随之发微博质疑当地政府面对如此严重违反文物保护法的“修缮”不作为。微博发出后的不到20分钟，“@南昌进贤发布”（UID：2673596451）和“@南昌文化新闻出版发布”（UID：2710670291）先后积极介入并回应。当日19时31分，“@南昌文化新闻出版发布”正式回应称，当天12点前已及时将放置在外的匾额搬至妥善场所保管，并承诺“三天内按照文物修旧如旧原则将其修复完好”。

2012年5月14日，某网友发布微博称时任美国驻华大使骆家辉“住的是耗资上亿美元修建的美国大使官邸，出行代步的是特制防弹豪华专车。家人和佣人开销由美国纳税人支付，这样的奢侈不提及，却公布喝咖啡、坐经济舱，就是‘摆拍作秀’”。随后，中共北京市委机关报《北京日报》官方微博“@北京日报”（UID：1893892941）率先转发，一句极简评论“请骆家辉公布财产”，迅速让舆论白热化升级。

2012 年 5 月 15 日“国际家庭日”，为传播“创建和谐家庭，打造幸福生活”理念，成都、南京、银川、广州四个省会城市的政府新闻办公室官方微博共同发起“随手拍幸福家庭”主题照片征集活动。活动发起后，各地网友纷纷秀出或温馨或创意的幸福家庭照片，并畅谈自己对幸福家庭的理解。截至 5 月 24 日，新浪微博各地网友上传的“随手拍幸福家庭”主题照片已达 450 余张，关于“幸福家庭”的话题讨论量多达 40 余万。5 月 25 日起，又有昆明、郑州、青岛等 7 个城市的发布系列微博加入该活动。

2012 年 5 月 15 日中午 12 点 52 分，应微博网友“喊话”，时任美国驻华使馆新闻发言人“@包日强”（UID：1864737573）发布微博，晒出包括时任美国驻华大使骆家辉在内的美国外交官工资标准，称美国外交官根据“级”来定工资，并附上细目表格公布各级工资数额。3 分钟后，美国驻华大使馆官方微博“@美国驻华大使馆”（UID：1743951792）无评论转发。

2012 年 5 月 20 日 11 时 11 分，中山大学传播与设计学院教授“@张志安”（UID：1665826811）发微博“给东莞政府提建议”，向广东省东莞市人民政府新闻办公室官方微博“@莞香花开”（UID：2030371897）反映自己出行遭遇的困惑。张志安说，“从广州坐动车到东莞，想当然买到「东莞」站，没想到下来是常平镇，打车到市区还有 40 多公里！原来到「东莞」不该买票到「东莞」而应买到「石龙」。既如此，为什么不将「石龙」改名为「东莞」？或将三站分别命名为「石龙」「常平」或「樟木头」”。此帖立即引发有过类似“被误导”不悦体验的网友吐槽和共鸣，转发响应超 500 次。当晚 20 时 18 分，“@莞香花开”在互动中也表达了官方态度和意见，称“在新站建成以前，建议广州和深圳的售票厅能够给予乘客足够提醒，比如可以标注‘东莞站离市区多少公里，石龙站离市区多少公里。’”此事件有效推动了东莞火车站的站名优化工作。

2012 年 5 月 25 日，时任陕西省公安厅副厅长陈里在其个人实名官方微博“@陈里”（UID：1737979690）发布称，“想请几名农民工兄弟吃饭”，并通过微博公开征集参与者报名。此举引发舆论喧哗，陈里不得已删除了微博。不过，5 月 27 日晚，在西安市鼓楼广场旁的一家羊肉泡馍馆，陈里还是将 8 位农民工兄弟请到了饭桌，总共 11 人中还有人带着孩子老婆参加，这让陈里很是感动。“不要发票，自己掏钱，只是想和农民工朋友聊一聊。”他以行动赢得了社会尊重和舆论支持，《人民日报》评论称：“公安厅副厅长微博邀农民工吃饭，没有安排，随机约请，饭也实实在在吃了。副厅长零距离接触农民工，直接了解了农民工的诉求，此举让这位身居高位的官员收获‘一手材料’，为其以后研究决策会有所帮助；对应约前来的 8 位农民工而言，这也是一次不可多得的向上反映问题的机会。”

2012 年 5 月 26 日 18 时许，一位女子在酒店里微博留言服药自杀，引起了其一名国外网友的关注，在无法联络后情况下直接拨打了酒店客服电话，酒店工作人员确认情况后及时报警。在青岛崂山警方和 120 及时赶到后，将自杀女子送医后脱险。

2012 年 5 月 28 日，时任山东省枣庄市山亭区卫生局局长关继标在其微博内发出的一则通知称，“五月底仍不开微博者，敦促其辞职”。关继标在其相关微博内要求山亭区卫生局中层以上干部和两级班子成员 5 月底前开通实名微博，违者敦促其离职。该微博发出后，引起了广大网友的激烈讨论。5 月 29 日，山亭区卫生局在山亭卫生信息网的“重要通知”一栏中发布了《关于对未建立微博人员的情况通报》，通报公布了 5 月 29 日 10 时 30 分之前未开通微博的工作人员的姓名及职务。不久后，此一“情况通报”被删除。

六月

2012年6月2日，浙江省东阳市公安局南市派出所受理一起木料失窃案。在通过监控锁定了一名可疑男子后，南市派出所于6月8日10时许通过其官方微博“@南市police”发出“警方请你来破案”的协同通报，并配发了一张嫌疑人和作案车辆的照片。7小时后，有市民打来电话指认其为同村木工蒋某。当天下午，嫌疑人蒋某在东阳市画水镇被抓获。

2012年6月2日上午，郑州网友“@lemon小小爱”（UID：1321406203）连发4条微博，直播痛苦心情欲轻生，引发网友关注和呼吁求助。13时23分，郑州市公安局官方微博“@平安郑州”（UID：2055648745）发布消息说，“感谢今天上午广大网友为寻找失意网友所做出的努力，目前警方已与当事人取得联系，当事人安全，请大家体谅她的心情，给予她关怀，而不要去苛责她。一上午的搜寻也让我们看到了网络的温情与关注的力量，让我们从自身做起，培养健康心态，尊重生命，尊重自己。再次感谢大家！”

2012年6月4日凌晨3时许，陕西省镇坪县曾家镇渔坪村产妇冯建梅在镇政府干部的强制要求下，被迫引产已经七个月的女婴。6月10日，产妇丈夫开通事件当事人实名官方微博“@山里人－－阿三”（UID：2830059422），认证信息为“陕西镇坪大月份引产事件当事人，镇坪县曾家镇渔坪村农民邓吉元”，面向公众亲自讲述遭遇，引起舆论公愤。12日，全国媒体报道“曾家镇强制终止妊娠事件”。6月13日上午8时，镇坪县委县政府召开专题会议，安排部署相关调查工作。同日，陕西省人口和计划生育委员会召开紧急会议，向全省各市人口计生部门发出通知，“再次郑重重申，在人口和计划生育工作中，必须严格依法行政，坚持文明执法，坚决杜绝大月份引产，切实维护育龄妇女的合法权益”，并派工作组赴安康调查。6月26日，安康市人民政府通报对镇坪县妇女冯建梅大月份引产事件的调查结果和处理决定，认定镇坪县曾家镇政府对冯建梅政策外怀孕实施大月份引产，违反了国家及陕西省人口计生部门关于禁止大月份引产的规定，要求产妇及其家属交纳4万元保证金无法律法规依据，工作人员在动员冯建梅终止妊娠过程中，违背当事人意愿，工作方法简单粗暴，造成了大月份引产的责任事件。决定对镇坪县政府分管计生工作的副县长于延媚给予行政记大过处分；撤销江能海镇坪县人口计生局局长职务；撤销主持曾家镇全面工作的镇党委副书记、镇长陈抨印副书记及镇长职务；对曾家镇人大主席袁昌勤给予党内严重警告处分；对曾家镇党委副书记、纪委书记龙春来给予党内严重警告处分；对曾家镇干部张学松给予行政记大过处分；对镇坪县医院院长潘益山给予行政记大过处分。责成镇坪县政府按照相关政策规定对冯建梅给予生活补助，帮助其解决家庭困难。同时，安康市政府责令镇坪县政府做出深刻检查，对镇坪县政府进行通报批评，要求镇坪县政府对曾家镇政府干部队伍作风进行整顿，责成镇坪县医院进行整改，全面加强内部管理。

2012年6月11日，在加拿大驻华大使馆官方微博“@加拿大大使馆官方微博”（UID：2165090317）创建一周年之际，时任加拿大驻华大使马大维与中国网民开展了微博在线互动活动。在当天的互动中，“蓝色大龙虾”、大使的宠物犬“施巴”、史坦利公园等都是热门话题，气氛轻松。而对有网友提出“加拿大人排斥亚裔吗?”的问题，马大维回复称，加拿大的最高领导人是总督，上一任总督就是非加拿大出生的华裔。“我们还有大学校长、职业经理人等等高级职位由新移民来担任。事实上，过去的10年中，中国、印度和菲律宾一直是移民加拿大位居前三的国家。”

2012 年 6 月 13 日 21 时 23 分，四川省成都市某小区住户就其一个月前与邻居发生纠纷后，不服跳伞塔派出所廖警官对双方矛盾的调解，开通新浪微博开始网上公开“控诉”。成都市公安局武侯区分局跳伞塔派出所官方微博“@ 跳伞塔派出所”（UID：2174890975）通过舆情监控发现该微博后，在该微博零转发、零评论的情况下主动受理。值班民警李威佟通过认真了解情况、查看记录，确定调解无误后，通过官方微博与该网民互动回复并解释缘由，得到“围观”网友的共鸣和支持。

2012 年 6 月 22 日，参加肇庆市公务员体能测试的考生张宇在丢失了手机、身份证、户口本、准考证等全部证件后，无奈间向广东省肇庆市公安局官方微博“@ 平安肇庆”（UID：1700207693）求助，经值班民警彭家祥与当天负责考务的工作人员多番联系，最终为张宇找到证件并物归原主。

2012 年 6 月 25 日，广东省江门市公安局官方微博“@ 江门公安”（UID：1736165940）收到网友举报称，一辆轿车在市区长堤撞倒两人后逃逸。江门市公安局紧急联系市公安交管局了解情况并及时在线微博回应。犯罪嫌疑人归案后，“@ 江门公安”更新发布：“案发后三小时，交警已将肇事车辆查扣，肇事司机将被拘留。”

2012 年 6 月 29 日 13 时 41 分，商务部新闻办公室官方微博“@ 商务微新闻”（UID：2848929290）在微博行文中标记“害羞”等微博表情图标，亲和回应了商务部官方网站 6 月 28 日 16 时 25 分在发布《挪威国家石油公司在坦桑尼亚海域再次发现优质天然气田》新闻稿时，错配图为《宠物王国》“猫叔”图片的失误事件。微博称，“28 日下午，我部网站工作人员上传信息时操作不当，误贴图片两张，‘两只大猫’爬上网，发现后已及时进行处理。感谢网友的提醒与关心！”此举引来网友的一片喝彩，评论显示绝大多数网友表示谅解这一无心之失，认为这一错误犯得“很可爱”，甚至有众多网友连续多日在微博上为出错的工作人员“求情”。舆论面前，商务部形象未受到损害，反而拉近了和普通民众的距离，甚至为上线不久的微博拉来了不少“粉丝”。

七月

2012 年 7 月 3 日，缘于微博上对四川省什邡市钼铜项目是否会污染环境的公共议题争辩，时中国政法大学副教授“@ 吴法天”（UID：1405603123）在线邀请“打假斗士”方舟子“@ 方舟子”（UID：1195403385）微博科普或辟谣“钼铜项目会污染环境么?”，并在文中表达自己的观点称，“钼”与“铜”等微元素都是人体及植物体内必需的元素，且“钼铜多金属资源深加工综合利用项目”，采用国际上最先进的冶炼技术和装备，循环回用处理后将实现“零排放”而不会对环境产生影响。此微博发出后，立即招来众多网友拍砖。而川籍女记者周燕与吴法天之间的“斗嘴”更升级为最终双方微博约定的 7 月 6 日中午 13 时在北京市朝阳公园南门口“见面”。7 月 6 日当天，双方均“赴约”并动态更新微博，12 时 50 分“@ 吴法天”到达约定地点，并发微博称“我一个人。十分钟后，义务普法课开讲，听众陆续来到中。目测对方来了二三十人”。随后据现场参与者发布的微博现场视频显示，双方见面言语几句后即发生冲突，周从口袋中掏出一枚鸡蛋试图扔向吴，而吴则不断后退。之后吴倒地，并不断强调自己是来“讲理的、辩论的”。但周燕与众网友称“在网上辩论已经够多了，你骂人的人没有资格辩论”。13 点 20 分，周燕再次更新微博公布“战果”为：鸡蛋两枚上脸，后背三腿，裆下三脚。她称：“我全身而退，毫发无损，没给四川老少爷们儿丢脸。”而吴法天随后则更新微博表示“对方二三十个人围殴我”。事发后，北京市朝阳公安分局麦子店派出所民警将二人等带至派出所调查。

2012年7月7日上午，上海市公安局官方微博“@警民直通车－上海”（UID：2493592183）、河南省郑州市公安局官方微博“@平安郑州”（UID：2055648745）、河南省新乡市延津县公安交警大队“@畅通延津”（UID：2120110693）等多家政务微博，在参与“七七卢沟桥事变”75周年纪念日的主题宣传时，照搬照抄存在严重政治问题的微博内容，发表“八年抗战，国军几乎‘打光’，而延安的部队却从5万扩充到120万”的不当言论，引发网友热烈围观并陷入意识形态的纷争。当天10时04分，“@平安郑州”致歉称，“我局微博管理员在未经仔细审核的情况下，参考其他官博发布了一和含有不当言论的微博，造成不良影响。现向广大网友郑重道歉！感谢广大网友的关注和监督！”

2012年7月10日，时任团中央宣传部网络处副处长王郁松等腾讯网知名微博网友，对安徽省霍邱县一位因肾病不幸去世的男孩生前自愿把眼角膜捐献给18岁以下的孩子的消息进行了转发扩散，2个小时左右，成功找到需要眼角膜的受助对象。

2012年7月10日，时任云南省红河州个旧市公安局副局长张松曾在其实名认证的腾讯个人微博中称“（上访者）有一半是常访的精神病人”，随即引发强烈争议，网友纷纷质疑张松对上访群众“精神病”的说法。11日8时许，张松删帖并致歉回应，“昨天我发了一个接待信访人的贴子，因为我分管信访工作五年了，昨天来的三个信访人是我经常接访的，他们确实是精神病人，我们都是好言劝走。由于我没有说清，让大家产生了误会，在这里给大家致歉。我申明我没有歧视信访人的意思，多年来我一直尊重信访人，认真解决他们的诉求，欢迎大家以后监督我的工作”。

2012年7月12日，浙江省宁波本地某媒体发布的一条“请给环卫工人一个清凉午休场所”的微博引来300余名网友的热议和转发。时任宁波市海曙区政府区长吴胜武通过其个人官方微博“@吴胜武007”（UID：5709197644）看到后，立即“@”给了宁波市海曙区城市管理局官方微博“@海曙城管”（UID：2197572850）和海曙区长热线微博、海曙区政府秘书官方微博“@海曙小微”（UID：2389037473），要求由海曙城管局牵头，各单位配合，为环卫工人提供一个清凉的午休场地，同时也呼吁海曙区有爱心的单位参与进来。区长的一席评论瞬间引来网友的支持和大规模的转发，海曙区内10多家企业立即响应号召，加入为环卫工人提供休息场所队伍中来，最终为环卫工人们办了一件实事。

2012年7月12日17时，一个昵称为“@中国公车私用曝光台”（UID：2785686883）的草根微博上线，17时首发微博称，“本曝光台由一群普通公民为尽公民义务依照《宪法》第41条之规定于2012年7月12日正式开通。是第一个纯民间独立客观记录公车私用的曝光平台。主要曝光深圳地区滥用挥霍纳税人血汗钱公车私用的现象。欢迎每一个公民都来参与，为社会的和谐、公平、正义、平等尽一份微薄之力。毫米推动，共创和谐！”据该微博简介公开的信息，博主为自称“20年党龄的老共产党员社会公益活动家邹涛”。该微博开通后吸引了全国各地大量网友对公车私用的监督参与，并得到了一些政府部门对公车私用举报情况的查处回应。截至2013年12月14日16时28分最后一条微博发出后，该微博停止更新（至2018年月10月底）。

2012年7月12日，因家境困难，为了给身患尿毒症的妻子做透析，涉嫌伪造医院收费单据，骗取北京医院医疗费17.2万余元的41岁北京人廖丹因涉嫌诈骗罪在东城法院受审，但其对妻子不离不弃的爱在社会上引起舆论热议。7月13日，记者范炜为廖丹妻子在微博

“微公益”发起救助项目，仅4天时间募集到50万元，之后爱康国宾为廖丹妻子安排入住北京友谊医院，进行全面健康检查，并为器官移植做好准备。7月15日上午，廖丹正式授权由中华社会救助基金会全程执行这笔善款，专款专用。

2012年7月12日21时05分，因前男友结婚，成都网友“@带毛毛去流浪”在其新浪微博直播烧炭自杀，网友们一边奉劝女子，一边向警方救助，发起了寻找女子的行动。凌晨1时许，四川省成都市公安局武侯区分局官方微博“@平安武侯”（UID：2263787232）发布微博：“大家可以放心啦！姑娘被警察蜀黍找到送往医院，现在一切OK。”

2012年7月12日晚，新华社摄影记者唐师曾在深圳罗湖丢失背包，里面有证件、银行卡，还有两台相机。虽然当场报警，但30多小时未有进展。7月14日凌晨4时，他将此遭遇发布在其实名微博“@唐师曾”（UID：1253531973）后，两小时转发量超1.5万条。据介绍，罗湖警方迅速成立专案组，并锁定嫌疑人。

2012年7月15日，从凌晨零时到2时50分，八一农垦大学经济管理学院大三男生李某在微博里连续发布18条消息，最后一条称“当你们看到时我已经走了，希望能得到解脱!”受到了众多网友关注。15日下午，学校得到消息之后立即对该学生进行查找。16时左右，校方在9号寝室楼四楼宿舍找到李某，李某已经死亡。此前，李某在6月份参加英语六级考试，因作弊被取消学位证。

2012年7月15日23时，网友“@浮云的小马甲”（UID：1791403903）在微博上贴出了中山市信访局关于7月16日副市长接待日的公告，质疑该公告既无具体时间、地点，也没具体反馈方式，“这是不想让市民去上访呢，还是不想市民去上访呢?”随后，有网友将该帖“@”转给了广东省中山市纪律检查委员会、中山市监察委员会官方微博“@中山纪检监察”（UID：1898268005）。16日上午，“@中山纪检监察”立即向市信访局了解情况并向网友详细介绍了信访时间、地点和联系方式，同时解释称：“也许没大家想的这么复杂。据我们了解，接访地点近年来一直没变过，大家或许都觉得是约定俗成了吧。”面对“@中山纪检监察”积极直面的态度和及时坦率的答复，一些网友对政府部门的疑惑和猜忌迅速消解。

2012年7月16日，北京化工大学2009级大学生许涛在其微博“@北京化工大学许涛”（UID：1780450365）发出第一条为救治父亲募集医疗费的求助信息。此前的2012年6月，许父被确诊患有急性髓性M1型白血病。随后，许涛一有空就上微博，通过重复的讲述和“@”呼叫各路大V名人，期盼着爱心网友的关注和援手。终于，在2012年8月14日凌晨4时13分，许涛的微博求助出现“拐点”。在被拥有250多万和170万粉丝的两位作家先后转发后，8月14日当天许涛就收到来自全国各地爱心网友的汇款8000元。各大媒体也以《大学生微博救父》进行了广泛报道。截至2012年10月26日，许涛共收到爱心捐助492950.86元，然而在全部用于化疗和移植费用后，仍有5万多元的缺口。2013年8月1日，许涛更新微博说，其父于6月19日转入天津血液研究所治疗，前后已花费90万元，但医药费已经岌岌可危……2014年，许父不治病逝。然而，直到2015年5月10日，当许涛致电联系曾经捐助他的网友“@曾鹏宇”（UID：1407132951）还钱之后，“@曾鹏宇”在微博文章《被遗忘的承诺者》中连连感叹“原来这孩子当初就是说的是借！原来这个年轻人只是在完成他当初的承诺!”许涛再次被媒体和网络公众关注。

2012年7月17日，时任联合国秘书长潘基文展开其第二个任期内的首次中国之行。当日 19 时 30 分，潘基文在抵达北京后，与联合国新浪微博的网友进行在线交流，就联合国的工作以及国际热点话题回答网友提问。当晚互动交流全程使用英语，并同声传译成中文。联合国儿童基金会中国大使、著名媒体人杨澜担任微访谈主持人。

2012 年 7 月 18 日，共青团四川省成都市委员会官方微博“@ 成都共青团”（UID：2044263792）发现有网友发微博寻亲，称自家小孩已离家出走 14 天。“@ 成都共青团”随即与之微博私信沟通，了解详情后于当日 13 时 31 分重新编辑发布该寻人启事，组织动员成都的网友留意寻找。消息发布后次日（7 月 19 日）14 时许，有网友在公交车上发现了该疑似出走小孩，及时与“@ 成都共青团”和小孩家长取得联系，走失儿童平安回家。

2012 年 7 月 22 日凌晨 5 时，网友李宁起床后联系昨晚已经离京返回老家的妻子，电话一直无法接通。随后他从网上获悉，昨晚他产后刚百日的妻子与老母亲带着尚在襁褓中的孩子所乘坐的 1163 次列车，因强暴雨影响，已于凌晨两点多返回北京西站。随后的三四个小时，李宁一直联系妻子未果，在北京西站寻找也没有母亲和妻儿的消息，心急如焚。9 时 23 分，李宁发微博向太原铁路局官方微博“@ 太原铁路”（UID：1918830794）发出“@”求助：“请问一下 1163 次列车现在走了吗，我老婆手机关机，打不通了，她还抱着才 3 个多月的小孩。”9 时 40 分，“@ 太原铁路”互动询问了车次、姓名及铺位信息。9 时 48 分，“@ 太原铁路”反馈“已经联系到列车，正在寻找。”9 时 53 分，“@ 太原铁路”再次反馈称，“列车长许文勤已经找到了，她在车上，一切安好。您放心，她的手机早上关机了，马上你们就能取得联系。”至此，李宁悬了 5 个小时的心才落了下来。与妻子取得联系后，李宁特意发了一条微博，感谢“@ 太原铁路”及所有关心此事的朋友们，并“祝福 1163 次列车所有乘客一路平安”。

2012 年 7 月 22 日，宁夏回族自治区石嘴山市大武口区的某网友俞某在道听途说后，通过其腾讯微博发布未加证实的消息称，“大武口的泄洪渠冲翻了几辆车，还死了 5 个人”。此消息在微博传播后，引起了大武口区网友的关注和热议。石嘴山市公安局立即查证，此消息属于虚假信息。根据俞某的违法行为，公安机关依据《治安管理处罚法》有关规定，依法对其做出行政拘留 5 日的治安处罚。

2012 年 7 月 23 日下午，微博实名认证用户浙江省台州市委宣传部部务会议成员、办公室主任陈永渊发微博称，浙江台州市天台县 2012 年在干部选拔考题中，把微博写作列入试题中。在国内，这是微博写作首次成为干部选拔考题。陈永渊还晒出了这道考题：请你在“@ 微天台”发一条我县举办天台鱼香节的微博。最终，在 310 份答卷中，约 60% 的考生在微博写作时超过 140 个字，得零分的有 3 人。

2012 年 7 月 29 日夜，119.4 毫米的降水量创下宁夏回族自治区银川市 61 年来最大降水量。银川市区多处路段发生严重积水，交通受阻，很多市民被困雨中。当日 23 时 18 分，网友“@ 银川万万”（UID：1747745237）发出求助微博，被迅速地广泛转发。随后银川网友“@ 马江”（UID：1494847744）、“@ 的哥雪狐”（UID：2563045265）等“绿丝带”爱心车队成员义务救助。“7·29”雨夜的微博，记录了银川网友在线求助、公益行动、灾情共享、路况预警和政务微博紧随其后的应急抢险行动。当晚，银川市委市政府官方微博“@ 微博银川”（UID：1898782627），银川市委办公厅、市政府办公厅官方微博“@ 问政银川”（UID：2239586647），银川市市政工程管理处官方微博“@ 银川市政管理”（UID：1973758332），银川市安全生产监督管理局官方微博“@ 银川安监”（UID：2169607805），银川市公安局交警支队官方微博“@银川交警”（UID：1961464263），银川市气象局官方微博“@银川气象”（UID：2259331480）等政务微博管理员通宵达旦值守，更涌现出了一大批暴雨中的“拖车哥”“打伞妹”等正能量好故事。

八月

2012年8月1日，广东省中山市纪委、监察局、预防腐败局官方微博“@中山纪检监察”（UID：1898268005）接到网友微博私信举报称，时任中山市人社局纪委书记的梁国影，篡改儿子公务员考试成绩并将之招收进公务员队伍，引起舆论广泛关注。随后，“@中山纪检监察”通过微博发布信息，将对举报信息展开调查，并通过微博同步发布相关进展。一周内，“中山纪检监察”官方微博先后4次发布案件进展，获得了网友的一致肯定。

2012年8月3日上午9时34分，网友“@先心宝宝彬彬求助”（UID：2803609170）发出一条求助微博，文称：“1岁宝宝彬彬，先心手术后感染鲍曼，住ICU5个月下不了呼吸机。需转到广州医院进一步治疗。今天下午她将乘坐车牌粤AA120B救护车从广西柳州出发前往广医附一。一路需要吸氧，争取早点到达医院！彬彬晚上10时左右到广州，请各位司机朋友见到此救护车主动让道，感谢您的大爱！”此条微博迅速被网友转发过千，千万爱心在微博上演爱心接力。此过程中，广州市公安局交警支队官方微博“@广州交警”（UID：1796542650）的10条微博记录了生命时速的全程。16时40分：“爱心让道救彬彬。”16时44分：“广州交警提醒届时过往的司机，见到此车时，注意避让，服从现场交警的指挥，非常感谢！”17时30分：“加油彬彬，广州交警蜀黍（叔叔）们在等着你，盼着你早点来到广州。”20时24分：“我们已为小彬彬进入广州安排了最合理路线，并在各路口安排警力，接上小彬彬后，广州交警指挥中心将全程监控路况，调节沿线交通信号，全力为小彬彬打造一条‘生命通道’。各位，广州交警已准备好了！您呢？温馨提醒：如见到由警车开道的广AA120B（后更正为粤AA120B）救护车，注意避让！现在，警车准备出发！”20时44分：“各位，我们的带路警车已到达沙贝收费站。现在，各路口所有警力已准备就序，等待小彬彬救护车的到来。”20时47分：“接佛山警方通知，小彬彬的救护车大概半个小时左右到。”21时23分：“各位，我们已接到小彬彬的救护车了。现在，警车立即出发，前往广州医学院附属一院。这里更正一下，救护车车牌实为粤AA120B，请广大市民注意避让，并服从沿线民警指挥。”21时27分：“现在，小郴彬救护车队到达内环路。”21时32分：“现在，小彬彬救护车队到达六二三路，民警通过喊话示意车辆靠边避让。”21时39分：“各位，小彬彬的救护车已一路顺畅到达广州医学院附属一院，本次‘爱心接力’任务顺利完成。感谢在路途中主动避让的市民，感谢大爱的网友。在这里，广州交警衷心祝福小彬彬早日康复！”网友“@City-doctor”称赞说：“这才是文明广州！”

2012年8月7日上午11时许，有网民发现，江西省德兴市司法局官方微博“@德兴司法”（UID：2117053980）47分钟内连发30余条带有广告性质的网购产品展示，内容涵盖帆布鞋、手表、棒球棒、包、太阳镜等，均由某购物网站“分享”而一键发布至腾讯微博。网友戏称其是“卖鞋司法局，最牛司法局”。

2012年8月11日，江苏省靖江市公安局官方微博“@靖江公安”（UID：1834587054）在回应时任该局副政委陆胜民之子砍人事件的通稿中，被网友指其措辞以“戳伤”替代“砍伤”，“玩文字游戏”，旨在为“官二代”开脱，有欲盖弥彰避重就轻之嫌。在舆论压力下“@靖江公安”随后在通稿中将“戳伤”修订为“持刀参与打斗”。

2012 年 8 月 14 日，河南省开封市委书记祁金立用其个人官方微博“@ 祁金立”（UID：1971237283）回应社会对开封古城重建的关注，阐释了开封旧城改造、新区开发以及建设国际文化旅游名城的思路，引发网民热烈反响，每条微博的转发评论均过千。网友“@ 尚露露”评论道，“论心不论迹，有这样为开封谋发展、办实事的心，我深感佩服”。

2012 年 8 月 20 日 18 时，针对新浪微博上不少网友流传贴出一名警察的照片，并称其是长沙公安民警“方斌”，被当作周克华被重庆警方击毙的谣言，长沙市公安局官方微博“@ 长沙警事”（UID：1973743580）发博辟谣称，被网友怀疑为“周克华替身”的民警“方斌”并不在长沙公安系统内。通过对长沙市公安局人员进行调查，并没有“方斌”一人，但有“方兵”，方兵现在担任长沙市公安局监管支队强制戒毒所副所长，正常在岗。

2012 年 8 月 20 日，南京人保财险借助微博破获涉案金额达 50 万元的酒驾骗赔大案。2012 年 7 月 31 日，南京人保财险接到报案称，该公司承保的一辆陆虎揽胜越野车于 30 日 22 时许在合肥市某路段出险，经合肥人保财险查勘，车损约 50 多万元。8 月 2 日，合肥人保财险车险分部相关人员向南京人保财险提供了一条重要信息：车祸后，合肥某网友在微博称自己亲眼目击了一起酒驾车祸，并提供了一些关键信息。理赔人员将微博线索与报案车主表述信息对比后，发现其描述的时间、地点和肇事车品牌等信息基本吻合，但在事故细节上完全不同，遂与南京警方组成专案组前往合肥调查取证。最终，肇事车主迫于各方面压力，坦陈骗保详情，并主动向南京人保财险申请销案。

2012 年 8 月 20 日，中共深圳市委组织部发布了《深圳市公开招考公务员公告》。此次招考共有来自全国各地的 20177 名考生报名，经过笔试、资格审查、体能测试等环节后，685 名考生进入了面试环节。10 月 26 日，685 名考生在面试结束后，相继拿到了自己的面试分数。但是当天傍晚，考生们陆续接到市考试院打来的电话，告知面试分数有误，第二天重新领取面试成绩，这个消息也让不明情况的考生们感到疑惑。27 日上午，深圳市委组织部、深圳市考试院召开情况说明会，表示电脑统分出错不会影响真实成绩，同时就工作上的失误给考生带来的不便向考生公开道歉。接着，深圳市委组织部、市考试院联合在深圳市考试院网站发布致歉信。中午 11 时 55 分，“@ 深圳微博发布厅”（UID：2892786960）获得授权发布微博，对以此情况予以解释并公开致歉。10 月 28 日，多家媒体发表评论文章进行评议，普遍赞许组织部门采取的态度和补救措施。

2012 年 8 月 26 日，在 36 人遇难的“8·26”延安特大交通事故现场，时任陕西省安监局局长杨达才不合时宜的“微笑”表情被曝微博，由此引发网友强烈声讨和质疑，随后杨达才出席各类会议场合的照片大量被挖掘出来，病毒式的微博传播效果让这位杨局长再次被“人肉”出爱好名贵腰带及价值数十万的眼镜等。由此，一系列相关杨达才的腐败案被层层剥开。2012 年 9 月 21 日，鉴于陕西省安监局党组书记、局长杨达才在“8·26”特别重大道路交通事故现场“笑脸”的不当行为和佩戴多块名表等问题，陕西省纪委及时介入调查后决定：杨达才存在严重违纪问题，依据有关纪律规定，经省纪委常委会研究并经省委研究决定，撤销杨达才陕西省第十二届纪委委员，省安监局党组书记、局长职务。2013 年 9 月 5 日，西安市中级人民法院对杨达才受贿及巨额财产来源不明一案做出一审判决：杨达才以受贿罪和巨额财产来源不明罪数罪并罚被判处有期徒刑 14 年，并处罚金 5 万元。

2012 年 8 月 27 日 17 时 01 分，云南省旅游质量监察总队官方微博“@ 云南省旅游执法总队”的一则微博引发网友热议。该微博称：“现在有的游客遇到事情，第一时间不是想着解决问题而是在心里算计，不是上网到处发帖就是找领导反映问题，但执法总队可以负责任的告诉大家：我们不会因为你多发几个帖子或向领导反映就不走该有的调查取证程序，也不会因此就让旅游企业多赔付你几角几分。”网友称之为“咆哮体 + 护犊体”，“咆哮惹人烦，护犊惹人厌”。还有网友说，旅游执法者成了宰客旅游企业的“代言人”。

2012 年 8 月 29 日，南航空姐“@花 Money 买毛豆”（UID：1922612293）微博投诉称，其在执行合肥飞往广州的南航 CZ3874 航班任务时，因行李放置问题遭到时任广州市越秀区委常委、武装部政委方大国的殴打和辱骂，且飞机落地后，方还叫来军车威胁。8 月 31 日，越秀区委宣传部发布“初步调查”结果，称方大国一家三口就行李放置与空姐发生冲突，“其家属与空姐发生拉扯，方大国未殴打空姐”。调查结果还称，事发当晚没有发生“军车威胁当事人”的情况，目前双方已达成和解。9 月 1 日，新华社记者向与方大国同机邻座的中非共和国留学生多班采访取证，其亲眼目击方大国夫妇“酒气很大”，且方大国“像吵架一样”对空姐大声说话，后还捏住空姐的手臂。方大国夫人在冲突发生后，自己故意弄伤自己的手，以造成双方打架的假象。至此，事件经过出现了“越秀区版”和“新华社版”两个版本。9 月 2 日 11 时 25 分，新华社广东分社官方微博“@新华广东快讯”（UID：2883965414）对广州越秀区委宣传部发出《三问越秀区委宣传部》：“一、你们果真做了全面、客观的调查吗，如果没有，为何仓促公布调查结果？二、你们是否因为调查手段不足而遭遇“被蒙蔽”，如果是，谁在蒙蔽你们？三、你们的调查所获果真形同公布的情况吗，如果不是，这是为什么？”9 月 3 日 17 时 37 分，《人民日报》法人微博“@人民日报”（UID：2803301701）发布消息：“人民日报记者从广东有关方面了解到，广州市越秀区委常委、武装部政委方大国已于 9 月 2 日停职检查，接受组织进一步处理。”

九月

2012 年 9 月 3 日 22 时 08 分，网友“@朱坤岭”（UID：1285020581）在其微博配发短视频爆料称，“成都交警，你何时变得这般刁蛮无理了？明明拿着人家的驾照身份证，只因人家对你处理不满、手机取证，你就流氓一样招来协警、交警，将人家司机拷进车里疯狂暴打！警号为 004803 的成都交警彭玉麟警官，你把成都交警的脸丢尽了！你把四川人的脸丢尽了！”不到一小时，该微博被围观网友狂转过千。引发热议。9 月 4 日 13 时 47 分，成都市公安局交通管理局第五分局官方微博“@成都交警五分局”（UID：2886420220）对此事件公开回应，“我们看到网络上出现交警五分局民警彭玉麟在执法过程中的不文明行为的微博后，第一时间启动调查程序。我们将尊重事实、客观调查，根据调查情况本着不枉不纵的原则依法处理。但从昨天至今，多次与当事人康先生电话联系，并表明我们愿意登门调查了解情况，康先生均以各种理由回避我们的要求。在此，我们希望康先生能尽快回应邀请，积极配合调查”。4 日下午 19 时 38 分，“@成都交警五分局”再次回应，“民警彭玉麟已经停止执行职务，接受上级监察部门的调查。同时，也请当事人康先生尽快出面，配合上级监察部门的调查”。

2012 年 9 月 4 日，广东省高级人民法院官方微博“@广东省高级人民法院”（UID：2781790222）同步直播了备受关注的“云浮 9·08 雇凶杀人案”庭审。法槌刚落下，判决结果立即发布到了官方微博：“现依法以故意杀人罪判处被告人庄世聪死刑，黄贵鹏无期徒刑，邓木林无期徒刑，均剥夺政治权利终身；三被告人向附带民事诉讼原告人连带赔偿损失 99 万余元。”

2012 年 9 月 5 日上午 8 时 46 分，深圳地铁龙华线清湖前往福田口岸方向的 401 号列车行至市民中心时发生故障。下午因龙华线供电故障，民乐至福田口岸执行公交接驳，清湖至民乐执行小交路运营。事件发生后，深圳市互联网信息办公室官方微博“@深圳微博发布厅”（UID：2892786960）求证后第一时间发布“发生故障”微博，接着发布“抢修进行中”“抢修完毕”“恢复通车”“地铁高层鞠躬道歉”等若干条微博，有效地指引了公众出行，传递了正面信息。

2012 年 9 月 6 日，广东省中山市人力资源和社会保障局原纪委书记梁国影因微博网友举报其篡改儿子公考分数，构成招收公务员徇私舞弊罪，被广东省中山市第一人民法院一审判处有期徒刑 1 年。一审法院认为，被告人梁国影身为国家机关工作人员，无视国家法律，在招收公务员工作中徇私舞弊，情节严重，其行为已构成招收公务员徇私舞弊罪，应依法惩处。被告人梁国影主动投案并如实供述自己的罪行，是自首，依法可以从轻处罚。

2012 年 9 月 7 日，北京大学以邹恒甫的微博言论侵害其名誉权为由，向北京市海淀区人民法院提起诉讼。自 2012 年 8 月 21 日起，邹恒甫在其实名认证的新浪微博上陆续发表了“北大院长在梦桃源北大医疗室吃饭时，只要看到漂亮服务员就必然下手把她们奸淫。北大教授系主任也不例外。所以，梦桃源生意火爆。除了邹恒甫，北京淫棍太多”等一系列关于北京大学院长、主任、教授与北京梦桃源餐饮有限公司女服务员存在不正当关系的博文，引起社会广泛关注。

2012 年 9 月 9 日 18 时 28 分，青年作家“@郭敬明”（UID：1188552450）发布的一条微博，引发舆论激烈争辩，短短几个小时，这条微博被转发了 16 万+次。微博正文：“你们就当我是中国的脑残粉好了。我就是曾经在天安门看升国旗哭了的人，我就是每次看奥运听见国歌就眼红哽咽的人，我就是曾经半夜看网上北京奥运圣火传递时，中国人保护火炬的图片，看得嚎啕大哭的人。你们不用怀疑，这种人是存在的。我的祖国确实有很多问题，但这并不影响我毫无保留地爱它，为它自豪。”9 月 10 日，《环球时报》发表单仁平署名文章《爱国，就应当说得理直气壮》说，“不知从什么时候起，爱国在互联网语境中成了不那么光彩的事情。微博上出现很多批判爱国主义的帖子，还有了‘爱国贼’的称呼。此外一些人不断将‘党、政府、国家’三者的不同做极端化解读，诬称各种爱国行为是‘向当局效忠’。”作者在文末呼吁，“我们为郭敬明昨晚的表现鼓掌。我们期待有更多人打破沉默，公开为爱国主义正名”。

2012 年 9 月 10 日，广东省惠州市惠城区某幼儿园老师曾某因一位刚入学不久的幼儿午睡时哭闹，于是发微博说“想碾死她”，引来网友一片谴责。随后又有网友翻出其一条历史微博，文中写到“可怜的小孩被我打了骂了终于睡着了”，舆论再度升温。当日下午，意识到错误的曾某删帖并发微博向该幼儿的家属以及网友道歉。9 月 11 日，曾某被该幼儿园停职。

2012 年 9 月 13 日 21 时许，深圳市公安局公交分局罗湖派出所内发生重大案件，两名民警受刀枪所伤，被送医抢救无效后死亡。案情迅速被微博舆论关注。14 日凌晨零时 35 分，深圳市公安局官方微博“@深圳公安”（UID：1735882701）连夜发布该案情通报。9 月 14 日 18 时 50 分，“@深圳公安”续报：“深圳市公安局公交分局罗湖派出所副所长杨某（男，28 岁，内蒙人）和值班民警吴某春（男，54 岁，海南人）在该所二楼杨某办公室内中枪倒卧在地。两名民警送往医院抢救无效死亡。目前，深圳市公安局专案组正在对此案加紧侦破。广东省公安厅已派专家组赶赴现场，指导案件侦办。”此间，微博有消息传“两民警中枪殒命，疑互相袭击”。9 月 21 日 17 时 55 分，“@ 深圳公安”发布《关于深圳市公安局公交分局罗湖派出所民警中枪死亡的情况通报》，系两民警当晚因工作矛盾发生争吵，副所长杨旭用匕首刺伤吴乾春后，吴枪击杨致其死亡，后吴持枪自杀身亡。

2012 年 9 月 15 日，面对日本政府对钓鱼岛“国有化”事件的不断发酵，中国多座城市爆发反日游行。其中很多地方的游行最终沦为了“打砸抢烧”的暴力秀场：深圳有民众打烂日资百货的仓库大门，商场的监控摄像头亦被损坏；青岛开发区的日产 4S 店被烧得只剩架子；北京数百人冲击日本使馆，民众冲破隔离栏朝使馆投掷鸡蛋、矿泉水瓶；西安鼓楼饭店前有民众纵火；苏州部分日式餐馆被砸，日系警车亦遭袭击。一系列现场动态被网友实时“报道”至微博，“反对暴力，理性爱国”“抵制日货，先抵制蠢货!”“假爱国，真施暴，该严惩”成为当日主流舆论声音。当日 23 时 43 分，《人民日报》法人微博“@ 人民日报”（UID：2803301701）发表#你好，明天#话题评论：“激昂的呐喊，严正的抗议，传递寸土片石、在所必争的中国意志。然而，当爱国成了暴戾的通行证，当复杂诉求搅浑民族义愤，国人也当警醒：保钓就是保钓，爱国就是爱国，无需理由也不容绑架。同胞们，请回到正义的原点，呵护爱国的纯粹。文明中国、法治中国，这才是中华民族最大的底气。安。”

2012 年 9 月 15 日下午，在西安游行活动中，驾驶一辆日系车的车主李建利被一名“爱国青年”用摩托车 U 型锁砸穿了颅骨，情况危急。9 月 22 日，西安市公安局官方微博“@ 西安公安”（UID：1903747781）发布通报称，“9 月 15 日，我局接到西安日系车车主李建利被游行队伍中不法人员打伤报案后，立即立案侦查，随后成立专案组连夜展开调查走访工作。连日来，专案组对线索情况进行了整合分析，现已确定嫌疑人员体貌特征，正在积极抓捕中。希望广大群众能积极提供有价值破案线索”。9 月 22 日 12 时 49 分，西安市公安局莲湖分局刑警大队“@ 莲湖刑警”（UID：1903053162）公布了 4 张重伤日系车主的嫌犯照片，悬赏捉拿。23 日，“@ 莲湖刑警”再公布重伤日系车主嫌犯正面近照。10 月 2 日，西安“9・15”游行日系车主李建利被伤害案告破，嫌疑人蔡某被成功抓获。

2012 年 9 月 16 日，深圳市发生的保钓抗议活动中出现了一些过激行为。12 时 55 分，“@ 深圳微博发布厅”（UID：2892786960）发布微博“不盲从不粗暴”，引导网民理性爱国、依法抗议，促进形成共识。对于周日游行活动，“@ 深圳微博发布厅”与深圳地铁、深圳交警等微博联动，发布地铁运营、交通疏导管制和解除的指引微博近 10 条，为市民出行提供指南，得到网民赞誉。

2012 年 9 月 17 日，《人民日报》纸版发表评论文章《用文明法治凝聚爱国力量》。8 时 16 分，《人民日报》法人微博“@ 人民日报”（UID：2803301701）转载发表该文摘要：“‘钓鱼岛是中国的!’连日来，各地同胞的呼声，穿越了东海的万顷波涛，这样的爱国情感弥足珍贵。但是，损害同胞合法财产，迁怒在华日本公民，是极不妥当的。捍卫国家主权、维护民族尊严，需要我们坚守文明法治，冷静理智、合法有序地表达爱国热情。”8 时 52 分，全国优秀共产党员、五一劳动奖章获得者、感动中国人物、“雷锋传人”“@ 鞍钢郭明义”（UID：2044679991）在与该条微博互动时发表评论说：“自强不息，抵御外敌最需要我们戮力同心，宣示正义，昂扬决心最需要我们有理有节，爱国家和爱自己的同胞密不可分。感谢理性表达爱国情感的公民，向全世界展示出我们的决心和力量，文明理性、团结一致的中国，定会迸发出更加不可阻挡的正义力量。”

2012 年 9 月 17 日上午 8 点 58 分，网友“@寿小锋 Preston”（UI：1218769031）发微博“求救”称，有人入室抢劫，电话被掐断了，希望网友看见这个微博帮他打 110，并公开了自己的家庭住址。除了有网友协助拨打 110，此条微博半个小时更是被转发近百次，并有网友不断在线“@”杭州市公安局官方微博“@平安杭州”（UID：2662494703。现更名为“@杭州公安”）。9 时 04 分，杭州市高新派出所接警。9 时 12 分，“@寿小锋 Preston”又发出第二条微博说：“警察还没来，坚持不住了。”9 点 14 分，民警赶到微博上的报警地址滨江六合天寓某幢某单元 801 室敲门时，却见“@寿小锋 Preston”的室友赔礼解释说“对不起，他喝多了，发酒疯，给你们添麻烦了”。

2012 年 9 月 21 日下午，上海外滩发生命案。18 时 06 分，据现场目击网友“@00_ _ _ 就似乖小囡”（UID：2309807960）、“@金小堃”（UID：1694464061）率先发出图文微博爆料，“第一次现场看到抓犯人”，“有人被杀了，流了好多好多血 吓死我了!!!”“一死一伤，警察已到达现场，”引发网友关注。当日 23 时 18 分，上海市公安局黄浦分局官方微博“@警民直通车－黄浦 ”（UID：2662506284）首发通报，回应网友关注：“今日 17 时 58 分，外滩江堤发生一男子持刀行凶案件，致一女子当场死亡，另一女子受伤。案发后，正在附近巡逻的民警迅速赶到，会同现场群众将犯罪嫌疑人万某抓获。调查中，据万某家属和户籍地江西警方反映，其有精神病史。目前，受伤女子正在医院接受治疗。黄浦警方将对该案开展进一步调查。”

十月

2012 年 10 月 1 日，中秋国庆黄金周 8 天假期的首日，微博也成了 2012 年 7 月 24 日国务院下发《重大节假日免收小型客车通行费实施方案》，7 座及以下小型客车首次免收高速公路通行费政策惠民的第一次公共考场。7000 万条微博吐槽“高速公路免费”引发全国各地高速路堵车。“高速路上发微博”位居微博热门话题排行榜之最，共生成 75039031 条微博信息。网友“@我是闻正兵”（UID：2099104570）说：“在高速上还能发微博。GPS 提醒我：本路段限速 100。而我正以 10 迈速度爬行。我想砸了 GPS，我认为它在嘲讽我。”“@Jacky_ Huang_ China”（UID：2458272453）表示，“苏州往苏通大桥方向高速全面瘫痪，起了个早赶了个晚集，求求高速收费吧”。网友“@Lily_ 曹”（UID：2551083605）劝导称，“过两天再出门吧，高速就一大停车场”。

2012 年 10 月 2 日 19 时 25 分，网友“@钚食嫣之瑷媛”（UID：1836064757）在微博中称：“天黑了山上滞留了几万游客。被滞留的旅客要砸车泄愤，山下旅游车不敢上山接人怕被砸车。山上好多老人和小孩，谁去救救他们？晚上山里没路灯气温又低，山路又陡人又多，也没吃东西的地方！”更有网友微博爆料说，“几万游客挤爆华山，管理陷于瘫痪，有成千上万游客夜困山顶下不来，游客要求退票与管理方发生冲突，场面混乱，警察已出动”。23 时 59 分，时任陕西省公安厅副厅长陈里以其个人官方微博“@陈里”（UID：1737979690）与网友互动称，他已和陕西省公安厅指挥中心联系，华山滞留人员具体数目不详，应该在数百人以上。当地公安民警和当地政府 300 余人已经上山营救引导下山。6 分钟后，“@陈里”再次发布，“刚接华山公安局领导电话，山上游客基本疏散完了，正在有序下山。请渭南政府、公安，旅游部门，一定及时掌握山上情况，千万不要出事！警方可协调景区退票，组织人员营救百姓下山”。

2012 年 10 月 6 日，四川省眉山市网友“@一抹秋色 520”发布微博称：“2012 年 10 月

5 日晚，东坡区太和镇派出所所长赵丹，酗酒后带领民警暴打老百姓，打成重伤后不顾死活驾车扬长而去！”微博所贴的照片上，一名男子头缠纱布，头上和地上血迹斑斑。此微博一经发布，迅速引发网友关注。“@东坡区纪委”（UID：2659185912。认证信息：中国共产党眉山市东坡区纪律检查委员会官方微博）获悉情况后，立即组织人员开展调查，并于 10 月 7 日上午 7 时 56 分在官方微博回应：“各位网友，关于‘赵丹酒后打人’一事，区纪委领导高度重视，现已组织人员进行调查，调查结果将及时公开。”11 时 34 分，“@东坡区纪委”又发布第二条微博公布最新进展：“目前，经区纪委和区公安分局研究，已暂停赵丹的所长职务。调查还在进行中，敬请关注。”10 月 17 日上午 11 时 23 分，“@东坡区纪委”再次发布消息：“经东坡区纪委初步调查核实，10 月 5 日晚，赵某在与社会人士胡某等人的冲突中涉嫌违纪。东坡区委决定，先行免去赵某所长职务，并调离该派出所，由区纪委对该案进一步调查处理。”针对一条微博举报，连续多次主动发布案件进展，前后共计发布 6 条微博，“@东坡区纪委”赢得了网友“赞”“力挺”的认可。“不护短、敢亮剑、有回音”，网友“@寻到说话”对此事的评价道出众多网友的心声。

2012 年 10 月 9 日至 19 日，河南洛阳嵩县 5A 景区白云山，4A 景区天池山、木札岭和 3A 景区卧龙谷门票免费。“免票”之举吸引了大量游客前往嵩县观光，但在 13 日、14 日首个周末，却也让数千名游客滞留当地白云山、木札岭景区。为防止游客持续增多，从 13 日上午开始，时任河南省嵩县旅游局局长范小红个人官方微博“@农家参谋长范小红”（UID：1460684871）及嵩县旅游局官方微博“@5A 嵩县”（UID：1226136690）进行了多次预警并提醒“景区已经饱和”，并配发了景区人流、车流量大的照片。范小红通过个人微博还发出了 4 次致歉信息，其中一则致歉微博说，“在对大家表示欢迎的同时也表示深深的歉意，由于我们的设施不够完善服务不够周到，为您的旅途带来了很多不便，今天井喷式的客流让我们的吃住行游购娱经受着巨大的考验！请相信我们会更加努力，尽快改正我们的不足之处！”在与网友互动中，范小红还于 10 月 14 日下午在微博公布自己的手机号码，直接受理滞留游客的咨询和诉求。“顶范局长”“范局长好样的”“局长给力”，此举受到众多网友肯定和称赞。

2012 年 10 月 10 日，重庆市第三中级人民法院公开开庭审理重庆彭水大学生“村官”任建宇转发微博被劳教申诉案，还在接受劳教的任建宇参加庭审。17 时审判长宣布，因案情重大，案件在程序、实体等问题上都需要进一步核实，合议庭决定择期宣判。

2012 年 10 月 11 日 21 时 11 分，网民“@执着的兔子”向银川市委办公厅、市政府办公厅官方微博“@问政银川”（UID：2239586647）投诉称，“楼上无人居住，因水管突然破裂，大面积渗水，我家地面也跟着遭殃，家具和墙面被水浸泡”。21 时 33 分，“@问政银川”在线将投诉转办“@银川物业”。22 时 07 分，银川市物业管理办公室官方微博“@银川物业”（UID：2139417593）做出首次回应：“您好，已关注您反应的问题。”次日上午 11 时左右，属地物业公司与“@执着的兔子”取得联系称，“因工作疏忽给您带来的不便，我方深表歉意，您什么时间有空，我们会到您家中查看损失情况，商量处置事宜”。五天后，“@执着的兔子”拿到 7000 元赔偿金，家中遭损坏的地皮被重新整修。

2012 年 10 月 12 日 14 时 11 分，银川市委市政府官方微博“@微博银川”（UID：1898782627）发布了《关于对部分已建成道路命名的意见的公示》。微博称，2011 年以来，银川市已有多条道路建成并投入使用，为方便群众出行，现拟对城区 27 条已建成的道路和

1 条水系进行命名，欢迎银川市民网友提出宝贵意见和建议。截止日期为 10 月 20 日。

2012 年 10 月 13 日零时许，安徽省蚌埠市龙子湖区人民法院执行指挥中心的 24 小时值班电话接到热心网友报料称，龙子湖区法院官方微博“@龙子湖法院”（UID：3955343914）上悬赏的“老赖”张某的车现在就停在他家楼下，并且人也应该也家。龙子湖区法院立即组织干警出击，将被执行人张某堵在家中，一举执结了一起标的 20 余万元的案件，提供该线索的网友最终获得 5000 元奖励。

2012 年 10 月 13 日，浙江乐清的徐女士在收到手机银行取款 8400 元的提示信息后，才发现自己的银行卡丢了。因为此卡要借给别人，所以密码也备注写在了银行卡背后。接警后民警调取了监控录像，发现取款的是两名年轻女子。两名经办民警走街串巷多日，但调查一无进展。10 月 24 日 19 时许，民警抱着试一试的想法，配发监控图片发布了警情通报微博，希望当事人能迷途知返。当晚 21 时许，警方收到一条微博私信，发信网友自称是监控照片中一位女子的朋友，当事人决定自首。10 月 26 日下午 3 点多，两名女子在家人陪同下走进了虹桥派出所。

2012 年 10 月 16 日，因为与网友“互骂”，中共云南省红河哈尼族彝族自治州委宣传部的官方腾讯微博“@微观红河”陷入舆论争议，甚至让包括一名主持人在内的其他人被莫名卷入，“躺着中枪”。随后，中共红河州委常委、宣传部部长伍皓发微博向公众道歉。

2012 年 10 月 18 日，河南省高级人民法院官方微博“@豫法阳光”（UID：2443744521）加入“河南政务微博办事厅”并设立“法院微博接访日”，组织全省三级法院 654 个接访人员集体通过微博接访，在此期间对整个接访过程进行微博直播。当天，河南省高级人民法院党组书记、院长张立勇表示，“用微博接访为当事人提供了便利快捷的反映诉求的通道，当事人跑上百里的路，到法院为了说上一句话，递上一份材料，现在用微博给法官对话，减少了当事人的诉累，这个形式很好”。

2012 年 10 月 26 日，浙江省杭州公安局余杭区公安分局官方微博“@平安余杭”（UID：1959210547。现更名为“@余杭公安”）在发布的一条“劝诫酒驾”微博中称，“如果不远离酒驾，出国签证没戏，出交通事故保险不赔，不能考公务员，不能当律师，不能当兵，开公司领不了营业执照……”此微博一经发布即被网友指其用词不严谨，不仅混淆了“酒驾”和“醉驾”的界定，更于法无据。

2012 年 10 月 28 日，飓风“桑迪”登陆美国东部海岸地区。在纽约、华盛顿等地，飓风引发的洪灾、断水、断电问题打乱了当地人的正常生活。联合国在新浪微博的官方账号于当日北京时间 15 点左右（纽约时间 30 日 2 点）发布消息称，由于受到飓风“桑迪”的持续影响，该微博暂时停止更新。

2012 年 10 月 28 日起，飓风“桑迪”袭击美国本土，造成大量财产损失和人员伤亡。美国华人李女士第一时间发微博，通知网友“有飓风来袭，最好不要出门”。据悉，李女士动态更新所发出微博的时间和美国 CNN 等主流媒体新闻报道的时间几乎同步，即时的飓风通告让众多在美华人避免了损失。

2012 年 10 月 30 日 15 时 32 分，银川市委市政府官方微博“@微博银川”（UID：1898782627）发布了《银川市向社会公开征集 2013 年为民办实事内容》。征集时间：自公告之日起至 11 月 15 日。征集形式：写信至银川市北京中路 166 号银川市政府督查室收（750011），在信封左下角注明“实事征集”字样；发邮件到 ndwrp2008@163. com。希望广大市民和社会各界踊跃参与，积极建言献策。

十一月

2012 年 11 月 5 日，针对银川市兴庆区政务微博对网友诉求回应率差、办结率低和超时未办结事项多等问题，中共银川市委办公厅在全市印发了《关于兴庆区党办未及时答复群众诉求的通报》（银党办发〔2012〕116 号），银川市纪委严肃问责兴庆区委党办，兴庆区纪委责成相关部门按规定辞退兴庆区党委办公室微博管理员，并对兴庆区党委办公室副主任邱春英给予诫勉谈话、通报批评。

2012 年 11 月 8 日上午，微博知名网友“@ 邓飞”注意到网友“@ 何小叁”在微博中反映 11 月 7 日深夜洛阳市东花坛建设银行里有一女子带着浑身赤裸的小孩，他立即转发这一微博，并“@”洛阳市公安局官方微博“@ 平安洛阳”（UID：2043228245），希望洛阳警方能迅速查明事实真相，保护孩子。洛阳市公安局微博负责人在看到信息后第一时间组织辖区警员出警，走街串巷寻找该女子，终于在两个小时后找到了当事人。

2012 年 11 月 10 日，被国务院授予“人民满意的派出所”荣誉称号的福建省泉州市石狮公安局凤里派出所举行微博创新沙龙系列活动。当天，40 多名微博网友代表应邀参加沙龙，围绕公安微博如何提高质量和互动能力等三个主题展开讨论。时任凤里派出所所长陈清芳表示，“网络时代，我们要充分利用微博，使我们各项工作通过网络实现警民互动，同时利用微博来监督我们的工作，使凤里派出所在微博时代警务改革不断创新，赢得民众认可”。

2012 年 11 月 20 日，疑似重庆市北碚区委书记雷政富的不雅视频截图在微博曝光，微博配发有多张视频截图，图片中的男女全身赤裸，男子面部清晰。11 月 21 日，重庆市人民政府新闻办的官方微博发布了一条消息，称对于此事“已注意到相关内容，正在了解核实”。11 月 23 日，重庆市人民政府新闻办发布微博称，经重庆市纪委调查核实，近日，互联网流传有关不雅视频中的男性为北碚区委书记雷政富。经重庆市委研究决定，免去雷政富北碚区委书记职务，并对其立案调查。有网友称，63 个小时，一个正厅级干部被微博“秒杀”。

2012 年 11 月 20 日，重庆市第三中级人民法院公开宣判，原告任建宇诉被告重庆市人民政府劳动教养管理委员会劳动教养一案，驳回任建宇的起诉。宣判前一日，重庆市劳教委以处理不当为由撤销了对任建宇的劳动教养决定，并对任建宇解除了限制人身自由的强制措施。法院对重庆市劳教委的自行纠错行为表示认可。法院认为，任何公权力的行使都须依法、审慎，尤其是采取限制人身自由的严厉处分措施时，应遵循目的与手段相适应的原则，即使面对公民的过激不当言论，公权机关也应给予合理宽容。凡实体、程序存在违法的行政行为都应予以纠正。法院同时认为，公民向人民法院提起行政诉讼的权利应当保护，但也要依法行使。任建宇的起诉超过法定起诉期限，因此裁定驳回其起诉。2011 年 9 月 23 日，重庆市劳教委认为任建宇在 2011 年 4 月至 8 月期间，在微博和 QQ 空间里复制、转发和点评“一百多条负面信息”、“攻击”政府言论，通过互联网煽动颠覆国家政权，对其做出劳动教养二年的决定。2012 年 8 月 21 日，任建宇的父亲任世六以任建宇的名义向重庆市第三中级人民法院提起行政诉讼。在重庆市劳教委撤销了对任建宇的劳动教养决定后，任建宇未撤回起诉。

2012 年 11 月 20 23 时 46 分，河南郑州网友李刚以昵称“孬蛋”在河南《东方今报》“爱心顺风车”官方网站上发了一则求助帖，帖子的标题是《一位父亲卑微的请求：请大家帮帮我》。帖中说，“就是希望能多些人吃面，毕竟是靠劳动所得，妻子也能多赚点钱，家里就会好过一点。跟我合伙开面馆的朋友得知我的病情后，让我把面馆转租了，钱他不要了，全给我治病。但后来又遇上点麻烦，房东不同意转租。不到山穷水尽的地步，还是不想麻烦别人。再说，我最怕别人说我炒作”。2013 年 1 月 23 日《东方今报》报道了李刚的遭遇。当晚，时任《东方今报》社会新闻部主任刘克军发出一条微博，替李刚呼吁“可不可以来我家吃碗面”，得到了广大网友的云集响应。河南省郑州市人民政府网站官方微博“@郑州市门户网站”（UID：2655329203）迅速转评支持说，“这种诚实，令人无法拒绝，吃面去！”数以千计的网友回应“我去！”连接数天，李刚的“李记卤肉刀削面馆”生意爆棚。“相约吃面”一时成了郑州城里的一股风潮，微博上熟人之间都在问“你啥时候去吃”。

2012 年 11 月 23 日下午，黑龙江双城市电视台前女主播王德春以微博“@王流浪 2012”（UID：3163371911）实名举报称，双城市工业总公司总经理、人大代表孙德江曾胁迫她保持不正当关系，并在她怀孕 7 个月时强行与她发生性关系。11 月 24 日上午 10 点，双城市纪委成立调查组。经初步调查核实，发现孙德江在处置国有资产问题上有违规违纪问题；11 月 26 日，双城市纪委决定对孙德江立案调查，双城市委决定对孙德江停止工作，接受调查。经过调查组深入调查，发现孙德江为王德春的母亲王加荣办理假退休的违纪问题。根据调查核实的情况，12 月 1 日，双城市人大常委会决定免去孙德江双城市第七届人民代表大会代表职务。12 月 3 日，经双城市委研究决定，免去孙德江双城市工业总公司总经理职务。

2012 年 11 月 25 日，广东省政法委、省三打办、省综治办、省维稳办、省禁毒办官方微博“@广东政法”（UID：2176235777）发布微博称，“微博案源多，鼓励广东各级检察院及其反贪局、反渎局开办官方微博，循线依法反贪反渎”。对此，《人民日报》法人微博“@人民日报”（UID：2803301701）积极响应道，“从网友微博爆料求关注，到政府号召微博找案源，多一些主动作为，少一些被动应对，这就对了！”

2012 年 11 月 26 日，全国首家上线的法院微博发布厅——河南省高级人民法院微博集群“豫法阳光微博发布厅”正式上线。当日，“关注进城务工人员讨薪”活动也同步正式启动。河南省高级人民法院院长张立勇表示，希望通过“@豫法阳光”，“让农民工把应得的钱拿到手”，“过春节时，理直气壮地回家，而非低着头进村”。河南省高级人民法院网络办公室主任陈海发对该活动诠释道，“得先明确一点，以防大家在理解上有偏差。我们的‘微博讨薪’是说利用微博来‘关注’进城务工人员讨薪的过程，而不是说农民工发布一条微博，就由我们法院派人出面，替农民工去直接讨薪”。具体的操作方法是，如果进城务工人员出现劳资纠纷，不知如何解决，可以写明情况并带上“#豫法阳光关注务工人员讨薪#”关键词发布新浪微博，这条微博就会显示在“豫法阳光微博办事厅”的“关注进城务工人员讨薪”版块。看到微博后，“@豫法阳光”会组织法官先“指路”，“根据具体情况告诉他们去找什么部门；要走诉讼程序等，会提醒农民工朋友不必缴纳诉讼费、执行费等相关费用；如果案子到了法院，判决出来的太慢，农民工向我们反映，我们会和法院沟通，督促他们加快结案；到了执行阶段，如果对方不积极，我们还会督办执行”。“我们规定，每条发布到‘关注进城务工人员讨薪’版块的求助微博都必须回复，哪怕有时对方带有情绪，说话过激不太好听，也不允许删除。”

2012 年 11 月 28 日 8 时许，四川省广元市的农民工崔登明请人代发实名求助讨薪微博，一天内，经广元市法律援助中心、广元市司法局局长岳大文、四川省司法厅厅长李仲彬接力跨区域协调内蒙古自治区司法厅和鄂尔多斯市司法局，同时四川省总工会又给内蒙古自治区总工会发函后，5 名农民工时隔一年之后，终于领到了自己的全额工资。

2012 年 11 月 28 日 14 时 26 分，网友“@二黑媳妇”微博曝光四川省达州市某县委书记曾经“与 9 名情妇一同出游淫乱”，并称其“拥有 17 亿人民币存款、19 处房产，家属已经全部移民法国”，甚至于微博附有相关人员的工作照和疑似其与情妇的不雅照片。11 月 30 日，据达州市纪委发布的调查通报，达州市纪委早前已经成立调查组调查网络反映问题，称帖文所反映问题严重失实，为虚假消息。

十二月

2012 年 12 月 6 日上午 10 点 06 分，有女网友在微博上扬言要割腕，并上传了一张用刀片割自己手腕流血的照片。10 点 23 分，该网友又上传了一张更为血腥的滴血特写照片，并称“几分钟而已血已凝固”。一时间引起了不少网友的关注。随后，厦门市公安局 110 指挥中心陆续接到群众报警求助。在网友、报警人及其家人的共同协助下，当事人及时获救。

2012 年 12 月 6 日，时任《财经》杂志副主编的罗昌平在其个人认证官方微博“@罗昌平”（UID：1646068663）实名举报时任国家发改委副主任、国家能源局局长刘铁男涉嫌伪造学历、与商人结成官商同盟等问题。2012 年 12 月 7 日国家能源局新闻办公室有关负责人表示，上述消息纯属污蔑造谣，并称“我们正在联系有关网络管理部门和公安部门，正在报案、报警。将采取正式的法律手段处理此事”。

2012 年 12 月 6 日，主题为“Education3.0——移动互联时代的中国教育”的“新浪 2012 中国教育盛典”于北京 JW 万豪酒店隆重举行。时任中国教育学会会长钟秉林出席盛典并致辞，民进中央副主席兼秘书长朱永新、教育部前新闻发言人王旭明、民进中央副主席兼秘书长杨春茂、21 世纪教育发展研究院院长杨东平、真格基金创始人徐小平等莅临盛典现场。美国、加拿大、澳大利亚、西班牙等 8 国驻华使馆官员代表也出席了本次活动。盛典颁发出 2012 年度微博风尚教育专家、官方微博、国际教育贡献奖、中国大学生社团及中国榜样家长五大微博公益奖项。

2012 年 12 月 7 日，中共中央总书记习近平履新后首次离京赴深圳视察，深圳网友“@陆亚明”（UID：1639984114）近距离目击了新一届国家领导人此次出行的亲民行动，并作微博即时报道。17 时 45 分，他在微博写道：“正要出园区，巧遇习总。一手持对讲机的小区保安礼貌地请我稍等，不一会儿，数名机动大队的交警骑摩托驶过，随后三辆中巴及四五警车由科技中一路自北向南鱼贯前往腾讯，车不成队，中间杂了数辆社会车辆，无开道车，警用摩托有闪灯无警笛。中巴未拉窗帘，透明玻璃，车速约每小时 60 公里/小时。”随后，继续实况报道：“我尾随车队至腾讯大厦，时 17 点 17 分。各路口未见警察、便衣，连交警也没有。伴随的机动大队队员神情轻松地在科技中一路深南大道路口闲聊。周边及深南大道两侧未见任何安保人员。深南大道交通如常，仅见一辆清障车。看来，风气真变了，看来，不封路也没什么大不了的！致敬！习总有空常来哟～［鼓掌］。”

2012 年 12 月 8 日，习近平总书记在十八大后国内考察首站到达深圳，他在深圳行程 150 多公里，沿途不封路、不清场，不铺红毯，与群众相伴而行，新气象也引起了众多在深圳的市民网友的微博见证与好评。12 月 8 日 11 时 49 分，网友“@梦邑樵郎”（UID：1901920363）说，“「群众中是安全的」、「老百姓是纯朴的」，当年转战于太行山的父辈筑牢了这位当今领导人的信念，相信今天莲花山顶的现实会更加坚定他的理念。我作为一个在现场的普通群众，目睹了这个场面。一个真正为人民群众办事的人，必然会得到人民的拥戴和保护，能有什么安全问题?”

2012 年 12 月 8 日 14 时 07 分，广东省深圳市公安局交通警察局官方微博“@ 深圳交警”（UID：1792702427）发布消息，对习近平总书记在深圳期间的交通警卫安全保障工作进行披露：“首长视察深圳期间，累计行程 150 多公里、途经市区深南、滨河、滨海、南海等多条主干道。深圳交警落实不封路的要求，车队行进中，没有封闭任何道路，公交、出租、私家车与车队并行。期间虽遇周末晚高峰，基本没有对市民出行造成影响。这是深圳首次对高级别交通勤务不封路。”

2012 年 12 月 8 日 16 时许，北京地铁五号线电视系统被黑，所有电视屏都显示“王鹏你妹”。17 时 16 分，北京地铁公司官方微博“@ 北京地铁”（UID：2778292197）回应称，“关于乘客反映的 5 号线车站 PIS 屏（乘客信息显示系统）出现蓝屏白字显示异常，据了解目前五号线乘客信息显示系统正在进行综合升级调试。据初步了解，有可能是系统故障或人员误操作，具体原因正在进一步核实。对此给您带来的不便深表歉意”。18 时 52 分更新回应，“目前车站 PIS（乘客信息显示）系统已经逐站恢复。经调查核实确认是由于近日地铁五号线 PIS 系统正在进行调试和人员培训，由于一学员误操作将和旁边同事之前调侃的话点击发布”。

2012 年 12 月 8 日晚，央视《新闻联播》在直播过程中出现技术性失误。当时 21 时 09 分，中央电视台新闻中心官方微博“@ 央视新闻”（UID：2656274875）发布致歉微博：“今晚《新闻联播》因导播员口令失误，导致画面切换错误，特此向观众朋友表示歉意”。大多数网友在微博吐槽表示理解，并称是人都会犯错，应给予宽容。央视特约评论员杨禹在个人微博中写道：“今晚《新闻联播》出了个切换错误，‘@ 央视新闻’及时做了诚恳道歉。联播一直奉行‘金标准’，压力源自全社会的高要求。其实报纸亦都有‘勘误’一栏，坦诚纠错与道歉。《新闻联播》是中国影响力最大的电视新闻节目。它有不可替代的符号感，它有失误，更有悄然的进步。新的改进正在或即将发生，不妨期待。”

2012 年 12 月 9 日 12 时 37 分，新华社法人微博“@ 新华视点”（UID：1699432410）发表“新华评”：“不封路释放深化改革信号。中央高层深圳出行真的没有封路受到各界高度关注和好评。不封路得民心，坚持人民利益至上，其释放的改革信号十分丰富。举一反三，在公车改革、城市治堵、特权车治理这些老大难领域，都应以不封路的精神为指引，迅速深化改革。（记者南辰）”

2012 年 12 月 9 日 23 时 41 分，在关于习近平总书记深圳考察的官方“通稿”之前，《人民日报》法人微博“@ 人民日报”（UID：2803301701）以“微议录”形式辑录了微博网友的热烈评论，并发表评论：“近民亲民民拥戴，疏民欺民民远离。深圳之行给了我们两方面的希望：一是深化改革的信息；一是真正转变作风的开端。”此外“@ 人民日报”还在当日的“晚安帖”中称：“最高层低调的深圳之行，是示范也是警醒：权为民所赋，官员本就不应居高临下、颐指气使。革除官僚主义，需自上而下力推。”

2012 年 12 月 10 日，有微博网友质疑中华少年儿童慈善救助基金会账目不清，怀疑有“洗钱”行为。后续多日，该基金会不断遭到网络质疑，卷入前所未有的信任危机，经历了来自社会的巨大压力与拷问，同时也暴露了内部管理的诸多问题，由此引发的社会思考超越了事件本身。

2012 年 12 月 10 日 22 时，一位绝望的母亲在微博上表示欲携子自杀，时任陕西省公安厅副厅长陈里通过其个人官方微博“@陈里”（UID：1737979690）连发三条微博动员网友参与，希望与这位欲轻生母亲有互动的网友提供其家庭住址信息。在得知母子信息后，“@陈里”又呼吁“西安市的巡警、特警和附近的有微博的民警以及附近的好心人，可以了解过问一下”。最终历时 2 小时成功劝阻，打消了该网友的轻生意图。

2012 年 12 月 10 日 23 时 01 分，浙江省杭州市公安局西湖区分局翠苑派出所社区中队女民警鲁洁处理手头的一件群众丢失钱包的报警后，有感于失主女孩子对男朋友给她买的钱包的疼惜之情，便记录下这一小故事，编发到了自己当天轮值的派出所官方微博“@翠苑派出所”（UID：1932727292）上。微博写道，“有个姑娘来报警，哭得很伤心，说钱包被偷了。钱不多，但钱包好贵，是男朋友上星期刚送的。一直到做完笔录还在哭，就算后悔心疼也不至于哭成这样。我就问她：是不是怕男朋友说你啊？姑娘使劲点点头。是个迷糊可爱型的姑娘。于是我决定，如果她男友真因为这事跟她分了，我就把她收了！”此条微博不到 24 小时，这条微博被转发 9 万多次，还被网友评论 3 万多次。特别是最后一句，网友因误解口吻是一位英豪之气的男民警，被喻为“表白贴”。更有许多“不明真相“的网友调侃说，“姑娘，你就从了吧！”“@政务微博观察”（UID：1813554857）评论道：“表白贴”微博，以平实的文字和极具生活镜头感的画面、质朴的情感心理瞬间，写真了一位基层派出所民警善良、率性的性格形象，内心独白的背后引导的是家庭婚恋中的男女应该包容、理解和珍惜。

2012 年 12 月 14 日晚，四川网友“@如梦 8××”发出求助微博称，其男朋友在韶关被传销组织控制起来了，并附有一张传销组织所在地的卫星地图。当晚，韶关武江公安分局工业中路派出所杨石燕所长的女儿在微博上看到了这条求救信息后，告知了下班归来的杨所长。15 日一大早，工业中路派出所组织警力展开排查。通过两个多小时的努力，民警终于在某出租屋查获传销窝点，并成功解救求助者男友。4 名传销组织人员被武江警方刑事拘留，5 人被依法遣返。当天，该四川网友乘飞机过来接其男友返乡，并特意制作一面锦旗送到派出所。

2012 年 12 月 18 日，中国社会科学院社会学研究所“2013 年《社会蓝皮书》发布暨中国社会形势报告会”召开。《社会蓝皮书》指出，2012 年城市居民感到最不安全的社会问题是食品药品安全、社会治安和假冒伪劣。调查还显示，在开通微博的人中，44.4% 的人遇事更相信微博上的信息，高于信任《新闻联播》的 38.7%。

2012 年 12 月 20 日，山东省济南市市中区人民法院对济南市公安局公共关系室“博警”（即负责微博维护和警民互动的民警）孙健因在微博上被网友侮辱谩骂，以“监管不力”为由诉新浪微博一案做出判决，要求微博的网络服务提供者和管理方北京微梦创科网络技术有限公司停止侵权，删除含有侮辱等相关内容的微博。孙健一审判决胜诉。2012 年 3 月，山东枣庄市和滕州市接连发生了 6 起疑似狼的野生动物被咬死或咬伤事件。3 月 28 日，孙健发微博称，在咬人的是狼还是哈士奇没有定论的情况下，“可以肯定的是这些动物是流浪、凶残、肉食。在选择保护人还是保护‘似狼’动物时，我首选保护人”。随后孙健微博再表态，“为鉴定是狼是狗而纠结不清”可能会因噎废食，并称“反正不是人，所以我支持打‘狼’！”这番表态引起争议。

2012 年 12 月 21 日，阿根廷多个城市近日接连发生哄抢超市事件，多家华人超市受到波及。当地华文媒体立即组成“突发事件报道小组”，并在微博上对事件进行全天候追踪报道，即时发布与哄抢相关的信息。粉丝们通过回复和评论的方式通报消息，相互安慰和鼓励，共同分享预防抢劫的方法。媒体评论认为，在这场突如其来的事件中，微博承担了“烽火台”的示警功能，构建了一个联结阿根廷华人和国内亲友信息交流的平台，充分发挥了新媒体短、平、快的积极作用。

2012年12月22日9时11分，时任云南红河哈尼族彝族自治州州委常委、宣传部部长伍皓开始在其个人官方微博“@伍皓红河微语”（UID：1662450871）上进行年终述职，新颖的方式赢得了媒体和网友的赞叹。伍皓回答道：“我一直想倡导官员公开向民众述职而不是只向上级汇报。官员公开述职，应该比官员公开财产好推动得多。”截止到2012年12月26日15时30分，伍皓发表微博述职报告19条，内容包括对红河文化、旅游品牌的打造，已推动红河州旅游人次跃居全省第二位；全省推广红河州以群众性文化建设推动农村精神文明建设的做法；农民群众感受到精神文明建设不是花架子，是实事、好事；在全国重大节日中均发出“红河声音”；以歌曲宣传红河。新华社对此发表评论：“因为拥有百万粉丝，‘伍皓红河微语’让偏西南一隅的红河州一度成为网络热词。”

2012年12月24日，网友“@乡巴佬”向中共四川省眉山市东坡区纪律检查委员会官方微博“@东坡区纪委”（UID：2659185912）反映称：“公车私用咋治不了哦？而且是警车私用!!”根据网友提供的信息，“@东坡区纪委”立即展开调查，并于12月25日将处理结果回复网友，但是“@乡巴佬”在评论中质问：“为什么屡教不改、屡禁不止呢？思考过这个问题吗？出现这样的问题，为什么没有从公车管理上找原因呢？”面对质疑，“@东坡区纪委”认真回复：“对监督机关来讲，私用公用有时难以区分，难以取证。我们相信，在人民群众共同参与、共同监督下，通过发现一起、查处一起，公车私用现象会逐步禁止（消失）。”“谢谢你们的耐心回复！这让老百姓看到了希望！”“@乡巴佬”看到回复后评论。

2012年12月25日夜12时25分，时任河南省政协常委、民革河南省委委员，38岁的赵克罗通过其个人官方微博“@赵克罗”（UID：1960222213，现已被依法注销）发布了一份“遗书”。文称，其获悉因自己早前5月4日晚在微博发表反对河南平坟的意见而得罪了河南省委的领导，将遭到打击报复，已做好“杀身成仁”的准备。一小时后，“@赵克罗”补充发布一条微博称“绝不会自杀”。在较早前的12月18日，“@赵克罗”还发布了题为《一个省政协常委的忏悔书》的长微博。文中称，其由于反对平坟被河南省委统战部取消下届政协委员提名，由此表达“忏悔”并“向中共河南省委领导们道歉，向南阳市委市政府领导们道歉”。

2012年12月26日，京广高铁北京至郑州段正式开通运营，世界运营里程最长的高速铁路——京广高铁全线贯通。原铁道部政治部宣传部官方微博“@中国铁路”（UID：2549511007）携手“@北京铁路”（UID：1916657595）、“@郑州铁路局”（UID：1904469113）、“@武汉铁路局”（UID：1919291765。现更名为“@武汉铁路”）、“@广州铁路”（UID：1923237421），在京广高铁全线贯通首日，跟随G801次列车进行全程微直播，广大网友也追随体验了8小时从北方寒冬到温暖南国的“大穿越”。

2012年12月26日，毛泽东同志诞辰119周年纪念日。16时许，北京大学教授“@孔庆东”（UID：1198367585）在微博突然发出紧急呼吁，动员全国网民声援洛阳纪念活动并声讨洛阳警方“败类的卑鄙行动”。当日22时59分，河南省洛阳市公安局天津派出所官方微博“@平安洛阳—天津路派出所”（UID：2089066941）发布通报：2012年12月26日上午，涧西区洛轴广场有人举行聚会活动。9时许，数名聚会者因在广场燃放鞭炮问题与广场管理人员发生矛盾并对其追打。我所将追打者卢某带回询问并批评教育，11时许卢某离开我所。12月28日12时55分，洛阳市公安局官方微博“@平安洛阳”（UID：2043228245）转评该通稿并补充意见称，关于“涧西区洛轴广场有人举行聚会活动”一事，“市公安局天津路派出所已于12月26日发布公告，公布了事实情况。据调查，在正常的出警执法过程中，民警始终保持理性、规范、文明执法。”

2012年12月26日，网友“@蒙着眼睛看世界泪”（UID：3016312427）发布多条微博，自曝其与山东聊城官员杜泽勇有染，并指称杜泽勇“风流成性，玩弄多名女性”。2013年1月10日，其微博再曝杜泽勇穿着大红色丁字裤发誓的不雅视频。2012年12月30日，聊城市纪委公开回应称，当地纪委已经介入调查。2013年1月10日，聊城市纪委通过当地媒体发布消息称，聊城市政府办公室党组成员、工会主任杜泽勇，因严重违反社会主义道德，被开除党籍、撤销职务。

2012年12月26日23时22分，认证信息为“香港成报河南办事处主任、河南分社（筹）社长”的网友“@香港成报河南办事处”微博爆料称，“一个户口在上海市松江区的90后女孩，在郑州一个经济适用房小区拥有11套经适房房产，其中最大的一套258平方米。据爆料者称，此女孩是郑州市房管局某官员的直系亲属。她是谁？这些房产是她自己买的，还是别人送的？”12月27日15时35分郑州市住房保障和房地产管理局官方微博“@郑州房管局”（UID：2528651963）回应称，已关注该事件，“由于该信息较为笼统，我们无法具体查实，希望能够提供详细信息，以便我们开展调查工作。同时，我们也欢迎向市纪检监察部门进行举报”。12月28日13时17分再次回应，经该局纪检、信息等部门联合查证，微博所提供的房源中，“6套房产为同一业主，且该业主在该小区确实拥有11套房产。但11套房产中有2套为商品住房，另9套为商业服务住房，均不是经济适用住房。”简短的情况说明中还称，经过调查核实，该此业主与该局领导没有任何亲戚关系，更不是直系亲属。28日18时02分，“@郑州房管局”再发布，“关于近日网友关注的‘郑州女房爷’问题，因该业主购买的为商品住房和商业服务用房，未经授权，尚不能公布业主姓名和其他信息。如有其它信息热心网友可以继续向有关部门提供和举报”。

2012年12月27日至30日，时任国务院副总理李克强到江西、湖北调研。自12月27日22时46分开始，“今天下午5点半，李克强一行乘两辆中巴，在细雨中来到江西九江经济技术开发区职工宿舍楼，看望住在这里的农民工和家属”。财经网官方微博“@财经网”（UID：1642088277）第一时间以微博作为首发平台，图文报道了李克强的行程。12月28日，新华社法人微博“@新华视点”（UID：1699432410）也以微博报道了当天李克强在湖北考察整个的行程情况。2013年1月4日，新华社在其评论文章《中央政治局改进工作作风“八项规定”出台一月综述》中认为，以微博率先及时报道中央领导人考察活动被定义为是一种“新的变化”。

2012年12月31日18时，网友毛利辉发布求助博文《恳求大家救救地震中徒手刨出7个学生的代课教师》。文中代课教师为云南省昭通市彝良县角奎镇的“最美代课教师”朱银全。此前一天30日上午，朱银全上二楼搬柴时不慎跌落，当即头颈骨折，重度昏迷，被转至昭通市第一人民医院。31日当晚，网友“@摘星手010”（UID：1662764887）发现此帖后与时任云南省政府新闻办网络处处长李翔昌微博“@祥云火炬”（UID：1219208633）互动核实，确认信息后在线告知知名公益网友“@邓飞”。23时28分，邓飞发出一条微博：“帮助这位老师，是你我在2012年做的最后一件善事，也将是2013年做的第一件有意义的事情!”这条微博立即得到各地网友的响应。知名演员马伊琍迅速回应“我愿意”并随后汇出2万元爱心捐款。1月1日21时，《人民日报》法人微博“@人民日报”（UID：2803301701）参与报道，再发微博“救救云南‘最美代课教师’”的呼吁，广大网友和社会各界的捐款不断汇向彝良。1月2日上午，企业家陈利浩分三次电汇给朱老师表哥王国华133333.33元；1月3日晚，在《梦想合唱团》爱心传递的晚会现场，共为朱老师筹得善款70万元。截至1月10日，短短十天内，“最美代课教师”朱银全接收到社会各界捐款130多万元。

2013

一月

2013年1月3日，网民季先生在武汉出差时手机和Ipad被盗，在拨打110报警后，情急之下他又在微博上发布了求助信息，并“@”湖北省公安厅官方微博“@平安荆楚”（UID：1917433500。现已更名为“@湖北公安”）在线报警。“@平安荆楚”迅速互动回应，实时与季先生保持联系并协调武汉警方跟进。36小时后季先生接到车站路派出所电话称该案已告破，犯罪嫌疑人被抓获，并找回了他被盗的财物。

2013年1月5日13时06分14秒，四川省绵竹市、德阳市、安县、阿坝藏族羌族自治州、茂县交界发生3.8级地震，成都震感明显。与过去不同，在该地震发生9秒后，由成都高新减灾研究所研发的地震预警技术，通过成都高新减灾研究所官方微博“@成都高新减灾研究所”（UID：2867810960）自动发出地震预警信息，显示地震横波还有15秒到达成都，此一信息“也通过了计算机、手机、专用预警接收服务器、电视等同步发布”。这是中国首次通过微博自动发送地震预警信息。后来经过与四川省地震台网确认，此次地震级为3.8级。成都高新减灾研究所所长王暾表示，地震预警的关键是利用地震波的前几秒的数据估计震级、震中位置以及快速估计地震对预警目标的影响等。“当预警信息发出时，地震还在发生，震级会出现一定误差。”据介绍，地震预警是通过布设相对密集的地震观测台网，在地震发生时，利用地震波与无线电波或计算机网络传播的速度差，在破坏性地震波到达之前给预警目标发出警告，以减少地震灾害特别是地震次生灾害影响的技术。研究表明，通过地震预警能在地震到来之前为大家争取到更多逃生时间，利用这些时间，在地震中的人员伤亡将大大减少。

2013年1月5日，贵州省黔西南布依族苗族自治州人民政府办公室官方微博“@黔西南政务”（UID：3178196371）发布微博，就黔西南州人民政府办公室公务车辆违反贵州省黔西南州兴义市“整脏治乱”规定乱停乱放问题向该市人民道歉。据“@黔西南政务”的微博致歉信，黔西南州人民政府对此次公务车违规停放事件做出了扣减黔西南州人民政府办公室2012年度目标绩效考核分数、责任驾驶员承担举报人奖金并进行书面检查、由黔西南州人民政府秘书长向兴义市民公开道歉的相关处罚。2012年11月27日晚，牌照号为“贵E-93011”的黔西南州政府办公室公务车辆由于违反当地“整脏治乱”有关规定乱停乱放，被市民拍照送往兴义市“整脏治乱”办公室。相关部门针对举报照片进行调查后，做出了处理。

2013年1月6日，微博“@古城钟楼”（UID：2493180882）引发全国网友强烈围观，其所有微博除了“铛”和多个“铛”字外，并无其他内容，页面非常整齐、干净、纯粹。网友赞叹“@古城钟楼”为“史上最无聊和最有毅力微博”。“@古城钟楼”的微博简介显示为对西安钟楼的介绍资料——“西安钟楼初建于明洪武十七年，当时我位于西大街以北广济街口的迎样观，这一位置正在唐长安城的中轴线上，也是五代、宋、元时长安城的中心”。从2011年10月26日至今，“@古城钟楼”坚持每天都在微博上按干支计时在每个时辰分秒不差地发出“铛”声。

2013年1月6日上午10时10分，山东省济南市公安局官方微博“@济南公安”（UID：1702549133）就网友“@凭海临风Terry”微博发布的一张“济南一公里十组红绿灯”的照片所引发的舆论风波做出回应称，“济南的事济南人最有发言权!”随后，10点17分，济南公安揭示网友所发“老图”的相关资料，该路段已经设置了“绿波带”。资料显示，该照片最早于2005年3月22日，由“新华社发”，图片说明显示，“济南工业南路是市区通向济南钢铁厂的一条普通公路，济南国际展览中心就坐落在这条路上。为方便进出济南国际展览中心，交管部门竟在这段不足一公里的马路上安置了十组交通信号灯”。而“绿波带”则是在指定的交通线路上，当规定好路段的车速后，要求信号控制机根据路段距离，把该车流所经过的各路口绿灯起始时间，做相应的调整，这样一来，以确保该车流到达每个路口时，正好遇到“绿灯”。

2013年1月7日，广州纪委官方微博“@廉洁广州”（UID：2796405683）发布了题为《市纪检监察部门教你写举报信》的内容，表示为便于群众更好地对违法违纪问题进行检举、控告，有利于纪检监察机关尽快核实查处各类违纪问题，广州市纪检监察部门对信访举报做出指引。在该条微博中，“@廉洁广州”不仅从举报办理原则，检举、控告人的义务等法规条文规定方面作了罗列和解释，还提供了一份信访举报信格式的“参考范本”，并列出了5种举报途径。不少网友用“进步”“给力”“实用”“赞”等字眼表示了肯定。网友“@佳伟2008”则保留称“就看你敢不敢用”。

2013年1月8日下午，联合国官方微博“@联合国”（UID：1709157165）发了多条谈论“两性平等”的微博，列举女性在理科和从事科技工作中遭遇“重重障碍”。在14时23分发布的微博中，更是点名提及“在中国，中国政法大学在招收理科新生时，女生的录取分数线比男生高出40多分”。17时54分，中国政法大学官方微博“@中国政法大学”以转评互动方式，对“@联合国”微博相关内容做出“郑重声明”，回应称“不存在‘@联合国’微博中所言之情况。特此声明”。

2013年1月10日，来自金融、广告、保险等不同行业3成员组成的“IN_ 33”团队在微博发出号召“从我做起，今天不剩饭”，并提议将1月10日设为“光盘节”，以“光盘”为代号。1月15日，“IN_ 33”近30人的队伍将北京市区划分为12个区域，当天将5万多份宣传页和海报向众多饭店和加油站点派送，宣传单页由服务员发放到客户手中，海报则张贴在玻璃幕墙或走廊间，倡议市民在饭店就餐后打包剩饭，“光盘”离开。1月16日，时任中国国土资源报副社长徐志军在其个人官方微博“@徐侠客”与三位网友共同发出“中国光盘节宣言：今天不剩饭，从我做起!”的口号，“把盘子里的食物吃得干干净净”。此“光盘活动”倡议一经发起，便在微博上得到无数网友热烈响应，线下晒餐后的“光盘”也迅速效仿追随，蔚然成风。2013 年 2 月 4 日下午，素有“中国首善”之称的江苏黄埔再生资源利用有限公司董事长陈光标在其个人官方微博也发布消息，称其申请改名为“陈光盘”，目的在于号召大家节约粮食。

2013 年 1 月 17 日，浙江衢州市公安局衢州经济开发区分局官方微博“@衢州开发区公安”（UID：2255197740）转发了一条看似提醒公众的信息：“在云南边境地区旅游或当地人民请注意，若有人在路上接近你，向你推销缅甸西瓜，又让你吃一口，你一定注意不要上当！那是种迷昏（注：魂）药，一吃即晕！作案时，轻者劫财劫色，重者杀害高价出售器官！非常残忍！现在已经在瓦城，姐告，木姐，瑞丽等市出现了，看完请马上转发转告你的亲人朋友！”消息经“@衢州开发区公安”转发后，马上就有 300 位网友据此进行了转发。很快，衢州开发区公安接到了云南省公安厅官方微博“@云南警方”（UID：2997829562）通知，称其转发的是一条未经核实的假消息。1 月 18 日 17 时 42 分，“@衢州开发区公安”发微博致歉。衢州市公安局衢州经济开发区分局相关负责人称，操作此微博的民警已经被责令不再操作官方微博，并向全局做书面检讨。

2013 年 1 月 20 日，据台湾 TVBS 电视台报道，台湾杀人通缉犯在厦门落网，破案的关键线索是微博。3 年前，台中一名萧姓男子因行车纠纷持刀杀人被判刑 15 年，交保后潜逃大陆。因为想了解官司进度，经常利用微博和朋友联络。其间，有微博网友在询问到其杀人案的相关细节后向厦门公安举报，后被依法遣送。

2013 年 1 月 23 日，团中央学校部联合教育部新闻办、腾讯校园共同发起“光盘寒假”活动。自 1 月 23 日至 2 月 19 日，约 30 万青年学生在“光盘寒假”微博话题下响应节约倡议发布宣言，平均每天万余人响应倡议。“光盘寒假”话题相关讨论 209 万人次，29 万用户在“争做光盘达人，集聚微博勋章”线上佩戴活动中领取了“光盘”勋章，为自己的微博添加节约图标标签。其中，在支线活动“我拍照我倡议”中，参与者晒出自己在家、饭店等地拍摄的光盘合影 1000 多张；在“晒晒我家的盘子”活动中，参与者晒餐前餐后盘子对比照 2000 余张。

2013 年 1 月 30 日，“温暖 2013——春节回家顺风车大型公益行动”在北京正式启动，赵普、郎永淳、陈伟鸿、邓飞、王永、崔永元等六位公益人士再次携手百余家爱心媒体，发起“春节回家顺风车”大型公益行动，微博线上同步启动宣传。“温暖 2013——春节回家顺风车大型公益行动”发出“资源共享、分享温暖、互信感恩、平安出行、快乐返程”的倡议，旨在帮助更多买不到票的朋友，尤其是农民工朋友实现回家过年的梦想。对于公众普遍担心的安全问题，顺风车发起人王永表示，活动将通过三种渠道消除搭乘双方的顾虑：第一，要求所有的参与者都需要经过身份确认，新浪微博认证用户可以直接参与，而手机用户则需要通过短信进行实名认证；第二，邀请岳成律师事务所制作了规范的协议，所有长途拼车的人都可以上网下载并签订协议书；第三，太平洋保险公司免费为参与此次活动的搭乘双方提供一份保额为 3 万元的意外伤害保险。据活动统计，“温暖 2013——春节回家顺风车”大型公益行动吸引了来自全国各地超过 40 万热心车主和乘客参与，成功帮助 9678 人免费回家及返程工作。

二月

2013 年 2 月 1 日晚，中央电视台《新闻联播》在头条新闻“新春走基层”栏目中播出《河南郑州：一碗面温暖一座城》，用 4 分钟时间讲述了河南郑州“全城吃面”爱心救助身患骨肉瘤患者、“李记卤肉刀削面馆”老板李刚的故事。早前2012年11月份，李刚在网上发帖说，“我最近查出得了骨肉瘤，很是沮丧，我的家庭不是很好。开了个餐馆，现在要用钱，只想在西郊居住的群友，闲暇外出吃饭时，可不可以来我家餐馆吃饭，这样我妻子会多赚一些钱。我们家还有一个小女孩（不到3岁），很困难。我在这里拜谢了”。在微博动员和好心人的帮助下，郑州及周边的网友纷纷赶来爱心资助。

2013年2月2日14时08分，中国军网记者频道官方微博“@中国军网记者频道”（UID：2280198017）发布消息：“春节前夕，2月2日上午，中共中央总书记、中共中央军委主席习近平冒着严寒，来到戈壁深处的空军某基地，看望慰问部队官兵和科技人员。他表示，心里一直惦记着大家，特地来看看大家。他强调，抓住战略机遇期，加强国防建设，责任在我们每个人身上，希望大家一起履行好这个责任。（解放军报记者王士彬）”这篇看似平常的一则领导人视察新闻，是官方媒体第一次通过微博最早报道出来的。之后，国防部网站率先转载上述的报道，央视新闻中心官方微博“@央视新闻”（UID：2656274875）和新华社法人微博“@新华视点”（UID：1699432410）相继转发了习近平总书记到酒泉卫星发布中心东风革命烈士陵园向革命先烈敬献花篮的消息。

2013年2月3日，网友“@学习粉丝团”（UID：3043581645）发消息称，“习大大的座驾刚从临洮飞到了兰州”。这条微博立即引发广泛关注。随后，“@学习粉丝团”连发十余条微博“直播”习近平总书记甘肃之行。2月5日9时46分，“车队已出发……不知考察哪里……”2月5日11时05分，“习总已回到酒店……”其速度之快、距离之近、内容之亲民引发热议，各界网友猜测博主的身份和背景。2月10日凌晨，自称为“@学习粉丝团”博主的张洪铭主动现身接受媒体采访，并发布了自己的生活照，称自己是四川巴中人，大学肄业后便前往无锡从事墙面装饰工作。在张洪铭发布的个人照片中，他居住的地方是一个小屋子，一台笔记本电脑、一张床、一张桌子之外别无他物，靠电暖气取暖。张洪铭称，自己发布的习近平照片是全国各地的粉丝提供的，其中有一些是当地媒体记者给的。但各界网友的疑虑并未随之消解。

2013年2月5日中午12时18分，湖南株洲网友“@左龙右凤入西川”（UID：1092721013）在微博上言辞犀利质疑，“株洲城管强拖市民电动车罚款后再强收停车拖车费并且不出具发票一事，城管从来不敢正面回复，或狡辩‘停车场单方面行为，与城管无关’。置法律于不顾，视市民为肥羊”。当天下午，湖南省株洲市城市管理和行政执法局副局长刘坚在其实名认证的个人微博“@湘人刘坚”（UID：2014350933）做出回应：“我们不回避问题，我们将解决问题。”2月7日，株洲市城市管理和行政执法局要求芦淞城管部门停止此类做法。2月22日，刘坚再发微博反馈，“市城市管理和行政执法局上午召开各区城管大队会议，专题解决近期城区停车场收取违停车主拖车费、停车费的问题。市局明确即日起各城管大队停止各停车场此类收费行为，被处罚的违章停放车辆车主依法接受罚款，其产生的拖车费和停车费则由各区城管大队向各区财政申请解决”。

2013年2月7日，一个名为“@向李学习”（UID：3181539242）的微博账号引起网友的关注。该网友的注册信息显示为女性，位于北京东城区，其简介中注明为“向李学习克难攻坚发愤图强”。该微博发布的内容以时任国务院副总理李克强的个人照片和言论为主，还包括李克强夫人程虹的情况，称呼他们为“强哥”“程姐”。国家行政学院汪玉凯教授评论称，“@学习粉丝团”等系列微博应更多是一种民间行为，是人民看到新一届领导人的改革举措后，有意对一些活动进行追踪报道。“为什么会有粉丝团出现？这是社会公众对领导认可的表现，包括行政理念、改革举措等等。”他说，这些微博打破了公众对领导人的陌生感，将领导人的日常生活以及信息更多地呈现在公众面前，对社会进步和政务公开都产生了积极的影响。

2013 年 2 月 12 日开始，中国中央电视台综合频道晚间新闻节目《新闻联播》在结束报尾时，增加主播提示：“如果你还想获取更多的新闻资讯，可以关注我们的官方微博‘@央视新闻’。”“@政务微博观察”（UID：1813554857）评论说，此举可看作是央视开启媒体融合的一个重要节点，它让新闻从单向接收过渡到双向互动、“双屏互动”。“@央视新闻”（UID：2656274875）自 2012 年 3 月 16 日正式上线。

2013 年 2 月 16 日 23 时 57 分，北京对外经贸大学女生在其新浪微博“@sienna 赛娜”（UID：1870490253）上留下遗言后，纵身从高楼跳下，放弃了自己的生命。赛娜的决然一跳，让舆论再度关联起 2012 年 3 月 18 日南京女网友“@走饭”用时光机道别的仪式。网友“@于咏琳”评论说，“国内对于抑郁症的宣传教育太少，让大家对于此类病患带有些许不理解和歧视状态，并且不像其他病痛等都很容易获得身边亲人朋友的同情关爱，病者也愿意积极治疗；可抑郁症病人都会隐藏病患，隐藏自己的内心状态，多半能理解的人也不多，不能得到正面的理解和关爱，病人更愿意把自己封闭起来”。“@Suddenly_ this - summer”说，“抑郁症正在默默地吞噬着年轻一代脆弱的心和敏感的神经。就如走饭和赛娜。拥有健康的心理和身体，并勇敢地一直活着，不用理会此刻是否拥有财富、地位、权力、爱人，但求一颗热爱生命热爱生活的心，快乐地活着”。

2013 年 2 月 16 日，广州网友“@李铭建”在新浪微博发文，为其八十岁的母亲寻找失散 50 多年的四位工友的下落。其母亲吴某曾于五十多年前在肇庆农机厂工作过两年，当时得到了几位工友的关照，回到广州后就与他们失去了联系。当天，广东省肇庆市公安局“@平安肇庆”（UID：1700207693）值班民警陈永博看到该微博后，立即安排民警梁小静协助落实。几经周折后，2 月 22 日，几位工友的下落先后确认。事后，“@李铭建”在微博上发表感言说，“感谢温暖的‘@平安肇庆’及‘@秋日之恋’（民警梁小静个人微博），微博不仅显灵，还让我感受到肇庆人的热情和温暖，大赞！”

2013 年 2 月 18 日 17 时 17 分，陕西省西安市公安局莲湖分局政工科宣传干事在其微博“@西安莲湖曹警官”（UID：2687242313）发布的一条寻人启事在网上迅速扩散。微博中说，当日 15 时，小关姑娘的姥爷与表哥在西安火车站准备乘坐火车时，在火车站广场走散，老人已经 80 岁，且患有心脏病。寻人微博发出后，短短半个多小时就被转发 500 多次，阅读量超过 5 万人次。一个多小时后，即当晚 18 时 30 分，从曹警官处传来好消息，老人已经找到，原来他等不及小关的表哥，自己乘火车回了老家。

2013 年 2 月 19 日，河南省郑州市人民代表大会常务委员会官方微博“@郑州人大”（UID：1916837051）为“新闻早产”事件致歉。当天，因郑州人大网站出现技术失误，工作人员将为次日（2 月 20 日）准备的开幕式新闻短讯，本应在开幕后配图发出，但提前在网站上显示，造成了“新闻早产”。致歉微博中写道，“对此向大家致歉，我们将认真检讨，坚决避免此类事情发生，感谢网友对郑州人大工作的关心支持”。

2013 年 2 月 21 日 17 时 27 分，网友“@小_ 河蟹”（UID：1135345615）在微博中爆料称，在东港新村看到一辆疑似城管部门的车辆停在附近等人，随后不久，一名女子拿着包坐上副驾驶座位后，车辆从东环路向北径直开走。从微博配发的现场图片来看，该车辆号牌为苏 E7XQ ×8，车顶有警灯，确认为一辆执法车。2 月 27 日，中国共产党江苏省苏州市纪律检查委员会官方微博“@廉石声音”（UID：3150699300）发布微博称，经公安部门查实，苏 E7XQ ×8 系工业园区娄葑街道市容管理中队工作用车，网友反映的公车私用问题情况属实。苏州市容市政管理局纪委已对使用该车的高某进行批评教育，并按内部车辆管理规定做出了处理，并在全中队进行通报。娄葑街道市容管理中队也表示，今后将进一步加强车辆管理，杜绝此类情况发生。

2013 年 2 月 24 日 20 时 31 分，网友“@V 字的力量”（UID：2451495895）发微博投诉称，“晚饭喝了酒没开车，带着九十岁的外婆路边打车。一辆空车驰来见我带着老人，故意越过我们，把车停到边上一对也在打车的夫妻面前。那对夫妻指着我们对司机说：让老人先上吧，他们也是先来的。司机听罢不顾而去。我记下了出租车牌：苏 A819 ××，已向客管处投诉，同时感谢那对年轻夫妇!”该微博发出后 1 个小时，南京日报旗下报网融合新媒体“@南报网”以《“孟非”打车遭拒载，微博小号投诉?》为题，对此进行了报道，并“@”江苏省南京市交通运输局官方微博“@南京交通发布”（UID 2113950730）反映。有知情人说，这个微博是知名主持人孟非的微博“小号”。25 日，“@南京交通发布”回复：经调查，2 月 24 日晚苏 A819 × ×出租车当班驾驶员赵某的服务行为违反了《南京市公共客运管理条例》第 40 条第 4 款“运营时间内不得拒载”之规定，拒载行为成立。为此，客管处依法对驾驶员做出了“行政处罚 800 元，实施营运服务考核记 10 分”的处理决定。同时，中北出租汽车公司对赵某做出了“停运 3 天，处罚 200 元，并在全公司安全运营大会作出检讨”的处理决定。

2013 年 2 月 25 日，网民“@东土秦火火”微博造谣质问中国战略文化促进会常务副会长兼秘书长“@罗援”（UID：1419517335），“再问你一个严肃的问题，你大哥为什么能成为德国西门子（远东）公司高级顾问，后来又成为西门子（中国）公司副总经理？你们罗家出了老二罗挺和老三罗援两个少将，现在又有老大罗抗和老四罗振两个兄弟分别在德国和美国公司任高层？这当中是不是有什么利益交换关系？请解释这个问题”。德国西门子公司当即向新浪微博举报，并于当天 19 时 04 分通过其官方微博“@西门子”发表声明辟谣，“我公司从未设立过任何名为‘西门子（远东）公司高级顾问’或‘西门子（中国）公司副总经理’的职位；经查证，从 2003 年至今，我司从未雇用名为‘罗抗’的员工”。

2013 年 2 月 25 日，有网友向安徽省阜阳市公安局官方微博“@阜阳公安在线”（UID：1941554327）投诉称，当日中午 12 点 15 分左右，在合肥长江西路高速下道口车辆有序排队数百米，一辆牌号为“皖 K1910 警”的小中巴蛮横插队，逼停数辆排队中的小车险酿追尾事故，“引发众愤”。“@阜阳公安在线”立即展开调查，后并及时回应：经初步了解，皖 K1910 警为阜阳市阜南县公安局勤务运警车。2 月 25 日上午，该局使用该车运送 2012 年新招录民警前往安徽公安职业学院参加初任培训。因路上多次堵车，造成报到时间延误，于是该车驾驶员急于赶往报到地，不当插车，引起过往司机不满。该局已对该车驾驶员进行批评教育，责令其写出书面检查，同时加强对全局警车驾驶员安全文明行车的管理教育。

2013 年 2 月 26 日上午，贵州省贵阳市公安局观山湖分局官方微博“@观山湖公安”（UID：2696243423）接到一网名为“默”的网友求助信息，称其妻子李某在贵阳市观山湖区参与传销组织。在求助中，网友提供了妻子李某的详细情况和地址。经过民警连续多日的摸排、调查、取证后，3 月 5 日，观山湖公安分局国经文保大队民警联合碧海花园派出所民警、碧海乾图花园小区物管前往李某居住地进行入户清查。观山湖公安分局民警对李某处理后，与求助人和李某的父亲对其进行了严肃的说服教育工作。

三月

2013 年 3 月 1 日，中山大学 2012 届毕业生郑楚然发布“希望有 100 人和她一起向人大代表或者政协委员递交关于就业平等建议信”的微博，9 小时微博征集 104 人署名递交“两会建议信”。后经全国人大代表、湘潭大学校长罗和安在全国“两会”上提出“尽快出台《反就业歧视法》，并明确增加反就业院校歧视法律条款”的建议。

2013 年 3 月 2 日深夜，网友“@ 玛格丽特爱夜空”在新浪微博上求助，言其好友因不明原因自杀，在 QQ 空间上传割腕图片，现在在青岛那边。接到报案后，黄岛警方立即安排治安大队和长江路派出所民警进行救助。3 月 3 日清晨，长江路派出所民警找到了童某，经过劝说，终于让其放弃了自杀念头，后童某被送往开发区医院抢救，童某无生命危险。

2013 年 3 月 5 日 16 时 24 分，网友“@ 我非我 – 悠我心”（UID：1160708390）在微博中配图向苏州市公安局交通巡逻警察支队工业园区大队官方微博“@ 苏州工业园区交巡警”（UID：1921489852）投诉称，“此新三无人员（无警官证无警号无工作证件）却能在园区大摇大摆公开执法违章单!!”3 月 6 日 13 时 04 分，苏州工业园区纪工委、苏州工业园区监察局官方微博“@ 苏州工业园区纪检”（UID：3149000842）介入互动答复，“您所反映的情况我们已经关注，我们将尽快调查情况，给您一个答复”。3 月 15 日 14 时 32 分，“@ 苏州工业园区交巡警”回应称，“经查，您反映的人员为园区交警大队湖东中队辅警任某，当日下午在中队长张某带队下巡逻，对可能存在的违章停车行为进行拍照举报并贴‘友情提示单’的举措是符合相关规定的，但就您反映的无任何警察标志的问题，任某着装确实不符合辅警着装规定”。“对此，大队已对张某和任某分别予以内部考核扣分处理，并责令湖东中队加强管理，避免类似事情发生。”

2013 年 3 月 6 日 22 时 52 分，时任浙江省台州市公安局办公室副主任林月村的个人实名官方微博“@ 林警官在线”（UID：1697465733）收到网友“@ 林小凌”（UID：2265408641）的消息称，其同学意图自杀却不知道她住哪里。林警官第一时间将警情在线转给了时任黄岩公安分局 110 指挥中心主任卢健星微博“@ 网络一半”（UID：1994292600），卢健星回复网友“立即拨打 110 报警”并同时在线“@”抄送当晚 110 值班长李令安微博“@ 逐草绿茶”。23 时 43 分，营救者们冲进煤气味浓重的房间，将自杀者成功救出。

2013 年 3 月 8 日，《华西都市报》报道的四川省南充阆中三胞胎妈妈李舒微博直播抗癌故事《微博直播抗癌》引起了全国全网高度关注，感动了无数网友。李舒是四川阆中市的一名社区医生，也是一个三胞胎妈妈。2012 年 4 月 3 日，她开通了自己的微博“@ 三胞胎宝宝的妈”（UID：2693221145，现已更名为“@ 女儿成长记 123”），记录她的三个孩子的成长经历。自从被查出患有癌症后，她又用微博记录下了自己的心路历程。2013 年 7 月 14 日，一段名为“我有一个秘密·2013 成长季（二）”的专题系列片上传在网上，讲述了三胞胎癌症妈妈李舒与她三个女儿的故事，网络上点击量过百万，其中还展示了李舒提前 20 年录制的祝福女儿婚礼的部分视频，不少网民看后都感动落泪。网友“@ 离开之后”说：“不争气呀，大中午的一个老男人躲在办公室掉泪，是李舒一家的不幸和幸福感动了我。”2014 年 1 月，手术后“抗癌妈妈”李舒亮相央视一档亲子节目《宝宝来啦》。2016 年 7 月 7 日，李舒再次出现在央视三套的真人秀节目《向幸福出发》。2017 年底，李舒回到社区医院工作。她每年都会许下同一个愿望："好好活下去，活到女儿们成年。运气若能再好点，没准还能为女儿披上嫁衣，亲口说出那句来自妈妈的祝福。"

2013 年 3 月 8 日，上海松江网友"@ 少林寺 1986"（UID：1737737970）发布的一条图文微博显示，大量死猪伴随着垃圾漂浮在黄浦江上游水源地，对上海饮用水水质造成威胁和隐患，由此引起舆论关注，网友纷纷调侃"付自来水的钱，喝肉汤，赚到了"。同日 18 时 16 分，上海市松江区人民政府官方微博"@ 松江"（UID：2620648747。现更名为"@ 上海松江发布"）以"突发事件"话题率先发布通报：近日，负责区水上环卫作业的单位，发现黄浦江面上陆续有漂浮的死猪，并及时加强力量进行打捞。区相关部门在向上级汇报的同时，通报上游区域进行协查，从源头上杜绝死猪抛弃行为。目前，从环保、水务部门不间断监测的情况看，未影响到自来水厂取水口的水质。

2013 年 3 月 9 日 19 时 41 分，上海市农业委员会官方微博"@ 上海三农"（UID：2702452820）做出回应，"黄浦江松江段水域出现的漂浮死猪来自于黄浦江上游，目前已打捞死猪 900 多头，并将死猪进行了无害化处理。市、区相关部门将继续打捞漂浮死猪，加强水质监测，协调黄浦江上游周边地区，调查死猪来源，从源头上制止死猪不规范处置行为"。同时，全国各大新闻媒体纷纷参与此事件调查展开报道，并追踪溯源得出初步结论，"查耳牌是从浙江那边来的"。

2013 年 3 月 11 日零时 50 分左右，上海网友向重庆市交巡警总队交巡警李常江微博"@ 重庆李 sir"报警称，有网友"@ JolinSHE"正在直播割腕自杀。1 时 25 分，有网友提供线索称，博主现在住在成都大石西路一家连锁酒店内，李常江立即向成都警方求助。1 时 44 分，成都警方确认，并告知已安排警员查找。2 时 04 分，成都警方在某酒店找到自杀的重庆籍网友，并紧急送往医院救治。

2013 年 3 月 11 日上午 10 时 09 分，上海市农业委员会官方微博"@ 上海三农"（UID：2702452820）更新发布消息称，"上海市动物疫控中心等部门现场采集死猪心、肝、脾、肺、肾、淋巴结、扁桃体等内脏样品共 5 套，实验室检测了六种病原。从一份样品中检出猪圆环病毒病原阳性，其余样品所有检测项目均为阴性"。并特别提示"猪圆环病毒病不属于人畜共患病"。同日 17 时 51 分，上海市政府新闻办公室官方微博"@ 上海发布"（UID：2539961154）发布千字文通稿回应称：至 3 月 10 日晚，松江、金山区水域已打捞起邻省漂至黄浦江上游的死猪 2800 余头，并作无害化处理。上海市环保、水务部门加大取水口监测密度和水面巡察，松江、金山等供水企业出厂水符合国家卫生标准。"经核查，初步确定死猪主要来自浙江嘉兴地区，上海市没有发现向江中扔弃死猪现象，也没发现重大动物疫情。"此一通报，引发网友诸多质疑："数千乃至上万头死猪漂浮黄浦江，居然还能水质基本正常？可能吗？"时任上海市人民政府新闻发言人徐威面对媒体则回应称："上海方面从未试图隐瞒死猪漂浮事件，从一开始就秉持公开透明的原则。"

2013 年 3 月 11 日 17 时 54 分，上海市食品药品监督管理局官方微博"@ 上海食药监"（UID：2713251091）发布，"针对浙江嘉兴漂浮死猪事件，市食安办已要求全市各相关监管部门加强本市猪肉供应市场的监督检查，截至目前为止，未发现有病死猪流入本市市场。各相关监管部门将继续密切跟踪，加强监督抽查，一经发现，立即收缴并进行无害化处理，涉嫌食品安全犯罪的，一律从严重处"。

2013 年 3 月 12 日 23 时 29 分，《人民日报》法人微博“@人民日报”（UID：2803301701）发表当天#你好，明天#话题评论：“黄浦江漂浮的死猪，引起公众关注。尽管政府已开始行动，但对质疑的回应、信息的披露，似乎仍显得有些被动。第一时间公开，才能让真相跑过猜疑猜测，这是信息时代的定理、危机应对的法则。事关公众健康、环境安全，没有不能说，只有必须说。知情是公众的权利，公开是政府的职责。”

2013 年 3 月 13 日凌晨 1 时 18 分，微博某加 V 人士发微博“爆料”称，《西游记》中扮演孙悟空的著名演员六小龄童（章金莱）“于 3 月 12 日早上八点半病逝于浙江绍兴慈济医院，享年 53 岁”。随后，六小龄童本人通过其新浪微博“@六小龄童”（UID：1211441627）亲自转发该微博并辟谣说“我很好！”8 时 44 分，“@六小龄童”再发微博说，“刚刚看到腾讯微博上有人发微博说我已于 4 月 12 日去世，今天是 3 月 13 日。我正在电视剧《新燕子李三》无锡片场拍戏，一切很好，这个造谣人的 QQ 号是 308880970，请腾讯网站及网民朋友查一下他是谁，我也会保留法律诉讼的权利”。

2013 年 3 月 13 日，南昌大学科技学院白血病女孩黄小清通过微博呼救，“因为我很努力，我很想活下去”。这条微博引起了许多爱心人士的关注，短短一个月内，爱心捐款近 16 万元。4 月 26 日，黄小清顺利进行了骨髓移植手术。

2013 年 3 月 13 日 18 时 15 分，上海市政府新闻办公室官方微博“@上海发布”（UID：2539961154）以长图载文形式，继续对“黄浦江漂浮死猪”事件发布最新消息称：“截止 13 日 15 时，本市水域内当天新打捞死猪 685 具，比昨日同期减少 43.8%。在继续做好水源地水质监测基础上，本市已将猪圆环病毒等微生物指标作为水厂消毒的主要针对指标，同时增加猪链球菌等三项指标的检测，保障出厂水质安全。同时，严格按照国家标准对打捞上来的死猪进行无害化处理。”文末特别强调，“现有的水质监测结果显示，相关水厂的出厂水均符合国家生活饮用水卫生标准”。

2013 年 3 月 18 日 11 时许，安徽亳州谯城区网友“@仪效文”（UID：3070775967）因创业失败，在微博直播自杀，引发网友关注。亳州市公安局官方微博“@亳州公安在线”值班民警赵杰看到网友求助后，立即报告亳州市公安局指挥中心。警方调集了 100 多警力查找其下落，与此同时，消防、120 等部门救援人员也及时到位。12 点 50 分左右，警方找到了“@仪效文”，16 时许，经医生全力抢救，该网友脱离生命危险。

2013 年 3 月 25 日，正在非洲国家坦桑尼亚访问的习近平主席在演讲时，提及了正在坦桑尼亚热播的中国电视剧《媳妇的美好时代》，说该剧让坦桑尼亚老百姓了解到中国老百姓生活的酸甜苦辣。习近平主席的这番话引发了网友热议，而《媳妇的美好时代》的主创人员也纷纷在微博上表示“荣幸”。

2013 年 3 月 25 日上午 8 点，江苏省公务员公共科目笔试在技师学院、科技大学、广播电视大学等考点同时举行。不少考生反映，行政能力测试有点 hold 不住，100 分钟做 155 道选择题，超半数人做题完全靠蒙。“表哥”、黑车执法等微博热点话题都被列入公考考题。

2013 年 3 月 26 日，中共中央政治局常委、国务院总理李克强在主持召开国务院第一次廉政工作会议时强调，“现在社会已经是一个透明度很高的社会，我国微博的用户有数以亿计，有些政府信息不及时公开，社会上就议论纷纷，甚至无端猜测，容易引起群众的不满，产生负面影响，给政府工作造成被动”。“与其如此，还不如我们主动及时地公开，向群众‘说真话、交实底’！”

2013 年 3 月 27 日中午 12 时 39 分，宁夏回族自治区山地运动协会官方微博“@ 宁夏山地运动协会”（UID：1801075817）发消息称，“死猪问题是不是要开始泛滥了？宁夏长庆石油银川基地东边的燕鸽湖小学附近，发现成片死猪，目前动物检疫部门已经到场处置，具体数量不详、疫情不详、来源不详”。配图中的十多头死猪杂乱布局，场景令人震撼。11 分钟后，银川市委办公厅、市政府办公厅官方微博“@ 问政银川”（UID：2239586647）介入回复，并督派兴庆区党委、政府官方微博“@ 兴庆微博”（UID：2167231825）关注，15 时 11 分“@ 兴庆微博”受理。3 月 28 日上午，同一事件信息和配图被多位网友拷贝传播，并补充称“现场留有大批疑似问题饲料，希望政府能调查原因，防止问题猪走进市场”。28 日，11 时 43 分银川市兴庆区农牧局官方微博“@ 兴庆区农牧局”（UID：2659558403）、18 时 18 分银川市农牧局官方微博“@ 银川农牧”（UID：2126244823）先后发布千字长文“工作总结”《关于对兴庆区鸽底湖附近发现病死猪情况的回复》《关于对兴庆区东郊发现死病猪情况的回复》。通稿称，在网友发微博的前一天，3 月 26 日，兴庆区农牧局在接到市民举报线索后，由兴庆区主管区长亲自带领农牧局及辖区公安派出所工作人员前往现场，于 26 日当天已经处理完毕。经兴庆区农牧局核查，兴庆区燕鸽湖南边共发现死猪 14 头，大多在 1 ~ 2 月龄，非一次性投放，无佩戴耳标，公安机关也没有接到生猪失踪报告，无法追溯来源。技术人员判定因养殖户饲养管理不善造成。并称，兴庆区农牧局当日对死猪已进行无害化处理，并对现场及周围环境进行了消毒。同时，已对周边掌政镇、大新镇养殖户进行排查，均未发现猪瘟、口蹄疫等动物疫情。

2013 年 3 月 28 日 10 时 32 分，受“上海黄浦江死猪”及银川本地“燕鸽湖死猪”事件的舆论影响，银川网友“@ 不会吐丝的蚕”（UID：2610632185）发微博，对银川自来水的水质问题提出质询。当日 14 时 46 分，银川中铁水务集团有限公司官方微博“@ 银川自来水”与网友（UID：1417832777）互动回应称，“请大家不要恐慌，涉事地点不在我们的水源地范围”。并进一步解释道，“我们银川自来水九大水源地的取水均来自地下 150 米 – 250 米的深层地下水，地表水污染不会对我们的水源造成影响，这与以地表水为水源的地区不同。我们的水质在严格的监控之下，目前水质稳定，未受到影响”。

四月

2013 年 4 月 1 日，一名为“@ 悲伤与快乐结合”的网友发出一条“永别了，我爱的人和爱我的人”的微博，并附上了一张“割腕”图片。这条微博发出后，立即引起了舆论关注，武汉市武昌区公安分局 5 位民警迅速开展调查。就在民警们准备展开营救时，却发现这是网友在愚人节自导自演的一场恶作剧，微博内容系虚假消息。

2013 年 4 月 1 日中午 12 时许，广东中山网友“@ 叶问詠春拳”（UID：2029412007）连发三条微博，向中共广东省中山市纪律检查委员会、中山市监察委员会官方微博“@ 中山纪检监察”（UID：1898268005）投诉称，“广东省中山市博爱医院停车按次收费！同一台车一天出入数次照样要收费数次是物价局规定吗？发票是物业管理公司不是医院的”，请求相关部门予以解释。“@ 中山纪检监察”迅速跟进后，4 月 2 日 18 时 02 分发布《关于反映中山市博爱医院停车按次收费问题的回复》，转达中山市博爱医院的情况说明称，“经负责医院管理的金锁匙物业公司报市物价局批复同意，该院停车场按相关标准收费。停车不超过 60 分钟或凭当日门诊发票、住院停车卡，免收停车费”。取得了网友的谅解。

2013 年 4 月 4 日，有网友微博爆料赵本山于 4 月 3 日晚在北京协和医院突发心肌梗死，由于抢救不及时身亡，享年64岁。之后被证明系“被死亡”的谣言。

2013年4月16日，复旦研究生遭投毒死亡案的舆论发酵，北京19年前悬而未破的清华大学女生朱令令离奇“铊中毒”案（网友称之为“朱令案”）再次被翻出，舆论强烈要求北京警方重启此案调查。“朱令案”被网友关注的一个重要原因是“嫌疑人孙某有高干家庭背景”，不少网友猜测其家庭背景影响了警方公正司法而致此案无果而终。5月8日17时06分，北京市公安局官方微博“@平安北京”（UID：1288915263）回应“朱令案”。通稿称，认定该案有投毒犯罪事实，但因侦办条件有限，相关证据灭失而无法侦破。通报还表示，警方当年在办案过程中未受任何干扰。该通报最终并未明确回复是否将重启调查，但称“这起案件未能侦破，我们至今深感遗憾。对朱令令个人遭遇的不幸和家人承受的痛苦，我们深表理解和同情”。

2013年4月16日，四川省眉山市东坡区纪委官方微博通报了四起职务犯罪案件，令网友直呼意想不到。通报的四起案件分别是，潘某因醉酒驾驶机动车并造成交通事故，被判处拘役2个月，缓刑6个月，并处罚金2000元。东坡区路政管理大队原大队长赵某利用职务之便，指示单位财务人员采用虚报支出的手段骗取公款并私分，区法院以贪污罪，判处其有期徒刑10年，没收财产10万元。东坡区路政管理大队原会计董某在单位领导的指示下，利用职务之便，采用虚报支出的手段骗取公款并私分，区法院以贪污罪，判处其有期徒刑3年，缓刑四年。以上三人，东坡区纪委决定给予其开除党籍处分。此外，东坡区水务局黄某、王某均因收受管理对象礼金4000元（已主动上缴），被区纪委给予其党内严重警告处分。眉山市东坡区纪委相关负责人表示，微博公开案件是希望能起到更多的警示教育和震慑作用。

2013年4月18日，香港大公报刊登了《北京“的哥”：习近平总书记坐上了我的车》一文，引起全国网友热议。但是随后经过查证，证实大公报的报道为虚假新闻，令千万群众无比失望与唏嘘。对此，大公报为刊登习近平总书记打车报道虚假新闻道歉，希望读者原谅。

2013年4月20日8时02分，四川雅安芦山发生地震。仅仅53秒之后，成都高新减灾研究所官方微博“@成都高新减灾研究所”（UID：2867810960）就发出了有关地震的第一条微博，该微博发布端口时间显示：2013－4－20－08：02。正文：“成都提前28秒收到四川芦山8时2分48秒4.3级地震的预警信息，预计成都烈度1.6度。此预警试验信息也通过了计算机、手机、专用预警接收服务器、电视等实时同步发布。此预警第2报信息于2013－04－20 08：02：53发出。”

2013年4月20日8时03分，国家地震台网官方微博“@中国地震台网速报”（UID：1904228041）发布消息：“中国地震台网自动测定：4月20日8时02分在四川省雅安市雨城区附近（北纬30.1度，东经103.0度）发生5.9级左右地震，最终结果以正式速报为准。”8时08分，新华网官方微博“@新华网”在地震发生6分钟后便以“快讯”形式率先转载发布了此消息。8时14分，“@中国地震台网速报”发布“正式测定”消息：“4月20日08时02分在四川省雅安市芦山县（北纬30.3度，东经103.0度）发生7.0级地震，震源深度13千米。”正式测定信息在四小时内即转发超过10万余条。与5年前2008年的“5·12”汶川地震不同，这一次，微博、微信等社交平台成为公众即时获取官方权威信息并互动反馈灾情的抗灾救灾利器。特别是借助微博开放共享的社会化传播，成都、重庆、西安等地的震感与灾情迅速进入全球关注视野。

2013 年 4 月 20 日 10 时 03 分，在雅安市雨城区北部 27 公里处的上里镇，成都信息工程学院学生李之柱通过其个人微博“@ LIZHIZHU -”（UID：2072584061）发出求助信息：“求救求助，这里大概上千的大学生在雅安上里写生。”被困的学生来自成都理工大学广播影视学院、成都信息工程学院、重庆师范大学等。当时电话不通，他们只能通过微博、短信等方式向外界求援。李之柱发布的求助微博被爱心传递 24 万多次。12 时左右，成都信息工程学院的 5 辆校车在经过塌方路障后顺利接近学生位置。

2013 年 4 月 20 日，雅安地震后的微博开放的社会化传播能力极大地便利了救援信息聚合。网友基于地理位置定位的 LBS 微博发布，为灾区受困群众及时准确地获取救援发挥了精准施救的功效。11 时 14 分，网友“@ 鸯小鸯小稀牙”（UID：2718102470）发微博称，“芦上到宝兴段下候头中段有几位重伤人员，需要救助”。这一消息立即被网友群体性转发并向雅安相关政务微博“@”速递灾情。12 时 58 分，网友“@ N_ insanity”（UID：2083324543）微博称，“震中心在芦山县太平镇，多人被困。这里不能打电话，只能用网络。震中在双石镇西川村”。截至当日 18 时，该条微博被转发 602590 次，评论 4861 条。

2013 年 4 月 20 日 12 时 21 分，原中国人民解放军成都军区雅安芦山抗震救灾官方微博“@ 雅安芦山抗震救灾”（UID：3344632574）应急开通上线。首发微博速报震情并披露，“灾情发生后，成都军区第一时间启动抗震救灾应急机制，李世明司令员亲自坐镇军区作战值班室指挥抗震救灾，在外出差的朱福熙政委打回电话要求迅速查明灾情，组织部队和民兵预备役人员全力以赴投入抗震救灾”。

2013 年 4 月 20 日，雅安地震后央视主播长啸在央视新闻 CCTV13 频道直播连线采访时任雅安市委书记徐孟加时，当市委书记开始历数各级领导高度重视和关注时，长啸直言不讳地将其拉回主题发问：“有关救灾的情况可能我们比你了解的还要更多一些，我想知道从整个雅安市来说，目前你们指挥有哪些具体的措施在贯彻当中。在目前通讯不畅的情况下，这些救灾的措施和方法或者执行信息如何去贯彻落实。”长啸因“说说措施”一句话而“走红”，该条信息在微博中获得 1 万多条转发，网友纷纷对此“插话”表示赞赏。网友“@ 袁莉 wsj”说，“这时候真地需要把人民放在心上和嘴上，而不是领导”。网友“@ 安普若 - 安校长”（UID：1371675920）：“我看视频了，那个书记在历数这个同志、那个同志都赶往灾区，他刚说完军方的领导如何如何，他‘嗯啊’了一下，本来是想下一步还如何发挥。主持人马上礼貌的插话，把他的话茬引到了救灾的具体措施上来了。用‘打断’好像有点过了，但是绝对属于‘插话’，没给领导面子。”

2013 年 4 月 20 日 19 时，雅安市人民政府网站“雅安之窗”改为黑白页面。与此同时，全国各地网友通过微博为雅安祈福。河北省佛教协会副会长、沧州市佛教协会会长“@ 延参法师”（UID：1337970873）说：“请让出生命通道，别盲目到灾区。把宝贵的通信资源留给救援队，暂不要打四川电话。请雅安地区各机构 WIFI 免费开放，救人第一。”“@ 歌手林俊杰”（UID：1195354434）说，“这个地球生病了，需要你我的参与才能让它好一点！帮助地球，帮助需要帮助的朋友。四川的朋友加油，我的心与你同在！”网友“@ WongPok”说：“成都家住高层的朋友，请把家中易碎物品放到地上，短时间内尽量不要待在室内！雅安附近的朋友无论高层与否都不要待在室内！根据汶川地震经验，接下来多半还会有余震，当年对青川等地毁灭打击的都是余震！尽量与家人待在开阔平地！”

2013 年 4 月 21 日下午，网传“雅安又一辆救灾军车坠崖”。经原成都军区核实，此信息为虚假消息。真实背景为：21 日 13 时 30 分，13 集团军某团租用地方吊车对 20 日翻入河中运输车实施作业，于 16 时 30 分将其吊至平板车并组织加固运返营区。这一过程被拍照后上传互联网。

2013 年 4 月 22 日，一位六旬中国老人在德国慕尼黑跟团旅游时走失，老人的女儿程女士焦急万分，发微博求助。众多素不相识的在德华人通过微博帮忙出谋献策，有华人凌晨时分亲自上街帮忙寻找。在众多热心华人的帮助下，走失老人于北京时间 4 月 23 日 16 时许被找到。

2013 年 4 月 26 日《人民日报》第 13 版刊发文章《新媒体，抗震救灾新神器》，文称：“新媒体发挥了不可替代的优势，拯救了一个又一个生命，见证了一个又一个奇迹。”“芦山地震中，新媒体尤其是微博成为最大信息集散地，速度之快为传统媒体不及。地震发生后仅一分钟，中国地震台网速报的官方微博凭借自动测定功能，发出了地震消息。随后在微博上，求救的消息大幅散播开来。而此时，传统媒体如电视台正在播放抗战电视剧，纸媒只能坐等次日付梓。”

2013 年 4 月 26 日下午 3 时许，有微博网友发布求救信息称，其朋友在北京市朝阳区黄渠地铁站附近的车中“已经喝药自杀，请附近的网友赶快过去”，并公布了轿车的车牌号。北京市朝阳区常营派出所及时处警，将自杀女子成功解救。警方称，该女子系在“4·20”雅安地震中“微博义卖”化妆品，遭网友质疑“义卖是炒作、发国难财，非法私募”后，压力过大服药自杀，已脱离生命危险。

2013 年 4 月 27 日 16 时 08 分，微博网友“@ × ×陈”以《走了，拜拜》为题，疑似自杀前向网友告别。杭州警方通过“@ × ×陈”微博上的信息分析并采用技术手段，快速找到了该网友，将其送到浙江大学医学院附属第二医院抢救。

五月

2013 年 5 月 4 日 20 时许，时任河北省石家庄市公安局桥西分局安建桥综合警务服务站主任吕建江在微博上看到某网友发出的求助信息，“救护车从邯郸市广平县开出，车上病人肚子疼得厉害，要转诊到河北省第四医院，路应该怎么走？”刚刚下班回到家的吕建江立即通过自己的微博“@老吕叨叨”（UID：1770096250）私信互动了解病人信息（注：吕建江转业从警前为部队军医），在告知最近的路途后，还是不放心的他安排值班民警开上警车到市郊道口迎接开道。最终，在多方努力下，救护车只用了 5 分钟就穿越了半个石家庄城区及时到达医院。

2013 年 5 月 12 日，中央纪委宣布，“国家发改委副主任、国家能源局局长刘铁男涉嫌严重违纪，正接受调查”。5 月 14 日，据中央组织部有关负责人证实，国家发展和改革委员会副主任、党组成员刘铁男涉嫌严重违纪，中央已经决定免去其领导职务。早前，2012 年 12 月 6 日，时任《财经》杂志副主编罗昌平通过其个人实名官方微博“@罗昌平”（UID：1646068663）实名举报刘铁男涉嫌伪造学历，并与商人结成官商同盟等问题，而国家能源局新闻办公室有关负责人立即出面“辟谣”并称报警。

2013 年 5 月 12 日，宁夏银川网友“@梦小鱼”（UID：1980115961）发微博说，“今天在步行街碰到了一位让我心疼的老爷爷，82 岁的高龄却还在街上边捡瓶子，边卖自己做的易拉罐手工艺品。这个易拉罐做成的小椅子做工非常精细，底座上写着：82 岁张国栋祝您平安，同时附有制作完成的时间与编号。希望大家能去帮帮他”。该微博在几天内被转发两万多次。网友们纷纷表示支持，呼吁当地人或游客多多帮衬老人生意，有人还帮忙出谋划策，建议老人可以开个网店，这样就不用辛苦外出了。15 日，宁夏回族自治区银川市兴庆区城管环卫综合执法南局通过官方微博“@兴庆城管局”（UID：2183798082）回应称，“兴庆区城管环卫南局将特许这位老人在新华步行街商业圈内销售自己的手工艺术品，并诚邀大家多多光顾老人的生意”。

2013 年 5 月 15 日 10 时零 4 分，深圳航空公司官方微博“@深圳航空”（UID：1714315562）发布微博，称其公司 3 架航班受到安全威胁，被迫紧急备降或推迟飞行，并称警方已经介入。随后，又有媒体报道称吉祥航空、东方航空公司也先后收到安全威胁电话，进一步将该事件的关注度推向高峰，“@人民日报”“@央视新闻”等众多媒体法人微博纷纷参与报道“5 架航班受到安全威胁，被迫备降”，该事件的影响迅速扩散，引起群众的广泛关注，众多网民纷纷“@”深圳公安，对航空安全表示担心和恐慌，要求警方及时核查，公布事实真相。5 月 15 日 14 时许，深圳市公安局在其新浪与腾讯官方微博“@深圳公安”和“@深圳公安微网”同时发布情况通报，通报受影响航班情况以及警方处置态度。该微博一方面及时公布了事件情况，表明了深圳警方的态度和行动；另一方面也有效缓解了群众的紧张、恐慌情绪。“反应真快”“等着你们的结果”“警察叔叔加油”……一条条转发和评论迅速占据整个网页。5 月 16 日 6 时许，在犯罪嫌疑人王某亮被抓获之后，“@深圳公安”和“@深圳公安微网”再次连续发布 3 条微博，及时发布嫌疑人落网消息，并表明公安机关依法严惩恶意扰乱航空秩序违法犯罪行为的执法态度。

2013 年 5 月 15 日下午，广东省深圳市公安局交通警察局官方微博“@深圳交警”（UID：1792702427）发布视频微博，警方在查处一闯红灯女子后，该女子称，“我就是一个没素质的人…死的人是闯红灯人的事…那些人就让他们撞死好了…你们也不用管我…”“下次我还是会闯红灯的”。此微博发出之后，“@人民日报”“@头条新闻”“@风云榜”等 100 余名博大 V 对该微博进行转发，“闯红灯姑娘”成为网络热门话题。5 月 16 日，“@深圳交警”开展“微互动·诚沟通”活动与网民交流，以“中国式过马路”为反面典型，开展警示教育。

2013 年 5 月 17 日 9 时 23 分，微博认证为“原美国夏威夷大学环保专家董良杰”的网友“@环保董良杰”（UID：2013536464）发布的一条《自来水里的避孕药》迅速成为引起舆论关注。该微博称，“中国是避孕药消费第一大国，不仅人吃，且发明了水产养殖等新用途。避孕药环境污染可导致野生动物不育或降低再生能力。学者对饮水里雌激素干扰物研究发现，23 个水源都有，长三角最高。另外，它们作为持久污染物，一般水处理技术去不掉；人体积累，后果难料”。该微博同时配发了一篇发表在 2012 年 2 月环境学期刊《Journal of Environmental Sciences》中论文数据表格作为附图。该微博截至当日 18 时被转发 7800 多次，评论达 1300 多条。喝水就会导致“不孕不育”，引发公众恐慌。随后，果壳网专程邀请该论文的第一作者 copperpea 亲自解释。作者说，“本人的论文是英文文章，这条微博是在译为中文后，加上了自己的意思，完全曲解了本人的结论”。

2013 年 5 月 21 日，在听到陕西省榆林市吴堡县薛家塬全村的红枣滞销、积压严重的消息后，时任共青团陕西省委农工部部长魏延安在其个人微博“@陕西魏延安”（UID：2315923302）上叫卖红枣。首条关于红枣滞销的爱心求助微博发出后，20 天内相关微博累计转发评论达到2900多次，阅读量超过50万次，通过淘宝代理直接销售接近3吨，先后吸引近20家企业前往考察或电话洽谈购销，达成销售协议30吨。红枣微博营销的火热，在一定程度上缓解了滞销困局，避免了大量红枣因为天气转暖而腐坏变质，为当地农民挽回不少损失。

2013年5月27日，微博认证信息为“辽宁省妇女手工制品商会会长、辽宁省女企业家协会副会长”的毕美娜，在其微博“@辽宁女企业家毕美娜”（UID：3494399123）实名举报时任大连市行政执法局局长蔡先勃“挂假车牌开豪车，家有9辆豪车3套豪宅”，并悬赏10万元向网友征集更多线索。此后77天，毕美娜连发120条微博，公开征集大连市行政执法局局长蔡先勃违纪证据并全面曝光。这场企业家与政府官员之间的对决，缘起于2013年4月5日毕美娜在大连市高新技术产业园区投资7000余万元的视觉方舟文化科技创意产业园项目被大连市城市管理行政执法局以“违建”名义强行拆除。2013年8月10日，据新华社报道，大连市纪委对外公布，“蔡先勃不再担任大连市行政执法局局长，市城建局、市行政执法局党委副书记、党委委员职务”。

2013年5月28日，北京市通州区中山街小学开展“承诺步行50米，让出一条文明路”“小手拉大手，共建安全和谐文明”校园系列教育活动。该活动缘于中山街小学五年级学生王艺彤的一条微博呼吁，“校门口肠梗阻”的现象变成了历史。作为校园记者站的一名小记者，一次少先队兴趣活动中，王艺彤用手中的相机拍摄到校门口拥堵场面后发到微博上，向老师和学生征求解决办法。此微博一出，立刻受到校领导、老师、学生及家长的关注，促成了“承诺步行50米，让出一条文明路”的志愿活动。

2013年5月28日，山西省汾阳市公安局官方微博“@平安汾阳”（UID：2043413854）发布了一条标题为“历史上的今天”的微博，内容写道“1941年1月，八路军2587人仅靠手榴弹和步枪，全歼日军19万余人”等事迹。微博一经发出即引起舆论争议，众多网友指出此微博所提及的历史内容在真实性上存在瑕疵，该条微博转发量达到1183条，评论为520条。“@平安汾阳”意识到“被钓鱼”的问题后，立刻删除了争议微博，又于6月2日发布道歉声明，声明称对于5月28日发布的争议信息来源的出处没有进行认真核实，造成了一定的负面影响，向大家诚恳道歉，该声明再次引发网友热议。

2013年5月28日，广东开平公安警方向媒体通报了全市首例微博粉丝举报侮辱妇女案。开平市4个未成年人（2男2女）因平日摩擦与一女孩产生口角，便将该女孩带到其中一名女孩家中强行脱光她的衣服进行拍照，并通过互联网QQ空间、微博以及开平本地某网站上传图片进行侮辱。网友小陈在浏览微博发现后及时举报。4月22日至27日，警方先后抓获嫌疑人周某、余某、马某和周某某，除嫌疑人周某某因怀有身孕取保候审外，其他3名嫌疑人已被依法刑拘。

2013年5月29日，深圳市住房公积金中心通过官方微博“@深圳市住房公积金中心”（UID：2004692102）公开向市民征求关于《深圳市商业性住房按揭贷款转住房公积金贷款暂行规定》的意见，得到市民的热烈响应。意见主要集中在银行应无条件同意职工办理提前还款并免收罚息，免除赎楼、担保等手续，简化同行办理商转公业务的办理手续，所有银行的商业住房贷款都能办理商转公等问题。

六月

2013年6月2日起，微博认证为“中国旅游与经济电视台节目主持人”的纪英男在其个人微博“@ctetv纪英男”（UID：2204258527）连续自曝，称其被前国家档案局政策法规司副司长范悦诱骗“包养”四年。随后，国家档案局机关纪委负责人称，范悦原在该局工作，任政策法规研究司副司长，因作风问题于6月6日免除其副司长职务，同意其辞去公职。

2013年6月3日，有网友在微博上传相关视频《实拍：延安城管暴力执法双脚跳起暴踩男子头部》，爆料5月31日下午在陕西省延安市杨家岭附近几名城管“暴力执法”，引起网友广泛关注。随后，媒体证实，5月31日下午在延安市杨家岭附近，延安城管队员在执法过程中与商户发生撕扯现象，商户称有城管执法人员双脚跳起猛跺倒地商户。6月4日10时10分，延安市公安局官方微博“@延安公安”（UID：3481048824）回应称，“网爆延安城管暴力‘执法’事件发生后，延安市公安局宝塔分局迅速成立专案组，已全面对此案进行调查核实。请广大网民放心，延安公安一定以事实为依据，严格执法，公正处理”。同日，延安市城管局做出处理决定，对城市管理监察支队的分管副支队长、凤凰大队的大队长、分管执法工作的副大队长，以及当天的执法人员全部停职，接受调查。6月5日，延安市城管局再回应：网友上传的视频中黄衣女子及双脚跳起踩踏商户男子均为无正式编制人员。

2013年6月5日，网友再爆料称，延安城管拥有自己独立的办公大厦，而且有30层高，“只有200多万人的延安市，竟有如此奢华的城管大楼”。6月5日18时，延安市政府召开新闻发布会，就5月31日延安市城管监察支队执法冲突事件有关情况进行通报。决定对延安市城管监察支队凤凰大队大队长赵振刚给予党内严重警告处分，撤销大队长职务；对涉嫌违法的城管协管员景鼎文处以刑事拘留，城管协管员刘兆瑞处以行政拘留。

2013年6月5日10时15分，延安市公安局官方微博“@延安公安”（UID：3481048824）就在网爆“延安城管暴力执法”事件过程中，“有警车路过但未主动制止”的网友质疑做出回应：“经延安市公安局核实：网上现场视频显示的陕J1397警车，为安塞县公安局警用车辆。当日，该车因执行公务路过事发地，城管工作人员正在进行执法活动，警车驶离时现场还未发生过激行为。”

2013年6月5日上午11时30分许，时任西安铁路公安局安康公安处万源车站派出所所长王敬带领民警柳青在万源车站出站口执勤时，发现一名可疑男子，当即查验其身份证并对随身行李进行手检。检查后发现，该男子包内有他人身份证、银行卡等物品，也无法提供包里手机的电话号码，而该手机也已停机，手机信息也已清空。民警随即通过手机拨打本地110掌握了该手机号码。为了快速确定机主身份信息，民警立即上网搜索该电话号码，发现一条与该号码关联注册的微博，并通过微博联系到了机主的儿子。原来，失主刘某6月2日在重庆某地一小餐馆就餐时，随身包被盗，本想着自认倒霉，没想到西安警方却送来了意外惊喜。

2013年6月6日，网友再爆料，称陕西省延安市城管局局长张建朝豪华座驾超标，配车超过部级领导配车。6月7日，针对网友质疑的超标车一事，延安市城管局纪委书记回应称，是中石油长庆油田公司借给城管局使用。同日，延安市城管局局长向被打商贩刘国峰鞠躬致歉，并承诺城管局承担其全部医疗费。

2013年6月6日10时05分，陕西省延安市公安局官方微博“@延安公安”（UID：3481048824）发布《延安市公安局对5.31城管执法冲突事件处理情况》通报：“延安市公安局宝塔分局目前对涉嫌违法的城管工作人员景鼎文采取（视频中踩人者）刑事拘留措施；

对刘兆瑞处以行政拘留15天，并处以罚款500元。市城管局对相关责任人也给于了党政纪处理。”

2013年6月7日下午18时22分，福建省厦门快速公交BRT快1B线一辆车号为“闽D－Y7396”的公交车在途经金山站往南500米处，发生起火事故，造成重大人员伤亡。截至22时30分，已造成42人死亡，33人受伤。事故话题迅速成为微博热点。当日23时12分，福建省厦门市公安局官方微博“@厦门警方在线”（UID：1778455640）做出第一次权威发布。

2013年6月7日晚，一则疑似“陕西延安城管打人事件”中被踩商户所写的《公开信》在网上流传。信中称对处理结果非常满意。这则公开信引发“政府公关”的质疑。6月12日，延安被踩头商户回应公开信质疑，称信中内容不是自己心里话，信不是他写的，城管局有专人陪护，不方便多说。

2013年6月8日上午9时42分，福建省厦门市公安局官方微博“@厦门警方在线”（UID：1778455640）权威发布：“厦门快速公交车起火造成人员伤亡，警方初步认定这是一起严重的刑事案件。”10时50分，“@厦门警方在线”发布《快讯》：“厦门公交车起火重大刑事案件已锁定犯罪嫌疑人，案件取得突破性进展。”18时56分，“@厦门警方在线”发布通报：厦门公交车纵火案件告破。通报称，经公安机关缜密侦查，7日发生在福建省厦门市的公交车纵火致多人死伤案件告破。犯罪嫌疑人陈水总被当场烧死。“犯罪嫌疑人陈水总，厦门本地人，1954年生。经警方深入细致地侦查和技术比对，并在其家中查获遗书，证实陈水总因自感生活不如意，悲观厌世，而泄愤纵火。”

2013年6月8日下午，45岁的厦门网民陈学梅用其腾讯微博账号“@陈学梅”转发了多条微博称“我有一万个理由学陈水总”。6月9日，福建省厦门市公安局集美分局以“陈学梅在其集美区灌口镇双岭村住处通过微博在网络上发布内容有‘我有一万个理由学习陈水总’的信息，严重扰乱公共秩序”，处以陈学梅行政拘留10天处罚。

2013年6月8日下午，随着“6·7”厦门公交车纵火案告破，有网友发现疑似此次纵火犯罪嫌疑人陈水总的腾讯微博“@xiamen163163”。该账号截至6月6日最后更新弥留的12条微博内容被曝光。与此同时，网民对此疑似“陈水总微博”的理性剖析和真伪质疑辩论开展出现，网友对此“当事人微博”存疑。

2013年6月12日14时39分，网友“@湘潭环保迪迪”（UID：328873459）向湖南省湘潭市公安局官方微博“@湘潭公安”（UID：3424054302）举报称，湘潭县一杨梅基地出现警车湘C0958警，疑似公车私用。“@湘潭公安”立即调度湘潭县公安局核查。16时42分，“@湘潭公安”回应：经湘潭县公安局纪监室核查：湘C0958警为该局谭家山派出所警车，出现在此地为出警。当日，部分村民强行到谭家山杨梅基地采摘杨梅，经营者制止未果，遂报警，谭家山派出所民警接报后乘湘C0958警赴现场出警。

2013年6月15日19时29分，网友“@岔巴子”（UID：2756574204）微博爆料称，武汉城管执法队员白天执法，晚上摆摊，在配发的身着制服执法和摆地摊的两张照片中，两人相貌相似度极高。城管“摆摊”照片曝光后引发热议，相关转载评论上百万条，事件迅速发酵。绝大部分人对涉事城管表示理解和同情，认为“如果迫于生活压力，不妨碍日常执法就没问题”“应宽大处理”。6月16日16时30分，武汉市城市管理委员会官方微博“@武汉城管”（UID：2258800230）回应称，“经我们查实，网友爆料图片中的执法队员系洪山区城管局执法大队直属七中队正式执法队员桂某，33岁，学历本科，2003年5月考入洪山城管局、2007 年通过司法考试、平时表现优秀。爆料图片中还出现了一位女子，她也是洪山城管局机关工作人员杨某”。17 日上午，武汉市洪山区城管局对城管摆摊事件召开新闻通气会称，两名城管工作人员利用下班时间摆摊，意在通过“换位思考”“体验执法”，探索对占道夜市进行疏堵结合，规范管理的方法。在发布会现场，他们也公布了这 33 天以来的摆摊日记。17 日 18 时，洪山区城管局相关人员做客武汉电视台《直播大武汉》，现场揭秘“城管摆摊”背后的故事。6 月 18 日晚，“摆摊”当事人做客湖北公共频道《新闻全天候》节目；晚 21 时，中央人民广播电台《央广夜新闻》连线洪山区城管局赵局长，现场回应“城管摆摊”质疑。6 月 23 日晚，央视新闻频道《面对面》播出“双面”城管。

2013 年 6 月 16 日中午 12 时许，郑州一女孩发微博称“就这了，结束”，并配了两张图片。因图片为从高层楼房上俯拍地面，因此“结束”也顿时被网友理解为“自杀”并开始解救这名女孩，辨识地点、劝导、报警。郑州市公安局官方微博“@ 平安郑州”（UID：2055648745）也在线快速回应：“已派民警前往现场查看。望博主珍视生命，祈祷平安!”而约半小时后，女孩在微博上回复此“乌龙”事件，“结束”是指当天“考试结束”。

2013 年 6 月 16 日下午，网友“@ 生鱼片小果果”（UID：2606976231）发微博称，“南湖公园大黄鸭旁边两个排污口，向湖内排污水”，并配发了 4 张两条管道正在向南湖中排放黑水的图片。该微博一发出便引发网友热烈关注，被转发几百次并配有大量评论。随后，部分网友试图向沈阳环保局官方微博“@ 沈阳环保”（UID：2765022325）投诉举报，但发现“@ 沈阳环保”自 2013 年 4 月 27 日开始至今未有更新，评论功能也被设置为限制状态，网络舆论迅速升温，各大媒体也纷纷关注报道。

2013 年 6 月 17 日 19 时许，贵州省贵阳市公安局民警在值守官方微博“@ 贵阳公安”（UID：2101553952）时，接到一名网友的举报，称花溪孟关街上有一名叫“苗苗”的人吸毒贩毒。根据网友提供的线索，18 日上午，花溪警方成功抓获嫌疑人“苗苗”。

2013 年 6 月 17 日，银川市兴庆区市容环境卫生服务中心官方微博“@ 兴庆环卫”（UID：2202981490）受理了市民通过银川电视台“@ 直播银川”所反映的情况：“银佐家园 10 号楼营业房西边加盖了一座铁皮房卖凉皮，请问加盖这样的房屋符合规定吗?”“@ 兴庆环卫”经办理后微博公示结果：经执法人员了解，此处为一名六十多岁，左腿三级残疾无劳动能力的老人，生活困难，靠老伴卖凉皮来维持日常生活，现老人右腿也已有病，需要大笔医药费来做手术治疗。鉴于此情况，执法人员没有对此处加盖房进行拆除，但已劝告他们保持周边干净整洁的环境卫生。此答复一经发布，得到了网友们的好评：“做的好！希望执法过程中多点这样人性化!”“这才像是城管应有的态度和作风!”也有富有爱心的网民在评论中发出倡议：“去那里吃个凉皮吧！支持老夫妻，支持城管!”

2013 年 6 月 25 日，江苏南京暴雨之后，一篇“暴雨中，他守住了行人的安全!”的图文微博被网友热力追随点赞。发微博的网友称，图片的拍摄地点为集庆门大街，暴雨中一位穿着橘红色工作服的男人直直地站着显得格外醒目，其脚下就开着一个窨井口在助排积水。后经过核实了解，这位工人叫杨文春，是建邺区市政工程建设有限公司的一名工作人员。除此外，南京多处地点出现了“人肉窨井防护桩”。网友“@ nj 王浩”当天也发微博说，“省口腔医院门口，市政部门派专人守候在窨井盖的排水口，每个位置至少两人看守，向这个城市最美丽的工作者致敬”。也有不少网友在对市政工人们表达感谢的同时表示，“不能老是指望着一下雨就让人去守着这些窨井啊！得从本质上解决‘窨井吃人’的隐患”。

2013 年 6 月 29 日零时 32 分，网友“@烧伤超人阿宝”（UID：1458470903）在微博上发表言辞激烈的“贵狗贱人”观点，遭到了大量爱狗人士的微博反击。其中一名微博用户名为“@Aaaabbbbdddhhh”的网友在互动中声称“今天会有人给你泼硫酸”。当天 16 时 39 分，“@烧伤超人阿宝”在微博上自曝，“两位狗粉打上门来”，并发出了多张手臂、前胸受伤的照片。随后，冲突双方都被警方带到派出所，并有大批爱狗人士也很快赶到了派出所。据同期“@烧伤超人阿宝”相关微博内容披露，“院总值班说医院电话遭到无数狗粉骚扰”。

2013 年 6 月 30 日晚，网友“@中山马甲兰”发微博称，当日 19 点 15 分左右，其开车经过树木园附近的槎桥村路时，见一辆海事局公车接上几名便装男女之后开走。该网友称，“本人胡乱猜测这车当时是公车私用，若不是，不知海事局能否给个合理解释?”该条微博配发有两张现场照片，显示在槎桥村路边，停有一辆车身写有“海事”字样的执法车。中共中山市纪律检查委员会、中山市监察委员会官方微博“@中山纪检监察”（UID：1898268005）得到微博投诉后责成中山海事局调查处理，并于 7 月 18 日 11 时 01 分在“@中山纪检监察”微博公布了海事局的调查结果：“6 月 30 日 19 时许，中山海事局工作人员张某执行台风应急任务，驾驶公务车（粤 TN257×）途经南区树木园附近时，顺路搭载在此散步的父母离开树木园，并在其家附近放下。”中山海事局认为，“张某驾驶公车遇到特殊情况没有及时报备，造成不良影响，将对其进行批评教育。今后中山海事局将进一步加强和完善公务车辆管理，加强对车辆驾驶人员的教育，同时一如既往欢迎社会各界的监督”。

七月

2013 年 7 月 1 日上午 10 时 29 分，联合国官方微博“@联合国”（UID：1709157165）发布消息，“缴费啦！2013 年已经过半，需要算算账了……截至 6 月 19 日，联合国 193 个会员国中有 102 个国家全部缴纳了今年的经常预算摊款。其中包括五常中的中国、英国、法国和俄罗斯以及缴费大户日本、德国和意大利。尚未缴费的亲要赶紧咯!”这一“卖萌”的语气引起了网友的热议。微博最后还附有“已缴清会费的国家名单”，细心的网友立即发现，102 个被提及的已交会费国家名单中，美国并不在列。而此条微博配上的一张潘基文与奥巴马握手致意的资料图片也颇具“画外音”，网友解读这是联合国有意催促美国缴纳联合国会费。

2013 年 7 月 2 日 11 时 18 分，公益名人“@邓飞”（UID：1642326133）评论并转发了一条微博称，“邵阳五六家化工企业污水直排资江，政府下文两年无法关停。”7 分钟后，该微博得到湖南省环保厅法宣处处长陈战军个人微博“@绿水青山总关情”（UID：2933623033）的互动回应：“已转厅环境监察总队督办并查处!”在众多网友的关注下，约 5 小时后，邵阳市环保局对排污企业下达停产执法文书，并派人 24 小时驻守。从当天上午 11 时到 15 时许，邵阳市双清区化工厂污染问题经过媒体发布、公益人士转发、网友关注、环保厅官员介入、当地环保部门整治、微博回应等过程，5 个小时内解决了两年也没能解决的环境问题。

2013 年 7 月 8 日，中共广东省中山市纪律检查委员会、中山市监察委员会官方微博“@中山纪检监察”（UID：1898268005）接到网友“@中山陈学友”（UID：1968408573）投诉称，当日下午到西区长洲居委会办事，上班时间办公室内空无一人。“@中山纪检监察”立即责成西区办事处监察室调查核实。7 月 12 日 17 时 01 分，“@中山纪检监察”微博公布《关于网友反映长洲居委会存在庸懒散奢问题的回复》，“经查实，当时居委会在三楼召开全体工作人员会议，不存在网友反映的问题。今后居委会将合理安排工作和会议，不允许出现‘空窗’现象，同时还要安排人员做好群众接待工作”。该回应微博同时配发了多张居委会提供的当天下午会议的现场照片用以佐证。

2013 年 7 月 10 日，一位网友在微博上向北京物美综合超市有限公司官方微博“@ 物美超市”投诉称，自己在物美超市购买的山竹，“剥开三个没一个能吃的，不是烂的就是里面黄了吧唧一股苦味，已经懒得剥下去了”。此投诉多日静默，直至 7 月 19 日 23 点被一位宁夏网友发现后误以为该投诉未被受理，习惯性动作，随手就转发并附加评论请中共银川市委办公厅、市政府办公厅官方微博“@ 问政银川”（UID：2239586647）等关注。虽然当时正值周五下班休息时间，但半个多小时后该投诉被“@ 问政银川”直接转办。19 日 23 时 46 分，银川市食品安全委员会官方微博“@ 银川食品安全”（UID：2100267792）收到“@”后再转派银川市商务局官方微博“@ 银川商务”（UID：2132979061）具体负责办理。7 月 20 日一大早，“@ 银川商务”在 6 时 23 分联系该网友沟通投诉细节时，经过 2 个小时的苦苦等待后，该网友于当日 8 时 21 分回复称，自己所投诉的物美超市“是北京的”！一场因宁夏网友善意转发的“乌龙”投诉最终以欢乐而谢幕。对于宁夏网友的“乌龙”转发，“@ 问政银川”不乏幽默地提醒道：“‘@ 银川商务’是不能跨界到北京商场执法的。”当日 9 时 55 分，北京网友在回复银川政务微博时表示，“对你们的积极的工作态度和高效率表示赞扬”。

2013 年 7 月 10 日，网友“@ 创意微言”向中共广东省中山市纪律检查委员会、中山市监察委员会官方微博“@ 中山纪检监察”（UID：1898268005）投诉称，“中山市沙溪镇石门村治安队员兼党员上班时间打麻将，本人已向该村领导多次反映此事，但到现在两个多月了，还没有处理结果！”并在微博中配图证明。“@ 中山纪检监察”迅速跟进，责成沙溪镇有关部门进行查处。7 月 11 日 17 时 40 分，发布了《关于网友反映沙溪镇石门村一治安队员上班打麻将问题的回复》，“一是网友反映情况属实；二是沙溪镇虎逊村委会已责令该治安队员在治安队员会议作检讨；三是决定扣除该治安队员年终绩效奖金 200 元”。

2013 年 7 月 10 日 23 时 14 分，有网友发图文微博：“她，没有童年没有小伙伴没有动画片，每天被锁家中，夜晚睡在卫生间的马桶盖上，常因后妈亲爸的不顺心被暴打，全身青紫没有一处好地方！……”微博配图中的小女孩身体削瘦，背部、臀部都有紫青色的瘀痕。微博发出后，被网友大量转发并表达对受虐小女孩的同情和对其父母的谴责。网友“@ 周太太啦”说，“总是出现这种没有责任心和爱心的父母！太让人难过了！可怜的小女孩！祈祷你过上更好的生活”。11 日凌晨 1 时，时 872 万多粉丝的明星伊能静转评此微博称：“没办法想象生活在恐惧中的孩子。就算我们不是父母看了都舍不得！”安徽省芜湖市公安局官方微博“@ 平安芜湖”（UID：1752573490）接到网友呼叫后，立刻联系相关职能部门开展工作，并在与网友互动中进一步了解情况。早上 6 时 01 分，“@ 平安芜湖”首发回应称，“目前尚无人告知详细地址，相信我们会尽职”。根据与网民互动过程中获得的详细地址，11 日早上 8 时左右，民警找到了该受虐女孩，并将女孩及其家人带到了派出所调查。11 日 8 时 37 分，“@ 平安芜湖”发布微博：“目前我们已找到涉事小孩，相关情况正在调查中。”与此同时，芜湖市相关政务微博陆续介入。11 日 9 时 33 分，芜湖市互联网宣传管理办公室官方微博“@ 芜湖发布”（UID：3253001642）微博表示，“芜湖市妇联已介入此事”；芜湖市镜湖区人民政府官方微博“@ 魅力镜湖”（UID：2450763231）则发微博感谢爆料的网友，并发布事件调查的最新进展。7 月 12 日中午 11 时 23 分，“@芜湖发布”公布了该事件调查处理结果的公告。公告称，女孩 6 岁，现在的父亲是其继父，9 日晚女孩生母因孩子教育问题向丈夫倾诉，随后父亲对女孩实施了粗暴的行为。经法医部门鉴定，女童的伤害程度为轻微伤。公安部门根据《治安管理法》对施虐的女童父亲做出行政拘留十日、处 500 元罚款的处罚。公告还表示，妇联、团委、派出所、社区等单位组成的帮教小组将长期关注这名女孩的成长和这个家庭的状况。从 7 月 11 日 6 时到 12 日 19 时，“@平安芜湖”、“@魅力镜湖”和“@芜湖发布”共发布了相关微博 24 条。截至 7 月 12 日，原爆料微博被网友转发超 17 万次，评论 4 万余次。

2013 年 7 月 12 日上午 8 时 54 分，网友“@H4UHZ”发布微博“有图有真相”投诉称，“仪征市万博大世界 H 区楼下，污染面积很大，很远就能闻到恶臭，希望有关部门出面协调处理”。9 时 21 分，江苏省仪征市委市政府官方微博“@仪征热线”（UID：1973708311）立即响应，回复并了解情况后随即转派交办，要求相关部门线下跟进处置。10 时 24 分，“@仪征热线”再回复称“已交办部门解决”。“@B4UHZ”欣然回应称，“相信有了您的帮助，小区环境治理工作将指日可待！谢谢！”

2013 年 7 月 12 日上午，湖南湘西非法集资案主犯曾成杰被湖南省长沙市中级人民法院依法执行死刑。而后，其女儿称，执行死刑当天没有接到通知，“最后一面没见到！一句遗言也没有！甚至连正式通知也没有！希望官方发布正式消息，尽人道主义给家属一个交代”。网友多认为，基于对生命的敬畏，临刑之前让死刑犯见上家属最后一面，是司法应有的人道精神，并纷纷谴责该院剥夺死刑犯刑前与其家人会面的权利。7 月 13 日 17 时许，长沙市中级人民法院官方微博“@长沙市中级人民法院”（UID：1975687852）发布回应称，“法律没有明文规定，对犯人执行死刑时，犯人必须跟亲人见面”。此回应被网友热议为“冷血”。26 分钟后，该条微博被删除。20 时许，长沙市中院微博道歉称，“因微博管理人员对刑事法律学习钻研不够，想当然办事，面对网上舆论不淡定，导致发出了一条错误信息并在领导发现后删除。特此向网友和公众道歉”，并随即关闭了微博的评论功能。

2013 年 7 月 14 日 9 时 25 分，广东中山网友“@笑谈风云的坚”（UID：2082558847）微博配发 7 张现场拍照，向广东省中山市公安局官方微博“@平安中山”（UID：1719916573），中共中山市纪律检查委员会、中山市监察委员会官方微博“@中山纪检监察”（UID：1898268005）举报，质疑一辆警车司机“开公安车，无穿制服，无带安全带，还有是否存在公车私用?”但图片中未拍到警车牌照。收到网友投诉后，中山纪委立即责成中山市公安局调查处理。7 月 19 日 18 时 08 分，“@中山纪检监察”公布了《关于网友反映不规范驾驶警车问题的回复》，据中山市公安局纪委汇报及该车所属单位调查情况报告，该警车为消防支队沙溪专职消防中队车辆，“群众举报驾车不穿警服，没有系安全带属实，但不存在公车私用”，“对当事人实施扣发当月绩效奖 300 元处罚”。

2013 年 7 月 15 日，湖南省高级人民法院官方微博“@湖南高院”（UID：3271857672）发布庭审宣判，“上访妈妈”唐慧诉湖南永州劳教委案终审胜诉。“一、撤销永州市中级人民法院（2013）永中法行赔初字第 1 号行政赔偿判决；二、撤销永州市劳动教养管理委员会永劳赔决字（2013）第 01 号行政赔偿决定；三、由永州市运营教养管理委员会赔偿唐慧被限制人身自由 9 天的赔偿金 1641. 15 元；四、由永州市劳动教养管理委员会向唐慧支付精神损害抚慰金 1000 元。”2012 年 8 月 2 日，永州市劳教委以唐慧闹访、缠访严重扰乱单位秩序和社会秩序，决定对其劳动教养 1 年零 6 个月。

2013 年 7 月 16 日，陕西省富平县薛镇村村民董某在富平县妇幼保健院分娩后，该院妇产科副主任张淑侠以“婴儿患有先天性疾病”为由，诱使家属放弃对婴儿治疗并交由自己处理。7 月 20 日上午，董某家属质疑婴儿被拐卖，遂向公安局报案。同日，“产科医生拐卖新生儿”被微博网友曝光，舆论哗然。8 月 3 日，陕西省卫生厅认定，富平县妇幼保健院张某涉嫌拐卖新生儿是一起严重违法、性质恶劣、社会影响极坏、严重威胁人民群众生命安全的恶性事件。8 月 4 日，富平县警方找到被拐婴儿，同时，张淑侠等 6 名犯罪嫌疑人被抓获。2013 年 12 月 30 日，陕西富平县妇幼保健院原妇产科副主任、医生张淑侠被控拐卖儿童一案在陕西省渭南市中级人民法院公开开庭审理。张淑侠被检方指控贩婴 6 次，拐卖婴儿 7 人，并间接导致其中 1 名婴儿死亡，张淑侠从中获利数万元。2014 年 1 月 14 日，张淑侠拐卖儿童案在渭南中院一审宣判，渭南中院以拐卖儿童罪判处张淑侠死刑，缓期二年执行，剥夺政治权利终身，并没收个人全部财产。

2013 年 7 月 17 日凌晨，时任新华社《经济参考报》首席记者王文志通过微博（UID：1564671237）实名举报时任华润集团董事长、党委书记宋林称，“宋林等高管在收购山西金业资产的百亿并购案中故意放水，致使数十亿元国资流失，宋林等已构成渎职，并有巨额贪腐之嫌”。举报微博称，2010 年，央企华润集团所属的华润电力以百亿元的对价收购山西金业集团所属 10 个资产包 80% 的股权，华润电力对该交易未充分披露，其调查发现，在华润集团董事长宋林的直接指示下，华润电力以不可思议的高价收购金业集团资产，其评估存在严重问题，并且违规提前支付收购款项，造成数十亿元国有资产流失。

2013 年 7 月 20 日 19 时 57 分，北京市人民政府新闻办公室官方微博“@北京发布”（UID：2418724427）通报了首都机场爆炸案相关情况：“今天 18 时 24 分，一名残疾人（中国籍）在首都机场 3 号楼到达大厅 B 出口外，引爆自制爆炸装置，造成本人受伤，目前正在救治，未造成周围人员伤亡。目前，公安机关正在进行调查。”

2013 年 7 月 21 日，拥有 12 万粉丝的女歌手吴虹飞在其个人微博“@吴虹飞”（UID：1195525064）发消息称，“我想炸的地方有北京人才交流中心的居委会，还有建委……”此言论距离山东人冀中星在北京首都机场引爆自制爆炸装置事件后不足 24 小时，引发网络舆论恐慌情绪。7 月 26 日，北京警方以涉嫌寻衅滋事罪对吴虹飞依法刑事拘留（后改为行政拘留）。

2013 年 7 月 21 日 20 时，中国男足在首尔世界杯体育场对阵日本队。赛前 16 时 58 分，“@作家－天佑”（UID：1567642010，已被依法注销）发微博说：“东亚杯首场比赛，国足将迎战并未派出主力的日本。大家猜猜：这群王八犊子能输几个球?”引起网友强烈抗议。对此，中央电视台体育频道足球评论员“@贺炜”（UID：1684502353）在 18 时 33 分在与其互动愤然回击：“自强者天佑，自鄙者天谴。盼着同胞出丑，是多么洋气的价值观。”网友“@莴苣姑娘小夏”说：“都是自家的伢，还是积点口德吧。”网友“@Arror_ Ljn”（UID：1775226953）说：“顶诗人，虽然我不怎么看好中国队，但是我一直支持中国队!”网友“@Raulista_ _ 7”（UID：1731453497）说，“不管是谁，只要穿了国家队服出现在国际赛场，就是代表中国”。

2013 年 7 月 22 日早上 7 时 30 分左右，大量用户反映腾讯微信发生全面故障，故障包括微信信息无法发出、无法刷新朋友圈、无法登录公众账号平台、无法连接微信网页版。从网友反馈的结果来看，包括北京、广东、浙江、山东、黑龙江、河南等地区在内，微信均发生全面故障。上午11时整，腾讯微信官方微博“@腾讯微信团队”致歉称，“今天早上机房两路光缆出现硬件故障，导致部分用户无法正常登录和收发消息。维护工程师正在全力抢修。目前部分用户已经恢复，我们很抱歉给您造成不便！如有进一步信息我们会随时更新，感谢大家的理解”。

2013年7月22日13时49分，网友“@边民微博”（已被依法注销）爆料称：“松华坝水库700多年，现在水库水源（保护）区内建公墓，昆明人将喝上死人汤，真心受不了。死人汤使昆明更幸福？有图有真相，恶心不死你。”并配发多张砍伐树木的照片。之后，“@边民微博”又表示，在建的占地50亩的公墓被开发商建成200亩，森林被砍伐一空，“顺手”盗伐超范围800米内数以千计的大树，并称这是“先建后批，滥伐盗伐森林，松花坝水源保护区内违法超标建公墓”。后经多家媒体曝光此事后，云南省昆明市盘龙区委宣传部相关负责人24日通过媒体回应：“该公墓合法，但滥砍滥伐树木为真，已对委托建设方负责人依法追究了刑事责任。”

2013年7月22日23时46分，时任昆明市市长李文荣在微博反思“7·19”昆明城市内涝，“@昆明市长”（UID：3258074703）微博再次引发市民热议。23点46分，李文荣在“@昆明市长”微博写道，“此次昆明主城局部区域淹水，确实暴露出我市地下管网规划建设滞后和城市基础设施的脆弱。我们已就城市地下管网建设进行反思，并对淹水点逐一排查，分析原因、科学整改。仔细体味网友们的‘拍砖’，其中饱含真情、寄予希望、更有期待，这将鞭策我们做好工作”。

2013年7月28日8时33分，香港演员刘嘉玲在其个人实名官方微博“@劉嘉玲”（UID：1747514562）晒出生平第一张天安门前的合影，还情不自禁地留言：“48年，我终于来到了这里！东方红，我心中的太阳！”没想到在短时间内，遭到某些大V和网友的围攻谩骂，被讽“谄媚”。刘嘉玲随即又发布了一条微博说：“很多时候，那些事情很简单，复杂的是自己的大脑。让生活简单化，想法单纯化，心情就会轻盈了起来。”事后，刘嘉玲谈及天安门照片风波时坦言，“从小到大都想在那里拍一张。这是对儿时经历一份感慨，对祖国的一份情感”。

2013年7月28日，微博认证的时任贵州省副省长陈鸣明在其个人官方微博“@陈鸣明”（UID：1659266331）转发了一条美国枪击案微博，在与网友的互动评论中称，“有人巴不得祖国天天出事，出事就小题大作”，“一些不爱国者为败类、人渣，应该赶紧去美国，不要说自己是中国人”，这番言论在网上引起争论和质疑，有网友称“爱国是对国家和人民的热爱”，“政府应鼓励，公民也应积极行使监督与批评政府的权利，以使国家变得更美好”。也有网友表示，“可以调查一下他的家人和财产去向”。面对网友质疑，陈鸣明则表示：“愿意接受对自己家人和财产的调查。”有网友迅速发出陈鸣明出席会议活动戴手表的图集。对此，微博上知名的鉴表达人“@花总丢了金箍棒”表示，“陈副省长戴的手表都是平价表，并不是‘表哥’”。7月29日下午，陈鸣明发布了“有话好好说，从我做起”的长微博。该长微博称，“监督和批评本身就是爱国的表现，但有些网友在无限放大一些个案的意义，否定中国社会的整体进步”。陈鸣明称，自己的本意是想说，任何国家都会出现一些极端个案，这是无法避免的，结果引发了一场争议。“网友对我的拍砖，既是观点之争，也是因为我个别言辞欠妥”，而对于网友们的批评意见，陈鸣明称“会虚心接受，有不妥的地方，请大家原谅”。

2013 年 7 月 29 日上午，广东省深圳市罗湖区翠竹社区贝丽南路突发一起男子持刀砍人事件。民警迅速赶到现场将该男子控制，现场初步发现已造成 3 死 3 伤。该事件通过微博等传播工具迅速在互联网上蔓延，引发部分市民恐慌及众多媒体关注。当日 11 时 30 分许，深圳市公安局组织市局新浪官方微博“@ 深圳公安”和腾讯微博“@ 深圳公安微网”以及罗湖分局新浪官博“@ 深圳罗湖公安”发布信息，通报了案发情况、警方接处警经过、嫌疑人已被警方控制、嫌疑人身份信息、人员伤亡状况，回应了网民的信息诉求，杜绝了网络谣言的产生。当日 14 时 50 分许，根据罗湖分局调查取得的积极进展，初步查明了嫌疑人何某系因精神病发作而持刀砍人的情况，深圳市再次通过微博发布信息，进一步通报了案件调查进展情况。

八月

2013 年 8 月 1 日，天津市河西区综合执法局“被逼”开通官方微博“@ 天津市河西区综合执法局”（UID：3683629135），随后发布“征求网友意见建议”和“我局举办城管执法体验日活动”。“被逼”的原因是在 7 月 29 日 22 时 15 分，曾经出现过一个名为“@ 天津河西城管”的“李鬼”微博账号，该微博发布了长文章《一名普通城管队员的自白和道歉》，各种“自曝家丑”的内容被转发近 6000 条，给真正的“李逵”造成了巨大负面舆论影响和压力。然而，自 2015 年 3 月 16 日 17 时 25 分最后一次更新后至 2018 年 11 月 25 日，“@ 天津市河西区综合执法局”再次进入三年多的休眠期。

2013 年 8 月 1 日，网友“@ 老实巴交的小百姓 4”发微博爆料“上海 5 名法官集体召妓”引发舆论热议。8 月 2 日 21 时 39 分，上海市纪委官方微博“@ 廉洁上海”（UID：3535242221。现认证更新为上海市纪委市监察委员会官方微博）回应称，“上海市纪委看到网民举报信息后，立即会同市高级人民法院党组，对该院民一庭庭长陈雪明等四人在某度假村夜总会娱乐的情况开展调查。将根据查清的事实依纪依法进行处理并向社会公布结果 ”。8 月 4 日 13 时 33 分，“@ 廉洁上海”再发布，“市高院民一庭庭长陈雪明等 4 人已停职接受调查”。

2013 年 8 月 3 日，广东省深圳市公安局交通警察局官方微博“@ 深圳交警”（UID：1792702427）接市民微博举报称，在龙华新区观澜发现一辆悬挂粤 B86843 号牌的宇通大客车，车牌疑似伪造。经深圳交警机动大队核查，该车真实号牌为豫 AD2111。车主王某对使用伪造号牌违法行为供认不讳，并依法被处以罚款 5000 元、行政拘留 15 天的处罚。

2013 年 8 月 5 日 11 时 19 分，上海市纪委官方微博“@ 廉洁上海”（UID：3535242221）发表“微评”：4 名法官涉“夜总会娱乐事件”，令法律失去尊严、司法蒙羞、正义受损。正值党的群众路线教育实践活动期间，这一案件再次证明开展教育实践活动的极端重要性和紧迫性。上海纪检监察部门正在对案件进行严查，维护中央八项规定的严肃性和权威性，维护党和政府形象，保障上海政治经济社会稳定发展。2013 年 8 月 6 日，上海市纪委官方微博“@ 廉洁上海”（UID：3535242221）对法官涉“夜总会娱乐事件”继续发布处理通报：对于群众举报市高院几名公职人员在夜总会娱乐并参与色情活动的情况，中共上海市委高度重视。市纪委、市高院党组和有关部门已经查清事实，依照相关法纪规定，做出处理决定。

2013 年 8 月 8 日 18 时 43 分，上海市纪委官方微博“@ 廉洁上海”（UID：3535242221。现认证更新为上海市纪委市监察委员会官方微博）发布：“上海市十四届人大常委会举行第六次会议，审议、表决有关撤职、免职案，免去赵明华等审判职务。”

2013 年 8 月 11 日 13 时 13 分，SOHO 中国董事长潘石屹在其个人实名认证官方微博（UID：1182391231）配发图片说，“中午破例吃了一碗歧山臊子面”。貌似“不正宗”的陕西面食图片，引起众多网友调侃评论，转发超过 4500，评论达 3100。18 时 46 分，陕西省人民政府门户网站官方微博“@陕西发布”（UID：3097688767）互动介入说，“为了维护陕西饮食文化的声誉，现予以纠正。您是走错地方吃错面了。1.‘岐山臊子面’不是‘歧山臊子面’；2.‘岐山臊子面’外观与图不同；3. 如果什么时候来西安或者宝鸡，请您吃一下正宗的岐山臊子面，价格不贵，绝对实惠”。对于官方微博出面的互动，网友表示“很及时很恰当！很敏感很必要！”8 月 13 日 10 时 28 分，“@陕西发布”再发“打油诗”微博，借机宣传陕西传统饮食文化：“我是岐山臊子面，手工擀制纯天然；面薄条细筋光滑，臊子鲜香红油浮；汤味酸辣又爽口，百姓饭桌家家有；老陕就好这一口，谁见我都乐一瞅；俺们隔壁吴老二，瞅我一眼就浑身发抖！”

2013 年 8 月 13 日，针对“周克华生死不明”“死者为长沙民警段志鹏”等网络传言，湖南省长沙市公安局官方微博“@长沙警事”（UID：1973743580）发布澄清，长沙市公安局段志鹏目前在岗在职。

2013 年 8 月 20 日，公安部部署全国公安机关集中打击网络有组织制造传播谣言等违法犯罪专项行动，切实维护健康有序的网络环境和社会秩序。

2013 年 8 月 20 日，中共广东省和平县委宣传部发布了《关于征集中共和平县委宣传部官方微博“@和平发布”标识标志的启事》。从征集的稿件中各评选 3 件作为入围作品，各奖 300 元；被采用作品，奖 1000 元。征集活动截止时间为 2013 年 9 月 5 日。

2013 年 8 月 20 日，时任共青团陕西省委农工部部长魏延安在其新浪微博和腾讯微博同名账号“@陕西魏延安”，同步发布陕西省渭南市合阳县 600 吨大棚红提成熟滞销的消息，得到了大量网友的关注支持，形成大 V 友情转发、官方微博积极跟进、相关媒体跟踪报道、网友热心关注转发的良好态势。当天下午浏览量突破 5 万，两天后浏览量突破 20 万。该条微博在腾讯网累计浏览 15.9 万、评论转发 338 次；在新浪网浏览 14.7 万、评论转发 416 次。随后，有 4 家较大的农产品采购商前往收购，销售压力大大减轻，加上周边市场的小型批发零售，600 吨大棚红提基本销售完毕。在与网友互动中，魏延安感叹地写道，“微博与农村是双向影响的，微博打开了城市察看农村的又一扇门窗，也为农村提供了方便的与外界沟通的桥梁；而农村工作有了微博，无论在手段上还是在效率上都有很大的提升作用”。

2013 年 8 月 21 日，北京市公安局官方微博“@平安北京”（UID：1288915263）发布通报，北京警方根据公安部部署，结合群众举报，依法立案侦查，一举打掉了在互联网蓄意制造传播谣言、恶意侵害他人名誉、非法获取经济利益的“网络推手公司”北京尔玛互动营销策划有限公司。

2013 年 8 月 25 日 11 时 12 分，北京市公安局官方微博“@平安北京”（UID：1288915263）发布消息称，“2013 年 8 月 23 日，根据群众举报，朝阳警方在安慧北里一小区将进行卖淫嫖娼的薛某（男、60 岁）、张某（女、22 岁、河南人）查获。经审查，二人对卖淫嫖娼事实供认不讳”。

2013 年 8 月 27 日，广州网民张广红在微博发布“狼牙山五壮士”用枪欺压当地村民等内容的微博，微博被转发 2500 余次，评论达 300 余条。8 月 29 日，广州市公安局越秀区分局依法拘传张广红，认定其发布关于“狼牙山五壮士”的相关谣言，虚构事实扰乱公共秩序，决定对其处以行政拘留七日、收缴作案工具笔记本电脑一台的处罚。

2013 年 8 月 31 日 21 时 49 分，广东省广州市公安局官方微博“@ 广州公安”（UID：1722022490）发表了《谣言必须打，打击须依法，严防扩大化》一文。文称，“散布谣言的客观后果要足以引起群众恐慌，干扰了国家机关以及其他单位的正常工作，扰乱了社会秩序，才能适用治安处罚法，而一些歪曲历史事实的谣言，不是现实的，没有扰乱公共秩序。子产不毁乡校。打击造谣要防扩大化，若人人噤若寒蝉，相视以目，显然是噩梦”。人民网舆情监测室官方微博“@ 人民网舆情监测室”（UID：2938715943）评论称：“整治谣言是一件利网利民的好事，要警惕一些地方混淆概念、突破法律边界造成‘捕谣比赛’，防止谣言定性的随意化与打击范围的扩大化。诚如‘@ 广州公安’所云‘子产不毁乡校，打击造谣，若人人噤若寒蝉，显然是噩梦。’”9 月 1 日，《燕赵晚报》发表题为《微博社会应容得下理性声音》的评论文章称，“‘谣言必须打，打击须依法，严防扩大化’，无论从哪个角度讲，这都是一句经得起推敲的正确的大实话，而且是难得的理性的好声音”。文章质疑，“从什么时候开始，政府部门的官方微博竟容不下一句正确的实话，容不下一句难能可贵的理性声音?”

2013 年 8 月 31 日上午，北京市公安局官方微博“@ 平安北京”（UID：1288915263）发布了一条 8 月 23 日北京市昌平区打击站街招嫖违法行为的微博。之后，有网民迅速指出，该微博与 2006 年媒体公开报道的《昌平铲除招嫖一条街，30 余站街女被抓》稿件除了时间不同外，基本内容十分相似，而所配发的图片更是完全一致。随后，“@ 平安北京”被网民质疑“玩穿越”“旧闻充新闻”。9 月 2 日 11 时，“@ 平安北京”删除了被质疑的微博，重新发布了这条新闻，新闻内容与之前被质疑的微博明显不同，并将配图更换为某电视节目的截图。9 月 3 日上午，“@ 平安北京”致歉发布，“平安北京真诚道歉，接受网友批评，感谢公众监督”。

九月

2013 年 9 月 1 日 22 时 51 分，新华社法人微博“@ 新华视点”（UID：1699432410）再就“子产不毁乡校”发表“新华微评”，文称：“互联网谣言须切断，造谣者须惩治，依法规范公民言行毋庸置疑。网络社交功能迅猛发展是文明进步的必然，糟粕当弃，精华应留。子产不毁乡校，来之不易的交流平台需要所有社会成员用心经营，参与者切实自律，管理更加合理有效。唯此，中国之幸。”

2013 年 9 月 2 日 9 时 47 分，继广东省广州市公安局官方微博借“子产不毁乡校”典故发表对谣言治理的看法之后，广东省高级人民法院官方微博“@ 广东省高级人民法院”（UID：2781790222）创设微博话题“#开网纳谏#”，进一步诠释“子产不毁乡校”典故。微博正文：“子产不毁乡校，出自《左传 · 襄公三十一年》。对于乡人聚会议政的乡校，然明主张毁掉，子产不同意，他说，‘其所善者，吾则行之，其所恶者，吾则改之，是吾师也。’子产把乡校作为获取群众议论政事的反馈信息的场所，而且注意根据来自公众的意见，调整自己的政策和行为。”由于该微博对依法治网的话题进行了相关讨论，引发舆论热议。该微博被转发 20016 次，评论超 8642 条，点赞 2683 次。12 时 31 分，《环球时报》微博“@ 环球时报”（UID：1974576991）在转发时评论说：“广东省高级人民法院官方微博发布‘子产不毁乡校’，主张开网纳谏，这，才是正能量！［赞］”

2013 年 9 月 7 日 11 时 14 分，网友“@浅雅清风”在微博中感评：“‘@问政银川’传递给湖城百姓的，是无疑的真诚，他们的存在，让百姓的声音和官方的声音有了平等对话的可能，权力弱势者没有异化为权利弱势者，网络政务的继续发展，也许会把政务和权力剥离，百姓的庸常生活并不需要接触权力。政务开明、自由、效率，足以满足人民对政治的所有要求。”15 分钟后，“@问政银川”（UID：2239586647）评论互动道：“我们的探索之路刚刚起步，有了大家的关心和支持，我们将坚定不移地继续发展创新，为银川市民提供更好更快的政务服务。”

2013 年 9 月 10 日，最高人民法院、最高人民检察院发布《关于办理利用信息网络实施诽谤等刑事案件适用法律若干问题的解释》，规定利用信息网络发布诽谤信息被转发评论累计达 500 次可判刑。

2013 年 9 月 10 日，北京市工商局西城分局对小辣椒手机销售方北京方万源通信器材有限公司以微博编造虚假事实损害小米手机商誉一案做出行政处罚决定：责令当事人停止违法行为，消除影响，并罚款 15 万元。2013 年 4 ~5 月，小辣椒手机创始人、北京方万源通信器材有限公司大股东谭文胜多次使用微博发布商品信息、宣传促销活动，并向小米手机创始人雷军发出挑战。5 月，北京小米科技有限责任公司向工商机关反映谭文胜通过微博攻击小米公司及雷军，诋毁、谩骂小米产品。经北京市工商局西城分局调查，谭文胜利用微博发布的信息实为主观臆造，违反了《中华人民共和国消费者权益保护法》和《中华人民共和国反不正当竞争法》的相关规定，属于利用微博进行虚假宣传和商业诋毁的违法经营行为。国家工商总局有关人员介绍，这是工商部门查处的“微博损害他人商誉第一大案”。

2013 年 9 月 12 日，甘肃省张家川县发生一男子非正常死亡案件，少年杨某因发微博质疑死因被警方以涉嫌寻衅滋事刑拘。此案立案后被称为“全国 500 转刑拘第一案”，引发舆论强烈关注。随后，甘肃省公安厅会同天水市公安局组成的联合工作组进行调查核实后，9 月 22 日，省市县三级公安机关研究决定，依法撤销刑事案件，对杨某改为行政拘留，原因是“鉴于杨某系未成年人以及归案后的悔罪表现”，杨于次日凌晨获释。网友“@掏粪工_海巴子”认为，“践踏法律并不只是看是否随便抓人，更要看是否随意放人”。

2013 年 9 月 14 日 22 时 08 分，腾讯微博网友“@青墨港湾”向时任浙江省委组织部部长“@蔡奇”投诉称，“我该怎么做？儿子今天又喝醉了，别人送回家的。到家也不说话问他流眼泪了，然后一个人把自己锁进房间。喊他他只是说让我静一静……现在他不会喝酒，但总是什么局的局长一起喝让他喝醉。儿子 27 岁在国税管理科管了一大片厂家”。15 日 21 时 52 分，“@蔡奇”与这位网友互动说：“告诉我你儿子在国税哪个单位？今后可以不用喝酒了。”17 日晚，“@青墨港湾”在与“@蔡奇”的微博互动中透露了她儿子“在浦江国税”，“@蔡奇”于 22 时 38 分互动回复称：“如果属实，请浦江主动抓好整改，刹住‘酒局、牌局’。地方反对‘四风’不能等，现在就要见行动！”他在这条微博中同时“@”了浙江省金华市委组织部腾讯官方微博“@八婺先锋”和浙江省金华市浦江县委组织部腾讯官方微博“@浦江先锋”。23 时，“@浦江先锋”回复称“已联合相关部门进行调查核实”。

2013 年 9 月 18 日上午 11 时 22 分，就时任浙江省委组织部部长“@蔡奇”在腾讯微博与网友在线互动时做出的“刹四风”批示，浙江省金华市浦江县委组织部腾讯官方微博“@浦江先锋”在调查后及时发布通报：“针对微博网友‘@青墨港湾’反映儿子陪领导喝酒一事，浦江县纪委、县委组织部开展调查核实。经初步调查，基本事实如下：‘@青墨港湾’网友之子确系我县国税局业务科室的一名科员，9 月 14 日（星期六）晚，他与同事以及同事的同学（包括他们的家属、子女）在当地一农家乐家庭聚餐，确有喝多，但并没有与国税局领导一起，也不存在公款宴请的情况。另据了解，‘@青墨港湾’网友之子平时很少在外吃饭，也不存在与本单位局长副局长一起喝酒的情况。下一步，我县将进一步加大对党员干部反对‘四风’的宣传教育力度和对‘四风’问题的整治力度，对违反中央八项规定、省委六个严禁的案例，将严惩不贷。同时，也欢迎各位网友监督。”鉴于这场误会给儿子和单位带去了些许“麻烦”，网友“@青墨港湾”随后删除了该微博，并更新了其腾讯微博昵称。

2013 年 9 月 19 日，时值中秋节。有网友向北京市公安局官方微博“@平安北京”（UID：1288915263）求助说，在北京的一名新加坡籍留学生的父亲病危，她非常焦急，想回去探望。但她之前为办理签注已将护照上交市公安局出入境管理部门，而中秋假日期间该部门又不对外办公。“@平安北京”发现这条求助微博后，立即将情况通报给了北京市公安局出入境管理局官方微博“@北京公安出入境”（UID：3745736194），随后出入境管理总队紧急召回部分休假民警，从数千本护照中找出这名学生的护照，确保她当晚登上回国的飞机，见到父亲最后一面。

2013 年 9 月 22 日，被社会各界广泛关注的薄熙来案在济南中院一审宣判。这起案件因山东省济南市中级人民法院利用其官方微博“@济南中院”（UID：3708524475）对庭审过程进行了直播，被学者评价为我国庭审中使用新媒体的标志性事件。71 个字的预告、6 天直播、186 条微博、23 万文字、11 张图片、6 个错别字，收获 140 余万粉丝……这是“@济南中院”这次微博庭审直播所收获的线上“成绩单”。

2013 年 9 月 24 日，因刺死两名城管的辽宁省沈阳市夏俊峰被核准死刑的消息传出。8 时 02 分，中国人民大学政治系教授张鸣在其微博（UID：1707683373）发出了“刀下留人，夏俊峰！”的呼喊，网友纷纷响应。截至 9 月 25 日 14 时整，该微博被转发 5000 余次，阅读数超 68 万次。在微博“夏俊峰被核准死刑”的相关话题中，相关微博累计超过 65 万条，有超过 150 万条的评论和转发。2009 年 5 月 16 日，夏俊峰和妻子在马路上摆摊被沈阳市城管执法人员查处，在勤务室接受处罚时，夏俊峰与执法人员发生争执，刺死城管队员两名后又重伤一人。2009 年 6 月 12 日夏俊峰被批捕。2009 年 11 月 15 日，夏俊峰一案在沈阳市中级人民法院一审判决。2011 年 5 月 9 日上午，夏俊峰刺死城管案终审宣判，辽宁省高级人民法院裁定驳回上诉，维持原判。2013 年 9 月 25 日，夏俊峰因犯故意杀人罪，被依法执行死刑。

2013 年 9 月 28 日，在银川市兴庆区的旧城改造过程中，某房地产开发商为了逼迫文湖巷内粮食局家属院的住户搬迁，不仅在旁边楼体外挂出了“做钉子户最终没有好结果”的大型条幅，还用高音喇叭全天不间断地循环播放所谓的《致居民的一封公开信》。令人紧张恐慌的氛围和高声贝的噪音让附近居民深受其害，事态在当日 15 时发轫微博引发热议。银川市委办公厅、市政府办公厅官方微博“@问政银川”（UID：2239586647）迅速介入，批示银川兴庆区党委、政府官方微博“@兴庆微博”（UID：2167231825）、银川市兴庆区文化街街道办事处官方微博“@兴庆文化街街道办”（UID：3105418313）协同处理。次日上午 10 点 38 分，“@兴庆文化街街道办”公示答复：“我们已责令开发商摘掉横幅，停止播放‘致居民的一封公开信’。对市民朋友们生活受到影响我们表示歉意！”

十月

2013 年 10 月 7 日，第 23 号强台风“菲特”来袭，让浙江多地受灾。浙江受灾最严重宁波余姚市更是遭受了百年一遇的强降雨，70% 以上城区受淹，主城区城市交通瘫痪。自台风来袭，浙江省余姚市政府新闻办公室官方微博“@ 余姚发布”（UID：2588129872）工作团队便将工作阵地从市政府大楼转移到余姚市防旱防洪指挥部，“火线”合成作战，发布就是救灾，24 小时连续不间断更新发布，及时传递当地灾情、救援、捐助等信息。从 10 月 7 日至 10 日 21 时 30 分，“@ 余姚发布”发布台风相关信息 335 条，几乎每 15 分钟一条。面对媒体采访，时任余姚市政府外宣办副主任柳科说，“我们的微博团队已忙了三天三夜了，很多人两天没休息了，现在停水停电，还好网络还畅通，微博就成了外界了解余姚的唯一官方渠道”。另一方面，余姚水灾初期的政府救援和发布行动迟缓，也倍受网友诟病。

2013 年 10 月 13 日，我国第 64 个少先队建队日，广州市少工委联合广东省社科院青少年成长教育中心“青少年媒介素养教育研究”课题组，发布了《2013 年广州少先队员媒介素养调研报告》。此次调研对象为小学 1 年级至 6 年级的少年儿童，在广州市 12 个区（县级市）15 所学校展开。调查结果显示，30.5% 的小学生和 21.2% 的小学生分别在平板电脑和手机上使用 QQ 和微博等社交媒体，58.1% 的小学生“刷微博”，55.1% 的小学生“开微信”，此一比例随着年龄的增长而升高。

2013 年 10 月 14 日 11 时许，有多位网友微博配图爆料称，“浙江余姚网友爆料：余姚三七市镇某领导今日下乡视察水灾，某领导因穿高档鞋子，迫不得已由年近六旬的村书记将其背进灾民家里！”图片中，一名男人被人背着涉水，行走在受灾居民家门口。舆论批评立刻高涨。13 时 24 分，浙江省余姚市三七市镇政府官方微博“@ 余姚市三七市镇”（UID：3246460134）首次回应：“今日，我镇纪检、组织部门对微友反映的他人背镇干部进村走访一事进行调查。经查，当事人系我镇机关工作人员，于 13 日上午去魏家桥村上门走访慰问患重病村民。目前，镇纪委已对当事人作出严肃批评教育，下一步将进行组织处分，同时在全镇党员干部中进行通报，要求引以为戒。”17 时 39 分，“@ 余姚市三七市镇”再次发布：“经镇党委研究决定，免去镇中层干部王某的主任职务，并处以党内警告的处分，同时在全镇党员干部中进行通报。我们将以此为戒，也请广大网友继续监督，谢谢大家！”

2013 年 10 月 15 日，国务院办公厅正式公开发布《关于进一步加强政府信息公开回应社会关切提升政府公信力的意见》（国办发〔2013〕100 号）。当日 23 时 53 分，《人民日报》法人微博“@ 人民日报”（UID：2803301701）在“你好，明天”话题专栏发表评论：“国务院今天发布通知，要求加强政府信息公开。不表达，就会被表达；不发声，就是放弃话语权。多少误解对立，源于沟通不畅？多少群体事件，因为信息壅蔽？人人都有麦克风，以鸵鸟心态应对舆论无异掩耳盗铃，以沉默是金面对网络不啻自欺欺人，当铭记：透明才有清明，公开才有公信！”

2013 年 10 月 16 日，在全国公安机关集中打击网络有组织制造传播谣言等违法犯罪专项行动中，云南公安机关经缜密侦查，依法查处云南网络名人“@ 云南边民”董如彬涉嫌虚报注册资本、非法经营、寻衅滋事犯罪案件。董如彬已被检察机关依法批准逮捕。公安机关进一步查明，2011 年以来，董利用其网络名人身份，伙同他人承接、策划、组织操纵了“寻甸黄四狼”“宣威癌症村”“航空界大佬风流死”等一系列以攫取经济利益为目的、捏造事实的网上恶意炒作，非法获利数十万元人民币，涉嫌非法经营、寻衅滋事等犯罪。

2013年10月22日8时40分，中央电视台新闻中心官方微博“@央视新闻”（UID：2656274875）发布当日《朝闻天下》刚刚播出的节目视频《网络大谣假记者格祺伟“落网”》，打击造谣大V、依法治网成为舆论热议话题。据微博正文：格祺伟出身新闻科班，却故意负面炒作，肆意敲诈勒索，人称“地方一霸”。他制造了“长沙湘雅医院80余保安围殴死者家属”“祁东一中校长暴殴学生”等谣言。近日在公安机关打击网络谣言行动中，湖南警方破获了格祺伟涉嫌敲诈勒索、寻衅滋事犯罪团伙案件。

2013年10月25日，福建省福州市旅游局在其腾讯网官方微博评论网友“@雪梨柚”的帖子时称，“最讨厌你们这些记者。听说哪里报道有钱啦，狗一样的跑过去……就会挑黄黑腐这种容易红的新闻，沽名钓誉”。此言论引来舆论讨伐声一片。随后该官博两次发表声明表示，评论系微博编辑人员误发个人言论，并不代表官方意见。官方最终回应“涉事人员被停止发博资格，年终考核不得评为合格及以上”。

2013年10月25日8时27分左右，温岭市第一人民医院发生一起故意伤害案件，3名医生在门诊为病人看病时被一名男子捅伤。9时16分，该事件被网友第一时间披露至微博（编者注：随后删除，原文已无法考证）。9时19分，网友“@活着意味着修行”（UID：1773440857）发布消息：“病人家属太疯狂！连续捅伤温岭第一人民医院三医生，受伤医生正在抢救中！祝福他们平安！能挺过来！这个社会怎么了，医生是救死扶伤的，可是自己的生命得不到保证，怎么去救死扶伤??”医患冲突再度成为公众关注焦点。

2013年10月25日10时39分，浙江省温岭市公安局官方微博“@温岭公安”（UID：2284351872）首次就“温岭杀医案”发布通稿《温岭市发生一起故意伤害案件（一）》，文称，“10月25日上午8点27分，温岭市第一人民医院3名医生在门诊为病人看病过程中被1名持刀男子捅伤。目前，被捅伤的一名医生生命垂危，仍在抢救中。另外2名被捅伤的医生也在积极抢救之中。案发后，温岭市相关领导第一时间到达现场，行凶男子此前为该院患者，现已抓获。目前，案件仍在调查处理中”。该微博被转发266次，评论450条，阅读12.1万次。

2013年10月25日10时55分，网友“@温岭后生头”（UID：1571970937）发布微博说：“一日从医，血溅七丈，愿逝者安息，愿生者坚强。我们是医师，救死扶伤，悬壶济世为根本，有些悲剧一再的上演，我们内心或许会有恐慌，但是我们没有退却，我们一直在，一直在您身边。”这是案发后温岭医界普通医生发出的第一声，当晚该微博截屏在央视新闻《新闻1+1》栏目播出。

2013年10月25日11时55分，浙江省温岭市第一人民医院官方微博“@浙江温岭一院”（UID：3317390882）发布微博：今天上午，我院发生医务人员被恶性伤害事件，造成1死2伤。我们的3名医生均是在为患者看病过程中被伤害的。同事们悲痛万分，气愤难耐。但我们的医务人员仍然忍住内心的痛楚，一边在抢救自己受伤的同事，一边为广大患者看病，全院诊疗工作仍有序开展。

2013年10月25日12时25分，浙江温岭市公安局官方微博“@温岭公安”（UID：2284351872）续发通稿《温岭市发生一起故意伤害案件（二）》。文称，“……据查，犯罪嫌疑人连恩青，温岭市箬横镇浦岙人，33岁，此前为该院患者，对本人之前在该院的鼻内镜下鼻腔微创手术结果持有异议”。“目前，连恩青已被警方刑事拘留，案件仍在调查处理中。”该微博被转发300次，评论239条，阅读24万次。

2013年10月25日12时54分，浙江省卫生和计划生育委员会官方微博“@健康浙江”

（UID：2264264700）就“温岭杀医案”发布表态：“获悉温岭市第一人民医院三名医生被持刀男子捅伤，非常震惊，我们对此表示强烈谴责！对受伤的医务人员及其家属表示深切的慰问，强烈要求有关部门严惩凶手，为医院及医务人员创造一个安全的工作环境。”1分钟后，12时55分再次更新：“省卫生厅分管医政工作的马伟杭副厅长，现已前往温岭，慰问受伤的医务人员及其家属，指导当地做好处置工作。”

2013年10月25日17时36分，中国医师协会官方微博“@中国医师协会”（UID：1749601174）发布浙江医师协会关于王云杰被害案快讯：协会得知案件后，迅速与浙江省医师协会联系，浙江省医师协会骆华伟秘书长告知，浙江省政府高度重视，立即调派相关医学专家赴温岭参与受伤医务人员救治。马伟杭已率相关处室负责人赴温岭指导救治，慰问伤员及家属。

2013年10月25日22时33分，新华社法人微博“@新华视点”（UID：1699432410）就“10·25”温岭杀医案发表第一篇《新华微评》：“浙江温岭25日发生一起患者刺杀医生事件，3名医生1死2伤。想起美国医生特鲁多墓碑上铭刻着的一句话：‘有时去治愈，常常去帮助，总是去安慰。’医者仁心为上，医学科技虽然在不断发展，但医术并非万能，医生更不应承担无限责任。医患纠纷不可怕，可怕的是理性的丧失，道义的无存。”

2013年10月27日10时07分，中国医师协会官方微博“@中国医师协会”（UID：1749601174）发表《中国医师协会与浙江省医师协会在温岭市第一人民医院报告会上共同发出声明》：（1）坚决维护医师合法权益；（2）严惩凶手；（3）抵制医闹，构建和谐医患关系；（4）为医师创造出良好的执业环境。

2013年10月28日9时25分，作家“@郑渊洁”（UID：1195031270）发微博说，“李总理废除了延续几十年的企业年检制度，机动车年检制度也需要改革。现在的机动车年检和行车安全无关，成为一些机构敛财的工具，广大车主怨声载道，严重影响政府形象。请李总理考虑”，并动员说，“同意改革机动车年检的车主请转发”。该条微博引发网友的大量共鸣响应，转发量26488条，评论2400多条。6个多月后的2014年5月16日，公安部和国家质检总局联合下发规定，改革机动车年检制度，私家小轿车新车6年之内不用去验车场年检。2017年1月18日下午，郑渊洁受邀出席公安机关机动车年检改革私家车新车六年不验车实施两年效果调研会。中国公安大学交道管理学院、公安交管部门和郑渊洁探讨实施效果，一致认为私家车新车六年不验车的改革是成功的。

2013年10月29日18时14分，银川市委市政府官方微博“@微博银川”（UID：1898782627）发布了《银川市人民政府公开征集2014年度为民办实事事项》意见征集启事。启事称，为使全市人民享受到更多的社会发展成果，银川市人民政府现面向全市群众和社会各界公开征集2014年度为民办实事事项。征集时间为即日起至11月15日；邮箱为ychdch@163.com；电话为0951－6888228，0951－6888229。

2013年10月30日晚，浙江省杭州市余杭区瓶窑镇长命村发生一起命案，受害人计大妈（62岁，余杭瓶窑人）在家中被小偷捅伤，经医院抢救无效死亡。犯罪嫌疑人遗留在现场的一双鞋子成为此案的关键物证。杭州市公安局余杭区公安分局通过其官方微博“@余杭公安”发布《物证有奖协查“江湖令”NO.1》并“求高手鉴定（鞋子和刀鞘）”，寻求更多民间高手为破案提供线索。11月5日晚，犯罪嫌疑人许某在杭州拱墅区落网。

十一月

2013 年 11 月 6 日，陕西省榆林市公安局官方微博“@ 榆林公安”（UID：3299247774）发出一条“尸源寻找”的公告，详细描述了该死者的大致年龄、衣着特征后，介绍其“陕北口音，自称榆林吴堡人……”“尸体说话”，引来网友围观与吐槽。

2013 年 11 月 10 日上午 11 点 09 分，北京地铁公司官方微博“@ 北京地铁”（UID：2778292197）发布图文微博，原文写道：“‘蝗虫’过后的 10 号线，一片狼藉……北京首都的宽容大度为人称道，但有时候宽容过了头也是最大的诟病。对于恶意破坏北京首都的行为，我们只想说‘这里不欢迎你！’”配发的一张图片里是空荡荡的地铁车厢，地面满是垃圾。该微博发出后，被迅速转发超过 3000 条，网友评论超过 2000 条。有网友认为，“蝗虫”一说属于辱骂、歧视，本身就是不文明行为，这样来谴责不文明乘客也是不妥。也有网友表示，“蝗虫”不是指所有地铁乘客，而是那些乱贴小广告、乱扔垃圾的人，不必对号入座。10 日下午 4 点左右，北京地铁将该微博原文删除。

2013 年 11 月 10 日 21 点左右，宋国强夫妇和孩子在等车时，不慎将耳蜗的体外处理器丢失。在寻找无果万般无奈之下，他们在报警后又在微博上求助。令宋国强没想到的是，带有耳蜗照片的微博发布次日，他的电话就被银川网友打爆了。11 月 11 日晚 18 时 30 分，“@ 银川市政管理”（UID：1973758332）发出“爱心接力，请您关注”的寻物微博。“@ 微博银川”（UID：1898782627）、“@ 问政银川”（UID：2239586647）等近百家银川政务微博迅速参与，全市总动员，宁夏各大媒体纷纷跟进，热心网友更在第一时间通过微博、QQ 空间等社交媒体传递着寻找耳蜗的消息，“为 4 岁女孩找‘耳朵’”的寻物启事被银川市民网友遍布微博、贴吧、论坛和大街小巷，并在银川市公交公司协助下，寻“耳”海报登上了全市近 1500 辆公交车体，公交车载电视中也实时插播信息，银川市客运管理处也将海报散发给全市出租车，动员司机协助寻找。11 月 15 日，一位老人打来电话说他在菜市买菜时捡到过，当时也不知道是什么东西，觉得没用又随手扔掉了，最终在一位乞讨老人的协助下找到了耳蜗。“这一次，全民都是英雄”，银川市民张东说。

2013 年 11 月 19 日，央视《焦点访谈》播出银川市民和微博网友为 4 岁女孩寻找耳蜗的爱心接力故事。主持人敬一丹评述说：“人们寻找到的，不仅是丢失的耳蜗，还有彼此间的关爱。这场全城爱心接力赛，体现了人心向上的力量，让人们在冬天收获了温暖，收获了感动。”11 月 21 日，由中共中央宣传部、中央文明办主办的中国文明网发表了署名谢晓刚的评论文章《“全城总动员”寻找到的不仅仅是“耳朵”》，文末说：银川“全城找耳蜗”事件，让我们看到了社会民众向善的力量，看到了人与人之间久违了的那份信任和依赖，正因为有了这些，我们的社会、我们的城市才变得如此美丽动人、温馨而幸福。2015 年 9 月 21 日 20 时 15 分，以银川全城寻耳的真实故事为原始题材的电影《耳蜗》，在央视电影频道（CCTV6）首播。

2013 年 12 月 14 日，广西壮族自治区玉林市博白县公安局交管大队官方微博“@ 博白交警”在私信回复网友咨询其因“逆向停车”被开罚单的相关政策解释时说，“请你查看一下《中华人民共和国道路交通安全法实施条例》第六十三条第五款规定，路边停车应当紧靠道路右侧，你个白痴”。该言论被网友截屏并在微博被公开质疑，引发广泛关注。2013 年 12 月 15 日零时 22 分 11 秒，网友“@ 小懒猫猫 1”在天涯社区广西论坛发布标题为《广西玉林市的交警开大 V 微博公然爆粗口》帖文，引起了很多不明真相的网友议论。

2013 年 11 月 23 日深夜，山东某网友在微博上发布了一张手腕流血的照片后再无音讯，这场疑似“微博直播自杀”事件引发众多网友关注。在接到网友在线“@”警情后，山东省德州市公安局民警发动多部门联合寻找6个多小时后，结果发现这只是一位女孩“闲来无聊自己PS了一张割腕图片”的恶作剧。

2013年11月28日上午7时49分，中央电视台新闻中心官方微博“@央视新闻”（UID：2656274875）引述某些网媒的报道口径称，山东济南解放阁底下的近千盆菊花遭市民哄抢，现场一片狼藉，某位老人甚至把自己的轮椅装点成“花车”，还有人用小推车推了满满一车，或只掐菊花装了满满一袋，称“回家可以泡脚”。该消息发出瞬间引爆网络，舆论对“济南市民素质”的批评声量递增。随后，济南市公安局官方微博“@济南公安”（UID：1702549133）对此事迅速调查并回应，“趵突泉金秋菊花展”自10月25日开展到11月25日已经结束。菊展活动结束后，对于可再利用的菊芽，公园方面已妥善回收，管理部门许可将菊展剩余的菊花送与市民自愿选取带走，“不存在哄抢一说”。10时40分，“@央视新闻”更新发布，“济南警方称菊花是赠送不存在哄抢”，并在微博最后表示“致歉！不哄抢，更有范儿”。

2013年11月28日，主题为“大数据时代的中国教育”的新浪2013中国教育盛典在北京辽宁大厦隆重举行。教育部前副部长张天保、中国人民大学附中联合总校校长刘彭芝、教育部留学服务中心主任白章德、中国教师发展基金会秘书长杨春茂、教育部原政策法规司副司长张文、中国民办教育协会秘书长王文源等多位嘉宾莅临盛典现场。美国、英国、加拿大和澳大利亚等7国使馆官员代表也出席了本届盛典。教育部新闻办公室官方微博“@微言教育”（UID：2737798435）荣获新浪“2013年度教育微博突出贡献奖”。颁奖词写道：它，正式开通不到一年时间，粉丝已达270多万，网友给予了极高的关注。它，围绕教育热点问题，及时发布权威信息，直面网友的“吐槽”和“拍砖”，传递校园正能量。它，发起成立了全国教育系统官方微博联盟，初步构建起互相联动的教育系统新媒体宣传格局。它，就是“微言教育”，教育部新闻办公室官方微博。

十二月

2013年12月2日，网友“@畅优一品”向广东省肇庆市公安局官方微博“@平安肇庆”（UID：1700207693）反映称，“火车站至肇杰鞋厂路段，有一个下水道盖不见了，本来就两车道，来往的车子很容易掉进去，赶快派人来修喽！别等出了人命再行动！”值班民警莫文辉收到信息后立即汇报。由于该问题不属公安业务管辖，“@平安肇庆”立即向肇庆市水利局渠网中心转交，当获知该路段原来由市公路局管辖后，又立即打通了公路局的值班电话反映情况，最终相关部门迅速派人现场抢修，及时避免了危险事故的发生。

2013年12月2日上午，一条“有图有真相”的微博称，“扶起摔倒中年大妈，外国小伙疑遭讹诈”。消息迅速火爆网络，并被各大门户网站放在首页醒目位置。相关网文核心内容写道：“12月2日，在北京朝阳区香河园路与左家庄东街路口，一名中年大妈在经过一个骑车老外旁边时突然摔倒。外国小伙下车急忙搀扶，却被大妈一把抱住，自称被老外撞到腿部受伤无法行走，需要该老外负责。外国小伙儿大惊失色，却被大妈死死拖住，衣服都被撕烂了。”并称，“不久警方到场，双方前往医院。经医生检查、X光拍摄后诊断该大妈并未受伤。大妈随即再度瘫软大呼难受。最后经调解，外国小伙儿不得不给付1800元医药费，大妈方才作罢自行离开”。该新闻点击率直线飙升并逐渐成为当日“头条新闻”。不少网友评论道，“国内没生意了，做海外营生了”，“这位大妈是第一个逼着外国人签下‘不平等条约’的人”。然而北京市公安局官方微博“@平安北京”（UID：1288915263）12月3日19时55分发布通报让该事件真相逆转。警方通报称，“经调查，一中年女子经过人行横道时，被一外籍男子驾驶摩托车撞倒。在现场处理过程中，倒地女子称身体不适，民警立即拨打120急救电话将其送往附近医院。经医院检查，该中年女子伤情轻微，双方在医院自行协商解决了赔偿事宜”。同时，“警方经现场调查，并调取了监控录像初步查明，这名外籍男子无驾驶证，所驾驶摩托车无牌照，在人行横道内将中年女子撞倒。警方于当日依法暂扣了肇事摩托车，对外籍男子的交通违法行为将依法处罚”。

2013年12月3日14时许，安徽阜阳市清河路附近发生一起交通事故，一名女子被一辆奥迪车撞飞后不幸身亡，肇事司机逃逸。“肇事者怎么会在众目睽睽之下逃跑呢?”“会不会找个临时工顶替?”此事件经微博、微信等多种途径迅速传播，一时间各种猜测四起。随后，16时55分开始，安徽省阜阳交警支队官方微博“@阜阳公安交警在线”（UID：1971744497）同步直播案件侦破过程，其间，网友积极互动并提供了重要线索帮助警方破案。12月4日上午10时许，肇事司机洪某在家人陪同下到阜阳市公安局投案自首。

2013年12月3日，一腾讯女网友向广东省肇庆市公安局官方腾讯微博“@平安肇庆”（UID：1700207693）私信求助称，“我家在高要南岸，长期被家人禁锢，老公有暴力倾向，经常对我打骂……”发现信息后，值班民警快速反应，通过微博联动效应及时通知了肇庆市公安局高要分局官方腾讯微博“@平安高要”，派出所民警立即出警，当天就找到了该名女孩并带回派出所调查。通过走访调查，原来该女孩是一名精神病患者，逻辑紊乱，家属为其安全长期将其锁在房间，没想到女孩会使用微博发信息。通过民警的教育，家属承诺以后会多抽时间陪伴、关爱她，努力创造和睦的家庭氛围，助其早日走出抑郁阴霾。

2013年12月5日，广东省东莞市第一人民法院官方微博“@东莞市第一人民法院”（UID：2024295957）和官方网站实时播报了2013年“冬日”执行活动行动组的情况，微博同时发布了8起执行案件的微博悬赏公告。全天出动干警73人，执结案件57宗，执行到位金额619万余元，并依法对7人采取拘留措施。

2013年12月8日，雾霾天气持续下的上海PM2.5数值一度超过600微克每立方米。上午10时13分，国际环保组织绿色和平官方微博“@绿色和平”（UID：1292378751）配图发布消息称，“昨天下午两点半左右，携带PM2.5实时检测仪来到上海外高桥发电有限公司。目测可见电厂三只大烟囱中，有两只正在喷着浓浓的白烟”。该微博并发起了“追霾少年在行动”活动。此微博一经发出便引来网友的强烈反响，有网友认为这种探究雾霾真相的做法应提倡，但更多的网友则是对绿色和平组织关于雾霾的调查结果提出了质疑。有网友明确指出，“无知，还绿色和平？发电厂的高塔冒出来的白烟是水蒸汽，世界各地都是”。也有网友认为此帖严重不专业、不科学。对于“电厂造成上海雾霾”的说法，一些网友直呼：用闪电！

2013年12月9日16时01分，济南网友“@密林精灵舞”（UID：1686536017）在新浪微博发布消息称，“我摊上事儿了~我好害怕，怎么办?”（编者注：后经媒体调查披露，9日当天，该网友所经手的公司财务账目因失误收到巨额假发票）接下来约5个小时的时间，她又连续发布了14条微博：“我想死！想解脱。”12月10日上午11时，有消息称护城河山大南路桥南发现溺水女尸。后经警方确认并通报，溺水者正是微博公布自杀消息的网友“@密林精灵舞”。12月14日21时04分，离世网友的弟弟更新了微博，并对事件进行了相关确认和说明，“大家好，感谢大家对姐姐的关心，现在，我应该对这次事件说明，我姐是因为自己被别人骗了，担心家人会被拖累并对公司造成损失而选择了这条不归路，与公司无关，在这里，我要向公司的领导表示诚挚的歉意，并感谢领导的理解和支持，公司也积极的给予了我们帮助和抚恤。再次感谢大家的关心，谢谢大家！”

2013 年 12 月 9 日下午，网友微博（UID：2771032387）曝光一条长达 15 分 55 秒的视频“内蒙古乌海市乌达区消防二中队打新兵事件”。视频中 5 位新兵被 8 位身着迷彩裤或制式短裤光着上身的老兵拳打脚踢、扇耳光、皮带抽脸、头撞墙……而新兵都默不作声，忍受凌辱。该条微博立即引爆舆论震惊和愤怒。“是谁在支持老兵打人，管理为什么有这么严重的缺失?”“看着心疼，都是父母生的，是什么把你们变成这样?”更多网友表示这样事情发生在部队，骇人听闻，希望有关部门尽快介入调查，惩处打人者及其部队负责人。2013 年 12 月 9 日 19 时 26 分，内蒙古自治区乌海市消防支队官方微博“@ 内蒙古乌海市消防支队”（UID：3640103475）发布《乌海市乌达区消防二中队打新兵事件情况通报》，“经查，该视频反映的地点确为乌海市消防支队乌达区二中队，当事人确为该中队士兵。经初步了解和调查，该事件发生于 2012 年 6 月份。该事件的发生，性质十分恶劣，影响十分恶劣，暴露出我们在部队管理中的严重问题，我们深感震惊、痛心和自责，在此向社会各界和被殴打士兵表示深深地歉意”。2014 年 1 月 3 日，内蒙古乌海市乌达消防二中队打新兵事件，得到依法依纪严肃处理，8 名打人者被依法判刑，16 名责任人被依纪追责。

2013 年 12 月 11 日，从上午 6 点开始，江苏常州金坛一名女网友陆续发了五条内容含有“吞安眠药”“怎样才可以走得安安静静”等话语的微博，疑似在微博直播自杀。网友看到后第一时间联系江苏省常州市公安局官方微博“@ 平安常州”（UID：1796308821）求助。15 点左右，在警方和其家属的努力下，已陷入昏迷的女网友被成功找到并送医脱险。

2013 年 12 月 14 日，中共江西省新余市委宣传部、江西省新余市人民政府新闻办公室官方微博“@ 新余发布”（UID：3171944275）发布了题为《一份爱让小骏億勇敢站起来!》的消息，9 岁男孩邹骏億因突发“肌肉营养不良症”而无力行走只能在地上爬行的故事迅速得到媒体和网友的爱心关注。不少网友在得知小骏億的愿望是当警察之后，提议为骏億圆梦。12 月 27 日，新浪江西官方微博“@ 新浪江西”（UID：2599892125）在线发起了“帮小骏億实现警察梦”的倡议。12 月 30 日 16 时 29 分，“@ 新余发布”在“江西政务微博开放日”微访谈中明确表示，“我们真心期望他的梦想能够顺利实现，目前我们正积极了解小骏億的需要，争取为他提供必要的帮助”，并表达了“也期待广大网友能提出好的建议，一起帮助小骏億圆梦!”的期许。

2013 年 12 月 14 日，广西壮族自治区玉林市博白县公安局交管大队官方微博“@ 博白交警”在私信回复网友咨询其因“逆向停车”被开罚单的相关政策解释时说，“请你查看一下《中华人民共和国道路交通安全法实施条例》第六十三条第五款规定，路边停车应当紧靠道路右侧，你个白痴。”被网友截屏被微博公开质疑，引发广泛关注。2013 年 12 月 15 日零时 22 分 11 秒，网友“@ 小懒猫猫 1”在天涯社区广西论坛发布标题为《广西玉林市的交警开大 V 微博公然爆粗口》帖文，引起了很多不明真相的网友议论。

2013 年 12 月 15 日，网友“@ 女大学生实名举报警察索贿”（UID：3913404040）向安徽省阜阳市公安局官方微博“@ 阜阳公安在线”（UID：1941554327）反映称“刚入社会就遭遇警察敲诈”，并明确指认，自己在临泉县公安局老集镇派出所办理户口补录业务时，被一名叫“李汉臣”的警察敲诈1500元，“顿时感觉社会险恶”。此微博同时配发了一段时长13分钟57秒的对话录音证据，发出后立即引发网友关注评议。当天19时24分，“@阜阳公安在线”互动回应，“临泉县公安局已成立纪委、督察等部门组成的联合调查组彻查此事，并做出决定对涉事民警停止执行职务，待有关事实查清后，将依法依纪严肃处理，绝不姑息”。12月16日14时25分，“@阜阳公安在线”公开调查结果称，“经调查举报属实”，并宣布，“现临泉县局已作出决定：根据《人民警察纪律条令》，对李汉臣行政记大过；根据《公安机关组织管理条例》，对李汉臣予以辞退。在此我们感谢社会各界长期以来对公安工作的关注与支持，欢迎继续对我们的执法、服务予以监督”。

2013年12月17日13时17分，网友向中共南京市纪律检查委员会、南京市监察委员会官方微博“@钟山清风”举报江宁区高新园城管队长助理上班时间聚众赌钱。13时26分，“@钟山清风”回复：“江宁区纪委高度重视，正在认真核查，核查情况将及时通报。”12月19日，“@钟山清风”发布微博通报：“情况属实，当事人被严肃处理。”“9分钟回复举报”被网民交口称赞为“神速”。

2013年12月19日，网友“@沈阳陈鸿博”（UID：3166170511）在微博中晒出温暖一幕，一位老人在被电动车撞倒后，对撞人者说：“孩子，我没事，我有医保，你赶紧上班去吧。”微博一发，即感动无数网友。“@沈阳陈鸿博”是一位记者，他说，“我当时正在不远处拍雪景，看到老人被撞倒后，就本能地按下了快门，并拍下了事件的全过程”。陈鸿博说，这一幕是他途经黄河北大街国奥现代城小区附近看到的，事发时间是19日9时，当时还下着雪，路面挺滑，一位骑电动车的男子在行驶中撞倒了一位老人。“骑电动车的男子马上将倒在雪地里的老人扶起，一边连忙说对不起，一边询问老人是否感觉有什么不适，附近一位在车站等公交车的女士也跑了过来，对老人表示关心。”意想不到的是，在稍微缓了一会儿后，老大爷让骑电动车的男子走了。“我当时特意去问了老大爷，为什么要让他走。老大爷说，其实雪天不好刹车，算了，互相理解一下，感觉自己没啥大事，况且还有医保，所以不能干讹人的事儿。”

2013年12月19日，广东省深圳市确诊1例人感染H7N9禽流感病例。患者欧某，男，38岁，广东高州人，家住深圳市龙岗区南岭村，这也是深圳确诊的首例人感染H7N9禽流感病例。12月19日16时零6分，深圳市互联网信息办公室官方微博“@深圳微博发布厅”（UID：2892786960）联合深圳市卫生和计划生育委员会官方微博“@健康深圳”快速响应，发布病情进展，以及H7N9禽流感的防范措施，有效防止了网民恐慌情绪的蔓延。

2013年12月23日，有网友发现山西省太原市新闻办公室官方微博“@太原发布”（UID：3268152967）在一个月前的11月20日发布了一条“太原发布，暂且关闭！”的消息后再未更新，一经转发而引发大量围观。而随后“@太原发布”在当天更新消息称：“因新浪微博账号被盗，太原发布从未关闭，我们会及时更新微博内容！”网友们说：“谁信呢？”

2013年12月28日13时20分，网友“@四海微传播”（UID：3267598554）发布微博称，习近平总书记在北京一家包子铺排队买包子。其发布微博的内容为：“亲们，我没看错吧?！习大大来庆丰吃包子啦！果断上图”。并配发照片。随后，13时21分，该网友再度发布微博，内容为：“习大大排队买包子，还自己买单、端盘子、取包子。以后庆丰可以出习总套餐啦。”微博发出后，《人民日报》法人微博“@人民日报”、新华社法人微博“@新华视点”、中央电视台新闻中心官方微博“@央视新闻”等纷纷转载，网友踊跃点赞，跟帖不断。

2013 年 12 月 31 日，安徽合肥某媒体记者方佳伟在微博上曝光了安徽省池州市东至县环保局涉嫌公车私用。当晚起，安徽省池州市东至县环保局官方微博“@东至环保”（UID：1645105537，已注销）就出现了一条奇怪的微博，内容只有三个字：“方佳伟。”并持续保留 10 天。如此“点名示众”，让网友哭笑不得。舆论称，政务微博使用起了“冷暴力”。1 月 9 日晚，“@东至环保”发布微博称，“12 月 31 日，记者方佳伟通过微博反映我局一公车私用，后我局官方微博发布了一条内容仅有记者姓名的微博，由此造成的负面影响表示真诚的道歉!”1 月 10 日下午，东至县环保局开会研究并对相关人员进行了处理：使用车辆的监测站被要求其加强管理，避免出现此类情况；驾驶车辆的工作人员被罚款 3000 元；搭乘车辆的系一名老职工的家属，该老职工受到批评教育，并补缴了车费 200 元。

2014

一月

2014 年 1 月 2 日 16 点，新浪江西为了帮助患有“肌肉营养不良”症只能以手代脚爬行，心里却怀着一个警察梦的 9 岁男孩小骏億圆梦，在南昌街头招募“劫匪”群众演员，上百名市民群众积极“应征”表示愿意当“坏人”，共同参与帮助小骏億。1 月 3 日晚 22 时 34 分，中共江西省新余市委宣传部、江西省新余市人民政府新闻办公室官方微博“@新余发布”（UID：3171944275）发出“动员令”称，“如果你有爱心、演技佳，并且想帮小骏億，可拍下你的‘劫匪照’并带话题#帮小骏億圆梦#@新浪江西@新余发布，成为我们的临时演员”。1 月 4 日 14 时 57 分，“@新余发布”再发微博：《全城招募：“劫匪”，请问你在哪》。

2014 年 1 月 3 日 10 时 28 分，银川市委市政府官方微博“@微博银川”（UID：1898782627）发布了《2014 年拟为民办实事征求广大市民意见》征集通告。通告称，“为做好 2014 年市政府为民办实事工作，银川市政府办公厅面向社会公开征集意见建议，并按照‘群众盼望、受益面广、财力可行、当年办结’的原则，将征集到的各方面意见归并整理成了 10 项实事工程，现继续向广大市民征集意见建议，欢迎大家踊跃参与”。

2014 年 1 月 6 日 18 时 11 分，网友“@赵国栋西法大”（UID：3219024913）在微博哭诉称，“我的爸爸是一位农民工，在山西省大同市左云县金庄煤矿干了半年，已经讨要了四天的工资了，可是却没讨到。何时让农民工才能不讨薪，拿着工资安心过年呢？”此条微博发出后多位网络名人予以关注和声援，转发量达 517 次，阅读量 36.3 万次。当天，时任山西省劳动保障监察局工资监察科科长昝文利通过其微博“@昝文利的微声”（UID：3368721064）立即私信了解情况，并及时联系当地县劳动保障监察大队介入，讨薪问题连夜得到了妥善解决。21 时 26 分，赵国栋发微博说其父 6900 工资被克扣 300 元后已讨回，其他工友们也顺利领到工资。22 时 56 分，“@昝文利的微声”发微博再回应，“被包工头私自克扣 300 元劳保费的陕西籍赵姓农民工已找到，情况属实。现已责令补发。感谢现仍在讨薪现场的大同市劳动监察支队、左云县劳动监察大队同志们的辛勤工作！辛苦了!”

2014 年 1 月 7 日，山东省青岛市市南区人民法院官方微博“@青岛市市南区人民法院”（UID：3672184574）在与某律师互动中称对方“装个毛线”引发舆论批评。虽事后两次更改官方微博昵称却仍无处遁形。1 月 9 日 11 时 43 分，“@青岛市市南区人民法院”微博致歉称，“由于没有及时对微博管理员进行岗前培训，致使微博管理员的疏忽，把官方微博当成私人微博使用，发布了一些与法院职责无关的不当言论，造成了不良的影响。在此，我院向广大网友致歉！欢迎广大网友继续监督我们的工作”。

2014 年 1 月 11 日上午 11 时左右，在江西省新余市一家大型商场前上演感人一幕：3 名“人质”被 2 名“劫匪”用匕首挟持。接到“报警”后，坐在轮椅上的 9 岁小“警察”邹骏億被新余市公安局派往现场参与解救“人质”。23 岁的女警刘金凤推着小骏億以送矿泉水的名义接近“劫匪”，并趁着“劫匪”接过矿泉水瓶的瞬间，刘金凤迅速上前，用左手击飞“劫匪”手中的匕首，右手击拍其前额，接着用一记擒拿手擒获了“歹徒”，而另外一名“劫匪”也被随后而来的警察们抓获。“3 名人质被成功解救！”现场的群众纷纷爆发出赞叹的喝彩声。随后，邹骏億身后幕墙上的红布被徐徐拉下，幕墙上显现“骏億，你是个好警察”几个大字。时任新余市市长丛文景亲手为邹骏億颁发了“见义勇为小警察”勋章——剧情背后，事实真相是新浪江西与中共江西省新余市委宣传部、江西省新余市人民政府新闻办公室官方微博“@新余发布”（UID：3171944275）、新余市公安局联合发起并策划实施的一场“帮小骏億圆梦”的大型主题公益活动。此活动从微博发起到线下实施历时 15 天，微博征集“剧本”、街头招募“群众演员”，300 名新余市民网友踊跃报名争演“劫匪人质”，新余市政府和新余市公安局更是进行了精心筹划和排演。

2014 年 1 月 15 日 9 时 25 分，北京市海淀区人民法院官方微博“@北京海淀法院”（UID：3927469685）公布案件播报，因在百度搜索引擎搜索并下载 360 手机卫士等软件时捆绑“百度手机助手”软件，及在百度安全论坛、百度杀毒微博发布“举报 360 恶意行为”活动，奇虎公司以不正当竞争为由，将百度网讯公司及百度在线公司诉至法院。北京市海淀区人民法院已受理此案。

2014 年 1 月 16 日，“2014 春节回家顺风车”公益活动在北京正式启动。启动仪式上，腾讯宣布将通过腾讯手机管家、腾讯地图、腾讯微博、微信等平台，与“2014 春节回家顺风车”公益项目达成战略合作，以“天下无贼平安回家”为主题，助力百万人春节平安回家。

2014 年 1 月 17 日，有网友向四川省工商行政管理局官方微博“@四川工商”举报称，“买到一种名为得尔可斯的糖，其外包装与商标文字有山寨模仿知名糖果品牌阿尔卑斯之嫌”。工商执法人员迅速行动，对成都西博西南食品城展开拉网式检查，现场查获涉嫌仿冒的“得尔可斯”牛奶糖，并立即溯源追踪到山东临沂市生产厂家。

2014 年 1 月 17 日 17 时 04 分，银川市委市政府官方微博“@微博银川”（UID：1898782627）公布了经微博征集、市民网友参与提议后的确认版《银川市人民政府 2014 年为民办 10 件重点实事》通告。就业助困，政府购买公益性岗位 1000 个；环卫工人住房优先保障工程；对“龙须沟”四二干沟（城市段）和二排沟进行综合治理；体育健身工程（新建 10 个小微公园、12 所学校标准化操场）；对 14 岁以下儿童先天性心脏病进行求助，为 1.5 万名 10 ~ 12 岁儿童进行牙齿窝沟封闭治疗，为全市城乡（含流动人口）孕期妇女实施优先筛查，新建社区健康小屋 20 个；实施 6 个老旧小区（棚户区）改造工程；残疾人关爱工程；物价物控工程等在列。

2014 年 1 月 17 日 21 时 54 分，湖南省高速公路交通警察局官方微博“@湖南高速警察”（UID：2054302531）发布的一条寻找聋哑男孩家长的信息称，1 月 17 日 21 时 20 分左右，一名司机将一位衣着单薄的小孩送到天门山中队张家界收费站执勤岗亭，并向值班民警反映，该小孩在高速公路上拦车，自己差点撞到他。值班民警发现该小孩是一名聋哑人，身上仅一张纸条，并无具体身份信息，无法进行交流。于是发布寻人信息，同时附上小男孩的照片，希望尽快帮助他找到家人。引来广大网友和市民的关注和转发。经过网友不断提供线索和湖南公安厅高速公路交通警察支队常张大队天门山中队值班民警的共同努力，在当晚23时许，家长将孩子领回家。

2014年1月20日18时52分，北京市第一中级人民法院官方微博“@北京市第一中级人民法院”（UID：3820915614）发布消息称：“王功权承认与许志永一起策划、煽动了聚众扰乱公共场所秩序的违法犯罪活动，他对自己的行为表示深刻反省。北京市第一中级人民法院依法对王功权变更强制措施，予以取保候审。”2013年9月13日，北京市公安局公共交通安全保卫分局依法传唤涉嫌聚众扰乱公共场所秩序罪的犯罪嫌疑人王功权，2013年10月20日，王功权被正式批捕。

2014年1月24日23时许，吉林省梅河口市公安局民警在网络巡查时发现，某网友发布的多条微博称：“梅河口某医院昨天凌晨四点二十一分因H7N9有人死亡！年龄31岁，孩子还在妈妈的肚子里，参与抢救的医生已被感染……”给当地居民造成了极大恐慌，造成恶劣影响。1月28日，梅河口市公安局侦破了这起吉林省首例利用微博发布H7N9虚假网络信息案件，警方对当事人刘某处7日拘留，并处500元罚款。据25岁的刘某交代，发布虚假信息只是为了提升其微博的知名度。

2014年1月26日9时28分，北京市第一中级人民法院官方微博“@北京市第一中级人民法院”（UID：3820915614）发布消息：“2014年1月26日上午，北京市第一中级人民法院依法对被告人许志永聚众扰乱公共场所秩序案作出一审判决，认定许志永构成聚众扰乱公共场所秩序罪，依法判处许志永有期徒刑四年。”2014年1月27日，《环球时报》刊登《社评：许志永判4年，法律明确态度和尺度》，文章称，“北京一中院的一审判决依照现有法律做出，它展现了坚定、不后退的态度。这次判决并不涉及许志永的道德或人品，也不是对他所喊口号的定性，它就是关于法律边界在哪里，许志永越界到什么程度的一次权威裁定”。

二月

2014年2月9日上午，中央电视台《新闻直播间》《午间新闻》等节目滚动报道了央视记者暗访东莞色情业状况。当天下午，东莞市委、市政府迅速召开会议，统一部署全市查处行动。从下午开始，东莞共出动6525名警力对全市所有桑拿、沐足以及娱乐场所同时进行检查，并针对节目曝光的多处涉黄场所进行清查抓捕。与此同步伴随的，是微博上舆论唏嘘一片和不可思议、无厘头的“灰色狂欢”。当晚，微博草根大号“@作业本”（UID：314117444，已被依法注销）的戏谑段子“平安东莞!!! 天佑东莞!!! 东莞挺住!!! 东莞不哭!!!”被狂转超3万次，“@吴主任”的“东莞挺住，今夜我们都是东莞人!”也被转超过1万次。2月10号，“东莞”的微博热议度达到102万次，“东莞挺住”“东莞不哭”的微博热议度也累积达到30万次。2月13日，人民日报在发表的“钟新文”评论文章《是非界限岂能模糊》中说：“在价值多元、观念多变的转型期中国，固然不能在所有问题上都求得一致，但在一些基本价值上，必须有起码的共识。”“是非不分、黑白颠倒，只会导致价值错乱、逻辑谬误，最终行为失当、社会失序。”“多一点精神的亮光，多一些前行的正能量，我们会创造更光明的世界，拥有更美好的未来。”

2014 年 2 月 15 日，网友“@阿军”向湖北省人民检察院官方腾讯微博“@湖北省人民检察院”反映，孝感市孝南区肖港镇付山村近千亩良田被毁，开发商在未达成任何拆迁补偿协议的情况下强行挖掘农田。这条微博很快被转 700 多次，引发围观。“@湖北省人民检察院”迅速将此举报线索交办孝南区人民检察院，及时介入调查。3 月 19 日，孝南区检察院以涉嫌玩忽职守罪依法立案侦查孝南区国土资源局魏某等两人，以涉嫌非法占用农用地罪并案侦查开发商杨某。“事情解决了，村里人拿到了补偿款和青苗费。”3 月 27 日，网友“@阿军”私信“@湖北省人民检察院”说，检察机关的帮助，让数百农民看到了法律的公正。

2014 年 2 月 26 日 17 时 12 分，银川市委市政府官方微博“@微博银川”（UID：1898782627）公布了《银川市人民政府 2014 年为民办 10 件重点实事》进展情况通告：2014 年 4 月 1 日起，银川市实行 65 岁以上老年人办理免费乘车，并就老年人办理免费乘坐公交车卡事宜配发图文做出详情说明。

三月

2014 年 3 月 1 日 21 时 29 分，网友“@Beira 是易玲”（UID：2667660651）发微博说：“好可怕啊！昆明火车站有疯子乱砍人！流了好多的血哦。”21 时 31 分，“@黄 Y3 欣 - Dione”：“吓死了，昆明火车站发生砍人事件，好在刚好排完队，在餐厅吃饭，突然冲进一大堆人，然后看见一个穿着全身黑的，拿着两把长刀追着人砍，太恐怖，太猖狂了！”从昆明火车站内不同位置先后发出的这两条移动即时微博，迅速震惊了互联网，震惊了中外！这就是“3·1”昆明火车站暴恐案，当晚 5 名歹徒手持长刀冲进昆明火车站，砍杀无辜人群，造成 31 人遇难，141 人受伤。22 时 01 分，春城晚报官方微博“@春城晚报”（UID：1699258907）率先转发了“@黄 Y3 欣 - Dione”微博。7 分钟后，昆明电视台 K6 春城频道官方微博“@8099999”（UID：1910019822）进行了连贯性的即时报道——22 时 08 分：“现场有人员伤亡。10 多辆警车已赶赴现场紧急处置。”22 时 16 分：“这伙歹徒手持刀具、统一着装，现场已有多人受伤。大批民警赶到现场后，火车站内传来枪声，目前，永平路至火车站实行紧急交通管制。”22 时 32 分：“现场目击者称：已有多人被砍死砍伤，昆明火车站内特警正在全力抓捕歹徒，已有数名歹徒被击毙。目前，还不断有大批荷枪实弹的特警赶赴现场处置。”22 时 30 分，《人民日报》法人微博“@人民日报”迅速报道了这一事件，成为首个在此案中利用新媒体报道的中央媒体。

2014 年 3 月 2 日 10 时 28 分，中共昆明市委宣传部官方微博“@昆宣发布”（UID：1990226474）发布通报：《“3·01”昆明严重暴力恐怖事件系新疆分裂势力策划制造》。通稿全文：昆明“3·01”严重暴力恐怖案件发生后，省委书记秦光荣第一时间到达现场进行处置，要求迅速侦破案件，坚决打击暴力恐怖犯罪，全力抢救伤员，加强全省各地的反恐维稳工作。各级医疗部门正全力救治伤员；受伤人员家属、遇难者家属安抚工作有序开展。

2014 年 3 月 4 日，网友“@汉中良民”（UID：2486495992）发布了“网络直播自杀讨薪”微博后，众多热心网友纷纷劝慰并呼叫云南省昆明党务政务信息公开平台官方微博“@昆明发布”（UID：3816699409）关注。“@昆明发布”一方面通过与辖区富民县政府官方微博“@昆明富民发布”（UID：3848113644）的联动，及时联络当地派出所对网民进行安抚和劝慰，另一方面积极联系当地政府对网民反映的问题进行调查和处置，并指导网民通过法律渠道解决问题，成功阻止了悲剧的发生。

2014 年 3 月 4 日 18 时 53 分，凭借《神探亨特张》斩获第 15 届上海国际电影节最佳导演“金爵奖”的内地导演高群书，通过微博透露，其 2 月 24 微博讨薪一事已解决，并表达“谢谢相识和不相识的各路朋友。谢谢微博。给大家添麻烦啦。鞠躬”。2 月 24 日，导演高群书在其个人实名认证微博“@他回精神病院了”（UID：1490372962）声讨，“已经两年多了，屡次催促，屡次答应付钱，但至今不付，真希望我昭告天下吗?”2 月 28 日更直接“点名”欠薪方为《神探亨特张》出品方之一北京缘鑫国际文化传媒有限公司董事长、该片制片人赵广忻，拖欠其导演酬金尾款以及主演张立宪全部酬金。

2014 年 3 月 6 日 14 时 44 分，公安部治安管理局暨打四黑除四害专项行动办公室官方微博“@公安部打四黑除四害”（UID：2328516855）发布通报《警方依法查处 45 名近日在网上造谣传谣者》。通报称，昆明“3.01”严重暴力恐怖事件发生后，广大网友严厉谴责犯罪分子，哀悼遇害者。但是，有个别人在网上编造、传播所谓“暴恐分子分成若干组，潜入某某城市实施暴恐舌动”，“多地发生暴恐活动，死伤多人”等谣言信息，故意制造恐慌情绪，扰乱社会秩序。公安机关现已查明王某、刘某等 45 人在互联网上通过微博、微信群、QQ 群、论坛和贴吧等编造、传播谣言信息的违法事实，并依法分别做出警告、拘留等治安处罚。通报称，3 月 3 日，浙江王某在其个人微博账号发帖称，“新疆暴徒现已在杭州市西湖区一带实行暴行，以致无辜群众 10 多人死亡，80 多人受伤”。3 月 3 日，四川徐某通过个人实名认证微博发帖称，“当日凌晨，三名少数民族口音的匪徒持六十厘米长刀在（成都）川音后巷砍杀路人，其中一名嫌疑人被民警当场抓获”。3 月 4 日，河南王某在贴吧发帖称，“昆明恐怖袭击中，唯一生还的砍人歹徒口供称，犯罪团伙今天下午 5 点分批行动，除昆明外，潜入大理、河南、丽江、保山、滕冲、楚雄、瑞丽、红河等地，请大家近期不要无故到人群密集的车站、饭馆、电影院或街上逗留，为了家人朋友的安全，为了自己的安全，请各位群发此信息互相转告通知”。公安机关经调查认定，以上信息均属谣言，依法对当事人处以行政拘留处罚。

2014 年 3 月 6 日 16 时 58 分，北京市公安局网络安全保卫总队官方微博“@首都网警”（UID：2388955087）对于某些网民在昆明暴恐事件中发表失实言论的微博，以截屏方式做出严厉警告。正文：“昆明暴恐事件后，接大量网友举报，个别公众人物发布罔顾事实、混淆黑白、伤害人民感情的言论，希望警方处理。对此，首都网警郑重提醒，作为公众人物，请为自己的言行负责，违反法律法规的，我们将依法处理！”此条微博被转发 31680 次，评论 3128 条。此次被警告的微博有：“@李承鹏”（UID：1189591617。后被依法注销）、“@罗昌平”（UID：1646068663）等。“@冯翔”（UID：1685909294）：“很震惊，很蹊跷，忽然就冲进来这一帮人连砍带杀，而且是对着平民去的。这是什么路数 。只好引用那名昆明记者的话，‘从来不告诉你到底发生了什么，只让你盲目地仇恨，莫名地恐惧，稀里糊涂地活，不明不白地死。’”“@程美信”（UID：1494861700）：“就是装逼也要学会给死去的杀人犯一个祈祷，必须承认他们始终是你的一家兄弟姐妹，没有人是天生杀人犯，承认社会的不完美和失败的地方。”“@作家－天佑”（UID：1567642010。已被依法注销）：“微博上一片对昆明砍人暴徒的喊杀之声，我很悲哀，这些人为什么要砍人？原因你们知道吗？个人觉得，强力维稳以暴制暴不是好办法，找到他们产生仇恨的根源，化解矛盾才是正路。”

2014 年 3 月 8 日 7 时 24 分，马来西亚航空公司官方网站公布马航 MH370 失联消息。一个小时不到，8 时 23 分，法新社的 Twitter 发布了这一条突发消息。仅仅过了几分钟，这条消息被国内各主流媒体法人微博纷纷刊发。在发布的时效性上，8 时 29 分，新浪新闻中心 24 小时播报全球资讯官方微博“@ 微天下”（UID：1893801487）率先发布；8 时 33 分、8 时 45 分、8 时 49 分，中央电视台新闻中心官方微博“@ 央视新闻”（UID：2656274875）、《人民日报》法人微博“@ 人民日报”（UID：2803301701）、新华社法人微博“@ 新华视点”（UID：1699432410）分别刊发了这一消息，而 CNN 的 Twitter 消息为 8 时 44 分，美联社 Twitter 则为 8 时 53 分，路透社更是姗姗来迟。国内主流媒体微博消息传递丝毫不输于欧美主流媒体速度。

2014 年 3 月 12 日 17 时许，山东省潍坊市奎文区一辆未悬挂号牌的白色比亚迪轿车逆行撞倒一名女学生后，又将对其进行拦截的交警撞飞并继续逃窜。13 日 23 时 40 分，潍坊市交警支队通过其官方微博“@ 潍坊交警”（UID：1219097704）发布了“破案线索征集令”以及路面监控拍下的案发过程视频和嫌疑车辆照片，动员全社会合力搜寻肇事车辆及驾驶员。潍坊市交警部门和社会各界联手，全城追击肇事逃逸的无牌比亚迪轿车。广大热心群众为交警部门提供了 100 余条破案线索，办案民警逐一进行了排查，缩小了侦查范围。14 日 17 时，民警根据举报线索赴高密将犯罪嫌疑人王某某抓获。15 日下午，犯罪嫌疑人王某某涉嫌以危险方法危害公共安全罪被刑事拘留。

2014 年 3 月 23 日 18 时 24 分，中央电视台新闻中心官方微博“@ 央视新闻”（UID：2656274875）发布预告称：“今晚 19：00，请锁定央视新闻频道。新闻联播结尾，有何惊喜？敬请期待，扩散周知！”以严肃权威著称的《新闻联播》会有什么惊喜，此举引起网友关注和热议。等到 19 时 30 分节目结束才发现，以往《新闻联播》结尾语都是“今天的新闻联播节目播送完了，感谢收看”，而当晚的《新闻联播》结束时，主持人海霞和康辉说，“今天节目的最后，让我们一起来感受春天的气息”，随后画面中出现了全国各地的春天美景。主持人还倡议：“让我们不负春光，一起去拥抱春天！”截至当日 21 时，“@ 央视新闻”预告“惊喜”的微博已经被转发近 7 万次，评论 4 万多条，创其传播数据的历史新高。

2014 年 3 月 23 日 20 时 48 分，福建网友“@ 江中飞龙”在微博上透露将于当日 22 时许，在闽侯县南屿镇后山村的家中开启煤气自杀。福建省福州市公安局和闽侯县公安局两地警方联动解救，连夜组织大量警力开展找寻工作。3 月 24 日凌晨 2 时许，当民警找到了这名网民时却发现，“@ 江中飞龙”正在床上酣睡，并无其在微博所披露的自杀事件。

2014 年 3 月 28 日 9 时 30 分，安徽省人民检察院官方微博“@ 安徽检察”（UID：5068742142）在正式上线后的第二条微博称：安徽省人民检察院直接立案侦查一起厅干渎职案，六安经济技术开发区管理委员会原主任周耀（副厅级），因涉嫌滥用职权、受贿犯罪，于 2014 年 3 月 25 日被安徽省人民检察院立案侦查。这条信息因及时通报省检办案动态，被网友称赞。

四月

2014 年 4 月 4 日上午 11 点 5 分，一段疑似自杀的微博在网上疯传。该微博发出后让网友牵肠挂肚，几个小时评论已经达到几百条。4 日 16 时 50 分许，江西省南昌市公安局网安支队官方微博“@ 南昌网警”（UID：5610795619。现更名为“@ 南昌网警巡查执法”）介入调查。然而，在微博发出 6 个多小时后，该网友删除了相关自杀微博内容并自称“账号被盗”。

2014 年 4 月 7 日 21 时许，山西郓城一男子因与妻子产生感情纠纷，携子离家并在其个人微博留言欲喝农药自杀，其好友看到后迅速报警。经过 3 个小时的营救，警方成功救下该男子和孩子。

2014 年 4 月 9 日，网友“@ 大头妹小鸣鸣”发微博并“@”最高人民法院官方微博“@ 最高人民法院”（UID：3908755088）称，一与其发生纠纷且态度蛮横的女子声称自己是法院的人，身份证住址是北京市东交民巷 27 号（该地址为最高人民法院所在地）。该微博在网上被多次转发并引起社会高度关注。4 月 11 日零点 33 分，“@ 最高人民法院”微博回应称，得知此事后“我院对此高度重视，立即予以调查。经对‘@ 大头妹小鸣鸣’微博提供的涉事女子照片及各种信息比对，我院工作人员中，没有该名女子”。

2014 年 4 月 11 日上午 9 时，备受关注的网络红人秦志晖（网名“@ 秦火火”）诽谤、寻衅滋事一案在北京市朝阳区人民法院依法公开开庭审理。秦志晖当庭表示自愿认罪，案件将择期宣判。该案是 2013 年全国公安机关集中开展打击网络有组织制造、传播谣言等违法犯罪行动和最高人民法院、最高人民检察院出台《关于办理利用信息网络实施诽谤等刑事案件适用法律若干问题的解释》以来，第一起依法公开审理的典型案件。当天，北京法院网官方微博“@ 京法网事”（UID：3508612897）对此“打击网络谣言第一案”进行了全程微博图文直播。23 时 35 分，《人民日报》法人微博“@ 人民日报”（UID：2803301701）在“你好，明天”话题专栏发表评论：“‘秦火火’今日受审，最后陈述不忘‘感谢微博’。的确，上线近五年，微博改变中国。140 字，让表达更通畅、权力更透明，却也带来鱼龙混杂、谣诼流布。懂得感谢，就应懂得珍惜：140 字太短，言说易，尽责难。公共平台来之不易，理性发声，恪守底线，这是法治要求，更是公民责任。晚安。”

2014 年 4 月 11 日上午 9 时 21 分，北京法院网官方微博“@ 京法网事”（UID：3508612897）发布通告：许志永聚众扰乱公共场所秩序案二审宣判。通告称，“北京市高级人民法院对许志永聚众扰乱公共场所秩序案作出终审裁定。北京高院经审理认为，一审判决认定的事实清楚，证据确实充分，定罪准确，量刑适当，审判程序合法。故依法裁定驳回许志永的上诉，维持原判”。

2014 年 4 月 15 日 19 时 36 分，在第一次微博实名举报时隔九个月后，时任新华社《经济参考报》首席记者王文志再次通过微博实名举报时任华润集团董事长宋林“包养情妇，并涉嫌贪腐”。这次举报微博“图文并茂”，瞬间成为网上热点，包括新华社等官方媒体，也发文报道了该事件。微博称：“尊敬的中纪委领导：我在去年 7 月 17 日曾实名举报副部级官员、华润集团董事长宋林在华润收购山西金业资产过程中存在严重的渎职行为，造成巨额国有资产流失。出于对中央和中纪委的信任，今天我依然再次以公民的身份实名举报宋林包养情妇并涉嫌贪腐，具体见长微博和照片。中华人民共和国公民王文志。”该举报长微博当晚被删除。16 日上午，宋林在华润集团官网发布个人声明称“举报内容纯属捏造和恶意中伤”。

2014 年 4 月 17 日 18 时 30 分，原中央纪委监察部官方网站公布，华润集团董事长、党委书记宋林涉嫌严重违纪违法，目前正接受组织调查。约 2 个小时后，宋林此前在华润集团官方网站上发表的“个人声明”被删除。华润集团随即发布公告称，“公司将全力配合调查工作，并努力确保各项业务正常开展”。早前，时任新华社《经济参考报》首席记者“@ 王文志”（UID：1564671237）曾两次通过其个人微博实名举报时任华润集团董事长宋林。从王文志第二次实名举报到宋林信誓旦旦地官网“辟谣”，仅隔短短一夜；再从“辟谣”到中纪委宣布调查，不足24小时。事态在36小时内发生着戏剧性的变化，互联网舆论一片哗然。

2014年4月17日，全球中文社交媒体第一股登陆纳斯达克，微博（Nasdaq：WB）上市，微博董事长曹国伟、CEO王高飞等微博高管与姚晨、王力宏等微博用户代表一起，携手敲响纳斯达克开市钟。22时14分，《人民日报》法人微博“@人民日报”（UID：2803301701）评论说，“从2009年到今天，5年，140字，微博改变了中国，也改变了你我的生活”。22时15分，网友“@王冉”（UID：1197890497）说，“在此刻，我们必须承认一个基本的事实——一个有微博的中国还是要比一个没有微博的中国美好许多”。22时32分，网友“@互联网信徒王冠雄”（UID：1656818114）评论说，“微博，是迄今为止对中国社会变革影响最深远的互联网产品，没有之一”。

2014年4月17日，贵阳一女子在八鸽岩路黔灵巷菜场买菜时被盗500元后报警，当日上午10时许，北京路派出所民警将小偷作案的视频截图发到微博上，称其为“微博通缉令”，希望广大网民提供破案线索。微博发出后不久，就有市民向派出所提供线索并迅速破案。办案民警在接受媒体采访时称，“这样的办案方式以后要多采用，让全体市民都参与到打击犯罪的活动中来”。

2014年4月20日14时16分，网友“@洛宇铭春”（UID：1750715824）向北京市朝阳区人民法院官方微博“@北京朝阳法院”（UID：3957042973）反映称，有人冒充“@爸爸去哪儿”“@湖南卫视”“@北京朝阳法院”进行诈骗，诈骗人先会发短信，收到此短信后，“进入页面会让你填写资料，让你先交5200运费险，你要是没有缴纳，他直接打电话过来，号码是15510620304，并发短信过来恐吓说已经被起诉，还有一个客服电话是400－855－9927”。4月21日，“@北京朝阳法院”在与网友公开互动中发布，“特此声明并郑重提示：请广大网友勿轻信此类诈骗信息，警惕个人信息泄露风险，必要时依法向公安机关报案”。

2014年4月20日，基金会中心网发布《芦山地震一周年捐款流向调查报告》，报告中显示壹基金为雅安地震募集款物最多，总额38552万元，已拨付款物4701万元。4月22日，中国知名时政思想评论类网站官方微博“@四月网”（UID：2001369965）公开质疑壹基金筹得的3亿多元捐款去向不明。

2014年4月21日，北京市海淀区人民法院决定受理崔永元提起的反诉，与方是民提起的本诉合并审理。2014年1月21日，北京市海淀区人民法院受理了方是民（笔名方舟子）诉崔永元名誉权纠纷一案。审理过程中，崔永元以方是民发表的微博言论亦侵犯其名誉权，与本诉具有牵连关系为由，在举证期限内向海淀法院提起反诉。崔永元提起反诉称，其与方是民之间的网络论战肇因于双方对转基因食品安全性问题的观点迥异，而论战系方是民恶意挑起事端，对崔永元进行语言攻击。

2014年4月21日晚，网友何雷在微博发文称自己患有抑郁症且“去意已决”，之后便静默“失踪”。著名主持人崔永元在得知此消息后也参与微博劝导喊话：“人这一辈子没啥大事儿，是我们把它想大了，咱们一起让大事儿变小。”次日上午9时许，崔永元微博更新消息称，“这个臭小子联系我了，我来收拾他”。

2014年4月21日，腾讯网友“@栀子花”向湖北省人民检察院检察官袁明的个人官方微博“@检察官阿明”求助称，2013年7月，因一起经济纠纷，她与前夫被起诉至法院。法院判决，这起经济纠纷债务不属于夫妻共同债务，由“@栀子花”的前夫偿还，“@栀子花”不承担连带责任。可是判决后，“@栀子花”名下被查封的两套房产却一直没有被解封。收到“@栀子花”的求助后，袁明引导她到所在地检察院反映情况。经依法监督，“@栀子花”的房产顺利解封。

2014 年 4 月 24 日上午 10 时整，北京市朝阳区人民法院官方微博“@北京朝阳法院”（UID：3957042973）发布：“夏萨沙：张燕与你名誉权一案判决于 2013 年 10 月 9 日生效，确定你应履行刊登致歉声明、支付精神损失赔偿等各类款项六万余元的义务。因你未履行，张燕申请强制执行，我院于 2014 年 1 月立案，并多次向你发出执行通知。现要求你立即履行判决，并于 2014 年 5 月 8 日 9 时到我院执行局 2012 室谈话，报告履行情况。@港怂萨沙。”此条微博缘起于演员张馨予诉夏萨沙名誉侵权一案判决生效后，夏萨沙始终未履行判决，且在法院发出执行通知后仍不履行判决确定的义务。于是，北京市朝阳区人民法院通过其官方微博“@北京朝阳法院”，利用“@”呼叫功能，在线传唤被执行人夏萨沙的个人微博“@港怂萨沙”（UID：1683077013）。这是北京市法院首次利用官方微博传唤案件当事人。

2014 年 4 月 25 日，浙江省绍兴市中级人民法院开庭审理一起商标侵权案，审判过程通过其官方微博“@绍兴法院”（UID：3917008151）进行微博直播。该案中，绍兴女儿红酿酒公司诉浙江塔牌绍兴酒公司生产的“绍女红”系列黄酒，认为其“绍女红”不论是字体还是字的含义，均与自己的“女儿红”商标近似，而且“绍女红”字体旁边还醒目地注明了“九九窖藏、女儿陈酿”字样，容易误导公众。为了验证“公众误判”的实际侵权效果，在庭审过程中，9 时 37 分，“@绍兴法院”发起微博在线投票：您在购买黄酒是否会将“绍女红”混淆为“女儿红”？邀请网友就两个商标是否会混淆进行在线投票，并将网友意见作为审判依据之一。在线投票结果显示，35 位网友参与，6 人（票）选择“会”，29 人（票）选择“不会”。

2014 年 4 月 30 日，曾经通过写诗“微博讨薪”的农民工刘仲凡（即 2011 年 12 月 9 日“微博讨薪第一人”“@讨薪寒”），通过法院强制执行，终于拿到了自己被拖欠的共计 13057 元工资。从 2011 年 9 月 20 日开始讨薪，到 2014 年 4 月 16 日法院强制执行拿到欠薪，他一共走了 8 个程序，出庭 20 余次，历经 939 天。当法院将一万多元工钱送达刘仲凡手中时，他流下了眼泪：“虽然钱不多，但这是血汗钱，不拿到这笔钱心里过不去。我就是想讨个说法！”

五月

2014 年 5 月 2 日夜晚，网友“@平凡之虎”（UID：2392506614）发微博称：“4 月 21 日中午，江西资溪县的几位领导，在资溪县财政局食堂，为新上任的林业局局长周文斌庆贺，一餐吃喝上万元后，最后把周文斌活活醉死，前日火化。资溪县政府巨资安抚死者家属并封锁消息。”对此，死者家属和资溪县委宣传部均称“非常荒唐”，周文斌是在自家楼下不慎摔到头部不治身亡的；资溪县财政局也并没有食堂；网帖曝周文斌去世后家属向县政府要求高额的赔偿金，其家属称，在丈夫死后，他们一家人从来没有向政府要求过什么，甚至周文斌的安葬费都是家里垫付的。对于网友“@平凡之虎”在网上发表的言论，她认为此帖给她家人及亲属造成极大的伤害，她将通过法律途径追究发帖人的法律责任。

2014 年 5 月 3 日 0 时 35 分，网友“@奋斗 ing×××”私信共青团四川省成都市委员会官方微博“@成都共青团”（UID：2044263792）咨询有关大学生创业政策。“@成都共青团”从5月3日0时53分至5月4日13时25分耐心互动，解答回复，并告之其相关咨询电话。该网友于5月4日19时53分发微博感慨称：“在我完全茫然不知所措的时候，抱着试一试的心态给‘@成都共青团’发了私信。第一时间收到了回复，还给了我相关部门的电话。我觉得中国的每个政府机构部门微博都应该向‘@成都共青团’学习。真正的立党为公、执政为民，全心全意为人民服务！生活了21年，第一次感受到国家对于我的关怀……激动的啊!”

2014年5月5日零时02分，最高人民法院审判委员会专职委员、执行局局长刘贵祥利用其个人官方微博“@最高人民法院执行局刘贵祥”（UID：3986510819。2014年5月7日起，该微博变更为“@最高人民法院执行局”官方微博)，在互动评论中回复了网友“@李楚一”（UID：1254460637）举报，获网友点赞。2014年4月8日11时22分，“@李楚一”在其微博转载发布“沈阳退伍军人举报辽宁高院法官干预案件”消息。据此则举报微博称，沈阳退伍军人吕文军1999年因车祸致五级伤残，肇事司机承担100%责任，法院判决肇事司机赔偿18万元。但是辽宁省高级人民法院执行局某法官涉嫌“多次为车主疏通关系”，至今吕文军也没有要回这笔赔偿款。5月5日凌晨零时02分，最高人民法院执行局刘贵祥回复该条微博称：“你可以给我寄份具体材料，包括法律文书等，说明详细情况。信封表明微博字样。”5月5日11时10分，“@李楚一”再互动回复，“刚刚看到您的回复，没想到您真给我回了，很意外但值得表扬，人民法官人民公仆就应该如此。但我并非案件当事人，我只是无意中看到了这篇微博，觉得当事人可怜，便转发了。不过既然局长都关注了，我负责联系当事人，然后将材料寄到您手中”。

2014年5月5日20时23分，北京市海淀区人民法院官方微博“@北京海淀法院”（UID：3927469685）发布案件播报，海淀法院一审审结了原告刘菊花诉被告孙海峰、北京微梦创科网络技术有限公司名誉权纠纷一案，判令孙海峰删除侵权微博、向刘菊花公开赔礼道歉、赔偿精神损害抚慰金1万元及诉讼合理支出11555元。

2014年5月9日上午11时50分左右，西安市北大街与西七路口的人行道上，一名卖菠萝的女商贩被一名过路男子夺刀捅伤，路过的几名群众随后将逃跑到后宰门西口的男子制伏，但过程中男子又自残捅伤自己。事态迅速上网。从13时许开始，网上又传出了同一地点“6人被砍”“7人被砍”甚至“多人被砍”的“恐怖信息”，致多人信以为真，纷纷转发。15时46分，陕西省西安市公安局官方微博“@西安公安”（UID：1903747781）发布辟谣信息：“网传北大街7人被砍系谣言。中午，我市北大街和平电影院门前发生一起伤害致死案件，致一人死亡，行凶者逃跑中持刀自残。莲湖警方已立案调查。网传‘7人被砍’系谣言。警方将依法对造谣、传谣者予以查处。”网络舆论逐渐平复。

2014年5月13日，山东省济宁市兖州公安局官方微博“@兖州公安”（UID：2093092061）发布《案件警示》称，5月4日，兖州公安局网安大队将侮辱警察的违法行为人曹某某依法行政拘留，并辅以长微博作案情说明：“4月28日16时许，违法行为人曹某某在中御桥北路违法停车，被交警大队下发《违法停车告知单》。曹某某用网名‘兖州存哥’在百度‘兖州吧’发帖称‘车刚停那里，就被贴条了，兖州交警真孬种’，公然对人民警察进行侮辱，造成了恶劣的社会影响。目前，违法行为人曹某某已被依法行政拘留5日。”这则微博发布后，短时间内引发网友围观，“@兖州公安”当天将其删除。5月14日22时左右，“@兖州公安”对13日事件进行回应：“感谢新闻媒体和广大网友对5月13日‘@兖州公安’发布的‘案件警示’的关注。经复查，认为对当事人行政拘留处罚不当，决定撤销该行政处罚决定，向当事人赔礼道歉，并对有关责任人进行问责。欢迎新闻媒体和网友继续监督支持。”

2014 年 5 月 14 日 22 时 59 分，山东省济宁市兖州公安局不当处罚事件当事人“兖州存哥”在“兖州吧”发帖称，兖州公安机关于当晚向其送达了撤销处罚的决定书，向其赔礼道歉和赔偿，谢谢广大网友对他的支持，也佩服兖州公安局知错就改的勇气，他以后也要遵章守法，做一个好公民。5 月 16 日，《羊城晚报》发表评论文章《兖州警方道歉无损执法权威》指出，“面对这样的状况，越是死不认错，兖州公安乃至整个公安的形象创面就越大，伤害就越难补救；唯有诚恳认错，才能得到人们的谅解”。

2014 年 5 月 16 日，有媒体曝出“演员黄海波因涉嫌嫖娼被警方拘留”后，网友目瞪口呆，纷纷表示“不信媒体信警方”，进而涌向北京市公安局官方微博“@平安北京”（UID：1288915263）求证。18 时 56 分，“@平安北京”证实演员黄海波因嫖娼被行政拘留，确认了当天这一惊动娱乐圈的消息。“@平安北京”在微博中说：“有媒体询问‘演员黄海波因嫖娼被拘留’是否属实，经了解：5 月 15 日 18 时许，北京警方根据群众举报，在北京工大建国饭店将正在嫖娼的黄海波（男，38 岁，演员）当场抓获。经审查，黄海波对嫖娼违法事实供认不讳。今日，黄海波已被北京警方依法行政拘留。”

2014 年 5 月 21 日 11 时 31 分，在云南省公示 2014 年度公务员录用考试笔试成绩后，网友“@冰山筱太阳”（UID：1870500564）微博爆料并质疑称，在成绩单中“西山区地税局”的岗位共有 23 名考生报考，但只有一个 125. 5 分的第一名成绩，其他 22 人成绩均显示为零分，“求围观，求核实!”。此微博旋即被“@环球时报”“@新京报”“@财经网”等大量媒体法人微博转评，网友唏嘘，舆论升温。14 时 20 分，云南省昆明党务政务信息公开平台官方微博“@昆明发布”（UID：3816699409）介入，在线指令昆明市西山区政府官方微博“@昆明市西山区发布”（UID：3846489597）、原昆明市地方税务局官方微博“@昆明地税”：“请调查核实情况，并尽快回复网友!”“@昆明市西山区发布”即时响应回复“此次考试为省级公务员考试，相关解释工作由涉考部门负责”。同时，云南省人社厅政策研究宣传处一名负责人表示，已经了解到网友反映的情况。目前，云南省公务员局对此正在调查，将尽早向社会公布调查结果。6 月 11 日，云南省公务员考试录用专题信息网发布调查处理结果：“该事件系考生恶意注册报名信息，扰乱报名和考试秩序，目前该考生已被取消本次考试资格、终身禁考。”

2014 年 5 月 22 日，时任中国外交部发言人洪磊就西班牙电视五台播出涉嫌编造辱华类语言节目表示，“有关节目有悖新闻媒体的社会责任和职业操守，中方要求有关电视台正视自身错误，避免再次发生类似事件。西班牙有关电视台一而再、再而三地播放辱华节目，哗众取宠，恶意中伤，有悖新闻媒体的社会责任和职业操守”。迫于中国微博舆论压力，当天，西班牙驻中国大使馆通过其官方微博“@西班牙驻华大使馆官方微博”（UID：2839805303）就此事件发表正式声明做出回应。

2014 年 5 月 22 日，西班牙驻中国大使馆就 2013 年 12 月至 2014 年 4 月期间，西班牙电视五台在一档轻喜剧中多次播出涉嫌编造辱华类语言节目，并由此引发旅西华人和中国网络舆论谴责事件，通过其官方微博“@西班牙驻华大使馆官方微博”（UID：2839805303）发表正式声明《关于在西班牙播出的虚构电视节目的公告》。公告称，“一家独立的西班牙私营电视台播出了系列节目，该节目所虚构的内容令旅西华人感到困扰和不满，西班牙驻华使馆对此深表遗憾。节目中人物所表达的看法完全不能代表西班牙社会对在西华人的态度，由于华人对西班牙所作出的贡献一直得到高度评价。”当日22时19分，《人民日报》法人微博“@人民日报”（UID：2803301701）发表《人民微评：碎了一地的节操》：“‘华人与狗不得入内’，已是刺痛中国伤疤的丑陋符号，它的下流与荒谬无需再阐释。旧事重提，实属不怀好意。站在侵略者一边，就是与邪恶为伍；伤害他国国民情感，毫无是非观可言。从污蔑华人吃人肉，再到频现辱华言论，西班牙电视五台的新闻伦理与基本节操在哪里？”

2014年5月23日，最高人民法院官方微博“@最高人民法院”（UID：3908755088）与黑龙江省高级人民法院官方微博“@黑龙江省高级人民法院”（UID：3910972402）同步直播了黑龙江省鸡西市鸡冠区人民法院执行法官刘成的一天执行工作。通过微博的真实记录，网友们看到了法官刘成不怕难、不畏险，始终坚持着执法办案的基本原则和底线，努力公正高效执行着每一起案件，穷尽执行措施，最大化维护当事人的合法权益。

2014年5月28日19时许，湖南省长沙市中级人民法院执行局官方微博“@长沙法院执行局”（UID：5074711156）发出了一条对“疯狂英语”李阳的“喊话”，要求其所担任法人代表的湖南理想飞扬教育发展有限公司立即履行裁决，支付申请人工资等费用。5月30日16时03分，“@长沙法院执行局”微博公示：湖南理想飞扬教育发展有限公司与杨健、魏锴劳动争议二案，被执行人湖南理想飞扬教育发展有限公司已将执行款全部打入长沙市芙蓉区法院指定账户。

六月

2014年6月1日21时50时许，长沙铁路公安处官方微博“@长沙铁路公安处”（UID：3174088123）值班民警收到网友“@Sam大头鱼”私信：“请救救我，我是广东人，被骗到娄底被迫加入传销组织，目前所有证件被扣，人身自由被限制！短信报警没有回应。窝点以前在涟滨街XXX号后面楼梯直上三楼，由于会串寝，具体位置不明，经常出没的地方是XX公园，希望能得到你们的帮助！”私信后面还附有几张从窗户往外拍的照片。民警一边通过微博联系该网友，一边将情况反映至娄底警方。8个小时后，当日凌晨1时许，该网友及另外5名受困人员被解救出来。

2014年6月3日，彭祥林等志愿者在东洞庭湖保护区发现一处垃圾场离河面不到100米，就把情况写入个人微博，并“@”岳阳市政府网站官方微博“@岳阳市政府门户网站”（UID：1925992111）。没想到等来的官方微博回应却是：“烧不得，埋不得，堆到原博和你这个环保绿茶婊家去吧！”该官方微博迅速被舆论追讨，并最终公开道歉。

2014年6月6日15时57分，河南省洛阳市互联网宣传官方微博“@微博洛阳”（UID：2115262352）发布了一则被网友誉为“舌尖体”的微博：“近日，洛阳市洛宁县迎来了甜杏的大丰收。这种咬一口唇齿留香的果子从嫁接到成熟需要3年的漫长等待，可想而知果农要流多少汗水才能不辜负这大自然的馈赠。如今，11.2万斤的甜杏熟了，可是却苦无销路，作为吃货的你忍心让它们烂在地里吗？快来把它们带走吧！”微博一经发出，即有不少网友“求路线、求组团”，3天内帮当地农民卖出5万多斤杏子。

2014年6月7日中午，曾经在微博爱心动员、央视跟进报道的河南郑州“全城吃面”爱心救助的主人公、43岁的李刚因病情恶化走到了生命的尽头。在救助期间，李刚的故事超越了“一城”范围，北至黑龙江，南到海南，微博网友们纷纷留言，请郑州市民替他们多吃几碗面。李刚去世的消息传出后，微博上无数网友为他点燃了蜡烛表示哀悼。一位网友说："他走了！带着一座城的爱，带着人间的真情，愿他安息！"7日下午，按照李刚捐献眼角膜的遗愿，河南省眼库的工作人员将他的眼角膜摘取，李刚将光明传递给了需要的人。"李刚的去世是有尊严的，他得到了别人的帮助，现在又用生命仅存的力量帮助别人，我们敬重他。"爱心人士魏晓军说。一位网友说："献出眼角膜，李刚的生命能够以另一种形式得以延续……愿一路走好。""全城吃面"被舆论誉为"有尊严的民间慈善样本"。

2014年6月9日17时17分，安徽省天长市公安局郑集派出所接到110的指令：据滁州市公安局通报，6月6日19时30分，户籍为天长市郑集镇长安村的女青年小王，在其微博上发布照片，显示其割腕自杀，现场场景有大量血迹。在民警一路辗转找到几经搬家的小王姑娘后，据其陈述，她确实在微博上发过照片，但并非要割腕自杀，而是她在切菜时不小心手腕受伤流血，并没有生命危险，只是出于娱乐的心理，将自己流血的手腕摆弄成割腕自杀的样子后，拍照并上传到了自己的微博，为的只是获得点击率，好玩！

2014年6月13日，北京市海淀区人民法院一审审结方舟子诉电视主持人王牧笛侵犯名誉权案。法院认定，王牧笛自2013年7月14日起先后发表的数十篇微博中的部分微博构成侵权，判令王牧笛停止侵权、删除相关微博、赔礼道歉及赔偿方是民精神损害抚慰金1万元及维权费用17100元；微梦创科公司配合删除侵权微博。法院认为，"相比正式场合的言论，微博上的言论随意性更强，主观色彩更加浓厚，调侃、讽刺、揶揄的表达更为常见。但言论自由是相对的，微博环境下言论自由的行使，也应以不得侵犯其他人的合法权利为限。公众人物对于批评和指责应有一定的宽容度量，但如相关言论超出必要范围，超出公众人物的容忍限度而损害了公众人物的人格尊严，则言论人仍应承担侵权责任"。

2014年6月23日凌晨5时55分，山东省临沂市费县公安局接到市公安局指市局指挥中心指令：在河南发往日照的2150次列车上，有微博网友"@尹宁武大"反映疑似拐卖婴儿，相关人员已被费县火车站派出所民警控制，因火车站派出所受警力等条件限制，请费县公安局速派人员前往配合工作。费县公安局接到指令后，迅速派刑警大队民警赶往火车站派出所，会同火车站派出所民警将6名相关人员（1男5女）现场抓获归案。经审讯，保某、阿某对犯罪事实供认不讳，被刑事拘留；3名孕妇已被采取监视居住措施。对于被贩卖女婴，已送社会福利机构暂时代养，待查明其亲生父母后予以送回。

2014年6月24日11时37分，银川市发改委官方微博"@银川发改委"（UID：2121707467）发布了《关于供热分户控制改造费用标准的公示公告》。公告称，为改善老旧小区供热质量，规范分户改造收费，银川市供热物业协会委托专业机构测算分户改造平均成本为52元/㎡，拟由改造企业和住户各承担26元/㎡。现面向社会征求改造企业和住户上述费用及分摊比例的意见，截止时间为2014年6月30日。

2014年6月25日，中国企业家陈光标在纽约中央公园船屋（Boathouse）免费宴请美国流浪汉。在午宴现场，中国全球合作基金会（China Foundation for Global Partnership，CFGP）主席唐纳修（Patrick Donohue）向陈光标颁发证书，授予其"世界首善"的荣誉称号。该证书上用英文写着该机构名称，下边有一行小字"在联合国支持下"，中文写道："联合国授予中国道德模范中国首善陈光标先生为世界和平形象大使及世界首善荣誉称号。"但证书上联合国的英文名称却被写成"United Nation"。7月7日深夜，联合国官方微博"@联合国"（UID：1709157165）对此做出轻松回应："科普一下，'联合国'的英文名称应该是

‘United Nations’，而不是‘United Nation’。”由此委婉说明“世界首善”证书并非“联合国授予”。

七月

2014年7月1日，联合国官方中文微博“@联合国”（UID：1709157165）发布了“催缴”会费的消息，暗示身为联合国五大常任理事国的美国尚未交清2014年的会费。联合国官方微博称，联合国五个常任理事国的中、俄、英、法等国以及“缴费大户”德、日等国均已交齐会费。根据附上的“缴费名单”，可以看到，联合国193个会员国中有100个国家已经全部缴纳2014年的会费。

2014年7月7日，浙江宁波一名男子因私卖女友汽车为其母治病，在无力还钱后，该网友发布多条微博，称要在当天上午十点前结束自己的生命，同时“@”宁波电视台看看看官方微博及多家媒体。看到微博后，宁波电视台工作人员立即私信该名网友，并询问到手机号码。在电视台工作人员报警后，民警找到了这名要自杀的网友，所幸该男子还未做出冲动的行为。

2014年7月7日晚，时微博名人“@李承鹏”（UID：1189591617）被取缔注销“封号”。7月8日，《环球时报》发表“单仁平”评论员文章《李承鹏微博被销号 早晚注定发生》。文章称，“李承鹏模式”在中国不可能无限地走下去，当它突破了底线时终将受到制约，这已是越来越清晰的现实轮廓。文章指出，在一些激进自由派当中，似有一个不切实际的指望：中国制度将出现颠覆性变化，甚至崩溃。他们大概认为在中国搞政治对抗是“有前途的事业”，相信西方力量终将获得普世性胜利。一些人对站到主流社会的对立面毫不在意，乃至主动向体制“挑衅”，就是这个原因。文章认为，现在的问题是，激进自由派必须有底线意识，他们需要恢复已经失去或者麻木了的敬畏感。在大而复杂的中国，边界意识和对度的把握对任何人和力量都十分重要，激进自由派人士无论有什么政治信仰，他们必须首先遵纪守法。文章犀利指出，“搞民主”不是一张护身符，违反了法律和规定后都能豁免。如履薄冰的意识，什么人都应该有一些。一些官员权倾一时就忘乎所以，到头来栽了跟头。激进自由派获得话语权后，也不能滥用自己的权力，否则也一定会遭遇相应的挫折。

2014年7月11日，微博简介为“中国书画学会副主席”的江先生在其实名认证的微博里写道，自己荣获由联合国秘书处授予的“百年文艺巨匠”终身荣誉称号，并被特聘为联合国国际文化传播中心副主席。微博中所附证书照片显示，左下角还有秘书长的韩语签字，落款为“联合国秘书处”。此微博一出，联合国官方微博“@联合国”（UID：1709157165）立刻通过微博予以否认，并表示将追责。

2014年7月16日晚，云南省公安厅经侦总队民警来广州，对广州市荔湾区人民医院皮肤科医生刘欣因两年前曾经发布的一条微博进行问询调查。2012年8月27日11时21分，当时还在广州市荔湾区妇幼保健院工作的刘欣曾经发出一条自认为只是“行医记录”的微博内容：“今天又一个因家长无知造成的病例：皮肤擦伤后用红汞+云南白药粉，表皮坏死、真皮层纤维增生，毁容基本确定！科普一下：伤口关键是清洗干净，利凡诺、碘伏均可，清洁后外用含凡士林的抗菌药膏涂敷，禁用一切粉剂外敷！在潮湿的环境中，伤口表皮化的速度（愈合速度）可达干燥时的两倍，且不易形成痂皮。”陪同云南警方前来的还有云南白药集团的工作人员。云南警方称，云南白药集团以其涉嫌造谣造成企业商业名誉受损为由，向当地警方报案。接受调查前后，刘欣分别发出一条微博，引发广泛关注。网友对云南警方和云南白药集团的做法表示质疑。全国人大代表、广东国鼎律师事务所主任朱列玉认为，云南警方接到报案，怀疑当事人存在犯罪事实，从而进行适当调查，这是合法行为；但是云南白药作为云南当地纳税大户企业，也不能将公安当“保安”，此种做法有损自己的品牌形象。

2014 年 7 月 17 日 10 时 52 分，湖北省武汉市公安局硚口区分局古田四路警务综合服务站官方微博“@古四警务站”（UID：3935354319）图文发布的一则寻人启事称，“今日一好心人在宗关立交桥下捡到一名男童送到古四站，男孩 2 岁左右，穿粉色背心和短裤，请小孩父母及认识小孩的人士迅速与我站联系”。此帖立即被网友关注并转发。武汉市公安局官方微博“@平安武汉”（UID：2418542712）、湖北省公安厅官方微博“@平安荆楚”（UID：1917433500。现已更名为“@湖北公安”）也先后加入传播协同。16 时 21 分，“@古四警务站”更新微博称“小男孩已经回家了”，“民警考虑到雨天男孩走不了多远，带着小孩在其走失位置寻找，途经菜场男孩十分激动，民警判断其家就在附近。进入菜场男孩找到母亲的菜摊。由于生意忙，母亲竟没发现小孩已溜出家门。男孩家人向民警表达了衷心感谢，表示今后无论再忙也要把孩子带好”。

2014 年 7 月 23 日上午 9 时 30 分，北京市海淀区人民法院公开开庭审理原告（反诉被告）方是民（笔名方舟子）与被告（反诉原告）崔永元名誉权纠纷一案，通过新浪网和腾讯网同名官方微博“@北京海淀法院”（UID：3927469685）对庭审情况进行了播报。

2014 年 7 月 23 日，时《足球》报记者赵震“@赵震 JAMES”（UID：1035933493）与网友“@辣笔小球”（UID：1658895001）因微博互动时发生口角，一路骂战升级而“约架”至山东济南“真人 PK”。23 日当天，二人持续互骂的微博动态消息显示，赵震已于 23 日乘机飞至济南。上午 10 时 14 分，山东省济南市公安局官方微博“@济南公安”（UID：1702549133）发布微博，并在线“@”二人发出严厉警告称，“我们不知道你们因何吵架并约架至济南，既然我们知道了，有必要劝你们几句。济南以泉水而闻名，泉寓意着宁静、安详和甜美，这也孕育着我们济南人忠厚、朴实的优良品格。我们不希望更不欢迎任何人打破这种宁静！无论是谁，在济南涉及到违法犯罪的，一视同仁，绝不姑息！”

2014 年 7 月 26 日，有网友发现，吉林省长春市公安局双阳区分局拘留所官方微博“@长春市公安局双阳区分局拘留所”在其发布的 30 余条微博中，有 13 条是广告营销信息，包含化妆品代购、高仿名牌包等广告。当地警方先是回应称“并没有该拘留所，该账号是假的”，后经长春警方证实，此拘留所官方微博曾经存在过，但早已在 2012 年 10 月份被撤销，撤销后微博账号“不知去向”。同时，据新浪微博认证部门证实，该账号于 2012 年 6 月曾出具过带有单位公章的申请认证函。7 月 26 日 20 时 04 分，长春市公安局双阳区分局官方微博“@长春市公安局双阳区分局”（UID：3498427764）发布情况说明：“长春市公安局双阳区分局拘留所 1997 年成立，2012 年 6 月开通政务微博，2012 年 10 月拘留所撤销，微博帐号没有及时注销，因疏于管理被盗用发布信息。下步我分局将加强对本级及所属单位政务微博的管理维护，并对盗用问题进行调查处理。衷心感谢媒体和网友的关注和批评！”

2014 年 7 月 27 日 15 时 18 分，有网友向湖南省湘潭市公安局官方微博“@湘潭公安”（UID：3424054302）举报称，他正在乘坐的 117 路公交车上有人在行窃，并附现场即时拍照图片。“@湘潭公安”微博值班人员立即与举报人在线互动，当获取犯罪嫌疑人在建设路口转车的信息后，立即指令线下处警。15 时 32 分，一大桥警务站按照 110 指令截停该车，并按值班员传输的图片现场识别，两名犯罪嫌疑人当场被控制并移交雨湖派出所。

2014年7月31日上午11时许，微博认证身份为“香港《南华早报》网站编辑”的网友“@王丰_ in_ the_ south”爆料称，“北京又来电。张皇阿玛儿子吸毒又被抓。这次可是成年人了吧”。此爆料一出，不少网友纷纷热议并猜测暗指演员张国立的儿子张默二次被抓，因为张国立曾在《宰相刘罗锅》等剧中饰演皇上，而此前张默也曾因吸食大麻被警方治安处罚。当日19时12分，北京市公安局官方微博“@平安北京”（UID：1288915263）发布通报确认，“根据群众举报，演员张某等因吸食毒品被公安机关查获”。此条微博内容迅速被媒体采用，并于随后登上全国多家电视台晚间新闻。

八月

2014年8月3日，云南鲁甸发生地震。16时30分，成都高新减灾研究所官方微博“@成都高新减灾研究所”（UID：2867810960）系统自动触发：“昆明提前59秒收到云南鲁甸16时30分11秒4.5级地震的预警信息，预计昆明烈度0.7度。此预警第1报信息于2014－08－03 16：30：18发出。”随后，同一发布端窗口时间（16：30），“@成都高新减灾研究所”每间隔2－10秒触发一次，连发5条，地震震级由首报的4.5级逐步升至4.8、5.2、5.9、6.0，地震烈度也由首报0.7度逐条攀升到1.2、1.6、2.6、2.8。最终经国家地震台网官方微博“@中国地震台网速报”（UID：1904228041）人工修正确认：2014年8月3日16时30分，在云南省昭通市鲁甸县（北纬27.1度，东经103.3度）发生6.5级地震，震源深度12千米，余震1335次。

2014年8月3日18时19分，鲁甸“8·03”地震发生后，云南省人民检察院官方腾讯微博“@云南省人民检察院”发出了一条寻人启事，“@郭福：你的情况怎样？你家就在震中附近。地震后手机一直是通的，但没有人接。你的情况如何？前段时间下大雨，你曾说你们村有遭遇滑坡地质灾害的可能，你们家房子的山坡都呈现裂缝了。今天6.5级地震发生后，你现在哪里？村里人平安么？”这条微博得到了6万多人次阅读，数百条跟帖转发。终于在次日凌晨1时，“@郭福”在灾区被找到。这位腾讯网友“@郭福”是在2012年底与“@云南省人民检察院”通过微博互动结识的，当时勤奋好学的他因为家境条件限制总是得借别人的手机上微博，后来被检察官知道“内幕”后自掏腰包送了他人生第一台手机。

2014年8月4日，在我国云南省“8·3鲁甸地震”发生后，联合国官方微博“@联合国”（UID：1709157165）一日连发2条微博对中国遭遇的灾难表达关切。北京时间4日凌晨3时35分的微博：“秘书长潘基文刚刚发表声明，对中国云南省地震所造成的生命损失以及房屋和基础设施破坏感到非常难过。他向中国政府和遇难者家属表示哀悼，向受伤者以及其他在这场灾难中受到影响的人表示深切慰问。潘基文表示，联合国随时准备提供援助，应对人道主义需求，并调动所需的国际支持。”4日中午12时57分：“秘书长潘基文8月3日发表声明，对中国云南省地震所造成的生命损失以及房屋和基础设施破坏感到非常难过。他向中国政府和遇难者家属表示哀悼，向受伤者以及其他在这场灾难中受到影响的人表示深切慰问。潘基文表示，联合国随时准备提供援助，应对人道主义需求。”

2014年8月4日下午，“盲人民谣歌手”周云蓬在路经成都市洗面桥巷时，一段盲道被栏杆占据，身边工作人员拍下现场照片后，“@周云蓬”（UID：1933324977）发了一条微博称，“成都洗面桥巷盲道需跨栏，请失明朋友们当心，没刘翔那两下子别上街”。但让周云蓬意外的是，成都市政府政务中心官方微博“@成都服务”（UID：3710857535）在了解到情况后，立即联系到相关责任单位责成整改。5 日上午 9 点多，栏杆被拆除，盲道恢复通畅。这段总共只有 14 个小时的经历，让周云蓬有了特殊的体验，在微博上连连表示“更爱成都了”。

2014 年 8 月 5 日，演员袁立通过其个人官方微博“@袁立”向北京天使妈妈慈善基金会官方微博“@天使妈妈基金会”发问，质疑官方公布的报表时间穿越、更新信息不及时、捐款数目变少，反问为何孩子已经出院还在募捐，并发微博请“天使妈妈”的理事邱启明关注质疑。随后邱启明和基金会针对质疑一一给予了回复。

2014 年 8 月 7 日 17 时 55 分，网友“@林小萍萍”在微博上倾诉，称其在海南省三亚市出入境管理支队办理签证时，因为“第一次办签证不懂，然后多问了几句，该工作人员直接骂我是傻子，骂了七八次”。微博引起众多网友关注。网友“@三亚美食店”在评论中说，“三亚市的良好风气需要三亚市民共同维护，强烈谴责这类欺负办证老百姓的人”。有过类似经历的网友“@－王霁川”说，“三亚出入境的前台态度真的很差，上次我去办理证件，前台的女工作人员真的让人气愤，根本不理人，上班时间不穿制服翘腿玩手机，严重影响政府部门形象”。当天下午，海南省三亚市公安局新闻办的工作人员获悉此情况后，迅速进行查证。次日立即召集当事双方进行沟通协调，对涉事民警当场批评教育并责成其向该网友诚恳道歉。8 月 8 日 13 时 09 分，网友“@林小萍萍”更新微博表示：“事情得到圆满处理，这个人也给我道歉了，出入境签证领导都很热情，说会给这个人处分，并努力改善他们的服务态度。我希望这次事情能让更多得平民百姓得到他们应有的服务和尊重。”

2014 年 8 月 8 日上午 9 时 30 分，上海市第一中级人民法院对英籍被告人汉弗莱、美籍被告人虞英曾涉嫌非法获取公民个人信息罪一案进行公开开庭审理，这也是我国警方破获的首起外国人在华注册公司开展非法调查的案件。当天，上海市第一中级人民法院官方微博“@上海一中院”（UID：3912155007）对此案庭审进行了微博直播。此前，有外媒称此案原定于 8 月 7 日不公开审理，但随后“@上海一中院”于 7 月中旬宣布，此案不仅公开审理并且微博直播。

2014 年 8 月 14 日上午 9 时，北京市朝阳区人民法院依法公开开庭审理了备受网络公众关注的北京尔玛天仙文化传播有限责任公司、北京尔玛互动营销策划有限公司，被告人杨秀宇（微博网名“@立二拆四”）、卢梅非法经营一案。17 时 54 分，审判长宣布休庭，本案将择日宣判。

2014 年 8 月 17 日，风靡美国的呼吁公众关注 AL3（Amyotrophic Lateral Sclerosis，肌萎缩侧索硬化症）的“冰桶挑战”游戏传至中国社交平台微博，吸引了超过 20 亿的微博点击量。新浪“@微公益”与北京瓷娃娃罕见病关爱中心官方微博“@瓷娃娃”借势发起了“一起‘冻’起来”微公益项目，以唤起社会对罕见病的关注，不足半个月获得善款近 1000 万元，达到该基金前一年接受社会捐款额的近 5 倍。2014 年 10 月，瓷娃娃罕见病关爱中心邀请社会各界人士参与善款使用的公开招投标活动。2014 年 11 月 27 日，北京东方丝雨渐冻人关爱中心在中国社会福利基金会支持下以中标资金举办了全国首届渐冻人病友大会。

2014 年 8 月 20 日上午，北京市海淀区人民法院对北京大学、梦桃源公司诉邹恒甫名誉权纠纷案做出宣判：被告邹恒甫未尽到对微博言论负有的注意义务，利用新浪微博平台发表针对梦桃源公司的诽谤、侮辱言论，使公众对梦桃源公司产生一定误解，足以造成梦桃源公司在此事上的社会评价降低，其行为已构成侵犯名誉权，故邹恒甫应就此承担停止侵权、删除侵权微博言论，消除影响、恢复名誉，赔礼道歉及赔偿损失的侵权责任。

2014 年 8 月 29 日 11 时 10 分，北京市海淀区人民法院官方微博“@北京海淀法院”（UID：3927469685）公布案件播报，因认为“我是歌手”官方微博上发布的漫画与自己的作品相同，侵犯了其依法享有的对作品的署名权、个性权、保护作品完整权、信息网络传播权，漫画作者丁某将湖南卫视和微博运营商微梦创科公司诉至法院，要求删除侵权微博，赔礼道歉、消除影响，并赔偿经济损失 30 余万元。北京市海淀区人民法院已受理此案。

2014 年 8 月 30 日 11 时 58 分，网友“@橙子 loveyou”发微博称，“如果我没看错，这是刘捷书记?”据其说明，当天她和朋友去爬毓秀山，竟然碰到了时任市委书记在捡垃圾。她还将这条微博“@”转给了当地多个政务及媒体官微。但是很快被舆论质疑这次“偶遇”是有计划的，因为从背景看，该网友发布的 7 张照片至少拍摄于不止一个地点或角度。9 月 2 日，《新京报》对此次“偶遇”舆论事件发表评论文章《怎样的“偶遇”官员才合情合理》。文章指出，刻意雕琢的“偶遇”，最大的特色莫过于场景不自然。要么很“严肃”，能让人读出附和者对权力的无限膜拜和向往；要么很“美观”，让人明显感觉到画面与所处现实环境的巨大落差。不是每位“领导”都时刻有“美容团队”和专业摄影师跟随左右，也不是每个“拍客”都有那么专业的设备和技术。哪怕一丝一毫的破绽，都很容易让人为策划的“偶遇”露出马脚，由一场“自我导演”的闹剧变成“自我毁灭”的悲剧。

九月

2014 年 9 月 3 日 12 时 57 分，广西壮族自治区大化县公安局网络安全保卫大队官方微博“@大化网警”（UID：3305565930）发布了一条令网友脸红心跳的微博，“吞精影响健康吗?有人认为一滴精，十滴血，损失精液，就会大伤元气，认为精子是男子身上的精华，其实，精液既不是什么含有高营养物质的补品，也绝非治妇女痨病的灵丹妙药。吃精液一般对身体没什么影响，但心理影响是不可忽视的”。微博发布端口显示为“皮皮时光机”，而配图更是露骨。网友惊呼，“警察就研究这个?”截至当日 14 时 30 分，该微博已被转发 622 次，评论 352 条。15 时许，“吞精”微博被删除。

2014 年 9 月 4 日零时 50 分许，“9・2”脱逃案件三名犯罪嫌疑人中的王大民在延寿县青川乡新胜村被民警擒获。35 分钟后，黑龙江省哈尔滨市公安局官方微博“@平安哈尔滨”（UID：1887683497）于 9 月 4 日凌晨 1 时 25 分以手机微博移动客户端及时发布了此一消息，极大地消解了区域性社会恐慌情绪。9 月 2 日早晨 6 时许，黑龙江省哈尔滨市延寿县公安局看守所 3 名在押犯罪嫌疑人将当班狱警段宝仁杀死并抢走手机后越狱逃跑。案发后哈尔滨市警方迅速下发协查通报，部署警力进行武装巡逻和搜捕，省厅悬赏 15 万追捕逃犯。

2014 年 9 月 5 日，网友“@刘郁闷兰州”发微博爆料称，上午 9 点 30 分左右，兰州文理学院正门口有摆摊设点迎接新生的学生队伍，兰州城管开着五六辆五十铃皮卡，不由分说哄抢学生摊点东西，学生上前劝阻理论，不料七八个城管逮住一名学生暴打起来。23 时 35 分，甘肃省教育厅官方微博“@甘肃省教育厅”（UID：2155653790）互动转评另一网友“@光明顶斗士”时回应，“已关注。据校方讲，该学生手机联系不上，希望没有受伤，平安无事”。并怒斥“在学校门口上演‘精武门’？看上去兰州城管个个武功卓绝，这样的‘人才’应该拉去对付分裂国家的坏人。无论摆摊设点的是大学生，还是社会人员，都应该劝说、批评、教育，动辄拳脚相加，敢问是谁赋予你们这样的特权？”

2014 年 9 月 5 日，广东省汕尾市中级人民法院对号称“广东人肉搜索第一案”的蔡晓青犯侮辱罪一案进行公开宣判，维持原一审以侮辱罪判处被告人蔡晓青有期徒刑一年的判决。2013 年 12 月 2 日，因怀疑顾客徐某偷了一件衣服，服装店主蔡晓青在微博上求人肉搜索，微博发出仅一个多小时，徐某的个人信息，包括姓名、所在学校、家庭住址和个人照片全部曝光，并且这些信息也被服装店主蔡某用微博发出。一时间，在网络上对徐某的各种批评甚至辱骂开始蔓延，也引起了很多徐某同校同学和社会上很多人对她的非议。两日后，徐某在陆丰市东海镇茫洋河投河自尽。

2014 年 9 月 6 日 10 时 01 分，在澳大利亚国立大学攻读博士学位的中国留学生雷希颖在其个人微博“@雷希颖”（UID：1634365454）发起了“我和国旗合个影”微博线上话题和线下活动——倡议书：身处澳土，心系中华！出国越久，“一个中国人，一份中国情，一颗中国心”的情愫愈发深沉……中秋将至，全球华人团结起来祈福中国！拍张与五星红旗的合影，写下对祖国的祝福，以#我和国旗合个影#为主题，用我们的微博传递一个声音：我爱你，中国！♥我是@雷希颖，我在堪培拉——此活动旋即引起全国网友的热烈响应，鲜艳的五星红旗在微博上飘荡。同时，这个网络与现实融合的爱国主义行动和情绪也快速传遍全国，形成强大的社会动员，各地群众争相与国旗合影，为祖国点赞，这已然与他们是不是网民、有没有微博、晒不晒活动没有直接关系。至 9 月 28 日 22 时，#我和国旗合个影#微博话题阅读量突破 1.9 亿次、讨论跟帖 12.5 万条。

2014 年 9 月 6 日 11 时 17 分，《人民日报》法人微博“@人民日报”（UID：2803301701）创设话题#兰州城管暴打大学生#对该事件进行报道。9 月 6 日 17 时 23 分，兰州市城管执法局就“城管群殴打人”事件做出回应：“对城关区执法局参与此次执法活动的 4 名执法人员停职，并进行组织调查，同时承诺：如网曝情况属实，将对相关责任人员进行严肃处理，绝不姑息。”6 日 18 时 23 分，“@人民日报”转评自家原创报道微博并发表《人民微评：谁给城管作恶特权》。微博正文写道：一些城管似乎具有暴力基因，仿佛不动粗就不能宣示威严，不叫嚣嚎突就没有存在感。以维持秩序之名动辄添乱，只会制造社会矛盾，与设立城管的初衷相悖。“老虎关乎命运，苍蝇影响生活”，有些暴力城管之恶甚于苍蝇，该被管管了。

2014 年 9 月 6 日 13 时 41 分，共青团中央官方微博“@共青团中央”（UID：3937348351）率先响应网友“@雷希颖”（UID：1634365454）发起的“我和国旗合个影”话题和活动，发表共青团版《青年微倡议：#我和国旗合个影#，向祖国 65 华诞献礼!》：“如果你也是那个看到国旗升起、听到国歌奏响会感动激动的那个人，这个9月，请拉起手，我们一起为中国加油。拍摄一张与五星红旗的合影，写下对祖国的祝福，以#我和国旗合个影#为主题，用我们的微博传递一个共同的声音：我爱你，中国!”该微博得到了全国青年网友的积极转评。

2014 年 9 月 6 日 22 时 49 分，山东大众网总编辑朱德泉在其个人微博“@朱德泉”（UID：3716504593）模仿“@人民日报”介入兰州城管打人事件所发微博报道的内容结构和语风，对其发表批评评议。微博写道：“一些编辑似乎具有语言暴力基因，仿佛不急公好义就不能宣示威严，不叫嚣隳突就没有存在感，哪怕事后被打脸也不长记性。以舆论监督之名动辄失实，只会制造社会矛盾，与设立党媒官微初衷相悖。‘老虎关乎命运，苍蝇影响生活’，有些假新闻之恶甚于苍蝇，该被管管了。”在随后的互动中“@朱德泉”进一步指出，“被打的不是学生，网曝#兰州城管暴打大学生#事实错误。拜人们对党媒的信任，直到现在‘打大学生’仍是微博热门。不思悔改，继续偏执评论攻击城管队伍，上海城管‘围住违章摊贩’时你们借网友之口称‘是浪费纳税人的钱’，是暴力抗法在前，一名城管被打住院手术为何视而不见?”

2014 年 9 月 7 日零时 07 分，时在法院系统工作的网友“@倾城”疑因保留对最高人民法院官方微博不回应不互动的做法认同，在线发起“取消关注‘@最高人民法院’官微倡议”。微博称，“倡议全国法院、法官微博取消关注进入静默期，谁再转最高院微博则喷谁！让他们陪僵尸粉去玩吧！深夜试试在线反应，看看可行否、会有几个人响应。若天明转评还不过百就删帖算了，不再自取其辱，让他们密室勾兑去吧……”此帖发出后两小时不到，被转发 214 次、评论 106 条。

2014 年 9 月 7 日 17 时 03 分，兰州市城管执法局通过中国甘肃网官方微博“@中国甘肃网”对城管打人事件再次做出回应：“9 月 4 日，已对学校门口违法占道经营摊点逐一口头劝解，包括网曝被打的两名当事人。5 日，城关区执法局组织执法人员在暂扣违法占道经营物品过程中，当事人拒不配合，并与执法人员发生言语冲突，并打伤 1 名执法人员致手骨骨折，在执法人员扭送其去公安机关时双方发生肢体冲突。经调查核实，两名当事人并非在校大学生。区相关部门将严肃处理动手打人的执法人员。”

2014 年 9 月 20 日 11 时 09 分，《人民日报》法人微博“@人民日报”（UID：2803301701）报道了网友“@雷希颖”（UID：1634365454）在微博发起的“我和国旗合个影”的话题和活动事件，在文末再次动员，“国庆节快到了，一起来，插入话题#我和国旗合个影#，编辑‘我是 xx，我在 xx’，上传照片并‘@’好友吧！爱国，就是要大声说出来！”此条微博同时选辑制作配发了 9 张（位）网友与国旗合影和表白的图片。“@雷希颖”：“出国越久，一个中国人，一份中国情，一颗中国心的情愫愈发深沉。”“@阿黎小菇凉”：“在南极和国旗合影，所以 POSE 才如此激昂，赤子心，跳不停。”“@Daisy_ ki 琪”：“有鲜艳的五星红旗在身旁，走到哪都很温暖，哪怕是在异国他乡。”“@张华医师听力师”：“不爱国，不爱自己的母亲，无论有多大本领，永远得不到他人的尊重。”“@大连民族学院国旗护卫队”：“每天清晨新手送上天窗的那抹鲜红，源自内心对祖国最纯真的热爱。”“@陌颜朵琦”：“我爱我的祖国不解释！”“@lovemengkk”：“生在红旗下，长在蓝天里。”“@罗浩轩 Dustin”：“祖国母亲，授吾发肤，生恒爱之，生恒敬之！”“@胡小侃就是一画画的”：“爱国为什么不表达出来！爱你，我的祖国！”

2014 年 9 月 22 日 14 时许，网友“@再见的不是你是过去的我”向河北省沧州市公安局官方微博“@沧州公安网络发言人”（UID：1812423571）发出求助信息，称被同学骗入传销组织，人身安全受到威胁。“@沧州公安网络发言人”微博值班民警接到信息后，立即与该网友展开微博互动，确认相关情况，并迅速向主管领导进行汇报。时任新华公安分局局长赵福增了解案情后立即部署，要求向分局各警种、部门通报案件情况，并指派指挥中心、巡警大队和东环派出所集中优势警力，迅速寻找解救被困网友。解救小组通过信息整合、分析研判，逐步摸清了该网友所处位置和现场情况。16 时许，警方将被骗入传销窝点的四川绵阳女孩成功解救，并将该传销窝点一举查获，对其余传销人员依法遣散。

2014 年 9 月 26 日 9 时 57 分，中央电视台新闻中心官方微博“@ 央视新闻”（UID：2656274875）接力“我和国旗合个影”话题和活动，发表央视版倡议书《微倡议：#我和国旗合个影#，向祖国 65 华诞献礼!》：“生在红旗下，每个人心里都有一抹永不褪色的红。不论你萌萌哒、帅帅哒，或美美哒、酷酷哒～让爱国不再含蓄，寻找身边的国旗合影，微博中插入#我和国旗合个影#，写下对祖国的祝福！看到国旗升起、听到国歌奏响就会激动的人，请自觉转起!”此条微博再掀起话题和活动的新高潮，被网友转发 3000 余次，评论 700 多条、点赞 2100 余次。网友“@ 秋天的小香菇”在评论中说：“每次一到奏国歌的时候，我就情不自禁的哭。”

2013 年 9 月 29 日，据中国之声《新闻纵横》报道，在公安部集中打击网络有组织制造传播谣言等违法犯罪专项行动中，“@ 环保董良杰”（UID：2013536464）被北京警方以涉嫌寻衅滋事罪依法刑事拘留。警方侦查发现，董良杰打着网络“环保人士”旗号，利用微博编造传播“自来水里含避孕药”等虚假信息，扩大人气影响，为自己的净水产品打开市场，梦想成为中国净水器业界领军人物。而在董良杰创业发财梦的道路上，为其充当网上“传声筒”，帮助其扩大微博影响力并投资的，是网络大 V“@ 薛蛮子”（UID：1813080181）。10 月 4 日，北京市人民检察院三分院对董良杰批准逮捕。2014 年 6 月 6 日，朝阳区人民检察院最终对董良杰做出不起诉决定。董良杰被释放，理由是犯罪情节轻微。

十月

2014 年 10 月至 11 月，共青团河北省柏乡县委员会官方微博“@ 共青团柏乡县委”（UID：3939198951）连续发出“8 种性技巧迅速提升性爱温度”“七招让勃起更有力”等多条涉及两性生活技巧的文字和图片，引发网友吐槽其为“史上最开放官微”。随后，该官方微博回应称，出现此问题是“因为不便公布的原因”。

2014 年 10 月 16 日 21 时 10 分，时任甘肃省陇南市礼县人民政府副县长潘喆通过其认个人官方微博“@ 陇南礼县潘喆”（UID：5107360682）发出求助信息，披露该县永坪乡九图村“400 多亩苹果今春糟了雹灾，果面留下点点小坑。现在苹果采摘了，吃起来一样香甜可口，切开一样的冰糖心，但因果面不好都堆在地里无人问津，眼看一年的辛劳付诸东流，干部群众心急如焚”。一石激起千层浪，众多电商微博、媒体微博、政务微博和普通网友参与其中，转发量火速超 8000 条，大量的在线订单随着互动也纷至沓来。10 月 17 日 21 时 29 分，“@ 陇南礼县潘喆”通报致谢：“经过爱心二十四小时的全国接力，永坪的爱心苹果通过电商已售出 11 万斤！今天九图村上群众热烈地围在一起，高兴地商量明天如何选果装货，让爱心苹果更好地送达大家手中。现在周边村的群众也在翘首企盼，期待大家将爱心接力棒继续传递!”最终 25 万斤苹果一举卖光。

2014 年 10 月 17 日凌晨 4 时许，陕西 28 岁女子小陈向河北省沧州市公安局官方微博“@ 沧州公安网络发言人”（UID：1812423571）求助，称自己被高中好友小邓以旅游为名骗至河北沧州，陷入传销组织。沧州市公安局宣传处民警获知情况后，一边指导小陈利用手机定位截图，一边通过她传送的周围环境图片分析具体地点。17 日上午 8 时 30 分，民警在东方骏景小区附近找到小陈，并成功将其解救。

2014 年 10 月 20 日 16 时 09 分，银川市委市政府通过其官方微博“@ 微博银川”（UID：1898782627）发布了《银川市政府公开征集 2015 年度为民办实事事项》通告。通告称，为有效改善群众的生产生活条件，使全市人民享受到更多的社会发展成果，现面向社会公开征集 2015 年度为民办实事具体事项。征集时间：即日起至 11 月 20 日。征集方式：直接发微博留言；发电邮到 ychdch@ 163. com。

2015 年 10 月 24 日 14 时许，原文化部官方微博“@ 文化部”（UID：5713450386）回应网民质疑称：“初来乍到，小编多有不周。感谢大家这些天的建议、意见！我们既然有勇气开通，也一定会面对、承担、改进，希望能得到大家的理解与包容。欢迎大家多多拍砖，我们仍将继续以不删帖的态度，把微博越做越好！”此前，《人民日报》法人微博“@ 人民日报”（UID：2803301701）曾发表批评，“文化部能开通微博，对政府职能部门与公众来说本是好事一桩。但是，文化部微博管理人员在负面评论暴增情况下，一味地‘删帖’也是操之过急，这种表面的‘减法’只能陡增民意的不满，‘敢于直面负能量，才是真的正能量’”。

2014 年 10 月 26 日，成都某高校大学生向共青团成都市委员会官方微博“@ 成都共青团”（UID：2044263792）发去私信，表达了在校门口等候公交车时，居然在公交站台看到不雅海报广告的苦恼。该学生提供的图片上有“KTV 兼职女生”等大大的字样，配图女性衣着暴露。随后，“@ 成都共青团”迅速将情况向成都市人民政府政务服务中心官方微博“@ 成都服务”反映。27 日 16 时许，相关非法广告被拆除。

2014 年 10 月 31 日 9 时 28 分，北京市海淀区人民法院官方微博“@ 北京海淀法院”（UID：3927469685）公布案件播报，海淀法院受理著名演员、导演英达起诉凤凰网、南都娱乐周刊侵犯名誉权一案。英达诉称，2014 年 10 月 12 日上午和晚间，凤凰网、南都娱乐周刊先后在凤凰网和新浪微博以视频、微博等方式，“爆料”英达“携神秘女友同回公寓”等信息，英达以侵犯其名誉权为由提起诉讼，要求广州市南都周刊传媒股份有限公司删除其在新浪微博上的内容，在南方报业传媒集团首页等处发表致歉声明，赔偿经济损失等费用 121520 元；要求北京天盈九州网络技术有限公司删除其在凤凰网上的视频信息，在凤凰网首页发表致歉声明，赔偿损失等费用共计 122180 元。

十一月

2014 年 11 月 4 日，新京报新媒体独家报道“河南光山县村民要求兑现 68 年前新四军 3 万元借条”，据拍照的“借粮款收据”借条显示，上边手书“今承湘店乡保庄张炎山先生借给本军现金叁萬元，特给此据为凭”，署名为“新四军第五师野战军政治部军令部江克成”，并盖有江克成红色私章”，借款日期为“中华民国三十五年六月四日（1946 年 6 月 4 日）”。相关报道发至微博后，更形成舆论热点话题。随后，媒体及广大微博网友线上线下就借条中的人物存在关系及中国人民解放军军史、新四军军史进行了广泛的讨论和考证。11 月 4 日，光山县财政局一负责人回应，相关部门已开始着手处理借条兑现。2015 年 1 月 16 日，河南省信阳市文物局组织专家对光山县村民张志良持有的“新四军借条”进行了鉴定。鉴定结果为：一、该“借粮款收据”空白处内容用当代圆珠笔填写，字迹较新，特征明显；二、该“借粮款收据”用印为当代化学印油；三、该收据中简化字多次出现。综上所述，专家们认定该“借粮款收据”为现代仿制品。光山县有关部门已通过电话将该鉴定意见告知张志良，并将鉴定意见原件邮寄张志良本人。如果张志良对该鉴定意见有异议，建议其向上级文物管理部门提出行政复议。1957 年，财政部做出关于对第二次国内革命战争人民政府和人民军队向群众筹借、筹募的款项如何归还问题的通知。1980 年，财政部修正此通知，规定：处理此类问题时，直接由各地核实处理，有关公债收兑问题，按财政部、人民银行总行相关规定办理。

2014年11月4日，针对一段时间以来，媒体、微博频出在地铁、公交、街头等场合“偶遇”领导干部的“新闻事件”现象，《人民日报》在“人民论坛”栏目刊发纪东冲署名文章《“沽名钓誉”扭曲名利观——祛除官场坏习气之二》。文章指出，“一些领导干部制造‘偶遇’，无非是想宣扬自己低调、务实、节俭，彰显转作风成效，但‘偶遇’太多、刻意做作的本身却泄露了秘密。事实上，从请人给自己代写文章，到频频制造‘偶遇’新闻，不论宣扬的手法怎么变，给自己造势的意图没有变，沽名钓誉之心没有减”。

2014年11月9日，中共甘肃省张掖市政法委官方微博“@张掖政法委”（UID：3348916782）发布消息称，“张掖市委政法委宣传部副科长王兴河同志，在婚姻期间，作风极不检点，与多名异性发生性关系，多次带异性回家过夜，并与他人非法同居……”随后，“@张掖政法委”删除该微博并做出解释，“经我们进一步调查，现已查明，此条微博是张掖政法微博管理员王兴河不严格遵守微博管理有关规定，在家使用电脑时违规留存密码，后夫妻双方在协商离婚过程中引发矛盾，其妻子登录上网刊发微博。”11月11日23时，“@张掖政法委”微博公布了对王兴河的处理意见：“经研究，决定免去王兴河综治办宣传教育科副科长职务，调离综治宣传岗位。”同时表示，“我们一定对张掖政法微博管理中出现的问题进行深刻反思，举一反三，进一步加强改进管理。我们衷心地对由此给广大网民造成的伤害和不便，表示诚挚的歉意”。

2014年11月11日中午，福建省漳州市公安局芗城分局官方微博“@芗城公安分局”（UID：1871921304）接到漳州网友李先生报警称，其从网友获悉有一贵州女子被骗到芗城区，陷在传销窝点几十天，地点在市区水仙花园4幢某居室。因该女子没办法说出窝点的确切地点，他与该女子在网上取得联系后，约定在窗口绑上一个黄色塑料袋作为标记。11日早上，李先生找到了带有标记的房屋确认位置后，在微博上向芗城公安报警求助。核对完信息后，“@芗城公安分局”微博值班人员立即与辖区东铺头派出所取得联系。当天下午，东铺头派出所六名警力在李先生协助下赶到水仙花园，现场控制16名传销人员，并将被控制40多天的贵州田女士成功解救。

2014年11月18日上午，北京市朝阳区人民法院依法公开宣判：被告单位北京尔玛天仙文化传播有限责任公司、北京尔玛互动营销策划有限公司，被告人杨秀宇（微博账号“@立二拆四”）、卢梅的行为均构成非法经营罪。法院认为，尔玛天仙文化传播公司、尔玛互动营销策划公司违反国家规定，以营利为目的，通过信息网络有偿提供删除信息服务，另在明知是虚假信息的情况下仍通过信息网络有偿提供发布信息服务，扰乱了市场秩序，情节严重。法院认为，《全国人民代表大会常务委员会关于维护互联网安全的决定》等法律、法规中已经规定了涉互联网的市场经济秩序属于刑法保护的对象，同时规定了对利用互联网实施的犯罪行为，应依法追究刑事责任，上述法律规定即为被告单位及被告人实施的行为成立非法经营罪的法律依据。在案证据足以证明被告单位及被告人安排、联系、促成了删帖及发布虚假信息的行为并以此营利，属于未经国家许可，提供经营性的互联网信息服务，扰乱了信息网络服务市场管理秩序，情节严重，符合《最高人民法院、最高人民检察院关于办理利用信息网络实施诽谤等刑事案件适用法律若干问题的解释》中规定的以非法经营罪追究刑事责任的情形。

2014 年 11 月 20 日，内蒙古自治区高级人民法院召开新闻媒体发布会，通报呼格吉勒图一案进展情况。来自新华社、中央人民广播电台、中央电视台、人民网、人民法院报、内蒙古日报等 20 余家媒体的记者参加发布会，人民网微博“@人民网”（UID：2286908003）和内蒙古自治区高级人民法院官方微博“@北疆法声”（UID：3908967164）同步直播。

2014 年 11 月 23 日 9 时 06 分，中共嘉兴市委机关报《嘉兴日报》官方微博“@嘉兴日报”（UID：1915921563）发布消息称：“经报请集团研究决定，自即日起解除王垚烽与本报的劳动关系。对网友给予本报的关心，再致深谢。”此前，有网友揭露，浙江嘉兴日报社评论员王垚烽身为党报时事评论人员，却长期在其微博“@王垚烽”（UID：1739289482，已被依法注销）发布反对党反对毛泽东思想以及支持分裂国家等极端言论。11 月 15 日，王垚烽曾声称“奉旨删微博”，迅速删除其微博全部帖子。11 月 17 日 10 时 03 分，“@嘉兴日报”首度回应：“感谢网友对本报的关心。本报已对王垚烽开展相关调查，将依规处理。”

2014 年 11 月 23 日 13 时 23 分，最高人民检察院官方微博“@最高人民检察院”（UID：5053469079）发布消息称，《榆林晚报》官方微博实名举报，检察机关及时介入。此前 11 月 20 日，《榆林晚报》官方微博“@榆林晚报”（UID：2116708197）发布 38 名编辑记者实名举报信，反映《榆林日报·都市生活版》原执行总编辑、时任公司总经理李某利用职务之便侵占集体利益、致使单位经营陷入困境等问题。22 日，陕西省榆林市人民检察院介入调查。

2014 年 11 月 27 日，第七届新浪中国教育盛典在北京富力万丽酒店盛大举行，全球教育行业精英汇聚一堂，共同聚焦“指尖上的中国教育”，并现场发布了我国第一份全面、系统的教育 App 测评报告。教育部新闻办公室官方微博“@微言教育”（UID：2737798435）荣获“2014 年度教育新媒体影响力奖”。获奖理由：作为我国教育部的官方发言机构，它第一时间发布重大教育政策，因为恪守真实与准确，因此收获权威与信赖；作为拥有 568 万粉丝的新浪大 V，它深入民众，直面网友的“吐槽”和“拍砖”，在互动中传递正能量；它统筹帷幄，率先发起成立全国教育系统官方微博联盟，初步构建起互相联动的教育系统新媒体宣传格局。它，就是教育部新闻办公室。

2014 年 11 月 27 日，在第七届新浪中国教育盛典上，新浪发布了“2014 年度国际交流网络感召力奖”获奖名单：美国驻华大使馆官方微博@美国驻华大使馆”（UID：1743951792）、英国驻华大使馆官方微博“@英国驻华使馆”（UID：1663026093）、加拿大驻华大使馆官方微博“@加拿大大使馆官方微博”（UID：2165090317）、新西兰教育国际推广局官方微博“@新西兰教育国际推广局”（UID：5202710267）、澳大利亚驻华使领馆商务处（澳大利亚国际教育政府推广机构）官方微博“@澳大利亚政府教育推广官方微博”（UID：2754972621）、美国使馆留学与教育交流中心官方微博“@EducationUSA 中国”（UID：1695378370）、英国大使馆文化教育处官方微博“@英国大使馆文化教育处”（UID：1644671742）、法国高等教育署北京中心官方微博“@法国高等教育署－北京中心”（UID：2119676191）、德国学术交流中心（DAAD）北京代表处官方微博“@德国学术交流中心北京代表处”（UID：2823009565）、瑞典驻华大使馆官方微博“@瑞典驻华大使馆微博”（UID：3260734291）、瑞典对外交流委员会留学瑞典官方微博“@留学瑞典”（UID：2339590045）等。

2014 年 11 月 28 日，云南省纪委网站发布消息称，王文在担任中科院昆明动物所副所长、纪委书记期间，与他人通奸并被网络曝光，经省纪委研究，决定给予王文同志党内严重警告处分。2014年1月，网友“@IT互联网临时工”在腾讯微博发帖举报中科院昆明某研究所副所长王文利用职权借外出开会之机约受害人与其同住开会的宾馆，与其在昆明动物所办公室和在昆明动物所停车场的车里发生性关系，并多次利用上班时间约受害人去宾馆开房，甚至逼迫受害人在生理期与其发生关系，殴打威胁受害人。2014年1月9日，中国科学院人事局官方网站上发布《中国科学院关于王文免职的通知》称，正式免去王文中国科学院昆明动物研究所副所长等全部领导职务。

2014年11月30日，广西壮族自治区政法委官方微博“@广西政法”（UID：5328345103）在与某微博互动评论中说，“基层警察确实很辛苦，体验了就知道，那些站着讲话不腰疼的乱喷分子，有本事别报警”。网友直呼“我和我的小伙伴都震惊了”。之后，“@广西政法”公开道歉。

2014年11月30日，四川省泸州市一名19岁的男青年因网恋分手，连发多条微博并配发安眠药、炭火盆图片，疑似正在自杀，引发网络围观呼救。当晚，四川省泸州市公安局官方微博“@平安泸州”（UID：2702378892）证实，自杀男子经抢救无效死亡。

十二月

2014年12月1日17时许，独自在厦门的18岁山西大同网友“@梦魂游飘”发微博称，“先喝醉再吃安眠药”，“不用报警，我想安静地离去”，并发布了几段视频直播自杀过程。著名主持人“@崔永元”（UID：1496852380）也参与和网友共同劝导。崔永元一再向其请求对话，并反复表示“我能解决你所有的问题和困难，相信我！”与此同时，警方接警后迅速展开搜索，在定位该少年具体位置的过程中，网友和警方积极互动，最终于2日凌晨1时左右，成功找到并解救自杀少年。

2014年12月9日9时，北京市朝阳区人民法院公开宣判了华盖创意（北京）图像技术有限公司诉北京汉拿山餐馆管理有限公司图片著作权侵权纠纷案。法院一审认定，汉拿山公司未经权利人许可，通过新浪微博在互联网上提供涉案作品，属于侵犯权利人信息网络传播权的行为，判决汉拿山公司赔偿华盖公司2500元。华盖公司当庭表示不上诉，汉拿山公司表示上诉。

2014年12月10日上午，河北省廊坊市中级人民法院对国家发改委原副主任、国家能源局原局长刘铁男受贿一案做出一审判决，以受贿罪判处刘铁男无期徒刑，剥夺政治权利终身。同日，河北省廊坊市中级人民法院官方微博“@河北廊坊中院”（UID：3956561413）针对此庭审和判决进行微博播报。这一场由微博实名举报发端的“打铁记”历时2年，全程引发各界关注。

2014年12月10日晚9时许，河北石家庄市公安局民警“@片警吕建江”（UID：1770096250。后更名为“@老吕叨叨”）在收到一位女孩发来私信“煤气自杀是不是救不活？怎么放煤气才能自杀？”后，察觉女孩有轻生念头。吕建江立即微博私信开始劝导，在确认女孩是太原人后，他又在线联系山西省公安厅官方微博“@山西公安”（UID：1790476443）和新浪山西官方微博“@新浪山西”（UID：2600101181）开展跨省救援，4小时后女孩终放弃轻生念头。23点42分，吕警官对外宣布：警报解除，晚安！

2014年12月11日9时16分，北京市海淀区人民法院官方微博“@北京海淀法院”（UID：3927469685）公布“法官讲法”以案释法文章《员工发微博污蔑单位，解除劳动关系未获法院支持》。法院认为：用人单位以负责微博管理的员工发布不实微博言论污蔑单位为由与其解除劳动关系，但却未能举证证明微博实际管理人、发布微博言论的行为人系该名员工，最终被判决向该员工支付违法解除劳动关系赔偿金。

2014 年 12 月 11 日 16 时许，某腾讯微博网友发博文称，他将在次日晚 8 点直播自杀。成都市青白江区公安分局接到消息后，为了避免发生悲剧，立即组织刑警大队、大弯派出所、国保大队、通信科等各警种力量，开始对该网友进行搜寻。经过近 17 个小时的搜寻，12 日上午 11 点左右，在花鸟市场一家理发店内，民警终于找到微博发布者，其表示是为了发泄孤独和失落的情绪，从而引起关注。

2014 年 12 月 14 日，内蒙古自治区高级人民法院官方微博“@北疆法声”（UID：3908967164）连发 32 条微博通报呼格吉勒图案复查进展情况。12 月 15 日 8 时 29 分，“@北疆法声”发布：《内蒙古高院向呼格吉勒图父母送达再审判决书》。全文：“12 月 15 日上午，内蒙古高级法院向呼格吉勒图父母送达了呼格吉勒图案再审判决书。再审判决主要内容：一、撤销内蒙古高级人民法院（1996）内刑终字第 199 号刑事裁定和呼和浩特市中级人民法院（1996）呼刑初字第 37 号刑事判决；二、原审被告人呼格吉勒图无罪。”

2014 年 12 月 15 日，《人民法院报》第 2 版“新闻 · 评论”发表了署名王锐园的文章《微博直播自杀案件的法律审视》。文章认为，“微博直播自杀明显是在渲染甚至“教唆”自杀，侵害了其他网民的权利。少数网民公然鼓动自杀，也是对自杀者权利的一种侵害，法律是否应当追究自杀者及煽动自杀的网民的侵权责任，姑且不论。但微博服务商完全应该及时屏蔽直播自杀的冷漠及恐怖场面，此乃不可懈怠的法律责任”。“微博直播自杀是一种展示性自杀行为，行为人希望通过“将要自杀”的预告行为得到特定人或不特定人的关注。也就是希望得到关注、求得帮助，或者迫使他人让步。”文章在结尾时呼吁，“减少网络暴力，避免悲剧发生应注意以下几点。第一应尽快出台相应的法律法规，加重网络运营商对信息的审核和对用户的保护责任，作为网络时代信息平台的提供者，网络运营商不仅要承担较高的企业社会责任，也应被赋予较为明确、严格的法律责任；第二要通过司法解释、行政法规等明确网络恶意起哄者的法律责任，减少网络暴力，减少跨地域言论伤害，维护网民的整体利益。此外，要加强言论引导，促进网络空间法治化，通过积极有效的措施加强网络文明建设，维护网络空间的自由与安全”。当天 9 时 20 分，《人民法院报》官方微博“@人民法院报”转载发布了此文。

2014 年 12 月 17 日上午 8 时 40 分许，天津市白堤路上一家肯德基店发生人质劫持事件。案发后，天津警方迅速赶到现场，于 10 时 52 分成功擒获嫌犯，安全解救人质。天津市公安局官方微博“@平安天津”（UID：3163782211）在 12 时许发布警情通报，公布案情进展，及时回击了“劫持不止一人”等谣言，有力遏制了不实消息的扩散，化解了群众的恐慌心理。

2014 年 12 月 20 日 20 时左右，一条有关陕西定边患肠梗阻女婴邓雪妍欲送往宁夏医科大学总医院救治的微博在网上迅速扩散。生命和时间赛跑，“小希望之家”儿童权益保护中心官方微博“@小希望之家”（UID：3618128924），银川市委办公厅、市政府办公厅官方微博“@问政银川”（UID：2239586647），银川市公安局官方微博“@平安银川”（UID：1978054071），银川市委市政府官方微博“@微博银川”（UID：1898782627），银川市公安局交通警察支队“@银川交警”（UID：1961464263），宁夏医科大学总医院官方微博“@宁夏医科大学总医院办公室”（UID：2779955134）及宁夏银川市紧急救援中心官方微博“@银川120”（UID：2244254164）等银川全城微博联动，平时 20 多分钟的路程，此次只用了7分钟。在各方的紧密配合下，小雪妍于21日9时许成功手术。

2014年12月21日，《河南商报》抓拍的一组环卫工“躲垃圾桶午休”的“心酸照”发至微博后，引发网友热议。21日中午12点，在河南省郑州市西三环与长江路口附近，5名女环卫工由于中午休息时间短无法回家，而附近又没有休息室，就挤进一个垃圾箱中歇息。几口馒头，喝两口水，“就这都中！要不是有个垃圾箱，我们就得蹲路上！恁冷的天，好赖能挡点风……”之前，有环卫工被撞身亡，手里还攥着刚捡的烟盒，还有的工作17小时，袜子能拧出水……清理工作也不容易做，一块口香糖，至少要清理10分钟。网友们呼吁，“天寒地冻，请给他们多点关爱，别再乱扔垃圾，嚼完口香糖请用纸巾包起来！”同时，更倡议“以爱之名，为他们设立休息室，支持的转！”12月22日18时07分，河南省郑州市城市管理局官方微博“@郑州市城市管理局”（UID：2302688157）回应：经核实，5位师傅都属于环城快速公路管理处的环卫工人。目前三环快速路改扩建工程正在进行，其中规划环卫工人道班房53个（约一公里一个），尚未建设完成。在未建成期间，环道处将会对下辖四个管理所的现有环卫休息室进行调整，扩大面积、增加铺位，增添物品，改善环卫工人工作休息环境。

2014年12月25日10时59分，漏洞报告平台乌云网发布了一则关于中国铁路购票网站12306的漏洞报告，危害等级显示为“高”，漏洞类型是“用户资料大量泄漏”。这意味着，这个漏洞可能导致所有注册了12306用户的账号、明文密码、身份证、邮箱等敏感信息泄露，而泄漏的途径尚不得知。当日14时06分，中国铁路总公司官方微博“@中国铁路”（UID：2549511007）发布长微博公告回应称：“经我网站认真核查，此泄露信息全部含有用户的明文密码。我网站数据库所有用户密码均为多次加密的非明文转换码，网上泄露的用户信息系经其他网站或渠道流出。目前，公安机关已经介入调查。提醒用户不要使用第三方抢票软件购票，或委托第三方网站购票。”

2014年12月27日，央视新闻频道播出《追踪病死猪》，记者在江西高安跟踪调查一年，发现当地不少病死猪被猪贩子长期收购，有些病死猪甚至携带A类烈性传染病口蹄疫！某屠宰场老板介绍，他们的病死猪肉销往广东、湖南、重庆、河南、安徽、江苏、山东等7省市，年销售2000多万元。消息旋即引发微博震动。12月29日10时44分，江西省纪监察厅官方微博“@廉洁江西”（UID：3955287551）回应：“经高安市委常委会研究，对市畜牧水产局局长王细亻毛、市畜牧水产局副局长兰长林，市商务局局长王晓艺、市商务局副局长陈正龙、市畜牧水产局综合执法室主任刘诗赣对等进行免职处理。”

2014年12月28日8时49分，微博认证信息为“河南省首家省级重点新闻网站，河南日报报业集团主办，河南省最权威的互联网新闻媒体”的大河网官方微博“@大河网”（UID：1828887503）发布消息称，“今天八点四十，郑开城际铁路首次列车正式运营，大河网记者在车厢偶遇前来体验的河南省委书记郭庚茂和省长谢伏瞻”。微博一出，文中“偶遇”一词即遭遇网友娱乐吐槽和仿效造句。而“@大河网”在与网友“@BG4FIX”互动过程中，更因出言不雅称其“吃屎长大”，被截屏传播后再次引发舆论关注。网友“@韩东言”（UID：1874361623）直言不讳指出：“偶遇”一词已经臭得不能再臭了，有本事的媒体都会接到采访通知，而“偶遇”的只能是未被邀请的，这个媒体会在这节车厢“偶遇”多少同行呀？“@政务微博观察”（UID：1813554857）就此舆论风波发表评论：当“偶遇”早已被“官员秀”玩坏了之后，作为网络语义敏感词应谨慎使用。与其此地无银式地矫饰，莫不如大方坦率地说“追踪采访”“闻风而动，随行见证”。网络在不断衍生和刷新汉语的新语义语态，刻舟求剑难免贻笑大方。

2014 年 12 月 29 日上午 8 时 20 分许，北京市海淀区清华附中一在建工地发生安全生产事故。15 时 36 分，北京市人民政府新闻办公室官方微博“@北京发布”（UID：2418724427）发布情况通报称，事故造成在现场作业的 10 名工人死亡，4 人受伤，伤者已被紧急送往医院救治。目前生命体征平稳，无生命危险。该工地与教学区相隔较远，教学秩序未受影响。

2014 年 12 月 31 日 10 时 24 分，最高人民检察院官方微博“@最高人民检察院”（UID：5053469079）发布消息称，首届“守望正义——群众最喜爱的检察官”评选表彰活动仪式于当日上午 10 时启动。该表彰活动由最高人民检察院、中央电视台联合 17 家新闻媒体、网站共同举办。

2014 年 12 月 31 日 15 时 35 分，时值 2015 新年前夕，时任河南省人民政府省长谢伏瞻通过河南省人民政府门户网站官方微博“@河南政府网”（UID：2339634231），发表《2015 年新年贺词》，向河南全省人民，向在外工作、务工经商的河南籍父老乡亲，向驻豫人民解放军指战员、武警官兵，向所有关心支持河南改革发展的海内外各界人士和网友，致以诚挚问候和新年祝福。

2014 年 12 月 31 日 16 时 54 分，银川市委办公厅、市政府办公厅官方微博“@问政银川”（UID：2239586647）接到矩阵成员银川电视台《直播银川》官方微博“@直播银川”（UID：1883739571）发出的一个转诉件：“市民反映：我想跟男朋友领结婚证，但是家里人不同意，所以把户口本藏起来了！除了户口本再没有其他办法了吗?”看到这个带着政策性又挺有生活场景的问题，“@问政银川”回应道，“您好，还是要通过努力争取家长的同意，通过合法途径领取结婚证。ping shen fen zheng，zai hu ji suo zai di pai chu suo gua shi hu kou ben，bu ban yi ge，no thanks. 祝大家元旦快乐。”一个弱弱地轻声相问，一个用隐语萌萌作答。“@问政银川”的这条貌似“双语”的答复意见一经发出，全网为之欢乐。人民网法人微博“@人民网”（UID：2286908003）评论说，“@问政银川”是官微中的“暖男”。网友们更说“这才是人民的政府”，“新年从莫名的温暖开始!”，“亦正亦谐”，“被这机智深深地折服!”

2014 年 12 月 31 日 23 时 30 分许，上海市黄浦区外滩陈毅广场发生群众拥挤踩踏事故，致 35 人死亡，42 人受伤。23 时 35 分，在现场的网友“@Drection——”（UID：2196672204）率先以图文微博对外首发踩踏事件第一空间讯息。事故发生后，上海市连夜成立工作组。韩正、杨雄要求全力做好伤员抢救和善后处置等工作。

2015

一月

2015 年 1 月 1 日零时 31 分，上海外滩踩踏事件发生后 61 分钟，上海市公安局官方微博“@警民直通车－上海”（UID：2493592183）在转评踩踏事件现场移动即时首发消息的网友“@Direction——”（UID：2196672204）微博时做出首次回应，“小编刚才在市公安局指挥中心看到，有游客摔倒后，执勤民警立即赶到围成环岛，引导客流绕行。警方提示：外滩客流集中，请大家听众民警指挥，有序退场，切勿推搡”。

2015 年 1 月 2 日 13 时 14 分，黑龙江省哈尔滨市道外区太古街 727 号——南头日杂物品仓库发生火灾，造成 11 层建筑多次坍塌，5 名消防员遇难、14 人受伤。2015 年 1 月 3 日凌晨 4 时 25 分，哈尔滨市公安局官方微博“@ 平安哈尔滨”（UID：1887683497）首发通报《哈尔滨市道外区太古街 727 号库房火灾基本情况》。在通报全文共 585 个字中，“领导高度重视”占去 258 个字，将近一半。提到名字的领导有 9 位，详细介绍他们的 12 种头衔，而对于牺牲的 3 位战士和失联的 2 位战士，则一笔带过，引起网友声讨。

2015 年 1 月 3 日 20 时 50 分，哈尔滨市公安局官方微博“@ 平安哈尔滨”（UID：1887683497）发布图文微博称，“受国务委员、公安部长郭声琨的委托，公安部党委委员、政治部主任夏崇源到哈尔滨医科大学附属第一医院亲切看望了受伤的消防战士，省委书记王宪魁陪同。”微博既出，再次迎来舆论斥责。有网友称，短短四五十字，没来的、来了的领导皆囊括其中，唯独看不到受伤消防战士名字。网友“@ 斯库里”（UID 1820578701）感叹：“看到‘@ 平安哈尔滨’的微博介绍领导去医院探望战士，长串的领导头衔之后又没出现战士的名字，我心酸了。”而随后，《中国交通报》官方微博“@ 中国交通报”（UID 3928511449）简短一句话评论，“一条容不下受伤消防战士名字的微博”，使舆论再掀高潮。紧接着，《环球时报》微博“@ 环球时报”（UID：1974576991）也介入“找茬”说：“第二张照片，受伤的战士被摆在照片的一个犄角旮旯里……几乎快看不到了……”而与此形成鲜明对比的，是前来“亲切看望”的几位领导百分百入镜。

2015 年 1 月 7 日上午 7 时 13 分，陕西媒体人“@ 秦岭听溪”（UID：1425677920）微博转载了一条关于陕西省凤县人大常委会主任王传中违规操办儿子婚礼被处分的消息后，9 时 52 分，陕西省宝鸡市凤县对外宣传办公室官方微博“@ 凤县宣传”（UID：2081178513）在该微博下跟帖评论说：“在小编眼里，他是一个正直、朴实、实干的人。”随后，该官方微博管理者回应称，“一个是他平时的为人，一个是他自己干的事”，二者并不矛盾。这段话随后引起媒体对该官方微博对腐败者态度的抨击，网友更斥责其“政务微博不是你小编个人的微博！你代表政府又处分又褒赞，分裂不?”

2015 年 1 月 7 日，浙江温州台州区经济开发区工商分局官方微博“@ 台州经济开发区工商分局”（UID：2798061064）在回复某记者微博时对当地公安部门采购的临机植入设备时，直接回复说，“哎呀！好险！好险！还好记者大人没看到我局采购高压水枪！而且一次采购了三把！这要说我们镇压群众还得了！”。记者随后又发问：“采购高压水枪干嘛使的?”“@ 台州经济开发区工商分局”再次回应称：“给共产党洗地……不过洗的是菜场的地……”这一系列言论引来诸多网友热议。“@ 台州经济开发区工商分局”此举本意是以诙谐回击那些对警方采购持异议的人，却意外地“引火烧身”。网友和部分媒体质疑，工商局人员去清洁市场是否属于不务正业，为迎接领导检查洗地似乎更不值得称道。随后该微博发文自揭“洗地黑幕”，同时呼吁网友对执法部门、执法人员更多宽容。

2015 年 1 月 8 日 15 时 17 分，香港演员赵雅芝在其个人官方微博“@ 赵雅芝”（UID：2018925253）晒出了一张途经北京长安街时，自己在车内与天安门城楼夜景的自拍合影。微博正文为：“每次路过天安门都会深深感受到自己作为一个中国人的骄傲。”然而，令赵雅芝始料不及的是，这一番真诚吐露竟招致部分网友的非议和谩骂攻击，引发了一场舆论风波。1 月 12 日新华网发表评论文章《围攻“赵雅芝爱国微博”缺乏基本是非标准》称，爱国是一种情结，不需要理由，更不需要掩饰。就这件事情而言，要像大多数网民一样，为赵雅芝的爱国行为点赞，不能“睁着眼说瞎话”，不能与真善美“逆向而行”。1月15日，中国青年网发表评论文章《赵雅芝，真的没有爱错你!》指出，不知道赵雅芝有没有觉得委屈，我想说的是，她的形象只会更美。

2015年1月19日13点48分，微博网友“@叶枫滴枫叶”（UID：3284255693）发布了一组女孩跳楼讨薪组图，称一名年仅14岁的四川巴中籍女孩袁某因其父在外包工向开发商讨要90万劳务费未果，于19日13时05分从河北省冀州市凯隆御景楼盘16楼跳下，其生前一句“我要和爸爸妈妈一起去要回工钱!”成为家人永远的伤痛。女孩坠地后被紧急送往河北省冀州市人民医院抢救。当天16时，该名女孩在当地医院不治身亡。

2015年1月20日17时14分，四川省巴中籍女孩在河北省冀州市“讨薪坠亡事件”发生后，巴中市人民政府官方微博“@巴中发布”（UID：2568369442）发表了《巴中市为“讨薪坠亡女孩”提供法律援助》一文。文称，“事件发生后，巴中市委市政府相关领导高度重视，并立即作出批示，要求相关部门妥善处理，为受害人提供法律帮助。一是省法律援助中心王晓林主任组建由四川省、巴中市、南江县三级援助律师组成的律师团赶赴河北冀州开展法律援助工作，已于今日启程，赶赴事发地，了解真相，依法维权。二是市委市政府组建了专门班子，积极为讨薪坠亡女孩家属提供相应帮助和法律服务。三是南江县组建了由司法、人社、八庙乡干部组成的工作组赶赴河北冀州依法为在外务工的南江籍农民工提供相应帮助”。

2015年1月29日13时17分，在南都记者暗访深圳公安官员吃娃娃鱼被殴打事件的舆论风口，时认证为“湖北省武汉市公安局刑事侦查局警犬大队”官方微博“@警犬旺财”（UID：2979572802），发布了多张民警围坐吃地瓜、盒饭的照片，并称“南都，快来！我们要聚餐啦!”“绝对公款，保证野生，欢迎暗访!”当日19时24分，“@警犬旺财”再次发布微博称，“作为官微，我认为我们必须有立场！抵制公款吃喝，但要公私分明，民警也是人，有基本权利，不容任何人剥夺!”上述微博发布后，舆论以“武汉警方微博叫板媒体”热议此事。峰值时，该微博内容转发达6500多条，评论达近8000条。有网友表示，看了照片特别能够理解一线民警的辛劳。也有网友称，该公安微博的逻辑有偏差，把底层警察的艰苦与高层官员的奢侈捆绑在一起，并不妥当。新华网于1月30日晚间发文《别用“晒辛苦”制造警媒对立》，文章表示，警务部门的官方微博直接向媒体喊话，原本是媒体对违反“八项规定”行为的正常监督，结果变成了警务人员针对媒体的情绪化抵触，这显然有点跑偏。

二月

2015年2月6日，山东财经大学燕山学院一男生在微博留下130字的“遗书”，称因为“害怕吃苦”后，从宿舍楼七号楼坠楼身亡。2月9日，该男生家属向校方讨要说法，并称男生自杀的真正原因应该是学校不发学位证。

2015年2月6日17时33分至22时01分，网友“@立春后的新希望”（UID：5511334372）连续发布14条微博，以大量图文及视频证据实名举报河北省保定市人大代表杨志国，和高新技术开发区公安分局民警安刚举报公安分局局长马永乐滥用职权、收受贿赂等问题。随后，河北省保定市纪律检查委员会称，纪委已经收到了杨志国等人的举报材料，目前正在核实材料内容。据微博举报材料中的民警安刚称，在马永乐担任局长期间，对局里的干部职位明码标价。当地纪委称，“已经收到杨志国等人的举报材料，正在核实材料内容”。后经媒体证实，杨志国和安刚的身份属实，除了人大代表的身份外，杨志国还担任高新区贤台乡中南韩村村支书兼村主任。2015 年 4 月 23 日，杨志国以涉嫌窝藏罪被刑事拘留。2018 年 1 月 9 日，河北省保定市中级人民法院做出终审裁判［（2017）冀 06 刑终 156 号］：杨志国数罪并罚，决定执行有期徒刑 17 年，罚金人民币 10 万元，剥夺政治权利两年。

2015 年 2 月 12 日上午 7 时 05 分，一中年男子在北京地铁 1 号线五棵松站跳下轨道被碾轧身亡，而微博上很快有网友将同期河北保定市民警安刚实名举报高新区公安分局局长一事关联，并称上午北京跳轨自杀的男性为“遭陷害”的保定安刚，自杀事故与举报案情顿显扑朔迷离，引发网友大量关注。11 点 25 分，北京地铁公司官方微博“@北京地铁”（UID：2778292197）发布说明称，“清晨 7 点 05 分，1 号线五棵松站上行（苹果园－四惠东方向），一名 50 多岁男子进入运营正线，司机采取紧急停车措施，列车进站两节后停车。999 急救人员赶到现场后，确认该男子已死亡”。当日 19 时，北京市公安局官方微博“@平安北京”（UID：1288915263）发布辟谣消息称，卧轨自杀者为北京市人，今年 54 岁，并非保定民警。据 2 月 13 日媒体报道，对于此次被北京地铁事件关联牵扯出的保定民警实名举报案件，保定市纪委已于 2 月 11 日组成调查组开展相关核实工作。

2015 年 2 月 13 日 12 时 32 分，红河州州委官方微博“@红河州官微”（UID：3942468916）发布了“2014 年度红河州‘网络批评奖’获奖名单”，9 位微博网友获此奖项。“@红河州官微”表示，“我们诚挚地对这些获奖人员表示最衷心的祝贺和感谢，希望你们再接再厉，继续对我州各项工作提出中肯意见，以帮助我们不断改进相关工作”。23 时 52 分，时任红河州委常委、宣传部部长伍皓个人微博“@伍皓红河微语”（UID：1662450871）转评互动时表达了自己对“网络批评奖”的理解，“批评者最郁闷的，恐怕是费老鼻子劲去批评，却没人理睬。设此奖，是为了引导批评者理性批评、让批评者感受到自己的批评不是在放屁，而是真起了作用”。

三月

2015 年 3 月 23 日 13 时 56 分，北京市海淀区人民法院官方微博“@北京海淀法院”（UID：3927469685）发布案件播报：中国电影股份有限公司北京电影营销策划分公司诉称其享有《狼图腾》在我国境内的独占性全部著作权，而百度搜索引擎及新浪微博上有该影片的侵权链接，优酷网提供该影片的在线点播服务。中影公司认为三大网络公司构成侵权，向法院提起诉讼，分别要求：百度网讯公司删除百度搜索引擎中传播《狼图腾》的相关链接并赔偿经济损失 22 万元；要求新浪微博删除传播《狼图腾》的侵权链接并赔偿经济损失 22 万元；要求优酷网删除上传的《狼图腾》影片并赔偿经济损失 210 万元。北京市海淀区人民法院已受理此案。

2015 年 3 月 29 日 23 时 35 分，网友吴某某向湖南省湘潭市公安局官方微信“湘潭公安”留言求助，称其被女朋友骗至合肥搞传销，被困传销窝点，请求湘潭公安解救。3 月 30 日上午，当湘潭市公安局微博微信工作室值班民警谢琳获悉此警情后，迅速通过湖南省湘潭市公安局官方微博“@湘潭公安”（UID：3424054302）与安徽省合肥市公安局官方微博“@合肥警方”（UID：2513443800）以及安徽省公安厅官方微博“@安徽公安在线”（UID：1419172372）建立在线协同沟通。当日 12 时 20 分许，湘潭警方通过当事人获取到传销窝点具体位置后，随即将情况发送给合肥警方。18 时 40 分许，在吴某某回到传销窝点后，湘潭警方即时向合肥警方报警，吴某某被成功解救。

四月

2015 年 4 月 6 日 10 时 35 分，北京市朝阳区人民法院官方微博“@ 北京朝阳法院”（UID：3957042973）发布案件快报：因称女星朱圣祎“为入上戏出卖闺蜜”“被老男人包养”等微博言论，王思聪被诉名誉侵权。演员朱圣祎要求王思聪立即停止侵权并删除相关微博、公开赔礼道歉，同时索赔精神损害抚慰金 10 万、公证及律师费 12280 元。北京市朝阳区人民法院已正式受理此案。

2015 年 4 月 6 日，时任浙江嘉兴海宁市司法局局长金中一在其个人官方微博“@ 中一在线”（UID：1255687540）爆料称，“萧山，把源源不断的黑水贡献给了钱塘江!”并将钱塘江外六工段排涝闸涉嫌有“黑水直排”的情况现场拍照配发微博。4 月 7 日 9 时 47 分，浙江省环保厅官方微博“@ 浙江环保”（UID：3840731341。现更名为浙江省生态环境厅官方微博“@ 浙江生态环境”）与“@ 中一在线”互动回应：“您好，您所反映的问题已关注，同时您也可拨打当地环保举报热线，并告知具体方位。”“@ 中一在线”回应说，“既然你‘@ 浙江环保’收到了，还要我去打你的环保热线吗？［怒］什么思路？什么工作套路？”当天下午，杭州市大江东产业集聚区环保分局在外六工段排涝闸闸口附近提取水样开始检测，并表示会公布相关数据。

2015 年 4 月 6 日，一段疑似央视著名主持人毕福剑在饭局唱评并涉嫌羞辱调侃毛泽东主席的《智取威虎山》视频在微博流出并引发舆论热议。4 月 8 日，央视网新闻中心官方微博“@ 网络新闻联播”（UID：1977460817）发布声明称，“毕福剑作为央视主持人，在此次网络视频中的言论造成了严重社会影响，我们认真调查并依据有关规定作出严肃处理”。同日，全国红军小学建设工程理事会发布声明，撤销毕福剑“全国红军小学爱心大使”称号。当日 20 时 06 分，毕福剑在其个人微博“@ 毕福剑”（UID：1723141197）就不雅视频事件道歉，称一定吸取教训。毕福剑写道：“我个人的言论在社会上造成了严重不良影响，我感到非常自责和痛心。我诚恳向社会公众致以深深的歉意。我作为公众人物，一定吸取教训，严格要求，严于律己。”

2015 年 4 月 10 日，国家互联网信息办公室有关业务局及北京市互联网信息办公室的负责人对近期受到大量网民举报、违法问题突出的新浪公司的负责人进行了联合约谈。国家互联网信息办公室有关业务局负责人指出，2015 年以来，互联网违法和不良信息举报中心接到涉新浪的举报 6038 件，其中 4 月份仅前 8 天就达 1227 件，居主要网站之首。举报集中在传播谣言、暴恐、淫秽色情、诈骗、宣扬邪教等违法信息及歪曲事实、违背社会公德、炒作恶俗低俗信息等行为。此外，新浪存在违法登载新闻信息、账号审核把关不严、抢发散播不实消息等问题，破坏了正常的网络传播秩序，侵犯了公共利益，造成了不良社会影响。

2015 年 4 月 10 日，天津市公安局滨海新区大港分局为侦办“3. 12”抢劫案，通过“@ 平安大港”官方微博（UID：5341765180）对犯罪嫌疑人进行“网上追逃”信息发布，发动社会力量征集线索。短短几个小时内，数十条提供线索的留言和电话纷纷传递给专案组。10 日当晚，公安大港分局巡警三大队就通过获取的线索将嫌疑人张某在大港某网吧内成功抓获。12 日清晨，其另一同伙犯罪嫌疑人张某某落网。

2015 年 4 月 10 日上午 10 时许，福建省泉州市区宏昌宾馆发生一起割腕自杀事件，一名男子在宾馆将其割腕自杀的照片发给朋友，其朋友迅速发微博向泉州各大媒体求救，众多网友纷纷转发评论。所幸，很快有网友辨认出该男子出事的地方，在警方及时赶到后将该男子送至泉州第一医院抢救脱险。

2015 年 4 月 14 日，一封来自河南省实验中学心理老师的辞职信，在微博热传，这封辞职申请只有短短的 10 个字，“世界那么大，我想去看看”。网友热评“这绝对是史上最具情怀的辞职申请，没有之一”。

2015 年 4 月 15 日 10 时 33 分，北京市朝阳区人民法院官方微博“@ 北京朝阳法院”（UID：3957042973）发布案件快报：京东 CEO 刘强东因微博爆料自己与“奶茶妹妹”的恋情，认为内容不实致个人和公司名誉受损，刘强东及该公司将“@ 王博士的精神家园”微博账号博主诉至法院，要求删除相关微博、赔礼道歉并索赔 800 万元。北京市朝阳区人民法院已正式受理此案。

2015 年 4 月 16 日，“网络时代的打拐路径与社会责任研讨会”在北京召开。来自政府、公益组织、学界的代表热议“微博打拐”的利弊，期待政府、社会在这一问题上形成合力。时任公安部打拐办主任陈士渠认为，“微博打拐”的信息化手段有 3 大特点：参与人数量多；信息碎片化；便于在短时间内形成爆发式关注。“这都可以减少拐卖犯罪的隐蔽性、流动性带给公安机关的困难。”陈士渠说，“一方是父母丢了孩子，另一方是普通公民捡到孩子或发现来路不明的孩子，两方之间存在信息不对称，微博、微信让更多群众参与工作，解决了这个问题。既有公安机关的专门侦查手段，也有群众的参与，更有助于迅速地把孩子从险境中解救出来，将嫌疑人抓获”。

2015 年 4 月 20 日 18 时许，福州女网友“@ 赵 bady”因感情纠纷，通过微博发布自己割腕自杀的现场照片。福州茶亭派出所民警吴炼从微博上获悉情况后，“施计”引出自杀女子，成功打消了其自杀念头。

2015 年 4 月 23 日 14 时，北京市海淀区人民法院 17 法庭公开开庭审理“新浪微博”诉“脉脉软件”不正当竞争案。此前，基于移动端的人脉社交应用“脉脉”的运营商宣称，该软件可分析用户的新浪微博和通讯录数据，帮助用户发现新朋友并建立联系。新浪微博运营者微梦公司认为其属于非法抓取微博用户信息和数据，恶意抄袭新浪微博产品设计内容，诋毁了公司声誉，非法牟利，构成不正当竞争。请求判令停止侵权，刊登声明消除影响，赔偿原告经济损失及维权费用共计 1030 万元。北京市海淀区人民法院于 2015 年 3 月 19 日受理此案。

2015 年 4 月 27 日，云南省临沧公安边防支队沧源边防大队班老边防派出所所长顾大勇荣登中央文明办发布 4 月“中国好人榜 · 助人为乐好人”。自 2010 年以来，顾大勇通过微博寻求社会力量帮助辖区的困难学生，在他的不懈努力和帮助下，他通过微博先后为辖区困难学生募捐到衣物 3 万余件，并联手昆明普瑞眼科医院免费为 8 岁的佤族盲童王依布拉进行了眼角膜移植手术，帮助其重见光明。顾大勇通过网络微博帮助辖区困难儿童的事迹在临沧地区引起了强烈的社会反响，并当选为“2011 年度感动临沧人物”。

2015 年 4 月 30 日晚，网友“@ 文洁是我我是文洁”发微博对潍坊市坊子交警大队民警的微博“@ 鸢都交警”（UID：1274318924）说，下午走到潍坊向阳路的时候，朋友看见一位交警风姿飒爽，迷得她不得了，请求交警“透漏点情况”。她在微博中上传了几张这位执勤交警的背影照片。微博一经发出，就引起了众多网友的围观，这位交警也被戏称为“背影杀手”。5 月 2 日，这条“粉红色”的求助信息让潍坊交警迅速行动起来，潍坊交警支队官方微博“@潍坊交警”（UID：1219097704）回应，“正全力排查文中男主身份，若其单身性质一经核实，我们将马上采取相应措施，尽全力促成一段美好姻缘”。就在众多围观网友高喊“在一起”送祝福的时候，4日，“@潍坊交警”发布了“排查”结果：“经核实，文中男主系潍坊交警潍城大队火车站中队协勤队员郑亮亮，已婚。”并安慰道：“菇凉，不是你们不合适，而是法律不允许。潍坊这么大，换个路口再看看，祝幸福！”

五月

2015年5月2日，有媒体报道称，“华山景区山顶宾馆米饭卖15元”。该消息一经报出，引发网络热议。5月3日12时10分，陕西省渭南市文物旅游局官方微博“@渭南市旅游局”（UID：5117407139）发文《关于游客反映华山景区主峰区餐饮价格高有关问题的说明》做出正面回应。说明称，景区餐饮运营成本费用高是导致物价水平整体偏高的主要因素，山上消费严格执行明码标价和自愿消费的基本准则。说明中还表示，由于华山景区特殊的地理因素和自然条件限制，在海拔2000米以上的区域开展经营管理工作，会比一般条件下餐饮运营成本高，也希望广大游客和网友理解，对于游客和网友反映的问题，景区一定会认真整改，通过精细化管理进一步降低和控制各项成本费用，逐步通过管理水平的提升调整回落山上餐饮及商品的价格。

2015年5月4日，印度共和国总理莫迪在中国新浪网注册开通个人官方微博账号“@印度总理”（UID：5581682776。后更名为“@莫迪总理”）。据印度《经济时报》报道，为访问预热而专门选择入驻中国微博是莫迪自己的提议，而且是“微博”而不是中国其他的网络新媒介，更是莫迪亲自对中国多个网络平台进行调研分析后的决策。首发内容仅20个字符：“你好中国！期待通过微博与中国朋友们互动。”印度驻华大使馆工作人员表示，对于在中国社交平台上的“第一条微博”，莫迪总理本人也非常重视。在第一条微博发送前，虽然新德里还是清晨，但莫迪仍亲自过目内容，并提出修改意见。

2015年5月4日11时57分，时任云南省红河州委常委、宣传部部长伍皓在其微博“@伍皓红河微语”（UID：1662450871）征询网友关于“红河州产业文献信息咨询服务平台”网站的相关意见时，有网友在互动评论中却诉称，“现在五大中心那里有一群人在打着演杂技的幌子卖假药，骗那些大爷大妈的钱，归不归你们管呢，我是州医院的医生”。伍皓回复说，“（这事）本来不归我管，但你反映到我这儿了我就不能不管，群众的健康比天大。”

2015年5月11日23时51分，国家地震台网官方微博“@中国地震台网速报”（UID：1904228041）在“5·12”汶川大地震7周年纪念日前夜，发布了一条只有3个字的微博：“七年了……”淡淡的忧郁的眷念与感叹，引发网友强烈共鸣，此条微博转评超过6万条，点赞超过1万次。

2015年5月13日23时54分，有网友私信向共青团成都市委员会官方微博“@成都共青团”（UID：2044263792）反映称，他看到有一位在成都的微博网友表露意图自杀的内容。“@成都共青团”获取消息后立即追踪，与轻生网友私信互动并交流。在获得其提供的手机号码后，第一时间进行电话沟通和耐心规劝。一直到凌晨4时26分，在“@成都共青团”的成功开导后，该网友终于放弃了自杀念头。

2015年5月14日21时许，四川省成都市龙泉驿区团委官方微博“@青春龙泉驿”（UID：2035428610）收到网友私信称，其在成都开往广州的Z121/122次列车行李架上捡到了一张龙泉驿区代先生的身份证，并将身份证移交到成都客运段32305号列车员手中，因未拍照又忘记了具体户籍地址，因此请求“@青春龙泉驿”在当地协助找寻该失主。了解情况后，“@青春龙泉驿”于22时43分发布寻失微博，并逐一私信龙泉驿区各级兄弟单位政务微博，请其确认各自辖区是否有此人。5月15日8时53分，有反馈消息称已找到失主，并告知其领取办法。9时13分，失主“@只看××说话”微博私信向“@青春龙泉驿”表示，“谢谢，我已收到”。

2015年5月14日，四川省成都市人民政府政务服务中心官方微博“@成都服务”（UID：3710857535）联合成都商报官方微博“@成都商报”（UID：1700648435）、华西都市报官方微博“@华西都市报”（UID：1496814565）、成都全搜索新闻网官方微博“@成都全搜索新闻网”（UID：1892327960）等本地主流媒体，联合发起“成都市民证明难情况调查”，通过微博、微信渠道收集并解决了超过7000条市民有效诉求。随后“@成都服务”将调查情况和市民反馈写成专题报告呈报市委、市政府主要领导。2015年6月，时任四川省委常委、成都市委书记黄新初，市委常委、常务副市长朱志宏就“@成都服务”《关于开展“破解证明之难”活动改进政务服务工作有关情况的报告》做出肯定性批示，并要求在全市范围内开展清理规范民生领域证明材料工作，力求切实解决群众办证难问题，努力将成都打造成群众办事最便捷城市。直至2017年，成都市村（社区）证明事项清理规范工作，共梳理出313项证明事项，依法取消了298项不合法、不合理以及为规避部门责任而要求群众提供的证明材料。除婚育证明、经济困难证明、亲属证明等15个必要事项外，95%以上的证明都被取消。2017年4月，李克强总理专门就此事做出批示：“在砍掉各类不必要的证明、为企业和群众减负方面，各地都要有这样的决心和魄力。”他明确要求有关部门要进一步加强指导，“好的做法可及时推开”。

2015年5月15日，印度共和国总理莫迪访华期间，亲自在其官方微博“@莫迪总理”（UID：5581682776）上传并发布了与中国总理李克强的自拍合影，这对于从未见过国家领导人“秀”合影自拍照的中国网友而言如遇龙肝凤脑，迅速火爆全网，此条微博也创造了其个人微博超6万的最高传播纪录。在清华大学演讲前后，面对有中国网友在他的微博互动时说，“只要和人民站在一起就是好总理。莫迪总理，希望你回国后也要坚持与中国人民微博，能做到吗?”莫迪也坦率地互动回应说：“我想继续跟你们联系，会继续更新我的微博。也想听听你们的意见，尽量读你们发的评论。”

2015年5月15日15时27分，陕西省咸阳市淳化县境内发生大巴车坠崖事故。18时20分，中共陕西省淳化县委宣传部官方微博“@淳化宣传”（UID：3924945146）发布通稿，“现场造成25人死亡，5人在救治过程中因伤势过重死亡，其他伤员正在积极抢救中，原因正在核查中”。截至5月16日10点31分，事故最终共造成35人死亡，其中15男20女，含1名司机。其余伤者已被转移至咸阳市215医院等3家医院救治，有5人病情较为危重。当天，陕西省人民政府门户网站官方微博“@陕西发布”（UID：3097688767）一天内发布及转发共10条微博，动态播报事故救援处置进展。

2015年5月16日晚上，安徽省安庆市望江四中三名高一学生结伴离家出走，校方和家长发现情况后立即报警。当地警方通过调取长途汽车站监控确认，三个孩子当日下午坐上了去合肥的汽车。民警随即在望江县公安局华阳派出所官方微博“@安庆望江公安华阳派出所”（UID：1893489274）发布寻人启事，并在线与合肥市公安局官方微博“@合肥警方”（UID：2513443800）联动，请求协助。5月21日14时许，安庆望江公安华阳派出所与学校老师在合肥警方的协助下，终于在合肥市瑶海区一所出租屋内将孩子们找到。14 时 57 分，“@ 安庆望江公安华阳派出所”通报喜讯并鸣谢，“感谢合肥市公安局的大力协助，同时也感谢官方媒体和网友们在微博上的热心关注”。

2015 年 5 月 17 日 6 时 44 分，某网友发微博称“决定带着老婆孩子从银川最高的楼飞下去，一切都将结束，再也不用过被逼得走投无路的日子了”，迅速引起网友关注，不少网友急呼“不要!”并在线“@”银川市政务微博关注。17 时 33 分开始，银川市委办公厅、市政府办公厅官方微博“@ 问政银川”（UID：2239586647）介入，在线疾呼“@ 平安宁夏”（UID：2676217373）、“@ 平安银川”（UID：1978054071）、“@ 平安石嘴山”（UID：2695574314）协同参与，同时在评论区互动开导该网友。据当日 17 时 57 分的“@ 问政银川”的一条互动记录显示，“人的生命可贵，人生中没有过不去的坎，很多难事随着时间流逝都将不是什么事，为了家人，为了孩子要坚强”，在评论中微博值班人员直接留下了自己的手机号码。为了确保有效沟通，“@ 问政银川”又当即协调新浪微博从后台查找到当事人网友的手机号码，开始以短信方式互动，当晚确认当事人安全。18 日 13 时 31 分，该网友回复短信说，“您好，首先向您说一声对不起，虽然我不知道您是谁，但是从内心来说我是非常感激您和所有关心此事的人，由于我不理智的想法和决定造成了社会舆论，本人深表遗憾，我再次向大家说一声对不起。大爱无疆”。

2015 年 5 月 17 日 15 时，有网友向四川省成都市人民政府政务服务中心官方微博“@ 成都服务”（UID：3710857535）投诉称，自己在 2012 年遭遇抢劫导致身份证丢失，补办后的身份证与原身份证号码不一致，而证明两个身份证号是同一人的户籍证明一直办不下来，导致银行存款业务无法办理，请求帮助。“@ 成都服务”接件后即刻转派金堂县人民政府政务服务中心官方微博“@ 金堂服务”（UID：3446746724）受理。5 月 18 日 16 时 59 分，“@ 金堂服务”回应，已与网友取得联系，并根据其提供的村及派出所相关证明，结合查阅出的原始档案，已为其出具了《公民身份证号码更正证明》。5 月 19 日，该网友向“@ 成都服务”表示，“感谢你们的帮忙，我今天在金堂农行把钱取出来了，拖了三年的事情，幸亏有你们，才两天时间就解决了。非常感谢!”

2015 年 5 月 18 日中午，福建省漳州市公安局芗城分局官方微博“@ 芗城公安分局”（UID：1871921304）收到湖北网友小付发出的求助信息，称其被骗入漳州某传销组织窝点，还发来几张从阳台拍出的周边照片。芗城分局政工室马警官凭着常年在基层工作的经验，一眼就辨识出受害者所处位置为芗城元南花园小区。12 时 50 分许，芗城巷口派出所民警在该传销窝点当场控制 9 名传销人员，并成功解救出湖北网友小付。

2015 年 5 月 19 日 11 时 49 分，陕西省高级人民法院官方微博“@ 陕西高院”（UID：3912076973）发布爱心故事通报：《法官生命垂危，网络上满满爱心》。5 月 11 日，陕西省商洛市商州区人民法院法官徐晓峰被确诊患上急性白血病。15 日，该院同事将此消息发在陕西法院某微信工作群后得到爱心回响，法官们开始自发捐助。随后，陕西省富平县法院法官刘爱心、张一鸣与山东省淄博市中级人民法院干警联合，通过三人实名新浪微博“@ 法官爱民”（UID：3811990435）、“@ 富平一鸣”（UID：3165924220）、“@ 我只是个书记员”（UID：1700420644）发起在线公益求助，使此事件迅速得到了北京、山东、湖南、山西、四川等法院同仁和更多微博爱心网友关注。三天时间募集善款 34115.6 元。

2015 年 5 月 20 日 13 时 31 分，北京市公安局官方微博“@ 平安北京”（UID：

1288915263）一条仅两个字的“#我们#”的图文微博，称赞“朝阳群众”积极向警方提供线索的举动。在与网友的互动中，“@平安北京”解读了“朝阳群众”——“朝阳群众很神秘，因为警方会保护举报人的隐私，因此就不要刨根问底了；朝阳群众很可爱，因为他们嫉恶如仇，耳聪目明；警方工作离不开大家的支持和配合，不论是案件线索收集还是交通、消防、治安隐患排查，大家都可以来做朝阳群众”。此微博再次将“朝阳群众”这一神秘的“幕后组织”推上前台，成为社会舆论关注的话题。网友积极讨论，甚至有网友戏称“北京朝阳群众”成为继中情局、克格勃等世界王牌情报组织之后的又一“王牌”。

2015年5月21日10时38分，盈科律师事务所全球总部官方微博“@盈科律师事务所全球总部”（UID：1531794905）发布：北京市盈科律师事务所胡忠义、张力律师受邱少云烈士之胞弟邱少华先生的委托，担任邱少云烈士名誉权案件的委托代理人，正式启动维护邱少云烈士名誉权工作。通稿写道：2013年5月22日，孙杰在新浪微博上以名为“@作业本”的账号发博文称“由于邱少云趴在火堆里一动不动最终食客们拒绝为半面熟买单，他们纷纷表示还是赖宁的烤肉较好”。作为新浪微博知名博主“@作业本”，孙杰当时已有6032905个“粉丝”。该文在31分钟后转发即达662次，点赞78次，评论884次。孙杰以低俗文字对邱少云烈士进行侮辱、丑化，在网络和现实社会中引起了强烈反响，使邱少云烈士亲属的精神遭受严重创伤并使其家庭生活受到了极大影响。更为严重的是，2015年4月16日，加多宝（中国）饮料有限公司以其新浪微博账号“@加多宝活动”发博文称：“多谢‘@作业本’，恭喜你与烧烤齐名。作为凉茶，我们力挺你成为烧烤摊CEO，开店十万罐，说到做到。”而孙杰用“@作业本”账号在2015年4月16日转发并公开回应：“多谢你这十万罐，我一定会开烧烤店，只是没定哪天，反正在此留言者，进店就是免费喝!!!”孙杰与加多宝（中国）饮料有限公司以违背社会公德的方式贬损烈士形象用于市场营销的低俗行为，在社会上造成了极其恶劣的影响。截至2015年4月17日11时20分，相关微博被迅速转发1万多次，网友对他们的低俗行为进行了猛烈的抨击，评论多达两千余条，引发了网友及社会各界人士的强烈不满，也让邱少云烈士家属的精神再一次受到严重的伤害。

2015年5月22日17时13分，湖南湘潭网友“@湘潭戈矛”在微博上发布其电动车被盗的监控视频，并向湘潭市公安局官方微博“@湘潭公安”（UID：3424054302）在线报警。17时31分，“@湘潭公安”微博值班民警立即联系“@湘潭戈矛”并了解具体情况。18时35分许，雨湖公安分局云塘派出所所长刘锋惊喜地发现，视频中的盗窃电动车犯罪嫌疑人，正是该所当天傍晚出警归来抓获的赵某某。当晚20时许，网友“@湘潭戈矛”从派出所取回被盗电动车，从报案至结案，前后历时不到3小时。

2015年5月27日，复旦大学通过其官方微博发布110周年校庆形象片《To My Light》，当天即被指涉嫌抄袭日本东京大学2014年宣传片《Explorer》。随后，复旦大学官方微信、微博等平台将形象片《To My Light》撤下，并于28日晚在微信平台上发布新的复旦2015校庆宣传片。5月31日上午8点，复旦大学校方微博发布消息表示，视频《To My Light》涉嫌抄袭，造成不良社会影响，损害了学校声誉，伤害了大家的感情，学校对此真诚致歉。

2015年5月27日14时50分许，山东省烟台市公安局刑警沈成磊在抓捕盗车贼过程中遭遇犯罪嫌疑人李辉拒捕，遇刺牺牲。在缉凶的12个小时里，山东省济南市公安局公共关系处民警孙健在其个人官方微博“@孙警官说事”发布此消息后，网友纷纷在微博哀悼沈警官并对犯罪嫌疑人谴责声讨。其间，腾讯微博认证为“兰州媒体资深记者”的《兰州日报》评论特稿部主任赵文，在其个人官方微博“@赵文”与“@孙警官说事”互动转评时发言说：“条子不捣蛋，案子少一半；恶警充爹娘，快快来发丧!”而针对网民的质疑，赵文紧跟回应：“要求单位处分我？跨省缉拿我？一枪毙了我？孙子呀，赵爷在兰州等着你!”由此引发舆论激烈振荡，舆论混战主阵地移转至新浪微博。（编者注：2015 年 12 月 15 日，山东省烟台市中级人民法院依法公开开庭审理被告人李辉故意杀人、抢劫、盗窃一案，并当庭进行宣判。认定被告人李辉犯故意杀人罪、抢劫罪、盗窃罪，数罪并罚判处其死刑，剥夺政治权利终身，并处罚金人民币 3 万元。）

2015 年 5 月 28 日 17 时 22 分，网友“@三亚事儿”在微博上称，“大白天的路灯就这么亮堂堂的开着!! 监管的人去哪了?! 从昨天傍晚一直亮到现在啊，耗电不？三亚老是东一块西一块的限电，晚上停电，白天却又大开路灯，实在无语!”该微博发出后，被不少网友关注转发，市民更是吐槽抱怨不断。“最近全市缺电，时不时断电限电，岂能允许这么嚣张的浪费电能。”“总停电不说，这是有电嫌多吗?”当日 20 时 27 分，海南省三亚市人民政府新闻办公室官方微博“@三亚发布”（UID：2074376453）回应称，“三亚落笔洞路段路灯在 4 月中旬时，因地下电缆被盗，造成部分路灯不亮，影响附近居民出行。对此，市交通局要求施工单位在 5 月 30 日之前恢复该路段照明，现施工单位正抓紧进行穿线、维修、更换及调试作业，因此才会出现路灯白天仍亮的现象。预计调试工作明天全部完成”。

2015 年 5 月 28 日 20 时 09 分，《兰州日报》官方微博“@兰州日报”（UID：3201440542）发布“兰州日报关于对编辑赵文进行组织调查的决定”，通稿称：“据有关部门反馈的群众举报信内容，5 月 27 日我社兰州日报编辑部编辑赵文在其个人腾讯微博和新浪微博发表不当言论，伤害公安干警及家属的感情，在社会上造成不良影响，也损害兰州地区新闻工作者的形象。鉴于赵文个人言论造成的严重后果，经 5 月 28 日报社党委（社委）会研究决定：从即日起停止赵文编辑工作，接受报社调查，并做进一步处理。”

2015 年 5 月 28 日 21 时 12 分，四川省南充市公安民警秦辉出于对时任兰州日报社编辑赵文微博侮辱牺牲警察的激愤，在其新浪个人官方微博“@交警老秦哥”（UID：3293339445）发帖：“怒讨赵狗：赵文信口雌粪黄，大胆狗贼丧天良。恶意攻击骂警察，无事小丑又跳梁。多年鬼居兰州市，弄伎混入记者行。自恃社会悍卫者，哗众取宠已家常。烟台民警斗罪犯，牺牲令人欲断肠。赵文狗贼没人性，竟然发帖话风凉。诅咒快快发丧去，老子真肏他亲娘！呼唤大家守正义，共讨赵文狗豺狼!”

2015 年 5 月 29 日 18 时 45 分，在“赵文辱警”舆论事件中激愤发言的微博网友“@交警老秦哥”（UID：3293339445）所在单位四川省南充市公安局交警支队官方微博“@南充交警”（UID：1990288262）发布通告称，“交警秦辉在网上发布不当言论被停止执行职务”。微博正文：“5 月 28 日，我支队交警秦辉针对某报社编辑赵某伤害公安干警及家属感情的言论，在个人微博上发文，对赵某使用了不文明语言，不符合人民警察行为规范。经上级同意，对秦辉作出停止执行职务、接受调查的决定。”

六月

2015 年 6 月 2 日 16 时 54 分，《兰州日报》官方微博“@兰州日报”（UID：3201440542）公布了《关于赵文违规发表不当言论的处理决定》。通稿正文：“我社《兰州日报》编辑部评论特稿部编辑赵文在其个人腾讯微博和新浪微博发表不当言论，伤害公安干警及家属的感情，在社会上造成不良影响。经调查，5 月 27 日赵文在其腾讯个人微博上对有关网帖的恶意评论，造成恶劣社会影响。赵文的不当言论，目无新闻纪律，公开破坏公职规则，通过发表激进、极端的观点聚拢自己的网上人气，严重违反新闻职业道德，严重损害了兰州日报社和兰州地区新闻工作者的形象。鉴于赵文个人不当言论造成的严重后果，依据《中华人民共和国事业单位工作人员处分暂行规定》相关条例及新闻职业从业的有关纪律规定，经报社党委（社委）会研究，给予赵文如下处理决定：1. 从即日起注销赵文新闻记者证（证号：B62005955000165），并办理相关手续；2. 从即日起将赵文调离采编岗位，责令其限期调离兰州日报社。兰州日报社2015年6月1日。”

2015年6月1日晚，从南京驶往重庆的客船“东方之星”在从南京驶往重庆途中突遇罕见强对流天气，在长江中游湖北监利水域沉没。6月3日，联合国官方微博“@联合国”（UID：1709157165）一天内连发2条微博消息，传达了联合国对中国“6·1东方之星旅游客船倾覆事件”的重大关切。3日零时41分的微博称，“秘书长潘基文刚刚发表声明，对中国#长江客船沉没#造成的巨大人员伤亡深感悲痛。潘基文向遇难者家属表示哀悼，向中国政府与人民表示深切同情。潘基文表示，他衷心希望有更多的幸存者能被发现”。3日11时08分更新的微博则配发了时任联合国秘书长潘基文出镜表达慰问的秒拍视频，微博文本信息为：“秘书长潘基文6月2日发表声明表示，他沉痛地获悉中国长江上发生的客轮事故导致重大生命损失。他向受害者家人致以诚挚的哀悼，并向中国政府和人民表达深切的同情。潘基文在声明中还表示，他急切得希望能够找到更多的幸存者。”

2015年6月9日晚，央视主持人白岩松在CCTV13播出的“新闻1+1”节目中，在提及“6·9”河北肃宁特大枪击案中殉职的公安民警时，口头表达因使用了“死亡”和“离世”而没有使用“牺牲”、没有使用“犯罪嫌疑人”而称呼“施暴者”，并说“是什么原因让这个五十多岁的老汉端起了枪”（编者注：9日晚间节目中，央视记者直播连线口述及屏显字幕均为“肃宁特大枪击案，两句警察殉职”），由此引起舆论轩然大波。节目播出不久，微博上迅速出现大量公安民警批驳白岩松并要求其道歉的微博帖子，更有不少警界网友公开声称要与昔日偶像“决裂”。不过，也有网友辩称，根据2014年新修订的《人民警察抚恤优待办法》，人民警察因公牺牲，由所在单位的县级以上政法机关审查确认，由同级人民政府民政部门复核，实施监督。这一明文规定，说明“牺牲”还需要认定，所以白岩松谈不上“冷血”，而是新闻的准确用语。

2015年6月12日10时49分，重庆市人民政府新闻办公室官方微博“@重庆发布”（UID：1988438334）公布了《2020年重庆目标定位请你建言》有奖征集启事，微博称“今年，是‘十三五’规划编制年。为科学编制重庆市‘十三五’国民经济和社会发展规划纲要，6月15日至7月15日，市发改委将举办‘2020，我心中的重庆’暨2020年重庆目标定位建言征集活动，聆听您的心声和建议，还有大奖哟，最高奖5000元”。

2015年6月12日，网络季播剧《盗墓笔记》首播定档，在众多《盗墓笔记》“死忠”粉丝、李易峰粉丝的簇拥下，微博上的一句宣传语“重要的事情说三遍”意外被引爆，此后完全盖过了《盗墓笔记》本体。

2015年6月17日中午，央视主持人白岩松在出席参加中国传媒大学梧桐书屋“思想午餐”交流活动时，首次就当期微博关于其在节目中因对公安民警使用“死亡、离世”而引发的舆论风波进行了回应。白岩松称，“在制作新闻的时候，枪击案刚发生几小时，直播在当天，我上节目都是采用非常中性的说法”。他还提及了“新闻的准则”，并表示“做新闻不是做《感动中国》”，“我坚守新闻准则就变成警察对立面了？”在回应中，白岩松特别强调，“（当时）没说他是不是精神病人，也没说他到底是自杀还是被击毙的等等，都是未知的。当所有事实未清楚的时候，必须首先采用中立的词汇，这是新闻的准则。尊敬和尊重都是一定会到来的事情，为什么要着急在新闻出发的这一瞬呢?”白岩松还认为，出现这样的一个风波，这是一个需要社会去思考的问题。“现在中国最让我担心的问题就是人群的撕裂。每个人都急于站队，地域的歧视是长久以来就存在的，现在是不是又要出现媒体、公众和警察之间的撕裂?”

2015 年 6 月 18 日 12 时 14 分，北京市海淀区人民法院官方微博“@北京海淀法院”（UID：3927469685）发布案件播报：北京市海淀区人民法院受理洪道德起诉陈光武诽谤罪案。因认为 2015 年 2 月 2 日陈光武在其博客、微博发表的《洪道德教授，无道无德》文章捏造事实、损害其名誉，且截至 2015 年 5 月 14 日证据保全之日，浏览、转发量远超法律规定，洪道德提起刑事自诉，请求追究陈光武诽谤罪的刑事责任。

2015 年 6 月 19 日 12 时 28 分，云南红河网友“@云生之处”（UID：2172086670）在与时任红河州委常委、宣传部部长伍皓微博“@伍皓红河微语”（UID：1662450871）互动评论时投诉称，“近一个月来，蒙自天马周转许多用户有线电视长期中断，不能收看党中央和各级政府新闻和声音。请您翡翠之中过问此事，尽快让老百姓听到党中央的声音”。伍皓迅速将该诉求转交相关部门解决。6 月 23 日 16 时 53 分，该网友再次评论反馈：“伍部长，谢谢您。从第二天到现在，天马附近的有线电视用户已经能正常收看节目了。”6 月 26 日 16 时 46 分，“@伍皓红河微语”在微博感评道：只要真把群众的事当回事，哪怕只是一件小事，每解决一个小问题，群众对政府的信赖就会增多一分。不必讳言，我们的社会的确积累了不少的民怨，但我相信，只要多处理一件民怨，就能让群众过得更好一些。因此，无论多忙多累，干部都应有亲临现场去处理民怨的好习惯。

2015 年 6 月 24 日，全国人大常委会再次审议刑法修正案（九）草案。草案二审稿修改了收买被拐儿童可免追刑责情形的规定，改为满足一定条件可从轻处罚。这意味着今后收买被拐儿童的行为拟一律被追刑责。对此，时任公安部打拐办主任陈士渠在其个人认证微博“@陈士渠”（UID：1890443153）上表示，“没有买卖就没有伤害”，“我赞成收买被拐儿童一律定罪。刑法的此次修改对于打拐工作具有里程碑意义，有助于消除买方市场，从源头上减少拐卖犯罪发生”。

2015 年 6 月 25 日，北京市海淀区人民法院一审审结了原告（反诉被告）方是民与被告（反诉原告）原中央电视台主持人崔永元名誉权纠纷一案，认定双方均有部分微博构成侵权，判令各自删除侵权微博，在《新华每日电讯》、腾讯微博网站首页连续 24 小时向对方公开赔礼道歉，并赔偿对方一定数额的精神损害抚慰金及诉讼合理支出。法院在判决书中特别指出，崔、方二人均为公众人物，更应言行谨慎，注意避免在网络中的不当言论造成对他人名誉的损害。涉及公共议题的讲座，目的是为了求得真理、达成共识，更需讲求一定的议事规则，通过科学论证、讲事实、摆道理、“对事不对人”等方法，来说服对方和大众，更不应把对公共议题的讨论转化为“比人品”“比下限”的竞赛，使“对事”的讨论沦为“对人”的攻击。希望双方在今后进行微博发言时，能够对其语言、行为方式进行反思，秉承客观、理性、宽容、负责的议事原则，科学论证、节制表达、“对事不对人”，使自己的网络言行符合人们对社会公众人物的道德期待。

2015 年 6 月 27 日 8 时 06 分，河南省前政协常委“@赵克罗”（UID：1960222213。现

已被依法注销）在微博评论一条新闻时，将毛泽东称为“毛贼”，并称“老毛贼搞大跃进、文化大革命、穷兵黩武，对中国人民犯下滔天罪行，为什么不能反？”此言论激起了黑龙江省大庆市人民检察院官方微博“@大庆检察”（UID：1663521665）值班人员的愤然驳击，11时59分，“@大庆检察”在转评互动中斥责道：“赵克罗？这名字一听音儿就不是正装生产的！验DNA没？象是动物杂交的！不通人语呢？”口水战引发全网关注热议。

2015年6月28日8时52分，在“@赵克罗”（UID：1960222213。现已被依法注销）微博诋毁毛泽东事件引发“@大庆检察”（UID：1663521665）介入论战后，湖南省人民检察院官方微博“湖南检察”（UID：2845256043）紧随“@大庆检察”发文声讨，要求“@赵克罗”为辱骂毛泽东一事道歉。文中写道，“请问@赵克罗：作为大陆国民党一委员，谁给你权力和资格如此辱骂老毛？如此对立和仇视新中国领袖？如此侮辱甚至反动言论，该不该上法庭？一个只会骂人的委员，谈何公民？公平？不是垃圾，胜似垃圾！限三日内，你须向全国人民公开道歉！否则，唾沫也要淹死你！”接连被两个政务微博质疑后，“@赵克罗”微博回骂道：“一群他爹娘忘记起名的流浪狗在我微博上乱吠，对这些狗叫我也没听见，回去问候下你们爹娘！对于有名字的狗，我已拍照留存，将逐一委托律师起诉！针对‘@大庆检察’官微对本人侮辱咒骂之论，虽然你删除了，如果不公开道歉，我必将委托律师诉之，让你们付出代价！另本人从未删除相关微博！”赵还要求“@大庆检察”和“@湖南检察”必须在三日内公开道歉：“本应弘扬法治，维护公平正义，保持客观独立，然二个官微也公然侮辱咒骂，可见尔等在日常司法中是如何祸害百姓的。本人要求二者三日内公开道歉，否则法庭上见。”

2015年6月28日9时38分，黑龙江省大庆市人民检察院官方微博“@大庆检察”（UID：1663521665）就其微博值班人员与辱骂毛泽东的“@赵克罗”（UID：1960222213。现已被依法注销）论战对攻一事发布《声明》：“6月27日，大庆检察认证微博就赵克罗部分内容发表不当言论，我院高度重视。经调查核实，该言论系我院干警个人行为，未经单位审核。今后我院将加强微博平台管理工作，对干警私自利用官方微博发表个人言论批评教育，严肃处理，对所产生的不良影响深表歉意！请广大网友监督。”再次引发公众热议，该微博被转发8000余条。网友“@暴雨雷霆”（UID：5444593531）批评大庆检察院领导，“在大是大非面前莫丢失了党性原则，在批评自家小编的同时，敢不敢同时对赵克罗侮辱开国领袖的言论表示谴责呢？”网友“@椒江叶Sir”（UID：2035895904）说，“自我批评后不敢批评，爱惜羽毛了?! 大是大非前，退避三舍了?!”

2015年6月29日，共青团山东省委官方微博发布的一条关于江苏抗洪抢险战士的微博，迅速引起网友的关注，网友纷纷对抗洪战士点赞和致敬。然而，7月3日，微博认证为“陕西省汉中汉台团区委干部”的“@爱笑的眼镜LT”发表评论说，“没事的时候，好吃好喝的供着他们，国家有事需要他们的时候，他们就得去，这是基本的契约精神”。该评论发出后立即成为微博热门话题，关注热度迅速超过抗洪抢险事件本身。而在网民回复的内容，附和该干部言论对军队进行嘲讽挖苦的声音不在少数，也有许多网民抱着看“军政互掐”好戏的心情对该事件进行围观。事后，涉事单位及时对该干部进行了处理，该干部也发布了道歉声明。

2015年6月29日下午，广州一女网友在微博上自称炒股失败，意欲自杀。广州市公安局官方微博“@广州公安”（UID：1722022490）值班民警网络巡查发现后，及时反映给110

报警服务台并组织警力，最终找到当事女网友，了解到其利用全部积蓄炒股失利后欲自杀的详情。经民警与其邻居反复开导后，女网友情绪得以逐步平复。

2015 年 6 月 29 日晚 20 时 09 分，时微博认证为中国国民党革命委员会河南省委员会委员的“@ 赵克罗”（UID：1960222213。现已被依法注销）在其个人认证微博发表道歉信，正文：“道歉：本人就前日微博上所涉及毛泽东的言论，个别用词有不当之处，造成了不良影响，在此向其家属表示深深的歉意。本人保证以后在网络上不用侮辱性言论，依法依规上网，还网络一个清朗之地。作为民主党派成员，以后继续为参政议政、民主监督贡献自己的一份力量。”此道歉微博旋即引发“不接受”的舆论声浪。网友“@ 肖新海”（UID：2062570873）说，“绝对不能接受赵克罗的道歉！耐人寻味不可理喻的是同一个事件为什么会出现两个道歉？请大庆检察说明你的道歉的原意是什么！”网友“@ 芙蕖河”（UID：1460437862）说：“不管真诚与否。说明人民的力量是伟大的！”

2015 年 6 月 30 日 12 点 08 分，浙江省杭州市西湖博物馆官方微博“@ 杭州西湖博物馆”（UID：2036024474）发布公告称，“我馆昨夜被盗，失窃了 14 件新石器时代红山文化玉器等，现已向公安报案，如主动归还将不追究其法律责任”。45 分钟后又发布辟谣内容并置顶，称“被盗号了”。当日 13 时 20 分许，西湖博物馆官微又转发该微博，称盗号者就是这个人，理由是“因为期间对他进行了关注”。13 时 50 分，上述 3 条微博全部被删除。随后，时任浙江省杭州市西湖博物馆办公室主任蓝来富表示，该馆微博被盗号了，前 3 条微博均不是馆内工作人员发布。

2015 年 6 月 30 日下午 14 时 55 分，陕西省榆林市子洲县公安局交通警察大队官方微博“@ 子洲交警”（UID：3334892624）发布微博称，1950 年开始的土地改革“谋财害命、杀人越货、制造仇恨、摧毁中华民族的优良道德传统”。面对网友的质疑，“@ 子洲交警”在当日下午将微博删除，并在当日 23 时许发布了两条道歉微博，称这是一次工作失误，绝非有意为之，“微博管理员责任心不强，发布微博时随意复制粘贴发布，以应付的工作态度管理微博帐号导致发布不当言论”。

七月

2015 年 7 月 5 日 1 时 23 分，共青团陕西省汉中市汉台区委官方微博“@ 青春汉台”（UID：2322764810）就团干部微博发表抗洪军人的不当言论事件发布通报：“亲爱的网友，经团汉台区委核实，‘@ 爱笑的眼镜 LT’系曾在我单位挂职的一名干部，2012 年 5 月挂职结束后，已回原单位。对该账户的认证信息我们将积极协调新浪进行调整。该干部的不当言论，我单位将积极与其单位取得联系，对其进行严肃批评教育。”该微博同时配发“@ 爱笑的眼镜 LT”的道歉声明图文：“我正式向大家道歉，为我的无知言论。军人用生命抗灾，我不应该这样说话，为我的无知言论伤害了大家的感情再次表示歉意，希望获得大家的谅解。我以后一定加强学习，加强自己的世界观、人生观改造。再次表示道歉。”

2015 年 7 月 9 日 13 时 45 分，北京市海淀区人民法院官方微博“@ 北京海淀法院”（UID：3927469685）发布案件播报：自由撰稿人吴先生投稿参加 2011 年由河南《大河报》、河南金鑫国际珠宝有限公司和北京微梦创科网络技术有限公司在微博上联合举办的“金鑫珠宝 - 河南微小说大赛”，并公布征稿邮箱。同年 7 月，他向该邮箱投稿，微梦创科公司在其微博上先后刊发了他原创的共计 66 篇微小说。吴先生多次发送邮件要求停止侵权并支付稿费，但均未得到回应，亦未收到稿酬。后其将微梦创科公司诉至法院，要求停止侵权、赔礼道歉，并支付稿酬及赔偿共计5万余元。北京市海淀区人民法院已受理此案。

2015年7月14日晚，“三里屯优衣库试衣间不雅视频”疯传微博微信。随后，尽管微博平台对相关视频进行了清理删除，但其恶劣影响已经造成了病毒式传播。7月15日上午，优衣库官方微博“@优衣库_UNIQLO”（2212667031）回应“有关网络上针对该事件是否为UNIQLO的营销炒作，我们坚决予以否定”，并提醒消费者“正确与妥善使用店铺提供的试衣间”。7月15日下午，国家互联网信息办公室约谈新浪、腾讯负责人，责令其开展调查，对涉嫌低俗营销等行为进行严厉查处。7月15日12时15分许，北京市公安局官方微博“@平安北京”（UID：1288915263）发布消息称，“警方对此高度重视，已介入调查”。15日晚，警方带走包括优衣库不雅视频男女主角等5人进行调查，并于当晚发布通报，“经查，该淫秽视频中的两名当事人于4月中旬在该试衣间内发生性关系并用手机拍摄视频，后该视频在传递给微信朋友时流出并被上传至互联网。警方将孙某某等人控制，孙某某因将淫秽视频上传新浪微博被刑事拘留，3人因传播淫秽信息被行政拘留。”

2015年7月20日10时14分，北京市海淀区人民法院官方微博“@北京海淀法院”（UID：3927469685）发布案件播报：认为姓名、肖像被使用营利，歌手汪峰起诉维权，海淀法院已受理。歌手汪峰因认为“草根歌手”丁勇未经许可，使用其姓名、肖像、演唱汪峰拥有著作权歌曲在微博上进行营利性宣传，汪峰以侵犯姓名权、肖像权为由将丁勇诉至法院，要求立即停止侵权行为，并支付侵权损害赔偿金45万元，以及精神损害抚慰金5万元。

2015年7月21日17时43分，广东省惠州市龙门县人民检察院官方微博“@龙门检察”（UID：3925668256）发布消息：2015年7月21日，龙门县人民检察院以涉嫌故意伤害罪，依法对龙门县“7·15”故意伤害医生案件犯罪嫌疑人廖威林批准逮捕。7月15日上午9时许，龙门县人民医院神经内科女医生欧丽志在该医院内科住院部办公室被患者廖威林持刀砍伤。16日22时，为声援受伤医生欧丽志，一项名为“中国百万医师联合签名：拒绝暴力！”的行动在网络上被发起，截至18日18时许，已有60万个签名。

2015年7月22日13时30分左右，山东威海文登青年侯聚森被多名不明身份青少年持械围殴，导致多处受伤住院。据了解，事件起因于侯聚森在其微博“@侯聚森－侧卫36”（UID：2603400397）发表一些爱国言论，双方此前在网上有过言语冲突，此次被打疑因网上意见不合者所为。据侯聚森披露，对方通过人肉搜索得知了他的一些信息，22日上午还有人到他家附近打听他的具体住址和电话。侯聚森被打的消息在网络上传开后，许多网友纷纷发声支持侯聚森，谴责这种施暴行为，要求严惩打人者。

2015年7月22日20时30分，山东省威海市公安局文登分局官方微博“@文登警方在线”（UID：5304892889）发布：7月22日13时30分许，山东省威海市文登区师范学校门口发生一起治安案件。文登警方迅速处警，初步查明：当事人侯某在网上与他人发生纠纷，后相约文登师范门口并发生肢体冲突。目前，公安机关正全力对案件进行调查、侦破。此条微博阅读量20万+。2015年7月23日18时04分，山东省威海市公安局文登分局官方微博“@文登警方在线”（UID：5304892889）发布：“7·22”治安案件涉案人员梁某某，于23日17时40分在烟台开往贵阳的K1204次列车上被查获。

2015年7月24日17时58分，山东省威海市公安局文登分局官方微博“@文登警方在线”（UID：5304892889）发布“7·22”事件处理结果。通稿称，经查证：2013年以来，侯某某与梁某某、陈某某等人经常在网上发表不同言论，进而形成纷争、谩骂，并经常在网上互称要和对方见面“理论”。案发前，梁某某、陈某某、张某某、张某某等 4 人来到文登，梁某某同时准备了甩棍等作案工具。案发当日上午，陈某某数次通过 QQ 约侯某某见面“理论”，侯某某均做出见面“理论”的回应；13 时 40 分许，侯某某同孙某（男，20 岁，系侯某某同学）等人员从文登师范学校校内走到校门口，侯某某先与陈某某互殴，后梁某某、张某某、张某某、孙某等参与斗殴，致侯某某、张某某轻微伤。根据查明的事实，依据《中华人民共和国治安管理处罚法》第二十六条第（一）项，威海市公安局文登分局对涉案双方人员做出行政处罚决定：对陈某某、梁某某分别处以行政拘留十五日，对侯某某、张某某、张某某处以行政拘留十日，对孙某处以行政拘留七日。其中，梁某某、侯某某、张某某因年龄已满 16 周岁不满 18 周岁、初次违反治安管理，依据《中华人民共和国治安管理处罚法》第二十一条第（二）项，行政拘留不执行。此条微博阅读量 130 万 +。

2015 年 7 月 26 日晚，河南洛阳公安民警李辉峰在西安游玩时，因同行朋友手机丢失遂向西安警方报警。在等待西安警方出警过程中，李辉峰还抓了一个小偷。之后，在西安市莲湖区北院门派出所内，李辉峰因不满该所民警的接警态度，随口说了一句“我靠”，引发他与该所民警发生肢体冲突并被扣留 20 小时。事后，李辉峰将此遭遇吐槽发微博，引起网友关注并涌向陕西省公安厅、西安市公安局及西安网信办多个官方微博声援。8 月 5 日凌晨 1 时 47 分，西安市公安局莲湖分局官方微博“@西安莲湖公安”（UID：5146754762）发布消息回应称，“洛阳交警在莲湖分局北院门派出所被留置一事，莲湖分局决定，对值班副所长吕勇、值班民警白晋襄停止执行职务，接受组织调查”。

2015 年 7 月 28 日，一篇 2013 年 5 月 31 日发布的名为《最美乡村教师候选部艳敏：被拐女成为山村女教师》的报道被网友翻出，引发巨大争议。7 月 29 日上午 9 时 46 分，时任公安部打拐办主任陈士渠通过其个人官方微博“@陈士渠”（UID：1890443153）称，“人贩子必须严惩，买主也必须追究刑责，对受害人应当救助”。并已部署当地警方调查。

八月

2015 年 8 月 1 日 9 时许，江苏网友“@遗失的永远”微博发布信息称，“在常熟方塔街有名女孩六七岁的样子，和一名老人在街边乞讨，怀疑是被拐儿童”。微博配发现场照片并“@”江苏省苏州市公安局官方微博“@苏州公安”（UID：1806686502）。该微博迅速传播，而“有人在苏州拐卖孩子”的谣言也开始蔓延。30 分钟后“@苏州公安”互动发布，“网民反映的常熟方塔街有疑似拐卖儿童事宜，警方已迅速展开调查并尽快将调查结果告知市民，请市民不信谣、不传谣”。并同步“@”给“@苏州刑警”和“@常熟公安”要求迅速核实情况。在“@常熟公安”协同“@常熟市公安局方塔派出所”走访查找老人和孩子，“@苏州刑警”采集小女孩 DNA 样本并与全国被拐儿童 DNA 数据库进行比对后，8 月 3 日 10 时，“@常熟公安”发布微博：“8 月 1 日接网友反映方塔街乞讨老人涉嫌拐卖女童一事，经与安徽利辛县公安局联络核查，确认该老人与该女童为合法领养关系；据‘@常熟教育’核实，该女孩在常熟农民工子弟学校正常就读。”

2015 年 8 月 3 日，南京媒体报道了一桩“公务员打人事件”并微博同步发布，引起社会广泛关注。据微博报道中播放的视频显示：7 月 11 日 21 点 36 分，在南京林业大学培训中心的前台，约 10 人在楼上用完餐后，一男子来到宾馆前台开房间时，提出了降价和“用一张身份证开两间房”的要求被宾馆前台女服务员拒绝后，该男子对女服务员实施了殴打，并踢了在场的一位保安的下体。该事件中的男子也被曝光为时任南京市玄武区住建局副调研员陈爱平，市民网友一片谴责之声。8 月 3 日下午，中共南京市纪律检查委员会、南京市监察委员会官方微博“@ 钟山清风”（UID：2942982592）3 小时内连续发布 3 条微博通报事件查处情况：“已连夜组织人员进行调查，调查结果将及时公布”；4 日 18 时许，“@ 钟山清风”更新微博发布通报，“媒体报道和举报的玄武区住建局副调研员陈爱平殴打他人一事情况属实，决定对其违纪问题立案调查”。最终，警方依法以酒后寻衅滋事对陈爱平给予行政拘留 13 日，并处罚款 1000 元的处罚。同时，陈爱平受到留党察看一年、行政撤职处分。2015 年 8 月 23 日下午 16 时分，“@ 钟山清风”微博公开通报了 8 起发生在群众身边的“四风”和腐败问题典型案例，“陈爱平酒后殴打他人问题”在列。这也成为南京市纪委当年 7 月底启动群众身边“四风”和腐败问题线索专项挂牌督办工作以来通报的首批典型案例。

2015 年 8 月 8 日下午 5 时许，新浪微博用户南宁一年轻女子为情所困，扭开家中煤气罐后，将自杀消息在微博上公布。网友发现后，立即向南宁警方报警。南宁市公安局大沙田派出所和前进警务站在接到警情后 21 分钟，成功将已经昏迷的女子救出。因救援及时，女子脱离生命危险。

2015 年 8 月 10 日 13 时 36 分，重庆市人民政府新闻办公室官方微博“@ 重庆发布”（UID：1988438334）宣布“2020，我心中的重庆”暨 2020 年重庆目标定位建言征集活动圆满结束，张正的“国家中心城市、西部开发支撑、城乡统筹高地、战略产业重镇、美丽生态山城”等 5 位市民的建言获得一等奖，还有 3 人获得二等奖，12 人获得三等奖，特等奖空缺。

2015 年 8 月 11 日，有银川市民发微博说，每天听着洒水车的音乐声“腻味死了，咱能不能换换?”当日 16 时 33 分，银川市兴庆区市容环境卫生服务中心官方微博“@ 兴庆环卫”（UID：2202981490）公开回应并听取意见，微博里说，“世上只有妈妈好”“祝你生日快乐”这些旋律一旦响起，必是洒水车驶来无异。银川市的洒水车伴随着这些老曲目，已经走过了十几年的光景。那咱大银川的洒水车能不能也“切”个歌？别着急，这些歌曲可以换！即日起，广大市民可以通过微博将您的推荐歌曲和理由发给我们。

2015 年 8 月 12 日 23 时 20 分左右，位于天津市滨海新区天津港的瑞海公司危险品仓库发生火灾爆炸事故，造成 165 人遇难（其中参与救援处置的公安现役消防人员 24 人、天津港消防人员 75 人、公安民警 11 人，事故企业、周边企业员工和居民 55 人）、8 人失踪（其中天津消防人员 5 人，周边企业员工、天津港消防人员家属 3 人），798 人受伤（伤情重及较重的伤员 58 人、轻伤员 740 人），304 幢建筑物、12428 辆商品汽车、7533 个集装箱受损。事发后 23 时 29 分，网友“@ Ada 豆豆豆”（UID：1394896567）率先求证发出微博爆料“海港城附近爆炸，谁知道怎么了”，再次让微博成为突发公共事件的第一信源。随后，网友“@ 愚大象”“@ Allin 赤子心”等天津网友发布的微博瞬间引爆全网，舆论聚焦关注天津港。8 月 13 日零时 11 分，中央人民广播电台新闻综合频率《中国之声》官方微博“@ 中国之声”（UID：1699540307）引述网友“@ 愚大象”微博图文发出官方媒体第一声。零时 24 分，上海《新闻晨报》官方微博“@ 新闻晨报”（UID：1314608344）综合转载；零时 26 分，浙江《温州都市报》官方微博“@ 温州都市报”（UID：1926641510）转载。零时 27 分，《环球时报》微博“@ 环球时报”（UID：1974576991）转载。零时 38 分，安徽《安徽商报》官方微博“@ 安徽商报”（UID：1806503894）转载……零时 43 分，《人民日报》法人微博“@ 人民日报”（UID：2803301701）发布。

2015年8月13日，“8·12”天津滨海新区爆炸事故后，凌晨3时52分，天津市人民政府新闻办公室官方微博“@天津发布”（UID：2489610225）对此事件做出首次权威发布，“天津港危险品仓库发生爆炸事故。8月12日晚11：20左右，天津港国际物流中心区域内瑞海公司所属危险品仓库（系民营企业）发生爆炸。目前，初初步核查，7人死亡，部分人员受伤，周边建筑受损。在灭火过程中发生2次爆炸，导致部分现场人员被困，正在全力搜救。”

2015年8月13日凌晨1时36分，天津“8·12”爆炸事故发生后，网友“@我的心属于拜仁慕尼黑always”（UID：5261313797）更新微博，暗示其身份为此次事故人员的亲属，引起网友关注。当晚22点30分，其又发布“在医院见了父亲最后一面”“抱着我的狗狗哭”等暗示其父“重伤不治”的一篇短文，顿时吸引无数网友同情关注，阅读量超过200万，很多网友评论说“大半夜哭成泪人”。同时，跟帖中不少网友纷纷通过“打赏”功能捐款，少则10块多则上百。其间，国内畅销书作家张嘉佳互动时表示希望能资助她上学，带她去看球赛。而此过程中，也有众多网友辨析并质疑其信息不可信。截至14日凌晨3时29分，3724位网友打赏“@我的心属于拜仁慕尼黑always”，单笔金额最大1万元。

2015年8月14日北京时间零时48分，联合国官方微博“@联合国”（UID：1709157165）发布：“秘书长潘基文刚刚发表声明，对天津爆炸事件造成的重大人员伤亡深感悲痛。潘基文向遇难者以及献出生命的消防员家属表示哀悼，向中国政府和人民表示慰问，并向所有参与紧急应对工作的人们表示致敬。”

2015年8月14日上午，新浪微博社区管理官方微博“@微博管理员”（UID：1934183965）通报，针对网友举报“@我的心属于拜仁慕尼黑always”涉嫌以虚假身份发布虚假微博消息诈捐的情况，新浪微博已将其账号关闭，并冻结其所收取的款项。对于可能涉嫌诈骗的情况，已经依法向网警报警。14日20时36分，广西壮族自治区防城港市公安局官方微博“@防城港市公安局”通报：已查明网友举报的微博“@我的心属于拜仁慕尼黑always”是防城港市人杨彩兰，其父母健在，且均未去过天津。杨彩兰承认在新浪微博发布虚假信息。警方查明，自8月14日零时41分至8月14日2时45分，杨彩兰通过微博共获得了3856名新浪微博网友的“打赏”，总金额为96576.44元人民币。

2015年8月14日，国家互联网信息办公室严肃查处了360多个传播涉天津港“8·12”特别重大火灾爆炸事故谣言信息的微博微信账号，这些互联网企业依法对有关账号采取关停措施。天津港“8·12”特别重大火灾爆炸事故发生后，一些微博账号、微信公号编造、散布“有毒气体已向北京方向扩散”“方圆一公里无活口”“商场超市被抢”等谣言，制造恐慌情绪。还有人谎称亲属在爆炸中身亡，以“救灾求助”为名传播诈骗信息，谋取钱财。特别是一些“网络大V”恶意调侃，发布极不负责任的有害言论，造成恶劣社会影响。有吴姓“大V”称“天津的爆炸已成为大规模杀伤性武器，堪称爆破界杰作”，有一位“大V”将天津爆炸事故与广岛、长崎原子弹爆炸相关联，渲染恐怖气氛，甚至有人发布辱骂消防队员言论，恶意配发血腥图片。这些恶劣言论受到网民谴责和举报。

2015年8月19日11时24分，北京市海淀区人民法院官方微博“@北京海淀法院”（UID：3927469685）发布案件播报：廖凡之父起诉新浪微博及博主李某侵犯名誉权，海淀法院已受理。2015年8月14日，李某在其新浪微博称，“湖南大众传媒学院影视艺术系主任廖先生与教务老师张女士通奸，张女士生下的儿子竟然是廖先生的！张女士一开始就是有预谋为廖先生生孩子，发现之后张女士伙同廖先生运用下流涉黑手段对老公和知情人进行人身威胁和陷害，这样的人格可以为人师表吗？”同时将该文置顶。廖先生认为李某发布的博文构成名誉权侵权，遂将发布者李某及新浪微博运营者北京微梦创科网络技术有限公司诉至法院，要求停止侵权、公开道歉、赔偿各项费用53万余元。

九月

2015年9月1日至10月15日，云南省昆明党务政务信息公开平台官方微博“@昆明发布”（UID：3816699409）、云南省昆明市发展和改革委员会官方微博“@昆明市发改委”（UID：3816690645）、中共昆明市委宣传部官方微博“@昆宣发布”（UID：1990226474）联合在新浪微博发起《我的“十三五”·梦想新昆明》意见建议征集活动，广大市民和社会各界人士可通过微博平台提出自己心中的“昆明市十三五规划蓝图”。据统计，此次共有200万人次关注并参与了微博建言活动，征集到的430余条市民意见建议中，有120余条被城市规划编制起草小组吸收。据分析，网民意见建议主要集中在城市规划建设管理、保障和改善民生、生态建设等方面。此外，城市发展与定位、产业结构调整、公共交通建设等方面的工作也较受关注。

2015年9月3日上午，北京天安门广场隆重举行中国人民抗日战争暨世界反法西斯战争胜利70周年纪念大会，并举行阅兵式。上午9时30分，网友“@周顾北的周”（UID：3916555030）发出的一条“#9.3胜利日大阅兵#”话语微博被网友热度关注成为当日最热微博，正文仅有7个字——“这盛世，如你所愿”，配图则是周恩来总理满是期望眼神的一张黑白照片。截至当日晚20时，该微博转发量达93万，评论及点赞量达79万。网友“@Lulu田心”说：“十里长街，总理犹在。突然泪目。”网友“@过不过都是曾经”说：“眼泪被硬生生的逼出来……我们都好，爷爷你可安心了。”网友“@邹pressure”说：“最敬爱的周总理，国泰民安，我们中国发展的很好。”网友“@雨巷漫悠长”说：“为中华之崛起而读书！此刻，你我心潮澎湃，我中国已崛起，正朝着中华民族伟大复兴之路而奋进。同学们，为中华之兴盛而读书！人民必胜！”

2015年9月3日，时值纪念反法西斯战争胜利70周年阅兵日，歌手“@庾澄庆”、台湾女子乐园SHE成员Selina“@赛琳娜Selina”、台湾女艺人“@林志玲”、演员“@赵薇”、台湾主持人“@蔡康永”、台湾艺人“@何润东”、台湾艺人“@黑人建洲”、台湾女艺人“@陈乔恩”、台湾女艺人徐熙媛“@大S”、台湾女歌手范瑋琪“@范范范瑋琪”等一些明星微博，因当天未参与大阅兵主题的传播和表达，招致部分微博网友的谩骂和攻击。“没发博，差评”“杀青和阅兵比算个屁啊”“果断取消关注，都没有提阅兵”“国家大事一点也不关心，还是中国明星吗？”“为啥不致敬？”

2015年9月5日，有网友爆料一组广州海珠区南田路疑似出现“女丧尸咬人”的骇人图片，引发网友广泛关注。有网友声称该“女丧尸”是因为服用了新型毒品“浴盐”导致理智丧失。9月5日11时37分，广东省广州市公安局官方微博“@广州公安”（UID：1722022490）权威辟谣：图片为一剧组在拍摄时的剧照。同时针对新型毒品进行了普及宣传称，还真有所谓的“丧尸药”：甲卡西酮及卡西酮类化学品会使食用者产生强烈的幻觉，导致精神紊乱、行为异常，但产生类似效果的远不只这一种。警方呼吁网友“珍惜生命远离毒品”。

2015年9月8日10时，浙江省嘉兴市环保局官方微博“@嘉兴环境保护”（UID：

1980945285）在与万达集团董事王思聪转发的某网站抽奖活动互动时称，“老公让我中呗!”引发网友哗然。有网友认为，作为嘉兴市环保局的官方微博，理应把注意力集中在环境保护和民生问题上，而不应该转发和环保工作根本无关的微博。也有网友认为，作为一个政府部门的官微，竟然直呼王思聪“老公”，实在是太不严肃，不可理喻。还有一部分网友评论，官方微博卖萌已然令人咋舌，转发和工作内容无关的抽奖微博，实在是欠妥。8 日 11 时 49 分，“@嘉兴环境保护”删除该微博，并发布微博称：“各位网友，今日上午十时，我局微博被盗号，给您带来不便深表歉意，谢谢网友的及时提醒，我局会持续加强微博管理。感谢网友对我们的关注!”而据时任浙江省嘉兴市环保局政策法规宣教处处长蔡华晨称，“今年（2015）5 月份，我们也出现了一次账号被盗用的情况，当时也更改了密码，没想到这次又被盗用了。”有网友对此置评，“同一个坑摔倒两次就是傻瓜”。

2015 年 9 月 21 日，广东省清远市环境保护局官方微博“@清远环保”（UID：2720864561）疑似微博账号密码被盗，在当天上午 11 时 49 分发布了两篇招嫖信息，5 小时后发现并删除。

2015 年 9 月 28 日，内蒙古自治区呼和浩特市互联网信息办公室联合呼和浩特市公安局网安支队对呼和浩特地区部分违规微信公众号和认证微博的负责人进行了约谈。这是呼和浩特市网信办首次约谈微信公众号和认证微博的负责人。此次联合约谈的呼和浩特地区部分违规微信公众号和认证微博都不同程度存在在提供互联网新闻信息服务过程中，违法转载新闻信息、从商业利益考虑蓄意篡改新闻标题、发布低俗信息、传播谣言等问题。

十月

2015 年 10 月 4 日上午 8 时 55 分，江苏省无锡市人民医院副院长、第十二届全国人大代表陈静瑜在其个人微博“@陈静瑜肺腑之言”（UID：2507788061）配以“泪目心碎”的微博图标哭诉，称其医疗团队 4 日凌晨携带刚刚取出几小时的爱心捐献的移植肺源，要从广州赶回无锡手术，却遭遇国庆假日高速拥堵，致使到达广州白云机场时离起飞只有 24 分钟，最终南方航空公司以迟到为由拒绝了医生团队登机。陈医生在微博上说，“我们团队 8：05 到值机台，此时飞机计划 8：29 飞，南航支持下完全可以让我们上机的，心痛!!”此事件迅速引发网友热议，有表达对南航的失望愤怒，也有称陈医生“打感情牌煽动网民真不是明智之举”，更多的理性声音开始探讨有关肺源运输的“绿色通道”机制建设。该条“吐槽”的微博终被转发 12503 次、评论 11987 条、点赞 16947 次。

2015 年 10 月 4 日，南京朱先生和四川肖先生在青岛一家名为“善德烧烤”的餐馆点餐时，菜单上标价 38 元，在结账时店老板却按每只虾 38 元的价格收费，后经过多方协商，两人分别以 2000 元和 800 元的餐费结账离开。10 月 5 日，有网友微博爆料“青岛大虾 38 元/只”。10 月 5 日 9 时 45 分，青岛交通广播 FM897 官方微博“@青岛交通广播 FM897”（UID：1931238691）在第一时间进行了曝光。“@青岛市旅游局官方微博”（UID：2115980191）也进行了及时应对，而网友并不买账。10 月 7 日，“@青岛市旅游局官方微博”一条以“吃在青岛”为主题的图文美食微博被网友转载调侃。10 月 7 日，青岛市人民政府新闻办公室官方微博“@青岛发布”（UID：2239082677）在官微中发布由青岛市旅游局、青岛市工商行政管理局、青岛市物价局和青岛市公安局《关于进一步治理规范旅游市场秩序的通告》，以此进行回应。同日，“@青岛发布”又发布了《关于维护消费者合法权益的声明》，称青岛市旅游局、青岛市工商局、青岛市物价局、青岛市公安局等将联合在全市范围内开展拉网式市场秩序大检查、大整顿。

2015年10月5日上午，《新华日报》刊发新闻稿《生死时速，空运捐献肺源却被拒登机！开辟生命“驼峰航线”已迫在眉睫!》，对4日微博热议的“爱心肺源被拒登机”后最新进展进行了报道，“（在被南方航空拒绝登机后）在深圳航空的支持下，取肺医生改签深航9：50航班起飞，最终在取肺9小时后抵达无锡市人民医院。16：15，双肺移植结束，等待供肺多日的呼吸衰竭病人得救。”同时，文章对肺源捐献和运输的特殊复杂性进行了专业解析，“病人等到匹配的肺捐赠费时两到三年”。并再次呼吁“国家应建立器官转运绿色通道支持系统”。

2015年10月5日10时34分，微博内容中心官方微博“@微博热点”（UID：2431328567）就南航以未做准备为由拒绝肺源登机事件发起话题微博投票：“#肺源转运机场受阻#，你觉得应该怎么办?”此微博被网友转发28596、评论40911、点赞2413，截至投票结束，共有6万网友参与。数据显示：97.2%（62775人）认为“特事特办，应开通应急绿色通道”，2.8%（1841人）认为“坚持规则，航空公司有权拒绝迟到旅客”。

2015年10月5日下午19时16分，陈静瑜医生在微博披露，他当日在接受CCTV采访时表示，“我的目的是让更多的人知道我国器官捐献移植瓶颈，我会一如既往以这方式发类似微博，直到我的人大建议得到落实、国家建立民航器官转运流程造福病人，我才会停止。”并透露此次肺移植手术的最新动态：“目前我的双肺移植病人恢复良好，明天可脱呼吸机自由呼吸。”10月5日晚23时，央视在CCTV13新闻频道“24小时·国内焦点”栏目以《医生携移植肺迟到登机被拒》为题作调查报道。

2015年10月9日上午9时13分，北京市海淀区人民法院官方微博“@北京海淀法院”（UID：3927469685）发布案件播报：海淀法院审结一起涉及影视作品与综艺节目同名构成不正当竞争案件，四川卫视《万万没想到》被判更名。通报称，2015年2月，四川电视台因擅自使用与2013年万合天宜公司出品的网络剧《万万没想到》同名的节目名称，并在微博中使用在先作品的微话题及海报进行宣传，“明显具有攀附他人商品知名度和搭便车的嫌疑，主观上难谓善意”，被海淀法院一审判决在更名前停止制作和播出涉案《万万没想到》综艺节目，消除影响并赔偿经济损失12万元。

2015年10月15日，原文化部官方微博“@文化部”（UID：5713450386）开通上线。当日15时08分发出第一条微博：“各位网友好，文化部官方微博正式开通了！我们将在这里发布文化政策、信息、资讯。期待大家的支持和关注。”第一条微博发出后，6小时转发评论均超5万，峰值评论数达到36万（后有清理）。有不少网友为文化部门主动倾听网友心声的胆量点赞，同时也有不少网友表达对影视、文化领域现状的不满，“请重视知识产权问题”“多弘扬一些民族的优秀文化，不要再让抗日神剧荼毒荧屏了”“广电总局为什么要下那么多禁令”“请谈谈各大电视台的假广告问题”等，更多的居然是呼吁广电总局也开通官方微博，“叫你家兄弟出来开微博”在某时段呈整齐划一的排队娱乐动作。

2015年10月16日，广东省深圳市公安局交通警察局官方微博“@深圳交警”（UID：1792702427）接网友举报称，一辆粤BH6M09白色现代小车涉嫌变造号牌，“@深圳交警”通过大数据进行排查后发现，该车的号牌实为粤SH6M89。遂对该车辆故意变造号牌的行为，依法做出扣车+记12分+5000至20000元罚款+15日拘留的处罚。

2015年10月17日下午，深圳网友“@二院MVP”在微博上发出了一条在南光高速公路上用手机现场抓拍、移动即时发布的9辆占用应急车道行驶的交通违法车辆，车辆牌照清晰可见，并“@”呼叫广东省深圳市公安局交通警察局官方微博“@深圳交警”（UID：1792702427）。微博发出后5分钟，“@深圳交警”快速响应并互动回复，“占用应急车道9辆车，共（罚）27000（元），（扣）54分。核实后，我们将奖励你450元。”围观的网民欢呼雀跃，一来为深圳交警的雷厉风行表达赞许，二来在微博上“奔走相告”并热情表达“以后坐车再也不睡觉了”“现在就开车去高速拍照”“以前错过了不少发财的机会”等，该条微博也被迅速转评互动3万之多。深圳交警走“网络群众路线”、组织发动群众参与的力量、以政民互动为基本行为范式进行城市交通违法的治理创新赢得广泛赞誉。

2015年10月20日10时17分，中共银川市委市政府通过其官方微博“@微博银川”（UID：1898782627）发布《银川市政府公开征集2016年度为民办实事事项》通告。文称，“为促进我市经济社会和谐健康发展，使广大群众享受更多的社会发展成果，现面向社会公开征集2016年度为民办实事具体事项。征集时间：即日起至11月20日；征集方式：直接发微博留言；发电邮到weiboyinchuan@163. com。”

2015年10月27日上午8时43分，歌唱演员于文华在其微博“@于文华”突然发布消息称，“一位快乐的老者、一位为大家带来无数优秀作品的大家——阎肃老师，因病，今日于空军总医院去世。愿这位和蔼可亲的老人家一路走好。”随后，华西都市报记者独家核实确认到，阎肃并未去世，其夫人称将追究造谣者法律责任。9时44分，于文华删除原微博并发文：“就刚刚误转阎肃老师的消息不实，郑重向大家道歉，向家人道歉!”

十一月

2015年11月5日北京时间凌晨4时25分，加拿大总理“@特鲁多_ JustinTrudeau”（UID：3185896742）在微博上向中国网友通报喜讯：“今天，很荣幸宣誓就职加拿大第23任总理。”

2015年11月12日14时，北京市海淀区人民法院开庭审理了江中药业被诉侵权案。因认为微梦创科公司、江中药业公司未经许可，在新浪微博中使用了其享有著作权的图片，华盖创意公司以侵害其信息网络传播权为由诉至北京市海淀区人民法院，要求停止侵权、赔偿损失等。

2015年11月18日，广东省深圳市公安局交通警察局官方微博“@深圳交警”（UID：1792702427）接网友举报称，路面发现一辆粤B0378学号车遮挡号牌。经查，该车为深港驾校教练车，驾驶员在驾照被东莞交警扣留期间（扣18分、未参与学习）仍驾教练车教学。司机涉嫌故意遮挡号牌，驾车未随车携带驾驶证、行驶证，被依法罚款6200元、扣14分。

2015年11月21日，有细心的网友发现，江苏仪征、安徽明光等多地基层官方微博接连爆出某明星的不雅照，且内容基本一致。作为发布不雅照的政务微博之一，江苏省仪征市迎江社区官方微博“@迎江社区”（UID：2711420612）的所属单位扬州仪征市真州镇迎江社区主任王勤向媒体回应称，“密码被盗了”。

2015年11月22日11时24分，微博网友“@一个有点理想的记者”（UID：1907166177）发文称，11月9号，他乘坐早八点的南航CZ6101次航班前往北京采访时，经历了生死的一刻。飞机起飞5分钟，他突发肠梗阻，痛苦不堪，但飞机落地后，延时50分钟才打开舱门。而此时，处理此事的空乘和机场医生因为“怕担责”互相推诿，该记者无奈自己走下飞机，爬上救护车。后来，经过十五小时后的紧急手术，取出了一段长0.8米的坏死小肠，才幸运保住性命。文章发布之后在网络上刷屏，并引起了网友热议，不少网友痛斥南航不负责任，忽视乘客生命。23 日中午，中国南方航空官方微博“@中国南方航空”正式回应，称“作为航空承运方，南航向这位旅客表达我们的歉意”。

2015 年 11 月 26 日下午，四川省成都市上空突然一声巨响，顿时让微博微信朋友圈炸开了锅，各类猜测迅速传播。四川省成都市人民政府政务服务中心官方微博“@成都服务”（UID：3710857535）迅速发声，表示正在向相关部门求证原因，请网友勿信谣传谣。短短一个小时就得到数百网友响应，各大媒体账号纷纷转发。“@成都服务”也成为该事件中首个发声的官方账号，对稳民心、聚民意起到重要作用。事后经军方证实，巨响系军方测试新型战机突破音障时产生的音爆。

2015 年 11 月 27 日下午，微博网友“@韩家小乖雪”发布了一张其在北京地铁 4 号线车厢抓拍到的一位红衣年轻妈妈哺乳的照片，并配文称“姑娘，你在地铁上这个样子真的好吗?”随后 19 时 26 分，北京往事公益组织官方微博“@北京往事网站”以“公共场所不要裸露性器官”“提醒你‘这里是北京的地铁之上，不是你们村的公交车’”为议题，复制转载“@韩家小乖雪”图文信息二次发布，引发众多网友质疑。网友“@元若若”说：“第一，拍照的人很不道德；第二，仁者见仁，淫者见淫；第三，明确的表明户口歧视不是一个官方微博应有的态度。”11 月 29 日凌晨 1 时 30 分，“@北京往事网站”删除了争议微博并发表声明致歉。凌晨 2 时 57 分，“@北京往事网站”再次更新微博称，“由于本微博的失误对当事人所造成的伤感致以真诚的歉意，对不起！从今日起本微博暂停使用闭门思过！言论需过脑，做事需谨慎。”

2015 年 11 月 27 日凌晨 1 时左右，金州新区一女网民的男友刘某通过微博发出求助信息，称其女友企图自杀，希望有人能前去给予救援。辽宁省大连市公安局指挥中心注意到该网络舆情后，根据刘某提供的当事人住址，将消息传达到了大孤山派出所。通过调查走访，警方在绿洲半岛一号楼找到了当事人，成功劝阻该轻生女子。

2015 年 11 月 29 日，联合国儿童基金会官方微博“@联合国儿童基金会”发微博表示：“母乳是宝宝最自然健康的完美食物，不可替代。按需喂养，第一时间进行母乳喂养是每一位哺乳妈妈和宝宝的权利，包括在公共场所。全社会应为母乳喂养提供更多支持。”此微博内容中嵌入#北京地铁哺乳#话题，也是对 11 月 27 日北京地铁 4 号线上一位母亲哺乳的照片，引发微博网友以“裸露性器官”这一偏颇理解的舆论参与和公开回应表态。

2015 年 11 月 30 日 23 时，四川省成都市龙泉驿区团委官方微博“@青春龙泉驿”（UID：2035428610）接网友求助称，其 13 岁的儿子岳某于 11 月 28 日上午 9 时 05 分从位于成都市金牛区的家中出门，说要去星辉东路的布克书城看书，但至今未归。“@青春龙泉驿”经向其家人致电确认信息后，于 12 月 1 日凌晨 1 时 03 分发布寻人微博，众多网友积极扩散。12 月 1 日 11 时 19 分，“@青春龙泉驿”收到该网友消息说，“我儿子找到了，谢谢你们了”。

十二月

2015 年 12 月 5 日，湖南湘乡的易某夫妇被人捅伤，送医后死亡，凶手逃之夭夭。湘乡市公安局迅速展开网上追逃，12 月 5 日 19 时 41 分，湘潭市公安局官方微博“@湘潭公安”（UID：3424054302）发出配有嫌犯照片的协查通报。2 分钟后，湖南省公安厅官方微博“@湖南公安在线”（UID：5645893201，现更名为“@湖南公安”）转发，随即公安微博、民警微博、媒体微博、网友微博积极转发扩散。12 月 6 日凌晨 6 时许，警方得到网友提供的重要线索，犯罪嫌疑人彭某某将潜逃回家。湘乡市公安局望春门派出所会同湘乡市公安局刑侦大队在彭某某家中将其抓获，该案在案发 20 小时之内成功告破。

2015 年 12 月 6 日 20 时 57 分，北京市红十字会紧急救援中心（999）官方微博“@ 北京 999 紧急救援中心”（UID：1510046105）就 11 月 26 日网友“@ 一个有点理想的记者”发表的微博文章《一个记者向北京市卫计委投诉及向 999 急救索赔的声明》作出回应，发表《致歉声明》。声明称，在与相关医疗单位衔接时，存在交接不清的失误；转诊时未给予患者更多医院选择；在医疗过程中，人文关怀不够，未考虑患者感受。11 月 23 日，“@ 一个有点理想的记者”自曝其 11 月 9 日乘坐南航沈阳至北京的飞机后，突发急病，先后经历了抵京后舱门延时 50 分钟才开、机组和急救推诿搬运、首都机场医院检查后无力诊治又由 999 急救车“强行”转送平级 999 急救医院等一系列十多个小时折腾后，在其医生朋友协助下将其送到北大人民医院抢救脱险的遭遇。

2015 年 12 月 7 日 11 时 42 分，中共银川市委、市政府官方微博“@ 微博银川”（UID：1898782627）就其 10 月 20 日 10 时 17 分微博发布的《银川市人民政府公开征集 2016 年为民办实事事项》征集结果发布通告。通告称，“2015 年 10 月 20 日至 11 月 20 日，银川市政府公开征集 2016 年度为民办实事事项，共收到网民意见建议 216 件，其中：电子邮件 142 条，微博 64 条，‘银川发布’公众微信 10 条。这些意见建议将被提供给市政府督查室进行分析归纳整理，从中筛选出 2016 年度为民办 10 件实事事项（草案）提交市政府常务会议审定。”

2015 年 12 月 8 日，广东省深圳市公安局交通警察局官方微博“@ 深圳交警”（UID：1792702427）接网友微博举报称，90 路粤 BM1831 公交车司机开斗气车。深圳交警机动训练大队立即核查，并召唤该车司机到交警队接受调查。该车行车记录仪视频显示，网友举报情况属实，大巴司机因不礼让行人、进入导向车道变道、不按规定上下客等违法行为被罚款 1000 元，记 3 分。同时，深圳交警向该公交公司开具了整改通知书，责令整改。

2015 年 12 月 15 日上午 9 时 35 分，中央人民广播电台新闻综合频率《中国之声》官方微博“@ 中国之声”（UID：1699540307）通过电台和微博同步发出呼吁：“早上 8 点，一辆转运急救车正从大连出发，正在前往北京军区总医院附属八一儿童医院的路上，预计晚上 6 点到达北京，他们的车牌号是辽 BJ7X97，希望沿途的车辆为小宝宝让出生命通道。”迅速引起网友响应。北京市公安局公安交通管理局官方微博“@ 北京交警”（UID：3427645762）获知消息后迅速回应，联系家属、设计路线并安排警车带路，为“巴掌宝宝”打通了一条生命之路。河北省高速交警总队官方微博“@ 河北高速交警”也即时向总队指挥中心通报，并发布避让“辽 BJ7X97 救护车”为“巴掌宝宝”争取救援时间。随后，北京市公安局官方微博“@ 平安北京”、辽宁省交通厅官方微博“@ 辽宁交通”（UID：2388502127）等政务微博及时加入协同传播，播报护送进展。16 时 50 分左右，载有小天佑的救护车经过四方桥，再由光明桥进入二环，而此时东城的交警正在广渠路路口等待接应。8 分钟之后，由交警的摩托车引领，救护车开过建国门桥。17 时 02 分，“@ 北京交警”更新发布：“在交警护送下，救护车已顺利到达八一儿童医院，感谢沿途司机的配合避让。希望宝宝及时得到救治，平安顺利！”17 时 10 分，小天佑办理入院手续准备接受进一步检查。

2015 年 12 月 16 日 18 时 10 分，中共银川市委、市政府官方微博“@ 微博银川”（UID：

1898782627）就“2015年银川市政府为民办十件重点实事完成情况”作出公示。微博称，“今年的实事工程实际包括10大项29个子项，除需要跨年度实施的3个建设类子项目外，其余项目全部完成。”并配发图片和官方网站链接，对完成情况细目进行详情说明。

2015年12月19日上午10时，北京市海淀区人民法院官方微博“@北京海淀法院”（UID：3927469685）发布案件播报：“奔跑吧兄弟”官方微博发图引发著作权纠纷，北京市海淀区人民法院已受理此案。漫画师万晴诉称，其在个人实名认证微博“@养猫画画的随随”上发布的漫画图片，被浙江广电经营的浙江卫视频道所属的《奔跑吧兄弟》官方微博擅自用于广告宣传，且在使用其作品时未署名、未支付报酬并对作品进行了修改。为此，漫画师诉至法院，要求停止侵权、公开致歉、赔偿经济损失等。

2015年12月21日凌晨1时整，《南方都市报》官方微博“@南方都市报”（UID：1644489953）发布题为《航拍夜间救援现场：坚持住，我们还在找你》的微博，其中提到：“离深圳工业园发生大型山体滑坡已经过去10余个小时，现场的救援正在紧张进行。《南方日报》一直在现场为您带来夜间救援的一手画面。记录现场救援，为现场的每一个人祈祷。”不少看到此微博视频的网友不禁感慨：“原本以为只是一场塌陷事件，没想到场面如此令人震惊!”

2015年12月22日，“12·20”深圳特别重大滑坡事故发生的第二天，首批自12月20日11时40分接警后第一时间抵达现场，连续奋战48小时的4名优秀消防队员，被批准火线入党。从面向党旗宣誓到合影，整个入党仪式简短简洁，前后不到两分钟完成。然而此一消息在微博上旋即被某些“大V”嘲讽。当日，关于“火线入党”的辨析也成为舆论的热门话题。

2015年12月22日上午，北京市第二中级人民法院依法对浦志强煽动民族仇恨、寻衅滋事案一审公开宣判，判决其有期徒刑3年，缓刑3年，浦志强表示服从判决不上诉。12月14日，北京市第二中级人民法院依法对此案公开开庭审理。法院审理认为，2012年1月至2014年5月，被告人浦志强使用其注册的“@小小律师浦志强”等新浪微博账户，先后8次发布多条微博，挑拨民族关系，煽动民族仇恨，共计被转发2500余次，评论1300余条，引发了一些网民激烈的民族仇恨、民族对立情绪，具有现实的社会危害性，达到情节严重程度。而且在被网站管理员多次提醒不宜公开、予以处理的情况下，浦志强仍继续发布煽动性微博，足见其主观上具有煽动民族仇恨的故意心理，其行为已构成煽动民族仇恨罪；法院审理认为，2011年以来，针对社会热点事件，被告人浦志强先后4次发布侮辱性微博，辱骂多人，共计被转发900余次，评论500余条，引发大量辱骂性跟帖和负面言论，不仅给他人造成了心理伤害及社会评价降低的后果，而且造成网络空间秩序的混乱和恶劣的社会影响，扰乱了社会公共秩序，已达到情节恶劣程度，其行为已构成寻衅滋事罪。

2015年12月23日晚，认证为“蓝天救援队的外联部长”的微博“@蓝天碎叫”发表长微博文章《请善待我们救援者，哪怕我们只找到一只鸡》，详细讲述了“12·20”深圳特别重大滑坡事故中的艰难，并为奋战在救援一线的武警官兵们鸣不平。文中那句“我在十米深的泥坑里凿着墙，你在敲着键盘骂我娘”让网友感叹。据当日早前广东省公安消防总队官方微博“@广东消防”（UID：2113463832）发布的动态消息，12时10分，在大约6米的建筑废墟下，深圳光明区消防队救出一只活鸡。救援队员早上在此处搜救破拆时监测到水泥下方有活物移动，便立即搜救，没想到救出的是一只鸡。结果，此一消息招致网友非理性调侃。

2015 年 12 月 30 日晚，广东暨南大学珠海校区一名大一男学生在微博发出“一张照片再见 2015”（19：58）和“对不起，再见”（20：29）两条微博后，从学校教学楼五楼跳楼自杀。微博内容中透露自己患有抑郁症，并袒露自己是“同性恋者”，觉得愧对父母。珠海市警方当晚九点多接警到现场，120 到场后证实该男生已死亡，警方排除他杀。

2016

一月

2016 年 1 月 4 日，西安市旅游局官方微博“@ 西安市旅游局”（UID：2061858797，现更名为西安市旅游发展委员会官方微博“@ 西安市旅游发展委员会”）在发布转载自西部网一篇文章时，截取了这样一段话：“西安城墙，是孤独的，它的那些老伙计们：北京城墙、南京城墙……早就灰飞烟灭了。”遭到网友们的质疑与纠错。同时，南京城墙的主管单位——南京市文广新局下属的南京城墙保护管理中心，也在其官方微博通过转发表达抗议，“南京城墙现存 25 公里，且大部分是原墙体，不论从体量或等级，都比西安城墙要高。你们代表政府官方发声，这样不负责任就未免有失公信。希望查实资料再作声。”昨天下午，西安市旅游局信息办负责人在接受扬子晚报记者采访时，表示对微博中的错误“向南京网友道歉，向南京城墙道歉！”1 月 5 日下午，有争议的微博被西安市旅游局删除，随后“@ 西安市旅游局”发布致歉微博称，“昨日‘@ 西安市旅游局’发布的内容来源于本地媒体的《西安城墙——一个孤独的幸存者》，长图微博措辞不严谨，编辑审核疏漏，小编特此向‘@ 南京城墙’及南京人民致歉！”

2016 年 1 月 4 日早晨，安徽省阜阳市民张剑升 51 岁的父亲张奎华在去往大坝行政村的途中走失，因为其父的脑部因车祸留下过后遗症，一家人万分焦急。张剑升寻找几天无果后，1 月 7 日，他通过微博求助安徽省阜阳市颍上县公安局官方微博“@ 颍上公安在线”（UID：1029909282）。1 月 9 日，颍上江口派出所民警接到居民反映，在该镇某村发现一名疑似走失的老人。根据颍上县公安局官方微博“@ 颍上公安在线”下发的协查通报，民警分析认定此人正是张奎华，遂第一时间与张剑升的母亲取得联系，走失五天的张父终于回到家。

2016 年 1 月 4 日晚 18 时许，重庆市某大学生向江苏省宿迁市公安局官方微博“@ 宿迁警方”报警求助，称其同学徐某当日下午在班级 QQ 群、微信群内发布多条求救语音，言称自己被传销组织控制，位置显示在沭阳县。接警后，“@ 宿迁警方”微博管理员立即将情况上报至市局指挥中心，并同步在线通报沭阳县公安局。沭阳县公安局迅速展开紧急搜寻与营救。在徐某手机、QQ 都已经关闭的情况下，警方通过基础信息研判、视频监控搜索和警力排查，经过民警 20 多小时的奋战后，最终锁定了徐某位置。5 日 20 时许，民警化装成物管人员敲开了房间的门，发现屋内有 7 名 20 多岁的青年男女，其中一名正是网友所说的徐某。徐某被成功解救，传销窝点被捣毁。

2016 年 1 月 8 日晚 22 时 07 分，深圳市公安局光明分局官方微博“@ 平安光明”（UID：2281990792）发布通报：光明警方依法查处一名散布谣言的违法人员。1 月 7 日，光明警方发现网民刘某（女，湖南人）在微博“深圳市光明新区‘12·20’特别重大滑坡事故救援处置情况通报”后跟帖称：“已经挖出700具尸体了”。经查，该内容为刘某所杜撰。刘某因构成散布谣言扰乱社会秩序的违法行为，被依法处以行政拘留5日。

2016年1月9日下午15时43分，四川德阳网友“@瞌睡瞌睡”微博上向德阳市纪委官方微博“@德阳效能”（UID：2701627560，现更名为“@廉洁德阳”）诉称，其在周末拨打咨询交警队审车有关事宜时，接听电话的民警态度恶劣，甚至数次直接挂断电话，“请问德阳市公安局纪委的投诉电话是多少？我要投诉。如果德阳市公安局纪委不受理，我就向德阳市纪委投诉。面对群众的咨询，只会一遍又一遍的回答：不晓得，不要问我。”该条微博发出10分钟后，“@德阳效能”互动回应，了解情况，并立即责成德阳市公安局纪委进行调查核实。经德阳市公安局纪委调查后，确认网友反映的问题属实，对相关责任人进行了严厉批评教育，并对责任民警诫勉谈话一次，责任民警、当班接线辅警扣发当月绩效工资。

2016年1月16日晚，一则广州街头疑似被拐儿童的图文信息在网上热传。照片显示，凄风冷雨中，疑似被拐男童侧躺在一名裹着头巾的中年妇女怀中酣睡，看了不免让人同情。但同时网友也纷纷私信广东省广州市公安局官方微博“@广州公安”（UID：1722022490）反映情况。1月17日15时32分，“@广州公安”在调查核实相关情况后发布长图文通报称，“广州警方在获悉情况后，迅速转递越秀警方跟进处置。民警在上述地址找到该2名乞讨人员。现场检查发现女子和幼童户籍资料齐备，初步证实是母子关系，不存在拐带嫌疑。至21时许，考虑到天气寒冷且下雨，民警将乞讨母子带回派出所避寒，提供御寒衣物和食物，并进一步核实相关情况。……经越秀警方核实，乞讨女子杨某（42岁，贵州省人）带儿子小祥（化名，5岁）两年前陪同丈夫潘某（45岁，贵州省人）到广州打散工，并在广州有暂住地。为了帮补家庭开销，杨某一段时间以来带着小祥在环市东路一带乞讨。警方经过DNA鉴定，现已证实杨某与小祥系亲子关系。目前，越秀警方已将母子两人安全送回暂住地。”该通稿一经发布，严谨翔实的文字也记录了广州公安对群众的情感和态度，获网友一片点赞，“广州不冷”“大爱广州”。

2016年1月20日14时，北京市朝阳区人民法院知识产权审判庭公开宣判“胡扬琳”艺名不正当竞争案一审判决结果：桂莹莹、太格印象公司构成不正当竞争。判令桂莹莹不得使用“胡扬琳”进行演艺活动，删除桂莹莹个人微博主页、太格印象公司官网、公司法定代表人微博关于“胡扬琳”的宣传内容及声明；赔礼道歉；赔偿胡杨琳23.3万余元。此前，歌手胡杨琳因与“老东家”北京太格印象传媒技术有限公司解约后，“老东家”另谋新人演唱自己的成名曲《香水有毒》等歌曲，并将自己的名字作为桂莹莹的艺名使用，歌手胡杨琳以不正当竞争为由将该公司及旗下签约艺人桂莹莹诉至法院。

2016年1月24日，广东省广州市罕见地下了一阵短时小雪。随后，有社交媒体传出“白云山被白雪覆盖”的美图照片，引起大批市民驱车前往观看，并由此造成白云山周边道路交通拥堵。17时整，广东省广州市公安局官方微博“@广州公安”（UID：1722022490）发布辟谣信息，“今天广州下雪，但白云山并没有一些社交媒体上所传播的白雪覆盖的景象。正准备到白云山赏雪的市民请注意，连在山顶通宵执勤到此刻的警察叔叔都出来辟谣了，您还堵在去白云山看雪的路上吗？还是早点回家吧，注意防寒保暖喔。”并配图指认相关图片为PS制造假象。与此同时，广州市区道路上的大型交管信息显示屏即时更新“白云山没有飘雪，周边交通拥堵，建议市民不要前往”的温馨提示。

2016年1月25日，一段“女孩痛斥号贩子”的视频火爆于微博，一天之内微博阅读量达到 1400 多万。在这段时长约 3 分钟的视频中，一位操东北口音的女子痛斥号贩子，“一个 300 元的号，问我要 4500 元，我的天，老百姓看病挂个号要这么多钱，这么费劲。”女子还称，号贩子和医院保安“里应外合”。1 月 26 日 13 时 43 分，广安门医院官方微博“@ 广安门医院官方微博”（UID：2196221737）发布《中国中医科学院广安门医院关于“女孩痛斥号贩子视频”有关情况的说明》。通稿称，“2016 年 1 月 19 日，视频中的女患者未挂上脾胃病科专家号，提出疑义，并拨打 110 报警。为不影响正常医疗秩序和其他患者就诊，我院工作人员即为其安排其他专家处就医。该患者就诊后自行离开。经医院初步调查，此次事件无保安参与倒号的行为及证据。目前警方已介入调查，最终结论以警方调查核实为准。”同时，“@ 广安门医院官方微博”表示，“广安门医院非常感谢广大患者和网友对医院长期以来的关注与支持。不法人员的倒号行为，损害患者利益，也损害医生利益，更扰乱正常医疗秩序。我们同患者一样，对此深恶痛绝。一直以来，医院都在积极配合公安部门，不断增强安保力量，持续开展治安巡查，严厉打击‘号贩子’，维护患者的正常就医权利。”

2016 年 1 月 26 日 15 时 35 分，北京市卫生和计划生育委员会官方微博“@ 首都健康”（UID：2417852083）发布《北京市卫生和计划生育委员会关于“外地女子北京看病怒斥黄牛的视频”的情况说明》，对“外地女子北京看病怒斥黄牛的视频”事件作出回应。通稿称，“经我们核实，视频发生地为中国中医科学院广安门医院。”同时，“@ 首都健康”表示，“‘号贩子’严重扰乱医院治安和就医环境，在社会上造成很坏影响。北京市卫生计生委对依法打击“号贩子”的态度是明确的，对‘号贩子’现象，尤其是医疗机构内部个别不法人员内外勾结的行为，始终采取‘零容忍’。长期以来，我们多次配合公安机关开展了打击扰乱医疗机构正常就医秩序的行动。今后，也将继续配合公安机关做好相关工作。下一步，我们将继续加强医疗机构内部管理，做好预约挂号平台建设，为患者提供正常的就诊秩序。如果市民朋友和广大患者发现有医疗机构的不法分子内外勾结、扰乱医疗秩序的，可随时向公安机关或卫生计生行政部门提供线索证据。”该回应文章被阅读 82 万 +。

2016 年 1 月 27 日 17 时整，原国家卫生与计划生育委员会官方微博“@ 健康中国”（UID：2834480301，现国家卫生健康委员会）以背书转发中央电视台新闻中心官方微博“@ 央视新闻”（UID：2656274875）消息的方式，对“女孩痛斥号贩子”事件作出回应：责成北京卫生计生委认真调查。“@ 央视新闻”在 1 月 27 日 15 时 36 分发布的微博中称，“国家卫生计生委宣传司司长毛群安今日表示，已责成北京卫计委认真调查，严肃查处医院工作人员与号贩子勾结，卫生部门和医院要密切配合公安机关打击号贩子。他鼓励大家采取预约挂号，不要同号贩子交易，以免受骗。”

2016 年 1 月 27 日，据新华社北京 1 月 27 日电文，国家中医药管理局 27 日针对网络流传的“外地女子北京看病怒斥黄牛”视频事件表示，不法人员的倒号行为，严重损害了患者利益，严重扰乱了正常医疗秩序，必须坚决严厉打击。国家中医药管理局要求，中国中医科学院广安门医院等医院要引以为戒，进一步加强挂号管理和安全管理，积极配合公安机关等部门坚决打击“黄牛倒号”行为，保护群众切身利益，发现问题一律严肃处理，绝不姑息。国家中医药管理局指出，各中医医院要进一步加强管理、改进服务，实施好便民服务各项措施，方便群众就医。

2016 年 1 月 27 日，江苏省苏州市公安局官方微博“@ 苏州公安”（UID：1806686502）发布消息称，知乎“大 V”账号“@ 童瑶”诈捐，犯罪嫌疑人童某涉嫌诈骗罪已被苏州市公安局刑事拘留。“@苏州公安”利用微博征寻受骗网友与办案民警联系，引起社会舆论针对网络募捐的广泛关注。

2016年1月28日14时59分，北京市公安局官方微博“@平安北京”（UID：1288915263）发布消息称，“2016年1月19日7时许，西城区分局广安门内派出所接一群众反映广安门中医院号贩子情况的报警后，立即赶往现场了解情况并开展工作。在前期调查的基础上，治安总队会同西城分局连续开展工作，先后在广安门中医院、协和医院、宣武医院抓获号贩子12名。期间，1月25日清晨，民警在广安门中医院抓获号贩子7名，其中作拘留处理4名。目前，针对广安门中医院号贩子问题，市公安局相关部门已成立专案组，正在进一步工作中。市公安局相关负责人表示，将继续与卫生等部门密切协作，对号贩子等违法行为组织开展专项打击整治行动，合力为群众营造和谐安定的就诊环境。”该微博转发6650、评论10719、获赞15644。

2016年1月30日12时47分，网友“@熹小覃”（UID：1842909153）发微博自我倾诉，自己在成都火车东站进站安检时，因为与其他旅客相互拿错了同款的行李箱，直到下车后才发现，不知道该怎么办。共青团成都市委员会官方微博“@成都共青团”（UID：2044263792）发现后迅速主动与该网友私信了解具体情况。在随后得知其从行李物品中获悉另一旅客为湖南双峰人的线索后，于19时47分发布紧急寻物信息，并同步在线联系湖南省公安厅官方微博“@湖南公安在线”（UID：5645893201，现已更名为“@湖南公安”）请求协助。最终，经过“@湖南公安在线”、湖南省双峰县公安局官方微博“@双峰公安”（UID：2001587735）和当地村支书等七个环节的周转接力，于当晚22时07分顺利找到该网友的行李箱。

二月

2016年2月5日，英国前首相卡梅伦在中国传统春节到来前夕，通过其官方微博“@英国首相”（UID：3919002287）向中国人民祝福农历猴年“新年快乐”。

2016年2月11日晚21时许，北京市公安局官方微博“@平安北京”（UID：1288915263）发布了一条“召唤O型血朋友”的消息，重庆市云阳县公安局刑警张玉军父子的际遇被众多网友知晓。张玉军的儿子博博只有8个月大，在2015年9月，博博被确诊患有罕见的石骨症，需要进行骨髓移植。前不久，北京儿童医院为博博进行了骨髓移植手术，但是最近他的病情突然加重，急需要辐照O型洗涤红细胞。因为时间紧迫，而父母的血又不符合条件，只有启动互助献血方案。微博发出后，得知消息的网友不断电话联系张玉军，也有不少网友微博留言，希望能为孩子做点什么。在这些热心的网友中，有的说自己住在望京，需要的话马上就赶过去；有的网友说自己爱人是O型血，住的离儿童医院很近，随时可以献血；还有一位东北网友表示，如果有需要，自己立马高铁赴京。当晚22时多，“@平安北京”微博发出1小时不到，已经有3位好心人登记准备给孩子献血。

2016年2月12日，网友“@jack光头”（UID：2346837735）发布微博称，春节期间在哈尔滨市松北区“北岸野生渔村”（实际名称为“哈尔滨市松北区北岸渔村饭店”）吃饭时“被宰”，引发网民热议，被舆论称为“天价鱼”事件。2月14日，哈尔滨市松北区政府成立专项调查组开展调查。15日，调查组公布了阶段性调查进展情况，引起公众质疑。16日，哈尔滨市政府召开专题会议研究部署“天价鱼”事件调查工作，责成市相关部门立即介入指导，要求松北区政府充实加强调查力量，依法、公正、客观地开展调查取证，尽快完成调查处理工作。2 月 21 日 7 时许，中央电视台新闻中心官方微博“@ 央视新闻”（UID：2656274875）发布消息称，哈尔滨“天价鱼”事件专项调查组认定，“北岸野生渔村”把人工养殖鳇鱼当野生鳇鱼售卖，欺诈消费者，这是一起严重侵害消费者权益的恶劣事件。依据调查结果，吊销涉事饭店营业执照，对店主罚款 50 万元，同时启动对相关部门负责人及工作人员问责程序。调查认定：涉事饭店《餐饮服务许可证》到期未按时申请延续，无证经营；证照与牌匾名称不符，不以真实名称提供服务；点菜单上签字系饭店服务员所签；双方发生过肢体冲突，陈某被打情况属实；民警张某某出警存在不规范、不文明执法行为。

2016 年 2 月 16 日 20 时许，主持人、演员倪萍在其个人微博“@ 倪萍”（UID：1192503217）上贴出了一张中国护照的照片，并附上一张写有“我和我的祖国”的字条。她通过这种方式回应了同期网传“倪萍要移民加拿大”等相关网络传闻。稍早前，只因其在微博发了一句话“来温哥华开画展，因为每天下雨，我说很喜欢这样的天气，将来把家搬到这儿来”。没想到一句感慨“祸从口出”，引发公众重大误解并遭网友非理性的“批判”。

2016 年 2 月 19 日 19 时 57 分，华东师范大学政治系青年学者江绪林在其微博发出一张黑白照和一封遗书，包括财物、书籍、课程的处置、有基督教信仰的他与主说的话，最后一条是：“我恐惧，我要喝点白酒。”随后，自缢身亡，震动学界。

2016 年 2 月 19 日 22 时 17 分，共产党员网民“@ 任志强”（UID：1182389073，已被依法注销）针对当天习近平总书记在党的新闻舆论工作座谈会所明确提出的“党媒必须姓党”“党性和人民性是党媒的两大基本属性，脱离了人民群众的媒体就不是党媒”的表述，在其微博发表观点称“彻底的分为对立的两个阵营了？当所有的媒体有了姓，并且不代表人民的利益时，人民就被抛弃到被遗忘的角落了！”立即引爆舆论。2 月 24 日至 28 日，就“@ 任志强”微博事件，中国青年网连续刊发《任志强“党民对立论”用心险恶》《任志强“党政公司论”挑战宪法》《任志强“媒体姓民论”乱国害邦》《党员任志强叫板中央必须问责》的“三论一责”系列评论文章。2016 年 2 月 28 日，时任国家网信办发言人姜军发表谈话称，网络空间不是法外之地，任何人不得利用网络传播违法信息。姜军表示，据网民举报，任志强微博账号持续公开发布违法信息，影响恶劣。根据《全国人民代表大会常务委员会关于维护互联网安全的决定》《国务院关于授权国家互联网信息办公室负责互联网信息内容管理工作的通知》等法律法规，国家网信办责令新浪、腾讯等有关网站依法关闭任志强微博账号。

2016 年 2 月 23 日上午 9 时 28 分，北京市海淀区人民法院官方微博“@ 北京海淀法院”（UID：3927469685）发布案件播报：海淀法院依法执结北京大学诉邹恒甫名誉权纠纷案。通报称，前北大教授邹恒甫未尽注意义务，在微博上发表侵犯北大名誉权的言论，被海淀法院判决赔礼道歉等。因其未履行生效判决确定的义务，北京大学于 2015 年 1 月 8 日向海淀法院申请强制执行。在执行中，海淀法院于 2015 年 1 月 9 日依法向邹恒甫送达《执行通知书》。邹恒甫在接到《执行通知书》后于 2015 年 1 月 16 日委托律师前往海淀法院，明确表示不会主动履行判决书所确定的义务。2015 年 5 月 28 日，海淀法院向新浪微博经营者北京微梦创科网络技术有限公司发出《协助执行通知书》，要求该公司协助删除侵权微博。2016 年 2 月 23 日，海淀法院通过全国公开发行的《人民法院报》公布判决主要内容，费用由邹恒甫负担。至此，该案依法执行完毕。

2016 年 2 月 24 日，河南媒体报道“周口市女孩王娜娜被冒名上大学”一事，引起社会广泛关注。顶替者父亲承认当年 5000 块钱买的指标，如今愿付钱和解，但被王娜娜拒绝。王娜娜与顶替者通电话时，对方在电话说“折腾有啥用？折腾到联合国我们也不怕！”该报道刊发后，引起国内媒体关注和微博网友的热议。因为提及了联合国官方微博“@ 联合国”，2 月 24 日 22 时 02 分，联合国官方微博“@ 联合国”（UID：1709157165）介入互动，转发新浪河南官方微博对此事的报道内容，并在转发时贴出“思考”的表情图案。

2016 年 2 月 24 日，在河南省郑州市城区，一辆汽车左转时压住一位老人的脚，市民和车主合力抬起车轮救出老人。车主坚持要将老人送医，老人谢绝：“我觉得骨头没事，就是有点疼。”车主掏出 200 元，老人不收。最后，车主坚持把钱和电话留下，说可随时联系。这个暖心故事被网友发到微博后，引发积极舆论反响。网友“@ 天亮后不一定是白天”说：“上次我爸压了一个老人，也是这样，其实好人真的多”。网友“@ 朱楚云 Alair”参与评论称：“一个持着不讹人的心态，一个秉着负责任的态度，才会发生暖心的事情。”

2016 年 2 月 25 日，国家互联网信息办公室有关业务局会同北京市网信办就传播淫秽色情信息突出问题联合约谈新浪微博负责人，要求其切实履行好互联网信息服务提供者主体责任，立即开展自查自纠，全面清理淫秽色情信息，切实维护良好网络生态。国家互联网信息办公室有关业务局负责人表示，2016 年以来，中国互联网违法和不良信息举报中心不断接到新浪微博传播淫秽色情有害信息的举报。经查，新浪微博大量用户账号的名称和头像含有淫秽色情内容，传播淫秽色情图文，分享淫秽视频链接，发布色情交友、卖淫嫖娼信息，一些“微话题”以淫秽色情内容为名称，集纳大量违法信息。根据举报核实，涉及传播淫秽色情低俗内容的违法账号 552 个、聚众讨论淫秽色情内容的微话题 193 个，严重违反《互联网信息服务管理办法》《互联网用户账号名称管理规定》等法律法规和规章，影响恶劣。

2016 年 2 月 26 日巴西总统米歇尔·特梅尔开通实名认证官方微博“@ 巴西总统”（UID：5867652515），北京时间凌晨 4 时 43 分首发微博向中国网友问候：“中国的朋友们，你们好！非常高兴能够在微博与大家交流。希望在 2016 里约奥运会和残奥会与你们相见。”受到了中国网友的热情欢迎和互动，此条微博被转发逾 3 万 + 、评论 19000 + 、点赞 72000 + 。

2016 年 2 月 29 日 21 时 01 分，北京市西城区人民政府新闻办公室官方微博“@ 北京西城”（UID：2208751963）发布：“今日，西城区委下发《关于正确认识任志强严重违纪问题的通知》。通知指出，任志强作为一名共产党员，在网上持续公开发布违法信息和错误言论并产生恶劣影响，严重损害了党的形象。区委将严格按照《中国共产党纪律处分条例》，对任志强作出严肃处理。”

三月

2016 年 3 月 11 日 16 时 57 分，中共银川市委、市政府通过其官方微博“@ 微博银川”（UID：1898782627）发布在线公开意见征集。微博称，“为做好棚户区改造货币化安置工作，加快我市棚户区改造进程，现将银川市政府正在研究的《银川市棚户区改造货币化安置试行办法（征求意见稿）》全文公布，广泛征求社会各界及公民的意见。征求意见时间：即日起至 3 月 18 日。”参与方式为直接在微博评论留言，也可以发微博向银川市住房与城乡建设局官方微博“@ 银川住建”或银川市法制办公室官方微博“@ 银川政府法制”反映，市民网友可以发电邮至 yczjzfbz@ 163. com 或打电话给 6899941（联系人：牛博）。

2016 年 3 月 19 日上午 10 时，北京市海淀区人民法院官方微博“@ 北京海淀法院”

（UID：3927469685）发布案件播报：“搜狐”不满《匆匆那年》作者言论，起诉名誉权纠纷。北京搜狐互联网信息服务有限公司认为《匆匆那年》作者王晓岫（笔名“九夜茴”）在新浪微博连续抨击“搜狐”及“搜狐视频”侵权，并将标题为“搜狐侵权匆匆那年#—一个原创者的声音：匆匆那年，不如不见。别毁了这个故事，请大家帮我呼吁#搜狐停播匆匆那年”的微博长期置顶，且其内容存在诸多不实，遂将王晓岫诉至法院，要求法院判令被告立即删除新浪微博账号“@九夜茴”发布的侵权言论，公开赔礼道歉，并赔偿原告100万元及公证旨律师费等费用。北京市海淀区人民法院已受理此案。

2016年3月19日20时40分许，京港澳高速湖南岳阳段一辆汽车发生爆炸。一时间，网络上出现类似“死伤人数200”“整个岳阳都混乱了”等谣言。事件发生后，中共湖南省汨罗市委宣传部官方微博“@汨罗发布”（UID：3206726025）2小时内联动新浪湖南站发布现场图文速报；半小时后，湖南省高速公路交通警察局官方微博“@湖南高速警察”（UID：2054302531）进一步更新发布；次日早晨，“@汨罗发布”将相关部门初步调查结果进行了公布。至此，关于京港澳高速岳阳段爆炸事故的相关谣言基本被遏制。

2016年3月24日晚，山东省潍坊市公安局交通警察支队官方微博“@潍坊交警”（UID：1219097704）发表长文，对当期相关“《最强大脑》选手凭超强观察力助警方破案”报道一事做出回应，称王昱珩协助民警办案，但没有起太大作用。文称，“六条推断中，第一条民警已经掌握；第二条和第六条与此前民警的分析一致；第三条由于民警此前已经对潍坊所有帕萨特车型的车辆进行了排查，没有关键性作用；第四条和第五条只有发现具体嫌疑人后才能发挥作用。于是案件再次陷入僵局，办案民警不得不再次调整案件侦破思路”，但潍坊交警还是感谢《最强大脑》的支持。2015年3月25日，山东发生一起肇事逃逸的案件，但由于环境等原因此案一直没有破获。同年12月，山东警方联系《最强大脑》选手王昱珩，希望协助破案。随后，有报道称王昱珩凭超强观察力提供了信息后，警方才抓获了嫌疑人。

2016年3月27日，重庆游客“@玖伍二琦”发布图文微博称：“‘@无锡太湖鼋头渚风景区’脏乱差到极点。为了多收门票居然允许私家车直接开到核心景区，踩踏景区植被，那些特勤居然让游客让车子？老祖宗留下的景点就是这样糟蹋的吗？里面饭店的小笼是隔夜复蒸的，工作人员穿鞋踩在灶头上。”微博一出，引发网友热议。4月5日，无锡太湖鼋头渚风景区官方微博“@无锡太湖鼋头渚风景区”以千字长文作出回应，对于游客在景区游览过程中产生的不满意和不愉快致以诚挚的歉意，并对网友提出的诸多问题一一进行了解答。

2016年3月30日上午9时，北京市朝阳区人民法院对“邓超出轨门”名誉权一案作出一审宣判。法院认定：微博网友“@圈内老鬼”“@娱乐圈揭秘”“@圈贰爷”未经核实亦无事实证据，在微博发布的“跑男出轨”“邓超出轨”等内容引起大量网络用户讨论，造成对邓超个人品行的贬损，判令三人在其各自新浪微博账号首页连续3天置顶发表致歉声明，向邓超公开赔礼道歉，同时分别赔偿邓超精神损害抚慰金4万元、3万元、3万元。

2016年3月31日上午7时32分，有网友向山东省环境保护厅官方微博“@山东环境”反映凤凰资讯刊发的新闻《山东耕地被挖出20亩30米天坑，充斥工业废水》。“@山东环境”在线即时批转“@滨州环保”关注。12时27分，“@滨州环保”回应发布：“山东博兴店子镇窑坑废水正在处置”“下午安排罐车抽取窑坑存水进厂无害化处置。店子镇政府也已在窑坑四周设置彩钢板围挡、铁丝网，防止意外发生。”4月1日下午18时02分，“@山东环境”发布了《关于媒体报道博兴县土坑积存工业废水问题的调查》，21时54分，“@滨州环保”发布了《滨州全力处置店子镇废弃窑坑存水污染问题》，表示“目前，省、市、县三级环保部门对废弃窑坑存水进行了采样，并安排罐车抽取窑坑废水，运到事故应急处理池暂存，待确定采样化验结果后进行科学处置。环保部门已对3家违法排污企业移交公安机关调查，对1家企业正在依法实施拆除，周边相关企业已实施断电停产。滨州市已部署在全市范围内对废弃窑厂、低洼坑地等进行拉网式排查整治，以防类似问题发生。山东省政府于3月31日连夜派出的工作组已在现场指导处置工作。”4月2日22时36分，“@滨州环保”再次发布微博称，博兴县6名干部因店子镇窑坑存水污染问题被问责，“经检测，周边土壤和地下水未受到窑坑存水的影响。当前，窑坑内存水已抽取完毕，存水及底泥正运往有处理资质的单位处置。”

2016年3月31日，绘本漫画作者“@喃东尼”（UID：1700640805）在其微博上贴出了一组名为《友谊的小船说翻就翻》的漫画，很快受到微博网友喜爱和追捧。于是，网民纷纷在其原图配上新的文字，掀起了一场“翻船体”造句大赛，凡是“搞砸”的事情都可以搭配。

四月

2016年4月5日凌晨开始，网友“@弯弯_2016”（UID：5892492312）连发多条微博，并通过上传监控视频，讲述了自己4月3日在北京和颐酒店内遭受陌生男子劫持的经历。由于拖拽撕扯就发生在酒店走廊里，而且是在多人围观之下，事件迅速引发了公众的高度关注。5日上午，她又发微博称“事发至今超过24个小时，酒店方现在对我置之不理”。4月5日晚，媒体从北京朝阳警方证实此事正在调查中。同时，北京市公安局官方微博“@平安北京”（UID：1288915263）也在与网友互动中表示，“相关情况已经关注到，已通报相关单位开展核实，如确实触犯法律，警方将依法处理”。4月6日凌晨0时09分，携程旅行网通过其官方微博回应，“对于‘@弯弯_2016’女士的遭遇，携程高度关注，并于第一时间成立处理小组协助用户，建议客人及时报警，如有需要，携程会配合警方调查。”4月6日凌晨0时37分，和颐酒店也在其官方微博“@和颐酒店”上发布声明称，酒店集团关注到此事，集团已经引起高度重视并立即跟进调查进展。

2016年4月6日上午11时，北京市公安局官方微博“@平安北京”（UID：1288915263）就和颐酒店女子被强拽事件发布极简短文字回应称：“警方正在彻查，请您继续关注”。4月5日一则女子在北京和颐酒店遇袭的新闻引发网络高度关注，随后有大量网友在北京市公安局官方微博“@平安北京”询问女子在和颐酒店遇袭事件的进展。

2016年4月7日晚，中国维和警察官方微博“@中国维和警察”（UID：2269263531）发文称：“中国维和警察、中国维和部队在联合国各任务区都是公认的纪律最严明的队伍，没想到国内的媒体却用如此手段来抹黑和诋毁，见过自黑的，但没见过这么黑的！请‘自黑’的媒体出来走两步！”此条微博是“@中国维和警察”对联合国3月31日公布《联合国驻中非共和国维和部队涉嫌性侵平民的调查结果》后，原本与中国维和部队人员毫无关系的新闻，却被国内多家媒体使用中国维和部队照片作为配图，“粗心”却涉嫌严重误导舆论的强烈谴责和表态。

2016年4月11日15时07分，北京市朝阳区人民法院官方微博“@北京朝阳法院”

（UID：3957042973）发出公告，对当日“京东小金库”侵犯中科联社商标权案作出一审宣判，北京市朝阳区人民法院认定京东叁佰陆拾度公司、京东世纪贸易公司在其网站、手机客户端金融业务及推广活动中，在新浪微博中使用“京东小金库”“小金库”，不构成商标侵权，一审判决驳回了中科联社研究院的全部诉讼请求。此前，因认为京东推出的互联网理财产品——“京东小金库”侵犯商标权，中科联社（北京）网络技术研究院将北京京东世纪贸易有限公司、北京京东叁佰陆拾度电子商务有限公司诉至法院。

2016 年 4 月 11 日 17 时 51 分，宁夏回族自治区固原市西吉县检察院官方微博“@西吉检察”对网民“@火石寨丹霞地貌”以微博公开举报火石寨乡干部涉嫌贪污一事进行了公开答复称，“关于您举报西吉县火石寨乡个别干部涉嫌贪污涉农惠农资金一事，经我院初查，已决定对火石寨乡政府原乡长王某某、马某某，原会计王某以涉嫌贪污罪立案侦查。案件侦查工作正在进行中。”12 日 0 时 07 分，“@政务微博观察”首席评论员侯锷说：“这或许是全国检察机关第一例网络公开受理和公示微博举报反腐的典型案例。畅通法治渠道、正视民意诉求、积极有效作为，敏感、涉密不应成为推进社会公平正义的思想羁绊。”4 月 13 日 17 时 15 分，最高人民检察院官方微博“@最高人民检察院”（UID：5053469079）公告：全国检察机关第一例网络受理微博举报反腐案已立案。

2016 年 4 月 12 日至 14 日，联合国在总部纽约对下届联合国秘书长候选人公开面试，这是联合国成立 70 年来的首次。8 名候选人向 193 个会员国代表陈述“施政纲领”。联合国秘书长候选人的面试持续 3 天，整个过程在中国新浪微博的联合国官方微博“@联合国”（UID：1709157165）上进行网络全球视频直播。

2016 年 4 月 15 日下午、晚上至 16 日凌晨 0 时 40 分，广东省公安消防总队官方微博“@广东消防”（UID：2113463832）连发 5 条微博，言辞激烈地“怒斥”当天热传于网上的 42 秒火灾现场视频拍摄者。微博行文道：“没错！除了谴责和唾弃、可耻与可鄙，我们无法再对这条冷血至极的视频的拍摄者做出其他所谓‘理性’和‘冷静’的形容！不要求你是超人能飞过去破网救人，但在熊熊燃烧的烈火和男子绝望的哭嚎声中，残忍的 42 秒！你的手机端得好稳！”视频记录的场景显示，在一户居民楼的阳台上，一男子被熊熊燃烧的烈火逼到防盗窗上。画面的哭嚎者凄厉绝望，撕心裂肺……网友“@安崇民”评论道，“看到政务微博是非分明、态度鲜明，痛斥不良行为甚至丑恶而厉声发布，觉得正气十足”。另据 4 月 15 日 18 时 35 分“@广东消防”发布的通报，“4 月 14 日 16 时许，花都警方接到报警，称新华街横潭村北闸某住宅楼 5 楼发生火情。接报后，民警和消防官兵迅速到场处置。16 时 40 分，现场明火被扑灭，火场内发现一具男性尸体。经核实，死者为该屋主李某（男，30 岁，花都区赤坭镇人）。”

2016 年 4 月 17 日晚，大量网友以正在热传的一段“掌掴快递小哥”视频向北京市公安局官方微博“@平安北京”（UID：1288915263）报警。该视频显示，一名快递小哥疑因剐蹭私家车而遭司机多次掌掴、辱骂，有网友粗略统计，该车主共扇快递小哥 6 巴掌，整个过程中该快递小哥没有还手，引起公愤。4 月 17 日 21 时 21 分，“@平安北京”回应称，“网传快递小哥被打视频，我们已经关注到。但不知道该事件发生的具体时间和地点。请热心网友向我们提供详细信息，以便进一步核查处理。”23 时 24 分，“@平安北京”发文通报称，“快递小哥被打”一事，当地派出所已接到报警。目前，正在调查处理中。2016 年 4 月 18 日 34 分，北京市公安局东城分局官方微博“@平安东城”（UID：5553335319）通报：2016

年4月17日，东城公安分局东花市派出所接事主报警称与人发生纠纷并被掌掴。警方迅速开展工作，将与事主发生纠纷并动手打人的李某（男，57岁，北京市人）传唤到派出所。经审查，当日上午，李某驾驶的机动车与事主驾驶的电动三轮车在东城区某小区外发生剐蹭，李某遂借故辱骂、殴打事主。目前，李某因寻衅滋事已被东城警方依法处以行政拘留十日的处罚。

2016年4月19日1时23分，"@中国地震台网速报"发布消息：4月19日1时10分在北京房山区发生2.7级地震，震源深度0千米。震情迅速引发全网关注。9时14分，北京市房山区政府官方微博"@北京房山"（UID：2590506174）发布《关于北京市房山区"4.19"2.7级地震情况的通报》称，"连夜组织调查组迅速了解震情，经北京市地震局核实，此次地震属于非天然地震，截至上午8时，大安山乡未发现塌陷和人员伤亡。"然而地震发生后至此，北京市地震局官方微博"@北京市地震局"（UID：2892818962）却没有任何动静，网友发现其最近更新的一条微博还是3月24日发出的，迅速被网友不满的水口"围攻"而引爆舆论。网友们普遍认为，作为北京市地震局的官方微博有责任有义务在第一时间通报地震情况。有网友调侃说，"小编你还是比较适合林业局，跳槽吧，地震局不适合你""小编终于被饿醒了""如果再不发微博，我还以为你被埋了，宝宝不哭"。

2016年4月19日21时46分，北京市地震局官方微博"@北京市地震局"（UID：2892818962）发布《开诚相见，任重道远》一文，就当天网友批评作出回应。通稿称，今日凌晨房山区一煤矿采空区垮落导致矿震，"一次2.7级的非天然地震引起的'震动'却远远超出了我们的预期。网民关注地震事件，关注我们的微博，说明大家防灾意识提高了，大家满怀期待地想从我们这里寻找一些地震相关信息，结果让你们失望了，我们为没能及时发布相关信息表示最诚挚的歉意——没有任何借口，错了就是错了！"并表示，"服务不到位就是我们工作的缺失。我们认错！我们道歉！我们立刻改正！今天我们重新修定了微博信息发布权限和信息发布流程，并增加了维护官微的工作人员，再不敢有一刻懈怠。""谢谢大家对地震的关注！谢谢大家对我们微博的关注！如果对我们任何方面的工作不满意，请及时告诉我们！如果觉得我们提供的信息对你有所帮助，请及时告诉大家！不管有多少客观原因，这次我们错了，虚心接受您的批评！请您继续关注我们的微博！"

2016年4月20日上午10时，北京市海淀区人民法院在中关村软件园巡回法庭开庭审理"FOREVERMARK"起诉"永恒印记"珠宝品牌纠纷案。"FOREVERMARK"商标权人诉称，深圳某公司在其"@永恒印记珠宝"认证微博中，使用了含有"永恒印记"的企业名称，并突出使用该字号及进行宣传，而大众已将"永恒印记"与"FOREVERMARK"紧密相连。

2016年4月20日12时43分，湖北工业大学保卫处官方微博"@湖工大保卫处"（UID：3276048184）发布《关于驱狗的情况说明》，对微博网友爆料18日该校"校园巡逻车将一只进入学校的流浪犬来回碾压四次"所引发的风波进行回应。说明称，"4月18日上午11时左右，校园110接报警称一只体形较大的流浪狗正在操场扑咬足球、追赶正在上足球训练课的学生，严重干扰正常教学秩序、威胁师生安全。110队员赶赴现场后，发现该狗体形较大、模样凶恶，且已连续咬破训练用足球多个。队员先用三辆电动自行车驱赶，狗反而对驱赶人员狂吠；队员又用扑狗器驱赶，依然无效。在此情况下，开巡逻车将狗撞伤。"并表示"因当时情况较紧急，给广大爱狗人士带来感情伤害。对此我们深表歉意。今后将会吸取教训，改进工作，以更科学的方式处理校园流浪狗。”

2016 年 4 月 20 日下午 15 时 59 分，网友“@兔兔牙 BABY”发微博说，“明天，又要无证驾驶了”，而且调侃“交警叔叔应该不会玩微博吧”。此微博一出后在网上引发热议，并有网友将此微博“@”湖南省湘潭市公安局交警支队官方微博“@湘潭交警支队”（UID：2034399564）。18 时 23 分，“@湘潭交警支队”与该网友微博互动发出告诫：“这位姑娘，交警蜀黍已经注意到你了哈!!!‘又要无证驾驶’?! 看样子你还不止一次了哈！蜀黍已经保留了相关证据，同时严正告知：为了他人和自己的生命财产安全，请马上停止无证驾驶这样严重危害社会安全的行为!!!”同时，警方立刻对这名女子的身份展开了追踪，或许是意识到了自己行为的错误，两个小时后微博被删除。随后，警方传唤该女子到湘潭市交警支队接受处罚。

2016 年 4 月 25 日下午，上海杨浦交警在殷行路近闸殷路发现一辆在黄线旁违停的小轿车。刚开好罚单后，一男子急忙跑来说自己是车主，当得知要扣分，该男子先是拒绝签字，再而拒绝驶离，见民警“软硬不吃”，又称“我名人，我 TM 微博 50 万粉丝！我可以查到你家里人!”并当街辱骂民警。随后，该男子因涉嫌妨害公务被依法刑事拘留。

2016 年 4 月 25 日 19 时 02 分，著名演员赵薇在其实名认证官方微博“@赵薇”（UID：1656809190）发布称，电影《没有别的爱》主演揭晓：戴立忍、袁泉、陈冲、宁静、俞飞鸿、齐溪、水原希子、韩红。但随之遭到众多网友的质疑和抵制，理由是，该电影主演戴立忍曾参与“台独”相关活动，而另一位主演水原希子曾为辱华照片点赞。网友“@王大可 - Sun”说，“我觉得主创在选演员时不应该说电影无国界，不应该说不在乎对方是否为‘台独’，只在乎对方是否符合这部电影需求，为何戴立忍能回台湾支持‘台独’，我们就不能抑制她赵薇？电影主创也应该有国家尊严和底线!”对于网络的质疑之声，赵薇及其电影剧组的团队官方未作回应。

2016 年 4 月 26 日，北京市海淀区人民法院审结了微梦创科公司诉淘友天下技术公司、淘友天下科技发展公司不正当竞争纠纷案，法院认定二被告非法抓取、使用新浪微博用户信息等行为，构成不正当竞争，判决停止不正当竞争行为、赔偿新浪微博运营者微梦创科公司经济损失 200 万元等。法院表示，互联网经营者应当遵循自愿、平等、公平、诚实信用的原则，遵守公论的商业道德，尊重消费者合法权益，才能获得正当合法的竞争优势和竞争利益。

2016 年 4 月 27 日 6 时 14 分，前《新京报》调查记者孔璞在其个人实名认证官方微博“@孔狐狸”（UID：1418829665）发文称，“逛知乎，看到这个叫魏则西男生的患癌帖子，又追到他父亲发布他去世的消息。然后百度了这个疾病，那家竞价排名的医院依旧在首位。好希望那些科技自媒体人写写这个，而不是享受了百度的迪拜游回来后，帮百度卖贴吧写洗地文。”该微博配发了相关的知乎和百度搜索截图，“魏则西事件”成为公众议程，舆论迅速发酵并引爆，转发过万。4 月 12 日，身患滑膜肉瘤病的大学生魏则西在家中去世，终年 22 岁。他的离世在网络社区上掀起了对百度医疗竞价排名的口诛笔伐，捅破了“莆田系”民营企业承包科室现象、医疗监管制度等诸多医疗乱象的窗户纸。一时之间，以百度和“莆田系”为马首是瞻的民营医疗被推向舆论的风口浪尖，这就是轰动一时的“魏则西事件”。

2016 年 4 月 27 日，因不堪舆论高温的干扰和影响，披露并引爆微博舆论场“魏则西事件”的网友“@孔狐狸”（UID：1418829665）将相关微博设置为“仅自己可见”。旋即被网友猜忌为被相关力量干预而遭遇“删帖”。对此，4月29日，新浪微博社区管理官方微博“@微博管理员”（UID：1934183965）在查证核实后公开回应“并非被‘删帖’”，“@孔狐狸”于当日10时22分亲自转发并声明属实，但同时强调“并非内容失实”。

五月

2016年5月2日，中共北京市西城区委发布通报：任志强严重违反党的政治纪律，给予留党察看一年处分。

2016年5月3日23时29分，人民日报社官方微博“@人民日报”（UID：2803301701）发表#你好，明天#话题评论：“‘魏则西事件’引发全社会震动，政府出手对百度与涉事医院予以调查。一个普通人的悲剧背后，是无数同样寻找生的希望的家庭仍在承受伤害。无论搜索引擎还是医院，当其获得公众信任，就有必须肩负的公共责任。市场需要良心，责任面前没有借口，资本再逐利，也要对生命怀有最起码的敬畏。”

2016年5月4日，某些网站篡改2010年7月21日长沙机场大巴纵火案事故图文，发布所谓“长沙机场高速一大巴被烧造成2死10余伤”的虚假新闻，给社会造成了一定的恐慌。当日13时14分，湖南省公安厅官方微博“@湖南公安在线”（UID：5645893201，现更名为“@湖南公安”）主动亮剑，厉声告诫：“要求以上媒体纠正错误，发布澄清公告，消除影响，并加强新闻审核。”事后，涉事网站均发布道歉声明，打赢了一场舆情攻防战。网友“@Jeff长豆豆”（UID：1418153905）对此评价说，这是“比谣言先来的真相”。

2016年5月6日，原国家卫生计生委、公安部、交通运输部、中国民用航空局、中国铁路总公司、中国红十字会总会联合印发了《关于建立人体捐献器官转运绿色通道的通知》（国卫医发〔2016〕18号），建立人体捐献器官转运绿色通道。通知明确要在保障安全的前提下“快速通关、优先承运”，建立人体捐献器官转运绿色通道工作机制，要求建立协调机制、明确各方职责，并详细规范了转运流程，将因器官转运环节对器官移植患者的质量安全影响减少到最低程度。这是在2015年10月4日陈静瑜医生在微博呼吁“建立民航转运肺源绿色通道”7个月后，国家保障机制的正式建立。

2016年5月9日21时24分，北京市公安局昌平分局官方微博“@平安昌平”（UID：5181462351）发布《情况通报》称，5月7日20时许，昌平警方在霍营街道某小区一家足疗店查获涉嫌卖淫嫖娼人员6名。民警将涉嫖娼的29岁男子雷某带回审查时，该人抗拒执法并企图逃跑，警方依法对其采取强制约束措施。在将该人带回审查过程中，雷某突然身体不适，警方立即将其送往医院，后经抢救无效死亡。

2016年5月10日17时13分，因涉嫌嫖娼且在警方抓捕中意外死亡的当事人雷洋的妻子开通事件当事人认证微博“@雷洋家属唯一微博”（UID：5927537189）。首发微博，“感谢大家的关心。”

2016年5月11日1时44分，北京市公安局昌平分局官方微博“@平安昌平”（UID：5181462351）对“雷洋案”发布《关于一名涉嫌嫖娼男子在查处过程中突发死亡的情况续报》。在此通报中，“雷某试图逃跑，在激烈反抗中咬伤民警，并将民警所持视频拍摄设备打落摔坏，后被控制带上车”；“行驶中雷某突然挣脱看管，从车后座窜至副驾驶位置，踢踹驾驶员迫使停车，打开车门逃跑，被再次控制”；“因雷某激烈反抗，为防止其再次逃脱，民警依法给其戴上手铐，并于21时45分带上车”；“在将雷某带回途中，发现其身体不适，情况异常，民警立即将其就近送往昌平区中西医结合医院，22 时 05 分进入急诊救治。雷某经抢救无效于 22 时 55 分死亡”；“当晚，5 名涉嫌违法犯罪人员证实，雷某在足疗店内进行了嫖娼活动并支付 200 元嫖资”。

2016 年 5 月 11 日 11 时 31 分，“雷洋案”事件当事人认证微博“@雷洋家属唯一微博”（UID：5927537189）发表《关于人民大学雷洋同学意外身亡的情况说明（二）》，对事件进展向网友进行了通报，并公开提出“雷洋死亡的时间、地点和原因等具体过程到底是什么？”“自雷洋离家到家属第一次接到消息，为何中间隔了两小时之久？派出所为何不第一时间联系家属？”以及“雷洋手机上的信息由谁、因何目的被删除？”三点疑问。同时，“@雷洋家属唯一微博”发出两点呼吁称，“为尊重和支持死者及家属，请在最终的真相出来之前，不作猜测和过多解读”，“已有不明人士上门探访，恳请各界给予悲痛中的家属和襁褓中的孩子一个安静的空间。”

2016 年 5 月 13 日下午，广东省深圳市公安局交通警察局官方微博“@深圳交警”（UID：1792702427）接网友微博举报称，彩田路一兰博基尼遮挡号牌，深圳交警机动训练大队立即组织民警到现场处理，被遮挡的号牌为粤 BV276T，与实际车型不符。同时查证，这辆兰博基尼小车的号牌实为粤 LZY640，司机自称是为了在深圳开车方便，于是便挂了一个深圳的车牌。深圳交警对使用其他车辆机动车号牌的违法行为，依法做出罚款 3000 元、暂扣车辆并记 12 分的处罚。

2017 年 5 月 15 日 11 时 37 分，网友“@达人小锅”（UID：1243548471）向沈阳环保局官方微博“@沈阳环保”（UID：2765022325）、辽宁省环境保护厅官方微博“@辽宁环保”（UID：6067333845）等诉称，“打举报电话打了一个星期都是占线，根本举报不了”，特别发微博反映“长白四街和南堤西路中间那条断头路，被堆了好多垃圾，没人清理，夏天味道大，而且有污染河源的危险。”并称此前《沈阳晚报》曾监督曝光，但一年过去了无人管理。当天下午 14 时 20 分，“@沈阳环保”在线互动并批转沈阳市环境保护局和平分局官方微博“@沈阳和平环境”（UID：6083070141），要求其将此问题“转给和平区城管等相关部门处理。”2 分钟后“@沈阳和平环保”响应“收到！立即转办！”随后“@沈阳环保”依据《沈阳市环境保护工作责任规定》对环保部门与城管部门的工作职责分工进行了解释说明。5 月 16 日上午 8 时 08 分，该网友为沈阳两级环保局点赞，说“昨天刚反应完问题，今天早上就解决了。早上看见好几个 卡车在清理垃圾，如果办事都这么快，相信沈阳会更好，会最好！”而两级环保微博却互动说，要“为和平区城管局点赞！”

2016 年 5 月 16 日，湖南省衡阳市雁峰区人民法院官方微博“@衡阳市雁峰区法院”（UID：5000852313）发布消息称，微博“大 V”格祺伟涉嫌敲诈勒索、寻衅滋事一案，在湖南省衡阳市雁峰区人民法院公开宣判。法院以敲诈勒索罪判处格祺伟有期徒刑 6 年，并处罚金 12 万元。格祺伟利用其在微博上的影响力和在媒体圈的人脉关系，与少数媒体记者勾结，大量搜集党政机关、企事业单位和干部群众的所谓负面信息，长期以记者身份打着“舆论监督”的旗号，以在网上曝光、进行负面炒作相要挟或以删帖为名，大肆进行敲诈勒索犯罪活动，涉案金额数百万元。

2016 年 5 月 18 日，因涉嫌侮辱他人，网民李某被江苏省常州市武进警方行政拘留 10 天。2016 年 5 月初，武进警方发现一个叫“@妞妞公正严明 6688”的微博账号每天都在转发辱骂交警的内容。经查，从 2016 年 3 月 20 日起，该网民因其子在骑行电动车过程中与一辆轿车碰撞受伤，随后对交警在交通事故调查中认定“双方当事人承担同等责任”的处置存有不满，并在提请常州市公安局交警支队复核，却被维持原责任认定后，该网民注册微博账号开始了不间断的言辞激烈的表达。仅2016年3月25日一天，“@妞妞公正严明6688”就转发了460多条微博，2个月内该账号发出4600多条微博，怒骂对象直指当时处理事故的民警，称其“徇情枉法，颠倒黑白”“枉拿老百姓的钱，干的断子绝孙的勾当”以及“常州武进交警干的××勾当，应该一家死光光，留着祸害人民”等辱骂性的言语，并鼓动其他网友造势转发。

2016年5月19日，广东省深圳市公安局交通警察局官方微博“@深圳交警”（UID：1792702427）接网友微博举报称，19日早上在月亮湾大道到怡海大道，一辆牌号为粤B68L67的黑色别克车恶意别车，不按导向车道行驶、闯红灯。5月19日下午，司机被带回交警队接受调查。民警进行核查后依法对其不按规定使用转向灯，罚款300元，记1分。驾驶机动车进入导向车道后不按规定方向行驶的，罚款300元。

2016年5月19日11时33分，北京市公安局官方微博“@平安北京”（UID：1288915263）就“雷洋案”发布《情况通报》：“北京市公安局对雷洋案高度重视，事发后立即责成昌平分局及时通报检察机关，并积极配合开展调查工作，相关人员接受调查。公安机关坚决尊重事实、尊重法律，坚决依纪依法处理，决不护短。”

2016年5月21日9时39分，北京市海淀区人民法院官方微博“@北京海淀法院”（UID：3927469685）对同期所引发IT圈广泛关注的，新浪微博与“脉脉”软件之间关于抓取用户信息的不正当竞争案，发表释法解读文章《个人信息保护如何突破技术围猎》。文中强调，“该案的意义不在于对两家互联网企业的经营之争做出评判，也不在于单纯促进网络经营模式的健康发展，而在于再次唤起了互联网背景下对公民信息利益保护的关注”。并指出，对于公民个人信息的充分保护与利用，仍有赖于将来建立完整的信息保护法律体系。

2016年5月22日晚20时10分，湖南省人民检察院官方微博“@湖南检察”（UID：2845256043）发布《湖南省衡阳市检察机关介入雁北监狱囚犯聚众赌博事件调查》。5月21日，“雁北监狱囚犯聚众赌博事件”被媒体曝光后，湖南省和衡阳市两级检察机关高度重视。根据湖南省人民检察院的指示，衡阳市人民检察院已成立专门调查组，正依法展开调查。

2016年5月23日下午，有网友向安徽省马鞍山市委宣传部新闻发布官方微博“@马鞍山发布”（UID：2549578244）求助，讲述了自己前一天（5月22日）晚上在南京南站打车遭遇的各种无奈。16时18分，“@马鞍山发布”立即将此情况发微博并在线向南京市委宣传部新闻发布官方微博“@南京发布”（UID：2097024354）反映。24日上午7时24分，“@南京发布”在微博栏目“曝光台”转发并“@”南京市交通运输局官方微博“@南京交通发布”（UID 2113950730）。24日上午8时25分，“@马鞍山发布”接到南京市铁路南京南站地区综合管理办公室官方微博“@南京南站地区综管办”（UID：059494330）私信反馈，称希望能获取这位乘车姑娘的联系方式以便询问调查详细情况。24日上午11时08分，“@南京南站地区综管办”微博发布对于此事的处理结果：涉事车辆暂扣7天；市客管处投诉处理中心按照“甩客”处理上限，罚款1000元；江南出租车公司按照规定对驾驶员进行处罚；要求驾驶员向诉求人赔礼道歉。

2016年5月26日中午12时58分，湖南省怀化市公安局鹤城分局官方微博“@平安鹤城”（UID：5061072530）接到网民在线报警，称其被传销组织限制人身自由，请求警方解救。接到该警情后，“@平安鹤城”值班民警立即向辖区派出所值班所领导通报情况，请求派出所开展解救工作。同时，值班民警继续与报警人在线互动，并指导报警人通过添加微信分享地理位置向警方提供线索。13 时 41 分，接到报警人位置分享后，派出所民警很快锁定报警人的准确位置。14 时 52 分，解救成功。此时，离接到报警仅 3 小时。

六月

2016 年 6 月 1 日 10 时 20 分，北京市人民检察院官方微博“@北京检察”（UID：5181462351）权威发布：北京市检察机关依法决定对邢某某等五人立案侦查。正文称，“日前，北京市昌平区人民检察院完成对‘雷洋涉嫌嫖娼被民警采取强制约束措施后死亡’线索的初查工作，认为符合立案侦查条件。根据办案的实际需要，北京市人民检察院决定，将该案交由北京市人民检察院第四分院立案侦查。2016 年 6 月 1 日，北京市人民检察院第四分院依法决定对昌平区公安分局东小口派出所民警邢某某等五人进行立案侦查，按程序通知家属。同日，北京市有关检察机关控告申诉检察部门还向雷洋家属吴某某通报了检察机关办理案件情况。”

2016 年 6 月 1 日，甘肃省陇南市成县卫生计生局官方微博“@陇南成县卫生计生局”（UID：1585310531）工作人员发现，《成县隆重举行“5.29”计生协会主题活动》微博被个别网民在转发的同时，配以文字及漫画图片，攻击国家计划生育政策法规，该局微博管理员发现后用评论的方式进行劝导，在劝导过程中，该微博管理员对攻击国家计生政策的言论进行了驳斥，但语言过激。随后，个别网民将微博管理员与网民的对话截图，将对话的顺序重新组合，并配以攻击国家计生政策的文字，将截图和文字处理后，重新发布，引发部分不明真相网民的不满，在网络上肆意传播，造成不良影响。6 月 3 日晚，该微博管理员为平息事态，将该条原创微博删除。成县县委宣传部通报称，现已对成县卫生计生局提出了批评，对该微博管理员进行了批评教育。

2016 年 6 月 3 日 14 时 35 分许，陕西网友向湖南省公安厅官方微博“@湖南公安在线”（UID：5645893201，现为“@湖南公安”）附图发私信举报，称有网友杀人后在网上晒图。因为该网友直接打 110 后总是被陕西本地警方接警，“@湖南公安在线”值班人员立即向该网友提供湖南株洲警方的外线报警电话号码引导报警，同时将命案线索在线转办湖南省株洲市公安局官方微博“@株洲公安”（UID：5719862753）。随后，株洲警方启动命案侦破工作，在株洲市芦淞区某酒店发现了女尸。通过摸排工作，很快锁定了犯罪嫌疑人，并循线追踪该犯罪嫌疑人到湖南益阳。6 月 6 日，株洲警方在益阳警方的配合下，在益阳赫山区某招待所将犯罪嫌疑人李某波抓获。李某波供述：其因恋爱受挫，产生轻生念头，遂决定随便找一人杀死后再自杀。6 月 2 日，李某波在株洲市芦淞区某酒店通过微信联系到受害人陈某某，将其约到酒店房间后掐死，并藏尸床下。6 月 29 日，李某波被株洲市芦淞区人民检察院批准逮捕。此案例被中央政法委与人民网联合评定为“2016 年全国政法新媒体十大精品案例”。

2016 年 6 月 8 日 15 时 13 分，北京市人民检察院官方微博“@北京检察”（UID：5181462351）发布微博称，当日，北京市人民检察院第四分院职务犯罪侦查局分别约见了涉案警务人员和雷洋家属聘请的律师，通报了检察机关对邢某某等五人立案侦查的情况，听取和征求了相关律师对检察机关办理此案的意见和建议，收取了有关人员提供的相关材料。检察机关将认真分析研究所提意见建议和相关材料，确保侦查工作依法规范进行。相关律师对检察机关主动征求意见建议、依法推进检务公开表示了感谢和认可。

2016 年 6 月 9 日下午，广东省深圳市宝安区石岩消防中队下辖第十二专职队在端午节期间安排篮球活动，因营区无篮球场地，于是组织队员到南岗工业区借用场地打球。该消防分队于当日 16 时 20 分驾驶两台消防车到场，17 时 30 分归队。当天下午，此一过程被网友拍照并微博发布“开着百万的消防车打球，NB”引发舆论争异。6 月 10 日中午 13 时 52 分，深圳市公安消防支队官方微博“@ 深圳消防铁军”（UID：2216688114）对此事件回应称，“为应对日常接处警任务，消防队时刻做到‘人在哪车在哪’，外出训练、打球、开会时，执勤车辆都是随对应班组人员外出，以便接到警情时，随时就地出动，及时赶到事故现场。”此一回应得到网友的普遍谅解。“@ 政务微博观察”认为，从表面上看是消防队员开“消防车”在打球，但“消防车”与一般性“公车私用”在待命人员、车辆功能和职责使命上有本质不同，不必过敏。网友“@ 也来试试微博这个东东”说，“这个解释是合理的，也不要谴责爆料人，过去大家不知道，通过这么一问一答，大家都理解了，也让我们对时刻准备冒着生命危险开赴火灾现场的消防官兵更加尊敬。”

2016 年 6 月 14 日上午 8 时 22 分，马鞍山市公安局交通警察支队高速公路大队官方微博“@ 马鞍山高速交警一大队”（UID：2732926522）发布了一条河南籍老人程守玉在高速马鞍山段迷路的消息。8 时 27 分，安徽省马鞍山市新闻发布官方微博“@ 马鞍山发布”（UID：2549578244）将此消息重新编辑并在线“@”呼叫“@ 河南省旅游局官方微博”（UID：2001424242）、河南省商丘市宁陵县宣传部官方微博“@ 梨乡宁陵”（UID：1618950243）和河南省大河报官方微博“@ 大河报”（UID：1734530730）寻求协助，并得到“@ 梨乡宁陵”的积极回应。9 时 06 分“@ 梨乡宁陵”回复称已联系上老人程守玉的家人。10 时许，老人的家人与马鞍山警方取得联系。6 月 15 日，老人程守玉被其家人从马鞍山顺利接回家。

2016 年 6 月 20 日，一段题为“广西玉林高铁玉林狗肉节”的视频在微博微信疯传。该视频显示，在一列动车车身上，印有“6. 21 玉林狗肉节欢迎你”字样。而且这列动车停靠的车站站台地面上还印有“玉林荔枝狗肉节大美丽欢迎你的到来”的字样。20 日 23 时 45 分，中国铁路南宁局集团有限公司官方微博“@ 南宁铁路”（UID：1869124960）配发图片并辟谣，“该视频在动车车身 P 上了‘6. 21 玉林狗肉节欢迎你’字样，在车站站台地面 P 上‘玉林荔枝狗肉节大美丽欢迎你的到来’的字样。经核查，南宁铁路局未在任何动车、车站发布过该内容的广告宣传。该视频为人为后期制作 P 上文字，属恶意炒作。”

2016 年 6 月 23 日 14 时 30 分左右，江苏省盐城市阜宁县遭遇强冰雹和龙卷风双重灾害。当晚 23 时 03 分，网友“@ 世界之王知前预后”发布微博称，“狂风龙卷冰雹行，阜宁射阳已遭殃，死亡人数 384，重伤人数 800 多，失踪人数不知其数，无法汇报清楚，天灾横祸走盐城，就像日本鬼子来扫荡，中央只报死亡 51 人，……”24 日 16 时 56 分，江苏省公安厅网络安全保卫总队官方微博“@ 江苏网警”（UID：5431447659）辟谣称，“截至 24 日 9 时，灾害共造成 98 人遇难，受伤 846 人，其中重伤 152 人，危重 10 人。”

2016 年 6 月 26 日 18 时 24 分，北京市人民检察院官方微博“@ 北京检察”（UID：5181462351）权威发布：北京检方邀请雷洋死亡案件有关律师听取意见。微博文称，“6 月 26 日下午，北京市人民检察院、市检四分院邀请雷洋死亡案件涉案警务人员邢某某等人聘请的律师和死者雷洋家属聘请的律师召开座谈会，认真听取双方律师关于案件办理、有关检验鉴定工作的意见建议，同时向双方律师介绍有关工作进展情况，检察机关强调雷洋尸体检验鉴定机构的委托依法合规，对鉴定工作安排了全程的监督。与会律师充分发表了意见，对有关工作提出了建议。检察机关强调会依法独立客观公正办理案件，依法保护各方合法权益，依法保障律师执业权利。”

2016 年 6 月 27 日，北京市西城区人民法院对“狼牙山五壮士”中的两位英雄葛振林、宋学义的后人葛长生、宋福保起诉《炎黄春秋》杂志社前执行主编洪振快侵害名誉权、荣誉权案作出一审宣判，判决被告洪振快立即停止侵害葛振林、宋学义名誉、荣誉的行为；判决生效后三日内，被告洪振快在媒体上刊登公告，向原告葛长生、宋福保赔礼道歉，消除影响。

2016 年 6 月 27 日 22 时 20 分，著名演员赵薇在其实名认证官方微博“@ 赵薇”（UID：1656809190）发布了其电影《没有别的爱》杀青宴上的团队合影照，并贴出了与戴立忍的合影，称“我们为电影而来，从春寒到徂暑，痛苦挣扎过，醉心沉浸过，只为无愧心路这份热爱。”此微博既出，再次遭到网友“失望”表达和以其与支持和参与“台独”的演员戴立忍合作为由的抵制声浪。

2016 年 6 月 28 日 20 时 30 分，北京市人民检察院官方微博“@ 北京检察”（UID：5181462351）权威发布：北京市人民检察院召开雷洋尸体检验鉴定结论专家审查论证会。正文称，“6 月 27 日，北京市人民检察院邀请中国医科大学法医学院、西安交通大学法医学院、四川大学华西基础医学与法医学院、中山大学中山医学院、北京协和医院、公安部物证鉴定中心等单位的全国法医学、病理学知名专家就鉴定机构提交的雷洋尸体检验鉴定结论进行审查论证。与会专家充分肯定了检察机关委托的鉴定机构前期所做的工作深入、细致、客观，并对检验鉴定结论依法进行了审查论证，指出了需要补充鉴定的内容。检察机关认真听取了与会专家的审查论证意见，将依法安排补充鉴定，科学运用检验鉴定结论，确保案件依法独立客观公正办理。”

2016 年 6 月 30 日 9 时 07 分，北京市海淀区人民法院官方微博“@ 北京海淀法院”（UID：3927469685）发布案件播报：《谁的“国美”？国美酒业起诉国美在线商标侵权》。因在网站的酒类销售项目中使用了“国美酒窖”字样，国美酒业集团股份有限公司将国美在线电子商务有限公司诉至法院，要求被告停止侵权、在新浪微博等媒体向其公开声明致歉，并赔偿经济损失 14 万元。北京市海淀区人民法院已经受理此案。

2016 年 6 月 30 日 15 时 59 分，北京市人民检察院官方微博“@ 北京检察”（UID：5181462351）权威发布：北京市人民检察院第四分院依法告知和公布雷洋尸检鉴定意见。正文称，“6 月 30 日，北京市人民检察院第四分院向雷洋死亡案件涉案警务人员及其家属、雷洋家属及双方聘请的律师依法告知了雷洋尸检鉴定意见。检察机关对北京明正司法鉴定中心作出的鉴定意见进行了审查，组织了专家审查论证、文证审查，确定死者雷洋符合胃内容物吸入呼吸道致窒息死亡。检察机关将继续依法侦查，结合侦查工作依法判断事实和证据，准确认定行为性质和责任轻重。涉案警务人员在执法中存在不当行为，昌平公安分局东小口派出所副所长邢某某、辅警周某起主要作用，且在案发后有妨碍侦查的行为。根据其行为性质和办案实际需要，北京市人民检察院第四分院已报请北京市人民检察院批准变更强制措施，对邢某某、周某以涉嫌玩忽职守罪依法决定逮捕。”该通报被阅读数：548 万 +。

2016 年 6 月 30 日 20 时 56 分，台湾导演兼演员戴立忍在其个人实名认证官方微博“@ 戴立忍”（UID：1775466497）发表声明称，“对于网路上流传的蜚语流言，我一向秉承着大众言论自由，本人问心无愧的态度，所以时至今日未曾就此类流言予以回应。如果我的不回应却被曲解讹传，为此对各位朋友造成的困扰，我深表歉意。……我反对压迫，也尊重他们理念，未曾加入任何政党，更不用说曾与任何政治团体有过利益交换、思想交流。关心生活环境、关注生命价值，不正是期盼世界朝向美好平和的微小努力吗？不实流言和种种我自当承受，但造成他人困扰我不能坐视。再次对受到困扰（的）朋友们致歉，祝福大家平安喜乐。”在此条微博评论区，广大网友纷纷“支着”，只要戴立忍说一句“我是中国人，台湾属于中国”我们就相信他不是“台独”，但戴立忍始终未作对应性回应。

2016 年 6 月 30 日 21 时 02 分，“雷洋案”事件当事人认证微博“@ 雷洋家属唯一微博”（UID：5927537189）发表《雷洋亲属声明》。声明称，“雷洋事件发生后，引起社会各界和媒体的关注，我们家属也得到了大家的关心和帮助，目前，雷洋事件的情况我们已基本了解，在此基础上现发表几点声明：感谢社会各界对我们的关心和帮助，虽然我们无法具体感谢到每一个关心我们的人，但我们会永怀感恩之心。雷洋案件已立案正式进入司法程序，我们家属相信国家法律的公平与正义。案件进展情况我们已经了解，我们尊重司法机关作出的决定，尊重相关鉴定机构作出的尸检结果和司法鉴定，我们更相信司法机关会依法独立客观公正地办理此案。一个多月以来，我们全家生活在悲痛之中，正常生活受到很大的影响。我们需要恢复平静的生活，关于此事，我们不再接受媒体的采访，希望社会各界能够理解我们家属的心情。最后，再次感谢大家对我们全家的理解和关心！”

2016 年 6 月 30 日 21 时 33 分，电影《没有别的爱》官方微博“@ 没有别的爱 movie”（UID：2642003801）就同期舆论抵制事宜发布《声明》通稿。声明文称，“戴立忍老师是一位专业敬业的电影人，在电影《没有别的爱》拍摄中，我们对此有深刻的感受，他也得到全体主演主创的认同与尊重。近日，我们关注到互联网上针对戴立忍老师的不实传闻，对他今日所做出的正式回应，希望可以正本清源，我们也会合力支持他维护个人名誉。与此同时，我们也关注到网络上因为这些不实传闻而引发针对赵薇导演的人身攻击，其中不乏诋毁与谩骂，导演工作室已经交给律师处理，我们也会坚定支持赵薇导演的维权行动。……无论什么时代，无论什么性质的媒体，都应该是社会公平和正义的守护者，都应该对于自己在公共平台上的言论负有责任感，希望任何人在利用谣言追逐流量和关注度的同时，都不要忘记这一点，对任何越过法律红线的行为，我们都将诉诸法律，维权到底。”

七月

2016 年 7 月 4 日 14 时 31 分，网友“@ 会城好好生活”（UID：3199460625）配发短视频求助称，“求助，湖南省益阳市桃江县马迹塘镇三里洲村民三百多老老小小向社会政府求助，洪水已经淹没我村，已无任何工具离开我村，已经很多村民联系不上，我村四面被水围困，地势马迹塘最低的地方，请求政府社会能来支援！”7 月日 9 时 13 分，湖南省公安厅官方微博“@ 湖南公安在线”（UID：5645893201，现更名为“@ 湖南公安”）发布辟谣信息，“该视频为 2015 年 6 月 29 日新疆伊犁昭苏县暴雨引发的泥石流，并非此次湖南洪水。灾难面前，大家应该万众一心众志成城，而不是借着灾难造谣传谣！”

2016 年 7 月 11 日清晨，时任中共安徽省阜阳市委常委、政法委书记、公安局长刘立兵在步行上班途中，遭遇原临泉县公安局因违法违纪被辞退民警李汉臣突然窜出袭击受伤，引发社会关注。7 月 14 日 10 时 42 分，安徽省公安厅官方微博“@ 安徽公安在线”（UID：1419172372）发布通告：“从严治警、清除害群之马、确保队伍纯洁，是使命所系、警心所向、民心所愿。李汉臣多次违纪被辞退咎由自取，寻衅报复令人不齿。‘懦夫’行径可以伤害坚持原则同志的身体，但绝不会动摇他们忠诚奉献、担当尽责的意志，绝不会动摇公安机关抓队伍、正警风、树警纪的决心！”

2016 年 7 月 11 日 8 时 18 分，人民日报社官方微博“@人民日报”（UID：2803301701）创建微博话题#中国一点都不能少#，并发表一句话微博“这才是中国，一点也不能少。”单条微博被转发 1872614 次、评论 93570 条、点赞 725593、阅读量高达 6.6 亿次。话题#中国一点也不能少#创阅读量 94.2 亿次。此条微博的热门转发多由李易峰、吴亦凡、杨幂、赵丽颖等中国百位明星带动，体现了整个微博舆论场在涉及国家主权及形象方面高度的凝聚力。

2016 年 7 月 11 日 11 时 12 分，网友“@隋方元”（UID：1639249632）向辽宁省交通运输厅官方微博“@辽宁交通”（UID：2388502127）诉称，其 7 月 9 日 16 时许在大石桥上调整盖州北海高速路口收费站下高速，他家的两台车紧挨着，前车缴费时一并缴纳了后车费用并告知后车车牌号，但后车过卡时收费员不告知还是重复收费。16 时 59 分，“@辽宁交通”回应“请放心，如情况核查属实，收费站会退费”，并同时在线转办辽宁省高速公路路政管理局官方微博“@辽宁高速管理”（UID：6170970564）。晚 21 时 07 分，“@辽宁交通”发布对该事件处理结果称，该收费站领导正与车主联系还款方式。21 时 15 分，网友点赞回应“官博君的工作态度和工作效率棒棒哒！”并称“钱是不多，退不退真的无所谓，本意也不是去要钱的，只是今天想起来了就反映一下这种情况。很意外，完全没想到会被认真对待和处理，很暖心”。

2016 年 7 月 11 日 19 时 08 分新浪微博社区管理官方微博“@微博管理员”（UID：1934183965）发布《关于电影〈没有别的爱〉引发网友讨论的说明》。文字称，“站方注意到近期关于赵薇、戴立忍及其电影引发了网友较多的讨论。同时我们还注意到，有网友发微博称，站方对质疑该影片和演员的内容进行删除和屏蔽。在此站方郑重声明：站方从未对此类内容进行过处理。其中，‘@共青团中央’在 2016 年 7 月 6 日 17 点 55 分也发布了题为《赵薇、戴立忍及电影〈没有别的爱〉遭网友普遍谴责抵制》的头条文章。因该文章内容中含有多个涉及法轮功的敏感词汇，故该文章在发布后即被系统自动屏蔽。后经‘@共青团中央’申诉，核实之后于 18 点 15 分恢复显示，并告知屏蔽原因。故并不存在该文章被人工故意删除的情况。在此，站方温馨提示广大网友，在微博社区开展讨论发表意见，既要遵守法律法规，也要遵守有关社区管理规定，还要坚持包括信息真实性在内的互联网‘七条底线’。”

2016 年 7 月 12 日 15 时 30 分，网友“@陌小新吖”（UID：3674168342）配发短视频称，“海南高速已经全程封路，让东风 21D（核弹）进入三沙，坐等 12 号南海仲裁案，我要为中国点赞！”经网友举报，该微博中题为“南海高速封路，DF21 前往三沙市”的视频内容此前就出现过，与 7 月 12 日南海仲裁无关。

2016 年 7 月 12 日 17 时 21 分，认证微博网友“@警视听 Kito”（UID：1595424542）配发一张有众多解放军战士在高铁站乘车的图片发消息称，“全军进入二级戒备，南部战区一级戒备，海军南海舰队、火箭军和空军进入战前状态；战略核潜艇部队进入一级戒备！”经网友举报，新浪微博社区管理官方微博“@微博管理员”（UID：1934183965）核查后发现，此微博内容“军队进入一级戒备”属不实消息，且环球网早前已对此事件进行了辟谣，“该消息纯属是无中生有、无稽之谈，妄自猜测，一派胡言。根据相关资料显示，全军战备等级有不同等级，一级战备是最高级别，表示完成一切临战准备，随时就能打。”

2016 年 7 月 12 日 18 时 07 分，在南海仲裁结果宣布之际，人民日报社官方微博“@人民日报”（UID：2803301701）再次发布#中国一点都不能少#话题微博表态：“中国的领土主权和海洋权益，不需要别人仲裁。中国，一点都不能少，一寸都不会让”，单条微博获得网友 308 万次转发、10.2 万条评论和 60.9 万次点赞，阅读量破 8 亿。

2016 年 7 月 13 日 10 时 45 分，联合国官方微博“@联合国”（UID：1709157165）发文表态，声明所谓“南海仲裁案临时仲裁庭”与联合国没有任何关系。微博原文称，“国际法院是联合国主要司法机关，根据《联合国宪章》设立，位于荷兰海牙的和平宫内。这座建筑由非营利机构卡内基基金会为国际法院的前身常设国际法院建造。联合国因使用该建筑每年要向卡内基基金会捐款。和平宫另一‘租客’是 1899 年建立的常设仲裁法院，不过和联合国没有任何关系”。

2016 年 7 月 13 日 20 时 32 分，甘肃省临夏回族自治州和政县人民法院官方微博“@和政县法院”（UID：3956552982）批评歌手周杰伦称，“周杰伦自己说他是日本人的……！唱的歌乱七八糟，像念经”。旋即引发周杰伦的粉丝官方微博怒斥：“法院是神圣严肃的地方！而此官方微博的言论，明显和法院不符，同时该言论已造谣！知法犯法！已截图存证！”7 月 14 日 7 时 18 分，“@和政县法院”发出道歉称，“经查，该条微博系我院微博管理员管理不当所致，我院将对其进行严肃处理并对官方微博加强管理。在此，向周杰伦先生及广大网民朋友表示深深的道歉！”

2016 年 7 月 15 日 10 时 47 分，电影《没有别的爱》官方微博“@没有别的爱 movie”（UID：2642003801）再次发表《声明》。全文：“《没有别的爱》电影启用的台湾演员戴立忍，在此之前未对他的政治背景做全面深入的调查，由此引起了广大网民的愤慨和谴责，为此我们要求戴立忍先生就自己的政治立场做一个明确的表态。戴先生首次发布声明之后，导演和资方均希望戴立忍先生可以给予公众更加充分的说明，以及在大是大非上有明确无误的表态，让大家的一些疑虑得到解答。因为不管导演还是整个团队完全只有一颗中国心，那就是我们为自己的祖国自豪，不想任何人质疑和误解。但多次沟通之后，戴立忍先生直到昨晚表态依旧模糊。为此，导演和全部投资方集体决定，撤换本部电影的男主演戴立忍。我们都是中国人，坚决维护祖国统一大局，国家利益高于一切。海峡两岸同根同祖，艺术无边际，但艺术家要有情感和态度，每一种文化最终都是来源于她的土壤，服务于她的人民！尤其在国家和民族大义上来不得半点虚假，也不容许任何模棱两可。我们为此前的用人失察向广大网民致歉，并对由此造成的伤害真诚地说声对不起。”

2016 年 7 月 19 日，河北省邢台市区遭暴雨袭击，因多处地道桥积水过多，车辆无法通行。上午 9 时左右，一辆 6 路纯电动公交车，在即将通过中兴路地道桥时，见势不妙，竟在入口处的狭窄道路上成功掉头返回，保证了车辆及车上乘客的安全。在微博网友热传这段视频并称其为“最牛”公交车掉头佳话中，有网友向广东省深圳市公安局交通警察局官方微博“@深圳交警”（UID：1792702427）提问，“请问这样可以吗？”“@深圳交警”秒互动转发回应：“（这种情况如果发生）在深圳，因路段积水变更车道，违反禁止或指示类标志、标线的不予处罚！”

2016 年 7 月 19 日 20 时 29 分，网友“@Nice丶黑天使”（UID：1844170964）发布短视频微博，并配以“央视新闻微直播”话题称，“河北南部（邯郸、邢台）地区因突下暴雨，高速封道，国道目前无法通行，武安、涉县国道桥梁冲断，请朋友们注意安全!”很快被网友识破为移花接木的谣言。视频中的事件发生于7月18日下午的陕西榆林子洲县城，因突降大雨并伴随冰雹，在暴雨持续一个小时后，子洲县城多处出现内涝。在县城的石沟村民宅外，从山上倾泻下来的洪水将至少2人冲走，其中一人遇难，经确认视频中的遇难者为25岁的90后女护士李某。

2016年7月19日，一段6秒钟的视频被微博网友转发并声讨，出镜男子在河北省怀来县大营盘长城上，双手扒掉一块垛墙石，随后抬起右脚又踹掉一块，古老的垛墙石落地后断成两截。随后，河北省张家口市怀来县公安局官方微博“@怀来公安网络发言人”（UID：2188775057）发布通告，对网传肆意损毁怀来大营盘古长城遗址的男子进行全城搜捕，广大网友纷纷参与传播。7月21日上午10时，违法行为人朱士宁主动到怀来县公安局投案自首。7月21日21时41分，“@怀来公安网络发言人”微博发布通报称，“损坏怀来大营盘长城遗址男子已被行政拘留并处500元罚款”。通报微博同时配发公布了犯罪嫌疑人投案自首及道歉的秒拍视频。

2016年7月19日，一条《昆明火车站卫生监督员威胁他人，信不信让你出不了昆明》的微博在网络热传，微博称在昆明火车站吐痰不但被罚款50元，还遭卫生监督员掐脖子，甚至遭遇言语威胁，“信不信让你出不了昆明。”微博配发了一段视频，视频播放达数万次。对于微博热传的视频，官渡区太和街道办事处昆明火车站文明卫生监督组长吕忠田承认其真实性，但否认有言语威胁的行为。

2016年7月25日早上8时25分，成都地铁1号线站内突发供电故障，导致列车发车时间间隔延长，多列车辆临时停车并启动车内应急照明。8时49分，故障排除，地铁恢复正常运行。但是因为此次地铁故障，搭乘成都地铁1号线的大批职场上班族却要面对迟到的困扰。上午9时15分，成都轨道交通集团有限公司官方微博“@成都地铁”（UID：2384889627）发布消息称，“因今早事件受影响的乘客可以在成都地铁各车站领取致歉信，供大家上班迟到佐证。给大家出行带来不便，我们再次深表歉意。”微博配图是加盖公章的致歉信。当天，网民戏称“@成都地铁”让全成都人民集体“领证”，服务到位，细微处见责任。

2016年7月26日下午，位于黑龙江省哈尔滨市南岗区十字街的冠童幼儿园内，有幼儿家长会发现该园使用大米有变质迹象，随即召集其他家长前来质询并引发幼儿园区内家长集聚事件。接到情况后，南岗区委、区政府、教育局、市场监督管理局执法人员赶赴现场调查处理。7月27日一早，有网友将上述情况爆料于微博，称“园费一年七八万元，却给孩子吃发霉大米，喝勾兑饮料，使用三无食品添加剂!”舆论迅速发酵。7月28日上午9时06分，黑龙江省哈尔滨市教育局官方微博“@哈尔滨教育局”（UID：3181540623）互动回应，“南岗区委、区政府就此事件召开声量会议，对相关人员做出严肃处理，并密切关注事件进展，待检测结果出来后，依法依规处理有关人员”，并附上了哈尔滨市南岗区人民政府官方网站27日已经初步做出的《关于冠童幼儿园使用变质大米事件相关处理情况》的相关链接。

2016年7月27日，上海市第二中级人民法院对徐斌与孔庆东名誉权纠纷案做出终审判决。判决书中法院认为，徐斌与孔庆东在系争的微博跟帖互动中发生了言语冲突，但徐斌并未提供证据证明孔庆东发表的跟帖内容导致了徐斌的社会评价降低的损害后果，故尚难以认定孔庆东构成了对徐斌的名誉侵权。同时，上海市第二中级人民法院提醒孔庆东，“微博等网络平台具有受众不特定、广泛性等特点，孔庆东作为拥有大量粉丝、有一定影响力的微博博主，在网络平台发表言论时更应注意自身的言辞表达和行为方式，采取理性、恰当的方式表达诉求”。

2016 年 7 月 28 日凌晨，网友在宜宾零距离论坛发帖爆料称，“宜宾屏山县夏溪乡西河村一女人被关铁笼”并请求警方解救。12 时 14 分，四川省宜宾市屏山县人民政府新闻办公室官方微博“@屏山发布”（UID：5385428953）发布通报回应社会关切，“早上 8 时许，由乡长梁爽带队前往事发地点，对该被囚女子进行解救。乡卫生院医生对该女子的健康状况进行初步检查无异常后，在乡政府干部与其母亲的陪同下，安排专车将其送往屏山县仁爱医院接受进一步治疗。”

2016 年 7 月 29 日 13 时 58 分，新浪微博社区管理官方微博“@微博管理员”（UID：1934183965）在全国辟谣平台、不实信息举报平台和#微博辟谣#话题平台的基础上发布《微博辟谣月度工作报告》，6 月 21 日至 7 月 20 日，共收到网友举报的谣言 140 条。当月发布微博辟谣信息 142 条，#微博辟谣#话题阅读量累积 2. 1 亿。

八月

2016 年 8 月 1 日，山东青岛胶州一中的高三考生常升在网上倾诉称，自己因被报考同所大学的同班同学郭某某偷改志愿，在已达陕西师范大学录取分数线的情况下未被录取，而被同学偷改的新志愿也因与自己条件不符无法录取。该事件迅速引起网友关注并被“搬运”至微博声讨谴责其同学。8 月 2 日 16 时 25 分，山东省教育招生考试院官方微博“@山东省教育招生考试院官微”（UID：5592860591）回应称，“我院已经初步了解到网上传播的胶州考生常升高考志愿被篡改的相关情况，正与包括青岛市招考办在内的有关方面保持着密切的联系与沟通。据了解，现在该考生已经报警，省招考院将根据警方的结论和有关招生政策妥善处理。”8 月 3 日 16 时 50 分，“@山东省教育招生考试院官微”再次回应，“关于公众所关注的‘胶州考生常升高考志愿被篡改’的问题，我院已向当地警方了解了相关信息和事情初步调查情况，并依据有关政策研究提出了妥善处理相关问题的初步方案，正与各方进行沟通协调，按工作程序积极推进。”8 月 5 日下午，山东省教育招生考试院在其官方微博正式发布消息称，经与陕西师范大学沟通协调，决定恢复常升“陕西师范大学体育教育专业（免费师范生）”志愿并增加计划予以录取。8 月 12 日，山东省胶州市人民检察院官方微博“@胶州市人民检察院”（UID：5447482648）发布通报，该院依法对犯罪嫌疑人郭某某以涉嫌破坏计算机信息系统罪作出批准逮捕决定。

2016 年 8 月 4 日 10 时 56 分，北京市海淀区人民法院官方微博“@北京海淀法院”（UID：3927469685）发布案件播报：因新浪微博用户“@王小呆 V”“@八卦壹姐 V”利用各自新浪微博空间陆续发表其与影视演员郑爽谈恋爱的信息和文章，高晓松认为文章使用侮辱性的语言、文字对其人格进行诋毁，构成对其名誉权的严重侵犯，故诉至法院。北京市海淀区人民法院受理了此案。

2016 年 8 月 5 日 9 时 42 分，北京市海淀区人民法院官方微博“@北京海淀法院”（UID：3927469685）发布案件播报：北京小桔科技有限公司于 2015 年 4 月在其官方微博“@滴滴出行”（UID：2838754010）中发布了内容为“#刘翔退役了#我的跑道！我的栏！每一段结束，都是另一个开始，加油！”的配图微博。微博内容先是介绍刘翔赛跑万贯，之后转而介绍“滴滴出行”软件，并使用了6幅前奥运冠军刘翔肖像作为配图。刘翔以侵犯肖像权为由，将“滴滴出行”运营公司诉至法院，要求“@滴滴出行”立即删除侵权链接及图片、赔礼道歉，赔偿损失126万元。北京市海淀区人民法院受理了此案。

2016年8月6日上午，备受万众瞩目的2016年里约奥运会正式拉开大幕，巴西人也用盛大而惊艳的开幕式向世界证明了自己的能力。如此美轮美奂的开幕式上，作为观礼贵宾的时任联合国秘书长潘基文却被捕捉到“闭目养神”的画面。开幕式结束后，北京时间上午11时16分，联合国官方微博“@联合国”（UID：1709157165）发布一条配图消息称，“好了，可以回去睡了”。

2016年8月8日18时37分，吉林省松原市长岭县人民政府办公室官方微博“@长岭县人民政府办公室”（UID：5261656364）发布“微博卖瓜动员令”称，“‘@长岭县人民政府办公室’呼吁瓜商收购西瓜，避免瓜贱伤农”，并建议“基层政务微博也可以定时发布一些农业政策、有关种植的信息技术等内容，去帮助当地老百姓的农产品销售贩卖。”

2016年8月11日下午，北京市海淀区人民法院对原告兰越峰诉被告王志安等侵犯名誉权纠纷一案作出宣判，判决认定王志安及微梦公司不构成侵权，驳回兰越峰的全部诉讼请求。2014年3月底4月初，因原央视主持人王志安在新浪微博“@王志安”（UID：1670421223）发表针对“走廊医生”事件的相关言论，“走廊医生”兰越峰将王志安及北京微梦创科网络技术有限公司诉至法院。

2016年8月14日17时24分，来自台北的林女士通过微博向四川省成都市人民政府政务服务中心官方微博“@成都服务”（UID：3710857535）诉称，自己一家来成都旅游，通过携程网预订了位于成华区邛崃山路68号的乐巢青年公寓（成都东客站店）。入住时发现公寓实际情况与携程网图片有很大差距，且并非酒店公寓，而是普通的家庭式公寓。此外，住宿管理也很松散，不需要登记任何证件就可以入住，与公安部门相关规定不符。同时，林女士还称在准备报旅行团去九寨沟旅游时，还与店家发生了纠纷，老板强行要求订他们合作的旅行社。“@成都服务”接件后立即督派至成都市成华区人民政府政务服务中心官方微博“@成华服务”（UID：3245212792）处理。8月15日16时，保和街道工作人员调查后回复称该处属城市居民住房，该公寓无营业执照、无特殊行业许可证、无卫生许可证，属违法经营，已要求取缔。为加大治理力度，“@成都服务”联合华西都市报、四川新闻网两家单位暗访该非法青年公寓，进行相关报道并取证。同时向携程网通报其无证经营情况，并要求属地“@成华服务”持续跟进。8月21日，携程网回复称已关闭该旅店预订功能。8月22日成华保和街道联合工商、公安、旅体、城管联合执法，对该无证经营场所依法取缔。华西都市报分别在8月22日、8月26日就此事进行报道，社会反响热烈。台北游客林女士亦对此次处理结果表示满意并向“@成都服务”致谢。

2016年8月15日11时12分，北京市朝阳区人民法院官方微博“@北京朝阳法院”（UID：3957042973）发布消息称，“今天上午9时许，王宝强本人在律师张起淮的陪同下来到北京朝阳法院，起诉其妻马蓉离婚。经审查该案符合立案条件，我院已正式受理此案。”同期，明星王宝强离婚话题在社会上引发极高的舆论关注度。

2016年8月15日，“狼牙山五壮士”名誉权纠纷一案尘埃落定。北京市第二中级人民法院判决狼牙山五壮士后人诉《炎黄春秋》前执行主编洪振快侵权，驳回洪振快上诉，维持一审判决。至此，这起中国历史上罕见的维护英雄名誉的案件，自2015年8月17日原告提起诉讼，到2016年8月15日法院终审判决，历时近一年。

2016年8月16日，广东省深圳市公安局交通警察局官方微博“@深圳交警”（UID：1792702427）接网友举报称，号牌为粤BZ3858的道路清扫车在凌晨4点多仍在小区外鸣喇叭，影响小区居民休息。16日上午，深圳交警机动训练大队召唤该车辆司机前来接受调查。根据特区条例，在禁止鸣喇叭的区域、路段鸣喇叭，处以罚款500元。

2016年8月16日9时56分，北京市朝阳区人民法院官方微博“@北京朝阳法院”（UID：3957042973）发布消息称，“8月16日一早，马蓉委托律师到朝阳法院立案。因认为王宝强14日凌晨所发微博侵犯名誉，马蓉起诉王宝强，要求删除8月14日0：21分发布的微博并赔礼道歉。北京朝阳法院已正式受理此案。”

2016年8月17日13时46分，北京市海淀区人民法院官方微博“@北京海淀法院”（UID：3927469685）发布案件播报：北京全景视觉网络科技股份有限公司认为，统一阿萨姆奶茶官方微博“@统一阿萨姆原味奶茶”擅自使用了其相关摄影作品作为微博内容广告构成著作权侵权，北京全景视觉网络科技股份有限公司以著作权人身份诉至法院，请求法院判令立即停止使用其享有著作权的摄影作品，在被告官方微博显著位置向原告就公权事实公开致歉，并赔偿原告著作权侵权赔偿金1万元。北京市海淀区人民法院受理了此案。

2016年8月20日15时01分，银川网友“@小向－Sunflower”向中共银川市委办公厅、市政府办公厅官方微博“@问政银川”（UID：2239586647）投诉称，其在华泰龙衣柜定制了装修服务后，结果最终价格比预算高出30%，商家还不给退定金。15时02分，“@问政银川”即时向银川市市场监督管理局官方微博“@银川市场监管”（UID：1975923223）转办该诉求。8月22日9时40分，“@银川市场监管”将此投诉再次督转所在地银川市兴庆区市场监督管理局二分局官方微博“@兴庆市场监管二分局”（UID：5589967901）。23日11时45分，“@兴庆市场监管二分局”答复，“经执法人员调解，商家给消费者退定金500元，消费者满意。”网友“@张小向－Sunflower”随后在微博上感言道，“通过这次装修收获不少。虽然有两件因令人恼怒的商家带来了不必要的麻烦，但良心商家还是不少，也更让我见识到了微博和银川监管部门的力量。在这里衷心感谢这些部门和工作人员在第一时间细心的调解，真正做到了为人民服务。”

九月

2016年9月1日，陕西省公安厅治安管理局官方微博“@陕西治安”（UID：2456425060）发布消息称：9月1日，某卫星发射基地所发卫星坠落商洛山阳县境内，山阳县公安局经文保中队陪同发射基地人员，做好卫星残骸回收工作，攀登山坡，圆满完成了卫星残骸回收任务。

2016年9月3日17时许，网友“@野味广东”（UID：5346478961）向原国家林业局官方微博“@国家林业局”（UID：2749447053，现更名为“@国家林业和草原局”）举报，称有人在湖南衡阳五龙山附近非法捕鸟，并提供多张证据照片。17时38分，“@国家林业局”回应希望继续提供具体有效的线索。4日10时36分，再回应“森林公安正在调查”，14时35分发布“最新进展：湖南省衡阳市森林公安按照国家林业局森林公安局和湖南省森林公安局的部署，已确定有关涉案人员，正在组织警力抓捕！”9月6日，“@国家林业局”通报称，“9月5日晚已有3名涉案人自首”。9月7日，“9·3”非法狩猎案五名涉案犯罪嫌疑人已全部到案。

2016年9月3日18时04分，网友“@19那个night”（UID：2798066937）在微博曝光其在地铁上拍摄的一张照片，并用红圈标注一中年男子称，“地铁色狼！南京站上车的！会侧着坐先观察你一下，然后装作玩手机的样子把手搭在你腿上！恶心！幸亏鼓楼站有个年纪大的人上来我给让座了不然都不知道会怎么样”。意外的是，9月4日凌晨0时28分，此微博引来网友“@来生九五灭群雄”（UID：5078834525）认领，并在曝光微博下方留下了“不就是摸一下腿，你不把这次删了，下次见到你就把你奸了”一分钟后重复强调“你不删就把你奸杀了”等恶毒威胁文字。9月4日14时24分，南京市公安局地铁分局官方微博“@南京市公安局地铁分局”（UID：2363024904）在线警劝嫌疑人自首，称“地铁警方已和当事人取得联系，并开始相关取证工作，提醒‘@来生九五灭群雄’主动到公安机关说明情况，不要等警方来找你了，虽然也是很快的事。”9月5日11时11分，“@南京市公安局地铁分局”发微博称，地铁警方已正式立案，正在确认嫌疑人真实身份和地点，并再次督促其自首。

2016年9月9日19时41分，北京市人民检察院官方微博“@北京检察”（UID：5181462351）权威发布：北京市检察院第四分院依法听取“雷洋案”有关律师意见。正文称：近日，北京市人民检察院第四分院根据《中华人民共和国刑事诉讼法》的有关规定，听取了“雷洋案”5名涉案警务人员辩护律师的意见。对于辩护律师提出的意见记录在案，对于辩护律师准备提交的书面意见将予附卷。同时，检察机关还应雷洋家属聘请的代理律师的要求，听取了意见，并已收取了材料。检察机关将在办案中客观全面听取各方律师意见，依法公正处理案件。双方律师均对检察机关在办案中依法保障律师诉讼权利的做法表示认可。

2016年9月12日，广东省深圳市公安局交通警察局官方微博“@深圳交警”（UID：1792702427）接网友微博举报，粤B6F2J0号牌小车涉嫌变造号牌。深圳交警机动训练大队通过大数据分析后立即将该车查获，司机张某被带回调查。经查，其所驾驶的绿色长安奔奔原号码为粤B54W27，迁出后未上牌照，悬挂的粤B9F2J0是其已卖出的奇瑞车号牌。为逃避处罚，其又使用磁吸式数字“6”将号牌变造为粤B6F2J0。深圳交警依法对其使用其他车辆号牌、变造号牌的违法行为进行处罚。

2016年9月13日23时36分，网友“@锻炼身体××”在微博中讲述自己不慎感冒、很痛苦等日常生活事宜记录。在共青团四川省成都市委员会官方微博“@成都共青团”（UID：2044263792）发现该微博后主动互动，在评论中安慰其说：“照顾好自己，平常多注意锻炼身体。”该网友看到后于23时49分发微博称：“成都共青团！我的天，厉害了！吓得我都不敢睡觉了！我必定不负团组织的期望，以后加强锻炼身体，增强体质！”

2016年9月15日，有网友爆料，通州一中石化自助加油站插卡后还未出油，显示的消费金额就已开始跑字。消费金额从0元跳到了2.16元，加油卡中显示余额也随之减少。对此，中国石化新闻办公室官方微博“@石化实说”（UID：3429300952，现已更名为“@中国石化”）表示，此次事件是设备故障所致，并向消费者表示歉意。“如果发现存在人为因素，中石化将严肃处理，绝不姑息。下一步将组织全国所有加油站进行自查，加强油品数质量管理，切实维护消费者的利益”。

2016年9月18日，“九一八”事变85周年纪念日。当天下午15时36分，乒乓球奥运冠军王楠的丈夫郭斌在其微博“@亲见郭斌”（UID：5921477575）写道：“遇到一些欺负人的事总是很难缓过劲，曾经的九一八！整个国家被一个比咱小太多的 Sb 国家从头到脚羞辱欺负的到家了！我是去过日本却从不用它包括电器之内的任何产品！甚至在日本住酒店很小人地把水都打开，还觉得解气！其实这没用！咱得多方位加油！加油！”随后，16 时 18 分王楠在其微博“@王楠乒乓球”（UID：5600102513）转评支持郭斌说：“这就是郭同学，永远这么直接，我手动点赞！永远不要忘记曾经的九一八！”不到一天的时间，这条微博被转发超过 7600 次，评论超 4800 次，点赞超 1400 次。夫唱妇随的这两条微博迅速在网上引发了舆论混战。有称赞郭斌“好样的，真男人！”也有对郭斌在日本酒店行为质疑其很“幼稚”，是在“浪费水资源”。

2016 年 9 月 19 日至 21 日，联合国举行难民和移民问题高级别会议、气候变化巴黎协定生效高级别活动、可持续发展目标一周年纪念、第 71 届会议一般性辩论等系列活动。微博作为唯一一家中文社交媒体，与其他 4 家海外社交媒体共同进入纽约联合国总部，让中国网友第一次近距离感受联合国大会。峰会期间，联合国官方微博共发布 4 场直播，累计直播时间近 14 小时，累计观看人次超过 30 万人，最高同时在线观看达到 5 万人，直播累计获得超过 267 万点赞量。

2016 年 9 月 20 日上午，北京市大兴区人民法院对邱少云烈士的弟弟邱少华诉微博大 V 孙杰“@作业本”（UID：314117444，已被依法注销）、加多宝（中国）饮料公司一般人格权纠纷案作出一审判决，判决孙杰和加多宝公司公开发布赔礼道歉公告，向邱少云烈士的弟弟邱少华赔礼道歉，消除影响，连带赔偿精神损害抚慰金 1 元。法院审理查明，2013 年 5 月 22 日，孙杰在新浪微博通过用户名为“@作业本”的账号发文称，“由于邱少云趴在火堆里一动不动最终食客们拒绝为半面熟买单，他们纷纷表示还是赖宁的烤肉较好。”加多宝公司于 2015 年 4 月 16 日以该公司新浪微博账号“加多宝活动”发博文称，“多谢‘@作业本’，恭喜你与烧烤齐名。作为凉茶，我们力挺你成为烧烤摊 CEO，开店十万罐，说到做到^_^#多谢行动#”，并配了一张与文字内容一致的图片。

2016 年 9 月 20 日 11 时 13 分，时微博大 V 孙杰通过其微博“@作业本”（UID：314117444，已被依法注销）就北京市大兴区人民法院对邱少云烈士的弟弟邱少华，诉其一般人格权纠纷案的判决结果发表致歉：“本人接受法院判决，过程中无任何异议，对判决也没有异议。四年前的那条微博损害了邱少云烈士名誉，伤害了亲属的感情，在这里向邱少华老先生及其他亲属诚恳致歉，对不起，我错了。同时，借此机会也向赖宁烈士的亲属表示深深的歉意，对不起。”

2016 年 9 月 20 日 17 时 13 分，加多宝（中国）饮料有限公司在官方微博“@加多宝凉茶”（UID：1687399850）发布《声明》称，“尊敬的社会各界朋友：今天，加多宝接到了大兴区法院的判决，加多宝在 2015 年的一次活动中，由于未尽到合理审慎的注意义务，对邱少华老先生及亲属造成了情感伤害，对社会公众造成了负面影响，加多宝表示诚恳的歉意。我们将吸取教训、引以为戒，在今后的企业经营活动中，加多宝将努力回馈社会，传播社会正能量。”

2016 年 9 月 21 日，《人民日报》就北京市大兴区人民法院对孙杰、加多宝侮辱革命烈士邱少云一审宣判及孙杰微博道歉一事，发表评论文章《捍卫英雄尊严，激发前行力量》。文章指出，“这是向烈士致歉，也是向历史致歉。英雄不容抹黑，历史不容篡改。追求真相的历史研究本无禁区，但挑逗神经、挑战历史博取眼球，贬损英雄名誉，却不仅违背真相，也侵犯了英雄的名誉权。”“一个有温度的时代，必然致敬英雄；一个有历史感的民族，必然铭记传统。只有牢牢维系一个民族的历史记忆，才能凝聚国家的魂魄。只有全社会更加尊重英雄、致敬英雄，才能让英雄安息，让英雄精神代代相传。”

2016 年 9 月 21 日，甘肃省陇南市武都区公安局接到一群众报案，其通过微博信息发现在武都区城关镇南桥路一宾馆门口有一小孩，该小孩体貌特征和“@ 公安部儿童失踪信息紧急发布平台”（UID：5918987931）推送的失踪儿童袁志鹏相符。经核实，该小孩确系 9 月 17 日 11 时走失的 11 岁男孩袁志鹏，孩子系拿家里少量现金后离家出走，一直在武都城区玩耍，期间未受到不法侵害，目前袁志鹏精神状态良好，已交回其监护人。

2016 年 9 月 23 日，广东珠海市民黄女士在逛街时手机被盗，报警后黄女士通过在手机公司工作的朋友获悉，该手机已被送往北京某手机定点维修点，黄女士立即将相关信息提供给了警方。经初步核实后，珠海警方通过微博与北京便衣反扒民警李警官在线取得联系，请求协助，并将相关资料一并发往北京。北京李警官随即据此开展调查。在珠京两地民警的密切沟通和协作下，失窃手机顺利被追缴并寄回珠海。10 月 20 日，黄女士到朝阳派出所领取了失而复得的手机，并送上锦旗，感谢警方耐心细致工作，为民排忧解难。

2016 年 9 月 26 日 10 时 02 分，拥有 79 万粉丝的厦门市公安局集美分局调研员、全国十大基层公务人员“@ 交警陈清洲”（UID：1862506300）发出微博，称自己被确诊患肝癌。网友自发在他的微博下留言为他加油祝福，真情流露，十分感人。厦门市公安局官方微博“@ 厦门警方在线”（UID：1778455640）于 27 日 11 时 20 分发起#为寻人民警陈清洲加油#话题，一周话题量超 100 万。

2016 年 9 月 27 日 14 时，北京市海淀区人民法院开庭审理了微博美食博主诉美团盗图营销牟利侵权案。新浪微博账号“@ 慧慧的私房小厨”（UID：1070166682）博主因爱好餐饮制作及拍摄照片、视频，在其微博发表并分享了大量原创图文。但“美团外卖 APP”未经许可使用其摄影作品用于广告宣传，构成著作权侵权。

十月

2016 年 10 月 17 日，由成都某商家策划，一群少女化妆成死亡新娘、吸血鬼、僵尸等形象现身成都地铁。18 日 19 时 46 分，成都轨道交通集团有限公司官方微博“@ 成都地铁”（UID：2384889627）发布声明表示：“丧尸”现身地铁，惊的是乘客，伤的是文明。对此类行为，成都地铁坚决说“NO”！

2016 年 10 月 18 日 14 时 25 分，正在山西晋中拍戏的影视明星孙俪通过其个人微博“@ turbosun”（UID：1678105910）向山西省晋中市委新闻中心官方微博“@ 晋中发布”（UID：3312881404）和山西省人民政府新闻办公室官方微博“@ 山西发布”（UID：2726922721）诉称，自己所住酒店附近半夜施工噪音扰民，影响睡眠。23 分钟后，“@ 晋中发布”回应，“指派相关单位处理”。10 月 19 日 22 时 36 分，“@ 晋中发布”回应“反映的问题已妥善解决。酒店周转的重点工程按规定正紧张有序进行。同时市委、市政府要求各部门加强管理，依法、依程序加快推进工程建设。”20 日 11 时 24 分，孙俪微博互动道，微博反映问题时根本没想到“@ 晋中发布”会如此及时反馈，“真要为这么有效率的官微点赞”。这一来二往的效率互动，却在随后引发舆论争议。有当地网友称该地铁工程有夜间许可证，质疑孙俪不了解具体情况而滥用明星特权。随后更有网友误传“孙俪微博导致轻轨停工”。有媒体专程赴晋调查后确认，临近酒店的有两个工程在施工，一个是市政轻轨，一个是酒店自己在建公寓。而轻轨工程在夜间施工并无太大动静，对孙俪真正产生噪音影响的是其所在酒店的内部工程。

2016 年 10 月 17 日 15 时 59 分，中共银川市委市政府通过其官方微博“@ 微博银川”（UID：1898782627）在线发布《银川市政府公开征集 2017 年度为民办实事事项》的通告，文称，为确保 2017 年度实施的为民办实事更加符合民意、更加富有成效，现面向全市广大群众和社会各界进行实事征集，征集时间：即日起至 11 月 20 日。征集方式：直接在此微博下留言或在银川市政府门户网站公告内容下留言。

2016 年 10 月 19 日 15 时 14 分，网友“@ 袁梅同学”（UID：6723545595）微博配发现场图片，对银川市民大厅 7 号服务台的工作人员提出了表扬。“来工商局办理企业三证合一业务，我们要赶五点的飞机，这个工作人员很热情并且很快给我办理了，给予鼓励，应为楷模!”15 时 26 分，银川市行政审批服务局官方微博“@ 银川市民大厅”（UID：2118808961）互动说，“您的满意是我们最大的动力，感谢您的反馈，我们会继续努力的，为银川市行政审批服务局市场服务处的同事点赞!”

2016 年 10 月 21 日，北京市朝阳区人民法院官方微博“@ 北京朝阳法院”（UID：3957042973）公布“和颐酒店女子遇袭”事件的最新进展：该案涉事男子李某某因涉嫌介绍卖淫罪被北京市朝阳区人民检察院提起公诉。10 月 17 日，北京市朝阳区人民法院正式受理此案。

2016 年 10 月 24 日中午，南京市公安局浦口分局官方微博“@ 浦口警方”（UID：1789358952）收到广东网友吴某的求助私信，其称自己被同学骗来南京后身陷传销组织。接报警后，“@ 浦口警方”微博管理员小孙在互动获悉吴某具体住址后，火速线下协调辖区派出所前往救援。民警第一次前往救援时，该男子被传销团伙转移，救援失败。小孙只好时刻紧盯微博私信，该男子一上微博便第一时间互动获知其最新地址，然后通知待命救援的民警即刻赶往。25 日下午，在位于浦口区某小区的租住房里，民警终于将身陷传销组织的男子吴某成功解救。

2016 年 10 月 28 日 22 时整，“48 岁”的南京长江大桥全封闭维修，不少南京人特意赶来与大桥“暂别”，南京市委宣传部新闻发布官方微博“@ 南京发布”（UID：2097024354）全程直播并设计了相关桥梁创建者探访活动，引发网友热议转评。长江大桥是南京的标志性建筑、江苏的文化符号、共和国的辉煌，也是中国著名景点之一，被列为新金陵四十八景。

2016 年 10 月 29 日 14 时 12 分，山东省菏泽市巨野县人民法院官方微博“@ 菏泽巨野县法院”（UID：2359162503）评论王宝强婚变事件，一句“一纸声明，高下立判，王宝强就这样赶绝孩子他妈妈!”的观点既出发，立即遭遇舆论强烈关注热议。10 月 31 日 17 时 45 分，“@ 菏泽巨野县法院”发布通报称，“官方微博发布了涉及某知名演员离婚案件的不当言论，造成了不良的社会影响，在此，我院表示诚恳歉意。经查，该不当言论系因微博管理人员未严格遵守有关工作制度所致。经研究，决定对发布该不当言论的工作人员进行通报批评，并调离工作岗位，对相关负责人进行通报批评。”

十一月

2016 年 11 月 1 日 18 时 31 分，广东省深圳市公安局交通警察局官方微博“@ 深圳交警”（UID：1792702427）发布消息称，“今晚整治乱开远光灯，查到就坐这把‘绿椅子’好好体验一分钟!”这条创新“绿椅子”体验式执法的内容一经发出，转评赞瞬间突破数十万。当晚，“@深圳交警”借助微博直播整治远光灯专项执法，全程观看量高达307万余人次。

2016年11月4日下午，北京市朝阳区人民法院对备受关注的“和颐酒店女子遇袭”事件涉事男子李某某作出一审判决，以介绍卖淫罪对李某某判处有期徒刑二年，并处罚金5000元。同时，法院向和颐酒店及如家集团发出司法建议，建议酒店查找安全管理漏洞、提高人员职业素养、制定整改措施、杜绝安全隐患。2016年4月5日，网友“@弯弯_2016”（UID：5892492312）连发多条微博，称其在位于望京798的和颐酒店遭陌生男子拖拽，随后上传监控视频。这一事件引发社会广泛关注。

2016年11月5日19时15分，微博认证为“中国电信股份有限公司客户经理”的“@人形舔舔机”在一条微博新闻《男子强奸16名幼少女，“零口供”仍被判死刑》下方跟帖评论称，“我也就强奸过一个幼女，不值一提。嘿嘿，你快报警。”引发众怒，随后众多网友依据其微博资料显示所在地“武汉”向武汉市公安局官方微博“@平安武汉”（UID：2418542712）举报。11月9日17时24分，武汉市公安局武昌分局官方微博“@平安武昌”发布通报称，“8日晚已传唤此人并对其开展调查，此人为我市无业人员。如查证其有违法犯罪事实，警方将依法对其追究法律责任”。11月10日9时07分，中国电信股份有限公司湖北分公司官方微博“@中国电信湖北公司”发布声明，“经武汉警方查实：微博账号‘人形舔舔机’自称曾性侵幼女男子为武汉无业人员，该男子假冒中国电信股份有限公司客户经理进行微博实名认证”。

2016年11月8日上午，北京市海淀区人民法院执行法官、法警对一起小区热力设施腾退案件进行了强制执行。采暖季即将到来，势力设备老化急需维修，北京市海淀区人民法院曾于2016年10月9日张贴了强制执行公告，限令被执行人某小区物业公司履行法律义务，将两处热力站及附属设施移交热力公司管理使用，但其未腾出交还热力站。北京市海淀区人民法院官方微博“@北京海淀法院”（UID：3927469685）对执行过程同步进行了微博播报。由于微博限制，执行过程的现场短视频仅上传了一段。

2016年11月8日晚20时22分，网友“@000www_ 59445”（UID：3541682371）向中共银川市委办公厅、市政府办公厅官方微博“@问政银川”（UID：2239586647）反映称，“玉皇阁南街银川宾馆对面立体停车场门口的这些地钉该拆除啦！行人通行特别晚上很不安全！”3分钟后“@问政银川”在线督派银川市市政工程管理处官方微博“@银川市政管理”（UID：1973758332）关注处理。11月9日17时40分，“@银川市政管理”回复网友称，“我单位于今天安排市政监察人员前往该处，督促产权单位对违规石墩地锁等障碍物进行清理。现场负责人告知，石墩现已清理，人行道铁钉螺丝已拆除。”9日晚20时53分，网友“@000www_ 59445”发微博表扬，“银川市政管理急市民之所急，想市民之所想！昨晚（8日）向‘@银川市政管理’反映玉皇阁南街立体停车场门前人行道有多处地钉影响路人通行。情况反映后，‘@银川市政管理’高度重视，第一时间回复，第一时间安排消除地钉隐患。‘@银川市政管理’办事效率高，为‘@银川市政管理’大大点赞！谢谢辛勤劳动一线的市政工人！”

2016年11月16日晚，发现网友“@halohalo彩玲”（UID：5462540404）发微博并“@”广东省深圳市公安局交通警察局官方微博“@深圳交警”（UID：1792702427）称：这个速度有点儿快哦~。配图为一张汽车的仪表盘照片，车速在140*km*/h左右。该微博被转发后不久，该网友删除了微博并修改了微博昵称。深圳交警机动训练大队通过大数据分析后，找到了这名网友。11 月 21 日下午，该网友被召唤到深圳交警机动训练大队接受调查。该名网友表示，当晚微博上的照片并非本人所发，怀疑当天微博被盗，是盗号人所发的。这名网友称，其这张显示超速的图片拍摄于 2016 年 5 月 31 日，拍摄的地点是在前往福建省的高速上。民警对该车的违法记录信息及卡口数据进行比对，确定其供述属实。经深圳交警查证后发布微博通报：2016 年 5 月 31 日，这辆号牌为粤 BT1H28 在沈海高速惠州至汕头路段被抓拍了四宗超速违法行为，分别被惠州、汕尾、汕头交警部门处罚，违法行为人系该网友的姐姐，相关交通违法行为已处理完毕。

2016 年 11 月 20 日，中央气象台发布暴雪蓝色预警称，“预计 20 日 20 时至 21 日 20 时，北京等地部分地区有大雪，其中，北京西北部和东部、天津北部、河北西北部和东北部等地的局部地区有暴雪（10～12 毫米）”。21 日凌晨，初雪如期降临北京，微博开启晒雪模式，然而更有网友提出疑问“北京初雪没有失约，但说好的暴雪在哪里呢?”11 月 21 日上午 10 时 32 分，中国气象局官方微博“@ 中国气象局”（UID：2117508734）发布“重要通知”称，“原约定于今天来的暴雪，因半路气温过于热情，把‘白茫茫’变成了‘湿漉漉’！这场雪如果下大了肯定不小，如果下小了肯定不大，请求市民原谅！老天爷不容易，气象台就更难了！具体情况等下完后气象台会向市民汇报。”同时，“@ 中国气象局”调侃式“温馨提醒”称，“今天下午如果不下雪，明天不下雪的话，这两天就没有雪了，并郑重劝告美女们最近几天不要穿裙子，容易被撩，雪是好雪，但风不正经!”这则微博语言诙谐幽默，在众多网友称赞其“接地气”的同时，也受到一些质疑。最终，这条“不正经”的微博被删除，并再次引起一番热议，大多网友叹息“删掉可惜了”。

2016 年 11 月 25 日，网友“@ 冯森的生活”（UID：2241093423）在其微博晒出数张捕鸟照片，照片中有大量死鸟。26 日该网友表示“晚上还将继续捕鸟”，引发网友关注并在线向原国家林业局官方微博“@ 国家林业局”（UID：2749447053，现更名为“@ 国家林业和草原局”）举报。26 日 16 时 13 分，“@ 国家林业局”转评并在线告诫称，“这些鸟是你打的？希望你主动致电森林公安机关说明情况。”该网友随即删除微博。26 日中午，江苏省邳州市公安局官方微博“@ 邳州公安”（UID：1879402884）发布通报称，“公安机关已高度关注，相关调查工作正在开展中”。27 日 18 时 55 分，“@ 邳州公安”更新发布消息：经过工作，嫌疑人已到公安机关接受调查。

十二月

2016 年 12 月 5 日 11 时 54 分，网友“@ 冰 – 狗狗”在微博对昆明交警“不近人情”的执法表达强烈不满，声称自己在幼儿园接送孩子临时停车被贴罚单。原本一场想要博得舆论同情的“控诉”，却引来了众多网友一边倒的对其声讨，以及对昆明交警严格执法的支持和肯定。“控诉贴”被舆论转发 44360，评论 18279。12 月 6 日下午云南省昆明市公安局交警支队专门召开了新闻通报会，向媒体公布执法记录仪视频。并于 16 时 45 分，通过其官方微博“@ 昆明交警”（UID：1734609155）发布核查后的情况通报。在 21 时 45 分的最后一条回应微博中说到，“这座城市的交通秩序，需要每一个交通参与者的共同参与；这座城市的交通安全，需要每一个交通参与者自觉远离和规避交通违法行为才能实现和谐发展！伴随日升月落，昆明交警在您身边!”

2016 年 12 月 7 日 9 时 17 分，北京市海淀区人民法院官方微博“@ 北京海淀法院”

（UID：3927469685）发布案件播报：正式受理“葛优躺”图片肖像权纠纷案。因“艺龙旅行网”在微博中使用了葛优肖像图片做配图，演员葛优将艺龙网信息技术（北京）有限公司诉至法院，认为被告擅自加工、使用原告的肖像图片，具有明显的商业属性，旨在宣传被告的旅游项目及酒店预订，极易使众多浏览者及消费者误以为原告系被告代言人或与被告存在某种合作关系，使原告蒙受外界诸多误解。因此，请求法院判令被告立即停止侵犯肖像权的行为，赔礼道歉并赔偿经济损失及合理开支共计 40 余万元。

2016 年 12 月 13 日，宁夏回族自治区银川西夏陵区管理处官方微博“@银川西夏陵区管理处”（UID：1941403974）在宣传“首届银川欢乐购物季”活动时，西安网友“@莼－爷们”（UID：3052828961）互动说自己购买了银川旅游文创纪念品，但是上边的西夏文字不知道是什么意思，询问是否可以帮其翻译。“@银川西夏陵区管理处”在网友评论发来图片后仔细辨识并回复，“给您看了下，上面的字是‘圆’，第二个字是‘雨’，第三个字的写法是错的，辨认不清”。

2016 年 12 月 20 日，北京市海淀区人民法院一审宣判：艺人黄晓明起诉微博用户侵犯名誉权获赔。因微博用户袁某在其新浪蓝 V 认证微博账号“@EC 品牌观察”上登载博文，直指艺人黄晓明“吃喝嫖赌”“欠下了 3.5 个亿，带着他的 baby 跑了”，并称黄晓明是“王八蛋老板”，黄晓明将该微博用户及新浪微博运营者诉至法院。海淀法院经审理，认定袁某的行为构成侵权，判令袁某向黄晓明赔礼道歉，并赔偿精神损害抚慰金 3 万元及维权合理支出 31524 元。

2016 年 12 月 26 日，在毛泽东同志诞辰 123 周年纪念日，共青团中央官方微博“@共青团中央”（UID：3937348351）与国务院国资委新闻中心官方微博“@国资小新”（UID：2752396553）联合发起“中国制造日”活动，以此表达对毛主席以及对他亲手缔造的中国制造业所取得巨大成就的骄傲和自豪。当日上午 7 时 56 分发布第一条微博后，#中国制造日#迅速成为微博热词，排名微博政务榜第一，众多企业、组织机构和网友纷纷转发、点赞、留言。活动发起微博阅读量达 3618 万，转发 66756、评论 50247、点赞 35957。截止到 12 月 27 日 13 时，该活动话题取得 1.5 亿阅读量，引发网友讨论 20.1 万。

2016 年 12 月 27 日 9 时 41 分，中共银川市委市政府通过其官方微博“@微博银川”（UID：1898782627）在线发布“聚焦银川两会”银川两会意见征集活动通告。通告写道，“银川市两会今日召开，您有什么想对代表委员说的吗？大会秘书处将 12345 电话设立为大会热线电话，开通时间为 12 月 28 日至 30 日，每日 9 时至 17 时。如果您对银川的经济、文化、城市建设、教育、环保、卫生、公共服务等有什么建议和想法，欢迎大家通过大会热线、市政府门户网站和‘@微博银川’提出建议、意见，对大家反映的建议、意见，我们会认真整理，及时提交大会研究。”

2017

一月

2017 年 1 月 4 日，广东省深圳市公安局交通警察局官方微博“@深圳交警”（UID：1792702427）接网友微博举报称，粤 B7J0T0 黑色雅阁车不交替通行，存在强行变道、野蛮别车、将其拦停、扬言打人等违法行为。5 日上午，举报双方车主被传唤到深圳罗湖交警接受调查。随后“@深圳交警”发布微博通报，对粤B7J0T0雅阁司机曹某光驾车变道影响其他车辆正常通行的违法行为，处以200元罚款；对路上非法拦截机动车且不听劝阻的违法行为，处以2000元罚款。曹某光对处罚无异议，并向对方道歉。

2017年1月5日，中共山东建筑大学委员会作出了《关于邓相超错误言论行为的处理意见》。同日，山东省人民政府办公厅印发《山东省人民政府关于解聘邓相超省政府参事职务的通知》（鲁政字〔2017〕2号），正文仅一句话，“按照《政府参事工作条例》（国务院令第565号）和省政府有关规定，解聘邓相超的山东省人民政府参事职务。”2017年1月6日，政协第十一届山东省委员会第四十一次主席会议决定，免去邓相超政协第十一届山东省委员会常委职务，接受邓相超辞去政协第十一届山东省委员会委员请求，提请政协第十一届山东省委员会常务委员会第二十三次会议追认。早前一周，认证信息为山东建筑大学艺术学院副院长的“@邓相超”微博发表多条不当言论，引发舆论质疑声浪。2016年12月26日13时24分，邓相超发微博称，“出差一周，我的账号被盗，不知何人发了一些不合时宜的帖子。给组织带来了不必要的麻烦，特此致歉！自今天这个特殊的日子开始，自我主动封博！特此声明！邓相超”。

2017年1月8日，以“漯河电视台制片人”身份认证的微博“@漯河刘勇”，因发表声援邓相超侮辱毛主席、诋毁英烈名誉，并公开宣扬“欢迎美国侵略，我带路”等不当言论，引发其相关内容的历史微博被网友罗列批判和声讨。1月10日，河南省漯河市广播电视台通过其官方微信公众号发布《关于对刘勇错误言论的处理决定》称，“刘勇假借漯河电视台制片人身份认证新浪个人微博，发表错误言论，歪曲事实真相，严重违反政治纪律和道德规范，问题严重，影响恶劣。经研究决定：即日起责令刘勇停职检查；要求刘勇认真反省，在一定范围内作出深刻检讨。”2017年1月11日，该台再发通报，正式与刘勇解除劳动关系。

2017年1月9日上午，中共南京市委宣传部新闻发布官方微博“@南京发布”（UID：2097024354）发布消息称，“南京正在开两会，如果你是代表，对这座城市的建设和管理，你的提案是什么?”并表示“大伙的建议我们将带进会场，直言无妨。”当天上午即收集网友互动留言200多条。但同时也有网友质疑说：“两会是个啥？我不知道!”甚至还有网友直斥“代表们都在不切实际!”次日，“@南京发布”将网友质疑与书记市长和代表委员的发言一一匹配，以问答方式编发了题为《南京两会，市民担心代表委员不切实际》文章，内容涉及住房、交通等多个议题。同日，还发布了《今年政府为民办事的35件事!》。网友纷纷赞许说“具体，实际，有干货!”

2017年1月10日15时31分，北京市海淀区人民法院官方微博“@北京海淀法院”（UID：3927469685）发布案件播报：因认为新浪微博用户“@白云扒卦”、网易用户“心悦白云（真）”、凤凰博客用户“心悦白云”发布的相关文章严重贬损其声誉，导演陈凯歌以侵犯名誉权为由，分别将三家平台运营商诉至法院。北京市海淀区人民法院受理了这三案。

2017年1月12日，北京市海淀区人民法院对艺人吴亦凡诉名誉侵权案作出一审判决。法院经审理后认为，微博用户王某在涉案微博内容中多次使用“炮王吴亦凡”“约炮暗号”等负面词句指称吴亦凡，在缺乏证据佐证的情况下，意在对吴亦凡名誉进行恶意贬损；另外，在缺乏证据情况下，虚构吴亦凡“吃喝嫖赌，欠下3.5个亿”等拖欠巨额债务的事实，构成对吴亦凡的诽谤。故王某所发表的相关微博内容已构成对吴亦凡的诽谤、侮辱，侵害了吴亦凡的名誉权。一审判决：该用户在涉案微博首页连续15日发布声明，向吴亦凡赔礼道歉，并支付精神损害抚慰金 2 万元、维权合理费用 12200 元。

2017 年 1 月 12 日 20 时 48 分，公安部儿童失踪信息紧急发布平台官方微博“@公安部儿童失踪信息紧急发布平台”（UID：5918987931）发布消息确认，2017 年 1 月 12 日 18 时许，走失儿童张轩齐（女，10 岁）在朝阳区酒仙桥京客隆超市，被一名收到推送孩子走失微博的网民发现，该群众立即跟孩子家长取得联系后将孩子送回家。走失系因与父亲发生矛盾离家出走，走失期间未受到不法侵害。

2017 年 1 月 15 日，网友“@阿明锅锅”向原国家林业局官方微博“@国家林业局”（UID：2749447053，现更名为“@国家林业和草原局”）、湖南省公安厅官方微博“@湖南公安在线”（UID：5645893201，现为“@湖南公安”）反映称，“快过年了，湘西野生动物的死期也到了！市场只走了一家就有这么多的野生动物”，微博配图显示，在湖南省湘西州保靖县迁陵镇商贸中心有大量野生动物尸体被悬挂或堆放叫卖。“@湖南公安”立即交办湖南省湘西自治州公安局官方微博“@湘西公安”（UID：5713364789）及时跟进调查。同日同步，经“@国家林业局”转办湖南省林业厅督办，在保靖县林业局牵头，当地公安、市场监管等相关部门的配合下，对网上举报的“高山野味店”“老四野味店”当事人进行调查取证，当场查封了商铺里野生动物及其制品。18 日，“@阿明锅锅”发微博对“@国家林业局”“@湖南公安在线”等表示感谢。

2017 年 1 月 16 日，网友“@脸蛋有点大”（UID：2031660381）向新疆维吾尔自治区人民检察院官方微博“@新疆检察”（UID：3271604690）反映称，其经营的酒店“因安检未达标被停业整顿，但是整改后却迟迟等不到相关部门的通知结果，导致一直处于歇业状态，不敢营业”。“@新疆检察”收到网友诉求后立即会同其检察微博矩阵成员“@塔城地区检察”（UID：2839068692）、“@和丰检察院”三级联动，2.5 小时解决问题。当地有关部门及时告知网友验收合格，并当场予以开张。

2017 年 1 月 16 日，成都轨道交通集团有限公司官方微博“@成都地铁”（UID：2384889627）收到大量网友私信“吐槽”。网友们投诉称，当日成都地铁电视上一则高频滚动播出的“公鸡下蛋”商业广告，简直“要让耳朵怀孕了”，“纯属噪音”更“有损成都城市形象和市民品位”。与此同时，乘客网友们对该广告提出强烈质疑并要求撤掉。16 日晚间，“@成都地铁”在后台与相关投诉网友私信互动，真诚致歉。17 日上午 7 时 14 分，“@成都地铁”郑重发布致歉消息“‘下蛋公鸡’扰您清静，我们深表歉意”。致歉微博还说，“知道大家不喜欢这只公鸡，我们正积极请公鸡回去休息，打扰大家清净，还请谅解。”17 日 20 时 18 分，“@成都地铁”再发布消息，“经努力协调，从 1 月 18 日首班车开始，所有地铁电视将全面停播‘公鸡下蛋’和‘顶呱呱’两个广告”，并称“成都地铁是成都市民的地铁。您的声音，我们一直在倾听；您的意见，至高无上。成都地铁，生活一脉。愿我们共同努力，让这一脉令我们的生活更美好。”

2017 年 1 月 16 日下午 15 时 36 分，河北省石家庄市文化广电新闻出版局官方微博“@石家庄市文广新局”发布《关于左春和实名微博错误言论处理结果》，石家庄市文化广电新闻出版局（版权局）副局长左春和，因在网上实名认证的微博发表错误言论，严重违反政治纪律，依照相关规定被免职并被行政记大过。同日，中共石家庄市委党校（石家庄行政学院、石家庄市社会主义学院）官方网站发布声明：“我校（院）于 2015 年 9 月已与石家庄市文广新局原副局长左春和解聘。左春和已不再是我校（院）兼职教授。”

2017年1月21日，新浪微博虚假消息辟谣官方账号“@微博辟谣”（UID：1866405545）发布《2016年度微博辟谣数据报告》。报告显示，2016年微博辟谣平台举报后台共收到519万次不实信息的举报，共有效处理不实信息2330条。平均每一条不实信息微博被3.98个网友举报。标记不实信息澄清290条。全年单条不实信息从举报到处理平均用时26.3小时。截至2016年底，微博辟谣平台阅读数23亿，讨论量260万，粉丝3.3万，直接用于推广辟谣信息的粉丝头条价值152万。

2017年1月24日晚，网友“@琳哒是我”在微博发帖称自己于2011年11月11日在丽江游玩时，被一群男子无端殴打，伤势严重导致毁容，并发布若干受伤照片。事件引发网友关注。2017年2月10日23时许，云南省丽江市公安局官方微博“@云南丽江警方”（UID：2013606690）在转发其他新媒体平台网友调侃“原来‘@琳哒是我‘在丽江背着她男友用陌陌约炮被打”一文后，引发舆论争议。2月11日2时18分，“@云南丽江警方”发布致歉信，向当事人道歉。2月11日19时21分，“@云南丽江警方”再次微博公布调查结果并“对涉事民警给予行政记过处分”。

2017年1月27日晚，黑龙江哈尔滨民警曲玉权在处警时遇袭牺牲后，网民“@lukehcen0”当晚在微博公开发布侮辱牺牲民警言论，引起广大网民的愤慨。根据网民举报线索，广州警方迅速开展调查，并于28日晚23时许在荔湾区一小区内抓获该网民陈某。

2017年1月27日傍晚和28日凌晨，时值中国传统节日春节的除夕夜，联合国官方微博“@联合国”（UID：1709157165）先后发出两条微博，分别将中国年夜饭和全球饥饿人群、新春礼花和世界战乱地区炮火放置在一起进行对比。微博发出后一度引发中国网友广泛争议，认为联合国是在春节期间“给人添堵”。29日，联合国删除了这两条争议微博。北京大学教授张颐武29日在接受《环球时报》记者采访时表示，倘若联合国官微确实是主动删除了相关争议微博，应被视为是对中国公众关切的一种回应，“这是一种应有的审慎态度，我认为这个处理是正确且适宜的。”

2017年1月28日，湖南衡阳籍网友颜某一家3口在越南度假时遭遇抢劫，丢失所有证件，无法回国。1月30日（农历春节大年初三）中午12时45分，颜某向湖南省公安厅官方微博“@湖南公安在线”（UID：5645893201，现为“@湖南公安”）发出私信求助。随后，“@湖南公安在线”负责人禹亚钢即时将此情况反馈给湖南省公安厅人口与出入境管理局公民出国境工作处处长张云峰。该局立即对来自中国驻越南胡志明市总领事馆的信息审核请求进行核查，并于下午15时许，反馈中国驻越南志明市总领事馆，妥善地解决了颜某一家的困境。2月3日，颜某通过微博反馈，他和家人已成功回国，并表示“感谢祖国的帮助！”此一成功跨国救助，前后历时不足3小时。中国传媒大学媒介与公共事务研究院高级研究员侯锷评论：“暖心又振奋！求助私信发出的那一刻，一个政务微博代表着一个祖国力量。”

二月

2017年2月1日，微博名为“@我是贾后行”的网友在微博中公然辱骂警察：“还有那些开车顶交警跑的，就该把交警顶死！不是我恨交警我就恨这法律！”获悉情况后，秦皇岛市警方立即对发帖人进行核查。2月3日，将发帖者贾某某抓获。秦皇岛市警方根据《中华人民共和国治安管理处罚法》的规定，对贾某某作出行政拘留15日的处罚。

2017年2月2日11时11分，作家郑渊洁通过个人官方微博“@郑渊洁”（UID：

1195031270）发出《给丽江市市长郑艺先生的信》，讲述了自己当日在参观古城时被工作人员盘查是否交纳过了古城维护费。他认为在道路上设卡盘查游客是否交纳古城维护费不利于丽江旅游的发展。两天后的 2017 年 2 月 4 日，郑艺给郑渊洁回信，感谢郑渊洁对丽江的关注与关心，同时对郑渊洁在丽江古城游览时遭遇政府工作人员盘查是否交纳古城维护费表示道歉。之后，丽江古城取消了在道路上设置的盘查游客是否交纳古城维护费的关卡。

2017 年 2 月 5 日，在越南旅游的湖南长沙杨某，因遭遇抢劫护照遗失而无法回国，杨某向湖南省公安厅官方微博“@湖南公安在线”（UID：5645893201，现为“@湖南公安”）发出救助，1 小时后，在“@湖南公安在线”线上线下的紧急协同下，杨某顺利办妥身份证明。

2017 年 2 月 6 日，网友“@Ah_ cal”微博晒图炫耀“广西某领导请我们在办公室煮穿山甲吃”的网帖引发社会广泛关注和热议。此次被曝光的广西官员宴请食用穿山甲，除了网民对官员宴请规格的质疑外，也引发社会对生态环保的密切关注。广西投资促进局、国家林业局、香港工商金融文化旅游界企业家赴广西投资考察团原组委会等相关部门在第一时间回应舆论关切，消解了公众困惑。

2017 年 2 月 14 日，网友“@王妤的梦想”（UID：5734642225）向新疆维吾尔自治区人民检察院官方微博“@新疆检察”（UID：3271604690）反映称，“外公 15 年前一起民事纠纷中，法院未采用其提供的鉴定‘枉法裁判’导致官司输了，上访期间，检察官‘打人’致伤”。“@新疆检察”随即启动微博矩阵三级联动程序，在线转派伊犁哈萨克自治州人民检察院塔城分院官方微博“@塔城地区检察”（UID：2839068692）督导塔城地区沙湾县人民检察院“@沙湾检察”（UID：5664743952）展开调查。经调查，所谓“致伤”事件，实为网友的外公桑某世在检察院闹访时，撕扯、头撞检察干警所致。关于法院裁判问题，更是由于当年桑某世自行选定无鉴定资质人员出具的鉴定书，法院只作为参考，并未采用，属于法律范畴，因此依法作出不予立案处理。鉴于网友外公年事已高，“@沙湾检察”线下约见了网友“@王妤的梦想”并当面公布了调查结果和法院裁判的依据，并进行了相关释法说理。2 月 17 日，“@沙湾检察”重点围绕“法院未采用其提供的鉴定‘枉法裁判’”进行了公开答复及说明。“@塔城地区检察”则重点针对“上访期间，检察官‘打人’致伤”进行公开答复。最终，网友困惑释然。

2017 年 2 月 15 日晚 23 时许，身陷江西省上饶市某传销窝点的杨某在得到几分钟自由使用手机后，提心吊胆地向湖南省公安厅官方微博“@湖南公安在线”（UID：5645893201，现更名为“@湖南公安”）发出求救信息，“天津天狮传销组织，救命！救命！”随后他在发出自己的定位后便匆匆下线。收到杨某的求救信息后，湖南省公安厅政治部宣传处立即通过厅刑侦总队与江西省公安厅，联系上了上饶市公安局信州分局刑侦大队。2 月 19 日，上饶警方经过一天的走访摸排，基本确定了杨某的位置。2 月 21 日下午 14 时许，待时机成熟后，上饶警方组织 20 余名警力，一举端掉了该传销窝点，抓获 6 名传销骨干，杨某及同样被骗的山西男子潘某被成功解救。6 名传销骨干因涉嫌非法拘禁被刑事拘留。

2017 年 2 月 17 日凌晨 2 时 08 分，云南省丽江市公安局官方微博“@云南丽江警方”（UID：2013606690）就其 2 月 10 日晚转发并指责被打女游客“原来‘@琳哒是我’在丽江背着男朋友用陌陌约炮被打的？真的浪荡？值得同情吗？”的相关不当内容道歉，称这是“近期警方官微出现登录异常现象所致”，“我们深表歉意！今后，我们将加强微博维护管理工作。同时，我们也发现有新浪微博用户，使用了我们的官方微博头像，请广大网友留意，我们也正在核查”。

2017 年 2 月 17 日，陕西省咸阳市秦都分局网络安全保卫大队在微博上注意到，网友“@咸阳身边事”说在公交 11 路车上有两个小偷，且对其身高体重、衣着装扮、体貌特征等描述具体。网安大队发现这个情报之后，立即协同巡警大队、便衣中队按照该网友提供的线索开始侦查。6 小时后，民警在统一广场发现疑似网友提供特征的嫌疑人，一举擒获。

2017 年 2 月 18 日，新浪微博虚假消息辟谣官方账号“@微博辟谣”（UID：1866405545）发布《微博辟谣月度工作报告（2017 年第 1 期）》。1 月 1 日至 1 月 31 日，“@微博辟谣”共发布微博辟谣信息 68 条，#微博辟谣#话题阅读量累积 1.8 亿。

2017 年 2 月 20 日上午 8 时 48 分，中央气象台官方微博“@中央气象台”（UID：2015108055）发布了一条“萝卜蹲”版暴雪黄色预警微博：“新疆下，新疆下，新疆下完，陕西下。陕西下，陕西下，陕西下完，山西下。山西下，山西下，山西下完，河南下。河南下，河南下，河南下完，山东下。山东下，山东下，山东下完，嗯，就该下完了。”并在文末加了一个话题“#不用怀疑我不是一个假气象台#”，这条微博斩获 1.2 万多条评论，1.4 万多次转发。除了“萝卜蹲”体火了一把，此次中央气象台对于北方这场春雪降雪过程预报的准确率也让很多网友点赞。“@中央气象台”发微博自夸，“讲讲道理，居然说我难得准一回，天地良心，四海八荒作证，我们全年 365 天 24 小时预报全国 34 个省区直辖市特别行政区，居然只准了一回?！现阶段天气预报准确率的确不算太高，也就百分之八十几吧。”

2017 年 2 月 21 日早上 8 时 03 分，中央气象台官方微博“@中央气象台”（UID：2015108055）发布的一条未来 24 小时“暴雪黄色预警”中点道，“河南大部分地区有大雪”“河南中北部有暴雪”。但大批没看到雪的河南网友纷纷在微博底下调侃评论“这是一个假的气象台”“看了假的天气预报”。随后，河南当地媒体大河报官方微博“@大河报”（UID：1734530730）在互动中对“@中央气象台”下“战书”，表示“如果今天还不下，我们就让他们做萝卜蹲，中央气象台蹲完了，河南气象台蹲，河南气象台蹲完了，郑州气象台蹲，不停循环！”当天 14 时左右，河南地区陆续降雪。“愿赌服输”的“@大河报”兑现了自己提议的“萝卜蹲”惩罚，于 15 时 53 分在其官方微博发布了全体员工在雪地里表演“萝卜蹲”的视频。16 时 26 分，“@中央气象台”在互动转评中慰问，“哈哈哈哈，你们在大雪纷飞的河南蹲萝卜辛苦了”。

2017 年 2 月 25 日，湖南省公安厅官方微博“湖南公安在线”（UID：5645893201，现为“@湖南公安”）收到湖北孝感网友小余的求助私信，称其母亲刘女士被骗到湖南长沙一传销窝点，请求解救。2 月 26 日下午，在湖南公安民警的帮助下，刘女士被成功解救。

2017 年 2 月 25 日，国家旅游局在新闻发布会上对云南丽江古城景区、黑龙江省镜泊湖景区、辽宁省大连市老虎滩海洋公园·老虎滩极地馆等 3 家 5A 级旅游景区给予严重警告，限期 6 个月整改。2 月 25 日 17 时许，云南省丽江市古城区委宣传部官方微博“@古宣发布”（UID：2567727044）在与网友互动时言称，“你最好永远别来！有你不多无你不少！”该条微博被截图并引发大量网友关注。2 月 26 日上午 8 时 54 分，“@古宣发布”发布声明，否认自己发布了前述评论，称“截图之言并非我部所为，正在调查中。”声明后缀时间将“2017 年”写为“2016 年”，并引发网友质疑声明的诚意与真实性。2 月 27 日 14 时 43 分，“@古宣发布”再次发布消息称，“因微博不当言论事件，古城区委宣传部副部长和俭、外宣办主任李国璋已被停职检查，并进行党纪立案”。

2017 年 2 月 26 日 8 时 58 分，微博认证为“丽江市中级人民法院审判员”的“@ 丽江炳哥”（UID：1016101064）在互动转发“@ 人民网”（UID：2286908003）微博《一位 57 岁民警的雪中坚守》时评论称，“每一个故事背后就有一个故事。57 岁老民警在风雪中执勤，有三种情况：一种是犯错被罚，一种是作秀，还有一种也是作秀！”在绝大多数网友的感动并表达“致敬”面前，“作秀”一词旋即引发舆论沸议。随后不久，“@ 丽江炳哥”删除相关微博并道歉。

2017 年 2 月 26 日 19 时 35 分，云南省丽江市中级人民法院官方微博“@ 丽江中院”（UID：1198482262）就法官李炳祥个人微博“@ 丽江炳哥”（UID：1016101064）发表错误评论一事，发布通报指出，此行为“伤害了奋战在冰雪一线的人民警察及广大网民。对此，丽江市中级人民法院非常重视，及时对其批评教育，责令作出深刻检讨。李炳祥认识到自己的错误，当即删除评论，并作出道歉。鉴于其错误言论性质严重，经院党组讨论研究，决定对李炳祥同志停职检查，调查后作严肃处理。同时，我们对奋战在一线维持交通秩序的公安干警表示深深的敬意和敬佩，并对我院法官干警教育管理不到位表示歉意。我院将汲取教训，进一步加强教育，严肃管理，杜绝此类事件的发生。”19 时 43 分，李炳祥再次通过微博“@ 丽江炳哥”发布文章《对自己的错误言论真诚认错，希望得到社会各方的谅解，并接受我的道歉!》。2 月 27 日，《法制晚报》、澎湃新闻、新华报业网等媒体发表相关评论文章。同日，南方网发表评论文章《法官因“作秀论”被停职为何不应同情》、法制网发表评论文章《老警察执勤被指作秀？拿自己生命作的“秀”，你有么?》等。

三月

2017 年 3 月 3 日 9 时 26 分，北京市海淀区人民法院官方微博“@ 北京海淀法院”（UID：3927469685）发布案件播报：因认为今日头条、凤凰网、搜狐、新浪微博等网站在 2016 年分别发布《春晚一举成名的他，却为钱下跪日本天皇，嫁入豪门，消失娱乐圈》《当初在春晚很火的他，因下跪“日本天皇”被冷藏》等文章肆意歪曲事实，将其与日本著名笑星志春健在榻榻米上的表演行为歪曲成“下跪”并借题发挥，将志春健在节目中饰演的“城主”一角编造成“天皇”，进而称刘谦“跪拜日本天皇”等内容侵犯了自己的名誉权，刘谦分别将今日头条、凤凰网、搜狐、新浪微博诉至法院，分别索赔精神损害抚慰金等 150 余万元。北京市海淀区人民法院已受理此案。

2017 年 3 月 3 日 18 时 49 分，云南省丽江市中级人民法院官方微博“@ 丽江中院”（UID：1198482262）发布通报《丽江市中级人民法院作出决定给予李炳祥同志党内严重警告、行政记大过处分》。通报称，“李炳祥同志违反政治纪律，以名为‘丽江炳哥、丽江市中级人民法院审判员’的微博发表错误言论，造成恶劣影响。经党政纪立案调查，根据相关规定，决定给予李炳祥同志党内严重警告、行政记大过处分，调离审判工作岗位，并依照组织程序和法定程序报请相关部门免去其丽江市中级人民法院刑事审判第一庭副庭长职务。衷心感谢广大网友作出的客观公正评价和监督。”

2017 年 3 月 4 日 18 时许，北京网友“@ 北京人不知道的北京事儿”（UID：1662214194）发布了一段地铁 10 号线车厢内一男子辱骂两女子的视频。据视频显示，该男子有持续辱骂对方、抢夺手机阻拦对方报警，以及在地铁车厢门即将关闭时将对方强行推出车厢的行为。视频内容迅速得到网友的关注并转发传播。22 时 49 分，北京市公安局官方微博“@平安北京”（UID：1288915263）在与网友互动评论中回应“警方已关注，正在核实相关情况”。该条评论在两小时内获得1万多网友点赞。3月5日凌晨2时25分，“@平安北京”发布，“针对网友反映的一段拍摄于北京地铁十号线车厢的视频，我们已经关注，正在开展调查。维护公民人身权利和公共秩序是公安机关的法定职责，对于违法行为，公安机关会依法予以坚决打击。”凌晨6时42分，“@平安北京”再发布，“经连夜工作，现已将嫌疑人张某（男，17岁）查获。目前，案件正在审理中。”有网友表示北京警方的处置速度令人震惊，“只睡了一小觉醒来人都抓住了”。3月6日19时29分，“@平安北京”通报警方工作进展情况和处罚结果，此通报一经发出，阅读量超3000万次，点赞47000余次。

2017年3月5日上午10时和下午4时，陕西省榆林市粮食局官方微博“@榆林粮食”（UID：5263257654）因发布了美国代购手包等的信息，引发媒体舆论监督。在媒体曝光其发布的历史微博信息中，“@榆林粮食”多年发布的信息大多为选秀类追星信息、搞笑片段等内容，最近一次发布与粮食局工作有关的信息是在2014年11月25日上午9时42分，此后发布的内容均与粮食局业务无关，总计500余条。随后，“@榆林粮食”删除相关内容微博，并在回应媒体的短信中称“号被盗，已上报至网信办，正在积极处理中”。

2017年3月6日，一男子直播将OFO“小黄车”扔入天津海河的视频在微博热传，录视频的男子边录还边“旁白”解说，且频爆“粗口”，引发网友声讨。随即，大量网友在线“@”呼叫天津市公安局官方微博“@平安天津”（UID：3163782211）请求查处。“@平安天津”线上线下立即开展侦查工作，天津市公安局和平分局与天津市公安局相关部门协作，连夜开展调查取证等工作，并确定了视频中的嫌疑人王某某（男，21岁，辽宁省葫芦岛市人）和拍摄并上传视频的嫌疑人许某（男，20岁，辽宁省葫芦岛市人），遂对该二人立即实施抓捕。3月7日16时许，在当地警方的大力配合下，将刚刚潜回原籍的嫌疑人王某某、许某在辽宁省葫芦岛市绥中火车站成功抓获。通报显示，经初步审理，二人供述因遇事不顺，为发泄不满情绪，将一辆“小黄车”扔入海河并将这一视频上传互联网传播后潜回原籍的事实。天津警方依据《中华人民共和国治安管理处罚法》之规定，对二人以寻衅滋事依法分别作出行政拘留10天和5天的处罚。

2017年3月7日上午10时13分，阿里巴巴董事局主席马云在其微博“@乡村老师代言人－马云”（UID：2145291155）发文《致两会代表委员们》，建议“要像治理酒驾那样治理假货”。马云称，“最近关于打假的讨论越来越热烈，包括一些人大代表的建议议案，这样的讨论很健康。就像五年前，如果没有一场关于酒驾的大讨论，没有经争论形成全社会的共识，就不会有后来的司法成果和社会进步。”马云呼吁，“假如改变入刑标准，治理假货的结果肯定会大不一样：社会会形成共识，司法机关有法可依，政府部门杜绝权力寻租；更重要的是这代表了我们国家对知识产权的保护，对创新的决心和真正的行动，代表了社会的重大进步。”该条“两会”建议微博，转发32335、评论41821。

2017年3月7日下午，广东省深圳市公安局交通警察局官方微博“@深圳交警”（UID：1792702427）接网友微博举报称，粤S99362号营运大巴车安全带存在隐患。“@深圳交警”立即指令罗湖交警安排警力到达现场查证，但该车已发往东莞。罗湖交警民警又迅速联系该线路负责人，确定该车确实存在安全带隐患后，通知司机立即停止载客，返回罗湖汽车站进行检修并接受处理。据“@深圳交警”微博通报，交警还对深圳新巴客运公司的其他4辆大巴进行了检查，对发现的安全隐患向该线路负责人与车队长提出并责令限期整改。并向罗湖客运场站发出整改通知，要求各运营线路点负责人自查自纠，对发现安全问题的及时整改。

2017 年 3 月 8 日，网友“@ 乌鲁木齐爆新鲜”微博配发短视频爆料，一位新疆姑娘在桂林旅游期间因拒绝强制购物遭导游威胁恐吓。视频显示，疑似导游的女子称“再照我就把你的手机砸了，叫你下不了车”，新疆乌鲁木齐晚报也跟进作转载报道，旋即引发舆论关注。3 月 8 日当晚桂林市旅游发展委员会发现后立即线下指令旅游质监执法队伍进行严肃查处。3 月 9 日一早，桂林市旅游发展委员会联合市公安、工商等部门开展联合调查，并与游客李女士取得联系了解详情。9 日 15 时 20 分，“@ 桂林市旅游发展委员会”（UID：1989772524）微博首次发布《情况通报》称，“感谢媒体和网友监督和关心”并承诺事件“核查情况及处理结果将及时公布，给广大游客、媒体一个满意的答复”。2 小时后，17 时 47 分，第二次发布就给出了处理结果通报和整改措施，“一是对涉事导游秦某某吊销导游证；二是将涉事导游列入旅游失信‘黑名单’；三是责成涉事旅行社向游客赔礼道歉。”并表示“谁损害桂林旅游形象，就砸谁的饭碗！”雷厉风行的处置赢得舆论的一片喝彩。

2017 年 3 月 9 日晚，多名网友发微博爆料称，当天吉林省吉林市春芽中东幼儿园出现集体食物中毒事件。据媒体报道，9 日当天先后有幼儿出现腹痛、呕吐和发热现象。直到 20 日，有很多孩子仍然发热住院。距离此事件 14 天后的 3 月 23 日凌晨 1 时 25 分，吉林市人民政府新闻办公室官方微博“@ 吉林市发布”（UID：3319940460）发布通稿对此事件进行首次回应，但是网友却迅速对其采用微博第三方应用“皮皮时光机”进行定时发布表达愤慨。舆论质疑，“@ 吉林市发布”面对如此重大敏感且社会广泛关注的事件，在事发后长达 14 天“装睡”不回应，回应时又采取“时光机”式策略发布，貌似走到了群众身边，却难免让人对这种“机智”产生巨大的反感。“这是意图躲避网民上网的峰值”自作聪明。此回应帖不足 24 小时，转发过万，阅读量超过 1574 万。

2017 年 3 月 12 日，河南省焦作市温县公安局在办理一起电信诈骗团伙案中，一名嫌犯因民警涉嫌刑讯逼供取证而致非正常死亡。13 日上午 9 时 48 分，温县公安局官方微博“@ 平安温县”（UID：2175722740）主动发布警情通报称，“经焦作市公安局督察支队初步调查，办案民警涉嫌刑讯逼供取证，温县检察院已立案调查。公安机关将积极配合，坚决依法惩处违规违法办案人员。进展情况将及时发布。”此通报在静默 48 小时不被关注后，于 3 月 15 日全面引爆网络，但社会舆论反响积极。中国传媒大学政务新媒体实验室官方微博“@ 政务微博观察”评论称，“此举此案例，可视作为政务公开在中国政务新媒体领域，乃至中国政务公开历史上的一次极具积极影响意义的里程碑事件。这是政府第一次罕见地对涉己不当行政作为致他人死亡后，在媒体报导和舆论发酵之前，积极通过新媒体主动发布的‘罪己’政务通告，不护己短，不躲不闪，不遮不掩，不捂不盖，勇于担责，依法公示，彰显出了中国政府政务公开、司法公正和传播自信的巨大进步！”

2017 年 3 月 12 日，安徽省宣城市公安局治安警察支队官方微博“@ 宣城公安治安在线”（UID：518580127）在线收到网友“@ 宝贝艾嘉”（UID：3592193374）的微博求助私信后，仅凭一纸陈旧的信封，线上线下搜寻线索，最终成功让分离 67 年的亲兄妹再相见。4 月 3 日，老人带着家里的人，再次回到了那个曾经梦里无数次出现的故乡。

2017 年 3 月 13 日，有自称是陕西奥凯电缆有限公司员工的网友在天涯社区发布帖文《西安地铁你们还敢坐吗》，爆料“西安地铁三号线存在安全事故隐患”，并称整条线路所用电缆“偷工减料，各项生产指标都不符合地铁施工标准”，电缆的线径的实际横截面积小于标称的横截面积，会造成电缆电线的发热过大，不仅会损耗大量动力，还可能发生火灾。旋即引发网络热议。该帖文迅速被“搬运”至微博，引爆公共舆论。3月15日，奥凯电缆公司在其企业官方网站发布声明否认网帖内容，称该帖文中的“不实言论损害了公司的声誉，造成了极其严重的恶劣影响”，并晒出“报案材料”。

2017年3月13日，新浪微博虚假消息辟谣官方账号“@微博辟谣”（UID：1866405545）发布《微博辟谣月度工作报告（2017年第2期）》。2月1日—2月28日，“@微博辟谣”共发布微博辟谣信息100条，#微博辟谣#话题阅读量累积1.8亿。

2017年3月16日10时36分，西安市地下铁道有限责任公司官方微博“@西安地铁”就三号线涉嫌使用“奥凯电缆”舆情发布声明称，“地铁公司高度关注网上舆情，已经成立调查组开展广泛的调查核查”。

2017年3月19日，山东省省属事业单位初级岗位公开招聘工作人员笔试结束后，大量的教育类考生向山东省教育厅官方微博“@山东省教育厅”（UID：2486759125）反映，以试卷最后30分的主观题与某培训机构的练习题雷同，质疑此次考试泄题。3月21日10时49分，“@山东省教育厅”作出一句话回应称，“2017年事业单位招聘教师考试由省人社部门负责命题、组织考试等。”网友质疑其“踢皮球”。同时，山东省人力资源和社会保障厅并未开通官方微博。中国传媒大学政务新媒体实验室官方微博“@政务微博观察”当天评论说，“面对网民意见诉求，政务微博‘我开他不开’‘这事不归我管’的现象屡见不鲜，貌似合理的理由背后，缺位者躲了个清净，可他留下的‘孩子’哭了谁又来替他‘哄’？政务微博职能性的服务‘断链’，损伤的又何止是已开政务微博坚守者的心？”3月22日17时02分，在面对某网友指责“既然不是贵部门的事，那为什么没有及时回应呢？是想等过两天这件事情热度下去了，广大考生不关注了，你们再说明负责的部门是谁，既撇清了自己，又给真正负责的部门把讨论度降到最低，然后不了了之。这么理解符合逻辑吗？”后，“@山东省教育厅”在互动时解释说，“并不是（你想的这样子）。没有及时回复是想等到人社部门给出一个说明之后，我们（的官方微博）可以直接转发他们的说明，但是他们一直到现在都没有（给）出说明。”

2017年3月19日上午，安徽省教育招生考试院组织的高职院校分类考试文化素质统一测试结束后，微博随即曝出试题泄露、有考生携带手机进入考场作弊等问题。大量的考生诉说自己的所见所闻，并向安徽省教育部门讨要说法。3月20日安徽省教育厅官方微博“@安徽省教育厅”（UID：1949701212）当日连续发布微博，积极回应广大考生和网友利益关切。12时03分，“@安徽省教育厅”发布说，“已安排人员根据网上反映的线索进行摸排调查，且部分线索已经锁定”，并将按照相关法律规定，“区分不同性质进行处置，坚决维护国家教育考试的公平公正，有关调查处理情况将及时公布”。当晚18时14分，再次公示关于“黑板上书写答案问题”和“偷拍试卷问题”的具体详情通报，并称“对于违规违纪问题，省教育招生考试院已启动问责处理程序。其它线索也在排查中，有新的调查结果将及时予以公布。”

2017年3月21日14时09分，在网友发帖质疑西安地铁三号线所用的陕西奥凯电缆存在质量问题后，成都轨道交通集团有限公司官方微博“@成都地铁”（UID：2384889627）发表声明宣布，以“三个全面、三个一律”原则（全面排查、全面检测、全面整改；问题产品一律不用、安全管控一律逗硬、出现问题一律追责）保障地铁运营安全，成都轨道集团全面排查相关电缆。3 月 22 日中午，成都轨道集团发布消息称，中国中铁、中国电建两家央企郑重承诺立即着手更换所有已使用、已安装的陕西奥凯公司生产的电缆；中国铁建也承诺不再与其签订合同。

2017 年 3 月 21 日晚 20 时 30 分，陕西省西安市互联网信息办公室官方微博“@ 西安发布”（UID：3757167087）发布《奥凯公司法人代表王志伟承认供应不合格电缆，向全市人民悔罪道歉》，消息称，西安地铁三号线问题电缆引起社会关切，在送检电缆检测结果初步确定后，公安机关第一时间对陕西奥凯电缆有限公司展开审查，依法控制相关人员 8 名。昨（3 月 20 日）晚，奥凯公司法人代表王志伟对公司以次充好、供应不合格电缆的行为供认不讳，并表示对自己的行为非常后悔，向全市人民悔罪、道歉。

2017 年 3 月 22 日，针对合肥网友爆料称合肥地铁也使用了“陕西奥凯”品牌“问题电缆”后，22 日下午 14 时 37 分，合肥城市轨道交通有限公司官方微博“@ 合肥轨道交通”发布通稿回应称，自西安地铁三号线“问题电缆”事件发生后，“我公司第一时间启动组织对已完成及在建合肥市轨道交通工程全面排查工作”，确定合肥轨道一号线的杂散电流监测电缆（主要用于监测泄漏电流）、隧道区间疏散指示电线（主要用于隧道区间疏散指示牌用电）电缆产品的供货单位为陕西奥凯电缆有限公司。相关单位在采购奥凯公司电缆产品后，已按要求进行了自检及报验。同时，第三方检测单位安徽省产品质量监督检验研究院进行了取样检测，检验报告均显示为“合格”等级。为慎重起见，合肥市轨道公司目前已联合第三方检测单位、咨询监造单位、设计单位、施工单位、监理单位等，共同对奥凯公司电缆产品再次进行检测。缘于成都地铁方面响应在先的行动，合肥网友对合肥地铁的回应有所保留，网友大多的评论是“看看人家成都地铁!”“远没有成都地铁有诚意”。

2017 年 3 月 23 日，据《南方周末》一篇题为《刺死辱母者》的报道文章披露：2016 年 4 月 14 日，山东聊城女企业家苏银霞在被 11 人暴力催债时，儿子于欢因不忍母亲被极端凌辱，遂摸出一把水果刀刺伤 4 人，并致其中一人死亡；2017 年 2 月 17 日，山东省聊城市中级人民法院一审以故意伤害罪判处于欢无期徒刑。该文流入微博传播后，经凤凰网、网易的介入报道迅速助推舆情热度飙升。3 月 25 日，“@ 新京报”在微博平台上发布此案深度报道后，在各大网媒转载助推下，由此开启全民“愤怒话题”讨论模式。3 月 26 日上午 11 时，最高人民检察院官方微博“@ 最高人民检察院”（UID：5053469079）发布通报称，“已派员赴山东阅卷并听取山东省检察机关汇报，正在对案件事实、证据进行全面审查。对于欢的行为是属于正当防卫、防卫过当还是故意伤害，将依法予以审查认定；对媒体反映的警察在此案执法过程中存在失职渎职行为，将依法调查处理。”此一正面且及时的回应，赢得舆论一致好评，网友激愤的情绪得到了有效的缓和。

2017 年 3 月 23 日上午 11 时，湖南省公安厅官方微博“@ 湖南公安在线”（UID：5645893201，现为“@ 湖南公安”）接到湖南湘西籍网友小田发来的求助私信称，自己在韩国旅游丢失了护照，希望湖南省公安厅可以帮助她尽快和驻韩国大使馆领事部确认身份。“@ 湖南公安在线”迅速将情况反馈给湖南省公安厅人口与出入境管理局公民出国境工作处。11 时 24 分，相关部门完成信息审核后回复我驻韩使馆，求助者小田可以顺利回国。前后历时 24 分钟。

2017 年 3 月 25 日 21 时 21 分，在山东“于欢案”的舆论狂潮中，山东省济南市公安局官方微博“@济南公安”（UID：1702549133）发布“情感归情感，法律规法律，这是正道!”被网友理解为济南公安官方对此案中聊城公安涉事民警现场“不作为”的地域性偏颇袒护和声援，引发舆论关注。

2017年3月26日9时20分，山东省济南市公安局官方微博“@济南公安”（UID：1702549133）再次发布一张毛驴怼大巴图片微博后，“于欢案”再掀舆论高潮，事后删除相关微博。3月27日下午，济南公安某工作人员通过当地媒体对此进行了回应，称“这两条微博没有任何含义，不代表济南公安的任何观点，且是未经请示的个人行为，值班人员也并非民警”。随后，人民日报官方微博“@人民日报”（UID：2803301701）就此事件发布微评：“别把官微当成个人菜园子”；中国传媒大学媒介与公共事务研究院新媒体实验室官方微博“@政务微博观察”则对其称“并非民警”说辞指正，早在2011年济南公安创新警务微博管理时，就专门“创新”组建了由正式民警组成的新警种“博警”并公开宣传，官方回应显然是在搪塞撒谎。

2017年3月26日11时16分，在山东省聊城市“儿子刺死辱母者被判无期”一案引发全网舆论澎湃的关键时刻，最高人民检察院官方微博“@最高人民检察院”（UID：5053469079）发布《最高人民检察院派员调查于欢故意伤害案》，鲜明表态“对于欢的行为是属于正当防卫、防卫过当还是故意伤害，将依法予以审查认定；对媒体反映的警察在此案执法过程中存在失职渎职行为，将依法调查处理。”此微博一举打破舆论“沉默的螺旋”，及时回应社会关切。一经发布，即登上当日热门微博头条，转发64622，评论1569，微博图片点赞348880，微博正文点赞304732，阅读量达6560万。此案例在“2017政务V影响力峰会”荣获全国“十佳政务公开案例”奖。

2017年3月27日，原山西省阳泉市旅游局官方微博“@阳泉市旅游局”（UID：2797077250）开通上线运行（编者注：2017年12月底机构职能调整后，该微博账号认证信息与名称变更为：阳泉市旅游发展委员会官方微博“@阳泉旅发委”）。而该政务微博的上线却经历了一波三折：早在2016年6月13日，有阳泉网友在政府网站互动留言，提出“阳泉旅游局能开个微博吗?”被官方以“微博影响力日渐下降”以及“人员和经费存在问题”为由，否决并搁浅。随后，2017年3月17日被网友发现上轮政民互动后截屏发于微博，在经历了一场微博舆论关于“旅游微博开与不开”几轮大辩论后，最终网友的真诚和舆论效应说服并倒逼阳泉旅游部门顺应民意而重新决策，此官方微博正式上线。

2017年3月28日13时42分，公安部儿童失踪信息紧急发布平台官方微博“@公安部儿童失踪信息紧急发布平台”（UID：5918987931）发布确认：3月27日13时，安徽省宿州市埇桥区纺织路159号的3位走失女孩王佳丽、王思甜、王书琳，在网友收到平台推送的微博信息后，及时提供线索给其家人，第一时间在三角洲公园找到，三个小孩均未受到不法侵害，家人已经将三个小孩各自领回家。

2017年3月30日9时18分，北京市海淀区人民法院官方微博“@北京海淀法院”（UID：3927469685）发布案件播报：被指与艺人郑爽恋爱，高晓松起诉新浪微博用户胜诉。因微博用户“@王小呆V”与“@八卦壹姐V”在各自微博空间陆续发布高晓松与影视演员郑爽谈恋爱的不实信息，高晓松将新浪微博平台及微博账户持有人诉至法院。日前，北京市海淀区人民法院一审判决相关微博用户在微博发布致歉声明，赔礼道歉，支付精神损害抚慰金、公证费、律师费等费用。新浪微博作为网络服务提供者，已经及时删除了涉案微博内容，履行了法定义务，故涉及该公司的诉请内容，法院不再支持。

2017 年 3 月 30 日，政务新媒体（微博）“知政观察团”虚拟专家团队正式成立。10 时 04 分，新浪政务微博运营官方账号“@ 微博政务”（UID：2053061043）发出“知政观察团”招募启事。启事称，政务新媒体发展不断成熟，但同时也存在良莠不齐的现象。正因为如此，我们需要更多独具慧眼的观察者，点评政务新媒体表现，发出更有建设性的声音。请加入我们，一起用手中的微博、专业的视角、理性的思考，让政务新媒体变得更好！据启事，知政观察团的工作目标：聚合理性思考、专业看法，点评政务新媒体在热点事件和日常运营中的表现，以批评促进步，以建议促发展。招募对象：关注政务新媒体，拥有较强的研究或点评功能，并发布于相关评论内容微博；不限于专家、学者、媒体人、公职人员等，也不设粉丝数门槛，只关注评论质量。

2017 年 3 月 30 日 13 时 20 分，网友“@ cyesy”配发图片向辽宁省沈阳市环保局官方微博“@ 沈阳环保”（UID：2765022325）反映称，三好街鲁迅美术学院对面有锅炉冒黑烟污染空气。13 时 30 分，沈阳市环保局回应网友“收到情况”并立即在线批转，指令下属单位沈阳市环保局和平分局官方微博“@ 沈阳和平环保”（UID：6083070141）“立即到现场查处”。1 分钟后“@ 沈阳和平环保”响应，“收到，立即处理”。“@ 沈阳环保”进一步在互动中要求，“请到现场调查后公开回复情况”。15 时 24 分，沈阳和平环保分局发布通稿称，“经查，该锅炉属于南湖环卫所，为我市命令取缔的 10 吨以下燃烧锅炉，我局执法人员已依法对其进行了查封处理！”

2017 年 3 月 30 日下午，新浪微博工作人员接到网友反馈，微博用户“@ 老鬼 123”在当日上午 11 时 53 分发布了一条微博声称开始自杀，“我不想发臭，晚 10 点帮我报警”。18 时 45 分，辽宁铁岭警方接到新浪微博通报和查证的 IP 地址后，铁岭市公安局指挥中心迅速指挥部署，与各警种部门紧密调度配合，经过 3 小时的全力查找，确定了该用户刘某的真实身份，并在铁岭新区一宾馆内将脸色苍白，身体虚弱的刘某成功找到。民警通过询问得知其在投资失败的情况下产生轻生念头，并已于当日喝下两瓶老鼠药。了解这一情况后，民警迅速将其送到铁岭中心医院救治并得以脱险。

四月

2017 年 4 月 2 日晚 21 时 55 分，河南省开封市公安局官方微博“@ 平安开封”（UID：2011677057）在多日网络舆论井喷式关注开封市尉氏县“强奸未成年人恶性案件”后，终于发布通报作出回应。通稿称，“经查，李某（女）及其丈夫刘某羊伙同他人，采取威胁、恐吓等手段，多次组织、强迫在校女生与私企老板赵某勇、周某鑫发生性关系。公安机关报经检察机关批准，对周某鑫、赵某勇以涉嫌强奸罪，对李某、刘某羊、刘某、蒋某等 4 人以涉嫌强迫卖淫罪依法执行逮捕。对参与强迫卖淫包庇的其他 5 名犯罪嫌疑人予以刑事拘留，依法追究刑事责任。”此前，面对舆论强烈关注，官方采取的“一不辟谣二不回应而只是埋头删帖”的处置策略倍受舆论诟病。

2017 年 4 月 3 日 8 时许，网友“@ 屈 YANYAN”微博配发了一张护照执照图片并“@”湖南省公安厅官方微博“@ 湖南公安在线”（UID：5645893201，现为“@ 湖南公安”）称，“朋友在伦敦捡到一张护照，姓名：殷某，湖南人，估计是来英国旅游丢的。如果有人认识她，可以联系‘@ 艾尼蒙’”。15 时许，“@ 湖南公安在线”值班民警发现这条微博后，立即将相关信息向湖南省公安厅出入境部门反馈核实，并通过微博私信与网友“@ 艾尼蒙”

互动沟通，建议对方尽快把护照交到中国驻伦敦大使馆。17 时许，网友“@艾尼蒙”将护照安全送至中国驻英国大使馆。随后，殷女士顺利取回。

2017 年 4 月 3 日，湖南株洲的殷某在英国旅游期间，因保管不慎护照丢失，向湖南省公安厅官方微博“@湖南公安在线”（UID：5645893201，现为“@湖南公安”）发出求助。历时 2 小时后，“@湖南公安在线”告知殷某证照已办妥，可以顺利回国。

2017 年 4 月 3 日晚，四川省遂宁市公安局官方微博“@遂宁公安”（UID：3599647027）发布通报称，4 月 2 日下午，25 岁遂宁大英县人唐某在位于重庆市万州区一出租屋内浏览新浪微博时，在遂宁市公安局官方微博“@遂宁公安”发布的清明节前夕祭奠全市因公牺牲民警博文中，发表不当言论公然侮辱英烈，造成恶劣的社会影响。通报称，在调查过程中，唐某对自己的违法行为深感后悔，如实交代了自己的违法行为，且通过个人微博发表道歉申明积极消除社会影响，根据《中华人民共和国治安管理处罚法》相关规定，遂宁警方对违法行为人唐某依法作出了行政处罚。

2017 年 4 月 5 日晚 22 时许，江苏省连云港市公安局官方微博“@平安连云港”（UID：1774851315）接到网民求助，称一位 QQ 网友在空间内发布了疑似轻生倾向的“自杀诗”：“四月的海水还彻骨冰凉……虽然没法死得悄无声息，但至少我还是死在我向往的海里……”从 QQ 空间显示的位置信息“连云港市连岛海滨旅游度假区”，连岛边防派出所迅速启动应急搜救工作预案，并联合景区工作人员展开环岛搜救。直到 4 月 6 日凌晨 1 时左右，民警终于找到发布轻生信息的网友，解救脱险。

2017 年 4 月 7 日，在舆论关注“泸县太伏镇中学学生坠亡案”过程中，有网友“发现”并“惊呼”：政务微博账号命名所惯用格式的“@泸县发布”“@泸州发布”竟然“被封号了”！事实上，这两个所谓“被封号”的政务微博并不存在，只是某网友在微博查找官方微博未果的情况下，臆测并随意输入的一个“格式账号”。泸县党政机构此时仅在腾讯微信公众平台有注册的“泸县发布”，未进驻微博。而泸州市有认证的“泸州市政府新闻办公室官方微博”，但名称为“@中国酒城－醉美泸州”（UID：2815494720。2018 年 4 月 19 日 18 时 20 分，原“@中国酒城－醉美泸州”发布微博公告，正式更名为“@泸州发布”）。重庆晨报旗下新媒体“上游新闻”看到此“网传”后竟信以为真，现场向中共泸县县委宣传部工作人员采访“求证”。而泸县县委宣传部的官方人士也称，对于“泸县发布”和“泸州发布”两个微博“被封号”一事“不知情”，也“不了解之前是谁在具体运营管理”，“上游新闻”据此采访正式撰稿并对外发稿。面对原本的一起“乌龙事件”却在官方的配合下被媒体一本正经地报道，网友继续调侃：“快点这个账号看看，重大新闻！‘@党中央’微博也‘被封号’了！”

2017 年 4 月 7 日晚 21 时许，江苏省泰兴市发生一起交通事故。目击者称，肇事车辆为挂检察院标识警车，事故致左前轮直接撞掉，警车损毁严重。事故现场的相片和视频迅速流传至微博，“公车私用、酒后驾车”等传言引发网友热议。4 月 8 日当天，江苏省泰兴市人民检察院官方微博“@泰兴检察”（UID：5834863212）、泰州市人民检察院官方微博“@泰州检察”（UID：5090596645）一日连发 4 条微博回应社会关切。8 日凌晨 0 时 45 分，“@泰兴检察”发布：“我院警务科科长刘军驾驶公务车牌号为苏 MB029 警车前往办案工作区，行至泰兴市上东一品小区门口时，由北向南撞向对面车道的车辆，事故没有造成人员伤亡。我院正积极配合公安机关做好事故调查处理工作，依法依规依纪对当事人进行严肃处理，请社会各界予以监督。”8 日 10 时 34 分“@泰兴检察”续报，“4 月 8 日上午，泰州市检察院已成立调查组赴泰兴。泰兴市检察院召开党组会，决定按规定停止刘军一切职务，主动接受公安机关调查处理，绝不护短，绝不姑息，请社会各界监督！”8日下午18时06分，“@泰州检察”发布《关于泰兴市检察院警务科科长刘军交通事故处理的声明》；18时06分，“@泰州检察”再发布《关于刘军交通事故初步调查情况的通报》，“初步查明，刘军参加家庭聚会，饮酒后回单位驾驶警车，在前往办案工作区途中发生交通事故。4月8日下午泰兴市公安局已依法刑事立案，检察机关将积极配合调查处理。同时，我们将根据党风廉政建设责任制要求，立即启动问责程序，追究相关领导的管理责任，切实体现从严治检要求。”

2017年4月12日8时31分，湖南怀化籍旅客小刘的护照遗失在了从捷克布拉格飞往荷兰阿姆斯特丹的飞机上，在与机组人员沟通未果后，向湖南省公安厅官方微博“@湖南公安在线”（UID：5645893201，现为“@湖南公安”）发出微博求助。15时46分，小刘再次催促求助。16时03分，“@湖南公安在线”收到信息后立即协调湖南省公安厅人口与出入境局。16时33分，小刘在线回复：“已经收到回复了，谢谢啦！”

2017年4月12日12时57分，湖南省公安厅官方微博“@湖南公安在线”（UID：5645893201，现为“@湖南公安”）收到娄底某考生家长求助私信称，由于身份证信息不全，可能会耽误孩子学业考试报名，甚至会影响高考，希望能帮忙加急处理。接到求助后，“@湖南公安在线”立即联系湖南省公安厅人口与出入境局，协调为该高考考生开设“绿色通道”。15时12分，出入境局工作人员表示下午可出证。15时20分，“@湖南公安在线”立刻将此好消息告知求助者。4月13日下午，学生家长电话反馈并致谢：“昨天下午就已经顺利取到了身份证，孩子已经顺利完成了学业考试报名”。

2017年4月12日晚19时40分许，网友发布的一条微博寻人信息引发湖南省公安厅官方微博“@湖南公安在线”（UID：5645893201，现为“@湖南公安”）关注。该微博称，安徽省滁州市救助管理站救助了一名自称是湖南永州籍的女子，但该女子难以说清家中具体情况，救助站多方为其查找家人仍然无果……“@湖南公安在线”值班民警立即与永州市公安局政治部宣传科汪兴变科长取得联系，指示永州警方核查。4月13日上午9时25分，永州市公安局官方微博“@永州警事”（UID：1595424264）反馈称，“经过永州警事近13小时的努力查找，终于与该女子的家人取得联系，目前该女子家人已在去安徽滁州的路上”。

2017年4月14日，网友转载人民日报问政留言《肇庆市驾考科目二的考试车大小毛病太多》至新浪微博并向中共肇庆市委宣传部官方微博“@肇庆发布”（UID：3212726410）进一步咨询相关问题。4月15日0时40分，“@肇庆发布”微博回复网友“请到微信公众号留言”后，引发网友异议。4月16日10时59分，“@肇庆发布”致歉回应，“由于值班小编业务水平不高和存在懒惰思想，在处理留言回复时建议网友到肇庆发布微信公众号中再次留言，给网友造成了不便和困扰，对此我们深表歉意，也为我们疏于对微博的管理感到深深的自责”，并对网友诉求“已转领导阅并转交相关部门跟进处理，我们将及时在微博上公示处理情况。今后，我们将加强对肇庆发布官方微博的日常管理，增进与网友的互动交流，努力做到及时发声、正确回应”。

2017年4月17日，新浪微博虚假消息辟谣官方账号“@微博辟谣”（UID：1866405545）发布《微博辟谣月度工作报告（2017年第3期）》。3月1日—3月31日，“@微博辟谣”共发布微博辟谣信息124条，#微博辟谣#话题阅读量累积1.4亿。

2017年4月17日，广东省深圳市公安局交通警察局官方微博“@深圳交警”（UID：

1792702427）接网友微博举报，粤BV4W37的士司机边开车边看电视，深圳交警机动训练大队立即查证并召唤该司机前来核查情况。司机刘某称，当时上夜班，在路边等客时无聊，会看看下载的电视连续剧，有一乘客突然上车说去皇岗村，起步后忘了关机，到了红绿灯时才关。刘某称，在行驶途中并没有看。“@深圳交警”发布微博处置结果显示：“该车司机驾驶车辆时，有妨碍安全驾驶的行为，依法罚款300元，记2分！并对金通出租车运输有限公司发整改通知，限期整改，杜绝此类事件再次发生。”

2017年4月19日，网友“@斯威特狸”（UID：3580057287）在微博上晒出聊天记录截屏图，并隔空骂家长为“2b”，引起网友围观。有网友指认，“@斯威特狸”系榆林市第十六小学一年级的一名班主任。4月22日，榆林市榆阳区教育局对该事件调查后对李某作出如下处理：当面向家长赔礼道歉，在全体教师大会上作检查，扣除当月班主任津贴。

2017年4月19日晚，新浪微博网友“@雪上浪浪”驾驶一辆西安牌照的越野车在未央区玄武路女子监狱西侧违法停放，被交警未央大队拍照、取证、告知，并于当晚9时49分录入违法处理系统。23时50分，“@雪上浪浪”在其个人微博上发布针对未央大队的侮辱性言论并“@”西安交警未央大队官方微博。4月21日，未央大队通过比对，确认“@雪上浪浪”为车主刘某，29岁，高陵人。在调查中交警发现，刘某在2014年、2015年多次在微博上公然辱骂警察。4月24日，交警未央大队召开通报会称，该男子已被行政拘留。

2017年4月20日下午15时05分，有网友发微博图文爆料称，“阜外心血管医院门诊二楼的超声登记室跟《人民的名义》里的情节一样一样的！呼叫达康书记！瑞金书记！”21分钟后，中国医学科学院阜外医院官方微博“@中国医学科学院阜外医院”（UID：2072740107）在该微博评论区互动回复：“感谢人民的反映，我来晚了，让你们受了委屈，马上整改！”并配了一张网红“达康书记”的表情包。随后，“@中国医学科学院阜外医院”还在评论中对为何会设立这样的窗口做了解释：“经问询，我们（设立此窗口的）本意是高的窗口问询、低的窗口交单子，可是实际操作中给患者带来不便，下一步一定优化配置、标识清楚些，这点小事儿我们马上就办，达康书记就别打扰了，还是让他去忙GDP吧。祝大家早日康复、身体健康。”

2017年4月23日，国防部官方微博“@国防部发布”（UID：5611549371）发布的一条关于庆祝中国海军成立68周年的微博，其配图被网友批评制作简陋，且出现了美国军舰和俄罗斯飞机，引发部分网友诘责“你是哪个国家的海军”。在4月27日国防部例行新闻发布会上，国防部新闻局原局长、国防部新闻发言人杨宇军大校就此次配图错误向公众道歉，并表示“疏忽在小编，责任领导担”，不会删帖或关闭评论，“把配图和网友的评论留存是一种警示”，“时刻提醒运营者，只有继续努力、不断改进，才能更好地为粉丝和军迷们服务”。“@国防部发布”同步发布回应，舆论迅速扭转。境内主流网络舆论大多肯定国防部回应勇于承担，体现了军事自信，同时也肯定“近年来，中国军队一直在大力推行军事开放和透明”。不少军迷自媒体表示，此次公开道歉“是我军危机处理能力提升，互联网思维意识提高的重要标志”。境外《南华早报》、多维新闻网、台湾《自由时报》等在前期批评报道失误后，也转变态度，强调“这是中国国防部首次公开道歉承认工作失误”。

2017年4月23日，一名男子蹲着在陕西省宝鸡南站公安制证室办理业务时的照片，在网上被网友疯转。由于窗口的形式，与同期播放的电视剧《人民的名义》中的丁义珍式窗口非常类似，制证室的窗口也是不高不低，站也不是，弯腰也不是，网友希望“达康书记”

能好好管一下这件事。24 日，西安铁路公安处宝鸡南站派出所表示，接到网友的反映后，上级部门高度重视，立即请施工单位进行整改，窗口离地距离由现在的 1.2 米提高至 1.5 米左右，窗口的开口尺寸也有望变大，整改将坚持人性化原则，方便旅客办理业务。

2017 年 4 月 24 日，天津一位市民前往位于南开区的体育中心交警大队办事，遭遇“丁义珍式窗口”。这位市民随即现场拍照发布微博，并无奈地吐槽称，“丁义珍式窗口，就在你我身边”。随后，在面对媒体实地调查时该大队长解释称，其实以前窗口前曾设立过几个凳子，但由于前来办事的群众人数较多，没过多久凳子就被踢到了一边。25 日下午，体育中心交警大队已经在窗口前增设了几把座椅，以方便市民前来办事。

2017 年 4 月 25 日上午，安徽合肥某本地知名博主发布微博称，合肥市公安局芙蓉派出所现“合肥版丁义珍、孙连成式窗口”。微博一经发布，引起众多网友热议。合肥警方也很快注意到该爆料，并立即安排派出所人员到现场核实。但随后警方回应称，并不存在“丁义珍式窗口”的问题，图片拍摄时，旁边一把椅子已有人坐着，只是并未显示在图片中。民警还实地用尺子测量，从地面到窗口有近 150 厘米，窗口的敞开范围也很大，市民办事需要蹲着的情况并不存在。与此同时，图片拍摄者也在微博上第一时间进行了解释澄清，“觉得还是有必要澄清下，其实是边上有凳子有人坐着的，并不是所谓的‘丁义珍式窗口’，拍图片本身是发自己朋友圈……仅此而已！所以大家不用过多的看图说话”。

2017 年 4 月 26 日，有网友微博发文称，北京市海淀不动产登记中心存在“丁义珍式窗口”。海淀不动产登记中心回应称，网友配图并非该登记中心窗口，但为了引以为戒，针对办事群众随意搬移窗口椅子问题，在窗口和等候区增加了椅子的数量，从 1 把增至 3 把。

五月

2017 年 5 月 2 日 8 时 30 分，有网友微博在线举报洛阳市偃师、孟津两地有人违法种植罂粟，10 分钟后洛阳市公安局官方微博“@ 平安洛阳”（UID：2043228245）快速响应，批转下属微博。随后，洛阳偃师市公安局官方微博“@ 平安偃师”（UID：2053886377）34 分钟、洛阳市孟津县公安局官方微博“@ 平安孟津”（UID：2051854351）46 分钟先后协同回应，两地公安同步在异地“双管齐下”开始实地稽查。两地公安分别于下午 14 时 43 分和 14 时 56 分图文公示处置结果，“全部当场依法铲除销毁！”整个过程历时 6 小时。当天下午，中国传媒大学政务新媒体实验室官方微博“@ 政务微博观察”发表评论说，“洛阳公安微博矩阵：民有所呼、我必有应，警民联手、矩阵出击。洛阳公安 6 小时捣毁两地非法种植毒品，基于微博，洛阳公安打了一个漂亮的群防群治的扫毒战争！”。

2017 年 5 月 2 日 9 时 12 分，北京市海淀区人民法院官方微博“@ 北京海淀法院”（UID：3927469685）发布案件播报：某明星在微博中自曝与其妻子离婚的消息，随后微博中即有#明星与妻子离婚#话题，引起了网友的广泛关注和讨论。互联网公司微博账号“A 社区”在相关话题下发布该明星与其妻子的图片，并在图片上标注了公司的 logo 和宣传语。随后，该明星以侵犯肖像权为由诉至法院。北京市海淀区人民法院经审理，判决互联网公司在微博中赔礼道歉，赔偿经济损失 1 万余元。

2017 年 5 月 9 日上午，网友“@ 湖南新闻哥”（UID：1657766167）微博配图爆料称，湖南省湘雅二医院出现蹲式窗口，并调侃“达康书记能否关注”。9 日 14 时 42 分，中南大学湘雅二医院在其官方微博“@ 中南大学湘雅二医院院方微博”（UID：2621385233）发布《中南大学湘雅二医院关于网友反映“胃肠镜预约窗口过矮”的情况说明》一文作出正面回应称，“立即组织调查核实，并进行了整改。医院在窗口前增设了凳子，让病友可以坐下来预约、签字，并利用中午下班时间，拆除了窗口上方的玻璃，便于面对面交流”，并表示“医院还将在预约高峰时段加派导医人员，保障就诊秩序”。同时，“我们对在此过程中给病友带来的不便深表歉意，也衷心感谢广大网友的热情关注和监督。医院将举一反三，改进工作，切实改善病友就医体验。”

2017 年 5 月 9 日 18 时许，江西九江市公安局特巡警支队官方微博“@九江特巡警”（UID：1449946447）收到网友“@大道晴天不得出”在线求助信息，称其表哥杨某被网友骗至九江某小区，身陷传销窝点。“@九江特巡警”微博管理员立即联系该窝点所在辖区的九江公安警务服务站六号站值班巡警四大队民警，值班领导迅速组织民警开展工作。5 月 10 日 10 时，警方成功锁定传销窝点，解救身陷传销窝点的汪某及其他受害者 6 人，并将汪某一家安全护送上回家的列车。5 月 11 日上午，曾身陷传销组织的受害人家属向九江特巡警支队赠送一面印有“雷霆出击、破案神速”的锦旗表达谢意。中国传媒大学政务新媒体实验室官方微博互动评论道：“服务群众，先要紧紧依靠群众、发动群众，有了互动的服务，人民群众自然会将荣誉毫不吝啬地褒奖给政务微博。”

2017 年 5 月 9 日 18 时 11 分，有网友向天津市公安交通管理局官方微博“@天津交警”（UID：5018637328）反映称，南开区五马路小学门前有面包车超员运送学生，并配发现场视频。接到线索后，“@天津交警”立即与该网民私信联系了解详细信息，然后批转天津市公安交通管理局南开支队官方微博“@天津南开交警”（UID：6182443650），要求立即开展调查工作。经连夜调取学校周边及沿途监控，电子警察核实固定相关证据后，5 月 10 日上午 10 时许，南开交警依法传唤涉案司机接受调查。经查证，驾驶人罗某某于 5 月 9 日 11 时 29 分许在南开区南丰路义兴里小学门前拉载包括 8 名学生在内的 9 名乘客上路行驶（该车辆荷载 7 人），确属驾驶营运客车以外的其他载客汽车载人超过核定人数 20% 以上的违法行为。警方依法对驾驶人罗某某处以 200 元罚款，驾驶证记 6 分，并于 10 日 14 时 11 分在官方微博配发相片公布调查结果。

2017 年 5 月 10 日，新浪微博虚假消息辟谣官方账号“@微博辟谣”（UID：1866405545）发布《微博辟谣月度工作报告（2017 年第 4 期）》。4 月 1 日—4 月 30 日，“@微博辟谣”共发布微博辟谣信息 147 条，#微博辟谣#话题阅读量累积 1.8 亿。

2017 年 5 月 11 日 9 时 13 分，北京市海淀区人民法院官方微博“@北京海淀法院”（UID：3927469685）发布案件播报：认为杭州天浪公司和宁波甬浪公司故意将其经营的网站“微博课堂”（网站域名：ketang. weibo. com）与微博网站相混淆，故意设计与微博平台网站相同的网页顶部和询问样式，以及在网站中宣称与新浪微博有极强的合作关系，假借微博的巨大知名度和品牌价值进行商业运营、推广宣传，对商业市场、合作单位、社会公众造成了严重的误导后果，具有极大的侵权恶意，并以此获得了大量的非法经济效益。对方使用“微博课堂”作为网站名称侵犯了“微博”商标权，且构成不正当竞争，新浪网公司和新浪微博共同将杭州天浪公司和宁波甬浪公司诉至法院，索赔 500 万元。北京市海淀区人民法院已受理此案。

2017 年 5 月 15 日下午 15 时 06 分，网友“@张宏杰”（UID：1217209464）发微博视频爆料称，全国重点文物保护单位明中都城墙的一处修缮工地，有工人用电钻将旧砖起掉，换上新砖，甚至可能有工人倒卖古砖。此事引发舆论关注。下午 19 时许，中共凤阳县委宣传部官方微博“@中国凤阳”（UID：1659162295）首次进行回应，凤阳县有关部门已组成调查组正在进行调查。16日0时31分，“@中国凤阳”发布《关于新浪微博文章〈这不是在维修文物，这是在毁灭文物〉的调查情况》，调查称中标的施工单位有相关资质，东华门门券残缺隔墙维修工程的设计方案，经过了国家文物局的审批，整个工程审批、招投标及建设过程严格按照规定进行。并表示没有发现倒卖城砖现象，使用电钻，也是因残砖坚硬，根据设计单位意见确需剔除残砖，再修补加固。“没有拆旧城建新城墙，没有破坏文物，文物保护性修缮方案设计规划建设按照有关规定和程序进行”。5月16日，国家文物管理局和省文物管理局及专家来到凤阳，对质疑情况进行再次调查。17日下午，国家文物局和省文物局相继公布调查说明，指出“施工操作不规范、现场管理混乱、监理不到位”等问题确实存在，17日17时39分，“@中国凤阳”发布《关于国家文物局、省文物局对明中都皇故城遗址修缮有关情况的调查反馈》，坦承在施工管理监督工作中存在的问题。

2017年5月16日下午15时许，有网友向江西省抚州市公安局治安警察支队官方微博“@抚州治安”（UID：2230552051）发来求助信息，称其弟弟的女友于5月12日经人介绍来抚州工作，13日晚上和14日中午通电话时向家人暗示其被骗至传销窝点，且处在被监视状态，地理位置不明确，请求解救。“@抚州治安”值班民警立即同该网友互动，在进一步了解相关情况后，迅速指令各县（区）治安防控部和市主城区各防区协查。5月18日9时许，治安防控部城西防区与高新公安分局城西派出所在体育路联巡时，发现一民房内有传销窝点，民警迅速出击，并当场控制12名传销人员。经确认，其中一人正是“@抚州治安”微博收到的求助信息中所寻找的女子。

2017年5月16日17时01分，北京市海淀区人民法院官方微博“@北京海淀法院”（UID：3927469685）发布案件播报：因认为“超级星饭团”未经许可，在其经营的提供追星交友及泛娱乐服务的超级星饭团APP中提出“韧性你的追星神器”口号，以技术手段对微博内容进行抓取、同步，侵犯了自己的权益，新浪微博以不正当竞争将“超级星饭团”诉至法院，索赔200万元。北京市海淀区人民法院已受理此案。

2017年5月17日晚，在安徽蚌埠求学的马鞍山女大学生张迎晨看着父母每天为了生活辛苦打拼，情感触动下，便将自家“太和羊肉板面”的心路故事写成了一条1600余字的长文，用自己的微博“@兮水之汐”（UID：5398076231）私信向安徽省马鞍山市委宣传部新闻发布官方微博“@马鞍山发布”分享讲述。出乎意料的是，她的私信不仅在18日一大早得到了回复，19日中午“@马鞍山发布”更是带了一批网友光顾太和板面馆，为她家的面馆进行了公益性的现场微博直播宣传。此举动员了马鞍山当地不少的热心网友慕名前往，品美食、发微博，网友们既为来自阜阳太和的美食叫好，更为其父母的勤劳诚恳和张迎晨的孝心点赞。“@政务微博观察”评论称，“‘你的存在让我想到了你，让我说出了这些话’——一条私信给政务微博的诉说，让更多人知晓了一个板面餐馆背后平凡家庭的励志故事。一条民生视角的板面午餐直播，传递了政务微博最质朴的存在感。”

2017年5月25日7时12分，公安部儿童失踪信息紧急发布平台官方微博“@公安部儿童失踪信息紧急发布平台”（UID：5918987931）发布确认，5月21日晚22时许，北京市朝阳区农光里小区13岁失踪男孩朱旭阳，在看到推送的微博后自行回家，5月24日家属来派出所撤销案件，出走期间未受到不法侵害。

2017年5月26日，广东省深圳市公安局交通警察局官方微博“@深圳交警”（UID：

1792702427）接网友微博举报，粤B7ZS80奥迪小车在彩田路至梅林关口段，故意多次急刹、压实线并占用两个车道。深圳交警迅速出警对其进行阻挡，并召唤双方司机到交警队接受调查。经核查，两车存在开斗气车的现象，民警依法对两车司机作出处罚，并微博公示处置结果，“奥迪司机：转弯车不让直行车、不按规定使用灯光、跨实线变道，罚款800元、记7分。举报者：跨实线变道，罚200元、记3分！”

2017年5月26日，浙江省温岭市司法局基层工作管理科官方微博“@温岭市司法局基层科”（UID：1348480095）在发布莫名其妙内容“kkk990 占有欲就是别人夸你我也会吃醋”后，停止更新。

2017年5月28日，网友拍照发微博，向广东省深圳市公安局交通警察局官方微博“@深圳交警”（UID：1792702427）报警，一辆公交车严重倾斜，十分危险。接到报警后深圳交警机动训练大队即时联系到该车驾驶员，驾驶员马上停车检查，并协调乘客均匀站位。在公交车慢速行驶到站后，公交车司机在深圳交警的监督下现场更换了新轮胎，并对车辆进行全面检测。司机解释说，汽车倾斜原因是下坡路，略倾斜路段，乘客较多，大部分人挤在右侧，胎压不足。随后，深圳交警要求该公交公司全面检测所有车辆，杜绝此类事故隐患，并要求该车队长加强安全教育，并对驾驶机件不符合安全标准的机动车处以100元罚款。驾驶员接受处理，态度端正，保证以后此类事情不会再发生，确保安全驾驶。

六月

2017年6月1日晚23时20分，国家邮政局官方微博“@国家邮政局”（UID：6067873008）发布微博称，“受今日菜鸟网络与顺丰速运关闭互通数据接口影响，导致少量快件信息查询不畅，时下樱桃、荔枝、杨梅、芒果等生鲜农产品寄递业务会受到一定影响。国家邮政局对此事高度重视，及时与当事双方高层进行沟通，强调要讲政治，顾大局，寻求解决问题的最大公约数，切实维护市场秩序和消费者合法权益，决不能因企业间的纠纷产生严重的社会影响和负面效应。”这是“@国家邮政局”介入当日国内两大快递物流巨头“网上掐架”事件的直接响应。当天早前时间，6月1日14时32分，菜鸟网络发布相关声明，表示是顺丰先切断了数据和物流信息回传；6月1日18时43分，顺丰回应菜鸟声明，称阿里先将顺丰从物流选项中剔除，菜鸟封杀顺丰接口；6月1日19时41分，腾讯云微博“参战”声援顺丰，舆论态势不断扩大。

2017年6月6日9时20分，网友“@春华君”（UID：3166313501）反映其5月21日一行34人在广东省肇庆鼎湖山景区邮筒发出的近百枚明信片，至今无一人收到，质疑“神奇的鼎湖山，没开箱还是截流了？”由于该网友未能定向“@”肇庆旅游部门微博，而只是向两个媒体官方微博爆料。时至7月22日转发时才向肇庆市旅游局官方微博“@肇庆市旅游局”（UID：2024918751）提示反馈。接诉后，“@肇庆市旅游局”即时线上线下协调下属星湖风景名胜区鼎湖山管理处官方微博“@原始森林鼎湖山”（UID：2155206382）及相关负责人。经过景区核查了解，却并无网友所说的截留问题，邮筒归邮政公司管理，景区只配合提供邮箱投放位置，并无开箱权。“@肇庆市旅游局”遂又将网友投诉问题转交给肇庆邮政公司。7月23日，肇庆市邮政公司复函称，经登录系统核查开箱记录及业务流程，开箱收件操作完全符合处理规程，已按规定的业务程序处理发往投送目的地。7月23日11时56分，“@肇庆市旅游局”在线公示反馈网友此一处理过程并致歉。虽无后续结果，却被网友称赞“第一次看到旅游局微博管这等‘闲事’”，“为人民服务都是正事！”

2017 年 6 月 8 日 9 时 24 分，北京市海淀区人民法院官方微博“@ 北京海淀法院”（UID：3927469685）发布案件播报：因认为新浪微博用户“@ 公元 1874”于 2016 年 10 月 26 日捏造散布“华谊公司为给自家电影《我不是潘金莲》留出排片空间，动用行政力量干涉其他电影档期”的虚假消息，引发社会公众对华谊兄弟电影有限公司攻击、谩骂甚至抵制，严重降低了其社会评价，华谊兄弟将“@ 公元 1874”诉至法院。北京市海淀区人民法院已受理此案。

2017 年 6 月 9 日 10 时 50 分许，湖南省公安厅官方微博“@ 湖南公安在线”（UID：5645893201，现为“@ 湖南公安”）收到正在我国驻泰国大使馆申请补办旅行证的益阳人小田发来的求助私信，称其在泰国观光时护照、签证丢失，无法办理相关手续。“@ 湖南公安在线”值班民警立即将小吴的信息提供给湖南省公安厅出入境部门，出入境部门回复中国驻泰国大使馆后又及时反馈给小田。1 小时后小田反馈，大使馆已通知其下午去领取旅行证。

2017 年 6 月 16 日，新浪微博虚假消息辟谣官方账号“@ 微博辟谣”（UID：1866405545）发布《微博辟谣月度工作报告（2017 年第 5 期）》，5 月 1 日—5 月 31 日，“@ 微博辟谣”共发布微博辟谣信息 137 条，#微博辟谣#话题阅读量累积 1.3 亿。

2017 年 6 月 20 日 8 时 51 分，北京市海淀区人民法院官方微博“@ 北京海淀法院”（UID：3927469685）发布案件播报：因认为《烛光里的妈妈》歌词被他人擅自修改并发布于微博，自称原作词人的李女士将被告李先生、TCL 集团股份有限公司及北京微梦创科网络技术有限公司起诉至法院，要求三个被告赔礼道歉并赔偿各项损失。北京市海淀区人民法院已受理此案。

2017 年 6 月 26 日，在联合国大会确定的第 30 个“国际禁毒日”来临之际，北京市海淀区人民法院官方微博“@ 北京海淀法院”（UID：3927469685）邀请刑事审判第一庭吕海菲法官做客微博直播，以一名女性法官的视角介绍了她眼中的毒品犯罪案件。

2017 年 6 月 26 日 10 时 30 分，有网友向银川市公安局官方微博“@ 平安银川”（UID：1978054071）反映称其被骗入传销组织，请求警察尽快解救。10 时 35 分，“@ 平安银川”指派银川市西夏区公安分局官方微博“@ 平安西夏”核实并解救，10 时 38 分“@ 平安西夏”督导西夏区公安分局文昌路派出所官方微博“@ 西夏分局文昌路派出所”（UID：2556967650）开展工作。下午 14 时 25 分，经过 3 个多小时的努力寻找，成功解救误入传销人员倪某某，遣散传销人员11 人。

2017 年 6 月 27 日 10 时 13 分，成都轨道交通集团有限公司官方微博“@ 成都地铁”（UID：2384889627）配发车厢抓拍到的一张照片说，“地铁里这个男生一直在玩游戏。当一位轮椅乘客进来的时候，他很自然地搭了手，拉住晃动的轮椅，又把一只脚卡在轮子下，把轮椅固定住，整个动作一气呵成。几个站过去了，一直没放手。”该条微博迅速引发网友的热烈互动，网友称该男生为“游戏单手哥”，也表示成都是个“暖心”“善良”的城市。此微博获得逾 10000 次转发和 23 万余次点赞，互动评论超 4000，阅读量 2738 万，也被各大媒体官方微博在当天热门转载传播。而在网络强大的组织动员之下，“单手哥”也在当天被网友成功“人肉”，他正是成都市交警支队的一名协警，叫吴松。

2017 年 6 月 30 日 9 时 29 分，北京市海淀区人民法院官方微博“@ 北京海淀法院”（UID：3927469685）发布案件播报：因认为“新浪微博”未及时采取措施制止其用户发布虚假信息，手机应用软件“懂球帝”的经营者北京多格科技有限公司以名誉权纠纷为由诉至法院，请求判令微博用户“@都灵体育报”“@AC米兰吧”“@吴泽宇 PazzOlivo”“@英国足球那点事”“@尤文大桥群”立即停止侵权行为、赔礼道歉、消除影响、赔偿损失。北京市海淀区人民法院已受理此案。

七月

2017年7月1日18时30分许，湖南暴雨后，娄底市公安局钢城分局民警黄学知在娄星区索桥社区转移被困群众时，托举着一名被困婴儿向安全地带转移，婴儿在大声啼哭，而民警在齐胸深的洪水中小心翼翼地前进……这一动人的场景视频在由湖南省公安厅官方微博“@湖南公安在线”（UID：5645893201，现为“@湖南公安”）于7月2日16时33分以“为爱托举”为题发布后，赢得广大网友的点赞，黄学知被赞誉为“最美托举哥”，单条视频播放量达1589万，转发量2000余次。网友“@一领淡鹅黄”（UID：2125646901）评论说，“民族的脊梁是什么？它是飞向太空的火箭，是直下五洋的航母，更多的时候，它是这样的一双将希望托起的大手。”

2017年7月6日17时21分，上海网友“@孙木木的微博”（UID：5996582232）向重庆市云阳县公安局官方微博“@平安云阳”（UID：2632340840）反映称，有一名19岁的男孩在其单位附近流浪了一个多星期，自称叫“陈龙”，是重庆市云阳县水口镇人，因和家人闹情绪离家出走到了上海，希望云阳公安帮帮他。收到微博“@”后，“@平安云阳”微博值班人员根据网友提供的相关信息，一边向水口派出所核实身份信息，一边通过云阳县公安局情报信息中心了解同期失踪人口情况。云阳县公安局水口派出所接到信息后，通过网上核对和实地走访，确认人员户籍信息属实，但男孩及其家人都不在户籍地居住。民警又辗转找到了现居地址的男孩父亲，了解到男孩负气出走，家人多方寻找未果，正在焦急之中。民警随即通过微博向网友“@孙木木的微博”确认了具体地址后，男孩家人马上联系上海的朋友赶赴男孩所在地搜寻并顺利接回。事后，男孩家人通过微博及重庆市公安局公开信箱表达了感激之情，还专程向云阳县公安局水口镇派出所赠送了一面锦旗。男孩家人说，“非常感谢热心网友和派出所民警！有你们这样的好警察，我们老百姓就踏实了。”

2017年7月7日8时31分，人民日报官方微博“@人民日报”（UID：2803301701）发布“河南8旬老太跪地捋艾叶2个月，攒的钱一下被骗光”的信息后，涉事地河南省洛阳市公安局官方微博“@洛阳公安”（UID：2043228245）立即在线督导洛阳市宜阳县公安局官方微博“@平安宜阳”（UID：2050264635）调查核实。13时39分，“@平安宜阳”回应称，“针对辖区发生的诈骗案件，我局已成立专案组合力侦破。目前，调取监控、走访调查、分析研判等工作已在进行中”。该条微博同时披露，“宜阳公安局民警募捐2000元，已于当天上午上门捐赠给被骗的老太太”。微博同步发布协查通报，“公安机关欢迎广大网友积极提供线索，争取早日破案”。随后几日，“@平安洛阳”“@平安宜阳”先后两次联动跟进，发布案件侦办动态。

2017年7月7日晚高峰，深圳上演“中国式千余私家车自觉给救援车辆让道”画面，无数车友在晚高峰拥堵道路为急救车让道。当日晚高峰期间，深圳南海大道拥堵严重，一辆东莞急救车运送病人前往深圳南山医院救治，沿途车友听到鸣笛后，纷纷主动让道，硬是在长长的拥堵车龙中挤开一条救援通道。急救车仅用时3分钟就穿过最堵的玉泉路至深南立交路段，最终顺利到达医院。众多网友表示，自己作为事件参与者心里也是暖暖的，感受到了深圳的温暖与正能量。

2017 年 7 月 12 日 14 时整，北京地铁公司官方微博“@ 北京地铁”（UID：2778292197）发布公告：北京地铁昌平站“母婴关爱室”今日起启用。微博称，“昌平站通勤客流较大且临近昌平北火车站，出行乘客中有很多是哺乳期女性及携带婴幼儿出行的年轻妈妈，常会向站内工作人员求助。考虑到暑运期间母婴群体乘客将显著增多，为能更好地提供优质服务，地铁昌平站面向乘客开放‘母婴关爱室’，并设置了婴儿护理台、沙发等母婴设备以及纸巾、玩具等物品供乘客使用。”这是在 2015 年 11 月 27 日微博引发的“地铁哺乳门”事件后，北京地铁为满足母婴乘客需求所创设的改善举措。

2017 年 7 月 13 日上午 10 时 04 分，加拿大驻华大使馆官方微博“@ 加拿大大使馆官方微博”（UID：2165090317）加入中国最大的自营电商企业京东官方微博“@ 京东”的一条“微博有奖互动”活动，说“让我来一发，强行科普：‘波士顿龙虾’学名并不叫‘波士顿龙虾’，也不产于波士顿，它应该叫‘美洲螯龙虾’（American lobster）！”且借势发起加拿大特产营销说，“北美洲东北部特别是加拿大东部沿海是主产地”。并对“@ 京东”只抽出“一个最高能的吃货，送出一只波士顿大龙虾”的有奖互动“升级”，“这么好吃的美洲大龙虾只送 1 个吃货怎么够？让我再赞助你 9 只，要送就送 10 个吃货！”当期加拿大统计局数据显示，2012 年至 2016 年加拿大龙虾对华出口额在四年间增长了 3 倍，中国对加拿大龙虾的巨大需求甚至拯救了当地的龙虾产业。因此，加拿大对于中国消费者有着强烈的“市场教育”意愿，希望能通过纠正叫法，让更多人对加拿大以及“加拿大龙虾”有更高的认知度。

2017 年 7 月 12 日，微博网友“@ 一兮兰”（UID：5865865821）发布了一段剪辑视频，内容来自成都大熊猫繁育研究基地的直播。视频里，三名熊猫饲养员为了阻止熊猫跑出一道门，几次把熊猫从门边或门后抛进兽舍，并对大熊猫有推搡、拖拽的动作。“@ 一兮兰”在该条微博里配文说道：“第一次在直播里看到这么粗鲁的饲养员，小团子要越狱，强拽几次也就罢了，扔一次两次也可以理解，可以说是小团子太闹腾了也经摔，可是今天直播里肉肉和满满被扔到水泥地上一次又一次，实在是看不下去了……”截至 21 日下午，微博里的视频被播放 44 万次，转发 3200 多次，评论 3200 多条。微博内容很快在网络上引发争论。20 日下午，熊猫基地相关负责人以及涉事的三名饲养员，就此事在接受成都商报记者的专访时解释说，“网友只看到饲养员用力拖拉大熊猫幼仔的情况，而不知此过程中我们饲养员手脚受伤，流血不止。但我们认为饲养员在处理本次大熊猫幼仔想逃离和抓咬时的行为欠妥，应‘温柔’处理。”该负责人称，基地在事发后已经对相关饲养员进行严肃批评教育。

2017 年 7 月 13 日，新浪微博虚假消息辟谣官方账号“@ 微博辟谣”（UID：1866405545）发布《微博辟谣月度工作报告（2017 年第 6 期）》，6 月 1 日—6 月 30 日，“@ 微博辟谣”共发布微博辟谣信息 110 条，#微博辟谣#话题阅读量累积 1.2 亿。

2017 年 7 月 15 日 9 时 22 分，北京市海淀区人民法院官方微博“@ 北京海淀法院”（UID：3927469685）发布案件播报：网友“@ 明天更美好玥儿”（UID：5931050830）在其发布的微博中，发布传播诸多泄露星光大道歌手云飞个人隐私信息和诋毁云飞形象的内容，包括擅自发布含有其肖像的工作及生活照；在微博中捏造事实，冒充云飞家人将其描述成一个忘恩负义、不顾女儿的形象，导致网友对云飞进行谩骂诋毁。歌手云飞以侵权为由将新浪微博诉至法院，要求判令新浪微博删除、屏蔽或清理微博“@ 明天更美好玥儿”在新浪微博上发布的侵犯微博及评论内容。北京市海淀区人民法院已受理此案。

2017 年 7 月 20 日 18 时 50 分，一件民警因“注意力不集中”在斑马线上撞伤市民的事件，由陕西省黄龙县公安局交警大队官方微博“@ 黄龙县交警大队”（UID：3710631877）自己披露了出来。据微博配发的《关于 2016 年 9 月 20 日黄龙县交警大队交通事故一案的情况说明》的图片文件显示，2016 年 9 月 20 日 15 时 25 分许，陕西省延安市黄龙县交警大队民警高源驾驶陕 J2286 警号东风日产牌警车沿黄龙县迎宾北路由南向北巡逻，行驶至黄龙县福林湾小区门口对面时，由于在巡逻过程中注意力不集中，未注意到过斑马线的张改梅，通过斑马线时未减速避让，致使车辆将骑自行车过斑马线的张改梅撞倒，造成张改梅受伤。案件发生后，黄龙县公安局交通管理大队（即交警大队）事故中队立即出警，对该案进行了调查取证。于 2016 年 10 月 20 日，对该事故进行了事故责任认定，做出了高源负此次事故的全部责任、张改梅无事故责任的道路交通事故责任认定书。

2017 年 7 月 22 日上午 11 时，湖北省宜昌市公安局交通管理局官方微博“@ 湖北宜昌交警”（UID：1974293782）接到长阳县一网友求助，称其家属在下农活时被毒蛇咬伤，正在赶往宜昌的路上。微博接警后，宜昌市交警指挥中心民警立即启动应急预案，通知五峰县、点军县、伍家县各辖区大队做好对接，沿途部署警力，并联合高速交警以及收费站管理处开辟生命“绿色通道”。患者车辆下高速前，点军大队 10 余名警力，分别在翻坝高速连接线、夷陵长江大桥疏导交通，等待救助车辆，并安排专人与求助者保持联系。车辆抵达高速收费站，警车开道护送。而下一站的伍家大队也在夷陵长江大桥桥头及时做好引导对接，并提前与医院急诊部取得联系。从收费站到医院，仅用 8 分钟，节省近 20 分钟。因送医及时，全程 3 小时跑完 4 小时路程，为成功抢救伤者赢得宝贵时间。

2017 年 7 月 22 日 12 时 05 分，云南省昆明党务政务信息公开平台官方微博“@ 昆明发布”（UID：3816699409）值班人员接到网友“@ 我是 Eugene”的私信，“因暴雨天气导致其所在的村庄发生洪涝危险，村庄部分房屋被淹，部分山体存在滑坡危险，请求政府关注。”“@ 昆明发布”立即互动了解村庄具体位置，并通过网民提供的现场照片了解险情，随即联络属地五华区委、区政府官方微博“@ 昆明五华发布”（UID：3840902209），通报险情并要求开展联动紧急救援。当天 14 时 09 分，“@ 昆明发布”“@ 昆明五华发布”首次通报救援抢险情况，“已安全转移受困村民 30 余人至龙庆小学内，目前未有人员伤亡情况，同时区民政局已紧急调拨抢险物资。”

2017 年 7 月 22 日，有网友向广东省深圳市公安局交通警察局官方微博“@ 深圳交警”（UID：1792702427）举报飙车违法行为。经过深圳交警机动训练大队迅速展开调查，违法嫌疑人黄某（男，24 岁）及嫌疑车辆粤 BZ66U0 当日即被抓获到案。办案民警在黄某手机发现其自拍的超速驾驶视频，其对在滨河大道东往西广深高速立交桥底路段超速驾驶违法供认不讳。民警依法对黄某超速 100% 的交通违法处以罚款 3000 元，记 12 分，吊销驾驶证。

2017 年 7 月 23 日，深圳网友“@ 橙橙橙”发微博吐槽称，六年前其在长沙街头发现自己号牌为“粤 BXB56×”的小车“被套牌”，报警后一直没有下文，这次他和亲人来长沙玩时，在街头再次“偶遇”该车，却因故没能与警方联系上。幸运的是，7 月 25 日中午，他的这条微博被湖南省长沙市公安局交警支队官方微博“@ 长沙交警官方微博”（UID：1916720003）值班民警看到，并快速与他取得了联系。在确认了相关信息后，“@ 长沙交警官方微博”迅速将情况通报长沙交警大交管中心。当天中午，该违法车辆及驾驶人在长沙市都正街被民警查获。

2018 年 7 月 24 日 10 时 40 分，中共银川市委市政府官方微博“@ 微博银川”（UID：1898782627）公布《银川市 2018 年为民办 20 件实事 1 ~ 6 月份进展情况》通告。通告称，“近期，市政府督查室对 2018 年为民办 20 件实事进行了全面督查。截至目前，20 件实事进展情况整体较好，已办结 2 件（为建档立卡特困人员办理城乡居民医疗保险、实施法律援助工程），其他 18 件正在积极有序推进当中。”并附链接，对具体事项进展情况逐一进行公示说明。“新建 10 个小微公园”一项显示，“目前，10 个小微公园已基本完成土建、植物种植等工作，正在做收尾工作，预计 8 月底全部完工。”“新建、翻建公厕 30 座”一项显示，“目前，市辖三区 20 座公厕均已完成主体建设，正在进行室内外装修；农家乐新建、翻建公厕 10 座已全部完成主体建设，其中 6 座厕所已正常投入使用”等。

2017 年 7 月 24 日，广东省深圳市公安局交通警察局官方微博“@ 深圳交警”（UID：1792702427）接网友微博举报称，“粤 BUH736 小车司机在惠河高速杨村至泰美段违法占用应急车道，并向其他司机竖中指！”25 日下午，深圳交警传唤司机廖某接受调查。廖某称，当时堵车，车上小孩尿急于是在应急车道停车，在其变回主道时，有一辆车不让他，他就急了，并做了不雅手势。民警对该司机进行批评，并将其违法行为转由惠州市交警录入处罚。

2017 年 7 月 25 日，北京师范大学人事处作出《关于给予史杰鹏解聘处理的决定》（师人通〔2017〕147 号）。决定称，史杰鹏长期在网络上发表错误言论，在社会上引起不良影响。2017 年 2 月，学校有关领导与史杰鹏专门谈话，强调师德纪律，史杰鹏当时表态今后不再发表类似言论，安心做学问。2017 年 4 月以来，史杰鹏违背自己的承诺，再次频繁通过个人微博、微信公众号继续发布不当言论，与主流价值观不一致，与北京师范大学教师身份不符。史杰鹏逾越意识形态管理红线，违反政治纪律，给学校声誉带来很大负面影响。

2017 年 7 月 26 日，国务院食品安全办等 10 部门发布《关于加强食品安全谣言防控和治理工作的通知》（食安办〔2017〕23 号）。为坚持正确舆论导向，净化网络空间，营造科学健康的消费环境，就加强食品安全谣言防控和治理工作作出部署：一、主动公开政务信息；二、加强动态监测；三、及时组织辟谣；四、落实媒体抵制谣言的主体责任；五、积极稳妥开展舆论监督；六、加强食品安全信息发布管理；七、严惩谣言制造者；八、建立部门间协调机制。

2017 年 7 月 27 日 18 时许，新浪微博社区管理官方微博“@ 微博管理员”（UID：1934183965）发布《微博社区娱乐信息管理规定》，就用户发布娱乐信息，遏制低俗媚俗之风作出规范。根据规定，演艺人员在发布娱乐信息时应避免进行恶意炒作。同时规定，以跟踪、蹲守、偷拍等作为噱头，以组织化公司化为形式，进行低俗炒作渲染的，一经发现直接予以关闭或删除内容。此外，新浪微博还对娱乐自媒体账号的违规行为出台了惩罚措施。

2017 年 7 月 31 日 11 时 46 分，江苏省南京市公安局官方微博“@ 平安南京”（UID：1972917825）针对有网友在微信朋友圈称，由人民日报客户端开发的“穿上军装”照片自动生成应用是钓鱼链接，“一个所谓的北京的公司，在一个 IP 在加拿大的服务器上，冒充人民日报的客户端，获取公民个人信息”的信息，发出“小心被境外势力采集信息”辟谣信息。12 时 27，“@ 平安南京”再次转发“@ 江苏网警”关于“游戏由人民日报客户端开发，只会获取用户的头像和昵称，所谓钓鱼网站、盗取微信号纯属无稽之谈，请广大网友放心使用”以正视听。并称“以此为准，大家好我是新的小编，之前那个小编已经拜拜了”。

2017 年 7 月 31 日，网友发现内蒙古赤峰市翁旗农牧业局官方微博“@ 翁旗农牧业局”

两个月内“狂发广告”，并且冲进“政务微博排行榜”前十。据观察，从6月1日以来，该官方微博一直保持较高更新频率，截止到7月31日，累计发博471条，所发内容以新闻资讯、商品广告为主。7月19日，该微博账号发布的一条减肥产品广告获51次转发，近20万点赞。该微博账号被盗期间，在新浪微博的基层政务排行榜中，多次上榜。

2017年7月31日，微博用户“@limohai”（UID：1036164760）在与网友“@地瓜熊老六”（UID：3939426052）发布的爱国话题微博互动时冷嘲热讽出言不逊，引发网友围观。随后，其历史微博所发表的不当言论被截屏曝光，同时真实身份被网友“人肉”，疑为山东工商学院政法学院政治系主任、教授，并挂职山东省烟台市芝罘区委党校，舆论升温。8月1日8时53分，山东省烟台市芝罘区人民政府新闻办公室官方微博“@芝罘发布”（UID：5086513816）发布消息称：“鉴于李默海在网络上散布错误言论，造成恶劣社会影响，经研究决定，正式解除对其的聘任，不再为其提供挂职锻炼岗位，并已函告山东工商学院。”随后8月1日12时41分，山东工商学院官方微博“@山东工商学院”（UID：1929520707）发表《关于对我校教师李默海发布错误网络言论处理情况的说明》，通稿称“我校高度重视李默海副教授在网络上发布错误言论的情况。学校党委立即采取措施，核实情况，对其进行严厉批评，并责令其停职检查。当事人李默海承认了错误事实，并深刻认识到问题的严重性。学校党委将在进一步查明情况后，按程序依法依规依纪对其做出严肃处理。”

八月

2017年8月3日12时，网友“@三蝶纪”（UID：1247984393）代一位环卫女工向广东省深圳市公安局交通警察局官方微博“@深圳交警”（UID：1792702427）报案称，当天早上有人开快车撞坏交通设施逃逸，还差点撞到环卫阿姨。“@深圳交警”随即与网友互动了解详情，并雷厉风行表态“马上调查！”经深圳福田交警调查，8月3日3时37分许，在福田区景田路景田北一街发生一宗单方事故，造成两根交通隔离铁柱损坏，所属深圳市鹏飞出租车有限公司粤B1Y3T7号牌出租车司机在事故发生后驾车逃逸。8月4日下午，肇事嫌疑人谭某鹰被深圳交警依法传唤，对驾车撞坏交通设施后逃逸的事实供认不讳。8月5日上午，“@深圳交警”和“@深圳福田交警”分别发布微博公示结果：对该肇事司机给以吊证3个月、罚款1万元、记12分的处罚。

2017年8月4日13时41分，网友“@Vickie－LIANG”发图片向《博物》杂志官方微博“@博物杂志”（UID：1195054531）咨询求证是否为“福寿螺”，并称是其7月22日在成都宽窄巷子买的，“吃完后出现有低烧、恶心的现象”。“@博物杂志”确认为“福寿螺”，并称“福寿螺的螺口很大，螺塔很矮，还有纵条纹，靠这些就能和田螺区分开。”此一互动让爱好美食的围观网友一下子陷入慌乱。56分钟后，14时37分，四川省成都市政务服务中心官方微博“@成都服务”（UID：3710857535）介入互动，详细询问“福寿螺”涉店名称，并在线转派成都市食品药品监督管理局官方微博“@成都食药监”调查处理。15时35分，“@成都食药监”线上互动，线下执法同步开展，对宽窄巷子的餐饮摊位销售福寿螺情况全面排查。经排查，有两家店存在销售福寿螺的情况，但两家店有效证照齐全，进货票据齐全，均无活福寿螺存放。商家现场对发现的5盒福寿螺进行了自行销毁处理，执法人员对两家餐饮店负责人进行了约谈。8月5日14时11分，“@成都食药监”发布《关于福寿螺投诉调查情况》通报。

2017年8月5日，广东省深圳市公安局交通警察局官方微博“@深圳交警”（UID：

1792702427）接到网友举报称，在G4耒阳段高速公路上，一辆粤B号牌大巴违章并线，在禁行时间段未驶进服务区休息。8月7日下午，深圳交警组织民警在南山辖区将该大巴查获。经查，该大巴有接驳证，不属于“红眼客车”，同时已办理审验手续，不存在“逾期未审验”状态。但该大巴车前挡风玻璃上没有按规定贴检验合格标志。而对于网友微博举报的情节，大巴司机称当时属于上坡路段，大巴爬坡有点慢。深圳南山交警对其未在前挡风玻璃贴检验合格标志交通违法行为，依法罚款100元，扣1分。

2017年8月8日，广东省深圳市公安局交通警察局官方微博“@深圳交警”（UID：1792702427）接网友微博举报，一辆车牌号为粤BDF37×的大巴车每当上班时间早晚高峰都会在滨海泰然七路辅道停车等人，妨碍交通秩序。经深圳交警机动训练大队调查，该车属于新国线集团（深圳）客运有限公司。8月8日上午，该公司车队长与司机被传唤接受调查。司机称该车用于接送某服务公司员工，每次大约停靠3～5分钟。车队队长表示会与该服务公司协商，更换上车地点，不再给道路添堵。深圳交警依法对司机违停违法行为处1000元罚款，并责令该公司立即整改。

2017年8月8日，《战狼2》票房超过原中国电影票房总冠军《美人鱼》创下的33.92亿元纪录，与此同时，该片在中国驻海外维和部队也引起了巨大反响，战士们认为该片正是他们面对的真实生活，期望能尽快看到该片，吴京在其个人微博迅速回应：“正在积极联络，希望能以最快的速度与大家分享《战狼2》!”10月7日10时50分，中国维和警察官方微博“@中国维和警察”（UID：2269263531）发布消息称，经多方努力，10月2日，吴京及其剧组赠予维和一线的放映设备及电影已抵达蒙罗维亚。微博中再次表达了对吴京导演及其团队、CCTV4中文国际频道官方微博“@CCTV4”（UID：2039753857）以及全国人民的关心关爱的真诚谢意，并表态“有祖国人民在身后，前方就交给我们了!”

2017年8月9日0时16分，新浪微博虚假消息辟谣官方账号“@微博辟谣”（UID：1866405545）发布辟谣通报：近期接到网友举报，有用户发布内容为“吴京一家人都不是中国人”的不实信息。根据《微博社区公约》对发布此类不实信息的“@夏河”“@张超洋－佳美”“@卫星天线的微博”“@罗马－车友邦”“@军刀微凉”5个微博账号进行禁言1个月、禁被关注1个月的处罚。

2017年8月10日下午，“@媒体人马涛”（UID：2906737767）在新浪微博发帖称：“突发：米脂盐化厂爆炸！具体情况正在进一步调查中……”此微博还配了一段工厂发生爆炸的视频（视频内容显示一个工厂发生大爆炸，数幢大楼发生爆炸，火光四溅并伴有不断的爆炸声）。此网帖一出，迅速引起了众多网友的跟帖、转发，引发人们恐慌。当日，陕西省米脂县公安局经与米脂县安监局联合调查结果：8月9日18时14分，陕西金泰氯碱化工有限公司聚氯乙烯分厂发生闪爆，现场主设备完好，未造成人员伤亡，该网帖所发视频为虚构。网民“@媒体人马涛”被米脂县公安局依法行政拘留10日。

2017年8月10日11时许，微博网友“@xyjj—lei1990”发帖称，“战狼是保护百姓的，狗腿子是残害百姓的，人肉这位盱眙狗腿子”，微博中附有江苏省盱眙县公安局一名民警正在处警现场的照片，同时还有一张市民躺在地上的照片。该微博发布后引来群众围观，阅读量当日达400余次。事发后，盱眙警方立刻开展调查工作，于8月11日将涉嫌辱警的违法行为人徐某抓获。经查，徐某为泄私愤，通过在微信群中的视频截取民警画面，并配以侮辱性文字发布在其本人的微博中。随后，徐某被处以行政拘留5日的处罚。

2017 年 8 月 10 日下午，微博资讯博主“@ 武汉新闻快递员”（UID：5894812053）收到一连串求助私信，发信者自称是来自成都的黄某，被朋友骗到传销窝点，希望博主帮他脱身，为获得信任，他还发出了自己的身份证照片。“@ 武汉新闻快递员”在建议他通过短信报警的同时，立即将这一情况在线反映给了武汉市公安局官方微博“@ 平安武汉”（UID：2418542712），该求助信息随即被转办至武汉市东湖新技术开发区公安分局官方微博“平安光谷”。11 日上午，左岭派出所民警在摸清传销窝点地址后，一举将其捣毁，求助者黄某及其他 4 人被成功解救。

2017 年 8 月 12 日 19 时 31 分，新浪微博虚假消息辟谣官方账号“@ 微博辟谣”（UID：1866405545）发布通报：接网友举报，微博账号“@ 王仁广”发布微博并配图称“周五（8 月 11 日）中印军方高官在边境会晤”的内容为不实信息。该图片系 2006 年 7 月 5 日中印军人在乃堆拉山口隔着篱笆握手（CFP 资料），并非近期所拍摄，被举报人言论构成“发布不实信息”。根据《微博举报投诉操作细则》第 21 条之规定，对其处理如下：关闭账号。

2017 年 8 月 13 日，网友“@ 古风同志”（UID：1654712513）发微博并配图“爆料”称，“宿州老少爷们都来辨认一下！这个猥亵小女孩的畜生，是不是宿州的?”随后有网友辩称照片中猥亵女孩的叫李炳鑫，毕业于哈尔滨理工大学。紧接着，网友“@ 差评君”（UID：5734325998）回应，李炳鑫系自己公司员工，与“南京南站小女孩被猥亵”事件无关。8 月 14 日 11 时 29 分，新浪微博虚假消息辟谣官方账号“@ 微博辟谣”（UID：1866405545）发布辟谣通报：“@ 古风同志”发布不实信息且造成一定的恶劣影响，根据《微博举报投诉操作细则》第 21 条之规定，对其处以禁言 30 天、禁被关注 30 天处罚。

2017 年 8 月 16 日，新浪微博虚假消息辟谣官方账号“@ 微博辟谣”（UID：1866405545）发布《微博辟谣月度工作报告（2017 年第 7 期）》。7 月 1 日—7 月 31 日，“@ 微博辟谣”共发布微博辟谣信息 122 条，#微博辟谣#话题阅读量累积 1. 3 亿。

2017 年 8 月 16 日 11 时 30 分，网友“@ 铭记唐努乌梁海”（UID：5905645981）晒出一张火车票，向中国铁路西安局集团有限公司官方微博“@ 西铁资讯”（UID：2108237403）指认纠错，“火车票现错别拼音，陕西吴堡拼音正解为（wu bu），但是火车票上为（wu pu），望有关部门能够尽快更改。”下午 15 时 54 分，“@ 西铁资讯”贴出一张“火车票”对网友质疑进行了回应，“经过核实，此事情属实，铁路部门已对客票系统进行了维护更正（票样如下），感谢热心网友对我们工作提出的意见建议。”

2017 年 8 月 16 日 22 时 30 分，网友“@ 广南樱_ 33_ TENKI48”（UID：1306905591）向河南省郑州市城市管理局官方微博“@ 郑州市城市管理局”（UID：2302688157）诉称，她于 8 月 15 日晚上骑电动车回家行至文化路北三环附近路段时，由于路面不平而摔伤。“@ 郑州市城市管理局”立即线下调查。但是经了解后发现，该网友摔倒的位置正好处于两条路的交界处，其中文化路是由市政工程管理处管护，而北三环是由环城快速公路管理处管护，摔倒位置上的井盖，其产权又属于自来水公司。由于该网友摔倒时出现短暂昏迷情况，因此她也记不清摔倒的准确位置，这给确认责任单位带来了一定的困难。面对难题，“@ 郑州市城市管理局”主动联系三家单位并与网友积极沟通，根据现场情况分析导致其摔伤的各种可能性，最后确定责任主体为环城快速公路管理处，并协助网友进行了索赔，受到网友的高度评价。

2017 年 8 月 17 日上午，一则因被交警贴违章罚单而在微信朋友圈公然辱骂西安交警的信息在微信群中大量传播。事发后，西安市公安交警高新大队积极协调辖区丈八路派出所对该事件进行调查。17 时许，经民警多方摸排查找，联系到当事人郝某。通过多次耐心劝导，郝某于当晚 19 时向辖区丈八路派出所投案。8 月 18 日 7 时 50 分，西安市公安局交通警察支队高新大队官方微博“@ 西安交警高新大队”（UID：2720075854）发布此例案情通报，“18 日凌晨 1 时 50 分，公安机关依据《中华人民共和国治安管理处罚法》第四十二条对当事人郝某做出行政拘留 5 日的处罚。”

2017 年 8 月 18 日上午 9 时 20 分许，甘肃兰州某单位汽车修理工汪某在驾车途经安宁区费家营十字附近时，恰好道路严重拥堵，便心生不满，遂拍了几张照片在微博上凭空想象，发表不当言论，大肆污蔑交警工作。随后，兰州市公安局安宁分局西路派出所进行立案侦查，抓获违法嫌疑人汪某，并依法给予其行政拘留 10 日的处罚。

2017 年 8 月 23 日 9 时 24 分，北京市海淀区人民法院官方微博“@ 北京海淀法院”（UID：3927469685）发布案件播报：因认为被告发布的微博中使用“国钓台”名称宣传海参，原告钓鱼台食品生物科技有限公司以擅自使用他人企业名称、姓名纠纷为由，将信息发布者及海参销售商诉至法院。北京市海淀区人民法院已受理此案。

2017 年 8 月 25 日 14 时 37 分，北京市海淀区人民法院官方微博“@ 北京海淀法院”（UID：3927469685）发布案件播报：因认为房天下官方微博“@ 房天下”未经允许擅自使用其权属摄影作品，原告北京全景视觉网络科技股份有限公司以著作权权属、侵权纠纷为由，诉新浪微博开发运营者北京微梦创科网络技术有限公司、“房天下”运营者北京搜房科技发展有限公司至法院。近日，北京市海淀区人民法院受理了此案。

2017 年 8 月 28 日上午，广东省深圳市公安局交通警察局官方微博“@ 深圳交警”（UID：1792702427）接网友微博举报称，在深圳南山区宝能太古城南区二层停车区，有一辆小车乱停乱放，严重影响通行。民警立即组织展开调查。经查，网友所举报情况属实，根据《深圳市停车场规划建设和机动车停放管理条例》规定，深圳交警依法对该车司机处以 500 元罚款。

2017 年 8 月 29 日 15 时 31 分，北京市海淀区人民法院官方微博“@ 北京海淀法院”（UID：3927469685）发布案件播报：新浪微博用户刘某在个人微博中发文，称“古力娜渣不要脸”，并发布古力娜扎“遗照”式样的头像，被古力娜扎以名誉侵权为由诉至法院。日前，北京市海淀区人民法院一审判决被告刘某在新浪微博个人账号连续 30 日发布声明，向原告赔礼道歉，并支付精神损害抚慰金 10000 元及维权合理费用 2520 元。

2017 年 8 月 31 日晚 23 时许，湖南省邵阳市公安局官方微博“@ 邵阳公安”（UID：5705839574）接到广西网友求助信息，称其同事李某某在邵阳失联，很有可能被传销组织限制人身自由，请求警方帮忙寻找。9 月 1 日，“@ 邵阳公安”通过线上接警线下联动，当天 13 时 21 分，在大祥公安分局的迅速处置下，成功将 2 名被传销组织围困的群众解救，遣返传销参与者 7 人，并依法对 2 名传销组织骨干成员行政拘留 12 天。

九月

2017 年 9 月 4 日 14 时 06 分起，独立评测机构、寰宇慧旅（北京）科技有限公司官方微博“@ 蓝莓评测”（UID：5923873454）在当天连续发布了 5 条其暗访北京多家五星级酒店的视频全记录和令人惊愕的评测结论，北京多家“五星级酒店不换床单、不洗浴缸、不擦马桶、不洗漱口杯”，引发舆论震动和行业热议。9 月 5 日 14 时 35 分，北京市旅游发展委员会官方微博“@北京市旅游发展委员会”（UID：1936009361）发布通报称，“9月5日上午，北京市旅游委联合北京旅游行业协会，共同约谈了北京长安街W酒店、北京希尔顿酒店、北京三里屯洲际酒店、北京JW万豪酒店、北京香格里拉饭店负责人，就媒体报道的不换床单不擦马桶情况进一步了解核实，要求涉事酒店开展自查和整改，正视问题，积极应对，提升管理水平，提高服务质量。市旅游委针对暴露出的问题，将加大对星级饭店和经济型酒店服务质量的日常监管力度。被约谈酒店表示已开始对酒店服务质量进行自查，进一步规范服务流程，对客房清洁流程重点检查。”

2017年9月6日，有网友向广东省深圳市公安局交通警察局官方微博“@深圳交警”（UID：1792702427）举报，称其驾车过程中，一辆小车跨实线变道，自己差点撞上，后发现这个车牌似乎有问题。深圳交警机动训练大队通过大数据分析，找到被举报的小轿车，并传唤司机前来接受调查。“@深圳交警”发布微博通报：“因其号牌污损，民警责令司机限期到车管部门更换车牌，逾期不更换的，将依法处罚！对其跨实线变道，罚款200元，记3分！”

2017年9月8日14时20分，北京市海淀区人民法院官方微博“@北京海淀法院”（UID：3927469685）发布案件播报：因认为台湾演员、歌手林志颖于2013年8月25日在其新浪微博“@夢想家林志穎”中所使用的图片系篡改其摄影作品而成，构成侵权，该作品作者摄影记者朱庆福将林志颖与新浪微博的运营公司诉至法院。北京市海淀区人民法院经审理，认定林志颖未经许可将涉案作品置于向公众开放的微博平台上传播，构成侵权。判决林志颖在其名为“@夢想家林志穎”的新浪微博首页置顶位置连续72小时发表声明，向原告朱庆福赔礼道歉并赔偿原告经济损失30万元、合理开支律师费4万元和公证费5000元，合计34.5万元。

2017年9月9日15时许，湖北孝感籍女孩小柴向湖南省公安厅官方微博“@湖南公安在线”（UID：5645893201，现微博“@湖南公安”）发私信求助称，她在乘坐东航班机到达加拿大温哥华时，因为行李箱一模一样，被一位湖南籍女孩小李错拿，而小李自己的行李箱还留在温哥华机场，再后来，错拿行李的湖南籍女孩小李转机去了多伦多，无法联系。随后，“@湖南公安在线”立即联动湖南机场公安局、株洲市公安局、湖南省公安厅人口与出入境管理局，几经波折，“@湖南公安在线”负责人禹亚钢联系到错拿行李的小李的父亲，但小李的父亲误以为遇到了电信诈骗而拒不相信。无奈之下，禹亚钢只得请株洲市公安局政治部宣传科科长邱宇松设法通过辖区公安机关再联系小李的父亲，最终打消小李父亲疑惑。9月10日上午，小李的父亲回复：自己女儿的行李已经收到，且小李已将小柴的行李在多伦多交给加拿大西捷航空公司。禹亚钢立即将此情况反馈给在加拿大的小柴。然而，由于小柴的行李标签已经遗失，缺乏有效的信息佐证，西捷航空公司称还需要与交还行李的小李联系，经核实信息后方可交还行李给小柴。禹亚钢随即又将此情况反馈给小李的父亲，请求他提供小李在加拿大的联系方式，结果小李的父亲与在加拿大的小李仍顾虑甚多，误会小柴怀疑小李未送还行李，沟通近一小时未果。一直到当日11时30分许，双方问题解决。此次救助时间跨度18小时左右。事后，曾误把禹警官当骗子的小李父亲说：“有了你们这么热心的公安，我们很安心！”

2017年9月10日上午9时许，湖南常德田某向湖南省公安厅官方微博“@湖南公安在线”（UID：5645893201，现微博“@湖南公安”）发私信求助称，其在越南旅游时遭遇抢劫，护照、签证等有效证件一同灭失无法办理回国手续。“@湖南公安在线”紧急协调湖南省公安厅出入境部门，5小时后小田反馈，领事馆通知其第二天去领取旅行证，“可以顺利回国”。

2017年9月11日，河南省淅川县网友石某因不满南阳市、淅川县两级法院和南阳市人民检察院对其提起诉讼一案依法作出的决定，在其个人微博中发帖辱骂淅川法院，被转发上百余条。淅川县公安局在接到报警后将其抓获。经过调查后认为：当事人石某在微博发帖辱骂法院，诋毁了法院和法官的形象，严重损害了司法权威，干扰了法院正常工作秩序，已构成寻衅滋事违法行为。鉴于情节轻微，根据《中华人民共和国治安管理处罚法》第二十六条之规定，淅川县公安局做出对当事人石某行政拘留5日的决定。

2017年9月12日上午10点，中央气象台官方微博“@中央气象台”（UID：2015108055）正式启动“我给台风起名字”活动。第一阶段将于9月13日至18日在新浪微博平台上进行抽奖转发，选出台风命名候选人3名。这是中央气象台首次利用新媒体平台进行台风命名活动，并且第一次明确将台风命名权归属给公众个人。

2017年9月14日9时03分，中共银川市委市政府通过其官方微博“@微博银川”（UID：1898782627）在线发起意见征集活动称，为防治餐饮服务业环境污染，进一步改善环境质量，保障公众身体健康，促进餐饮服务业健康发展，根据有关法律、法规规定，银川市结合实际，制定了《银川市餐饮服务业环境污染防治条例》（修订草案征求意见稿），现将全文公布，欢迎有关单位和各界人士提出意见建议。公开征求意见的时间为9月13日至9月21日。

2017年9月17日，新浪微博虚假消息辟谣官方账号“@微博辟谣”（UID：1866405545）发布《微博辟谣月度工作报告（2017年第8期）》，8月1日—8月31日，“@微博辟谣”共发布微博辟谣信息133条，#微博辟谣#话题阅读量累积1.8亿。

2017年9月22日上午11时左右，不少洛阳网友发微博称“听到一声巨响”，并涌向洛阳市公安局官方微博“@平安洛阳”（UID：2043228245）求真相。“@平安洛阳”迅速反应，立刻向110指挥中心和各县、市公安局核实。12时25分，“@平安洛阳”发布情况通报称，“我市公安机关未接到爆炸案（事）件的报警及人员伤亡报告，目前，洛阳社会治安大局平稳。”

2017年9月22日晚21时21分，因微博上明星和网红之间的情感纠葛而站队声援时，网友“@蔡联霞_101”在明星微博的评论中声称，“本人在医院工作，可惜了李小姐孩子没死在我手里”。此言既出立刻遭到网友们的强烈谴责，“有这种护士谁还敢去这家医院?”更有众多网友纷纷致其工作单位贵州省遵义市播州区人民医院讨要说法。7小时后，9月23日凌晨4时28分，“@蔡联霞_101”发布致歉微博称，“因为我在薛之谦和李小姐的事件中发表了不恰当的言论，对社会、李小姐造成了伤害，作为医务人员未做到南丁格尔的誓言，给大家带来不便，我也认识到了错误。对于我的这件事，我已收到院方处理，望广大网友原谅，对广大网友、李小姐致歉，说声对不起。”致歉微博中的配图，是遵义市播州区人民医院连夜调查处理后印发的红头文件《关于对儿科护士蔡联霞在微博发布不当言论处理意见的通报》（播区医通〔2017〕59号）。通报称，“我院儿科护士蔡联霞在微博发表和医务人员救死扶伤精神不相符的言论，给医院造成了非常不当的影响，同时导致全国各地网友不停拨打我院办公室电话进行投诉，影响了医院的正常工作，医院对此问题高度重视，立即成立了以院长为组长的调查组，处理结果如下：对蔡联霞罚款5000元，予以除名。”该文件于当日下午同步发布于该医院官方网站。同日15时06分，贵州省遵义市播州区卫生和计划生育局官方微博发布《关于播州区人民医院护士蔡某某在个人微博上发表不当言论的调查通报》。

2017年9月24日，一位长春网友发微博称：“我是一个普通学生，今年暑假为了挣点生活费，我一个假期没回家，在一个叫人民公社大锅饭的饭店打工，只干了一个月，没有签署劳动合同。直到开学，我辞职，老板只给了我300元工资……我该怎么办?”该微博被当地媒体关注并介入监督。9月27日上午11时许，该网友顺利拿到了欠薪1750元。

2017年9月27日，一女子因车辆违停被陕西省西安市公安局高陵分局交警大队的民警贴了罚单，于是在微博上发文称，“是趁放假捞一笔吗”。10月31日，她再次在同一地方违停被贴罚单后，再次在微博发表不当言论：“同一个地方，同一个交警，MB”。11月1日，西安市公安局高陵分局交警大队向公安高陵分局崇皇派出所报案，11月2日，该女子被警方传唤，承认两次发布不当言论。警方考虑到其能主动将微博删除，并公开道了歉，根据《治安管理处罚法》的相关规定，对其进行了批评教育。

2017年9月28日，广东省深圳市公安局交通警察局官方微博“@深圳交警”（UID：1792702427）接网友微博举报称，其在南坪快速东行布龙路出口路段被一辆港牌货车逼停，深圳交警机动训练大队通过调取行车记录仪视频发现，该举报人在行车过程中变更车道，影响其他车辆正常行驶。随后，深圳交警对其依法处罚，该举报人说，“我这是‘自投罗网’了啊”。

2017年9月30日，旅居日本的华人网友“@男神三哥”（UID：5699958672）发微博称，自己在日本大阪的街头捡到了一本辽宁人葛先生丢失的中国护照，但一时找不到失主，他也不知道该交给谁，“想联系大使馆，但是大使馆周末不上班，而且临近节假日了，我怕失主没有护照，在日本会遇到麻烦事儿”。于是，“@男神三哥”就用微博向失主家乡的沈阳市公安局铁西分局官方微博“@沈阳铁西公安”（UID：1906035413）发出求助。铁西公安分局民警接到求助信息后，迅速与网友取得联系并核实相关信息，然后反馈至出入境管理大队。几经辗转，短短24小时内，葛先生顺利领回了丢失的护照。

十月

2017年10月3日，安徽省六安市公安局交通警察支队一大队官方微博“@六安交警一大队”（UID：2573034302）发布通报，“9月26日，一名网名为‘@梧闻嘁何人’的网友在我大队微博上公开发表恶意辱骂我民警依法查处违法停车评论，目前，该网友王某已被依法拘留。”警方微博同时配发了该网友针对交警执法行为所发的多条言辞不雅的微博内容截屏证据。

2017年10月5日，湖南省公安厅官方微博“@湖南公安在线”（UID：5645893201，现为“@湖南公安”）值班民警接到一名远在西班牙马德里的湖南女孩小丁的私信求助，称自己在西班牙马德里将护照不慎丢失，“现在是马德里时间5时47分，9时将去领事馆申请旅行证，领事馆需要国内出入境管理部门核对反馈后这边才能签发旅行证”，而且“是明天的飞机，不知道当天能否发下来，我现在心急如焚”。“@湖南公安在线”值班民警立即询问女孩的身份信息，并紧急协调人口与出入境部门相关事宜。3个小时后，湖南省公安厅人口与出入境部门收到了驻外使领馆发来的邮件，并立即通过系统核查小丁的身份信息，最终帮助小丁在北京时间17时顺利拿到了回国的旅行证。

2017年10月5日10时许，北京网友“@欧伟伦1980”（UID：6346619801）在银川旅游期间，慕名来到银川某毛手抓羊肉总店消费，对菜品和服务均体验不满，“厨房出错了，居然建议我凑合吃”，“被质问后还拒不承认，态度恶劣！”银川市市场监督管理局官方微博“@银川市场监管”（UID：1975923223）接到投诉后立即督导兴庆市场监管一分局调查处理。兴庆市场监管一分局执法人员随即对该餐馆负责人进行约谈，责令其规范经营行为。10月6日8时48分，该网友在微博中回应说，“银川的政务微博工作效率给我印象深刻！添麻烦了！祝你们节日愉快！”

2017年10月6日，有网友在微博上发布一则“两辆外地牌号的越野车在西藏追逐碾压藏羚羊”的图文消息。微博消息称，车辆在追逐过程中致数只藏羚羊死伤。随后另一网友在微博上转发图片消息称，涉事的两辆越野车目前停留在拉萨洲际大饭店。当天17时左右，相关部门成功将两辆涉案车的7名乘员控制，并找到车辆。

2017年10月9日10时28分，网友“@商丘人不知道的商丘事儿”（UID：5190933459）向中共河南商丘市委宣传部官方微博“@微博商丘”（UID：1785693845）反映称，“有网友看中睢阳区法院在网上拍卖的一处房产，但在三个月时间内进行的三次拍卖均流拍，该网友表示上述情况可能会致使自己权益受损，并以此怀疑是否有暗箱操作。”10时30分，“@微博商丘”收到消息后随即转派商丘市中级人民法院官方微博“@商丘天平之声”（UID：2443875791）予以关注回应。10时55分，“@商丘天平之声”互动回应网友，并督导河南省商丘市睢阳区法院官方微博“@睢阳区法院”（UID：2511420651）受理，要求其“立即对此事进行调查核实，并针对杨先生提出的疑问，及时予以解答。”17时10分，“@睢阳区法院”回应称，“杜某申请执行冯某、张某民间借贷纠纷一案，进入执行程序后，被执行人拒不履行法定义务。我院依法对被执行人张某名下睢阳区香君东路一套房产进行评估、拍卖，第一次因无人竞拍而流拍；因检察机关抗诉、案外人提出异议，第二、第三次均中止拍卖（对应淘宝页面均明确标示了原因）。以上为正常司法程序。”

2017年10月10日，广东省深圳市公安局交通警察局官方微博“@深圳交警”（UID：1792702427）接网友“@小小黄瓜有大大梦想”微博举报称：粤B7Y58Q号车是套牌车，且不赔付事故车辆维修费。经深圳交警核查，2017年9月24日13时许，燕某驾粤B7Y58Q小车在观澜百丽名苑小区门口掉头时，与肖某驾驶的赣A11Z13小车碰撞，深圳交警远程事故处理认定：燕某承担此事故全部责任。肖某车辆维修后，联系燕某赔付维修费，燕某未及时支付，肖某于10月10日13时在微博举报。民警找到粤B7Y58Q车后，发现该车状态正常，套牌嫌疑不属实。随后，深圳交警组织调解，燕某现场赔付肖某车辆维修费600元，并做好手续交接工作。通过教育训诫，燕某认识到不及时履诺的错误，肖某认识到自己不实举报涉嫌违法，并在微博澄清回复；当事人双方对深圳交警的快速反应和及时处理市民反应的问题表达了谢意。

2017年10月12日23时许，网友向山东省济南市公安局章丘公安分局双山第二派出所官方微博“@章丘市公安局双山第二派出所”（UID：2562174913）报警称，有一位女网友“@可馨”正在微博直播其割腕自杀。派出所民警紧急出动，并成功救助。

2017年10月13日10时30分，北京市海淀区人民法院官方微博“@北京海淀法院”（UID：3927469685）发布案件播报：原告张某称其享有某幅摄影作品的著作权。被告W教育公司未经许可，在其新浪官方微博中将该作品用于广告宣传，并未署名，原告认为被告行为构成侵权。被告辩称其微博是通过第三方平台皮皮时光机发送，图片来自该平台图库，不构成侵权。北京市海淀区人民法院经审理，认定被告构成侵权，判决其承担停止侵权等侵权责任。

2017年10月13日13时34分，北京市海淀区人民法院官方微博“@北京海淀法院”（UID：3927469685）发布案件播报：原告罗琪发现其创作的包括《网络钟点工》在内的一系列漫画作品，被被告中国电信股份有限公司增值业务运营中心官方微博“@中国电信天翼手机报”未经许可使用，且未为其署名。原告认为被告侵犯了其对该美术作品享有的著作权。被告辩称，该作品在其他网站上署名为原告摄，故应属于摄影作品，否认原告享有著作权。北京海淀区人民法院经审理，认定原告享有该作品的著作权，判决被告赔偿经济损失及合理支出4000余元。

2017年10月14日7时35分，中央气象台官方微博“@中央气象台”（UID：2015108055）的一条关于第20号台风“卡努”的“台风黄色预警”信息发布后被删除。10时整，“@中央气象台”再发微博质问：“为什么删我的微博，大家看不到预报，怎么防台风？敢举报，你敢站出来吗？”随后，有网友评论说，此“台风‘黄色’预警”。10时36分，“@中央气象台”再次发布了一条微博，并打上微博话题标签#台风yellow预警##这次还会被删么？#。11时22分，微博“@中国地震台网速报”（UID：1904228041）在互动中直接点明：原因是“黄色”预警涉黄……14时15分左右，细心网友发现，“@中央气象台”被删除的微博已恢复。

2017年10月16日9时57分，北京市海淀区人民法院官方微博“@北京海淀法院”（UID：3927469685）发布案件播报：原告漫画家卢小姐诉称，其创作了七幅漫画作品，落款均为其网名“西瓜”。发现被告广州新居网家居科技有限公司未经许可，在其新浪官方微博“@HOMKOO整装云-”（UID：3978703648）上使用了上述作品。原告认为被告侵害了其署名权和信息网络传播权。北京市海淀区人民法院经审理认定：“西瓜”是作者在发表图片时所选择的署名方式，被告原样使用，不会让普通网络用户对作者产生误认，新居网公司的行为未侵害卢小姐的署名权。但新居网公司未经许可，其行为侵害了卢小姐享有的信息网络传播权，应当依法承担侵权责任。因此，法院判令新居网公司赔偿卢小姐经济损失21000元及合理支出500元。

2017年10月17日17时51分，银川市委市政府通过其官方微博“@微博银川”（UID：1898782627）在线发起“银川市政府公开征集2018年度为民办实事事项”征集活动。微博称，为确保2018年度实施的为民办实事符合民意、惠及民生、富有成效，现面向全市广大群众和社会各界进行实事征集。征集时间：即日起至11月20日；征集方式：直接在此微博下留言或在银川市政府门户网站公告内容下留言。

2017年10月18日晚21时05分，网友“@后宫学长”在微博上发出求助，“快报警。我被传销了，在湖南益阳天乐沙发厂前面鱼塘的老房子里。”10月19日9时44分，中国联通集团公司客服官方微博率先转发了网友的微博，并“@”了湖南省公安厅的官方微博“@湖南公安在线”（UID：5645893201，现为“@湖南公安”），希望警方“帮忙跟进处理”。11分钟后“@湖南公安在线”快速批转益阳市公安局官方微博“@益阳市公安局”（UID：1929652370），21分钟后“@益阳市公安局”立即响应并再次批转案发属地的“@益阳市公安局朝阳分局”（UID：1938621713）指令跟进处理。12 时 53 分，“@ 益阳市公安局”发布，“刚刚，我们解救了一名被困传销窝点的群众，从接到指令到解救成功 3 小时不到。”

2017 年 10 月 20 日 14 时 05 分，网友“Lady 佳佳 only”发微博对中共银川市委办公厅市政府办公厅官方微博“@ 问政银川”（UID：2239586647）、“@ 银川市场监管”（UID：1975923223）和“@ 金凤市场监管”（UID：5535552112）进行公开感谢。原来，10 月 18 日，该网友因为一件关于服务类的投诉反馈到相关平台上，两天时间就得到了相关政务微博的关注及回复，并且调查及时，还能跟踪反馈。该网友说，“作为一位普通的老百姓内心受到抱怨，在自己能力有限且处理不了的情况下反馈到平台上，能得到相应部门的答复觉得很欣慰，虽然结果并不是我理想当中最满意的，但通过通达市场监管工作人员的解答回复后，了解到情况觉得可以接受，也感谢大家的协助支持，希望我们永远都身处在一个和谐的社会，相互理解，多些微笑，善待周边的每一位！”随后，“@ 银川市场监管”互动评论说，“非常感谢您对银川市市场监管局的信任和支持！我们将把您的反馈传达到 4 个分局和 22 个市场监管所，如您所言‘相互理解，多些微笑’，让和谐遍布银川的每个角落！我们将继续努力！”

2017 年 10 月 22 日晚 20 时左右，微博成都同城大使“@ 成都头条”（UID：1656364681）发微博称，接到外地网友爆料，称在春熙路边的串串店用餐被坑。据当事网友介绍，最初店主称两毛钱一根签，两位外地女生感觉很便宜，于是就进店用餐，但店家并未告知存在一菜多签的情况。餐后计费时，两名女生以 640 根签被计消费 128 元。网友对此表示质疑，认为店家计数虚高。这条微博引发网友热议。四川省成都市人民政府政务服务中心官方微博“@ 成都服务”（UID：3710857535）于 23 日上午 10 时许主动监测到了这一情况后立即转派成都市锦江区人民政府政务服务中心官方微博“@ 锦江服务”（UID：3963759709）处理。“@ 成都服务”于 10 月 24 日下午 4 时左右，将办理结果公开发布，并“@”涉事网友和“@ 成都头条”知会。为解决类似消费陷阱，维护成都良好城市形象，“@ 成都服务”将此情况同步知会成都商报官方微博“@ 成都商报”（UID：1700648435），请其调查报道，进行媒体监督。10 月 31 日、11 月 1 日“@ 成都商报”发出连续报道。最终，3 家串串店被约谈并按要求进行了整改，明码标价并对每串菜品签数进行公示。

2017 年 10 月 25 日 12 时 29 分，广东省广州市第三巴士有限公司一辆 194 路公交车在越秀区解放路万菱广场正门对出马路失控，碰撞到 3 辆车和行人。事故发生后，广州市公安局迅速派员现场处置。13 时 32 分广州市公安局官方微博“@ 广州公安”（UID：1722022490）发布警情通报，“……目前，该起事故造成 2 人死亡，4 人受伤。事故原因等仍在进一步调查中。”13 时 41 分互动发布：“目前，肇事司机已被警方控制。”14 时 55 分发布《广州警方通报一宗交通事故初步调查情况》：“……据初步调查，肇事者朱某强（男，57 岁，广州人）为市第三巴士有限公司司机。事发时该车正在收车途中，车上没有乘客。据朱某强交代：当他发现该车刹车失灵后，采取避险措施失当，导致该起交通事故。经现场检测，初步排除朱某强酒驾和毒驾。目前，卫生医疗等部门正采取措施，全力救治伤者，警方正对该起事故作进一步调查。”当天，“@ 广州公安”微博及时滚动发布，有力地回应了群众的关切，得到社会各界的一致肯定，相关微博阅读量累计近百万。

2017 年 10 月 26 日 5 时 50 分，在中国共产党的十九届一中全会产生中央领导机构后，印度共和国总理莫迪在其微博“@莫迪总理”（UID：5581682776）第一时间以中英文两条独立微博表达祝贺，并置顶中文微博：“祝贺习近平主席当选为中共中央总书记。期待共同推动印中关系。”。

2017年10月26日，网友爆料称位于南昌一所名为豫章书院（全称：豫章学院修身教育专修学校）的“戒网瘾”学校存在严重体罚、囚禁、暴力训练和欺骗家长等诸多问题，事件经多方曝光引起广泛关注。10月27日17时21分，江西省南昌市青山湖区人民政府官方微博“@南昌青山湖”（UID：2673559193）针对此事作出回应称，“已成立联合调查组，对此事进行调查核实。调查结果将适时向社会公布。”10月30日，“@南昌青山湖”发布情况说明称，“经调查，网帖反映的问题部分存在，书院确实有罚站、打戒尺、打竹戒鞭等行为和相关制度。已责成区教科体局对该校教育机构进行处罚，对相关责任人进行追责。”

2017年10月28—29日，涉嫌河南省洛阳市“2017·6·5”等电信网络诈骗案件的13名犯罪嫌疑人被洛阳警方从柬埔寨押解回国，这也是洛阳市警方第一次跨国打击电信网络诈骗案件。在此过程中，河南省洛阳市公安局官方微博“@平安洛阳”（UID：2043228245）编辑部跟随警方押解组，在微博同步设置#洛阳警方跨国反诈第一案#话题，利用微博视频直播，全程跟进发布押解组辗转柬埔寨、广东押解13名犯罪嫌疑人回国、抵洛等相关情况。视频直播2次，共1小时，18.1万人观看，点赞1万次。

2017年10月30日，北京街头一名逆行女司机被交警拦截并发生了争执。交警先亮明身份，就案释法，又从普通百姓角度析事明理，现场教育女司机，获得在场围观群众的热烈鼓掌支持。当晚23时02分，北京市公安局官方微博“@平安北京”（UID：1288915263）将这一段交警执法的“现场演说”和执法视频传至微博，再现执法场景：“我是一名人民警察，我向你明确法律规定；合上警官证，我还是一名普通老百姓，你错了，你就得虚心接受。黑夜没有把阴暗罩在你的身上，明天的太阳该出来还会出来……”再次赢得网友们一片叫好。

十一月

2017年11月3日18时，正在哈尔滨拍戏的上海演员孙艺洲在微博发文称，哈尔滨市空气质量较差，并将矛头直指秸秆焚烧现象，呼吁有关部门治理，引发公众关注。无独有偶，哈尔滨籍演员佟大为也对家乡的重污染天气十分关心，他通过微博呼吁哈尔演市治理秸秆焚烧，以控制重度污染天气。在明星们的接连发声后，哈尔滨市环保局官方微博“@哈尔滨环保”（UID：3864620699）迅速做出回应。11月4日13时发表头条文章《孙艺洲，感谢你》并“@”孙艺洲，文章不仅感谢作为非哈尔滨籍的艺人孙艺洲为哈尔滨的雾霾发声，关切哈尔滨的环境状况，更赞扬他的公益之心，把网友间因为地域问题产生的分歧巧妙化解。同时，针对本地网友斥责孙艺洲一事回应说：“有些朋友言辞激动了一些，请你谅解，污染之下的人们难免焦躁。”并表示，“保护环境人人有责，对于我们环保人来说，批评更是激励和鞭策。希望更多人关注我们身边的污染，一起驱散雾霾！”

2017年11月7日上午，有网友向湖南省邵阳市公安局官方微博“@邵阳公安”（UID：5705839574）投诉质问，11月6日晚邵阳县塘渡口镇老车站有人“打砸店铺并伤及隔壁闹事”，为何警车到达现场后“只询问而不抓回拘留？”“@邵阳公安”将该舆情即时在线批转邵阳市邵阳县公安局官方微博“@邵阳县公安”，要求立即核查处理。接到指令后，邵阳县公安局城关派出所立即展开调查，发现11月6日晚，一男子因喝醉酒与邻桌吃夜宵的顾客发生争吵，男子借着酒劲将夜宵店桌子掀翻，并损毁了部分财物。随后，民警成功抓获酗酒滋事的嫌疑人伍某宾。经深入核查，伍某宾系2017年10月因涉嫌故意伤害被公安机关网上追逃人员，民警依法将其刑事拘留。

2017年11月7日，广东省深圳市公安局交通警察局官方微博“@深圳交警”（UID：1792702427）接网友微博举报，称其路遇粤B687EA小车司机突然变道，险些引发交通事故。深圳交警迅速查证，司机文某被传唤接受调查。文某称其当时变道的时候没有注意后车，看到举报视频后，他自己也是吓了一跳，没想到一个不按规定变道差点就酿成一起事故。“@深圳交警”随后微博通报，对其作出“变道影响其他车辆通行罚200元，占用导流带通行罚款300元扣3分”处罚。

2017年11月7日，广东省深圳市公安局交通警察局官方微博“@深圳交警”（UID：1792702427）接网友微博举报，称怀疑粤BR38A8小车号牌有问题。11月10日上午，该车司机被深圳交警机动训练大队传唤接受调查。司机称其在路上见到赛车牌，觉得“很帅”，就在网上买来悬挂在自己车上。民警依法对其改变车身外观，罚款200元，并收缴了该车牌。

2017年11月12日晚23时30分，长沙某网友在微博上发布“自杀”博文，引起了众多网友关注，大量网友“@”呼叫长沙市公安局官方微博“@长沙警事”（UID：1973743580）。在接到求助信息后，长沙警方立即查找该网友微博账号，并根据该账号定位，迅速调度所在区域派出所前往排查。11月13日凌晨0时20分，“@长沙警事”微博表示，在民警和网民朋友共同耐心劝说下，该网友已放弃轻生念头。

2017年11月13日9时17分，北京市海淀区人民法院官方微博“@北京海淀法院”（UID：3927469685）发布案件播报：漫画家黄缨认为阿里巴巴（中国）有限公司官方微博“@阿里巴巴1688”发布的文中附有其作品并未署名，诉至法院。北京市海淀区人民法院一审判决：阿里巴巴（中国）有限公司刊登致歉声明，赔礼道歉，并赔偿经济损失和合理支出共计7.1万元。

2017年11月15日，广东省深圳市公安局交通警察局官方微博“@深圳交警”（UID：1792702427）接网友微博举报，一粤BY761T号车涉嫌遮挡号牌。11月16日上午，司机李先生被传唤到交警队接受调查。李先生称，当天他驾驶该车停留在树下等待小孩补习班下课，估计是树叶掉下来卡在牌架上遮挡了号牌，自己没注意到。深圳交警通过停车场监管系统，查证临近时间的节点并未发现该车辆有遮挡号牌的行为。根据事实情况，深圳交警对驾驶员进行口头警告教育。司机表示，以后一定注意检查车辆。

2017年11月16日0时38分，公安部儿童失踪信息紧急发布平台官方微博“@公安部儿童失踪信息紧急发布平台”（UID：5918987931）发布确认，11月15日16时许，青海省西宁市湟中县总寨镇逯家寨村11岁失踪儿童冉志鹏，在西宁市西门口附近被找到。原逯家寨代课教师在看到微信朋友圈发布的团圆微博寻人链接后，看到两名孩子，随即将二人带回学校交给他们的班主任。据悉，孩子系贪玩逃学离家出走，于11月13日早晨8点钟左右在逯家寨学校附近车站失联。

2017年11月16日，有网友向广东省深圳市公安局交通警察局官方微博“@深圳交警”（UID：1792702427）举报称，一辆白色CR－V小车涉嫌遮挡号牌。“@深圳交警”立即组织进行调查，司机唐某被查获后称自己未遮挡号牌。随后，深圳交警通过唐某行车记录仪里的一段监控视频，揪出遮挡号牌的“幕后黑手”——原来是其小区保安李某对其车牌进行了故意遮挡。“@深圳交警”微博在通报中称，“因故意遮挡他人号牌的保安李某将被拘留5天、罚款500元！”

2017年11月18日，篮球媒体人周弘进在其个人官方微博“@詹士周”（UID：1677971811）诉称，自己二次入住北京大学国际医院准备做切除肿瘤手术，院方虽已同意手术却由于无碘粒子回收处置资质，手术日期被无限期推迟，特求助北京市环境保护局，希望给予绿色通道。11月19日1时，北京市环境保护局官方微博“@环保北京”（UID：2050142347，现更名为北京市生态环境局官方微博“@北京生态环境”）回应，“经核实，2016年8月已向北大国际医院颁发了辐射安全许可证”。19日15时42分，“@北京大学国际医院”（UID：5157679523）微博反馈称，这是国内首例行炉子植入术后需要切除带放射性粒子组织的案例，无先例可循。并承诺“术中严格按照相关规定做好放射防护并先临时存放，再请上级部门协助促请粒子生产厂家尽快完成回收处置”。19日18时，“@詹士周”再发微博，对“@环保北京”和“@北京大学国际医院”官方微博的迅速响应和联动开通绿色通道的表现感动地说：“看到‘@北京大学国际医院’的微博，很想流泪，第一次觉得爬上手术台在肚子上拉道大口子是件很享受的事情。看到‘@环保北京’凌晨一点所发的那条微博，特别感动，让我感受到一条生命被尊重的幸福。”

2017年11月22日21时39分，在福建厦门参加完围甲联赛的中国围棋职业棋手柯洁，在厦门高崎机场发出微博求助，称其在厦门高崎机场T4航站楼丢失挎包。23时38分，福建省厦门市公安局官方微博“@厦门警方在线”（UID：1778455640）发布消息并“@”柯洁，“经过厦门机场警方查找，您遗失的包已经找到，请直接联系机场警方值班电话05925730110”。

2017年11月24日19时56分，国防部新闻局官方微博“@国防部发布”（UID：5611549371）就网上流传的幼儿园虐童事件涉及“老虎团”传闻回应社会关切：“网上流传该园长是我团现役军人家属与事实不符。幼儿园用地不是部队的，部队官兵及亲属没有任何人员参与该幼儿园经营等工作，部队官兵的子女也没有在该幼儿园上学的，更没有发现官兵涉及传言中的所谓猥亵等行为。从目前调查情况看，部队和此次事件没什么关系，下一步我们还将继续进行调查。如果发现有军人参与违法违纪活动，不管涉及到谁，都坚决查处，绝不姑息！如果地方调查需要部队配合，我们将全力支持，密切配合。如果最后证实，网上有关部队的传言是造谣污蔑，我们也将采取法律措施，依法追究恶意造谣传谣者的法律责任。”

2017年11月25日，北京市公安局官方微博“@平安北京”（UID：1288915263）发布对于“红黄蓝事件”的情况通报，澄清军方“老虎团”卷入其中的谣言，以持续的追踪通报压缩了谣言空间，缓解了民众焦虑。

2017年11月30日上午8时许，山东潍坊网友“@干涸的河床上的一条鱼”用图文视频直播吞服安眠药的自杀过程。在微博文字和直播视频中，男子称，因轻信某外汇理财平台，他的钱财尽数受损，同时还受到该平台人员的恐吓威胁。8时20分许，有网友向山东省潍坊市公安局网络警察支队官方微博“@潍坊网警巡查执法”报警，并呼吁其他网友寻找视频中的红衣男子。接报警后，潍坊网警与报警网友电话沟通近1小时，最终得知被救人员的具体位置。10时08分，“@潍坊网警巡查执法”更新微博称，“接到举报后，一是立即通报市局110调度室；二是联系微博中提到的梨园派出所进行核实；三是利用爆料人的直播视频，初步分析喝药地点，通报辖区派出所民警出警核实；四是出警人员到达现场后，发现当事人，但当事人见到出警人员后，自己跑掉。”12时33分，潍坊网警发布通告称，跑掉的当事人已经被奎文分局的出警人员找到，目前神志清醒，已经通知120急救到医院就行检查。

十二月

2017年12月1日7时40分，河北省石家庄市公安局桥西分局安建桥综合警务服务站主任吕建江因病去世，享年47岁。吕建江去世的消息在微博上持续刷屏，众多网友在微博上点燃了蜡烛，表达自己悲痛的心情：“昨天，您还在微博上缅怀战友，今天，您就成了我们缅怀的对象！老吕，一路走好！”“为什么那么多人怀念老吕？因为他忙，工作职责范畴内很忙，为职责之外的事儿也忙，他忙着让老百姓少跑路，忙着把老百姓的每一件小事当大事。”“@老吕叨叨”（UID：1770096250）的微博定格在了11月30日22时02分，而其置顶的一条内容是《女儿眼中的潘权》。潘权，秦皇岛抚宁镇派出所所长，2017年11月9日上午，因突发大面积心梗，抢救无效离世，年仅49岁。老吕在他的微博上这样缅怀战友：“他是一名警察，岁月的磨砺使他的脸上布满沧桑的痕迹，工作的重担将他宽大的肩压得微驼，繁杂的事务让他的头发泛白。”

2017年12月1日16时30分，网友“@Deer_冰美女”（UID：3736453651）向湖北省十堰市公安局东岳分局官方微博“@十堰市公安局东岳分局”（UID：2812231775）私信反映说，她的爷爷当天在十堰市妇幼保健院捡到一张医保卡，并发来医保卡照片请求公安民警协助查找失主归还。“@十堰市公安局东岳分局”秒回“我来找找看！”16时50分，东岳分局民警顺利查找并联系到了正在家着急的失主的爱人，听说自己正被爱心人士寻找，激动万分。随后，当民警代失主向该网友致谢时，该网友却说，“应该的，一年前我姥父走失也是蜀黍帮忙找到的。”27分钟后，该网友再反馈，“失主的老伴刚才来把医保卡领走了，我和我爷爷一起交还给他的，谢谢蜀黍帮忙。”这个对话故事经“@十堰市公安局东岳分局”微博公开讲述后，引发感动围观。网友“@cccctiki”（UID：3187456621）说，“希望我大十堰遍地都是这种可爱又善良的小仙女［爱你］”。知政观察员成员“@成县陈东平”（UID：1189431851）评论说：“警民线上线下互动，满满的都是爱，虽然天冷，但这条私信温暖了你我他！”

2017年12月3日上午，微博上下被誉为“不下班的好民警”、河北省石家庄市公安局桥西分局安建桥综合警务服务站吕建江同志的追悼会及遗体告别仪式举行。社会各界群众1500余人自发前来，挥泪送别这位好民警最后一程。社区的大爷、大妈难忍哽咽，经常与“@老吕叨叨”（UID：1770096250）互动的网友高举牌子“吕哥走好”，他帮助过的留守儿童带来了大学毕业证，在吕建江用微博劝解近3个小时下放弃轻生念头的女孩专门从山西赶来，更是哭成个泪人。“我的微博、网站是更好为老百姓服务的工具。人活着嘛，就得做点事儿，咱为老百姓做点实事儿，不就是咱警察的价值所在嘛！”吕建江生前留下的话语。

2017年12月3日至7日，特鲁多对中国进行正式访问并举行第二次中加总理年度对话。特鲁多此次中国行访问的第一站是中国新浪微博总部，而这种首访安排，与既往外国政要访华行程中首选代表中国政治、经济和文化的北京、上海或西安而言，从无先例。这也显示出这位年轻的外国元首对基于互联网新媒体继续同全球华人开展纵深交流的强烈意愿。新浪董事长兼 CEO、微博董事长曹国伟在欢迎特鲁多的致辞中说：“特鲁多先生不仅仅是加拿大的总理，也是因特网以及新浪微博上非常有影响力的一位‘网红’，他有超过 10 多万名的粉丝。特鲁多先生也是非常受欢迎的政要，因为他个人非凡的魅力在全世界广受欢迎。同时他也是非常敬业的人，他在社交媒体上非常有影响力，这也给他加分不少。”

2017 年 12 月 3 日 11 时许，深圳市义工联合会五星级义工、公益博主“@深圳志愿者可可”（UID：1581866147）向湖南省邵阳市公安局官方微博“@邵阳公安”（UID：5705839574）发出协助请求，称一名青年男子经常来其义工站寻求帮助，经其询问，该男子系湖南省邵阳市辖武冈市人，因与家人发生矛盾出走来深不愿回家，希望邵阳警方能帮忙联系该男子家人。“@邵阳公安”立刻督派此诉求给邵阳市武冈市公安局官方微博“@武冈公安”（UID：2365694252），并快速找到了该男子家人电话。最终，经过“@深圳志愿者可可”的耐心劝服工作，12 月 12 日 11 时 36 分，“@深圳志愿者可可”微博反馈说，男青年的家人已经来深圳找到他了，已顺利接回，请大家放心。

2017 年 12 月 4 日 13 时 36 分，中国空军官方微博“@空军发布”（UID：5707057078）发表题为《中国空军出动侦察机赴黄海东海远海训练》的短讯。文中称，“中国空军新闻发言人申进科大校 12 月 4 日在华北某机场发布消息说，中国空军近日出动侦察机赴黄海东海远海训练，提高备战打仗能力，维护国家战略利益。申进科大校介绍，中国空军侦察机此次远海训练，飞了过去没有飞过的航线，到了过去没有到过的区域。当天，空军同步组织了歼击机、预警机和地空导弹部队实施协同训练。……”其中，“飞了过去没有飞过的航线，到了过去没有到过的区域”两句迅速成为网络热频词，网友点赞人民空军在新时代的新担当。

2017 年 12 月 4 日，网友“@王亮 1328909××××”（UID：6376276849）向新疆维吾尔自治区人民检察院官方微博“@新疆检察”（UID：3271604690）私信反映称，“官司打赢了，钱至今没拿上”。12 时 30 分，“@新疆检察”转派博尔塔拉蒙古自治州人民检察院官方微博“@博州检察”（UID：2822992792）指导博尔塔拉蒙古自治州精河县人民检察院官方微博“@精河检察”（UID：5713435645）受理，1 小时内完成线上回应、线下核实受理。12 月 18 日，“@精河检察”联合当地法院对被执行人名下财产情况进行全面核实后发现，被执行人名下已无可执行财产。随后，精河检察又根据相关执行法律规定，建议法院将被执行人纳入失信名单，制约被执行人的各种社会活动。12 月 19 日，检察官通过约见当事人释法说理后得知其妻有店铺，通过做其工作，最终当事人承诺一个月内履行还款计划协议。2018 年 2 月 13 日，这起微博发轫的执行难案件得到了圆满解决。

2017 年 12 月 5 日 15 时 35 分，河北省公安厅官方微博“@河北公安网络发言人”（UID：1189617115）发布消息：“有的人走了，但是他还活着……12 月 5 日下午三点，‘@老吕叨叨’生前工作的石家庄市公安局安建桥综合警务服务站正式更名为‘吕建江综合警务服务站’。这是石家庄市公安局首个以民警名字命名的警务站。让老吕叨叨一直叨叨下去！”“@老吕叨叨”（UID：1770096250）原系安建桥警务站主任的吕建江前生个人微博，2017 年 12 月 1 日凌晨，吕建江同志因病医治无效去世，年仅 47 岁。

2017 年 12 月 6 日，以弘扬强军兴军网上主旋律为主旨的“微博 2017 军事影响力峰会”在国家会议中心举行，中国空军新闻发言人申进科大校做了题为《优化信息供给，引领网络舆论》的发言，提出“以信息又好又快供给，抢占网络舆论阵地”的鲜明观点，介绍了中国空军官方微博“@空军发布”（UID：5707057078）的运行情况，同时回应了网友关注的一些问题。申进科大校说，“我在这里，想说三句话：第一，在党的十九大精神指引下，空军要飞得更远更深，不断提升新时代打赢能力；第二，空军一切海上飞行活动，都符合相关国际法和国际实践；第三，空军正在向全疆域作战的现代化战略性军种迈进，空军坚定不移维护国家空天安全、维护国家战略利益。”申进科大校在讲到为人民空军建设发展光荣牺牲的革命烈士时，几度哽咽、热泪满面。

2017 年 12 月 8 日 10 时 48 分，网友“@ Big 罗刹”（UID：3027493427）向湖南省邵阳市公安局大祥分局官方微博“@ 大祥公安”（UID：5732693847）反映，称自己捡到一个身份证和一本驾驶证。10 时 53 分，“@ 大祥公安”微博管理员立即互动回应并安排相关部门查询。很快，11 时 31 分，大祥公安分局人口大队就找到了失主黎先生并通知其认领失物。黎先生接到民警打来电话之前，还没有发现自己的证件已经丢失。

2017 年 12 月 13 日 10 时 16 分，有网友私信向天津市公安交通管理局官方微博“@ 天津交警”（UID：5018637328）反映，称津 AB×788 小客车遮挡号牌。“@ 天津交警”立即督办“@ 天津河东交警”（UID：6177353344）开展工作。12 月 15 日，涉事司机到案并接受调查。经查，该车实际号牌为津 ABX788，驾驶人对其在 12 月 13 日上路行驶时实施故意遮挡机动车号牌的违法行为供认不讳，并接受处罚。“@ 天津交警”于 15 日 17 时 29 分微博公示处理结果回应网友。

2017 年 12 月 13 日，南京大屠杀死难者国家公祭日。河北任丘一网民在微博发表侮辱南京大屠杀死难者言论称，“南京大屠杀还是死的中国人少！不然我怎么还是娶不上媳妇呢？大日本天皇万岁！”遂引发广大网民强烈不满。12 月 14 日 16 时 52 分，河北省任丘市公安局官方微博“@ 任丘警方网络发言人”（UID：3690065480）发布通报称，任丘市公安局传唤违法嫌疑人王某，并被行政拘留 15 日。

2017 年 12 月 13 日上午 10 时 37 分，认证信息“国家督学、云南省人民政府参事、原云南教育厅厅长”的微博账号“@ 罗崇敏”（UID：2419062270）发布消息称，“我对不起各位家人，发生这样的事情。一个女孩怀了我的孩子，已经两个多月。希望家人理解，冷静处理这件事。”该微博配有包含罗崇敏身份证图片、B 超图片等。上午 11 点 47 分，该账号更新微博称，“感谢大家关心，我的手机、身份证，以及手机内微博等信息被盗。”其上一条微博已删除。当天有媒体记者采访云南省教育厅办公室后，相关人证实罗崇敏身份证、手机等丢失情况属实。

2017 年 12 月 14 日 9 时 44 分，武汉大学人民医院官方微博“@ 武汉大学人民医院”（UID：2045209642）紧急发布：“一例脑死亡患者爱心捐献的珍贵肺源从北京运至武汉，若您经过护送路段请尽量避让，为生命赢得每一秒！”10 时 55 分，武汉市公安局武昌分局官方微博“@ 平安武昌”（UID：2524189004）互动响应，“今天中午 1 点左右，如果您开车在从武汉火车站到人民医院的路上（欢乐大道 - 中北路 - 中南路 - 武珞路 - 首义路 - 张之洞路），看到一辆由武汉武昌交警护送的武汉大学人民医院救护车经过，请尽量避让！为生命赢得每一秒！”11 时 07 分，武汉市公安局交通管理局“@ 武汉交警”（UID：2146327684）协同加入。11 时 27 分，武汉火车站官方微博“@ 武铁武汉火车站”（UID：2474462651）互动响应称，“武汉站愿为肺源转送提供绿色通道，安排专人进行引导，请武汉大学人民医院攻防人员私信与我站联系。”当日，因北方天气原因，列车晚点近一个小时，而肺源从取出到移植的安全时间为 12 小时内。获悉后，新浪武汉同城官方微博“@ 武汉同城”（UID：

6072764820）立即提供微博 PUSH 推送功能，并号召广大网友转发扩散。13 时 26 分，承载着生命希望的 G403 次高铁历时 1 小时 10 分的延误后，顺利抵达武汉火车站。13 时 39 分，武汉市公安局交通管理局武昌大队官方微博“@ 武汉武昌交警”（UID：2626852140）称“车队已出发！”14 时 42 分，“@ 武汉武昌交警”更新微博称，“已到达武汉大学人民医院，手术进行中！从 13 时 26 分 G403 次高铁到达武汉站，到 13 时 52 分珍贵肺源被送入手术室，全程 26 分钟！”下午，据“@ 武汉大学人民医院”续报的好消息，“17 点 35 分，双肺移植手术圆满成功。患者被转入 ICU 接受后续治疗！”

2017 年 12 月 14 日，联合国官方微博“@ 联合国”（UID：1709157165）发布消息，来自中国的亿利资源集团董事长王文彪获得“地球卫士终身成就奖”。“地球卫士奖”由联合国颁发，是联合国授予的最高环保奖项，也是全球生态环保领域的最高荣誉。其中“地球卫士终身成就奖”是为了表彰将毕生精力和心血奉献给人类生态环保事业、为全球生态文明与环境保护做出巨大贡献的先进个人，是“地球卫士奖”当中分量最重的奖项之一。王文彪也成为第一位获此殊荣的中国人。

2017 年 12 月 14 日，广州市海珠区人民检察院经审查决定，依法对将被害人自拍的淫秽视频传上百度网盘，然后将视频截图放在微博和微信群里进行贩卖的犯罪嫌疑人莫某彬以涉嫌贩卖淫秽物品牟利罪批准逮捕。

2017 年 12 月 17 日，网友“@ 镜子 311”（UID：2377375684）微博配发视频曝光，武汉游客曹女士在云南景洪旅游时，因自己没买翡翠且买的茶叶不足 2000 元，遭遇云南一女导游怒斥并被赶下车，该导游甚至叫嚣“不要以为你把旅游视频录下来回来投诉就有效”。随后，资讯短视频平台“@ 梨视频”（UID：6004281123）以《嫌游客消费低购物少，云南导游怒骂游客“来骗吃骗喝的臭狗屎！拍视频投诉也没用！”》为题制作发布事件视频，引发舆论关注。12 月 19 日晚 23 时 07 分，人民日报官方微博“@ 人民日报”（UID：2803301701）发表《人民微评：游客投诉真无效?》称：“旅游事故频现，已让人审丑疲劳。这样的导游败坏风景，吓跑游客，也让旅游业蒙羞。不清除害群之马，风景再美也会黯然失色；不从源头治理，再用心的形象修复也会毁于一旦。”

2017 年 12 月 19 日 13 时 27 分，网友“@ 喝咖啡的猫 11”在微博上爆料称南昌大学国学院一副院长对女学生猥亵、性侵长达七个月之久，疑似受害人与院方领导交涉的微信聊天记录截屏也一同曝光。2017 年 12 月 20 日凌晨 0 时 24 分，南昌大学新闻中心官方微博“@ 南昌大学”（UID：3019117930）互动回应称：“2017 年 12 月 18 日下午，学校收到一位女士托第三方送交的书面举报材料。19 日，学校已成立了由纪检等部门组成的专门工作小组，并启动了查核程序。如果查证属实，学校将严肃处理，绝不姑息。”2017 年 12 月 20 日晚 18 时 54 分，“@ 南昌大学”在其官方微博正式发布处理结果：“免去程水金国学研究院院长职务与周斌国学研究院副院长职务，暂停周斌的一切教学科研工作。”

2017 年 12 月 26 日，网友“@ TAO 韬 GT”曾发布于 2017 年 9 月 6 日 18 时 52 分的一则微博被网友翻出。在发布于 9 月 6 日的这则微博中，该网友晒出一张手抓呈扇形展开数十张百元大钞的照片，并配文称“今天又领了 5500 元药品回扣，好开心，又可以买东西了，做医生真好，哈”。除此外，其 9 月 9 日的另一条微博写道：“医改后，我们要赚翻了，太棒了，好开心，门诊量越多，我们工资越高，哈哈哈，我的宝马车马上到了，好激动。”引发舆论热议。据“@ TAO 韬 GT”微博简介信息显示，其在南昌市第二医院工作。12 月 26 日当天，据媒体向南昌市第二医院宣传科确认，涉事男子确为该院120急诊医生，已被停职调查。

2017年12月26日上午9时05分，河南省文明办官方微博“@文明河南”（UID：2609182255）发布疑似纪念毛泽东主席诞辰信息，“『历史的今天』1991年12月26日，苏联最高苏维埃召开最后的一次会议并宣布解散，苏维埃社会主义共和国联盟正式解体……这一天，某一个人的出生来到这个世界，也许是微不足道的小事，而一个庞大的乌托邦帝国彻底崩溃、垮台，这才是值得人类历史记住的。”此微博内容引发网友严正批评，“毛泽东同志是新中国的缔造者，他用一生探寻着拯救国家的道路，他的出生改变了中国，甚至改变了世界，他的出生才有你们今天坐在宽敞明亮的办公室里指桑骂槐，数祖忘典。我不知道你们党性信仰在哪里？党性修养在哪里？”当天下午，“@文明河南”发布《致歉声明》称，“在‘历史的今天’栏目错误引用某个人微博内容，引起网友广泛关注，造成严重影响，我们对此深表歉意。按照河南省委宣传部‘高度重视、查明原因、严肃处理’的要求，河南省文明办已停止了值班编辑的职务，对出现的问题进行反思整改，对有关当事人严肃追责，确保今后不再发生此类问题。”

2017年12月29日，广东省深圳市公安局交通警察局官方微博“@深圳交警”（UID：1792702427）接网友微博举报称，粤BK80C6货车“号牌变纸盒”。30日，深圳交警机动训练大队传唤该车司机接受调查。车主称，其后车牌原本是挂在尾板下的电机箱上的，但是因28号晚上电机箱盖被撬，里面线路被剪掉，可能小偷是想偷里面的马达，因为没偷成就把盖子与车牌一起拿走了，其29日一早卸货时，有铁片掉到电机里产生火花，车主才发现电机盖和车牌被盗，为防止意外发生于是用纸皮临时遮挡，其已在派出所报警，准备预约补号牌。“@深圳交警”微博回应网友称，其报警备案属实，“民警对其此次行为不做处罚，令其赶紧补办车牌。”

2017年12月30日上午9时50分许，湖南省公安厅官方微博“@湖南公安在线”（UID：5645893201，现为“@湖南公安”）收到一条微博求救私信，甘肃陇南籍青年王某某称其11月中旬被一网友以恋爱为名骗至长沙县某小区传销窝点，被限制人身自由困在传销窝点，趁看守人员不备，通过微博请求解救。“@湖南公安在线”负责人掌握基本情况和传销窝点位置后，迅速在线向长沙县公安局官方微博“@星沙微警”（UID：5724347310）转办。星沙派出所民警在星沙某小区6楼一出租房将已被困传销窝点一个半月的王某某等受骗群众成功解救，并现场抓获涉嫌传销人员3人。

2018

一月

2018年1月1日8时16分，认证信息为北京航空航天大学博士罗茜茜的网友在其微博“@cici小居士”（UID：1541900794）发文：《我要实名举报北航教授、长江学者陈小武性骚扰女学生》，指自己12年前在北京航空航天大学攻读博士期间，曾被副导师陈小武性骚扰。当晚18时57分，北京航空航天大学官方微博“@北京航空航天大学”（UID：5396134858）首发声明作出回应：“学校一直高度重视近期社交网络媒体关于我校教师陈小武师德师风的问题反映及实名举报，第一时间成立了工作组，迅速开展调查核实，并已暂停陈小武的工作。北京航空航天大学对违反师德师风的行为零容忍，有关情况一经查实，将坚决严肃处理，绝不姑息。”

2018 年 1 月 2 日上午 9 时 43 分，武汉市黄陂区公安分局官方微博“@ 平安黄陂”（UID：2763349744）收到南昌某校大四学生发来的求助私信，称其在半月前曾被学妹袁某以介绍实习工作为由，骗到武汉市黄陂区盘龙城的一个传销窝点，后来自己逃离该传销团伙，但学妹袁某却一直沉迷其中不自知。1 月 2 日，袁某的父亲和老师一起从南昌来到武汉市黄陂区，试图找到袁某并告诉她传销是骗局，可惜家人跟袁某打电话，袁某很警惕，不肯出来见面，救援受阻，这才通过微博向民警求助。“@ 平安黄陂”值班人员立即将此情况转给了盘龙城派出所。盘龙城派出所民警经过近 6 个小时的排查后，很快锁定袁某被困的窝点，平安解救出被困女大学生袁某。在此过程中，民警还清查出 3 处涉嫌传销窝点，遣返涉嫌传销人员 10 余名。

2018 年 1 月 2 日，中央芭蕾舞团官方微博“@ 中央芭蕾舞团”（UID：1195349920）的一则《中央芭蕾舞团的严正声明》引发了社会的广泛关注，在这份声明中，中央芭蕾舞团称：“由于北京西城区法院错误地强制执行渎职法官的枉法判决，已对深植于广大人民群众心中的芭蕾舞剧《红色娘子军》造成严重伤害，进而使《红色娘子军》将遭遇被迫停演的命运！”“中央芭蕾舞团强烈谴责北京市西城区人民法院枉法判案法官孙敬肆意践踏国家法律、破坏社会法治的恶劣行径！”“办案的劣质法官敢如此明目张胆枉法判案却是我们中央芭蕾舞团和善良百姓怎么也不会想到的！我们不但要坚决追究这些盗用和滥用国家司法权力的劣质法官对中央芭蕾舞团造成的伤害，并要将此案作为切入点，会同社会各方正义力量对百姓反映强烈、十八大以来仍不收手的司法腐败进行严厉声讨和揭露！”针对中央芭蕾舞团的这则声明，2 日 21 时 30 分左右，北京市西城区人民法院通过微信公众号等方式予以回应，“鉴于中央芭蕾舞团尚未履行向梁信书面道歉的义务，我院将依法继续强制执行。”

2018 年 1 月 3 日，微博网友“@ caoyihu654”接到了中华骨髓库安徽分库的电话，确认其个人资料已经成功录入系统，成为一名光荣的造血干细胞捐献志愿者。此前，2017 年 12 月 28 日 8 时 20 分，网友“@ caoyihu654”向安徽省安庆市人民政府暨安庆市委宣传部新闻发布官方微博“@ 安庆发布”（UID：2874978364）求助，称自己多次献血，有加入中华骨髓库的想法，但一直得不到父母的支持。在网上看到关于安庆市第一例造血干细胞捐献者何胜的新闻后，希望能通过“@ 安庆发布”联系到何胜，想邀请何胜以自己亲身经历说服其父母。看到这篇微博后，8 时 23 分，“@ 安庆发布”立即互动鼓励并当即与安庆市红十字会联系，帮助二人建立联系。

2018 年 1 月 4 日 9 时 18 分，网友“@ 陈新建”（UID：577446112）同时向河南省公安交通警察总队官方微博“@ 河南交警”（UID：5120552390）、河南省公安厅官方微博“@ 平安中原”、河南省交通运输厅行政执法局官方微博“@ 河南交通执法”反映情况，称自己并无大车，却总是收到短信通知“豫 NM0286 违章”，让其去处理。网友请几家单位查错纠正，解除其短信滋扰困惑。2 天过后，陈新建继续接到同类短信提示，而微博呼叫的三家单位无一应答。1 月 6 日 10 时 13 分，“@ 陈新建”在和网友互动中无奈地说，看来他们“只是个摆设，只播音不办事，没啥用。”出乎意料的是，1 月 7 日 22 时 15 分，河南商丘市委宣传部官方微博“@ 微博商丘”（UID：1785693845）看到陈新建的苦恼后，互动说，“请将手机号等信息私信我们，明天上了班联系帮您查一下。”1 月 8 日 11 时 08 分，“@ 微博商丘”再回复称，“事情已帮办，您今后不会再收到该车的任何提示短信。我们已把查询结果和处理结果私信发给您了，请注意查收。”“@政务微博观察”对此评论道：“政民之间线上与线下的距离究竟有多远？为之，零距离；不为，阴阳两界十万八千里。”

2018年1月6日0时32分，人民日报评论官方微博“@人民日报评论”（UID：1846816274）就舆论热议的“女博士微博实名举报北航教授性骚扰”事件发表题为《北航性骚扰门：对性骚扰说不，勇敢是你最好看的姿态》的评论长文章。文章首先对女网友敢于说“不”和北航校方的勇敢直面“第一时间成立工作组，迅速开展调查核实，并已暂停陈小武工作”做出了积极的肯定。评论称，“实际上，在公共场所、职场与学校许多被忽视的角落，性骚扰并不罕见，但许多受害者会选择沉默，是因为性骚扰往往发生在相对封闭的环境之中、权力不对等的个体之间。铲除性骚扰存在的土壤需要我们支持和帮助勇于发声的人，避免二次伤害，同时要从制度层面发力，让受害者维权更有依据。”文章在结束时写道，“为自己的权利发出自己的声音，为一个更好的世界做点什么，勇敢才是你最好看的姿态！女性是这样，男性也一样。这正是：美好世界，不忍苟且。”

2018年1月6日，湖南永州文明办官方微博“@文明永州”（UID：3568501977）发出公开信，对此前单位员工周某擅用官方微博为明星打“call”的错误行为进行严厉批评教育，并表示已经批准其辞职申请。2017年12月11日晚，名为“@日向雏田sama”的微博以疑似向明星“表白”“表忠心”发文说“为了给我万宝打call，动用了我单位的官博”，并附上相关截图。配图显示为永州市文明办官方微博“@文明永州”，引发网友关注与热议。随后，2018年1月1日、3日、4日，“@文明永州”在某活动中再次为某明星公开投票。2018年1月4日晚，湖南省永州市文明办发布微博通报称，对于工作人员周某擅自使用单位官方账号为喜欢的明星“打call”的行为，文明办“已对其进行批评教育和诫勉谈话，责成其写书面检讨。下一步，文明办将按照相关制度加强官方账号的内容管理。”

2018年1月7日22时许，有爱心网友在其微信朋友圈看到寻人信息后，私信转发至共青团四川省成都市委员会官方微博“@成都共青团”（UID：2044263792），请求组织帮忙查找。“@成都共青团”与寻亲家属对接确认后，于22时37分发布微博，动员网友扩散找寻63岁走失老人赵蜀林。随后网友不断有线索传来，“@成都共青团”保持微博实时更新、确认找寻的动态信息并通报情况。1月8日12时59分，在网友的积极协同下，走失老人找到。

2018年1月8日上午，安徽省合肥铁路公安处金寨火车站派出所官方微博“@金寨火车站派出所”（UID：2153880800）发布了一组图片，一位民警用铁锹将屋外的雪装入桶内，用锅将雪加热融化后盛入桶内，并配文“暴雪封山，驻站点警务室已经停水五天，他们是这样用水的”。一时间该组“煮雪取水”图片“刷爆”微博和朋友圈。据媒体实地采访，合肥铁路公安处金寨车站派出所天堂寨警务室位于群山环抱的大别山腹地，3名年龄不到30岁的青年大学生铁警坚守在这里，保障合武（合肥—武汉）客运专线约30多公里的线路安全。

2018年1月8日，一女子用身体强行阻挡高铁车门关闭的视频在微博热传，引发大量网友讨论。1月9日上午11时40分，安徽省合肥市庐阳区教育体育局获悉此事后立即成立事件调查处置小组，向合肥火车和当事人了解情况。1月9日14时48分，上海铁路局合肥火车站官方微博“@铁路合肥站”（UID：2388379705）发博回应称，“铁路公安已介入调查处理”。17时许，合肥市庐阳区人民政府官方微博“@庐阳发布”（UID：3186952954）、合肥市庐阳区教育体育局官方微博“@庐阳教育体育”（UID：3752687453）先后就该事件处理情况发布通报：“责成当事人立即停职检查”，“勒令永红路小学就教师队伍建设作出深刻检查”并“在全区教育系统中广泛开展学法守法及师德师风警示教育，严厉杜绝此类现象再度发生”。经查，1月5日，在由合肥站开往广州南的G1747次高铁列车上，合肥市永红路小学教师罗海丽为等候爱人，用身体强行阻挡车门关闭，并要求列车员通知检票员放行其爱人，列车员和乘客多次劝解无果。

2018年1月9日，在微博和朋友圈中热传一段“湖南省兰山县电烤火，一家六个，烧死五个”的火灾视频，网友纷纷向湖南省公安消防总队官方微博“@湖南消防”（UID：2648904693）求证。“@湖南消防”紧急与永州市消防及蓝山县公安局、消防大队查证核实，发现并无此类警情事件。随后20时04分发布微博辟谣信息，同时指出湖南省没有“兰山县”，及时阻断了谣言传播，涉谣视频也快速被传播者自行删除。

2018年1月9日8时19分，网友“@仲举扫地”（UID：3261276255）在微博投诉曝光并斥责万豪酒店集团向其会员发布的活动邮件中，赫然将西藏和港澳台地区单独列为“国家”，引起舆论哗然。事后，1月9日至1月10日晚，万豪酒店集团旗下上海姜根酒店管理有限公司官方微博“@万豪礼赏”（UID：2604372711）连续发布三条声明，表示“道歉”，并称“尊重中国主权和领土完整”。1月10日晚间，上海市黄浦区人民政府新闻办公室官方微博“@上海黄浦”（UID：2557155457）发布情况通报称，黄浦区网信办和黄浦区市场监管局已于1月9日和10日先后约谈万豪酒店管理公司上海负责人及万豪国际集团大中华区负责人，要求万豪国际酒店立即撤下所涉内容，同时对网站和APP上发布的所有信息进行全面检查，杜绝出现类似内容；要求万豪国际酒店及时回应公众关切，通过多种渠道发布改正声明，尽最大努力消除不良影响。

2018年1月10日，昆明12345市长热线官方微博“@昆明12345市长热线”收到网友“@m八月微爱”反映称，其在开往河口的K9822次列车站台上，遇到因糖尿病身体不适而瘫坐在地的老奶奶，建议相关部门在列车上配备血糖仪、血压计等基本的医疗用品。“@昆明12345市长热线”收到网友诉求后立即联系中国铁路昆明局集团公司调查会商，随后微博回应，中国铁路昆明局集团公司承运的所有旅客列车均配置有“红十字急救药箱”，随着电子医疗设备的普及，旅客列车也将逐步配置血糖仪、电子血压计等电子医疗设备。

2018年1月11日，在万豪酒店微博“道歉”后不久，网友却又发现，“万豪礼赏”在其官方推特（Twitter）账号上，给账号“西藏之友”的一篇感谢其在用户调查中把西藏列为“国家”的帖文互动点赞。迫于中国会员和网络舆论压力，1月11日13时50分，“@万豪礼赏”再度道歉称：“万豪国际集团尊重中国的主权和领土完整。我们绝不支持任何损害中国主权和领土完整的任何分裂组织。我们对任何可能引起对以上立场误解的行为深刻道歉。”随后于14时44分在其Twitter账号上发表了措辞相同的英文道歉声明。

2018年1月11日23时05分，北京航空航天大学官方微博“@北京航空航天大学”（UID：5396134858）发布《处理通报》。通报称：“对近期关于我校教师陈小武的实名举报和媒体的有关反映，学校本着高度负责、实事求是的态度，认真细致地开展了调查核实工作。现已查明，陈小武存在对学生的性骚扰行为。陈小武的行为严重违背了教师的职业道德和行为规范，造成了恶劣的社会影响。根据国家和学校相关规定，经研究决定，撤销陈小武研究生院常务副院长职务，取消其研究生导师资格，撤销其教师职务，取消其教师资格。‘德才兼备、知行合一’是北航人的价值追求，学校对违反师德师风的行为始终坚持零容忍。学校将以此为鉴，制定相关实施细则，健全相关机制，进一步加强师德师风建设，努力办好人民满意的教育。”23 时 14 分，“@ cici 小居士”互动转评：“德才兼备、知行合一！我以我航为荣。”1 月 14 日，教育部表示，决定撤销陈小武“长江学者”称号，停发并追回已发奖金。同时，教育部将会同有关部门认真研究建立健全高校预防性骚扰的长效机制。有媒体报道，陈小武是教育部首次向媒体公开通报撤销其称号的长江学者。

2018 年 1 月 13 日晚，网友“@ 黑客凯文”（UID：6280940996）发布粉丝举报信息称，黑龙江哈尔滨亿童幼儿园李姓男子疑似以招募淘宝童装模特为由长期猥亵儿童。该微博同时转载有多张不堪入目的证据图片。旋即，网友们将该恋童微博博主的身份信息“人肉”出来，并纷纷向哈尔滨警方举报。1 月 14 日，黑龙江省哈尔滨市公安局南岗分局官方微博“@ 南岗公安分局”回应已接到报警，正在对相关情况进行调查。1 月 16 日 23 时 23 分，“@ 南岗公安分局”发布案情通报称，“22 时，犯罪嫌疑人李某某（男，20 岁，户籍地为哈尔滨市南岗区，网名‘Zohn 米修米修’）涉嫌猥亵儿童罪被依法刑事拘留”。

2018 年 1 月 15 日下午，湖南省高速公路交通警察局官方微博“@ 湖南高速警察”（UID：2054302531）接湖南省交警总队官方微博“@ 湖南省交警总队”指示，有网友微博私信举报其乘坐的大巴车驾驶人在行驶途中多次看手机、接打电话。“@ 湖南高速警察”迅速响应，3 小时内锁定被举报车辆，确定驾驶人信息。24 小时内，通告“运营公司负责人与涉事驾驶人接受约谈”。

2018 年 1 月 15 日下午，中共肥东县委宣传部微博“@ 肥东发布”（UID：2709898807）收到网友“@ 我不胖只是油腻”私信，说自己在公交车上捡到一张名为许波的身份证。“@ 肥东发布”迅速发布寻失主启事，并尝试根据身份证上的住址联系到了身份证主人所在的社区。结果，仅仅 5 分钟就联系到了失主本人。

2018 年 1 月 17 日下午，有网友向淮南市公安局交通管理局官方微博“@ 淮南公安交警在线”（UID：3989622954）举报一辆客车存在超载行为。接报后，“@ 淮南公安交警在线”立即互动确认涉嫌车辆的车牌号及行驶路线，并在线督导安徽省淮南市寿县公安局交警大队官方微博“@ 寿县公安交警在线”开展工作。寿县交警大队指示辖区中队在路面开展布控拦截，最终在寿县十字路南 2 公里处成功拦截查获该违法客车。经核实，该客车核载人数 29 人，实际载客 38 人，超载 9 人。

2018 年 1 月 18 日，“2017 微博之夜”在北京水立方隆重举行，中央气象台官方微博“@ 中央气象台”（UID：2015108055）发起的“我给台风起名字”活动、“被耽误的段子手”北京市公安局公安交通管理局官方微博“@ 北京交警”（UID：3427645762），以及湖南省公安厅官方微博“@ 湖南公安在线”（UID：5645893201，现为“@ 湖南公安”）基于微博线上线下联动“解救陷入传销群众”，作为优秀政务微博的代表性案例，荣膺“微博年度影响力事件”。

2018 年 1 月 19 日，有网友向银川市行政审批服务局官方微博“@ 银川市民大厅”（UID：218808961）反映，某小区有人私自改住宅为营业房，经营力量瑜伽健身活动，没有消防措施，且严重影响居民休息。接到网友诉求后，银川市行政审批服务局及时进行调查、入户实地查看并向小区物业了解相关情况。先后与业主 4 次电话沟通，约谈瑜伽馆经营者 4 次。1 月 25 日，“@ 银川市民大厅”公示答复：“目前，双方已经达成搬迁协议，业主同意经营者在一定期限内搬迁，经营者已对经营地址进行了选址变更。”

2018 年 1 月 21 日下午，甘肃兰州一男青年姚某将私家车停放在消防通道 2 小时后，被交警贴罚单。随后姚某在其个人微博“@今天生活”上大肆咒骂“执勤民警都得糖尿病”，并诋毁公安民警正当执法。21 日晚 22 时 15 分许，办案民警在城关区大砂坪一家属区将涉案人员姚某控制，并以涉嫌寻衅滋事处以姚某行政拘留 15 日处罚。

2018 年 1 月 22 日 9 时左右，身在马来西亚沙巴的湖南网友沈某因护照丢失，无法购买机票回国，于是沈某向湖南省公安厅官方微博“@湖南公安在线”（UID：5645893201，现更名为“@湖南公安”）发出私信求助。“@湖南公安在线”微博值班民警互动了解情况后，立即引导其向我国驻马来西亚使馆求助，同步与湖南省公安厅人口与出入境管理局出国境工作处取得联系，请工作人员向我国驻马来西亚使馆提供办理相关证件的资料。当日 13 时许，当湖南省公安厅人口与出入境管理局函复我国驻马来西亚哥打基纳巴卢总领馆后，“@湖南公安在线”微博告知沈某：“可以顺利回国”。沈某感动地回应：“没想到在国外能得到你们这么及时的帮助。谢谢你们，辛苦了！中国警察棒棒哒！”

2018 年 1 月 22 日，新浪微博虚假消息辟谣官方账号“@微博辟谣”（UID：1866405545）发布《2017 年度微博辟谣数据报告》。《报告》显示，2017 年微博站方有效处理不实信息 2.8 万余条，标记不实信息 1064 条，每条谣言澄清用时比去年快了近 8 个小时。其中，8 月的举报量最多，为 10.21 万；11 月举报量最少，为 4.45 万。被举报用户构成中，女性占比 55.38%，男性 44.62%，46 岁以上占比 68.40%，15 岁以下 15.95%。2017 年被举报最多的 3 条谣言分别为“澳洲一中国女子闯红灯被警方制止后，持刀拒不听从警察指挥被警察当街击毙”“女子被自己家泰迪咬了，得了狂犬病”“韩国领导集体下跪道歉，宣布撤出萨德部署”。

2018 年 1 月 24 日，网民马先生向新疆维吾尔自治区博尔塔拉蒙古自治州人民检察院“@博州检察”（UID：2822992792）反映称，“有个老板拖欠我工资，现在不接我电话，微信也把我拉黑了，怎么办?”“@博州检察”立即与该网友互动询问详情。经核实了解情况后及时介入。最终，通过检察官的调解，促成双方达成还款协议。2 月 15 日，网友马某顺利领到欠款。

2018 年 1 月 25 日，渝贵铁路（又名“渝黔铁路”，是国铁Ⅰ级双线电气化铁路，2012 年 11 月开工建设，2017 年 3 月 26 日，渝贵铁路贵州段轨道全部铺通，从 5 月上旬开始，重庆西站至贵阳北站的新建快速铁路正式命名为“渝贵铁路”）开通。在此前后，中国铁路成都局集团有限公司官方微博“@西南铁路”（UID：1919955065）主动发布车票信息、试乘体验、开行车次、出行攻略、始发站探秘、首发阵容揭晓、首趟车体验等图文微博、视频直播 50 余条，帮助网友全方位、全过程了解渝贵铁路，便捷出行。

2018 年 1 月 25 日，网友“@写给奥巴马的情书”向北京市人民政府便民电话中心、北京市非紧急救助服务中心官方微博“@北京 12345”举报称，“通州区物资学院路新建村二期高层×高楼×单元×××室，总有陌生人员出入，年底非常影响安全隐患，房屋内有隔断房间，半夜影响居民生活”。经“@北京 12345”转办后，2 月 1 日通州区分中心回复，通州区永顺镇相关部门工作人员“已经通知房主和中介，责令限期清除人员并拆除隔断，限期不拆除将强制清除”。

2018 年 1 月 25 日，新浪微博虚假消息辟谣官方账号“@微博辟谣”（UID：1866405545）发布《微博辟谣月度工作报告（2017 年第 12 期）》，12 月 1 日—12 月 31 日，

“@微博辟谣”共发布微博辟谣信息54条，#微博辟谣#话题阅读量累积1.2亿。

2018年1月25日11时53分，G281次列车在定远段发生冒烟火情，中国铁路上海局集团有限公司官方微博“@上铁资讯”（UID：1919688583，现更名为“@上海铁路局”）第一时间滚动发布回应社会关切。13时11分公告“无人员伤亡”，明确“原因正在调查”；14时32分公告“火情处理完毕，运输秩序逐步恢复”；14时48分公告“定远站列车恢复开行”；18时44分发布公告“定远站旅客疏散完毕”并向旅客致歉。

2018年1月26日，受暴雪天气影响，马鞍山高速路段结冰情况严重，因春运期间返乡旅客较多，S24常合高速皖苏博望收费站有部分车辆滞留，由于远离市区，食品等物资匮乏，人民群众温饱问题无法解决。1月26日上午10时04分，有网友向安徽省马鞍山市公安局交警支队官方微博“@马鞍山交警”（UID：2713620072）发出私信求助。马鞍山交警紧急协调，筹备应急物资。11时30分，马鞍山交警向滞留被困的旅客发放食物和水，并告知司乘人员，铲冰除雪工作正在紧张有序进行，还请耐心等待。

2018年1月26日上午8时，原央视主持人、微博认证为优米网创始人的“@王利芬”发微博，对自己前一日发布的微信公众号《茅侃侃的离世，掀开了创业残酷的一角》一文的阅读量“超过10万+”表达了祝贺，并称“努力皆有可能，达到目标的速度远比我想象的要快很多，先高兴下”，并号召网友都来关注自己的公众号。此番言论一石激起千层浪，一时间，“消费死者”“人血馒头”等舆论争议四起。随后，王利芬删除了该微博，并对外道歉称，“今早发微博的一段话极为不妥，对造成的相关影响本人深表歉意，请大家猛烈抨击，以利于我更好成长，感谢”。1月25日，中国80后创业代表人物万家电竞CEO茅侃侃自杀去世的消息被媒体曝出，一时间刷屏网络，网络上下公众无不为茅侃侃惋惜。

2018年1月27日，国家互联网信息办公室指导北京市互联网信息办公室针对新浪微博对用户发布违法违规信息未尽到审查义务，持续传播炒作导向错误、低俗色情、民族歧视等违法违规有害信息的严重问题约谈该企业负责人，责令其立即自查自纠，全面深入整改。新浪微博负责人表示，将严格落实网信部门管理要求，对问题突出的热搜榜、热门话题榜、微博问答功能、热门微博榜明星和情感版块、广场头条栏目情感版块暂时下线一周进行整改。下线时间从2018年1月27日21时至2月3日21时。

2018年1月27日中午，洛阳市公安局车站派出所民警收到热心市民在火车站附近捡拾到的一个钱包后，即时在官方微博“@平安洛阳－车站派出所”（UID：2089278455）发布失物招领信息并寻找失主。1月31日14时39分，警方微博通报，经过多方调查联系，最终在江苏省公安厅官方微博“@平安江苏”、江苏省徐州市公安局官方微博“@平安徐州”的协同顺利下找到失主。1月31日晚，失主将钱包顺利领回，包内30多张卡、价值400余元的外币完璧归赵。据悉，失主系在洛阳的一位现役军人，临别前，军警互致军礼。

2018年1月29日11时01分，安徽网友“@Yousaythelove灬Athanasia”发帖称，在含山县林头镇的高速过大缺口路段，“公路排水口在寒冷天气下结冰严重，形成了巨大的冰柱”，存在安全隐患。在接到求助后，中共含山县委、含山县人民政府官方微博“@含山发布”立即联系相关部门，工作人员前往现场查看，消除了该处安全隐患。2月5日17时15分，“@含山发布”配发修复后的现场照片反馈网友。

2018年1月30日晚22时14分，贵州女网友“@z唯恐z天下不乱”微博发出疑似要自杀的内容，随即被热心网友大量转发和关注。经某网友翻阅自杀者历史微博相关线索后得知，留“绝笔信”的女生从 2017 年 7 月到 2018 年 1 月 5 日，定位地点均在贵州省安顺市平坝区，于是向贵州省平坝区公安局官方微博“@贵州省平坝县公安局”发出“紧急求救，这个小孩有自杀倾向”的求助信息。1 月 31 日上午 9 时 52 分，贵州省平坝区公安局官方微博“@贵州省平坝县公安局”发布通报称，当事人已被公安机关找到，小女孩平安无事，民警正在与其交流谈心，同时警方感谢广大网友的热心和爱心。

二月

2018 年 2 月 1 日至 2 月 10 日，由“@温州微力量”主持的微博话题#守护平安#出现严重“刷帖”“刷话题”行为，引发网民热议。河南省驻马店市公安局“@平安平舆”“@平安遂平”“@平安泌阳”“@平安确山”“@平安西平”“@平安上蔡”“@平安汝南”“@平安正阳”等多个官方微博，在短时间内重复发表该话题相关微博，并且微博内容无实际内容，转评赞数据基本为0。截至 2 月 11 日，该话题阅读量 2.9 亿，评论 97.8 万条。2 月 11 日 20 时，驻马店市公安局官方微博“@平安驻马店”以评论形式回复网友关切，但是并未在其官方微博发布消息。2 月 22 日至 23 日“@平安正阳”故伎重演，狂发 3223 条微博。2 月 23 日 14 时 46 分“@平安正阳”以评论道歉：“我们已认识到新媒体工作中的不足，对您的批评和指正我们诚恳接受，后续的工作我们会改变作风，运营好让群众满意的官微。”

2018 年 2 月 1 日 19 时 45 分，湖北襄阳网友向中共成都市新都区委宣传部官方微博“@新都资讯”（UID：1965683690）私信反映称，其在湖北省襄阳市某酒店大门口捡到内有成都籍的身份证、学生卡等物件的钱包。20 时 35 分，“@新都资讯”发布寻失微博，网友纷纷参与转寻；22 时 20 分，“@新都资讯”与失主所在学校的武昌理工学院官方微博“@武昌理工学院”互动取得联系；23 时 12 分，失主学生找到并确认。从拾遗到归还，前后过程历时 3 小时 8 分钟。

2018 年 2 月 2 日，国家互联网信息办公室会同公安部、文化部、国家税务总局、国家工商总局、国家新闻出版广电总局，对热衷炒作、涉嫌违法违规的各类行为主体进行全面排查清理和依法综合整治。即日起，北京市网信办责令微博对“@娱姬小妖”（粉丝 60 万）、“@项娱大帅”（粉丝 9540）、“@娱姬小咖”（粉丝 14947）等 8 个微博账号，责令百度对“全明星通讯社”“星探妖妖”等百度百家号予以永久关闭。六部委按职能、分领域进一步加强对新浪微博、腾讯、百度、优酷、秒拍等网络平台的依法从严监管。对北京大风行锐角度文化传播有限公司、卓伟视界（上海）影视工作室等相关企业经营活动进行检查，对发现的违法违规行为进行依法惩戒。

2018 年 2 月 2 日上午 9 时许，上海市中心人民广场区域南京西路新昌路口发生一起车辆冲上人行道撞到行人事件，造成 18 人送医救治，事件现场被网友移动发布至微博传播。10 时 56 分，上海市政府新闻办公室官方微博“@上海发布”（UID：2539961154）发现网友反映后，立即与应急、公安、消防等部门联系核实信息后作出官方发布。发布距事发，前后不足 2 小时，有效消除了网络谣言和舆论猜测。

2018 年 2 月 2 日，英国首相特雷莎·梅与丈夫在访问上海豫园时，夫妇俩倒举起了代表中国传统文化象征的“福”字的剪纸展示，此一“囧”事引发“眼尖”的英国媒体的嘲讽。报道称，“很不幸，这对喜气洋洋的夫妻把‘福’字拿‘倒’了，让周围的人，包括和他们聊天的小女孩都变得很尴尬”，英媒甚至还贴心地“科普”起了中国“福”字的“正确打开方式”。然而，中国网友们看到这条新闻后，则调侃“‘福到了’，没毛病!”“这明明拿对了啊！”中国网友为自己心目中“梅姨”的友好“辩护”，使得英媒原本意图借此揶揄特雷莎·梅面临“英国脱欧”后的糟糕现状、就连“出访都能犯这种把字拿反的错”的企图在众声嚣笑中消解。

2018年2月2日19时13分，黑龙江网友“@水若心晴”（UID：1812515341）发微博帮婆婆“寻根”，她说“请教微博各位大神，四川邛崃冉义镇，下属都有什么村儿？我婆婆是一位四川人，孤儿，年幼时被乡邻带到东北落地生根，至今四十多年了，婆婆不认字，也说不清老家到底是哪个村，最后我们能辨认的话就是邛崃冉义公社，村名叫杨 hu dian，说不清是哪两个字。婆婆有一愿望，希望有生之年还能回老家看一看！”随后大量热心网友“@”呼叫四川省邛崃市委宣传部官方微博“@醉美邛崃”（UID：577009725），请求官方协助。“@醉美邛崃”收到网友诉求后立即与邛崃市公安局官方微博“@平安邛崃”（UID：2301490832）联动展开查询。3天后，根据网友提供的线索，成功通过远程视频让离散41年后远在黑龙江与四川的双亲相认。2月7日17时40分，“@水若心晴”微博报喜：“找到了，简直太神奇，感谢微博！”而最激动人心的结局是，经寻根问祖后老人们确认，寻亲婆婆竟然是“@水若心晴”曾祖父（抱养的）的妹妹。

2018年2月4日下午15时左右，广西网友向湖南省公安厅官方微博“@湖南公安在线”（UID：5645893201，现为“@湖南公安”）发出求助私信称，其堂弟去长沙与“女网友”见面被骗入了传销，现在被限制了自由。随后，“@湖南公安在线”负责人将掌握的情况转交给了长沙市公安局，长沙市公安局火速安排雨花区黎托派出所民警进行解救。根据提供的线索，黎托派出所民警赶往求助人提供的区域内进行挨户排查，并在某小区5楼的一房间内找到梁某。下午19时，民警将被困一个月的梁某成功救出，并当场抓获并遣散涉嫌传销人员十余名。

2018年2月5日6时10分许，受持续低温雨雪天气影响，云南省昆楚高速公路碧鸡关路段连续发生14起、53车连撞的交通事故，导致3人受轻伤，80余人滞留路面，其中4名驾乘人员在自行攀爬桥梁至对向车道过程中，从桥梁中央隔离空隙意外坠落身亡。事故发生6小时后，12时22分，云南省昆明市西山区人民政府官方微博“@昆明市西山区发布”（UID：3846489597）联动云南省昆明党务政务信息公开平台官方微博“@昆明发布”（UID：3816699409）及时发布《关于昆楚高速“2.5”事故的情况通报》及道路封闭信息。当日，官方权威声音引领真相，全国各大媒体官方微博、政务微博及自媒体微博全面转载、立体传播，有效地避免了网络流言的扩散与传播，并在全国全网范围引发对低温雨雪等恶劣天气情况下交通安全行车的专题教育议程。

2018年2月8日，2018年中央电视台春节联欢晚会携手其新媒体社交平台“独家”合作伙伴微博，在中央电视台春节联欢晚会官方微博“@春晚”（UID：3506728370）联合发起“点亮中国赞”活动，号召全球华人齐心协力一起“点亮中国赞”。

2018年2月8日，中国传统小年，美国驻华大使馆官方微博“@美国驻华大使馆”（UID：1743951792）发布一则向中国人民的拜年微博，配发美国驻华大使布兰斯塔德出镜的问候视频。始料未及的是刚刚遭遇股市下跌的中国股民纷纷评论留言，表达对“亏钱”的不满情绪，短时间聚集的留言数量达到数千条。10日晚间，“@美国驻华大使馆”发微博阐述“困惑”称，“这条微博是为了向大家问候春节，但下面的评论有许多与该主题无关。根据美国驻华使团社交媒体平台使用条款，对其他个人或团体的恶意发言不能接受。”最终，这条微博关闭了评论功能。

2018 年 2 月 9 日，新浪微博虚假消息辟谣官方账号“@ 微博辟谣”（UID：1866405545）发布《微博辟谣月度工作报告（2018 年第 1 期）》，1 月 1 日—1 月 31 日，“@ 微博辟谣”共有效处理不实信息 6332 条，发布微博辟谣信息 79 条，#微博辟谣#话题阅读量累积 0. 8 亿。

2018 年 2 月 9 日 17 时 10 分，有网民微博发布“一名说长沙话男子手持刀具”威胁恐吓一车主的视频，引发广泛关注。接微博报警后，长沙市公安局官方微博“@ 长沙警事”（UID：1973743580）立即在线与该网民互动了解详情，并调度相关部门开展核查工作。当日 16 时，湖南省长沙市公安局雨花分局官方微博“@ 雨花公安”（UID：5630831825）发布通告称，“警方已介入调查信息”。晚 20 时 20 分许，嫌疑人赵某民被警方抓获，并缴获其所持管制刀具。21 时 49 分，“@ 长沙警事”微博发布警情通报，“经审讯，赵某民对违法事实供认不讳。目前，案件正在进一步侦办中。”

2018 年 2 月 9 日 22 时 58 分，云南省西双版纳州景洪市发生地震。很快，有网友在云南省地震局官方微博“@ 云南省地震局”（UID：2682532533）下留言说“我家吊灯在晃动，吓得我赶紧就把一家人叫醒”，“我就住在景洪，震感超强，凳子电脑都在晃”，希望引起云南省地震局的重视与处置。12 分钟后，云南省地震局根据中国地震台网测定的权威数据消息正式发布，并在监测到事件影响后即时利用官方微博平台处置。

2018 年 2 月 11 日，网友“@ 王婷温柔”（UID：1922527712）向新疆维吾尔自治区人民检察院官方微博“@ 新疆检察”（UID：3271604690）求助称，“现在工人叔叔都在我家门口，我爸爸都不敢回家，没法给工人交代，马上就要过年了，家里也不有钱能垫付，爸爸出去借钱也没借上。帮助我们吧，能拿些钱给工人叔叔回家过年也行啊！”经互动问询，该网友的父亲王会真在几年前承包了一项工程，2016 年 6 月完工后却一直被拖欠工程款，导致 23 名工人工资无法结算，而年关已至，农民工也只好每天在王家守候讨薪。2 月 12 日 12 时 14 分，“@ 新疆检察”在线督派博尔塔拉蒙古自治州人民检察院官方微博“@ 博州检察”（UID：2822992792）关注，并请其依法协调给予帮助。7 分钟之后，12 时 21 分，“@ 博州检察”回复网友“将尽快核实并提供法律服务”。2 月 14 日 11 时 10 分，“@ 王婷温柔”向“@ 博州检察”反馈称：“钱已到账一部分，万分感谢。”3 月 12 日中午，剩余 50 万元农民工工资全部到账。当天，“@ 王婷温柔”的父亲王先生先致电感谢，后又专程赶到博尔塔拉蒙古自治州人民检察院赠送锦旗。王先生感激地说，“想不到在微博上留言会被检察官看到，想不到检察院会协调处理此事，更想不到拖欠了近 3 年的工程款这么快就给结清了！”

2018 年 2 月 11 日 13 时许，网曝北京市西单大悦城发生砍人事件。14 时，北京市公安局官方微博“@ 平安北京”（UID：1288915263）发布微博，通报嫌疑人被抓获及伤员送医情况；16 时，“@ 平安北京”二次发声，介绍了伤员抢救情况及嫌疑人身份等初查情况；13 日凌晨，“@ 平安北京”第三次发声，详述事件始末、嫌疑人个人经历及作案动机。“@ 平安北京”在案发后 2 小时内连续两次滚动发布权威消息，回应了舆论核心关切，有效平复了网民紧张情绪，防范不实信息的扩散，快速稳定了社会秩序。

2018 年 2 月 11 日 14 时 08 分和 16 时 28 分，“@ 大欧洲吐槽君”“@ 不科学酱”先后以整理编发“网友私信投稿”的方式发布消息称，一名身在德国的中国留学生收到被称为“撒旦画”的传单，暗示人身安全受到涉及“邪教”威胁。网络恐怖情绪开始蔓延，并引发网民关注。从 2 月 11 日深夜至 12 日上午，外交部领事保护中心官方微博“@ 领事之声”连发两条微博，呼吁当事人向当地警方报警、拨打 12308 领事保护热线或联系我驻德使领馆。与此同时，新华社紧急调动驻柏林及驻法兰克福记者，联系中国外交部门与当地留学生组织进行调查，发现不少疑点，也有网友开始质疑这是“营销号”的吸粉操作。2 月 12 日，中国驻德国大使馆教育处向新华社记者证实：一、没有任何当事人就此事向我驻德使领馆求助；二、使馆了解情况后，尝试寻找当事人，但没有找到；三、德国警方向使馆确认，没有接到相关报案；四、德国其他地区也没有留学生报告类似事件。同时，外交部领事保护中心也确认，“12308 呼叫中心没有接到相关内容的求助电话”。北京时间 12 日 16 时 49 分，一位自称是“投稿”当事人的微博账户“@ Detplus”发布道歉消息称，上述事件是自己“一时起兴”的恶作剧。2 月 12 日晚间，新浪微博社区发布公告称，经查用户“@ Detplus”发布“求救”信息时的 IP 在德国，后承认编造虚假信息，严重误导网友及政府相关职能部门、驻外机构，造成恶劣影响。根据《微博社区公约》相关规定，关闭该账号，并配合相关部门进行调查。对于助推虚假信息传播的“@ 大欧洲吐槽君”“@ 不科学酱”，微博会配合相关部门进行调查。

2018 年 2 月 13 日，湖南长沙胡某在泰国旅游时不慎护照丢失，无法办理相关回国手续，无奈下向湖南省公安厅官方微博“@ 湖南公安在线”（UID：5645893201，现更名为“@ 湖南公安”）求助，6 小时后，顺利办妥回国手续。

2018 年 2 月 15 日（春节除夕）上午，湖南长沙市民邹女士向湖南省公安厅官方微博“@ 湖南公安在线”（UID：5645893201，现更名为“@ 湖南公安”）私信求助称，自己带孩子从长沙直飞柬埔寨金边，准备前往越南旅游，没想到落地才 5 小时就遭遇了飞车抢夺，随身携带的手机、身份证和护照等财物全部被抢。且邹女士称，“柬埔寨大使馆已经下班，第二天上午就要放假一周。她担心来不及办理旅行证会和孩子流落街头”。由于邹女士当时在微博求助时未透露自己的真实姓名和具体位置、联系方式，也再未回私信，要在大量出境游客内核实其个人信息，犹如大海捞针。最终，湖南省公安厅人口与出入境管理局查找到了邹某并为其快速核实信息，顺利办理旅行证，前后历时 8 小时。大年初一一早，邹女士在准备回国前，专门发了一条微博表达她的感激之情：“踏上回国的路上心潮澎湃，感谢湖南公安让我在异乡感受到温暖，你们都是我的恩人!”

2018 年 2 月 15 日 12 时，英国首相特雷莎·梅通过其官方微博“@ 英国首相”（UID：3919002287）发布了向全球华人拜年的视频。视频中，特雷莎·梅讲道，“我在此向英国、中国以及全世界在本周庆祝农历新年的所有人致以最美好的祝愿！这是个值得庆祝的时刻，也是总结过去一年并展望新的一年的时刻，在此刻，也要感谢英国的华人社区为我们的社会做出了杰出贡献。无论你们在哪里庆祝新年，我祝愿你们都会开心快乐！也都会享有一个繁荣、祥和的狗年。新年快乐!”

2018 年 2 月 17 日，网友“@ 肥肥的提莫队长”向四川省成都市人民政府政务服务中心官方微博“@ 成都服务”（UID：3710857535）反映称，“都江堰龙池森林公园到处都是垃圾、塑料袋，还有人给猴子投食花生，遍地的花生壳。小猴子身上还有新的伤痕，不知是人为还是猴子（自）伤的。总之森林污染特别严重，有一位当地的老婆婆边走边拾捡垃圾装走，她捡垃圾的速度根本赶不赢游客扔垃圾的速度。希望有关部门引起重视，改善环境污染。”“@ 成都服务”接件后立即转派都江堰市政务中心官方微博“@ 都江堰服务”跟进。2 月 18 日，都江堰市龙池镇回复：社区已安排人员已对区域内的垃圾不定时进行清扫，下一步将继续增加垃圾清理人员，确保区域内环境优美。随后，“@成都服务”对此投诉案例进行微博公开，呼吁前往龙池森林公园的游客切勿投喂野生动物并将游玩产生的垃圾带到垃圾桶丢弃，共同保护公园环境。此事引发网友热议，纷纷谴责乱丢垃圾的行为，并表示要自觉文明、共同监督。

2018年2月18日上午，一名热心市民在河南省洛阳市周山公园捡到两张火车票并交给执勤民警。据车票显示，乘客是来自沈阳的杨某，乘车日期为2月26日。洛阳市公安局随即在其官方微博“@平安洛阳”（UID：2043228245）发布失物招领协查通报。一时，市民网友积极提供线索，多家媒体参与扩散失物招领消息。2月19日13时许，两张火车票在遗失24小时后回到失主手中。

2018年2月18日，正月初三。上午11时许，因春节期间返乡人车流量巨大，重庆市公安局渝北分局交巡警支队石船公路巡逻大队副大队长杨雪峰放弃与家人团聚，带领民警、辅警在石船镇渝长东街十字路口疏导交通时，发现有一辆摩托车违法搭乘2人经过，杨雪峰上前责令其消除违法行为。然而，因对处理心怀不满的张某回家拿尖刀返回现场，并尾随杨雪峰，趁其不备，用尖刀向杨雪峰腹部、颈部连刺数刀。杨雪峰被送医后，终因失血过多抢救无效，于11时38分牺牲。18日下午15时13分，重庆市公安局官方微博“@平安渝北”发布该案警情通报。杨雪峰牺牲的消息引发社会强烈反响，截至2月18日24时，该微博阅读量高达800余万次，转发逾4000，评论1600余条。网友“@may8220”说：“普通的纠违，最平常的上班，最后却是天人永隔，一定要严惩凶手！”

2018年2月18日12时18分，原国家卫计委下属机构公益热线官方微博“@全国卫生12320”发布的一条微博表示，“驴皮的主要成分是胶原蛋白，而这种蛋白质缺乏人体必需的色氨酸，并不是一种好的蛋白质来源”。2月19日该微博又有更新，“就补充蛋白质而言，首推就是鸡蛋。鸡蛋比吃海参燕窝有用多了”。随后在部分媒体的报道中以“国家卫计委：别买了！阿胶只是‘水煮驴皮！’”为标题进行报道，引发公众热议。2月26日22时50分，“@全国卫生12320”发布致歉声明。12320卫生热线是国家卫生健康委主管的公益电话，主要承担公共卫生领域的咨询和投诉举报的职能。有言论认为，微博内容属实，阿胶的所谓养生功效并不靠谱，由此将阿胶推上了舆论的风口浪尖。

2018年2月20日，网友“@上帝之鹰_5zn”（UID：1647486362）在微博发出了一组照片，图中两青年头戴侵华日军军帽，其中一男子手持军刀，另一人拿着带刺刀的步枪，上面绑着书写有“武运长久”字样的白旗，在南京紫金山抗战遗址留影。引起广大网友的震怒和严厉谴责。2月21日14时27分，侵华日军南京大屠杀遇难同胞纪念馆官方微博“@侵华日军南京大屠杀遇难同胞纪念馆”（UID：2074685151）发表长文章，以史鉴今批驳道，“跳梁小丑在当年南京保卫战发生之地紫金山如此无底线的恶劣作秀，相信一定会被绳之以法！此外，除了对小丑的斥责，我们还要深思，屡屡出现这些丑恶现象，我们全社会都该做些什么？”19时33分，再发微博回应：“岂能拿民族伤痕开玩笑！严厉谴责两青年着侵华日军军装在南京紫金山抗战遗址留影行径！”

2018年2月20日，“全国公安政务新媒体春节直播活动”第七站走进河南省洛阳市龙门石窟风景区。当天，河南省洛阳市公安局利用其官方微博“@平安洛阳”（UID：2043228245）采用视频直播，向网友详细介绍了龙门派出所在景区安保、便民服务、应急疏导等方面的工作情况，并提供景区路况、停车指引、游客数量等便民服务信息。1个小时的直播引发众多网友的关注，网友纷纷为执勤民警的默默坚守和热心服务点赞，有网友评论说，“抽空一定要去龙门石窟看一看，和坚守一线的警察蜀黍来一次‘偶遇’”。此次微博直播累计近30万人次观看，相关微博阅读量超过24万次，评论、转发、点赞量超过1000次。

2018年2月21日12时08分，北京网友“@随风飘的卫生纸”发布了一条表扬信称，“家里中水表电池没电（特制的电池），已断水15天，没有相关部门解决。无奈，致电北京12345热线，从接电话到指派区政府办理，再到区政府回访仅30分钟。‘@北京通州发布’表示：这是私营企业，但是这属于民生，他们愿意　以政府的名义　督办。两个小时后，问题完美解决。”该网友在文末表示，“你以政府的名义督办，我以人民的名义点赞！”

2018年2月21日（正月初六）上午8点47分，网友向湖南省衡阳市公安局蒸湘分局官方微博“@衡阳蒸湘公安”（UID：2021910305）私信举报称，在衡阳市某医院家属楼发现有疑似传销窝点。蒸湘公安接报警后快速出警核查，90分钟将5名涉嫌传销的人员带回派出所审查，并捣毁该窝点。

2018年2月21日20时48分，郑州市公安局官方微博“@平安郑州”（UID：2055648745）发布警情通报，对同期在网络散布对重庆牺牲交警杨某某的辱骂言论，网名为“大小通吃”的河南新郑男子给予行政拘留14日的处罚。网络披露，“大小通吃”在其微信朋友圈转发一篇题为《重庆民警杨某某春节牺牲公安部发唁电哀悼》的文章时，评论发出“太好了，又死一条狗”的辱警言论。根据网络附图显示，“大小通吃”在此前转发《4名男子不配合执法当街围攻交警》一文时评论称：“打得好，往死里打，打死这些狗仔们！”针对以上情况，郑州市公安局通报称，近日已接到多名网友举报，经查“大小通吃”实为新郑市龙湖镇人李某，因交通违法被交警处罚而怀恨在心，数次在网络散布辱警信息，其中包括针对重庆牺牲交警杨某某的辱骂言论，造成了恶劣的社会影响。

2018年2月23日14时33分，南京玄武公安分局官方微博“@南京玄武警方在线”（UID：2834778230）发布通告：两男子在南京紫金山抗战遗址拍摄二战日本军服照被警方依法行政拘留15日。同时，警方郑重提示，“公民个人的行为切莫挑战国家与民族的尊严，在公共场所和公共网络空间的一切行为都不能逾越法律的底线”。

2018年2月23日16时48分，一名网友在微博上发布求助信息：“亲戚的孩子被骗去传销窝点，手机在身上但被监视使用，不让接打电话，昨天偷偷给家里发短信给出地址，亲属已经在赶往武汉路上，烦请公安关注此事。”该条微博直接披露了被困者的手机号码和被困地点等信息，引发网友关注。武汉市公安局官方微博“@平安武汉”（UID：2418542712）管理人员迅速将信息上报，展开调查。当天18时许，趁该窝点的传销人员都在出租屋内休息，武汉市青山公安分局民警采取突击行动，将传销窝点内传销人员一网打尽，并在被控制人员中找到被困男子李某。

2018年2月24日，微博网友爆料称日本京瓷集团中文官网在显示“京瓷各地分支机构”使用的中国地图中，缺少了西藏、新疆、台湾、海南、内蒙古、广西、宁夏等省、自治区的全部或部分区域，且在“全球网点”的亚洲部分中，台湾与大陆、韩国、越南等并列。“不完整中国地图”引发网民热议。有网友认为，中国部分仅显示其业务范围，无可非议。也有网友认为，“不完整中国地图”展示的区域，和京瓷的业务点并不完全一致，为什么只显示部分？25日14时14分，日本京瓷株式会社官方微博“@京瓷株式会社”及京瓷集团中文官网同步发出致歉公告称：“昨晚（2月24日），有媒体指出京瓷中国官网的网点分布图未使用完整的中国地图，对此我们表示诚挚的歉意。发现问题后，我们立即删除了相关网页。我们将以此为鉴，杜绝此类事件再度发生。由于我们工作的疏忽，给大家带来了误解和不快，再次向大家表示深深的歉意。”

2018 年 2 月 24 日晚，深圳市公安局交通警察局官方微博“@ 深圳交警”（UID：1792702427）接网友微博举报，当晚其驾车沿梅观路北行至南坪快速和坂雪岗大道三岔路口附近，一辆车牌号为闽 B6598R 的奥迪车在错过了右转路口的情况下，强行连续右拐两个车道，险些引发交通事故。26 日下午，深圳交警机动训练大队传唤该奥迪车司机前来接受调查。经核查，网友举报内容属实，深圳交警依法对司机变道不按规定使用转向灯的行为作出了罚款 300 元、记 1 分的决定。

2018 年 2 月 25 日晚 22 时 29 分，热心网友“@ KK 吴永春”私信向湖北省随州市公安局官方微博“@ 平安随州”（UID：2113792964）反映称，其在深圳市龙华新区清龙路捡到户籍地为湖北广水的王影同志身份证一张。随后，“@ 平安随州”微博在线联动深圳市公安局官方微博“@ 深圳公安”（UID：1735882701）、随州广水市公安局官方微博“@ 平安广水”（UID：1714502583）两地警方找寻失主，大量公安微博、同城自媒体微博积极参与协同。2 月 28 日 10 时 47 分，“@ 平安随州”更新消息称，失主已于 27 日晚从派出所顺利领回身份证。

2018 年 2 月 26 日 15 时 25 分，有网友向成都高新区政务服务中心官方微博“@ 高新服务”（UID：3359245562）反映中航国际门口南苑公交站处有坑涵的问题。“@ 高新服务”收到诉求后立即将此问题派发给高新区城市管理和环境保护局。高新区城市管理和环境保护局在 2 月 26 日 16 时 40 分安排人员对该道路实施修补，排除了安全隐患。2 月 28 日 16 时 28 分，“@ 高新服务”对此诉求处置结果进行线上公示回应。

2018 年 2 月 26 日，对于微信公众号“西吉县伊斯兰教协会”涉嫌在 LOGO 中擅自改变国旗颜色使用不当问题，网友发微博公开质问宁夏回族自治区西吉县人民政府官方微博“@ 西吉县政府微博”，举报西吉县伊斯兰教协会微信公众号头像使用不当问题。“@ 西吉县政府微博”私信网友并要求其删除微博，“删微博”对话截屏引发舆论热议。2 月 26 日 14 时 58 分，西吉县伊斯兰教协会官方微博“@ 西吉伊协”应急注册开通微博，首发回应网友关切：“对于网友反映的西吉伊协微信公众号标识存在的问题，我们高度重视，及时进行了整改，对微信公众号标识已更换。我们将进一步加强内部管理，完善信息发布审核机制”。

2018 年 2 月 27 日 12 时 03 分，宁夏回族自治区西吉县人民政府官方微博“@ 西吉县政府微博”就“请网友删帖”一事发布道歉声明称：“2 月 26 日，西吉县政府微博管理员刘某，违规使用西吉县政府官方微博与网友在私信中言语不当，缺乏耐心，伤害了网友感情，造成不良影响。为严肃工作纪委，改进工作作风，我办研究决定，对刘某给予通报批评，令其做出深刻检讨。同时，要求办内全体工作人员引以为戒，切实加强管理，严格执行信息发布审核制度，坚决杜绝此类问题的再次发生。在此，因工作管理不到位造成的不良影响，向网友诚恳致歉！”

2018 年 2 月 27 日，湖南长沙段某一家 3 口在日本旅行期间，5 岁的孩子的护照在某购物商场被盗无法回国后，向湖南省公安厅官方微博“@ 湖南公安”（UID：5645893201）发出紧急求助。在“@ 湖南公安”工作人员帮助下，原本需要三四天左右的邮件核实流程，被压缩至 6 小时。当天 16 时，段某顺利拿到孩子的旅行证。行前，段某特意发来感谢私信：

“感谢湖南公安的鼎力相助!”

2018 年 2 月 27 日 12 时，网传史某驾驶摩托车在南京机场高速路急速飙车，最高时速达 299 公里/小时。1 小时内，南京交警成立专案调查组。3 月 1 日，南京市公安局交通管理局官方微博“@南京交警”（UID：2573119002）发布通报：3 月 1 日上午 10 时 30 分，南京交警高速五大队办案民警在南京市鼓楼区戴家巷附近某精品公寓内，将 2 月 26 日驾驶摩托车在南京机场高速上高速竞驶涉嫌危险驾驶的违法犯罪嫌疑人史某（1994 年生，无业）抓获。

2018 年 2 月 28 日，中央政法委反邪教办公室官方微博“@中国反邪教”（UID：1590753120）收到网友私信举报称，山东青岛某小区的楼道有张贴的邪教宣传品，严重影响楼道环境，并给来往居民造成负面影响。根据网友提供信息，“@中国反邪教”迅速协调“@山东反邪教”（UID：5893558698）、“@青岛市反邪教协会”（UID：2989319327），对反宣品第一时间进行清理。同时，“@中国反邪教”及时发布微博公示处理结果。

2018 年 2 月 28 日，银川网友“@交通热线张华”微博配图向银川市市政工程管理处官方微博“@银川市市政管理”（UID：1973758332）反映称，“文萃路上北绕城的限高杆被撞到，希望尽快维护。”3 月 2 日，“@银川市政管理”微博公示整改结果，“该处被撞限高杆，现已移除，恢复车辆安全通行。对于该处限高杆安装情况，现暂时不安装。”

2018 年 2 月 28 日中午，在湖南省公安厅官方微博“湖南公安”（UID：5645893201）紧急帮助下，在柬埔寨被抢包而丢失护照的郴州姑娘小张踏上归国之路。

三月

2018 年 3 月 1 日 16 时 42 分，中央气象台官方微博“@中央气象台”（UID：2015108055）宣布：历时半年的#我给台风起名字#活动，于当天下午在越南河内召开的亚太经社会（ESCAP）/世界气象组织（WMO）台风委员会第五十次届会上，官方确认由中国所提交的“木兰”一名取代之前除名的“海马”成为新台风名。网友“@顾同学呃”（UID：1720597552）成为我国史上首个给台风命名的个人。

2018 年 3 月 1 日晚北京时间 23 时许，有网友向北京市公安局官方微博“@平安北京”（UID：1288915263）反映称，其在东京时间 3 月 1 日晚 21 时 30 分许，在日本东京新宿站南口捡到中国公民宋某丢失的护照一本，经一段时间等待失主后未果，大使馆电话无法接通，特寻求中国警方帮助联系失主。“@平安北京”立即协调多方开展工作。3 月 3 日上午 9 时 44 分，“@平安北京”联系到失主宋某本人。当北京警方向该网友致谢时，该网友说“都是中国人，应该的。”

2018 年 3 月 2 日 9 时 13 分，北京市海淀区人民法院官方微博“@北京海淀法院”（UID：3927469685）发布案件播报：因认为微博网友发布的文章侵犯其名誉，给其造成严重的经济损失和精神损害，高晓松以名誉权纠纷为由分别将深圳市葵州虫害防治服务有限公司、新浪微博、百度公司诉至法院，分别要求被告“凤凰欧洲”、新浪微博、百度立即停止侵权，提供侵权用户信息，赔礼道歉并分别赔偿经济损失、精神损害抚慰金及维权支出费用等共计 40. 5 万元，三案总计 121. 5 万元。北京市海淀区人民法院受理了此三案。

2018 年 3 月 3 日，一男子在沧州贴吧分享视频，视频中一位男子在高铁上吃泡面，遭一名女子高声斥责，现场气氛火爆，而被斥男子则一直比较克制，未出现过激行为。3 月 9 日，该视频被新浪上海官方微博“@新浪上海”转载并发起“乘客高铁上吃泡面被怼，高铁上能吃泡面吗”的投票后，累计转评达 76530 次，引爆舆论。3 月 10 日，当事女子现身微博，回应称因“孩子对泡面过敏”，曾提前跟这名男子沟通，但对方执意不听，她才发泄不满，并称拍视频发帖者已严重侵犯其隐私权和名誉权，将采取法律手段。此事件被多家媒体跟进报道，网友通过微博、微信、贴吧、社区等多种方式持续参与讨论广泛传播，全民开启“怒怼”讨论模式。央广网发表《高铁上吃泡面到底妨碍了谁?》的时评称，“事件中吃泡面的男子和怒怼的女子，都是受害者。在高铁车厢密闭的空间里，双方都主张自己的权利，不顾他人的感受，并且一方采取一种几乎粗暴的方式来宣泄自己的情绪，让双方彼此的权利既没有得到体现，也暴露出各自人性中的自私来”。红网就此事发表《真把自己当“女王”了》，文章表示：有些女人过了几次“女王节”，就真当自己是“女王”了。不懂得自尊自爱，不会有话好好说，非要把泼辣当有趣，成了“无理声高”的野蛮人，这在某种程度上也是非理性的“女权主义”的恶果。而大多网友则调侃，“你有理的样子，真的很丑”。

2018 年 3 月 5 日，网友举报有人涉嫌捕杀买卖国家二级保护动物江豚。山东省威海市南海新区管理委员会官方微博“@ 威海南海发布”（UID：3834775904）在未调查的情况下回应，否认当地渔民所称的“港（jiang）猪”是“江豚”，受到公众质疑。3 月 8 日，“@ 威海南海发布”再发布微博，确认群众举报情况属实。

2018 年 3 月 6 日 11 时许，黑龙江省肇东市某镇发生女中学生校外打人事件，48 小时后的 8 日下午 15 时 40 分，该事件由微信圈层化串联进入微博公共舆论场。事发地现场不同视角版本的现场短视频不断被传播到微博。3 月 10 日下午，微博再曝出社会慈善人士慰问并捐助被打学生的相关“草根视频新闻”，该事件最终以社会协同参与并呼吁给两位当事学生以包容和重返学校学习机会，而给出了最终的圆满处置结局。此事件全程，网友批评肇东市政府职能的教育、公安等政务微博无一出面参与。

2018 年 3 月 7 日，“两会”期间，中央电视台新闻中心官方微博“@ 央视新闻”（UID：2656274875）与微博联合推出 24 小时新闻频道“央视会眼”，央视新闻中心新媒体新闻部使用微博云剪功能将央视新闻两会优质、权威内容快速剪辑，并通过官方微博“@ 央视新闻”及其矩阵账号发布到微博，内容将自动进入央视会眼频道，用户可以在微博客户端发现广场的视频频道观看。借助于微博的用户规模和传播能力，为受众在移动端打造了主流媒体的权威“两会”报道盛宴，实现引领舆论、深度传播的良好效果。

2018 年 3 月 8 日 14 时许，身在菲律宾的中国网友曹先生向湖南省公安厅官方微博“@ 湖南公安”（UID：5645893201）发私信求助称，其与妻子在菲律宾将两人的护照不慎丢失，但之前却购买了 3 月 9 日晚上回国的机票，如果没有及时补办到旅行证就无法按时登机回国。然而，当“@ 湖南公安”紧急协调湖南省公安厅人口与出入境管理局优先复核曹先生夫妻二人身份信息后，得到的反馈却是曹先生妻子王女士的护照是其原籍吉林省所签发，且未收到大使馆关于王女士身份信息的核查函，湖南公安机关无法完成她的身份核查。随后，“@ 湖南公安”微博负责人又与吉林省公安出入境部门相关负责人取得联系，吉林公安表示会加急处理。3 月 9 日上午 11 时许，远在菲律宾的曹先生向“@ 湖南公安”发来了补办好的夫妻二人的旅行证照片，并在微博上感慨地说，“真切感受到了祖国的强大，很自豪，很暖。”

2012 年 3 月 12 日，网友“@ 蜜糖 Tse_ 376”向银川市城市客运交通管理处官方微博“@ 银川市城客处”反映称，“从福星苑打车到国际饭店，最多 3 公里，此次 4.4 公里，等候快 6 分钟，怀疑计价器有问题，平时最多八块钱。”3 月 14 日，“@ 银川市城客处”答复该网友，“经兴盈公司调查，宁 ATxxxx 计价器传感器出现故障，司机没有及时维修。公司根据《服务质量管理合同》的规定，责令司机立即对计价器进行了维修检测，对司机处500元违约金追责，资格证记5分。感谢您的监督举报。”

2018年3月13日，宁夏回族自治区银川市贺兰县居民通过小区监控发现邪教分子在自己门上张贴邪教宣传标语，其将视频在微博发布并向“@中国反邪教”（UID：1590753120）在线举报。收到举报后，“@中国反邪教”第一时间与“@宁夏反邪教”（UID：5902163482）联系，并联动中共银川市委办公厅市政府办公厅官方微博“@问政银川”（UID：2239586647）、银川市公安局官方微博“@平安银川”（UID：1978054071），相关事发区域贺兰县公安局官方微博“@平安贺兰”（UID：2282770630）及时跟进收缴邪教宣传品并展开排查工作。网友对“@中国反邪教”及时回应、处置方式纷纷给予积极评价。

2018年3月14日，广东省深圳市公安局交通警察局官方微博“@深圳交警”（UID：1792702427）接网友微博举报称：“3月11日下午，在南坪快速梅林关路段，一奥迪车在未打转向灯的情况下，强行变道，迫使后方的比亚迪刹车让道。在反复强行变道过程中，压导流线强行加塞，影响到了整个后方车辆行驶，向并排的比亚迪小车扔水瓶！逼停比亚迪车！”3月14日下午，深圳交警机动训练大队传唤奥迪司机前来接受调查，其对违法事实供认不讳。据“@深圳交警”微博公示：民警依法对其车窗抛物，罚款500元；违法占用导流线行车，罚款300元，记3分；变道影响其他车辆正常行驶，罚款200元，记1分。

2018年3月14日上午，天津市公安局官方微博“@平安天津”（UID：3163782211）接到一位网友私信称，其在日本大阪高岛屋捡到天津程女士的护照，在原地等候了30分钟未见失主的情况下，将护照交给了管理处工作人员，希望“@平安天津”能够帮助联系失主。随后，“@平安天津”迅速联动微博矩阵成员天津市公安局出入境管理局官方微博“@天津出入境”（UID：1414521997）和天津市公安局人口管理办公室官方微博“@天津户政”（UID：5332411930），核实确认失主身份，并获取了程女士联系方式。在连续7次拨打程女士手机后，终于接通电话，通知她及时取回护照。前后历时17分钟。

2018年3月14日上午，云南网警接到网民举报有网民在微信群中传播猥亵幼女视频。接报后，云南网警立即开展调查，并将违法嫌疑人赵某抓获。3月14日16时32分，云南省公安厅网络安全保卫总队官方微博“@云南网警巡查执法”（UID：5656460406）发布情况通报：“经查，视频中的男子并非赵某本人，赵某只是想炫耀一下自己保存的小视频，其对自己在微信群传播淫秽信息的行为供认不讳。根据《中华人民共和国治安管理处罚法》第六十八条之规定，西双版纳州景洪市公安局对违法嫌疑人赵某处以行政拘留十日的治安处罚”。该微博阅读数达62.7万，引起社会各界的广泛关注，并被全国多家央媒和省市媒体转载和报道。快速查证和权威发布，有效提升了警方在网络空间治理中的震慑力。

2018年3月17日，认证信息为“农家女杂志社编辑”的微博用户“@高富强”（UID：1262632003）发布了一条辱骂天津港爆炸事故烈士之母的内容，引起了广大网友的公愤。随后公安部消防局官方微博“@中国消防”（UID：3549916270，现变更为应急管理部消防局官方微博）怒斥“@高富强”：“作为一个媒体人，恶毒攻击消防英雄的母亲，还有人性和良知吗？还有底线吗？”3月18日下午，“@高富强”发微博道歉，称当时“欠考虑”。3月19日下午，中国妇女报官方微博“@中国妇女报”（UID：2606218210）发布通告称，“当事人已因其不当言论被解聘。”2015年8月12日，河南籍消防战士訾青海在处置天津港瑞海公司危险品仓库特别重大火灾爆炸事故中牺牲，献出年仅20岁的生命，被评为烈士。两年多后的 2018 年 3 月 6 日，訾青海 51 岁的母亲郭献珍通过试管婴儿技术，终于产下一对双胞胎男婴，烈士訾青海有了弟弟。

2018 年 3 月 19 日，新浪微博宣布与中国版权保护中心、平錾科技达成合作，接入中国版权保护中心 DCI 体系，将为微博原创内容提供版权认证服务。微博平台上的原创内容将由中国版权保护中心提供基于 DCI 体系的数字作品版权登记。经过登记认证的微博原创内容，中国版权保护中心将为拥有其版权的用户提供盗版侵权监测及快速维权服务。微博方面表示，微博认证的原创作者，需要主动发起版权认证，填写认证必须信息，经过认证的作品可以在文章页面底部展示标识——版权所有者唯一认证码及电子版权证书。

2018 年 3 月 19 日 23 时 16 分，网民“@用户 6465488684”向新疆维吾尔自治区人民检察院官方微博“@新疆检察”（UID：3271604690）反映称，因某公司长期欠款，“务农急需用钱，走法律诉讼时间太长，实在是没有办法了，希望检察机关能够提供帮助”。23 时 36 分，“@新疆检察”立即启动微博矩阵三级联动响应，将此诉求督派博尔塔拉蒙古自治州人民检察院官方微博“@博州检察”（UID：2822992792）。23 时 44 分，“@博州检察”再次督转博乐市人民检察院官方微博“@博乐检察”（UID：2819789587）后，确定由博乐市人民检察院民行科负责处置调解。3 月 20 日，博乐市检察院检察官到网民家了解情况后得知，2017 年 9 月，某公司以每吨 1240 元的价格陆续收购了他总计 630 吨玉米，并支付了大部分玉米款，但余款 24 万元一直未付。他多次索要无果，又面临春耕生产急需资金。随后，两名检察官又赶往涉事公司走访了解情况。3 月 21 日，涉事公司电话回复博乐市检察院民行科，愿意在检察机关主持下就支付问题进行协商。3 月 22 日，在博乐市检察院检察官的协调下，双方达成了“公司于 2018 年 3 月 31 日前支付曾先生玉米款 24 万元，如逾期，则另行赔偿 5 万元违约金”的调解协议书。4 月 16 日 19 时 46 分，该网友私信向“@博州检察”反馈，“感谢新疆检察和博州检察机关对我们的帮助，目前 24 万欠款已全部收到”。

2018 年 3 月 21 日晚，一段“8 元钱游桂林，腐乳配白饭”的视频在微博引发舆论关注。事发后，桂林市旅游发展委员会迅速组织旅游执法人员并联合旅游警察支队，连夜组成调查组展开调查。调查发现，视频中涉事带团本地导游为江某。该自驾游团由广东的谢某从广东组织招揽共计 56 人，承诺三晚四天游，每人收费从 8 元至 119 元。负责地接的桂林华仕国际旅行社提供代订景区、酒店、导游服务，所有代订的景区、食宿费用由谢某负责。经过调查取证，初步认定，该旅游团涉嫌不合理低价游。3 月 22 日下午，桂林市旅游发展委员会在其官方微博“@桂林市旅游发展委员会”（UID：1989772524）发布调查结果并称，“一经查实，桂林市旅发委将依据相关旅游法律法规对负责地接的涉事旅行社和导游从严从重处理，吊销旅行社业务经营许可证，吊销导游证，并列入旅游失信黑名单”。

2018 年 3 月 22 日凌晨 3 时 30 分许，云南省德宏州看守所在押人员黄德军在楚大高速小白营服务区附近脱逃。案件发生后，云南公安机关迅速投入警力展开抓捕，并于当日通过云南省公安厅官方微博“@云南警方”（UID：2997829562）发布《云南省公安厅 A 级通缉令》，悬赏 5 万 ~10 万元抓捕黄德军。经云南省公安厅调集大理、德宏、楚雄、保山等地公安机关警力连续奋战 30 小时，黄德军在大理州大理市下关镇关巍路口附近被大理警方成功抓获，抓获一小时后“@云南警方”发布通告，整个案件关注量达到 1200 余万人次，因信息披露及时，云南警方也赢得社会各界的理解与支持。

2018 年 3 月 22 日下午，湖南省常德市公安局、澧县公安局两级公安机关新闻舆情中心在网上巡查时发现，一段白发老人被他人殴打的视频在微博流传，案发地点疑似在澧县境内。获此信息后，澧县公安迅速开展线下调查，查清案发地点在澧县澧澹街道。当晚 21 时许，违法人员彭某被传唤到澧澹派出所接受调查。经警方查实：受害老人姓张（90 岁，澧县居民），殴打老人者系老人的儿子彭某（51 岁，澧县居民）。因老人智力障碍，喜在家中四处躲藏。3 月 22 日 11 时许，老人又在家中四处躲藏时将家中弄得脏乱，彭某见母亲不听劝阻，愤怒顿起，便动手殴打了老人。3 月 23 日上午，依据《中华人民共和国刑法》第 260 条之规定，彭某因涉嫌虐待罪被澧县公安局依法刑事拘留。经警方协调，老人所有子女已达成一致意见，协商了妥善安置老人今后生活的办法，并向警方保证，绝不会让此类问题再次出现。

2018 年 3 月 22 日晚，中国内地流行乐女子组合“BEJ48”原成员张菡筱发出了一条疑似“遗书”的“定时微博”，长达 750 字的内容显示其疑似患有抑郁症。微博正文第一句就说“定时发了这条微博，大概你们看到这条的时候我已经我不在这个世界上了。我彻底解脱了”，甚至直言自己“不配做人”。微博一发出即引来其粉丝网友们的关注，并纷纷联络警方。但随后，据 BEJ48 其他成员微博发布的消息，张菡筱吞服安眠药轻生后被其家人及时发现并送医抢救，已平安脱险。

2018 年 3 月 23 日凌晨，某网络直播平台的两位“网红主播”在酒后和朋友途经湖南省益阳市赫山区万达广场时，爬上巡逻执勤的警车引擎盖和车顶，踩踏警车“耍酷”并录制视频炫耀。相关视频在微信、微博等网上平台广泛传播，造成恶劣社会影响。湖南省益阳市公安局赫山分局“@ 赫山公安分局”（UID：1972612031）迅速线上表态、线下查处。当日上午 10 时许，违法嫌疑人吴某主动到公安机关投案自首。11 时许，另一违法嫌疑人夏某抓获归案。当晚 21 时 28 分，“@ 赫山公安分局”发布警情通报，阅读量达 44. 8 万。此案例被央视、人民网等各大主流媒体广泛报道，并引发社会各界对直播平台监管的深度思考。

2018 年 3 月 23 日，成都网友反映安公路一段 296 号“隔壁子精品酒店”外设广告灯箱长期侵占人行道。四川省成都市天府新区政务服务中心官方微博“@ 天府服务”（UID：3993597995）接到网友诉求后第一时间转派相关部门进行核实处理，华阳街道综合执法队工作人员到达现场查看，并立即要求商户现场整改，搬离了占道的广告灯箱。

2018 年 3 月 25 日 16 时 15 分，网友向安徽省宣城市公安局官方微博“@ 宣城公安在线”（UID：3039827240）举报称，宁国市区某地有捕鱼赌博游戏机。16 时 59 分，“@ 宣城公安在线”将了解的详情传递至辖区派出所。18 时 02 分，出警民警反馈情况属实，现场查获 2 台捕鱼赌博机。18 时 06 分，“@ 宣城公安在线”将查处照片私信回复举报人。从网友举报到查处不到 1 小时。

2018 年 3 月 25 日，广东省深圳市公安局交通警察局官方微博“@ 深圳交警”（UID：1792702427）接到网友举报称，自己在深盐二通道多次被一辆车逼停，并称对方存在语言侮辱行为。举报视频经过处理在微博上公布后，引起网友激烈讨论，一天内该条微博阅读量达到 144 万次。经深圳交警快速追查，3 月 26 日，涉案司机李某传唤接受调查。经李某自己描述，其在深盐二通道慢行被后车闪灯鸣笛，引发路怒，多次强行变道压车，边开车边骂对方。“@ 深圳交警”微博通告认定，“李某驾驶机动车有其他妨碍安全驾驶的行为，罚款 300 元，记 2 分！跨实线变道，罚款 200 元，记 3 分！”3 月 27 日，李某因涉嫌寻衅滋事被处治安拘留 10 日。

2018年3月26日上午，武汉理工大学自动化学院在读研究生陶崇园在校内坠楼身亡。3月29日，因不满校方“给出接近事实真相的说法”，陶崇园的姐姐重启已闲置近三年未更新的个人微博，并修订微博名称为“@陶崇园姐姐”（UID：2516465380）后，开始在微博发文并公示相关证据，称其弟弟因“长期遭受导师压迫，被迫叫导师爸爸，给导师买饭打扫卫生、被导师阻止深造”，最终选择跳楼自杀。并通过微博广泛“@”相关媒体，并呼吁“不让事实淹没，更不希望类似的悲剧再次发生”，迅速得到网友关注和舆论响应。3月31日12时37分，“@陶崇园姐姐”为增强其微博言论的公信度，以“华中科技大学同济医学院博士”为拟认证信息，在微博公开发起“自助确认身份”的微博认证流程（即有3位已加“V”信用背书并转发确认），顺利获加V认证通过。同时，因该认证信息中所披露的学历、专业和职业等综合性背景信息，赢得了众多网友对“学霸姐姐”的尊敬、信任和同情。

2018年3月26日13时22分，网友“@LarmePang”（UID：3130496110）向银川市公安局官方微博“@平安银川”（UID：1978054071）反映称，“我朋友在宁夏被骗进传销，控制人身自由，她还有一个3岁的孩子，满春新村1区14栋2单元301，我需要你们的帮助，谢谢。”银川市公安局接报警后迅速启动市区所三级矩阵联动。下午15时许，被骗传销的母子及其他6名被骗传销人员被银川市兴庆区丽景街派出所成功解救。

2018年3月28日13时41分，吉林省长春市环境保护局官方微博“@长春市环境保护局”（UID：5012406035）接到网友“@风信子小童鞋”（UID：2488761250）举报称，长春市富裕河河道有大片油污漂浮在水面上。长春市高新环保分局立即启动应急预案。3月29日晚18时20分，漂浮在河道上的油污被全部清除完毕后，长春环保官方微博及时向网友“@风信子小童鞋”及广大市民公示处置结果。此事件由于网友及时发现举报，官方及时调查处理，快速反应，立刻清污，消除了环境污染隐患。事后，“@风信子小童鞋”说“办事效率特别高，期待继续排查排放源。”

2018年3月28日17时26分，网友“@Vampire密”（UID：2400418593）向中共银川市委办公厅市政府办公厅官方微博“@问政银川”（UID：2239586647）诉称，“在月星家居顶上吊顶搞活动交了1000元活动定金，说随时可以退，结果去退定金，三番五次不给退，一会这一会那，家居商场这种强行欺诈消费者，谁来管。商家不守承诺，失信于人，靠谁来维权?”18时08分，“@问政银川”在线批转银川市市场监督管理局官方微博“@银川市场监管”（UID：1975923223）关注。当晚21时16分“@银川市场监管”督办市场监督管理局兴庆区一分局官方微博“兴庆市场监管一分局”受理。4月4日，“兴庆市场监管一分局”回复网友称，“经调解，商家已给消费者退款”。

2018年3月28日晚21时50分，网友“@一都阿叔”（UID：2264635847）发帖反映快手主播“挥之不去的橄榄绿”以退役战士名义，多次佩戴军衔着制式军服在网上直播并发布疑似带军训视频，引发网民关注。当晚22时40分，福建省泉州市公安局网络安全保卫支队官方微博“@泉州网警巡查执法”（UID：3094452711）响应表示“已关注到此事，我们会进一步核查情况”。3月29日，泉州军分区政治工作处联合泉州市公安局网安支队、南安市公安局霞美派出所，对在网上以退伍军人名义进行直播的浙江台州籍女子进行了查处。29日17时30分，快手直播平台官方微博“@快手小客服”（UID：6404389866）跟帖称，“收到举报后我们立即对相关内容进行了处理，并对该账号进行封禁。同时固定了相关资料”。

3 月 30 日 10 时 32 分，“@ 泉州网警巡查执法”发布，“泉州军警联合查处一起冒充退伍军人网络直播案”。

2018 年 3 月 29 日 17 时 54 分，安徽网友“@ 阿涛学长”发微博称，马鞍山市 121 路公交车站占设在绿化带中间十分不安全，且难以通过。3 月 30 日，安徽省马鞍山市委宣传部新闻发布官方微博“@ 马鞍山发布”（UID：2549578244）转办安徽省马鞍山市雨山区政府官方微博“@ 雨山发布”。4 月 20 日，雨山区施工队开始修整相关站台。在升级改造过程中，雨山经开区全程监督，每天检查施工进度直到竣工验收。5 月 3 日中午，长运驾校站、甬兴模塑站等四个站、8 个站台均完成绿化移植。

四月

2018 年 4 月 2 日 22 时许，有网友微博晒出一张南京市江宁区人民法院传票照片的信息。该传票上“传唤事由”栏显示为手工填写的“开房”字样，引起网民围观并提出质疑。4 月 3 日 12 时 33 分，江苏省南京市江宁区人民法院官方微博“@ 江宁法院”（UID：3949085394）发布《南京市江宁区人民法院关于传票通知开庭误写为“开房”的声明》正面回应称，“经查，该信息反映的情况属实。该案为原告王某诉被告房某的一起房屋买卖合同纠纷，于今年 3 月 28 日在我院立案受理，书记员黄广凤在送达给原告的开庭传票上，将‘开庭’误写成‘开房’”。对此，江宁法院党组经专门会议研究后，“责令该案承办法官谢海勇及书记员黄广凤立即上门向原告王某解释原因，赔礼道歉，并重新制作开庭传票向原告王某送达。”“对该案书记员工作严重失误，承办法官未认真核对，造成的错误和社会不良影响，给予全院通报批评。”大多数网友表示“案件涉及房屋买卖合同纠纷，当事一方又姓‘房’，心有所思，惯性落笔，误写成‘开房’可以谅解”，“体谅法院书记员工作辛苦，笑一下就过去了”。

2018 年 4 月 2 日，有网友向中共安徽省肥东县委宣传部官方微博“@ 肥东发布”（UID：2709898807）诉称，“梁园镇老庄村绿园养猪场后大门的农田遍地堆放腐烂的死猪，臭气熏天；农田也被流出的猪屎覆盖，无法耕种”。接到投诉后，“@ 肥东发布”迅速联系梁园镇政府以及畜牧水产站调查处置。4 月 3 日，梁园镇畜牧水产站工作人员赴现场，对垃圾进行了深埋和无害化处理工作。

2018 年 4 月 3 日，宁夏回族自治区同心县公安局作出行政处罚决定书，对同心县个体私营企业协会党员田自存处行政拘留 10 日。2018 年 1 月至 4 月，田自存先后在新浪微博中跟帖发表辱骂春节习俗为“特色猪圈文化传承”；鼓动网民接受其他国家网民侮辱中国人为“支那”；篡改爱国歌曲歌词辱骂网民，攻击、讽刺反极端、反两面人的网友。2018 年 5 月，县市场监督管理局党委给予违反国家法律法规、在微博发表不当言论问题的田自存留党察看一年处分。

2018 年 4 月 3 日，山西省人民政府新闻办公室官方微博“@ 山西发布”（UID：2726922721）发布征集启事，面向社会公开征集“@ 山西发布”官方微博、微信公众号形象标识（LOGO）。在被网友批不互动、不回应网友“@”，却光做表面文章、“不务政业”“务虚”后该启事删除。

2018 年 4 月 4 日凌晨，美国政府依据 301 调查单方认定结果，宣布对原产于中国的 1300 余种进口商品加征 25% 的关税，涉及 500 亿美元的中国对美出口额。接着，中国商务部公布了对美加征关税的商品清单，商务部新闻办公室官方微博“@ 商务微新闻”（UID：

2848929290）也立即发布微博，在博文中再次贴出商品名单，规模巨大的中美贸易战正式打响。随后，“@商务微新闻”发表了一系列微博回应中美贸易战的相关问题，强调中方不想打贸易战、但不怕打贸易战的坚定立场。在这一系列微博中，“@商务微新闻”借助《商务部回应美301：近日将公布同等力度规模的对等措施》《中国驻WTO大使力批美301：肆虐一时，臭名昭著！》等头条文章，谴责美国单边主义和贸易保护主义的典型做法，强调中方将采取所有必要措施，坚决捍卫自身合法权益；同时转引商务部副部长王受文的官方发声，对于中美贸易战是由中方挑起等谣言进行有针对性的辟谣。

2018年4月4日13时09分，北京市海淀区人民法院官方微博“@北京海淀法院”（UID：3927469685）发布案件播报：新浪微博用户殷某发布微博话题，称吴亦凡“诱奸未成年”等，并在部分图片中标写污秽文字，被吴亦凡以名誉侵权为由诉至法院。日前，海淀法院审结了此案，一审判决殷某在其涉案微博个人主页首页连续30日发布声明，向原告吴亦凡赔礼道歉并赔偿精神损害抚慰金5万元。

2018年4月5日，清明节假期，一篇题为《现南京大学文学语言学系主任、长江学者沈阳教授，女生高岩的死真的与你无关吗?》的网帖在网络流传，引发社会高度关注。文章作者李悠悠实名举报前北大中文系教授、时任南京大学文学院教授沈阳20年前曾性侵北大中文系1995级本科生高岩，并致使其自杀身亡。当日，沈阳本人向媒体回应称，举报文章中指责均为“恶意诽谤”，“保留控告的权利”。4月6日，南京大学教师工作部发表《声明》，表示“高度重视，并成立专门工作组进行研判，密切关注事件发展”。同日下午，北京大学官方微博“@北京大学”（UID：3237705130）在发布的《说明》（注：6日发出后删除，4月7日6时40分重新发出）中称，“近日，有校友在网上发文，要求原中文系教师沈阳（2011年已调离北大）对1998年某女同学自杀事件承担责任、作出道歉。对此，学校高度重视，要求教师职业道德和纪律委员会立即复核情况，依法依规开展工作”。6日下午，南京大学文学院官方网站发表声明：“经讨论，决定支持两校的声明”，“2017年2月，沈阳向南京大学和文学院提出调往上海师范大学，后又向文学院说明因对方原因未能调动。目前，沈阳的人事关系仍在南京大学文学院”，同时“建议沈阳辞去南京大学文学院的教职。”4月7日，上海师范大学人事处公众微信号发出落款为“上海师范大学学术伦理与道德委员会”的声明：建议并经人事部门讨论决定，从今日（4月7日）起终止2017年7月与南京大学文学院教授沈阳签订的校外兼职教师聘任协议。

2018年4月7日，广东省深圳市公安局交通警察局官方微博“@深圳交警”（UID：1792702427）接到网友举报称，其在4月6日驾车行驶在快速路上时，一辆五菱车超速行驶、多次危险变道，并提供了一段行车记录仪视频。接到举报后，深圳交警迅速根据视频信息定位车辆追击。4月10日，深圳交警传唤该车车主到案接受调查时，五菱车车主不但拒绝承认过错，还主动挑衅交警：“你来抓我啊！”4月11日中午，深圳交警通过大数据分析锁定该车的运行轨迹，将该车查获，并依法对司机的违法行为进行处罚，共罚款900元，记3分。

2018年4月8日12时29分，武汉理工大学官方微博“@武汉理工大学”（UID：1899783701）发布情况通报，首次回应同其舆论关注的“陶崇园坠亡事件”。通报称，“公安机关调查结论为高坠死亡，排除他杀”。“学校深感痛惜”。其导师“王攀存在与学生认义父子关系等与教学科研无关的行为，以及指导学生升学就业过程中方式方法欠妥等情况，未发现王攀存在阻挠陶崇园本科毕业时到其他高校读硕士及硕士答辩、侵占学生经济利益、让学生到其家中洗衣服做家务等行为”。“学校已停止王攀研究生招生资格”。

2018 年 4 月 9 日 23 时 36 分，新浪微博社区管理官方微博“@ 微博管理员”（UID：1934183965）发出公告，“接网友举报称，‘@ 张木易’‘@ 张千巽’两用户发布涉未成年人低俗不良信息，不仅违反有关法律和微博社区规则，而且突破社会道德底线、违背社会主流价值观，污染网络空间，严重影响青少年健康成长。经站方初步调查发现：‘@ 张千巽’生于 2000 年 9 月 11 日，系未成年人。用户‘@ 张木易’称与‘@ 张千巽’属于恋爱关系，从 2018 年四月初开始二人反复声称将举行婚礼结为夫妇，但女方现未成年且距婚龄还有两年五个月。众多网友对二人反复炒作与未成年未达婚龄女性结婚表示了强烈的不满和谴责，而‘@ 张木易’‘@ 张千巽’二人均对网友的批评质疑置若罔闻，持续炒作。为确保娱乐内容领域健康发展，有效遏制低俗媚俗之风，根据《微博社区公约》《微博社区娱乐信息管理规定》的有关规定，对二人予以禁言处理。”

2018 年 4 月 10 日上午 11 时许，湖南常德籍网友郭某在泰国旅游时护照不慎丢失，因 4 月 11 日在国内有急事，且自己购买了当晚的机票，担心延误行程，非常焦急，于是向湖南省公安厅官方微博“@ 湖南公安”（UID：5645893201）发出求助私信。“@ 湖南公安”值班民警在得知郭某已经在驻泰大使馆进行申请补办旅行证后，随即与湖南省公安厅人口与出入境管理局出国境工作处取得了联系。最终，3 小时内，在“@ 湖南公安”、湖南省公安厅人口与出入境管理局、中国驻泰国大使馆相关工作人员的共同努力下，郭某顺利拿到了旅行证，顺利按期回国。

2018 年 4 月 10 日，作家“@ 郑渊洁”（UID：1195031270）向河南省郑州市工商行政管理局官方微博“@ 郑州工商”举报称，“郑州皮皮鲁西餐厅”擅自使用其原创的知名文学角色“皮皮鲁”作为企业名称，侵犯了其在先权益。郑州市场监督管理局依法行政，责令侵权企业完成改名。

2018 年 4 月 11 日，广东省肇庆市公安局官方微博“@ 平安肇庆”（UID：1700207693）收到网民情况反映，称其 4 月 10 日在二广高速龙甫服务区遇到碰瓷党并被勒索钱财。当事人称，碰瓷的一行人身穿孝服并手抱骨灰盒，威逼恐吓其索要钱财，他当时十分害怕，只能按对方要求微信转账 3600 元。“@ 平安肇庆”立即回复并启动调查，网友则回复“感谢正义！让我多了一份信任！”4 月 20 日，肇庆四会市公安局将核查情况上报后，“@ 平安肇庆”立即在新浪微博上向当事人反馈，当事人对案件处理结果表示满意。

2018 年 4 月 13 日 17 时 20 分，重庆网友“@ - 瑶某某”（UID：1680690261）向新疆维吾尔自治区人民检察院官方微博“@ 新疆检察”（UID：3271604690）诉称，“2014 年父亲到新疆博乐建筑工地干活时受伤，伤情严重，经治疗后伤残鉴定为四级失去劳动能力。后面经过博乐劳动仲裁判决其中一项为华坤建筑公司每月向我父亲支付工资生活费两千多，一直支付到六十岁领社保。后面公司称每月支付比较麻烦，就每半年支付一次。2015 年父亲伤情好转回到重庆老家。16 年公司一直不支付钱，打电话发短信都不理。请各位帮忙解决下”。18 时 05 分，“@ 新疆检察”立即在线启动三级微博矩阵联动，通过博尔塔拉蒙古自治州人民检察院官方微博“@ 博州检察”（UID：2822992792）垂直指派博乐市人民检察院官方微博“@ 博乐检察”（UID：2819789587）受理。经博乐市人民检察院与相关建筑公司负责人释法、沟通、协调，不到三天时间达成了按月支付协议。4 月 18 日，远在千里之外的

“@－瑶某某”连用两个“没想到”来表达对新疆检察院为其父亲追讨工伤补偿的感激之情：“没想到，只在微博上发了几句话，没想到，只是抱着试试看的态度，检察官就把我们的问题给解决了，太暖人了。”并称“今天华坤建筑公司已把去年一年的钱打给了我父亲。感谢‘@新疆检察’‘@博州检察’‘@博乐检察’……感恩!”4月23日11时52分，“@－瑶某某”再次表示，“千言万语，道不尽心中的感谢。你们的帮助，让数百农民看到了朗朗青天。”

2018年4月13日，内蒙古自治区鄂尔多斯市公安局东胜区分局交管大队在其官方微博“@东胜公安交管大队”（UID：1704913664）发布倡导商贩切勿占道经营，影响交通秩序一文后，网友“@用户6524357983”评论跟帖称，“你是不是穿的一身狗皮想管啥就管啥，就是该管的不管，不管的瞎管，这就是吃的公家饭不做公家事，闲的没事去跟人家摆地摊过不去。就照片上的俩个人，全是……”之后，鄂尔多斯市东胜区公安分局相关部门立即展开调查，并迅速锁定违法嫌疑人樊某，于5月5日将樊某抓获。樊某对其在微博留言辱骂执勤交警事实供认不讳，根据《中华人民共和国治安管理处罚法》相关规定，东胜区公安分局依法对樊某处以行政拘留7日的处罚。

2018年4月14日，河南省洛阳市博物馆官方微博“@洛阳博物馆1958”（UID：2790926971）发布了一条寻找火车票失主的微博后，洛阳市公安局车站派出所官方微博“@平安洛阳－车站派出所”（UID：2089278455）即时介入协查寻找。经初查发现该失主系江苏镇江人，且在洛阳信息较少。随即，洛阳警方通过微博联系江苏省镇江市公安局官方微博“@平安镇江”（UID：1919892452），发出协查。数小时后，“@平安镇江”联系到了失主。4月15日19时，洛阳警方接到了失主致谢电话，并称其已经在列车开车前将遗失的车票顺利领回。

2018年4月15日，微博旗下公益项目“熊猫守护者”宣布开启“2018春种计划”。“熊猫守护者”将履行对用户的承诺，在陕西秦岭野生大熊猫栖息地进行原生竹种的种植，对大熊猫栖息地的竹林生态进行科学修复，并聘请当地工人进行种植和抚育管护工作，实现扶贫、环保的双公益行为。

2018年4月16日，美国麻省理工学院留学博士何先生因户籍“证明书”的格式问题，导致无法办理在四川省成都市的落户手续。眼看一位优秀人才或将与成都失之交臂，何先生的朋友于当日13时28分，发微博向四川省成都市人民政府政务服务中心官方微博“@成都服务”（UID：3710857535）求助。在接到何先生朋友微博反映的相关情况后，“@成都服务”微博工作人员立即向微博矩阵成员相关部门反馈协调。成都市龙泉驿区政务服务中心官方微博“@龙泉服务”（UID：3215088240）接件后第一时间与龙泉公安办证中心沟通协商，龙泉公安办证中心也同步请示成都市公安局办证中心。14时11分，也就是微博在线反映问题43分钟后，何先生顺利办妥了相关落户手续。15时08分，“@龙泉服务”再次反馈，何先生顺利落户成都。该事件被媒体报道后引发社会积极舆论反响。中国传媒大学媒介与公共事务研究院政务新媒体实验室主任侯锷评论道，政务微博的本质就是“微博上的政府”，其在线表现会直接影响到公众对其城市的整体评价和观感。正是“@成都服务”及其矩阵成员的竭心尽力和分秒必争，才让网友看到了成都这座城市的与众不同。

2018年4月17日，有网友向武汉市公安局交通管理局官方微博“@武汉交警”（UID：2146327684）反映，某直播平台上有一男子正在武汉一道路上直播其违法驾驶摩托车的“危险表演”行为。当即，武汉市公安局交通管理局办案中心民警根据相关信息，结合城市视频监控“天眼”，通过大数据进行轨迹分析，很快就锁定了该男子的主要行驶线路。当交警发现并追随喊话停车后，车主在直播中更出言不逊挑衅交警，并加速逃离。考虑到该车后座还载有一名女网友，民警暂时放弃直接追击。4 月 18 日下午，民警在东西湖区某小区内将涉案人金某一举查获，并因阻碍执法处以行政拘留 10 日处罚。

2018 年 4 月 17 日 10 时 57 分，有网友向湖南省永州市公安局官方微博“@ 永州警事”（UID：1595424264）举报称，冷水滩区某地一菜地有人种植罂粟。“@ 永州警事”随即在线转派湖南省永州网警巡查执法官方微博“@ 永州网警巡查执法”和永州市公安局冷水滩分局官方微博“@ 冷水滩公安”。11 时 20 分，冷水滩公安民警找到视频中的地点及涉嫌当事人，并对种植的罂粟进行铲除。11 时 30 分，“@ 永州警事”微博回应该网友处置情况，并以案说法，发布关于非法种植罂粟违法的普法宣传，网友转发点赞。

2018 年 4 月 19 日 0 时 30 分起，有多名网友向河南省洛阳市公安局官方微博“@ 平安洛阳”（UID：2043228245）转发小视频反映并求证“洛阳某商场有人打架，造成一死三伤”消息真伪。接到该情况后，“@ 平安洛阳”立即进行核实。经查，该视频系 2017 年发生在广东某地的一起打架案件，同时“@ 平安洛阳”向 110 指挥中心进行咨询，确认同期洛阳市各大商场均未发生此类案件。16 时 43 分，“@ 平安洛阳”发布辟谣微博，并在洛阳地区做集中推送，澄清真相，及时安抚了网民情绪，维护了洛阳本地舆论环境的稳定。

2018 年 4 月 19 日下午 19 时，江苏省南通市公安局通过其官方微博“@ 南通公安”（UID：1805087952）发起“征求意见丨南通公安高质量发展之我见”活动。微博称，按照南通市委《关于在全市开展“解放思想、追赶超越，推动高质量发展”大讨论活动的通知》要求，南通公安从现在起到 6 月底，组织开展“解放思想、追赶超越，推动新时代南通公安工作高质量发展”大讨论活动。南通公安广泛征集广大网友对公安工作和队伍建设的意见和建议，真诚欢迎广大网友为“南通公安高质量发展”留言献策。引来众多网友互动反馈。

2018 年 4 月 20 日上午 9 时 40 分，网友“@ 不常发神经”（UID：1851620835）向郑州市城市管理局官方微博“@ 郑州市城市管理局”（UID：2302688157）反映称，郑东新区路上有几个窨井盖松动，车辆经过时轧到会产生巨响扰民。10 时 07 分，“@ 郑州市城市管理局”回复网友，已将其反映的问题转告东区数字化指挥中心关注。23 日 21 时 44 分，该网友拍发图片反馈说，“问题井盖已得到处理，为郑州效率点赞”。

2018 年 4 月 20 日 14 时 10 分，网友“@ 猫小喵滴兔子”发起话题#我为烈士来寻亲#，并向湖南省长沙市公安局官方微博“@ 长沙警事”（UID：1973743580）反映称，“湖北羊楼洞烈士陵园里躺着的大部分是抗美援朝时因为美国扔脏弹得病不治的志愿军烈士”，其正在协助寻找一名湖南长沙籍抗美援朝志愿军烈士的家人，希望警方能提供帮助。经核实后，“@ 长沙警事”立即协调辖区派出所民警与该网友取得联系并开展工作。5 月 3 日 10 时 05 分，“@ 猫小喵滴兔子”微博称，“现已确认张运君烈士的家人找到”并向长沙警方致谢。

2018 年 4 月 21 日 18 时 20 分，福建省厦门大学官方微博“@ 厦门大学”发布《声明》称：“我校高度重视关于网友反映的网名为‘洁洁良’的微博用户在网上发表错误言论一事，马上成立工作组进行调查。经查，该微博用户为我校环境与生态学院在读研究生。目前，学校已启动相关处理程序，将依纪依规对该生进行严肃的党纪校纪处理。”4 月 23 日 23 时许，福建省厦门大学环境与生态学院官方网站发布《关于对田佳良同学处理情况的通报》。通报表示，“4 月 19 日—20 日，我院在读研究生田佳良以‘@洁洁良’的网名在新浪微博上发表错误言论，产生了十分恶劣的社会影响。经学院党委会和党政联席会研究并报学校同意，给予该生留党察看、留校察看的处分。”此前，网友“@洁洁良”（UID：1757893281）在其个人微博公开发布辱华言论，引发网络舆论普遍关注，后被证实为厦门大学学生。

2018 年 4 月 21 日，网友曝光“@洁洁良”（UID：1757893281）曾就读于辽宁师范大学城市与环境学院，中共党员、院学生会副主席，后被辽宁师范大学保送到厦门大学读研，遂大量网友涌向辽宁师范大学官方微博“@辽宁师范大学”（UID：5991490746）反映。21 日 17 时 06 分，“@辽宁师范大学”微博发表回应声明：“学校官方微博收到大量网友评论信息，均与新浪微博账号‘洁洁良’有关。对于网友反映的信息，学校非常重视，抓紧时间了解情况。经查该生确在我校就读过，现已本科毕业。对于网友提供的信息我们正在积极梳理。对于网友所关注的问题，学校自身能查的坚决查清，需要配合的也会全力配合调查，决不姑息。”

2018 年 4 月 22 日 20 时 19 分，人民日报官方微博“@人民日报”（UID：2803301701）介入“@洁洁良”事件评论，系统回顾了事件缘起，并配发电视剧《恰同学少年》视频片断，向网友普及“支那”一词的历史渊源及其文化政治含义。微博原文：“近日，一个名为‘@洁洁良’的账号（已注销）公开发布辱华言论，引起舆论热议。事件起源于在某活动现场，观众被批在离开后留下大量垃圾，‘@洁洁良’在微博发表反击：恶臭你支！（‘支那’是历史上日本等国对中国的蔑称，带有侮辱之意）她毕业于辽宁师范大学，目前厦门大学在读。有网友指出，在爱国华侨陈嘉庚创立的大学里，居然出现了这样一位，身为党员满口‘支那’的人。厦门大学也通过微博回应，表示将严肃处理。‘支那’这个词对所有中国人来说意味着什么？看视频！”4 月 22 日 22 时 20 分，“@人民日报”再就“@洁洁良”事件发表《人民微评：扣好“人生扣子”》。微博原文：“顶着一身光环却发布辱华言论，‘@洁洁良’让人寒心，更让人反省：这样的大学生还有多少？表里不一，如何书写华章？青年的价值取向决定未来整个社会的价值取向，人生扣子从一开始就要扣好。如果精神上缺钙，价值观上出现偏差，就难担重任。”

2018 年 4 月 23 日，网友继续爆料“@洁洁良”（UID：1757893281）田佳良曾经公开在学术期刊发表的专业论文存在学术不端等问题。据网友质证，其一篇《中国水市场的运作模型研究》和 2001 年署名作者为“焦爱华、杨高升”的同名论文，不但题名相同，而且内容重合率超过 90%。舆论持续发酵。4 月 23 日 23 时许，厦门大学环境与生态学院官方网站发布《关于对田佳良同学处理情况的通报》。通报表示，“4 月 19 日—20 日，我院在读研究生田佳良以‘@洁洁良’的网名在新浪微博上发表错误言论，产生了十分恶劣的社会影响。经学院党委会和党政联席会研究并报学校同意，给予该生留党察看、留校察看的处分”。并称，“该生的其他问题，待进一步调查核实后依纪依规严肃处理”。

2018 年 4 月 23 日上午，浙江电视台 6 频道《1818 黄金眼》栏目组官方微博“@1818 黄金眼”（UID：2334162530）发布“在宁波打工十几年，广东出现涉毒”的新闻视频，涉及关于肇庆四会市公安误录吸毒人员信息，引起较大舆论关注。广东省肇庆市公安局官方微博“@平安肇庆”（UID：1700207693）立即通告四会市公安局，并督导其及时回应。4 月 23 日 16 时 19 分，广东肇庆四会市公安局官方微博“@平安四会”（UID：1730337827）回应称，“看到视频，感谢媒体监督。目前，核查工作还在进行中，我们将及时对外公布核查结果。我们坚持有错必纠，若一经核实有错，将依程序进行纠错。”同时，四会市公安局主动派出工作组前往宁波采集当事人马某的信息资料，4 月 24 日晚 21 时 32 分再回应，“我们已与当事人取得联系，得到当事人的谅解，并办理了纠正手续。”

2018 年 4 月 23 日 14 时许，有网民私信向河南省洛阳市公安局官方微博“@ 平安洛阳”（UID：2043228245）举报称，孟津县城关镇的邻居种植罂粟。“@ 平安洛阳”迅速在线联动矩阵成员洛阳市孟津县公安局官方微博“@ 平安孟津”（UID：2051854351）核实处置。1 小时后，“@ 平安孟津”发布微博公示反馈：民警在举报地点当场铲除 5 棵罂粟，并对种植人进行批评教育。

2018 年 4 月 23 日凌晨，19 岁的贵州女孩刘雪琪发微博称，其于一个多月前的 3 月 15 日被她的合租女室友深夜带回来 3 名男子砍伤，“左脸被砍两刀，缝了 200 多针”“伤口能看见下颌骨”，而“警察只叫我在家等”……微博描述与其受伤前青春靓丽的照片对比，引发大量网友的转发，这条微博迅速登上了热门，阅读量 200 多万，转发评论近 2 万。仅仅一天后，4 月 24 日贵阳市公安局南明分局官方微博“@ 贵阳市公安局南明分局”（UID：2054750237）发布：“4 月 24 日 13 时，四名涉案人安某、甘某、黎某、张某已经全部到案”。

2018 年 4 月 23 日，上海市徐汇区人民检察院官方微博“@ 徐汇检察”（UID：6245786616）发布的一条微博称，“举报上海徐汇本单位检察官许军，利用自己职务之便，伙同徐汇法院审判长彭涛，制造大量冤假错案，对被告人设施勒索，收黑钱……”检察院官方微博“自我举报”引发网友哗然。随后，上海市徐汇区公安分局官方微博“@ 警民直通车 - 徐汇站”（UID：2644975784）发布微博称，“4 月 23 日，徐汇公安分局接到报案，称徐汇区人民检察院注册认证的官方微博账号被人盗用并发布了博文。目前，徐汇公安分局已受理该案，初步查明系有人通过非法手段盗用账号发布信息，具体案情仍在进一步调查中。”而不久之后，徐汇警方的此条微博“消失”，也未再对该案发布调查结果。

2018 年 4 月 24 日 6 时 54 分，有网友向成都市金牛区政务服务中心官方微博“@ 金牛服务”（UID：2135280032）反映称，营福巷 67 号院门口有液化气罐每天摆放，人口密集的小区是否存在严重安全隐患？万一有不法之徒做出什么过激行为后果不敢想象。“@ 金牛服务”立即批转金牛区抚琴街道办事处官方微博“@ 抚琴园”。很快“@ 抚琴园”（UID：2125952851）回复：安监工作人员于 4 月 24 日上午 10：15 前往现场进行处理。11：07，“已将液化石油气罐转运完毕”。

2018 年 4 月 24 日 21 时 49 分，山东济南网友“@ Hi 张小燕”（UID：2649525875）发微博表扬信，“为安徽宣城公安疯狂打 call”。据其微博称，安徽省宣城市公安局官方微博“@ 宣城公安在线”“只用了两个小时的时间就把我爸转错账的钱追回来了，神速。自己和爸妈还在忐忑，不知道需要多长时间才能把老爸的辛苦钱要回来，没想到这么快，更没想到警察叔叔们晚上加班加点的为我们办事，足以看出这是真真正正的在为老百姓办事。心里暖暖哒”。原来，该网友父亲误将 3500 元运费错转到宣城一居民账户。接到微博私信求助的“@ 宣城公安在线”与辖区派出所线上线下联动，仅 2 小时就协调督促尚在上海的收款人将 3500 元安全退回。

2018 年 4 月 24 日 0 时 30 分，广东清远英德市茶园路发生火灾，造成 18 人死亡、5 人受伤。8 时 31 分，清远市公安局官方微博“@ 平安清远”（UID：1735885001）通报，初步调查此次火灾事故系人为纵火。10 时 21 分发布悬赏通告。11 时 44 分，发出最新通报：嫌疑人已被抓获。4 月 25 日 0 时 16 分，“@ 平安清远”最后一次通报了死伤者身份和犯罪嫌疑人的作案动机。从首次通报到案件告破收官，发布 4 条微博历时 16 小时。

2018 年 4 月 25 日上午 9 时 40 分左右，南京市龙蟠南路长乐路路口附近一辆黑色小轿车与一辆电动车相撞，电动车破碎解体，骑车女子当场死亡。车祸惨烈也使#南京车祸##南京武定门车祸#迅速成为微博舆论热搜。16 时许，车祸视频在微博疯传，网友讨问真相。晚间 20 时许，南京市公安局交通管理局官方微博“@ 南京交警”（UID：2573119002）发布通报，确认“无毒驾”“未达到饮酒驾车标准”。26 日 9 时 07 分，“@ 南京交警”发布事故调查续报，“因捡拾滑落在车内正在接听的手机致车辆失控”为事故关键原因，继续排除酒驾、毒驾等因素，同时披露肇事司机邓某某原系南京公安民警，2014 年曾因受贿罪被判有期徒刑三年缓刑五年，24 日晚饮酒聚餐至 25 日凌晨 1 时许。

2018 年 4 月 26 日 16 时 06 分，湖南省公安厅官方微博“@ 湖南公安”（UID：5645893201）发布消息称，在湖南省公安厅人口出入境管理局的鼎力协同下，历时 4 小时紧急协同救助后，在菲律宾丢失护照的小潘即将顺利回国。

2018 年 4 月 26 日，中共宁夏固原市委宣传部、固原市委统战部、固原市网信办联合举办“第二届十佳政务微博、十佳政务微信、固原好网民评选活动和首届正能量自媒体”的颁奖仪式。经过报名、初审、网上投票、评委打分等环节，最终评选出第二届十佳政务微博 10 个、十佳政务微信 15 个、固原好网民 22 名、固原市正能量自媒体 8 个。

2018 年 4 月 27 日下午 15 时，网友“@ 西林阿莫莫”向云南省昆明党务政务信息公开平台官方微博“@ 昆明发布”（UID：3816699409）反映称：“自来水公司乱抄表，用水量多出 20 多吨，客服电话无法打入，至今没有沟通解决办法。”收到网友诉求后，“@ 昆明发布”立即在线将此件向昆明自来水集团有限公司官方微博“@ 昆明自来水公司”转办，“@ 昆明自来水公司”于 4 月 28 日上午 11 时回复称，已安排工作人员进行处理，网友对处理结果表示满意并在线表达感谢。

2018 年 4 月 28 日，有网友发现江苏南京清凉山公园有疑似“盗墓”场景，私信向西安半坡博物馆官方微博“@ 西安半坡博物馆志愿者队”反映。9 时 31 分，“@ 西安半坡博物馆志愿者队”发出微博，9 时 55 分就有参与该考古发掘项目的亲历者私信联系，对此网友质疑的场景进行了详细的介绍说明，“探洞不是盗墓者所为”。“@ 西安半坡博物馆志愿者队”援引回应并进行了相关的文物保护知识宣传。

2018 年 4 月 28 日，广东省深圳市公安局交通警察局官方微博“@ 深圳交警”（UID：1792702427）接网友举报，“粤 B7T7S × 涉嫌改装”。深圳交警机动训练大队迅速传唤该车司机前来接受调查。随后，“@ 深圳交警”发布微博：“经查，该车改装了避震、轮毂、刹车、进气、排气，加装前铲、仪表盘。驾驶改变、加装不符合国家安全技术标准的动力装置的机动车上道路行驶，民警依法暂扣机动车，并处罚款 2000 元。”

2018 年 4 月 29 日和 4 月 30 日晚，徐某在家中通过本人手机登录新浪微博，对在“4·21”北京市通州区永乐店镇火灾救援中牺牲的烈士张鑫发表极端性、侮辱性言论的微博。徐某上述微博被网友截图并大量转发和评论，传播广泛，引发了网友愤慨，造成了恶劣影响。2018 年 5 月 4 日，徐某因寻衅滋事被当地公安机关依法处以行政拘留 5 日的行政处罚。

五月

2018 年 5 月 2 日，江苏省无锡市公安局网络安全保卫支队“@无锡网警巡查执法”发布通告，对无锡男子高某使用“@无锡绿帽社”在微博上发布含有裸露男性生殖器照片的视频行为，处以行政拘留 10 日的处罚。经审查，高某对其为吸引眼球发布淫秽图片的事实供认不讳，无锡市公安局梁溪分局依法对高某传播淫秽信息的行为行政拘留 10 日。

2018 年 5 月 5 日，微博认证信息为广西贺州市黄田镇人民政府官方微博“@huangtianzhengfu”相关负责人使用找回的微博发布了澄清内容，并向公众致歉。此前，有网友称收到广西贺州黄田镇人民政府的官方微博账号私信，发布卖鞋广告等内容与其身份不符。致歉信称，得知微博乱发私信的情况后，他们通过微博客服，找回了账号，发现该微博累计向数千微博用户发送了卖鞋信息，给当地政府部门形象造成了不良影响。对此，黄田镇党委宣传委员张鑫表示：之所以会出现这一情况，是因为微博管理人员更迭，工作没有交接好，导致官博被盗。此前他们并未发现，目前首先会删除被盗用期间发布的微博，接着发布信息澄清此事并致歉，最后注销此微博账号。

2018 年 5 月 6 日凌晨，河南郑州发生空姐李某乘坐网约车遇害案。7 日凌晨警方接家属正式报案。8 日、9 日在掌握基本案情后，10 日河南省公安厅官方微博“@平安中原”（UID：1968863541）发布第一次简要案情通报，“嫌疑人刘某华作案后弃车跳河，现警方正在相关区域全力展开搜捕”。之后，“@平安中原”依据案情进展指令郑州市公安局官方微博“@平安郑州”（UID：2055648745）于 11 日第二次发布，“网上流传的‘杀害网约车乘客嫌疑人刘某华已被抓获’‘嫌疑人仍在使用支付宝’等相关视频图片均为不实信息，警方提醒广大网友，请尊重逝者，理性评论”。12 日发现嫌疑人尸体后，“@平安郑州”9 时 06 分发布“警方搜寻到嫌疑人尸体，已初步确认其身份”等详细案情；10 时 41 分，第四次发布“DNA 检测结果已确认嫌疑人身份。案件至此告破，愿受害者安息!”

2018 年 5 月 7 日，10 位成都市民赴泰国旅游时，遭遇泰国黑导游强制消费和恐吓，最终 10 名游客连夜从芭提雅“逃回”中国。5 月 10 日，在《成都商报》官方微博（UID：1700648435）对此事报道后，相关视频播放量超过 300 万次，引发网友热议。10 日 11 时左右，四川省成都市人民政府政务服务中心官方微博“@成都服务”（UID：3710857535）主动联系记者和涉事市民并将详情转派矩阵成员“@成都旅游”，成都市旅游局执法支队介入调查。10 日 14 时 40 分，“@成都服务”公开“@”并同时私信联系泰国国家旅游局曼谷总部官方微博“@泰国国家旅游局”表达诉求。“@泰国国家旅游局”于当日 15 时 24 分回复“已汇报给领导，会尽快严肃处理该事件”，“我们一定会给大家一个解释!”5 月 11 日晚，泰国旅游警察局副局长素拉切警少将带队，联合芭提雅旅游警察、移民局警察展开收网工作，在芭提雅将涉事中国籍 21 岁男性黑导游李海抓捕归案。这也是中国政府官方微博首次尝试与外国政府机构官方微博在线联动为市民解决诉求，让互联网跨越国界进行高效连接的社会化服务。

2018 年 5 月 7 日，广东省佛山市顺德区公安局容桂派出所民警周应兴突发疾病，因公殉职。网民“@aapppooo”在微博上多次发表评论侮辱因公殉职民警，引起大量网民跟帖回复。经警方核查，该网民为湖北省咸宁市李某某（男，咸安区人，42 岁）。5 月 13 日，湖北省咸宁市网安部门联合广东警方在咸宁某小区成功将该违法嫌疑人李某某抓获，并缴获作案手机一台。李某某因涉嫌寻衅滋事，被警方依法给予行政拘留 10 日处罚。

2018 年 5 月 7 日，安徽省绩溪县公安局金沙派出所官方微博“@ 绩溪县金沙派出所”接到学校报警，一只乌金鹿（国家一级保护动物）撞碎玻璃，大闹校园。最终，警民合力将其围困控制，检查伤情无碍后放归山林。此次处警通过微博进行全程视频直播，在警务公开的同时，对引导社会保护野生动物和生态环境宣传也发挥了重要价值，得到了大量主流媒体的转发和网友点赞。

2018 年 5 月 7 日 13 时 55 分，浙江省绍兴市柯桥平水邵甘线维多利亚小区附近发生公交车与货车相撞的交通事故。事发后，公安、消防、120 和交警部门冒雨进行现场救援。网上流言同步四起。5 月 7 日 16 时 31 分，浙江省绍兴市柯桥区公安局官方微博“@ 平安柯桥”在事发后 2 个半小发布微博，公布现场救援情况，“10 余人送往医院救治，1 人当场死亡，事故路段已初步恢复通车”。

2018 年 5 月 7 日 18 时 42 分，淮南网友“@ 无敌的小叔叔”向安徽省淮南市公安局官方微博“@ 淮南公安在线”（UID：1977407911）、淮南市公安局交通管理局官方微博“@ 淮南公安交警在线”（UID：3989622954）等安徽省交管系统政务微博投诉，质疑违章停车被处罚。“@ 淮南公安在线”立即启动矩阵响应机制，指令“@ 淮南公安交警在线”安排所属单位进行调查。5 月 8 日凌晨 1 时 10 分，“@ 淮南交警大通大队”回应网民“已经展开调查工作”。5 月 8 日 11 时 20 分，“@ 淮南交警大通大队”再次回复网友处理结果：“执法过程存在瑕疵，对当事人违法行为处罚予以撤销，并感谢监督支持。”网友“@ 无敌的小叔叔”回复：“感谢各级公安部门对此事的重视，并使此事最终得以迅速妥善解决。勇于承认错误其实是对群众赋予职责的最好担当，也更能衬托出警察作为城市之光的英雄形象，这样的警察才是有血有肉的真汉子。给大通交警大队点赞！”

2018 年 5 月 7 日傍晚，广东广州，暴雨倾城。有网友充分发挥想象力，在各种乌云压城的照片上 PS 上了超人、怪兽、宇宙战舰、虫洞、小猪佩奇等各种流行元素，技法精湛，形象生动。迅速有网友也因此向广东省广州市公安局官方微博“@ 广州公安”（UID：1722022490）反映，“请甄别，以免引起恐慌”。21 时 32 分，“广州公安”回应，“很认真地回应一下：广州傍晚出现‘黑云压城城欲摧’的景象，随后滂沱大雨……仅此而已，没有出现超人、怪兽、宇宙战舰、虫洞、小猪佩奇……”该微博同时配发了多张涉事图片，并醒目标注“不要信哦”，活泼及时的警民互动迅速引爆网友的转评赞热情，阅读量累计达 688 万。

2018 年 5 月 8 日 11 时 30 分许，天津网友“@ 安、景柒”因收到交警开具的《违法停车告知书》心存不满，发布微博称“这就是你们狗儿子，下车 5 分钟，回来就 200”。还配发了一张执勤辅警照片，并“@”“@ 天津交警”（UID：5018637328）。“@ 天津交警”回复应对自己的言行负责。该网友随即将该条微博删除，并发布“刚才的事情知道错了”等内容微博。此后，王某被公安建昌道派出所依法传唤并承认其在网上发表了侮辱性言论。当晚 24 时许，该网友再次发布微博表示自己“头脑一热发了条带有侮辱性语言的微博，后来深深地认识到自己的错误和此次错误的严重性，并诚心悔改，向贴条的民警和天津交警道歉，对不起，我错了，以后绝不再犯，绝对遵守交通规则，恳求交警原谅”。鉴于王某及时删除微博，并在网上诚挚道歉，5 月 17 日，警方依据《治安管理处罚法》对王某予以罚款 200 元处罚并责令其改正。

2018 年 5 月 8 日中午 12 时许，一则城管人员野蛮暴力执法视频在网络引起市民网友关注。视频中几名身着城管制服人员强行赶走正在占道经营摊档用餐的学生，用大铁锤反复打砸桌椅、摔碎餐具，引发学生惊恐和群众围观。中共广东省汕头市委书记方利旭对此迅速作出批示，要求“市作风办立即介入调查，对暴力执法行为大加谴责，对相关责任人严肃问责”。5 月 9 日 0 时 24 分，广东省汕头市城市管理官方微博“@ 汕头城管”（UID：3706880633）发布通报，“今晚，市作风办召开约谈会，对龙湖区政府分管领导和龙湖区城管局局长、创文办、作风办负责人，珠池街道党工委书记、办事处主任、分管城管的负责人，以及街道执法中队全体人员进行约谈。市作风办责成龙湖区政府、珠池街道办事处、城管部门立即向社会作出道歉，消除影响”。

2018 年 5 月 9 日 14 时 50 分，安徽省马鞍山一名智障女子迷失走上高速路，民警无法与其沟通。安徽省公安厅官方微博“@ 安徽公安在线”（UID：1419172372）在接到马鞍山市公安局官方微博“@ 马鞍山公安在线”求助后，随即转发并组织省内公安新媒体矩阵跟进，同时联系全国公安新媒体跨区域协查。在“@ 警民携手同行”“@ 新浪安徽”“@ 苏州公安”和热心网友网上接力寻人。20 时开始，不断收到热心群众提供的价值线索。当晚 23 时许，民警找到该女子家人。5 月 10 日，该女子与家人在救助站团聚。

2018 年 5 月 10 日，一名女患者因治疗腋下狐臭，到成都市双流区恒康医院就医，该医院男医生罗某在治疗时为其注射镇静类药品后，趁其入睡实施性侵。5 月 23 日，“女子在医院麻醉期间遭性侵”的消息在微博热传。23 日 14 时 35 分，成都市双流区公安分局官方微博“@ 平安双流”（UID：2082646033）发布通报称，“2018 年 5 月 10 日上午 9 时许，我局接到报警：一女子在我区民营恒康医院就医时，被一男性医生强奸。我局高度重视，立即成立专案组全力开展案侦工作。5 月 12 日 12 时许，专案组在南充市仪陇县将犯罪嫌疑人罗某（男，35 岁，仪陇县人）抓获归案。经初查，罗某对在治疗室为受害人注射镇静剂后趁其入睡实施性侵的事实供认不讳。目前，罗某因涉嫌强奸罪已被依法刑事拘留，案件正在进一步侦办中。”5 月 25 日，四川省成都市人民检察院官方微博“@ 成都检察”（UID：3549848900）发布通报：2018 年 5 月 25 日，双流区人民检察院依法从快批捕一起网络关注的男医生强奸女患者案，以涉嫌强奸罪对犯罪嫌疑人罗某批准逮捕。

2018 年 5 月 11 日上午，湖南省公安厅官方微博“@ 湖南公安”（UID：5645893201）负责人收到了 2017 年微博报警并从传销组织中成功解救出的小杨发送的“他人生中第一份快闪 PPT”。他把“@ 湖南公安”很多暖心的故事汇集在一起进行编排并配乐，屏幕上留下了一句话：“你相信这个世界有神吗？我信，我亲眼见过神的降临，湖南公安就是人民的守护神！”政务新媒体学院专家徐剑箫评论说，“岂止暖心，简直感动。看着一个视频，很多政府工作人员能找回初心，重新审视为人民服务的宗旨，深刻理解服务型政府对于社会的价值，更重要的是告诉了世界，什么叫人民警察。”

2018 年 5 月 11 日，网友“@ 周游 × ×”向天津便民服务专线平台官方微博“@ 天津 8890”（UID：5582151150）反映称，南开区邮电公寓 11 号楼门前垃圾箱“不翼而飞”，垃圾散落一地，同时还有多辆长年不使用的“僵尸车”妨碍居民出行，影响区容区貌。“@ 天津 8890”迅速与多家职能单位工作人员协同现场核实，责成物业妥善清理。之后，该网民配图反馈，“不光小区的垃圾问题得到了解决，连多年未解决的‘僵尸车’也已清理干净！干得漂亮！”

2018 年 5 月 11 日，一组微信群聊的截图注入微博，截图显示，成都金苹果爱弥儿幼稚园教师陈某在某家长群里发言称，“以后严某某放学那会单独坐，或者周围的人给她清空，她单独坐一边。”随后，群内“严某某妈妈”抗议性发言，要求陈老师马上在全班当着所有师生给严某某道歉，并疾言厉色道“否则，我通知你们集团领导来给我解释你对严书记的女儿说这话是什么意思！”还在群内炫耀道，严某某已被四川嘉祥外国语学校录取，且为“内定生”。“严书记的女儿?”“哪个严书记?”舆论旋即好奇升温。随后，据评论中网友披露，以及5月12日微博上出现的一封“严书记”写给四川省委组织部的情况说明证实，这位“严书记”正是时任四川省广安市委副书记严春风。虽然其《情况说明》里表示“因为李某出轨，自己已和李某离婚五年”，但随着网友质疑和更多相关信息不断爆出。5月14日，四川省纪委监委在其网站刊文称，已关注到网友反映“严春风舆情”相关情况，已及时介入调查核实。2018年5月18日，据四川省纪委监委消息：广安市委副书记严春风涉嫌严重违纪违法，接受纪律审查和监察调查。

2018年5月11日20时03分，二更旗下公众号“二更食堂”在头条推文发布低俗文章，并对事件进行不当描述，引发了微博和微信朋友圈的强烈反感，其行为违反了《互联网信息服务管理办法》，突破了“七条底线”，偏离了社会主义核心价值观导向，破坏了正常的网络传播秩序。针对以上问题，浙江省网信办会同杭州市网信办迅速约谈该微信公众号主要负责人，要求全面清理违规有害信息，严肃处理有关责任人，并限时提交整改报告。同时，“二更食堂”公众号被微信平台封号7天。为净化网络环境，营造积极健康向上的网络空间，浙江省网信办会同杭州市网信办于5月12日就微信公众号“二更食堂”发布低俗文章一事约谈该公众号主要负责人。

2018年5月12日16时10分，网友“@广安微生活”（UID：5594122085）向四川省广安市公安局官方微博“@金盾广安”（UID：2918589882）举报称，网民“狼行天下”在微信群“广安58同镇便民信息服务平台”发言称“十几亿人口死几亿，也还有几亿人吗……”“中国啥不行，造人行”。“@金盾广安”立即指令网安支队联合广安区公安分局依法开展调查。期间，嫌疑人张某某以各种借口逃避公安机关调查，经多次警告，张某某迫于压力于5月21日主动投案，被处以行政拘留15日的处罚。

2018年5月13日18时20分许，一辆牌照为川A7××××的白色三菱越野车在成都市人民东路路口发生一起交通事故案件。案件发生后，各社交平台流传事故现场视频，引起市民争相热议。当天21时16分，成都交管信息官方微博“@成都交警”（UID：1878396095）及时发布，“事故造成3车受损，3人轻伤。目前，3名伤者已送往医院，肇事嫌疑人已被警方控制”。成都市人民政府新闻办公室官方微博“@成都发布”（UID：1523766213）在5分钟后迅速转发，回应网络关切。5月14日3时53分，“@成都发布”再次转发“@成都交警”公布的案情最新进展：“经初步查明系姚某某（男，62岁，遂宁市人）所为，其行为涉嫌以危险方法危害公共安全罪。在参与阻止犯罪行为中受伤的1名群众、1名辅警和1名交通文明劝导员伤情稳定。”

2018年5月14日9时03分，作家“@郑渊洁”（UID：1195031270）向广东省工商行政管理局官方微博“@广东省工商局”（UID：2026325457，现广东省市场监督管理局官方微博“@广东市场监管”）、广州市工商行政管理局官方微博“@广州工商”（UID：2609712434）实名举报称，“‘广州皮皮鲁电子产品有限公司’未经授权擅自使用其原创的知名文学角色‘皮皮鲁’作为不适宜的企业名称”，请求制止侵权企业的不正当竞争行为。

5 月 31 日，“@广州工商”微博私信答复，“举报登记编号 440100000201805300022，已转交白云区工商和市场监督管理局处理”。8 月 13 日 11 时 15 分，“@郑渊洁”发微博披露，“上午 10 点 32 分接广州市白云区市场监督管理局注册科电话，该科依法行政于 8 月 3 日向‘广州皮皮鲁电子产品有限公司’下达限期一个月责令更名通知。如逾期不更名，广州市白云区市场监督管理局将在系统中将‘广州皮皮鲁电子有限公司’企业名称删除，仅保留统一社会信用代码。”8 月 24 日，原“广州皮皮鲁电子产品有限公司”完成企业更名。

2018 年 5 月 14 日 15 时 41 分，宁夏回族自治区银川市公安局西夏公安分局官方微博“@平安西夏”（UID：2280253111）接到一男子多条求助信息，称其误陷传销团伙，希望得到解救。该男子是一名大学生，社会经验不足，求助时情绪激动，“@平安西夏”微博管理员一边安抚该男子，一边将求助信息发布于工作群即时开展工作。后经西夏区宁华派出所出警，成功解救。

2018 年 5 月 14 日，新浪微博虚假消息辟谣官方账号“@微博辟谣”（UID：1866405545）发布《2018 年第四期微博辟谣月度工作报告》。报告显示，自 4 月 1 日至 4 月 30 日，共有效处理不实信息 6072 条，发布微博辟谣信息 99 条。#微博辟谣#话题阅读量累积 0.5 亿，总阅读数 39.9 亿。

2018 年 5 月 15 日 11 时 17 分，网友“@踮起脚仰望星空的胡图图”（UID：2640614721）发文向中共江西省新余市委宣传部、江西省新余市人民政府新闻办公室官方微博“@新余发布”（UID：3171944275）反映称，新余至新桥的乡村公交班次减少为老百姓出行带来不便，“强烈要求恢复四点半那趟班车，不知道在哪里反映情况，只好用微博了”。15 时，“@新余发布”互动询问“哪一路公交车？”5 月 16 日 17 时 39 分，江西省新余市渝水区人民政府办公室官方微博“@政务渝水”（UID：6077546919）代“新余区交通局”回复：“经查，新余至新桥开通公交以前，是道路客运，有 6 辆客车投入营运，每车运行 3 个班次，一天共运行 18 个班次。自 2 月 10 日开通公交后，有 7 辆公交车投入营运，比原先增加了 1 辆车，一天共运行 21 个班次，比原先增加了 3 个班次。并对班次时间作了调整，原下午最后一班 4 点 30 分的班次并未‘消失’，而是改为下午 4 点 50，并在 4 点 10 增加了一班车次。”

2018 年 5 月 16 日下午，网友通过私信向山东省滨海公安局官方微博“@山东滨海公安”（UID：5603237770）反应称，一男子雨水中一路故意驾车飞溅行人，并拍摄视频在网上娱乐传播，影响恶劣。滨海警方立即在线督转滨海公安局基地分局官方微博“@基地公安”（UID：6130715509）受理开展工作。5 月 17 日 16 时 13 分，滨海公安局基地分局官方微博“@基地公安”向社会发布相关情况通报称，“已将视频中驾车男子及同车拍摄人员查获，全面查清了事实”，并“依据法律规定对 2 人分别予以行政拘留 15 日、7 日的处罚”。

2018 年 5 月 17 日，银川网民蒋某在家上网时看到《英雄烈士保护法》开始施行的新闻后，在新浪微博发布侮辱两名英雄烈士的言论称，“董存瑞活该被炸死，黄继光活该被枪打死，因为这样是没有意义的”，并称“不会被抓”。该网帖一经发出，就引发了网民极大愤慨。银川警方接网民举报后，迅速开展工作，将蒋某传唤到案，并处以行政拘留 10 日、罚款 500 元的处罚。

2018 年 5 月 18 日，中国人民解放军陆军官方微博“@人民陆军”（UID：6551339780）开通并通过微博平台认证。“@人民陆军”尚未正式运维，就已引起网友广泛关注，短时间内粉丝飞涨近5万。18日下午，中国传媒大学媒介与公共事务研究院政务新媒体实验室主任侯锷就“@人民陆军”微博的时认证信息“人民陆军官方微博”提出修订建议，认为严谨认证信息应为“中国人民解放军陆军官方微博”。对此“@人民陆军”欣然采纳并迅速修订。20日，“@人民陆军”正式上线。知政观察团成员“@治安君”（UID：5506950352）对此评论说，“一字未发改认证，坦诚交流显气度!”

2018年5月18日，网友“@沈剑平”微博发布，“在岘港（越南城市）吃穿山甲、果子狸、蛇。最好吃的是穿山甲血做的炒饭!”这条配发了几张濒危动物穿山甲制作的菜肴图片微博内容引发了众怒并意外“走红”。5月19日，环保志愿者对该条微博进行转发后，引发社会和公众广泛关注。5月20日下午，银泰集团方面在官方网站发布《声明》称，该事件属实，涉事微博主系银泰集团旗下杭州湖滨银泰in77副总经理、招商中心总经理沈剑平，“银泰集团将根据国家相关法律以及公司内部制度与规定，与其解除劳动合同关系”。

2018年5月18日，北京双井桥附近，一黑衣男子当街殴打一蓝衣男子，期间疑似多次使用裸绞等格斗术，出招凶狠。北京市公安局朝阳分局官方微博“@平安朝阳”（UID：5556545776）从5月19日凌晨开始，连发三条微博公布调查进展，高效翔实的通报获得舆论高度肯定。

2018年5月20日晚，网友“@菲妥妥_穆修修”（UID：1897623791）在其微博发布了一篇遗书，引发热心网民揪心不已、彻夜难眠，展开生死营救。随后海口美兰警方接到“@菲妥妥_穆修修”的同学报警后了解到，“@菲妥妥_穆修修”的父亲邓先生系北京某公司法人代表，一家三口2018年3月从北京来到海口，租住在美兰区盛科水城小区。邓先生由于公司经营出现问题，欠下高额借款并牵扯到家人，身心疲惫厌倦生活，和其女儿于5月20日晚在微博上发布一家三口要自杀的消息。当晚11时40分许，海口美兰警方接到邓先生女儿的同学报警后前往事发地，发现邓先生全家三口正在房内。邓先生等人对民警称，发布“遗书”系微博账号被盗，并无自杀意图。21日早上，美兰警方却再次接到邓某同学报警，称一直联系不上当事人，可能会有危险。警方立即赶到现场，发现一家三口已昏迷不醒，地上还散落着药盒和遗书等。民警随后拨打120急救电话，经医务人员现场抢救，三人逐渐恢复意识并被送往医院进一步治疗。5月31日，湖南省永州市蓝山县公安局官方微博“@蓝山警事”（UID：5721010810）通报称，来自北京的一家三口在厦蓉高速洪观服务区实施自杀，其中两人身亡，一人受伤。经警方核实，网友“@菲妥妥_穆修修”与其父已离世。

2018年5月21日，吉林省委办公厅省政府办公厅印发《关于进一步加强全省政务公开新闻发布工作的通知》，要求建立健全重大政务舆情会商制度，进一步完善快速反应、协调联动和舆情处置机制，共同做好政务舆情发布和舆论引导。重大突发事件的政务舆情，最迟5小时内发布权威信息、24小时内举行新闻发布会，对其他政务舆情应在48小时内予以回应，并根据工作进展情况，持续发布权威信息。要充分利用政务微博、微信和移动客户端等新媒体平台，提升回应信息的到达率。

2018年5月21日，山东省人民检察院审核批准，由烟台市人民检察院对徐某微博侮辱救火牺牲消防烈士一案依法向烟台市中级人民法院提起民事公益诉讼，这是山东省首例英烈保护公益诉讼案。2018年4月21日，北京市通州区永乐店镇德仁务村某公司厂房突发火灾，消防员张鑫在救火时不幸牺牲，后被评为烈士。4月29日和4月30日晚，徐某（女，暂住烟台开发区，黑龙江人）在烟台开发区家中登录新浪微博，对烈士张鑫发布了极端性、侮辱性言论，被网友截图并大量转发和评论，引发网友愤慨。5 月 4 日徐某因寻衅滋事被烟台市公安局经济技术开发区分局依法处以行政拘留 5 日的行政处罚。

2018 年 5 月 22 日，新浪微博社区管理官方微博“@ 微博管理员”（UID：1934183965）发布公告称，由于自媒体微博账号“@ ayawawa”博主杨冰阳在线下某活动中发布有关慰安妇的严重不当言论，微博决定对该账号禁言禁被关注 6 个月。当期，一篇题为《情感教主 Ayawawa 和 300 万种择偶焦虑》的文章，引起了网友的公愤。杨冰阳曾让女孩们想象日军侵华时期的慰安妇制度受害者，可以在男性战死的情况下“苟全性命”，由此得出了“女性具有性别优势”的结论。公告称，虽然“@ Ayawawa”并未在微博账号中直接发布以上言论，但是鉴于该账号使用者已经形成了一定影响力（粉丝逾 300 万），且已经造成了严重的社会不良影响。

2018 年 5 月 23 日，微博客服专家团队发布信息称，下线微博主点赞显示功能，博主点赞的评论已不对外显示，仅自己可见。

2018 年 5 月 23 日，台湾知名女艺人林志玲通过其个人官方微博“@ 林志玲”（UID：1312412824）表示，“感谢法律最终还事实以真相，盗用名字的商标被判决无效了。希望这些商家以后能恪守诚信经营的商业道德准则，不要再通过这样不合法的方式误导消费者了。”此前，市场上出现了一款名为“林志玲 linzhiling”的化妆品盗用林志玲姓名生产、销售，并且在未获得授权的情况下使用她的肖像对产品进行宣传推广，让消费者误以为是其代言，被林志玲诉至法院。2018 年 5 月 23 日，上海市第一中级人民法院对台湾知名女艺人林某某起诉某医疗美容公司侵犯肖像权一案二审公开开庭并当庭宣判，维持一审关于认定某医疗美容公司构成侵权，赔偿林某某经济损失 6 万元、精神损害抚慰金 2 万元等共计 8 万余元的判决。

2018 年 5 月 24 日上午，由最高人民法院新闻局、执行局和山东省高级人民法院指导，山东省济南市中级人民法院承办的决胜“基本解决执行难”大型直播活动在济南市市中区法院进行。本次集中执行活动，通过网易新闻客户端进行全媒体直播，连续 3 个小时全媒体网络直播，吸引了 790 多万人次在线围观本次执行行动。

2018 年 5 月 24 日 9 时 39 分，作家郑渊洁通过其个人官方微博“@ 郑渊洁”（UID：1195031270）向安徽省芜湖市工商行政管理局官方微博“@ 芜湖工商”（UID：5107927977）举报称，“芜湖皮皮鲁文化传媒有限公司”擅自使用其原创的知名文学角色“皮皮鲁”作为企业名称，侵犯了其在先权益。当日 11 时 44 分“@ 芜湖工商”互动答复，“您反映的问题我们已经收到，将会认真调查，依法办理。”5 月 28 日，安徽芜湖市场监督管理局依法行政，责令侵权企业完成更名。

2018 年 5 月 24 日晚，一段四川蓬溪县某幼儿园“老师摔儿”的视频疯传于微博。视频中，老师惩罚学生，将孩子拎起来转圈，同时听到很多小孩在哭。25 日凌晨 2 时 15 分，四川省遂宁市蓬溪县公安局官方微博“@ 蓬溪公安”（UID：5137731959）发布通报：“已会同县教体局开展调查。”随后，该幼儿园发布致歉信，对涉事老师停职检查。

2018 年 5 月 25 日，国际失踪儿童日。公安部当天宣布，儿童失踪信息紧急发布平台“团圆”系统第四期正式上线。至此，“团圆”系统已经接入包括新浪微博、高德地图等共计 25 家新媒体和移动应用，微博话题阅读量已超过 13 亿。截至 5 月 15 日，公安部儿童失踪信息紧急发布平台共发布 3053 名儿童失踪信息，找回儿童 2980 名，找回率为 97.6%，其中，离家出走儿童 1705 名、迷路走失儿童 424 名、溺水等意外身亡儿童 140 名、解救被拐卖儿童 48 名。

2018 年 5 月 25 日 15 时 53 分，作家“@郑渊洁”（UID：1195031270）向浙江省湖州市市场监督管理局官方微博“@湖州市场监督管理局”举报称，“湖州皮皮鲁手绘创意文化有限公司”未经授权擅自使用其文学作品角色“皮皮鲁”作为不适宜的企业名称，侵犯了其在先权益，对合作者和消费者造成欺骗或误解。7 月 16 日，浙江省湖州市场监督管理局依法行政，责令该企业完成更名。

2018 年 5 月 25 日 12 时左右，有网友在微博大量传播南京地铁 3 号线林场站外高架下浓烟滚滚的视频及图片，并称“地铁因不明原因失火，影响正常运营”。南京地铁迅速与 3 号线调度中心核实情况，并通过南京地铁集团有限公司官方微博“@南京地铁”（UID：2638276292）在 12 时 30 分发出正面回应澄清事实。当日，该回应微博总计阅读量达 6 万，评论 100 余条。“@南京发布”“@高淳发布”“@龙虎网”等引述南京地铁官方微博发布口径，积极协同发布，快速引导舆论，恐慌秩序旋即回归理性。

2018 年 5 月 25 日，山东济南一男子发微博称，有“济南杀人犯把农家妇女杀害扔到河中”，并配有一身穿保安制服的男子照片，引起警方重视。5 月 26 日下午，微博发布者该男子因涉嫌编造虚假信息扰乱社会秩序被拘留 5 日。该男子称，他当天到泉城公园散发宣传单。在散发过程中，公园保安上前阻止并没收了宣传单页。为了泄愤拍下保安照片，在新浪微博中发布了该保安是杀人犯的虚假信息。

2018 年 5 月 26 日，百度公司诉罗昌平侵犯名誉权纠纷案一审宣判。北京市海淀区人民法院审理认为，罗昌平在其新浪微博上的涉案文章已构成虚假事实陈述，传播具有明显的诽谤意义，并且足以导致社会对百度公司产生负面的社会影响并降低其经济信用和社会评价，构成对百度公司的名誉权侵犯。判决其在新浪微博账户持续十日登载致歉声明，并赔偿维权支出 61800 元以及经济损失 12 万元。2018 年 1 月 23 日，罗昌平在其新浪微博发布博文“百度有一个‘打头办’，因为表现好，年终奖五个月奖金，厉害……”同时该博文配有三张图片，分别为《打头办近期工作要点》、微信用户聊天记录以及与“打头办”工作相关的聊天内容。

2018 年 5 月 26 日 12 时 25 分，网友“@东郡小周”（UID：6445315157）向湖南省衡阳市公安局官方微博“@衡阳市公安局”（UID：2142660111）反映称，网民“@蛇蝎布迷”连续在微博发布多条信息，言其 5 月 29 日将在长沙客运段进行“大屠杀”等极端言论，引发网友极大恐慌。微博接警后，衡阳市公安局立即联合相关业务部门落地查人，在当天 17 时 07 分将该男子抓获，并及时微博通报公告，赢得网络社会各界点赞。

2018 年 5 月 26 日 20 时许，湖南省益阳市沅江市公安局官方微博“@益阳沅江市公安局”接到一苏州网友私信求助，称其在微博上看到有湖南沅江某网友欲自杀。“@益阳沅江市公安局”获悉后，立即在线向湖南省公安厅官方微博“@湖南公安”（UID：5645893201）和湖南省益阳市公安局官方微博“@益阳市公安局”（UID：1929652370）汇报，湖南省公安微博即时启动三级联动，展开线上线下核查救助。1 小时后确定自杀网友身份，迅速找到网友并成功劝解。

2018 年 5 月 27 日，安徽省六安市发生部分学校教师集体讨薪事件。当晚，六安市人民政府发布新闻公告称，政府并未拖欠教师工资，同时也承认“在带离过程中，少数公安民警执法方式简单粗暴”，“对此，六安市人民政府表示诚恳道歉”。但很快，中国警察网安徽站官方微博“@中警安徽”（UID：3991933704）发布了一张“黑锅”照片，引发公众猜议其暗示警方背了黑锅。随着舆论关注升温后，“@中警安徽”屏蔽了此条微博。

2018年5月28日，联合国环境规划署官方微博“@联合国环境规划署”（UID：1821907411）联合“@微公益”（UID：2089358175）在微博正式推出#塑战速决#接力挑战活动，鼓励网友展示个人在一次性塑料消费行为方面的积极改变。微博用户只需要拍摄一段创意视频展现自己，并“@”三位以上的好友，让他们在24小时内同样上传视频即可完成挑战。截至2018年6月5日“世界环境日”当晚，#塑战速决#微博话题阅读量超1.4亿，网友讨论量超59万。

2018年5月28日凌晨，吉林松原发生5.7级地震引起广泛关注，网友“@芳芳XX如意XX”却在微博针对东北人发布不当言论，并称“（地震）为什么不大一点”，引起网友普遍谴责。5月29日，在吉林警方配合下，江苏省无锡市江阴警方第一时间锁定发帖人伏某某，并依法对扰乱公共秩序的伏某某以“寻衅滋事”刑事拘留。

2018年5月28日，网络谣传“成都某公司职工的妻子张某坐‘滴滴’车失联后，在一山洞中发现已被奸杀分尸”的信息，成都警方迅速查证。5月30日8时16分，四川省公安厅官方微博“@四川公安”（UID：3498446914）正式发布消息回应：经成都市公安局高新区分局核查，网传的相关内容系外省发生的案件，三名涉嫌编造、故意传播虚假信息的嫌疑人被依法刑事拘留。

2018年5月29日，北京市第一中级人民法院终审判令陈某在涉案微博上向范冰冰赔礼道歉并赔偿精神抚慰金及维权合理费用6.25万元。法院查明，2017年3月14日至4月24日，陈某利用其新浪微博账号“@秦岭二月”发布多篇针对范冰冰的微博，内容涉及捏造其与其他明星之间的私人关系。另外，陈某擅自在范冰冰的采访视频中加载属于他本人的微信二维码，将该视频呈现为以范冰冰名义邀请他人关注他的微信账号。

2018年5月29日上午，福建省泉港公安分局网安大队民警在开展网上巡查时发现，账号为“@林雯我想娶你”的微博发布了一条“泉港区涂岭镇某个自然村发生一起特大杀人案”的信息，引起部分不明真相的网友的评论和转发，造成不良的社会影响。5月29日下午，泉港公安分局迅速锁定造谣者，并依法对违法行为人林某炜给予行政拘留七日的处罚。

2018年5月29日，英国约克公爵安德鲁王子在访华推广他的创业类节目前夕，入驻中国社交媒体微博，认证微博账号为“@英国安德鲁王子”（UID：6562098560）。

2018年5月30日20时许，湖南衡阳籍英国留学生小李向湖南省公安厅官方微博“@湖南公安”（UID：5645893201）发私信称，其护照、签证丢失，但已购6月20日回国机票，且无法改签，特求助解决方案。“@湖南公安”值班民警收到后立即回复，引导请其先向我国驻英国大使馆求助后再协调国内出入境及时确认。5月31日14时许，在小李提供了身份信息后，“@湖南公安”立即将此情况通报湖南省公安厅出入境部门。6月9日16时许，小李再次发来信息，说已在我驻英国大使馆申请补办护照，但需国内出入境部门完成信息复核。“@湖南公安”对其进行安慰并告之其只要大使馆发来信息复核函会尽快协助完成。6月10日14时许，湖南省公安厅出入境部门向“@湖南公安”反馈，已完成小李的身份复核并反馈给大使馆。“@湖南公安”立即将此消息告诉小李，小李回复“真……真的吗？感动的泪水”。

2018 年 5 月 30 日 8 时 16 分，四川省公安厅官方微博“@ 四川公安”（UID：3498446914）发布辟谣信息：《网络谣传成都发生恶性案件，警方依法刑拘三名造谣者》，就 5 月 28 日网传“成都某公司职工的妻子张某坐‘滴滴’车失联后，在一山洞中发现已被奸杀分尸”事件作出澄清，并通报已将涉嫌编造、故意传播虚假信息的嫌疑人依法刑事拘留。该谣言出现后，成都市公安局高新区分局立即核查，网传的相关内容系外省发生的案件。经警方深入调查后查明：成都某公司员工周某在 QQ 群看到一条“外省某地张某（女）失联的寻人启事及遇害信息”的微信截图后，于 5 月 28 日上午向公司同事杨某某转述此事时，将事发地杜撰为成都，并被另一同事黄某听到。当日 10 时许，黄某、杨某某通过微信朋友圈编造发布了“成都发生杀人分尸案”的不实信息，导致在网络上广泛传播，造成恶劣社会影响。

2018 年 5 月 30 日，为了保护用户利益并进一步提高处置有关高仿账号诈骗行为的效率，新浪微博防诈骗官方微博“@ 微博防诈骗”正式开通上线，并创设话题#微博防诈骗#，同步设置了专门的私信举报渠道受理有关的举报。“@ 微博防诈骗”提示用户，如果发现自己的账号被模仿、收到高仿账号发来的私信或发现诈骗账号在活动的用户，都可以直接通过私信“@ 微博防诈骗”的方式直接进行举报。私信中须提供高仿账号的昵称或链接地址或账号页面截图，以便工作人员核实处置。

2018 年 5 月 31 日凌晨，霍某因驾车超速违章，在收到违章处理短信后心生怨恨，遂登录其微博“@ 最爱宝贝 79674”发表了 2 条辱骂交警的内容，并用“太不要脸了”等词语来发泄情绪。当日凌晨，麦积公安分局网安大队发现该微博账号辱骂交警的言论后，立即依法传唤了嫌疑人霍某。警方依法对霍某处以 5 日以上 10 日以下治安拘留，并处 500 元以下罚款。但因霍某到案后悔过态度好，及时删帖消除了影响，加之其家中有一名 1 岁的小孩无人照料，麦积公安分局本着教育与处罚相结合的原则，决定对其教育训诫，免于处罚。

2018 年美国当地时间 5 月 31 日，特朗普政府宣布对欧盟、加拿大、墨西哥征收钢铝关税。加拿大总理特鲁多于北京时间 6 时 41 分起，在其新浪官方微博“@ 特鲁多多_JustinTrudeau”平台连发 5 条微博“应战”：“美对我征税一元，我们也对美征税一元！”

六月

2018 年 6 月 1 日上午 8 时 03 分，有网友向宁夏固原市网络安全与信息化办公室官方微博“@ 固原发布”（UID：5802042578）反映称，“一大早就有人在丝路广场卖膏药，竟然还有人相信，希望有关部门查查”。“@ 固原发布”随即转办固原市市场监督管理局官方微博“@ 固原市场监管局”。当日上午 9 时 30 分，固原市场监管局对该销售药品地点进行检查，现场没收无标识中药膏 39 贴，私自配制膏 1 瓶，并对销售人员进行批评教育，对销售地点进行依法取缔。

2018 年 6 月 2 日，广东省深圳市公安局交通警察局官方微博“@ 深圳交警”（UID：1792702427）接到网友举报称，一辆号牌为云 A2C07R 的小车违规超车，涉嫌改装。接到举报后，深圳交警机动训练大队迅速介入调查，并于 6 月 5 日将车辆依法查扣。经车管部门鉴定，该车的车身外观有改动，改为 STI 车型，进排气系统均进行非法改装。6 月 11 日，云 A2C07R 号牌蓝色小车的车主李某到深圳交警机动训练大队接受调查。李某称，他是 2018 年 1 月买的二手车，并于 3 月份在广州一汽配城进行改装。最终，深圳交警依法暂扣该机动车，并对于司机李某违规超车的行为，罚款 200 元，记 3 分的处置。“@ 深圳交警”在微博通报中表示，对于其非法改装的行为，在调查完毕之后，将依法进行处罚。

2018 年 6 月 2 日，在云南省人民政府防范和处理邪教问题办公室官方微博“@ 云南反邪教”（UID：5928329852）一则微博下面的评论区中，有网友称自己和女儿在儿童节遇到一位阿姨传播“三退保平安”等邪教思想。收到该评论消息后一分钟，“@ 云南反邪教”即时互动回应，提示该网友拨打 110 举报。随后，“@ 云南反邪教”再次发出微博，引导广大网友遇到此类情况时的三种举报方式。邪教不仅危害家庭和谐、危害社会稳定，而且对国家安全也有一定的损害。

2018 年 6 月 3 日，国家税务总局官方网站对 5 月 28 日、29 日崔永元连续两天在微博上爆料有艺人 4 天拿 6000 万元天价片酬，并起底疑似用“大小合同”“阴阳合同”等偷漏税一事作出回应。国家税务总局责成江苏等地税务机关调查核实，有关影视从业人员“阴阳合同”中的涉税问题，如发现违反税收法律法规的行为，将严格依法处理。

2018 年 6 月 3 日 11 时 23 分，网友“@ 疯狂 rivaldo”发微博反映“东城区体育馆路南岗子街居委会的老年餐桌，挺好的，经济实惠，但是出现了新问题，他配餐是按登记的老年人份额来的，因为便宜，附近非老年居民也来买，很快就卖光，一般 11 时开始，20 分钟卖光，于是就会出现有已登记老年人确买不着的情况，望政府酌情解决”。6 月 3 日 13 时 01 分，北京市东城区官方微博“@ 北京市东城”（UID：2590506110）将该问题转交给相关部门核实处理，并于 6 月 12 日将处理结果反馈网友。

2018 年 6 月 4 日，广东省深圳市公安局交通警察局官方微博“@ 深圳交警”（UID：1792702427）接网友举报称，铜鼓路由南向北方向华润城路段经常有车逆线超车，影响从北向南方向行驶车辆。并称当日 9 时 52 分左右，一辆车牌疑似粤 B5A59D 的棕色东风日产 sunny 小轿车，逆线超车并毫无减速的向其冲来。其示意后，对方依然没有减速并继续逆线超车。6 月 4 日下午，深圳交警传唤粤 B5A59D 小车司机胡某前来接受调查。司机胡某称，行车过程中自己肠胃不适，急于上洗手间，而前方车速慢，就借道超车。深圳交警遂对其影响对向车道车辆正常行驶的违法行为，处罚款 200 元、记 3 分的处罚。

2018 年 6 月 4 日 16 时 36 分，网友“@ 野马不识归途”微博诉称，其 4 月 7 日至 29 日在宁夏灵武市方家庄电厂从事绿化工作后，绿化公司至今未支付工资。银川灵武市委市人民政府官方微博“@ 灵武微博”（UID：2129300643）迅速关注并互动了解详情，并于 6 月 5 日 16 时 04 分在线转办灵武市人力资源和社会保障局官方微博“@ 灵武人社”（UID：2695667542）受理。经灵武市劳动保障监察执法局督查落实，不到一天时间，被拖欠一个月的工资 2300 元结清。6 月 6 日 11 时 33 分，灵武市人力资源和社会保障局回应该网友，“您的工资刚刚已结清，请注意查收”。

2018 年 6 月 5 日 9 时 46 分，北京市第一中级人民法院官方微博“@ 北京市第一中级人民法院”（UID：3820915614）发布《审判快讯》：范冰冰起诉姓名权、名誉权被侵，二审维持原判。2017 年 3 月 14 日至 4 月 24 日期间，因陈永朋在其微博“@ 秦岭二月”中发表多篇涉及捏造其与范冰冰私人关系的言论，另在含有范冰冰的视频中加载自己微信二维码，范冰冰以姓名权、名誉权被侵为由，将陈永朋及新浪微博诉至法院。法院一审判令陈永朋在涉案微博上向范冰冰赔礼道歉并赔偿精神抚慰金及维权合理费用 6.25 万元。陈永朋不服，上诉至北京市第一中院人民法院，北京一中院近日终审判决驳回上诉，维持原判。

2018 年 6 月 6 日晚 21 时 06 分，湖南省高速公路交通警察局官方微博“@ 湖南高速警察”（UID：2054302531）发布的一条“紧急通知”牵动了网友的心。通知称，一名7个月大的婴儿全身大面积烫伤，情况危急，正紧急护送长沙就医，请求沿线高速车辆让行。21时40分，湖南省高速公路交通警察局常德支队官方微博“@常德高速警察”（UID：6474928851）发布微博称，“已接到求助车辆，正往长沙方向牵引”。随后，湖南省各大政务微博、媒体官方微博、网友微博等都积极参与转发互动，并通过线上与线下联动，在湖南高速上演了一场爱心让行大行动。在张家界、常德、益阳和长沙支队接力护送下，200多公里的路程，仅用2.5小时即完成了接力护路。22时55分，民警将烫伤婴儿小朋友于安全送至医院，经救治后转危为安。

2018年6月7日，安徽网友“@可爱环环的小小幸福”（UID：2317251891）向安徽马鞍山市当涂县委宣传部官方微博“@当涂发布”（UID：2857672994）反映诉求称，“安德利超市的风机噪音严重扰民，夜不能寐，终日惶恐，睡眠不足，谁来拯救我们的健康”。“@当涂发布”随即移交当涂县环保局办理。环境执法人员现场查看后，要求该超市尽快将室外风机移位至不影响居民处。截至6月底，该风机已拆除移位。“@当涂发布”在6月13日正式回应网友投诉并公示处置结果。

2018年6月7日9时08分，成都网友“@表里深浅”反映称，华阳街道海昌路施工工地“平时一早到晚上22点以后都在制造噪音，周末更是没有停”，今天在高考期间继续制造噪音。2分钟后，四川省成都市天府新区政务服务中心官方微博“@天府服务”（UID：3993597995）即时响应，与网友互动确认噪音发生具体地点后，9时41分立即转派华阳街道安排工作人员到现场进行核实处理，9时58分施工停止，历时17分钟。

2018年6月8日晚20时49分，网友“@熊猫晶小小”（UID：2798308985）作为路障受害人向中共银川市委办公厅市政府办公厅官方微博“@问政银川”（UID：2239586647）反映称，“贺兰县政务服务中心前的月亮湖西边的这条路上原来有三个限宽路障，后被剪掉了中间的一个，但因没有处理得跟地面保持水平，遗留下来的路障足足有十几厘米高，且切口粗糙，致使过往车辆爆胎事情屡屡发生”。经“@问政银川”批转督导银川市贺兰县政府官方微博“@贺兰微博”（UID：2129935833）后两日，宁夏银川贺兰县城市管理监察大队官方微博“@贺兰县城管”（UID：5572866081）公示：“贺兰县城市管理综合执法局领导立即赶赴现场进行实地勘查，发现所投诉问题确实存在，立即安排工作人员对裸露在外的遗留路障进行拆除”，“该路面现已恢复正常通行”。

2018年6月9日，受台风“艾云尼”影响，广东省肇庆市所有旅游景区紧急临时关闭，肇庆市旅游局官方微博“@肇庆市旅游局”（UID：2024918751）当天滚动播报灾情和预警信息61条，推送的天气预警、景区关停、多部门救援、助力高考的报道一天的关注度634638人次。台风期间，经肇庆市旅游局全体人员的努力，现场巡查与网络信息即时互通，微博滚动预警播报。因应急宣传和疏散游客及时，未收到一例旅游伤亡安全事故报告。

2018年6月10日20时05分，网友“@额淡然16197”向安徽省淮南市公安局交通管理局官方微博“@淮南公安交警在线”（UID：3989622954）反映称，城区货车通行扰民。21时06分，“@淮南公安交警在线”督转淮南市公安局交警支队田家庵一大队官方微博“@淮南交警田家庵一大队”（UID：6179762640）给予关注处置。随后，淮南交警田家庵一大队线上互动与线下行动相结合，逐条答复网友所提出的问题，组织警力在相关路段开展整治行动，同时联系相关责任单位从源头解决货车闯入禁区的问题。

2018 年 6 月 12 日，陕西咸阳高速交警官方微博“@ 咸阳高速公路交警大队”（UID：2767648520）在线接网友举报称，当日 17 时左右，在一辆从咸阳开往旬邑的咸旬高速客运班车上，驾驶员不顾行车安全，竟然在行驶途中偷拍女乘客，被乘客现场抓拍照片并发到了微博上。接到举报后，“@ 咸阳高速公路交警大队”立即线下指令交警咸旬中队上路稽查。经过民警对咸旬高速咸阳至旬邑线上行驶的长途客车进行摸排，并与旬邑客运公司协同调查，确认偷拍嫌疑人为旬邑客运公司陕 D×××××营运班车驾驶员张某。当看到民警拿出微博网友曝光其龌龊行径时，驾驶员张某悔恨不已。随后，交警部门对其批评教育，并处以罚款 100 元、记 2 分的处罚。

2018 年 6 月 12 日 9 时 55 分，固原网友“@ 出走仍少年”（UID：1424109874）向宁夏固原市网络安全与信息化办公室官方微博“@ 固原发布”（UID：5802042578）反映称，“固原新一中公交站点前的路，一中学生每天必经之路，都烂成这样了，能不能给修一下?”配图显示某公交站台前的井盖裸露，且路面坑洼低陷。接到投诉 2 小时后，“@ 固原发布”立即转办中共固原市原州区委员会宣传部官方微博“@ 原州发布”（UID：5944062564），“@ 原州发布”进一步督办责任主体固原市原州区城市管理局官方微博“@ 原州城管”（UID：5910053044），要求“尽快解决”。6 月 14 日 9 时 06 分，“@ 原州城管”配图答复“已将该路段修补完毕”。网友“@ 出走仍少年”亦在互动中称“看到你们维修了，代表师生谢谢你们!”知政观察团成员“@ 发布君”（UID：6147682518）评论说，“从略带怨气的‘官老爷’称呼到由衷地‘谢谢你们’，通过这次微博互动，我相信博主对待政府部门的态度已经发生了转变”。

2018 年 6 月 13 日 9 时，最高人民法院新闻局、执行局与安徽省高级人民法院联合举办第五期“决胜执行难”全媒体直播活动，重点关注安徽法院执行工作，对一批基层法院执行案件进行了全媒体直播。

2018 年 6 月 13 日，一段“疑似交警碰瓷执法”的视频在微博广泛传播，网友热议。湖南省衡阳市公安局官方微博“@ 衡阳市公安局”（UID：2142660111）及时回应称，“相关部门连夜安排警务督察部门开展调查”。6 月 15 日凌晨 3 时 57 分，“@ 衡阳市公安局”发布事件调查结果和事件处理意见，确认“在争执中，徐根林欲驾车驶离，辅警常建平未与其车辆接触而倒地。”基于此对“6・13”事件作出初步处理意见：石鼓交警大队辅警常建平在执勤过程中“行为不当，决定对其停职调查”，“石鼓交警大队三中队指导员凌受平在带队执勤过程中现场处置不力，决定对其停职调查”。舆论表示，此次事件处理全程公开透明、公平、公正，做到了不遮掩、不护短。

2018 年 6 月 13 日，一名网友将一段行车记录仪上传至微博并“@”广东省深圳市公安局交通警察局官方微博“@ 深圳交警”（UID：1792702427），视频显示：该网友行车途中被一小车司机别停，对方大爆粗口，自称警务人员，态度嚣张。接警后，深圳交警迅速根据举报视频线索锁定被举报人。6 月 14 日下午，被举报人被传唤到深圳交警机动训练大队接受调查。被举报人自称自己驾车在路口准备左转时，后车鸣喇叭闪灯，引起自己路怒症，在逼停对方理论时发现对方身材高大，担心被打，谎称自己是警务人员。最终，被举报人被行政拘留 5 日，深圳交警对其交通违法行为一并处罚。同时，举报人因存在转弯车道直行，也被处以 300 元罚款。从接到微博举报到事件处理完毕，深圳交警微博不间断与网友互动，持续发布事态进展。

2018 年 6 月 13 日 21 时 30 分左右，网传“12306 数据疑似泄漏”，迅速引发网民强烈关注，关键词“12306 密码”也很快进入新浪微博热搜榜第 6 位。当晚 22 时 54 分，中国铁路总公司官方微博“@中国铁路”（UID：2549511007）快速响应，及时澄清并发布“经核查，该网站未发生用户信息泄漏，网传信息与铁路 12306 网站无关”，并提示广大旅客通过“www. 12306. cn”网站和“铁路 12306”客户端购票，避免非正常渠道购票带来的风险。全网各大媒体官方微博、自媒体微博据此快速撰写辟谣新闻，舆论恐慌情绪随即消解。该条微博阅读数达 1786 万，转、评、赞均过万。

2018 年 6 月 14 日 18 时 33 分许，广西壮族自治区柳州市公安局网络警察支队官方微博“@柳州网警巡查执法”（UID：1960084917）接网民私信称，他看见有朋友正在发微信朋友圈直播其“烧炭自杀”，并称半个小时更新一次朋友圈。接报后，柳州网警在 10 分钟内确定该网民为来宾网民，并第一时间将自杀网民的相关信息转交给属地来宾市公安局网安支队官方微博“@来宾网警巡查执法”。当日 19 时 05 分，来宾警方迅速找到该名正在烧炭自杀的网民梁某，并成功将其解救。

2018 年 6 月 15 日 0 时 17 分，网友“@家庭装普通文盲”配图发微博向银川市市政工程管理处官方微博“@银川市政管理”（UID：1973758332）反映称，“银川玉皇阁满街和南薰路交叉口的雨漏井天天晚上有人偷倒厨余垃圾，泔水，恶臭难闻，就没人管管么?”当日 16 时 47 分，“@银川市政管理”互动回应，“首先我单位对餐饮部门在城市汛期期间，随意向雨水井倾倒餐厨污水垃圾，导致雨水井堵塞情况，表示强烈谴责并责令禁止倾倒。同时，我处已安排工作人员，对该处堵塞雨水井进行清掏疏通。欢迎大家共同监督关注。”

2018 年 6 月 15 日晚间，云南艺术学院一女生张某晴失联的信息在网络广泛传播，引发网民关注。6 月 16 日晚 22 时 21 分，云南省昆明市呈贡新区管理委员会官方微博“@昆明市呈贡新区管委会”（UID：3806199641）发布案件调查情况通报，公开了呈贡警方案件受理及调查情况，并通报“云南艺术学院内一理发店老板黄某昆有重大嫌疑，6 月 16 日，公安机关已找到被害人张某晴的遗体，并将犯罪嫌疑人黄某昆抓获”。此通报成为该事件社会关切和媒体关注的唯一权威信源，及时满足了社会公众的知情权。

2018 年 6 月 19 日，北京朝阳大悦城，一辆破奥迪 R8 在遇到交警盘查的时候，无视民警指令，先倒车后又猛踩油门，将一名交警撞飞至隔离护栏，并强行高速逃离现场。事发现场网友拍摄的视频旋即进入微博，并引爆舆论关注。16 时 34 分，北京市公安局公安交通管理局官方微博“@北京交警”（UID：3427645762）发布警情通报称，“警方已在定福庄北街某小区附近发现该肇事车辆，对肇事司机追查工作正在进行中”，并向社会征集侦破线索。16 时 49 分，北京市公安局官方微博“@平安北京”（UID：1288915263）在转评“@北京交警”微博时一声正气，断喝厉评：“这里是北京，事发是朝阳，肇事司机，认清形势，选择自首!”赢得网友叫好。某网友说，“我这没干过坏事的听到‘这里是北京，事发是朝阳’，我都直哆嗦……”6 月 19 日 23 时许，嫌疑人盖某向公安机关投案自首，并被朝阳公安分局依法刑事拘留。

2018 年 6 月 20 日 9 时 57 分，网友“@卖水晶的猪猪”（UID：1706670415）上传了一段拍自地铁车厢正在巡逻的警犬的小视频，说“警察蜀黍执勤啦 ~ 可爱 ~”，广大网友纷纷好奇关切。“很好的感觉，好有安全感，咋我就没碰到过呢?”“好想摸摸这个可爱的警察战士！敬礼!”11 时 42 分，广东省广州市公安局官方微博“@广州公安”及时互动转发回复，

“民警带搜爆犬进地铁车厢巡逻是我们的一项常规工作。请大家积极配合，同时不要触摸、打扰警犬哦，用眼神和相机打 call 就好”，呼吁网友理解并积极配合警方工作。该微博被多家媒体和自媒体采用转载，阅读量 2.8 万次。

2018 年 6 月 20 日 9 时 59 分，网友“@冉子宝贝”（UID：1099242634）向银川市市场监督管理局官方微博“@银川市场监管”（UID：1975923223）投诉称，“今早在沙湖宾馆吃早餐，我在小笼包的柜台等了足足五分钟，期间招呼过好几个服务员，均不搭理，之后主管过来就给他们的员工找借口，一句承认错误的态度和话语都没有，居然把端午放假这种借口都拿来搪塞我，我投诉沙湖宾馆店大欺客。”“@银川市场监管”接到网友诉求后，立即安排执法人员对事件进行调查核实。下午 15 时 46 分，正式回应称，“执法人员对沙湖宾馆负责人进行了批评教育，要求该企业定期加强员工素质培训并提高服务质量。商家已对当班服务人员进行罚款的处理。”围观网友看到后“惊呼”，“这种情况都能投诉?”

2018 年 6 月 20 日 19 时 28 分，南昌市洛阳路一清空拆迁楼房发生脚手架坍塌，事件发生后，西湖区政府、公安、消防、施工单位、城管、120 等部门第一时间赶赴现场开展救援工作，同时对坍塌脚手架进行清理。当晚 22 时 07 分，南昌市人民政府新闻办公室官方微博“@南昌发布”（UID：2418432711）发布：“经消防部门通过搜救犬和生命体征探测仪现场勘察确认，现场未发现人员被困，暂无人员伤亡报告，事故现场正在进一步清理。”6 月 21 日 6 时，当“@为朋友筹救命钱”“@金轮资讯”等发布微博称，“网曝，南昌拆迁大楼突然倒塌，埋了多人，正在挖掘救人”时，早先及时权威的官方微博信息即时成为“辟谣子弹”，网友们纷纷点赞并自发开展对造谣账号批评谴责。

2018 年 6 月 21 日上午 8 时 55 分，北京市西城区人民政府新闻办公室官方微博“@北京西城”（UID：2208751963）对第 47 次西城区政府常务会议进行了微博视频直播，会议由西城区区长王少峰主持。此次会议微博视频直播持续到 11 时 46 分结束。在近 3 个小时的区政府常务会议期间，共有 1.8 万人次通过微博“列席”观看参与。这种利用微博视频直播政府常务会议的政务公开方式，在北京市尚属首次。

2018 年 6 月 21 日 20 时 39 分，中共海南省三亚市委宣传部新闻发布官方微博“@三亚发布”（UID：2074376453）就网友反映三亚市人民政府与三亚沈煤信诚公源房地产开发有限公司在三亚半岭温泉项目开发中合同纠纷一事，向市民网友公布情况说明：“此案已进入司法审查程序，三亚市政府将秉持依法行政原则，通过法律途径解决争议问题。”

2018 年 6 月 21 日 19 时 11 分，网友向辽宁省辽阳市交通局官方微博“@辽阳交通”（UID：5862294576）反映称，站前出租车秩序混乱，车辆行人通行困难。19 时 36 分，“@辽阳交通”责成辽阳市运管处立即处理，并向市交通局主要领导汇报。19 时 50 分，辽阳市运管处人员到达事发地规范恢复了交通秩序，并向交警部门通报情况。针对此事，辽阳市交通局专题研究与交警部门联合规划出租车候车位，调整监控摄像设备，安排执法人员值守。同时决定，针对出租车市场的各种问题，从 6 月 28 日起，全市开展客运市场治理活动。

2018 年 6 月 22 日 9 时 35 分，北京市海淀区人民法院官方微博“@北京海淀法院”（UID：3927469685）发布案件播报：因认为新疆卡乐士商贸有限公司在其官方微博“@乌鲁木齐卡乐士生活广场”（UID：3052007480）擅自发布《吾皇》作品形象，梁先生（又名“白茶”）、一间宇宙（北京）文化有限公司以著作权权属、侵权纠纷为由将新疆卡乐士商贸有限公司、新浪微博的开发运营者北京微梦创科网络技术有限公司诉至法院，要求二被告停止侵权、赔礼道歉，并赔偿经济损失及维权费用 50 万元。北京市海淀区人民法院已正式受理此案。

2018 年 6 月 22 日，网友“@一个努力的 A 梦”将 2017 年 10 月 14 日与山西省晋中市公安局官方微博“@晋中公安”（UID：1914281205）的私信对话截屏曝光。对话显示，“@晋中公安”故意对网友可谓通俗易懂表达的因亲人受骗而举报的求助诉求不做出任何正常思维的互动回应，而是反反复复“挑刺”该网友的文字“表达水平”，并在多达 13 轮的互动中反复无趣地请该网友“罗列一下语文老师”“一至六年级”“七至九年级”“语文是体育老师教的”，甚至称其对网友表达“不知所云”而且“我很为这些老师悲伤”等。直至 15 日互动中终于正常接话，却要该网友首先“关注”自己成为其“粉丝”，并且拉入其微博群云云，依然不对实质问题切入。此微博既出，立即引发网友热议，转发逾 6500、评论超 2100。网友“@不瘦 20 斤不化妆”说，“是他语文水平有问题吧？这么清晰的表达看不懂？”网友“@老鸡已经毕业了”说，“感觉真的是脑残啊！”中国传媒大学媒介与公共事务研究院政务新媒体实验室官方微博“@政务微博观察”评论道，“网友反映的诉求并不难理解，却为何成为了‘鸡同鸭讲’、吹毛求疵式的装傻充愣？微博已九年，这种过气了的‘唯粉丝论’已经病态到如此地步？令人瞠目结舌！”

2018 年 6 月 23 日 20 时 16 分，湖南省公安厅官方微博“@湖南公安”（UID：5645893201）发布通告称，6 月 15 日，“@湖南公安”通过新媒体线索受理一起涉嫌非法捕猎案件，交办湖南省怀化市公安局官方微博“@怀化警务”（UID：5114103659）后，怀化警方会同怀化森林公安局迅速侦办。6 月 21 日，“@怀化警务”反馈，作案嫌疑人张某成已被抓获，警方已初步查明其非法捕猎的相关情况，案件正在进一步处理中。

2018 年 6 月 23 日晚，网友“@我是迷人的小公主丫丫”在新浪微博发文称：“有炸弹！可以炸！允许炸！我会丢去这个地方”，该条微博配有一张广西某市人民政府的照片。接网友举报后，广西壮族自治区玉林市公安局官方微博“@玉林公安”（UID：2606046724）立刻展开线上线下调查。7 月 1 日，玉林警方在上海依法传唤该微博注册者高某（女，34 岁，上海市闸北区人），其承认为了增加粉丝而发表该博文，并无犯罪预备、实施的行为。经民警批评教育，高某对自己的行为后悔不已，并写下了悔过书。

2018 年 6 月 24 日晚 20 时 11 分，昆明网友“@mikeking3280”（UID：1251650103）微博配发随手拍相片，向云南省昆明党务政务信息公开平台官方微博“@昆明发布”（UID：3816699409）诉称，“盘龙江里一个排污口排出带有恶臭的有白沫的水，上午经过的时候就已经是这样了，现在是晚上 20 时 06 分，依然排出这么可怕的水，请调查是什么水？拍摄具体位置在白云路的盘龙江桥上”。25 日上午 9 时 33 分，“@昆明发布”立即督办昆明市滇池管理局官方微博“@滇池清”（UID：1346735005）介入调查回应。25 日下午 15 时 36 分，“@滇池清”公开反馈：“市民反映的是白云路箱涵，主要功能是避免金星立交桥至白云路淹积水。该箱涵设置了末端溢流截堰，旱季污水截入第四水质净化厂处理。近期由于单点暴雨频发，造成水质净化厂不能完全收集处理，导致雨污混合水溢流翻坝排入盘龙江。待雨水调蓄池扩容工程完成后，能够全部收集处理。”

2018 年 6 月 25 日凌晨，云南省昆明市突降暴雨，致多条道路积水，当天恰逢周一，同时也是南二环升级改造的首个工作日。为应对突发天气和特殊情况导致的交通拥堵，昆明市党务政务微博矩阵“昆明发布厅”的气象、交警、排水等职能部门官微和基层政务官微持续联动，随时更新微博，为市民提供信息服务，并在线受理网民反映问题，全力保障道路安全畅通。据云南省昆明市党务政务微博矩阵核心账号“@昆明发布”统计：2018 年上半年，“昆明发布厅”总计办理网民反映问题 5591 项，其中办结 4768 项，办结率 85.3%。

2018 年 6 月 25 日，公安部刑侦局副局长陈士渠通过其个人官方微博“@陈士渠”（UID：1890443153）表示，近日，杭州近 30 位受害老人反映，因投资了“爱福家居家养老服务平台”，被骗金额超千万元。舆论积极认为，作为业内防骗打拐的知名人士，陈士渠的发声将爱福家从一个地域性范围的案件上升为全民关注的案件，也让爱福家的事件再一次走入公众视野。

2018 年 6 月 25 日 16 时 40 分，有网友私信向安徽省安庆市公安局官方微博“@安庆公安在线”（UID：2638330734）反映称，其同学吞服安眠药轻生。“@安庆公安在线”立即对相关情况进行核查，同时向安徽省公安厅官方微博“@安徽公安在线”（UID：1419172372）汇报。安徽省公安厅指令安庆市公安局进行全力救援，经过警方 1 个小时紧急搜索，在天柱山景区找到了已神志不清的女子。

2018 年 6 月 25 日 20 时 46 分，成都商报官方微博“@成都商报”（UID：1700648435）发文称，“15 日晚 SM 广场发生小孩触电事故”且“25 日记者前往事发地后，导视牌仍在正常运行，商场未作回应”。6 月 26 日 18 时 57 分，成都市成华区安全生产监督管理局官方微博“@成华安监”公布调查及处置情况回应称，经会同区商务局及建设路街道办事处对 SM 广场（成都）有限公司进行现场核查后，“所查媒体报道属实”。成华区安监执法人员现场发出执法文书，责令该公司经营场所内人员可以直接接触到的广告牌、导视牌等通电设施全部暂停使用，封挡涉事导视牌，进行全面的隐患排查，并将开展进一步的事故调查处理。并称“下一步，区安监局将组织多部门联合开展专项执法检查，对辖区内大型综合体和人员密集场所进行安全用电集中整治行动，杜绝同类事故的发生”。

2018 年 6 月 26 日下午，因天气原因，北京地铁外部一块彩钢板被刮入地铁机场线运营正线，影响机场线 T2 至三元桥区段正常运营。15 时 34 分，北京地铁公司官方微博“@北京地铁”（UID：2778292197）对故障情况进行及时通报，并积极做好后续情况的续报工作，同时针对网友询问的原因进行了解释说明，共计发布信息 3 次，阅读总量超过 340 万次。

2018 年 6 月 26 日下午 18 时 25 分，江苏省南通经济技术开发区人民法院官方微博“@南通开发区法院”发出一则情况说明称，上午该法院在审理一起贩卖毒品案件时，正在候审的被告人之一马廷江提出要上厕所，在未经法警准许情况下突然冲出法庭，并迅速从二楼跳窗逃跑。7 月 3 日上午，“@南通开发区法院”再发布情况通报称，涉事执勤法警已于 6 月 27 日起停止履行职务，接受组织调查。

2018 年 6 月 26 日，山东省烟台市中级人民法院公开开庭审理了公益诉讼起诉人烟台市人民检察院诉徐某名誉权纠纷一案，并当庭宣判。法院审理认为，徐某利用互联网微博发表带有侮辱性的不实言论，公然辱骂烈士，歪曲烈士英勇牺牲的事实，其微博被网友截图并大量转发和评论，造成恶劣影响，构成对烈士名誉的侵害。该行为不仅侵害了烈士张鑫的名誉权利，而且严重伤害了张鑫烈士亲友及社会公众的情感，损害了社会公共利益，依法应当承担名誉侵权的民事责任。经当庭合议，法院判决徐某于判决生效 10 日内，在省级以上新闻媒体公开赔礼道歉。宣判后，当事人双方均当庭表示不上诉。该案是《中华人民共和国英雄烈士保护法》施行以来，山东省判决的首例英烈权益保护公益诉讼案件。

2018年6月26日，在郑州东开往安阳东的高铁上，一女士在卫生间使用防晒喷雾，导致列车停车，延误3分钟。此事件引广大网友的关注，为啥会停车？是什么原因导致停车？6月29日上午11：48，中国铁路郑州局集团有限公司官方微博“@郑州铁路局”及时编发科普组图回应网友疑惑，普及铁路安全常识。

2018年6月27日，中央宣传部、文化和旅游部、国家税务总局、国家广播电视总局、国家电影局等联合印发《通知》，要求加强对影视行业天价片酬、“阴阳合同”、偷逃税等问题的治理，控制不合理片酬，推进依法纳税，促进影视业健康发展。5月28日、29日崔永元连续两天在微博上爆料有艺人4天拿6000万元天价片酬，并起底疑似使用“大小合同”“阴阳合同”等偷漏税内幕。

2018年6月27日上午，河北唐山“教科书式老赖”一审被判8个月。2017年11月16日开始，唐山赵勇在其微博“@认真的赵先森”陆续发表文章和两年来与肇事司机黄淑芬就赔偿事宜交涉未果的录音与视频，描述自己因父亲2015年10月6日被黄淑芬开车撞成重伤车祸776天后“被改变的人生”，指责黄淑芬和刘明月是“教科书式耍赖”，引发网络社会关注。此前，2017年6月8日，法院判决肇事者黄淑芬赔偿86万元，然其一直未表现出履行判决诚意，甚至叫嚣“我是人品有问题，你在这儿说还有啥用”“我是收入不低，我得还贷款”。微博曝光后，2017年11月20日，黄淑芬被列入“全国法院失信被执行人名单”。2017年11月25日，唐山市中级人民法院以“被执行人黄淑芬拒不履行生效法律文书确定义务”为由，决定对黄淑芬司法拘留15日，冻结黄淑芬的佣金及查封其名下相关资产；同日，赵勇第一次收到黄淑芬女儿支付的3万元赔款。2017年11月26日，黄淑芬被拘留15日。2017年12月1日，赵勇父亲去世，法医病理鉴定书显示，赵父死亡与交通事故存在因果关系。同日，唐山市中级人民法院官方微博“@唐山中院”发布《关于赵香斌与黄淑芬交通事故责任纠纷一案的情况通报》，称法院正在对黄淑芬的财产及黄是否存有转移财产情形进行深入调查，一旦发现可供执行财产，依法处置变现并及时给付；一旦查实黄涉嫌拒不执行法院判决裁定罪，将依法从快移送公安部门追究其刑事责任；根据执行工作实际情况，对案件执行不能的部分，及时启动司法救助。随后，黄淑芬因涉嫌交通肇事罪被唐山市丰润区人民检察院批准逮捕，其涉嫌犯交通肇事罪一案立案。

2018年6月27日16时56分，山东德州市公安局经济技术开发区公安分局官方微博“@德州市公安局经济开发区分局”（UID：2843092147）发布一男子持棍暴力殴打幼童的视频，并称视频中殴打小孩的男子为“甘肃省西峰人、继父”，该视频实系6月16日发生在江苏宿迁，并早已被媒体公开报道。此举引发网友特别是甘肃籍网友的声讨，随后德州警方迅速删除微博。网友在坚持要求德州警方道歉的同时质问“公安造谣一删了之，连个道歉也没有。是不是所有网民都可以这样？”

2018年6月27日，安徽省宿州市萧县互联网宣传管理办公室官方微博“@萧县发布”（UID：3215052832）发布一条追捧娱乐明星的微博内容，并添加娱乐话题，被网友质疑“政府公众平台被当成追星的阵地”“蹭热点”。随后，“@萧县发布”删除该微博并“拉黑”或取消网友关注。6月28日，“@萧县发布”回应称，“由于微博起步较晚，经验不足，有些地方做得确实欠妥，对此带来的负面影响诚恳道歉”。

2018年6月28日起，陕西省安康市汉滨区人民法院官方微博“@安康市汉滨区法院”（UID：2554679457）连续多日发布世界杯的消息，并且有的消息发布时间为正常工作日的上班时间，被网民质疑“发出与工作无关的内容属于不务正业”。7月3日中午，该院回应称，“由于每天微博和微信发布的条数是有数量要求的，所以这名新来的同志为了完成任务，就发布了一些世界杯比赛的消息”，该院已经对涉事的工作人员批评教育。

2018年6月28日凌晨，共青团成都市委员会官方微博“@成都共青团”（UID：2044263792）收到某高校的同学反映称，其所在学校的宿管阿姨克扣毕业生押金。了解具体情况后，“@成都共青团”第一时间与该校相关部门取得联系，得到了学校的及时反馈，积极维护了学生的合法权益。

2018年6月28日，共青团成都市委员会官方微博“@成都共青团”（UID：2044263792）收到网友私信称，其朋友在人民南路某打印店了解到有毕业证书遗落，编辑立刻联系打印店核实，确定还未有人领取后发布失物招领信息，一方面通过其他政务微博进行扩散，提升传播力度，另一位方面致电毕业学校寻找失主，更精准快速地通知其领取毕业证书。6月29日14时59分，收到失主“@yimi蘭俏”的评论，“谢谢大家，我在这，今天已经联系店家了。真的万分感谢各位”。

2018年6月29日15时44分，北京市科学技术协会信息中心蝌蚪五线谱网站（www.kedo.gov.cn）官方微博“@蝌蚪五线谱”发布《2018年6月“科学”流言榜》。声波可以驱蚊、能量饮料“提神抗疲劳”可随意饮、加长过滤嘴的“安全香烟”可放心吸、小龙虾携带多种寄生虫易造成“哈夫病”、痛风患者不能吃豆类均属不科学的流言。

2018年6月29日晚20时41分许，河南省驻马店汽车运输公司豫Q52298号大型客车由南往北行驶至京港澳高速衡东段1602km处时，冲过中央隔离带与对向行驶的豫CS6852（豫CU315挂）号半挂车相撞，共造成18人死亡，14人受伤。事发后，湖南省高速公路交通警察局官方微博“@湖南高速警察”（UID：2054302531）迅速通报事故并在线引导绕行路线。并于30日凌晨及时发布进一步警情通报，避免了各种谣言的滋生。截至30日16时，该通报微博转发量6600多条，评论8300多条，点赞量达24000多。

七月

2018年7月1日，陕西历史博物馆志愿者团队官方微博“@陕西历史博物馆志愿者团队”（UID：6588695161）上线运行。陕西历史博物馆志愿者团队是陕西历史博物馆长期开展的一项社会公益性事业，1999年组建。自2002年起，陕西历史博物馆与陕西师范大学、西安交通大学、西北大学、西安外国语大学等十所高校合作，在校内广泛招募志愿者，并实行注册签约机制。通过这项工作，陕西历史博物馆为广大游客提供了无偿讲解服务，也为在校大学生提供了学以致用的平台，更为文物爱好者提供了深入了解历史、近距离触摸文物的机会。

2018年7月1日，在成都暴雨期间，网上传言“成都地铁1号线临时停运7个站，有7个站不停靠。成都地铁2号线、7号环线、4号线等零时关闭13个站，不停靠……成都地面交通缓行。剑南大道、益州大道隧道地方不建议通行。”对此，成都轨道交通集团有限公司官方微博“@成都地铁”（UID：2384889627）于7月2日14时58分及时辟谣并温情回应：“成都地铁线网运营秩序一切正常。风里雨里，我们一直在等您，护送您安全回家。”

2018年7月1日18时20分，江西省南昌市老城区发生一起命案，造成1人当场死亡，3人重伤（其中1人经送医院抢救无效死亡）。案发后，南昌市公安局迅速启动重大案件处置机制，3小时抓获疑犯归案。22时12分，南昌市公安局官方微博“@南昌公安”（UID：

2673596511）发布警情通报，通报称："案发后，南昌市公安局迅速启动重大案件处置机制，紧急调集各方面警力进行围捕，于当晚21时20分许将犯罪嫌疑人罗某伟成功抓获。经查，犯罪嫌疑人罗某伟，男，52岁，南昌市东湖区人，有犯罪前科。案发后据其亲属及邻居反映，罗某伟平时性格内向偏执。这次受到伤害的系罗某伟的周围邻居。"

2018年7月2日，有网友发布微博称，"四川都江堰山体滑坡已致2人死亡21人失踪"，并附上相关新闻图片。7月3日，四川省都江堰市公安局官方微博"@平安都江堰"（UID：2304094370）通过微博辟谣，称经警方核实，都江堰近日并未发生相关灾情，该区一切正常，网上的传言实为2013年7月10日都江堰山体滑坡情况。警方提醒，"这两天多地确因暴雨出现次生地质灾害，但个别网民在网上造谣灾害预警、受灾情况等，谎报险情疫情警情，扰乱了社会公共秩序，警方必将严肃处理"。

2018年7月2日18时39分，沪昆高速怀化段进雪峰山隧道入口约2km处，两辆半挂车刮擦后起火，引发交通事故事件，造成1人轻伤，无人员死亡。隧道内明火迅速被扑灭，隧道口双向交通采取管理措施。22时35分起，湖南省高速公路交通警察局官方微博"@湖南高速警察"（UID：2054302531）连续发布事故动态通报，直至7月3日中午首次恢复正常通行。事故发生后不久，旋即有网友嫁接国外交通事故视频造谣称为该事故现场，湖南省公安厅网络安全保卫与技术侦察总队官方微博"@湖南网警巡查执法"（UID：5618901649）及时互动舆论，追击不实信息辟谣"境外视频，请勿张冠李戴"。网友对此做法纷纷点赞，"@莱米mm"（UID：6514395477）称，"看网上各种版本，国外的假视频都来了，还是来蜀黍这看一下真实情况比较靠谱"。

2018年7月2日，某女网友向四川省南充市公安局网络安全保卫支队官方微博"@南充网警巡查执法"（UID：5657460977）诉称，当天下午其从嘉陵车站使用网约车软件"滴滴出行"打车至顺庆华凤街道，期间遭遇该司机故意偏离正常行驶路线，并对其猥亵。南充网警根据网友提供的线索，立即开展了相关核查工作。7月3日21时37分，"@南充网警巡查执法"发布消息称，南充市公安局顺庆分局已依法对猥亵女乘客的网约车司机犯罪嫌疑人唐某采取刑事拘留措施。同时，已将相关情况反馈给滴滴出行，并建议其加强司机资格审核和排查，切实履约应有的社会责任。

2018年7月3日19时40分左右，湖南省娄底市长青地下商业街某公共厕所旁发生一起命案。23时29分，娄底市公安局娄星分局官方微博"@娄星公安"（UID：5711061476）通报警情并发布《悬赏通告》，"敬请广大群众积极提供线索，公安机关对提供线索抓获犯罪嫌疑人的，给予人民币贰万元奖励"。当天23时30分左右，犯罪嫌疑人谢某（男，35岁，湖北省潜江市人）在娄星区万宝镇被公安机关抓获。7月4日0时26分，"@娄星公安"连夜发布警情通报。知政观察团成员"@衡阳吃瓜兔子"（UID：1905725035）评论道，"6小时抓获命案犯罪嫌疑人，抓获后1小时发案情通报，'@娄星公安'好样的!"

2018年7月3日20时42分，新浪微博社区管理官方微博"@微博管理员"（UID：1934183965）发布《微博社区公告》称，在当天注意到知名演员"@徐峥"（UID：1783286485）发微博号召粉丝帮助举报《我不是药神》的盗版内容后，截至目前，微博根据投诉已处理有关侵权内容12条，主动发现并禁言"@我不是药神无偿百度云""@我不是药神百度""@我不是药神电影""@我不是药神无偿给你""@我不是药神百度云""@我不是药神－百度云""@我不是药神""@我不是药神汁源""@我不是药神201806"

“@A 我不是药神”“@我不是药神百度云链接”等11个账号。

2018年7月5日10时20分左右，云南省怒江州泸水市称杆乡隔界河附近（瓦贡线K153+750米处）发生山石滚落，砸中正在公路行驶的车辆，致3人当场死亡，8人受伤，交通一度中断。20时04分21秒，中共怒江州委宣传部官方微博“@大怒江在线”（UID：2610065500）发布事件通报，回应社会关切。通报称，“当天下午16时，纳云德书记赶到现场，指导事故救援工作”，“伤员已送往州人民医院进行救治，滚落山石已被清理，交通恢复通行，遇难者善后工作正有序进行。事件救援工作正有序开展，8名受伤人员中6名已送至怒江州人民医院救治，2名受伤人员（皮外伤）在称杆乡卫住院进行治疗，死者善后工作妥善进行。”

2018年7月5日，电影《我不是药神》上映，其原型无锡市振生针织品有限公司陆勇备受关注。7月6日，湖南省人民检察院官方微博“@湖南检察”（UID：2845256043）及时介入舆论漩涡，借力普法释法。11时34分，互动发布：“2015年2月26日，湖南省沅江市人民检察院宣布对涉嫌妨害信用卡管理、销售假药的陆勇不起诉。本《不起诉决定书》详情稍后发布”。11时48分继续互动发布，“陆勇的购买和助人购买未经批准进口的抗癌药品行为，违反《药品管理法》，但其行为非销售行为，不构成销售假药罪。陆勇通过淘宝网购卡并使用行为违法，但情节显著轻微，危害不大，不认为是犯罪。依法决定对陆勇不起诉”。有网友说，“这么多蹭热点的，唯一一个觉得值得看的，看到还很感动的。每个人都有自己在社会上的角色、责任和义务，法官、检察官、警察，都有自己要做的事情。”

2018年7月6日，《北京日报》第3版发表鲍南署名文章《这样的政务官微办它干什么》，对陕西省安康市汉滨区人民法院官方微博“@安康市汉滨区法院”（UID：2554679457）连续多日发布世界杯消息“不务正业”事件继续开展批评。文章指出，“既是法院官微，本应是预告庭审信息、公布审判结果，与社会做好沟通，如今却把‘法治频道’办成了‘体育频道’”，“既然如此，恐怕也无需让‘僵尸号’努力拗出活着的造型。该关则关，多挤水分，何尝不是改变作风?”

2018年7月8日13时02分，云南省曲靖市富源县官方微博“@富源发布”（UID：1914016043）公布一起学生被刺伤致死案件详情。7月7日17时45分左右，富源县大河镇第一中学八年级313班范某然擅自进入八年级307班教室，与307班学生肖某榆发生口角后，在教室外肖某榆被范某然用跳刀所伤。18时10分，肖某榆被送至富源县人民医院抢救无效死亡。

2018年7月8日，新浪微博虚假消息辟谣官方账号“@微博辟谣”（UID：1866405545）发布《微博辟谣月度工作报告（2018年第6期）》，在统计区间6月1日—6月30日，共有效处理不实信息6377条，发布微博辟谣信息176条，#微博辟谣#话题阅读量累积0.8亿，总阅读数41.2亿。

2018年7月9日10时33分，四川省南充市消防支队指挥中心接到报警：顺庆区南门坝瑞露佳都小区25楼一厨房着火。接到报警后，指挥中心立即调派育英路消防中队4车20人前往现场处置。10时35分，当救援车辆行驶至育英路五星小学门口时，通道被私家车堵塞，救援车辆无法行驶通过。消防官兵及现场交警喊话挪车无果后，消防车在通过时与两辆违规停放的私家车发生擦剐。由于救援情况紧急，消防人员先行前往救援现场。13时08分，四川省南充市公安消防支队官方微博“@南充市公安消防支队”（UID：2455432512）

发布了此次出警的“舆情通报”，并呼吁广大市民，“请遵守《中华人民共和国消防法》和《中华人民共和国道路交通安全法》，在正确区域停放车辆，确保消防官兵能及时出动，处置灾情险情”。随后，南充市交警一大队相关负责人在接受媒体采访时表示，“私家车违停占用了消防通道，消防车为了紧急抢险，可以强制推离违停车辆。但此次事件并非属于交通事故，交警部门不会为受损车辆出具事故责任认定书。”对此，网友们却纷纷表示“撞得好！”

2018年7月9日下午，北京市朝阳区人民法院一审认定《带三只眼看国人》一书存在18处知识性错误，判令张义向白教授支付报酬18018元。2012年3月25日，作家张义在其新书《带三只眼看国人》出版时，在其个人实名认证腾讯微博公开发布悬赏广告，郑重承诺“凡挑出其作品一个错者，即奖赏1001元”。随后，山西大学文学院教授白平认为该书存在172处错误，并据此起诉索要悬赏奖金172172元。

2018年7月9日，网友“@小白云1125”向中共银川市委办公厅市政府办公厅官方微博“@问政银川”（UID：2239586647）反映称，“景墨家园A区南门进来179号楼下的水管坏了，一直在冒水，路已淹，赶紧来修。”7月12日，银川兴庆区党委、政府官方微博“@兴庆微博”（UID：2167231825）在线答复网友说，“经核实，景墨家园小区7月9日晚由于上水管爆裂，经过抢修，已于7月10日恢复供水。”

2018年7月10日，经网友爆料后南昌多家媒体报道《南昌高新交警办事大厅“冷热两重天”》，反映交警高新大队工作人员在办公室开着空调和风扇，办事大厅未安装空调，前来办事群众“受煎熬”。当天17时55分，江西省南昌市公安局交通管理局官方微博“@南昌交警”（UID：2579336842）回复称，接诉后，南昌市公安局高新交警大队立即联系供电部门解决大功率空调的用电问题，至7月10日下午，交通违法业务处理大厅空调已安装到位并投入使用，事故处理大厅空调正在安装中。同时表示，高新大队将举一反三，对所有群众办事的场所进行排查，立即整改存在的不足，全力为广大群众创造良好的办事环境。并组织全体民警和工作人员加强理想信念教育，把“以人民为中心”的服务宗旨体现在各项交通管理工作中。

2018年7月11日，据海淀法院网消息，因认为王某某通过其个人微博账号“@揭秘那些破事呀”公然捏造、故意散播“吴亦凡疑似毒瘾发作神情懈怠精神恍惚”等对其进行诽谤的微博言论，使其公众形象遭受严重贬损，WU YIFAN（中文名：吴亦凡）以名誉权纠纷为由将新浪微博平台运营商北京微梦创科网络技术有限公司及王某某诉至法院。7月11日，海淀法院公开开庭审理了此案。因双方当事人均表示可庭后协商调解，本案未当庭宣判。

2018年7月11日，成都暴雨过后，网友“@廖顺××××”发微博称，其家人在回家途中因洪水被困金堂县清风桥上；又有网友“@颜术天×××”微博也诉称，其母亲独自一人被困家中。中共四川省金堂县委宣传部官方微博“@山水金堂”（UID：1822206482）发现该消息后，迅速与网友微博在线确认其亲人被困位置，并向救援力量通报共享信息，被困者在第一时间得到了解救。7月12日9时08分，网友“@廖顺××××”发微博表示家人已平安回家，“感谢那些还在前线救援的队伍，您们辛苦了！”18时28分，网友“@颜术天×××”发微博告知其母亲已获救，并致敬各界救援力量，“感恩在我们看不见的地方，有很多无名英雄为了这次抗灾付出的一切！”

2018年7月11日11时10分，四川江油暴雨期间，有网友向四川绵阳江油市公安局官方微博“@江油公安”（UID：1919769503）发出私信求助，称其家人被洪水围困。“@江油公安”收到诉求后立即线上回复“马上反馈”“注意安全”，并立即线下汇报联络并调动警力驰往救援。7月11日11时45分，受困群众被安全解救。知政观察团成员“@徐剑箫”（UID：5546078146）评论说，“只有依托政务微博的警务服务平台，才能在狂风暴雨中提供高效警务O2O服务，同时还能将自身工作显性化。这是被围困群众的救生索，也是围观群众的暖心汤。人民的获得感从哪里来？就从这里来！点赞江油公安！”

2018年7月11日11时08分，重庆市云阳县人民政府新闻办公室官方微博“@重庆云阳微发布”（UID：2404269462）在线发起“云阳旅游怎么发展，你来做主！”征集活动。微博称，“为进一步推动云阳旅游产业发展，现面向社会广泛征集‘金点子’，只要你有云阳旅游在景区打造、项目营销、接待能力等各个方面的好想法，就快来抱走奖金吧”。

2018年7月11日11时25分，北京市东城区龙潭街道官方微博“@龙潭街道”（UID：1774813711）发布消息称，“龙潭街道官方微博建立了政务微博百姓诉求事项解决机制，通过畅通诉求反馈渠道解决居民实际问题”，辖区居民可以通过微博私信或“@”呼叫等方式联系“@龙潭街道”微博反映民生、环境等实际问题。网友“@淮湘子”在互动时说，“街道在整个社会治理体系中可谓是最接近普通老百姓的政府组织，而政务微博是最能够体现百姓诉求，是最容易接纳百姓意愿的舆论场。期待政府的最基层与媒介的最包容擦出不一样的为民火花。”

2018年7月11日14时49分，新浪微博安全中心官方账号“@微博安全中心”发布《冯小刚微博评论自动点赞排查公告》称，当日收到部分用户反馈对著名导演“@冯小刚”微博《十问崔永元》一文点击“评论”按钮后，发现该微博下方评论异常“自动点赞”。经排查，该自动点赞具体原因为：在极端热点情况下平台缓存机制出现BUG所致，用户所见自动点赞为显示问题，后台并无记录。现问题已修复。

2018年7月11日17时31分，新浪微博社区管理官方微博“@微博管理员”（UID：1934183965）发布《2018年6月存在人身攻击行为违规账号的处理公告》。根据2018年6月的数据统计，共发现有925个账号持续发布了64000余条含有人身攻击内容的评论。公告称，这部分账号属于存在恶意人身攻击行为的违规账号，已经依据《微博服务使用协议》和《微博举报投诉操作细则》的有关条款予以禁言60天处理。

2018年7月12日9时57分，网友“@我是姗姗爸比”向常德市交通警察支队官方微博“@常德市交通警察支队”（UID：2057911392）反映称，“育才路与朝阳路口的紧急红绿灯设备不合理，四边都排起很长的队。”当天16时44分，“@常德市交通警察支队”回馈公示处置结果：“感谢您对交警工作的关心与支持。目前此处信号灯已恢复正常工作。”

2018年7月12日下午，新浪湖南官方微博“@新浪湖南”（UID：2311694415）和长沙同城官方微博“@长沙同城”（UID：6072764874）转发一位自称在长沙市望城区某楼盘被限制人身自由、疑似陷入传销窝点的网友求助信息，并在线“@”湖南省公安厅官方微博“@湖南公安”（UID：5645893201）、长沙市公安局官方微博“@长沙警事”（UID：1973743580）和长沙市望城区公安局官方微博“@望城公安”。接报后，湖南公安微博矩阵三级联动，迅速找到了传销窝点，当晚21时许，求助男子通过微信联系上了民警后，被民警成功救出。经查，求助男子叫吴某东，是安徽省蚌埠市人，5天前在网上看到高薪招聘信息后来到长沙，却被骗入传销组织。

2018 年 7 月 12 日 21 时 43 分，陕西历史博物馆志愿者团队官方微博“@陕西历史博物馆志愿者团队”（UID：6588695161）发布消息称，“为满足前往陕西历史博物馆旅客乘车需求，提高机场巴士服务质量，经考察研究，自 2018 年 7 月 17 日（下周二）起，西安机场巴士将开通陕西历史博物馆站点。”陕西师范大学历史学教授“@于赓哲”（UID：3010420480）互动解读说，“以后可以从机场一步到位到博物馆门口”。网友纷纷表示，要打“飞的”去西安看展。

2018 年 7 月 12 日，广东省深圳市公安局交通警察局官方微博“@深圳交警”（UID：1792702427）接网友举报，“粤 B9XW20 吉普车涉嫌改装”。7 月 13 日，该车司机被深圳交警机动训练大队传唤接受调查。司机称，其车辆主要用于户外越野，较少在市区行驶。根据改装情况，深圳交警对其“擅自改变外形及已登记的有关技术数据”的违法行为，处 500 元罚款，并责令其恢复车辆原状、拆除车尾国外牌照。

2018 年 7 月 14 日晚间，微博网友发布一则视频称，湖南省永州市东安县惊现“KTV 式检察院”，并质疑道，“检察院系国家法律监督机关，神圣庄严不可侵犯，然而东安县人民检察院每到晚上蓝红白绿灯光闪烁，变幻出的数名女子舒展手臂、扭转身体的跳舞图像。检察院花费巨资把外墙打造成灯光闪烁，不知是否浪费国家财政，能否公布，装修总共花费多少钱?”7 月 16 日，从媒体采访到的湖南省永州市东安县委宣传部回应称，检察院夜景灯光系县里统一安排的景观大道亮化，所谓“女子跳舞”其实是当地特色武术动作的特效。公开资料显示，东安县为此次亮化工程花费超过 4000 万元。

2018 年 7 月 15 日 23 时 05 分，中共湖南省常德市委宣传部官方微博“@常德发布”（UID：5455000625）发布《关于犯罪嫌疑人彭文节利用微信、微博攻击常德市委主要领导有关情况的说明》。对当天中午 13 时 56 分，对湖南恒年置业投资有限公司董事长“@彭文节”（UID：6593145856）微博所发布的《关于常德市市委书记周德睿迫害民营企业、侵占民营资产的实事真相》一文做出正面回应。据“@常德发布”通稿称，“犯罪嫌疑人彭文节系湖南恒年置业投资有限公司法人代表，常德市江南城市发展有限公司股东。2018 年 5 月，彭文节因涉嫌重大经济犯罪被常德市公安机关立案侦查，目前已被刑事拘留，在逃国外。在常德市江南城区棚改期间，犯罪嫌疑人彭文节利用非法手段，空手套白狼，攫取巨额国有资产，损害其他股东利益，造成国有资产流失。由于市委决策正确、及时，有效降低了国有资产流失风险。望广大群众勿信谣传谣，发现该人线索立即举报，公安机关将严格依法办案，同时敦促犯罪嫌疑人彭文节尽快投案自首。”

2018 年 7 月 16 日，国家版权局、国家互联网信息办公室、工业和信息化部、公安部联合启动旨在打击网络侵权盗版的“剑网 2018”专项行动。7 月 17 日，新浪微博表示，微博一直重视保护知识产权，根据相关规定，内容抄袭情节恶劣、后果严重的，将禁言 7 天。微博表示，《微博社区公约》《微博举报投诉操作细则》对内容抄袭行为的认定和处理均有明确规定。根据《微博举报投诉操作细则》第二十五条，内容抄袭主要表现为：发布他人原创内容而不注明原作者或不注明转载的。原创内容暂指首发于微博的内容，不包括修改、整合的图片等。相关的处置结果为：标注内容抄袭的微博，并扣除信用积分 2 分。内容抄袭情节恶劣、后果严重的，同时禁言 7 天。

2018 年 7 月 16 日 11 时 13 分，网友“@封狼居胥×××”分享一张疑似江西财经大学海外招生海报，并另贴出一张招嫖广告与之进行比对“赏析”，两张图片相似度极高，如出一辙。该图片中女子着装打扮与表情亦不够庄重。当日中午12时30分，江西财经大学官方微博“@江西财经大学”（UID：3286179197）回应称，海报系该校暑期交换生项目合作方芬兰奥卢大学一名芬兰籍学生志愿者帮忙设计并张贴，非奥卢大学官方发布，目前芬兰奥卢大学已将海报撤销销毁并致歉。江西财经大学表示，从奥卢大学副校长官方声明中，得知任何人可自行在奥卢大学广告栏张贴广告信息，无须校方审查；副校长 Helka-Liisa Hentilä 表示奥卢大学非常尊重和理解在校的亚洲或中国学生，不存在任何歧视，也非常重视与该校的合作关系，同时希望两校在未来也能继续维持友好的合作关系。

2018年7月17日，新浪微博社区管理官方微博“@微博管理员”（UID：1934183965）发布6月社区管理工作公告。公告显示：2018年6月份根据网友举报、主动巡查等方式，合计对136000余条微博，采取了屏蔽、删除等处置措施。同时对发布时政有害信息的2050个账号采取了禁止发布微博和评论、限制访问、关闭账号等处置措施（较上月同比下降165%）。关闭发布涉黄信息账号7540个。接到举报并有效处理不实信息微博6377条，“@微博辟谣”（UID：1866405545）共发布辟谣信息176条，#微博辟谣#平台累计阅读数41.2亿。接到举报投诉并有效处理用户纠纷（包括人身攻击、冒充、泄露隐私、内容抄袭）8584件；关闭以发布垃圾信息为目的的账号6.67万个，禁言发布垃圾信息的账号0.33万个；冻结存在自动化行为的账号1.09万个。

2018年7月17日10时52分，作家“@郑渊洁”（UID：1195031270）向江苏省工商局官方微博“@红盾江苏在线”（UID：2490757421）、南京市工商行政管理局官方微博“@南京市工商行政管理局”（UID：2138314295）和国家市场监管总局官方微博“@中国市场监管”UID：6535805862）实名举报称，“南京舒克贝塔宠物用品有限公司”未经授权擅自使用其原创的知名文学角色“舒克贝塔”作为不适宜的企业名称，请求制止侵权企业的不正当竞争行为。自2018年7月18日起至11月15日，“@郑渊洁”在微博转发80余次进行督促呼吁后，依然无回音。11月15日11时15分，“@郑渊洁”说，“‘@南京市工商行政管理局’接到我举报‘南京舒克贝塔宠物用品有限公司’商号侵权三个多月无结果，使该企业成为侵犯知识产权钉子户［弱］，依法行政水平高下立判。”

2018年7月17日11时57分，网友“@民生问题观察员”微博发布《关于代表群众向政府部门投诉广源小区周转城市管理和文明建设的函》一文，文中称“近期是昆明创建文明城市的审核期”，但“在官渡区广福路广源小区一侧（右边）的人行道上有小贩非法经营，贩卖柠檬拌鸡等食品，致使群众出现严重肠胃不适，且人行道上有大量无证经营的小贩贩卖蔬菜卤菜等未经相关部门核准售卖的食品”。7月18日上午7时26分，云南省昆明市官渡区城市管理综合行政执法局官方微博“@官渡城管”回应，“收到，火速交办!”17时27分，“@官渡城管”配发现场图回复，“经查，广源小区地处官渡街道与小板桥街道相交地段的四甲社区，今天下午小板桥中队对反映情况进行处理，劝离占道摊贩，并请社区加强管理，中队也加强巡查，共同整治占道经营行为。”

2018年7月18日7时25分，国务院办公厅中国政府网运行中心官方微博“@中国政府网”（UID：5000609535）权威发布：李克强总理近日就电影《我不是药神》引发舆论热议作出批示，要求有关部门加快落实抗癌药降价保供等相关措施。“癌症等重病患者关于进口‘救命药’买不起、拖不起、买不到等诉求，突出反映了推进解决药品降价保供问题的紧迫性。”总理在批示中指出，“国务院常务会确定的相关措施要抓紧落实，能加快的要尽可能加快。”此条微博被转发79258，点赞347085，阅读4502万。

2018年7月18日16时30分左右，河南省濮阳市濮阳县城关镇中石化加油站便利店附近发生闪爆事故。濮阳县政府当晚即发布情况通报称，有7人被灼伤或被玻璃划伤（其中有2名过路市民自行到医院进行包扎），均及时送医，无生命危险。经初步调查，因污水管道施工，距便利店约6米外的生活用天然气管道泄漏发生闪爆。然而7月19日，网络上出现“恐怖分子已经进入濮阳，这只是一件恐怖袭击”“因为天热，加油时拿手机扫二维码，当场引起爆炸，当场蹦死4人”等谣言信息。7月19日晚20时49分，中国石化新闻办公室官方微博“@中国石化”辟谣发布《网传“加油站扫码引发爆炸致4人死亡”为不实消息!》。7月20日晚19时11分，河南省濮阳市公安局官方微博“@平安濮阳”发布通报《濮阳警方拘留两名散布“濮阳县加油站爆炸”虚假信息人员》，经查，编造发布人分别是清丰县大屯乡某村师某某（男，54岁）和滑县八里营乡某村李某（女，30岁），警方依法对二人分别处以5日、3日行政拘留。

2018年7月18日，广东省深圳市公安局交通警察局官方微博“@深圳交警”（UID：1792702427）接网友微博举报，称一辆号牌为粤BE326F的小车在行驶过程中，车内有4名儿童从天窗内钻出。当天下午，司机被深圳交警机动训练大队传唤接受调查。由于该车司机驾车时有其他妨碍安全驾驶的行为，交警依法对其处罚款300元、记2分。而该司机称，其当时缓慢行驶在村内道路，以为不会有问题。

2018年7月18日，江西省吉安市吉州区凯旋华府幼儿园发生疑似食物中毒事件，引发网友广泛关注。当日17时18分，江西省吉安市吉州区人民政府官方微博“@吉州发布”（UID：3986710983）回应称，“18日中午，吉州区凯旋华府幼儿园部分幼儿出现恶心、呕吐等现象，疑似食物中毒。截止到目前，4人住院治疗，24人留院观察，病情稳定。市、区两级党委、政府高度重视，教育、食安、卫计等相关部门正在进行相应的应急处置。”19日13时09分二次发布，“截至19日13时，大部分幼儿已康复回家，目前还有12名幼儿留院观察。”7月20日17时39分第三次发布，经吉州公安分局对幼儿园监控视频查看，排除人为投毒可能性；经吉安市疾病预防和控制中心对幼儿呕吐物和留样食物检测，发现检测样本中金黄色葡萄球菌核酸和蜡样芽孢杆菌核酸呈阳性；经吉州区市场监管局现场检查发现，事发幼儿园提供早餐的食堂环境存在一定安全隐患，食品制作和贮存过程存在不当；经医院对涉及幼儿诊断后，确诊为急性肠胃炎并对症治疗；经吉州区食品安全委员会专家组讨论后一致认为，这是一起因食堂工作人员在制作和贮存食品过程中，操作不当造成食品污染，从而导致部分幼儿食用后出现呕吐、腹痛等急性胃肠道反应事件。吉州区教育局已启动对凯旋华府幼儿园负责人的追责问责机制，吉州区市场监管局从食品安全方面对该园进行调查，监管部门均将依法依规从快从重处理。

2018年7月18日18时30分，网友“@南迪NaDi”（UID：2359805670）发布一条微博配图向温州市公安局交警支队官方微博“@温州交警”（UID：2392874414）举报。微博正文说：“敢挑战温州交警！不要拉低我们的正规机友（指摩托车爱好者）好吗？骑车不戴头盔，骑车穿拖鞋，无视参与交通者的生命，对自己和他人就这么荒诞?”图片中，一辆摩托车搭载的后座年轻人的T恤背部印着“3B交警，来追我呀!”18时45分，“@温州交警”立即互动了解，“请问拍摄地点在哪里?”“已转辖区大队核查”。7月20日晚，经追击确认，浙江省苍南县公安局交警大队依法传唤图中挑衅男子岳某。7月21日晚21时57分，“@温州交警”发布通报称，经调查了解，岳某因不服交警前期管理，故意诋毁挑衅交警，岳某寻衅滋事的违法行为被处以行政拘留 8 日处罚。

2018 年 7 月 18 日下午，有网友称著名歌唱家李双江之子李天一“获得减刑已出狱”，并“被送出国了”。这一消息一时引起轩然大波，很多网友纷纷表示震惊和难以接受，“当时不是判了十年吗?”19 时 41 分，北京市监狱管理局官方微博“@ 北京监狱”（UID：5769927388）快速发布《情况通报》：“近日部分媒体和网友爆出‘李天一提前 6 年出狱’‘李天一已被安排出国’等消息，北京市监狱管理局已注意到此事。经核实，李天一目前仍在监狱服刑，并未减刑或假释。针对进一步发布、传播不实信息的恶意炒作者，相关部门将保留追究法律责任的权利。”

2018 年 7 月 18 日 11 时 36 分，中国消费者协会官方微博“@ 中国消费者协会”（UID：3877725894）对“华帝用户退全款遇阻”一事表态发声并直接“@”华帝股份有限公司官方微博“@ 华帝公司”（UID：1901321497）进行督导提示。中消协在微博中表示，“把广告费花在消费者身上，这个营销创意还是挺赞的！希望华帝切实履行承诺，按照售前约定和承诺，切实做好每一位消费者的退款工作。诚信，才是任何营销的完美注脚”。此前 5 月 31 日，华帝公司通过官方微博发布“法国队夺冠，华帝退全款”声明，称为庆祝华帝成为法国国家足球队官方赞助商，只要在 6 月 1 日 0 时至 6 月 30 日 22 时之间购买华帝“夺冠套餐”的消费者，华帝将按所购“夺冠套餐”产品的发票金额退款。但是在法国队夺冠后华帝意图食言，遭遇广大用户网友微博公开声讨和投诉。

2018 年 7 月 19 日 17 时 16 分，中国消费者协会官方微博“@ 中国消费者协会”（UID：3877725894）就华帝用户遭遇“退全款遇阻”投诉再次公开发布《关于征集有关“华帝”促销活动引发投诉的公告》。公告称，“世界杯期间，华帝公司推出了‘法国队夺冠，华帝退全款’的营销活动，现法国队已经夺冠，但据消费者反映和媒体报道，华帝公司未能依约定兑现承诺。为保护消费者合法权益，促进行业健康发展，现中国消费者协会公开征集有关‘法国队夺冠，华帝退全款’引发的投诉”，并对提交投诉材料的基本信息和证据等作出了规范性要求。此微博得到了网友热烈的点赞，转发 11568、评论 5849、点赞 12046。

2018 年 7 月 19 日，一则“因天气炎热，有（沈阳）市民在我市浑南一加油站用手机扫描二维码时引发爆炸，致 4 人死亡”的消息在互联网内传播，同时配发有一段疑似现场短视频。视频中可见一破损加油站，并有疑似受伤人员逃离的画面。针对此情况，21 时 07 分，辽宁省沈阳市公安局网络安全保卫支队官方微博“@ 沈阳网警巡查执法”发布辟谣通报《网传我市浑南区一加油站发生爆炸事故系谣言》。通报称：“经沈阳网警核实，我市近期并未发生此类事故，另经核实，短视频内反映的事故为 7 月 18 日河南省濮阳县发生的一起加油站便利店附近爆炸事故的现场情况，该事故造成 5 人受伤。”

2018 年 7 月 20 日凌晨 0 时 08 分，华帝股份有限公司官方微博“@ 华帝公司”（UID：1901321497）就中国消费者协会官方微博“@ 中国消费者协会”（UID：3877725894）接连两次发的维权督导公告做出回应称：“目前消费者退款工作已在紧张有序的开展。我司将恪守诚信原则，严格按照售前约定及承诺，切实地做好每一位消费者的退款工作。请中国消费者协会及广大消费者监督指导！”

2018 年 7 月 20 日，云南省西双版纳州勐海县 4 位村民自行挖井时被困窒息井下，让网友揪心，引发舆论关注。21 时 27 分，云南省公安消防总队官方微博“@ 云南消防”（UID：

2538642904）发布该事件救援通报，详细通报救援过程，“12 时 07 分，勐海县消防大队接到报警，立即安排勐海中队出动 1 车 7 人赶往现场处置。12 时 30 分，警务人员到达现场，此时已有 1 人被村民救出。12 时 47 分，警务人员成功救出第 2 名落井人员，此后相继救出第 3、4 名被困人员。救出时马某伊和挖井工人已确认死亡，另外 2 名下井救人的工人被救护车紧急送往医院抢救，目前已脱离生命危险。”

2018 年 7 月 21 日 7 时 44 分，安徽省阜阳市临泉县委书记邓真晓在其个人微博“@中原牧场大临泉”（UID：5720541334）上发起“结个穷亲戚，当个好心人”倡议，文中说“你的成功肯定有成功之处，他们的贫困也各有各的心酸。临泉目前还有 7.7 万人没有脱贫，他们有的因为孩子上学而致贫，有的因生病而致贫，有的因为事故而致贫，有的因为没有劳力而致贫等等”，呼吁“社会人士伸出温暖之手，结个穷亲戚，帮助他们度过难关。我们将为你颁发爱心证书，广泛宣传你的善举，为你点赞！”几天时间引起多方大 V 关注，在微博形成巨大反响。网友“@灵山琪钰”评论说，“（这是）非常有意义的事，只有参与了，才能感受自身价值的提升，才能领略人生一样的快乐。社会扶贫，重在人人参与，小康路上，脱贫不落一人！”

2018 年 7 月 21 日，广东省深圳市公安局交通警察局官方微博“@深圳交警”（UID：1792702427）接网友微博举报，一辆泥头车违反标志标线。经深圳交警调查后，该公司车队长带领司机当日来到深圳交警机动训练大队接受调查。调查认定，该车司机违反禁止标线、机件不符。民警依法开具整改通知书，要求该公司加强全体司机文明行车、安全行车意识，并责成该公司加强监管力度，建立内部处罚机制，坚决制止泥头车违章行为。据“@深圳交警”通报，当事驾驶员除了要参加其公司组织的学习外，还需到交警部门进行学习。

2018 年 7 月 22 日中午，微博认证为奎恩摄影工作室官方微博的“@奎恩摄影”（UID：1827474510）发微博求助：“成都市春熙路新街后巷子奎恩摄影门口车内有一只小猫，车内接近 40 度的高温，猫猫已经在车里叫了两天了！车牌号川 BXF3××，希望车主能够看到，把猫猫放出来。”从发微博、问邻居，到求助网友、蹲守现场，最终成功联系上车主的朋友。22 日晚 22 时许，在外地的车主委托其朋友找来开锁师傅打开引擎盖，小猫成功获救。

2018 年 7 月 22 日 23 时 49 分，国务院办公厅中国政府网运行中心官方微博“@中国政府网”（UID：5000609535）权威发布：“李克强总理就疫苗事件作出批示：此次疫苗事件突破人的道德底线，必须给全国人民一个明明白白的交代。李克强在批示中要求，国务院要立刻派出调查组，对所有疫苗生产、销售等全流程全链条进行彻查，尽快查清事实真相，不论涉及到哪些企业、哪些人都坚决严惩不贷、绝不姑息。对一切危害人民生命安全的违法犯罪行为坚决重拳打击，对不法分子坚决依法严惩，对监管失职渎职行为坚决严厉问责。尽早还人民群众一个安全、放心、可信任的生活环境。此前 7 月 16 日，李克强已就疫苗事件作出批示，要求彻查。”此条微博被转发 37488，点赞 107819，阅读 1675 万。

2018 年 7 月 22 日，宁夏回族自治区银川市贺兰山沿山路段山洪暴发，银川市公安局西夏区公安分局镇北堡派出所辅警王永良在抗洪抢险中壮烈牺牲。就在全国人民为英雄王永良的牺牲万分悲痛和哀悼的时候，7 月 28 日，甘肃网友“@vivo93453522761”、宁夏网友“vivo81387154277”分别在关于“银川社会各界千人送别人民英雄王永良”的报道中，发表评论“死的好”“活该”，引起大量网友愤慨。29—30 日晚，银川警方先后在兴庆区和金凤区将其二人抓获，因涉嫌寻衅滋事被依法给予行政拘留 10 日处罚；7 月 28 日，广西网友

“醉猫”在媒体报道牺牲辅警王永良的视频中发表“死有余辜”辱骂性评论，7 月 29 日晚，广东省东莞市公安局将违法嫌疑人谭某全抓获，并处以行政拘留 10 日的处罚。

2018 年 7 月 23 日 11 时 35 分，作家“@ 郑渊洁”（UID：1195031270）通过微博向浙江省宁波市市场监督管理局官方微博“@ 宁波市场监管”（UID：2588125534）和宁波市工商局奉化分局官方微博“@ 奉化市场监管”（UID：2797466560）举报称，“宁波皮皮鲁服饰有限公司未经我授权擅自使用我原创的知名文学角色‘皮皮鲁’作为不适宜的企业名称”，请求制止“宁波皮皮鲁服饰有限公司”的不正当竞争行为。7 月 25 日 10 时 31 分，“@ 奉化市场监管”答复，“您反映的问题已收悉，我们将会认真调查、依法办理，并将办理结果告知您。”7 月 30 日 17 时 40 分，宁波市海曙区市场监督管理局官方微博“@ 海曙市场监管”跟进答复。7 月 31 日 11 时 06 分，“@ 奉化市场监管”正式互动反馈行政结果：“我局已根据您所提供的线索，查明事实并依法对该企业下发责令整改通知书。7 月 27 日，该企业已将企业名称刚改为‘宁波加一服饰有限公司’”，并配发了国家企业信用信息公示系统官方网站该企业更名后的截屏。

2018 年 7 月 23 日 13 时 39 分，环球时报总编辑胡锡进在其个人官方微博“@ 胡锡进”（UID：1989660417）发出质疑，就 22 日国家药品监督管理局副局长徐景和在央视出镜通报长春长生狂犬病疫苗案件时，身穿醒目 LOGO 标识的“巴宝莉”T 恤公众形象发表评论。胡锡进说，“作为药监局的官员，出来回应舆论的质疑，却对舆论的脾性没有一点基本了解吗？在如此敏感的时刻穿一件巴宝莉的 T 恤接受电视采访，这不是专门提供噱头招骂吗？除了这个刺眼的巴宝莉商标，我们的一些政府官员在回应公众疑问时，还有多少不接地气的各种‘巴宝莉符号’？多把眼光向基层看，向人民群众看吧，多想想群众最关心什么，最讨厌什么，在日常工作和生活中就与群众打成一片，就不会因为‘疏忽’而穿一件巴宝莉 T 恤到电视上露怯了。”

2018 年 7 月 23 日 13 许，中共四川省成都市新都区委宣传部官方微博“@ 新都资讯”（UID：1965683690）收到网友私信称，新都一中 80 岁的黄老师失联。核实信息后，“@ 新都资讯”于 15 时 07 分发布寻人微博，联系属地相关微博进行扩散，并与家人保持联系，实时跟进。当天 16 时 30 分通过家属得知，“老人已安全回家”。

2018 年 7 月 23 日，河南省新乡市新乡县人民检察院官方微博“@ 新乡县检察院”（UID：5559261817）在转评国家药品监督管理局官方微博“@ 中国药品监管”（UID：1335661387）所发布的一条题为《“迷信”进口疫苗毫无必要，我国已建立覆盖疫苗全生命周期的监管体系》一文时，爆出粗口“我去你……！”引发舆论热潮，随后双方均删除了各自微博。当日 17 时 43 分，“@ 新乡县检察院”发表致歉信表示，“由于操作失误，发布了一条不当言论，在社会上造成了不良影响，我们表示深深的歉意。”并称“下一步将加强管理、严格发布程序、强化人员素质，杜绝此类事件发生。”

2018 年 7 月 24 日上午刚上班，湖南省常德市环保局官方微博“@ 常德 V 环保”（UID：5431754290）即收到网友投诉：“常德市桃源县沅江东街排口，有明显臭气，零星垃圾直入沅江，江岸边可见少量漂浮垃圾，入沅江水有色差，据垂钓者说，排口溢流直排污水是常态，为何没能彻底截污呢？”接到该投诉后，“@ 常德 V 环保”立即将此情况在线批转涉案属地桃源县环境保护局官方微博“@ 桃源县环境保护局”（UID：6420349912）和常德市环保局投诉中心。10 分钟不到，两单位均回复称：网友所附照片实际为桃源县城东街排渍泵站相关设施，因近期进行老军干所段下水道抢修改造工程中，无法消解东向污水来水，且施工现场不具备铺设临时污水管道的条件，只能采取临时性阻断措施进行施工，导致东街电排出水口溢出污水，该县已责令相关施工单位加快施工进度，同时对东街污水提升泵站进行了水泵检修，确保7月下旬全面恢复原污水导流管网，东街污水泵站不再有污水溢出。“@常德V环保”将此情况反馈网友并解释后得到谅解。

2018年7月24日12时31分，海南省海口市公安局官方微博“@海口公安”（UID：5640342630）配发图文通稿，就当天微博热议的“7·25”海航公司员工涉嫌“女导演被性侵”作出回应：“已立为刑事案件进一步调查”，“犯罪嫌疑人已被警方刑事拘留”，“针对网传民警执法办案不当问题，警方纪检督察部门已介入调查，一经查实将依法依规处理，绝不姑息。”同时，此条微博也是“@海口公安”微博自2015年6月26日注册以来发布的首条内容。“三岁会说话”也成为舆情衍生出的另一热门事件。网友调侃道“发博一小步，前进一大步！”“终于等到你！”

2018年7月24日下午14时许，网友微博爆料称，当日15时55分，在华山长空栈道一名身穿灰色短袖的男子突然解开了身上的安全绳，从栈道边上转身纵身跳下。26日19时05分，华山景区官方微博“@华山风景区名胜区”（UID：1786987090）发布消息对该事件确认，并称“从临近视频看到系该名游客自行解开安全绳跳下山崖，初步判断系轻生。”

2018年7月24日21时53分，山东省人民检察院官方微博“@山东省人民检察院”（UID：1452510270）发布公告：山东省人民检察院依法介入“长生疫苗”事件。公告称，“根据最高人民检察院部署，山东省人民检察院7月24日决定，对长春长生生物科技有限责任公司生产的百白破疫苗损害社会公共利益情况及相关行政机关履职情况进行调查，并积极配合国务院调查组依法做好相关工作。”

2018年7月24日22时许，中共四川省成都市新都区委宣传部官方微博“@新都资讯”（UID：1965683690）收到网友“@与××猫”私信称，其家人走失。致电核实情况后，“@新都资讯”于23时20分发布寻人微博。7月25日下午1时32分，该网友私信告知，“老人已被好心人找到，非常感谢大家！”

2018年7月24日晚22时37分，吉林省人民检察院官方微博“@吉林检察”（5093990523）发布公告：长春市人民检察院依法介入“长生疫苗”事件。公告称，“根据最高人民检察院部署，长春市人民检察院按照吉林省人民检察院要求，7月23日依法成立专案组，对‘长生疫苗’事件开展调查。目前，专案组已提前介入公安机关侦查，引导调查取证，做好依法追究有关人员责任衔接；对‘长生疫苗’损害公共利益情况及相关行政机关履职情况展开调查。检察机关将积极配合国务院调查组，依法做好相关工作。”

2018年7月25日14时50分，辽宁省沈阳市环保局官方微博“@沈阳环保”（UID：2765022325）值班工作人员看到一条网友发出的求助信息，有一位老人于24日上午9时左右在天后宫路大东区医院附近走失，微博配发有老人相片，并留下其亲属联系方式。“@沈阳环保”简要核实信息后随手转发：“帮转！天气这么热，请大家帮忙注意一下！”令人欣慰的是，2小时后，16时54分，网友“@勒布朗小超人”（UID：3826872880）与“@沈阳环保”微博互动说，“真的万幸，开车的时候看见她在路边，特别留意了一眼。打开手机就看到了这条微博，确定是这个人。现在已经平安和家属接洽上了！”

2018年7月26日13时27分，最高人民检察院官方微博“@最高人民检察院”（UID：

5053469079）发布消息，“吉林省食品药品监督管理局原党组书记、局长崔洪梅（正厅级）涉嫌受贿一案，由吉林省长春市人民检察院向长春市中级人民法院提起公诉”。网友“@新的一年还得又蠢又萌V587”评论称，“这效率，我也是服气的!”

2018年7月26日20时许，网友“@hu小智cy”在江西省抚州市公安局交警支队官方微博“@抚州交警”以互动转评等方式，先后4次发布涉嫌辱骂抚州交警的内容，言辞激烈且具有侮辱性。“@抚州交警”（UID：2605116857）向抚州市公安局网安支队反映情况，网警通过技术手段锁定嫌疑人在崇岗辖区后，抚州交警向崇岗派出所报案。27日上午，崇岗派出所民警将胡某传唤接受调查，胡某对其在微博发帖侮辱警察的违法事实供认不讳，抚州市公安局高新公安分局依法给予胡某行政拘留7日处罚。

2018年7月28日11时许，河南省洛阳市公安局车站派出所接到定鼎路交警岗通报称，捡到一本燕山大学的学生证（内有身份证），其中夹有一张使用过的洛阳某景区门票。警方据此推断，失主是一名来洛阳旅游的大学生。当日12时21日，“@平安洛阳－车站派出所”（UID：2089278455）微博发出招领启事。13点52分，失主本人亲自在微博与警方私信互动认领。据他介绍说，正好他的一位同学看到了“@平安洛阳－车站派出所”的微博信息。而截止失主联系时，该微博被阅读了700多次。“@平安洛阳－车站派出所”在发布归物通报时说，“七百名网友里，正好有一位就是失主的同学”。

2018年7月28日16时35分，深圳创维－RGB电子有限公司官方微博“@创维电视”（UID：3175926541）发表《严正声明》称，“近期在‘拼多多’购物平台上，出现大量假冒创维品牌的电视产品销售，严重侵害了消费者和创维品牌权益”，并“要求其即日停止所有假冒创维电视产品的展示及销售活动”，“公司保留追究‘拼多多’及相关侵权方责任的全部法律权利”。引发舆论关注。8月1日10时35分，国家市场监督管理总局官方微博“@中国市场监管”（UID：6535805862）回应称，“国家市场监督管理总局网监司高度重视媒体反映的拼多多平台上销售侵权假冒商品等问题，已经要求上海市工商局约谈平台经营者，并要求上海市和其他相关地方工商、市场监管部门，对媒体反映的以及消费者、商标权利人投诉举报的拼多多平台上销售山寨产品、傍名牌等问题，认真开展调查检查，不管是第三方平台还是平台内经营者，只要构成违法，都将依法严肃处理。”14时50分，上海市市场监督管理局“@上海工商”（UID：2482325401，现更名为“@上海市场监管”）跟进表态，“7月31日，市区两级工商和市场监管部门已经约谈拼多多平台经营者，要求其立即开展自查自纠，对媒体反映的以及消费者、商标权利人投诉举报的问题进行整改，切实维护消费者合法权益。同时，长宁区市场监管局已经根据市工商局要求，对媒体反映的侵权假冒、傍名牌等问题开展调查，不管是第三方平台还是平台内经营者，只要构成违法，都将依法严肃处理。”

2018年7月29日，作家郑渊洁在其微博“@郑渊洁”（UID：1195031270）称接到多位读者举报，拼多多上一个名为“星宝宝家居生活专营店”的店铺销售了盗版皮皮鲁图书，该店书面封底的防伪标识是加印上去的。郑渊洁在维权诉求中要求盗版书商以其名义向中华慈善总会捐款，否则将追究责任。7月30日晚，“@郑渊洁”微博公布了拼多多的处理结果，称平台已将他举报的店铺做了封店处理，并冻结其资金，列入店铺黑名单。按照郑渊洁本人的要求，拼多多另责成盗版书商当天以郑渊洁本人的名义向中华慈善总会“为了明天—关爱儿童”项目捐款一万元。

2018 年 7 月 29 日 18 时 03 分，吉林省长春市公安局官方微博“@ 长春公安”（UID：3259204927）就“长春长生疫苗案件”发布通报：“公安机关以涉嫌生产、销售劣药罪对长春长生生物科技有限责任公司董事长高某芳等 18 名犯罪嫌疑人提请批准逮捕。”通报称，“7 月 23 日以来，经长春市公安机关开展侦办工作，基本查明长春长生生物科技有限责任公司生产冻干人用狂犬病疫苗的涉嫌违法犯罪事实。7 月 29 日，依据《中华人民共和国刑事诉讼法》第 79 条规定，长春新区公安分局以涉嫌生产、销售劣药罪，对长春长生生物科技有限责任公司董事长高某芳等 18 名犯罪嫌疑人向检察机关提请批准逮捕”。

2018 年 7 月 30 日，网友那女士微博发布爆料称，其于 7 月 13 日第三次前往宫家岛居委会为其母亲办理评残事宜未果，发布微博求助。该居委会工作人员得知后，要求删除微博，并让上级部门撤销对此事的调查，才能给她办手续，还说“你这寻常老百姓够厉害了”。7 月 28 日，齐鲁网发表题为《烟台市民为办残疾证跑了七八趟，举报办事态度差反被“记恨”》新闻报道，受到微博网友广泛关注。7 月 29 日 13 时 10 分，山东省烟台市芝罘区人民政府新闻办公室官方微博“@ 芝罘发布”（UID：5086513816）回应，“已成立调查组，就市民反映问题开展调查核实，并将根据调查结果追究相关当事人责任。”7 月 30 日凌晨 2 时 02 分“@ 芝罘发布”续报，“经初步调查核实，媒体报道的《办不了的残疾证》中那女士反映的问题基本属实。经研究，责成宫家岛居委会对办理该项业务的苏某某、张某某予以辞退；由区纪委对宫家岛居民区党委书记孙某某予以立案审查，对其他相关人员启动问责程序，待进一步调查后予以追责。另外，成立由区级领导牵头的专门工作班子，对那女士的诉求认真研究，并按照相关规定予以办理”。

2018 年 7 月 30 日 19 时许，在河北保定阜平牛角台检查站，河北省委督导组两男子驾车通过时，冲过第一道检查民警后，在检查站被拦截，拒绝进站接受检查，并手指民警反复索要“执法证”，还称“通知县纪委过来”。此过程被网友拍摄上传微博后舆论迅速发酵。31 日，保定市阜平县委宣传部向媒体表示，河北省委督导组已将二人调回，介入调查。

2018 年 7 月 30 日 19 时 06 分，浙江省杭州市发生严重道路交通事故。截至 31 日，事故已致 4 人死亡、13 人受伤，多辆车辆损坏，30 日 21 时，杭州市公安局官方微博“@ 平安杭州”（UID：2662494703，现更名为“@ 杭州公安”）发布通报，杭州闹市区内发生严重交通事故，目前致 2 人死亡、13 人受伤，多辆车辆损坏，肇事者已被公安机关控制，事故原因目前仍在调查。31 日凌晨 5 时，更新伤情通报，“公安机关开展全面取证工作”。31 日 14 时，第三次发布事件通报，公安机关已以涉嫌交通肇事罪立案侦查。案件进一步侦查中。

2018 年 7 月 31 日，云南省丽江市一公司法人在家中自杀身亡，引起公众关注。8 月 2 日 19 时 32 分，云南省丽江市公安局古城分局官方微博“@ 丽江古城警方”（UID：3212587784）发布微博，公布调查结果称，“丽江祥利投资有限公司法定代表人张某某在家中自杀身亡。该公司涉嫌非法吸收公众存款，现已立案侦查”，并建议和动员“广大投资人到辖区公安机关经侦部门或派出所报案”。

八月

2018 年 8 月 1 日 8 时，李女士通过微博向湖南省公安厅官方微博“@ 湖南公安”（UID：5645893201）发出求救私信称，“警察同志，我是四川雅安人，现在在长沙市开福区洪西社区，被朋友叫来工作，经过两三天观察，我发现他们是传销。我自己没有办法离开，没有办法打电话，希望你们能来解救我……”接到报警后，“@ 湖南公安”迅速将信息转给长沙市公安局官方微博及长沙市公安局开福区两级公安部门。当天上午，开福公安分局洪山桥派出所接到长沙市公安局新闻舆情中心的指令后，立刻部署民警进行调查。洪山桥派出所一边安排社区民警着便装进入洪西社区进行摸排，一边安排刑侦民警迅速与报警人李女士取得联系。由于李女士不能打电话，只能偷偷发信息与民警联系。待社区民警摸清楚李女士被困的具体位置后，中午 12 时，洪山桥派出所刑侦民警迅速赶到，将李女士解救出来，同时还将房间内的 3 名看管人员带走调查。此时，距李女士报警还不到 5 个小时。

2018 年 8 月 1 日 16 时 20 分，公益名人、免费午餐发起人、凤凰周刊前记者部主任“@邓飞”（UID：1642326133）微博发表《邓飞的声明》：“近来网络上关于我个人的各种传闻，给公众和免费午餐基金等多个公益项目造成巨大困扰。鉴于此，我已向免费午餐基金等项目团队表明不再参与项目工作。同时，我退出我所参与发起的所有公益项目。最后，网络所涉私人事宜，我现已会同律师进行处理。”

2018 年 8 月 2 日 18 时整，湖南省高速公路交通警察局官方微博“@湖南高速警察”（UID：2054302531）发布消息称，“为加强高速公路交通秩序管理，及时发现查处严重交通违法行为，即日起湖南高速警察在微博平台受理网友对客危车辆重点违法视频线索举报，一经查处，将发放 100～400 元不等的奖金。”并特别提示网友对“时间、地点、车牌号、行驶路线、违法行为”等关键信息描述，“越清楚，越便于蜀黍快速查处”。

2018 年 8 月 3 日 17 时 40 分许，湖南省高速公路交通警察局官方微博“@湖南高速警察”（UID：2054302531）接到网友“@覺羹侠”（UID：2378783991）举报称，一辆从常德桃源开往长沙的客车存在超员的违法行为，该车从常德西上的高速，目前在长张高速谢家铺路段。接警后，湖南省交警总队指挥中心立即调度常德支队及益阳支队的沿线警力进行布控，于 18 时 17 分常德支队德山大队巡逻民警在长张高速西往东 105km 处（迎风桥收费站）查获该被举报客车。经核查，该车核载 42 人，实载 46 人，超员 4 人，超员率达 9.5%。驾驶员称，超载的 4 人是因为“路上有电话约客就上了”。民警将超员乘客安全转运后，对驾驶人进行了严厉的处罚。网友“@覺羹侠”获得财政奖励 100 元。

2018 年 8 月 5 日晚，微博热传一段南京警车拖拽流浪犬的视频，网友指责警察“虐狗”。22 时 47 分，南京市公安局江宁分局官方微博“@江宁公安在线”（UID：1113218211）发布情况通报并致歉。通报称，“该流浪犬狂叫乱窜多日，为保障附近小区居民安全将其捕获。处警人员未携带专业犬笼，且缺乏处理流浪犬的专业技术，故采取了警车缓行拖拽的方式，对此我局深表歉意，将加强相关业务技能培训，避免类似事件再次发生。同时将进一步依法、依规做好流浪犬的处置工作，切实维护人民群众良好的生活居住环境。”并称该流浪犬已妥善安置在南京平安阿福流浪动物求助中心，还为其取名为“小平安”。

2018 年 8 月 6 日，有媒体报道称，昆明一女孩被狗抓伤后在“晓宇诊所”就诊，当发现该疫苗属于“问题疫苗”且已过期半年后，女孩一边喊停，护士一边注射，最终这支疫苗被完全注射到女孩体内，女孩只得报警求助，事件引发舆论关注。8 月 8 日 20 时 27 分，云南省昆明市五华区委、区政府官方微博“@昆明五华发布”（UID：3840902209）发布称，昆明市五华区卫生和计划生育局于 8 月 7 日依法对“五华晓宇诊所”作出吊销其《医疗机构执业许可证》、没收违法所得、罚款的行政处罚；对诊所负责人文某某作出责令暂停六个月执业活动的行政处罚；对诊所护士胡某某作出罚款的行政处罚。同时对涉嫌犯罪的“五华晓宇诊所”负责人文某某、工作人员张某某二人移送公安机关依法处理。

2018 年 8 月 6 日 15 时 07 分，网友“@ 吖_ 糖醋又”（UID：1749118207）微博发布了一段视频并解释说，视频为“河南省郑州市公园道一号保安，对多名六十多岁的环卫工人进行长时间殴打，使多名环卫工人倒地无法动弹，现已送往医院抢救”，并斥问“请问保安你有父母吗？下如此狠手！”视频显示一位老人倒地并继续被一名穿保安制服的男子拳脚相加殴打，引发网友关注谴责。19 时 11 分，郑州市公安局官方微博在与网友互动中发布“打人者已被警方拘留！”18 时 16 分，郑州市城市管理局官方微博“@ 郑州市城市管理局”（UID：2302688157）在互动转评中怒斥表态，“面对这些动不动就对环卫工人恶言相向甚至挥舞拳头的人，我们都有责任和义务站出来斥责声讨，给环卫工人撑下腰！再次声明：环卫工人不是你想欺负就欺负的！他们的背后有我们！”19 时 36 分，“@ 郑州市城市管理局”再公布，“据高新区城管局调查回复，两名环卫工因阻止该小区物业向市政保洁路段倾倒垃圾，被该小区两名保安殴打致伤，后被紧急送往医院救治，两名保安被民警当场带走，已被拘留。”

2018 年 8 月 6 日，一段高速路上两辆车互相追逐竞速的视频在微信朋友圈上热传。8 月 8 日，一名网友在微博上发出该视频并“@”广东省深圳市公安局交通警察局官方微博“@ 深圳交警”（UID：1792702427）。接到举报后，深圳交警根据举报视频快速追查。8 月 9 日，涉事双方司机全部到案，车辆被暂扣，经过 7 小时连续审问，两名嫌疑人道出飙车实情。据查，8 月 5 日凌晨，驾驶蓝色宝马的邱某在行驶过程中加速超过驾红色锐志的简某，简某对这一超车行为有些不满，一场“御风竞速”由此展开。两车在沿河路段持续超速飙车 5 分钟 10 公里，直至布心路段邱某减速，此次追逐竞驶才结束。据深圳交警查证，二人并不相识，飙车过后第二天邱某才从微信、微博等私人交友圈找到简某，而简某则是被深圳交警抓获后才第一次见到了与自己飙车的人。最终，两人因涉嫌危险驾驶罪被依法刑事拘留。

2018 年 8 月 7 日下午，成都地铁运营有限公司官方微博“@ 成都地铁运营”（UID：3170665862）发布了一则失物招领，“漆佳傲同学，你的暑假作业掉在太升南路站啦！请快来领取哦！”此微博一发旋即引发众多热心网友的关注和转发。不到 24 小时，失主漆佳傲同学激动地从地铁工作人员手中接过了遗失的作业本。8 月 8 日 14 时 02 分，“@ 成都地铁运营”公布此消息并提醒：“运营君提醒小可爱们，出门注意带好自己的随身物品哦。负责任的告诉大家，作业你尽管丢好了，我们有 n 种方式帮你找回。”

2018 年 8 月 7 日 17 时 56 分，针对媒体报道“未撤错误追逃信息，郑州男子两次被错抓”一事，河南省郑州市长兴路派出所官方微博“@ 平安惠济”（UID：2347017097）发文称：“经警方内部调查，确属我局花园口治安中队办案民警工作疏忽，未及时消除错误追逃信息，给当事人带来不良影响，对此，警方向当事人徐某军深表歉意。目前，撤网手续已审批完毕，我局正积极联系相关部门尽快更新数据并撤销网上错误追逃信息，同时启动问责机制，依纪依规对相关责任人做出处理。”

2018 年 8 月 9 日，重庆市巴南区公安消防支队官方微博“@ 重庆巴南消防”（UID：5382052569）发布消息称，巴南区公安消防支队与国内知名电商平台企业京东集团、“新浪重庆”官方微博联合创意打造的全国首例消防宣传车贴上路。“里面是你最挂心的，外面是你最重视的”。京东物流车变身为“消防宣传流动车”穿梭在城市公路上，京东快递员变身为消防宣传公益使者，向路上行人和同行班车展示，在进行派件工作时佩戴定制徽章，提醒新时代消防警示，教育群众提升防火安全意识。在消防宣传物料的设计上，牢牢抓住火灾防控工作中“人”这一关键因素，将消防文化与包裹贴纸、开箱器、车贴、徽章紧密融合，以“创文”大大丰富了“全民消防我行动”活动的内涵。

2018 年 8 月 9 日 13 时 59 分，作家“@ 郑渊洁”（UID：1195031270）发布微博，向温州市市场监督管理局官方微博“@ 温州市场监管”（UID：2797466584）和温州市苍南县工商局官方微博“@ 苍南市场监管”（UID：2797466704）举报称，“苍南县龙港皮皮鲁童鞋厂”未经授权擅自使用其原创的知名文学角色“皮皮鲁”作为不适宜的企业名称，请求依法纠正侵权企业的不正当竞争行为。此后多日，“@ 郑渊洁”先后 18 次转发督促“@ 温州市场监管”“@ 苍南市场监管”。9 月 21 日《温州商报》温州网报道，“20 日苍南县市场监管局龙港分局的相关负责人对此事作出回应，‘收到举报后，执法人员第一时间查实了该企业确实存在违法行为，并寄发了整改通知书，但发现被诉企业不仅注册地址已经不存在，电话号码也是错误的，应该是已经停办了但没办理注销。’据该负责人介绍，实地调查无果后，9 月 4 日，执法人员又通过邮政挂号信的方式，向被诉企业最初注册登记的经营者洪成右位于平阳县的住所地址再次寄发整改通知书。”9 月 21 日 9 时 25 分，“@ 郑渊洁”发布微博称，温州市场监管局已向商号侵权的温州“苍南县龙岗皮皮鲁童鞋厂”下达企业名称变更通知书，名称变更前，以统一社会信用代码代替该企业名称！

2018 年 8 月 10 日 9 时 48 分，网友“@ 用户 6463432034”（UID：6463432034）向中共常德市委宣传部官方微博“@ 常德发布”（UID：5455000625）举报称，沅江支流枉水河“电鱼的下网的甚至下药的络绎不绝，职业渔民的船只长期驻扎”，引发网友关注。8 月 15 日 16 时 47 分，“@ 常德发布”互动答复并公布了调查处置情况：“经查，鼎城区郭家铺街道三滴水社区八组居民周某，长期下网拦截河道设地笼捕鱼，经宣传教育现已拆除。”并表示，下一步常德市相关部门将联合开展秋季打击非法捕捞专项行动，重点打击城区沅水河段水域（含枉水河）的非法捕捞行为，确保沅水母亲河生态平衡。并对网友的监督表示感谢。

2018 年 8 月 11 日，广西壮族自治区南宁市考生陈某菠为庆祝考上大学到云南香格里拉旅游后失联。一时，“寻找准大学生陈某菠”成为微博热点之一。8 月 21 日，陈父到虎跳峡派出所报案后，香格里拉警方立即部署警力开展调查搜寻工作。26 日 0 时 37 分，云南省迪庆藏族自治州香格里拉县公安局官方微博“@ 香格里拉警方”（UID：3205698720）首次公布案件详情及阶段性侦办进度，“数日连续搜寻，目前暂未发现陈某菠下落”。8 月 30 日 11 时 14 分，“@ 香格里拉警方”再次公布搜寻结果通报：“8 月 28 日在虎跳峡一较为隐蔽的悬崖下灌木丛中发现一具已高度腐败尸体，经 DNA 检验结果显示，该未知名尸体为失联男子陈某菠”“排除他杀”“香格里拉市检察院派员全程监督”。两次具体且严谨的权威发布，有效化解了网传“因达不到‘成人失踪三个月’的立案标准，只能先按照失踪人口进行查找”等舆论猜忌和质疑，体现了执法者担当和法律的温度。同时在“开学季”引发了一场关于学生出行安全话题的社会大讨论。

2018 年 8 月 13 日 14 时 03 分，作家“@ 郑渊洁”（UID：1195031270）讲述称，其于近日向合肥市工商行政管理局网络商品交易监督管理局官方微博“@ 合肥工商网监”（UID：1965012063）实名举报安徽省合肥市“合肥市包河区小皮皮鲁小吃店”未经授权擅自使用其原创的知名文学角色“皮皮鲁”作为不适宜的企业名称，请求依法纠正侵权企业的不正当竞争行为，“接到我的举报后，合肥市市场监督管理局立即依法行政，责令‘合肥市包河区小皮皮鲁小吃店’更改企业名称，停止侵权。”并称，“我祝改名后的该企业生意兴隆财源滚滚”。

2018 年 8 月 14 日，湖南省高速公路交通警察局官方微博“@ 湖南高速警察”（UID：2054302531）接到网友“@ 时间怂恿人”私信举报，称其 14 日 16 时许在驾车途经京港澳高速长沙段时，遭遇一辆皮卡车故意“别车”。“@ 湖南高速警察”立即报告指挥中心调度高速交通警察局长沙支队展开调查。8 月 15 日，长沙支队水渡河大队根据车牌确认皮卡车驾驶司机。15 日下午，该车司机喻某被传唤接受调查询问。喻某承认了开“斗气车”的举动，对自己的行为表示自责。8 月 16 日，水渡河大队对皮卡车驾驶人喻某“变更车道时影响正常行驶的机动车”的违法行为作出罚款 200 元的处罚。网友“@ 时间怂恿人”获得财政奖励 100 元。

2018 年 8 月 14 日，一段“西安两名城管检查人员在街头倾倒烟头并拍照后离开”的视频引发微博热议。有网民认为视频中城管检查人员是故意丢烟头害环卫工人被处罚。对此，中共西安市莲湖区委宣传部官方微博“@ 莲湖发布”（UID：3861300178）8 月 16 日 11 时 52 分回应称，“莲湖区委、区政府高度重视，区纪委第一时间成立专项调查组，调查事实真相，调查结果将及时予以公布。”16 时 49 分第二次发布称，“视频资料显示的是区城管局两名工作人员将沿途捡拾收集的烟头，倾倒于地面进行清点，并拍照留存。由于是暗查行为，加上暗查工作人员没有及时将清点后的烟头收集处理，违反了标准化操作规范，造成周边群众产生一定误解。”但该回应并没有平息公众的疑虑，反而引发次生舆情。不少网民质疑“丢烟头是为了方便统计烟头数量”的解释，不仅有违常识，更与之前两名市容检查人员被曝光丢烟头的视频对不上，并以此质疑当地官方“袒护”。8 月 21 日 8 时 57 分，第三次发布称，“深刻认识到此次事件反映出我们工作不扎实，制度执行不力，管理不严格，检查考核方式不规范、不细致。城市管理检查人员工作方法简单，暴露了作风上存在的问题”，并表示“诚恳接受媒体和网民的批评监督，并向广大市民群众表示诚挚的歉意”。21 日 9 时整作出第四次发布，《莲湖区专项调查组关于“自强西路有人倾倒烟头并拍照”有关情况的调查报告》详细阐述了事件经过、公众关心热议的四大问题（检查人员身份、烟头来源、集中清点拍照、处罚环卫工 200 元）分析、检查工作人员存在问题及改进措施。21 日 9 时 06 分第五次发布，公布了第四次发布的《调查报告》一文所附的录像视频。

2018 年 8 月 14 日 18 时 18 分，四川省绵阳市公安局网络安全保卫支队官方微博“@ 绵阳网警巡查执法”（UID：1010712057）截屏取证并“在线喊话”警告微博用户“@ 司波达也太君”：“请立即删除所有不当言论，并前往公安机关自首，否则等待你的将是法律的严惩！”据配图截屏内容，“@ 司波达也太君”在相关微博中说：“安倍首相是我亲爹，你有脾气？”“这就是命不好，生在了错误的国家，结果只能拥有悲惨的未来。”“老子不是洋奴，老子是精日”“那（哪）条法律不许说台湾国了？”……至于“@ 司波达也太君”网名中的“司波达也”，有网友称，是日本轻小说及动漫《魔法科高中的劣等生》的主人公。8 月 15 日凌晨，“@ 司波达也太君”删除所有微博。

2018 年 8 月 15 日 14 时 10 分，作家“@ 郑渊洁”（UID：1195031270）发布微博，向西藏自治区市场监督管理局和拉萨市场监督管理局（注：均无微博）喊话举报“西藏皮皮鲁创业投资管理合伙企业（有限合伙）”未经授权擅自使用其原创的知名文学角色“皮皮鲁”

作为不适宜的企业名称，请求制止侵权企业的不正当竞争行为。此后数月，“@郑渊洁”先后19次微博转发呼吁督促。9月21日8时22分“@郑渊洁”发微博称，“西藏达孜县市场监管局已向商号侵权的‘西藏皮皮鲁投资合伙企业’下达企业注销通知书。”

2018年8月15日15时52分，网友“@穿云风信笺纸5871”（UID：5268689680）在与德国驻华大使馆官方微博“@德国驻华大使馆”（UID：2209621235）互动评论时反映，受邀到德国参加中德青少年足球交流赛的万项小朋友签证遇到问题，请求关注。此消息被众多网友协同呼吁。17时36分，“@德国驻华大使馆”互动回应：“谢谢大家的关注，我们会跟进这件事。如果有关于这场比赛，还有监护人等更多信息，还望告知!”8月16日11时12分，“@德国驻华大使馆”正式回应：“亲爱的网友们，感谢大家为万项小朋友办理签证的事群策群力。我们德国大使馆和德国驻上海领事馆将尽力促成此事。不过因为信息保护法的原因，我们不能在微博上对个人签证申请的详细情况进行公布。希望理解！不过请放心，原则上只要申请人所需材料齐备，就能尽快出签。最后，我们预祝中国足球小将取得优异成绩并旅途愉快！德国欢迎你!”

2018年8月16日，7名省部级官员因“长春长生问题疫苗”案被中央问责，原食品药品监管总局副局长吴浈被立案审查调查。同日，中央纪委国家监委官网发布消息称，“吴浈涉嫌严重违纪违法接受纪律审查和监察调查”。吴浈也成为因长春长生问题疫苗事件首个被立案审查调查的省部级官员。据媒体报道，吴浈曾长期在食药监系统任职，并分管药化注册管理、药化监管和审核检验等工作，手握重权，疫苗行业也在其分管之下，他也因此被业界称为“疫苗沙皇”。而当日，吴浈的落马却“火了”一位网友“@洛阳杜康”（UID：1696762051）的微博。2016年11月8日19时51分，“@洛阳杜康”发表长微博文章，实名向“中纪委领导”举报时任国家食品药品监督管理总局副局长吴浈涉嫌滥用职权、玩忽职守、渎职等违法事实，但未被有关部门重视和回应。

2018年8月16日9时，作家“@郑渊洁”（UID：1195031270）发布微博，向湖北省工商行政管理局官方微博“@湖北工商”（UID：3854749805）和武汉市工商行政管理局官方微博“@武汉工商”（UID：2648001515）举报称，“武汉皮皮鲁科技发展有限公司”未经授权擅自使用其原创的知名文学角色“皮皮鲁”作为不适宜的企业名称，请求制止侵权企业的不正当竞争行为。因“@武汉工商”微博最后一次更新停留于2017年5月17日（时至2018年11月18日尚未恢复运行，“@湖北工商”运行正常但一直未回复）。此后多日，“@郑渊洁”先后14次在线转发微博呼叫督促“@湖北工商”和“@武汉工商”。9月21日9时16分“@郑渊洁”发布微博称，“武汉市场监管局已将商号侵权的‘武汉皮皮鲁科技发展有限公司’列入企业异常经营名录!”

2018年8月16日下午15时许，一段拍摄于云南丽江玉龙雪山景区冰川公园的打架视频在微博热传。当晚23时13分，云南省丽江市玉龙纳西族自治县公安局官方微博“@丽江玉龙警方”（UID：3325871160）发布警情通报称，“云南昆明籍游客王某等人与福建古田籍游客苏某某等人在玉龙雪山景区冰川公园4680观景台处因口角引发打架。玉龙县公安局玉龙山派出所接警后及时出警，将当事双方带至派出所警务室进行调查，当事双方均认识到自己的错误，警方依法进行了处理。”由于在通报信息中具体了“4680”位置，让这则警情通报在传播中增加了欢乐的气氛，并引发网友调侃解读“两名游客在4680米玉龙雪山之巅打架斗殴”。其中有网友热门“解说”评论称：“首届玉龙雪山《冰川之巅世界擂台赛》开赛，我们看到，红方选手有点赖皮，教练和选手同时攻击黑方。这个时候，黑方展现出了不俗的技巧，躲过了红方教练的一记重拳。这个时候，裁判吹停了比赛……”

2018年8月17日6时30分左右，一男子在湖南省张家界市慈利县洞溪乡政府办公楼楼梯间上吊自杀，消息引发网友关注。17日14时48分，湖南省张家界市慈利县人民政府官方微博“@慈利发布微博”（UID：6241605456）发布通报回应称，“经法医现场诊断，该男子已无生命体征。据初步调查，死者邹某某，男，64岁，洞溪乡幸福村村民”。并称事发后该县公安、司法、民政等部门立即赶赴洞溪乡政府现场处置，“上午10：00召开现场处置调度会，成立了综合协调、司法调查等工作组。目前，调查处置工作正在全面开展，后续情况将及时公布”。知政观察团成员“@黄埔一投”（UID：1342378237）对此评论，“非正常死亡事件敏感，慈利县政府不避嫌，不遮掩，处置积极，政务微博及时发布案情通报，信息公开透明，避免谣言滋生起到作用，期待后期案件处置信息通报，给群众一个交待”。

2018年8月18日下午14时许，网友“@薇尔莉特的小老婆”（UID：6449648336）向河南省洛阳市公安局官方微博“@平安洛阳”（UID：2043228245）反映称，百度贴吧一疑似在洛阳的网友发布消息“刚刚服下了一百片安定”有自杀迹象。19时43分，“@平安洛阳”发布回应称，经“@平安洛阳”与河南省洛阳市公安局老城派出所官方微博“@平安洛阳－老城派出所”（UID：2088662305）值班民警共同努力，“已成功找到该网友，并将其送医治疗。经医生初诊，目前该网友身体状况稳定，正在进一步检查。请大家放心”。网友欣慰欢呼“真诚、为民、有用!”

2018年8月20日11时09分，作家“@郑渊洁”（UID：1195031270）向安徽省合肥市工商行政管理局网络商品交易监督管理局官方微博“@合肥工商网监”（UID：1965012063）实名举报称，“合肥市包河区舒克和贝塔产后护理服务部”未经授权擅自使用其原创的知名文学角色“舒克贝塔”作为不适宜的企业名称，请求制止侵权企业的不正当竞争行为。8月29日16时，“@合肥工商网监”发布微博公示，“根据郑老师之前反映的情况，29日上午‘合肥市包河区舒克和贝塔产后护理服务部’已完成名称变更，更名为‘合肥市包河区尹氏母婴护理中心’”。

2018年8月20日9时许，江西省上高县敖山镇原奶牛场、沿江中路建材市场“顾地管业”店内和黄金堆意隆纺织厂相继发生三起持枪杀人案，致4人死亡，事件引发社会各界广泛关注。当日12时02分，江西省宜春市上高县委宣传部官方微博“@上高发布”（UID：5135931163）速报案情：“我县境内发生持枪杀人案。经查，况某林有重大作案嫌疑，现在逃。目前，公安机关正全力追捕。”13时01分，“@上高发布”、江西省公安厅官方微博“@江西公安”（UID：3917583838）续报案件详情并发出《协查通报》。8月20日17时37分，“@上高发布”再次通报警情，并发布10万元征集破案线索的《悬赏通告》。8月21日15时42分，“@上高发布”再发布《上高县8·20枪杀案案情续报》。8月22日0时16分，“@上高发布”迅速发布通报《上高县“8·20”持枪杀人案成功告破》，通报称，“晚上20时45分许，在接到群众举报获悉犯罪嫌疑人行踪后，立即进行围捕，犯罪嫌疑人持枪拒捕，被当场击毙”。

2018年8月21日，一张“灶台被街道办事处张贴封条”的图片在网上流传。图片中封条上的单位公章为“西安市临潼区西泉街道办事处”。经查，8月20日，网民于某某将临潼区西泉街道对“散乱污”企业进行整治时贴在机器上的封条，私自揭下贴在自家灶台，并拍照传播。随后，网民于某、张某在看到图片后并未核实该内容真实性的情况下，在微信朋友圈及微博平台公开发布，引发大量转发，造成恶劣社会影响。陕西省西安市公安局临潼分局对于某某处以行政拘留7日、对于某处以行政拘留5日、对张某处以行政罚款500元的处罚。

2018年8月21日上午，一段“G334列车上男乘客霸占靠窗座位不肯让”的短视频引发微博热议，被霸占座位女乘客要求这位男乘客回到自己的座位坐，这名男乘客却称“要么你自己站着，要么去坐我那个座位，要么自己去餐车坐”。随后，女乘客找来乘务员与男子沟通，女乘客先被安排到商务车厢的位置，最后列车长和乘警规劝无果，该男子依然拒绝让座，称“站不起来，到站帮我找个轮椅”。该事件视频经微博曝光后，引发舆论热议，该男子孙某也被网友们称作“座霸”。8月22日晚，涉事男子孙某发布视频，公开向当事人道歉，表示悔恨和自责。

2018年8月21日16时50分，安徽省安庆市怀宁县一小区住户向安徽省消防总队官方微博“@安徽消防”（UID：2524413584）私信举报小区“消防登高场被安装立柱（影响通行）”问题。接网友诉求后，“@安徽消防”立即转派安庆市怀宁县公安消防大队官方微博“@怀宁县消防大队”（UID：5388040110）核查处理。22日上午，怀宁县消防大队现场进行调查处理。12时45分，“@安徽消防”微博公示调查结果。原来，该小区的消防登高操作场地时常被一些业主停放私家车占用，物业劝阻无效后，新树了可开启的拦截障碍桩，以确保消防登高场地不被占用，由此造成某些业主不便而引发“投诉”。“@安徽消防”在澄清事实后呼吁：“一旦发生火灾，需要使用登高消防车作业进行救人和灭火。请小区业主勿占用登高消防车停车和作业的专属场地!”

2018年8月22日20时20分，网友“@嘟嘟的肥”向湖南省高速公路交通警察局官方微博“@湖南高速警察”（UID：2054302531）举报称，一辆由华容东开往君山的白色大通商务车涉嫌超员，请求查处。“@湖南高速警察”接报后立即报告省交警总队指挥情报中心，指挥情报中心立即调度高警局岳阳支队展开调查。20时40分，岳阳支队岳阳楼大队民警在杭瑞高速君山收费站将该车拦截。经现场核查，该车驾驶人高某某，驾驶核载7人小型普通客车，实载了8人，超员1人，该车使用性质为旅游客运。民警现场开具强制措施凭证要求当事司机对乘客进行安全转运，并扣留机动车。驾驶人高某某被处500元罚款，同时驾驶证记6分，网友“@嘟嘟的肥”获得财政奖励100元。

2018年8月23日，济南铁路局在接受媒体采访男子高铁“霸座”事件时称，涉事男乘客的行为“属于道德问题，不构成违法行为”；针对“霸座”行为，尚没有具体规定可以参照处理；目前济南铁路公安局已介入调查，如有调查结果将及时对外公布。随后，微博舆论再次“炸锅”，有网友表示：“如果按铁路局说法，那么在列车上设定座位号还有啥用？大家可以随便买张票，然后想坐哪坐哪。反正也不违法。”

2018年8月24日14时59分，中国铁路济南局集团有限公司官方微博“@济南铁路”（UID：2531624267）通报《关于G334次列车乘客“霸座”事件的调查处理情况》。通稿称，针对近期社会关注的乘客“霸座”事件，铁路公安部门已对事件调查、取证完结。济南铁路公安处依据《治安管理处罚法》第二十三条一款三项之规定，给予孙某治安罚款200元的处罚。铁路客运部门依据《关于在一定期限内适当限制特定严重失信人乘坐火车推动社会信用体系建设的意见》《关于限制铁路旅客运输领域严重失信人购买车票的管理办法》的规定，在铁路征信体系中记录该旅客信息，并在一定期限内限制其购票乘坐火车。铁路部门将坚持以人民为中心的发展理念，以此为鉴，依法维护好站车秩序和旅客权益。

2018 年 8 月 25 日凌晨 4 时 36 分，黑龙江省哈尔滨市松北区北龙温泉休闲酒店发生火灾。当日 13 时 02 分，中共哈尔滨市委宣传部官方微博“@ 哈尔滨发布” （UID：2753006425）首次发布通报：“8 月 25 日凌晨，哈尔滨市松北区北龙温泉休闲酒店发生火灾。消防部门 4 时 36 分接到报警后迅速赶到现场，早 7 时 50 分扑灭明火，至 11 时 30 分已清理两遍火场。现场发现死亡人员 18 人，伤 19 人，伤者已分别送往医院进行救治。目前，火灾原因正在调查之中。” 14 时 20 分，“@ 哈尔滨发布” 再次通报：“从市政府新闻办获悉，截至今日 13 时许，哈尔滨市松北区北龙温泉休闲酒店火灾事故入院治疗的 19 名伤者中，有一名经抢救无效死亡。目前死亡人数为 19 人。” 16 时 18 分，“@ 哈尔滨发布” 第三次发布图文通稿通报详情，通报提要称，“25 日下午，哈尔滨市政府新闻办举行新闻发布会，通报凌晨松北区北龙温泉休闲酒店火灾有关情况。发布会开始前，全体起立向火灾中的遇难者表示沉痛的哀悼”。23 时 22 分，“@ 哈尔滨发布” 第四次发布：“（中共黑龙江省委书记、省人大常委会主任）张庆伟对‘8·25’松北重大火灾事故作出批示：全力做好搜救救治排查善后工作彻查原因开展全省消防隐患大检查。” 23 时 46 分，“@ 哈尔滨发布” 第五次发布：“市政府新闻办召开新闻发布会通报‘8. 25’松北区北龙温泉酒店重大火灾事故情况。”

2018 年 8 月 27 日 8 时 32 分，网友“@ 路飞和他 × ×” 向共青团四川成都市委员会官方微博“@ 成都共青团”（UID：2044263792）倾诉了自己刚刚遭遇了抢劫的突发事故，请求跟进协助。“@ 成都共青团” 了解详情后，积极指引该网友相关应急处置方法，并为其查询相关报警和止损公共服务电话号码。8 月 29 日 0 时 41 分，该网友发微博称：“三个犯罪嫌疑人已被抓捕归案，感谢派出所民警，感谢‘@ 成都共青团’ 的关注与跟进。”

2018 年 8 月 28 日 16 时 30 分左右，南京火车站工作人员在一号站台捡到哈尔滨工业大学丁某的“2018 年攻读硕士学位研究生录取通知书”，19 时 56 分，南京火车站、京沪高铁南京南站官方微博“@ 铁路南京站”（UID：2191884204）发出微博寻找失主。在共青团黑龙江省委员会官方微博“@ 黑龙江共青团”（UID：2645654357）、江苏交通广播网官方微博“@ 江苏交通广播网”（UID：1723129462）、中国铁路上海局集团有限公司官方微博“@ 上铁资讯”（UID：1919688583，现更名为“@ 上海铁路局”）、南京同城官方微博“@ 南京同城”（UID：6072764851）等多账号爱心接力下。29 日 7 时 31 分，失物当事人网友“@ 三清 1992”（UID：5697813435）通过微博互动认领。网友们纷纷“围观”并向该同学祝贺，“@ 温温阿 -”（UID：3199493192）说：“好了，全微博的人都知道你要去哈工大了，考研狗表示很羡慕!”

2018 年 8 月 31 日，广东省深圳市公安局交通警察局官方微博“@ 深圳交警”（UID：1792702427）接网友微博举报，8 月 31 日，一辆奥迪车在龙岗区龙平路吉祥路口漂移。深圳交警机动训练大队经调查，该车存在违法占用导流线行车及改变车辆外观的违法情况。当事司机称，当时因违法占用导流线被处罚后，其出于善意将违章原图发到了朋友圈，自己并未修改 P 图，不料被其他网友修改后发到了网上，其已自行删除原微信朋友圈信息。举报的网友得知真实情况后，将举报微博删除。同时，“@ 深圳交警” 微博发布处置结果：民警依法对其改变机动车外观，罚款500元，责令恢复原状。

九月

2018年9月1日17时05分，江苏省昆山市公安局官方微博“@昆山公安”（UID：1799408092）就8月27日昆山市震川路于海明致刘海龙死亡案（即“昆山反杀案”）发布警方通报：“于海明的行为属于正当防卫，不负刑事责任，公安机关依法撤销于海明案件。”此条微博被网友转发177115、评论110211、点赞473581。

2018年9月1日，厦门大学官方网站发布《学校召开会议通报近期有关事件处理情况》。该文首先通报了人文学院历史系助理教授周运中以“东海道子”的网名在网上发表错误言论的情况。通报指出，厦门大学在获悉相关情况后，“高度重视，第一时间启动调查，依法依规、从严从快进行处理”。厦门大学认为，“周运中无视学院的教育帮助，在微博上多次发表错误言论，歪曲历史事实，损害党和国家形象，伤害国人感情，逾越师德师风底线，在社会上造成了极坏影响，与厦门大学教师的身份严重不符”。并根据相关规范性文件制度，“学校研究决定解除与周运中的聘用关系”。随后，厦门大学通报了“田佳良事件”后续调查处置情况：“2018年4月，‘田佳良事件’发生后，学校坚持教育转化和严肃处理并行，依法依规、分段处置。4月23日，就田佳良发表错误言论行为，学校有关单位依据党纪校规给予其留党察看一年、留校察看一年的处分。在辽宁师范大学认定田佳良本科学习期间发表论文存在学术不端行为后，学校启动进一步的党纪、学籍处理。鉴于田佳良在留党察看期间又被发现有学术不端行为，8月15日，环境与生态学院党委依纪给予田佳良开除党籍处分。同时，学院提出中止田佳良博士培养、给予退学处理的意见，学校研究同意田佳良退学。目前，田佳良已经办理了退学离校手续。”

2018年9月2日，网传一份涉及北京地铁多条线路部分站台封站、列车甩站通过的截图流出。随后，当媒体记者向北京市地铁运营有限公司求证时，北京地铁公司党委宣传部相关负责人表示，目前尚未接到上级通知，如果有封站消息会通过北京地铁公司官方微博发出。据北京地铁公司官方微博“@北京地铁”（UID：2778292197）值班工作人员指正，其传闻为2015年的旧闻。

2018年9月3日，网曝某网友因发表了质疑《魔道祖师》一书的批评言论，遭到该书作者“@墨香铜臭MXTX”（UID：5907302111）粉丝的“人肉”搜索，最终其不堪忍受而选择自杀，但经抢救成功脱险。同时又有爆料称，书粉们计划组织二次“人肉”，线下一家一家医院的搜索，疑似想与该网友当面对质。共青团中央官方微博“@共青团中央”（UID：3937348351）、中央和国家机关工作委员会《紫光阁》杂志社官方微博“@紫光阁”（UID：5467852665）积极介入事件并引导：拒绝网络暴力，人肉犯法。

2018年9月4日下午，网友“曲陌离歌”在“扬州滴滴快车总群”QQ群内扬言“准备开滴滴（网约车）杀100人，让滴滴停运”。该言论引发局部恐慌，被其他网友截屏发至微博并向江苏省公安厅网络安全保卫总队官方微博“@江苏网警”（UID：5431447659）举报。9月10日16时46分，“@江苏网警”发布通报称，经警方调查，该网民业余时间从事滴滴网约车营运，因对滴滴公司不满，遂发表上述言论，无具体实施计划。根据《中华人民共和国治安管理处罚法》相关规定，该男子已被依法行政拘留。

2018年9月4日凌晨0时17分，重庆市公安局官方微博“@平安重庆”（UID：5499751075）紧追《魔道祖师》因被质疑而出现的“人肉”且逼死网友的相关微博信息源，主动在网友微博评论区发布辟谣信息：“经核实，重庆奉节警方近期未接到女教师自杀相关警情，‘学生人肉恐吓老师，致老师自杀’系谣言。在此呼吁广大网民不使用网络暴力，不造谣、不信谣、不传谣，共同维护和谐清朗的网络空间。”对此，网友“@土拨鼠今天不想叫”感叹道，“这条警方通报或许不能改变什么，但至少给了我心中的坚持一个答案。”9月5日0时12分，中国传媒大学政务新媒体实验室官方微博“@政务微博观察”就“@平安重庆”紧盯谣言互动发布的策略作出评论：权威发布就是填补信息需求的“标准答案”，更要有主动供给的“市场”意识。

2018年9月4日下午，有网友微博上传一女子在峨眉山景区金顶“瑞吉山石”处跳崖的视频，视频中游客纷纷向女子招手，还向她大喊“快回来”“听听我们的话”“你还有爸爸妈妈”，只见女子背对悬崖，张开双臂纵身跃下，游客发出惊叫。晚20时整，四川省乐山市公安局官方微博“@乐山公安”（UID5168914744）转载未认证微博账号“@峨眉山景区110”（UID：5553640308）于19时48分发布的警情通报对此确认，“医务人员现场检查确认，跳崖女子已无生命体征”。9月5日，网传跳崖女子遗书曝光。其中提到“女孩在遗书中称自己得了抑郁症。‘很多人把这种病当成脆弱，想不开。我想说不是的，我从来不是个脆弱的人’。女孩还呼吁，‘希望大家能多多关注抑郁症这个群体吧’”。

2018年9月6日16时04分，共青团四川省成都市委员会官方微博“@成都共青团”（UID：2044263792）收到网友“@橘子×”发来的私信，称自己因为感情和工作压力，患抑郁症两年了，每晚都睡不着。此后，经过长期的微博私信互动交流和开导，2018年11月8日21时28分，“@成都共青团”收到了该网友的私信“表白”，“我终于走出抑郁症了，谢谢暖心的你，爱你！”

2018年9月6日23时27分，网友“@大雁××”向共青团四川省成都市委员会官方微博“@成都共青团”（UID：2044263792）倾诉称，自己刚生了小孩，患有产后抑郁，想自杀。“@成都共青团”当即进行开导，该网友情绪有点缓解。9月7日10时36分，“@成都共青团”再次收到其私信说，“对不起，辜负了你的信任，我走了，不再回复私信”。随后，“@成都共青团”根据网友相关信息，迅速与其所在地的湖南省公安厅官方微博“@湖南公安”（UID：5645893201）、湖南省怀化市公安局官方微博“@怀化警务”（UID：5114103659）在线取得联系，告之相关情况，及时施救。9月7日15时06分，该网友被其家人及时发现并送往医院后，“@成都共青团”终于又收到了该网友的私信，“我一定要让自己好起来，谢谢你，这么在乎我”。

2018年9月7日，有网民通过新浪微博发文称，陕西省户县“扶贫工作的女干部遭光棍强奸而自杀”。9月10日23时06分，西安市公安局网络安全保卫支队“@西安网警巡查执法”（UID：5616358118）发布辟谣信息，“经工作，散布谣言的李某某到案并对其在网上散布扶贫领域谣言的违法事实供认不讳。根据《中华人民共和国治安管理处罚法》之规定，鄠邑区公安分局对李某某给予行政拘留三日处罚。”

2018年9月8日有网民在微博中发布消息称：“#教师殴打学生#近日在朋友圈看到了周至县楼观九年制中学内，教师殴打学生，感觉非常的心痛，老师不是园丁吗？为何要这样摧残祖国的花朵，世态炎凉啊!!!”9月10日23时32分，西安市公安局网络安全保卫支队“@西安网警巡查执法”（UID：5616358118）发布，该信息系谣言。经核实，该信息中提到的具体内容系“贵州水城县茨冲中学老师殴打体罚学生事件”并非信息内所说的楼观九年制中学。经调查，网民陈某 9 月 8 日在其朋友圈中看到此信息后，在未经核实的情况下便将相关内容转发于微博，后在西安网警的提示下将该谣言信息删除。

2018 年 9 月 10 日 13 时 40 分，四川省残疾人联合会官方微博“@ 四川残联”（UID：3158629034）后台收到网友“@ 廖 × ×”私信投诉称，她家小孩患有痉挛型脑瘫，因病致贫，家境特别困难，但是其在向德阳市罗江区残联申请手术和康复救助后却迟迟不被批准。得知网友诉求，“@ 四川残联”第一时间联系德阳市残联了解该情况，德阳市残联立刻组织调查此事。最终，罗江区残联按其符合条件的各类救助政策，向该网友家庭提供了相关救助帮扶。“@ 四川残联”也表示，“未来如有新的救助政策，也将第一时间通知网友进行申请”。

2018 年 9 月 12 日上午 11 时 50 分左右，河南省商水县谭庄镇大曹村两位学生家长发现，当天大曹小学午间供餐的主食和配菜分量均较少，与餐厅内张贴的食谱分量不符。两位家长感到非常不满，随后拍视频上传到了微信群及微博上，引起了社会各界的广泛关注。9 月 13 日 19 时 38 分 35 秒，河南省周口市商水县委网络管理中心官方微博“@ 商水发布”（UID：5132546964）发布《关于商水县谭庄镇大曹小学 9 月 12 日午间供餐的情况回复》称，“商水县组织县教体局、食品药品监督管理局、工商行政管理局等相关部门与教体局安全办工作人员于 9 月 13 日早上 8：30 到达谭庄镇大曹小学供餐加工点核实情况”，“河南省教育厅、周口市教育局立即派专员于 9 月 13 日下午到达商水县事发学校调查”，最终作出处理决定：“一、对商水县教体局主管安全的责任人严重警告处分、给予谭庄镇中心校校长尚华民停职处理，给予中心校营养专干于留珍撤职处分，免去谭庄镇大曹小学韩基风校长职务。二、组织食品药品监督管理部门对郑州华康餐饮有限公司加工点经营情况作进一步的调查，并对相关责任人进行严肃问责”。13 日 19 时 48 分，河南省教育厅官方微博“@ 河南教育”（UID：3894391642）转载发布该通报。

2018 年 9 月 12 日 12 时 02 分，西安市公安局网络安全保卫支队“@ 西安网警巡查执法”（UID：5616358118）发布警报：“9 月 10 日，蓝田县公安局网安大队民警在日常巡查中，发现有人在‘快手 APP’发布视频，公然侮辱牺牲的英雄民警王晖。经工作，蓝田县公安局将该视频发布者荣某抓获。该荣对其在网络平台发布辱警视频的事实供认不讳。根据《中华人民共和国治安管理处罚法》第 26 条之规定，蓝田县公安局以寻衅滋事对违法嫌疑人荣某处行政拘留 15 日的处罚。”

2018 年 9 月 12 日 19 时 35 分许，湖南衡东县城洣江广场发生一起故意驾车伤人恶性案件，致 12 死 43 伤。案发后 4 小时内，湖南省衡阳市网络新闻宣传管理办公室、衡阳市互联网信息办公室官方微博“@ 衡阳发布”（UID：1417678504）发布通报，“嫌疑人已被警方控制，伤者均已送医”。13 日上午，湖南省人民检察院官方微博“@ 湖南检察”（UID：2845256043）转载“@ 衡阳发布”通报并表示，“衡东县检察院已派员提前介入案件的调查工作，了解案情，引导侦查。”4 小时后，“@ 衡阳发布”动态公布伤员救治进展及善后处置情况。13 日 22 时 37 分，湖南省公安厅官方微博“@ 湖南公安”（UID：5645893201）通报称，“湖南省委副书记、省长许达哲赶赴衡东县人民医院，看望慰问‘9・12’案受伤人员，公安部副部长孙力军率工作组连夜赶赴衡东指导案件调查和善后处置工作”。15 日，“@ 湖南公安”“@ 湖南检察”先后通报，“嫌疑人已被抓捕归案”。

2018 年 9 月 13 日，有网友向湖南省高速公路交通警察局官方微博“@ 湖南高速警察”

（UID：2054302531）举报称，一辆小车在匝道逆行，差点与自己发生碰撞，十分危险。“@湖南高速警察”立即报告省交警总队指挥情报中心调度高警局湘潭支队展开调查。湘潭支队立即核实了违法嫌疑车辆的相关信息，并将违法行为录入，违法车辆驾驶人被处以罚款200元的处罚，驾驶证记12分。

2018年9月15日，第22号台风“山竹”袭来，很多网友给中国气象局官方微博“@中国气象局”（UID：2117508734）留言询问，“明明可以人工影响天气，为什么不能把‘山竹’消灭？”15日8时54分，“@中国气象局”微博公开答复，“一个成熟台风释放出来的热量，相当于每20分钟引爆一颗1千万吨当量的核弹。台风每小时释放的热量等于2600多颗广岛原子弹爆炸的能量。相比于台风的能量，原子弹要弱太多，即便是向台风眼投放核弹也无济于事。”并“划重点”强调，“大自然才是这个地球的主宰”。

2018年9月16日12时02分，国务院台湾事务办公室官方微博“@两岸关系0808”（UID：6439298407，现更名为“@国台办发布”）针对同期台湾间谍情报机关以大陆为目标，大肆加强情报窃取和渗透破坏活动，权威发布声明：《台湾有关方面应立即停止针对祖国大陆的情报破坏活动》。文称，“国务院台办发言人安峰山今天应询表示，据向有关部门了解，一个时期以来，台湾间谍情报机关以大陆为目标，大肆加强情报窃取和渗透破坏活动。为此，国家安全机关组织开展专项打击行动。我们要求台湾有关方面立即停止对大陆的渗透破坏活动，避免对日益复杂严峻的两岸关系造成进一步伤害。”

2018年9月16日，超强台风“山竹”登陆广东，狂风劲吹，暴雨肆虐，树木倒伏，高楼震颤，城乡积涝。广东省公安厅官方微博“@平安南粤”（UID：1701367442）保持连续在线作战，大量的照片、动图和视频记录了前线公安民警无惧风雨抗台保平安的动人瞬间。深圳街头执勤时被风吹跑的交警陈展廷、淌水转移受困妇女的盐田港派出所副所长郭锦辉等基层民警再现“最美的逆行”。网友深受感动，纷纷点赞，“看到眼睛湿了”“超感动”“致敬最可爱的人”等留言不断涌现。公安部治安管理局暨打四黑除四害专项行动办公室官方微博“@公安部打四黑除四害”（UID：2328516855）携全国公安微博积极参与、助阵加油，全国媒体法人媒体更无缺席。人民日报社官方微博“@人民日报”（UID：2803301701）转载发布的“民警李胜奇逆风奔跑救人”英姿更获得了4万余网友点赞。

2018年9月16日11时35分，瑞典驻华大使馆官方微博“@瑞典驻华大使馆微博”（UID：3260734291）对网传9月2日中国游客携父母在凌晨抵达瑞典后在酒店大堂休息遭拒，后又被警方粗暴带到离市区较远的坟场事件作出回应，“大使馆已获悉，三名中国公民指责斯德哥尔摩警方在介入事件后不当使用暴力执法。每当收到针对瑞典警方在执法过程中有违法嫌疑的投诉后，瑞典方面都会指派专门的检察官对案件进行独立调查以确定警方是否有失职或违法行为。对于这几位中国公民声称遭到警方暴力对待的情况，瑞典方面同样已采取上述措施。”

2018年9月18日以来，网友“@朕来打怪兽”在网上发表多条侮辱“慰安妇”、亵渎民族情感的不当言论，引发网友围观谴责，在四川省绵阳市公安局网络安全保卫支队官方微博“@绵阳网警”（UID：1010712057，现更名为“@绵阳网警巡查执法”）介入并多次告诫后，该网友仍不知悔改，并故意侮辱和挑衅警方，引起网络舆论强烈愤慨和严厉声讨，造成了恶劣的社会影响。9月22日11时53分，云南省昆明市公安局网络安全保卫支队“@昆明网警巡查执法”（UID：2113754194）发布通报，回应关切。通稿称：“在接到‘@绵阳网警’移交的线索和网民举报后，昆明警方高度重视，迅速展开调查。9 月 18 日下午，昆明市公安局盘龙分局将涉案嫌疑人赵某抓获，面对警方，赵某一改网上的猖狂作风，对自己的违法行为供认不讳。赵某的行为涉嫌违反《中华人民共和国刑法》第二百九十三条相关规定，涉嫌寻衅滋事罪，现被昆明市公安局盘龙分局依法刑事拘留。”

2018 年 9 月 19 日，继“高铁霸座男”事件后，“高铁霸座女”周某某强占他人座位且不听劝阻的视频再度刷屏微博和微信朋友圈，“霸座”一词重回舆论焦点。19 日 15 时 42 分，中国铁路广州局集团有限公司官方微博“@ 广州铁路”（UID：1923237421）快速发布微博表示，“对于网上传播的 9 月 19 日 G6078 次旅客‘霸座’视频，铁路部门已经关注。目前铁路公安已经介入调查，并将根据调查情况，依法依规进行处理”。19 时 23 分，《人民日报》微博“@ 人民日报”（UID：2803301701）发表《人民微评：冒犯规则，“霸座女”该受惩戒》，评论称，无知、无畏、无理，这不是撒娇而是撒泼，不是据理以争而是胡搅蛮缠。丑态毕露，形象尽失，为天下人耻笑，“霸座”实属突兀。殷鉴不远，却不思省思，岂可宽宥？有理不在声高，冒犯规则，恐难逃惩戒。捍卫规则，让人敬畏规则，执法者任重道远。

2018 年 9 月 19 日 11 时 19 分，河南省平顶山市鲁山县人民检察院官方微博“@ 鲁山县检察院”（UID：5236492932）的一则“正面宣传”稿《鲁山一初中生涉嫌强奸 17 岁女孩，检察官介入下双方冰释前嫌》既出，迅速引起网络舆论的轩然大波。微博正文——“我儿子终于重新回到学校上学了，太谢谢你们啦！马上中秋节了，俺也不知道该怎么感谢咱检察官呢，给咱检察院送个锦旗吧！”2018 年 9 月的一天，鲁山县某镇的王某（女）激动地紧握着检察官韩昊的手说。——舆论质疑强奸未成年少女的刑事案件是否可以调解？声浪：“啊？贵县公法检很牛 * 哦，公诉案件也能和解”“能把刑事案件愣是办成民事赔偿案件，以能和稀泥为荣”“你们的稀泥已经和到天上了”“不是什么锦旗都能收的，人还是要有底线”“贵单位的宣传工作有点画风清奇啊”……随后，该微博删除。

2018 年 9 月 19 日，继“高铁霸座男”事件后，“高铁霸座女”周某某强占他人座位且不听劝阻的视频再度刷屏微博和微信朋友圈，“霸座”一词重回舆论焦点。19 日 15 时 42 分，中国铁路广州局集团有限公司官方微博“@ 广州铁路”快速发布微博表示，“对于网上传播的 9 月 19 日 G6078 次旅客‘霸座’视频，铁路部门已经关注。目前铁路公安已经介入调查，并将根据调查情况，依法依规进行处理”。20 日 10 时 07 分，广州铁路公安局衡阳公安处官方微博“@ 衡阳铁路公安处”发布通报称，“认定周某某构成违反治安管理行为，根据《治安管理处罚法》对其处以罚款 200 元的行政处罚”。“@ 广州铁路”随即转发该通报并强调，“铁路客运部门决定根据有关规定将周某某纳入铁路征信黑名单，在 180 天内限制其购票乘坐火车”。

2018 年 9 月 19 日 22 时 23 分，湖南省高速公路交通警察局官方微博“@ 湖南高速警察”（UID：2054302531）接网友“@ Brah”私信求助，称其亲属乘坐的豫牌小车可能在长沙段高速公路发生事故，目前无法与其取得联系，不知道具体情况，家人很着急，正连夜赶往长沙。接到求助后，“@ 湖南高速警察”迅速回应，一边调度省高警局长沙支队核查情况，一边电话联系该网友，了解具体情况并逐一排查，最终确定事故发生在长沙市长沙县境内的地方公路，及时帮助该网友联系到了亲属。

2018 年 9 月 20 日 10 时 07 分，广州铁路公安局衡阳公安处官方微博“@ 衡阳铁路公安处”（UID：3175176921）发布通报称，“认定周某某构成违反治安管理行为，根据《治安管理处罚法》对其处以罚款200元的行政处罚”。“@广州铁路”随即转发该通报并强调，“铁路客运部门决定根据有关规定将周某某纳入铁路征信黑名单，在180天内限制其购票乘坐火车”。同日，铁路客运部门根据国家发改委等八部门下发《关于在一定期限内适当限制特定严重失信人乘坐火车推动社会信用体系建设的意见》的规定，在铁路征信体系中记录9月19日G6078次列车旅客周某某信息，并在一定期限内限制其购票乘坐火车。该旅客将自公示期满无有效异议之日起，180天内无法购买火车票。舆论热议“大快人心”。

2018年9月20日15时05分，一条来自俄罗斯首都莫斯科的微博私信吸引了湖南省公安厅官方微博“@湖南公安”（UID：5645893201）值班工作人员的注意：“厅厅您好，我在莫斯科遗失了护照，已经在领事馆办理旅行证。昨天下午，这边发了信息确认函到您这边，能不能请您帮忙沟通下，回一封邮件确认呢?”获悉情况后，湖南省公安厅新媒体工作室负责人马上与湖南省公安厅人口与出入境管理局民警取得联系，协调出入境部门开启绿色通道快速办理。当日15时25分许，人口与出入境管理局将复核邮件发送至俄罗斯，顺利办结网友求助事项。这次救助仅耗时20分钟。16时05分，该游客回复：“我已经拿到了旅行证，现在去莫斯科移民局办理一次性出境签，如果顺利明天就回国。”当“@湖南公安”请该游客回国后及时报平安时，该游客答道：“一定。因为自己的过错麻烦警察叔叔，感到非常惭愧，再次表示感谢!”

2018年9月21日，拥有近220万粉丝的微博名人“@杜猛”（UID：1214074324）发布微博称，“最新联合国公布的全球国民素质道德水平调查及排名，中国连续几十年排名世界第160位以后或者倒数第二，而日本国民素质连续30多年排名世界第一。中国与日本国民之间的素质差距约为50~80年，其中中国小学教育与日本的差距是50年，中等教育差距70年，高等教育差距90年。（转）”他虽然在微博的最后加了个括号写了个“转”字，但并未写明来源。所配图片为9月20日安倍晋三第三次当选日本执政党自民党总裁。为了使其文字具有“可信度”，“@杜猛”还在微博最开始加了句“我先声明一下，可能是联合国教科文组织在造假?你忍心一下看完”。当日晚23时03分，联合国教科文组织官方微博“@联合国教科文组织”在其微博评论区发出互动声明：“联合国教科文组织没有做此类排名，联合国应该也不会做。”经网友举报，该微博被打上“不实”的标记，并对“@杜猛”做出禁言15天处罚。

2018年9月21日，瑞典电视台《瑞典新闻》栏目播出了一段辱华视频。视频打着给中国游客提示的旗号，以充满低级趣味的噱头和粗俗语言宣扬种族主义、排外主义。同时，该节目所使用的中国地图缺少了台湾和西藏部分地区。随后，一个自称“瑞典官方频道”的账号，还在中国某视频平台上传了该视频，上述一系列表现被网友微博爆料后立即遭到中国舆论的强烈谴责。9月25日下午，瑞典电视台在其官方网站发表回应辱华视频事件的文章，承认节目表达的整体意思出现了缺失，并“为此道歉”，但面对舆论对其节目涉及种族歧视和用错地图的指责依旧闪烁其词，未作道歉。26日，中国驻瑞典大使馆发言人表示：这样的“道歉”缺乏诚意，是敷衍的，也是虚伪的，企图蒙混过关。我们再次强烈敦促瑞典电视台及有关节目组不要再狡辩了，不要再以所谓的“本意”“表意缺失”和“文化差异”等借口来遮遮掩掩，一错再错。

2018年9月27日10时许，作家郑渊洁在微博“@郑渊洁”（UID：1195031270）实名举报称："金川区皮皮鲁商店未经我授权擅自使用我原创的知名文学角色'皮皮鲁'作为不适宜的企业名称，敬请金昌市工商局依法行政予以纠正，制止'金川区皮皮鲁商店'的不正当竞争行为。"郑渊洁微博还详细列举了法律处罚条文并向国家市场监督管理总局官方微博"@中国市场监管"（UID：6535805862）、甘肃省工商局官方微博"@甘肃省工商局"（UID：2626472767）等政务微博"@"直达反映，请求依法查处。9月27日中午12时30分，"@甘肃省工商局"第一次回复"@郑渊洁"说："郑老师，您举报的情况我们已经收到，甘肃省工商局高度重视，我们会调查您反映的问题，并及时向您反馈。"当天下午15时34分，"@甘肃省工商局"第二次反馈："已向甘肃省工商局企业注册处、商标处、竞争执法局等相关部门反映。省工商局已联系金昌市工商局并敦促辖区工商机关迅速开展调查核实，处置结果将第一时间向您通报。"随后"@郑渊洁"回复："谢谢如此快速答复我并依法行政。"9月30日上午10时37分，"@甘肃省工商局"向郑渊洁第三次进行了反馈，"@郑渊洁"互动道："我发微博向甘肃省工商局举报甘肃一个体工商户侵权的当天，甘肃省工商局答复我并依法行政。侵权人微博私信向我道歉。甘肃民风淳朴，市场监管部门依法行政水平高，甘肃营商环境好，我想卖了北京的房子迁居甘肃。"这一回复再次引起了网友的积极围观："解决问题的速度说明了执政的能力和态度""甘肃让人刮目相看""甘肃这速度非常可以""态度很重要，甘肃这一点做得很好""国家重视，省上当回事儿，速度自然提高了"……还有很多网友表示，"好感上升，打算去甘肃旅游了""没想到甘肃这么快！""甘肃很重视知识产权啊！""甘肃这次真心干得漂亮！"……9月30日17时30分，金川区工商局向省工商局发来答复函，对调查处置情况做了说明，"@甘肃省工商局"向郑渊洁第四次回复："金川区皮皮鲁商店已于9月29日办理注销手续。"

2018年9月28日中午11时30分，网友"@风不喧嚣"（UID：5249550692）发布的一条微博引起网友们的震惊关注："一天多前我自杀了，烧炭，这条是定时微博，麻烦看到的人帮我报个警，地址是南京市浦口区旭日上城小区××栋×单元×××室最靠近门的一间小出租屋，谢谢咯，这不是开玩笑……多谢帮我收尸了。"起初网友们以为这只是又一个恶作剧玩笑，但随后让网友们痛惜并震惊——这是一条利用微博定时功能，在自杀的前一天就写好了的微博，只是为了通知他的亲友帮他去"收尸"。9月29日18时33分，江苏省南京市公安局江北新区分局官方微博"@平安新江北"（UID：6502024900）发布警方通报，证实"当事人已死亡""排除他杀"。

2018年9月29日23时30分，大量成都网民在微博反映，在天府新区会龙大道与成仁路口附近听到人防警报鸣响。四川省成都市人民防空办公室官方微博"@成都人防"（UID：6381658751）获悉情况后立即按紧急情况进行处置，并组织人员前往现场核查，发现该鸣响警报台站位于高新区中和街道会龙社区服务中心三楼，技术人员判定该警报因硬件故障而引发误响，现场采取警报器断电方式进行阻断。同时，"@成都人防"于当日深夜23时45分发布第一条微博表示，"目前没有收到任何警报信息！"随后，分别于次日凌晨0时41分、1时20分发布排查动态，凌晨2时发布排查结果，并对微博监测到的每一条有关该事件的"警报"信息一一主动互动评论回应，消除了网友疑问和恐慌。9月30日16时43分，"@成都人防"发布《关于高新区中和街道会龙社区警报误响情况的通告》。

2018年9月29日，"中国烈士纪念日"前夕，最高人民法院官方微博"@最高人民法院"（UID：3908755088）发起"你用生命捍卫我，我用法律保护你"照片征集活动，号召法院干警郑重承诺，自觉维护英烈名誉。活动一经发起，迅速获得全国法院的热烈响应，各地法院干警纷纷在白纸上写下“我承诺，自觉维护英烈名誉”的宣誓内容，标记名字和坐标，并合影上传各法院官方微博。在“中国烈士纪念日”当天，有关照片及视频在微博上以刷屏之势传播，话题#你用生命捍卫我，我用法律保护你#阅读量高达471.8万。

2018年9月30日6时37分，于28日发布定时微博而后自杀的南京网友“@风不喧嚣”（UID：5249550692）更新微博称，“大家好，我是他的家属，对于房东，我们很抱歉，我们比谁都不想发生这样的事，很多不知情的人都在胡乱猜测，这件事是家人第一时间发现的，他一向都很开朗，让家人放心，连这次也是，走得干干净净。亲人哀逝之痛，将心比心。我们只是普通家庭，原本不想回应这些，但是实在是无法忍受背后对他的非议，他很好，很干净，很纯粹，他去了他以为美好的地方，他的身，他的魂，都自由了。请求大家不要再议论了，不要再转发了，不要再关注了，让他安静的离开吧。谢谢，非常感谢。”除了保留此条最新的声明微博内容外，该网友生前所留下的微博被悉数清空，该条微博也设置为禁止评论，再次引发网友热议，依然被转发572次。“@光线雨老巢”（UID：6226695474）在转发评论中说：“你是真得让一点他活着的证明都不想留下。不过也好，他再也看不到了。有人说的对，他的家人在他死后，又杀了他一次。”“@Baby08480”（UID：6550386169）说：“我会经常来看你的，虽然您的父母都不让人评论了，但是挡不住我的。”

十月

2018年10月1日7时32分，有网友向山东省济南市公安局交通警察支队官方微博“@济南交警”（UID：2937210565）举报称，“清河北路，拐历山北路。29号晚上八点，八辆大渣土车并排走，还占用左转车道直行。……大车那速度从你身旁过去，吓死了！”接到消息后，济南交警天桥大队民警迅速利用技术手段分析研判，当天将涉嫌车辆查获。10月9日下午15时04分，“@济南交警”发布微博通报：“鲁AD0535、鲁AD0925、鲁AD7953、鲁AP0382、鲁AU5271、鲁AU5787、鲁AV2335！7辆车违反禁令标志！截止到10月1日，7名驾驶人都已经到交警队接受处罚。”

2018年10月1日，深甬两地交警大数据联动，查获套牌法拉利488跑车。10月1日下午，浙江省宁波市公安局交通警察局官方微博“@宁波交警”（UID：1968066827）经过大数据分析，发现粤B0YE00法拉利488跑车同时出现在宁波和深圳两地，两车同一型号、同一颜色、同一车牌。“@宁波交警”立即向广东省深圳市公安局交通警察局官方微博“@深圳交警”（UID：1792702427）通报案情，相关调查显示该粤B0YE00法拉利在深圳周边活动。李逵李鬼、谁真谁假，扑朔迷离，一场两地“捉妖行动”迅速展开。宁波交警经过研判锁定了目标车辆在鄞州区活动，民警14时30分许在一酒店停车场找到了这辆红色法拉利。据驾驶员王某交代，该车是从杭州萧山租来的，国庆开到宁波游玩，经查王某属于无证驾驶，交警部门依法对王某拘留10日、罚款2000元的处罚。同时，经过鉴定，确定该车为真车真牌，这也明确了在深圳的另一辆法拉利跑车必定是“李鬼”。后经深圳交警研判、布控，于10月16日13时在宝安区留仙二路将该车查获，经过对车辆的检查，证实该车为套牌车，深圳交警依法对车辆进行了扣留。

2018年10月2日9时56分，四川省成都市交通运输委员会官方微博“@成都交通运输”（UID：3225365642）收到网友私信投诉，称其在茶店子客运站向车站工作人员咨询乘车地点时，工作人员态度恶劣，大声吼叫，因没有得到详细回复导致坐错了两趟车。了解情况后，“@成都交通运输”迅速线下对接职能部门进行调查核实和处置。10月4日14时30分，该网友反馈已经收到当事人的道歉，并对自己微博获得及时回复和对事件得到认真处理表示感谢。

2018年10月3日，国庆节假期间，河南省洛阳市长安路派出所接到一家饭店员工报警求助称，有一群外国游客坐在饭店大厅不愿离开。民警现场询问后得知，这些游客准备入住酒店，但该饭店无法安排这么多外宾。随后，民警通过翻译机与外国游客进行沟通，并引导分流至其他酒店入住。事后，外国游客十分感谢洛阳民警的帮助，与民警合影留念。10月5日22时，洛阳市公安局官方微博“@平安洛阳”（UID：2043228245）将此消息在#国庆168小时#话题中与其他8个值班故事一并发至微博后，被一些媒体与同期“中国游客在瑞典被警方扔进坟场”热点事件而较而论，引发舆论关注。

2018年10月4日，微博网友“@紫ZIYI”声称其在深圳献血未做血液检查，相关“艾滋”的谣言在网上引发热议。当天，深圳市血液中心官方微博“@深圳市血液中心”（UID：2392994772）发布郑重声明：“无论是首次献血者还是多次甚至是上百次的献血者，每次献血都必须做初筛检测，全血要经过扎左手无名指的检测，机采需静脉抽血进行检测。献血后，严格按照国家规定的标准对每一袋血液进行经血传播传染病等项目的检测。”10月5日，深圳网警联合龙岗公安分局在龙岗区某街道查获发布谣言信息的违法嫌疑人蒋某某。经查，蒋某某（女，微博昵称“@紫ZIYI”）对其在网上发布不实言论供认不讳。根据《治安管理处罚法》之规定，公安机关依法对蒋某某处以行政拘留7日。6日傍晚，深圳市公安局公共信息网络安全监察分局官方微博“@深圳网警”（UID：1977889537）对此案发布了通报。

2018年10月4日凌晨，网友“@六月的雨在哪里”（UID：5380708361）发微博称，10月2日上午10点半，自己妻子推婴儿车带着未满周岁的儿子去银泰百货（大红门店）买奶粉，遇到几名女子“暴力”拉扯孩子。从配图公布的“行政处罚决定书”图片可以看到，大红门派出所已介入调查，民警查明后发现，4名女子系“误将他人孩子认作自己的孙子，上前抢夺”。随后，4人均被行政拘留5日。针对有家长报警在北京丰台大红门某商场内其孩子被抢，质疑公安机关对嫌疑人处理过轻的情况，北京市公安局官方微博“@平安北京”（UID：1288915263）10月5日发布通报：丰台分局已于10月4日接到涉事家长的复议申请。北京市公安局对此案高度重视，已组成工作专班对案件开展复核，相关结果将及时通报。10月6日18时45分，“@平安北京”发布《关于大红门某商场内孩子被抢一案调查的情况通报》，通过现场监控视频、涉案人员供述及证人证言等证据互相印证，还原了事发过程：确系涉案人因家庭矛盾抢错孩子。

2018年10月4日20时39分，网友“@ZM泽民”（UID：2013932763）微博配发现场照片诉称，“（内蒙古呼和浩特市）玉泉区锡林郭勒南路，万锦香颂商业楼东南角，利客便利店门前，公共停车位私自安装地锁，由于光线不足导致多辆车辆发生碰撞情况，建议城管部门进行处罚拆除。”5日9时16分，内蒙古呼和浩特市玉泉区城市管理行政执法局官方微博“@玉泉城管”（UID：5190716331）回应称已派人去处理。17时58分，“@玉泉城管”拍发现场整改图片再回应，私装地锁已拆除。

2018年10月5日，微博网友配发照片曝料称，京昆高速定兴收费站“竟然用国旗当麻袋装杂物”，并气愤地表示，“国庆节看到这一幕，气死人，谁来管管？”5日21时38分，河北省保定市定兴县委宣传部官方微博“@定兴发布”（UID：5075786110）首次作出回应称，在发现微博流传此事后，“定兴县公安局姚村派出所立即出警调查，初步查明：2018 年 10 月 5 日下午一点左右，京昆高速定兴西服务区保洁员贾某某、王某某因收集的杂物无处盛放，用一面旧国旗包裹，放在了服务区南侧。事后国旗被妥善收好，案件正在进一步调查中。”

2018 年 10 月 5 日，微博网友爆料称，京昆高速定兴收费站竟然用国旗当麻袋装杂物，其气愤地表示，“国庆节看到这一幕，气死人，谁来管管?”10 月 6 日，河北省保定市定兴县委宣传部官方微博“@ 定兴发布”回应称，此事发生在京昆高速定兴西服务区，过路游客拍到国旗当麻袋装杂物的图片后发在网上。注意到该网络舆情后，定兴县公安局姚村派出所立即出警调查，初步查明事发时间为 10 月 5 日下午一点左右，京昆高速定兴西服务区保洁员贾某某、王某某因收集的杂物无处盛放，用一面旧国旗包裹，放在了服务区南侧，事后国旗被妥善收好，目前案件正在进一步调查中。定兴县委宣传部有关领导表示，此事应是因保洁员文化素质低、不懂得国旗的意义和有关法律责任而引起，但不是刻意为之，恳请网友不要上纲上线。

2018 年 10 月 6 日 14 时 10 分，网友“@ VeronicaLeeVanillaPudding”（UID：5401455075）发微博称，其兄嫂最近领结婚证时，要“交 5000 元押金，在生二胎后才能退还”，在网络引发轩然大波，一时间转发量过 2 万。一方面众多网友好奇求证“哪里？真的假的?”，另一方面又有全国各地刚领过结婚证的网民表示“没有的事”“工本费都没收”。由于该网友在评论中点了“泸州主城区”字样。10 月 7 日 12 时许，四川省泸州市公安局官方微博“@ 平安泸州”（UID：2702378892）私信该网友请其核实该消息发生事实。在巨大的网络质疑声中，该网友迅速删除了微博，并于 12 时 57 分发布微博说，“跪求各位放我一马，我一定深刻反省”，反省称自己“不应该听到闲话家常就随便放网上，给泸州民政局的形象造成巨大损失”，并向泸州市民政局、泸州市政府及泸州市民道歉。13 时 08 分，泸州市公安局官方微博“@ 平安泸州”截屏辟谣并“@”警告该网友。15 时 01 分，泸州市公安局网络安全保卫支队官方微博“@ 泸州网警巡查执法”（UID：5915442494）则以“摊手”的表情表示，“若道歉就当没发生过的话，那么……（请大家耐心等待，不信谣不传谣）”。

2018 年 10 月 7 日 16 时 59 分，河北省保定市定兴县委宣传部官方微博“@ 定兴发布”（UID：5075786110）就“旧国旗包裹杂物事件”再次发布回应通稿。通稿称，京昆高速定兴西服务区保洁员使用旧国旗包裹杂物事件发生后，其主管单位河北省高速公路禄发实业总公司对当事人和相关责任人作出处罚：责令劳务派遣公司对当事保洁员贾某某、王某某进行严肃批评并更换；对服务区检查监督员、主管环境卫生副经理、服务区主要负责人作出罚款、书面检查、取消全年评优资格的处罚。该公司表示将吸取此次事件教训，加强教育培训和监督检查，提高员工的大局意识、服务意识，树立良好的窗口形象。并表示，“针对此次事件，定兴县将举一反三，进一步加强爱国主义教育，增强广大人民群众的爱国热情。同时，积极宣传《国旗法》等有关法律法规”。

2018 年 10 月 9 日，江苏省公安厅网络安全保卫总队官方微博“@ 江苏网警”（UID：5431447659）发布通报：有网友反映，虎牙主播“莉哥 OvO”在直播中，公然篡改国歌曲谱，以嬉皮笑脸的方式表现国歌内容，并将国歌作为自己所谓“网络音乐会”的“开幕曲”。根据《中华人民共和国国歌法》，在公共场合，故意篡改国歌歌词、曲谱，以歪曲、贬损方式奏唱国歌，或者以其他方式侮辱国歌的，由公安机关处以警告或者十五日以下拘留；构成犯罪的，依法追究刑事责任，该主播直播间已经被虎牙封禁。“虎牙莉哥账号被封”的微博话题登上热搜第三。

2018 年 10 月 9 日 12 时 40 分，河南省人民检察院官方微博“@ 河南检察”（UID：3206657871）发布《关于被告人赵某强奸一案的情况通报》，就 9 月 19 日河南省平顶山市鲁山县人民检察院官方微博“@ 鲁山县检察院”（UID：5236492932）因《鲁山一初中生涉嫌强奸 17 岁女孩，检察官介入下双方冰释前嫌》一文所引发的舆论风波，回应社会关切。通报称，“被告人赵某强奸一案，由河南省鲁山县公安局立案侦查，于 2018 年 7 月 17 日提请逮捕，鲁山县人民检察院于 7 月 24 日以犯罪嫌疑人赵某涉嫌强奸犯罪作出批准逮捕决定。8 月 27 日，案件移送鲁山县人民检察院审查起诉。因赵某为 16 周岁未成年人，系在校初中学生，本人认罪悔罪，办案机关经听取被害人方面意见，依据刑事诉讼法和未成年人刑事案件办理规定，依法将赵某的强制措施由逮捕变更为取保候审。10 月 9 日，鲁山县人民检察院依法将被告人赵某强奸一案向鲁山县人民法院提起公诉。审查起诉期间，鲁山县人民检察院官微 9 月 19 日对该案进行了公开报道。但该案涉及未成年人及隐私，办案程序尚在进行，此间进行报道是错误的，并且报道中多处表述错误、用语明显不当，造成十分不良的社会影响。我院已责成鲁山县人民检察院认真整改，吸取教训。感谢和欢迎社会各界对检察工作的监督支持!”

2018 年 10 月 10 日，女网友“@ 张胖吃不胖”（UID：5951803246）发微博表扬江宁警方。称其 10 月 9 日晚坐末班公交车回学校时，因为只顾着玩手机未留意行车路线，直到公交车抵达终点站时才发现居然坐反了方向。而她下车的位置地处南京郊区，出租车和网约车均不去那里载客，该女生面对深夜郊区且实在是无法回学校的困境，只得拨打了 110 求救。而江宁警方无论是 110 接警台还是派出所出警民警，都亲切且迅速地对她实施了救助。该网友这条表扬微博在“@”南京市公安局江宁区分局官方微博“@ 江宁公安在线”（UID：1113218211）后，“@ 江宁公安在线”专门对此表示回谢。而此时，个别网友提出质疑，认为此种情况也要警方出警属于浪费警力。对此，“@ 江宁公安在线”发布专题说明文章，从公交车的路线到江宁区特殊的地理位置，对此次出警的必要性和合理性进行了充分的解释说明。该说明微博获得了网友的一致认可，转评量 2 万，点赞 4 万，阅读量更是高达 1700 万。随之走红的则是“江宁警察真暖”微话题阅读量高达 3000 万，在网络上树立了南京江宁警方服务为民的良好形象。

2018 年 10 月 10 日，一则落款为“北京市公安局”的警情通报在微信等社交媒体上广为传播。据该通报称：“10 月 10 日中午 12 时许，北京市海淀区动物园象馆管理员发现园区丢失了一头 2 吨重的成年雄象，现已向全市各区县及乡镇部门发出寻象通告。亚洲象为国家一级保护动物，皮厚，肉质发柴，不好吃，不耐吃，希望有关涉事人员及时醒悟，悬崖勒马，速到有关部门自首反映案情争取宽大处理。”10 月 10 日 16 时 13 分，北京动物园官方微博“@ 北京动物园微博”（UID：2741831927）发布辟谣通告：“今天下午网络上出现关于‘北京海淀区动物园象馆管理员发现园区丢失一头 2 吨重的成年雄象’的警情通报，现经过核实，此消息为虚假消息，大象馆所有大象均正常展出，请大家不信谣、不传谣!”16 时 23 分，北京市公安局官方微博“@ 平安北京”（UID：1288915263）发布消息，“动物园把大象数了一遍，都在……”行文中的幽默风格，网友捧腹之余点赞过万。

2018 年 10 月 10 日 11 时 39 分，作家“@ 郑渊洁”（UID：1195031270）向国家市场监

督管理总局官方微博“@中国市场监管”（UID：6535805862）和福建省市场监督管理局、厦门市市场监督管理局、厦门市思明区市场监督管理局（编者注：均无微博）隔空喊话，举报“厦门皮皮鲁宠物诊所有限公司”未经授权擅自使用其原创的知名文学角色“皮皮鲁”作为不适宜的企业名称，请求依法纠正侵权企业的不正当竞争行为。此后7日，“@郑渊洁”每日一次微博转发督促。10月17日11时02分“@郑渊洁”发布微博称，“福建市场监管局、厦门市场监管局、思明工商在接到我的微博举报7天后，于刚才依法行政责令‘厦门皮皮鲁诊所有限公司’停止侵权完成改名。”

2018年10月11日，西藏江达县突发山体滑坡，致使金沙江断流，形成堰塞湖，四川省消防总队官方微博“@四川消防”（UID：3053154652）、甘孜州公安消防支队官方微博“@甘孜消防”（UID：3133879651）立即响应应急管理部指挥，赶往一线参与救援。18时28分，“@四川消防”实时发布救援一线视频。20时37分，“@政务微博观察”对此微博发布点评道：“如何做好移动互联网环境下的应急救援传播？四川消防的实践有了新看点：①移动即时发布，时效性极大提升；②‘声音出镜’让碎片化视频有了完整的新闻元素：主播、时间、地点、画面解说、专业解读以及救援力量部署和救援组织指挥员介绍。这就与普遍围观者的静默拍摄有了根本的专业区分。”

2018年10月11日，南京女生坐反公交车无奈求助事件后，江苏省南京市公安局江宁区分局官方微博“@江宁公安在线”（UID：1113218211）经得当事人同意，将该女网友当时的报警录音通过微博发布，一时间，全网被这段全程哭泣的“暴雨梨花式报警录音”刷屏。这条微博被转发6万余次，评论4万余条，点赞逾9万，阅读量更是达到了4311万。网友通过对录音的了解，进一步理解了女网友当时所处的困境，并对江宁警方的暖心出警再次强力点赞。这次“暴露梨花式报警录音”和“江宁警方真暖”的主题互动，不但成功帮助了需要帮助的报警人，也让更多的网友知道了在什么情况下应当拨打110报警。对此，《人民日报》微博“@人民日报”官方微博（UID：2803301701）专门发表“人民微评”，评论称：“为警方点赞！‘不要瞎报警，更不能怕报警’，掷地有声，值得怒赞！公民身处困境报警求助，既是人之常情，也于法有据。警方积极响应，既刷出‘存在感’，更赢得民心。那些不分青红皂白贴标签的做法，看似体恤警力，恰是添乱。警方有作为，公民有安全感。”

2018年10月11日晚，有网友微博爆料，“妇产科有个高龄产妇不想自己生，但是评估没有剖指征，然后家属就把大夫打成了重伤，（大夫）现在神（经）外（科）住院”。伤医议程再次引爆微博舆论。10月12日19时26分，北京大学第一医院官方微博“@北大医院”（UID：2171392531）发布通报，该事件发生2018年9月22日晚，该院妇产科赫英东等三位医生在值班期间，遭到患者孙某某及家属等三人无端殴打。10月13日16时13分，公安部治安管理局暨打四黑除四害专项行动办公室官方微博“@公安部打四黑除四害”（UID：2328516855）在转发“@北大医院”声明时表态：“公安机关将始终保持对涉医违法犯罪的严打高压态势。对伤医、闹医、辱医行为构成违反治安管理行为的，严格按照治安管理处罚法予以处罚；构成犯罪的，坚决依法追究刑责。暴力伤医，零容忍！”10月14日7时49分，中国医师协会官方微博“@中国医师协会”（UID：1749601174）发表声明《呼吁尊医重卫打击违法犯罪》说，“综观整个事件，我们认为强烈谴责已经不能表达我们的愤怒，但理性告诉我们，偶发伤医事件不能成为医患对立的借口，因此我们谴责一切暴力伤医行为。”随后9时25分，北京市卫生与计划生育委员会官方微博“@首都健康”（UID：2417852083）

表态：“支持公安部门依法处置北大第一医院医务人员被殴打事件，坚决打击伤医闹医辱医等违法行为，坚决维护医疗卫生机构的工作秩序和安全环境。”2018 年 10 月 13 日，北京市西城公安分局对郑某宇依法刑事拘留，考虑到郑某蕊系在校大学生，且对自身行为真诚悔过，并得到了赫医生的谅解，对其采取取保候审。

2018 年 10 月 13 日 8 时 25 分，河南省文物考古研究院官方微博“河南考古”（UID：5653343594）发布了一组考古文物整理室内的现场图景，并微博自称为“考古炫富第一波”。在微博所配图片中，满地正在整理中的碎陶片，以及堆放整齐等待整理的出土遗物在所有其他“炫富”图片中显得尤为特殊，瞬间成为网络热点。有网友说“你这炫富不一般”，“@河南考古”互动科普说，“别看不起眼，随便一块都是五六千年以上，谁能比?”该微博的阅读量当日即达到 2800 余万，转发评论近 2.5 万次，获网友点赞 7 万余。

2018 年 10 月 13 日中午 12 时 35 分，河南省郑州市公安局马寨分局萍湖路警务区谢之强警组接到报警人刘某（女）报警称，有网友在微博直播自杀。接到警情后，值班民警陈占贵迅速和报警人通过电话和微信取得联系，了解了相关情况。得知刘某和在微博直播自杀的张某（男）是网友关系，张某在微博发布了一连串的有关自杀的动态消息，语态悲观消极，且配有手腕被割破，鲜血淋漓的图片。郑州公安局马寨分局立即出动，经过各种努力，3 小时后找到在家中休息的自杀男子。民警遂责令其将网上发布的自残消息删除，并发布安全的消息，以解除其朋友和不知情网友的忧虑。事后，张某在微博发出消息：“我现在很好，很安全，感谢马寨分局的警察，他们是好警察!”

2018 年 10 月 15 日，江苏省扬州市杭集镇发生一起轿车冲撞人群事故，共造成 2 人死亡 8 人受伤。18 日 13 时整，江苏省公安厅官方微博“@平安江苏”（UID：1935167034）发布《关于扬州拆违事件的案情通报》。通报称，依法对肇事者韦某以涉嫌“以危险方法危害公共安全罪”采取刑事强制措施，对其他 3 位拆违人员以涉嫌“寻衅滋事罪”采取刑事强制措施。

2018 年 10 月 15 日傍晚，一条“为生命接力”的消息刷爆网络。一名 13 岁的北京中学生随家人在内蒙古旅游时发生严重车祸，经内蒙古自治区人民医院诊断，需要立即转院至北京天坛医院救治。获知消息后，内蒙古、河北、北京三地交管部门立即开展联合护送行动。内蒙古公安厅交管总队官方微博“@内蒙古交警”（UID：2425724913）连夜安排途经高速公路的高速交警大队部署警力疏导，并安排特勤处派员全程护送至蒙冀界。在内蒙古交警的护送下，原需用时 3.5 小时的车程，不到 2 小时就到达。河北高速交警总队张家口支队官方微博“@河北高速交警张家口支队”（UID：3217700991）部署警力沿途疏导，同时呼吁自驾车车主及时让行急救车队，确保北京方向全路段畅通。北京市公安局公安交通管理局官方微博“@北京交警”（UID：3427645762）指挥调度 4 个交通支队接力带道，疏导途经路线交通，并实时发布 10 余条微博播报车队方位，提醒车辆有序避让，使得急救车队于 10 时 36 分安全到达北京天坛医院新址，比预计时间提前了 2 个多小时。三地交警部门配合默契，接力护送，同步利用微博平台播报车队方位，提醒车辆避让，争分夺秒地为救助赢得了时间，体现出了危急时刻警察保障民众安全的态度和能力。

2018 年 10 月 16 日，微博网友爆料称，湖南株洲县育红小学一女教师因罚站某迟到学生，该学生向身为派出所副所长的父亲“告状”，其父遂带警察将老师带至派出所关押 7 小时。引起舆论热议。10 月 18 日 20 时 13 分，湖南省株洲县公安局官方微博“株洲县公安”

（UID：5727188719）发布通报：派出所副所长赵某有违规行为的情况，县公安局对其作出停止执行职务的决定，县纪委派驻纪检组和市公安局警务督察支队等相关部门正对此事作进一步调查，调查处理结果会及时向社会公布。据10月19日新华社电文，“湖南株洲县有关部门19日向记者通报了调查和处理结果。涉事的渌口派出所副所长赵明众系违规使用公权力，决定给予记大过处分、免去副所长职务，并调离公安系统。”

2018年10月16日晚，一则关于“成都地铁2号线有人砍人”的消息在微博流传。多名网友微博发布消息称“成都地铁二号线恐慌，据传是有人行凶砍人”，并同时配发了多张图片佐证。还有网友说地铁2号线上有“女生耳朵被砍”。随后，22时45分，华西都市报官方微博“@华西都市报”（UID：1496814565）发布辟谣信息，经成都地铁的工作人员接受华西都市报采访表示，“经核实，砍人事件属谣言，我们会在进一步核实后作相应辟谣处理”。22时58分，四川省成都市轨道公交分局官方微博“@成都轨道公交公安分局”（UID：1418694817）通报称，“10月16日21时许，地铁2号线，洪河站往行政学院站方向的列车上，一名女性嫌疑人持凶器伤害乘客。嫌疑人已被公安机关控制，伤者已经得到救治。公安机关已经介入调查，安全隐患已经排除。”23时30分，成都市公安局官方微博“@平安成都”（UID：2206820037）在转评“@成都轨道公交公安分局”时互动补充发布：“两名伤者，一人右耳部划伤，另一人左臂、左耳及背部划伤，均无生命危险。情况正在调查中。”网友对当晚警方发布多积极评论“诚实，诚信！”而对地铁安检及其与媒体当晚的“及时辟谣”多质疑和斥责。

2018年10月17日11时11分，作家“@郑渊洁”（UID：1195031270）向北京市市场监督管理局官方微博“@北京市场监管原工商”（UID：2417856193，原微博名称“@北京工商”）、北京市工商行政管理局朝阳分局官方微博“@北京朝阳工商”（UID：3255898787）和国家市场监管总局官方微博“@中国市场监管”（UID：6535805862）实名举报称，“北京舒克贝塔兄弟台球俱乐部有限公司”未经授权擅自使用其原创的知名文学角色“舒克贝塔”作为不适宜的企业名称，请求制止侵权企业的不正当竞争行为。10月23日16时01分，“@北京市场监管原工商”评论互动回复称，“您反映的问题我们已经关注到，现已移交至相关业务部门调查处理。”11月2日11时34分，“@北京市场监管原工商”再次评论互动反馈：“郑渊洁老师您好，感谢您对我们工作的信任。针对您反映的问题，北京市工商局朝阳分局约谈了相关企业，约谈中企业法人主动表示愿意变更企业名称，目前变更手续已完成。”

2018年10月17日14时许，湖南长沙一名网友在微博写下：“我觉得这个世界再没有什么值得我留恋，我要去到另一个我所向往的世界”，疑似想要轻生。随后，一群网友在某微博群里搜集汇总信息，并于下午15时向长沙市公安局网络安全保卫与技术侦察支队“@长沙网警巡查执法”（UID：5659014895）私信爆料求助，随后拨打110报警。长沙市桂花坪派出所的民警从网友信息中仅了解到该女子网购的收货地址，却不清楚具体的楼栋号。于是，民警孟征和辅警李昂两人对兴汝金城小区进行探访，最终确认了门牌号。几分钟后，进入当事人贾某的房门时，贾某的手腕上已经划开一道伤口，所幸伤口不深。事后该网友在她的微博里向朋友报平安，“我现在在派出所，我很好，警察叔叔对我很好，背着我跑医院，给我包扎止血，我不会再做傻事了，谢谢你们一直在关心我。”一时间，来自全国各地的数百名在线网友同时向长沙警察竖起了大拇指，“谢谢警察叔叔！你们真是好样的！”

2018 年 10 月 19 日，湖南省长沙市公安局发布了《关于依法严惩“套路贷”违法犯罪活动的通告》（以下简称通告），通告指出：“套路贷”是近年来新出现的一种违法犯罪，且呈发展蔓延之势，社会危害严重，必须坚决依法予以打击。通告表示，公安机关鼓励广大人民群众积极举报“套路贷”违法犯罪行为，举报线索经查实属于黑恶犯罪的，按照《湖南省举报黑恶势力犯罪线索奖励实施办法》给予 5000 元至 50000 元的奖励。全市各公安机关接受群众举报。“微博留言举报地址：‘@长沙警事’官方微博”与举报电话和信件邮寄地址并列成为主要沟通渠道。

2018 年 10 月 21 日，广东省深圳市公安局交通警察局官方微博“@深圳交警”（UID：1792702427）接到网友举报称，一辆飞度小轿车每天半夜十一二点在东海道“炸街”，排气管声音很大，严重噪音扰民并涉嫌非法改装。接到举报后，深圳交警立即对车辆轨迹进行分析研判，并通知机训大队去路面排查。10 月 25 日，该车司机被传唤接受调查。经过民警现场检验，粤 K20N05 小车外观有改动，但未发现改装动力。同时，该车曾于 2018 年 8 月因非法改装被深圳交警盐田大队查扣，已恢复原状。民警对其擅自改变机动车外观，处以 500 元罚款，同时教育司机文明行车，不扰民。

2018 年 10 月 21 日，四川省成都市交通运输委员会官方微博“@成都交通运输”（UID：3225365642）收到网友的私信求助称，“身份证可能遗落在温江 W11 号车上了”。“@成都交通运输”立即组织查找。不到 7 个小时，收到该网友的反馈，已经顺利取回自己的失物。

2018 年 10 月 22 日，微博网友“@IDASER 龙徒”发布的一段从大楼外拍摄的疑似男孩惨叫的视频引发舆论关注。其在微博上称，拍摄地是山东临沂第四人民医院附近，哭叫的地方是在网瘾戒治中心。10 月 24 日 17 时 42 分，山东省临沂市卫生和计划生育委员会官方微博“@临沂市卫生计生”（UID：5514815917）转发临沂市精神卫生中心官方微博“@临沂市精神卫生中心”（UID：2712194690）17 时 41 分发布的《关于网曝“临沂网戒中心十三号室视频”的情况说明》回应称，视频所称的“临沂网瘾戒治中心”原为临沂市精神卫生中心下设科室，2016 年 8 月已经停止使用该名称，收治患者全部符合国际疾病诊断标准，不存在网传的所谓“十三号室”。10 月 25 日 15 时 14 分，“@临沂市卫生计生”公布《关于对临沂市精神卫生中心网传视频调查情况的通报》，视频中提到的“十三号室”为“心理康复一病区”第十三号房间，是收治精神病人的抢救室。经向医护人员了解，该抢救室近期一直未使用。网传视频信息明显不实。该中心已向公安机关报案，公安机关已立案调查。目前网传视频制作当事人正在公安机关配合调查。

2018 年 10 月 22 日晚 11 时 45 分左右，广东省深圳市公安局交通警察局在其官方微博“@深圳交警”（UID：1792702427）例行发布查车行动的微博，其中一张疑似为比亚迪“掌门人”王传福试驾新款比亚迪唐 DM 的照片引发热议。照片上，王传福驾驶一辆车牌号为粤 B3P83 试的红色唐 DM 向执勤交警出示相关证件，面色比较轻松。此照片迅速引来上百名微博网友评论。

2018 年 10 月 24 日，伊利集团在自己官网和官方微博“@伊利”（UID：5236823068）上发布《常年屡遭破坏伊利苦不堪言被迫公开实名举报信恳请彻查郑俊怀及其保护伞》一文，实名举报前任董事长郑俊怀，称记录郑俊怀挪用 2.4 亿公款犯罪事实、证据确凿、犯罪分子供认不讳的 78 册案卷，14 年来一直存放在内蒙古自治区人民检察院反贪局，2018 年机构改革后转到内蒙古自治区监察委，被长期包庇，至今未公诉。这是自微博诞生以来第一次出现的以企业组织为主体的官方微博公开举报。

2018 年 10 月 27 日 23 时 18 分，广西壮族自治区妇幼保健院官方微博“@广西壮族自治区妇幼保健院”（UID：3989157113）发布通报，对微博网友及媒体反映的该院新阳院区 B 超分诊台存在过于低矮、给孕产妇造成不便的情况作出回应，“经查实该情况确实存在，对此，该院对分诊台给孕产妇带来的不便深表歉意”。通报称，当天，自治区妇幼保健院在分诊台放置了凳子给需要填写名字的孕产妇使用。经研究决定，该院将分诊台移至窗口外部，让护士近距离服务孕产妇，从而给广大孕产妇更好地服务感受，同时对原有窗口进行封闭处理。经过施工，该院已于 27 日完成整改。

2018 年 10 月 28 日上午 10 时许，重庆市万州区一大巴车在万州长江二桥桥面与一辆小轿车发生碰撞后坠江。随后，现场视频流出传入微博，引发舆论热议。并在网上出现大量谣言，质疑女司机逆行导致车祸发生。12 时 03 分，重庆市公安局万州分局官方微博“@平安万州”（UID：2634614892）发布《关于万州长江二桥大巴车坠江的通报》。17 时 46 分，“@平安万州”发布第二条通报迅速还原事实真相。通报称，“经初步事故现场调查，系公交客车在行驶中突然越过中心实线，撞击对向正常行驶的小轿车后冲上路沿，撞断护栏，坠入江中。根据调查访问、调取公交客车沿线监控视频，视频确认当时公交客车上共有驾乘人员 10 多人。目前，事故原因正进一步调查中。”

2018 年 10 月 29 日 13 时 41 分，内蒙古网友“@安静叙述者”（UID：2618257987）微博配发交通违章信息的证据截屏相片，并向广东省深圳市公安局交警支队官方微博“@深圳交警”（UID：1792702427）诉称，自己从未去过深圳，驾驶执照一直在手里，却被深圳交警扣掉 12 分。11 分钟后，“@深圳交警”互动回应“马上核查!”10 月 30 日 5 时 58 分，“@深圳交警”再次微博互动回应：“对不起，你的分已恢复，盗分者已被抓。”

2018 年 10 月 29 日 21 时 27 分，中国消费者协会官方微博“@中国消费者协会”（UID：3877725894）发出“双 11 网购安全提示”。提示称，谨防低价劣质、高价仿冒网购陷阱，提醒大家不被虚假折扣所迷惑，不被明显低价所误导，远离售假问题多发、整改态度力度差的电商平台；避免盲目选购、冲动消费，防范低价劣质、高价仿冒陷阱；一旦遇到自身合法权益受到损害，要依法主动维权。

2018 年 10 月 31 日 10 时 10 分，四川省成都市温江区互联网信息办公室官方微博“@温江发布”（UID：6164179248）收到网友“@愤××大爷”的求助称，家里有小孩走失。获悉情况后，“@温江发布”第一时间与走失小孩的家属进行电话联系，确认具体情况后于 10 时 20 分发布寻人微博，并联动共青团成都市温江区委员会官方微博“@温江共青团”（UID：2626309855）、成都市温江区人民政府政务服务中心官方微博“@温江服务”（UID：3977973716）等多个温江区政务微博进行转发扩散。当天 18 时 10 分，家属反馈称，小孩已找到。

2018 年 10 月 31 日 20 时 26 分，中共银川市委市政府通过其官方微博“@微博银川”（UID：1898782627）发布《银川市人民政府公开征集 2019 年度为民办实事事项》通告。通告称，“为加快推进以改善民生为重点的社会建设，使广大群众享受更多社会发展成果，现面向全市广大群众和社会各界进行实事征集。征集时间：即日起至 11 月 30 日”。这是“@微博银川”连续第 8 年利用官方微博在每年底直接对话市民网友，征集群众民生大事的例行性、重大举措。此条微博再次得到网友的极大关注和互动。两周内，此微博被转发 405、评论 217，阅读量 15.6 万。“麻烦把永宁和望远镇的公交线路重新合理规划一下，目前被全调整到了汽车站，胜利街乘车的群众太不方便了”“民生蔚湖城小区周边好几个小区几年了不通公交”“新怡雅居，暖气没暖气，自来水还是黄色的”“唐徕渠大连路—沈阳路段，安装沿渠路灯，周边好多小区入住率很高，附近没有公园，希望可以让大家有一个散步的地方。”……对于即时涌入的民意，“@ 微博银川”随时互动“感谢您的建议，已记录。”对于当即需要处理解决的诉求，银川市政务微博矩阵成员全面互动，直接“接单”受理。

十一月

2018 年 11 月 1 日 14 时许，有市民通过微博向湖南省长沙市交警支队官方微博“@ 长沙交警官方微博”（UID：1916720003）反映，一台号牌为湘 A5 × ×01 的路虎越野车的天窗上方，一名幼儿将身体伸出一半，看上去惊险万分。接到市民反映的线索后，机动大队迅速查证，该车的真实号牌为湘 A5 × ×0L。随后几日内，民警一直对该车辆的行驶轨迹进行追踪。11 月 4 日 22 时 30 分左右，民警在湘江路江天路口将该车辆截获。最终司机邓某某承认，自己从网上购得了“魔术贴”，希望变造号牌后自己有交通违法行为可以不被查获。因涉嫌伪造变造机动车号牌，邓某某将被处以 15 日以下行政拘留、罚款 3500 元，驾驶证记 12 分。

2018 年 11 月 2 日上午，微博平台宣布，站方对媒体辟谣平台进行优化升级，原媒体辟谣平台正式更名为“媒体政务辟谣共治平台”，扩充了地方类有公信力的重点媒体账号共 1638 个。同时对公安、网警以及发布类共 1322 个有辟谣能力的政务账号开通辟谣功能权限。通过媒体政务辟谣平台发布辟谣信息，全面提升辟谣的及时性、权威性、增加曝光率。网友可通过辟谣信息直接跳转至被标记的谣言内容。媒体、政务账号不再只是提供消息来源的简单角色，而是直接参与到平台内容治理当中。之前的不实信息举报、#微博辟谣#投稿，只能体现媒体、政务账号间接的影响能力。而媒体政务辟谣共治平台则赋予了媒体、政务账号直接干预“谣言”内容的能力和权限。媒体、政务账号主动辟谣，直接参与微博平台生态共治，这将使微博平台的信息自净能力得到质变层次的提升，有利于微博从根本上建设实现社区秩序的健康晴朗。

2018 年 11 月 2 日 14 时 10 分，作家“@ 郑渊洁”（UID：1195031270）向四川省工商行政管理局官方微博“@ 四川工商”（UID：3803963991）、成都市工商管理局官方微博“@ 成都工商”（UID：3252634997）和国家市场监管总局官方微博“@ 中国市场监管”（UID：6535805862）举报称，“‘成都皮皮鲁网络科技有限公司’未经授权擅自使用其原创的知名文学角色‘皮皮鲁’作为不适宜的企业名称”，请求制止侵权企业的不正当竞争行为。当天 17 时 21 分，“@ 四川工商”私信答复，“接诉后，我局非常重视，经查，该公司登记机关为天府新区成都片区工商行政管理局，我们已安排成都市工商局从速调查处理。”11 月 5 日 17 时 37 分，“@ 成都工商”评论互动答复，“我们将立即展开调查，相关具体信息我们将私信联系您。”

2018 年 11 月 3 日 23 时 45 分，网友“@ 韩霞 74436”（UID：6116514818）向新疆维吾尔自治区人民检察院官方微博“@ 新疆检察”（UID：3271604690）求助，诉称其父母于 2016 年 7 月至 9 月在皮山打工，包工头留下欠条后至今未发工钱。现在包工头电话也不接，母亲因病住院急需用钱，希望新疆检察能够给予帮助。24 分钟后，11 月 4 日 0 时 09 分，“@ 新疆检察”在线转请和田地区人民检察院官方微博“@ 和田检察”（UID：3941385390）

关注接洽。3 分钟后“@ 和田检察”回应并“@”在线督派皮山县人民检察院官方微博“@ 皮山检察”（UID：1736296831）受理。13 分钟后（0 时 25 分），“@ 皮山检察”微博回复“收到！我们将尽快核实，并依法提供法律帮助。”后经皮山县人民检察院核实情况，一方面与包工头取得联系释法说理，同时向皮山县人力资源和社会保障局发函要求协助解决。11 月 9 日 18 时 40 分，“@ 皮山检察”发布微博公告，“包工头已明确 11 月 15 日前将所拖欠工资结清”。11 月 13 日，皮山县人民检察院收到皮山县人力资源和社会保障局复函：2018 年 11 月 12 日 16 时 19 分，包工头范某分 2 次通过微信给当事人转款支付欠薪 14020 元。

2018 年 11 月 3 日 19 时 21 分许，辽 AK4481 号重型半挂载重牵引车，沿兰海高速公路由南向北行驶，经 17 公里长下坡路段行驶至距兰州南收费站 50 米处与多车相撞，此次重大道路交通事故，造成 15 人死亡、45 人受伤、33 辆车不同程度受损。当日 23 时 54 分，中共甘肃省兰州市委宣传部、兰州互联网新闻中心官方微博“@ 兰州发布”（UID：2626472787）对该事故进行速报。通稿称，调查查明，10 月 21 日驾驶员李丰已发现肇事机动车制动有问题并多次告知副驾驶李佳林修理，但直至事故发生，李佳林未对制动系统进行检修。该车制动失灵后，在长约 10 公里、行驶近 8 分钟的路程中，途经 4 处避险车道，肇事人未采取紧急避险措施；肇事机动车有超载违法行为；货物装载时捆绑固定存在安全隐患，加剧了事故损害结果。肇事驾驶人李丰及车主李佳林因涉嫌交通肇事罪，已被批捕。同日，甘肃省兰州市公安局交通警察支队交通指挥中心官方微博“@ 兰州交警指挥中心”（UID：5863565662）等政务微博密集发布事件进展。

2018 年 11 月 4 日上午 9 时 26 分起，网友“@ 她无处可逃”（UID：6783615795）连续发出多条自杀倾向的消息，并且还上传了两段视频“遗言”，“现在我走了，你们要好好的，不要像我一样过的这么糟糕。我走了，拜拜，希望大家不要得抑郁症，希望大家多了解抑郁症，希望大家不要像我一样……”视频中的女孩不时哽咽，并称站在八楼的天台。上午 10 时左右，女孩再次更新微博，“回来了，我定了 55 分准时跳”。这是当天上午该女孩发送的最后一条微博，之后再未更新。有热心网友了解该女孩在南昌市后，网友们立即向当地警方报警。据辖区派出所民警介绍，当日上午 10 时许接警后迅速赶往现场，同时，消防员已及时将气垫安置到位。然而，劝说无效，女孩还是跳了下来。“所幸，女孩没有生命危险，已送往医院急诊”。

2018 年 11 月 5 日上午 8 时 29 分，湖南省公安厅官方微博“@ 湖南公安”（UID：5645893201）值班人员发现一条来自泰国的求助信息，益阳籍青年小高在泰国旅游时遭遇抢劫，随身包与护照、出境卡、身份证、银行卡及现金全部被抢，请求帮助。随后，值班人员一边了解情况，一边安慰和引导惊魂未定中的小高正确应急处置困境，同时将情况即时反馈湖南省公安厅人口与出入境管理局。2 个多小时后，11 点 41 分，“@ 湖南公安”收到小高的回信：“已经顺利办好了旅行证”，身在异国的惶恐很快被来自祖国的温暖驱散。这是近年来“@ 湖南公安”利用微博对中国公民实施跨国救助的第 28 次实践案例。

2018 年 11 月 5 日，中国证券监督管理委员会北京监管局邀请百度、360、今日头条、京东、搜狐、新浪微博、新浪博客以及网易等 8 家互联网机构座谈，就防范和打击互联网领域非法证券投资咨询活动进行沟通交流。证监会打非局监管二处负责人张超要求在座互联网公司积极做好相关工作，不与非法机构进行合作，不为非法机构提供宣传便利，切断非法证券投资咨询的网络传播途径，防患于未然。

2018 年 11 月 6 日，有网友爆料称，有 4 岁男童在某幼儿园午休时被老鼠咬伤导致发烧。6 日晚 23 点 55 分，安徽省合肥市经开区管委会官方微博“@合肥经开区”（UID：2269006570）发布该事件通报。通报称，11 月 5 日中午，经开区东海幼儿园中一班老师发现该班幼儿汪某被老鼠咬伤。园方立即将幼儿送至园医务室消毒处理，并及时通知幼儿家长，一起将孩子送往市第六人民医院检查，注射了干扰素和狂犬疫苗。在接到园方报告后，经开区成立了联合调查组，对此事展开全面调查和处置：一是经开区社发局迅速组织相关部门对该园环境卫生和食堂管理进行安全隐患排查，督促对班级卫生进行全面清扫、消毒，园方已于 11 月 6 日晚，聘请了专业的生物防治公司进驻幼儿园，全面开展灭鼠除害工作。二是由社发局牵头，联合区市场监管局，市疾控部门防四害专家组，对该园的环境卫生，疾病防控，食品安全进行全面检查，将依据检查结果，依法依规处置。三是督促园方利用校园网，家长群等宣传媒介，加强卫生防疫知识宣传，消除家长疑虑心理。

2018 年 11 月 6 日 8 时 52 分，江苏省南京市城市管理局官方微博“@南京城管”（UID：2564717617）发起“南京城管垃圾分类专项执法 2018 靓城行动”直播活动。话题#南京城管 2018 靓城行动#9 小时融媒体视频直播完美收官，“@南京城管”单条直播微博观看量 132 万 +，直播视频观看量 75 万人 +，微博话题当日曝光量 243 万 +（数据截至 2018 年 11 月 6 日 17 时 30 分）。知政观察团成员“@淮湘子”（UID：2534303342）对此次活动发表评论：“作为舆情高发的政府部门，城管系统应该尤为重视自身的新媒体建设；作为和老百姓关系最密切的政府部门，城管系统也应该重视自身的新媒体建设。平时可以处理网友诉求，与百姓架起沟通桥梁，遇到突发性舆情的时候也可以通过自己的平台发声，掌握一定的主动性。”

2018 年 11 月 6 日 16 时 16 分，在“双十一”到来前夕，中国消费者协会官方微博“@中国消费者协会”（UID：3877725894）发起#双十一网购监督#话题，并发布《中消协：征集“双十一”跨境网购侵害消费者权益问题线索》通告。文称，“为更好地维护消费者合法权益，促进我国跨境电商健康发展，进一步优化消费环境，中消协结合‘双十一’网购消费高峰期，向社会公开征集跨境网购电商侵害消费者权益问题线索。消费者可将 11 月 1 日至 30 日，‘海淘’当中发生的涉及假冒、质量、安全、价格、计量、合同、虚假宣传、人格尊严和售后服务等商品或服务问题，向中消协举报，提供详细问题线索。中消协将对问题线索进行认真梳理。对于消费者反映重大、典型、共性问题，督促解决；对于消费者反映强烈集中的问题，通过新闻媒体予以揭露批评，并向有关部门移送。”

2018 年 11 月 6 日，有微博网友发帖曝光了浙江大学某学生“干部”与学校活动赞助商的对话，言辞粗鄙，傲慢异常。据社交平台聊天截图显示，这位浙大学生跟赞助商财务主管说：“你一个小小的财务就等着负责任吧”“浙大的副党委书记也不敢跟我这么说话”等。随后，对于以上这些大要官威的言语，浙江大学有关部门负责人通过媒体回应称，这位学生不是学生干部，只是一个健身爱好者，现已对其进行批评教育，该生已向赞助商道歉。

2018 年 11 月 7 日，广东华立科技职业学院有学生在微博中爆料，自己想退出学生会，结果被告知如果退会得写 5000 字检讨，还会影响到后续学习中的评优等问题，迅速引发讨论，直至登上了微博热搜，广大网友直呼“离谱”。之后，该校的学生处回应称，学校没有这样的规定，但不排除个别部门有这样的规定。并表示，学生会每年招聘的人数都是正好的，大家各司其职才能好好工作，一旦有人退出，就会影响工作进程，所以会制定一些制度来约束学生。

2018 年 11 月 7 日 15 时 59 分，网友“@ khnbj”（UID：2213125961）发微博称，“必须表扬一下‘@ 成都服务’和‘@ 高新城管环保’的办事效率，最近住的地方周围路面施工，晚上路上铺的钢板噪音很大，只是在微博评论了一下，没想到就已经处理了，最近两晚声音明显小了很多，基本上不影响睡觉觉啦。”16 时 24 分，四川省成都市人民政府政务服务中心官方微博“@ 成都服务”（UID：3710857535）与该网友互动说，“多谢亲的点赞，感谢亲参与成都的共建共治共享工作，今后遇到问题记得‘@ ’‘@ 成都服务’哦。另外在这次服务中，除了成都服务本店和‘@ 高新城管环保’外，我们的‘@ 高新服务’的努力也至关重要。”

2018 年 11 月 7 日下午，广州地铁官方微博“@ 广州地铁”（UID：2612249974）就网传学生在地铁上被人用针扎，去医院就诊后怀疑是艾滋病传染一事回应称，系一学生臆测被针扎感染艾滋病，请网友勿传谣。网传聊天截图显示，有人称该校学生疑似在广州地铁上被人用针扎，去医院检查，医生开了艾滋病阻断药。“@ 广州地铁”在声明称，6 日晚陆续有网友咨询该传言真实性。经排查，广州地铁各车站均未收到相关反映，广州市公安局公交分局也未收到有关乘客被针扎的警情。

2018 年 11 月 7 日，河南平顶山工业职业技术学院学生称，学生干部在班级群内通知，要求学生将微博昵称改成“年级专业班级姓名”，并要求学生对学校官方微博，关注转发点赞评论。有学生表示，担心个人信息暴露。8 日校方回应称，目前宣传部门正在处理此事。

2018 年 11 月 8 日，山东省威海市环翠区温泉学校组织“家长开放日”活动，在参观学校食堂过程中，有家长发现一面盆底部残留有深色油渣物，由此质疑食用油质量，并发至微博。11 月 9 日 13 时 09 分，山东省威海市环翠区人民政府新闻办公室官方微博“@ 环翠发布”（UID：3886230775）表示，“环翠区食品药品监督管理局立即协调教育、公安部门，组成联合调查组赶赴现场。目前正依法进行调查，调查结果将及时向社会公开。”9 日 21 时 06 分第二次发布，“区政府召开专题会议，专题研究部署温泉学校食堂食用油使用问题处置后续工作。”11 日 8 时 51 分第三次发布，“环翠区调查温泉学校食堂食用油使用问题”。12 日 7 时 21 分第四次发布，“温泉学校校长停职接受调查”；7 时 29 分第五次发布，“环翠区全面排查校园食品安全”。13 日上午 7 时整，第六次发布，“环翠区食药监局对温泉学校食堂食用油使用问题做出处罚”。

2018 年 11 月 8 日 10 时 55 分，多名网友发微博称，南京市中央商场发生坠楼事件，一人从商场内 6 楼坠下当场死亡。当日 15 时 18 分，南京市公安局秦淮分局官方微博“@ 秦淮警方”（UID：1893138322）通报称：通过调阅监控及法医勘查，初步判定系自杀，高空坠亡，现场无其他人员受伤。后经核实，死者钱某系癌症患者。

2018 年 11 月 11 日 11 时 46 分，身在泰国的中国辽宁省葫芦岛市李某向湖南省公安厅官方微博“@ 湖南公安”（UID：5645893201）发来求助称，其与同行者马某在泰国期间不慎丢失了护照和相关证件，无法回国。接到网友诉求后，“@ 湖南公安”一边提示其与我国驻泰国大使馆联系，一边同步与辽宁省公安厅出入境部门协调接洽，并及时将进程向李某知会。11 月 15 日晚 20 时 20 分，李某微博反馈称，“谢谢，我们俩已经安全回国了，感谢你们第一时间给我们解答和帮助，让我感觉到出门在外，我的身后有个强大的祖国的力量，再次感谢！”

2018 年 11 月 12 日，多位微博网友吐槽，福建闽江学院禁止外卖入校园，但校内食堂座位不够，“今天中午就餐时排队时间比以往更长”。同时也有部分网友学生表示，“食堂菜品选择少，且价格贵，学校不应该禁外卖”。为了“抗议”学校的禁外卖规定，有商家在闽江学院食堂门口免费发放外卖。对此，校方请来辖区派出所出面协商后，免费发放外卖的商家解散。校方解释说，“禁止外卖”只是学校的一项倡议，对于去领免费外卖的学生，学校未对学生做出惩罚处理。

2018 年 11 月 12 日晚 22 时 54 分，福建福州闽江学院官方微博“@ 闽江学院”（UID：5627467890）发布《关于校园整治工作的说明》称，“初衷是为了保障师生用餐安全，同时针对校园环境卫生和交通安全问题进行整治”，“学校并未禁止学生通过网络订餐，我们会统一在校门口设置取餐点。同时配合交管部门，加大对无牌、无证、超标电动车和摩托车的整治力度。”引起学生的强烈不满及疯狂吐槽。当日夜间，学生们自发喊楼，大喊“外卖！外卖！”场面甚是壮观。13 日中午 12 时 13 分，“@ 闽江学院”作出“我们在倾听，我们在行动”回应，为缓解师生午间就餐拥挤情况，学校一堂（松园餐厅）三楼和二堂（篁园餐厅）三楼将开放，供应套餐，价格分别为 6 元、8 元、10 元；另有提供三号教学楼往返第四食堂的免费电瓶车候车点。

2018 年 11 月 13 日下午，湖南省高速公路交通警察局官方微博“@ 湖南高速警察”（UID：2054302531）接到网友举报，称一辆从绥宁开往长沙的湘 A 牌号白色商务车涉嫌超员，将在学士收费站下高速，请求查处。微博值班员立即报告省交警总队指挥情报中心，长沙支队在接到指令后积极调度，与举报人取得联系，了解车辆实时轨迹，随后长沙支队道林大队民警在学士收费站将该车拦截。经现场核查，车辆核载 7 人，实载 11 人，超员 4 人，使用性质为非营运，但驾驶人于某收取了车上乘客不等的费用，涉嫌非法营运。民警对于某的交通违法行为进行处罚后，督促其对车上人员进行安全转运，并移交给当地运管部门作进一步处理。

2018 年 11 月 13 日 20 时 41 分，陕西省西安市灞桥区一辆水泥罐车与一辆面包车相撞，造成 9 人当场死亡。14 日 7 时 23 分，陕西省西安市互联网信息办公室官方微博“@ 西安发布”（UID：3757167087）发布该事件通稿。通报内容中，从省委书记、省长到副省长、市委书记等，出现大量领导多个职务和“领导重视”“批示”“要求”等“八股文”表述，引发舆论批评。网友“@ 藏蓝观察社”（UID：5252848511）评论说，“领导篇幅占一半，这种发布也不长点心，说你们不懂网民一点也没错！”

2018 年 11 月 13 日至 14 日，中共安徽省全椒县委宣传部官方微博“@ 全椒发布”（UID：2492437143）在两天内发布了 6 条悼念漫威之父斯坦 · 李的微博，被网友和舆论批评“忘记了政务微博的定位和初衷，忘记了政务新媒体要做‘政事’的要求，忘记了每条微博代表的不是个人而是一个官方媒体平台，是不务‘政事’的表现。”斯坦 · 李一生创作了蜘蛛侠、绿巨人、X 战警等漫威漫画八成以上的重要角色，在现代漫画史上留下了不可磨灭的印记，也成为美国流行文化最重要的标志性人物之一。但是网友认为，尽管“漫威之父”斯坦 · 李的去世是一件大事，但与政务官微无关。11 月 15 日 17 时 26 分，“@ 全椒发布”发布致歉信回应说，“作为官方微博账号，出现此种情况，是不应该的，在此，我们怀着十分诚挚的心情向大家致歉。今后一定以此为戒，牢记政务微博的定位和初衷，牢记政务新媒体要做‘政事’，牢记发布每条微博代表的不是个人，而是一个官方媒体平台。最后，我们向大家保证，今后将发挥政务官微的作用，发布群众关心的身边事，回应网友关注的大小事，真正搭建起政府与群众之间的‘连心桥’，做到‘网友无小事’，真诚地和网友建立紧密关系，为网友服务。”

2018 年 11 月 13 日，有网友爆料，河北省石家庄市桥西区教育局主编的新教育国学晨诵读本《我和诗词有个约》（五年级上册）错漏百出。爆料图片显示，该读本的五年级上册有 9 处错误，包括“勾起”成“钩子”、“途经”作“途径”、“蜡炬”改“腊炬”、“藩镇”变“潘振”这样的低级错误。11 月 14 日 11 时 38 分，中共河北省石家庄市桥西区委宣传部官方微博“@石家庄桥西发布”（UID：3195712887）就该事件发布落款为“区教育局”的回复，称“将出现问题的内部读本全部收回，重新认真审订，由教师对错误进行手工修改后再返回学生使用”。

2018 年 11 月 13 日，多地网友收到“菜鸟驿站”的短信，称快递在高速上被烧毁。13 日 15 时 15 分，甘肃省金昌市公安局网络安全保卫支队官方微博“@金昌网警巡查执法”（UID：5918767187）发文，提醒网友这类可能是诈骗短信，“着急前可先查查快递物流”。18 时 40 分，菜鸟网络科技有限公司官方微博“@菜鸟驿站官方微博”（UID：3045744160）发布《关于快递车辆起火谣言的声明》，称有人假借其名义恶意造谣，短信中快递车高速起火、包裹损毁等为不实信息。

2018 年 11 月 13 日晚，闽江学院有学生发微博称，学校食堂门口出现救护车，“19 时 06 分，两三个同学扶着一个男生从二楼走下去”。对此有网友怀疑“这是食堂不卫生导致”。当晚 20 时 53 分，闽江学院官方微博“@闽江学院”（UID：5627467890）发布声明，称该男生为在第二食堂兼职的经管学院 2017 级学生薛某，因感不适拨打 120，在福建省第三人民医院的救护车（车牌号闽 K21002）赶到后，医生与同学共同搀扶薛某上车送治。经 B 超、血液检查，医生初步诊断疑似肠胃痉挛。“目前，学校老师正陪同薛某在医院做进一步检查治疗。”

2018 年 11 月 14 日凌晨 1 时许，辽宁省大连市付家庄一废弃工厂内两辆液化气罐车起火爆炸，由于毗邻大连森林动物园，同时引发大量网友对园内动物安全的关切。网友纷纷向大连森林动物园官方微博“@大连森林动物园”（UID：5785137822）询问：“动物们咋样了？”11 月 14 日 10 时 21 分，“@大连森林动物园”发布回应，“此事件未对我园动物生命安全造成影响，但部分动物受到了惊吓，目前来看并无大碍，我们会持续观察。”同时称动物园目前正常营业。

2018 年 11 月 14 日晚 20 时 01 分，网友“@花总丢了金箍棒”（UID：2373564081）在微博发布爆料视频《杯子的秘密》，其入住过的国内多家五星级酒店存在严重卫生问题，这些酒店均存在用同一块脏抹布、顾客用过的脏浴巾等擦拭杯子、洗手台、镜面等卫生乱象，引发舆论热议。15 日 11 时 28 分，中国消费者协会官方微博“@中国消费者协会”（UID：3877725894）参与互动，并在转发的微博附加“吐”和“怒”的表情图标表示，“我们以为自己很有尊严地做着‘上帝’，却发现受伤最深的原来还是我们!”这条交织着同情心、同理心和责任心的混响表达，得到了众多网友的共鸣。转评微博再次被网友转发 1571、评论 394、点赞 2676。

2018 年 11 月 15 日，文化和旅游部对网友“@花总丢了金箍棒”（UID：2373564081）微博爆料五星级酒店卫生问题作出回应，表示高度重视，已对涉事酒店进行了排查，并立即责成上海、北京、福建、江西、贵州等五省市文化和旅游主管部门进行调查处理。11 时 32 分，作为涉事酒店之一的北京柏悦酒店通过其官方微博“@北京柏悦酒店”（UID：1746550985）率先回应称，“对于视频中涉及的事件的发生，北京柏悦酒店表示深表歉意，酒店上下极度重视，并已在内部展开彻查”。并表示，“这起单一事件绝不是北京柏悦酒店卫生管理的标准。客人与员工的舒适与健康将一直是酒店工作以及关注的重中之重。将在酒店内部，从上到下，额外加强培训卫生标准以及管理监督制度，以确保所有的员工按照规范，有效执行。”

2018 年 11 月 15 日 9 时 55 分，湖南省公安厅官方微博“@湖南公安”（UID：5645893201）收到长沙人章某从澳大利亚发来的求助信息，称其在澳大利亚期间丢失护照，现急需国内出入境部门进行身份复核，请求帮助。“@湖南公安”立即将章某的相关信息提供给湖南公安出入境部门，请求加快信息复核。11 月 16 日上午 8 时 10 分左右，出入境部门反馈已经完成身份复核后，“@湖南公安”将情况反馈给章某，助其顺利在异国顺利办妥相关回国手续。

2018 年 11 月 15 日下午，有微博网友发文称“今天大雨，楼下快递员冒雨送快递，一车快递被偷得没剩几件了，在雨中暴哭，一直在嘶吼‘这叫我怎么办，怎么办’，那个偷快递的人，良心不会痛吗!”微博中的定位显示，该网友所在的地方为上海华东东师大三村。此微博被媒体转载后，引发网友大量热议。上海市公安局普陀分局快速介入调查，11 月 19 日 12 时，上海市公安局普陀分局官方微博“@警民直通车_ 普陀”（UID：2808400820）发布，“经查，视频拍摄地所属辖区长风新村派出所，近期并未接到过快递小哥报案称快递被盗的警情，也未接受过任何媒体采访。11 月 19 日上午，警方找到了视频中的快递员，据了解，该快递员当日在华师大三村送快递时，因与女友吵架后站在雨中哭泣，并没有发生快递被偷的情况。”在警方联系到视频拍摄者后，该网友表示只看到快递员雨中哭泣，而所谓快递被盗是其个人推断，并已发布微博澄清。

2018 年 11 月 15 日，网友“@森宫久仁”（UID：2483035174）发布微博，捏造杭州近日全城捕杀流浪动物等不实信息，并有两万多次转发，在网上造成了极为恶劣的影响。11 月 18 日 23 时 36 分，浙江省杭州市公安局网络警察分局官方微博“@杭州网警”（UID：3194639507）发布通报表示，“针对杭州有着不文明养犬的专项治理行动引发的网上关注和讨论，其中既有网民朋友发自内心地对狗狗的关切、焦虑，也不乏无中生有的捏造事实，别有用心的抹黑歪曲。”“网民赵某和曾某分别因涉嫌发布上述谣言，而被警方查处。根据其情节轻重、影响大小及悔过态度等因素综合考量后，警方对二人依法分别作出行政罚款 500 元并具结悔过和行政拘留 7 日的处罚。”

2018 年 11 月 16 日 12 时 26 分，有网友向湖南省郴州市公安局官方微博“@郴州市公安局”（UID：1964198481）发出求助私信，称自己被骗入传销组织，并且遭到威胁、恐吓、非法拘禁。“@郴州市公安局”值班民警一边尝试向男子了解更详细的信息，一边将求救信息迅速转给北湖公安分局燕泉派出所。燕泉派出所立即派社区民警黎爱成、郑玲玲及一名辅警前往报警人提供的地点附近进行搜救。16 时 18 分，该网友又回复说“现在维多利亚商场出口，我接电话他们会旁听”。民警又立即赶往维多利亚商场，但商场范围较广，人流较多，民警把一到四楼搜寻个遍，依然没有发现可疑人员。就在此时，该网友再次发来信息，他们现在某家纺店门口，同行的一共有 5 人，并描述在一家坊店门口。17 时许，民警黎爱成搜寻到某出口附近时，发现有 5 名年轻人形迹可疑，衣着打扮风格和郴州本地人有明显差异。其中一名年轻人无意中与身着警服的黎爱成对视了一眼，立即流露出紧张的神色。民警立即进行盘问询查，最终将该传销团伙4名涉案嫌疑人现场抓获。

2018年11月16日下午，微博上疯传一则“成都高新区李主任殴打哺乳期妇女的消息”，始发于2018年5月20日成都高新技术开发区副主任李伟被指殴打同小区邻居赵女士的事件再次浮出水面。经媒体记者向赵女士本人求证，网传说法基本与事实一致。6月15日，四川求实司法鉴定所作出赵女士“轻伤二级”的鉴定意见之后，负责处理此案的三瓦窑派出所仍在8月2日作出了不予立案的决定。9月6日，成都市公安局高新区分局作出“成高公刑复字〔2018〕9号”复议决定书，对三瓦窑派出所作出的不予立案决定作了审查，认为“赵兰被故意伤害一案”符合立案条件，决定立案侦查。9月25日，成都市高新区人民检察院向赵女士发出了“被害人诉讼是权利义务告知书”，表示“犯罪嫌疑人喻学涛故意伤害案”已经由高新区分局移送审查起诉。11月9日高新区检察院对此案作出退回侦查的决定。

2018年11月16日晚间，东航售票系统出现BUG，部分国内航班票价低至0.4折，网友们毫不犹豫屯起了机票，“东航BUG”迅速登上微博热搜，但是官方究竟“认不认”成了熬夜剁手网民们的悬疑。11月17日11时54分，东方航空官方微博“@东方航空”（UID：1647310954）发布公告称，“11月17日凌晨东航在系统维护时售出的所有机票（支付成功并已出票）全部有效，旅客可正常使用”。同时宣传，“公司还将从17日晨购票旅客中选取代表，参加11月30日东航系统的全新A350接机仪式，一起见证洲际旅行新定义”。此回应被网友称为“教科书式公关”。网友“@朗朗明月生”（UID：1495421494）评论说，“一个内部差错，我们熟悉的套路是对外不认账，对内罚员工。结果，东航高逼格公关实力凸显，将错就错办成了皆大欢喜的喜事！不枉我这么多年乘东航，继续支持！”

2018年11月17日0时42分，浙江省杭州市城市管理委员会官方微博“@杭州城管”（UID：3213011675）发布《致杭州市民关于文明养犬的公开信》，就14日网传城管打狗短视频和同期开展违规养犬和不规范遛犬行为的专项治理活动作出澄清回应，“杭州城管不存在网上谣传的虐狗、棍棒打狗等暴力行为，请大家勿信谣，勿传谣。本次治理工作的重点是不系狗绳、不清理狗粪便等不文明养犬的行为，处罚的重点是不按规定养犬的行为人，而不是犬本身。对于市民提出的养犬方面的一些意见，我们正在召集各方代表，积极调研和评估，对好的建议将适时采纳。”此前，11月3日，杭州市余杭区的一名男子因自家的狗受了“委屈”而对路人大打出手，引发舆论广泛关注。11月15日，杭州市城管委开展了文明养犬专项治理行动。

2018年11月17日9时36分，网友“@凡人你莫烦”向（UID：2239586647）向中共银川市委办公厅市政府办公厅官方微博“@问政银川”（UID：2239586647）、银川市市场监督管理局官方微博“@银川市场监管”（UID：1975923223）诉称，某拉面馆的用碗是集中式消毒餐具，“但是餐具没有消毒过的喷码，去年就投诉过一次，说是整改了，可是现在任然消毒餐具还是没有喷码，他们的碗到底消不消毒?”而且“这个拉面馆每天都有很多孩子吃饭，出了问题谁负责?”随后，经“@问政银川”督办“@银川市场监管”后，11月22日10时36分，银川市市场监督管理局金凤区分局官方微博“@金凤市场监管”（UID：5535552112）互动公示督查结果：“经检查，该店为消费者提供的凉菜碟未消毒，部分集中式消毒餐具拉面碗上无消毒器日期喷码。执法人员现场对其进行警示，要求其更换所有未消毒餐具。11 月 20 日执法人员再次复查，该店消毒柜正常使用，使用的碗碟已消毒，拉面碗均有集中式消毒餐具日期喷码。感谢您的监督！”

2018 年 11 月 19 日 10 时 08 分，网友“@ 关璐琳_ 婗開吥敭”（UID：1838180722）发微博称，广州市荔湾区新闻信息中心官方微博“@ 广州荔湾发布”（UID：3186551393）“居然要他自己关注的人才可留言，只能转发提问了”。网友“@ 行走中的大海 -”（UID：1889196427）对此现象建言说，“政务官微只有以开放的态度，在互动中发现问题，才能及时解决问题；在互动中增进理解，才能达成共识，才能更被认可。”11 月 20 日 11 时 47 分，广州市互联网信息办公室官方微博“@ 中国广州发布”（UID：2605594314）互动回应：“已经把相关情况反馈给广州荔湾发布”。但是 48 小时后，此状况并未得到修正。知政观察团成员“@ 当然微评”（UID：1689345241）发表评论道：“政务新媒体的民意收纳作用是很重要的，特别是微博这种互动性平台，只有单方发布，而没有交互性解答，就是瘸腿走路，在很多事件处理中，网民是能够提供很有价值的线索和建议的，送上门的资源都不要，也是短视行为。官微不能有官威，平台双方是对等的，你不让人家说话，人家自然不听你说的！”

2018 年 11 月 20 日 18 时 40 分，网友“@ 王瑞随行”（UID：5691592823）向新疆维吾尔自治区人民检察院官方微博“@ 新疆检察”（UID：3271604690）诉称，当地一别墅项目拖欠农民工工资，承诺发放工资的日期一拖再拖，后经当地劳动监察大队介入协调后，再次明确承诺 11 月 15 日发，但是时至 11 月 19 日再次食言，请求“@ 新疆检察”给予帮助。11 分钟后（18 时 51 分）“@ 新疆检察”微博在线督派伊犁州人民检察院塔城分院官方微博“@ 塔城地区检察”（UID：2839068692）关注解决该网友诉求。25 分钟后（19 时 16 分）“@ 塔城地区检察”在线回应并督导沙湾县人民检察院官方微博“@ 沙湾检察”（UID：5664743952）受理，依法提供必要帮助。13 分钟后（19 时 38 分）“@ 沙湾检察”回应“收到！我们将尽快核实。”之后，沙湾县人民检察院向当地劳动监察大队核实情况后得知，该项目停工后当地人社局已介入调处工作，其间因工人工资表核实有误等原因出现支付延后，但目前已发放了部分工资，剩余工资已于 20 日开始继续银行卡转账发放。11 月 20 日 21 时 49 分，“@ 沙湾检察”微博反馈并公示，“经向有关部门核实，目前已发放部分工人工资，剩余工资 11 月 20 日已开始打卡发放。检察机关将继续关注并督促相关部门跟进开发商按时兑付，确保群众诉求得到圆满解决”。11 月 21 日 21 时 45 分，网友“@ 王瑞随行”表示，“因个人原因造成不必要的困扰，深表歉意，特此澄清之前发的相关言论”并附致歉信。随后新疆三级检察院官方微博收到该网友私信称，“2018 年 11 月 21 日晚八点左右已收到 2018 年所有劳务薪酬”，并再次感谢新疆检察以及相关部门。

2018 年 11 月 21 日，新浪微博社区管理官方微博“@ 微博管理员”（UID：1934183965）发布 2018 年 10 月社区管理工作公告：对发布时政有害信息的 5865 个账号采取了禁止发布微博和评论、限制访问、关闭账号等处置措施，较上月同比上升 21%。

2018 年 11 月 21 日 17 时 18 分，中国消费者协会官方微博“@ 中国消费者协会”（UID：3877725894）发出“尊重和保护消费者监督权”的呼吁。呼吁称，“近日，一位消费者曝光了国内十数家星级大饭店卫生乱象，中国消费者协会对涉事旅游饭店无视消费者利益的侵权行为表示强烈谴责，对消费者的主动监督和勇于担当表示赞赏和支持。经营者是保护消费者合法权益的第一责任人。中国消费者协会呼吁广大消费者主动行使监督权，积极参与对商品和服务的监督。行使监督权既是消费者对自己负责，也有利于其他消费者，有利于形成社会共治的良好氛围，应当得到法律的保护和全社会的尊重。希望有关部门和行业企业，将‘消费者优先’真正融入监管和经营理念，真诚接受消费者的监督，真诚听取消费者的建议，以感恩之心对待消费者的意见，将消费者的意见转化为提升商品和服务品质的目标。”

2018 年 11 月 21 日 20 时，针对同期网传“女子吃宵夜被猥亵，老板相助被罚 200 元”的舆论异议，深圳市公安局龙岗分局官方微博“@深圳龙岗警营”（UID：1809809377）公示女子吃宵夜监控视频及事件处理结果。2018 年 11 月 15 日 23 时许，深圳市公安局同乐派出所接事主占某莎（女，27 岁）报警后，民警迅速赶赴现场处置并当场抓获违法行为人。经调取案发现场监控视频、走访知情群众、询问当事人等取证工作，警方查明：当晚 23 时许，违法行为人林某鹏（男，25 岁）饮酒后来到龙岗区鸿基路附近某火锅店门前，突然搂抱正在与亲友吃宵夜的占某莎，拉扯中双方均倒地。饭店经营者曾某等人及时上前制止，将双方分开并将林某鹏控制。但在林某鹏已被控制，等待警方到场处理的过程中，曾某再次用脚踢打林某鹏头部，幸未造成严重后果。随后，林某鹏因猥亵他人被依法行政拘留十日。就林某鹏家属反映林某鹏被曾某殴打的情况，公安机关在肯定曾某等人见义勇为行为的同时，对曾某在已制止违法行为后再次故意伤害他人身体的过当行为进行了普法教育。综合考虑动机、情节、后果等因素，公安机关对曾某处以罚款人民币 200 元。此条微博阅读量 2305 万，被转发 12911 次，评论 19536 条，点赞 44185。

2018 年 11 月 28 日 9 时 51 分，黄石市公安局网安支队官方微博“@黄石网警巡查执法”（UID：3729531417）发布消息称，对微信造谣湖北省大冶市金牛镇“两名初二女生被绑架一人心脏被掏”网民伍某某依法处以行政拘留 10 日，并处罚款 500 元。随后，11 月 28 日传来喜讯，大冶市金牛派出所民警根据最新线索，连夜赶路 1200 公里，在四川省阆中市洪山镇找到了失联多日的女生。早前 11 月 18 日，大冶市金牛镇初二女生曹某（13 岁）乘坐金牛至大冶中巴车在新街下车后，不知去向。

二　中国政务微博发展大事记

2009

八月

2009年8月20日，国际环保组织绿色和平官方微博“@绿色和平”（UID：1292378751）入驻新浪微博，也由此成为首个入驻的国际非政府组织（NGO）微博。微博简介：“行动，带来改变！绿色和平是全球最有影响力的环保组织之一，致力于以实际行动推进积极改变，保护地球环境与世界和平。”

2009年8月31日，美国首位华裔市长黄锦波的个人实名官方微博“@黄锦波”（UID：1310616537）通过微博平台认证，正式上线。

九月

2009年9月3日，英国驻华大使馆文化教育处官方微博“@英国大使馆文化教育处”（UID：1644671742）注册上线，9月14日通过微博平台认证，正式开通。这是首个外国驻华使领馆公共外交微博。

2009年9月4日，中国国家话剧院官方微博“@中国国家话剧院”（UID：1640048650）通过微博平台认证，正式上线。

2009年9月11日，武警总医院官方微博“@武警总医院”（UID：1306543074）通过微博平台认证，正式上线。

2009年9月22日，首个入驻中国微博的外国新闻媒体通讯社美国美通社资讯官方微博“@美通社资讯”（UID：1649036617）开通。

2009年9月27日，时任广东省肇庆市公安局公共关系科科长陈永博注册开通个人官方微博“@陈永博”（UID：1563323381）。9时05分首发微博：“欢庆新中国成立60周年！”

2009年9月28日，美国旧金山旅游局官方微博“@旧金山旅游局”（UID：1647435704）入驻新浪微博，成为首个驻华外国国家旅游局官方微博。

十月

2009年10月12日，深圳博物馆官方微博“@深圳博物馆”（UID：1653195985）通过微博平台认证，正式上线。

2009年10月12日，中日友好医院官方微博“@中日友好医院”（UID：1653234553）通过微博平台认证，正式上线。

2009年10月16日，时任浙江省嘉兴市海宁市司法局局长金中一注册开通个人官方微博“@中一在线”（UID：1255687540）。零时17分首发微博：“我也来试试微博客。”11月27日，“@中一在线”通过微博平台认证，正式上线。

2009年10月19日，北京协和医院官方微博“@北京协和医院”（UID：1654801402）

通过微博平台认证，正式上线。

十一月

2009 年 11 月 8 日，时任贵州省人民政府副省长陈鸣明注册开通个人官方微博“@ 陈鸣明”（UID：1659266331）。

2009 年 11 月 11 日，湖南省桃源县人民政府官方微博“@ 桃源县人民政府”（UID：1030491754）通过微博平台认证，正式上线。

2009 年 11 月 11 日，湖南省桃源县政府网站官方微博“@ 桃源网”（UID：1657955454）通过微博平台认证，正式上线。

2009 年 11 月 21 日，国内第一家省级政府官方微博“@ 微博云南”注册开通。12 月 20 日，云南省人民政府新闻办公室官方微博“@ 微博云南”（UID：1662558237）通过微博平台认证，正式上线。

2009 年 11 月 21 日，时任云南省委宣传部副部长伍皓在新浪微博开通个人官方微博“@ 云南伍皓”（UID：1662450871）。该微博昵称此后有“5 号童鞋”等多次修改，现微博名为“@ 伍皓红河微语”。

2009 年 11 月 27 日，中国少数民族文物保护协会执行副会长、东中西部区域发展和改革研究院执行院长的个人实名官方微博“@ 于今”（UID：1461035420）通过微博平台认证，正式上线。

2009 年 11 月 30 日，中国天气网官方微博“@ 中国天气”（UID：1498396803）通过微博平台认证，正式上线。

2009 年 11 月 30 日，时任江苏省南京市住房保障和房产局局长郭宏定的个人实名官方微博“@ 郭宏定”（UID：1670114364）通过微博平台认证，正式上线。

十二月

2009 年 12 月 8 日，云南省曲靖市人民政府新闻办公室官方微博“@ 微博曲靖”（UID：1665222757）通过微博平台认证，正式上线。

2009 年 12 月 8 日，时任国家海洋局极地办公室综合处处长夏立民的个人实名官方微博“@ 扑哧”（UID：1038440312）通过微博平台认证，正式上线。

2009 年 12 月 11 日，浙江省嘉兴市海宁市司法局注册开通官方微博“@ 海宁司法”（UID：1668973792）。12 月 17 日上线运行，成为全国首个司法行政系统的政务微博。

2009 年 12 月 17 日，中共四川省乐山市委对外宣传办公室、乐山市人民政府新闻办公室官方微博“@ 乐山发布”（UID：1655730377）上线运行。微博简介：“发布权威政务信息，展示推广城市形象，开展干群互动交流，收集网络社情民意，提供在线政府服务。”

2009 年 12 月 20 日，英国伦敦发展促进署官方微博“@ 英国伦敦发展促进署”（UID：1667875560）通过微博平台认证，正式上线。

2009 年 12 月 20 日，中国文字著作权协会总干事张洪波的个人实名官方微博“@ 洪波维奇”（UID：1216964154）通过微博平台认证，正式上线。

2009 年 12 月 20 日，国家非物质文化遗产保护专家委员会委员刘锡诚的个人实名官方微博“@ 刘锡诚”（UID：1662165262）通过微博平台认证，正式上线。

2009 年 12 月 28 日 15 时 19 分，时任云南省委宣传部副部长伍皓在其新浪微博上发布：“本博自 2010 年 1 月 1 日零时起将自愿自动自杀式关闭。”在网友追问下，伍皓在微博上回应表示，在网络上确实很难区分公务员身份与个人身份，这给他带来许多困扰和压力。这是伍皓自2009年11月21日微博开通以来，第三次“关闭”微博。有评论指出：“这是地方官员微博尝试的阶段性失败。”

2010

一月

2010年1月29日，广东省政协委员胡充寒的个人实名官方微博“@委员胡充寒”（UID：1687040854）通过微博平台认证，正式上线。

2010年1月29日，广东省政协委员曾繁强的个人实名官方微博“@政协委员曾繁强”（UID：1687283024）通过微博平台认证，正式上线。

2010年1月29日，广东省政协委员黄桂标的个人实名官方微博“@广东省政协委员黄桂标”（UID：1687233172）通过微博平台认证，正式上线。

二月

2010年2月4日，时任北京市疾病预防与控制中心主任邓瑛的个人实名官方微博“@北京疾控中心主任”（UID：1623594762）通过微博平台认证，正式上线。

2010年2月11日，中国书法家协会理事、沈阳市政协委员的个人实名官方微博“@宋慧莹”（UID：1692901787）通过微博平台认证，正式上线。

2010年2月21日，人民网人民微博出现了一个特殊的微博账号“@胡锦涛”，该博主资料栏的信息显示为“中共中央总书记、国家主席、中央军委主席”。“胡主席开微博了”，这一消息迅速成为网友热议的焦点。截至当晚20时，该微博粉丝数为8088人。

2010年2月22日，中国教育学会副会长朱永新的个人实名官方微博“@朱永新”（UID：1256947091）通过微博平台认证，正式上线。

2010年2月23日，中国兵器科学研究院人力资源处处长刘伟的个人实名官方微博“@刘伟545”（UID：1667656372）通过微博平台认证，正式上线。

2010年2月25日，广东省肇庆市公安局官方微博“@平安肇庆”注册开通并正式上线运行。2月27日，“@平安肇庆”（UID：1700207693）通过微博平台认证。微博简介：“中国警方首家认证微博；广东省肇庆市公安局网络问政平台。遇有危难请打110，报案请发私信。”

2010年2月25日，广东省佛山市公安局官方微博“@公安主持人”（UID：1699377733）通过微博平台认证，正式上线。

2010年2月25日，中央人民广播电台新闻综合频率《中国之声》官方微博“@中国之声”（UID：1699540307）正式上线运营。

2010年2月26日，时任全国人大代表、湖北省统计局副局长叶青的个人实名官方微博“@叶青”（UID：1700709963）通过微博平台认证，正式上线。

2010年2月27日，广东省公安厅官方微博“@平安南粤”（UID：1701367442）注册上线，成为全国首个省级政法、公安机关新媒体。微博简介：“广东省公安厅网络问政平台，网络发言人互动平台，网站工作团队。我们每天都在努力，每天都在进步！温馨提示：紧急警情请拨打当地110报警求助。”

2010 年 2 月 28 日，广东省肇庆市公安局民警陈永博的个人实名认证微博“@ 陈永博”（UID：1563323381）通过微博平台认证，正式上线。

2010 年 2 月 28 日，新华社微博“@ 新华视点”（UID：1699432410）正式上线运行。微博简介：“‘新华视点’是新华社微博，重大新闻权威首发平台。”12 时 08 分首发微博：“新华社将推出两会全媒体盛宴，超过 300 人的两会报道军团阵容强大，7 种语言滚动报道，集文、图、视、听于一体，网络、手机报道、流动电视、户外屏幕和新华 08 金融信息平台全联动，形式多样，值得期待。”

2010 年 2 月 28 日，中央电视台新闻频道播出《首个公安微博——平安肇庆向公众开放》。同日，新浪微博官方账号“@ 微博小秘书”（UID：1642909335）以“全国首家‘公安微博’开通，请大家关注”的信息，向当时已有的上百万新浪微博用户推广介绍。

三月

2010 年 3 月 1 日，《中国社会科学报》官方微博“@ 中国社会科学报”（UID：1665216932）通过微博平台认证，正式上线。

2010 年 3 月 2 日，广东省肇庆市公安局“创新办”下发《关于开通“服务措施一网办”平安肇庆新浪微博新平台的通知》（肇公传发〔2010〕316 号）。《通知》要求，全市各公安分局、县（市）公安局要积极探索，尽快开通县级公安机关微博，与肇庆市公安局官方微博“@ 平安肇庆”形成网上为民服务的联合阵营。并要求全市各单位各警种积极提供网络信息答复口径，以确保在微博上与网友互动时所答复信息的“准确性、权威性、新鲜性”。

2010 年 3 月 2 日，河北省人民政府新闻办公室官方微博“@ 河北发布”（UID：2698146894）上线试运行。3 月 7 日通过微博平台认证，正式运行。9 时 58 分首发微博：“汇聚‘微’小力量，‘博’采众家之长，传播‘政’策资讯，广纳‘务’实言论——‘河北发布’迎着春的朝阳正式起航！童鞋、盆友们齐上阵哟，众人划桨开大船哟，加油噢 ~ ~”

2010 年 3 月 4 日，全国人大代表、沈阳市残疾人联合会副理事长孙淑君的个人实名官方微博“@ 孙淑君”（UID：1663601851）通过微博平台认证，正式上线。

2010 年 3 月 5 日，山东省枣庄市人民政府新闻办公室官方微博“@ 枣庄发布”（UID：1703947507）上线运行。微博简介：“建设自然生态、宜居宜业新枣庄。”

2010 年 3 月 9 日，广东河源市公安局官方微博“@ 平安河源”（UID：1703970262）通过微博平台认证，正式上线。

2010 年 3 月 10 日，中共台州市委宣传部干部陈玮麟的个人实名官方微博“@ 老辣陈香”（UID：1567762360）通过微博平台认证，正式上线。

2010 年 3 月 11 日上午，时任全国政协副主席李金华做客人民网强国论坛，就“加强对权力的监督与促进民营经济发展”等话题与网友进行在线交流。访谈期间，李金华当场开通了自己的人民微博账号。他也是当时唯一开通人民微博的国家领导人。

2010 年 3 月 11 日，广东省梅州市公安局官方微博“@ 平安梅州”（UID：1704552962）通过微博平台认证，正式上线。

2010 年 3 月 12 日，浙江省杭州大剧院官方微博“@ 杭州大剧院”（UID：1703565062）通过微博平台认证，正式上线。

2010 年 3 月 12 日，联合国官方微博“@ 联合国新闻部”（UID：1709157165，后升级更名为“@ 联合国”）登录中国新浪微博平台，并发出自己的第一条中文内容：“欢迎来到联合国，您的世界。”

2010 年 3 月 15 日，时任湖南省情研究中心常务副主任周行易的个人实名官方微博“@周行易”（UID：1224524272）通过微博平台认证，正式上线。

2010 年 3 月 16 日，广东省深圳市宝安区人民检察院官方微博“@深圳宝安区人民检察院”（UID：1710019373）通过微博平台认证，正式上线。这是全国开通的第一个人民检察院政务微博，也是深圳国家机关开通的第一个微博。

2010 年 3 月 16 日，丹麦国家旅游局官方微博“@丹麦国家旅游局”（UID：1704069642）通过微博平台认证，正式上线。

2010 年 3 月 16 日，时任教育部成教协会培训中心国际部副主任张红军的个人实名官方微博“@良友同行道不远”（UID：1699961351）通过微博平台认证，正式上线。

2010 年 3 月 18 日，广东珠海市公安局官方微博“@珠海公安”（UID：1709350393）通过微博平台认证，正式上线。

2010 年 3 月 24 日，澳大利亚维多利亚州旅游局官方微博“@澳洲维多利亚州旅游局”（UID：1707559961）通过微博平台认证，正式上线。

2010 年 3 月 25 日，河北省衡水市宣传部副部长的个人实名官方微博“@落寞的山寨诗人”（UID：1226863334）通过微博平台认证，正式上线。

2010 年 3 月 29 日，广东省东莞市公安局官方微博“@平安东莞”（UID：1719711161）通过微博平台认证，正式上线。

2010 年 3 月 29 日，云南省西双版纳州委宣传部副部长段金华的个人实名官方微博“@国防战士段金华”（UID：1712264417）通过微博平台认证，正式上线。

2010 年 3 月 30 日，广东省肇庆市公安局下发《关于建立我市公安机关答复媒体和网民口径库的通知》（肇公传发〔2010〕366 号）。该通知对肇庆市公安机关答复媒体和网民口径库工作的定位解读，要求各单位各部门要站在政治高度来看待和理解其目的、意义和用途。通知明确了口径库建立所涉及的主要内容结构和职能分工。

四月

2010 年 4 月 1 日，广东省肇庆市公安局发出《关于开通使用网络问政专用邮箱的通知》（肇公传发〔2010〕385 号）。问政邮箱定位为“配合肇庆市公安局在其政务微博和网络问政平台开展工作时，内部各部门各单位之间协同传递处理网民咨询、投诉和举报等诉求信息，以及公安机关答复口径时的专用通道”。《通知》对内部信息回应的时效性也做了原则性规定。

2010 年 4 月 2 日，广东省茂名市公安局官方微博“@平安茂名”（UID：1713419250）通过微博平台认证，正式上线。

2010 年 4 月 3 日，广东省肇庆市德庆县公安局官方微博“@平安德庆”（UID：1723065464）通过微博平台认证，正式上线。

2010 年 4 月 3 日，广东省肇庆市广宁县公安局官方微博“@平安广宁”（UID：1722779267）通过微博平台认证，正式上线。

2010 年 4 月 3 日，广东省肇庆市封开县公安局官方微博“@平安封开”（UID：1723695422）通过微博平台认证，正式上线。

2010 年 4 月 6 日，教育部中国大学生在线官方微博“@中国大学生在线”（UID：

1708159150）通过微博平台认证，正式上线。

2010年4月7日，中国台湾网官方微博“@中国台湾网”（UID：1709286740）通过微博平台认证，正式上线。

2010年4月9日，山西省太原市话剧团官方微博“@太原市话剧团”（UID：1727356821）通过微博平台认证，正式上线。

2010年4月9日，广东省中山市公安局官方微博“@平安中山”（UID：1719916573）通过微博平台认证，正式上线。

2010年4月14日，四川大学华西医院官方微博“@四川大学华西医院”（UID：1726458667）通过微博平台认证，正式上线。

2010年4月14日，中国国际救援队官方微博“@中国国际救援队”（UID：1701600025）通过微博平台认证，正式上线。当日发布青海玉树7.1级地震相关新闻，对地震救援活动进行了微博直播，使公众及时获得了有关玉树地震的权威信息。

2010年4月22日，中国质检报刊社官方微博“@中国质量新闻网”（UID：1731943311）通过微博平台认证，正式上线。

2010年4月23日，住房和城乡建设部住宅产业化促进中心副主任文林峰的个人实名官方微博“@文林峰”（UID：1732758844）通过微博平台认证，正式上线。

2010年4月29日，广东省广州市公安局官方微博“@广州公安”（UID：1722022490）在新浪微博上线试运行。5月10日，“@广州公安”通过微博平台认证，正式上线。

2010年4月30日，广东省公安厅下发明传电报通知，要求全省21个地级市公安机关全部开通新浪微博，引起全国媒体和网站的轰动性关注。

2010年4月30日，广东省汕头市公安局官方微博“@平安汕头”（UID：1736153444）开通，成为汕头市第一个政务微博。5月10日，“@平安汕头”通过微博平台认证，正式上线。

2010年4月30日，广东肇庆四会市公安局官方微博“@平安四会”（UID：1730337827）通过微博平台认证，正式上线。

五月

2010年5月10日，广东省公安厅官方微博“@平安南粤”（UID：1701367442）通过微博平台认证，正式上线。

2010年5月10日，广东省深圳市公安局官方微博“@深圳公安”（UID：1735882701）通过微博平台认证，正式上线。

2010年5月10日，广东省湛江市公安局官方微博“@湛江公安”（UID：1735790851）通过微博平台认证，正式上线。

2010年5月10日，广东省肇庆市公安局高要分局官方微博“@平安高要”（UID：1728764634）通过微博平台认证，正式上线。

2010年5月10日，广东省佛山市禅城区永安派出所官方微博“@永安警长”（UID：1706780835）通过微博平台认证，正式上线。

2010年5月10日，广东省肇庆市公安局端州分局信息公开微博平台官方微博“@平安端州”（UID：1716950794）通过微博平台认证，正式上线。

2010年5月10日，广东省肇庆怀集县公安局官方微博“@平安怀集”（UID：

1734937844）通过微博平台认证，正式上线。

2010 年 5 月 10 日，广东省肇庆市公安局鼎湖分局官方微博“@ 平安鼎湖”（UID：1736147672）通过微博平台认证，正式上线。

2010 年 5 月 10 日，广东省惠州市公安局官方微博“@ 平安惠州”（UID：1735902494）通过微博平台认证，正式上线。

2010 年 5 月 10 日，广东省江门市公安局官方微博“@ 江门公安”（UID：1736165940）通过微博平台认证，正式上线。

2010 年 5 月 10 日，广东省清远市公安局官方微博“@ 平安清远”（UID：1735885001）通过微博平台认证，正式上线。

2010 年 5 月 10 日，广东省韶关市公安局官方微博“@ 平安韶关”（UID：1736347493）通过微博平台认证，正式上线。

2010 年 5 月 10 日，广东省揭阳市公安局官方微博“@ 平安揭阳”（UID：1735788410）通过微博平台认证，正式上线。

2010 年 5 月 10 日，广东省阳江市公安局官方微博“@ 平安阳江”（UID：1735803003）通过微博平台认证，正式上线。

2010 年 5 月 10 日，广东省汕尾市公安局官方微博“@ 平安汕尾”（UID：1735921133）通过微博平台认证，正式上线。

2010 年 5 月 10 日，广东省潮州市公安局官方微博“@ 平安潮州”（UID：1735938863）通过微博平台认证，正式上线。

2010 年 5 月 10 日，广东省云浮市公安局官方微博“@ 平安云浮”（UID：1736145103）通过微博平台认证，正式上线。

2010 年 5 月 11 日，广东省公安厅及 21 个地级市公安机关全部完成官方微博认证，并建立起了“广东公安微博群”，开全国政法新媒体集群建设先河。

2010 年 5 月 13 日，广东省佛山市高明区公安局官方微博“@ 高明公安”（UID：1726539464）通过微博平台认证，正式上线。

2010 年 5 月 13 日，伦敦发展促进署大中国区首席代表的个人实名官方微博“@ zhaobingbing”（UID：1667871565）通过微博平台认证，正式上线。

2010 年 5 月 20 日，中国传媒大学传媒博物馆官方微博“@ CUC 传媒博物馆”（UID：1744222117）通过微博平台认证，正式上线。

2010 年 5 月 24 日，共青团广州市总工会委员会官方微博“@ 广州市总工会团委”（UID：1713217747）通过微博平台认证，正式上线。

2010 年 5 月 24 日，新疆环赛里木湖公路自行车赛官方微博“@ 赛里木湖公路自行车赛”（UID：1131206272）通过微博平台认证，正式上线。

2010 年 5 月 26 日，英国大使馆文化教育处、气候变化与世博会项目经理段冉的个人实名官方微博“@ DoraDuan”（UID：1726966317）通过微博平台认证，正式上线。

2010 年 5 月 26 日，北欧文化协会会长罗敷的个人实名官方微博“@ 大魔王罗敷北欧”（UID：1228583832）通过微博平台认证，正式上线。

2010 年 5 月 27 日，上海世博会圣保罗馆官方微博“@ 世博圣保罗馆”（UID：1746883661）通过微博平台认证，正式上线。

2010年5月28日，共青团广东省中山市委员会官方微博“@中山青年”（UID：1743653325）通过微博平台认证，正式上线。

六月

2010年6月2日，中国医师协会官方微博“@中国医师协会”（UID：1749601174）通过微博平台认证，正式上线。

2010年6月3日，红十字国际委员会官方微博“@红十字国际委员会”入驻新浪微博，成为首个驻华国际慈善救援组织官方微博。

2010年6月4日，广东省公安厅下发《关于进一步做好公安微博管理工作的意见》（粤公意字〔2010〕2号）。通知指出，“办好公安微博是构建新时期和谐警民关系，满足人民群众新要求和新期待的重要举措”，也是广东省各级公安机关“创新社会管理，不断提高公共服务水平，进一步拓展警察公共关系和完善网络问政工作的重要手段”。通知要求，要切实加强组织领导和统筹协调，主要领导亲自负责，分管领导具体抓好日常工作，及时解决微博管理工作中出现的困难与问题；要不断完善规章制度，积极构建开展公安微博工作的长效机制；要坚持利用微博交流互动，着力解决社会普遍关注的民生问题。

2010年6月7日，故宫博物院官方微博“@故宫博物院”（UID：1655363172）通过微博平台认证，正式上线。

2010年6月9日，安徽省芜湖市公安局官方微博“@平安芜湖”（UID：1752573490）上线运行。

2010年6月10日，首都互联网协会（原北京网络媒体协会）官方微博“@首都互联网协会”（UID：1750307043）通过微博平台认证，正式上线。

2010年6月10日，北京市公安局海淀分局官方微博“@海淀公安分局”（UID：1710175603）注册上线。17时38分首发微博：“大家好！这里是海淀公安分局的微博，愿意与您沟通交流，祝您平安！”8月26日，“@海淀公安分局”通过微博平台认证，正式上线。

2010年6月12日，广东省肇庆市公安局人民网微博“@平安肇庆”正式入驻。

2010年6月18日，宁夏回族自治区旅游局官方微博“@宁夏旅游”（UID：1753048194）通过微博平台认证，正式上线。

2010年6月21日，辽宁省大连市公安局官方微博“@大连公安”（UID：1760668437）通过微博平台认证，正式上线。

2010年6月22日，中共江苏省常州市委宣传部干部李吉祥的个人实名官方微博“@我心向月”（UID：1364763544）通过微博平台认证，正式上线。

2010年6月22日，2010年新加坡青年奥运会火炬手、联合国新加坡年轻外交官金奖得主的个人实名官方微博“@马华卿”（UID：1349914872）通过微博平台认证，正式上线。

2010年6月23日，四川省成都市人民政府新闻办公室官方微博“@成都关注”（UID：1523766213，后更名为“@成都发布”）通过微博平台认证，上线运行。微博简介：“这里是成都市人民政府新闻办公室微博，我们将及时给朋友们提供有关成都的各类信息。”14时54分首发微博：“大家好，成都市新闻发布官方微博正式开通啦，欢迎网友们关注和留言，了解成都，关注成都。”

2010年6月26日，福建省厦门湖里派出所民警周海洲的个人实名官方微博“@阔海轻洲”（UID：1750594783）通过微博平台认证，正式上线。

2010年6月26日，美国圣地亚哥州立大学美国语言学院官方微博“@圣地亚哥州立大学美国语言学院”（UID：1766641550）正式开通，成为首个驻华外国高校官方微博。

2010年6月28日，江苏省南京市玄武区委宣传部干部的个人实名官方微博“@激流中的中国羊”（UID：1594620237）通过微博平台认证，正式上线。

2010年6月28日，和谐家庭基金官方微博“@和谐家庭基金”（UID：1764054981）通过微博平台认证，正式上线。

2010年6月29日，云南省晋宁县党建微博官方微博“@古滇都邑党旗红”（UID：1739997192）通过微博平台认证，正式上线。

2010年6月29日，江西省大江网官方微博“@大江网”（UID：1767961804）通过微博平台认证，正式上线。

2010年6月30日，北京响水湖长城自然风景区、国家AAA级风景区官方微博“@响水湖”（UID：1765068083）通过微博平台认证，正式上线。

2010年6月30日，福建省厦门市公安局湖里派出所官方微博“@守护特区发祥地”（UID：1748577962）通过微博平台认证，正式上线。

七月

2010年7月1日，中国青年志愿者网官方微博“@中国青年志愿者网”（UID：1765285705）通过微博平台认证，正式上线。

2010年7月7日，贵州省镇远县旅游局官方微博“@镇远旅游局”（UID：1764959332）通过微博平台认证，正式上线。

2010年7月7日，北京市门头沟区旅游局官方微博“@门头沟区旅游委”（UID：1740679404）通过微博平台认证，正式上线。

2010年7月7日，河北省委宣传部干部李朝旭的个人实名官方微博“@粽子老窦”（UID：1769724423）通过微博平台认证，正式上线。

2010年7月12日，上海申通地铁集团运营管理部官方微博“@上海地铁shmetro”（UID：1742987497）通过微博平台认证，正式上线。

2010年7月12日，北京人民艺术剧院官方微博“@北京人民艺术剧院”（UID：1762668555）通过微博平台认证，正式上线。

2010年7月12日，中华人民共和国驻拉各斯总领事馆官方微博“@Lagos”（UID：1759259321）通过微博平台认证，正式上线。

2010年7月13日，浙江省乌镇旅游官方微博“@乌镇旅游”（UID：1714730895）通过微博平台认证，正式上线。

2010年7月13日，湖南省张家界武陵源区旅游局官方微博“@张家界旅游”（UID：1729314032）通过微博平台认证，正式上线。

2010年7月13日，湖南省博物馆官方微博“@湖南省博物馆”（UID：1767976920）通过微博平台认证，正式上线。

2010年7月13日，天津市蓟州区旅游发展委员会官方微博“@天津市蓟州区旅发委”（UID：1764668035）通过微博平台认证，正式上线。

2010年7月14日，香港特区政府新闻网官方微博“@香港政府新闻网”（UID：

1768541657）通过微博平台认证，正式上线。微博简介："《香港政府新闻网》news. gov. hk每天以图片、短片和网页链接等多媒体形式，为公众提供政府新闻、信息，和最新的网上资源，内容丰富，使用便捷。网页连结包括天气、交通情况、政府架构、政府职位空缺、世界各地时间、互动城市地图等，一览无遗。同时，各项新闻和信息亦透过智能手机和流动装置应用程式及社交媒体发布。"

2010年7月14日，时任河北省石家庄市公安局桥西分局安建桥综合警务服务站主任吕建江（1970年4月至2017年12月1日）开通个人官方微博"@片警吕建江"（UID：1770096250），后更名为"@老吕叨叨"。8月1日，正式通过微博平台认证。他成为河北省第一位在网上实名注册的民警。

2010年7月14日，共青团中央宣传部新媒体工作处副处长的个人实名官方微博"@宋其義"（UID：1774874755）通过微博平台认证，正式上线。

2010年7月15日，英国大使馆文化教育处官方微博"@LearnEnglish"（UID：1761584407）通过微博平台认证，正式上线。

2010年7月15日，福建省厦门市鹭江派出所民警蒋芳全的个人实名官方微博"@平安一家人"（UID：1672754360）通过微博平台认证，正式上线。

2010年7月16日，安徽省铜陵公安局杨家山派出所官方微博"@铜陵杨家山派出所"（UID：1748912371）通过微博平台认证，正式上线。

2010年7月16日，福建省厦门高崎国际机场公安分局官方微博"@平安厦门空港"（UID：1702844972）通过微博平台认证，正式上线。

2010年7月17日，广东省深圳市公安局坪山分局官方微博"@深圳坪山公安"（UID：1774282785）通过微博平台认证，正式上线。

2010年7月19日，福建省厦门市公安局湖里分局金山派出所新浪微博社区委员会专家成员官方微博"@派出所值班那点事"（UID：1110806067）通过微博平台认证，正式上线。

2010年7月19日，荒岛图书馆官方微博"@荒岛图书馆"（UID：1772205031）通过微博平台认证，正式上线。

2010年7月19日，江苏连云港市公安局官方微博"@平安连云港"（UID：1774851315）通过微博平台认证，正式上线。

2010年7月20日，北京市思想政治研究会官方微博"@北京市思政研究会"（UID：1779721631）通过微博平台认证，正式上线。

2010年7月20日，北京市市政市容管理委员会固体废弃物管理处副处长的个人实名官方微博"@张红樱"（UID：1450047940）通过微博平台认证，正式上线。

2010年7月21日，施洋烈士陵园官方微博"@施洋烈士陵园"（UID：1775093913）通过微博平台认证，正式上线。

2010年7月22日，广东省肇庆市公安局大旺分局官方微博"@平安大旺"（UID：1740428564）通过微博平台认证，正式上线。

2010年7月22日，联合国儿童基金会官方微博"@联合国儿童基金会"（UID：1749268803）通过微博平台认证，正式开通。这是首个驻华的联合国专门机构官方微博。

2010年7月22日，江苏省仪征市公安局官方微博"@仪征市公安局"（UID：1739984345）通过微博平台认证，正式上线。

2010 年 7 月 23 日，山西省阳泉市盂县苌池镇藏山村官方微博“@ 山西藏山”（UID：1781372305）通过微博平台认证，正式上线。

2010 年 7 月 23 日，浙江省杭州市对外贸易经济合作局官方微博“@ 杭州服务外包官方微博”（UID：1781280897）通过微博平台认证，正式上线。

2010 年 7 月 23 日，湖南省张家界 AAAAA 风景区官方微博“@ 快乐天门山”（UID：1779920925）通过微博平台认证，正式上线。

2010 年 7 月 27 日，四川省旅游发展委员会官方微博“@ 四川旅游”（UID：1780853205）通过微博平台认证，正式上线。

2010 年 7 月 28 日，上海东上海百老汇剧院管理有限公司官方微博“@ 上海城市剧院”（UID：1774355711）通过微博平台认证，正式上线。

2010 年 7 月 29 日，北京市公安局官方微博“@ 平安北京”（UID：1288915263）通过微博平台认证，正式上线运行。10 时 35 分首发微博：“最新的警方资讯，最快的防范提示，您身边警察的新鲜事儿，您最想了解的服务举措，都会织进这个‘警察围脖’里，希望得到您的支持与关注，更想听到您给我们的意见和建议，欢迎您。”

2010 年 7 月 29 日，河北省承德市文化局官方微博“@ 承德市文化局”（UID：1785665445）通过微博平台认证，正式上线。

2010 年 7 月 30 日，天津反扒官方微博“@ 天津反扒”（UID：1780626511）通过微博平台认证，正式上线。

2010 年 7 月 30 日，广东省佛山市公安局南海分局官方微博“@ 南海公安”（UID：1773319172）通过微博平台认证，正式上线。

2010 年 7 月 30 日，公安部“公安文化基层行”官方微博“@ 公安文化基层行”（UID：1773917914）注册上线。

八月

2010 年 8 月 1 日，太原公安局万柏林分局政委、原太原公安局发言人史水鸿的个人实名官方微博“@ 民警老史”（UID：1780436984）通过微博平台认证，正式上线。

2010 年 8 月 2 日，丹霞山风景区官方微博“@ 中国丹霞山”（UID：1783896590）通过微博平台认证，正式上线。

2010 年 8 月 3 日，香山公园景区官方微博“@ 香山公园”（UID：1627638863）通过微博平台认证，正式上线。

2010 年 8 月 3 日，云南省保山市文化广播电视局局长的个人实名官方微博“@ 赵家华摄影漫画工作室”（UID：1772039114）通过微博平台认证，正式上线。

2010 年 8 月 6 日，湖北剧院官方微博“@ 湖北剧院”（UID：1780948331）通过微博平台认证，正式上线。

2010 年 8 月 6 日，公安部“公安文化基层行”官方微博“@ 公安文化基层行”（UID：1773917914）通过微博平台认证，正式上线。

2010 年 8 月 9 日，广东省汕尾市公安局城区分局官方微博“@ 平安城区”（UID：1765584764）通过微博平台认证，正式上线。

2010 年 8 月 9 日，中国消防在线官方微博“@ 中国消防在线”（UID：1773039424）通过微博平台认证，正式上线。

2010年8月9日，国家AAAAA级景区、奇险天下第一山西岳华山官方微博“@华山风景名胜区”（UID：1786987090）通过微博平台认证，正式上线。

2010年8月10日，河北省公安厅官方微博“@河北公安网络发言人”（UID：1189617115）通过微博平台认证，正式上线。

2010年8月10日，节庆中华协作体官方微博“@节庆中华”（UID：1772190660）通过微博平台认证，正式上线。微博自我简介：“我们是中华文化促进会的节庆中心，站在节庆行业的前沿，心怀文人学者的梦想与责任感，投入实业家的热情和执行力，为建设中华民族精神家园而奋斗。”

2010年8月10日，山东省济南市公安局官方微博“@济南公安”（UID：1702549133）通过微博平台认证，正式上线。这是山东省的第一个公安政务微博。

2010年8月10日，山西省公安厅官方微博“@山西公安”（UID：1790476443）开通。

2010年8月11日，山东省莱阳市人民法院官方微博“@公正莱阳”（UID：1791987617）注册上线。

2010年8月11日，南通网官方微博“@南通网”（UID：1708099187）通过微博平台认证，正式上线。

2010年8月11日，常州国际机场有限公司官方微博“@常州国际机场”（UID：1780445040）通过微博平台认证，正式上线。

2010年8月12日，山东省济南市公安局官方腾讯微博“@济南公安”在腾讯网上线。

2010年8月13日，广西壮族自治区柳州市公安局官方微博“@柳州公安”（UID：1770545650）通过微博平台认证，正式上线。

2010年8月13日，山东省济南市公安局天桥区分局官方微博“@天桥公安”（UID：1793398603）通过微博平台认证，正式上线。

2010年8月13日，山东省济南市公安局历城区分局官方微博“@济南公安历城分局”（UID：1793542135）通过微博平台认证，正式上线。

2010年8月13日，山东省济南市公安局槐荫区分局官方微博“@济南槐荫公安”（UID：1680175803）通过微博平台认证，正式上线。

2010年8月13日，山东省济南公安市中区分局官方微博“@济南公安市中区分局”（UID：1793544311）通过微博平台认证，正式上线。

2010年8月13日，山东省济南公安公共交通分局官方微博“@济南公安公共交通分局”（UID：1793604335）通过微博平台认证，正式上线。

2010年8月15日，浙江省台州市公安局办公室副主任林月村的个人实名官方微博“@林警官在线”（UID：1697465733）通过微博平台认证，正式上线。

2010年8月16日，福建省南安市公安局官方微博“@南安公安”（UID：1777269042）通过微博平台认证，正式上线。

2010年8月16日，江苏省常州市公安局官方微博“@平安常州”（UID：1796308821）通过微博平台认证，正式上线。

2010年8月16日，福建省厦门市公安局指挥中心指挥长王更生的个人实名官方微博“@厦门应救会生存手册”（UID：1110735311）通过微博平台认证，正式上线。

2010年8月16日，山东省济南公安局警察公共关系处民警的个人实名官方微博“@网事侃侃”（UID：1789430450）通过微博平台认证，正式上线。

2010年8月19日，江苏省扬州市公安局官方微博“@扬州公安”（UID：1790414785）通过微博平台认证，正式上线。

2010年8月19日，广东省佛山市南海区桂城街道官方微博“@潮涌灯湖－南海桂城”（UID：1770549101）通过微博平台认证，正式上线。

2010年8月19日，四川省成都市网络信息中心策略总监的个人实名官方微博“@慕容非礼”（UID：1668455142）通过微博平台认证，正式上线。

2010年8月20日，中共四川省成都市双流区委宣传部官方微博“@天府双流”（UID：1765651587）通过微博平台认证，正式上线。

2010年8月20日，世界银行官方微博“@世界银行”（UID：1735501411）通过微博平台认证，正式上线。

2010年8月22日，山东省济南市平阴县公安局官方微博“@平安平阴”（UID：1795138374）通过微博平台认证，正式上线。

2010年8月23日，山西省太原市公安局官方微博“@平安太原”（UID：1045423751）通过微博平台认证，正式上线。

2010年8月24日，北京市崇文区左安漪园社区居委会官方微博“@左安漪园社区居委会”（UID：1764037697）通过微博平台认证，正式上线。

2010年8月24日，广东省珠海市公安局香洲分局官方微博“@平安香洲”（UID：1761065040）通过微博平台认证，正式上线。

2010年8月24日，江苏省常州经济开发区公安局官方微博“@平安戚区”（UID：1797051565）通过微博平台认证，正式上线。

2010年8月24日，广东省陆河县公安局官方微博“@平安陆河”（UID：1765508270）通过微博平台认证，正式上线。

2010年8月25日，云南省昆明市公安局官方微博“@昆明警方”（UID：1801989063）通过微博平台认证，正式上线。

2010年8月25日，福建省厦门市湖里区教育局教育科为您服务官方微博“@湖里区教育局教育科”（UID：1766145771）通过微博平台认证，正式上线。

2010年8月25日，三亚旅游官方网官方微博“@三亚旅游官方网”（UID：1752085440）通过微博平台认证，正式上线。

2010年8月26日，北京第六次全国人口普查官方宣传机构官方微博“@北京人口普查”（UID：1787107553）通过微博平台认证，正式上线。

2010年8月26日，山东省济南公安历下区分局官方微博“@历下公安”（UID：1793439747）通过微博平台认证，正式上线。

2010年8月26日，山东省济南市公安局经侦支队官方微博“@济南市公安局经侦支队”（UID：1417220703）通过微博平台认证，正式上线。

2010年8月27日，中共北京市西城区委组织部基层党建通讯员官方微博“@北京党建西城通讯员”（UID：1752904107）通过微博平台认证，正式上线。

2010年8月27日，四姑娘山景区官方微博“@四姑娘山景区”（UID：1133594511）通过微博平台认证，正式上线。

2010年8月27日，九寨沟风景名胜区管理局官方微博“@九寨沟管理局”（UID：1803921393）通过微博平台认证，正式上线。

2010年8月30日，上海地铁第一运营有限公司、负责上海地铁1、5、9、10号线的运营管理官方微博“@上海地铁运一客服部”（UID：1771655317）通过微博平台认证，正式上线。

2010年8月30日，上海地铁维保官方微博“@上海地铁维保”（UID：1788528597）通过微博平台认证，正式上线。

2010年8月30日，上海地铁第三运营有限公司星韵官方微博“@上海地铁运三星韵”（UID：1790506473）通过微博平台认证，正式上线。

2010年8月30日，甘肃省陇南市委网信办官方微博“@网信陇南”（UID：1803732380。时微博认证和名称：中国陇南网官方微博“@中国陇南网”）正式上线运行。

2010年8月30日，公安部一等功臣、厦门市公安局湖里分局交警大队交管科副科长刘毅的个人实名官方微博“@交警大刘”（UID：1239072280）通过微博平台认证，正式上线。

九月

2010年9月2日，河北公安网警民博客圈微博官方微博“@警民博客圈”（UID：1760456600）通过微博平台认证，正式上线。

2010年9月2日，河北省公安厅官方网站“河北公安网”官方微博“@河北公安网”（UID：1772699810）通过微博平台认证，正式上线。

2010年9月2日，广东省中山市公安局西区分局官方微博“@平安西区”（UID：1734436533）通过微博平台认证，正式上线。

2010年9月3日，上海师范大学图书馆官方微博“@上师大图书馆”（UID：1660303814）通过微博平台认证，正式上线。

2010年9月3日，重庆大学图书馆官方微博“@重庆大学图书馆”（UID：1660125537）通过微博平台认证，正式上线。

2010年9月3日，山西省太原市公安局交警支队官方微博“@太原交警”（UID：1794749693）通过微博平台认证，正式上线。

2010年9月3日，安徽省公安厅指挥中心官方微博“@安徽公安指挥中心”（UID：1805824752）正式开通。

2012年9月3日下午，“银川微博办事厅”在时任国务院副秘书长王学军、中共宁夏回族自治区委副书记崔波和中共银川市委书记徐广国亲手启动按钮后正式上线。至此，银川市政务微博实现了其全国首创的“淘宝电商式”服务满意度星级考核评价体系，服务态度（互动感受）、服务效率（应答速度）、服务质量（依法行政结果）三大关键指标，实现了政务微博“满意不满意，网民说了算”的社会化评估机制。

2010年9月3日，全国政协常委、民建中央副主席陈明德的个人实名官方微博“@陈明德”（UID：1809680753）通过微博平台认证，正式上线。

2010年9月4日，云南省昆明市公安局交警支队官方微博“@昆明交警”（UID：1734609155）通过微博平台认证，正式上线。

2010年9月6日，河北省石家庄市公安局官方微博“@石家庄公安网络发言人”（UID：1617499760）通过微博平台认证，正式上线。

2010年9月6日，河北省张家口市公安局官方微博“@张家口公安网络发言人”（UID：

1809461261）通过微博平台认证，正式上线。

2010 年 9 月 6 日，河北省承德市公安局官方微博“@ 承德公安网络发言人”（UID：1808392375）通过微博平台认证，正式上线。

2010 年 9 月 6 日，河北省廊坊市公安局官方微博“@ 廊坊公安网络发言人”（UID：1812431491）通过微博平台认证，正式上线。

2010 年 9 月 6 日，河北省唐山市公安局官方微博“@ 唐山公安网络发言人”（UID：1266164102）通过微博平台认证，正式上线。

2010 年 9 月 6 日，河北省沧州市公安局官方微博“@ 沧州公安网络发言人”（UID：1812423571）通过微博平台认证，正式上线。

2010 年 9 月 6 日，河北省邢台市公安局官方微博“@ 邢台公安网络发言人”（UID：1809339805）通过微博平台认证，正式上线。

2010 年 9 月 6 日，河北省冀中公安局官方微博“@ 冀中公安网络发言人”（UID：1806187694）通过微博平台认证，正式上线。

2010 年 9 月 6 日，河北省衡水市公安局官方微博“@ 衡水公安网络发言人”（UID：1812613335）通过微博平台认证，正式上线。

2010 年 9 月 6 日，河北省邯郸市公安局官方微博“@ 邯郸公安网络发言人”（UID：1808545011）通过微博平台认证，正式上线。

2010 年 9 月 6 日，河北省保定市公安局官方微博“@ 保定公安网络发言人”（UID：1812456955）通过微博平台认证，正式上线。

2010 年 9 月 6 日，河北省秦皇岛市公安局官方微博“@ 秦皇岛公安网络发言人”（UID：1807880953）通过微博平台认证，正式上线。

2010 年 9 月 6 日，北京首都国际机场官方微博“@ 首都机场”（UID：1683322745）通过微博平台认证，正式上线。

2010 年 9 月 7 日，清华大学公共关系与战略传播研究所官方微博“@ 政务微博观察”（UID：1813554857）注册上线。2013 年 6 月 4 日变更认证为中国传媒大学媒介与公共事务研究院政务新媒体实验室官方微博。

2010 年 9 月 7 日，山东省济南市公安局槐荫分局情报信息中心官方微博“@ 槐荫警方在您身边”（UID：1807905073）通过微博平台认证，正式上线。

2010 年 9 月 8 日，山西省太原市公安局万柏林区分局官方微博“@ 平安万柏林”（UID：1787309965）通过微博平台认证，正式上线。

2010 年 9 月 8 日，山东省济南公安服务在线官方微博“@ 服务在线”（UID：1167134821）通过微博平台认证，正式上线。

2010 年 9 月 8 日，中国文物网官方微博“@ 中国文物网”（UID：1765831923）通过微博平台认证，正式上线。

2010 年 9 月 9 日，上海第二工业大学图书馆官方微博“@ 图书馆之窗”（UID：2000021733）通过微博平台认证，正式上线。

2010 年 9 月 9 日，山东省济南市交警天桥大队官方微博“@ 济南交警天桥大队”（UID：1794255895）通过微博平台认证，正式上线。

2010 年 9 月 9 日，龙门石窟景区官方微博“@ 龙门石窟”（UID：1809910143）通过微博平台认证，正式上线。

2010年9月9日，河南省洛阳龙门石窟景区官方微博“@龙门石窟景区”在新浪微博通过官方认证。河南省第一个政务微博开始正式运营。

2010年9月10日，中国国家博物馆官方微博“@国家博物馆”（UID：1624763627）通过微博平台认证，正式上线。

2010年9月13日，陕西省西安市大唐西市博物馆官方微博“@西安大唐西市博物馆”（UID：1782648525）通过微博平台认证，正式上线。

2010年9月13日，关羽的葬首之所、国家重点文物保护单位、国家AAAA级旅游景区官方微博“@洛阳关林”（UID：1805389642）通过微博平台认证，正式上线。

2010年9月13日，山西省太原市公安局杏花岭区分局官方微博“@平安杏花岭”（UID：1813382110）通过微博平台认证，正式上线。

2010年9月13日，山西省古交市公安局官方微博“@平安古交”（UID：1819430075）通过微博平台认证，正式上线。

2010年9月13日，湖北省建始县公安局官方微博“@平安建始”（UID：1442398011）通过微博平台认证，正式上线。

2010年9月13日，山西省太原市娄烦县公安局官方微博“@平安娄烦”（UID：1819440685）通过微博平台认证，正式上线。

2010年9月13日，天津市人民政府办公厅秘书于鹏洲的个人实名官方微博“@乐舞乐章”（UID：1498228247）通过微博平台认证，正式上线。

2010年9月14日，山东省济南市公安局长清孝里派出所官方微博“@长清公安孝里派出所”（UID：1813514891）通过微博平台认证，正式上线。

2010年9月14日，山西省太原市阳曲县公安局官方微博“@平安阳曲”（UID：1813982962）通过微博平台认证，正式上线。

2010年9月14日，山西省太原市公安局小店分局官方微博“@平安小店”（UID：1819679547）通过微博平台认证，正式上线。

2010年9月14日，福建省厦门市公安局湖里派出所副所长陈赞灼的个人实名官方微博“@110-上善若水”（UID：1787421795）通过微博平台认证，正式上线。

2010年9月15日，浙江省消防总队舟山支队普陀大队官方微博“@普陀消防”（UID：1796830805）通过微博平台认证，正式上线。

2010年9月15日，山西省太原市公安局尖草坪区分局官方微博“@平安尖草坪”（UID：1819953121）通过微博平台认证，正式上线。

2010年9月15日，上海图书馆参考咨询服务官方微博“@上海图书馆信使”（UID：1769240357）通过微博平台认证，正式上线。

2010年9月15日，南京师范大学图书馆官方微博“@南师大图书馆”（UID：1812421431）通过微博平台认证，正式上线。

2010年9月15日，山西省太原市清徐县公安局官方微博“@平安清徐”（UID：1819979947）通过微博平台认证，正式上线。

2010年9月15日，山西省太原市公安局晋源区分局官方微博“@平安晋源”（UID：1820045253）通过微博平台认证，正式上线。

2010 年 9 月 15 日，内蒙古自治区公安厅经侦总队官方微博“@ 内蒙古经侦”（UID：1793015671）通过微博平台认证，正式上线。

2010 年 9 月 16 日，韩国驻华大使馆文化院官方微博“@ 驻华韩国文化院”（UID：1814035063）通过微博平台认证，正式上线。

2010 年 9 月 17 日，山西省太原市公安局迎泽区分局官方微博“@ 平安迎泽”（UID：1819790501）通过微博平台认证，正式上线。

2010 年 9 月 17 日，加拿大艾伯塔省旅游局官方微博“@ 加拿大艾伯塔省旅游局”（UID：1744436311）通过微博平台认证，正式上线。

2010 年 9 月 17 日，北京市公安局西城分局出入境管理处民警的个人实名官方微博“@ 外事民警 Huxin”（UID：1782732857）通过微博平台认证，正式上线。

2010 年 9 月 19 日，山西省公安厅官方微博“@ 山西公安”（UID：1790476443）通过微博平台认证，正式上线。

2010 年 9 月 19 日，山西省太原市公安局经济区分局官方微博“@ 平安太原经济区”（UID：1821220601）通过微博平台认证，正式上线。

2010 年 9 月 19 日，山西省太原市公安局山西转型综合改革示范区分局官方微博“@ 平安综改”（UID：1820590593）通过微博平台认证，正式上线。

2010 年 9 月 19 日，山西省太原市公安局西山区分局官方微博“@ 西山平安”（UID：1820949351）通过微博平台认证，正式上线。

2010 年 9 月 19 日，山西省太原市公安局网警支队官方微博“@ 平安网警”（UID：1821215074）通过微博平台认证，正式上线。

2010 年 9 月 19 日，山西省太原市公安局民营区分局官方微博“@ 平安民营”（UID：1820774111）通过微博平台认证，正式上线。

2010 年 9 月 19 日，山西省太原市公安局城北分局官方微博“@ 平安城北”（UID：1820700082）通过微博平台认证，正式上线。

2010 年 9 月 19 日，山西省太原市公安局特警支队官方微博“@ 太原特警”（UID：1821394337）通过微博平台认证，正式上线。

2010 年 9 月 19 日，山西省太原市公安局直属分局官方微博“@ 太原直属分局”（UID：1821559515）通过微博平台认证，正式上线。

2010 年 9 月 19 日，河北省廊坊市食品药品监督管理局纪检组官方微博“@ 廊坊市食药监纪检组”（UID：1808784372）通过微博平台认证，正式上线。

2010 年 9 月 20 日，安徽省公安厅官方微博“@ 安徽公安在线”（UID：1419172372）注册上线，开始运营。

2010 年 9 月 21 日，纽约旅游局中国代表处官方微博“@ 纽约旅游局”（UID：1738728174）通过微博平台认证，正式上线。

2010 年 9 月 21 日，中共南京市委办公厅转发市委宣传部《关于深化网络发言人制度建设进一步提升网络互动工作水平的意见》的通知（宁委办发〔2010〕45 号）。《意见》要求，要推动网络互动工作常态化，促进网络互动工作制度化，扩大网络互动工作覆盖面；要运用博客、微博、手机报、网络在线访谈、网友见面会等多种形式，加强与网民的互动。这也是“微博”首次被写入南京市委的规范性文件。

2010 年 9 月 22 日，联合国官方微博“@ 联合国”（UID：1709157165）通过微博平台认证，正式上线。

2010 年 9 月 25 日，中国民间气候变化行动网络官方微博“@ 中国民间与气候变化”（UID：1779347271）通过微博平台认证，正式上线。

2010 年 9 月 25 日，浙江省台州市公安局官方微博“@ 台州公安”（UID：1803818020）通过微博平台认证，正式上线。

2010 年 9 月 25 日，北京市五道营胡同官方微博“@ 五道营胡同”（UID：1767891174）通过微博平台认证，正式上线。

2010 年 9 月 26 日，福建省泉州交警官方微博“@ 泉州交警”（UID：1052757535）通过微博平台认证，正式上线。

2010 年 9 月 26 日，山西省太原市公安局消防支队官方微博“@ 太原消防”（UID：1823507027）通过微博平台认证，正式上线。

2010 年 9 月 26 日，山西省太原市公安局经侦支队官方微博“@ 太原经侦”（UID：1820617925）通过微博平台认证，正式上线。

2010 年 9 月 26 日，中国金融博物馆集团官方微博“@ 中国金融博物馆集团”（UID：1793201205）通过微博平台认证，正式上线。

2010 年 9 月 27 日，辽宁省朝阳市公安局官方微博“@ 朝阳公安”（UID：1822255497）通过微博平台认证，正式上线。

2010 年 9 月 27 日，山西省太原市公安局西山分局官方微博“@ 平安西山”（UID：1821588405）通过微博平台认证，正式上线。

2010 年 9 月 27 日，中共四川省金堂县委宣传部官方微博“@ 山水金堂”（UID：1822206482）通过微博平台认证，正式上线。

2010 年 9 月 27 日，中国十大历史文化名街之一、福州三坊七巷官方微博“@ 三坊七巷官博”（UID：1787135414）通过微博平台认证，正式上线。

2010 年 9 月 29 日，西汉南越王博物馆官方微博“@ 西汉南越王博物馆”（UID：1807651187）通过微博平台认证，正式上线。

2010 年 9 月 29 日，广西壮族自治区旅游局官方微博“@ 广西旅游”（UID：1780560607。现更名为广西壮族自治区旅游发展委员会官方微博“@ 广西旅游发展委员会”）正式运营。

2010 年 9 月 30 日，联合国环境规划署（UNEP）官方微博“@ 联合国环境规划署”（UID：1821907411）通过微博平台认证，正式上线。

2010 年 9 月 30 日，公安作家、鄂西交警支队长的个人实名官方微博“@ 警察三哥”（UID：1740498122）通过微博平台认证，正式上线。

十月

2010 年 10 月 6 日，云南省曲靖市人大副主任、市妇联主席李桂珍的个人实名官方微博“@ 曲靖李桂珍”（UID：1807124297）通过微博平台认证，正式上线。

2010 年 10 月 8 日，英国使馆文化教育处青少年气候大使项目官方微博“@ climatechampions”（UID：1826048883）通过微博平台认证，正式上线。

2010 年 10 月 8 日，埃及驻华使馆旅游处官方微博“@ 埃及驻华使馆旅游处”（UID：

1498447820）通过微博平台认证，正式上线。

2010 年 10 月 8 日，天津市人民政府办公厅印发《关于做好“天津发布”政务和公共服务微博门户建设及运行工作的意见》。《意见》指出，“天津发布”政务和公共服务微博门户是在市政府新闻办政务微博基础上，组建的一个包括市政府有关部门、各区县和市相关公共服务部门的政务微博群。要高度重视，加强领导；建章立制，规范管理；趋利避害，正确引导。

2010 年 10 月 8 日，广东省肇庆市公安局官方微博“@平安肇庆”入驻腾讯微博平台。

2010 年 10 月 9 日，辽宁省朝阳市建平县公安局官方微博“@建平公安”（UID：1823381171）通过微博平台认证，正式上线。

2010 年 10 月 9 日，辽宁省朝阳市喀左县公安局官方微博“@喀左公安”（UID：1832658924）通过微博平台认证，正式上线。

2010 年 10 月 9 日，辽宁省凌源市公安局官方微博“@凌源公安”（UID：1830849682）通过微博平台认证，正式上线。

2010 年 10 月 9 日，辽宁省朝阳市朝阳县公安局官方微博“@朝阳县公安”（UID：1830786214）通过微博平台认证，正式上线。

2010 年 10 月 9 日，江苏省昆山市公安局朝阳派出所官方微博“@昆山公安局朝阳派出所”（UID：1802927014）通过微博平台认证，正式上线。

2010 年 10 月 9 日，江苏省昆山市公安局城北派出所官方微博“@昆山市公安局城北所”（UID：1802939910）通过微博平台认证，正式上线。

2010 年 10 月 9 日，江苏省昆山市公安局兵希派出所官方微博“@昆山市公安局兵希所”（UID：1803182562）通过微博平台认证，正式上线。

2010 年 10 月 9 日，江苏省昆山市公安局城西派出所官方微博“@昆山公安城西派出所”（UID：1802946402）通过微博平台认证，正式上线。

2010 年 10 月 9 日，江苏省昆山市公安局同心派出所官方微博“@昆山市公安局同心所”（UID：1802944470）通过微博平台认证，正式上线。

2010 年 10 月 9 日，江苏省昆山市公安局陆家派出所官方微博“@昆山公安陆家派出所”（UID：1803185174）通过微博平台认证，正式上线。

2010 年 10 月 9 日，江苏省昆山市公安局淀山湖派出所官方微博“@昆山市公安局淀山湖所”（UID：1803195814）通过微博平台认证，正式上线。

2010 年 10 月 9 日，江苏省昆山市公安局张浦派出所官方微博“@昆山公安张浦派出所”（UID：1803346932）通过微博平台认证，正式上线。

2010 年 10 月 9 日，江苏省昆山市公安周市派出所官方微博“@昆山公安周市派出所”（UID：1803345252）通过微博平台认证，正式上线。

2010 年 10 月 9 日，江苏省昆山市公安局正仪派出所官方微博“@昆山市公安局正仪所”（UID：1803344424）通过微博平台认证，正式上线。

2010 年 10 月 9 日，江苏省昆山市公安局曹安派出所官方微博“@昆山市公安局曹安所”（UID：1803187014）通过微博平台认证，正式上线。

2010 年 10 月 9 日，江苏省昆山市公安局花桥派出所官方微博“@昆山公安局花桥派出所”（UID：1803185950）通过微博平台认证，正式上线。

2010 年 10 月 9 日，江苏省昆山市公安局新镇派出所官方微博“@昆山市公安局新镇所”（UID：1803192494）通过微博平台认证，正式上线。

2010年10月9日，安徽省公安厅官方微博“@安徽公安在线”（UID：1419172372）通过微博平台认证，正式上线。

2010年10月10日，江苏省溧阳市公安局官方微博“@平安溧阳”（UID：1800053320）通过微博平台认证，正式上线。

2010年10月11日，美国夏威夷州旅游观光局驻华代表处官方微博“@夏威夷旅游局”（UID：1764054815）通过微博平台认证，正式上线。

2010年10月12日，江西省抚州市宜黄县政协委员、文史委主任李昌金的个人实名官方微博“@宜黄慧昌”（UID：1829013617）通过微博平台认证，正式上线。李昌金曾经以“慧昌”为笔名投书媒体《透视江西宜黄强拆自焚事件》，但在媒体的加工下，他的身份被舆论打上了“宜黄官员”的标签，其文章也被曲解提炼出“没强拆就没有新中国”“人人都是强拆的受益者”等观点，曾一时“为千夫所指”。

2010年10月13日，山东省济南市公安局长清区分局新城派出所官方微博“@长清公安新城派出所”（UID：1823738513）通过微博平台认证，正式上线。

2010年10月13日，湖北省恩施州中级人民法院官方微博“@恩施州中级人民法院”（UID：1683503763）通过微博平台认证，正式上线。

2010年10月13日，江苏省昆山市公安局石浦派出所官方微博“@江苏昆山公安石浦所”（UID：1803348560）通过微博平台认证，正式上线。

2010年10月13日，江苏省昆山市公安局蓬朗派出所官方微博“@昆山公安蓬朗派出所”（UID：1803184402）通过微博平台认证，正式上线。

2010年10月13日，辽宁省朝阳市公安局开发区分局官方微博“@平安开发区”（UID：1827613663）通过微博平台认证，正式上线。

2010年10月13日，上海交响乐团官方微博“@上海交响乐团”（UID：1849115982）通过微博平台认证，正式上线。

2010年10月13日，上海地铁第二运营有限公司官方微博“@上海地铁二运”（UID：1107491555）通过微博平台认证，正式上线。

2010年10月13日，联合国开发计划署（UNDP）新闻官张薇的个人实名官方微博“@UNDP张薇”（UID：1825078173）通过微博平台认证，正式上线。

2010年10月13日，广西壮族自治区桂平市公安局民警李晋的个人实名官方微博“@李所当然之一”（UID：1640738003）通过微博平台认证，正式上线。

2010年10月13日，时任中共江苏省委宣传部常务副部长、江苏省文化厅厅长章剑华的个人实名官方微博“@章剑华博客”（UID：1811891453）通过微博平台认证，正式上线。

2010年10月14日，安徽省公安厅指挥中心官方微博“@安徽公安指挥中心”（UID：1805824752）通过微博平台认证，正式上线。

2010年10月14日，江西安福县公安局官方微博“@安福公安”（UID：1809604750）通过微博平台认证，正式上线。

2010年10月15日，广东省深圳市公安局交警支队官方微博“@深圳交警”（UID：1792702427）通过微博平台认证，正式上线。

2010年10月15日，山西省大同市公安局官方微博“@平安大同”（UID：1824120211）

通过微博平台认证，正式上线。

2010 年 10 月 18 日，山东省济南市交警支队历下大队车管所官方微博“@ 历下车管服务”（UID：1831251232）通过微博平台认证，正式上线。这是全国首家车管服务微博。

2010 年 10 月 18 日，福建省三明市公安局官方微博“@ 三明公安”正式在新浪网、腾讯网开通运行。

2010 年 10 月 19 日，江苏省昆山市公安局巴城派出所官方微博“@ 昆山公安平安阳澄湖”（UID：1648009695）通过微博平台认证，正式上线。

2010 年 10 月 19 日，江苏省昆山市公安局城中派出所官方微博“@ 昆山公安局城中派出所”（UID：1769244285）通过微博平台认证，正式上线。

2010 年 10 月 19 日，辽宁省朝阳市公安局向阳分局官方微博“@ 向阳公安”（UID：1830824600）通过微博平台认证，正式上线。

2010 年 10 月 19 日，辽宁省朝阳市公安局光明分局官方微博“@ 光明公安”（UID：1834266974）通过微博平台认证，正式上线。

2010 年 10 月 19 日，江苏省苏州摩天轮乐园官方微博“@ 苏州摩天轮乐园”（UID：1808504644）通过微博平台认证，正式上线。

2010 年 10 月 19 日，广东省深圳公安福田分局官方微博“@ 福田警察”（UID：1794025322）通过微博平台认证，正式上线。

2010 年 10 月 20 日，福建省厦门市公安局官方微博“@ 厦门警方在线”（UID：1778455640）通过微博平台认证，正式上线。

2010 年 10 月 22 日，河北省公安厅官方微博“@ 河北公安网络发言人”（UID：1189617115）发布《独家公告》称：“河北省十二个地市级公安局只在新浪开通了公安官方微博，所有消息以新浪微博为准，在其他的网站上（非新浪网）出现的河北省各地市公安局的微博均为非官方承认的。给广大市民和网友造成的不便，请大家谅解!”

2010 年 10 月 22 日，浙江省海宁市司法局官方微博“@ 海宁司法”（UID：1668973792）通过微博平台认证，正式上线。

2010 年 10 月 22 日，山东省菏泽市牡丹区人民法院官方微博“@ 菏泽牡丹区法院”（UID：1371189827）通过微博平台认证，正式上线。这是全国首个法院官方微博。

2010 年 10 月 22 日，浙江省海宁市司法局连杭经济区司法所官方微博“@ 连杭区司法所”（UID：1829703757）通过微博平台认证，正式上线。

2010 年 10 月 22 日，福建省三明市公安局梅列分局官方微博“@ 平安梅列”（UID：1859170614）通过微博平台认证，正式上线。

2010 年 10 月 22 日，福建省福州市鼓楼区东街派出所军门社区警务室官方微博“@ 东街派出所军门警务室”（UID：1773713945）通过微博平台认证，正式上线。

2010 年 10 月 22 日，江苏省金坛市公安局官方微博“@ 金坛警方”（UID：1817478094）通过微博平台认证，正式上线。

2010 年 10 月 22 日，江苏省常州市公安局天宁分局官方微博“@ －天清地宁－”（UID：1804696234）通过微博平台认证，正式上线。

2010 年 10 月 22 日，江苏省常州市公安局钟楼分局官方微博“@ 平安钟楼”（UID：1817180812）通过微博平台认证，正式上线。

2010 年 10 月 22 日，江苏省常州市公安局新北分局官方微博“@ 新北公安分局官方微博”（UID：1827201833）通过微博平台认证，正式上线。

2010 年 10 月 25 日，山东省枣庄市政府信息中心官方微博“@ 枣庄政务网”（UID：1838675215）通过微博平台认证，正式上线。

2010 年 10 月 25 日，福建省厦门奥林匹克博物馆官方微博“@ 厦门奥林匹克博物馆”（UID：1745996270）通过微博平台认证，正式上线。

2010 年 10 月 26 日，全国首个海峡两岸交流基地官方微博“@ 海峡两岸交流基地”（UID：1838666217）通过微博平台认证，正式上线。

2010 年 10 月 26 日，江苏省常州市公安局网络安全保卫支队官方微博“@ 常州网警巡查执法”（UID：1831448292）通过微博平台认证，正式上线。

2010 年 10 月 26 日，荷兰国家旅游会议促进局北京代表处官方微博“@ 荷兰旅游局官方微博”（UID：1580792577）通过微博平台认证，正式上线。

2010 年 10 月 26 日，浙江省海宁市司法局袁花司法所官方微博“@ 袁花司法所”（UID：1772198964）通过微博平台认证，正式上线。

2010 年 10 月 26 日，浙江省海宁市司法局许村司法所官方微博“@ 许村司法所”（UID：1560550145）通过微博平台认证，正式上线。

2010 年 10 月 26 日，浙江省海宁市司法局尖山司法所官方微博“@ 尖山司法所”（UID：1827965082）通过微博平台认证，正式上线。

2010 年 10 月 26 日，浙江省海宁市司法局马桥司法所官方微博“@ 马桥司法所”（UID：1774362702）通过微博平台认证，正式上线。

2010 年 10 月 26 日，浙江省海宁市司法局皮革城司法所官方微博“@ 中国皮革城”（UID：1766011621）通过微博平台认证，正式上线。

2010 年 10 月 26 日，浙江省海宁市司法局海昌司法所官方微博“@ 海昌司法所”（UID：1737253033）通过微博平台认证，正式上线。

2010 年 10 月 26 日，浙江省海宁市司法局硖石司法所、硖石街道人民调解委员会官方微博“@ 硖石司法”（UID：1634242992）通过微博平台认证，正式上线。

2010 年 10 月 26 日，浙江省海宁市司法局长安司法所官方微博“@ 长安在线”（UID：1737224964）通过微博平台认证，正式上线。

2010 年 10 月 26 日，安徽省芜湖市公安局官方微博“@ 平安芜湖”（UID：1752573490）通过微博平台认证，正式上线。

2010 年 10 月 26 日，山西省太原市公安局出入境管理支队官方微博“@ 太原出入境”（UID：1839602223）通过微博平台认证，正式上线。

2010 年 10 月 27 日，济南市公安局交通警察支队车辆管理所官方微博“@ 济南车管”（UID：1834067805）通过微博平台认证，正式上线。

2010 年 10 月 27 日，中共开远市委开远市人民政府官方微博“@ 美丽开远”（UID：1797237782）通过微博平台认证，正式上线。

2010 年 10 月 28 日，江苏省常州市公安局天宁分局刑警大队官方微博“@ 天字刑警”（UID：1827246723）通过微博平台认证，正式上线。

2010 年 10 月 28 日，江苏省常州市公安局天宁分局茶山派出所官方微博“@ 平安茶山

110”（UID：1817150544）通过微博平台认证，正式上线。

2010 年 10 月 28 日，江苏省常州市公安局天宁分局局前街派出所官方微博“@ 局前街派出所”（UID：1779007325）通过微博平台认证，正式上线。

2010 年 10 月 28 日，江苏省常州市公安局经侦支队官方微博“@ 常州经侦”（UID：1804072642）通过微博平台认证，正式上线。

2010 年 10 月 28 日，福建省三明市公安局官方微博“@ 三明公安”（UID：1271615412）通过微博平台认证，正式上线。

2010 年 10 月 28 日，江苏省扬州市公安局邗江分局官方微博“@ 邗江公安”（UID：1862879970）通过微博平台认证，正式上线。

2010 年 10 月 28 日，中华预防医学会官方微博“@ 乐沛沛”（UID：1833495251）通过微博平台认证，正式上线。

2010 年 10 月 29 日，澳大利亚布里斯班推广局官方微博“@ 澳洲布里斯班官方微博”（UID：1796417625）通过微博平台认证，正式上线。

十一月

2010 年 11 月 1 日，江苏省昆山市公安局千灯派出所警民交流互动平台官方微博“@ 昆山市公安局千灯所”（UID：1803194322）通过微博平台认证，正式上线。

2010 年 11 月 1 日，江苏省昆山市公安局长江派出所官方微博“@ 昆山公安长江派出所”（UID：1803331040）通过微博平台认证，正式上线。

2010 年 11 月 1 日，江苏省昆山市公安局锦溪派出所官方微博“@ 昆山公安锦溪派出所”（UID：1803349960）通过微博平台认证，正式上线。

2010 年 11 月 2 日，广东省佛山市公安局禅城分局官方微博“@ 佛山禅城公安”（UID：1865158114）通过微博平台认证，正式上线。

2010 年 11 月 2 日，山东省济南市交警支队女子中队官方微博“@ 济南女子交警”（UID：1716681213）通过微博平台认证，正式上线。

2010 年 11 月 2 日，福建省泰宁公安交管大队官方微博“@ 泰宁公安交管大队在线”（UID：1862254212）通过微博平台认证，正式上线。

2010 年 11 月 3 日，北京中医药大学附属东方医院、三级甲等综合医院官方微博“@ 中医药大学东方医院”（UID：1840774525）通过微博平台认证，正式上线。

2010 年 11 月 3 日，广东省佛山市公安局三水分局官方微博“@ 平安三水”（UID：1809474314）通过微博平台认证，正式上线。

2010 年 11 月 3 日，浙江省公安厅高速公路交警总队宁波支队官方微博“@ 高速交警宁波支队”（UID：1859492232）通过微博平台认证，正式上线。

2010 年 11 月 3 日，北京科技大学官方微博“@ 北京科技大学”（UID：1845850033）通过微博平台认证，正式上线。

2010 年 11 月 3 日，浙江省海宁市司法局盐官镇司法所官方微博“@ 盐官司法所”（UID：1835883083）通过微博平台认证，正式上线。

2010 年 11 月 3 日，浙江省海宁市司法局周王庙司法所官方微博“@ 周王庙司法所”（UID：1779001101）通过微博平台认证，正式上线。

2010 年 11 月 3 日，浙江省海宁市司法局海洲司法所官方微博“@ 海洲司法所”（UID：

1698030452）通过微博平台认证，正式上线。

2010年11月3日，浙江省海宁市司法局斜桥司法所官方微博“@斜桥司法所”（UID：1785638917）通过微博平台认证，正式上线。

2010年11月3日，湖南省公安厅交警总队高支队怀新大队官方微博“@怀化高速交警”（UID：1824380641）通过微博平台认证，正式上线。

2010年11月3日，中国警察网官方围脖官方微博“@中国警察网”（UID：1859428970）通过微博平台认证，正式上线。

2010年11月3日，江苏省昆山市公安局周庄派出所警民交流平台官方微博“@昆山市公安局周庄所”（UID：1803350892）通过微博平台认证，正式上线。

2010年11月4日，韩国江原道旅游局新浪微博官方微博“@韩国江原道旅游局”（UID：1828929363）通过微博平台认证，正式上线。

2010年11月4日，江苏省盐城市公安局盐都区分局官方微博“@平安盐都”（UID：1867542644）通过微博平台认证，正式上线。

2010年11月5日，浙江省海宁市法律援助中心官方微博“@法律援助中心”（UID：1843566523）通过微博平台认证，正式上线。

2010年11月5日，安徽省肥东县委书记、县人大常委会主任杨宏星开通个人实名官方微博“@杨宏星1968”（UID：1841944800）。微博简介：“大勇生于大智，求智原为求仁，不忧不惧不惑，全凭无间精诚。”

2010年11月6日，《中国日报》美国版刊登了题为《“平安肇庆”引起了一场中国警务革命》的文章，广东省肇庆市公安局官方微博“@平安肇庆”首次在国际亮相，成为全球政府入驻社交媒体实践微博在线政务的先锋。

2010年11月8日，广东省佛山市顺德区公安局官方微博“@顺德警察”（UID：1787083400）通过微博平台认证，正式上线。

2010年11月8日，江苏省吴江市公安局汾湖派出所官方微博“@江苏省吴江汾湖派出所”（UID：1823693670）通过微博平台认证，正式上线。

2010年11月8日，山东省济南市公安局槐荫大队车管所官方微博“@济南槐荫车管”（UID：1847192177）通过微博平台认证，正式上线。

2010年11月8日，新疆维吾尔自治区伊犁州公安局交警支队高速公路果子沟大队官方微博“@果子沟交警大队”（UID：1841287520）通过微博平台认证，正式上线。

2010年11月8日，河北机场管理集团有限公司官方微博“@石家庄国际机场”（UID：1823196243）通过微博平台认证，正式上线。

2010年11月9日，云南省文山县公安局出入境管理大队官方微博“@平安文山出入境”（UID：1797247474）通过微博平台认证，正式上线。

2010年11月9日，中国社会科学院财政与贸易经济研究所官方微博“@中国社科院财贸所”（UID：1714548191）通过微博平台认证，正式上线。

2010年11月9日，四川省川剧院官方微博“@四川省川剧院”（UID：1740197595）通过微博平台认证，正式上线。

2010年11月10日，河南省登封市公安局官方微博“@平安登封”（UID：1457872524）通过微博平台认证，正式上线。

2010年11月10日，英国驻华大使馆官方微博“@英国驻华使馆”（UID：1663026093）通过微博平台认证，正式上线。

2010年11月10日，美国驻华大使馆官方微博“@美国驻华大使馆”（UID：1743951792）通过微博平台认证，正式上线。

2010年11月10日，美国使馆签证处官方微博“@美国使馆签证处”（UID：1597752784）通过微博平台认证，正式上线。

2010年11月10日，三大国家级剧院广州大剧院会员中心官方微博“@广州大剧院会员中心”（UID：1805995844）通过微博平台认证，正式上线。

2010年11月12日，广东省佛山市公安局禅城分局祖庙派出所官方微博“@祖庙警长”（UID：1369388603）通过微博平台认证，正式上线。

2010年11月15日，河南省洛阳市工商局专业分局网络市场监管大队官方微博“@洛阳工商网监大队”（UID：1853794877）通过微博平台认证，正式上线。

2010年11月15日，南京市体育局官方微博“@南京市体育局”（UID：1855832867）通过微博平台认证，正式上线。

2010年11月15日，江苏盐城滨海县公安局官方微博“@平安滨海”（UID：1818025250）通过微博平台认证，正式上线。

2010年11月15日，浙江省杭州市消费者保护委员会官方微博“@杭州市消保委315”（UID：1497091012）通过微博平台认证，正式上线。

2010年11月16日，新疆维吾尔自治区巴州禁毒支队官方微博“@新疆巴州禁毒支队”（UID：1863029953）通过微博平台认证，正式上线。

2010年11月17日，山西省太原市公安局治安管理支队官方微博“@太原治安”（UID：1865505327）通过微博平台认证，正式上线。

2010年11月17日，福建省泉州市公安局官方微博“@泉州公安”上线运行。微博简介：“这里是福建省泉州市公安局官方微博，我们始终坚持‘听民声、纳民意、集民智’，倾听您的声音，竭诚为您服务，期待着与您互动交流。”

2010年11月18日，广西壮族自治区梧州市公安局官方微博“@广西梧州在线警务”（UID：1162702013）通过微博平台认证，正式上线。

2010年11月19日，江苏省昆山市公安局科教园派出所官方微博“@昆山市公安局科教园所”（UID：1803172254）通过微博平台认证，正式上线。

2010年11月20日，昆明机场官方微博“@昆明机场”（UID：1739857377）通过微博平台认证，正式上线。

2010年11月20日，雅鲁藏布大峡谷景区官方微博“@雅鲁藏布大峡谷”（UID：1747514927）通过微博平台认证，正式上线。

2010年11月22日，福建省泉州市公安局官方微博“@泉州公安”（UID：1652889677）通过微博平台认证，正式上线。

2010年11月22日，福建省三明市沙县公安局官方微博“@平安沙县”（UID：1822868644）通过微博平台认证，正式上线。

2010年11月23日，江苏省昆山市公安局中华园派出所官方微博“@昆山市公安局中华园所”（UID：1803337092）通过微博平台认证，正式上线。

2010年11月23日，山东省枣庄市公安局官方微博“@枣庄公安”（UID：1839681925）通过微博平台认证，正式上线。

2010年11月23日，江苏省句容市公安局官方微博“@平安句容”（UID：1800862664）通过微博平台认证，正式上线。

2010年11月23日，山东省滨州经济开发区公安分局官方微博“@滨州经济开发区公安”（UID：1787301884）通过微博平台认证，正式上线。

2010年11月23日，山东省滨州市公安局经济开发区分局经侦大队官方微博“@滨州经区经侦”（UID：1814720772）通过微博平台认证，正式上线。

2010年11月24日，福建省漳州市高速交警支队官方微博“@漳州高速交警”（UID：1809440820）通过微博平台认证，正式上线。

2010年11月25日，首都图书馆官方微博“@首都图书馆”（UID：1338939927）通过微博平台认证，正式上线。

2010年11月25日，共青团重庆大学委员会官方微博“@共青团重庆大学委员会”（UID：1709467465）通过微博平台认证，正式上线。

2010年11月29日，山西省青少年维权中心官方微博“@山西12355青少年维权在线”（UID：1839886453）通过微博平台认证，正式上线。

2010年11月30日，中共中央办公厅、国务院办公厅转发《中央宣传部、国务院国资委关于加强和改进新形势下国有及国有控股企业思想政治工作的意见》的通知。《意见》要求，加大企业内部网络建设的投入，建立网络、手机即时交流平台，开设新闻、访谈、论坛、博客、微博、学习园地等栏目，构建高效、互动、个性化的企业思想政治工作网络体系。

2010年11月30日，联合国开发计划署（UNDP）官方微博“@联合国开发计划署”（UID：1826648747）通过微博平台认证，正式上线。

2010年11月30日，福建省厦门市公安局治安支队官方微博“@厦门公安局治安支队”（UID：1753009001）通过微博平台认证，正式上线。

2010年11月30日，福建省厦门市思明区人民政府厦港街道办事处官方微博“@厦港暖心工程”（UID：1871700831）通过微博平台认证，正式上线。

2010年11月30日，江西省九江县公安局官方微博“@九江县公安”（UID：1873264567）通过微博平台认证，正式上线。

2010年11月30日，江西省南昌市武阳镇派出所官方微博“@武阳派出所”（UID：1714806100）通过微博平台认证，正式上线。

十二月

2010年12月1日，武汉华中农业大学团委官方微博“@华中农业大学团委”（UID：1721933921）通过微博平台认证，正式上线。

2010年12月1日，全国首个警方追缉违法犯罪嫌疑人专用官方微博“@追缉”（UID：1858916344）通过微博平台认证，正式上线。微博简介：“《追缉》是厦门市公安局联合媒体推出的一档通过监控录像中的画面悬赏追缉犯罪嫌疑人的跨媒体栏目。”

2010年12月1日，四川博物院官方微博“@四川博物院”（UID：1812469487）通过微博平台认证，正式上线。

2010年12月1日，福建省南安市官桥派出所官方微博“@官桥派出所”（UID：

1863994864）通过微博平台认证，正式上线。

2010年12月1日，福建省泉州市惠安县公安局官方微博“@惠安公安”（UID：1829506462）通过微博平台认证，正式上线。

2010年12月1日，福建省三明市尤溪县公安分局官方微博“@尤溪公安”（UID：1865430093）通过微博平台认证，正式上线。

2010年12月1日，福建省三明市公安局三元分局官方微博“@三元公安”（UID：1873274210）通过微博平台认证，正式上线。

2010年12月1日，福建省三明市建宁市公安分局官方微博“@建宁公安”（UID：1873267034）通过微博平台认证，正式上线。

2010年12月1日，福建省三明市沙县公安局高桥派出所官方微博“@沙县公安局高桥派出所”（UID：1853364307）通过微博平台认证，正式上线。

2010年12月2日，福建省三明市泰宁县公安局官方微博“@泰宁县公安局”（UID：1886488450）通过微博平台认证，正式上线。

2010年12月2日，北京市西城区国家税务局第九税务所官方微博“@大企业税企e家”（UID：1658797624）通过微博平台认证，正式上线。

2010年12月2日，江苏省南通市公安局官方微博“@南通公安”（UID：1805087952）通过微博平台认证，正式上线。

2010年12月2日，成都交管信息官方微博“@成都交警”（UID：1878396095）通过微博平台认证，正式上线。

2010年12月2日，四川省绵竹市公安局城南派出所官方微博“@绵竹市城南派出所”（UID：1878682343）通过微博平台认证，正式上线。

2010年12月2日，济南市公安局市中分局特警大队官方微博“@济南公安市中特警大队”（UID：1870551131）通过微博平台认证，正式上线。

2010年12月2日，浙江省海宁市公证处官方微博“@海宁市公证处”（UID：1877351015）通过微博平台认证，正式上线。

2010年12月2日，迪拜旅游局官方微博“@迪拜旅游局”（UID：1581619622）通过微博平台认证，正式上线。

2010年12月2日，福建省将乐县公安局官方微博“@将乐公安”（UID：1886623390）通过微博平台认证，正式上线。

2010年12月3日，北京大学肿瘤医院官方微博“@北京大学肿瘤医院”（UID：1881234081）通过微博平台认证，正式上线。

2010年12月6日，江苏省常州市公安局武进分局官方微博“@武进警方”（UID：1819149052）通过微博平台认证，正式上线。

2010年12月6日，江苏省常州市公安局天宁分局水门桥派出所官方微博“@警秀水门”（UID：1811878840）通过微博平台认证，正式上线。

2010年12月6日，江苏省常州市公安局天宁分局红梅派出所官方微博“@警艳红梅”（UID：1807455004）通过微博平台认证，正式上线。

2010年12月6日，江苏省常州市公安局治安支队官方微博“@常州治安”（UID：1802514452）通过微博平台认证，正式上线。

2010 年 12 月 6 日，江苏省常州市公安局武进分局湖塘派出所新天地社区警务站官方微博“@阳湖新天地”（UID：1849092501）通过微博平台认证，正式上线。

2010 年 12 月 6 日，江苏省常州市公安局出入境管理处官方微博“@常州出入境”（UID：1829423490）通过微博平台认证，正式上线。

2010 年 12 月 6 日，四川省泸县公安局网监大队官方微博“@泸县网警”（UID：1665124192）通过微博平台认证，正式上线。

2010 年 12 月 6 日，云南省丽江市公安局出入境管理处官方微博“@丽江公安出入境”（UID：1781883044）通过微博平台认证，正式上线。

2010 年 12 月 6 日，上海歌剧院官方微博“@上海歌剧院”（UID：1822033262）通过微博平台认证，正式上线。

2010 年 12 月 6 日，意大利驻华大使馆文化处官方微博“@意大利使馆文化处”（UID：1878354795）通过微博平台认证，正式上线。

2010 年 12 月 7 日，贵州省旅游发展委员会官方微博“@贵州省旅游发展委员会”（UID：1881270367）通过微博平台认证，正式上线。

2010 年 12 月 7 日，西雅图旅游局官方微博“@西雅图旅游局 Seattle”（UID：1784687364）通过微博平台认证，正式上线。

2010 年 12 月 7 日，以色列旅游局官方微博“@以色列旅游局”（UID：1844690317）通过微博平台认证，正式上线。

2010 年 12 月 7 日，中央美术学院美术馆官方微博“@中央美术学院美术馆”（UID：1844716173）通过微博平台认证，正式上线。

2010 年 12 月 7 日，中共银川市委外宣办、市政府新闻办公室官方微博“@银川发布”注册上线。微博简介：“亲，累了、倦了、烦了，就来银川发布坐坐，这里简约、雅致、静美，是您放‘心’的地方。”17 时 44 分首发微博：“西北地区最适宜居住最适宜创业的现代化区域中心城市——塞上湖城银川。”

2010 年 12 月 8 日，香港特别行政区行政长官办公室官方微博“@香港特首办”（UID：1889588180）通过微博平台认证，正式上线。微博简介：“欢迎来到香港特首办公室官方微博！香港特首办公室已经搬到香港添马，特首曾荫权官邸仍位于上亚厘毕道香港礼宾府。”

2011 年 12 月 8 日，北京市海淀区人民政府官方微博“@海淀在线”上线。微博简介：“海淀，物华天宝，人杰地灵。在这片美丽而富有魅力的土地上，历史文化与现代文明相互融合，山水风光与城市景观交相辉映。”

2010 年 12 月 8 日，陕西省紫阳县公安局官方微博“@紫阳公安”（UID：1886077852）通过微博平台认证，正式上线。

2010 年 12 月 9 日，广东美术馆官方微博“@广东美术馆”（UID：1886346023）通过微博平台认证，正式上线。

2010 年 12 月 9 日，福建省石狮市公安局凤里派出所官方微博“@凤里派出所”注册上线。

2010 年 12 月 9 日，黑龙江省哈尔滨市公安局官方微博“@平安哈尔滨”（UID：1887683497）通过微博平台认证，正式上线。

2010 年 12 月 9 日，联合国教科文组织驻华代表处官方微博“@联合国教科文组织驻华代表处”（UID：1878203983）通过微博平台认证，正式上线。

2010 年 12 月 10 日，美国旧金山旅游局官方微博“@ 旧金山旅游局”（UID：1647435704）通过微博平台认证，正式上线。

2010 年 12 月 10 日，江苏省南通边检女子办证科官方微博“@ 南通边检女子办证科”（UID：1887343360）通过微博平台认证，正式上线。

2010 年 12 月 10 日，广东省中山市南朗分局官方微博“@ 平安南朗”（UID：1735090137）通过微博平台认证，正式上线。

2010 年 12 月 12 日，福建省福州市公安局仓山分局官方微博“@ 福州仓山警方在线”（UID：1895989612）通过微博平台认证，正式上线。

2010 年 12 月 12 日，时任公安部打击拐卖妇女儿童犯罪办公室主任陈士渠开通个人实名认证微博“@ 陈士渠”。

2010 年 12 月 13 日，金沙遗址博物馆官方微博“@ 金沙遗址博物馆”（UID：1871652485）通过微博平台认证，正式上线。

2010 年 12 月 13 日，中国篮球博物馆官方微博“@ 中国篮球博物馆”（UID：1880340953）通过微博平台认证，正式上线。

2010 年 12 月 14 日，河南省鹤壁市审计局官方微博“@ 鹤壁审计”（UID：1892362673）通过微博平台认证，正式上线。

2010 年 12 月 14 日，福建省三明市泰宁县公安局出入境管理大队官方微博“@ 泰宁出入境”（UID：1890761660）通过微博平台认证，正式上线。

2010 年 12 月 14 日，上海爱乐乐团官方微博“@ 上海爱乐乐团”（UID：1891026234）通过微博平台认证，正式上线。

2010 年 12 月 15 日，福建省厦门市思明区人民检察院未成年人刑事检察科官方微博“@ 未成年人检察在线”（UID：1893266720）通过微博平台认证，正式上线。

2010 年 12 月 15 日，浙江美术馆官方微博“@ 浙江美术馆”（UID：1879080144）通过微博平台认证，正式上线。

2010 年 12 月 16 日，浙江省义乌市经侦预警平台官方微博“@ 义乌经侦”（UID：1893116554）通过微博平台认证，正式上线。

2010 年 12 月 16 日，广西壮族自治区柳州市委宣传部官方微博“@ 我爱柳州”（UID：1839358822）通过微博平台认证，正式上线。

2010 年 12 月 16 日，浙江省衢州市博物馆官方微博“@ 衢州文博”（UID：1683653021）通过微博平台认证，正式上线。

2010 年 12 月 17 日，四川省盐边县旅游局官方微博“@ 盐边旅游”（UID：1896884894）通过微博平台认证，正式上线。

2010 年 12 月 17 日，上海复大医院官方微博“@ 上海复大医院”（UID：1898030520）通过微博平台认证，正式上线。

2010 年 12 月 17 日，上海大剧院演艺中心官方微博“@ 上海大剧院”（UID：1791801101）通过微博平台认证，正式上线。

2010 年 12 月 17 日，江苏省启东市公安局官方微博“@ 启东市公安局”（UID：1892936661）通过微博平台认证，正式上线。

2010年12月17日，四川省广安市旅游发展委员会官方微博“@广安旅游官方资讯”（UID：1893119364）通过微博平台认证，正式上线。

2010年12月17日，新疆维吾尔自治区哈密政府网官方微博“@哈密政府网”（UID：1782873742）通过微博平台认证，正式上线。

2010年12月18日，湖北省公安厅交通管理局官方微博“@湖北交警”（UID：1343370153）注册上线。

2010年12月20日，公安部部长孟建柱在全国公安厅局长会议上强调：“要善于借助网络微博等新兴媒介搭建警民互动平台，主动听取群众意见，自觉接受群众评议，进一步拓宽联系服务群众的渠道。”

2010年12月20日，全国首个纪委、监察局——广东省中山市纪委、监察局官方微博“@中山纪检监察网”（UID：1898268005，现更名为“@中山纪检监察”）正式上线。

2010年12月20日，杭州铁路公安处温州车站公安派出所官方微博“@平安温州铁路”（UID：1896910382）通过微博平台认证，正式上线。

2010年12月20日，浙江省杭州市小营巷社区官方微博“@小营巷社区红巷微博”（UID：1886512820）通过微博平台认证，正式上线。

2010年12月20日，福建省晋江市公安局官方微博“@晋江公安”（UID：1894216900）通过微博平台认证，正式上线。

2010年12月20日，福建省泉州市公安局泉港分局官方微博“@泉港公安”（UID：1897375622）通过微博平台认证，正式上线。

2010年12月20日，杭州铁路公安处乔司车站派出所官方微博“@平安乔司铁路”（UID：1897907795）通过微博平台认证，正式上线。

2010年12月20日，杭州铁路公安处永康车站公安派出所官方微博“@平安永康铁路”（UID：1896407447）通过微博平台认证，正式上线。

2010年12月20日，杭州铁路公安处杭州乘警支队官方微博“@平安杭州乘警”（UID：1897549011）通过微博平台认证，正式上线。

2010年12月20日，杭州铁路公安处宁波车站公安派出所官方微博“@平安宁波铁路”（UID：1891073762）通过微博平台认证，正式上线。

2010年12月20日，杭州铁路公安处奉化车站派出所官方微博“@平安奉化铁路”（UID：1900396540）通过微博平台认证，正式上线。

2010年12月20日，杭州铁路公安处衢州车站公安派出所官方微博“@平安衢州铁路”（UID：1686383823）通过微博平台认证，正式上线。

2010年12月20日，最高人民检察院主管、检察日报社主办正义网官方微博“@正义网”（UID：1896650227）通过微博平台认证，正式上线。

2010年12月20日，中共江苏省连云港市东海县委宣传部官方微博“@东海新闻”（UID：1848900900）通过微博平台认证，正式上线。

2010年12月20日，希腊国家旅游组织驻京办公室官方微博“@希腊国家旅游组织”（UID：1871664157）通过微博平台认证，正式上线。

2010年12月21日，江苏省南通市公安局开发区分局官方微博“@南通市公安局开发区分局”（UID：1898944322）通过微博平台认证，正式上线。

2010 年 12 月 21 日，江苏省南通市崇川公安分局虹桥派出所官方微博“@ 南通崇川区虹桥派出所”（UID：1860038652）通过微博平台认证，正式上线。

2010 年 12 月 21 日，江苏省南通市通州区公安局城东派出所官方微博“@ 通州区公安局城东所”（UID：1880794302）通过微博平台认证，正式上线。

2010 年 12 月 21 日，江苏省南通市通州区公安局川港派出所官方微博“@ 通州川港派出所”（UID：1866517572）通过微博平台认证，正式上线。

2010 年 12 月 21 日，江苏省南通市通州区五接派出所官方微博“@ 五接派出所”（UID：1881424842）通过微博平台认证，正式上线。

2010 年 12 月 21 日，江苏省南通市通州区局石港派出所官方微博“@ 通州区局石港派出所”（UID：1898965730）通过微博平台认证，正式上线。

2010 年 12 月 21 日，江苏省南通市通州区十总派出所官方微博“@ 通州区十总派出所”（UID：1880972190）通过微博平台认证，正式上线。

2010 年 12 月 21 日，江苏省南通市通州区城南派出所官方微博“@ 江苏通州城南派出所”（UID：1881204340）通过微博平台认证，正式上线。

2010 年 12 月 21 日，江苏省南通市通州区开发区派出所官方微博“@ 南通通州开发区派出所”（UID：1742943151）通过微博平台认证，正式上线。

2010 年 12 月 21 日，江苏省南通市通州区城西派出所官方微博“@ 通州区城西所”（UID：1881905580）通过微博平台认证，正式上线。

2010 年 12 月 21 日，江苏省南通市通州区公安局城中派出所官方微博“@ 江苏通州城中派出所”（UID：1869790367）通过微博平台认证，正式上线。

2010 年 12 月 21 日，江苏省南通市崇川公安分局公交派出所官方微博“@ 公交派出所”（UID：1883401330）通过微博平台认证，正式上线。

2010 年 12 月 21 日，江苏省南通市公安局港闸分局天生港派出所官方微博“@ 天生港派出所”（UID：1870712815）通过微博平台认证，正式上线。

2010 年 12 月 21 日，江苏省南通市港闸区秦灶派出所官方微博“@ 南通港闸秦灶派出所”（UID：1882109810）通过微博平台认证，正式上线。

2010 年 12 月 21 日，江苏省南通市公安局港闸分局官方微博“@ 南通市公安局港闸分局”（UID：1898987134）通过微博平台认证，正式上线。

2010 年 12 月 21 日，江苏省南通市开发区分局特警分队官方微博“@ 开发区公安分局特巡警大队”（UID：1268788224）通过微博平台认证，正式上线。

2010 年 12 月 21 日，江苏省南通市开发区公安分局竹行派出所官方微博“@ 竹行所”（UID：1833109410）通过微博平台认证，正式上线。

2010 年 12 月 21 日，江苏省南通市开发区公安分局小海派出所官方微博“@ 小海派出所”（UID：1881947072）通过微博平台认证，正式上线。

2010 年 12 月 21 日，江苏省南通市开发区公安分局江海派出所官方微博“@ 江海派出所”（UID：1870519591）通过微博平台认证，正式上线。

2010 年 12 月 21 日，江苏省南通市开发区公安分局新开派出所官方微博“@ 新开派出所 005”（UID：1652540637）通过微博平台认证，正式上线。

2010 年 12 月 21 日，江苏省如皋市出入境官方微博“@ 如皋出入境官方微博”（UID：

1834237062）通过微博平台认证，正式上线。

2010年12月21日，江苏省启东市开发区派出所官方微博“@启东开发区派出所”（UID：1870199421）通过微博平台认证，正式上线。

2010年12月21日，启东市公安局合作中心派出所官方微博“@合作中心派出所”（UID：1867665201）通过微博平台认证，正式上线。

2010年12月21日，江苏省南通市海安县公安局城北中心派出所官方微博“@海安城北派出所”（UID：1878311145）通过微博平台认证，正式上线。

2010年12月21日，江苏省海安市公安局滨海新区派出所官方微博“@海安市滨海新区派出所”（UID：1886152530）通过微博平台认证，正式上线。

2010年12月21日，江苏省海安南莫派出所官方微博“@海安南莫派出所”（UID：1885677100）通过微博平台认证，正式上线。

2010年12月21日，江苏省南通市海安市公安局墩头派出所官方微博“@海安墩头派出所”（UID：1885719764）通过微博平台认证，正式上线。

2010年12月21日，江苏省南通市如东县公安局河口派出所官方微博“@如东河口派出所”（UID：1867735680）通过微博平台认证，正式上线。

2010年12月21日，江苏省南通市如东县公安局城南派出所官方微博“@如东公安城南派出所”（UID：1868045482）通过微博平台认证，正式上线。

2010年12月21日，江苏省南通市如东县公安局丰利派出所官方微博“@如东公安丰利派出所”（UID：1881920220）通过微博平台认证，正式上线。

2010年12月21日，江苏省南通市如东县公安局官方微博“@如东警方”（UID：1898954402）通过微博平台认证，正式上线。

2010年12月21日，江苏省南通市公安局高速二大队官方微博“@南通高速二大队”（UID：1871687595）通过微博平台认证，正式上线。

2010年12月21日，江苏省南通市高速一大队官方微博“@南通高速一大队”（UID：1869330000）通过微博平台认证，正式上线。

2010年12月21日，江苏省南通市公安局交巡警六大队官方微博“@南通交警支队六大队”（UID：1900435074）通过微博平台认证，正式上线。

2010年12月21日，江苏省南通市公安局交巡警四大队官方微博“@南通交警支队四大队”（UID：1869306440）通过微博平台认证，正式上线。

2010年12月21日，江苏省海门市公安局交巡警大队官方微博“@海门公安局交巡警大队”（UID：1866989452）通过微博平台认证，正式上线。

2010年12月21日，江苏省如皋市公安局搬经派出所官方微博“@如皋公安局搬经派出所”（UID：1871720725）通过微博平台认证，正式上线。

2010年12月21日，江苏省如皋市公安局袁桥派出所官方微博“@如皋袁桥派出所”（UID：1900592992）通过微博平台认证，正式上线。

2010年12月21日，江苏省如皋市公安局丰乐派出所官方微博“@如皋市丰乐派出所”（UID：1900434592）通过微博平台认证，正式上线。

2010年12月21日，江苏省如皋市公安局网络安全监察大队官方微博“@如皋网警”（UID：1898145135）通过微博平台认证，正式上线。

2010 年 12 月 21 日，江苏省南通市如皋市公安局下原派出所官方微博“@如皋市下原派出所”（UID：1882527314）通过微博平台认证，正式上线。

2010 年 12 月 21 日，江苏省海门市公安局官方微博“@海门公安”（UID：1813263313）通过微博平台认证，正式上线。

2010 年 12 月 21 日，江苏省南通市公安局港闸分局唐闸派出所官方微博“@唐闸派出所”（UID：1870728861）通过微博平台认证，正式上线。

2010 年 12 月 22 日，土耳其大使馆文化旅游处官方微博“@土耳其旅游局”（UID：1893449713）通过微博平台认证，正式上线。

2010 年 12 月 22 日，希腊使馆新闻办公室官方微博“@希腊使馆新闻办公室”（UID：1898996141）通过微博平台认证，正式上线。

2010 年 12 月 22 日，中共宁夏回族自治区银川市委、市政府官方微博“@微博银川”（UID：1898782627）通过微博平台认证，正式上线运营。这也是全国首个党政联席认证的政务微博。10 时 24 分首发微博即发起“银川十二五规划纲要公开征求意见”，征集时间：即日起至 2010 年 12 月 31 日止。将征集到的有创新性、突破性、针对性、可操作性的意见和建议采纳吸收到《银川市国民经济和社会发展第十二个五年规划纲要（草案）》中，并在媒体公开。

2010 年 12 月 22 日，深圳 2011 世界第 26 届夏季大学生运动会组委会执行局官方微博“@深圳 2011 世界大运会”（UID：1880158345）通过微博平台认证，正式上线。

2010 年 12 月 23 日，中共宁夏回族自治区银川市委外宣办、市政府新闻办官方微博“@银川发布”（UID：1885504473）通过微博平台认证，正式上线。

2010 年 12 月 23 日，江苏省淮安市盱眙县人民政府官方微博“@盱眙发布”（UID：1900943327）上线运行。微博简介：“盱眙县人民政府官方微博——致力打造便捷高效的政民互动平台。”

2010 年 12 月 24 日，河南省公安厅高速公路公安局官方微博“@河南高速公安”（UID：1898050623）通过微博平台认证，正式上线。这是河南省第一家厅局级单位政务微博。

2010 年 12 月 26 日，天津市滨海新区人民政府官方微博“@滨海发布”（UID：3009788765）正式上线运行。16 时 39 分首发微博：“嗨，天津滨海新区政务微博来了！‘滨海发布’是滨海新区区委区政府发布信息的平台，由区委区政府主办，区委宣传部主管，滨海新区网承办。滨海新区是大家的新区，真诚期待与您一起‘开放创新，引领未来’。热盼与您共织新区美景，共促新区发展，共享新区成就，共创新区未来。您的关注、您的参与、您的智慧都是新区的财富，我们真心与您互动交流，打造咱自己的‘E 言堂’。”

2010 年 12 月 27 日，江西省公安厅交警总队官方微博“@江西省公安厅交通管理局”（UID：1795844373）上线运行。

2010 年 12 月 27 日，江苏南通开发区中兴派出所官方微博“@南通开发区中兴派出所”（UID：1899469890）通过微博平台认证，正式上线。

2010 年 12 月 27 日，福建省泉州市公安局出入境管理处官方微博“@泉州公安出入境”（UID：1900298572）通过微博平台认证，正式上线。

2010 年 12 月 27 日，浙江省乐清市公安局官方微博“@乐清公安”（UID：1909545300）通过微博平台认证，正式上线。

2010 年 12 月 27 日，福建省南安市公安局网安大队官方微博“@ 南安网安”（UID：1894441364）通过微博平台认证，正式上线。

2010 年 12 月 27 日，福建省泉州市公安局治安支队官方微博“@ 泉州治安在线”（UID：1891402352）通过微博平台认证，正式上线。

2010 年 12 月 28 日，安徽省合肥市公安局 110 报警服务台官方微博“@ 合肥 110”（UID：1893114800）通过微博平台认证，正式上线。

2010 年 12 月 28 日，龙岩市武平县公安局 110 指挥中心官方微博“@ 武平 110”（UID：1847646927）通过微博平台认证，正式上线。

2010 年 12 月 28 日，福建省龙岩市武平县公安局官方微博“@ 平安武平”（UID：1904279181）通过微博平台认证，正式上线。

2010 年 12 月 28 日，福建省南安市公安局东田派出所官方微博“@ 东田派出所”（UID：1893749565）通过微博平台认证，正式上线。

2010 年 12 月 28 日，福建省南安市公安局省新派出所官方微博“@ 省新派出所”（UID：1900030194）通过微博平台认证，正式上线。

2010 年 12 月 28 日，福建省南安市公安局柳城派出所官方微博“@ 柳城派出所”（UID：1894266930）通过微博平台认证，正式上线。

2010 年 12 月 28 日，广东省佛山市南海区人民政府新闻办公室“@ 南海发布”（UID：1904801157）上线运行。微博简介：“关注你所关注，服务永不停步，南海发布是你生活工作的贴心小助手，最新资讯，权威发布，每时每刻与你携手见证品牌南海成长历程。”

2010 年 12 月 29 日，四川省人民政府新闻办公室官方微博“@ 四川发布”（UID：1905843503）上线运行。微博简介：“始终站在你身边，为你传递政务信息，提供群众服务资讯。爱生活，爱天府。这里是四川省人民政府新闻办官方微博，欢迎围观，共话四川。”15 时 33 分，首发微博：“今日四川，是历史与现实、禀赋与创造相融的现代四川，是历史文化深厚、人民智慧勤劳、经济繁荣开放、山川秀美辽阔的现代四川。”

2011

一月

2011 年 1 月 2 日，浙江省桐乡市委、市政府新闻办公室官方微博“@ 桐乡发布”（UID：1253317600）上线运行。23 时 39 分首发微博：“桐乡位于浙江省北部杭嘉湖平原腹地，属于嘉兴五县市之一，1993 年 4 月撤县设市。东距上海 131 公里，北离苏州 74 公里，西邻杭州 65 公里，居沪、杭、苏金三角之中；境内地势平坦，河网密布，气候四季分明，自然环境优美，一派江南水乡景象，素有‘鱼米之乡、丝绸之府、百花地面、文化之邦’之美誉。”

2011 年 1 月 4 日上午，北京市人民检察院检察长慕平在北京市检察长会议上强调，北京市检察机关要“完善群众关注度高的重大敏感案件新闻通报制度，高度重视、妥善应对媒体反映的问题，健全舆情监控、舆论引导、应急处置机制，完善执法办案、重大敏感案件新闻报道管理制度”，“探索依托微博等新兴媒体进行舆情引导，努力提高信息化、透明、公开条件下处理公共关系的能力，为检察机关推进公正廉洁执法营造良好的舆论氛围”。

2011 年 1 月 5 日，时任北京市环境保护局副局长、新闻发言人杜少中开通个人官方微博“@巴松狼王”（UID：1244589914），微博个人简介写道：“回归自然、恢复野性，谁破坏环境就跟谁玩命。”14 时 08 分首发微博：“各位兄弟姐妹：昨天经朋友们的指引终于到这儿来了，巴松狼王这个名字是朋友们为我的 MSN 起的，我很喜欢就带来了，再次感谢了，以后还请大家多关照、帮助哈!”

2011 年 1 月 7 日，在第六届中国公共服务评价国际研讨会上，四川省成都市人民政府新闻办公室官方微博“@成都发布”（UID：1523766213）获评“倾听民意锐意创新奖”。这是此类获奖奖项中唯一一个政府官方微博。

2011 年 1 月 7 日，上海市公安局嘉定分局官方微博“@嘉定公安”（UID：1906204904）上线运行。

2011 年 1 月 7 日，中共河南省三门峡市委宣传部官方微博“@三门峡发布”（UID：1913935211）上线运行。

2011 年 1 月 8 日上午，时任中共广东省委书记汪洋在中共广东省委十届八次全会闭幕会上强调：“各地领导干部要掌握、利用各种新技术、新手段做好群众工作，不做网络‘菜鸟’，带头‘上线’、‘触网’，通过开设在线聊天室、网络直播室、专线电话、博客、微博等途径，就群众关心的问题进行在线回答，并形成在线处理群众诉求的制度。”“各级领导干部对待上网切不可‘叶公好龙’，只做表面文章，要下真工夫，见真成效，通过网络了解民情、汇集民智，使网络民意能够在领导决策和政策执行当中体现出来。”①

2011 年 1 月 11 日，中共河北省衡水市委宣传部官方微博“@衡水发布”（UID：1917582961）上线运行。微博简介：“关注衡水发布，即时接收衡水新闻，全面了解衡水发展、历史文化、旅游美食等等。这里是国家级最美湿地——衡水湖所在地，衡水欢迎您!”

2011 年 1 月 12 日，宁夏回族自治区固原市司法局官方微博“@固原司法行政”（UID：1919071765）上线运行。微博简介：“六盘山下，山城固原，弘法治之精神，建和谐之固原，宁夏固原市司法局、市依法治市领导小组办公室官方微博。”10 时 04 分首发微博：“2011 年，根据司法厅的工作安排，市司法局应思考如何实施‘法律服务大移民工程’，如何为党委、政府实施生态移民工程保驾护航，如何切实维护移民贫困群众的合法权益，这些都是我们应该提前思考和研究的问题。”这是宁夏回族自治区第一个司法行政政务微博。

2011 年 1 月 15 日，中国铁路郑州局集团有限公司官方微博“@郑州铁路局”（UID：1904469113）注册上线。

2011 年 1 月 18 日，广东省中山市信访局官方微博“@中山市信访局”（UID：1925522865）注册上线。

2011 年 1 月 21 日，宁夏回族自治区银川市卫生局官方微博“@银川卫生”（UID：1923496622，现为银川市卫生和计划生育委员会官方微博“@银川卫生计生”）上线，成为全国首家卫生系统政务微博。

2011 年 1 月 24 日，时任北京市公安局网络安全保卫总队六大队二中队民警高媛的个人实名官方微博“@传说中的女网警”（UID：1932383433）上线，并因其与网友耐心互动并

① 《汪洋：不做网络“菜鸟”，领导干部要带头开微博》，人民网，http：//leaders. people. com. cn/GB/13687195. html。

在线提供网络信息安全服务，火眼金睛屡揭网络骗局而深得广大网友喜爱，也成为北京市公安局网络安全形象的一张名片。

2011 年 1 月 25 日，中国控制吸烟协会官方微博“@ 中国控制吸烟协会”（UID：1933705701）上线运行。10 时 41 分首发微博做自我介绍称：“中国控制吸烟协会是由志愿从事控烟的各行各业人员自愿组成的全国控制吸烟学术性、社会性群众团体，为非营利性社会组织。”“中国控烟形象大使”有著名歌唱家彭丽媛，体育明星姚明、张怡宁、刘璇，演艺界艺人姜昆、濮存昕、鞠萍、杨澜等。

2011 年 1 月 26 日，河南省濮阳市互联网信息办公室官方微博“@ 网信濮阳”（UID：1935614771）上线运行。微博简介：“濮阳是是中华民族重要发祥地之一，是国家历史文化名城，濮阳还是中国姓氏的重要起源地之一。濮阳是‘中国杂技之乡’，杂技源远流长。”

2011 年 1 月 27 日，甘肃省人民政府新闻办公室官方微博“@ 甘肃发布”（UID：1937187173）正式上线运行。17 时 52 分，首发微博：“金虎长啸辞旧岁，玉兔献瑞迎新年。征途如虹，岁月如歌，在这个美好的春天，甘肃省政府新闻办公室开通新浪微博向各位网友致以节日的问候，向所有关心、支持和帮助甘肃发展的各界朋友，表示最衷心的感谢和最真诚的祝福！衷心祝福大家新春愉快，身体健康，合家幸福，万事如意！祝福甘肃明天更美好！”

2011 年 1 月 28 日，北京市旅游发展委员会官方微博“@ 北京市旅游发展委员会”（UID：1936009361）正式上线运行。18 时 26 分，首发微博称：“2011 年，北京将大力推广‘美食文化’，北京作为世界十大美食城市之一，不仅拥有着别具一格的‘京味’美食，同时汇聚了中外各地的风味美食，形成了世界美食的集散地。2011 春节黄金周将打响‘吃在北京’美食旅游全年活动的头一炮，一起期待吧！”

2011 年 1 月 30 日，北京市卫生监督官方微博“@ 北京卫生监督”（UID：1942226485）上线运行。

2011 年 1 月 30 日，安徽省阜阳市公安局官方微博“@ 阜阳公安在线”（UID：1941554327）上线运行。

2011 年 1 月 31 日，山东省公安厅交通管理局官方微博“@ 山东交警”（UID：1943128881）正式上线。10 时 44 分首发微博：“山东省交警总队提醒广大驾驶员：春运期间运输任务重，车辆使用频繁，车辆磨损加剧，所以驾驶员朋友更要勤检查，勤保养，使车辆时刻保持良好的技术状态，不能让故障车带‘病’运行。”

2011 年 1 月 31 日，辽宁省沈阳市公安局官方微博“@ 沈阳市公安局”（UID：1819621657）上线运行。

二月

2011 年 2 月 9 日，江苏省公安厅官方微博“@ 平安江苏”（UID：1935167034）正式上线。16 时 10 分首发微博：“各位网友，江苏省公安厅‘平安江苏’微博开通了，这里有最新、最快的警务资讯和警方预警，还有您想了解的服务举措和办事指南，热烈欢迎您常来做客，衷心希望您多提宝贵意见和建设。在兔年里祝愿大家天天嗨皮、烦恼板砖、身体给力、万事喔凯！”

2011 年 2 月 9 日，中共湖南省株洲市委宣传部官方微博“@ 株洲发布”（UID：1958345371）上线运行。微博简介：“株洲市委市政府的官方微博微信平台。发布权威声音，推进政务公开，服务民生发展，回应社会关切。”

2011 年 2 月 10 日，湖北省人民检察院官方微博“@ 湖北省人民检察院”（UID：1269647104）正式运行（2010 年 10 月 19 日上线进入试运行）。20 时 25 分首发微博：“这里是湖北省人民检察院新浪官方微博！诚请广大网民监督、支持湖北检察工作！举报、咨询、控告、申诉电话 027 - 12309。网站：http：//www. hbjc. gov. cn。每个工作日下午 3：00 ~ 4：00 在线与网民交流。”

2011 年 2 月 10 日，辽宁省丹东市人民政府新闻办公室官方微博“@ 丹东发布”（UID：1880185123）上线运行。微博简介：“丹青胜境，东亚明珠。丹东，中国‘红色东方之城’。下辖三县五区的 1. 52 万平方公里土地上，汉、满、蒙、回等 40 个民族、239 万同胞携手并肩，共建家园。”16 时 41 分首发微博：“丹东市人民政府新闻办正式推出了微博，主要发布丹东经济社会发展的各方面信息，诚请各届朋友多加关注！”

2011 年 2 月 11 日，浙江省公安厅高速公路交通警察总队温州支队、温州市公安局高速公路交通警察支队官方微博“@ 温州高速交警”（UID：1927218562）注册开通。

2011 年 2 月 14 日，河南省公安厅官方微博“@ 平安中原”（UID：1968863541）上线运行。微博简介：“河南省公安厅网络互动平台。河南公安追求：让社会更平安，让群众更满意。提示：紧急警情、报警求助请拨打 110。”17 时 26 分首发微博：“河南省公安厅官方微博正式开通，欢迎大家积极交流！节日快乐！”

2011 年 2 月 14 日，四川省成都市锦江区人民政府新闻办公室“@ 锦江发布”（UID：1918679231）上线运行。微博简介：“你好成都，你好锦江！这里是成都市锦江区新浪官方微博，我是虚拟代言人——锦哥。”

2011 年 2 月 15 日，宁夏回族自治区银川市司法局官方微博“@ 银川法律援助”（UID：1939611140）上线运行，成为全国省会城市司法局中首家为公众提供法律援助的微博平台。

2011 年 2 月 17 日，北京市公安局通州分局官方微博“@ 通州警方在线”（UID：1797168385）正式上线运行。当天上午 9 时整首发微博：“各位网友，大家好！‘通州警方在线’是北京市公安局通州分局开办的警民互动交流平台，包括新浪博客、微博，八通网‘警方在线’版块、‘邻友圈’四大平台。如果您想了解更多关于通州警方的新闻资讯，结识到更多身边的警察，感受到警察生活的酸甜苦乐。我们真诚的欢迎您关注‘通州警方在线’！”

2011 年 2 月 17 日，四川省成都市郫都区官方微博“@ 郫都发布”（UID：1973566625）上线运行。

2011 年 2 月 17 日，辽宁省本溪市人民政府官方微博“@ 本溪发布厅”（UID：1972597521）上线运行。

2011 年 2 月 18 日，安徽省阜阳市委宣传部官方微博“@ 阜阳发布”（UID：1944467192）上线运行。

2011 年 2 月 20 日，重庆市公安局网安总队官方微博“@ 重庆网警”（UID：1980140617）正式上线。

2011 年 2 月 21 日，宁夏回族自治区银川市市场监督管理局官方微博“@ 银川市场监管”（UID：1975923223）上线运行。

2011 年 2 月 22 日上午，湖北省公安厅官方微博“@ 平安荆楚”（UID：1917433500，现更名为“@ 湖北公安”）正式开通运营。当日 11 时 36 分，“@ 平安荆楚”首发微博：“各位网友，这里是湖北省公安厅‘平安荆楚’官方微博，在这里您可以了解到最新的警方资讯。欢迎您留意并给我们提出意见和建议，谢谢支持！温馨提示：广大网友如遇紧急警情，请拨打当地 110 报警求助。”

2011 年 2 月 22 日，甘肃省公安厅交通警察总队官方微博“@ 甘肃公安交警”（UID：1957274444）上线运行。

2011 年 2 月 25 日，江苏省南京市公安局江宁分局官方微博“@ 江宁公安在线”（UID：1113218211）上线运行。9 时 33 分首发微博：“江宁公安官方微博将于近日正式开通，我们将在第一时间发布各项公安信息、安全须知等等与民众息息相关的信息，以及接受您的建议、咨询，江宁公安，期待您的关注 ~ ！”

三月

2011 年 3 月 1 日，宁夏回族自治区固原市依法治市领导小组办公室发布《关于统一开通全市司法行政系统微博的通知》。“为更好实现市县乡司法行政单位的实时交流”，建议各县（区）司法局确定负责人，具体负责本局及各司法所微博开通工作，并于 2011 年 3 月 28 日前全面注册开通四县一区及 65 个司法所实名微博。

2011 年 3 月 1 日，浙江省舟山市政府新闻办公室官方微博“@ 舟山发布”（UID：1972494051）上线运行。微博简介：“‘美丽群岛，自在舟山。’这里是浙江舟山群岛新区，关注我们，您可以了解到最权威的关于舟山群岛新区的各类资讯；感受最淳朴的舟山风情，领略最美丽的山海风光。欢迎您关注我们，也欢迎您来到舟山群岛，有宝贵意见和建议请在留言板留言!”

2011 年 3 月 1 日，云南省丽江市人民政府新闻办公室官方微博“@ 丽江发布”（UID：1998551747）上线运行。凌晨 3 时 33 分首发微博：“2011 年 2 月 28 日凌晨在我市玉龙县发生的山火，引起了各地网友的关注，大家担心会不会影响到古城，这一点请大家放心，山火不会危及古城。感谢大家对丽江的关注。”

2011 年 3 月 1 日，四川省眉山市人民政府新闻办公室官方微博“@ 眉山发布”（UID：1990198375/）上线运行。7 时 21 分首发：“东坡老家、快乐眉山。眉山是四川省历史文化名城，古称眉州，是‘古第一文人’苏东坡的家乡，距成都 60 公里，旅游资源点多面广，三苏父子故居三苏祠、‘千岛之湖’黑龙滩、国家森林公园瓦屋山、长寿福地彭祖山等旅游名胜令人向往，热情好客的 350 万眉山人民欢迎您!”

2011 年 3 月 2 日晚上 8 时 11 分，时任中共第十七届中央委员、中共新疆维吾尔自治区党委书记张春贤在腾讯网开通实名认证微博，并发布第一条博文，成为当时已知开通实名微博的中共最高级别的领导干部。

2011 年 3 月 3 日，江西省公安厅治安警察总队官方微博“@ 江西治安”（UID：1972074570）上线运行。

2011 年 3 月 4 日，山东省济南市法律援助中心官方微博“@ 济南市法律援助中心”（UID：2005290115）正式开通上线。

2011 年 3 月 5 日，甘肃省司法厅副厅长牛兴全开通个人官方微博“@ 牛兴全”（UID：2009101365）。微博简介：“个人微博，兴趣使然。所有言行，与工作和职务没有任何关系。

希望与博友真诚交往，坦诚交流。”

2011 年 3 月 7 日，贵州省公安厅官方微博“@ 贵州公安”（UID：1979701284）正式开通。微博简介：“这里是贵州省公安厅官方微博，是与公众互动交流、增进警民沟通的桥梁，在这里您可以了解到贵州警方的新闻资讯。欢迎您给我们提出意见和建议。”

2011 年 3 月 7 日 10 时 06 分，云南省政协副主席、民进云南省委主委、云南省社会主义学院院长、昆明理工大学副校长罗黎辉在北京参加两会期间，开通个人官方微博“@ 罗黎辉”（UID：2010731087）。这是当时云南省实名开通微博的最高级别官员。

2011 年 3 月 7 日，中共青海省玉树州委宣传部官方微博“@ 新 - 玉 - 树”（UID：1997412091。2016 年 11 月 5 日 13 时 37 分微博公告更名为“@ 玉树发布”）上线运行。微博简介：“发布权威信息，传播最新资讯，回应社会关切。您关心的就是我们关注的——这里是中共玉树州委宣传部官方微博。”

2011 年 3 月 8 日，江西省公安厅法制总队官方微博“@ 江西公安法制在线”（UID：1982244850）上线运行。

2011 年 3 月 8 日，广东省佛山市南海区信访局官方微博“@ 南海聆聆 - 南海信访”（UID：2005825361）上线运行。微博简介写道：“由于微博具有公开性，为保护您的个人隐私，请勿在信访局微博直接反映信访事项。”

2011 年 3 月 9 日，时任中共第十七届中央委员、中共新疆维吾尔自治区委书记张春贤在出席十一届全国人大四次会议新疆代表团全体会议后，接受记者采访时谈个人微博体验：“第一，微博是最大的信息源，方方面面的信息都能获取；第二，微博把这个思想碎片化，随手拈来，一发布就能共享，沟通确实便捷；第三，隔空喊话的功能很强大，不管是谁，什么身份，都能够直接对话；第四，微博的社交功能很强大，能够促进深度和广度社交。”“微博能促进人勤于思考、勤于学习，让人不懒惰。我有一个特点凡事亲力亲为，对方跟我提出来，我不做出回答就是对对方不尊重。”

2011 年 3 月 9 日，江西省公安厅出入境管理局官方微博“@ 江西出入境”（UID：1982204702。现更名为“@ 江西公安出入境”）上线运行。11 时 47 分首发微博：“‘江西公安出入境’正式和大家见面了！今后大家在出国境证件办理和外国人管理服务等方面有什么好的想法尽管和我们提，我们将竭诚为大家服务！”

2011 年 3 月 9 日，安徽省砀山县人民政府官方微博“@ 砀山发布”（UID：1980734371）上线运行。

2011 年 3 月 10 日，中共银川市委宣传部印发《2011 年全市宣传思想文化工作要点》（银宣发〔2011〕11 号）。《要点》指出，要“通过网上新闻发布、开通微博、搜集研判舆情信息、公开网上审批事项等形式，及时收集了解社情民意，畅通民意表达渠道，加强市委、市政府与民众的网上互动。及时回应群众提出的问题、存在的困惑乃至误解，积极引导社会热点、疏导民众情绪。”这是“微博”在银川市党委和政府的文件中第一次被正式提及。

2011 年 3 月 10 日，广西壮族自治区桂林市旅游发展委员会官方微博“@ 桂林市旅游发展委员会”（UID：1989772524）正式上线运行。

2011 年 3 月 14 日，江西省公安厅经侦总队官方微博“@ 江西经侦”（UID：1984515702）上线运行。

2011 年 3 月 14 日，上海市卫生局印发《2011 年上海市卫生系统新闻宣传与精神文明建设工作要点》（沪卫新闻〔2011〕005 号）。《要点》将微博舆情工作首次纳入，要求“加强对平面媒体、相关重要网站、论坛、博客、微博及社区网站等的监测和舆情研判，掌握舆论动态与趋势，第一时间应对突发事件和负面新闻，加强风险沟通，把握舆论应对的主动权”。

2011 年 3 月 16 日，北京市东城区旅游局官方微博“@东城旅游”（UID：2028845887。现更名为北京市东城区旅游发展委员会官方微博“@东城旅游”）上线运行。

2011 年 3 月 17 日，中共新疆维吾尔自治区党委召开专门会议，专题研究全国两会期间网民在张春贤微博上的留言，安排部署对网民意见、建议、诉求的办理和回复工作。

2011 年 3 月 23 日，新疆维吾尔自治区人民政府办公厅下发《关于围绕“民生建设年”认真抓好政府网站政民互动应用工作的通知》（新政办明电〔2011〕104 号），要求完善政民互动类栏目，创新建立网络问政平台，积极尝试利用微博等新兴信息交互平台和手段；将微博的应用与政府网站网上服务平台的建设和应用有机结合起来，进一步推动新时期政民互动和网络问政的发展。

2011 年 3 月 25 日，浙江省司法厅官方微博“@浙江普法”（UID：2036145200）上线，成为全国首个省级司法行政机关开通的政务微博。

2011 年 3 月 25 日，北京市昌平区旅游局官方微博“@爱上昌平”（UID：2037181057）上线运行。微博简介：“爱上昌平作为北京市昌平区旅游发展委员会的官方微博，将会为大家展示昌平区的旅游资源，美食资源及出行线路，希望大家都能和我们一样爱上昌平！”

2011 年 3 月 25 日，认证信息为全国优秀共产党员、五一劳动奖章获得者、感动中国人物、“雷锋传人”的郭明义个人官方微博“@鞍钢郭明义”（UID：2044679991）正式上线并开始运行。15 时 53 分，首发微博：“‘微友’您好！how are you！今天是一个值得记住的日子，我开始融入这个群体，同‘微友’一起分享阳光、温暖、力量、快乐！谢谢！”

2011 年 3 月 26 日，由人民网主办，广西壮族自治区南宁市人民政府承办的“首届网络问政与舆情监测高峰论坛”在南宁举行。

2011 年 3 月 29 日，湖南省高速公路交通警察局官方微博“@湖南高速警察”（UID：2054302531）上线运行。

2011 年 3 月 29 日，甘肃省公安厅交通警察总队高速公路支队官方微博“@甘肃高速交警”（UID：2044424892）上线运行。

2011 年 3 月 29 日，内蒙古自治区鄂尔多斯市官方微博“@鄂尔多斯发布”（UID：2052350073）上线运行。微博简介：“新鲜资讯，‘鄂尔多斯发布’有速度；便民服务，‘鄂尔多斯发布’有温度；热点话题，‘鄂尔多斯发布’有态度。宜居鄂尔多斯热情欢迎您的到来！”13 时 53 分首发微博：“鄂尔多斯之声，发布最新最快最真的声音。”

2011 年 3 月 30 日，浙江省司法厅、浙江省普法办官方微博“@浙江普法”（UID：2036145200）上线运行。

四月

2011 年 4 月 1 日，福建省厦门市公安局将“警务微博”首次列入公安民警集中训练培训内容。

2011 年 4 月 2 日，国家旅游局信息中心官方微博“@中国旅游”（UID：2058584790）

通过微博平台认证，正式上线。首发微博称：“旨在联合各省、市、自治区旅游局，共同打造一个官方旅游资讯发布平台，服务广大游客，宣传中国旅游。”

2011 年 4 月 2 日，云南省旅游发展委员会官方微博“@ 云南旅游发布厅”（UID：2062595895）正式开通运营。

2011 年 4 月 2 日，浙江省海宁市司法局发布《关于启用微博公文的通知》（海司办〔2011〕6 号），在全市司法系统内推行微博公文。微博公文首先由时任浙江海宁司法局局长金中一提出。且以微博形式发布的政府公文，和纸质形式的公文具有同等的行政效力。

2011 年 4 月 2 日，浙江省海宁市司法局官方微博“@ 海宁司法”（UID：1668973792）发出 01 号微博公文，开全国政府机关微博发公文先河。北京大学移动政务实验室主任宋刚认为，海宁市司法局此举是“2.0 时代的电子政务”，微博公文的出现，有助于让权力在阳光下运行，让政务在社会参与和互动中改进提高。

2011 年 4 月 2 日，浙江省宁波市海曙区人民法院执行局官方微博“@ 海曙法院执行局”（UID：1945069914）正式开通。首发微博称：“在此微博中将陆续发布一些被执行人的信息，欢迎广大博友提供线索。我局对举报人予以保密，并对提供的线索进行核实，同时将根据案件的执行效果给予举报人一定的奖励。”

2011 年 4 月 6 日，陕西省延安市旅游局官方微博“@ 延安市旅游局”（UID：2026132591。现更名为延安市旅游发展委员会官方微博“@ 延安市旅游发展委员会”）正式上线运行。微博简介：“延安是国务院首批公布的国家历史文化名城，民族圣地，革命圣地，中国优秀旅游城市，拥有宝塔山，清凉山，万花山，延安革命纪念馆，枣园，杨家岭，黄帝陵，黄河壶口瀑布，乾坤湾，九吾山等 35 个旅游景区。‘就爱你最红！’红色延安欢迎您！”

2011 年 4 月 6 日，云南省旅游发展委员会官方微博“@ 云南旅游发布厅”（UID：2062595895）上线运行。微博简介：“在中国的西南部，有一个神秘、神奇、神远的地方，那就是云南。”

2011 年 4 月 7 日，卫生部办公厅发布《关于做好 2011 年医改新闻宣传工作的通知》（卫办新函〔2011〕334 号）。《通知》要求，各地要组织当地新闻网站和本系统内门户网站，以开设专题、转发文章等形式宣传医改工作，要策划专题在线访谈工作，邀请医改工作相关方面人员开展在线访谈，与网民交流，充分利用博客、微博等手段，做好互联网舆论引导，多形式宣传医改工作。

2011 年 4 月 10 日，广东全省反腐倡廉宣传教育工作现场经验交流会在广州市召开，对“充分运用微博等形式加强与网民沟通交流”做出明确指示。

2011 年 4 月 11 日，中共江苏省南京市委宣传部新闻发布官方微博“@ 南京发布”（UID：2097024354）正式上线运行。微博简介：“六朝古都新天地，人文绿都新风貌，青奥南京新梦想，创业之城新发展……南京市委宣传部新闻发布官方微博——权威发布，清新服务，是您身边的一位好朋友。”15 时 57 分，首发微博：“大家好，南京市委宣传部新闻发布官方微博开通啦！欢迎各位朋友常来逛逛聊聊，我们会尽可能多的给大家提供一些有用的讯息，也希望这个小小的网页能够成为彼此沟通交流的平台。”

2011 年 4 月 11 日，中共江苏省海门市委宣传部官方微博“@ 海门发布”（UID：2081182203）上线运行。微博简介：“海门发布围绕解读政策、关注民生，发布好声音、传递正能量。”

2011 年 4 月 13 日，外交部公共外交办公室官方微博“@外交小灵通”（UID：1938330147）通过微博平台认证，正式上线，成为全国首个部委认证微博。

2011 年 4 月 13 日，中共广西壮族自治区钦州市委宣传部官方微博“@钦州发布”（UID：2085294265）上线运行。16 时 34 分，发布上线通告：“钦州宣传部的官方微博正式开通了，欢迎国内外各界朋友关注、关心钦州的经济建设！钦州，有着千年历史的岭南古城，中国古代海上丝绸之路的始发港，中国优秀旅游城市，是近代民族英雄冯子材、刘永福的故里，新兴的广西北部湾经济区核心工业城市。”

2011 年 4 月 14 日，共青团南京市委发布《关于开展南京“青年引航计划”的实施意见》（团宁委发〔2011〕20 号）。《意见》指出，“新兴媒体已经成为青年发表思想言论的重要社会平台，成为影响青年思想意识形成的重要途径，也成为各类意识形态交锋碰撞的重要场所”，“要针对国际国内的热点和青年关注的事件话题，做好网络舆论的引导工作，有条件的团组织要建立网站、博客、微博等，不断丰富更新工作内容，使团的工作更加贴近青年、贴近生活、贴近实际”。

2011 年 4 月 14 日，中共河北省委外宣办官方微博“@微博河北”（UID：2013174105）正式上线。

2011 年 4 月 19 日，全国首个食品安全管理政务微博——宁夏回族自治区银川市食品安全委员会官方微博“@银川食品安全”（UID：2100267792）正式上线。

2011 年 4 月 21 日，上海市公安局崇明分局官方微博“@警秀崇明”（UID：2107871460）上线运行。

2012 年 4 月 22 日，中共甘肃省兰州市委宣传部、兰州互联网新闻中心官方微博“@兰州发布”（UID：2626472787）上线运行。微博简介：“政务民生无小事，衣食住行总关情。贴近百姓接地气，迅捷服务传信息。您关心的就是我们关注的——这里是中共兰州市委宣传部官方微博@兰州发布。”19 时 59 分首发微博：“做大做美做强兰州，兰州发布新浪官方微博正式上线了哦！请关注！”

2011 年 4 月 22 日，由“文化繁荣与新媒体发展”上海市社会科学创新基地、上海市发展战略研究所赵凯工作室和《新闻记者》杂志社主办，复旦大学新媒体研究中心、上海态格信息技术有限公司、中国舆情网协办的“政务微博：机遇与挑战”圆桌论坛举行。会上正式发布了国内第一份《中国政务微博研究报告》。

2011 年 4 月 25 日，广东省肇庆市司法局官方微博“@和谐肇庆”（UID：2104611263）上线运行。

2011 年 4 月 25 日，江苏省南京市交通运输局官方微博“@南京交通发布”（UID：2113950730）上线运行。

2011 年 4 月 25 日，浙江省杭州经济技术开发区管委会官方微博“@下沙发布”（UID：2085144047）上线运行。

2011 年 4 月 26 日，中共银川市委办公厅、银川市人民政府办公厅印发《关于推进党务政务网络平台建设的意见》（银党办发〔2011〕57 号），将“微博互动版块”正式纳入银川市党务政务网络平台建设。《意见》明确，由银川市委宣传部牵头负责，组织开通市、县（市）区两级党政微博，更加快捷地收集、回应群众提出的问题、意见和建议。并建立健全组织领导机制、在线互动机制、网民意见反馈机制、网络舆情监测和应对机制及工作考核与责任追究机制。鼓励党政领导干部开设个人微博，及时与基层群众（网民）互动交流。

2011 年 4 月 26 日，中共南京市秦淮区委宣传部“@ 秦淮发布”（UID：2096558565）上线运行。

2011 年 4 月 27 日，中国的“微博”首次写进《联合国新闻部 2010 工作报告》。当日，联合国大会新闻委员会第 33 届会议在纽约总部召开，时任联合国秘书长潘基文在关于新闻部 2010 年的工作报告中，专门提到了新浪微博开设及与粉丝互动的情况。潘基文称：“（联合国）新闻部中文网站对其目标地区最流行的社交媒体网络进行评估后，于 2010 年 9 月在被视为中文版 Twitter 的新浪微博上推出了一个频道。”“在 2010 年 10 月 24 日联合国日，联合国新浪微博频道发起了一项活动，收集支持者就联合国 65 岁生日发出的短信。200 多名支持者仅在一天内就发出短信，其中一些用中文张贴在联合国日网站上。”

2011 年 4 月 27 日，上海市公安局经济犯罪侦查总队官方微博“@ 上海经侦 ECID”（UID：2108453213）上线运行。

五月

2011 年 5 月 5 日上午，时任中共中央政治局委员、中共广东省委书记汪洋调研肇庆市公安局时强调：“肇庆市政法部门一直利用微博与市民之间的理性有序沟通和互动，及时反馈民生诉求，要充分肯定利用微博进行网络问政互动的探索，要深化认识，着眼长远，明确目标，找准定位，充分运用微博等新型手段，不断提高政法部门执法司法的公信力。”“要在游泳中学会游泳，要允许有不同意见，允许有人保留自己思想的自由。现在难得听到不同意见，网民对某个东西发表不同意见，说明他重视这个东西。不当回事，不睬你，说明你这事儿不重要，愿意提意见是很可贵的事情。网络是个双刃剑，不能畏惧，要主动介入。”“在信息化时代，公安微博是一种有益探索，探索的意义是重大的，开了就要长期坚持。一个事情要做长，要靠制度，靠几个人加班加点是做不长的。值得坚持下去，要研究它。”①

2011 年 5 月 5 日，中共广东省委政法委官方微博“@ 广东政法”（UID：2176235777）上线运行，成为全国首个省级政法委官方微博。

2011 年 5 月 5 日，湖北省宜昌市人民政府官方微博“@ 宜昌发布”（UID：1999404300）上线试运行。微博简介：“权威发布，关注民生，服务社会，展示形象。‘宜昌发布’始终在您手边，竭诚为您服务，欢迎关注。这里是宜昌市人民政府官方微博。”

2011 年 5 月 5 日，宁夏回族自治区银川市教育局官方微博“@ 银川教育”（2120105497）上线运行。

2011 年 5 月 6 日，中国气象局官方微博“@ 中国气象局”（UID：2117508734）通过微博平台认证，正式上线。

2011 年 5 月 6 日，中共南京市江宁区委宣传部官方微博“@ 江宁发布”（UID：1910380137）上线运行。

2011 年 5 月 9 日，湖北省武汉市公安局交通管理局官方微博“@ 武汉交警”（UID：

① 广东省肇庆市公安局：《关于省委汪洋书记视察肇庆公安工作的情况报告》（肇公传发〔2011〕516 号），2011 年 5 月 6 日。

2146327684）注册上线并发布预告称：“武汉交警微博将于5月10日开通，同时保留我们在腾讯的官方微博，欢迎大家与我们互动。”

2011年5月10日，云南省大理白族自治州旅游发展管理委员会官方微博“@大理旅游发布厅”（UID：1959521522）上线运行。13时07分首发微博：“大理白族自治州有悠久的历史、灿烂的文化，素有‘文献名邦’之称。唐宋时期，南诏、大理国均在此立国。中华人民共和国建立后，全州各项事业飞速发展，成就辉煌，前景喜人。大理州山川雄奇，风光秀丽，气候宜人，民风淳朴。”

2011年5月11日，中共四川省成都市彭州市委宣传部“@彭州发布”（UID：1972589043）上线运行。微博简介：“汇聚网络力量，共谋彭州发展——中共彭州市委宣传部官方微博。我们将为您提供彭州相关信息，你们有什么新鲜事，也请‘@’彭州发布分享哦!”

2011年5月12日，广东省公安厅在肇庆市召开全省公安机关微博工作交流会，总结交流各地公安微博建设经验和做法。时任中共广东省委常委、政法委书记、公安厅厅长梁伟发出席会议并讲话。会议向全省推广了肇庆市公安局官方微博“@平安肇庆”的微博运营经验。

2012年5月12日，宁夏回族自治区银川市市政工程管理处官方微博“@银川市政管理”（UID：1973758332）上线运行。

2011年5月13日，中共宁夏回族自治区银川市西夏区党委、政府官方微博“@西夏微博”（UID：1920125313）上线运行。

2011年5月13日，广东省佛山市高明区人民政府新闻办公室官方微博“@高明发布”（UID：2132305633）上线运行。微博简介：“选择高明，高明选择。”

2011年5月16日，四川省成都市成华区教育局官方微博“@成都成华教育发布”（UID：2119340313）上线运行。

2011年5月17日，宁夏回族自治区银川市统计局官方微博“@微博银川统计”（UID：2120655637，现更名为“@银川统计”）开通上线，这也是全国统计系统的第一个政务微博。

2011年5月17日，江苏省南京市旅游园林局下发《关于开通南京旅游官方微博的通知》（宁旅园局〔2011〕141号），决定于2011年5月19日首个“中国旅游日”开通南京旅游官方微博。

2011年5月17日，中共银川市委宣传部发布《关于印发〈银川市突发公共事件新闻报道应急预案〉的通知》，“微博”被正式纳入银川市突发公共事件新闻报道官方途径。

2011年5月19日，重庆市人民政府新闻办公室官方微博“@重庆市政府新闻办”（现更名为“@重庆发布”）正式上线运行。微博简介：“权威发布，清新服务，让我们一起见证重庆的成长——重庆市人民政府新闻办公室官方微博，欢迎围观!”当天15时33分首发微博：“重庆市政府新闻办官方微博今天正式开通了！作为政府信息公开和服务群众的重要窗口，网友可以通过我们的微博，即时了解重庆发生的重大新闻，感受重庆日新月异的发展变化。看微博，看重庆!”

2011年5月19日，南京市旅游局官方微博“@南京市旅游园林局”（UID：2146717162。现更名为南京市旅游委员会官方微博“@南京市旅游委员会”）上线运行。

2011 年 5 月 20 日，中共肇庆市委政法委员会下发《关于切实做好“法治肇庆”政法微博群工作的通知》（肇政法电〔2011〕34 号）。《通知》要求，各地各部门要切实提高思想认识，加强对网络微博问政工作的组织领导。各级领导要带头学习网络问政、微博问政的相关知识，了解微博，用好微博，努力把“法治肇庆”政法微博群建设成为市委、市政府网络问政平台的有力支撑和有益补充。《通知》决定，将肇庆政法微博工作专班调整为“法治肇庆”政法微博工作领导小组，增加各县（市、区）党委、政法委副书记为领导小组成员，进一步加强“法治肇庆”政法微博群工作的组织领导。

2011 年 5 月 23 日，上海市公安局出入境管理局官方微博“@上海市出入境管理局”（UID：2139488645）上线运行。

2011 年 5 月 24 日北京时间 10 时 33 分，联合国新闻部在联合国官方微博宣布“升级”，微博写道：“联合国正式入驻新浪微博！应联合国政策调整，本微博正式升级为‘联合国官方微博’，同时更名‘@联合国’（UID：1709157165），永久域名为 weibo. com/un。联合国微博将继续由新闻部更新和维护。感谢大家一年多来对于本微博的支持，希望大家一如既往地支持联合国的工作。这里是联合国，您的世界。”

2011 年 5 月 25 日，河北省公安厅交通管理局官方微博“@河北交警微发布”（UID：2144373165）上线运行。16 时 33 分首发微博：“河北交通安全网的微博开通啦！欢迎各位朋友速速围观，今后我们一定会把最及时最新鲜的交通资讯报道给大家，希望各位司机朋友平安、顺利！”

2011 年 5 月 25 日，江苏省南京市整合全市各方资源，率先建立了全国第一家“微博城市广场”，这也是最早的“政务微博矩阵”的集群化雏形。

2011 年 5 月 25 日至 26 日，浙江省司法厅、普法办与浙江省海宁市司法局在海宁举办了“司法行政社会管理创新微博讨论会”。

2011 年 5 月 27 日，山东省济南市司法局 148 协调指挥中心官方微博“@济南 148 协调指挥中心”（UID：2132387361）正式上线运营。微博简介：“解答法律咨询、普及法律知识；实施内部联动，搞好上门服务；沟通外部信息，做好受案分流；加强区域合作，搞好联防联调；做到快速反应，防止纠纷激化；遵循有关规定，提供法律援助；对各县（市）、区 148 法律服务专线的业务进行指导。”

2011 年 5 月 30 日，广东省环境保护宣传教育中心官方微博“@南粤绿声”（UID：2150682490）上线运行。微博简介：“宣传环保工作的新窗口；普及环境知识的新载体；联系环保社团和环保志愿者的新纽带。”

2011 年 5 月 30 日，安徽省铜陵市司法局官方微博“@铜陵市司法局”（UID：2150401582）上线运行。

2011 年 5 月 31 日，宁夏回族自治区银川市国土资源局印发《“微博”运行管理办法》（银国土资发〔2011〕266 号），《办法》规定：“根据工作职责成立六个工作组，负责提供业务工作信息、动态，回答网络互动提出的问题，落实微博管理中的有关工作。每个工作组每周报送信息不少于 4 条。”

六月

2011 年 6 月 2 日，中共江苏省苏州市吴江区委外宣办、吴江区政府新闻办公室官方微博“@苏州吴江发布”（UID：2154856412）上线运行。微博简介：“江南何处好，乐居在吴江！”19 时 01 分首发微博：“吴江通过国家卫生城市复审。”

2011 年 6 月 3 日，宁夏回族自治区银川市环境保护局官方微博“@ 银川环保”（UID：1958880922）上线运行。

2011 年 6 月 3 日，中共银川市园林局委员会发布《关于做好“微博”管理和党务政务网络平台相关工作的通知》（银园党发〔2011〕40 号）。《通知》对政务微博的考核指标进行了规范：“对因配合不力、责任心不强、答复草率、延时回复的处室和单位，将予以通报批评，出现 2 次工作失误的将取消处室、单位年终评优评先资格。”

2011 年 6 月 7 日，中国传媒大学媒介与公共事务研究院高级研究员、政务新媒体实验室首席研究员侯锷在新浪微博率先提出“微博矩阵”概念及其系统理论。

2011 年 6 月 8 日，中共中央办公厅、国务院办公厅印发《关于深化政务公开加强政务服务的意见》（中办发〔2011〕22 号）的通知。《意见》要求各级政府建立健全信息公开条例配套制度，逐步实现政府信息公开的系统化和标准化。要加强信息化建设，推广电信网、广电网、互联网等现代科技手段在政务服务中的应用，提高政务服务信息化水平。

2011 年 6 月 8 日，中共湖南省湘潭市国家高新区党工委书记、岳塘区委书记肖克和开通新浪个人官方微博，成为湖南省第一个实名开微博的县市区委书记。

2011 年 6 月 9 日，江西省公安厅禁毒总队官方微博“@ 江西禁毒”（UID：1988568472）上线运行。

2011 年 6 月 10 日，上海市人民政府办公厅转发上海市教育委员会、上海市发展和改革委员会、上海市财政局《关于进一步推进本市义务教育均衡优质发展实施意见的通知》（沪府办发〔2011〕32 号）。《通知》要求，形成学校、家庭、社区互动合作机制；进一步规范和完善学校信息公开制度，扎实推进义务教育学校信息公开工作；推进学校建立与家长、社区联系的责任人制度，通过设立家长委员会、热线电话、微博、虚拟社区、家长接待室等举措，健全联系沟通机制；推进家长、社区参与学校管理。

2011 年 6 月 13 日，中共四川省成都市武侯区委宣传部官方微博“@ 武侯发布”（UID：1964974191）上线运行。微博简介：“倾听民声，心系民情，畅达民意！这里是‘@ 武侯发布’，这里就是您的家。我们愿分享您的喜悦与幸福，分担您的痛苦与忧愁。”

2011 年 6 月 14 日，上海市徐汇区新闻办公室官方微博“@ 上海徐汇发布”（UID：2175830437）上线运行。微博简介：“关注徐汇，感知徐汇，徐汇因你而精彩。这里是上海市徐汇区新闻办公室官方微博。”

2011 年 6 月 15 日，中共银川市委宣传部下发《关于开通“微博”和加强“微博”运行管理的意见》（银宣发〔2011〕39 号）。《意见》明确，银川市各县（市）区党委、政府、市直各部门，以及与社会民生密切相关的服务窗口部门（单位），要主动在新浪网站开通部门（单位）微博，积极发布信息，与网民开展互动交流。鼓励党政领导干部开设个人微博，与网民交流互动。

2011 年 6 月 16 日，重庆市荣昌区人民政府新闻办官方微博“@ 荣昌发布”（UID：2164637562）上线运行。微博简介：“重庆市荣昌区历史悠久，素有‘海棠香国’的美称。荣昌区人民政府新闻办官方微博，是荣昌经济社会发展、地方形象展示的综合平台，敬请关注！”

2011 年 6 月 20 日，广东省江门市鹤山市委市政府官方微博“@ 中国侨都 - 鹤山发布”

（UID：2183867180）上线运行。微博简介：“爱大雁山，爱古劳水乡。爱勤劳朴实的侨乡人。更爱岭南特色的宜居城。创权力公开透明运行，争转型升级。我是鹤山发布，我播新闻、指路向、清路障。”16 时 27 分发布微博公告：“为加强群众和市委沟通交流，接受群众对市委工作监督，鹤山市开通市委权力公开透明运行微博网站。这是鹤山市委权力公开透明运行的网络平台，主要发布鹤山新闻、党务公开、政务公开、党风廉政、重大事项等内容，欢迎各界网友拍砖灌水，提问题、提建议，我们有问必答、有难必帮，让一切在阳光下运行。”

2011 年 6 月 22 日，中共宁夏回族自治区银川市委办公厅、银川市人民政府办公厅联合发布《关于印发〈银川市信访事项终结暂行规定〉〈银川市信访首问责任制暂行规定〉的通知》（银党办发〔2011〕82 号）。《银川市信访首问责任制暂行规定》第二条明文规定：“全市各级党委、政府机关、法律法规授权行使公共管理职能的组织和信访工作机构及其工作人员受理或办理信访事项，实行首问责任制。”“本规定所称信访事项是指公民、法人或者其他组织通过电话、书信、来访、传真、短信、电子邮件、微博等途径向全市各级机关及其工作人员反映情况、提出建议、意见或者投诉请求。”从此份文件开始，“微博”被中共银川市委、市政府正式纳入民意诉求表达的“信访”渠道，并实施“首问负责制”。

2011 年 6 月 23 日，中共宁夏回族自治区银川市兴庆区委、区政府官方微博“@ 兴庆微博”（UID：2167231825）上线运行。

2011 年 6 月 25 日，中共南京市委宣传部印发《关于进一步加强政务微博建设的意见》（宁委宣〔2011〕103 号）。《意见》要求，要加强政务信息发布，开展政民互动工作，努力把政务微博打造成为政民互动的重要网络平台，倾听民众呼声，进一步提升政务信息的传播能力，进一步构建建设与发展的社会合力，进一步提高网络舆论的引导水平。

2011 年 6 月 27 日，江苏省南京市出台《关于进一步加强政务微博建设的意见》，其中明确规定，对于灾害性、突发性事件，要在事件发生后的 1 小时内或获得信息的第一时间进行微博发布。

2011 年 6 月 28 日，《北京晨报》报道，时任银川市食品安全委员会主任、银川市卫生局局长马如林在接受记者采访时说：“微博现在是我们食品安全工作崭新的又非常重要的方法，目前已经离不开了。通过微博的互动信息传送方式建立一个直通车，我们确实从老百姓那里了解到了很多老百姓关注而我们却没有发现的食品安全线索，确实对催成和推动食品安全问题及案件的查处有巨大的作用。”

2011 年 6 月 28 日，甘肃外宣办官方微博“@ 微博甘肃”（UID：2204040167）上线运行。

2011 年 6 月 29 日，加拿大驻华大使馆官方微博“@ 加拿大大使馆官方微博”正式开通。时任加拿大驻华大使马大维介绍说，加拿大驻华大使馆官方微博，将密切关注加拿大在华活动以及在加拿大发生的与中国紧密相关的事件，并发布有关教育、签证、旅游及经贸等官方信息。大使馆还将通过微博向网民介绍加拿大驻华大使馆是如何运作的，让大使馆在人们心目中不再那么神秘。

2011 年 6 月 30 日，山东省青岛市西海岸新区工委宣传部官方微博“@ 青岛西海岸发布”上线运行。微博简介：“青岛西海岸新区工委宣传部官方微博。主要发布区内时事新闻和资讯信息等。”13 时 16 分首发微博：“大家好，值此建党 90 周年之际，桥隧时代开启之时，青岛开发区新闻发布官方微博正式开通，欢迎网友们关注和留言，了解开发区，关注开发区。”

七月

2011年7月4日，中国红十字会总会官方微博“@中国红十字会总会”（UID：2205860842）通过微博平台认证，正式上线。

2011年7月7日，甘肃省教育厅官方微博“@甘肃省教育厅”（UID：2155653790）上线运行。微博简介：“发布教育信息，提供教育服务，促进教育发展。投诉举报电话：0931－8614018。”

2011年7月7日，湖南省郴州市互联网新闻宣传管理中心官方微博“@郴州发布”（UID：2215917364）上线运行。微博简介：“发布的是信息，赢得的是民心！”

2011年7月8日，由国家旅游局信息中心主办的“全国旅游微博发展座谈会”在北京召开。国家旅游局信息中心副主任侯振刚表示，国家旅游局信息中心要探讨旅游微博的科学客观评价指标，搭建各级旅游行政管理部门以及旅游企业等沟通交流的平台，探索成立旅游微博联盟，更好地发挥旅游微博对旅游产业的促进作用。

2011年7月11日，山东省青岛市人民政府新闻办公室官方微博“@青岛发布”（UID：2239082677）上线运行。18时18分，首发微博：“朋友们，大家好！青岛市人民政府新闻办公室官方微博‘青岛发布’今天正式开通啦，我们将及时向大家提供青岛市相关信息。欢迎朋友们留言，关心青岛，关注青岛！”

2011年7月12日，上海市人民政府办公厅转发市教委等五部门《关于减轻过重课业负担深入实施中小学素质教育若干意见的通知》（沪府办发〔2011〕38号）。《通知》要求，积极营造有利于深化素质教育的大环境，建立学校、家庭、社区联动机制。学校要关注学生的内在需求，关注家长、社会的意见和建议。通过设立热线电话、微博、虚拟社区、家长接待室等举措，宣传学校的办学理念和改革举措，让家长进一步了解学生的在校表现，同时也使学校了解家长和社区对学校教育的建议和诉求。

2011年7月14日，针对银川政务微博快速发展中出现的难以“管好用好”难题，经过中共银川市委、市政府研究决定，一个专门用于“管政务微博的政务微博”——“@问政银川”（UID：2239586647）正式上线，认证信息为“中共银川市委办公厅市政府办公厅”。其主要功能定位为“督促督办、受理市民的一般性、事务性投诉”。

2011年7月14日，上海市绿化和市容管理局《关于下发2011年上半年工作总结和下半年重点工作的通知》（沪绿容〔2011〕207号）。《通知》要求，要开通“@上海公厕”政务微博，搭建互动交流平台，不断提升公厕服务整体水平，努力争创公厕服务文明行业。要加强行业管理，进一步提升为民服务水平，加大创建宣传力度，统一公示内容，加强微博互动，广泛听取市民群众的意见建议，为年内申报“规范服务达标先进行业”奠定基础。

2011年7月15日，宁夏回族自治区银川市卫生局印发《银川市卫生局信息报送与宣传工作实施意见》（银卫发〔2011〕239号）。《意见》要求，要“确定工作任务。各单位必须保证每季度上报信息10篇以上，提供微博素材40条以上。局机关各处室必须保证每季度上报信息12篇以上，提供微博素材50条以上。上报信息必须保证质量否则不予计算”。

2011年7月18日，云南网与新浪联合打造的云南省首家微博聚合平台“云微博”正式上线。“云微博”以新浪微博为圆心，与云南网和金碧坊社区实现无缝连接，共享用户资源，建立起新型的微博生态圈，为网民使用微博提供更加便利的平台和全新的体验。

2011 年 7 月 25 日，韩国首尔市政府官方微博“@首尔市政府”（UID：2258106101）开通。14 时 27 分，首发微博对即将由新浪和韩国首尔市政府共同举办的“新浪草根儿名博首尔游”活动进行了预告和宣传。“欢迎大家踊跃报名参加～把您在首尔的所听、所见、所闻、所想都告诉我们，手中一边轻松发微博、发博客，一边赢取首尔游幸运大奖!”

2011 年 7 月 26 日，湖北省鄂州市人民政府新闻办公室政务信息公开微博平台“@鄂州发布”（UID：2184090830）上线运行。

2011 年 7 月 27 日，新疆维吾尔自治区教育厅官方微博“@新疆教育厅”（UID：1417357412，现更名为“@新疆教育厅办公室”）正式开通运营。

八月

2011 年 8 月 1 日，北京市公安局消防局官方微博“@北京消防”（UID：2258833123）正式上线运行。9 时 45 分发布“开篇语”：“警笛长鸣，催促我奔赴险境；烈焰翻腾，无阻我铁军身影；隐患面前，我们披荆斩棘，未雨绸缪。适逢‘八一’建军节，‘北京消防’微博正式开通。您的疑问，我们细心解答；您的批评，我们虚心接受；您的建议，我们认真聆听……期待您的关注，敬候您的光临。”

2011 年 8 月 2 日，中国军网记者频道官方微博“@中国军网记者频道”（UID：2280198017，后更名为“@军报记者”）正式上线。8 时 30 分，首发上线通告，微博内容：“中国军网记者频道官方微博现已开通，将向广大网友们呈现更快、更准、更深入的军事报道!”

2011 年 8 月 8 日，北京市公安局官方人民微博“@平安北京”正式落户人民网。

2011 年 8 月 8 日，人民网微博“@人民网”（UID：2286908003）正式上线运行。11 时 25 分首发微博：“人民网官方认证微博今日正式开通，我们将带您聚焦国内外大事，全方位解读社会热点，针对焦点事件提供独到见解。我们期待您的关注，我们聆听您的声音。”

2011 年 8 月 10 日，中共江苏省扬州市邗江区委宣传部官方微博“@邗江发布”（UID：2300100242）上线运行。微博简介：“公元前 486 年，吴王夫差开邗沟、筑邗城，始有最早的大运河和最初的扬州城，邗江也因此而得名。这里是厚蕴灵秀的美丽之城，千年积淀留下了丰富的生态和人文资源，古代文化与现代文明在此交相辉映。保留古代传统文化的同时，我们也不忘紧跟潮流步伐。所以，我们在这里相见，这里是邗江人的大家庭，我们在此邀请您一起捕捉、记录这座城市的点点滴滴。邗江，你我之家，温暖守候。”17 时 27 分，微博正式发布：“各位网友，‘邗江宣传’微博开通了。这里有最新、最快的邗江资讯。热烈欢迎喜欢邗江、关心邗江、关注邗江的朋友们来做客，衷心希望您多提宝贵意见和建议。”

2011 年 8 月 12 日，山东省济南市公安局举办官方微博“@济南公安”（UID：1702549133）成立一周年网友见面会，时任中共济南市委常委、政法委书记、公安局局长刘杰首次将管理微博的公安民警称为“博警”。会上，济南市公安局官方微博与济南市多家媒体的官方微博签订了“警媒合作·微博联动”协议，进一步拓展其服务民生的能力。这意味着，此后媒体官方微博可以向网民征集公安业务问题、业务投诉等，济南市民可向媒体官方微博咨询公安业务、评价民警工作，媒体再将市民的微博留言以@“@济南公安”的形式要求“@济南公安”微博进行答复和处置，答复内容和处置结果再由“@济南公安”微博以@媒体微博形式进行互动发布。网民直接向公安微博表达诉求不在此限。

2011 年 8 月 12 日，湖北省荆门市人民政府新闻办公室官方微博“@荆门发布”（UID：

2303695174）上线运行。10 时 23 分发布上线通告："荆门市政府新闻办官方微博今天正式开通了！作为政府信息公开和服务群众的重要窗口，网友可以通过我们的微博，即时了解荆门发生的重大新闻，感受荆门日新月异的发展变化。看微博，看荆门！"

2011 年 8 月 16 日，河南省郑州市城市管理局官方微博"@郑州市城市管理局"（UID：2302688157）正式上线运行。19 时 11 分首发微博："郑州市城市管理局是主管城市市政、公用事业、环境卫生、户外广告、市容市貌管理的市政府工作部门，各项工作与广大市民的工作、生活紧密相关。为了更好地体现寓管理于服务之中、在服务中体现管理的理念，我们开通了新浪官方微博，欢迎广大市民为城市管理工作献计献策。让我们携起手来，共建美好家园！"

2011 年 8 月 18 日，广西壮族自治区公安厅官方微博"@广西公安"（UID：1962888943）正式开通。9 时 02 分首发微博："广西公安邀您一起织'围脖'，期待您的支持和关注，衷心希望您多提宝贵意见和建议。常来做客哦！"

2011 年 8 月 18 日，浙江省海宁市人民政府新闻办公室官方微博"@海宁发布"（UID：2299820724）上线运行。16 时 15 分首发微博："Hello，微博。我来了！"

2011 年 8 月 22 日，中共浙江省宁波市海曙区委宣传部官方微博"@海曙发布"（UID：2329809972）上线运行。微博简介："宣传报道宁波市海曙区经济社会发展，服务社会民生。"

2011 年 8 月 25 日，由人民网、腾讯网联合举办的首届"政务微博与社会管理创新高峰论坛"在浙江杭州举行。时任中共浙江省委书记赵洪祝向开幕式致贺信。赵洪祝在贺信中说："微博问政是人民群众参政议政的新形式。充分发挥微博即时、广泛、互动的传播优势，因势利导地做好舆论沟通和引导，有利于党委、政府察民情、集民智、解民忧，有利于维护社会和谐、促进科学发展。"

2011 年 8 月 25 日，人民网舆情监测室依据近两年党政机构和官员微博增长迅猛的腾讯微博平台的数据，发布腾讯政务微博地图。

2011 年 8 月 28 日，"微博现象与社会管理创新研讨会"在中国社会科学院法学所召开。法学界和新闻传播学界的 26 位学者和专家参加会议，围绕"微博现象及其影响""微博与社会管理创新"话题举行了两场研讨，7 位与会者做了专题发言。

2011 年 8 月 28 日，公安部治安管理局"打四黑除四害"专项行动办公室官方微博"@公安部打四黑除四害"（UID：2328516855）通过微博平台认证，正式上线运行。微博简介："打四黑除四害，主要是依法严厉打击从事危害民生违法犯罪活动的黑作坊、黑工厂、黑窝点、黑市场，为民除害，保民平安。人民对美好生活的向往就是我们的奋斗目标。齐心协力打四黑，警民联手除四害！"

2011 年 8 月 30 日，中共四川省渠县县委宣传部官方微博"@渠县发布"（UID：1748854280）上线运行。微博简介："古賨国都，魅力渠县。品呷酒，摘黄花，吟竹枝词，跳巴渝舞，览宕渠美景，尝特色美食……中国黄花之乡、中国汉阙之乡、中国竹编艺术之乡欢迎您！"

九月

2011 年 9 月 1 日，山东省莱芜市人民政府新闻办公室官方微博"@莱芜发布"（UID：2337431791）上线运行。10 时 30 分首发微博："莱芜市政府新闻办公室官方微博正式开通认证，着力打造沟通政府与市民的有力平台，欢迎广大网友关注，有什么意见建议也欢迎提出。”

2011 年 9 月 1 日，河南省济源市人民政府办公室官方微博“@ 济源发布”（UID：2309197523）上线运行。微博简介：“济水之源，愚公故里——河南·济源。”9 时 21 分，“@ 济源发布”以时任中共济源市委常委、市人民政府副市长孔祥智在微博上线仪式上的讲话寄语作为正式上线通告：“今天，很高兴看到‘济源政务微博广场’开通运行，我代表市人民政府表示热烈祝贺！热切期盼能够将之建成推进政务公开、收集社情民意、实现网络问政的互动平台！诚挚邀请广大网民常来‘济源政务微博广场’做客，共同给力济源发展！——市委常委、市人民政府副市长孔祥智。”

2011 年 9 月 2 日，安徽省铜陵市人民政府官方微博“@ 铜陵发布”（UID：2365660032）上线运行。微博简介：“倾诉你的心声，关注你的关注。”

2011 年 9 月 5 日，中国法学会官方微博“@ 中国法学会”（UID：2296509425）通过微博平台认证，正式上线。

2011 年 9 月 5 日、6 日和 8 日，中共中央政治局常委李长春到北京市调研强调：“要加强互联网的基础性管理，加大网上舆论引导力度。主流媒体要建新型媒体阵地，提升影响力、公信力、控制力。”主流媒体竞相开设微博，一些单位着手建立健全微博发展的相关制度和机制，进而培育微博伦理、建设微博文化。

2011 年 9 月 13 日，第 66 届联合国大会在纽约联合国总部开幕。时任联合国秘书长潘基文在提交第 66 届会议的报告中提及微博称：“截至 2011 年 6 月，联合国微博通过近 6000 条信息报道了最新新闻和重要事件，注册用户接近 66.2 万人。”

2011 年 9 月 13 日，浙江省义乌市人民政府新闻办公室官方微博“@ 义乌发布”（UID：2392207942）上线运行。微博简介：“这里是义乌市人民政府新闻办公室官方微博，权威发布，沟通你我。”

2011 年 9 月 14 日，山东省青岛市城阳区人民政府新闻办公室官方微博“@ 青岛城阳发布”（UID：2346571355）上线运行。微博简介：“青岛城阳发布——用真情心系您的大小事，传递信息，提供资讯，倾听诉求，关注民生。欢迎网民与我们互动交流。”

2011 年 9 月 16 日，河北省承德市人民政府新闻办公室官方微博“@ 承德发布”（UID：2359557975）上线运行。

2011 年 9 月 17 日，安徽省合肥市网宣办官方微博“@ 合肥发布”（UID：2403752844）上线运行。

2011 年 9 月 18 日，时任新浪网执行副总裁、总编辑陈彤在“第六届世界华文传媒论坛”上称，“微博确实改变了新闻一些基本模式”，微博成为“新的新闻监督方式和发布方式”。

2011 年 9 月 19 日，内蒙古鄂尔多斯伊金霍洛旗宣传部官方微博“@ 伊金霍洛发布”（UID：2368949805）上线运行。微博简介：“伊金霍洛旗（汉意为‘圣主的院落’）地处内蒙古自治区鄂尔多斯高原东南部，是国家能源重化工基地之一，为鄂尔多斯市城市核心区重要组成部分。”17 时 15 分发布上线通告：“伊金霍洛旗之声，发布最新最快最真的声音。”

2011 年 9 月 20 日下午，由中央宣传部、中央文明办、解放军总政治部、全国总工会、共青团中央、全国妇联举办的“全国道德模范座谈会暨第八届中国公民道德论坛”在北京举行。中共中央政治局常委李长春出席并发表讲话。李长春强调，如何通过思想道德建设弘扬社会正气，更加有效地以社会主义核心价值体系引领社会思潮，进一步统一思想、凝聚力量，推动全社会形成良好思想道德和文明和谐风尚，面临着新的挑战。从现代科技发展的影响看，互联网、手机等信息网络技术迅猛发展，特别是社交网络、微博的迅速兴起，使信息传播更为快捷、覆盖更为广泛、影响更为巨大，从而为先进思想文化和道德观念传播提供了新阵地。

2011 年 9 月 21 日，内蒙古自治区鄂尔多斯市东胜区官方微博“@ 东胜发布”（UID：2369811841）上线运行。15 时 58 分发布上线通告：“东胜区之声，发布最新最快最真的声音。”

2011 年 9 月 21 日，内蒙古自治区鄂尔多斯市康巴什区官方微博“@ 康巴什发布”（UID：2373687217）上线运行。15 时 53 分发布上线通告：“康巴什新区之声，发布最新最快最真的声音。”

2011 年 9 月 25 日至 26 日，公安部在北京举行“公安微博：实践与前景”研讨会。公安部副部长黄明出席研讨会并要求，全国公安机关坚持公开为先、服务为本，尊重群众、顺应民意，把维护社会稳定与服务人民群众有机结合起来，把宣传公安工作与通达社情民意有机结合起来，把回应社会关切与加强舆论引导有机结合起来，积极构建以省级公安政务微博为龙头、以地市公安政务微博为主干、省市县三级公安政务微博优势互补、政务微博与民警个人工作微博相互补充、具有鲜明公安工作特色的微博群，深入推进社会管理创新，不断提升信息化条件下公安机关服务群众的能力和水平。

2011 年 9 月 28 日，辽宁省公安厅官方微博“@ 平安辽宁”（UID：2386798841）开通。19 时 56 分首发微博：“人民公安为人民。”

2011 年 9 月 29 日，北京市公安局网络安全保卫总队官方微博“@ 首都网警”（UID：2388955087）上线运行。15 时 09 分，首发微博：“请广大网民自觉维护良好的网络环境。”

2011 年 9 月 29 日，浙江省宁波市海曙区信访局官方微博“@ 海曙信箱”（UID：2332524582）上线运行。微博简介写道：“负责协调人民群众给区委、区政府的来信、来访、来电。”

2011 年 9 月 29 日，浙江省宁波杭州湾新区管委会官方微博“@ 宁波杭州湾新区发布”（UID：2431096434）上线运行。

十月

2011 年 10 月 1 日，时任中共浙江省委常委、组织部部长蔡奇著作《玻璃房——蔡奇微博》由红旗出版社出版发行。他在书中写道：“庞大的人群，让微博不再是空洞曼妙的海市蜃楼，它有着天上仙境的引人入胜和桃李不言的大音希声，资源和价值，机遇和挑战，在每个时间段里都呈几何倍滋生。有人说，如今微博早已成为一个巨大的群众广场。那么，对领导干部而言，这便是一个无可比拟的与群众接触交流、体察民生、了解民意的大平台，也是展示自己施政能力风格，体现自己智商情商的大舞台。”

2011 年 10 月 12 日，中共银川市委办公厅、市政府办公厅官方微博“@ 问政银川”（UID：2239586647）在政务微博标准化命名工作基础上，同步发布 143 家《银川政务微博标准化名录》。微博标准化命名的目的，纯粹是银川市委、市政府为了方便网友检索查找政务微博并以@形式反映民意诉求。此次银川市对政务微博昵称进行了大范围的标准化命名和规范，修订了 28 家政务微博昵称。

2011 年 10 月 12—14 日，《未来政府》第七届年度峰会在马来西亚举行，来自新加坡、马来西亚、中国、美国、日本、韩国、印度、越南、孟加拉国等近 30 个国家和地区的 139 位政府官员和国际组织代表出席了会议，会议内容涉及服务创新、新时代政府治理、如何运用新媒体与民众互动沟通等主要议题。时任浙江省海宁市司法局局长金中一受邀参加峰会。《未来政府》杂志于 2003 年初在新加坡创刊。作为亚太地区唯一专注于政府、教育和医疗领域服务现代化的专业杂志，自创刊以来一直与各国政府积极合作，透过专访、研究报告和年会活动等多种形式在亚洲推广政府在新技术和新服务领域的最佳实践，并专门设立了 22 项未来政府大奖，用于奖励政府治理、医疗服务和教育创新领域的卓越项目。浙江省海宁市司法局于 2011 年 4 月 1 日创新启用“微博公文”，以微博形式发布与传统公文具有同样行政效力的政府公文。“微博公文”被誉为“2.0 时代的电子政务”。此次“微博公文”项目入围未来政府大奖的业务流程奖、年度政府转型奖、北亚年度公共部门组织奖三项提名，并最终从来自韩国、澳大利亚、新加坡和中国的五个提名项目中脱颖而出，摘取了年度政府转型奖。

2011 年 10 月 13 日，国家互联网信息办公室在北京召开“积极运用微博客服务社会经验交流会”。中宣部副部长、中央外宣办、国家互联网信息办主任王晨在会上强调，要坚持“积极利用、科学发展、依法管理、确保安全”的方针，充分发挥微博客服务社会的积极作用，切实加强建设和管理，共同维护健康有序的网络传播秩序，为党和国家工作大局服务，为广大人民群众服务。通过微博客传播先进文化、弘扬社会正气，通过微博客提供丰富多彩的信息服务，通过微博客促进网民沟通交流，通过微博客推进网络文明建设，通过微博客推动党政机关和领导干部更好地联系群众、服务群众、提升社会服务水平、创新社会管理，是“新时期加强党和政府执政能力建设的迫切要求，也是我们不可推卸的时代重任”。

2011 年 10 月 13 日，时任中共浙江省委常委、组织部部长蔡奇在国家互联网信息办公室召开的“积极运用微博客服务社会经验交流会”上发言，蔡奇认为“微博只是一个工具，谁都可以利用，我们不用，别人也会用。对于目前存在的问题，我们要冷静分析，切不可一棍子打死。正确选择应该是管用并举，以用促管。互联网上尽管有骂声，不中听，但是我觉得为政者应该有这个胸襟，要看到多数网民是善意的。通过互动我们可以对照镜子寻找不足，这样才能最大限度地消除误解，增进社会共识”。

2011 年 10 月 18 日，中国共产党第十七届中央委员会第六次全体会议通过《中共中央关于深化文化体制改革、推动社会主义文化大发展大繁荣若干重大问题的决定》，要求“发展健康向上的网络文化”、“加强网上舆论引导，唱响网上思想文化主旋律”和“加强对社交网络和即时通信工具等的引导和管理”。

2011 年 10 月 18 日，广东省肇庆市公安局下发《关于组建平安肇庆微博专家团队的通知》，在全市公安系统组建了由首席专家 6 人、治安支队 5 人、缉毒大队 3 人、市局经侦支队 11 人、交警一大队 3 人、法制科 3 人、出入境管理科 2 人、车管所 10 人、森林公安 3 人共计 46 人组成的政务微博专家团。微博专家团按照每周值班分工参与值班，不在线值班时，负责向值班人员提供业务支持。

2011 年 10 月 18 日，整合济南公安各警种官方微博和民警个人微博的“济南公安博警在线”亮相，百余位“博警”走上为民服务新舞台，晒生活、秀素照，揭开了这一新警种的神秘面纱。据相关资料，“博警”一词最早由原济南市委常委、政法委书记、市公安局局长刘杰提出。“微博”力量不“微薄”，从某些方面讲，一条博文胜过千军万马，一名“博警”作用十分巨大。

2011年10月18日，河北省秦皇岛市委宣传部互联网信息办公室官方微博“@秦皇岛发布”（UID：2417356033）上线运行。微博简介：“秦皇岛，因公元前215年中国的第一个皇帝秦始皇东巡至此，并派人入海求仙而得名，是中国唯一一个因皇帝尊号而得名的城市。”16时28分首发微博：“秦皇岛市委宣传部互联网信息办公室开通官方微博喽，各位多多捧场哦，我们尽可能给大家提供有用的信息，希望这里能成为大家互相沟通的平台。”

2011年10月19日，由全国妇联宣传部新闻宣传处主办的妇女新闻与信息发布平台官方微博“@她之音”（UID：2418488423）通过微博平台认证，正式上线。

2011年10月19日，北京市卫生和计划生育委员会官方微博“@首都健康”（UID：2417852083）注册上线，11月17日正式运营。

2011年10月24日，中共银川市委办公厅信息处以“银川市党务政务网络平台管理中心”名义再次下发了《关于开通微博的通知》，要求“各党委（工委、系统党委）下属单位开通微博，必须采取标准化命名的方式”，并对微博昵称的命名格式做出了示范和建议。

2011年10月24日，中共银川市委办公厅发布《关于开通微博的通知》，要求“已经开通认证的各单位官方微博，必须要保证每个工作日至少发布原创、转发微博3条”。

2011年10月24日，中共内蒙古自治区呼伦贝尔市委宣传部官方微博“@呼伦贝尔发布”（UID：2420408853）上线运行。

2011年10月25日，山东省济南市公安局发布《关于做好公安微博建设与管理工作的意见》（济公宣〔2011〕9号）。

2011年10月25日，中共银川市委办公厅、市政府办公厅官方微博“@问政银川”（UID：2239586647）在微博公开通报下属县市区和市直党政部门连续7个工作日不更新的19个政务微博名单，并在后续微博中公开要求这些微博做出解释。该微博发出之后，部分被批评的微博在当天即恢复更新。《人民日报》在报道中称之为“微博喊话”。《南方都市报》在次日的新闻评论中说，“一份微博通报让网民将目光转向银川”，“这个地处西部的省会级城市，政务微博之风劲吹”。《新民晚报》则在新闻评论说：“政府部门纷纷开办官方微博早已不再新鲜，但是一个官方微博公开批评另一个官方微博，这绝对是少见的新闻。”

2011年10月25日，内蒙古自治区兴安盟乌兰浩特市委宣传部官方微博“@兴安盟乌兰浩特市发布”（UID：2419711505）上线运行。16时24分首发微博：“兴安盟乌兰浩特市之声，发布最新最快最真的声音！”

2011年10月26日，北京市工商行政管理局官方微博“@首都工商”（UID：2417856193，现修订为：北京市市场监督管理局官方微博“@北京市场监管原工商”）上线运行。11时09分首发微博称：“大家好，北京市工商局官方微博‘首都工商’正式开通啦！北京市工商局负责本市市场监督管理和行政执法工作，依法确认各类经营者的主体资格，监督管理或参与监督管理各类市场，依法规范市场交易行为，保护公平竞争，查处经济违法行为，取缔非法经营，保护正常的市场经济秩序。”

2011年10月27日，中共江西省新余市分宜县委宣传部官方微博“@分宜发布”（UID：2496519594）上线运行。11时29分发布上线通告：“博友们好，分宜县委宣传部官方微博开通啦！欢迎各位朋友常来关注哟，希望能通过这个微博与大家沟通交流，我们会以我们的热情、真诚成为您忠实的朋友。欢迎您的到来!”

2011 年 10 月 27 日凌晨 3 时 27 分，中国残疾人联合会主席张海迪在其实名微博（UID：1188297871）发布了最后一条微博：“再见微博，把美好的祝福送给每一个朋友!”尔后宣布关闭微博。

2011 年 10 月 31 日下午，时任中宣部副部长、中央外宣办主任、国务院新闻办主任、国家互联网信息办公室主任王晨，带队中央宣讲团到广州市越秀区广卫街都府社区的广府文化会馆与市民座谈。王晨在座谈会上说：“微博作为一种社交网络，谁都可以用，但在方便网民讨论交流之余，却也给管理工作带来新的挑战。对微博的管理工作一定要及时，要向网友提倡积极健康地运用网络。政府官员需重视发挥微博的窗口作用，加强与群众的交流沟通。”“党的宣传部门应该担负起宣传党的方针政策、澄清谣言的任务，基层宣传部门要积极用好微博这个平台和窗口，积极占领微博阵地，发展健康向上的网络文化。只有发展健康向上的网络文化，才能使网络为经济建设服务，为丰富人民的精神生活服务。”

十一月

2011 年 11 月 1 日，新疆维吾尔自治区伊犁州发生 6 级地震，新疆维吾尔自治区地震局官方微博“@ 地震在新疆”（UID：2404615911，后更名为“@ 新疆地震局”）应急开通上线，及时播报地震灾情，并宣传防震减灾知识，获得了网民的积极肯定。但此官方微博的昵称很快引起网友热议，大多数网友认为这个名字欠妥、太“雷人”，容易引起误会，应该尽快更改。

2011 年 11 月 1 日，辽宁省本溪市信访局官方微博“@ 本溪信访”（UID：2428649213）上线运行。

2011 年 11 月 1 日，中共河南省郑州市委宣传部官方微博“@ 郑州发布”（UID：2434139193）上线运行。16 时 12 分首发微博：“郑州发布永远的追求：真实、客观、准确、及时!”

2011 年 11 月 2 日，公安部“警为民・民拥警”故事主题征集活动官方微博“@ 警为民－民拥警”（UID：2440323051）正式上线。

2011 年 11 月 2 日，中共宁夏回族自治区银川市委宣传部发布《关于进一步加强政务微博建设的意见》（银宣发〔2011〕84 号），提出了关于加强银川市政务微博建设的“五点意见”：一是要增强政治意识、大局意识、责任意识，切实把政务微博建设成为政民互动的重要网络平台；二是要加强发布，进一步提升政务信息的传播能力；三是要加强互动，进一步构建建设与发展的社会合力；四是要加强创新，进一步提高网络舆论的引导水平；五是要加强开通，形成集群化、协同化运作模式。

2011 年 11 月 2 日，山东省济南市公安局召开“全市公安微博应用及警察公共关系建设推进会”，会上对全局公安十大官方微博、十大民警微博和全市十大“博警”进行了表彰。这也是全国首次对公安“博警”进行表彰。

2011 年 11 月 2 日，中共河南省禹州市委宣传部官方微博“@ 禹州发布”（UID：2430871473）上线运行。微博简介：“禹州人了解家乡的动态，外地人认识禹州的平台。禹州市委宣传部官方微博”。15 时 04 分发布上线通告：“禹州市新闻发言人官方微博——禹州发布，今日开始启用，欢迎大家关注。”

2011 年 11 月 3 日，江苏省镇江市政务服务管理办公室印发《开设市行政服务中心官方微博的实施方案》（镇政服〔2011〕33号）。要求充分利用微博开展网络问政，推进阳光政务，及时发布政务信息和服务社会经济发展创新举措，广泛吸纳网民的意见与建议，切实解决网民反映的问题，搭建为民服务新型平台。

2011年11月4日，河南省高级人民法院官方微博“@豫法阳光”（UID：2443744521）正式上线。

2011年11月4日，甘肃省卫生系统人民网微博正式开通，同时印发《甘肃省卫生厅系统专家微博服务管理制度》。

2011年11月4日，甘肃省卫生厅出台《甘肃省卫生系统专家微博服务管理制度（试行）》。《制度》明确，全省卫生系统专家微博的主要任务是：围绕深化医药卫生体制改革和方便人民群众医疗服务需求，为社会公众提供政策宣传、健康咨询、健康知识普及等服务。严禁在全省卫生系统专家微博上发布广告，推销医疗保健品、药品和医疗器械；与专家微博管理办法内容无关的信息一律不得载入。

2012年11月7日，陕西省人民政府门户网站官方微博“@陕西发布”（UID：3097688767）上线运行。微博简介：“这里是陕西省政府官方信息微博发布平台，欢迎围观，共话陕西，共建陕西。”

2011年11月7日，《人民日报》发表韩立勇署名文章《银川“微博喊话”能否传更远》。文章指出：“党政机关在网上开展的‘批评和自我批评’，不仅丰富了微博问政的概念和路径，而且也能获得主动借助网络舆论、完善和修补线下制度的溢出效应。”

2011年11月8日，贵州省黔西南州人民政府新闻办公室官方微博“@黔西南发布”（UID：2519857302）上线运行。16时39分首发微博：“黔西南布依族苗族自治州位于贵州省西南部，地处黔、滇、桂三省区的结合部，面积16805平方千米，人口332万，其中少数民族约占全州总人口的42.47%。有布依、苗、汉、瑶、仡佬、回等30多个民族。1982年建州。辖兴义、普安、晴隆、兴仁、贞丰、安龙、册亨、望谟县8县市以及顶效开发区。”

2011年11月10日，福建省公安厅官方微博“@福建警方”（UID：2525973044）正式开通。微博简介：“这里是福建省公安厅为您作权威发布的平台，与您互动交流的天地。期待与您常相约长相见。特别提示：遇有紧急情况，请拨打110报警求助。”

2011年11月11日，湖北省消防总队官方微博“@湖北消防”（UID：2527687040）正式上线。

2011年11月11日，浙江省乐清市政府新闻办公室官方微博“@乐清发布”（UID：2505952710）正式上线运行。微博简介：“在这里，您会遇见美丽山水，城市风韵；在这里，您会看到权威发布，民生服务。这里是乐清市政府新闻办官方微博。”7时46分首发微博：“‘服务乐清’是乐清市网络问政平台和中国乐清网记者帮忙栏目官方微博，由市委宣传部主管，中国乐清网负责运营，目前正在试运行期间。涓涓细流，汇聚江河，初萌小花，众手扶持。”

2011年11月11日，安徽省淮南市人民政府新闻办公室、外宣办公室官方微博“@淮南发布”（UID：2526056150）上线运行。微博简介：“豆腐故里，能源之都。”

2011年11月11—12日，中共上海市委九届十六次全会在上海世博中心举行。时任中共上海市委书记俞正声在全会上的讲话指出：“随着信息技术的发展，以微博、博客等为载体的网络新媒体已日益成为舆论传播和热点聚集的重要源头，舆论热点的多发、突发、频发也已成为常态。”俞正声强调：“必须清醒地看到，回避和敷衍，犹如把头埋在沙中的鸵鸟，不能解决问题；忧心忡忡、束手无策，也不是应有的状态，正确的态度和办法是改进执政方式、提高执政效能，加快推进信息化、网络化建设，努力在进网用网上有突破，在育网管网上见成效，争做敢用善用网络的先行者。要勇于直面群众关注的问题，凡是群众关心、涉及并可能影响群众利益的，要力所能及地及时回应、给予答复。”

2011 年 11 月 16 日，山东省公安厅官方微博“@山东公安”（UID：2467679705）正式开通。微博简介：“‘下载的是民意，上传的是满意！’‘山东公安’将全心全意为您服务，在传递中了解，在互动中理解，与大家一起携手共创和谐明天！”

2011 年 11 月 17 日，时任北京市人民政府新闻办主任、新闻发言人王惠开通个人官方微博“@北京王惠”（UID：2439589765）。12 时 51 分首发微博：“Hi，我是王惠。为什么叫北京王惠呢？因为叫王惠的太多了，我是北京的新闻官。我开微博的原则是不当僵尸不作秀，要的就是一个真诚。我知道的信息会赶快发布，能回答的就马上回答，实在不知道的也请原谅。来当惠粉吧！另外，今天下午 3 点，‘北京微博发布厅’就要上线了，也请大家多多关注哦！”

2011 年 11 月 17 日下午，北京市人民政府新闻办公室官方微博“@北京发布”（UID：2418724427）上线运行。微博简介：“传递政务信息，提供群众服务资讯，倾听您的诉求，关注您所关注。爱生活，爱北京。这里是北京市政府新闻办官方微博，欢迎朋友们与我们以及‘北京微博发布厅’成员单位互动交流。北京微博发布厅：http：//focus. weibo. com/pub/i/zt/beijing。”15 时 47 分，首发微博：“大家好！北京市政府新闻办的官方微博正式开通了！与此同时，‘北京 weibo 发布厅’也正式上线运行！21 个委办局和 6 位政府新闻发言人也都开通了微博，期待粉丝们关注！”

2011 年 11 月 17 日，北京市统计局、国家统计局北京调查总队官方微博“@北京统计”（UID：2467604041）正式上线运行。

2011 年 11 月 20 日 23 时 56 分，新疆维吾尔自治区地震局官方微博“@地震在新疆”（UID：2404615911）发布消息：“为尊重网友意见，新疆地震局决定将官方微博昵称改为‘@新疆地震局’，于 11 月 21 日上午进行更名操作。新疆地震局官方微博自开通以来，得到了广大热心网友的关注、支持和理解，我们将会继续利用微博平台与网友交流互动，真诚希望我局官方微博能为防震减灾宣传及信息交流发挥更大作用。”

2011 年 11 月 23 日，山东省青岛市崂山区人民政府新闻办公室官方微博“@崂山发布”（UID：2488065823）上线运行。

2011 年 11 月 24 日，西藏自治区九届人民代表大会常务委员会第二十五次会议通过西藏自治区人民代表大会常务委员会《关于实行电话和互联网用户真实身份登记的决定》。《决定》第七条规定：“在自治区行政区域内注册提供论坛、博客、微博客、搜索引擎等具有新闻舆论和社会动员功能的互联网、手机等新兴媒体业务，应当向自治区有关主管部门提出专项业务申请。”本决定自 2012 年 1 月 1 日起施行。

2011 年 11 月 24 日，上海市浦东新区人民政府新闻办公室官方微博“@浦东发布”（UID：2557375422）上线运行。微博简介：“浦东的衣食住行、吃喝玩乐、大政小事，点点滴滴……这里没有围墙，私信全开放。”14 时 54 分首发微博：“浦东发布开通了！关注浦东的大事、新事，感受改革开放前沿的浦东，敬请关注哦！”

2011 年 11 月 24 日，城市中国网联合人民网主办的《城市会客厅》第七期对话栏目在人民网演播厅举行。本期主题为“政务微博如何给力城市管理”，由国家发改委城市和小城镇中心研究员、央视特约评论员杨禹主持。原国家发改委城市和小城镇中心主任李铁、人民网舆情监测室秘书长祝华新，就微博在城市社会管理中的创新运用、政务微博发展带来的机遇以及政府部门和官员如何更好利用微博等话题展开对话。

2011 年 11 月 25 日，天津市人民政府新闻办公室官方微博“@ 天津发布”（UID：2489610225）正式上线。微博简介：“在海河和海洋文化的哺育下，天津以高度开放的姿态融入世界经济发展的大格局，正在向独具特色的国际性、现代化宜居城市迈进。”

2011 年 11 月 25 日，中共银川市委办公厅、市政府办公厅官方微博“@ 问政银川”（UID：2239586647）通过其微博主页公告栏正式向社会做出郑重承诺：对网民@ 向“@ 问政银川”反映的问题，“本微博在工作时间 1 小时内、节假日休息时间 8 小时内，有呼必应！”成为全国第一个主动承诺、限时回应社会关切，且时效最快的政务微博。同时，也将当时“黄金 2 小时”的网络舆情响应时间极大缩短。

2015 年 11 月 27 日，中共福建省委、福建省人民政府信访局官方微博“@ 八闽信访”（UID：5709284851）上线运行。微博简介：“省信访局官方微博功能定位为新闻发布和信访宣传，如需反映信访事项，可通过书信、走访、网上投诉、省长信箱等渠道反映，或直接向有关机关提出。”

2011 年 11 月 28 日，上海市公安局官方微博‘@ 警民直通车 – 上海’（UID：2493592183）上线运行。8 时 31 分首发微博：“大家好！上海市公安局政务微博‘警民直通车 – 上海’今天起正式上线，期待您的关注，期待与您互动！我们将为您提供及时的警务资讯、实用的防范提示、生动的警察故事，欢迎大家‘围观’！您需要了解什么警务信息，有什么意见建议，请@ 警民直通车 – 上海，上海警方始终在您身边，竭诚为您服务。”

2011 年 11 月 28 日，上海市人民政府新闻办公室官方微博“@ 上海发布”（UID：2539961154）正式上线运行。微博简介：“飞驰中构建城市蓝图；奔跑中传递城市变迁；信步时欣赏城市美景；闲坐时叙说城市故事。这里是上海市人民政府新闻办官方微博，欢迎围观，共话上海。”8 时 40 分，首发微博：“伴着晨光，‘上海发布’今天正式上线了，这是上海市人民政府新闻办公室的官方微博。这里将为关心上海的您，提供及时准确的政务信息和丰富多彩的实用资讯。我们聆听市声，传递信息，分享快乐，感受进步。欢迎围观，共话上海。”

2011 年 11 月 28 日，浙江省宁波市政府新闻办公室官方微博“@ 宁波发布”（UID：2568435544）上线运行。微博简介：“书藏古今，港通天下。宁波，一座有着七千年文明史的历史文化名城，一座书写着改革开放传奇的现代国际港口城市……这里是宁波，欢迎围观。”

2011 年 11 月 28 日，四川省巴中市人民政府官方微博“@ 巴中发布”（UID：2568369442）上线运行。微博简介：“这里是中共巴中市委对外宣传办公室，巴中市人民政府新闻办微博，我们将提供有关巴中的各类信息。”

2011 年 11 月 29 日，广东省广州市互联网信息办公室官方微博（时为“广东省广州市网络新闻中心官方微博”）“@ 中国广州发布”（UID：2605594314）注册上线。微博简介：“‘微’言大义，‘博’系温暖，‘中国广州发布’与您携手共织千年羊城美景、同绘国际商贸中心繁华、分享‘幸福广州’美好生活。”12 月 29 日正式运行，上午 9 时 34 分首发微博：“各位网友，千年羊城，南国明珠——美丽的广州向大家问好！‘@中国广州发布’，今天上午将在美丽的白云山脚下举行启动仪式。”

2011 年 11 月 29 日，中共重庆市开州区委对外宣传办公室官方微博“@开州微发布”（UID：2568820534）上线运行。微博简介：“权威发布，竭诚服务，让我们一起见证千年开州的成长——重庆市开州区对外宣传办公室官方微博，欢迎围观！”

2011 年 11 月 30 日，公安部交通管理局官方微博“@公安部交通安全微发布”（UID：2501519087）正式开通。微博简介：“人人需要文明交通，交通需要人人文明”。

2012 年 11 月 30 日，陕西历史博物馆官方微博“@陕西历史博物馆”（UID：3168822453）上线运行。微博简介：“陕西有一座历史博物馆。这里汇集了从馆藏 37 万余件文物中遴选出的 3000 件精品，展示了陕西古代文明孕育、产生、发展、鼎盛的历程及其对中华文明的奉献。走进陕西历史博物馆就是走进深邃而厚重的历史——西周青铜文化的神秘庄严——秦汉大一统的雄浑博大——唐代如日中天的辉煌灿烂——五千年文明的兴衰沧桑一切都在这里再现。”

十二月

2011 年 12 月 1 日，新疆维吾尔自治区伊犁州伊宁市人民政府新闻办公室官方微博“@伊宁市发布”（UID：2504654363）上线运行。微博简介：“生活在这座美丽的城市，与 TA 共同成长。我们提供伊宁的资讯，更希望成为您又一个了解伊宁、喜欢伊宁的理由。这里是伊宁市官方微博平台。”

2011 年 12 月 6 日，河南省濮阳市人民政府新闻办公室官方微博“@濮阳发布”（UID：2514785593）上线运行。

2011 年 12 月 6 日下午，南京“中国好人”微博群正式开通，48 位获得“中国好人”称号的南京市民在该微博群集体亮相。这是南京在全国率先推出的“中国好人”微博群。时任中共江苏省南京市委常委、宣传部部长徐宁出席微博群开通仪式。

2011 年 12 月 7 日，广东省高级人民法院官方腾讯微博“@法耀岭南”落户腾讯网。广东省高级人民法院院长郑鄂表示，希望有更多的网民关注广东法院，“收听”广东高院官方微博，为法院工作建言献策。

2011 年 12 月 8 日，宁夏回族自治区银川市印发《关于参加“银川市十佳政务微博”评选活动的通知》。此次“十佳政务微博评选”活动也是全国范围内组织的第一个对政务微博进行评选和激励的活动。

2011 年 12 月 8 日，重庆市统计局、国家统计局重庆调查总队官方微博“@重庆统计”（UID：2587818780）正式上线运行。17 时 17 分首发微博：“重庆统计（新浪）官方微博由重庆市统计局和国家统计局重庆调查总队共建共办。感谢您长期以来对重庆统计工作的关心与支持，希望您一如既往地关注重庆统计事业的发展。重庆统计，您的知心朋友！我们将竭诚为您服务！”

2011 年 12 月 9 日，国家互联网信息办公室依法关闭了传播淫秽色情和低俗信息的“香艳猎人”“草榴时光”等 206 个微博客账号。其中，新浪账号 130 个，搜狐账号 31 个，网易账号 20 个，腾讯账号 25 个。有关部门对这些微博客账号注册的网站未能严格履行管理职责提出了严肃批评和整改要求。

2011 年 12 月 9 日，上海市质量技术监督局新闻宣传中心官方微博“@ 上海质监发布”（UID：2577026272）上线运行。微博简介：“质量技术监督——以标准化、计量、认证、质量管理四项技术基础工作，支撑产品质量及特种设备安全。真诚互粉，欢迎围观！可拨打 12345 或 12365 进行投诉举报。”9 时 01 分首发微博：“大家上午好！‘上海质监发布’今天正式上线！重视质量、追求质量、崇尚质量、关注质量，让我们一齐努力！”

2011 年 12 月 10 日下午，主题为“教育，因你而改变”的第四届新浪 2011 中国教育盛典在北京万达索菲特大酒店召开，600 多位教育界专家学者出席盛典，揭晓 2011 年度十大教育新闻、领军中国教育人物、微博风尚大奖等重要奖项。

2011 年 12 月 12 日，上海市公安局网络安全保卫总队官方微博“@ 上海网安 - SHWA”（UID：2515717171，后更名为“@ 上海网警”）正式上线运行，8 时 59 分发布上线通告：“大家好，上海市公安局网络安全保卫总队政务微博‘上海网安 - SHWA’正式上线啦，我们将为您提供最新的网络安全知识、实用的防范小窍门和及时的网警资讯，欢迎大家‘围观’，您最想了解的网络安全知识都会织进这个‘网警围脖’里，希望得到您的关注和支持，更想听到您的意见和建议，欢迎您常来做客。”

2011 年 12 月 12 日，河南省洛阳市孟津县官方微博“@ 孟津发布”（UID：2526570717）上线运行。微博简介：“孟津，夏为孟涂氏封国，因扼据黄河要津而得名。北临黄河，南接洛阳，人口 46 万，面积 758 平方公里，有河图之源、六朝帝京、邙山福地、黄河明珠之誉。G30、G55 国家高速公路交汇互通，洛阳机场坐落境内。是洛阳最具活力的发展区域和最具魅力的文化旅游胜地。”22 时 42 分发布上线通告：“‘孟津发布’是孟津新闻中心的实名认证微博，将及时发布有关孟津的权威信息，努力提供有关孟津的实用资讯。孟津发布链接中国孟津网和孟津县人民政府网站，在醒目位置滚动推荐新上线的公共服务微博及活跃度高、互动性强的公共服务微博，努力为公众提供更多有关孟津的信息服务。”

2011 年 12 月 12 日，由新浪和《中国改革》杂志联合主办的、以“新媒体，新治道——微博与政府执政方式创新”为主题的“2011 政务微博年度高峰论坛”在北京中国大饭店举办，来自全国 23 个省市的近 200 位政府代表出席论坛。论坛发布了全国首份政务微博年度报告。

2011 年 12 月 12 日，在“2011 政务微博年度高峰论坛”上，时任新浪总编辑陈彤称，2011 年可被称为中国的“政务微博元年”。这一年，具有个人特色、行业特色和地域特色的政府微博层出不穷，经新浪认证的政府和官员微博已从年初的 5000 多个增至约 2 万个，覆盖内地所有省级行政区域，“政务微博已从局部尝试走向全面应用”。

2011 年 12 月 13 日下午，以“创新与服务”为主题的“首届云南公安警务微博建设高峰论坛”在昆明举行，来自云南 16 个州（市）公安局的 300 余人出席了论坛。时任中共云南省委常委、省委政法委书记、省公安厅厅长孟苏铁为论坛致贺信。

2011 年 12 月 14 日，浙江省宁波市奉化区人民政府官方微博“@ 奉化发布”（UID：2588129884）上线运行。微博简介：“有梦就去奉化！”16 时 12 分首发微博：“弥勒圣地，蒋氏故里，名山胜景，阳光海湾。”

2011 年 12 月 16 日，北京市人民政府新闻办公室、北京市公安局、北京市通信管理局、北京市互联网信息办公室联合发布《北京市微博客发展管理若干规定》，《规定》自公布之日起施行。规定注册微博客账号要用真实身份信息，国内微博三大门户网站新浪、搜狐、网易三家网站均依照该管理规定实施，最后期限为 2012 年 3 月 16 日。

2011 年 12 月 16 日，上海市公安局松江分局官方微博“@警民直通车－松江”（UID：2596083300）上线运行。

2011 年 12 月 17 日，甘肃省张掖市甘州区人民政府官方微博“@甘州发布”上线运行。

2011 年 12 月 19 日，北京市昌平区官方微博“@昌平发布”（UID：2518353303，现更名为“@北京昌平”）正式上线。微博简介：“传递政务信息，提供服务资讯，倾听您的诉求，真诚期待与您的交流。”17 时 29 分，首发微博：“私汤、醉雪、佳宴，这是昌平区旅游局为配合第七届世界草莓大会推出的三条特色‘暖冬’旅游线路，旅游线路以‘踏雪寻莓’为主题，游客既可以品尝到鲜嫩甜美的草莓，也可以享受滑雪道上风驰电掣的刺激，还可以感受温泉池中的惬意，全面领略冬季昌平的独特魅力。”同步上线的还有昌平区 30 家单位成员。

2011 年 12 月 20 日，江苏省宿迁市人民政府办公室发布《关于做好政务微博工作的通知》（宿政办发〔2011〕209 号）。《通知》要求，充分认识政务微博工作的重要性，进一步明确微博定位、确保发布质量、创新工作方法、增强微博活力，切实建立政务微博工作长效机制。《通知》明确，首批开通政务微博的部门要在 2011 年 12 月 20 日前开通并完成认证，2011 年 12 月 25 日前确保上线运行。由宿迁市电子政务中心负责政务微博的督察考核工作，按照粉丝数、转发率、评论数等指标对各部门政务微博运维情况进行日常监督和考核。

2011 年 12 月 20 日，北京市东城区官方微博“@北京东城”（UID：2590506110）上线运行。

2011 年 12 月 21 日，全国首个省级民生政务微博聚合平台——湖北民生微博服务厅正式（http：//city. weibo. com/g/hubei）上线。由湖北省互联网信息管理办公室牵头，联合湖北省公安厅、省检察院、省消防总队、共青团湖北省委等众多个部门、单位和企业，开辟了一个全新的民生信息发布、民生服务发布的微博平台，敞开了政务微博为民办实事的大门。该“民生微博服务厅”在当时与全国普遍性政务微博“发布厅”相较而言，具有前瞻性和鲜明的服务理念创新，意图实现政务微博由“宣传发布”到“服务民生”的融合升级转型，在政务微博发展和应用探索领域具有重大的界碑意义。

2011 年 12 月 21 日，中共浙江省宁波市象山县委员会官方微博“@象山发布”（UID：2588125760）上线运行。

2011 年 12 月 22 日，北京市司法局官方微博“@北京司法”（UID：2539238155）上线运行。9 时 35 分首发微博：“各位朋友，今天我们北京市司法局也加入到北京微博发布厅了！在此，先和大家打个招呼，请以后多多关注呀！”

2011 年 12 月 22 日，北京市门头沟区人民政府官方微博“@门头沟发布”（UID：2590508284，后更名为“@京西门头沟”）上线运行。微博简介：“事无巨细，人无高低，真心交流，坦诚沟通，京西门头沟愿成为连接您与政府的桥梁纽带。”11 时 52 分首发微博：“期待我们载着真诚编织的围脖，在这个寒冷的冬日，为您捎来浓浓的暖意。大家好，我来了～”

2011 年 12 月 22 日，北京市通州区官方微博“@北京通州发布”（UID：2590508300）上线运行。11 时 45 分发布上线通告：“通州的‘新移民’和‘土著’们，‘北京市通州’官方微博今天正式开通运行了。作为今天的通州人，让我们一起向所有关心和支持通州发展的网友们问好并致友善祝福。这里将为大家提供更多有用、有趣、有效的信息，让我们共同携手聚力，把通州未来打造的更加美好！”

2011 年 12 月 22 日，新疆维吾尔自治区人民政府新闻办公室官方微博“@新疆发布”上线试运行。微博简介：“大家好，新疆维吾尔自治区人民政府新闻办公室官方微博——‘新疆发布’开通啦！我们将作为新疆新闻发布、政务信息公开的一个窗口，欢迎网友们围观！”。12 月 27 日，“@新疆发布”举行正式上线启动仪式。14 时 05 分首发微博：“各位网友，大美新疆，西部明珠——中国新疆向大家问好！‘@新疆发布’今天上午将在美丽的天山脚下举行启动仪式；与此同时，新疆微博发布厅（http：//city. weibo. com/g/xinjiang）也正式上线了，期待粉丝们围观！”

2011 年 12 月 22 日，时存搜狐微博举办“微博版权保护倡议研讨会”，版权专家、学者、律师以及相关行业主管部门代表齐聚一堂，共同探讨微博版权该如何保护。搜狐微博在会上发布了面对全行业的《微博版权保护倡议书》，这也是互联网行业首次倡导对微博版权内容进行保护。

2011 年 12 月 24 日上午 9 时，由正义网与腾讯微博主办的“政法微博与社会管理创新”峰会在北京召开，中央政法委、最高人民检察院、最高人民法院、公安部、共青团中央等单位的代表以及全国 100 余位知名专家、学者、政法微博负责人出席峰会。会议上，正义网络传媒发布了《政法类微博影响力报告》2. 0 版。

2011 年 12 月 25 日，重庆市云阳县公安局官方微博“@平安云阳”（UID：2632340840）上线运行。

2011 年 12 月 26 日，湖北省人民政府新闻办公室官方微博“@湖北发布”（UID：2607972104）上线运行。11 时 31 分首发微博：“冬至时节，湖北民生微博服务厅已经正式上线了啦！‘微民生、大温暖’，300 多个政务微博将服务广大新浪微博用户，等您来围观！”

2011 年 12 月 26 日，广东省梅州市人民政府新闻办公室官方微博“@梅州发布”（UID：2635179330）上线运行。微博简介：“‘梅州发布’，了解梅州的新窗口、沟通世界的新桥梁、联络民情的新纽带。‘梅州发布’期待您的关注、您的参与，亮出您的热情、您的智慧！”

2011 年 12 月 27 日，2011 年中国优秀政府网站评估揭晓，微博首次纳入考评。

2011 年 12 月 27 日下午，由新疆维吾尔自治区人民政府新闻办、新浪微博共同主办的新疆首届政务微博论坛在乌鲁木齐举行。论坛围绕“微政务，微创新——微博与社会服务创新”主题展开，重点讨论如何通过微博这一互联网平台，促进网络问政和社会管理创新。论坛发布了首份《新疆政务微博年度报告》，报告公布了“新疆政府机构微博 2011 年度影响力排名”和“新疆公务人员微博 2011 年度影响力排名”。

2011 年 12 月 27 日，在新疆维吾尔自治区首届政务微博论坛上，“新疆 weibo 发布厅”和自治区政府新闻办公室官方微博“@新疆发布”同时正式上线，标志着政务微博发布厅应用模式已覆盖我国东西南北中主要地域。

2011 年 12 月 28 日，云南省人民检察院开通官方微博，成为全国第二家开通微博的省级检察机关。

2011 年 12 月 28 日，甘肃省卫生厅官方微博“@甘肃省卫生厅”主动将甘肃省卫生系统政务微博矩阵 150 个成员账号进行“下线”，并公示拟精简关闭的政务微博名录，“主要是没有上传头像和没有发一次言的个人微博名录”。这是国内政务微博在“一拥而上”“盲目跟风”开微博后，理性自主对确无必要、无实效的政务微博进行“关停并转”的第一次规范治理。

2011 年 12 月 28 日，浙江省宁波市人民政府新闻办公室官方微博“@ 宁波发布”（UID：2568435544）在新浪微博正式上线。

2011 年 12 月 30 日，国家铁道部（现中国铁路总公司）官方微博“@ 中国铁路”（UID：2549511007）通过微博平台认证，正式上线。

2012

一月

2012 年 1 月 4 日，“2011 新浪网络盛典 · 微博之夜”活动在北京举行，“@ 成都发布”“@ 银川宣传部”“@ 南京发布”“@ 平安北京”“@ 外交小灵通”“@ 佛山南海”6 个政府机构荣膺“微博影响力政府机构”奖。

2012 年 1 月 5 日，上海市司法局官方微博“@ 上海司法行政发布”（UID：2652595170）开通上线。1 月 30 日 12 时 41 分，“@ 上海司法行政发布”发布首条微博并致歉：“多谢各位关注和批评，由于工作安排问题，暂时未能及时发布信息。近期将公布一些大家关心的法律服务信息，欢迎大家提出宝贵意见。”

2013 年 1 月 5 日，苏州市吴中区人民政府新闻办公室官方微博“@ 苏州吴中发布”（UID：3092911884）上线运行。微博简介：“‘太湖山水美，精华在吴中。’吴中区坐拥五分之三太湖水域，自古就以源远流长的吴地文化、清丽婉约的水乡古镇、景色秀美的太湖山水著称于世，被誉为‘太湖最美的地方’。围绕‘山水苏州 · 人文吴中’目标定位和‘走进太湖时代’发展战略，吴中区正全力‘打造城市发展新板块、建设现代产业新高地、构筑生态宜居新家园’。”

2012 年 1 月 5 日，重庆市云阳县人民政府新闻办公室官方微博“@ 重庆云阳微发布”（UID：2404269462）上线运行。微博简介：“‘三峡梯城，幸福云阳’，这里是云阳县政府官方微博——县政府新闻办。我们倾听您的声音、关注您的诉求、分享您的快乐，期待和您共话云阳。”

2012 年 1 月 6 日上午，“北京卫生系统微博工作座谈会”在北京市公共卫生热线（12320）服务中心召开。北京市卫生局、北京市网管办、新浪网等单位有关领导出席并讲话。

2012 年 1 月 6 日，上海市公安局徐汇分局官方微博“@ 警民直通车 – 徐汇站”（UID：2644975784）注册上线，1 月 9 日上午在徐家汇港汇广场举行了“徐汇公安政务微博开通仪式”，正式运营。10 时 12 分首发微博：“‘@ 警民直通车 – 徐汇站’今日起正式通车啦！这里有最详尽的徐汇警讯、最贴心的便民服务和最敬业的幕后团队，警务资讯、防范提醒、警察故事，我们都将为您新鲜送达。无需车票，只需电脑，亲们，还在等什么，赶快加入吧，您的支持是我们前进的最大动力！”

2012 年 1 月 6 日，上海铁路公安局官方微博“@ 上海铁警发布”（UID：2627641582）上线试运行。微博简介：“本局管辖浙、苏、皖、沪的铁路治安，下设杭州、上海、南京、合肥、蚌埠、徐州6个公安处130多个所队和嘉兴铁路公安学校等，我们愿在此与您加强交流，改进工作，为您服务。”16时34分首发微博：“各位网友，大家好！感谢大家对‘上海铁警发布’的关心，我们将于2012年春运第一天1月8日10时正式上线，并举行以‘平安伴您行，我访您来评’为主题的微博访评活动，听取大家对春运安保工作的意见和建议，欢迎关注！”

2012年1月6日，四川省人民政府新闻办公室在腾讯微博开通首个“微博发布厅”——“天府四川”。“天府四川”囊括了四川省近800个政务微博，定位是为关心、关注四川的网友提供及时准确的政务信息和贴近生活的服务资讯。

2012年1月6日，上海市人口和计划生育委员会发布《关于办好人口计生政务微博进一步推进人口计生信息发布工作的通知》（沪人口委办〔2012〕2号）。《通知》要求，建立上海市人口计生委政务微博信息发布推进领导小组及微博工作团队，开设“上海人口计生发布”政务微博。

2012年1月7日，时任云南红河哈尼族彝族自治州州委常委、宣传部部长伍皓在接受贵州卫视《论道：微博问政》访谈时，坦然而自信地说，面对微博公众的“对抗性解读”，自己“很准确地找到官员微博最好的定位”，那就是“结合本职工作，解决实际问题，追求真正的影响力”。此前，作为国内最早试水微博的厅级官员，在使用微博的过程中，伍皓曾几次“变脸”惹出不少争议，甚至几度迫于无奈关闭微博。

2012年1月7日，福建师范大学传播学院发布《2011年福建省政务微博发展报告》。报告显示，截至2011年10月底，通过新浪微博认证的福建省各级政府机构及官员微博已达1122个。福建省政务微博主要集中在公安、旅游、团委等部门。

2012年1月8日，中共江苏省扬州市委宣传部官方微博“@扬州发布”上线运行。20时10分发布上线通告：“大家好，扬州市委宣传部官方微博即将正式启用啦！我们期待通过微博平台为您提供力所能及的服务，群策群力共建幸福家园。赶紧关注我吧！”

2012年1月9日，公安部宣传局、公安部“和谐警民关系建设”官方微博“@警民携手同行”（UID：2568309141）正式上线。

2012年1月11日，山东省德州市人民政府新闻办公室官方微博“@德州发布”（UID：2485817127）上线运行。14时59分首发微博：“开通微博服务大众。”

2012年1月11日，广东省深圳市坪山区官方微博“@坪山发布”（UID：1922783457）上线运行。微博简介：“领跑微时代，网聚正能量！这里是‘坪山发布’，我们将每天推送坪山最新的政务信息、政策解读、民生资讯，发布最权威的坪山声音，细心记录城区发展变化。在这里，读懂坪山，欢迎关注！”

2012年1月12日，中共云南省玉溪市委外宣办官方微博“@玉溪发布厅”（UID：2486223987）上线运行。微博简介：“玉溪市是生命起源地、云烟之乡、花灯之乡、聂耳故乡、高原水乡。玉溪外宣办、新闻办官博。”

2012年1月14日，上海市公安局浦东分局官方微博“@警民直通车－浦东”（UID：2556038417）上线运行。9时52分发布上线通告：“各位童鞋：浦东公安分局的官方微博将于2012年1月16日正式开通！欢迎您的关注！期待您的互动！我们倾听您的声音、关注您的诉求，希望在自然、轻松的网络里拓宽警民信息传递渠道、拉近警民之间距离。让我们警民同心携手共筑平安浦东。”

2012 年 1 月 16 日，中共甘肃省委宣传部、甘肃省人民政府新闻办、腾讯网联合在兰州大学逸夫科学馆报告厅举行甘肃“微博政务大厅”暨全国首家省级“政务微博矩阵”上线仪式。仪式上，甘肃省委常委、宣传部部长连辑，腾讯网总编辑陈菊红共同开启了甘肃省“微博政务大厅”。

2012 年 1 月 17 日，重庆市微博集群平台“重庆微政务”正式开通上线。该市 32 个部门和区县政府的政务微博首批加入其中，包括重庆市政府新闻办、公安、交通、旅游、环保、民政、工商、共青团，以及江北、南岸、巴南、荣昌、云阳、巫山等部分区县的政府官方微博。

2012 年 1 月 18 日，国务院新闻办公室召开新闻发布会，时任中央外宣办、国务院新闻办、国家互联网信息办公室主任王晨表示：“政务微博已成为党和政府联系人民群众的新渠道，成为我国政务公开的新亮点。通过微博客来传播先进文化、弘扬社会正气，倡导良好的社会风尚，更多发布人民群众欢迎的各种新服务内容、更多展现积极健康向上的道德风貌，可以推动网络文化的繁荣和网络文明的发展。”“现在要切实加强微博客内容的建设，要及时更新，也要有正确的态度，就是实实在在为群众提供服务，一定要务实，讲究实际效果。”

2012 年 1 月 18 日，国务院新闻办公室召开新闻发布会，时任中共中央对外宣传办公室、国务院新闻办公室、国家互联网信息办公室主任王晨表示：“新闻发言人在突发事件中必须参与一线处置，要把信息收集、新闻发布作为突发事件处置来一同布置、一同了解，而不是隔一层甚至隔两层。”“以往的教训就是，他没有参加，突然把他叫来让他发布，那是丈二和尚摸不着头脑，怎么可能发布好？所以今年要大力推进这项制度的建立。”

2012 年 1 月 18 日，时任中宣部副部长、中央外宣办、国家互联网信息办公室主任王晨在国新办新闻发布会上明确表示，微博客是信息交流、提供服务的重要平台，其对于党政机关开设政务微博持积极支持态度。开设政务微博，一是可以了解社情民意，二是可以提供各种各样的政务方面的信息，从而通过微博客的平台和形式促进经济社会发展，回答群众关心的一些问题，解决涉及民生的一些困难，特别是社会问题。微博客可以密切了解群众、密切联系群众，深入了解群众的所思所想、所忧所虑。他还指出：“政务微博要实实在在为群众提供服务，不要搞形式主义的东西，不要只图形式不图实质、不图内容。”

2012 年 1 月 19 日，民政部新闻办官方微博“@ 民政微语”（UID：2565811051）通过微博平台认证，正式上线。

2012 年 1 月 20 日，上海市人口和计划生育委员会官方微博“@ 上海人口计生 12356”（UID：2583860083）上线。

2012 年 1 月 20 日，江苏省泗阳县信访局官方微博“@ 泗阳信访”（UID：2644585654）上线运行。

2012 年 1 月 22 日，时任宁夏回族自治区银川市食品安全委员会主任、银川市卫生局局长马如林在中国国际广播电台华语台《中国之窗》节目访谈时说：“这个微博（指银川市食品安全委员会官方微博‘@ 银川食品安全’）的开通，我有个比喻，就是我们增加了两支队伍，一个就是基层食品安全的‘侦察兵’队伍，全银川的市民网友帮助我们在各个角落去发现问题，去搜集问题，去反映问题；另外我们多了一支‘领导’队伍，就是市民网友们给我们‘下达命令’，让我们去查处问题。通过微博的开办和网友的参与，确确实实推动了我们食品安全工作比较高效且富有成效地解决了一些问题。”“网友的投诉使我自己明确了工作方向，提高了工作效率。”

2012 年 1 月 31 日，四川省司法厅官方微博“@ 四川司法”（UID：1897723622）上线运行。

2012 年 1 月 31 日，重庆市江津区人民政府新闻办公室官方微博“@ 江津发布”（UID：2639588250）上线运行。15 时 48 分发布上线通告：“‘江津发布’是重庆市江津区人民政府新闻办公室的官方微博，于近期开始试运行。我们将致力于加强对外宣传、发布新闻信息、提供政务资讯、开展民生互动，成为‘传播江津的微动力’！诚邀广大网民朋友关注并多提宝贵意见和建议。谢谢大家!”

二月

2012 年 2 月 1 日，河北省人民政府新闻办公室官方微博“@ 河北发布”（UID：2698146894）注册开通。微博简介：“咱家河北，京畿重地，内环京津、外沿渤海。巍巍太行，大好河山气势壮；风骨燕赵，文化古韵味悠长。咱家人慷慨豪迈，淳朴善良。”

2012 年 2 月 1 日，上海市司法局分别在新浪网、腾讯网、东方网及新民网开设“@ 上海司法行政发布”官方微博，并同步下发了《关于上海司法行政系统政务微博工作的实施意见》，在推进政务微博的目的意义、组织架构、主要任务、工作流程、实施步骤及责任要求等方面提出明确要求。

2012 年 2 月 7 日，湖北政务微博发布厅平台“@ 湖北发布”在人民网人民微博、新华网新华微博上线。这一平台首批聚合了全省 164 家主要职能部门及市州政府的官方微博，是湖北首次以政务信息发布为中心、整合资源建设的微平台。

2012 年 2 月 8 日，国家行政学院电子政务研究中心发布《2011 年中国政务微博客评估报告》。报告显示，截至 2011 年 12 月 10 日，在新浪网、腾讯网、人民网、新华网四家微博客网站认证的党政机构微博客共 32358 个，认证的党政干部微博客共 18203 个。其中，2011 年新增认证党政机构微博客 27400 个，新增认证党政干部微博客 17393 个。政务微博客总数达到 50561 个，较 2011 年初增长了 776.58%。

2012 年 2 月 8 日，国家行政学院电子政务研究中心发布《2011 年中国政务微博客评估报告》。报告称，2011 年堪称中国“政务微博客元年”，政务微博客进入了爆发式发展阶段，在短时间内已成为网络问政的平台和重要渠道，在社会管理创新、政府信息公开、新闻舆论引导、倾听民众呼声、树立政府形象等方面起到了积极的作用。

2012 年 2 月 9 日，浙江省海宁市司法局发出《关于成立局微博政务研究室的通知》（海司办〔2012〕2 号）。《通知》明确，海宁市司法局微博政务研究室与局研究室合署办公，局微博政务研究室主要职责为：负责微博政务理论与实践的研究工作；承办微博政务相关课题调查研究工作；负责与国内相关院校、学术机构交流合作；负责海宁司法政务微博对外宣传工作；办理局领导交办的其他事项。

2012 年 2 月 10 日，北京市卫生局印发《关于推动“官方微博”建立和运维工作的通知》（京卫宣字〔2012〕2 号）。《通知》要求各区县卫生局和有关医疗卫生机构做好“官方微博”的准备和运行工作，3 月 31 日前应注册开通“官方微博”。

2012 年 2 月 10 日，上海市民政局发布《2011 上海市民政局政府信息公开工作年度报告》。“办好上海民政官方微博。充分利用微博新载体发布民政信息，加强政府信息公开平台互联共享应用，做好与上海市官方微博互联互通工作，及时准确发布权威消息，跟进民生热点，让公众及时了解民政的重要决策和重大事件的发生、发展过程，有效满足了广大公众的知情权，提升了政社双向互动交流。”首次将“官方微博”写入政府信息公开工作报告。

2012 年 2 月 12 日，浙江省温州市苍南县公安局出入境管理大队官方微博“@ 苍南公安出入境”发布消息称，材料齐全的、被安排一周后办证市民可直接通过微博私信预约，写明办理事项、本人姓名及身份证号码即可不需排队直接办理出入境业务。此外，网友还可以通过该官方微博与该科室民警交流、咨询办理业务。

2012 年 2 月 13 日，上海市司法局印发《上海司法行政系统政务微博工作实施意见》（沪司发办〔2012〕59 号）。上海市司法局成立“上海司法行政系统政务微博信息发布工作领导小组”，市司法局副局长任组长，成员单位和部门是：市监狱管理局、上海政法学院、市劳教局、市社区矫正办、市律师协会、市公证协会、市司法鉴定协会、市司法局机关各处室。市司法局办公室设立“上海司法行政系统政务微博信息发布办公室”，作为上海司法行政系统政务微博的工作部门，负责政务微博发布的组织协调和运维管理工作。

2012 年 2 月 13 日，浙江省公安厅官方微博“@ 浙江公安”（UID：2577039065）开通运营。

2012 年 2 月 14 日，新疆维吾尔自治区教育厅召开自治区教育工委、教育厅绩效管理和考评工作会议，“微博问政”纳入厅机关部门绩效考评工作内容。

2012 年 2 月 16 日，新疆维吾尔自治区哈密地区巴里坤县信访局官方微博“@ 巴里坤信访”上线运行。

2012 年 2 月 17 日，铁道部政治宣传部官方微博“中国铁路”（UID：2549511007，现更新为中国铁路局总公司官方微博）正式上线新浪微博，旨在提供运输资讯服务、普及铁路常识、推广铁路文化，与网友开展互动交流。

2011 年 2 月 17 日，湖北省阳新县官方微博“@ 阳新发布”（UID：1943641244）上线运行。

2012 年 2 月 18 日，上海市召开进一步推进全市政务微博建设工作会议，时任上海市政府秘书长洪浩出席会议并讲话。洪浩同志要求全市各政务微博，坚持把公信力放在重中之重，把为群众服务作为重要工作基础，第一时间做好信息发布。对重大突发事件，要按照“快报事实、慎报原因”的原则，争取信息发布的主动权。

2012 年 2 月 20 日，山西省吕梁市新闻办公室官方微博“@ 吕梁发布”（UID：2623810495）上线运行。微博简介：“这里是吕梁市新闻办公室微博，我们将及时给朋友们提供有关吕梁的各类信息。”10 时 33 分发布上线通告：“吕梁，黄土高原上一块古老的土地，黄河岸边一座年轻的城市。沟沟梁梁蕴藏着无尽的宝藏，坡坡坎坎流传着英雄的故事。春天漫野山花妆扮着古道老墙，秋来红枣芬芳熏染着高楼新房。大家好！这里是吕梁市新闻办官方微博，愿我们在这里相知、相识、相助，愿我们从此成为好友。”

2012 年 2 月 24 日，上海市宝山区人民政府官方微博“@ 上海宝山发布”（UID：2719969734）上线运行。微博简介：“‘公开信息，服务民生，沟通交流，凝聚民心’，‘上海宝山发布’是上海市宝山区人民政府官方微博，欢迎关注、围观。”13 时 32 分发布上线通告：“各位网友：大家好！上海市宝山区人民政府官方政务微博今天正式上线开通啦。我们在这里将及时发布信息，服务民生，沟通交流，真诚地关注您的评论和留言。欢迎大家与我们共织‘围脖’。”

2012年2月24日，中共江苏省海安市委宣传部官方微博“@海安发布”上线运行。

2012年2月26日，新疆维吾尔自治区哈密地委外宣办、哈密地区行署新闻办公室官方微博“@哈密发布”（UID：2349255395）上线运行。微博简介：“爱哈密、说哈密、传哈密，在这里，让我们一起关注哈密！”

2012年2月28日，河南省洛阳市信访局官方微博“@洛阳信访”（UID：2635820821）上线运行。

2012年2月28日，福建省福州市鼓楼区政务微博群管理办公室官方微博“@鼓楼发布”（UID 2637021793）上线运行。22时49分发布上线通告：“各位网友：大家好！福州市鼓楼区政务微博2月28日正式上线开通啦。我们在这里将及时发布鼓楼信息，服务民生，沟通交流，真诚地关注您的评论和留言。欢迎大家与我们共织‘围脖’。”

2012年2月29日，广东省高级人民法院官方腾讯微博“@法耀岭南”先后发布160余条微博，对美国苹果公司与深圳唯冠公司ipad商标权属纠纷案庭审进行了全程图文直播。

2012年2月29日，“东莞微博发布厅”上线启动仪式正式举行。包括“@莞香花开”（UID：2030371897）在内的44个单位和镇（街）的官方微博正式入驻腾讯、新浪微博大厅。发布厅首批聚合了东莞市主要职能部门及镇街园区的政务微博，是东莞市首次以微博为核心架构，整合资源建设的官方微平台。

2012年2月29日，福建省福州市政务微博群管理办公室官方微博“@福州发布”（UID：2639029341）上线运行。15时54分首发微博：“中国历史文化名城，温泉旅游胜地——美丽的榕城福州向大家问好！这里将为关心福州的您，提供及时准确的政务信息和丰富多彩的实用资讯。我们将用心聆听您的声音，与您共话福州美好的明天～”

三月

2012年3月1日，北京市28家政府部门和人民团体作为第三批微博成员正式在“北京微博发布厅”上线。至此，“北京微博发布厅”的政务微博成员单位达到70家，涵盖了八成政府职能部门和人民团体以及北京所有区县。

2012年3月1日，新疆维吾尔自治区伊犁哈萨克自治州人民政府新闻办公室官方微博“@伊犁发布”上线运行。微博简介：“倾听百姓民意；海纳百姓民智；共建美丽家园；凝聚发展力量；共筑和谐伊犁——‘伊犁发布’，伊犁哈萨克自治州人民政府新闻办公室官方微博。”

2012年3月1日，新疆维吾尔自治区昌吉回族自治州人民政府新闻办官方微博“@昌吉发布2629221483”（UID:）上线运行。微博简介：“神奇昌吉，魅力庭州。”13时42分发布上线通告：“新疆昌吉回族自治州党委对外宣传办公室、政府新闻办公室官方微博正式开通。昌吉回族自治州157万各族人民真诚祝愿全疆各族人民幸福安康！”

2012年3月1日，新疆维吾尔自治区克拉玛依市人民政府新闻办公室官方微博“@克拉玛依发布”（UID：2629250601）上线运行。微博简介：“克拉玛依市人民政府官方微博。‘克拉玛依发布’将权威、客观、及时向广大粉丝发布最新建设进展。”19时02分首发微博：“新疆克拉玛依的美从里到外：她拥有国家园林城市美誉，获得过中国人居环境范例奖；她有丰富的石油天然气资源，为新中国甩掉过贫油国的‘帽子’；她有自地层汩汩喷涌上亿年黑色油流的地质奇观，有拍摄《卧虎藏龙》的世界魔鬼城……她是一座为梦想加油的城市！”

2012 年 3 月 1 日，新疆维吾尔自治区喀什地委对外宣传办公室官方微博“@ 喀什发布”（UID：2629250671）上线运行。微博简介：“《喀什发布》是宣传推介喀什、传播社会信息、反映基层心声、丰富群众生活的重要网络平台。”

2012 年 3 月 1 日，新疆维吾尔自治区塔城地区行署新闻办官方微博“@ 塔城发布”（UID：2629250631）上线运行。微博简介：“塔城地区是祖国西北的一块宝地，这里资源富集，沃野千里，是哈萨克、汉、蒙古、俄罗斯等民族文化的汇集地，是人与自然和谐共存的一片乐土。这里有油画中的城市—塔城市，中国红花之乡—额敏县，啤酒之都—乌苏市，大盘鸡的故乡—沙湾县，新疆黄金第一县—托里县，亚欧中心万花园—裕民县，江格尔的故乡—和布克赛尔县。塔城发布欢迎您的围观！”

2012 年 3 月 1 日，上海市水务局、上海市海洋局官方微博“@ 上海水务海洋发布”（UID：2698146984）上线运行。9 时 59 分发布上线通告：“‘上海水务海洋发布’今天上线试运行了，这是上海市水务局、上海市海洋局的官方微博。关心上海水务海洋的您，将在这里得到上海水安全保障、水环境治理、水资源管理、海洋服务管理等方面的资讯。欢迎各位围观并提出意见、建议哦。”

2012 年 3 月 1 日，福建省福州市政务微博群管理办公室官方微博“@ 福州发布”（UID：2639029341）暨福州政务微博群在新浪微博和腾讯微博同时上线。

2012 年 3 月 1 日，中共甘肃省成县委宣传部官方微博“@ 陇南成县发布”（UID：2634283941）上线运行。14 时 50 分发布上线通告：“为了了解广大网民对成县宣传工作的意见和建议，发布宣传工作的相关信息，中共成县委宣传部开通了官方微博，希望广大网民和我们交流沟通。”

2012 年 3 月 2 日，新疆维吾尔自治区巴音郭楞蒙古自治州人民政府新闻办官方微博“@ 巴州发布”（UID：2629221533）上线运行。11 时 30 分，发布上线通告：“美丽的巴音郭楞欢迎你！库尔勒孔雀河畔的天鹅，期盼你的到来！”

2012 年 3 月 3 日，甘肃省张掖市甘州区信访局官方微博“@ 甘州信访发布专用微博”（UID：2636884541）上线运行。

2012 年 3 月 4 日，中共贵州省贵阳市委宣传部官方微博“@ 贵阳发布”（UID：2645846213）上线运行。

2012 年 3 月 4 日，浙江省温岭市政府新闻办公室官方微博“@ 温岭发布”（UID：2642474143）上线运行。微博简介：“曙光首照地，东海好望角！”

2012 年 3 月 5 日，为弘扬道德模范精神、促进社会和谐风气的传播，人民微博推出“中国好人微博群”，邀请历年来获得“道德模范”“身边好人”等荣誉称号或提名的优秀代表开通微博，并通过微访谈与网民交流。

2012 年 3 月 5 日，新疆维吾尔自治区乌鲁木齐市互联网信息管理中心官方微博“@ 乌鲁木齐发布”（UID：2629250581）正式上线运行。微博简介：“发布教育资讯，推进政务公开，服务广大网友。”15 时 38 分首发微博：“亲 ~ 你了解乌鲁木齐吗？乌鲁木齐地处亚洲大陆地理中心，是新疆维吾尔自治区的首府，全疆政治、经济、文化中心，中国西部对外开放的重要门户和新欧亚大陆桥中国西段桥头堡。‘乌鲁木齐发布’热忱欢迎您来加粉关注，共同谱写美好未来！”

2012年3月7日上午10时，“河北微博发布厅”在人民网、新华网、新浪网、腾讯网同时上线。

2012年3月8日，卫生部发布《关于进一步加强12320公共卫生公益电话建设工作的通知》（卫办发〔2012〕14号）。《通知》要求，充分发挥信息技术对“12320”卫生热线的技术支撑作用，利用12320呼叫中心、手机短信平台、官方网站和官方微博等手段，为公众提供便捷的卫生政策、法律法规、公共卫生服务、戒烟咨询、健康科普知识咨询以及就医引导等服务，受理传染病、食品安全、职业中毒等突发公共卫生事件与其他卫生应急事件的投诉举报，开展有效的风险沟通工作，形成“12320”卫生热线立体服务网络，并逐步实现咨询、投诉、举报和卫生舆情监测、舆论引导等相关数据的实时采集、传输、查询和综合分析功能。

2012年3月8日，河南省新郑市人民政府新闻办公室官方微博“@新郑发布”（UID：2644314083）上线运行。15时43分发布上线通告：“恭贺郑州发布厅上线！希望在‘@郑州发布’统一协调下，我们加强利用微博知民情，解民难、排民忧。以更加开阔的胸襟和气度集纳民智，问计于民，及时回应群众的期盼，形成郑州城市与百姓互动沟通的良性循环，欢迎亲们来互动哈。”

2012年3月9日，时任中共中央政治局常委李长春在参加十一届全国人大五次会议海南代表团审议时发表讲话。李长春强调，随着网络微博等的迅速发展，每一个人都成为一个“通讯社”，这对宣传思想部门来说是新的挑战。党委和政府部门要正确认识媒体，妥善对待媒体，不要敌视或轻视媒体。要积极主动与媒体打交道，积极回应媒体，不要漠视他们的采访要求。出了突发事件，隐瞒、封锁消息是不可能的。有点不好的地方就想捂住，反倒会越描越黑。从大量的实践看，应对公共突发事件的最好办法还是公开透明，在第一时间发出权威准确信息，最大限度地压缩谣言传播的空间。

2012年3月9日，河南省郑州市信访局官方微博“@郑州市信访局”（UID：2731545830）上线运行。16时57分发布上线通告：“恭贺郑州发布厅上线。希望在‘@郑州发布’统一协调下，我们加强利用微博知民情，解民难、排民忧。以更加开阔的胸襟和气度集纳民智，问计于民，及时回应群众的期盼，形成郑州城市与百姓互动沟通的良性循环，欢迎亲们来互动哈。”

2012年3月10日，“郑州发布厅”官方微博平台正式在新浪微博上线。“郑州发布厅”由中共郑州市委宣传部统筹运行，在统一平台上，聚合全市与民生关系密切的有关部门账号，分批次进行建设。

2012年3月12日，江苏省环保厅官方微博“@江苏－环保”（UID：2729070152。现更改为江苏省生态环境厅官方微博“@江苏生态环境”）正式上线运行。13时51分发布上线通告：“大家好！江苏省环保厅‘江苏－环保’微博正式开通啦！江苏省环保厅的主要职责是统筹协调环境保护与生态建设，不断改善江苏环境质量，让江苏的天更蓝、水更清，环境更宜居。希望这个微博能给网友提供更多的环保资讯，为所有关注江苏环保的朋友服务，为推动江苏环保事业发展助力！”

2012年3月12日，上海市公安局虹口分局官方微博“@虹口公安分局”（UID：2656232925）上线试运营。

2012年3月13日，浙江省公安厅高速公路交通警察总队官方微博“@浙江高速交警”

（UID：2652445221）开通运营。

2011 年 3 月 14 日，中共昆明市委宣传部官方微博“@ 昆宣发布”（UID：1990226474）上线运行。

2012 年 3 月 14 日，江苏省常熟市信访局官方微博“@ 常熟市信访局”（UID：2625381763）上线运行。10 时 43 分，首发微博：“今年，我局将信访工作基层基础建设作为年度工作重点进行部署，以进一步畅通信访渠道，提高基层源头预防和化解信访问题能力。”

2012 年 3 月 15 日，新疆维吾尔自治区教育厅举办新疆教育系统政务微博管理专题培训班。来自 21 个职能处室、14 个地州教育局、32 所高校的政务微博管理运营人员，在培训班上就进一步做好教育系统政务微博管理工作，充分发挥“微博问政”效用等问题进行了学习探讨。

2012 年 3 月 16 日，“微博实名制”开始实施生效，北京、广州等地的微博用户需在网站后台实名，即用户提供真实身份信息，才能继续在微博上发布信息。

2012 年 3 月 16 日，辽宁省本溪市人民政府官方微博“@ 本溪发布厅”（UID：1972597521）正式开通。

2012 年 3 月 16 日，安徽省马鞍山市人民政府印发《2011 年度马鞍山市政府信息公开工作报告》（马公开〔2012〕1 号）。《报告》要求，要“开通市政务公开主管部门的政务微博，提高信息公开的新兴渠道和传统媒介的互补性、普及性和便民性，确保政府信息公开更好地服务于马鞍山大建设、大发展的需要”。

2012 年 3 月 16 日，新疆维吾尔自治区乌鲁木齐市沙依巴克区网信办官方微博“@ 乌鲁木齐市沙依巴克区办公室”（UID：2597896353）正式上线运行。

2012 年 3 月 19 日，陕西省延安市人民政府门户网站官方微博“@ 延安发布”（UID：2654731231）上线进入测试运行。

2012 年 3 月 19 日，江苏省苏州工业园区官方微博“@ 苏州工业园区发布”（UID：2650783751）上线运行。微博简介：“一座‘中新合作’的城市、一座‘设计出来’的城市、一座‘智慧创新’的城市、一座‘圆融幸福’的城市，苏州工业园区，期待与您共筑一座非凡城市。”

2012 年 3 月 20 日，浙江县嘉兴市海盐县人民政府新闻办公室官方微博“@ 海盐发布”（UID：2665524435）上线运行。微博简介：“权威发布的新渠道，交流沟通的新桥梁，服务民生的新平台，对外宣传的新窗口。关注海盐，说说海盐那些事儿!”

2012 年 3 月 21 日，浙江省嘉兴市海盐县政务微博群在新浪微博上线开始试运行。该政务微博群由海盐县人民政府办公室牵头，共有 18 个政府部门和 8 个直属机构的官方微博。

2012 年 3 月 21 日，中共南京市委办公厅、南京市人民政府办公厅印发《南京市 2012 年反腐倡廉建设工作任务及责任分工》（宁委办发〔2012〕19 号）。文件明确，由南京市委宣传部牵头，上海市纪委、市监察局、市公安局、市文广新局协办，“健全反腐倡廉网络舆情收集、研判、处置和引导机制，运用互联网论坛、微博等现代传媒手段加强与群众的互动沟通，营造有利于反腐倡廉建设的舆论环境”。

2012 年 3 月 22 日，西藏自治区人民政府第四次常务会议审议通过，2012 年 3 月 23 日西藏自治区人民政府令第 109 号公布《西藏自治区互联网用户真实身份登记管理暂行办法》，自2012年5月1日起施行。《办法》第八条规定：在本行政区域内注册提供论坛、博客、微博客、搜索引擎等具有新闻舆论和社会动员功能的互联网、手机等新兴媒体业务的网站，应当向自治区互联网信息内容主管部门提出专项业务申请。提出专项业务申请的机构、组织和个人，应当提供所需的真实有效信息。

2012年3月22日，第20届“世界水日”，上海市水务局、上海市海洋局官方微博“@上海水务海洋发布”（UID：2698146984）携上海市水务海洋“1+9”系统政务微博群正式在新浪网、腾讯网、新民网、东方网对社会公众开通。

2012年3月22日，宁夏回族自治区公安厅官方微博“@平安宁夏”（UID：2676217373）正式上线运行。9时37分发布上线通告：“首先向网友们致以诚挚问候和美好祝愿。第一次面对你们，必然会有许多不足，今后也难尽善尽美，但你们的鼓励和支持永远是我们改进提高的不竭动力。希望这里成为新的‘警民之家’，常来串串门、唠唠嗑。虽无几盅浓茶淡酒，却可半夕说古道今。”

2012年3月22日，江西省南昌市场和质量监督管理局官方微博“@南昌市场和质量监督管理局发布”（UID：2673559383）上线运行。

2012年3月22日，江西省南昌市政公用集团官方微博“@南昌市政公用集团发布”（UID：2673559263）上线运行。

2012年3月22日，中共安徽省合肥市庐江县委宣传部官方微博“@庐江发布”（UID：2744247674）上线运行。

2012年3月22日，江西省南昌市进贤县官方微博“@南昌进贤发布”（UID：2673596451）上线运行。微博简介：“传递政务信息，关注社会热点，倾听民生诉求。这里是南昌市进贤县官方微博，欢迎朋友们与我们互动交流。”14时47分发布上线通告：“亲们！进贤县政务微博正式开通了，欢迎友们多提宝贵意见。”

2012年3月23日，江西省南昌市人民政府新闻办公室官方微博“@南昌发布”（UID：2418432711）上线试运行。3月29日上午8时30分，《微南昌》——“南昌发布厅”上线启动仪式在南昌市广播电视中心举行。时任中共南昌市委常委、常务副市长张鸿星致辞，时任中共南昌市委常委、宣传部部长曾光辉主持。上午8时50分，时任中共江西省委常委、南昌市委书记王文涛宣布“南昌发布厅”政务微博集群平台开通。

2012年3月23日，上海市国有资产监督管理委员会官方微博“@上海国资发布”（UID：2677967663）上线运行。微博简介：“从春天出发，快递国资资讯，交融交汇，收获在金秋；从今天开始，见闻国企发展，你我有约，明天更美好。这里是上海市国资委官方微博，欢迎围观！”15时48分发布上线通告：“‘上海国资发布’开始正式与您‘网上有约’！感谢您对上海国资国企的关爱、关注和支持。以后的日子，希望我们更加‘一网情深’。在这里，您将及时获得上海国资国企各类资讯；在这里，您将看到上海国企品牌背后的故事；在这里，您将认识很多优秀可爱的国企人；有你相伴，上海国资国企的明天必将更美好！”

2012年3月23日，上海市人民政府合作交流办公室官方微博“@上海合作交流发布”（UID：2662694093）上线运行。微博简介：“这里是上海市人民政府合作交流办公室官方微博。我们为大家提供上海与各地合作交流最新鲜的资讯，提供上海对内开放最权威的信息。欢迎围观，共话合作！”10时15分，发布上线通告：“朋友们，上海市政府合作交流办开织围脖啦！有朋自远方来，不亦乐乎，偶可是上海城市的会客厅，是上海与兄弟省区市的友谊桥梁哟！想知道最新鲜最赞的上海与各地往来合作的资讯，想知道上海对内开放最权威最嗲的信息，当然要来听我的广播咯！欢迎大家多来坐坐、多多走动！”

2012 年 3 月 23 日，江西省南昌市青云谱区官方微博“@ 南昌青云谱发布”（UID：2673596491）上线运行。微博简介：“人文生态慧圃，都市产业新城。”19 时 02 分发布上线通告：“青云谱区政务微博已经开通，欢迎大家关注。”

2012 年 3 月 25 日，江西省南昌市人力资源和社会保障局官方微博“@ 南昌人力资源和社会保障发布”（UID：2673559463）上线运行。

2012 年 3 月 26 日，《2012 年联合国电子政务调查报告：面向公众的电子政务》（中文版）在北京正式发布。该报告是唯一的有关全球的电子政务调查报告。此次中文版的翻译工作由联合国经济和社会事务部公共行政和发展管理司首次授权国家行政学院电子政务研究中心，由其负责完成。该报告对联合国 193 个成员政府近两年的电子政务发展进行了评估并排名，韩国、荷兰、英国名列前三名。中国在电子政务的整体发展中稳步前进，排名第 78 位。报告特别指出，“如今是社交媒体（如微博等）迅速崛起的时代。特别是亚洲地区和太平洋地区的社交媒体获得了史无前例的发展，成为这两个地区网络使用的主要方式”。报告并认为，“在逐渐提高公众对电子政务的使用率方面，社交媒体拥有很大的潜力。如何有效地利用社交媒体带来的机遇已经成为一个重要的公共服务议题。社交媒体为政府提供信息和公共服务创造了新的渠道，同时也能实现服务效益的最大化”。报告建议，“政府部门要利用社交媒体提高公共服务的质量，降低成本，增加政府透明度”。

2012 年 3 月 26 日，全国首个省级公安系统微博服务平台“湖北公安微博服务厅”正式上线发布。湖北公安微博服务厅以湖北省公安厅官方微博“@ 平安荆楚”（UID：1917433500）为龙头，全面聚合“@ 平安武汉”“@ 平安荆门”“@ 湖北交警”“@ 湖北消防”“@ 平安建始”“@ 十堰车管”“@ 警察三哥”等省内知名公安微博及其他 200 余个公安微博账号，涵盖省公安厅、市州公安局、部门警种、县市区公安局、基层所队、民警个人工作微博等六个层级类别。

2012 年 3 月 27 日，甘肃省公安厅官方微博“@ 甘肃公安”（UID：2607534827）正式开通。

2012 年 3 月 27 日，共青团陕西省委发出《关于进一步加强全省各级团组织运用微博的通知》（陕团办发〔2012〕48 号）。《通知》要求，要更加广泛开通微博，通过上下联动、资源整合、统一形式，努力构建起更具规范效应和社会影响力的陕西共青团“微博军团”；要加强微博内容建设，把微博建成联系青年、引导青年、服务青年的重要渠道，使陕西共青团微博群成为传播积极健康向上信息和文明理性表达意见的新平台；要抓好各项任务落实，统一标识、亮明身份，强化督导、注重实效，加强培训、提高质量。

2012 年 3 月 28 日，上海市教育委员会官方微博“@ 上海教育”（UID：2728483914）上线运行。9 时 30 分发布上线通告：“春风拂面、春意盎然，踏着春天的脚步，上海市教委官方微博‘上海教育’今天来到您的身边。在这里，我们传递教育资讯，传播教育理念；在这里，我们解读教育政策，解答教育疑惑……请大家多关注、多支持，让我们聚焦上海，共话教育！”

2012 年 3 月 28 日，甘肃省定西市外宣办官方微博“@ 定西发布”（UID：2626472813）上线运行。微博简介：“定西市位于甘肃中部，是古丝绸之路重镇和新欧亚大陆桥必经之地，距省会兰州98公里。全市总面积2.033万平方公里，现辖安定及通渭、陇西、渭源、临洮、漳县、岷县1区6县，常住人口293.51万人。总耕地面积770.2万亩，农民人均2.9亩。全市海拔1420～3941米，年降水量350～600毫米，年平均气温7℃，无霜期140天。”

2012年3月28日，上海市浦东新区周浦镇人民政府官方微博“@周浦发布”（UID：2746657054）上线运行。

2012年3月28日，四川省德阳市旌阳区人民政府新闻办公室官方微博“@旌阳发布台”（UID：2629025941）上线运行。微博简介：“讲述旌阳故事，传播旌阳声音，展示旌阳形象！”

2012年3月28日，江西省南昌市西湖区官方微博“@南昌西湖区发布”（UID：2673596471）上线运行。微博简介：“西湖自古钟灵毓秀，素有‘千年南昌看西湖’的美誉。46.8万充满激情和智慧的西湖儿女，期待你们的关注和支持。”15时29分首发微博：“西湖区，牢占南昌中心地位，辖桃花镇、朝农管理处及10个街道，设13个行政村，112个社区，24个家委会，在建设全省乃至中部城区的‘经济强区、文化大区、幸福城区’目标引领下，34.8平方公里区域激荡起改革开放的风雷，50.4万创业大军奔涌起科学发展的热潮，正书写着城市改造开发、跨越赶超的魅力映象。”

2012年3月29日，北京市东城区卫生局官方微博“@健康伴您同行”（UID：2686145343）上线运行。

2012年3月29日，浙江省慈溪市人民政府新闻办公室官方微博“@慈溪发布”（UID：2588129880）上线运行。14时27分发布上线通告：“大家好，这里是慈溪的对外窗口！让我们聆听这个城市，传递信息，分享快乐，感受进步。欢迎围观，共话慈溪！”

2012年3月29日，甘肃省天水市外宣办官方微博“@天水发布”（UID：2626472857）上线运行。

2012年3月29日，甘肃省庆阳市外宣办官方微博“@庆阳发布”（UID：2626487685）上线运行。

2012年3月30日，上海市卫生局印发《关于贯彻落实〈卫生部关于全面加强和改进卫生新闻宣传工作的意见〉的若干实施意见》（沪卫新闻〔2012〕001号）。《意见》要求，进一步加强健康教育，统筹协调新闻媒体与医疗卫生行业两种健康教育资源，打造一批健康教育宣传品牌。要善于创新卫生健康知识传播形式，有计划地挖掘和培养一批卫生科普专家队伍，鼓励广大医疗卫生工作者通过开设博客、微博等多种形式开展健康教育。要进一步提升卫生新闻宣传能力，不断提高运用新媒体能力，充分运用网络、微博、手机等新媒体的传播优势开展新闻宣传，掌握传播主动权、拓展传播渠道、扩大传播范围。

2012年3月30日，武汉市互联网宣传管理暨新闻发布工作会议召开，会议下发了《关于加强我市政务微博客和网络新闻发布管理工作的实施意见》。《意见》要求，武汉市各区、政府部门开设微博，以考核为抓手不断提升发布水平和质量。

2012年3月30日，上海市奉贤区人民政府新闻办公室官方微博“@上海奉贤发布”（UID：2643346122）上线运行。9时38分发布上线通告：“春天里，上海市奉贤区人民政府新闻办官方微博在新浪网正式上线了，在这里，‘奉贤发布’将第一时间为您提供奉贤的新闻资讯和各类信息，让我们一起传递信息，分享快乐。我们期待您的关注和支持。”

2012年3月30日，江西省南昌市教育局官方微博“@南昌教育发布”（UID：2673559413）

上线运行。

2012年3月31日，甘肃省公安厅官方微博群“甘肃公安微博发布厅”举行上线启动仪式，发布厅聚合了省、市、县3级公安机关222个官方微博。

2012年3月31日，北京市昌平区纪委监察局官方微博“@廉政昌平”（UID：2685445267）上线运行。微博简介：“讲述警察故事，架起沟通桥梁。这里是北京市公安局昌平分局官方微博，在这里您可以了解到昌平警方的新闻资讯。欢迎您给我们提出意见和建议。”11时30分，发布上线通告：“大家好，这里是昌平区纪委监察局官方微博，传递权威声音，提供信息资讯，倾听社情民意，回应社会关切，真诚期待与您的交流！”

四月

2012年4月6日，江苏省无锡市人民政府新闻办公室官方微博“@无锡发布”（UID：2696049583）上线试运行。微博简介：“太湖佳绝处、运河水弄堂、灵山吉祥地、百年工商城。这里是无锡市人民政府新闻办公室官方微博——权威发布，服务民生，我们邀您共话无锡。”

2012年4月6日，上海市体育局官方微博“@965365上海体育发布”（UID：2683482033）上线运行。13时50分发布上线通告：“暮春花香，草长莺飞。在这个充满希望的季节，上海市体育局官方微博正式与大家见面了。在这里我们将与粉丝们共同‘围观’申城健儿的成长，感受体育赛事的魅力，分享健身活动带来的快乐，欢迎‘加粉’，可不要轻易‘取消关注’哦！”

2012年4月6日，江西省南昌市高新区官方微博“@南昌高新区发布”（UID：2673559233）上线运行。微博简介：“南昌高新区创建于1991年3月，1992年11月被国务院批准为国家级高新技术产业开发区。是江西省综合实力和创新能力最强的国家级开发区。”16时24分发布上线通告：“大家好！南昌高新区管委会政务微博‘南昌高新区发布’正式开通了。欢迎网友们就‘@’我们，进行信息交流互动。”

2012年4月8日，中国互联网协会发出《抵制网络谣言倡议书》，呼吁互联网行业履行社会责任，加强行业自律，自觉抵制网络谣言传播。倡议书说，网络谣言的传播成为一大社会公害，严重侵犯公民权益，损害公共利益，也危害国家安全和社会稳定，希望互联网业界采取有力措施抵制网络谣言，营造健康文明的网络环境，推动互联网行业健康可持续发展。

2012年4月9日，全国医疗卫生领域第一个微博集群系统——北京市卫生局官方微博“首都健康微博平台”正式上线。

2012年4月9日，甘肃省陇南市外宣办官方微博“@陇南发布”（UID：2626472827）上线运行。微博简介写道：“美丽陇南，魅力无限……陇南市委外宣办新闻发布官方微博——发布陇南消息，传播陇南声音，讲述陇南故事，展示陇南风光，推介陇南产品。”

2012年4月10日，国家森林防火指挥部办公室官方微博“@国家森林防火指挥部办公室”（UID：2678993495）通过微博平台认证，正式上线。

2012年4月11日，海南省信访局官方微博“@海南信访群众之家”（UID：2755667950）正式上线运行，这也是全国首个“信访微博”。发布上线通告称：“这里是中共海南省委群众工作部、海南省信访局官方微博。让我们共同努力，为密切党和政府与群众血肉联系，维护人民群众合法权益，构建社会主义和谐社会而共同努力。感谢您的关注，欢迎与我们沟通！”

2012年4月11日，中共甘肃省平凉市委、平凉市人民政府官方微博“@平凉发布”（UID：2626487681）上线运行。微博简介：“第一时间权威发布平凉党务政务信息和民生服务资讯，解读重要政策法规，阐释社会热点难点，回应社会公众关切，为您打开一扇走进平凉、了解平凉的窗口，搭建一座互动交流、加深理解的桥梁。”

2012年4月11日，江西省南昌市公共交通总公司官方微博“@南昌公交发布”（UID：2705654241）上线运行。

2012年4月12日，由中共海南省委群众工作部、海南省信访局开设的全国首个省级信访政务微博“@海南信访”正式上线。首发微博：“海南春早，亲们，早安。感谢您对海南群众的关注，欢迎与我们沟通！”

2012年4月13日，中国人民大学舆论研究所发布《中国社会舆情年度报告（2012）》。该报告指出，2011年全年具有社会影响力的网络热点事件总计349个，平均每天0.96个，“中国已进入危机常态化社会”。

2012年4月13日，由湖北省公安厅、人民公安报社、腾讯科技（深圳）有限公司共同举办的“警务微博标准化调研与实践论坛（湖北分论坛）”在湖北武汉召开。

2012年4月17日，广东省深圳市龙岗区人民政府新闻办公室官方微博“@龙岗发布”（UID：2233211910）上线运行。微博简介：“@龙岗，i龙岗，分享城事，倾听民声，龙岗因您而更加精彩！”

2012年4月17日，中共安徽省合肥市肥东县委宣传部官方微博“@肥东发布”（UID：2709898807）上线运行。微博简介：“关注包公故里的平台，通达社情民意的桥梁，展示肥东形象的窗口。这里是中共肥东县委宣传部官方微博，连通你我他，肥东发布愿与大家一道共建幸福肥东。”

2012年4月18日，山西省人民政府新闻办公室官方微博“@山西发布”（UID：2726922721）上线运行。微博简介：“品文化三晋，看开放山西，传递政声，聚焦民生。关注山西，关注山西发布。山西大小事请您‘@’我。”

2012年4月18日，时任澳大利亚总理陆克文开通个人官方微博“@陆克文先生”（UID：2726223703），这是首个入驻的外国政要元首官方微博。

2012年4月19日，湖南省衡阳市网络新闻宣传管理办公室、衡阳市互联网信息办公室官方微博“@衡阳发布”（UID：1417678504）上线运行。

2012年4月20日，中共银川市委办公厅、银川市人民政府办公厅印发《银川市党务政务网络平台管理暂行办法》（银党办发〔2012〕46号）。《办法》确定，银川市委、市政府成立“党务政务网络平台建设管理领导小组”，领导小组下设办公室在市委督查室，负责“@问政银川”微博的运行管理，对全市各单位各部门办理微博问政工作情况进行协调指导、监督检查、督查督办。全市合力构建以群众信息需求为中心，集新闻信息发布、舆情监测引导、群众诉求解决、效能监督督查为一体的综合性党务政务微博群。《办法》界定，“@微博银川”是市委、市政府工作微博，主要对外展示银川城市形象。“@问政银川”是银川党务政务网络平台工作专用微博，主要功能是受理群众诉求、转办督办诉求事项、工作督查问责。《办法》明确，对各类党务政务信息和涉及群众生活的公共信息，特别是灾害性、突发性事件，要在事件发生后的1小时内获得信息，并第一时间通过政务微博进行发布。要建立以“@问政银川”微博为核心体系的微博问政模式。群众通过微博向“@微博银川”“@问政银川”提出投诉举报、意见建议、咨询求助后，统一由“@问政银川”负责受理、转办、督办、反馈。微博问政办理实行限时办结制。对通过“@问政银川”及@本单位微博反映的事项，责任部门应当在第一时间予以响应，原则上工作日不超过4小时，休息日不超过24小时。

2012年4月23日，“甘肃微博发布厅”在人民微博、新浪微博正式上线。甘肃全省共2600多家政务机构入驻，成为当时政务微博平台中入驻机构用户最多的一家。时任甘肃省委常委、宣传部部长连辑特意为平台上线题词：“网上亲民，网下办事；民生在线，平等交流；发挥微博优势，服务甘肃人民。”

2012年4月23日，河北省环境保护厅官方微博“@河北环保发布”（UID：1630430145。现已变更为河北省生态环境厅官方微博“@河北生态环境发布”）上线运行。

2012年4月23日，甘肃省张掖市外宣办官方微博“@张掖发布”（UID：2725760881）正式上线运行。10时15分，发布上线通告：“一山一水一古城，宜居宜游金张掖！张掖发布正式在新浪微博上线了，谨代表128万张掖人民向关心、支持张掖经济社会发展的广大微友道一声：你们好，并表示衷心的感谢！希望你们一如既往的关注张掖、关心张掖！”

2012年4月23日，浙江省余姚市政府新闻办公室官方微博“@余姚发布”（UID：2588129872）上线运行。15时05分发布上线通告：“迎着春风，‘余姚发布’今天正式使用了。我们将为大家提供及时准确的政务信息和丰富多彩的实用资讯，使之成为余姚这座幸福城市的最新名片。请大家强力关注，共话余姚。”

2012年4月23日，甘肃省金昌市外宣办官方微博“@金昌发布”（UID：2626487665）上线运行。

2012年4月24日，广西壮族自治区北海市人民政府新闻办公室官方微博“@北海发布”（UID：2177412401）正式上线运行（4月12日已试运行）。11时42分发布上线通告：“亲们，踏着春天脚步，‘北海发布’今天正式上线了，这是北海市人民政府新闻办公室的官方微博。我们将为关心北海的您，提供及时准确的政务信息和丰富多彩的实用资讯。我们聆听民声，传递信息，分享快乐，感受进步。我们期待有您的关注，将为北海社会发展增添生机和活力。”

2012年4月24日，云南省文山州人民检察院官方微博“@文山州人民检察院”（UID：1871836000）直播全州纪检政工会议。

2012年4月24日，安徽省滁州市信访局官方微博“@滁州信访”（UID：2719738333）上线运行。

2012年4月26日，全国总工会在北京隆重举行了“百名全国劳模新浪微博开通仪式”。在全国总工会的组织下，来自全国各地的100名全国劳模以郭明义为榜样，统一开通新浪微博，弘扬劳模精神，推进社会主义核心价值体系建设和健康网络文化建设。全国总工会副主席、书记处第一书记王玉普出席开通仪式并讲话。

2012年4月26日下午，“人民日报校园行——复旦大学之行”正式启动。时任人民日报社社长张研农在与复旦大学学子现场交流对话时说：“人民日报人在新媒体格局中具有强烈的危机意识。一位年轻编辑在社内培训时举出了‘对手’——‘微博女王’姚晨，微博粉丝1955万，这意味着，她每一次发言的受众，比《人民日报》发行量多出近7倍。”

2012年4月26日，腾讯首站“微博民生服务日”在河北省开展，河北省农业厅、水利厅、司法厅、消防总队、农林科学院、公安厅六家政府部门做客腾讯河北办事处，通过各自的官方认证微博在线为网友解答问题。

2012 年 4 月 27 日，广东省佛山市禅城区人民政府新闻办公室官方微博“@ 禅城发布”（UID：2710760267）上线运行。微博简介：“我家门前有祖庙，请了北帝来坐阵，从此风调又雨顺；我家后院有古灶，薪火不绝五百年，烧得陶瓷美名扬。常来我家坐，听我唠叨‘小家常’。”

五月

2012 年 5 月 3 日，时任联合国副秘书长、联合国开发计划署署长、联合国发展集团主席海伦克拉克注册开通个人官方微博“@ 海伦克拉克”（UID：2748562521），这也是首个联合国高级官员微博。5 月 5 日 16 时 01 分，发布上线通告向中国网友致意：“中国朋友们好！我是海伦克拉克 . I want 2 share w/ u future I want：A sustainable & equitable world which has resilient countries & individuals-everyone can cope，act & rise 2 the daunting dev. challenges in the future，while respecting the boundaries of nature.”

2012 年 5 月 4 日，中共湖南省委办公厅、湖南省人民政府办公厅印发《关于深化政务公开加强政务服务的实施意见》（湘办发〔2012〕16 号）。《意见》明确，要深入实施政府信息公开条例，充分运用政府网站、政府公报、政务微博和新闻发布会等形式公开政府信息。要按照建设服务型政府的要求，构建以政务服务中心和电子政务等为主要平台，覆盖省、市州、县市区、乡镇（街道）、村（社区），“上下联动、横向协调、公开透明、廉洁高效”的政务服务体系，逐步实现政务服务均等化、规范化、高效化，提供公众满意的政务服务。建立健全“党委领导、政府主抓、政府办公厅（室）协调、监察部门监督”的领导体制和工作机制。

2012 年 5 月 4 日，河北省唐山市人民政府新闻办公室官方微博“@ 唐山发布”上线运行。微博简介：“唐山，是历史悠久的古地、文化灿烂的名城、资源丰富的沃土、中国近代工业的摇篮、凤凰涅槃的奇迹、可持续发展的前沿，一座创造奇迹与梦想的城市。”

2012 年 5 月 6 日，甘肃省兰州市城关区官方微博“@ 城关发布”（UID：2794517172）上线运行。

2012 年 5 月 7 日，上海市人口计生委召开专题会议，研究推进政务微博和政府信息公开工作。会议指出：人口计生政务微博是沟通人口计生部门和群众的有效载体，人口计生工作者要提高认识，进一步增强做好政务微博工作的责任感和使命感；要明晰定位，使微博成为做好群众工作的载体，要及时发布权威信息，回应社会关切。近期重点抓好三个方面工作：一是加强政务微博培训；二是建立政务微博工作沟通例会制度；三是高度关注网民评论，及时回应网民疑问。

2012 年 5 月 7 日，国家林业局官方微博“@ 国家林业局”（UID：2749447053，现已更名为“@ 国家林业和草原局”）通过微博平台认证，正式上线。

2012 年 5 月 8 日，国家地震台网官方微博“@ 中国地震台网速报”（UID：1904228041）通过微博平台认证，正式上线。

2012 年 5 月 8 日，中共河南省郑州市中原区委、区政府信访局官方微博“@ 郑州市中原信访”（UID：2726720503）上线运行。微博简介：“郑州市中原区信访局官方微博。本平台只用于宣传信访政策及法律法规，感谢您的关注。”9 时 31 分，发布上线通告：“欢迎广大群众依法依规反映问题，我们通过微博提供热情、便捷、畅通的诉求受理渠道，并将按照《信访条例》的有关规定为大家排忧解难。”

2012 年 5 月 14 日上午 10 时，中共中央政治局委员、广东省委书记汪洋在十一届中共广东省委常委与网民在线交流会上发表讲话：“其实，我每天都看新浪微博，而且经常能看到批评我的留言。当然，这可以理解，我们是执政者，我们是公仆，主人说仆人几句也是合情合理的。今天，新一届省委常委集体与网民在线交流，目的在于引导各级党委、政府和各级领导干部更注意来自网络的声音。因为在这个平台上大家可以更大胆、更直率、更尖锐地对执政者提出意见，使我们真正做到兼听则明，通过网络征询民意，推动工作，促进科学决策。”①

2012 年 5 月 14 日，新浪发布全国首个《政务微博运营规范手册》。运营规范手册全方位囊括政府机构官方微博、政府官员个人微博及政务微博发布厅运营规范，为我国政务微博发展指明道路，并为政务微博与民众的交流沟通，解决民生相关问题提供有效途径。

2012 年 5 月 15 日，江阴市人民政府新闻办公室官方微博“@江阴发布”（UID：2278476553）正式上线运行。微博简介：“城不在大，而在于山有势，水有灵，物有来历，人有精神。江阴，就这样占尽了天时地利人和，从古到今。”

2012 年 5 月 17 日，浙江省杭州市市场监督管理局官方微博“@杭州市市场监督管理局”（UID：2797439000）上线运行。

2012 年 5 月 18 日，时任中共上海市委书记俞正声在中国共产党上海市第十次代表大会上所做的报告《创新驱动转型发展为建设社会主义现代化国际大都市而奋斗》中，明确提出：“健全新闻发布网络和工作制度，建好以‘上海发布’为核心的政务微博群，完善舆情研判和应对机制，做好突发公共事件新闻报道和舆论引导。”这是“政务微博”第一次被正式写入党代会报告。

2012 年 5 月 18 日，中共江西省吉安市委外宣办、吉安市政府新闻办公室官方微博“@吉安发布”（UID：2801324472）上线运行。

2012 年 5 月 20 日，上海市公安局普陀分局官方微博“@警民直通车－普陀”（UID：2808400820）上线运行。

2012 年 5 月 21 日，贵州省贵阳市人民政府常务会议通过《贵阳市计算机信息网络安全保护管理办法》，自 2012 年 7 月 1 日起施行。《办法》明确将“在互联网上以论坛、聊天室、留言板、博客、微博等交互形式为上网用户提供信息发布条件的行为”纳入网络安全保护范围。

2012 年 5 月 21 日，共青团中央青少年权益部“共青团 12355 青少年服务台微博发布厅”正式上线。主要包括三个部分，分别是共青团 12355 微博发布厅、12355 微博交流群、12355 合作专家微博。

2012 年 5 月 21 日，全国首个镇级微博发布厅“长安镇微博发布厅”在广东省东莞市长安镇启动上线。“长安镇微博发布厅”首批上线的微博成员包括长安镇人民政府官方微博“@欢乐长安”（UID：2249455914）在内的 50 个已获新浪认证的镇内党政部门及单位、社区、文体协会的官方微博。

---

① 广东政法网，http：//www.gdzf.org.cn/zfyw/201205/t20120515_271809_1.htm。

2012 年 5 月 22 日，广州市第十四届人大常委会第八次主任会议通过《广州市人大常委会立法官方微博管理办法》，自 2012 年 6 月 1 日起施行。《办法》第五条规定：“本会立法工作应当在立法官方微博向社会公开，通过微博征集立法建议、征询公众意见、讨论立法内容、解答立法询问，征集参加立法听证会和征求意见座谈会的与会代表等。”第六条明确，“立法计划、规划项目征集及论证；法规案征求意见；立法调研；常委会或者专门委员会对法规案的审议；法规案的通过；法规的批准及公布；立法后评估；法规清理；回应公众的立法意见；以及其他需要发布微博信息的立法工作或者活动”，“应当通过立法官方微博发布信息”。

2012 年 5 月 22 日，广西壮族自治区柳州微博发布厅在新浪微博上线。

2012 年 5 月 22 日，广西壮族自治区“柳州微博发布厅”（链接：http://city.weibo.com/g/lzfb）在新浪网正式上线。这是广西壮族自治区首个上线市级政务微博发布厅。

2012 年 5 月 23 日，广东省人民政府新闻办公室官方微博“@广东发布”（UID：2775872784）上线运行。微博简介：“沐改革开放春风，蕴科学发展活力。南粤热土有你关注的目光，有你奉献的身影，更有你热切的期盼。”15 时 05 分发布上线通告：“广东省人民政府新闻办公室官方微博‘@广东发布’正式落户新浪网了，这里有权威信息、生活资讯，这里倾听群众心声、汇集网民智慧。欢迎您的关注和鼓励，共同推动与分享广东科学发展的辉煌。”

2012 年 5 月 28 日，湖南省湘潭市岳塘区微博发布厅上线运行。

2012 年 5 月 28 日，江西省南昌市信访局官方微博“@南昌信访发布”（UID：2805171502）上线运行。

2012 年 5 月 28 日，四川省泸州市政府新闻办公室官方微博“@中国酒城－醉美泸州”（UID：2815494720，2018 年 4 月 19 日 18 时 20 分，微博公告正式更名为“@泸州发布”）上线运行。

2012 年 5 月 28 日，中国健康教育中心、卫生部新闻宣传中心官方微博“@中国健康教育官方微博”（UID：2775892915）通过微博平台认证，正式上线。

2012 年 5 月 29 日，教育部新闻办公室官方微博“@微言教育”（UID：2737798435）通过微博平台认证，正式上线。

2012 年 5 月 29 日，四川省监狱管理局官方微博“@四川监狱”（UID：2801287904）上线运行。

2012 年 5 月 29 日，河北保定互联网信息办公室官方微博“@保定发布”（UID：2779486914）上线运行。

2012 年 5 月 30 日，浙江省公安厅在杭州举办“网上办事大厅”启动仪式，同时由浙江公安与腾讯微博联合打造的“微博发布厅”正式上线，开创了浙江公安电子政务新阶段。与此同时，在“微博发布厅”中，浙江公安微空间首推机动车违法信息查询功能。

2012 年 5 月 31 日，山东省第十一届人民代表大会常务委员会第三十一次会议通过《山东省突发事件应对条例》，自 2012 年 9 月 1 日起施行。《条例》第 33 条明确“预警信息可以通过广播、电视、报刊、互联网、微博、手机短信、防空警报、电子显示屏、有线广播、宣传车、传单等方式发布”，将“微博”作为突发事件预警信息的法定渠道之一。

2012 年 5 月 31 日，中共重庆市北碚区委宣传部官方微博“@北碚发布”（UID：2739096774）上线运行。10 时 48 分发布上线通告：“热烈祝贺重庆政务微博报告发布暨‘重庆微政务’政务微博群第二批上线仪式取得圆满成功！”

六月

2012 年 6 月 1 日，河北省公安机关官方微博群“河北公安发布厅”正式落户新浪微博。发布厅以河北省公安厅政务微博为龙头、各市公安局政务微博为主干、县（区）公安（分）局政务微博为触角，目前有河北省公安机关 307 个政务微博入驻。

2012 年 6 月 1 日，《广州市人大常委会立法官方微博管理办法》正式开始施行。《办法》规定，广州市人大常委会立法工作要在立法官方微博上向社会公开，并通过微博征集立法建议、征询公众意见等。

2012 年 6 月 5 日，中共广东省珠海市金湾区委宣传部官方微博“@金湾发布”（UID：2782551632）上线试运行，6 月 6 日通过政府官方微博认证。

2012 年 6 月 7 日，上海证券交易所官方微博“@上交所发布”（UID：2819043642）上线运行。

2012 年 6 月 8 日，广东省高级人民法院官方微博“@广东省高级人民法院”（UID：2781790222）注册上线。微博简介：“这里是广东省高级人民法院的官方微博，我们秉持公正、公开、亲民的信念，为建设法治广东而努力。”

2012 年 6 月 8 日，广东省广州大学城管委会官方微博“@广州大学城发布”（UID：2736705373）上线运行。微博简介：“广州大学城位于广州番禺小谷围岛及南岸地区，是国家一流的大学园区，华南地区高级人才培养、科学研究和交流中心，产学研一体化发展的城市新区。”15 时 33 分发布上线通告：“大家好，广州大学城管委会官方微博试运营中，欢迎大家关注。感谢！”

2012 年 6 月 12 日，国务院国有资产管理委员会新闻中心官方微博“@国资小新”（UID：2752396553）正式开始运行。17 时 54 分，发布上线通告：“亲们！小新来了，与您连线，向您学习，和您快乐在一起！”

2012 年 6 月 12 日，广东省惠州市人民政府新闻办公室官方微博“@惠州发布”（UID：2823995382）上线运行。微博简介：“崇文厚德，包容四海，敬业乐群。关注惠州，就‘@’惠州发布。‘惠州发布’邀您共话惠民之州、幸福之城。美丽惠州以热情、开放的姿态欢迎您的到来！”10 时整发布上线通告寄语：“惠州市人民政府新闻办公室官方微博正式开通啦！我们将在这里及时发布信息，服务民生，沟通交流。微力量，聚人气！晒民生，话发展！”

2012 年 6 月 12 日，浙江省温州市洞头区人民政府新闻办公室官方微博“@洞头发布”（UID：2789020780）上线运行。微博简介：“传递权威信息，专注您所关注。倾情海霞故乡、海上花园，打造一港四岛、生态智诚，构筑东方时尚岛。这里是洞头县人民政府新闻办官方微博，欢迎围观。”

2012 年 6 月 12 日上午，由浙江省海宁市司法局编辑的《司法行政社会管理创新微博研讨会文稿选编》正式与广大读者见面。该书共收入来自司法系统、高校、基层调委会等 33 名作者的 34 篇文章。

2012 年 6 月 14 日，由中国国际公共关系协会和中国人民公安大学警察公共关系研究会共同组织的第二届“中国最佳警察公共关系案例赛”评选结果揭晓。经专家评审，北京市公安局凭借报送的案例《“平安北京”与首都警察公共关系建设》与广东省肇庆市公安局凭借报送案例《平安肇庆——中国公安第一微博》等6个单位获得第二届中国警察公共关系最佳案例赛金奖。

2012年6月15日至17日，全国公安机关派出所大规模网上“警营开放日”暨大型微博互动直播活动“派出所的一天”在全国展开。

2012年6月15日，新华网官方微博“@新华网”（UID：2810373291）正式登录新浪微博。11时19分，首发微博：“新华网官方微博今日在新浪微博上正式开通。新华网官方微博在运营过程中将秉持‘权威、准确、及时、理性’原则，严格遵守国家法律和相关规定，坚决杜绝虚假、低俗及损害公众和社会利益的有害信息传播，致力于24小时发布全球重大新闻，披露权威信息和重要消息，积极回应社会热点和网民关切。”

2012年6月18日，中共马鞍山市委宣传部下发《关于建设“马鞍山发布”政务微博的通知》（马宣〔2012〕42号）。《通知》明确，成立“马鞍山发布”政务微博推进领导小组，领导小组下设办公室在市委宣传部，统筹协调微博运行。由各县区及市直相关单位组成“马鞍山发布”政务微博首批信息成员单位。对网民提出的咨询、投诉、举报等社会热点问题，“马鞍山发布”收集整理后，按职责分工交办到相应部门单位。一般性问题回复经编辑部审核后发布，重大敏感问题回复需上报政务微博推进领导小组办公室审核后发布。部分不宜在网上回应的，责任部门应及时协调线下解决；对热点问题的回应，原则上不超过2个小时。

2012年6月18日，深圳政务微博平台——“深圳微博发布厅”在腾讯网和深圳新闻网正式上线。同步上线的还有深圳新闻网“深圳市网络答政平台”。首批加入“深圳微博发布厅”的共有29家单位，包括全市6个区和4个新区，以及与民生密切相关的各市直单位。

2012年6月18日上午，广东省广州市番禺区政府新闻办公室官方微博“@广州番禺发布”（UID：2812700960）上线启动仪式在广州市番禺区会议中心举行。“@广州番禺发布”与全区24家政务微博同时上线运行，组成番禺政务微博发布厅。

2012年6月21日，上海市教育委员会办公室印发《关于做好“上海教育”微博信息报送工作的通知》（上教委办〔2012〕11号）。《通知》要求，落实专人负责信息报送工作，加大报送力度，主动收集资料，发掘信息，加强报道的预见性、时效性，做到“积极报、及时报、不漏报”。报送微博信息可通过电子邮件（E－MAIL）、微博私信、微博@、飞信等多种方式。报送信息每则计3分；报送的信息被选用发布每则另加5分；非报送，“上海教育”微博自行转发的信息每则计2分。

2012年6月25日，浙江省公安厅官方微博“@浙江公安”（UID：2577039065）开设集中展示逃犯信息的“百人通缉”专题栏目，并随时更新。涉嫌的犯罪类型包括故意杀人、抢劫、盗窃、诈骗、贪污等，其中多数涉嫌命案。通缉令的最高悬赏金额为3万元，最低为500元。苍南人王某成为首个自首的逃犯。

2012年6月26日，中华人民共和国商务部新闻办官方微博“@商务微新闻”（UID：2848929290）通过微博平台认证，正式上线运行。这是继外交部、铁道部后，国家部委层面开通的第三个官方微博。微博简介：“微言国内外商务大情小事，博道线上下新闻后果前因。”15时07分发布上线通告：“‘商务微新闻’和大家见面啦！我们将以‘微新闻’为针线，用真情编织五彩围脖，关注最新对外经贸信息，也关心您的菜篮子，更期待您的支持!”

2012 年 6 月 27 日，青海省人民政府新闻办公室官方微博“@ 青海发布”（UID：2782520515）上线试运行。

2012 年 6 月 28 日，国家卫生健康委员会官方微博“@ 健康中国”（UID：2834480301，随着机构改革，该微博名称先后曾为：国家卫生部官方微博、国家人口和计划生育委员会官方微博）上线运行。微博简介：“传递政务资讯，播报行业信息，关注您的关注，聆听您的声音。在通往健康幸福的道路上，我们与您同行。”

七月

2012 年 7 月 3 日，广东省深圳市大鹏新区官方微博“@ 大鹏发布”（UID：2858032384）上线运行。微博简介：“蓝图绘就，华章正谱。这里是大鹏发布，我们将为你传递资讯，和你分享每一天。”

2012 年 7 月 6 日至 8 月 1 日，广东省广州市人大常委会在大粤网开展了为期 27 天的《广州市违法建设查处条例》立法问卷调查，共有 1056 人参加，同时在“@ 广州市人大立法”官方微博上收集网友意见。这是广州首次将微博意见纳入违法建设立法考量。

2012 年 7 月 6 日，中共浙江省宁波市江北区委、区政府官方微博“@ 江北发布”（UID：2588129852）上线运行。

2012 年 7 月 9 日，上海市人民政府办公厅公布由上海市政务公开办制定的《2012 年上海市政务公开和政务服务工作要点》（沪府办发〔2012〕46 号）。《要点》要求，要搞好重大突发事件相关信息的主动公开，及时、客观公布事件进展、政府应急举措、公众防范措施和调查处理结果，积极运用政务微博等新媒体，主动回应社会关切，正确引导社会舆论。

2012 年 7 月 10 日，广东省深圳市互联网信息办公室官方微博“@ 深圳微博发布厅”（UID：2892786960）上线运行。微博简介：“深圳，一座年轻的城市，充满活力和梦想，是观察当代中国的重要窗口。‘深圳微博发布厅’是这座城市的政务微博平台。”16 时 05 分发布上线通告：“看城市变迁，聚民生百态，话纷繁世事，品多彩生活。‘@ 深圳微博发布厅’7 月 11 号登陆新浪，同时进驻发布厅的还有深圳各区和市直有关部门等 35 个成员单位的政务微博。欢迎围观，欢迎转播。”

2012 年 7 月 10 日，广东省深圳市福田区人民政府官方微博“@ 福田发布”（UID：2858056932）上线运行。

2012 年 7 月 10 日，广东省深圳市盐田区政府新闻办官方微博“@ 盐田发布”（UID：2859077850）上线运行。

2012 年 7 月 11 日，全国首个省级共青团微博发布厅——四川共青团腾讯微博发布厅正式上线。省、市、县三级团的领导机关 208 个官方微博共聚发布厅平台，实现了发布信息和提供服务功能的聚合。

2012 年 7 月 11 日，山东省青岛公安微博发布厅在新浪微博上线运行，实行 24 小时在线服务，对网上服务事项第一时间回应。青岛公安微博发布厅由青岛市公安局与新浪微博合作建立，该微博群共包括公安、交警、网警、派出所等 152 个微博。

2012 年 7 月 11 日，中共广东省深圳市龙华区委宣传部官方微博“@ 深圳龙华发布”（UID：2867284742）上线运行。

2012 年 7 月 12 日，安徽省马鞍山市教育局官方微博“@ 马鞍山教育”（UID：

2903129280）注册上线，7 月 30 日正式运营。

2012 年 7 月 12 日，中共江苏省靖江市委宣传部官方微博“@靖江发布”（UID：2867366110）上线运行。微博简介：“靖江，建县于明成化七年（公元 1471 年）。孙权在这里围垦牧马，岳飞在这里赠袍移民。这里是伟大的渡江战役起点，被誉为‘东线第一帆’升起的地方。靖江，总面积 665 平方公里，常住人口 68.58 万人。2015 年，位列全国百强县（市）排名第 25 位。靖江有 52.3 公里长江岸线，是中国最早获得批准的沿江开放城市之一，国家一类开放口岸。”

2012 年 7 月 18 日，全国检察机关首个微博发布厅——浙江检察新浪微博发布厅正式上线开通。浙江省检察院和杭州、宁波、温州、绍兴市检察院等 23 个检察院的官方微博第一批入驻发布厅。

2012 年 7 月 18 日，中共安徽省马鞍山市委宣传部新闻发布官方微博“@马鞍山发布”（UID：2549578244）上线运行。微博简介：“发布权威信息，服务市民百姓。在这里，我们将与您一起共‘织’宜业宜居宜游的马鞍山发展愿景，‘顶’起有活力有实力有竞争力的区域中心城市。欢迎来围观，共话文明幸福马鞍山。”7 时 58 分发布上线通告：“各位童鞋早上好！今天，马鞍山市委宣传部新闻发布官方微博——马鞍山发布开始试运行。对马鞍山人或者关心马鞍山的人，我们将努力提供及时准确的政务信息和丰富实用的服务资讯。我们将真实记录城市微生活，聆听民声，回应关切，‘织’出精彩。期待您的关注和参与。”

2012 年 7 月 18 日，国家卫生健康委员会官方微博“@健康中国”（UID：2834480301）通过微博平台认证，正式上线。

2012 年 7 月 19 日，安徽省宿州市微博工作座谈会召开。会议主要总结并交流了宿州市政务微博工作的经验，研究部署重点单位的政务微博开设工作，进一步推进宿州市政务微博的稳步有序开设。

2012 年 7 月 19 日上午 10 时，“沈阳发布厅”开通启动仪式在辽宁省沈阳迎宾馆国际会议厅隆重举行。中共沈阳市委宣传部官方微博“@沈阳发布”（UID：2760402625）和“沈阳发布厅”同步正式上线运行。据“@沈阳发布”当日活动直播消息，时任中共沈阳市委常委、宣传部部长王凤波在启动仪式现场致辞，并对“沈阳发布厅”平台的开通和民声微博改版上线表示热烈的祝贺和美好的祝愿，对正在见证这一重要时刻、踊跃参与互动的网友表示诚挚的谢意，“希望 20 家首批上线的试点单位共同努力，把政务微博办好”。“@沈阳发布”微博简介：“沈阳，一个焕发了青春与活力的城市！作为历史文化名城、中国装备制造业基地、最具活力之都、生态宜居城市，幸福沈阳与您共享美好生活。”

2012 年 7 月 20 日，安徽省安庆市人民政府暨安庆市委宣传部新闻发布“@安庆发布”（UID：2874978364）上线运行。

2012 年 7 月 22 日，《人民日报》微博“@人民日报”（UID：2803301701）在北京特大暴雨中紧急上线。凌晨 4 时 58 分发布上线通告，正文：“北京暴雨，整夜无眠。人民日报官方微博与大家共同守望。为每一位尚未平安到家的人祈福，向每一位仍然奋战在救援一线的人致敬！北京，加油！”

2012 年 7 月 24 日，中共成都市武侯区委宣传部下发《关于在全区相关部门、街道、社区开设政务微博的通知》（成武委宣〔2012〕37 号）。《通知》决定，在武侯全区涉及民生工作较多的区纪委、区教育局等 31 家部门、13 个街道办事处和 25 个社区（村）开设政务微博，建立“武侯微政服务厅”微博集群发布平台。确立“服务公众、倾听民声、化解矛盾、引导舆论”的工作理念，坚持“实时播报、权威发布、反馈舆情、网下办结”。推行限时办理机制，工作时间，政务微博要1小时内响应诉求；在非工作时间里，要8小时内响应网民的诉求。一般问题在24小时内处理解决；较难问题在48小时内处理解决；复杂问题在72小时内处理解决。受理和反馈情况由区网管办、区委、区政府目督办实行过程监督。

2012年7月24日，中共安徽省马鞍山市委、马鞍山市人民政府信访局官方微博“@马鞍山信访群众之家”（UID：2916008160）上线运行。微博简介：“希望在‘@马鞍山发布’统一协调下，我们加强利用微博知民情，解民难、排民忧。以更加开阔的胸襟和气度集纳民智，问计于民，及时回应群众的期盼，形成与百姓互动沟通的良性循环，欢迎亲们来互动哈。”

2012年7月26日，中共江苏省南京市六合区委宣传部官方微博“@六合发布”（UID：2880478330）上线运行。微博简介：“飞驰中构建新城，奔跑中传递梦想，信步时欣赏棠邑美景，闲坐时叙说人文风貌。六合发布，与您一路同行。”

2012年7月27日，海南省公安厅行政审批办官方微博“@海南省公安厅审批办”（UID：2883516907）上线运行。

2012年7月27日，由国家行政学院电子政务研究中心、中共银川市委办公厅联合举办的“政务微博运维模式研讨会”在银川举行。来自中央和国家机关有关部门、地方政府、部分高校和研究机构的专家学者及企业界代表100余人参加研讨会。国家行政学院电子政务研究中心主任王益民，时任中共银川市委常委、市政府常务副市长王久彬等出席研讨会并致辞。

2012年7月27日，中共四川省成都市武侯区委宣传部印发《武侯区政务微博管理办法（试行）》（成武委宣〔2012〕39号）。《办法》对武侯区政务微博的集群发展、功能定位、工作理念、职能分工、内容管理、舆论引导、业务流程、限时办结制度等做出了一系列规范和要求。

2012年7月27日，浙江省宁波市海曙区与浙江在线合作共建的电子政务微博平台“微海曙”上线，实现了海曙区政务微博新浪用户和腾讯用户的同台呈现，并与其原有的电子政务平台进行无缝对接。

2012年7月31日，广东省广州市第十四届人民代表大会常务委员会第四次会议通过《广州市地方性法规立项办法》。《办法》规定，人大常委会法制工作委员会除在每年六月定向对有关单位或者人员发函征集下一年度的立法建议项目外，“还应当在网站、立法官方微博或者报刊上向社会公开征集立法建议项目”。法制工委收到各方面提出的立法建议项目后，应当整理汇总，形成年度立法计划建议项目征求意见稿，并“在报刊或者网站、立法官方微博上公布”，公开征求意见。自2012年9月1日起施行。

2012年7月31日，重庆市监狱管理局官方微博“@重庆市监狱管理局”（UID：2072488053）上线运行。

2012年7月31日，中共江苏省南京市玄武区宣传部官方微博“@玄武发布”（UID：2884913132）上线运行。

2012年7月31日，中共广东省惠州市惠城区委宣传部官方微博“@大鹏发布”（UID：2858032384）上线运行。微博简介：“惠城是珠三角上的璀璨明珠，素有‘粤东门户’之称，‘东接长汀，北接赣岭，控潮梅之襟要，壮广南之辅户’。”

2012 年 7 月 31 日，中共广东省博罗县委宣传部官方微博“@博罗发布”（UID：2884393812）上线运行。微博简介：“博罗历史悠久，是岭南四大文明古县之一。苏东坡曾留下脍炙人口的千古佳句：‘罗浮山下四时春，芦橘杨梅次第新；日啖荔枝三百颗，不辞长作岭南人。’第五届全国文明城市，2017 年全国百强县，2017 年中国工业百强县，国家知识产权强县工程示范县，国家全域旅游创建示范区。”

2012 年 7 月 31 日，中共广东省惠州市惠阳区委宣传部官方微博“@惠阳发布”（UID：2883922464）上线运行。微博简介：“惠阳区历史悠久、人杰地灵、资源丰富，是著名历史人物邓承修、邓仲元、叶挺的故乡，是广东著名的侨乡。”

八月

2012 年 8 月 2 日，新疆维吾尔自治区乌鲁木齐市信访局官方微博“@乌鲁木齐市信访局”上线运行。

2012 年 8 月 7 日，中共山东省曲阜市委宣传部官方微博“@曲阜发布”（UID：2912797901）上线运行。微博简介：“孔子故里，东方圣城，儒家文化的发源地，中国曲阜。这里是曲阜市委宣传部官方微博，欢迎围观，共话孔子。欢迎访问曲阜微博发布厅 http：//topic. t. sina. com. cn/pub/i/zt/qufufb。”

2012 年 8 月 8 日，浙江省永康市政府新闻中心官方微博“@永康发布”（UID：2920363670）上线运行。

2012 年 8 月 10 日，中共安徽省马鞍山市含山县委、含山县人民政府官方微博“@含山发布”上线运行。微博简介：“发布权威信息，提供服务资讯；倾听社情民意，回应社会关切；力行织博为民，共话幸福含山。中华玉文化发祥地——安徽含山。”

2012 年 8 月 13 日，中共南京市纪律检查委员会、南京市监察委员会官方微博“@钟山清风”（UID：2942982592）上线运行。16 时 11 分，发布上线通告：“崇廉尚洁，匡扶正义，让我们一起同行；反腐倡廉，我们共同的使命！盆友们，让我们携起手来，为打造廉洁南京共同努力吧！”

2012 年 8 月 16 日，浙江省丽水市人民政府官方微博“@丽水发布”（UID：2952745544）上线运行。17 时 44 分发布上线通告：“中国生态第一市——浙江省丽水市政府新浪官方微博‘@丽水发布’今天上线啦！我们将为您提供多姿多彩的公共资讯，营造生态轻松的网络家园。秀山丽水、养生福地欢迎您！”

2012 年 8 月 18 日，公安部印发《公安机关执法公开规定》（公通字〔2012〕38 号），《规定》自 2013 年 1 月 1 日起施行。《规定》第十五条要求，上级机关公开执法信息后，下级公安机关可以通过互联网站、警务微博、便民联系卡等多种群众便于接受的方式，使社会广为知晓。

2012 年 8 月 20 日，农业部办公厅印发《关于进一步加强和改进信息与简报工作的通知》（农办办〔2012〕45 号）。《通知》要求，密切关注互联网等新兴媒体信息动态，把“盯网络”作为信息工作的一项重要任务。各司局、新闻单位和有关直属单位要积极应对互联网等新兴媒体信息产生和传播方式的重大变化，注重从网站论坛、博客、微博客、即时通信工具、手机短信以及音频视频等传播的信息中掌握网络虚拟社会活动动向，及时收集反映网络对中央在农业方面重大决策部署、农业农村经济热点难点问题的看法评价和意见建议，收集反映有关涉农突发事件的苗头性、倾向性、行动性信息。农业部信息中心要加强网络舆情监测，及时反映涉农重大舆情。

2012 年 8 月 22 日，新疆维吾尔自治区吐鲁番地区行署办公室《关于积极开展政务微博应用工作的通知》（吐地行办〔2012〕221 号）。《通知》要求，在工作时间内各单位网络信息员要保持政务微博处于在线状态，对网民关注的热点问题至少应每天做出 1 次回应；在节假日期间应保持每天微博浏览 1 次并及时回应；对网民投诉、意见、建议和网民普遍关注的热点问题，要通过“专员信箱”或“局长信箱”的处理方式认真答复。要提高时效性，回复网民评论的时间不超过工作日内的 6 个小时。要在线受理、答复和处理网民反映事项，分析群众诉求，主动回应诉求，努力解决问题，不断提高社会公众对政府部门的满意度。

2012 年 8 月 24 日，广东省惠州市微博发布厅在新浪微博、腾讯微博正式上线。该发布厅政务微博群由惠州 25 个部门、7 个县（区）官方微博共同组成。

2012 年 8 月 29 日，中共重庆市万州区委外宣办、区政府新闻办、区互联网信息管理办公室官方微博“@万州发布”（UID：2972474694）上线运行。

2012 年 8 月 30 日，时任最高人民检察院常务副检察长胡泽君在“第十届全国检察长论坛”讲话中要求，要高度重视以互联网为代表的新兴媒体的建设和利用，积极推动利用博客、微博、手机报以及移动终端等新媒体、新技术，不断丰富检察宣传载体，不断满足人民群众的新要求、新期待。

九月

2012 年 9 月 4 日，重庆市环保局印发《重庆市环保系统政务微博暂行管理办法》。该办法是全国环保系统首个政务微博管理办法，从管理机构、发布内容、管理机制和考核奖励等方面，对全市环保系统政务微博实施规范。

2012 年 9 月 4 日，中共江苏省南京市高淳区委宣传部官方微博“@高淳发布”（UID：2977491702）上线运行。微博简介：“在这里，遇见高淳。”9 时 05 分发布上线通告：“高淳县委宣传部官方微博跟大家见面啦！淳小妹在这儿跟大家问好，希望这里能够成为一个与大家交流沟通的平台，欢迎大家关注我，常来逛逛哦。”

2012 年 9 月 4 日，人民网舆情监测室官方微博“@人民网舆情监测室”（UID：2938715943。现更名为人民网舆情数据中心官方微博“@人民网舆情数据中心”）注册开通微博。

2012 年 9 月 5 日，新疆维吾尔自治区奎屯市信访局官方微博“@奎屯市信访局”（UID：2671771393）上线运行。

2012 年 9 月 7 日，时任公安部部长孟建柱在全国公安厅局长座谈会上指出，要探索建立网上公安局、网上派出所、网上警务室和民警微博、QQ 群，广泛搭建服务群众的新平台，不断拓展联系群众的新渠道。

2012 年 9 月 9 日，国家互联网信息办公室在深圳召开会议，总结推广有关地区和部门积极运用微博客等社交网络服务社会、联系群众等方面的工作经验。中宣部副部长、中央外宣办、国家互联网信息办公室主任王晨发表讲话指出，要积极发展政务微博，利用政务微博在“网民问政”和“政府施政”之间搭起桥梁。

2012 年 9 月 10 日，浙江省宁波市北仑区人民政府新闻办公室官方微博“@北仑发布”（UID：2588129952）上线运行。微博简介：“传递政务信息，提供服务资讯，倾听民生诉求，欢迎关注北仑发布，共同感知洋洋东方大港、改革开放前哨的科学发展脉动！”

2012 年 9 月 12 日，“广州公安新浪微博发布厅”正式上线。该发布厅整合了公安系统 23 个部门微博，是广东省公安系统首个微博发布厅。

2012 年 9 月 14 日，时任中共中央政治局常委李长春到人民日报社调研，在电脑前浏览微博消息并强调：“主流媒体要积极主动进军微博领域，办好法人微博，鼓励编辑记者开办个人微博，把微博领域的主流声音做大做强。”①

2012 年 9 月 14 日，时任司法部副部长、全国普法办副主任张苏军在全国运用互联网开展法制宣传教育工作座谈会上指出，要充分认识新形势下运用以互联网为代表的新兴媒体开展法制宣传教育的重要性和紧迫性。

2012 年 9 月 14 日，云南省公安厅官方微博“@云南警方”（UID：2997829562）上线运行。16 时 39 分首发微博预告：“云南省公安厅官方微博将于 2012 年 9 月 17 日正式上线，现处于试行期间，欢迎广大网友的关注和支持。”

2012 年 9 月 15 日，时任最高人民检察院政治部主任李如林在全国检察机关网络宣传和舆论引导专题研修班上强调，各级检察机关要推进检察机关官方微博建设，加快构建检察机关微博群，打造“阳光检察”新平台、畅通群众诉求渠道新载体、强化自身监督新方式。

2012 年 9 月 17 日，内蒙古自治区鄂尔多斯市伊金霍洛旗党委政府信访局官方微博“@伊金霍洛旗党委政府信访局”（UID：2961397223）上线运行。

2012 年 9 月 19 日，中共广东省湛江市委组织召开各县（市、区）委书记向市委述职述廉会议，人民微博对会议进行全程微直播，专家及网友通过微博进行实时点评。这也是述职述廉会议首次通过微博平台进行直播。

2012 年 9 月 20 日，广东省广州市纪委监委官方微博“@廉洁广州”（UID：2796405683，时认证信息为：广州市纪检监察局官方微博）上线运行。13 时 22 分发布上线通告称：“由广州市纪委监察局预防腐败局主办的官方微博‘@廉洁广州’将在今天正式上线。我们已在新浪网、腾讯网分别开通并认证了‘廉洁广州’政务微博的主账号。建设廉洁广州，有你，有我。请大家积极关注。”

2012 年 9 月 21 日，以“微时代，大责任”为主题的“第二届网络问政与舆情监测高峰论坛”在贵阳市举行，论坛由人民网、贵州省委宣传部主办。时任中共贵州省委书记、省长赵克志为论坛致贺电。

2012 年 9 月 23 日，中共辽宁省鞍山市委宣传部官方微博“@鞍山发布”（UID：2826139505）上线试运行。微博简介：“钢脊铁骨，国脉玉根。硬朗其表，温润其心。这里是鞍山市委宣传部官方微博——欢迎互动，有话好说。”

2012 年 9 月 24 日，湖南省人民检察院官方微博“@湖南检察”（UID：2845256043）正式上线。11 时 26 分发布上线通告表示：“感谢大家一直以来对湖南检察工作的关心和支持，希望大家通过微博与我们沟通交流，了解和监督我们的工作，多提宝贵的意见和建议。同时，我们也将运用这一平台，更好地为大家服务。”

2012 年 9 月 24 日，河北省石家庄市人民政府新闻办公室官方微博“@石家庄发布”

① 《李长春：积极运用先进技术大力发展新兴媒体》，中国广播网，http：//china. cnr. cn/news/201209/t20120915_ 510916808. shtml。

（UID：2941157707）上线运行。微博简介：“‘@石家庄发布’由石家庄市人民政府新闻办公室主办，权威信息发布中心、历史文化传承基地、百万网友互动平台，欢迎关注！”8时53分首发微博：“我们生活着、深深热爱的土地。蓬勃发展的石家庄，新中国从这里走来，赵州桥古韵传佳话，隆兴寺钟声万古扬，巍巍太行织锦绣，西柏坡圣地人景仰。美丽的石家庄，勤劳的人民聪慧善良，滹沱河演绎绿色梦，燕赵书写新辉煌，钟灵毓秀的石家庄，是我们深深爱着的地方。”

2012年9月25日，广州市第十四届人民代表大会常务委员会第七次会议通过《广州市人大常委会立法后评估办法》。《办法》第十三条规定，法制工委在制定评估指标和评分表以后，应当组织“通过网站、立法官方微博或者报纸公开征集公众意见”；第二十四条规定，“立法后评估情况应当通过网站、立法官方微博或者报纸向社会公开”。

2012年9月25日，山东省济南市政务发布平台官方微博“@微博济南”在腾讯微博上线试运行。“@微博济南”是由济南市政府新闻办公室和信息中心共同管理、囊括51个政府部门的官方微博。

2012年9月26日，公安部交通管理局“交通安全微博发布厅”作为全国首个国家部委内设机构组建的微博发布厅上线。在“@公安部交通安全微发布”（UID：2501519087）带动下，全国共计2600余个基层公安交通管理部门政务微博、交通警察个人微博加入。发布的主要内容包括我国道路交通管理、交通安全政策法规、各地重大活动交通管理措施、重要节假日安全出行提示等服务性、实用性信息。同时，发布厅也带动各地结合典型案例，及时开展交通安全宣传，并汇集互联网上宣传交通安全的视频、音频资料，传播宣传交通安全知识。

2012年9月28日，江苏省苏州市人民政府新闻办公室官方微博“@苏州发布”（UID：2998045524）上线试运行。微博简介：“飞驰中构建大城苏州；回眸时领略雅致姑苏。这里是苏州市人民政府新闻办官方微博——权威发布，沟通你我。”18时20分发布上线通告：“‘苏州发布’此刻开始试运行，请各位亲多多捧场！恰逢‘家在苏州’LOGO揭晓，这就给亲们送上第一份新鲜大礼：今晚18：18分亮相的‘家在苏州’LOGO，是从384幅作品中脱颖而出的，它将成为苏州城市文化的形象代言。”

十月

2012年10月10日，广州市增城区新闻信息中心官方微博“@广州增城发布”（UID：3034420401）上线运行。微博简介：“聚焦热点话题，传递权威声音；关注您所关注，第一时间发布。这里是‘广州增城发布’政务微博。广州有增城，增城有挂绿，欢迎网友们共话增城，围观爆料……”14时47分首发微博：“增城彩虹，美丽绽放！”

2012年10月16日，湖北省孝感市人民政府新闻办公室官方微博“@孝感发布”（UID：1997404651）上线运行。

2012年10月17日，全国首个司法行政系统微博发布厅——四川司法政务微博发布厅在新浪微博上线。该发布厅集合了四川省监狱管理局、成都等15个市州司法局及部分区县司法局100多个司法机关微博。

2012年10月17日，中共江苏省南京市溧水区委宣传部官方微博“@溧水发布”（UID：2986699172）上线运行。微博简介：“溧水区是国家重要影视基地和农业科技基地，华东地区重要交通枢纽和物流中心，长三角地区制造业基地和现代化产业集聚区，是南京重要的副城。”11 时 02 分发布上线通告：“大家好，南京市溧水县委宣传部新闻发布官方微博客开通啦！拟取名‘溧水发布’，目前是筹备测试阶段，欢迎各位朋友常来逛逛聊聊，我们会尽可能多的给大家提供一些有用的讯息，也希望这个小小的网页能够成为彼此沟通交流的平台。欢迎各位朋友多提宝贵意见。”

2012 年 10 月 17 日，时任马尔代夫驻华大使莫芮德做客人民网，并与人民微博网友就马尔代夫风情进行微访谈。莫芮德表示，2012 年是中马建交 40 周年，马尔代夫人民十分感谢中国政府和中国人民支持当地的经济发展。

2012 年 10 月 19 日，江苏省无锡市信访局官方微博“@ 无锡市信访局”（UID：3050426955）上线运行。

2012 年 10 月 21 日，浙江省嘉兴市“五县两区”60 位具有较强影响力的微博官员和媒体人士汇聚浙江拳王农庄，成立“人民网·嘉兴微博沙龙”并召开首次会员大会。会上，时任中共嘉兴市委组织部部长方俊良被选举为沙龙首任主席，嘉兴日报集团新闻研究所所长郭蚕根为沙龙首任秘书长。

2012 年 10 月 23 日，中共浙江省温州市鹿城区委宣传部官方微博“@ 温州鹿城发布”（UID：3064596053）上线运行。9 时 29 分首发微博：“鹿城区地处浙江省东南部，是温州市的政治、经济、文化中心。鹿城始建于东晋太宁元年（公元 323 年），相传筑城时有白鹿衔花而过，故名鹿城。鹿城自古商贾云集，素有东瓯名镇之称，南宋时期诗人杨蟠就有‘一片繁华海上头，从来唤作小杭州’的诗句。鹿城依山面江，城中有山有水，享有江城如画的美誉。”

2012 年 10 月 24 日，上海市人民政府发布《关于授予“上海发布”办公室“上海市政务信息工作先进集体”荣誉称号的决定》（沪府发〔2012〕93 号）。《决定》认为，“上海发布”政务微博自 2011 年 11 月 28 日上线以来，围绕全市经济社会发展大局，认真搞好政务信息发布、服务信息提供，及时回应网友关切，在政府与市民之间搭建起直接沟通的桥梁，并带动全市各部门、单位开设官方微博 1400 余个，建立起覆盖 2000 万受众的上海政务微博群，得到了社会各界的赞誉。负责“上海发布”政务微博运行管理的“上海发布”办公室，做了大量积极有效的工作。为此，市政府决定授予“上海发布”办公室“上海市政务信息工作先进集体”荣誉称号。

2012 年 10 月 25 日，北京市卫生局下发《关于进一步做好北京卫生系统官方微博工作的意见》（京卫宣字〔2012〕16 号）。《意见》明确了下一步工作计划及要求，要继续扩充北京卫生系统微博平台阵容，各二级医院和区县卫生局所属公共卫生单位应在 2012 年 11 月 30 日前注册开通官方微博。要加强与公众的互动，建立卫生系统微博联动机制。切实加强官方微博管理工作组织领导，建立健全管理运行管理机制，加强官方微博运维团队建设。

2012 年 10 月 25 日下午，上海市政务微博工作会议召开，总结政府部门在新形势下运用新媒体推进政务信息公开、加快转变职能、服务群众、接受监督的工作。时任中共上海市委副书记、市长韩正出席并讲话，时任中共上海市委常委、宣传部部长杨振武主持会议。

2012 年 10 月 29 日下午，北京市卫生局召开了“北京卫生系统官方微博工作经验交流会”，并组织学习《北京市卫生局关于进一步做好北京卫生系统官方微博工作的意见》，要求继续扩充“首都健康”微博平台阵容，各二级医院和区县卫生局所属疾控中心、卫生监督所等公共卫生单位在 2012 年 11 月 30 日之前全部开通官方微博。北京市卫生局、北京市药监局、北京市中医局、北京市医管局的主管领导及有关处室负责人，各区县卫生局、全市各三级医院、北京市卫生局各直属单位主管新闻宣传的负责人和微博维护人员150余人参加了会议。

2012年10月31日，中国地震台网中心在北京召开地震速报微博工作座谈会。新浪政务微博管理组、政府微博管理组以及人民网舆情监测室的负责人应邀参加。时任中国地震台网中心主任潘怀文提出，“@中国地震台网速报”微博的定位是：速报地震信息，传播科学知识，增强防灾意识，减轻灾害损失。台网中心要进一步加强对微博的管理，更好地服务社会公众。

2012年10月31日，广东省江门市公安局江海区分局官方微博“@江海公安”（UID：1739964770）现场直播了江海区社区民警黄展辉向社区群众汇报2012年以来的社区警务工作的情况。

2012年10月31日，浙江省宁波市鄞州区人民政府新闻发布官方微博“@鄞州发布”（UID：2588129912）上线运行。

十一月

2012年11月1日，湖南省第一个微博发布厅——岳塘区微博发布厅新版上线（链接：http：//topic. t. sina. com. cn/blog/ytfbt）。岳塘区微博发布厅首批上线11个政务单位官方微博，14个乡街场园、8个社区官方微博，本土媒体微博与部分公务人员微博同时亮相。第二批上线8个社区微博。此次新版上线，新加入的3个政务单位微博在微博发布厅集中展示。

2012年11月5日，上海市公安局杨浦分局官方微博“@警民直通车－杨浦”（UID：3019814165）上线运行。10时29分发布上线通告：“民忧我思，民思我行，直通互动，警民桥梁。大家好，上海市公安局杨浦分局政务微博‘@警民直通车－杨浦’正式上线啦！传递警方信息，倾听网友诉求，回应社会关注，您的需求就是我们的追求。”

2012年11月6日，吉林省公安厅官方微博“@吉林警事”（UID：3005254180）正式开通。

2012年11月7日，陕西省人民政府官方微博“@陕西发布”（UID：3097688767）在新浪微博正式上线。陕西省民政厅、省商务厅、省文物局、省旅游局、省知识产权局、省气象局、省教育厅、省公安厅、省人力资源社会保障厅、省住房城乡建设厅、省卫生厅、省食品药品监督管理局等12家厅局的官方微博首批加入。

2012年11月7日，山西省阳泉市互联网信息办公室官方微博“@网信阳泉”（UID：2821685123）上线运行。

2012年11月8日，中共江苏省苏州市姑苏区委宣传部官方微博“@苏州姑苏发布”（UID：3053123080）上线运行。微博简介：“苏州市姑苏区地处于苏州市古城核心区，是苏州经济、对外贸易、工商业和物流中心，也是重要的文化、艺术、教育和交通中心。”8时36分发布上线通告：“‘苏州姑苏发布’今天开始试运行，请各位亲多多捧场！平江、沧浪、金阊三个区撤销合并设立姑苏区，设立苏州国家历史文化名城保护区，这在全国文化名城中尚属首次。10月26日上午，姑苏区正式挂牌成立。”

2012年11月9日，国务院办公厅《国务院公报》官方微博“@国务院公报”（UID：2927573465）通过微博平台认证，正式开通。11时08分发布上线通告：“大家好，国务院公报微博明天将正式上线，将秉承‘传达政令、宣传政策、指导工作、服务社会’的办刊宗旨，及时准确地公布国家的重大方针政策，欢迎关注！”

2012 年 11 月 13 日，中共江苏省南通市通州区委宣传部官方微博“@通州发布”（UID：3103910983）上线运行。微博简介：“洒一缕江风，抹一笔海韵，写下一段通州记忆；沏一杯香茗，品一泓古沙，育就一颗东方明珠；兴一方热土，建一座新城，托起一片幸福蓝天。通达江海，州贯中西——中国通州欢迎你！‘通州发布’定位——资讯发布、便民服务、沟通回应、文明提升，你@，我发布。我们需要你的供稿，需要你的互动——来吧！”

2012 年 11 月 13 日，江苏省新沂市人民政府官方微博“@新沂发布”（UID：2606532970）上线运行。微博简介：“钟吾故地新风貌，生态绿城新天地。一山一湖一古镇，秀美新沂惹人迷！权威发布，清新服务，新沂市人民政府官方微博欢迎你！来到新沂，心旷神怡！”

2012 年 11 月 14 日，黑龙江省鸡西市网信办官方微博“@鸡西发布”（UID：3099094665）上线运行。

2012 年 11 月 16 日，新疆维吾尔自治区人民政府办公厅印发《政府系统政务微博客应用管理规定》（新政办发〔2012〕170 号）。《规定》明确，各级人民政府及所属部门特别是与民生息息相关的部门应当积极开设和运用好政务微博。政务微博管理坚持“谁开设、谁主管，谁应用、谁负责”的原则。政务微博主管部门主要领导是政务微博工作的第一责任人。政务微博实行 24 小时值班制度，明确规定当值政务微博管理人员应当随时关注微博动态，积极互动，发现舆情，及时应对。政务微博应当以政务工作为中心，不得刻意追求粉丝数量，不得采取非正当手段或发布敏感话题等方式获取粉丝。

2012 年 11 月 16 日，中共黑龙江省哈尔滨市委宣传部官方微博“@哈尔滨发布”（UID：2753006425）上线运行。微博简介：“哈尔滨，一座中西合璧的历史文化名城，素有‘共和国长子’‘天鹅项下的珍珠’‘东方小巴黎’的美誉，被联合国授予‘音乐之都’的称号。”7 时 03 分发布上线通告：“哈尔滨市委宣传部官方微博——哈尔滨发布今天试上线啦！作为哈尔滨市委信息公开和服务群众的重要窗口，网友可以通过我们的微博，即时了解哈尔滨发生的重大新闻，感受冰城夏都日新月异的发展变化。欢迎网友们关注和留言，让我们在此倾听彼此的声音。”

2012 年 11 月 16 日，由新浪网、新浪网健康频道主办的“关爱无微不至，健康成就未来——2012 首届新浪健康中国年度盛典”颁奖典礼在北京召开。盛典颁发了 2012 年网友最信任公立医院奖、最具网络人气专家奖、最具影响力媒体奖、最具影响力组织机构奖。

2012 年 11 月 19 日，广东省深圳市市场和质量监督管理委员会官方微博“@深圳市场和质量监管”（UID：3096706037）正式上线运行。微博简介：“这里是深圳市市场和质量监督管理委员会官方微博，多一种声音多一度视角，多一次沟通多一份理解，欢迎围观。”上午 10 时整，首发微博称：“冬意正渐浓，微博来增温，深圳市市场监督管理局官方微博今天正式上线了，我们将为您提供最新的市场监管资讯、贴心的消费警示、实用的便民服务……同时欢迎大家给我们提出意见和建议！希望我们织出的围脖能给您的生活送去温暖。”

2012 年 11 月 20 日，湖北省人民检察院印发 2012 年 11 月 7 日湖北省人民检察院第十一届检察长办公会第八次会议通过的《湖北省检察机关检察微博管理办法》（鄂检发〔2012〕75 号）。《办法》规定，湖北省检察微博坚持公开为先、服务为本、正面引导、化解矛盾的宗旨，积极构建以省检察院微博为龙头、以地市州检察微博为主干、省市县三级检察微博优势互补的格局。及时回应社会关切，改进本地区检察工作，维护人民群众合法权益，掌握网上舆论引导主动权。检察微博的管理机构是各级检察机关承担新闻宣传工作职责的部门。建立诉求处理联动协作机制、工作考核机制，完善微博考核评价体系，建立奖惩制度。

2012 年 11 月 23 日，全国高校首家共青团微博发布厅——重庆大学共青团微博发布厅上线仪式举行。发布厅建立了校—院—班三级微博体系，29 个二级团组织在新浪开通了官方微博 50 多个，开通了 800 多个团支部微博，学生社团开通了 200 多个官方微博，主管领导、团学干部开通个人官方微博 100 多个。

2012 年 11 月 25 日，中共广东省委政法委官方微博“@广东政法”（UID：2176235777）发布，鼓励广东各级检察院及反贪局、反渎局开办官微，主动从微博中寻找案源，循线依法反贪反渎。从积极介入舆情事件，到主动号召各级机关从微博中找案源，这种勇于承担、主动作为的态度，得到了广大网友的支持与赞扬。

2012 年 11 月 26 日，全国首家法院微博发布厅——河南省高级人民法院“豫法阳光微博发布厅”正式上线。河南省 18 个地市以及铁路系统法院共计 183 个法院官方微博入驻发布厅。

2012 年 11 月 26 日，天津市河东区人民政府官方微博“@河东发布”（UID：3002097381）上线运行。微博简介：“河东区政务微博致力于解答河东区关于民生方面的种种问题，如果您有问题，请直接私信我们，或致电 24160666。”

2012 年 11 月 26 日，云南省普洱市人民政府新闻办公室官方微博“@普洱发布”（UID：2859986872）上线运行。微博简介：“天赐普洱，世界茶源。”

2012 年 11 月 27 日，安徽省互联网信息办公室官方微博“@安徽发布”（UID：3011694992）上线试运行。微博简介：“‘安徽发布’由安徽省政府新闻办、安徽省互联网信息办联合主办。对外宣传阵地，传递信息平台，服务民生渠道，展示形象窗口。江淮大地，山川秀美，历史悠久，人文荟萃。安徽发布，连通你我，真诚期待您的关注和支持！”

2012 年 11 月 28 日，武汉政务微博发布厅在腾讯微博正式上线，武汉市首批 27 个政务微博正式入驻，服务江城网友。

2012 年 11 月 29 日，“微政道——2012 新浪政法微博年度高峰论坛”在北京举行，来自全国 25 个省份的近 200 名公检法司代表出席了此次论坛。论坛发布了《2012 年度新浪政法微博报告》，报告公布了全国政法微博影响力 TOP20 等榜单。

2012 年 11 月 30 日，截至当日，在人民微博平台上经过认证的党政机构及干部微博数量超过 12000 个。其中，外交部、商务部、铁道部、安监总局、国家林业局、中国作协、中国气象局、中国红十字会总会、故宫博物院、全国“打黑”办等 12 家中央部委级微博落户人民微博，李金华、柳斌杰、庄聪生、阎晓宏、邬书林、黄毅、李君如等百名副部级以上官员在人民微博与网友互动交流。他们对社会热点事件的权威独家点评，成为人民微博最突出的特点之一。

十二月

2012 年 12 月 3 日，时任北京市政府新闻办主任、市政府新闻发言人王惠在接受《南方周末》记者专访时说：“长期以来，我们都是通过传统媒体传播政府信息，但近些年中国网民习惯用微博这种快速、互动的方式获取信息，政府当然不能只是旁观，应该用这种方式提供信息服务。我们希望让网民知道：我们来了，政府在那儿。政府开微博把信息发到网上，拓宽了发布渠道。在微博上，你必须关注受众，夸你也好、骂你也好，直接就来，你不能不看，看了还要复，问了还要答。”王惠坦言：“政府如果没有微博，是与民众沟通的缺失，比较危险。”

2012 年 12 月 3 日，新浪微博联合国内知名网络舆情研究机构人民网舆情监测室共同发布《2012 年新浪政务微博报告》。报告公布了“十大政务机构微博”等 11 大榜单，总结了全国政务微博的分布情况、发展特点及趋势等。报告显示，新浪政务微博数量突破 6 万人，政务微博成为各地、各部门、各层级政府部门执政为民、行政亲民的有力渠道，已经从问政渠道扩展为办公平台，成为我国最具影响力的政务微博平台。

2012 年 12 月 4 日，“微政道——2012 新浪政务微博应用交流会之东北区域专场”在友谊宫举行，会议由中共哈尔滨市委宣传部与新浪网联合举办。黑龙江、吉林、辽宁三省的十余个地市互联网宣传管理系统干部、政务微博管理人员和微博信息员等近 200 人参加了会议。

2012 年 12 月 4 日，江苏省苏州市文广新局官方微博“@苏州文化发布”（UID：3174063053）上线运行。微博简介：“风雅江南，文化苏州。这里是苏州市文广新局官方微博发布，期待与您共享文化之约。”

2012 年 12 月 5 日，四川省成都市温江区信访局官方微博“@温江信访”（UID：3175003873）上线运行。微博简介：“这里是温江区信访局官方微博，我们将及时给朋友们提供有关温江信访局的各类信息，真诚倾听各方声音、用心关注社情民意、搭建畅达的交流平台，有需要您就@温江信访。”

2012 年 12 月 5 日，中共江西省新余市委宣传部、江西省新余市人民政府新闻办公室官方微博“@新余发布”（UID：3171944275）上线运行。微博简介：“自我定位：重民生、接地气、有温情。努力方向：做新余市最好看、最有爱、最权威的官方微博。”16 时 22 分发布上线通告：“各位亲，刚刚拿到驾照的政务微博‘新余发布’于 2013 年 1 月初就要正式上路了，正式上路之前的这段时间，作为一名新手，还要‘试驾’一段时间。新手上路，速度可能较慢，每天驾驶的距离可能较短，还请亲们多多体谅，多多鼓励，争取把‘车’开得更好、更稳，服务更多的亲亲。”

2012 年 12 月 5 日，腾讯微博联合深圳市网络媒体协会在深圳召开“2012 政务微博未来创新运营模式研讨会暨年度政务微博颁奖典礼”。会议发布了《2012 年腾讯政务微博报告》《2012 政务微博重大事件及运营手册》。时任广东省委宣传部外宣办常务副主任张知干、深圳市互联网信息办公室主任钟海帆、深圳报业集团总编辑、深圳网络媒体协会会长宣柱锡以及来自全国各地的政府机构、政务微博代表出席。

2012 年 12 月 5 日，由人民网联合腾讯公司发布的《2012 年腾讯政务微博报告》显示，2012 年是政务微博高速发展的一年。截至 2012 年 11 月 11 日，在腾讯微博平台认证的政务微博数已达 70084 个，其中党政机构微博 45030 个，个人党政官员微博 25054 个。

2012 年 12 月 6 日，中共南京市委下发《关于认真学习宣传贯彻党的十八大精神的通知》（宁委发〔2012〕67 号）。《通知》要求，要积极开展网络宣传，组织网络媒体通过系列报道、在线访谈、论坛、发帖、跟帖等方式，开展具有网络特点的宣传报道，积极引导网上舆论，有效回应网民关切，形成网上正面宣传强势。要运用微博客、社交网络和移动多媒体等新技术、新手段，调动网民参与积极性，增强网络宣传的实效性和影响力。

2012 年 12 月 6 日，“微政道——2012 年新浪政务微博应用交流会之中南专场”在郑州召开，来自河南、湖北、湖南、安徽、山东 5 省的 180 余名政务微博代表参加了本次交流会。会上公布了 2012 年度中南区政务机构以及公职人员微博 TOP10。

2012 年 12 月 7 日，习近平总书记在十八大后国内考察首站到达深圳，网民“@ 陆亚明”（UID：1639984114）利用微博实时报道习近平总书记在深圳期间不封路等的新风新政，一举打破草根网民和新闻媒体不得在官方新闻通稿发布前发布国家领导人地方考察的新闻规制。

2012 年 12 月 7 日上午，由河南省委宣传部、河南省通信管理局主办的河南省首届政务微博发展论坛在郑州举行。论坛期间，新浪网发布了《2012 河南政务微博白皮书》，对河南省政务微博发展状况、趋势、运营案例进行了介绍和分享，并评选出了 2012 年度河南区域政务机构微博 TOP10 和政府公职人员微博 TOP10。

2012 年 12 月 8 日上午 9 时，由检察日报社正义网主办的以“微通民意 · 法聚共识”为主题的“政法微博与社会管理创新”峰会在北京举行。峰会上，正义网络传媒研究院发布了《政法类微博影响力报告》3.0 版，这是正义网络传媒两年内第三次发布政法类微博影响力报告。

2012 年 12 月 10 日，江苏省昆山市政府新闻办公室官方微博“@ 昆山发布”（UID：3162510465）上线运行。微博简介：“大美昆曲，大好昆山；欢迎关注昆山市政府新闻办公室官方微博，和我们一同记录见证昆山这座城市的成长。”15 时 32 分发布上线通告：“‘昆山发布’正式开通啦！这里是昆山市政府新闻办公室的官方微博，我们将为昆山的‘粉丝们’提供及时准确的政务信息和丰富多彩的实用资讯。传递信息，倾听民声，分享快乐，感受幸福。现在开始欢迎各位粉亲关注@ 昆山发布，一如既‘网’关注昆山，吐心声、留诤言、献计策，共同定期昆山更加美好的明天！”

2012 年 12 月 10 日，由腾讯微博、腾讯网发起的“2012 全国高校新媒体发展论坛”在北京举行。论坛主题为“新媒体时代的高校发展与人才培养”。论坛还发布了《2012 中国高校微博发展报告》，并进行了团中央学校部与腾讯微博的战略合作签约仪式。

2012 年 12 月 11 日，天津市静海区人民政府官方微博“@ 静海发布”（UID：3181336015）上线运行。

2012 年 12 月 12 日，国务院办公厅正式发布修订后的《国家森林火灾应急预案》。此次发布的《国家森林火灾应急预案》是在《国家处置重、特大森林火灾应急预案》（2005 年 5 月发布）的基础上修订的。新预案对发布信息做出新要求：通过授权发布、发新闻稿、接受记者采访、举行新闻发布会和专业网站、官方微博等多种方式、途径，及时、准确、客观、全面向社会发布森林火灾和应对工作信息，回应社会关切。

2012 年 12 月 12 日，“微政道——2012 新浪政务微博应用交流会之西部专场”在成都召开，来自四川、陕西、新疆、重庆、贵州、云南、宁夏、甘肃等西部十省份的 200 余名政务微博代表参加了本次大会。会上公布了各省份政务微博影响力榜、西部地区十佳应用奖及影响力飞跃奖。

2012 年 12 月 12 日，由山东省网络文化办公室指导，济南市网络文化办公室、《济南日报》报业集团主办，舜网承办的“政务微博泉城论坛”在济南市舜耕山庄举行。论坛主题为“政务微博与创新社会管理”。时任山东省网络文化办公室主任刘致福、山东省 17 地市网络办主任、省重点新闻网站负责人、济南市直机关等宣传部门负责人以及专家学者等200余人与会。

2012年12月12日，广东省清远市人民政府新闻办公室官方微博“@清远发布”（UID：3176459727）上线试运行。微博简介：“北江明珠，清香溢远。在这里，关注清远政务；在这里，了解和谐清远；在这里，感受幸福清远。‘清远发布’期待您的关注、您的参与，共绘清远美好蓝图！”

2012年12月12日，浙江省杭州市余杭区人民政府新闻办公室官方微博“@余杭发布”（UID：3080997970）上线运行。微博简介：“世界的良渚，江南的余杭。余杭，是丰子恺笔下的江南佳丽地，是余秋雨眼里过日子的好地方，是马云梦想中创业的地方。爱这座城，和城里与城外的人。这里是杭州余杭区人民政府新闻办官方微博，欢迎围观，共话余杭。”

2012年12月12日，天津市河西区人民政府官方微博“@河西发布”（UID：3150085231）上线试运行。微博简介：“聚集发展、高端发展、特色发展，建设美丽河西、建设首善之区。这里是天津市河西区人民政府的政务和公共服务微博，我们会借助这个平台给您传递政务信息，倾听民众呼声，力行‘织博为民’。”

2012年12月13日，天津市市场和质量监督管理委员会官方微博“@津门红盾”（UID：3014669221，现更名为“@天津市场和质量监管”）上线测试，12月17日正式运营。17日6时58分，发布上线通告：“亲爱的网友们，你们好！伴着冬日的第一缕晨光，天津市工商行政管理局官方微博——津门红盾今天正式启动运行了！监管维权，服务发展，工商给力！希望大家多多关注多多支持！”

2012年12月13日，广东省广州市荔湾区新闻信息中心官方微博“@广州荔湾发布”（UID：3186551393）上线运行。微博简介：“岭南文化聚荔湾，西关风情最广州。‘广州荔湾发布’期待您的关注和参与，共同分享‘传统、现代、自然’的荔湾。”

2012年12月13日，广州市黄埔区政府新闻办公室官方微博“@广州黄埔发布”（UID：3186551397）上线运行。微博简介：“黄木古海湾畔，岭南开发之始，海上丝路起点，中国将帅摇篮——黄埔以动人心魄的传奇向世界传播历史的声音，也以历久弥新的风姿吸引着世人的目光。‘广州黄埔发布’—权威发布，真心服务，是您身边的一位好朋友。欢迎围观，感受黄埔。”

2012年12月13日，广东省广州市越秀区新闻信息中心官方微博“@广州越秀发布”（UID：3185467635）上线运行。微博简介：“越秀，北依白云山，南临珠江水，因风景秀丽的越秀山而得名。这里是千年古城发祥地，是广州建城2200多年来一直没有迁移的城市中心；这里是广府文化汇聚地，宛如一座没有围墙的博物馆；这里是近代革命策源地，演绎了中国近代史上风卷云涌的史诗剧；这里是千年商都黄金地，见证了广州两千多年的商贸繁华；这里是城市生态绿地，拥有一山三湖一涌的城市生态；越秀，一个完美融合自然与人文、古典与时尚的城区。这里是‘广州越秀发布’，愿与您分享幸福生活，共绘越秀风华，期待您的关注！”

2012年12月13日，广东省广州市南沙区新闻中心官方微博“@广州南沙发布”（UID：3186551407）上线运行。微博简介：“2012年9月6日，国务院正式批复《广州南沙新区发展规划》，广州南沙新区成为继上海浦东新区、天津滨海新区之后，国家在经济发展引擎地区设立的又一个重要的国家级新区。新区将坚持‘科学开发，从容建设’的理念，建设成为粤港澳优质生活圈、新型城市化典范、以生产性服务业为主导的现代产业新高地、具有世界先进水平的综合服务枢纽、社会管理创新服务试验区，打造粤港澳全面合作示范区。2015年4月，广东自由贸易试验区挂牌，其中南沙新区片区是其中最大的自由贸易试验区。”

2012年12月13日，广东省广州市从化新闻网络管理中心官方微博“@广州从化发布”（UID：3186551413）上线运行。

2010年12月13日，中新天津生态城官方微博“@中新生态城发布”（UID：1891614883）上线运行。微博简介：“中新天津生态城是中国、新加坡两国政府间的重大合作项目，是世界上第一个国家间合作开发的生态城市，于2008年9月28日启动建设。2013年，中新天津生态城成为目前国务院批准的唯一的‘国家绿色发展示范区’。”

2012年12月14日，安徽省铜陵市举办政务微博业务培训班，政务微博管理员培训上岗。

2011年12月15日，中共江苏省南京市浦口区委宣传部官方微博“@浦口发布”（UID：2608703882）上线运行。微博简介中写道：“浦口，隶属南京，位于浩浩长江北岸，长江大桥一桥飞架南北，将之与主城相连。这里是生态之城，百里老山巍巍……”

2012年12月17日，时任中共中央政治局委员、国务委员、中央政法委书记孟建柱在中央政法委员会第一次全体会议上指出，政法机关要切实加强对现代新闻传播规律的研究，准确把握新媒体时代受众特点，及时回应社会关切，着力提升新媒体时代社会沟通能力。孟建柱强调，政法机关要切实担负起党和人民赋予的重大职责任务，就必须大力加强能力建设，全面提升整体素质和执法水平。

2012年12月17日，最高人民法院公布了2012年11月26日由最高人民法院审判委员会第1561次会议通过的《最高人民法院关于审理侵害信息网络传播权民事纠纷案件适用法律若干问题的规定》（法释〔2012〕20号），自2013年1月1日起施行。

2012年12月17日，中共广东省广州市白云区委宣传部官方微博“@广州白云发布”（UID：3185467691）上线运行。微博简介：“‘微’观白云，‘博’采众长。这里是‘广州白云发布’，我们期待与您共享白云资讯，同助白云进步，共建活力白云，欢迎围观，欢迎建言。”

2012年12月17日，广东省广州市花都区政府新闻办公室官方微博“@广州花都发布”（UID：3186551403）上线运行。

2012年12月17日，广东省佛山市顺德区勒流街道办事处官方微博“@勒流发布”（UID：2403734563）上线运行。

2012年12月18日，“微政道——2012新浪政务微博应用交流会之华北专场”在天津正式召开，来自北京、天津、河北、山西、内蒙古等五省份以及在京中央部委共150余名政务微博代表参加了本次交流会。会上公布了2012年度华北各省份政务微博影响力榜、影响力飞跃奖、十佳应用奖等系列榜单。

2012年12月18日，全国地税系统首家政务微博发布厅——“广州地税微博发布厅”正式上线。广州市地税局及其下辖的登记分局、各区（市）局、各稽查局等19个基层单位官方微博入驻。

2012年12月18日，安徽省铜陵市人民政府“铜陵发布”新浪微博发布厅正式上线，铜陵市各县区人民政府、市政府组成部门等43个单位官方微博入驻。时任铜陵市政府办公室信息办负责人李刚介绍，随着“铜陵发布”微博群这一新的网络问政平台的搭建，市民向政府和各成员单位咨询和投诉将更加方便。市民将要反映的问题“@”铜陵市人民政府官方微博“@铜陵发布”（UID：2365660032），“@铜陵发布”可以直接转相关部门办理。市民也可以直接在微博上@各成员单位的微博，如果部门的回复不满意，还可以向“@铜陵发布”投诉，“@铜陵发布”的工作人员再进行督促检查。

2012 年 12 月 19 日，广东省广州市海珠区新闻中心官方微博“@广州海珠发布”（UID：3186551387）上线运行。微博简介：“海珠古称江南洲，位于珠江广州河段前航道的南面，广州人称之‘河南’。今天，正在以更具远见的态度，以效率促效果，以实干促实效，全力推动经济发展质量变革、效率变革、动力变革，以打造海珠创新岛、生态岛、安全岛为重点，大力推动创新发展、集聚发展、生态发展、幸福发展，全面加快现代化中心城区建设。”9 时 50 分发布上线通告：“大家好，‘@广州海珠发布’今天正式启动上线啦！这里将为关心海珠的您，提供及时准确的政务信息和丰富多彩的生活资讯。”

2012 年 12 月 19 日，广东省广州市萝岗区官方微博“@广州萝岗发布”上线运行。微博简介：“传递政务信息、提供便民资讯，倾听您的心声、关注您的诉求，感受发展脉搏、分享幸福生活。这里是广州市萝岗区官方微博，我们期待您的关注、您的参与！”10 时 25 分发布上线通告：“‘5、4、3、2、1，启动！’随着现场倒数声，‘广州萝岗发布’官方微博平台正式开通！今天，我们和全市其它 49 家兄弟单位政务微博同时上线了，期待您的关注。”2015 年 9 月 1 日 12 时 02 分，“@广州萝岗发布”发布微博关闭通告《再见！@广州萝岗发布》：“2014 年 1 月，经国务院批复同意，撤销广州市黄埔区、萝岗区，设立新的黄埔区。今天新的黄埔区正式挂牌，‘@广州萝岗发布’官方微博已完成其历史使命。感谢您 987 个日夜的陪伴与守护！请大家多关注‘@广州黄埔发布’，以及将来新设的‘@广州开发区发布’官方微博。”

2012 年 12 月 19 日，江苏省无锡市梁溪区人民政府新闻办公室官方微博“@无锡梁溪发布”（UID：3194967805）上线运行。

2012 年 12 月 20 日，最高人民法院公告 2012 年 11 月 5 日由最高人民法院审判委员会第 1559 次会议通过的《关于适用〈中华人民共和国刑事诉讼法〉的解释》（法释〔2012〕21 号），自 2013 年 1 月 1 日起施行。“电子邮件、电子数据交换、网上聊天记录、博客、微博客、手机短信、电子签名、域名等电子数据”，可以作为民事诉讼中的证据。

2012 年 12 月 20 日，新浪全国首个县级政务微博发布平台——“鹤峰政务微博发布厅”正式上线。鹤峰政务微博发布厅由中共湖北省鹤峰县委宣传部组织牵头，联合多个党政部门共同构建。

2012 年 12 月 20 日，河南省人民检察院官方微博“@正义河南”（UID：3206657871。2014 年 6 月 16 日正式更名为“@河南检察”）上线。首发微博为：“强化法律监督，维护公平正义！”

2012 年 12 月 20 日，截至当日，新浪网、腾讯网、人民网、新华网四家微博客网站共有政务微博客账号 176714 个，其中党政机构微博客账号 113382 个，党政干部微博客账号 63332 个。2012 年党政机构微博客账号数量排名前三位的省份为山东、江苏、浙江，2012 年党政干部微博客账号数量排名前三位的省份为河南、北京、黑龙江。

2012 年 12 月 21 日，陕西省环境保护厅官方微博“@陕西环保”（UID：3199062547。

现变更为陕西省环境保护厅官方微博“@陕西生态环境”）上线测试运行。

2012 年 12 月 21 日，江苏省苏州市太仓市政府新闻办公室官方微博“@太仓发布”（UID：3195619433）上线运行。微博简介：“微知民情，博采众议。”17 时 22 分发布上线通告：“今天是冬至，也是玛雅预言日，在大家的期待中‘新纪元’开始了，‘太仓发布’也与大家见面了。让我们共同关注、共同祝福——美丽太仓！”

2012 年 12 月 24 日，江苏省苏州高新区官方微博“@苏州高新区发布”（UID：3079986772）上线运行。微博简介：“这里，是一片产业聚集、科技腾飞的活力热土！这里，是一片激扬梦想、抒写传奇的山水新城！真山真水高新区，科技人文新天堂，苏州高新区与您同行！”

2012 年 12 月 25 日，山东省青岛市即墨区新闻中心官方微博“@即墨发布”（UID：3201519157）上线运行。

2012 年 12 月 25 日，上海市人民政府办公厅印发《2012 年度上海市政府信息公开和政务公开考核评估实施方案》和《2012 年度上海市政府信息公开社会评议实施方案》（沪府办发〔2012〕74 号）。方案界定，政府信息公开、政务公开渠道建设情况，包括政府网站、政务微博、政府公报、国家档案馆、公共图书馆等重点渠道工作情况及便民服务举措。“中国上海”门户网站、“上海发布”办公室分别提供政府网站政府信息公开专栏建设、政府微博公开政府信息情况的评估结果。

2012 年 12 月 26 日，上海市第十三届人民代表大会常务委员会第三十八次会议通过《上海市实施〈中华人民共和国突发事件应对法〉办法》，《办法》规定，预警信息的发布应当根据实际情况，“通过广播、电视、报刊、互联网、微博、手机短信、电子显示屏、宣传车、警报器、高音喇叭或者组织人员逐户通知等方式进行”，对老、幼、病、残等特殊人群以及学校、医院、养老院、通信盲区等特殊场所应当采取针对性的公告方式。自 2013 年 5 月 1 日起施行。

2012 年 12 月 26 日，上海交通大学新媒体与社会研究中心、舆情网发布《2012 年中国微博年度报告》，对 2012 年微博的总体发展情况、微博与公共舆论、微博与网络问政、微博与企业营销、微博与传统媒体、微博与意见领袖、微博与社会动员、微博与社会生活方式等进行了综合分析，并对 2013 年的微博发展情况进行了预测。报告指出，2012 年，政务微博发展态势更为迅猛，总数已经超过 7000 万，正成为各级政府网络问政的重要平台。同时，政务微博的动作水平虽然有所提升，但部分政务微博危机应对能力差，更新不及时，“冬眠”现象依然存在。

2012 年 12 月 26 日，江苏省无锡市锡山区人民政府办公室官方微博“@锡山发布”（UID：3093812290）上线运行。微博简介：“锡山区位于长江三角洲腹地，江苏省东南部，无锡市东部。湖光山色的神韵，东西文化的交融，造就了锡山气韵灵动、敏慧秀逸的靓丽风貌。锡山，曾是中国古代吴文化发源地、近代民族工商业发源地和现代乡镇企业的发源地。锡山，正如一艘乘风破浪的航船，劈波斩浪，朝着基本实现现代化奋勇前行。你好，这里是无锡市锡山区人民政府办公室官方微博，欢迎围观，共话锡山。”12 时 51 分发布上线通告：“‘锡山发布’今天正式上线了。这是无锡市锡山区人民政府办公室的官方微博。这里将为关心锡山的您，提供及时准确的政务信息和丰富多彩的实用资讯。欢迎网友们关注和留言，了解锡山，传递信息，分享快乐，感受进步。”

2012年12月27日，天津市首批入驻“天津发布”政务和公共服务微博门户的16家单位政务微博，在新浪微博和腾讯微博同时上线。“天津发布”政务和公共服务微博门户，是天津市政府新闻办公室在“@天津发布”（UID：2489610225）基础上组建的包括市政府有关委办局、各区县和市相关公共服务部门政务微博的集群。

2012年12月27日，天津市南开区人民政府官方微博“@南开发布”（UID：3161767823）上线运行。上午7时整发布上线通告：“‘南开发布’微博从今儿起就正式和广大博友们见面了。听听家常里短，了解与您贴心的服务举措，我们将把您最想看的、最想听的织进围脖里。希望朋友们多多关注我呦！”

2012年12月27日，天津市河北区人民政府官方微博“@河北区发布”（UID：3002659365）正式上线运行（12月13日上线测试运行）。11时42分发布微博通告：“河北区政务微博正式上线了，希望朋友们多多关注我们。这是一个小小的沟通平台，也是一个广阔的互动天地。我们将及时把河北区的政务事、新鲜事向大家通报。如果大家有民生方面的问题，请私信我们，也可以通过北方网政民零距离和区政府为民服务热线（26352370）来反映，我们将竭诚为您服务。”

2012年12月27日，天津国土房管局官方微博“@天津国土房管发布”（UID：3002296397）正式上线运行。

2012年12月27日，天津市红桥区政府官方微博“@红桥发布”（UID：3002362141）上线运行。6时55分，发布上线通告：“各位粉丝们，大家好！红桥区政府官方微博‘红桥发布’今天正式上线了。我们将提供及时准确的政务信息，聆听您的心声，欢迎您与我们互动交流。‘红桥发布’提前预祝粉丝们‘元旦’快乐。关注‘红桥发布’，我们共同成长！”

2012年12月28日，第十一届全国人民代表大会常务委员会第三十次会议通过《全国人民代表大会常务委员会关于加强网络信息保护的决定》。

2012年12月28日，由四川省成都市互联网信息办公室提供活动支持，成都传媒集团成都日报社、腾讯网、腾讯微博、腾讯大成网联合主办的“2012成都政务微博（腾讯）颁奖典礼”在成都望江宾馆举行。活动颁发了2012成都十佳政务微博奖、年度影响力奖等多个奖项，并发布了《2012成都政务微博年度报告》。

2012年12月30日，国家互联网信息办公室负责人在接受记者专访时指出，第十一届全国人大常委会第三十次会议审议通过的《全国人民代表大会常务委员会关于加强网络信息保护的决定》，非常重要、非常必要，为加强网络信息保护提供了法律依据，是贯彻落实党的十八大关于加强网络社会管理、推进网络依法规范有序运行要求的重要举措，必将进一步促进我国互联网健康有序发展。

2012年12月31日，天津市国土房管局印发《天津国土房管政务微博管理规定》（津国土房宣〔2012〕423号）。《规定》明确，微博每日发布信息应保持2条以上，重大突发事件要及时发布权威信息。问题答复的工作时限一般为3个工作日，承办单位办理时限为2个工作日。遇有紧急情况时，须即时研究、即时答复。特殊问题需要调查核实的，须向主管局领导报告，视情况确定工作步骤和工作时限。各单位政务微博工作情况纳入依法行政考核和单位领导干部年度工作考核。

2012年12月31日，贵州省教育厅官方微博“@贵州教育”（UID：3209843317）上线试运行。微博简介：“贵州省教育厅是贵州省人民政府主管教育的行政部门。我们将为您提供权威、及时、准确的政务信息服务。热烈欢迎广大网友继续关心、支持贵州教育的改革与发展。”17 时 58 分发布上线通告：“贵州省教育厅官方微博今日开通，近期将完善页面制作，进入试运行。值此 2013 年元旦之际，衷心欢迎广大网友继续关心、支持贵州教育事业改革与发展，并恭贺大家新年快乐！”

2012 年 12 月 31 日，中共江苏省无锡市惠山区委宣传部官方微博“@ 无锡惠山发布”（UID：3204861093）上线运行。微博简介：“无锡市惠山区，前身为‘华夏第一县’——无锡县。这里是历史悠久的文化之城，是经济腾飞的活力之城，是安定和谐的宜居之城，是区域投资的希望之城。”8 时 44 分发布上线通告：“无锡市惠山区委宣传部官方微博即将上线了。在新的一年即将到来之际，祝所有关心和支持惠山区建设的网友们新年快乐、万事如意！”

2012 年 12 月 31 日，中共安徽省六安市委、六安市人民政府官方微博“@ 六安发布”（UID：3021918593）上线运行。微博简介：“中共六安市委、六安市人民政府官方微博。尊重民意，齐颂五色六安好声音；顺应期待，共举美丽六安幸福梦。”9 时 06 分，微博首发时任六安市委书记、市人大常委会主任孙云飞在上线仪式上的致辞：“各位网友，大家好！今天，‘六安发布’官方微博正式开通。衷心希望广大网友关心、关注和支持六安，共同为建设幸福六安增添新活力、加注正能量。祝愿大家新年快乐，万事如意。”

2013

一月

2013 年 1 月 4 日，教育部新闻办公室官方微博“@ 微言教育”（UID：2737798435）正式上线。微博简介：“发布教育资讯，微言教育变化，服务广大网友。”14 时 01 分发布上线通告：“各位网友好，教育改革微博采访团的官方微博今天开通！我们将在这里发布采访团的所见所闻所感，‘晒’出基层的教育变化，还将不定期推出微话题，期待大家参与！”

2013 年 1 月 4 日，中共江苏省南通市委宣传部官方微博“@ 南通发布”（UID：3106250394）上线运行。

2013 年 1 月 5 日，陕西省公安厅官方微博“@ 陕西公安”（UID：3206705731）正式开通。微博简介：“这里是陕西省公安厅官方微博，用微博之力，服务于民，传播警方好声音，真诚期待与您互动交流，欢迎关注陕西公安。温馨提示：遇有紧急警情请及时拨打 110 报警！”

2013 年 1 月 5 日，江苏省苏州市吴中区人民政府新闻办公室官方微博“@ 苏州吴中发布”（UID：3092911884）上线运行。微博简介：“‘太湖山水美，精华在吴中。’吴中区坐拥五分之三太湖水域，自古就以源远流长的吴地文化、清丽婉约的水乡古镇、景色秀美的太湖山水著称于世，被誉为‘太湖最美的地方’。围绕‘山水苏州・人文吴中’目标定位和‘走进太湖时代’发展战略，吴中区正全力‘打造城市发展新板块、建设现代产业新高地、构筑生态宜居新家园’。”

2013 年 1 月 5 日，江苏省苏州市人民检察院官方微博“@ 苏州检察发布”（UID：3071199244）上线运行。微博简介：“强化法律监督，维护公平正义。深化检务公开，打造阳光检察。各位脖友，这里是苏州市人民检察院官方微博发布平台，欢迎常来做客哦!”10时25分发布上线通告：“各位脖友，倷好！江苏省苏州市人民检察院官方微博‘苏州检察发布’今天正式与大家见面啦!（伸长脖子围观吧）我是苏剑，是这里的主持人，我们将依托微博平台，发布苏州检察机关的工作信息和办案动态，虚心听取社会各界对苏州检察工作的意见和建议，希望广大脖友常来作客哦!”

2013年1月6日，新疆维吾尔自治区第一监狱官方微博“@新疆一监”（UID：3115729364）上线运行。13时18分发布上线通告：“各位第一监狱的战友们大家好！这里是自治区第一监狱政治处，今后我们将在这里发布各种十八大学习材料、时事热点新闻及监狱新动态。请大家踊跃评论，交流感受。营造良好的学习和沟通氛围。”

2013年1月6日，内蒙古自治区鄂尔多斯市官方微博“@鄂尔多斯发布”（UID：2052350073）上线运行。微博简介：“新鲜资讯，‘鄂尔多斯发布’有速度；便民服务，‘鄂尔多斯发布’有温度；热点话题，‘鄂尔多斯发布’有态度。宜居鄂尔多斯热情欢迎您的到来!”13时53分发布上线通告：“鄂尔多斯之声，发布最新最快最真的声音。”

2013年1月6日，内蒙古自治区鄂尔多斯市信访局官方微博“@鄂尔多斯信访”（UID：3208439087）上线运行。微博简介：“为民解难，为党分忧!”

2013年1月7日，中共安徽省寿县县委、寿县人民政府官方微博“@寿县发布”（UID：3204489433）上线运行。

2013年1月9日，贵州省黔西南州信访局官方微博“@和谐黔西南”（UID：3113473012）上线运行。微博简介：“拓展群众信访渠道，架设党群干群桥梁，铺就和谐社会基石!”

2013年1月10日，时任最高人民检察院检察长曹建明在全国检察长会议上表示，检察机关要积极推进检察微博建设，增强信息发布、在线交流、咨询问答等功能，加强与群众的互动交流，保障人民知情权、参与权、表达权、监督权。

2013年1月10日，时任国务院国有资产监督管理委员会主任王勇在全国国有资产监督管理工作会议上指出，要指导国有企业特别是中央企业，加强对新闻宣传工作的认识，提高突发事件新闻处置水平，积极运用好微博等新媒体工作，及时回应社会关切。

2013年1月10日下午，宁夏回族自治区银川市党务政务网络平台工作专题会议召开，时任银川市委副秘书长金永灵做《关于2012年网络问政工作总结暨2013年工作思路的通报》。《通报》要求，要“进一步完善对群众合理诉求办理情况的反馈、评价机制。以部门答复解决群众合理诉求的回复率、办结率、及时率、满意率统计，来促进各部门改进工作作风、提高执行力”。这是银川市第一次对政务微博管理的考核指标做明确规定，标志着银川政务微博正式进入关键绩效指标（KPI）管理阶段。

2013年1月10日，广东省汕尾市人民政府新闻办公室官方微博“@汕尾发布”（UID：3215651843）上线运行。微博简介：“中国民间文化艺术之乡—汕尾坐拥455公里长的黄金海岸线，恰如一颗璀璨的明珠，镶嵌在祖国的南海之滨。历年来，汕尾喜获中国魅力城市、最受喜爱的休闲城市，中国最具投资价值旅游城市、中国青梅之乡、中国水鸟之乡、国际重要湿地等殊荣。美丽的海滨城市，欢迎您的到来!”

2013年1月12日，河南省工商行政管理局官方微博“@中原红盾”（UID：2389369587）正式上线。发布上线通告称，将“更好地架起工商部门与微博网友沟通联系的桥梁，为不断开创河南工商工作新局面，加快中原经济区建设作出新的更大贡献”。

2013 年 1 月 15 日，泰王国驻华大使馆官方微博“@ 泰王国驻华大使馆”（UID：3223655791）正式上线。时任泰国驻华大使伟文阁下与乔路易斯剧团主创人员在线与网友互动交流。

2013 年 1 月 16 日，中共黑龙江哈尔滨市委宣传部官方微博“@ 哈尔滨发布”（UID：2753006425）正式上线。

2013 年 1 月 16 日，河南省消防微博发布厅（http：//focus. weibo. com/pub/i/zt/hnxf）正式上线。该微博发布厅主要包括河南消防新闻发布区、河南消防总队宣传台、河南消防系统微博矩阵、微博报警台、微博直播间五大版块。作为全国首家消防系统微博发布厅，该发布厅整合了全省 18 个地市消防系统微博信息资源，网民通过该平台，不仅可以快速浏览当地消防信息，还可通过微博与当地消防部门互动。

2013 年 1 月 17 日，北京市宣传部长会议召开。会议要求，全市要加强热点问题的正面引导，每一名宣传工作者都要应用好新媒体，“看微博，开微博、发微博，研究微博”，发挥网络正能量。会议部署，要加强网上舆论引导，抓好政务微博、媒体微博、名人微博、网评员微博建设，完善网络发言和协同引导机制，有效应对热点问题，壮大网上主流舆论，改善网络舆论生态。

2013 年 1 月 17 日下午，由新浪网主办、新浪财经承办、新浪江苏支持的“微政道——新浪政务微博应用交流会之华东专场”在南京开幕，来自华东地区的政府微博代表及舆情专家、培训专家 120 余人参会。

2013 年 1 月 17 日，浙江省宁波市镇海区委、区政府官方微博“@ 镇海发布”（UID：2588125812）上线运行。微博简介：“镇海古称浃口、蛟川、海天雄镇，历史悠久，人文渊薮，是华夏海上‘丝绸之路’的起碇港，素有‘浙东门户’‘商帮故里’‘院士之乡’之称。欢迎关注官方微博。”

2013 年 1 月 18 日，新疆维吾尔自治区哈密地区行政公署办公室印发《哈密地区政务微博应用管理细则》（哈行办发〔2013〕8 号）。文件规定，政务微博管理坚持“谁开设、谁主管，谁应用、谁负责”的原则。各单位主要领导是政务微博的第一责任人，应当将政务微博列入本单位重要工作日程，予以安排部署并督促落实。政务微博运维管理人员不得依据个人观点和认识，超越工作规范进行。制定 24 小时值班制度，明确规定当值政务微博管理人员应当随时关注微博动态，浏览微博粉丝评论、积极互动，发现舆情，及时应对；记录工作日志，包括微博发布和回复数量、网民转发和评论数量、正负面评论比例、问题通报单发出和回复数量、粉丝数量等情况，需重点关注负面评论数量走势和话题指向；将政务信息发布及政民互动情况，特别要将网民反映问题回复及时率和问题解决率，纳入本地区本单位年度工作考核内容，开展检查、评估、考核工作；建立政务微博快速收集反馈和网站正式处理回复的互动机制。

2013 年 1 月 18 日，山东省济南市政务发布平台官方微博“@ 微博济南”（UID：3221854141）在新浪微博正式上线。微博简介：“‘微博济南’由济南市人民政府新闻办、济南市政府网联合主办。在这里，您可以了解到济南市最新的政务信息，可以知道发生在身边的家常里短，也可以看到泉城的人文、历史，深入领略她的风采，品味她的成长与发展。”

2013 年 1 月 23 日，南京市宣传部长会议召开。会议提出，要推进政务微博等新媒体工具的应用，建立“南京发布”工作室，加强和网民特别是舆论意见领袖沟通的机制建设；建立健全新闻从业人员的管理规范，促进新闻报道的文风转变，提升“走转改”活动成效。

2013 年 1 月 25 日，中共山东省胶州市委宣传部官方微博“@ 胶州发布”（UID：3228534683）上线运行。

2013 年 1 月 26 日，时任吉林省代省长巴音朝鲁在吉林省第十二届人民代表大会第一次会议上做《2013 年政府工作报告》。巴音朝鲁在报告中说：“实现今后五年发展目标，完成今年各项任务，对政府建设提出新的更高要求。要推进政府管理创新，努力建设效能政府、服务政府、法治政府和清廉政府。进一步完善决策咨询机制，提高科学民主决策水平。坚持依法行政，严格按照法定权限和程序履行职责、行使权力。自觉接受人大法律监督、工作监督和政协民主监督，认真办理人大代表建议、意见和政协提案。高度重视群众监督和舆论监督，积极做好政府信息公开和政务微博发布工作。进一步搞好绩效管理，健全问责制度。”这是微博第一次被写入省级政府工作报告。

2013 年 1 月 26 日，“郑州铁路局”微博发布厅在 2013 年春运首日正式上线。该发布厅包括微博矩阵、微博展示厅、春运咨询台、微博直播间四大平台。微博矩阵除了嵌入郑州铁路局官方微博“@ 郑州铁路局”（UID：1904469113）外，还将郑州火车站、郑州东高铁站、洛阳火车站等 30 个客运基层单位官方微博一并嵌入，“携手为网友服务”。

2013 年 1 月 27 日，时任陕西省代省长娄勤俭在陕西省第十二届人民代表大会第一次会议上做《2013 年政府工作报告》，“办好政务微博”再次被写入政府工作报告，引微博网友关注热议。报告中写道：“着力加强作风建设，全面推进政务公开。……继续坚持人民网留言办理、公民代表走进省政府和大学生见习制度，进一步办好政务微博，不断畅通联系群众的渠道。”

2013 年 1 月 28 日，江苏省苏州市政务微博工作培训暨“苏州发布”正式上线仪式举行。苏州市人民政府新闻办公室官方微博“@ 苏州发布”（UID：2998045524）正式上线（2013 年 1 月 1 日试运行）。微博简介：“飞驰中构建大城苏州；回眸时领略雅致姑苏。这里是苏州市人民政府新闻办官方微博——权威发布，沟通你我。”

2013 年 1 月 28 日，山东省济南市公安局出台《民警个人认证微博管理办法》，对民警和公安机关工作人员实名开通微博进行了规范。该办法对济南公安民警实名微博进行了界定，今后凡在互联网上以公安民警工作身份开通的微博，且“实名认证”资料为济南市公安局各级公安机关民警的微博，不论民警个人认证微博的名称是不是民警个人真实姓名都将被纳入民警个人微博管理办法进行管理。该办法规定，民警个人认证微博应加强维护，不得出现“僵尸微博”和“蜗牛微博”，同时严禁民警个人认证微博参与商业性、营利性活动。严禁民警个人认证微博在网上爆粗口、与网友对骂，应保持宽宏的度量和适度沉默。

2013 年 1 月 28 日，河南省漯河市纪委监察局官方微博“@ 清风漯河”（UID：2054609173）上线运行。

2013 年 1 月 29 日，河北省气象局官方微博“@ 河北天气”（UID：2170749461）开通。全国首个气象部门微博发布厅——“河北气象预警信息微博发布厅”同步上线。

2013 年 1 月 30 日，中共南京市委办公厅印发《关于加强“三争一创”新时期“南京追求”宣传的意见》（宁委办发〔2013〕11号）。《意见》明确，要充分运用网络宣传，加强互联网和新兴媒体阵地建设，结合新媒体的规律和新受众的特点，开展形式多样、充分互动的新时期“南京追求”网络宣传活动。注重运用博客、微博等新兴传播形式和动漫、手机短片等新兴文化载体，开展践行新时期“南京追求”博客、微博、微视频和手机短信优秀作品征集传播活动，聚焦社会关注，增强社会认同。

二月

2013年2月1日，由中共广东省委政法委和新浪网共同策划的中国首家政法类微博发布厅——“广东政法微博发布厅”在广州正式上线。据媒体报道，“广东政法微博发布厅”是依托网络打造的政法微博聚合群，是广东省政法类微博与网民互动交流的一个重要渠道，也为广东省政法部门敞开了集体运用微博为民办实事的大门。在中共广东省委政法委官方微博“@广东政法”（UID：2176235777）账号的带动下，首批共有336个微博加入发布厅，通过发布厅与网友沟通互动。

2013年2月1日，云南省大理白族自治州人民政府新闻办公室官方微博“@大理发布”（UID：3071103322）上线运行。微博简介：“传递政务信息，关注社会民生，推介美丽大理。这里是大理白族自治州人民政府新闻办公室官方微博，我们将及时发布大理州的政务信息。”9时21分发布上线通告：“我们将及时发布大理白族自治州有关的政务信息，期待您的关注！”

2013年2月1日，云南省大理白族自治州人民政府政务服务管理局官方微博“@问政大理”（UID：3181311563）上线试运行。微博简介：“问政大理是大理白族自治州人民政府问政于民、问计于民、问需于民的工作专用微博，主要功能是‘解民困、集民意、汇民智’。友情提示：本微博是大理州人民政府政务服务管理局官方微博，对广大博友的发言将及时予以回应。”8时07分发布上线通告：“问政大理政务微博已于2013年2月1日正式认证并开通试运行了。乘风破浪，洱海扬帆，问政大理：欢迎您的参与，期待您的关注，感谢您的支持。”

2013年2月5日，云南省人民检察院官方微博“@云南省人民检察院”（UID：3240988201）正式上线新浪。

2013年2月7日，时任教育部部长袁贵仁通过教育部新闻办公室官方微博“@微言教育”（UID：2737798435）向网民送新春祝福。微博内容为：“教育部部长袁贵仁：很高兴第一次通过微博向大家送上新春祝福。感谢各位网友对教育工作的关注，希望大家继续关心支持教育事业，让我们共同为实现教育强国梦而努力！祝大家蛇年吉祥，幸福安康！”

2013年2月11日，加拿大国会议员和联邦自由党党领贾斯廷·特鲁多（Justin Trudeau），注册入驻中文社交媒体微博，官方微博账号为“@特鲁多_JustinTrudeau”（UID：3185896742）。

2013年2月17日，浙江省衢州市人民政府新闻办公室官方微博“@衢州发布”上线运行。微博简介：“仁爱之城，幸福衢州。聆听最美地的好声音，传播微时代的主旋律，见证幸福衢州的新风尚。这里是衢州市人民政府新闻办公室官方微博，衢州发布，发布衢州。”14时33分发布上线通告：“新年伊始，新浪微博，新人驾到，新鲜出炉。小编初到贵地，还请各路网友一如既往关注衢州，多灌智慧之水，多拍建设之砖，多给发展之力，为衢州发展不断传递正能量，小编感激不尽。”

2013 年2 月 19 日，邓小平同志逝世 16 周年纪念日，联合国官方微博“@ 联合国”（UID：1709157165）发文《联合国与邓小平》进行缅怀：“1997 年 3 月 12 日，联合国大会召开全体会议，全体代表起立默哀一分钟，哀悼中国已故最高领袖邓小平。联大第 51 届会议主席伊斯梅尔表示：‘人们将记得邓小平先生是一位精明的领导人，以其改革和务实的眼光在全球过渡时期指引中国走向国际和平与安全的道路。’”

2013 年 2 月 19 日，陕西省人民政府发布关于落实《政府工作报告》重点工作部门分工的意见（陕政发〔2013〕1 号）。意见指出，要“继续坚持人民网留言办理、公民代表走进省政府和大学生见习制度，进一步办好政务微博，不断畅通联系群众的渠道（省财政厅、省政府办公厅负责）”。

2013 年 2 月 19 日，新疆维吾尔自治区乌鲁木齐市人大常委会法工委首次通过微博向社会公开征求《乌鲁木齐市节约用水管理条例（草案）》立法修改意见。

2013 年 2 月 19 日，四川省德阳市教育局官方微博“@ 德阳教育发布”（UID：3195549780）上线运行。

2013 年 2 月 21 日，贵州省高级人民法院官方微博“@ 贵州高院”（UID：3196685592）正式开通。

2013 年 2 月 22 日，“@ 罗援”（UID：1419517335）少将开通微博。首发微博：“我是罗援，经批准我可以开微博了。这是一个非常重要的舆论阵地，你不发声，别人就发声，甚至冒充你的声音发出一些噪声。还有一些人趁机进行诽谤攻击、造谣污蔑。我们再也不能沉默了，不是在沉默中死亡，就是在沉默中爆发。为了我们亲爱的祖国、亲爱的党、亲爱的军队、亲爱的人民，我们应该战斗！”

2013 年 2 月 22 日，山西消防总队官方微博“@ 山西消防”（UID：1648119052）正式上线。

2013 年 2 月 23 日，江苏省张家港市人民政府新闻办公室官方微博“@ 张家港发布”（UID：3206440331）上线试运行。微博简介：“您好，这里是张家港市人民政府新闻办官方微博，欢迎围观，共话发展。”9 时 41 分发布上线通告：“‘@ 张家港发布’是张家港市人民政府新闻办公室官方微博，我们将为关心热爱港城的亲们，提供及时准确的热点信息和丰富多彩的服务资讯。筒子们、童鞋们，来关注吧！让我们与爱同行，传递文明！”

2013 年 2 月 26 日，中共山西省太原市委外宣办、太原市人民政府新闻办官方微博“@ 太原发布”（UID：3268152967）上线运行。微博简介：“曾经的太原，九朝古都，2500 多年建城史，被誉为龙城。如今的太原，时代新人辈出，成为新时代奋斗者之城。太原发布——权威发布，贴心守护！”

2013 年 2 月 26 日，四川省南充市人民政府官方微博“@ 南充发布”（UID：3203621384）上线试运行。

2013 年 2 月 26 日，《人民法院报》官方微博“@ 人民法院报”（UID：3268047813）正式上线。

2013 年 2 月 27 日上午，陕西省政务微博培训会议在西安召开。时任陕西省委常委、宣传部部长景俊海在会议上指出，当前陕西正处在加快发展的新时期，人民群众有许多新期待、新愿望、新呼唤，各级党政干部必须高度关注互联网、关注微博，亲自参与，有序有效地开展网上互动交流，真心有效服务群众。景俊海提出三个方面的建议：要积极开设政务微博，努力形成陕西省政务微博群，不断提升陕西政务微博的整体影响力，要把政务微博作为了解社情民意、问政于民、问需于民、问计于民的重要途径，作为更好地联系群众、服务群众的平台；要发挥意见领袖作用，加强互动，增进互信，各级党政领导干部要转变思维模式和工作方式，主动加强与网民的沟通交流，定期听取意见建议，增加与网民的互动互信；要及时回应舆论关切，解决问题，化解矛盾。微博上反映的有些问题是各级党委政府工作中的“短板”，解决好了，工作就会整体推进。

2012 年 2 月 28 日，上海市松江区人民政府官方微博“@ 上海松江发布”（UID：2620648747）上线运行。微博简介：“上海之根，沪上之巅，浦江之首。这里是上海松江政府官方微博，我们将在这里及时发布信息，服务民生，沟通交流，欢迎围观，共话松江。”

三月

2013 年 3 月 1 日，江苏省常熟市委外宣办、常熟市政府新闻办公室官方微博“@ 常熟发布”（UID：3195579922）正式运行（2 月 28 日上线试运行）。微博简介：“江南福地，常来常熟。这里是常熟市委外宣办、常熟市政府新闻办官方微博。欢迎围观，期待关注。”

2012 年 3 月 1 日，新疆维吾尔自治区博尔塔拉蒙古自治州人民政府新闻办公室官方微博“@ 博州发布”（UID：2629250611）上线运行。微博简介：“‘西来之异境，世外之灵壤’中国西部第一门户——博尔塔拉欢迎您！”

2011 年 3 月 1 日，中共河南省濮阳市委群工部信访局官方微博“@ 濮阳市委群工部信访局”（UID：2000336775）上线运行。

2013 年 3 月 2 日，国务院办公厅印发中国反对拐卖人口行动计划（2013—2020 年）通知（国办发〔2013〕19 号）。该行动计划对动员社会力量支持和参与反拐工作做出部署，要求“建立举报拐卖人口犯罪奖励制度，积极培育反拐志愿者队伍，借助微博等网络和媒体，广辟线索来源”。此项工作具体由国务院反拐部际联席会议各成员单位负责。

2013 年 3 月 5 日，为了推进和规范基层政务微博管理工作，中共银川市委督查室第三次启动政务微博标准化昵称命名督查工作，下发《关于进一步规范政务微博名称的通知》。除了要求各乡（镇、街道办）及与社会民生密切相关的服务窗口部门、单位继续开通微博，通知还“为了进一步方便群众”，要求各基层政务微博的名称必须由各县（市）区党办统一组织安排，并严格按照要求进行统一规范。

2013 年 3 月 6 日，南京海关 12360 服务热线官方微博“@ 南京海关 12360 服务热线”（UID：3213483140）正式运行。发布上线通告称，“今后我们将借助微博这个平台及时公布海关最新公告通知、政策提醒，解读海关有关政策法规，收集网友建议，回答网友的提问等等”。

2013 年 3 月 6 日，中华人民共和国上海海事局官方微博“@ 上海海事发布”（UID：2654831775）上线运行。微博简介：“让船舶安全、高效地航行在清洁的海洋上，是您的愿望，我们的使命。这里是中华人民共和国上海海事局官方政务微博，我们将竭诚为您提供丰富实用的服务。”21 时 18 分发布上线通告：“‘上海海事发布’即将上线啰。‘上海海事发布’是上海海事局的官方微博，近期即将正式上线。届时，在这里将为您提供及时准确的政务信息和水上交通安全保障、防治船舶污染、航运服务等方面的实用资讯。欢迎各位围观并多提宝贵意见、建议哦！”

2013 年 3 月 6 日，北京市非紧急救助服务中心官方微博“@ 北京 12345”（UID：

2542011901）正式上线。据首条微博介绍，北京市非紧急救助服务中心于 2007 年 5 月 15 日在北京市人民政府原便民电话中心基础上建立，目前开设 300 个受理座席，全天候接听，全部人工受理，为公众提供方便、快捷的公共信息服务。

2013 年 3 月 6 日，中共甘肃省陇南市徽县委宣传部官方微博“@陇南徽县发布”（UID：3215198700）上线运行。

2013 年 3 月 7 日，陕西省安康市人民政府办公室发出《关于认真做好政务微博管理工作的通知》（安政办发〔2013〕21 号）。《通知》要求，各县区各部门要尽快成立相应工作机构，明确微博管理员和专兼职信息员，积极开展工作。首批开通政务微博的县区和部门在 2013 年 3 月 20 日前完成微博的注册和认证工作，2013 年 4 月 1 日前正式上线运行。安康市电子政务办公室负责制定考核办法，做好全市政务微博的督查考核工作，加强政务微博运行维护日常监管。各县区各部门结合实际制定相应考评办法。

2013 年 3 月 7 日，山东省青岛市李沧区人民政府官方微博“@李沧发布”（UID：3302337561）上线运行。

2012 年 3 月 8 日，河南省郑州市教育局官方微博“@郑州市教育局”（UID：2608223021）正式上线运行。17 时 25 分发布上线通告表示：“希望在‘@郑州发布’统一协调下，我们加强利用微博知民情，解民难、排民忧。以更加开阔的胸襟和气度集纳民智，问计于民，及时回应群众的期盼，形成郑州城市与百姓互动沟通的良性循环，欢迎亲们来互动哈。”

2013 年 3 月 10 日，时任最高人民检察院检察长曹建明在第十二届全国人民代表大会第一次会议上做《最高人民检察院工作报告》。报告中提到，全国检察院自觉接受民主监督和社会监督。深化检务公开，推进检察门户网站、微博建设，完善新闻发布、公开审查、公开听证等制度，普遍开展检察开放日活动。把互联网等媒体作为听民声、察民意的重要渠道，及时主动回应社会关切。

2013 年 3 月 10 日，中央气象台官方微博“@中央气象台”（UID：2015108055）正式开通。微博简介：“权威发布全国第一手预报信息。”当日 15 时 22 分发布上线通告：“今天天气不错，挺风和日丽的，中央气象台微博也正式开张啦！”

2013 年 3 月 11 日，陕西省渭南市人民政府办公室官方微博“@渭南发布”（UID：3214268410）上线运行。微博简介：“这里是渭南市人民政府官方微博，欢迎围观!!‘渭南发布’为您提供政务、民生服务信息，搭建政民沟通微平台，与您分享‘美丽渭南’，我们的努力需要您的关注。”15 时 37 分发布微博公告：“渭南市人民政府网站新浪微博开通啦！关注渭南动态，服务大众民生，促进政民交流，共谋本地发展！欢迎大家积极关注，我们会尽己之力，为公众搭建一个良好的信息互动平台！求扩散，求关注！”

2013 年 3 月 11 日，安徽省合肥市庐阳区人民政府官方微博“@庐阳发布”（UID：3186952954）上线运行。16 时 46 分发布上线通告：“各位亲爱的网友大家好，合肥市庐阳区政务微博‘首善庐阳’今天正式和大家见面啦！大家可以叫我微博阳阳，阳阳不做僵尸不作秀，诚心与广大网民交流，致力于服务庐阳区打造全省首善之区和辐射源。今后欢迎各位亲们多多拍砖和鼓励哦~”

2013 年 3 月 12 日，国家文化部与土耳其驻华使馆共同在京举行“土耳其就在这里——2013 中国土耳其文化年新闻发布会”。时任文化部外联局局长侯湘华与土耳其驻华大使穆拉特·萨利姆·埃森利先生出席了新闻发布会。同时，文化年的官方网站和官方微博也正式启用。

2013年3月12日，中共江苏省如东县委宣传部官方微博“@如东发布”（UID：3192504650）上线运行。微博简介：“三万年前，古长江从这里奔腾入海，盛世唐朝，遣唐使从这里虔诚登岸。水湄海角在这里转承第一缕朝阳，沧海桑田在这里幻化为渔歌浅唱。这里，是吴楚福寿之地，江东古镇超越千载，扶海而长。这里，是南黄海水墨天堂，正如日东升，云蔚霞唱……这里就是——中国如东。”

2013年3月15日，广东省高级人民法院官方微博“@广东省高级人民法院”（UID：2781790222）通过微博平台认证，正式上线。“广东法院微博发布厅”同步上线。

2013年3月17日，新成立的中国铁路总公司正式挂牌，中国铁路总公司官方微博“@中国铁路”同步上线运行。

2013年3月18日，天津市东丽区人民政府官方微博“@东丽发布”（UID：3262767890）上线试运行。

2013年3月19日，宁夏回族自治区银川市兴庆区旧城改造道路畅通工程指挥部办公室官方微博“@兴庆旧城改造道路畅通”（UID：3226651002。因机构调整现已注销）正式上线，这是全国第一个以“拆迁”为主题的政府官方微博。及时解读政策、直面回应诉求、坦诚对话沟通、协调社会关系、化解社会矛盾，确保旧城改造顺利推进是其定位。

2013年3月19日，广西壮族自治区北海市人民法院在审理一起故意杀人案中，庭审微博图文直播近5个小时，法庭调查、举证质证和法庭辩论等关键诉讼环节均发布了庭审现场图片。

2013年3月21日，中共广东省肇庆市委宣传部官方微博“@肇庆发布”（UID：3212726410）上线运行。微博简介：“‘肇庆发布’平台是经肇庆市委同意创建的我市政务权威发布平台，负责市委市政府重大决策部署的权威发布工作，并努力为市民群众提供更多实用信息与服务。”12时16分发布上线通告：“我们齐来晒出我们的幸福‘美丽肇庆’，展示肇庆正能量，晒出肇庆新精彩。‘@美丽肇庆’肇庆政务微博发布厅3月22日正式上线。‘美丽每一天，常伴你身边’让我们把每一条微博充满追求与责任，传递温情与关怀，欢迎围观。”

2013年3月25日，江苏省泰州市人民政府新闻办公室官方微博“@泰州发布”（UID：3195538854）上线运行。微博简介：“泰州，位于江苏中部，长江北岸，这是一座正在崛起的医药名城、形神兼备的文化名城、和谐共生的生态名城。‘泰州发布’，我的声音，您的关注。”8时19分发布上线通告：“‘泰州发布’今天上线试运行啦！我们将通过这个平台为您提供力所能及的帮助和服务，欢迎围观，感谢关注！”

2013年3月26日，国家药品监督管理局微博官方微博“@中国药品监管”（UID：1335661387）通过微博平台认证，正式上线。

2013年3月27日，山西省高级人民法院官方微博“@晋法之声”（UID：3236771742）正式上线。

2013年3月28日，中共南京市委办公厅、南京市人民政府办公厅转发《关于进一步加强新闻发布工作的意见》的通知（宁委办发〔2013〕31号）。《意见》对新闻发布的形式做出指引：新闻发布可视不同情况，采取新闻发布会、新闻通气会、记者招待会、授权网站发布、授权官方微博发布（如“南京发布”等）、发布新闻通稿、接受媒体采访、发表新闻谈话、邀请媒体参加工作会议等多种形式进行。并明确，要定期对各区、部门及单位的新闻发布情况及政务微博工作进行考核，并通过媒体和专题网站公开。

2013 年 3 月 28 日，中共安徽省铜陵市委、铜陵市人民政府信访局官方微博“@ 铜陵信访”（UID：1597012162）上线运行。

2013 年 3 月 28 日，天津市环境保护局官方微博“@ 天津环保发布”（UID：3250739191。现更名为“@ 天津生态环境”）上线运行。微博简介：“凡在我市范围内涉及环境违法的问题，请您拨打 88908890。”

2013 年 3 月 28 日，四川省遂宁市人民政府官方微博“@ 遂宁发布”（UID：3244555592）上线运行。微博简介：“遂宁，中国著名的观音文化之乡，位于四川盆地中部腹心，涪江中游。四川第二大交通枢纽城市。”

2013 年 3 月 28 日，江西省抚州市人民政府新闻办公室官方微博“@ 抚州发布”（UID：3248241212）上线运行。

2013 年 3 月 28 日，天津市武清区人民政府官方微博“@ 武清发布”（UID：3245376904）上线运行。

四月

2013 年 4 月 1 日，天津市卫生局发布《天津市卫生局政务微博管理规定（暂行）》。《规定》要求，要充分发挥政务微博在卫生工作中发布信息、服务社会的积极作用。政务微博应主动、及时发布市卫生局的工作信息，履行政府职责，拓宽沟通渠道，践行服务理念，回应社会关注，提升天津市卫生形象。

2013 年 4 月 1 日，江苏省常熟市公安局交通巡逻警察大队官方微博“@ 常熟交警发布”（UID：3239117564）上线运行。

2013 年 4 月 2 日，新疆维吾尔自治区人力资源和社会保障厅官方微博“@ 新疆人社厅”（UID：2732700253）正式开通上线。

2013 年 4 月 2 日，时任中共南京市委常委、政法委书记刘志伟在南京市政法宣传调研工作会议上强调，要创新警民联系互动平台，加快推进市政法部门官方网站和微博建设，建立健全政法工作新闻发布机制，加强政法单位和广大干警与网民的沟通和互动，及时答复群众提问、疏导群众情绪。要高度关注“微博引导舆论”“网络影响现实”等新的变化和特点，强化网络实时动态监控，积极回应和正确引导舆论关注、社会关切的热点难点问题，及时发现和处置可能引发炒作的苗头性、倾向性信息，牢牢把握网络舆情的主动权。

2013 年 4 月 2 日，中共江苏省启东市委宣传部官方微博“@ 启东发布”（UID：3262257052）上线运行。微博简介：“启东位于江北大陆最东端，地处长江入海口，三面环水，形似半岛，集黄金水道、黄金海岸、黄金大通道于一身，是出江入海的重要门户。因沙洲不断向东延伸，便由‘启吾东疆’之意而得名。启东是闻名全国的‘海洋经济之乡’‘电动工具之乡’‘建筑之乡’‘教育之乡’‘版画之乡’。”12 时 51 分首发微博：“启东发布：记录点滴，分享精彩！”

2013 年 4 月 3 日，山东省青岛市城阳区人民政府信访局官方微博“@ 城阳信访”（UID：3237978764）上线运行。

2013 年 4 月 8 日，中华人民共和国天津海事局官方微博“@ 天津海事发布”（UID：

3263995385）上线运行。微博简介：“天津海事局隶属于中国海事局，行使法律法规赋予的水上安全和防止船舶污染的执法权，负责辖区内水上安全、防止船舶污染、海上航标、水上安全通信管理工作；负责规定区域内的船舶和海上设施检验、港口航道测绘管理工作。”

2013 年 4 月 8 日，中共江苏省如皋市委宣传部官方微博“@ 如皋发布”（UID：3300916952）开通运行。10 时 12 分发布上线通告：“我从春天走来，杨柳依依，姹紫嫣红。4 月，我们邀您漫步如皋。”

2013 年 4 月 9 日下午，以“对话 · 沟通 · 理解”为主题的“第六届中美互联网论坛”在北京开幕，来自中国和美国政府有关部门、学术机构和知名互联网企业代表围绕互联网发展治理进行对话交流。时任国务院新闻办公室、国家互联网信息办公室副主任钱小芊在论坛开幕式上发表的《加强对话增进互信共同应对网络安全挑战》演讲中指出，互联网在加强和改进社会管理中作用凸显，中国政府致力于通过互联网推进服务型政府建设，积极鼓励、大力推动中央和地方政府部门开设政府网站和政务微博，提高管理公共事务、提供公共服务的能力。互联网为中国政府和民众沟通交流搭起了新的桥梁和纽带。政府通过政府网站和政务微博及时发布政务信息，征询网民对重大政策措施的意见，促进了政府工作的公开透明。

2013 年 4 月 10 日，安徽省芜湖市互联网宣传管理办公室官方微博“@ 芜湖发布”（UID：3253001642）上线运行。微博简介：“历史悠久、人文厚重；依山傍水、宜居宜游；开放创新、充满活力；动漫之都，欢乐城市。这里是芜湖发布，欢迎围观，我们将及时给朋友们提供有关芜湖的各类信息。”

2013 年 4 月 11 日，山西省晋中市委新闻中心官方微博“@ 晋中发布”（UID：3312881404）上线运行。16 时 37 分首发微博：“游晋商故里，览太行雄姿，聚民生百态，品多彩生活。这里是‘@ 晋中发布’，4 月 11 日正式上线，为你传递资讯，和你分享每一天。欢迎互粉，欢迎围观，欢迎转播。”

2013 年 4 月 12 日，中共四川省成都市龙泉驿区委宣传部官方微博“@ 天府龙泉”（UID：1919999491）上线。

2013 年 4 月 15 日，天津市津南区人民政府官方微博“@ 津南发布”（UID：3241057994）上线运行。微博简介：“津南区位于天津市东南部，海河中下游南岸，面积 387.84 平方公里，处于全市‘双城双港、相向拓展’的空间发展战略主轴，是承接中心城区城市功能和滨海新区产业功能的重要区域。下辖咸水沽、双港、八里台、辛庄、双桥河、北闸口、葛沽、小站 8 个镇和长青办事处，常住人口 63 万。”

2013 年 4 月 16 日，北京市人民检察院第二分院反贪污贿赂局官方微博“@ 首都职务犯罪预防”（UID：3148545782）正式上线。

2013 年 4 月 16 日，北京市东城区行政服务中心官方微博“@ 东城区政务服务中心”（UID：1815822755）正式上线运行。

2013 年 4 月 16 日，四川省成都市成华区政府新闻办公室“@ 文旅成华”（UID：1748991991）正式上线，成华区政务微博发布厅同步正式上线。发布厅集结了成华区民政局、社保局等 20 个重点民生部门和 14 个街道办事处的微博。

2013 年 4 月 17 日，江西省九江市人民政府新闻办公室官方微博“@ 九江发布”（UID：3270666330）上线运行。微博简介：“关注九江发布，您会发现，政府就在您身边！九江发布致力成为信息畅享渠道，政民沟通桥梁，九江形象窗口。这需要你和我，一起努力！”

2013年4月18日，广西壮族自治区高级人民法院官方微博“@八桂法苑”（UID：3194463860）正式上线。

2013年4月18日，湖南省高级人民法院官方微博“@湖南高院”（UID：3271857672）正式上线。

2013年4月18日，中共湖南省长沙市委网信办官方微博“@长沙发布”（UID：3329420380）上线运行。微博简介：“传递政务信息，提供服务资讯，关注百姓关切——长沙政务微博随时为您守候。”

2013年4月19日，安徽省马鞍山市教育局印发《关于做好马鞍山市教育政务微博建设工作的方案》（马教秘〔2013〕90号）。该方案明确，坚持“贴近群众、注重服务、突出特色、系统推进”的基本原则，着力建设以“@马鞍山教育”为龙头、县区级教育行政部门和市教育局有关部门科室微博为骨干、各级各类学校微博广泛参与的马鞍山市教育政务微博，进一步拓宽教育系统与人民群众的联系沟通渠道，真诚倾听群众呼声，真实反映群众愿望，真情关心群众疾苦，真心为群众办实事、解难事、做好事，努力提高人民群众对教育工作的满意度。

2013年4月19日，安徽省马鞍山市教育局印发《马鞍山市教育政务微博管理办法》（马教秘〔2013〕91号）。《办法》规定，凡涉及马鞍山市教育局的突发事件和公众关注的重大事件，要依托市教育政务微博平台，及时发布信息，并根据事态的发展，利用政务微博即时、迅捷的优势，与其他各成员单位、部门政务微博信息员和其他人力资源，连续不间断地滚动发布后续信息，以加强舆论引导，澄清不实谣言，校正社会视听。建立微博信息定期发布制度，各县区教育局每月发布主帖微博不少于5条，各学校每月发布主帖微博信息不少于3条，各科室发布主帖微博信息不少于3条。

2013年4月20日，四川雅安发生7级强烈地震，雅安市人民政府驻京联络处紧急开通新浪微博“@雅安市驻京联络处”（UID：3244104593）。同一时间，成都军区雅安芦山抗震救灾微博“@雅安芦山抗震救灾”（UID：3344632574）临时开通上线，公安部消防局紧急开通官方微博“@公安消防部队芦山抗震救灾微博”（UID：3035648951），认证信息：公安消防部队抗震救灾前线指挥部。

2013年4月21日，四川省雅安市天全县外宣办紧急开通官方微博“@明珠天全”。多家政务微博联动，发布震区实时播报。

2013年4月22日，中共江西省资溪县委宣传部官方微博“@抚州资溪发布”（UID：2945394960）上线运行。微博简介：“迅捷传递政务信息，热切关注民情热点，贴心倾听民生诉求。这里是中共资溪县委宣传部官方微博，欢迎围观，感悟资溪。”8时29分发布上线通告：“坚持雅安，坚持四川，坚持中国！为生命祈福，雅安平安！”

2013年4月23日，国务院国资委新闻中心官方微博“@国资小新”（UID：2752396553）通过微博平台认证，正式上线。

2013年4月24日，广西壮族自治区贵港市港南区人民法院官方微博“@贵港市港南区法院”（UID：3354806702）上线运行。

2013年4月24日，天津市北辰区人民政府官方微博“@北辰发布”（UID：3250426091）上线运行。微博简介：“北辰，天津环城四区之一，依河傍水、民风淳朴、人杰地灵。地处市中心区北部，京津黄金走廊和京津塘高科技产业带的重要节点，是天津城市北移的承载区，也是资金、资本项目涌入天津滨海新区的重要承载地，已经成为滨海新区的产业支撑区和经济发展区。区域面积478平方公里，辖9镇7街，常住人口近百万，是天津北部地区开发建设的重点区域，被誉为京津走廊的璀璨明珠、美丽天津北大门。”

2013年4月24日下午，广东省中山市纪委组织市直各委局部门，以及中山火炬高技术产业开发区、小榄镇和三乡镇等单位的政务微博管理员，赴肇庆市学习调研广东省肇庆市公安局官方微博“@平安肇庆”的先进经验。

2013年4月25日，宁夏回族自治区银川市园林局发布《关于对森林公园微博管理员姜祥莉处理群众投诉不当行为的通报》。

2013年4月25日，天津市蓟州区人民政府官方微博“@蓟州发布”（UID：3309551682）上线运行。

2013年4月25日，天津市宝坻区人民政府官方微博“@宝坻发布”（UID：3308008187）上线运行。

2013年4月26日，无锡市人民政府第14次常务会议审议通过《无锡市气象灾害预警信息发布与传播管理办法》，自2013年6月1日起施行。《办法》第九条规定，气象台站应当将气象灾害预警信息报送市、市（县）、区人民政府应急管理机构和有关职能部门，同时通过信息传播机构和官方微博等渠道向社会公众发布。其他公民、法人或者组织不得制作和向社会发布气象灾害预警信息。

2013年4月26日，公安部办公厅发出通报，对近年来工作成效突出的一批地方公安机关政务微博和民警个人工作微博予以表扬，并要求全国公安机关和广大公安民警认真学习借鉴他们的先进经验和成功做法，不断提高公安微博的服务性、互动性和影响力，着力提升公安机关新媒体时代社会沟通能力，努力为维护社会稳定、构建和谐警民关系做出积极贡献。受到通报表扬的公安微博包括“@平安北京”（UID：1288915263）、“@警民直通车－上海”（UID：2493592183）、“@平安南粤”（UID：1701367442）等20个县级以上公安机关政务微博，“@南昌反扒110”（UID：2514940964）、“@大连刑侦警犬管理大队”（UID：2107738072）、“@禁毒在线”（UID：2092075624）等20个基层科所队公安政务微博，“@传说中的女网警”（UID：206868355）、“@曹力伟”（UID：3314415103）、“@法医秦明”（UID：2105807580）等20个民警个人工作微博。

五月

2013年5月1日，北京市公安局110报警服务中心现实社会与网络社会一体化指挥调度平台正式运行。通过该一体化指挥平台，警方可第一时间发现网络社会和现实社会中影响社会治安稳定的各类情况，第一时间指挥处置。网友通过“@平安北京”（UID：1288915263）微博反映的警情，将作为110报警的补充，第一时间得到处置。

2013年5月2日，辽宁省抚顺市信访局官方微博“@和谐抚顺”（UID：3400913732）上线运行。

2013年5月6日，广西壮族自治区贵港市中级人民法院官方微博“@荷城法治”（UID：3425375834）上线运行。

2013年5月6日，云南省曲靖市公安局官方微博“@曲靖警方发布”（UID：3218234860）正式上线运行（3月27日试运行）。微博简介：“曲靖市公安局官方微博于2013年5月6日正式上线，欢迎广大网友的关注与支持！@曲靖警方发布最便捷、最高效、最经济的警民互动平台！”当日10时50分发布上线通告：“亲爱的友友：曲靖市公安局新浪官方微博‘曲靖警方发布’已正式开通上线。‘曲靖警方发布’将一如既往地联系群众、服务大众，发布警务信息、提供实用资讯；接受咨询和建议，为群众排忧解难。”

2013年5月6日，新浪发布《2013年第一季度新浪政务微博报告》。报告显示，新浪政务微博数达7万余个，发博数超4000万条，被网友转评超2.1亿次，凸显了新浪政务微博活跃度、影响力持续领先地位。报告称县处级微博数突破一万个；各级纪检微博相继开通推进廉政建设；政务微博积极参与公益传递正能量。

2013年5月7日，四川省成都市金牛区政务微博大厅正式开通上线。以“@看金牛”（UID：2093171887）为金牛区官方微博总账号，全区32个民生部门、15个街道和106个社区均开设了官方微博账号。这是以民生服务为主要内容，切实为金牛区群众解决各类问题的又一网络平台。

2013年5月9日，中共河南省委书记郭庚茂通过《河南日报》官方微博“@河南日报”（UID：3288875501）微博向网友问好。内容为：“大家好，感谢广大博友对河南的关注和支持！中原崛起、河南振兴、富民强省，是一亿河南人民的中原梦。实现中原梦，离不开中原儿女万众一心、奋发进取，也离不开广大博友积极参与、献计献策。希望河南日报官方微博架起连心桥、传播正能量，为实现中原梦加油给力！”

2013年5月10日，陕西省公安厅在宝鸡召开全省公安政务微博工作座谈会，传达贯彻孟建柱同志、赵正永书记有关做好新媒体工作的重要批示精神，安排部署公安政务微博工作任务。雷鸣放副厅长在会议上要求，尚未开通政务微博的地市公安局和有公共服务职能的厅属各部门必须于6月1日前开通，并落实专人负责；要完善运行机制，研究制定切实可行的管理办法，指导本地、本部门政务微博工作规范有序开展。

2013年5月13日，贵州省环境保护厅官方微博“@贵州环保365”（UID：3459203960，现变更为贵州省生态环境厅官方微博“@贵州省生态环境厅”）上线运行。

2013年5月14日，国务院新闻办公室发表《2012年中国人权事业的进展》白皮书。“微博”第一次被写入《白皮书》。《白皮书》第二章“政治建设中的人权保障”中，关于“切实保障公民的知情权和表达权”部分指出，随着改革的深化以及信息技术的迅猛发展，中国公众的知情范围日益扩大，表达空间不断拓展。互联网已成为公民实现知情权、参与权、表达权和监督权的重要渠道，成为政府了解社情民意的重要途径。截至2012年底，中国网络微博用户规模为3.09亿，微博客每天发布和转发的信息超过2亿条。

2013年5月14日，中共甘肃省陇南市文县县委宣传部官方微博“@陇南文县发布”（UID：3349858042）上线运行。

2013年5月15日，中共南京市委办公厅、南京市人民政府办公厅发布《关于各区和部门主要负责人参与全媒体互动新闻栏目〈民声〉工作的通知》（宁委办发〔2013〕38号）。《通知》指出，南京广电集团拟于2013年6月推出全媒体互动新闻栏目《民声》。该栏目将重点围绕全市中心工作及民生热点确定选题，以演播室访谈等形式，邀请各区和相关部门主要负责人与市民代表、专家学者，通过现场大屏、电视屏、电脑屏、手机屏等四屏，以插播短片、卫星连线、QQ视频、微信参与、微博征集、网络投票等互动手段，实现“面对面倾听、心连心交流”。该栏目计划每周一期，每周六晚21：30～22：30在南京电视台新闻综合频道播出，南京新闻广播、南京广播电视网同步全程直播。

2013 年 5 月 16 日，国务院办公厅发出《关于做好 2013 年全国普通高等学校毕业生就业工作的通知》（国办发〔2013〕35 号）。《通知》要求，要“加强高校毕业生就业服务，要健全全国就业信息公共服务网络平台，实现与高校校园网互联互通，充分利用短信、微博、移动互联平台等多种渠道发布就业信息，切实降低求职成本”。

2013 年 5 月 16 日，北京市交通委员会官方微博“@ 交通北京”（UID：2417139911）正式上线。微博简介：“传达交通资讯，服务市民出行，倡导文明和谐交通。”16 时整发布上线通告：“各位朋友，北京市交通委官方微博‘交通北京’今儿起和广大脖友见面了。诚心希望得到您的支持与理解，以微博为窗口，架起沟通的桥梁。”

2013 年 5 月 17 日，吉林省人民政府新闻办公室官方微博“@ 吉林发布”（UID：3229450293）上线试运行。微博简介：“新鲜资讯，‘吉林发布’有速度；热点话题，‘吉林发布’有态度；冷暖生活，‘吉林发布’有温度。欢迎到吉林省人民政府新闻办公室官方微博来串串门儿，唠唠家乡话儿，听听家乡音儿，为家乡的发展支支招儿。”

2013 年 5 月 17 日，吉林省松原市人民政府新闻中心官方微博“@ 松原发布”（UID：3294779367）上线运行。微博简介：“提供服务咨询，倾听社情民意，打造松原权威信息的发布平台、政民互动的沟通平台、城市形象的展示平台。”

2013 年 5 月 18 日，时任云南省昆明市委副书记、市长李文荣开通新浪微博“@ 昆明市长”（UID：3258074703）与网友进行互动交流。上午 9 时整发布上线通告：“春城的网友，大家好！我是昆明市长李文荣，今天我开通了新浪微博，希望能在此搭建一座与大家坦诚沟通的桥梁。我愿意倾听你们对昆明建设发展的意见，我和我的同事们将认真研究大家提出的意见和建议。”当天发出的 3 条微博受到网友极大关注，截至当天 21 时 30 分，粉丝突破 4 万人，转发超过 2 万次，评论 2.4 万次。

2013 年 5 月 21 日，贵州省司法厅官方微博“@ 贵州司法”（UID：3474738780）上线。微博简介：“贵州省司法厅是主管全省司法行政工作的省人民政府组成部门，管理省监狱管理局和省戒毒管理局。”

2013 年 5 月 22 日，山东省环境保护厅官方微博“@ 山东省环境”（UID：3354394424，现变更为山东省生态环境厅官方微博“@ 山东环境”）正式上线运行。10 时 10 分发布上线通告：“山东环保下水喽！和兄弟省相比，俺落后了不少，经验不多，虚心学习，敬请各界朋友指导、帮助、监督、拍砖，谢谢大家！”

2013 年 5 月 22 日，广东省陆丰市人民政府新闻办公室官方微博“@ 陆丰发布”（UID：3236201210）上线运行。9 时 59 分发布上线公告：“陆丰市人民政府新闻办公室官方微博正式开通了！微力量，聚人气！晒民生，话发展！我们将在这里及时发布信息，服务民生，沟通交流。欢迎广大网民与我们共织‘围脖’。”

2013 年 5 月 23 日，北京市工商行政管理局东城分局官方微博“@ 北京东城工商”（UID：3241672023）上线运行。9 时 05 分发布上线通告称：“‘北京东城工商’将本着服务的原则和理念，为全区各类商户和消费者提供资讯和信息，搭建交流沟通平台，与全体东城人一起为构建和谐稳定的经济秩序和安全放心的消费环境而努力！”

2013 年 5 月 23 日，上海市总工会官方微博“@ 上海工会发布”（UID：3474620860）上线运行。微博简介：“这里的握手很有力，这里的微笑很持久，这里的‘家’很温暖，这里是上海市总工会官方微博。”9 时整发布上线通告：“早安！今天又是新的一天，上海市总工会官方微博正式上线了，这里是微平台上的‘职工之家’，将努力为每天忙碌穿行在这个城市中上班下班的您，提供上海工会和劳动关系等方面的各类信息和实用资讯。您的关注就是我们前进的动力，我们及时传递、认真聆听、真诚服务，欢迎围观。”

2013年5月23日，吉林省环境保护厅官方微博“@吉林省环境保护厅”（UID：3242827743）上线运行。

2013年5月23日，天津市住房公积金管理中心官方微博“@天津市住房公积金发布”（UID：3304713765）上线运行。微博简介：“公积金咨询热线：12329天津市住房公积金管理中心竭诚为您服务。”9时22分发布上线通告：“各位早上好，从今天开始，市公积金微博正式与大家见面了，我们将以此为媒介，为大家答疑解惑，排忧解难，第一时间发布市公积金官方消息、权威数据，欢迎各位粉丝与我们私信互动。”

2013年5月23日，中共浙江省宁波市象山县委、象山县人民政府信访局官方微博“@象山信访”（UID：2593772123）上线运行。

2013年5月24日，广东省高级人民法院微博“@广东省高级人民法院”（UID：2781790222）发微博公示，确认收到许霆申诉，称将依法公正处理。2006年，许霆在广州因自动取款机故障先后取款171次，获取17.5万元人民币，被法院一审判处无期徒刑。许霆2008年上诉至广东高院后被改判为5年有期徒刑。

2013年5月24日，吉林省延边朝鲜族自治州人民政府新闻办公室官方微博“@延边发布”（UID：3486040040）上线运行。微博简介：“三皇故都，陈楚旧地，老子故里，豫东名城。这里是中共周口市委宣传部官方微博。权威发布清新服务。”11时37分发布上线通告：“大家好，延边州政府新闻办的官方微博正式开通啦，延边是个好地方，欢迎大家关注和留言，了解延边，关注延边！”

2013年5月26日，吉林省通化市人民政府新闻中心官方微博“@通化发布”（UID：3488212132）上线运行。

2013年5月27日，吉林省长春市委宣传部官方微博“@长春发布”（UID：3270346463）正式上线运行。此前“@长春发布”于2012年4月8日开始试运营。

2013年5月28日，北京市公安局公安交通管理局官方微博“@北京交警”（UID：3427645762）正式上线。发布上线通告称：“对于您在马路上看到的或发生的一个个故事、广大交通参与者对平安的深切感悟，我们都愿与您一同分享，也珍惜与您倾心沟通、密切交流的每一次机会，在网络平台中竭诚为您服务，共创平安北京交通。”

2013年5月28日，中国科学院官方微博“@中科院之声”（UID：3494982177）通过微博平台认证，正式上线。

2013年5月28日，国网河南电力官方微博“@国网河南电力”（UID：2307882043）注册上线运行。

2013年5月29日，山东省青岛市公安局交通警察支队官方微博“@青岛车管”（UID：2404505851）发布公告。青岛公安交警在全国推出首个政府部门在淘宝网开设的“店铺”——“青岛车管淘帮办”，青岛市民网友可以在淘宝网办理补领驾驶证、行驶证、号牌、异地委托年审函等业务。

2013年5月29日，中共甘肃省成县委员会、成县人民政府信访局官方微博“@陇南成县信访”（UID：3422576482）上线运行。微博简介写道：“畅通信访渠道，强化信访工作责任，切实保障公民的合法权益，努力构建畅通、有序、务实、高效的信访工作新秩序。”

2013 年 5 月 29 日，甘肃省白银市信访局官方微博“@白银市信访局”（UID：3379883432）注册上线运行。

2013 年 5 月 30 日，中国铁路青藏集团有限公司官方微博“@青藏铁路”（UID：2286736447）发布。中国高原铁路首条万米特长隧道——拉日铁路（拉萨至日喀则）盆因拉隧道于 5 月 26 日上午成功贯通。

2013 年 5 月 31 日，中国科学院官方微博“@中科院之声”（UID：3494982177）上线试运行。微博简介：“我们邀您一起，以科学的眼光看世界，以全球的思维论科学。”16 时 56 分发布上线通告：“初来乍到，在讲述科学之前，先献上一曲真正意义上的@中科院之声，让大家感受一下我们的诚意。演唱：中国科学院博士合唱团；指挥：中国科学院大学副校长马石庄；地点：青岛火车站南候车厅。https：//v. youku. com/v_ show/id_ XNTYyMzUxNzQ4. html？f = 19320477。”

六月

2013 年 6 月 2 日，由上海交通大学研究生会发起承办的首届全国高校研会微博峰会在上海交通大学举行，包括港澳地区在内的全国 52 所高校的 82 名微博管理员参会。发布了首份《中国高校研究生会微博发展报告》，报告分析了 62 个高校研会官方微博账号。

2013 年 6 月 2 日，继北京市工商行政管理局官方微博“@首都工商”（UID：2417856193，现修订为：北京市市场监督管理局官方微博“@北京市场监管原工商”）之后，北京市工商系统又有八个区县分局的政务微博集体入驻新浪网。新开通的八个工商分局微博昵称分别为：“@北京东城工商”“@西城工商”“@北京朝阳工商”“@海淀工商”“@丰台工商”“@石景山工商”“@通州工商”“@房山工商”。

2013 年 6 月 3 日 13 时，吉林省人民政府新闻办公室官方微博“@吉林发布”（UID：3229450293）就“6·3”吉林德惠禽业公司火灾重大伤亡事件新闻发布会进行线上同步发布。截至当日中午 12 时 46 分，火灾事故已导致 61 人遇难，伤员救治和现场救援工作在有序进行。

2013 年 6 月 5 日，安徽省亳州市互联网信息办公室官方微博“@亳州发布”（UID：3442980450）上线运行。微博简介：“亳州市，位于安徽西北部，是安徽省下辖的一个地级市，国家历史文化名城。西北与河南省接壤，西南与阜阳市毗连，东与淮北市、蚌埠市相倚，东南与淮南市为邻。亳州市是座古城，有 3700 多年的历史。商汤建都于亳；三国时是曹魏的陪都；元末小明王韩林儿称帝于此。因而亳州以‘三朝古都’而名扬天下。亳州西周时称焦，战国时称谯，北周时始称亳州。亳州盛产药材、白酒、烟草以及小麦等粮食作物，是中国大陆最大的中草药集散地，古井贡酒的产地，素有‘中华药都’的美称，而且一年一度的‘药交会’更是享誉全国。”

2013 年 6 月 6 日，江苏省徐州市人民政府新闻办公室官方微博“@徐州发布”（UID：3514316985）正式上线运行。10 时 53 分发布上线通告：“各位亲，徐州发布今天开通啦。大徐欢迎父老乡亲，常来坐坐，共话徐州发展。”

2013 年 6 月 8 日，中共银川市委督查室就网友投诉“宁夏部分政务微博管理员回复网民语言简单粗俗的情况”在调查核实后，通过中共银川市委办公厅市政府办公厅官方微博“@问政银川”（UID：2239586647）做出通报，并要求政务微博管理员要“不断提高政策理论水平和业务素养，强化分析应对能力和文字驾驭水平，保持良好的职业道德和工作作风”。提出“对因工作不力、责任心不强、答复草率等原因造成不良影响”的有关部门和责任人，按照《银川市党和国家机关及其工作人员不当行为问责办法》进行处理，情节严重的给予党纪政纪处分。

2013年6月14日，中国奥林匹克委员会官方微博“@中国奥委会”（UID：3448050554）注册开通，6月17日通过微博平台认证，正式上线运营。

2013年6月15日，上海市纪委市监察委员会官方微博“@廉洁上海”（UID：3535242221）上线。发布上线通告称：“上海市纪委市监察局政务微博上线啦。在这里你可以看到：纪委、监察局在做些什么？纪检监察工作是如何开展的？在这里，也请你为廉洁上海的建设出主意、想办法。共建廉洁上海，离不开你的支持。”

2013年6月17日，中国奥林匹克委员会官方微博“@中国奥委会”（UID：3448050554）通过微博平台认证，正式上线。

2013年6月18日，国家卫生与计划生育委员会官方微博“@健康中国”（UID：2834480301）正式上线。发布上线通告称：“‘@健康中国’不仅将传递政务资讯，播报行业信息，还将关注您的关注，聆听您的声音，在通往健康幸福的道路上与您同行！”

2013年6月18日，四川省人民政府办公厅发布《关于加强政务微博应用的通知》（川办函〔2013〕114号）。《通知》要求，与民生关联紧密，公众较为关注，舆情回应、引导任务较重，但尚未开设政务微博的部门和单位，应尽快做好相关准备工作，争取在2013年上半年开通。其他部门和单位也应根据工作需要，积极创造条件，年内全部开通；要加强管理，规范政务微博应用；要整合资源，加强与网站的联动，积极建立政务微博联动机制。

2013年6月19日，联合国官方微博“@联合国”（UID：1709157165）迎来了第400万名粉丝。6月20日，正在对中国进行访问的时任联合国秘书长潘基文在北京钓鱼台国宾馆亲自向这位联合国微博的幸运粉丝颁发证书。

2013年6月19日，浙江省建德市人民政府新闻办公室“@建德发布”（UID：3482926425）上线运行。微博简介：“最权威的政策发布，最新鲜的资讯速递，最实用的贴士分享，尽在建德发布，邀您共享建德每一刻。”22时08分发布上线通告：“美丽江城幸福建德官方微博正式启动，发博纪念一下。”

2013年6月20日，山东省人民政府新闻办公室官方微博“@山东发布”（UID：2993099575）开通，山东政务微博发布厅同步上线运行。10时37分发布上线通告：“亲爱滴微粉们，大家好~从今天开始，山东省人民政府新闻办公室官方微博‘@山东发布’、山东政务微博发布厅正式和大家见面啦！让我们在‘织围脖’的过程中一起见证山东的飞速发展、一起关注齐鲁大地上的民生民意、一起分享生活中的点点滴滴……‘@山东发布’期待您来参与！求猛烈扩散！”

2013年6月20日，河北省高级人民法院官方微博“@河北高院”（UID：3547967310）注册开通，6月21日正式上线。

2013年6月20日，天津市第三批政务微博上线，至此，“天津发布”政务和公共服务微博门户成员单位已达59家。第三批开通政务微博的18家单位分别是天津市经信委、天津市科委、天津市财政局（地方税务局）、天津市规划局、天津市农委、天津市文广局、天津市外事办、天津市新闻出版局、天津市体育局、天津市海洋局、天津市知识产权局、天津市行政审批办、天津市信访办、天津市人防办、天津市口岸办、天津市残联、天津市自来水集团、天津市燃气集团。

2013 年 6 月 21 日，公安部消防局官方微博“@ 中国消防”（2018 年党和国家机构改革调整后修订为：应急管理部消防局官方微博）上线。发布上线通告：“发生火灾，您和家人能安全逃生吗？——从 6 月 25 日开始，公安部消防局在全国组织的‘生命通道体验活动’邀您对工作、生活、学习场所的疏散通道、安全出口进行一次疏散体验，了解掌握疏散逃生的路线和相关知识、技能。为了您和家人的平安，请积极参与！”

2013 年 6 月 21 日，河北省高级人民法院官方微博“@ 河北高院”正式上线。

2013 年 6 月 21 日，陕西省延安市黄龙县信访局官方微博“@ 黄龙信访”上线运行。微博简介：“保持人民政府同人民群众的密切联系，维护信访人的合法权益。”

2013 年 6 月 23 日，山东省青岛市市南区人民政府新闻办公室官方微博“@ 青岛市市南区发布”上线运行。

2013 年 6 月 24 日，四川省高级人民法院官方微博“@ 四川高院”（UID：3557216665）上线。发布上线通告内容：“司法公开的新平台，民意沟通的新窗口。‘@ 四川高院’将持续发布四川法院系统的动态资讯、案件审理情况、司法服务指南。欢迎广大网友与我们互动交流，提出宝贵意见。”

2013 年 6 月 24 日，广东省中山市人民政府新闻办公室官方微博“@ 中山发布”（UID：3511698607）上线试运行，7 月 1 日正式上线运行。微博简介：“发布权威信息，倾听百姓心声，汇聚民间智慧，传播城市形象——请您关注‘中山发布’！”7 月 1 日 9 时 25 分首发内容：“庆‘七・一’，献‘微力’，‘中山发布’来了！请广大网友多关注、多支持，共同为建设幸福和美中山贡献‘微博’之力。”

2013 年 6 月 25 日，四川省公安厅官方微博“@ 四川公安”（UID：3498446914）开通运营。微博简介：“关注政务时，官方信息很重要。众说纷纭时，事实真相很重要。释疑解惑时，真诚态度很重要。让诉求与回应完美互动，便是四川公安政务微博力求的姿态。温馨提示：危险时刻，请拨打 110！”25 日 9 时整发布上线通告：“我们来了！”

2013 年 6 月 25 日，中国保监会办公厅官方微博“@ 保监微新闻”（UID：3512759712）通过微博平台认证，正式上线。

2013 年 6 月 26 日，全国普法办公室官方微博“@ 中国普法”（UID：3547932981）通过微博平台认证，正式上线。

2013 年 6 月 26 日，北京法院网官方微博“@ 京法网事”（UID：3508612897）上线。9 时 16 分，发布上线通告：“传播法治声音，促进公平正义是我们的共同追求。在这里，我们期待与您共奏公正司法的和谐乐章！”

2013 年 6 月 27 日，民政部官方微博“@ 民政微语”（UID：2565811051）正式上线。发布上线通告：“让我们一起走进民政‘微’世界，接收民政资讯，体验民政文化，真诚互动交流。”

2013 年 6 月 28 日，全国法院微博群建设推进会在黑龙江省大兴安岭地区召开。最高人民法院周强院长对全国法院微博群建设推进会做出批示，要求“各级法院主要领导要亲自关心和过问法院微博建设工作，把官方微博建设列入重要议事日程，切实加强组织领导，建立健全考核机制，全面落实人员、设备、经费等保障措施，为微博的开通与维护、发展与壮大创造良好的条件”。

七月

2013年7月1日，国务院办公厅印发《当前政府信息公开重点工作安排》的通知（国办发〔2013〕73号）。通知要求，要努力提高政府信息公开的实效，加强平台和渠道建设。要充分发挥政府网站、政府公报、新闻发布会以及报刊、广播、电视、政务微博等传播政府信息的作用，确保公众及时知晓和有效获取公开的政府信息。

2013年7月1日，北京公交集团官方微博“@北京公交集团”（UID：3312977743）上线运行。

2013年7月1日，山东省潍坊市人民政府新闻办公室官方微博“@潍坊发布”（UID：3315784023）上线运行。

2013年7月1日，中共江苏省如皋市委宣传部官方微博“@如皋发布”（UID：3300916952）正式上线运行。上午7时32分，发布上线通告配发中共如皋市委书记姜永华，市委副书记、市长陈晓东亲笔签名的寄语。姜永华：“立足方寸地，听民声，汇民智，达民意；谱写新篇章，扬正气，求发展，促和谐。”陈晓东：“建设网民问政、政府施政的窗口，架构惠民在线、为民办事的桥梁。”

2013年7月1日，上海市公积金管理中心官方微博“@上海公积金”（UID：3547969482）上线运行。

2013年7月1日，全国普法办公室官方微博“@中国普法”（UID：3547932981）正式上线运行。微博简介：“‘中国普法’官方微博以权威声音、主流价值、法治特色、清新表达为办博宗旨，坚持正确舆论导向，坚持真实性、原创性、互动性、服务性相统一，最大限度地传播和增加法治‘正能量’。”9时03分发布上线通告：“各位网友好！中国普法网官方微博今天正式与您见面了！这里将介绍法律知识，发布法治资讯，点评法律问题。让我们携起手来，共筑传播社会主义法治理念，弘扬社会主义法治精神的‘微’平台！”

2013年7月2日，四川省宜宾市人民政府新闻办公室“@宜宾发布”（UID：3563775165）上线运行。微博简介：“宜宾市人民政府政务微博。市政府新闻办公室主办，宜宾新闻网承办。”

2013年7月2日，广东省潮州市人民政府新闻办公室官方微博“@潮州发布”（UID：3536854287）上线运行。微博简介：“潮之州，大海在其南！二千年悠悠岁月，让潮州充满着古老的神韵，饱含着青春的生机。这片神奇土地，拥有悠久的历史、灿烂的文化、浓郁的风情、璀璨的艺术，是潮文化的发祥地，世界潮人的共同精神家园。国家历史文化名城、中国著名侨乡、中国瓷都等一面面金字招牌，展现了潮州的魅力和活力。”

2013年7月3日，陕西省网信办联合省电子政务办、新浪陕西召开“陕西政务微博座谈会”，时任中共陕西省委常委、省委宣传部部长景俊海主持座谈会。景俊海要求“各级宣传、网信等部门要认真研究，把握规律，动员各级各部门各单位主动参与，积极开设官方微博、法人微博及个人微博，结合群众路线教育实践活动，利用微博有效引导公众舆论，释疑解惑，办好群众的事，做群众的知心人”。

2013年7月4日，由中共陕西省委宣传部指导，陕西省互联网信息办公室、陕西省电子政务办公室、新浪网、新浪微博联合主办，新浪陕西、陕西省网络文化协会承办的“2013陕西政务微博大会暨全国微博名人陕西行”活动于在西安举办，大会上举办了政务微博培训基地成立仪式。

2013 年 7 月 4 日，海南省高级人民法院官方微博“@海南高院”（UID：3578910840））正式上线。

2013 年 7 月 4 日，贵州省第二女子监狱官方微博“@贵州省第二女子监狱”（UID：3582007924）上线运行。

2013 年 7 月 4 日，中共江苏省淮安市委宣传部官方微博“@淮安发布”（UID：3582010354）上线运行。微博简介：“‘淮安发布’致力于发布权威信息、畅通社情民意、对外展示形象，是您生活中不可或缺的挚友。‘淮安发布’欢迎您的关注！”

2013 年 7 月 4 日，新浪网发布全国首份县域政务微博发展报告《太仓市政务微博发展报告》。

2013 年 7 月 5 日，陕西省人民政府办公厅发布《关于进一步加强网民留言办理工作的通知》（陕政办发〔2013〕63 号）。《通知》要求，进一步明确网民留言办理工作的责任，切实把握好网民留言办理工作的原则，进一步规范网民留言办理工作流程。省级各部门和各市、区，必须于 8 月底前在新华网、新浪网、腾讯网同时开通微博，并加入“陕西发布”政务微博群。“陕西发布”上的重要舆情，通过省政府办公厅信息刊物摘报省委、省政府领导，领导有批示的按原有程序查处办理。

2013 年 7 月 5 日，湖北省武汉市互联网信息办公室官方微博“@武汉发布”（UID：2759348142）正式上线运行。微博简介：“发布市委市政府的中心工作和重要决策部署、全市重大主题活动、市委市政府新闻发布类信息、文化生活服务类信息、天气和自然灾害等突发性公共事件预警应对信息；回应督办落实网民诉求。”9 时 06 分发布上线通告：“武汉来了！武汉市新闻发布官方微博正式开通啦！我们期待着您的关注，并将以实际行动赢得您的信任与支持，您可以通过我们的微博，及时了解武汉发生的重大新闻，感受武汉发展变化。”

2013 年 7 月 5 日，江苏政务微博群上线，首批共有 66 家成员单位入驻。

2013 年 7 月 5 日，广东省民政厅官方微博“@广东民政”（UID：3317972593）正式开通。

2013 年 7 月 8 日，山东省济宁市人民政府新闻办公室官方微博“@济宁发布”（UID：3317202677）上线运行。

2013 年 7 月 15 日，湖南省高级人民法院官方微博“@湖南高院”（UID：3271857672）发布庭审宣判，“上访妈妈”唐慧诉湖南永州劳教委案终审胜诉。“一、撤销永州市中级人民法院（2013）永中法行赔初字第 1 号行政赔偿判决；二、撤销永州市劳动教养管理委员会永劳赔决字（2013）第 01 号行政赔偿决定；三、由永州市运营教养管理委员会赔偿唐慧被限制人身自由 9 天的赔偿金 1641. 15 元；四、由永州市劳动教养管理委员会向唐慧支付精神损害抚慰金 1000 元。”2012 年 8 月 2 日，永州市劳教委以唐慧闹访、缠访严重扰乱单位秩序和社会秩序，决定对其劳动教养 1 年零 6 个月。

2013 年 7 月 15 日，内蒙古鄂尔多斯达拉特旗党委政府信访局官方微博“@达拉特信访”（UID：3525865835）上线运行。

2013 年 7 月 22 日，兰州军区定西抗震救灾部队官方微博“@兰州军区定西抗震救灾部队”（UID：3650893177）在甘肃定西发生 6. 6 级地震后紧急开通。14 时 21 分首发消息称：“兰州军区总医院国家应急救援医疗队已抵达灾区。”

2013 年 7 月 22 日，广东省茂名市人民政府新闻办公室官方微博“@ 茂名发布”（UID：3649418972）开通。微博简介：“南方油城，冼太故里，荔枝之乡、全国水果第一市，罗非鱼之都，云山鉴水，滨海新城！”

2013 年 7 月 22 日，中共浙江省湖州市长兴县委对外宣传办公室官方微博“@ 长兴发布”（UID：3649799392）上线运行。

2013 年 7 月 24 日，浙江省温州市平阳县教育局官方微博“@ 平阳教育发布”（UID：3651203122）上线运行。微博简介：“传递教育资讯，关注教育变化，倾听百姓心声，服务广大网友。”

2013 年 7 月 25 日，广东省珠海市人民政府新闻办公室官方微博“@ 珠海发布”（UID：3535175740）上线试运行。微博简介：“这是一座开放、创新、生态、文明、活力之城。在这里，您将获取珠海最新动态，感知珠海发展脉搏！期待您的关注。”

2013 年 7 月 26 日，时任中央政法委书记孟建柱在做好新形势下政法宣传工作暨长安杂志创刊 20 周年座谈会上指出，构建全媒化政法宣传工作新格局，特别要加强网络平台和微博、微信等新兴传播工具建设。

2013 年 7 月 26 日，安徽省宿州市人民政府办公室官方微博“@ 宿州发布”上线运行。微博简介：“这里是贤孝故里，这里是民间文化艺术之乡，中国宿州欢迎您。展示区域形象，传递权威信息、服务民生大计、贴近百姓生活，‘宿州发布’期待您的关注。”9 时 07 分发布上线通告：“各位‘脖’友早上好！我是‘宿州发布’主持人小素，求扩散一个好消息——宿州官微‘宿州发布’今天试运行开始了，在这里您可以即时了解宿州权威信息，感受宿州跳动的脉搏！小素会尽职服务，努力与各位分享宿州的‘微生活’。欢迎您的围观，期待您的关注！”同日，安徽省宿州市政务微博发布厅上线，首批加入的 61 个成员单位集体亮相。

2013 年 7 月 27—28 日，民政部新闻办在黑龙江省哈尔滨市举办全国民政新闻宣传暨政务微博工作培训班。

2013 年 7 月 29 日，江苏省人民政府办公厅发布《关于推进旅游度假区发展的意见》（苏政办发〔2013〕149 号）。《意见》要求积极利用广播、电视、报刊、网站等媒体加大度假区宣传推广力度。积极推动新一代信息技术与度假区宣传工作相结合，充分发挥旅游度假区网站、微博等网络信息服务平台的功能，探索发展电子导游、虚拟实景导览、电子商务等宣传促销方式。

2013 年 7 月 29 日，陕西省气象局官方微博“@ 陕西气象”及陕西省 11 个市级气象微博组成的“陕西气象发布厅”上线。

2013 年 7 月 29 日下午，广东省珠海市人民政府新闻办公室官方微博“@ 珠海发布”（UID：3535175740）和“珠海微博发布厅”开通仪式举行。时任珠海市委副书记、市纪委书记王衍诗表示：“政务微博不是赶时髦，更不是作秀。既然开通了，就要管好用好，绝不能虎头蛇尾，流于形式。希望各单位正确把握微博传播规律，发挥微博传播优势，办出实效，办出影响力。”15 时 17 分“@ 珠海发布”发布上线通告：“大家好，‘珠海发布’今天正式上线了。在这里，珠海发布将和大家一起，分享珠海生活；关注珠海政务；共享珠海信息；倾听珠海声音。欢迎大家关注、灌水、拍砖、抢沙发。”

2013 年 7 月 29 日，广东省广州市信访局官方微博“@ 广州信访”上线运行。

2013 年 7 月 31 日，云南省人民政府办公厅发布《关于进一步做好当前政府信息公开重点工作的通知》（云政办发〔2013〕113 号）。《通知》要求，要充分发挥政府网站、政府公报、新闻发布会以及报刊、广播、电视、政务微博等的传播作用，确保公众及时知晓和有效获取公开的政府信息。

八月

2013 年 8 月 1 日，广东省高级人民法院向全省法院下发了《关于加强新媒体时代人民法院新闻宣传工作的若干意见》，要求全省各级法院设立专门通道，受理记者采访申请；受社会关注的案件，可尝试通过电视、网络、微博等方式全程直播。

2013 年 8 月 1 日，广东省人民检察院官方微博“@广东检察”正式开通。当日，“广东检察微博发布厅”同步上线，该发布厅共包含广东省检察机构微博 41 个，检察类个人微博 6 个。

2013 年 8 月 1 日，河南省鹤壁市纪委监察局官方微博“@清风鹤壁”上线运行。微博简介：“如举报单位或党员、干部等纪检监察对象违纪违法问题，请直接向鹤壁市纪委信访室反映，举报电话 12388；举报邮箱：hbsjwxfs207@163. com。”

2013 年 8 月 2 日，江苏省宿迁市人民政府办公室发布《关于开通第二批官方微博的通知》（宿政传发〔2013〕57 号）。《通知》要求进一步壮大宿迁市政务微博矩阵，形成政务微博信息发布、服务民生的集群效应，深入推进宿迁市政务微博的建设和发展。尚未开通政务微博的部门和单位，要在 2013 年 8 月 20 日前同时做好新浪微博、腾讯微博、人民微博三个平台账号的开通工作。

2013 年 8 月 5 日，上海市纪委市监察委员会官方微博“@廉洁上海”（UID：3535242221）对 4 名法官网传涉“夜总会娱乐事件”发布通报。通报称，4 名法官涉“夜总会娱乐事件”，令法律失去尊严、司法蒙羞、正义受损。正值党的群众路线教育实践活动期间，这一案件再次证明开展教育实践活动的极端重要性和紧迫性。上海纪检监察部门正在对案件进行严查，维护中央八项规定的严肃性和权威性，维护党和政府形象，保障上海政治经济社会稳定发展。

2013 年 8 月 6 日，陕西发布政务微博群座谈会在西安召开。会议传达了陕西省委、省政府领导关于政务微博的有关指示精神，就进一步做好政务微博工作提出了四点要求：提高做好政务微博工作的责任感、使命感；开拓创新，扎实工作，努力办好政务微博；狠抓落实，加快政务微博的建设步伐；进一步提升政务微博管理人员的工作能力。

2013 年 8 月 6 日，《人民铁道》报社官方微博“@人民铁道”（UID：3202097991）通过微博平台认证，正式上线。

2013 年 8 月 9 日，四川省成都市人民政府政务服务中心官方微博“@成都服务”（UID：3710857535）上线运行。微博简介：“成都市官方服务类微博，主要为市民群众提供办事咨询、问题投诉、建议意见和信息资讯等政务服务。我们承诺，有问必答、有求必应!”

2013 年 8 月 10 日，由国家互联网信息办公室主办，中央电视台财经频道、中国互联网协会、首都互联网协会承办的“网络名人社会责任论坛”在中央电视台新址举行。

2013 年 8 月 14 日，安徽省宣城市人民政府印发《关于宣城市政务微博发布管理工作的通知》（宣政办秘〔2013〕184 号）。《通知》明确，经宣城市委、市政府同意，决定开通腾讯、新浪微博宣城发布厅。《通知》要求，各单位主要领导要亲自过问负总责，分管领导要强化协调抓落实，具体工作人员要切实负起责任，做到实时浏览、及时回应，确保政务微博发布工作顺利开展。首批上线单位要立足于主动发布与回应发布相结合，发布内容与人民群众关注热点相结合，及时更新微博信息，每天主动发布信息5条以上。发布内容要贴近民生、接“地气”，尽量避免领导活动类新闻，语言要清新活泼、通俗易懂，善用网络语言，少写官样文章，不断提升政务微博的活跃度，努力增强政务微博吸引力、影响力和传播力。

2013年8月14日，浙江省湖州市人民政府新闻办公室官方微博“@湖州发布”（UID：3514408660）上线运行。微博简介：“湖州是一座有着2300年建城史的国家历史文化名城，也是环太湖地区唯一因湖而得名的城市。全市辖德清、长兴、安吉三县和吴兴、南浔两区。”17时39分发布上线通告：“‘行遍江南清丽地，人生只合住湖州’，让我们一起‘顶’湖州的实力，‘赞’湖州的活力，‘秀’湖州的美丽，‘传’湖州的幸福，欢迎关注我们！”

2013年8月14日，中共浙江省温州市瑞安市委外宣办、瑞安市政府新闻办公室官方微博“@瑞安发布”（UID：3498275770）注册开通。微博简介：“这里是瑞安市委外宣办、瑞安市政府新闻办公室官方微博，我们将及时给朋友们提供有关瑞安的各类信息。”

2013年8月15日，江西省上饶市人民政府新闻办公室官方微博“@上饶发布”（UID：3509300853）上线运行。微博简介：“这里是‘上饶发布厅’官方政务微博，我们将用最迅捷贴心的服务传递政务信息，关注社会热点，倾听百姓诉求。欢迎朋友们与我们互动交流。”

2013年8月16日，四川省泸州市人民政府办公室发布《关于加强政务微博应用的通知》（泸市府办函〔2013〕204号）。《通知》指出，微博是互联网的一种新应用，发布信息及时，受众面广，社会动员能力强。利用好这一新兴媒介形式，对于推进政务公开、服务社会公众、宣传政府工作、正面引导舆论等具有重要意义。《通知》要求，全市政府各部门和相关单位要根据自身的业务范围，找准定位，必须于2013年9月20日前在设立微博平台的网站完成注册。

2013年8月16日，安徽省蚌埠市互联网宣传管理办公室官方微博“@蚌埠发布”（UID：3541728125）上线运行。微博简介：“蚌埠，别名珠城，因古代盛产河蚌而得名，有‘珍珠城’的美誉。蚌埠山水环绕，兼具北方粗犷豪气与南方细腻灵秀，被誉为‘淮畔明珠’。全市人民正高扬着‘禹风厚德、孕沙成珠、务实开放、创业争先’的城市精神，建设宜居宜业宜游的区域性大城市。这里是蚌埠市互联网宣传管理办公室官方微博，欢迎围观，共话蚌埠。”9时03分发布上线通告：“亲爱的微粉们，大家好！从今天起，蚌埠市互联网宣传管理办公室官方微博‘@蚌埠发布’火热上线啦！走千走万，不如淮河两岸，让我们在‘织围脖’的过程中一起见证这颗淮畔珍珠的飞速发展，一起分享生活中的点点滴滴……欢迎您围观蚌埠，共话珠城！‘@蚌埠发布’期待您的参与！求猛烈扩散！”

2013年8月16日，陕西省商洛市人民政府门户网站官方微博“@商洛发布”（UID：3718849217）上线运行。微博简介：“飞驰中构建城市蓝图；奔跑中传递城市变迁；信步时欣赏城市美景；闲坐时叙说城市故事。这里是商洛市人民政府官方微博，商洛市政府政务信息化办公室负责日常运维管理工作。我们将用最迅捷贴心的服务传递政务信息，关注社会热点，倾听百姓诉求。欢迎围观，共话商洛。”

2013年8月18日，山东省济南市中级人民法院官方微博“@济南中院”（UID：3708524475）正式上线运营。16时整发布上线通告：“山东省济南市中级人民法院定于二〇一三年八月二十二日上午八时三十分在本院第五审判庭公开审理被告人薄熙来受贿、贪污、滥用职权一案。特此公告。”

2013 年 8 月 18—21 日，“2013 全国大学生新媒体发展论坛”在北京召开。论坛由共青团中央学校部、北京团市委、新浪微博联合主办，论坛以“微‘博’未来”为主题，探讨新媒体时代下青年思想、人才培养的方向和趋势。全国 20 多个省份的省级团委学校部代表、高校代表和来自全国 20 多个城市的 100 多所学校校园新媒体大学生代表出席开幕式。论坛发布了《2013 中国大学生微博发展报告》。

2013 年 8 月 19 日，浙江省杭州市教育局官方微博“@杭州教育发布”（UID：3718026912）上线运行。微博简介：“传递教育资讯，关注教育变化，倾听百姓心声，服务广大网友。温馨提示：投诉和咨询请登录 www. hzedu. gov. cn。”18 时 38 分发布上线通告：“大家好，杭州市教育局官方微博开通啦！让我们一起努力，使每一个孩子，走进梦想，拥抱幸福！”

2013 年 8 月 20 日，江苏省镇江市人民政府新闻办公室官方微博“@镇江发布”（UID：3708395841）上线运行。微博简介：“政务信息、民生热点、活动访谈、亮眼时评……这里是镇江市政府新闻办公室官方微博。即时播报，镇江早知道；欢迎围观，有事您说话！”15 时 14 分发布上线通告：“欢迎各位亲亲来捧场、来鼓励！此刻开始，我们与您同行，为您服务！但借一扇晴窗，催化十里风景，我们邀您一道编织更为精彩的镇江网事。‘四大行动计划’作为当前镇江发展的总抓手，实施半年多进展如何？接下来，市政府将举行发布会，本博将为您直播，敬请关注！”

2013 年 8 月 20 日，中共湖南省张家界市委互联网宣传办公室官方微博“@张家界网信”（UID：3255735177）正式上线运行。

2013 年 8 月 20 日，江苏省教育厅官方微博“@江苏教育发布”（UID：3674007143）正式上线运行。微博简介：“发布教育资讯，推进政务公开，服务广大网友。”

2013 年 8 月 21 日，湖北省恩施土家族苗族自治州恩施市信访局官方微博“@恩施市信访”（UID：3730435175）上线运行。

2013 年 8 月 21 日，陕西省宝鸡市人民政府门户网站官方微博“@宝鸡发布”（UID：3733829844）上线运行。微博简介：“这里是宝鸡市人民政府信息微博发布平台，欢迎围观，听宝鸡声音，观宝鸡景象，话宝鸡发展。”

2013 年 8 月 21 日，浙江省杭州市拱墅区人民政府办公室官方微博“@拱墅发布”((UID：3734799501，时微博名称为“杭州拱墅门户网站”）上线运行。微博简介：“十里银湖墅，千年古运河。拱墅，一座正在抒写改革发展传奇的城市。”16 时 19 分发布微博公告：“‘杭州拱墅门户网站’新浪官方微博开通啦！我们将及时发布门户网站微新闻（动态信息精选、专题、活动简要介绍等）、重大活动、重点事项主题讨论等信息。欢迎广大网友关注哦！”

2013 年 8 月 22 日 8 时 30 分，山东省济南市中级人民法院官方微博“@济南中院”（UID：3708524475）全程直播一审公开开庭审理被告人薄熙来受贿、贪污、滥用职权案。从 11 时 22 分起的 20 分钟内，济南中院微博陆续发布薄熙来庭审现场照片，开创职务犯罪影响力案件庭审直播的先河。

2013 年 8 月 22 日，新疆维吾尔自治区高级人民法院官方微博“@西域天平”（UID：

3728526493）正式上线。

2013 年 8 月 22—26 日，山东省济南市中级人民法院对薄熙来受贿、贪污、滥用职权案进行全程微博直播。5 天庭审，其官方微博“@济南中院”（UID：3708524475）发布 150 余条微博，近 16 万字，数亿人得以“围观”庭审实况。政务微博首次成为大案要案审理过程中的唯一消息来源。

2013 年 8 月 23 日，外交部欧亚司官方微博“@欧亚风景线”（UID：3542488302）通过微博平台认证，正式上线。

2013 年 8 月 23 日，陕西省铜川市人民政府办公室发布《关于开通政务微博有关问题的通知》（铜政办发〔2013〕62 号）。《通知》要求，各区县政府、市政府各部门要明确微博信息工作分管领导和微博负责人，及时收集编写并上报微博信息，每周不少于 3 条。对重大突发事件、敏感性信息等，报经市政府领导审核后发布，原则上在事件发生后 2 小时内发布；对网民在微博上的投诉、咨询等，原则上在 24 小时内回应。

2013 年 8 月 25 日 16 时，山东省济南市中级人民法院官方微博“@济南中院”（UID：3708524475）粉丝数突破 54 万人，而在庭审开庭前的 8 月 22 日 8 时 30 分，其粉丝数为 6.8 万人，经过四天薄熙来案微博庭审直播，“@济南中院”的粉丝数增长近 7 倍。

2013 年 8 月 26 日，中共陕西省安康市委宣传部官方微博“@安康宣传”（UID：3716681425）上线开通。

2013 年 8 月 26 日，吉林省梅河口市人民政府新闻中心官方微博“@梅河口发布”（UID：3750122205）上线运行。

2013 年 8 月 27 日，国家测绘地理信息局官方微博“@国家测绘地信局”（UID：3740326577）通过微博平台认证，正式上线。

2013 年 8 月 28 日，湖南省互联网信息办公室官方微博“@湖南微政务”（UID：3499010272）及“湖南政务微博厅”正式上线。

2013 年 8 月 28 日，江苏省统计局官方微博“@江苏统计”（UID：3733862443）上线。

2013 年 8 月 28 日，陕西省铜川市人民政府官方微博“@铜川发布”（UID：3739033863）上线运行。微博简介：“这里是铜川市人民政府官方微博发布平台，欢迎围观，关注铜川发展。”15 时 19 分发布通告：“亲爱滴朋友们，大家好！铜川市人民政府的官方微博‘铜川发布’今天正式上线了。这里将为关心铜川的您，提供及时准确的政务信息和丰富多彩的实用资讯。欢迎围观，关注铜川！！”

2013 年 8 月 28 日，四川省凉山州西昌市人民政府新闻办官方微博“@西昌发布 V”（UID：3748103431）上线运行。微博简介：“亲民心、近民情、解民意、西昌市人民政府新闻办开通微博，欢迎各位积极收听、评论，我们将认真阅读每一条评论、认真回复！”

2013 年 8 月 28 日，山东省青岛市市北区人民政府新闻办公室官方微博“@青岛市北发布”（UID：3614755853）上线运行。微博简介：“包容、创新、激情、超越。”

2013 年 8 月 29 日，山东省东营市人民政府新闻办公室官方微博“@东营发布”（UID：1608195440）上线运行。

2013 年 8 月 30 日，中共南京市委办公厅、南京市人民政府办公厅印发《关于深入开展“12345”政务公共服务效能提升行动的实施方案》的通知（宁委办发〔2013〕66 号）。通知要求，在已开通电话、信件受理渠道的基础上，加快研发和开通外网电子邮箱、短信、微博等诉求受理渠道，建成集电话、电邮、短信、信件、微博“五位一体”的综合受理平台，打造方便群众反映诉求的“绿色通道”。时任南京市纪委常委、市督察办党组书记周樱介绍说，这样做的主要目的是拓展诉求受理渠道，“现在的年轻人喜欢上网发邮件、发微博、用手机发短信等，我们也要人性化地丰富诉求受理方式，最大限度地方便群众表达诉求，构建方便群众反映诉求的‘绿色通道’”。

2013 年 8 月 30 日，云南省就业局官方微博“@就业彩云南”（UID：3739723735）正式开通，及时有效发布云南省就业、创业政策及相关服务信息，为各地用人单位和求职者提供公共就业服务。

2013 年 8 月 30 日，陕西省西安市互联网信息办公室官方微博“@西安发布”（UID：3757167087）注册上线。

九月

2013 年 9 月 1 日，北京市公安局出入境管理局官方微博“@北京公安出入境”（UID：3745736194）上线运行。当天上午 9 时 04 分，发布上线通告：“亲爱的网友们，大家好！北京市公安局出入境管理总队的官方微博正式与大家见面了，欢迎您有空常来看看，和我们一起聊聊出入境的那些事儿。Dear friends，the weibo of Beijing Exit – Entry Administration Department officially launched，welcome to browse。”

2013 年 9 月 3 日，中共山东省平度市委宣传部官方微博“@平度发布”（UID：3243182937）上线运行。

2013 年 9 月 4 日，陕西省公安厅交通警察总队官方微博“@陕西交警”（UID：3764094915）上线运行。

2013 年 9 月 4 日，中共黑龙江省委依法治省工作领导小组办公室官方微博“@黑龙江普法”（UID：3767639145）正式上线。

2013 年 9 月 6 日，最高人民法院、最高人民检察院公布《关于办理利用信息网络实施诽谤等刑事案件适用法律若干问题的解释》（法释〔2013〕21 号），自 2013 年 9 月 10 日起施行。

2013 年 9 月 6 日，最高人民法院公布《关于切实践行司法为民大力加强公正司法不断提高司法公信力的若干意见》（法发〔2013〕9 号）。《意见》提出，要充分发挥现代信息技术的作用。重视运用网络、微博、微信等现代信息技术和方式，扩大司法公开的影响力，丰富司法民主的形式和内容。对社会广泛关注的案件和普遍关心的纠纷，要主动、及时、全面、客观地公开相关情况，有针对性地回应社会公众的关切和疑惑。要研究和把握自媒体时代舆情与司法审判相互影响的规律与特征，加强对网络舆情的分析研判，正确对待来自社会各方面的意见与建议，勇于纠正工作中的缺点，及时弥补工作中的不足，敢于抵制非理性、非法的诉求以及恶意的舆论炒作，善于正面引导社会舆论，逐步形成司法审判与社会舆论常态化的良性互动。各级法院要全面提升做好新形势下群众工作能力、维护社会公平正义能力、新媒体时代社会沟通能力、信息化技术应用能力。

2013 年 9 月 7 日，由新浪网、新浪微博、宿迁市委市政府联合主办的“中国政务微博路在何方”高层论坛在宿迁市骆马湖畔举办。论坛发表了《中国政务微博高层论坛·宿迁宣言》，倡议“发布好声音，传递正能量”。

2013 年 9 月 11 日，中共广东省珠海市斗门区委宣传部官方微博“@斗门发布”（UID：

3772731587）上线运行。微博简介：“心系斗门，放眼世界；权威发布，真情流露，传播社会正能量。”

2013年9月11日，韩国驻华大使权宁世在新浪开通个人实名官方微博“@韩国驻华大使权宁世”（UID：3788976845）。

2013年9月16日，北京法院网官方微博“@京法网事”（UID：3508612897）直播“大兴摔童案”。

2013年9月18日，南京市中级人民法院对“饿死女童案”庭审进行微博实时直播。

2013年9月19日，云南省西双版纳州人民政府新闻办公室官方微博“@西双版纳发布”（UID：3504463454）上线运行。

2012年9月20日，中共重庆市渝北区委外宣办官方微博“@渝北发布”（UID：2973840412）上线运行。微博简介：“信息发布、对外宣传、便民服务。”14时06分发布微博公告：“大家好！这里是重庆市渝北区官方政务微博，欢迎所有关心支持渝北的朋友们@渝北发布！让我们在这里，一起领略渝北风采，分享美好心情，共建精神家园，共创美好未来！”

2013年9月21日，为深入推进公安部等五部门联合部署的危爆物品安全大检查大整治，广泛动员社会各界和广大人民群众积极举报涉及危爆物品的违法犯罪线索，彻底收缴各类非法爆炸物品、危险化学品（含剧毒化学品、易制爆危险化学品），依法严厉打击违反危爆物品管理的违法犯罪活动，公安部制定发布了《关于收缴非法危爆物品严厉打击危爆物品违法犯罪活动的通告》。“@打四黑除四害”官方微博成为公安部公布的正式举报方式之一。

2013年9月22日，山东省济南市中级人民法院官方微博“@济南中院”（UID：3708524475）直播薄熙来案判决。

2013年9月22日，山东省威海市人民政府新闻办公室官方微博“@威海发布”（UID：3798503424）上线运行。9时36分发布上线通告：“亲爱滴微粉们，大家好！威海市人民政府新闻办公室官方微博和微信公众帐号今天开通啦！我们会尽可能多地给大家提供权威的政务信息、实用的民生资讯。希望这个小小的网页能够成为我们沟通交流的平台。请大家火速扫一扫关注我们吧！”

2013年9月23日，云南省昆明市召开党务政务信息公开工作培训会议。会上，昆明市委常委、市委秘书长柳文炜要求党务政务信息公开工作中，要创新公开的方式方法，多形式、多渠道，最大限度地扩大公开覆盖面，要及时更新网站信息、完善新闻发布制度、充分发挥热线平台的沟通作用、加强政务微博建设。会议由昆明市副市长阮凤斌主持。

2013年9月23日，广东省环境信息中心官方微博“@广东省环境空气质量”（UID：3444956000）上线运行。

2013年9月24日，《北京晚报》刊发调查新闻《区县政务微博6成不谈“政”》，引发了媒体《政务微博要务政业》《政务微博别当不务正业的“长舌妇”》《政务微博应“务正业”，不谈政务着实名不副实》等社会大讨论和舆论热潮。

2013年9月25日，中国向联合国人权理事会提交《国家人权报告》。《报告》第三部分“促进和保护人权的成绩和做法”中，“微博”作为保障中国公民权利和政治权利之“言论、新闻媒体自由”被写入。《报告》指出：“国家继续加大信息基础设施建设投入。截至2012

年 12 月底，中国网民规模达到 5. 64 亿，互联网普及率为 42. 1%，微博用户规模为 3. 09 亿。每年全国人民代表大会和全国政治协商会议期间的网上互动，直通国家最高决策层。国家和地方各级立法和政府机关在立法或政策制定过程中，通过互联网征求意见已成为普遍做法。”

2013 年 9 月 25 日，新疆维吾尔自治区发展改革委官方微博“@新疆发展改革委”（UID：3708607003）正式开通运行。新疆发展改革委官方微博主要围绕价格管理、政策解读、经济运行、项目建设、重大活动、改革创新等方面的重点工作，即时发布相关动态信息。同时还将针对网友关心的问题，开展与网友间的互动，了解社情民意，回应群众关切。

2013 年 9 月 25 日，山东省菏泽市人民政府新闻办公室官方微博“@菏泽发布”（UID：3632295651）上线运行。

2013 年 9 月 26 日，云南省昆明市人民政府信访局官方微博“@昆明市信访局”（UID：3806438265）上线运行。

2013 年 9 月 26 日，《人民日报》评论版发表李振忠的署名文章，提出“政务微博应多谈政事”，批评“弄虚作假的形式主义”，并指出“政务微博是政府信息公开、服务公众的平台，也是一面镜子，映照出政府是否阳光、自信与亲和。好好珍惜利用，不当成摆设，不投机取巧，才能更好地迎接信息时代公共管理变革的挑战。否则，非但无法同公众形成互动和互信，为政府形象加分，还会令政府成为信息时代的蜗牛，被群众甩在后面”。

2013 年 9 月 26 日下午，第四届全国道德模范座谈会在北京召开。中共中央总书记、国家主席、中央军委主席习近平会见第四届全国道德模范及提名奖获得者，并发表讲话。中共中央政治局常委、中央文明委主任刘云山在座谈会发表的讲话中强调，道德建设是一项常做常新的工作，社会实践也在不断提出新的课题，必须坚持与时俱进，要注意运用互联网、手机等新兴媒体，运用数字报刊、移动电视、微信、微博等新的传播方式，打造道德建设的新平台。

2013 年 9 月 26 日，江苏省高级人民法院官方微博“@江苏省高级人民法院”（UID：3814496761）正式上线。

2013 年 9 月 26 日，中国昆明发布厅官方微博“@昆明发布”（UID：3816699409。后修改认证信息为“云南省昆明党务政务信息公开平台官方微博”）注册上线试运行。9 月 29 日上午，“@中国昆明发布厅”暨昆明市党务政务微博开通仪式举行，昆明市级各党政部门首批 96 个新浪官方微博完成认证并正式上线。时任中共云南省昆明市委副书记、纪委书记应永生，市委秘书长柳文炜，组织部部长彭琪，副市长阮凤斌出席开通仪式。

2013 年 9 月 27 日，山东省聊城市人民政府新闻办公室官方微博“@聊城发布”（UID：3768357411）正式上线运行（9 月 9 日测试运行）。微博简介：“聊城，别称‘江北水城，运河古都’，是国家历史文化名城，中国优秀旅游城市，中国十佳宜居城市，中国温泉之城。聊城地处山东省西部，临河南、河北，位于华东、华中、华北三大区域交界处。”9 时 10 分发布微博通告：“‘聊城发布’今天正式上线啦，这是聊城市人民政府新闻办公室的官方微博。这里将成为您关注聊城、了解聊城的一个窗口，提供全面准确的政务信息和丰富多彩的实用资讯，及时回应社会关切，发布好声音，传递正能量，共话发展，分享快乐。”

2013 年 9 月 29 日，山东省法院司法公开现场推进会暨新闻宣传工作会议在青州召开。会议强调，山东全省法院要以审判流程公开、裁判文书公开、执行信息公开“三大平台”

为抓手，努力打造实时互动的信息化载体。重点落实庭审旁听、庭审直播、公开听证、人民陪审员、民意沟通“五项制度”，强化信息技术支撑。时任山东省高级人民法院院长白泉民出席会议并讲话。

2013 年 9 月 30 日，海关总署 12360 通关服务热线官方微博“@12360 海关热线”（UID：3823475656）上线运行

2013 年 9 月 30 日，山东省高级人民法院官方微博“@山东高法”（UID：3823554401）正式上线。

十月

2013 年 10 月 1 日，国务院办公厅公布《关于进一步加强政府信息公开回应社会关切提升政府公信力的意见》（国办发〔2013〕100 号）。《意见》要求，各省（区、市）人民政府要着力建设基于新媒体的政务信息发布和与公众互动交流新渠道；应积极探索利用政务微博、微信等新媒体，及时发布各类权威政务信息，尤其是涉及公众重大关切的公共事件和政策法规方面的信息，并充分利用新媒体的互动功能，以及时、便捷的方式与公众进行互动交流；开通政务微博、微信要加强审核登记，制定完善管理办法，规范信息发布程序及公众提问处理答复程序，确保政务微博、微信安全可靠；要完善主动发布机制，统筹运用新闻发言人、政府网站、政务微博、微信等发布信息，扩大发布信息的受众面，增强影响力；要完善保障措施，要为政务微博、微信相关人员参加重要会议、掌握相关信息提供便利条件；要加强业务培训，经常组织开展政务微博、微信相关人员等的专业培训，及时总结交流经验，不断提高相关人员的政策把握能力、舆情研判能力、解疑释惑能力和回应引导能力；要加强督查指导，国务院办公厅和国务院新闻办公室、国家互联网信息办公室要协同加强对政府新闻发言人制度、政府网站、政务微博微信等平台建设和管理工作的督查和指导，进一步完善相关措施和管理办法，加强工作考核，加大问责力度，定期通报有关情况，切实解决存在的突出问题，确保平台建设和机制建设的各项工作落实到位。

2013 年 10 月 8 日，最高人民法院印发《关于新形势下进一步加强人民法院队伍建设的若干意见》的通知（法发〔2013〕10 号）。《意见》提出，要加强法院文化建设，加强文化阵地建设，加强和改进文化建设和管理。抓好法院新闻出版工作，建设司法文化展示平台。注重网上宣传舆论阵地建设，办好政务网站、机关内网、官方微博。

2013 年 10 月 8 日，中共山东省临沂市平邑县委、平邑县政府信访局官方微博“@平邑县信－访局”（UID：3843318428）上线运行。

2013 年 10 月 9 日，陕西省渭南市人民政府办公室发布《关于进一步加强网民留言办理工作的通知》（渭政办发〔2013〕201 号）。《通知》要求，各县、市、区，市级各部门必须于 11 月 15 日前开通各自的政务微博，并加入“渭南发布”政务微博群形成全市的政务微博大厅。要切实把握好网民留言办理工作的原则，规范留言办理工作流程，提高网民留言回复效率、质量。要加强留言办理工作督促检查，完善留言办理工作机制。

2013 年 10 月 10 日，山东省人民检察院官方微博“@山东检察”（UID：1452510270）上线开通。15 时 32 分发布上线通告称：“在这秋风送爽的金色十月，我们筹备已久的‘@山东检察’新浪微博正式开通了！自开通之日起，我们将努力把这里办成一个收集社情民意、促进检务公开、增强检民互动的便捷、务实、高效的政务平台，让广大网友了解、监督检察工作，让检察工作贴近、服务广大网友生活！”

2013 年 10 月 11 日，江苏省南京市政府对外办公室官方微博“@南京外事”（UID：3847522370）上线。发布上线通告称：“在这里，我们将传递最新鲜的外事资讯，传播最实用的外事知识，跟您韶韶南京的外事，顺便瞅瞅海外的那些新鲜事儿。”

2013 年 10 月 11 日，广东省河源市人民政府新闻办公室官方微博“@河源发布”（UID：3800540007）上线运行。微博简介：“找政府，很简单，‘@’私信都方便，新资讯、新政策，动动鼠标就搞定，不平事、疑难事，找准部门问一问。政务微博，一个最便捷、最高效、最经济的官民互动平台！”

2013 年 10 月 12 日，时任中央政法委书记孟建柱在“枫桥经验”纪念大会上强调，要把传统有效做法与现代科技手段结合起来，充分借助新媒体，让群众打开电脑就能表达意愿诉求，鼠标一点就能办理相关业务，享受更便捷、更高效的服务。

2013 年 10 月 12 日，山东省司法厅官方微博“@山东司法”（UID：3844842314）正式上线并开始运行。16 时 10 分，发布上线通告：“山东司法即将在新浪上线了，目前还处于试运行阶段。希望得到各位童鞋和盆友的大力支持和猛烈关注。我们期待与您的交流互动。天天见！”

2013 年 10 月 12 日，江西省赣州市互联网信息办公室官方微博“@赣州发布”（UID：3817381137）上线运行。微博简介：“红土地上览胜迹，客家巷陌展风情，八境台下寻古意，赣江两岸听涛声。这里是中国历史文化名城——赣州。欢迎您关注‘赣州发布’。”零时 01 分发布上线通告：“大家好！由赣州市人民政府新闻办公室主办的‘赣州发布’微博开通啦！欢迎关注！”

2013 年 10 月 14 日，江西省环境保护厅官方微博“@江西环保”（UID：3841557306。现更名为江西省生态环境厅官方微博“@江西生态环境”）上线运行。

2013 年 10 月 14 日，浙江省环境保护厅官方微博“@浙江环保”（UID：3840731341。现更名为浙江省生态环境厅官方微博“@浙江生态环境”）上线运行。8 时 58 分发布上线通告：“大家好！浙江省环保厅官方微博正式开通啦！浙江环保主要以权威发布环保政策法规，环保重大举措和重点工作等信息为主。欢迎关注！”

2013 年 10 月 14 日，辽宁省抚顺市政府新闻办公室官方微博“@抚顺发布”（UID：3853842988）上线运行。微博简介：“抚顺位于辽宁省东部偏北，距省会沈阳市 45 公里。抚顺依山傍水，美丽的浑河犹如一条玉带，从市区婉蜒而过，风韵独具。抚顺钟灵毓秀、人文苍萃，是中国最后一个王朝清王朝的肇兴之地，也是末代皇帝——溥仪的改造自新之地。作为雷锋的第二故乡——‘雷锋城’，雷锋精神从这里发端并走向世界。作为共和国工业长子的抚顺，工业基础雄厚，产业优势明显，拥有煤炭、石化、电力、冶金、机械等较为完备的基础产业。此外，抚顺还以辽东山水和满乡风情形成了独具特色的旅游资源。”

2013 年 10 月 15 日，国务院办公厅发布《关于进一步加强政府信息公开回应社会关切提升政府公信力的意见》，要求“着力建设基于新媒体的政务信息发布和与公众互动交流新渠道”。这标志着继政府新闻发布会及新闻发言人制度、政府网站之后，中国政府以规范性文件的方式，进一步将“政务微博”正式确立为第三大政府官方服务应用平台。

2013 年 10 月 15 日，中国证监会办公厅新闻办公室官方微博“@证监会发布”（UID：3802136340）通过微博平台认证，正式上线。微博简介：“‘@证监会发布’由证监会办公厅新闻办主办，是证监会信息发布、舆论引导、了解网意、形象展示、为民服务的平台。”

2013 年 10 月 15 日，山西省晋中市人民政府信访局官方微博“@ 晋中信访”（UID：3853828158）上线运行。

2013 年 10 月 15 日，云南省昆明市盘龙区政府官方微博“@ 昆明盘龙发布”（UID：3846487316）上线运行。微博简介：“微博之路，让盘龙融入世界；微博之窗，让盘龙与您对话！这里有我们经济社会发展的努力，这里有我们为您服务的热忱，盘龙腾飞，需要您的‘@’！”15 时 50 分发布上线通告：“网民朋友们好！今天，昆明市盘龙区官方微博开通啦！我们将第一时间听取您的意见和建议，及时传递盘龙经济建设、社会发展的新举措，展现盘龙靓丽风采，与您共同建设幸福美好新盘龙，有您关注，我们更努力！”

2013 年 10 月 17 日，北京市第一中级人民法院网络公开课正式上线，首场讲座由时任北京市第一中级人民法院知识产权庭副庭长、一级法官姜颖讲述“微博里的著作权”。这也是全国法院系统首个法官录制的网络公开课。“微博里的著作权”共四讲：“抄袭别人的微博侵权吗”“转发微博侵权吗”“微博不是与世隔绝的世界”“涉微博侵权的救济途径和民事责任”。

2013 年 10 月 17 日，中共云南省昆明市五华区委、区政府官方微博“@ 昆明五华发布”（UID：3840902209）上线运行。

2013 年 10 月 18 日，中共陕西省西安市莲湖区委宣传部官方微博“@ 莲湖发布”（UID：3861300178）上线运行。

2013 年 10 月 18 日，黑龙江省哈尔滨市信访局官方微博“@ 哈尔滨信访局”（UID：3860635791）上线运行。

2013 年 10 月 18 日上午，由中国文明网运行管理的“文明中国”微博发布厅在新浪网上线运行，首批 15 个省（区、市）和 114 个市（县、区）文明办官方微博加入。这是全国精神文明建设系统的官方微博发布平台。

2013 年 10 月 19 日，时任浙江省委常委、省委组织部部长蔡奇在 2013 年度华东地区政务微博峰会上表示，政务微博如今最大的问题是不敢发声，不善于发声，说到底还是各级官员对新媒体的认识不到位。“政务微博在回应突发性事件时，重要的是在第一时间发声，实事求是、不掩饰、不回避地做出正面回答，这更有利于减少网络猜疑、质疑，甚至是流言蜚语。”

2013 年 10 月 21 日，山东省淄博市人民政府新闻办公室官方微博“@ 淄博发布”（UID：3577849617）上线运行。微博简介：“传递权威资讯，关注您的关切，提供真诚服务，共建美好日照。”14 时 48 分发布上线通告：“齐风陶韵汇淄博，生态文明润齐都！‘淄博发布’今天正式和大家见面啦！作为淄博市人民政府新闻办公室官方微博，我们将及时发布权威信息，真诚倾听群众心声，热心服务全市人民，与您一同感受淄博的日新月异，见证淄博的成长进步！欢迎留下宝贵意见，期待您的关注！”

2013 年 10 月 22 日，为进一步规范运营乘客信息发布工作，北京市轨道交通指挥中心会同市地铁运营公司、京港地铁公司对《北京市轨道交通路网突发事件乘客信息发布规则》进行了修订，微博首次被纳入地铁异常信息发布渠道。新发布规则进一步缩短了运营异常信息发布的启动时机，由原来的 10 分钟，缩短为“列车运行间隔超过计划间隔 2 倍或列车延误时间达到 10 分钟时”，这意味着地铁运营突发异常情况时，乘客将比以往提前一半的时间获知具体突发情况。新发布规则自 2013 年 11 月 1 日起正式实施。

2013 年 10 月 22 日，山东省高密市人民法院制定出台了《高密法院微博管理使用办法》。《办法》规定，研究院为微博管理机构，负责信息收集、汇总、核批、发布和回复。信息发布需填写《信息发布审批表》，一般由微博总管审批，重大事件、重大案件由分管领导、院长审批，未经审批不得发布。对于群众发布的与该院有关的博文，必须当天回复，并尽量使用亲民话语，注意礼貌沟通、平等交流。对于群众投诉，当天给予解释说明、正面引导，并当即填写《转办单》报相关部门和分管领导核实研判后，2 个工作日内在微博上公布或私信反馈。通过微博收集到的网络民意、群众诉求和申诉投诉等信息，要及时编发《微博舆情信息》上报。《办法》要求，全院干警都要在新浪开通微博，并密切关注官方微博动态。微博评论应遵守法律法规和院规院纪，尽量发布、转发有利于提升法院和法官形象的正面信息，未经允许不得发布、转发负面信息。

2013 年 10 月 24 日上午，陕西省高级人民法院召开全省中级人民法院网络新闻宣传工作推进会。时任陕西省高级人民法院党组成员、政治部主任谭晓峰主任在总结讲话中要求，陕西省三级法院要充分认识网络新闻宣传工作的重要性、紧迫性，必须主动适应新媒体环境和公众参与方式的新变化、新发展，把握新媒体传播规律，进一步加强法院官方微博的建设和应用，未开通微博的法院要在 11 月底之前全部开通，同时要在微博管理、服务群众、沟通互动、人员配备、物质装备上多下功夫；各级法院要结合自身条件，积极推进网络庭审直播工作。

2013 年 10 月 24 日，中共江西省宜春市委网信办、宜春市互联网信息办公室官方微博“@宜春发布”（UID：3860420669）正式上线运行。微博简介：“宜春发布致力于传递政务信息、架设沟通桥梁、关注百姓生活、助力文明幸福宜春建设。欢迎朋友们与我们互动交流。”

2013 年 10 月 25 日，广西壮族自治区纪检监察微博“@广西纪检监察”（UID：3775568094。现修订为中共广西壮族自治区纪委、广西壮族自治区监察厅官方微博）正式上线。广西壮族自治区党委常委、自治区纪委书记石生龙亲自点击开通了微博，并就加强党风廉政建设和反腐败网络信息工作，发挥新媒体的积极作用提出明确要求。

2013 年 10 月 28 日，中共江西省景德镇市委外宣办、市政府新闻办公室官方微博“@景德镇发布”（UID：3870787200）上线运行。微博简介：“为人民服务，是媒体的责任与担当。”

2013 年 10 月 29 日，山东省青岛市黄岛区信访局官方微博“@黄岛信访”（UID：3843421763）上线运行。13 时 13 分发布上线通告：“适应网络发展的需要，开通新浪微博与网友们更好的沟通互动，共同构建和谐黄岛。”

2013 年 10 月 30 日，内蒙古呼和浩特市宁城县公安局出入境管理大队官方微博“@宁城县公安局出入境管理大队”（该账号现已注销），推出微博预约、延时服务、上门办证等便民举措。申请人可以在公安微博咨询了解护照办理程序、民警联系方式等信息。申请人在公安微博预约办理时间后，可在节假日等非工作时间照常办理护照申领事项，并享受上门办证、送证服务。

2013 年 10 月 30 日，黑龙江省鸡西市互联网信息办公室官方微博“@网信鸡西”（UID：3880389889）上线运行。

2013 年 10 月 31 日，江苏省南京市文化广电新闻出版局官方微博“@南京文化发布”（UID：3879244551）上线运行。

十一月

2013 年 11 月 1 日，新疆维吾尔自治区司法厅官方微博“@ 新疆司法厅”（UID：3879626573）上线。

2013 年 11 月 1 日，山东省烟台市人民政府新闻办公室官方微博“@ 烟台发布”（UID：3883727101）上线运行。

2013 年 11 月 4 日，国家环境保护部、公安部联合印发《关于加强环境保护与公安部门执法衔接配合工作的意见》（环发〔2013〕126 号）。《意见》要求，要加大宣传力度，营造执法氛围。各级环境保护、公安部门要坚持走群众路线，发动群众，依靠群众，争取群众对环境保护执法工作的理解和支持。要公布举报电话、邮箱或者微博，方便群众举报、投诉环境违法犯罪行为。

2013 年 11 月 4 日，山东省威海市环翠区人民政府新闻办公室官方微博“@ 环翠发布”（UID：3886230775）上线运行。

2013 年 11 月 4 日，由中国政法大学政法宣传与舆情研究中心主办的“新媒体环境下的政法宣传创新”研讨会举行。研讨会以山西省晋中市公安局官方微博“@ 晋中公安”（UID：1914281205）、山西省晋中市委新闻中心官方微博“@ 晋中发布”（UID：3312881404）等政务微博的发展为例，结合公安政务微信的发展现状，对“微政务”发展模式和存在问题进行交流，多角度探讨了政法宣传的新媒体创新。

2013 年 11 月 5 日，吉林省长春市人民政府办公厅发布《关于进一步推进政务微博建设加强政务信息公开的通知》（长府办发〔2013〕33 号）。《通知》要求，要按照“谁开设、谁主管，谁应用、谁负责”的原则，使用和管理政务微博。要制定政务微博管理规范，将政务微博管理纳入本地区、本部门和本单位制度化、规范化管理范围。要组建 2 ~ 3 人政务微博运维团队，负责本地区、本部门、本单位政务微博的发布、维护和管理工作。

2013 年 11 月 7 日，中共南京市委办公厅、南京市人民政府办公厅印发《关于建立“三个服务”常态化工作机制的实施意见》（宁委办发〔2013〕78 号）。《意见》指出，为巩固党的群众路线教育实践活动成果，建立“三个服务”（为改善人民生活服务、为科技教育发展服务、为党政军领导机关服务）常态化工作机制。要整合各级督查、督办力量，加强对重点案例、突出问题的跟踪督查，形成全市联动的大督查氛围。并充分发挥作风监督员、党风联络员、特邀监察员的作用，主动运用政府微博、网络问政等新载体，自觉接受群众、舆论和社会监督。

2013 年 11 月 7 日，山东省荣成市人民政府新闻办公室官方微博“@ 荣成发布”（UID：3859106822）上线运行。15 时 46 分发布上线通告：“亲爱的微粉们，经过一段时间的筹备，荣成市人民政府新闻办公室官方微博终于上线了，欢迎大家关注，共建共享幸福荣成。”

2013 年 11 月 8 日，河南省教育厅官方微博“@ 河南教育”（UID：3894391642）上线。发布上线通告称：“中原崛起，教育为基。在今后的日子里，我们将服务广大师生和人民群众，传递河南教育资讯，展示河南教育形象。”

2013 年 11 月 8 日，河北省石家庄市灵寿县委宣传部官方微博“@ 灵寿发布”（UID：3512395581）上线运行。

2013 年 11 月 12 日，四川省达州市互联网信息办公室官方微博“@ 达州发布”（UID：3888223184）上线运行。微博简介：“依偎在巴人故里、红色达州的怀抱倾听心跳；站立于凤凰山上眺望中国气都、幸福达州的恢弘发展。”

2013 年 11 月 13 日，司法部、国家互联网信息办公室、全国普法办公室联合发布《关于开展“全国百家网站暨‘中国普法’官方微博法律知识竞赛活动”的通知》（司发通〔2013〕158 号）。活动时间从 2013 年 11 月中旬开始，至 12 月中旬截止。竞赛答题内容以 2013 年新颁布、修订、施行的法律法规、司法解释为重点。

2013 年 11 月 13 日，中共河南省新乡市纪律检查委员会官方微博“@ 清风新乡”（UID：3902024675）上线试运行，11 月 26 日正式运行。

2013 年 11 月 14—16 日，“2013 全国高校新媒体发展论坛”在江苏南京举行。论坛以“‘微时代’的高校声誉管理与校园文化建设”为主题进行交流探讨，发布了《2013 高校学生微博使用行为研究报告》，并进行了首届高校微视大赛启动仪式。

2013 年 11 月 15 日，浙江省嘉兴市南湖区人民政府新闻办公室官方微博“@ 南湖发布”（UID：3903234075）上线运行。微博简介：“轻烟拂渚，微风欲来，革命红船扬帆起航；扎根社会，服务大众，展现时代发展脉络……这里是南湖区政府新闻办官方微博，欢迎走进南湖，共创辉煌。”

2013 年 11 月 16 日，吉林省公主岭市人民政府新闻中心官方微博“@ 公主岭发布”（UID：3889217502）上线运行。

2013 年 11 月 18 日，上海市高级人民法院官方微博“@ 浦江天平”（UID：3697440777）上线运行。

2013 年 11 月 18 日，河北省廊坊市人民政府新闻办公室官方微博“@ 廊坊发布”（UID：3907706821）上线试运行。

2013 年 11 月 19 日，最高人民法院官方微博“@ 最高人民法院”（UID：3908755088）通过微博平台认证，正式上线。

2013 年 11 月 19 日，黑龙江省高级人民法院官方微博“@ 黑龙江省高级人民法院”（UID：3910972402）上线运行。

2013 年 11 月 19 日，陕西省渭南市信息化工作领导小组办公室发布《关于进一步做好政务微博工作的通知》（渭信化办发〔2013〕19 号）。《通知》强调，政务微博是信息时代政务公开的重要窗口，是政府和公众交流的高效通道，是发现和解决突发重大舆情事件的有效方式，各县、市、区和市级部门要提高对微博工作的重视程度。未开通政务微博的县、市、区及市级部门要尽快完成该项工作，并及时报送微博管理人员信息；已开通微博的县、市、区和市级部门要加强对微博的认证和管理维护工作。

2013 年 11 月 19 日，安徽省高级人民法院官方微博“@ 安徽高院”（UID：3908798547）正式上线运行。15 时 17 分发布上线通告：“这里是安徽省高级人民法院官方微博，安徽省高级人民法院是国家审判机关，监督全省中级、基层人民法院的审判工作，对安徽省人民代表大会及其常务委员会负责并报告工作。”

2013 年 11 月 19 日，天津市高级人民法院官方微博“@ 津法之声”（UID：3731897471）正式上线。

2013 年 11 月 19 日，青海省高级人民法院官方微博“@ 青海高院”（UID：3908497332）正式上线。

2013 年 11 月 19 日，甘肃省高级人民法院官方微博“@ 甘肃高院”（UID：3911255890）

正式上线。

2013 年 11 月 20 日，青海省互联网工作领导小组关于《进一步规范党政机关及党政干部运用微博客的意见》的通知（青网领〔2013〕4 号）。《意见》要求，各单位开设的政务微博，只发布与本单位政务信息公开有关的信息，不得发布时政类新闻信息。无论是发布信息还是转发信息或发表评论，都必须确保信息来源的权威性、观点立场的客观性、统计数据的一致性，不得发布不实信息或容易引发歧义的信息。为避免政务微博客出现操作失误，信息发布应在固定电脑上进行。政务微博客严禁个人使用。党政干部开设和运用微博客账号，要严格区分职务身份和个人身份。以个人身份开设微博客的，以个人真实身份信息注册，不得标注所在单位及职务信息。

2013 年 11 月 20 日，云南省高级人民法院官方微博“@云南省高级人民法院”（UID：3912044975）正式上线。

2013 年 11 月 20 日，内蒙古自治区高级人民法院官方微博“@北疆法声”（UID：3908967164）正式上线。

2013 年 11 月 20 日，陕西省高级人民法院官方微博“@陕西高院”（UID：3912076973）正式上线。

2013 年 11 月 20 日，江西省高级人民法院官方微博“@红色天平”（UID：3907631306）正式上线。

2013 年 11 月 20 日，上海市第一中级人民法院官方微博“@上海一中院”（UID：3912155007）正式上线。

2013 年 11 月 20 日，原湖南省纪检监察局官方微博“@三湘风纪”（UID：3817552325。现更改为中共湖南省纪律检查委员会、湖南省监察委员会官方微博）正式上线运行。上午 9 时整，时任中共湖南省委常委、省纪委书记黄建国发出第一条微博向广大网友问好，微博称：“我们希望通过政务微博这个新平台，进一步加强与网友的交流互动，让民众拥有更多的知情权、参与权和监督权，传递反腐倡廉建设的正能量。让我们携手为实现干部清正、政府清廉、政治清明而努力！”

2013 年 11 月 20 日，陕西省西安市互联网信息办公室官方微博“@西安发布”（UID：3757167087）正式上线运行。微博简介：“丝绸之路起点，千年古都西安，城市与山水相融合、经济社会发展与生态环境相协调、人与自然相和谐的美丽画卷。‘西安发布’与您分享‘美丽西安’好生活，为您提供各类信息。”

2013 年 11 月 21 日，最高人民法院印发《关于推进司法公开三大平台建设的若干意见》的通知（法发〔2013〕13 号）。《意见》要求，在全面推进审判流程公开、裁判文书公开、执行信息公开“三大平台”建设中，“人民法院应当积极创新庭审公开的方式，以视频、音频、图文、微博等方式适时公开庭审过程”。人民法院应当加强科技法庭建设，对庭审活动全程进行同步录音录像，做到“每庭必录”，并以数据形式集中存储、定期备份、长期保存。要推进裁判文书公开平台建设，最高人民法院建立中国裁判文书网，作为全国法院统一的裁判文书公开平台。地方各级人民法院应当在政务网站的醒目位置设置中国裁判文书网的网址链接，并严格按照最高人民法院《关于人民法院在互联网公布裁判文书的规定》，在裁判文书生效后七日内将其传送至中国裁判文书网公布。“人民法院可以通过政务微博，以提供链接或长微博等形式，发布社会关注度高、具有法制教育、示范和指导意义的案件的裁判文书。”

2013 年 11 月 21 日，最高人民法院官方微博“@ 最高人民法院”（UID：3908755088）正式上线运行。9 时 57 分发布上线通告：“为落实党的十八届三中全会精神，推进司法公开，拓宽人民群众了解司法、参与司法、监督司法的渠道，‘@ 最高人民法院’今天正式上线。这是中华人民共和国最高人民法院的官方微博。官方微博将及时发布各级人民法院的重大审判信息、重要司法解释、重要新闻信息等内容。欢迎大家关注。”与此同步，“全国法院微博发布厅”（http：//focus. weibo. com/pub/i/zt/zuigaofayuan）在新浪微博平台独家上线。

2013 年 11 月 21 日，辽宁省高级人民法院官方微博“@ 辽宁高院”（UID：3908564647）正式上线。

2013 年 11 月 21 日，湖北省高级人民法院官方微博“@ 湖北高院”（UID：3902472629）正式上线。

2013 年 11 月 21 日，浙江省高级人民法院官方微博“@ 之江天平”（UID：391131905）正式上线。

2013 年 11 月 21 日，西藏自治区高级人民法院官方微博“@ 西藏高法”（UID：3912112601）正式上线。11 时整，“@ 西藏高法”发布上线通告称：“这也是顺应信息化时代，推进司法公开，拓宽人民群众了解司法、参与司法的重要渠道，官方微博将及时发布本院重大审判信息、重要新闻信息等内容，欢迎大家关注。”

2013 年 11 月 21 日，宁夏回族自治区高级人民法院官方微博“@ 宁夏高法”（UID：3912099539）正式上线。

2013 年 11 月 21 日，福建省高级人民法院官方微博“@ 福建高院”（UID：3655664894）正式上线。

2013 年 11 月 21 日，重庆市高级人民法院官方微博“@ 重庆高院”（UID：3912011602）正式上线。

2013 年 11 月 21 日，吉林省高级人民法院官方微博“@ 吉林高法”（UID：3903994404）正式上线。

2013 年 11 月 21 日，新疆维吾尔自治区高级人民法院兵团分院官方微博“@ 兵团法院”（UID：3912301205）正式上线。

2013 年 11 月 21 日，河北省邢台市委对外宣传办公室官方微博“@ 邢台发布”（UID：3899427856）上线运行。微博简介：“邢台发布，连同你我。这里有权威的党务政务信息，这里有贴心便捷的服务资讯，这里有撼动人心的邢台故事，诚挚邀请您的关注，与我们互动交流！”15 时 34 分发布上线通告：“细品襄国故都的历史韵味，聆听魅力邢襄的跃动脉搏。‘微’聚民意，‘博’系民生，这里有贴心便捷的服务信息，这里有撼动心灵的邢台故事，这里有你、有我、有他，‘邢台发布’新浪网官方微博在 11 月 21 日与大家正式见面了！诚挚邀请您的关注，欢迎常来做客！”

2013 年 11 月 22 日，广西壮族自治区高级人民法院官方微博“@ 八桂法苑”（UID：3194463860）上线。

2013 年 11 月 23 日，英国首相戴维·卡梅伦（David Cameron）为其即将访华而筹备开通的驻华官方微博“@ 英国首相”（UID：3919002287）上线。11 月 29 日北京时间 17 时发出第一条博文：“Hello my friends in China. I'm pleased to have joined Weibo and look forward to visiting China very soon. Hello 中国的朋友们，我非常高兴能加入微博。期待不久后的访华！”

2013 年 11 月 26 日，国家统计局新闻办公室官方微博“@中国统计”（UID：3919628624）通过微博平台认证，正式上线。

2013 年 11 月 26 日，陕西省渭南市信息化工作领导小组办公室印发《渭南市政务微博管理办法（试行）》（渭信化办发〔2013〕20 号）。《办法》规定，各微博管理机构要关注微博互动，对网民提出的问题要及时答复，对公众关注的社会热点和重大突发公共事件要及时通过政务微博通报。对涉及民生的重要公共信息和热点事件要及时发布，如灾害性、突发性事件，原则上要在事件发生后 2 小时内在政务微博上发布。对涉及本县、区、本单位职能范围内的投诉、咨询、求助和意见、建议，要安排和协调相关机构进行受理，并在 1 个工作日内进行受理回复，3 个工作日内向网民反馈受理和办理情况；对于网民投诉、求助、反映的问题和建议，有待核实和研究的事项，应在 10 个工作日内向网民反馈受理和办理情况。

2013 年 11 月 26 日，江西省公安厅官方微博“@江西公安”（UID：3917583838）上线运行。

2013 年 11 月 27—28 日，全国法院司法公开工作推进会在广东深圳召开，最高人民法院院长周强在会议上强调，要全面推进司法公开三大平台建设。各级法院要以政务网站为基础平台，通过手机短信、电话语音系统、电子触摸屏、微博、微信等技术手段，为公众和当事人提供全方位、多元化的司法服务。要积极创新庭审公开方式，以视频、音频、图文、微博等方式及时公开庭审过程。人民法院要充分发挥政务微博在第一时间发布资讯、破除谣言、沟通民意的作用，但也要规范微博运行，不得发表不当言论。

2013 年 11 月 27 日，最高人民法院院长周强在全国法院司法公开工作推进会上通报，“凡是微博直播的案子，没有上访，息诉率为 100%。法官面对网络直播，会全身心地投入，把案例办好，大大提高了办案质量”。并强调，在司法公开的范围尺度上，要把握好推进司法公开与遵循司法规律的关系。司法公开不是盲目公开，应当严格遵循司法规律。执行信息公开的时机和节点，应当与审判流程公开有所区别，避免因不当公开影响执行效果。司法公开还应当做到有所为有所不为。

2013 年 11 月 28 日上午 10 时 30 分，最高人民法院在广东省深圳市召开推进司法公开规范性文件新闻发布会，发布《最高人民法院关于推进司法公开三大平台建设的若干意见》和《最高人民法院关于人民法院在互联网公布裁判文书的规定》。《意见》于发布之日起施行，《规定》自 2014 年 1 月 1 日起施行。

2013 年 11 月 28 日，北京市高级人民法院召开全市法院微博工作推进会，要求全市法院大力推进微博建设，努力建设与首都法院地位相适应的微博工作新格局。北京高院要求，全市法院要充分认识到推进微博工作是深化司法公开、展示首都法院形象的重要举措，是践行司法为民、拓展民意沟通渠道的有效手段，是引导网络舆论、及时回应社会关切的现实需要。要按照北京高院党组就官方微博开通工作的部署，抓紧开通微博，按目标要求完成任务，并将各单位开通微博情况纳入年终考核评比。要进一步加强微博管理，建立微博日常管理维护制度，规范微博审核发布机制，扎实推进微博建设。要精心策划微博，不断扩大北京法院影响力，切实提升微博建设质量。要完善人员管理培训机制，加强法律、新闻传播等培训，形成专业的微博管理团队。

2013 年 11 月 28 日，河南省人民政府新闻办公室官方微博“@ 精彩河南”（UID：3655703714）上线。

2013 年 11 月 28 日，中共徽县委员会、徽县人民政府信访局官方微博“@ 陇南徽县信访”（UID：3917906550）上线运行。

2013 年 11 月 29 日，山西省晋城市人民政府新闻办公室官方微博“@ 晋城发布”（UID：3890139461）上线运行。微博简介：“加强新闻发布，回应社会关切，服务人民群众，建设美丽晋城。这里是山西省晋城市人民政府新闻办公室官方微博。”13 时 23 分发布通告：“亲爱滴微粉们，伴着午后暖暖的阳光，‘晋城发布’正式上线啦！这是晋城市人民政府新闻办公室的官方微博，这里将为关心晋城的您，提供准确的政务信息和丰富的实用资讯～～让我们在‘织围脖’的过程中，一起感受凤城大地的跨越发展，一起分享美好生活的点点滴滴。求猛烈扩散！”

2013 年 11 月 30 日，由国家互联网信息办公室指导，人民网主办，四川省互联网信息办公室协办，人民网舆情监测室、成都市互联网信息办公室承办的“改善网络舆论生态研讨会”在成都举行。国家互联网信息办公室专职副主任彭波出席会议。会议达成并发表了八条“成都共识”，并发布了《2013 年政务微博、媒体微博发展报告》。

十二月

2013 年 12 月 1 日，中国人民银行办公厅官方微博“@ 央行微播”（UID：3921015143）通过微博平台认证，正式上线。

2013 年 12 月 2 日，国家统计局新闻办公室官方微博“@ 中国经济普查”（UID：3919628624，后更名为“@ 中国统计”）正式上线运行。7 时 59 分发布上线通告“开通致辞”：“大家好！第三次全国经济普查官方微博‘中国经济普查’今天上线啦！这是国家统计局提供优质统计服务、打造沟通互动平台、敞开公开透明大门的又一尝试，届时我们将及时为大家奉送最新的经普动态，回答您对普查有关问题的关注和咨询，还将陆续推出很多有趣、好玩的经普宣传作品。敬请关注哦！”

2013 年 12 月 2 日，江苏省苏州市人民政府第 18 次常务会议讨论通过《苏州市气象灾害防御办法》，自 2014 年 3 月 1 日起施行。《办法》第二十三条规定：“广播、电视、政府门户网站、政府微博等媒体，应当在收到气象主管机构所属气象台的气象灾害预警信号通知后 15 分钟内准确播发。”

2013 年 12 月 2 日，黑龙江省哈尔滨市人民检察院官方微博“@ 哈尔滨检察”（UID：1347311750）上线运行。

2013 年 12 月 2 日，中共山西省晋中市太谷县信访局官方微博“@ 太谷信访”（UID：3923574599）上线运行。微博简介：“太谷县信访局主要负责受理群众来信、来访和网上信访工作。”

2013 年 12 月 3 日，内蒙古自治区准格尔旗信访局官方微博“@ 准格尔信访”（UID：3926896358）上线运行。微博简介：“准格尔旗信访局位于准格尔旗薛家湾镇准格尔路富民巷，为旗委、旗人民政府综合协调解决信访问题的工作机构。”11 时 25 分，首发微博：“民者，万世之本也（汉・贾谊）。”

2013 年 12 月 3 日，新疆维吾尔自治区人民检察院官方微博“@ 新疆检察”（UID：3271604690）正式上线。微博简介：“代言检察，打造百姓可信赖的‘口袋检察院’，关注民生，走近群众；倾听群众心声，畅通诉求渠道；有呼必应，有问必答。”17 时 06 分发布上线通告：“大家好，新疆检察开通运行了，希望各族人民群众积极参与！”

2013 年 12 月 4 日下午，由国家互联网信息办公室主办、人民日报社承办的“媒体法人微博知名账号座谈会”在人民日报社举行，人民日报、新华社、中央人民广播电台、中央电视台、光明日报、经济日报、中国新闻社、法制日报、中国青年报、北京电视台、环球时报、京华时报、北京晚报等 21 家主流媒体机构的微博账号负责人参加此次交流活动。与会人士一致认为，媒体法人微博账号理应成为在微博平台传播正能量的主力军，为凝聚改革正能量发挥积极作用。

2013 年 12 月 4 日，甘肃省人民检察院官方微博“@ 甘肃检察”（UID：3924721943）上线。微博简介：“这里是甘肃省人民检察院官方微博，我们将及时发布检察信息，通报案件情况，接受网上举报和咨询，积极回应社会关切，欢迎广大网民监督、支持！”

2013 年 12 月 4 日，内蒙古呼和浩特市信访局官方微博“@ 阳光呼和浩特”（UID：3922516926）上线运行。

2013 年 12 月 4 日，人民网舆情监测室联合腾讯微博共同发布《2013 年腾讯政务微博和政务微博发展研究报告》。报告显示，截至 2013 年 10 月 30 日，经过腾讯微博平台认证的政务微博已超过 16 万个，其中党政机构政务微博 92130 个，党政官员政务微博 67938 个。

2013 年 12 月 6 日，国家人力资源和社会保障部发布《关于深化政务公开的意见》（人社部发〔2013〕92 号）。《意见》要求，要建设基于新媒体的政务信息发布、与公众互动交流和便民服务新渠道。积极探索利用政务微博、微信等新媒体，及时发布各类权威信息，尤其是涉及公众重大关切的公共事件和政策法规方面的信息，并充分利用新媒体的互动功能，以及时、便捷的方式与公众进行互动交流。开通政务微博、微信要进行审核登记，制定完善管理办法，规范信息发布程序及公众提问处理答复程序，确保政务微博、微信安全可靠。同时，经常组织开展面向政务微博、微信相关人员等的专业培训，不断提高相关人员的政策把握能力、舆情研判能力、解疑释惑能力和回应引导能力。

2013 年 12 月 6 日，第三届网络舆情高峰论坛在湖北省武汉市开幕，论坛以“互联网：建设者和正能量”为主题，由人民网主办，人民在线与中共武汉市委宣传部共同承办。论坛发布了《“正能量”武汉宣言》，宣言提出七条倡议：让政务信息公开成为主流；坚持“正能量”的释放；共同营造健康向上的网络舆论生态；推动网络“正能量”的放大；加强“正能量”的区域性、传播性；共同扶植有“正能量”的意见领袖；把武汉作为“释放正能量、共筑中国梦”的实践基地。

2013 年 12 月 9 日，湖北省武汉市人民政府第 71 次常务会议审议通过《武汉市消防管理若干规定》，自 2014 年 3 月 1 日起施行。《规定》第二十五条将“微博”明确为公安机关消防机构接受公众举报的法定渠道和方式，并要求及时调查核实，反馈查处结果。

2013 年 12 月 9 日，中共江西省萍乡市委宣传部、萍乡市人民政府新闻办公室官方微博“@ 萍乡发布”上线运行。微博简介：“发布权威信息、讲述萍乡故事、关注社会民生、搭建互动平台，做一个为民、亲民、惠民的政务微博。”

2013 年 12 月 10 日，中共陕西省汉中市委、市政府官方微博“@ 汉中发布”（UID：3936431121）上线运行。微博简介：“汉中市，简称‘汉’，古称南郑、梁州、兴元，华夏九州之一，汉江之源，美誉‘汉家发祥地，中华聚宝盆’。”9 时 46 分发布上线通告：“亲爱滴朋友们，大家好！汉中市委、市政府官方微博‘汉中发布’今天正式上线了，我们将提供及时准确的政务信息和丰富多彩的实用资讯，让我们在‘织围脖’的过程中分享魅力汉中的点点滴滴。此刻开始，我们将与您同行，为您服务，欢迎亲们多提意见和建议，您的支持和鼓励将是我们坚持前行的不竭动力！”

2013 年 12 月 11 日，河南省司法厅官方微博“@ 河南司法行政在线”（UID：3940109114）正式上线并开始运行。16 时 28 分发布上线通告：“小伙伴们，‘河南司法行政在线’今日上线了！感谢你的关注，让我们一起播洒法律的种子、倾听法治的声音、捍卫法律的尊严、见证法治的力量。让我们共同努力吧！”

2013 年 12 月 11 日，浙江省安吉县人民政府新闻办公室官方微博“@ 安吉发布”（UID：3940091141）上线运行。微博简介：“一个生态文明，一种生产力；一个县域景区，一种创造力；一个美丽乡村，一种吸引力；一个安吉模式，一种影响力——中国美丽乡村：安吉。”10 时 02 分发布上线通告：“美丽乡村安吉欢迎您。安吉，是浙江北部一个极具发展特色的生态县。县域面积 1886 平方公里，常住人口 46 万人，建县于公元 185 年，取《诗经》‘安且吉兮’之意得名。安吉是联合国人居奖唯一获得县，是中国首个生态县，有中国第一竹乡、中国白茶之乡、中国椅业之乡、中国竹地板之都之美誉。”

2013 年 12 月 12 日，四川省人民政府办公厅印发《关于进一步加强政府信息公开回应社会关切提升政府公信力的实施意见》（川办发〔2013〕81 号）。《意见》指出，各地、各部门应积极探索利用政务微博、微信等新媒体，及时发布各类权威政务信息、开展互动交流、提供在线服务。各市（州）、省政府部门应于 2013 年内开通政务微博，2014 年内开通政务微信公众账号。县（市、区）政府要创造条件积极开通政务微博、微信公众账号。要按照“谁开设、谁主管，谁应用、谁负责”的原则，制定政务微博、微信信息审核、发布等管理规范，切实加强应用管理，确保政务微博、微信运行安全可靠、服务优质高效。政务微博、微信要加强与政府网站联动，互为补充，形成合力。各相关部门要协同加强对政府新闻发言人制度、政府网站、政务微博微信等平台建设和管理工作的督查和指导，加强工作考核，加大问责力度，推动平台建设和机制建设相关工作落实到位。

2013 年 12 月 13 日，陕西省司法厅法律援助工作处官方微博“@ 陕西法律援助”（UID：3939516851）上线运行。

2013 年 12 月 13 日，浙江省湖州市委、市政府信访局官方微博“@ 湖州信访”（UID：3941898037）上线运行。15 时 19 分发布上线通告：“十八届三中全会指出：改革信访工作制度，实行网上受理信访制度，健全及时就地解决群众合理诉求机制。把涉法涉诉信访纳入法治轨道解决，建立涉法涉诉信访依法终结制度。”

2013 年 12 月 16 日，国务院办公厅中国政府网运行中心官方微博“@ 中国政府网”（UID：5000609535）通过微博平台认证，正式上线。12 月 18 日，“@ 中国政府网”发布上线通告正文：“我们将第一时间发布国务院领导同志政务活动信息、国务院重要会议信息、国务院和国务院办公厅公开发布的政策文件及解读、部门贯彻落实国务院重大决策部署的进展情况等政务信息。”

2013 年 12 月 16 日，中共广西壮族自治区南宁市委宣传部官方微博“@ 南宁发布”（UID：3928761901）上线运行。9 时 44 分发布上线通告：“南宁市委宣传部官方微博‘@ 南宁发布’，今天上线了！我们将为大家及时提供权威信息，我们的进步离不开您的关注！”

2013 年 12 月 16 日，江苏省宜兴市人民政府新闻办公室官方微博“@ 宜兴发布”（UID：3923522861）上线运行。微博简介：“‘中国陶都、陶醉中国’。宜兴是生态宜居城市，先后获得国家历史文化名城、中国优秀旅游城市、国家卫生城市、国家环保模范城市等一大批国家级荣誉。”

2013 年 12 月 17 日，新疆维吾尔自治区高级人民法院伊犁哈萨克自治州分院官方微博“@ 伊犁州法院”（UID：3944068906）正式上线。

2013 年 12 月 17 日，陕西省西安市未央区信访局官方微博“@ 未央信访”（UID：3947454632）上线运行。

2013 年 12 月 18 日，上海市人民政府办公厅下发关于印发《2013 年度上海市政府信息公开和政务公开考核评估实施方案》的通知（沪府办发〔2013〕71 号）。在《方案》所确定的考核评估内容中，政府信息公开渠道建设和实效情况，包括政府网站、政务微博、政府公报、国家档案馆、公共图书馆等重点渠道工作情况及便民服务举措纳入考核评估。同时，“中国上海”门户网站、“@ 上海发布”办公室分别提供政府网站政府信息公开专栏建设、政务微博公开政府信息的评估结果，并纳入联席会议成员单位及重点部门核查。

2013 年 12 月 18 日，中共南京市委办公厅、市政府办公厅发布《关于进一步深化政务微博建设和运用的通知》（宁委办发〔2013〕93 号）。《通知》要求“实施政务微博建设全覆盖”，除工作性质特殊、工作保密性强的单位外，各级党政机关、人民团体、直属单位，特别是与民生相关的各部门各单位，要按照“积极推进、分步完善”的原则尽快开设政务微博，形成覆盖市、区、街道（镇）党政机关、人民团体、基层社区和公共服务机构的政务微博体系。《通知》规定，对灾害性、突发性事件，要依据“快报事实、慎报原因、依法处置、不断引导”的原则，在事件发生后的 1 小时内或获得信息的第一时间，及时、准确地向社会发布权威信息，并不断进行有序有度的舆论引导。

2013 年 12 月 18 日，安徽省黄山市中级人民法院官方微博“@ 黄山市中院”（UID：3672637895）正式上线。

2013 年 12 月 23 日，黑龙江省人民政府新闻办公室官方微博“@ 黑龙江发布”（UID：3950759014）上线运行。11 时 58 分发布上线通告：“‘@ 黑龙江发布’正式入驻新浪微博啦！我们将第一时间发布黑龙江活动信息，欢迎关注！”

2013 年 12 月 23 日，甘肃省陇南市文县人民政府信访局官方微博“@ 陇南文县信访”（UID：3954476450）上线运行。

2013 年 12 月 23 日，山东省日照市人民政府新闻办公室官方微博“@ 日照发布”（UID：3881318620）上线运行。微博简介：“传递权威资讯，关注您的关切，提供真诚服务，共建美好日照。”9 时 03 分发布上线通告：“亲爱的小伙伴们，上午好 ~ 从今天开始，日照市人民政府新闻办公室官方微博‘@ 日照发布’、日照政务发布厅正式和大家见面啦！秉持传递权威资讯、关注您的关切、提供真诚服务、共建美好日照的理念，我们将与你一起建设海洋特色新兴城市的美好明天！‘@ 日照发布’期待您来参与！求关注！”

2013 年 12 月 24 日，时任重庆市公安局刑侦总队打拐支队副支队长樊劲松开通个人官方微博“@ 回家旅程”（UID：3951965109），直接接受网民咨询，收集各种涉及拐卖儿童信息。

2013 年 12 月 26 日，人民网舆情监测室联合新浪共同发布《2013 年新浪政务微博报告》。报告显示，新浪认证的政务微博总数超过 10 万个，较去年同期增加 4 万余个，增长率约为 67%。

2013 年 12 月 26 日，河北省人民检察院官方微博“@ 河北检察”（UID：3928332403）正式上线运行。

2013 年 12 月 26 日，中共山东省临沂临港经济开发区宣传办公室官方微博“@ 临沂临港发布”（UID：3687050977）上线运行。

2013 年 12 月 27 日，国家民政部印发《中国社会服务志愿者队伍建设指导纲要（2013 ~ 2020 年）》（民发〔2013〕216 号）。《纲要》规定，要加强研究宣传，充分发挥报刊、广播、电视等传统媒体和博客、论坛、微博、微信等互联网新媒体作用，大力宣传社会服务志愿者感人事迹，总结推广各地社会服务志愿者队伍建设成功经验，营造全社会关心、支持、参与社会志愿服务的良好环境。

2013 年 12 月 27 日，共青团中央官方微博“@ 共青团中央”（UID：3937348351）通过微博平台认证，上线运行。14 时 58 分首发“开博语”微博：“各位网友好：共青团中央官方微博上线啦！我们将在这里传递党团信息、倾听青年心声、分享青春故事、传播青春能量、服务青年需求，编织青春的精彩‘围脖’，搭建起团员青年与团组织沟通的桥梁。期待您的关注与支持！”

2013 年 12 月 27 日，国土资源部官方微博“@ 国土之声”（UID：5000764997，现国家自然资源部官方微博“@ 自然资源部”）通过微博平台认证，正式上线。28 日首发微博：“中华人民共和国国土资源部官方政务微博‘@ 国土之声’今天正式入驻新浪！我们将及时发布国土资源部重点工作部署、展示重大成就、传播重要新闻资讯，解读国土资源管理最新方针政策，普及国土资源科学和法律法规常识。欢迎各位小伙伴关注、支持！让我们一同珍惜国土资源，共创美好明天！”

2013 年 12 月 30 日，北京市朝阳区人民法院官方微博“@ 北京朝阳法院”（UID：3957042973）正式开通运行。上午 9 时 39 分发布上线通告：“在这里，我们聚焦您所关心的，关注您所期待的；在这里，我们用真实案例传递法治声音，用公正司法汇集法治能量。真诚到永远，沟通无极限！”

2013 年 12 月 30 日，北京市海淀区人民法院官方微博“@ 北京海淀法院”（UID：3927469685）正式开通运行。14 时 14 分发布上线通告：“听民意、促公开、树公信、凝共识，各位网友大家好！2013 年岁末，海淀法院官方微博正式上线了。希望在这里与大家共同记录海法足迹、见证法治进程。欢迎广大网友关注并提出宝贵意见！”

2013 年 12 月 30 日，北京市门头沟区人民法院官方微博“@ 门头沟法院”（UID：3959177763）正式上线运行。16 时 07 分发布上线通告：“报道审判动态、传递法治精神。大家好！北京市门头沟区人民法院官方微博正式与您见面了！我们将利用这个平台，助您掌握法院资讯、了解诉讼程序、提升法律意识。通过不断努力，为您提供更好的法律服务。感谢新浪微博网友的关注、支持与帮助。”

2013 年 12 月 30 日，北京市东城区人民法院官方微博“@ 北京东城法院”（UID：3960006638）上线运行。

2013 年 12 月 30 日，北京市昌平区人民法院官方微博“@ 昌平法院”（UID：

3956862160）上线运行。

2013 年 12 月 31 日，北京市第三中级人民法院官方微博“@ 北京三中院”（UID：3953447510）正式上线。10 时 06 分发布上线通告：“各位网友好，北京市第三中级人民法院新浪官方微博今天正式开通了！在这里您可以了解到更多关于北京三中院的资讯，感谢您的关注与支持，期待您的宝贵建议！”

2013 年 12 月 31 日，山东省监狱管理局官方微博“@ 山东监狱”（UID：3960899051）上线运行。12 时 31 分发布上线通告：“祝全国监狱人民警察新年快乐！”

2013 年 12 月 31 日，江西省萍乡市信访局官方微博“@ 萍乡信访”（UID：3952949402）上线运行。

2013 年 12 月 31 日，陕西省汉中市勉县信访局官方微博“@ 勉县信访”（UID：3962935284）上线运行。

2013 年 12 月 31 日，浙江省湖州市吴兴区委、区政府信访局官方微博“@ 吴兴信访”（UID：3927472047）上线运行。微博简介：“在这里，您将了解到有关吴兴信访的相关资讯。本微博无信访受理系统支持，群众信访可到吴兴网上信访系统：http：//wxxf. huzhou. cn/在线反映。”11 时 30 分发布上线通告：“十八届三中全会指出：改革信访工作制度，实行网上受理信访制度，健全及时就地解决群众合理诉求机制。把涉法涉诉信访纳入法治轨道解决，建立涉法涉诉信访依法终结制度。”

2014

一月

2014 年 1 月 3 日，中国消费者协会新闻处官方微博“@ 中国消费者协会”（UID：3877725894）通过微博平台认证，正式上线。

2014 年 1 月 5 日，中国气象局官方微博“@ 中国气象局”（UID：2117508734）正式上线运行（2011 年 4 月 27 日进入试运行，原微博名称为“@ 中国气象网”）。微博简介：“陈述一个气象万千的世界！”8 时整，“@ 中国气象局”发布微博公告：“亲们，早上好！您注意到了吗，中国气象网新浪官方微博从今天起，更名为中国气象局官方微博。将代表中国气象局以用更具亲和力的网言网语继续发布权威、专业的防灾减灾气象信息、科普知识和部门动态。虽只有一字之变，小编们深感责任更重大了！还请亲们多多支持关照哦！”

2014 年 1 月 6 日，江苏省监狱管理局官方微博“@ 江苏监狱”（UID：3783790120）试运行。微博简介：“江苏监狱政务微博以有法度，有温度的视角将发生在监狱内外的事情，送到您的身边，期望您能通过对监狱工作的了解，更好地理解，支持监狱工作，更好地理解，支持监狱警察，从而一起努力，为更加平安和谐的社会贡献你我的力量。”13 时 55 分发布上线通告：“本博将介绍现代监狱、平安建设、文明执法、教育矫正、社会帮教、警察队伍等工作的小故事大道理，讲述大墙里的故事，提供沟通联系的桥梁。”

2014 年 1 月 6 日，中共西藏自治区拉萨市委宣传部官方微博“@ 拉萨发布”（UID：3960905543）正式上线。10 时 20 分发布上线通告称：“各位网友新年快乐！‘拉萨发布’即日起正式入驻新浪微博。我们希望通过这个平台，向大家宣传和展示拉萨以及西藏的民风民俗、旅游景点、美食文化、社会经济事业发展等热门资讯，让大家更多的了解拉萨，走进拉萨！美丽家园，幸福拉萨欢迎你！”

2014 年 1 月 6 日，内蒙古自治区包头市人民政府新闻办公室官方微博“@ 包头发布”（UID：2425752947）上线运行。微博简介：“包头是我家，人人都爱她，天鹅湿地落，小鹿广场游。包头新风貌，包容又奋进，风景美如画，文明传佳话。这里是包头市人民政府新闻办官方微博，权威发布，清新服务，真诚交流，共话包头。”10 时 44 分发布上线通告：“新年伊始，‘包头宣传’今天正式上线，与大家见面啦！我们希望通过这个新平台，宣传包头的好事、好景、好人，和大家一起传播文明城市的正能量。我们将聆听民声，传递信息，分享快乐，感受进步。希望小伙伴们多多关注我们、支持我们，欢迎‘@’包头宣传。”

2014 年 1 月 8 日，时任最高人民检察院检察长曹建明在全国检察长会议上指出，要善于运用新兴传播工具，积极主动释放检察工作信息，创新宣传工作内容和方式，不断提升新媒体时代社会沟通能力。

2014 年 1 月 11 日，中共广东省肇庆市委政法委“法治肇庆”微博群等 10 个项目获得第七届（2013—2014 年度）“中国地方政府创新奖”提名奖。“法治肇庆”微博群是唯一获奖的政务微博创新项目。“中国地方政府创新奖”由中共中央编译局比较政治与经济研究中心、中共中央党校世界政党比较研究中心和北京大学中国政府创新研究中心于 2000 年联合组织发起，旨在发现、激励和推广各级地方政府改革创新的先进经验，推进中国特色社会主义民主法治的进步和国家治理体系的现代化。

2014 年 1 月 14 日，教育部发布《关于进一步做好小学升入初中免试就近入学工作的实施意见》（教基一〔2014〕1 号）。《意见》指出，各地要围绕政策制定和实施的具体办法，利用报纸、电视、网络、微博、微信等多种方式进行解读，使之家喻户晓，让社会支持，让家长理解。

2014 年 1 月 14 日，山东省滨州市公安局印发《滨州公安政务微博管理办法（试行）》。《办法》确定，滨州公安政务微博的指导思想是“坚持公开为先、服务为本，坚持尊重群众、顺应民意，在网络社会领域大胆进行社会治理方式创新，积极回应新时期广大人民群众的新期待、新要求，切实拉近警民距离，进一步密切警民关系，走出一条具有时代特色的群众工作之路”。《办法》规定，对网上办事群众所提的一般性问题应在 24 小时内予以回应；对网民提出的咨询、投诉、举报及其他问题实行转办制度，交有关部门依照职责在 5 个工作日内给予解释和答复。

2014 年 1 月 14 日，中共云南省委组织部云岭先锋杂志社官方微博“@ 云岭先锋”（UID：3976634864）上线。

2014 年 1 月 14 日，由中共湖南省委宣传部、湖南省委互联网宣传办公室、湖南省互联网信息办公室主办，新浪微博和新浪湖南承办的“2013 湖南省第二届网络文化节之湖南政务微博论坛”在长沙珠江花园酒店举行。

2014 年 1 月 15 日，中共广西壮族自治区来宾市委宣传部官方微博“@ 来宾发布”（UID：3937898890）正式上线。

2014 年 1 月 15 日，内蒙古自治区互联网信息办公室官方微博“@ 活力内蒙古”（UID：2270636837）及内蒙古宣传系统微博发布厅上线，覆盖全区 12 盟市 117 家单位。

2014 年 1 月 15 日，甘肃省陇南市信访局官方微博“@ 陇南信访”（UID：3963740329）上线运行。微博简介写道：“为党分忧，为民解难。”

2014 年 1 月 15 日，甘肃省陇南市西和县信访局官方微博“@陇南西和信访”（UID：3955880025）上线运行。

2014 年 1 月 16 日，云南网发布《2013 年云南舆情分析报告》，这是云南网首次发布年度舆情分析报告，也是云南省首份年度舆情分析报告。报告称，2013 年云南发生 7092 起网络舆情事件，全省网络热点舆情事件 177 起。

2014 年 1 月 16 日，中共甘肃省陇南市两当县委、县人民政府信访局官方微博“@陇南两当信访”（UID：3982499842）上线运行。

2014 年 1 月 16 日，中共江苏省南通市港闸区委宣传部官方微博“@港闸发布”（UID：3878180359）上线运行。

2014 年 1 月 17 日，江西省公安厅信访处官方微博“@江西公安信访”（UID：3940518528）上线运行。10 时 41 分发布上线通告：“各位网友，大家好！这里是江西省公安厅信访处官方微博，是信访政策法规宣传、信访动态信息发布、投诉和意见建议受理的新平台，希望大家关注与支持，欢迎与我们沟通！”

2014 年 1 月 17 日，甘肃省陇南市武都区互联网信息办公室官方微博“@陇南武都网信办”（UID：3982394076）正式上线运行。

2014 年 1 月 18 日，在河南省第十二届人民代表大会第三次会议上，河南省高级人民法院院长张立勇做《河南省高级人民法院工作报告》。报告全文四次提及“微博”。

2014 年 1 月 20 日，国际生态安全合作组织官方微博“@国际生态安全合作组织”上线。国际生态安全合作组织（IESCO，INTERNATIONAL ECOLOGICAL SAFETY COLLABORATIVE ORGANIZATION），2006 年 6 月由中国发起并在联合国机构支持和参与下，依据联合国千年发展目标在中国创建。

2014 年 1 月 20 日，广西壮族自治区北海市中级人民法院利用官方微博“@北海市中级法院”（UID：2839402072）同步狱内直播了一起减刑假释案件。

2014 年 1 月 20 日，最高人民法院审判委员会专职委员、执行局局长刘贵祥开通个人官方微博“@最高人民法院执行局刘贵祥”（UID：3986510819）。2014 年 5 月 7 日 19 时 11 分，“@最高人民法院执行局刘贵祥”发布消息称：“微博更名后，我作为工作团队的一员，会一如既往地关注微博，与队员们一起维护好微博，并定期与网友进行直接交流。随着有生力量的加入，在各位网友的支持和帮助下，微博将会更好地反映网友诉求，回应公众关切，助推解决实际问题，为公平正义的法治事业添砖加瓦！恳请大家继续关注和支持！”随后，该微博名称变更为“@最高人民法院执行局”，认证标识也由个人微博用户的“红 V”变更为组织类微博用户“蓝 V”，成为最高人民法院执行局官方微博。

2014 年 1 月 21 日，宁夏回族自治区人民政府官方微博“@宁夏政务发布”（UID：3949984662）正式上线运行。微博简介：“‘宁夏政务发布’由宁夏政府办公厅主办，第一时间权威发布自治区政府重大决策部署和重要政策文件、自治区政府领导同志重要会议活动等政务信息。”9 时 52 分首发微博：“自治区政府发文要求做好 2014 年春运工作，成立以自治区党委常委、副主席袁家军为组长的春运工作领导小组，领导小组办公室设在自治区经信委。文件对各级政府各部门在科学调配运力、强化安全监管、做好应急准备、加强协作配合、提高服务水平五方面提出具体工作要求。”

2014 年 1 月 21 日，广西壮族自治区防城港市人民政府新闻办公室官方微博“@防城港发布”（UID：1706904194）上线运行。微博简介：“防城港市官方门户微博，真诚传递政府声音，服务百姓生活，共享防城港发展喜悦！欢迎您的围观，欢迎您的关注！”

2014 年 1 月 22 日，贵州政务微博发布厅正式上线运行。该发布厅以贵州省政府办公厅官方微博“@黔办之声”（UID：3077266792）为主账号，聚合了贵州省直部门、各市州政府部门的 120 余个政务微博账号。

2014 年 1 月 22 日，中共黑龙江省哈尔滨市密山市委宣传部官方微博“@密山发布”（UID：3990429737）上线运行。微博简介：“中俄边界兴凯湖口岸商贸旅游城——中国·密山欢迎您。”

2014 年 1 月 24 日，河南省交通运输厅官方微博“@河南交通”（UID：3993220194）上线。

2014 年 1 月 24 日，中国国民党革命委员会黑龙江省委员会官方微博“@黑龙江民革”（UID：3992837906）上线。

2014 年 1 月 26 日，国家工商行政管理总局公布《网络交易管理办法》（国家工商行政管理总局令第 60 号），自 2014 年 3 月 15 日起施行。《办法》第三十七条规定，为网络商品交易提供宣传推广服务应当符合相关法律、法规、规章的规定。“通过博客、微博等网络社交载体提供宣传推广服务、评论商品或者服务并因此取得酬劳的，应当如实披露其性质，避免消费者产生误解。”

2014 年 1 月 26 日，江苏省南京市信访局官方微博“@南京信访”（UID：3966227244）上线运行。微博简介写道：“请多多关注‘@南京信访’发布的#信访播报#话题，熟悉信访工作程序、了解信访渠道、维护信访秩序。小编就在这等你来‘@南京信访’或私信，咨询、交流、提建议都可以。”

2014 年 1 月 26 日，中共浙江省金华市委、金华市人民政府信访局官方微博“@金华信访”（UID：3964049981）上线运行。

2014 年 1 月 27 日，河北微博发布厅重装上线，成员单位增至 523 家。

2014 年 1 月 28 日，国家文化部对外文化联络局官方微博“@海外欢乐春节”（UID：3994657957）上线。

2014 年 1 月 29 日，国务院办公厅发布《关于切实做好春季防火工作的紧急通知》（国办发明电〔2014〕2 号）。《通知》要求，各地区各有关部门要充分利用广播、电视、报纸、网络、微博等媒体和宣传栏、警示牌等媒介，因地制宜开展各种宣传活动，做到防火知识进村入户，深入人心，家喻户晓。

二月

2014 年 2 月 11 日 8 时 42 分，安徽省黄山市中级人民法院在其官方微博“@黄山市中院”（UID：3672637895）公布了该院出台的《裁判文书有奖纠错奖励办法》全文，鼓励公众对黄山市两级人民法院公布在中国裁判文书网和各自门户网站上的裁判文书进行有奖纠错，以不断提高裁判文书质量，维护司法权威。

2014 年 2 月 13 日，公安部刑事侦查局官方微博“@公安部刑侦局”（UID：5031100920）通过微博平台认证，正式上线运行。当日 15 时 41 分，首发微博为时任公安部刑侦局局长刘安成、政委杨东寄语：“各位网友，下午好！公安部刑侦局官方微博正式开通了！我们将通过这个微博加强与大家的沟通，及时公布重大案件的侦破情况，定期发布警情提示和防范要领，接受处置网友举报的犯罪线索。警民联手打击犯罪，共同创建平安家园！感谢大家长期以来对刑侦工作的关心和支持！”

2014年2月13日，甘肃省陇南市礼县信访局官方微博“@陇南礼县信_访_局”（UID：5034872694）上线运行。

2014年2月18日，福建省人民政府新闻办公室官方微博“@清新福建”（UID：5033508400）上线。微博简介：“大海泱泱，古榕苍苍，蓝色文明，源远流长。这里是清新福建，福建省政府新闻办官方微博。汇聚海西风貌，诉说八闽故事，倾听您的诉求。”

2014年2月18日，吉林省司法厅官方微博“@吉林司法行政”（UID：3953131522）上线。

2014年2月19日，山东省人民政府办公厅印发《关于进一步加强政府信息公开工作实施方案的通知》（鲁政办发〔2014〕8号）。《通知》要求，要积极探索利用政务微博、微信等新媒体方式，及时发布权威政务信息，尤其是涉及公众关切的重大公共事件和政策法规方面的信息，要及时便捷地与公众进行互动交流。同时，加强全省不同政务微博之间的互动交流，协调配合，共同引导社会舆论。《通知》要求，山东省政府新闻办公室要充分运用好“@山东发布”“山东政务微博发布厅”等新媒体发布渠道，发挥牵头协调作用，指导各市、各部门做好信息发布工作。各市、各部门要做好政务微博、政务微信的运行管理工作，加强审核登记，完善制度，规范程序，确保安全可靠。对来自“@山东政务”“@山东发布”等渠道的信访诉求，统一由省信访部门集中办理，并将办理结果反馈诉求接收单位，按来源渠道回复网友。各市、各部门对通过政府网站、政务微博等渠道反映的网上信访诉求，要统一归口办理，提高效率。要统筹运用新闻发言人、政府网站、政府公报、政务微博、政务微信等发布信息，扩大信息发布的受众面，进一步增强影响力。并将各市、各部门负责人出席新闻发布会、利用政府网站和政务微博、微信发布信息情况纳入政府信息公开工作考核范围。

2014年2月20日，新疆消防总队官方微博“@新疆消防”（UID：2486023042）正式上线运行。当日零时16分发布上线通告：“新疆消防总队宣传处官方微博以传播消防常识为己任，欢迎您的关注！”

2014年2月20日，江苏省泰州市教育局官方微博“@泰州教育发布”（UID：5041511673）上线试运行。

2014年2月25日，中共中央办公厅、国务院办公厅印发《关于创新群众工作方法解决信访突出问题的意见》。《意见》指出，要健全经常性教育疏导机制，充分运用现代科技手段，通过建立政务微博、民生微信、民情QQ群等方式，搭建联系群众、体察民情、回应民意的新平台，提高互联网时代做好群众思想政治工作的能力和水平。

2014年2月25日，四川省成都天府新区成都片区管理委员会官方微博“@天府发布”（UID：5049932665）上线运行。

2014年2月26日，黑龙江省环境保护厅官方微博“@龙江环保”（UID：1376804704。现变更为黑龙江省生态环境厅官方微博“@黑龙江省生态环境厅”）上线运行。

2014年2月26日，中共康县委人民政府信访局官方微博“@陇南康县信访”（UID：3957779568）上线运行。

2014年2月26日，《直通两会》官方微博“@直通两会”（UID：5049237517）通过微博平台认证，正式上线。

2014 年 2 月 27 日，中央网络安全和信息化领导小组宣告成立，在北京召开第一次会议。中共中央总书记、国家主席、中央军委主席习近平担任组长；李克强、刘云山任副组长。据报道，该领导小组将着眼国家安全和长远发展，统筹协调涉及经济、政治、文化、社会及军事等各个领域的网络安全和信息化重大问题，研究制定网络安全和信息化发展战略、宏观规划和重大政策，推动国家网络安全和信息化法治建设，不断增强安全保障能力。

2014 年 2 月 28 日，最高人民检察院微博官方微博“@ 最高人民检察院”（UID：5053469079）通过微博平台认证，正式上线。

2014 年 2 月 28 日，公安部消防局官方微博“@ 中国消防”（UID：3549916270，2018 年党和国家机构改革调整后修订为：应急管理部消防局官方微博）携 31 个省级公安消防机构组建的“全国消防微博发布厅”正式上线。

2014 年 2 月 28 日，由中共辽宁省委宣传部、光明日报社共同举办的“郭明义微博座谈会”在北京举行，来自中央及地方的理论界、新闻界专家学者分别从郭明义微博与社会主义核心价值观、与现代传播方式、与网络阵地建设等不同角度，深刻剖析了郭明义微博现象。中宣部副部长王世明，中共辽宁省委常委、宣传部部长范卫平，光明日报总编辑何东平出席座谈会并讲话。“当代雷锋”郭明义到会发言。

三月

2014 年 3 月 2 日 10 时 28 分，中共昆明市委宣传部官方微博“@ 昆宣发布”发布，“3・01”昆明严重暴力恐怖事件是“东突”分裂势力策划制造。通稿全文：“昆明‘3・01’严重暴力恐怖案件发生后，省委书记秦光荣第一时间到达现场进行处置，要求迅速侦破案件，坚决打击暴力恐怖犯罪，全力抢救伤员，加强全省各地的反恐维稳工作。各级医疗部门正全力救治伤员；受伤人员家属、遇难者家属安抚工作有序开展。”

2014 年 3 月 3 日 11 时 59 分，最高人民检察院官方微博“@ 最高人民检察院”（UID：5053469079）发布上线公告：“为了进一步推进检务公开，拓宽人民群众了解检察工作、监督检察工作的渠道，及时回应社会关切，‘@ 最高人民检察院’今天开通上线了。最高人民检察院官方微博，将发布检察机关履行法律监督职能的工作信息等内容。”

2014 年 3 月 4 日，山东省环保宣传教育工作会议在济南召开。时任山东省环境保护厅副巡视员董秀娟在会议中指出，环保宣教工作者在今后的工作中，要继续弘扬生态文明，积极营造和谐向上的社会风气；把握宣传主动，切实提高环保舆论引导能力和水平；继续深化认识，全面构建横到边、纵到底的微博工作体系；发动社会力量，引导公众理性、成熟地参与环保工作；坚持与时俱进，广泛开展面向社会的环保宣传教育；加强资料积累，发挥环保核心报刊和史料丛书的指导作用；加强组织领导，不断提升环保宣教队伍的专业化和职业化素养。切实做到围绕中心，服务大局，为环保工作发展营造良好舆论氛围和社会环境。

2014 年 3 月 5 日，湖北省黄冈市麻城市信访局官方微博“@ 麻城市网络信访中心”（UID：5058881297）上线运行。

2014 年 3 月 5 日，江西省赣州市信访局官方微博“@ 赣州信访”（UID：3987878567）上线运行。

2014 年 3 月 10 日上午，时任最高人民检察院检察长曹建明在第十二届全国人民代表大会第二次会议上做《最高人民检察院工作报告》。《报告》中写道：“加强检察门户网站、检察微博微信等新媒体平台建设，推进新闻发布制度化，及时公开重大案件办理等情况，提高执法办案透明度和司法公信力。”

2014年3月10日下午，第十二届全国人民代表大会第二次会议举行第三次全体会议，最高人民法院院长周强做《最高人民法院工作报告》。《报告》3处提到微博：2013年，“最高人民法院通过多种媒体直播社会关注案件庭审情况，济南中院通过微博全程直播薄熙来案庭审情况，取得良好效果”；“加强最高人民法院政务网站建设，开通最高人民法院微博、微信和新闻客户端，建成‘全国法院微博发布厅’，及时向社会发布、公开审判执行信息，方便群众通过新媒体了解法院工作”；“全国法院微博发布厅：全国法院微博发布厅汇集了2365家法院的官方微博（截至2014年2月底），设置了新闻、视频、网上办事厅等栏目，便于网民浏览新闻、观看视频、网上监督、反映问题，为网民查找法院微博提供一站式服务”。

2014年3月11日，马航事件中国政府联合工作平台家属工作站官方微博“@马航事件中国政府联合工作平台”（UID：5065477686）开通上线。16时54分发布首条信息：“11日上午，在马方的安排和协助下，9名MH370失联航班中国籍乘客家属抵达吉隆坡机场。工作组和中国驻马使馆工作人员前往迎接、慰问和照料。”该条微博45分钟内被转发1755次，评论1043条。

2014年3月17日，国务院办公厅印发《2014年政府信息公开工作要点》（国办发〔2014〕12号）。《要点》明确，要切实做好社会关切事项回应工作，建立健全政务舆情收集、研判、处置和回应机制，密切关注涉及党和政府重要工作部署、关系经济社会发展的重要政务舆情，及早发现、研判需要回应的相关舆情和热点问题，及时发布权威信息，消除不实传言，正面引导舆论。加强新闻发言人制度和政府网站、政务微博微信等信息公开平台建设，充分发挥广播电视、报刊、新闻网站、商业网站等媒体的作用，使主流声音和权威准确的政务信息在网络领域和公共信息传播体系中广泛传播。

2014年3月17日，中共潢川县委群工部、潢川县人民政府信访局官方微博“@清风潢川群工部”（UID：5074710302）上线运行。15时43分发布上线通告：“潢川县群众路线教育实践活动于3月10日正式启动，县教育实践活动社情民意组工作由县委群工部牵头实施，办公地点设在县委群工部。为畅通社情民意表达渠道，更广泛地征集民情民意，根据市委党的群众路线教育实践活动领导小组要求，特开通此微博，从即日起开始‘网罗民意’，接受社会各界监督！”

2014年3月18日，新疆维吾尔自治区阿勒泰地区信访局官方微博“@阿勒泰地区信访局”（UID：5074738785）上线运行。

2014年3月19日，国家铁路局官方微博“@铁道政言”（UID：5066332523）通过微博平台认证，正式上线。

2014年3月24日，江西省互联网信息办公室官方微博“@江西发布”（UID：3687019147）上线运行。微博简介：“微言有爱，博动赣鄱。江西发布，与你在一起。”9时整发布上线通告：“在这个生命萌动的季节，江西发布踏春而来。我们倾听民声民情，传递权威政声，感知喜怒哀乐，分享成长进步，展示最美赣鄱，共话崛起江西。微言有爱，博动赣鄱。我们期待你春雷般的掌声，也欢迎骤雨般的批评。”

2014年3月25日，山西省人民政府第39次常务会议通过《山西省政府信息公开规定》，自2014年7月1日起施行。《规定》第十九条明确，“政务微博”为行政机关公开政府信息的有效渠道方式之一。

2014 年 3 月 26 日，湖北公安微博发布厅在新浪微博全新上线。2012 年，湖北省公安厅开通湖北公安微博服务厅，打造了湖北公安系统整体网络服务群众的新阵地，畅通了警民互动沟通和交流渠道。湖北公安微博发布厅是湖北公安微博服务厅的全面升级，通过焦点图片、荆楚要闻、活动视频、公告栏等展现湖北公安风貌。

2014 年 3 月 26 日，湖北省十堰市人民政府新闻办公室官方微博“@ 十堰发布”（UID：5083884756）上线运行。

2014 年 3 月 27 日，山东省人民政府办公厅印发修订后的《山东省突发事件应急预案管理办法》（鲁政办发〔2014〕15 号），2009 年 7 月 27 日印发的《山东省突发事件应急预案管理办法》（鲁政办发〔2009〕56 号）同时停止执行。新《办法》第二十一条规定：自然灾害、事故灾难、公共卫生、社会安全类政府及其部门应急预案，应当通过政府公报、政府网站、政务微博、政务微信等向社会公布；对确需保密的应急预案，按有关规定执行。

2014 年 3 月 28 日，安徽省人民检察院官方微博“@ 安徽检察”在新浪微博（UID：5068742142）、腾讯微博同步上线。当日上午 8 时 28 分，“@ 安徽检察”首发微博发表了薛江武检察长向网友的问候寄语：“感谢社会各界对检察工作的关心支持！‘@ 安徽检察’是省检察院推进检务公开的新平台，接受社会监督的新途径，联系服务群众的新桥梁。希望通过微博促进沟通，增强互信，集中民智，共同推进安徽检察事业。”

2014 年 3 月 31 日上午 9 时，河南省纪委、监察厅、预防腐败局官方微博“@ 清风中原”（UID：5051914368，现认证变更为：河南省纪委监察委官方微博）正式在新浪网平台上线。这是继上海、重庆、湖南、广西、吉林之后，在新浪上开通的第六个省级纪委、监察厅政务微博。时任中共河南省委常委、省纪委书记尹晋华，河南省纪委副书记李建社，河南省纪委常委、监察厅副厅长付静出席上线仪式。尹晋华发布“@ 清风中原”的工作职能定位：“发布权威资讯，解读党纪法规；弘扬廉洁文化，关注反腐热点；推进百姓问政，回应社会关切。”

四月

2014 年 4 月 1 日，江苏省徐州市开发区人民法院出台《政务微博管理办法》，对该院新浪和腾讯两个政务微博从六个方面进行规范：明确由办公室统一管理，建立微博信息发布及网民反映信息登记制度，界定微博发布范围，规定发布审核程序，强调及时原则，加强微博庭审直播。

2014 年 4 月 1 日，浙江省玉环市人民政府新闻办公室官方微博“@ 玉环发布”（UID：5067893964）上线运行。微博简介：“凝聚正能量，传递权威信息，分享美好感受。这里是玉环市人民政府新闻办官方微博，欢迎围观，共话玉环。”10 时 18 分发布上线通告：“初次见面，你好！竹外桃花三两枝，春江水暖鸭先知。在这个春雨如丝的上午，玉环发布踏春而来。我们传递政务讯息，提供民生服务，倾听您的诉求，关注您的关注。我们期待您的支持，如春雨润物细无声般地让我们成长进步。这里是‘海上都市、美丽玉环’的官方微博，我就在这里，等你来粉哦！”

2014 年 4 月 3 日，世界卫生组织官方微博“@ 世界卫生组织”（UID：5078700027）上线。首发内容：“大家好，欢迎来到世界卫生组织驻华代表处官方微博，这将是一个关于健康话题的网络空间——一个分享高质量健康信息的地方，一个与中国亿万网民讨论重要健康话题的平台。请关注我们并支持我们的工作，为中国人民得到更多享受健康生活的机会而努力！”

2014年4月5日，浙江省永嘉县人民政府新闻办公室官方微博“@永嘉发布”（UID：2527841312）上线运行。18时47分发布上线通告通报《永嘉县对涉三江违法宗教建筑3名干部立案侦查》，回应社会关切。通报称，自2014年1月以来，永嘉县人民检察院根据群众举报，对涉三江街道重大违法宗教建筑有关行政部门工作人员进行调查。经查，瓯北规划局有关人员未履行工作职责，造成了恶劣的社会影响，永嘉县人民检察院已对该3名干部立案侦查。

2014年4月8日，联合国人口基金驻华代表处官方微博“@联合国人口基金驻华代表处”（UID：3825059987）正式开通上线。首发消息称，“我们致力于在这个世界实现每一次怀孕都合乎意愿，每一次分娩都安全无恙，每一次年轻人的潜能都充分发挥。期待与大家的交流”，“因为每一个人都很重要”。

2014年4月8日，陕西省西安市蓝田县信访局官方微博“@蓝田信访”（UID：5101735750）上线运行。

2014年4月8日，甘肃省陇南市礼县人民政府副县长潘喆注册开通个人官方微博“@陇南礼县潘喆”（UID：5107360682），4月18日开始运营。

2014年4月10日，时任以色列总统佩雷斯（1923.8.15～2016.9.28）开通个人实名官方微博“@ShimonPeres”（UID：5055437375，后认证信息修订为“以色列第九任总统西蒙·佩雷斯”）。8时56分发布上线通告：“Shalom中国的朋友们，我非常高兴开通自己的微博、接受网友留言并与你们直接交流。我想与你们在线聊天、回答你们的问题。欢迎大家提问！期待不久后的访华！”

2014年4月13日，首届新疆大学生新媒体发展论坛在新疆农业大学举行。时任新疆互联网信息研究中心副主任周成盛主持主论坛，新媒体业界名人以及来自全疆20所高校代表参加，围绕“微博”在新疆，共话“新时代、新媒体、新校园”，并发布《2013新疆大学生微博发展报告》。

2014年4月16日，安徽省淮北市互联网信息办公室官方微博“@淮北发布”（UID：2625512830）上线运行。微博简介：“中国碳谷·绿金淮北。”10时18分发布上线通告：“安徽省淮北市互联网宣传管理办公室官方微博‘淮北发布’今天正式上线啦！希望大家关注，多多‘@’淮北发布！”

2014年4月18日上午，由光明网主办的2013年“法院系统新媒体应用十佳评选”颁奖仪式暨研讨会在北京召开。广西壮族自治区高级人民法院、陕西省高级人民法院、河北省高级人民法院、河南省高级人民法院、四川省高级人民法院、济南市中级人民法院、烟台市中级人民法院、辽宁康平县人民法院、黑龙江省鸡西市鸡冠区人民法院等十个单位获得“十佳法院”称号。

2014年4月21日，西藏自治区拉萨市公安局官方微博“@平安拉萨”（UID：5089748379）上线。

2014年4月21日，陕西省咸阳市武功县信访局官方微博“@武功信访”（UID：5110304058）上线运行。

2014年4月22日，中共中央政治局委员、中央政法委书记孟建柱在北京出席第一期政法领导干部学习贯彻习近平总书记重要讲话精神专题培训班开班式并发表讲话。孟建柱强调，要善于运用新媒体，增强维护稳定工作效果。要树立主动宣传、立体传播理念，既发挥好主流媒体的作用，又发挥好新媒体作用，加强网络平台和微博、微信等新兴传播工具建设，不断增强政法工作感染力、影响力。既要按新闻传播规律办事，又要按政法工作规律办事，努力实现媒体监督与政法机关依法履行职责的良性互动。要善于做不同类型群众的工作，坚持“一把钥匙开一把锁”，充分发动基层组织和社会力量，切实帮助他们解决遇到的困难，认真做好有针对性的思想工作，最大限度地把他们凝聚到党和政府周围，变成维护社会和谐稳定的正能量。

2014 年 4 月 22 日，为祝贺外交部公共外交办公室官方微博“@ 外交小灵通”（UID：1938330147）新浪微博开通三周年，外交部部长王毅发表视频致辞，并向广大网友问好。全文如下：大家好！“@ 外交小灵通”已经 3 周岁了。3 年来，在广大网友的关心和支持下，“@ 外交小灵通”茁壮成长，粉丝越来越多，影响越来越大，在外交部和广大网友之间架起了一座“聊外交，说天下”的网络桥梁。在此，我要向广大网友，特别是 1000 多万“通心粉”们表示衷心的感谢！说到底，中国外交是人民的外交。我们将继续以办好人民满意的外交为宗旨，认真倾听人民的声音和需求，始终植根于民、造福于民，同时也希望得到越来越多的理解、信任和支持。有了人民的支持，中国外交才会有底气、有定力，才能不断进取创新，取得新的成绩。希望大家通过“@ 外交小灵通”更多关注外交，支持外交。你们的支持越“给力”，中国外交也就会越来越“给力”！谢谢大家！

2014 年 4 月 22 日，中共福建省厦门市海沧区委宣传部官方微博“@ 海沧发布”（UID：5112332878）上线运行。

2014 年 4 月 24 日，国家发展和改革委员会在京召开“十三五”规划编制工作新闻发布会，宣布“十三五”规划编制工作正式启动。时任国家发改委规划司司长徐林表示，在“十三五”规划的前期研究工作中，有 25 个事关全局的重大课题将通过公开招标的方式组织社会力量开展研究，同时也将在以后开通公众参与的渠道，主要是通过微博等互联网平台来和社会各方面交流。

2014 年 4 月 25 日，国家税务总局新闻宣传办公室官方微博“@ 国家税务总局”（UID：5120551209）注册开通。4 月 28 日通过微博平台认证，正式上线。

2014 年 4 月 28 日，北京市人民检察院第三分院官方微博“@ 京检新声”（UID：5099201880）正式上线。

2014 年 4 月 28 日上午，“警务微博、警务微信发展战略北京论坛”在中国人民公安大学召开。

2014 年 4 月 29 日，内蒙古自治区人民检察院官方微博“@ 内蒙古检察”（UID：5097272168）正式上线。

2014 年 4 月 30 日 23 时 29 分，河南省纪委监察厅官方微博“@ 清风中原”（UID：5051914368）发布重要声明：凡涉及河南省纪委案件查办的信息，中央纪委监察部网站、河南省纪委监察厅官方微博“@ 清风中原”是官方权威的信息发布平台，相关信息的对外公开披露均以此为准。

五月

2014 年 5 月 4 日，国家安全监管总局办公厅印发《政务微博微信发布运行管理办法》

（安监总厅宣教〔2014〕54号）。《办法》明确，要确保国家安全生产监督管理总局（含国家煤矿安全监察局，以下简称“总局”）政务微博、政务微信运行维护管理高效、严格、有序，总局政务微博、微信由总局人事司（宣传教育办公室）负责组织协调并制定总局政务微博、政务微信平台建设规划，拟定重大安全生产活动的信息发布方案。总局机关各司局、应急指挥中心和承担宣传教育任务的总局直属事业单位根据各自业务特点，负责起草微博、微信发布内容，研究提出应对热点问题及社会公众关切的回复意见。总局宣传教育中心负责总局政务微博、政务微信等新媒体信息发布的技术支持，在人事司（宣教办）指导下，负责收集、整理网民在总局政务微博、政务微信等新媒体上的回复意见。总局通信信息中心负责总局政务微博、政务微信等新媒体网络平台的运行维护。《办法》自发布之日起施行。

2014年5月4日，江苏省首家教育微博发布厅“苏州教育微博发布厅”上线。

2014年5月4日，在最高人民法院举办的纪念五四青年节座谈会上，最高人民法院院长周强勉励全国广大青年法官要敢于担当，勇挑重担，为全面深化改革提供有力司法保障。在讲话中，他多次脱稿提到，要“着力提升新媒体时代的社会沟通能力，为人民法院科学发展创造良好的舆论氛围”。

2014年5月4日，四川省广安武胜县委群众工作局、武胜县人民政府信访局官方微博“@武胜信访”（UID：5099804874）上线运行。11时46分发布上线通告：“这里是中共武胜县委群众工作局武胜县人民政府信访局官方微博。让我们共同努力，为拉近党和政府与群众的距离，维护人民群众合法权益，构建社会主义和谐社会而共同努力。感谢您的关注，欢迎与我们沟通！”

2014年5月6日，以“双微联动，服务升级”为主题的“2014政务微博微信高峰研讨会”在北京召开，来自40多个政府机构的近百名代表参加了会议。

2014年5月9日，国务院办公厅印发《关于做好2014年全国普通高等学校毕业生就业创业工作的通知》（国办发〔2014〕22号）。《通知》要求，各地区、各有关部门、各高校要高度重视宣传工作，要在充分利用报纸、广播、电视等传统媒体的基础上，积极探索使用微博、微信、手机客户端等新媒体，深入解读促进高校毕业生就业创业的各项优惠政策。同时，密切关注舆情动态，及时了解和回应社会关切，掌握舆论主导权。

2014年5月14日，浙江省杭州市富阳区人民政府新闻办公室官方微博“@富阳发布”（UID：5127914121）上线运行。微博简介：“一条江。一座城。一幅画。这里是《富春山居图》实景地。”

2014年5月15日，河北省法院微博发布厅及河北省高级人民法院官方微博“@河北高院”（UID：3547967310）上线。发布上线通告称，“@河北高院”将“不断推进司法公开，拓宽人民群众了解司法、参与司法、监督司法的渠道”，“发布厅是河北省三级法院微博综合发布平台，致力于发布全省法院司法信息，普及法律知识，展示法院公开透明形象”。

2014年5月21日，北京市人民政府第42次常务会议审议通过《北京市政府信息公开规定》，自2015年1月1日起施行。《规定》第十八条明确，“政务微博等网络平台”为行政机关公开政府信息的规定渠道之一。

2014年5月22日，工业和信息化部信息中心官方微博“@工信微报”（UID：5149608258）通过微博平台认证，正式上线。

2014年5月23日，时任最高人民检察院检察长曹建明在江苏专题调研检务公开改革时指出，“既要坚持检察开放日、举报宣传周等传统公开方式，又要大力加强检察门户网站、微博、微信、新闻客户端、手机报等新媒体建设，进一步改进新闻发布和宣传，加强检务公开场所建设，客观、及时、全面地向社会公开检察工作信息”。

2014 年 5 月 23 日，宁夏回族自治区人民政府办公厅下发《关于加强政务微博管理工作的通知》（宁政办发〔2014〕79 号）。《通知》要求，各地、各部门已经开通政务微博的，要保证发布质量，努力提高关注度和影响力；还未开通政务微博的要认真组织，在 2014 年 5 月底前完成在新浪微博的认证和开通工作，并在开通政务微博 1 周内完成备案。《通知》要求，健全发布互动和舆情回应机制，建立主动发布机制、互动回应机制、舆情引导机制。各地、各部门要及时敏锐捕捉外界对政府工作的疑虑、误解，通过解疑释惑，正确化解舆情，澄清不实传言，提升政府形象。重要舆情要及时形成监测报告，上报相关地方和部门关注、回应。同时要求，各地、各部门要加强对政务微博运行和管理工作的督查指导，细化工作考核，加大问责力度，定期通报有关情况，确保规范制度落实到位。

2014 年 5 月 26 日，国家安全监管总局办公厅发出《关于关注和回应总局政务微博的通知》（厅函〔2014〕137 号）。《通知》指出，国家安全监管总局政务微博“@国家安全监管总局”已于 2014 年 5 月 6 日在腾讯正式上线，请各省级安全监管局、省级煤矿安监局在腾讯注册政务微博，形成微博矩阵；各单位、各部门确定的通讯员和网评员，要在腾讯注册个人微博，并密切关注国家安全监管总局政务微博，主动发声，积极互动，做安全生产政策法规和知识技能的宣传员、回应人民群众关切的服务员。鼓励全国安全监管监察系统全体干部、职工人人关注总局政务微博。

2014 年 5 月 28 日，郑州市西瓜办官方微博“@西瓜办”（UID：5156225489）上线。

2014 年 5 月 28 日 21 时，山东省招远市一麦当劳快餐店内发生一起命案，行凶人员为邪教成员。对此，公安部治安管理局暨打四黑除四害专项行动办公室官方微博“@公安部打四黑除四害”（UID：2328516855）表示：“邪教通过制造散布迷信邪说发展、控制成员，残害人们肉体，不择手段敛取钱财。他们往往打着拯救人类的幌子，但无论如何掩盖不了其反人类、反社会的狰狞面目。当今社会，邪教仍有其生存土壤，全世界邪教组织数以万计。中国警方将一如既往依法严厉打击邪教违法犯罪活动，绝不手软！”此一表态得到网民高度赞同。

2014 年 5 月 29 日，国家测绘地信局印发关于《测绘地理信息部门信息化建设指导意见》的通知（国测规发〔2014〕3 号）。《意见》指出，要“积极推进测绘微门户、微博、微信等信息发布和互动交流平台建设，完善政务交流和反馈机制，建立健全公众意见及问题的受理、处理及反馈网络服务模式，增强在线访谈等功能”。

六月

2014 年 6 月 5 日，江苏省泰州市教育局下发《关于加强政务微博、微信建设和管理工作的通知》（泰教办〔2014〕14 号），并配发了《泰州市教育局政务微博、微信内容保障与考核机制》。考核机制规定：微博、微信内容保障工作纳入对各（区）教育主管部门、市直各学校及局各处室的宣传工作考核。微博、微信每条计 2 分，舆情处理不及时（超过 2 个工作日）扣 5 分，未处理（超过 5 个工作日）扣 10 分。

2014 年 6 月 11 日，云南省人民检察院政治部公布《云南省人民检察院微博、微信管理办法（试行）》。本办法从 7 月 1 日起施行。

2014 年 6 月 16 日，浙江省人民政府新闻办公室官方微博“@浙江发布”（UID：5131766197）正式上线运行。微博简介：“这里有您‘想看的’权威信息，‘想找的’民生资讯。我们选择而专注，简单而坚持，温暖而力量。感谢我们的遇见，浙江省政府新闻办官方微博欢迎您！”14 时 53 分发布上线通告：“各位网友，‘浙江发布’今天正式上线啦！在这里，有来自浙江省委省政府的权威信息，有对重大政策的深入解读，有服务百姓的民生资讯，还有介绍美丽浙江的美图美文。关注浙江，关注‘浙江发布’，我们在这里相遇，感谢有你！”

2014 年 6 月 16 日上午，河南省人民检察院召开深化检务公开暨“三微”便民平台开通新闻发布会，通报该省检察机关深化检务公开情况。同日起，河南省人民检察院官方微博原名称“@正义中原”（UID：3206657871）正式更名为“@河南检察”。

2014 年 6 月 17 日，陕西省人民检察院官方微博“@陕西检察”（UID：5182805750）上线。

2014 年 6 月 18 日，浙江省杭州市滨江区人民政府新闻办公室官方微博“@滨江发布”（UID：5183786151）上线运行。微博简介：“领略国家级高新区的风采，体会创新之城的生机，感受智慧 e 谷的脉动，品味美丽滨江的风土人情。杭州滨江区人民政府新闻办公室官方微博欢迎您！”

2014 年 6 月 23 日，国务院办公厅发布《关于加强和规范政府信息公开情况统计报送工作的通知》（国办发〔2014〕32 号）。“政务微博公开政府信息数”（指通过官方政务微博主动公开的政府信息总条数）和“微博回应事件数”（指通过官方政务微博回应的热点事件总次数）首次正式纳入政府信息公开情况统计指标。

2014 年 6 月 23 日，最高人民法院公布《关于全面加强环境资源审判工作为推进生态文明建设提供有力司法保障的意见》（法发〔2014〕11 号）。《意见》明确，要加大环境资源司法保护宣传力度，充分运用传统媒体和微信、微博、新闻客户端等新媒体，通过公开审判、以案说法、发布环境资源司法重要新闻和典型案例等形式，宣传环境资源保护法律法规，提高公众环境资源保护意识。

2014 年 6 月 23 日，新疆维吾尔自治区博尔塔拉蒙古自治州信访局官方微博“@博州信访”（UID：5189656182）上线运行。

2014 年 6 月 24 日，浙江省杭州市下城区新闻中心官方微博“@下城发布”（UID：5184925778）上线运行。微博简介：“下城发布，关注权威信息，传播新闻快讯，捕捉身边趣闻。我们在下城，每时每刻与您分享，随时随地为您倾听。”

2014 年 6 月 25 日，时任最高人民检察院检察长曹建明在与中央新闻媒体负责人座谈时强调，要更加及时全面地为新闻媒体提供信息支持，拓展公开内容，创新公开形式，第一时间主动向媒体提供权威信息。

2014 年 6 月 25 日，广西壮族自治区人民检察院官方微博“@广西检察”（UID：5185997810）正式上线。

2014 年 6 月 25 日，河南省商丘市人民政府信访局官方微博“@清风商丘信访”（UID：2586910400）上线运行。

2014 年 6 月 25 日，北京大学新媒体研究院、国家竞争力研究院成立大会暨 2014 新媒体论坛在北京大学正大国际会议中心举行。中华全国新闻工作者协会名誉主席邵华泽教授，全国政协常委、经济委员会副主任、原工信部部长李毅中等出席了会议。

2014 年 6 月 27 日，北京市人民检察院官方微博“@ 北京检察”（UID：5181462351）正式上线。上午 11 时发布上线通告称：“我们将通过这一平台及时发布首都检察动态，回应民声诉求，传播法律知识。”

2013 年 6 月 27 日，中共河南省漯河市源汇区委、源汇区人民政府信访局官方微博“@ 清风源汇信访”（UID：1062380762）上线运行。

2014 年 6 月 28 日，中共湖南省永州市委宣传部官方微博“@ 永州发布”（UID：3302689634）上线运行。微博简介：“传递政务信息，提供服务资讯。‘永州发布’期待您的关注，共话‘幸福永州’。”

2014 年 6 月 30 日，陕西省宝鸡市人民检察院官方微博“@ 宝鸡检察”（UID：5193731648）正式上线运行。

七月

2014 年 7 月 1 日，中华全国妇女联合会官方微博“@ 女性之声”（UID：2738546443）通过微博平台认证，正式上线运行。上午 10 时 48 分发布上线通告：“各位网友好：全国妇联官方微博‘女性之声’上线啦！我们将在这里搭建起妇女姐妹与妇联组织交流的平台，传递信息、倾听心声，分享故事、展示风采，服务妇女儿童，弘扬家庭美德，努力传播正能量。我们真诚期待您的关注与参与！”2014 年 2 月 20 日，“@ 女性之声”试运行。

2014 年 7 月 1 日，北京市公安局丰台分局官方微博“@ 丰台警事”（UID：5105430040）上线运行。8 时 02 分发布上线通告：“各位老少爷们儿，兄弟姐妹们，我们来了！丰台警事是北京市公安局丰台分局的官方微博，在这跟大家问个好，初来乍到请多多支持。‘做您身边的微博，讲述我们的故事’——您那有什么要说的话，有什么要办的事，有什么要拍的砖，您都别客气，尽管艾特或者私信我们都可以。”

2014 年 7 月 1 日，广东省江门市人民政府新闻办公室官方微博“@ 中国侨都 - 江门发布”（UID：5167878023）上线运行。

2014 年 7 月 1 日，浙江省杭州市上城区人民政府新闻办公室官方微博“@ 上城发布”（UID：5183742166）上线运行。

2014 年 7 月 2 日，时任最高人民检察院检察长曹建明在大检察官研讨班开班式上表示，自 2014 年以来，最高人民检察院专门成立新闻办公室，制定实施加强新形势下检察新闻宣传工作的意见，出台新闻发布会实施办法和职务犯罪大要案信息发布暂行办法，建立健全检察机关信息发布和政策解读机制，开通微博、微信和新闻客户端，检察宣传工作显著加强。要树立主动宣传、立体传播理念，不断提高新媒体时代社会沟通能力。

2014 年 7 月 4 日，浙江省衢州市信访局官方微博“@ 衢州信访”（UID：5203441925）上线运行。

2014 年 7 月 7 日，中共河南省周口市委宣传部官方微博“@ 周口发布”（UID：5208527486）上线运行。微博简介：“三皇故都，陈楚旧地，老子故里，豫东名城。这里是中共周口市委宣传部官方微博。权威发布，清新服务。”

2014 年 7 月 8 日，昆明信息港发表题为《煤气供电位居昆明上半年“十大惰性政务微博”榜首》的政情观察报道。根据昆明信息港对“昆明发布厅”维护情况统计数据，微博发布数排在最后 10 名的部门分别是：昆明煤气、昆明供电局、昆明市宗教事务局、昆明市残联、昆明市社科联、昆明邮政、昆明两区管委会、昆明市金融办、昆明招投标监督管委会以及昆明市土地矿产储备中心。报道称，上述十个政务微博在微博发布数量、与网友互动次数、发布频率等指标上都远远低于“昆明发布厅”上半年的平均水平。

2014 年 7 月 9 日，浙江省杭州市江干区政府新闻办公室官方微博“@江干发布”（UID：5184397402）上线运行。微博简介：“东毗钱塘江，西依西子湖，中贯京杭大运河；热评新话题，分享微生活，关注江干知时事。这里是江干区政府新闻办官方微博，努力成为你的贴心朋友！”

2014 年 7 月 11 日上午，由中国政法大学法治传播研究中心、中国政法大学新闻传播学青年教师创新团队、中国政法大学信息安全与网络犯罪“智库”研究团队联合举办的首届“法院微博学院奖”颁奖典礼暨法院微博研讨会在中国政法大学研究生院举行。中国政法大学校长黄进、中国政法大学光明新闻传播学院院长陆小华等校方领导和十家获奖法院代表出席了颁奖典礼。

2014 年 7 月 11 日，吉林省人民检察院官方微博“@吉林检察”（UID：5093990523）上线运行。10 时 24 分发布上线通告：“‘用诚心接待来访，用真情化解矛盾，用法律维护正义，用理性构建和谐。’这是长春市人民检察院控申处接待信访群众的工作理念。一年来，该处接待群众来信、来访、来电 5000 多件次，他们始终坚持文明接待，释理说法，受到了来访群众的好评。”

2014 年 7 月 11 日，浙江省杭州市萧山区人民政府新闻办公室官方微博“@萧山发布”（UID：5207782519）上线运行。微博简介：“八千年文明源远流长，八百里钱江勇立潮头。这里是萧山区新闻办官方微博——重大新闻权威发布，突发事件全面追踪，民生服务温暖及时。萧山发布欢迎您！”15 时 19 分发布上线通告：“想足不出户第一时间了解萧山吗？敬请关注萧山发布。”

2014 年 7 月 15 日，中共丹阳市委宣传部下发《关于进一步深化全市政务微博建设和运用的通知》（丹宣〔2014〕37 号）。《通知》要求，2014 年年底前实现全市各级政务微博全覆盖，打造以“@丹阳发布”（UID：5241688235）为龙头的政务微博矩阵。

2014 年 7 月 15 日，中共江苏省丹阳市委宣传部印发《丹阳市政务微博、政务微信管理办法（试行）》（丹宣〔2014〕38 号）。《办法》确定，丹阳市政务微博、政务微信的总体定位为“信息公开、在线办理”，确立“服务公众、倾听民声、化解矛盾、引导舆论”的工作理念，坚持“实时播报、权威发布、反馈舆情、网下办结”。《办法》要求落实“157”限时办理机制，即执行“1 个工作日内初步回应、5 个工作日处理办结、疑难复杂问题 7 个工作日解释说明”的规定，及时听取、解答和办结网民提出的建议、咨询和投诉，及时回应网民的评论，加强与网民的互动。

2014 年 7 月 16 日，浙江省温州市信访局官方微博“@温州信访”（UID：5211930080）上线运行。9 时 39 分，发布上线通告对一起群众投诉信访工作人员事件做出回应：“龙港镇信访办工作人员辱骂信访人事件责任追究情况：7 月 14 日，龙港镇委决定，解除信访办工作人员易某劳动合同关系；给予龙港镇信访办主任徐某、工作人员陈某通报批评，并取消评优评先资格。”

2014 年 7 月 17 日，贵州省监狱管理局官方微博“@贵州监狱”（UID：3514664437）上线运行。

2014 年 7 月 17 日上午，福建省“剑盾”行动公安局长系列微博访谈活动正式启动，首场访谈在福清市公安局举行。为更好地开展社会治安综合整治“剑盾”行动专项宣传，营造浓厚氛围，扩大社会影响，同时广泛收集线索，征集民意，发动群众支持参与，福建省公安厅从 7 月 17 日至 8 月 12 日，组织开展了“剑盾”行动全省公安局长系列微博访谈活动，来自全省 37 个重点市、县的公安局长先后走进微博直播间，与广大网友进行在线互动。

2014 年 7 月 17 日，浙江省杭州市信访局官方微博“@ 杭州信访”（UID：5189394024）上线运行。微博简介写道：“杭州信访，为民服务。”

2014 年 7 月 22 日，时任最高人民检察院检察长曹建明在部分中央新闻网站、商业网站负责人座谈会上强调，网络作为宣传思想工作的一个重要阵地，在舆论引导中具有生力军作用，也为检察机关正面发声、传播检察正能量提供了广阔舞台。各级检察机关要重视运用网络、微博、微信等新媒体平台宣传检察工作，主动发声，第一时间让人民群众了解检察工作。

2014 年 7 月 22 日，浙江省杭州市西湖区人民政府办公室官方微博“@ 西湖发布”（UID：5186000071）正式上线运行。微博简介：“‘微’言大义，‘博’系温暖。‘西湖发布’与您携手共建美丽城区，共享幸福生活。这里是西湖区人民政府官方微博，欢迎围观。”9 时 02 分发布微博通告：“各位网友，‘西湖发布’今天正式上线啦！想了解西湖区最权威的政策发布吗？想知道西湖区的第一手信息公布吗？政策解读，信息动态，生活资讯，这里有你最想了解的讯息！关注西湖区，关注‘西湖发布’，在这美丽幸福的首善之区，让我们相遇，用心沟通！”

2014 年 7 月 22 日，浙江省金华市人民政府新闻办公室官方微博“@ 金华发布”（UID：5219022556）上线运行。微博简介：“在这里，信息触手可及，缘分一触即发。我们期待见证自己，更期待您的围观喝彩。这里是金华市人民政府新闻办公室官方微博，因为有你，才有我们。”

2014 年 7 月 23 日，全国首家省级纪检监察微博发布厅“清风中原”发布厅上线。发布厅由河南省纪委监察厅官方微博“@ 清风中原”（UID：5051914368）携河南全省 18 个省辖市、10 个省管县、148 个县（区）纪检监察微博组建。这是全国首家纪检监察微博发布厅。

2014 年 7 月 23 日，中共安徽省黄山市委、黄山市人民政府官方微博“@ 黄山发布”（UID：5228966459）上线运行。微博简介：“传递黄山声音，展示黄山形象，弘扬徽州文化，服务人民群众。”11 时 41 分发布上线通告：“女士们、先生们、朋友们：大家好！偶来了，让各位久等了，大美黄山、人文徽州、生态新安真诚欢迎各位！”

2014 年 7 月 24 日上午 9 时，河南省新乡市中级人民法院官方微博“@ 新乡中院”（UID：2443878541）直播“减刑假释庭”案件审理全过程。此次直播的 5 起减刑假释案件在该市河南省第二监狱内由副院长亲自开庭审理。这在河南省各中级人民法院中尚属首例。此次庭审，“@ 新乡中院”共发布微博信息 57 条，图片 15 张。当天的微博信息被转发 2712 次，评论 100 多条，被点赞 247 个。

2014 年 7 月 24 日，云南省司法厅官方微博“@ 云南司法行政”（UID：5225841547）正式上线并开始运行。16 时 46 分发布上线通告：“以法为教，令三迤儿女归言矩步；微言大义，促七彩云南长治久安。这里秉持公正执法、一心为民的理念，搭建互动交流的微平台，及时传递云南司法行政工作信息，提供法律咨询与服务，并通过这道传播社会主义法治理念、弘扬社会主义法治精神的微型窗口，使法治云南建设能以小见大、见微知著。”

2014年7月25日至26日，由新浪网、新浪微博和宿迁市人民政府联合主办，新浪江苏承办的2014“中国政务微博路在何方”论坛在江苏省宿迁市举办。论坛主题为“开启政务微博服务新纪元”。时任中共宿迁市委副书记、市长王天琦出席论坛开幕式，并为新浪政务微博学院苏北分院揭牌。论坛还通过了《2014新浪城市政务微博报告——宿迁发展报告》，来自全国30多个省市县的政务微博共同发表“宿迁共识”。

2014年7月28日，河南省鹤壁市信访局官方微博“@清风鹤壁信访”（UID：5230359187）上线运行。

2014年7月30日，河南省教育厅官方微博“@河南教育”（UID：3894391642）联合17个省辖市教育局、16个县（市、区）教育局和102所省内高校（含46所本科院校和56所高职高专）的官方微博集体上线，建立了河南省教育系统微博联盟。

2014年7月31日，浙江省绍兴市人民政府新闻办公室官方微博“@绍兴发布”（UID：5209171085）上线运行。微博简介：“这里有三味书屋到百草园的小巷，这里有禹王治水深情走过的村庄，这里有乌篷船里越摇越美的新娘，这里是有2500多年历史的古城，绍兴期待与你相遇。”15时32分发布上线通告：“绍兴来啦！绍兴市政府官方微博、微信‘绍兴发布’上线啦！我们将以实际行动赢得大家的信任与支持，期待你们的关注，在这里你可以及时了解到绍兴城市的重大新闻，和我们一起感受绍兴的成长！”

八月

2014年8月4日，中共云南省昭通市委组织部官方微博“@昭通党建”（UID：3911268529）上线运行。

2014年8月5日，中共江苏省丹阳市委宣传部官方微博“@丹阳发布”（UID：5241688235）上线运行。

2014年8月6日，司法部发布《关于进一步加强公证工作的意见》（司发〔2014〕12号）。《意见》要求，加强公证宣传工作，加大公证宣传力度，综合运用广播、电视、报刊、网站、微博、微信等多种形式，广泛宣传我国公证制度和公证工作，使广大人民群众进一步增强公证法律意识，更加自觉地在民商事活动和社会交往中运用公证手段实现和维护自身权益，为公证事业发展营造良好的社会环境。

2014年8月6日，安徽省司法厅官方微博“@安徽司法”（UID：5241727174）正式上线并开始运行。15时40分发布上线通告：“安徽省司法厅政务微博‘安徽司法行政在线’今日正式上线，我们将立足司法行政职能，为您提供优质服务，欢迎网民朋友关注！”

2014年8月7日，国家互联网信息办公室公布《即时通信工具公众信息服务发展管理暂行规定》，本规定自公布之日起施行。

2014年8月7日，内蒙古自治区呼和浩特市人民政府办公厅官方微博“@呼和浩特发布”（UID：5234716148）上线运行。微博简介：“传递政务信息，提供服务资讯，倾听您的诉求。呼和浩特市政府新闻办官方微博欢迎朋友们和我们以及‘呼和浩特发布政务微博发布厅’成员单位互动交流。”

2014年8月7日，河南省郑州市信访局官方微博“@郑州信访”（UID：5242552982）上线运行。微博简介：“立党为公、执政为民、为党分忧、为民解难。”

2014年8月8日，浙江省海宁市司法局印发《海宁市司法行政系统推进政务微博实施方案（试行）》（海司〔2014〕47 号）。该方案明确，要建立弘扬文化新阵地，打造政务微博“海宁高地”；开设法律服务新窗口，打造司法行政“海宁样本”；践行网上群众路线，加快政务微博“转型升级”。要借助海宁市司法局与中国政法大学新闻与传播学院共建微政务研究室的契机，利用微博研究社会治理创新课题，不断完善“2.0 时代的电子政务”。

2014 年 8 月 12 日，浙江省临安市人民政府新闻办公室官方微博“@临安发布”（UID：5181771928）上线运行。

2014 年 8 月 14 日，世界贸易组织官方微博“@世界贸易组织 WTO”（UID：5211184136）通过微博平台认证，正式上线。

2014 年 8 月 15 日，宁夏回族自治区人民检察院官方微博“@宁夏检察”（UID：2648998497）携全区 5 个市检察院和 24 个基层院，独家入驻新浪微博。着力打造三级检察微博集群和以“@宁夏检察”为核心的三级联动微博问检体系。

2014 年 8 月 19 日，浙江省杭州市人民政府新闻办公室官方微博“@杭州发布”（UID：5211979483）上线运行。微博简介：“西湖烟雨，龙井茶香，幸福天堂，你我共享。生活在这座美丽的城市，与 TA 一起成长。这里是杭州市人民政府新闻办公室官方微博，权威发布，沟通你我。”14 时 31 分发布上线通告：“各位，杭小布摩拳擦掌好久，今天终于与大家见面了。在这里，除了发布杭州市委、市政府的权威消息，还有重大政策的深入解读，以及您所想、所需的民生资讯，同时，当然也少不了杭州的好山好水、美景美食！关注杭州，就在‘杭州发布’，杭小布等着你哦！”

2014 年 8 月 19 日，浙江省温州市人民政府新闻办公室官方微博“@温州发布”（UID：3909815234）上线运行。微博简介：“景秀瓯越，时尚之都，商通陆海，温暖之州。这里有权威发布的态度，要闻聚焦的热度，民生关注的温度，温州市人民政府新闻办公室官方微博，与您携手！”9 时整发布上线通告：“看这里！‘@温州发布’有奖征集栏目名啦！由市委市政府授权筹建的‘@温州发布’就要来了！新生的我们需要广大网友们的大力支持。亲们快来帮忙一起想想我们的栏目名称吧，只需体现温州特色，适合网络传播即可，不超六个汉字。给亲们备好了小礼物，最终入选的朋友，将得到 500 元奖励，有 5 个名额噢。”

2014 年 8 月 19 日，浙江省杭州市桐庐县人民政府新闻办官方微博“@桐庐发布”（UID：5184131253）正式上线运行。微博简介：“在这里，徜徉《与朱元思书》中的奇山异水；在这里，感受范仲淹笔下的潇洒桐庐；在这里，品味《富春山居图》里的中国画城；在这里，邂逅中国最美县。”8 时 52 分发布上线通告：“今天，桐庐县人民政府新闻办官方微信微博‘桐庐发布’正式上线啦！在这里，邂逅中国最美县。你我同路，共话桐庐。‘桐庐发布’你粉了吗？如果没有，那就掏出手机扫一扫二维码呗！私心想着倘若桐庐人和想了解桐庐的人都来关注，那必是极好的。”

2014 年 8 月 21 日，最高人民法院公布 2014 年 6 月 23 日由最高人民法院审判委员会第 1621 次会议通过的《关于审理利用信息网络侵害人身权益民事纠纷案件适用法律若干问题的规定》（法释〔2014〕11 号），自 2014 年 10 月 10 日起施行。

2014 年 8 月 22 日，中共浙江省湖州市德清县委、德清县人民政府信访局官方微博“@德清信访”（UID：5209671282）上线运行。微博简介：“这里是中共德清县委、德清县人民政府信访局的官方微博，县信访局主要负责处理群众、法人及其他组织通过信访渠道给县委、县政府及县领导同志的来信来电，接待来访。”

2014 年 8 月 22 日，新浪政务新媒体学院南昌分院成立，这是新浪在全国创办的第四个政务新媒体分院。在学院第一课上，学院专家团侯锷、金中一为全市 107 家政务微博管理员分享“政务微博的新闻发布与舆论引导”“脚板 + 指尖走网上群众路线”等课程。

2014 年 8 月 26 日，国务院公布《国务院关于授权国家互联网信息办公室负责互联网信息内容管理工作的通知》（国发〔2014〕33 号）。为促进互联网信息服务健康有序发展，保护公民、法人和其他组织的合法权益，维护国家安全和公共利益，国务院授权重新组建的国家互联网信息办公室负责全国互联网信息内容管理工作，并负责监督管理执法。

2014 年 8 月 26 日，中共河南省新乡市牧野区信访局官方微博“@ 牧野信访”（UID：5268560916）上线运行。

2014 年 8 月 28 日，公安部治安管理局暨打四黑除四害专项行动办公室官方微博“@ 公安部打四黑除四害”（UID：2328516855）在创办三周年之际，成为全国首个粉丝突破千万的政务微博。时任中共中央政法委书记孟建柱做出批语强调，政法各部门要加强新兴传播工具建设，打造一批有影响力的政法微博、微信品牌。公安部部长郭声琨致辞称，各级公安机关要着力办好公安微博、微信，认真倾听广大网友的意见和心声，进一步转作风、接地气、聚人气。

2014 年 8 月 28 日，浙江省湖州市德清县人民政府新闻办公室官方微博“@ 德清发布”（UID：3370533142）正式上线运行。8 时 35 分发布上线通告，内容为时任中共德清县委书记张晓强在微博上线仪式上的寄语：“各位网友，你们好！‘德清发布’今天正式上线了！在这里，有来自德清县委、县政府的权威信息，有对重大政策的深入解读，有服务百姓的民生资讯，还有介绍德清的美图美文。请大家关注‘德清发布’，支持德清发展，让我们共同努力，建设更加美丽的德清，创造更加美好的生活。”

九月

2014 年 9 月 1 日，最高人民法院官方微博、微信开设“失信被执行人曝光台”，在更广范围内加大对失信被执行人的惩戒力度，信用惩戒进入“微时代”。“失信被执行人曝光台”由最高人民法院执行局、新闻局联合推出。每天，最高人民法院官方微博、微信将曝光一名失信被执行自然人和一名失信被执行法人，让失信者无处躲藏，使被执行人的信用评价与其个人名誉、生存空间直接联系，迫使他们主动履行生效法律文书确定的义务，从而缓解执行难的困难。

2014 年 9 月 1 日，国家外汇管理局官方微博“@ 外汇局发布”（UID：5263752045）通过微博平台认证，正式上线。

2014 年 9 月 1 日，江西省人民检察院官方微博“@ 江西检察”（UID：5260967454）正式开通上线。12 时 24 分发布上线通告称：“我们将努力打造一个促进检务公开、收集社情民意、增强检民互动的务实、高效、便捷的阳光平台。欢迎并感谢大家的关注和监督，在寻求公平正义的征程中，‘@ 江西检察’和您同行！”

2014 年 9 月 3 日，最高人民法院公布《关于进一步加强人民法院思想政治建设的意见》（法发〔2014〕17 号）。《意见》要求，要强化政治纪律和组织纪律教育，要“加强对干警微博、微信等社交帐户的管理，严禁传播有害政治性信息和敏感工作信息”；要创新思想政治工作方法载体，“发挥信息网络、新媒体的思想教育功能，开设思想教育主题网站、专题网页，丰富网上教育资源，采取‘网上支部’‘网络课堂’等形式开展思想教育。组建法院微博群、微信群，实时对干警进行思想引导，增强思想教育的吸引力、时代感和实效性”。

2014 年 9 月 3 日，最高人民法院印发《关于人民法院执行流程公开的若干意见》的通知（法发〔2014〕18 号）。《意见》明确将“微博”确定为法院执行流程公开的重要信息公开方式和信息渠道之一。人民法院执行流程公开工作，以各级人民法院互联网门户网站（政务网）为基础平台和主要公开渠道，辅以手机短信、电话语音系统、电子公告屏和触摸屏、法院微博等其他平台或渠道，将执行案件流程节点信息、案件进展状态及有关材料向案件当事人及委托代理人公开，将与法院执行工作有关的执行服务信息、执行公告信息等公共信息向社会公众公开。并建议，“具备条件的法院，应当建立电子公告屏、在执行指挥系统建设中增加 12368 智能短信服务平台、法院微博以及法院微信公众号等公开渠道”。“在执行案件办理过程中，案件当事人及委托代理人可凭有效证件号码或组织机构代码、手机号码以及执行法院提供的查询码、密码，通过执行流程信息公开模块、电话语音系统、电子公告屏和触摸屏、手机应用客户端、法院微博、法院微信公众号等多种载体，查询、下载有关执行流程信息、材料等。”

2014 年 9 月 4 日，联合国粮食及农业组织官方微博“@ 联合国粮农组织”（UID：5262686616）通过微博平台认证，正式上线。

2014 年 9 月 5 日，河南省许昌市许昌县信访局官方微博“@ 清风许昌县信访”（UID：5281360654）上线运行。

2014 年 9 月 9 日，最高人民法院、最高人民检察院、公安部联合公布《关于办理暴力恐怖和宗教极端刑事案件适用法律若干问题的意见》（公通字〔2014〕34 号）。《意见》明确，“通过建立、开办、经营、管理网站、网页、论坛、电子邮件、博客、微博、即时通讯工具、群组、聊天室、网络硬盘、网络电话、手机应用软件及其他网络应用服务，或者利用手机、移动存储介质、电子阅读器等登载、张贴、复制、发送、播放、演示载有宗教极端、暴力恐怖思想内容的图书、文稿、图片、音频、视频、音像制品及相关网址，宣扬、散布、传播宗教极端、暴力恐怖思想的”认定为煽动分裂国家罪定罪处罚。“网站、网页、论坛、电子邮件、博客、微博、即时通讯工具、群组、聊天室、网络硬盘、网络电话、手机应用软件及其他网络应用服务的建立、开办、经营、管理者，明知他人散布、宣扬利用宗教极端、暴力恐怖思想煽动分裂国家、破坏国家统一或者煽动民族仇恨、民族歧视的内容，允许或者放任他人在其网站、网页、论坛、电子邮件、博客、微博、即时通讯工具、群组、聊天室、网络硬盘、网络电话、手机应用软件及其他网络应用服务上发布的，以煽动分裂国家罪或者煽动民族仇恨、民族歧视罪的共同犯罪定罪处罚。”

2014 年 9 月 9 日，浙江省嘉兴市人民政府新闻办公室官方微博“@ 嘉兴发布”（UID：5279514376）上线运行。

2014 年 9 月 10 日，国家互联网信息办公室下发通知，要求全国各地网信部门推动党政机关积极运用即时通信工具开展政务信息服务工作。其中要求，区分政务公众账号与政务微博的功能定位，实施“双微”联动、协同发展。

2014 年 9 月 12 日，国家版权局官方微博“@ 国家版权局”（UID：5286924878）通过微博平台认证，正式上线。

2014 年 9 月 12 日至 13 日上午，“培育和践行社会主义核心价值观工作经验交流会”在京召开。时任教育部部长袁贵仁在发言时表示，要建设全国高校校园网站联盟，打造若干具有广泛影响的社会主义核心价值观主题教育网站和网络互动社区。普遍开设辅导员、班主任、思政课教师博客和校务微博微信、班级微博微信，引导支持学术大师、教学名师、优秀导师参与社会主义核心价值观网络建设。

2014 年 9 月 16 日，国家外汇管理局官方微博“@外汇局发布”（UID：5263752045）上线运行。微博简介：“面向全社会公开发布国家外汇管理局重要新闻、政策法规、统计数据、管理信息等内容。”9 时 58 分发布上线通告：“大家好！国家外汇管理局官方微博——‘外汇局发布’今日在新浪微博正式开通啦！我们将第一时间发布外汇管理重要新闻、政策法规、统计数据、管理信息等内容，欢迎关注！”

2014 年 9 月 16 日，中国科协官方微博“@科普中国”（UID：5104880035）通过微博平台认证，正式上线。

2014 年 9 月 16 日，截至中午 12 时，人民日报官方微博“@人民日报”在人民网、新浪网（UID：2803301701）、腾讯网三大微博平台上的粉丝总量达到 5001 万人。“@人民日报”从而成为国内微博平台上首个粉丝总量突破 5000 万人的媒体账号。开设微博以来，“@人民日报”秉持“参与、沟通、记录时代”的办博理念，单条微博的平均转评数达 5000 次，总阅读量超过 200 亿人次，影响力、粉丝活跃度等各项指标也位居全国各媒体微博账号之首。

2014 年 9 月 22 日，浙江省温州市永嘉县信访局官方微博“@永嘉信访”（UID：5201040763）上线运行。微博简介：“这里是永嘉县信访局官方微博。在这里，您将了解到有关永嘉信访的相关资讯。本微博无信访受理系统支持，群众信访可到县信访局网站或各地官网在线反映。”

2014 年 9 月 23 日，工业和信息化部官方微博“@工信微报”（UID：5149608258）正式上线。微博简介：“工业和信息化部官方微博，及时发布权威信息，解读重大政策，为您提供实用知识和服务。”

2014 年 9 月 24 日下午，“2014 华中五省（湖南、湖北、河南、江西、安徽）首届政务高峰论坛”在湖南长沙举行。会上发布了腾讯《华中地区政务微信发展报告》，并颁发了华中地区政务微博和微信单项奖。

2014 年 9 月 25 日，最高人民法院周强院长在最高人民法院媒体融合发展工作座谈会上指出，要高度重视新媒体对司法工作的影响，注重发挥新媒体在推进司法公开、畅通民意沟通渠道方面的积极作用，彻底改变信息更新不及时，缺乏吸引力和影响力的现象，形成规模优势和整体合力，进一步体现人民法院公开、公正、民主、开放的崭新形象。

2014 年 9 月 25 日，中共浙江省委、浙江省人民政府信访局官方微博“@浙江信访”（UID：5269010438）上线运行。微博简介中写道：“这里是浙江省信访局官方微博。在这里，您将了解到有关浙江信访的相关资讯。本微博无信访受理系统支持，群众信访可到省信访局网站或各地官网在线反映。”9 时 03 分发布上线通告：“感谢网络让你我相遇，在这里，我们将秉承‘开放、包容、沟通’的宗旨，积极发布浙江信访相关信息，让广大网友走近信访、了解信访。同时，也欢迎网友们‘拍砖’‘吐槽’，让我们认识不足、改进工作。新手上路，请网友多支持，多鼓励。”

2014 年 9 月 29 日，教育部印发《关于建立健全高校师德建设长效机制的意见》（教师〔2014〕10 号）。《意见》指出，要把握正确舆论导向，坚持师德宣传制度化、常态化，将师德宣传作为高校宣传思想工作的重要组成部分。充分利用教师节等重大节庆日、纪念日契机，通过电视、广播、报纸、网站及微博、微信、微电影等新媒体形式，集中宣传高校优秀教师的典型事迹，努力营造崇尚师德、争创师德典型的良好舆论环境和社会氛围。

2014 年 9 月 30 日，西藏自治区西藏发布官方微博“@ 西藏发布”（UID：2620622835）上线运行。微博简介：“世界屋脊!”

十月

2014 年 10 月 2 日，国务院办公厅发布《关于做好全国人大代表建议和全国政协委员提案办理结果公开工作的通知》（国办发〔2014〕46 号）。《通知》要求，对于经审查可以公开的全国人大代表建议和全国政协委员提案办理复文，应采用主动公开的方式予以公开。为增强公开实效，各地区、各部门应当通过政府公报、政府网站、政务微博微信、新闻发布会以及报刊、广播、电视等便于公众知晓的方式进行公开，尤其要发挥政府网站信息公开平台的重要作用，集中展示公开的建议和提案办理结果信息，方便公众查阅。

2014 年 10 月 8 日，上海市人民检察院官方微博“@ 上海检察”（UID：5276409674）正式上线。

2014 年 10 月 9 日上午，最高人民法院举行新闻发布会通报有关《最高人民法院关于审理利用信息网络侵害人身权益民事纠纷案件适用法律若干问题的规定》的有关情况，并公布了 8 起利用信息网络侵害人身权益的典型案例。其中，公众人物利用微博发表网络言论时应承担更多注意义务的启迪案例——北京金山安全软件有限公司与周鸿祎侵犯名誉权纠纷案、范冰冰诉微博名誉侵权案等在列。

2014 年 10 月 16 日上午，微博新农人报告暨新媒体指数大数据共享平台发布会在清华大学举行。会议发布了《2014 新农人微博研究报告》。“新农人”是指以区别于传统农民的生产流通方式、以全新的现代经营理念参与农林牧渔全产业链的自然人。

2014 年 10 月 23 日，国家安全生产监督管理总局官方微博“@ 国家安监总局”（UID：5342220662。现变更为：中华人民共和国应急管理部官方微博“@ 中华人民共和国应急管理部”。UID：5342220662）通过微博平台认证，正式上线。

2014 年 10 月 23 日，十八届四中全会通过的《关于全面推进依法治国若干重大问题的决定》指出，推进政务公开信息化，加强互联网政务信息数据服务平台和便民服务平台建设，构建开放、动态、透明、便民的阳光司法机制，司法机关要及时回应社会关切，加强新媒体、新技术在普法中的运用，提高普法实效。

2014 年 10 月 23 日，上海市人民政府办公厅印发《2014 年度上海市政府信息公开和政务公开考核评估实施方案》（沪府办发〔2014〕57 号）。该方案规定，联席会议成员单位及重点部门核查的内容包括：“中国上海”门户网站、“上海发布”办公室分别提供政府网站政府信息公开专栏建设、政务微博公开政府信息的评估结果。

2014 年 10 月 29 日，时任最高人民检察院检察长曹建明向十二届全国人大常委会第十一次会议做《关于人民检察院规范司法行为工作情况的报告》。报告指出，“要创新检务公开方式。建立定期新闻发布会和专题新闻发布会制度，全面推进四级检察院门户网站建设。最高人民检察院建立网上发布厅，全面开通官方微博、微信和新闻客户端”。

2014 年 10 月 29 日，江苏省连云港市人民政府官方微博“@ 连云港发布”（UID：

5303188384）上线运行。

十一月

2014年11月5日，中华全国新闻工作者协会官方微博“@中国记协”（UID：5044771484）通过微博平台认证，11月7日正式上线。7日9时01分发布上线通告：“各位网友，‘@中国记协’今天与大家见面了！这是一扇联系社会和新闻界的新窗口，我们希望通过更加密切的互动为新闻界提供丰富快捷的服务，更好地发挥桥梁纽带作用。欢迎大家关注，也为我们出谋划策，一起分享中国新闻事业发展和队伍成长的丰硕成果。”

2014年11月5日，宁夏回族自治区监狱管理局官方微博“@宁夏监狱”（UID：5328937042）上线运行。微博简介：“宁夏回族自治区监狱管理局为自治区司法厅管理的副厅级行政机构，主要职责为贯彻实施有关法律、法规、规章，执行国家监管罪犯的方针、政策等。下辖5所监狱及8个内设机构。”

2014年11月7日，安徽省人民政府第37次常务会议通过《安徽省政府信息公开办法》，自2015年1月1日起施行。《办法》第十四条明确，行政机关主动公开政府信息的方式和程序，包括通过“政务微博”等新媒体等形式。

2014年11月7日，福建省南平市光泽县信访局官方微博“@光泽信访”（UID：5216599558）上线运行。

2014年11月17日，国务院办公厅公布《关于加强政府网站信息内容建设的意见》（国办发〔2014〕57号）。《意见》要求，通过开展技术优化、增强内容吸引力，提升政府网站页面在搜索引擎中的收录比例和搜索效果。政府网站要提供面向主要社交媒体的信息分享服务，加强手机、平板电脑等移动终端应用服务，积极利用微博、微信等新技术、新应用传播政府网站内容，方便公众及时获取政府信息。

2014年11月17日，时任最高人民检察院检察长曹建明在《人民日报》发表署名文章《加强对司法活动的监督》，文章中指出，司法机关要及时回应社会关切。要以更加开放、坦诚、自信的态度，坚持阳光司法，将执法办案信息公开作为重点，着力推进案件信息查询、重大案件信息和典型案例发布等工作，以正确的方式传播真实的声音。

2014年11月17日，为规范贡井区人民法院官方微博的发布和管理工作，四川省自贡市贡井区人民法院发布《自贡市贡井区人民法院微博直播庭审实施细则（试行）》。该实施细则规定，政治处负责法院官方微博直播庭审工作的备案和督导。政治处负责微博直播庭审过程中网民留言的后台管理，并将网民留言情况整理后以书面形式告知庭审直播的业务庭。业务庭应在接到网民留言告知书后3个工作日内向网民反馈意见。

2014年11月17日，四川省自贡市贡井区人民法院公布《自贡市贡井区人民法院微博管理办法（试行）》。《办法》包括微博的管理原则、工作管理、内容发布、微博发布要求、留言应对、微博舆情处置、信息发布程序、后勤保障与绩效考核、附则九大部分，对法院微博的管理运维进行了系统专业的规范。

2014年11月17日，河南省互联网信息办公室官方微博“@河南网信”（UID：5367034453）正式上线运行。9时35分发布上线通告：“伴着冬日的暖阳，‘@河南网信’今天正式上线了，这是河南省互联网信息办公室的官方微博。我们希望通过这个平台与广大网友沟通和交流，和大家一起营造网络文明环境，共创网络清朗空间。欢迎围观！”

2014年11月20日，最高人民法院公布《关于进一步做好司法便民利民工作的意见》

（法〔2014〕293 号）。该意见明确，要全面加强信息化建设。各级人民法院要以“天平工程”建设为载体，加快审判流程公开、裁判文书公开、执行信息公开三大平台建设，充分发挥现代科技信息手段在司法便民利民方面的作用。因地制宜地推行远程立案、网上立案、网上办案、网上公告、预约办案、电子签章、电子送达、视频提讯等便民措施；通过 12368 诉讼服务热线、电子触摸屏、微博、微信、手机短信等载体为当事人提供方便快捷的司法服务。

2014 年 11 月 21 日 8 时 57 分，湖北省宜昌市中级人民法院官方微博“@ 宜昌中院”（UID：3952950842）发出了第一条庭审微博：“湖北省宜昌市中级人民法院定于 2014 年 11 月 21 日上午 10 时公开开庭审理宜昌市夷陵区人民检察院提起抗诉的原审被告人张某、章某贩卖毒品一案。届时宜昌市中级人民法院官方微博将同步直播，欢迎广大网友关注！”这是宜昌中院首次用微博直播的形式，向公众公开庭审现场。

2014 年 11 月 21 日，安徽省阜阳市人民政府门户网站官方微博“@ 阜阳市人民政府发布”（UID：5344030154）上线运行。

2014 年 11 月 26 日，中共河南省鹤壁市委宣传部官方微博“@ 鹤壁网信”（UID：5387172075）正式上线运行。

2014 年 11 月 27 日，由中国气象局气象宣传与科普中心、中国气象报社共同主办的气象政务门户网站及新媒体研讨会在北京召开。中国气象局副局长许小峰、国家互联网信息办公室网络新闻信息传播局副局长陈云峰出席会议。

2014 年 11 月 28 日，新疆维吾尔自治区第十二届人民代表大会常务委员会第十一次会议修订《新疆维吾尔自治区道路运输条例》。修订后的《条例》第四十三条规定：“交通运输主管部门、道路运输管理机构应当与相关部门建立管理信息互通互联机制，利用本机关门户网站、政务微博等形式，实现道路运输经营以及道路运输相关业务的从业登记、经营信用、安全生产、车辆动态监控以及违法处置等信息的共享。”该条例自 2015 年 1 月 1 日起施行。

十二月

2014 年 12 月 1 日，天津市人民检察院官方微博“@ 天津市人民检察院”（UID：5385431433）开通运营。时任天津市人民检察院检察长于世平寄语：“希望天津市检察院官方微博要发挥好宣传检察工作、服务群众、推进检务公开、接受群众监督新平台的重要作用，努力打造有影响力、感染力的微博品牌。”

2014 年 12 月 8 日，上海市人民政府办公厅组织召开“上海市政府网站和政务微博工作会议”，时任上海市政府办公厅副主任沈权出席。上海市政府办公厅电子政务办、上海发布办公室、市政府门户网站管理中心相关人员以及各区县、委办局、管委会、开发区（园区）办公室分管主任和网站、微博负责人员参加了会议。

2014 年 12 月 10 日，交通运输部印发《12328 交通运输服务监督电话管理办法》（交运发〔2014〕249 号）。《办法》第三十六条规定，通过微博等渠道转由 12328 服务中心受理的投诉举报、信息咨询、意见建议，参照监督电话管理办法执行。该办法自 2015 年 1 月 1 日起施行。

2014 年 12 月 10 日，贵州省人民检察院官方微博“@ 贵州省人民检察院”（UID：5396375374）正式开通。

2014 年 12 月 15 日，最高人民法院公布《关于全面推进人民法院诉讼服务中心建设的指导意见》（法发〔2014〕23 号）。该意见明确，人民法院诉讼服务网的主要功能之一，就是“信息查询、诉讼指引。自案件受理之日起，当事人、代理人、辩护人凭查询密码登录网页查询案件信息。公众直接登录网页查询法院机构、人员、工作流程、生效裁判文书、常用法律法规等公开信息和诉讼指引信息。提供常用的起诉状、答辩状、申请执行书、授权委托书等文书格式电子文档，供当事人等查看和下载使用。通过通讯服务系统，以短信、微信、微博、移动通讯应用客户端等方式主动向当事人、代理人、辩护人推送案件主要流程节点信息，或根据查询申请推送相关案件信息，以及主动向社会公众推送公开信息”。

2014 年 12 月 15 日，中华人民共和国科技部官方微博“@ 锐科技”（UID：5356414944）正式上线。上线通告写道：“为科技部代言，我深感责任重大！‘锐科技’寓意锐意改革，锐意创新。我将及时发布科技部的最新科技政策，详细解读相关法律法规，展示最新科技成果，提供便民查阅咨询服务，广泛听取社会各界对科技部工作的建议和意见。”

2014 年 12 月 15 日，四川省成都市青羊区信访局官方微博“@ 青羊信访”上线运行。

2014 年 12 月 16 日，“2014 湖南政务微博高峰论坛暨新浪政务微博学院湖南学院成立仪式”在中南大学国际报告厅举行。

2014 年 12 月 17 日，国家地震台网官方微博“@ 中国地震台网速报”（UID：1904228041）与新浪微博启动战略合作，台网发布速报消息时，会通过微博平台实时推送给震中所在地的所有微博用户。同时，经主管部门同意，国家地震台网将通过微博全面开放地震速报数据接口，方便第三方开发者引用。

2014 年 12 月 17 日，中共浙江省杭州市萧山区委、杭州市萧山区人民政府信访局官方微博“@ 萧山信访”（UID：5350827099）上线运行。

2014 年 12 月 18 日，以“双微联动、服务升级”为主题的腾讯 2014 西北首届政务高峰论坛在西安举行，时任陕西省委网信办副主任张琳、陕西省电子政务办公室主任常忠华等出席论坛并致辞。论坛发布了《2014 西北区域政务微博微信发展报告》，并颁布了西北政务微博影响力奖、管理创新奖、政务传播力奖、微信亲民服务奖，近 50 家政府单位获奖。

2014 年 12 月 19 日，安徽省监狱管理局官方微博“@ 安徽监狱”（UID：5388034202）上线运行。15 时 51 分发布上线通告：“作为安徽省监狱管理局官方政务微博，我们将着力搭建公众交流平台，与大家一起分享监狱工作的点点滴滴，共同见证安徽监狱的改革发展，通过政策解读、在线交流等方式，为您讲述安徽监狱故事，感谢您的关注，欢迎您的监督，期待与您互动！”

2014 年 12 月 19 日，安徽省阜阳市信访局官方微博“@ 阜阳市信访局”（UID：5344978947）上线运行。

2014 年 12 月 22 日，新疆生产建设兵团人民检察院官方微博“@ 兵团检察”（UID：5446030640）正式开通。12 时 30 分发布上线通告称：“我们将及时提供兵团各级检察机关的工作动态，努力打造成为推动检务公开的互动交流服务平台。”

2014 年 12 月 23 日，江苏省公安厅网络安全保卫总队官方微博“@ 江苏网警”（UID：5431447659）正式开通。

2014 年 12 月 25 日，黑龙江省人民检察院官方微博“@ 龙江检察”正式开通。该平台作为黑龙江省检察机关进一步推进检务公开，拓展人民群众了解检察工作的渠道，将为社会各界和广大网友提供黑龙江省各级检察机关的各类工作动态、新闻信息和便民服务。

2014 年 12 月 26 日，辽宁省人民检察院官方微博“@ 辽宁检察”正式开通。16 时 03 分发布上线通告称："在这银装素裹的十二月，筹备已久的辽宁省人民检察院官方微博正式开通了！自今日起，我们将努力把这里办成一个广泛收集社情民意、促进检务公开、增强检民互动的便捷、务实、高效的政务平台。立足于服务人民、服务社会，让网友们更加了解与监督我们的各项检察工作。"

2014 年 12 月 26 日，江西省南昌市人民政府新闻办公室官方微博"@南昌发布"（UID：2418432711）联合新浪公益的杨帆计划组织社会各界爱心人士积极开展关爱留守儿童活动，为南昌县竹山小学学生送去爱心礼物。据统计，"@南昌发布"举办的#微爱留守#活动，共吸引媒体报道 468 篇，微博阅读人数达 1204.2 万人，话题讨论 10.2 万，引发了广大网友和社会各界爱心人士的高度关注和积极参与。

2014 年 12 月 26 日，"第三届中原网络文化发展论坛暨 2014 年度政务微博峰会"在河南省郑州市举行。本次论坛主题为"经济发展新常态下的中原移动互联网产业"，由河南省互联网信息办公室和河南省通信管理局主办，河南省互联网协会、新浪河南协办。论坛发布了《2014 年河南政务微博白皮书》，并颁发了 2014 年河南政务微博、媒体微博等年度奖项。

2014 年 12 月 27 日，由上海交通大学主办的"回顾与展望——2014 年中国高校新媒体高峰论坛"在上海交通大学闵行校区举行。来自上海、南京、苏州、武汉、西安、南昌、芜湖等全国近 20 所高校、近百位嘉宾和新媒体骨干与会。

2014 年 12 月 31 日，中共海南省三亚市委宣传部新闻发布官方微博"@三亚发布"（UID：2074376453）在经历了 2012 年"春节宰客门"事件休整两年后，重启运行。微博简介："面朝大海，春暖花开。这里是三亚市委宣传部新闻发布官方微博，我们在北纬 18 度发布权威信息，讲述三亚故事，倾听您的声音。我们期待您的关注！"18 时 28 分发布上线通告："嗨，微友别来无恙！可能有的已经忘了我，有的还在惦念，但小编仍一直想念着大家。过去 1066 个日夜里，小编在歉意中感念微友们的宽宥，我们会更加勤勉工作，服务微友，为三亚的美丽尽一份绵薄。太阳每天都是新的，今天我们重装上阵，希望'@三亚发布'能给大家带来新面貌。期待在 2015，与您相逢于美丽三亚！"

2015

一月

2015 年 1 月 6 日，最高人民法院官方微博"@最高人民法院"（UID：3908755088）粉丝突破 1000 万。

2015 年 1 月 12 日，上海市纪委官方微博"@廉洁上海"（UID：3535242221）通报黄浦区部分干部跨年夜在外滩空蝉餐厅用餐事件。

2015 年 1 月 16 日，湖北省荆州市人民政府新闻办公室官方微博"@荆州发布"（UID：5460202851）上线运行。微博简介："关注徐汇，感知徐汇，徐汇因你而精彩。这里是上海市徐汇区新闻办公室官方微博。"15 时 14 分发布上线通告："亲，'@荆州发布'初来江湖，求粉求赞。这些年，荆州实施壮腰工程也是蛮拼的！今后，我要在微博江湖上唱出荆州好声音，为荆州发展点赞，更要为市民和政府之间搭建沟通的桥梁。为了咱荆州人民能喜大普奔，'@荆州发布'一定不怕苦不怕累，敢当勤劳的小蜜蜂、人民的好雷锋。"

2015 年 1 月 16 日，中共江苏省盐城市委宣传部官方微博"@盐城发布"（UID：

5477333519）上线试运行。

2015 年 1 月 19 日，中共中央办公厅、国务院办公厅印发《关于进一步加强和改进新形势下高校宣传思想工作的意见》。《意见》强调指出，要不断壮大高校主流思想舆论。要创新网络思想政治教育，开展高校校园网络文化建设专项试点工作，大力推进校报、校刊数字化建设，探索建立优秀网络文章在科研成果统计、职务职称评聘方面的认定机制，着力培育一批导向正确、影响力广的网络名师，立足校园网站建设开办一批贴近师生学习生活的网络名站名栏，建设一支由学生和青年教师骨干组成的网络宣传员队伍，打造示范性思想理论教育资源网站、学生主题教育网站和网络互动社区，推进辅导员博客、思想政治理论课教师博客、校务微博、校园微信公众账号等网络新媒体建设。

2015 年 1 月 20 日，中共中央办公厅、国务院办公厅印发《关于加强中国特色新型智库建设的意见》。《意见》要求，要完善政府信息公开方式和程序，健全政府信息公开申请的受理和处置机制。拓展政府信息公开渠道和查阅场所，发挥政府网站以及政务微博、政务微信等新兴信息发布平台的作用，方便智库及时获取政府信息。

2015 年 1 月 20 日，时任中央政法委书记孟建柱在中央政法工作会议上指出，要树立主动宣传的理念，充分利用新媒体，用讲故事方式，把重点工作、感人事迹及时传递到社会，让人民群众信任、支持执法司法工作，营造有利于严格执法、文明执法、公正司法的良好环境。

2015 年 1 月 21 日，时任最高人民检察院检察长曹建明在全国检察长会议上强调，要加强检察宣传主阵地和“两微一端”建设，加强对社会高度关注案件和检察机关法律监督案件的报道，讲好法治故事和检察故事，把重点工作、感人事迹及时向社会传递，努力赢得人民群众对检察工作的理解和支持。

2015 年 1 月 22 日，公安部消防局部署全国消防公安部门建设应用“移动互联网消防信息服务平台”，充分利用移动互联和新媒体强化消防科普宣传、便民服务，提升火灾防控能力。“平台”由“消防微信微博发布平台”和“手机短信发送平台”组成。公安部消防局以及各级公安消防总队、支队、大队，都将每天发布消防安全提示、社会消防安全培训和工作指导、火灾教训和消防安全专项整治工作动态、消防法律法规和消防安全知识等内容，重点节假日、重要防火时节还将通过短信的形式向公众广泛发布消防安全提示信息。

2015 年 1 月 24 日，中共湖南省纪委十届七次全会暨全省反腐败工作会议召开。此次会议首次通过湖南省纪委官方微博“@ 三湘风纪”（UID：3817552325）面向网友进行微博直播。

2015 年 1 月 27 日，以“新形势 · 新常态 · 新思维”为主题的“2015 移动政务峰会”在北京召开，峰会由人民日报社、新浪网、新浪微博共同主办。国家网信办、中央有关部委、人民日报社、地方政府机构新媒体运营负责人，以及有关主流互联网平台负责人出席会议，共同探讨政务机构在移动互联网时代应对新形势的解决方案。会上发布了《2014 年政务指数报告》，峰会同时颁布了“微博 5 年特殊贡献奖”“全国十大公务员微博”等 20 个奖项。国家网信办移动网络管理局负责人徐丰出席峰会并致辞。

2015 年 1 月 29 日，保监会、国家发展改革委发布关于印发《中国保险业信用体系建设规划（2015—2020 年）》的通知（保监发〔2015〕16 号）。《规划》指出，要建立健全销售渠道管理、销售团队和人员管理及相关责任追究处罚制度，制定完善保险企业和从业人员销售行为规范，抑制制售假保单、混淆蒙骗、商业诋毁及电话、短信和新媒体扰民等违规失信行为。根据标的和被保险人的风险状况，向客户推荐适宜的保险产品。要加强保险服务基础建设。保险企业应对保险服务的内容、流程及电话等进行公示，建立回访制度，并设置意见箱、意见簿或微信、微博、网站、手机客户端等沟通反馈渠道，方便客户提出意见。

2015 年 1 月 30 日，最高人民法院公布《关于适用〈中华人民共和国民事诉讼法〉的解释》（法释〔2015〕5 号），自 2015 年 2 月 4 日起实施。《解释》第一百一十六条规定：“视听资料包括录音资料和影像资料。电子数据是指通过电子邮件、电子数据交换、网上聊天记录、博客、微博客、手机短信、电子签名、域名等形成或者存储在电子介质中的信息。”根据该条，网上聊天记录、微博、手机短信、电子签名、域名等形成或者存储在电子介质中的信息可以视为民事案件中的证据。

2015 年 1 月 30 日，海南省宣传部长会议在海口召开，时任河南省委常委、宣传部部长许俊出席并讲话。时任海南省委宣传部常务副部长、省网信办主任常辅棠指出，要讲好海南故事，为国家重大战略实施主动作为；市县应对突发事件要及时、准确发声；新闻单位要多挖掘平民英雄、身边典型的感人事迹，弘扬正能量。

二月

2015 年 2 月 4 日，国家互联网信息办公室发布《互联网用户账号名称管理规定》。该规定自 2015 年 3 月 1 日起施行。《规定》就账号的名称、头像和简介等，对互联网企业、用户的服务和使用行为进行了规范，涉及在博客、微博客、即时通信工具、论坛、贴吧、跟帖评论等互联网信息服务中注册使用的所有账号。账号管理按照后台实名、前台自愿的原则，充分尊重用户选择个性化名称的权利，重点解决前台名称乱象问题。

2015 年 2 月 4 日，河南省济源市互联网信息办公室官方微博“@济源网信”（UID：2316360877）正式上线运行。

2015 年 2 月 5 日，中共山东省潍坊市奎文区委宣传部官方微博“@奎文发布”（UID：UID：5399140185）上线运行。

2015 年 2 月 5 日，在湖南省长沙县第十六届人民代表大会第四次会议上，长沙县人民检察院检察长石华做检察工作报告，并通过长沙县人民检察院官方微博“@长沙县人民检察院”同步直播。

2015 年 2 月 7 日，中央网信办发布“政务新媒体优秀公众账号和先进组织单位表彰名单”。其中，政务新媒体优秀公众账号 58 个（中央单位账号 10 个、地方单位账号 48 个）、政务新媒体先进组织单位 9 个（北京市互联网信息办公室、河北省互联网信息办公室、上海市互联网信息办公室、江苏省互联网信息办公室、浙江省互联网信息办公室、山东省互联网信息办公室、河南省互联网信息办公室、广东省互联网信息办公室、四川省互联网信息办公室）。

2015 年 2 月 11 日，陕西省安康市信访局官方微博“@安康信访”（UID：5511432962）上线运行。16 时 14 分发布上线通告：“广大网友们好，安康市信访局官方微博‘安康信访’正式和大家见面了。希望能利用微博这个平台更好的知民情，解民难、排民忧。以更加开阔的胸襟和气度集纳民智，问计于民，做到纳谏兴业，排障护航，为建设美丽富裕新安康尽一份力。感谢您的关注，欢迎与我们沟通！”

2015 年 2 月 17 日，云南省昆明市人民政府办公厅发布《关于进一步加强政府信息公开工作的通知》（昆政办〔2015〕21 号）。《通知》要求，要积极拓展政务信息发布和与公众互动交流新渠道，着力推进政务微博、政务微信平台建设与管理，及时发布权威政务信息，及时与公众互动交流。统筹运用广播电视、报刊、新闻网站、商业网站等媒体发布政务信息，扩大政务信息受众面，增强政务信息影响力。建立健全政务舆情收集、研判、处置和回应机制，密切关注涉及党和政府重要工作部署、关系经济社会发展的重要政务舆情，做到早发现、早研判、早处置、早回应，正面引导舆论。

三月

2015 年 3 月 3 日，辽宁省政府门户网站官方微博“@ 辽宁发布”（UID：5537781788）上线运行。9 时 43 分发布上线通告：“辽宁省政府门户网站官方微博正式上线，从今天开始，辽小布将在这个平台上及时、准确的传递政务信息、重要决策、政策解读以及跟百姓民生息息相关的各类信息，搭建一个政民互动平台。大家多多关注哦。”

2015 年 3 月 6 日，因政府机构改革和部分政府工作部门职能整合，中共银川市委、市政府官方微博“@ 微博银川”（UID：1898782627）发布《变更和停用的微博公告》，这也是银川市启动的第 4 次对政务微博的标准化命名和修订管理工作。据公告内容，银川对 5 家政务微博的名称进行了变更，对 7 家政务微博进行了“关停并转”。

2015 年 3 月 9 日，陕西省渭南市临渭区互联网信息办公室官方微博“@ 临渭网信”正式上线运行。

2015 年 3 月 10 日，最高人民法院举行《中国法院的司法公开》（白皮书）发布会。最高人民法院司法改革领导小组办公室主任贺小荣介绍说，自党的十八届三中全会以来，人民法院加快推进司法公开工作，依托现代信息技术，推进审判流程公开、裁判文书公开、执行信息公开三大平台建设，运用网络、微博、微信、移动新闻客户端等载体，进一步拓展和深化司法公开工作的广度和深度。

2015 年 3 月 12 日，时任最高人民检察院检察长曹建明在第十二届全国人民代表大会第三次会议上做《最高人民检察院工作报告》。该报告提出：“广泛开展检察开放日、检察长接待日等活动，拓宽人民群众有序参与和监督检察工作渠道。加强与媒体沟通，对涉检舆情反映的问题及时核查处理。最高人民检察院还积极推进检察新闻发布常态化，全面开通微博、微信和新闻客户端，建立网上发布厅。”“深入推进案件信息公开，充分运用网络等新媒体，及时公布社会关注案件处理情况。”

2015 年 3 月 12 日，时任最高人民法院院长周强在第十二届全国人民代表大会第三次会议上做《最高人民法院工作报告》。该报告提出：“完善失信被执行人名单制度，在最高人民法院网站、微博、微信开设曝光台，公开发布失信被执行人信息 110 万例，采取限制高消费等信用惩戒措施 150 万次，督促被执行人履行义务。”“加强法治宣传。充分运用传统媒体和新媒体以案释法，引导群众增强法治意识。”“广泛接受社会监督。充分发挥最高人民法院网站、微博、微信和新闻客户端的作用，用好‘院长信箱’‘给大法官留言’等栏目，畅通民意沟通渠道。”

2015 年 3 月 13 日，北京市公安局密云分局官方微博“@ 平安密云”（UID：5553324383）上线运行。

2015 年 3 月 15 日，时任最高人民检察院检察长曹建明在看望高检院参加两会宣传报道工作人员时说，做好新形势下的检察新闻宣传工作，首先要做好“三个统筹”。要统筹好检察资源和社会资源。在继续巩固和加强《检察日报》、正义网、影视中心等检察新闻宣传主渠道、主阵地建设的同时，还要善于借助其他媒体网站的力量，拓展检察宣传的覆盖面和影响力。要统筹好传统媒体和新媒体。在继续高度重视传统媒体宣传作用的基础上，要进一步加强检察新媒体建设，推出一批有影响的检察官方微博、微信、新闻客户端等，为社会公众提供更多、更便捷的检察新闻信息获取渠道，把新媒体打造成为深化检务公开、推进阳光检务的重要平台，以全媒体形式全面展现检察工作。要统筹好最高人民检察院和地方各级检察院的力量资源。

2015 年 3 月 18 日，北京市公安局昌平分局官方微博“@ 平安昌平”（UID：5181462351）上线运行。微博简介：“讲述警察故事，架起沟通桥梁。这里是北京市公安局昌平分局官方微博，在这里您可以了解到昌平警方的新闻资讯。欢迎您给我们提出意见和建议。”

2015 年 3 月 19 日，河南省新乡市信访局官方微博“@ 新乡信访”（UID：5553999238）上线运行。

2015 年 3 月 20 日上午，陕西省政务新媒体建设推进会在西安召开。会议要求，各地各部门要“强化互联网思维，集中力量建设政务网站、微博、微信公众号、党政客户端四大平台，打造多驱并进、协同发展的政务新媒体矩阵。要建立完善信息发布、网络问政、舆情研判、网上办事四项机制，主动公开政务信息，强化网络问政效能，妥善引导网上舆论，拓展为民服务功能”。其中，“拓展服务功能”成为衡量政务微博工作成效的新尺度。

2015 年 3 月 20 日，浙江省浦江县人民政府新闻办公室官方微博“@ 浦江发布”（UID：5071702655）上线运行。

2015 年 3 月 23 日，时任最高人民检察院检察长曹建明在学习贯彻全国两会精神电视电话会议上强调，各级检察院一把手要高度重视宣传，特别是“两微一端”等新媒体建设，把检务公开平台与微博、微信等对接，畅通司法便民渠道，努力为检察工作营造良好环境。

2015 年 3 月 23 日，全国“扫黄打非”办公室官方微博“@ 扫黄打非”（UID：5568732825）通过微博平台认证，正式上线。

2015 年 3 月 23 日，山东省监狱官方微博“@ 山东省监狱”（UID：5523864390）上线运行。

2015 年 3 月 25 日，湖南省环境保护厅官方微博“@ 湖南省环境保护厅”（UID：5536830778，现更名为“@ 湖南省生态环境厅”）上线运行。17 时 23 分发布上线通告：“尊敬的各位网友，湖南省环境保护厅官方微博现已正式开通。我们将打造湖南环保的新媒体时代，充分利用官方互动平台，为网友提供最新的环保信息。我们期待您的关注，也希望您支持环保工作。”

2015 年 3 月 25 日，北京市公安局门头沟分局官方微博“@ 平安门头沟”（UID：5546659917）上线运行。

2015 年 3 月 30 日，北京市公安局房山分局官方微博“@ 房山警方在线”（UID：5575615685）上线运行。

2015 年 3 月 31 日，国家新闻出版广电总局、财政部公布《关于推动传统出版和新兴出版融合发展的指导意见》（新广发〔2015〕32 号）。《意见》指出，要利用社交网络平台，建立出版网络社区等传播载体，打通传统出版读者群和新兴出版用户群，着力增强粘性，广泛吸引用户。借力商业网站的微博、微信、微店等渠道，不断扩大出版产品的用户规模，进一步扩大覆盖面。

2015 年 3 月 31 日，北京市公安局顺义分局官方微博“@顺义警方”（UID：5551535898）上线运行。

2015 年 3 月 31 日，湖北省咸宁市中级人民法院公开庭审咸宁市公务员局原局长王艳斌受贿上诉一案。该案在开庭审理的同时，通过咸宁市中级人民法院新浪官方微博“@咸宁中院”（UID：3970749414），图文并茂进行同步实时播报。

四月

2015 年 4 月 1 日，北京市公安局朝阳分局官方微博“@平安朝阳”（UID：5556545776）上线运行。

2015 年 4 月 1 日，北京市公安局东城分局官方微博“@平安东城”（UID：5553335319）上线运行。

2015 年 4 月 1 日，北京市公安局怀柔分局官方微博“@平安怀柔”（UID：2169644955）上线运行。

2015 年 4 月 1 日，司法部公布《关于进一步深化狱务公开的意见》（司发〔2015〕7 号）。该意见指出，向社会公众公开，可以通过门户网站、政务微博、微信公众平台等新兴媒体，增强狱务公开的影响力和舆论引导力；还可以通过召开执法情况通报会等方式，主动向社会人士、执法监督员介绍监狱执法管理及保障罪犯合法权益的情况，听取意见和建议。

2015 年 4 月 3 日，国务院办公厅印发《2015 年政府信息公开工作要点》（国办发〔2015〕22 号）。《要点》要求，要发挥各类信息公开平台和渠道作用。统筹运用新闻发言人、政府网站、政府公报、政务微博微信发布信息，扩大发布信息的受众面、提高影响力。特别要适应传播对象化、分众化趋势以及新兴媒体平等交流、互动传播的特点，更好地运用新技术、新手段，注重用户体验和信息需求，扩大政府信息传播范围，提高信息到达率。加强不同平台和渠道发布信息的衔接协调，确保公开内容准确、一致。要理顺工作关系，减少职能交叉，加强专门机构建设和人员配备，统筹做好信息公开、政策解读、舆情处置、政府网站、政务微博微信和政府公报等工作，并在经费、设备等方面提供必要保障。

2015 年 4 月 3 日，北京市公安局西站分局官方微博“@北京西站公安在线”（UID：5571431476）上线运行。15 时 39 分发布上线通告：“小伙伴们，从今天开始，北京市公安局西站分局官方微博‘北京西站公安在线’正式上线啦！我们将向您全方位展示京门卫士的精神面貌，为您送上安全提示，为您提供最新的便民服务措施。期待您的关注和互动！同时，特别提醒各位小伙伴，我们的微博平台不能作为报警平台，有警情请第一时间拨打 110 报警电话。”

2015 年 4 月 10 日，陕西省铜川市人民政府办公室下发《关于进一步加强政务微博建设管理工作的通知》（铜政办函〔2015〕12 号）。《通知》要求，除个别工作性质特殊、保密性强的单位外，各区县政府、市政府各部门各单位均务必于 6 月底前开通政务微博。要以群众信息需求为中心，把握政务微博发布特点，人性化提供便民服务。对政务微博集中反映的问题、提出的咨询及合理化建议，要建立受理、转办、督办和回复等工作制度，切实为民答疑、为民解困、为民谋利。

2015 年 4 月 11 日，中共中央党校中国干部学习网官方微博“@学习中国”（UID：5582313184）正式上线。

2015 年 4 月 15 日 15 时 44 分，内蒙古自治区阿拉善盟阿拉善左旗发生 4.0 级地震，银川市震感强烈。地震发生后，银川全市政务微博矩阵立体协同响应，线下迅速评估并确认震情对本单位职能内公共服务与民生所造成的破坏性程度和影响，线上立即通过政务微博发布新闻，动态速报，并及时对监测到的不同于官方发布的偏差信息进行辟谣，极大地压缩了不实信息传播的概率，有效地疏导了社会恐慌情绪。

2015 年 4 月 16 日，河南省漯河市召陵区信访局官方微博“@清风召陵信访”（UID：3865298150）上线运行。

2015 年 4 月 22 日，北京市公安局石景山分局官方微博“@平安石景山”（UID：5586348118）上线运行。9 时 54 分发布上线通告：“网民朋友，大家好！这里是北京市公安局石景山分局的官方微博‘平安石景山’，今天‘平安石景山’就正式开通运行和大家见面了，愿它成为我们沟通交流的好平台，让我们携手同行，共筑美好平安家园！”

2015 年 4 月 24 日上午，由光明网主办的“2014 检法系统新媒体应用评选”活动颁奖仪式暨研讨交流会在光明日报社举行。

2015 年 4 月 28 日，国家互联网信息办公室发布《互联网新闻信息服务单位约谈工作规定》（简称“约谈十条”），自 2015 年 6 月 1 日起正式实施。国家网信办有关负责人表示，出台“约谈十条”旨在更好地规范行政行为，依法行政，推动约谈工作进一步程序化、规范化，更好地促进互联网新闻信息服务单位依法办网、文明办网。“约谈十条”对约谈的行政主体、行政相对人、实施条件、方式、程序等做了明确规定。实施约谈的 9 种具体情形包括：未及时处理公民、法人和其他组织关于互联网新闻信息服务的投诉、举报情节严重的；通过采编、发布、转载、删除新闻信息等谋取不正当利益的；违反互联网用户账号名称注册、使用、管理相关规定情节严重的；未及时处置违法信息情节严重的；未及时落实监管措施情节严重的；内容管理和网络安全制度不健全、不落实的；网站日常考核中问题突出的；年检中问题突出的；以及其他违反相关法律法规规定需要约谈的情形。

2015 年 4 月 30 日，国务院办公厅印发《国家城市轨道交通运营突发事件应急预案》（国办函〔2015〕32 号）。《预案》对信息发布和舆论引导做出要求，要运用微博、微信、手机应用程序（App）客户端等新媒体平台，主动、及时、准确、客观向社会持续动态发布突发事件和应对工作信息，回应社会关切，澄清不实信息，正确引导社会舆论。

五月

2015 年 5 月 4 日，国家旅游局官方微博“@中国旅游”（UID：2058584790）发布，针对女导游辱骂游客强迫购物行为，国家旅游局责成云南省旅委立即调查并依法依规严肃处理。“@中国旅游”称，对于游客投诉和媒体曝光的案件，将列为检查监督的重点，做到件件有追踪，事事有着落，确保对旅游者负责，对市场秩序负责，对旅游企业与从业人员负责。

2015 年 5 月 4 日，印度共和国总理莫迪开通新浪微博账号“@印度总理”（UID：5581682776，现为“@莫迪总理”）。据印度《经济时报》报道，为访问预热而专门选择入驻中国微博是莫迪自己的提议，而且选择“微博”而不是中国其他的网络新媒介，更是莫迪对中国多个网络平台进行调研分析后的决策。

2015 年 5 月 12 日，交通运输部印发《交通运输行业新闻宣传工作管理办法》（交政研发〔2015〕76 号）。第十四条规定：各级交通运输主管部门和部属单位应积极探索，利用政务微博、微信等新媒体手段加强新闻发布和宣传报道工作，加强与公众的互动交流，制定、完善相关机制，规范相关流程。第十五条规定：各级交通运输主管部门和部属单位应积极拓展对外宣传渠道，创新宣传载体，加强主题策划和议程设置，邀请中央主流媒体、省（市）主要媒体，以及大众媒体、社会媒体、网络媒体参与宣传报道，加强舆论引导，做好审核把关，提升宣传效果。

2015 年 5 月 12 日，陕西省监狱管理局官方微博“@陕西监狱”上线运行。

2015 年 5 月 16—17 日，由中国网络传播学会主办、重庆大学新闻学院承办的“2015 中国新媒体传播学年会”在重庆大学举行。来自美国南卡罗来纳大学、布法罗纽约州立大学、香港城市大学、台湾世新大学、澳门大学、北京大学、清华大学、中国人民大学、中国传媒大学、南京大学、浙江大学、武汉大学、四川大学、华中科技大学、山东大学、厦门大学、吉林大学、重庆大学等海内外著名高校，以及中国社科院新闻与传播研究所、中国科学院科技政策与管理科学研究所等科研院所，北京市网信办等政府管理部门等 80 余家单位的专家学者以及国内外高校的博士生、硕士生 250 余人出席会议。

2015 年 5 月 20 日，国防部新闻局官方微博“@国防部发布”（UID：5611549371）注册开通。

2015 年 5 月 25 日，中共河南省郑州市金水区委、金水区人民政府信访局官方微博“@金水区信 – 访 – 局”（UID：5613733449）上线运行。

2015 年 5 月 25 日，国防部新闻局官方微博“@国防部发布”（UID：5611549371）通过微博平台认证。10 时 18 分发布上线预告：“亲爱的小伙伴们，‘国防部发布’微博、微信将于 5 月 26 日，也就是明天正式开通啦！明天上午 10 时将全程微直播《中国的军事战略》白皮书新闻发布会。今后将和大家不断交流互动，更多期待 ing!”

2015 年 5 月 26 日，国务院新闻办公室举行《中国的军事战略》白皮书有关情况新闻发布会。时任国防部新闻发言人杨宇军大校在发布会即将结束时，向在场媒体正式介绍于当日正式上线的中国国防部新闻局官方微博“@国防部发布”（UID：5611549371），表示希望有更多朋友能够成为国防部新闻局官微的粉丝，“发布要强，国防更要强”。

2015 年 5 月 26 日 14 时，北京市海淀区人民法院对网络游戏《后宫甄嬛传》侵权案开庭审理。同时，北京市海淀区人民法院官方微博“@北京海淀法院”（UID：3927469685）对该次庭审进行了微博视频直播。这也是海淀法院首次使用微博视频直播庭审全程。因认为网络游戏《后宫甄嬛传》的名称以及人物、情节、对话等均与其创作的小说相同，网络作家吴雪岚（笔名：流潋紫）将游戏开发者紫光顺风公司诉至法院。

2015 年 5 月 27 日，重庆市司法局官方微博“@重庆司法”上线运行。

六月

2015 年 6 月 1 日起，全国首批 50 个省市公安机关统一标识为“网警巡查执法”的微博、微信和百度贴吧账号集中上线，与社会各界和广大群众一起，共同构筑和谐、文明、清朗的网络空间。全国公安机关普遍建立网警常态化公开巡查执法机制，网警从幕后走向前台，开展网上公开巡查执法工作，全面提高网上“见警率”，着力提升网络社会公共安全感、群众满意度。全国首批上线的50个网警巡查执法账号有：北京、天津、河北、内蒙古、辽宁、上海、江苏、湖北、广东、广西、重庆、西藏、新疆网警巡查执法账号；唐山、秦皇岛、邯郸、太原、沈阳、大连、鞍山、抚顺、哈尔滨、大庆、南京、徐州、南通、杭州、宁波、合肥、厦门、福州、泉州、南昌、济南、青岛、淄博、潍坊、郑州、武汉、十堰、宜昌、广州、深圳、南宁、柳州、桂林、北海、成都、毕节、西安网警巡查执法账号。

2015年6月1日，首届全国环境互联网会议在济南召开。会上，由环境保护部宣传教育司主管、环保部宣教中心和中国环境报社主办的“中国环境新闻”微博、微信正式上线开通，全国环境新媒体联盟成立。同时，新浪政务新媒体学院环保分院也在会上正式成立。会议发布了《全国环境新媒体联盟宣言·济南共识》。

2015年6月8日，国务院新闻办公室发表《2014年中国人权事业的进展》白皮书。白皮书在第三部分“民主权利”中写道，至2014年底，仅新浪微博阅读量已突破1.7亿人次，形成了向上向善的强大社会力量；公民言论自由权得到有效保障。网络视频用户规模为4.33亿，微博客用户规模为2.49亿，公众通过新闻传播媒介自由地发表意见、提出批评建议，讨论国家和社会的各种问题。

2015年6月11日，最高人民法院官方微博“@最高人民法院”（UID：3908755088）发布，天津市第一中级人民法院依法对周永康受贿、滥用职权、故意泄露国家秘密案进行了一审宣判，认定周永康犯受贿罪、滥用职权罪、故意泄露国家秘密罪，三罪并罚，决定执行无期徒刑，剥夺政治权利终身，并处没收个人财产。周永康当庭表示，服从法庭判决，不上诉。

2015年6月17日，外交部军控司官方微博“@战略安全与军控在线”上线运行。首发内容：“盛世中国，居安思危。当今世界，国际安全挑战严峻多元，核武利剑高悬，生化阴影未消，外空、网络渐成战略角逐高地。维护国家安全任重道远，服务国家发展更需有所作为。‘战略安全与军控在线’愿同您一道，聚焦国际安全大事，追踪军控热点问题，评说全球安全时事。”

2015年6月24日，国务院办公厅发布《关于运用大数据加强对市场主体服务和监管的若干意见》（国办发〔2015〕51号）。《意见》提出，要提高信息服务水平，鼓励政府部门利用网站和微博、微信等新兴媒体，紧密结合企业需求，整合相关信息为企业提供服务，组织开展企业与金融机构融资对接、上下游企业合作对接等活动。充分发挥公共信用服务机构作用，为司法和行政机关、社会信用服务机构、社会公众提供基础性、公共性信用记录查询服务。

2015年6月24日上午，中国社会科学院新闻与传播研究所在北京发布《新媒体蓝皮书：中国新媒体发展报告No.6（2015）》。蓝皮书的调查显示，当前，近六成假新闻首发于微博，周二是一周微信“谣言”传播的最高峰。此外，由于封闭式传播环境，自我纠错能力弱，相较于微博，微信谣言的辟谣难度较大。

2015年6月25日，最高人民检察院常务副检察长胡泽君在全国检察机关新闻宣传工作会议上指出，要深入推进检察新媒体建设，让检察新媒体成为检察新闻宣传的新平台、展示检察形象的新窗口、联系人民群众的新纽带，努力提升检察新媒体社会影响力。

2015年6月26日，国家发展改革委、科技部、人力资源社会保障部、中国科学院联合发布《关于促进东北老工业基地创新创业发展打造竞争新优势的实施意见》（发改振兴

〔2015〕1488号）。《意见》要求，要营造鼓励创新创业的文化氛围，充分利用微博、微信等网络新媒体，生动讲述老工业基地艰苦奋斗、开拓进取的创新创业故事；充分发挥社会组织的作用，积极开展各类公益活动。

2015年6月26日“国际禁毒日”，全国21个省市区88家法院携手新浪，开展以“阳光司法联动禁毒”为主题的涉毒案件庭审视频公益活动。活动当日，有超过120万人次观看各法院直播的审理或宣判过程。“2015国际禁毒日”话题阅读量达200万人次。

七月

2015年7月1日，国务院发布《关于积极推进“互联网+”行动的指导意见》（国发〔2015〕40号）。《意见》指出，要顺应世界“互联网+”发展趋势，充分发挥我国互联网的规模优势和应用优势，推动互联网由消费领域向生产领域拓展，加速提升产业发展水平，增强各行业创新能力，构筑经济社会发展新优势和新动能。积极探索公众参与的网络化社会管理服务新模式，充分利用互联网、移动互联网应用平台等，加快推进政务新媒体发展建设，加强政府与公众的沟通交流，提高政府公共管理、公共服务和公共政策制定的响应速度，提升政府科学决策能力和社会治理水平，促进政府职能转变和简政放权。鼓励企业利用移动社交、新媒体等新渠道，发展社交电商、“粉丝”经济等网络营销新模式。

2015年7月2日，江苏省南京市江北新区管理委员会官方微博“@南京江北新区发布”（UID：2268237752）上线运行。

2015年7月3日，最高人民检察院在京召开“互联网+检察工作”座谈会。最高人民检察院检察长曹建明出席会议并强调，要善于运用网络传播规律，创新改进网上宣传，大力加强网上检察服务大厅、检察机关门户网站、“两微一端”等新媒体建设，完善人民检察院案件信息公开网，形成系统化的“检察网阵”。国家互联网信息办公室副主任彭波出席座谈会并讲话。

2015年7月8日，中央军委政治工作部组织局群团处官方微博“@八一青春方阵”（UID：5409923739）通过微博平台认证，正式上线。

2015年7月9日，时任最高人民检察院检察长曹建明在大检察官研讨班上强调，要强化互联网思维，充分依托互联网技术，提升司法公开、检察宣传和服务群众水平，特别是要高度重视新媒体运用，既把“两微一端”打造成新闻宣传“新高地”，又完善服务功能，搭建便民利民综合服务平台。

2015年7月11日，时任最高人民检察院检察长曹建明在《孟建柱同志在“曹建明检察长在‘互联网+检察工作’座谈会上的讲话”（高检院办公厅通报第29期）上批示的函》上批示道：建柱书记的重要批示，突出肯定了我们主动学习现代科学技术的做法和成效，对进一步提高全国检察机关现代化水平寄予了殷切希望。我们要认真学习贯彻建柱书记重要指示，坚持与时俱进、积极探索，更加主动融入互联网时代，更加注重运用互联网思维，更加注重学习互联网信息技术，努力探索“互联网+检察”的工作模式，以统一业务应用系统为基础和核心，大力推进电子检务工程，提升司法办案能力，增强司法管理效能，深化检务公开，推动互联网技术与检察工作的深度融合，认真落实好党中央网络强国的战略思想和“互联网+”的行动计划。

2015年7月13日，湖北省司法厅官方微博“@湖北省司法”（UID：5455903429）正式上线并开始运行。11时21分发布上线通告：“在这里，我们将及时与您分享湖北司法行政工作动态和相关信息，真诚期待您长期关注并提出宝贵意见和建议，为促进我省司法行政事业健康发展和平安法治湖北建设献计献策。感谢各位的支持！”

2015 年 7 月 27 日，中国残疾人联合会官方微博“@中国残联”（UID：5661888808）通过微博平台认证，正式上线。

2015 年 7 月 29 日，由中共吉林省委网信办、新华网、新华社吉林分社共同主办的《吉林省政务新媒体综合影响力报告》发布会在长春举行。这是吉林地区首次对政府政务微博、政务微信运行情况进行综合评估分析后发布的报告。“吉林省人民政府新闻办公室”“共青团吉林省委员会”“吉林省人民检察院”包揽了 2015 年 1 月至 6 月吉林省直机关政务新媒体前三名，“松原市人民政府新闻中心”“吉林省公安厅”“吉林省长春市公安局交通警察支队”分别占据吉林城市政务新媒体、吉林省公安系统政务新媒体、吉林省基层政务新媒体影响力排行榜榜首。

2015 年 7 月 30 日，贵州省贵阳市人民政府常务会议通过《贵阳市人民政府关于修改〈贵阳市政府信息公开规定〉的决定》，自公布之日起施行。新《规定》第十五条：行政机关应当将主动公开的政府信息，以政府公报、政府网站、新闻网站、商业网站、新闻发布会、报刊、广播、电视、政务服务中心公示公告栏及电子信息屏、政务微博微信及大数据平台等便于公众知晓、查阅的方式公开。

2015 年 7 月 31 日，国家外国专家局官方微博“@中华人民共和国国家外国专家局”（UID：5662724881）通过微博平台认证，正式上线。

2015 年 7 月 31 日，甘肃省公安厅网络安全保卫总队官方微博“@甘肃网警巡查执法”（UID：5657705239）上线运行。

八月

2015 年 8 月 3 日，广西壮族自治区司法厅官方微博“@广西普法”（UID：5662456428）上线运行。

2015 年 8 月 7 日，陕西省公安厅网络安全保卫总队官方微博“@陕西网警巡查执法”（UID：5657174577）上线运行。10 时 01 分发布上线通告：“亲爱的网友们大家好，我是陕西网警，为了广大网友能够安全上网，放心上网，我们从今天开始将每日在网上进行巡查执法，为广大网友保驾护航！请大家支持我、理解我！关注我！”

2015 年 8 月 7 日，海南省公安厅网络安全保卫总队官方微博“@海南网警巡查执法”（UID：5662998911）上线运行。9 时 58 分发布上线通告：“亲爱的网友们大家好，我是海南省公安厅网警，为了广大网友能够安全上网，放心上网，我们从今天开始将每日在网上进行巡查执法，为广大网友保驾护航！请大家支持、理解、关注！”

2015 年 8 月 13 日，北京市公安局延庆分局官方微博“@延庆警方”（UID：3645726762）上线运行。

2015 年 8 月 19 日，“2015 全国青少年新媒体论坛”在北京开幕。论坛由共青团中央学校部、教育部新闻宣传中心共同指导，人民日报社、新浪网、新浪微博联合主办。论坛围绕“新媒体与青年融合、创新与成长”的相关话题进行交流，发布了《中国校园微博发展报告（2015）》。

2015 年 8 月 19 日，最高人民法院关于印发《人民法院落实〈领导干部干预司法活动、插手具体案件处理的记录、通报和责任追究规定〉的实施办法》的通知（法发〔2015〕10

号），自 2015 年 8 月 20 日起施行。《办法》第二条规定：“人民法院以外的组织、个人在诉讼程序之外递转的涉及具体案件的函文、信件或者口头意见，人民法院工作人员均应当全面、如实、及时地予以记录，并留存相关材料，做到全程留痕、永久存储、有据可查。”第四条规定：“人民法院工作人员根据本办法第二条履行记录义务时，应当如实记录相关人员的姓名、所在单位与职务、来文来函的时间、内容和形式等情况；对于利用手机短信、微博客、微信、电子邮件等网络信息方式过问具体案件的，还应当记录信息存储介质情况；对于以口头方式过问具体案件的，还应当记录发生场所、在场人员等情况，其他在场的人民法院工作人员应当签字确认。”

2015 年 8 月 19 日，北京市朝阳区人民法院开庭审理朱圣祎诉王思聪名誉权纠纷案，庭审同步微博视频直播。当天微博视频直播访问量 1592 人，点播访问量达到 11286 人。

2015 年 8 月 21 日，国家发展和改革委员会政策研究室官方微博“@国家发改委”（UID：5663214224）通过微博平台认证，正式上线。

2015 年 8 月 24—28 日，新浪微博携手全国 16 省区市 231 家法院，开展以“阳光法院宣传周，百万网友看庭审”为主题的司法公开大型网络巡展活动。活动期间，共有 240 场审理案件通过新浪网法院频道和各法院官方微博公开庭审全程，专题点击量达 3558870 次，直播期间视频观看人数达到 180 万人次。同时，“阳光法院”话题阅读量达到 107.7 万人次。

2015 年 8 月 26 日上午，湖北省襄阳铁路运输法院首次通过官方微博“@襄阳铁路运输法院”（UID：2892297917）向网友直播了一起运输毒品案庭审全过程。庭审过程有 1 万多人次在线收看，其中有 41 人直接参与了讨论。

2015 年 8 月 27 日上午 9 时，安徽省利辛县人民法院首次通过微博对一起拒不执行判决罪案件进行全程庭审视频直播。

2015 年 8 月 28 日，人民日报和微博联合发布《2015 年上半年人民日报·政务微博影响力报告》。报告显示，政务微博已进入深入、稳定发展期。截至 2015 年 6 月，新浪认证的政务微博 145016 个，其中政务机构官方微博 108115 个，公务人员微博 36901 个。报告指出，政务微博呈现集群化发展特点，形成从中央到地方，覆盖不同级别、不同职能部门的政务微博矩阵。随着“互联网 + 政务”的推进，政务微博运营已经成为政府日常工作的组成部分，运营水平的高低也成为政府部门行政能力的“标尺”。

2015 年 8 月 29 日，第十二届全国人民代表大会常务委员会第十六次会议通过《中华人民共和国刑法修正案（九）》，自 2015 年 11 月 1 日起施行。将微博等网络社会行为治理纳入该修正案：“编造虚假的险情、疫情、灾情、警情，在信息网络或者其他媒体上传播，或者明知是上述虚假信息，故意在信息网络或者其他媒体上传播，严重扰乱社会秩序的，处 3 年以下有期徒刑、拘役或者管制；造成严重后果的，处 3 年以上 7 年以下有期徒刑。”

九月

2015 年 9 月 2 日，中国残疾人联合会官方微博“@中国残联”（UID：5661888808）正式上线。首发内容：“‘@中国残联’为积极回应社会及广大残疾人的关切，中国残联‘两微一端’（微博、微信公众账号以及人民日报手机客户端）融合了新闻发布、网上服务、互动交流、听取意见等内容。‘两微一端’将为残疾人朋友提供更及时、更充分的信息服务，成为各界了解中国残疾人事业的有效平台和透明窗口。”

2015 年 9 月 4 日 21 时 24 分，新浪微博官方账号“@微博小秘书”（UID：1642909335）

盘点发布9月3日天安门广场举行纪念抗战胜利70周年大阅兵活动的微博传播数据：话题“#9.3胜利日大阅兵#”有2151万人参与微博讨论，产生3563万条讨论，阅读总量达146亿人次；4675万人为祖国点赞，点赞2.159亿次破历史纪录；微博联合中央电视台发起话题“#我向老兵敬个礼#”，邀请130多位明星参与，引爆网络；微博联动中央电视台新闻中心官方微博“@央视新闻”（UID：2656274875）、中国军网记者频道官方微博“@军报记者”（UID：2280198017）等媒体多视角播报获称赞；最戳泪一条微博转发破百万！抗战阅兵相关话题的总阅读量达51亿人次，讨论量高达856万条。其中，《人民日报》微博“@人民日报”（UID：2803301701）主持的话题“#纪念抗战胜利阅兵#”阅读量达6.3亿人次；“央视新闻”主持的话题“#9.3胜利日大阅兵#”阅读量达18.2亿人次；“@军报记者”主持的“#9.3天安门阅兵#”阅读量达1.6亿人次；网友“@千钧客”（UID：5028892209）主持的“#指尖护卫大阅兵#”阅读量达1.8亿人次。

2015年9月8日，湖南省公安厅官方微博“@湖南公安在线”（UID：5645893201，现已更名为“@湖南公安”）、“@湖南公安宣传”（UID：5684340473，现已更名为“@湘警民生”）正式开通上线。时任副省长、公安厅厅长黄关春为其发布了第一条微博：“我们将以新媒体为桥梁，听民声，解民情，让信息更快捷，让服务更贴心，让群众更满意，实施湖南公安‘两加强两提升’战略，推进警务工作转型升级，争创‘三个一流’。”

2015年9月8日，中国气象局气象宣传与科普中心在京召开气象宣传科普工作研讨会。中国气象局党组副书记、副局长许小峰出席研讨会并强调，要强化宣传与科普的主动意识，重视传播效果，使该项工作能够真正实现业务化、规范化和流程化。

2015年9月10日，北京市东城区人民法院利用其官方微博“@北京东城法院”（UID：3960006638）直播郭美美、赵晓来开设赌场案庭审。

2015年9月10日，公安部交通管理局官方微博“@公安部交通安全微发布”（UID：2501519087）正式宣布，在公安部交通管理局等的倡导下，9月9日被确立为第一个“全国拒绝酒驾日”。选择9月9日作为“全国拒绝酒驾日”有两方面寓意：一是“9”与“酒”同音，二是双“9”象征“长长久久”。

2015年9月15日，联合国环境规划署执行主任、联合国副秘书长阿奇姆施泰纳开通实名认证微博“@阿奇姆施泰纳_ AchimSteiner”（UID：5692226981）。他在首发微博中说：“对于微博空间，我姗姗来迟。2015年是世界走向可持续道路的全球行动年，随着本月联大、联合国可持续发展峰会、环境署地球卫士奖在纽约的举办，我很期待借助微博的平台，向中国的新朋友、老朋友展示我们全球的工作。在环境署任职逾九年，参与并见证了环境署与中国战略合作的拓展，感谢你们的支持！”

2015年9月15日，黑龙江省法院新媒体（微博）实战演练培训会在伊春市铁力市法院召开。黑龙江全省共10个中级人民法院和部分基层法院的相关人员参加了专题培训。

2015年9月16日，最高人民法院公布《关于充分发挥审判职能作用切实维护公共安全的若干意见》（法发〔2015〕12号）。《意见》指出，要积极参与社会治安综合治理，促进健全公共安全体系，“充分运用传统媒体和微信、微博、新闻客户端等新媒体，通过公开审判、以案说法、发布典型案例等形式，强化法制宣传，震慑违法犯罪”。

2015年9月17日上午，五位黑龙江团全国人大代表和八位北京市人大代表视察北京市第三中级人民法院，并就人民法院工作进行了座谈。对于“北京法院微博发布厅”，全国人大代表、民进教育委员会委员吴正宪点评说："北京的法院和法官敢于在微博里亮相，敢于跟网友沟通交流，这是一种自信的表现。希望越来越多的法官能够走进网络世界，坦诚与网民沟通对话。"全国人大代表、全国人大内务司法委员会委员、中共中央直属机关工委原副书记赵凯点评说："微博发布与传统媒介相比，更加方便、直接、简洁。北京法院微博发布厅最大限度实现了社会公众的知情权，展示了北京法院公开、透明的形象，满足了人民群众在新媒体环境下对司法的新期待。"

2015 年 9 月 21 日，福建省环境保护厅官方微博"@福建环境"（UID：5645444706）上线运行。同日下午，福建省环保重点工作宣传暨媒体座谈会召开，中共福建省委宣传部副部长蔡小伟、省环保厅厅长朱华、副厅长付朝阳、总工程师许碧瑞出席参加。

2015 年 9 月 24 日，安徽省第十二届人民代表大会常务委员会第二十三次会议通过《安徽省法治宣传教育条例》，自 2015 年 12 月 4 日起施行。《条例》第二十三条规定，国家机关和承担公共管理、公共服务职能的组织，应当通过网站、微信、微博等媒体向社会提供与其职能相关的法治宣传教育服务。健全媒体公益普法制度，落实媒体的法治宣传教育责任。

2015 年 9 月 25 日，湖南省第十二届人民代表大会常务委员会第十八次会议通过《湖南省社会科学普及条例》，自 2016 年 1 月 1 日起施行。《条例》第十五条规定，互联网信息服务单位应当发展健康向上的网络文化，利用网站、微博、微信等新媒介生产、传播有益于提高公众文化素质、促进社会进步的社会科学普及作品。

2015 年 9 月 30 日，中共广西壮族自治区梧州市委宣传部"@梧州发布"（UID：5697933571）上线运行。

十月

2015 年 10 月 8 日，湖南省公安系统 14 个市州的公安微博全部完成认证。

2015 年 10 月 9 日，"新媒体时代的政治生态与执政方式"理论研讨会在华东师范大学闵行校区举行。学术会议由上海市社会科学创新基地（党的执政能力方向）主办，华东师范大学中国特色社会主义研究中心、《探索与争鸣》编辑部、华东政法大学公民社会与公共治理研究中心共同承办。来自北京大学、中国人民大学、福州大学、江西师范大学、山西省社会科学院、上海社会科学院、中国浦东干部学院、南京政治学院等高校和研究机构的 60 多位学者出席了研讨会。

2015 年 10 月 13 日，广东省广州开发区官方微博"@广州开发区发布"（UID：5695893336）上线运行。

2015 年 10 月 15 日，文化部官方微博"@文化部"（现变更为：文化与旅游部官方微博"@文旅之声"。UID：5713450386）通过微博平台认证，正式上线运行。当日 15 时 08 分发出第一条微博："各位网友好，文化部官方微博正式开通了！我们将在这里发布文化政策、信息、资讯。期待大家的支持和关注。"

2015 年 10 月 19 日上午，2018 年韩国平昌冬季奥运会暨冬季残疾人奥运会官方网站中文版与新浪官方微博正式开通。

2015 年 10 月 26 日，国务院办公厅公布《关于加强互联网领域侵权假冒行为治理的意见》（国办发〔2015〕77 号）。《意见》提出，要依托国家版权监管平台，扩大版权重点监管范围，将智能移动终端第三方应用程序（App）、网络云存储空间、微博、微信等新型传播方式纳入版权监管。

2015 年 10 月 30 日，人民日报和微博联合发布《2015 年第三季度人民日报·政务指数微博影响力报告》。报告显示，截至 2015 年 9 月 30 日，经过微博平台认证的政务微博达到 150131 个，其中政务机构微博 112602 个，公务人员微博 37529 个。此外，随着国家发改委官方微博开通，截至 9 月底，已经有超过半数的国务院组成部门开通微博账号。

十一月

2015 年 11 月 2 日，《人民日报》与人民网舆情监测室发布了 2015 年第三季度“政务微博竞争力全国城市百强榜”。

2015 年 11 月 3 日，国家外国专家局办公室印发《国家外国专家局政务微博微信发布运维管理办法》（外专办发〔2015〕403 号）。该办法要求，国家外国专家局政务微博、微信发布遵循“统一管理、分级负责、及时快捷、树立形象”的原则，以服务引才、引智为目的，权威、准确、及时地发布引智信息，不断满足社会公众的新期待、新要求。

2015 年 11 月 5 日北京时间 4 时 25 分，在履新加拿大总理后，特鲁多在微博同步发布：“今天，很荣幸宣誓就职加拿大第 23 任总理。”

2015 年 11 月 8 日，湖南省公安系统所有县市、区县级公安微博全面开通，共计 222 个。此举标志着湖南公安省市县三级政务微博矩阵架构组建完成。

2015 年 11 月 10 日，中国空军官方微博“@空军发布”（UID：5707057078）通过微博平台认证，正式上线。15 时 33 分发布上线通告：“‘@空军发布’与人民空军相约蓝天。11 月 11 日，是人民空军成立 66 周年纪念日。今天，‘空军发布’微博、微信与您见面了！‘空军发布’传递空军声音、讲述空军故事、传播空天文化、服务社会公众。期待您的关注与支持，与人民空军相约蓝天！”

2015 年 11 月 14 日，云南省昆明市人民政府代理市长王喜良接管“@昆明市长”官方微博（UID：3258074703）。20 时 28 分，“@昆明市长”发布通告称：“网民朋友们，大家好。我是昆明市代理市长王喜良。省委决定李文荣市长到曲靖市工作，今后‘@昆明市长’将由我继续与大家相互交流，谢谢大家的支持！”中国传媒大学媒介与公共事务研究院高级研究员侯锷对此评论：“@昆明市长”重新定义“官员微博”，实现了政务微博矩阵在组织意义上的丰富化和扩大化。首先，“@昆明市长”微博的名称和认证策略，对领导干部实名开微博的实践和政策研究提供了开创性的突破思维；其次，“@昆明市长”此次既不更名也无须修订微博认证信息的“易主”举动，再次说明标准意义上的“官员微博”不应是“个人私产”属性，而是可以也应当作为“政府社交公共资产”列入组织交接和岗位移交的“公器”；最后，“官员微博”不应随着个人职务调整而“人走政息”，而应当纳入机制化、可持续运营的政务微博序列建制发展。因此，“@昆明市长”微博对于中国政务微博科学化、规范化发展，及党委政府通过微博进行媒介执政的创新示范意义深远而重大。

2015 年 11 月 16 日，中共广西壮族自治区委员会、广西壮族自治区人民政府信访局官方微博“@广西信访”（UID：5762757457）上线运行。

2015 年 11 月 18 日，河北省第二届新媒体舆论引导战略研讨会在张家口举行。活动由河北省互联网信息办公室主办，张家口市互联网信息办公室、长城网协办。

2015 年 11 月 19 日，湖北省监狱管理局官方微博“@湖北监狱”（UID：5760258823）上线运行。

2015 年 11 月 21 日，最高人民法院下发《关于新形势下加强人民法院文化建设的指导意见》（法发〔2015〕15 号）。《意见》要求，进一步办好各级法院官方微博、微信和中国法院网、中国法院手机电视、“中国法治”客户端，充分运用新媒体增强法院文化传播力。加强法院官方微博、微信和干警微信公众号的管理引导，防止传播不实信息和不当言论。

2015 年 11 月 24 日，由新浪网、新浪微博、新浪山东联合主办的“2015 山东最佳政务微博评选”活动正式启动。该活动旨在促进山东省政务微博建设工作，提升山东省各级政务机构的网络政务水平，鼓励和激发各政务微博的积极性、主动性和创造性。

2015 年 11 月 26 日，北京市监狱管理局官方微博“@北京监狱”（UID：5769927388）正式上线运行。17 时 23 分发布上线通告：“北京市监狱管理局官方微博正式开通啦！在这里，我们将为您揭开监狱神秘的面纱，讲述真实的‘监狱故事’。”

十二月

2015 年 12 月 1 日，由首都文明办宣教信息中心和人民网舆情监测室联合主办的“新媒体环境下网络正能量传播”研讨会在京召开。北京市各区县文明办、首都文明网等单位代表一行 20 余人参加了研讨会，部分代表与嘉宾就正能量传播实践进行了探讨。

2015 年 12 月 2 日，贵州省贵阳市信访局官方微博“@贵阳市信访局”上线运行。

2015 年 12 月 2 日至 3 日，首届全国新媒体时代统战工作研讨会在贵州省贵阳市召开。中央统战部副部长陈喜庆出席会议并讲话，中共贵州省委常委、省委统战部部长刘晓凯出席会议并致辞，中央统战部信息办、信息中心主任王丕君做总结讲话。中央统战部、各民主党派中央、全国工商联、各省（区、市）及全国副省级城市党委统战部有关负责人员参加会议。

2015 年 12 月 4 日，时任最高人民检察院检察长曹建明在高检院第十五次“检察开放日”活动上强调，检察机关坚持以人民为中心，必须深化司法民主，保障人民群众参与司法，切实增强检察工作的亲和力和公信力。各级检察机关要进一步深化检务公开，认真落实最高人民检察院《关于全面推进检务公开工作的意见》，坚持以案件信息公开为核心，进一步扩大公开的范围、统筹推进公开的进度、把握好公开的合理限度，以公开促公正，以公开赢公信。

2015 年 12 月 7 日，安徽省人民政府官方微博“@安徽省人民政府发布”上线试运行。

2015 年 12 月 9 日，海南省海口市人民政府新闻办公室官方微博“@海口发布”正式上线运行（10 月 20 日开始试运行）。9 时 21 分发布上线通告：“海口将通过这一政务平台，及时发布市委、市政府重大决策、重要部署的相关信息，为市民提供全面的服务资讯。‘海口发布’将搭建起密切党群干群关系新桥梁，为海口发声，为‘双创’注入新活力！”

2015 年 12 月 9 日，“2015 微博 V 影响力峰会”在北京举行。中央网信办网络新闻信息传播局局长姜军在致辞中称，微博积极扮演着三重角色：一是“突发事件稳定器”，二是“正面内容聚合器”，三是“公益行动催化器”。

2015 年 12 月 10 日，环境保护部印发《建设项目环境影响评价信息公开机制方案》（环发〔2015〕162 号）。《方案》要求积极回应社会监督，“环境保护主管部门可通过官方网站、开通官方微博和微信公众号等多种形式发布建设项目环评信息，对于公众反映的建设项目重要环境问题或举报的环评违法问题，应当依法予以核实处理并反馈”。

2015 年 12 月 11 日，安徽省宿州市委市政府信访局官方微博“@宿州市信访局”上线运行。

2015 年 12 月 11 日，由新浪四川、新浪微博、四川日报全媒体集群联合主办的“2015

四川政务微博年会”在成都举行。

2015 年 12 月 12 日上午，由中共陕西省委宣传部、中共陕西省委网信办指导，人民日报社陕西分社和西安交通大学新闻与新媒体学院共同主办，人民日报传媒广告有限公司陕西分公司和人民网陕西频道承办的“第二届媒体融合与传播创新发展研讨会”在西安交通大学举行。西安交通大学党委常务副书记王小力、陕西省委宣传部副部长钟顺虎、陕西省委网信办副主任张琳分别致辞，研讨会由人民日报社陕西分社社长王乐文主持。

2015 年 12 月 13 日，“@政务新媒体学院”联合“@政府微博助理”“@政务微主播”及新浪 27 个地方站，共同发起#政务微博这一年#盘点，聚焦政务微博服务民生成果。

2015 年 12 月 16 日，第二届世界互联网大会在浙江乌镇举行，本届大会的主题是“互联互通·共享共治——共建网络空间命运共同体”。

2015 年 12 月 16 日，习近平在第二届世界互联网大会上发布构建网络空间命运共同体五点主张：第一，加快全球网络基础设施建设，促进互联互通；第二，打造网上文化交流共享平台，促进交流互鉴；第三，推动网络经济创新发展，促进共同繁荣；第四，保障网络安全，促进有序发展；第五，构建互联网治理体系，促进公平正义。

2015 年 12 月 16 日，四川省公安厅召开“2015 全省公安机关新媒体应用年会”。

2015 年 12 月 21 日，中共黑龙江省委网络安全和信息化领导小组办公室官方微博“@龙江网信”正式上线运行。

2015 年 12 月 23 日 22 时 13 分，最高人民法院官方微博“@最高人民法院”（UID：3908755088）发布消息：“今天上午，最高人民法院院长周强出席了在北京医院举行的陈海发同志遗体告别仪式。陈海发同志生前系最高人民法院新闻局副局长、人民法院报社党委委员、副总编辑，12 月 21 日因病医治无效在北京逝世，享年 59 岁。”在河南省高级人民法院工作期间，陈海发同志主持运营的“豫法阳光”微博被人民网评为“全国十大政务微博”，被新浪网评为“全国党政机构十大微博”，积极推进开通河南法院庭审直播网、裁判文书网。2013 年 11 月他到最高人民法院工作后，积极探索司法宣传与新媒体技术的结合，参与了最高人民法院官方微博、微信和全国法院微博发布厅的创建工作，参与建立并逐步完善了中国法院庭审直播网，大力推进全国网络视频庭审直播间建设，为提升人民法院新媒体时代的舆论引导能力，全面建构适应大数据时代要求的全媒体、立体化信息传播格局付出了大量心血。

2015 年 12 月 24 日，甘肃省司法厅官方微博“@甘肃省司法厅官微”正式开始运行。13 时 53 分发布上线通告：“本平台主要用于全省司法行政工作新闻宣传、推广、交流、政府信息公开，感谢大家对甘肃省司法厅微信公众平台的关注，我们将努力打造甘肃司法行政新媒体宣传工作的品牌！”

2015 年 12 月 25 日，中共中央总书记、国家主席、中央军委主席习近平视察解放军报社。在解放军报社网络宣传中心，习近平敲击键盘发出了一条微博：“值此新年即将到来之际，我代表党中央、中央军委，向全体解放军指战员、武警部队官兵和民兵预备役人员祝贺新年。希望大家践行强军目标，有效履行使命，为实现中国梦强军梦做出新的更大贡献！”

2015 年 12 月 29 日，深圳市公安局人口管理处官方微博“@深圳户政”上线。

2015 年 12 月 31 日，山东省环境保护厅办公室印发《山东省环境保护厅环境信访舆情执法联动工作程序》。文件要求，山东省环保宣教中心每日 16 时前负责将内容明确、具备执法条件的舆情（媒体报道、山东环境政务微博、齐鲁民声）报送山东环境公众投诉（信访）平台，重大舆情应同时报厅办公室；每日在山东环境政务微博公开 1 ~2 件环境信访案件办理结果，并公布每月各市环境信访办理情况。

2016

一月

2016 年 1 月 2 日，国家卫生计生委人口文化发展中心官方微博“@ 卫生计生文化推广平台”（UID：5804654593）通过微博平台认证，正式上线。

2016 年 1 月 2 日，江西省抚州市崇仁县旅游局官方微博“@ 崇仁旅游”（UID：5815739284）通过微博平台认证，正式上线。

2016 年 1 月 2 日，广东省清远市阳山县七拱镇人民政府官方微博“@ 七拱便民服务”（UID：5793920332）通过微博平台认证，正式上线。

2016 年 1 月 2 日，江西省抚州市崇仁县教育体育局官方微博“@ 崇仁教育体育”（UID：5816245727）通过微博平台认证，正式上线。

2016 年 1 月 2 日，四川省雅安市交通运输局官方微博“@ 雅安交通运输”（UID：5012019400）通过微博平台认证，正式上线。

2016 年 1 月 2 日，四川省成都市温江区永盛镇卫生院官方微博“@ 成都市温江区永盛镇卫生院”（UID：5815348338）通过微博平台认证，正式上线。

2016 年 1 月 2 日，四川省成都市温江区万春镇中心卫生院官方微博“@ 温江区万春镇中心卫生院”（UID：5801675797）通过微博平台认证，正式上线。

2016 年 1 月 2 日，云南省昆明市呈贡区交通运输局官方微博“@ 呈贡区交通运输局”（UID：3943526278）通过微博平台认证，正式上线。

2016 年 1 月 2 日，江西省抚州市临川区环境保护局官方微博“@ 临川环保”（UID：5816497342）通过微博平台认证，正式上线。

2016 年 1 月 2 日，贵州省铜仁市江口县闵孝镇人民政府官方微博“@ 和谐闵孝”（UID：5815498860）通过微博平台认证，正式上线。

2016 年 1 月 2 日，云南省文山丘北县国土资源局官方微博“@ 丘北县国土资源”（UID：5814131510）通过微博平台认证，正式上线。

2016 年 1 月 2 日，黑龙江省哈尔滨市公安局南岗分局官方微博“@ 南岗公安分局”（UID：1934268381）通过微博平台认证，正式上线。

2016 年 1 月 2 日，山东省滨州市公安局交警支队高新区大队官方微博“@ 滨州高新交警”（UID：5813532269）通过微博平台认证，正式上线。

2016 年 1 月 2 日，四川省成都市双流县三星镇成人教育学校官方微博“@ 天府新区三星成教校”（UID：3497434707）通过微博平台认证，正式上线。

2016 年 1 月 2 日，雅安抗震救灾社会组织和志愿者服务中心官方微博“@ 雅安市群团组织社会服务中心”（UID：3383251960）通过微博平台认证，正式上线。

2016 年 1 月 2 日，安徽省阜阳市临泉县白庙镇人民政府官方微博“@ 白庙镇”（UID：5815907724）通过微博平台认证，正式上线。

2016年1月2日，江西省抚州市临川区教育局官方微博“@临川区教育局政务微博”（UID：5816699887）通过微博平台认证，正式上线。

2016年1月2日，贵州省仁怀市卫生和计划生育局官方微博“@健康仁怀”（UID：5561042513）通过微博平台认证，正式上线。

2016年1月2日，四川省成都市郫县民政局官方微博“@善满鹃城”（UID：5803731630）通过微博平台认证，正式上线。

2016年1月2日，四川省成都市温江区永宁镇公立卫生院官方微博“@成都市温江区永宁镇卫生院”（UID：5802661329）通过微博平台认证，正式上线。

2016年1月4日，中华全国总工会官方微博“@工会在线”（UID：5785531314）通过微博平台认证，正式上线。

2016年1月4日，贵州省黔东南苗族侗族自治州旅游发展委员会官方微博“@贵州省黔东南州旅游发展委员会1”（UID：3338680552）通过微博平台认证，正式上线。

2016年1月5日，四川省大邑县卫计局官方微博“@健康大邑”（UID：3315436334）通过微博平台认证，正式上线。

2016年1月5日，四川省凉山州木里藏族自治县食品药品监督管理局官方微博“@木里县食药工质局”（UID：5209740097）通过微博平台认证，正式上线。

2016年1月6日，大邑县市场监督管理局官方微博“@大邑县市场监管局”（UID：3276155212）通过微博平台认证，正式上线。

2016年1月6日，四川省成都市新津县市场监督管理局官方微博“@新津市场监管”（UID：3483641443）通过微博平台认证，正式上线。

2016年1月7日，贵州省六盘水市钟山区住房和城乡建设局官方微博“@六盘水市钟山区住房和城乡建设局”（UID：5800726623）通过微博平台认证，正式上线。

2016年1月7日，贵州省遵义市习水县隆兴镇人民政府官方微博“@魅力隆兴葡萄之乡”（UID：5822981135）通过微博平台认证，正式上线。

2016年1月7日，四川省邛崃市人民政府临邛街道办事处官方微博“@临邛街道办事处”（UID：5815556948）通过微博平台认证，正式上线。

2016年1月7日，巴南区第二次全国地名普查官方微博“@巴南区第二次全国地名普查”（UID：5822731304）通过微博平台认证，正式上线。

2016年1月7日，重庆市教育委员会官方微博“@重庆市教委”（UID：5821503781）通过微博平台认证，正式上线。

2016年1月7日，昆明公交集团有限责任公司第七分公司官方微博“@昆明公交第七公司”（UID：5821432961）通过微博平台认证，正式上线。

2016年1月7日，重庆市万州区环保局官方微博“@重庆万州环保”（UID：2257056873）通过微博平台认证，正式上线。

2016年1月8日，四川省乐山市马边彝族自治县公安局交通警察大队官方微博“@马边交警”（UID：2865803174）通过微博平台认证，正式上线。

2016年1月8日，重庆市渝北区洛碛镇人民政府官方微博“@重庆渝北洛碛”（UID：2053508262）通过微博平台认证，正式上线。

2016年1月8日，贵州省贵阳市花溪区人力资源和社会保障局官方微博“@花溪人社”

（UID：5634762375）通过微博平台认证，正式上线。

2016年1月8日，广元市公共交通公司官方微博“@广元市公交公司”（UID：5580500540）通过微博平台认证，正式上线。

2016年1月8日，四川大学华西医院血液透析中心官方微博“@华西医院血液透析中心”（UID：5803694394）通过微博平台认证，正式上线。

2016年1月8日，四川省巴中市恩阳区食品药品监督管理局官方微博“@巴中市恩阳区食药监局”（UID：5815313855）通过微博平台认证，正式上线。

2016年1月9日，昆明公交集团有限责任公司第二分公司官方微博“@昆明公交二公司”（UID：5822494000）通过微博平台认证，正式上线。

2016年1月11日，贵州省黔东南镇远县人民政府办公室官方微博“@镇远社区微博”（UID：3871297023）通过微博平台认证，正式上线。

2016年1月12日，云南省曲靖市沾益县委办公室官方微博“@沾益区委办”（UID：5590725509）通过微博平台认证，正式上线。

2016年1月12日，四川省成都市新都区城乡环境综合治理领导小组办公室官方微博“@成都市新都区治理办”（UID：3547972754）通过微博平台认证，正式上线。

2016年1月12日，重庆市武隆县纪律检查委员会官方微博“@风清武隆”（UID：5824641328）通过微博平台认证，正式上线。

2016年1月12日，四川省成都市青白江区大同镇西林村村民委员会官方微博“@大同镇西林村”（UID：3801921434）通过微博平台认证，正式上线。

2016年1月12日，四川省成都市大邑县悦来镇央石村官方微博“@央石村”（UID：5150077786）通过微博平台认证，正式上线。

2016年1月12日，贵州省贵阳市修文县禁毒委员会办公室官方微博“@修文县禁毒办”（UID：5770314212）通过微博平台认证，正式上线。

2016年1月12日，云南省大理州南涧彝族自治县小湾东镇团委官方微博“@小湾东镇团委”（UID：5824124216）通过微博平台认证，正式上线。

2016年1月12日，贵州省遵义市习水县双龙乡人民政府官方微博“@shuanglong1240”（UID：5819443120）通过微博平台认证，正式上线。

2016年1月12日，重庆市奉节县投资促进中心官方微博“@奉节县投资促进中心”（UID：5750224069）通过微博平台认证，正式上线。

2016年1月12日，云南省昆明市公路路政管理支队官方微博“@昆明市公路路政管理支队”（UID：5824579866）通过微博平台认证，正式上线。

2016年1月12日，四川省甘孜藏族自治州色达县气象局官方微博“@色达气象”（UID：5045447652）通过微博平台认证，正式上线。

2016年1月12日，云南省曲靖市马龙县人民政府官方微博“@ML公务”（UID：5811681070）通过微博平台认证，正式上线。

2016年1月12日，成都铁路局重庆客运段官方微博“@重庆客运段京渝之桥”（UID：2542829133）通过微博平台认证，正式上线。

2016年1月12日，四川省广汉市三水镇人民政府官方微博“@鱼游三水”（UID：2618625343）通过微博平台认证，正式上线。

2016年1月12日，重庆市渝北区气象局官方微博“@渝北气象”（UID：5821970903）通过微博平台认证，正式上线。

2016年1月13日，四川省成都市成华区文化广电新闻旅游体育局官方微博“@成华文旅体局”（UID：3585293110）通过微博平台认证，正式上线。

2016年1月13日，四川天府新区管理委员会办公室官方微博“@四川天府新区管委会办公室”（UID：5776786285）通过微博平台认证，正式上线。

2016年1月14日，四川省成都市金牛区九里堤街道星河路社区官方微博“@星河路社区”（UID：3186512145）通过微博平台认证，正式上线。

2016年1月14日，云南省大理白族自治州鹤庆县市场监督管理局官方微博“@鹤庆市场监管”（UID：5827604789）通过微博平台认证，正式上线。

2016年1月14日，蓬安县人民政府官方微博“@蓬安播报”（UID：2039870801）通过微博平台认证，正式上线。

2016年1月15日，四川省彭州市文体新闻出版和旅游局官方微博“@彭州文旅局”（UID：5208534250）通过微博平台认证，正式上线。

2016年1月15日，云南省保山市国土资源局官方微博“@保山市国土局”（UID：5828150641）通过微博平台认证，正式上线。

2016年1月15日，中国人民政治协商会议云南省宜良县委员会官方微博“@宜良县政协”（UID：5792471093）通过微博平台认证，正式上线。

2016年1月15日，四川省绵阳市三台县芦溪镇人民政府官方微博“@美丽芦溪”（UID：1786982651）通过微博平台认证，正式上线。

2016年1月15日，四川省广安市粮食局官方微博“@广安市粮食局”（UID：5796514108）通过微博平台认证，正式上线。

2016年1月15日，重庆市秀山土家族苗族自治县发展和改革委员会官方微博“@重庆市秀山_发-改-委”（UID：5780775195）通过微博平台认证，正式上线。

2016年1月15日，贵州省贵阳市白云区文明办官方微博“@白云区文明办”（UID：2951646334）通过微博平台认证，正式上线。

2016年1月15日，四川省成都市成华区统一建设办公室官方微博“@成华统建”（UID：3581756604）通过微博平台认证，正式上线。

2016年1月15日，四川省成都市双流县白沙镇官方微博“@天府新区白沙街道”（UID：2795634793）通过微博平台认证，正式上线。

2016年1月15日，共青团成都应急救援队官方微博“@成都青年应急救援队”（UID：3676464034）通过微博平台认证，正式上线。

2016年1月15日，《公益广告促进和管理暂行办法》公布，自2016年3月1日起施行。《办法》规定，鼓励网站结合自身特点原创公益广告，充分运用新技术、新手段进行文字、图片、视频、游戏、动漫等多样化展示，论坛、博客、微博客、即时通信工具等多渠道传播，网页、平板电脑、手机等多终端覆盖，长期宣传展示公益广告。

2016年1月15日，江苏省宿迁市政府办公室发布《关于2015年度政务微博工作开展情况的通报》（宿政办发〔2016〕7号）。《通报》对下一步工作提出要求，要加强重点工作的宣传，强化网络舆情的引导，及时回应网民关切，并着力提高政务微博矩阵的活跃度和影响力。

2016年1月17日，国务院办公厅印发《关于全面治理拖欠农民工工资问题的意见》（国办发〔2016〕1号）。《意见》要求，要加大普法宣传力度，“充分利用互联网、微博、微信等现代传媒手段，不断创新宣传方式，增强宣传效果，营造保障农民工工资支付的良好舆论氛围”。

2016年1月18日，海关总署办公厅官方微博“@海关发布”（UID：5832321505）注册开通。1月26日，“@海关发布”正式上线运行。17时05分发布上线通告：“我是海关发布，来自海关总署，初次见面，请多关照!”

2016年1月18日，最高人民法院决定为陈海发同志追记一等功，并于2016年1月20日下发《关于开展向陈海发同志学习活动的通知》，号召全国法院系统开展向陈海发同志学习的活动。

2016年1月18日，新华网发布《2015年全国政务新媒体综合影响力报告》。新华网舆情监测分析中心对2015年全国政务新媒体数据进行了系统分析，对各主要领域的账号进行了专业评估，力求展现2015年中国政务新媒体的真实传播生态，深度剖析中国政务新媒体运行趋势，为2016年我国政务新媒体实现跨越式发展提供客观、准确的数据支持和决策参考。

2016年1月19日，云南省昆明市水务局官方微博“@昆明市水务局”（UID：3816731048）通过微博平台认证，正式上线。

2016年1月19日，四川省遂宁市投资促进委员会官方微博“@投资遂宁”（UID：3609536680）通过微博平台认证，正式上线。

2016年1月19日，云南省文山市喜古乡人民调解委员会官方微博“@文山市喜古乡人民调解”（UID：3278514913）通过微博平台认证，正式上线。

2016年1月19日，四川省达州市开江县国有资产监督管理办公室官方微博“@开江国资”（UID：5829719520）通过微博平台认证，正式上线。

2016年1月19日，四川省巴中南江县大河镇人民政府官方微博“@南江县大河镇”（UID：5829716981）通过微博平台认证，正式上线。

2016年1月19日，四川省崇州市科学技术协会官方微博“@崇州科协”（UID：5775991368）通过微博平台认证，正式上线。

2016年1月19日，共青团石柱土家族自治县公路路政管理大队支部委员会官方微博“@石柱县路政大队团支部”（UID：5829753214）通过微博平台认证，正式上线。

2016年1月19日，四川省南充市公安局交警支队直属一大队官方微博“@南充交警一大队”（UID：5625238961）通过微博平台认证，正式上线。

2016年1月19日，四川省广汉市新丰镇人民政府官方微博“@你好－新丰”（UID：5060928578）通过微博平台认证，正式上线。

2016年1月19日，四川省巴中市恩阳区住房和城乡建设局官方微博“@恩阳住建”（UID：5828179806）通过微博平台认证，正式上线。

2016年1月19日，云南省思茅西盟县供销合作社联合社官方微博“@西盟县供销合作社”（UID：5832717929）通过微博平台认证，正式上线。

2016年1月19日，重庆市奉节县鹤峰乡人民政府官方微博“@鹤峰乡政务”（UID：

3206411591）通过微博平台认证，正式上线。

2016 年 1 月 19 日，四川省国家级遂宁经济技术开发区安监分局官方微博“@ 遂宁开发区安监”（UID：5776904296）通过微博平台认证，正式上线。

2016 年 1 月 19 日，四川省成都市公安局青羊区分局巡警（防暴）大队官方微博“@ 青羊巡警防暴大队”（UID：5637090668）通过微博平台认证，正式上线。

2016 年 1 月 20 日，海关总署办公厅官方微博“@ 海关发布”（UID：5832321505）通过微博平台认证，正式上线。

2016 年 1 月 20 日，由人民日报、微博、新浪联合举办的“倾听 · 对话 · 服务——2016 政务 V 影响力峰会”在广州举行。中央网信办网络新闻信息传播局局长姜军发表了题为《进入主阵地，形成新纽带》的致辞，希望各级各类政务微博更加主动地扮演好“凝心聚力新纽带”、“网上舆论压舱石”和“公益力量引导者”三种角色并发挥好三重功能。峰会发布了《2015 年人民日报 · 政务指数微博影响力报告》。

2016 年 1 月 20 日，由河南省互联网信息办公室、河南省通信管理局主办，河南省互联网协会、河南省网络媒体协会、新浪河南共同承办的第四届中原网络文化发展论坛暨 2015 年度政务新媒体峰会在郑州举行。论坛以“互联网服务——媒体发展新空间”为主题，紧贴媒体发展实际和现实困境，以互联网服务为切入点，探讨媒体如何紧跟发展步伐，抢抓机遇，以互联网新技术、新业态、新模式为推动力，促进媒体发展进一步向服务领域延伸，不断满足人民群众日益增长的个性化、分众化、多样化需求，以此促进和推动媒体更好发展。河南省委宣传部副部长、省委网信办主任何彧致辞。

2016 年 1 月 20 日，贵州省中华职业教育社官方微博“@ 贵州省中华职业教育社”（UID：3769736830）通过微博平台认证，正式上线。

2016 年 1 月 20 日，贵州省毕节市公安局交通警察支队高速公路管理直属大队官方微博“@ 毕节交警高速一大队”（UID：3632827241）通过微博平台认证，正式上线。

2016 年 1 月 20 日，四川省宜宾市高县司法局羊田司法所官方微博“@ 高县司法局羊田司法所”（UID：5776720208）通过微博平台认证，正式上线。

2016 年 1 月 21 日至 22 日，由中国教育学会教育新闻宣传分会主办、四川大学承办的 2016 中国教育政务新媒体年会举行。教育部办公厅副主任、新闻办主任续梅，中国教育学会常务副会长、中国教育学会教育新闻宣传分会主任委员刘堂江，教育部新闻宣传中心执行副主任余冠仕，四川省教育厅机关党委书记、党组成员张澜涛，四川大学党委书记杨泉明，四川大学党委副书记周学东等出席年会。会议还发布了“2015 年度教育政务新媒体排行榜”，并评选出 2015 年度“教育系统新媒体综合力十强”、优秀官方微博、优秀官方微信等。来自全国 32 个省级教育行政部门、75 所教育部直属高校以及部分其他高校、地市教育部门的 130 多位新媒体负责人参加了此次年会。四川省内 60 余位地市教育局、省属高校的新媒体负责人列席会议。

2016 年 1 月 21 日，重庆市长寿区第二次全国地名普查领导小组办公室官方微博“@ 长寿区第二次全国地名普查办”（UID：1795158433）通过微博平台认证，正式上线。

2016 年 1 月 21 日，重庆市万州区余家镇人民政府官方微博“@ 万州区余家镇”（UID：5702988571）通过微博平台认证，正式上线。

2016 年 1 月 21 日，重庆市万州区政府法制办公室官方微博“@ 万州法制”（UID：

5828966484）通过微博平台认证，正式上线。

2016年1月21日，重庆市合川区青少年活动中心官方微博“@重庆合川青少年活动中心”（UID：5833874970）通过微博平台认证，正式上线。

2016年1月21日，四川省德阳市旌阳区文化广播影视新闻出版局官方微博“@旌阳区文广出版局”（UID：3262208040）通过微博平台认证，正式上线。

2016年1月23日，最高人民检察院检察长曹建明在全国检察长会议上强调，要适应“微时代”新闻传播规律，增强主动宣传、立体传播理念，善于把握社会心理，善于把握时、度、效，加大正面宣传力度，实现检察工作与社会舆论的良性互动。

2016年1月26日，以“倾听·对话·服务”为主题的“2016贵州政务V影响力峰会”在贵阳举行，贵州十大微博分类榜单正式发布。本次峰会由新浪网、微博、新浪贵州共同主办，旨在激励贵州政务微博发展，推动和促进贵州新媒体建设。

2016年1月26日，四川省成都市郫都区妇幼保健院官方微博“@郫都区妇幼保健院”（UID：3338485064）通过微博平台认证，正式上线。

2016年1月26日，贵州省第一强制隔离戒毒所官方微博“@省一所戒治指导研究中心”（UID：5833434166）通过微博平台认证，正式上线。

2016年1月26日，云南省昆明市晋宁县人民政府昆阳街道办事处官方微博“@滇池南岸最美昆阳”（UID：5789266430）通过微博平台认证，正式上线。

2016年1月26日，四川省宜宾市屏山县屏边彝族乡政府官方微博“@魅力屏边”（UID：5834303528）通过微博平台认证，正式上线。

2016年1月26日，云南省迪庆州香格里拉市疾病预防控制中心官方微博“@香格里拉市疾控中心”（UID：5833871026）通过微博平台认证，正式上线。

2016年1月26日，云南省昆明市官渡区市场监督管理局官方微博“@官渡市场监管”（UID：5835876375）通过微博平台认证，正式上线。

2016年1月26日，中共永胜县委组织部官方微博“@永胜组工”（UID：1152584365）通过微博平台认证，正式上线。

2016年1月26日，云南省曲靖市城市供排水总公司官方微博“@云南省曲靖市城市供排水总公司07”（UID：5834725220）通过微博平台认证，正式上线。

2016年1月26日，贵州省黔东南州环境保护局官方微博“@黔东南州环境保护局”（UID：3464652190）通过微博平台认证，正式上线。

2016年1月26日，重庆市秀山土家族苗族自治县海洋乡人民政府官方微博“@秀山县海洋乡”（UID：5811492316）通过微博平台认证，正式上线。

2016年1月26日，贵州省习水县气象局官方微博“@习水县气象”（UID：5838322901）通过微博平台认证，正式上线。

2016年1月26日，昆明公交集团有限责任公司第二综合修理厂官方微博“@昆明公交综修二厂”（UID：5832716720）通过微博平台认证，正式上线。

2016年1月26日，四川省巴中市人民检察院官方微博“@巴山检察”（UID：3996738988）通过微博平台认证，正式上线。

2016年1月26日，中共四川省委宣传部“百部看四川微视工程”官方微博“@百部看四川微视工程”（UID：5833051262）通过微博平台认证，正式上线。

2016年1月27日15时55分，北京市第一中级人民法院官方微博“@北京市第一中级人民法院”（UID：3820915614）发布“2015北京一中院司法公开掠影”，对刚刚过去的2015年司法公开成绩做了简明盘点。2015年，北京市第一中级人民法院举办了10场通报会，制作了10部微视频，上了24节网络公开课，举办了40次微博活动，发布了1129条微博。并称，这些鲜活的数据“让我们的司法公开有‘力度’更有‘温度’”。

2016年1月27日，四川省巴中市泥溪乡人民政府官方微博“@泥溪乡”（UID：5833091740）通过微博平台认证，正式上线。

2016年1月27日，四川省成都市青羊区卫生局官方微博“@健康青羊”（UID：2752685472）通过微博平台认证，正式上线。

2016年1月28日，最高人民检察院官方微博“@最高人民检察院”（UID：5053469079）在线启动“走进一线检察官”系列微直播活动，邀请网友“一起透过文字和镜头，亲历一线检察官的一天，倾听他们的声音，感受他们的力量”。

2016年1月28日，由最高人民检察院新闻办公室和山东省人民检察院共同策划的以“春运中的铁检轻骑兵”为主题的系列微博发布，开启了“走近一线检察官”微直播活动的序幕。首播在最高人民检察院微博平台阅读量达172.2万。

2016年1月28日下午，昆明市网信办组织召开2016年昆明市党务政务微博运维工作培训会。会议总结了昆明市党务政务微博的发展现状和存在的问题，并提出2016年要深入推进“互联网+政务”项目。

2016年1月28日，云南省楚雄元谋县人民检察院官方微博“@元谋县检察院”（UID：5840069492）通过微博平台认证，正式上线。

2016年1月28日，四川省成都市大邑县出江镇上坝村村委会官方微博“@大邑县出江镇上坝村村委会”（UID：5840088459）通过微博平台认证，正式上线。

2016年1月28日，贵州省六盘水市六枝特区农业局官方微博“@六枝农业局”（UID：5647336067）通过微博平台认证，正式上线。

2016年1月28日，四川省什邡市回澜镇人民政府官方微博“@菁润回澜”（UID：3718898563）通过微博平台认证，正式上线。

2016年1月29日，四川省宜宾市宜宾县横江镇司法所官方微博“@宜宾县横江司法所”（UID：5840527613）通过微博平台认证，正式上线。

2016年1月29日，云南省昆明市吴井街道四〇三厂社区官方微博“@四〇三厂社区”（UID：5842115302）通过微博平台认证，正式上线。

2016年1月29日，重庆市涪陵区公安局武陵山派出所官方微博“@重庆涪陵武陵山派出所”（UID：5841860477）通过微博平台认证，正式上线。

2016年1月29日，四川省成都高新区桂溪街道和平社区官方微博“@桂溪街道和平社区”（UID：3738596960）通过微博平台认证，正式上线。

二月

2016年2月1日，“2015河北微博盛典”在石家庄举行。新浪河北官方媒体颁发了2015年度“河北最佳创新应用政务微博”奖项，以表彰“@河北省地震局”等五家政务微博在2015年做出的努力。

2016年2月1日，贵州省黔东南台江县人民法院官方微博“@台江法院”（UID：

3927483044）通过微博平台认证，正式上线。

2016年2月1日，重庆市南山植物园管理处官方微博“@重庆南山植物园”（UID：2636721103）通过微博平台认证，正式上线。

2016年2月1日，四川省成都市青白江区人和乡油坊村村民委员会官方微博“@人和乡油坊村的春天”（UID：3804620445）通过微博平台认证，正式上线。

2016年2月1日，四川省达州市疾病预防控制中心官方微博“@达州市疾病预防控制中心”（UID：5844140564）通过微博平台认证，正式上线。

2016年2月1日，四川省成都市站前公安消防大队官方微博“@成都市站前消防大队”（UID：5840566822）通过微博平台认证，正式上线。

2016年2月1日，四川省成都市黄土镇人和社区居委会官方微博“@黄土镇人和社区居委会”（UID：5845757199）通过微博平台认证，正式上线。

2016年2月1日，四川省成都市龙泉驿区龙泉街道办事处书南社区居民委员会官方微博“@龙泉街道书南社区”（UID：5193176916）通过微博平台认证，正式上线。

2016年2月1日，四川省成都市龙泉驿区应急管理办公室官方微博“@龙泉应急”（UID：3268235537）通过微博平台认证，正式上线。

2016年2月2日，四川省成都市龙泉驿区柏合镇工农村村民委员会官方微博“@龙泉柏合工农村”（UID：5846560889）通过微博平台认证，正式上线。

2016年2月2日，四川省交通运输厅高速公路交通执法第二支队十三大队官方微博“@川交高执二支十三大”（UID：5845960655）通过微博平台认证，正式上线。

2016年2月2日，四川省什邡市皂角街道官方微博“@皂角街道”（UID：3716603354）通过微博平台认证，正式上线。

2016年2月3日，四川省凉山彝族自治州气象局官方微博“@凉山气象”（UID：5149594620）通过微博平台认证，正式上线。

2016年2月3日，四川省宜宾市宜宾县合什司法所官方微博“@宜宾县合什司法所”（UID：5847357737）通过微博平台认证，正式上线。

2016年2月3日，四川省成都市金堂县疾病预防控制中心官方微博“@金堂县疾病预防控制中心”（UID：5848089112）通过微博平台认证，正式上线。

2016年2月3日，重庆市渝北区空港市政环境卫生管理所官方微博“@渝北区空港市政环境卫生管理所”（UID：5746868261）通过微博平台认证，正式上线。

2016年2月3日，云南省曲靖陆良县卫生局官方微博“@健康陆良”（UID：5183940650）通过微博平台认证，正式上线。

2016年2月4日，云南省红河哈尼族彝族自治州个旧市委宣传部官方微博“@微语个旧”（UID：5184064882）通过微博平台认证，正式上线。

2016年2月5日，西双版纳州科学技术协会官方微博“@西双版纳科普”（UID：5847469553）通过微博平台认证，正式上线。

2016年2月5日，重庆市永川区市政园林管理局官方微博“@永川区市政园林局”（UID：5848852523）通过微博平台认证，正式上线。

2016年2月5日，四川省成都市龙泉驿区柏合镇二河村村委会官方微博“@柏合镇二河村”（UID：3672297175）通过微博平台认证，正式上线。

2016 年 2 月 5 日，重庆市黔江区精神文明建设委员会办公室官方微博“@ 黔江文明网”（UID：5842939529）通过微博平台认证，正式上线。

2016 年 2 月 5 日，四川大学华西医院肾脏内科官方微博“@ 华西医院肾内科”（UID：5771599571）通过微博平台认证，正式上线。

2016 年 2 月 6 日，贵州省遵义市妇幼保健院官方微博“@ 遵义市妇幼保健院”（UID：5848914286）通过微博平台认证，正式上线。

2016 年 2 月 6 日，云南省大理白族自治州妇女联合会官方微博“@ 大理州妇联”（UID：5847696973）通过微博平台认证，正式上线。

2016 年 2 月 6 日，四川省成都高新区芳草街道办事处新能巷社区官方微博“@ 新能巷社区 2016”（UID：2009861681）通过微博平台认证，正式上线。

2016 年 2 月 9 日，四川省甘孜藏族自治州公安局官方微博“@ 甘孜警方”（UID：2795435707）通过微博平台认证，正式上线。

2016 年 2 月 14 日，成都宬玘陶瓷博物馆“@ 成都宬玘陶瓷博物馆”（UID：5857893063）通过微博平台认证，正式上线。

2016 年 2 月 14 日，贵州省贵阳市统计局官方微博“@ 贵阳 – 统计”（UID：5069112590）通过微博平台认证，正式上线。

2016 年 2 月 16 日，中国驻里约热内卢总领事宋扬在春节招待会暨“文化中国 · 四海同春”演出开幕式上的致辞中表示：“驻里约总领馆即将推出官方微博，希望能为同胞们提供更多有用信息。”

2016 年 2 月 16 日，四川省雅安市公安局交警支队直属一大队官方微博“@ 雨城交警”（UID：3347089490）通过微博平台认证，正式上线。

2016 年 2 月 16 日，四川省成都市温江区卫生执法监督大队官方微博“@ 温江卫监”（UID：5839821642）通过微博平台认证，正式上线。

2016 年 2 月 17 日，中共中央办公厅、国务院办公厅印发了《关于全面推进政务公开工作的意见》（中办发〔2016〕8 号）。《意见》两次明文提及“微博”，要求“要发挥新闻网站、商业网站以及微博微信、移动客户端等新媒体的网络传播力和社会影响力，提高宣传引导的针对性和有效性”，“充分利用政务微博微信、政务客户端等新平台，扩大信息传播，开展在线服务，增强用户体验”。

2016 年 2 月 17 日，四川省雅安市雨城区上里镇人民政府官方微博“@ 雨城区上里镇”（UID：5713072605）通过微博平台认证，正式上线。

2016 年 2 月 19 日，最高人民检察院印发《关于充分发挥检察职能依法保障和促进非公有制经济健康发展的意见》。《意见》要求，要加强工作宣传和舆情引导，增强主动宣传的意识、知识和能力，进一步加强与主流媒体和新媒体的联系沟通，充分利用报刊、广播电视和门户网站、微信、微博等新闻宣传平台，加强宣传检察机关保障和促进非公有制经济发展的新思路、新举措和新成效，传播检察机关保障和促进非公有制经济发展的“好声音”和法治“正能量”，增强司法办案工作保障和促进非公有制经济发展的主动权、话语权。发布涉及非公有制企业和非公有制经济人士涉嫌违法犯罪的有关新闻，应严肃纪律，统一口径，把握好尺度，必要时请示汇报，避免影响非公有制企业的正常经营和发展。对于查办非公有制企业及从业人员案件引发的舆情，要树立积极回应理念，加强舆情收集、分析、研判，善于把握时、度、效，及时快速应对，正面引导疏解。

2016年2月19日，四川省广安市公共气象服务中心官方微博“@广安－气象”（UID：5230214112）通过微博平台认证，正式上线。

2016年2月19日，四川省成都市郫县人民法院官方微博“@郫都法院在线”（UID：5189442924）通过微博平台认证，正式上线。

2016年2月19日，重庆市食品药品监督管理局荣昌区分局官方微博“@荣昌食药监管分局”（UID：2425517830）通过微博平台认证，正式上线。

2016年2月19日，四川省公安厅交通警察总队高速公路六支队六大队官方微博“@四川高速交警六支队六大队”（UID：5838865854）通过微博平台认证，正式上线。

2016年2月19日，重庆市彭水县公共资源综合交易中心官方微博“@彭水县交易中心”（UID：5607165333）通过微博平台认证，正式上线。

2016年2月19日，中国国际商会云南省商会官方微博“@云南省国际商会”（UID：5848081270）通过微博平台认证，正式上线。

2016年2月19日，四川省雅安市雨城区草坝镇人民政府官方微博“@草坝政务”（UID：5861174304）通过微博平台认证，正式上线。

2016年2月19日，共青团六盘水市钟山区委员会官方微博“@钟Z山青年”（UID：3632301434）通过微博平台认证，正式上线。

2016年2月19日，四川省巴中平昌县工商和质量技术监督管理局官方微博“@平昌工商质监”（UID：5861524921）通过微博平台认证，正式上线。

2016年2月19日，四川省巴中市平昌县审计局官方微博“@平昌审计”（UID：5862035872）通过微博平台认证，正式上线。

2016年2月22日，时任国务委员、公安部部长郭声琨在公安部新闻中心和部直属新闻出版影视单位调研时强调，要适应时代要求、跟上形势发展，准确把握新媒体发展规律、现代传播规律和公安工作规律，强化互联网思维和一体化发展理念，努力掌握新技术、用好新媒体，不断整合资源力量，推动创新融合发展，落实重大敏感案事件舆情应对“三同步”机制，着力提升公安新闻舆论和文化宣传工作的传播力和影响力。

2016年2月22日，贵州省安顺市开发区公安分局特（巡）警大队官方微博“@开发特警”（UID：5857451715）通过微博平台认证，正式上线。

2016年2月22日，四川省内江市精神文明建设办公室官方微博“@文明内江”（UID：5859201020）通过微博平台认证，正式上线。

2016年2月22日，四川省成都市金牛区西华街道金牛社区居委会官方微博“@西华街道金牛社区”（UID：2991456611）通过微博平台认证，正式上线。

2016年2月22日，四川省绵阳市北川羌族自治县气象局官方微博“@北川气象”（UID：5861683555）通过微博平台认证，正式上线。

2016年2月22日，云南省曲靖市陆良县人力资源和社会保障局官方微博“@陆良人社”（UID：5861687151）通过微博平台认证，正式上线。

2016年2月22日，重庆市万州区太安镇人民政府官方微博“@微太安”（UID：5818255070）通过微博平台认证，正式上线。

2016年2月23日，四川省凉山彝族自治州人民检察院官方微博“@凉山州检察院”

（UID：5864724914）通过微博平台认证，正式上线。

2016年2月23日，四川省都江堰市司法局“@都江堰司法”（UID：5043101733）通过微博平台认证，正式上线。

2016年2月23日，重庆市城口县东安镇人民政府官方微博“@东安旅游”（UID：5508687198）通过微博平台认证，正式上线。

2016年2月23日，四川省雅安市芦山县人民检察院官方微博“@芦山检察”（UID：5865522174）通过微博平台认证，正式上线。

2016年2月23日，四川省雅安市石棉县人民检察院官方微博“@石棉检察”（UID：5865519695）通过微博平台认证，正式上线。

2016年2月23日，云南省玉溪市元江哈尼族彝族傣族自治县人民检察院官方微博“@元江检察”（UID：5501602318）通过微博平台认证，正式上线。

2016年2月23日，贵州省遵义市献血办公室官方微博“@遵义市中心血站”（UID：5863548217）通过微博平台认证，正式上线。

2016年2月23日，四川省成都市龙泉驿区残疾人联合会官方微博“@龙泉驿残联”（UID：3304073790）通过微博平台认证，正式上线。

2016年2月23日，四川省雅安市公安局名山区分局交通管理大队官方微博“@名山交警”（UID：5624872869）通过微博平台认证，正式上线。

2016年2月23日，四川省卫生和计划生育委员会国际交流中心官方微博“@四川省卫生计生委国际交流中心”（UID：5728099447）通过微博平台认证，正式上线。

2016年2月25日，国务院办公厅印发《全民科学素质行动计划纲要实施方案（2016—2020年）》（国办发〔2016〕10号）。《方案》要求，充分发挥新闻媒体的优势，“用好用活新媒体工具”，强化移动端科普推送，“鼓励科研机构通过微博等新媒体平台建设”，促进科普活动线上线下结合。加大对革命老区、民族地区、边疆地区、集中连片贫困地区群众及青少年等重点人群的科普信息服务定制化推送力度。

2016年2月25日，时任最高人民检察院检察长曹建明在甘肃与部分全国人大代表座谈时强调，“人民是无所不在的监督力量”。人大代表和人民群众的意见、批评、建议，是我们做好检察工作的有力保障和强大动力。各级检察机关要进一步增强主动公开、主动接受监督的意识，不断完善机制、创新方式、畅通渠道，进一步深化检务公开，探索运用“两微一端”等现代科技手段，积极拓宽联系群众的新渠道，更好地接受外部监督特别是人大监督，真正让人民监督权力，让权力在阳光下运行。

2016年2月25日，云南省大理州巍山县全民科学素质工作领导小组办公室官方微博“@巍山科素”（UID：5570774076）通过微博平台认证，正式上线。

2016年2月25日，都江堰市市场质量监管局官方微博“@都江堰市市场质量监管局”（UID：2596627515）通过微博平台认证，正式上线。

2016年2月25日，重庆市江津区司法局官方微博“@江津区司法行政”（UID：5866372596）通过微博平台认证，正式上线。

2016年2月25日，云南省普洱市景谷县森林公安局官方微博“@景谷森林公安”（UID：3425458584）通过微博平台认证，正式上线。

2016年2月25日，四川省绵阳市安州区环境保护局官方微博“@绵阳市安州区环境保护局”（UID：5865716112）通过微博平台认证，正式上线。

2016 年 2 月 25 日，云南省昆明官渡区非公有制经济组织和社会组织工作委员会官方微博“@官渡区非公党工委”（UID：5866713545）通过微博平台认证，正式上线。

2016 年 2 月 25 日，四川省成都市新都区泰兴镇新店子社区居民委员会官方微博“@新都泰兴镇新店子社区”（UID：3047597275）通过微博平台认证，正式上线。

2016 年 2 月 25 日，重庆市石柱土家族自治县桥头镇人民政府官方微博“@qiaotouzhen123”（UID：5866719885）通过微博平台认证，正式上线。

2016 年 2 月 25 日，四川省公安厅交警总队高速公路支队广巴一大队官方微博“@四川高速交警二支队三大队”（UID：5484571354）通过微博平台认证，正式上线。

2016 年 2 月 26 日，四川省德阳经济技术开发区社会事业局官方微博“@德阳经开区社会事业局”（UID：5648372681）通过微博平台认证，正式上线。

2016 年 2 月 26 日，四川省成都市新都区新都街道办团结社区官方微博“@新都区新都街道团结社区”（UID：3800192381）通过微博平台认证，正式上线。

2016 年 2 月 28 日，国家互联网信息办公室责令新浪、腾讯等网站依法依规关闭任志强微博账号。国家网信办发言人姜军发表谈话：据网民举报，任志强微博账号持续公开发布违法信息，影响恶劣。根据《全国人民代表大会常务委员会关于维护互联网安全的决定》《国务院关于授权国家互联网信息办公室负责互联网信息内容管理工作的通知》等法律法规，国家网信办责令新浪、腾讯等有关网站依法关闭任志强微博账号。

2016 年 2 月 29 日，四川省大邑县晋原街道梁坪村官方微博“@晋原街道梁坪村”（UID：5091793979）通过微博平台认证，正式上线。

2016 年 2 月 29 日，重庆市秀山土家族苗族自治县消费者权益保护委员会官方微博“@重庆秀山消委会”（UID：2597471857）通过微博平台认证，正式上线。

2016 年 2 月 29 日，四川省雅安市雨城区碧峰峡镇人民政府官方微博“@烟雨碧峰”（UID：5285102508）通过微博平台认证，正式上线。

2016 年 2 月 29 日，四川省绵竹市剑南镇大南路社区居民委员会官方微博“@剑南镇大南路社区”（UID：5868326621）通过微博平台认证，正式上线。

2016 年 2 月 29 日，四川省绵阳市游仙经济开发区官方微博“@四川绵阳游仙经济开发区”（UID：3964415794）通过微博平台认证，正式上线。

三月

2016 年 3 月 1 日，重庆市黔江区教育委员会官方微博“@黔江教育政务微博”（UID：5865787652）通过微博平台认证，正式上线。

2016 年 3 月 1 日，四川省广元市青川县卫生和计划生育局官方微博“@青川县卫生和计划生育局”（UID：5248067871）通过微博平台认证，正式上线。

2016 年 3 月 1 日，云南省昆明市晋宁县人民检察院官方微博“@晋宁检察”（UID：5802454645）通过微博平台认证，正式上线。

2016 年 3 月 1 日，四川省成都市新都区泰兴镇九官村村委会官方微博“@新都区泰兴镇九官村村委会”（UID：5868137906）通过微博平台认证，正式上线。

2016 年 3 月 1 日，云南省昆明市富民县妇女联合会官方微博“@富民县妇联”（UID：5588694836）通过微博平台认证，正式上线。

2016 年 3 月 1 日，四川省成都市龙泉驿区科技和经济信息化局官方微博“@ 龙泉驿区科技和经信局”（UID：5867687435）通过微博平台认证，正式上线。

2016 年 3 月 1 日，四川省成都市公安局青羊区分局汪家拐派出所官方微博“@ 汪家拐派出所”（UID：5873314836）通过微博平台认证，正式上线。

2016 年 3 月 1 日，贵州省六盘水市钟山区广场社区服务中心官方微博“@ 凉都广场”（UID：5628233395）通过微博平台认证，正式上线。

2016 年 3 月 1 日，中国人民政治协商会议云南省瑞丽市委员会官方微博“@ 瑞丽政协”（UID：3237765874）通过微博平台认证，正式上线。

2016 年 3 月 1 日，四川省绵阳市盐亭县人民政府政务服务中心管理委员会官方微博“@ 盐亭县政务服务”（UID：5869805872）通过微博平台认证，正式上线。

2016 年 3 月 1 日，四川省广安市武胜县烈面镇人民政府官方微博“@ 武胜县烈面镇”（UID：5833484596）通过微博平台认证，正式上线。

2016 年 3 月 1 日，四川省凉山州会东县人民检察院官方微博“@ 会东检察院”（UID：3601947464）通过微博平台认证，正式上线。

2016 年 3 月 1 日，四川省成都市新都泰兴镇观西村官方微博“@ 新都泰兴镇观西村”（UID：5867764127）通过微博平台认证，正式上线。

2016 年 3 月 1 日，四川省广安市武胜县城市综合管理局官方微博“@ wusheng 城管 123”（UID：5870077997）通过微博平台认证，正式上线。

2016 年 3 月 1 日，四川省泸州市委群众工作局 12345 市民服务平台官方微博“@ 泸州市 12345 市长热线”（UID：5868410938）通过微博平台认证，正式上线。

2016 年 3 月 4 日，贵州省黔东南雷山县司法局官方微博“@ 雷山县司法行政”（UID：5713587171）通过微博平台认证，正式上线。

2016 年 3 月 4 日，重庆市开县教育委员会官方微博“@ 开州教委”（UID：5871544329）通过微博平台认证，正式上线。

2016 年 3 月 4 日，四川省广元市青川县沙州镇人民政府官方微博“@ 青川县沙州镇政府”（UID：5243645950）通过微博平台认证，正式上线。

2016 年 3 月 4 日，共青团盐源县委官方微博“@ 青春盐源”（UID：5871547604）通过微博平台认证，正式上线。

2016 年 3 月 4 日，四川省广安市武胜县清平镇人民政府官方微博“@ 武胜县清平镇”（UID：5871550238）通过微博平台认证，正式上线。

2016 年 3 月 4 日，重庆市万州区白土镇人民政府官方微博“@ 万州区白土镇”（UID：5474187688）通过微博平台认证，正式上线。

2016 年 3 月 4 日，共青团理县委员会官方微博“@ 共青团理县”（UID：5871556428）通过微博平台认证，正式上线。

2016 年 3 月 4 日，四川省泸州市泸县人民政府官方微博“@ 泸县龙城微博”（UID：5871897581）通过微博平台认证，正式上线。

2016 年 3 月 4 日，四川省成都市新都区泰兴镇瓦窑村官方微博“@ wayao123456”（UID：5871915792）通过微博平台认证，正式上线。

2016 年 3 月 4 日，云南省昭通市绥江县防震减灾局官方微博“@ 绥江县防震减灾局”

（UID：5870465232）通过微博平台认证，正式上线。

2016年3月4日，中共重庆市北碚区纪律检查委员会、重庆市北碚区监察局官方微博“@缙云清风官微”（UID：5868415594）通过微博平台认证，正式上线。

2016年3月4日，重庆市大足区人民检察院官方微博“@大足检察”（UID：2600494943）通过微博平台认证，正式上线。

2016年3月4日，四川省成都市新都区泰兴镇张庵社区居民委员会官方微博“@成都市新都区泰兴镇张庵社区”（UID：5867491986）通过微博平台认证，正式上线。

2016年3月4日，四川省德阳监狱官方微博“@四川省德阳监狱”（UID：5842620857）通过微博平台认证，正式上线。

2016年3月4日，四川省隆昌市公安局官方微博“@隆昌警方”（UID：5873026843）通过微博平台认证，正式上线。

2016年3月4日，贵州省毕节市黔西县素朴镇团委官方微博“@黔西县素朴镇团委”（UID：5872364017）通过微博平台认证，正式上线。

2016年3月4日，四川省攀枝花市西区团委官方微博“@攀枝花西区团委”（UID：2570584660）通过微博平台认证，正式上线。

2016年3月4日，贵州省遵义县公安局特巡警大队官方微博“@播州特警”（UID：5872363434）通过微博平台认证，正式上线。

2016年3月8日，眉山市千年古刹——象耳寺官方微博“@千年古刹象耳寺”（UID：2174495762）通过微博平台认证，正式上线。

2016年3月8日，重庆市北碚区教育委员会官方微博“@北碚区教委”（UID：5867967023）通过微博平台认证，正式上线。

2016年3月8日，中共平昌县委组织部官方微博“@平昌党建”（UID：5872684556）通过微博平台认证，正式上线。

2016年3月8日，中共建水县委宣传部官方微博“@上善建水”（UID：5869838221）通过微博平台认证，正式上线。

2016年3月8日，共青团越西县委官方微博“@共青团越西县委”（UID：5873343548）通过微博平台认证，正式上线。

2016年3月8日，四川省成都市龙泉驿区大面公立卫生院官方微博“@成都市龙泉驿区大面公立卫生院”（UID：5871878378）通过微博平台认证，正式上线。

2016年3月8日，四川省成都市锦江区地方志编纂委员会办公室官方微博“@成都市锦江区地方志办公室”（UID：5829310743）通过微博平台认证，正式上线。

2016年3月8日，四川省巴中市平昌县人民政府同州街道办事处官方微博“@同州共进”（UID：5872504404）通过微博平台认证，正式上线。

2016年3月8日，四川省巴中市平昌县人力资源和社会保障局官方微博“@平昌县人社局”（UID：5872503720）通过微博平台认证，正式上线。

2016年3月8日，云南省曲靖沾益县白水镇人民政府官方微博“@沾益县白水镇”（UID：5120234867）通过微博平台认证，正式上线。

2016年3月8日，共青团重庆市渝北区石船镇委员会官方微博“@渝北区石船镇团委”（UID：5872837375）通过微博平台认证，正式上线。

2016 年 3 月 8 日，四川省成都市新都区新民镇石庵村村委会官方微博“@ 新都区新民镇石庵村”（UID：5874418107）通过微博平台认证，正式上线。

2016 年 3 月 8 日，四川省广元市旺苍县林业和园林局官方微博“@ 旺苍县林业和园林局”（UID：5873942448）通过微博平台认证，正式上线。

2016 年 3 月 8 日，贵州省贵州新蒲经济开发区管理委员会官方微博“@ 贵州新蒲经济开发区”（UID：5842639241）通过微博平台认证，正式上线。

2016 年 3 月 10 日，国务院办公厅印发修订后的《国家自然灾害救助应急预案》（国办函〔2016〕25 号）。《预案》要求，自然灾害的信息发布形式包括授权发布、组织报道、接受记者采访、举行新闻发布会等，要主动通过重点新闻网站或政府网站、政务微博、政务微信、政务客户端等发布信息。

2016 年 3 月 10 日，山西省运城市互联网信息办公室官方微博“@ 运城网信”正式上线运行。

2016 年 3 月 11 日，共青团泸州市纳溪区委官方微博“@ 共青团泸州市纳溪区委”（UID：3080699855）通过微博平台认证，正式上线。

2016 年 3 月 11 日，四川省凉山州宁南县农牧局官方微博“@ 四川省凉山州宁南县农牧局”（UID：5303322334）通过微博平台认证，正式上线。

2016 年 3 月 11 日，四川省阿坝州小金县委宣传部官方微博“@ 小金视窗”（UID：5875998819）通过微博平台认证，正式上线。

2016 年 3 月 11 日，重庆市教育信息技术与装备中心官方微博“@ 重庆教育技术与装备”（UID：5876896094）通过微博平台认证，正式上线。

2016 年 3 月 11 日，贵州省黔东南州镇远县公安局官方微博“@ 镇远公安”（UID：5866807725）通过微博平台认证，正式上线。

2016 年 3 月 11 日，四川省南充市顺庆区人民政府荆溪街道办事处官方微博“@ 顺庆区荆溪街道办事处”（UID：5876658551）通过微博平台认证，正式上线。

2016 年 3 月 11 日，四川省简阳市食品药品监督管理局官方微博“@ 简阳食药监”（UID：5536547117）通过微博平台认证，正式上线。

2016 年 3 月 11 日，四川省宜宾市珙县旅游发展局官方微博“@ 珙县旅游官网”（UID：5872251041）通过微博平台认证，正式上线。

2016 年 3 月 11 日，四川省什邡市师古镇红豆村官方微博“@ 缘来红豆村”（UID：5876974393）通过微博平台认证，正式上线。

2016 年 3 月 11 日，共青团乐秋乡委员会官方微博“@ 乐秋乡团委”（UID：5878416623）通过微博平台认证，正式上线。

2016 年 3 月 11 日，重庆市梁平区残疾人联合会官方微博“@ 重庆市梁平区残联”（UID：5876548229）通过微博平台认证，正式上线。

2016 年 3 月 11 日，重庆市涪陵区农业委员会官方微博“@ 涪陵农委”（UID：5879009204）通过微博平台认证，正式上线。

2016 年 3 月 11 日，西双版纳州勐海县勐混镇人民政府官方微博“@ 勐章巴勐混”（UID：5878955407）通过微博平台认证，正式上线。

2016 年 3 月 11 日，中国共产党富民县委员会组织部官方微博“@ 富民组工”（UID：

3494884660）通过微博平台认证，正式上线。

2016年3月11日，贵州省铜仁市石阡县公安局官方微博“@石阡警方”（UID：5878458529）通过微博平台认证，正式上线。

2016年3月11日，中共罗甸县委宣传部官方微博“@微罗甸”（UID：3919163252）通过微博平台认证，正式上线。

2016年3月11日，四川省甘孜州九龙县人民检察院官方微博“@九龙检察”（UID：5322267178）通过微博平台认证，正式上线。

2016年3月14日，清镇市互联网信息管理办公室官方微博“@清镇发布”（UID：2918516312）通过微博平台认证，正式上线。

2016年3月16日，四川省雅安市公安局经济开发区分局官方微博“@经开公安”（UID：5870138820）通过微博平台认证，正式上线。

2016年3月16日，四川省甘孜州精神文明建设办公室官方微博“@文明甘孜”（UID：5879044591）通过微博平台认证，正式上线。

2016年3月16日，重庆市武隆县扶贫开发办公室官方微博“@武_ _ _ _隆”（UID：5878538487）通过微博平台认证，正式上线。

2016年3月16日，四川省雅安市雨城区地方税务局官方微博“@雅安雨城税务”（UID：5876970070）通过微博平台认证，正式上线。

2016年3月16日，四川省达州市大竹县环境保护局官方微博“@大竹环保”（UID：5873637534）通过微博平台认证，正式上线。

2016年3月16日，云南省临沧双江自治县教育局官方微博“@双江 - -百年树人”（UID：5882320862）通过微博平台认证，正式上线。

2016年3月16日，四川省南充市顺庆区搬罾镇人民政府官方微博“@魅力搬罾”（UID：5873487071）通过微博平台认证，正式上线。

2016年3月16日，大渡口区建胜镇城镇建设管理办公室青年文明号官方微博“@建胜镇城镇建设管理办公室”（UID：5882112629）通过微博平台认证，正式上线。

2016年3月16日，四川省宣汉县环境保护局官方微博“@宣汉环保”（UID：5876187831）通过微博平台认证，正式上线。

2016年3月16日，四川巴中经济开发区管理委员会官方微博“@四川巴中经济开发区”（UID：5399718860）通过微博平台认证，正式上线。

2016年3月16日，四川省雅安市公路路政管理支队官方微博“@雅安路政”（UID：5870482930）通过微博平台认证，正式上线。

2016年3月16日，四川省巴中市平昌县发展和改革局官方微博“@平昌县发展和改革局”（UID：5882204204）通过微博平台认证，正式上线。

2016年3月16日，黔西县中建中学校团委官方微博“@黔西县中建中学团委”（UID：5881861974）通过微博平台认证，正式上线。

2016年3月16日，四川省巴中市平昌县司法局官方微博“@平昌司法”（UID：5875923371）通过微博平台认证，正式上线。

2016年3月16日，芒市科学技术协会官方微博“@芒市科普”（UID：5881864943）通过微博平台认证，正式上线。

2016 年 3 月 16 日，重庆市合川区创建文明城区办公室官方微博“@ 文明合川”（UID：5607812939）通过微博平台认证，正式上线。

2016 年 3 月 16 日，重庆市忠县精神文明建设委员会办公室官方微博“@ 文明忠州”（UID：3215400034）通过微博平台认证，正式上线。

2016 年 3 月 16 日，四川省成都市青羊区公安分局草堂派出所官方微博“@ 草堂派出所”（UID：5875911999）通过微博平台认证，正式上线。

2016 年 3 月 16 日，四川省成都市青羊区公安分局草市街派出所官方微博“@ 草市街派出所”（UID：5866280651）通过微博平台认证，正式上线。

2016 年 3 月 16 日，四川省成都市青羊区公安分局黄瓦街派出所官方微博“@ 黄瓦街派出所”（UID：5870363608）通过微博平台认证，正式上线。

2016 年 3 月 16 日，四川省成都市青羊区公安分局新华西路派出所官方微博“@ 新华西路派出所”（UID：2793496464）通过微博平台认证，正式上线。

2016 年 3 月 16 日，四川省成都市青羊区公安分局西御河派出所官方微博“@ 西御河派出所”（UID：5869801525）通过微博平台认证，正式上线。

2016 年 3 月 16 日，四川省成都市青羊区公安分局府南派出所官方微博“@ 府南派出所”（UID：5873332200）通过微博平台认证，正式上线。

2016 年 3 月 16 日，四川省成都市青羊区公安分局苏坡桥派出所官方微博“@ 成都市苏坡桥派出所”（UID：5870042527）通过微博平台认证，正式上线。

2016 年 3 月 16 日，四川省成都市青羊区公安分局金沙派出所官方微博“@ 金沙派出所”（UID：5870041778）通过微博平台认证，正式上线。

2016 年 3 月 16 日，四川省成都市青羊区公安分局东坡派出所官方微博“@ 东坡派出所”（UID：5869603735）通过微博平台认证，正式上线。

2016 年 3 月 16 日，时任最高人民检察院检察长曹建明在看望高检院两会宣传报道工作人员时强调，要做好检察新闻舆论工作，要创新方法手段，构建立体化检察新闻宣传格局。创新是开创检察新闻宣传工作新局面的动力源泉。要树立强烈的创新意识，加强主阵地建设，构建立体高效的检察新闻宣传工作格局。尤其要更加深入推进检察新媒体建设，加强信息共享和联动发声，充分发挥检察新媒体联盟矩阵效应；加强新媒体宣传策划，根据网友阅读习惯和兴趣需求，推出更多、更有影响力的检察新媒体作品。要牢固树立“互联网 +”思维，加快传统媒体和新兴媒体融合发展，积极运用新技术、新应用创新媒体传播方式，注重扶植、培育优秀检察自媒体，形成传统媒体和新兴媒体互融互通、相得益彰的局面。

2016 年 3 月 18 日，重庆市文艺家活动中心“@ 重庆市文联美术馆”（UID：5880649646）通过微博平台认证，正式上线。

2016 年 3 月 21 日，红河哈尼族彝族自治州河口瑶族自治县莲花滩乡人民政府官方微博“@ 红河州河口县莲花滩乡官微”（UID：5881944627）通过微博平台认证，正式上线。

2016 年 3 月 21 日，四川省绵阳市安县国土资源局官方微博“@ 绵阳市国土资源局安州区分局”（UID：5883452289）通过微博平台认证，正式上线。

2016 年 3 月 21 日，云南省文山马关县仁和镇团委官方微博“@ 马关县仁和镇团委”（UID：5881747782）通过微博平台认证，正式上线。

2016 年 3 月 21 日，德阳市罗江区文体广电出版局官方微博“@ 文化罗江”（UID：

3725061845）通过微博平台认证，正式上线。

2016年3月21日，四川省巴中通江县环境保护局官方微博“@通江县环境保护局201603”（UID：5881744539）通过微博平台认证，正式上线。

2016年3月21日，四川省巴中通江县招商引资局官方微博“@投资通江”（UID：5872365002）通过微博平台认证，正式上线。

2016年3月21日，贵州省能源局官方微博“@贵州省能源局”（UID：3434807032）通过微博平台认证，正式上线。

2016年3月21日，四川省巴中市通江县陈河乡人民政府官方微博“@通江县陈河乡”（UID：5881755710）通过微博平台认证，正式上线。

2016年3月21日，四川省巴中市南江县审计局官方微博“@四川巴中市南江县审计局”（UID：5883533453）通过微博平台认证，正式上线。

2016年3月21日，四川省巴中市通江县招商引资局官方微博“@通江县招商引资局”（UID：5881776191）通过微博平台认证，正式上线。

2016年3月21日，四川省巴中市南江县城乡市容和环境卫生管理局官方微博“@南江－城管”（UID：5883817910）通过微博平台认证，正式上线。

2016年3月21日，重庆市涪陵区教委官方微博“@涪陵教育微博”（UID：5884285410）通过微博平台认证，正式上线。

2016年3月21日，四川省南充市顺庆区工业集中区管委会官方微博“@南充市顺庆区工业集中区管委会”（UID：5883446872）通过微博平台认证，正式上线。

2016年3月21日，四川省巴中市通江县沙溪镇人民政府官方微博“@红色沙溪”（UID：5881968663）通过微博平台认证，正式上线。

2016年3月21日，四川省巴中市通江县供销合作社联合社官方微博“@通江供销”（UID：5883178881）通过微博平台认证，正式上线。

2016年3月21日，四川省遂宁市公安局船山分局交通警察大队官方微博“@船山交警”（UID：5725795701）通过微博平台认证，正式上线。

2016年3月21日，中共南江县委农村工作委员会官方微博“@南江县委农委”（UID：5882010644）通过微博平台认证，正式上线。

2016年3月21日，云南省昆明市官渡区统计局官方微博“@昆明官渡统计”（UID：3884166816）通过微博平台认证，正式上线。

2016年3月21日，四川省巴中市通江县火炬镇人民政府官方微博“@通江县火炬镇”（UID：5883185418）通过微博平台认证，正式上线。

2016年3月21日，四川省巴中市通江县国有资产监督管理委员会官方微博“@通江国资”（UID：5884294189）通过微博平台认证，正式上线。

2016年3月21日，四川省南充市公安局强制隔离戒毒所官方微博“@南充市强制隔离戒毒所”（UID：5884584733）通过微博平台认证，正式上线。

2016年3月21日，四川省巴中市通江县铁厂乡人民政府官方微博“@通江铁厂”（UID：5871766512）通过微博平台认证，正式上线。

2016年3月21日，四川省巴中市通江县长坪乡人民政府官方微博“@通江县长坪乡”（UID：5847742683）通过微博平台认证，正式上线。

2016年3月21日，四川省广安市前锋区人民检察院官方微博“@前检正义”（UID：5882966072）通过微博平台认证，正式上线。

2016年3月21日，中共通江县委机构编制委员会办公室官方微博“@通江编办”（UID：5884295144）通过微博平台认证，正式上线。

2016年3月21日，四川省巴中市南江县人力资源和社会保障局官方微博“@南江县人社局”（UID：5884574735）通过微博平台认证，正式上线。

2016年3月21日，云南省德宏州公安局团委官方微博“@德宏州gaj团委”（UID：5882990807）通过微博平台认证，正式上线。

2016年3月21日，四川省南充市顺庆区舞凤街道办事处官方微博“@顺庆区舞凤街道办事处”（UID：5878417484）通过微博平台认证，正式上线。

2016年3月21日，四川省巴中市通江县高明新区管理委员会官方微博“@通江高明新区”（UID：5883189225）通过微博平台认证，正式上线。

2016年3月21日，四川省南江县教育科技体育局官方微博“@南江县教科体局”（UID：5882996390）通过微博平台认证，正式上线。

2016年3月21日，四川省巴中市恩阳区卫生和计划生育局官方微博“@健康恩阳”（UID：5883002848）通过微博平台认证，正式上线。

2016年3月21日，中国共产党巴中市委员会统一战线工作部官方微博“@巴中统战”（UID：5883285437）通过微博平台认证，正式上线。

2016年3月21日，四川省巴中市恩阳区商务局官方微博“@恩阳商务”（UID：5883068282）通过微博平台认证，正式上线。

2016年3月21日，中共遂宁市委党校官方微博“@SNSWDX”（UID：5759000995）通过微博平台认证，正式上线。

2016年3月21日，共青团凤冈县委官方微博“@青春凤冈”（UID：2784233554）通过微博平台认证，正式上线。

2016年3月21日，四川省巴中市通江县诺江镇人民政府官方微博“@醉美通江”（UID：5884351087）通过微博平台认证，正式上线。

2016年3月21日，四川省巴中市通江县川陕革命根据地红军烈士陵园景区官方微博“@川陕苏区红色王坪”（UID：5727213341）通过微博平台认证，正式上线。

2016年3月22日，中共宁夏回族自治区固原市委办公室、固原市人民政府办公室联合印发《关于加强党务政务新媒体应用和管理的通知》（固党办〔2016〕17号）。《通知》要求，2016年4月底前除工作性质特殊、保密性强的单位外，各县（区）党委、政府，市委各部委、市直各局委办、各群众团体、直属事业单位，中央、区属驻固各单位均开通政务微博、微信并完成认证，并建立网络问政机制，督查督办机制，健全信息发布机制，严肃信息发布纪律，建立网上在线办事机制，建立保障激励机制。

2016年3月22日，大方县图书馆官方微博“@大方县图书馆”（UID：5885443317）通过微博平台认证，正式上线。

2016年3月24日，中国社会科学院法学研究所、新浪网法院频道与中国社会科学出版社联合举行《中国司法公开新媒体应用研究报告（2015）》发布会。《中国司法公开新媒体应用研究报告（2015）——从庭审网络与微博视频直播切入》，对中国法院近年来的庭审网络及微博视频直播状况进行了初步考察，并与西方发达国家相关司法公开制度和实践进行了比较，结果显示，“中国的司法公开已经走在国际前列，以庭审微博视频直播为代表的司法公开新举措，正在助推中国司法公开对西方的弯道超车”。

2016年3月25日，党史网官方微博“@党史网”（UID：5883529834）通过微博平台认证，正式上线。

2016年3月25日，李白纪念馆官方微博“@江油市李白纪念馆”（UID：2350795534）通过微博平台认证，正式上线。

2016年3月25日，四川省通江县委政法委官方微博“@通江政法”（UID：5882013033）通过微博平台认证，正式上线。

2016年3月26日，中央政法委发出《关于学习宣传陈海发同志先进事迹的通知》，号召全国各级政法机关和全体政法干警向陈海发同志学习。陈海发同志长期从事新闻宣传和网络宣传工作，具有强烈的事业心和责任感，忠诚敬业、作风扎实、任劳任怨、鞠躬尽瘁，直到生命最后一刻，为人民法院的新闻宣传事业特别是新媒体的发展做出了突出贡献。

2016年3月28日，四川省巴中市通江县城市行政执法局官方微博“@通江县城市行政执法局”（UID：5885454442）通过微博平台认证，正式上线。

2016年3月28日，四川省巴中市南江县城乡规划建设执法局官方微博“@南江县城乡规划建设执法局”（UID：5886199515）通过微博平台认证，正式上线。

2016年3月28日，四川省都江堰市国土资源局官方微博“@都江堰市国土资源局”（UID：2130721514）通过微博平台认证，正式上线。

2016年3月28日，四川省巴中市平昌县粮食局官方微博“@平昌粮食”（UID：5682525150）通过微博平台认证，正式上线。

2016年3月28日，中共通江县委统战部官方微博“@通江县委统战部”（UID：5886448686）通过微博平台认证，正式上线。

2016年3月28日，四川省巴中市平昌县招商局官方微博“@投资平昌”（UID：5886466344）通过微博平台认证，正式上线。

2016年3月28日，四川省巴中市通江县新场乡人民政府官方微博“@四川通江美丽新场”（UID：5885454309）通过微博平台认证，正式上线。

2016年3月28日，四川省巴中市恩阳区委史志档案局官方微博“@恩阳区委史志档案”（UID：5886242817）通过微博平台认证，正式上线。

2016年3月28日，四川省巴中市平昌县老干部局官方微博“@平昌县老干部局”（UID：5884857287）通过微博平台认证，正式上线。

2016年3月28日，四川省巴中市通江县司法局官方微博“@通江司法”（UID：3495661495）通过微博平台认证，正式上线。

2016年3月28日，重庆市城口县扶贫开发办公室官方微博“@城口县扶贫开发办公室政务微博”（UID：5546349923）通过微博平台认证，正式上线。

2016年3月28日，四川省巴中市通江县芝苞乡官方微博“@通江县芝苞乡”（UID：5857805889）通过微博平台认证，正式上线。

2016年3月28日，贵州省毕节市赫章公安局网络安全保卫大队官方微博“@赫章县公安局网安大队”（UID：5886498841）通过微博平台认证，正式上线。

2016 年 3 月 28 日，中共通江县委党校官方微博“@ tjxwdx”（UID：5886496831）通过微博平台认证，正式上线。

2016 年 3 月 28 日，四川省巴中市通江县人大常委会办公室官方微博“@ 通江县人大”（UID：5882966156）通过微博平台认证，正式上线。

2016 年 3 月 28 日，四川省巴中市通江县林业局官方微博“@ 通江林业”（UID：5886316417）通过微博平台认证，正式上线。

2016 年 3 月 28 日，四川省巴中市恩阳区三河场镇人民政府官方微博“@ 恩阳区三河场镇”（UID：5884933414）通过微博平台认证，正式上线。

2016 年 3 月 28 日，云南省昆明市石林县长湖镇人民政府团委官方微博“@ 石林县长湖镇团委”（UID：5879178763）通过微博平台认证，正式上线。

2016 年 3 月 28 日，四川省巴中市通江县工业合作联社官方微博“@ 通江工业联社”（UID：5836928595）通过微博平台认证，正式上线。

2016 年 3 月 28 日，南江县妇女联合会官方微博“@ 南江女性”（UID：5884443561）通过微博平台认证，正式上线。

2016 年 3 月 28 日，四川省巴中市板凳乡人民政府官方微博“@ 板凳乡 – zf”（UID：5886579413）通过微博平台认证，正式上线。

2016 年 3 月 28 日，中共南江县委组织部官方微博“@ 南江组工”（UID：5885141987）通过微博平台认证，正式上线。

2016 年 3 月 28 日，四川省巴中市通江县人力资源和社会保障局官方微博“@ 通江人社”（UID：5883751699）通过微博平台认证，正式上线。

2016 年 3 月 28 日，四川省巴中市南江县食品药品监督管理局官方微博“@ 南江县食药监局”（UID：5886576400）通过微博平台认证，正式上线。

2016 年 3 月 28 日，四川省巴中市恩阳区民政局官方微博“@ 巴中恩阳民政”（UID：5886507089）通过微博平台认证，正式上线。

2016 年 3 月 28 日，四川省通江县人民政府政务服务管理办公室官方微博“@ 通江县政管办”（UID：5885149465）通过微博平台认证，正式上线。

2016 年 3 月 28 日，四川省乐山市沙湾区铜茨乡团委官方微博“@ LSSW – 铜茨乡团委”（UID：5885160457）通过微博平台认证，正式上线。

2016 年 3 月 28 日，四川省巴中市恩阳区粮食局官方微博“@ 恩阳粮食”（UID：5885152130）通过微博平台认证，正式上线。

2016 年 3 月 28 日，云南省玉溪市红塔区图书馆官方微博“@ 玉溪市红塔区图书馆”（UID：5886606152）通过微博平台认证，正式上线。

2016 年 3 月 28 日，四川省巴中市平昌县卫生和计划生育局官方微博“@ 平昌县卫生和计划生育局”（UID：5886608843）通过微博平台认证，正式上线。

2016 年 3 月 28 日，重庆市城口县双河乡人民政府官方微博“@ 城口县双河乡政务微博”（UID：3652135260）通过微博平台认证，正式上线。

2016 年 3 月 28 日，四川省巴中市南江县纪委监察局官方微博“@ 清风南江”（UID：5886342971）通过微博平台认证，正式上线。

2016 年 3 月 28 日，四川省巴中市通江县文峰乡人民政府官方微博“@ 茶香文峰”

（UID：5884982869）通过微博平台认证，正式上线。

2016年3月28日，四川省南充市顺庆区地方志办公室官方微博“@南充市顺庆区地方志办公室”（UID：5876228483）通过微博平台认证，正式上线。

2016年3月28日，四川省巴中市通江县总工会官方微博“@通江县总工会”（UID：5884983655）通过微博平台认证，正式上线。

2016年3月28日，四川省巴中市通江县发展和改革局官方微博“@通江发改”（UID：5886448242）通过微博平台认证，正式上线。

2016年3月28日，四川省巴中市两河口乡人民政府官方微博“@红军入川第一镇两河口”（UID：5875633310）通过微博平台认证，正式上线。

2016年3月28日，四川省巴中市南江县供销合作社联合社官方微博“@南江供销”（UID：5885682096）通过微博平台认证，正式上线。

2016年3月28日，四川省巴中市恩阳区玉山镇人民政府官方微博“@巴中市恩阳区玉山镇”（UID：5885686270）通过微博平台认证，正式上线。

2016年3月28日，四川省巴中市南江县总工会官方微博“@南江县总工会”（UID：5887831303）通过微博平台认证，正式上线。

2016年3月28日，四川省巴中市南江县城乡规划管理局官方微博“@南江规划管理”（UID：5875281681）通过微博平台认证，正式上线。

2016年3月28日，云南省昆明市精神文明建设指导委员会办公室官方微博“@文明昆明”（UID：5575618898）通过微博平台认证，正式上线。

2016年3月28日，四川省巴中市平昌县兰草镇人民政府官方微博“@巴中市平昌县兰草镇”（UID：5887594958）通过微博平台认证，正式上线。

2016年3月28日，四川省巴中市通江县朱元乡人民政府官方微博“@朱元乡”（UID：5887597282）通过微博平台认证，正式上线。

2016年3月28日，四川省巴中市恩阳区花丛镇人民政府官方微博“@花丛政务”（UID：5884973673）通过微博平台认证，正式上线。

2016年3月28日，四川省巴中市恩阳区工商业联合会官方微博“@恩阳工商联”（UID：5872040610）通过微博平台认证，正式上线。

2016年3月28日，重庆市卫生信息中心官方微博“@重庆市卫生信息中心”（UID：5875370005）通过微博平台认证，正式上线。

2016年3月28日，四川省巴中市经济和信息化委员会官方微博“@巴中市经信委2018”（UID：5885199239）通过微博平台认证，正式上线。

2016年3月28日，中国共产党阆中市纪律检查委员会、阆中市监察委员会“@廉洁阆中”（UID：5870132916）通过微博平台认证，正式上线。

2016年3月28日，四川省巴中市恩阳区委群众工作部官方微博“@恩阳区群工部”（UID：5885706571）通过微博平台认证，正式上线。

2016年3月28日，巴中市恩阳区科学技术协会官方微博“@恩阳科协政务微博”（UID：5269893964）通过微博平台认证，正式上线。

2016年3月28日，四川省巴中市南江县水务局官方微博“@南江水务”（UID：5875466247）通过微博平台认证，正式上线。

2016年3月28日，四川省巴中市恩阳区关公乡人民政府官方微博“@恩阳关公”（UID：5885913077）通过微博平台认证，正式上线。

2016年3月28日，成都铁路公安局重庆公安处达州车站派出所官方微博“@达州铁警”（UID：5502001021）通过微博平台认证，正式上线。

2016年3月28日，云南省芒市人民检察院官方微博“@芒市检察院”（UID：3242683314）通过微博平台认证，正式上线。

2016年3月28日，四川省巴中市恩阳区机关事务管理局官方微博“@恩阳区机管局”（UID：5886351582）通过微博平台认证，正式上线。

2016年3月28日，四川省巴中市南江县民政局官方微博“@巴中南江县民政”（UID：5885938256）通过微博平台认证，正式上线。

2016年3月28日，四川省巴中市平昌县教育科技体育局官方微博“@平昌教科体”（UID：5886606245）通过微博平台认证，正式上线。

2016年3月28日，四川省雅安市天全县公安局官方微博“@天全-警方”（UID：5847641293）通过微博平台认证，正式上线。

2016年3月28日，四川省巴中市通江县住房和城乡建设局官方微博“@通江县住建局”（UID：5765331716）通过微博平台认证，正式上线。

2016年3月28日，四川省巴中市南江县扶贫和移民工作局官方微博“@南江县扶贫和移民工作局”（UID：5886044297）通过微博平台认证，正式上线。

2016年3月28日，四川省巴中市南江县招商局官方微博“@南江招商”（UID：5886567995）通过微博平台认证，正式上线。

2016年3月28日，四川省巴中市南江县财政局官方微博“@南江县财政局”（UID：5886022499）通过微博平台认证，正式上线。

2016年3月28日，四川省巴中市恩阳区水务局官方微博“@巴中恩阳区水务局”（UID：5887716443）通过微博平台认证，正式上线。

2016年3月28日，巴中市恩阳区双胜镇人民政府官方微博“@巴中市恩阳区双胜乡”（UID：5887958937）通过微博平台认证，正式上线。

2016年3月28日，贵州省第二测绘院官方微博“@贵州省第二测绘院”（UID：5884325764）通过微博平台认证，正式上线。

2016年3月28日，四川省巴中市通江县水务局官方微博“@通江水务”（UID：5887688505）通过微博平台认证，正式上线。

2016年3月28日，四川省广安市公安局交通警察支队第三大队官方微博“@广安市交警直属三大队”（UID：3940664868）通过微博平台认证，正式上线。

2016年3月28日，贵州省黔西南州商粮局电子商务办公室官方微博“@黔西南州电子商务办公室”（UID：5860488392）通过微博平台认证，正式上线。

2016年3月28日，贵州省思南公路管理段官方微博“@思南公路”（UID：5885823826）通过微博平台认证，正式上线。

2016年3月28日，四川省巴中市恩阳区安全生产监督管理局官方微博“@恩阳安监”（UID：5887965308）通过微博平台认证，正式上线。

2016年3月28日，四川省隆昌市公安局交通警察大队“@隆昌交警”（UID：

5873945882）通过微博平台认证，正式上线。

2016年3月29日，四川省第十二届人民代表大会常务委员会第二十四次会议通过《四川省人民代表大会常务委员会关于促进全民阅读的决定》，自2016年4月23日起施行。《决定》鼓励各地开展特色阅读活动，打造全民阅读精品项目。以进农村、进社区、进家庭、进学校、进机关、进企业、进军营“七进”活动为依托，开展中华经典诵读、“农民读书月”、中小学读书小明星大赛、“书香之家评选”等活动。报刊、广播电视、网络等媒体要开设“书香天府”专题专栏，利用新闻客户端、手机报、微博、微信等新兴媒体，定期推荐优秀读物。

2016年3月30日，环境保护部、中宣部、中央文明办、教育部、共青团中央、全国妇联六部委联合发布关于印发《全国环境宣传教育工作纲要（2016—2020年）》的通知（环宣教〔2016〕38号）。《纲要》提出，要积极引导新媒体参与环境报道，推动环境专业媒体和新媒体融合发展，环保部门主管的报纸、期刊等应开通官方微博和微信公众号，运用新媒体扩大环境信息传播范围，及时准确传递环境资讯。各级环保部门应利用微博、微信等新媒体互动交流平台，加强与关注环保事业的新媒体和网络代表人士的沟通，建立经常性联系渠道。加强线上互动、线下沟通，正确引导公众舆论，提升环保新媒体专业水平和社会公信力。

2016年3月30日，四川省巴中市恩阳区发展和改革局官方微博“@巴中市恩阳区发改局”（UID：5887716782）通过微博平台认证，正式上线。

2016年3月30日，四川省南充市顺庆区环境保护局官方微博“@南充市顺庆区环境保护局”（UID：5888494827）通过微博平台认证，正式上线。

2016年3月30日，贵州省黔西南州望谟县人民政府政务服务中心官方微博“@望谟县政务服务中心”（UID：3172339374）通过微博平台认证，正式上线。

2016年3月30日，四川省巴中市南江县就业服务管理局官方微博“@南江县就业局”（UID：5885889548）通过微博平台认证，正式上线。

2016年3月30日，四川省巴中市恩阳区旅游局官方微博“@恩阳旅游”（UID：5887082252）通过微博平台认证，正式上线。

2016年3月30日，四川省达州市渠县环境保护局官方微博“@渠县环境保护局”（UID：5884446360）通过微博平台认证，正式上线。

2016年3月30日，四川省巴中市通江县交通运输局官方微博“@通江交通”（UID：5888524585）通过微博平台认证，正式上线。

2016年3月30日，四川省巴中市平昌县水务局官方微博“@平昌县水务局”（UID：5575046952）通过微博平台认证，正式上线。

2016年3月30日，四川省达州市达川区卫生和计划生育局官方微博“@达川卫生计生”（UID：5888650613）通过微博平台认证，正式上线。

2016年3月30日，四川省巴中市恩阳区政务服务和公共资源交易服务中心官方微博“@恩阳政务和交易中心”（UID：5888318803）通过微博平台认证，正式上线。

2016年3月30日，四川省巴中市恩阳区委统一战线工作部官方微博“@恩阳统一战线工作部”（UID：5836274621）通过微博平台认证，正式上线。

2016年3月30日，四川省巴中市通江县卫生和计划生育局官方微博“@通江县卫生和计划生育局”（UID：5889483321）通过微博平台认证，正式上线。

2016 年 3 月 30 日，四川省巴中市南江县机关事务管理局官方微博“@ 南江县机管局”（UID：5888114055）通过微博平台认证，正式上线。

2016 年 3 月 30 日，四川省凉山州盐源县公安局禁毒缉毒大队官方微博“@ 凉山－盐源禁毒”（UID：5877738659）通过微博平台认证，正式上线。

2016 年 3 月 30 日，四川省巴中市通江县民胜镇人民政府官方微博“@ 最美民胜”（UID：5888344682）通过微博平台认证，正式上线。

2016 年 3 月 30 日，四川省成都市政府反邪宣传官方微博“@ 成都反邪教”（UID：5663087384）通过微博平台认证，正式上线。

2016 年 3 月 30 日，四川省巴中市南江县档案局（馆）官方微博“@ 南江档案”（UID：5888341247）通过微博平台认证，正式上线。

2016 年 3 月 30 日，四川省成都市金牛区人大常委会办公室官方微博“@ 金牛人大 2016”（UID：5887619174）通过微博平台认证，正式上线。

2016 年 3 月 30 日，云南省昆明市富民县科学技术和工业经贸信息化局官方微博“@ 富民县科工信局”（UID：5638839637）通过微博平台认证，正式上线。

2016 年 3 月 30 日，四川省巴中市南江县医疗保险管理局官方微博“@ 南江县医保局”（UID：5888356497）通过微博平台认证，正式上线。

2016 年 3 月 30 日，四川省眉山市公安局东坡区分局通惠派出所官方微博“@ 通惠派出所”（UID：5887783335）通过微博平台认证，正式上线。

四月

2016 年 4 月 2 日，国务院办公厅发布《关于印发 2016 年政务公开工作要点的通知》（国办发〔2016〕19 号）。通知要求，对公开的重大政策要分专题进行梳理、汇总，通过在政府网站开设专栏、设立微博微信专题、出版政策及解读汇编等方式集中发布，增强政策公开的系统性、针对性、可读性。充分发挥新媒体的主动推送功能，提高政策知晓度和传播率。要针对不同社会群体，采取不同传播策略，特别要重视发挥主流媒体及其新媒体“定向定调”作用，及时全面准确解读政策，增进社会认同。重要信息、重大政策发布后，要注重运用主流媒体及其新媒体及时报道解读。出台重大决策部署，要通过主动向媒体提供素材，召开媒体通气会，推荐掌握相关政策、熟悉相关领域业务的专家学者接受访谈等方式，做好发布解读工作。畅通媒体采访渠道，创造条件安排中央和地方主流媒体及其新媒体负责人列席有关重要决策会议。注重加强政策解读的国际传播，扩大政策信息的覆盖面和影响力。

2016 年 4 月 2 日，四川省凉山彝族自治州旅游局官方微博“@ 五彩凉山智慧旅游公共服务平台”（UID：5888490172）通过微博平台认证，正式上线。

2016 年 4 月 2 日，四川省甘孜州石渠县人民检察院官方微博“@ 石渠检察”（UID：5090641831）通过微博平台认证，正式上线。

2016 年 4 月 2 日，云南省昆明市富民县委农办官方微博“@ 富民县委农办”（UID：5888415654）通过微博平台认证，正式上线。

2016 年 4 月 2 日，云南省水文水资源局官方微博“@ 云南水文”（UID：5889894364）通过微博平台认证，正式上线。

2016年4月2日，四川省绵阳市涪城区农业局官方微博“@涪城农业”（UID：3333320120）通过微博平台认证，正式上线。

2016年4月2日，云南省昆明市富民县农业局官方微博“@富民县农业局_ 33530”（UID：5888097528）通过微博平台认证，正式上线。

2016年4月2日，四川省巴中市巴州区农业局官方微博“@巴中市巴州区农业局”（UID：5889898309）通过微博平台认证，正式上线。

2016年4月2日，四川省南充市蓬安县福德镇人民政府官方微博“@蓬安福德”（UID：5885041222）通过微博平台认证，正式上线。

2016年4月2日，四川省巴中市巴州区玉堂街道办事处官方微博“@巴州区玉堂街道办事处”（UID：5889917279）通过微博平台认证，正式上线。

2016年4月2日，云南省昆明市富民县政务局官方微博“@富民县政务局”（UID：5440113307）通过微博平台认证，正式上线。

2016年4月2日，四川省凉山州会东县鲹鱼河镇团委官方微博“@会东县鲹鱼河镇团委”（UID：5889614850）通过微博平台认证，正式上线。

2016年4月2日，云南省昆明市富民县总工会官方微博“@富民县总工会”（UID：5889883676）通过微博平台认证，正式上线。

2016年4月2日，云南省安宁市妇幼保健计划生育服务中心官方微博“@安宁市妇幼计生中心”（UID：5889051962）通过微博平台认证，正式上线。

2016年4月2日，云南省昆明市富民县人力资源和社会保障局官方微博“@富民人社”（UID：5877943722）通过微博平台认证，正式上线。

2016年4月2日，中共嵩明县委党校官方微博“@SMDX007”（UID：5889052421）通过微博平台认证，正式上线。

2016年4月2日，重庆市江北区科学技术协会官方微博“@江北科协”（UID：1840247920）通过微博平台认证，正式上线。

2016年4月2日，重庆市江北区五宝镇人民政府官方微博“@江北区五宝镇”（UID：5889900744）通过微博平台认证，正式上线。

2016年4月2日，云南省昆明市体育中心官方微博“@昆明市体育中心”（UID：5889286981）通过微博平台认证，正式上线。

2016年4月2日，四川省巴中市南江县国土资源局官方微博“@南江县国土资源”（UID：5883550453）通过微博平台认证，正式上线。

2016年4月2日，四川省巴中市南江县安全生产监督管理局官方微博“@南江安监”（UID：5889681523）通过微博平台认证，正式上线。

2016年4月2日，云南省昆明市富民县统计局官方微博“@富民统计1”（UID：5890038178）通过微博平台认证，正式上线。

2016年4月2日，重庆市妇联官方微博“@重庆市妇联”（UID：5885451871）通过微博平台认证，正式上线。

2016年4月2日，四川省广元监狱官方微博“@四川省广元监狱”（UID：5714098344）通过微博平台认证，正式上线。

2016年4月2日，重庆市教育考试院官方微博“@重庆招生考试”（UID：5879828147）

通过微博平台认证，正式上线。

2016 年 4 月 3 日，云南省安宁市气象局官方微博“@ 安宁市气象局”（UID：2334626252）通过微博平台认证，正式上线。

2016 年 4 月 3 日，共青团乐山市沙湾区福禄镇委员会官方微博“@ 福禄团团”（UID：5871875227）通过微博平台认证，正式上线。

2016 年 4 月 3 日，重庆市江北区人力资源和社会保障局官方微博“@ 江北区人力资源和社会保障局”（UID：5889165316）通过微博平台认证，正式上线。

2016 年 4 月 3 日，中国共产主义青年团乐山市沙湾区嘉农镇委员会官方微博“@ 嘉农团委”（UID：5869507868）通过微博平台认证，正式上线。

2016 年 4 月 3 日，重庆市江北区国有资产监督委员会官方微博“@ 江北国资”（UID：5889710919）通过微博平台认证，正式上线。

2016 年 4 月 3 日，四川省乐山市沙湾区太平镇团委官方微博“@ 沙湾区太平镇团委”（UID：5048021688）通过微博平台认证，正式上线。

2016 年 4 月 3 日，重庆市江北区残疾人联合会官方微博“@ 重庆江北残联”（UID：5889200103）通过微博平台认证，正式上线。

2016 年 4 月 3 日，四川省宜宾市兴文县安全生产监督管理局官方微博“@ 兴文安监”（UID：5889270509）通过微博平台认证，正式上线。

2016 年 4 月 3 日，云南省德宏州梁河县人民法院官方微博“@ 法治梁河”（UID：5846401412）通过微博平台认证，正式上线。

2016 年 4 月 3 日，云南省昆明市五华区人民政府普吉街道办事处官方微博“@ 昆明市五华区普吉街道办事处”（UID：5889158911）通过微博平台认证，正式上线。

2016 年 4 月 3 日，共青团内江市市中区委员会官方微博“@ 共青团内江市市中区委”（UID：5890892087）通过微博平台认证，正式上线。

2016 年 4 月 3 日，四川省巴中市巴州区文化广播影视新闻出版局官方微博“@ 巴州区文化广播影视新闻出版局”（UID：5890118853）通过微博平台认证，正式上线。

2016 年 4 月 3 日，重庆市江北区体育局官方微博“@ 重庆市江北区体育局”（UID：5890368749）通过微博平台认证，正式上线。

2016 年 4 月 3 日，四川省内江市公安局刑警支队官方微博“@ 内江刑侦”（UID：5879569843）通过微博平台认证，正式上线。

2016 年 4 月 5 日，四川省成都市公安局交通管理局车辆管理所官方微博“@ 成都市车辆管理所”（UID：3516176443）通过微博平台认证，正式上线。

2016 年 4 月 6 日，四川省成都市公安局青羊区分局黄田坝派出所官方微博“@ 青羊分局黄田坝派出所”（UID：5870475102）通过微博平台认证，正式上线。

2016 年 4 月 7 日，四川省西昌市森林公安局官方微博“@ 西昌市森林公安局”（UID：5889890571）通过微博平台认证，正式上线。

2016 年 4 月 7 日，四川省宜宾市兴文县大坝苗族乡卫生院官方微博“@ 兴文县大坝苗族乡卫生院”（UID：5887697106）通过微博平台认证，正式上线。

2016 年 4 月 7 日，四川省巴中市恩阳区三河场镇人民政府官方微博“@ 巴中市恩阳区三河场镇”（UID：5892410369）通过微博平台认证，正式上线。

2016 年 4 月 7 日，云南省昆明市富民县教育局官方微博“@ 富民教育微博”（UID：2718046990）通过微博平台认证，正式上线。

2016 年 4 月 7 日，云南省昆明市公安局西山分局刑侦大队官方微博“@ 昆明西山分局刑侦大队”（UID：5893156715）通过微博平台认证，正式上线。

2016 年 4 月 7 日，中国共产党蒙自市委员会统战部官方微博“@ 蒙自统战”（UID：5887585133）通过微博平台认证，正式上线。

2016 年 4 月 7 日，贵州省贵阳市修文县生态文明建设局官方微博“@ 修文县生态文明建设局”（UID：5437801168）通过微博平台认证，正式上线。

2016 年 4 月 7 日，重庆市江北区人民政府江北城街道办事处官方微博“@ 重庆市江北区江北城街道办事处”（UID：5890698374）通过微博平台认证，正式上线。

2016 年 4 月 7 日，云南省昆明市富民县环境保护局官方微博“@ 富民县环境保护局”（UID：5798183598）通过微博平台认证，正式上线。

2016 年 4 月 7 日，云南省嵩明县气象局官方微博“@ 嵩明气象”（UID：5892745265）通过微博平台认证，正式上线。

2016 年 4 月 7 日，四川省遂宁市中心血站官方微博“@ 遂宁市中心血站”（UID：5892751839）通过微博平台认证，正式上线。

2016 年 4 月 7 日，重庆市江北区鱼嘴镇人民政府官方微博“@ 鱼嘴镇”（UID：5890147389）通过微博平台认证，正式上线。

2016 年 4 月 7 日，共青团兔街镇委员会官方微博“@ 南华县兔街镇团委”（UID：5893023467）通过微博平台认证，正式上线。

2016 年 4 月 7 日，中国共产主义青年团青神县委员会官方微博“@ 共青团青神县委”（UID：5341067745）通过微博平台认证，正式上线。

2016 年 4 月 7 日，四川省成都高新技术产业开发区公安消防大队官方微博“@ 成都高新消防”（UID：5763241315）通过微博平台认证，正式上线。

2016 年 4 月 7 日，贵州省黔东南州剑河县旅游发展委员会官方微博“@ 剑河旅游”（UID：5892746443）通过微博平台认证，正式上线。

2016 年 4 月 7 日，四川省巴中市民政局官方微博“@ 巴中民政在线”（UID：2659238431）通过微博平台认证，正式上线。

2016 年 4 月 12 日，云南省北教场体育训练基地官方微博“@ 云南省北教场体育训练基地”（UID：5893687161）通过微博平台认证，正式上线。

2016 年 4 月 12 日，云南省昆明市富民县妇幼保健计划生育服务中心官方微博“@ 富民妇幼”（UID：5893053079）通过微博平台认证，正式上线。

2016 年 4 月 12 日，四川省成都市金牛区茶店子社区卫生服务中心官方微博“@ 金牛区茶店子社区卫生服务中心”（UID：5888724266）通过微博平台认证，正式上线。

2016 年 4 月 12 日，重庆市荣昌区昌州街道办事处官方微博“@ 昌州在线”（UID：2672052733）通过微博平台认证，正式上线。

2016 年 4 月 12 日，重庆市巫溪县人民检察院官方微博“@ - 巫溪检察 -”（UID：5894151539）通过微博平台认证，正式上线。

2016 年 4 月 12 日，重庆市万州区沙河街道凤仙路社区居委会官方微博“@ 沙河街道凤仙路社区”（UID：5893937402）通过微博平台认证，正式上线。

2016 年 4 月 12 日，四川省华蓥市公安局交通警察大队官方微博“@华蓥交警大队”（UID：5617153115）通过微博平台认证，正式上线。

2016 年 4 月 12 日，重庆市巴南区公路物流基地管理委员会官方微博“@公路物流基地管委会”（UID：5864375415）通过微博平台认证，正式上线。

2016 年 4 月 12 日，重庆市妇幼保健院官方微博“@重庆市妇幼保健院”（UID：1628956664）通过微博平台认证，正式上线。

2016 年 4 月 12 日，四川省达州市渠县人民代表大会常委会办公室官方微博“@渠县人大”（UID：5893600876）通过微博平台认证，正式上线。

2016 年 4 月 12 日，四川省简阳市委员会统一战线工作部官方微博“@简阳统战”（UID：5894659104）通过微博平台认证，正式上线。

2016 年 4 月 12 日，四川省第五人民医院官方微博“@四川省第五人民医院微博”（UID：5890879379）通过微博平台认证，正式上线。

2016 年 4 月 13 日，重庆市大渡口区第二次全国地名普查官方微博“@大渡口区第二次全国地名普查”（UID：5892677068）通过微博平台认证，正式上线。

2016 年 4 月 13 日，四川省巴中市南江县商务局官方微博“@南江商务”（UID：5896860594）通过微博平台认证，正式上线。

2016 年 4 月 13 日，四川省宜宾市屏山县公安局交通管理大队官方微博“@屏山交警”（UID：5900359247）通过微博平台认证，正式上线。

2016 年 4 月 17 日，新华社受权发布《中央宣传部、司法部关于在公民中开展法治宣传教育的第七个五年规划（2016～2020 年）》。规划提出，要推进法治宣传教育工作创新，充分运用互联网传播平台，加强新媒体新技术在普法中的运用，推进“互联网＋法治宣传”行动。开展新媒体普法益民服务，组织新闻网络开展普法宣传，更好地运用微信、微博、微电影、客户端开展普法活动。适应我国对外开放新格局，加强对外法治宣传工作。

2016 年 4 月 18 日，四川公共机构节能网官方微博“@四川公共机构节能”（UID：5896858330）通过微博平台认证，正式上线。

2016 年 4 月 18 日，云南省昆明市盘龙区市场监督管理局金辰所官方微博“@盘龙市场监管局金辰所”（UID：5896729664）通过微博平台认证，正式上线。

2016 年 4 月 18 日，四川省乐山市沙湾区沙湾镇团委官方微博“@沙湾区沙湾镇团委”（UID：3089608701）通过微博平台认证，正式上线。

2016 年 4 月 18 日，重庆市潼南区人民检察院官方微博“@潼南检察”（UID：5896945763）通过微博平台认证，正式上线。

2016 年 4 月 18 日，四川省巴中市交通运输局官方微博“@巴中交通在线”（UID：5890151198）通过微博平台认证，正式上线。

2016 年 4 月 18 日，云南省昆明市石林县工商行政管理局板桥工商所官方微博“@板桥工商所”（UID：5896567533）通过微博平台认证，正式上线。

2016 年 4 月 18 日，云南省昆明市富民县国土资源局官方微博“@富民县国土”（UID：5888127435）通过微博平台认证，正式上线。

2016 年 4 月 18 日，贵州电网有限责任公司毕节大方供电局官方微博“@大方供电”

（UID：5896592786）通过微博平台认证，正式上线。

2016年4月18日，重庆市璧山区民政局官方微博“@重庆市璧山区民政”（UID：5896772508）通过微博平台认证，正式上线。

2016年4月18日，云南省昆明市富民县交通运输局官方微博“@富民县交通运输局”（UID：5619523949）通过微博平台认证，正式上线。

2016年4月18日，中共西充县委宣传部官方微博“@微西充”（UID：5692534104）通过微博平台认证，正式上线。

2016年4月18日，四川省成都市金牛区驷马桥街道恒德路社区官方微博“@恒德路社区”（UID：5315360399）通过微博平台认证，正式上线。

2016年4月18日，云南省科学技术馆官方微博“@科普走云南”（UID：5840089665）通过微博平台认证，正式上线。

2016年4月18日，四川省巴中市通江县统计局官方微博“@通江统计”（UID：5897953549）通过微博平台认证，正式上线。

2016年4月18日，贵州省遵义市遵义县道路运输管理局官方微博“@播州区道路运输局”（UID：5898186733）通过微博平台认证，正式上线。

2016年4月18日，云南省昆明市石林县长湖镇人民政府官方微博“@长湖镇文明号”（UID：5897979838）通过微博平台认证，正式上线。

2016年4月18日，四川省巴中市南江县经济和信息化局官方微博“@南江县经信局”（UID：5898188654）通过微博平台认证，正式上线。

2016年4月18日，昆明公路局寻甸公路分局官方微博“@寻甸公路分局”（UID：2616772557）通过微博平台认证，正式上线。

2016年4月18日，四川省巴中市南江县林业局官方微博“@njxlyj”（UID：5885179038）通过微博平台认证，正式上线。

2016年4月18日，共青团一街乡委员会官方微博“@一街乡团委2016”（UID：5898200227）通过微博平台认证，正式上线。

2016年4月18日，四川省巴中市南江县发展和改革局官方微博“@南江县发展和改革局”（UID：5175746779）通过微博平台认证，正式上线。

2016年4月18日，中共云南省委老干部局黑龙潭干休所官方微博“@云南省委老干部局黑龙潭干休所”（UID：5890677728）通过微博平台认证，正式上线。

2016年4月18日，云南省昆明市宜良县纪委、监察局官方微博“@宜人风清”（UID：5898264316）通过微博平台认证，正式上线。

2016年4月18日，重庆市合川区政府公众网官方微博“@合川政府网”（UID：5593758101）通过微博平台认证，正式上线。

2016年4月18日，昆武高速公路路政管理大队官方微博“@昆武高速公路路政管理大队”（UID：5898624788）通过微博平台认证，正式上线。

2016年4月19日，习近平在京主持召开网络安全和信息化工作座谈会并发表重要讲话，强调按照创新、协调、绿色、开放、共享的发展理念推动我国经济社会发展，是当前和今后一个时期我国发展的总要求和大趋势。网民来自老百姓，老百姓上了网，民意也就上了网。群众在哪儿，我们的领导干部就要到哪儿去。各级党政机关和领导干部要学会通过网络走群众路线，经常上网看看，了解群众所思所愿，收集好想法好建议，积极回应网民关切、解疑释惑。

2016年4月19日，国务院办公厅印发《2016年全国打击侵犯知识产权和制售假冒伪劣商品工作要点》（国办发〔2016〕25号）。要点规定，要开展多样化、常态化宣传教育，加强网络宣传，组织重点新闻网站、主要门户网站、政府网站等，充分运用微博、微信、移动客户端等新技术手段，扩大宣传覆盖面，增强宣传效果。

2016年4月22日，四川省巴中市平昌县土垭乡人民政府官方微博"@平昌县土垭镇"（UID：5899414999）通过微博平台认证，正式上线。

2016年4月22日，四川省广安市广安区食品药品监督管理局官方微博"@广安区食药局"（UID：5899385708）通过微博平台认证，正式上线。

2016年4月22日，四川省成都市金牛区驷马桥树蓓街社区官方微博"@金牛区驷马桥街道树蓓街社区V"（UID：3973899208）通过微博平台认证，正式上线。

2016年4月22日，贵州省黔南州瓮安县人民检察院官方微博"@瓮安县检察院"（UID：5559804050）通过微博平台认证，正式上线。

2016年4月22日，贵州省安顺市美食汇推广工作领导小组办公室官方微博"@安顺美食汇"（UID：5900988902）通过微博平台认证，正式上线。

2016年4月22日，四川省达州市达川区环境保护局官方微博"@环保达川"（UID：5898279008）通过微博平台认证，正式上线。

2016年4月22日，四川省巴中市通江县粮食局官方微博"@通江粮食"（UID：5883542523）通过微博平台认证，正式上线。

2016年4月22日，四川省成都市新场镇川王村村委会官方微博"@新场镇川王村村委会"（UID：5686679149）通过微博平台认证，正式上线。

2016年4月22日，四川省广元市旺苍县大河乡人民政府官方微博"@旺苍大河乡"（UID：5901292300）通过微博平台认证，正式上线。

2016年4月22日，四川省自贡市富顺县图书馆官方微博"@富顺县图书馆"（UID：5891084001）通过微博平台认证，正式上线。

2016年4月25日，贵州省人民政府办公厅印发《贵州省人民政府新闻发布工作办法》的通知（黔府办发〔2016〕12号），规范贵州省党政机关运用新闻媒体、政府网站、政务微博微信、政务客户端等平台，发布相关政府信息、表达观点立场、回应社会关切、解答公众疑问以及与公众进行沟通的相关工作。办法明确，"鼓励运用官方网站、政务微博、政务微信、政务客户端等新媒体开展相关工作"，要"充分利用新媒体手段拓宽信息传播渠道，提高政府新闻发布的针对性和有效性"。

2016年4月25日，贵州省贵阳市第四人民医院官方微博"@贵阳四医"（UID：5896944309）通过微博平台认证，正式上线。

2016年4月27日，国务院办公厅印发《2016年食品安全重点工作安排通知》（国办发〔2016〕30号）。该通知要求，推动食品安全社会共治，加强投诉举报体系能力建设，畅通投诉举报渠道。举办"全国食品安全宣传周"活动。鼓励广播电视、报纸杂志、门户网站等开通食品安全专栏，运用微信、微博、移动客户端等新媒体手段加大食品安全公益、科普宣传力度。

2016年4月27日，人民日报和微博联合发布《2016年第一季度人民日报·政务指数微博影响力报告》。报告显示，截至2016年4月15日，经过新浪平台认证的政务微博达到156645个，其中政务机构微博118429个，公务人员微博38216个。随着运营体系成熟，政务微博的地区、行业差距逐渐缩小，舆情应对能力稳步提升，信息公开的形式也不断创新。

2016年4月27日，重庆酉阳土家族苗族自治县人民检察院官方微博“@酉阳检察”（UID：3638145482）通过微博平台认证，正式上线。

2016年4月27日，四川反邪教官方微博“@四川反邪教”（UID：5909167185）通过微博平台认证，正式上线。

2016年4月27日，四川省巴中市恩阳区财政局官方微博“@恩阳财政”（UID：5888489325）通过微博平台认证，正式上线。

2016年4月27日，四川省巴中市恩阳区农村发展局官方微博“@恩阳区农村发展局”（UID：5888755581）通过微博平台认证，正式上线。

2016年4月27日，共青团沙湾区谭坝乡委员会官方微博“@谭坝青年”（UID：5902303077）通过微博平台认证，正式上线。

2016年4月27日，四川省广安市邻水县公安局交通警察大队官方微博“@邻水交警”（UID：1807565592）通过微博平台认证，正式上线。

2016年4月27日，重庆市南川区楠竹山镇人民政府官方微博“@楠竹山镇”（UID：5902709124）通过微博平台认证，正式上线。

2016年4月27日，中共巧家县委老干部局官方微博“@巧家县老干局”（UID：5902533785）通过微博平台认证，正式上线。

2016年4月27日，四川省邛崃市桑园镇人民政府官方微博“@美丽桑园”（UID：2683157783）通过微博平台认证，正式上线。

2016年4月27日，富民县人民政府办公室官方微博“@富民县人民政府办公室”（UID：2216434787）通过微博平台认证，正式上线。

2016年4月27日，四川大学华西医院病理科官方微博“@华西医院病理科”（UID：2961512531）通过微博平台认证，正式上线。

2016年4月28日上午，由光明日报社、中央政法委宣教室、最高人民法院新闻局、最高人民检察院新闻办指导，由光明网主办的“2015检法系统新媒体经典案例”推荐活动结果正式揭晓，活动颁奖仪式暨研讨交流会在京举办，检法系统各10家单位获奖。

2016年4月28日，共青团都江堰市委员会官方微博“@青春都江堰”（UID：5912991533）通过微博平台认证，正式上线。

2016年4月29日，江苏省扬州市交通运输局官方微博“@扬州交通发布”上线运行。微博简介：“传达交通资讯，服务市民出行，倡导文明和谐交通。”13时24分发布上线通告：“#扬帆起航#亲爱的小伙伴们，‘扬州交通发布’微博现在正式上线开通啦！晚上18：16，我们将及时发布扬州‘五一’交通出行提示。今后，也会和大家不断交流互动，更多期待ing！”

五月

2016年5月3日，中共江西省鹰潭市委网信办官方微博“@网信鹰潭”正式上线运行。

2016年5月3日，四川省成都市青白江巴士公交有限公司“@青白江巴士公交”（UID：

5916020508）通过微博平台认证，正式上线。

2016年5月4日，重庆市江津区人民检察院官方微博“@江津检察”（UID：5910209026）通过微博平台认证，正式上线。

2016年5月4日，云南省易门县人民法院官方微博“@易门县法院”（UID：3927533585）通过微博平台认证，正式上线。

2016年5月4日，四川省公安厅交警总队高速公路支队成绵广一大队官方微博“@四川交警高速公路一支队四大队”（UID：5907228340）通过微博平台认证，正式上线。

2016年5月4日，云南省昆明市呈贡区环境监测站官方微博“@昆明市呈贡区环境监测站”（UID：5909138289）通过微博平台认证，正式上线。

2016年5月4日，四川省公安厅交通警察总队高速公路支队乐宜高速公路二大队“@四川高速交警乐宜二大队”（UID：5909176922）通过微博平台认证，正式上线。

2016年5月4日，重庆市黔江区人民检察院官方微博“@黔江检察”（UID：5908156924）通过微博平台认证，正式上线。

2016年5月4日，四川省内江市东兴区人力资源和社会保障局官方微博“@东兴区人社局”（UID：5908158706）通过微博平台认证，正式上线。

2016年5月4日，四川省阿坝县旅游网官方微博“@阿坝县旅游发展局”（UID：5861654087）通过微博平台认证，正式上线。

2016年5月4日，四川省广元市司法局官方微博“@广元普法”（UID：3613856974）通过微博平台认证，正式上线。

2016年5月4日，云南省昆明市富民县安全生产监督管理局官方微博“@富民县安监”（UID：5890559356）通过微博平台认证，正式上线。

2016年5月4日，云南省昆明市富民县财政局官方微博“@富民财政”（UID：5889821989）通过微博平台认证，正式上线。

2016年5月4日，云南省昆明市富民县林业局官方微博“@富民林业”（UID：5894390365）通过微博平台认证，正式上线。

2016年5月4日，云南省景洪市国家税务局官方微博“@景洪税务”（UID：5909964094）通过微博平台认证，正式上线。

2016年5月4日，云南省昆明市富民县市场监督管理局官方微博“@富民县市场监管局”（UID：5894391887）通过微博平台认证，正式上线。

2016年5月4日，四川省南充市卫生与计划生育委员会官方微博“@健康南充”（UID：5871566995）通过微博平台认证，正式上线。

2016年5月4日，四川省阿坝州茂县人民检察院官方微博“@茂县检察JC”（UID：5644136011）通过微博平台认证，正式上线。

2016年5月4日，贵州省遵义市红花岗区人民政府政务服务中心官方微博“@遵义市红花岗区政务服务中心”（UID：5756096854）通过微博平台认证，正式上线。

2016年5月4日，重庆市綦江区石壕镇人民政府官方微博“@綦江区石壕镇”（UID：5915153547）通过微博平台认证，正式上线。

2016年5月4日，云南省昆明市呈贡区供销合作社联合社官方微博“@呈贡供销”（UID：3976416721）通过微博平台认证，正式上线。

2016 年 5 月 4 日，四川省泸州市泸县云锦镇团委官方微博“@ 泸县云锦镇团委”（UID：5900563239）通过微博平台认证，正式上线。

2016 年 5 月 4 日，四川省巴中市经济开发区公安消防大队官方微博“@ 巴中经开区消防”（UID：5907253946）通过微博平台认证，正式上线。

2016 年 5 月 4 日，四川省邛崃市天台山景区管理委员会官方微博“@ 四川天台山景区”（UID：5915577048）通过微博平台认证，正式上线。

2016 年 5 月 4 日，重庆市南川区人民检察院官方微博“@ 南川检察”（UID：5899388469）通过微博平台认证，正式上线。

2016 年 5 月 10 日，国务委员、公安部党委书记、部长郭声琨对 2015 年度“五个十佳”公安网络正能量精品征集评选活动做出批语。要求各级公安机关要积极顺应新形势，努力用好新媒体，不断提升网络新媒体时代的舆论引导、社会沟通能力和联系群众、服务群众水平。

2016 年 5 月 10 日，重庆市人民检察院官方微博“@ 重庆检察”（UID：5915215161）通过微博平台认证，正式上线。

2016 年 5 月 10 日，重庆市沙坪坝区人民检察院官方微博“@ 沙坪坝检察”（UID：3536775713）通过微博平台认证，正式上线。

2016 年 5 月 10 日，云南省丽江市公安局网安支队官方微博“@ 丽江网警巡查执法”（UID：5921042876）通过微博平台认证，正式上线。

2016 年 5 月 10 日，中共贵阳市委防范和处理邪教问题领导小组办公室官方微博“@ 贵阳反邪教”（UID：5827449438）通过微博平台认证，正式上线。

2016 年 5 月 10 日，云南省德宏州公安局网络安全保卫支队官方微博“@ 德宏网警巡查执法”（UID：5917968798）通过微博平台认证，正式上线。

2016 年 5 月 10 日，云南省迪庆藏族自治州公安局网络安全保卫支队“@ 迪庆网警巡查执法”（UID：5919801034）通过微博平台认证，正式上线。

2016 年 5 月 10 日，泸州市公安局网络安全保卫支队官方微博“@ 泸州网警巡查执法”（UID：5915442494）通过微博平台认证，正式上线。

2016 年 5 月 10 日，大理白族自治州人民政府防范和处理邪教问题办公室官方微博“@ 大理反邪教”（UID：5913671236）通过微博平台认证，正式上线。

2016 年 5 月 10 日，四川省广元市公安局网络安全保卫支队巡查执法官方微博“@ 广元网警巡查执法”（UID：5917095883）通过微博平台认证，正式上线。

2016 年 5 月 10 日，四川省达州市住房公积金管理中心官方微博“@ 达州市住房公积金管理中心”（UID：5136029372）通过微博平台认证，正式上线。

2016 年 5 月 10 日，四川省眉山市公安局网络安全监察支队官方微博“@ 眉山网警巡查执法”（UID：5921072654）通过微博平台认证，正式上线。

2016 年 5 月 10 日，云南省昆明市官渡区文化馆官方微博“@ 昆明市官渡区文化馆”（UID：5916915267）通过微博平台认证，正式上线。

2016 年 5 月 10 日，达州市公安局网络安全保卫支队官方微博“@ 达州网警巡查执法”（UID：5917928195）通过微博平台认证，正式上线。

2016 年 5 月 10 日，贵州省黔南州罗甸县公安局网络安全保卫大队执法巡查官方微博

“@罗甸网安2016”（UID：5916881719）通过微博平台认证，正式上线。

2016年5月10日，四川省什邡市禾丰镇卫生院官方微博“@禾丰镇卫生院”（UID：5918918671）通过微博平台认证，正式上线。

2016年5月10日，四川省成都天府新区管委会办公室官方微博“@新区普法”（UID：5681856803）通过微博平台认证，正式上线。

2016年5月10日，贵州省贵阳市息烽县国土资源局官方微博“@息烽县国土局”（UID：5711985215）通过微博平台认证，正式上线。

2016年5月10日，云南省文山壮族苗族自治州公安局网络安全保卫支队官方微博“@文山网警巡查执法”（UID：5919512963）通过微博平台认证，正式上线。

2016年5月10日，四川省南充市公安局顺庆区分局西河派出所官方微博“@西河派出所”（UID：5254118745）通过微博平台认证，正式上线。

2016年5月10日，云南省体育彩票管理中心官方微博“@云南－体彩”（UID：5910072400）通过微博平台认证，正式上线。

2016年5月10日，四川省广安市广安区司法局官方微博“@广安区司法行政”（UID：5919809816）通过微博平台认证，正式上线。

2016年5月10日，四川省凉山州公安局网安支队官方微博“@凉山网警巡查执法”（UID：5918986708）通过微博平台认证，正式上线。

2016年5月10日，四川省南充市公安局顺庆区分局金台派出所官方微博“@金台派出所”（UID：5909121045）通过微博平台认证，正式上线。

2016年5月10日，重庆市人民检察院第四分院官方微博“@重庆检察四分院”（UID：5918754266）通过微博平台认证，正式上线。

2016年5月10日，云南省昆明市嵩明县公安局看守所官方微博“@嵩明看守所”（UID：5904079174）通过微博平台认证，正式上线。

2016年5月10日，四川省公安厅网络安全保卫总队官方微博“@四川网警巡查执法”（UID：5921199319）通过微博平台认证，正式上线。

2016年5月10日，四川省绵阳市公安局交警支队直属五大队官方微博“@绵阳交警五大队”（UID：5921206840）通过微博平台认证，正式上线。

2016年5月10日，四川省宜宾市宜宾县司法局柳嘉司法所官方微博“@宜宾县柳嘉司法所”（UID：3972883326）通过微博平台认证，正式上线。

2016年5月10日，西双版纳州公安局网络安全保卫支队网警巡查执法账号“@西双版纳网警巡查执法”（UID：5922616812）通过微博平台认证，正式上线。

2016年5月10日，云南省楚雄彝族自治州公安局网络安全保卫支队官方微博“@楚雄网警巡查执法”（UID：5921241417）通过微博平台认证，正式上线。

2016年5月10日，四川省简阳市精神文明建设办公室官方微博“@文明雄州”（UID：1218229515）通过微博平台认证，正式上线。

2016年5月10日，四川省宜宾市宜宾县司法局孔滩司法所官方微博“@宜宾县司法局孔滩司法所”（UID：5921256088）通过微博平台认证，正式上线。

2016年5月11日，公安部儿童失踪信息紧急发布平台官方微博“@公安部儿童失踪信息紧急发布平台”（UID：5918987931）上线运行。微博简介：“公安部通过该平台，向公众发布准确无误的儿童失踪信息，同时自动推送到失踪地周边的相关人群，让更多的爱心群众从官方渠道获取正确信息，以协助公安机关快速侦破拐卖案件，尽快找回失踪被拐儿童，实现群防群治、全民反拐的良好局面，为失踪儿童家庭实现‘团圆’梦想！”12时59分，发布上线通告：“大家好！公安部儿童失踪信息紧急发布平台官方微博正式开通了！我们将通过这个微博，向公众发布准确无误的儿童失踪信息，同时通过新媒体自动推送到儿童失踪地周边的相关人群，让更多的群众从官方渠道获取准确信息，以协助公安机关快速侦破拐卖案件，为失踪儿童家庭实现‘团圆’梦想！”新浪微博作为首家移动新媒体应用接入该平台。

2016年5月11日，四川省巴中市南江县环境保护局官方微博“@南江环保”（UID：5920097135）通过微博平台认证，正式上线。

2016年5月11日，重庆市万州区人民检察院官方微博“@万州检察”（UID：5910046833）通过微博平台认证，正式上线。

2016年5月11日，贵州省贵阳市开阳县双流镇人民政府官方微博“@开阳县双流镇”（UID：5926387479）通过微博平台认证，正式上线。

2016年5月11日，四川省巴中市人民政府政务服务管理办公室官方微博“@政务巴中”（UID：5888524764）通过微博平台认证，正式上线。

2016年5月11日，中共花溪区委防范和处理邪教问题领导小组办公室官方微博“@花溪反邪教”（UID：5925609133）通过微博平台认证，正式上线。

2016年5月11日，四川省南充市“120”紧急医疗救援指挥中心官方微博“@南充市120紧急医疗救援指挥中心”（UID：5926654360）通过微博平台认证，正式上线。

2016年5月11日，四川省巴中市邮政管理局官方微博“@巴中邮管局”（UID：5925613985）通过微博平台认证，正式上线。

2016年5月11日，中共息烽县委防范和处理邪教问题领导小组办公室官方微博“@息烽反邪教”（UID：5926662879）通过微博平台认证，正式上线。

2016年5月12日，公安部联合新浪微博正式上线“全国辟谣平台”。微博在首页公告栏和“@微博辟谣”（UID：1866405545）账号粉丝服务中设置有两个醒目的举报入口，网友只需要在举报页中准确填写被举报内容链接或者上传被举报内容的截图，详细填写举报理由就可以将自己的举报上传至辟谣平台。

2016年5月12日，四川省成都市新都区统计局官方微博“@新都统计”（UID：3657748334）通过微博平台认证，正式上线。

2016年5月13日，云南省人民政府防范和处理邪教问题办公室官方微博“@云南反邪教”（UID：5928329852）通过微博平台认证，正式上线。

2016年5月13日，四川省广汉市档案局官方微博“@广汉档案”（UID：5926603968）通过微博平台认证，正式上线。

2016年5月13日，中共开阳县委防范和处理邪教问题领导小组办公室官方微博“@开阳反邪教”（UID：5926587608）通过微博平台认证，正式上线。

2016年5月13日，云南省昆明市官渡区太和街道办事处前卫路社区居民委员会官方微博“@太和街道前卫路社区居委会”（UID：5502825450）通过微博平台认证，正式上线。

2016年5月13日，中国共产主义青年团贵州省普定县委员会官方微博“@团普定县委”（UID：5927762908）通过微博平台认证，正式上线。

2016 年 5 月 13 日，四川省交通运输厅高速公路交通执法第二支队十大队官方微博“@四川高速执法二支队十大队”（UID：5894001917）通过微博平台认证，正式上线。

2016 年 5 月 13 日，云南省昆明市太平新城街道办事处官方微博“@宜居太平”（UID：5920354092）通过微博平台认证，正式上线。

2016 年 5 月 13 日，四川省西昌市马道镇人民政府官方微博“@西昌市马道人”（UID：5876552989）通过微博平台认证，正式上线。

2016 年 5 月 13 日，四川省西昌市安哈镇人民政府官方微博“@西昌市安哈镇”（UID：5928193481）通过微博平台认证，正式上线。

2016 年 5 月 13 日，四川省西昌市大箐乡人民政府官方微博“@西昌市大箐乡”（UID：5927891352）通过微博平台认证，正式上线。

2016 年 5 月 13 日，云南省怒江傈僳族自治州公安局网络安全保卫支队官方微博“@怒江网警巡查执法”（UID：5920355094）通过微博平台认证，正式上线。

2016 年 5 月 13 日，重庆市渝北区妇幼保健院官方微博“@渝北妇幼”（UID：5927801480）通过微博平台认证，正式上线。

2016 年 5 月 13 日，四川省西昌市开元乡人民政府官方微博“@西昌市开元乡 66”（UID：5927896937）通过微博平台认证，正式上线。

2016 年 5 月 13 日，四川省成都市双流区协和社区卫生服务中心官方微博“@双流区协和社区卫生服务中心”（UID：5927521670）通过微博平台认证，正式上线。

2016 年 5 月 13 日，四川省西昌市白马乡人民政府官方微博“@西昌市白马乡”（UID：5928222570）通过微博平台认证，正式上线。

2016 年 5 月 13 日，四川省西昌市黄水乡人民政府官方微博“@西昌黄水政务”（UID：5927542630）通过微博平台认证，正式上线。

2016 年 5 月 13 日，云南省曲靖师宗县人民政府办公室官方微博“@师宗县-政府”（UID：1058055021）通过微博平台认证，正式上线。

2016 年 5 月 13 日，四川省西昌市林业局官方微博“@西昌林业”（UID：5927858517）通过微博平台认证，正式上线。

2016 年 5 月 13 日，四川省西昌市响水乡人民政府官方微博“@西昌市响水乡”（UID：5928306692）通过微博平台认证，正式上线。

2016 年 5 月 13 日，四川省西昌市农牧局官方微博“@西昌市农牧局”（UID：5927750215）通过微博平台认证，正式上线。

2016 年 5 月 13 日，四川省交通运输厅高速公路交通执法第六支队官方微博“@高速公路交通执法第六支队”（UID：5761204113）通过微博平台认证，正式上线。

2016 年 5 月 13 日，中共西昌市委农村工作领导小组办公室官方微博“@西昌市农办”（UID：5927804136）通过微博平台认证，正式上线。

2016 年 5 月 13 日，四川省宜宾市宜宾县司法局商州司法所官方微博“@宜宾县商州司法所”（UID：5848143514）通过微博平台认证，正式上线。

2016 年 5 月 13 日，重庆市江北区人民检察院官方微博“@重庆江北检察”（UID：5928005062）通过微博平台认证，正式上线。

2016 年 5 月 13 日，四川省西昌市四合乡人民政府官方微博“@西昌市四合乡”（UID：

5928526419）通过微博平台认证，正式上线。

2016年5月13日，四川省西昌市银厂乡人民政府官方微博“@西昌市银厂乡”（UID：5928018274）通过微博平台认证，正式上线。

2016年5月13日，中共观山湖区委防范和处理邪教问题领导小组办公室官方微博“@观山湖反邪教”（UID：5926585572）通过微博平台认证，正式上线。

2016年5月13日，四川省自贡市公安局网警巡查执法官方微博“@自贡网警巡查执法”（UID：5919826645）通过微博平台认证，正式上线。

2016年5月13日，贵州省黔南州瓮安县公安局公共信息网络安全监察大队官方微博“@瓮安网警”（UID：5667331988）通过微博平台认证，正式上线。

2016年5月13日，四川省公安厅交通警察总队高速公路支队成雅高速公路一大队“@四川高速交警一支队三大队”（UID：5903756365）通过微博平台认证，正式上线。

2016年5月13日，贵州省贵阳市开阳县残疾人联合会官方微博“@开阳县残疾人联合会宣传”（UID：5928043593）通过微博平台认证，正式上线。

2016年5月13日，四川省西昌市民胜乡人民政府官方微博“@西昌市民胜乡”（UID：5928560686）通过微博平台认证，正式上线。

2016年5月13日，四川唐家河国家级自然保护区官方微博“@四川唐家河自然保护区”（UID：2660775741）通过微博平台认证，正式上线。

2016年5月13日，四川省西昌市安全生产监督管理局官方微博“@西昌安监”（UID：5928527037）通过微博平台认证，正式上线。

2016年5月13日，四川省巴中市巴州区土地储备整理中心官方微博“@巴州区土地储备整理中心”（UID：5928309518）通过微博平台认证，正式上线。

2016年5月13日，四川省西昌市荞地乡人民政府官方微博“@西昌市荞地乡”（UID：5928064545）通过微博平台认证，正式上线。

2016年5月13日，贵州省贵阳市南明区司法局后巢司法所官方微博“@南明区司法局后巢司法所”（UID：3187460141）通过微博平台认证，正式上线。

2016年5月13日，四川省交通运输厅高速公路交通执法第一支队一大队官方微博“@四川高速执法一支队一大队”（UID：5928033735）通过微博平台认证，正式上线。

2016年5月13日，四川省雅安市汉源县档案局官方微博“@汉源档案”（UID：5051666574）通过微博平台认证，正式上线。

2016年5月13日，四川省西昌市安宁镇政府官方微博“@西昌市安宁镇”（UID：5930806035）通过微博平台认证，正式上线。

2016年5月14日，中国文化网络传播首届高峰论坛在北京师范大学举行。中国文化网络传播首届高峰论坛由北京师范大学、国家互联网信息办公室网络新闻信息传播局指导，由中国文化网络传播研究会、北京师范大学新闻传播学院共同主办。国家互联网信息办公室网络新闻信息传播局局长姜军、北京师范大学党委副书记刘利出席论坛开幕式并致辞。中国文化网络传播研究会副会长兼秘书长金海峰代表主办方致辞并宣读倡议书。

2016年5月16日，河南省政府召开新闻发布会，省通信管理局副局长、省互联网协会常务副理事长赵会群在会上发布了《2015河南省互联网发展报告》。报告显示，截至2015年12月底，全省互联网用户总数达6626.9万户，居全国第五位；河南也成为国内政务微博大省，数量位居全国第二位。

2016年5月16日，重庆市铜梁区人民检察院官方微博“@铜梁检察”（UID：5928871326）通过微博平台认证，正式上线。

2016年5月16日，重庆市云阳县人民检察院官方微博“@云阳检察”（UID：5930451857）通过微博平台认证，正式上线。

2016年5月16日，重庆市巴南区人民检察院官方微博“@重庆巴南检察院”（UID：1748243474）通过微博平台认证，正式上线。

2016年5月16日，重庆市永川区人民检察院官方微博“@永川区检察院”（UID：5928050539）通过微博平台认证，正式上线。

2016年5月17日上午9时，北京市朝阳区人民法院官方微博“@北京朝阳法院”（UID：3957042973）直播“立案登记制实施情况新闻通报会”，介绍了立案登记制实施一年来该院立案工作的情况、特点及实施过程中反映出的问题，就如何更加便捷立案、依法维权提出建议，公布立案登记制实施以来的两起典型案例。

2016年5月17日，重庆市检察院三分院官方微博“@重庆检察三分院”（UID：5934021197）通过微博平台认证，正式上线。

2016年5月17日，重庆市荣昌区人民检察院官方微博“@荣昌检察”（UID：5924670980）通过微博平台认证，正式上线。

2016年5月17日，重庆市石柱土家族自治县人民检察院官方微博“@石柱检察”（UID：5926280026）通过微博平台认证，正式上线。

2016年5月17日，重庆市垫江县人民检察院官方微博“@垫江检察”（UID：2705033773）通过微博平台认证，正式上线。

2016年5月17日，重庆市璧山区人民检察院官方微博“@璧山检察”（UID：5896943012）通过微博平台认证，正式上线。

2016年5月18日，四川省遂宁市船山区人民检察院官方微博“@遂宁船山检察”（UID：5930669193）通过微博平台认证，正式上线。

2016年5月18日，重庆反邪教官方微博“@重庆反邪教”（UID：5898618477）通过微博平台认证，正式上线。

2016年5月20日，四川省西昌市脱贫攻坚指挥部官方微博“@西昌市脱贫攻坚指挥部”（UID：5930388566）通过微博平台认证，正式上线。

2016年5月20日，云南省昭通市昭阳区乐居镇人民政府官方微博“@樱花小镇－生态乐居”（UID：5928734093）通过微博平台认证，正式上线。

2016年5月20日，四川省西昌市西城街道办事处官方微博“@西昌市西城街道办事处”（UID：5930987470）通过微博平台认证，正式上线。

2016年5月20日，重庆市北碚区人民检察院官方微博“@北碚检察”（UID：5930065599）通过微博平台认证，正式上线。

2016年5月20日，云南省昆明市盘龙区金辰街道金刀营社区工作站官方微博“@盘龙区金辰街道金刀营社区工作站”（UID：5931039164）通过微博平台认证，正式上线。

2016年5月20日，云南省昆明市嵩明县小街派出所官方微博“@嵩明县小街派出所”（UID：5917150619）通过微博平台认证，正式上线。

2016年5月20日，西昌市扶贫移民工作局官方微博“@西昌市扶贫移民工作局”（UID：5927892000）通过微博平台认证，正式上线。

2016年5月20日，云南省昆明市东川区审计局官方微博“@昆明市东川区审计局”（UID：5892944591）通过微博平台认证，正式上线。

2016年5月20日，贵州省安顺市镇宁自治县教育和科技局官方微博“@镇宁教科局”（UID：5926314157）通过微博平台认证，正式上线。

2016年5月20日，贵州省黔西南州义龙试验区禁毒委员会官方微博“@义龙禁毒”（UID：5934065397）通过微博平台认证，正式上线。

2016年5月20日，四川省遂宁市纪委监察局官方微博“@廉洁遂宁”（UID：5925963148）通过微博平台认证，正式上线。

2016年5月20日，重庆市城口县人民检察院官方微博“@城口检察”（UID：5933234850）通过微博平台认证，正式上线。

2016年5月20日，四川省西昌市科学技术协会官方微博“@西昌市科协skx”（UID：3276510997）通过微博平台认证，正式上线。

2016年5月20日，四川省巴中市平昌县交通运输局官方微博“@平昌县交通局”（UID：5933649161）通过微博平台认证，正式上线。

2016年5月20日，重庆市渝北区古路镇人民政府官方微博“@重庆市渝北区古路镇”（UID：5934537315）通过微博平台认证，正式上线。

2016年5月20日，四川省西昌市市志编纂委员会办公室官方微博“@西昌市市志办”（UID：5934538527）通过微博平台认证，正式上线。

2016年5月20日，四川省南充市营山县卫生和计划生育局官方微博“@营山县卫生和计划生育局”（UID：5928315208）通过微博平台认证，正式上线。

2016年5月20日，云南省曲靖陆良县委办公室官方微博“@曲靖陆良县委办”（UID：1279676627）通过微博平台认证，正式上线。

2016年5月20日，四川省西昌市小庙乡人民政府官方微博“@西昌市小庙乡”（UID：5934542321）通过微博平台认证，正式上线。

2016年5月20日，中共西昌市委政法委员会官方微博“@西昌市政法委”（UID：5933329580）通过微博平台认证，正式上线。

2016年5月20日，四川省西昌市水务局官方微博“@西昌水利”（UID：5933749779）通过微博平台认证，正式上线。

2016年5月20日，四川省西昌市投资促进和商务局官方微博“@西昌市投资促进局”（UID：5933333149）通过微博平台认证，正式上线。

2016年5月20日，四川省西昌市食品药品和工商质量监管局官方微博“@西昌食工质”（UID：3230644031）通过微博平台认证，正式上线。

2016年5月20日，四川省西昌市审计局官方微博“@西昌市审计局”（UID：5933336109）通过微博平台认证，正式上线。

2016年5月20日，中共南明区委防范和处理邪教问题领导小组办公室官方微博“@南明反邪教”（UID：5928731733）通过微博平台认证，正式上线。

2016年5月20日，四川省西昌市人力资源和社会保障局官方微博“@西昌市人社局”

（UID：5934476881）通过微博平台认证，正式上线。

2016 年 5 月 20 日，四川省西昌市人民防空办公室官方微博“@ 西昌市人民防空办公室”（UID：5934567168）通过微博平台认证，正式上线。

2016 年 5 月 20 日，四川省西昌市兴胜乡人民政府官方微博“@ 西昌市兴胜乡”（UID：5933775202）通过微博平台认证，正式上线。

2016 年 5 月 20 日，四川省西昌市文化广电新闻出版和体育旅游局官方微博“@ 西昌市文广新体旅局”（UID：5934575922）通过微博平台认证，正式上线。

2016 年 5 月 20 日，四川省雅安市公安局网络安全保卫支队官方微博“@ 雅安网警巡查执法”（UID：3469895762）通过微博平台认证，正式上线。

2016 年 5 月 20 日，四川省巴中市平昌县福申乡人民政府官方微博“@ 福申乡”（UID：5902356929）通过微博平台认证，正式上线。

2016 年 5 月 20 日，四川省巴中市平昌县得胜镇人民政府官方微博“@ 美丽得胜”（UID：5901408390）通过微博平台认证，正式上线。

2016 年 5 月 20 日，四川省巴中市南江县残疾人联合会官方微博“@ 南江县残疾人联合会”（UID：5933772060）通过微博平台认证，正式上线。

2016 年 5 月 20 日，西昌市供销合作社官方微博“@ 西昌市供销合作社”（UID：5934638471）通过微博平台认证，正式上线。

2016 年 5 月 20 日，四川省西昌市裕隆回族乡人民政府官方微博“@ 西昌市裕隆回族乡”（UID：5934583842）通过微博平台认证，正式上线。

2016 年 5 月 20 日，四川省巴中市平昌县农业局官方微博“@ 平昌农业”（UID：5934436626）通过微博平台认证，正式上线。

2016 年 5 月 20 日，四川省西昌市太和工业园区管委会官方微博“@ 西昌市太和工业园区管委会”（UID：5934233383）通过微博平台认证，正式上线。

2016 年 5 月 20 日，四川省西昌市城市管理局官方微博“@ 西昌城管”（UID：5934234278）通过微博平台认证，正式上线。

2016 年 5 月 20 日，四川省西昌市城乡规划建设和住房保障局官方微博“@ 西昌市城乡规划建设和住房保障局”（UID：5935653442）通过微博平台认证，正式上线。

2016 年 5 月 20 日，四川省巴中市平昌县土兴镇人民政府官方微博“@ 平昌土兴”（UID：5935651808）通过微博平台认证，正式上线。

2016 年 5 月 20 日，四川省巴中市平昌县鹿鸣镇人民政府官方微博“@ 平昌县鹿鸣镇”（UID：5933780060）通过微博平台认证，正式上线。

2016 年 5 月 20 日，中共修文县委防范和处理邪教问题领导小组办公室官方微博“@ 修文反邪教”（UID：5930439464）通过微博平台认证，正式上线。

2016 年 5 月 20 日，四川省巴中市平昌县住房和城乡建设局官方微博“@ 平昌县住房城乡建设”（UID：5935200921）通过微博平台认证，正式上线。

2016 年 5 月 20 日，成凉工业园区官方微博“@ 成凉工业园区”（UID：5935880398）通过微博平台认证，正式上线。

2016 年 5 月 20 日，四川省西昌市住房制度改革领导小组办公室官方微博“@ 西昌市房改办”（UID：5935237753）通过微博平台认证，正式上线。

2016年5月20日，四川省西昌市黄联关镇人民政府官方微博“@西昌市黄联关镇”（UID：5935682733）通过微博平台认证，正式上线。

2016年5月20日，云南省昆明市官渡区金马街道办事处金马社区居委会官方微博“@金马街道办事处金马社区”（UID：5935681090）通过微博平台认证，正式上线。

2016年5月20日，四川省内江市公安局交警支队直属一大队官方微博“@内江交警直属一大队”（UID：5915406375）通过微博平台认证，正式上线。

2016年5月20日，四川省西昌市琅环乡人民政府官方微博“@西昌市琅环乡lh”（UID：5933327908）通过微博平台认证，正式上线。

2016年5月20日，中共云岩区委防范和处理邪教问题领导小组办公室官方微博“@云岩反邪教”（UID：5928210115）通过微博平台认证，正式上线。

2016年5月20日，四川省成都市公安局公交地铁分局东客站派出所官方微博“@东客站派出所”（UID：5693890734）通过微博平台认证，正式上线。

2016年5月20日，四川省巴中市平昌县泥龙镇人民政府官方微博“@平昌县泥龙镇”（UID：5935759949）通过微博平台认证，正式上线。

2016年5月20日，贵州贵安新区旅游文化产业发展中心官方微博“@贵安旅游”（UID：5935759925）通过微博平台认证，正式上线。

2016年5月20日，重庆市巫山县人民检察院官方微博“@巫山检察”（UID：5935889990）通过微博平台认证，正式上线。

2016年5月20日，四川省巴中市平昌县岩口乡人民政府官方微博“@pcxykx”（UID：5935780658）通过微博平台认证，正式上线。

2016年5月20日，四川省西昌市长安街道办事处官方微博“@长安办”（UID：5935782256）通过微博平台认证，正式上线。

2016年5月20日，四姑娘山风景名胜区管理局官方微博“@四姑娘山风景名胜区”（UID：5902503649）通过微博平台认证，正式上线。

2016年5月20日，贵州省赤水市石堡乡人民政府官方微博“@石堡乡宣传微博号”（UID：5722454802）通过微博平台认证，正式上线。

2016年5月20日，共青团五顶山乡委员会官方微博“@南华县五顶山乡团委”（UID：5935570565）通过微博平台认证，正式上线。

2016年5月20日，四川省西昌市环境保护局官方微博“@西昌市环境保护局”（UID：5935788272）通过微博平台认证，正式上线。

2016年5月26日，国务院办公厅下发《关于开展消费品工业“三品”专项行动营造良好市场环境的若干意见》（国办发〔2016〕40号）。该意见要求，要加强舆论引导，支持主流媒体开展系列报道，设立专题网站、微博微信等平台，多渠道宣传消费品工业“三品”战略。通过市场手段加大国内优质品牌宣传力度，提高消费者对自主品牌的认知度和忠诚度，提升群众购买国货的自豪感。

2016年5月27日，四川省西昌市司法局官方微博“@西昌司法行政”（UID：5935881479）通过微博平台认证，正式上线。

2016年5月27日，重庆市黔江区总工会官方微博“@黔江职工之家”（UID：5934175057）通过微博平台认证，正式上线。

2016年5月27日，四川省西昌市统计局官方微博“@西昌市统计局”（UID：5935407663）通过微博平台认证，正式上线。

2016年5月27日，四川省西昌市洛古波乡人民政府官方微博“@西昌市洛古波乡”（UID：5936079700）通过微博平台认证，正式上线。

2016年5月27日，四川省眉山市公安消防支队官方微博“@眉山消防红细胞”（UID：5935430327）通过微博平台认证，正式上线。

2016年5月27日，四川省西昌市总工会官方微博“@西昌市总工会——”（UID：5935411918）通过微博平台认证，正式上线。

2016年5月27日，中国共产党西昌市中坝乡委员会官方微博“@西昌市中坝乡”（UID：5935645629）通过微博平台认证，正式上线。

2016年5月27日，中国共产党西昌市委员会党校官方微博“@西昌市委党校”（UID：5935640607）通过微博平台认证，正式上线。

2016年5月27日，云南省昆明市禄劝彝族苗族自治县财政局官方微博“@禄劝财政局”（UID：5936081154）通过微博平台认证，正式上线。

2016年5月27日，重庆市长寿区人民检察院官方微博“@长寿检察”（UID：5928571392）通过微博平台认证，正式上线。

2016年5月27日，重庆市开县人民检察院官方微博“@开州检察”（UID：5935427825）通过微博平台认证，正式上线。

2016年5月27日，贵州省铜仁市松桃苗族自治县公安局官方微博“@松桃县公安局”（UID：2880142774）通过微博平台认证，正式上线。

2016年5月27日，重庆市涪陵区人民检察院官方微博“@涪陵检察”（UID：5936369942）通过微博平台认证，正式上线。

2016年5月27日，四川省西昌市蔬菜事业管理局官方微博“@蔬菜局官博”（UID：5936372706）通过微博平台认证，正式上线。

2016年5月27日，重庆市秀山土家族苗族自治县人民检察院官方微博“@重庆秀山检察”（UID：5936502999）通过微博平台认证，正式上线。

2016年5月27日，四川省西昌市高枧乡人民政府官方微博“@西昌市高枧乡”（UID：5938599613）通过微博平台认证，正式上线。

2016年5月27日，西昌钒钛产业园区管委会官方微博“@西昌钒钛产业园区”（UID：5935435929）通过微博平台认证，正式上线。

2016年5月27日，重庆市武隆县浩口苗族仡佬族乡人民政府官方微博“@武隆浩口”（UID：5107563143）通过微博平台认证，正式上线。

2016年5月27日，中共重庆市合川区纪律检查委员会官方微博“@合川风正窗口”（UID：5935200190）通过微博平台认证，正式上线。

2016年5月27日，中共西昌市委群众工作局官方微博“@西昌群工局”（UID：5935540491）通过微博平台认证，正式上线。

2016年5月27日，四川省西昌市房地产管理局官方微博“@西昌市房管局”（UID：5935342536）通过微博平台认证，正式上线。

2016年5月27日，四川省西昌市西溪乡人民政府官方微博“@西昌市西溪乡”（UID：

5937813781）通过微博平台认证，正式上线。

2016年5月27日，四川省西昌市西郊乡人民政府官方微博“@西郊乡2016”（UID：5937815929）通过微博平台认证，正式上线。

2016年5月27日，四川省凉山州西昌市经久乡官方微博“@西昌市经久乡”（UID：5937814482）通过微博平台认证，正式上线。

2016年5月27日，四川省西昌市礼州镇人民政府官方微博“@西昌市礼州镇”（UID：3298655644）通过微博平台认证，正式上线。

2016年5月27日，四川省巴中市平昌供销合作社联合社官方微博“@平昌供销社”（UID：5933645161）通过微博平台认证，正式上线。

2016年5月27日，四川省宜宾市第二人民医院官方微博“@宜宾市二医院”（UID：5938598901）通过微博平台认证，正式上线。

2016年5月27日，四川省西昌市卫生和计划生育局官方微博“@健康西昌”（UID：5938627027）通过微博平台认证，正式上线。

2016年5月27日，中共双江自治县纪律检查委员会县监察局官方微博“@双沭春风”（UID：5121221253）通过微博平台认证，正式上线。

2016年5月27日，四川省西昌市委机构编制办公室官方微博“@西昌市编办”（UID：5939027895）通过微博平台认证，正式上线。

2016年5月27日，四川省西昌市北城街道办事处官方微博“@西昌市北城办”（UID：5939031332）通过微博平台认证，正式上线。

2016年5月27日，四川省西昌市财政局官方微博“@西昌市财政局”（UID：5938637358）通过微博平台认证，正式上线。

2016年5月27日，四川省西昌市烟草工作办公室官方微博“@西昌市烟草工作办公室”（UID：5939031287）通过微博平台认证，正式上线。

2016年5月27日，四川省西昌市归国华侨侨眷联合会官方微博“@西昌市侨联”（UID：5931638796）通过微博平台认证，正式上线。

2016年5月27日，四川省西昌市月华乡人民政府官方微博“@凉山州西昌市月华乡”（UID：5937843092）通过微博平台认证，正式上线。

2016年5月27日，贵州省贵州百里杜鹃管理区公安（分）局官方微博“@百杜警方”（UID：5597911141）通过微博平台认证，正式上线。

2016年5月27日，四川省西昌市防震减灾局官方微博“@西昌市防震减灾局”（UID：5938611989）通过微博平台认证，正式上线。

2016年5月27日，贵州省黔南州平塘县水库和生态移民局官方微博“@平塘移民”（UID：5925559096）通过微博平台认证，正式上线。

2016年5月27日，四川省南充市兴旺镇人民政府官方微博“@兴旺镇”（UID：5117657632）通过微博平台认证，正式上线。

2016年5月27日，中共西昌市委统战部官方微博“@西昌市统战部”（UID：5939091296）通过微博平台认证，正式上线。

2016年5月27日，四川省西昌市大学中专招生办公室官方微博“@西昌市招办”（UID：5938693373）通过微博平台认证，正式上线。

2016 年 5 月 27 日，四川省西昌市佑君镇人民政府官方微博“@ 西昌市佑君镇”（UID：5938697196）通过微博平台认证，正式上线。

2016 年 5 月 27 日，四川省西昌市西乡乡人民政府官方微博“@ 西昌市西乡乡”（UID：5937904682）通过微博平台认证，正式上线。

2016 年 5 月 27 日，中共西昌市委党史研究室官方微博“@ 中共西昌市委党史研究室”（UID：5938302636）通过微博平台认证，正式上线。

2016 年 5 月 27 日，重庆市信息产业投资促进中心重庆国际云博会官方微博“@ 重庆国际云博会”（UID：5915563062）通过微博平台认证，正式上线。

2016 年 5 月 27 日，四川省德阳市旌阳区八角井镇卫生院官方微博“@ 德阳市旌阳区八角井镇卫生院”（UID：5939114604）通过微博平台认证，正式上线。

2016 年 5 月 27 日，四川省西昌市档案局（西昌市档案馆）官方微博“@ 西昌市档案局”（UID：5938694644）通过微博平台认证，正式上线。

2016 年 5 月 27 日，四川省巴中市巴州区残疾人联合会官方微博“@ 巴中市巴州区残疾人联合会”（UID：5938340308）通过微博平台认证，正式上线。

2016 年 5 月 27 日，云南省红河哈尼族彝族自治州人民检察院官方微博“@ 红河州检察院”（UID：5930278887）通过微博平台认证，正式上线。

2016 年 5 月 27 日，四川省邛崃市市场和质量监督管理局官方微博“@ 邛崃市市场和质量监管局”（UID：5939192284）通过微博平台认证，正式上线。

2016 年 5 月 27 日，四川省西昌市川兴镇人民政府官方微博“@ 西昌市川兴镇”（UID：5939196909）通过微博平台认证，正式上线。

2016 年 5 月 27 日，四川省西昌市民政局官方微博“@ 西昌民政”（UID：5938817119）通过微博平台认证，正式上线。

2016 年 5 月 27 日，四川省南充市公安局交警支队直属四大队官方微博“@ 南充交警直属四大队”（UID：5860098034）通过微博平台认证，正式上线。

2016 年 5 月 27 日，四川省西昌市海南乡官方微博“@ 西昌市海南乡”（UID：5938433156）通过微博平台认证，正式上线。

2016 年 5 月 27 日，四川省巴中市巴州区政务服务管理办公室官方微博“@ 巴州区政管办”（UID：5938428875）通过微博平台认证，正式上线。

2016 年 5 月 27 日，四川省巴中市平昌县驷马镇人民政府官方微博“@ 平昌县驷马镇”（UID：5934608226）通过微博平台认证，正式上线。

2016 年 5 月 27 日，四川省巴中市邱家镇人民政府官方微博“@ 邱家镇”（UID：5938608910）通过微博平台认证，正式上线。

2016 年 5 月 27 日，四川省西昌市东城街道办事处官方微博“@ 西昌市东城办”（UID：5938120885）通过微博平台认证，正式上线。

2016 年 5 月 27 日，重庆市万州区小周镇人民政府官方微博“@ 柑桔之乡小周镇”（UID：5827475048）通过微博平台认证，正式上线。

2016 年 5 月 27 日，台江县政法系统铸勤行动官方微博“@ 台江政法委铸勤行动”（UID：5938111582）通过微博平台认证，正式上线。

2016 年 5 月 27 日，云南省体育局官方微博“@ 体育云南”（UID：5661587719）通过微博平台认证，正式上线。

2016年5月27日，四川省雅安市宝兴县公安局官方微博“@宝兴公安”（UID：5940714141）通过微博平台认证，正式上线。

2016年5月27日，上海市公安局青浦分局官方微博“@青浦警坛”通过微博平台认证，正式上线。

2016年5月27日，四川省简阳市人民检察院官方微博“@简阳检察”（UID：5941118523）通过微博平台认证，正式上线。

2016年5月27日，四川省广元市青川县公安局交通警察大队官方微博“@青川交警大队”（UID：2743446950）通过微博平台认证，正式上线。

2016年5月27日，四川省西昌市阿七乡人民政府官方微博“@西昌市阿七乡”（UID：5940313764）通过微博平台认证，正式上线。

2016年5月27日，四川省雅安市芦山县公安局交警大队官方微博“@芦山交警”（UID：5148962502）通过微博平台认证，正式上线。

2016年5月27日，重庆市体育局官方微博“@体育重庆”（UID：5939021122）通过微博平台认证，正式上线。

2016年5月27日，重庆市人民检察院第五分院官方微博“@重庆检察五分院”（UID：2689361885）通过微博平台认证，正式上线。

2016年5月27日，重庆市检察院一分院官方微博“@重庆检察一分院”（UID：5938205724）通过微博平台认证，正式上线。

2016年5月27日，重庆市梁平县检察院官方微博“@梁平检察”（UID：5935471566）通过微博平台认证，正式上线。

2016年5月27日，重庆市武隆检察院官方微博“@武隆检察”（UID：5931879346）通过微博平台认证，正式上线。

2016年5月30日，重庆市渝中区人民检察院官方微博“@重庆渝中检察”（UID：5936118384）通过微博平台认证，正式上线。

2016年5月31日，中共乌当区委防范和处理邪教问题领导小组办公室官方微博“@乌当反邪教”（UID：5928883572）通过微博平台认证，正式上线。

2016年5月31日，甘孜网警巡查执法官方微博“@甘孜网警巡查执法”（UID：5926360630）通过微博平台认证，正式上线。

2016年5月31日，中共白云区委防范和处理邪教问题领导小组办公室官方微博“@白云反邪教”（UID：5930177455）通过微博平台认证，正式上线。

2016年5月31日，中共清镇市委防范和处理邪教问题领导小组办公室官方微博“@清镇反邪教”（UID：5923497462）通过微博平台认证，正式上线。

2016年5月31日，巴中网警巡查执法新浪微博“@巴中网警巡查执法”（UID：5917158918）通过微博平台认证，正式上线。

六月

2016年6月2日，四川省公安厅交警总队官方微博“@四川交警”（UID：5889046080）通过微博平台认证，正式上线。

2016年6月3日，四川省成都市互联网信息办公室官方微博“@网信成都”（UID：

5939922252）通过微博平台认证，正式上线。

2016年6月3日，四川隆昌经济开发区管理委员会官方微博“@隆昌经济开发区”（UID：5941127169）通过微博平台认证，正式上线。

2016年6月3日，中共西昌市纪律检查委员会官方微博“@廉洁西昌”（UID：5939985847）通过微博平台认证，正式上线。

2016年6月3日，四川省巴中市平昌县龙岗镇人民政府官方微博“@平昌县龙岗镇”（UID：5938401184）通过微博平台认证，正式上线。

2016年6月3日，四川省南充市顺庆区人民政府东南街道办事处官方微博“@顺庆区东南街道办事处”（UID：5883063320）通过微博平台认证，正式上线。

2016年6月3日，西昌市残疾人联合会官方微博“@西昌市残疾人联合会”（UID：5935684388）通过微博平台认证，正式上线。

2016年6月3日，四川省崇州市综合行政执法局官方微博“@崇州市综合行政执法局”（UID：5866714757）通过微博平台认证，正式上线。

2016年6月3日，四川省西昌市国土资源局官方微博“@西昌市国土资源之窗”（UID：5938329457）通过微博平台认证，正式上线。

2016年6月3日，四川省西昌市高草回族乡人民政府官方微博“@西昌市高草乡”（UID：5935406581）通过微博平台认证，正式上线。

2016年6月3日，平昌县元山镇人民政府官方微博“@平昌县元山镇”（UID：5941823778）通过微博平台认证，正式上线。

2016年6月3日，四川省巴中市平昌县云台镇人民政府官方微博“@平昌县云台镇”（UID：5941825565）通过微博平台认证，正式上线。

2016年6月3日，四川省巴中市平昌县镇龙镇人民政府官方微博“@镇龙镇”（UID：5941828404）通过微博平台认证，正式上线。

2016年6月3日，四川省巴中市平昌县元石乡人民政府官方微博“@元石乡”（UID：5941830100）通过微博平台认证，正式上线。

2016年6月3日，四川大学华西医院呼吸与危重症医学科官方微博“@华西医院呼吸与危重症医学科”（UID：3088792501）通过微博平台认证，正式上线。

2016年6月3日，云南省杨林监狱官方微博“@云南省杨林监狱”（UID：5934535562）通过微博平台认证，正式上线。

2016年6月3日，中共高桥镇委员会官方微博“@武定高桥”（UID：5938606556）通过微博平台认证，正式上线。

2016年6月3日，四川省巴中市平昌县西兴镇人民政府官方微博“@平昌县西兴镇”（UID：5936122007）通过微博平台认证，正式上线。

2016年6月3日，四川省巴中市平昌县经济和信息化局官方微博“@巴中市平昌县经信局”（UID：2257227900）通过微博平台认证，正式上线。

2016年6月3日，四川省成都市苏坡社区卫生服务中心健康教育官方微博“@成都市苏坡社区卫生服务中心”（UID：5894239915）通过微博平台认证，正式上线。

2016年6月3日，四川省巴中市平昌县民政局官方微博“@平昌民政”（UID：5941726181）通过微博平台认证，正式上线。

2016年6月3日，四川省巴中市平昌县星光工业园管理委员会官方微博“@平昌工业园”（UID：5938031809）通过微博平台认证，正式上线。

2016年6月3日，四川省巴中市平昌县粉壁乡人民政府官方微博“@民生粉壁”（UID：5938221624）通过微博平台认证，正式上线。

2016年6月3日，四川省巴中市平昌县望京镇人民政府官方微博“@平昌县望京镇”（UID：5943130897）通过微博平台认证，正式上线。

2016年6月3日，云南省昆明阳宗海风景名胜区七甸街道办事处官方微博“@文明七甸”（UID：5938214366）通过微博平台认证，正式上线。

2016年6月3日，贵州省铜仁市公安交通管理局高速公路交通警察德江大队官方微博“@trgsjjdjdd”（UID：5942971938）通过微博平台认证，正式上线。

2016年6月3日，四川省西昌市樟木箐乡政府官方微博“@西昌市樟木箐乡”（UID：5943215824）通过微博平台认证，正式上线。

2016年6月3日，贵州省遵义市汇川区就业局官方微博“@汇川就业”（UID：5943688097）通过微博平台认证，正式上线。

2016年6月3日，四川省巴中市平昌县五木镇人民政府官方微博“@pcx五木镇zf”（UID：5943769191）通过微博平台认证，正式上线。

2016年6月3日，四川省交通运输厅高速公路交通执法第二支队二大队官方微博“@四川高速执法二支队二大队”（UID：5943539111）通过微博平台认证，正式上线。

2016年6月3日，四川省广安市武胜县司法局官方微博“@法治武胜”（UID：5943764116）通过微博平台认证，正式上线。

2016年6月3日，四川省广安市武胜县公安消防大队官方微博“@武胜消防”（UID：5943786424）通过微博平台认证，正式上线。

2016年6月3日，成都中医药大学附属医院男科官方微博“@成都中医药大学附属医院男科”（UID：5938878238）通过微博平台认证，正式上线。

2016年6月13日，四川省巴中市城市管理行政执法局官方微博“@巴中城管执法”（UID：2396705015）通过微博平台认证，正式上线。

2016年6月13日，云南省昆明市富民县水务局官方微博“@富民水务”（UID：5890820803）通过微博平台认证，正式上线。

2016年6月13日，四川省内江市公安局网络安全保卫支队官方微博“@内江网警巡查执法”（UID：5942046328）通过微博平台认证，正式上线。

2016年6月13日，四川省西昌市妇女联合会官方微博“@西昌市妇联”（UID：5945595736）通过微博平台认证，正式上线。

2016年6月13日，云南省临沧云县公安消防大队官方微博“@云县消防大队119”（UID：5950593686）通过微博平台认证，正式上线。

2016年6月13日，四川省凉山彝族自治州公安局禁毒局官方微博“@凉山禁毒”（UID：5946137974）通过微博平台认证，正式上线。

2016年6月13日，四川省西昌市发展改革和经济信息化局官方微博“@西昌市发改经信局”（UID：3303827504）通过微博平台认证，正式上线。

2016年6月13日，四川省剑阁县气象局官方微博“@剑阁－气象”（UID：

5918990536）通过微博平台认证，正式上线。

2016 年 6 月 13 日，中国共产党绥江县委员会政法委员会官方微博“@ 长安绥江”（UID：5721353515）通过微博平台认证，正式上线。

2016 年 6 月 13 日，重庆市开县云枫街道龙珠社区官方微博“@ 开县云枫街道龙珠社区NEW”（UID：5947035885）通过微博平台认证，正式上线。

2016 年 6 月 13 日，四川省广元市妇女联合会官方微博“@ 广元女儿美”（UID：5934011651）通过微博平台认证，正式上线。

2016 年 6 月 13 日，中国人民政治协商会议平昌县委员会办公室官方微博“@ 平昌政协”（UID：5947499858）通过微博平台认证，正式上线。

2016 年 6 月 13 日，四川省巴中市平昌县人大常委会办公室官方微博“@ 平昌县人大”（UID：5947703991）通过微博平台认证，正式上线。

2016 年 6 月 13 日，四川省巴中市巴州区气象局官方微博“@ 巴州区气象”（UID：5938339628）通过微博平台认证，正式上线。

2016 年 6 月 13 日，四川省巴中市平昌县澌岸乡人民政府官方微博“@ 平昌县澌岸乡”（UID：5948426072）通过微博平台认证，正式上线。

2016 年 6 月 13 日，四川省广安市岳池县委宣传部官方微博“@ 岳池发布”（UID：5894234774）通过微博平台认证，正式上线。

2016 年 6 月 13 日，四川省凉山彝族自治州越西县司法局官方微博“@ 越西司法”（UID：5951538041）通过微博平台认证，正式上线。

2016 年 6 月 13 日，四川省巴中市平昌县喜神乡人民政府官方微博“@ 平昌县喜神乡人民政府”（UID：5951525704）通过微博平台认证，正式上线。

2016 年 6 月 13 日，四川省南充市仪陇县司法局官方微博“@ 仪陇司法”（UID：5951577951）通过微博平台认证，正式上线。

2016 年 6 月 15 ~ 17 日，公安部新闻中心、新浪网和新浪微博共同主办“派出所的一天”微博直播活动，向社会各界展示公安基层单位派出所的日常工作，将线下的“警营开放日”延伸到网络公开平台上。此次活动全国 1.3 万余个公安微博共同参与，以“@ 派出所值班那点事”为代表的 4000 多个派出所和数万基层民警通过微博进行工作直播。从 15 日早 8 时至 17 日 18 时，@ 派出所的一天@ 话题原创微博数量超过 32 万条。

2016 年 6 月 17 日，成都轨道建设管理有限公司官方微博“@ 成都地铁建设”（UID：5955086211）通过微博平台认证，正式上线。

2016 年 6 月 20 日，中共平昌县委农村工作委员会官方微博“@ 平昌县农工委”（UID：3546340613）通过微博平台认证，正式上线。

2016 年 6 月 20 日，贵州省黔南州平塘县水务局官方微博“@ 平塘县水务局”（UID：5945932429）通过微博平台认证，正式上线。

2016 年 6 月 20 日，中共平昌县委党校官方微博“@ zgpcxwdx”（UID：5948909333）通过微博平台认证，正式上线。

2016 年 6 月 20 日，重庆市南川区科学技术协会官方微博“@ 南川科普”（UID：5953649273）通过微博平台认证，正式上线。

2016 年 6 月 20 日，平昌县妇女联合会官方微博“@ 平昌县妇联”（UID：5870732050）

通过微博平台认证，正式上线。

2016年6月20日，四川省遂宁市司法局官方微博“@法治遂宁”（UID：5947717947）通过微博平台认证，正式上线。

2016年6月20日，云南省香格里拉市森林公安局官方微博“@香格里拉森林警察”（UID：5908303103）通过微博平台认证，正式上线。

2016年6月20日，中国共产党平昌县委员会统战部官方微博“@平昌县统战部”（UID：5955295129）通过微博平台认证，正式上线。

2016年6月20日，四川省巴中市巴州区经济和信息化局官方微博“@巴州区经信局”（UID：5947110143）通过微博平台认证，正式上线。

2016年6月20日，中国人民政治协商会议云南省西盟佤族自治县委员会官方微博“@西盟佤族自治县政协”（UID：5452332957）通过微博平台认证，正式上线。

2016年6月20日，四川省巴中市平昌县残疾人联合会官方微博“@平昌县残联”（UID：5955555722）通过微博平台认证，正式上线。

2016年6月20日，中国人民解放军四川省平昌县人民武装部官方微博“@平昌县人武部”（UID：5955063874）通过微博平台认证，正式上线。

2016年6月20日，贵州省安顺市民政局官方微博“@安顺市民政”（UID：5640454584）通过微博平台认证，正式上线。

2016年6月20日，四川省巴中市平昌县总工会官方微博“@xzghb”（UID：1646404992）通过微博平台认证，正式上线。

2016年6月20日，四川省巴中市平昌县机关事务管理局官方微博“@平昌县机管局”（UID：5955225977）通过微博平台认证，正式上线。

2016年6月20日，四川省南充市顺庆区司法局官方微博“@法治顺庆”（UID：5955563405）通过微博平台认证，正式上线。

2016年6月20日，四川省遂宁市安居区拦江镇人民政府官方微博“@遂宁市安居区拦江镇”（UID：5955264905）通过微博平台认证，正式上线。

2016年6月20日，中国共产党重庆市南岸区委员会宣传部官方微博“@重庆江南新城”（UID：5955488688）通过微博平台认证，正式上线。

2016年6月20日，中国共产党六门乡委员会官方微博“@平昌六门”（UID：5958339489）通过微博平台认证，正式上线。

2016年6月20日，甘孜藏族自治州教育局官方微博“@甘孜教育”（UID：5957490418）通过微博平台认证，正式上线。

2016年6月20日，四川省内江市东兴区司法局官方微博“@东兴微司法”（UID：5952928744）通过微博平台认证，正式上线。

2016年6月20日，四川省绵阳市三台县公安局北坝派出所官方微博“@三台县北坝派出所”（UID：5965853320）通过微博平台认证，正式上线。

2016年6月21日，天津市残疾人联合会下发《关于进一步做好天津残联政务微博工作的通知》。

2016年6月21日，云南省保山市隆阳区丙麻乡人民政府官方微博“@大美丙麻”（UID：5805341937）通过微博平台认证，正式上线。

2016年6月21日，四川省西昌市工商业联合会官方微博“@西昌市工商联”（UID：5957922675）通过微博平台认证，正式上线。

2016年6月21日，四川省南充市嘉陵区南湖街道办事处官方微博“@嘉陵区南湖街道办事处”（UID：5957669904）通过微博平台认证，正式上线。

2016年6月21日，成都现代有轨电车有限公司官方微博“@成都现代有轨电车”（UID：5963802413）通过微博平台认证，正式上线。

2016年6月25日，国家互联网信息办公室发布《互联网信息搜索服务管理规定》，自2016年8月1日起施行。该规定明确，国家互联网信息办公室负责全国互联网信息搜索服务的监督管理执法工作，地方互联网信息办公室依据职责负责本行政区域内互联网信息搜索服务的监督管理执法工作。该规定要求，互联网信息搜索服务提供者应当落实主体责任，建立健全信息审核、公共信息实时巡查等信息安全管理制度，不得以链接、摘要、联想词等形式提供含有法律法规禁止的信息内容；提供付费搜索信息服务应当依法查验客户有关资质，明确付费搜索信息页面比例上限，醒目区分自然搜索结果与付费搜索信息，对付费搜索信息逐条加注显著标识；不得通过断开相关链接等手段，牟取不正当利益。

2016年6月25日，北京市海淀区人民法院对原告（反诉被告）方是民（笔名方舟子）与被告（反诉原告）崔永元名誉权纠纷案进行了公开宣判。庭审结束后，为了方便广大网友阅读，10时20分，北京市海淀区人民法院官方微博“@北京海淀法院”（UID：3927469685）直接发布了判决文书，持续就方是民与崔永元名誉权纠纷案中的法律问题进行释疑。

2016年6月25日，广东省人民政府新闻办公室官方微博“@广东发布”（UID：2775872784）微博粉丝服务平台上线。广东省内网友关注“@广东发布”，即可通过微博私信实现网上办事、天气查询、预约挂号、民政预约、高考查分等实用功能。

2016年6月26日，“6·26国际禁毒日”，全国21个省区市人民法院首次大规模使用微博开展“司法阳光，联运禁毒”活动，微博视频直播涉毒案审判全过程。当日，共计有71场微博庭审视频直播，涉及0.5~46公斤涉毒案。用微博直播涉毒案件庭审的方式，展示毒品的危害，揭露犯罪，是国际禁毒日宣传方式的创新。

2016年6月27日，贵州省六盘水路喜循环经济产业园区管理委员会官方微博“@六盘水路喜园区管委会”（UID：5697435025）通过微博平台认证，正式上线。

2016年6月27日，云南省昆明市东川区政协官方微博“@东川政协文明创建”（UID：5963402393）通过微博平台认证，正式上线。

2016年6月27日，四川省南充市仪陇县卫生和计划生育局官方微博“@健康仪陇”（UID：5963961503）通过微博平台认证，正式上线。

2016年6月27日，四川省巴中市平昌县直工委官方微博“@平昌县直工委”（UID：5963800983）通过微博平台认证，正式上线。

2016年6月27日，四川省巴中市平昌县双鹿乡人民政府官方微博“@平昌县双鹿乡”（UID：5963722020）通过微博平台认证，正式上线。

2016年6月27日，四川省巴中市平昌县委群众工作部官方微博“@平昌县委群众工作部”（UID：2860187524）通过微博平台认证，正式上线。

2016年6月27日，四川省遂宁市大英县通仙乡人民政府官方微博“@通泰达仙”（UID：5967242449）通过微博平台认证，正式上线。

2016年6月27日，四川省南充市蓬安县供销合作社官方微博“@蓬安县供销合作社”（UID：5967525381）通过微博平台认证，正式上线。

2016年6月27日，四川省自贡市贡井区教育局官方微博“@贡井教育”（UID：3406699294）通过微博平台认证，正式上线。

2016年6月27日，中共洪雅县委宣传部官方微博“@今日洪雅”（UID：5966963082）通过微博平台认证，正式上线。

2016年6月28日，云南省人民政府新闻办公室印发《云南省新闻发布工作管理办法》的通知（云新通〔2016〕1号）。办法规定，新闻发布单位可以采取组织记者集体采访、参加互联网访谈、接受媒体专访、发布新闻稿、通过政务网站或微博发布信息等形式开展新闻发布工作。

2016年6月28日，由河北省互联网信息办公室主办、石家庄市互联网信息办公室承办的“河北省第三届新媒体舆论引导战略研讨会”在石家庄顺利召开。中共河北省委外宣局局长、省网信办主任张砚平出席会议并讲话，省网信办专职副主任牛兰东主持会议。石家庄市网信办主任张惠致欢迎词。

2016年6月28日，昆明公交集团有限责任公司第五分公司官方微博“@昆明公交集团第五公司”（UID：5616896362）通过微博平台认证，正式上线。

2016年6月28日，中共稻城县委宣传部官方微博“@稻城微坛”（UID：5967607511）通过微博平台认证，正式上线。

2016年6月28日，贵州省六盘水市水城县教育局官方微博“@水城教育－微博”（UID：5967588480）通过微博平台认证，正式上线。

2016年6月28日，四川省甘孜藏族自治州乡城县人民检察院官方微博“@乡城县检察院”（UID：5967339918）通过微博平台认证，正式上线。

七月

2016年7月2日，盐源县人民检察院官方微博“@盐源检察”（UID：5971634822）通过微博平台认证，正式上线。

2016年7月2日，云南省文化厅官方微博“@云南省文化厅”（UID：5972700879）通过微博平台认证，正式上线。

2016年7月2日，道孚县人民检察院官方微博“@道孚县检察院”（UID：5972718145）通过微博平台认证，正式上线。

2016年7月2日，梁平县妇女联合会官方微博“@柚乡女性”（UID：5971634059）通过微博平台认证，正式上线。

2016年7月2日，中共四川省江油市委政法委员会官方微博“@江油政法”（UID：5970050255）通过微博平台认证，正式上线。

2016年7月2日，金阳县人民检察院官方微博“@凉山金阳检察院”（UID：5969844125）通过微博平台认证，正式上线。

2016年7月2日，四川省资阳市人民检察院官方微博“@正义资阳”（UID：5969698072）通过微博平台认证，正式上线。

2016 年 7 月 2 日，布拖县人民检察院官方微博“@ btxrmjcy”（UID：5640572808）通过微博平台认证，正式上线。

2016 年 7 月 2 日，乐山市市中区人民检察院官方微博“@ 乐山市市中区检察院”（UID：5967702504）通过微博平台认证，正式上线。

2016 年 7 月 2 日，冕宁县人民检察院官方微博“@ 冕宁检察院”（UID：5971666728）通过微博平台认证，正式上线。

2016 年 7 月 2 日，乐至县人民检察院官方微博“@ 乐至检察”（UID：5971629602）通过微博平台认证，正式上线。

2016 年 7 月 2 日，四川省凉山州木里藏族自治县人民检察院官方微博“@ 木里县检察院”（UID：5973557763）通过微博平台认证，正式上线。

2016 年 7 月 2 日，重庆市合川区妇女联合会官方微博“@ 合川妇联”（UID：5971664538）通过微博平台认证，正式上线。

2016 年 7 月 2 日，华蓥市委农村工作委员会官方微博“@ 华蓥农工委”（UID：5966942603）通过微博平台认证，正式上线。

2016 年 7 月 2 日，理塘县人民检察院官方微博“@ 理塘检察”（UID：5973491909）通过微博平台认证，正式上线。

2016 年 7 月 2 日，金平苗族瑶族傣族自治县人民检察院官方微博“@ 金平检察 1978”（UID：5972724393）通过微博平台认证，正式上线。

2016 年 7 月 2 日，普格县人民检察院官方微博“@ 普格检察”（UID：5972718059）通过微博平台认证，正式上线。

2016 年 7 月 2 日，昭通市人民检察院官方微博“@ 昭通市检察院”（UID：3960399974）通过微博平台认证，正式上线。

2016 年 7 月 2 日，四川省南充市顺庆区人民检察院官方微博“@ 南充顺庆检察”（UID：5973220849）通过微博平台认证，正式上线。

2016 年 7 月 2 日，马鞍乡人民政府官方微博“@ sfw 马鞍乡”（UID：5973605590）通过微博平台认证，正式上线。

2016 年 7 月 2 日，四川省南充市高坪区人民检察院官方微博“@ 高坪区检察院”（UID：5972804252）通过微博平台认证，正式上线。

2016 年 7 月 2 日，内江市东兴区人民检察院官方微博“@ 东兴检察”（UID：5973201001）通过微博平台认证，正式上线。

2016 年 7 月 2 日，中共景谷傣族彝族自治县委宣传部官方微博“@ 微景谷”（UID：3514309443）通过微博平台认证，正式上线。

2016 年 7 月 2 日，四川省遂宁市船山区南津路街道办事处官方微博“@ 船山区南津路街道办事处”（UID：5970359358）通过微博平台认证，正式上线。

2016 年 7 月 2 日，绿春县人民检察院官方微博“@ 绿春县检察院”（UID：5973316104）通过微博平台认证，正式上线。

2016 年 7 月 2 日，云龙县人民检察院官方微博“@ 云龙检察”（UID：5181869885）通过微博平台认证，正式上线。

2016 年 7 月 2 日，四川省南充市仪陇县人民检察院官方微博“@ 仪陇检察”（UID：

5972787156）通过微博平台认证，正式上线。

2016年7月2日，沧源佤族自治县人民检察院官方微博“@沧源检察”（UID：5972835007）通过微博平台认证，正式上线。

2016年7月2日，安宁市人民检察院官方微博“@云南省安宁市检察院”（UID：5973306417）通过微博平台认证，正式上线。

2016年7月2日，临沧市临翔区人民检察院官方微博“@临翔区检察院”（UID：3195240773）通过微博平台认证，正式上线。

2016年7月2日，大理白族自治州人民检察院官方微博“@大理检察”（UID：5972896217）通过微博平台认证，正式上线。

2016年7月2日，贡山独龙族怒族自治县人民检察院官方微博“@贡山检察”（UID：5972891101）通过微博平台认证，正式上线。

2016年7月2日，四川省交通运输厅高速公路交通执法第七支队十三大队官方微博“@四川省高速执法第七支队十三大队”（UID：5973280218）通过微博平台认证，正式上线。

2016年7月2日，永德县人民检察院官方微博“@永德县检察院”（UID：5972922046）通过微博平台认证，正式上线。

2016年7月2日，昆明铁路运输检察院官方微博“@昆明铁路运输检察院”（UID：5881743815）通过微博平台认证，正式上线。

2016年7月2日，四川省成都市武侯区金花桥街道九龙社区居民委员会官方微博“@金花桥街道九龙社区”（UID：3547983087）通过微博平台认证，正式上线。

2016年7月2日，怒江傈僳族自治州人民检察院官方微博“@怒江检察”（UID：5973281959）通过微博平台认证，正式上线。

2016年7月2日，南涧彝族自治县人民检察院官方微博“@南涧县检察院”（UID：5973375993）通过微博平台认证，正式上线。

2016年7月2日，牟定县人民检察院官方微博“@牟定县检察院”（UID：5973982148）通过微博平台认证，正式上线。

2016年7月2日，弥勒市人民检察院官方微博“@弥勒市检察院”（UID：5973785568）通过微博平台认证，正式上线。

2016年7月2日，四川省简阳市交通运输局官方微博“@简阳交通”（UID：5973983525）通过微博平台认证，正式上线。

2016年7月2日，易门县人民检察院官方微博“@易门县检察院”（UID：5973012109）通过微博平台认证，正式上线。

2016年7月2日，永平县人民检察院官方微博“@永平县检察院”（UID：5973681140）通过微博平台认证，正式上线。

2016年7月2日，会泽县人民检察院官方微博“@会泽检察”（UID：5973993513）通过微博平台认证，正式上线。

2016年7月2日，屏边苗族自治县人民检察院官方微博“@屏边检察”（UID：5973345260）通过微博平台认证，正式上线。

2016年7月2日，玉溪市人民检察院官方微博“@玉溪市检察院”（UID：5973731871）

通过微博平台认证，正式上线。

2016 年 7 月 2 日，宣威市人民检察院官方微博“@ 宣威检察”（UID：5973780406）通过微博平台认证，正式上线。

2016 年 7 月 2 日，梁河县人民检察院官方微博“@ 梁河检察”（UID：5973687389）通过微博平台认证，正式上线。

2016 年 7 月 2 日，贵州省贵阳市白云区群众工作中心官方微博“@ 贵阳市白云区群众工作中心”（UID：5861644535）通过微博平台认证，正式上线。

2016 年 7 月 2 日，绥江县人民检察院官方微博“@ 绥江检察”（UID：5973309452）通过微博平台认证，正式上线。

2016 年 7 月 2 日，云南省昆明市呈贡区雨花街道社区卫生计生服务中心官方微博“@ 呈贡区雨花社区卫生计生站”（UID：5927115720）通过微博平台认证，正式上线。

2016 年 7 月 2 日，六盘水市钟山区旅游外事局官方微博“@ 魅力钟山旅游微博”（UID：5973426115）通过微博平台认证，正式上线。

2016 年 7 月 2 日，成都天府新区煎茶街道办事处官方微博“@ 天府煎茶”（UID：2869606504）通过微博平台认证，正式上线。

2016 年 7 月 2 日四川省宜宾市屏山县安全生产监督管理局官方微博“@ pingshananquan”（UID：5974094896）通过微博平台认证，正式上线。

2016 年 7 月 2 日，玉溪市江川区人民检察院官方微博“@ 江川区检察院”（UID：5973948167）通过微博平台认证，正式上线。

2016 年 7 月 2 日，墨江哈尼族自治县人民检察院官方微博“@ 墨江检察院”（UID：5972997947）通过微博平台认证，正式上线。

2016 年 7 月 2 日，云南省公安厅治安管理总队官方微博“@ 云南治安”（UID：5920324199）通过微博平台认证，正式上线。

2016 年 7 月 2 日，重庆市大足区妇女联合会官方微博“@ 重庆市大足区妇联”（UID：5563872843）通过微博平台认证，正式上线。

2016 年 7 月 3 日，微博联动湖北、安徽、湖南、江苏、浙江、重庆、贵州等强降雨受灾地区的政务微博共同发起#抗洪一线#话题，形成合力联合播报救灾前线动态。从中央到地方，各级政务微博纷纷发布相关微博，直播各地救灾进展，发布安全提示，同时第一时间对网络谣言进行权威辟谣。截至 7 月 8 日，#抗洪一线#的话题快速突破 1 亿阅读量，受灾严重的省份#湖北暴雨#、#湖南暴雨#、#安徽暴雨#，3 个话题总阅读量已过 6 亿。

2016 年 7 月 4 日，四川省泸州市人民检察院官方微博“@ 泸州检察”（UID：5966797044）通过微博平台认证，正式上线。

2016 年 7 月 5 日，中共陕西省华阴市委办公室、华阴市人民政府办公室印发《关于推动政务新媒体发展，规范政务新媒体管理的意见》的通知（阴办发〔2016〕49 号）。意见要求，大力推动政务新媒体建设，加强政务微博建设运用。除工作性质特殊、保密性强的单位外，全市各级党政机关、人民团体特别是与民生关系密切和社会关注事项较多的部门单位，2016 年 10 月底前均应开通政务微博，要着力提升政务新媒体运维水平，严格规范政务新媒体管理。

2016 年 7 月 6 日，泸州市精神文明建设办公室“@ 文明泸州政务微博”（UID：

5974594714）通过微博平台认证，正式上线。

2016年7月7日，最高人民检察院印发《关于充分发挥检察职能依法保障和促进科技创新的意见》。意见指出，要加强宣传工作，营造重视和支持科技创新的良好环境。要大力宣传党和国家创新驱动发展战略，宣传有关保护和促进科技创新发展的方针政策和法律法规，使创新发展理念深入人心。充分利用报刊、广播、电视和门户网站、微信、微博、新闻客户端等媒体，加强宣传检察机关保障和促进科技创新发展的新思路、新举措和新成效。审慎发布涉及科技创新主体犯罪案件的新闻信息，及时引导和疏解有关舆情，推动全社会形成依法保障和促进科技创新发展的司法环境和社会氛围。

2016年7月7日，四川省广元市利州区食品药品监督管理局官方微博“@利州食药和工商”（UID：5212819204）通过微博平台认证，正式上线。

2016年7月7日，云阳县耀灵镇人民政府官方微博“@云阳－耀灵”（UID：3778365854）通过微博平台认证，正式上线。

2016年7月7日，金堂县外事侨务和台湾事务办公室官方微博“@hello_ Jintang”（UID：3664129717）通过微博平台认证，正式上线。

2016年7月7日，四川省成都市青羊区交通局官方微博“@青羊交通”（UID：3372878120）通过微博平台认证，正式上线。

2016年7月7日，重庆市城口县鸡鸣乡人民政府官方微博“@城口县鸡鸣乡政务微博”（UID：2754261645）通过微博平台认证，正式上线。

2016年7月7日，都江堰市卫生和计划生育局官方微博“@都江堰市卫生和计划生育局”（UID：2570180905）通过微博平台认证，正式上线。

2016年7月7日，四川省成都市人民政府法制办公室官方微博“@成都政府法制”（UID：1301042442）通过微博平台认证，正式上线。

2016年7月7日，四川省德阳经济技术开发区社会保障局官方微博“@德阳经开区社会保障局”（UID：5628439086）通过微博平台认证，正式上线。

2016年7月7日，贵州省黔南三都水族自治县残疾人联合会官方微博“@三都水族自治县群工委机关”（UID：5861830253）通过微博平台认证，正式上线。

2016年7月7日，四川省成都市简阳市人民政府政务服务中心官方微博“@简阳服务”（UID：5968604650）通过微博平台认证，正式上线。

2016年7月7日，云南省文山州丘北县司法局官方微博“@丘北司法行政”（UID：5459721509）通过微博平台认证，正式上线。

2016年7月7日，四川大学华西第二医院产前诊断中心官方微博“@华西第二医院产前诊断中心”（UID：5963984688）通过微博平台认证，正式上线。

2016年7月7日，四川省泸州市泸县工商行政管理局官方微博“@泸县工商”（UID：5967633294）通过微博平台认证，正式上线。

2016年7月7日，四川省泸州市泸县人民检察院官方微博“@泸县检察”（UID：5967085671）通过微博平台认证，正式上线。

2016年7月7日，四川省江油市人民检察院官方微博“@正义江油”（UID：5967083573）通过微博平台认证，正式上线。

2016年7月7日，四川省凉山州宁南县人民检察院官方微博“@宁南检察”（UID：

5967701421）通过微博平台认证，正式上线。

2016年7月7日，重庆市巴南区文明办官方微博“@文明巴南”（UID：5967417887）通过微博平台认证，正式上线。

2016年7月7日，贵州省遵义市人民检察院官方微博“@遵义市检察院”（UID：5969718151）通过微博平台认证，正式上线。

2016年7月7日，四川省宜宾市南溪区人民检察院官方微博“@南溪区检察院”（UID：5967427452）通过微博平台认证，正式上线。

2016年7月7日，四川省内江市人民检察院官方微博“@内江市检察院”（UID：5967424804）通过微博平台认证，正式上线。

2016年7月7日，四川省凉山彝族自治州喜德县人民检察院官方微博“@喜德县检察院”（UID：5969713920）通过微博平台认证，正式上线。

2016年7月7日，四川省泸州市精神文明建设办公室官方微博“@文明泸州LZ”（UID：5967701465）通过微博平台认证，正式上线。

2016年7月7日，四川省乐山市金口河区人民检察院官方微博“@金口河区检察院”（UID：5967944245）通过微博平台认证，正式上线。

2016年7月7日，四川省宜宾市翠屏区人民检察院官方微博“@宜宾市翠屏区检察院”（UID：5969746352）通过微博平台认证，正式上线。

2016年7月7日，四川省凉山州会理县人民检察院官方微博“@正义会理12309”（UID：5969426825）通过微博平台认证，正式上线。

2016年7月7日，四川省泸州市古蔺县人民检察院官方微博“@古蔺检察”（UID：5969395281）通过微博平台认证，正式上线。

2016年7月7日，云南省丽江市公安局旅游警察支队官方微博“@丽江旅警”（UID：5889250173）通过微博平台认证，正式上线。

2016年7月7日，云南省红河石屏县人民检察院官方微博“@石屏县检察院”（UID：5970275147）通过微博平台认证，正式上线。

2016年7月7日，云南省大理祥云县人民检察院官方微博“@祥云检察”（UID：5973983873）通过微博平台认证，正式上线。

2016年7月7日，云南省怒江福贡县人民检察院官方微博“@福贡检察”（UID：5973012516）通过微博平台认证，正式上线。

2016年7月7日，四川省甘孜藏族自治州人民检察院官方微博“@甘孜州检察院”（UID：5973478902）通过微博平台认证，正式上线。

2016年7月7日，云南省昭通市昭阳区人民检察院官方微博“@zyjc昭阳检察”（UID：5973304060）通过微博平台认证，正式上线。

2016年7月8日，四川省南充市人民检察院官方微博“@南充检察”（UID：5867686484）通过微博平台认证，正式上线。

2016年7月8日，四川省眉山市党务政务服务热线官方微博“@眉山12345”（UID：5906090866）通过微博平台认证，正式上线。

2016年7月8日，贵州省黔东南州锦屏县隆里古城保护与开发管理委员会官方微博“@zgllxmtysj”（UID：5975361497）通过微博平台认证，正式上线。

2016年7月8日，云南省楚雄州永仁县人民检察院官方微博“@永仁检察”（UID：5973014764）通过微博平台认证，正式上线。

2016年7月8日，云南省昆明市五华区妇联官方微博“@五华妇联”（UID：2637066234）通过微博平台认证，正式上线。

2016年7月8日，四川省甘孜州甘孜县人民检察院官方微博“@甘孜县检察院”（UID：5971661431）通过微博平台认证，正式上线。

2016年7月8日，云南省迪庆州维西傈僳族自治县人民检察院官方微博“@维西检察”（UID：5972856230）通过微博平台认证，正式上线。

2016年7月8日，四川省阿坝汶川县官方微博“@微汶川”（UID：5976574040）通过微博平台认证，正式上线。

2016年7月8日，云南省昭通市永善县人民检察院官方微博“@永善检察”（UID：2379506433）通过微博平台认证，正式上线。

2016年7月8日，国家统计局达州调查队官方微博“@达州统计调查”（UID：5976356614）通过微博平台认证，正式上线。

2016年7月8日，共青团绵阳市游仙区委官方微博“@共青团绵阳市游仙区委”（UID：2713178505）通过微博平台认证，正式上线。

2016年7月8日，贵州省六盘水市水城县国土资源局官方微博“@水城县国土资源局官博”（UID：5958050639）通过微博平台认证，正式上线。

2016年7月8日，云南省大理州鹤庆县人民检察院官方微博“@鹤庆检察”（UID：5973774315）通过微博平台认证，正式上线。

2016年7月8日，四川省成都市金牛区精神文明办公室官方微博“@金牛文明”（UID：5976914598）通过微博平台认证，正式上线。

2016年7月12日，贵州省黔南州荔波县公安局小七孔派出所官方微博“@小七孔派出所”（UID：3130219687）通过微博平台认证，正式上线。

2016年7月12日，四川省乐山市夹江县公安局交通警察大队官方微博“@夹江交警”（UID：3877913175）通过微博平台认证，正式上线。

2016年7月12日，四川省阿坝若尔盖县旅游发展局官方微博“@若尔盖县旅游发展局”（UID：5628232454）通过微博平台认证，正式上线。

2016年7月12日，重庆市南川区妇女联合会官方微博“@南川妇联”（UID：5977659832）通过微博平台认证，正式上线。

2016年7月12日，云南省文山州富宁县妇女联合会官方微博“@妇女之家－富宁”（UID：5976615224）通过微博平台认证，正式上线。

2016年7月12日，四川省巴中市恩阳区义兴乡人民政府官方微博“@恩阳区义兴乡”（UID：5144419072）通过微博平台认证，正式上线。

2016年7月12日，贵州省六盘水市机构编制委员会办公室官方微博“@六盘水市编委办”（UID：5977389533）通过微博平台认证，正式上线。

2016年7月12日，四川省眉山市气象局官方微博“@眉山气象”（UID：2357841083）通过微博平台认证，正式上线。

2016年7月12日，四川省巴中市城市管理行政执法局恩阳区分局官方微博“@巴中市恩阳区城管执法分局”（UID：5977698663）通过微博平台认证，正式上线。

2016 年 7 月 12 日，贵州省黔南州荔波县公安局瑶山派出所官方微博“@瑶山派出所 v”（UID：5977698298）通过微博平台认证，正式上线。

2016 年 7 月 12 日，四川省遂宁市大英县文化体育广播电影电视局官方微博“@大英县文广局”（UID：5977009674）通过微博平台认证，正式上线。

2016 年 7 月 14 日至 8 月 25 日期间，中共吉林省白山市委、白山市人民政府联合团中央学校部等相关部门，共同开展以“印象长白山·筑梦十三五”为主题的#百所高校进白山#暑期实践活动，有来自全国 100 所高校的 107 支团队进驻白山市 6 个县（市、区）。吉林省白山市人民政府新闻办公室官方微博“@白山发布”主持的#百所高校进白山#话题量高达 3696.2 万。

2016 年 7 月 14 日，四川省知识产权局官方微博“@四川省知识产权”（UID：5976285674）通过微博平台认证，正式上线。

2016 年 7 月 14 日，云南省保山市隆阳区辛街乡人民政府官方微博“@辛街保山坝的南大门”（UID：5974929269）通过微博平台认证，正式上线。

2016 年 7 月 14 日，四川省甘孜藏族自治州德格县人民检察院官方微博“@德格县检察院”（UID：5976957541）通过微博平台认证，正式上线。

2016 年 7 月 14 日，四川省凉山州雷波县文化广电新闻出版和体育旅游局官方微博“@雷波文广体旅局”（UID：5978726923）通过微博平台认证，正式上线。

2016 年 7 月 14 日，四川省遂宁市大英县扶贫和移民工作局官方微博“@大英县扶贫和移民工作局”（UID：5734239230）通过微博平台认证，正式上线。

2016 年 7 月 14 日，四川省宜宾市江安县精神文明建设办公室官方微博“@文明江安”（UID：5979064023）通过微博平台认证，正式上线。

2016 年 7 月 14 日，四川省乐山市公安局交通警察支队直属二大队官方微博“@乐山交警直属二大队”（UID：5980071898）通过微博平台认证，正式上线。

2016 年 7 月 14 日，贵州省六盘水野玉海山地旅游度假区管理委员会官方微博“@六盘水野玉海山地旅游度假区”（UID：5974702491）通过微博平台认证，正式上线。

2016 年 7 月 14 日，云南省大理州鹤庆县妇女联合会官方微博“@鹤庆县妇联”（UID：5980128748）通过微博平台认证，正式上线。

2016 年 7 月 14 日，贵州省黔南州荔波县公安局茂兰派出所官方微博“@荔波茂兰派出所”（UID：5980130291）通过微博平台认证，正式上线。

2016 年 7 月 14 日，四川省遂宁市大英县畜牧食品局官方微博“@大英县畜牧食品局 1”（UID：5697470477）通过微博平台认证，正式上线。

2016 年 7 月 14 日，四川省甘孜州得荣县人民检察院官方微博“@得荣县检察院”（UID：5306529893）通过微博平台认证，正式上线。

2016 年 7 月 14 日，贵州省黔南州荔波县公安局佳荣派出所官方微博“@lbxgajjrpcs”（UID：5979682430）通过微博平台认证，正式上线。

2016 年 7 月 14 日，重庆市南岸区国土资源管理分局官方微博“@重庆南岸国土”（UID：5979529998）通过微博平台认证，正式上线。

2016 年 7 月 14 日，四川省宜宾市高县公安消防大队官方微博“@高县消防大队”

（UID：5908083124）通过微博平台认证，正式上线。

2016 年 7 月 16 日，广西旅游发展委员会主办的“2016 旅游 V 影响力峰会”在广西南宁召开。当天，广西壮族自治区旅游发展委员会官方微博“@广西旅游发展委员会”与中国东方航空股份有限公司官方微博“@东航官网”、新浪地方新鲜旅官方微博“@新鲜旅”及新浪八大地方站联动宣传。该活动亮相微博开机画面第二天，#世界是嘈杂的，广西是宁静的#的话题阅读量突破 7077 万。

2016 年 7 月 19 日，云南省省级职工住房资金管理中心官方微博“@云南省省级职工住房资金管理中心”（UID：5889594200）通过微博平台认证，正式上线。

2016 年 7 月 19 日，贵州省黔南州荔波县公安局朝阳派出所官方微博“@荔波朝阳派出所”（UID：5156105213）通过微博平台认证，正式上线。

2016 年 7 月 19 日，云南省普洱市妇女联合会官方微博“@普洱市妇女联合会”（UID：5984136105）通过微博平台认证，正式上线。

2016 年 7 月 19 日，四川省成都市龙泉驿区万兴乡公立卫生院官方微博“@成都市龙泉驿区万兴乡公立卫生院”（UID：5985381350）通过微博平台认证，正式上线。

2016 年 7 月 19 日，重庆两江新区第二次全国地名普查官方微博“@重庆两江新区地名普查”（UID：5983107495）通过微博平台认证，正式上线。

2016 年 7 月 19 日，贵州省消防总队安顺支队普定大队官方微博“@普定消防”（UID：5972722098）通过微博平台认证，正式上线。

2016 年 7 月 19 日，云南省澜沧拉祜族自治县勐朗镇佛房社区居民委员会官方微博“@澜沧县勐朗镇佛房社区”（UID：5983208866）通过微博平台认证，正式上线。

2016 年 7 月 19 日，四川省绵阳市梓潼县公安局文昌派出所官方微博“@文昌警务 110”（UID：5984333545）通过微博平台认证，正式上线。

2016 年 7 月 19 日，四川省绵阳市梓潼县公安局潼江派出所官方微博“@梓潼县潼江派出所”（UID：1821445665）通过微博平台认证，正式上线。

2016 年 7 月 19 日，四川省广元市青川县供销合作社联合社官方微博“@青川县供销社”（UID：5696561571）通过微博平台认证，正式上线。

2016 年 7 月 20 日，江西省公安厅网络安全保卫总队官方微博“@江西网警巡查执法”上线运行。10 时 4 分发布上线通告：“亲爱的网友们大家好！我是江西网警，为了广大网友能够安全上网，放心上网，我们从今天开始将每日在网上进行巡查执法，为广大网友保驾护航！请大家支持、理解、关注！”

2016 年 7 月 20 日，第十四次全国检察工作会议在吉林省长春市开幕。时任最高人民检察院检察长的曹建明出席会议并指出，要加强检察公共关系建设，善于与社会和媒体沟通，主动接受社会监督，实现检察工作与社会公众良性互动，努力赢得最广泛的理解支持。

2016 年 7 月 21 日，由原国家旅游局信息中心主办，由新浪网、新浪微博承办的国家旅游局官方网站卡通形象网络征集活动正式在微博启动。原国家旅游局官方微博“@中国旅游”（UID：2058584790）在新浪微博平台发布征集令。

2016 年 7 月 26 日，时任公安部部长郭声琨在全国公安机关规范执法视频演示培训会上强调，要把做好新媒体时代舆论引导工作作为事关公安工作和队伍建设全局的大事来抓，加强组织领导，统筹资源力量，健全完善机制，提高舆论引导能力。要积极适应新媒体时代舆论格局、传播方式的新变化，在充分发挥传统媒体作用的同时，用足用好新媒体，加强社会沟通，讲好警察故事，着力弘扬主旋律、传播正能量。要严格落实“三同步”要求，积极做好涉警舆情应对处置工作，坚持客观公正、实事求是，积极回应社会关切，自觉接受社会监督。对经过调查核实确实存在问题的，要依纪依法作出处理，切实维护人民群众合法权益；对恶意炒作造谣抹黑的，要及时澄清、依法查处，切实维护民警正当执法权益，维护法律尊严和执法权威。

2016 年 7 月 26 日，安徽省宿州市第四届人民代表大会常务委员会第二十九次会议通过《宿州市市容治理条例》，并经 2016 年 9 月 30 日安徽省第十二届人民代表大会常务委员会第三十三次会议批准，自 2017 年 3 月 1 日起施行。《条例》第二十九条规定：鼓励公众参与市容治理。公众有权就市容治理向政府相关部门提出意见、建议，有权参与市容治理相关的座谈会、论证会、听证会、网络征询等活动，并发表意见。城市管理行政主管部门应当创新机制，通过组织市民观察、议事，设立和公开门户网站、微信公众号、微博账户等方式，与公众开展互动交流，方便公众参与市容治理活动。城市管理行政主管部门应当认真研究公众提出的意见，采纳合理可行的建议，并及时向公众反馈意见、建议的采纳情况。

2016 年 7 月 26 日，贵州省六盘水市水城县扶贫开发局官方微博“@水城县扶贫开发局”（UID：5980155912）通过微博平台认证，正式上线。

2016 年 7 月 26 日，贵州省贵阳市息烽县市场监督管理局官方微博“@息烽县市场监管局”（UID：5982530423）通过微博平台认证，正式上线。

2016 年 7 月 26 日，贵州省铜仁市公安局交通管路局高速公路交通警察思南大队官方微博“@铜仁高速交警思南大队”（UID：5982060139）通过微博平台认证，正式上线。

2016 年 7 月 26 日，云南省昆明市海口林场官方微博“@昆明市海口林场”（UID：5985879446）通过微博平台认证，正式上线。

2016 年 7 月 26 日，四川省宜宾市高县住房城乡规划建设和城镇管理局官方微博“@高住建城管发布——”（UID：5984833689）通过微博平台认证，正式上线。

2016 年 7 月 26 日，云南省红河州绿春县妇女联合会官方微博“@绿春县妇联”（UID：5986029581）通过微博平台认证，正式上线。

2016 年 7 月 26 日，四川省宜宾市高县复兴镇人民政府官方微博“@高县复兴镇”（UID：5984946744）通过微博平台认证，正式上线。

2016 年 7 月 26 日，四川省成都市金牛区审计局官方微博“@金牛审计”（UID：5983085129）通过微博平台认证，正式上线。

2016 年 7 月 26 日，四川省遂宁市大英县残疾人联合会官方微博“@大英残联”（UID：3357952134）通过微博平台认证，正式上线。

2016 年 7 月 26 日，四川省宜宾市高县双河乡人民政府官方微博“@高县双河乡”（UID：5772064192）通过微博平台认证，正式上线。

2016 年 7 月 26 日，四川省雅安市妇女联合会官方微博“@雅安女性”（UID：5888522586）通过微博平台认证，正式上线。

2016 年 7 月 26 日，四川省眉山市东坡区气象局官方微博“@东坡气象”（UID：5847335431）通过微博平台认证，正式上线。

2016 年 7 月 26 日，四川省成都市龙泉驿区西河镇公立卫生院官方微博“@成都市龙泉驿区西河镇公立卫生院”（UID：5982692604）通过微博平台认证，正式上线。

2016年7月26日，重庆市合川区图书馆官方微博“@重庆市合川区图书馆”（UID：5981924946）通过微博平台认证，正式上线。

2016年7月26日，四川省西昌市农村能源办公室官方微博“@四川西昌农村能源”（UID：5981626647）通过微博平台认证，正式上线。

2016年7月26日，四川省宜宾市兴文县公安消防大队官方微博“@兴文消防大队”（UID：5589496583）通过微博平台认证，正式上线。

2016年7月26日，四川省巴中市恩阳区文化广播影视新闻出版局官方微博“@恩阳区文广新局”（UID：5983892441）通过微博平台认证，正式上线。

2016年7月26日，四川省宜宾市高县嘉乐镇人民政府官方微博“@高县嘉乐镇”（UID：5982878375）通过微博平台认证，正式上线。

2016年7月26日，四川省凉山彝族自治州甘洛县扶贫和移民工作局官方微博“@甘洛县扶贫和移民工作局”（UID：5982881639）通过微博平台认证，正式上线。

2016年7月26日，四川省巴中市恩阳区尹家乡人民政府官方微博“@巴中市恩阳区尹家乡”（UID：5982882617）通过微博平台认证，正式上线。

2016年7月26日，四川省凉山甘洛县黑马乡人民政府官方微博“@甘洛县黑马乡政务”（UID：5982885191）通过微博平台认证，正式上线。

2016年7月26日，四川省广安市岳池县公安消防大队官方微博“@岳池县消防大队”（UID：5987032599）通过微博平台认证，正式上线。

2016年7月26日，四川省凉山甘洛县总工会官方微博“@甘洛县总工会”（UID：5987046906）通过微博平台认证，正式上线。

2016年7月27日，广东省深圳市公安局交通警察支队出台《深圳交警政务微博集成平台管理工作方案》，要求以“重数量，更重质量”“重转发、更重原创”“重宣传，更重互动”的原则，不断更新工作理念、创新工作方式、提高服务质量，通过微博加强与市民的沟通交流，将“@深圳交警”政务微博打造成一个集信息发布、警情处置、警民互动、安全宣传、舆论引导、违法处理、路况查询、违法举报等为一体的新型平台。

2016年7月27日，广东省深圳市公安局交警支队官方微博“@深圳交警”（UID：1792702427）开展了主题为“我是铁骑”的全微博矩阵式视频直播，组织16个交警大队微博管理员乘坐交警铁骑参与执勤，并通过各自单位的官方微博进行视频直播，重点介绍铁骑勤务特点、装备特色、烈日下的铁骑执法情况，向广大市民、网友真切展示了一线交警的执勤工作，在网络平台与网友实时互动，获网友围观点赞，相关视频点击播放量逾88万次。

2016年7月27日，四川省凉山彝族自治州甘洛县石海乡人民政府官方微博“@石海乡阳光政务平台”（UID：5986648352）通过微博平台认证，正式上线。

2016年7月27日，贵州省贵阳市息烽县市场监督管理局官方微博“@息烽县市场监理局”（UID：5986856221）通过微博平台认证，正式上线。

2016年7月27日，四川省巴中市恩阳区群乐乡人民政府官方微博“@恩阳区群乐乡”（UID：5885913729）通过微博平台认证，正式上线。

2016年7月27日，昆明公交集团三公司官方微博“@昆明公交三公司”（UID：5821160618）通过微博平台认证，正式上线。

2016年7月27日，四川省凉山州甘洛县交通运输局官方微博“@甘洛县交通运输局”（UID：5990677306）通过微博平台认证，正式上线。

2016年7月27日，四川省凉山彝族自治州甘洛县卫生和计划生育局官方微博“@健康甘洛”（UID：5987105303）通过微博平台认证，正式上线。

2016年7月27日，四川省凉山州甘洛县食品药品和工商质量监管局官方微博“@甘洛县食品药品和工商质量监管局”（UID：5991513208）通过微博平台认证，正式上线。

2016年7月27日，共青团雷波县委官方微博“@共青团雷波县委”（UID：5993146343）通过微博平台认证，正式上线。

2016年7月27日，四川省宜宾市高县胜天镇人民政府官方微博“@高县胜天发布”（UID：5983737990）通过微博平台认证，正式上线。

2016年7月27日，重庆市秀山土家族苗族自治县工商行政管理局官方微博“@秀山边城红盾”（UID：5991591731）通过微博平台认证，正式上线。

2016年7月28日，青海省第十二届人民代表大会常务委员会第二十八次会议通过《关于开展第七个五年法治宣传教育的决议》。《决议》要求，积极推进法治宣传教育工作理念、体制机制、方式方法和载体阵地等创新。针对不同地区、不同时期、不同群体、不同系统行业的特点和需求，分类实施法治宣传教育。发挥传统媒体和新媒体的优势作用，推动“互联网+法治宣传”深度融合，更好地运用微信、微博、微电影、客户端开展法治宣传教育。

2016年7月29日，河北省第十二届人民代表大会常务委员会第二十二次会议通过《关于在全省开展第七个五年（2016～2020年）法治宣传教育的决议》，决议自通过之日起施行。《决议》第六条明确，要“推进法治宣传教育工作创新，加强新媒体新技术在法治宣传教育中的运用，推进互联网+法治宣传教育行动，运用微信、微博、微电影、客户端开展法治宣传教育活动”。

2016年7月29日，贵州省六盘水市水城县公安局网安大队官方微博“@水城网安”（UID：5990879096）通过微博平台认证，正式上线。

2016年7月29日，四川省攀枝花市妇女联合会官方微博“@攀枝花妇女联合会”（UID：5986906966）通过微博平台认证，正式上线。

2016年7月29日，四川省凉山甘洛县两河乡人民政府官方微博“@甘洛县两河乡”（UID：5990885291）通过微博平台认证，正式上线。

2016年7月30日，国务院办公厅印发《关于在政务公开工作中进一步做好政务舆情回应的通知》（国办发〔2016〕61号）。通知指出，随着互联网的迅猛发展，新型传播方式不断涌现，政府的施政环境发生深刻变化，舆情事件频发多发，加强政务公开、做好政务舆情回应日益成为政府提升治理能力的内在要求。要进一步明确政务舆情回应责任，把握需重点回应的政务舆情标准，提高政务舆情回应实效，加强督促检查和业务培训，建立政务舆情回应激励约束机制。对涉及特别重大、重大突发事件的政务舆情，要快速反应、及时发声，最迟应在24小时内举行新闻发布会，对其他政务舆情应在48小时内予以回应，并根据工作进展情况，持续发布权威信息。各地区各部门要适应传播对象化、分众化趋势，进一步提高政务微博、微信和客户端的开通率，充分利用新兴媒体平等交流、互动传播的特点和政府网站的互动功能，提升回应信息的到达率。

八月

2016 年 8 月 1 日，四川省宜宾市公安消防支队南溪区大队官方微博“@ 南溪区消防大队”（UID：5339576326）通过微博平台认证，正式上线。

2016 年 8 月 1 日，大理市妇联官方微博“@ 大理市妇联”（UID：5991905779）通过微博平台认证，正式上线。

2016 年 8 月 1 日，四川省简阳市卫生和计划生育局官方微博“@ 健康简阳”（UID：5980277102）通过微博平台认证，正式上线。

2016 年 8 月 1 日，云南省昆明市富民县公安局交通警察大队官方微博“@ 富民交警”（UID：5559003354）通过微博平台认证，正式上线。

2016 年 8 月 1 日，四川省导游协会官方微博“@ 四川省导游协会”（UID：5910113729）通过微博平台认证，正式上线。

2016 年 8 月 1 日，云南省石屏县图书馆官方微博“@ 石屏县图书馆”（UID：5993624533）通过微博平台认证，正式上线。

2016 年 8 月 1 日，四川省巴中市恩阳区舞凤乡人民政府官方微博“@ 恩阳舞凤”（UID：5991077913）通过微博平台认证，正式上线。

2016 年 8 月 1 日，四川省甘洛县海棠镇人民政府官方微博“@ 海棠镇”（UID：5991105620）通过微博平台认证，正式上线。

2016 年 8 月 3 日，国务院发布关于印发《“十三五”加快残疾人小康进程规划纲要》的通知（国发〔2016〕47 号）。《纲要》要求，要积极开展议题设置，运用互联网和新媒体加大普法宣传力度。充分利用报刊、广播、电视和互联网等媒体，鼓励支持残疾人组织借助微博、微信和移动客户端及有关移动新媒体，大力弘扬人道主义思想、扶残助残的中华民族传统美德和残疾人“平等、参与、共享、融合”的现代文明理念，营造理解、尊重、关心、帮助残疾人的社会环境。

2016 年 8 月 4 日，《2016 年上半年人民日报　政务指数微博影响力报告》发布。截至 2016 年 6 月 30 日，经过新浪平台认证的政务微博达到 159320 个，较 2015 年底增加 6930 个。报告指出，移动视频直播正成为政务公开和与民互动的新常态，微博则成为“移动直播政务”的主阵地。

2016 年 8 月 4 日，四川省南充市顺庆区公安分局李家（龙桂）派出所官方微博“@ 顺庆分局李家派出所”（UID：5974908351）通过微博平台认证，正式上线。

2016 年 8 月 4 日，四川省甘孜藏族自治州泸定县公安局交警大队官方微博“@ 泸定交警”（UID：5981766245）通过微博平台认证，正式上线。

2016 年 8 月 4 日，重庆市彭水县防汛抗旱指挥部办公室官方微博“@ 彭水防汛抗旱”（UID：5993698544）通过微博平台认证，正式上线。

2016 年 8 月 5 日，安徽省人民政府办公厅发布《关于进一步加强政务微博微信建设的通知》（皖政办秘〔2016〕136 号）。通知要求，2016 年底前，各市、县政府及省政府各部门开通政务微博微信；2017 年底前，建成以“安徽省人民政府发布”为龙头，以市、县两级政府及省政府各部门微博微信为支撑，反应灵敏、响应迅速的全省政务微博微信矩阵；2018 年底前，力争在全国形成较大影响力。《通知》强调，要把政务微博与政务微信放在同等重要位置，推进共建共享，实现功能互补、信息互通。要把握传播规律，利用微博快速发布、互动性强和微信定向推送、精准服务的特点，不断拓展和提升服务功能，形成“双微”联动、协同发展的良好局面。由安徽省政府办公厅负责全省政务微博微信日常监督管理及年度考核工作。对15天以上未更新的“僵尸”“睡眠”微博微信，在重大舆情事件发生时失声失语、未能发挥舆论引导作用，信息发布不准确造成不良社会影响，运维管理不规范出现突发安全事故的微博微信，通报整改；整改不到位的，坚决予以关停。政务微博微信考核结果纳入年度全省政府网站绩效考核和政务公开工作考评。

2016年8月5日，“黑龙江首届网红经济论坛”在哈尔滨举行，论坛以“网红经济”为主题，围绕网红IP、新媒体产业发展趋势、自媒体运营等几大方面做精彩分享，力求通过此次论坛带来最具价值的网红经济及新媒体解读权威报告。会上颁发了“2016黑龙江十大政务机构微博”及“2016黑龙江十大旅游局微博”等奖项。

2016年8月5日，四川省成都市武侯区晋阳街道金雁社区委员会官方微博“@金雁社区”（UID：5994652043）通过微博平台认证，正式上线。

2016年8月5日，攀枝花市儿童福利院官方微博“@攀枝花市儿童福院”（UID：5991434795）通过微博平台认证，正式上线。

2016年8月5日，富民县科学技术协会官方微博“@富民科普”（UID：5994741255）通过微博平台认证，正式上线。

2016年8月5日，云南省大理南涧县全民科学素质工作领导小组办公室官方微博“@南涧科素”（UID：5300155196）通过微博平台认证，正式上线。

2016年8月5日，云南省昆明市富民县文体广电旅游局官方微博“@富民县文化旅游”（UID：5994437512）通过微博平台认证，正式上线。

2016年8月5日，富民县残疾人联合会官方微博“@富民县残疾人联合会”（UID：5994493612）通过微博平台认证，正式上线。

2016年8月5日，四川省邛崃市牟礼镇永丰社区居民委员会官方微博“@邛崃市牟礼镇永丰社区”（UID：5993528105）通过微博平台认证，正式上线。

2016年8月5日，四川省广元市昭化区丁家乡人民政府官方微博“@小康丁家”（UID：5994763186）通过微博平台认证，正式上线。

2016年8月5日，四川省内江市资中县公安局交通警察大队官方微博“@资中微交警”（UID：2682674371）通过微博平台认证，正式上线。

2016年8月5日，重庆市渝中区总工会官方微博“@渝中工会e家人”（UID：5991911524）通过微博平台认证，正式上线。

2016年8月5日，贵州省贵阳市开阳县公安消防大队官方微博“@开阳消防大队”（UID：2407828311）通过微博平台认证，正式上线。

2016年8月5日，泸县质量技术监督局“@泸县质量技术监督局12365”（UID：5995104422）通过微博平台认证，正式上线。

2016年8月5日，四川省凉山州甘洛县文化广电新闻出版和体育旅游局官方微博“@美丽甘洛”（UID：5994845061）通过微博平台认证，正式上线。

2016年8月6日，重庆市彭水自治县第二次全国地名普查官方微博“@彭水自治县第二次全国地名普查办”（UID：5994603243）通过微博平台认证，正式上线。

2016年8月6日，云南省广南县妇女联合会官方微博“@广南县妇联”（UID：

3514025893）通过微博平台认证，正式上线。

2016年8月9日起，公安部交通管理局组织多地公安交管部门通过官方微博等渠道，开展为期一个月的“全国交警直播月”活动。截至8月21日，共进行了网络直播15场，由公安部交通管理局官方微博“@公安部交通安全微发布”（UID：2501519087）主持的微话题#执法直播台#总阅读量超过9600万次，评论量达到7500余条。

2016年8月9日，昆明公交第四分公司官方微博“@昆明公交第四分公司”（UID：5818045029）通过微博平台认证，正式上线。

2016年8月9日，四川省成都市龙泉驿区山泉镇人民政府官方微博“@乐活山泉”（UID：3116987960）通过微博平台认证，正式上线。

2016年8月9日，四川省阆中市人民检察院官方微博“@正义阆中”（UID：5972831780）通过微博平台认证，正式上线。

2016年8月9日，云南省普洱市图书馆官方微博“@普洱市图书馆”（UID：5994733625）通过微博平台认证，正式上线。

2016年8月9日，云南省昆明市散旦镇人民政府官方微博“@散旦官微”（UID：5995917286）通过微博平台认证，正式上线。

2016年8月9日，四川省中医药管理局官方微博“@四川中医药”（UID：5838981599）通过微博平台认证，正式上线。

2016年8月9日，四川省巴中市平昌县石垭乡人民政府官方微博“@pcxsyx”（UID：5943371159）通过微博平台认证，正式上线。

2016年8月10日，云南省昆明市寻甸县金源乡官方微博“@金源良仓”（UID：5995423860）通过微博平台认证，正式上线。

2016年8月10日，四川省攀枝花市科学技术和知识产权局官方微博“@攀枝花市科知局”（UID：5991112148）通过微博平台认证，正式上线。

2016年8月10日，重庆市开州区文化委员会官方微博“@重庆市开州区文化委员会-2016”（UID：5995417874）通过微博平台认证，正式上线。

2016年8月10日，四川省巴中市青云镇人民政府官方微博“@平昌青云”（UID：5927073244）通过微博平台认证，正式上线。

2016年8月10日，四川省公安厅交警总队高速公路支队攀西三大队官方微博“@四川高速交警六支队七大队”（UID：5848908443）通过微博平台认证，正式上线。

2016年8月10日，云南省昆明市道路运输管理局石林县分局官方微博“@石林运管”（UID：5994446341）通过微博平台认证，正式上线。

2016年8月12日，国务院办公厅印发《国务院办公厅关于在政务公开工作中进一步做好政务舆情回应的通知》，要求各级政府及其部门要高度重视政务舆情回应工作，切实增强舆情意识，建立健全政务舆情的监测、研判、回应机制，落实回应责任，避免反应迟缓、被动应对现象。要适应传播对象化、分众化趋势，进一步提高政务微博、微信和客户端的开通率，充分利用新兴媒体平等交流、互动传播的特点和政府网站的互动功能，提升回应信息的到达率。

2016年8月12日，中共昆明市委办公厅、昆明市人民政府办公厅联合印发《关于全面推进全市政务公开工作实施意见的通知》（昆办发〔2016〕25号）。《通知》强调，要充分发挥政府网站、政府公报、广播电视、报刊、新闻网站、微博微信、政务客户端等传播作用，以社会公众喜闻乐见的解读形式，抓好重大政策信息的解读发布，加强政民互动和扩大公众参与，强化舆情收集处置和回应社会关切，正确引导舆论。针对涉及突发事件的各种虚假不实信息，要迅速澄清事实，消除不良影响。特别重大、重大突发事件发生后，应在24小时内举行新闻发布会，并及时通过党务政务微博等新媒体平台发布权威信息。

2016年8月12日，四川省绵阳市梓潼县公安局交警大队官方微博“@梓潼交警”（UID：5995522771）通过微博平台认证，正式上线。

2016年8月12日，四川省雅安市芦山县教育局官方微博“@芦山教育”（UID：5043991965）通过微博平台认证，正式上线。

2016年8月12日，四川省广元市青川县国土资源局官方微博“@青川县国土局”（UID：5252010689）通过微博平台认证，正式上线。

2016年8月12日，四川省宜宾市高县蕉村镇人民政府官方微博“@高县蕉村”（UID：5986267970）通过微博平台认证，正式上线。

2016年8月12日，云南省大理州永平县全民科学素质领导小组办公室官方微博“@永平科素”（UID：5639943534）通过微博平台认证，正式上线。

2016年8月12日，四川省甘孜州丹巴县太平桥乡人民政府官方微博“@丹巴县太平桥乡”（UID：5998565477）通过微博平台认证，正式上线。

2016年8月12日，四川省巴中市平昌县地方志办公室官方微博“@平昌县地方志办公室”（UID：5887927064）通过微博平台认证，正式上线。

2016年8月12日，四川省南充市仪陇县周河镇人民政府官方微博“@仪陇县周河镇”（UID：6000538155）通过微博平台认证，正式上线。

2016年8月12日，贵州省遵义公共资源交易中心官方微博“@遵义资源”（UID：5997542238）通过微博平台认证，正式上线。

2016年8月15日，贵州省凯里高速公路管理处（天柱高速路政执法大队）官方微博“@天柱高速路政执法大队”（UID：5998922813）通过微博平台认证，正式上线。

2016年8月15日，四川省宜宾市高县文江镇人民政府官方微博“@高县文江镇”（UID：6000113843）通过微博平台认证，正式上线。

2016年8月15日，云南省漾濞彝族自治县全民科学素质工作领导小组办公室官方微博“@漾濞科素”（UID：5824679686）通过微博平台认证，正式上线。

2016年8月15日，四川省巴中市平昌县目标督查办公室官方微博“@平昌县目标督查办公室”（UID：5964343185）通过微博平台认证，正式上线。

2016年8月15日，贵州省盘州市审计局官方微博“@盘州市审计局”（UID：5999922101）通过微博平台认证，正式上线。

2016年8月15日，四川省巴中市通江县大兴乡人民政府官方微博“@通江县大兴乡”（UID：5881775949）通过微博平台认证，正式上线。

2016年8月15日，四川省巴中市通江县永安镇人民政府官方微博“@文化强镇——永安镇”（UID：6000009485）通过微博平台认证，正式上线。

2016年8月17日，云南省临沧市双江自治县人大常委会办公室官方微博“@云南省临沧市双江自治县人大办”（UID：6001602658）通过微博平台认证，正式上线。

2016 年 8 月 18 日上午，北京市第二中级人民法院对因“女弑母”倍受新闻媒体、公众关注的杨坤犯故意杀人罪、盗窃罪一案进行网络直播。中国法院网、北京法院网对该案庭审进行了网络直播，北京市第二中级人民法院官方微博进行了同步直播链接。

2016 年 8 月 20 日，丝绸之路敦煌文博会场馆建设竣工验收交付会成功召开，中国建筑第八工程局有限公司西北分公司同步开通官方微博“@中建八局西北公司”。2015 年 11 月中建八局西北公司承担起了文博会项目建设任务。

2016 年 8 月 22 日，贵州省毕节市纳雍县百兴镇人民政府官方微博“@纳雍县百兴镇”（UID：6003810124）通过微博平台认证，正式上线。

2016 年 8 月 22 日，四川省成都市中坝社区居委会官方微博“@苏坡街道中坝社区”（UID：6004651328）通过微博平台认证，正式上线。

2016 年 8 月 22 日，四川省宜宾市高县落润乡官方微博“@高县落润”（UID：5983243736）通过微博平台认证，正式上线。

2016 年 8 月 22 日，双江拉祜族佤族布朗族傣族自治县沙河乡人民政府官方微博“@双江沙河乡”（UID：6004223666）通过微博平台认证，正式上线。

2016 年 8 月 22 日，四川省平昌县岩口乡人民政府官方微博“@pcxykx2016”（UID：6003815274）通过微博平台认证，正式上线。

2016 年 8 月 22 日，四川省宜宾市高县来复镇人民政府官方微博“@高县来复镇”（UID：6003819401）通过微博平台认证，正式上线。

2016 年 8 月 22 日，四川省成都市青羊区人民政府苏坡街道办事处中鹏社区居委会官方微博“@青羊区苏坡街道中鹏社区”（UID：5041906772）通过微博平台认证，正式上线。

2016 年 8 月 23 日，由中央网信办主办的“长征路上奔小康”网络媒体“走转改”大型主题采访活动在江西启动。微博同期在线上开展了重走长征路的活动，弘扬长征精神。相关话题主要有：#筑梦长征路#、#长征路上奔小康#。中央电视台新闻中心官方微博“@央视新闻”（UID：2656274875）、《人民日报》官方微博“@人民日报”（UID：2803301701）等数十家媒体微博也发布了活动启动海报，全国政务微博以及网友热心参与。

2016 年 8 月 23 日，教育部、国家语委印发《国家语言文字事业“十三五”发展规划》（教语用〔2016〕3 号）。规划要求，要推进语言文字政务信息化，进一步加强语言文字门户网站、微博、微信及手机客户端建设，构建层次分明、结构科学、功能完备的语言文字宣传教育、益民服务网络。强化重点领域语言文字监督检查。建设新闻出版、广播影视、新媒体、公共服务领域、公共场所语言文字使用情况监测体系以及社会语言生活引导和服务体系。依托传统媒体和新媒体，进一步整合现有原创语言文化类活动，提升质量，打造中国语言文化传播品牌。

2016 年 8 月 23 日，安徽省人民政府办公厅发布《关于进一步加强政务微博微信建设的通知》，明确要求，安徽各市、县政府及省政府各部门要在 2016 年底前开通政务微博微信。通知对政务微博微信的内容建设提出要求，并要求各市、县政府及省政府各部门政务微博微信开通后，及时入驻“安徽省人民政府发布”微博微信大厅。

2016 年 8 月 23 日，四川省泸州市妇女联合会官方微博“@酒城 lady”（UID：5616951938）通过微博平台认证，正式上线。

2016 年 8 月 23 日，云南省红河州弥勒市弥阳镇官方微博“@魅力弥阳”（UID：

2741882137）通过微博平台认证，正式上线。

2016年8月23日，四川省宜宾市高县庆符镇人民政府官方微博“@高县庆符镇发布”（UID：5984838635）通过微博平台认证，正式上线。

2016年8月23日，四川省苏坡街道办事处万家湾社区官方微博“@万家湾社区”（UID：5040302273）通过微博平台认证，正式上线。

2016年8月23日，四川省简阳市人民医院官方微博“@简阳市人民医院1939”（UID：5989000839）通过微博平台认证，正式上线。

2016年8月23日，贵州省六盘水市盘县胜境街道办事处官方微博“@盘州市胜境街道办事处”（UID：6003509737）通过微博平台认证，正式上线。

2016年8月23日，贵州省贵阳市贵安新区妇女工作委员会官方微博“@贵安新区妇工委”（UID：5967149361）通过微博平台认证，正式上线。

2016年8月23日，四川省自贡市公安局高新分局南湖派出所官方微博“@自贡南湖派出所”（UID：5894113301）通过微博平台认证，正式上线。

2016年8月23日，云南省临沧市双江拉祜族佤族布朗族傣族自治县交通运输局官方微博“@双江交通”（UID：6004043099）通过微博平台认证，正式上线。

2016年8月23日，贵州省六盘水市盘县沙淤农业产业园区管理委员会官方微博“@盘县沙淤园区管委会”（UID：6004403007）通过微博平台认证，正式上线。

2016年8月23日，四川省成都市大邑县总工会官方微博“@大邑工会”（UID：5973181936）通过微博平台认证，正式上线。

2016年8月23日，重庆市总工会官方微博“@渝工娘家人”（UID：6003673332）通过微博平台认证，正式上线。

2016年8月23日，云南省双江自治县人民政府勐库华侨管理区管理委员会官方微博“@勐库华侨管理区管委会”（UID：6004100171）通过微博平台认证，正式上线。

2016年8月23日，重庆市开州区云枫街道长青社区官方微博“@重庆市开州区云枫街道长青社区”（UID：5502814709）通过微博平台认证，正式上线。

2016年8月23日，四川省广汉市雒城镇三北社区居委会官方微博“@我们都是三北人”（UID：5675303067）通过微博平台认证，正式上线。

2016年8月26日，青海省司法厅官方微博“@青海普法”上线运行。

2016年8月26日，贵州省六盘水市盘县石桥镇人民政府官方微博“@醉美石桥”（UID：3165068487）通过微博平台认证，正式上线。

2016年8月26日，四川省乐山市公安局金口河区分局交通警察大队官方微博“@金口河交警”（UID：6008227201）通过微博平台认证，正式上线。

2016年8月26日，贵州省疾病预防控制中心官方微博“@贵州疾控CDC”（UID：6004059395）通过微博平台认证，正式上线。

2016年8月26日，贵州省贵州市贵安新区住房公积金和社会保障服务中心官方微博“@贵安新区公积金和社保中心”（UID：5308845678）通过微博平台认证，正式上线。

2016年8月26日，云南省临沧市双江自治县双江农场管理委员会官方微博“@双江农场”（UID：6004367394）通过微博平台认证，正式上线。

2016年8月26日，云南省临沧市双江自治县人力资源和社会保障局官方微博“@双江自治县人力资源和社会保障局”（UID：6003448509）通过微博平台认证，正式上线。

2016 年 8 月 29 日，贵州省贵阳市息烽县公安局经济犯罪侦查大队官方微博“@ 息烽经侦”（UID：1777925842）通过微博平台认证，正式上线。

2016 年 8 月 29 日，重庆市开州区云枫街道永先社区官方微博“@ 开州区云枫街道永先社区”（UID：6012863180）通过微博平台认证，正式上线。

2016 年 8 月 29 日，四川省广元市人民政府重点建设项目领导小组办公室官方微博“@ 广元市重点办”（UID：6008524487）通过微博平台认证，正式上线。

2016 年 8 月 29 日，贵州省六盘水市盘县经济和信息化局官方微博“@ 盘县经信”（UID：6008157915）通过微博平台认证，正式上线。

2016 年 8 月 29 日，云南省军队离退休人员服务中心官方微博“@ 云岭军休”（UID：6007796164）通过微博平台认证，正式上线。

2016 年 8 月 29 日，贵州省毕节市七星关分局青场派出所官方微博“@ 毕节市七星关分局青场派出所”（UID：6008017734）通过微博平台认证，正式上线。

2016 年 8 月 30 日，安徽省马鞍山市委宣传部新闻发布官方微博“@ 马鞍山发布”（UID：2549578244）发微博曝光当地僵尸政务微博，此次“叫醒”服务希望马鞍山地区的政务微博能够“醒过来”“动起来”，看到网上老百姓的诉求，发挥出政务微博应有的作用。

2016 年 8 月 30 日，四川省攀枝花市东区教育局官方微博“@ 攀枝花市东区教育局”（UID：3263079124）通过微博平台认证，正式上线。

2016 年 8 月 30 日，四川省眉山市仁寿县卫生和计划生育局官方微博“@ 仁寿县卫生和计划生育局”（UID：5981810309）通过微博平台认证，正式上线。

2016 年 8 月 30 日，云南省曲靖市师宗县人民检察院官方微博“@ 师宗人民检察院”（UID：6010726101）通过微博平台认证，正式上线。

2016 年 8 月 30 日，云南省楚雄州双柏县团县委官方微博“@ 双柏团县委”（UID：2747496130）通过微博平台认证，正式上线。

2016 年 8 月 30 日，四川省乐山市峨边彝族自治县人民检察院官方微博“@ 峨边检察院”（UID：5969394281）通过微博平台认证，正式上线。

2016 年 8 月 30 日，四川省乐山市峨边彝族自治县公安局沙坪派出所官方微博“@ 沙坪派出所”（UID：6008231560）通过微博平台认证，正式上线。

2016 年 8 月 30 日，四川省巴中市恩阳区人民法院官方微博“@ 巴中市恩阳区法院”（UID：6004662904）通过微博平台认证，正式上线。

2016 年 8 月 30 日，贵州省贵阳市息烽公安局新华派出所官方微博“@ 息烽县新华派出所”（UID：6013081866）通过微博平台认证，正式上线。

2016 年 8 月 31 日，民政部公布《慈善组织公开募捐管理办法》，自 2016 年 9 月 1 日起施行。《慈善组织公开募捐管理办法》第十六条规定：“慈善组织通过互联网开展公开募捐活动的，应当在民政部统一或者指定的慈善信息平台发布公开募捐信息，并可以同时在以本慈善组织名义开通的门户网站、官方微博、官方微信、移动客户端等网络平台发布公开募捐信息。”

2016 年 8 月 31 日，中共新疆维吾尔自治区监狱管理局纪律检查委员会官方微博“@ 新疆监狱管理局纪委”（UID：6012587591）开始运行。

2016 年 8 月 31 日，贵州省贵阳市息烽县小寨坝镇小寨坝派出所官方微博“@小寨坝派出所”（UID：6011660341）通过微博平台认证，正式上线。

2016 年 8 月 31 日，中国共产党阆中市委员会宣传部官方微博“@阆中古城”（UID：6010097053）通过微博平台认证，正式上线。

2016 年 8 月 31 日，四川省成都市青羊区苏坡街道清源社区官方微博“@清源社区”（UID：5845592000）通过微博平台认证，正式上线。

2016 年 8 月 31 日，四川省德阳市旌阳区教育局官方微博“@旌阳教育”（UID：3814793902）通过微博平台认证，正式上线。

2016 年 8 月 31 日，贵州省贵阳市息烽县公安局养龙司派出所官方微博“@息烽县养龙司派出所”（UID：6013165165）通过微博平台认证，正式上线。

2016 年 8 月 31 日，四川省绵阳市北川羌族自治县精神文明建设办公室官方微博“@北川文明”（UID：5740180144）通过微博平台认证，正式上线。

2016 年 8 月 31 日，云南省楚雄牟定县蟠猫乡人民政府官方微博“@牟定县蟠猫乡”（UID：6012557634）通过微博平台认证，正式上线。

2016 年 8 月 31 日，云南省昭通市彝良县工业园区管理委员会官方微博“@彝良工业园区”（UID：6013297375）通过微博平台认证，正式上线。

2016 年 8 月 31 日，云南省红河州红河县架车乡人民政府团委官方微博“@共青团架车乡委”（UID：5620141450）通过微博平台认证，正式上线。

2016 年 8 月 31 日，贵州省贵阳市息烽县公安局法制大队官方微博“@息烽法制”（UID：6012384963）通过微博平台认证，正式上线。

2016 年 8 月 31 日，重庆市万州区青少年宫官方微博“@重庆市万州区青少年宫”（UID：6011124094）通过微博平台认证，正式上线。

2016 年 8 月 31 日，贵州省贵州百里杜鹃管理区公安（分）局官方微博“@百杜警方在线”（UID：5967597063）通过微博平台认证，正式上线。

2016 年 8 月 31 日，贵州省贵阳市息烽县公安局鹿窝派出所官方微博“@息烽县鹿窝派出所”（UID：6010415290）通过微博平台认证，正式上线。

2016 年 8 月 31 日，内江市第一人民医院官方微博“@内江市第一人民医院官博”（UID：6013330693）通过微博平台认证，正式上线。

2016 年 8 月 31 日，重庆市江北区消费者权益保护委员会官方微博“@重庆市江北区消委会”（UID：2668936672）通过微博平台认证，正式上线。

2016 年 8 月 31 日，云南省昆明市富民县罗免镇党政官方微博“@罗免微窗”（UID：6001810611）通过微博平台认证，正式上线。

九月

2016 年 9 月 1 日，广西壮族自治区监狱管理局官方微博“@广西监狱”（UID：5967085435）开始运行。

2016 年 9 月 5 日，四川省盐源监狱官方微博“@四川省盐源监狱”（UID：5632579807）通过微博平台认证，正式上线。

2016 年 9 月 7 日，四川省邑州监狱官方微博“@四川省邑州监狱”（UID：6011935645）通过微博平台认证，正式上线。

2016年9月7日，中共自贡市委政法委员会官方微博“@法治记忆_ 盐都故事”（UID：5626537463）通过微博平台认证，正式上线。

2016年9月7日，贵州省黔南州惠水县残疾人联合会官方微博“@惠水县残联”（UID：6013401622）通过微博平台认证，正式上线。

2016年9月7日，贵州省毕节市公安局七星关分局大银派出所官方微博“@毕节市七星关区大银派出所”（UID：5977240605）通过微博平台认证，正式上线。

2016年9月7日，贵州省贵阳市息烽县公安局石硐派出所官方微博“@息烽县石硐派出所”（UID：3115211594）通过微博平台认证，正式上线。

2016年9月7日，四川省广元市苍溪第二次地名普查办公室官方微博“@苍溪地名普查办公室”（UID：6011355192）通过微博平台认证，正式上线。

2016年9月7日，四川省凉山州会东县司法局官方微博“@会东司法”（UID：5991645184）通过微博平台认证，正式上线。

2016年9月7日，贵州省六盘水市水城县生态文明建设和旅游发展局官方微博“@水城旅游”（UID：5990851111）通过微博平台认证，正式上线。

2016年9月7日，贵州省六盘水市钟山区凉都省级森林公园管理处官方微博“@凉都森林公园”（UID：6013536568）通过微博平台认证，正式上线。

2016年9月7日，四川省泸州市泸县立石镇人民政府官方微博“@立石镇大爱玉龙”（UID：6014498826）通过微博平台认证，正式上线。

2016年9月7日，共青团天全县委官方微博“@青年天全”（UID：5873648169）通过微博平台认证，正式上线。

2016年9月7日，四川省达州市通川区食品药品监督管理局官方微博“@通川食药监管局”（UID：5940718371）通过微博平台认证，正式上线。

2016年9月7日，云南省大理州剑川县全民科学素质工作领导小组办公室官方微博“@剑川科素”（UID：5578922347）通过微博平台认证，正式上线。

2016年9月7日，贵州省贵阳市白云分局沙文派出所官方微博“@白云分局沙文派出所”（UID：6005644638）通过微博平台认证，正式上线。

2016年9月7日，贵州省息烽县西山派出所官方微博“@息烽县西山派出所陪你行”（UID：6015080359）通过微博平台认证，正式上线。

2016年9月7日，蓬溪县卫生和计划生育局官方微博“@蓬溪县卫生和计划生育局”（UID：6015064493）通过微博平台认证，正式上线。

2016年9月7日，贵州省贵阳市息烽县公安局永靖派出所官方微博“@息烽县永靖派出所”（UID：1195403144）通过微博平台认证，正式上线。

2016年9月7日，四川省宜宾市高县农业局官方微博“@高县农业口”（UID：6003386703）通过微博平台认证，正式上线。

2016年9月7日，国家统计局遂宁调查队官方微博“@遂宁调查队”（UID：5617034624）通过微博平台认证，正式上线。

2016年9月7日，四川省自贡市环境保护局官方微博“@自贡市环境保护局”（UID：6011126236）通过微博平台认证，正式上线。

2016年9月9日，最高人民法院、最高人民检察院、公安部联合印发《关于办理刑事案件收集提取和审查判断电子数据若干问题的规定》的通知（法发〔2016〕22号）。《规定》载：“第一条：电子数据是案件发生过程中形成的，以数字化形式存储、处理、传输的，能够证明案件事实的数据。电子数据包括但不限于下列信息、电子文件：（一）网页、博客、微博客、朋友圈、贴吧、网盘等网络平台发布的信息；（二）手机短信、电子邮件、即时通信、通讯群组等网络应用服务的通信信息；（三）用户注册信息、身份认证信息、电子交易记录、通信记录、登录日志等信息；（四）文档、图片、音视频、数字证书、计算机程序等电子文件。以数字化形式记载的证人证言、被害人陈述以及犯罪嫌疑人、被告人供述和辩解等证据，不属于电子数据。确有必要的，对相关证据的收集、提取、移送、审查，可以参照适用本规定。”

2016年9月9日下午，中央网信办组织召开“遏制网络恶俗炒作现象”专题研讨会，研究如何揭批和遏制网络恶俗炒作现象。时任中央网信办副主任的任贤良主持会议并讲话。公安部、文化部、国家工商总局、新闻出版广电总局、共青团中央、全国妇联等部门相关负责人，地方网信办主要负责人，中央重点新闻网站和商业网站负责人，部分专家学者以及网络社会组织负责人参加会议。

2016年9月9日，四川省绵阳市众信公证处官方微博“@绵阳市众信公证处”（UID：6016376372）通过微博平台认证，正式上线。

2016年9月9日，四川省德阳市中江县城乡综合管理局官方微博“@中江城管服务”（UID：5421896480）通过微博平台认证，正式上线。

2016年9月9日，贵州省安顺市信访局官方微博“@安顺市群众工作服务中心”（UID：6017267105）通过微博平台认证，正式上线。

2016年9月9日，四川省南充市南部县三清乡人民政府官方微博“@三清乡在行动”（UID：6016403003）通过微博平台认证，正式上线。

2016年9月9日，四川省南充市高坪区扶贫和移民工作局官方微博“@高坪区扶贫和移民工作局”（UID：6016910502）通过微博平台认证，正式上线。

2016年9月9日，云南省宣威市交通运输局官方微博“@宣威交通运输局”（UID：6013581157）通过微博平台认证，正式上线。

2016年9月11日，贵州省安顺市信访局官方微博“@安顺市群众工作服务中心”上线运行。

2016年9月12日，国务院新闻办公室发表《中国司法领域人权保障的新进展》白皮书。“微博”作为“中国健全人权司法保障机制、创新司法公开的形式和内容”，以及“打拐专项行动深入推进”等方面的重要平台，被5次写入该白皮书。

2016年9月12日，由北京大学新媒体研究院主办，中国石油天然气集团公司战略支持，凯迪网、新浪网、新浪微博全程协办的“北大央企论坛”第一期“机遇·合作·共赢——‘一带一路’上的能源战略”在北京举行，新浪微博全程直播。

2016年9月12日，四川省成都市新都区泰兴镇议团村村民委员会官方微博“@成都市新都区泰兴镇议团村”（UID：5994678532）通过微博平台认证，正式上线。

2016年9月12日，四川省成都市青白江区姚渡镇卫生院官方微博“@青白江区姚渡镇卫生院”（UID：5225276795）通过微博平台认证，正式上线。

2016年9月12日，四川省凉山州甘洛县国土资源局官方微博“@甘洛国土”（UID：

5986452943）通过微博平台认证，正式上线。

2016年9月12日，共青团关坝镇委员会官方微博“@南江县关坝镇团委”（UID：6017053865）通过微博平台认证，正式上线。

2016年9月12日，四川省凉山州胜利乡人民政府官方微博“@slxwb”（UID：6006676385）通过微博平台认证，正式上线。

2016年9月12日，四川省巴中市南江县坪河镇人民政府团委官方微博“@南江县坪河镇团委”（UID：6012724099）通过微博平台认证，正式上线。

2016年9月12日，四川省泸州市古蔺县团委官方微博“@古蔺团委”（UID：2824648110）通过微博平台认证，正式上线。

2016年9月12日，中共南充市高坪区委组织部官方微博“@南充市高坪区委组织部官博”（UID：6021874496）通过微博平台认证，正式上线。

2016年9月12日，四川省巴中市恩阳区石城乡人民政府官方微博“@恩阳石城乡”（UID：5692351838）通过微博平台认证，正式上线。

2016年9月12日，贵州省贵阳市第一强制隔离戒毒所官方微博“@贵阳市第一强制隔离戒毒所”（UID：2727992190）通过微博平台认证，正式上线。

2016年9月12日，四川省巴中市平昌县笔山镇人民政府官方微博“@平昌笔山”（UID：6021265951）通过微博平台认证，正式上线。

2016年9月12日，四川省南充市嘉陵区工业集中区管理委员会官方微博“@嘉陵工业集中区管委会”（UID：6022009686）通过微博平台认证，正式上线。

2016年9月12日，四川省成都市公安局交通警察支队第六分局官方微博“@成都高新交通”（UID：1867927733）通过微博平台认证，正式上线。

2016年9月17日，四川省德阳市中江县会龙镇人民政府官方微博“@中江会龙”（UID：6021561425）通过微博平台认证，正式上线。

2016年9月17日，四川省南充市嘉陵区地方志办公室官方微博“@嘉陵地方志”（UID：6019773203）通过微博平台认证，正式上线。

2016年9月17日，四川省巴中市规划管理局恩阳区分局官方微博“@恩阳规划”（UID：1880006811）通过微博平台认证，正式上线。

2016年9月17日，四川省巴中市南江县侯家乡人民政府官方微博“@和谐侯家”（UID：6021520611）通过微博平台认证，正式上线。

2016年9月17日，四川省阿坝共青团黑水县委官方微博“@黑水青年”（UID：5996181517）通过微博平台认证，正式上线。

2016年9月18日，司法部公布《关于进一步加强公证便民利民工作的意见》（司发通〔2016〕93号）。意见对推进公证信息化服务工作明确提出要求，要完善网上公证业务办理工作流程和服务标准，推进公证服务方式规范化、科学化。要建设公证业务网络服务平台，提高公证受理、登记、审批、出证等环节信息化水平。要运用互联网门户网站、微博微信等手段，提供服务内容、服务方式、受理条件、办证流程、材料手续及办公地址、执业区域、服务电话等信息，方便当事人查询。对于具备网上申办条件的公证事项，要实行网上申请、网上受理、网上反馈。

2016年9月18日，江西省人民政府办公厅转发国务院办公厅《关于在政务公开工作中进一步做好政务舆情回应的通知》（赣府厅字〔2016〕132 号）。规定明确：对涉及特别重大、重大突发事件的政务舆情，最迟应在 24 小时内举行新闻发布会，涉事地方或部门相关负责人、新闻发言人出席，聚焦舆论关注热点和关键问题，权威发布政务舆情核查处置情况、政府应对措施和公众防范措施等，力求表达准确、亲切、自然；对其他政务舆情应在 48 小时内予以回应，并根据处置进展情况，持续发布权威信息。同时加强与政务微博、微信和客户端等新媒体的协同联动，提升传播影响力，增强回应实效。

2016 年 9 月 19 日，四川省新闻出版广电局官方微博“@传播四川”（UID：5559334879）通过微博平台认证，正式上线。

2016 年 9 月 19 日，共青团云南省委青农部官方微博“@云南团省委青农部”（UID：6020601608）通过微博平台认证，正式上线。

2016 年 9 月 19 日，四川省南充市仪陇县城市管理行政执法局马鞍执法中队官方微博“@朱德故里马鞍镇城管执法中队”（UID：3235203370）通过微博平台认证，正式上线。

2016 年 9 月 19 日，四川省南充市嘉陵区盐溪乡人民政府官方微博“@嘉陵区盐溪乡”（UID：6019872553）通过微博平台认证，正式上线。

2016 年 9 月 19 日，四川省南充市嘉陵区交通运输局官方微博“@南充市嘉陵区交通运输局”（UID：6021683721）通过微博平台认证，正式上线。

2016 年 9 月 19 日，贵州省贵阳市息烽县青山苗族乡派出所官方微博“@息烽青山所”（UID：5999835745）通过微博平台认证，正式上线。

2016 年 9 月 19 日，四川省成都市金堂县财政局官方微博“@金堂县财政局”（UID：6021509433）通过微博平台认证，正式上线。

2016 年 9 月 19 日，中共盘县委员会统战部官方微博“@盘县 tzbbgs”（UID：6020749290）通过微博平台认证，正式上线。

2016 年 9 月 19 日，四川省巴中市南江县统计局官方微博“@南江统计”（UID：5885234285）通过微博平台认证，正式上线。

2016 年 9 月 19 日，云南省昆明市富民县赤鹫镇人民政府官方微博“@赤鹫镇政务微博”（UID：5139782538）通过微博平台认证，正式上线。

2016 年 9 月 19 日，贵州省黔东南州苗族侗族自治州图书馆官方微博“@黔东南州图书馆”（UID：6014525326）通过微博平台认证，正式上线。

2016 年 9 月 19 日，四川省成都市规划设计研究院官方微博“@共绘美好成都”（UID：6017183675）通过微博平台认证，正式上线。

2016 年 9 月 19 日，中国共产党南江县委员会机构编制委员办公室官方微博“@南江县委编办”（UID：6022438675）通过微博平台认证，正式上线。

2016 年 9 月 19 日，四川省南充市南部县石泉乡人民政府官方微博“@nbxsqx”（UID：6021695420）通过微博平台认证，正式上线。

2016 年 9 月 19 日，贵州省兴义市郑屯镇人民政府官方微博“@郑屯政务”（UID：6028206549）通过微博平台认证，正式上线。

2016 年 9 月 19 日，云南省大理州祥云县云南驿镇人民政府官方微博“@云南驿发声”（UID：6025798953）通过微博平台认证，正式上线。

2016 年 9 月 23 日，重庆北部新区创新服务中心重庆互联网学院官方微博“@重庆互联网学院”（UID：6022537822）通过微博平台认证，正式上线。

2016年9月23日，四川省巴中市巴州区梁永镇人民政府官方微博“@巴中市巴州区梁永镇”（UID：6029445367）通过微博平台认证，正式上线。

2016年9月23日，四川省南充市嘉陵区李渡镇人民政府官方微博“@liduzhen”（UID：6028254117）通过微博平台认证，正式上线。

2016年9月23日，四川省成都市龙泉驿区公共资源交易服务中心官方微博“@龙泉驿区公资交易中心”（UID：6025931409）通过微博平台认证，正式上线。

2016年9月23日，贵州省贵阳市乌当区教育局官方微博“@gywdjyj”（UID：5605771111）通过微博平台认证，正式上线。

2016年9月23日，四川省雅安市雨城区八步乡人民政府官方微博“@雨城区八步乡”（UID：6016522075）通过微博平台认证，正式上线。

2016年9月23日，四川省巴中市南江县红光镇共青团官方微博“@南江县红光镇团委”（UID：6015235211）通过微博平台认证，正式上线。

2016年9月23日，共青团荥经县委官方微博“@共青团荥经县委”（UID：2937378557）通过微博平台认证，正式上线。

2016年9月23日，四川省南充航空港工业集中区管理委员会官方微博“@航空港工业集中区管委会”（UID：6027299657）通过微博平台认证，正式上线。

2016年9月26日，河南省商丘市互联网信息办公室官方微博“@网信商丘”正式上线运行。

2016年9月26日，重庆市丰都县青龙乡人民政府官方微博“@丰都青龙乡”（UID：6027403504）通过微博平台认证，正式上线。

2016年9月26日，四川省资阳市食品药品监督管理局官方微博“@资阳食药监管”（UID：2898924410）通过微博平台认证，正式上线。

2016年9月26日，四川省成都市成华区科学技术协会官方微博“@成华科协”（UID：3558925725）通过微博平台认证，正式上线。

2016年9月26日，云南省楚雄大姚县文体广电旅游局官方微博“@大姚旅游”（UID：5891512200）通过微博平台认证，正式上线。

2016年9月26日，四川省达州市妇女联合会官方微博“@达州妇联”（UID：5232698041）通过微博平台认证，正式上线。

2016年9月26日，四川省成都市成华区圣灯街道办事处官方微博“@圣灯街道便民服务”（UID：6027392370）通过微博平台认证，正式上线。

2016年9月26日，四川省凉山彝族自治州德昌县公安局官方微博“@平安德昌”（UID：6026214599）通过微博平台认证，正式上线。

2016年9月26日，中国共产党耿马傣族佤族自治县委员会政法委员会官方微博“@耿马政法”（UID：6019766249）通过微博平台认证，正式上线。

2016年9月26日，四川省巴中市平昌县人民检察院官方微博“@平昌检察”（UID：5149819227）通过微博平台认证，正式上线。

2016年9月26日，四川省雅安市雨城区审计局官方微博“@雨城审计”（UID：6030073185）通过微博平台认证，正式上线。

2016年9月26日，云南省昭通市彝良县民政局官方微博“@彝良县民政局0870”（UID：6027613337）通过微博平台认证，正式上线。

2016年9月26日，贵州省威宁彝族回族苗族自治县政府政务服务中心官方微博“@威宁自治县政务中心”（UID：5738557275）通过微博平台认证，正式上线。

2016年9月26日，重庆市忠县科学技术协会官方微博“@忠县科协1”（UID：6027439010）通过微博平台认证，正式上线。

2016年9月26日，四川省泸州市叙永县科学技术和知识产权局官方微博“@叙永县科知局”（UID：6030165400）通过微博平台认证，正式上线。

2016年9月27日，由新浪安徽、安徽省公安厅联合主办的“安徽政务微博交流座谈会”在安徽省公安厅召开。“@安徽公安在线”“@安徽林业”“@中警安徽”“@安徽质监在线”“@江淮气象”“@安徽省地震局”“@马鞍山发布”“@安徽省教育厅”“@合肥新站区”“@合肥发布”“@绩溪县金沙派出所”等数十家政务微博的运营负责人参加了此次座谈会。

2016年9月27日，河北省人民政府办公厅印发《关于在政务公开工作中进一步做好政务舆情回应的通知》（冀政办发〔2016〕29号）。通知要求，对政务舆情要快速、及时、准确、客观回应。在回应突发事件政务舆情过程中，原则上距离事件发生不超过1小时；特别重大的政务舆情，尤其是造成重大人员伤亡或社会影响较大的重大突发事件政务舆情，最迟要在24小时内召开新闻发布会，并视情况连续举行新闻发布会；对其他政务舆情应在48小时内予以回应，并根据工作进展情况，持续发布权威信息。各地各部门要充分利用官方网站、政务微博、微信、客户端等新媒体发布权威信息，提升回应信息的到达率；加强与宣传、网信等部门的协调联动，做好与有关媒体和网站的沟通，扩大回应信息的传播范围。

2016年9月27日，四川省成都市龙泉驿区文体广新和旅游局官方微博“@龙泉驿区文化旅游”（UID：1769994517）通过微博平台认证，正式上线。

2016年9月28日，首届“互联网+交通出行服务”论坛于北京召开。本次论坛由公安部交管局指导，由公安部交通管理科学研究所、人民日报媒体技术股份有限公司、高德地图、新浪微博联合主办，由首汽约车独家赞助。

2016年9月28日，公安部主办的第二届全国公安民警“三微”大赛颁奖仪式在北京举行。公安部宣传局、公安部“和谐警民关系建设”官方微博“@警民携手同行”（UID：2568309141）进行了全程直播。

2016年9月29日，新疆维吾尔自治区第十二届人民代表大会常务委员会第二十四次会议通过《新疆维吾尔自治区电话和互联网用户真实身份信息登记管理条例》，自2016年10月1日起施行。《条例》第十三条规定，在新疆维吾尔自治区行政区域内注册提供论坛、博客、微博客、搜索引擎等具有新闻舆论和社会动员功能的互联网、手机等新兴媒体业务，应当向互联网相关主管部门提出专项业务申请，并提供有效证件。

2016年9月29日，新疆生产建设兵团发出《关于在政务公开工作中进一步做好政务舆情回应的通知》。通知要求，对涉及重大突发事件的政务舆情，要快速反应、及时发声，应在24小时内举行新闻发布会，对其他政务舆情应在48小时内予以回应，并根据工作进展情况，持续发布权威信息。对监测发现的政务舆情，各级各部门要加强研判，区别不同情况，进行分类处理，并通过提供新闻通稿、发布权威信息、召开新闻发布会或吹风会、依托官方信息平台、接受媒体采访、组织专家（重大敏感问题应聘请非兵团专家）解读等方式进行回应，不得以各种理由回避、推诿、敷衍。要适应传播对象化、分众化趋势，进一步提高政务微博、微信和客户端的开通率，充分利用新兴媒体平等交流、互动传播的特点和政务网站的互动功能，提升回应信息的到达率。

2016 年 9 月 29 日，云南省人民政府办公厅发出《关于在政务公开工作中进一步做好政务舆情回应的通知》（云政办发〔2016〕106 号）。通知要求，各地各部门要安排专人和力量，加强对主要门户网站、论坛、博客、微博、微信、微视、移动客户端、网络问政、热线电话、新闻跟帖，以及报刊、广播电视等平台上的重大政务舆情的监测收集，及时掌握舆情动态。要拓宽政务舆情回应渠道，进一步加强政务微博、微信、移动客户端的建设和运营管理，突出政务微博、微信、移动客户端等新媒体应用广泛的优势，加强新媒体信息发布平台运用，扩大政务舆情回应信息响应范围。

十月

2016 年 10 月 1 日，贵州省食品药品监督管理局官方微博“@贵州食药监”（UID：5959677377）通过微博平台认证，正式上线。

2016 年 10 月 1 日，四川省巴中市南江县大河镇团委官方微博“@南江县大河镇团委”（UID：6032428180）通过微博平台认证，正式上线。

2016 年 10 月 2 日，四川省巴中市南江县寨坡乡团委官方微博“@南江县寨坡乡团委”（UID：6031626752）通过微博平台认证，正式上线。

2016 年 10 月 2 日，中国共产主义青年团南江县正直镇委员会官方微博“@正直镇团委”（UID：6032428217）通过微博平台认证，正式上线。

2016 年 10 月 2 日，昆明公交集团有限责任公司第一公司官方微博“@昆明公交一公司”（UID：5516594899）通过微博平台认证，正式上线。

2016 年 10 月 2 日，云南省禄丰县勤丰镇人民政府官方微博“@富美勤丰”（UID：6021677664）通过微博平台认证，正式上线。

2016 年 10 月 2 日，贵州省六盘水市农业委员会官方微博“@六盘水市农委”（UID：6033051286）通过微博平台认证，正式上线。

2016 年 10 月 2 日，四川省达州市通川区江陵镇人民政府官方微博“@通川江陵”（UID：5945546595）通过微博平台认证，正式上线。

2016 年 10 月 2 日，云南省曲靖市陆良县人民检察院官方微博“@陆良检察院”（UID：6034312829）通过微博平台认证，正式上线。

2016 年 10 月 2 日，云南省江城县森林公安局官方微博“@江城森警”（UID：5631371218）通过微博平台认证，正式上线。

2016 年 10 月 2 日，四川省雅安市天全县公安局交通警察大队官方微博“@天全交通警察大队”（UID：5149187026）通过微博平台认证，正式上线。

2016 年 10 月 9 日，中共中央政治局就实施网络强国战略进行第三十六次集体学习。习近平指出：“随着互联网特别是移动互联网发展，社会治理模式正在从单向管理转向双向互动，从线下转向线上线下融合，从单纯的政府监管向更加注重社会协同治理转变。要发挥网络传播互动、体验、分享的优势，听民意、惠民生、解民忧，凝聚社会共识。”

2016年10月10日，贵州省六盘水市盘县交通运输局官方微博“@盘州交通”（UID：6012866820）通过微博平台认证，正式上线。

2016年10月10日，四川省自贡市富顺县司法局骑龙司法所官方微博“@富顺县司法局骑龙司法所”（UID：6040501115）通过微博平台认证，正式上线。

2016年10月10日，云南省宣威市格宜镇人民政府官方微博“@微讯格宜”（UID：6030177476）通过微博平台认证，正式上线。

2016年10月10日，中国大熊猫保护研究中心官方微博“@中国大熊猫保护研究中心”（UID：6026046656）通过微博平台认证，正式上线。

2016年10月10日，共青团理塘县委官方微博“@共青团理塘县委123”（UID：5323431872）通过微博平台认证，正式上线。

2016年10月10日，贵州省六盘水市水城县公安消防大队官方微博“@水城县消防大队”（UID：6041573895）通过微博平台认证，正式上线。

2016年10月10日，重庆市汉丰街道金州社区官方微博“@汉丰街道金州社区”（UID：6040682730）通过微博平台认证，正式上线。

2016年10月11日，广东省人民政府办公厅转发《国务院办公厅关于在政务公开工作中进一步做好政务舆情回应的通知》（粤府办〔2016〕109号）。通知要求，遇到重大事件、重要政务舆情，要在第一时间向本级和上级党委、政府报告，有针对性地提出信息发布、政策解读、舆情回应工作建议。对涉及特别重大、重大突发事件的政务舆情，应在24小时内举行新闻发布会，对其他政务舆情应在48小时内予以回应。

2016年10月13日，山西省人民政府办公厅印发《关于在政务公开工作中进一步加强政务舆情回应的实施意见》（晋政办发〔2016〕138号）。意见明确，要严守时限要求，对涉及特别重大、重大突发事件的政务舆情，要快速反应、及时发声，及早发布首次信息，重要信息须持续滚动发布，最迟应在24小时内举行新闻发布会，对其他政务舆情应在48小时内予以回应；各地、各部门要适应传播对象化、分众化趋势，进一步提高政务微博、微信和客户端的开通率，充分利用新兴媒体平等交流、互动传播的特点和政府网站的互动功能，提升回应信息的到达率。

2016年10月13日，贵州省六盘水人民防空办公室官方微博“@六盘水人防”（UID：6042748731）通过微博平台认证，正式上线。

2016年10月13日，资阳市科学技术协会官方微博“@资阳市科协官微”（UID：6042992004）通过微博平台认证，正式上线。

2016年10月13日，中共广安市防范和处理邪教问题领导小组办公室官方微博“@广安反邪”（UID：6015940207）通过微博平台认证，正式上线。

2016年10月13日，四川省遂宁市大英县林业局官方微博“@大英林业”（UID：3516709704）通过微博平台认证，正式上线。

2016年10月13日，云南省昆明市妇幼保健院官方微博“@昆明市妇幼保健院”（UID：6029477629）通过微博平台认证，正式上线。

2016年10月14日，青海省人民政府办公厅发布《关于在政务公开工作中进一步加强政务舆情回应的通知》（青政办〔2016〕189号）。通知要求，对涉及特别重大、重大突发事件的政务舆情，要快速反应、及时发声，最迟应在24小时内举行新闻发布会；对其他政务舆情应在48小时内予以回应。各地区各部门要适应传播对象化、分众化趋势，加强对新形势下做好政务舆情工作的研究，了解新媒体规律，引进新思想、新思路，进一步提高政务微博、微信和客户端的开通率，强化新媒体平台建设，完善信息发布和互动功能。

2016年10月17日，贵州省六盘水文学艺术界联合会官方微博“@六盘水市文艺之家”（UID：6044279189）通过微博平台认证，正式上线。

2016年10月17日，云南省昆明市官渡区吴井街道办事处董家湾北段社区居委会官方微博“@吴井街道董家湾北段社区”（UID：5225838886）通过微博平台认证，正式上线。

2016年10月17日，四川省遂宁市大英县卫生和计划生育局官方微博“@大英卫生计生”（UID：6045339660）通过微博平台认证，正式上线。

2016年10月17日，云南省曲靖市沾益区人民政府金龙街道办事处官方微博“@金龙街道办事处”（UID：6045110359）通过微博平台认证，正式上线。

2016年10月17日，四川省广安市岳池县精神文明办公室官方微博“@文明岳池”（UID：6046368615）通过微博平台认证，正式上线。

2016年10月17日，重庆市沙坪坝区妇女联合会官方微博“@沙坪坝妇联”（UID：6041946309）通过微博平台认证，正式上线。

2016年10月19日，河南省首届网络舆情高峰论坛在郑州举行。论坛由人民日报社河南分社指导，由人民网主办，由人民网舆情监测室、人民网河南分网承办。中共河南省委宣传部副部长李宏伟，人民网副总编辑、人民在线总经理董盟君，人民日报社河南分社采访部主任马跃峰及人民网河南频道总编辑李东风等出席论坛并致辞。河南省直及各省辖市200多名代表参加了论坛开幕式。

2016年10月19日，江苏省南京市人民政府办公厅印发《南京市行政机关政策文件解读实施办法（试行）》（宁政办发〔2016〕149号）。《办法》规定要统筹运用政府网站、新闻发布会、政务服务中心、“12345”政务热线、政务微博微信、移动客户端等发布政策文件解读信息，充分发挥广播电视、报纸杂志、新闻网站、新兴媒体的作用，扩大解读信息的受众面。各部门应当建立健全政务舆情收集、研判、处置和回应机制，关注重要政策文件及解读信息公开后的社会反应，认真研判，主动跟进，及时回应，防止政策文件和解读信息被误读误解，造成负面影响。

2016年10月19日，四川省宜宾市高县趱滩乡人民政府官方微博“@高县趱滩乡发布”（UID：6046463841）通过微博平台认证，正式上线。

2016年10月19日，重庆市万州区长岭镇人民政府官方微博“@长－岭－镇－政－府”（UID：5938213984）通过微博平台认证，正式上线。

2016年10月19日，重庆市万州区林业局官方微博“@万州林业”（UID：6049275760）通过微博平台认证，正式上线。

2016年10月19日，重庆长安网官方微博“@重庆长安网”（UID：6042990975）通过微博平台认证，正式上线。

2016年10月19日，云南省昆明市富民县防震减灾局官方微博“@富民防震减灾”（UID：6045535369）通过微博平台认证，正式上线。

2016年10月19日，云南省昭通市巧家县市场监督管理局官方微博“@巧家市场监管局”（UID：6048286797）通过微博平台认证，正式上线。

2016 年 10 月 19 日，贵州省毕节市黔西县谷里镇人民政府官方微博“@ 黔西县谷里镇”（UID：6047849359）通过微博平台认证，正式上线。

2016 年 10 月 19 日，云南省昆明市呈贡区司法局洛龙司法所官方微博“@ 呈贡区洛龙司法所”（UID：5848488208）通过微博平台认证，正式上线。

2016 年 10 月 19 日，四川省成都市武侯区委员会政法委员会官方微博“@ 魅力武侯”（UID：6032993267）通过微博平台认证，正式上线。

2016 年 10 月 24 日，河北省监狱管理局官方微博“@ 河北监狱在线”上线运行。

2016 年 10 月 24 日，贵州省遵义市湄潭县人民检察院官方微博“@ 湄潭检察”（UID：3990534641）通过微博平台认证，正式上线。

2016 年 10 月 24 日，重庆市奉节县科学技术协会官方微博“@ 奉节科协”（UID：6049073883）通过微博平台认证，正式上线。

2016 年 10 月 24 日，四川省成都市卫生计生人才服务中心官方微博“@ 成都市卫生计生人才服务中心 rc”（UID：3329689884）通过微博平台认证，正式上线。

2016 年 10 月 24 日，四川省广安市武胜县农业局官方微博“@ 武胜县农业局”（UID：5888345975）通过微博平台认证，正式上线。

2016 年 10 月 24 日，贵州省六盘水市水城县林业局官方微博“@ scxlyj8933448”（UID：6048576797）通过微博平台认证，正式上线。

2016 年 10 月 24 日，四川省宜宾市高县来复镇人民政府官方微博“@ 高县来复镇发布”（UID：6050585989）通过微博平台认证，正式上线。

2016 年 10 月 24 日，四川省资阳市公安局交警支队直属一大队官方微博“@ 资阳交警直属一大队”（UID：2825884072）通过微博平台认证，正式上线。

2016 年 10 月 24 日，贵州省黔东南州施秉县人民政府官方微博“@ 世遗之声”（UID：3872311966）通过微博平台认证，正式上线。

2016 年 10 月 28 日，云南省孟连傣族拉祜族佤族自治县气象局官方微博“@ 孟连气象”（UID：6033994820）通过微博平台认证，正式上线。

2016 年 10 月 28 日，中共中江县委政法委官方微博“@ 中江政法”（UID：6046984336）通过微博平台认证，正式上线。

2016 年 10 月 28 日，四川省眉山市卫生和计划生育委员会官方微博“@ 健康眉山”（UID：6047031821）通过微博平台认证，正式上线。

2016 年 10 月 28 日，四川省内江市高新技术产业园区管理委员会官方微博“@ 内江技术产业园区”（UID：6046936470）通过微博平台认证，正式上线。

2016 年 10 月 28 日，重庆市巫山县第二次全国地名普查领导小组办公室官方微博“@ 巫山县第二次全国地名普查”（UID：6051944300）通过微博平台认证，正式上线。

2016 年 10 月 28 日，四川省广安市卫生和计划生育监督执法支队官方微博“@ 广安健康护卫”（UID：6051625017）通过微博平台认证，正式上线。

2016 年 10 月 28 日，重庆市渝中区图书馆官方微博“@ 渝中区图书馆”（UID：1926146140）通过微博平台认证，正式上线。

2016 年 10 月 28 日，贵州省铜仁市松桃苗族自治县反邪教协会官方微博“@ 松桃政法”（UID：6053145372）通过微博平台认证，正式上线。

2016 年 10 月 28 日，云南省红河州个旧市交通运输局官方微博“@ 个旧市交通运输局”（UID：6053121631）通过微博平台认证，正式上线。

2016 年 10 月 28 日，资阳市交通运输局官方微博“@ 资阳交通”（UID：6053277020）通过微博平台认证，正式上线。

2016 年 10 月 31 日，宁夏回族自治区人民政府办公厅发出《关于在政务公开工作中进一步做好政务舆情回应的通知》（宁政办发〔2016〕178 号）。通知要求，建立完善政务舆情的监测、研判和处置机制，对主要门户网站、用户活跃论坛、博客、微博客、新闻跟帖等进行日常监测和突发事件监测，形成“全覆盖、全方位、全天候”的舆情监测体系；要通过巡查即时掌握了解网络等舆情动态，对涉及本地区、本部门相关工作的疑虑、误解以及歪曲和谣言，迅速与同级党委宣传、网信、政府应急（值班）、政务公开等工作机构和相关政府网站、政府热线、政务微博等主管机构核实衔接，实现舆情信息资源互通互动、互助共享。要大力推进政务微博、微信、手机客户端与政府网站的联动和互补，通过网上发布信息、组织专家解读、召开新闻发布会、接受媒体专访等形式及时予以回应，正面引导舆论。各级行政机关要主动适应传播对象化、分众化趋势，不断提高政务微博、微信、客户端的开通率，充分利用新媒体平等交流、互动传播的特点和互动功能，提升回应信息的精准性和到达率。

十一月

2016 年 11 月 1 日，湖北省环境保护厅官方微博“@ 湖北环保”上线运行。

2016 年 11 月 2 日，广西壮族自治区人民政府办公厅印发《关于在政务公开工作中进一步做好政务舆情回应的通知》（桂政办发〔2016〕143 号）。通知要求，各级各部门要适应传播对象化、分众化趋势，着力建设基于新媒体的政务舆情回应和与公众互动交流新渠道，逐步提高政务微博、微信和客户端的开通率，及时发布各类权威政务信息，尤其是涉及公众关切的重大公共事件信息。要统筹运用新闻发布会、政府网站、政务微博微信、手机短信等发布信息，充分发挥广播电视、报刊、新闻网站、商业网站等媒体的作用，扩大发布信息的受众面，增强影响力。

2016 年 11 月 2 日，福建省人民政府办公厅转发国务院办公厅发出《关于在政务公开工作中进一步做好政务舆情回应的通知》（闽政办〔2016〕173 号）。通知要求，特别重大、重大突发事件发生后，要在 24 小时内举行新闻发布会，其他政务舆情要在 48 小时内予以回应。突发事件要严格按照有关规定，根据事件进展情况，持续发布权威信息。重特大安全生产事故调查处理结果除涉及国家秘密外，应当及时向社会全文公开。对可能造成重大社会影响的自然灾害、事故灾难、公共卫生事件等突发事件，以及可能严重影响社会稳定的社会安全事件，应当及时发布预警、防范、避险和服务类信息。

2016 年 11 月 2 日，四川省峨边彝族自治县反邪教官方微博“@ 峨边反邪教”（UID：6018457588）通过微博平台认证，正式上线。

2016 年 11 月 2 日，四川省雅安市名山区群团组织社会服务中心官方微博“@ 名山区群团组织社会服务中心”（UID：6031427822）通过微博平台认证，正式上线。

2016 年 11 月 2 日，四川省宜宾市高县四烈乡人民政府官方微博“@ 高县四烈乡”（UID：6057852807）通过微博平台认证，正式上线。

2016 年 11 月 2 日，六盘水市水城县人力资源和社会保障局官方微博“@ 水城县人力资源和社会保障局”（UID：5966652685）通过微博平台认证，正式上线。

2016 年 11 月 3 日，湖北省人民政府办公厅发布《关于在政务公开工作中进一步做好政务舆情回应处置的通知》（鄂政办发〔2016〕86 号）。通知要求，要健全监测预警机制。各地各部门要安排专门人员，善于借助咨询、中介等社会组织专业力量，加强对报刊、网站、论坛、社区、微博、微信等平台的监测，建立完善覆盖广泛、渠道畅通、反应灵敏的政务舆情监测网络，及时与政府新闻办、网信、公安等部门核实舆情信息情况，实时准确掌握舆情动态。

2016 年 11 月 4 日，国家互联网信息办公室发布《互联网直播服务管理规定》。有关负责人表示，出台该规定旨在促进互联网直播行业健康有序发展，弘扬社会主义核心价值观，维护国家利益和公共利益，为广大网民特别是青少年成长营造风清气正的网络空间。

2016 年 11 月 5 日，最高人民法院院长周强在第十二届全国人民代表大会常务委员会第二十四次会议上做《最高人民法院关于深化司法公开、促进司法公正情况的报告》。该报告记载：“加强法院网站和新媒体建设。全国 90% 以上的法院开通门户网站，不断完善网站功能，便于人民群众了解司法、参与司法、监督司法。全面改版最高人民法院网站，更好地联系和服务群众。建设最高人民法院英文网站，满足国际社会对中国司法的认知需求。开通全国法院减刑、假释、暂予监外执行信息网，及时公开减刑、假释、暂予监外执行案件信息，确保减刑、假释、暂予监外执行案件公开公正。开通全国企业破产重整案件信息网，全面发布企业破产案件审理流程和破产信息动态，促进提升破产案件审理水平。开通最高人民法院微博、微信和新闻客户端，建成‘全国法院微博发布厅’，全国 3200 多个法院开通官方微博、微信，及时向社会公开审判执行信息。开通中国法院手机电视 APP，及时报道法院重要新闻和重大案件。”“推进裁判标准公开。通过制定司法解释、指导性文件，指导各级法院统一正确适用法律，妥善审理各类案件。推进量刑规范化改革，制定量刑指导意见，公开量刑过程，确保量刑公正。目前，适用量刑规范化的罪名达到 23 种，案件数量占全国基层法院审理刑事案件总数的 90%。推进审判委员会制度改革，增强审委会工作透明度，最高人民法院审委会讨论通过的司法解释和重要规范性文件，及时通过官网、微博、手机电视等媒介向社会发布。完善案例指导制度，发布指导性案例 14 批 69 个，为法官审理类似案件提供参照。成立司法案例研究院，加强司法案例的收集、研究工作，建设囊括古今中外典型司法案例的数据库。”

2016 年 11 月 5 日，由中国新闻史学会传媒经济与管理研究委员会、西安交通大学、中共陕西省委网络安全和信息化领导小组办公室联合主办的“2016 中国传媒经济与管理年会——舆论新格局·传媒新常态学术研讨会”在西安交通大学召开。来自中央网信办、国家新闻出版广电总局、全国记协、北京大学、清华大学、复旦大学、中国人民大学、西安交通大学等海内外近百所高校的专家学者与青年学子与会。

2016 年 11 月 7 日，第十二届全国人民代表大会常务委员会第二十四次会议通过《中华人民共和国网络安全法》，自 2017 年 6 月 1 日起施行。

2016 年 11 月 7 日，原国家环境保护部官方微博“@ 环保部发布”（现变更为：生态环境部官方微博“@ 生态环境部”，UID：6059162597）通过微博平台认证，正式上线。

2016 年 11 月 7 日，重庆市第二次全国地名普查官方微博“@ 重庆市第二次全国地名普查”（UID：6059082458）通过微博平台认证，正式上线。

2016年11月7日，云南省昆明市房产交易中心官方微博“@昆明市房产交易中心”（UID：6017636699）通过微博平台认证，正式上线。

2016年11月7日，贵州省遵义市正安县人民检察院官方微博“@正安县检察院”（UID：6050894051）通过微博平台认证，正式上线。

2016年11月7日，云南省大理州洱源县全民科学素质工作领导小组办公室官方微博“@洱源科素”（UID：2378670907）通过微博平台认证，正式上线。

2016年11月7日，贵州省遵义市余庆公安局网络安全保卫大队官方微博“@余庆网络”（UID：6017647660）通过微博平台认证，正式上线。

2016年11月7日，贵州省赤水市公安局网络安全保卫大队官方微博“@赤水市网络执法警察”（UID：6058917702）通过微博平台认证，正式上线。

2016年11月7日，四川省广安市邻水县人民法院纪检组监察室官方微博“@清风邻水法院”（UID：6062283760）通过微博平台认证，正式上线。

2016年11月7日，云南省澜沧拉祜族自治县气象局官方微博“@澜沧气象”（UID：6062260869）通过微博平台认证，正式上线。

2016年11月7日，四川省巴中市高峰乡人民政府官方微博“@pcxgfx”（UID：5943435062）通过微博平台认证，正式上线。

2016年11月7日，云南省红河县宝华镇人民政府旅游宣传办公室官方微博“@云上撒玛坝”（UID：6060393721）通过微博平台认证，正式上线。

2016年11月7日，贵州省遵义市绥阳县公安局网络巡查执法官方微博“@绥阳网络执法警察”（UID：6060320326）通过微博平台认证，正式上线。

2016年11月7日，贵州省遵义市汇川公安分局网安大队官方微博“@汇川网络执法警察”（UID：6060364655）通过微博平台认证，正式上线。

2016年11月7日，贵州省遵义市务川自治县公安局网络安全监察大队官方微博“@遵义市务川网络执法警察”（UID：6060374575）通过微博平台认证，正式上线。

2016年11月7日，贵州省遵义市余庆县公安局网络安全保卫大队官方微博“@余庆网络执法警察”（UID：6060375593）通过微博平台认证，正式上线。

2016年11月7日，重庆市南岸区第二次全国地名普查工作领导小组办公室官方微博“@南岸区第二次全国地名普查办”（UID：6058398714）通过微博平台认证，正式上线。

2016年11月7日，贵州省遵义市桐梓县公安局公共信息网络安全监察大队官方微博“@桐梓网安巡查执法”（UID：6018548987）通过微博平台认证，正式上线。

2016年11月7日，四川省凉山彝族自治州昭觉县公安局交通警察大队官方微博“@凉山昭觉公安交警”（UID：6059387118）通过微博平台认证，正式上线。

2016年11月7日，四川省甘孜州泸定县公安局官方微博“@泸定警方”（UID：6050193270）通过微博平台认证，正式上线。

2016年11月7日，云南省昆明市呈贡区人民政府办公室官方微博“@呈贡政务微博”（UID：6048131404）通过微博平台认证，正式上线。

2016年11月10日，国务院办公厅印发《关于全面推进政务公开工作的意见》实施细则的通知（国办发〔2016〕80号）。《细则》要求，对涉及公众利益、需要社会广泛知晓的电视电话会议，行政机关应积极采取广播电视、网络和新媒体直播等形式向社会公开。要充分运用中央新闻媒体及所属网站、微博微信和客户端做好国务院重大政策宣传解读工作，发挥主流媒体“定向定调”作用，正确引导舆论。各级政府及其部门要在立足政府网站、政务微博微信、政务客户端等政务公开自有平台的基础上，加强与宣传、网信等部门以及新闻媒体的沟通联系，充分运用新闻媒体资源，做好政务公开工作。积极安排中央和地方主流媒体及其新媒体负责人列席有关会议，进一步扩大政务公开的覆盖面和影响力。要积极探索公众参与新模式，不断拓展政府网站的民意征集、网民留言办理等互动功能，积极利用新媒体搭建公众参与新平台，加强政府热线、广播电视问政、领导信箱、政府开放日等平台建设，提高政府公共政策制定、公共管理、公共服务的响应速度，增进公众对政府工作的认同和支持。

2016 年 11 月 10 日，河南省驻马店市人民政府第 135 次常务会议通过《驻马店市人民政府规章制定程序规定》，自 2017 年 1 月 1 日起施行。第十三条规定：“市政府法制办公室每年 8 月 30 日前应当通过政府法制网站、《驻马店日报》、网络问卷调查、官方微博等形式向社会公开征集规章制定建议，公民、法人和其他组织可以通过政府法制网站、电子邮件或者书面信函的形式向市政府法制办公室提出立法项目建议。对公民、法人和其他组织提出的制定规章建议，市政府法制办公室应当组织研究或转交市政府有关部门研究，对经研究认为可行的建议，按照立项程序予以立项。”

2016 年 11 月 11 日，由四川省人民政府新闻办、四川省政府信息公开办指导，四川新闻网传媒集团主办、四川发布承办的“2016 微政四川政务新媒体年会”召开。会议发布了《2016 年度四川政务新媒体发展研究报告》，现场揭晓了“微政四川 2016 年度影响力飞跃政务新媒体账号”等七大榜单。

2016 年 11 月 11 日，浙江省人民政府办公厅下发《关于在政务公开工作中进一步做好政务舆情回应的通知》（浙政办发〔2016〕142 号）。通知要求，要注重政务舆情回应平台建设，进一步提高政务微博、微信和客户端的开通率，充分利用新兴媒体平等交流、互动传播的特点和政府网站的互动功能，提升回应信息的到达率。进一步加强“浙江发布”政务新媒体集群矩阵建设，统筹协调并发挥省市县三级政府及其部门官微和重点媒体微博、微信、客户端平台的作用，强化新媒体互动和分享功能，发布权威政务信息，回应政务舆情热点。

2016 年 11 月 14 日，安顺市图书馆官方微博“@ 贵州省安顺市图书馆”（UID：3498268673）通过微博平台认证，正式上线。

2016 年 11 月 14 日，中共雅江县委宣传部官方微博“@ 微雅江”（UID：6016836647）通过微博平台认证，正式上线。

2016 年 11 月 14 日，贵阳国家高新技术产业开发区政务服务中心官方微博“@ 贵阳高新区政务服务中心”（UID：5888448036）通过微博平台认证，正式上线。

2016 年 11 月 14 日，自贡市公安局高新分局学苑街派出所官方微博“@ 自贡市学苑街派出所”（UID：5510658609）通过微博平台认证，正式上线。

2016 年 11 月 14 日，高县旅游局官方微博“@ 高县旅游”（UID：6062004149）通过微博平台认证，正式上线。

2016 年 11 月 14 日，富民工业园区管委会官方微博“@ 富民工业园区管委会”（UID：

6043789759）通过微博平台认证，正式上线。

2016年11月14日，遂宁经济技术开发区城管执法局官方微博“@遂宁经济技术开发区城管执法局”（UID：6065806299）通过微博平台认证，正式上线。

2016年11月15日，国务院办公厅印发《〈关于全面推进政务公开工作的意见〉实施细则的通知》，要求各级政府及其部门要在立足政府网站、政务微博微信、政务客户端等政务公开自有平台的基础上，加强与宣传、网信等部门以及新闻媒体的沟通联系，充分运用新闻媒体资源，做好政务公开工作。

2016年11月15日上午，《新安晚报》“安徽政务微博微信服务中心”正式揭牌。安徽省网宣办主任范荣晖和安徽日报报业集团党委委员、副总编辑李友国，《新安晚报》总编辑丁传光等领导以及省交通厅、省公路局、合肥市经开区管委会、长丰县委宣传部、包河区妇联等合作单位领导参加了揭牌仪式。

2016年11月16日，云南省昆明市富民县人民政府永定街道办事处官方微博“@富民永定街道”（UID：6046569825）通过微博平台认证，正式上线。

2016年11月16日，四川省甘孜州德格县公安局官方微博“@德格警方”（UID：5661553859）通过微博平台认证，正式上线。

2016年11月16日，中共内江市委政法委员会官方微博“@内江长安社区”（UID：5888489715）通过微博平台认证，正式上线。

2016年11月16日，四川省简阳市公安局交通警察大队官方微博“@简阳交警”（UID：6062496855）通过微博平台认证，正式上线。

2016年11月16日，四川省巴中市平昌县响滩镇人民政府官方微博“@响滩镇”（UID：6066979655）通过微博平台认证，正式上线。

2016年11月16日，四川省成都市青羊区草市街办事处玉带桥社区官方微博“@玉带桥社区”（UID：5046631139）通过微博平台认证，正式上线。

2016年11月16日，贵州省六盘水市钟山区档案局官方微博“@ZS档案”（UID：6067341461）通过微博平台认证，正式上线。

2016年11月16日，四川省巴中市平昌县白衣镇人民政府官方微博“@水乡古镇白衣”（UID：6063710142）通过微博平台认证，正式上线。

2016年11月16日，四川省巴中市平昌县喜神乡人民政府官方微博“@美丽的喜神乡”（UID：6067284604）通过微博平台认证，正式上线。

2016年11月16日，四川省广安市商务局官方微博“@广安商务”（UID：3095977073）通过微博平台认证，正式上线。

2016年11月16日，四川省成都市天府新区规划建设和城管综合执法大队官方微博“@天府新区城市管理”（UID：6017468167）通过微博平台认证，正式上线。

2016年11月16日，四川省巴中市平昌县岩口乡人民政府官方微博“@平昌县岩口乡”（UID：6069760366）通过微博平台认证，正式上线。

2016年11月16日，云南省航务管理局精神文明建设领导小组官方微博“@云南省航务局文明办”（UID：6065803789）通过微博平台认证，正式上线。

2016年11月16日，四川省简阳市人力资源和社会保障局官方微博“@简阳市人社局”（UID：6065219084）通过微博平台认证，正式上线。

2016 年 11 月 16 日，中国共产主义青年团易门县龙泉街道工作委员会官方微博“@龙泉街道团工委”（UID：6065295120）通过微博平台认证，正式上线。

2016 年 11 月 16 日，重庆市渝中区安全生产监督管理局官方微博“@渝中安监”（UID：6068725009）通过微博平台认证，正式上线。

2016 年 11 月 18 日，国务院办公厅公布《关于支持返乡下乡人员创业创新促进农村一二三产业融合发展的意见》（国办发〔2016〕84 号）。意见要求，要加强宣传引导，采取编制手册、制定明白卡、编发短信微信微博等方式，宣传解读政策措施。大力弘扬创业创新精神，树立返乡下乡人员先进典型，宣传推介优秀带头人，发挥其示范带动作用。充分调动社会各界支持返乡下乡人员创业创新的积极性，广泛开展创业大赛、创业大讲堂等活动，营造良好氛围。

2016 年 11 月 18 日，河北省信访局官方微博“@河北省群众工作中心”上线运行。

2016 年 11 月 18 日，时任最高人民检察院检察长的曹建明在第十一届中国法学青年论坛上强调，要共同深入研究树立互联网思维，应用网络新技术，提升政法机关参与网络发展和治理的能力水平。要充分运用信息网络技术，从中汲取科技力量和创新智慧，加强管理、深化公开、提升效能，提升执法司法工作现代化水平。

2016 年 11 月 18 日，河南省第十二届人民代表大会常务委员会第二十五次会议审议通过《河南省社会科学普及条例》，自 2016 年 12 月 1 日起施行。《条例》第十九条规定，互联网信息服务单位应当发展健康向上的网络文化，利用网站、微博、微信等媒介生产、传播有益于提高公众文化素质、促进社会进步的社会科学普及作品。

2016 年 11 月 18 日，由中国人民公安大学、中国国际公共关系协会主办，广西壮族自治区公安厅协办，广西警察学院、南宁市公安局承办的第二届中外警察公共关系论坛在南宁开幕，来自新加坡警队，中国香港、澳门警队，以及各地公安机关、高等院校的 200 多名专家、代表参加了本次论坛的交流活动。中国国际公共关系协会常务副会长兼秘书长赵大力，中国人民公安大学副校长田全华，广西警察学院党委书记、院长周彬，自治区公安厅党委委员、南宁市副市长、市公安局党委书记、局长唐斌，澳门代表团团长、澳门海关助理关长黄国松等在开幕式上致辞。

2016 年 11 月 22 日，国家环境保护部官方微博“@环保部发布”正式上线。

2016 年 11 月 22 日，云南省昆明市东川区铜都街道办事处官方微博“@东川区铜都街道办事处”（UID：6070141044）通过微博平台认证，正式上线。

2016 年 11 月 22 日，泸州市住房公积金管理中心官方微博“@泸州公积金”（UID：6070120709）通过微博平台认证，正式上线。

2016 年 11 月 22 日，四川省南充市高坪区总工会官方微博“@高坪区总工会”（UID：6066322106）通过微博平台认证，正式上线。

2016 年 11 月 22 日，贵州省六盘水市钟山区红岩社区服务中心官方微博“@HYSQFWZX”（UID：6069762781）通过微博平台认证，正式上线。

2016 年 11 月 22 日，四川省成都市青羊区疾病预防控制中心官方微博“@青羊区疾病预防控制中心”（UID：6017864108）通过微博平台认证，正式上线。

2016 年 11 月 22 日，四川省巴中市平昌县房产管理局官方微博“@平昌县房管局”（UID：6067238911）通过微博平台认证，正式上线。

2016年11月22日，贵州省黔南州龙里县民政局官方微博“@龙里民政”（UID：6070852044）通过微博平台认证，正式上线。

2016年11月23日，《安徽省人民政府办公厅关于在政务公开工作中进一步做好政务舆情回应的通知》（皖政办秘〔2016〕205号）发布。通知要求，强化责任、明确舆情回应主体，把握动态、突出舆情回应重点，加强研判、制定舆情应对预案，快速应对，提高舆情回应实效，完善机制、强化回应保障措施，建立健全政务舆情收集、研判和回应联动机制。对涉及特别重大、重大突发事件的政务舆情，最迟应在24小时内举行新闻发布会，对其他政务舆情应在48小时内予以回应，并根据事件处置进展动态发布权威信息。各地、各部门要充分利用新兴媒体平等交流、互动传播的特点和政府网站的互动功能，提升回应信息的到达率。

2016年11月24日，公安部出台进一步推进“互联网+公安政务服务”工作实施意见（公通字〔2016〕28号）。意见指出，实现政务服务事项“应上尽上、全程在线”，满足人民群众对高品质政务服务需求，要推进“互联网+”治安管理服务，以居民身份证号码为信任根，构建“互联网+”治安管理服务平台，推动治安、户政等公安行政管理业务在互联网上办理，利用微信、微博、微视、短信等开展治安管理便民宣传服务。

2016年11月24日，四川省宜宾市高县大窝镇人民政府官方微博“@高县大窝镇发布微博”（UID：5992768532）通过微博平台认证，正式上线。

2016年11月24日，重庆市綦江区教育委员会官方微博“@綦江区教委”（UID：5763739561）通过微博平台认证，正式上线。

2016年11月24日，四川省凉山州住房公积金管理中心官方微博“@凉山州住房公积金管理中心”（UID：6062701675）通过微博平台认证，正式上线。

2016年11月24日，四川省绵阳市涪城区第二次全国地名普查领导小组官方微博“@涪城地名”（UID：6060710701）通过微博平台认证，正式上线。

2016年11月24日，四川省彭州市三界镇人民政府官方微博“@蔬香三界”（UID：6071660085）通过微博平台认证，正式上线。

2016年11月24日，贵州省黔南州瓮安县文学艺术界联合会官方微博“@瓮安文艺界”（UID：5872442240）通过微博平台认证，正式上线。

2016年11月24日，四川省巴中市平昌县黑水乡政府官方微博“@平昌县黑水乡”（UID：6067156292）通过微博平台认证，正式上线。

2016年11月26日，第二届“全国法院新媒体学院奖”在北京揭晓。山东省高级人民法院、北京市高级人民法院、上海市高级人民法院、济南市中级人民法院等4家法院获综合类“法院新媒体学院奖”，河南省高级人民法院、信阳市中级人民法院、广西壮族自治区高级人民法院等14家法院分别获“微博学院奖”“微信学院奖”“客户端学院奖”。

2016年11月28日，四川省遂宁市城市管理行政执法局安居区分局官方微博“@安居城市管理”（UID：1899774395）通过微博平台认证，正式上线。

2016年11月28日，四川省南充市顺庆区卫生和计划生育局官方微博“@健康顺庆”（UID：6072700470）通过微博平台认证，正式上线。

2016年11月28日，四川省高速交警雅西三大队官方微博“@雅西高速交警三大队”（UID：6072755013）通过微博平台认证，正式上线。

2016 年 11 月 28 日，重庆市荣昌区消防支队昌元中队官方微博“@荣昌消防昌元中队”（UID：2480602587）通过微博平台认证，正式上线。

2016 年 11 月 28 日，重庆市巴南区妇女联合会官方微博“@巴南区妇联”（UID：6073488910）通过微博平台认证，正式上线。

2016 年 11 月 28 日，四川省巴中市南江县桥亭乡人民政府官方微博“@桥亭镇”（UID：6028557397）通过微博平台认证，正式上线。

2016 年 11 月 29 日，贵州省戒毒管理局官方微博“@贵州戒毒”（UID：3514812634）通过微博平台认证，正式上线。

2016 年 11 月 29 日，贵州省遵义市汇川区委政法委员会官方微博“@平安汇川”（UID：6073881383）通过微博平台认证，正式上线。

2016 年 11 月 29 日，云南省昆明经济技术开发区安全生产监督管理局官方微博“@昆明经开安监”（UID：6073852998）通过微博平台认证，正式上线。

2016 年 11 月 29 日，重庆市武隆县接龙乡人民政府官方微博“@和美接龙”（UID：3231350624）通过微博平台认证，正式上线。

2016 年 11 月 29 日，云南省博物馆官方微博“@云南省博物馆”（UID：6058924556）通过微博平台认证，正式上线。

2016 年 11 月 29 日，重庆涪陵区妇联官方微博“@涪陵区妇联”（UID：6071216442）通过微博平台认证，正式上线。

2016 年 11 月 29 日，四川省巴中市平昌县界牌乡人民政府官方微博“@平昌县界牌乡”（UID：5937810272）通过微博平台认证，正式上线。

2016 年 11 月 29 日，四川省巴中市平昌县委政法委官方微博“@平昌政法委”（UID：5967494493）通过微博平台认证，正式上线。

2016 年 11 月 29 日，四川省巴中市平昌县电子商务产业园管理委员会官方微博“@电商平昌”（UID：6073737455）通过微博平台认证，正式上线。

2016 年 11 月 29 日，四川省巴中市平昌县青凤镇人民政府官方微博“@平昌县青凤镇”（UID：5885040722）通过微博平台认证，正式上线。

十二月

2016 年 12 月 1 日，国家邮政局官方微博“@国家邮政局”（UID：6067873008）通过微博平台认证，正式上线运行，并发布首条微博：“2016－12－1，我们上线了。想了亲们十年呐，终于遇到你！久候了。十年睽违，我们视线所及都是您在的 960 万平方公里以及更远的地方，我们愿意聆听每一个故事：用邮用快，用心期待，绿色发展，服务为上。关注就是力量，评论就有答案，分享就是陪伴，记录就有感动。国家邮政局新浪微博今日开通，请进，不必敲门。此后，请多指教。”该条微博获得了广大网友的转发和评论，截至 12 月 4 日中午，该条微博互动量已超 2 万次，其中转发数达到 14862 次，评论数为 2275 次，点赞数为 4131 次。

2016 年 12 月 1 日，新疆维吾尔自治区第十二届人民代表大会常务委员会第二十五次会议通过《新疆维吾尔自治区防范和惩治网络传播虚假信息条例》，自 2016 年 12 月 10 日起施行。《条例》第八条规定：“在新疆维吾尔自治区通过互联网站、应用程序、论坛、博客、微博客、即时通讯工具、搜索引擎、直播平台以及其他具有新闻舆论或社会动员功能的应用，向社会公众提供新闻信息采编发布、转载服务，以及提供新闻信息发布平台服务，应当取得互联网新闻信息服务许可。”

2016年12月6日，中共简阳市委宣传部官方微博“@简阳发布”（UID：6065802426）通过微博平台认证，正式上线。

2016年12月6日，贵州省黔西南布依族苗族自治州公安局反诈骗中心官方微博“@黔西南州反诈骗中心”（UID：6076360600）通过微博平台认证，正式上线。

2016年12月6日，中共六盘水市钟山区委党校官方微博“@区行政学校”（UID：5815341294）通过微博平台认证，正式上线。

2016年12月6日，重庆市南川区安全生产监督管理局官方微博“@南川区安监”（UID：3297030415）通过微博平台认证，正式上线。

2016年12月6日，四川省公安厅交警总队高速公路支队雅西高速公路一大队官方微博“@四川高速交警六支队一大队”（UID：6072436301）通过微博平台认证，正式上线。

2016年12月6日，四川省遂宁市蓬溪县城市管理执法局官方微博“@蓬溪县城管执法局”（UID：6076314643）通过微博平台认证，正式上线。

2016年12月6日，四川省广汉市食品药品监督管理局官方微博“@广汉市食药监局”（UID：6062193592）通过微博平台认证，正式上线。

2016年12月6日，重庆市公安局刑事警察总队官方微博“@重庆刑侦总队”（UID：6077802033）通过微博平台认证，正式上线。

2016年12月6日，四川省地方志工作办公室官方微博“@方志四川”（UID：6078944895）通过微博平台认证，正式上线。

2016年12月6日，贵州省平塘县国土资源局官方微博“@平塘国土”（UID：6074490471）通过微博平台认证，正式上线。

2016年12月6日，云南省楚雄彝族自治州民族宗教事务委员会官方微博“@楚雄民宗之声”（UID：6067915549）通过微博平台认证，正式上线。

2016年12月6日，四川省凉山喜德县司法局官方微博“@喜德拉达司法”（UID：6076304291）通过微博平台认证，正式上线。

2016年12月6日，四川省峨眉山市桂花桥镇红山村村民委员会官方微博“@醉美红山村”（UID：6077156193）通过微博平台认证，正式上线。

2016年12月6日，平昌县英烈纪念园管理局官方微博“@平昌县英烈纪念园”（UID：5938364040）通过微博平台认证，正式上线。

2016年12月6日，云南省昆明市道路运输管理局安宁市分局官方微博“@安宁市运管分局”（UID：3804284252）通过微博平台认证，正式上线。

2016年12月6日，重庆市石柱县西沱镇人民政府官方微博“@全国历史文化名镇西沱镇”（UID：6079908302）通过微博平台认证，正式上线。

2016年12月6日，重庆市石柱土家族自治县龙沙镇人民政府官方微博“@生态龙沙”（UID：6074365291）通过微博平台认证，正式上线。

2016年12月6日，乐山市人民医院官方微博“@乐山市人民医院”（UID：6076276829）通过微博平台认证，正式上线。

2016年12月6日，四川省巴中市南江县兴马乡庙坪村官方微博“@庙坪-新资讯”（UID：6073962837）通过微博平台认证，正式上线。

2016年12月6日，重庆市开州区汉丰街道红光社区官方微博“@重庆市开州区汉丰街道HG社区”（UID：5316794836）通过微博平台认证，正式上线。

2016年12月6日，中共成都市龙泉驿区委组织部官方微博“@龙泉组工”（UID：5049239826）通过微博平台认证，正式上线。

2016年12月6日，重庆市万盛经开区关坝镇人民政府“生态凉风梦乡渔村”官方微博“@万盛凉风生态渔村”（UID：2905354867）通过微博平台认证，正式上线。

2016年12月7日，国家新闻出版广电总局发布《关于加强微博、微信等网络社交平台传播视听节目管理的通知》，要求利用微博、微信等各类社交应用开展互联网视听服务的网络平台，应当取得《信息网络传播视听节目许可证》等法律法规规定的相关资质，微博、微信等网络社交平台不得转发网民上传的自制时政类视听新闻节目。

2016年12月7日，四川省巴中市平昌县灵山镇人民政府官方微博“@平昌县灵山镇”（UID：6076966373）通过微博平台认证，正式上线。

2016年12月7日，云南省临沧市芒洪拉祜族布朗族乡人民政府官方微博“@耿马自治县芒洪民族乡”（UID：6067710657）通过微博平台认证，正式上线。

2016年12月7日，四川省自贡市大安区食品药品监督管理局官方微博“@自贡大安食药监”（UID：6072215480）通过微博平台认证，正式上线。

2016年12月7日，四川省巴中市平昌县金宝新区管理委员会官方微博“@平昌县金宝新区管委会”（UID：6083094439）通过微博平台认证，正式上线。

2016年12月7日，重庆市民政局社会工作处官方微博“@重庆社工”（UID：6078389074）通过微博平台认证，正式上线。

2016年12月7日，四川省广元市妇幼保健院官方微博“@广元市妇幼保健院”（UID：6063245475）通过微博平台认证，正式上线。

2016年12月8日，由检察日报社、浙江省人民检察院联合主办，浙江省桐乡市人民检察院承办的第二届检察新媒体创意大赛颁奖仪式暨“新媒体与检察公共关系”研讨会在桐乡市乌镇举行，来自全国各地检察机关的新媒体代表，以及法律界和媒体界人士与会。

2016年12月8日，四川省广安经济技术开发区管理委员会官方微博“@广安经济技术开发区”（UID：6078603601）通过微博平台认证，正式上线。

2016年12月8日，四川省新闻工作者协会官方微博“@四川记协”（UID：6083304231）通过微博平台认证，正式上线。

2016年12月9日，河南省考古研究院新浪官方微博“@河南考古”对信阳城阳城址18号战国楚墓的发掘进行了详细又生动的图文直播。在发掘过程中，古墓中端出了一鼎两千多年的“肉汤”，引发了网友热议。12月30日，“@河南考古”再次以微博直播的方式，发布了这座古墓发掘取得的最新进展消息。

2016年12月9日，由中共河南省商丘市委宣传部、新浪河南主办，新浪河南商丘承办的新浪河南助力商丘经济社会发展高峰论坛在商丘举行。中共商丘市委宣传部副部长贾忠顺、新浪河南总经理乔新出席并分别致辞。

2016 年 12 月 10 日，云南省昆明市宜良县人民政府扶贫开发办公室官方微博“@ 宜良扶贫”（UID：6083300949）通过微博平台认证，正式上线。

2016 年 12 月 10 日，重庆市万州区沙河街道官方微博“@ 重庆市万州区沙河街道办事处”（UID：5844165002）通过微博平台认证，正式上线。

2016 年 12 月 10 日，四川省广安市前锋区食品药品监督管理局官方微博“@ 前锋食药监”（UID：5290011260）通过微博平台认证，正式上线。

2016 年 12 月 10 日，成都天府新区成都片区管理委员会科技发展和宣传策划局官方微博“@ 成都天府新区文明汇”（UID：5861516507）通过微博平台认证，正式上线。

2016 年 12 月 10 日，重庆市城口县第二次全国地名普查领导小组办公室官方微博“@ 城口县第二次地名普查”（UID：6078054828）通过微博平台认证，正式上线。

2016 年 12 月 10 日，四川省乐山市夹江县安全生产监督管理局官方微博“@ 夹江安监”（UID：6083300320）通过微博平台认证，正式上线。

2016 年 12 月 10 日，四川省自贡市公安局贡井分局成佳派出所官方微博“@ 成佳派出所”（UID：5626048012）通过微博平台认证，正式上线。

2016 年 12 月 10 日，云南省临沧市永德县人民检察院官方微博“@ 永德正义”（UID：5972903670）通过微博平台认证，正式上线。

2016 年 12 月 10 日，重庆市公安局机场分局官方微博“@ CQ_ 平安空港”（UID：6083525576）通过微博平台认证，正式上线。

2016 年 12 月 10 日，四川省成都市龙泉驿区大面洪河社区卫生服务中心官方微博“@ 龙泉洪河社服中心”（UID：6073466260）通过微博平台认证，正式上线。

2016 年 12 月 10 日，重庆市开州区政策法律咨询中心官方微博“@ 重庆市开州区政策法律咨询中心”（UID：6083476267）通过微博平台认证，正式上线。

2016 年 12 月 10 日，贵州省遵义市体育局官方微博“@ 遵义市体育局官网”（UID：6084440651）通过微博平台认证，正式上线。

2016 年 12 月 10 日，云南省彝医医院、楚雄彝族自治州中医医院官方微博“@ 楚雄州中医医院”（UID：6084427253）通过微博平台认证，正式上线。

2016 年 12 月 12 日，辽宁省环境保护厅官方微博“@ 辽宁环保”上线运行。

2016 年 12 月 12 日至 13 日，由首都师范大学文学院主办、美国太平洋大学太平洋学院与现代传播杂志社协办的“新媒体的社会影响与挑战”学术研讨会在北京金龙潭酒店举行。开幕式由首都师范大学文学院副院长洪波教授主持，首都师范大学校长宫辉力教授、文学院院长马自力教授、美国太平洋大学传播系主任董庆文教授致辞。

2016 年 12 月 13 日，山东省德州市人民政府第 61 次常务会议通过《德州市重大行政决策程序规定》，自 2017 年 3 月 1 日起施行。第十四条规定：除依法应当保密的外，涉及群众切身利益、需要社会广泛知晓的决策方案草案，决策事项承办单位应当通过政府网站、政务微博微信、报纸等媒体以及其他便于公众知晓的方式向社会公布，公开征求意见。第二十六条规定：除依法应当保密的外，政府重大行政决策应当依照政府信息公开的有关规定，自做出之日起 20 日内，将有关信息通过政府公报、政府网站、政务微博微信、报纸等媒体向社会公布。

2016 年 12 月 13 日，中国共产党江西省贵溪市委宣传部官方微博“@ 贵溪发布”上线运行。

2016年12月13日，四川省巴中市平昌县佛头山文化产业园管理委员会官方微博“@平昌县佛头山文化产业园”（UID：5933365928）通过微博平台认证，正式上线。

2016年12月13日，云南省楚雄姚安县市场监督管理局官方微博“@姚安县市场监管局”（UID：6085569969）通过微博平台认证，正式上线。

2016年12月13日，四川省巴中市南江县关坝镇人民政府官方微博“@南江县－关坝镇”（UID：5861686144）通过微博平台认证，正式上线。

2016年12月13日，四川省广安市华蓥市禄市镇人民政府官方微博“@魅力禄市”（UID：6079659046）通过微博平台认证，正式上线。

2016年12月13日，贵州省六盘水市木果镇人民政府官方微博“@醉美木果”（UID：6080551920）通过微博平台认证，正式上线。

2016年12月13日，贵州省铜仁市江口县双江街道办事处官方微博“@幸福_双江”（UID：6080332846）通过微博平台认证，正式上线。

2016年12月13日，四川省成都市龙泉驿区西河镇滨西社区居民委员会官方微博“@龙泉驿区西河镇滨西社区”（UID：3245841370）通过微博平台认证，正式上线。

2016年12月13日，四川省宜宾市珙县公安消防大队官方微博“@珙州119”（UID：6079097102）通过微博平台认证，正式上线。

2016年12月15日，由微博、新浪网、新浪四川联合主办的“2016微政道·新浪四川政务微博年会”在成都举行。年会围绕2016年四川各级政务微博取得的成效进行盘点，颁布四川省政府机构十大政务微博、成都市政府机构十大政务微博、四川市州宣传系统十大政务微博、成都区县宣传系统十大政务微博等榜单。

2016年12月15日，2016年度政法新媒体峰会在京举行。峰会由正义网主办，中国长安网、法制网、中国法院网、中国警察网、民主与法制网协办，主题为“智慧法治数据天下”。活动得到国家网信办移动网络管理局、中央政法委政法综治信息中心、最高人民法院信息中心、最高人民检察院检察技术信息研究中心、司法部信息中心的指导。

2016年12月16日，山西省环境保护厅官方微博“@山西省环境保护厅”上线运行。

2016年12月16日，由中国气象局气象宣传与科普中心、新浪微博主办，北京气象新视野传媒科技有限公司、微博天气通协办的首届气象微博影响力研讨会在京召开。来自中国气象局、中央气象台以及各地多个气象行业机构和主管部门的代表及专业人士汇聚研讨会，共同探索更好搭建气象行业与社会公众沟通新渠道。首届气象微博影响力研讨会还颁发了气象类政务微博和专业用户奖项。此外，在该研讨会上，新浪微博天气通宣布推出全新微博内容众创平台，并启动气象领域专业用户的扶持计划，鼓励专业人士在微博上开展气象科普。

2016年12月16日，新华网舆情监测分析中心、“新华政务直通车”项目组发布2016年《青海省政务新媒体综合影响力报告》，报告对青海省的政务微博、微信开设及运营情况进行了研究、分析、点评，并研究发布了青海省直机关、基层单位两个级别账号2016年1～11月的综合影响力排行榜。

2016年12月19日，重庆市秀山土家族苗族自治县审计局官方微博“@秀山审计”（UID：6078054797）通过微博平台认证，正式上线。

2016 年 12 月 19 日，四川省巴中市 12345 市民服务热线官方微博“@巴中市 12345 市民服务热线”（UID：6077071548）通过微博平台认证，正式上线。

2016 年 12 月 19 日，四川省攀枝花市交通运输局官方微博“@攀枝花交通”（UID：6081873341）通过微博平台认证，正式上线。

2016 年 12 月 19 日，四川省成都市金牛区妇幼保健院官方微博“@成都市金牛区_妇幼保健院”（UID：6083481777）通过微博平台认证，正式上线。

2016 年 12 月 19 日，贵州省贵阳市乌当区市场监督管理局官方微博“@guiyang 乌当”（UID：5907494553）通过微博平台认证，正式上线。

2016 年 12 月 19 日，四川省广安市交通运输局官方微博“@广安交通运输”（UID：6081809853）通过微博平台认证，正式上线。

2016 年 12 月 19 日，中共江口县委宣传部官方微博“@江口发布”（UID：6074432079）通过微博平台认证，正式上线。

2016 年 12 月 19 日，四川省宜宾市高县可久镇人民政府官方微博“@高县可久镇发布微博”（UID：6083579432）通过微博平台认证，正式上线。

2016 年 12 月 19 日，共青团惠水县委员会官方微博“@贵州－共青团惠水县委”（UID：2314925734）通过微博平台认证，正式上线。

2016 年 12 月 19 日，贵州省六盘水市六枝特区民政局官方微博“@六枝民政”（UID：5614026052）通过微博平台认证，正式上线。

2016 年 12 月 20 日，国务院办公厅印发《“互联网＋政务服务”技术体系建设指南》（国办函〔2016〕108 号）。该指南明确，国家政务服务平台与中央政府门户网站及其微博微信、客户端要实现数据对接和前端整合；各省区市、国务院部门政务服务平台做好与本地区本部门政府门户网站及客户端的政务服务资源和数据对接；同时，各地区各部门政务服务平台与国家政务服务平台和中央政府门户网站及其微博微信、客户端，要实现数据对接和前端整合，形成全国一体化网上政务服务体系；要适应移动互联网趋势，做好网上政务服务平台在手机端的效果展示优化及手机适配，提高百姓用手机登录政务服务平台及政府门户网站的使用舒适度。信息分享功能，应具备一键发布到微信、微博功能，提供事项二维码扫描，快速收藏到手机功能，具备办事经验分享功能。

2016 年 12 月 20 日，陕西省延安市延川县互联网信息办公室官方微博“@网信延川”正式上线运行。14 时 14 分首发微博《延川县互联网信息办公室关于全县属地内网络媒体进行登记的通知》，通知要求，延川县各类网站、经实名认证的微博和微信公众号于 12 月 12 日起至 2016 年 12 月 30 日进行备案登记。

2016 年 12 月 20 日，四川省甘孜藏族自治州丹巴县公安局官方微博“@丹巴警方”（UID：5199927178）通过微博平台认证，正式上线。

2016 年 12 月 20 日，贵州省六盘水市钟山区卫生和计划生育局官方微博“@钟山区卫生和计划生育局”（UID：6079482430）通过微博平台认证，正式上线。

2016 年 12 月 20 日，四川省巴中市南江县长赤镇人民政府官方微博“@南江县长赤镇”（UID：6028218391）通过微博平台认证，正式上线。

2016 年 12 月 20 日，贵州省六盘水市花戛乡人民政府官方微博“@生态水城魅力花戛”（UID：6083863724）通过微博平台认证，正式上线。

2016 年 12 月 21 日至 23 日，由中央网信办互联网舆情中心指导，中共海南省委宣传部支持，人民网、中共海口市委宣传部主办，人民网海南频道、人民网舆情监测室、人民在线、人民网新媒体智库承办的“首届全国互联网智库峰会暨第四届网络舆情论坛”在海南省海口市隆重召开。本次论坛以“‘十三五’供给侧改革背景下舆论新格局”为主题，深入探讨互联网内容建设与供给、政务舆情回应和互联网智库建设的新理念、新思路、新格局。中央及各省市宣传和网信领导、国内顶级专家、知名学者智囊、政务新媒体代表、官方媒体双微、网络名人等 200 余人参加会议。海南省委常委、宣传部部长许俊，中央网信办互联网舆情中心主任汪祥荣，海南省委宣传部常务副部长、网信办主任常辅棠，人民网总裁牛一兵，人民日报社海南分社社长陈伟光，海口市委常委、宣传部部长王忠云等出席开幕式。会议就达成的相关共识发布《海口宣言》。

2016 年 12 月 22 日，国务院印发《关于加强政务诚信建设的指导意见》（国发〔2016〕76 号）。该意见指出，要坚持政务公开，推进阳光行政，坚持“以公开为常态，不公开为例外”原则，在保护国家信息安全、国家秘密、商业秘密和个人隐私的前提下，通过各地区各部门政府网站、政务微博微信、政务客户端等途径依法公开政务信息，加快推进决策、执行、管理、服务和结果全过程公开，让权力在阳光下运行。

2016 年 12 月 26 日，在毛泽东同志诞辰 123 周年之际，共青团中央官方微博“@共青团中央”（UID：3937348351）与“@国资小新”在新浪微博发起“中国制造日”活动，以此表达对伟大领袖毛主席的纪念，以及对他亲手缔造的中国制造业所取得巨大成就的骄傲和自豪。当日上午 8 时发布第一条微博后，“中国制造日”迅速成为微博热词，排名微博政务榜第一，众多企业、组织机构和网友纷纷转发、点赞、留言。截至 27 日 13 时，该话题已取得 1.5 亿阅读量，引发网友讨论 20.1 万条。

2016 年 12 月 26 日，云南省文山壮族苗族自治州妇女联合会官方微博“@文山女声”（UID：5994670346）通过微博平台认证，正式上线。

2016 年 12 月 26 日，中共绥阳县委政法委官方微博“@绥阳政法”（UID：6090523659）通过微博平台认证，正式上线。

2016 年 12 月 26 日，中国科学院昆明动物研究所官方微博“@amphibiachina”（UID：5901078375）通过微博平台认证，正式上线。

2016 年 12 月 26 日，云南省保山市昌宁县人民法院官方微博“@昌宁县人民法院”（UID：2977070622）通过微博平台认证，正式上线。

2016 年 12 月 26 日，贵州省六盘水市公共资源交易中心官方微博“@六盘水市公共资源交易”（UID：6090454621）通过微博平台认证，正式上线。

2016 年 12 月 26 日，金堂县第二次全国地名普查领导小组办公室官方微博“@金堂县第二次全国地名普查”（UID：6086181508）通过微博平台认证，正式上线。

2016 年 12 月 26 日，四川省简阳市城市管理行政执法局官方微博“@简阳城管”（UID：6084795540）通过微博平台认证，正式上线。

2016 年 12 月 26 日，贵州省黔东南天柱县石洞镇人民政府办公室官方微博“@石洞宣传播报”（UID：6087089124）通过微博平台认证，正式上线。

2016 年 12 月 26 日，四川省崇州市公安局崇庆路派出所官方微博“@崇庆路派出所”（UID：3636765613）通过微博平台认证，正式上线。

2016 年 12 月 26 日，贵州省遵义市习水县安全生产监督管理局官方微博“@习水安监22537475”（UID：6087563045）通过微博平台认证，正式上线。

2016 年 12 月 26 日，重庆市渝北区龙山街道龙脊新村社区居委会官方微博“@龙山街道龙脊新村社区”（UID：6092207832）通过微博平台认证，正式上线。

2016 年 12 月 28 日，安徽省人民政府法制办公室印发《政务微博微信管理办法》（皖府法〔2016〕177 号）。

2016 年 12 月 28 日，中共福建省委办公厅、福建省人民政府办公厅发布关于印发《全面推进政务公开工作实施意见》的通知（闽委办发〔2016〕55 号）。《通知》要求加强政府网站和政务新媒体建设，充分运用新媒体手段拓宽信息传播渠道，逐步打造本地、本部门的政务微博、政务微信、政务客户端等平台；提升政府公报公共服务能力，充分利用政府网站和微博、微信等新媒体，推广网络版政府公报，扩大公开范围；要发挥新闻网站、商业网站以及微博、微信、移动客户端等新媒体的网络传播力和社会影响力，提高宣传引导的针对性和有效性。

2016 年 12 月 29 日，国务院办公厅印发《国家综合防灾减灾规划（2016 ~ 2020 年）》（国办发〔2016〕104 号）。《规划》要求，加强防灾减灾宣传教育，完善政府部门、社会力量和新闻媒体等合作开展防灾减灾宣传教育的工作机制。推动全社会树立“减轻灾害风险就是发展、减少灾害损失也是增长”的理念，努力营造防灾减灾良好文化氛围。开发针对不同社会群体的防灾减灾科普读物、教材、动漫、游戏、影视剧等宣传教育产品，充分发挥微博、微信和客户端等新媒体的作用，加强防灾减灾科普宣传教育基地、网络教育平台等建设。

2016 年 12 月 30 日，中共四川省凉山彝族自治州美姑县委员会党校官方微博“@美姑干部教育在线”（UID：6092226727）通过微博平台认证，正式上线。

2016 年 12 月 30 日，重庆市丰都县发展和改革委员会官方微博“@丰都县发展和改革”（UID：6038540255）通过微博平台认证，正式上线。

2016 年 12 月 30 日，四川省广安市邻水县司法局官方微博“@邻水司法”（UID：5678812536）通过微博平台认证，正式上线。

2016 年 12 月 30 日，贵州省六盘水市钟山区荷泉社区官方微博“@荷泉社区”（UID：6086290169）通过微博平台认证，正式上线。

2016 年 12 月 30 日，贵州省毕节市威宁自治县民政局官方微博“@威宁自治县民政局”（UID：6088212970）通过微博平台认证，正式上线。

2016 年 12 月 30 日，贵州省毕节市赫章县民政局地名普查办公室官方微博“@赫章县民政局 1”（UID：6094259761）通过微博平台认证，正式上线。

2016 年 12 月 30 日，云南省昆明市富民县款庄镇人民政府官方微博“@富民款庄”（UID：6092233285）通过微博平台认证，正式上线。

2016 年 12 月 30 日，云南省文山州丘北县新店彝族乡人民政府官方微博“@新店彝族乡”（UID：6036693464）通过微博平台认证，正式上线。

2016 年 12 月 31 日，四川省成都市龙泉驿区西河镇上游社区官方微博“@西河镇上游社区”（UID：5648003738）通过微博平台认证，正式上线。

2016 年 12 月 31 日，重庆市万州区黄柏乡人民政府官方微博“@万州区黄柏乡”（UID：

6089332808）通过微博平台认证，正式上线。

2016 年 12 月 31 日，四川省成都市双流区精神文明建设办公室官方微博“@ 文明双流”（UID：3552001100）通过微博平台认证，正式上线。

2016 年 12 月 31 日，贵州省贵州贵安新区管理委员会经济发展局官方微博“@ 贵安双创”（UID：5991625814）通过微博平台认证，正式上线。

2016 年 12 月 31 日，四川省红鱼洞水库建设管理局官方微博“@ 红管局”（UID：6097030068）通过微博平台认证，正式上线。

2016 年 12 月 31 日，中共石阡县委宣传部官方微博“@ 石阡发布”（UID：6087098695）通过微博平台认证，正式上线。

2017

一月

2017 年 1 月 1 日，中共乌当区委离退休干部工作局官方微博“@ 贵阳市乌当区离退局”（UID：6089445742）通过微博平台认证，正式上线。

2017 年 1 月 1 日，重庆市奉节县水务局官方微博“@ 奉节县水务局”（UID：3205567241）通过微博平台认证，正式上线。

2017 年 1 月 4 日下午，新浪山东上线三周年庆典暨“2016 山东政务微博颁奖典礼”在济南山东大厦举行。活动由新浪网、微博、新浪山东共同主办。山东省互联网信息办公室常务副主任李宗国，山东省委统战部副部长张静，山东省环保厅副厅长董秀娟，山东省人民政府新闻办公室副主任、新闻发布处处长陈强、山东省卫计委宣传处处长王恩健，山东省武警总队宣传处处长狄帮聚，山东省公安厅交通管理局副局长胡家兴，山东省高速交警总队副总队长王村天，济南高新区发展战略与宣传策划局局长逄锦波及企业代表等 700 余人出席本次活动。活动揭晓了“最具影响力山东各体系十佳政务微博”“2016 山东政务微博卓越传播奖”“2016 年度山东最佳快速应对政务微博”等 17 个奖项。

2017 年 1 月 5 日至 6 日，中国教育政务新媒体年会在武汉大学图书馆举行，本次年会由中国教育学会教育新闻宣传分会主办。年会发布了《2016 中国高校政务新媒体发展报告》。教育部党组副书记、副部长沈晓明出席并讲话。年会发布了《2016 中国高校政务新媒体发展报告》和《中国教育政务新媒体武汉宣言》。

2017 年 1 月 6 日，最高人民检察院召开检察新闻宣传工作座谈会，听取中央新闻媒体、网络媒体、中央有关单位新闻宣传部门负责人对检察新闻宣传工作的意见建议。时任最高人民检察院检察长的曹建明主持座谈会并讲话。人民日报社副总编辑王一彪、新华社副社长周树春、中央政法委宣教室主任查庆九、全国人大常委会办公厅新闻局副局长曲卫国、全国政协办公厅新闻局副局长张海霞、中央电视台副台长魏地春、法制日报社总编辑伍彪、人民网副总编辑潘健等参加了当天的座谈会。

2017 年 1 月 6 日，时任最高人民检察院检察长的曹建明在检察新闻宣传工作座谈会上强调，要加强与新闻媒体特别是新媒体的合作，不断拓宽检察机关网络宣传和舆论引导平台，促进资源共享和联通互动。要创新传播方式，丰富宣传手段，主动提高检察新闻传播力，特别是运用新媒体的能力。要主动推进司法公开，统筹运用多种媒体和传播手段，继续加大信息公开力度，对人民群众关切的重大事件，持续地发布、回应，充分保障公众和媒体的知情权。

2017 年 1 月 9 日，“2016 江苏 V 影响力峰会”在句容茅山举办，会上公布了江苏 2016 年度十大影响力政务微博榜单。本次评选综合了新浪微博大数据统计结果，邀请业内学者专家进行评估得出，旨在表彰 2016 年度在新媒体领域表现突出的自媒体、微博。

2017 年 1 月 9 日，云南省西双版纳勐腊县司法局基层股官方微博“@ 勐腊司法基层股”（UID：1793683135）通过微博平台认证，正式上线。

2017 年 1 月 9 日，云南省昆明市盘龙区小河社区居民委员会官方微博“@ 盘龙小河社区居委会”（UID：5908189384）通过微博平台认证，正式上线。

2017 年 1 月 9 日，四川省眉山市东坡区疾病预防控制中心官方微博“@ 东坡微健康”（UID：3669004851）通过微博平台认证，正式上线。

2017 年 1 月 10 日，国务院印发《国家教育事业发展“十三五”规划》（国发〔2017〕4 号）。规划要求，要建立政府、学校、社会、家庭全面参与的协同育人工作机制。落实政府主导责任，坚持正确的舆论导向，壮大主流思想舆论，创新和改进网上宣传，把握网络传播规律，充分利用微博、微信等新媒体、新手段，为青少年提供内容健康向上、具有艺术魅力的精神产品，弘扬主旋律，激发正能量，加强教育公益宣传，引导社会树立正确的教育观、人才观，营造良好舆论环境。开展青年网络文明志愿行动，参与监督和遏制网上违法和不良信息传播，营造清朗网络空间。

2017 年 1 月 10 日，公安部交通管理局发出《春运交通安全预警提示》，“发现客车超员、超速、疲劳驾驶等违法行为，可通过电话、短信、微博等途径举报”。

2017 年 1 月 10 日，重庆医科大学附属口腔医院官方微博“@ 重庆医科大学附属口腔医院”（UID：3191122642）通过微博平台认证，正式上线。

2017 年 1 月 10 日，中共曲靖市委政法委员会官方微博“@ 曲靖政法委”（UID：3672346913）通过微博平台认证，正式上线。

2017 年 1 月 10 日，贵州省威宁彝族苗族回族自治县政府网络信息管理中心官方微博“@ 威宁电商”（UID：6089426360）通过微博平台认证，正式上线。

2017 年 1 月 10 日，重庆出入境检验检疫局检验检疫技术中心官方微博“@ 重庆出入境检验检疫局技术中心”（UID：6067394792）通过微博平台认证，正式上线。

2017 年 1 月 11 日，四川省巴中市恩阳区公安消防大队官方微博“@ 四川恩阳消防”（UID：5323428683）通过微博平台认证，正式上线。

2017 年 1 月 11 日，四川省甘孜藏族自治州稻城县人民检察院官方微博“@ 稻城县院”（UID：5973602744）通过微博平台认证，正式上线。

2017 年 1 月 11 日，云南省昭通市巧家县国土资源局官方微博“@ 巧家县国土局”（UID：6094606722）通过微博平台认证，正式上线。

2017 年 1 月 12 日，国务院办公厅印发《国家突发事件应急体系建设“十三五”规划》（国办发〔2017〕2 号）。《规划》认为，随着网络新媒体快速发展，突发事件网上网下呼应，信息快速传播，加大了应急处置难度。同时，在推进全面建成小康社会进程中，公众对政府及时处置突发事件、保障公共安全提出了更高的要求。要加强社会协同应对能力建设，强化公众自防自治、群防群治、自救互救能力，支持引导社会力量规范有序参与应急救援行动，完善突发事件社会协同防范应对体系，提升公众自救互救能力。要充分发挥广播、电视、报纸、杂志等传统媒体和微信、微博等新媒体的宣传教育作用，鼓励开发制作电视专题片、公开课、微视频、公益广告、动漫游戏等，增强应急科普宣教的知识性、趣味性、交互性，提高公众安全应急文化素质。要完善信息发布机制，加强新媒体应用，及时回应社会关切。

2017 年 1 月 12 日，国务院办公厅印发《安全生产“十三五”规划》（国办发〔2017〕3 号）。《规划》指出，要提高全社会安全文明程度，强化舆论宣传引导，深化安全生产理论研究。鼓励主流媒体开办安全生产节目、栏目，加大安全生产公益宣传、知识技能培训、案例警示教育等工作力度。加强微博、微信和客户端建设，形成新媒体传播模式。推动传统媒体与新兴媒体融合发展，构建以“传媒云集市、信息高速路、卫星互联网”为标志的安全生产新闻宣传渠道。加强舆论引导，坚持正确舆论导向，规范网上信息传播技术，建立重特大事故舆情收集、分析研判和快速响应机制。

2017 年 1 月 12 日，甘肃省人民政府办公厅下发贯彻落实国务院办公厅《〈关于全面推进政务公开工作的意见〉实施细则》的通知（甘政办发〔2017〕4 号）。细则要求，要充分利用主要新闻媒体及所属网站、微博微信和客户端宣传解读，充分发挥主流媒体“定向定调”作用；注重利用商业网站以及都市类、专业类媒体解读，做好分众化、对象化传播。要健全舆情监测收集机制，建立“全覆盖、全方位、全天候”的舆情监控网络，对主要门户网站、微博、微信、移动客户端、热线电话以及报刊、广播、电视等平台上的政务舆情进行监测收集。

2017 年 1 月 12 日，上海市人民政府印发《本市落实〈国务院关于加快推进“互联网 + 政务服务”工作的指导意见〉工作方案》的通知（沪府发〔2017〕5 号）。方案明确，要推动网上大厅与其他平台的融合发展。推动网上政务大厅向微博微信、移动终端、有线电视等延伸，为群众提供多样化、便捷化的办事渠道。

2017 年 1 月 12 日，四川省简阳市石板凳镇人民政府官方微博“@ 简阳市石板凳镇”（UID：6096101039）通过微博平台认证，正式上线。

2017 年 1 月 12 日，贵州省铜仁市万山区科学技术服务中心官方微博“@ 万山区科技服务中心”（UID：6102896128）通过微博平台认证，正式上线。

2017 年 1 月 13 日，由新华每日电讯与阿里巴巴集团联合举办的“新生态·新方法·新表达——新媒体时代新闻评论的变化与思考”研讨会在京举行，新华社、人民日报社、中央电视台、中国青年报、新京报、新浪等十多家媒体的评论或新媒体部门负责人，就媒体融合背景下，主流媒体评论如何加快转型，牢牢占领媒体高地进行了沟通和研讨。

2017 年 1 月 13 日，四川省通江县草池乡人民政府官方微博“@ 我爱草池”（UID：6102811675）通过微博平台认证，正式上线。

2017 年 1 月 13 日，重庆市城口县修齐镇人民政府官方微博“@ 城口修齐镇团委”（UID：6014057291）通过微博平台认证，正式上线。

2017 年 1 月 13 日，四川省成都市金牛区抚琴内化成社区卫生服务站官方微博“@ 金牛区内化成社区卫生服务站”（UID：5907969576）通过微博平台认证，正式上线。

2017 年 1 月 14 日，最高人民检察院检察长曹建明在全国检察长会议上强调，要主动加强新闻宣传，讲好检察故事，自觉接受舆论监督；遵循检察工作和新闻传播规律，推动正面宣传和舆论引导、检察资源和社会力量、形象建设和业务工作联动融合，传播检察好声音；完善新闻发布制度，提高新闻发言人素能，加大发布频率。

2017 年 1 月 16 日，云南省昭通市大关县国土资源局官方微博“@ 大关国土”（UID：6098626086）通过微博平台认证，正式上线。

2017 年 1 月 16 日，四川省遂宁市城市管理行政执法局河东新区分局官方微博“@ 遂宁河东城管执法”（UID：2526095455）通过微博平台认证，正式上线。

2017 年 1 月 16 日，重庆市万州区龙驹镇人民政府官方微博“@ 万州区龙驹镇”（UID：6107466408）通过微博平台认证，正式上线。

2017 年 1 月 16 日，贵州省遵义市习水县旅游局官方微博“@ 习水旅游官博”（UID：6107458572）通过微博平台认证，正式上线。

2017 年 1 月 17 日，四川省巴中市南江县朱公乡人民政府官方微博“@ 朱公乡宣传”（UID：6098446290）通过微博平台认证，正式上线。

2017 年 1 月 17 日，四川省巴中市巴州区水务局官方微博“@ 巴州区水务局”（UID：6097244662）通过微博平台认证，正式上线。

2017 年 1 月 17 日，贵州省铜仁市万山区文体广电新闻出版局官方微博“@ 万山文广新局”（UID：6107638958）通过微博平台认证，正式上线。

2017 年 1 月 18 日，“2016 年度微博之夜暨新浪陕西五周年盛典”在西安隆重举行。现场颁发了 2016 年度陕西政府机构微博最具影响力奖、陕西政务个人微博最具影响力奖以及微博影响力飞跃奖等七个重量级奖项。

2017 年 1 月 18 日，黔西南州公安局交通警察支队高速公路交通警察大队望安中队官方微博“@ 黔西南高速交警望安中队”（UID：5400388376）通过微博平台认证，正式上线。

2017 年 1 月 18 日，云南省文山州公安局交通警察支队文山高速公路交巡警大队官方微博“@ 文山高速公路交巡警大队”（UID：5173936059）通过微博平台认证，正式上线。

2017 年 1 月 18 日，云南省红河州红河县委宣传部官方微博“@ 梦想红河”（UID：6063709159）通过微博平台认证，正式上线。

2017 年 1 月 19 日，国务院办公厅印发《中国遏制与防治艾滋病“十三五”行动计划》（国办发〔2017〕8 号）。《计划》强调，当前我国艾滋病流行形势依然严峻，防治工作中新老问题和难点问题并存，防治任务更加艰巨。尚有一定数量的感染者和病人未被检测发现，性传播成为最主要传播途径，男性同性性行为人群感染率持续升高，青年学生感染人数增加较快，卖淫嫖娼等违法犯罪活动、合成毒品滥用及不安全性行为在一定范围存在等诸多因素加大了艾滋病传播风险，社交新媒体的普遍使用增强了易感染艾滋病行为的隐蔽性，人口频繁流动增加了预防干预难度。要提高宣传教育针对性，增强公众艾滋病防治意识。要充分发挥社会公众人物影响和互联网、微博、微信等新媒体作用，开展艾滋病疫情信息交流与警示、感染风险评估、在线咨询等活动，增强宣传效果。

2017 年 1 月 19 日，“2017 政务 V 影响力峰会”在广州举行。中央网信办、各地政务微博管理和运营人员代表、政务新媒体研究者与微博平台方一起，回顾总结了 2016 年政务微博的发展情况，并对政务微博的发展趋势进行了探讨。峰会上，《人民日报》和微博联合发布《2016 政务指数·微博影响力报告》。

2017 年 1 月 19 日，中国传媒大学媒介与公共事务研究院政务新媒体实验室主任侯锷在“2017 政务 V 影响力峰会”发布《2016 年中国政务微博矩阵发展报告》。这是第一份中国政务微博矩阵发展报告，报告首次全面梳理了政务微博矩阵发展现状，明确了政务微博矩阵的定义和指标体系。

2017 年 1 月 20 日，贵州省新闻出版广电局官方微博“@贵州新广之声”（UID：6097845055）通过微博平台认证，正式上线。

2017 年 1 月 20 日，云南省昆明铁路公安局昆明铁路公安处沾益站派出所官方微博“@昆铁沾益车站派出所”（UID：6104481246）通过微博平台认证，正式上线。

2017 年 1 月 20 日，四川省绵阳科技城科教创业园区公安消防大队官方微博“@绵阳科创 119”（UID：6107617177）通过微博平台认证，正式上线。

2017 年 1 月 22 日，CNNIC 发布《2016 年第 39 次中国互联网络发展状况统计报告》，报告显示：截至 2016 年 12 月，中国共有 31 个省区市开通政务微博。其中，广东省共开通了 12707 个政务微博，居全国首位；河南省拥有政府机构微博 9630 个，为全国最多；北京市拥有全国最多的公职人员微博，共有已认证微博 4169 个。团委开设的政务微博数量最多，共开通 36494 个，其次为政府机构，共开通 36089 个。政府为开通政府机构类微博数最多的部门，数量为 33269 个，团委及公安开通公职人员类微博数较多，数量分别为 8385 个和 7828 个。

2017 年 1 月 23 日，贵州省新闻出版广电（版权）局官方微博“@贵州新闻出版广电之声”（UID：6111904768）通过微博平台认证，正式上线。

2017 年 1 月 23 日，贵州省贵阳市大数据发展管理委员会官方微博“@贵阳市大数据委”（UID：6105919660）通过微博平台认证，正式上线。

2017 年 1 月 24 日，四川省德阳市中江县社会保险局官方微博“@中江县社会保险局”（UID：6106241775）通过微博平台认证，正式上线。

2017 年 1 月 25 日，最高人民法院审判委员会第 1708 次会议通过《最高人民法院关于民事执行中财产调查若干问题的规定》，《规定》于 2017 年 2 月 28 日公布，自 2017 年 5 月 1 日起施行。《规定》第二十二条明确：“人民法院决定悬赏查找财产的，应当制作悬赏公告。悬赏公告应当载明悬赏金的数额或计算方法、领取条件等内容。悬赏公告应当在全国法院执行悬赏公告平台、法院微博或微信等媒体平台发布，也可以在执行法院公告栏或被执行人住所地、经常居住地等处张贴。申请执行人申请在其他媒体平台发布，并自愿承担发布费用的，人民法院应当准许。”

2017 年 1 月 25 日，最高人民法院、最高人民检察院公布《关于办理组织、利用邪教组织破坏法律实施等刑事案件适用法律若干问题的解释》（法释〔2017〕3 号），自 2017 年 2 月 1 日起施行。《解释》第二条规定：“组织、利用邪教组织，破坏国家法律、行政法规实施，具有下列情形之一的，应当依照刑法第三百条第一款的规定，处三年以上七年以下有期徒刑，并处罚金：（十二）利用通讯信息网络宣扬邪教，具有下列情形之一的：3. 利用在线人数累计达到一千以上的聊天室，或者利用群组成员、关注人员等账号数累计一千以上的通讯群组、微信、微博等社交网络宣扬邪教的；4. 邪教信息实际被点击、浏览数达到五千次以上的。”第六条：“多次制作、传播邪教宣传品或者利用通讯信息网络宣扬邪教，未经处理的，数量或者数额累计计算。制作、传播邪教宣传品，或者利用通讯信息网络宣扬邪教，涉及不同种类或者形式的，可以根据本解释规定的不同数量标准的相应比例折算后累计计算。”

2017 年 1 月 25 日，国家版权局印发《版权工作“十三五”规划》（国版函〔2017〕5 号）。《规划》指出，国家版权局发挥官方网站信息主渠道作用，开通官方微博、微信及新闻客户端，持续组织举办版权执法培训班、软件正版化培训班、版权相关热点问题媒体研修班，各地开展了形式多样、丰富多彩的宣传培训活动，社会各界不断增进对版权工作的认识和理解。要以“4·26 知识产权宣传周”为重要平台，以重大版权事件、版权活动为契机，充分发挥国家版权局门户网站及官方微信、微博等主导作用，利用各种场合、媒体，不断创新宣传方式，做好版权重点工作的国内国际宣传，营造良好版权舆论氛围。

2017 年 1 月 25 日，2016 年河北省优秀政务新媒体名单发布，河北省委网信办授予河北省公安厅官方微博“@ 河北公安网络发言人”（UID：1189617115）等 5 个政务微博账号“2016 年度河北省优秀政务新媒体（微博）”称号。

2017 年 1 月 25 日，贵州省铜仁市石阡县国家税务局官方微博“@ 石阡县国税局”（UID：6108051562）通过微博平台认证，正式上线。

2017 年 1 月 25 日，云南省红河县科学技术协会官方微博“@ 红河科普”（UID：6108275691）通过微博平台认证，正式上线。

2017 年 1 月 25 日，云南省玉溪市抚仙湖管理局官方微博“@ 玉溪市抚仙湖管理局”（UID：6106285476）通过微博平台认证，正式上线。

2017 年 1 月 26 日，四川省内江市资中县走马镇人民政府官方微博“@ 资中县走马镇”（UID：5301440873）通过微博平台认证，正式上线。

2017 年 1 月 26 日，四川省成都市龙泉驿区西河镇跃进社区居民委员会官方微博“@ 龙泉跃进社区”（UID：3272413660）通过微博平台认证，正式上线。

2017 年 1 月 28 日，四川省宣汉县土黄镇万斛坝村村民委员会官方微博“@ 万斛坝村”（UID：6060299485）通过微博平台认证，正式上线。

二月

2017 年 2 月 1 日，国务院办公厅印发《“十三五”全国结核病防治规划》（国办发〔2017〕16 号）。《规划》确定，要加强宣传教育，关注结核病预防、治疗全过程，不断创新方式方法，充分发挥“12320”公共卫生热线、微博微信、移动客户端等宣传平台作用，全方位、多维度开展宣传工作，推动形成广大群众积极支持、关注和参与结核病防治的良好社会氛围。以世界防治结核病日为契机，集中开展宣传活动。

2017 年 2 月 4 日，四川省成都市彭州市水务局官方微博“@ 彭州市水务局”（UID：6102646264）通过微博平台认证，正式上线。

2017 年 2 月 6 日，四川省巴中市通江县杨柏乡人民政府官方微博“@ 通江 – 杨柏”（UID：6032798925）通过微博平台认证，正式上线。

2017 年 2 月 6 日，四川省成都市残疾人联合会高新分会官方微博“@ CDHT 残疾人联合会”（UID：6124428643）通过微博平台认证，正式上线。

2017 年 2 月 7 日，中国传媒大学媒介与公共事务研究院政务新媒体实验室《2016 中国政务微博矩阵发展报告》电子版正式线上发布。报告指出，“以人民为中心”既是我党治国理政的价值引领，同样是互联网时代“治网理政”的重要行动指南。以人民为中心，联动协同、变革发展，基于政务微博矩阵的社会化政务，是实现“互联网＋社会治理”的最高境界。

2017 年 2 月 8 日，四川省广安市总工会官方微博“@ 广安市总工会”（UID：6129827832）通过微博平台认证，正式上线。

2017 年 2 月 8 日，贵州省威宁彝族回族苗族自治县旅游局官方微博“@ 贵州威宁旅游”（UID：6131608194）通过微博平台认证，正式上线。

2017 年 2 月 8 日，重庆市沙坪坝区人民政府陈家桥街道办事处官方微博“@ 沙坪坝区陈家桥街道办事处”（UID：6124896354）通过微博平台认证，正式上线。

2017 年 2 月 8 日，四川省乐山市犍为县文化广电新闻出版局官方微博“@ 文旅犍为”（UID：6132175770）通过微博平台认证，正式上线。

2017 年 2 月 8 日，四川省乐山市井研县环境保护局官方微博“@ 井研环保”（UID：6132027625）通过微博平台认证，正式上线。

2017 年 2 月 8 日，云南省曲靖市会泽交通运政管理所官方微博“@ 曲靖市会泽交通运政管理所”（UID：6134219772）通过微博平台认证，正式上线。

2017 年 2 月 8 日，云南省普洱市江城哈尼族彝族自治县人民法院官方微博“@ 云南普洱江城县法院”（UID：3963822867）通过微博平台认证，正式上线。

2017 年 2 月 8 日，中共兴文县委宣传部办公室官方微博“@ 兴文宣传”（UID：6134238665）通过微博平台认证，正式上线。

2017 年 2 月 9 日，国务院办公厅公布《关于调整全国政务公开领导小组的通知》（国办发〔2017〕18 号）。此次调整，中纪委、中组部等中央党务部门领导不再担任领导小组职务。小组组长和成员由政务公开工作的主管部门国务院办公厅的相关负责人，及部分国务院组成部门、直属机构负责人等担任。全国政务公开领导小组成立于 2003 年。中共中央书记处原书记、中央纪委原副书记何勇曾担任全国政务公开领导小组组长。此前的成员名单中还包括中组部、中央编办、全国总工会等部门的相关负责人。

2017 年 2 月 10 日，四川省简阳市妇女联合会官方微博“@ 简阳市妇女联合会”（UID：6082256991）通过微博平台认证，正式上线。

2017 年 2 月 10 日，四川省简阳市十里坝街道办事处官方微博“@ 十里坝资讯”（UID：6105716597）通过微博平台认证，正式上线。

2017 年 2 月 10 日，四川省简阳市房屋征收补偿局官方微博“@ 简阳市房屋征收补偿局”（UID：6094738064）通过微博平台认证，正式上线。

2017 年 2 月 10 日，四川省公安厅交通警察总队高速公路支队广南高速公路三大队官方微博“@ 四川高速交警广南三大队”（UID：6136532031）通过微博平台认证，正式上线。

2017 年 2 月 13 日，云南省临沧市云县人民法院官方微博“@ 云县法院”（UID：2906803157）通过微博平台认证，正式上线。

2017 年 2 月 13 日，四川省成都市龙泉驿区十陵社区卫生服务中心官方微博“@ 龙泉驿区十陵社服中心”（UID：6136683812）通过微博平台认证，正式上线。

2017 年 2 月 14 日，上海市人民政府办公厅、市政府新闻办、市网信办联合召开上海政务新媒体工作会议。会上发布了由“上海发布”办公室、市网信办网络新闻信息传播处、复旦大学新闻学院以及新榜联合组成的课题组撰写的《2016 年度上海政务新媒体发展报告》，对 2016 年上海政务微博、微信发展的总体情况、主要内容及典型案例等进行了系统研究。《报告》显示，2016 年上海政务新媒体进一步加强内容和平台建设，在促进政府信息公开、加强政策宣传解读、主动引导网络舆论、助推服务型政府建设、开展政民良性互动等方面发挥了重要作用。会议对本市 53 家政务新媒体工作先进单位进行了表彰。

2017 年 2 月 14 日，河南省互联网信息研究中心联合新浪微博、新浪河南发布了《2016 河南政务微博白皮书》。全省开通政务微博总量达 12688 个，比 2015 年增加 927 个，开通数量居全国政务微博首位。从区域分布来说，南阳、郑州等部分地区政务微博发展势头迅猛，增幅在 80% 左右。

2017 年 2 月 14 日，彭州市第四人民医院官方微博“@ 彭州市第四人民医院”（UID：2264406760）通过微博平台认证，正式上线。

2017 年 2 月 14 日，四川省内江市资中县狮子镇人民政府官方微博“@ 和谐魅力新狮子”（UID：6135158811）通过微博平台认证，正式上线。

2017 年 2 月 14 日，四川省凉山彝族自治州环境保护局官方微博“@ 凉山环保”（UID：6027168011）通过微博平台认证，正式上线。

2017 年 2 月 14 日，重庆市体育彩票管理中心官方微博“@ 重庆体彩”（UID：6110606901）通过微博平台认证，正式上线。

2017 年 2 月 15 日，光明网第四届“检法系统新媒体应用案例推荐”活动正式启动，各级检察院、法院可通过光明日报客户端、光明网自荐新媒体应用案例。

2017 年 2 月 15 日，重庆市沙坪坝区图书馆官方微博“@ 沙坪坝区图书馆”（UID：6137752435）通过微博平台认证，正式上线。

2017 年 2 月 15 日，贵州省安顺市关岭布依族苗族自治县文体广电旅游局官方微博“@ 贵州关岭旅游”（UID：6003564221）通过微博平台认证，正式上线。

2017 年 2 月 16 日，由天津市网信办、新华网主办，新华网天津分公司承办的《2016 天津政务新媒体综合影响力报告》发布会在津举行。新华网运用大数据，对天津市范围内 93 家市直机关单位、16 个行政区、353 家基层单位新媒体账号进行深度分析。全面反映天津政务新媒体发展现状，释放指尖上的“政能量”。发布会现场举行了“新华政务新媒体联盟矩阵”启动仪式，公布了“2016 天津政务新媒体综合影响力”排行榜。

2017 年 2 月 16 日，四川省成都市第十一人民医院官方微博“@ 成都市十一人民医院”（UID：3288390884）通过微博平台认证，正式上线。

2017 年 2 月 16 日，四川省泸州市泸县第二次全国地名普查领导小组办公室官方微博“@ 泸县第二次全国地名普查办公室”（UID：6137757875）通过微博平台认证，正式上线。

2017 年 2 月 16 日，云南省普洱市景谷傣族彝族自治县妇女联合会官方微博“@ 景谷妇联”（UID：6122823799）通过微博平台认证，正式上线。

2017 年 2 月 16 日，四川省阿坝藏族羌族自治州九寨沟县司法局官方微博“@ 九寨沟司法行政”（UID：6132736835）通过微博平台认证，正式上线。

2017 年 2 月 16 日，四川省都江堰市残疾人联合会官方微博“@ 都江堰残联”（UID：6124430095）通过微博平台认证，正式上线。

2017 年 2 月 16 日，四川省绵阳市经开区公安消防大队官方微博“@ 绵阳经开 119”（UID：6104617068）通过微博平台认证，正式上线。

2017 年 2 月 16 日，四川省攀枝花市仁和区委群众工作局官方微博“@ 仁和信访”（UID：6140538229）通过微博平台认证，正式上线。

2017 年 2 月 16 日，云南省昭通市镇雄县人民法院官方微博“@ 云南镇雄法院”（UID：3958085514）通过微博平台认证，正式上线。

2017 年 2 月 17 日，贵州省铜仁市江口县人民政府官方微博“@ 大美江口 – 梵净之声”（UID：6128867469）通过微博平台认证，正式上线。

2017 年 2 月 17 日，四川省宜宾市高县民政局官方微博“@ 高县民政”（UID：3092016635）通过微博平台认证，正式上线。

2017 年 2 月 17 日，四川省成都市青年联合会官方微博“@ 成都市青年联合会”（UID：6132591665）通过微博平台认证，正式上线。

2017 年 2 月 17 日，云南省大理省级旅游度假区国家税务局官方微博“@ 大理省级旅游度假区国税局”（UID：6132807793）通过微博平台认证，正式上线。

2017 年 2 月 17 日，云南省玉溪市易门县十街彝族乡十街村民委员会官方微博“@ 十街村”（UID：6132605314）通过微博平台认证，正式上线。

2017 年 2 月 17 日，四川省乐山市环境保护局官方微博“@ 乐山环保微博”（UID：6142049428）通过微博平台认证，正式上线。

2017 年 2 月 17 日，云南省昆明市官渡区官渡街道艺术家园社区官方微博“@ 官渡街道艺术家园社区”（UID：6132817427）通过微博平台认证，正式上线。

2017 年 2 月 17 日，中国少年先锋队成都市工作委员会官方微博“@ 成都少先队”（UID：2792405344）通过微博平台认证，正式上线。

2017 年 2 月 17 日，云南省昆明市官渡区官渡街道办事处世纪城社区居民委员会官方微博“@ 官渡街道世纪城社区微博”（UID：6142028245）通过微博平台认证，正式上线。

2017 年 2 月 17 日，陕西省公安厅刑事侦查局官方微博“@ 陕西刑侦”上线运行。

2017 年 2 月 17 日，四川省巴中市恩阳九镇乡人民政府官方微博“@ 生态九镇”（UID：6132835251）通过微博平台认证，正式上线。

2017 年 2 月 19 日，云南省曲靖市科学技术局官方微博“@ 曲靖科技”（UID：2455618870）通过微博平台认证，正式上线。

2017 年 2 月 19 日，四川省德阳市中江县工商管理和质量监督局官方微博“@ 中江工商质监”（UID：6135255126）通过微博平台认证，正式上线。

2017 年 2 月 20 日，中共中央办公厅、国务院办公厅印发《关于加强乡镇政府服务能力建设的意见》。意见要求，要健全公共服务需求表达和反馈机制，着力完善科学有效的群众权益保障机制，健全公共服务需求表达和评价机制，强化群众对公共服务供给决策及运营的知情权、参与权和监督权，充分发挥各类社会组织在公共服务需求表达和监督评价方面的作用。充分发挥互联网站、微博微信、移动客户端等新媒体作用，及时发布乡镇政府信息。积极应用大数据、云计算等先进理念、技术和资源，及时了解公共服务需求，动态掌握实施效果。

2017 年 2 月 20 日，中央网信办社会局指导的发布社会民生领域权威辟谣信息平台

“@民生辟谣平台”正式上线运行。

2017年2月20日，云南省施甸县人民法院官方微博“@施甸法院”（UID：3963081895）通过微博平台认证，正式上线。

2017年2月20日，云南省宁洱哈尼族彝族自治人民法院官方微博“@云南宁洱法院”（UID：3949051468）通过微博平台认证，正式上线。

2017年2月21日，四川省雅安市汉源县公安局交通警察大队官方微博“@汉源交警”（UID：3702833143）通过微博平台认证，正式上线。

2017年2月22日，成都自由贸易试验区官方微博“@成都自贸试验区”（UID：6132720558）通过微博平台认证，正式上线。

2017年2月22日，中国（四川）自由贸易试验区官方微博“@四川自贸试验区”（UID：6124700511）通过微博平台认证，正式上线。

2017年2月23日，贵州省铜仁市思南县互联网信息办公室官方微博“@思南网宣”（UID：6073563610）通过微博平台认证，正式上线。

2017年2月23日，四川省遂宁市船山区育才路街道办事处官方微博“@船山区育才路街道办事处”（UID：6132692829）通过微博平台认证，正式上线。

2017年2月23日，贵州省遵义市新蒲新区政务服务中心官方微博“@新蒲新区政务服务中心”（UID：5967507482）通过微博平台认证，正式上线。

2017年2月23日，云南省昆明市东川区疾病预防控制中心官方微博“@东川区疾病预防控制中心”（UID：6128613455）通过微博平台认证，正式上线。

2017年2月23日，云南省昆明市官渡区官渡街道办事处后所社区居民委员会官方微博“@官渡街道后所社区”（UID：6144104372）通过微博平台认证，正式上线。

2017年2月23日，云南省迪庆藏族自治州香格里拉市森林防火指挥部官方微博“@香格里拉市森林防火指挥部”（UID：6145852734）通过微博平台认证，正式上线。

2017年2月23日，云南省大理州鹤庆县财政局官方微博“@大理州鹤庆县财政局”（UID：6144128049）通过微博平台认证，正式上线。

2017年2月23日，云南省昆明市官渡区官渡街道办事处罗衙社区居民委员会官方微博“@官渡街道罗衙社区”（UID：6135372678）通过微博平台认证，正式上线。

2017年2月23日，贵州省铜仁市石阡县本庄镇人民政府官方微博“@石阡县本庄镇微博”（UID：6135813636）通过微博平台认证，正式上线。

2017年2月23日，云南省漾濞彝族自治县新闻信息中心官方微博“@掌心漾濞”（UID：6145947433）通过微博平台认证，正式上线。

2017年2月24日，云南省文山壮族苗族自治州民族文化工作团官方微博“@文山州民族文化工作团”（UID：2346125191）通过微博平台认证，正式上线。

2017年2月24日，贵州省铜仁市精神文明建设指导委员会办公室官方微博“@文明铜仁”（UID：6150330367）通过微博平台认证，正式上线。

2017年2月24日，重庆市巴南区图书馆官方微博“@重庆市巴南区图书馆”（UID：6146080575）通过微博平台认证，正式上线。

2017年2月24日，四川省达州市宣汉县毛坝镇人民政府官方微博“@毛坝动态”（UID：6138164916）通过微博平台认证，正式上线。

2017 年 2 月 26 日，云南省德宏傣族景颇族自治州瑞丽市妇女联合会官方微博“@瑞丽市妇女联合会”（UID：5834351791）通过微博平台认证，正式上线。

2017 年 2 月 26 日，重庆市开州区图书馆官方微博“@文化传播者 - 重庆市开州区图书馆”（UID：6152196439）通过微博平台认证，正式上线。

2017 年 2 月 26 日，贵州省贵阳市白云区第二次全国地名普查领导小组官方微博“@贵阳市白云区第二次全国地名普查”（UID：6142826252）通过微博平台认证，正式上线。

2017 年 2 月 26 日，云南省昆明市官渡区官渡街道中营社区居委会官方微博“@官渡街道中营社区”（UID：6135688772）通过微博平台认证，正式上线。

2017 年 2 月 26 日，四川省德阳市委员会政法委员会官方微博“@德阳反邪教”（UID：5639243464）通过微博平台认证，正式上线。

2017 年 2 月 27 日，最高人民法院发布《中国法院的司法公开（2013 ~ 2016）》白皮书。白皮书显示，2016 年 9 月，最高人民法院在对中国法院庭审直播网全面改造、整合、升级的基础上，开通中国庭审公开网，实现全国各级法院庭审视频的统一汇集和权威发布，目前已有 1389 家地方法院实现与中国庭审公开网的联通。通过该平台，社会公众可以实时选择观看全国法院正在直播的案件、了解热点庭审直播预告、点播观看庭审录像、获取庭审直播统计信息，还可以通过微博、微信收藏和分享，实现庭审信息的全面覆盖、实时互联和深度公开。

2017 年 2 月 27 日，四川省眉山强制隔离戒毒所官方微博“@眉山强戒所”（UID：5142639655）通过微博平台认证，正式上线。

2017 年 2 月 27 日，四川省成都三圣街道杨树街社区官方微博“@三圣杨树街社区”（UID：6048568950）通过微博平台认证，正式上线。

2017 年 2 月 27 日，四川省阿坝藏族羌族自治州松潘县大寨乡人民政府官方微博“@松潘县大寨乡”（UID：6152927389）通过微博平台认证，正式上线。

2017 年 2 月 27 日，四川省巴中市巴州区商务局官方微博“@巴州商务微博”（UID：5885827960）通过微博平台认证，正式上线。

2017 年 2 月 27 日，四川省成都市蒲江县文学艺术届联合会官方微博“@蒲江县文学艺术届联合会”（UID：6098227331）通过微博平台认证，正式上线。

2017 年 2 月 27 日，四川省雅安市宝兴县卫生和计划生育局官方微博“@宝兴县卫生和计划生育局”（UID：6011016658）通过微博平台认证，正式上线。

2017 年 2 月 27 日，云南省临沧市沧源佤族自治县人民法院官方微博“@沧源法院”（UID：3095818347）通过微博平台认证，正式上线。

2017 年 2 月 28 日，国务院印发《“十三五”国家老龄事业发展和养老体系建设规划》（国发〔2017〕13 号）。《规划》对于丰富老年人精神文化生活、繁荣老年文化提出建议：鼓励创作发行老年人喜闻乐见的图书、报刊以及影视剧、戏剧、广播剧等文艺作品。鼓励制作适合微博、微信、手机客户端等新媒体传播的优秀老年文化作品。加强数字图书馆建设，拓展面向老年人的数字资源服务。

2017 年 2 月 28 日起，为了给当事人提供更高效便捷的诉讼服务，全国法院统一新型电子送达平台（http：//songda. court. gov. cn）在吉林省吉林市丰满区人民法院、吉林省桦甸市人民法院、浙江省杭州铁路运输法院、浙江省玉环县人民法院四个试点法院上线试运行，支持受送达人通过新浪微博、新浪邮箱、支付宝等三大平台接收诉讼文书，同时可以通过登录平台网站查询和下载电子文书。

2017 年 2 月 28 日，四川省公安厅交通警察总队高速公路支队雅西高速公路四大队官方微博“@ 高速公路六支队四大队”（UID：6154561899）通过微博平台认证，正式上线。

2017 年 2 月 28 日，中国共产党四川省内江市威远县委员会宣传部官方微博“@ 中国威远微博”（UID：3540614581）通过微博平台认证，正式上线。

2017 年 2 月 28 日，四川省成都市武侯区簇桥街道办事处综合执法队官方微博“@ 簇桥街道综合执法队”（UID：5928518866）通过微博平台认证，正式上线。

2017 年 2 月 28 日，云南省大理市凤仪镇人民政府官方微博“@ 魅力凤仪”（UID：6154568548）通过微博平台认证，正式上线。

2017 年 2 月 28 日，四川省内江市卫生和计划生育委员会官方微博“@ 内江市卫生计生委”（UID：5629521180）通过微博平台认证，正式上线。

2017 年 2 月 28 日，重庆市南岸区卫生和计划生育委员会官方微博“@ 重庆市南岸区卫生计生委”（UID：6148567406）通过微博平台认证，正式上线。

三月

2017 年 3 月 1 日，国家能源大规模物理储能技术（毕节）研发中心官方微博“@ 国能储能毕节研发中心”（UID：6120659293）通过微博平台认证，正式上线。

2017 年 3 月 1 日，贵州省沿河土家族自治县委宣传部官方微博“@ 沿河宣传”（UID：3693394292）通过微博平台认证，正式上线。

2017 年 3 月 1 日，四川省内江市资中县太平镇团委官方微博“@ 资中县太平镇团委”（UID：6153203628）通过微博平台认证，正式上线。

2017 年 3 月 1 日，四川省内江市资中县龙结镇人民政府官方微博“@ 龙结镇”（UID：6153255203）通过微博平台认证，正式上线。

2017 年 3 月 1 日，中国共产主义青年团资中县金李井镇委员会官方微博“@ 金李井镇团委”（UID：6153253391）通过微博平台认证，正式上线。

2017 年 3 月 1 日，中国共产党乐山市委员会政法委员会官方微博“@ 乐山政法”（UID：5965953601）通过微博平台认证，正式上线。

2017 年 3 月 2 日，四川省成都市青羊区金融工作局官方微博“@ 青羊金融”（UID：6043986943）通过微博平台认证，正式上线。

2017 年 3 月 2 日，云南省普洱市景东彝族自治县人民法院官方微博“@ 景东法院”（UID：3960756553）通过微博平台认证，正式上线。

2017 年 3 月 2 日，云南省红河哈尼族彝族自治州个旧科学技术协会官方微博“@ 个旧科协”（UID：6130617618）通过微博平台认证，正式上线。

2017 年 3 月 2 日，云南省楚雄自治州双柏县妇女联合会官方微博“@ 双柏县妇女联合会”（UID：6134147871）通过微博平台认证，正式上线。

2017 年 3 月 2 日，中国共产党大英县纪律检查委员会官方微博“@ 廉洁大英”（UID：6153022673）通过微博平台认证，正式上线。

2017 年 3 月 2 日，四川省达州市通川区莲花湖旅游风景区管理委员会官方微博“@ 莲湖新语”（UID：5525804269）通过微博平台认证，正式上线。

2017 年 3 月 2 日，四川省仪陇县档案局官方微博“@仪陇县档案馆官博”（UID：6160860492）通过微博平台认证，正式上线。

2017 年 3 月 2 日，重庆市万盛经济技术开发区司法局官方微博“@万盛司法”（UID：6160861483）通过微博平台认证，正式上线。

2017 年 3 月 2 日，四川省甘孜藏族自治州丹巴县人民检察院官方微博“@丹巴检察”（UID：5822586931）通过微博平台认证，正式上线。

2017 年 3 月 2 日，四川省冕宁县公安局交通管理大队官方微博“@冕宁交警大队”（UID：1891400614）通过微博平台认证，正式上线。

2017 年 3 月 2 日，资中县孟塘镇人民政府官方微博“@孟塘镇团委”（UID：6160834429）通过微博平台认证，正式上线。

2017 年 3 月 2 日，云南省普洱市思茅区残疾人联合会官方微博“@普洱市思茅区残疾人联合会”（UID：6153451328）通过微博平台认证，正式上线。

2017 年 3 月 2 日，四川省成都市青白江区博物馆官方微博“@青白江博物馆”（UID：3871726258）通过微博平台认证，正式上线。

2017 年 3 月 2 日，达州市气象局官方微博“@达州气象”（UID：2394958980）通过微博平台认证，正式上线。

2017 年 3 月 9 日，国务院办公厅印发《2017 年政务公开工作要点》（国办发〔2017〕24 号）。《要点》明确，要围绕新出台的减税降费政策措施，以及促进创业创新、保障和改善民生等税收优惠政策，做好在政府网站集中发布、利用新媒体主动推送、加强政策宣讲等工作，帮助市场主体将政策用好用足；要推进食品药品安全领域信息公开，建设新媒体发布平台，强化食品安全定期常态性抽检信息公开机制，增强公众获取抽检结果、了解食品知识的便利度；要全面落实“五公开”工作机制，对涉及公众利益、需要社会广泛知晓的电视电话会议，除涉及国家秘密的外，要积极通过网络、新媒体直播等向社会公开；要加强政务公开平台建设，要用好管好政务新媒体，明确开办主体责任，健全内容发布审核机制，强化互动和服务功能，切实解决更新慢、“雷人雷语”、无序发声、敷衍了事等问题。

2017 年 3 月 9 日，云南省丽江市卫生和计划生育委员会官方微博“@丽江市卫生计生委”（UID：6160902615）通过微博平台认证，正式上线。

2017 年 3 月 9 日，云南省安宁市金方社区卫生服务中心官方微博“@安宁市金方社区卫生服务中心”（UID：6161083807）通过微博平台认证，正式上线。

2017 年 3 月 9 日，四川省雅安市名山区档案局官方微博“@mingshandangan”（UID：5050768505）通过微博平台认证，正式上线。

2017 年 3 月 9 日，重庆市南岸区涂山镇福民社区官方微博“@重庆市南岸区涂山镇福民社区”（UID：6155174891）通过微博平台认证，正式上线。

2017 年 3 月 10 日，四川省资阳市雁江区医疗保险管理局官方微博“@资阳市雁江区医保局”（UID：5668325013）通过微博平台认证，正式上线。

2017 年 3 月 10 日，贵州省毕节市公安局七星关分局洪山派出所官方微博“@洪山派出所微博”（UID：6155385191）通过微博平台认证，正式上线。

2017 年 3 月 10 日，重庆市万州区卫生和计划生育委员会官方微博“@万州区卫计委”（UID：6128647926）通过微博平台认证，正式上线。

2017年3月10日，云南省临沧市永德县人民政府官方微博“@永德县人民政府政务微博”（UID：3980589344）通过微博平台认证，正式上线。

2017年3月11日，四川省广元市青川县红光乡人民政府官方微博“@青川县红光乡”（UID：6160012597）通过微博平台认证，正式上线。

2017年3月11日，四川省南充市顺庆区人民政府新建街道办事处官方微博“@南充市顺庆区新建街道办事处”（UID：6163275849）通过微博平台认证，正式上线。

2017年3月12日，最高人民法院院长周强在第十二届全国人民代表大会第五次会议上做《最高人民法院工作报告》。报告记载：“（2016年）最高人民法院通过网上申诉和视频接访系统接待当事人3707人次。运用微博、微信、网站等信息平台，变当事人千方百计打听案情为法院及时主动告知。”

2017年3月13日，四川省通江县麻石镇人民政府官方微博“@美丽麻石”（UID：5259503886）通过微博平台认证，正式上线。

2017年3月13日，云南玉溪市易门县十街彝族乡金田村民委员会官方微博“@金田农家”（UID：6167778064）通过微博平台认证，正式上线。

2017年3月13日，贵州省铜仁市思南县人民代表大会常务委员会官方微博“@思南县人大”（UID：6167789248）通过微博平台认证，正式上线。

2017年3月13日，云南省昆明市官渡区官渡街道官渡社区居委会官方微博“@官渡街道官渡社区微博”（UID：6167720799）通过微博平台认证，正式上线。

2017年3月13日，重庆市黔江区公共图书馆官方微博“@重庆市黔江区图书馆”（UID：6167725430）通过微博平台认证，正式上线。

2017年3月14日，云南省瑞丽市人民政府扶贫开发办公室官方微博“@瑞丽扶贫”（UID：6137911973）通过微博平台认证，正式上线。

2017年3月14日，贵州省威宁彝族回族苗族自治县人民检察院官方微博“@威宁检察”（UID：5667723323）通过微博平台认证，正式上线。

2017年3月14日，四川省成都市金堂县公安局交通警察大队事故中队官方微博“@金堂交警事故中队”（UID：6168450607）通过微博平台认证，正式上线。

2017年3月14日，四川省成都市金堂县公安局交通警察大队勤务二中队官方微博“@金堂交警勤务二中队”（UID：6164104035）通过微博平台认证，正式上线。

2017年3月14日，四川省成都市金堂县公安局交通警察大队勤务一中队官方微博“@金堂交警勤务中队”（UID：6166145516）通过微博平台认证，正式上线。

2017年3月14日，重庆市万州区梨树乡人民政府官方微博“@万州区梨树乡”（UID：6159958783）通过微博平台认证，正式上线。

2017年3月14日，云南省昆明市森林防火指挥部办公室官方微博“@昆明森林防火”（UID：6169358124）通过微博平台认证，正式上线。

2017年3月14日，四川省成都天府新区华阳街道广都社区筹备组官方微博“@华阳广都全接触”（UID：6169331132）通过微博平台认证，正式上线。

2017年3月14日，四川省成都市温江区互联网信息办公室官方微博“@温江发布”（UID：6164179248）通过微博平台认证，正式上线。

2017年3月14日，国家粮食和物资储备局官方微博“@国家粮食和物资储备局”

（UID：6142709212）通过微博平台认证，正式上线。

2017 年 3 月 15 日，最高人民检察院检察长曹建明在两会新闻宣传总结会上强调，要进一步加强与各媒体密切合作，扎实推进检察媒体融合发展，与时俱进加强理念创新、表达创新、管理创新，真正让检察声音、检察故事突破“检察圈”“法律圈”，融入普通百姓的“朋友圈”。

2017 年 3 月 15 日，云南省玉溪市易门县十街彝族乡老吾村民委员会官方微博“@老吾村”（UID：6163734598）通过微博平台认证，正式上线。

2017 年 3 月 15 日，云南玉溪易门县十街彝族乡大村村民委员会官方微博“@大村故事”（UID：6169681089）通过微博平台认证，正式上线。

2017 年 3 月 15 日，重庆市蔡家组团（同兴工业园区）管理委员会官方微博“@重庆两江蔡家新区”（UID：6164019215）通过微博平台认证，正式上线。

2017 年 3 月 15 日，云南省官渡区官渡街道办事处艺术家园社区居民委员会官方微博“@官渡街道艺术家园社区共青团”（UID：6163363374）通过微博平台认证，正式上线。

2017 年 3 月 15 日，四川省雅安市芦山县产业集中区管理委员会官方微博“@芦山县产业集中区”（UID：6169759207）通过微博平台认证，正式上线。

2017 年 3 月 15 日，云南省曲靖市陆良县司法局官方微博“@法治陆良”（UID：6163991507）通过微博平台认证，正式上线。

2017 年 3 月 15 日，四川省广安区经济和信息化局官方微博“@广安区经信局”（UID：6165935100）通过微博平台认证，正式上线。

2017 年 3 月 17 日，四川省公安厅四川警察学院战训基地官方微博“@四川警察学院战训基地”（UID：5686387513）通过微博平台认证，正式上线。

2017 年 3 月 18 日，解放军报社驻西部战区分社西部战区网官方微博“@西部战区网”（UID：5992855731）通过微博平台认证，正式上线。

2017 年 3 月 18 日，攀枝花市第二次全国地名普查领导小组办公室官方微博“@攀枝花市二普办”（UID：6166318271）通过微博平台认证，正式上线。

2017 年 3 月 20 日，赤水市宝源乡人民政府官方微博“@赤水市宝源乡”（UID：6156122239）通过微博平台认证，正式上线。

2017 年 3 月 20 日，中共甘孜州委政法委员会官方微博“@甘孜政法君”（UID：6161287816）通过微博平台认证，正式上线。

2017 年 3 月 20 日，雅安市名山区红星镇人民政府官方微博“@红星灿灿迎春来”（UID：6097821533）通过微博平台认证，正式上线。

2017 年 3 月 20 日，瑞丽市交通运输局官方微博“@瑞丽市交通运输局”（UID：6174449707）通过微博平台认证，正式上线。

2017 年 3 月 20 日，官渡区依法治区官方微博“@法治官渡”（UID：6174470610）通过微博平台认证，正式上线。

2017 年 3 月 20 日，重庆市武隆区图书馆官方微博“@重庆市武隆区图书馆”（UID：6174472709）通过微博平台认证，正式上线。

2017 年 3 月 21 日，原国家文物局印发《国家文物局新闻发布管理办法》（文物政发〔2017〕8 号）。《办法》规定：“国家文物局通过召开新闻发布会、新闻通气会、组织和接受媒体采访等形式，利用传统媒体和新媒体发布政务信息，解读重要政策，回应社会关切。”“各部门应配合重要文件出台、重要项目实施等节点，提前准备宣传口径，主动通过局属报纸、网站、微博、微信发声，答疑释惑，引导舆论。”

2017 年 3 月 22 日，蓬安县卫生和计划生育局官方微博“@ 蓬安卫生计生”（UID：6115061096）通过微博平台认证，正式上线。

2017 年 3 月 22 日，贵州省思南县投资促进局官方微博“@ 思南县投资促进局”（UID：6177321274）通过微博平台认证，正式上线。

2017 年 3 月 22 日，瑞丽市工商业联合会（总商会）官方微博“@ 瑞丽市工商联”（UID：6176077558）通过微博平台认证，正式上线。

2017 年 3 月 22 日，四川省成都市郫都区统筹城乡发展工作局官方微博“@ 郫都统筹”（UID：3765093624）通过微博平台认证，正式上线。

2017 年 3 月 22 日，四川省宜宾市翠屏区检察院官方微博“@ 宜宾翠屏区检察院”（UID：6176062967）通过微博平台认证，正式上线。

2017 年 3 月 22 日，内江市威远县第二次全国地名普查领导小组办公室官方微博“@ 威远县第二次地名普查办”（UID：6170304739）通过微博平台认证，正式上线。

2017 年 3 月 22 日，重庆市梁平区竹山镇人民政府官方微博“@ 竹山镇”（UID：6170450092）通过微博平台认证，正式上线。

2017 年 3 月 23 日，遵义市红花岗区人民检察院官方微博“@ 红花岗检察在线”（UID：5873130998）通过微博平台认证，正式上线。

2017 年 3 月 23 日，桐梓县人民检察院官方微博“@ 桐梓检察”（UID：6169991411）通过微博平台认证，正式上线。

2017 年 3 月 23 日，遵义市汇川区检察院官方微博“@ 遵义市汇川区人民检察院”（UID：6151638109）通过微博平台认证，正式上线。

2017 年 3 月 23 日，余庆县检察院官方微博“@ 余庆检察”（UID：5763417250）通过微博平台认证，正式上线。

2017 年 3 月 23 日，贵州省织金县人民检察院官方微博“@ 织金检察资讯”（UID：5643987943）通过微博平台认证，正式上线。

2017 年 3 月 24 日，资阳市总工会官方微博“@ 资阳市总工会”（UID：6155327094）通过微博平台认证，正式上线。

2017 年 3 月 25 日，中共会东县委宣传部官方微博“@ 会东宣传”（UID：6174616955）通过微博平台认证，正式上线。

2017 年 3 月 25 日，重庆市万州区龙都街道办事处官方微博“@ 重庆市万州区龙都街道办事处”（UID：6155340106）通过微博平台认证，正式上线。

2017 年 3 月 25 日，四川省成都市青白江区市政设施管理处官方微博“@ 青白江市政”（UID：6177623367）通过微博平台认证，正式上线。

2017 年 3 月 25 日，南江县正直镇人民政府官方微博“@ 南江县正直镇”（UID：5533606668）通过微博平台认证，正式上线。

2017 年 3 月 25 日，广安市公安局刑侦支队官方微博“@ 广安刑侦”（UID：6178889494）通过微博平台认证，正式上线。

2017 年 3 月 25 日，宣汉县公安局交通警察大队官方微博“@宣汉交警”（UID：6169296469）通过微博平台认证，正式上线。

2017 年 3 月 25 日，贵州省纳雍县人民检察院官方微博“@纳雍检察”（UID：6151689799）通过微博平台认证，正式上线。

2017 年 3 月 26 日，由陕西省法学会、西北政法大学主办的“2016 陕西政法系统‘双微’传播力榜单发布会暨新媒体与政法舆情研讨会”在西北政法大学举行。会上公布了 2016 年陕西政法系统最具传播力的微博账号。“@陕西高院”“@西安公安”“@陕西检察”“@法治西安”“西安交警”微博账号上榜。

2017 年 3 月 26 日，彭州市环境保护局官方微博“@彭州环保”（UID：5270965851）通过微博平台认证，正式上线。

2017 年 3 月 26 日，云南省玉溪市易门县十街彝族乡脚家店村民委员会官方微博“@脚家店村”（UID：6161536868）通过微博平台认证，正式上线。

2017 年 3 月 26 日，贵州省思南县关中坝街道办事处官方微博“@思南县关中坝街道办事处”（UID：6182886992）通过微博平台认证，正式上线。

2017 年 3 月 26 日，贵州省思南县兴隆土家族苗族乡人民政府官方微博“@万亩油茶之乡_兴隆”（UID：3189479235）通过微博平台认证，正式上线。

2017 年 3 月 26 日，黔东南州公安局交通警察支队高速公路交通警察黄平大队官方微博“@黔东南高速交警黄平大队”（UID：6183803383）通过微博平台认证，正式上线。

2017 年 3 月 26 日，兴义市雄武乡人民政府官方微博“@雄武乡”（UID：5445627789）通过微博平台认证，正式上线。

2017 年 3 月 26 日，贵州省思南县人力资源和社会保障局官方微博“@思南人社”（UID：6179111881）通过微博平台认证，正式上线。

2017 年 3 月 26 日，四川省成都市青白江区龙王镇龙王社区委员会官方微博“@青白江龙王社区”（UID：6157107059）通过微博平台认证，正式上线。

2017 年 3 月 26 日，科学城公安分局官方微博“@科学城公安”（UID：6179051484）通过微博平台认证，正式上线。

2017 年 3 月 26 日，石阡县机构编制委员会办公室官方微博“@石阡县机构编制委员会办公室”（UID：6163703004）通过微博平台认证，正式上线。

2017 年 3 月 26 日，万源市公安局交通管理大队官方微博“@万源交警”（UID：3731436225）通过微博平台认证，正式上线。

2017 年 3 月 26 日，四川省成都市锦江区人民政府三圣街道办事处白桦林路社区官方微博“@三圣街道白桦林路社区”（UID：6182988822）通过微博平台认证，正式上线。

2017 年 3 月 28 日，贵州省榕江县人力资源和社会保障局官方微博“@榕江人社局”（UID：2269247321）通过微博平台认证，正式上线。

2017 年 3 月 28 日，中国共产党贵州省毕节市赫章县委员会政法委员会官方微博“@赫章政法”（UID：6155280701）通过微博平台认证，正式上线。

2017 年 3 月 29 日，四川省南江县赶场镇人民政府官方微博“@南江县赶场镇”（UID：6162499353）通过微博平台认证，正式上线。

2017 年 3 月 29 日，云南省迪庆藏族自治州德钦县司法局官方微博“@德钦司法行政”

（UID：5694563140）通过微博平台认证，正式上线。

2017年3月29日，共青团阿坝大九寨旅游集团有限责任公司委员会官方微博“@青春大九旅”（UID：6179455574）通过微博平台认证，正式上线。

2017年3月29日，云南省临沧市镇康县司法局官方微博“@镇康司法行政”（UID：3483936611）通过微博平台认证，正式上线。

2017年3月29日，贵州省思南县工业和商务局官方微博“@思南工业商务”（UID：6186829392）通过微博平台认证，正式上线。

2017年3月29日，四川省公安厅交通警察总队高速公路支队绵遂二大队官方微博“@四川高速交警五支队六大队”（UID：5655650212）通过微博平台认证，正式上线。

2017年3月29日，川北医学院附属医院官方微博“@川北医学院附属医院官博”（UID：6186697331）通过微博平台认证，正式上线。

2017年3月29日，四川省成都市青白江区龙王镇青光村村民委员会官方微博“@青白江区青光村”（UID：6184104033）通过微博平台认证，正式上线。

2017年3月29日，红花岗区委组织部官方微博“@红花_绽放”（UID：6180182247）通过微博平台认证，正式上线。

2017年3月29日，云南省测绘地理信息局官方微博“@云南省测绘地信”（UID：5242324362）通过微博平台认证，正式上线。

2017年3月30日上午，浙江省教育宣传舆论工作暨教育政务新媒体建设推进会在杭州召开。会议表彰了2016年度浙江省教育宣传工作先进集体、浙江教育年度新闻人物和影响力人物、浙江教育新闻奖获得者。会上，举行了中国教育政务新媒体联盟浙江联盟成立仪式，发布了《中国教育政务新媒体联盟浙江联盟宣言》。

2017年3月30日，重庆市公安消防总队官方微博“@走近中国消防”（UID：1233112630）通过微博平台认证，正式上线。

2017年3月31日，公安部消防局召开清明节消防安保工作视频调度会，传达国务院安委办紧急通报精神，会议要求要“通过消防微博、微信平台向目标人群高频推送安全焚烧香纸烛、大风天避免野外用火等常识”。

2017年3月31日，自贡市贡井区总工会官方微博“@自贡市贡井区总工会”（UID：6186322181）通过微博平台认证，正式上线。

2017年3月31日，贵州省社会科学院官方微博“@贵州省社会科学院”（UID：6190043726）通过微博平台认证，正式上线。

2017年3月31日，西盟佤族自治县司法局官方微博“@西盟司法行政”（UID：5424446021）通过微博平台认证，正式上线。

2017年3月31日，崇州市精神文明建设委员会办公室官方微博“@崇州文明汇”（UID：6183249517）通过微博平台认证，正式上线。

2017年3月31日，瑞丽市残疾人联合会官方微博“@瑞丽市残疾人联合会”（UID：6190454112）通过微博平台认证，正式上线。

四月

2017年4月2日，广元市第三人民医院官方微博“@四川省广元市第三人民医院”（UID：3719210501）通过微博平台认证，正式上线。

2017年4月2日，文山壮族苗族自治州气象局官方微博“@文山气象”（UID：6185399100）通过微博平台认证，正式上线。

2017年4月2日，石阡县枫香仡佬族侗族乡人民政府官方微博“@石阡枫香乡微博”（UID：6153454773）通过微博平台认证，正式上线。

2017年4月3日，麻栗坡县公安局交通警察大队官方微博“@麻栗坡交警”（UID：6186671683）通过微博平台认证，正式上线。

2017年4月3日，镇宁自治县民政局官方微博“@镇宁自治县民政工作”（UID：6192895943）通过微博平台认证，正式上线。

2017年4月3日，绵竹市工商业联合会官方微博“@绵竹市工商业联合会”（UID：5833609324）通过微博平台认证，正式上线。

2017年4月3日，云南省文山市司法局官方微博“@文山市法治宣传”（UID：6192943400）通过微博平台认证，正式上线。

2017年4月3日，四川省成都市青羊区府南金沙社区卫生服务中心官方微博“@青羊区府南金沙社区卫生服务中心”（UID：6185414496）通过微博平台认证，正式上线。

2017年4月3日，文山壮族苗族自治州司法局官方微博“@文山州司法行政”（UID：6192865341）通过微博平台认证，正式上线。

2017年4月3日，中共习水县委宣传部官方微博“@习水宣传”（UID：6192864955）通过微博平台认证，正式上线。

2017年4月4日，四川省大竹县公安局交通警察大队官方微博“@大竹县交警”（UID：2507495805）通过微博平台认证，正式上线。

2017年4月4日，中共凤冈县委宣传部官方微博“@凤冈微资讯”（UID：6147379261）通过微博平台认证，正式上线。

2017年4月4日，巴中市安全生产监督管理局官方微博“@巴中安监”（UID：2698043960）通过微博平台认证，正式上线。

2017年4月4日，杨家坳苗族土家族乡人民政府官方微博“@杨家坳乡gov”（UID：6193451275）通过微博平台认证，正式上线。

2017年4月4日，黔东南苗族侗族自治州人民医院官方微博“@黔东南州人民医院”（UID：6187047401）通过微博平台认证，正式上线。

2017年4月4日，盐边县新闻中心官方微博“@盐边县新闻中心”（UID：3235734945）通过微博平台认证，正式上线。

2017年4月4日，巴中市巴州区司法局官方微博“@巴州司法”（UID：6185164898）通过微博平台认证，正式上线。

2017年4月4日，四川省南充市高坪区城乡规划建设局官方微博“@南充市高坪区城乡规划建设局”（UID：6193488562）通过微博平台认证，正式上线。

2017年4月4日，邻水县公安局官方微博“@守卫邻州”（UID：5885021359）通过微博平台认证，正式上线。

2017年4月4日，贵州省思南县板桥镇人民政府官方微博“@思南县板桥镇”（UID：6193497553）通过微博平台认证，正式上线。

2017年4月5日，云南省楚雄彝族自治州楚雄市司法局子午司法所官方微博“@楚雄市司法局子午司法所”（UID：5095397557）通过微博平台认证，正式上线。

2017年4月5日，四川省成都市青羊区草堂社区卫生服务中心官方微博“@草堂社区卫生服务中心”（UID：6195212300）通过微博平台认证，正式上线。

2017年4月5日，习水县民政局（习水县民族宗教事务局）官方微博“@习水县民政民宗局”（UID：6195238075）通过微博平台认证，正式上线。

2017年4月5日，璧山区图书馆官方微博“@重庆市璧山区图书馆”（UID：5980021446）通过微博平台认证，正式上线。

2017年4月5日，贵安花溪大学城管理委员会官方微博“@花溪大学城微博”（UID：6107852686）通过微博平台认证，正式上线。

2017年4月5日，泸西县公安局社区戒毒康复培训中心官方微博“@泸西警方社区戒毒康复培训中心”（UID：6186592261）通过微博平台认证，正式上线。

2017年4月5日，黔东南州公安局交通警察支队高速公路交通警察锦屏大队官方微博“@黔东南高速交警五大队”（UID：6190103776）通过微博平台认证，正式上线。

2017年4月6日，大方县民政局官方微博“@大方县民政局”（UID：6183267902）通过微博平台认证，正式上线。

2017年4月6日，万源市井溪乡人民政府官方微博“@锦绣井溪”（UID：6198125919）通过微博平台认证，正式上线。

2017年4月6日，黔东南州公安局交通警察支队高速交通警察镇远大队官方微博“@高速镇远大队”（UID：6191020634）通过微博平台认证，正式上线。

2017年4月6日，邛崃市审计局官方微博“@邛崃市审计局”（UID：6189609631）通过微博平台认证，正式上线。

2017年4月6日，四川省南充市文化广电新闻出版局官方微博“@南充市文广新局”（UID：6196434586）通过微博平台认证，正式上线。

2017年4月6日，广元市昭化区司法局官方微博“@昭化司法”（UID：5389230187）通过微博平台认证，正式上线。

2017年4月7日，中共天津市南开区委网络安全和信息化领导小组办公室官方微博“@网信南开”正式上线运行。

2017年4月9日，射洪县城市管理行政执法局官方微博“@射洪城管”（UID：5533252104）通过微博平台认证，正式上线。

2017年4月9日，水城县气象局官方微博“@水城气象在线”（UID：6200930936）通过微博平台认证，正式上线。

2017年4月9日，四川省成都市青白江区龙王镇牟池塔村村民委员会官方微博“@龙王牟池塔村”（UID：3781239755）通过微博平台认证，正式上线。

2017年4月9日，贵州省遵义市湄潭县民政局官方微博“@湄潭民政”（UID：6187943458）通过微博平台认证，正式上线。

2017年4月9日，贵州省贵阳市少年儿童图书馆官方微博“@贵阳市少年儿童图书馆”（UID：6201047348）通过微博平台认证，正式上线。

2017年4月9日，武胜县人民政府政务服务中心官方微博“@武胜县政务中心”（UID：6194095208）通过微博平台认证，正式上线。

2017 年 4 月 9 日，四川省成都市青白江区龙王镇天平堰村委会官方微博“@龙王天平堰”（UID：3577464544）通过微博平台认证，正式上线。

2017 年 4 月 9 日，共青团自贡市贡井区委员会官方微博“@青春贡井”（UID：6200988684）通过微博平台认证，正式上线。

2017 年 4 月 11 日，甘肃省公安厅刑事警察总队官方微博“@甘肃刑侦”上线运行。

2017 年 4 月 12 日，重庆市涪陵区人民政府白涛街道办事处官方微博“@白涛街道办事处”（UID：1975466913）通过微博平台认证，正式上线。

2017 年 4 月 12 日，贵州省思南县许家坝镇人民政府官方微博“@花灯之乡许家坝”（UID：6193532288）通过微博平台认证，正式上线。

2017 年 4 月 12 日，云南省人民政府法制办公室官方微博“@云－南——省政－府－法－制－办”（UID：6112955047）通过微博平台认证，正式上线。

2017 年 4 月 13 日，青海省环境保护厅官方微博“@青海环保”上线运行。

2017 年 4 月 13 日，泸州市发展和改革委员会官方微博“@泸州发改发布”（UID：6200997615）通过微博平台认证，正式上线。

2017 年 4 月 13 日，重庆市大足区公安局交通巡逻警察支队官方微博“@重庆市大足区车辆管理所”（UID：6196934450）通过微博平台认证，正式上线。

2017 年 4 月 13 日，中共资阳市委政法委员会官方微博“@资阳政法”（UID：6141567131）通过微博平台认证，正式上线。

2017 年 4 月 13 日，贵州省思南县财政局官方微博“@思南县财政局”（UID：6207911015）通过微博平台认证，正式上线。

2017 年 4 月 13 日，云南省昆明市西山区人民检察院官方微博“@正义西检”（UID：6203871834）通过微博平台认证，正式上线。

2017 年 4 月 13 日，中共雅市名山区委宣传部官方微博“@世界茶源－生态名山”（UID：2547288953）通过微博平台认证，正式上线。

2017 年 4 月 13 日，广元市图书馆官方微博“@广元市图书馆”（UID：6202789205）通过微博平台认证，正式上线。

2017 年 4 月 13 日，石阡县五德镇人民政府官方微博“@桃醉五德”（UID：6198858290）通过微博平台认证，正式上线。

2017 年 4 月 13 日，四川省简阳市气象局官方微博“@简阳气象微博”（UID：5991939985）通过微博平台认证，正式上线。

2017 年 4 月 13 日，四川省简阳市总工会官方微博“@简阳总工会”（UID：5901939610）通过微博平台认证，正式上线。

2017 年 4 月 14 日，四川省通信管理局宜宾市通信发展办公室官方微博“@宜宾市通信发展办公室”（UID：6176459245）通过微博平台认证，正式上线。

2017 年 4 月 14 日，内江市妇联官方微博“@内江市妇女联合会”（UID：3060035035）通过微博平台认证，正式上线。

2017 年 4 月 17 日，四川省简阳市人民政府简城街道办事处官方微博“@简城街道办事处”（UID：6201702533）通过微博平台认证，正式上线。

2017 年 4 月 17 日，万山区网络监督管理中心官方微博“@万山区互联网管理中心”

（UID：6208394922）通过微博平台认证，正式上线。

2017年4月17日，雅安市城乡规划建设和住房保障局官方微博“@雅安建设”（UID：3168699524）通过微博平台认证，正式上线。

2017年4月17日，镇宁自治县科学技术协会官方微博“@科普镇宁”（UID：6180442735）通过微博平台认证，正式上线。

2017年4月17日，泸定县委宣传部官方微博“@泸定之声”（UID：6176394424）通过微博平台认证，正式上线。

2017年4月17日，重庆市江津区图书馆官方微博“@重庆市江津区图书馆”（UID：6201817612）通过微博平台认证，正式上线。

2017年4月17日，天津市公安交通管理局北辰支队西堤头大队官方微博“@天津北辰交警西堤头大队”（UID：5427983761）通过微博平台认证，正式上线。

2017年4月17日，成都天府新区合江街道南天寺村村民委员会官方微博“@天府新区合江NTSC”（UID：6202995716）通过微博平台认证，正式上线。

2017年4月17日，中国共产党平武县委员会宣传部官方微博“@平武发布”（UID：6067769850）通过微博平台认证，正式上线。

2017年4月17日，重庆市公安局渝北区分局新牌坊派出所官方微博“@新牌坊派出所”（UID：6210674148）通过微博平台认证，正式上线。

2017年4月17日，沐川县国土资源局官方微博“@沐川国土”（UID：6196434930）通过微博平台认证，正式上线。

2017年4月17日，黔西南布依族苗族自治州图书馆官方微博“@黔西南州图书馆”（UID：6151644471）通过微博平台认证，正式上线。

2017年4月17日，巫山县图书馆官方微博“@巫山县图书馆”（UID：6206022126）通过微博平台认证，正式上线。

2017年4月17日，瓮溪人民政府官方微博“@瓮溪2017”（UID：6214875978）通过微博平台认证，正式上线。

2017年4月17日，红原县查尔玛乡人民政府官方微博“@查尔玛乡”（UID：6206431874）通过微博平台认证，正式上线。

2017年4月17日，泸州市质量技术监督局官方微博“@泸州质监”（UID：6212697684）通过微博平台认证，正式上线。

2017年4月17日，云南省昆明市晋宁区民政局官方微博“@晋宁民政”（UID：6070238486）通过微博平台认证，正式上线。

2017年4月19日，司法部官方微博“@司法部”（UID：6199038235）正式开通上线。至此，全国政法系统公、检、法、司四大职能部委官方微博全面“会师”。

2017年4月21日，由中国传媒大学媒介与公共事务研究院联合新浪微博、人民网舆情监测室共同举办的全国政务微博矩阵发展学术研讨会在成都举行。研讨会聚焦政务微博矩阵发展建设、政务微博运营绩效评估与榜单改版议程，与会的全国政务微博矩阵运营代表和政务新媒体领域知名专家学者进行了开放、务实的研讨交流。此次研讨会闭会前，与会的全体代表达成了政务微博发展的“成都共识十条”。

2017年4月24日，黑龙江省齐齐哈尔铁路运输法院召开新闻宣传和舆论引导工作推进会。会议通报了2017年第一季度新闻宣传和舆论引导工作情况：齐齐哈尔铁路运输法院一季度发微博840条、微信信息218条，为审判、执行工作营造了良好的社会舆论环境。

2017年4月25日，玉屏侗族自治县司法局官方微博“@玉屏－司法行政”（UID：6208966380）通过微博平台认证，正式上线。

2017年4月25日，石阡县龙塘镇人民政府官方微博“@龙塘政务”（UID：6215079181）通过微博平台认证，正式上线。

2017年4月25日，蒲江县公安局官方微博“@四川成都蒲江警方”（UID：6188722218）通过微博平台认证，正式上线。

2017年4月25日，中共攀枝花市东区委员会宣传部官方微博“@Hello攀枝花”（UID：6210650435）通过微博平台认证，正式上线。

2017年4月25日，长宁县公安局交通管理大队官方微博“@长宁县交警大队”（UID：6210976768）通过微博平台认证，正式上线。

2017年4月25日，贵州省思南县枫芸土家族苗族乡人民政府官方微博“@思南县枫芸乡”（UID：6216845443）通过微博平台认证，正式上线。

2017年4月25日，四川省南充市顺庆区图书馆官方微博“@南充市顺庆区图书馆”（UID：5648867813）通过微博平台认证，正式上线。

2017年4月25日，中共玉屏侗族自治县委宣传部官方微博“@玉屏发布”（UID：6179858041）通过微博平台认证，正式上线。

2017年4月25日，普格县环境保护局官方微博“@普格环保”（UID：6215222720）通过微博平台认证，正式上线。

2017年4月25日，四川省成都市武侯区簇桥社区卫生服务中心官方微博“@武侯区簇桥社区卫生服务中心”（UID：6208969152）通过微博平台认证，正式上线。

2017年4月25日，云南省文山壮族苗族自治州西畴县司法局官方微博“@西畴司法行政”（UID：6216729141）通过微博平台认证，正式上线。

2017年4月25日，珙泉镇人民政府官方微博“@珙泉微讯”（UID：6216720097）通过微博平台认证，正式上线。

2017年4月25日，云南省保山市昌宁县林业局官方微博“@昌宁林业”（UID：6210764175）通过微博平台认证，正式上线。

2017年4月26日，广西壮族自治区人民政府办公厅发出《关于实施全面推进政务公开六项行动的通知》（桂政办发〔2017〕62号）。通知要求实施政策解读责任落实行动，全区各级政府部门是政府政策解读的责任主体，起草部门主要负责人是“第一解读人和责任人”。全区各地报刊、电台、电视台、新闻网站等新闻媒体以及政府网站、政府公报、政务微博微信、政务客户端等平台要协同做好政府重大政策宣传解读工作。要实施政务舆情回应增强实效行动，涉及特别重大、重大突发事件的政务舆情，应第一时间向社会发布已掌握的事实类信息，原则上不超过1小时，最迟要在5小时内发布权威信息。造成重大人员伤亡或社会影响较大的，最迟要在24小时内举行新闻发布会，并视工作进展持续发布权威信息。全区各级人民政府和部门的办公厅（室）要会同宣传、网信、应急、督查部门建立政务舆情快速反应和协调联动机制，做好组织协调工作，着力提高政务舆情回应的及时性、针对性、有效性。要实施公众参与畅通行动，全区各级行政机关要围绕政府中心工作，以政府网站、政务微博微信、政务客户端、报刊、政府热线、电视问政、领导信箱、政务公开日等为载体，努力扩大公众参与的领域和范围。

2017年4月26日，成都地铁PPP项目管理中心官方微博“@成都地铁PPP项目管理中心”（UID：6194077196）通过微博平台认证，正式上线。

2017年4月27日，玉屏侗族自治县教育局官方微博“@玉屏教育微博”（UID：6210987823）通过微博平台认证，正式上线。

2017年4月27日，贵州省思南县第二次全国地名普查办公室官方微博“@思南县第二次全国地名普查”（UID：6210560976）通过微博平台认证，正式上线。

2017年4月27日，思唐街道办事处官方微博“@思南县思唐街道办事处”（UID：6211271670）通过微博平台认证，正式上线。

2017年4月27日，四川省成都市青白江区人和乡新民村村民委员会官方微博“@人和乡新民村”（UID：3624200394）通过微博平台认证，正式上线。

2017年4月27日，通江县长坪乡趱寸坡村村民委员会官方微博“@通江县长坪乡趱寸坡村”（UID：5793205051）通过微博平台认证，正式上线。

2017年4月27日，遵义市播州区苟江镇人民政府官方微博“@播州区苟江镇”（UID：6221566607）通过微博平台认证，正式上线。

2017年4月27日，邛崃市重大产业项目推进办公室官方微博“@邛崃市重大产业项目推进办公室”（UID：6221628118）通过微博平台认证，正式上线。

2017年4月27日，甘孜县文化旅游和广播影视局官方微博“@爱甘孜”（UID：6206066862）通过微博平台认证，正式上线。

2017年4月27日，成都高新区石板凳镇人民政府官方微博“@空港石板凳”（UID：6210155375）通过微博平台认证，正式上线。

2017年4月28日，中纪委监察部网站发布消息称，中共广东省江门市委原副书记、江门市人民政府原市长邓伟根因涉嫌严重违纪接受组织审查。邓伟根是体制内的“微博达人”，其个人微博“@樵山潮人”粉丝数超过21万，在落马前一天的凌晨，“@樵山潮人”微博还进行了最后一次常态更新。

2017年4月28日，贵州省兴仁县民政局官方微博“@兴仁民政”（UID：6203767389）通过微博平台认证，正式上线。

2017年4月28日，眉山市仁寿县旅游事业局官方微博“@仁寿旅游”（UID：2132395653）通过微博平台认证，正式上线。

2017年4月28日，石阡县现代高效农业示范园区办公室官方微博“@石阡县农业园区办”（UID：6216000117）通过微博平台认证，正式上线。

2017年4月28日，官渡区矣六街道办事处映华社区居委会官方微博“@官渡区矣六街道映华社区”（UID：6205405786）通过微博平台认证，正式上线。

2017年4月28日，广元市疾病预防控制中心官方微博“@广元市疾病预防控制中心”（UID：6215966995）通过微博平台认证，正式上线。

2017年4月28日，桐梓县民政局官方微博“@桐梓民政”（UID：6219973400）通过微博平台认证，正式上线。

2017年4月28日，贵阳铁路运输法院官方微博“@贵铁法”（UID：5819776839）通过微博平台认证，正式上线。

2017 年 4 月 28 日，石阡县机关事务管理局官方微博“@ 石阡县机关事务局”（UID：6212657683）通过微博平台认证，正式上线。

2017 年 4 月 28 日，玉屏侗族自治县农牧科技局官方微博“@ 玉屏农业”（UID：6216886457）通过微博平台认证，正式上线。

2017 年 4 月 30 日，内江市环境保护局官方微博“@ 内江环境”（UID：6204166582）通过微博平台认证，正式上线。

2017 年 4 月 30 日，遵义市汇川区民政局官方微博“@ 遵义汇川民政”（UID：6224596852）通过微博平台认证，正式上线。

2017 年 4 月 30 日，景东彝族自治县文井镇人民政府官方微博“@ 景东文井”（UID：2083366941）通过微博平台认证，正式上线。

2017 年 4 月 30 日，四川省巴中市南江县博物馆官方微博“@ 南江县博物馆”（UID：6225962956）通过微博平台认证，正式上线。

2017 年 4 月 30 日，四川省南充市西充县旅游局官方微博“@ 西充旅游”（UID：6201475690）通过微博平台认证，正式上线。

2017 年 4 月 30 日，重庆市渝北区图书馆官方微博“@ 渝北区图书馆”（UID：6224062953）通过微博平台认证，正式上线。

2017 年 4 月 30 日，泸州市扶贫和移民工作局官方微博“@ 泸州市扶贫和移民工作局”（UID：3802873006）通过微博平台认证，正式上线。

2017 年 4 月 30 日，眉山市疾病预防控制中心官方微博“@ 眉山疾病防控”（UID：6211094932）通过微博平台认证，正式上线。

2017 年 4 月 30 日，中共关岭布依族苗族自治县委宣传部官方微博“@ 关岭发布 V”（UID：5355015949）通过微博平台认证，正式上线。

2017 年 4 月 30 日，酉阳县天馆乡官方微博“@ 魅力天馆”（UID：6218430801）通过微博平台认证，正式上线。

2017 年 4 月 30 日，阿坝藏族羌族自治州人民政府法制办公室官方微博“@ 阿坝法制”（UID：6218456018）通过微博平台认证，正式上线。

五月

2017 年 5 月 2 日，国家互联网信息办公室公布《互联网新闻信息服务管理规定》（国家互联网信息办公室令第 1 号），自 2017 年 6 月 1 日起施行。第五条规定：“通过互联网站、应用程序、论坛、博客、微博客、公众账号、即时通信工具、网络直播等形式向社会公众提供互联网新闻信息服务，应当取得互联网新闻信息服务许可，禁止未经许可或超越许可范围开展互联网新闻信息服务活动。”

2017 年 5 月 2 日，国家互联网信息办公室公布《互联网信息内容管理行政执法程序规定》（国家互联网信息办公室令第 2 号），自 2017 年 6 月 1 日起施行。第二十条规定：“办案人员应当依法收集与案件有关的证据，包括电子数据、视听资料、书证、物证、证人证言、当事人的陈述、鉴定意见、检验报告、勘验笔录、现场笔录、询问笔录等。电子数据是指案件发生过程中形成的，以数字化形式存储、处理、传输的，能够证明案件事实的数据，包括但不限于网页、博客、微博客、即时通信工具、论坛、贴吧、网盘、电子邮件、网络后台等方式承载的电子信息或文件。”

2017年5月2日，国家税务总局昆明市西山区税务局官方微博“@国家税务总局昆明市西山区税务局”（UID：6224877580）通过微博平台认证，正式上线。

2017年5月2日，贵州省贵阳市公安消防支队白云区大队官方微博“@白云消防大队”（UID：3858098581）通过微博平台认证，正式上线。

2017年5月2日，中共双柏县委宣传部官方微博“@双柏发布1”（UID：3987877108）通过微博平台认证，正式上线。

2017年5月2日，青川县苏河乡人民政府官方微博“@微苏河”（UID：5249618555）通过微博平台认证，正式上线。

2017年5月2日，中国（四川）自由贸易试验区川南临港片区官方微博“@四川自贸区川南临港片区”（UID：6228170400）通过微博平台认证，正式上线。

2017年5月2日，玉屏侗族自治县委组织部官方微博“@玉屏组工”（UID：6215967272）通过微博平台认证，正式上线。

2017年5月3日，国务院办公厅政府信息与政务公开办公室发出《关于进一步做好政务新媒体工作的通知》（国办公开办函〔2017〕13号）。通知指出：“党中央、国务院高度重视新媒体发展及其运用工作。当前政务微博、微信、移动客户端以及开设在其他第三方平台上的政务新媒体快速发展，已经成为政务公开的重要渠道，在传播党和政府声音、开展政策解读、回应公众关切等方面发挥了积极作用。”通知也明确揭示有一些政务新媒体存在“有平台无运营”“有账号无监管”“有发布无审核”等问题，给政府形象和公信力造成不良影响。《通知》要求从六个方面进一步做好政务新媒体管理：加强平台建设、做好内容发布、强化引导回应、加强审核管理、建立协同机制、完善考核监督，并建议“有条件的地方和部门要建立上下联动、整体发声的新媒体矩阵”，要求“政务新媒体要紧密围绕政府部门职能定位”，“不得发布与政府职能没有直接关联的信息”。

2017年5月3日，《2017年第一季度人民日报·政务指数微博影响力报告》发布。报告显示，截至2017年3月31日，经过新浪平台认证的政务微博已达到168839个。随着账号体系健全和运营能力提升，政务微博的评价体系在六年后将迎来第一次较大规模的升级。同时，矩阵模式正成为政务微博的发展方向，有望推动政务新媒体服务实效进一步提升。

2017年5月4日，经开区阿拉街道办事处顺通社区居委会官方微博“@经开区顺通社区居委会”（UID：5243726463）通过微博平台认证，正式上线。

2017年5月4日，四川省雅安市雨城区青江街道办事处官方微博“@青江街道办事处”（UID：5723794716）通过微博平台认证，正式上线。

2017年5月4日，四川省南充市卫生和计划生育信息中心官方微博“@南充市卫生计生服务”（UID：6011139947）通过微博平台认证，正式上线。

2017年5月5日，云南省沥青油料储备保障中心官方微博“@云南省沥青油料储备保障中心”（UID：6224136765）通过微博平台认证，正式上线。

2017年5月5日，仁怀市公安局网安大队官方微博“@仁怀网络执法警察”（UID：6226644921）通过微博平台认证，正式上线。

2017年5月5日，云南省语言文字工作委员会官方微博“@云南语言文字”（UID：1734630620）通过微博平台认证，正式上线。

2017 年 5 月 5 日，唤马镇人民政府官方微博“@ v 唤马”（UID：6232688969）通过微博平台认证，正式上线。

2017 年 5 月 5 日，紫云县住房和城乡建设执法大队官方微博“@ 紫云县住房和城乡建设执法大队”（UID：6226644369）通过微博平台认证，正式上线。

2017 年 5 月 5 日，丰都图书馆官方微博“@ 丰都图书馆”（UID：6228744552）通过微博平台认证，正式上线。

2017 年 5 月 5 日，通江县民胜镇人民政府官微博“@ 醉美民胜”（UID：6217913662）通过微博平台认证，正式上线。

2017 年 5 月 5 日，喜德县环境保护局官方微博“@ 喜德环境保护”（UID：6195195475）通过微博平台认证，正式上线。

2017 年 5 月 5 日，苍溪县陵江镇人民政府官方微博“@ 陵江印象”（UID：6232694702）通过微博平台认证，正式上线。

2017 年 5 月 5 日，云南省昆明市官渡区矣六街道花田社区居委会官方微博“@ 官渡区矣六街道花田社区”（UID：6225164638）通过微博平台认证，正式上线。

2017 年 5 月 5 日，中共遂宁市委防范和处理邪教问题领导小组办公室官方微博“@ 遂宁反邪”（UID：5429051067）通过微博平台认证，正式上线。

2017 年 5 月 5 日，宁南县环境保护局官方微博“@ 宁南环保”（UID：6232807540）通过微博平台认证，正式上线。

2017 年 5 月 6 日，亚鱼乡人民政府官方微博“@ 微亚鱼”（UID：6234725335）通过微博平台认证，正式上线。

2017 年 5 月 7 日，新华社受权发布中共中央办公厅、国务院办公厅印发的《国家“十三五”时期文化发展改革规划纲要》。《纲要》指出，要做强做大主流舆论，适应分众化、差异化传播趋势，加快构建主流舆论矩阵，“综合运用微博、微信、移动新闻客户端等传播方式，拓展主流舆论传播空间”。要规范传播秩序，规范地方媒体、行业媒体管理，规范推进电台电视台实质性合并，健全节目退出机制，建设视听新媒体集成播控平台。制定互联网分类管理办法。完善互联网法律法规，将现行新闻出版法律法规延伸覆盖到网络媒体管理。加强互联网信息搜索引擎、即时通信工具、移动新闻客户端等管理，明确微博、微信等的运营主体对所传播内容的主体责任。加大对新闻界突出问题治理力度。严厉打击网络谣言、有害信息、虚假新闻、新闻敲诈和假媒体、假记者。

2017 年 5 月 8 日，重庆市人民政府办公厅发布《关于认真做好政务公开有关工作的通知》（渝府办发〔2017〕60 号）。通知要求，要充分运用新闻媒体及所属网站、微博微信和客户端做好重大政策宣传解读工作。建立与宣传、网信等部门的快速反应和协调联动机制，组织开展政策解读典型案例分析和效果评估，不断总结经验做法，督促问题整改，切实增强政策解读的传播力和影响力。

2017 年 5 月 9 日，四川大学华西医院手术室官方微博“@ 华西医院手术室”（UID：3107049805）通过微博平台认证，正式上线。

2017 年 5 月 9 日，贵州省思南县合朋溪镇人民政府官方微博“@ 人文合朋醒狮之乡”（UID：5693935708）通过微博平台认证，正式上线。

2017 年 5 月 9 日，通江县芝苞乡人民政府官方微博“@ 通江县芝苞乡的博客”（UID：

6233452694）通过微博平台认证，正式上线。

2017 年 5 月 9 日，贵州省贵阳市公安消防支队花溪区大队官方微博“@ 贵阳花溪消防大队”（UID：5999522359）通过微博平台认证，正式上线。

2017 年 5 月 11 日，弥牟镇白马村村民委员会官方微博“@ 弥牟镇白马村”（UID：6237190373）通过微博平台认证，正式上线。

2017 年 5 月 11 日，贵州省安顺经济技术开发区民政局官方微博“@ 安顺开发区民政”（UID：6224147305）通过微博平台认证，正式上线。

2017 年 5 月 11 日，碑院镇人民政府官方微博“@ 碑院”（UID：6232943877）通过微博平台认证，正式上线。

2017 年 5 月 11 日，玉屏侗族自治县统计局官方微博“@ 玉屏统计”（UID：6240420542）通过微博平台认证，正式上线。

2017 年 5 月 11 日，四川省简阳市新市镇人民政府官方微博“@ 简阳市新市镇”（UID：6227530963）通过微博平台认证，正式上线。

2017 年 5 月 11 日，遵义市红花岗区图书馆官方微博“@ 遵义市红花岗区图书馆微博”（UID：6225123372）通过微博平台认证，正式上线。

2017 年 5 月 11 日，四川达州市渠县工会法律援助官方微博“@ 渠县工会法律援助”（UID：2183611263）通过微博平台认证，正式上线。

2017 年 5 月 11 日，云南省保山市人民检察院官方微博“@ 保山检察院”（UID：5969128415）通过微博平台认证，正式上线。

2017 年 5 月 11 日，四川省简阳市太平桥镇人民政府官方微博“@ 微太平桥”（UID：6216819227）通过微博平台认证，正式上线。

2017 年 5 月 12 日，四川省简阳市国土资源局官方微博“@ 简阳国土”（UID：6095017980）通过微博平台认证，正式上线。

2017 年 5 月 12 日，成都高新区草池镇人民政府官方微博“@ 空港草池”（UID：6233926531）通过微博平台认证，正式上线。

2017 年 5 月 12 日，成都高新区海螺乡人民政府官方微博“@ 海螺政务”（UID：3002404492）通过微博平台认证，正式上线。

2017 年 5 月 12 日，成都高新区三岔镇人民政府官方微博“@ 魅力三岔_ Lake”（UID：6176397930）通过微博平台认证，正式上线。

2017 年 5 月 12 日，成都高新区清风乡人民政府官方微博“@ 清风心之声”（UID：6176861186）通过微博平台认证，正式上线。

2017 年 5 月 12 日，成都高新区新民乡人民政府官方微博“@ 新民官微”（UID：6210612219）通过微博平台认证，正式上线。

2017 年 5 月 12 日，成都高新区董家埂乡人民政府官方微博“@ 魅力水乡董家埂”（UID：6218027848）通过微博平台认证，正式上线。

2017 年 5 月 12 日，成都高新区丹景乡人民政府官方微博“@ 空港新城_ 绿色丹景”（UID：6242791366）通过微博平台认证，正式上线。

2017 年 5 月 12 日，成都高新区坛罐乡人民政府官方微博“@ 金坛罐”（UID：6188738631）通过微博平台认证，正式上线。

2017年5月12日，成都高新区芦葭镇人民政府官方微博“@阳光芦葭”（UID：6234138193）通过微博平台认证，正式上线。

2017年5月15日，国务院办公厅印发《政府网站发展指引》（国办发〔2017〕47号）。《指引》对具备信息发布、解读回应、办事服务、互动交流等功能的网站，与微博等新媒体的融合发展建设做出了系统的技术功能设计规范。“回应信息要主动向各类传统媒体和新媒体平台推送，扩大传播范围，增强互动效果”，适应互联网发展变化和公众使用习惯，“推进政府网站向移动终端、自助终端、热线电话、政务新媒体等多渠道延伸”，为企业和群众提供多样便捷的信息获取和办事渠道。各地区、各部门办公厅（室）要与宣传、网信部门建立政务舆情回应协同机制，及时通过政府网站、新闻媒体和网络媒体等发布回应信息，并同步向政务微博、微信等政务新媒体推送，扩大权威信息传播范围。

2017年5月15日，贵州省贵阳市委讲师团官方微博“@贵阳讲师团官博”（UID：2276369901）通过微博平台认证，正式上线。

2017年5月15日，苍溪县禅林乡人民政府官方微博“@禅林乡”（UID：6229490126）通过微博平台认证，正式上线。

2017年5月15日，重庆市精神卫生中心官方微博“@——重庆市心理卫生中心——”（UID：6231967584）通过微博平台认证，正式上线。

2017年5月15日，重庆万盛经济技术开发区图书馆官方微博“@重庆万盛经济技术开发区图书馆”（UID：6162917536）通过微博平台认证，正式上线。

2017年5月15日，四川省苍溪县龙王镇人民政府官方微博“@苍溪魅力龙王”（UID：6241270736）通过微博平台认证，正式上线。

2017年5月15日，田坪镇人民政府官方微博“@田坪镇”（UID：5935343354）通过微博平台认证，正式上线。

2017年5月15日，普安县地方海事处官方微博“@普安县地方海事处”（UID：6241224283）通过微博平台认证，正式上线。

2017年5月15日，四川省成都市青白江区人和乡南岳村官方微博“@青白江区人和乡南岳村”（UID：6241198366）通过微博平台认证，正式上线。

2017年5月16日，玉屏侗族自治县朱家场镇人民政府官方微博“@朱家场镇政务微博”（UID：6234087854）通过微博平台认证，正式上线。

2017年5月16日，重庆市长寿区卫生和计划生育委员会官方微博“@长寿区卫生计生委”（UID：6238927996）通过微博平台认证，正式上线。

2017年5月16日，中共南充市高坪区农村工作委员会官方微博“@高坪农工委”（UID：6234084653）通过微博平台认证，正式上线。

2017年5月16日，中国共产党广南县委员会宣传部官方微博“@广南宣传”（UID：6238912109）通过微博平台认证，正式上线。

2017年5月16日，合江县白米镇人民政府官方微博“@白米政事”（UID：6240932571）通过微博平台认证，正式上线。

2017年5月16日，玉屏侗族自治县民政局官方微博“@玉屏民政”（UID：6081447619）通过微博平台认证，正式上线。

2017年5月16日，木里藏族自治县环境保护局官方微博“@木里环保”（UID：

6240907776）通过微博平台认证，正式上线。

2017年5月16日，富民县东村镇官方微博“@美丽东村”（UID：3141278723）通过微博平台认证，正式上线。

2017年5月16日，纳雍县民政局官方微博“@纳雍民政”（UID：6232689999）通过微博平台认证，正式上线。

2017年5月16日，中共邛崃市委政法委员会官方微博“@邛崃政法”（UID：6212661538）通过微博平台认证，正式上线。

2017年5月16日，共青团思南县委官方微博“@团思南县委”（UID：6234071776）通过微博平台认证，正式上线。

2017年5月16日，保山市住房公积金管理中心官方微博“@保山市住房公积金管理中心”（UID：5859373038）通过微博平台认证，正式上线。

2017年5月16日，修文县人力资源和社会保障局官方微博“@修文县人社局”（UID：6011828525）通过微博平台认证，正式上线。

2017年5月16日，甘洛县环境保护局官方微博“@甘洛县环境保护局”（UID：6234077214）通过微博平台认证，正式上线。

2017年5月16日，六盘水市财政局官方微博“@凉都－财政”（UID：6237533520）通过微博平台认证，正式上线。

2017年5月16日，青杠坡镇人民政府官方微博“@楠木古镇青杠坡”（UID：6240934247）通过微博平台认证，正式上线。

2017年5月16日，渠县公安局有庆派出所官方微博“@有庆派出所官博”（UID：6237758085）通过微博平台认证，正式上线。

2017年5月17日，新华社受权发布中共中央办公厅国务院办公厅印发的《关于实行国家机关“谁执法谁普法”普法责任制的意见》。《意见》要求，要“注重依托政府网站、专业普法网站和微博、微信、微视频、客户端等新媒体新技术开展普法活动，努力构建多层次、立体化、全方位的法治宣传教育网络”。

2017年5月17日，四川省南充市仪陇县双庆乡人民政府官方微博“@仪陇县双庆乡”（UID：6241482408）通过微博平台认证，正式上线。

2017年5月17日，共青团盐边县委员会官方微博“@盐边团县委”（UID：2951492080）通过微博平台认证，正式上线。

2017年5月17日，合江县大桥镇人民政府官方微博“@魅力大桥”（UID：6235808872）通过微博平台认证，正式上线。

2017年5月17日，万州区气象局官方微博“@万州气象”（UID：6153472692）通过微博平台认证，正式上线。

2017年5月17日，玉屏侗族自治县公安局官方微博“@玉屏police”（UID：6004917936）通过微博平台认证，正式上线。

2017年5月17日，四川省南充市仪陇县立山镇人民政府官方微博“@仪陇县立山镇”（UID：6242985251）通过微博平台认证，正式上线。

2017年5月18日，玉屏侗族自治县工业和商务局官方微博“@玉屏gyhswj4166103”（UID：6240810142）通过微博平台认证，正式上线。

2017年5月18日，云南省昆明市西郊安置所官方微博“@昆明市西郊安置所”（UID：6244493375）通过微博平台认证，正式上线。

2017年5月18日，中共元江县委组织部官方微博“@元江_组织”（UID：3988092815）通过微博平台认证，正式上线。

2017年5月18日，四川省阿坝州茂县县委宣传部官方微博“@微茂县”（UID：6216013831）通过微博平台认证，正式上线。

2017年5月19日，四川省德昌县环境保护局官方微博“@德昌环保”（UID：6244442978）通过微博平台认证，正式上线。

2017年5月19日，四川省凉山州雷波县巴姑乡人民政府官方微博“@雷波县巴姑乡”（UID：6179430292）通过微博平台认证，正式上线。

2017年5月19日，四川省雅安市芦山县龙门乡政府官方微博“@古镇龙门”（UID：6249068841）通过微博平台认证，正式上线。

2017年5月19日，贵州省遵义市公安局交通警察支队四大队官方微博“@南部交警2017”（UID：6235583757）通过微博平台认证，正式上线。

2017年5月22日，云南省环境保护厅官方微博“@云南省环保厅”上线运行。

2017年5月23日，云南省保山市隆阳区司法局官方微博“@隆阳司法行政”（UID：5882472841）通过微博平台认证，正式上线。

2017年5月23日，贵州省安龙县人民检察院官方微博“@安龙检察”（UID：6225312508）通过微博平台认证，正式上线。

2017年5月23日，四川省公安厅交通警察总队高速公路支队广南一大队官方微博“@四川交警高速二支队五大队”（UID：5838247737）通过微博平台认证，正式上线。

2017年5月23日，贵州省赤水市委宣传部官方微博“@中共赤水市委宣传部”（UID：6244051615）通过微博平台认证，正式上线。

2017年5月24日，云南省环境保护厅官方微博“@云南省环保厅”（UID：6115534658）通过微博平台认证，正式上线。

2017年5月24日，重庆市潼南区图书馆官方微博“@潼南区图书馆”（UID：6241251511）通过微博平台认证，正式上线。

2017年5月25日，四川省巴中市南江县关门乡政府官方微博“@关门乡”（UID：2138081545）通过微博平台认证，正式上线。

2017年5月25日，重庆市垫江县图书馆官方微博“@垫江县图书馆”（UID：6250949588）通过微博平台认证，正式上线。

2017年5月25日，贵州省贵阳经济技术开发区官方微博“@贵阳经开区”（UID：6251977048）通过微博平台认证，正式上线。

2017年5月25日，四川省成都市金牛区沙河源街道踏水桥社区官方微博“@踏水桥社区”（UID：2872325813）通过微博平台认证，正式上线。

2017年5月25日，四川省冕宁县环境保护局官方微博“@冕宁环保”（UID：6243981875）通过微博平台认证，正式上线。

2017年5月25日，成都天府新区合江街道罗家坡社区居民委员会官方微博“@天府新区合江街道罗家坡社区”（UID：3196807211）通过微博平台认证，正式上线。

2017年5月25日，贵州省贵阳市修文县公安局交通警察大队官方微博“@修文交警”（UID：2097384050）通过微博平台认证，正式上线。

2017年5月25日，四川省成都天府新区合江街道鹿溪村村委会官方微博“@天府新区合江街道鹿溪村”（UID：6242977457）通过微博平台认证，正式上线。

2017年5月25日，贵州省安顺市关岭县财政局官方微博“@关岭财政”（UID：6244940400）通过微博平台认证，正式上线。

2017年5月26日，最高人民检察院举行“防治校园欺凌，护航未成年人成长”检察开庭日活动，并利用官方微博“@最高人民检察院”（UID：5053469079）进行了全程直播，这也是“@最高人民检察院”首次微博视频直播，5万人同时在线观看，累计播放74万次。

2017年5月26日下午，由光明日报社、中央政法委政法综治信息中心、最高人民法院新闻局、最高人民检察院新闻办、中央网信办移动网络管理局指导，光明网主办、熟人社交软件派派协办的第四届“检法系统新媒体应用案例”推荐活动结果正式揭晓，活动颁奖仪式暨研讨交流会在京举办。会上公布了“十佳新媒体案例”获奖名单，并为获奖单位代表颁奖。

2017年5月26日上午，陕西省宝鸡中级人民法院召开全市法院新闻舆论工作推进会，宝鸡中院政治部各处室负责人、宣教处全体人员、全体微博管理员，各县区法院主管新闻舆论工作的院领导和相关工作负责人共40余人参加会议。

2017年5月26日，四川省简阳市环境保护局官方微博“@简阳环境保护”（UID：6176512925）通过微博平台认证，正式上线。

2017年5月26日，四川省简阳市住房和城乡规划建设局官方微博“@简阳住建”（UID：6228256454）通过微博平台认证，正式上线。

2017年5月26日，四川省简阳市规划局官方微博“@简阳规划”（UID：6209134181）通过微博平台认证，正式上线。

2017年5月26日，四川省成都高新区福田乡人民政府官方微博“@福田乡官微”（UID：6240847840）通过微博平台认证，正式上线。

2017年5月26日，四川省简阳市工商业联合会官方微博“@简阳工商联”（UID：6203051828）通过微博平台认证，正式上线。

2017年5月26日，四川省简阳市发展和改革局官方微博“@简阳发改”（UID：5876978949）通过微博平台认证，正式上线。

2017年5月26日，四川省简阳市民政局官方微博“@简阳民政”（UID：5753782712）通过微博平台认证，正式上线。

2017年5月26日，四川省简阳市教育局官方微博“@简阳教育微博”（UID：6212550814）通过微博平台认证，正式上线。

2017年5月26日，四川省简阳市投资促进局官方微博“@简阳市投资促进局”（UID：6184712410）通过微博平台认证，正式上线。

2017年5月26日，四川省简阳市三合镇人民政府官方微博“@三合微政务”（UID：6240413515）通过微博平台认证，正式上线。

2017年5月26日，四川省简阳市养马镇人民政府官方微博“@养马微政务”（UID：6236912955）通过微博平台认证，正式上线。

2017 年 5 月 26 日，四川省简阳市老君井乡人民政府官方微博“@ 老君井乡”（UID：1594989085）通过微博平台认证，正式上线。

2017 年 5 月 26 日，四川省简阳市云龙镇人民政府官方微博“@ 简阳市云龙镇政务公开”（UID：2471694982）通过微博平台认证，正式上线。

2017 年 5 月 26 日，四川省简阳市灵仙乡人民政府官方微博“@ 灵仙乡”（UID：6219517417）通过微博平台认证，正式上线。

2017 年 5 月 26 日，四川省简阳市踏水镇人民政府官方微博“@ 幸福踏水桥”（UID：6216748548）通过微博平台认证，正式上线。

2017 年 5 月 26 日，四川省简阳市三星镇人民政府官方微博“@ 三星政务”（UID：6224538742）通过微博平台认证，正式上线。

2017 年 5 月 26 日，四川省简阳市人民政府射洪坝街道办事处官方微博“@ 射洪坝街道办事处”（UID：6184504721）通过微博平台认证，正式上线。

2017 年 5 月 26 日，四川省简阳市涌泉镇人民政府官方微博“@ 魅力涌泉”（UID：6205684556）通过微博平台认证，正式上线。

2017 年 5 月 26 日，四川省简阳市平武镇人民政府官方微博“@ 平武资讯”（UID：6220250556）通过微博平台认证，正式上线。

2017 年 5 月 26 日，四川省简阳市壮溪乡人民政府官方微博“@ 壮溪乡”（UID：6204206767）通过微博平台认证，正式上线。

2017 年 5 月 26 日，四川省简阳市平窝乡人民政府官方微博“@ 幸福平窝”（UID：6215108505）通过微博平台认证，正式上线。

2017 年 5 月 26 日，四川省简阳市平泉镇人民政府官方微博“@ 平泉资讯”（UID：5775362061）通过微博平台认证，正式上线。

2017 年 5 月 26 日，四川省简阳市高明乡人民政府官方微博“@ 幸福新高明”（UID：6226062895）通过微博平台认证，正式上线。

2017 年 5 月 26 日，四川省简阳市石盘镇人民政府官方微博“@ 湖韵石盘”（UID：6225156844）通过微博平台认证，正式上线。

2017 年 5 月 26 日，四川省简阳市施家镇人民政府官方微博“@ 简阳市施家镇”（UID：3104811671）通过微博平台认证，正式上线。

2017 年 5 月 26 日，四川省简阳市贾家镇人民政府官方微博“@ 简阳贾家在线”（UID：6225026827）通过微博平台认证，正式上线。

2017 年 5 月 26 日，四川省简阳市安乐乡人民政府官方微博“@ 安乐那些事儿”（UID：6220510618）通过微博平台认证，正式上线。

2017 年 5 月 26 日，四川省简阳市宏缘乡人民政府官方微博“@ 宏缘微政务”（UID：6224793888）通过微博平台认证，正式上线。

2017 年 5 月 26 日，四川省简阳市五指乡人民政府官方微博“@ 简阳五指”（UID：6215203529）通过微博平台认证，正式上线。

2017 年 5 月 26 日，四川省简阳市镇金镇人民政府官方微博“@ 和谐镇金”（UID：6226026149）通过微博平台认证，正式上线。

2017 年 5 月 26 日，四川省成都市郫都区工业港官方微博“@ 成都现代工业港”（UID：

3951747159）通过微博平台认证，正式上线。

2017年5月26日，四川省简阳市平息乡人民政府官方微博“@美丽平息”（UID：6156037969）通过微博平台认证，正式上线。

2017年5月26日，四川省简阳市禾丰镇人民政府官方微博“@禾丰政务”（UID：6225966534）通过微博平台认证，正式上线。

2017年5月26日，四川省简阳市东溪镇人民政府官方微博“@幸福东溪镇”（UID：6210608395）通过微博平台认证，正式上线。

2017年5月26日，四川省简阳市永宁乡人民政府官方微博“@永宁乡-资讯”（UID：1789780914）通过微博平台认证，正式上线。

2017年5月26日，四川省成都市郫都区市场监督管理局官方微博“@郫都区市场和质量监管局”（UID：5036325932）通过微博平台认证，正式上线。

2017年5月26日，四川省成都市郫都区德源镇人民政府官方微博“@郫都区德源镇”（UID：3618146422）通过微博平台认证，正式上线。

2017年5月26日，四川省成都市郫都区科学技术协会官方微博“@郫都区科协”（UID：3756156984）通过微博平台认证，正式上线。

2017年5月26日，四川省成都市郫都区新民场镇人民政府官方微博“@亲净新民场”（UID：2690740113）通过微博平台认证，正式上线。

2017年5月26日，四川省成都市郫都区三道堰镇人民政府官方微博“@水乡三道堰”（UID：2878183000）通过微博平台认证，正式上线。

2017年5月26日，四川省乐山市沙湾区教育科学技术局官方微博“@乐山市沙湾区沙湾区”（UID：6224846919）通过微博平台认证，正式上线。

2017年5月26日，贵州省仁怀市旅游局官方微博“@仁怀旅游-局”（UID：6253387370）通过微博平台认证，正式上线。

2017年5月26日，云南省曲靖市公安局麒麟分局文华派出所官方微博“@文华派出所”（UID：6256728548）通过微博平台认证，正式上线。

2017年5月26日，贵州省铜仁市石阡县委办公室官方微博“@石阡县委办公室”（UID：6249821830）通过微博平台认证，正式上线。

2017年5月26日，四川省成都市郫都区委员会统一战线工作部官方微博“@郫都区委员会统一战线工作部”（UID：3769162312）通过微博平台认证，正式上线。

2017年5月26日，共青团大竹县委官方微博“@大竹县团委”（UID：2742255413）通过微博平台认证，正式上线。

2017年5月26日，四川省绵阳市三台县地方志官方微博“@三台县地方志”（UID：2362864774）通过微博平台认证，正式上线。

2017年5月26日，四川省阿坝州九寨沟县森林公安局官方微博“@九寨森警”（UID：6253043861）通过微博平台认证，正式上线。

2017年5月26日，贵州省黔西南布依族苗族自治州民政局官方微博“@黔西南州民政工作”（UID：6182460479）通过微博平台认证，正式上线。

2017年5月26日，四川省内江市教育局官方微博“@内江教育nj”（UID：6245005835）通过微博平台认证，正式上线。

2017 年 5 月 26 日，云南省泸水市环境保护局官方微博“@ 泸水市环境保护局”（UID：6253122331）通过微博平台认证，正式上线。

2017 年 5 月 27 日，中共中央宣传部、中共中央组织部、中央网信办联合印发《关于规范党员干部网络行为的意见》（中宣发〔2017〕20 号）。《意见》明确：“网络行为是党员干部言行的重要组成部分。党员干部要发挥模范带头作用，走好网上群众路线，规范网络行为，促进形成健康向上、风清气正的网络环境。”《意见》要求，党员干部在网络上要严守政治纪律和政治规矩，党员干部不准参与以下网络传播行为：发表违背党的基本路线，否定四项基本原则，歪曲党的政策，或者其他有严重政治问题的文章、演说、宣言、声明等；妄议中央大政方针，破坏党的集中统一；丑化党和国家形象，诋毁、污蔑党和国家领导人，歪曲党史、国史、军史，抹黑革命先烈和英雄模范；制造、传播各类谣言特别是政治类谣言，散布所谓“内部”消息和小道消息；出版、购买、传播非法出版物；宣扬封建迷信、淫秽色情；制作、传播其他有严重问题的文章、言论、音视频等信息内容。党员干部不得参加以下网络活动：组织、参加反对党的理论和路线方针政策的网络论坛、群组、直播等活动；通过网络组党结社，参与和动员不法串联、联署、集会等网上非法组织、非法活动；参与网上宗教活动、邪教活动，纵容和支持宗教极端势力、民族分裂势力、暴力恐怖势力及其活动；利用网络泄露党和国家秘密；浏览、访问非法和反动网站等。《意见》明确：“严格规范党员干部在网络平台以职务身份注册账号行为。党员干部以职务身份在微博、微信、网络直播、论坛社区等境内外网络平台上注册账号、建立群组的，应当向所在党组织报告。”《意见》同时指出，党员干部应当履行举报监督的义务，各级党组织要切实加强对党员干部网络行为的教育、引导和管理。

2017 年 5 月 31 日，中华人民共和国澳门特别行政区官方微博“@ 澳门特区发布”上线运行。23 时 22 分发布上线通告：“‘澳门特区发布’今天开通了！不论是在澳门生活过的您，还是每年来澳的 3000 万游客中的每一位，亦或还未到过澳门却时刻关注着她的朋友，‘澳门特区发布’奉上的新鲜而权威的资讯，会让您看到‘一国两制’下澳门成长的点滴，倾听到澳门的故事，感受到澳门人的情怀，让我们携手共同描绘澳门美好的未来！”

2017 年 5 月 31 日，在“六一”国际儿童节来临之际，北京市海淀区人民法院官方微博“@ 北京海淀法院”（UID：3927469685）邀请未成年人案件审判庭孙欣法官做客微博直播，介绍未成年人案件中发现的常见安全风险。

2017 年 5 月 31 日，云南省临沧市双江县环保局官方微博“@ 双江环保”（UID：5249370503）通过微博平台认证，正式上线。

2017 年 5 月 31 日，四川省什邡市司法局官方微博“@ 什邡司法”（UID：3947817093）通过微博平台认证，正式上线。

2017 年 5 月 31 日，贵州省女子强制隔离戒毒所官方微博“@ 贵州省女子强戒所”（UID：6227370289）通过微博平台认证，正式上线。

2017 年 5 月 31 日，四川省巴中市通江县安全生产监督管理局官方微博“@ 通江安监”（UID：6256044292）通过微博平台认证，正式上线。

2017 年 5 月 31 日，四川省宜宾市高县卫生计生局官方微博“@ 高县卫计”（UID：6249038192）通过微博平台认证，正式上线。

2017 年 5 月 31 日，四川省雅安市雨城区统计局官方微博“@ 雅安雨城统计”（UID：

5860120708）通过微博平台认证，正式上线。

2017 年 5 月 31 日，云南省普洱市委政法委员会官方微博“@ 长安普洱”（UID：6253582464）通过微博平台认证，正式上线。

2017 年 5 月 31 日，云南省楚雄市南华县沙桥镇委员会团委官方微博“@ 南华县沙桥镇团委”（UID：5974098970）通过微博平台认证，正式上线。

2017 年 5 月 31 日，四川省巴中市通江县诺水河镇人民政府官方微博“@ 醉美诺水”（UID：5930387555）通过微博平台认证，正式上线。

2017 年 5 月 31 日，重庆市北碚区博物馆官方微博“@ 重庆市北碚区博物馆”（UID：6261505966）通过微博平台认证，正式上线。

2017 年 5 月 31 日，云南省临沧市耿马傣族佤族自治县司法局官方微博“@ 耿马普法微博”（UID：6261417565）通过微博平台认证，正式上线。

2017 年 5 月 31 日，四川省成都市郫都区供销合作社联合社官方微博“@ 郫都供销”（UID：3772776072）通过微博平台认证，正式上线。

2017 年 5 月 31 日，四川省达州市达川区图书馆官方微博“@ 达川区图书馆”（UID：6169985091）通过微博平台认证，正式上线。

六月

2017 年 6 月 1 日，《中华人民共和国网络安全法》开始实施，这是我国第一部全面规范网络空间安全管理方面的基础性法律，内容包括网络空间主权原则、网络产品和服务提供者的安全义务、网络运营者的安全义务、个人信息保护、关键信息基础设施保护、关键信息基础设施重要数据跨境传输等方面。第 47 条规定：“网络运营者应当加强对其用户发布的信息的管理，发现法律、行政法规禁止发布或者传输的信息的，应当立即停止传输该信息，采取消除等处置措施，防止信息扩散，保存有关记录，并向有关主管部门报告。”

2017 年 6 月 1 日，新颁布的《互联网新闻信息服务管理规定》正式施行。新规定明确了互联网新闻信息服务的许可、运行、监督检查、法律责任等，并将各类新媒体纳入管理范畴。新修订的规定提出，通过互联网站、应用程序、论坛、博客、微博客、公众账号、即时通信工具、网络直播等形式向社会公众提供互联网新闻信息服务，应当取得互联网新闻信息服务许可，禁止未经许可或超越许可范围开展互联网新闻信息服务活动。

2017 年 6 月 1 日，四川省绵阳市游仙区人民检察院官方微博“@ 游仙检察”（UID：5401898080）通过微博平台认证，正式上线。

2017 年 6 月 1 日，云南省大理市人民检察院官方微博“@ 大理市检院”（UID：6253560285）通过微博平台认证，正式上线。

2017 年 6 月 1 日，四川省凉山彝族自治州金阳县环境保护局官方微博“@ 金阳环保”（UID：6256131608）通过微博平台认证，正式上线。

2017 年 6 月 1 日，云南省文山砚山司法局官方微博“@ 砚山法治在线”（UID：6256997126）通过微博平台认证，正式上线。

2017 年 6 月 1 日，四川省广元市旺苍县委群众工作局官方微博“@ 旺苍群工”（UID：6259785023）通过微博平台认证，正式上线。

2017 年 6 月 1 日，云南红河弥勒市西三镇戈西村民委员会官方微博“@ 美丽戈西”（UID：6259708385）通过微博平台认证，正式上线。

2017年6月1日，四川省遂宁市公安局团委官方微博“@遂宁青春警营”（UID：6240400805）通过微博平台认证，正式上线。

2017年6月1日，四川省凉山市雷波县环境保护局官方微博“@雷波环保”（UID：6172058221）通过微博平台认证，正式上线。

2017年6月1日，四川省凉山市盐源县环境保护局官方微博“@盐源环保”（UID：6248456786）通过微博平台认证，正式上线。

2017年6月1日，四川省巴中市南江县坪河镇人民政府官方微博“@南江县坪河镇”（UID：6261095675）通过微博平台认证，正式上线。

2017年6月1日，四川省凉山市布拖县环境保护局官方微博“@布拖县环境保护局”（UID：6261082248）通过微博平台认证，正式上线。

2017年6月3日，河南省环境保护厅宣教中心官方微博“@河南环境”上线运行。9时26分，发布上线通告：“大家好！河南省环境保护厅‘@河南环境’微博、微信正式上线啦！河南省环境保护厅的主要任务是推动污染减排，助力环境攻坚，不断改善河南环境质量，传播环保理念、倡导生态文明，打赢环境攻坚、共建美丽河南。希望这个微博能给网友提供更多的环保资讯，为所有关注河南环境的朋友服务，为推动河南环保事业发展助力。”

2017年6月4日，贵州省铜仁市思南县张家寨镇人民政府外宣网“@生态茶乡”（UID：6187969264）通过微博平台认证，正式上线。

2017年6月4日，贵州省思南县香坝镇人民政府官方微博“@仁义香坝”（UID：6267632692）通过微博平台认证，正式上线。

2017年6月4日，贵州省铜仁市思南县鹦鹉溪镇人民政府官方微博“@园林鹦鹉”（UID：6267648324）通过微博平台认证，正式上线。

2017年6月4日，贵州省清镇市委群众工作委员会官方微博“@清镇市群工委”（UID：6259891629）通过微博平台认证，正式上线。

2017年6月4日，云南省昆明市官渡区环境保护局官方微博“@官渡区环境保护局”（UID：3892717635）通过微博平台认证，正式上线。

2017年6月4日，四川省简阳市金马镇人民政府官方微博“@简阳市金马镇”（UID：6210063334）通过微博平台认证，正式上线。

2017年6月4日，四川省简阳市青龙镇人民政府官方微博“@和谐青龙”（UID：6228216895）通过微博平台认证，正式上线。

2017年6月6日，云南省怒江州泸水市人民检察院官方微博“@泸水检察”（UID：5973705043）通过微博平台认证，正式上线。

2017年6月6日，贵州省铜仁市思南县卫生监督局官方微博“@思南县卫生监督局”（UID：6264985482）通过微博平台认证，正式上线。

2017年6月6日，禄丰县教育局官方微博“@禄丰教育”（UID：6266247926）通过微博平台认证，正式上线。

2017年6月6日，四川省德阳市中江图书馆官方微博“@中江图书馆”（UID：6265117315）通过微博平台认证，正式上线。

2017年6月6日，贵州省贵阳市修文县大石布依族乡官方微博“@贵州省修文县大石布依乡”（UID：6267890501）通过微博平台认证，正式上线。

2017 年 6 月 6 日，四川省凉山市会理县环境保护局官方微博“@ 会理环保”（UID：6264090761）通过微博平台认证，正式上线。

2017 年 6 月 6 日，四川省成都天府新区华阳街道通济桥社区官方微博“@ 天府华阳通济桥社区”（UID：6226689119）通过微博平台认证，正式上线。

2017 年 6 月 6 日，贵州省遵义市住房和城乡建设局官方微博“@ 遵义市住建局”（UID：6260489022）通过微博平台认证，正式上线。

2017 年 6 月 6 日，四川省巴中市平昌县金宝新区管理委员会官方微博“@ 金宝新区管委会 V”（UID：6253022860）通过微博平台认证，正式上线。

2017 年 6 月 8 日，最高人民检察院第十二届检察委员会第六十五次会议审议通过《最高人民检察院关于实行检察官以案释法制度的规定》，2017 年 6 月 28 日印发，自发布之日起施行。《最高人民检察院关于实行检察官以案释法制度的规定（试行）》同时废止。新《规定》之第十六条明确：“人民检察院向社会公众以案释法可以通过下列方式进行：（一）利用公开发行的报刊、广播电台和电视台等传统媒体开展以案释法；（二）利用检察官方微博、微信、微视频、客户端等新媒体开展以案释法；（三）利用检务大厅、检察案件信息公开平台发布相关信息开展以案释法；（四）召开新闻发布会开展以案释法；（五）通过案件公开复查、举行听证会、建立警示教育基地等开展以案释法；（六）组织普法讲师团、普法志愿者进机关、进乡村、进社区、进学校、进企业、进单位开展以案释法；（七）通过其他方式开展以案释法。”

2017 年 6 月 10 日，四川省巴中市通江县统计局官方微博“@ 通江统计 2017”（UID：6268274532）通过微博平台认证，正式上线。

2017 年 6 月 10 日，四川省南充市教育和体育局官方微博“@ 南充教体”（UID：6132511966）通过微博平台认证，正式上线。

2017 年 6 月 10 日，四川省巴中市南江县杨坝镇人民政府官方微博“@ 南江县杨坝镇”（UID：6268260333）通过微博平台认证，正式上线。

2017 年 6 月 10 日，四川省巴中市南江县黑潭乡人民政府官方微博“@ 南江县黑潭乡”（UID：6135538256）通过微博平台认证，正式上线。

2017 年 6 月 10 日，四川省巴中市通江县城市管理行政执法大队官方微博“@ 通江县城市管理行政执法大队”（UID：6272945902）通过微博平台认证，正式上线。

2017 年 6 月 10 日，四川省巴中市南江县红岩乡人政府官方微博“@ 南江县红岩乡人民政府”（UID：6272650139）通过微博平台认证，正式上线。

2017 年 6 月 10 日，贵州省遵义市凤冈县图书馆官方微博“@ 凤冈县图书馆”（UID：6276131946）通过微博平台认证，正式上线。

2017 年 6 月 10 日，云南省昭通市盐津县人民检察院官方微博“@ 盐津检察”（UID：5973986296）通过微博平台认证，正式上线。

2017 年 6 月 10 日，云南省楚雄州禄丰县人民检察院官方微博“@ 禄丰检察”（UID：5974021484）通过微博平台认证，正式上线。

2017 年 6 月 10 日，四川省巴中市通江县委农工委官方微博“@ 通江县委农工委”（UID：6270108883）通过微博平台认证，正式上线。

2017 年 6 月 10 日，四川省巴中双泉乡人民政府外宣官方微博“@ 双泉乡政务中心”

（UID：5971307847）通过微博平台认证，正式上线。

2017年6月11日，贵州省铜仁市玉屏侗族自治县人民政府皂角坪街道办事处官方微博“@皂角坪街道办事处”（UID：5849156990）通过微博平台认证，正式上线。

2017年6月11日，云南省红河开远铁路运输检察院官方微博“@开远铁路运输检察院”（UID：5973887066）通过微博平台认证，正式上线。

2017年6月11日，云南省人民检察院昆明铁路运输分院官方微博“@昆明铁路运输检察分院”（UID：5969109811）通过微博平台认证，正式上线。

2017年6月11日，贵州省黔南市惠水县公安消防大队官方微博“@惠水消防119”（UID：6034038785）通过微博平台认证，正式上线。

2017年6月11日，四川省宜宾市公安局南溪区分局交通管理大队官方微博“@南溪交警”（UID：6270937510）通过微博平台认证，正式上线。

2017年6月11日，四川省巴中市通江县春在乡人民政府官方微博“@春在乡”（UID：6274941659）通过微博平台认证，正式上线。

2017年6月11日，四川省南充市农牧业局官方微博“@南充农牧”（UID：6272123317）通过微博平台认证，正式上线。

2017年6月11日，四川省甘孜得荣县气象局官方微博“@得荣气象”（UID：5822622101）通过微博平台认证，正式上线。

2017年6月11日，贵州省黔东南苗族侗族自治州民政局官方微博“@黔东南民政”（UID：6269422562）通过微博平台认证，正式上线。

2017年6月11日，云南省保山市龙陵县人民检察院官方微博“@龙陵县检察院”（UID：2368908900）通过微博平台认证，正式上线。

2017年6月11日，四川省凉山市木里县司法局官方微博“@法治木里”（UID：6207938129）通过微博平台认证，正式上线。

2017年6月11日，四川省巴中市通江县两河口镇人民政府官方微博“@通江县两河口镇”（UID：5819788343）通过微博平台认证，正式上线。

2017年6月11日，四川省成都市郫都区委机构编制委员会办公室官方微博“@郫都编办”（UID：3514314744）通过微博平台认证，正式上线。

2017年6月12日，新华社受权发布中共中央、国务院公布的《关于加强和完善城乡社区治理的意见》。《意见》强调，要增强社区信息化应用能力，依托“互联网+政务服务”相关重点工程，加快城乡社区公共服务综合信息平台建设，实现一号申请、一窗受理、一网通办，强化“一门式”服务模式的社区应用。实施“互联网+社区”行动计划，加快互联网与社区治理和服务体系的深度融合，运用社区论坛、微博、微信、移动客户端等新媒体，引导社区居民密切日常交往、参与公共事务、开展协商活动、组织邻里互助，探索网络化社区治理和服务新模式。《意见》要求，完善政策标准体系和激励宣传机制，“充分发挥报刊、广播、电视等新闻媒体和网络新媒体作用”，广泛宣传城乡社区治理创新做法和突出成效，营造全社会关心、支持、参与城乡社区治理的良好氛围。

2017年6月12日，吉林省人民政府办公厅发布《关于进一步加强全省政务舆情回应工作的通知》（吉政办函〔2017〕119号）。《通知》规定，对涉及特别重大、重大突发事件的政务舆情，最迟5小时内发布权威信息、24小时内举行新闻发布会，对其他政务舆情应在48小时内予以回应，并根据工作进展情况，持续发布权威信息。各地各部门要围绕舆论关注的焦点、热点和关键问题，及时表明立场态度、实事求是发出权威声音。通过召开新闻发布会或吹风会、接受媒体采访、在线访谈等方式进行回应。同时，要充分利用政务微博、微信和移动客户端等新媒体平台，提升回应信息的到达率。

2017年6月14日，教育部关于印发《普通高等学校健康教育指导纲要》的通知（教体艺〔2017〕5号）。《纲要》指出，要拓展健康教育载体，充分利用广播、宣传栏、学生社团活动、校园网络、微博、微信等传统媒体和新兴媒体，经常性开展健康教育宣传活动。结合各种卫生主题宣传日，集中开展各类卫生主题宣传教育活动。结合阶段性、季节性疾病预防，以防病为切入点，传播健康生活方式及疾病预防知识和技能。

2017年6月17日，由中国青年政治学院、北京大学新媒体研究院主办，中国青年政治学院新闻传播学院新媒体与青年发展中心承办的2017年“新媒体与青年工作创新研讨会”在中国青年政治学院举行。中国青年政治学院副校长林维教授、北京大学新媒体研究院院长谢新洲教授出席会议并致辞。

2017年6月18日，四川省广元市利州区环境保护局官方微博“@利州环保”（UID：6272598740）通过微博平台认证，正式上线。

2017年6月18日，四川省南充市质量技术监督局官方微博“@南充质监”（UID：5361657351）通过微博平台认证，正式上线。

2017年6月18日，贵州省清镇市工信局官方微博“@清镇市工－信－局”（UID：5593753549）通过微博平台认证，正式上线。

2017年6月18日，四川省南充市公共资源交易中心官方微博“@南充市交易中心”（UID：6215609578）通过微博平台认证，正式上线。

2017年6月18日，四川省甘孜藏族自治州乡城县文化旅游和广播影视局官方微博“@香巴拉乡城旅游”（UID：6269669924）通过微博平台认证，正式上线。

2017年6月18日，贵州省清镇市国土资源局官方微博“@清镇市国土资源”（UID：6272203649）通过微博平台认证，正式上线。

2017年6月18日，四川省南充市委防范和处理邪教问题领导小组办公室官方微博“@嘉韵南风”（UID：6251983997）通过微博平台认证，正式上线。

2017年6月18日，四川省巴中市红光镇人民政府官方微博“@红光－镇在－线”（UID：6276328419）通过微博平台认证，正式上线。

2017年6月18日，云南省昭通市威信县环境保护局官方微博“@威信县环－境－保－护－局”（UID：1149243014）通过微博平台认证，正式上线。

2017年6月18日，四川省绵阳市涪城区工区街道绵江社区居民委员会官方微博“@幸福绵江”（UID：6272746103）通过微博平台认证，正式上线。

2017年6月18日，贵州省黔西南册亨县委宣传部官方微博“@册亨头条”（UID：5084187407）通过微博平台认证，正式上线。

2017年6月20日，四川省成都市双流区科技和新经济发展局官方微博“@双流科新”（UID：2809541965）通过微博平台认证，正式上线。

2017年6月23日，甘肃省环境保护厅官方微博“@甘肃环境”上线运行。

2017 年 6 月 24 日，四川省巴中市南江县沙河镇人民政府官方微博“@ 南江县沙河镇官博”（UID：5328216776）通过微博平台认证，正式上线。

2017 年 6 月 24 日，重庆市永川区图书馆官方微博“@ 重庆市永川区图书馆”（UID：6269718355）通过微博平台认证，正式上线。

2017 年 6 月 24 日，贵州六盘水市钟山区总工会官方微博“@ zsqgh1988”（UID：2684460263）通过微博平台认证，正式上线。

2017 年 6 月 24 日，贵州省遵义市公安局新蒲分局网安大队官方微博“@ 新蒲网巡 Police”（UID：6215155197）通过微博平台认证，正式上线。

2017 年 6 月 24 日，四川省彭州市关工委官方微博“@ 彭州市关工委”（UID：6237161627）通过微博平台认证，正式上线。

2017 年 6 月 24 日，贵州省兴义市民政局官方微博“@ 兴义市民政局”（UID：6280314522）通过微博平台认证，正式上线。

2017 年 6 月 24 日，四川省南充市大学中专招生委员会办公室官方微博“@ 南充市招生办”（UID：6276965547）通过微博平台认证，正式上线。

2017 年 6 月 24 日，四川省简阳市雷家乡人民政府官方微博“@ 简阳市雷家乡”（UID：6226597411）通过微博平台认证，正式上线。

2017 年 6 月 24 日，贵州省遵义市正安县民政局官方微博“@ 正安县民政”（UID：6226060567）通过微博平台认证，正式上线。

2017 年 6 月 24 日，贵州省毕节市民政局官方微博“@ 毕节民政动态”（UID：6022723339）通过微博平台认证，正式上线。

2017 年 6 月 24 日，重庆市长江涪陵航道处官方微博“@ 长江涪陵航道处”（UID：6233301668）通过微博平台认证，正式上线。

2017 年 6 月 24 日，重庆市人民检察院第二分院官方微博“@ 重庆检察二分院”（UID：6130298260）通过微博平台认证，正式上线。

2017 年 6 月 24 日，四川省简阳市水务局官方微博“@ 简阳水务局”（UID：6224459462）通过微博平台认证，正式上线。

2017 年 6 月 24 日，四川省简阳市科学技术协会官方微博“@ 简阳科普”（UID：2820699785）通过微博平台认证，正式上线。

2017 年 6 月 24 日，四川省简阳市新星乡人民政府官方微博“@ 简阳市新星乡”（UID：5596814956）通过微博平台认证，正式上线。

2017 年 6 月 24 日，四川省简阳市石桥镇人民政府官方微博“@ 古镇石桥”（UID：6231965009）通过微博平台认证，正式上线。

2017 年 6 月 24 日，四川省简阳市公共资源交易中心官方微博“@ 简阳市公共资源交易”（UID：6208956486）通过微博平台认证，正式上线。

2017 年 6 月 24 日，四川省简阳市工商行政管理和质量技术监督局官方微博“@ 简阳市工商质监”（UID：6272601410）通过微博平台认证，正式上线。

2017 年 6 月 24 日，四川省简阳市商务局官方微博“@ 简阳商务”（UID：6212957149）通过微博平台认证，正式上线。

2017 年 6 月 24 日，四川省简阳市农林局官方微博“@ 简阳农林”（UID：6208505602）

通过微博平台认证，正式上线。

2017年6月24日，四川省简阳市老龙乡人民政府官方微博“@和谐老龙乡”（UID：6212798441）通过微博平台认证，正式上线。

2017年6月24日，四川省简阳市人民政府杨柳街道办事处官方微博“@魅力杨柳”（UID：6235484066）通过微博平台认证，正式上线。

2017年6月24日，四川省简阳市石钟镇人民政府官方微博“@水乡石钟”（UID：6228562728）通过微博平台认证，正式上线。

2017年6月24日，四川省简阳市普安乡人民政府官方微博“@魅力普安”（UID：6228220378）通过微博平台认证，正式上线。

2017年6月24日，四川省简阳市同合乡人民政府官方微博“@同合乡”（UID：6102677536）通过微博平台认证，正式上线。

2017年6月24日，四川省简阳市望水乡人民政府官方微博“@幸福望水乡”（UID：1708299232）通过微博平台认证，正式上线。

2017年6月24日，四川省简阳市飞龙乡人民政府官方微博“@金色飞龙乡”（UID：6210317952）通过微博平台认证，正式上线。

2017年6月25日，贵州省黔南三都水族自治县公安局公共信息网络安全监察大队官方微博“@三都网安”（UID：5611965295）通过微博平台认证，正式上线。

2017年6月25日，贵州省贵阳市息烽县土地矿产资源储备中心官方微博“@息烽土储”（UID：6274933451）通过微博平台认证，正式上线。

2017年6月25日，四川省南充市蓬安县兴旺镇人民政府官方微博“@兴旺镇111”（UID：6294316004）通过微博平台认证，正式上线。

2017年6月25日，贵州省铜仁市思南县交通运输局官方微博“@思南交通”（UID：6294024905）通过微博平台认证，正式上线。

2017年6月25日，云南省文山州广南县莲城镇人民政府官方微博“@七彩莲城”（UID：6286612675）通过微博平台认证，正式上线。

2017年6月25日，四川省巴中市恩阳区文治街道办事处官方微博“@文治街道办事处”（UID：6286461638）通过微博平台认证，正式上线。

2017年6月25日，贵州省清镇市委员会办公室官方微博“@清镇市政协－1513”（UID：6290909308）通过微博平台认证，正式上线。

2017年6月25日，贵州省遵义仁怀市图书馆官方微博“@仁怀市图书馆微博”（UID：6284582525）通过微博平台认证，正式上线。

2017年6月25日，贵州省黔东南剑河县委员会官方微博“@共－青－团剑河县委”（UID：5239675999）通过微博平台认证，正式上线。

2017年6月25日，贵州省黔南长顺县公安消防大队官方微博“@长顺县gongan消防大队”（UID：6292260918）通过微博平台认证，正式上线。

2017年6月25日，贵州省黔东南镇远县民政局官方微博“@镇远县民政”（UID：6290672463）通过微博平台认证，正式上线。

2017年6月25日，云南省昆明市石林风景名胜区管理局官方微博“@吃喝玩乐新石林”（UID：6290654140）通过微博平台认证，正式上线。

2017年6月25日，云南省玉溪市环境保护局官方微博“@玉溪环保”（UID：5883401309）通过微博平台认证，正式上线。

2017年6月25日，四川省成都市金牛区驷马桥街道工人村社区官方微博“@金牛区驷马桥街道工人村社区”（UID：2755366251）通过微博平台认证，正式上线。

2017年6月25日，四川省广元市利州区工业集中发展区管理委员会官方微博“@利州工业集中发展区管委会”（UID：5662736205）通过微博平台认证，正式上线。

2017年6月25日，贵州省毕节市金沙县民政局官方微博“@金沙民政”（UID：6224870855）通过微博平台认证，正式上线。

2017年6月25日，云南省昆明市嵩明县城市管理综合行政执法局官方微博“@嵩明县城市管理综合行政执法局”（UID：6275082858）通过微博平台认证，正式上线。

2017年6月25日，贵州省清镇市卫生和计划生育局官方微博“@健康清镇”（UID：6289393679）通过微博平台认证，正式上线。

2017年6月25日，贵州省仁怀市民政局官方微博“@仁怀民政”（UID：6244853624）通过微博平台认证，正式上线。

2017年6月25日，贵州省毕节市威宁自治县五里岗街道妇女联合会官方微博“@威宁自治县五里岗街道妇女联合会”（UID：6289267014）通过微博平台认证，正式上线。

2017年6月25日，重庆市人民政府征兵办公室官方微博“@重庆征兵”（UID：5595827822）通过微博平台认证，正式上线。

2017年6月25日，四川省巴中市平昌县食品药品监督管理局官方微博“@平昌食药监”（UID：5208584713）通过微博平台认证，正式上线。

2017年6月25日，贵州省黔东南天柱县民政局官方微博“@天柱民政”（UID：6279162546）通过微博平台认证，正式上线。

2017年6月25日，贵州省安顺市关岭自治县图书馆官方微博“@关岭自治县图书馆”（UID：6228909155）通过微博平台认证，正式上线。

2017年6月25日，贵州省遵义市习水县图书馆官方微博“@习水县图书馆”（UID：6279055205）通过微博平台认证，正式上线。

2017年6月25日，重庆市石柱土家自治县黄水镇人民政府官方微博“@黄水微政务”（UID：6273960063）通过微博平台认证，正式上线。

2017年6月25日，贵州省黔东南剑河县民政局官方微博“@剑河民政”（UID：6276352148）通过微博平台认证，正式上线。

2017年6月25日，四川省巴中市通江县澌波乡人民政府官方微博“@通江澌波”（UID：5938115990）通过微博平台认证，正式上线。

2017年6月25日，贵州省毕节市黔西县民政局官方微博“@黔西县民政”（UID：3027363317）通过微博平台认证，正式上线。

2017年6月25日，四川省成都市金牛区天回镇街道万圣社区居民委员会官方微博“@万圣新窗”（UID：2843039517）通过微博平台认证，正式上线。

2017年6月25日，贵州省铜仁市思南县国土资源局官方微博“@思南县国土资源局”（UID：6264003859）通过微博平台认证，正式上线。

2017年6月26日，福建省惠安县人民检察院官方微博“@惠安检察”、惠安县人民法院官方微博“@惠安法院”，现场直播了被告人庄某污染环境一案的庭审过程，惠安县环保局执法大队、部分直排企业的企业主以及新闻媒体等60余人参加了旁听。

2017年6月26日，以“共享·智能·移动”为主题的“《新媒体蓝皮书：中国新媒体发展报告（2017）》发布暨新媒体发展研讨会”在京举行。中央网信办网络新闻信息传播局副局长孙凯在发布会的致辞中提出，互联网络与新媒体的研究者要“服务服从国家大局，把握网络传播规律，加强网络治理研究”的三点建议。

2017年6月27日，安徽省环境保护厅官方微博“@安徽环保”上线运行。

2017年6月30日，贵州省黔南布依族苗族自治州三都县消防大队官方微博“@三都消防”（UID：6290136546）通过微博平台认证，正式上线。

七月

2017年7月2日，四川省成都市金牛区驷马桥街道马鞍东路社区官方微博“@金牛区驷马桥街道马鞍东路社区”（UID：2755813411）通过微博平台认证，正式上线。

2017年7月2日，四川省巴中市恩阳区审计局官方微博“@恩阳审计”（UID：6295142051）通过微博平台认证，正式上线。

2017年7月2日，四川省汉王山监狱官方微博“@四川省汉王山监狱”（UID：6268466287）通过微博平台认证，正式上线。

2017年7月2日，贵州省卫生和计划生育委员会官方微博“@健康贵州12320”（UID：5459430413）通过微博平台认证，正式上线。

2017年7月2日，四川省绵阳高新技术产业开发区管理委员会官方微博“@绵-阳-高-新”（UID：6298558173）通过微博平台认证，正式上线。

2017年7月2日，贵州省铜仁市思南县委离退休干部工作局官方微博“@思南县离退局”（UID：6267840935）通过微博平台认证，正式上线。

2017年7月2日，共青团重庆市城口县厚坪乡委员会官方微博“@重庆市城口县厚坪乡团委”（UID：3327287030）通过微博平台认证，正式上线。

2017年7月2日，贵州省贵阳市乌当区水务管理局官方微博“@乌当区水务局”（UID：2740048090）通过微博平台认证，正式上线。

2017年7月2日，重庆市大渡口区图书馆官方微博“@大渡口区图书馆”（UID：6298564484）通过微博平台认证，正式上线。

2017年7月2日，四川省雅安市芦山县清仁乡人民政府官方微博“@清仁乡”（UID：6242036712）通过微博平台认证，正式上线。

2017年7月2日，四川省成都市天府国际生物城官方微博“@成都天府国际生物城”（UID：5186281812）通过微博平台认证，正式上线。

2017年7月2日，四川省邛崃市文君街道办事处官方微博“@文君街道办事处”（UID：3167797657）通过微博平台认证，正式上线。

2017年7月2日，重庆出入境检验检疫局官方微博“@重庆海关出入境检验检疫”（UID：6297659436）通过微博平台认证，正式上线。

2017年7月2日，贵州省黔东南三穗县民政局官方微博“@三穗民政”（UID：6282851609）通过微博平台认证，正式上线。

2017年7月2日，四川省西昌市公安局交通警察大队官方微博“@西昌交警”（UID：

6279092624）通过微博平台认证，正式上线。

2017 年 7 月 2 日，云南省普洱市澜沧拉祜族自治县人民法院官方微博“@澜沧法院”（UID：3963735677）通过微博平台认证，正式上线。

2017 年 7 月 5 日，中共湖南省长沙市委宣传部、中共长沙市直机关工作委员会等五部门联合发布《关于倡导党员干部运用新媒体传播正能量的通知》。通知指出：“微博微信等新媒体已成为当今社会重要的传播媒介，我们向全市广大党员干部郑重倡导：自觉净化朋友圈，利用社交媒体传播正能量。”这是湖南经历了七月初特大暴雨自然灾情与网络舆论“双重灾难”后，及时出台的关于政务新媒体运用的“经验型”规范性文件。

2017 年 7 月 6 日，在湖南省永州市政务新媒体座谈会上，永州市委书记李晖在讲话中说，“不懂新媒体的领导不是合格的领导”，她指出，“现代社会，传播方式已经发生了巨大改变，手机已经成为我们不可分割的一个‘器官’，各级各部门都要善用新媒体、善待新媒体、善管新媒体，用网络语言做好新时期的宣传工作”。李晖还特别指出几个注意事项：希望各级各部门的一把手和宣传部部长都要进一步提高对政务新媒体的认识，加强制度保障建设，可以采取政府购买服务、媒体整合等方式灵活解决体制机制问题，建设好一支专业化、高素养的专职队伍，抓住内容发布这个关键，积极与网民开展互动，策划活动，构建多元化的新媒体矩阵，并加强与上级媒体的合作，突出当前的重点，进行策划报道。

2017 年 7 月 7 日，贵州省遵义市红花岗区交通运输局官方微博“@遵义市红花岗区交通运输局”（UID：6310869370）通过微博平台认证，正式上线。

2017 年 7 月 10 日，重庆铁路运输检察院官方微博“@重庆铁检”（UID：6267870714）通过微博平台认证，正式上线。

2017 年 7 月 10 日，四川省成都市青白江区弥牟镇人民政府火星社区居民委员会官方微博“@弥牟火星社区”（UID：6304842431）通过微博平台认证，正式上线。

2017 年 7 月 10 日，四川大学华西医院皮肤性病科官方微博“@华西医院皮肤性病科”（UID：3035159353）通过微博平台认证，正式上线。

2017 年 7 月 10 日，息烽县民政局官方微博“@息烽县民政局”（UID：6301982005）通过微博平台认证，正式上线。

2017 年 7 月 10 日，中共岳池县委防范和处理邪教问题领导小组办公室官方微博“@岳池反邪”（UID：6297974973）通过微博平台认证，正式上线。

2017 年 7 月 10 日，四川省攀枝花市公安局钒钛高新技术产业开发区分局官方微博“@攀枝花平安钒钛园区”（UID：5186868864）通过微博平台认证，正式上线。

2017 年 7 月 10 日，四川省成都市金牛区沙河源街道陆家桥社区居民委员会官方微博“@陆家桥社区”（UID：6196559041）通过微博平台认证，正式上线。

2017 年 7 月 10 日，铜仁市工商联官方微博“@铜仁市工商联”（UID：6313017736）通过微博平台认证，正式上线。

2017 年 7 月 10 日，威远县人社局官方微博“@威远县人社局”（UID：5323258489）通过微博平台认证，正式上线。

2017 年 7 月 10 日，贵州梵净山国家级自然保护区管理局官方微博“@贵州梵净山保护区”（UID：3863964808）通过微博平台认证，正式上线。

2017 年 7 月 10 日，贵州省榕江县图书馆官方微博“@榕江县图书馆官方微博”（UID：

6299559510）通过微博平台认证，正式上线。

2017年7月10日，贵州省遵义市湄潭县石莲镇人民政府官方微博“@大美石莲”（UID：6310114031）通过微博平台认证，正式上线。

2017年7月11日，贵州省贵阳市乌当区新场镇人民政府官方微博“@乌当区新场镇”（UID：6284303178）通过微博平台认证，正式上线。

2017年7月11日，贵州省遵义市绥阳县人民检察院官方微博“@绥阳检察院”（UID：6159318611）通过微博平台认证，正式上线。

2017年7月11日，广元市城市管理行政执法局利州区分局官方微博“@广元市城管执法局利州区分局”（UID：6301611527）通过微博平台认证，正式上线。

2017年7月11日，富顺县疾病预防控制中心官方微博“@健康大富顺”（UID：6294746511）通过微博平台认证，正式上线。

2017年7月11日，云南省昆明市盘龙区环境保护局官方微博“@昆明市盘龙区环境保护局”（UID：6307134771）通过微博平台认证，正式上线。

2017年7月13日，水城县水库和生态移民局官方微博“@水城县YMJ”（UID：6313632365）通过微博平台认证，正式上线。

2017年7月13日，四川省凉山州青年志愿者协会官方微博“@凉山青志协”（UID：6313993250）通过微博平台认证，正式上线。

2017年7月13日，云南省公安厅高速公路交巡警支队昆武大队官方微博“@昆武微交警”（UID：6315483593）通过微博平台认证，正式上线。

2017年7月13日，重庆市万州区第二次全国地名普查领导小组办公室官方微博“@万州第二次全国地名普查”（UID：5822633434）通过微博平台认证，正式上线。

2017年7月13日，贵州省罗甸县民政局官方微博“@罗甸民政”（UID：6313715622）通过微博平台认证，正式上线。

2017年7月13日，贵州省思南县茶桑局官方微博“@思南晏茶资讯”（UID：5648022007）通过微博平台认证，正式上线。

2017年7月13日，贵州省福泉市卫生和计划生育局官方微博“@福泉市卫生和计划生育局”（UID：5977559305）通过微博平台认证，正式上线。

2017年7月13日，凯里市民政局官方微博“@凯里民政”（UID：6304380652）通过微博平台认证，正式上线。

2017年7月13日，铜仁市住房公积金管理中心官方微博“@铜仁市住房公积金管理中心”（UID：6310864975）通过微博平台认证，正式上线。

2017年7月13日，四川省攀枝花市公安局西区分局官方微博“@攀枝花平安西区”（UID：5762468571）通过微博平台认证，正式上线。

2017年7月14日，安徽省合肥市人民政府办公厅发布政务微博微信标识征集活动评选结果公示。此次活动征集时间自2017年6月5日至2017年6月15日止，共收到标识设计作品30件。经评审，产生采用奖1名，优秀奖4名。公示时间：2017年7月15日至7月21日。

2017年7月14日，富顺县卫生和计划生育局官方微博“@健康富顺”（UID：6294313010）通过微博平台认证，正式上线。

2017 年 7 月 14 日，贵州省丹寨县官方微博“@ 丹寨民政”（UID：6317235729）通过微博平台认证，正式上线。

2017 年 7 月 14 日，长丰土家族乡人民政府官方微博“@ 绿色长丰”（UID：6315565176）通过微博平台认证，正式上线。

2017 年 7 月 16 日，贵州德江经济开发区管理委员会官方微博“@ 贵 - 州 - 德 - 江 - 经 - 开 - 区”（UID：6092045512）通过微博平台认证，正式上线。

2017 年 7 月 16 日，贵州省铜仁市德江县市场监督管理局官方微博“@ DJ - 市场监管”（UID：6317253436）通过微博平台认证，正式上线。

2017 年 7 月 16 日，贵州省榕江县民政局官方微博“@ 榕江民政”（UID：6317238025）通过微博平台认证，正式上线。

2017 年 7 月 16 日，四川省简阳市文化体育广电新闻出版局官方微博“@ 文化简阳”（UID：6244140687）通过微博平台认证，正式上线。

2017 年 7 月 16 日，四川省简阳市周家乡人民政府官方微博“@ 周家乡银杏树”（UID：6228272409）通过微博平台认证，正式上线。

2017 年 7 月 17 日，河北省雄安新区管理委员会官方微博“@ 雄安发布”上线。当晚 20 时 59 分发布上线通告：“7 月 17 日，晴，气温 24℃至 34℃。这里是雄安，这是‘@ 雄安发布’与您的第一次见面。苇绿荷红，正值新区一年中最美的季节，我们相遇在未来之城。‘@ 雄安发布’由中共河北雄安新区工作委员会、河北雄安新区管理委员会主办，河北日报报业集团运营。从今天起，我们将为您带来新区规划建设最新鲜的信息发布、最权威的政策解读、最及时的官方回应和最贴心的互动服务。从‘心’出发，我们将关注着您的关注，关切着您的关切，共同记录、感知新区规划建设的崭新每一页。让我们一起在这里关注雄安、了解雄安、支持雄安、祝福雄安！”

2017 年 7 月 17 日，贵州省德江县水务局官方微博“@ 水润 DeJiang”（UID：6315597712）通过微博平台认证，正式上线。

2017 年 7 月 17 日，南龙乡人民政府官方微博“@ 南龙乡微博”（UID：5610788790）通过微博平台认证，正式上线。

2017 年 7 月 18 日至 19 日，时任中共中央政治局委员、中央政法委书记孟建柱在第八次全国信访工作会议上的讲话中强调：“现代科技快速发展，为信访工作创新带来了前所未有的机遇。要把党的群众工作优势同现代科技应用融合起来，不断提高信访工作信息化水平，让信访制度在新时代焕发新的生机活力。要依托‘互联网 +’技术，打造网上信访中心，提供集网络、电话、短信、APP、微博、微信于一体的多平台、多渠道信息服务矩阵，使群众不出家门就可以提出意见、反映诉求。要运用现代科技再造信访工作流程，建立信访网上投、事项网上办、结果网上评、问题网上督、形势网上判的‘一网式’信访综合管理服务机制，提升信访工作科学化、精细化水平。”

2017 年 7 月 19 日，四川省成都市公安局龙泉驿区分局交警大队二中队官方微博“@ 龙泉交警二中队”（UID：6295157822）通过微博平台认证，正式上线。

2017 年 7 月 19 日，四川省成都市公安局龙泉驿区分局交警大队官方微博“@ 龙泉交警科规静态中队”（UID：6297577991）通过微博平台认证，正式上线。

2017 年 7 月 20 日，四川省简阳市五星乡人民政府官方微博“@ 五星乡微政务”（UID：

6240402704）通过微博平台认证，正式上线。

2017年7月20日，四川省简阳市房地产管理局官方微博“@简阳房管”（UID：6226023736）通过微博平台认证，正式上线。

2017年7月20日，四川省简阳市五合乡人民政府官方微博“@五合乡微政务”（UID：6221932031）通过微博平台认证，正式上线。

2017年7月23日，贵州省铜仁市德江县教育局官方微博“@德-江-教-育”（UID：6315801003）通过微博平台认证，正式上线。

2017年7月23日，开阳县金中镇人民政府官方微博“@开阳金中镇”（UID：6320380099）通过微博平台认证，正式上线。

2017年7月23日，贵州省铜仁市松桃苗族自治县产权交易中心官方微博“@松桃县产权交易中心”（UID：6321581162）通过微博平台认证，正式上线。

2017年7月23日，贵州省铜仁市德江县白果坨国家湿地公园管理局官方微博“@德-江县白果坨国-家湿地公园”（UID：5634473073）通过微博平台认证，正式上线。

2017年7月23日，贵州省铜仁市德江县畜牧业发展中心官方微博“@傩乡畜牧”（UID：6307951611）通过微博平台认证，正式上线。

2017年7月23日，贵州省思南县水库和生态移民局官方微博“@思南县水库和生态移民-局”（UID：6202659882）通过微博平台认证，正式上线。

2017年7月23日，台江县民政局官方微博“@台江民政08”（UID：6314620446）通过微博平台认证，正式上线。

2017年7月23日，四川省简阳市公安消防大队官方微博“@简阳消防119”（UID：6313984551）通过微博平台认证，正式上线。

2017年7月23日，通江气象局官方微博“@通江气象”（UID：1348589061）通过微博平台认证，正式上线。

2017年7月23日，四川省成都市金牛区沙河源街道王贾桥社区官方微博“@沙河源王贾桥社区”（UID：5092794550）通过微博平台认证，正式上线。

2017年7月23日，共青团巫溪县委官方微博“@共青团巫溪县委”（UID：2806749570）通过微博平台认证，正式上线。

2017年7月23日，威远县卫生和计划生育局官方微博“@威远卫生计生”（UID：6273954123）通过微博平台认证，正式上线。

2017年7月23日，巴中市住房公积金管理中心官方微博“@巴中市公积金”（UID：2539511270）通过微博平台认证，正式上线。

2017年7月23日，资阳市人力资源和社会保障局官方微博“@资阳人社”（UID：6315045044）通过微博平台认证，正式上线。

2017年7月23日，巴中市恩阳区万安乡人民政府官方微博“@恩阳万安”（UID：6318031908）通过微博平台认证，正式上线。

2017年7月23日，贵州省贵阳市乌当区新天社区服务中心官方微博“@新天社区服务中心”（UID：5904174303）通过微博平台认证，正式上线。

2017年7月23日，煎茶镇人民政府官方微博“@智慧煎茶”（UID：6315597655）通过微博平台认证，正式上线。

2017年7月23日，丹棱县卫生和计划生育局官方微博“@丹棱县卫计局”（UID：6322654758）通过微博平台认证，正式上线。

2017年7月23日，长宁县消防大队官方微博“@长宁县消防大队宣传”（UID：6145613470）通过微博平台认证，正式上线。

2017年7月23日，四川省宜宾市南溪区环境保护局官方微博“@宜宾市南溪区环境保护”（UID：6087438935）通过微博平台认证，正式上线。

2017年7月23日，四川省成都市成华区精神文明建设办公室官方微博“@文明成华”（UID：6323617498）通过微博平台认证，正式上线。

2017年7月23日，资中县孟塘镇人民政府官方微博“@孟塘之家”（UID：6012677818）通过微博平台认证，正式上线。

2017年7月23日，四川省公安厅刑事侦查局官方微博“@四川刑侦”（UID：6322698586）通过微博平台认证，正式上线。

2017年7月23日，宾川县全面科学素质工作领导小组办公室官方微博“@宾川科素”（UID：5994600639）通过微博平台认证，正式上线。

2017年7月23日，弥渡县人民政府公民科学素质工作领导小组办公室官方微博“@弥渡科素”（UID：5695566121）通过微博平台认证，正式上线。

2017年7月25日，中国共产主义青年团紫云自治县委员会官方微博“@共青紫云”（UID：5869465635）通过微博平台认证，正式上线。

2017年7月25日，贵州省铜仁市德江县林业局官方微博“@DJ林业”（UID：6321564201）通过微博平台认证，正式上线。

2017年7月26日，由公安部交通管理局指导，公安部交通管理科学研究所、高德地图、新浪微博联合主办的2017年（第二届）“互联网+城市交通管理创新”论坛在北京举办。本次论坛以“智交通·大出行·新生态”为主题，共同探讨城市交通管理创新方法和新思想，进一步提升政府职能部门的决策水平和社会服务能力，为智慧交通乃至智慧城市的建设，提供智力支持。论坛期间，“数据创新·服务民生”城市交通管理创新应用和“文明交通·智慧出行”城市交通管理创新宣传两个分论坛亦成功举办。

2017年7月27日，中共乡城县委宣传部官方微博“@乡城V宣传”（UID：5203823380）通过微博平台认证，正式上线。

2017年7月27日，中共四川省成都市青羊区人民政府苏坡街道同瑞社区委员会官方微博“@苏坡街道同瑞社区”（UID：6218540965）通过微博平台认证，正式上线。

2017年7月27日，贵州省毕节市赫章县民政局官方微博“@赫章民政”（UID：6327664204）通过微博平台认证，正式上线。

2017年7月27日，清镇市总工会官方微博“@清镇市总工会”（UID：6307866677）通过微博平台认证，正式上线。

2017年7月27日，贵州省铜仁市德江县委宣传部官方微博“@德-江-宣-传”（UID：6150341367）通过微博平台认证，正式上线。

2017年7月28日，由人民日报新媒体中心、微博、新浪网联合主办的2017政务V影响力峰会在天津滨海新区举行，来自中央网信办、人民日报社、滨海新区和全国各地的政务微博一线运营人员参加了此次峰会，围绕“新标准·新模式·新起点”的主题展开研讨。会上，人民日报社公布了新版“政务指数”评价体系，微博正式宣布推出“政务微博矩阵升级计划”，13家党政机构首批加入。峰会还揭晓了政务服务矩阵、政务服务案例、基层政务微博、创新应用案例、快速响应案例、政务公开案例、服务力话题、知政观察团观察员八大类奖项。微博和人民网舆情监测室还联合发布《2017年上半年人民日报·政务指数微博影响力报告》。

2017年7月28日，德阳市委政法委员会官方微博“@德阳政法”（UID：6323236888）通过微博平台认证，正式上线。

2017年7月29日，贵州省铜仁市德江县新型农村合作医疗管理局官方微博“@德-江新农合”（UID：6315162033）通过微博平台认证，正式上线。

2017年7月29日，剑河县图书馆官方微博“@剑河县图书馆”（UID：6312012675）通过微博平台认证，正式上线。

2017年7月29日，四川省内江市资中县残联官方微博“@资中县残联”（UID：6317708980）通过微博平台认证，正式上线。

八月

2017年8月1日，四川省凉山彝族自治州昭觉县公安局官方微博“@zhaojue110”（UID：6333608427）通过微博平台认证，正式上线。

2017年8月1日，清镇市农业局（清镇市扶贫开发办公室）官方微博“@湖城农业”（UID：6279084656）通过微博平台认证，正式上线。

2017年8月1日，雷山县民政局官方微博“@雷山民政”（UID：6333882799）通过微博平台认证，正式上线。

2017年8月1日，小盘江村村民自治委员会官方微博“@小盘江村”（UID：6333660276）通过微博平台认证，正式上线。

2017年8月1日，中国人民政治协商会议广安市委员会官方微博“@广安政协”（UID：6321372792）通过微博平台认证，正式上线。

2017年8月5日，中共楚雄州委防范和处理邪教问题领导小组办公室官方微博“@楚雄反邪教”（UID：6333590585）通过微博平台认证，正式上线。

2017年8月5日，昭通市反邪教协会官方微博“@昭通反邪教”（UID：6236892510）通过微博平台认证，正式上线。

2017年8月5日，四川省遂宁市船山区科学技术和知识产权局官方微博“@遂宁市船山区科知局”（UID：6331024200）通过微博平台认证，正式上线。

2017年8月5日，资中县陈家镇人民政府官方微博“@资中县陈家镇”（UID：6324833303）通过微博平台认证，正式上线。

2017年8月5日，中国共产主义青年团马尔康市委员会官方微博“@青春马尔康”（UID：3908752781）通过微博平台认证，正式上线。

2017年8月5日，四川省南充市嘉陵区人民检察院官方微博“@嘉陵检察”（UID：5973707140）通过微博平台认证，正式上线。

2017年8月5日，四川省遂宁市船山区残疾人联合会微博“@遂宁市船山区残疾人联合会”（UID：6334263306）通过微博平台认证，正式上线。

2017年8月5日，四川省遂宁市船山区老池乡人民政府官方微博“@遂宁市船山区老池乡”（UID：6217897600）通过微博平台认证，正式上线。

2017年8月5日，共和镇人民政府官方微博“@微行共和”（UID：6310210529）通过微博平台认证，正式上线。

2017年8月5日，四川省南充市群众工局官方微博“@南充市群众工作局”（UID：6335111255）通过微博平台认证，正式上线。

2017年8月5日，四川省遂宁市船山区安全生产监督管理局官方微博“@遂宁船山安监”（UID：6334874376）通过微博平台认证，正式上线。

2017年8月5日，四川省遂宁市船山区河沙镇人民政府官方微博“@遂宁船山区河沙镇”（UID：6330878026）通过微博平台认证，正式上线。

2017年8月5日，广元市利州区回龙河街道办事处官方微博“@利州区回龙河街道办事处”（UID：6329397951）通过微博平台认证，正式上线。

2017年8月5日，文山州防范处理邪教办公室官方微博“@文山反邪教”（UID：6138219079）通过微博平台认证，正式上线。

2017年8月5日，四川省成都市卫生和计划生育宣传教育中心官方微博“@成都市卫计宣教中心”（UID：6331276504）通过微博平台认证，正式上线。

2017年8月5日，开阳县统计局官方微博“@开阳统计”（UID：6315191913）通过微博平台认证，正式上线。

2017年8月5日，中国共产党眉山市东坡区委员会宣传部官方微博“@微东坡”（UID：3748454534）通过微博平台认证，正式上线。

2017年8月5日，四川省南充市发展和改革委员会官方微博“@南充发改”（UID：3193405270）通过微博平台认证，正式上线。

2017年8月6日，大理州鹤庆县人民政府公民科学素质工作领导小组办公室官方微博“@鹤庆科素”（UID：5863949050）通过微博平台认证，正式上线。

2017年8月6日，巴中市恩阳区观音井镇人民政府官方微博“@和谐观音井镇”（UID：6009071272）通过微博平台认证，正式上线。

2017年8月7日，贵州省公安厅刑事侦查总队官方微博“@贵州刑警”（UID：6337136498）通过微博平台认证，正式上线。

2017年8月8日，南部县火峰乡人民政府官方微博“@南部县火峰乡”（UID：6018289011）通过微博平台认证，正式上线。

2017年8月8日，宣传贵州省黔东南州从江县民政局官方微博“@神秘的从江民政”（UID：6335226628）通过微博平台认证，正式上线。

2017年8月8日，重庆市交通行政执法总队高速公路第二支队官方微博“@重庆交通执法高速二支队”（UID：5184623426）通过微博平台认证，正式上线。

2017年8月14日，海南省公安厅官方微博官方微博“@海南警方”上线运行。

2017年8月14日，中江县石笋乡人民政府官方微博“@中江县石笋乡”（UID：6334645702）通过微博平台认证，正式上线。

2017年8月14日，云南省昆明市西山区环境保护局官方微博“@西山区环境保护局”（UID：6254686115）通过微博平台认证，正式上线。

2017年8月14日，云南省德宏州防范和处理邪教问题官方微博“@德宏反邪教”（UID：6340956733）通过微博平台认证，正式上线。

2017年8月14日，四川省攀枝花市东区人民政府官方微博“@攀枝花东区政务”（UID：6324754807）通过微博平台认证，正式上线。

2017年8月15日，蓬安县两路乡人民政府官方微博“@两路乡”（UID：3992517539）通过微博平台认证，正式上线。

2017年8月15日，井研县公安消防大队官方微博“@井研消防119”（UID：5915649120）通过微博平台认证，正式上线。

2017年8月15日，贵州省安顺市环境保护局经济技术开发区分局官方微博“@安顺开发区环保分局”（UID：2952612525）通过微博平台认证，正式上线。

2017年8月15日，通江县民政局官方微博“@通江民政”（UID：6269971860）通过微博平台认证，正式上线。

2017年8月15日，都江堰市公安消防大队官方微博“@成都都江堰消防”（UID：5514833452）通过微博平台认证，正式上线。

2017年8月15日，高县工商行政管理局官方微博“@高州法制工商”（UID：6342661823）通过微博平台认证，正式上线。

2017年8月15日，保山市委防范处理邪教办官方微博“@保山反邪教”（UID：6338095057）通过微博平台认证，正式上线。

2017年8月17日，三圣街道办事处银木街社区官方微博“@三圣银木街社区”（UID：6343180106）通过微博平台认证，正式上线。

2017年8月17日四川省宜宾市屏山县消防大队官方微博“@屏山县消防大队”（UID：6339971891）通过微博平台认证，正式上线。

2017年8月17日，顺庆教育局官方微博“@顺庆JY”（UID：6342895920）通过微博平台认证，正式上线。

2017年8月17日，云南省昆明市东川区环境保护局官方微博“@东川区环境保护局”（UID：6338111983）通过微博平台认证，正式上线。

2017年8月17日，蓬安县蚕业局官方微博“@蓬安蚕业”（UID：6343246954）通过微博平台认证，正式上线。

2017年8月17日，松桃县城市管理行政执法局官方微博“@松桃县城市管理行政执法局”（UID：6339561590）通过微博平台认证，正式上线。

2017年8月17日，云南省昆明市公安局交警支队五大队官方微博“@昆明交警五大队”（UID：6343141349）通过微博平台认证，正式上线。

2017年8月17日，怒江反邪官方微博“@怒江反邪教”（UID：6330730871）通过微博平台认证，正式上线。

2017年8月17日，贵州省第二人民医院整形美容科官方微博“@贵州省二院整形美容科”（UID：6333886806）通过微博平台认证，正式上线。

2017年8月18日，金沙县柳塘镇人民政府官方微博“@爽爽柳塘”（UID：6344658869）通过微博平台认证，正式上线。

2017年8月18日，南部县肖家乡人民政府官方微博“@南部县肖家乡”（UID：

6345152523）通过微博平台认证，正式上线。

2017 年 8 月 18 日，贵州省铜仁市德江县民族和宗教事务局官方微博“@傩城民宗局”（UID：6312062297）通过微博平台认证，正式上线。

2017 年 8 月 18 日，南部县五灵乡人民政府官方微博“@南部县五灵乡”（UID：6342218003）通过微博平台认证，正式上线。

2017 年 8 月 18 日，峨眉山市公安局交警大队官方微博“@峨眉交警大队”（UID：3156034753）通过微博平台认证，正式上线。

2017 年 8 月 18 日，南部县地方志办公室官方微博“@南部县地方志办公室”（UID：5536759657）通过微博平台认证，正式上线。

2017 年 8 月 18 日，四川省南部县柳驿乡人民政府官方微博“@柳驿乡政务”（UID：6346510784）通过微博平台认证，正式上线。

2017 年 8 月 18 日，铜仁市食品药品监督管理局官方微博“@舌尖铜仁微博”（UID：3427038010）通过微博平台认证，正式上线。

2017 年 8 月 18 日，平溪街道办事处官方微博“@平溪街道办事处_ 95235”（UID：6343116481）通过微博平台认证，正式上线。

2017 年 8 月 18 日，贵州省铜仁市德江县共青团官方微博“@青春德 - 江”（UID：6307879038）通过微博平台认证，正式上线。

2017 年 8 月 18 日，南部县政务服务中心官方微博“@南部县政务服务中心”（UID：3013897465）通过微博平台认证，正式上线。

2017 年 8 月 18 日，青龙街道办事处官方微博“@和美青龙”（UID：6317251073）通过微博平台认证，正式上线。

2017 年 8 月 18 日，南部县永定镇官方微博“@南部县永定镇”（UID：6343648997）通过微博平台认证，正式上线。

2017 年 8 月 18 日，彭州市民政局官方微博“@彭州民政”（UID：5840254336）通过微博平台认证，正式上线。

2017 年 8 月 18 日，西双版纳人民政府防范和处理邪教问题办公室官方微博“@西双版纳反邪教”（UID：6013812174）通过微博平台认证，正式上线。

2017 年 8 月 19 日，南部县四龙乡人民政府官方微博“@莲乡四龙”（UID：6342448314）通过微博平台认证，正式上线。

2017 年 8 月 19 日，红河州公安局交通警察支队石红高速公路交巡警大队官方微博“@石红高速公路交巡警大队”（UID：5837753476）通过微博平台认证，正式上线。

2017 年 8 月 19 日，金沙县高坪镇人民政府官方微博“@金沙县高坪镇政务”（UID：6346574409）通过微博平台认证，正式上线。

2017 年 8 月 19 日，铜仁市民政局官方微博“@铜仁市民政局”（UID：6338288351）通过微博平台认证，正式上线。

2017 年 8 月 19 日，高坪区擦耳镇官方微博“@高坪擦耳_ 692”（UID：5182393620）通过微博平台认证，正式上线。

2017 年 8 月 19 日，中江县玉兴镇人民政府官方微博“@深度玉兴”（UID：6347764780）通过微博平台认证，正式上线。

2017 年 8 月 19 日，中江县防震应急减灾局官方微博“@中江县防震应急减灾局”（UID：6344980617）通过微博平台认证，正式上线。

2017 年 8 月 19 日，四川省德阳市中江县双龙镇人民政府官方微博“@中江县双龙镇”（UID：6347946523）通过微博平台认证，正式上线。

2017 年 8 月 19 日，通江县铁佛镇人民政府官方微博“@通江铁佛”（UID：5647853145）通过微博平台认证，正式上线。

2017 年 8 月 19 日，四川中江县总工会官方微博“@四川中江县总工会”（UID：5597853772）通过微博平台认证，正式上线。

2017 年 8 月 20 日，四川省公安厅交通警察总队高速公路六支队官方微博“@雅攀高速交警”（UID：6343746880）通过微博平台认证，正式上线。

2017 年 8 月 20 日，牟定县环境保护局官方微博“@牟定环保”（UID：6245009592）通过微博平台认证，正式上线。

2017 年 8 月 20 日，盘州市保基苗族彝族乡人民政府官方微博“@今日保基”（UID：5787596199）通过微博平台认证，正式上线。

2017 年 8 月 20 日，通江县毛浴镇人民政府官方微博“@MYZ 毛浴镇”（UID：6273330126）通过微博平台认证，正式上线。

2017 年 8 月 20 日，四川省南充市西充县双江乡人民政府官方微博“@西充双江”（UID：6345570752）通过微博平台认证，正式上线。

2017 年 8 月 20 日，贵州省思南县城市管理局官方微博“@思南城市管理”（UID：6348062328）通过微博平台认证，正式上线。

2017 年 8 月 20 日，玉溪市红塔区环境保护局官方微博“@红塔环保”（UID：6346607777）通过微博平台认证，正式上线。

2017 年 8 月 20 日，中江县科学技术协会官方微博“@中江县科协”（UID：5672404181）通过微博平台认证，正式上线。

2017 年 8 月 20 日，贵州省思南县发展和改革局官方微博“@思南发改局”（UID：6345737001）通过微博平台认证，正式上线。

2017 年 8 月 25 日，国家互联网信息办公室公布《互联网跟帖评论服务管理规定》，自 2017 年 10 月 1 日起施行。国家互联网信息办公室有关负责人表示，出台《规定》旨在深入贯彻《网络安全法》精神，提高互联网跟帖评论服务管理的规范化、科学化水平，促进互联网跟帖评论服务健康有序发展。

2017 年 8 月 25 日，国家互联网信息办公室公布《互联网论坛社区服务管理规定》，自 2017 年 10 月 1 日起施行。国家互联网信息办公室有关负责人表示，出台《规定》旨在规范互联网论坛社区服务，促进互联网论坛社区行业健康有序发展，保护公民、法人和其他组织的合法权益，维护国家安全和公共利益。

2017 年 8 月 26 日，彭城镇人民政府官方微博“@小康彭城”（UID：6348851167）通过微博平台认证，正式上线。

2017 年 8 月 27 日，中江县供销合作社联合社官方微博“@中江供销”（UID：6351011515）通过微博平台认证，正式上线。

2017 年 8 月 27 日，南华县反邪教协会官方微博“@南华反邪”（UID：6345723019）通过微博平台认证，正式上线。

2017 年 8 月 27 日，盘州市普古农业产业园区管理委员会官方微博“@ 盘州市普古园区管委会”（UID：6346072151）通过微博平台认证，正式上线。

2017 年 8 月 27 日，中共弥勒市委宣传部官方微博“@ 福地弥勒”（UID：6315222592）通过微博平台认证，正式上线。

2017 年 8 月 27 日，云南省昆明市公安局交通警察支队九大队官方微博“@ 昆明交警九大队”（UID：6036425027）通过微博平台认证，正式上线。

2017 年 8 月 28 日，重庆市公安局经济犯罪侦查总队官方微博“@ 重庆经侦在线”（UID：6351288690）通过微博平台认证，正式上线。

2017 年 8 月 28 日，玉屏侗族自治县人民政府政务服务中心官方微博“@ 玉屏政务服务”（UID：6352174014）通过微博平台认证，正式上线。

2017 年 8 月 28 日，威远县人民政府政务服务中心官方微博“@ 威远政务”（UID：6335393833）通过微博平台认证，正式上线。

2017 年 8 月 28 日，雷山县公安局交通警察大队官方微博“@ 雷山交警大队”（UID：5476008843）通过微博平台认证，正式上线。

2017 年 8 月 28 日，兴文县交通运输局官方微博“@ 兴文交通”（UID：6352300867）通过微博平台认证，正式上线。

2017 年 8 月 28 日，国家税务总局黔东南苗族侗族自治州税务局官方微博“@ 黔东南税务”（UID：6346938429）通过微博平台认证，正式上线。

2017 年 8 月 28 日，通海县环境保护局官方微博“@ 通海县环境保护局”（UID：6346014085）通过微博平台认证，正式上线。

2017 年 8 月 28 日，乐山市住房公积金管理中心官方微博“@ 乐山公积金”（UID：6348851482）通过微博平台认证，正式上线。

2017 年 8 月 28 日，金川县城乡环境综合治理官方微博“@ 金川县城乡环境综合治理”（UID：6066386703）通过微博平台认证，正式上线。

2017 年 8 月 28 日，中共云南省委政法委员会官方微博“@ 云岭政法”（UID：6345028642）通过微博平台认证，正式上线。

2017 年 8 月 29 日，瓦店乡人民政府官方微博“@ 中江县瓦店乡”（UID：6346075102）通过微博平台认证，正式上线。

2017 年 8 月 29 日，贵州省铜仁市德江县安全生产监督管理局官方微博“@ 德 - 江 - 安 - 全”（UID：6350781558）通过微博平台认证，正式上线。

2017 年 8 月 29 日，南部县谢河镇人民政府官方微博“@ 谢河镇 08803”（UID：6347275374）通过微博平台认证，正式上线。

2017 年 8 月 29 日，四川省南充市仪陇县大寅镇人民政府官方微博“@ 大寅时光”（UID：6257907778）通过微博平台认证，正式上线。

2017 年 8 月 29 日，四川省南充市仪陇县九龙乡人民政府官方微博“@ 仪陇县九龙乡”（UID：6352634628）通过微博平台认证，正式上线。

2017 年 8 月 29 日 11 时 35 分，中国共产党眉山市东坡区纪律检查委员会官方微博“@ 东坡区纪委”（UID：2659185912）发布微博称，“此微博已申请关停，不日将与大家说再见，感谢大家长期以来的关注，有缘再见”。随后，停止更新。

2017年8月31日，画里乡村双沙镇官方微博“@画里乡村双沙镇”（UID：6336423890）通过微博平台认证，正式上线。

2017年8月31日，盘州市民主镇人民政府官方微博“@盘州市mzz”（UID：6248739876）通过微博平台认证，正式上线。

2017年8月31日，四川省绵阳市安州区塔水镇人民政府官方微博“@美丽塔水”（UID：6353425383）通过微博平台认证，正式上线。

2017年8月31日，贵州省思南县科学技术协会官方微博“@县科协199811”（UID：6352374887）通过微博平台认证，正式上线。

2017年8月31日，贵州省黔东南州公安局交通警察支队高速从江交警大队官方微博“@高速从江交警大队”（UID：6350067655）通过微博平台认证，正式上线。

2017年8月31日，四川省会理县公安局交通管理大队官方微博“@会理交警”（UID：6332065271）通过微博平台认证，正式上线。

2017年8月31日，新平县环境保护局官方微博“@新平县环境保护局”（UID：6348511043）通过微博平台认证，正式上线。

2017年8月31日，中江县人民政府政务服务中心官方微博“@中江县政务服务中心”（UID：6347444277）通过微博平台认证，正式上线。

2017年8月31日，云南省昆明市公安局交警支队八大队官方微博“@昆明交警八大队”（UID：5894122595）通过微博平台认证，正式上线。

2017年8月31日，四川省成都市青白江区清泉镇桔丰村村民委员会官方微博“@桔丰村微博2017”（UID：6251882023）通过微博平台认证，正式上线。

2017年8月31日，石阡县民政局官方微博“@石阡民政”（UID：6348869253）通过微博平台认证，正式上线。

2017年8月31日，云南省昆明市公安局交警支队二大队官方微博“@昆明交警二大队”（UID：6338032712）通过微博平台认证，正式上线。

2017年8月31日，中江县白果乡人民政府官方微博“@中江县白果乡”（UID：6144654077）通过微博平台认证，正式上线。

2017年8月31日，贵州省铜仁市公安交通管理局高速公路交通警察德江大队官方微博“@铜仁高速交警德-江大队”（UID：6351184748）通过微博平台认证，正式上线。

2017年8月31日，中江县永兴镇官方微博“@中江县永兴镇”（UID：5849201345）通过微博平台认证，正式上线。

九月

2017年9月1日，恩阳区第二次全国地名普查官方微博“@恩阳区第二次全国地名普查”（UID：6354068583）通过微博平台认证，正式上线。

2017年9月1日，清镇市水务管理局官方微博“@清镇市水务局”（UID：6259349783）通过微博平台认证，正式上线。

2017年9月1日，保山市公安局隆阳分局交通警察大队官方微博“@保山隆阳交警”（UID：6353772445）通过微博平台认证，正式上线。

2017年9月1日，昆明交警七大队官方微博“@昆明交警七大队”（UID：2778261165）

通过微博平台认证，正式上线。

2017 年 9 月 1 日，中江县万福镇人民政府官方微博“@ 中江县万福镇”（UID：6356415749）通过微博平台认证，正式上线。

2017 年 9 月 1 日，贵州省盘州市丹霞镇水塘居委会官方微博“@ 丹霞镇水塘居委会”（UID：6351587154）通过微博平台认证，正式上线。

2017 年 9 月 1 日，文山州环境保护局官方微博“@ 文山州环境保护局”（UID：6251874945）通过微博平台认证，正式上线。

2017 年 9 月 3 日，贵州省铜仁市松桃苗族自治县新型合作医疗管理局官方微博“@ 松桃新农合”（UID：6354082421）通过微博平台认证，正式上线。

2017 年 9 月 3 日，会东县公安局交通警察大队官方微博“@ 会东交警大队”（UID：6351832156）通过微博平台认证，正式上线。

2017 年 9 月 3 日，四川省遂宁市射洪县交通运输局官方微博“@ 射洪县交通运输局”（UID：6351880256）通过微博平台认证，正式上线。

2017 年 9 月 3 日，贵州省铜仁市松桃苗族自治县科学技术局官方微博“@ 松桃科技”（UID：6351865464）通过微博平台认证，正式上线。

2017 年 9 月 3 日，四川省德阳市中江县民主乡人民政府官方微博“@ 中江县 mzx”（UID：6023182852）通过微博平台认证，正式上线。

2017 年 9 月 3 日，中江县杰兴镇人民政府官方微博“@ 中江县杰兴镇”（UID：6353092577）通过微博平台认证，正式上线。

2017 年 9 月 3 日，四川交警总队高速二支队官方微博“@ 四川交警总队高速二支队”（UID：6357495038）通过微博平台认证，正式上线。

2017 年 9 月 3 日，中国共产党仪陇县直属机关工作委员会官方微博“@ 仪陇县直机关工委”（UID：6348461728）通过微博平台认证，正式上线。

2017 年 9 月 3 日，喜德县公安局交通警察大队官方微博“@ 喜德交警”（UID：6354073884）通过微博平台认证，正式上线。

2017 年 9 月 3 日，四川长安网官方微博“@ 四川长安网”（UID：6176174063）通过微博平台认证，正式上线。

2017 年 9 月 3 日，阳宗海风景名胜区分局交通警察大队官方微博“@ 阳宗海交警”（UID：6353207794）通过微博平台认证，正式上线。

2017 年 9 月 3 日，四川省成都市青白江区人和乡车站村官方微博“@ 人和乡车站村”（UID：6357778586）通过微博平台认证，正式上线。

2017 年 9 月 3 日，贵州省铜仁市松桃苗族自治县人民政府政务服务中心官方微博“@ 松桃政务服务中心”（UID：5795197448）通过微博平台认证，正式上线。

2017 年 9 月 3 日，宾川县力角镇人民政府官方微博“@ 腾飞力角”（UID：6357766204）通过微博平台认证，正式上线。

2017 年 9 月 3 日，中江县发展和改革局官方微博“@ 中江县发展和改革局”（UID：6355161934）通过微博平台认证，正式上线。

2017 年 9 月 3 日，青川县大坝乡人民政府官方微博“@ 青川大坝乡”（UID：5247970435）通过微博平台认证，正式上线。

2017 年 9 月 4 日，四川省公安厅交通警察总队高速公路一支队官方微博“@四川交警高速公路一支队”（UID：6357243430）通过微博平台认证，正式上线。

2017 年 9 月 5 日，四川省公安厅交通警察总队高速公路四支队官方微博“@四川高速交警四支队”（UID：6359835634）通过微博平台认证，正式上线。

2017 年 9 月 5 日，四川省南充市仪陇县合作乡人民政府官方微博“@合作乡”（UID：6361324473）通过微博平台认证，正式上线。

2017 年 9 月 5 日，雷波县公安局交警大队官方微博“@雷波交警”（UID：6356586975）通过微博平台认证，正式上线。

2017 年 9 月 5 日，四川省汶川县防震减灾局官方微博“@汶川县防震减灾局”（UID：6355669392）通过微博平台认证，正式上线。

2017 年 9 月 6 日，中国共产党云南省红河哈尼族彝族自治州委员会政法委员会官方微博“@红河政法”（UID：6342621923）通过微博平台认证，正式上线。

2017 年 9 月 6 日，贵州省思南县科技发展中心官方微博“@思南科技”（UID：6361532862）通过微博平台认证，正式上线。

2017 年 9 月 6 日，中共玉屏侗族自治县委党校官方微博“@理论玉屏”（UID：6356950322）通过微博平台认证，正式上线。

2017 年 9 月 6 日，云南省昆明市公安局交通警察支队一大队官方微博“@昆明交警一大队”（UID：6343155924）通过微博平台认证，正式上线。

2017 年 9 月 6 日，中江县石龙乡人民政府官方微博“@石龙你好”（UID：6356708670）通过微博平台认证，正式上线。

2017 年 9 月 6 日，中江县清河乡人民政府官方微博“@中江县清河乡”（UID：6358233110）通过微博平台认证，正式上线。

2017 年 9 月 6 日，贵州省贵阳市乌当区房屋征收局官方微博“@乌当区房屋征收局”（UID：6361228523）通过微博平台认证，正式上线。

2017 年 9 月 8 日，西藏自治区环境保护厅官方微博“@西藏环境厅”上线运行。

2017 年 9 月 12 日上午，由安徽省合肥市网宣办主办，“@合肥发布”、新浪安徽及“@合肥同城”承办的合肥市政务微博矩阵推进会在市政务会议中心召开。“@庐阳发布”“@安徽第一城区包河区”等 15 个区县发布类政务微博，及“@合肥疾控”“@合肥市经信委”等 20 家市直单位政务微博代表出席会议。

2017 年 9 月 12 日，四川省南充市西充县农牧业局官方微博“@西充农牧”（UID：6084487955）通过微博平台认证，正式上线。

2017 年 9 月 12 日，阿坝藏族羌族自治州松潘县白羊乡官方微博“@松潘县白羊乡”（UID：6286311777）通过微博平台认证，正式上线。

2017 年 9 月 12 日，四川省凉山彝族自治州布拖县公安局交通警察大队官方微博“@凉山布拖交警”（UID：6292270823）通过微博平台认证，正式上线。

2017 年 9 月 12 日，玉屏侗族自治县老龄工作委员会办公室官方微博“@玉屏侗族自治县老龄办”（UID：6356393770）通过微博平台认证，正式上线。

2017 年 9 月 12 日，玉屏侗族自治县水务局官方微博“@玉屏县水务局”（UID：6356987032）通过微博平台认证，正式上线。

2017年9月12日，中共盘州市直属机关工作委员会官方微博“@盘州市直属机关工委”（UID：5618014824）通过微博平台认证，正式上线。

2017年9月12日，乐山市五通桥区教育局官方微博“@五通桥教育微博”（UID：3871628940）通过微博平台认证，正式上线。

2017年9月12日，渠县气象局官方微博“@渠县气象”（UID：5178750181）通过微博平台认证，正式上线。

2017年9月12日，中共攀枝花市委政法委员会官方微博“@攀枝花政法”（UID：6351055400）通过微博平台认证，正式上线。

2017年9月12日，兴文县莲花镇人民政府官方微博“@五彩莲花正绽放”（UID：6329054441）通过微博平台认证，正式上线。

2017年9月13日，国家税务总局富源县税务局官方微博“@富源税务”（UID：6363359473）通过微博平台认证，正式上线。

2017年9月13日，四川省绵阳市涪城区青义镇人民政府官方微博“@绵阳市涪城区青义镇”（UID：5209369586）通过微博平台认证，正式上线。

2017年9月13日，四川省宜宾市禁毒委员会办公室官方微博“@宜宾禁毒”（UID：6289022747）通过微博平台认证，正式上线。

2017年9月13日，德昌县公安局交通管理大队官方微博“@德昌交警”（UID：6362071811）通过微博平台认证，正式上线。

2017年9月13日，德阳市关心下一代工作委员会官方微博“@德阳市关工委”（UID：1322245914）通过微博平台认证，正式上线。

2017年9月13日，云南省楚雄州公安局交警支队官方微博“@楚雄交警”（UID：6363463993）通过微博平台认证，正式上线。

2017年9月13日，道安高速交通警察大队官方微博“@遵义道安高速交警”（UID：6363983768）通过微博平台认证，正式上线。

2017年9月13日，西畴县环境保护局官方微博“@西畴县环境保护局”（UID：5393461125）通过微博平台认证，正式上线。

2017年9月13日，平武县科技和教育体育局官方微博“@平武科教体”（UID：6321025297）通过微博平台认证，正式上线。

2017年9月14日，在“十一”黄金周到来之际，北京市海淀区人民法院官方微博“@北京海淀法院”（UID：3927469685）邀请东升法庭刘雪琳法官做客微博直播，提醒网友消费者在遇到快递丢失、损坏的情况下如何正确依法索赔，维护自身合法权益。

2017年9月15日，中共天津市武清区委网信办官方微博“@网信武清”正式上线运行。

2017年9月15日，中共武定县委防范和处理邪教问题领导小组办公室官方微博“@武定反邪”（UID：2706525163）通过微博平台认证，正式上线。

2017年9月15日，南部县国土资源局官方微博“@南部县国土局”（UID：6017062735）通过微博平台认证，正式上线。

2017年9月15日，云南储备物资管理局官方微博“@文明云南储备”（UID：6345025209）通过微博平台认证，正式上线。

2017 年 9 月 15 日，泉口镇人民政府官方微博“@ 行在泉口”（UID：6307878159）通过微博平台认证，正式上线。

2017 年 9 月 15 日，贵州省安顺市紫云县委宣传部外宣官方微博“@ 紫云宣传”（UID：1846774161）通过微博平台认证，正式上线。

2017 年 9 月 15 日，四川省公安厅交警总队高速公路支队成乐大队官方微博“@ 四川高速交警四支队四大队”（UID：6362731706）通过微博平台认证，正式上线。

2017 年 9 月 15 日，玉屏侗族自治县国土资源局官方微博“@ 玉屏国土 2017”（UID：6357465947）通过微博平台认证，正式上线。

2017 年 9 月 15 日，攀枝花市防震减灾局官方微博“@ 攀枝花市防震减灾局政务微博”（UID：3979128631）通过微博平台认证，正式上线。

2017 年 9 月 15 日，四川省德阳市中江县回龙镇人民政府官方微博“@ 中江县回龙镇”（UID：6360140807）通过微博平台认证，正式上线。

2017 年 9 月 15 日，四川省公安厅交通警察总队高速公路支队成乐高速公路大队官方微博“@ 成乐高速公路交警大队 885”（UID：6357200606）通过微博平台认证，正式上线。

2017 年 9 月 17 日，四川省南充市司法局官方微博“@ 法治南充”（UID：6356952521）通过微博平台认证，正式上线。

2017 年 9 月 18 日，达州市卫生和计划生育委员会官方微博“@ 达州卫生计生”（UID：6064022773）通过微博平台认证，正式上线。

2017 年 9 月 18 日，中共松桃苗族自治县委宣传部官方微博“@ 松桃发布”（UID：6360925819）通过微博平台认证，正式上线。

2017 年 9 月 18 日，安顺市平坝区公安局交通警察大队官方微博“@ 平坝交警大队”（UID：5458263344）通过微博平台认证，正式上线。

2017 年 9 月 18 日，玉溪市红塔区旅游发展局官方微博“@ 红塔区旅游”（UID：6259719154）通过微博平台认证，正式上线。

2017 年 9 月 18 日，中江县高店乡人民政府官方微博“@ 中江县高店乡微博”（UID：6347746989）通过微博平台认证，正式上线。

2017 年 9 月 18 日，通山乡人民政府官方微博“@ 中江县通山乡”（UID：6350804971）通过微博平台认证，正式上线。

2017 年 9 月 18 日，云南省迪庆藏族自治州德钦县森林公安局官方微博“@ 德钦森警”（UID：5902310807）通过微博平台认证，正式上线。

2017 年 9 月 18 日，云南省曲靖市公安局交警支队江召高等级公路交巡警大队官方微博“@ 曲靖江召交警”（UID：6365972619）通过微博平台认证，正式上线。

2017 年 9 月 18 日，贵州省思南县瓮溪镇人民政府官方微博“@ 大美瓮溪”（UID：6370806728）通过微博平台认证，正式上线。

2017 年 9 月 18 日，顺庆区工商和质量技术监督局官方微博“@ 南充顺庆区工商和质量技术监督局”（UID：6358334522）通过微博平台认证，正式上线。

2017 年 9 月 18 日，四川省德阳市中江县太安镇人民政府官方微博“@ 中江县太安镇”（UID：6358274933）通过微博平台认证，正式上线。

2017 年 9 月 18 日，毕节市金沙县五龙街道官方微博“@ 五龙街道政务微博”（UID：5862189405）通过微博平台认证，正式上线。

2017 年 9 月 18 日，中国共产党中江县农村工作委员会官方微博“@ 中江县委农工委”（UID：6367741737）通过微博平台认证，正式上线。

2017 年 9 月 18 日，会泽县公安局交通警察大队官方微博“@ 会泽交警 hzjj”（UID：5806780036）通过微博平台认证，正式上线。

2017 年 9 月 18 日，安顺市平坝区民政局官方微博“@ 平坝区民政局 bgs”（UID：6367731484）通过微博平台认证，正式上线。

2017 年 9 月 18 日，建水县公安局交通警察大队官方微博“@ 云南建水警方交警”（UID：3206084260）通过微博平台认证，正式上线。

2017 年 9 月 18 日，中江县普兴镇人民政府官方微博“@ 四川盆底神奇普兴”（UID：6348396566）通过微博平台认证，正式上线。

2017 年 9 月 18 日，资中县归德镇人民政府官方微博“@ 小康归德”（UID：5093704380）通过微博平台认证，正式上线。

2017 年 9 月 18 日，曲陆高速公路交巡警大队官方微博“@ 曲陆高速公路交巡警大队”（UID：2084340741）通过微博平台认证，正式上线。

2017 年 9 月 18 日，中共德宏政法委员会官方微博“@ 德宏政法”（UID：6360547889）通过微博平台认证，正式上线。

2017 年 9 月 18 日，贵州省铜仁市玉屏县安全监管局官方微博“@ 玉屏安监”（UID：3592062232）通过微博平台认证，正式上线。

2017 年 9 月 18 日，阿坝州壤塘县公安消防大队官方微博“@ 壤塘 119”（UID：6367754343）通过微博平台认证，正式上线。

2017 年 9 月 18 日，云南省师宗县公安局交通警察大队官方微博“@ 云南曲靖师宗交警”（UID：6367714034）通过微博平台认证，正式上线。

2017 年 9 月 18 日，宣威市公安局交通警察大队官方微博“@ 宣威平安出行”（UID：6362652278）通过微博平台认证，正式上线。

2017 年 9 月 18 日，云南省临沧市公安局交通警察支队官方微博“@ 临沧交警”（UID：2611030583）通过微博平台认证，正式上线。

2017 年 9 月 18 日，贵州省铜仁市松桃苗族自治县盘石镇人民政府官方微博“@ 微盘 - 石”（UID：6368557781）通过微博平台认证，正式上线。

2017 年 9 月 18 日，四川省荞窝监狱官方微博“@ 四川省荞窝监狱”（UID：5812511018）通过微博平台认证，正式上线。

2017 年 9 月 18 日，中国共产党大理市委员会政法委员会官方微博“@ 大理 zfw”（UID：6365987686）通过微博平台认证，正式上线。

2017 年 9 月 18 日，贵州省思南县公安局官方微博“@ 思南_ 公_ 安”（UID：2872487274）通过微博平台认证，正式上线。

2017 年 9 月 18 日，毕节市七星关区新闻宣传中心官方微博“@ 毕节市七星关区新闻宣传中心”（UID：6368593872）通过微博平台认证，正式上线。

2017 年 9 月 18 日，茂县公安局交警大队官方微博“@ 茂县交警”（UID：3238134172）

通过微博平台认证，正式上线。

2017年9月18日，昆明医科大学第一附属医院官方微博“@昆明医科大学第一附属医院”（UID：6363756187）通过微博平台认证，正式上线。

2017年9月19日，来自成都、南京、苏州、杭州网信办的嘉宾以及新浪总部、新浪浙江、新浪四川、新浪江苏的领导齐聚西湖之畔，推出《区域化战略下政务微博扶植计划》，全面启动政务微博“星火计划”。

2017年9月19日，四川省公安厅交通警察总队高速公路四支队一大队官方微博“@四川高速交警四支队一大队”（UID：6355351892）通过微博平台认证，正式上线。

2017年9月19日，四川省公安厅交通警察总队高速公路五支队官方微博“@四川高速交警五支队”（UID：6366445370）通过微博平台认证，正式上线。

2017年9月19日，玉龙纳西族自治县公安局交通警察大队官方微博“@玉龙交警”（UID：6371829596）通过微博平台认证，正式上线。

2017年9月19日，中国西部现代物流港管委会官方微博“@中国西部现代物流港”（UID：6358235489）通过微博平台认证，正式上线。

2017年9月19日，玉屏侗族自治县计划生育协会官方微博“@玉屏计生协”（UID：6363712537）通过微博平台认证，正式上线。

2017年9月19日，贵州省贵阳市花溪区信访局官方微博“@贵阳市花溪区群众工作”（UID：6371698631）通过微博平台认证，正式上线。

2017年9月19日，花溪公安分局出入境管理科官方微博“@花溪分局出入境管理科”（UID：3547733051）通过微博平台认证，正式上线。

2017年9月21日，中共宁夏回族自治区委员会办公厅印发《关于开展党政机关和领导干部通过网络走群众路线试点的方案》（宁党厅字〔2016〕35号）。方案要求加强政务新媒体建设，“要以政务微博、微信公众号等新媒体建设为重点，建立区、市、县（市、区）、乡（镇）四级官方微博、微信公众号等新媒体矩阵”，使其成为政民互动的重要网络平台。加强与网民互动交流，积极协调化解网上网下纠纷矛盾，建立多层次、多渠道、多形式的互动格局，引导社会各界力量参与社会管理。要做好与网民特别是网络意见领袖的互动，采用多种方式征集专题意见，最大限度满足网民合理合法诉求。做好与各类微博、微信公众号等新媒体的互动，做好与媒体的互动，综合运用新闻发布会、微博、微信发布等多种载体，放大正面声音，加强正面宣传和引导，发挥其在服务大局、引导舆论中的重要作用。

2017年9月22日，由国务院防范和处理邪教问题办公室主管的中国反邪教官方微博“@中国反邪教”（UID：1590753120）上线。

2017年9月25日，祥云县人民检察院官方微博“@祥云县检察院”（UID：6371995520）通过微博平台认证，正式上线。

2017年9月25日，贵州大龙经济开发区农业经济发展局官方微博“@贵州大龙经济开发区农发局”（UID：6366799807）通过微博平台认证，正式上线。

2017年9月25日，四川省总工会官方微博“@四川省总工会”（UID：5464367551）通过微博平台认证，正式上线。

2017年9月25日，中共西双版纳州委政法委员会官方微博“@西双版纳政法委”（UID：6336558648）通过微博平台认证，正式上线。

2017 年 9 月 25 日，红河县司法局官方微博“@ 红河县司法行政”（UID：6368916097）通过微博平台认证，正式上线。

2017 年 9 月 25 日，云南省气象服务中心官方微博“@ 云南突发预警”（UID：6347722244）通过微博平台认证，正式上线。

2017 年 9 月 25 日，鹤庆县交通运输局官方微博“@ 鹤庆县交通运输局”（UID：6363692815）通过微博平台认证，正式上线。

2017 年 9 月 25 日，贵州省铜仁市松桃苗族自治县疾病预防控制中心官方微博“@ 松桃苗族自治县疾病预防控制中心”（UID：6372808759）通过微博平台认证，正式上线。

2017 年 9 月 25 日，中江县国土资源局官方微博“@ 中江国土”（UID：6361064239）通过微博平台认证，正式上线。

2017 年 9 月 25 日，船山区政府介福路街道办事处官方微博“@ 介福路街道办事处”（UID：6343515761）通过微博平台认证，正式上线。

2017 年 9 月 25 日，贵州省铜仁市松桃苗族自治县国土资源局官方微博“@ 松桃国土”（UID：6320931211）通过微博平台认证，正式上线。

2017 年 9 月 25 日，四川省南充市仪陇县文化体育和广播影视局官方微博“@ 仪陇县文广局”（UID：6356414213）通过微博平台认证，正式上线。

2017 年 9 月 25 日，孟溪镇人民政府官方微博“@ 孟溪镇”（UID：6188818695）通过微博平台认证，正式上线。

2017 年 9 月 25 日，中共曲靖市委政法委员会官方微博“@ 曲靖反邪教”（UID：6371724815）通过微博平台认证，正式上线。

2017 年 9 月 25 日，天府新区环境保护和统筹城乡局官方微博“@ 天府新区环境保护和统筹城乡局”（UID：6372833360）通过微博平台认证，正式上线。

2017 年 9 月 25 日，南部县碧龙乡人民政府官方微博“@ 南部县 – 碧龙乡”（UID：5911449234）通过微博平台认证，正式上线。

2017 年 9 月 25 日，镇沅彝族哈尼族拉祜族自治县环境保护局官方微博“@ 镇沅环保”（UID：6368271976）通过微博平台认证，正式上线。

2017 年 9 月 25 日，播州区卫生和计划生育局官方微博“@ 播州卫计”（UID：6369701854）通过微博平台认证，正式上线。

2017 年 9 月 26 日，中共云南省曲靖市委办公室、曲靖市人民政府办公室印发《曲靖市党务政务微博微信客户端管理办法（试行）》（曲办发〔2017〕56 号）。《办法》规定，曲靖市党务政务“两微一端”的管理和信息发布遵循“统一管理、分级负责、相互协作、整体联动”的原则，服务公众、倾听民声、化解矛盾、引导舆论。《办法》要求各单位做好“两微一端”评论的回复工作，“一般性评论由管理员选择性回复”，对涉及具体业务方面的咨询、建议、质疑类等评论，管理员根据需要书面报告单位领导研究提出回复口径，由分管领导审批后再回复；涉及重要工作的评论回复，一般不超过 3 个工作日；灾害性、突发性事件原则上在事件发生后 2 小时内在两微上发布。“两微一端”发布数量每周各不少于 7 条。“信息回复制度”要求：建立 1 个工作日内初步回应、5 个工作日内处理办结、疑难复杂问题 10 个工作日内解释说明的信息回复机制，及时听取、解答和办结网民提出的建议、咨询和投诉。回复评论时，严禁发表与政务身份不符的言论。

2017年9月26日，中共天津市河西区委网络安全和信息化领导小组办公室官方微博“@网信河西”正式上线运行。

2017年9月26日，贵州省锦屏县民政局官方微博“@GZ锦屏民政”（UID：6368388307）通过微博平台认证，正式上线。

2017年9月26日，赤水市民政局官方微博“@赤水民政”（UID：6371727362）通过微博平台认证，正式上线。

2017年9月26日，铜仁市万山区电子商务产业发展促进局官方微博“@万山区电子商务产业发展促进局”（UID：6189115289）通过微博平台认证，正式上线。

2017年9月28日，贵州省铜仁市玉屏侗族自治县工商业联合会官方微博“@玉屏侗族自治县工商业联合会”（UID：3878561506）通过微博平台认证，正式上线。

2017年9月28日，云南省丽江市大丽高速公路交通警察大队官方微博“@丽江市大丽高速公路交通警察大队”（UID：6375161183）通过微博平台认证，正式上线。

2017年9月28日，中共遵义市播州区委宣传部官方微博“@播州发布”（UID：6192212658）通过微博平台认证，正式上线。

2017年9月28日，贵州省铜仁市万山区发展和改革局官方微博“@万山发改局”（UID：6371306298）通过微博平台认证，正式上线。

2017年9月28日，贵州省铜仁市松桃苗族自治县机构编制委员会办公室官方微博“@松桃微编委办”（UID：6375179309）通过微博平台认证，正式上线。

2017年9月29日，云南省昭通市威信县公安局交通警察大队官方微博“@威信交警”（UID：5817206368）通过微博平台认证，正式上线。

2017年9月29日，兴义市仓更镇人民政府官方微博“@兴义市仓更镇”（UID：3136621531）通过微博平台认证，正式上线。

2017年9月29日，中共姚安县委防范和处理邪教问题领导小组办公室官方微博“@姚安反邪”（UID：6195638034）通过微博平台认证，正式上线。

2017年9月29日，铜仁市万山区人民政府政务服务中心官方微博“@万山政务服务中心”（UID：6372255400）通过微博平台认证，正式上线。

2017年9月29日，兴文县公安局交通管理大队官方微博“@兴文交警”（UID：6375383271）通过微博平台认证，正式上线。

2017年9月29日，万山镇人民政府官方微博“@贵州万山镇”（UID：5925095033）通过微博平台认证，正式上线。

2017年9月29日，铜仁市万山区环境保护局官方微博“@万山环保”（UID：6195648348）通过微博平台认证，正式上线。

2017年9月29日，万山区仁山街道办事处官方微博“@万山区仁山街道办事处”（UID：6375386584）通过微博平台认证，正式上线。

2017年9月29日，四川省南充市仪陇县妇女联合会官方微博“@仪陇妇女联合会”（UID：6356083225）通过微博平台认证，正式上线。

2017年9月29日，罗平县公安局交通警察大队官方微博“@罗平交通警察”（UID：6354028689）通过微博平台认证，正式上线。

2017年9月29日，万山区直属机关工委官方微博“@万山区直属机关工委”（UID：

6192306931）通过微博平台认证，正式上线。

2017 年 9 月 29 日，云南省马龙县国家税务局官方微博“@ 马 - 龙 - 国 - 税”（UID：6372812292）通过微博平台认证，正式上线。

2017 年 9 月 29 日，万山卫生和计划生育局官方微博“@ 万山卫生和计划生育局”（UID：6375457456）通过微博平台认证，正式上线。

2017 年 9 月 29 日，黔西南州审计局官方微博“@ 金州审计——黔西南州审计局”（UID：6367717814）通过微博平台认证，正式上线。

2017 年 9 月 29 日，万山档案方志官方微博“@ 万山档案方志”（UID：6375370952）通过微博平台认证，正式上线。

2017 年 9 月 29 日，攀枝花市精神文明建设办公室官方微博“@ 文明攀枝花”（UID：6192549805）通过微博平台认证，正式上线。

2017 年 9 月 30 日，大河坝镇人民政府官方微博“@ 大河坝镇网宣”（UID：6267838854）通过微博平台认证，正式上线。

2017 年 9 月 30 日，贵州思南经开区管委会官方微博“@ 贵州思南经开区管委会”（UID：6372383560）通过微博平台认证，正式上线。

2017 年 9 月 30 日，自贡市自流井区食品药品监督管理局官方微博“@ 自流井食药监局”（UID：6195732058）通过微博平台认证，正式上线。

2017 年 9 月 30 日，贵州省六盘水市盘州市鸡场坪镇人民政府官方微博“@ 盘州市鸡场坪镇”（UID：6359507863）通过微博平台认证，正式上线。

2017 年 9 月 30 日，富顺县市场监督管理局官方微博“@ 富顺市场监管”（UID：6376509134）通过微博平台认证，正式上线。

2017 年 9 月 30 日，芦山县妇女联合会官方微博“@ 姜城幺妹”（UID：6371432392）通过微博平台认证，正式上线。

2017 年 9 月 30 日，万山区机构编制委员会办公室官方微博“@ 万山区编委办”（UID：6086254540）通过微博平台认证，正式上线。

2017 年 9 月 30 日，自贡高新技术产业开发区食品药品监督管理局官方微博“@ 自贡高新区食品药品监督管理局”（UID：6372189000）通过微博平台认证，正式上线。

2017 年 9 月 30 日，天府新区管委会总部经济局官方微博“@ 天府新区成都管委会总部经济局”（UID：6371455731）通过微博平台认证，正式上线。

2017 年 9 月 30 日，自贡市沿滩区市场监督管理局官方微博“@ 沿滩市场监管”（UID：6376490549）通过微博平台认证，正式上线。

2017 年 9 月 30 日，中国人民政治协商会议贵州省思南县委员会官方微博“@ 思南微政协”（UID：6371789470）通过微博平台认证，正式上线。

2017 年 9 月 30 日，铜仁市万山区林业局官方微博“@ 万山林业”（UID：6377003639）通过微博平台认证，正式上线。

2017 年 9 月 30 日，铜仁市万山区扶贫开发办公室官方微博“@ 万山区扶贫开发办公室”（UID：6016207889）通过微博平台认证，正式上线。

2017 年 9 月 30 日，贵州省铜仁市松桃苗族自治县工商业联合会官方微博“@ 松桃微工商联”（UID：6373491276）通过微博平台认证，正式上线。

2017 年 9 月 30 日，铜仁市万山区供销合作联社官方微博“@ 铜仁市万山区供销联社”（UID：6368385574）通过微博平台认证，正式上线。

2017 年 9 月 30 日，四川省南充市公安局刑事侦查支队官方微博“@ 南充刑侦”（UID：6371833864）通过微博平台认证，正式上线。

2017 年 9 月 30 日，四川高速交警五支队十大队官方微博“@ 四川高速交警五支队十大队”（UID：6371557778）通过微博平台认证，正式上线。

2017 年 9 月 30 日，云南省丽江市公安局古城分局交通警察二大队官方微博“@ 丽江古城交警二大队”（UID：6196096102）通过微博平台认证，正式上线。

2017 年 9 月 30 日，六盘水市市场监督管理局官方微博“@ 六盘水市市场监管局”（UID：6373640863）通过微博平台认证，正式上线。

2017 年 9 月 30 日，阿坝州小金县公安局交警大队官方微博“@ 小金交警”（UID：6373494464）通过微博平台认证，正式上线。

2017 年 9 月 30 日，镇雄县公安局交通警察大队官方微博“@ 镇雄交警”（UID：6196179266）通过微博平台认证，正式上线。

2017 年 9 月 30 日，中国共产党剑河县委员会宣传部官方微博“@ 仰阿莎故乡剑河”（UID：6372573784）通过微博平台认证，正式上线。

2017 年 9 月 30 日，兴文县古宋镇人民政府官方微博“@ 聚焦古宋”（UID：6377647789）通过微博平台认证，正式上线。

2017 年 9 月 30 日，攀枝花市东区妇女联合会官方微博“@ 东区妇联”（UID：6001647597）通过微博平台认证，正式上线。

2017 年 9 月 30 日，贵州省贵阳市公安局经济技术开发区分局金竹派出所官方微博“@ 贵阳经开分局金竹派出所”（UID：3021827047）通过微博平台认证，正式上线。

2017 年 9 月 30 日，兴文县石海镇人民政府官方微博“@ 迤逦石海”（UID：6347030684）通过微博平台认证，正式上线。

2017 年 9 月 30 日，安顺市住房和城乡建设局官方微博“@ 安顺市住房和城乡建设”（UID：6377172720）通过微博平台认证，正式上线。

2017 年 9 月 30 日，贵州省铜仁市松桃苗族自治县住房和城乡建设局官方微博“@ 松桃县住建局”（UID：6377198282）通过微博平台认证，正式上线。

十月

2017 年 10 月 1 日，贵州大龙镇官方微博“@ 贵州大龙镇”（UID：6372821769）通过微博平台认证，正式上线。

2017 年 10 月 1 日，贵州省铜仁市万山区投资促进局官方微博“@ 万山投促局”（UID：5587489082）通过微博平台认证，正式上线。

2017 年 10 月 1 日，贵州省贵阳市公安局经济技术开发区分局平桥派出所官方微博“@ 经开分局平桥派出所”（UID：2968636567）通过微博平台认证，正式上线。

2017 年 10 月 1 日，万山区大坪乡人民政府官方微博“@ 万山大坪”（UID：6373717181）通过微博平台认证，正式上线。

2017 年 10 月 1 日，四川省遂宁市河东新区官方微博“@ 遂宁市河东新区管委会”（UID：6199967561）通过微博平台认证，正式上线。

2017 年 10 月 2 日，玉屏侗族自治县教育局官方微博“@ 玉屏县教育微博”（UID：6172377547）通过微博平台认证，正式上线。

2017 年 10 月 2 日，木里藏族自治县公安局交通警察大队官方微博“@ 木里交警”（UID：6200253671）通过微博平台认证，正式上线。

2017 年 10 月 2 日，四川省公安厅交警总队高速公路五支队九大队官方微博“@ 四川高速交警五支队九大队”（UID：6200281294）通过微博平台认证，正式上线。

2017 年 10 月 7 日，国家互联网信息办公室印发《互联网用户公众账号信息服务管理规定》，并于 2017 年 10 月 8 日起正式施行。《规定》出台旨在促进互联网用户公众账号信息服务健康有序发展，保护公民、法人和其他组织的合法权益，维护国家安全和公共利益。

2017 年 10 月 7 日，国家互联网信息办公室印发《互联网群组信息服务管理规定》，并于 2017 年 10 月 8 日正式施行。《规定》出台旨在促进互联网群组信息服务健康有序发展，弘扬社会主义核心价值观，培育积极健康的网络文化，为广大网民营造风清气正的网络空间。

2017 年 10 月 7 日，四川省遂宁市公安局刑事侦查支队官方微博“@ 遂宁刑侦”（UID：6375701891）通过微博平台认证，正式上线。

2017 年 10 月 7 日，盘州市两河街道办事处官方微博“@ 盘州市两河街道办”（UID：6207230953）通过微博平台认证，正式上线。

2017 年 10 月 7 日，高县公安局交通管理大队官方微博“@ 高县交警”（UID：5816877612）通过微博平台认证，正式上线。

2017 年 10 月 9 日，四川公安厅交通警察总队高速公路支队成绵广高速公路三大队官方微博“@ 四川交警高速公路二支队二大队”（UID：6361725535）通过微博平台认证，正式上线。

2017 年 10 月 9 日，四川省肿瘤医院研究所官方微博“@ 四川省肿瘤医院官博”（UID：6196115189）通过微博平台认证，正式上线。

2017 年 10 月 10 日，万山矿区社区服务管理局官方微博“@ 万山社管局”（UID：6375436850）通过微博平台认证，正式上线。

2017 年 10 月 10 日，余庆县民政局官方微博“@ 余庆县民政”（UID：6367161904）通过微博平台认证，正式上线。

2017 年 10 月 10 日，四川省绵阳市涪城区交通运输局官方微博“@ 绵阳市涪城区交通运输局”（UID：6373335359）通过微博平台认证，正式上线。

2017 年 10 月 10 日，铜仁市万山区食品药品监督管理局官方微博“@ 万山食药监”（UID：6376563863）通过微博平台认证，正式上线。

2017 年 10 月 10 日，习水县九龙街道办事处官方微博“@ 美丽九龙”（UID：6384244756）通过微博平台认证，正式上线。

2017 年 10 月 10 日，资中县球溪镇官方微博“@ 资中县球溪镇”（UID：6289448747）通过微博平台认证，正式上线。

2017 年 10 月 10 日，铜仁市万山区卫生监督局官方微博“@ 万山卫监”（UID：6385445425）通过微博平台认证，正式上线。

2017 年 10 月 10 日，贵州省贵阳市公安分局法制大队官方微博“@ 贵阳经开分局法制大队”（UID：1000536784）通过微博平台认证，正式上线。

2017年10月10日，铜仁市万山区妇幼保健与计划生育服务中心官方微博“@万山妇幼保健与计划生育服务中心”（UID：6371547500）通过微博平台认证，正式上线。

2017年10月10日，四川省成都市计划生育保障中心官方微博“@成都市计生保障中心”（UID：6378323862）通过微博平台认证，正式上线。

2017年10月11日，中共丽江市委政法委官方微博“@丽江政法”（UID：6363694281）通过微博平台认证，正式上线。

2017年10月11日，云南省红河州河口瑶族自治县财政局官方微博“@河口瑶族自治县财政局”（UID：5222488265）通过微博平台认证，正式上线。

2017年10月11日，天柱县司法局官方微博“@天柱县司法局官微”（UID：6372017936）通过微博平台认证，正式上线。

2017年10月11日，维西傈僳族自治县森林公安局官方微博“@维西森警”（UID：6376792799）通过微博平台认证，正式上线。

2017年10月11日，习水县人力资源和社会保障局官方微博“@习水县人社局”（UID：6385668454）通过微博平台认证，正式上线。

2017年10月11日，安顺市西秀区民政局官方微博“@西秀区民政”（UID：6378472051）通过微博平台认证，正式上线。

2017年10月11日，贵州省铜仁市松桃苗族自治县残疾人联合会官方微博“@松桃县残疾人联合会”（UID：6355107898）通过微博平台认证，正式上线。

2017年10月11日，安顺市公安局交通警察支队直属二大队官方微博“@安顺交警直属二大队”（UID：5097496167）通过微博平台认证，正式上线。

2017年10月11日，云南省曲靖市会泽县人民政府办公室官方微博“@曲靖市会泽县府”（UID：5590071091）通过微博平台认证，正式上线。

2017年10月11日，施甸县妇幼保健计划生育服务中心官方微博“@施甸县妇幼保健计划生育服务中心”（UID：6385766612）通过微博平台认证，正式上线。

2017年10月11日，贵州松桃经济开发区管理委员会官方微博“@贵州松桃经济开发区”（UID：5883399112）通过微博平台认证，正式上线。

2017年10月11日，盘州市翰林街道办事处官方微博“@给力翰林”（UID：6212193844）通过微博平台认证，正式上线。

2017年10月11日，中共怒江州委政法委员会官方微博“@怒江政法”（UID：6385754865）通过微博平台认证，正式上线。

2017年10月11日，贵州省贵阳市息烽县文体广电旅游局官方微博“@红色经典温泉息烽”（UID：5605303749）通过微博平台认证，正式上线。

2017年10月12日，平塘县公安局官方微博“@平塘警方”（UID：6221081177）通过微博平台认证，正式上线。

2017年10月12日，贵州省铜仁市玉屏侗族自治县新店镇人民政府官方微博“@新店官微”（UID：6386662044）通过微博平台认证，正式上线。

2017年10月12日，昭通市昭阳区司法局官方微博“@－昭阳区司法局－”（UID：5644133146）通过微博平台认证，正式上线。

2017 年 10 月 12 日，阿坝州公安局刑侦支队官方微博“@ 阿坝刑侦 0837”（UID：6379871865）通过微博平台认证，正式上线。

2017 年 10 月 12 日，中共元阳县委宣传部官方微博“@ 和美元阳”（UID：6070133823）通过微博平台认证，正式上线。

2017 年 10 月 12 日，元阳县人民检察院官方微博“@ 元阳检察”（UID：5973692671）通过微博平台认证，正式上线。

2017 年 10 月 12 日，醒民镇人民政府官方微博“@ 福祉醒民”（UID：6217607003）通过微博平台认证，正式上线。

2017 年 10 月 15 日，贵州省思南县人力资源和社会保障局官方微博“@ 思南县人力资源和社会保障局”（UID：6221109310）通过微博平台认证，正式上线。

2017 年 10 月 15 日，云南省保山市昌宁县人民检察院官方微博“@ 昌宁检察”（UID：5973673118）通过微博平台认证，正式上线。

2017 年 10 月 15 日，四川省人民政府参事室（文史研究馆）官方微博“@ 四川省人民政府参事室文史研究馆”（UID：6380404866）通过微博平台认证，正式上线。

2017 年 10 月 15 日，黔东南州住房公积金管理中心官方微博“@ 黔东南州住房公积金管理中心”（UID：6199937716）通过微博平台认证，正式上线。

2017 年 10 月 15 日，南江县天池镇人民政府官方微博“@ 智慧天池”（UID：6387780309）通过微博平台认证，正式上线。

2017 年 10 月 15 日，双江拉祜族佤族布朗族傣族自治县总工会官方微博“@ 双江自治县总工会”（UID：6383194900）通过微博平台认证，正式上线。

2017 年 10 月 15 日，重庆市沙坪坝区人民政府香炉山街道办事处官方微博“@ 香炉山街道办事处”（UID：6018632887）通过微博平台认证，正式上线。

2017 年 10 月 15 日，安顺市公安局交通警察支队直属一大队官方微博“@ 安顺交警一大队”（UID：2330307700）通过微博平台认证，正式上线。

2017 年 10 月 15 日，安岳县公安消防大队官方微博“@ 安岳消防 119”（UID：6381499471）通过微博平台认证，正式上线。

2017 年 10 月 15 日，沙坝河乡人民政府官方微博“@ 沙坝河乡”（UID：6221427779）通过微博平台认证，正式上线。

2017 年 10 月 15 日，四川省绵竹市金花镇人民政府官方微博“@ 绵竹金花镇”（UID：6381521479）通过微博平台认证，正式上线。

2017 年 10 月 15 日，云南省曲靖市马龙县环境保护局官方微博“@ 马龙环保”（UID：6376451426）通过微博平台认证，正式上线。

2017 年 10 月 15 日，二郎镇人民政府官方微博“@ erlangfabu”（UID：6377386034）通过微博平台认证，正式上线。

2017 年 10 月 15 日，南江县汇滩乡人民政府官方微博“@ 魅力汇滩”（UID：6388494083）通过微博平台认证，正式上线。

2017 年 10 月 15 日，江口县民政局官方微博“@ jkxmzj”（UID：6200277123）通过微博平台认证，正式上线。

2017 年 10 月 15 日，达州市公安局刑侦支队官方微博“@ 达州刑侦”（UID：

6388484971）通过微博平台认证，正式上线。

2017 年 10 月 15 日，雷波县罗山溪乡人民政府官方微博“@ 秀美罗山溪”（UID：6221431736）通过微博平台认证，正式上线。

2017 年 10 月 15 日，玉屏侗族自治县人力资源和社会保障局官方微博“@ 玉屏人社”（UID：6367196445）通过微博平台认证，正式上线。

2017 年 10 月 15 日，南江县气象局官方微博“@ 南江气象”（UID：6388768372）通过微博平台认证，正式上线。

2017 年 10 月 15 日，贵州省六盘水市盘州市坪地乡人民政府官方微博“@ 醉美坪地”（UID：6382983640）通过微博平台认证，正式上线。

2017 年 10 月 15 日，盘州市新民镇人民政府官方微博“@ 盘州新民”（UID：6383363200）通过微博平台认证，正式上线。

2017 年 10 月 16 日，高黎贡山国家级自然保护区泸水管护分局官方微博“@ 高黎之窗”（UID：6380255046）通过微博平台认证，正式上线。

2017 年 10 月 16 日，四川高速交警五支队四大队官方微博“@ 四川高速交警五支队四大队”（UID：6378860095）通过微博平台认证，正式上线。

2017 年 10 月 16 日，四川省成都市人民防空办公室官方微博“@ 成都人防”（UID：6381658751）通过微博平台认证，正式上线。

2017 年 10 月 16 日，保山市环境保护局官方微博“@ 保山市环保局”（UID：6381611188）通过微博平台认证，正式上线。

2017 年 10 月 17 日，华西医院核医学科官方微博“@ 华西医院核医学科”（UID：2994922035）通过微博平台认证，正式上线。

2017 年 10 月 17 日，自贡市公安局贡井分局龙潭派出所官方微博“@ 贡井分局龙潭派出所”（UID：6386058041）通过微博平台认证，正式上线。

2017 年 10 月 17 日，铜仁市万山区残疾人联合会官方微博“@ 万山区残联”（UID：6372295164）通过微博平台认证，正式上线。

2017 年 10 月 17 日，盘州市淤泥彝族乡人民政府官方微博“@ 彝乡淤泥”（UID：6006536442）通过微博平台认证，正式上线。

2017 年 10 月 17 日，绥江县公安局交通警察大队官方微博“@ 绥江交警”（UID：2964227112）通过微博平台认证，正式上线。

2017 年 10 月 23 日，云南省昆明市防汛抗旱指挥部办公室官方微博“@ 昆明市防汛抗旱指挥部办公室”（UID：6391792169）通过微博平台认证，正式上线。

2017 年 10 月 23 日，四川省公安厅交通警察总队高速公路支队南广高速公路大队官方微博“@ 四川高速交警五支队七大队”（UID：2319225012）通过微博平台认证，正式上线。

2017 年 10 月 23 日，四川省禁毒委员会办公室官方微博“@ 四川禁毒”（UID：6380590581）通过微博平台认证，正式上线。

2017 年 10 月 23 日，云南省昆明市旅游监察支队官方微博“@ 昆明市旅游监察支队”（UID：6384765673）通过微博平台认证，正式上线。

2017 年 10 月 23 日，江口县民和镇人民政府官方微博“@ 腾飞民和”（UID：6384758787）通过微博平台认证，正式上线。

2017 年 10 月 23 日，贵州省盘州市竹海镇官方微博“@ 盘州 · 竹海”（UID：6384756515）通过微博平台认证，正式上线。

2017 年 10 月 23 日，永善县公安局交通警察大队官方微博“@ 永善交警”（UID：6390371391）通过微博平台认证，正式上线。

2017 年 10 月 23 日，达州市通川区道路交通安全委员会办公室官方微博“@ 通川区道安办”（UID：6380217719）通过微博平台认证，正式上线。

2017 年 10 月 23 日，江口县住房和城乡建设规划局官方微博“@ 贵州省江口县住建局”（UID：6382552988）通过微博平台认证，正式上线。

2017 年 10 月 23 日，自贡市公安局贡井分局五宝派出所官方微博“@ 贡井分局五宝派出所”（UID：6392275004）通过微博平台认证，正式上线。

2017 年 10 月 23 日，元谋县委宣传部官方微博“@ 元谋县委宣传部”（UID：2466136920）通过微博平台认证，正式上线。

2017 年 10 月 23 日，共青团湄潭县石莲镇委员会官方微博“@ 青春石莲”（UID：6382324157）通过微博平台认证，正式上线。

2017 年 10 月 23 日，四川省遂宁市公安局安居区分局交通警察大队官方微博“@ 安居交警在线”（UID：6217238368）通过微博平台认证，正式上线。

2017 年 10 月 23 日，江口县官和侗族土家族苗族乡人民政府官方微博“@ 江口县官和乡 08566850001”（UID：6382559740）通过微博平台认证，正式上线。

2017 年 10 月 23 日，江口县发展和改革局官方微博“@ 江口县发展和改革局官博”（UID：6393060091）通过微博平台认证，正式上线。

2017 年 10 月 23 日，绿春县公安局交通警察大队官方微博“@ 绿春交警”（UID：6382782344）通过微博平台认证，正式上线。

2017 年 10 月 24 日，毕节市环保局官方微博“@ 毕节环保”（UID：6381647696）通过微博平台认证，正式上线。

2017 年 10 月 24 日，云南省安宁市公安局交通警察大队官方微博“@ 云南安宁交警”（UID：6363381945）通过微博平台认证，正式上线。

2017 年 10 月 24 日，中共建水县委政法委官方微博“@ 建水政法”（UID：6389398313）通过微博平台认证，正式上线。

2017 年 10 月 24 日，中共新龙县委宣传部官方微博“@ 康巴红 - 新龙”（UID：6380661188）通过微博平台认证，正式上线。

2017 年 10 月 24 日，福泉市公安局公共网络安全监察大队官方微博“@ 福泉网警巡查执法”（UID：6358418303）通过微博平台认证，正式上线。

2017 年 10 月 25 日，三穗县政务官方微博“@ 三穗宣传”（UID：6390994373）通过微博平台认证，正式上线。

2017 年 10 月 25 日，云南省丽江市环境保护局官方微博“@ 丽江市环境保护局”（UID：6385250256）通过微博平台认证，正式上线。

2017 年 10 月 25 日，惠水县残疾人联合会官方微博“@ 惠水县残疾人联合会”（UID：6382555244）通过微博平台认证，正式上线。

2017 年 10 月 26 日，贵州省沿河土家族自治县洪渡镇人民政府官方微博“@ 风情洪渡”

（UID：6185168444）通过微博平台认证，正式上线。

2017 年 10 月 26 日，沿河土家族自治县黄土镇官方微博“@沿河土家族自治县黄土镇”（UID：6391019814）通过微博平台认证，正式上线。

2017 年 10 月 26 日，贵州省贵阳市花溪区民政局官方微博“@贵阳市花溪区民政局 1”（UID：3206132477）通过微博平台认证，正式上线。

2017 年 10 月 26 日，中寨镇人民政府官方微博“@中寨云中仙寨”（UID：6385332274）通过微博平台认证，正式上线。

2017 年 10 月 26 日，贵州省铜仁市德江县疾病预防控制中心官方微博“@GZDJ 疾控动态”（UID：6315445166）通过微博平台认证，正式上线。

2017 年 10 月 27 日，江安县公安局交通管理大队官方微博“@江安交警”（UID：6392760717）通过微博平台认证，正式上线。

2017 年 10 月 27 日，四川省绵阳市公安局城北分局官方微博“@城北公安”（UID：6375375754）通过微博平台认证，正式上线。

2017 年 10 月 27 日，万山区下溪侗族乡人民政府官方微博“@万山区下溪乡”（UID：6396839116）通过微博平台认证，正式上线。

2017 年 10 月 27 日，沿河土家族自治县官舟镇人民政府官方微博“@官舟宣传”（UID：6394748258）通过微博平台认证，正式上线。

2017 年 10 月 27 日，宣威市环境保护局官方微博“@云南宣威环保”（UID：6353574216）通过微博平台认证，正式上线。

2017 年 10 月 27 日，中共昭通市委政法委员会官方微博“@昭通政法”（UID：6392894786）通过微博平台认证，正式上线。

2017 年 10 月 27 日，泉坝镇人民政府官方微博“@风清泉坝”（UID：6385063383）通过微博平台认证，正式上线。

2017 年 10 月 28 日，云南省德宏州环境保护局官方微博“@德宏环保”（UID：6387561064）通过微博平台认证，正式上线。

2017 年 10 月 28 日，盘州市保田镇人民政府官方微博“@聚焦保田”（UID：2549054077）通过微博平台认证，正式上线。

2017 年 10 月 28 日，沿河土家族自治县后坪乡人民政府官方微博“@沿 - 河 - 县 - 后 - 坪 - 乡 - 政 - 府”（UID：3824359839）通过微博平台认证，正式上线。

2017 年 10 月 30 日，国家互联网信息办公室公布《互联网新闻信息服务单位内容管理从业人员管理办法》，自 2017 年 12 月 1 日起施行。国家互联网信息办公室有关负责人表示，出台《办法》旨在加强对互联网新闻信息服务单位内容管理从业人员的管理和服务，维护从业人员和社会公众的合法权益，促进互联网新闻信息服务健康有序发展。

2017 年 10 月 30 日，国家互联网信息办公室公布《互联网新闻信息服务新技术新应用安全评估管理规定》，自 2017 年 12 月 1 日起施行。国家互联网信息办公室有关负责人表示，出台《规定》旨在强化互联网新闻信息服务提供者内容管理主体责任，规范指导互联网新闻信息服务新技术新应用安全评估。

十一月

2017 年 11 月 1 日，四川省公安厅交通警察总队高速公路三支队官方微博“@四川省高速交警三支队”（UID：6380578302）通过微博平台认证，正式上线。

2017 年 11 月 2 日，兴文县五星镇人民政府官方微博“@兴文县五星镇”（UID：6337436908）通过微博平台认证，正式上线。

2017 年 11 月 2 日，得荣县公安局官方微博“@得荣警方”（UID：6329424688）通过微博平台认证，正式上线。

2017 年 11 月 2 日，广元市住房公积金管理中心官方微博“@广元公积金”（UID：3166246184）通过微博平台认证，正式上线。

2017 年 11 月 2 日，云南省昆明市城市排水监测站官方微博“@昆明市城市排水监测站”（UID：6389833397）通过微博平台认证，正式上线。

2017 年 11 月 2 日，瓮安县民政和民族宗教事务局官方微博“@瓮安县民政民宗局”（UID：6391214670）通过微博平台认证，正式上线。

2017 年 11 月 2 日，青川县水务局官方微博“@青川县水务局”（UID：2950097694）通过微博平台认证，正式上线。

2017 年 11 月 2 日，长顺县民政局官方微博“@长顺县民政局 123”（UID：6389906254）通过微博平台认证，正式上线。

2017 年 11 月 2 日，六盘水大河经济开发区管理委员会官方微博“@六盘水大河经济开发区 2017”（UID：6394879050）通过微博平台认证，正式上线。

2017 年 11 月 2 日，贵州省思南县机关事务管理局官方微博“@思南县机关事务管理”（UID：6400662842）通过微博平台认证，正式上线。

2017 年 11 月 2 日，迪庆藏族自治州环境保护局官方微博“@迪庆环保”（UID：6384781770）通过微博平台认证，正式上线。

2017 年 11 月 2 日，青川县交通运输局官方微博“@青川交通”（UID：5249071532）通过微博平台认证，正式上线。

2017 年 11 月 2 日，文山壮族苗族自治州环境保护局官方微博“@文山壮族苗族自治州环保局”（UID：5947227912）通过微博平台认证，正式上线。

2017 年 11 月 3 日，由中国互联网发展基金会主办的首届全国“两微一端”百佳评选启动仪式在人民日报社举行。来自国家互联网信息办公室、教育部、工业和信息化部、文化部、国家新闻出版广电总局等指导单位的相关领导，北京、上海、广东网信部门相关负责人，百佳评选专家及新闻媒体代表参加了启动仪式。中国互联网发展基金会理事长马利、国家互联网信息办公室移动网络管理局局长方楠等出席并致辞。

2017 年 11 月 3 日，景东彝族自治县环境保护局官方微博“@景东环保”（UID：6346938943）通过微博平台认证，正式上线。

2017 年 11 月 3 日，平塘县民政局官方微博“@平塘民政”（UID：6391495005）通过微博平台认证，正式上线。

2017 年 11 月 3 日，钱家土家族乡人民政府官方微博“@果蔬之乡－钱家”（UID：6401517082）通过微博平台认证，正式上线。

2017 年 11 月 3 日，息烽县人力资源和社会保障局官方微博“@息烽县人力资源和社会保障局”（UID：5230387646）通过微博平台认证，正式上线。

2017 年 11 月 4 日，汉源县交通运输局官方微博“@汉源县交通运输局 V”（UID：

6387187574）通过微博平台认证，正式上线。

2017年11月4日，四川省大竹县卫生和计划生育局官方微博“@大竹卫生计生”（UID：6316554170）通过微博平台认证，正式上线。

2017年11月4日，荥经县青龙乡人民政府官方微博“@荥经县青龙乡”（UID：6402536670）通过微博平台认证，正式上线。

2017年11月4日，青川县木鱼镇人民政府官方微博“@生态木鱼”（UID：5203816437）通过微博平台认证，正式上线。

2017年11月7日，中共天津市宝坻区委网络安全和信息化领导小组办公室官方微博“@网信宝坻”正式上线运行。17时5分发布上线通告：“关注‘@网信宝坻’，你可以学习最系统的理论知识、了解最新的时事报道、掌握最前沿的网络安全技能、找到最权威的网络辟谣，更能参与一波又一波的有奖活动！请关注@网信宝坻，让我们一起传播网络正能量，让我们一起争做中国好网民！”

2017年11月7日，中共天津市西青区委网络安全和信息化领导小组办公室官方微博“@网信西青”正式上线运行。

2017年11月7日，四川省宜宾市住房公积金管理中心官方微博“@宜宾市住房公积金管理中心”（UID：6402241568）通过微博平台认证，正式上线。

2017年11月7日，攀枝花市公安局特巡警支队官方微博“@攀枝花特巡警”（UID：6391497082）通过微博平台认证，正式上线。

2017年11月7日，红河哈尼族彝族自治州环境保护局官方微博“@红河州环境保护局”（UID：6404300267）通过微博平台认证，正式上线。

2017年11月7日，四川省广元市苍溪县司法局官方微博“@苍溪司法行政”（UID：3080074304）通过微博平台认证，正式上线。

2017年11月7日，红河州人民政府防范和处理邪教问题办公室官方微博“@红河反邪教”（UID：6384947820）通过微博平台认证，正式上线。

2017年11月7日，四川省成都市公安局交通管理局设施管理处官方微博“@成都交警交通设施管理处”（UID：6404122272）通过微博平台认证，正式上线。

2017年11月8日，广安市住房公积金管理中心官方微博“@广安住房公积金管理中心官方微博”（UID：6394099655）通过微博平台认证，正式上线。

2017年11月8日，云南省昆明市官渡区住房和城乡建设局官方微博“@官渡住建”（UID：3488951253）通过微博平台认证，正式上线。

2017年11月8日，青白江区大弯街道大弯社区官方微博“@大弯街道大弯社区”（UID：6404960222）通过微博平台认证，正式上线。

2017年11月8日，雅安市雨城区规划建设和住房保障局官方微博“@雨城区建设”（UID：6393911491）通过微博平台认证，正式上线。

2017年11月9日，辽宁省司法厅法治宣传官方微博“@辽宁普法”开始运行。

2017年11月10日，澄江县孤山片区管理委员会官方微博“@澄江县孤山管委会”（UID：5689795124）通过微博平台认证，正式上线。

2017年11月10日，修文县交通运输局官方微博“@修文县交通运输局”（UID：6405522063）通过微博平台认证，正式上线。

2017年11月10日，小金县卫生和计划生育局官方微博“@小金县卫生和计划生育局”（UID：6405749307）通过微博平台认证，正式上线。

2017年11月10日，义龙新区民政和民族宗教社会事务局官方微博“@义龙新区民政”（UID：6405738866）通过微博平台认证，正式上线。

2017年11月10日，贵州省贵阳市白云区民政局官方微博“@gysbyqmzj”（UID：6018352844）通过微博平台认证，正式上线。

2017年11月10日，临沧市环境保护局官方微博“@临沧市环境保护局”（UID：6378758605）通过微博平台认证，正式上线。

2017年11月10日，雅安市雨城区孔坪乡官方微博“@孔坪乡”（UID：6405700558）通过微博平台认证，正式上线。

2017年11月10日，遵义市第一人民医院药物临床试验机构官方微博“@遵义市第一人民医院GCP”（UID：6376462049）通过微博平台认证，正式上线。

2017年11月11日，六盘水市公安局交警支队直属四大队官方微博“@六盘水市交警支队直属四大队”（UID：2873486884）通过微博平台认证，正式上线。

2017年11月11日，黎平县民政局官方微博“@黎平民政”（UID：6300500189）通过微博平台认证，正式上线。

2017年11月11日，长兴堡镇人民政府官方微博“@长兴堡镇2017”（UID：6397900247）通过微博平台认证，正式上线。

2017年11月13日，中共天津市东丽区委网络安全和信息化领导小组办公室官方微博“@网信东丽”正式上线运行。

2017年11月14日，普洱市环境保护局官方微博“@普洱市环境保护局”（UID：6409203932）通过微博平台认证，正式上线。

2017年11月14日，资中县龙江镇政府官方微博“@资中县龙江镇”（UID：6409430660）通过微博平台认证，正式上线。

2017年11月14日，青川县青溪镇人民政府官方微博“@青川县青溪镇”（UID：2480595780）通过微博平台认证，正式上线。

2017年11月14日，兴文县玉屏镇人民政府官方微博“@兴文县玉屏镇”（UID：6402177088）通过微博平台认证，正式上线。

2017年11月14日，重庆市江北区鱼嘴镇团委官方微博“@江北区鱼嘴镇团委”（UID：6399381887）通过微博平台认证，正式上线。

2017年11月15日，贵州省贵阳市息烽县水利水电工程移民局官方微博“@息烽县移民局”（UID：6409593397）通过微博平台认证，正式上线。

2017年11月15日，三台县卫生和计划生育局公益服务官方微博“@三台县卫生和计划生育局”（UID：6395566460）通过微博平台认证，正式上线。

2017年11月15日，贵州长安网官方微博“@贵州长安网”（UID：5038874347）通过微博平台认证，正式上线。

2017年11月15日，贵州省黔西南州兴义市统计局官方微博“@兴义统计”（UID：6038576404）通过微博平台认证，正式上线。

2017年11月15日，甘孜藏族自治州林业局官方微博“@甘孜林业”（UID：

6409840717）通过微博平台认证，正式上线。

2017 年 11 月 15 日，资中县劳动人事争议仲裁院官方微博“@资中县劳动人事争议仲裁院”（UID：6409659200）通过微博平台认证，正式上线。

2017 年 11 月 16 日，原环境保护部宣传教育司官方微博“@环保部发布”（现“@生态环境部”）发布通报：截至当日，全国 338 个地市级环保部门中，已有 268 个开通了新浪微博。其中，北京、天津、河北、辽宁、吉林、江苏、浙江、江西、山东、河南、广西、重庆、贵州、陕西等 14 个省市的地市级环保部门微博全部开通。

2017 年 11 月 16 日，古城区人民政府大研街道办事处官方微博“@丽江市大研古城”（UID：6411112605）通过微博平台认证，正式上线。

2017 年 11 月 16 日，盘州市丹霞镇人民政府官方微博“@DXZRMZF”（UID：6399360049）通过微博平台认证，正式上线。

2017 年 11 月 16 日，昆明阳宗海风景名胜区管理委员会环境和水资源保护局官方微博“@阳宗海管委会环境和水资源保护局”（UID：6410687250）通过微博平台认证，正式上线。

2017 年 11 月 16 日，泸州市江阳区石寨镇人民政府官方微博“@美丽石寨”（UID：6410534597）通过微博平台认证，正式上线。

2017 年 11 月 16 日，云南省丽江市工商行政管理局官方微博“@丽江工商市场监管”（UID：6410687086）通过微博平台认证，正式上线。

2017 年 11 月 16 日，息烽县商务局官方微博“@息烽县商务局”（UID：2239787242）通过微博平台认证，正式上线。

2017 年 11 月 16 日，泸州国家高新区江南科技产业园管理委员会官方微博“@江南科技产业园”（UID：6410453208）通过微博平台认证，正式上线。

2017 年 11 月 17 日，云南省丽江市古城区市场监督管理局官方微博“@丽江古城市场监管”（UID：6410904280）通过微博平台认证，正式上线。

2017 年 11 月 17 日，共青团羊街乡委员会官方微博“@元江县羊街乡团委”（UID：6401739166）通过微博平台认证，正式上线。

2017 年 11 月 17 日，崇州市崇阳街道石羊社区官方微博“@崇阳街道石羊社区 SY”（UID：6391509727）通过微博平台认证，正式上线。

2017 年 11 月 17 日，云南省昆明市西山区科学技术协会官方微博“@西山科普”（UID：6411133542）通过微博平台认证，正式上线。

2017 年 11 月 17 日，贵州大龙经济开发区石阡产业园官方微博“@贵州大龙经济开发区石阡产业园”（UID：6410975484）通过微博平台认证，正式上线。

2017 年 11 月 17 日，玉溪市人民政府防范和处理邪教问题办公室官方微博“@玉溪反邪教”（UID：6391518637）通过微博平台认证，正式上线。

2017 年 11 月 17 日，息烽县督办督查局官方微博“@贵阳市息烽县督办督查局”（UID：6410900818）通过微博平台认证，正式上线。

2017 年 11 月 17 日，中国共产党简阳市委员会组织部官方微博“@简阳组工”（UID：6301638042）通过微博平台认证，正式上线。

2017 年 11 月 17 日，四川省简阳市经济科技和信息化局官方微博“@简阳经科信”

（UID：6301612945）通过微博平台认证，正式上线。

2017 年 11 月 20 日，黄果树旅游区综合执法大队官方微博“@ 黄果树综合执法”（UID：6411661007）通过微博平台认证，正式上线。

2017 年 11 月 20 日，四川省成都市公安局交通管理局第六分局六大队官方微博“@ 成都空港新城公安分局交警大队”（UID：6396589803）通过微博平台认证，正式上线。

2017 年 11 月 21 日，最高人民检察院未成年人检察工作办公室官方微博“@ 未成年人检察”（UID：6394748886）通过微博平台认证，正式上线。

2017 年 11 月 21 日，江西省司法厅官方微博“@ 江西司法行政”正式上线并开始运行。

2017 年 11 月 22 日，由四川省网信办、成都市网信办指导，新浪网和微博主办，新浪四川、中共成都市武侯区委宣传部承办的“V 观成都”活动，在成都世外桃源酒店隆重举行。

2017 年 11 月 22 日下午，由共青团中央学校部、全国学联秘书处指导，全国大学生创新创业联盟、全国学校共青团新媒体运营中心、北京微梦创科网络技术有限公司（新浪微博）、无极道控股集团联合主办的“2017 粤港澳大学生新媒体创新创业论坛暨微博大学广东总院落成仪式”在广州隆重举行。

2017 年 11 月 22 日，黄果树财政局官方微博“@ 黄果树财政局”（UID：6404579329）通过微博平台认证，正式上线。

2017 年 11 月 22 日，贵州省黄果树风景名胜区国家税务局官方微博“@ 黄果树国税”（UID：6413970743）通过微博平台认证，正式上线。

2017 年 11 月 22 日，云南省丽江市古城区金安镇人民政府官方微博“@ 古城金安”（UID：6404867153）通过微博平台认证，正式上线。

2017 年 11 月 22 日，贵州省兴义市三江口镇人民政府官方微博“@ 兴义市美丽三江口镇”（UID：5098250772）通过微博平台认证，正式上线。

2017 年 11 月 22 日，安顺市环境保护局黄果树风景名胜区分局官方微博“@ 黄果树环保分局”（UID：6342620150）通过微博平台认证，正式上线。

2017 年 11 月 22 日，中共丹棱县委宣传部官方微博“@ 微丹棱”（UID：6380447580）通过微博平台认证，正式上线。

2017 年 11 月 22 日，云南省昆明市公安局交通警察支队三大队官方微博“@ 昆明交警三大队”（UID：6342196444）通过微博平台认证，正式上线。

2017 年 11 月 22 日，贵州省大数据发展管理局官方微博“@ 贵州大数据微博”（UID：6411652747）通过微博平台认证，正式上线。

2017 年 11 月 22 日，白玉县公安局官方微博“@ 甘孜白玉警方”（UID：6391429559）通过微博平台认证，正式上线。

2017 年 11 月 22 日，黄果树旅游区教育事务管理服务中心官方微博“@ 黄果树教管中心”（UID：6404656832）通过微博平台认证，正式上线。

2017 年 11 月 23 日，云南省丽江市古城区人民政府西安街道办事处官方微博“@ 古城西安街道”（UID：6415372754）通过微博平台认证，正式上线。

2017 年 11 月 23 日，黄果树旅游区经济发展局官方微博“@ 黄果树经济发展局”（UID：6404800676）通过微博平台认证，正式上线。

2017 年 11 月 23 日，四川省甘孜藏族自治州康定市公安局官方微博“@ 康定警方”

（UID：6385275776）通过微博平台认证，正式上线。

2017年11月24日上午，由中央网络安全和信息化领导小组办公室、中央军委政治工作部指导，国防大学主办的首届中国军事网络媒体高峰论坛在国防大学开幕。260余名嘉宾齐聚一堂，共商网络发展大计、共绘强军兴军愿景。时任中央网信办副主任任贤良、中央军委政治工作部副主任禹光出席并致辞。相关媒体联合署名发布了“携手新时代，聚力强军梦”网络倡议，《网络传播》杂志发布了2017年度中国军事网络媒体传播力榜。

2017年11月24日，攀枝花市司法局官方微博“@攀枝花司法行政”（UID：6408812365）通过微博平台认证，正式上线。

2017年11月24日，兴义市工业贸易和科学技术局官方微博“@兴义市工科局官博”（UID：6415796599）通过微博平台认证，正式上线。

2017年11月24日，中共天柱县委政法委员会官方微博“@天柱县政法委”（UID：1196209567）通过微博平台认证，正式上线。

2017年11月24日，四川省甘孜藏族自治州雅江县公安局官方微博“@雅江警察蜀黍”（UID：6083317665）通过微博平台认证，正式上线。

2017年11月24日，道真仡佬族苗族自治县旅游局官方微博“@道真旅游-”（UID：6415801603）通过微博平台认证，正式上线。

2017年11月24日，德阳高新技术产业开发区管理委员会官方微博“@德阳高新区”（UID：6414742884）通过微博平台认证，正式上线。

2017年11月25日，黑水县司法局官方微博“@法治黑水”（UID：6408935255）通过微博平台认证，正式上线。

2017年11月25日，四川省南充市西充县高院镇人民政府官方微博“@高院镇故事”（UID：6408641589）通过微博平台认证，正式上线。

2017年11月25日，什邡市人民政府办公室官方微博“@什邡政务”（UID：6408630814）通过微博平台认证，正式上线。

2017年11月25日，四川省南充市仪陇县大罗乡人民政府官方微博“@仪陇大罗乡”（UID：6408668875）通过微博平台认证，正式上线。

2017年11月25日，四川省仪陇县三河镇官方微博“@仪陇县三河镇”（UID：6408926073）通过微博平台认证，正式上线。

2017年11月25日，四川省南充市仪陇县杨桥镇官方微博“@仪陇县杨桥镇2017”（UID：6416944135）通过微博平台认证，正式上线。

2017年11月25日，云南省丽江市古城区人力资源和社会保障局官方微博“@古城人社”（UID：6415152031）通过微博平台认证，正式上线。

2017年11月25日，四川省甘孜藏族自治州石渠县公安局官方微博“@石渠警方”（UID：6396613629）通过微博平台认证，正式上线。

2017年11月25日，四川省南充市西充县交通运输局官方微博“@西充县交通运输局”（UID：6416709196）通过微博平台认证，正式上线。

2017年11月25日，射洪县公安局涪西派出所官方微博“@平安涪西”（UID：6301806156）通过微博平台认证，正式上线。

2017年11月25日，四川省南充市西充县水务局官方微博“@西充县水务局”（UID：

6416719779）通过微博平台认证，正式上线。

2017 年 11 月 25 日，四川省南充市西充县教育体育和科学技术局官方微博“@ 西充教体科”（UID：6416942211）通过微博平台认证，正式上线。

2017 年 11 月 25 日，四川省南充市西充县关文镇人民政府官方微博“@ xcxgwzrmzf”（UID：6416720826）通过微博平台认证，正式上线。

2017 年 11 月 26 日，古城区人民政府文化街道办事处官方微博“@ 古城区文化街道办事处”（UID：6417154071）通过微博平台认证，正式上线。

2017 年 11 月 26 日，四川省绵阳三院呼吸与危重症医学科官方微博“@ 绵阳三院呼吸与危重症医学科”（UID：6417301092）通过微博平台认证，正式上线。

2017 年 11 月 28 日，四川省南充市仪陇县福临乡人民政府官方微博“@ 仪陇县福临乡”（UID：6408898238）通过微博平台认证，正式上线。

2017 年 11 月 28 日，云南省丽江市古城区人民政府束河街道办事处官方微博“@ 古城束河”（UID：6416936868）通过微博平台认证，正式上线。

2017 年 11 月 28 日，四川省甘孜州色达县公安局官方微博“@ 色达警方”（UID：6391093341）通过微博平台认证，正式上线。

2017 年 11 月 28 日，四川省南充市仪陇县文星镇人民政府官方微博“@ 仪陇县文星镇”（UID：6419279479）通过微博平台认证，正式上线。

2017 年 11 月 28 日，兴义市安全生产监督管理局官方微博“@ 兴义安监”（UID：6417110262）通过微博平台认证，正式上线。

2017 年 11 月 28 日，四川省南充市仪陇县人民政府法制办公室官方微博“@ 仪陇县法制”（UID：6416724259）通过微博平台认证，正式上线。

2017 年 11 月 28 日，四川省南充市顺庆区社会保险事业管理局官方微博“@ 顺庆社保”（UID：6412239022）通过微博平台认证，正式上线。

2017 年 11 月 28 日，四川省阆中市解元乡人民政府官方微博“@ 阆中解元”（UID：6419202314）通过微博平台认证，正式上线。

2017 年 11 月 28 日，贵州省铜仁市松桃苗族自治县黄板镇人民政府官方微博“@ 黄板在线”（UID：5837937342）通过微博平台认证，正式上线。

2017 年 11 月 28 日，四川省南充市仪陇县水务局官方微博“@ 仪陇县水务局”（UID：1429159120）通过微博平台认证，正式上线。

2017 年 11 月 28 日，中共黔西南州兴义市委政法委官方微博“@ 兴义市政法委”（UID：6248630663）通过微博平台认证，正式上线。

2017 年 11 月 28 日，四川省阆中市朱镇乡人民政府官方微博“@ 朱镇在线”（UID：6418342135）通过微博平台认证，正式上线。

2017 年 11 月 28 日，四川省阆中市千佛镇人民政府官方微博“@ 阆中市千佛镇”（UID：5978014790）通过微博平台认证，正式上线。

2017 年 11 月 28 日，顺庆区舞凤街道办官方微博“@ 顺庆区舞凤街道办”（UID：6418323408）通过微博平台认证，正式上线。

2017 年 11 月 28 日，四川省南部县旅游局官方微博“@ 南部旅游”（UID：6418216865）通过微博平台认证，正式上线。

2017 年 11 月 28 日，四川省南充市仪陇县先锋镇人民政府官方微博“@仪陇县先锋镇”（UID：6416941308）通过微博平台认证，正式上线。

2017 年 11 月 29 日，四川省成都市公安局交通管理局秩序处官方微博“@cdsjgjzxc”（UID：6408633787）通过微博平台认证，正式上线。

2017 年 11 月 29 日，四川省绵阳市住房公积金管理中心官方微博“@绵阳住房公积金”（UID：6351297785）通过微博平台认证，正式上线。

2017 年 11 月 29 日，四川省南充市顺庆区商务和粮食局官方微博“@顺庆电商之窗2016”（UID：6419032026）通过微博平台认证，正式上线。

2017 年 11 月 29 日，四川省南充市西充县城市管理行政执法局官方微博“@西充县城市管理和综合执法局”（UID：5606538709）通过微博平台认证，正式上线。

2017 年 11 月 29 日，富顺县司法局官方微博“@富顺县司法”（UID：6419373974）通过微博平台认证，正式上线。

2017 年 11 月 29 日，四川省南充市西充县升钟水利工程建设管理局官方微博“@西充县升管局”（UID：6412618508）通过微博平台认证，正式上线。

2017 年 11 月 29 日，蓬安县工商和质量技术监督局官方微博“@蓬安工质”（UID：6193460254）通过微博平台认证，正式上线。

2017 年 11 月 29 日，四川省遂宁市船山区民政局官方微博“@船山民政”（UID：6412618359）通过微博平台认证，正式上线。

2017 年 11 月 29 日，四川省南充市顺庆区安全生产监督管理局官方微博“@南充顺庆安监”（UID：6412345670）通过微博平台认证，正式上线。

2017 年 11 月 29 日，四川省南充市顺庆区城乡居民社会养老保险局官方微博“@顺庆居保”（UID：6412256311）通过微博平台认证，正式上线。

2017 年 11 月 29 日，四川省成都市老龄工作委员会办公室官方微博“@成都老龄”（UID：6419461972）通过微博平台认证，正式上线。

2017 年 11 月 30 日，由国家网信办指导，人民网主办，四川省网信办、成都市网信办和人民在线联合承办，人民网舆情数据中心（人民网舆情监测室）学术支持的 2017 年“全面落实十九大精神，引领网民走进新时代”论坛在成都正式举行。人民网舆情数据中心在本次论坛上发布了《2017 年城市政务新媒体指数报告》。《报告》通过大数据全面、客观、立体地展示了 2017 年城市政务新媒体运行状况，为进一步促进城市政务新媒体运营管理工作交流，推进政务新媒体建设工作提供了数据支持和决策参考。

2017 年 11 月 30 日，四川省遂宁市船山区保升乡人民政府官方微博“@遂宁市船山区保升乡”（UID：6419492544）通过微博平台认证，正式上线。

2017 年 11 月 30 日，船山区残疾人综和服务中心官方微博“@遂宁市船山区综合服务中心”（UID：6412537759）通过微博平台认证，正式上线。

2017 年 11 月 30 日，云南省德宏州体育运动中心官方微博“@运动德宏”（UID：6219326050）通过微博平台认证，正式上线。

2017 年 11 月 30 日，四川省遂宁市船山区永兴镇人民政府官方微博“@遂宁市船山区永兴镇”（UID：6420394553）通过微博平台认证，正式上线。

2017 年 11 月 30 日，四川省遂宁市船山区人民政府镇江寺街道办事处官方微博“@镇江寺街道办事处”（UID：6414371543）通过微博平台认证，正式上线。

2017 年 11 月 30 日，四川省南充市顺庆区顺河乡人民政府官方微博“@ 顺 - 庆 - 区 - 顺 - 河 - 乡 - 政 - 府”（UID：5220539488）通过微博平台认证，正式上线。

十二月

2017 年 12 月 1 日，成都高新自贸试验区管理局办公室官方微博“@ 成都高新自贸试验区”（UID：6421105956）通过微博平台认证，正式上线。

2017 年 12 月 1 日，铜仁市万山区工业和商务局官方微博“@ 万山工业和商务”（UID：6420881339）通过微博平台认证，正式上线。

2017 年 12 月 1 日，南部县城市管理行政执法局官方微博“@ 南部城管”（UID：6412259854）通过微博平台认证，正式上线。

2017 年 12 月 1 日，遵义市播州区民政局官方微博“@ 播州民政”（UID：6414201318）通过微博平台认证，正式上线。

2017 年 12 月 1 日，中国共产党文山壮族苗族自治委员会政法委员会官方微博“@ 文山政法”（UID：6420680143）通过微博平台认证，正式上线。

2017 年 12 月 1 日，墨江哈尼族自治县环境保护局官方微博“@ 墨江哈尼族自治县环境保护局”（UID：6414183344）通过微博平台认证，正式上线。

2017 年 12 月 3 日至 7 日，加拿大总理特鲁多对中国进行正式访问并举行第二次中加总理年度对话。特鲁多此次中国行访问的第一站，选择了中国互联网企业新浪微博总部。这种首访安排，与既往外国政要访华行程中首选代表中国政治、经济和文化的北京、上海或西安相比，开辟了外国元首访华的“第四城”。

2017 年 12 月 4 日，第三届联合国环境大会在肯尼亚首都内罗毕联合国环境规划署总部开幕，微博作为全球最大的中文社交媒体平台，向来自全球的环保代表展示了微博独特的新媒体公益模式，联合国副秘书长、联合国环境规划署执行主任埃里克·索尔海姆（Erik Solheim）与微博副总兼企业社会责任总监董文俊共同签署了战略合作备忘录，以期与微博建立更深层次的伙伴关系。原中国环境保护部部长李干杰、联合国环境规划署政策与规划司南南合作首席协调官张世钢等在会议期间来到“2017 全球可持续创新博览会”微博展台，对微博在全球范围的绿色传播力和影响力表示肯定。

2017 年 12 月 4 日，由新华社主办、新华网协办的第四届世界互联网大会“网络传播与社会责任论坛”在乌镇举行。时任中国国家互联网信息办公室副主任任贤良出席论坛并致辞。他对网络传播的管理者、从业者以及直接受众切实履行社会责任，共同维护网络家园的和谐安宁和秩序之美提出四点倡议。

2017 年 12 月 4 日，中共禄丰县委防范和处理邪教问题领导小组办公室官方微博“@ 禄丰反邪”（UID：6032145886）通过微博平台认证，正式上线。

2017 年 12 月 4 日，中界镇人民政府官方微博“@ 中界政务”（UID：1943268380）通过微博平台认证，正式上线。

2017 年 12 月 4 日，盘州市民政局官方微博“@ 盘州民政”（UID：6421701488）通过微博平台认证，正式上线。

2017 年 12 月 4 日，兴义市人民政府万峰林街道办事处官方微博“@ 万峰林街道办事处”（UID：6248726758）通过微博平台认证，正式上线。

2017 年 12 月 4 日，云南省丽江市古城区住房和城乡建设局官方微博“@ 古城区住建局”（UID：6404586353）通过微博平台认证，正式上线。

2017 年 12 月 4 日，勐海县环境保护局官方微博“@ 勐海县环境保护局”（UID：6416344733）通过微博平台认证，正式上线。

2017 年 12 月 5 日，黄果树政法与群众工作部官方微博“@ 黄果树政法与群众工作部”（UID：6415591324）通过微博平台认证，正式上线。

2017 年 12 月 5 日，内江市财政局官方微博“@ 内江市财政局”（UID：6418480048）通过微博平台认证，正式上线。

2017 年 12 月 5 日，汶川县旅游发展局官方微博“@ 汶川县旅游发展局”（UID：6365931899）通过微博平台认证，正式上线。

2017 年 12 月 6 日，贵州省食品药品监督管理局官方微博“@ 食药安黔”（UID：6425346027）通过微博平台认证，正式上线。

2017 年 12 月 7 日，以“新时代 · 新政务 · 新未来”为主题的“微政四川 –2017 政务新媒体年会”在四川省西昌市召开。会议由四川省人民政府新闻办公室、四川省人民政府信息公开办公室指导，四川新闻网传媒集团主办，四川发布、中共西昌市委、西昌市人民政府承办。中共四川省委外宣办（省政府新闻办）副主任代光举、四川新闻网传媒集团党委书记兼董事长张志跃、四川省人民政府信息公开办副主任冯俊锋出席大会并致辞。年会发布了《2017 四川政务新媒体大数据报告》，并发表《四川政务新媒体 · 西昌宣言》。

2017 年 12 月 7 日，西双版纳州环境保护局官方微博“@ 西双版纳环保”（UID：6424689607）通过微博平台认证，正式上线。

2017 年 12 月 8 日，贵州省安顺市西秀区环境卫生管理处官方微博“@ 安顺市西秀区环境卫生管理处”（UID：3756182431）通过微博平台认证，正式上线。

2017 年 12 月 10 日，九龙县公安局官方微博“@ 九龙警方”（UID：6278444303）通过微博平台认证，正式上线。

2017 年 12 月 10 日，黄果树旅游区农牧水管理服务中心官方微博“@ 黄果树旅游区农牧水管理服务中心”（UID：6426700383）通过微博平台认证，正式上线。

2017 年 12 月 10 日，云南省农业厅官方微博“@ 云南高原特色现代农业”（UID：6017977095）通过微博平台认证，正式上线。

2017 年 12 月 10 日，大坪场镇人民政府官方微博“@ 松桃县大坪场镇”（UID：6418899560）通过微博平台认证，正式上线。

2017 年 12 月 10 日，四川省内江市威远县司法局官方微博“@ 法治威远”（UID：6426039260）通过微博平台认证，正式上线。

2017 年 12 月 10 日，贵州省铜仁市松桃苗族自治县工业和商务局官方微博“@ 松桃工业和商务”（UID：6375412091）通过微博平台认证，正式上线。

2017 年 12 月 10 日，贵州省遵义市绥阳县民政局官方微博“@ 绥阳民政”（UID：6424831105）通过微博平台认证，正式上线。

2017 年 12 月 10 日，绿水镇人民政府官方微博“@ 营山县绿水镇”（UID：6353307638）通过微博平台认证，正式上线。

2017 年 12 月 10 日，云南省昆明市晋宁区环境保护局官方微博“@ 昆明市晋宁区环境保护局”（UID：5583788194）通过微博平台认证，正式上线。

2017 年 12 月 10 日，内江市市中区司法局官方微博“@ 中区普法”（UID：5327838214）通过微博平台认证，正式上线。

2017 年 12 月 10 日，德阳市财政局官方微博“@ 德阳财政”（UID：6424953788）通过微博平台认证，正式上线。

2017 年 12 月 11 日，营山县房地产管理局官方微博“@ 营山县房管局”（UID：6426867256）通过微博平台认证，正式上线。

2017 年 12 月 11 日，四川省遂宁市船山区仁里镇人民政府官方微博“@ 船山区仁里镇”（UID：6421198976）通过微博平台认证，正式上线。

2017 年 12 月 11 日，贵州省铜仁市松桃苗族自治县普觉镇人民政府官方微博“@ 微普觉”（UID：6426595355）通过微博平台认证，正式上线。

2017 年 12 月 11 日，营山县财政局官方微博“@ 营山县财政局”（UID：6421192436）通过微博平台认证，正式上线。

2017 年 12 月 11 日，贵州省松桃苗族自治县木树镇人民政府官方微博“@ 木树在线”（UID：6427620999）通过微博平台认证，正式上线。

2017 年 12 月 11 日，广元市青年志愿者协会新浪官方微博“@ 志愿广元”（UID：6008517453）通过微博平台认证，正式上线。

2017 年 12 月 11 日，修文县农业局官方微博“@ 贵州省贵阳市修文县农业局”（UID：2336750041）通过微博平台认证，正式上线。

2017 年 12 月 11 日，攀枝花市环境保护局官方微博“@ 攀枝花市环保”（UID：6428229166）通过微博平台认证，正式上线。

2017 年 12 月 11 日，双柏县委防范和处理邪教领导小组办公室官方微博“@ 双柏县防范办”（UID：6427670131）通过微博平台认证，正式上线。

2017 年 12 月 11 日，贵州省铜仁市松桃苗族自治县冷水溪镇官方微博“@ 松桃县冷水溪镇”（UID：6421231659）通过微博平台认证，正式上线。

2017 年 12 月 11 日，黄果树旅游区社会事务管理服务中心官方微博“@ 黄果树社管局”（UID：6427945334）通过微博平台认证，正式上线。

2017 年 12 月 17 日，中国人民政治协商会议贵州省兴义市委员会官方微博“@ 贵州省黔西南州兴义市政协”（UID：6425528105）通过微博平台认证，正式上线。

2017 年 12 月 17 日，坪山仡佬族侗族乡人民政府官方微博“@ 坪山政务”（UID：6432940358）通过微博平台认证，正式上线。

2017 年 12 月 17 日，云南省丽江市人民政府外事侨务办公室微博“@ 丽江市外事侨务办公室”（UID：6357241350）通过微博平台认证，正式上线。

2017 年 12 月 17 日，贵州省石阡县公路管理所官方微博“@ 贵州省石阡县公路管理所”（UID：6432949584）通过微博平台认证，正式上线。

2017 年 12 月 17 日，重庆市工商局官方微博“@ 重庆工商”（UID：6352896460）通过微博平台认证，正式上线。

2017 年 12 月 17 日，石棉县安监局官方微博“@ 石棉县安监局”（UID：6424596113）通过微博平台认证，正式上线。

2017年12月17日，云南省丽江市水务局官方微博“@云南省丽江市水务局”（UID：5654723710）通过微博平台认证，正式上线。

2017年12月17日，勐腊县环境保护局官方微博“@勐腊县环境保护局”（UID：6431060949）通过微博平台认证，正式上线。

2017年12月17日，四川大学华西医院日间手术中心官方微博“@华西医院日间手术中心”（UID：2800170522）通过微博平台认证，正式上线。

2017年12月18日，修文县发展和改革局官方微博“@修文县发展和改革局”（UID：6431326063）通过微博平台认证，正式上线。

2017年12月18日，广安前锋区观糖镇人民政府官方微博“@GTZF714”（UID：6064839511）通过微博平台认证，正式上线。

2017年12月18日，四川省南充市仪陇县公路管理局官方微博“@仪-陇-县-公-路-管-理-局”（UID：6431932520）通过微博平台认证，正式上线。

2017年12月19日，国务院办公厅公布《关于推进公共资源配置领域政府信息公开的意见》（国办发〔2017〕97号）。《意见》指出，要拓宽政府信息公开的渠道，充分发挥政府网站第一平台作用，及时发布公共资源配置领域各类信息，畅通依申请公开渠道，“积极利用政务微博微信、新闻媒体、政务客户端等拓宽信息公开渠道，开展在线服务，提升用户体验”。

2017年12月19日，营山县孔雀乡人民政府官方微博“@营山县孔雀乡”（UID：6431405416）通过微博平台认证，正式上线。

2017年12月19日，成都成华区桃蹊路街道怡福社区官方微博“@怡福社区”（UID：5886800120）通过微博平台认证，正式上线。

2017年12月19日，云南省丽江市人力资源和社会保障局官方微博“@丽江市人力资源和社会保障局”（UID：6425731608）通过微博平台认证，正式上线。

2017年12月20日，德阳市科学技术协会官方微博“@德阳科协”（UID：6426869431）通过微博平台认证，正式上线。

2017年12月20日，西盟佤族自治县住房城乡建设和环保局官方微博“@西盟环保”（UID：6358568535）通过微博平台认证，正式上线。

2017年12月20日，营山县司法局官方微博“@营山司法”（UID：6433568786）通过微博平台认证，正式上线。

2017年12月20日，云南省丽江市宁蒗县市场监督管理局官方微博“@宁蒗县市监局”（UID：6433020715）通过微博平台认证，正式上线。

2017年12月20日，国家税务总局丽江市税务局官方微博“@丽江税务”（UID：3214375574）通过微博平台认证，正式上线。

2017年12月20日，云南省楚雄州大姚县政法委员会官方微博“@大姚青锋”（UID：6432714358）通过微博平台认证，正式上线。

2017年12月20日，重庆市巴南区人民政府一品街道办事处官方微博“@一品街道政务”（UID：6380732065）通过微博平台认证，正式上线。

2017年12月20日，中江县人民政府办公室官方微博“@中江县府办”（UID：6427011180）通过微博平台认证，正式上线。

2017 年 12 月 20 日，德阳调查队官方微博“@ 德阳调查队”（UID：6434650434）通过微博平台认证，正式上线。

2017 年 12 月 20 日，四川省广汉市人民政府办公室官方微博“@ 为民服务乐悠悠广汉”（UID：6412482261）通过微博平台认证，正式上线。

2017 年 12 月 20 日，云南省丽江老君山国家公园管理局官方微博“@ 云南老君山”（UID：6427629285）通过微博平台认证，正式上线。

2017 年 12 月 21 日，微博新的社会阶层人士联谊会成立大会正式召开。中共北京市委统战部副部长严卫群、中央统战部八局二处副处长张昕晔、北京市委统战部新的社会阶层处处长薛晏、首都互联网协会副会长杨苏、微博公司高管及微博新联会部分理事出席了成立大会。会议审议通过了《微博新的社会阶层人士联谊会章程》、选举产生了第一届会长和常务理事，微博 CEO 王高飞当选为首任会长。

2017 年 12 月 23 日，四川省阆中市档案局官方微博“@ 阆中档案”（UID：6438547735）通过微博平台认证，正式上线。

2017 年 12 月 23 日，四川省阆中市河楼乡官方微博“@ 阆中市河楼乡”（UID：6440330845）通过微博平台认证，正式上线。

2017 年 12 月 23 日，景洪市环境保护局官方微博“@ 景洪市环保”（UID：6431661572）通过微博平台认证，正式上线。

2017 年 12 月 23 日，云南省丽江市妇女联合会官方微博“@ 丽江市妇女联合会”（UID：6424582984）通过微博平台认证，正式上线。

2017 年 12 月 23 日，云南省丽江市人民政府研究和法制办公室官方微博“@ 丽江法制”（UID：6432184329）通过微博平台认证，正式上线。

2017 年 12 月 23 日，四川省阆中市峰占乡人民政府官方微博“@ 峰占乡”（UID：6438215958）通过微博平台认证，正式上线。

2017 年 12 月 23 日，四川省阆中市商务局官方微博“@ 阆中商务”（UID：6339561616）通过微博平台认证，正式上线。

2017 年 12 月 23 日，贵州省铜仁市松桃苗族自治县人力资源和社会保障局办公室官方微博“@ 松桃人社局”（UID：6436635778）通过微博平台认证，正式上线。

2017 年 12 月 23 日，营山县农机事业局官方微博“@ 营山县农机事业局”（UID：6426961734）通过微博平台认证，正式上线。

2017 年 12 月 23 日，云南省丽江市宁蒗彝族自治县财政局官方微博“@ 宁蒗彝族自治县财政局”（UID：6438471889）通过微博平台认证，正式上线。

2017 年 12 月 23 日，贵州省铜仁市万山区市场监督管理局官方微博“@ 万山市场监管”（UID：6438444117）通过微博平台认证，正式上线。

2017 年 12 月 23 日，永胜县公安局交通警察大队官方微博“@ 永胜交警”（UID：3749244242）通过微博平台认证，正式上线。

2017 年 12 月 23 日，中共阆中市委机构编制委员会办公室官方微博“@ 阆中编办”（UID：6436615602）通过微博平台认证，正式上线。

2017 年 12 月 23 日，四川省阆中市审计局官方微博“@ 阆中市审计局”（UID：6438008244）通过微博平台认证，正式上线。

2017 年 12 月 23 日，铜仁市松桃县大路镇官方微博“@ 松桃苗族自治县大路镇”（UID：6421326728）通过微博平台认证，正式上线。

2017 年 12 月 24 日，时任全国人大常委会副委员长王胜俊在第十二届全国人民代表大会常务委员会第三十一次会议上做《全国人民代表大会常务委员会执法检查组关于检查〈中华人民共和国网络安全法〉〈全国人民代表大会常务委员会关于加强网络信息保护的决定〉实施情况的报告》。报告指出，网络安全法颁布后，各地均通过报纸杂志、电台电视台、门户网站、政务微信微博等，对法律核心内容进行宣传解读。通过开展“扫黄打非”“剑网”等系列行动，对互联网站、应用程序、论坛、博客、微博、公众账号、即时通信工具、网络直播中宣扬恐怖暴力、淫秽色情等信息及时清理。

2017 年 12 月 24 日，铜仁市万山区水务局官方微博“@ 水美万山”（UID：6432585576）通过微博平台认证，正式上线。

2017 年 12 月 24 日，修文县地方志办公室官方微博“@ 修文史志”（UID：6433964185）通过微博平台认证，正式上线。

2017 年 12 月 24 日，达州市公安局交通警察支队直属三大队官方微博“@ 达州交警三大队”（UID：5840750027）通过微博平台认证，正式上线。

2017 年 12 月 24 日，贵州省贵阳市修文县统计局官方微博“@ xwxtjj”（UID：6026684462）通过微博平台认证，正式上线。

2017 年 12 月 24 日，云南省曲靖市麒麟区委政法委官方微博“@ 曲靖市麒麟区委政法委”（UID：6440547844）通过微博平台认证，正式上线。

2017 年 12 月 24 日，四川省阆中市宝马镇人民政府官方微博“@ 阆中市宝马镇”（UID：6439716448）通过微博平台认证，正式上线。

2017 年 12 月 24 日，四川省阆中市水务局官方微博“@ 阆中水务”（UID：6438266346）通过微博平台认证，正式上线。

2017 年 12 月 24 日，云南省丽江市规划局官方微博“@ 丽江市规划局”（UID：6431929018）通过微博平台认证，正式上线。

2017 年 12 月 24 日，四川省阆中市蚕桑局官方微博“@ 阆中市蚕桑局”（UID：6432298646）通过微博平台认证，正式上线。

2017 年 12 月 25 日，新华社受权发布中共中央关于印发《中国共产党党务公开条例（试行）》的通知及全文，条例自 2017 年 12 月 20 日起施行。通知强调，推进党务公开是贯彻落实党的十九大精神，坚定不移全面从严治党，提高党的执政能力和领导水平的重大举措。《条例》的制定出台，为做好党务公开工作提供了基本遵循，标志着党务公开工作全面走上制度化、规范化、程序化轨道。关于党务公开的程序和方式，《条例》规定：“在党内公开的，一般采取召开会议、制发文件、编发简报、在局域网发布等方式。向社会公开的，一般采取发布公报、召开新闻发布会、接受采访，在报刊、广播、电视、互联网、新媒体、公开栏发布等方式，优先使用党报党刊、电台电视台、重点新闻网站等党的媒体进行发布。”

2017 年 12 月 25 日，中国共产主义青年团芒市江东乡委员会官方微博“@ 芒市江东乡团委”（UID：6234619164）通过微博平台认证，正式上线。

2017 年 12 月 25 日，四川省成都市龙泉驿区龙泉平安社区卫生服务中心官方微博“@ 龙泉驿龙泉平安社区卫生服务中心”（UID：6424963895）通过微博平台认证，正式上线。

2017 年 12 月 25 日，云南省丽江市地震局官方微博“@ 丽江防震减灾”（UID：6440049051）通过微博平台认证，正式上线。

2017 年 12 月 25 日，云南省通海县人民法院官方微博“@ 通海法院”（UID：3963974134）通过微博平台认证，正式上线。

2017 年 12 月 25 日，四川省阆中市经济和信息化局官方微博“@ 阆中市经信局”（UID：6433706583）通过微博平台认证，正式上线。

2017 年 12 月 25 日，兴文县档案局官方微博“@ 兴文档案”（UID：6440440184）通过微博平台认证，正式上线。

2017 年 12 月 25 日，彭州市安全生产监督管理局官方微博“@ 彭州安监”（UID：2683559971）通过微博平台认证，正式上线。

2017 年 12 月 25 日，云南省丽江市住房公积金管理中心官方微博“@ 丽江市住房公积金管理中心”（UID：6440625895）通过微博平台认证，正式上线。

2017 年 12 月 25 日，临沧市住房公积金管理中心官方微博“@ 临沧公积金”（UID：6439761609）通过微博平台认证，正式上线。

2017 年 12 月 25 日，四川省阆中市东兴镇官方微博“@ 东兴镇 1”（UID：6440333550）通过微博平台认证，正式上线。

2017 年 12 月 25 日，万盛经开区统计局官方微博“@ 万盛经开统计”（UID：6419642615）通过微博平台认证，正式上线。

2017 年 12 月 25 日，云南省丽江市宁蒗彝族自治县水务局官方微博“@ 宁蒗彝族自治县水务局”（UID：6440931756）通过微博平台认证，正式上线。

2017 年 12 月 25 日，遵义市红花岗区城市管理局官方微博“@ 红花岗城管”（UID：6441150186）通过微博平台认证，正式上线。

2017 年 12 月 25 日，平昌县住房和城乡建设局官方微博“@ 平昌县住房城乡建设 520”（UID：5886345776）通过微博平台认证，正式上线。

2017 年 12 月 25 日，云南省丽江市统计局官方微博“@ 丽江统计”（UID：6434034798）通过微博平台认证，正式上线。

2017 年 12 月 25 日，威信县罗布镇官方微博“@ 威信县罗布镇”（UID：6441422499）通过微博平台认证，正式上线。

2017 年 12 月 25 日，万山区水库和生态移民局官方微博“@ 万山移民”（UID：6435652187）通过微博平台认证，正式上线。

2017 年 12 月 26 日，2017 年中国优秀政务平台推荐及综合影响力评估结果通报。中国信息化研究与促进网联合太昊国际互联网评级、中国日报网、中国高新网、国衡智慧移动大数据联盟等权威专业机构，于 2017 年 6 月启动 2017 年中国优秀政务平台推荐及综合影响力评估，推荐评选出 2017 年度中国最具影响力、最给力、最具传播力、最具动员力、最具创新力党务政务网站，2017 年度“互联网 + 政务”创新型平台，2017 年度中国政务网站领先奖、优秀奖以及最具影响力外文版网站，最具影响力政务新媒体等。

2017 年 12 月 26 日，中国信息化研究与促进网联合太昊国际互联网评级、中国日报网、中国高新网、国衡智慧移动大数据联盟等权威专业机构做出的“2017 年中国优秀政务平台推荐及综合影响力评估结果通报”发布。

2017 年 12 月 28 日，由陕西省互联网信息办公室、陕西省电子政务办公室指导，新浪网、微博主办，西安浐灞生态区管理委员会联合新浪陕西承办的“2017 陕西政务 V 影响力峰会”在西安浐灞生态区隆重举行。峰会发布了《2017 年度陕西地区政务微博报告》。

2017 年 12 月 29 日，由正义网主办，法制网、中国法院网、中国警察网、民主与法制网等协办，中国政法大学光明新闻与传播学院、中国传媒大学新媒体研究院、正义网传媒研究院等提供学术支持的“2017 年政法新媒体峰会”在北京召开。来自中央政法委、中央网信办、最高人民检察院等有关部门领导和中央政法报刊社总编、中央政法新闻网站负责人、高校专家学者出席参会。峰会上，正义网发布《问政九年·新媒力量——政法新媒体影响力报告》，2017 年度全国检察新媒体建设运营 100 强和全国检察新媒体矩阵建设奖名单也一并公布。峰会上，在中央政法委宣教室和中央网信办移动局指导下，正义网联合法制网、中国法院网、中国警察网、民主与法制网共同发起《新时代全国政法新媒体繁荣发展共同倡议》。此外，主办方还发布了 2017 年度全国检察新媒体建设运营 100 强名单和全国检察新媒体矩阵建设奖。

2017 年 12 月 29 日，国务院台湾事务办公室官方微博“@ 两岸关系 0808”（UID：6439298407）通过微博平台认证，正式上线。

2017 年 12 月 31 日，贵安新区党武镇人民政府官方微博“@ dwdzb2016”（UID：6421344712）通过微博平台认证，正式上线。

2017 年 12 月 31 日，四川省阆中市妙高镇人民政府官方微博“@ 妙高镇”（UID：6443392479）通过微博平台认证，正式上线。

2017 年 12 月 31 日，中国共产党盈江县委员会政法委员会官方微博“@ 盈江政法”（UID：6192571222）通过微博平台认证，正式上线。

2017 年 12 月 31 日，云南省丽江市宁蒗彝族自治县环境保护局官方微博“@ 宁蒗彝族自治县环境保护局”（UID：6443391825）通过微博平台认证，正式上线。

2017 年 12 月 31 日，云南省丽江市宁蒗县西布河乡人民政府官方微博“@ 西布河乡”（UID：6444512238）通过微博平台认证，正式上线。

2017 年 12 月 31 日，云南省丽江市财政局官方微博“@ 丽江财政 199710”（UID：6444302657）通过微博平台认证，正式上线。

2017 年 12 月 31 日，四川省国土资源厅官方微博“@ 四川国土”（UID：6439975915）通过微博平台认证，正式上线。

2017 年 12 月 31 日，德阳市旌阳区人民政府办公室官方微博“@ 旌阳区区府办”（UID：6439094439）通过微博平台认证，正式上线。

2017 年 12 月 31 日，重庆市垫江县卫生和计划生育委员会官方微博“@ 垫江卫计”（UID：6444519885）通过微博平台认证，正式上线。

2017 年 12 月 31 日，四川省雅安市人力资源和社会保障局官方微博“@ 雅安人社”（UID：5693194544）通过微博平台认证，正式上线。

2017 年 12 月 31 日，贵州省贵阳市乌当区羊昌镇人民政府官方微博“@ 贵阳乌当羊昌政务”（UID：6444481368）通过微博平台认证，正式上线。

2017 年 12 月 31 日，四川省阆中市投资促进合作局官方微博“@ 阆中招商”（UID：6445007814）通过微博平台认证，正式上线。

2017 年 12 月 31 日，修文县机构编制委员会办公室官方微博“@ 修文机构编制”（UID：6438657518）通过微博平台认证，正式上线。

2017 年 12 月 31 日，石棉县交通运输局官方微博“@ 石棉县交通运输局”（UID：6433232975）通过微博平台认证，正式上线。

2017 年 12 月 31 日，贵州省铜仁市松桃苗族自治县人民代表大会常务委员会办公室官方微博“@ 松桃微人大”（UID：6445322693）通过微博平台认证，正式上线。

2017 年 12 月 31 日，四川省阆中市洪山镇人民政府官方微博“@ 阆中市洪山镇”（UID：6437589750）通过微博平台认证，正式上线。

2017 年 12 月 31 日，云南省丽江市宁蒗县宁利乡政府官方微博“@ 宁利乡”（UID：6440896421）通过微博平台认证，正式上线。

2018

一月

2018 年 1 月 2 日，云南省楚雄州环境保护局官方微博“@ 楚雄州环境保护局”（UID：5641936397）通过微博平台认证，正式上线。

2018 年 1 月 3 日，云南省玉溪市江川区环境保护局官方微博“@ 江川环保”（UID：6438838181）通过微博平台认证，正式上线。

2018 年 1 月 3 日，云南省丽江市交通运输局官方微博“@ 丽江市交通运输局”（UID：6446214004）通过微博平台认证，正式上线。

2018 年 1 月 3 日，四川省内江市人力资源和社会保障局官方微博“@ 内江人社”（UID：5976387082）通过微博平台认证，正式上线。

2018 年 1 月 3 日，云南省丽江市宁蒗县残联官方微博“@ 宁蒗县残疾人联合会”（UID：6438865020）通过微博平台认证，正式上线。

2018 年 1 月 4 日，外交部领事保护中心官方微博“@ 领事之声”（UID：6450154939）通过微博平台认证，正式上线。微博简介：“权威发布重要海外安全提醒、涉及中国公民的海外重大突发事件处置情况，介绍重要的中外签证制度安排、涉及中国公民的各类领事证件重要政策信息。”

2018 年 1 月 5 日，贵州省安顺市环境保护局官方微博“@ 贵州省安顺市环境保护局”（UID：6451666833）通过微博平台认证，正式上线。

2018 年 1 月 5 日，四川省宜宾市环境保护局官方微博“@ 宜宾 – 环保”（UID：6444174097）通过微博平台认证，正式上线。

2018 年 1 月 5 日，贵州省黔南州环境保护局官方微博“@ 黔南州环境保护局”（UID：5769700612）通过微博平台认证，正式上线。

2018 年 1 月 5 日，四川省广安市环境保护局官方微博“@ 广安市环保局微博”（UID：6450153816）通过微博平台认证，正式上线。

2018 年 1 月 5 日，四川省雅安市环境保护局官方微博“@ 雅安市环境保护局”（UID：3225338917）通过微博平台认证，正式上线。

2018 年 1 月 6 日，中国共产党丽江市委员会统一战线工作部官方微博“@ 丽江统战”

（UID：2795349740）通过微博平台认证，正式上线。

2018年1月6日，云南省丽江市工商联官方微博“@丽江市工商联”（UID：6442367576）通过微博平台认证，正式上线。

2018年1月6日，四川省什邡市工商管理和质量监督局官方微博“@什邡工商质监”（UID：6431103060）通过微博平台认证，正式上线。

2018年1月6日，新津县邓双镇董河村官方微博“@新津董河村”（UID：6260229874）通过微博平台认证，正式上线。

2018年1月6日，云南省双江自治县残疾人联合会官方微博“@双江县残疾人联合会”（UID：6442060827）通过微博平台认证，正式上线。

2018年1月6日，云南省丽江市档案局（馆）官方微博“@丽江市档案局”（UID：6449882889）通过微博平台认证，正式上线。

2018年1月6日，四川省德阳市罗江区畜牧食品局官方微博“@德阳市罗江区畜牧食品局”（UID：5210251099）通过微博平台认证，正式上线。

2018年1月6日，云南省丽江市人防办官方微博“@丽江人防”（UID：6442382700）通过微博平台认证，正式上线。

2018年1月6日，云南省丽江市宁蒗彝族自治县国土资源局官方微博“@宁蒗县国土卫士”（UID：6443765821）通过微博平台认证，正式上线。

2018年1月6日，四川省阆中市裕华镇人民政府官方微博“@阆中市裕华镇”（UID：6419170857）通过微博平台认证，正式上线。

2018年1月6日，四川省自贡市大安区海事处官方微博“@大安区地方海事处”（UID：6448934592）通过微博平台认证，正式上线。

2018年1月6日，云南省丽江市宁蒗县住房和城乡规划建设局官方微博“@宁蒗县住房和城乡规划建设局”（UID：6443734696）通过微博平台认证，正式上线。

2018年1月6日，云南省丽江市科学技术局（知识产权局）官方微博“@科技丽江”（UID：6444052890）通过微博平台认证，正式上线。

2018年1月6日，四川省甘孜州公安局海螺沟景区直属分局官方微博“@海螺沟警方”（UID：6220657881）通过微博平台认证，正式上线。

2018年1月6日，云南省丽江市宁蒗县司法局官方微博“@宁蒗县司法局2”（UID：6450697953）通过微博平台认证，正式上线。

2018年1月6日，云南省丽江市体育局官方微博“@丽江体育”（UID：6450135122）通过微博平台认证，正式上线。

2018年1月6日，四川省南充市环境保护局官方微博“@南充环境保护”（UID：6442056776）通过微博平台认证，正式上线。

2018年1月6日，云南省丽江市宁蒗县大兴镇人民政府官方微博“@宁蒗县大兴镇”（UID：6450663860）通过微博平台认证，正式上线。

2018年1月6日，云南省丽江市宁蒗彝族自治县交通运输局官方微博“@宁蒗彝族自治县交通运输局”（UID：6450669145）通过微博平台认证，正式上线。

2018年1月6日，中国共产党云南省丽江市宁蒗彝族自治县委员会组织部官方微博“@宁蒗组工”（UID：6267944509）通过微博平台认证，正式上线。

2018 年 1 月 8 日，云南省丽江市宁蒗彝族自治县西川乡人民政府官方微博“@ 西川乡 xcx”（UID：6445920302）通过微博平台认证，正式上线。

2018 年 1 月 8 日，四川省甘孜藏族自治州理塘县公安局官方微博“@ 理塘警方”（UID：6062099698）通过微博平台认证，正式上线。

2018 年 1 月 8 日，四川省资阳市环境保护局官方微博“@ 资阳_ 环保”（UID：6452044775）通过微博平台认证，正式上线。

2018 年 1 月 10 日，云南省丽江市古城区水务局官方微博“@ 古城水务”（UID：6426532462）通过微博平台认证，正式上线。

2018 年 1 月 10 日，四川省甘孜州巴塘县公安局官方微博“@ 巴塘警方”（UID：6444058175）通过微博平台认证，正式上线。

2018 年 1 月 10 日，云南省丽江市古城区商务局官方微博“@ 古城区商务局 5116177”（UID：6424695260）通过微博平台认证，正式上线。

2018 年 1 月 10 日，云南省丽江市古城区旅游发展委员会官方微博“@ 丽江古城区旅游”（UID：6451929559）通过微博平台认证，正式上线。

2018 年 1 月 10 日，贵州省贵阳国家农业科技园区管委会官方微博“@ 贵阳乌当农业科技园区管委会”（UID：6444585420）通过微博平台认证，正式上线。

2018 年 1 月 10 日，中共云南省丽江市委防范和处理邪教问题领导小组办公室官方微博“@ 丽江反邪教”（UID：6334868766）通过微博平台认证，正式上线。

2018 年 1 月 10 日，云南省昆明市盘龙区人民政府政务服务管理局官方微博“@ 盘龙政务服务”（UID：6452608550）通过微博平台认证，正式上线。

2018 年 1 月 10 日，云南省丽江市古城区安全生产监督管理局官方微博“@ 丽江市古城区安监局 01”（UID：6443834786）通过微博平台认证，正式上线。

2018 年 1 月 10 日，云南省丽江市宁蒗红桥乡人民政府官方微博“@ H 红桥乡”（UID：6438436655）通过微博平台认证，正式上线。

2018 年 1 月 10 日，贵州省铜仁市德江县残疾人联合会官方微博“@ 德残官方微博”（UID：6323514956）通过微博平台认证，正式上线。

2018 年 1 月 10 日，云南省丽江市宁蒗县新营盘乡政府官方微博“@ 新营盘在线”（UID：6451405259）通过微博平台认证，正式上线。

2018 年 1 月 10 日，云南省丽江市古城区卫生和计划生育局官方微博“@ 古城卫计”（UID：6412378968）通过微博平台认证，正式上线。

2018 年 1 月 10 日，巴中市恩阳区上八庙镇人民政府官方微博“@ 芦笋之乡上八庙镇”（UID：6450644824）通过微博平台认证，正式上线。

2018 年 1 月 10 日，云南省丽江市古城区祥和街道办事处官方微博“@ 古城祥和”（UID：6444131701）通过微博平台认证，正式上线。

2018 年 1 月 10 日，中国共产党广元市委员会统一战线工作部官方微博“@ 同心广元”（UID：6437971379）通过微博平台认证，正式上线。

2018 年 1 月 10 日，云南省丽江市古城区环境保护局官方微博“@ 丽江古城环保”（UID：6451825626）通过微博平台认证，正式上线。

2018 年 1 月 10 日，云南省丽江市国土资源局古城分局官方微博“@ 古城国土”（UID：

6406671621）通过微博平台认证，正式上线。

2018年1月10日，云南省丽江市民政局官方微博“@丽江民政”（UID：1101938473）通过微博平台认证，正式上线。

2018年1月10日，古城区扶贫和移民开发局官方微博“@古城扶贫和移民开发”（UID：6451931527）通过微博平台认证，正式上线。

2018年1月10日，蝉战河乡人民政府官方微博“@蝉战河乡”（UID：6451593873）通过微博平台认证，正式上线。

2018年1月10日，云南省丽江市宁蒗县人力资源和社会保障局官方微博“@宁蒗县人力资源和社会保障局”（UID：6451909764）通过微博平台认证，正式上线。

2018年1月11日，贵州省六盘水市环境保护局官方微博官方微博“@六盘水市环境保护局”（UID：6195802655）通过微博平台认证，正式上线。

2018年1月11日，四川省资阳市安岳县环境保护局官方微博“@安岳环保”（UID：6081900500）通过微博平台认证，正式上线。

2018年1月12日，四川省中国共产党南充市顺庆区委员会政法委员会官方微博“@南充市顺庆区政法委”（UID：5588847080）通过微博平台认证，正式上线。

2018年1月12日，四川省广安市公安局枣山园区分局官方微博“@金盾枣山”（UID：5200777036）通过微博平台认证，正式上线。

2018年1月12日，贵州省黔西南州晴隆县新闻中心（晴隆县广播电视台）官方微博“@晴隆县新闻中心”（UID：6445904131）通过微博平台认证，正式上线。

2018年1月12日，云南省丽江市林业局官方微博“@丽江林业ljly”（UID：6443445028）通过微博平台认证，正式上线。

2018年1月12日，云南省丽江市金山高新技术产业经济区管理委员会官方微博“@丽江市金山管委会”（UID：6455481187）通过微博平台认证，正式上线。

2018年1月12日，云南省丽江市供销合作社官方微博“@云南省丽江市供销合作社”（UID：6455154553）通过微博平台认证，正式上线。

2018年1月12日，四川省雅安市石棉县扶贫和移民工作局官方微博“@石棉县扶贫和移民工作局”（UID：6397772880）通过微博平台认证，正式上线。

2018年1月12日，四川省乐山市公安局交通警察支队直属一大队官方微博“@乐山交警一大队”（UID：5887823160）通过微博平台认证，正式上线。

2018年1月14日，云南省丽江市残疾人联合会官方微博“@丽江市残疾人联合会”（UID：6455254222）通过微博平台认证，正式上线。

2018年1月14日，中共石屏县委政法委员会官方微博“@石屏政法”（UID：1143653635）通过微博平台认证，正式上线。

2018年1月14日，云南省丽江市文化广电新闻出版局官方微博“@文化丽江”（UID：6447707154）通过微博平台认证，正式上线。

2018年1月14日，云南省丽江市总工会官方微博“@丽江市总工会”（UID：6447769106）通过微博平台认证，正式上线。

2018年1月14日，四川天府新区成都管委会城市管理和市场监管局官方微博“@天府新区城管和市场监管局”（UID：5630816960）通过微博平台认证，正式上线。

2018 年 1 月 14 日，印江土家族苗族自治县反邪教协会官方微博“@ 印江反_ 邪”（UID：6450656397）通过微博平台认证，正式上线。

2018 年 1 月 14 日，云南省丽江市政务服务管理局官方微博“@ 丽江市政务局”（UID：6449202699）通过微博平台认证，正式上线。

2018 年 1 月 14 日，贵州省德江县复兴镇人民政府官方微博“@ 魅力 - 复兴”（UID：6447866575）通过微博平台认证，正式上线。

2018 年 1 月 14 日，巴中市恩阳区茶坝镇人民政府官方微博“@ 森林康养茶坝镇”（UID：5146170210）通过微博平台认证，正式上线。

2018 年 1 月 14 日，雅安市旅游发展委员会官方微博“@ yaslfw”（UID：3132910510）通过微博平台认证，正式上线。

2018 年 1 月 14 日，云南省丽江市招商合作局官方微博“@ 丽江招商”（UID：6456341258）通过微博平台认证，正式上线。

2018 年 1 月 14 日，四川省宜宾市高县人力资源和社会保障局官方微博“@ 高县人社”（UID：6457968246）通过微博平台认证，正式上线。

2018 年 1 月 14 日，云南省人民政府国有资产监督管理委员会官方微博“@ 云南国资”（UID：6456461912）通过微博平台认证，正式上线。

2018 年 1 月 14 日，贡山独龙族怒族自治县科学技术协会官方微博“@ 贡山科普”（UID：6399933481）通过微博平台认证，正式上线。

2018 年 1 月 14 日，云南省丽江市住房和城乡建设局官方微博“@ 丽江市住房和城乡建设局”（UID：6456707239）通过微博平台认证，正式上线。

2018 年 1 月 14 日，四川省公安厅交通警察总队高速公路一支队九大队官方微博“@ 四川交警高速公路一支队九大队”（UID：6124505372）通过微博平台认证，正式上线。

2018 年 1 月 15 日，云南省昆明市晋宁区教育局官方微博“@ 晋宁教育宣传”（UID：6458579699）通过微博平台认证，正式上线。

2018 年 1 月 15 日，云南省丽江市永胜县委宣传部官方微博“@ 永胜宣传”（UID：6449275795）通过微博平台认证，正式上线。

2018 年 1 月 15 日，重庆市城口县周溪乡人民政府官方微博“@ 城口县周溪乡政务微博”（UID：5582022478）通过微博平台认证，正式上线。

2018 年 1 月 16 日，云南省丽江市生物资源开发创新办公室官方微博“@ 丽江生物创新”（UID：6462474662）通过微博平台认证，正式上线。

2018 年 1 月 16 日，四川省成都市青白江区龙王镇三方村村民委员会官方微博“@ 渔耀三方”（UID：6456738153）通过微博平台认证，正式上线。

2018 年 1 月 16 日，中国共产党金平苗族瑶族傣族自治县委员会政法委员会官方微博“@ 金平政法”（UID：6456350705）通过微博平台认证，正式上线。

2018 年 1 月 16 日，四川省宜宾市江安县食品药品监督管理局官方微博“@ 江安食药监管局”（UID：6458782656）通过微博平台认证，正式上线。

2018 年 1 月 16 日，四川省成都市锦江区庆云社区居民委员会官方微博“@ 锦江区庆云社区”（UID：5050257994）通过微博平台认证，正式上线。

2018 年 1 月 17 日，重庆市沙坪坝区人民政府双碑街道办事处官方微博“@ 双碑街道办事处”（UID：6463090620）通过微博平台认证，正式上线。

2018 年 1 月 17 日，贵州省毕节市黔西县素朴镇人民政府官方微博“@ qxxspzrmzf 官博”（UID：6462778023）通过微博平台认证，正式上线。

2018 年 1 月 17 日，四川省成都市青羊区府南街道锦屏社区居民委员会官方微博“@ 锦屏社区居委会”（UID：5044254111）通过微博平台认证，正式上线。

2018 年 1 月 17 日，四川省自贡市统计局官方微博“@ 自贡统计”（UID：1733416763）通过微博平台认证，正式上线。

2018 年 1 月 17 日，四川省同合乡人民政府官方微博“@ 幸福同合”（UID：6418589695）通过微博平台认证，正式上线。

2018 年 1 月 17 日，四川省阆中市农牧业局官方微博“@ 阆中农牧业”（UID：5095463498）通过微博平台认证，正式上线。

2018 年 1 月 17 日，四川省宜宾市高县司法局月江司法所官方微博“@ 高县司法局月江司法所”（UID：6449370412）通过微博平台认证，正式上线。

2018 年 1 月 18 日，山西省司法厅官方微博“@ 山西司法”正式上线并开始运行。

2018 年 1 月 18 日，“2017 年度全国公安政务新媒体伙伴大会”在广州开幕，本次会议由人民公安报社主办、蚂蚁金服集团协办、中国警察网和新浪微博联合承办。大会对 2017 年度全国公安政务新媒体账号进行表彰颁奖。来自全国各地百余家官方新媒体账号负责人和运维人员参加了本次会议。在公安部刑侦局指导下，蚂蚁金服集团在会上宣布启动“天朗计划”。“天朗计划”旨在联合警方、企业、运营商、媒体等，针对欺诈链路中涉及的网络黑灰产业等环节，精准予以打击，共建网络安全生态体系。

2018 年 1 月 18 日至 19 日，“2018 中国教育政务新媒体年会”在上海交通大学举行，来自 32 个省级教育行政部门、75 所教育部直属高校及部分教育政务新媒体联盟成员单位宣传部门负责人参加。年会发布了“2017 年度教育政务新媒体综合力十强”名单，并启动了“教育政务新媒体星火计划”。

2018 年 1 月 18 日，山东省济南市司法局官方微博“@ 济南司法”注册上线。

2018 年 1 月 18 日，云南省丽江市移民开发局官方微博“@ 丽江市移民开发局”（UID：6459280060）通过微博平台认证，正式上线。

2018 年 1 月 18 日，四川省眉山市洪雅县安全生产监督管理局官方微博“@ 洪雅安监”（UID：6462984676）通过微博平台认证，正式上线。

2018 年 1 月 18 日，四川省眉山市洪雅县工商行政管理和质量技术监督局官方微博“@ 洪雅工商质监”（UID：6452310999）通过微博平台认证，正式上线。

2018 年 1 月 18 日，四川省成都市彭州市妇女联合会官方微博“@ 彭州市妇联 2018”（UID：6462930644）通过微博平台认证，正式上线。

2018 年 1 月 18 日，贵州省毕节市黔西县五里布依族苗族乡人民政府官方微博“@ 黔西县五里布依族苗族乡”（UID：6463133017）通过微博平台认证，正式上线。

2018 年 1 月 18 日，四川省达州市达川区司法局官方微博“@ 达川司法”（UID：6453852921）通过微博平台认证，正式上线。2018 年 1 月 23 日，由人民日报社、微博、新浪网联合主办的“初心·使命·新征程——2018 政务 V 影响力峰会”在北京举行。峰会上，人民日报社和微博联合发布《2017 政务指数·微博影响力报告》。中央网信办移动网络管理局局长方楠在致辞中表示，微博正逐渐完善政务新媒体矩阵，搭建更加高效的政务机构和公众互动沟通协作平台，为打造共建共治共享的社会治理格局发挥重要作用。大会最后，20家“金牌政务主编”代表与微博副总裁曹增辉共同发布了“政务微博初心宣言”。

2018年1月24日，共青团乐至县委官方微博“@乐至青年”（UID：2702536263）通过微博平台认证，正式上线。

2018年1月24日，中共铜仁市委政策研究室官方微博“@铜仁政研”（UID：6317428155）通过微博平台认证，正式上线。

2018年1月24日，甘孜藏族自治州环境保护局官方微博“@甘孜环保”（UID：6226645385）通过微博平台认证，正式上线。

2018年1月24日，战河乡人民政府官方微博“@zhxrmzf”（UID：6465373952）通过微博平台认证，正式上线。

2018年1月24日，云南省丽江市古城区文化体育广电新闻出版局官方微博“@古城文广”（UID：6412239085）通过微博平台认证，正式上线。

2018年1月24日，云南省丽江市古城区司法局官方微博“@古城司法行政”（UID：6415635128）通过微博平台认证，正式上线。

2018年1月24日，云南省丽江市古城区园林绿化管理局官方微博“@丽江古城园林”（UID：6413920741）通过微博平台认证，正式上线。

2018年1月24日，云南省丽江市古城区民政局官方微博“@丽江古城民政”（UID：6415132792）通过微博平台认证，正式上线。

2018年1月24日，云南省丽江市古城区城市管理综合行政执法局官方微博“@古城区综合行政执法”（UID：6402774966）通过微博平台认证，正式上线。

2018年1月24日，云南省丽江市古城区环境卫生管理局官方微博“@古城环卫”（UID：6408893521）通过微博平台认证，正式上线。

2018年1月24日，云南省丽江市古城区教育局官方微博“@古城教育235”（UID：6456621552）通过微博平台认证，正式上线。

2018年1月24日，贵州省黔西县钟山镇人民政府官方微博“@黔中重镇”（UID：6452492068）通过微博平台认证，正式上线。

2018年1月24日，贵州省黔西县杜鹃街道办事处官方微博“@黔西杜鹃街道办事处”（UID：6462157771）通过微博平台认证，正式上线。

2018年1月24日，达州市反邪教官方微博“@达州反邪教”（UID：6449370469）通过微博平台认证，正式上线。

2018年1月24日，四川省洪雅县旅游局官方微博“@洪雅旅游”（UID：5708464307）通过微博平台认证，正式上线。

2018年1月24日，普洱市人民政府防范和处理邪教问题办公室官方微博“@普洱反邪教”（UID：6462940148）通过微博平台认证，正式上线。

2018年1月24日，云南省丽江市古城区地震局官方微博“@古城防震减灾”（UID：6406890037）通过微博平台认证，正式上线。

2018年1月24日，云南省丽江市古城区交通运输局官方微博“@古城交通修路人”（UID：6401674661）通过微博平台认证，正式上线。

2018 年 1 月 24 日，中共邛崃市委城乡社区发展治理委员会官方微博“@ 在邛崃爱社区”（UID：6464343041）通过微博平台认证，正式上线。

2018 年 1 月 25 日，资阳市卫生和计划生育委员会官方微博“@ 健康资阳官微”（UID：6317686515）通过微博平台认证，正式上线。

2018 年 1 月 25 日，贵州省茅草铺监狱官方微博“@ 贵州省茅草铺监狱”（UID：6469323442）通过微博平台认证，正式上线。

2018 年 1 月 25 日，四川省广安市人力资源和社会保障局官方微博“@ 广安市人社局”（UID：6465839321）通过微博平台认证，正式上线。

2018 年 1 月 25 日，四川省雅安市公安局交通警察支队直属二大队官方微博“@ 雅安市交警支队直属二大队”（UID：6457954195）通过微博平台认证，正式上线。

2018 年 1 月 25 日，云南省丽江市古城区人民检察院官方微博“@ 丽江古城检察”（UID：6425417132）通过微博平台认证，正式上线。

2018 年 1 月 25 日，云南省丽江市古城区金山街道办事处官方微博“@ 古城金山 2014”（UID：6444088272）通过微博平台认证，正式上线。

2018 年 1 月 25 日，四川省眉山市洪雅县瓦屋山镇人民政府官方微博“@ 最美瓦屋”（UID：6452310207）通过微博平台认证，正式上线。

2018 年 1 月 25 日，云南省丽江市古城区人民政府开南街道办事处官方微博“@ 古城区开南街道”（UID：6411332983）通过微博平台认证，正式上线。

2018 年 1 月 25 日，云南省丽江市古城区农业局官方微博“@ 丽江市古城区农业局”（UID：6406886419）通过微博平台认证，正式上线。

2018 年 1 月 25 日，云南省丽江市古城区林业局官方微博“@ 古城区林业在线”（UID：5092995762）通过微博平台认证，正式上线。

2018 年 1 月 25 日，四川省内江市食品药品监督管理局官方微博“@ 内江食品药品监管”（UID：6144386489）通过微博平台认证，正式上线。

2018 年 1 月 25 日，四川省广元市利州区扶贫开发和移民工作局官方微博“@ 利州扶贫移民”（UID：6456143535）通过微博平台认证，正式上线。

2018 年 1 月 25 日，云南省丽江市古城区发展和改革局官方微博“@ 古城区发改”（UID：2806819190）通过微博平台认证，正式上线。

2018 年 1 月 25 日，贵州省毕节市第一人民医院官方微博“@ 毕节市第一人民医院”（UID：6448079654）通过微博平台认证，正式上线。

2018 年 1 月 25 日，贵州省铜仁市思南县农牧科技局官方微博“@ 思南县农牧科技局”（UID：6285200325）通过微博平台认证，正式上线。

2018 年 1 月 26 日，四川省甘孜县公安局官方微博“@ 甘孜县警方”（UID：6465109366）通过微博平台认证，正式上线。

2018 年 1 月 26 日，四川省达州市达川区广播电视台官方微博“@ 微观达川”（UID：5593784107）通过微博平台认证，正式上线。

2018 年 1 月 26 日，中国共产党临沧市委员会政法委员会官方微博“@ 临沧反邪教”（UID：6344538471）通过微博平台认证，正式上线。

2018 年 1 月 27 日，云南省昭通市鲁甸县委宣传部官方微博“@ 微鲁甸”（UID：

1769716347）通过微博平台认证，正式上线。

2018 年 1 月 28 日，为更好地把政务微信、政务微博办好，安徽省六安市叶集区人民政府发布《关于向社会征集政务微信、政务微博运行意见的通知》。意见集中征集时间为 2018 年 1 月 28 日至 2018 年 2 月 11 日。

2018 年 1 月 31 日，贵州省六盘水市六枝特区财政局官方微博“@ 六枝财政”（UID：5853203444）通过微博平台认证，正式上线。

2018 年 1 月 31 日，贵州省贵阳市乌当区民政局官方微博“@ 乌当民声”（UID：6460707876）通过微博平台认证，正式上线。

2018 年 1 月 31 日，四川省巴中市通江县东山乡人民政府官方微博“@ 通江东山”（UID：6022439411）通过微博平台认证，正式上线。

二月

2018 年 2 月 1 日，第二届“五个十佳”公安网络正能量精品征集评选活动揭晓暨全国公安新媒体矩阵启动仪式在京举行。本次活动由公安部、中央网信办主办，公安部宣传局、中央网信办网络评论工作局承办，中国警察网、新浪网、腾讯网、清华大学新闻与传播学院、迪思传媒协办。揭晓仪式发布了《2016 ~ 2017 年度公安网络正能量白皮书》，并启动全国公安新媒体矩阵。“全国公安新媒体矩阵”是由公安部宣传局会同人民公安报社、中国警察网，在前期广泛调查研究的基础上，共同发起并组建的，由公安部宣传局组织统筹，人民公安报社具体负责，秘书处设在中国警察网。

2018 年 2 月 2 日，国家互联网信息办公室公布《微博客信息服务管理规定》。《规定》自 2018 年 3 月 20 日起施行。国家互联网信息办公室有关负责人表示，出台《规定》旨在促进微博客信息服务健康有序发展，保护公民、法人和其他组织的合法权益，维护国家安全和公共利益。

2018 年 2 月 2 日，为更好地学习、宣传、贯彻习近平新时代中国特色社会主义思想，发好公安声音、讲好警察故事、树好队伍形象，实现网络空间共建共治共享，全国公安新媒体矩阵正式对外发布《全国公安新媒体矩阵宣言》。宣言强调，全国公安新媒体矩阵将以实际行动，为公安新媒体健康规范发展做出示范榜样，为推动公安宣传工作发展进步发挥积极作用，为公安机关履行新时代中国特色社会主义保驾护航的神圣使命营造良好舆论环境。

2018 年 2 月 2 日，内蒙古自治区食品药品监督管理局印发《政务微博微信管理办法》（内食药监函〔2018〕18 号）。办法规定，新闻宣传与应急管理处负责自治区食品药品监督管理局政务微博、微信的运行与管理，承担政务微博、微信的信息发布、审核把关、宣传策划、效果评估等工作。政务微博、微信实行分级审核、统一发布，严格遵守工作流程，未按规定审核的信息不得发布。信息审核应规范新闻来源，杜绝“标题党”，严禁转载网上虚假失实报道，不得以网传信息直接编发新闻，严禁违规编发境外媒体新闻。对委托其他单位运行维护政务微博、微信的，要认真审核其资质、规模和团队，接受委托的单位应具备提供网络新闻资讯、舆情监测服务、新媒体运维的业务能力。

2018 年 2 月 2 日，四川省巴中市通江县教育科技体育局官方微博“@ 通江教科体”（UID：6201655854）通过微博平台认证，正式上线。

2018 年 2 月 2 日，云南省丽江市古城区金江白族乡人民政府官方微博“@ 古城金江”（UID：6020788920）通过微博平台认证，正式上线。

2018 年 2 月 2 日，贵州省毕节市发展和改革委员会官方微博“@ 毕节市发改”（UID：6475011352）通过微博平台认证，正式上线。

2018 年 2 月 2 日，云南省红河州公安局交通警察支队锁蒙高速公路交巡警大队官方微博“@ 锁蒙大队”（UID：6363699255）通过微博平台认证，正式上线。

2018 年 2 月 2 日，四川省成都市公安局双流区分局经济犯罪侦查大队官方微博“@ 双流经济犯罪侦查大队”（UID：3287154801）通过微博平台认证，正式上线。

2018 年 2 月 2 日，四川省德阳锦绣天府国际健康谷产业园区管理委员会官方微博“@ 锦绣天府国际健康谷”（UID：6112947482）通过微博平台认证，正式上线。

2018 年 2 月 2 日，四川省公安厅交通警察总队高速公路三支队十三大队官方微博“@ 四川高速交警三支队十三大队”（UID：6474493026）通过微博平台认证，正式上线。

2018 年 2 月 2 日，云南省迪庆藏族自治州人民政府防范和处理邪教问题办公室官方微博“@ 迪庆反邪教”（UID：6300196006）通过微博平台认证，正式上线。

2018 年 2 月 2 日，中共重庆市涪陵区委组织部信息中心官方微博“@ 涪陵组工”（UID：6470720758）通过微博平台认证，正式上线。

2018 年 2 月 2 日，四川省邛崃市天台山镇人民政府河长制管理办公室官方微博“@ 天台山镇河长办”（UID：6453702870）通过微博平台认证，正式上线。

2018 年 2 月 2 日，中共安宁市八街街道工作委员会官方微博“@ 美丽宜居八街”（UID：6459107178）通过微博平台认证，正式上线。

2018 年 2 月 2 日，重庆市石柱土家族自治县洗新乡人民政府官方微博“@ 魅力洗新”（UID：5542102638）通过微博平台认证，正式上线。

2018 年 2 月 4 日，贵州省贵阳市开阳县档案馆官方微博“@ 开阳县档案馆”（UID：6330669524）通过微博平台认证，正式上线。

2018 年 2 月 4 日，泸州市道路运输管理局官方微博“@ 泸州运管”（UID：6460461180）通过微博平台认证，正式上线。

2018 年 2 月 4 日，中国共产党文山市直属机关工作委员会官方微博“@ 文山市直机关工委”（UID：6460792127）通过微博平台认证，正式上线。

2018 年 2 月 4 日，中共崇州市委城乡社区发展治理委员会官方微博“@ 崇州社治”（UID：6462415006）通过微博平台认证，正式上线。

2018 年 2 月 6 日，2017 年度“两微一端”百佳评选榜单揭晓仪式在人民日报社举行。中国互联网发展基金会理事长马利、国家互联网信息办公室移动网络管理局局长方楠等出席并致辞。本届评选由国家互联网信息办公室、教育部、工业和信息化部、文化部、国家新闻出版广电总局指导，由中国互联网发展基金会主办。本次揭晓仪式共颁发了 10 个奖项，分别是微信影响力十佳榜单、微信贡献力十佳榜单、微信创新力十佳榜单、微博影响力十佳榜单、微博贡献力十佳榜单、微博创新力十佳榜单、APP 影响力十佳榜单、APP 用户服务十佳榜单、APP 创新力十佳榜单、APP 用户体验十佳榜单。

2018 年 2 月 7 日北京时间 23 时 17 分，瑞士驻华大使馆官方微博“@ 瑞士驻华大使馆”发布向中国人民的拜小年祝愿微博：“还有不到一小时，就是 2018 年的小年夜啦！帅哥，美女！新年快乐！恭喜发财！”微博配发了瑞士小天王 Bastian－Baker 用中国粤语拜年的视频，并调侃称“（这）完全（是）广东话 10 级呐，有没有！”

2018 年 2 月 8 日北京时间 11 时 31 分，美国驻华大使馆官方微博“@美国驻华大使馆”发布美国驻华大使布兰斯塔德向中国人民问候新春的视频。微博正文：“今天是小年，美国驻华大使馆全体成员和我们的汪星人朋友提前祝大家春节快乐，狗年吉祥！一起来看看布兰斯塔德大使的春节问候视频吧！你已经在回家的路上了吗？这个春节你打算怎么度过呢？”该条微博被网友转发 4203 次，评论过万。

2018 年 2 月 9 日北京时间 19 时 29 分，泰国驻华大使馆官方微博“@泰国驻华大使馆”发布驻华大使毕力亚・针蓬的讲话视频，祝中国人民春节快乐。

2018 年 2 月 9 日北京时间 18 时 47 分，哈萨克斯坦驻华大使通过哈萨克斯坦驻华大使馆官方微博“@哈萨克斯坦驻华大使馆”向中国人民拜年：“祝愿中国人民在新的一年里身体健康，事业有成，阖家欢乐，万事如意！”措辞喜庆，透射着浓浓的中国味道。

2018 年 2 月 9 日北京时间 11 时 37 分，墨西哥驻华大使何塞 - 路易斯 - 贝尔纳尔通过官方微博“@墨西哥驻华大使馆”为中国人民送上狗年新春祝福。微博配发视频，正文中的中文西班牙文双语贺词如下：“墨西哥驻华大使何塞 - 路易斯 - 贝尔纳尔大使携北京使馆全体员工为大家送上狗年新春祝福！El Emb. José Luis Bernal y todo el equipo de la Embajada de México en China les desea un feliz Año Nuevo Chino ！”

2018 年 2 月 10 日，云南省红河州蒙自市公安局高速公路交巡警大队官方微博“@蒙自高速交巡警”（UID：6475447553）通过微博平台认证，正式上线。

2018 年 2 月 10 日，四川省公安厅交通警察总队高速公路三支队十大队官方微博“@四川高速交警三支队十大队”（UID：6475074577）通过微博平台认证，正式上线。

2018 年 2 月 10 日，贵州省盘州市柏果镇人民政府官方微博“@六盘水盘州市柏果镇”（UID：6003550128）通过微博平台认证，正式上线。

2018 年 2 月 10 日，中国共产党重庆市南川区委员会政法委员会官方微博“@南川反邪教之窗”（UID：6469851519）通过微博平台认证，正式上线。

2018 年 2 月 10 日，中国共产党临沧市委员会政法委员会官方微博“@长安临沧”（UID：6478725896）通过微博平台认证，正式上线。

2018 年 2 月 10 日，中国共产主义青年团洪雅县委员会官方微博“@青春 - 洪雅”（UID：2649524913）通过微博平台认证，正式上线。

2018 年 2 月 10 日，中国共产党蒙自市委员会政法委员会官方微博“@蒙自政法委”（UID：6478386510）通过微博平台认证，正式上线。

2018 年 2 月 10 日，中共雷山县委宣传部官方微博“@雷山宣传”（UID：6275989407）通过微博平台认证，正式上线。

2018 年 2 月 10 日，中国共产党屏边苗族自治县委员会宣传部官方微博“@苗乡屏边”（UID：6468520800）通过微博平台认证，正式上线。

2018 年 2 月 10 日，中共昆明市委 610 办公室官方微博“@昆明反邪教”（UID：6445089688）通过微博平台认证，正式上线。

2018 年 2 月 11 日，民政部办公厅、民政部社会组织管理局（社会组织执法监察局、社会工作司）邀请部分中央媒体、部属媒体、网络媒体和自媒体代表在北京召开了社会组织宣传工作座谈会。民政部党组成员、社会组织管理局（社会组织执法监察局、社会工作司）局长詹成付出席会议并主持。人民日报社、新华社、光明日报社、中国日报社、中央人民广播电台、中央电视台、中国新闻社、新华网、人民网、中国网、澎湃网，“长安剑”“国资小新”“共青团中央”“侠客岛”“学习小组”“共产党员”“政知见”微信公众号，以及腾讯公益平台、新浪微博、今日头条、《中国社会报》、《公益时报》、《中国民政》杂志、《中国社会组织》杂志、《中国社会工作》杂志等媒体单位的记者代表、运营负责人员应邀出席座谈会。中央网信办网络社会工作局、民政部办公厅新闻办相关代表和社会组织管理局相关负责同志、部分处室负责人参加了座谈会。

2018 年 2 月 14 日，四川省自贡市人民政府信息公开办公室官方微博“@ 自贡发布”（UID：6478567254）通过微博平台认证，正式上线。

2018 年 2 月 14 日，中共元阳县委员会政法委员会官方微博“@ 元阳政法”（UID：6478464310）通过微博平台认证，正式上线。

2018 年 2 月 14 日，怒江州人力资源和社会保障局官方微博“@ 怒江州人力资源和社会保障局”（UID：6484501877）通过微博平台认证，正式上线。

2018 年 2 月 14 日，四川省广元市利州区委群众工作局官方微博“@ 利州区委群众工作局”（UID：6472967055）通过微博平台认证，正式上线。

2018 年 2 月 14 日，云南省丽江市古城区规划局官方微博“@ 古城规划”（UID：6473014698）通过微博平台认证，正式上线。

2018 年 2 月 17 日，古城区大东乡人民政府官方微博“@ 古城大东”（UID：6436281823）通过微博平台认证，正式上线。

2018 年 2 月 17 日，丰都县双路镇人民政府官方微博“@ 丰都县双路镇”（UID：3977216886）通过微博平台认证，正式上线。

2018 年 2 月 18 日，云南省丽江市玉龙纳西族自治县玉龙雪山交通警察大队官方微博“@ 丽江玉龙雪山交警”（UID：6478529067）通过微博平台认证，正式上线。

2018 年 2 月 22 日，四川省公安厅交通警察总队高速公路一支队二大队官方微博“@ 四川高速交警一支队二大队”（UID：6479265434）通过微博平台认证，正式上线。

2018 年 2 月 23 日，四川省巴中市恩阳区渔溪镇人民政府官方微博“@ 恩阳区渔溪镇”（UID：6493236708）通过微博平台认证，正式上线。

2018 年 2 月 23 日 18 时 2 分，为整合新媒体资源，湖南省公安厅官方微博发布《关于更改新媒体平台名称与认证信息的通告》，对原“@ 湖南公安宣传”与原“@ 湖南公安在线”更改名称与认证信息：原“@ 湖南公安宣传”（UID：5684340473）更名为“@ 湘警民生”，定位于民生服务平台建设，认证信息更改为“湖南省公安厅政务服务平台”；原“@ 湖南公安在线”（UID：5645893201）更名为“@ 湖南公安”，定位于新闻发布、公安宣传，认证信息更改为“湖南省公安厅官方微博”。其他新媒体平台的微信、企鹅号、头条号、一点号、搜狐号、网易号、百家号、大鱼号、看点号等参照此变更，同步调整修订。

2018 年 2 月 28 日，中国共产党第十九届中央委员会第三次全体会议通过了《深化党和国家机构改革方案》。3 月 21 日，根据中共中央印发的《深化党和国家机构改革方案》，原“中央网络安全和信息化领导小组”更名为“中央网络安全和信息化委员会”。

三月

2018 年 3 月 1 日，四川省公安厅交警总队高速公路二支队七大队官方微博“@ 四川交警高速公路二支队七大队”（UID：6495310414）通过微博平台认证，正式上线。

2018 年 3 月 1 日，云南省西双版纳傣族自治州景洪市教育局官方微博“@景洪市教育局”（UID：6495354984）通过微博平台认证，正式上线。

2018 年 3 月 1 日，四川省广元市朝天区气象局官方微博“@朝天气象”（UID：6493286293）通过微博平台认证，正式上线。

2018 年 3 月 2 日，四川省崇州市大数据和电子政务管理办公室官方微博“@崇州大数据办”（UID：6443401324）通过微博平台认证，正式上线。

2018 年 3 月 2 日，四川省广元市利州区民政局官方微博“@利州民政”（UID：5546139230）通过微博平台认证，正式上线。

2018 年 3 月 3 日，贵州省安顺市普定县妇女联合会官方微博“@普定县妇女联合会”（UID：5255042706）通过微博平台认证，正式上线。

2018 年 3 月 3 日，四川省广元市利州区公路运输管理所官方微博“@广元利州运管”（UID：6498440502）通过微博平台认证，正式上线。

2018 年 3 月 3 日，中共晴隆县委宣传部官方微博“@微晴隆”（UID：3210743872）通过微博平台认证，正式上线。

2018 年 3 月 3 日，四川省公安厅交通警察总队高速公路一支队八大队官方微博“@四川高速交警一支队八大队”（UID：6343786793）通过微博平台认证，正式上线。

2018 年 3 月 3 日，中共安顺市委防范和处理邪教问题领导小组办公室官方微博“@安顺反邪”（UID：6221942767）通过微博平台认证，正式上线。

2018 年 3 月 3 日，云南省西双版纳傣族自治州景洪市人民检察院官方微博“@景洪市检察院”（UID：6366892709）通过微博平台认证，正式上线。

2018 年 3 月 3 日，中共宁洱哈尼族彝族自治县委员会政法委员会官方微博“@宁洱政法委”（UID：6495248216）通过微博平台认证，正式上线。

2018 年 3 月 6 日，新疆维吾尔自治区喀什市互联网信息管理办公室官方微博“@古城喀什网信”正式上线运行。

2018 年 3 月 6 日，中国共产主义青年团开江县委员会官方微博“@开江团县委”（UID：2542590062）通过微博平台认证，正式上线。

2018 年 3 月 6 日，贵州省铜仁市松桃苗族自治县平头镇人民政府官方微博“@松桃县平头镇官微”（UID：2409251693）通过微博平台认证，正式上线。

2018 年 3 月 6 日，贵州省义龙新区司法局官方微博“@义龙新区司法局专用”（UID：6500505760）通过微博平台认证，正式上线。

2018 年 3 月 7 日，在北京市西城区人民政府第 39 次常务会议上，西城区区长王少峰宣布：“根据北京市政府关于政务公开工作的要求，建议增加关于科学民主决策的内容。区政府常务会议原则同意，在现在微博直播的情况下，要研究结合议题尝试微博视频直播。”

2018 年 3 月 9 日，最高人民法院院长周强在第十三届全国人民代表大会第一次会议上做最高人民法院工作报告。《报告》指出，要“加强网站、微博、微信、客户端等新媒体建设，主动公开司法信息，让司法公正看得见、能评价、受监督”。

2018 年 3 月 9 日，时任最高人民检察院检察长的曹建明在第十三届全国人民代表大会第一次会议上做《最高人民检察院工作报告》。“微博”写入该报告。

2018 年 3 月 9 日，国家工商行政管理总局消费者权益保护局官方微博“@消费者权益保护局”（UID：6475760794）通过微博平台认证，正式上线。

2018年3月9日，贵州省遵义市红花岗区民政局官方微博“@遵义市红花岗区民政局”（UID：6500846203）通过微博平台认证，正式上线。

2018年3月9日，四川省巴中市恩阳区司城街道办事处官方微博“@恩阳区司城街道办事处”（UID：6437768842）通过微博平台认证，正式上线。

2018年3月9日，四川省雅安市公安局特巡警支队官方微博“@雅安特巡警”（UID：6500590604）通过微博平台认证，正式上线。

2018年3月9日，云南省江城哈尼族彝族自治县防范和处理邪教问题办公室官方微博“@江城县防范办”（UID：6501343457）通过微博平台认证，正式上线。

2018年3月13日，中共黄果树旅游区工作委员会政治部官方微博“@黄果树宣传”（UID：6501926801）通过微博平台认证，正式上线。

2018年3月13日，云南省临沧市耿马傣族佤族自治县工业和科技信息化局官方微博“@耿马工信局”（UID：6502489776）通过微博平台认证，正式上线。

2018年3月13日，四川省南充市仪陇县凤仪乡人民政府官方微博“@仪陇县凤仪乡”（UID：6408670061）通过微博平台认证，正式上线。

2018年3月13日，中国共产党耿马傣族佤族自治县委员会政法委员会官方微博“@勐相青锋”（UID：6505275305）通过微博平台认证，正式上线。

2018年3月13日，四川省宜宾市兴文县大坝苗族乡人民政府官方微博“@水乡大坝”（UID：6147536778）通过微博平台认证，正式上线。

2018年3月14日，重庆市万盛经济技术开发区城市管理局官方微博“@重庆市万盛经开区城市管理”（UID：3190173823）通过微博平台认证，正式上线。

2018年3月14日，四川省内江强制隔离戒毒所官方微博“@内江强戒”（UID：6505811663）通过微博平台认证，正式上线。

2018年3月14日，四川省巴中市恩阳区关公镇人民政府官方微博“@恩阳关公镇”（UID：6503893774）通过微博平台认证，正式上线。

2018年3月14日，四川省宜宾市南溪区旅游发展局官方微博“@南溪旅游”（UID：6505829544）通过微博平台认证，正式上线。

2018年3月15日，广东省司法厅官方微博“@广东省司法厅”正式上线并开始运行。18时46分，发布上线通告：“广东省司法厅新浪官方微博今天正式和大家见面了，我们将通过官微平台，及时发布广东省司法行政权威信息，解读重大政策，回应公众关切。欢迎大家关注！”

2018年3月15日，大理州政协社会和法制委员会官方微博“@社法大理”（UID：5696744684）通过微博平台认证，正式上线。

2018年3月15日，云南省丽江市旅游稽查支队官方微博“@丽江市旅游稽查支队”（UID：6505282991）通过微博平台认证，正式上线。

2018年3月15日，四川省绵阳市涪城区玉皇镇人民政府官方微博“@玉皇微窗”（UID：6499623162）通过微博平台认证，正式上线。

2018年3月15日，四川省绵阳市北川羌族自治县审计局官方微博“@北川羌族自治县审计局”（UID：6495282063）通过微博平台认证，正式上线。

2018 年 3 月 15 日，四川省南充市仪陇县人民政府政务服务中心官方微博“@ 仪陇县政务中心”（UID：6505831719）通过微博平台认证，正式上线。

2018 年 3 月 20 日，贵州省山地户外运动管理中心官方微博“@ 贵州省山地户外”（UID：6253802917）通过微博平台认证，正式上线。

2018 年 3 月 21 日，四川省乐山市人民政府应急管理办公室官方微博“@ 乐山心连心服务热线”（UID：6507802512）通过微博平台认证，正式上线。

2018 年 3 月 21 日，四川省阆中市图书馆官方微博“@ 千年古城－万家书香－阆中市图书馆”（UID：6502183345）通过微博平台认证，正式上线。

2018 年 3 月 22 日晚 20 时 48 分，原国家环境保护部官方微博发文，该微博正式更名为“@ 生态环境部”。据新浪微舆情统计，更名微博在 24 小时内阅读量超 1400 万次。2018 年 3 月 13 日，国务院机构改革方案出台，不再保留环境保护部，组建生态环境部。

2018 年 3 月 23 日，云南省昆明市盘龙区人民政府龙泉街道办事处官方微博“@ 我们的美丽龙泉”（UID：3918990979）通过微博平台认证，正式上线。

2018 年 3 月 23 日，贵州省遵义市新蒲新区宣传文化中心官方微博“@ 魅力新蒲”（UID：6510078697）通过微博平台认证，正式上线。

2018 年 3 月 23 日，中共芒市委防范和处理邪教问题领导小组办公室官方微博“@ 芒市青锋”（UID：6385325183）通过微博平台认证，正式上线。

2018 年 3 月 23 日，四川省巴中市平昌县安全生产监督管理局官方微博“@ 平昌安监”（UID：6510397232）通过微博平台认证，正式上线。

2018 年 3 月 27 日，四川省德阳市文学艺术界联合会官方微博“@ 德阳文联”（UID：3148139500）通过微博平台认证，正式上线。

2018 年 3 月 27 日，贵州省毕节市七星关区民政局官方微博“@ qixingguanquminzhengju”（UID：6285337793）通过微博平台认证，正式上线。

2018 年 3 月 27 日，云南省临沧市城乡规划局官方微博“@ 临沧市城乡规划局”（UID：6510846950）通过微博平台认证，正式上线。

2018 年 3 月 28 日，四川省卫生和计划生育宣传教育中心官方微博“@ 四川卫生计生宣传”（UID：5931646168）通过微博平台认证，正式上线。

2018 年 3 月 28 日，贵州省遵义市凤冈县民政局官方微博“@ 凤冈民政”（UID：6235813198）通过微博平台认证，正式上线。

2018 年 3 月 28 日，四川天府新区成都管理委员会文创和会展局官方微博“@ 四川天府新区文创和会展局”（UID：6509487907）通过微博平台认证，正式上线。

2018 年 3 月 29 日，四川省第十三届运动会第九届残运会和第四届特奥会官方微博“@ 四川省第十三届运动会”（UID：6515901612）通过微博平台认证，正式上线。

2018 年 3 月 29 日，贵州省毕节市金沙县人民政府办公室官方微博“@ 金沙政务官博”（UID：6475525369）通过微博平台认证，正式上线。

2018 年 3 月 31 日，四川省达州市渠县李渡镇人民政府官方微博“@ qxldzrmzf”（UID：6514861151）通过微博平台认证，正式上线。

2018 年 3 月 31 日，四川省达州市渠县工商质监局官方微博“@ 渠县工商质监”（UID：6514862074）通过微博平台认证，正式上线。

2018 年 3 月 31 日，贵州省安顺市关岭布依族苗族自治县安全生产监督管理局官方微博“@关岭安监”（UID：6251904563）通过微博平台认证，正式上线。

2018 年 3 月 31 日，中国共产党南部县纪律检查委员会、南部县监察委员会官方微博“@南部清风微博”（UID：3188566063）通过微博平台认证，正式上线。

2018 年 3 月 31 日，四川省南充市嘉陵区财政局官方微博“@嘉陵金算盘”（UID：6408670432）通过微博平台认证，正式上线。

四月

2018 年 4 月 3 日，四川省甘孜藏族自治州丹巴县森林公安局官方微博“@丹巴森林卫士”（UID：6508042207）通过微博平台认证，正式上线。

2018 年 4 月 4 日，中国共产党昆明市西山区城市管理综合行政执法局委员会官方微博“@西山区城管综合执法局”（UID：6518510965）通过微博平台认证，正式上线。

2018 年 4 月 4 日，四川省巴中市平昌县板庙镇人民政府官方微博“@板庙镇”（UID：6517610388）通过微博平台认证，正式上线。

2018 年 4 月 6 日，重庆市彭水苗族土家族自治县鹿鸣乡人民政府官方微博“@鹿鸣乡政务微博”（UID：6489197223）通过微博平台认证，正式上线。

2018 年 4 月 6 日，中国共产党独山县委政法委员会官方微博“@独山县委政法委”（UID：6518543483）通过微博平台认证，正式上线。

2018 年 4 月 6 日，中国共产党华宁县委员会政法委员会官方微博“@华宁政法”（UID：6489488186）通过微博平台认证，正式上线。

2018 年 4 月 6 日，贵州省铜仁市松桃苗族自治县正大镇人民政府官方微博“@松桃县正大镇”（UID：6324208420）通过微博平台认证，正式上线。

2018 年 4 月 8 日，国务院办公厅印发关于《2018 年政务公开工作要点》的通知（国办发〔2018〕23 号）。《要点》明确，要用好“两微一端”新平台，“充分发挥政务微博、微信、移动客户端灵活便捷的优势，做好信息发布、政策解读和办事服务工作，进一步增强公开实效，提升服务水平”。《要点》两次强调，“严格内容审查把关，不得发布与政府职能没有直接关联的信息，信息发布失当、造成不良影响的要及时整改”。要加强“两微一端”日常监管和维护，对维护能力差、关注用户少的可关停整合。中国传媒大学媒介与公共事务政务研究院高级研究员、政务新媒体实验室主任侯锷认为，2018 年《要点》恢复点名“微博”，体现了国务院对新媒体与政务应用结合的相关媒介范畴的进一步重心厘清、重点界定和理性思考。

2018 年 4 月 12 日，云南轿子山国家级自然保护区管护局官方微博“@云南轿子山保护区管护局文明网”（UID：2417830177）通过微博平台认证，正式上线。

2018 年 4 月 12 日，中国共产党峨山彝族自治县委员会政法委员会官方微博“@峨山政法”（UID：6520081369）通过微博平台认证，正式上线。

2018 年 4 月 12 日，贵州省遵义市新蒲新区交通运输局官方微博“@新蒲交通”（UID：6522913106）通过微博平台认证，正式上线。

2018 年 4 月 12 日，中国共产党珙县委员会政法委员会官方微博“@珙县政法”（UID：6522898047）通过微博平台认证，正式上线。

2018 年 4 月 12 日，中共华宁县委防范和处理邪教问题领导小组办公室官方微博“@华宁县委防范办”（UID：6523204631）通过微博平台认证，正式上线。

2018年4月15日，贵州省水文水资源局官方微博“@贵州水文”（UID：6523285373）通过微博平台认证，正式上线。

2018年4月15日，贵州省兴义市公安局交通警察大队官方微博“@兴义市交警大队”（UID：2133740860）通过微博平台认证，正式上线。

2018年4月15日，中共广元市委政法委员会官方微博“@广元长安网”（UID：6495373434）通过微博平台认证，正式上线。

2018年4月15日，中国共产党通海县委员会政法委员会官方微博“@通海政法”（UID：6523398570）通过微博平台认证，正式上线。

2018年4月15日，贵州省铜仁市德江县民政局官方微博“@德-江-民-政”（UID：6489373044）通过微博平台认证，正式上线。

2018年4月15日，四川省阆中市人民政府七里街道办事处官方微博“@阆中市七里街道办事处”（UID：6518831549）通过微博平台认证，正式上线。

2018年4月15日，中国共产党易门县委员会政法委员会官方微博“@易门政法”（UID：6523585136）通过微博平台认证，正式上线。

2018年4月15日，云南省怒江傈僳族自治州兰坪白族普米族自治县环境保护局官方微博“@兰坪白族普米族自治县环境保护局”（UID：6401361186）通过微博平台认证，正式上线。

2018年4月15日，云南省玉溪市华宁县司法局官方微博“@华宁司法行政”（UID：6524050644）通过微博平台认证，正式上线。

2018年4月15日，云南省玉溪市通海县司法局官方微博“@通海普法”（UID：6524321766）通过微博平台认证，正式上线。

2018年4月15日，云南省玉溪市江川区前卫镇社会治安综合治理委员会办公室官方微博“@前卫综治”（UID：6523891956）通过微博平台认证，正式上线。

2018年4月15日，中国共产党井研县委员会政法委员会官方微博“@井研政法”（UID：6517416904）通过微博平台认证，正式上线。

2018年4月15日，四川省雅安市城市管理行政执法局官方微博“@雅安市城管执法局”（UID：6523216434）通过微博平台认证，正式上线。

2018年4月15日，四川省攀枝花市人民政府新闻办公室官方微博“@攀枝花发布”（UID：6489258938）通过微博平台认证，正式上线。

2018年4月15日，云南省昭通市环境保护局官方微博“@云南省昭通市环境保护局”（UID：6524342064）通过微博平台认证，正式上线。

2018年4月15日，云南省玉溪市峨山彝族自治县人民政府司法局官方微博“@峨山司法”（UID：6524051376）通过微博平台认证，正式上线。

2018年4月16日10时20分，黑龙江省哈尔滨市信访局官方微博“@哈尔滨信访局”发布微博并置顶：“由于微博具有公开性，为保护大家的个人隐私，请勿在微博上直接反映信访事项。建议选择以下途径依法依规表达诉求：哈尔滨市网上信访受理平台：http://222.171.204.18：9090/2301/230100/。”

2018年4月16日，四川省公安厅交通警察总队高速公路四支队九大队官方微博“@四川高速交警四支队九大队”（UID：6523889953）通过微博平台认证，正式上线。

2018年4月16日，四川省巴中市恩阳区城乡房产管理局官方微博“@巴中市恩阳区房管局”（UID：6525241799）通过微博平台认证，正式上线。

2018年4月16日，四川省自贡市自流井区人民政府政务服务中心官方微博“@自流井区政务服务中心”（UID：6307098025）通过微博平台认证，正式上线。

2018年4月16日，中国共产党仪陇县委员会政法委员会官方微博“@仪陇政法”（UID：6524920911）通过微博平台认证，正式上线。

2018年4月16日，四川省巴中市恩阳区登科街道办事处官方微博“@恩阳区登科街道办事处”（UID：6524899660）通过微博平台认证，正式上线。

2018年4月16日，四川省泸州市江阳区分水岭镇人民政府官方微博“@聆听分水”（UID：6524626353）通过微博平台认证，正式上线。

2018年4月16日，四川省广安市广安区人力资源和社会保障局官方微博“@广安区人社局”（UID：1172484780）通过微博平台认证，正式上线。

2018年4月17日，生态环境部办公厅公布《关于环保系统官方微博、微信公众号存在“零发稿”或久未更新情况的通报》（环办宣教函〔2018〕142号），并在生态环境部官方网站和官方微博同步发布。《通报》对截至2018年4月2日环境保护系统政务微博微信“零发稿”或久未更新情况进行了点名式通报：有10微博账号、11个微信公众号自开通之后“零发稿”；有10个微博超过2个月（最长时间超过15个月）未更新，7个微信公众号超过1个月（最长时间超过14个月）未更新。《通报》明确要求各地“将本通报转发至相关地市（含区县）人民政府及环境保护局，并督促相关环保部门进行整改”。这是自2013年以来，中央部委一级以政务新媒体运营管理和整理整顿所发出的第一份正式通报。

2018年4月17日，中国共产党余庆县委员会宣传部官方微博“@今日余庆”（UID：5687693095）通过微博平台认证，正式上线。

2018年4月17日，贵州省铜仁市石阡县妇女联合会官方微博“@石阡县妇女联合会”（UID：6525936213）通过微博平台认证，正式上线。

2018年4月17日，重庆市璧山区司法局官方微博“@璧山司法行政”（UID：6525223539）通过微博平台认证，正式上线。

2018年4月17日，贵州省铜仁市松桃苗族自治县人民政府蓼皋街道办事处官方微博“@美丽蓼皋”（UID：6469314471）通过微博平台认证，正式上线。

2018年4月17日，四川省巴中市平昌县文化广播影视新闻出版局官方微博“@平昌县文广新局”（UID：6525283638）通过微博平台认证，正式上线。

2018年4月17日，云南省德宏傣族景颇族自治州芒市风平镇人民政府官方微博“@美丽风平”（UID：6371399120）通过微博平台认证，正式上线。

2018年4月17日，四川省广安市武胜县经济开发区管理委员会官方微博“@武胜县经济开发区管委会”（UID：6525287467）通过微博平台认证，正式上线。

2018年4月17日，贵州省铜仁市江口县公安局官方微博“@江口县公安局”（UID：2873542042）通过微博平台认证，正式上线。

2018年4月17日，云南省昆明市禄劝公路分局官方微博“@文明禄劝公路”（UID：6528492046）通过微博平台认证，正式上线。

2018 年 4 月 17 日，云南省玉溪市易门县人民政府龙泉街道办事处官方微博“@ 易门龙泉之声”（UID：2769375754）通过微博平台认证，正式上线。

2018 年 4 月 17 日，重庆市沙坪坝区人民政府童家桥街道办事处官方微博“@ 重庆市沙坪坝区童家桥街道办事处”（UID：6525601301）通过微博平台认证，正式上线。

2018 年 4 月 17 日，中共玉溪市红塔区委政法委员会官方微博“@ 红塔政法”（UID：6522893826）通过微博平台认证，正式上线。

2018 年 4 月 19 日下午，由人民日报新媒体中心、清华大学、微博、新浪网联合举办的“政务 V 讲坛 · 2018 北京政务微博发展研讨会”在北京新浪总部召开。

2018 年 4 月 19 日，重庆市云阳县人力资源和社会保障局官方微博“@ 云阳人社”（UID：6523821608）通过微博平台认证，正式上线。

2018 年 4 月 19 日，四川省成都高新技术产业开发区生物产业发展局官方微博“@ 生物产业发展局”（UID：6438651484）通过微博平台认证，正式上线。

2018 年 4 月 19 日，云南省玉溪市易门县森林公安局官方微博“@ 易门森警”（UID：6524671364）通过微博平台认证，正式上线。

2018 年 4 月 19 日，四川省南充市仪陇县板桥乡人民政府官方微博“@ 南充市仪陇县板桥乡”（UID：6515245820）通过微博平台认证，正式上线。

2018 年 4 月 19 日，云南省泸水市人民政府办公室官方微博“@ 泸水政务”（UID：6528843011）通过微博平台认证，正式上线。

2018 年 4 月 19 日，中国共产党重庆市北碚区委员会政法委员会官方微博“@ 北碚反邪教”（UID：6526281380）通过微博平台认证，正式上线。

2018 年 4 月 19 日，四川省阆中市环境保护局官方微博“@ 阆中市环境保护局”（UID：6529108684）通过微博平台认证，正式上线。

2018 年 4 月 19 日，四川省宜宾市屏山县食品药品监督管理局官方微博“@ 屏山食药”（UID：5297478890）通过微博平台认证，正式上线。

2018 年 4 月 20 日，安徽省人民政府发布先进政务微博微信工作通报。通报称，经考核，确定六安市人民政府等 64 家单位为“政府网站工作先进单位”、宿州市人民政府等 18 家单位为“政务微博微信工作先进单位”、李振宇等 30 名同志为“政府网站工作先进个人”、朱明光等 15 名同志为“政务微博微信工作先进个人”。

2018 年 4 月 24 日，广东省监狱管理局官方微博“@ 广东监狱”上线运行。17 时 4 分，发布上线通告：“广东省监狱管理局新浪官方微博今天正式开通了！通过这个官方微博平台，我们将及时发布广东省监狱的政务、狱务信息，解读监狱工作的相关政策，回应公众关切。欢迎关注及互动交流！”

2018 年 4 月 24 日，四川省广安市邻水县人力资源和社会保障局官方微博“@ 邻水县人社局”（UID：6519404457）通过微博平台认证，正式上线。

2018 年 4 月 24 日，重庆市渝北区龙山街道盘溪河社区居民委员会官方微博“@ 重庆市渝北区龙山街道盘溪河社区”（UID：2423858601）通过微博平台认证，正式上线。

2018 年 4 月 24 日，四川省雅安市石棉县宰羊乡人民政府官方微博“@ 金果宰羊”（UID：6028667733）通过微博平台认证，正式上线。

2018 年 4 月 24 日，四川省宜宾市高县工业园区管理委员会官方微博“@ 高县工业园区管委会”（UID：5592507856）通过微博平台认证，正式上线。

2018 年 4 月 24 日，四川省宜宾市高县畜牧水产局官方微博“@高县畜牧水产局”（UID：6269791985）通过微博平台认证，正式上线。

2018 年 4 月 25 日，山东省肥城市孙伯镇人民政府官方微博“@孙伯发布”注册上线运行。

2018 年 4 月 26 日，云南省保山市昌宁县电子商务工作领导小组办公室官方微博“@昌宁电商”（UID：6525878128）通过微博平台认证，正式上线。

2018 年 4 月 26 日，中国共产党内江市东兴区委员会政法委员会官方微博“@东兴政法2018”（UID：6530615372）通过微博平台认证，正式上线。

2018 年 4 月 26 日，四川省南充市仪陇县炬光乡人民政府官方微博“@南充市仪陇县炬光乡”（UID：6525341463）通过微博平台认证，正式上线。

2018 年 4 月 26 日，贵州省遵义市新蒲新区管理委员会社会事业发展处官方微博“@遵义市新蒲新区社事处”（UID：6530536946）通过微博平台认证，正式上线。

2018 年 4 月 26 日，四川省南充市仪陇县永光乡人民政府官方微博“@仪陇县永光乡”（UID：6258730933）通过微博平台认证，正式上线。

2018 年 4 月 26 日，四川省川北监狱官方微博“@四川省川北监狱”（UID：6490949563）通过微博平台认证，正式上线。

2018 年 4 月 26 日，四川省宜宾市高县安全生产监督管理局官方微博“@高县安监”（UID：6529948244）通过微博平台认证，正式上线。

2018 年 4 月 26 日，四川省宜宾市高县质量技术监督局官方微博“@高县质量技术监督局”（UID：6530858249）通过微博平台认证，正式上线。

2018 年 4 月 26 日，四川省南充市嘉陵区太和乡人民政府官方微博“@南充市嘉陵区太和乡”（UID：6530977019）通过微博平台认证，正式上线。

2018 年 4 月 27 日，习近平主席在武汉会见了来华进行非正式会晤的印度总理莫迪，并共同参观湖北省博物馆精品文物展。28 日，莫迪在其个人官方微博“@莫迪总理”（UID：5581682776）上发文表示：“很高兴在武汉市会见习近平主席。我们进行了广泛的富有成效的会谈，就加强印中关系和其他国际问题交换了意见。”他在另外一条微博中还写道：“谢谢习近平主席亲自陪同我参观湖北省博物馆。该博物馆藏有中国历史文化的重大遗物。”

2018 年 4 月 27 日，第十三届全国人民代表大会常务委员会第二次会议通过《中华人民共和国英雄烈士保护法》，自 2018 年 5 月 1 日起施行。英雄烈士的姓名、肖像、名誉、荣誉受法律保护。任何组织和个人不得在公共场所、互联网或者利用广播电视、电影、出版物等，以侮辱、诽谤或者其他方式侵害英雄烈士的姓名、肖像、名誉、荣誉。以侮辱、诽谤或者其他方式侵害英雄烈士的姓名、肖像、名誉、荣誉，损害社会公共利益的，依法承担民事责任。

2018 年 4 月 27 日 18 时许，陕西米脂发生袭击学生事件，19 名学生受伤，其中 9 人死亡。事件发生后，当地政务微博“@米脂发布”“@米脂公安”第一时间发声，持续公布事件动态至凌晨；“@榆林交警”“@绥德交警”等通过政务微博呼吁司机让开生命通道；“@陕西发布”“@人民日报”呼吁市民为受伤孩子献血；“@微博管理员”“@公安部打四黑除四害”（UID：2328516855）呼吁网民不发布血腥图片，不传播谣言。当地政府、公安、交警、媒体、站方等多方微博共同协调配合，第一时间公布真相，避免谣言滋生，缓解公众恐慌情绪，并打开生命通道，呼吁市民献血救助伤员。在灾难和悲剧面前，政务微博矩阵爆发了强大的正能量，不仅做到了政务公开，而且更好地履行了为人民服务的初心。

2018 年 4 月 27 日，中国共产党云南省德宏傣族景颇族自治州芒市委员会政法委员会官方微博“@ 芒市政法委”（UID：6531489959）通过微博平台认证，正式上线。

2018 年 4 月 27 日，四川省崇州市羊马镇福田村村民委员会官方微博“@ 羊马镇福田村”（UID：3483594482）通过微博平台认证，正式上线。

2018 年 4 月 27 日，四川省阆中市柏垭镇人民政府官方微博“@ 阆中柏垭镇”（UID：6525017490）通过微博平台认证，正式上线。

2018 年 4 月 28 日，四川省广安市岳池县人力资源和社会保障局官方微博“@ 岳池县人社局”（UID：6533348878）通过微博平台认证，正式上线。

2018 年 4 月 28 日，四川省雅安市宝兴县交通运输局官方微博“@ 宝兴县交通运输局”（UID：6533337456）通过微博平台认证，正式上线。

2018 年 4 月 28 日，贵州医科大学第二附属医院官方微博“@ 贵州医科大学第二附属医院”（UID：6518860693）通过微博平台认证，正式上线。

2018 年 4 月 28 日，贵州省贵阳市修文县投资促进局官方微博“@ 投资促进局”（UID：6531259098）通过微博平台认证，正式上线。

2018 年 4 月 28 日，四川省甘孜州乡城县公安局官方微博“@ 乡城警方”（UID：6533663033）通过微博平台认证，正式上线。

2018 年 4 月 28 日，中国共产党重庆两江新区工作委员会政法委员会官方微博“@ 两江政法”（UID：6531640684）通过微博平台认证，正式上线。

五月

2018 年 5 月 1 日，《中华人民共和国英雄烈士保护法》正式开始实施。第 22 条规定：“禁止歪曲、丑化、亵渎、否定英雄烈士事迹和精神。”此举意味着维护英雄烈士尊严和合法权益有了专门的法律保障。

2018 年 5 月 1 日，贵州省安龙县公安局交通警察大队官方微博“@ 安龙县交警大队”（UID：2134615694）通过微博平台认证，正式上线。

2018 年 5 月 1 日，贵州省铜仁市德江县枫香溪镇人民政府官方微博“@ 红色枫香溪”（UID：6535748904）通过微博平台认证，正式上线。

2018 年 5 月 1 日，四川省宜宾市高县县委组织部办公室官方微博“@ 高县组工”（UID：6535232883）通过微博平台认证，正式上线。

2018 年 5 月 1 日，四川省德阳市中江县扶贫和移民工作局官方微博“@ 中江扶贫”（UID：6534498646）通过微博平台认证，正式上线。

2018 年 5 月 1 日，四川省内江市人民防空办公室官方微博“@ 内江市人民防空办公室”（UID：6535162378）通过微博平台认证，正式上线。

2018 年 5 月 1 日，四川省乐山市公安局沙湾区分局交通警察大队官方微博“@ 沙湾区交警大队”（UID：5377574589）通过微博平台认证，正式上线。

2018 年 5 月 1 日，云南省昆明市盘龙区残疾人联合会官方微博“@ 昆明市盘龙区残联”（UID：5576740948）通过微博平台认证，正式上线。

2018 年 5 月 1 日，贵州省黔西南布依族苗族自治州兴仁县公安局交通警察大队官方微博“@黔西南兴仁交警”（UID：3090884715）通过微博平台认证，正式上线。

2018 年 5 月 1 日，云南省普洱市招商合作局官方微博“@普洱市招商合作局”（UID：6534499868）通过微博平台认证，正式上线。

2018 年 5 月 2 日，贵州省铜仁市大数据发展管理局官方微博“@数智铜仁”（UID：6530210621）通过微博平台认证，正式上线。

2018 年 5 月 2 日，四川省眉山市洪雅县人力资源和社会保障局官方微博“@洪雅人社局”（UID：6535791093）通过微博平台认证，正式上线。

2018 年 5 月 2 日，中共红塔区委防范和处理邪教问题领导小组办公室官方微博“@红塔清韵”（UID：6530932463）通过微博平台认证，正式上线。

2018 年 5 月 2 日，黔东南州公安局交通警察支队高速公路交通警察四大队官方微博“@黔东南州交警支队高速四大队”（UID：6351134399）通过微博平台认证，正式上线。

2018 年 5 月 2 日，四川省南充市高坪区走马乡人民政府官方微博“@高坪区走马乡”（UID：6535032233）通过微博平台认证，正式上线。

2018 年 5 月 2 日，中国共产党广安市广安区委员会政法委员会官方微博“@广安区委政法委”（UID：1770897441）通过微博平台认证，正式上线。

2018 年 5 月 2 日，四川省公安厅交通警察总队高速公路三支队九大队官方微博“@四川高速交警三支队九大队”（UID：6538317350）通过微博平台认证，正式上线。

2018 年 5 月 2 日，中国共产党置信银河广场委员会官方微博“@置信银河广场 0701”（UID：3314134420）通过微博平台认证，正式上线。

2018 年 5 月 2 日，贵州省册亨县公安局交通警察大队官方微博“@黔西南册亨交警”（UID：6011073494）通过微博平台认证，正式上线。

2018 年 5 月 2 日，中国共产党长宁县委员会政法委员会官方微博“@长宁政法”（UID：6491012961）通过微博平台认证，正式上线。

2018 年 5 月 3 日，北京市公安局警务督察总队官方微博“@北京警务督察”上线运行。

2018 年 5 月 4 日，中国共产党江安县委员会政法委员会官方微博“@法治江安”（UID：6535521015）通过微博平台认证，正式上线。

2018 年 5 月 4 日，中国共产党阆中市委员会政法委员会官方微博“@阆中政法”（UID：6508517282）通过微博平台认证，正式上线。

2018 年 5 月 4 日，四川省广安市武胜县鸣钟乡人民政府官方微博“@武胜县鸣钟乡”（UID：6539738803）通过微博平台认证，正式上线。

2018 年 5 月 4 日，贵州省毕节市织金县公安局网络安全保卫大队官方微博“@今日织金今日事”（UID：1786518504）通过微博平台认证，正式上线。

2018 年 5 月 4 日，贵州省毕节金海湖新区社会事务管理局官方微博“@金海湖社事”（UID：6536763403）通过微博平台认证，正式上线。

2018 年 5 月 4 日，四川省广元市精神卫生中心官方微博“@广元市精神卫生中心”（UID：5820139698）通过微博平台认证，正式上线。

2018 年 5 月 4 日，四川省巴中市恩阳区三汇镇人民政府官方微博“@巴中市恩阳区三汇镇”（UID：5885830206）通过微博平台认证，正式上线。

2018 年 5 月 4 日，贵州省黔西南布依族苗族自治州望谟县公安局交通警察大队官方微博“@望谟县交通警察大队”（UID：3954924988）通过微博平台认证，正式上线。

2018 年 5 月 4 日，贵州省毕节市织金县互联网信息办公室官方微博“@微织金”（UID：5564037612）通过微博平台认证，正式上线。

2018 年 5 月 4 日，四川省高县供销合作社联合社官方微博“@高县供销社”（UID：6289404632）通过微博平台认证，正式上线。

2018 年 5 月 4 日，中国共产党九龙县委员会政法委员会官方微博“@九龙政法”（UID：6540482271）通过微博平台认证，正式上线。

2018 年 5 月 4 日，云南省玉溪市红塔区李棋街道社会治安综合治理委员会官方微博“@李棋街道政法”（UID：6540810880）通过微博平台认证，正式上线。

2018 年 5 月 4 日，四川省公安厅交通警察总队高速公路二支队六大队官方微博“@四川交警总队高速二支队六大队”（UID：6377811390）通过微博平台认证，正式上线。

2018 年 5 月 4 日，贵州省安顺经济技术开发区总工会官方微博“@安顺开发区职工之家”（UID：6501343612）通过微博平台认证，正式上线。

2018 年 5 月 4 日，贵州省黔西南布依族苗族自治州普安县公安局交通警察大队官方微博“@普安县公安局交警大队”（UID：2121377677）通过微博平台认证，正式上线。

2018 年 5 月 4 日，黔西南州公安局顶效经济开发区分局交通警察大队官方微博“@黔西南州义龙新区交警大队”（UID：6017082423）通过微博平台认证，正式上线。

2018 年 5 月 6 日，网友调侃已经 3 年未更新的政务微博——中共新平县委宣传部官方微博“@中国花腰傣之乡”为“云南省最懒惰的宣传部官微”后，5 月 11 日，该微博已注销下架。由此亦成为自国务院办公厅 2018 年 4 月 24 日印发《2018 年政务公开工作要点》后，全国首个执行“关停整合”政策的政务微博。

2018 年 5 月 7 日，国家市场监督管理总局官方微博“@中国市场监管”（UID：6535805862）通过微博平台认证，正式上线。

2018 年 5 月 8 日，《人民日报》、人民网舆情数据中心携手新浪微博联合发布“2018 年一季度政务微博影响力排行榜”。报告显示，截至 2018 年 3 月 31 日，政务微博规模已突破 17.5 万个，其中政务机构官方微博 13.6 万个，公务人员微博 3.9 万个。

2018 年 5 月 9 日，中国网络社会组织联合会在京成立，任贤良当选为会长，马云、马化腾、刘强东、田舒斌、李彦宏、叶蓁蓁等当选为副会长。中宣部副部长、中央网信办、国家互联网信息办公室主任徐麟出席并讲话。中央网信办副主任、国家网信办副主任高翔主持会议。

2018 年 5 月 9 日，元江哈尼族彝族傣族自治县委员会机构编制办公室官方微博“@元江编办”（UID：6543418558）通过微博平台认证，正式上线。

2018 年 5 月 9 日，四川省宜宾市高县投资促进局官方微博“@投资高县”（UID：6543427844）通过微博平台认证，正式上线。

2018 年 5 月 9 日，四川省南充市仪陇县土门镇人民政府官方微博“@仪陇县土门镇”（UID：6147055306）通过微博平台认证，正式上线。

2018 年 5 月 10 日，四川省雅安市雨城区河北街道办事处官方微博“@河北街道 43979”（UID：5710151224）通过微博平台认证，正式上线。

2018年5月10日，贵州省铜仁市德江县发展和改革局官方微博“@贵州省德－江县发展和改革局”（UID：6543030312）通过微博平台认证，正式上线。

2018年5月10日，云南省玉溪市红塔区北城街道社会治安综合治理委员会官方微博“@北城街道综治办2018”（UID：6543022917）通过微博平台认证，正式上线。

2018年5月10日，中国共产党广安市委员会政法委员会官方微博“@广安政法”（UID：3104796307）通过微博平台认证，正式上线。

2018年5月11日，国家市场监督管理总局官方微博“@中国市场监管”（UID：6535805862）正式上线运行。16时42分发布上线通告称：“为落实国务院办公厅《关于进一步做好政务新媒体工作的通知》要求，充分发挥微博、微信等新媒体平台新闻宣传与舆论引导作用，传播党和政府声音，回应公众关切，国家市场监管总局政务微博微信经过前期准备，今日上线开通。国家市场监管总局政务微博名称和微信公众号名称均为‘中国市场监管’，将紧密结合总局职能定位，围绕市场监管中心工作，开展政策解读、监管信息发布、成果展示、先进典型宣传和科学知识普及，回应社会关切，做好舆论引导。‘中国市场监管’上线开通后，将坚持政务当先，坚持质量优先，坚持严谨规范，及时转发党中央、国务院关于市场监管工作的重要政策和重大部署，发布总局政策法规、重点工作动态及相关通告、公告，回应和澄清市场监管领域虚假不实信息等，努力打造成总局门户开放的‘形象窗口’‘信息窗口’和‘服务窗口’。”

2018年5月12日，汶川地震十周年之际，四川省政府新闻办官方微博“@四川发布”（UID：1905843503）以“5.12汶川大地震”为主题策划报道，联动北京市政府新闻办公室官方微博“@北京发布”（UID：2418724427）、上海市政府新闻办公室官方微博“@上海发布”（UID：2539961154）、重庆市人民政府新闻办公室官方微博“@重庆发布”（UID：1988438334）、广东省人民政府新闻办公室官方微博“@广东发布”（UID：2775872784）、山西省人民政府新闻办公室官方微博“@山西发布”（UID：2726922721）、吉林省人民政府新闻办公室官方微博“@吉林发布”（UID：3229450293）、江西省互联网信息办公室官方微博“@江西发布”（UID：3687019147）、湖南省互联网信息办公室官方微博“@湖南微政务”（UID：3499010272）、安徽省互联网信息办公室官方微博“@安徽发布”（UID：3011694992）等上百家全国政务微博及时转发、暖心回应“援来一家人”感恩信息，数万网民通过微博热评共同回忆感恩瞬间。根据新浪微舆情大数据平台统计，网友评论中的“感恩”“感谢”“重生”等成为热议高频词，网友互动的内容充满正能量。全网达到上亿阅读量和近百万点赞量。

2018年5月13日，中国共产党四川省宜宾市高县委员会政法委员会官方微博“@高县政法”（UID：6541020178）通过微博平台认证，正式上线。

2018年5月13日，四川省南充市仪陇县义门乡人民政府官方微博“@仪陇县义门乡”（UID：5983896483）通过微博平台认证，正式上线。

2018年5月13日，四川省南充市仪陇县思德乡人民政府官方微博“@仪陇思德”（UID：6544424348）通过微博平台认证，正式上线。

2018年5月13日，中共仪陇县委农村工作委员会官方微博“@仪陇县三农”（UID：6544198641）通过微博平台认证，正式上线。

2018年5月13日，中共沧源佤族自治县委政法委员会官方微博“@佤山反xie”（UID：

6525335092）通过微博平台认证，正式上线。

2018 年 5 月 13 日，四川省南充市仪陇县公共资源交易中心官方微博“@仪陇县交易中心”（UID：6544098169）通过微博平台认证，正式上线。

2018 年 5 月 13 日，玉溪市红塔区研和街道社会治安综合治理委员会办公室官方微博“@研和街道综治办”（UID：6268188141）通过微博平台认证，正式上线。

2018 年 5 月 13 日，四川省彭州市房地产管理局官方微博“@彭州房管”（UID：3424387692）通过微博平台认证，正式上线。

2018 年 5 月 13 日，四川省南充市仪陇县大学中专招生委员会办公室官方微博“@仪陇招办”（UID：6544176908）通过微博平台认证，正式上线。

2018 年 5 月 13 日，四川省南充市仪陇县碧泉乡人民政府官方微博“@仪陇县碧泉乡”（UID：6238920113）通过微博平台认证，正式上线。

2018 年 5 月 13 日，四川省南充市仪陇县石佛乡人民政府官方微博“@仪陇县石佛乡”（UID：6544118115）通过微博平台认证，正式上线。

2018 年 5 月 13 日，中共孟连县委政法委员会官方微博“@长安孟连”（UID：6543712889）通过微博平台认证，正式上线。

2018 年 5 月 13 日，四川省南充市仪陇县城市管理行政执法局官方微博“@仪陇城管”（UID：5405187943）通过微博平台认证，正式上线。

2018 年 5 月 13 日，云南省玉溪市红塔区司法局官方微博“@红塔司法”（UID：6545224468）通过微博平台认证，正式上线。

2018 年 5 月 13 日，中国共产党平武县委员会政法委员会官方微博“@平武县委政法委”（UID：6544841040）通过微博平台认证，正式上线。

2018 年 5 月 13 日，贵州省遵义市凤冈县电子商务产业发展中心官方微博“@凤冈县电商办”（UID：6544819386）通过微博平台认证，正式上线。

2018 年 5 月 13 日，云南省玉溪市元江哈尼族彝族傣族自治县市场监督管理局官方微博“@元江市场先锋”（UID：6542400670）通过微博平台认证，正式上线。

2018 年 5 月 13 日，四川省南充市仪陇县市场监督管理局官方微博“@仪陇市监”（UID：6412218564）通过微博平台认证，正式上线。

2018 年 5 月 13 日，四川省南充市仪陇县铜鼓乡人民政府官方微博“@仪陇县铜鼓乡”（UID：6544055607）通过微博平台认证，正式上线。

2018 年 5 月 13 日，中共甘孜县委政法委员会官方微博“@甘孜县委政法委”（UID：6544214053）通过微博平台认证，正式上线。

2018 年 5 月 13 日，四川省戒毒管理局官方微博“@四川戒毒”（UID：6541056729）通过微博平台认证，正式上线。

2018 年 5 月 14 日，四川省南充市仪陇县回春镇人民政府官方微博“@仪陇县回春镇”（UID：6545944712）通过微博平台认证，正式上线。

2018 年 5 月 14 日，玉溪市红塔区洛河彝族乡社会治安综合治理委员会办公室官方微博“@洛河综治”（UID：6546027060）通过微博平台认证，正式上线。

2018 年 5 月 14 日，中共新平彝族傣族自治县委员会政法委员会官方微博“@新平政法”（UID：6544067612）通过微博平台认证，正式上线。

2018 年 5 月 14 日，四川省南充市蓬安县凤石乡人民政府官方微博“@ 蓬安县凤石乡”（UID：6547107070）通过微博平台认证，正式上线。

2018 年 5 月 14 日，贵州省贵阳市乌当区东风镇人民政府官方微博“@ 乌当东风镇”（UID：6334136886）通过微博平台认证，正式上线。

2018 年 5 月 14 日，中国共产党宜宾市委员会政法委员会官方微博“@ 宜宾政法”（UID：6535515338）通过微博平台认证，正式上线。

2018 年 5 月 14 日，中共岳池县委政法委员会官方微博“@ 岳池县委政法委”（UID：6543030935）通过微博平台认证，正式上线。

2018 年 5 月 14 日，重庆市万州区大周镇人民政府官方微博“@ 万州区大周镇”（UID：6534710216）通过微博平台认证，正式上线。

2018 年 5 月 14 日，四川省南充市仪陇县三蛟镇人民政府官方微博“@ 仪陇县三蛟镇”（UID：6545559651）通过微博平台认证，正式上线。

2018 年 5 月 15 日，湖南省司法厅官方微博“@ 湖南省司法行政”正式上线并开始运行。

2018 年 5 月 15 日，四川省阆中市枣碧乡人民政府官方微博“@ 枣碧乡”（UID：3943981965）通过微博平台认证，正式上线。

2018 年 5 月 15 日，四川省遂宁市船山区行政审批局官方微博“@ 船山区行政审批局”（UID：6011130128）通过微博平台认证，正式上线。

2018 年 5 月 15 日，四川省阆中市住房和城乡建设局官方微博“@ 阆中市住房和城乡建设局”（UID：6549657026）通过微博平台认证，正式上线。

2018 年 5 月 15 日，中国共产党内江市市中区委宣传部官方微博“@ 中区发布”（UID：6545148872）通过微博平台认证，正式上线。

2018 年 5 月 15 日，内蒙古自治区赤峰市敖汉旗兴隆洼镇人民政府官方微博“@ 赤峰市敖汉旗兴隆洼镇”（UID：5697544646）通过微博平台认证，正式上线。

2018 年 5 月 15 日，中共乌兰浩特市城郊办事处园丁社区总支委员会官方微博“@ 城郊园丁社区反 XJ”（UID：6549641794）通过微博平台认证，正式上线。

2018 年 5 月 15 日，河南省职工服务中心（河南省总工会困难职工帮扶中心）官方微博“@ 豫工惠”（UID：6523772264）通过微博平台认证，正式上线。

2018 年 5 月 15 日，中国共产党乳山市委员会政法委员会官方微博“@ 乳山政法”（UID：6519762217）通过微博平台认证，正式上线。

2018 年 5 月 15 日，厦门市气象服务中心（厦门预警信息发布中心）官方微博“@ 厦门预警”（UID：6540815276）通过微博平台认证，正式上线。

2018 年 5 月 15 日，河南省郑州市管城回族区总工会官方微博“@ 管城区工会”（UID：5616927017）通过微博平台认证，正式上线。

2018 年 5 月 15 日，国营十堰市郧阳区红岩背林场官方微博“@ 郧阳沧浪”（UID：6516160432）通过微博平台认证，正式上线。

2018 年 5 月 15 日，中共珠海市金湾区委政法委员会官方微博“@ 金湾政法委”（UID：6411729438）通过微博平台认证，正式上线。

2018 年 5 月 15 日，安徽省安庆市公安局五横派出所官方微博“@ 安庆宜秀五横派出所在线”（UID：5359898938）通过微博平台认证，正式上线。

2018 年 5 月 15 日，中共乌兰浩特市城郊办事处环山社区总支委员会官方微博“@ 城郊办事处环山社区反邪教”（UID：6549619190）通过微博平台认证，正式上线。

2018 年 5 月 15 日，江苏省常熟市法律援助中心官方微博“@ 常熟法律援助”（UID：2974090902）通过微博平台认证，正式上线。

2018 年 5 月 15 日，中共盈江县委防范和处理邪教问题领导小组官方微博“@ 盈江青锋”（UID：6472952517）通过微博平台认证，正式上线。

2018 年 5 月 15 日，四川省甘孜藏族自治州稻城县司法局官方微博“@ 稻城司法行政”（UID：6549659377）通过微博平台认证，正式上线。

2018 年 5 月 15 日，中国共产党宁蒗彝族自治县委员会宣传部官方微博“@ 宁蒗宣传”（UID：1234461960）通过微博平台认证，正式上线。

2018 年 5 月 15 日，云南省玉溪市红塔区人民政府玉带街道办事处官方微博“@ 玉带政法”（UID：6492640616）通过微博平台认证，正式上线。

2018 年 5 月 15 日，四川省阆中市天林乡人民政府官方微博“@ 阆中市天林乡”（UID：6550017583）通过微博平台认证，正式上线。

2018 年 5 月 15 日，四川省阆中市科学技术协会官方微博“@ 阆中科协”（UID：6052175863）通过微博平台认证，正式上线。

2018 年 5 月 15 日，四川省遂宁市船山区龙凤新城管理委员会官方微博“@ 遂宁龙凤新城”（UID：6526530723）通过微博平台认证，正式上线。

2018 年 5 月 16 日，四川省住房和城乡建设厅官方微博“@ 四川建设”（UID：6543696079）通过微博平台认证，正式上线。

2018 年 5 月 17 日，中国人民解放军陆军官方微博“@ 人民陆军”（UID：6551339780）通过微博平台认证，正式上线。

2018 年 5 月 17 日，四川省南充市顺庆区纪委官方微博“@ 廉洁顺庆”（UID：6419208932）通过微博平台认证，正式上线。

2018 年 5 月 19 日，由中国社会科学网、中国社会科学院舆情调查实验室主办，微博智库承办的“微聚正能量·新媒体正能量传播”研讨会在北京召开。

2018 年 5 月 20 日，中国人民解放军陆军官方微博“@ 人民陆军”（UID：6551339780）正式上线。这也是继中国人民解放军空军官方微博“@ 空军发布”（UID：5707057078）之后，第二个开通新浪微博账号的解放军兵种官方微博。11 时 48 分发布上线通告：“为弘扬陆军光荣传统和优良作风、反映陆军部队转型建设成果、展示陆军官兵练兵备战精神风貌。今天，人民陆军微博正式上线，一波点击关注，带你领略新时期人民陆军的风采。”同时，首发微博还配发了一条时长 1 分钟的短视频，生动展现了陆军官兵的风采。

2018 年 5 月 21 日上午，陕西省榆林市国税局直属分局和榆林市地税局直属分局共建办税服务大厅，开展“不忘初心跟党走牢记使命铸税魂”的微博直播活动。活动围绕贯彻落实党的十九大精神，践行“不忘初心牢记使命”，充分发挥“互联网 + 党建”优势作用，通过手机终端开展了时长约 11 分钟的实况直播，受到 4300 余人关注收看和转发。

2018 年 5 月 21 日，浙江省嘉兴市南湖区财政局官方微博“@ 南湖财政”（UID：5783402006）通过微博平台认证，正式上线。

2018年5月21日，山东省莱芜农业高新技术产业示范区建设发展局官方微博“@莱芜农高区建设发展局”（UID：6343274651）通过微博平台认证，正式上线。

2018年5月21日，山东省莱芜经济开发区建设环保局官方微博“@莱芜经济开发区建设环保”（UID：6550786134）通过微博平台认证，正式上线。

2018年5月21日，河南省鹤壁市档案局官方微博“@鹤壁档案之家”（UID：6545141731）通过微博平台认证，正式上线。

2018年5月21日，中共惠州市惠城区委政法委员会官方微博“@惠城政法”（UID：6535525294）通过微博平台认证，正式上线。

2018年5月21日，中国共产党靖西市委员会政法委员会官方微博“@靖西政法微博”（UID：3880149030）通过微博平台认证，正式上线。

2018年5月21日，河北省唐山市玉田县统计局官方微博“@玉田统计”（UID：6528211191）通过微博平台认证，正式上线。

2018年5月21日，安徽省宿州市砀山县物价局官方微博“@砀山物价”（UID：6530863454）通过微博平台认证，正式上线。

2018年5月21日，安徽省宿州市砀山县程庄镇人民政府官方微博“@西甜瓜之乡美丽程庄”（UID：5012195259）通过微博平台认证，正式上线。

2018年5月21日，广东省江门市新会区人民检察院官方微博“@新会检察”（UID：6530518418）通过微博平台认证，正式上线。

2018年5月21日，江西省公安厅高速交警总队直属四支队第四大队官方微博“@江西省高速交警直属四支队四大队”（UID：5608589380）通过微博平台认证，正式上线。

2018年5月21日，陕西省渭南市蒲城县人民政府办公室官方微博“@蒲城发布715500”（UID：2951345480）通过微博平台认证，正式上线。

2018年5月21日，中共天津市武清区委下朱庄街道工作委员会官方微博“@风景如画下朱庄”（UID：6541437921）通过微博平台认证，正式上线。

2018年5月21日，四川省广安市岳池县司法局官方微博“@岳池县司法局”（UID：6549534702）通过微博平台认证，正式上线。

2018年5月21日，中共乡城县委政法委员会官方微博“@乡城政法”（UID：6550352799）通过微博平台认证，正式上线。

2018年5月21日，四川省南充市仪陇县张公镇人民政府官方微博“@仪陇县张公”（UID：6174568182）通过微博平台认证，正式上线。

2018年5月21日，四川阆中经济开发区管理委员会官方微博“@阆中经开区管委会”（UID：6543786120）通过微博平台认证，正式上线。

2018年5月21日，四川省遂宁市船山区人民政府高升街街道办事处官方微博“@遂宁市船山区高升街街道办事处”（UID：6549978892）通过微博平台认证，正式上线。

2018年5月21日，贵州省黔东南苗族侗族自治州从江县妇女联合会官方微博“@贵州从江妇联”（UID：6468523254）通过微博平台认证，正式上线。

2018年5月21日，云南省保山市隆阳区政务服务管理局官方微博“@隆阳政务服务”（UID：6550447835）通过微博平台认证，正式上线。

2018年5月21日，四川省阆中市国土资源局官方微博“@阆中市国土局_46197”

（UID：6530602218）通过微博平台认证，正式上线。

2018 年 5 月 22 日，山东省人民政府办公厅下发《关于进一步做好政务舆情工作的通知》（鲁政办发〔2018〕18 号）。《通知》要求，加强组织协调与联动，提高回应时效，提高回应时效，建立督办落实制度，建立考核问责制度。对涉及特别重大、重大突发事件的政务舆情，要快速反应、及时发声，最迟要在 5 小时内发布权威信息、24 小时内举行新闻发布会，对其他政务舆情应在 48 小时内予以回应，并根据工作进展情况，持续发布权威信息。加强与新闻媒体的沟通联系，提高政务舆情回应的主动性、针对性、有效性。

2018 年 5 月 22 日，中共汝阳县委政法委员会官方微博“@ 汝阳政法”（UID：6551202634）通过微博平台认证，正式上线。

2018 年 5 月 22 日，中共翁牛特旗委政法委员会官方微博“@ 翁旗政法”（UID：5083859453）通过微博平台认证，正式上线。

2018 年 5 月 22 日，甘肃省白银市公安局交通警察支队响泉高速公路大队官方微博“@ 响泉高速公路大队”（UID：6551635929）通过微博平台认证，正式上线。

2018 年 5 月 22 日，安徽省宿州市砀山县统计局官方微博“@ 砀山统计”（UID：6526520911）通过微博平台认证，正式上线。

2018 年 5 月 22 日，山东省东营市禁毒委员会办公室官方微博“@ 东营市禁毒委员会办公室”（UID：6552559068）通过微博平台认证，正式上线。

2018 年 5 月 22 日，安徽省亳州市涡阳县公安局城西派出所官方微博“@ 亳州涡阳城西派出所”（UID：5849647845）通过微博平台认证，正式上线。

2018 年 5 月 22 日，河南省济源市疾病预防控制中心官方微博“@ 济源市疾病预防控制中心”（UID：5230512101）通过微博平台认证，正式上线。

2018 年 5 月 22 日，四川省南充市仪陇县金城镇人民政府官方微博“@ 仪陇县金城镇”（UID：5377976162）通过微博平台认证，正式上线。

2018 年 5 月 22 日，四川省康定市公安局交通警察大队官方微博“@ 康定交警”（UID：6537410232）通过微博平台认证，正式上线。

2018 年 5 月 22 日，四川省遂宁市船山区水务局官方微博“@ 遂宁船山水务”（UID：6549537498）通过微博平台认证，正式上线。

2018 年 5 月 22 日，贵州省铜仁市松桃苗族自治县永安乡人民政府官方微博“@ 松桃苗族自治县永安乡”（UID：6376754453）通过微博平台认证，正式上线。

2018 年 5 月 22 日，中国共产党丹巴县委政法委员会官方微博“@ 丹巴政法”（UID：6552113300）通过微博平台认证，正式上线。

2018 年 5 月 22 日，四川省阆中市老观镇人民政府官方微博“@ 阆中老观镇”（UID：6552096015）通过微博平台认证，正式上线。

2018 年 5 月 22 日，天津市滨海新区人民政府泰达街道办事处官方微博“@ 滨海新区泰达街道”（UID：6552636193）通过微博平台认证，正式上线。

2018 年 5 月 22 日，江西省九江市共青城市总工会官方微博“@ 共青职工之家”（UID：6221142385）通过微博平台认证，正式上线。

2018 年 5 月 22 日，天津市武清区人民政府信访办公室官方微博“@ 武清区信访办”（UID：6552539611）通过微博平台认证，正式上线。

2018 年 5 月 22 日，内蒙古自治区赤峰市司法局官方微博“@ 法治赤峰”（UID：6551308752）通过微博平台认证，正式上线。

2018 年 5 月 22 日，中共清远市清城区委政法委员会官方微博“@ 清城政法”（UID：6546004843）通过微博平台认证，正式上线。

2018 年 5 月 22 日，河北省承德市环境保护局承德县分局官方微博“@ 承德县环保”（UID：6552141404）通过微博平台认证，正式上线。

2018 年 5 月 22 日，广西壮族自治区南宁市武鸣区水利局官方微博“@ 武鸣水利”（UID：6552127921）通过微博平台认证，正式上线。

2018 年 5 月 22 日，广西壮族自治区南宁市宾阳县国土资源局官方微博“@ 宾阳县国土局”（UID：5395392887）通过微博平台认证，正式上线。

2018 年 5 月 22 日，防城港市防城区茅岭镇国土规建环保安监交通站官方微博“@ 茅岭镇国土规建环保安监交通站”（UID：6543446047）通过微博平台认证，正式上线。

2018 年 5 月 23 日，中国共产党四川省阆中市委员会老干部局官方微博“@ 阆中市老干部局”（UID：6549654659）通过微博平台认证，正式上线。

2018 年 5 月 23 日，四川省甘孜藏族自治州乡城县司法局官方微博“@ 乡城司法”（UID：6524628188）通过微博平台认证，正式上线。

2018 年 5 月 23 日，中共理塘县委政法委员会官方微博“@ 理塘县委政法委”（UID：6492963930）通过微博平台认证，正式上线。

2018 年 5 月 23 日，四川省阿坝藏族自治州汶川县水磨镇人民政府官方微博“@ 康养汶川 – 丹青水磨”（UID：3202232161）通过微博平台认证，正式上线。

2018 年 5 月 23 日，四川省阆中市人民政府政务服务中心官方微博“@ 阆中政务服务”（UID：6555646140）通过微博平台认证，正式上线。

2018 年 5 月 23 日，四川省阆中市方山乡人民政府官方微博“@ 阆中市方山乡”（UID：6525020354）通过微博平台认证，正式上线。

2018 年 5 月 23 日，四川省宜宾市屏山县新市镇人民政府官方微博“@ 屏山新市镇”（UID：5189440990）通过微博平台认证，正式上线。

2018 年 5 月 23 日，四川省广汉工业集中发展区管理委员会官方微博“@ 广汉工业集中发展区管委会”（UID：6530893203）通过微博平台认证，正式上线。

2018 年 5 月 23 日，四川省阆中市福星乡人民政府官方微博“@ 阆中市福星乡”（UID：6557056625）通过微博平台认证，正式上线。

2018 年 5 月 23 日，湖北省十堰市郧阳区住房和城乡规划建设局官方微博“@ 郧阳区住建规划局”（UID：6505836695）通过微博平台认证，正式上线。

2018 年 5 月 23 日，宁夏回族自治区石嘴山市平罗县通伏乡人民政府官方微博“@ 平罗县通伏乡微博”（UID：5644933239）通过微博平台认证，正式上线。

2018 年 5 月 23 日，河南省滑县教育体育局官方微博“@ 滑县教育体育局 001”（UID：1599725351）通过微博平台认证，正式上线。

2018 年 5 月 23 日，内蒙古自治区赤峰市林西县大营子乡人民政府官方微博“@ 大营子乡无邪”（UID：6553028824）通过微博平台认证，正式上线。

2018 年 5 月 23 日，江苏省宿迁市宿城区司法局官方微博“@ 宿城区司法局之声”

（UID：2867725677）通过微博平台认证，正式上线。

2018 年 5 月 23 日，广西壮族自治区南宁市武鸣区司法局官方微博“@武鸣司法”（UID：6553085816）通过微博平台认证，正式上线。

2018 年 5 月 23 日，四川省南充市人力资源和社会保障局官方微博“@南充人社”（UID：6552279642）通过微博平台认证，正式上线。

2018 年 5 月 23 日，四川省宜宾市高县扶贫和移民工作局官方微博“@高县扶贫和移民工作局”（UID：6550467830）通过微博平台认证，正式上线。

2018 年 5 月 23 日，云南省迪庆藏族自治州香格里拉市人民检察院官方微博“@香格里拉检察”（UID：6557030111）通过微博平台认证，正式上线。

2018 年 5 月 23 日，江苏省南京市秦淮区月牙湖街道苜蓿园社区居民委员会官方微博“@苜蓿园社区”（UID：5969427459）通过微博平台认证，正式上线。

2018 年 5 月 23 日，湖北省孝感市森林公安局官方微博“@孝感森公”（UID：6551375940）通过微博平台认证，正式上线。

2018 年 5 月 23 日，天津市武清区总工会官方微博“@天津市武清区总工会”（UID：6492928176）通过微博平台认证，正式上线。

2018 年 5 月 23 日，广东省中山市公安局阜沙分局官方微博“@阜沙卫士”（UID：6556161223）通过微博平台认证，正式上线。

2018 年 5 月 23 日，安徽省亳州市涡阳县公安局公吉寺镇派出所官方微博“@涡阳县公吉寺派出所”（UID：2511441552）通过微博平台认证，正式上线。

2018 年 5 月 23 日，辽宁省鞍山市铁西区共和街道办事处驻军社区居民委员会官方微博“@共和驻军社区”（UID：5878847037）通过微博平台认证，正式上线。

2018 年 5 月 23 日，中国共产党卓资县委员会政法委员会官方微博“@卓资反邪园”（UID：6074646286）通过微博平台认证，正式上线。

2018 年 5 月 23 日，重庆市沙坪坝区天星桥街道办事处官方微博“@沙坪坝区天星桥街道办事处”（UID：6523791808）通过微博平台认证，正式上线。

2018 年 5 月 23 日，中共炉霍县委政法委员会官方微博“@炉霍政法”（UID：6556465788）通过微博平台认证，正式上线。

2018 年 5 月 23 日，四川省甘孜藏族自治州德格县司法局官方微博“@德格司法”（UID：6550869916）通过微博平台认证，正式上线。

2018 年 5 月 24 日，宁夏回族自治区银川市人民检察院针对该市居民蒋某某在网络微博上发布侮辱、亵渎英雄烈士言论行为，依法立案审查。这是 2018 年 5 月 1 日《中华人民共和国英雄烈士保护法》实施以来，宁夏首例由检察机关提起的民事公益诉讼案件。

2018 年 5 月 24 ~25 日，“2018 年永州市政务微博微信管理员专题培训班”在冷水滩开班，来自湖南省永州市各县区委网信办、市直单位、驻永单位以及大中专院校的微博、微信管理人员共 110 余人参加培训。

2018 年 5 月 25 日，四川省宜宾市高县国土资源局官方微博“@高县国土”（UID：6553029462）通过微博平台认证，正式上线。

2018 年 5 月 25 日，四川省德阳市中江县永丰乡人民政府官方微博“@德阳市中江县永丰乡”（UID：6540715635）通过微博平台认证，正式上线。

2018 年 5 月 26 日，四川省南充市仪陇县统计局官方微博“@ 仪陇统计”（UID：6419167321）通过微博平台认证，正式上线。

2018 年 5 月 26 日，四川省南充市中共仪陇县纪委官方微博“@ 廉洁仪陇”（UID：1883447690）通过微博平台认证，正式上线。

2018 年 5 月 26 日，四川省南充市仪陇县义路镇人民政府官方微博“@ 义路镇”（UID：6408904553）通过微博平台认证，正式上线。

2018 年 5 月 26 日，四川省南充市仪陇县观紫镇人民政府官方微博“@ 仪陇县观紫镇”（UID：6351589449）通过微博平台认证，正式上线。

2018 年 5 月 26 日，四川省南充市仪陇县柴井乡人民政府官方微博“@ 仪陇县柴井乡”（UID：6408927354）通过微博平台认证，正式上线。

2018 年 5 月 26 日，四川省南充市仪陇县度门镇官方微博“@ 仪陇县度门镇”（UID：6408642261）通过微博平台认证，正式上线。

2018 年 5 月 26 日，四川省南充市仪陇县交通运输局官方微博“@ 仪陇县交通运输局”（UID：6408663793）通过微博平台认证，正式上线。

2018 年 5 月 26 日，四川省南充市中共仪陇县委党校官方微博“@ 张思德干部学院”（UID：6416723031）通过微博平台认证，正式上线。

2018 年 5 月 26 日，四川省南充市赛金镇人民政府官方微博“@ 仪陇县赛金镇”（UID：6408925851）通过微博平台认证，正式上线。

2018 年 5 月 28 日上午，国家文化和旅游部正式组建后，原文化部官方微博正式更名为“@ 文旅之声”（UID：5713450386）。

2018 年 5 月 29 日，国家统计局办公室印发《2018 年政务公开工作方案》（国统办字〔2018〕45 号）。方案要求，通过开设经济普查专题网页，利用统计政务微博、微信，举办统计开放日等多种形式，主动公开经济普查进展，开展广泛宣传。

2018 年 5 月 29 日，四川省阆中市河溪镇人民政府官方微博“@ 阆中市河溪镇”（UID：6558284029）通过微博平台认证，正式上线。

2018 年 5 月 29 日，四川省德阳市中江县商务局官方微博“@ zhongjiangshangwu”（UID：6556544672）通过微博平台认证，正式上线。

2018 年 5 月 29 日，中国共产党玉溪市江川区委员会政法委员会官方微博“@ 江川政法”（UID：6523178863）通过微博平台认证，正式上线。

2018 年 5 月 29 日，四川省眉山市仁寿县中岗镇人民政府官方微博“@ 四川－仁寿－中岗”（UID：2718931167）通过微博平台认证，正式上线。

2018 年 5 月 29 日，四川省仪陇县地方海事处官方微博“@ 仪陇县地方海事处”（UID：6405481545）通过微博平台认证，正式上线。

2018 年 5 月 29 日，四川省南充市寒坡乡人民政府官方微博“@ 寒坡－5634200”（UID：6557978517）通过微博平台认证，正式上线。

2018 年 5 月 29 日，四川省眉山市精神文明建设办公室官方微博“@ 文明眉山”（UID：2719958155）通过微博平台认证，正式上线。

2018 年 5 月 29 日，中国共产党平昌县委员会党校官方微博“@ pcxwdx”（UID：6522314876）通过微博平台认证，正式上线。

2018年5月29日，贵州省遵义市道真仡佬族苗族自治县民政局官方微博“@道真民政”（UID：6281157126）通过微博平台认证，正式上线。

2018年5月29日，四川省雅安市石棉县司法局官方微博“@石棉司法”（UID：6529159389）通过微博平台认证，正式上线。

2018年5月29日，中国共产党屏山县委员会政法委员会官方微博“@屏山政法”（UID：6539354649）通过微博平台认证，正式上线。

2018年5月29日，四川省雅安市公安局交通警察支队特勤大队官方微博“@雅安事故处理大队特勤大队”（UID：5882332042）通过微博平台认证，正式上线。

2018年5月29日，四川省阿坝藏族羌族自治州松潘县旅游发展局官方微博“@松潘县旅游发展局”（UID：6507096621）通过微博平台认证，正式上线。

2018年5月30日，四川省12320卫生热线官方微博“@健康四川12320”（UID：6290064980）通过微博平台认证，正式上线。

2018年5月30日，四川省内江市公安局交通警察支队直属三大队官方微博“@内江交警三大队”（UID：6557572081）通过微博平台认证，正式上线。

六月

2018年6月1日，河北省新修订的《河北省环境保护厅环境污染举报奖励办法》开始正式实施，最高奖励金额由原来的3000元提高至5万元。公众可通过来信、来访、电话、微博、微信、官网等渠道，向河北省环保厅举报本省区域内的环境污染行为。

2018年6月1日，列治文旅游局官方微博“@列治文旅游局”（UID：6537001330）通过微博平台认证，正式上线。

2018年6月2日，山东省淄博市淄川区双杨镇人民政府官方微博“@－双杨发布－”（UID：5643798868）通过微博平台认证，正式上线。

2018年6月2日，山西省太原市清徐县公安局网络安全保卫大队官方微博“@清徐网警”（UID：6557511609）通过微博平台认证，正式上线。

2018年6月2日，辽宁省连云港市中级人民法院组织开展了2起非法捕捞案件的增殖放流生态修复执行活动，共放流中国对虾苗2042万尾，着力补充和恢复水生物资源群体，修复被四名被告人破坏的海洋生态环境。在本次增殖放流活动中，连云港市中级人民法院通过其官方微博“@连云港法院”以图文方式从早7点至10点许进行了全程公开直播活动实况。这是全国首次通过微博直播增殖放流司法修复海洋资源。

2018年6月2日，四川省雅安市石棉县擦罗彝族乡人民政府官方微博“@魅力擦罗”（UID：6530873278）通过微博平台认证，正式上线。

2018年6月2日，盐城市大丰区城市管理局综合行政执法大队渣土中队官方微博“@盐城大丰城管渣土中队”（UID：6470894658）通过微博平台认证，正式上线。

2018年6月2日，云南省曲靖市罗平县人民检察院官方微博“@罗平检察”（UID：6192249946）通过微博平台认证，正式上线。

2018年6月2日，云南省临沧市云县人民检察院官方微博“@云县检察”（UID：6560715482）通过微博平台认证，正式上线。

2018年6月2日，云南省大理白族自治州漾濞彝族自治县人民检察院官方微博“@漾濞检察”（UID：6557547875）通过微博平台认证，正式上线。

2018年6月2日，中国共产党泸州市委员会政法委员会官方微博“@泸州政法”（UID：6154734003）通过微博平台认证，正式上线。

2018年6月2日，四川省宜宾市高县环境保护局官方微博“@高县环境保护发布微博”（UID：5548374476）通过微博平台认证，正式上线。

2018年6月2日，四川省广安市广安区司法局官方微博“@广安区法治宣传”（UID：6557791421）通过微博平台认证，正式上线。

2018年6月2日，四川省南充市公路管理局官方微博“@南充公路”（UID：6415643282）通过微博平台认证，正式上线。

2018年6月2日，贵州省黔西南州公安局义龙新区分局官方微博“@义龙警察”（UID：5639847374）通过微博平台认证，正式上线。

2018年6月2日，四川省南充市人民政府政务服务中心官方微博“@南充政务”（UID：3206813262）通过微博平台认证，正式上线。

2018年6月2日，贵州省威宁彝族回族苗族自治县公安局羊街派出所官方微博“@羊街派出所”（UID：6563908662）通过微博平台认证，正式上线。

2018年6月2日，四川省阆中市统计局官方微博“@阆中统计”（UID：6563846400）通过微博平台认证，正式上线。

2018年6月2日，山东省淄博市淄川区罗村镇人民政府官方微博“@幸福罗村”（UID：6557848071）通过微博平台认证，正式上线。

2018年6月2日，安徽省亳州市涡阳县西阳派出所官方微博“@涡阳县西阳派出所”（UID：6558766214）通过微博平台认证，正式上线。

2018年6月2日，吉林省长春市朝阳区永昌街道办事处官方微博“@永昌弘正”（UID：6562809643）通过微博平台认证，正式上线。

2018年6月2日，中国共产党南雄市委员会政法委员会官方微博“@南雄市防范办”（UID：6506790084）通过微博平台认证，正式上线。

2018年6月2日，中国共产党通道侗族自治县委员会政法委员会官方微博“@通道政法”（UID：5747002435）通过微博平台认证，正式上线。

2018年6月2日，山东省淄博市淄川区太河镇人民政府官方微博“@－太河发布－”（UID：6217990522）通过微博平台认证，正式上线。

2018年6月2日，江苏省扬州市邗江区司法局蒋王司法所官方微博“@扬州市邗江区司法局蒋王司法所”（UID：5120483188）通过微博平台认证，正式上线。

2018年6月2日，四川省阆中市玉台镇人民政府官方微博“@阆中市玉台镇”（UID：6563824902）通过微博平台认证，正式上线。

2018年6月2日，四川省南充市高坪区人力资源和社会保障局官方微博“@南充市高坪区人社局”（UID：6259725213）通过微博平台认证，正式上线。

2018年6月2日，浙江省衢州市环境保护局衢江分局官方微博“@衢江环保”（UID：6563123465）通过微博平台认证，正式上线。

2018年6月2日，浙江省衢州市环境保护局柯城分局官方微博“@柯城环保”（UID：6563115868）通过微博平台认证，正式上线。

2018年6月2日，中共呼和浩特市玉泉区委员会政法委员会官方微博“@玉泉区政法委”（UID：6281067615）通过微博平台认证，正式上线。

2018 年 6 月 5 日，为护航高考，广东省广州市公安局交警支队官方微博“@广州交警”（UID：1796542650）发起微博平台的“微博问路”服务。在 6 月 7 日至 8 日高考期间，广州的考生或家长只需发送私信“#高考考生# + 问询路段” + 准考证图片，至“@广州交警”微博问询路况，将可及时获取一对一解答的“私人定制”路况信息。

2018 年 6 月 5 日，四川省内江市档案局官方微博“@兰台内江”（UID：6560654179）通过微博平台认证，正式上线。

2018 年 6 月 5 日，北京市第一中级人民法院通过官方微博“@北京市第一中级人民法院”（UID：3820915614）发布《审判快讯》，就公众关注的因微博引发的范冰冰姓名权、名誉权被侵，诉陈永朋一案发布二审审判结果：“法院一审判令陈永朋在涉案微博上向范冰冰赔礼道歉并赔偿精神抚慰金及维权合理费用 6.25 万元。陈永朋不服，上诉至北京一中院，我院近日终审判决驳回上诉，维持原判。”

2018 年 6 月 6 日，中共永安市委政法委员会官方微博“@永安政法”（UID：3922893971）通过微博平台认证，正式上线。

2018 年 6 月 6 日，中共虞城县委宣传部官方微博“@虞城发布”（UID：6561147703）通过微博平台认证，正式上线。

2018 年 6 月 6 日，四川省阆中市水观镇人民政府官方微博“@阆中市水观镇”（UID：6558278648）通过微博平台认证，正式上线。

2018 年 6 月 6 日，四川省阆中市治平乡人民政府官方微博“@四川省阆中市治平乡人民政府”（UID：6432457323）通过微博平台认证，正式上线。

2018 年 6 月 6 日，四川省内江市资中县配龙镇人民政府官方微博“@万亩橘乡资中配龙”（UID：6142623941）通过微博平台认证，正式上线。

2018 年 6 月 6 日，中共道真仡佬族苗族自治县委宣传部官方微博“@道真发布”（UID：6564075350）通过微博平台认证，正式上线。

2018 年 6 月 6 日，四川省内江市资中县太平镇人民政府官方微博“@幸福美丽和谐新太平”（UID：6564087194）通过微博平台认证，正式上线。

2018 年 6 月 6 日，四川省内江市资中县顺河场镇人民政府官方微博“@顺河场镇”（UID：5857133481）通过微博平台认证，正式上线。

2018 年 6 月 6 日，内蒙古阿拉善左旗环境保护局官方微博“@阿拉善左旗环境保护局”（UID：6519783990）通过微博平台认证，正式上线。

2018 年 6 月 6 日，山西省长治市长子县卫生和计划生育局官方微博“@长子县卫生和计划生育局”（UID：6193586954）通过微博平台认证，正式上线。

2018 年 6 月 6 日，湖南省怀化市新晃侗族自治县公安局交通警察大队官方微博“@新晃公安交警”（UID：2534563704）通过微博平台认证，正式上线。

2018 年 6 月 6 日，山东省文物局官方微博“@山东省文物局”（UID：6564092046）通过微博平台认证，正式上线。

2018 年 6 月 6 日，四川省内江市资中县苏家湾镇人民政府官方微博“@两河可见苏家湾”（UID：6161450921）通过微博平台认证，正式上线。

2018 年 6 月 6 日，湖北省公安厅高速公路警察总队四支队襄州大队官方微博“@湖北高速交警襄州大队”（UID：6149875899）通过微博平台认证，正式上线。

2018 年 6 月 6 日，内蒙古自治区乌兰浩特市城郊办事处官方微博“@ 城郊办事处反 XJ”（UID：6564061116）通过微博平台认证，正式上线。

2018 年 6 月 6 日，中国共产党新林区委员会宣传部官方微博“@ 爱情小镇新林”（UID：6258981692）通过微博平台认证，正式上线。

2018 年 6 月 6 日，安徽省九华山风景区防范和处理邪教问题领导小组办公室官方微博“@ 九华正道”（UID：6563129564）通过微博平台认证，正式上线。

2018 年 6 月 6 日，吉林省松原市前郭尔罗斯蒙古族自治县王府站镇人民政府官方微博“@ 王府镇”（UID：6522956120）通过微博平台认证，正式上线。

2018 年 6 月 6 日，中共合肥市瑶海区委防范和处理邪教问题领导小组办公室官方微博“@ 瑶海清韵”（UID：6563508086）通过微博平台认证，正式上线。

2018 年 6 月 6 日，宁夏回族自治区石嘴山市惠农区园艺镇人民政府官方微博“@ 惠农区 - 园艺镇”（UID：5549228968）通过微博平台认证，正式上线。

2018 年 6 月 6 日，黑龙江省双鸭山市集贤县公安局公共信息网络安全保卫大队官方微博“@ 集贤网警巡查执法”（UID：6396637302）通过微博平台认证，正式上线。

2018 年 6 月 6 日，安徽省阜阳市临泉县安全生产监督管理局官方微博“@ 临泉安监”（UID：6562855321）通过微博平台认证，正式上线。

2018 年 6 月 6 日，浙江省衢州市常山县环境保护局官方微博“@ 常山生态环保”（UID：6563119258）通过微博平台认证，正式上线。

2018 年 6 月 6 日，四川省内江高新技术产业园区管理委员会官方微博“@ 内江高新”（UID：6562448134）通过微博平台认证，正式上线。

2018 年 6 月 8 日上午，全国“扫黄打非”办公室官方微博表示，近日，根据群众举报和媒体报道，全国“扫黄打非”办公室对“拼多多”平台涉嫌违法违规问题进行了深入核查，相关线索已移交有关地方进行查处。全国“扫黄打非”办公室将持续对案件查处情况予以关注。

2018 年 6 月 9 日，山东省菏泽市定陶区环境保护局官方微博“@ 定陶区环境保护局”（UID：6137912032）通过微博平台认证，正式上线。

2018 年 6 月 9 日，甘肃省兰州市永登县中堡镇人民政府官方微博“@ 永登中堡 fanxiejiao”（UID：5584182498）通过微博平台认证，正式上线。

2018 年 6 月 9 日，浙江省金华市公安局婺城分局网络警察大队官方微博“@ 婺城网络警察”（UID：2794454564）通过微博平台认证，正式上线。

2018 年 6 月 9 日，河南省洛阳监狱官方微博“@ 河南省洛阳监狱”（UID：6528494190）通过微博平台认证，正式上线。

2018 年 6 月 9 日，中国共产党察右前旗委员会政法委员会官方微博“@ 无邪察右前旗”（UID：6399682100）通过微博平台认证，正式上线。

2018 年 6 月 9 日，河南省商丘市住房和城乡建设局官方微博“@ 商丘住建之声”（UID：6352192756）通过微博平台认证，正式上线。

2018 年 6 月 9 日，中国共产党高县委员会党校官方微博“@ gaoxiandangxiao”（UID：6562821382）通过微博平台认证，正式上线。

2018 年 6 月 9 日，云南省德宏州陇川县人民检察院官方微博“@ 陇川县人民检察院”（UID：5370996855）通过微博平台认证，正式上线。

2018 年 6 月 9 日，中国共产党九龙县委员会宣传部官方微博“@ 藏彝走廊 - 秘境九龙”（UID：6171209248）通过微博平台认证，正式上线。

2018 年 6 月 9 日，四川省内江市资中县骝马镇人民政府官方微博“@ 魅力骝马”（UID：6056325748）通过微博平台认证，正式上线。

2018 年 6 月 9 日，中共平顺县委政法委员会官方微博“@ 平顺政法”（UID：6567431866）通过微博平台认证，正式上线。

2018 年 6 月 9 日，山东省淄博市房产管理局官方微博“@ 淄博房管局”（UID：3308621911）通过微博平台认证，正式上线。

2018 年 6 月 9 日，内蒙古自治区乌兰察布市商都县反邪教协会官方微博“@ WX 平安商都”（UID：6305255444）通过微博平台认证，正式上线。

2018 年 6 月 9 日，四川省阆中市卫生和计划生育局官方微博“@ 阆中市卫生和计划生育局”（UID：2723612877）通过微博平台认证，正式上线。

2018 年 6 月 9 日，重庆市秀山土家族苗族自治县司法局官方微博“@ 秀山司法行政”（UID：6567542741）通过微博平台认证，正式上线。

2018 年 6 月 9 日，四川省内江市文化广电新闻出版局官方微博“@ 内江市文化广电新闻出版局”（UID：6567960153）通过微博平台认证，正式上线。

2018 年 6 月 9 日，四川省内江市审计局官方微博“@ 内江审计”（UID：6567948459）通过微博平台认证，正式上线。

2018 年 6 月 9 日，四川省内江市科学技术协会官方微博“@ 内江市科协”（UID：6567958190）通过微博平台认证，正式上线。

2018 年 6 月 9 日，湖北省十堰市郧阳区政府政务服务中心管理办公室官方微博“@ 郧阳区政务服务中心”（UID：6239416657）通过微博平台认证，正式上线。

2018 年 6 月 9 日，天津市蓟州区妇女联合会官方微博“@ 巾帼蓟州”（UID：6355686625）通过微博平台认证，正式上线。

2018 年 6 月 9 日，安徽省芜湖市南陵县公安局弋江派出所官方微博“@ 南陵县弋江派出所”（UID：6523262499）通过微博平台认证，正式上线。

2018 年 6 月 9 日，吉林省通化市妇女联合会官方微博“@ 通化市妇女联合会”（UID：6551344095）通过微博平台认证，正式上线。

2018 年 6 月 9 日，广安协兴生态文化旅游园区人力资源和社会事业发展局官方微博“@ 协兴园区人社局”（UID：6518860944）通过微博平台认证，正式上线。

2018 年 6 月 9 日，四川省成都市郫都区友爱镇卫生院官方微博“@ 成都市郫都区友爱镇卫生院”（UID：6567416436）通过微博平台认证，正式上线。

2018 年 6 月 9 日，中国共产党盐源县委员会对外宣传办公室官方微博“@ 凉山州盐源县委外宣办”（UID：6433929652）通过微博平台认证，正式上线。

2018 年 6 月 10 日，国务院办公厅印发《进一步深化“互联网 + 政务服务”推进政务服务“一网、一门、一次”改革实施方案》（国办发〔2018〕45 号）。《方案》指出，进一步深化“互联网 + 政务服务”，充分运用信息化手段解决企业和群众反映强烈的办事难、办事慢、办事繁的问题，是党中央、国务院做出的重大决策部署。《方案》要求，要推动政务服务向“两微一端”等延伸拓展，为群众提供多样性、多渠道、便利化服务。结合国家政务服务平台建设，加强和规范政务服务移动应用建设管理，推动更多政务服务事项提供移动端服务。调动社会资源力量，鼓励开展第三方便民服务应用。加强政务新媒体监管，提升服务水平。

2018 年 6 月 12 日，山东省潍坊市教育局官方微博“@ 潍坊教育发布”（UID：6572249501）通过微博平台认证，正式上线。

2018 年 6 月 12 日，四川省内江市公安局高新技术开发区分局官方微博“@ 内江高新公安”（UID：6568416443）通过微博平台认证，正式上线。

2018 年 6 月 12 日，重庆市铜梁区司法局官方微博“@ 铜梁司法行政”（UID：6568370987）通过微博平台认证，正式上线。

2018 年 6 月 12 日，四川省内江市资中县发展和改革局官方微博“@ 资中县发展和改革局”（UID：2167965594）通过微博平台认证，正式上线。

2018 年 6 月 12 日，四川省内江市人民政府政务服务中心官方微博“@ 内江政务”（UID：6568301493）通过微博平台认证，正式上线。

2018 年 6 月 12 日，四川省内江市质量技术监督局官方微博“@ 内江市质量技术监督局”（UID：6567985250）通过微博平台认证，正式上线。

2018 年 6 月 12 日，四川省成都市武侯区文化体育旅游局官方微博“@ 运动武侯”（UID：6568672260）通过微博平台认证，正式上线。

2018 年 6 月 12 日，云南省玉溪市通海县卫生和计划生育局官方微博“@ 通海卫计”（UID：6005902469）通过微博平台认证，正式上线。

2018 年 6 月 12 日，四川省内江市扶贫和移民工作局官方微博“@ 内江市扶贫和移民工作局”（UID：6568265805）通过微博平台认证，正式上线。

2018 年 6 月 12 日，河南省新密市反邪教协会官方微博“@ 新密无邪”（UID：6568371768）通过微博平台认证，正式上线。

2018 年 6 月 12 日，中共南召县委政法委员会官方微博“@ 南召政法”（UID：6568741555）通过微博平台认证，正式上线。

2018 年 6 月 12 日，河北省唐山市玉田县审计局官方微博“@ 玉田审计局”（UID：5013393260）通过微博平台认证，正式上线。

2018 年 6 月 12 日，天津市河西区房地产管理局官方微博“@ 河西房管”（UID：5886471329）通过微博平台认证，正式上线。

2018 年 6 月 12 日，中国共产党银川市兴庆区委员会政法委员会官方微博“@ 兴庆政法综治”（UID：6568730941）通过微博平台认证，正式上线。

2018 年 6 月 12 日，四川省内江市城乡规划局官方微博“@ 内江市城乡规划局”（UID：6567079751）通过微博平台认证，正式上线。

2018 年 6 月 12 日，中国国际智能产业博览会官方微博“@ 中国国际智能产业博览会”（UID：6542043398）通过微博平台认证，正式上线。

2018 年 6 月 13 日，国家市场监管总局官方微博“@ 中国市场监管”（UID：6535805862）正式上线。16 时 42 分发布上线通告称：“‘@ 中国市场监管’上线开通后，将坚持政务当先，坚持质量优先，坚持严谨规范，及时转发党中央、国务院关于市场监管工作的重要政策和重大部署，发布总局政策法规、重点工作动态及相关通告、公告，回应和澄清市场监管领域虚假不实信息等，努力打造成总局门户开放的‘形象窗口’‘信息窗口’和‘服务窗口’。”

2018 年 6 月 13 日，微博网友爆料，在腾讯旗下 QQ 兴趣部落、微信公众号平台、腾讯视频等多款产品中发现类似素材内容涉嫌侵犯烈士刘胡兰、董存瑞及其家属等名誉权。

2018 年 6 月 13 日，最高人民法院在第一巡回法庭公开开庭审理原审被告人顾雏军等虚报注册资本，违规披露、不披露重要信息，挪用资金再审一案，由裴显鼎担任审判长。此案当日的庭审持续时间长达 15 个小时，并通过微博进行全程直播，共发布 129 条微博，最大限度地还原了庭审现场，如实展现了庭审内容，体现了司法公开。

2018 年 6 月 14 日，由光明日报社、公安部宣传局、最高人民检察院新闻办、最高人民法院新闻局、中央网信办移动网络管理局指导，光明网主办，新浪微博、今日头条、清博大数据提供数据支持的第五届“政法系统新媒体应用案例”推选活动颁奖仪式暨研讨交流会在京举行。会上，“优秀新媒体案例奖”和“最具影响力新媒体奖”揭晓，光明舆情发布《2017 年政法系统新媒体应用蓝皮书》以及“政法大数据舆情分析系统”“政法新媒体监测系统”。

2018 年 6 月 15 日，四川省内江市投资促进局官方微博“@内江市投资促进局”（UID：6572374592）通过微博平台认证，正式上线。

2018 年 6 月 15 日，四川省南充阆中市北门乡人民政府官方微博“@阆中北门乡”（UID：6572346403）通过微博平台认证，正式上线。

2018 年 6 月 15 日，四川省内江市商务局官方微博“@内江－商务”（UID：5337457633）通过微博平台认证，正式上线。

2018 年 6 月 15 日，河南省商丘市文化馆官方微博“@商丘市文化馆”（UID：6569135571）通过微博平台认证，正式上线。

2018 年 6 月 15 日，安徽省马鞍山市公安局雨山分局花园路派出所官方微博“@花园路派出所”（UID：5608159943）通过微博平台认证，正式上线。

2018 年 6 月 15 日，安徽省宿州市砀山县周寨镇人民政府官方微博“@砀山县周寨镇”（UID：6531641621）通过微博平台认证，正式上线。

2018 年 6 月 15 日，安徽省马鞍山市公安局博望分局治安大队官方微博“@马鞍山博望治安在线”（UID：6572686686）通过微博平台认证，正式上线。

2018 年 6 月 15 日，中共新余市委防范和处理邪教问题领导小组办公室官方微博“@新余反邪教”（UID：6494237646）通过微博平台认证，正式上线。

2018 年 6 月 15 日，中共重庆市璧山区委政法委员会官方微博“@璧山政法”（UID：6494024774）通过微博平台认证，正式上线。

2018 年 6 月 15 日，四川省内江市住房和城乡建设局官方微博“@内江市住建局”（UID：6571824658）通过微博平台认证，正式上线。

2018 年 6 月 15 日，四川省遂宁市船山区永河现代农业园管理委员会官方微博“@永河现代农业园”（UID：6572607734）通过微博平台认证，正式上线。

2018年6月15日，四川省泸州市江阳区人力资源和社会保障局官方微博“@江阳区人力资源和社会保障局”（UID：6571677813）通过微博平台认证，正式上线。

2018年6月15日，云南省腾冲市人民检察院官方微博“@腾冲检察”（UID：5973710850）通过微博平台认证，正式上线。

2018年6月15日，河南省焦作市温县陈家沟景区管理局官方微博“@陈家沟太极拳文化旅游区”（UID：2249176087）通过微博平台认证，正式上线。

2018年6月15日，辽宁省鞍山市铁西区共和街道大寓社区居民委员会官方微博“@鞍山市铁西区共和街道大寓社区”（UID：5899738387）通过微博平台认证，正式上线。

2018年6月15日，中共乌拉特前旗委员会政法委员会官方微博“@乌拉特前旗法治之声”（UID：5367519413）通过微博平台认证，正式上线。

2018年6月15日，山东省聊城市经济合作局官方微博“@聊城市经济合作局”（UID：6558745445）通过微博平台认证，正式上线。

2018年6月15日，南宁市青秀区伶俐镇社会治安综合治理委员会办公室官方微博“@伶俐镇综治办”（UID：6572365038）通过微博平台认证，正式上线。

2018年6月15日，广西壮族自治区柳州市柳城县冲脉镇人民政府官方微博“@微观冲脉”（UID：6568295435）通过微博平台认证，正式上线。

2018年6月15日，山西省人民政府驻天津办事处官方微博“@山西省驻天津办事处”（UID：6569958958）通过微博平台认证，正式上线。

2018年6月15日，安徽省淮北市公安局相山分局花园派出所官方微博“@淮北花园派出所”（UID：6560537249）通过微博平台认证，正式上线。

2018年6月15日，四川省内江市资中县板栗椏镇人民政府官方微博“@魅力板栗椏”（UID：6277396166）通过微博平台认证，正式上线。

2018年6月15日，中共四川省泸州市江阳区委宣传部官方微博“@江阳发布”（UID：5603734188）通过微博平台认证，正式上线。

2018年6月18日，中共雷山县委政法委员会官方微博“@雷山县委政法委”（UID：6573597552）通过微博平台认证，正式上线。

2018年6月18日，陕西省延安市延川县司法局官方微博“@延川法治”（UID：6573528854）通过微博平台认证，正式上线。

2018年6月18日，吉林省延吉市延边朝鲜族自治州旅游发展委员会官方微博“@延边州旅游发展委员会”（UID：6561180248）通过微博平台认证，正式上线。

2018年6月18日，中国共产党隆德县委员会政法委员会官方微博“@隆德县政法委”（UID：6574503080）通过微博平台认证，正式上线。

2018年6月18日，山西省朔州市人民政府办公厅官方微博“@朔州市12345”（UID：6567452516）通过微博平台认证，正式上线。

2018年6月18日，河南省妇女儿童活动中心官方微博“@河南省妇女儿童活动中心”（UID：6571468857）通过微博平台认证，正式上线。

2018年6月18日，宁夏回族自治区吴忠市同心县石狮开发区管理委员会官方微博“@石狮开发区”（UID：2823194203）通过微博平台认证，正式上线。

2018年6月18日，陕西省渭南市安全生产宣传教育中心官方微博“@陕西渭南安监”

（UID：6574725998）通过微博平台认证，正式上线。

2018 年 6 月 18 日，山东省滨州市公安局交通警察支队滨城区大队官方微博“@ 滨城区交警大队”（UID：5154873372）通过微博平台认证，正式上线。

2018 年 6 月 18 日，中共苏尼特右旗委政法委员会官方微博“@ 苏尼特右旗政法委”（UID：6524625682）通过微博平台认证，正式上线。

2018 年 6 月 18 日，广东省韶关市曲江区司法局官方微博“@ 韶关曲江司法”（UID：6575279225）通过微博平台认证，正式上线。

2018 年 6 月 18 日，四川省遂宁市船山区经济和信息化局官方微博“@ 船山区经信局”（UID：6574796930）通过微博平台认证，正式上线。

2018 年 6 月 18 日，四川省德阳市中江县气象局官方微博“@ 中江县气象”（UID：6459110487）通过微博平台认证，正式上线。

2018 年 6 月 18 日，中共晴隆县委政法委员会官方微博“@ 晴隆县委政法委”（UID：2714942242）通过微博平台认证，正式上线。

2018 年 6 月 18 日，四川省遂宁市人力资源和社会保障局官方微博“@ 船山人社局”（UID：6573434492）通过微博平台认证，正式上线。

2018 年 6 月 18 日，四川省内江市统计局官方微博“@ 内江统计”（UID：6043855739）通过微博平台认证，正式上线。

2018 年 6 月 18 日，四川省遂宁市船山区工商业联合会官方微博“@ 遂宁市船山区工商联”（UID：6330831743）通过微博平台认证，正式上线。

2018 年 6 月 18 日，四川省遂宁市船山区重点工程建设领导小组办公室官方微博“@ 遂宁市船山区重点办”（UID：6317501073）通过微博平台认证，正式上线。

2018 年 6 月 18 日，四川省内江市资中县发轮镇人民政府官方微博“@ 资中县 falun 镇”（UID：6443779788）通过微博平台认证，正式上线。

2018 年 6 月 18 日，四川省遂宁市船山区卫生和计划生育局官方微博“@ 遂宁市船山区卫生和计划生育局”（UID：6573996618）通过微博平台认证，正式上线。

2018 年 6 月 18 日，贵州省黔东南苗族侗族自治州榕江县妇女联合会官方微博“@ 榕江妇联 6622129”（UID：6573870417）通过微博平台认证，正式上线。

2018 年 6 月 18 日，四川省遂宁市船山区席吴二洲生态湿地公园管理处官方微博“@ 席吴二洲”（UID：6494784541）通过微博平台认证，正式上线。

2018 年 6 月 18 日，四川省遂宁市船山区教育体育局官方微博“@ 船山教体”（UID：6573791928）通过微博平台认证，正式上线。

2018 年 6 月 18 日，河北省沧州市盐山县妇女联合会官方微博“@ 盐山县妇女联合会”（UID：6573994126）通过微博平台认证，正式上线。

2018 年 6 月 18 日，甘肃省甘南藏族自治州住房公积金管理中心官方微博“@ 甘南州住房公积金”（UID：2450840463）通过微博平台认证，正式上线。

2018 年 6 月 18 日，陕西省西安市莲湖区桃园路街道办事处官方微博“@ 西安莲湖区桃园路街道办事处”（UID：6543331759）通过微博平台认证，正式上线。

2018 年 6 月 18 日，中国共产党济南市市中区委员会组织部官方微博“@ szqwzzb”（UID：6573132872）通过微博平台认证，正式上线。

2018 年 6 月 18 日，中国·河南招才引智创新发展大会官方微博“@ 中国河南招才引智大会”（UID：6535737664）通过微博平台认证，正式上线。

2018 年 6 月 18 日，安徽省马鞍山市和县疾病预防控制中心官方微博“@ 健康和县”（UID：6573912598）通过微博平台认证，正式上线。

2018 年 6 月 18 日，中国共产党百色市委员会宣传部官方微博“@ 百色发布”（UID：5099540001）通过微博平台认证，正式上线。

2018 年 6 月 18 日，四川省遂宁市船山区环境保护局官方微博“@ 船山环保”（UID：6574252125）通过微博平台认证，正式上线。

2018 年 6 月 18 日，四川省遂宁市船山区林业局官方微博“@ 遂宁市船山区林业”（UID：6573515250）通过微博平台认证，正式上线。

2018 年 6 月 19 日，福建省武夷山市公安局组织开展“平安南平 7 号”公安局局长微博访谈活动。此次微访谈，该局借助“@ 平安武夷”官方微博平台，以“防诈骗、破小案”为主题，通过微博发布“平安南平 7 号”行动武夷山警方所取得的成效，与网友“键对键”近距离交流互动，接受网友咨询、回答网友提问，听取广大网友对公安工作的意见和建议。

2018 年 6 月 20 日，贵州省交通运输厅官方微博“@ 贵州交通”（UID：6579536185）通过微博平台认证，正式上线。

2018 年 6 月 22 日，云南省普洱市思茅区人民检察院官方微博“@ 普洱市思茅区检察院”（UID：5972996318）通过微博平台认证，正式上线。

2018 年 6 月 23 日，四川省遂宁市船山区发展和改革局官方微博“@ 遂宁市船山区发展和改革局”（UID：6579598989）通过微博平台认证，正式上线。

2018 年 6 月 23 日，四川省内江市国土资源局官方微博“@ 内江市国土局”（UID：6576054457）通过微博平台认证，正式上线。

2018 年 6 月 23 日，中共重庆市綦江区委防范和处理邪教问题领导小组办公室官方微博“@ 綦无邪 7”（UID：6579171037）通过微博平台认证，正式上线。

2018 年 6 月 23 日，中国共产党重庆市大渡口区委员会政法委员会官方微博“@ 大渡口区防邪”（UID：6579559279）通过微博平台认证，正式上线。

2018 年 6 月 23 日，重庆市九龙坡区反邪教协会官方微博“@ 九龙坡防邪”（UID：6578275464）通过微博平台认证，正式上线。

2018 年 6 月 23 日，四川省遂宁市船山区文化广播影视局官方微博“@ 船山区文化广播影视局”（UID：2450693133）通过微博平台认证，正式上线。

2018 年 6 月 23 日，四川省内江市房地产管理局官方微博“@ 内江市房管局”（UID：6579547182）通过微博平台认证，正式上线。

2018 年 6 月 23 日，四川省遂宁市船山区科学技术协会官方微博“@ 船山科协”（UID：6573400495）通过微博平台认证，正式上线。

2018 年 6 月 23 日，四川省宜宾市屏山县水务局官方微博“@ 屏山县水务局”（UID：6573524790）通过微博平台认证，正式上线。

2018 年 6 月 23 日，四川省南充市仪陇县日兴镇人民政府官方微博“@ 仪陇县日兴镇”（UID：6547126010）通过微博平台认证，正式上线。

2018 年 6 月 23 日，山东省威海临港经济技术开发区安全生产监督管理处官方微博

“@临港安监”（UID：2231792837）通过微博平台认证，正式上线。

2018年6月23日，山西省古交市公安局交通警察大队官方微博“@古交交警”（UID：6367810265）通过微博平台认证，正式上线。

2018年6月23日，中国共产党崇仁县委员会政法委员会官方微博“@崇仁政法”（UID：1133940123）通过微博平台认证，正式上线。

2018年6月23日，山东省威海监狱官方微博“@山东省威海监狱”（UID：3975210157）通过微博平台认证，正式上线。

2018年6月23日，天津市武清区泗村店镇人民政府官方微博“@古镇新城泗村店”（UID：6578176855）通过微博平台认证，正式上线。

2018年6月23日，山东淄川经济开发区管理委员会官方微博“@－淄川开发区发布－”（UID：6555715468）通过微博平台认证，正式上线。

2018年6月23日，安徽省亳州市涡阳县公安局涡南派出所官方微博“@涡阳县涡南派出所在线”（UID：6563104296）通过微博平台认证，正式上线。

2018年6月23日，中共科尔沁右翼中旗委政法委员会官方微博“@zgkyzqwzfwyh”（UID：6577845669）通过微博平台认证，正式上线。

2018年6月23日，中共重庆市南岸区委防范和处理邪教问题领导小组办公室官方微博“@南岸无邪”（UID：6579454438）通过微博平台认证，正式上线。

2018年6月23日，中共重庆市渝北区防范和处理邪教问题领导小组办公室官方微博“@渝北防邪”（UID：6577879295）通过微博平台认证，正式上线。

2018年6月23日，四川省泸州航空航天产业园区管理委员会官方微博“@泸州航空航天”（UID：6578310320）通过微博平台认证，正式上线。

2018年6月23日，中国共产党四川省遂宁市船山区委员会党校官方微博“@csqwdx”（UID：6494292132）通过微博平台认证，正式上线。

2018年6月23日，中国共产党四川省遂宁市船山区委员会老干部局官方微博“@船山区委老干部局”（UID：6579479644）通过微博平台认证，正式上线。

2018年6月23日，中共贵州省黔东南苗族侗族自治州雷山县委政法委员会官方微博“@雷山县政法”（UID：6573075374）通过微博平台认证，正式上线。

2018年6月23日，重庆市荣昌区委员会防范和处理邪教问题领导小组办公室官方微博“@荣昌反－邪－教”（UID：6578219116）通过微博平台认证，正式上线。

2018年6月23日，中共重庆市合川区委防范和处理邪教问题领导小组官方微博“@合川防邪”（UID：6577879416）通过微博平台认证，正式上线。

2018年6月23日，四川省遂宁市船山区总工会官方微博“@遂宁市船山区总工会”（UID：6334165534）通过微博平台认证，正式上线。

2018年6月23日，四川省金阳县交通运输局官方微博“@金阳县交通运输局”（UID：5826416243）通过微博平台认证，正式上线。

2018年6月24日、6月29日，最高人民法院新闻局、执行局联合北京法院分别举办第七、八期“决胜执行难”全媒体直播活动。最高人民法院新闻局在进行微博直播同时，首次尝试同步剪辑、发布10个短视频片段，展示了执行工作中的关键节点，阐述了重要法律问题。这批短视频的播放量达到50余万次，微博阅读量达到240万次，这一创新应用手段实现了高出单一直播微博 10 多倍的传播效果。

2018 年 6 月 24 日，四川省内江市城市管理行政执法局官方微博“@ 内江市城市管理行政执法局”（UID：6581045487）通过微博平台认证，正式上线。

2018 年 6 月 24 日，中共贵州省务川仡佬族苗族自治县委宣传部官方微博“@ 仡佬世界丹砂务川”（UID：6367076899）通过微博平台认证，正式上线。

2018 年 6 月 24 日，四川省南充市仪陇县公路路政管理大队官方微博“@ 仪陇县公路路政管理大队”（UID：6545956141）通过微博平台认证，正式上线。

2018 年 6 月 24 日，贵州省务川仡佬族苗族自治县对外宣传中心官方微博“@ 务川宣传”（UID：6519684994）通过微博平台认证，正式上线。

2018 年 6 月 24 日，中共许昌市建安区委防范和处理邪教问题领导小组办公室官方微博“@ 建安政法委”（UID：6580954911）通过微博平台认证，正式上线。

2018 年 6 月 24 日，河南省安阳市殷都区人民政府办公室官方微博“@ 文明殷都区政府办”（UID：6579474142）通过微博平台认证，正式上线。

2018 年 6 月 24 日，中共芜湖市委政法委员会官方微博“@ 芜湖长安”（UID：6573411220）通过微博平台认证，正式上线。

2018 年 6 月 24 日，中共利辛县委政法委员会官方微博“@ 利辛防邪”（UID：6580199555）通过微博平台认证，正式上线。

2018 年 6 月 24 日，广西壮族自治区南宁市武鸣区城厢镇人民政府官方微博“@ 武鸣区城厢镇”（UID：6579829407）通过微博平台认证，正式上线。

2018 年 6 月 24 日，宁夏回族自治区固原市原州区教育局官方微博“@ 原州区教育局官博”（UID：6073536193）通过微博平台认证，正式上线。

2018 年 6 月 24 日，广西壮族自治区来宾市兴宾区司法局官方微博“@ 兴宾区司法”（UID：3937460626）通过微博平台认证，正式上线。

2018 年 6 月 24 日，河南省孟州市统计局官方微博“@ 孟州统计”（UID：2042573813）通过微博平台认证，正式上线。

2018 年 6 月 24 日，中国共产党云南省玉溪市澄江县委员会政法委员会官方微博“@ 澄江政法”（UID：6519729766）通过微博平台认证，正式上线。

2018 年 6 月 24 日，四川省内江市林业局官方微博“@ 内江林业”（UID：6545945777）通过微博平台认证，正式上线。

2018 年 6 月 24 日，云南省临沧市人民检察院官方微博“@ 临沧检察院”（UID：6579421160）通过微博平台认证，正式上线。

2018 年 6 月 24 日，四川省阆中市扶贫和移民工作局官方微博“@ 阆中市扶贫和移民工作局”（UID：6579855927）通过微博平台认证，正式上线。

2018 年 6 月 25 日，四川省内江市科学技术和知识产权局官方微博“@ 内江市科技局”（UID：6581094466）通过微博平台认证，正式上线。

2018 年 6 月 25 日，四川省遂宁市船山区扶贫移民局官方微博“@ 船山扶移”（UID：6577964571）通过微博平台认证，正式上线。

2018 年 6 月 26 日下午，中国社会科学院新闻与传播研究所《新媒体蓝皮书》第 9 卷《中国新媒体发展报告 2018》正式发布。中国社科院新闻与传播研究所党委书记赵天晓主持发布会，中国社会科学院副院长李培林致辞。中央网信办移动网络管理局副局长卢岚、中国社科院科研局副局长赵芮出席。由中国传媒大学媒介与公共事务研究院政务新媒体实验室主任侯锷主笔的以政务微博为研究脉络的《2017 年网络强国战略下社会新治理体系研究报告》载蓝皮书同步发布。

2018 年 6 月 26 日，四川省内江市邮政管理局官方微博“@ 内江市邮政管理局”（UID：3262222420）通过微博平台认证，正式上线。

2018 年 6 月 27 日，重庆市万州区防范和处理邪教问题领导小组办公室官方微博“@ 万州反邪教”（UID：6579859346）通过微博平台认证，正式上线。

2018 年 6 月 27 日，四川省内江市发展和改革委员会官方微博“@ 内江发展改革”（UID：6583348628）通过微博平台认证，正式上线。

2018 年 6 月 27 日，重庆市渝中区委防范和处理邪教问题领导小组办公室官方微博“@ 渝中防范”（UID：6578282841）通过微博平台认证，正式上线。

2018 年 6 月 27 日，四川省遂宁市船山区农业局官方微博“@ 遂宁市船山区农业局”（UID：6580234618）通过微博平台认证，正式上线。

2018 年 6 月 27 日，吉林省长春市公安局绿园区分局出入境管理大队官方微博“@ 长春绿园出入境”（UID：6583437055）通过微博平台认证，正式上线。

2018 年 6 月 27 日，广西壮族自治区玉林市玉州区司法局官方微博“@ 玉州司法”（UID：6083181881）通过微博平台认证，正式上线。

2018 年 6 月 28 日，河南省兰考县人民政府惠安街道办事处官方微博“@ 兰考县惠安街道办”（UID：5976489671）通过微博平台认证，正式上线。

2018 年 6 月 28 日，安徽省亳州市公安局禁毒支队官方微博“@ 亳州禁毒在线”（UID：1714312533）通过微博平台认证，正式上线。

2018 年 6 月 28 日，中共河南省兰考县委农村工作办公室官方微博“@ 兰考县委农村工作办公室”（UID：2024281255）通过微博平台认证，正式上线。

2018 年 6 月 27 日，四川省宜宾市屏山县太平乡人民政府官方微博“@ 屏山县太平乡”（UID：6583442789）通过微博平台认证，正式上线。

2018 年 6 月 28 日，中国共产党云南省保山市龙陵县委员会政法委员会官方微博“@ llxzfw”（UID：6584249331）通过微博平台认证，正式上线。

2018 年 6 月 28 日，重庆市渝中区司法局官方微博“@ CQYZSF”（UID：6584017260）通过微博平台认证，正式上线。

2018 年 6 月 28 日，重庆市大学生就业创业公共服务中心官方微博“@ 重庆市大学生就业创业服务中心”（UID：6579072115）通过微博平台认证，正式上线。

2018 年 6 月 29 日下午，最高人民法院新闻局、最高人民法院执行局、河南省高级人民法院、焦作两级法院联合进行“决胜执行难”全媒体直播活动。该次直播，河南省高级人民法院官方微博“@ 豫法阳光”首次使用了四路直播镜头展现多现场、展现信息化。直播从下午 14 时开始，持续 180 分钟，现场无间断直播法院执行工作。

2018 年 6 月 29 日，在生态环境部举行的例行新闻发布会上，生态环境部新闻发言人刘友宾在回答媒体提问时，对同期四川省自贡市环保局官方微信公众号出现“神回复”事件发表评论，刘友宾强调：“政务新媒体是政府工作的重要组成部分，要有情怀，有温度，有责任担当。这次事件反映出某些地方环保政务新媒体管理仍然存在一些漏洞和薄弱环节。一些账号开通时间不长，运行经验不足，工作力量不够，管理制度不尽完善。我们要求各地环保部门高度重视，也欢迎广大网友对我们新媒体工作中存在的不足拍砖、吐槽，帮助我们不断改进工作，切实提高服务质量，努力把生态环境系统政务新媒体办成倾听民声、善解民意、为民服务的信息窗口。”

2018年6月29日，中国共产党四川省乐山市沐川县委员会政法委员会官方微博“@沐川政法”（UID：6585005749）通过微博平台认证，正式上线。

2018年6月29日，重庆市奉节县脐橙产业发展中心官方微博“@奉节县脐橙产业发展中心”（UID：6501242458）通过微博平台认证，正式上线。

2018年6月29日，乐安县司法局官方微博“@乐安县司法行政”（UID：6074340995）通过微博平台认证，正式上线。

2018年6月29日，张掖市不动产登记事务中心官方微博“@张掖市不动产”（UID：6578313539）通过微博平台认证，正式上线。

2018年6月29日，中共驻马店市委防范和处理邪教问题领导小组办公室官方微博“@驻马店反xie”（UID：6529530074）通过微博平台认证，正式上线。

2018年6月29日，河南省兰考县公路管理局官方微博“@兰考公路”（UID：6286768543）通过微博平台认证，正式上线。

2018年6月29日，房县门古寺镇财政所官方微博“@房县门古寺镇财政所”（UID：6560669117）通过微博平台认证，正式上线。

2018年6月29日，凌云县司法局官方微博“@凌云普法”（UID：6585905680）通过微博平台认证，正式上线。

2018年6月29日，中宁县司法局官方微博“@中宁普法”（UID：6229038269）通过微博平台认证，正式上线。

2018年6月29日，安徽省淮南市公共交通有限责任公司官方微博“@淮南市公交公司”（UID：6563436588）通过微博平台认证，正式上线。

2018年6月29日，国家统计局清原调查队官方微博“@清原调查队”（UID：6585392624）通过微博平台认证，正式上线。

2018年6月29日，四川省广元市中心血站官方微博“@广元市中心血站”（UID：6580303183）通过微博平台认证，正式上线。

2018年6月29日，中共重庆市开州区委政法委员会官方微博“@开州政法”（UID：6579194761）通过微博平台认证，正式上线。

2018年6月29日，中国共产主义青年团巢湖市委员会官方微博“@巢湖共青团”（UID：6428912430）通过微博平台认证，正式上线。

2018年6月29日，吉林省司法厅戒毒工作教育指导中心官方微博“@吉林省司法厅戒教中心”（UID：6578302968）通过微博平台认证，正式上线。

2018年6月30日，信阳市政府防范和处理邪教问题办公室官方微博“@信阳防范办”（UID：6584156832）通过微博平台认证，正式上线。

2018年6月30日，山东省威海市文登区人民检察院官方微博“@文登检察”（UID：1641297892）通过微博平台认证，正式上线。

2018 年 6 月 30 日，安徽省合肥市长丰县公安局公共信息网络安全监察大队官方微博“@长丰网安”（UID：6583322674）通过微博平台认证，正式上线。

2018 年 6 月 30 日，四川省内江市地方海事局官方微博“@内江市地方海事局”（UID：6567420780）通过微博平台认证，正式上线。

七月

2018 年 7 月 1 日，重庆三峡移民纪念馆官方微博“@重庆三峡移民纪念馆”（UID：6584153685）通过微博平台认证，正式上线。

2018 年 7 月 2 日，吉林省监狱管理局官方微博“@吉林监狱”（UID：5957795240）上线运行。

2018 年 7 月 3 日，最高人民法院新闻局、执行局、湖南省高级人民法院联合举办第九期“决胜执行难”全媒体直播活动，最高人民法院新闻局在官方微博进行直播的同时，将长沙中院、怀化中院、岳麓区法院的三起执行案件各阶段剪辑成短视频发布，让网友快速、明确地了解到执行现场的进展成果。

2018 年 7 月 3 日，天津市河东区妇女联合会官方微博“@天津市河东区妇联”（UID：2760554511）通过微博平台认证，正式上线。

2018 年 7 月 3 日，河南省洛阳市洛龙区防范处理邪教办官方微博“@洛龙防范”（UID：6584146926）通过微博平台认证，正式上线。

2018 年 7 月 3 日上午，中共海口市委宣传部常务副部长林榕明会见新浪海南总经理冯林辉、总编辑高艺洋一行，双方就海口城市宣传、舆情回应纾解等方面的合作事宜展开会谈。林榕明表示，中共海口市委宣传部非常重视新浪平台，希望新浪海南在已有合作基础上，充分发挥新浪团队良好的策划力、新浪平台强大的传播力优势，围绕海口市委市政府中心工作，策划多种形式的活动，宣传海口建设发展的主流情况，彰显海口在海南自由贸易试验区、中国特色海南自由贸易港建设中的省会城市担当，唱响海口主旋律。同时，利用新浪平台为海口畅通民意，汲取民智，纾解网络舆情，构建海口发展网上网下同心圆。

2018 年 7 月 3 日，中共四川省遂宁市船山区委遂宁市船山区人民政府农村工作办公室官方微博“@船山农办”（UID：6583891015）通过微博平台认证，正式上线。

2018 年 7 月 3 日，中国共产党四川省成都市委员会政法委员会官方微博“@成都政法”（UID：6587091974）通过微博平台认证，正式上线。

2018 年 7 月 3 日，四川省乐山市公安局旅游警察支队官方微博“@乐山旅游警察”（UID：6587066266）通过微博平台认证，正式上线。

2018 年 7 月 3 日，四川省隆昌市周兴镇人民政府官方微博“@隆昌市周兴镇人民政府”（UID：6509547619）通过微博平台认证，正式上线。

2018 年 7 月 3 日，中国共产党四川省攀枝花市米易县委员会政法委员会官方微博“@米易政法”（UID：6585910970）通过微博平台认证，正式上线。

2018 年 7 月 3 日，四川省南充市公安局机场公安分局官方微博“@南充机场公安”（UID：6571933641）通过微博平台认证，正式上线。

2018 年 7 月 3 日，中国共产党四川省遂宁市委员会政法委员会官方微博“@遂宁政法”（UID：6497213124）通过微博平台认证，正式上线。

2018 年 7 月 3 日，四川省隆昌市国土资源局官方微博“@隆昌国土”（UID：

6018258961）通过微博平台认证，正式上线。

2018年7月3日，中国共产党四川省遂宁市船山区委员会政法委会官方微博“@船山政法声音”（UID：6586303629）通过微博平台认证，正式上线。

2018年7月4日，中国海警局官方微博“@中国海警”（UID：6586732953）开通上线。上午9时30分发布上线通告宣布：“2018年7月4日，中国海警2305舰艇编队在我钓鱼岛领海内巡航。”被网友称赞“帅炸！”

2018年7月5日，四川省南充市交通运输局官方微博“@南充交通运输”（UID：2646642930）通过微博平台认证，正式上线。

2018年7月6日，山东省人民政府办公厅印发《关于进一步做好政务公开工作的通知》（鲁政办发〔2018〕21号）。《通知》要求，围绕防范化解重大风险推进公开，密切关注政府债务、银行信贷、企业投融资、金融市场运行、互联网金融等方面的舆情，针对误读、曲解、不实的舆情，及时通过主流媒体、政府门户网站、政务微博、微信等平台进行有理有据的回应。

2018年7月6日，重庆市武隆区芙蓉街道堰塘村村民委员会官方微博“@武隆区芙蓉街道堰塘村”（UID：2360543297）通过微博平台认证，正式上线。

2018年7月6日，贵州省黔西南布依族苗族自治州兴义市人民政府下五屯街道办事处官方微博“@下五屯街道”（UID：6587948162）通过微博平台认证，正式上线。

2018年7月6日，中共云南省楚雄彝族自治州牟定县委政法委员会官方微博“@牟定县政法委”（UID：6589701047）通过微博平台认证，正式上线。

2018年7月6日，四川省隆昌市民政局官方微博“@隆昌民政”（UID：6583324349）通过微博平台认证，正式上线。

2018年7月6日，中共云南省楚雄市委政法委员会官方微博“@楚雄市政法”（UID：6590145063）通过微博平台认证，正式上线。

2018年7月6日，四川省内江市公路路政管理支队官方微博“@内江市公路路政管理支队”（UID：6589823585）通过微博平台认证，正式上线。

2018年7月6日，四川省甘孜州石渠县司法局官方微博“@石渠司法”（UID：6585956596）通过微博平台认证，正式上线。

2018年7月6日，重庆市棋院官方微博“@重庆市棋院”（UID：6589437060）通过微博平台认证，正式上线。

2018年7月6日，四川省隆昌市李市镇人民政府官方微博“@隆昌市李市镇”（UID：6587499780）通过微博平台认证，正式上线。

2018年7月6日，中国共产党重庆市江北区委员会政法委员会官方微博“@江无邪微博”（UID：6579059850）通过微博平台认证，正式上线。

2018年7月6日，四川省隆昌市司法局官方微博“@隆昌市司法局微博”（UID：6591813042）通过微博平台认证，正式上线。

2018年7月6日，四川省阆中市林业局官方微博“@阆中林业”（UID：6064230304）通过微博平台认证，正式上线。

2018年7月6日，中共四川省眉山市委政法委员会官方微博“@眉山政法”（UID：6583477021）通过微博平台认证，正式上线。

2018 年 7 月 7 日，四川省内江市威远县向义镇人民政府官方微博“@ 威远向义”（UID：3905027159）通过微博平台认证，正式上线。

2018 年 7 月 8 日，由天津市舆情研究中心和天津社会科学院共同主办、天津社会科学院舆情研究所承办的全国性学术会议“改革开放 40 周年舆情分析论坛”在天津召开。会上，来自全国各高校、科研院所和媒体机构的 30 多位知名专家学者，围绕当前经济舆情、快速真实获取民意的方法、舆情研究的科学概念和理念、政务微博“蹭热点”现象以及新时代改革开放面临的新问题等分别进行了发言探讨。

2018 年 7 月 9 日，四川省内江市威远县铺子湾镇人民政府官方微博“@ 微铺子湾”（UID：2456236133）通过微博平台认证，正式上线。

2018 年 7 月 9 日，中国人民政治协商会议四川省威远县委员会官方微博“@ 威远政协”（UID：6494957099）通过微博平台认证，正式上线。

2018 年 7 月 9 日，四川省内江市威远县靖和镇人民政府官方微博“@ 微靖和”（UID：6583048309）通过微博平台认证，正式上线。

2018 年 7 月 9 日，四川省内江市威远县园林管理所官方微博“@ 威远县园林管理所”（UID：3012968351）通过微博平台认证，正式上线。

2018 年 7 月 9 日，甘孜藏族自治州防灾减灾和应急管理局官方微博“@ 甘孜应急”（UID：6512283392）通过微博平台认证，正式上线。

2018 年 7 月 9 日，四川勿角自然保护区管理处官方微博“@ 四川勿角自然保护区”（UID：6587110202）通过微博平台认证，正式上线。

2018 年 7 月 9 日，共青团江安县红桥镇委员会官方微博“@ 江安县红桥团委”（UID：5572018608）通过微博平台认证，正式上线。

2018 年 7 月 9 日，四川省南充市仪陇县最低生活保障局官方微博“@ 仪陇县低保局”（UID：6592867675）通过微博平台认证，正式上线。

2018 年 7 月 9 日，四川省阆中市财政局官方微博“@ 阆中市财政局”（UID：6592831417）通过微博平台认证，正式上线。

2018 年 7 月 9 日，四川省南充市西充县东太乡人民政府官方微博“@ 西充县东太乡”（UID：6593211212）通过微博平台认证，正式上线。

2018 年 7 月 9 日，云南省西双版纳傣族自治州勐腊县人民检察院官方微博“@ 勐腊检察”（UID：3482462895）通过微博平台认证，正式上线。

2018 年 7 月 9 日，四川省广元市卫生和计划生育监督执法支队官方微博“@ 广元卫计执法”（UID：6592290184）通过微博平台认证，正式上线。

2018 年 7 月 9 日，四川省成都天府新区三星街道三星场社区居民委员会官方微博“@ 天府三星场镇社区”（UID：2991030994）通过微博平台认证，正式上线。

2018 年 7 月 9 日，锦州市住房公积金管理中心官方微博“@ 锦州市住房公积金管理中心”（UID：6591400525）通过微博平台认证，正式上线。

2018 年 7 月 9 日，中共天津市河北区委党校官方微博“@ hbqwdx”（UID：1910785755）通过微博平台认证，正式上线。

2018 年 7 月 9 日，杭州市市场监督管理局企业注册处官方微博“@ 杭州行政服务中心市监窗口”（UID：6592358612）通过微博平台认证，正式上线。

2018年7月9日，湖北省交通运输厅高速公路路政执法总队汉十支队麻竹大队官方微博“@湖北高速路政汉十支队麻竹大队”（UID：6591492177）通过微博平台认证，正式上线。

2018年7月9日，淮北市杜集区司法局高岳司法所官方微博“@淮北高岳司法所”（UID：5576020481）通过微博平台认证，正式上线。

2018年7月9日，湖南省常德市安乡县环境保护局官方微博“@安乡环保”（UID：2253965580）通过微博平台认证，正式上线。

2018年7月9日，中国共产党灌阳县委员会政法委员会官方微博“@平安灌阳·灌阳政法”（UID：6588918733）通过微博平台认证，正式上线。

2018年7月9日，中共桂林市秀峰区委员会政法委员会官方微博“@秀峰政法委”（UID：6578205854）通过微博平台认证，正式上线。

2018年7月9日，内蒙古呼和浩特市爱国卫生运动委员会办公室官方微博“@呼市爱国卫生运动委员会办公室”（UID：6583768342）通过微博平台认证，正式上线。

2018年7月9日，泰安市大津口乡安全生产监督管理办公室官方微博“@大津口安办”（UID：6591090954）通过微博平台认证，正式上线。

2018年7月9日，四川省成都市天府新区三星街道井石村村民委员会官方微博“@三星街道井石村”（UID：3080563497）通过微博平台认证，正式上线。

2018年7月9日，中国共产党四川省遂宁市射洪县委员会政法委员会官方微博“@射洪-政法”（UID：6586592843）通过微博平台认证，正式上线。

2018年7月9日，四川省成都天府新区三星街道双堰村村民委员会官方微博“@三星街道双堰村”（UID：3085286325）通过微博平台认证，正式上线。

2018年7月10日，四川省内江市威远县工商行政管理局官方微博“@威远工商”（UID：1619621027）通过微博平台认证，正式上线。

2018年7月10日，中国共产主义青年团四川省宜宾市江安县井口镇委员会官方微博“@江安县井口镇团委201807”（UID：6595475002）通过微博平台认证，正式上线。

2018年7月10日，四川省南充市仪陇县新政镇人民政府官方微博“@仪陇县新政镇”（UID：6353571091）通过微博平台认证，正式上线。

2018年7月10日，四川省雅安市审计局官方微博“@雅安审计”（UID：6575194370）通过微博平台认证，正式上线。

2018年7月10日，中共四川省乐山市峨边彝族自治县委政法委员会官方微博“@峨边政法”（UID：6497044933）通过微博平台认证，正式上线。

2018年7月10日，四川省内江市威远县市政管理所官方微博“@威远市政”（UID：5537317005）通过微博平台认证，正式上线。

2018年7月10日，四川省内江市威远县新场镇政府官方微博“@新场政务”（UID：6595637088）通过微博平台认证，正式上线。

2018年7月10日，四川省广元市朝天区卫生和计划生育局官方微博“@健康朝天”（UID：6591513344）通过微博平台认证，正式上线。

2018年7月10日，四川省隆昌市交通运输局官方微博“@隆昌市交通运输局”（UID：6589860110）通过微博平台认证，正式上线。

2018 年 7 月 10 日，四川省成都市天府新区三星街道云崖村村民委员会官方微博“@天府新区三星街道云崖村”（UID：2948806960）通过微博平台认证，正式上线。

2018 年 7 月 10 日，云南省普洱市西盟佤族自治县森林公安局官方微博“@西盟佤山森警”（UID：5638736879）通过微博平台认证，正式上线。

2018 年 7 月 10 日，四川省成都天府新区三星街道河山村村民委员会官方微博“@三星街道河山村”（UID：3093277293）通过微博平台认证，正式上线。

2018 年 7 月 10 日，宁夏回族自治区银川市西夏区工业和信息化局官方微博“@西夏区工信局”（UID：6595736933）通过微博平台认证，正式上线。

2018 年 7 月 10 日，陕西省渭南市白水县科学技术协会官方微博“@白水科协”（UID：6419390598）通过微博平台认证，正式上线。

2018 年 7 月 10 日，赣州市环境保护局章贡分局官方微博“@章贡环保”（UID：2862850884）通过微博平台认证，正式上线。

2018 年 7 月 10 日，中共合肥市庐阳区委防范和处理邪教问题领导小组办公室官方微博“@庐阳正道”（UID：6579936616）通过微博平台认证，正式上线。

2018 年 7 月 10 日，天津市武清区人民政府民族宗教办公室官方微博“@武清民宗办”（UID：6556550743）通过微博平台认证，正式上线。

2018 年 7 月 10 日，中共上饶市广丰区委 610 办公室官方微博“@广丰区防范办”（UID：6591056620）通过微博平台认证，正式上线。

2018 年 7 月 10 日，浙江省之江监狱官方微博“@浙江省之江监狱”（UID：6497206976）通过微博平台认证，正式上线。

2018 年 7 月 10 日，天津市南开区妇女联合会官方微博“@flnk 南开妇联”（UID：1316271267）通过微博平台认证，正式上线。

2018 年 7 月 10 日，辽宁省强制隔离戒毒所官方微博“@辽宁省强制隔离戒毒所”（UID：6424346811）通过微博平台认证，正式上线。

2018 年 7 月 10 日，天津市河北区人民政府鸿顺里街道办事处官方微博“@鸿顺里街道办事处”（UID：6424767951）通过微博平台认证，正式上线。

2018 年 7 月 11 日，云南省昭通市水富县国土资源局官方微博“@水富国土”（UID：1075920607）通过微博平台认证，正式上线。

2018 年 7 月 11 日，贵州省铜仁市松桃苗族自治县教育局官方微博“@松桃教育局官微”（UID：6409366666）通过微博平台认证，正式上线。

2018 年 7 月 11 日，云南省红河哈尼族彝族自治州司法局官方微博“@红河司法行政”（UID：6597038628）通过微博平台认证，正式上线。

2018 年 7 月 11 日，上海市浦东新区川沙新镇城西居民委员会官方微博“@城西居委”（UID：3030940055）通过微博平台认证，正式上线。

2018 年 7 月 11 日，西安市质量技术监督局长安分局官方微博“@质监长安分局”（UID：6595804003）通过微博平台认证，正式上线。

2018 年 7 月 11 日，中国共产主义青年团湖州市南浔区委员会官方微博“@共青团南浔区委”（UID：2649055941）通过微博平台认证，正式上线。

2018 年 7 月 11 日，中共常平镇委政法办公室官方微博“@常平综治”（UID：

6589376098）通过微博平台认证，正式上线。

2018 年 7 月 11 日，合肥市公安局庐阳分局官方微博“@ 庐阳公安”（UID：6596550536）通过微博平台认证，正式上线。

2018 年 7 月 11 日，枣庄市市中区信息管理中心官方微博“@ 枣庄市市中区”（UID：6586745518）通过微博平台认证，正式上线。

2018 年 7 月 11 日，西安市长安区人民法院官方微博“@ 长安 V 天平”（UID：6589458471）通过微博平台认证，正式上线。

2018 年 7 月 11 日，中共乌审旗委政法委员会官方微博“@ 乌审政法”（UID：5086213115）通过微博平台认证，正式上线。

2018 年 7 月 11 日，桦甸市教育局官方微博“@ 桦甸市教育局政务微博”（UID：6564159970）通过微博平台认证，正式上线。

2018 年 7 月 11 日，银川市兴庆区卫生和计划生育局官方微博“@ 健康兴庆”（UID：6596257882）通过微博平台认证，正式上线。

2018 年 7 月 11 日，云南省昆明市盘龙区文化体育旅游局官方微博“@ 悠游盘龙”（UID：6220451658）通过微博平台认证，正式上线。

2018 年 7 月 11 日，中国共产党四川省隆昌市委员会组织部老干部局官方微博“@ 隆昌市老干部局”（UID：1450486850）通过微博平台认证，正式上线。

2018 年 7 月 11 日，四川省雅安市石棉县防震减灾局官方微博“@ 石棉县防震减灾局”（UID：6596705799）通过微博平台认证，正式上线。

2018 年 7 月 11 日，四川省内江市威远县新店镇人民政府官方微博“@ 微新店镇”（UID：6595756629）通过微博平台认证，正式上线。

2018 年 7 月 12 日，四川省内江市威远县越溪镇人民政府官方微博“@ 微越溪”（UID：6597651471）通过微博平台认证，正式上线。

2018 年 7 月 12 日，四川省遂宁市船山区统计局官方微博“@ 船山区统计”（UID：6579071425）通过微博平台认证，正式上线。

2018 年 7 月 12 日，四川省遂宁市船山区唐家乡人民政府官方微博“@ 唐家关注”（UID：6577861801）通过微博平台认证，正式上线。

2018 年 7 月 13 日，四川省绵阳市涪城区南山街道办事处官方微博“@ 爱在南山 2018”（UID：6356793675）通过微博平台认证，正式上线。

2018 年 7 月 13 日，四川省彭州市城乡规划和建设局官方微博“@ 彭州市城乡规划和建设局”（UID：6598526331）通过微博平台认证，正式上线。

2018 年 7 月 13 日，云南省妇女联合会官方微博“@ 云南女性之声”（UID：6026228803）通过微博平台认证，正式上线。

2018 年 7 月 13 日，四川省隆昌市人民政府金鹅街道办事处官方微博“@ 微金鹅”（UID：6593239319）通过微博平台认证，正式上线。

2018 年 7 月 13 日，四川省巴中市农业局官方微博“@ 巴中市农业局”（UID：2651538280）通过微博平台认证，正式上线。2018 年 7 月 13 日，四川省内江市威远县环境保护局官方微博“@ 威远环保”（UID：1726959487）通过微博平台认证，正式上线。

2018 年 7 月 13 日，四川省内江市威远县审计局官方微博“@ 威远审计”（UID：

6598399266）通过微博平台认证，正式上线。

2018 年 7 月 14 日，中共四川省泸州市纳溪区委宣传部官方微博“@ 纳溪发布”（UID：3968812339）通过微博平台认证，正式上线。

2018 年 7 月 14 日，重庆市荣昌区人民政府昌州街道办事处官方微博“@ 荣昌昌州”（UID：6597523923）通过微博平台认证，正式上线。

2018 年 7 月 14 日，重庆市綦江区人民检察院官方微博“@ 綦江检察院”（UID：2165185754）通过微博平台认证，正式上线。

2018 年 7 月 14 日，云南省昆明市官渡区文化体育旅游局官方微博“@ 昆明市官渡区文化体育旅游”（UID：3891803161）通过微博平台认证，正式上线。

2018 年 7 月 14 日，贵州省松桃苗族自治县人民政府太平营街道办事处官方微博“@ 太平 - 微政务”（UID：5871790727）通过微博平台认证，正式上线。

2018 年 7 月 16 日，四川省遂宁市船山区财政局官方微博“@ 遂宁市船山区财政局”（UID：6494791385）通过微博平台认证，正式上线。

2018 年 7 月 17 日，四川省泸州市龙马潭区司法局官方微博“@ 龙马司法”（UID：6599299975）通过微博平台认证，正式上线。

2018 年 7 月 17 日，中国人民政治协商会议湖南省永州市委员会官方微博“@ 湖南省永州市政协”（UID：6599737409）通过微博平台认证，正式上线。

2018 年 7 月 17 日，中共临漳县委政法委员会官方微博“@ 临漳长安网”（UID：6317796508）通过微博平台认证，正式上线。

2018 年 7 月 17 日，天长市仁和集镇人民政府官方微博“@ 仁爱之里和美之乡”（UID：5692849194）通过微博平台认证，正式上线。

2018 年 7 月 17 日，吴忠市利通区总工会官方微博“@ 利通区总工会”（UID：6493282081）通过微博平台认证，正式上线。

2018 年 7 月 17 日，海南省规划委员会官方微博“@ 海南省规划委”（UID：6497233836）通过微博平台认证，正式上线。

2018 年 7 月 17 日，合肥市公安局高新技术开发区分局官方微博“@ 合肥高新公安”（UID：6596103770）通过微博平台认证，正式上线。

2018 年 7 月 17 日，四川省成都市金堂新闻中心官方微博“@ 成都新金堂”（UID：6601595794）通过微博平台认证，正式上线。

2018 年 7 月 17 日，四川省内江市威远县就业服务管理局官方微博“@ 威远就业”（UID：2937945782）通过微博平台认证，正式上线。

2018 年 7 月 17 日，浙江省文化馆官方微博“@ 浙江省文化馆”（UID：2104779173）通过微博平台认证，正式上线。

2018 年 7 月 17 日，滁州市公共资源交易监督管理局官方微博“@ 滁州市公管局”（UID：5033886661）通过微博平台认证，正式上线。

2018 年 7 月 17 日，宜昌市夷陵区文体新闻出版广电局官方微博“@ 舞动夷陵”（UID：5828403672）通过微博平台认证，正式上线。

2018 年 7 月 17 日，中共张家口市下花园区委宣传部官方微博“@ 文明下花园”（UID：6601858052）通过微博平台认证，正式上线。

2018年7月17日，山东省威海美术馆官方微博“@威海美术馆”（UID：6585452979）通过微博平台认证，正式上线。

2018年7月17日，中共万年县委610办公室官方微博“@凯风万年”（UID：6248559090）通过微博平台认证，正式上线。

2018年7月17日，贵州省贵阳市修文县公安局谷堡派出所官方微博“@修文县谷堡派出所”（UID：6602135546）通过微博平台认证，正式上线。

2018年7月17日，四川省南充市民族宗教局官方微博“@南充民宗”（UID：6412214921）通过微博平台认证，正式上线。

2018年7月17日，国家税务总局四川省南充市税务局官方微博“@南充税务”（UID：6416896144）通过微博平台认证，正式上线。

2018年7月18日，云南省怒江傈僳族自治州泸水市全媒体中心办公室官方微博“@泸水时讯”（UID：6603864823）通过微博平台认证，正式上线。

2018年7月18日，四川省内江市威远县农林局官方微博“@wyxnlj”（UID：6603840647）通过微博平台认证，正式上线。

2018年7月18日，重庆市渝北区木耳镇政府官方微博“@山水木耳”（UID：6562849617）通过微博平台认证，正式上线。

2018年7月19日，由人民法院新闻传媒总社联合最高人民法院政治部、新闻局、执行局、最高人民法院影视中心、中华全国法制新闻协会、中央广播电视总台《今日说法》栏目共同主办的全国法院第六届微电影微视频评选活动在安徽合肥正式启动。

2018年7月19日，中共四川省遂宁市船山区直属机关工作委员会官方微博“@遂宁市船山区直工委”（UID：6013036870）通过微博平台认证，正式上线。

2018年7月19日，四川省南充市南部县兴盛乡人民政府官方微博“@兴盛乡”（UID：6604263300）通过微博平台认证，正式上线。

2018年7月19日，四川省隆昌市双凤镇人民政府官方微博“@隆昌市双凤镇”（UID：6580239882）通过微博平台认证，正式上线。

2018年7月19日，云南省昭通市水富县公安局交通警察大队官方微博“@水富交警”（UID：6203254083）通过微博平台认证，正式上线。

2018年7月19日，中国共产主义青年团四川省宜宾市江安县怡乐镇委员会官方微博“@江安县怡乐镇团委2018”（UID：6604341836）通过微博平台认证，正式上线。

2018年7月19日，四川省内江市威远县公路养护管理段官方微博“@威远县公路养护管理段”（UID：3901256560）通过微博平台认证，正式上线。

2018年7月19日，四川省宜宾市屏山县屏边彝族乡人民政府官方微博“@屏边乡生活”（UID：1150290405）通过微博平台认证，正式上线。

2018年7月19日，共青团绵阳市骨科医院委员会官方微博“@绵阳市骨科医院团委”（UID：6570959951）通过微博平台认证，正式上线。

2018年7月20日，中共四川省广安市前锋区委员会政法委员会官方微博“@qfqwzfw”（UID：5996928278）通过微博平台认证，正式上线。

2018年7月20日，四川省巴中市通江县长坪乡人民政府官方微博“@通江县_长坪乡”（UID：6605205719）通过微博平台认证，正式上线。

2018 年 7 月 21 日，四川省南充市供销合作社官方微博“@南充市供销社”（UID：6416656721）通过微博平台认证，正式上线。

2018 年 7 月 23 日，四川省内江市市中区玉溪街道办事处官方微博“@玉溪遇曦”（UID：6607791870）通过微博平台认证，正式上线。

2018 年 7 月 24 日，四川省内江市第二人民医院官方微博“@内江市第二人民医院”（UID：1007990711）通过微博平台认证，正式上线。

2018 年 7 月 24 日，四川省内江市红十字会官方微博“@博爱甜城”（UID：6567462676）通过微博平台认证，正式上线。

2018 年 7 月 24 日，天津市和平区南市街食品街社区居委会官方微博“@食品街社区居委会”（UID：6606618924）通过微博平台认证，正式上线。

2018 年 7 月 24 日，河北省石家庄市无极县精神文明建设委员会办公室官方微博“@文明无极”（UID：2704159281）通过微博平台认证，正式上线。

2018 年 7 月 24 日，新乡市地名办公室官方微博“@文明新乡市地名办”（UID：5655331163）通过微博平台认证，正式上线。

2018 年 7 月 24 日，湖南省永州市江永县环境保护局官方微博“@江永县环境保护局”（UID：6610069510）通过微博平台认证，正式上线。

2018 年 7 月 24 日，广西壮族自治区国土资源宣传中心官方微博“@广西国土”（UID：5507661759）通过微博平台认证，正式上线。

2018 年 7 月 24 日，中共上海市嘉定区委政法委员会官方微博“@平安嘉定”（UID：6462963953）通过微博平台认证，正式上线。

2018 年 7 月 24 日，四川省内江市疾病预防控制中心官方微博“@内江疾控”（UID：6568019329）通过微博平台认证，正式上线。

2018 年 7 月 24 日，四川省内江市体育局官方微博“@内江体育”（UID：6609514159）通过微博平台认证，正式上线。

2018 年 7 月 24 日，四川省内江市供销合作社联合社官方微博“@内江市供销社”（UID：6609486317）通过微博平台认证，正式上线。

2018 年 7 月 24 日，许昌市东城区行政服务中心官方微博“@东城区行政服务中心”（UID：6609040217）通过微博平台认证，正式上线。

2018 年 7 月 24 日，中共陈巴尔虎旗委政法委员会官方微博“@陈巴尔虎政法”（UID：6603426683）通过微博平台认证，正式上线。

2018 年 7 月 24 日，江苏省沭阳县人民代表大会常务委员会办公室官方微博“@沭阳县人大办”（UID：6369276491）通过微博平台认证，正式上线。

2018 年 7 月 24 日，湖北省公安厅高速公路警察总队五支队官方微博“@恩施高速路况微直播”（UID：6609075398）通过微博平台认证，正式上线。

2018 年 7 月 24 日，四川省内江市威远县两河镇人民政府官方微博“@威两河”（UID：6603841791）通过微博平台认证，正式上线。

2018 年 7 月 24 日，四川省南充市南部县建兴镇人民政府官方微博“@建兴镇”（UID：6610629576）通过微博平台认证，正式上线。

2018 年 7 月 24 日，云南省昆明市寻甸回族彝族自治县财政局官方微博“@寻甸县财政局”（UID：3862488204）通过微博平台认证，正式上线。

2018 年 7 月 24 日，中共云南省楚雄自治州双柏县委政法委员会官方微博“@双柏县政法委”（UID：6591836322）通过微博平台认证，正式上线。

2018 年 7 月 24 日，四川省隆昌市城乡居民社会养老保险事业管理局官方微博“@隆昌城乡居保”（UID：3493816017）通过微博平台认证，正式上线。

2018 年 7 月 24 日，四川省隆昌市云顶镇人民政府官方微博“@生态古镇 - 美丽云顶”（UID：5783452670）通过微博平台认证，正式上线。

2018 年 7 月 25 日，由公安部交通管理科学研究所、高德地图、新浪微博联合主办的 2018 年（第三届）互联网 + 城市交通管理创新论坛在北京成功举办。国内外互联网 + 城市交通管理及相关行业的核心管理者和参与者，以“新时代·新交通·新出行”为主题，共同探讨城市交通管理创新方法和新思想。论坛还颁发了 2018 年度交通管理科技十佳创新应用奖、2018 年度“互联网 + 城市交通管理”十佳微博飞跃奖和 2018 年度“互联网 + 城市交通管理”十佳多媒体创新奖。

2018 年 7 月 25 日，中共四川省委副书记、省长尹力主持召开四川省“互联网 + 政务服务”工作专题会议。尹力强调：“要高度重视移动终端建设，打造形影不离的政务服务平台。要提前谋划下步全省一体化政务服务平台应用及运营，统筹规划，做好机构和职能设计，理顺工作体制，健全工作机制，加强集中培训、宣传推广、经费保障等工作。”

2018 年 7 月 25 日，四川省阆中市交通运输局官方微博“@阆中交通运输”（UID：6611555583）通过微博平台认证，正式上线。

2018 年 7 月 25 日，四川省内江市市中区城市管理局官方微博“@市中区 cgj”（UID：6102824492）通过微博平台认证，正式上线。

2018 年 7 月 25 日，贵州省遵义市汇川区高桥街道办事处官方微博“@高桥街道办事处”（UID：6610472807）通过微博平台认证，正式上线。

2018 年 7 月 25 日，四川省内江市外事侨务旅游局官方微博“@内江市旅游”（UID：5928877483）通过微博平台认证，正式上线。

2018 年 7 月 25 日，云南省元江哈尼族彝族傣族自治县残疾人联合会官方微博“@元江县残疾人联合会”（UID：3172772880）通过微博平台认证，正式上线。

2018 年 7 月 25 日，四川省内江市市中区靖民镇人民政府官方微博“@最_ 靖民”（UID：5608282180）通过微博平台认证，正式上线。

2018 年 7 月 25 日，中国共产党四川省隆昌市委员会群众工作局官方微博“@隆昌市群工局”（UID：6590932661）通过微博平台认证，正式上线。

2018 年 7 月 26 日，四川省内江市民政局官方微博“@内江民政”（UID：6583328126）通过微博平台认证，正式上线。

2018 年 7 月 26 日，中国共产党四川省内江市委员会老干部局官方微博“@内江市老干部局”（UID：6567590527）通过微博平台认证，正式上线。

2018 年 7 月 26 日，云南省怒江州公安局交通警察支队官方微博“@怒江交警”（UID：6611589153）通过微博平台认证，正式上线。

2018 年 7 月 26 日，银川市西夏区北京西路街道办事处官方微博“@西夏北京西路街道”（UID：1050956841）通过微博平台认证，正式上线。

2018 年 7 月 26 日，黑龙江省大庆市肇州县公安局网络安全保卫大队官方微博“@ 肇州网安”（UID：6611431635）通过微博平台认证，正式上线。

2018 年 7 月 26 日，开封市禹王台区教育文化体育局官方微博“@ 禹王台区教育视窗 2016”（UID：5129446268）通过微博平台认证，正式上线。

2018 年 7 月 26 日，山西省晋中市榆次区档案局（馆）官方微博“@ 榆次兰台”（UID：6610135560）通过微博平台认证，正式上线。

2018 年 7 月 26 日，西安市长安区食品药品监督管理局官方微博“@ 长安食药”（UID：6611337591）通过微博平台认证，正式上线。

2018 年 7 月 26 日，长春市公安局南关区分局出入境管理大队官方微博“@ 长春南关出入境管理大队”（UID：6610668884）通过微博平台认证，正式上线。

2018 年 7 月 26 日，内蒙古额尔古纳国家湿地公园管理局官方微博“@ 额尔古纳国家湿地公园”（UID：6586700084）通过微博平台认证，正式上线。

2018 年 7 月 26 日，四川省雅安市汉源县公安局富泉派出所官方微博“@ 富泉派出所”（UID：6610080767）通过微博平台认证，正式上线。

2018 年 7 月 27 日，四川省内江公共资源交易服务中心官方微博“@ 内江服务”（UID：6534531577）通过微博平台认证，正式上线。

2018 年 7 月 27 日，四川省南充市仪陇县复兴镇人民政府官方微博“@ fuxingzhen”（UID：6602630478）通过微博平台认证，正式上线。

2018 年 7 月 27 日，四川省南充市南部县工商业联合会官方微博“@ 南部县工商业联合会”（UID：6612514983）通过微博平台认证，正式上线。

2018 年 7 月 27 日，黄山市黄山区人力资源和社会保障局官方微博“@ 太平人社”（UID：6503313856）通过微博平台认证，正式上线。

2018 年 7 月 27 日，广西壮族自治区百色市西林县司法局官方微博“@ 西林县司法”（UID：6612897723）通过微博平台认证，正式上线。

2018 年 7 月 27 日，中共南皮县委政法委员会官方微博“@ 南皮长安网”（UID：6273711789）通过微博平台认证，正式上线。

2018 年 7 月 27 日，中共武安市委政法委员会官方微博“@ 武安政法”（UID：6611361674）通过微博平台认证，正式上线。

2018 年 7 月 27 日，中共上海市崇明区委政法委员会官方微博“@ 崇明政法综治”（UID：6610913458）通过微博平台认证，正式上线。

2018 年 7 月 27 日，四川省内江市威远县城乡居民社会养老保险管理局官方微博“@ 威远县居保局”（UID：6606609483）通过微博平台认证，正式上线。

2018 年 7 月 27 日，四川省隆昌市卫生和计划生育局官方微博“@ 隆昌市卫生和计划生育局”（UID：6595616136）通过微博平台认证，正式上线。

2018 年 7 月 28 日，云南省红河州屏边苗族自治县旅游发展委员会办公室官方微博“@ 旅游屏边”（UID：2683578893）通过微博平台认证，正式上线。

2018 年 7 月 29 日，四川省简阳市公安局特警大队官方微博“@ 简阳特警”（UID：6613366130）通过微博平台认证，正式上线。

2018年7月29日，四川省内江经济技术开发区管理委员会官方微博“@内江经济技术开发区”（UID：5999083858）通过微博平台认证，正式上线。

2018年7月31日，四川省遂宁市船山区商务局官方微博“@船山商务”（UID：6601430656）通过微博平台认证，正式上线。

2018年7月30日，2018年全国环境互联网会议在贵阳闭幕，此次会议的主题为“互联网+时代，利用大数据推进生态环境治理”。生态环境部新闻发言人、宣教司司长刘友宾说：“政务新媒体首先姓‘政’，要‘勤政’，不能‘懒政’。政务新媒体是政府工作的重要组成部分。权威、及时、准确提供政府部门行政资讯，表达政府部门的立场态度，是政务新媒体的首要职责。同时，政务新媒体还要有真诚的服务态度、强烈的责任担当和充分的开放互动；对一些网民的‘吐槽’‘拍砖’，要有开放包容的胸襟和气度；对一些不正确的言论，要善于引导，推动形成全社会崇尚生态文明的良好氛围。”

2018年7月31日，中央网信办召开干部大会，中央组织部副部长周祖翼同志宣布中央决定，庄荣文同志任中央网络安全和信息化委员会办公室主任，徐麟同志不再担任中央网络安全和信息化委员会办公室主任职务，另有任用。中央宣传部分管日常工作的副部长、国家电影局局长王晓晖同志出席会议并讲话。

2018年7月31日，中共库伦旗委政法委员会官方微博“@库伦政法”（UID：3643917973）通过微博平台认证，正式上线。

2018年7月31日，中国共产党金溪县委员会政法委员会官方微博“@金溪无邪”（UID：6613197990）通过微博平台认证，正式上线。

2018年7月31日，中共睢县县委防范和处理邪教问题领导小组办公室官方微博“@无邪睢县”（UID：3774225557）通过微博平台认证，正式上线。

2018年7月31日，山西省阳泉市平定县公安局交通警察大队官方微博“@平定交警”（UID：6616252481）通过微博平台认证，正式上线。

2018年7月31日，广西壮族自治区桂林市资源县司法局官方微博“@资源县司法”（UID：6577988980）通过微博平台认证，正式上线。

2018年7月31日，内蒙古自治区兴安盟科尔沁右翼中旗环境保护局官方微博“@科右中旗环境保护局”（UID：6616314884）通过微博平台认证，正式上线。

2018年7月31日，宁国市城市管理行政执法局官方微博“@宁国城管”（UID：6610123305）通过微博平台认证，正式上线。

2018年7月31日，中国共产党凭祥市委员会政法委员会官方微博“@清风凭祥”（UID：5462020042）通过微博平台认证，正式上线。

2018年7月31日，西安市长安区物价局官方微博“@长安物价”（UID：6612008157）通过微博平台认证，正式上线。

2018年7月31日，中共承德市鹰手营子矿区委政法委员会官方微博“@鹰城政法”（UID：6616661631）通过微博平台认证，正式上线。

2018年7月31日，中共河间市委政法委员会官方微博“@河间长安网”（UID：6612035784）通过微博平台认证，正式上线。

2018年7月31日，中共云南省保山市委员会政法委员会官方微博“@保山政法”（UID：1192141371）通过微博平台认证，正式上线。

2018 年 7 月 31 日，中共重庆市奉节县委奉节县人民政府信访办公室官方微博“@ fjxinfangban”（UID：6616647128）通过微博平台认证，正式上线。

2018 年 7 月 31 日，四川省内江市威远县教育局官方微博“@ 威远教育微博”（UID：6598102110）通过微博平台认证，正式上线。

2018 年 7 月 31 日，重庆市大渡口区人民检察院官方微博“@ 重庆大渡口检察院”（UID：2920906910）通过微博平台认证，正式上线。

八月

2018 年 8 月 1 日，四川省疾病预防控制中心官方微博“@ 四川疾控”（UID：6617562221）通过微博平台认证，正式上线。

2018 年 8 月 1 日，中国共产党四川省泸州市古蔺县委员会政法委员会官方微博“@ 长安古蔺”（UID：6586591447）通过微博平台认证，正式上线。

2018 年 8 月 1 日，四川威远县科学技术协会官方微博“@ 科普威远”（UID：6606645090）通过微博平台认证，正式上线。

2018 年 8 月 1 日，国家税务总局内江市税务局官方微博“@ 内江税务”（UID：6617557382）通过微博平台认证，正式上线。

2018 年 8 月 1 日，四川省南充市投资促进合作局官方微博“@ 南充投促”（UID：6610448873）通过微博平台认证，正式上线。

2018 年 8 月 2 日，四川省巴中市公安局指挥中心（办公室）官方微博“@ BZGA_ 指挥中心”（UID：6614307762）通过微博平台认证，正式上线。

2018 年 8 月 2 日，四川省内江市威远县高石镇人民政府官方微博“@ 微高石”（UID：6598141920）通过微博平台认证，正式上线。

2018 年 8 月 2 日，四川省内江市威远县商务局官方微博“@ 微新商务”（UID：6519731892）通过微博平台认证，正式上线。

2018 年 8 月 3 日，四川省德阳市交警支队直属三大队官方微博“@ 德阳市交警直属三大队”（UID：6618246171）通过微博平台认证，正式上线。

2018 年 8 月 3 日，四川省威远县经济和科技信息化局官方微博“@ 威远县经科局”（UID：6617148315）通过微博平台认证，正式上线。

2018 年 8 月 3 日，中共德兴市委防范和处理邪教问题领导小组办公室官方微博“@ 德兴市防范办”（UID：6388175976）通过微博平台认证，正式上线。

2018 年 8 月 3 日，长春市农安县前岗乡人民政府官方微博“@ 前岗乡”（UID：6620182278）通过微博平台认证，正式上线。

2018 年 8 月 3 日，开封市总工会官方微博“@ 开封工会”（UID：5456167060）通过微博平台认证，正式上线。

2018 年 8 月 3 日，中国共产党北京市房山区燕山直属机关委员会官方微博“@ 燕山直属机关”（UID：6611064155）通过微博平台认证，正式上线。

2018 年 8 月 3 日，杭州市西湖区妇女联合会官方微博“@ 西湖区妇女联合会”（UID：6604262964）通过微博平台认证，正式上线。

2018 年 8 月 3 日，中共周宁县委宣传部官方微博“@ 生态周宁”（UID：5744976130）通过微博平台认证，正式上线。

2018年8月3日，青岛市市北区卫生和计划生育局综合监督执法局官方微博“@市北区卫计局综合监督执法局”（UID：6619667573）通过微博平台认证，正式上线。

2018年8月3日，中国共产党顺平县委员会政法委员会官方微博“@顺平县委政法委”（UID：6432754031）通过微博平台认证，正式上线。

2018年8月3日，广西壮族自治区百色市德保县司法局官方微博“@德保司法”（UID：2547899700）通过微博平台认证，正式上线。

2018年8月3日，四川省稻城县公安局官方微博“@稻城警方”（UID：6066970396）通过微博平台认证，正式上线。

2018年8月3日，中国共产党云南省保山市隆阳区委员会宣传部官方微博“@春满隆阳”（UID：6514706925）通过微博平台认证，正式上线。

2018年8月3日，云南省昆明市石林彝族自治县林业局官方微博“@石林林业lyj”（UID：6610602683）通过微博平台认证，正式上线。2018年8月3日，由《人民日报》、微博、新浪网联合主办的“效·能——2018政务V影响力（天津滨海）峰会”在天津滨海新区举行，峰会由天津市滨海新区区委宣传部、区委网信办承办，中国传媒大学媒介与公共事务研究院提供学术支持。本次大会围绕国办文件精神，从矩阵顶层设计及职能定位等方面，更加全面、深入、精细地探讨政务微博发展路径。全国优秀政务微博代表、学界权威专家、媒体代表等500多人齐聚天津滨海新区，共同总结、分享2018上半年政务微博取得的成果，共话新时代的政务微博发展方向。

2018年8月3日，河南省郑州市教育局官方微博“@郑州市教育局”举行在线访谈活动，邀请郑州市教育局党组成员、副调研员张少亮，郑州市教育局民办教育管理处副处长苗伟，以及二七教体局、荥阳市教体局相关负责人和培训机构负责人做客直播室，和广大网友共同聚焦郑州市“校外培训机构专项治理”工作推进情况。

2018年8月4日，贵州省体育局第十届运动会官方微博“@贵州省十运会新闻资讯”（UID：6596419054）通过微博平台认证，正式上线。

2018年8月7日，四川省内江市东兴区卫生和计划生育局官方微博“@东兴区卫计局”（UID：6613756299）通过微博平台认证，正式上线。

2018年8月7日，中共四川省成都市新津县委政法委员会官方微博“@新津政法”（UID：6620769510）通过微博平台认证，正式上线。

2018年8月7日，四川省成都市青白江区欧洲产业城管理委员会官方微博“@欧洲产业城”（UID：6613346767）通过微博平台认证，正式上线。

2018年8月8日，四川省隆昌市龙市镇人民政府官方微博“@隆昌市龙市镇”（UID：5415819358）通过微博平台认证，正式上线。

2018年8月8日，重庆市忠州博物馆官方微博“@忠州博物馆”（UID：6406822420）通过微博平台认证，正式上线。

2018年8月8日，四川省内江市威远县社会保险事业管理局官方微博“@威远社保”（UID：6625289540）通过微博平台认证，正式上线。

2018年8月8日，四川省遂宁市射洪县金华镇人民政府官方微博“@射洪县金华镇”（UID：6626084695）通过微博平台认证，正式上线。

2018年8月9日，四川省阿坝藏族羌族自治州金川县公安局官方微博“@金川警察”

（UID：6177245318）通过微博平台认证，正式上线。

2018 年 8 月 9 日，四川省阆中市教育和科学技术局官方微博“@ 阆中市教育和科学技术局”（UID：6589747498）通过微博平台认证，正式上线。

2018 年 8 月 9 日，营口市公安局交通警察支队官方微博“@ 营口交警”（UID：2615032787）通过微博平台认证，正式上线。

2018 年 8 月 9 日，阳高县公安局交通管理大队官方微博“@ 阳高县交警大队”（UID：6371338046）通过微博平台认证，正式上线。

2018 年 8 月 9 日，中共开封市顺河回族区委政法委员会官方微博“@ 顺河政法”（UID：5787354455）通过微博平台认证，正式上线。

2018 年 8 月 9 日，中共湛江市委政法委员会官方微博“@ 湛江政法动态”（UID：6420878085）通过微博平台认证，正式上线。

2018 年 8 月 9 日，中国共产党融水苗族自治县委员会政法委员会官方微博“@ 和谐苗山 v”（UID：6620096184）通过微博平台认证，正式上线。

2018 年 8 月 9 日，山东省青岛市市北区开平路街道盐滩社区居民委员会官方微博“@ 开平路街道盐滩社区”（UID：6625217817）通过微博平台认证，正式上线。

2018 年 8 月 9 日，中共阿鲁科尔沁旗委员会政法委员会官方微博“@ 阿旗政法”（UID：6597038518）通过微博平台认证，正式上线。

2018 年 8 月 9 日，四川省阆中市天宫乡人民政府官方微博“@ 阆中市天宫乡”（UID：6440372862）通过微博平台认证，正式上线。

2018 年 8 月 9 日，四川省阆中市金垭镇人民政府官方微博“@ 阆中市金垭镇”（UID：6418994078）通过微博平台认证，正式上线。

2018 年 8 月 9 日，四川省阆中市五马镇人民政府官方微博“@ 阆中五马精神”（UID：6343382839）通过微博平台认证，正式上线。

2018 年 8 月 10 日，四川省泸州市江阳区人民政府邻玉街道办事处官方微博“@ 酒镇邻玉”（UID：6612350637）通过微博平台认证，正式上线。

2018 年 8 月 10 日，贵州省松桃苗族自治县统计局官方微博“@ 松桃统计”（UID：5260962687）通过微博平台认证，正式上线。

2018 年 8 月 10 日，贵州省铜仁市松桃县妇女联合会官方微博“@ 松桃县妇联”（UID：6627386251）通过微博平台认证，正式上线。

2018 年 8 月 10 日，贵州省松桃苗族自治县瓦溪乡人民政府官方微博“@ 松桃县瓦溪乡”（UID：6323639238）通过微博平台认证，正式上线。

2018 年 8 月 10 日，中共云阳县委防范和处理邪教问题领导小组办公室官方微博“@ 云_ 阳_ 反_ 邪_ 教”（UID：6584197073）通过微博平台认证，正式上线。

2018 年 8 月 10 日，贵州省松桃苗族自治县发展和改革局官方微博“@ 松桃县发改局”（UID：6627276853）通过微博平台认证，正式上线。

2018 年 8 月 10 日，四川省公安厅交警总队高速公路一支队一大队官方微博“@ 四川高速交警一支队一大队”（UID：6195492388）通过微博平台认证，正式上线。

2018 年 8 月 10 日，四川省资阳市安岳县和平乡共青团官方微博“@ 安岳县和平共青团”（UID：6049013020）通过微博平台认证，正式上线。

2018年8月10日，承德市环境保护局围场满族蒙古族自治县分局官方微博“@围场环保”（UID：6461511236）通过微博平台认证，正式上线。

2018年8月10日，安徽省泗县公安局官方微博“@泗县禁毒大队”（UID：6586710099）通过微博平台认证，正式上线。

2018年8月10日，杭州市西湖区古荡街道办事处官方微博“@魅力古荡”（UID：3897721921）通过微博平台认证，正式上线。

2018年8月10日，中共铜鼓县委610办公室官方微博“@铜鼓反邪教”（UID：2395640087）通过微博平台认证，正式上线。

2018年8月10日，安徽省天长市秦栏镇人民政府官方微博“@秦栏发布”（UID：6628605132）通过微博平台认证，正式上线。

2018年8月10日，内蒙古多伦县气象局官方微博“@多伦气象”（UID：5205312893）通过微博平台认证，正式上线。

2018年8月10日，前郭尔罗斯蒙古族自治县畜牧业管理局官方微博“@前郭畜牧”（UID：6627257206）通过微博平台认证，正式上线。

2018年8月10日，中共南京市浦口区委农村工作委员会官方微博“@乡约浦口”（UID：6595417895）通过微博平台认证，正式上线。

2018年8月10日，山东省济宁市水利局官方微博“@济宁水利”（UID：6627819758）通过微博平台认证，正式上线。

2018年8月10日，安徽省马鞍山市公安局陶庄派出所官方微博“@陶庄派出所”（UID：2655768571）通过微博平台认证，正式上线。

2018年8月10日，贵州省铜仁市松桃苗族自治县人力资源和社会保障局官方微博“@松桃县人社局”（UID：6626625724）通过微博平台认证，正式上线。

2018年8月10日，四川省泸州市水务局官方微博“@泸州水务”（UID：6027768233）通过微博平台认证，正式上线。

2018年8月11日，云南省兰坪白族普米族自治县人民检察院官方微博“@兰坪检察”（UID：5973701089）通过微博平台认证，正式上线。

2018年8月11日，贵州省铜仁市松桃县世昌街道办事处官方微博“@微世昌”（UID：2862629622）通过微博平台认证，正式上线。

2018年8月11日，云南省昆明市五华区园林绿化局官方微博“@昆明市五华区园林绿化局”（UID：6630312772）通过微博平台认证，正式上线。

2018年8月11日，贵州省铜仁市松桃苗族自治县妇女联合会官方微博“@松桃妇联”（UID：6629789588）通过微博平台认证，正式上线。

2018年8月14日，四川省阆中市人民政府沙溪街道办事处官方微博“@阆中市沙溪街道办事处”（UID：6604404293）通过微博平台认证，正式上线。

2018年8月14日，贵州省黔西南布依族苗族自治州望谟县人民政府官方微博“@生态望谟”（UID：6511424935）通过微博平台认证，正式上线。

2018年8月14日，四川省内江市威远县龙会镇人民政府官方微博“@廉洁龙会”（UID：6633463665）通过微博平台认证，正式上线。

2018年8月14日，贵州省铜仁市松桃苗族自治县机关事务管理局官方微博“@松桃苗族自治县机关事务管理”（UID：6354476723）通过微博平台认证，正式上线。

2018 年 8 月 14 日，四川省内江市威远县交通运输局官方微博“@威远县交通运输局”（UID：6633464075）通过微博平台认证，正式上线。

2018 年 8 月 14 日，贵州省铜仁市松桃苗族自治县卫生和计划生育局官方微博“@松桃县卫生和计划生育局”（UID：6629084003）通过微博平台认证，正式上线。

2018 年 8 月 15 日，中共贵州省铜仁市松桃苗族自治县委员会组织部官方微博“@松桃县组工”（UID：6599891216）通过微博平台认证，正式上线。

2018 年 8 月 15 日，贵州省铜仁市松桃苗族自治县供销合作社联合社官方微博“@松桃县供销联社”（UID：6635953862）通过微博平台认证，正式上线。

2018 年 8 月 15 日，中国共产主义青年团四川省阿坝州金川县委员会官方微博“@金川县团委”（UID：5853998308）通过微博平台认证，正式上线。

2018 年 8 月 15 日，贵州省铜仁市松桃苗族自治县木树镇人民政府官方微博“@木树正能量”（UID：6628596714）通过微博平台认证，正式上线。

2018 年 8 月 15 日，中国共产党云南省红河哈尼族彝族自治州泸西县委员会政法委员会官方微博“@泸西政法委”（UID：6453879094）通过微博平台认证，正式上线。

2018 年 8 月 15 日，中国共产党四川省南充市委员会政法委员会官方微博“@南充政法”（UID：5522399953）通过微博平台认证，正式上线。

2018 年 8 月 15 日，中国共产党贵州省铜仁市松桃苗族自治县委员会统一战线工作部官方微博“@松桃统战”（UID：5412483019）通过微博平台认证，正式上线。

2018 年 8 月 15 日，贵州省铜仁市思南县思林土家族苗族乡人民政府官方微博“@思南县思林乡”（UID：6546096742）通过微博平台认证，正式上线。

2018 年 8 月 16 日，贵州省铜仁市松桃苗族自治县迓驾镇人民政府官方微博“@微迓驾”（UID：6420593481）通过微博平台认证，正式上线。

2018 年 8 月 16 日，贵州省铜仁市松桃苗族自治县人民政府办公室官方微博“@松桃政务”（UID：6637859915）通过微博平台认证，正式上线。

2018 年 8 月 16 日，浙江省台州市仙居县公安消防大队官方微博“@仙居消防”（UID：2805219282）通过微博平台认证，正式上线。

2018 年 8 月 16 日，宁夏中卫市沙坡头区镇罗镇中心卫生院官方微博“@中卫市镇罗镇中心卫生院”（UID：6461501530）通过微博平台认证，正式上线。

2018 年 8 月 16 日，松原市乾安县气象局官方微博“@乾安气象”（UID：6076982708）通过微博平台认证，正式上线。

2018 年 8 月 16 日，江苏省无锡市统计局官方微博“@无锡统计”（UID：6627397160）通过微博平台认证，正式上线。

2018 年 8 月 16 日，开封市物业管理中心官方微博“@开封市物业管理中心”（UID：6636361979）通过微博平台认证，正式上线。

2018 年 8 月 16 日，凭祥市人民政府办公室官方微博“@凭祥市人民政府”（UID：6618079632）通过微博平台认证，正式上线。

2018 年 8 月 16 日，陕西省人民政府国有资产监督管理委员会官方微博“@陕西省国资委官方微博”（UID：6626139999）通过微博平台认证，正式上线。

2018年8月16日，中共贵州省铜仁市思南县委党校官方微博“@思南县dang校”（UID：6578565733）通过微博平台认证，正式上线。

2018年8月16日，四川省内江市市中区城市管理行政执法大队官方微博“@市中区城管执法大队”（UID：6635942213）通过微博平台认证，正式上线。

2018年8月16日，贵州省铜仁市松桃苗族自治县道路运输局官方微博“@松桃县道路运输局”（UID：6633520543）通过微博平台认证，正式上线。

2018年8月17日，贵州省贵阳市清镇市气象局官方微博“@清镇气象”（UID：3326624252）通过微博平台认证，正式上线。

2018年8月17日，西安博物院志愿者团队官方微博“@西安博物院志愿者团队”（UID：3283500980）通过微博平台认证，正式上线。

2018年8月17日，开封市龙亭区柳园口乡人民政府官方微博“@文明柳园口”（UID：6628018558）通过微博平台认证，正式上线。

2018年8月17日，贵州省铜仁市松桃苗族自治县沙坝河乡人民政府官方微博“@松桃县沙坝河乡”（UID：6185444449）通过微博平台认证，正式上线。

2018年8月18日，中国人民政治协商会议贵州省松桃苗族自治县委员会官方微博“@松桃政协”（UID：5578592187）通过微博平台认证，正式上线。

2018年8月18日，贵州省铜仁市松桃苗族自治县扶贫开发办公室官方微博“@松桃扶贫”（UID：6059084099）通过微博平台认证，正式上线。

2018年8月18日，贵州省铜仁市松桃苗族自治县财政局官方微博“@松桃财政”（UID：6639649592）通过微博平台认证，正式上线。

2018年8月18日，中国共产党四川省内江市威远县委老干部局官方微博“@威远老干局”（UID：6639621150）通过微博平台认证，正式上线。

2018年8月18日，中国共产党贵州省铜仁市松桃苗族自治县直属机关工作委员会官方微博“@松桃县直属机关工委”（UID：6638219037）通过微博平台认证，正式上线。

2018年8月18日，中国共产党四川省内江市威远县委员会群众工作局官方微博“@威远群工”（UID：5527186263）通过微博平台认证，正式上线。

2018年8月18日，贵州省铜仁市松桃苗族自治县市场监督管理局官方微博“@松桃市场监督”（UID：6450155268）通过微博平台认证，正式上线。

2018年8月20日，中共贵州省铜仁市松桃苗族自治县纪律检查委员会官方微博“@清风_松桃”（UID：6638676248）通过微博平台认证，正式上线。

2018年8月21日，贵州省铜仁市思南县塘头镇人民政府官方微博“@魅力塘头”（UID：6235517025）通过微博平台认证，正式上线。

2018年8月21日，贵州省铜仁市松桃苗族自治县妇幼保健计划生育服务中心官方微博“@松桃妇幼”（UID：6636304440）通过微博平台认证，正式上线。

2018年8月21日，云南省西双版纳傣族自治州勐腊县勐捧镇人民政府官方微博“@勐捧视野”（UID：6649635082）通过微博平台认证，正式上线。

2018年8月21日，重庆火车西站地区管理委员会官方微博“@重庆西站管委会”（UID：6648592678）通过微博平台认证，正式上线。

2018年8月21日，四川省成都市大邑县青霞镇人民政府官方微博“@大邑县青霞镇”

（UID：3300816394）通过微博平台认证，正式上线。

2018年8月22日，中共四川省成都市大邑县委政法委员会官方微博“@长安大邑”（UID：6650515517）通过微博平台认证，正式上线。

2018年8月22日，黄骅市人民调解指导中心官方微博“@黄骅市人民调解指导中心”（UID：6639323280）通过微博平台认证，正式上线。

2018年8月22日，泰顺县人民法院执行局官方微博“@泰顺法院执行局”（UID：6641116380）通过微博平台认证，正式上线。

2018年8月22日，西安市扶贫开发办公室官方微博“@西安扶贫开发”（UID：6639643758）通过微博平台认证，正式上线。

2018年8月22日，湖南省第十三届运动会官方微博“@湖南省第十三届运动会”（UID：6637634077）通过微博平台认证，正式上线。

2018年8月22日，永登县苦水镇反邪教官方微博“@永登苦水FANXIEJIAO”（UID：6557031722）通过微博平台认证，正式上线。

2018年8月22日，新疆维吾尔自治区和田地区环境保护局官方微博“@和田环境保护”（UID：6629127941）通过微博平台认证，正式上线。

2018年8月22日，延安市公安局宝塔分局河庄坪派出所官方微博“@宝塔分局河庄坪派出所”（UID：5059834520）通过微博平台认证，正式上线。

2018年8月22日，贵州省铜仁市松桃苗族自治县人民政府九江街道办事处官方微博“@仁义九江”（UID：3993410502）通过微博平台认证，正式上线。

2018年8月23日，陕西省延安市公安局宝塔分局万花派出所官方微博“@宝塔分局万花派出所”（UID：5878870043）通过微博平台认证，正式上线。

2018年8月23日，黄骅市司法局南排河司法所官方微博“@黄骅市南排河司法所”（UID：5886223936）通过微博平台认证，正式上线。

2018年8月23日，中共林西县委员会政法委员会官方微博“@林西政法”（UID：6648345966）通过微博平台认证，正式上线。

2018年8月23日，宿州市埇桥区城乡规划局官方微博“@宿州市埇桥区城乡规划局”（UID：6650444022）通过微博平台认证，正式上线。

2018年8月23日，抚州市文昌里历史文化街区管理委员会官方微博“@文昌里历史文化街区”（UID：6635979467）通过微博平台认证，正式上线。

2018年8月23日，四川省南充市顺庆区委宣传部官方微博“@顺庆播报”（UID：6198802803）通过微博平台认证，正式上线。

2018年8月23日，四川省南充市顺庆区芦溪镇人民政府官方微博“@顺庆区芦溪镇”（UID：6418328331）通过微博平台认证，正式上线。

2018年8月23日，四川省南充市顺庆区人民政府北城街道办事处官方微博“@顺庆区北城街道办事处”（UID：6371333400）通过微博平台认证，正式上线。

2018年8月23日，四川省南充市顺庆区民政局官方微博“@顺庆民政”（UID：6419224054）通过微博平台认证，正式上线。

2018年8月23日，四川省南充市顺庆区金台镇人民政府官方微博“@顺庆区金台镇”（UID：6414522878）通过微博平台认证，正式上线。

2018年8月23日，四川省南充市顺庆区发展和改革局官方微博“@顺庆区发展和改革局”（UID：6421715680）通过微博平台认证，正式上线。

2018年8月23日，四川省南充市顺庆区灯台乡人民政府官方微博“@南充市顺庆区灯台乡”（UID：6421079425）通过微博平台认证，正式上线。

2018年8月23日，四川省南充市顺庆区西城街道办事处官方微博“@南充市顺庆区西城街道办事处”（UID：6419463346）通过微博平台认证，正式上线。

2018年8月23日，四川省南充市顺庆区人力资源和社会保障局官方微博“@顺庆人社”（UID：6207955385）通过微博平台认证，正式上线。

2018年8月23日，四川省南充市顺庆区新复乡人民政府官方微博“@顺庆区新复乡”（UID：6418128241）通过微博平台认证，正式上线。

2018年8月23日，四川省南充市顺庆区潆溪街道办事处官方微博“@顺庆区潆溪街道办事处”（UID：6349801872）通过微博平台认证，正式上线。

2018年8月23日，四川省南充市顺庆区双桥镇人民政府官方微博“@顺庆区双桥镇”（UID：6421061003）通过微博平台认证，正式上线。

2018年8月23日，四川省南充市顺庆区委统一战线工作部官方微博“@顺庆统战”（UID：6418337717）通过微博平台认证，正式上线。

2018年8月23日，四川省南充市顺庆区和平路街道办事处官方微博“@南充市顺庆区和平路街道办事处”（UID：6024002515）通过微博平台认证，正式上线。

2018年8月23日，四川省南充市顺庆区农牧业局官方微博“@顺庆区农牧业局”（UID：6419002946）通过微博平台认证，正式上线。

2018年8月23日，四川省南充市顺庆区人民政府中城街道办事处官方微博“@南充市顺庆区中城街道办”（UID：6412623151）通过微博平台认证，正式上线。

2018年8月23日，贵州省贵阳市公安交通管理局白云区分局官方微博“@贵阳市交管白云分局”（UID：6653030032）通过微博平台认证，正式上线。

2018年8月23日，贵州省铜仁市松桃苗族自治县民族和宗教事务局官方微博“@松桃民族文化”（UID：6426338659）通过微博平台认证，正式上线。

2018年8月23日，四川省内江市威远县庆卫镇人民政府官方微博“@樱桃之乡庆卫镇”（UID：6624708466）通过微博平台认证，正式上线。

2018年8月25日，中共云南省元谋县委政法委员会官方微博“@元谋政法宣传”（UID：6633489520）通过微博平台认证，正式上线。

2018年8月28日，重庆市大足区文化委员会官方微博“@大足文化”（UID：6658440262）通过微博平台认证，正式上线。

2018年8月29日，四川省广元市利州区环境保护局官方微博“@利州生态V”（UID：6651627605）通过微博平台认证，正式上线。

2018年8月29日，云南省怒江傈僳族自治州人民医院官方微博“@怒江州傈僳族自治州人民医院”（UID：6409565366）通过微博平台认证，正式上线。

2018年8月29日，四川省绵阳市游仙区疾病预防控制中心官方微博“@游仙疾控”（UID：6663978858）通过微博平台认证，正式上线。

2018年8月29日，中共贵州省铜仁市石阡县委组织部官方微博“@石阡县委组织部”

（UID：6664500769）通过微博平台认证，正式上线。

2018年8月29日，四川省成都市金牛区中医医院官方微博“@金牛中医”（UID：1327785327）通过微博平台认证，正式上线。

2018年8月31日，贵州省铜仁市松桃苗族自治县农牧科技局官方微博“@松桃农业”（UID：6671497001）通过微博平台认证，正式上线。

2018年8月31日，云南省昆明市晋宁区夕阳彝族乡人民政府官方微博“@无限好夕阳XY”（UID：6668074379）通过微博平台认证，正式上线。

2018年8月31日，四川省广元市紧急救援中心官方微博“@广元市紧急救援中心”（UID：6666455711）通过微博平台认证，正式上线。

2018年8月31日，四川省成都市青羊区委政法委员会官方微博“@青羊政法”（UID：6670351477）通过微博平台认证，正式上线。

2018年8月31日，四川省成都市金牛区驷马桥曹家巷社区卫生服务中心（金牛区第四人民医院）官方微博“@金牛区曹家巷社区卫生服务中心”（UID：6048068560）通过微博平台认证，正式上线。

2018年8月31日，四川省内江市威远县外事侨务旅游局官方微博“@旅游威远”（UID：6667390712）通过微博平台认证，正式上线。

2018年8月31日，四川省内江市市中区档案局（馆）官方微博“@内江市市中区档案馆”（UID：6667341228）通过微博平台认证，正式上线。

2018年8月31日，四川省隆昌市胡家镇人民政府官方微博“@生态田园胡家镇”（UID：6604107488）通过微博平台认证，正式上线。

九月

2018年9月1日，四川省成都市金牛区人民北路街道西体路社区居民委员会官方微博“@西体路社区”（UID：6671162228）通过微博平台认证，正式上线。

2018年9月1日，四川省宜宾市屏山县新安镇人民政府官方微博“@屏山新安镇”（UID：6654176722）通过微博平台认证，正式上线。

2018年9月4日，吉安市万安县教育体育局官方微博“@万安县教体局”（UID：6333932096）通过微博平台认证，正式上线。

2018年9月4日，连州市公安局交通警察大队官方微博“@连州交警－”（UID：3586601950）通过微博平台认证，正式上线。

2018年9月4日，长沙市岳麓区恒华社区居民委员会官方微博“@恒华社区”（UID：2818928734）通过微博平台认证，正式上线。

2018年9月4日，延安市公安局宝塔分局桥沟派出所官方微博“@宝塔分局桥沟派出所”（UID：5312708184）通过微博平台认证，正式上线。

2018年9月4日，中卫市海原县七营镇人民政府官方微博“@今日七营”（UID：6679041264）通过微博平台认证，正式上线。

2018年9月4日，中共沙河市委政法委员会官方微博“@沙河长安网”（UID：5561077587）通过微博平台认证，正式上线。

2018年9月4日，白城市通榆县司法局官方微博“@通榆司法行政”（UID：6655442858）通过微博平台认证，正式上线。

2018 年 9 月 4 日，中共莱芜市钢城区纪律检查委员会官方微博“@ 钢都清风”（UID：2740927157）通过微博平台认证，正式上线。

2018 年 9 月 4 日，中共长春市绿园区委政法委员会官方微博“@ 绿园天下无邪”（UID：6677923557）通过微博平台认证，正式上线。

2018 年 9 月 4 日，合肥市包河区大圩镇社会治安综合治理委员会官方微博“@ 大圩清韵”（UID：6651450950）通过微博平台认证，正式上线。

2018 年 9 月 4 日，四川省隆昌市人力资源和社会保障局官方微博“@ 隆昌市人力资源和社会保障局”（UID：6673242127）通过微博平台认证，正式上线。

2018 年 9 月 5 日，中国铁路上海局集团有限公司官方微博账号名称由原“@ 上铁资讯”（UID：1919688583）正式更名为“@ 上海铁路局”。在当日 18 时 11 分发布的微博通告中，“@ 上海铁路局”说：“新起点、新征程，‘@ 上海铁路局’将为您提供更多优质出行资讯服务，期待与您继续携手同行！”

2018 年 9 月 5 日，青海省西宁市公安局官方微博“@ 西宁 GA”（UID：6678862790）通过微博平台认证，正式上线。

2018 年 9 月 5 日，商务部外贸发展局官方微博“@ 外贸发展局”（UID：6663922360）通过微博平台认证，正式上线。

2018 年 9 月 5 日，调兵山市公安局交通警察大队官方微博“@ 调兵山交警”（UID：6652953895）通过微博平台认证，正式上线。

2018 年 9 月 5 日，河北省石家庄市科技合作与创新平台中心官方微博“@ STCIP”（UID：6678120547）通过微博平台认证，正式上线。

2018 年 9 月 5 日，官庄乡司法所官方微博“@ 官庄司法所”（UID：5885190747）通过微博平台认证，正式上线。

2018 年 9 月 5 日，安徽省合肥市瑶海区嘉山路街道防范和处理邪教办公室官方微博“@ 嘉山路清韵”（UID：5692761349）通过微博平台认证，正式上线。

2018 年 9 月 6 日，阿根廷旅游局官方微博“@ 阿根廷旅行 Argentina”（UID：6540733858）通过微博平台认证，正式上线。

2018 年 9 月 9 日，北京互联网法院新浪网官方微博“@ 北京互联网法院”（UID：6672349272）正式上线。当日 10 时 38 分发布上线公告：“紧扣科技时代的核心脉搏，打通传统司法的时空阻隔，我们期待用科技满足人民群众多元司法需求、体现司法审判温度、助推网络法治进程！应势而生、顺势而为，让我们一起携手扬帆远航！”

2018 年 9 月 21 日下午，基于政务微博进行突发公共事件新闻发布与舆论引导的情景教学与模拟训练，首次进入中国传媒大学全国领导干部媒介素养培训基地教学课堂。这也是中国传媒大学首次将微博作为突发公共事件“快新闻发布”的创新教学设计。什么事、谁来发布、舆论聚焦在哪里、如何规避新媒体话语体系的“通稿雷区”、如何有序发布、究竟谁是舆情回应的责任主体、如何统筹多职能部门应急发布的分工协作？课堂模拟微博热点事件、设计发布动态新闻、老师现场点评剖析，这种理论结合实战的新颖教学形式，极大地调动了课堂气氛和学员的参与感，增强了新媒体应对突发事件的实用性和实效性。中国传媒大学媒介与公共事务研究院健康与环境传播研究所所长杜少中、政务新媒体实验室主任侯锷共同担任了此次情景教学任务。

2018 年 9 月 28 日，由四川省人民政府新闻办和四川省人民政府信息公开办指导，四川新闻网传媒集团与新浪微博主办，以“由发布到服务”为主题的首届西南地区政务新媒体（微博）学术论坛在四川省成都市召开。本次论坛由中国传媒大学媒介与公共事务研究院提供学术支持，并发布《中国西南地区政务新媒体（微博）发展报告》。报告显示，截至 2018 年 8 月底，西南地区机构类政务微博总量已达 17279 个，占全国机构类政务微博的 12.56%。其中四川省 8267 个，占比 47.84% 位居第一；云南省 3518 个，占比 20.36%；贵州省 3018 个，占比 17.47%；重庆市 2170 个，占比 12.56%；西藏自治区 306 个，占比 1.77%。

十月

2018 年 10 月 16 日，第九届广西网络媒体峰会暨第四届中国（贺州）新媒体群英会在“世界长寿市”贺州开幕。本次会议以“网智汇·融无界”为主题，由广西壮族自治区党委网信办、中共贺州市委宣传部、人民网、新浪网、腾讯网、凤凰网主办，广西网络文化协会、广西新闻网、贺州市旅发委、贺州市委网信办、新浪广西承办，会议邀请了众多区内外的专家学者、媒体代表、网信从业者、行业大 V 和旅游达人 KOL 等 450 多人参加，共同探讨、分享新媒体发展趋势与经验。在主题论坛上，中国传媒大学媒介与公共事务研究院侯锷等专家学者就“政务新媒体如何推动社会治理”“城市品牌的可视化升级”“数据驱动国际一流湾区建设”等议题发表演讲，“@昆明发布”“@中国广州发布”等政务新媒体代表就“新媒体问政”话题进行了探讨。

2018 年 10 月 16 日，有媒体报道称，大量新浪微博“蓝 V”账号发布淫秽视频广告。11 时 41 分，新浪微博社区管理官方微博“@微博管理员”（UID：1934183965）就此发布声明称，事系“蓝 V”账号被盗后发布涉黄内容，微博没有及时发现异常情况并进行调整应对，向用户和社会公众道歉。为有效阻断导流的涉黄内容传播，新浪微博对“蓝 V”认证账号的处置做出调整。此前“蓝 V”认证账号因被盗发布违规内容的，只删除内容，不直接关闭账号，现调整为企业和机构账号视同普通用户进行管理。

2018 年 10 月 16 日 22 时，新浪微博社区管理官方微博“@微博管理员”（UID：1934183965）发布通报，微博对企业蓝 V 账号发布“向站外色情交易导流的”涉黄内容进行全面清查处置。截至当日 20 时，共关闭发布导流的涉黄内容企业蓝 V 账号 92 个。站方提醒广大企业蓝 V 账号用户务必开启登录保护，确保账号安全，防止账号被盗后发布违规信息。同时欢迎广大网友对涉黄信息账号进行举报，站方将迅速核查处理。当日关闭账号有：“@古资国际 E 管家”“@浙江亿美达门业”“@天津中天鼎盛科技有限公司”“@中世华达”“@合生元天猫旗舰店”“@中山康盛创想－招聘”“@武汉豪行电动科技”“@醉美制衣厂”“@铭兴胶袋厂”“@深圳市和维锋电子科技有限公司”。

2018 年 10 月 17 日 14 点，泰国国家移民局在曼谷 SuanPlu 移民局召开官方微博“@泰国国家移民局”（UID：3815419419）运营新闻发布会，中华人民共和国驻泰王国大使馆总领事李春林、泰国国家移民局局长素拉切警少将、泰国头条新闻社社长郭蕊女士等出席。发布会上，素拉切警少将对外正式宣布：泰国国家移民局的官方唯一中文信息发布和互动平台为“@泰国国家移民局”官方微博。即日起，泰国国家移民局将通过官方微博向中国民众发布最官方、准确的旅游政策、法规、通知、攻略等，而中国民众也可以通过微博私信、“@”等方式向移民局进行投诉和咨询。同时强调，任何关于签证、过关、移民方面的信息，请以官方微博“@泰国国家移民局”发布的内容为准，避免误信误传不实消息。

2018年10月18日14时，“政务新媒体发展论坛暨新时代政务微博－业界学界对话研讨会”在北京师范大学京师大厦顺利召开。会议由北京师范大学新媒体传播研究中心、微博智库、微博政务联合主办，由北京师范大学新媒体传播研究中心主任张洪忠主持。

2018年10月26日，最高人民法院新闻传媒总社联合新浪微博主办的“新时代遇见新法院——微博大V进法院”活动第一站来到北京互联网法院，邀请6位来自各行业的微博知名认证博主前往参观并召开座谈会，体验司法审判与信息技术的深度融合，感受司法改革的成果。应邀参加活动的有：中国传媒大学媒介与公共事务研究院政务新媒体实验室主任侯锷（“@侯锷”），国家博物馆讲解员袁硕（“@河森堡”），中国传媒大学健康与环境传播研究所所长杜少中（“@巴松狼王”），北京市公安局东城分局警务支援大队政委、北京市妇联副主席（兼）高媛（“@传说中的女网警”），微博正能量视频博主马克叔（“@马克Malik”）以及北京市第一中级人民法院助理审判员唐兴华（“@唐有讼”）。

十一月

2018年11月6日，第十二届中国国际航空航天博览会在珠海航展中心盛大开幕，广东省珠海市人民政府新闻办公室官方微博“@珠海发布”（UID：3535175740）连发3条微博持续播报现场盛况，与网友共同领略大国重器的风采。

2018年11月7日，第五届世界互联网大会在浙江乌镇开幕。国家主席习近平致贺信。习近平指出：“当今世界，正在经历一场更大范围、更深层次的科技革命和产业变革。互联网、大数据、人工智能等现代信息技术不断取得突破，数字经济蓬勃发展，各国利益更加紧密相连。为世界经济发展增添新动能，迫切需要我们加快数字经济发展，推动全球互联网治理体系向着更加公正合理的方向迈进。”习近平强调：“世界各国虽然国情不同、互联网发展阶段不同、面临的现实挑战不同，但推动数字经济发展的愿望相同、应对网络安全挑战的利益相同、加强网络空间治理的需求相同。各国应该深化务实合作，以共进为动力、以共赢为目标，走出一条互信共治之路，让网络空间命运共同体更具生机活力。”习近平指出：“本届世界互联网大会以‘创造互信共治的数字世界——携手共建网络空间命运共同体’为主题。希望大家集思广益、增进共识，共同推动全球数字化发展，构建可持续的数字世界，让互联网发展成果更好造福世界各国人民。”

2018年11月13日14时59分，人民日报社官方微博“@人民日报”（UID：2803301701）联合微博政务新媒体榜单权威发布官方账号“@政务风云榜”（UID：5644433237）发布《2018年三季度政务指数微博影响力报告》。报告显示：公安部治安管理局暨打四黑除四害专项行动办公室官方微博“@公安部打四黑除四害”（UID：2328516855）、共青团中央官方微博“@共青团中央”（UID：3937348351）、中央政法委新闻网站官方微博“@中国长安网”（UID：5617030362）跻身全国十大中央机构微博前三名；四川、江苏、广东则包揽省份政务微博竞争力排行榜前三名。

2018年11月16日上午，5位微博影响力网友造访刚刚成立两个多月的上海金融法院。这5名网友为：知名媒体人秦朔（“@秦朔朋友圈”，UID：1863057363）、果壳达人王海丁（“@江宁婆婆”，UID：2382356540）、英大证券首席经济学家李大霄（“@李大霄”，UID：1645823934）、岳成律师事务所合伙人岳屾山（“@岳屾山”，UID：1497266011）、知名财经博主向小田（“@向小田”，UID：1660079292）。上海金融法院于2018年8月20日正式揭牌成立，为全国首家。金融法院属于专门法院的一类，审理与金融相关的案件。上海金融法院主要受理金融民商事案件和涉金融行政案件，如当事人各方均在上海，则诉讼标的额达到1亿元人民币不满5亿元人民币的案件，一审由上海金融法院管辖。如当事人中有的在上海，有的在外埠，则诉讼标的额达到5000万元人民币不满3亿元人民币案件，一审由上海金融法院管辖。

三　中国微博大事记

2009

2009 年 5 月，新浪管理委员会成员及部分高级主管在成都开例行的战略会议。在此次会议上，曹国伟第一次提出做微博产品的想法。

2009 年 8 月 14 日，新浪网推出“新浪微博”内测版，微博正式进入网络主流人群视野。

2009 年 8 月 28 日，新浪微博开放公测，成为国内最早推出微博服务的门户网站。

2009 年 9 月 18 日，新浪微博推出私信功能，网友公开发微博，还可以给自己的粉丝发送私信交流。同时，粉丝页面和关注页面显示更多的信息，包括微博主的性别和粉丝数。

2009 年 10 月 28 日，用手机发任意内容的短信到 1066888866，即可注册开通新浪微博。发短信后，用户会收到一条包含登录名和密码的短信，登录名为手机号码。然后通过手机（t. sina. cn）和电脑（t. sina. com. cn）再登录微博，即可修改微博昵称和个人资料。

2009 年 11 月 2 日，新浪微博迎来第 100 万个用户，距离对外公测仅 66 天时间。

2009 年 12 月 2 日，新浪微博“黑名单”功能上线。加一个人进黑名单后，彼此间会自动解除关注关系，并且对方不能再关注你，不能再给你发评论、私信、“@”提醒。

2009 年 12 月 14 日，搜狐微博上线内测。

2009 年 12 月 24 日，为了完善微博功能，新浪与中国人民大学联合发起微博使用满意度调查活动，将在参加调查的用户中抽取 3 名幸运网友，奖品为各赠送新浪围脖一条。

2010

2010 年 1 月 20 日，网易微博正式上线内测，口号是“记录我们的微生活”，并个性化地将微博限定字数从 140 个字扩展到 163 个字，与其域名 163 取意吻合。

2010 年 2 月 1 日，新浪微博推出 View2 新版，进一步拉大与 Twitter 的区别，音乐微博、关注分组、新版微博广场等极具中国特色的产品功能，满足了广大中国互联网用户的实际需求，更加突出了本地化的优势。

2010 年 2 月 1 日，中央重点新闻网站开办的第一家微博客平台——人民微博上线公测。

2010 年 2 月 21 日，人民网人民微博上出现了一个特殊的微博账号“@胡锦涛”，该博主资料栏的信息显示为“中共中央总书记、国家主席、中央军委主席”。“胡主席开微博了”，这一消息迅速成为网友热议的焦点。截至当晚 20 时，该微博粉丝达 8088 人。

2010 年 4 月 1 日，腾讯内部员工可以通过邀请码邀请普通用户测试微博，与此同时，QQ2010 Beta3 版本发布，QQ 软件包含微博功能。

2010 年 4 月 6 日，凤凰网微博宣布开始邀请内测。

2010 年 4 月 11 日，搜狐微博开放公测，口号是“来搜狐微博看我”。与其他微博不是的是，搜狐微博不限字数，非注册用户也可以看微博内容。

2010 年 4 月 28 日，新浪微博注册用户首次突破了 1000 万大关。当月，新浪微博绑定开心网，双方在内容资源上实现了共享，成为新浪微博与第三方网站合作模式的最早探索。

2010 年 7 月，新浪微博产生的总微博数超过 9000 万条，每天产生的微博数超过 300 万条，平均每秒会有近 40 条微博产生。

2010 年 7 月 15 日，中国互联网络信息中心（CNNIC）发布《第 26 次中国互联网络发展状况统计报告》。报告显示：2010 年以来，网络媒体在社会传播中趋于主流化，微博客等互联网应用在资讯传播中的优势凸显，吸引了社会各类群体的参与，互联网向社会各界加速渗透。

2010 年 8 月 27 日，国内数据公司缔元信（万瑞数据）发布《微博媒体特性及用户使用状况研究报告》。报告显示，微博用户年龄以 18～30 岁的年轻用户为主，占比高达 67%；以大学本科以上学历为主，占 63%，趋于高学历化；用户收入以 3000～4999 元为主，占 36.1%，其次是收入为 1000～2999 元的，占 21.9%。

2010 年 8 月 28 日，新浪微博迎来了一周岁生日，其注册用户数增长到 3000 万。

2010 年 9 月 9 日，新浪发布国内首份针对微博市场的白皮书《中国微博元年市场白皮书》，主要成果有微博用户群体分析、门户微博比较等。数据显示，经过一年时间的发展，新浪微博在知名度、使用率、首选率、满意度、用户黏性、权威性、吸引力、月度覆盖人数、月度总访问次数、月度总浏览时间十项指标上全部位列第一。随着用户数的不断增长，新浪微博上每天都会产生海量信息。

2010 年 9 月中旬，新浪微博“活动”页面正式上线。

2010 年 10 月底，新浪微博注册用户超过 5000 万，微博行业鼻祖 Twitter 达到这一规模用了近 3 年的时间。

2010 年 11 月 8 日，“微博投票”功能上线，进一步增强了新浪微博网友的互动性和黏性。

2010 年 11 月 16 日，中国首届微博开发者大会在北京举行。新浪微博在此次大会上发布了针对开发者的一系列扶持策略。在此次会议上，新浪携手红杉资本、IDG 资本、创新工场、云锋基金、德丰杰五大顶级投资机构，正式启动中国微博开发者创新基金，一期规模为 2 亿元人民币，这也是国内首个专门针对微博应用开发的基金。

2010 年 11 月 16 日，“2010 中国新媒体盛典暨第三届新媒体节”颁奖盛典在北京举行。时任北京市石景山区委宣传部部长王文光等嘉宾出席盛典。新浪微博年度奖项名单如下。新浪微博年度传媒杂志：“@新周刊”。新浪微博年度传媒领军人物：新周刊执行总编“@封新城”。新浪微博年度电视人物：“@鲁健”“@小萌”。新浪微博年度新闻记者：凤凰周刊“@邓飞”。新媒体微博达人：视讯中国手机电视副总裁“@董崇飞”。

2010 年 11 月 25 日，新浪微博官方版“微群”正式进入公测阶段。

2010 年 12 月 1 日，大量微博用户发现自己的账号运行异常，出现“该用户不存在”等提示。14 时 31 分，微博官方账号“@微博小秘书”（UID：1642909335）发布消息称：“各位尊敬的新浪微博用户，今日因系统压力过大导致微博无法访问，经过我们紧急抢修，目前访问已恢复正常。对给大家造成的不便，新浪微博团队表示深深的歉意。”

2011

2011 年 1 月 18 日，中国互联网络信息中心（CNNIC）发布《第 27 次中国互联网络发展状况统计报告》。报告指出，2010 年是微博客快速兴起的一年。微博客凭借平台的开放性、终端扩展性、内容简洁性和低门槛等特性，在网民中快速渗透，发展成为一个重要的社会化媒体。2010 年国内微博客用户规模约 6311 万人，在网民中的使用率为 13.8%。手机网民中手机微博客的使用率达 15.5%，手机微博客的快速发展带来了手机端信息生产和消费行为的快速拓展。手机上网、微博客等新兴网络媒体的快速发展，为用户上传信息提供了便捷的渠道，推动了互联网用户产生内容的快速增长，网络新闻的来源更加丰富。网民利用微博等社会化媒体进行维权的意识明显增强，普通民众成为新闻事件传播和推动的主力。

2011 年 3 月 2 日，新浪公布了 2010 年第四季度以及 2010 年全年财报。数据显示，新浪微博注册用户数已经超过 1 亿，在过去的 4 个月内，新浪微博用户数增长了 1 倍，用户基础在 2010 年扩大了 25 倍多。

2011 年 3 月 23 日，新浪微博正式启用国内最短的域名 t. cn 提供短链接服务，实现短链接服务的升级。原有的 sinaurl. cn 将继续提供跳转服务，但不会生成新的短链接。

2011 年 4 月 7 日，新浪微博正式启用新域名 weibo. com,同步更换全新标识。时任新浪 CEO 曹国伟表示，“微博将不再是新浪的一个频道，而是更独立、市场前景更为广阔的平台”。

2011 年 4 月 13 日，新浪微博首次增添手机发视频功能。“@微盘”推出了 iPhone 版本客户端 1.1.1。

2011 年 4 月 20 日，新浪微博“转发微博到私信”以及“推荐关注”功能正式上线。

2011 年 4 月 21 日，新浪 CEO 曹国伟入选《时代》周刊最具影响力人物 100 强。

2011 年 4 月 27 日，新浪推出基于位置服务及社区互动的 LBS 产品“微领地”，该产品将与旗下“新浪微博”实现深度融合，此举宣告新浪正式进军 LBS 市场。

2011 年 4 月 29 日，新浪微博再次力推关系功能“共同关注的人”，极大强化了新浪微博网友关系圈，更快捷地帮助博友找到相同标签。

2011 年 4 月 30 日，新浪微博注册用户数超 1.4 亿。

2011 年 5 月 13 日，新浪微博加 V 认证在线系统正式上线，想在新浪微博加 V 用户或机构只需在线申请并提交相关资料，符合条件者便可获认证系统确认加 V。

2011 年 5 月 14 日，香港富豪李兆基之子李家杰以 150 万元的价格成为 weibo. com/888888 的拥有者，同时成为新浪微号服务的第一个使用者。

2011 年 6 月 8 日，新浪微博新版微群正式上线，除在页面布局、功能设置等多方面进行了大量改进外，还增加了在线聊天和共享文件功能。

2011 年 6 月 22 日，新浪微博推出新版活动平台，并举办为期 10 日的“靠谱百分百”微博活动。

2011 年 6 月 25 日，新浪微博正式推出官方 PC 客户端软件“微博桌面”，主要功能亮点包括即时聊天、多变界面、好友在线显示及截图快捷发布等。

2011 年 7 月 13 日上午，日经 BP 社（隶属于以发布经济信息为主的世界最大的综合信息机构日本经济新闻集团，是日本规模最大的出版社）综合研究所发布《2011 年中国人气商品 TOP25》，“新浪微博”超过炙手可热的美国苹果“iPhone”位居榜首。注册人数超过 2 亿的中国微博在日本受到广泛关注，已有多家官厅企业注册中国微博。

2011 年 7 月 19 日，中国互联网络信息中心（CNNIC）发布《第 28 次中国互联网络发展状况统计报告》。报告显示：2011 年上半年，我国微博用户数量从 6311 万迅速增长到 1.95 亿，半年新增微博用户 1.32 亿人，增长率高达 208.9%，在网民中的使用率从 13.8% 提升到 40.2%。手机微博的应用也成为亮点，手机网民使用微博的比例也从 2010 年底的 15.5% 上升至 34.0%。

2011 年 7 月 20 日，新浪微博宣布“微博移动 APP 征集令”正式启动。本次征集活动旨在扶持优质的移动 APP，辅助开发者完善产品运营和推广。

2011 年 7 月 21 日，HTC 联手新浪在北京召开“慧聚未来影响力”发布会，推出国内首款新浪微博手机——微客。HTC 微客是 HTC 针对新浪微博以及新浪其他 SNS 社交应用推出的手机产品，最大的特色是手机底部设置了一个新浪微博专属按键，用户通过该按键可以直接登录微博发表心情或拍照上传。

2011 年 7 月 22 日，新浪董事长兼 CEO、微博董事长曹国伟参加中国青少年发展基金会·爱心衣橱基金启动仪式，首次提出“微公益”理念。

2011 年 7 月 26 日，新浪微博达人正式启动“‘不删档’公测”，在两周的公测结束后，新浪微博同步推出微博达人升级体系。

2011 年 7 月 27 日，女星姚晨成为新浪微博首位关注人数突破 1000 万大关的微博用户。

2011 年 7 月 28 日，在经过一个多月的内测之后，新浪轻博客产品正式启动公测，新浪会员直接访问 qing. weibo. com 即可使用轻博客提供的服务。

2011 年 8 月初，新浪微博开放平台正式开启站内应用大门。所谓站内应用，是指将开发者的应用接入新浪微博，让用户在新浪微博网站内使用应用。

2011 年 8 月 22 日，新浪微博推出多图拼接以及图片编辑功能。

美国东部时间 8 月 22 日早上，新浪微博巨幅广告登陆位于美国纽约时代广场中心的纳斯达克塔楼，一个巨大的“你好”字样，在代表 2 亿新浪微博用户向世界问好。

2011 年 8 月 24 日，新浪微博公益版正式启动公测，迎来了首批 24 位机构用户。

2011 年 8 月 28 日，新浪微博迎来两周年生日，35 座城市同时举办微博达人之夜，3000 多名网友共同进行了庆生。

2011 年 10 月 10 日，新浪微博平台上排名前十位用户总粉丝数为 102511008，首次超越 Twitter 平台上排名前十位用户 101937695 总粉丝数，两者相差 573313 粉丝数。

2011 年 10 月 17 日，新版新浪微博正式开放升级，除了页面布局的大胆调整，新版微博还增加了“即时通讯”“相册”“游戏”等新应用。

2011 年 10 月 21 日，新浪“微博搜索”独立域名页曝光，部分用户登录新浪微博后，输入 s. weibo. com 可搜索到相关的微博、微群、用户、活动、微群等内容。

2011 年 10 月 27 日，新浪微博升级达人积分体系，达人们只要参与活动，就能瞬间涨分，彻底实现了积分实时化统计。此外，新浪微博正式推出达人九级升级体系，建立起了达人草根用户群体的升级激励体系。

2011 年 10 月 29 日，由文化部联合国家各相关主管部委共同主办，人民网独家承办的“第九届中国国际网络文化博览会”主论坛 29 日在北京举行。新浪微博荣获中国网络文化优秀品牌奖“网络传媒品牌奖”。

2011 年 11 月 3 日，新浪微博最新产品“微号”开始小范围测试，并将首批优先使用权开放给了活跃的草根达人。数据显示，不出 6 小时，已有过万名微博达人成功抢注个性微号。

2011 年 11 月 16 日，新浪微博与电子诚信信息服务提供商国政通公司共同宣布，就共同建立微博信用体系合作正式签约，面向新浪微博 V 用户推出身份通认证服务，这标志着新浪微博在微博诚信体系建设中率先迈出了关键的一步。

2012

2012 年 1 月 16 日，中国互联网络信息中心（CNNIC）发布《第 29 次中国互联网络发展状况统计报告》。报告显示：截至 2011 年 12 月底，我国微博用户数达到 2.5 亿，较上一年底增长了 296.0%，网民使用率为 48.7%。微博用一年时间发展成为近一半中国网民使用的重要互联网应用。手机微博 2011 年的使用率同比提高了 23 个百分点，是增长幅度最高的手机应用。CNNIC 分析认为手机微博将是继即时通信之后，又一个吸引网民使用移动互联网的关键应用。

2012 年 1 月 30 日，《时代周刊》报道，新浪微博在龙年春节的“零点微博”数量超过 Twitter 此前创下的每秒 25088 条的最高纪录，每秒信息量峰值较 Twitter 高出 7000 条。而据新浪“@微博小秘书”（UID：1642909335）发布的统计数据，在 2012 年龙年新春零点微博抢发中，新浪微博发博量峰值再创新高，龙年正月初一（1 月 23 日）0 时 0 分 0 秒，共有 32312 条微博同时发布，在 00：00 至 00：01 的一分钟内，共有 481207 条微博产生。

2012 年 2 月初，新浪微公益平台正式上线公测。通过对公益资源和微博互动优势的有机整合，新浪微公益平台提供“一站式”救助服务，并通过与权威公益组织、支付机构展开深度合作，大幅降低了公益门槛，让公益变得更加简洁、透明和快捷。3 个工作日内，“免费午餐”就通过微公益平台为四川省凉山州布托县特木里镇日切村小学的 80 名学生筹集到一学期的 8000 份免费午餐。

2012 年 3 月 1 日，社交应用 Instagram2.2 版升级发布，新版本在快速分享选择中加入了新浪微博。

2012 年 3 月 1 日，百度整合新浪微博内容的实时搜索服务上线。百度在其搜索结果中实时显示与关键词相关的最新新浪微博内容。这是新浪微博首次和第三方搜索引擎合作。

2012 年 3 月 31 日，新浪微博发出公告称：“最近，微博客跟帖中出现较多谣言等违法有害信息。为进行集中清理，从 3 月 31 日上午 8 时至 4 月 3 日上午 8 时，暂停微博客评论功能。清理后，我们将再开放评论功能。进行必要的信息清理，是为了有利于为大家提供更好的交流环境，希望广大用户理解和谅解。”

2012 年 4 月，新浪微博宣布推出广告平台，全面启动商业化。

2012 年 4 月下旬，新浪微博用户成长体系曝光，未来，新浪微博将从在线时长等方面考量微博账号价值。

2012 年 5 月 9 日，新浪微博发布企业微博 2.0 版本，主推数据中心和应用中心两大主要功能。

2012年5月16日，新浪发布2012年Q1财报，宣布截至3月底，新浪微博总注册用户从3亿上升到3.24亿，日活跃用户比例超过9%。

2012年5月16日，新浪微博正式对外推广“分享电视”功能。此功能基于社会化视频分享发布平台“新浪看点”，用户在看电视时可及时分享电视精彩画面、片段，可将评论观点推送至“新浪看点”平台，这也为“新浪看点”带来源源不断的视频内容。

2012年5月21日，新浪旗下“关系阅读”平台新浪视野iPad版正式登陆iTunes。

2012年5月28日，新浪微博正式执行国内首个微博社区公约《新浪微博社区公约（试行）》《新浪微博社区管理规定（试行）》《新浪微博社区委员会制度（试行）》。在整合各方网友意见的基础上，该公约明确了微博用户权利、用户行为规范及社区管理机制，并建立了公开透明的违规处理机制。新浪微博公开招募的5484名社区委员也开始履职，与新浪共同维护微博平台的秩序。按照相关条例，新浪微博社区管理将由微博平台和社区委员会共同完成。对于可明显识别的违规行为，由站方直接处理；其他违规行为，由社区委员会判定后处理。根据最新的社区管理规定，累计发布5条及以上敏感信息的用户，禁言48小时，删除相关内容；恶意发布敏感信息的用户，禁言48小时以上，甚至注销账号；累计发布5条及以上淫秽信息的用户，注销账号。

2012年6月8日，新浪微博官方游戏平台微游戏正式进入游戏收入分成阶段，并且确定3∶7的分成方案，开发商将获得70%的游戏收入。

2012年6月上旬，新浪微博对通知系统进行升级，用户除了可以清楚地查看收到了哪些应用的通知，还可以根据需求选择是否继续接受该应用的通知。

2012年6月13日，Zynga宣布，该公司旗下热门移动社交游戏Draw Something的简体中文版本登录新浪微博。这是Zynga与新浪的首次合作。

2012年6月中旬，新浪微博LBS（地理位置服务）平台正式开放，第三方开发者可免费接入新浪位置服务。

2012年6月中旬，新浪微博正式推出夏日版手机客户端，新版本覆盖包括iPhone，Android，Windows Phone7，Symbian在内的九大客户端，以及包括运用html5技术的H5触屏版在内的十大平台。

2012年10月，微博社区委员会上线，首轮公开招募规模达到5500人。

2012年10月7日，《新媒体蓝皮书：中国新媒体发展报告（2012）》发布。蓝皮书指出，2011年以来，中国微博进入快速发展阶段，微博用户量暴增，中国已经成为微博用户世界第一大国，微博空间治理成为新课题。作为一种新型媒介工具，微博传播对于社会发展有明显的积极作用，其负面效应同样也很显著。法规建设远远落后于技术发展，中国微博发展快，用户增长迅速，自然容易滋生一些新的问题。

2013

2013年1月10日，新浪党委开通微博，引发网友热议。新浪党委也成为首家开通微博的互联网企业党委。

2013年1月14日晚，中国年度网络盛典“2012新浪微博之夜”在北京国贸三期举行。

2013 年 4 月 22 日，四川雅安地震发生后，微公益在 57 个小时内协助发起 36 个项目，累计筹集善款突破 1 亿元。

2013 年 6 月，微博谣言通知系统上线，实现针对转发不实信息用户的全量反向覆盖。

2013 年 12 月，微博信用积分产品上线，初步实现了通过信用积分对违规用户的覆盖和约束。

2014

2014 年 3 月 5 日，中国互联网络信息中心（CNNIC）发布《第 33 次中国互联网络发展状况统计报告》。报告显示，2013 年，微博发展出现转折，用户规模和使用率均出现大幅下降。截至 2013 年 12 月，我国微博用户规模为 2. 81 亿，较 2012 年底减少 2783 万，下降 9. 0%。网民中微博使用率为 45. 5%，较上年底降低 9. 2 个百分点。

2014 年 8 月 14 日上午，首都互联网协会新闻评议专业委员会召开评议会，对微博完善社区公约体系积极开展辟谣工作进行评议。评议会评议员、互联网行业专家学者、“@平安北京”等微博账号相关负责人、微博相关负责人等 20 余人参会。新浪微博向外界介绍其“中国式”辟谣体系。随着机制运转成熟，新浪微博对举报信息的响应时间也从过去的 17 小时缩短至 8 小时。

2014 年 8 月 15 日，首都互联网协会召开第八次新闻评议会暨新浪微博完善社区公约体系积极开展辟谣工作新闻通气会。微博在会上表示，微博社区已经形成基于用户举报，政务微博、权威媒体、专家及社区委员会等多方联动、公开传播的辟谣机制。

2014 年 9 月 3 日，新浪微博社区管理官方微博“@微博管理员”（UID：1934183965）发布，淫秽色情信息举报功能升级并上线。发布淫秽色情信息被举报的，在处置有关内容同时，还会被扣除信用积分 2 分。同时站方也对《微博社区管理规定》做出了修订。

2014 年 10 月 17 日，新浪微博《热门微博管理规范（试行版）》开始施行。

2014 年 11 月 5 日，网易微博页面提醒用户：“网易微博将迁移到 LOFTER，使用 LOFTER 的搬家功能，保存您在微博的点点滴滴。”舆论评论认为，这意味着原网易微博用户关系链的断裂，网易微博将不复存在，网易微博将正式关闭。

2014 年 12 月 15 日，央视举办“善行 2014”收官晚会，正式揭晓“2014 CCTV 年度慈善人物”，新浪董事长兼 CEO 曹国伟与李亚鹏、许荣茂等人共同获此殊荣，曹国伟也成为国内互联网行业中唯一一位同时获得央视年度经济人物和年度慈善人物的企业家。2009 年 8 月，曹国伟带领新浪推出微博，有超过 2000 万用户直接参与微公益，近 400 万用户通过微博捐款，累计筹集善款 2. 3 亿元。

2014 年 12 月 16 日，微博再次联手 124 家媒体发起#微博订阅季#，仅秒杀活动单日就卖出 22761 份刊物，达到了 2013 年订阅季一周的销售量，秒杀媒体扩充到 62 家，《人物》、《孤独星球》和《财新新世纪》成为本次活动销售前三的刊物。

2015

2015 年 1 月 21 日，针对微博上存在的垃圾粉丝扰乱正常秩序和骚扰用户现象，微博启动“垃圾粉丝清理计划”。

2015 年 3 月 30 日，微博官方称，从 4 月 1 日起全面启动垃圾粉丝清理，由于微博用户量巨大，本次垃圾粉丝清理将从粉丝量大的用户开始，逐步向全量用户推进。有网民称，围观坐等大 V “掉粉”。

2015 年 4 月 9 日，在联合国成立 70 周年之际，联合国新版中文网站正式启用。新版联合国中文网站（www. un. org/zh/index. html）融合了微博等中国社交媒体，为用户提供视频、音频、图片等全方位的多媒体体验。同时，网站采用以受众为导向的分类设计，帮助记者、商界、学术界、求职者、参观者等迅速找到自己所需要的信息。正在中国访问的联合国常务副秘书长埃利亚松出席启动仪式，并宣读了联合国秘书长潘基文的书面贺词。潘基文热烈祝贺联合国新版中文网站正式启动，表示这将使联合国更加走近中国民众。

2015 年 4 月 22 日，蚂蚁金融服务集团、阿里巴巴集团与新浪微博共同启动“互联网 + 城市服务”战略，联合为各地政府提供“智慧城市”的一站式解决方案。政府通过接入“城市服务”平台，打造手机上的“市民之家”，可以更加高效、便捷地为居民提供公共服务。

2015 年 9 月 16 日，微博发布《关于对人身权益纠纷投诉处理有异议的说明》。根据《最高人民法院关于审理利用信息网络侵害人身权益民事纠纷案件适用法律若干问题的规定》（法释〔2014〕11 号）及有关法律法规，微博站方接受用户对侵犯其人身权益的行为进行举报。

2015 年 10 月 22 日，为了能够减少和防止骚扰内容在评论中出现，微博上线了“我的粉丝”才可以评论我的微博的新设置功能。

2015 年 11 月 19 日，微博公司公布了截至 2015 年 9 月 30 日的第三季度未经审计的财务报告。报告显示，2015 年 9 月的微博月活跃用户数（MAU）为 2. 22 亿，较上年同期增长 33%。9 月份移动 MAU 在 MAU 总量中的占比为 85%。2015 年 9 月的日均活跃用户数（DAU）为 1 亿，较上年同期增长 30%。

2016

2016 年 1 月，微博推出阳光信用体系，围绕海量社交数据打造用户评价体系，从内容贡献、身份特征、信用历史、社交关系和消费偏好五大不同纬度评判个人信用。

2016 年 1 月 7 日，新浪董事长兼首席执行官、微博董事长曹国伟与黄晓明、海清、李晨及联合国儿童基金会驻华大使花楠共同开启星光公益联盟，倡导将依托微博平台，积极发挥自身社会公众影响力，一起推动公益事业发展。

2016 年 2 月 25 日，国家互联网信息办公室有关业务局会同北京市网信办就传播淫秽色情信息突出问题联合约谈新浪微博负责人，要求其切实履行好互联网信息服务提供者主体责任，立即开展自查自纠，全面清理淫秽色情信息，切实维护良好网络生态。

2016 年 5 月 12 日，微博联合公安部推出的“全国辟谣平台”正式上线。“全国辟谣平台”是目前全国首个针对全网范围的谣言举报和辟谣平台，以网警巡查官微和各地公安局的平安系列微博为主力，在微博开设便捷渠道接受网民对互联网谣言的举报处理，同时接受北京市互联网信息办公室指导。

2016 年 7 月 16 日开始，微博联合国家文物局官方微博“@中国文博”（UID：3896555376）、新浪收藏频道官方微博“@新浪收藏”（UID：1880233081）在 2016 年暑假推出#约会博物馆#微博活动。活动期间特别推出“微博人气文物榜”评选，各大机构选取自家经典馆藏供网友欣赏品鉴。

2016 年 8 月起，“@微博管理员”（UID：1934183965）官方账号每月对违规账号处理情况进行公示。

2016 年 9 月 1 日，微公益成为民政部首批慈善组织互联网募捐信息平台之一。作为国内唯一具备传播和筹款的社会化公益平台，微公益通过联动名人、明星、企业家等领域重要用户，合作建立了一套快速、全面、有效的公益传播体系。

2016 年 11 月 14 日，新浪微博悄然取消发布器 140 字限制。开放 140 字限制后，用户最高可输入 2000 字，超出仍会有超字提示。在信息流中，超过 140 字的微博仍会只显示 140 字，并在句末有一个“显示全文”提示，点击后呈现长微博全文。

2017

2017 年 1 月 16 日晚，由微博主办的“微力·为 i 怒放”2016 年微博之夜在国家会议中心举行。新浪董事长兼 CEO、微博董事长曹国伟，联合国开发计划署驻华代表处副国别主任何佩德，牵手现场的数十位明星、名人共同开启#改变 2017#公益行动，将传播可持续发展作为 2017 年微博公益的起点。

2017 年 1 月 20 日，在“2017 政务 V 影响力峰会（广州）”上，微博宣布将投入价值 10 亿元的资源，为提升政务微博运营实效提供支持。

2017 年 6 月 7 日下午，北京市网信办依法约谈微博、今日头条、腾讯、一点资讯、优酷、网易、百度等网站，责令网站切实履行主体责任，加强用户账号管理，积极传播社会主义核心价值观，营造健康向上主流舆论环境，采取有效措施遏制渲染演艺明星绯闻隐私、炒作明星炫富享乐、低俗媚俗之风等问题。

2017 年 8 月 11 日，国家互联网信息办公室发布信息称，国家网信办指导北京市、广东省网信办分别对腾讯微信、新浪微博、百度贴吧立案，并依法展开调查。根据网民举报，经北京市、广东省网信办初查，微信、微博、百度贴吧 3 家网站平台分别存在有用户传播暴力恐怖、虚假谣言、淫秽色情等危害国家安全、公共安全、社会秩序的信息。3 家网站平台涉嫌违反《网络安全法》等法律法规，对其平台用户发布的法律法规禁止发布的信息未尽到管理义务。

2017 年 9 月 13 日，微博将其自带表情包中代号为“［酷］”的表情逐步下线，“吸烟表情”在微博的 PC 和手机客户端成为历史。北京市控烟协会在第一时间对此表示欢迎。与此同时，北京市控制吸烟协会也致函腾讯公司，反映在微信和腾讯 QQ 上，把吸烟表情被定义为“［悠闲］”等行为不妥，建议微信、QQ 采取行动。

2017 年 9 月 15 日，新浪微博社区管理方发布《关于微博推进完成账号实名制的公告》，要求所有的新浪微博用户，包括 2011 年之前注册的用户，必须在 9 月 15 日之前完成实名验证，否则将无法再发送评论及新微博。

2017 年 9 月 26 日，经首都互联网协会党委批准，微博党委天津分公司党支部成立大会召开。新任党支部书记王伟表示：“微博天津分公司有 14 名党员，338 名员工，肩负着内容审核、安全监控等维护网络信息安全的重要责任，党支部将积极发挥政治引领和政治核心作用，团结带领广大党员、员工为微博健康发展贡献力量。”

2017 年 9 月 27 日，微博上线微博监督员机制，在用户中公开招募微博监督员，对微博上的违法及有害信息进行举报。

2017 年 10 月，微博推出评论先审后发功能，并向政务、媒体账号开放这一功能。

2017 年 10 月 19 日 9 时，微博党委根据公司办公地点的位置分布，分别在微博总部办公大楼圆桌会议厅、启皓办公大楼会议室和天津监控团队办公地点设立了党的十九大开幕式直播场所，组织全体党员和部分业务骨干集中收看了大会开幕盛况，并认真聆听了习近平总书记在开幕式上所做的报告。

2017 年 11 月 28 日，微博联合中国绿化基金会发起的微博公益项目“熊猫守护者”公测上线。微博用户可以在虚拟空间饲养属于自己的“熊猫宝宝”，并种植虚拟竹子进行喂养，将用户日常的微博使用行为转化成公益能量。

2017 年 12 月 4 日，联合国环境规划署与微博签署战略合作谅解备忘录，建立伙伴关系，共同推进联合国环境规划署的环保议题在中国的宣传推广。

2017 年 12 月 12 日，微博正式上线编辑功能，用户可对已发布的微博内容进行编辑修改。媒体、政务账号和部分会员用户优先参与测试体验。

2018

2018 年 1 月 8 日，由新浪微公益联合新浪娱乐、微博政府媒体事业部共同主办的新浪微公益颁奖典礼在北京举行。本届颁奖典礼以“携手 2018”为主题，现场颁发了 2017 年度“十大最具影响力公益蓝 V”“十大最具公益影响力话题”“十大最具公益影响力项目”“十大最具公益影响力明星”“2017 跨界公益典范人物”“跨界公益贡献奖”“爱心贡献奖”“中国公益致敬奖”等多个奖项，吸引了社会各界人士的高度关注。

2018 年 1 月 18 日，“2017 微博之夜”在北京水立方隆重举行。

2018 年 1 月 27 日，北京互联网信息办公室发布公告通报微博平台存在的内容管理问题后，新浪微博社区管理官方微博回应称：“全部接受通报中的批评，并端正态度，正视问题，主动对问题突出的热搜榜、热门话题榜、微博问答功能、热门微博榜明星和情感版块、广场头条栏目情感版块暂时下线一周，进行全面整改。”

2018 年 2 月 1 日，微博在首页热门区域新增“新时代”频道，该频道以中央媒体、政务微博等发布的内容为主。微博方面透露，这一调整是为了更好地宣传十九大精神，弘扬社会主义核心价值观，报道中国新时代的社会风貌。

2018 年 2 月 2 日晚，北京市互联网信息办公室官方微信公众号发布消息，2 月 2 日，按照国家网信办等六部委联合整治炒作明星绯闻隐私和娱乐八卦工作要求，北京市网信办责令微博对“@娱姬小妖”（粉丝 60 万人）、“@项娱大帅”（粉丝 9540 人）、“@娱姬小咖”（粉丝 14947 人）等 8 个微博账号，百度对“全明星通讯社”“星探妖妖”等百度百家号予以永久关闭。

2018 年 2 月 13 日，微博公布截至 2017 年 12 月 31 日的第四季度及全年未经审计的财务报告。报告显示，2017 年 12 月的月活跃用户数（MAUs）较上年同期净增约 7900 万，达到 3.92 亿。月活跃用户数中 93% 为移动端用户。2017 年 12 月平均日活跃用户数（DAUs）较上年同期净增约 3300 万，达到 1.72 亿。

2018 年 2 月 28 日，新浪微博社区管理官方微博“@微博管理员”（UID：1934183965）发布《关于向头部用户和会员用户开放评论管理功能的公告》，微博面向头部用户和正式会员用户开通评论审核的功能。站方特别提示：评论审核功能是应部分博主要求扩大开放的，此前本功能只向媒体账号和政务账号开放。未设置此功能的微博其评论继续由站方审核。

2018 年 3 月 15 日，新浪微博虚假消息辟谣官方账号“@微博辟谣”发布《微博辟谣月度工作报告（2018 年第 2 期）》，2 月 1 日至 2 月 28 日，“@微博辟谣”共有效处理不实信息 5689 条，发布微博辟谣信息 55 条，#微博辟谣#话题阅读量累积 0.2 亿次。

2018 年 4 月 3 日，由中国经济传媒协会、北京商报社、北商研究院、声誉研究所联合主办，中国扶贫开发协会博士后扶贫工程中心学术支持的“2018 企业社会责任峰会”在新闻大厦举办。本届峰会聚焦精准扶贫，精英汇聚一堂，分享交流企业在扶贫实践中的做法与经验，还首次启动了 2017 年社会责任绒花奖，其中微博通过熊猫守护者公益项目获得 2017 年社会责任绒花奖。

2018 年 4 月 10 日，新浪微博虚假消息辟谣官方账号“@微博辟谣”发布《微博辟谣月度工作报告（2018 年第 3 期）》，3 月 1 日至 3 月 31 日，“@微博辟谣”共有效处理不实信息 6264 条，发布微博辟谣信息 95 条，#微博辟谣#话题阅读量累积 0.7 亿次，总阅读数 39.4 亿次。

2018 年 4 月 13 日，新浪微博社区管理官方微博“@微博管理员”（UID：1934183965）发布公告，开展针对违规漫画、游戏及相关图文短视频内容的集中清理行动，为期三个月。

2018 年 4 月 18 日，联合国环境署和新浪微博宣布，联合发起“中国地球卫士青年奖”，这是地球卫士青年奖设立的第一个国家奖项。联合国副秘书长、联合国环境署执行主任埃里克·索尔海姆表示，“希望通过这个奖项培养新一代的环保领导者，集青年之力，守护地球未来”。

2018 年 4 月 29 日，微博微卡官方宣布微博 V 卡、V + 卡、大 V 卡由升级前的省内 1 元 800MB/日、省外 0.1 元/MB 升级至全国流量 1 元 800MB/日（自动续订、当日有效），无须申请，自动生效。微博 V 卡是微博和中国联通推出的定向免流量互联网套餐，共有微博 V 卡（月租 9 元）、微博 V + 卡（月租 19 元）和微博大 V 卡（月租 69 元）三种套餐。

2018 年 5 月 9 日，微博发布 2018 年第一季度财报。财报显示，截至 2018 年 3 月，微博月活跃用户数已增至 4.11 亿，成为全球第 7 家活跃用户规模突破 4 亿的社交产品。

2018 年 5 月 9 日，新浪微博 2018 年第一季度财报显示，2018 年一季度，微博实现营收 3.499 亿美元，同比增长 76%，超出公司 3.35 亿美元至 3.45 亿美元的预期。归属于微博的净利润为 9910 万美元，同比增长 111%，合每股摊薄净盈利 44 美分，上年同期为 21 美分。

2018 年 5 月 14 日，“2018 微博超级红人节” 开幕。13 个垂直领域的数万名网络红人，将以视频、直播等形式，向粉丝展示个性化的生活方式。

2018 年 5 月 15 日，新浪微博社区管理官方微博 “@ 微博管理员”（UID：1934183965）发布《关于加大力度处理热搜榜热门话题榜刷榜行为的公告》。公告披露，有一些企业及娱乐行业从业者存在 “组织的刷榜行为”，社会上也出现了一些相关的 “互联网黑产”。微博为了确保热搜榜、热门话题榜的真实可信，不断对产品本身进行算法升级并设置了以大数据识别为基础的防刷体系。对于存在作弊特征的行为，系统都会实时进行识别和拦截。微博通过技术手段构筑防御屏障的策略已经不能满足用户及社会对微博的预期，为了更好地遏制和打击刷榜行为，微博将加大对热搜榜热门话题榜刷榜行为的处理力度，并对直接受益者进行处罚：对于存在刷榜行为的热门话题及主持人，对于流量异常搜索词及指向对象进行连带处置。不断推动改善榜单的生态环境，传递真实、正能量的信息，有效打击破坏社区规则的不正当竞争行为。公告根据 3 月以来的统计情况，对刷榜行为突出的热搜词和话题进行了曝光，并做出 “相关明星、节目、事件名称，3 个月不能再上热门话题榜和热搜榜” 和相关账号 3 个月不能主持话题的处罚措施。

2018 年 5 月 16 日，新浪微博社区管理官方微博 “微博管理员”（UID：1934183965）发布《2018 年 4 月存在人身攻击行为违规账号的处理公告》。根据 2018 年 4 月的数据统计，共发现有 756 个账号持续发布了 4.7 万余条含有人身攻击内容的评论。这部分账号属于存在恶意人身攻击行为的违规账号，已经依据《微博服务使用协议》 和《微博举报投诉操作细则》 的有关条款予以禁言 60 天处理。

2018 年 5 月 17 日，新浪微博社区管理官方微博 “@ 微博管理员”（UID：1934183965）发布《关于落 实〈英雄烈士保护法〉集中清理侵害英雄烈士形象有害信息的公告》。公告称，根据《英雄烈士保护法》《网络安全法》 等法律法规的要求，微博为切实履行企业主体责任，落实正确导向引领，近日集中对以侮辱、诽谤或者其他方式侵害英雄烈士的姓名、肖像、名誉、荣誉的信息的有害信息进行了集中清理。本次清理共关闭 “@ 暴走漫画”“@ 暴走大事件”“@ 黄继光砸缸”“@ 办公室的董存瑞” 等严重违规账号 16 个，删除账号昵称 39 个。

2018 年 5 月 21 日下午，新浪微博党委书记王祥带队来到马连洼街道，与街道党工委进行深入座谈，街道党工委书记朱利忠，副书记党慧玲及组织部、党群服务中心相关工作人员参与座谈。

2018 年 6 月 8 日，新浪微博社区管理官方微博 “@ 微博管理员”（UID：1934183965）发布微博社区公告称，收到网友举报微博内也存在一些以 “xx 对骂群” 为名的微博群，此类微博群违反了《微博社区公约》《微博举报投诉操作细则》 的相关规定，经过排查，已关闭相关微博群 18 个。

2018 年 6 月 9 日，新浪微博虚假消息辟谣官方账号 “@ 微博辟谣” 发布《微博辟谣月度工作报告（2018 年第五期）》。2018 年 5 月 1 日至 5 月 31 日，共有效处理不实信息 6337 条，发布微博辟谣信息 175 条，#微博辟谣#话题阅读量累积 0.5 亿次，总阅读数 40.4 亿次。

2018 年 6 月 11 日，微博与中央电视台体育频道正式达成俄罗斯世界杯官方合作。在 2018 年俄罗斯世界杯期间，双方将在赛事内容、节目内容、CCTV5 账号矩阵运营、互动产品运营等多个方面展开深入的合作。

2018年6月12日，2018年世界杯即将拉开帷幕前夕，中国移动旗下咪咕视频与新浪微博在京共同宣布，在与央视、FIFA合作的基础之上，双方将在世界杯赛事短视频、自制节目、互动玩法的传播推广等方面展开合作，整合双方优质资源，扩大世界杯内容在新媒体和社交媒体上的覆盖规模，给用户带来一场全新的内容消费盛宴。

2018年6月13日，阿里巴巴集团和微博在北京共同宣布启动“U微计划”，携手打造社交×消费的全域解决方案。“U微计划”指的是以品牌广告主的需求为核心，阿里巴巴UniMarketing全域营销与微博共同推动社交场景和消费场景的融合。

2018年6月14日，持续近一个半月的微博年度主题活动2018#随手拍#正式结束。在数百位明星艺人的带动下，“故事红人表演赛”和“我的闪光时刻”两大主题活动吸引了超过1.6亿人次参与，活动相关话题阅读量突破362亿次，再创历史新高。活动期间，微博网友共发布上千万张原创图片及短视频作品。

2018年6月17日晚，“2018新浪微博电影之夜”在上海举行。新浪娱乐进行全程微博、视频、图文直播。

2018年6月19日，微博主办的“2018超级红人节”在上海举行。其间，艾瑞与微博联合发布了《2018中国网红经济发展洞察报告》。

2018年6月21日，由清华大学国家形象传播研究中心主办、清华大学教育基金会战略支持、华扬联众承办的“2018年中国目的地旅游与国民形象论坛”在清华大学举行。微博高级副总裁王雅娟在论坛演讲中称，“社交媒体正成为旅游业发展的重要手段”，“希望微博能成为一个内容丰富、新鲜、拥有较高用户参与度的媒体，从而最终实现把有关于旅游方面的新内容、新企业、新的旅游路线带动起来，被更多旅游者所熟知。未来，微博将从三大趋势促进旅游业发展——推进视频化战略、加大对MCN（Multi - Channel Network）的扶持，同时致力深耕垂直领域”。

2018年6月28日，在中国共产党成立97周年之际，为推进“两学一做”学习教育常态化制度化，解放军报社与新浪微博联合开展“传承红色基因，争当时代新人”主题党日活动，走进英雄的平江起义团，重温革命历史，缅怀革命先烈，接受红色精神的洗礼。

2018年7月23日，移动互联网大数据服务商QuestMobile发布报告称，2018年6月，受世界杯以及垂直化运营、MCN机构合作、视频化等战略的推动，微博APP月人均使用时长达643分钟，同比增长45.1%，月人均使用次数达85.3次，同比增长16.6%。数据显示，世界杯赛事期间微博APP日活跃用户数均值1.54亿，较世界杯开赛前期均值增长6.5%。由此拉动6月微博APP日活跃用户数达1.49亿，同比增长23.7%。微博成为全民围观和讨论世界杯的首选社交平台。

2018年9月21日，中央组织部、中央网信办在广东省深圳市召开全国互联网企业党建工作座谈会，深入学习贯彻习近平新时代中国特色社会主义思想，学习贯彻全国组织工作会议、全国宣传思想工作会议、全国网络安全和信息化工作会议精神，交流经验、分析形势、研究问题，对加强互联网企业党建工作做出部署。中央组织部副部长齐玉、中央网信办副主任高翔出席会议并讲话。座谈会上，浙江省委组织部、深圳市委、武汉市委组织部、北京市网信办、新浪微博党委、沪江网党委等6家单位做交流发言。

2018年11月7日，第五届世界互联网大会在乌镇开幕，新浪董事长兼CEO、微博董事长曹国伟在大会全体会议的演讲中呼吁，互联网平台要有敬畏之心，积极加强平台治理，承担社会责任。在社交媒体平台治理方面，曹国伟分享了微博积累的四点经验。第一，放大权威声音，微博从一开始就把媒体和政务的发布作为平台内容传播生态中很重要的组成部分。第二，不断完善打击谣言和虚假新闻的机制，积极尝试开放治理，微博已将辟谣能力开放给权威媒体和政务账号。第三，算法推荐之外，必须有正向的价值导向，重视人工干预，避免人群消费的“低智化”。第四，全方位加强用户隐私保护，从技术层面防范用户信息被窃取，细化用户隐私偏好功能，并加强用户隐私保护意识的培养。

2018 年 11 月 12 日，国家网信办依法约谈腾讯微信、新浪微博等自媒体平台，对其主体责任缺失、疏于管理、放任野蛮生长、造成种种乱象提出严重警告。腾讯微信、新浪微博相关负责人表示将认真接受群众和舆论监督，自查自纠，积极整改，严格管理。经查，这些被处置的自媒体账号，大部分开设在微信微博平台，其中一些同时开设在今日头条、百度、搜狐、凤凰、UC 等平台。有的传播政治有害信息，恶意篡改党史国史、诋毁英雄人物、抹黑国家形象；有的制造谣言，传播虚假信息，充当“标题党”，以谣获利、以假吸睛，扰乱正常社会秩序；有的肆意传播低俗色情信息，违背公序良俗，挑战道德底线，损害广大青少年健康成长；有的利用手中掌握大量自媒体账号恶意营销，大搞“黑公关”，敲诈勒索，侵害正常企业或个人合法权益，挑战法律底线；有的肆意抄袭侵权，大肆洗稿圈粉，构建虚假流量，破坏正常的传播秩序。

2018 年 11 月 14 日下午，国家互联网信息办公室集体约谈百度、腾讯、新浪、今日头条、搜狐、网易、UC 头条、一点资讯、凤凰、知乎等 10 家客户端自媒体平台，就各平台存在的自媒体乱象，责成平台企业切实履行主体责任，按照全网一个标准，全面自查自纠。国家网信办在约谈中，要求各平台立即对平台自媒体账号进行一次“大扫除”，坚决清理涉低俗色情、“标题党”、炮制谣言、黑公关、洗稿圈粉，以及刊发违法违规广告、插入二维码或链接恶意诱导引流、恶意炒作营销等问题账号；同时，要坚持标本兼治、长效治理，采取有力有效措施清存量、控增量，全面清理僵尸号、僵尸粉，修订账号注册规则，改进推荐算法模型，完善内容管理系统，健全各项制度，坚决遏制自媒体乱象。

2018 年 11 月 15 日，国家互联网信息办公室官方网站公布《具有舆论属性或社会动员能力的互联网信息服务安全评估规定》，提出互联网信息服务提供者在上线具有舆论属性或社会动员能力的信息服务前，应自行开展安全评估，并将评估报告提交网信部门和公安机关。规定第二条指出，本规定所称具有舆论属性或社会动员能力的互联网信息服务，包括“开办论坛、博客、微博客、聊天室、通讯群组、公众账号、短视频、网络直播、信息分享、小程序等信息服务或者附设相应功能”和“开办提供公众舆论表达渠道或者具有发动社会公众从事特定活动能力的其他互联网信息服务”两种情形。规定自 2018 年 11 月 30 日起施行。

第五篇

重大活动

‖ 2011 年度 ‖

首届网络问政与舆情监测高峰论坛

活动名称： 首届网络问政与舆情监测高峰论坛
主办单位： 人民网
承办单位： 广西壮族自治区南宁市人民政府
时　　间： 2011 年 3 月 26 日
地　　点： 广西·南宁

2011 年 3 月 26 日，由人民网主办，广西壮族自治区南宁市人民政府承办的“首届网络问政与舆情监测高峰论坛”在南宁举行。100 多位来自中央和地方宣传部门、中国社科院、清华大学等的官员、专家学者汇聚一堂，热议微博时代政府与公众如何良性互动。

网络问政呈常态化

察民情，集民智，借网络问政推动社会管理创新

据统计，截至 2010 年底，中国网民规模已达 4.57 亿人。我国的公共舆论格局，也随之进入“大众麦克风时代”。在这样的大背景下，从中央到地方，越来越多的党政部门开始借“网”问政。

中共广西壮族自治区党委书记郭声琨和自治区主席马飚在给论坛发来的贺词中说，网络问政是党和政府察民情、集民智、解民忧的“民意直通车”，成为加强和创新社会管理的一道亮丽风景线。他们表示，广西愿与人民网等主流媒体一道，继续给力网络问政，通过“网络问政”接地气、吸灵气、聚人气，共同开创网络问政新局面。

“在广东，网络问政已基本形成一套政府主导、主要网站配合、有序高效的常态化制度化的机制。”广东省委宣传部互联网信息中心主任曾胜泉介绍，广东省主要党政领导定期与网友交流互动；各级政府每季度都会就网民反映的问题，责令各个部门负责人到现场处理。“广东省网络问政收到的信息已经由投诉举报为主转为理性谏言为主，比例超过 60%。”

贵州省委宣传部网络新闻宣传管理处处长王芳介绍，省委主要领导十分重视利用网络与网民沟通交流。此外，还向网民借智，在“三个建设年”决策中充分吸纳网友智慧。

广西壮族自治区副主席李康说，去年广西专门出台并实施了《关于回复人民网网友留言的暂行规定》，从制度上保障党政领导更好地“触网”“用网”。目前，广西全区 14 个市均已开通回复人民网留言账号，28 位党政“一把手”都对网友留言做出过回复。

在南宁，已经形成了一套系统的借网络问政推动社会创新的经验：注重平台建设，夯实网络问政的基础；吸纳网络民意，促进科学民主决策；借力网络监督，建设廉洁高效政府等。

官员微博平等感性

网络舆论与现实舆情不完全对应，需补足微博之外的舆论渠道

通过微博粉丝数、微博条数、被转载量以及在网民中的美誉度等综合评判，人民网舆情监测室在论坛上推出了“十大党政机构微博”“十大官员微博”。粉丝超过300万的广东省公安厅微博，以及新疆维吾尔自治区党委书记张春贤的微博等榜上有名。

据人民网舆情监测室不完全统计，仅新浪微博、腾讯微博和人民网微博3家微博平台就有比较活跃的党政机关微博400多个。其中，公安微博最为活跃。“2011年1月30日，公安部官方网站发布统计数字，我国公安微博有800多家，居各部门前列。”人民网舆情监测室副秘书长单学刚介绍说：“不少官员通过微博成为网络红人，拥有数十万量级的粉丝。”

中国社会科学院社会学研究所研究员单光鼐认为，官员开微博，值得鼓励。在政府机构和官员纷纷开微博的背后，凸显中国网络问政水平与时俱进。微博问政既能有效拉近官员与群众的距离，又能深入了解民情，有利于工作开展。

“微博问政在官民互动中发挥了平等、感性、可亲近等元素，有助于消解社会阶层之间的鸿沟，”清华大学新闻与传播学院副院长陈昌凤教授说，“但是，网络舆论与现实社会的舆情不完全对应，还需要补足一些微博之外的舆论渠道。”

公职人员如何“织围脖”

发言须在把握公职身份基础上，学会个性化、人性化表达

人民网常务副总裁官建文说，可以预见，网络舆论对社会的影响力将越来越大，通过网络进行有效的官民互动，汇集民智，听取民意，排解民怨，也将成为各级党政机关工作的常态。

人民网舆情监测室在论坛上发布的《党政机构和官员微博发展报告》指出，即使是官员个人微博，网民也会很容易把其言论与公职身份联系在一起，任何不当言论影响的都不只是个人，而且是其所在机构，甚至整个党和政府的形象。因此，官员使用微博需要比普通网民更加谨慎。“微博中的官员往往要面临职务角色与个人身份转换的纠结，以及官员与普通民众话语表达空间、自由度的差异，一时间很难收放自如。”单学刚说。官员如何才能更好地办好微博？报告认为，最重要的是转变话语表达方式。既要克服因官气太重而致微博言论多空话、套话，也要防止偏于油滑或者情绪化、偏激化表达。因此，官员微博发言必须在牢牢把握公职身份的基础上，更多地学会个性化表达、人性化表达。

“政务微博：机遇与挑战”圆桌论坛

活动名称：“政务微博：机遇与挑战”圆桌论坛

主办单位：复旦大学“文化繁荣与新媒体发展”上海市社会科学创新基地

时　　间：2011 年 4 月 22 日

地　　点：上海·复旦大学

2011 年 4 月 22 日，复旦大学舆情与传播研究实验室发布的国内第一份《中国政务微博研究报告》显示，在我国目前开通的政务微博中，公安微博数量遥遥领先，县处级官员微博规模最大，政务微博数量排行的前五名均为南方省份。

复旦大学“文化繁荣与新媒体发展”上海市社会科学创新基地等主办的“政务微博：机遇与挑战”圆桌论坛上，《中国政务微博研究报告》发布。该报告采用数据抓取与电话调查相结合的方法，运用 Palas 舆情监测分析系统对新浪、腾讯、人民网、东方网及新民网等微博运营商认证的政务微博数据做全面跟踪和分析。

据复旦大学舆情与传播研究实验室统计，截至 2011 年 3 月 20 日，全国范围共有实名认证的政务机构微博 1708 个，政府官员微博 720 个。已开通政务微博的地区涉及北京、上海、天津、重庆等 4 个直辖市、28 个省（自治区）共 32 个地区。其中政府系统的微博占绝大多数。

从微博运营商的情况来看，全国政务机构在新浪微博的注册数最多，为 1050 个，占总比 86%；腾讯微博的注册数次之，为 176 个，占总比 14%；人民微博的注册数为 4 个；政府官员的微博注册情况与此相似，新浪微博的注册数为 594 个，占总比 85%；腾讯微博的注册数为 67 个，占总比 10%；人民微博的注册数为 33 个，占总比 5%。

报告显示，南方省份发展政务微博的意识更强。在各省级行政区域中，江苏省开通机构微博的数量最多，达 279 个。此外，开通数量超 100 个的还有福建、广东、浙江、四川、江西五省。公安微博所占比例最高、服务性最强，党政机关、交通部门的微博也成为亮点。

国内政府官员微博的行政级别分布呈金字塔型，县处级官员微博的规模最大，高层官员更易成为意见领袖。据统计，省部级官员注册的微博有 19 个；厅局级官员注册的微博有 105 个，县处级官员注册的微博有 238 个，县处级以下官员注册使用的微博有 333 个。在不少地区和部门都出现“集体开博”的态势，而且各级官员均有参与，尤以县处级及以下的数量众多，覆盖了县、乡、镇、村、街道社区等不同部门。但就影响力而言，省部级、厅局级官员更具关注度和影响力。

复旦大学舆情与传播研究实验室依据统计数据发布了“最具影响力”政务/公务员微博排行榜。排行榜按照全国及上海政务机构与官员微博的信息发布数、关注数、粉丝数三项指标进行加权统计，共推出 40 位最具微博影响力候选人。其中，广东省公安厅、河北省公安厅、广东省汕头市公安厅位列全国机构微博前三名，吉林省政协常务副主席林炎志、民进中央副主席朱永新、国务院发展研究中心金融研究所所长夏斌位列官员微博前三名。

全国旅游微博发展座谈会在北京召开

活动名称：全国旅游微博发展座谈会
主办单位：国家旅游局信息中心
时　　间：2011 年 7 月 8 日
地　　点：北京

2011 年 7 月 8 日，由国家旅游局信息中心主办的全国旅游微博发展座谈会在北京召开。来自全国部分省区市旅游局的信息中心和微博负责人，新浪、腾讯两大微博平台负责人，以及国家大剧院、携程、艺龙、国旅、中青旅、康辉等企业代表和特邀专家共 60 余人参加座谈会。会议由国家旅游局信息中心副主任侯振刚主持。

座谈会上，新浪、腾讯微博平台负责人分别介绍了各自微博的特点和优势，并对旅游行业的微博应用表示大力支持；来自旅游局和企业的代表分别介绍了各自微博开通的情况和经验教训，以及运用微博进行旅游营销的心得体会；特邀专家从学术角度谈了旅游微博对旅游营销的独特作用。参会代表在讨论中对旅游微博下一步的发展也提出了很好的意见和建议。

在听取大家发言后，侯振刚充分肯定了大家在旅游微博方面的探索和尝试。他在总结中指出，微博作为一种新兴的自媒体，其在旅游营销和公共服务的应用中已显示出其独特优势，各级旅游行政管理部门以及旅游企业应当对此有充分认识，要接受并努力运用好微博这个工具。

侯振刚同时也强调，微博仅仅是一种手段而不是目的，各种手段最终都是要为旅游产业的繁荣发展服务，要充分利用好微博而不能为其所惑，要将微博维护内容等作为重点，不能仅仅盯住微博粉丝数等表面现象。

侯振刚最后表示，下一步国家旅游局信息中心要结合大家的意见和建议，探讨旅游微博的科学客观评价指标，搭建各级旅游行政管理部门以及旅游企业等沟通交流的平台，探索成立旅游微博联盟，更好地发挥旅游微博对旅游产业的促进作用。

首届政务微博与社会管理创新高峰论坛

活动名称：首届“政务微博与社会管理创新高峰论坛”
主　　题：微言大义·舆通政和
学术支持：人民网舆情监测室
主办单位：人民网、腾讯网
时　　间：2011 年 8 月 25 日
地　　点：浙江·杭州

2011 年 8 月 25 日，由人民网、腾讯网联合举办的首届“政务微博与社会管理创新高峰论坛”在浙江杭州隆重举行。该论坛旨在探讨政务微博与社会管理创新的密切联系，总结和推广政务机构与官员应用微博的新思路、新经验。时任中共浙江省委书记赵洪祝向论坛发来贺信，浙江省副省长郑继伟、人民日报社副总编辑马利、浙江省委组织部部长蔡奇、中宣部舆情局副局长孙瑜等出席并致辞。国家行政学院电子政务专家委员会副主任汪玉凯、中国人民大学新闻学院副院长喻国明就微博促进政府转型等主题发表演讲。参加论坛的各级党政官员及媒体代表超过 250 人。

中共浙江省委书记赵洪祝在贺信中说，欣闻在杭举办首届政务微博与社会管理创新高峰论坛，谨表示热烈祝贺！“微博问政是人民群众参政议政的新形式。充分发挥微博即时、广泛、互动的传播优势，因势利导地做好舆论沟通和引导，有利于党委、政府察民情、集民智、解民忧，有利于维护社会和谐、促进科学发展。我省将进一步完善网络舆论引导机制，积极培育健康向上的网络文化。”人民日报社副总编辑马利在致辞中强调了当前加强虚拟社会管理的重要性，充分肯定了政务微博对创新社会管理的重要意义。

在本次会议上，参会者对善用微博、疏导舆情、促进民众问政、议政等方面所起到的积极作用予以充分肯定，通过对政务微博新思路进行的集中讨论，大家就如何推广政务微博促进政府管理的经验达成了普遍共识。在讨论之中很多与会者认为，以听众超过 500 万的蔡奇为代表的政府官员，在微博实践上的先知先觉，促成了政务微博上的前瞻和从容，这种大胆尝试和表率示范作用应予高度认可，这对追求透明和互动时代的政府管理有着非常有价值的促进作用。

会上，人民网舆情监测室就政务微博还发布了《微博官民互动案例调研报告》和《政务微博地图与指数》，旨在为政务微博的使用者提供更加客观和全面的价值参考。“通过这些报告和指数，希望从平台运营者和专业机构的角度，为政务微博承担更多的正向价值的指引和推动作用。”主办方表示。

报告借助对蔡奇的腾讯微博账户数据这样的典型微博官民互动案例进行分析，尝试从微博听众、发博习惯、微博内容、网友和媒体认可度等方面表现出其微博在网络问政和官民沟通中运用的技巧和达到的效果。通过这些案例的客观数据分析、抽样内容调查等技术手段，提炼概括信息传播路径和官方表现，通过传播互动、意见领袖、网友言论倾向和理性程度等指标，进而得出官民互动区别于其他性质互动的主要特点，尤其是报告还对政务微博的正面和负面效应，自我净化效果、制衡机制的发展和作用，意见领袖等影响互动的重要效果进行了重要阐述。《政务微博地图与指数》是基于对一万多个政府（机构、官员）的账户统计分析，以“政府微博地图”的形式描绘出当下政务微博的机构分布、地域分布、政府级别发布和年龄发布等情况，让微博使用者很容易以此“地图”鸟瞰全局，轻松找到自己的“生态位”。同期发布的“指数”则是以指数方式分析计算出各种排行微博指标，排出诸如关注度、活跃度、亲和力等排行，以更为具体的排名方式，让政务微博使用者可以以精确的定位和感知来处理微博，明确微博的定位。

值得关注的是，在《政务微博地图与指数》上发布的十大政务机构微博排行榜和十大公务人员微博排行榜之中，在腾讯开微博的广东省公安厅和蔡奇分居榜首，腾讯微博上的政务微博账号所占排名位置和比率均优势明显。

2010 年以来，微博在中国社会写下了浓墨重彩的一笔。浙江省委常委、组织部部长蔡奇，全国人大常委朱永新，云南红河州委常委伍皓……他们的微博大都吸引了大量“粉丝”关注，受到网民热捧。这个 140 字的简短手指运动，正以其“秒互动”的传播优势，开启了一个“人人都有麦克风”的政务时代。

影响力巨大的“微信息”，蕴含纷繁而又丰富、驳杂而又原生态的民意，这使微博问政成为可能，为官员问计于民、问需于民、问政于民提供了一种便利。此次论坛进一步探讨了政务微博的新理念、新观点、新思路，加速政务微博与社会管理创新，为社会管理者提供了更翔实而立体的科学方法论。

首届中国—亚欧博览会新闻部长论坛

活动名称：首届中国—亚欧博览会新闻部长论坛
时　　间：2011年9月1日
地　　点：新疆·乌鲁木齐

2011年9月1日，首届中国—亚欧博览会新闻部长论坛举行。论坛围绕“新媒体时代新闻舆论在推动地区发展中的重要作用”的主题，探讨如何通过加强新闻领域、人文领域的交流与合作，促进区域内各国人民之间的了解和友谊，夯实各国间友好合作的社会基础，推动各国经济社会繁荣发展，更好地造福各国人民。中国国务院新闻办公室和巴基斯坦、吉尔吉斯斯坦、哈萨克斯坦等国家新闻主管部门的部长或主要官员出席了此次论坛。

国务院新闻办主任王晨在论坛上作了题为《促进新闻信息交流推动地区繁荣发展》的主旨发言。他建议，在新形势下继续加强区域内各国在新闻领域的交流与合作，推动媒体发挥积极作用，促进区域内各国经济社会稳定发展；重视新兴媒体交流，不断拓展媒体合作新领域，分享新兴媒体建设和管理的经验；丰富媒体交流合作形式，更好地传递各国真实情况，增进各国人民之间的友谊；加强政府新闻部门合作，推动新闻信息交流，共同维护区域合作发展利益。

与会代表认为，通过举办论坛，可大力促进包括新闻在内的人文合作，增进各国人民的了解和友谊，为加强睦邻友好、构建和谐地区，为增强抵御现实威胁能力、确保地区长治久安，为推动实现区域经济一体化、促进各国共同发展，营造更加有利的舆论环境。

促进新闻信息交流推动地区繁荣发展

——在首届中国—亚欧博览会新闻部长论坛上的演讲

（2011年9月1日，乌鲁木齐）

国务院新闻办公室主任　王　晨

很高兴在金秋季节与各位相聚在美丽的乌鲁木齐，共同出席首届中国—亚欧博览会新闻部长论坛。这次论坛以“新媒体时代新闻舆论在推动地区发展中的重要作用”为主题，旨在共同探讨通过加强新闻领域的交流与合作，促进各国人民之间的了解和友谊，夯实各国间友好合作和未来发展的社会基础，推动各国经济社会繁荣发展，更好地造福各国人民。

各位同事来自的国家，都是中国的好邻居、好朋友、好伙伴。中国与区域内各国地理相近，文化相通，经济互补性强，友好交往的历史源远流长。长期以来，我们秉持互信、互利、平等、协商、尊重多样文明、谋求共同发展的原则，与各国求同存异、取长补短，实现了和睦共处，形成了求和平、促合作、谋发展的共识。中国国家主席胡锦涛先生今年6月在上海合作组织成员国元首理事会第十一次会议上，对未来进一步发展中国与区域内各国友好合作关系提出了一系列重要建议，包括睦邻友好、构建和谐地区，增强抵御现实威胁的能力、确保地区长治久安，推动实现区域经济一体化、促进地区各国共同发展，加强人文合作、推动人民世代友好等。我们欣喜地看到，我们与各有关国家在政治、经贸、安全以及人文领域的合作正在进一步扩大，相互理解和信任正在进一步加深，人民之间的交流越来越密切。我们在新疆乌鲁木齐举办中国—亚欧博览会，顺应了本地区当前这种良好的发展势头，并希望通过新疆的地理和人文优势，进一步提升与各国的交流合作水平，与各国共同分享珍贵的发展机遇。在中国—亚欧博览会框架下举办新闻部长论坛，是推动中国与区域内有关国家新闻主管部门交流合作的重要平台，将为国家间的友好合作增添新的内容，对各国间友好合作发挥积极的推动作用。

在中国与区域内各国友好关系发展的进程中，新闻领域的交流合作发挥着重要的助推器作用。我们认为，新闻主管部门之间的关系是国家关系的重要组成部分，新闻媒体为增进各国人民相互了解正发挥越来越重要的桥梁作用。

当前，发达国家和发展中国家信息传播不对称和数字鸿沟的问题依然十分突出，大部分新闻信息及其传播渠道被少数西方媒体垄断。占世界人口大多数的发展中国家，在世界上话语权十分有限，发出的声音仍然很弱。关于发展中国家的信息常常被歪曲，发展中国家常常遭受歧视和偏见。随着媒体技术的迅猛发展，以互联网、手机为代表的新兴媒体异军突起，并与传统媒体相互影响，推动了新闻传播方式和传播格局的深刻变革，推进了国际舆论环境的急遽变迁。同时，新兴媒体也成为发达国家争夺国际格局变革中新的主导权和主动权的工具，发展中国家在新一轮舆论竞争中再次面临严峻挑战。因此，加强发展中国家新闻领域的交流与合作，将有助于打破少数媒体对国际话语权的垄断，增进发展中国家之间的了解和理解，增强有关发展中国家的客观声音，维护发展中国家的共同利益。

中国与区域内各国同属发展中国家，在世界舆论格局中同处于弱势地位，面临着共同争取话语权、提高传播能力、扩大影响力的任务。近些年，我们与各国在人文领域的交流合作越来越广泛和深入，取得了可喜的进展。比如，今年中国新疆地区的文化团体，应邀赴巴基斯坦、哈萨克斯坦等国进行友好访问演出，区域内国家的新闻官员、媒体记者也来到中国参观采访，都取得了超出预期的良好效果。这种朋友常来常往的交流形式，使我们像亲戚一样，越来往越亲近。目前，这种交流的势头仍在持续发展，为我们进一步开展人文领域的合作打下了一定的基础。同时我们也应该看到，作为好邻居、好朋友、好伙伴，这种交流还需进一步加强，交流合作的层次还需进一步提高，交流的形式和渠道还需进一步拓展。特别是在当前不平等、不公正的国际传播格局中，在面临的共同发展的任务面前，我们交流合作的紧迫性和必要性显得更加突出。我们看到，扩大在政治、经贸、安全和人文领域的合作，已经成为中国与区域内各国的共识。我们也清楚地认识到，我们的交流与合作、我们的发展和安全利益，还面临着很多挑战。中国—亚欧博览会将为我们共同思考问题、共同应对挑战提供很好的平台。我相信，在新闻部长论坛这样一个有益机制的推动下，我们在新闻和其他人文领域的交流合作将会迈上一个新的台阶。为此，我提出以下建议，与各位同事共勉。

第一，推动媒体发挥积极作用，促进区域内各国经济社会稳定发展。

中国和区域内各国共同面临促进经济发展、提高人民生活、维护社会稳定的任务，各国的媒体在沟通信息、促进交流，凝聚共识、消除误解等方面肩负着重大责任，发挥着重要作用。当今的中国，经过几代人不懈努力，经过30多年的改革开放，综合国力大幅提升，人民生活明显改善。同时，中国也面临着发展不平衡等方面的突出问题，需要通过继续深化改革加以解决。在新形势下，媒体特别是新兴媒体对社会生活的影响也无处不在。如何更好地把握好社会舆论走向，凝聚社会共识，为经济社会发展营造良好舆论氛围，是一项重要工作。从我们共同所处的区域看，多数国家经济社会发展水平仍有待提高，维护社会繁荣稳定的任务仍十分艰巨，特别是“三股势力”的干扰破坏，对经济社会健康发展造成严重危害。在这种背景下，媒体如何承担起应有的社会责任，包括如何深入揭露“三股势力”暴力恐怖本质等，是需要我们共同思考的重大问题。同时，在外部势力不断插手本地区事务、少数媒体对本地区发展状况存在严重偏见的情况下，如何保障本地区媒体的独立性，促使媒体发挥建设性的作用，加强媒体合作以维护本地区的发展稳定利益等，需要我们经常交流情况，分享经验，共谋良策。

第二，重视新兴媒体交流，不断拓展媒体合作新领域，分享新兴媒体建设和管理的经验。

互联网等新兴媒体对世界各国经济、政治、文化和社会生活的影响日益广泛深刻，在新闻信息传播中发挥的作用越来越突出，已成为公众获取信息的主要渠道之一。据专业机构统计，截至今年6月底，中国网民规模已达4.85亿人，互联网普及率达到36.2%。在中国，新兴媒体充满活力、发展潜力巨大，满足着人们不同的信息消费需求。中国政府充分认识到互联网等新兴媒体的重要性，大力支持新兴媒体的发展与普及，制定了促进新兴媒体发展的一系列政策，投入了大量资金构建新兴媒体的基础设施，并高度重视新兴媒体领域的国际交流与合作。同时我们认识到，互联网等新兴媒体也存在着不少不良信息，如影响青少年身心健康的低俗、色情信息等。以微博客为代表的新兴传播手段发展迅速，传播规律需要进一步研究把握。互联网技术的广泛应用甚至也为暴力犯罪提供了渠道。当前，中国的互联网发展规模已居世界前列，发展水平进一步提高，但也存在一些问题需要深入探索。我们愿与各国加强合作，共同分享互联网等新兴媒体的发展机遇，共同应对新兴媒体给社会发展带来的多重影响，使互联网等新兴媒体成为增进区域内各国社会发展、传播国家间友好合作的崭新平台。

第三，丰富媒体交流合作形式，更好地传递各国真实情况，促进各国人民之间的友谊。

新闻媒体作为信息传播的主要渠道，在增进各国人民相互了解和友谊、夯实各国之间友好合作的社会基础等方面，发挥着重要的桥梁作用。中国与区域内各国有着深厚的传统友谊，近些年，区域内各国媒体之间的交流合作已经取得一定进展。我们建议各国新闻主管部门继续发挥主导和推动作用，推动媒体特别是主流媒体之间交流合作进一步深化。比如，我们可以通过研修、互访等形式，加大媒体从业人员的交流；可以通过栏目、稿件、节目交换等方式，深化媒体合作关系；还可以就某一共同关心的话题举办研讨会，增进互信和共识等。我们还应该倡导媒体及其从业人员，注重对彼此国家经济社会发展状况、文化历史传统、民族风俗习惯等方面的采访报道，反映事实真相，消除彼此误解，满足受众需求，增进人民友谊。我国新疆维吾尔自治区与各有关国家有相近的文化背景，有相互了解的愿望，有已经形成的合作基础，在新疆进一步扩大对外开放的形势下，媒体采访的条件越来越便利，合作的渠道越来越畅通。我们希望区域内各国媒体能经常性地到新疆多走走、多看看，多了解新疆的最新发展，了解各族人民丰富多彩的历史和生活。对媒体的交流合作，中国国务院新闻办公室愿意一如既往地提供支持和帮助。

第四，加强政府新闻部门合作，推动新闻信息交流，共同维护区域合作发展利益。

我们希望与有关国家建立新闻主管部门之间的合作机制，及时共享有利于各国经济发展、社会进步的各类信息，积极传播有利于促进各国关系发展的客观事实，经常交换有利于各国繁荣和稳定的各方面情况，共同树立区域和平发展稳定的良好形象，共同维护区域发展合作利益。今年6月，我访问巴基斯坦期间，与菲尔都斯·阿什克·阿旺部长签署了中国国务院新闻办公室与巴基斯坦政府新闻广播部加强双方新闻媒体交流合作的谅解备忘录，为中巴新闻主管部门的交流合作奠定了良好基础。我们愿与其他各国新闻主管部门进一步密切工作关系，也希望在条件成熟时签署合作文件，推动国家间新闻信息交流取得新进展。我还想借此机会，建议区域内有关各国在中国—亚欧博览会框架之下，形成新闻主管部门定期交流机制，经常讨论大家共同关心的重大问题，分享新闻领域发展进步的最新成果。

这次新闻部长论坛的成功举行，将成为我们进一步开展合作的良好开端，我期待着我们的合作结出丰硕的成果！

全国道德模范座谈会暨第八届中国公民道德论坛

活动名称： 全国道德模范座谈会暨第八届中国公民道德论坛

主办单位： 中央宣传部、中央文明办、解放军总政治部、全国总工会、共青团中央、全国妇联

时　　间： 2011年9月20日下午

地　　点： 北京

2011年9月20日下午，由中央宣传部、中央文明办、解放军总政治部、全国总工会、共青团中央、全国妇联举办的全国道德模范座谈会暨第八届中国公民道德论坛在北京举行。中共中央政治局常委李长春出席并讲话。以下为讲话全文：

在全国道德模范座谈会暨第八届中国公民道德论坛上的讲话①

李长春

同志们：

在党中央颁发《公民道德建设实施纲要》10周年之际，中央宣传部、中央文明办、解放军总政治部、全国总工会、共青团中央、全国妇联评选的第三届全国道德模范今天揭晓。首先，我代表党中央，向受到表彰的第三届全国道德模范表示热烈祝贺和崇高敬意！向长期以来积极参与、大力支持公民道德建设的各界人士表示诚挚问候和衷心感谢！

2007年以来，中宣部等六部门不断探索总结新形势下社会主义思想道德建设的新鲜经验，评选表彰了三届全国道德模范，集中展示了新时期公民道德建设的丰硕成果，极大激发了人民群众投身道德建设的热情，在全社会形成了学习道德模范、关爱道德模范、崇尚道德模范、争当道德模范的浓厚氛围。总体来看，评选表彰活动呈现这样几个鲜明的特点。

一是坚持群众路线，突出了群众评、评群众。在三届评选活动中，全国累计有2.87亿人次参与评选投票，广大群众共推荐候选人11.28万名，其中90%以上是普通工人、农民、社区居民、学生和军人。主办部门提前向全社会公布评选标准、办法和程序，通过广泛开展“我推荐、我评议身边好人”等活动吸引群众参与，开通报纸、网络、热线电话、电子邮箱等多种渠道，方便群众推荐、投票、监督。活动的覆盖面和群众的参与度都是前所未有的，真正做到了群众评、评群众，做到了广泛性和代表性的高度统一，使道德模范可亲、可敬、

① 李长春：《在全国道德模范座谈会暨第八届中国公民道德论坛上的讲话》，《人民日报》2011年9月23日，第3版。

可信、可学，起到了用身边事实教育引导身边人的良好效果。

二是坚持公平公正公开，提高了公信力和权威性。评选严格遵照规定程序规范操作，坚持开门评选，积极引入第三方力量，委托国家统计局监督和参与计票，由公安部身份证号码查询服务中心验证有效选票，把群众性、广泛性与专业性、科学性更好地结合起来，增强了透明度、公信度，使评选活动本身成为提高公民素质、推动公民道德建设的生动实践，受到社会广泛好评。

三是坚持贴近实际，推动形成良好社会风尚。各地各部门把评选表彰活动与群众性精神文明创建活动紧密结合，与“讲文明树新风”活动紧密结合，与深入推进文明城市、文明村镇、文明单位创建活动紧密结合，广泛开展“评模范、学模范、当模范”等活动，引导人们从自己做起，从身边事情做起，在为他人送温暖、为社会做贡献、为家庭谋幸福中提升人生境界，使评选表彰过程成为广大群众学习道德模范、弘扬真善美的过程，成为普及基本道德规范、推动道德建设的过程，为进一步培育知荣辱、讲道德、促和谐的文明风尚提供了持久的精神力量。

四是坚持宣传引导，最大限度扩大社会影响。中央主要媒体开辟专版特刊、专题专栏，刊发通讯报道、言论评论，制作刊播公益广告，逐一介绍候选人事迹，及时报道评选活动进展情况和社会反响，浓墨重彩地宣传道德模范风采。中央重点新闻网站和知名商业网站设立专题页面开展网上宣传，成千上万的网民跟帖留言、热评热议。及时推出一批群众喜闻乐见的道德模范“故事汇”、广播剧、报告文学、影视剧，引起良好反响。广泛组织巡讲报告、座谈研讨等活动，让道德模范与群众面对面交流。对道德模范评选表彰活动形式多样、贯穿始终的宣传，有力地促进全社会兴起学习道德模范的热潮。

实践证明，评选表彰道德模范，是引导人民群众大规模参与道德实践的成功探索，是新形势下推进公民道德建设和精神文明建设的创新之举，对于在全社会弘扬中华民族传统美德、自觉践行社会主义荣辱观起到了极大的榜样引领作用，受到人民群众广泛赞扬，得到社会各界充分肯定，成效十分显著，经验弥足珍贵。下面，就进一步发扬成绩、巩固成果，总结提高、创新发展，不断开创公民道德建设新局面，我讲几点意见。

一、正确认识公民道德建设面临的新形势，进一步增强做好工作的责任感、使命感、紧迫感

党的十七大以来，以胡锦涛同志为总书记的党中央团结带领全国各族人民，万众一心、迎难而上，紧紧抓住重要战略机遇期，成功应对国际金融危机冲击，加快转变经济发展方式，继续深化改革开放，保持了经济平稳较快发展，人民生活明显改善，综合国力大幅提升，社会主义经济建设、政治建设、文化建设、社会建设以及生态文明建设和党的建设取得重大成就，开创了中国特色社会主义事业新局面。在推进改革开放和现代化建设事业伟大进程中，党中央对加强公民道德建设始终高度重视，将其作为关系全局、关系长远的战略任务，摆上重要位置，采取扎实有效措施，推动公民道德建设取得了显著成效，为巩固共同思想基础、形成坚定理想信念、凝聚强大精神力量、培育良好道德风尚、促进社会和谐稳定发挥了重要作用。

当前，公民道德建设工作正站在一个新起点上，面临着难得机遇。一是经过改革开放30多年的不懈奋斗，我们成功走出了一条中国特色社会主义道路，形成了中国特色社会主义理论体系，确立了中国特色社会主义制度，推动中国经济社会快速发展，从历史与现实、国内与国外的鲜明对比中，越来越多的人深刻认识到，只有在中国共产党领导下，坚持中国特色社会主义道路、理论体系、制度，才能实现中华民族的伟大复兴；认识到中国特色社会主义是中国共产党领导中国人民进行的具有划时代意义的崭新创造，是人类文明史上的伟大创举，是中国对世界的历史性贡献。中国特色社会主义事业取得举世瞩目、令人信服的伟大成就，为进一步加强公民道德建设提供了坚不可摧的实践基础。二是我们紧紧围绕庆祝中华人民共和国成立60周年、庆祝建党90周年，以及举办北京奥运会残奥会、上海世博会、广州亚运会亚残运会等重大活动，应对汶川特大地震、玉树强烈地震、舟曲特大山洪泥石流等重大自然灾害，大力宣传以胡锦涛同志为总书记的党中央领导全党和全国各族人民团结一心、排除万难，办成大事、办好喜事、办妥难事的伟大实践和丰功伟绩，大力开展形势政策教育，开展爱党爱国爱社会主义教育，开展民族团结进步教育，扎实推进社会主义核心价值体系建设。全党全国各族人民团结奋斗的共同思想基础空前巩固，为进一步加强公民道德建设提供了强大的思想保证。三是我们紧紧围绕提高公民思想道德素质和社会现代文明程度这个目标任务，大力学习、宣传、践行社会主义荣辱观，加强青少年思想道德建设，开展全国道德模范评选表彰活动，广泛开展做新时期雷锋活动，开展“讲文明树新风”活动，开展志愿服务活动，开展文明城市、文明单位、文明村镇创建活动，城乡面貌焕然一新，社会环境和公共秩序明显改观，文明礼仪、志愿服务蔚然成风，人民群众精神风貌更加昂扬向上，特别是广大青少年的思想道德状况发生可喜变化，展示了中国特色社会主义事业合格建设者和可靠接班人的时代风采。全社会思想道德水平和文明程度的不断提升，为进一步加强公民道德建设提供了有利条件。

与此同时，我们也要清醒看到，当前，国际国内形势正在发生深刻变化，公民道德建设也面临着严峻挑战。从国际环境看，随着世界多极化、经济全球化加快发展和我国对外开放不断扩大，中外思想文化交流交融交锋更加频繁，这既为我们学习借鉴世界有益文化、推动中华文化“走出去”、扩大中华文化国际影响力提供极好机遇，同时也使西方腐朽思想文化乘机而入。如何通过思想道德建设筑牢思想防线，在积极吸收外来有益文化的同时抵御西方有害思想文化的渗透，不断巩固全党全国各族人民团结奋斗的共同思想基础，面临着新的挑战。从国内环境看，随着经济体制深刻变革、社会结构深刻变动、利益关系深刻调整、思想观念深刻变化，社会思想意识多元、多样、多变日趋明显。特别是随着我国进入改革发展攻坚期和社会矛盾凸显期，各种社会现象和社会矛盾更加复杂多样，正确与错误、先进与落后、积极与消极的思想相互交织，反映在道德建设领域，部分社会成员拜金主义、享乐主义、极端个人主义有所滋长，见利忘义、诚信缺失等道德失范现象时有发生，封建迷信、黄赌毒等社会丑恶现象沉渣泛起，这些问题严重败坏了社会风气，群众反应强烈。如何通过思想道德建设弘扬社会正气，更加有效地以社会主义核心价值体系引领社会思潮，进一步统一思想、凝聚力量，推动全社会形成良好思想道德和文明和谐风尚，面临着新的挑战。从现代科技发展的影响看，随着互联网、手机等信息网络技术迅猛发展，特别是社交网络、微博的迅速兴起，信息传播更为快捷、覆盖更为广泛、影响更为巨大，既为先进思想文化和道德观念传播提供了新阵地，也为各种不良信息传播蔓延提供了新渠道。网络色情信息、低俗内容时有出现，对人们特别是广大青少年思想行为产生不良影响。如何通过思想道德建设加强自律和他律，更加有效地占领互联网等新兴媒体阵地，用先进思想文化和高尚道德情操引领网络文化，面临着新的挑战。从工作实际看，与经济社会的发展变化相比，与人民群众呼唤提升公民道德的要求相比，公民道德建设还存在许多亟待加强的薄弱环节。如一些地方和部门领导对道德建设的地位和作用认识不足、重视不够、研究不深，对公民经常性的道德教育不够深入扎实，缺乏针对性、有效性，道德建设的覆盖面有待进一步扩大、道德领域的突出问题有待进一步解决，等等。这些都与人民群众的期望还有较大差距。此外，公民道德建设的体制机制、思想观念、内容形式、政策措施特别是方法手段仍有不少与形势发展不相适应的地方。这些问题，都迫切需要引起高度重视，及时研究解决。同时，我们既要看到面临的这些挑战，也要正确分析和把握公民道德建设的形势，增强做好工作的信心。要看到，经过改革开放30多年的奋斗，我国经济社会发展取得了巨大成就，综合国力和国际地位大幅提高，全民族的自尊心、自信心、自豪感极大增强，广大干部群众呈现前所未有的良好精神风貌，城乡环境、公共秩序、文明礼仪、社会服务、旅游景区等方面都发生了有目共睹的积极变化，与30多年前相比，整个社会的现代文明程度有了明显提升，公民的思想道德素质有了显著提高，这是公民道德建设的主流。尽管当前公民道德建设领域还存在着一些不容忽视的问题，但这是前进中的问题，要放在社会转型的大背景下来看待，只要全党全社会高度重视，综合运用法律的、行政的、经济的、思想教育的多种手段，就一定能够推动公民道德建设不断上水平。

总之，新的形势和任务、机遇和挑战，对做好公民道德建设工作提出了新的更高要求。我们必须充分认识到，加强和改进公民道德建设，是提高公民素质和社会现代文明程度的迫切需要，是构建中华民族共有精神家园的迫切需要，是巩固全体人民团结奋斗共同思想道德基础的迫切需要，是推动中国特色社会主义事业顺利发展的迫切需要。即将召开的党的十七届六中全会，将对深化文化体制改革、推动社会主义文化大发展大繁荣做出全面部署，对加强社会主义思想道德建设提出新的任务要求。我们一定要从党和国家事业的全局出发，深刻认识新形势下深入推进公民思想道德建设的重大意义，自觉肩负起光荣使命，认真贯彻落实中央决策部署，与时俱进、开拓创新，以扎实有力的工作不断开创公民道德建设新局面。

二、深入推进社会主义核心价值体系建设，更好地凝聚全党全国各族人民团结奋斗的强大精神力量

社会主义核心价值体系是社会主义意识形态的本质体现，是引领当代中国发展进步的精神旗帜，是社会主义先进文化的精髓，也是加强公民道德建设的根本。我们要把学习实践社会主义核心价值体系作为公民道德建设的重要任务，抓紧制定《社会主义核心价值体系实施纲要》，把社会主义核心价值体系融入国民教育、精神文明建设和党的建设全过程，贯穿到精神文化产品创作生产传播的方方面面，使之成为全社会最基本、最广泛的思想共识，不断巩固全党全国各族人民团结奋斗的共同思想道德基础。

要紧紧抓住用马克思主义中国化最新成果武装头脑这个根本，深入学习贯彻胡锦涛总书记“七一”重要讲话精神，广泛开展中国特色社会主义理论体系学习宣传教育，不断推进马克思主义中国化、时代化、大众化，大力实施马克思主义理论研究和建设工程，努力探索用社会主义核心价值体系引领社会思潮的有效途径，深入浅出地回答干部群众关心的重大理论和现实问题，使中国特色社会主义理论体系日益深入人心，在亿万人民的实践中发挥出巨大的指导作用。要紧紧抓住坚定中国特色社会主义理想信念这个时代主题，深入开展中国近现代史特别是中国共产党领导全国各族人民争取民族独立、人民解放、国家富强和人民幸福的奋斗史、创业史、改革开放史的学习教育，开展国情和形势政策教育，大力宣传党的基本理论、基本路线、基本纲领、基本经验，宣传改革开放和现代化建设取得的巨大成就，宣传全国各族人民在实现全面建设小康社会宏伟目标的征程中创造的新成就、新经验，引导人们深刻认识历史和人民怎样选择了中国共产党、选择了马克思主义、选择了社会主义道路、选择了改革开放，深刻认识中国共产党是建设中国特色社会主义的坚强领导核心，不断增强在党的领导下、走中国特色社会主义道路、实现中华民族伟大复兴的自觉性和坚定性。要紧紧抓住弘扬民族精神和时代精神这个重要任务，大力弘扬以爱国主义为核心的民族精神，弘扬以改革创新为核心的时代精神，充分挖掘改革开放和现代化建设过程中涌现出来的先进集体和模范人物所体现的精神资源，大力宣传一切有利于国家富强、民族团结、社会进步、人民幸福的思想和精神，不断丰富民族精神和时代精神的内涵，使全体人民始终保持昂扬向上、奋发有为的精神状态，凝聚起实现中华民族伟大复兴的强大精神力量。要紧紧抓住学习践行社会主义荣辱观这个关键环节，加快建立与社会主义市场经济相适应、与社会主义法律规范相协调、与中华民族传统美德相承接的社会主义思想道德体系，以增强诚信意识为重点，大力加强社会公德、职业道德、家庭美德、个人品德建设，大力倡导爱国、敬业、奉献、诚信、友善、互助等道德规范，把社会主义荣辱观的基本要求贯穿到人们的日常学习生活工作之中，引导人们在遵守基本行为准则的基础上，追求更高的思想道德目标，不断提高公民思想道德素质和社会现代文明程度。

三、充分发挥道德模范的榜样引领作用，在全社会推动形成知荣辱、讲道德、促和谐的文明风尚

伟大时代需要崇高精神的支撑，伟大事业需要榜样力量的引领。道德模范是群众推选出来的身边榜样，在他们身上集中体现了中华民族的优秀品质，集中表达了人民群众的道德追求，集中反映了社会进步的时代精神。一个典型就是一面旗帜，一个模范就是一座丰碑，他们是推进公民道德建设最有说服力、最有影响力的鲜活教材。要深入开展学习宣传道德模范活动，使他们的先进事迹广泛传播、让他们的崇高精神广为弘扬，转化成全社会道德建设的共同财富和形成良好文明风尚的自觉行动。

宣传道德模范，要坚持联系广大人民群众的生活、工作和思想实际，真正使道德模范的先进事迹和崇高精神入耳、入脑、入心。要把宣传道德模范作为一项经常性工作，通过在传统媒体和新兴媒体上开设专题、专栏、专版，采用新闻报道、言论评论、公益广告、专家点评、群众讨论等形式，宣传道德模范的感人事迹，宣传他们身上体现出的高尚道德理念和道德情操。要针对不同受众群体的接受习惯和心理特点，突出群众视角，运用群众语言，使宣传形式丰富多彩，宣传内容亲切感人，在宣传报道中体现正确导向，在互动交流中启发引导群众，在贴近群众、服务群众中打造特色品牌。要以道德模范为原型，积极发挥文学艺术作品潜移默化、润物无声的独特作用，通过多样化的题材体裁、艺术形式和表现手法，多侧面、立体式地刻画道德模范，深刻揭示他们的精神世界，生动展现他们的人格魅力，以丰满、亲切、生动的艺术形象打动观众和读者，把道德模范的崇高精神境界、健康人生追求传递给人民。要重视运用民间舆论推介道德模范，对群众通过网络等方式发现“草根善举”、捧红“道德明星”的现象，要及时关注，给予支持、鼓励和引导，保护和激发群众自我教育的热情。要把学习宣传活动与群众性精神文明创建活动结合起来，突出思想道德内涵，深入推进文明城市、文明村镇、文明单位创建，扎实开展“讲文明树新风”、社会志愿服务、送温暖献爱心、文化助残等活动，引导人们自觉履行法定义务、社会责任、家庭责任。要广泛组织基层巡讲、“道德讲堂”、座谈研讨、社区议事会、道德评议会等活动，引导群众对照道德模范开展道德评议，见贤思齐、奋发向上，在全社会形成学习宣传道德模范的浓厚氛围。

公安部“公安微博：实践与前景”研讨会

活动名称：“公安微博：实践与前景”研讨会

主办单位：公安部

时　　间：2011年9月25～26日

地　　点：北京

2011年9月25日至26日，公安部在北京举行“公安微博：实践与前景”研讨会。公安部副部长黄明在出席研讨会并讲话时要求，全国公安机关要认真学习贯彻国务委员、公安部部长孟建柱同志关于加强公安微博建设的指示精神，坚持公开为先、服务为本，尊重群众、顺应民意，把维护社会稳定与服务人民群众有机结合起来，把宣传公安工作与通达社情民意有机结合起来，把回应社会关切与加强舆论引导有机结合起来，积极构建以省级公安政务微博为龙头、以地市公安政务微博为主干、省市县三级公安政务微博优势互补，政务微博与民警个人工作微博相互补充，具有鲜明公安工作特色的微博群，深入推进社会管理创新，不断提升信息化条件下公安机关服务群众的能力和水平。

黄明指出，近年来，公安微博蓬勃发展，适应了时代发展的新要求，回应了人民群众的新期待，开辟了公安工作的新天地，得到了社会各界的广泛关注和充分肯定。公安微博这一创新实践，体现了公安机关解放思想、锐意创新的勇气和胆略，也反映了近几年来公安工作理念创新、机制创新、方法创新的成果。

黄明要求，各级公安机关要充分认识公安微博的重要性，努力把公安微博建设成警务公开的新平台，进一步扩大公开范围，提高公开时效，方便群众咨询，接受群众监督；建设成服务群众的新平台，进一步拓宽服务领域，提高服务水平，为人民群众提供更加快速、便捷、优质的服务；建设成化解矛盾的新平台，进一步加强与网民的互动沟通，以平等、包容的心态对待批评，以客观、公正的态度解疑释惑，以认真负责的精神解决关系群众切身利益的问题；建设成舆论引导的新平台，进一步关注民生、关注网上热点话题，用准确、权威、透明的信息及时回应网民关切，澄清事实，消除误解。公安微博要带头遵守法律法规、维护公平正义、弘扬社会公德，发挥表率示范作用。

黄明强调，公开为先、服务为本，是公安微博的价值所在；尊重群众、顺应民意，是公安微博的生命所在。公安微博前景广阔、大有可为，要坚持与时俱进、不断提高质量。要进一步在加强领导、明确责任上下功夫，在健全机制、形成常态上下功夫，在加强培训、提高能力上下功夫，在把握规律、提高内在素质上下功夫，努力把公安微博建设和管理提高到一个新水平。

研讨会上，14个省区市公安机关的负责同志就通过微博等新兴媒体拓展为民服务空间、推动社会管理创新、构建和谐警民关系等进行了深入研讨交流，有关专家学者、互联网站负责人对如何进一步加强公安微博建设和管理提出了意见和建议。

公安微博蓬勃发展，社会影响不断扩大。目前，全国公安机关仅在新浪网、腾讯网开设的政务微博就已有4000余个，经过认证的民警个人工作微博约有近5000个，在各行各业中独树一帜。全国公安微博拥有数千万的“粉丝”，社会影响不断扩大。

从2010年2月广东省肇庆市、佛山市公安局率先开通公安微博以来，公安微博在推进公安工作信息化、社会管理创新与构建和谐警民关系中，获得了快速发展。全国公安微博形成了以地市级公安政务微博为主并整合为微博群的“广东模式”、以省级公安政务微博建设为主的“北京模式”，以及以基层派出所和公安民警个人工作微博为主的“厦门模式”。据新浪网统计，“粉丝”数排名前20位的政府部门微博中，公安政务微博有15个；在腾讯网、人民网评出的全国十大政务微博中，7个是公安政务微博。2011年以来，公安部也开通了“@打四黑除四害”“@中国维和警察”“@全国打黑办”等官方微博。

公安微博使警民沟通变得更加畅通有效，使回应社会关切变得更加及时主动，使服务群众变得更加便捷高效，得到了社会各界和人民群众的广泛关注和充分肯定。

时任公安部黄明副部长在“公安微博：实践与前景”研讨会上的讲话实录

各位来宾、各位朋友、女士们、先生们：

上午好。

去年以来，微博这一互联网新技术、新应用在中国得到迅猛发展，成为虚拟世界一道亮丽的风景。小微博、大影响，小载体、大容量，小窗口、大世界，微博的低门槛和自由开放以及移动性、即时性、互动性特点和2亿用户的庞大群体，产生了广泛而深刻的社会影响。

2010年初，广东肇庆、佛山公安局率先开通公安微博，在政府部门中首开先河。公安部6月在广东召开社会管理创新工作座谈会，给予了充分的肯定和积极的鼓励，迅速推动了全国公安微博的蓬勃发展。目前，各级公安机关仅在新浪、腾讯开设的政务微博已有四千余个，经过认证的民警个人工作微博也有约五千个，在各行各业中独树一帜。今年以来公安部也开通了“@打四黑除四害”、“@中国维和警察”和“@全国打黑办”等官方微博。据新浪网统计，粉丝数排名前20位的政府部门微博中，公安政务微博有15个，在腾讯网、人民网评选出的全国十大政务微博中，有7个是公安政务微博。“平安南粤”“平安北京”等已经成为具有重要影响的微博知名品牌。全国公安微博拥有数千万的粉丝阵容。在沟通虚拟社会与现实社会中发挥了独特的作用，得到了社会各界和广大人民群众的广泛关注和充分肯定。

一年多来的实践使我们对公安微博有了比较清醒的认识和深刻的体会。在此，我愿意和大家一道分享。

第一，公安微博是顺应时代发展要求的创新实践。网络时代，网民是社会的主要群体之一，网民不满意，难言群众满意。积极利用公安微博，与网民沟通，回应社会关切，满足群众的诉求，充分体现了公安机关解放思想、锐意进取的勇气和胆略，同时，这一创新实践也与近年来公安工作的理念创新、机制创新、方法创新密不可分。加强公安信息化建设，有效提高了公安工作的信息化水平和民警的信息化理念。现在我们全国公安机关经过这几年的信息化建设，已经做到了全国公安机关每百名民警，电脑有一百台。很多公安工作基本上都在网上运行。这个为我们在互联网上开办微博，在互联网上工作打造了很好的条件，打造了一个坚实的基础。

同时我们加强执法规范化建设，为警务公开、阳光执法奠定了坚实的基础。加强和谐警民关系建设，公安机关的群众工作由“面对面”延伸到了“键对键”，这是我们2008年在南京召开的公安厅局长座谈会孟建柱部长提出的公安机关加强“三化”建设，就是加强公安信息化建设、加强公安执法规范化建设、加强和谐警民关系建设。这“三化”建设应该说为我们整个今天的微博和发展奠定了一个基础和创造了一个条件。加强和创新社会管理，连通着虚拟社会与现实社会，可以说公安微博适应了时代发展的新要求，回应了人民群众的新期待，也开辟了公安工作的新天地。

第二，公安微博前景广阔，大有可为。公开为先，服务为本，是公安微博的价值所在。尊重群众、顺应民意是公安微博的生命所在。公安部鼓励和支持各地公安机关本着积极利用、趋利避害的原则，务实推进公安微博健康发展。要逐步在全国范围内形成以省级公安政务微博为龙头，地市级公安政务微博为主干，省市县三级公安政务微博相互补充、互相呼应，公安政务微博与民警个人工作微博相结合的有鲜明特色的公安微博群。在带头遵守法律法规、维护公平正义、弘扬社会公德的同时，不断丰富内容、拓展攻略，努力把公安微博打造成五个新平台。

一是打造警务公开的新平台。进一步扩大警务公开范围，提高公开时效，方便群众咨询，接受群众监督。

二是打造服务群众的新平台。进一步拓宽服务领域，提高服务水平，为人民群众提供更加快捷、便捷、优质的服务。

三是打造化解矛盾的新平台。进一步加强与网民的互动沟通，积极回应群众的新期待，满足群众的新要求，最大限度地解决涉及群众切身利益的实际问题。

四是打造舆论引导的新平台。进一步关注民生、关注网上热点话题，用准确、权威、透明的信息，第一时间回应网民的关切，及时澄清事实，消除谣言和猜测。

五是打造展示形象的新平台。坚持以小见大、以人为本，展示公安工作的成效，反映公安队伍的风貌，树立公安民警亲民、爱民、敬业奉献的良好形象。

第三，公安微博还要与时俱进，提高质量。当前，微博的技术应用仍在发展中，介于微博与博客之间功能更加强大的轻博也在崭露头角。我们认为微博的发展在质不在量，微博的影响力取决于行政力。这就要求我们必须加强学习，加强研究，紧跟网络技术发展的步伐，分析特点、把握规律，与时俱进、掌握主动，成为新技术、新应用的驾驭者。

下一步我们将加强公安微博的规范化管理，逐步完善公安微博报备认证监管制度、信息审核发布制度、群众诉求受理的反馈制度，做好对公安微博工作人员的培训和对政务微博的考核评估。加强全国公安微博之间的联动协作，实行资源共享和整体联动。同时，我们将坚持不懈地大力加强自身建设，不断提升公安队伍的整体素质、内在素质，不断提高预防打击犯罪、社会管理创新、服务人民群众的能力和水平，为网上问题的解决提供坚实的现实支撑。

同志们、朋友们，公安微博建设与管理是一项全新的工作，每前进一步都离不开广大网友和人民群众的支持，离不开互联网站和新闻界朋友们的厚爱，离不开专家学者的悉心指导。非常感谢我们各位老总刚才很好的建议和贡献的智慧。在此，我代表公安部对大家表示衷心的感谢，同时，公安机关作为互联网管理的职能部门之一，将与有关部门密切配合，坚持依法行政，把管理与服务有机地结合起来，寓管理于服务之中，善待、善用、善管微博，努力为微博发展创造一个健康、有序的良好环境。

再次谢谢大家。

时任新浪网副总裁、总编辑陈彤在研讨会上的发言实录

尊敬的黄副部长、各位领导、各位朋友：

大家上午好。

在今年微博已经成为增长最为快速的互联网应用，微博在促进政务工作，改变、提升方面的作用更是成为各界普遍关注的热点。截至9月，通过新浪微博认证的各级政府机构及官员微博已经超过15000家，认证数量在半年内增加了四倍。覆盖中国大陆所有省级行政区域，包括外交部、国家旅游局以及公安部的中国维和警察、全国打黑办等部委级官方微博。在目前所有的政务微博中，公安微博无论从覆盖面还是影响力都是一枝独秀。

在新浪微博中，公安微博已经涵盖从省厅、公安局、公安分局各警种支队、派出所到民警个人等各个层面，治安、交警、消防、经侦、刑侦、禁毒、出入境等所有公安业务警种，其中包括中国第一个公安微博、第一个省区公安微博、第一个消防机构交管机构微博、派出所微博到第一个公安官员微博，到多家首家全国公安系统微博均是在新浪微博首家开通，我想这里的原因是与新浪的优质服务、较高的面对认知度和较高的市场占有率分不开的。

在政务微博的运营中，公安微博率先尝试了微博直播、线索征集、警民互动、微博访谈、常识普及、危机公关、联动破案、正面宣传等多种方式，以其良好的互动性、贴近性、实用性，赢得了网民和媒体的关注。北京市公安局的“平安北京”针对网络热点话题快速跟进，及时发布消息。今年2月，针对东直门来福士广场一外国人被枪杀致死的消息，“平安北京”及时与相关部门核实情况，在确认是一起跳楼自杀事件之后，第一时间将真相发布在新浪微博上，死者并非外国人，也没有枪击情节，迅速平息了谣言的传播。北京消防微博自开通后，发布消防知识，及时播报火情火警信息，首条关于消防安全提示的微博，被姚晨等诸多名人转发，开通务警，邀请了50余位微博网友参加搜救犬消防队，通过线上线下互动，有效拉近了与网民的距离。

今年清明节期间，上海市公安局与新浪微博合作，通过微博直播清明安全出行话题，全程为网友直播清明节扫墓踏青安全出行状况。而在今年春运期间，全国800余家公安微博与新浪微博联动直播报道春运安保工作，反映各地公安疏导道路交通、处理交通事故，开展隐患排查。加强治安防控及服务群众情况，并发布了大量安全提示和出行信息，首创全国公安微博联动报道的形式。

此外，公安微博还在新浪微博中开设了“我最喜爱的警察”评选活动，直播警营开放日活动。去年年底，龙岩市公安局郭局长，在下辖的7个公安局长集体通过新浪微博访谈回答网友提问，现场解答网友的实际问题，共收到问题3200多个。

今后，新浪微博还将不断完善自身的功能，针对政务微博，新浪已经正式推出了政务微博专业版，新增了图片、视频、地图等模块，机构集群管理以及舆情监控、公告栏展示、多账号管理、单条信息置顶等功能于一体，便于信息管理，以及更直接的用户信息体验及及时的信息搜集，实现政务微博与自己自身网站的沟通，盘活政府门户资源，目前已经有平安北京、平安南粤、济南公安等15个公安微博开展运用了新浪政务微博版。

2010年2月，第一个公安系统微博在新浪开通，这就是平安肇庆。一年半以后，公安微博已经成为并创造了中国多个政务微博应用的第一和范例。在今后，新浪将继续加强与公安部和各级公安系统的密切合作，在推动社会管理创新和搭建警民互动平台方面不断创新，在公安部的领导下，共同通过公安微博将中国政务微博的应用水平提升到一个新的高度。

谢谢大家。

腾讯网副总编李方在研讨会上的发言实录

尊敬的黄明副部长、各位领导：

我在这里花几分钟把腾讯微博上面相关公安方面的工作进展向大家做一个汇报。

先看一下，这个是今天早晨刚刚发生的事情，就是广东辖区内的第二例的微博自首。刚才广东的同志已经讲了第一例的微博自首是一个殴斗事件，第二例的微博自首是一个交通肇事事件，大概发生在8年前。因为响应广东公安厅的网上自首号召，现在逃不开良心的谴责，向广东警方自首。我觉得在这个意义上来说，公安微博已经超越了简单的宣示，呈现政府机关的形象。它真的是在网上开始转起来，开始能够发挥它真正亟待发挥的作用。

下面我来正式介绍一下我们这边的工作。

截止到目前，公安系统在腾讯开通的微博总数达到7000个，个人微博3600个，机构微博3400个。我们统计了一下，的确就像前面廖总和陈总讲的一样，公安微博几乎占了整个我们政务微博的半壁江山。应该讲，在总量中，有一半是公安微博，而且公安微博在这个里面的确是开风气之先。早在去年，平安广东、平安肇庆就已经成为政府微博里最早建立的机构。现在在腾讯的平台上，共有省级微博12家，包括黑龙江、河北、山东等。同时，因为腾讯有超过3亿注册用户的微博平台，每天发布的消息是在5000万条，已经构成了一个国内最大的微博互动平台，能够为咱们的公安战线事业做出贡献，我们也感到荣幸。同时腾讯微博基于QQ的客户端，通过网页、彩信、短信、手机腾讯网等多种手机客户端，通过我们的腾讯空间、邮箱、拼音等，其实创造了一个非常多样化的能够去使用微博服务的渠道。

我想对于无论是战斗在一线的干警还是希望能够得到信息和服务的用户，都是一个很好的平台和渠道。同时，针对政务微博，包括咱们公安的微博，腾讯都进行了非常严格的信息审核，确保网上信息安全，这个是没有问题的。

公安应用微博各种网络产品，我们觉得可以达到亲民、收集信息、宣传信息、网络问政、引导舆论等作用。而公安微博在腾讯上收获的不仅仅是听众，而且整个平台可以为公安微博贡献力量。在亲民方面，因为腾讯的平台最均衡地反映了来自社会各阶层的民意，因此也被称为最接地气的微博平台。例如，我们的网友自发地称呼广东省公安厅为“厅哥”，广东省公安厅的听众目前已经超过了400万人，两次被人民网舆情监测室评选为优秀的官方微博。另外值得一提的是，我们的企业QQ产品应用于广东省公安厅，创造了超过20万的用户添加广东省公安厅为好友的记录。除了机构微博，公安的个人微博也可以很好地展示公安的形象。例如，国策公安局禁毒支队民警马啸负伤以后，建立了以禁毒在线为名的禁毒微博，一段时间内，他的听众的增长数仅次于刘翔。同时马啸也因为微博而获得了公安部的二级英模称号。大家对马啸的事迹也都比较了解，正是因为微博给他提供了一个新的平台，他把他的能量、把他的理想、把他的热情能够在自己身体不方便的情况下发挥出来。这个的确在有微博之前是不可想象的事情。在这里，虽然马啸不在，我依然向他表示我们的祝贺。

在收集信息、网络问政方面腾讯的例子很多。比如深圳公安机构已经探索了传统的政务网的服务功能和微博的融合，将各种便民信息链接融合进微博主业，通过及时解答网友的疑惑，被媒体称为微管。福建三名公安利用腾讯微博破获杀人抛尸案，就在不久前，逃犯借腾讯微博与中山微博沟通并自首，成为全国首例微博自首案。这个讲的是上面广东公安自首的另外一个案例。这个事件被《人民日报》报道，公安微博已经渐渐成为沟通警民关系的平台。微博这种方式之所以好，是因为它容易为大家所接受。在微博上，犯罪分子也能过得了心理观。

与此同时，公安用微博与群众沟通过程中，也体现了亲民的形象。另外，派出所、警务室也都建立了内部语音沟通的QQ群。腾讯公司也基本将所有的产品与微博打通，QQ群也成为腾讯微博的延伸品。在宣传信息方面，公安集体入驻，在发布信息方面的效果最为显著。例如黑龙江公安系统集体开通腾讯微博，包括各县分局官方微博近2000名公安干警入驻，在微博群的方式，在网上引起网友热烈的欢迎。今年6月以来，黑龙江发生百余起入室盗窃案件，而省公安厅利用微博进行报道，查询案犯，发布警方信息。这些信息能够覆盖到300多万的用户，取得了非常好的效果。再有，公安部多次组织全国公安微博联动活动，公安微博直播春运安保，把所有微博新闻和QQ的平台作用都发挥出来，当时在春节过后，我们省区市春运保平安的活动达到了6000万次转发。

而在舆论引导方面，微博也是一个特别好的渠道。公安机关通过微博了解民意，及时掌握信息并反馈，对于维护社会稳定、保一方平安具有特别重要的价值。举一个例子，广东去年发生过一个案例，网友在微博上议论纷纷，后来广东省公安厅、深圳公安厅分别在微博上进行回应，说我们已经关注，其实这都是政府部门处理群众意见的标准做法。但是微博通过微博平台做出回应，网友反馈特别好，同时网友表示热情的支持也是出乎各方面的意料。其实这也是对我们整个社会民意的一种研判。最后，我们想说的是，腾讯一定会积极严把好安全关口，做好安全工作，努力为包括公安系统在内的各级政府部门提供良好的微博平台服务。谢谢大家。

人民网代表在研讨会上的发言实录

尊敬的黄明副部长、各位同志：

我今天发言的题目是“用公安微博推动社会管理创新”。

今天很高兴来参加公安微博工作会议，在我印象中，在政府网站建设方面，商务部多年来都名列前茅，但是在微博建设方面，公安部可以说是一马当先。有人这样归纳微博的影响力，主要说它的粉丝数，说如果你有一百个粉丝，就相当于你办了一份内部刊物；如果有一万个粉丝，就相当于办了一本杂志；如果有十万个粉丝，相当于一张都市报；如果有一百万个粉丝，相当于一张中央级的纸媒；如果有一千万个粉丝，就相当于你办了一家电视台。大家看到，公安微博，刚才我听广东的同志讲现在有三千多万粉丝，那就办了家电视台了。公安微博的群体性创生和爆炸式增长与网民的密切沟通，是近年来互联网一道亮丽的风景线。借助于各地区、各警种的公安微博，促进了公安全警的信息化，有利于迅速澄清事实真相，疏导网民情绪，化解社会矛盾，促进突发事件的妥善解决，塑造和强化公安亲民的形象。我们认为公安微博是党的群体路线在互联网上的发扬光大，开辟了互联网上维护社会稳定的新概念。

从人民网舆情监测室主编的社会蓝皮书《中国互联网年度舆情分析报告》中看，根据几家全国性GPS和微博舆情数据锁定，今年锁定每年的20件舆情热点，从2009年后涉警负面舆情持续下降，而涉警正面舆情持续上扬。2011年至今，增长趋势十分明显。前几年，随着社会矛盾多发现象抬头，群体性事件等涉警案件日益增多，比如杭州飙车案、湖北巴中“邓玉娇”案、河南灵宝“王帅”案等，使警方形象受到很大的冲击。可喜的是，近年来通过公安大走访、开门评警等活动，很大程度上也是借助于公安微博群的有效沟通，人民警察察民意、集民智、解民忧，极大地改善了当下的警民关系，修复和提振了公安机关的良好形象。在现阶段，各级政府都在探索社会关系管理创新的时候，公安微博一马当先，做出了大胆尝试，积累了宝贵经验，可贺可喜。

下面我谈三点感受和建议，供同志们参考。

一、微博正在从自媒体变成公媒体，是新的执政工具

第一，微博列面式，传播范围广，速度快。微博信息传播呈现一对多的放射状信息传递平面。信息发布者的社会网络越大，联系越频繁，其发布的信息传播面就可能越广。加之微博即时传播与瞬间化的形式，使得其更容易先声夺人，这绝非以往传统媒体所能企及的。

第二，集群式的意见公共整合。一方面，微博信息倾向于分众理念下的聚合传播；另一方面，微博用户通过主动关注、细化类别、加入圈子，通过集群式的信息叠加实现认同，促进了意见的整合。

第三，微博舆论趋于专业化。包括专家学者、文艺明星、中等收入阶层、职场人士在内的主流人群的媒介选择行为，有向微博转移的趋势，他们利用自身优势和社会影响，促进微博舆论的专业化。近年来，越来越多的公权力部门也俯下身来，寻着微博的传播规律，传播规律与公众互动，使微博评论质量不断提高。

当然，我们也要看到微博也存在一些问题。比如微博中充斥着大量的谣言和质疑，给管理带来难度。温州“7·23”事故发生后，网上曾出现过大量谣言，人民网就曾根据微博信息整理出八大谣言。另外，虚假信息，容易操纵微博舆论场，微博平台缺乏有效的舆论引导与监管，加之去中心化的传播倾向，导致微博平台出现网络公关操控舆论的恶性行为，比如标题大，比如发布虚假信息等。正因为如此，微博在今天已经远远不是个人的时髦爱好，而是多样信息集散地、多元声音的虚拟舆论场，是执政者必须面对的社会管理新环境，微博开辟了官民对话的新渠道，推动着官方话语体系的转变，也成了党和政府治国理政的重要平台。

二、公安微博开启了公安机关发展公共关系的新思路

关于公安微博的发展，听说昨天的会议上已经做出了全方位的检阅。我在这里只谈谈人民微博的贡献。

在公安微博发展过程中，人民微博因为其用户中机构多、领导干部多、学者多的特点，在一定程度上有助于舆论方向的引导，故而已经凭借强大的资源整合优势形成了一定的公安官方微博的具体效应。截至目前，已有全国打黑办、河北省公安厅、济南省公安厅等400多家公安机构，以及辽宁公安微博群、柳州公安微博群、昆明公安微博群、连云港公安微博群等多个微博群落户人民网人民微博。

关于公安微博的功能和作用，媒体做过广泛的报道，我想再强调几点。

第一，及时发布全警业务信息，提高警务工作的服务性。公安机关网上群众观、网下服务观，方便了群众反映情况和表达诉求，拓展了信息采集渠道，不仅推动相关部门完善思路和举措，也进一步调动了网民反映问题和建言献策的积极性。北京市公安局新浪官方微博的“平安北京”，立足服务，多次提醒市民上下班车流高峰，成为民众的贴心交通台。

第二，以平等真诚态度与公众互动，提高亲民形象。公安微博注重互动与包容，以草根阶层的姿态来倾听。比如河北省公安厅官方微博表示，将始终以草根的心态，以网友的身份与群众进行在线交流互动。平安肇庆微博表示，平常日子沟通感情，关键时刻发布新闻。另外公安微博还善于用群众乐于听、听得懂的语言表达，一定程度上改变了警方的刻板形象，提升了警方的亲民度。广东公安厅训练公安民警说话有街坊味，这个街坊味就来自与网民平等交流的心态。

第三，开辟网上网下两个战场，把警务工作和舆论引导同步推进。过去网络问政主要集中在听政阶段，比如网络邮箱、网上信访、网络举报，这种形式不仅极易产生人走政息现象，而且不够直接，群众更希望有一种更为直接的方式，而微博恰恰满足了这个需求。不少公安机关把网上警务与传统警务结合起来，相互补充、相互支持，形成警务工作的完整性和立体性。今年8月17日，济南发生一起狱警因修车排队顺序殴打修车人的事件，引发群众不满，导致混乱和交通堵塞，该事件引起网友广泛关注，济南公安微博及时、细致的回应，有效避免了网络舆情的发酵和扩散，使一场来势汹汹的网络风波化解于无形。

三、完善公安微博建设的意见和建议

微博充斥着复杂的信息流，大量情绪化、非理性的内容若不及时加以引导，这类信息极易造成网络舆论环境的释放，引发负面效应。第一，建议公安部门应占据信息的第一落点，掌握主动权、控制话语权，做好微博舆论引导工作，助力微博构建良好舆论生态，和其他政务微博一样，公安微博在发挥其畅达性、高效性、亲和性等诸多优势时，一定程度上也存在着发展不平衡、重形式轻内容、重发布轻互动、重粉丝轻回复等现象。因此在公安微博便利开发的繁荣景象背后，更应该思考公安微博如何发挥更大的实际作用。

第二，建议公安微博的运营走向专业化管理。各级公安机关建立微博平台，除了创新形式，更应该充实内容，公安微博应有专人负责，潜心钻研，从官方微博的头像、昵称选择、介绍资料措辞等细节，到在微博上说什么、怎么说、何时说，都需要精心布置和考量，寻找到一个最佳、最合适的部位。

第三，建议进一步加强网上网下的联动。公安微博应建立一条完整的舆情研判、舆情设置、决策执行和反馈的链条。通过微博及时发现问题，获取线索，推动警务工作有序展开。用微博论证，去推动公安部门工作效率提升，从而有助于社会管理创新，网上的问题一旦有了明确的线索，就要网上网下通力合作，去落实解决，建立高效的突发事件应对引导机制，力争迅速解决实际问题，避免出现网对网、空对空。只有善于解决问题，才能使微博具有强大的生命力。

第四，建议公安微博积极联络并培养自己的意见领袖。意见领袖已经成为微博舆论传播的重要节点，公安部门应首先加强与微博中意见领袖的沟通交流，特别是遇到重大突发事件时，应及时与意见领袖沟通，通过他们间接地对网民进行引导。公安部门也要培养自己的意见领袖，让有影响力的专员进入微博发布正面的言论，引导微博舆论健康发展。

我们相信公安微博在公安部的深谋远虑的坚强领导下，完善管理规范、考评标准、舆情分析研判机制、突发事件微博信息发布机制等，一定能够取得更大的成就，为公安机关，也为全社会营造出政民沟通、和煦有效的网络环境。在这方面，人民网愿与公安系统建立更加密切的合作，特别是我们的人民微博和人民网舆情监测室。人民网愿为公安机关的网络宣传和舆论引导做出应有的贡献。

谢谢。

山东省济南市公安局副局长徐春华在研讨会上的发言实录

尊敬的各位领导、朋友们、同志们：

我发言的题目是《公安微博小阵地、警民和谐大舞台》。

今年8月17日，在济南发生的一名司法系统的女狱警打人事件中，“济南公安”微博及时发挥微博的社会“喊话器”功能，将整个事件的来龙去脉、前因后果第一时间向社会进行公布，及时平息了各种猜测和谣言，赢得了社会各界的好评，也使我们进一步认识了公安微博的独特作用。近年来，济南市公安局顺应互联网发展的趋势，在警察公共关系方面作了一些探索和尝试，通过微博这一载体，加强与市民互动，密切警民关系。通过微博小舞台，打造了一个“关注民生、倾听民声、为民解困、温暖民心”的警民和谐大舞台。截至目前，累计发布各类信息5600余条，网友转发和评论10.5万次，回复、解答疑难问题1.3万余条。目前，济南市公安微博群粉丝总数超过1000万。我们的主要做法有以下几方面。

一、顺应时代要求，为公安微博健康发展创造条件

一年多来，我局以微博为重点，多层次、全方位地开展警察公共关系建设。

一是迅速搭建平台。2010年8月在新浪网、腾讯网实名注册了“济南公安”微博，并通过官方认证，成为发布消息、对外宣传的重要平台；济南市委常委、政法委书记、公安局长刘杰同志，多次研究公安微博工作，并给予强力支持。

二是切实加强保障。专门全局选调4名民警成立了警察公共关系办公室，解决办公地点并购置专业设备器材。

三是完善规章制度。研究制定了《官方微博管理办法（试行）》，建立健全了微博开通、发布、督办和考核等制度，保证了“有问有答，有答有办，有办有督，有督有果”，确保各个环节高效衔接。

二、加强维护管理，提高公安微博的质量和水平

微博开通伊始，我们就按照信息公开的要求，将市公安局日常警务信息、服务类信息、防范类信息、国家重大方针政策、应对突发事件、微博重大活动等确定为日常微博维护内容。

一是加强新闻发布。开设了公安新闻、警方提示、警情通报、清网行动、警方通缉等栏目，第一时间发布有代表性、网民关注的公安信息。截至目前，累计发布信息3500余条；同时，开展微博通缉和追逃行动，将逃犯的信息发到微博上，发动社会和群众提供广泛的破案线索。2011年8月1日发布的微博《济南警方首次发布模拟画像通缉在逃犯罪嫌疑人》被转发4000余次、评论1000余条。先后发布“微博通缉令”20余次，有5名逃犯主动投案自首。

二是开展网上救助。我们将网上信息作为现实警情处置，避免微博上的求助、报警挂到“空挡”上。我们宁愿做了没有结果，也不能因为不做造成后果。去年8月28日，成功救助了在网上直播自杀的网友苏小沫，中央电视台先后3次进行采访报道。今年又通过“微寻人”成功救助一名离家出走的女孩。

三是积极服务民生。及时推出“微警务”活动，将微博上的市民的诉求，当作现实的警务来处理，坚持“小事不小看”的思路，只要是市民需要、求助、报警，我们都认真对待。为此我们还在“济南公安”微博上专门开设了“公安小警务、民生解难题”专栏。7月10日，一名出差到青岛的网友向我们发出求助信息，称其租住房屋风扇未关，害怕引发火灾。我们接到求助后，立即联系社区民警将屋内电源关闭，受到广大网友肯定。我们通过“济南公安”微博先后为市民解决上百件“小事”，被网友誉为“最亲情”的政务微博。

三、强化活动策划，保持公安微博的生机和活力

微博的生命力在于互动。我们结合微博传播特点，认真分析研究受众需求，及时推出了“微访谈”“微展示”“微话题”“微故事”“微普法”等“微系列”活动，受到网友和媒体的欢迎和关注。

一是推出系列“微访谈”。将公安部部署开展的“大走访”开门评警活动与公安微博密切结合起来，有声有色地在网上开展“微博大走访”。去年12月2日，组织筹划了新浪网全国首家政府部门微访谈，刘杰局长在两个小时的活动时间里回复、解答问题70余条；陆续推出18次“济南公安微博大走访”，治安、户政、交通、车管等警种先后参与活动。

二是召开微博新闻发布会。我局创新“新闻发布会”模式，利用微博直接面向所有网民召开新闻发布会。3月1日，“济南公安”的首个“新闻发布会”，公布了警方“亮剑”行动的有关情况，开全国政府机关微博新闻发布会先河，媒体记者称赞其“将新闻发布会原汁原味地呈现在公众面前，具有未经修饰的真实性”。目前，我局利用微博召开新闻发布会12次。

三是策划警队风采展示。结合受众人群兴趣爱好和年龄层次，开展了系列民警风采展示活动，并通过新兴媒体和传统媒体相结合的“全媒体”形式向公众推介。我们先后与新浪网、腾讯网联合策划开展了“警队80后”“百姓喜爱的泉城女警”等系列活动，在社会上引起强烈反响。“警队80后”位列济南地区微博热门话题关注榜榜首；“百姓喜爱的泉城女警”活动网络投票期间，共有3000万人次参与投票活动。

最后，借此机会感谢各级领导和媒体朋友对济南公安的关注和支持！谢谢大家！

国家互联网信息办公室召开“积极运用微博客服务社会经验交流会”

活动名称：积极运用微博客服务社会经验交流会

主办单位：国家互联网信息办公室

时　　间：2011 年 10 月 13 日

地　　点：北京

2011 年 10 月 13 日，国家互联网信息办公室在京召开积极运用微博客服务社会经验交流会。中宣部副部长，中央外宣办、国家互联网信息办主任王晨在会上强调，要深入贯彻落实中央关于互联网建设发展和管理的一系列指示精神，坚持“积极利用、科学发展、依法管理、确保安全”的方针，充分发挥微博客服务社会的积极作用，切实加强建设和管理，共同维护健康有序的网络传播秩序，为党和国家工作大局服务，为广大人民群众服务。

在会上，全国优秀共产党员、全国五一劳动奖章获得者、鞍钢集团矿业公司齐大山铁矿采场公路管理员郭明义，成都市政府新闻办，广州市公安局，中国南方航空股份有限公司和北京市 120 急救中心等单位代表分别发言。

郭明义介绍了自己如何把个人微博客建设成宣传和弘扬雷锋精神的新平台，倡导新风、播撒爱心的新渠道和汇聚网友力量为人民服务的新途径。成都市政府新闻办李科发表题为《应对新挑战 抢占话语权 专业化建设城市形象传播新平台》的主题发言，介绍成都市政府新闻办等单位运用微博及时发布信息，服务群众、回应关切，有效引导舆论，推动实际工作；拓展服务手段，和客户建立良好沟通互动关系；发布急救及健康信息，为市民提供医疗卫生服务等有关经验。广州市公安局副巡视员陆正光发表题为《秉承“公开为先、服务为本”新理念 打造新时期警民沟通新平台》的主题发言，介绍广州市公安局建设、运用官方微博“@广州公安”的相关情况。中国南方航空股份有限公司党委工作部部长赵继军发表题为《从顾客感受出发，全力打造“中国最好、国际一流”服务品牌》的主题发言，介绍了“@中国南方航空”运用微博服务社会的主要做法。北京市 120 急救中心党办主任张桂霞发表《运用微博，创建积极向上的 120“微文化”》的主题发言，介绍北京 120“织围脖”的心得。公安部打击拐卖妇女儿童犯罪办公室主任陈士渠发表主题发言《利用微博客创新打拐反拐工作》。中国青少年研究中心副主任、研究员孙云晓发表《专家开博的第一责任是贡献专业知识》的主题发言，介绍自己开设微博的体会感受。北京师范大学第二附属中学纪连海发表《做好自己，服务社会》的主题发言，介绍自己开微博的经历。中国城市战略发展研究会副会长、北大人力资本研究所研究员易鹏，做了《运用专业知识，通过微博推动社会理性建设》的主题发言。新浪首席执行官兼总裁曹国伟就“微博如何服务社会”等问题做主题发言。

会议指出，郭明义、陈士渠等同志和成都市政府新闻办、广州市公安局等单位在会上介绍的积极运用微博客服务社会的经验体会生动丰富，使人深受教育和启发。要认真学习和推广这些做法与经验，努力办好微博客、用好微博客，使微博客更好地服务群众、服务社会。

会议强调，要通过微博客普及科学理论，传播先进文化，弘扬社会正气，倡导良好风尚，更多发布为人民群众提供多种服务的新内容，更多展现积极健康向上的新风貌，推动网络文化繁荣和网络文明的发展。要积极推进微博客内容建设，为网民提供更多商务类、生活类、教育类、文娱类等实用信息，丰富信息服务内容，满足人们多方面、多样化、多层次的精神文化需求。要不断增进知名博主对国情、社情、网情的了解，增强社会责任感，充分发挥在网络文化建设中的作用。要推进网络文明建设，推动微博客用户树立网络文明意识，提高法治观念和法律意识，使微博客成为积极健康向上和文明理性表达的新平台。要推动党政机关和领导干部积极运用微博客，拓展联系群众、服务群众的渠道和手段，及时发布权威信息，积极回应社会关切，不断改进政府工作。

会议指出，在微博客快速发展的同时，要切实加强管理，解决好微博客发展过程中存在的一些问题。对少数人借用微博客编造和散布谣言，传播淫秽色情信息，故意侵犯他人权益，进行非法网络公关等违背法律法规和社会公德、污染网络环境、危害网络信息安全和公共利益的行为，必须依法依规予以查处，决不给各种谣言和违法信息提供传播渠道。要大力倡导以遵纪守法为荣、以违法乱纪为耻的荣辱观，支持鼓励网民文明上网、守法自律，共同创建健康有序发展的网络环境。

积极运用微博客服务社会经验交流会由国家互联网信息办副主任钱小芊主持。中央和国家机关有关负责人、各地网宣办负责人、中央新闻网站和部分商业网站负责人等参加了会议。新华社“中国网事”对会议进行了全程微博客直播。

中宣部副部长、中央外宣办、国家互联网信息办主任王晨讲话实录

今天，国家互联网信息办召开积极运用微博客服务社会经验交流会。大家的发言有一个共同点，就是紧跟时代步伐，适应互联网新技术新应用的快速发展，运用先进技术平台改进工作，联系群众，服务社会。我们要认真学习、推广经验，努力办好、用好微博客，更好地服务群众、服务社会。

通过微博客传播先进文化、弘扬社会正气。微博客作为互联网的一种新应用，是信息传播的一个重要媒介和平台。不少地方和单位重视加强微博客内容建设，通过微博客普及科学理论，传播先进文化，弘扬社会正气，倡导良好风尚，推动了网络文化繁荣和网络文明的发展。

今年以来，充分发挥微博客等新应用的作用，成功开展了“隆重庆祝中国共产党成立九十周年”等重大主题报道。实践证明，利用微博客传播快、影响大、社会动员能力强等特性，网络文化传播和文明建设可以有更高的效率、更好的传播效果、更大的社会影响。

通过微博客传播先进文化、弘扬社会正气。我们希望各地方各单位积极利用微博客，坚持贴近实际、贴近生活、贴近群众，更多发布广大网民喜闻乐见的新内容，更多展现积极健康向上的新风尚，更多反映维护人民群众根本利益的新举措，进一步提高舆论引导能力，更好地为改革开放和现代化建设服务。

通过微博客提供丰富多彩的信息服务。目前，微博客内容建设得到长足发展，境内50余家微博客网站每天更新帖文2亿多条。其中绝大多数内容涉及生活、文化、娱乐、商务等，提供了丰富多彩、健康有益的海量信息，极大方便了广大网民的学习、工作和生活。

通过微博客促进网民沟通交流。目前具有百万以上粉丝或听众的微博客用户已近2000名。影响力越大，责任也就越大。希望知名博主不断增进对国情社情网情的了解，增强社会责任感，促进微博客更加健康理性地发展。各有关方面要加强沟通、引导，充分发挥知名博主在网络文化建设中的积极作用。

通过微博客推进网络文明建设。网络文明建设是社会主义精神文明建设的重要内容，是建设社会主义和谐社会的重要要求，是中国特色网络文化建设的重要保障。许多作家、学者、艺术家等率先垂范，一些先进人物通过微博客与群众保持紧密联系，不少法律和教育工作者以案说法，引导网民健康上网。

希望网站和网民朋友进一步树立网络文明意识，倡文明表达、创文明环境，发文明博文、做文明博主，推动微博客成为弘扬社会主义核心价值体系、践行社会主义荣辱观的文化阵地、舆论阵地。要大力倡导“以遵纪守法为荣、以违法乱纪为耻”的荣辱观。

我前几天到江苏省镇江市调研，正好赶上当地金山网举办的博主沙龙，我也参加了，很受感动。镇江博主有一个“网络爱心联盟”，搞了救助西藏困难家庭、当地孤寡老人，关注农民工子女上学和生活问题等专题活动，促进了经济发展、社会和谐，也丰富了百姓的生活。这样的活动我们要大力倡导。

通过微博客推进网络文明建设。希望微博客网站以创建“文明网站”活动为契机，引导广大网民提高法治观念和法律意识，提高思想道德素养，倡导和建设积极健康向上的网络文化氛围，使微博客成为文明理性表达的新平台。

通过微博客推动党政机关和领导干部更好联系群众、服务群众。希望党政机关和党政领导干部，特别是与民生密切相关的部门和公职人员，以更加开放自信的态度开设微博客、用好微博客。通过微博客问政于民、问需于民、问计于民，妥善回应网上热点，努力引导好社会舆论，切实维护群众合法权益。

希望党的理论工作者、思想政治工作者、党政机关新闻发言人等注册微博客账号，通过微博客宣讲法律政策，回应网民诉求，澄清谣言传言，为群众解疑释惑，督促改进本地方本部门有关工作。

在肯定微博客正面作用的同时，也应看到，目前微博客使用中还存在一些亟待解决的问题。确有少数人借用微博客编造散布谣言，传播淫秽色情低俗信息，故意侵犯他人权益等，违背法律法规和社会公德，扰乱社会秩序，污染网络环境，败坏社会风气，危害网络安全和公共利益。

前不久，国家互联网信息办有关负责人就近期有人在微博客上捏造谎言予以谴责，要求有关地方网管部门依法依规惩处制造和传播谣言的人员及网站，严肃追究其相应责任。同时强调，网络谣言是危害网络、危害社会的毒瘤，清除网络谣言需要广大网民、互联网企业和全社会共同努力。

网民在上网时应守法自律，做到文明上网，不传谣、不信谣；微博客网站要加强信息发布管理，不给谣言提供传播渠道；对捏造事实、编造谎言在网上传播，造成严重后果的，要依法依规严肃查处；欢迎广大公众积极举报网上虚假信息，铲除网络谣言滋生的土壤，共同创建一个诚信健康文明的网络环境。

加强对微博客等新兴媒体的运用，推进网络文化建设，提升社会服务水平，创新社会管理，是新时期加强党和政府执政能力建设的迫切要求，也是我们不可推卸的时代重任。

我们要在党中央的坚强领导下，深入贯彻落实中央关于互联网建设管理的重要精神，本着“积极利用、科学发展、依法管理、确保安全”的方针，团结各界力量，发挥微博客服务社会的积极作用，推动互联网健康有序发展，提高社会管理水平，促进社会和谐稳定，为党和国家大局服务。

第九届中国国际网络文化博览会主论坛

——移动互联时代的网络文化发展高峰论坛

活动名称： 第九届中国国际网络文化博览会高峰论坛——移动互联时代的网络文化发展高峰论坛

主　　题： 网络世界·博览中国

主办单位： 文化部、科技部、工信部、广电总局、新闻出版总署、国务院新闻办公室、共青团中央、北京市人民政府

承办单位： 人民网

地　　点： 北京

时　　间： 2011年10月29日

2011年10月29日，由文化部联合国家各相关主管部委共同主办，人民网独家承办的“第九届中国国际网络文化博览会”主论坛在北京举行。论坛以“移动互联时代的网络文化发展”为主题展开，按照中央政府对网络文化发展提出的新指示精神，政府领导、业界学者和文化企业代表齐聚一堂，紧紧围绕当前网络文化前沿话题展开讨论。文化部文化市场司司长李雄、副司长庹祖海、人民网副总裁罗华出席高峰论坛。

文化部李雄司长在讲话中谈到，以社会主义核心价值体系引领网络文化发展方向，以技术、内容、机制的创新提升网络文化竞争力，要加强扶持、引导和管理，繁荣和规范网络文化市场。人民网副总裁罗华发表了关于开辟移动互联网网络文化发展新格局的演讲。罗华表示，随着3G技术的发展，移动互联网已成为互联网的有效延伸，承载互联网宣传重任，网络文化进入新的发展阶段，移动互联网成为我国网络文化发展的新增长点。当前网络文化产品供给能力显著增强，带动文化大繁荣。同时，网络问政已成为通达政情民意的新渠道，面对传播主流舆论，汇集民情民意，他就如何净化网络环境提出了相关建议。

中国电信集团创新事业部吴灵熙与现场嘉宾分享了移动互联网为网民服务的观点；人民网舆情监测室秘书长祝华新与中国人民大学新闻学院党委书记高钢、网易副总编辑丁秀洪、网龙副总裁熊贵成共同探讨了移动互联为文化传承和创新提供的无限可能。来自各企业的代表畅谈各自在移动互联时代的应对策略和创新思路。

祝华新秘书长首先对移动终端、对网络舆情做了讲解，主要内容有四点：移动终端网络产生舆情，移动终端现场直击在突发事件当中大显身手，借助于移动终端的互联网正在起到社会组织动员作用，移动终端是改变中国的“微力量”。

高钢教授提出了网络融合趋势下信息集散模式的一些想法，他认为三大技术将直接影响信息传播形态与模式，一是移动互联网的发展，它拓展的信息传播的自由时空，使人类之间的信息交流在任何时间、任何地点得以实现；二是智能便携终端的发展，它提供了网络信息

技术多元社会应用的各类平台；三是云计算服务的发展，它提供了网络信息技术多元社会应用的各类平台。

作为第九届网博会最重要的组成部分，本次高峰论坛树立了行业峰会的典范，其权威、专业的产业观点是引领网络文化产业发展的风向标。

文化部文化市场司司长李雄致辞实录

各位来宾、各位朋友：

大家上午好！

很高兴参加本届网博会的网络文化发展高峰论坛，我谨代表文化部文化市场司对论坛的举办表示热烈的祝贺，向参加论坛的各位来宾表示热烈的欢迎！

前不久召开的十七届六中全会通过了《中共中央关于深化文化体制改革，推动社会主义文化大发展大繁荣若干重大问题的决定》，提出了建设社会主义文化强国的宏伟目标和战略任务，同时还对发展健康向上的网络文化做出了部署和要求。这对于网络文化的繁荣健康发展具有重要和深远的影响。下面，我就文化部门贯彻落实《决定》精神，加强网络文化发展管理谈几点看法，供大家参考。

一、以社会主义核心价值体系引领网络文化发展方向

核心价值体系是一个社会意识形态的主体和灵魂。我国社会主义核心价值体系是优秀历史文化传统与时代发展的先进文化的结晶，是社会主义意识形态的本质体现，是维系社会和谐与进步的基石。加强社会主义核心价值体系建设，是中国共产党适应思想文化领域的新变化提出的一项重大战略任务。近年来社会的深刻变革、经济的快速发展、文化的相互激荡，对人们的思想道德观念产生了多方面影响。只有坚持社会主义核心价值观，才能正确引导社会思潮，才能正确把握文化发展方向，才能不断巩固全国人民团结奋斗的共同思想基础，凝聚起推进现代化建设和民族复兴的强大力量。

网络文化既具有技术性、工具性、产业性的商品属性，更具有知识承载、思想价值、意识形态的文化属性，它对人们的知识获取、个性情感、审美趣味、价值取向等产生着直接的或者潜移默化的影响。网络文化的双重属性，决定了网络文化企业作为文化单位的基本定位，决定了网络不仅是科技创新、产业升级的重要手段，而且应当是传播社会主义核心价值观、推动文化大发展大繁荣、增强中华文化软实力的重要阵地。因此，网络文化企业必须在思想上明确树立文化自觉，增强企业的社会责任感和文化使命感。要把社会主义核心价值体系融入和贯穿到网络文化生产、经营、传播的全过程，融入贯穿到网络文化建设的各个方面，使之成为鲜明的主旋律，把积极的人生追求、高尚的情感境界、健康的生活情趣传递给人们，让人们在美的享受中受到鼓舞、得到陶冶、获得启迪；形成既尊重差异、包容多样，又有力抵制错误和腐朽思想的影响，既坚守社会基本准则，又有着更高理想目标的生动活泼的网络文化局面。

二、以技术、内容、机制的创新提升网络文化竞争力

社会主义文化强国目标的实现有赖于文化事业和文化产业全面、协调、可持续的发展，有赖于各类文化单位的发展壮大。网络文化是当今我国文化市场最具活力的部分。但与我国深厚的文化底蕴和丰富的文化资源相比，与广大人民群众不断增长的精神文化需要相比，与日新月异的互联网技术相比，还存在诸多的不匹配。网络文化原创能力不足、人才资源匮乏的问题，网络游戏产品内容同质化问题，网络音乐市场不平衡、商业模式不清晰、版权保护不力的问题，网吧市场低水平经营的问题，已经成为制约我国网络文化市场进一步发展的瓶颈。因此，各网络文化企业在认真总结经验的同时，还应当清醒地认识到经营中的不足。要以文化强国为目标，以企业和行业做大做强为动力，进一步树立创新意识，加大创新力度，全面提升我国网络文化的可持续发展能力和市场竞争力。

（一）提高技术创新能力

互联网信息技术是网络文化产生和发展的原动力，互联网不仅改变了文化的传播手段、表现形式和消费方式，而且改变了文化形态本身。当前，互联网技术正在经历深刻的革命性的变化，智能终端、移动互联网、云计算等技术的应用，给网络文化带来了更加广阔的发展空间，网络文化企业应当努力把握机遇，进一步加大技术研发投入，提高研发水平，推动高新技术与文化的进一步融合，让文化插上科技的翅膀，越飞越高。

（二）提高内容创新能力

网络文化产业是内容产业，内容的创新是网络文化创新的核心。要深入挖掘中国历史文化中的优秀题材，丰富网络文化产品内容和表现形式，提高网络文化产品的品位和精神境界，努力改变我国网络文化产品题材相对狭窄、表现形式单一、文化品位还不够高的问题；要大力提高网络音乐、网络游戏等网络文化产品的原创能力，增强我国网络文化产品的市场竞争力。

（三）提高机制创新能力

鼓励和支持中小网络文化企业向“专、精、特、新”方向发展。鼓励和支持数字技术、网络技术以及硬件企业投资、兼并、收购文化内容单位。鼓励和支持网络文化企业与传统文化企事业单位优势互补，改造和提升传统文化产业，发展网络演出、网络动漫等新兴业态，打造网络文化新名片。鼓励和支持网吧的连锁化、规模化、专业化、品牌化经营，创新网吧经营业态，提升网吧产业层次，发挥网吧在网络文化产业链条中的渠道作用。鼓励和支持网络文化企业与高校等社会力量相结合，完善人才培养机制，加大人才培养力度，用优势人力资源来保障企业的可持续发展。

三、加强扶持、引导和管理，繁荣和规范网络文化市场

当前，我国网络文化市场正处于重要的战略机遇期和转型期，加强扶持、引导和管理，促进网络文化市场的繁荣健康有序发展，是文化部门的职责所在。下一步，文化部将重点做好以下工作。

（一）开展政策评估，提高管理的科学性

多年来，文化部认真履行职责，加强制度建设，形成了主体准入、内容审查、技术监管、执法监督四个环节环环相扣的网络文化市场管理体系，同时继国务院《互联网上网服务营业场所管理条例》之后，出台了《互联网文化管理暂行规定》《网络游戏管理暂行办法》等部门规章，初步建立了比较完整的网络文化市场政策法规体系。目前，文化部正在对有关政策法规的执行情况进行评估，并就进一步完善网络游戏虚拟货币管理、网络音乐管理、加强移动互联网环境下网络文化产品的内容管理等进行调研，其目的就是要通过评估和调研，来进一步改进工作，以使我们的管理方式、管理手段更加符合网络文化市场发展的需要。

（二）推进网络游戏家长监护工程，加大未成年人保护力度

网络游戏未成年人家长监护工程是由文化部指导，国内多家网络游戏企业共同发起并参与实施，旨在加强家长对未成年人参与网络游戏的监护，引导未成年人健康参与网络游戏，构建和谐家庭关系的公益性行动。2011 年 1 月，在试点推行一年后，文化部联合多家部门共同印发了《“网络游戏未成年人家长监护工程”实施方案》，要求自 2011 年 3 月 1 日起在网络游戏行业全面实施。从目前的执行情况看，多数企业都按照要求开展了这项工作，在防治未成年人网络游戏成瘾方面，承担起了企业应尽的社会责任。但也有部分企业未能按照要求开展工作。文化部将于近期对未按要求开展工作的企业依法进行处罚，并在全国予以通报。

（三）指导支持开展游戏文化评论，加强网络游戏内容引导

十七届六中全会要求要完善文化产品评价体系。网络游戏作为一种新兴的文化艺术产品，也应遵照文化艺术的标准进行评价。文化部积极鼓励社会各界开展网络游戏文化评论工作。在文化部文化市场司的指导下，北京大学文化产业研究院举办了首届网络游戏评论征文活动，获奖名单已经在昨天的网络文化盛典上公布。今天下午，由有关学术单位、媒体等联合发起的网络游戏评论联盟就要成立，并举办首次游戏文化评论沙龙。我们希望学术界、新闻媒体、业界积极参与网络游戏评论工作，加强对游戏产品的学术引导和舆论监督，引导和规范网络游戏经营行为，促进网络文化的健康发展。

（四）加大对网络游戏低俗宣传的整治力度，净化网络文化市场经营环境

网络游戏的低俗宣传推广问题，一直为社会各界所反对。2010 年 7 月，文化部下发通知，要求对网络游戏低俗宣传予以打击和遏制。这项举措得到了社会的高度肯定。今后，文化部门将继续配合有关部门进一步加大对网络淫秽色情、低俗宣传的整治力度。网络游戏企业更要树立责任自觉，恪守道德底线，坚持走社会责任感和商业利益共赢的发展道路。用户和消费者也要树立文明上网意识，自觉抵制不良文化内容的袭扰，自觉抵制网络侵权盗版等违规行为，用责任和良知来共同构建文明、健康的网络文化环境。

（五）发挥行业组织作用，加强行业自律和引导

为改进网页游戏及网络音乐市场的经营环境，完善行业经营规则，加强行业自律监督，在文化部的指导下，2010 年 1 月成立了网页游戏行业规范自律联盟，2011 年 6 月成立了网络音乐行业发展联盟。下一步，文化部将继续加强对联盟工作的指导，并积极促进全国网吧协会的成立，充分发挥联盟、协会等行业组织的作用，加强行业自律和引导，促进网络文化市场的健康有序发展。

（六）促进网络文化产品和服务进入国际市场，推动中华文化走出去

近年来，国产网络游戏、网络音乐等网络文化产品的自主研发能力有所提升，2010 年自主研发网游产品在国内运营收入达到 185.1 亿元，出口数量超过 100 款，海外收入将近 2.3 亿美元。下一步，文化部将进一步完善政策措施，鼓励和支持网络文化企业加大产品出口，提高国产原创网络文化产品在国际市场上的份额，鼓励和支持网络文化企业通过多种方式到国外兴办实体、开展投资，开拓国际市场，多渠道扩展中国文化的世界影响力。

各位来宾，朋友们！党的十七届六中全会为我国文化的发展指明了方向，我们一定要把握机遇，明确定位，强化责任，把网络文化做大做强，为建设社会主义文化强国尽到我们应

尽的职责。

谢谢大家！

人民网副总裁罗华在论坛上的演讲实录：实现大发展、大繁荣

尊敬的各位领导、各位来宾、各位朋友：

大家上午好！

第九届中国国际网络文化博览会已于昨天隆重开幕，这里我谨代表人民网表示祝贺。不久前闭幕的党的十七届六中全会，对深化文化体制改革，推动社会主义文化大发展、大繁荣，进一步兴起社会主义文化建设的新高潮做出了部署，全面提出了努力建设社会主义文化强国的战略思想，提出了到2020年，文化改革发展的重要目标。在学习贯彻十七届六中全会精神的大背景下，网络文化网博会在此时开幕，展示我国网络文化的发展成果，可以说是正逢其时。移动互联网渐渐成为互联网的有效延伸，随着3G网络的发展，以移动终端为特征的网络产品和服务日益多样，移动互联网成为我国网络文化发展的新的增长点。

在移动互联网时代，网络文化如何实现大发展、大繁荣？必须建设主流的价值文化，坚持文化的传承创新，形成与中国国际地位相称的国家文化软实力，提高中华文化的国际影响力。文化大发展、大繁荣不仅要体现在良好的文化发展氛围上，也要体现在民众的文化消费数量增加、质量提升、内容形式多样上。下面我讲两点意见。

第一，提高网络文化产品的供给能力，是网络文化发展的关键。用户的需求是驱动移动互联网的内深力量，移动互联网作为一个多媒体内容大大丰富，用户双向或多向进行信息共享和内容创造的平台，克服了地域、经济、文化、年龄、性别、生活工作习惯等因素的差距，为人们的移动化、社区化、个性化、娱乐化提供了良好的支持，移动互联网极大地丰富了网络文化的传播手段。政府应该扶持、鼓励移动互联网企业和广大网民生产出丰富多彩、喜闻乐见的网络文化产品，满足人们的精神文化需求。

人民网一直注重跟踪移动互联网的发展，已经涉足手机报、手机动漫等领域，作为党和国家重要的网络舆论阵地和网络文化建设的中坚力量，人民网在正面宣传、引导社会舆论方面发挥了重要作用，也有责任在提高网络文化产品的供给能力方面做出贡献。

第二，安全健康的网络环境，是网络文化发展的必要条件。随着移动互联网的发展，用户沟通交流将更加便捷，但用户使用的方便性和手机号码的唯一性，也使垃圾信息的传播更便捷，这严重危害着公众正常的文化生活。加强网络文化建设，大力净化网络文化环境，得民心、顺民心，人民办网、人民上网已经成为广泛的意识，企业和网民都应该加强自律，自觉维护网上信息传播秩序。

我们相信在文化部、科技部、工信部等部委的精心指导和相关单位的大力合作下，持之以恒开展网博会这种活动，将成为弘扬民族的、科学的、大众的社会主义文化的重要平台，让我们大家携起手来，为推动网络文化的大发展、大繁荣尽一分力量，谢谢大家。

中国人民大学新闻学院党委书记高钢在论坛上的演讲实录：技术融合改变网络

各位领导、来宾和朋友们：

下面我想就网络融合趋势下信息集散模式的改变谈一些我的想法。从已有的网络技术的社会应用趋势来看，我们大家能够看到直接影响信息传播形态与模式改变的三大技术已经日益显现出它们的能量。

一是移动互联网的发展。它拓展的信息传播的自由时空，使人类之间的信息交流在任何时间、任何地点得以实现。据工业和信息化部 5 月 24 号发布的统计数据，中国移动电话用户的总数已经突破了 9 亿，其中 3G 用户达到了 6757. 2 万。中国互联网信息中心今年 7 月公布的统计数据显示，中国手机网民的规模已经到达了 3. 18 亿人，手机网民在总体网民当中的比例占到了 65. 5%。据工信部今年 6 月公布的数据，截至 2011 年 5 月底，中国 3G 基站的总数已经突破了 71 万个，3G 用户总量达到了 7376 万户，其中 TD 用户的比例占到了 43%。全球电信的巨头爱立信去年 7 月中旬的调查结果显示，全球手机注册用户已经突破了 50 亿人，亚洲和亚太地区的用户增长最快，全球 80% 的用户来自这两个地区。目前全球 50 亿手机注册用户当中，使用 3G 上网的用户突破 5 亿人，全球手机用户的数量正在以每天新增 200 万个速度在增长，这些数据今天有没有变化，我们还不知道，要问中国移动的同志。

移动互联网的迅速发展突破着有线互联网的设施局限，将各个弧度、各个地区，特别是固定网络难以达及的偏远地区网罗到统一的网络世界当中，从而推动人与信息之间的连接、人与人之间的连接，甚至推动着人与物质世界的连接，使整个的信息传播得以在全天候、全地域、全人群中得以顺畅地实现。

二是智能便携终端的发展。它提供了网络信息技术多元社会应用的各类平台，各种智能手机、平板电脑以及便携式计算机，已经大量进入人们的日常生活，成为今天人们常用的设备，这种能够与移动互联网连接，具有复杂信息处理能力，拥有开放操作系统和扩展功能的终端，极大地改变了信息获取和信息传播的模式。2011 年全球智能手机出货量已经突破 9000 万部，比 2010 年增长 79. 8%，2010 年全球智能手机的渗透率为 26%，美国欧洲分别为 51% 和 32%，中国大陆为 30. 6%。这些网络至上的便携式的智能终端，正在把每个社会成员与互联网的信息海洋连接起来，与各个网络结上的其他社会成员联系起来，扩张着人们的感知时空，提供着人们实现其发展欲望更大的可能性。

三是云计算服务的发展。它将极大推进人类的信息共享、资源共享、服务共享，在满足多元社会需求的同时，提高社会的运行效率。云计算最具革命的理念在于把网络连接起来的浩大的技术资源、服务资源、设施资源进行统一地管理和协调，形成一个内容丰富、能量强大的资源服务体系，按照社会和用户的需求进行分配和提供。

今天云计算这种全新的网络计算机应用，正在被世界顶级 IT 企业推进，针对各种应用的云计算服务体系，已经日益广泛地进入了社会服务和商业运行的过程。云计算应用正在和个人、便携式信息终端连接起来，我们能够看到每个人可以使用云软件、云平台和云设备，更加有效地利用整个互联网的信息资源和信息服务，云计算一方面开掘着互联网信息资源的广度和深度，另一方面提高着互联网信息使用的效果。随着已经呈现端倪的物联网技术的应用，云计算将日益显示出它重大的作用和深刻的意义。移动互联网、便携式智能终端、云计算这三大应用技术，最终将成为千姿百态的信息服务，改变人和人之间、人和物之间的信息交流模式，从而使公共信息的提供方式、社会关系的经营关系、社会结构的演进方式发生革命性变动。在这三大技术的共同作用之下，网络技术平台的融合，我相信绝不只是网络信息传播渠道的融合，它们将改变整个社会信息获取模式、信息传播模式、信息使用模式和信息经营模式的深刻社会变革过程。

整个网络融合下的信息传播态势，已经呈现多元维度支撑的结构性特征，信息的组合方式我们看到，已经日益具有时空的多元维度，信息的采集方式具有工具的多样维度，信息的获取方式具有终端的多样维度，信息的使用方式具有目标的多样维度，这种全新的信息传播结构，推动信息提供模式、信息共享模式、信息创造模式发生着深刻的改变。

目前我们可以看到的信息集散的物理结构和社会效应发生着改变，我认为突出表现在以下四个方面。

第一，网融合，信息集散的全新物理结构呈现，互联网、通讯网、广电网日益融合，形成人与信息之间，人群与人群之间全新的信息传输体系。尽管中国的三网融合困难重重，但是这一趋势在公众需求、技术发展和国家推进下不可阻挡。多网融合的进程将扩大网络覆盖的范围，降低网络运营的成本，提高网络应用的质量和效果。

第二，微传播。微传播开展了网络信息传播的核裂变时代，这种个体信息单元的传播能量经过互联网连接形成的超越时空局限的网络结构急剧扩大，随着各种信息终端的普及运用，信息获取和信息传播的技术平台日益广泛地向每个社会成员进行普及，在民众需求和市场目标的综合作用之下，WEB2.0 推进着基于每个社会成员的信息创造、信息传播、信息管理和信息经营的大趋势，基于每个社会成员的微信息单元，正在形成网络信息传播的新结构、新方式和新能量。这种信息传播方式对社会环境的观察和解读，都将产生重大的影响和改变。

第三，网关联，整个网络信息传播正在推进新的社会关联结构的形成。人们在互联网上已经超越时空位置和文化背景，进行着全新的社会关系的编织。在互联网上，社会关系的经营、维系、整合、放大的过程，其成本在急剧降低，内涵在日益丰富，效率在极大提升，这种人和人之间的社会关联过程，我们看到正在呈现以下突出特征：①每个社会成员社会关系的经营，极大扩张着社会关系的丰富性和深刻性；②每个社会成员各自的关系相互连接，随时随地产生着辐射群落的立体影响效应；③网络社会关联的能量，正在以各种方式转化为现实社会的运行能量。

第四，大协作。信息集散的全新创作模式形成，人类是基于理性主导的创作活动，满足自身内心增长的物质和文化的需求。这种协作在互联网连接的世界当中，已经有了全新的样态，它的规模更为浩大，进程更为顺畅，效率更加显著。融合性网络技术平台，不仅为基于每个社会成员的信息创造假设纯熟平台，更重要的是将提供强大的信息集成结构、强大的信息吸纳和信息整合技术，将把网络世界各个时空零散状态的信息片段，集成为宏大而有序的信息体系。当基于每个生命的创造而形成的网技协作蕴藏着无限潜能，将无限个体生命的创造元素聚集到具有社会共识价值公共创造之中的时候，这个过程就赢得了无限发展的可能和动力。网络技术会不断突破人类已有的创造，渗透到人类社会生活更为广阔的领域，从而改变人们的思维方式和行为方式，改变社会的承载方式和运行方式，释放它推进社会生活各个领域发生变革的巨大潜能。

互联网的应用至今已经走过了17个年头，17年中，我们每一个人都体验了互联网的技术革命和我们整个祖国改革开放的社会变迁，我想我们跟世界上其他民族的互联网经济不同的是，这个技术的社会应用，恰恰跟我们整个民族实施自身命运复兴的历史进程交织在一个时空之间，因此我们这代人，不仅体验着、目睹着这样的一个历史历程，我们还为这样一个进程在我们各自的工作岗位上实施着我们的作用，因此我们真的是有幸的，谢谢大家。

人民网舆情监测室秘书长祝华新演讲实录：借助网络力量促进社会改良

我是研究网络舆论的，我们注意到以无线移动终端为载体的网络舆论已经成为网民发声的一个重要通道，今天我就简单给大家做一个介绍和分享，就是今天借助无线移动终端，我们的网民和手机用户已经进入全民直播时代，政府和社会各界要准备迎接相当一部分来自无线移动终端的网络舆论的挑战。

首先我们来看今年以来，借助于无线移动终端的网上的一些舆情，首先是随手拍系列活动，这是今年春节期间，一个在火车站附近广场乞讨的小孩，当时他妈妈认为是自己的孩子，是姓杨，可惜稍纵即逝，至今这个小孩不知下落，但是促动了人文关怀，发起了随手拍解救乞讨儿童活动。今年的随手拍活动在政府和民间声气相求、密切呼应下已经帮助了很多被拐卖的儿童，比如说网上的微博打拐，一些谱写了网上爱的传奇。随手拍活动很快向社会其他领域蔓延，比如说随手拍解救大龄女青年、随手拍解救大龄男青年等。当然这也带来一些新的问题，比如涉及侵犯个人隐私的问题。

而随手拍也在向政府领域蔓延，比如说随手拍地方政府大楼，在我们今天GDP高速增长，中国成为世界第二大经济实体的情况下，但是我们人均GDP并不高，我们社会不公非常严重，政府大楼的豪华、奢侈严重刺伤了很多草根网友的眼球，这个活动很快中途夭折了。

另一个领域，在突发事件借助于移动终端现场直击，在很多今年以来的突发事件当中就大显身手，比如上海地铁追尾，第一次有很多现场乘客在网上播报情况，而上海地铁的官方微博反应也非常敏锐，在2点51分发生地铁追尾，但此前2点14分上海地铁官方微博就已经通报发生了设备故障，列车限速运行，2点17分、2点20分等，都一再在微博上向公众通报事故情况。而在事故后，3点17分，相隔了26分钟，上海官方微博就立即向乘客通报了事故情况，而且公布了分散措施。

温州动车也是一样，我们观察，借助手机的微博直播，往往是比传统媒体至少要提前一小时，这是武汉大学沈阳教授提出“微博一小时优势”，比任何传统媒体都要早，这是撞车前几分钟，当地的网友说，狂风暴雨后的动车，这是怎么回事，爬得比蜗牛还慢，可别出啥事。第二天他早上醒来发现自己的微博粉丝大涨，而现场乘客发出的第一条微博是8点37分发生撞车，9点1分发出第一条微博：同学们，快快救我吧，我所乘坐的D315动车出轨。夜里11点22分，他向网友报平安：我已安全撤离事故区，到达安全地，感谢大家的关心，一路上让我感动的是旅客自发组织的志愿者送我们下山，生气的是居然没看到一个工作人员。但是到了镇上，看到了几百辆救护车，我原谅了他们，我想这次可能真是出大事了，希望在事故现场能够生还的旅客多保重，伤者要坚持住。这个网友很快把自己的微博改写了签名档，改成了活在当下，享受现在。他们除了救援，还与网友进行了良性的沟通，比如浙江省常委组织部部长蔡奇，他连发36条微博，一直发到夜里2点38分，其他浙江省副省长、温州市公安局等，都在网上通报了大量的救援和伤病员情况。

我们再看，借助于移动终端，也包括有线的电脑，互联网正在起到社会组织动员作用，有的社会学家甚至认为，依托于互联网，特别是依托于移动终端，正在产生一种虚拟社会的新公民运动。

首先我们来看今年大连PX集体散布，大连群众他们借助于互联网，借助于无线，组织了几万人在市政府门口广场上反对PX心目的游行，我们注意到串联者很大程度上是通过微博不加V的博主，通过QQ，通过手机短信，包括通过社交性网站，我们政府现在高度紧张，高度戒备，盯着微博，但是PX散布，PX集体游行，我觉得像人民网这样的SNS社交性网站，它的组织动员潜力可能不在微博之下，这是值得我们政府注意的。借助于有线的、无线的网络，互联网的舆论压力正在转化为现实的社会管理的压力。再看今年淘宝事件，大家借助语音的即时通信引发的事件。我们再看美国华尔街现在已经蔓延到资本主义其他国家，传播学者认为，Facebook等这些社会化媒体，起了非常大的作用，一开始西方主流媒体对这场活动保持缄默，缄默的原因未必是不重视民间草根的利益诉求，而更多的是对依托于互联网的这场社会的运动，传统媒体是失察，并不看重，但是没想到借助社区能够组织起这么壮观的草根民众的抗议。我们注意到现场的警察向游行者泼辣椒水，这些都在网上传播开来，而美国好莱坞影星拍摄的支持占领华尔街的电影也很快在Facebook上广为传播。所以最后归结起来，在今天有线的无线的互联网，正在成为改变中国的微力量，比如说今年走上春晚舞台的《春天里》这首歌曲，就是一对农民工组合，他们在北京郊区不到十平方米的房子里光着上身唱的歌，在网上点击超过5000万次，而登上春晚舞台。女厕攻防战微博转发8000万次，药家鑫案微博转发37万次，借助互联网，特别是借助微博，民意民怨像火山一样爆发。好在今天，政府正在借助互联网和民众进行良性的沟通，这里不展开，我就说一个例子。

今天比如说我们的公安系统借助互联网，把微博这种自媒体，本来是个人决定内容发布和意见表达的自媒体，变成了一种公安系统的机关报，变成了大众传播媒介，乃至基层派出所都有网上的机关报，极大地改善了紧张的军民关系。很多党的机构和领导干部借助微博在网上建立了自己的公信力和人气，比如今天在座的文化部市场司庹祖海副司长，都是网上极富感召力的领袖。我们希望借助互联网促进社会各阶层良性的对话，寻找社会的最大公约数。互联网不是负面的东西居多，其实互联网有很多光明的东西，互联网上有很多美好的东西，特别是借助手机，我们拍摄的很多东西，让我们非常感动。比如说今年大雨期间，今年北京也成了沿海城市，有一个编辑夜里11点30分发了一个帖子，想起十年前北京的大雪，当时没有交通工具，又冷又饿，这时候来了一辆面包车把他送到了家里，他就记得那个人，现在利用微博就找到了他，我觉得互联网上有很多让我们怦然心动的，表现了我们中国人民相濡以沫，我们官和民之间相互包容。我觉得有非常多温暖的东西，我们希望借助互联网，打造社会共识，促进官民之间的良性对话，顺利地保障中国社会的转型。

最后有一点，今天借助于互联网，借助于移动通信，网上经常是人声鼎沸，但是我们要看到，能否把网上的这种力量移植到现实社会制度化的有序参与。大家经常在有线无线的互联网上批评政府、批评社会，为什么放着这种现实的制度化不参与，通过听证会改良我们的制度渠道，来促进中国社会的和平转型、中国社会的改良，就讲这么多，谢谢大家。

附:第九届中国国际网络文化博览会网络盛典获奖名单

中国网络文化优秀品牌奖：

网络传媒品牌奖：新浪微博

网络门户品牌奖：人民网、腾讯网

网络音乐品牌奖：九天音乐、滚石移动

网络动漫品牌奖：江通动画、吉林动画

网吧行业品牌奖：瑞得在线、“梦工场”网吧、商都网咖

移动网络品牌奖：中国移动、中国电信

网络商务品牌奖：5173

严肃游戏推动奖、网络游戏创新奖、网络游戏新锐奖

严肃游戏推动奖：淘米公司、中国移动手机游戏基地、巨人网络、上海唯晶

网络游戏创新奖：盛大游戏、蓝港在线、竞技世界、乾元九五

网络游戏新锐奖：广州百田、百游、上海锐战

网络游戏原创奖、网络游戏人气奖

网络游戏原创奖：金山软件、游戏蜗牛、吉林禹硕、网龙公司、中青宝

网络游戏人气奖：网易、麒麟游戏、中华网游戏集团、上海邮通、上海天游

中国网络文化社会责任奖：

完美世界、淘米公司

中国网络文化杰出成就奖：

腾讯公司、盛大游戏、畅游时代、第九城市、光宇在线

第十一届中国网络媒体论坛

活动名称：第十一届中国网络媒体论坛

活动主题：推动网络媒体新跨越，促进网络文化大繁荣

指导单位：国家互联网信息办公室

主办单位：中华全国新闻工作者协会、人民网、新华网、中国网、国际在线、中国日报网、中国网络电视台、中国青年网、中国经济网、中国台湾网、中国广播网、中国西藏网、光明网、中国新闻网、千龙网、东方网、南方网、北方网等中央和地方新闻网站

承办单位：人民网、中共湖北省委宣传部、湖北省互联网信息管理办公室、荆楚网

时　　间：2011 年 11 月 21 日

地　　点：湖北·武汉

2011 年 11 月 21 日，以“推动网络媒体新跨越，促进网络文化大繁荣”为主题的第十一届中国网络媒体论坛今日在武汉成功举办。湖北省委常委、宣传部长尹汉宁，人民日报社社长张研农，中央外宣办、国家互联网信息办副主任钱小芊，中国记协党组书记翟惠生，人民日报社副总编辑马利等参加会议。大会通过了《武汉宣言》并举行了人民网与第十二届网络媒体论坛承办方中国网络电视台交接仪式。

湖北省委常委、宣传部长尹汉宁在发言中指出，把如此重要的论坛放在湖北主办，充分体现了对湖北的看重与信任。这次论坛以“推动网络媒体新跨越，促进网络文化大繁荣”为主题，尤其振奋人心。我们需要重新认识网络媒体的新闻传播功能，认识网络媒体在媒体新格局中的重要地位，应该充分发挥网络媒体的优势，反映当代中国的变化，为人民提供更多更好的信息服务。网络文化是文化建设的新任务和重要载体。网络文化的建设更容易赢得青年、代表青年和依靠青年，我们要通过网络文化的建设，为人民提供更多更好的精神食粮。湖北也是网络媒体比较容易聚焦的重点区域之一。我们深刻地认识到，互联网是先进的生产工具，充分认识互联网，积极有效地运用好互联网是摆在我们面前的唯一选择。我们不能排斥它，更不用去抱怨它，因为网络已经真真切切地在改变我们的生活，网络文化正在改变我们的生活质量，我们热情欢迎中央和全国各地的网络媒体继续关注和关心湖北，我们愿为网络媒体丰富宣传报道内容，热切期盼网络媒体把反映湖北经济社会发展本质和主流的内容传播出去、彰显出来。真诚希望全国的网络媒体开发和运用湖北的文化资源，参与支持和指导湖北的网络文化建设。

人民日报社社长张研农提出，网络文化是我国文化建设的重要组成部分，加强网上思想文化阵地建设是社会主义文化建设的迫切任务。此时召开网络媒体论坛，是网络媒体贯彻六中全会精神的实际行动，是自觉肩负历史使命和社会责任的具体体现。始终不渝地强化内容建设，是发展健康向上的网络文化的核心。发展网络新技术新业态，占领网络信息传播制高点，是发展健康向上的网络文化的支撑。在信息技术日新月异发展的今天，密切跟踪前沿，

勇于改革创新，大胆吸引人才，不断壮大实力，造就强有力的网络文化的“体”，来增强网络文化的“魂”的传播力和影响力，我们需要这样的紧迫意识和奋发进取精神。近年来，人民日报社高度重视人民网建设，通过资源整合、报网融合、内外结合、人才聚合，努力把人民网建设成为网络文化发展和传播的主阵地。人民网坚持权威性、公信力、大众化，通过转企改制、股份制改造，取得了又好又快发展。但更大的发展还在后头，更大量的工作也在后头。衷心感谢并希望得到各位学者和同行的关心、支持和帮助。

中央外宣办、国家互联网信息办副主任钱小芊在论坛上作了题为“深入学习贯彻党的十七届六中全会精神，大力发展健康向上的网络文化”的主旨演讲。他强调，网络媒体要以党的十七届六中全会精神为指导，认真贯彻积极利用、科学发展、依法管理、确保安全的方针，以更加高度的自觉担当起推动网络文化繁荣发展的历史使命，以更加强烈的自信把握网络文化发展的难得机遇，以更加有力的举措落实好发展健康向上网络文化的各项任务。要以社会主义核心价值体系为引领，保持崇高的精神价值和精神追求，牢牢把握网络文化发展的正确方向。要以服务群众为宗旨，大力加强网上内容建设，开展面向基层、服务群众的宣传报道，更好满足人民群众对网络文化的新期待。要以阵地建设为依托，完善网络媒体发展布局，打造综合实力强、影响力大、覆盖广泛的网络文化平台。要以技术创新为动力，大力加强互联网技术建设，不断提高网络文化的传播力、辐射力、影响力。要以人才建设为支撑，努力培养造就规模宏大、素质优秀的网络文化人才队伍。

中国记协党组书记翟惠生指出，互联网是把双刃剑，给这个时代、给社会所带来的革命性的冲击，人人不可小觑。对于网络媒体来说，要实现新跨越、实现大繁荣，核心还是要使我们成为真正意义上的主流媒体。人们判断主流媒体，归纳起来标准只有三条：第一，拥有受众；第二，有效传播；第三，必须有主流价值。前两条互联网早已具备，关键是我们的主流价值在哪里，主流价值是什么，起码是公信力、是可信度，是对社会的引领，也就是导向、真实和特色。网络文化核心的主流价值应该是我们的社会主义核心价值体系。中国记协是联系新闻工作者的桥梁和纽带，绝不能把网络媒体排斥在视线之外，必须把网络媒体作为提供真诚服务的主要对象。中国记协也在竭力地吸纳网络媒体，包括培训、评奖等服务，希望能够有更多的网络媒体加入这个队伍。网络是时代的产物，也是未来时代的先驱者。无论时代怎么变，作为一个新闻工作者，有两条规律不能变：第一条，必须承担起一种责任，那就是社会责任；第二条，必须服从一个利益，那就是国家利益。希望网络媒体的同志们遵从这两条规律，和传统媒体携手并进，共同打造一个讲道德、讲诚信、讲中国特色社会主义理念的、和谐的中国。

人民日报社副总编辑马利指出，要用足资源，提高网络文化内容的生产能力。要发展新技术，争当网络文化生力军。文化产业在中国有巨大的发展空间。人民搜索新一代搜索引擎平台“即刻搜索”成功上线，引起广大网民的高度关注。掌握了搜索引擎就占领了网上文化发展的主动权。要打造精品，弘扬健康向上的网络文化。人民网创办的人民网评、人民财评等原创深度栏目，还有人民微博、人民社区等。通过强国论坛、E 政广场、地方领导留言板等，汇聚民智、倡导新风、凝聚力量、服务大众。要建设本土化网站，提升网络文化国际传播力。人民网在英国、俄罗斯、南非等地的本土化网站都将陆续开通。用驻在国熟悉的方式讲述中国的故事，提高国际传播的针对性和有效性。要创新体制机制，增强网络文化建设持续发展能力。人民网将以上市融资为跨越发展的新起点，以满足人民群众的文化需求为着力点，建设既符合社会主义先进文化要求，又符合互联网企业发展，既坚持正确导向，又富有市场活力的国家重点网站。

人民网总裁兼总编辑廖玒在会上宣读了《武汉宣言》，他代表中国网络媒体界的同人郑重承诺：①做文化自觉和文化自信的典范。大力弘扬社会主义核心价值，在文化自觉和文化自信的新起点上，大力发展健康向上网络文化。②做推动文化建设与繁荣的主力军。在我国文化产业大发展中，成为最有品位和实力的网络文化产品生产者，成为不可或缺的文化建设生力军。③做提供先进文化服务新平台的建设者。要大力发展新媒体新业态，在搜索引擎、网上社区、移动互联网应用等领域不断开拓创新，让先进文化、高尚情操涌动在人们喜闻乐见的载体当中，让先进的技术成为网络文化大发展的强大助力。④做和谐网络舆论生态的引导者。自觉抵制低俗、媚俗、庸俗内容，依法办网、文明办网。促进社会各阶层的交流互动，促进政府和民众的良性沟通，促进理性、和谐网络氛围的形成，凝聚科学发展共识，壮大积极向上的主流舆论。⑤做对外文化交流传播的现代使者。积极探索“走出去”的道路，为把中华优秀文化传递到世界每个角落，为让更多的人了解中国道路、中国特色做出积极的贡献。让中华文化与其他国家、民族文化交融、汇聚，共同促进世界的和平、和谐、繁荣、共赢。

中央和国家机关、重点新闻网站、湖北省委宣传部等有关单位的同志、地方网站及主要商业网站负责人、专家学者等300余人出席大会，围绕“弘扬核心价值 增强文化引导能力”“借力技术手段 提升影响力传播力”“引领微博时代 改善网络舆论生态”“关注移动互联 扩展无线发展空间”四个分论坛议题分别进行深入探讨。

第十一届中国网络媒体论坛由国家互联网信息办公室指导，中华全国新闻工作者协会和人民网、新华网、中国网、国际在线、中国日报网、中国网络电视台、中国青年网、中国经济网、中国台湾网、中国广播网、中国西藏网、光明网、中国新闻网、千龙网、东方网、南方网、北方网等中央和地方新闻网站共同主办，人民网与中共湖北省委宣传部、湖北省互联网信息管理办公室、荆楚网联合承办。

（据人民网武汉2011年11月21日电）

中共湖北省委常委、宣传部长尹汉宁在论坛上的致辞实录：网络文化建设更容易赢得青年、代表青年和依靠青年

各位领导、各位嘉宾：

大家上午好！

我首先代表湖北省委、省人民政府对各位领导的到来表示热烈欢迎，对长期以来关心支持湖北的中央媒体和全国的网络媒体的各位领导、各位老总表示由衷的感谢！

人民网在国家互联网信息办公室和人民日报社的支持下，作为本次论坛的承办单位，把如此重要的论坛放在湖北举办，这是党的十七届六中全会胜利召开后举办的一次全国性的高层次的网络传媒论坛，体现了对湖北的看重与信任，湖北的条件有限，但我们会尽力配合好人民网，为会议和会议代表搞好服务。

我注意到，由主要网络媒体担纲举办的网络媒体论坛已经举办了十届，到本次的第十一届，已经是第二个轮回的开始。一个十年过去了，又一个十年开始了。今年还适逢辛亥百

年，庆祝建党九十周年，还是“十二五”开局甚至是全面建设更高水平小康新的十年的开启之年。在这个时点上，我们需要回望总结，需要思考并更加健康地前行。发生在昨天以及以前，都可以称之为历史，正如老子所言“欲去明日，问道昨天”。我们经历了许多，也做了很多，过往每届论坛的主题和重点都会有所侧重，这次论坛以“推动网络媒体新跨越，促进网络文化大繁荣”为主题，尤其振奋人心，因此，不仅需要总结，而且值得总结。要实现“新跨越”和“大繁荣”，必须正视我们面临的新情况、新问题，必须主动地迎接新考验和新挑战，必须识别并牢牢抓住新机遇，必须解放思想、创新思路，有新的作为。

我们需要重新认识网络媒体的新闻传播功能，认识网络媒体在媒体新格局中的重要地位。应该充分发挥网络媒体容量大、影响范围广、传播快、表达方式多样化等优势，反映当代中国的变化，为人民提供更多更好的信息服务。我们仍然要坚持以经济建设为中心，但是文化建设是发展是硬道理，是党执政兴国的第一要务的重要内容，是科学发展的基本要求。网络文化是文化建设的新任务和重要载体，网络文化的建设更容易赢得青年、代表青年和依靠青年，我们要通过网络文化建设，为人民提供更多更好的精神食粮。

湖北是一个具有厚重文化传统的省份，是楚文化的发祥地和中心区域，楚文化是先秦时期长江文明和南方文明的代表，这个区域为中华文明做出了重要的历史性的贡献。当前，湖北经济社会发展和文化建设的势头强劲，全省上下正在按照胡总书记的要求，加快建设促进中部崛起的重要战略支点。湖北已经成为境内外投资者看好的新的发展版块。湖北也是网络媒体关注、关心、给予支持很大，比较容易聚焦的重点区域之一。我们在心存感激的同时，深刻地认识到，互联网是先进的生产工具，充分地认识互联网，积极有效地运用好互联网，是摆在我们面前的最好选择，网络正在改变我们的生活，网络文化正在改变我们的生活质量，我们热忱欢迎中央和全国各地的网络媒体继续关注和关心湖北，我们愿为网络媒体丰富宣传报道内容，我们热切期盼网络媒体把反映湖北经济社会发展本质和主流的内容传播出去、彰显出来，使外界对湖北的认识尽可能地与湖北人民感觉到的湖北相一致。我们真诚地希望全国的网络媒体开发和运用湖北的文化资源，参与支持和指导湖北的网络文化建设。我们认为，以当前的情况看，网络文化建设的任务非常重，网络文化建设的空间和潜力还非常大。我省成立网络文化协会比较早，举办了三届网络文化节，在实践的基础上足以证明网络文化建设的潜力与空间。我们欢迎舆论监督，高度重视网络媒体的建设性意见。我们将利用网络媒体推动政务公开，党风廉政建设，利用网络舆论监督，发现我们工作中的问题，推动问题的解决。

最近一个时期以来，湖北省委省政府对各地各部门提出要求，要更加深刻地认识互联网的功能和作用，要更加积极主动地运用好互联网。并且要求党员干部要正确对待网络媒体的舆论监督。

我们也注意到，全国网络媒体最近都在发出倡议，倡导文明办网和文明上网，湖北的网络媒体和掌上移动媒体积极响应，在论坛、微博、手机短信中，均有明确提示，从执行的情况看，网民和手机持有人都表示欢迎。由此，我们认为，网络媒体与平面媒体一样，都应该注重公信力和社会责任，都具有文化传播和文化引领的功能。

湖北的网络媒体与中央以及兄弟省市的网络媒体一样，认为网络媒体的管理是必要的，认为包括西方国家在内，世界上任何国家对互联网都是有管理的，对于中国这样一个网民人数最多的国家，甚至一个省的网民数就相当于或超过欧洲一个大国的网民人数，如果没有强有力的管理，网络媒体就不可能健康发展。通过管理，网民有序地运用互联网，有序地运用网络媒体，这本身也是广大网民的要求。

拒绝并遣责网络谣言，已经成为社会共识，利用网络散布谣言、传播谣言，是对当事人的侵害，是对事实的颠倒，同时也是对广大网民的不尊重或者玩弄，还可能引起社会不安和混乱，应该让谣言在网络媒体中没有市场和空间，让散布和传播谣言者付出代价。

总之，这次网络媒体论坛在湖北举办，湖北得近水楼台之利，我们会认真听取各位领导、各位老总、各位专家的精彩演讲，认真地向大家学习请教，认真地利用为大家服务的机会，争取对湖北工作特别是网络文化建设工作的指导。同时，我们热忱地欢迎各位领导、各位老总、各位专家，能在湖北多待几天，在湖北多走走、多看看，我们将积极配合做好相关的服务工作。

最后，我再次用“感谢”二字表达对各位的欢迎和敬重；用“圆满”“成功”四个字表达对本次论坛的期待与祝愿。

人民日报社社长张研农在论坛上的致辞实录：网上思想文化阵地建设是社会主义文化建设的迫切任务

各位嘉宾、朋友们：

在学习贯彻党的十七届六中全会精神的热潮中，我们大家相聚在风景秀丽的东湖湖畔，举办第十一届中国网络媒体论坛。首先，代表人民日报社、代表人民网，向从四面八方赶来参加论坛的各位学者、同行，表示热烈的欢迎！向大力支持这次论坛的湖北省委省政府、湖北省委宣传部领导表示衷心的感谢！

党的十七届六中全会在我国文化建设上具有里程碑意义，开启了沿着中国特色社会主义文化发展道路、建设社会主义文化强国的新征程。网络文化是我国文化建设的重要组成部分，加强网上思想文化建设是社会主义文化建设的迫切任务。此时召开这届网络媒体论坛，大家共聚一堂，共同探讨发展健康向上的网络文化，这是网络媒体贯彻十七届六中全会精神的实际行动，是自觉肩负历史使命和社会责任的具体体现。

每年一届的中国网络媒体论坛，推动了我国互联网事业的健康发展，也见证了我国互联网事业的历史进程。我国目前已有300多万家网站、近5亿网民，互联网的社会影响力越来越大，同时仍处在一个未知大于已知的快速成长阶段，既面临大有可为的发展机遇，又面对错综复杂的严峻挑战。这就需要我们认真贯彻积极利用、科学发展、依法管理、确保安全的方针，大力加强和改进网络文化建设，使之更好地成为传播社会主义先进文化的前沿阵地，成为提供公共文化服务的有效平台，成为促进人们精神生活健康发展的广阔空间。

网络文化建设的实践表明，始终不渝地强化内容建设，是发展健康向上的网络文化的核心。内容是文化思想性的根本体现，是网络文化的“魂”；各种平台、方式及产品是文化实现“以文化人”的重要途径，是网络文化的“体”。在内容上，让社会主义核心价值体系，让人类先进的思想文化成为网上的主旋律，既推动优秀传统文化瑰宝和当代文化精品的网络传播，又制作适合网络传播的精品佳作，鼓励网民创作格调健康的网络文化产品，我们需要这样的文化自觉和责任担当。

网络文化建设的实践还表明，发展网络新技术新业态，占领网络信息传播制高点，是发展健康向上的网络文化的支撑。在信息技术日新月异发展的今天，密切跟踪前沿，勇于改革创新，大胆吸引人才，不断壮大实力，造就强有力的网络文化的“体”，来增强网络文化的“魂”的传播力和影响力，我们需要这样的紧迫意识和奋发进取精神。

为提高舆论引导能力和传播能力，中央赋予人民日报社以传统媒体与新兴媒体并举、官方声音和民间舆论呼应，更好发挥治国理政重要资源、重要手段作用的任务。近年来，人民日报社认真贯彻胡锦涛总书记2008年在考察报社发表的重要讲话精神，高度重视人民网建设，通过资源整合、报网融合、内外结合、人才聚合，努力把人民网建设成为网络文化发展和传播的主阵地。人民网坚持权威性、公信力、大众化，通过转企改制、股份制改造，取得了又好又快发展。但更大的发展还在后头，更大量的工作也在后头。我们衷心感谢并希望得到各位学者和同行的关心、支持和帮助。

让我们以第十一届中国网络媒体论坛为新的起点，在一同走来的基础上，共同开创未来，相互学习，相互砥砺，为推动网络媒体新跨越、促进网络文化大繁荣，实现强魂健体不懈努力。

预祝本届中国网络媒体论坛取得圆满成功！

谢谢大家！

中央外宣办副主任、国家互联网信息办公室副主任钱小芊在主旨演讲实录：深入学习贯彻党的十七届六中全会精神大力发展健康向上的网络文化

各位同志、各位朋友：

党的十七届六中全会开启了建设社会主义文化强国的新征程，网络媒体在社会主义文化建设中肩负重大责任。今天，我国网络媒体业界同人相聚美丽的江城武汉，举办第十一届中国网络媒体论坛，畅谈学习十七届六中全会精神的感想体会，共议发展健康向上网络文化的思路举措，共同展望网络文化繁荣发展的美好前景，很有意义。本届论坛的举办，标志着中国网络媒体论坛伴随着我们国家的发展进步进入了第二个十年，可喜可贺；本届论坛以“推动网络媒体新跨越，促进网络文化大繁荣”为主题，体现了网络媒体业界对发展健康向上网络文化历史责任的主动担当和高度的文化自觉、文化自信。在这里，我代表中央外宣办、国家互联网信息办，对第十一届中国网络媒体论坛的举办表示热烈祝贺！

党的十七届六中全会是我国文化发展史上具有里程碑意义的重要会议。全会审议通过的《中共中央关于深化文化体制改革、推动社会主义文化大发展大繁荣若干重大问题的决定》，是当前和今后一个时期推进我国文化改革发展的宣言和纲领。针对互联网等新兴媒体快速发展的新情况新挑战，决定提出了发展健康向上网络文化的重要战略任务，并做了专门部署，提出了许多新举措、新要求，为我们加强网络文化建设和管理、更好地探索中国特色文化发展道路指明了方向，提供了遵循。

当前，互联网正处于一个新的发展应用的快速扩张期，互联网创新和普及应用速度前所未有，网络技术更新周期越来越短，新业务新业态层出不穷。其三个趋势值得我们高度关注。

一是互联网的媒体化和深刻影响现实的特点日趋明显。互联网大大拓展了人们获取信息的渠道和视野，增强了人们获取信息的主动性和选择性。目前，我国网民人数已经达到5亿，互联网已经成为最具影响力的大众媒体，并具有巨大的发展潜力，网络空间对现实生活的影响日益广泛和不断加深。这为加快网络媒体发展提供了有利条件，同时网上海量的信息内容、纷繁的文化生态、多元的价值取向，也更加深刻地影响着人们的思想观念、行为方式。我们提供什么样的网络文化产品，开展什么样的网络文化服务，在网上倡导什么、反对什么，允许什么、禁止什么，关乎网络媒体的权威性和公信力，关乎互联网健康有序发展，关乎我国社会和谐稳定。

二是互联网正在向“可移动”“便携化”方向加速发展。不可移动，曾经是互联网的局限；把互联网“装进口袋”，曾经是网民的梦想。现在，随着3G网络日益普及，“云计算”研发和应用步伐加快，我国固网互联网加速向移动互联网延伸。据有关专家测算，目前，智能手机、笔记本、平板电脑、手持阅读器等移动上网终端，已经超过个人电脑正逐步成为人们接入互联网的主要方式。网络信息传播正逐步从以个人电脑为中心向以移动智能终端为中心转变，手机搜索、手机新闻、手机即时通信等移动网络应用的用户规模不断扩大。我国手机上网用户已接近3.5亿人，我国9亿手机用户都是移动互联网的潜在用户，移动互联网还有很大的成长空间。移动互联网的加快发展，催生了新的传播形态、产业形态、业务形态和商业形态，为网络媒体更好地创新网络文化产品和信息服务、更好地满足人民群众精神文化需求提供了有利条件，同时也对我们如何发展好、应用好、管理好移动网络传播、确保网络文化信息安全提出了新的要求。

三是微博客等社交网络呈蓬勃发展势头。去年以来，我国互联网发展最具标志性的事件，就是微博客等社交网络的迅速兴起。目前，我国微博客用户已经超过3亿人。微博客的发展，丰富了信息传播方式、传播内容，使网络信息形成机制、传播机制发生重大变化，人们利用微博客获取信息、加强沟通交流、进行休闲娱乐，企业利用微博客开展品牌推介和产品推广，政府部门通过微博客发布政务信息、回应社会关切，传统媒体、网络媒体通过微博客拓展新闻信息传播手段和渠道，提高传播实效和覆盖，微博客对经济社会发展的积极作用日益显现，为网络媒体更好地反映社情民意、传播正面声音、丰富信息服务、进行舆论监督提供了有利条件，同时如何推动微博客在发展中规范、在规范中发展，规范网上信息传播秩序，培育文明理性的网络环境，是我们面临的全新课题。

我们要认真贯彻积极利用、科学发展、依法管理、确保安全的方针，以更加高度的自觉担负起推动网络文化繁荣发展的历史任务，以更加强烈的自信把握好网络文化发展的难得机遇，以更加有力的举措来落实发展健康向上网络文化的各项任务。为此，我就学习贯彻十七届六中全会精神，推动网络媒体新跨越，促进网络文化大繁荣，讲几点意见和看法。

（1）以社会主义核心价值体系为引领，牢牢把握网络文化发展的正确方向。社会主义核心价值体系是兴国之魂，是社会主义先进文化的精髓。网络媒体作为承载文化精神价值的物质基础和传播形态，必须保持崇高的精神价值和精神追求，始终坚持以社会主义核心价值体系为指导、为引领，始终坚持团结稳定鼓劲、正面宣传为主，始终坚持正确舆论导向，高扬主流舆论，唱响奋进凯歌，并使之成为网上时代最强音。要加强和改进舆论引导工作，提高舆论引导的及时性、权威性和公信力、影响力，努力在网上不同思想文化的交流交融交锋中形成共同的思想道德基础，在网络舆论的多元多变多样中增进社会共识，更好地把体现党的主张与反映人民心声统一起来，把坚持正确导向与通达社情民意统一起来。广大网络媒体工作者要自觉做社会主义核心价值体系的倡导者、传播者、推动者、实践者，充分利用网络优势，运用各种传播手段，大力宣传科学理论、传播和谐理念、传递美好情感、守护道德良知，真正使社会主义核心价值体系这一网络文化之“魂”广为传播、深入人心。

（2）以服务群众为宗旨，更好满足人民群众对网络文化的新期待。网络文化本质上是人民大众的文化。网络媒体必须始终坚持为人民服务、为社会主义服务的方向，把保障人民文化权益、满足人民精神文化需求作为一切工作的出发点和落脚点。要坚持贴近实际、贴近生活、贴近群众，充分认识我国发展的阶段性特征，自觉服务国家改革发展稳定大局。要准确把握社会文化生活的新特点，关注人民群众对网络文化的新期待，更多采用人民群众喜闻乐见的形式，更多反映和谐社会建设的积极进展，更多提供广大群众需要的文化产品，真正使网络文化建设与和谐社会建设相协调、与人民群众需求相一致，更好地满足人民群众求知求美求乐的文化追求。要深入持久扎实地开展“走基层、转作风、改文风”活动，大力开展面向基层、服务群众的宣传报道，把目光和镜头对准群众，把版面和栏目留给群众，多组织经济、民生、文化、科技等群众关注关心的正面报道，多宣传广大群众中的平凡英雄和凡人善举，多提供网上政策咨询、信息资讯等与群众生产生活息息相关的便民利民为民服务信息。要大力加强网上内容建设，实施网络内容建设工程，科学规划网络文化产业结构和布局，推动优秀传统文化瑰宝和当代文化精品网络传播，把网络文化建设成为适合不同群体需求，丰富多彩、生动活泼的先进文化、精品文化、大众文化。要发挥好、引导好、保护好网民在网络文化共建共享中的积极性、创造性，鼓励创作格调健康的网络文化作品，引导做文明网民、倡文明表达、创文明空间，坚决抵制攻击诋毁、传谣信谣、低俗恶搞等网络不文明行为，使网络文化真正成为健康向上、向真、向善、向美的文化。

（3）以阵地建设为依托，打造既大又强又优、影响广泛的网络文化平台。发展健康向上的网络文化，需要一大批综合实力强、影响力大、覆盖广泛的网络文化平台。互联网设备制造、基础电信运营、信息内容服务等网络文化企业要加强资源整合和相互合作，延伸拓展产业链，进一步提高网络文化创作、生产、传播的专业化集约化水平。要完善网络媒体发展布局，根据经济社会发展需要和人民群众意愿，推动网络媒体进一步向新闻资讯、文化娱乐、电子商务、教育医疗等不同领域和行业细分，向专业化、地域化、个性化发展，打造一批在国内外有较强影响力的综合性网站和特色网站，构建定位清晰、功能互补、模式多样、特色鲜明的网络媒体群。新闻网站是网络文化建设的骨干力量，要加快推进转企改制，创新体制机制，增强内在活力，提升综合实力，在网络文化建设中更好地担当主力军的使命。商业网站是网络文化建设的重要力量，要正确处理经济效益和社会效益的关系，始终把社会效益放在首位，坚持依法办网、文明办网、诚信办网，健全管理制度，完善绩效考评体系，多提供健康向上的网络文化产品，在网络文化建设中发挥建设性作用。政府网站和专业类网站都要发挥自身优势，加快发展步伐，提高服务水平。有实力的重点新闻网站和有影响的商业网站要积极“走出去”，加强品牌建设和海外推介，增强对外传播能力，扩大国际知名度，提高国际舆论竞争力，努力打造具有全球影响的网络媒体，更好地展示中国的良好形象，更好地传播中华文化，更好地把中国声音传向世界。

(4) 以技术创新为动力，不断提高网络文化的传播力、辐射力、影响力。网络文化是基于互联网技术平台的全新文化形态，是充满活力、富于创新的领域。从互联网发展历程看，网络技术的每一项重大创新应用，都对网络文化的创作、生产、传播、消费产生深刻影响。技术能力决定传播能力，传播能力决定影响能力。要充分认清技术建设在网络文化建设中的重要地位和作用，把技术创新作为推动网络文化繁荣发展的战略基点和核心要素，作为网络文化建设的战略举措和基础工程来抓。要站在互联网科技发展最前沿，及时跟踪掌握互联网技术最新动态，加强顶层设计和长远规划，加快培育新兴业态和新的市场需求，抢占网络传播制高点。要整合互联网技术研发力量和资源，加大网络关键技术攻关力度，加快互联网核心装备技术国产化，提升互联网行业原始创新、集成创新和引进消化吸收再创新能力，努力在国际互联网技术领域实现更多的“中国创造”。要创新技术研发机制，加强政府部门、网络媒体、网络技术企业、高等院校和科研院所之间的交流合作，采取联合开发、成立技术创新联盟等形式，建立机制灵活、运转高效、实力雄厚、具有较强国际竞争力的网络技术创新研发中心。要切实维护知识产权，为网络技术创新提供良好的社会环境。要加强对网络新技术新应用的安全评估，切实维护网络信息安全、网络文化安全和国家安全。通过不断创新，扩大我国在国际互联网技术领域的话语权，不断增强我国互联网行业的整体实力和核心竞争力，在国际互联网格局中争取更大主动。

(5) 以人才建设为支撑，努力培养造就规模宏大、素质优秀的网络文化人才队伍。发展健康向上的网络文化，需要一支规模宏大、德才兼备、结构合理、勇于创新的网络文化建设大军。要着眼中国特色网络文化的快速发展，加快培养具有战略眼光，视野开阔、善于谋划、锐意创新的高层次领军人才队伍，具有较强把握导向能力和策划能力、掌握网络文化创作生产传播规律的内容建设人才队伍，具有现代市场观念、懂经营、善管理的经营管理人才队伍，具有较强创新意识和技术研发能力的技术人才队伍“四支队伍”，为中国特色网络文化的繁荣发展提供有力的人才支撑，并积蓄发展后劲。要健全和完善网络文化人才的发现培养、选拔使用、流动配置、激励保障机制，努力营造优秀人才脱颖而出、施展才干的良好环境，吸引更多优秀人才投身网络文化建设事业。要加强从业人员培训，健全学习培训制度，强化责任意识，增强职业素养，提升职业追求。加快推进网络媒体从业人员资质认证体系建设，建立标准明确、规范有序的行业准入和退出机制，为网络文化从业人员成长成才营造公平公正的环境。加强网络文化人才队伍建设，既要善于发现培养高端人才，也要善于发现普通网民中在技术创新、文化创造等方面有专长的特殊人才，为他们参与网络文化建设创造条件、搭建舞台，努力形成各类人才共同参与网络文化建设的良好局面。

同志们、朋友们，党的十七届六中全会吹响了建设社会主义文化强国的进军号角，提出了发展健康向上网络文化的重要战略任务，我国网络媒体发展正面临一个新的重大机遇。我们要解放思想、转变观念，抓住机遇、乘势而上，振奋精神、奋发有为，大力推动网络文化繁荣发展，更好地为党和国家工作大局服务、为改革开放和社会主义现代化建设服务、为人民群众服务，以优异成绩向党的十八大献礼！

最后，祝第十一届中国网络媒体论坛圆满成功！

谢谢大家！

人民日报社副总编辑马利在论坛上的主旨演讲实录：人民日报社如何在网络文化建设中实现新发展

各位领导、各位专家、朋友们：

今天我们共聚一堂，在九省通衢、人杰地灵的武汉，探讨“网络媒体与文化建设”这个主题，很有意义。

感谢湖北省委省政府和武汉市的领导和同志们，为我们提供了一个学习贯彻十七届六中全会精神、共议网络文化大发展大繁荣的良好环境和舆论氛围。

今天，我着重谈谈人民日报社的新业态，如何在网络文化建设中实现新发展、新跨越。

一、用足资源，提高网络文化内容的生产能力

网络是体，内容是魂，是网络文化建设的“魂”。内容是根本。依托人民日报社60多年来积淀的政治优势，人民网经过了14年的发展，已经成为党的重要的传播渠道，成为中文互联网上最重要、最权威的信息源之一。

人民网有14种语言、15个版本，24小时不间断地、滚动发布新闻，日均PV超过2个亿，网友遍布全球200多个国家和地区。人民日报社国内外有70多个分社，都齐备了音频、视频设备，会在第一时间供稿人民网。

人民日报与人民网共同策划“两会热点调查”“别让孩子伤在起跑线上”等选题，共同报道“学习贯彻十七届六中全会精神”“天宫一号与神八对接”等专题，共同举办“文化讲坛”“文史大讲堂”等活动。

二、发展新技术，争当网络文化生力军

美国的文化产业占GDP的1/3，英国和意大利的创意产业、日本的动漫业、韩国的游戏业的产值，都超过了各自国家钢铁行业的产值。文化产业在中国有巨大的发展空间。十七届六中全会提出文化大发展大繁荣，恰逢其时，我们就是要抓住这个机遇，乘势而上，顺势而为。

早在2009年6月，人民网手机电视正式上线，也是国内第一家拥有手机电视的非广电机构；2010年3月，人民电视开播，是国内唯一一家由报纸主办的网络电视媒体；2011年，人民日报、人民网在iPad、iPhone和安卓等智能移动终端上的客户端应用不断推陈出新。

今年6月20日，人民搜索新一代搜索引擎平台“即刻搜索”成功上线，引起广大网民的高度关注。6月21日，美国华尔街日报评论：“作为中国官方的一个项目，推出即刻搜索，是中国国家媒体为挺进商业互联网领域做出的最雄心勃勃的尝试之一。”搜索引擎是信息海洋中的灯塔、网上冲浪的指南，它不仅是技术、是产业，更是政治、是意识形态，它是国家信息安全的重要屏障。可以说，掌握了搜索引擎就占领了网上文化发展的主动权。

三、打造精品，弘扬健康向上的网络文化

打造精品，是提升网络文化影响力的关键。人民网中国共产党新闻网，如今已经成为传播党的声音、密切党群关系、推进党务公开、展现党的形象的权威品牌。我们已经建成了毛泽东等6位领袖人物在网上的3D虚拟纪念馆，《马克思恩格斯全集》五十卷、《列宁全集》

六十卷、《毛泽东文集》八卷、《江泽民文选》三卷等，约6000万字的数据库。人民网创办的人民网评、人民财评等原创深度栏目，还有人民微博、人民社区等。通过强国论坛、E政广场、地方领导留言板等，汇聚民智、倡导新风、凝聚力量、服务大众。

四、建设本土化网站，提升网络文化国际传播力

2008年底，人民网日本株式会社在东京注册，成为第一家“走出去”的中国网络媒体，它标志着人民网海外本土化网站建设正式启动。

2010年人民网美国纽约公司完成注册。今年9月，人民网韩文版正式上线，年内将正式设立韩国公司。人民网在英国、俄罗斯、南非，还有美国旧金山等地的本土化网站，今冬明春都将陆续开通。实现前方、后方网络联动，以最快的速度把第一手信息向国内外传播；国内国外、实地实效“三贴近”，用驻在国熟悉的方式讲述中国的故事，提高国际传播的针对性和有效性。

五、创新体制机制，增强网络文化建设持续发展能力

十七届六中全会审议通过的《中共中央关于深化文化体制改革、推动社会主义文化大发展大繁荣若干重大问题的决定》指出，“进一步深化改革开放，加快构建有利于文化繁荣发展的体制机制。”人民网创新体制、转换机制，去年6月已经了完成转企改制。面向市场、增强活力，将以上市融资为跨越发展的新起点，以满足人民群众的文化需求为着力点，建设既符合社会主义先进文化要求又符合互联网企业发展，既坚持正确导向又富有市场活力的国家重点网站。

“文化引领时代风气之先，是最需要创新的领域。”互联网是文化建设的新阵地、文化服务的新平台、文化生活的新空间。

同志们、朋友们，让我们携起手来，推动社会主义网络文化的大发展、大繁荣！

谢谢！

人民网副总裁、人民网研究院院长官建文在论坛上的主题演讲实录：积极推进政务微博 打通两个舆论场

“两个舆论场”这个概念，最早是由新华社前总编辑南振中提出来的，他认为在现实生活中存在两个不完全相重叠的舆论场，一个是主流媒体，着力营造的媒体舆论场，一个是人民群众议论纷纷的口头舆论场。这两个舆论场因为有了网络以后，变得更加膨胀，也更加固态了。

互联网的出现使传统媒体的声音更响、更亮，传播的声音更广，受众更多，所以传统舆论场在互联网时代也得到了膨胀。民间舆论场膨胀得更快，它传播的速度、传播的氛围是成百倍、成千倍的扩大，过去一村、一厂、一街民间议论的东西现在很快成为地球的议论，这两个舆论场还有一个特征，他们的重叠度减少，对峙增大。一个舆论场看起来是风和日丽、阳光普照，另外一个舆论场是阴见多云，有时候雷电交加，像“钱云会事件”和“7·13”温州事故这些典型案例得到鲜明的表现。两个舆论场还有一个特征，他们都需要改进、改善，一方面官方舆论场对民生的关切不如民间舆论场直接迅速，对突发事件信息公开不够快，观察问题的草根视角还不够多。另一方面，民间舆论场谣言滋生、情绪化严重、网络暴力化严重，常常突破道德和法律的底线。两个舆论场还有一个特点就是民间舆论场越来越受

到重视，上至总书记下到基层政府和企事业单位都越来越重视民间舆论场。

民间舆论场受到的挑战来自多方面。一是在现实生活中说一不二的政府官员在网上成了弱势群体，不仅一些贪官因为一包烟、一块手表丢官，锒铛入狱，一些干得不错的官员因为一句话不慎、不当也遭到急风暴雨似的声讨。

二是主流媒体有时候被边缘化。在任何国度、任何时代，主流媒体掌控传播的主导权和舆论的主导权，他们有一支专业化、职业化的队伍，但是民间舆论场在互联网上出现之后，传统媒体一旦滞后、失声，他们就会受到网民的抛弃，被边缘化。

三是民间舆论场对政府或者企事业单位、社会组织造成巨大的压力。

四是舆论引导的难度越来越大。

网络媒体在打通两个舆论场方面进行了很多努力，创造了一条又一条的沟通渠道，拿人民网来说，人民网有多种方式来打通两个舆论场，一个是嘉宾访谈。人民网将近15年，到我们那里去跟网民在线交流的省部级以上的官员接近一千人次，对外还有很多专家学者，还有我们开通了强国博客。另外还有E政广场，E政广场让网民可以把自己当作人大代表、政协委员对党政方针、对国家大事提出建议和意见，另外还有地方领导留言板和省部委领导留言板，网民可以直接跟这些领导提意见、反映诉求，领导可以直接回复网民的意见。这些都是沟通两个舆论场的有效途径。

微博出现之后，又出现了另外一个沟通的渠道，这就是政务微博，政务微博异军突起，成为一支沟通两个舆论场不可忽视的力量。人民网的微博主要做的就是政务微博。新浪、腾讯等商业网站的微博也在做政务微博，政务微博在沟通两个舆论场方面发挥了相当大的作用，今年3月全国政协副主席李金华开通了人民微博，这是到现在为止国家领导人开的第一个微博，就是四天前新闻出版总署署长柳斌杰也在人民网开通了微博，到现在人民网的副部以上的官员开通的微博数已经达到57个。另外，还有一大批党政机关、社会团体、企事业单位开通了微博的官方账户，像全国打黑办、国家安检总局、质检总局、国家林业局、河北省政府、广州市政协、淮南市政府、甘肃省卫生厅、中国红十字会、中国作协等一共有1200多个机关团体在人民网的微博上开通了官方微博。

甘肃省卫生厅开设的微博是一个微博群，涵盖了全省两千多个单位，在“11·16”重大交通事故里面，甘肃省卫生厅的微博发挥了很重要的作用，他们及时发布对伤员的救治信息，死亡20余人，他们是最先发布的。

政务微博也面临着一些问题，以信息发布为主，缺少沟通，互动不够，一些微博无人维护，成为了空心微博，追求粉丝没有产生影响，缺乏沟通细节，这些都存在问题。要解决这些问题需要政务微博真正入驻民间舆论场。我们可以看到，两个舆论场为什么会在某种程度上泾渭分明，主要存在四个很大的不同：一是它的参与者很大的不同；二是它的受众有很大的不同；三是观察视角有很大的不同；四是话语语境有很大的不同。开通政务微博，可以说基本上在前两个很大不同的理念里有大的进步。政府部门、官员进入了民间舆论场，民间舆论场的受众可以在民间舆论场听到政府官员的声音，这就是前面两个很大的不同。但是，后面两个很大的不同，你开通了政务微博，也没有解决或者没有很好地解决。要解决后面两个不同，需要有三个“同”，一个是同思，一个是同情，一个是同心。这三个“同”，说到底就是总书记说的“权为民所用、情为民所系、利为民所谋”，我们开通政务微博，真正是为人民着想，为人民所思，为解决人民群众的问题，我们就能够使我们这个舆论场真正地进入民众的心里和民众的心田。实际上我们有些还是做得不错，一个广西公路管理局有一个网站，它有问必答，用语生动，是对网民最幽默的政府网站。政务微博真正入驻民间舆论场，想人民所想、思人民所思，用人民喜闻乐见的语言和网民互动交流，我们两个舆论场就能够打通。

新浪网副总编辑周晓鹏在分论坛上的主题演讲实录：微博重塑中国的网络生活

非常高兴今天有机会在这样的场合和大家分享我个人对于微博的一些认识。社交网络已经成为全球互联网的一个重要的趋势，这个是我之前想跟大家一起分享的概念，从1998年到现在，中国互联网发展的13年经历了几个阶段，现在我们面临一个新阶段就是一个社交网络发展的阶段。这个其实可能是无论作为网友也好，还是我们作为一个网络媒体的从业人员也好，可能我们必须要面临这样一个大的环境。

从国内来看，以新浪微博为例子，从2009~2011年大概一年多内，微博用户超过2.5亿人，每天微博发布数是7500万~8000万条，这是什么概念呢？从微博注册数的一个比例来看，Facebook和Tiwteer达到同样的数字用了将近五年，我们其实只用了两年。门户网站每天处理的新闻条数是3万~5万条，微博则有8000万条左右。微博为什么在中国有这样发展的态势呢？我个人觉得这是由几个特点来决定的。其中一个最大的特点是说，微博通过移动口端来发布内容，真正实现了用户可以随时随地发布信息，这在中国以往的互联网应用当中是没有过的。随着移动终端和智能手机的普及，这种趋势非常明显。每天在新浪微博发的7500万到8000万条当中有一半是移动终端的。我相信这样的比例可能在后面是会不断增加的。

微博到底是什么呢？有人讲是社交媒体，我个人更愿意定义微博是一个社交网络的平台。社交媒体的平台和社交网络的平台我认为是两种概念，微博当中确实具有很强的媒体的属性，这种属性特别是对于在座的业界的网络媒体同行来讲是深刻的。我想强调的是，微博的社交媒体属性只是微博属性当中的一部分，这一部分可能在后面会越来越成为其中一个不是特别重要的部分，我们可以看这样的数字，微博上目前讨论的话题是娱乐、休闲、生活和情感。以往大家关注的时政类的信息占了5%。大家都以为微博上时政话题很多，但每一个人的微博其实是不一样的，你的微博事件是什么，取决于你关注了哪些人，取决于你的关注点是什么。微博是基于人际关系形成的网络。作为网络从业人员，由于工作的关系，更多关注政府、媒体和领袖的东西，可能你所关注的这些内容当中，时政类的比例就会很高。如果我只是一个在校大学生，可能更多关注的是同学、老师和我之前的朋友。这样的话，我的微博世界当中更多的是学习和生活的内容，而很少有时政类的东西，对于微博这样平台的概念，从一个大的角度来讲，我们每一个人的微博世界是不一样的，每一个人的微博世界最后组成起来就是大的微博人际网络平台。

我拿一个例子跟大家分享，温州动车事故让我们感觉到微博的力量。在事发的时候，微博变为资讯发布的平台，在动车事故发生几分钟之后，很多网友通过微博发消息，发布现场的情况是什么、救援的情况是什么，这时候微博是资讯发布的平台。在事发两小时之后，我们看到有很多人通过微博说我们如何去救援、微博的市民是如何献血的，呼应大家来献血，这又变为一个公益的平台。事故之后，小伊伊两岁的女孩被救了，她的父母微博在新浪上关注了郝海东，郝海东通过微博说他愿意收养这个小孩，小孩的叔叔又说不需要，从这方面可以看到微博是一个人际关系的平台。在这个过程中，从政府也好、媒体也好，更多看到微博是舆论场的态势。微博是什么，取决于这个社会发生了什么，而且取决于在社会当中这个事件的当事人和当事机构在平台当中做了些什么，这样才能把微博的特色发展起来。我个人认为微博是什么，把这些东西放在一起，就是微博的一个典型性特点和汇总。

微博的出现对于我们改变了什么，作为网民的个人也好，还是我们作为一个媒体从业人员也好，还是政府也好，还是企业也好，对网络生活发生了改变，它改变了各行各业信息发布和传播的方式，微博使人人成为事件的发布者。由于移动的特性和移动终端的支持，真正实现了这样一个特点，这就造就了自微博推出以来，几乎所有的中国和国际上发生的热点事件的第一热点全在微博上，这一点毫不夸张，很多事件最早都出现在微博上。对于新浪来讲，微博出现之后，我们在报道的方式、理念和内容整合的思路上都产生了一些变化。比如在日本地震的时候提出一个概念叫“共同播报”，也就是以后类似这样的一种报道已经不再是网络媒体自己在做的报道，而是网络媒体和现场网友一起来报道，现场网友提供的鲜活性内容，往往是传统的通讯社、电台和媒体所不能提供的，是一个有益的补充，这样一种思路的介入给我们整个报道方式上也会带来一定的变化。

对于网友来讲更是一样了，现在很多用户越来越少看门户网站，而是通过微博了解信息。比如我想了解国内信息、国际信息和几个媒体的信息，关注他的官方账号就行了，而不用到门户网站打开首页去找。我们可以看到微博的出现使我们用户的上网行为发生了改变，也就是说，这样一个平台等同于门户网站的重量级，它已经成为我们后面无论是作为网友的上网也好，还是作为媒体的操作也好，作为不可避免的平台出现了。

从政府的角度来讲，微博搭建了一个新型的沟通和发布的渠道，在目前情况下，新浪微博的总数接近两万个，几乎大陆所有的省份都开通了各个不同级别的政务微博。微博的论证和行政成为社会创新管理的应用。比方说像前两天刚刚开通的北京微博发布厅，是我们国家首个省级政务微博群，开通21个政务微博和新闻发言微博，这些都是非常有益的尝试，集群化的方式能够有效地结合起我们各个政府职能部门的微博的功用，通过互通和相互推介的方式，使政务微博的运营效果实现得最大化。

除了个人和政府之外，微博有一个非常有意思的地方，大大降低个人与企业参与公益的门槛，微博公益的特点在这一年当中表现得尤为突出，在后面也会发展得非常迅速。微博会成为一个最大的公益平台，为什么呢？它降低了个人和机构、企业去倡导和发起公益的门槛，比如说微博打拐、免费午餐。如果没有微博的话，没有微博这样广大的平台让大家参与，个人想倡议这种活动的话，成本是非常高了。

作为企业来讲，微博搭建了一个非常高效的营销平台。对于企业来讲，从品牌宣传、公关、产品宣传等方面，微博给企业带来了便利。无论在报道形式还是整个时尚品牌宣传上，通过微博可以对时尚品牌的粉丝结构进行很多分析，对品牌的后续发展提出很多建议，这些对于企业来讲都是非常有益的一个方式。

所以，微博的出现，对于网友个人、对于媒体、对于机构、对于企业、对于政府，其实都是带来了一个非常大的变化。当然，结合我们这样的主题，如何改善网络舆论生态，我们讲微博确实带来的网络舆论的生态。这种变化必然带来网络行为准则的变化，也对网络行为准则的重建和构建提出了一个新的要求。像微博时代，它本身来讲是整个信息的发布方式和大家沟通的方式，很多这样的结构都发生了变化。我们以往对于网络行为的要求，可能有些就不能够满足了。这方面可能确实需要给我们带来新的变化。另外一点，网络舆论是社会现实舆论的一种反映，这种反映告诉我们不能够把网络舆论和社会现实舆论相割裂开来，同时我们对于网络舆论的引导和网络舆论的平息也好还是解决也好，其实要跟社会现实问题的解决相挂钩，这两个问题是不可能割裂开来看的。网络上这个东西一定要怎么怎么样，社会问题不停出现，网络舆论一定会面临这样的挑战。

整个微博舆论的引导需要网络与现实共同的努力，作为一个平台的运营商，针对微博所带来的网络生态形态的变化，无论对于用户的管理，还是对于内容的管理，我们可能都要有针对性地跟以往有不同的调整，从组织构架上、理念上、实际操作上，必须要有针对性的调整，我们在北京网管办的指导下已经做了这方面有益的尝试。另一方面，我们的一些实践可能需要结合现实的国家政策的支持和沟通，可能还要结合我们现实社会的一些问题的逐渐解决。通过这几种不同力量的结合，我们才最终有可能真正实现网络舆论的健康和友善。

中国新闻网总编辑陶光雄在分论坛上的演讲实录：微博的个性表达应有理性思考的引领

非常高兴与大家在每年一度的中国网络媒体论坛见面，预祝第十一届中国网络媒体论坛取得圆满成功。

今天分论坛的题目是“引领微博时代　改善网络舆论生态”。我觉得这是一个很好的议题，它紧扣了网络传播行业最新的传播情况和特点。的确，现在可以说是一个微博时代，也就是被形容为人人都有麦克风的时代或者是自媒体的时代。据最新的统计数据，中国的微博用户已经超过了2亿人，发展势头迅猛，网民可以随时随地在微博上发表信息和观点，探讨家事、国事、天下事，话语权得到了极大的释放。网络舆论的声音与影响力也日渐强大，微博的火爆也让其处于舆论的风口浪尖，有欢呼喝彩的，也有批评指责的，也有爱如至宝的，也有畏之如虎的。这个新的传播媒介的兴起，掌控了传统的信息传播格局，我们应该如何看待它，下面谈几点感受。

第一，微博既是科技发展的产物，也是社会进步的体现，电子信息科技的发展与创新是信息传播的方式不断推陈出新，微博便是最新的科技成果之一，这种交流模式实现了网络社教与信息传播的双重意义，要比论坛、博客、贴吧更直接高效，也比即时通信更有开放性。微博把现实生活中的口耳相传移至网络上，更由于其传播迅速和开放的特点变为公开的交头接耳。微博上的信息是杂乱的，声音是嘈杂的，可以说是这个时代的另一群体的诉求、人民价值观表达比以往更多元化的表现。其中一些公开的过激言论也得到了一定程度的容忍，个人主义和话语权将比以往更加受尊重，从这个意义上来看，它体现了这个社会的进步。

第二，微博丰富多彩的个性表达需要理性思考的引领。有专家说，目前中国的网络发展还处于孩童期，网友会说一些任性、不负责任的话，甚至还有几段话的表达方式，而且在微博上这种现象似乎更加突出，微博无疑是一种个性表达，网友的话语权应该得到尊重，但微博又是开放的、公开的，因而就有了一份社会责任。无论是机构还是个人微博用户，都应该慎重对待流言、谎言，拒绝不良和有害信息，少一些浮躁和暴力，多一些理性和平和，在尊重他人中自律，正所谓“己所不欲，勿施于人”。尤其粉丝众多的用户，他们是微博事件中的精英和影响的公众人物，更应该以身作则，通过自己的良知和理性的声音引导广大网民。

第三，微博对新闻媒体形成补充。新闻媒体在挑战中也有机遇，作为一名新闻从业者，我深切地感受到微博带来的压力。中国传媒大学网络研究所7月发布的网络舆情显示，微博已超越论坛成为第二大舆情源头，仅次于新闻媒体的报道。尤其在突发事件和热点事件当中，广大网民通过微博提供相关信息和试点，这种渠道和力量是传统媒体难以比拟的。但微博毕竟是碎片化的、混杂的、不连贯的，为新闻媒体的深度解析提供了空间，正如人人是一台DV，但会欣赏专业机构制作的影视大片和专题大片，人人会写一篇文章，但我们仍会选文学大师的作品，因此微博时代的到来促使专业新闻机构提供更高的新闻信息服务。在这里，我们不妨引用新闻出版总署副署长的观点，他在前几个活动中说，微博在丰富了信息来源渠道的同时，也极大冲击了传统媒体的主流发布地位。但与此同时，在增加难辨的海量信息下，民众更加盼望有公信力的传播主流媒体发出声音，这正是新闻报道的机遇所在。

第四，科学分析微博事件，促进微博规范良性发展。微博的事件是多彩多姿的，也有人说是乱哄哄的。那么，微博到底是灵丹妙药还是洪水猛兽呢？这就需要进行客观科学的分析。比如微博用户在年龄、职业、收入、教育程度上的构成，他们的数量和言论在多大程度上代表社会的主流，微博流行生成和传播有哪些特点，几段话的表达占多大比重，等等。我们只有摸清微博事件的情况，分析总结以往的经验和得失，才能有针对性地采取措施，对微博进行规范管理，充分发挥其有益的成分，尽量抑制它不利的方面。对于微博使用者和平台搭建者也需要建立相应的行为准则，对微博使用者来说，承担起相应的社会责任；从平台搭建者来说，需要甄别用户的身份和行为是否恶意，承担起管理责任。只有各方共同努力，才能使微博进入良性发展的轨道。

由于工作忙碌和性格的特点，我个人没有开通微博，所以以上只是个人意见，未必结合实际。虽然没有开通微博，但一直关注它，这是作为一个新闻者所必须做的。我们在新闻工作中积极利用微博，将其融入新闻报道，并使之成为新的报道形式，以此加深与网友的互动，提升传播力和影响力。目前，中新网在新浪、腾讯、搜狐的平台开了微博，同时还开通了记者微博，在重大事件报道中进行快速报道，比如在上海世博会和广州亚运会当中，我们记者通过微博随时发布现场信息，效果非常好。

最后，期望我们所处的微博时代更加理性成熟、生态健康和精彩纷呈，谢谢大家。

荆楚网总编辑阎思甜在议题为“弘扬核心价值　增强文化引导能力”分论坛上的演讲实录：深化“三贴近”践行“走转改”

去年8月以来，荆楚网在湖北省委领导的关心下，在省委宣传部、省委外宣办（省网管办）的指导下，在湖北日报传媒集团党委领导下，积极开展了诸多业务实践，努力体现“三贴近”的工作原则。

今年8月9日，中宣部召开“走基层、转作风、改文风”电视电话会议。我们认为，中央五部委联合部署的此项活动，是推动网站强化主题宣传，提高舆论引导能力的良好契机，是履行媒体责任和使命的客观要求，是落实“三贴近”报道原则的必然途径，也是对编辑记者综合素质锤炼的重要抓手。

荆楚网进一步提高了认识，增添了动力，力争网站建设工作再上一个台阶。现就有关情况，跟大家做一个交流。

一、深化“三贴近”，突出“三着重”，牢牢占据地方网络新闻阵地的制高点

2004年初，湖北日报传媒集团获得湖北省唯一的省级重点新闻网站——荆楚网的主办权。7年来，荆楚网发展成为省政府门户网站，开办多张手机报等多个信息传播平台；拥有网络出版、音视频流媒体、广播电视节目制作、无线增值业务等多项业务资质；员工队伍从20多人壮大到现在110余人。自2006年网络新闻纳入中国新闻奖评奖体系后，荆楚网迄今已五获中国新闻奖。目前，网站日发布各类资讯1000多条，是湖北最大的外宣平台，正朝着社会效益和经济效益协调发展的方向奋力前行。

作为湖北区域最主流的网络媒体，荆楚网被省委省政府、省委宣传部赋予了传递党和政府的声音，宣传湖北形象，引导社会舆论，聚集民意民智，服务百姓民生，为湖北实现跨越式发展、科学发展助力的重大职责和光荣使命。如何进一步拓宽信息和传播渠道，创新传播形态及方式，真正做到政府放心、群众满意、市场认可，牢牢占据地方网络新闻文化阵地的制高点，是荆楚网面临的重大课题。

中国网络媒体经过十余年的发展，影响力与日俱增，而包括荆楚网在内，还没有从根本上解决“三多三少”的问题：一是新闻信息内容转载他媒体的多，属网站原创的少；二是新闻队伍中编辑相对居多，记者相对居少；三是相对网民和诉求诸多，而编辑、审核、研判、网上处置的力量却很少。

我们多次研究后认为，面对这个“三多三少”和湖北省情的实际，要把“走转改”活动落到实处，须深化“三贴近”，在三个“着重”上下功夫：“贴近生活”就是要着重贴近湖北实现跨越发展、科学发展的火热生活，“贴近实际”就是要着重贴近湖北网络舆情复杂而舆论引导任务繁重的实际，“贴近群众”就是要着重贴近网民日益增长的信息及服务的需求，贴近他们喜闻乐见的传播形式和活跃的舆论场。

回溯去年，湖北省委书记李鸿忠，省委常委、宣传部长尹汉宁履新以来，多次对荆楚网的建设和发展提出了明确指示。李鸿忠书记要求“唱响主旋律”要在“响”字上下功夫，坚持“三贴近”原则，让新闻宣传报道深入人心，使人心悦诚服、入脑入心，这就需要创新栏目、创新形式，不怕苦、不怕累，钻研得更深、付出更多的心血。尹汉宁部长指出，重点新闻网站要主动承担主流媒体的社会责任，以责任树形象。网络从业人员要努力成为经济社会发展的建设者、社会公正的维护者、社会责任的承担者。

基于此，一年多来，从一篇回复南方网友建言湖北的帖文，到全国“两会”期间《记者应该报道什么》的评论；从荆楚网的首页成功改版，到向全省“两会”代表委员递送《为湖北跨越式发展给力》的报道资料；从李鸿忠书记跟全省农村基层干部、全省年轻干部谈心的网络策划，到“万名干部进万村入万户”的专题建设，荆楚网推出了大量“贴近”味浓厚的报道。

数月前，《光明日报》在《湖北省提高舆论引导水平纪实》一文中，多处对荆楚网的相关做法给予了肯定。

二、发挥整合传播优势，为“走转改”活动大力营造良好的网上舆论氛围

国信办有关负责人指出，网络媒体开展“走转改”活动具有几个优势：首先，网络能够即时发布信息，速度更快；其次，网络与网民能够保持互动，距离更近；再次，网络的表现形式和传播手段丰富，吸引力更强。此外，它的信息海量，提供的资讯更为全面。

“走转改”活动启动后，荆楚网迅速反应，制作了相关网络专题，在首页首屏制作醒目的横幅广告，针对重点稿件及时在首页要闻区进行推荐。该专题刊发了中央及我省领导有关走转改活动的重要言论，及时整合发布全省各大媒体深入基层采访的专栏报道、评论和图片报道，以及网友微博热议，等等。主要栏目中，“最新报道”包括文字稿件、视频等内容；“专栏报道”集纳湖北日报传媒集团稿件以及全省媒体专栏稿件；“走基层”用图片的形式呈现，记录新闻工作者采访风采；“微博关注”指定记者走基层话题，体现网民对“走转改”工作的关注。截至11月中旬，专题共发布各类稿件150余篇。

同时，组织评论员配发了《尹汉宁为啥愿走进基层去采访》《新闻工作者要深入基层写华章》《将“走转改”活动推向纵深须念好“三字经”》等一系列网络评论文章，形成了强大的网络宣传声势。

三、走下网络，“接地气，旺人气”，在实践中锤炼网络新闻专业队伍

网络新闻传播是一个新领域。基于有线和无线（移动）互联网技术，足不出户，就能让信息在人与人、人与社会间流动。长期以来，网络新闻采编“重编轻采”，以信息加工、整合和聚合为主，自觉不自觉地较传统媒体离基层远了一些。这样就存在一个矛盾：一方面，随着网络舆论场影响力的日益扩大，各级党委政府和社会单位懂网、用网、建网的意识日益增强，广大地方重点新闻网站已经成为当地最主流的媒体之一，以及舆论阵地建设、网络文化建设的引领者；另一方面，“坐在家里办网站”，“‘闭门造车’琢磨提高点击率的办法”，“单纯地网上来网上去，研究网民需求”，“‘听风是雨’，片面依据报料写报道，屡踩真实线、导向线”，这样一些不良现象，又严重制约着地方重点新闻网站权威性、公信力的树立，以及影响力的提升，更不利于实现快速发展和人才队伍的培养。

因此，“接地气，旺人气”，加大原创报道力度，成为地方重点新闻网站开展“走转改”活动的必然选择。今年以来，荆楚网在省委宣传部、省委外宣办（省网管办）的部署下，紧紧围绕湖北经济社会发展的亮点、涉及民生的焦点、时令新闻的节点、网友关注的兴奋点，加强策划，集中优势力量深入基层采访。

如春节期间，荆楚网派出50多名编辑记者，参加了“记者新春走基层”的报道活动。以手机为主要的采访工具，拍摄照片、撰写文字稿，发布到网站、手机报和微博平台，累计发布图片270多张、文字超过200条，在新浪的“荆楚网·现场”官方微博上发布了184条。网站旗下的《湖北手机报》《楚天都市手机报》也在春节期间每日发送5条相关报道，并开通了互动渠道。

又如，春夏之交，在“记者看‘三万’”活动中，由网站副总编辑带队，共有15名编辑记者先后深入天门、潜江、仙桃等地，走进田间地头、企业社区，采写稿件70多篇。

再如，“走转改”活动开展以来，网站总编辑亲自带队深入基层，在武汉春苗学校、凌智学校、树人学校，了解农民工子弟学校艰苦办学的经历，感受学生顽强求学的意志；分赴三峡库区、梁子湖、洪湖、监利、仙桃等地，跟踪采访了长江土著经济鱼类繁育专家蔡焰值；深入神丹、宝迪、同星、安源等数十家禽蛋、生猪、肉鸡企业；走进恩施武陵山区，体验侗乡采茶风；系上围裙走进糕点房，一站就是9个小时，体验食品生产的苦乐；跟随专门侦缉交通事故的交警，见证一天的“百变”工作；走进汉正街拆迁、东湖沙湖连通等武汉重点工程工地，用镜头和笔触展示“蝶变武汉”的点点滴滴。截至11月中旬，累计采写发布各类“走基层”稿件50多篇、图片200多张。

四、刷新“面孔”加强服务，不断提高内容吸引力、感染力，将“走转改”活动转化为内容建设成果

我们认为，与传统媒体不同，从某种角度讲，网络媒体的“基层”相当一部分就在“网上”。“走转改”的工作重点，包括：大力探索人民群众喜闻乐见的传播形式，大力增强信息服务的针对性、有效性、及时性，更好地为湖北社会经济实现跨越式发展、科学发展助力。

一是主题宣传改变文风，多用事实说话，多让老百姓说话。为深入学习贯彻十七届六中全会精神，反映我省文化强省建设的最新进展和举措，荆楚网精心策划了新闻专栏——“网眼看文化”，要求业务部门全员上阵，牢牢把握“记者看文化、百姓说文化、政府抓文化、市场推文化、专家析文化”的报道环节，初步拟定了近40个题目，至11月中旬已发稿28篇，深受网民欢迎。

二是把为百姓服务、为基层服务的工作落到实处。汽车频道今年参与举办了2次大型试驾、2次大型团购、2次自驾游活动，共有600多名车友及车迷参与。财经频道积极帮助中小企业破解融资难，深入汉南区、仙桃市、荆门市等地，采访了医药、化工、纺织、农产品加工等行业的多家企业，介绍金融知识，提供融资建议，并与省中小企业发展促进会联合主办了首届湖北省中小企业投融资高峰论坛，为中小企业融资难把脉。采写的一系列文章，被商业门户网站的财经频道转载，个别篇目还被外媒转载。无线新媒体中心则面向广大农民兄弟开发《湖北惠农手机报》产品，解答“三农”热点问题，提供农产品市场信息，传授科技知识等，现已上线测试，力争年内正式上线，计划3年发展100万用户。另外，由荆楚网团队承担内容建设和日常运行任务的湖北省政府门户网站，也在荆楚网统筹下加快了服务性内容的建设步伐，推出了“2011湖北便民服务指南”专题。

三是传播形态“大变脸”，让点击率体现影响力。主题宣传的网络专题制作方面，我们大力鼓励创意和技术创新。“湖北省治庸问责风暴”“湖北献礼建党九十周年”“武汉东沙连通工程竣工”“灵秀湖北——十大旅游名片评选展示”“湖北商人简称啥”等新闻专题，均大量运用了动画、音视频流媒体、页面及微博互动等效果和功能。仅“湖北商人简称啥”就吸引5万多名网友参与网络互动投票。

视频新闻访谈制作方面，深入研究网络观看的舒适度，采取了分段剪辑、图文配套的手法；节目录制中，设置了背景资料、现场展示、网上互动等环节，提高了可看性，期均节目点击量超过2000人次。

五、让“走转改”促作风转变，严把关口，主动出击，坚决杜绝虚假新闻、网络谣言等杂音

网络是个复杂多变的舆论场，对有害信息、虚假信息、网络谣言设置“过滤网”，并自觉抵制“三俗”，是网络媒体义不容辞的责任，也是扎实开展“走转改”活动的应有之义。

首先，坚决杜绝未经求证，将帖文发布成稿件的行为；多次联合省内骨干新闻网站，发出主动承担主流媒体的社会责任，自觉抵制“三俗”的倡议。

其次，发挥主流媒体作用，以调查求证的方式，主动出击，抵制网络谣言。10月28日，荆楚网舆情团队监测到有关“武汉迷魂的士”的消息在新浪微博、百度贴吧及部分高校论坛流传开来，并被本地一些拥有数十万粉丝的微博转发。部分帖文还以“亲身经历迷魂的士”“迷魂的士被我碰到了”等词详细描述自己遭遇“迷魂的士”事件，造成广大网民心理恐慌。鉴于谣言已经呈现集中爆发趋势，并且还在不断扩散之中，荆楚网立即向省委外宣办（省网管办）进行了汇报，安排记者分头采访武汉市公安局、出租车管理处和主要的出租车公司，后当天发布辟谣消息《网络传闻“武汉迷魂的士”警方辟谣：查无实据》，组织记者通过微博、社区发帖等形式进行传播。24小时内，该新闻被人民网、新华网、凤凰网、腾讯网和天涯社区等近百家网站及论坛转载。在新浪微博上，该新闻被本地新浪湖北、楚天金报、长江商报、湖北经视、武汉同城会、乐活武汉等大量热门微博转发，网民参与转发和评论超过1000条。大部分网民的言论回归理性，开始思考谣言真实性和来源，并发帖表示要抵制网络谣言。现在，有关“武汉迷魂的士”的网络谣言已基本平息。

再次，在网民活跃的其他舆论场中积极发声，拓展正面信息的传播新空间。我们在新浪、腾讯、网易、搜狐均开通了官方微博，“东湖评论”“东湖社区”等重点频道也在新浪微博落户，并鼓励记者编辑实名注册微博。我们制定了相关管理制度，指定专人负责管理官方账号，对信息审发的流程、发布频次、内容选择均做出了具体规定。从去年12月开通至今，荆楚网各官方微博的粉丝量过2万，已发布各类信息n条。“记者新春走基层”“食盐抢购风波”“湖北商人征名定名”“杜家台汉江分流”“楚河汉街开街”等微博策划，引起网民广泛关注。

同时，与新浪微博合作建设荆楚网微博广场频道，努力构建政府与百姓沟通的“微平台”，湖北对外宣传的“微门户”，湖北对外展示的“微名片”，聚集民意、汇集民智的“微舆论场”。

十七届六中全会通过的《中共中央关于深化文化体制改革、推动社会主义文化大发展大繁荣若干重大问题的决定》指出，要发展健康向上的网络文化，并提出了加强网上思想文化阵地建设，实施网络内容建设工程，支持重点新闻网站加快发展，发展网络新技术新业态，占领网络信息传播制高点等重要任务。

下一步，荆楚网将进一步加大“走转改”活动网上宣传报道力度，进一步在开展面向基层、服务群众的宣传报道上下功夫，进一步在提高网络媒体从业人员的能力素质上下功夫，进一步在推进活动制度化、规范化、常态化上下功夫，真正把“走转改”活动作为长期任务来开展，推动网站建设上台阶。

最后，将“走转改”活动与创建“文明网站”活动紧密结合起来，加强员工素质培训，加强制度管理，加强内容建设的导向性、服务性、鲜活性，坚持“开门办网”的原则，广泛接受社会监督，力争早日跻身“全国文明网站”的行列。

附　武汉宣言:奏响网络文化建设繁荣的新乐章

今天，中国网络媒体论坛开启又一个十年的征程。我们相聚在美丽的武汉东湖，学习贯彻党的十七届六中全会精神，聆听中国建设文化强国的号角，围绕“推动网络媒体新跨越，促进网络文化大繁荣”畅所欲言。我代表中国网络媒体界的同仁郑重承诺:

（1）做文化自觉和文化自信的典范。文化越来越成为民族凝聚力和创造力的重要源泉，我们要对自己民族的文化有深刻的认知与自信，大力宣传中华民族文化的形成过程、内涵和具有的特色、发展的趋向，大力弘扬社会主义核心价值，在文化自觉和文化自信的新起点上，大力发展健康向上网络文化，满足人们日益增长的精神文化生活需求，维护国家文化安全，增强国家文化软实力。

（2）做推动文化建设与繁荣的主力军。我们要深入发掘现实生活中的真善美，大力引领社会进步的新风尚，创作出更多凝聚思想共识、适应网络特点的精品力作。在我国文化产业大发展中，成为最有品位和实力的网络文化产品生产者，成为不可或缺的文化建设生力军。

（3）做提供先进文化服务新平台的建设者。网络媒体不仅是新闻信息传播的主渠道，也日益成为人民群众精神文化生活的新空间。我们要大力发展新媒体新业态，在搜索引擎、网上社区、移动互联网应用等领域不断开拓创新，让先进文化、高尚情操涌动在人们喜闻乐见的载体当中，让先进的技术成为网络文化大发展的强大助力。

（4）做和谐网络舆论生态的引导者。我们有责任扮演好“上情下达”、“下情上传”和“把关人”的角色，践行新闻专业精神，提升网络新闻品质，去伪存真、扶正抑偏。自觉抵制低俗、媚俗、庸俗内容，依法办网、文明办网。促进社会各阶层的交流互动，促进政府和民众的良性沟通，促进理性、和谐网络氛围的形成，凝聚科学发展共识，壮大积极向上的主流舆论。

（5）做对外文化交流传播的现代使者。互联网是一个前所未有的大舞台，不同国家和民族的价值观、思想意识、风俗习惯、伦理道德在这里交流、碰撞和融合。我们将坚定不移地大力发展多语种、全球化的传播，积极探索“走出去”的道路，为把中华优秀文化传递到世界每个角落，为让更多的人了解中国道路、中国特色做出积极的贡献。让中华文化与其他国家、民族文化交融、汇聚，共同促进世界的和平、和谐、繁荣、共赢。

两千多年前，中国湖北就有了精美的编钟。今天，我们汇聚在它的诞生地。让我们以其雄浑凝重的“金石之声”，表明我们在党的坚强领导下，推动网络文化繁荣发展的坚定信心，共同奏响中国网络媒体走在文化强国之路上的新乐章！

南京市“中国好人”微博群开通仪式*

活动名称： 南京市“中国好人”微博群开通仪式
时　　间： 2011 年 12 月 6 日
地　　点： 江苏·南京

2011 年 12 月 6 日下午，南京“中国好人”微博群正式开通，48 位获得“中国好人”称号的南京市民在该微博群集体亮相，这是南京在全国率先推出的“中国好人”微博群。中共南京市委常委、宣传部长徐宁参加了微博群开通仪式。

首批在微博群亮相的有，面对劫匪尖刀，见义勇为擒凶的 76 岁老人张定华，捐款上千万元资助贫困人群的企业家何烈胜等。微博群的地址是 http：//z. t. qq. com/zt2011/njzghr/index. htm，南京市文明办将“中国好人”按照助人为乐、见义勇为、诚实守信、敬业奉献和孝老爱亲五类分别展示。网友登录页面后，既可一键关注所有好人，也可单独选择自己感兴趣的好人关注，并可通过“回复”、“评论”、“转发”以及“@”等功能实现与博主互动。

徐宁在开通仪式上说，南京是“博爱之都”“志愿之城”，南京市委市政府历来高度重视道德模范等先进典型的培育工作。中共南京市委宣传部、市文明办开通“中国好人”微博群，就是利用微博这一新兴技术平台，搭建一个让先进典型说道德、议道德、传道德的网上空间，以此带动更多的人践行社会主义核心价值和社会主义道德规范。她要求，各区县、各部门要采取多种形式进一步抓好道德楷模学习宣传活动，细心发现感人事迹，精心培育先进典型，真心关爱道德模范，在全社会着力营造尊重道德楷模、学习道德楷模、争当道德楷模的良好氛围。

---

* 徐宁参加南京“中国好人”微博群开通仪式，中共南京市委员会官方网站，http：//sw. nanjing. gov. cn/ywdd05/37742/201112/t20111207_ 2158363. html。

首届云南公安警务微博建设高峰论坛

活动名称：首届云南公安警务微博建设高峰论坛
活动主题：创新与服务
主办单位：云南省公安厅政治部
承办单位：云南省公安厅新闻办公室、云南信息报
时　　间：2011 年 12 月 13 日
地　　点：云南·昆明

2011 年 12 月 13 日下午，首届云南公安警务微博建设高峰论坛在昆明举行，此次论坛以“创新与服务”为主题，围绕“公安警务微博与社会管理创新”“微博时代警民如何良性互动”两个话题，知名媒体专家、博主、网络意见领袖等唇枪舌剑。来自云南 16 个州（市）公安局的 300 余人出席了论坛。论坛期间，10 个公安官方警务微博、3 个民警个人警务微博被评为 2011 年“最具影响力云南警务微博”。

论坛上，人民网舆情监测室副秘书长单学刚、红河州公安局局长王军分别作了主题演讲。来自济南、昆明、曲靖、蒙自、易门等地公安机关的微博前沿民警与知名专家、媒体人士齐集一堂，围绕“创新公安警务工作，提升为民服务水平”这一主题，展开了深入而富于创见的讨论。通过精彩的主题演讲、话题讨论以及现场互动，共同探讨和剖析了当前公安警务微博建设中的重点、热点、难点问题和未来发展的新思路、新理念、新措施。

近年来，随着公安机关对微博的推广应用，公安警务微博已经成为警务公开的便捷平台，成为与民沟通、为民服务的重要工具。面对公安微博的快速崛起，云南省公安机关积极探索利用微博等新兴媒体发布警务信息、宣传公安工作、加强警民沟通、促进社会和谐稳定。截至 2011 年 11 月 30 日，云南省公安机关仅在腾讯通过实名认证的公安官方微博已达 145 个，在新浪通过实名认证的公安官方微博达到 76 个，全省公安机关官方微博共开展各类微博主题活动 50 余次、发布微博 37327 条。

根据微博活跃度、微博传播力以及微博引导力三个指标，最终，昆明警方、曲靖警方、玉溪警方、平安红河、西双版纳警方、平安大理、临沧警方、易门警方、蒙自警方及蒙自交警共 10 个公安官方警务微博获得 2011 年度“最具影响力云南警务微博”官方微博奖，昆明市公安局新闻宣传办公室主任姚志宏、云南省红河州个旧市公安局副局长张松、易门县公安局政工监督室副主任刘贵德共 3 个公安民警个人警务微博获得 2011 年度“最具影响力云南警务微博”个人微博奖。

（人民网昆明 2011 年 12 月 13 日电　陈汝健　马丽娜）

中共云南省委常委、省委政法委书记、省公安厅厅长孟苏铁为论坛致贺信

值此全省公安警务微博建设高峰论坛开幕之际，我谨代表云南省公安厅党委对本次论坛的如期举行表示热烈的祝贺！向参加论坛活动的各位嘉宾、全体学员表示诚挚的问候！向关心、支持云南公安警务微博建设、发展的社会各界及广大网友表示衷心感谢！在此，还要特别感谢参与主办本次活动并提供媒体资源支持的云南信息报以及提供技术平台支持的腾讯网！

在信息化飞速发展的今天，微博以其即时、广泛、互动的传播优势，成了引领当今信息传播的主流形式。近年来，全国公安警务微博建设蓬勃发展，开辟了公安工作的新天地，得到了社会各界的广泛关注和充分肯定。今年，我省公安机关顺应形势任务的发展变化，全力推动公安警务微博的建设，以新媒体的运用为引领创新社会管理方式，用信息化手段服务人民群众，进一步密切了警民之情，有效增进了社会各界对公安工作的理解、信任和支持。

奋力赶超、推动跨越，是大势所趋，是使命所系。全省各级公安机关务必高度重视以公安警务微博为引领的新媒体建设运用工作，树立全新的工作理念，采取更加有力的措施努力推动我省公安新闻宣传工作再上新台阶。

小微博，可积蓄大力量；微互动，可形成大和谐。希望全省公安机关充分发挥公安警务微博在警务公开、服务群众、警民互动、汇集民智、引导舆论、展示形象等方面的特殊作用，进一步争取社会各界对公安工作的理解和支持，携手广大人民群众共同维护社会的和谐稳定，为推动我省经济社会科学发展、和谐发展、跨越发展，加快建设我国面向西南开放的重要桥头堡而努力奋斗。

祝首届云南公安警务微博建设高峰论坛活动圆满成功！

中共云南省委常委、省委政法委书记、省公安厅厅长　孟苏铁

二〇一一年十二月十三日

2011 政务微博年度高峰论坛

活动名称：2011 政务微博年度高峰论坛
主　　题：新媒体，新治道——微博与政府执政方式创新
主办单位：新浪、《中国改革》杂志
时　　间：2011 年 12 月 12 日
地　　点：北京·中国大饭店

2011 年 12 月 12 日，“2011 政务微博年度高峰论坛”在北京中国大饭店举办，来自全国 23 个省份的近 200 位政府代表出席论坛。论坛期间，正式发布全国首份政务微博年度报告。报告显示，我国政务机构和官员微博在 2010 年“微博元年”之后开始高速攀升，增长率超过 200%。不少专家学者认为，2011 年政务微博快速发展，堪称我国政务微博元年。新浪微博一直致力于为政府用户全方位打造最具互动性的政务微博平台。基于新浪政务微博平台已形成的四大核心产品，全国各级政务机构和官员可与 2.5 亿用户进行零距离沟通互动，从而实现真正的微博问政、行政。

新浪执行副总裁、总编辑陈彤在会上表示，“2011 年，政务微博发展迅猛，已经成为全国各级政府践行社会管理创新的有力途径。在新浪微博中，经过认证的政府和官员微博已经从年初的 5000 多个发展到目前的 2 万余个，已覆盖大陆所有省级行政区域。纵观这一年政务微博的发展，如果说 2010 年是微博元年的话，那么 2011 年可以被称为中国的‘政务微博元年’，已从局部尝试走向全面应用”。

“在未来，新浪将会继续加强政务微博的服务功能，满足各级政务机构和政务人员不断多样化的微博服务需求，与大家一道及时关注，实现公众的良性互动，推动实际工作走向一个新的高度。”陈彤说道。

“全国第一”政务微博群授奖

自 2009 年新浪微博推出后，全国多地政府机构相继开始试水政务微博，成为我国微博问政的先锋。在今天的论坛上，新浪对多个领域的全国首批政务微博进行了“全国第一”政务微博的授牌颁奖。

其中，云南省人民政府官方微博“@微博云南”荣获中国首个省级政府认证微博；外交部官方微博“@外交小灵通”荣获中国首个中央部委认证微博；北京铁路局官方微博“@北京铁路”荣获中国首个铁路认证微博；宁夏回族自治区银川市卫生局官方微博“@银川卫生”荣获中国首个卫生局认证微博；共青团广东省委员会官方微博“@广东共青团”荣获中国首个省级共青团认证微博；湖北省恩施州中级人民法院官方微博“@恩施州中级人民法院”荣获中国首个法院认证微博；中国国际救援队官方微博“@中国国际救援队”

荣获中国首个国家级政府组织认证微博；佛山公安局官方微博“@公安主持人”荣获中国首个公安认证微博；此外，北京、上海、重庆、天津四个直辖市官方微博及北京市公安局“@平安北京”（微博）荣获政府微博特别奖。

在此次论坛的案例分享环节中，北京市公安局官方新浪微博“@平安北京”、广东南海政府微博群、外交部官方新浪微博“@外交小灵通”和国家旅游局官方新浪微博“@中国旅游”作为政务微博成功运营的典范，分别围绕“新媒体与公共安全信息传播”“从微博问政到微博行政”“部委微博运营经验”“如何用微博助推旅游产业”主题进行案例解析和经验分享。

全国首份政务微博年度报告正式发布

本次政务微博年度高峰论坛上，拥有2.5亿用户的新浪微博联合国内知名网络舆情研究机构人民网舆情监测室共同发布全国首份政务微博年度报告。人民网舆情监测室依据今年新浪微博平台上政府机构和官员微博数量迅猛增长的数据，并通过大量成功运营案例，研究、盘点全国政务微博发展的分布特点、原因和趋势。

全国首份政务微博年度报告公布了全国排名前十的党政机构微博和公务人员微博。该排名是人民网舆情监测室通过分析计算新浪微博提供的近2万个党政机构和公务人员微博数据，根据微博数、粉丝数、微博活跃度、微博传播力、微博引导力指标，最终统计出的权威结果。

全国十大政务机构微博榜单中，北京市公安局官方微博“@平安北京”名列第一。其余九个政务机构分别是：中国国际救援队官方微博“@中国国际救援队”、外交部官方微博“@外交小灵通”、上海申通地铁集团运营管理部官方微博“@上海地铁shmetro”、成都市人民政府新闻办公室官方微博“@成都发布”、广州市公安局官方微博“@广州公安”、公安部“打四黑除四害”专项行动办公室官方微博“@打四黑除四害”、深圳市公安局官方微博“@深圳公安”、南京市委宣传部新闻发布官方微博“@南京发布”、国家旅游局官方微博“@中国旅游”。

全国十大公务人员微博榜单中，云南红河州州委常委、宣传部长伍皓“@伍皓红河微语”位居第一。其余九位公务人员分别是：全国人大常委、民进中央副主席、中国教育学会副会长“@朱永新”，公安部打拐办主任陈士渠“@陈士渠”，九江市公安局民警段兴焱“@段郎说事”，中国青少年研究中心副主任、研究员孙云晓“@孙云晓”，全国优秀共产党员、五一劳动奖章获得者、感动中国人物、“雷锋传人”“@鞍钢郭明义”，湖北省统计局副局长“@叶青”，海宁市司法局长金中一“@中一在线”，全国人大代表、全国政协常委、民建中央原副主席陈明德“@陈明德”，北京市环保局副局长杜少中“@巴松狼王”。

全国首份政务微博年度报告针对党政机构和公务人员微博的地域分布、部门分布、行政级别分布、活跃度、影响力的受众覆盖情况等均进行了详细分析。报告归纳概括出目前我国政务微博的发展模式，主要为公安微博多元模式、政府微博发布厅模式、以“@问政银川”为例的以大带小建立地方政府微博群带动模式、突发舆情应对模式、官员微博带动模式，以及浙江海宁等地“微博公文”模式。

截至2011年10月底，政务微博总数接近2万个，是一年前的近3倍。政务微博已全面覆盖全国34个省级行政区，华东、华南、华北等区域政务微博开通情况好于中西部地区，各地微博问政开通情况排名与所在区域经济、政治等综合发展情况排序大体一致。北京、广东、江苏、浙江、福建等经济较发达的省份政务微博开通情况在全国居前列。北京居首位，这与它是全国政治、经济、文化中心的身份有密切关系。据统计，一年间微博数量增长最快的是北京、广东、江苏、浙江、福建、四川，增长数量均超过1000个。

从部门分布情况来看，2010年政务微博主要分布在公安、旅游、宣传、司法部门，经过一年的长足发展，目前政务微博已扩展到政府机构的各个行业，如市政、招商、文教、体育、质检等，但公安、旅游、宣传、交通、司法、团委等政府职能部门优势依然明显，这些部门接触微博较早，微博信息发布及时，服务性、实用性、互动性都比较强。其中，公安系统微博发展最快、数量最多。一年来公安机构增长近4000个，公安个人增长1700多个，占政务微博总数的1/3。公安部门借助微博发布信息、提供服务，获取线索、调查取证，发布案件进展，提高办案效率，已成为信息公开的便捷平台和网络协助办案的重要工具。除公安外，宣传、旅游、团委、司法是一年来数量增长较多的行业。

从行政级别分布来看，政务微博呈“金字塔”状，县处级以下政务微博规模最大，县处级、厅局级、省部级政务微博依次逐级减少。从数据可以看出，微博在基层政府机构和官员中发展情况较好，这与基层政府机构和官员本身基数较大有关，不过也可以间接说明基层政府对于利用微博开展问政、扩大宣传、提升服务的意识和积极性都比较高。

2011年成政务微博发展元年

2011政务微博年度高峰论坛上，与会专家表示，2011年是我国政务微博元年。全国首份政务微博年度报告指出，截至2011年11月中旬，我国政务机构和官员微博在2010年“微博元年”之后开始高速攀升，增长率超过200%。

目前大量的政府机构、政府官员纷纷入驻微博，尝试通过新媒体不断探索社会化管理新模式。尽管新浪微博的成长仅两年，但它已经迅速拥有超过2.5亿用户，在社会生活的各个层面都扮演着重要角色，更是成为政府发布信息、了解民意、汇集民智的重要平台。全国各地政府已呈现齐聚新浪微博“问政”“行政”的方兴未艾之势。

最新数据显示，通过新浪微博认证的各领域政府机构及官员微博已经有近2万家，其中政府机构微博超过1万家，个人官员微博近9000个。在地域上已经全面覆盖全国34个省、自治区、直辖市及特别行政区。

目前，政府部门开通实名认证微博出现燎原之势。11月17日，北京市新闻办发起的“北京微博发布厅”独家落户新浪微博，以整合创新的手段打破传统民政网络沟通方式，为全国各地政务微博工作开展起到示范和推动作用；11月28日，上海市新闻办公室发起的“@上海发布”官方新浪微博正式上线，标志着四大直辖市齐聚新浪微博，共同开拓社会管理创新形式。

此外，我国首个粉丝量突破百万的国家部委级微博——外交部官方新浪微博“@外交小灵通”也是我国政务微博成功运营的典范。“@外交小灵通”开通于2011年4月。其微博内容非常丰富，除我国重大外交活动外，外交部例行记者会、驻外使领馆相关活动都会即时更新发布。2011年7月，一名网友在比利时旅游时财物被盗，发布微博称向我国驻比利时使馆求助遭拒，对使馆形象造成了负面影响。外交部及时联系使馆核实情况，并第一时间通过小灵通发布澄清微博，让民众了解了事件真相，受到网民好评。

微博的迅猛发展促使政务微博应运而生。政府通过微博新媒体平台为公众提供服务，既可扩大服务范围和服务对象，也拓展了政府服务渠道。传统的官网已不再是政府部门唯一的门户，目前拥有2.5亿活跃用户的新浪微博已成功帮助政府部门及官员在快速解决民众难题、迅速传播信息方面做出贡献。作为在知名度、使用率、首选率、满意度、用户黏性、权威性、吸引力、月度覆盖人数、月度总访问次数、月度总浏览时间事项等各项指标上均在行业全面领先的新浪微博，势必将会成为政府的最有效、最具互动性的微博平台，为政府与群众提供更有效的沟通互动平台。

新浪执行副总裁、总编辑陈彤致辞实录

尊敬的各位领导、各位来宾：

年终将至，也是相聚之时。首先，我代表新浪欢迎来自全国23个省份的政务微博代表光临此次论坛，并对大家对新浪微博一直以来的支持和帮助表示衷心感谢。

2011年，政务微博发展迅猛，已经成为全国各级政府践行社会管理创新的有力途径。在新浪微博中，经过认证的政府和官员微博已经从年初的5000多个发展到目前的2万余个，已覆盖大陆所有省级行政区域。政务微博已从局部尝试走向全面应用。

纵观这一年政务微博的发展，如果说2010年是微博元年的话，那么2011年可以被称为中国的“政务微博元年”。

在这一年中，诞生了全国首个部委微博，全国首个铁路局、司法局、省级团委微博……北京、上海、重庆、天津四个直辖市官方微博相继开通。从北京到银川，从佛山到成都，政务微博群已在全国多点开花。具有个人特色、行业特色和地域特色的政务微博层出不穷。以新兴的社交媒体为平台，政务微博正在更广泛、更深程度上践行“执政为民”的理念。

为了进一步推动政务微博在我国的发展，今天新浪网与《中国改革》杂志共同举办此次论坛，汇聚专家学者和各地政务微博代表。如同新浪微博一样，今天的论坛同样也是一个平台。今天的主角并不是主办方，而是在座的各位嘉宾。从上午的主题讲演、应用分享到下午的分论坛讨论，我们将与各位一起聆听专家分析，了解年度政务微博发展特色，分享来自多个领域政务微博代表的运营经验。我相信与会专家和嘉宾的真知灼见及观点碰撞将会给中国政务微博的发展带来新的指引。

在今天的论坛中，来自人民舆情的专家还将公布我国首份政务微博年度报告。我想，与这份报告同样重要并值得我们记住的，是在2万个政府微博账号背后每一个人的辛勤劳动和创新精神。正是这些幕后英雄让政务微博变得如此生动和鲜活，让微博问政从理念变为现实，让我国政务微博的版图不断扩大。

在未来，新浪将会继续加强政务微博的服务功能，满足各级政务机构和政务人员不断多样化的微博服务需求，与大家一道及时关注，实现公众的良性互动，推动实际工作走向一个新的高度。谢谢！

南京政务微博圈负责人、南京网宣中心主任刘斌发言实录

非常感谢各位领导、同志们，耽误大家一刻钟，我们南京是一个舆论的热点，在全国15个副省级城市里面，一般处在前三名。去年南京整个网络报道和帖文接近50万篇，一般的报道占60%，贴文占40%，这个事情对我们南京政府怎么应对微博事件提出了很严峻的挑战。所以我今天利用这个宝贵机会跟大家介绍一下南京政务微博的发展，另外就是南京如何应对微博事件。

大家知道网络进入中国以后有一个特有的现象，就是网络问政，这个在其他国家可能不像我们国家表现得这么突出和尖锐。网民只要轻点一下鼠标就有权监督政府，《人民论坛》有一个报道是讲官员对网络的恐惧症。近70%的官员对网络有恐惧感，或敬而远之。前一段时间凤凰卫视有一个《总编辑时间》栏目说，官员有十戒，第一不带名表，第二不开名车，第三不抽名烟，第四下乡不打雨伞，还有，私密交往时不写日记，与人约会时不发微博，突发危机时不当发言人，等等。我们南京政务微博在全国成立的也是比较早的，最早建立了“网络发言人”制度，后来我们改成了“网络问政”，就是网络舆论对政府的监督。

今年上半年我们开通了南京官方微博“@南京发布”，今年“两会”的时候我们就和陈彤先生商量，把南京作为第一个微博广场的实验地。这里面有一个梧桐树事件，主要的网络风暴来自微博，特别是黄健翔的微博。目前，“@南京发布”到我来之前，微博粉丝65万，微博发布5075条，这是我们南京官方微博。就是在微博舆论应对的经验和教训的基础上，我们认识到微博既是对政府监督，同时也是引导舆论、应对舆论、平息舆论的方法，政务微博就是对公众要有公信力。这是我和黄健翔先生沟通的微博，他以转发的名义提出来3月19日进行游行，后来他不同意删除微博，后来我们政府正面回应，最后应对是比较成功的。

在南京官方发布基础上，整个南京政务微博群在新浪建立了全国第一家微博城市广场，我们也是全国第一个以市委宣传部的名义发布《微博建设意见》的，以规范地方微博的发展。这是我们南京微博城市广场，有180多家，其中有政府的60多家，还有媒体的和其他社会组织的。

我们在南京的《微博建设意见》里面提出来三点，第一点是提高政务信息的传播能力和公信力，这个传播要及时、准确、一致。在信息没有确切核实之前不要匆忙地发布，否则一旦发出去会起到相反的作用。特别是事件持续发展的、原因比较复杂的情况下，我们要注意这些东西。还有第一时间发布权威信息，不能等谣言满天飞的时候再发布。

我们还强调微博发布的原则和四个应该注意的问题，分别是快速、准确、真诚、一致，就是我们要以平和、平等的姿态告诉网友南京有什么事，是好事还是坏事，政府是怎么处理的，而不能是官方的口吻。像外交部对外发布新闻一样，那个是代表官方的，比较严肃，作为地方微博发布的话要避免官方的口径，避免那种语态，采取快速、准确、真诚、一致的原则。第二点是强调政务微博的合力，刚才南海介绍的政务微博群，就是形成微博的相互合力，进一步引起社会发展的合力，就是多层次、多渠道、多形式的互动，引导社会各界力量参与社会管理，推进城市建设与发展。第三点是加强微博的创新，我们的表达方式、传播方式、管理方式要注意微博的建设和创新。

最后我想用一个案例，就是南京处理微博突发事件的时候怎么借助微博、引导微博的。

我们南京前一段时间有一个“五品夫人”事件，这个事情我们领导也是高度重视。这是一个男性的微博，他用了一个女性的头像，他说我用七年的青春陪南京的一个局长，发在网上。杭州一个微博博主“叫我老K”根据“五品夫人”注册在江苏，想当然认为这个官员一定是南京市委的官员，他就发布了“‘五品夫人’和南京市委的官员搞在一块”的消息，导致舆论哗然。我们在处理这个事件上，第一时间发现了新浪微博，就是在微博发出一小时之内我们就发现了，发现了以后我们很快就考虑这个问题很可能会成为热点，因为这是耸人听闻的，它符合网络情感、情绪、情色的炒作习惯。

这个时候我们就启动网络舆情应急处置预案，特别是针对虚假的帖子，请相关网站特别是我们新浪，做一些技术上的和引导上的处理。然后我们官方微博及时跟进，官方的新闻及时跟进，我们利用南京的新闻发布，这篇文章是我们和纪委一块写的，因为纪委对于网上写的南京干部特别是市委领导特别做了一个调查，认为可能性不大，所以我们及时做了回应。另外要求传统媒体在对真实性没有调查之前，尽量不要产生互动，我们在网上借助意见领袖、借助相关的知名博主进行引导。第三天40%的网民认为这个事件是蓄意炒作，就是我们在72小时之内让“五品夫人”事件归于平静，最后调查发现“五品夫人”是个男的，26岁，是北京的，我们找到了他，他承认是恶作剧。回去之后我们就发了一条微博，“五品夫人”微博系北京一男恶搞。

我们地方处理微博突发事件的时候，我们提出来要提高网络虚拟社会的管理水平。第一，消除网络恐惧，领导一定要面对网络，因为你无法回避网络，你一定要敢于面对网络。第二，保障政务透明，所以我们南京建立了全国第一个微博城市广场。第三，强化政府责任，政府不要推诿、不承担责任。第四，倾听意见领袖，要尊重和引导意见领袖为地方的发展、地方的稳定服务，就是你如果不起好作用也不要起坏作用，最起码让他们理解地方政府。第五，预防事件苗头。第六，加强网络法制，这个不光是地方性的，还是全国性的。非常高兴新浪给我这个宝贵的机会，欢迎大家到南京去。谢谢！

平安北京微博负责人、北京市公安局赵峰发言实录：公安微博发展要步步为营不能步步惊心

作为全北京微博中的一员，感谢新浪财经和《中国改革》杂志能够共同举办这次活动，很高兴在这里和大家分享平安北京一年多以来的运营感受。主办方给我们的主题是新媒体与公共安全信息，我们就从政务微博与公安微博的关系，特别是公安微博起到的作用，从这个角度谈谈平安北京的想法。

我们的观点可以归纳为三句话：一是公安微博有可为不可不为；二是公安微博发布是形，互动是神，行动是关键；三是公安微博发展要步步为营，不能步步惊心。我们开通微博领导是有担心和顾虑的，微博上的话语权是要自己争取和维护的。下面我用两个例子说明平安北京的观点，“公安微博有可为不可不为”。

大家都知道“东城来福士事件”，如果当时没有官方微博出现，这一事件会怎样？一个外籍男子在北京被枪杀，微博上有死者倒地死亡的照片。微博的传播是从一个一个片段开始的，很多网友都是先转发再求证，先看热闹，网友是通过点击转发的方式对信息进行推广，事大了自然会有人调查、质疑，这也是微博的规律。对于绝大部分网友而言，不可能了解事

情的全貌和真实情况，只能依靠在现场的人介绍，而问题是在现场的这些人是可信的吗？“东城来福士事件”以后，我们询问了发布这个帖子的网友，没有一个是真正现场的目击者，最近的人是在离这儿300米以外的楼上，他把男子坠楼的声音想象成枪响的声音，这样一个假消息就在微博上迅速蔓延开来。

这个时候就应该体现官方微博的作用了，首先要有一个可信的渠道，提供出来的消息才能够有力量和假消息抗衡，让网友自己判断转发谁的。具体到“东城来福士事件”，当平安北京发布了说明之后，我们发现一个有意思的情况，很多真正的现场目击者开始说话了，他们通过评论和转发的方式为我们增加证据。当一个事件有两个矛盾的说法时，哪个说法显现出强势，就会有更加有利于这个说法的内容出现。其次如果没有平安北京我们看到“东城来福士事件”可能也是通过媒体，而这个时候谣言已经成为既定事实，再做解释工作对网友来说也是多余的，效果非常差。

当前的舆论环境中，大部分事件都会在第一时间在微博平台上被发现，舆论的各种方向也是在微博平台上最初形成，这个任务要牢牢把握在微博管理员手中，才能为领导提供参考，进行有效的定论。我们认为平安北京的每一个粉丝都是我们工作的监督者，也是我们的信息员，无论是好消息还是坏消息，粉丝都会第一时间通过发私信和@我们的方式告诉我们，这是我们最大的资源。

我们再来看一下平乐园爆燃事件，今年11月10日，朝阳区平乐园小区，一精神病人在家打开煤气自杀，消防员处理过程中，发生了煤气爆燃，该男子坠楼身亡，3名消防员和2名群众受伤，这可能也会造成各种谣言。但是平安北京在1小时之内就发布了情况说明，这个事件在网络上就没有引起什么声音，所有的报道都是严格按照平安北京的方向进行的。

第二句话是“公安微博发布是形，互动是神，行动是关键”。对于一个部门机构来说传统的宣传和公关手段，无论是平面媒体、电视媒体还是网络新闻媒体，往往都是单向灌输式的，甚至是只管说不管你听不听，官方发布更重视发布形式和媒体的报道情况，无法检测和反馈公众的反应效果。而微博是信息的接受者和制造者、评论者，通过转发量、评论量，体察兴趣度和获致接收度。从官方微博的功能来说我们认为有这么三个，一是发布和反馈，二是信息的收集和研判领导，三是互动和行动。发布和反馈是最基本的，每个官方微博都是把微博作为一个信息输出渠道，来为机构和部门在网络上进行宣传和推广。但微博发布更要追求发布的效果，有没有人看，看没看懂，有什么意见，这是官方微博发布的三个等级。如果官方微博没有粉丝，那么官博存在的意义就是零；如果只是自说自话，那么我们的发布效果是零；如果只是强调自己的说辞而不顾及网友的反馈意见，不付诸行动，那么官博的形象就没有。

平安北京认为官方微博在网上出现应该遵循两条线，第一个是官方微博的接收途径。一是认真听取网友说话，理解网友的责骂，尊重网友的观点，了解网友的需求，通过对话和网友沟通求同存异。第二个是官方微博的发布途径，官博要主动说明不自说自话，要说网友能够听懂的话，用道理和数据说话，让大部分网友能够接受你的观点，推动实际工作的开展。

在没有微博之前很多网友对于公安机关、对于警察都是敬而远之，甚至是批评多于表达，而开通公安微博对于提高其形象有非常重要的作用，使机构公共形象更深入人心。

和大家探讨的第三句话是“公安微博发展要步步为营，不能步步惊心”，要实现官方微博的品牌建设，需要踏踏实实的从日常操作过程，微博定位要准确，领导要重视，还要充分授权。目标要一个个建立，一个个实现，单纯追求粉丝和发布量是片面的。官方运营效果很大程度上取决于官博的定位，同样官方微博要追求粉丝也要看定位。粉丝的来源一是兴趣，二是归属感，三是工作需要。平安北京的粉丝当中本地粉丝占到20%，更多还是非北京本地的粉丝，由此可以看出微博上没有距离感。但是需要强调的是官博的发展需要网友参与和互动，这一点本地的粉丝就非常重要。每名粉丝肯定是更加关注与自己相关的事，并愿意发表自己的观点。在平安北京里本地粉丝虽然只占到20%，但是经常和我们互动、留言、发表评论的粉丝当中占到了80%，这说明本地粉丝肯定是官方微博最活跃的粉丝群成员，他们是本地化的，有归属感的粉丝群成员，我们的工作应该更注重为这些粉丝服务。

此外官方微博还应该注意别的官方微博对于自己的关注度，如果有可能也对对方进行关注，互相关注也意味着有合作的前景和基础。现在平安北京联合新浪公司和中国移动北京公司正在联合举办一个“暖冬北京行动”，这是第一个由政务微博发起社会力量参与的网络公益行动，我们也希望在微博平台上发挥更大的作用，用微博的方式为建设平安北京多出一份力。谢谢大家！

国家行政学院教授、博士生导师汪玉凯发言实录：网络社会与微博问政

各位朋友：

大家好，非常高兴参加这次论坛，今年应该说是微博热，微博可以说是小微博大理念，我认为这句话概括得非常形象。但是我认为微博正在改变官方和公众话语权的整体格局，这是我的判断。过去我们大部分是听政府通过主流媒体对社会灌输，老百姓发言机会是比较少的，但是现在情况不一样了，通过微博发育全的主角也正在改变。所以我想讲这样一个题目，叫作《网络社会与微博问政》。

我们在看待微博这种现象的时候，首先要想到为什么它是小微博大力量，我认为一个条件是网络社会的到来，这个给它巨大的支持，而网络社会的到来还有一个条件就是国民参与度的提升、公众参与度的提高，这两个是非常必要的条件。网络社会到来、互联网的发展，公众参与度的提升，知情权、参与全、表达权、监督权的提升使微博发挥了前所未有的影响力。

我讲三个观点即三句话。第一，网络社会的到来为公民参与提供了广阔的前景；第二，网络参与和微博的崛起；第三，微博问政倒逼政府转型。

大家知道我们现在进入了网络时代、网络社会，在我看来网络社会有两层含义，一是实体的网络社会，二是虚拟的网络社会。实体的网络社会在于传统的部门和部门、机构和机构之间由于现代技术的使用完全改变了人们的沟通方式，这是传统社会的网络社会。但是我今天讲的网络社会更多是基于互联网的虚拟社会，可以说是完全复制传统社会的虚拟社会，我们可以称之为虚拟社会也可以称之为数字化社会。网络社会为什么会这么快到来，我认为是基于现代信息技术的发展。就信息技术发展演变来讲我认为有四个过程：信息技术、信息革命、信息化、信息社会。如果说1946年美国IBM第一台计算机是信息技术产

生的标志的话，到现在信息技术变成了通用技术，信息技术变成通用技术的时候也是一场深刻的信息革命。

信息革命在美国发生，当美国信息革命推向全世界，就变成全世界信息化，信息化给人类社会带来的最终结果，就是人类社会进入信息社会。大家看信息技术的三大标志，运算速度、网络带宽、储存量。运算速度，比如说你在任何时候搜索一下和谐社会，不到1/10秒就可以把全世界150亿条网页全部检索一遍。网络带宽我们推动下行5兆上行50兆。存储能力，过去一个电脑存储就几个G，但是现在一个U盘就几个G。

中国信息化的快速发展，促进了网络社会的到来。我们现在有4.85亿的网民，有236万个网站，手机、固话超过10亿台，城市彩电接近200%，这些都为我们进入网络社会提供了强大的基础。所以我们说网络社会的来临，正在改变中国强政府弱社会的整体格局。过去政府是颐指气使，现在不是了，“强政府、弱社会”的整体格局正在改变。

如果说信息技术为现在社会提供了强大推动的话，我认为公民参与的提高也为微博的崛起提供了重要条件。大家看到，国民参与有两种概念，一种是广义的公民参与，一种是狭义的公民参与。广义的公民参与是指围绕选举展开的参与活动，狭义的公民参与是指公民针对具体的公共政策施展影响的参与活动。公民参与我认为主要有三个基本要素，一是谁来参与，二是参与领域，三是参与渠道。我们参与的理论依据有三句话：第一，人民群众是国家的主人、权力的主体；第二，公民有知情权、表达权、参与权和监督权；第三，在社会主义条件下，我们坚持“四个民主”——民主选举、民主决策、民主管理、民主监督，这“四个民主”也为公民参与提供了重要的制度保障。

在参与过程中网络参与是一个重要的程序，一是开放的平台，二是平等表达的平台，三是虚拟化的平台，四是无疆界的平台。微博的传递特征有两个，一是快速传递信息，二是可以排山倒海式的响应，今年7·23动车追尾事件发生以后，不到几分钟网友转发量达到了数百万条，排山倒海式的响应瞬间可以放大，变成网络事件。网络的属性以及虚拟特征，为网络参与特别是为微博参与提供了参与手段。

微博是什么？有人说微博是一种行为监督，也有人说微博是新的监督媒体，也有人说微博给各方面的参与都提供了一个聚焦的平台。我认为这些概括都有它的道理，但是在我看来，微博整体上来讲它正在改变中国官方与社会话语权的整体格局。为什么会产生这么大的影响呢？因为微博提升了整个社会公权力机构的力量。去年年底的时候微博是6300万个，今年上半年快速发展到1.95亿个，现在已经接近3亿个微博。网友使用微博的人由13%快速发展到40%，有接近一半的网友都在使用微博。

微博的作用，第一，对政府和社会行为的全方位监督，人人都是记者，人人都在办报纸，可以监督政府行为，任何政府行为都不可能是个人的，肯定会有人知道的，所以微博就可以帮助我们监督政府行为。如果你有10万粉丝，就等于办了一份发行10万份的报纸。

第二，可以对政府及其公务员的不良行为进行爆料，校正政府行为，为揭露腐败案件提供线索。中纪委一个官员说，今年微博上一共有5万多条举报案件，很多重要案件都是通过网络、微博举报以后查下去发现的。

大家看到网络爆料、微博爆料这样的事件不是一件、两件，一直发生这样的事件，一旦爆料就会追查。

第三，对政府公共政策及处理公共事务进行评价，积聚社会共识，快速形成放大效应。

比如说今年年初微博打拐，当发现流浪乞讨儿童以后，微博用这样的形式号召老百姓用手机拍照，把照片放在网上让人们寻找丢失的儿童。然后通过微博巨大的影响力，拷问我们的政府体制，最后人大代表都参与其中，甚至使这个制度化。郭美美事件也是热点事件，可以说是人体炸弹炸开了中国公益事业的内幕，这个从长远来看是一个好事，让我们政府把所有的事情向老百姓公开。

第四，微博倒逼政府行为转型。随着微博的兴起特别是政务微博的兴起，官员大量在网上开通微博，去年我们第一次对政府官员微博进行了评级，2010 年中国政务微博最具影响力的，大部分是在发达地区。微博促进了政府决策的科学化和民主化，减少决策失误；促进了政府收敛自身行为，努力遏制腐败，改变作风。微博产生了重大影响，所以政府机构开微博反应快，可以更快地跟老百姓互动、解答老百姓的疑问，但是个人开微博我认为要谨慎。

网络参与需要引导和规范。第一，要保证我们的参与权；第二，要治理网络水军、网络推手、网络营销公司；第三，网络治理需要创新。谢谢各位！

人民网舆情监测室秘书长祝华新发言实录：网络舆论推动中国改革

各位来宾好，同志们好！

首先，我觉得政务微博为今天官民之间的沟通、互动，减少官民之间的隔阂、对峙以及相当程度的误判，开通了一个直通车。就像我们人民日报今天倍受关注的评论文章《执政者要倾听那些“沉默的声音”》，曾经指出今天政府需要倾听那些民众的声音，这篇文章发表在 5 月 26 日，非常巧合的是这一天发生了江西抚州的拆迁户爆炸案。人民日报说在今天党和政府要注意倾听那些沉默的声音，我们的草根民众平时缺乏影响公共舆论的渠道，甚至表达自己追求、需求的能力也非常薄弱。所以很多华人的事件不可倾诉、不能解决，如果不主动打捞沉默声音，难免会导致矛盾计划。

从这个角度来说党报提出，在今天维权就是维稳，而微博为我们提供了一个打捞沉默声音的平台。有网友曾经说早上起来看微博，确实很容易让人产生一种皇帝批阅奏章君临天下的幻觉，国家大事潮涌而来，需要做出各种判断、转发，产生各种忧国忧民的感触。互联网，特别是新浪微博为实现党的十七大提出的保障人们“四权”提供了强大的保障。

政务微博的发展是一种新型的载体，确保民众的声音被政府听见，促进一些个案的解决，释放社会的焦虑，促进了官民的沟通。所以我觉得政务微博这种形式的发现、发明，比如说人民网发起现在地方政府普遍采用的地方领导干部留言板以及一些社区性的 BBS，都是一些很好的政府倾听民意的办法，不同于一般的 BBS 和一般的社会性微博，更多的是民众情绪的一种宣泄，而政务微博是开通了政府倾听民意的直通车，政府和民众减少隔阂、误判和某种对峙情绪，直接促进一些涉及草根民众利益的个案解决，同时在解决一些个案的时候促进制度的修复和完善。

33 年前启动中国改革开放的我们伟大的十一届三中全会有一个巨大的民意底盘，就是天安门诗词、伤痕文学和《于无声处》，今天政府在大力启动政府管理创新，而新浪微博正在为政府启动民意改革提供巨大的民意底盘。比如说今天依托于互联网的免费午餐、微博打拐，都是借助新联网、借助微博促进的，尤其是官民互动，和意见领袖携手共同解决社会转型期复杂问题的一次成功尝试。

其次，我们正在进入政治传播时代，而所谓政治传播，讲究政治修辞、政治沟通，而政务微博的开通让一大批党的领导干部从语态到心态都发生了一次革命性的变化，还原了立党为公、执政为民的本色，学会了如何跟民众进行平等、坦诚的及时沟通。我们今天宣传工作的使命，就是把党和政府主流媒体的声音传送到新浪微博、传送到社区。在今天我们急需在微博这样的新兴意见载体上，互换体制内的意见领袖，代表党和政府与民众进行坦诚的沟通。

比如说今天一会儿要发布的政务微博排行榜里面，我们关注的新浪微博北京市环保局副局长杜少中的微博，在国庆以来倍受关注的北京空气质量 PM2.5 问题上和网民进行了沟通。我们注意到只要政务微博不回避问题，总体而言网民都会给予积极的评价。比如说我们的副局长感慨说，面对污染我真的淡定不了，有人说我会死于肺癌，我想我肯定死于失眠，因为遭遇了太多网友的咒骂。但是有网友说，真不理解为什么在这儿骂，有多少官员能上微博坦率交流问题的，要骂就骂那些不作为的。网民是讲道理的，只要政府跟官民对话，总体而言后面的评论都是中性和正面的。

能不能这么说，政务微博体现了我们党与时俱进，是一种新型的执政方式，在某种程度上新技术也是文宣的生产力。历史上我们多次抓住新技术、新传播形态来传播，比如说二三十年代电影界还乌烟瘴气的时候，当时党的领导人决定派共产主义文化人进入电影界。结果 1949 年前期虽然政权还在蒋介石手里，但是电影界已经是左翼文化人的天下，拍出了非常革命的红色电影。在红军艰难地在根据地的时候，朱、毛就让红军必须学习无线电，必须掌握新的载体。人民网 1997 年开通的时候，当时我们的编委会，我们的社长就拍板不叫人民日报网络版叫人民网，具备独立的网络形态，充分体现了我们党利用新技术媒体的前瞻性意识。在今天能不能说借助微博尤其是政务微博，可以成为社会管理创新的推手和平台，我们能否借助政务微博把党的群众战线、统一路线延伸到互联网上，微博不应该成为共产党的执政盲区，我们需要在微博上传送党的声音。

最后，我提几点政务微博的建议。第一，建议开通政务微博的党政机构，工作要齐头并进，就是做好舆情监测。第二，建议团队管理规范运作。第三，建议政务微博的互动效应远远大于粉丝，不要盲目追求粉丝，更多要重视粉丝的质量。比如说我们即将发布的报告里面就注意到，我们公安部意见领袖打拐办主任他的粉丝质量就很高，他的粉丝当中自身有超过一百万粉丝的有 6 位，超过 10 万粉丝的有 3 位，他和民间意见领袖进行了非常有效的沟通，极大地提升了我们公安系统的形象。另外我们强调的是互动，我们注意到西北边城问政微博及粉丝并不多，但是互动效果差不多是最好的官方微博之一，收到评论近万条，发送评论近百条，被@近万次。政务微博之间要多开展互动，政务微博和意见领袖和草根网友之间要多开展互动。政务微博既要克服空话套话，也要防止说话油滑。接受网友诉求个案，给网友申诉的渠道。对网友要关切，不要把网友说成别有用心或者是不明真相。归结起来，政治传播力也是执政能力，早在 1992 年我们老中宣部长就感慨，我们党不懂军事但是我们获得了胜利，我们党也不懂经济，我们老老实实拜财阀为师，老老实实学习，一定会获得成功。今天我们党也不了解互联网，但是我们如果老老实实拜“网阀”为师，老老实实学习，我们一定会打赢政府公信力的保卫战，在微博上展示我们党立党为公执政为民的诚意和政治合法性，谢谢大家！

国家旅游局信息中心主任侯振刚分享发言实录

我的题目是《主推旅游产业发展》。刚才听了前面几位领导的发言，我感觉政务微博在各级政府机关真是推动了发展。但是作为旅游的政务微博，可能除了前面各位领导讲的那样，还有一些特殊性，这是由旅游产业的特殊性决定的。今天我跟大家交流的主要分四个方面。第一个简单讲一下中国旅游业的发展趋势，第二个讲一下微博跟旅游结合的特性，第三个讲一下中国旅游微博的发展情况，第四个跟大家分享几个案例及一些启示。

旅游业发展趋势为什么要讲？既然微博要在旅游当中开展，我们现在旅游行业的发展有一些数字。国内游突破21亿人次，入境游超过5000万人次，出境游也超过5000万人次。今年的数字我们预计会增长很快，预计到2015年我们国内旅游人次将达到33亿人次。这能够显示出我国的旅游业已经绝对在世界上在人次方面走在了前列。

可以说旅游是一个需要信息传播的行业，而旅游的大发展，恰恰又需要微博这种信息传播的新手段。可以说在“十二五”期间国家提出的扩大内需、促进消费、保持经济平稳较快发展方面，离不开旅游。在十七届六中全会讲的要推动文化大发展大繁荣方面，旅游业可以作为载体。而我们通过分析发现大众化市场明显，散客市场更加发展，这更需要旅游信息的传播。

因此我们看到这种趋势，国家旅游局也是在旅游行业力推了微博。微博跟旅游的结合可以说有一个天然的契合，因为旅游产业是信息密集的行业，对信息的传播有根本的需求。大家都有过旅游，旅游是体验性的产品，不光是产品好坏就是旅游的好坏更多的是靠消费者的评价，同时旅游产品也无法携带。所以在旅游产业当中流通的不是产品，而是有关旅游产品的信息，以及由信息传播引起的旅游度。而这种本质性的对信息传播的根本性需求，决定旅游业对各种信息传播的新手段都要更加关注。这一点我也找了几个数据，这是2008年的美国消费者获取旅游信息的比例，超过70%都是通过互联网获得的，2010年社交媒体兴起，可以看出社交媒体在欧美旅游行业的作用也有50%。微博这种传播速度快，范围广，能够及时分享的手段，更与旅游有着天然的结合点。新浪微博的用户超过2亿多人。

这里我总结了旅游微博的四点作用。第一，可以为旅游行政管理部门提供发布旅游政策、出行提示、宣传推广与营销的新平台。第二，可以与网民实施互动，为旅游监管部门收集舆情提供服务。我们想收集一个旅游经典好不好的评论，通过现场调查可能是得不到的，但是我们可以通过微博投票，这种得出的信息我们觉得还是非常准的。第三，微博可以为旅游企业提供口碑营销和市场推广的新渠道。第四，微博可以为游客提供获取信息和发布感受的新方式。

旅游行业的六要素吃住行游购娱都是快乐，而我们微博的口号也是随时随地分享快乐，所以旅游和微博必然要结合在一起。

但是微博是万能的吗？我们旅游行业不仅仅应用微博，不仅仅应用广播，还要应用电视，包括传统的媒体报纸、户外广告，各种手段谁也不能代替谁。微博可以弥补传统信息传播的缺失，微博有字数限制，可能介绍不全，同时更新太强，海量信息，某个消费者想找一条信息的时候特别困难。但是可以聚焦一些信息，一些旅游者可以通过我们官方的网站或者是其他网站获取更详细的信息。同时微博的特点也对我们的舆论监督有极高的要求。

下面跟大家交流一下中国旅游微博的发展情况。这是我在旅游工作会上新浪给我的数据，现在新浪微博中有700多个旅游微博得到认证，主要是境内外旅游局、旅游协会还有知名景区。国家旅游局的微博是“@中国旅游”，我们的宗旨和定位就是联合各省区市旅游局共同打造一个官方旅游资讯发布平台，服务广大游客宣传中国旅游。除了政务微博的基本特点之外，我们还有一个更重要的，或者说更特殊的特点，就是给广大旅游者传播我们的旅游资讯信息。

我们的微博以前叫中国旅游官方资讯，后来听取广大网友的建议改成“@中国旅游”。我们跟其他微博有密切的互动，形成了一个中国旅游微博联盟，因为我们每个微博有其粉丝的地域性，所以我们形成了一个联盟。在7月8日还组织召开了旅游微博发展座谈会，重点研究了旅游行业如何应用好微博，旅游行业和微博如何结合起来发挥更大的作用。

旅游微博到底能做什么？政务微博我不再讲了，由于我们旅游微博发布资讯的特点，所以可以做微访谈、微直播，包括基于各种信息的服务。

我跟大家分享一些案例，说明我们旅游微博做的事情。第一个案例是今年10月在昆明组织召开的中国国际旅游交易会，我们跟新浪旅游合作，在新浪微博平台上进行了一系列的活动，包括微访谈、微直播、微报道、微话题等。活动的效果很好，领导给我们充分的肯定，传统PV达到500多万，这是传统报道无法想象的。我们旅游微博可以说把微博能做的一些事情，能够进行的一些信息传播的事情都做了尝试。

第二个案例是今年5月19日的中国旅游日，当时也是做了一个话题，也是成为新浪微博的第二大热门话题，网友参与度非常高。

下面介绍一下地方旅游局做的活动，浙江旅游局做了“百个景区万张门票送粉丝的活动”，活动效果非常好。另一个是山东旅游局做的“游百景赢大奖活动”，就是在山东给出100个不得不去的地方，去一个地方就可以领奖，你把照片上传到网站上，然后通过手机签到获取抽奖资格。效果非常好，两个月参与50多万人，这是实实在在去现场旅游，可以说有力地把旅游宣传活动提高了一个层面。

最后我跟大家分享一个澳大利亚2009年的案例。实际上我们微博在旅游行业当中的应用，离不开2009年1月澳大利亚昆士兰州旅游局做的招聘大堡礁看护员活动。工作任务轻松，工资很高，而且没有任何学历要求。实际上最大的赢家是昆士兰旅游局，这个活动吸引了全球200个国家和地方近3.5万人去竞聘。最后昆士兰旅游部部长表示，他投入了170万澳元，但是带来的公关价值已经达到了7000多万美元。它的几点启示对我们现在有很大的借鉴作用，第一，概念告知，确定一个公众感兴趣的热点事件，并且当时2009年金融危机大家情况都不好，他用招聘来吸引大家。第二，网络与传统媒体并举。第三，公众参与，使旅游参与者既是传播者也是接受者。第四，社交网络是其成功的保证。

所以我们旅游行业在今后一个时期肯定要实现大发展，我们旅游行业的发展离不开旅游信息的传播，旅游信息的传播更要依靠我们现在信息传播的这些新兴力量、新媒体，并且旅游微博从目前来看已经有力地促进了旅游信息传播，在旅游行业发展中已经逐步显示出了特殊作用。但是任何一种手段都不是万能的，包括旅游微博，旅游微博要以旅游局的资讯网站以及其他网络媒体和传统线下媒体紧密结合，最后使旅游信息传播效果最大化，真正促进旅游产业发展。谢谢大家！

广东省佛山市南海区委常委、宣传部长俞进分享发言实录

各位朋友，非常高兴有这样一个机会，我们来自广东南海，很高兴和大家一起来分享我们在微博建设方面的一些经验和做法。我今天演讲的题目是《打造微博航母实践网络行政》。

南海位于珠三角的腹地，辖区面积1073平方公里，由于南海比较早在全国开始了信息化建设，在90年代的时候就已经实现了村村通光纤、户户能上网，这也实现了我们在推动政务微博时非常好的环境。今年以来我们全力打造网络微博群，现在把有关情况向大家汇报一下。

从今年3月开始，我们全面开展政务微博的建设，来建立政务微博群，提出了全域覆盖的要求。5月利用新浪微博平台的接口技术来开发南海的微博广场，5月的时候我们的微博已经达到了524个，并且从政府部门拓展到了企业和公益组织等领域。7月推出了“南海一点通”的栏目，整合了全市500多个政务微博，进入“南海一点通”。10月再次升级“南海一点通”，按照微城市的理念把500多个政务微博划分为政务、社区、平安、城市、教育、文化、企业。11月我们区作为首个县区的微博群，目前据说是全国最大的区域微博群，正式进入新浪微博广场，命名为“南海微力”。12月底我们的政务服务中心即将成立。

在一年的实践当中，我们觉得有以下几个特点。第一个特点是全面覆盖活跃度高。2010年南海公安微博是全国开通比较早的微博之一，2010年12月30日我们建设了一个城市微博广场，其中包括572个政务微博。在572个政务微博里面，政府部门开通的微博261个，社区微博265个，572个政务微博一共发表微博超过了10万条，也形成了一个阵容强大的政务微博航母，实现了从区级党政机关到村区委会的全面覆盖，政务微博也形成了当地政府部门权威信息发布、沟通社情民意和高效便捷服务群众的平台。

第二个特点是机制完善高效运行。我们建立和完善了3项机制，确保政务微博的正常运营。一是网络发言人的制度，保障有人织微博，各个单位的新闻发言人兼任网络发言人。二是全区的管理运行制度，政务微博考评的重点主要立足在与群众的互动以及服务需求落实这方面的内容。三是今年尝试建成的三大网络平台，今年是由区政府牵头建成了南海一点通的电子政府，还有南海微力微博群和政务服务中心。

同时我们在机制方面也创新了督查和督办的办法，下半年由区委办开通了南海政务督查微博，就是协调处理相关群众投诉的情况，这个是由区委办牵头负责。目前一共督查和转发了各类投诉事件几十起，涉及了治安、环保、教育、卫生、医疗和民生相关的领域，基本上做到件件有落实、事事有回应。

在这里也想和大家一起分享一下，作为一个基层的党委政府，对打造政务微博我们的一些思考和想法。南海属于经济发达的地区，虽然率先尝到经济发展的硕果，但是我们也率先体会到社会转型带来的种种挑战，尤其是党委政府处在社会管理的基层，在基层越久越能够体会到管理的复杂，也越能够体会到创新管理方式的重要性。现在越来越发达的网络资讯，越来越开放的社会民主，越来越自由的言论，让事情越来越透明。必须要尊重和适应这种趋势，保持地方政府思想和力量的双向沟通，建立一个开放动态的社会体系。我们理解政务微

博的出现和发展，也是对这种思考的探索和实践，也是在网络上有效延伸行政服务的一个具体体现。所以在这一年的实践当中也给我们启发良多。

第一个方面是推动了观念的转变，作为地方的党委政府，我们有这样一个感受。首先是实现了俯视到平视的改变，政务微博的出现改变了社会舆论的格局，改变了政府和社会沟通的方式，法政部门将以更多平等的姿态与社会公众交流，放下身段，听民意聚民智。在今年的缓解过程当中，我们率先把微博应用到干部缓解的监督工作当中去。在区委常委会每一次票决或者是决定了干部调整之后，我们用微博第一时间发布干部调整的信息，然后区委对干部调整的意图主动接受网民的监督和评定，所以整个缓解工作虽然历时半年，但是实现了零投诉、零上访。其次是实现了从管理到服务的转变，微博零距离透明的沟通方式，也在倒逼政府部门正视群众的需求，改变服务模式。再次是实现了从发布到应用的转变，随着党委各个部门对政务微博的熟悉，我们现在从一种简单的或者说单向的信息发布，要发展到一种双向的交流。现在作为南海的各个部门，政务微博已经成了政策解读、政务公开、回应诉求、民意征集的一个综合性网络阵地。

比如说我们今年召开党代会以及区两会期间进行微直播，推出重大社会改革管理政策的时候，先通过微博来征求民意，这个现在已经成了一种常态。

第二个方面的改变，政务微博的出现倒逼政府部门行政流程的再造。传统的办事流程主要都是群众围着政府部门转，群众要办一件事情要跑很多部门，走许多流程，也要盖很多的公章，我们每个部门的流程设置都是平行的。电子政府和政务微博的出现也是倒逼政府行政流程的改革，就是需要按照群众的需求重新设置办理的链条。我们今年推动电子政府的打造，其实也是按照群众需求的流程来重新设计，重新整合我们的办事链条。

第三个方面是推动善治社会的建设。互联网时代其实就是一个开放的时代，表现在社会的治理当中人人都是主角，人人都可以分享社会、分享力量。大家都说微博不微，因为微博可以最广泛最快速地了解社会思想，广聚各方面的民智。在微博的阵地上，尤其是作为基层的党委政府部门面临纷繁复杂的社情民情，如果在微博阵地上失声就有可能失信。所以要建立一个动态开放的善治社会，就要利用建设好政务微博。这个是今年11月底《南方日报》专门报道了南海的“往南向海”，它没有明确的标签，但是不时地在网络上面掀起头脑风暴，我们到现在都不知道他是谁，也没有必要追问他是谁。但是这样的公民出现，可以说是南海政务微博建设的亮点，也反映了南海公平、开放、理性的政治生态，所以这样的公民政治诉求表达我们也会鼓励。

在政务微博推广过程当中，我们分析作为一个基层的党委政府，大概会按照这样三个阶段进行建设。首先是在信息发布阶段，其次是应用服务阶段，我们在明年也会在思想引领方面进一步加强力度。就是将在引领社会思想、推动善治社会方面加大力度，所以我们打算开设一些微观察的栏目，汇集专家、学者以及意见领袖的意见，为南海的发展提出建设性的意见，提出理性的判断，把政务微博从做实的基础上进一步向思想引领上提升。

刚才是我们今年一年工作中探索的做法，和各地老大哥、老大姐相比我们还是属于刚刚起步，但是非常感谢新浪给我们提供这样一个平台。我们虽然身处温暖的南方，但是通过微博一直关注全国各地，希望通过这次的相识让我们从虚拟社会走向现实的交流，欢迎大家到广东南海做客，给我们指导意见，也欢迎大家有空@我们的南海微力。谢谢大家！

外交部新闻司公共外交办公室副主任宫宇峰发言实录

大家上午好！首先非常感谢新浪还有《中国改革》杂志的邀请。刚才拿到了一个奖，我在这儿也借机会发表一点获奖感言。

新浪微博为我们的生活打开了一扇窗口，透过这扇窗口，我们看到了一个崭新的世界，“@外交小灵通”只是亿万微博之一，这个奖也是对我们的一个鼓励，我也期待在新的一年能看到更多的人推开微博这扇窗。

我非常荣幸能够作为第一个案例分享的发言嘉宾，和大家分享一下“@外交小灵通”的经验和体会。

外交部一直非常重视开展网络公共外交，外交部的网站主体是外交部公众信息网，是1998年开通的，用联合国6种官方语言发布信息，同时我们还有217个驻外外交机构、驻外使领馆的网站，是通过24种语言来发布信息的。我们的网站有两大特色，一个是中国外交论坛，网友们可以就感兴趣的话题进行互动交流。同时我们还有一个嘉宾在线访谈，经常邀请一些重量级的外交官和网友进行在线交流。现在看来这些都是传统意义上开展公共外交的一些做法。随着新媒体尤其是微博的出现，很多人说进入了自媒体时代，但也有人说进入了大众麦克风时代，受众成为参与者，既受影响也影响别人。

微博为开展公共外交搭建了一个新的平台，世界上主要的国家像英国、美国、法国、加拿大、欧盟都用网络媒体开展外交。还有一些国际组织像联合国、世界银行也在新浪微博开通了官方微博。我们通过微博是想发挥外交“圈内人”的身份便利，释放一些外交的花絮，满足公众对外交信息更多的需求。我们遵循社交网络传播的规律，对外交的信息进行艺术化、碎片化的加工，以趣味、软性来吸引受众，以轻松活泼的方式来传递我们的外交政策。

我们的小灵通是今年4月开通试运行的，到今天整整8个月，我们觉得今天是一个良辰吉日，时机也很成熟，所以我们正式地亮明了验证信息。这8个月我们有两大收获，一是通过微博发布了2100多条信息，第二个就是收获了108万的粉丝，我们亲切地给粉丝起了名字叫“通心粉”。

小灵通的微博我们设定了很多固定的栏目，因为外交信息非常多元和庞杂，通过设定这些栏目从视觉上可以更加清晰。它有哪些主要功能和作用呢？一些外交信息、一些重要的外交行动、一些领导人的高层访问，我们都会通过这个平台来发布。外交部的发言人记者会，我们每个工作日都有，是每天一次，我们通过这个平台把它浓缩成微报的形式来发布。解读外交政策，因为公众经常会对外交政策有一些误解或者疑惑，通过这个平台我们邀请一些专家、学者来做一些深入的解释和说明。普及外交知识，关于一些重要的外交事件、外交动态，我们都会通过这个平台发布一些背景和介绍。披露外交花絮，一些重要的领导人出访或者外国领导人访华，我们工作人员都会抓拍一些花絮，这也是对官方报道和消息的一个补充。现在公民出国的越来越多，他们去往目的地可能会有一些突发状况，通过这个平台我们会发布一些必要的出境提醒。与粉丝进行积极的互动，每天都要发布早安或者晚安。

针对网友的一些评论和私信，我们也都是及时处理和回复。网友会经常就护照、签证、外交部公务员的考试和录用提出一些问题，我们也会通过这个平台解答他们的咨询。我们也会通过这个平台举行一些活动，比如说我们举办过“通心粉”看世界摄影作品征集，目前正在举办外交小灵通LOGO征集比赛，也欢迎在场的朋友参加。每当粉丝的数量达到一个峰值，我们也会通过这个平台举行一些有奖竞猜或者是辟谣，会及时核对信息，如果有发布信息不实的会及时澄清。我们会举行论坛和微访谈，也会用新的方式发布信息，比如说今年我们就是用淘宝体发布的信息。

谈一点体会，我们感觉到微博上民意很活跃，每发一条微博就有网友评论转发，这也从侧面说明了大家对于外交的关注越来越高。微博有助于了解舆情，倾听民意，在政府和网友之间建立一种良性的对话沟通渠道，拉近彼此距离，实现零距离的接触。我们也发现了来自草根的智慧真的是无穷大，他们的点评、意见、建议、真知灼见都会带给我们很多启迪、启示还有启发。

微博我感觉它也是一把双刃剑，它给我们的工作、生活带来很多便利的同时，也有一些负面的作用，比如说谣言的传播以及由此带来的一些恶性炒作。由于它的杀伤力非常强，所以很容易击中大众的心，所以这对开微博的政府部门的危机应对和政府关系都会带来新的挑战。当然微博现在举报、辟谣的功能也是越来越完善。另外微博上也会经常出现一些非理性、偏激的情绪和言论，这个需要疏导，也是政府部门的一个新课题。我们欢迎有不同的声音，但是更欢迎一些理性和客观的声音。

李开复有一条微博，我个人非常的认同，他说转发评论是一种力量更是一种责任，我们传播但不传谣，我们围观但不盲从，我们尖锐但不违背事实，我们率性但不出口成脏，我们是微博人在微博的舞台上，你我不只是看客，积极参与分享互动，从自己做起，让我们的微博更清澈、更温暖。我还想额外加一句，就是微博为我们打开了一扇新的窗口，我们一起来好好地呵护、好好爱护这个在中国诞生仅两岁多的小幼儿，共同营造一个开放、包容、理性、文明的舆论场。

小灵通微博在介绍中这样说，人不分内外，事无惧大小，有心则灵，有情则通，外交小灵通愿做您和外交之间的桥梁和纽带。我的发言完毕，谢谢大家！

财新传媒《中国改革》杂志常务副总编张剑荆发言实录

大家上午好。首先，请允许我代表财新传媒《中国改革》杂志欢迎各位莅临政务微博年度高峰论坛。

作为一种新的传播方式，微博的出现时间并不长，但是，它一经出现，便显示了巨大的生命力，成为人际交流和传播的新工具。微博这一新的媒介本身，蕴含着全新的讯息，那就是传播的及时性、交互性和去中心化，人际交流变得更加平等和自由。由于这一新媒介是建立在新技术之上的，根据麦克卢汉“媒介即讯息”的命题，既然不可能废除这一新媒介技术，因此我们也只能够努力去适应微博创造的信息环境，毋庸讳言，对于我们习以为常的传播秩序来说，这样的信息环境是一个不小的挑战。

作为一种新的传播方式，微博的革命性体现在以下两个方面。第一，它改变并重构着传统传播所受到的空间和时间限制。传统传播的生产过程总是有一个明确的地理中心和覆盖区域，但是，在微博的传播中，地理中心消失了，覆盖区域的边界也变得模糊起来；传统传播受时间的限制，对报纸来说，是截稿时间，对广播电视来说，是制作和播出时间，总之都很有规律性，但是，对微博来说，则没有时间限制，微博传播完全不受通常有规律的时间的限制，一个传播者休息了，但另一个传播者却在继续工作，一个区域的传播者休息了，另一个区域的传播者清醒着。这样，微博传播打破了时间和空间的限制，实现了时空重组。

第二，微博传播在实现了对现实边界的消解的同时，也带来了人际传播中圈子的形成，在微博的世界里，一个有别于以往的更大规模的虚拟人际圈子得以形成。微博的圈子化看起来像是“重新部落化”，港台很形象地把博客称作“部落格”，我觉得这个翻译对我们微博翻译有比较的地方，就是重新“部落化”的现象。但是我们需要看到，这个虚拟的圈子不同于封闭的部落，它是“自由人的联合体”，这是马克思当年在《共产党宣言》中所设想的社会组织形式，技术的发展使这样的社会组织成为可能，当然目前还只是虚拟的。

微博传播对人类传播方式及社会政治组织的影响是巨大的。我们应当看到，微博所开启的传播革命还处在起步阶段，其蕴含的信息和意义尚未全部显露，而且随着技术的进一步发展，微博昭示的传播方向还会进一步深化。因此我们需要下功夫研究这一传播方式及其包含的社会意义。我认为，有两个大的问题值得深入思考。

第一，微博传播与其他传播形式的关系。微博传播对其他传播形式构成了明显的影响和冲击，很多传统媒体开始从微博中寻找新闻线索，微博的议程设置功能越来越显著。因此有一种担心，微博这种传播形式是否会取代其他的传播形式？我认为这样的担心是没有必要的。从以往人类传播形式的变迁来看，一种传播形式被完全取代的情况还没有出现过。建立在新技术上的传播方式总是将旧的传播方式作为自己的内容，因此形成更为强大的整合能力，在其自身，形成多种传播方式并存的复杂系统。互联网和微博的出现，使舆论传播更接近一个复杂系统。

第二，传播秩序与政治秩序之间的关系。微博传播以及主要由微博形塑的新的传播秩序对政治过程产生了明显的影响。每种新的传播方式都包含着新的人际秩序的讯息。比如微博的特点使弱势群体获得了表达和抗争的机会。同时，政治过程对于新的传播秩序也发挥着重大的影响，试图规制它、约束它，甚至是控制它，两者之间处在不断博弈过程中。从政府与微博传播关系的角度，有两点值得注意：首先，作为传播的对象和客体，政府因此处在新的舆论环境中；其次，政府并不是消极被动的角色，它同样也是传播的主体，参与传播，在试图掌控或塑造传播秩序的同时，也要重新塑造自己以适应新的传播环境。政府一旦上网，或多或少就要改变自己，使自己的行为符合这种环境。建立在等级化秩序上的行为和思维方式，都要改变。

目前，我国已经有近2亿的微博用户。虽然在总人口中还只是少数，但其对舆论的影响是巨大的。研究这一传播形式，研究这一群体，研究微博舆论形成的特点，对于建设和谐社会与推进政治文明具有重大的意义。正是基于这样的考虑，我们召开这次研讨会。希望大家畅所欲言，交流观点，为新的传播秩序的形成贡献自己的智慧。预祝论坛成功。谢谢大家！

独家时评：政务微博应当推进“法治政府”建设

作者：杨　涛

2011年12月12日，新浪网联合财新传媒《中国改革》杂志举办“2011政务微博年度高峰论坛”在北京举行。自2009年微博推出以来，政府部门开通微博已呈方兴未艾之势。

同时，如何利用和运营微博也逐渐成为各个政府宣传部门关注的话题。

微博的兴起，特别是以新浪微博为龙头，掀起了互联网的一场新革命，更是新传媒的一场新革命，短短二三年，微博就显示出它在推进信息传播和社会进步方面的巨大威力。从宜黄事件的微博直播，到郭美美事件，再到微博打拐，微博的力量无人再敢小觑。

每一次新传媒形式的出现，对于政府的影响同样是巨大的，政府的工作同样来追逐新传媒的步伐，适应新传媒的社会。互联网诞生以来，从网站、论坛到博客，每一步的发展都有政府及其官员的身影，比如，政府网站的举办、官员论坛的交流，以及政府博客、官员博客的建立，今天，政务微博也汹涌澎湃朝我们走来。新浪网副总编辑周晓鹏告诉我们："今年4月以前，全国政务微博的数量大约有6000个，而随着各级各地政府部门对微博认识的深入，4月至10月的半年间，政务微博数量增长到之前的3倍，约1.9万个。"而来自腾讯网的统计也显示，目前在腾讯注册的政务微博数量约1.85万个，全国已经没有政务微博为零的省份。

但是，任何一种新传媒方式，既可能被政府用作积极回应民意，促进信息公开，主动接受监督，将"法治政府"建设提速，也可能被政府当作是敷衍民众，片面宣传，装点门面，掩饰政府工作故步自封的工具。比如网络时代，出现了既是政府身份同时又是网络名人的伍皓，其坦诚直面网民，虽遭指责、谩骂也无悔。同样，也有大量的政府网站沉睡不醒，政府工作人员回应网民的投诉敷衍了事，"雷人话语"不断。

政务微博自诞生伊始，就出现两极分野，既有政务微博在查酒驾、日本地震期间化解抢盐风波较好地运用了微博来化解谣言，推进信息公开，促进官民互动的成功案例，也有敷衍了事，将微博仅当作装点门面的事例。今年10月，银川市委办公厅、市政府办公厅在其官方微博"@问政银川"上曝光19个最懒微博，这些直属单位政务微博大多连续7个工作日未更新。

但是，微博时代，重要还不仅由此。因为，即便是更新最勤快的政务微博，也可能不过是政府表扬与自我表扬的工具，对于推进民众监督政府，推进信息公开，"创造条件让人民监督政府"丝毫无益。因为，这些微博还可能就是政府的宣传工具，它只是发布政府宣传口调，是政府单方面的信息下传，而不是发布民众关心和渴求的信息，不是与民众进行充分互动，不是通过微博形式来让政务更阳光、透明，让政府及其工作人员接受更多的监督与制约，不是推进政府向法治道路前进，不是让民众享有更多的民主权利。

所以，政务微博要发挥其促进社会进步的功能，让法治政府建设迈进，就需要官员和主政者的思维的改进和观念的更新。政务微博要从宣传思维向信息公开思维转变，不是发布政府自身想说的话，而是发布民众需要政府发布的信息；政务微博要从管理民众到服务民众的思维转变，不是政府想要回答问题就回答问题，不想回答问题就不回答问题，而是必须回答民众所需要政府解决的问题；政务微博要从选择性接受监督到全面接受监督思维转变，政府的官员特别是主要领导也必须通过微博与民众沟通，必要时，应当从网上到网下，接受民众质询。

微博版权保护倡议研讨会

活动名称：微博版权保护倡议研讨会
时　　间：2011 年 12 月 22 日
地　　点：北京

2011 年 12 月 22 日，搜狐微博举办“微博版权保护倡议研讨会”，版权专家、学者、律师以及相关行业主管部门代表齐聚一堂，共同探讨微博版权该如何保护。搜狐微博在会上发布了面对全行业的《微博版权保护倡议书》，这也是互联网行业首次倡导对微博版权内容进行保护。

一　环境成熟催生微博版权保护话题

长期以来，互联网版权问题一直是各方探究的新领域，微博的出现让这一传统问题又面临新的挑战：如今，我们经常会在微博上看到有人抱怨自己的原创微博遭到剽窃，或者原创的微博内容被人结集出版自己却一无所知。不久前，一位作家指责某著名演员剽窃自己原创微博，引起了很大关注，最终，那位演员删除了这条“盗版”微博。

由此，微博版权是否应该受到保护？如何处理微博的互动、分享的特性与版权个人属性的冲突？如何协调出版社与微博权利人的利益冲突？微博上个人信用状态模糊，版权的主张与追索又该如何落实？这些问题开始成为人们关注的话题。

在研讨会上，北京市互联网信息办公室常务副主任佟力强表示，北京市近期推出的微博真实身份信息注册对于微博内容的版权保护意义重大，借助账号的真实身份信息，可以为微博内容生产者提供有效的版权保护。

搜狐公司副总裁方刚在会上发言：“作为一家负责任的互联网公司，搜狐一直是网络版权的倡导者与先行者。微博的写作虽然呈现碎片化与随意性的特征，但是依然是有版权概念的，尤其是对于网络身份与个人信用清晰的用户，其内容应该受到版权保护，在网络传播中不应该损害其权益。”

相关专家则指出，有很多人认为，微博的本质是分享、传播，很多人乐意转播别人的内容并让粉丝转播自己的内容，所以过分强调版权不利于微博发展，但是仔细分析这种模式就会发现，这恰恰证明，微博平台的习惯是转播别人的内容，而不是复制再以个人名义发表，这也意味着在微博平台，用户更尊重内容来源的真实性，实质反映的是尊重版权。

对于微博版权的具体执行，尤其是微博内容被多次转载、分享之后，如何确定原创者等话题，与会的版权以及法律界专家从法律层面解答了这些问题。

《中华人民共和国著作权法》第三条规定，“本法所称的作品，包括以下列形式创作的文学、艺术和自然科学、社会科学、工程技术等作品：（一）文字作品；（二）口述作品……”。据此，任何公民在微博发表的言论显然同样是受著作权法保护的。

《北京市微博发展管理若干规定》让微博版权的保护变得更有规则可依。根据规定，个人、组织以真实身份注册微博客账号制作、复制、发布、传播信息，这种真实的注册信息是指用户提交网站注册的信息，但用户使用微博客服务的名称则可自愿选择，也就是“后台实名、前台自愿”，这就给判定原创者提供了充分的法律依据。

二　微博作者版权权益将被认可

搜狐微博在研讨会上发布的《微博版权保护倡议书》指出：“搜狐微博正在成长为中国最有活力与社会影响的社交新媒体，我们愿意与广大微博作者及互联网同业，一起推广微博版权保护意识，推进微博版权保护实践。”

在具体操作方面，搜狐微博提出：“搜狐微博认可并推动原创微博作者的内容版权，将为版权作者提供相关法律支持，并在搜狐平台推广原创微博作者的衍生出版物，如书籍、微视频等。原创微博的版权认定和版权保护是新生事物，任重道远，搜狐愿与业界和作者一起不断探索，努力实践，为用真实身份创作原创微博的作者提供权利与义务对等的写作环境和劳动回报。”

事实上，一些行业人士指出，包括互联网门户新闻、互联网视频在内的各类互联网产品的发展路径证明，版权保护是行业走上良性发展之路的关键。

“纵观视频行业的发展脉络，如果不是搜狐率先站出来举起‘反盗版’的大旗，促成视频行业商业模式不断优化，并给影视行业提供充足资金，视频领域的崛起不会有今日的成绩。如今整个网络视频行业已经形成了以广告为主的商业模式，而这种商业模式的核心，正是建筑在对版权内容尊重的基础之上。而微博版权保护的意义，也在于此。”

中国互联网协会网络版权联盟秘书长王斌、北京市海淀区法院知产庭庭长闫肃、北京市互联网信息办公室常务副主任佟力强、北京市新闻出版局版权保护处副处长张俊杰、北京市盛峰律师事务所主任于国富，以及来自北京大学等机构的专家、相关管理部门代表参加了此次研讨会。

与会专家表示：“一旦有了版权保护意识和措施，对微博这样一种新事物而言，相信既能有效发挥网络传播的优点，又可以保证著作权人合法权益，最终实现‘双赢’，同时推动微博行业的健康、持续发展。”

附　《微博版权保护倡议书》
微博版权 保护倡议

搜狐公司作为网络版权的倡导者与先行者，以及微博平台提供商，郑重向广大微博作者及互联网同业发起倡议，倡议关注微博版权，关注微博版权保护的制度环境与行业规则，一起推进微博版权保护实践。

微博是以人为本的自媒体工具，也是以人际关系为依托的新传播形态，转发与分享是微博最富有互联网精神的传播特征，但并不与版权矛盾。微博的写作虽然呈现碎片化与随意性的特征，但具有强烈的知识共享、观点表达、信息传播属性与原创或二次创作的特征，微博已经衍生的多种新的文体，它们的价值应该得到尊重。

互联网发展到现在，网络个人信用状态模糊的时代正在终结，有价值的微博作者往往是知识分子和高端微博用户，他们基本上都处在实名写作状态，网络身份与个人信用都是清晰的。而且《北京市微博发展管理若干规定》实施后，微博真实身份信息注册将成为常态，所以，微博版权保护的网络环境正在成熟。

今年以来，已经出现多起微博版权纠纷，诸多名人为此烦恼。实际上，微博版权保护并没有超越现行知识产权法律法规的范畴，只是因为微博版权保护意识尚未建立，传播规则亦不成熟，导致微博版权保护在实践中难以操作。

我们认为，以微博形态呈现的有价值的文字、图片、视频、音频等，是有版权的，其内容应该受到版权保护，在网络传播和传统出版渠道中，都不应该以各种方式损害其权益，至少应该保留作者清晰的署名权。

搜狐微博正在成长为中国最有活力与社会影响的社交新媒体，我们愿意与广大微博作者及互联网同业，一起推广微博版权保护意识，推进微博版权保护实践。搜狐微博认可并推动原创微博作者的内容版权，将为版权作者提供相关法律支持，并在搜狐平台推广原创微博作者的衍生出版物，如书籍、微视频等。

原创微博的版权认定和版权保护是新生事物，任重道远，搜狐愿与业界和作者一起不断探索，努力实践，为用真实身份创作原创微博的作者提供权利与义务对等的写作环境和劳动回报。我们希望得到政府部门的支持，也希望兄弟网站与我们一起，共同探索微博版权保护的操作细则。

搜狐公司

搜狐微博

2011 年 12 月 22 日

首届“政法微博与社会管理创新”峰会

活动名称：首届“政法微博与社会管理创新”峰会
主　　题：微观正义 法治天下
主办单位：正义网、腾讯微博
时　　间：2011年12月24日
地　　点：北京

2011年12月24日上午9时，由正义网与腾讯微博主办的“政法微博与社会管理创新”峰会在北京召开，来自中央政法委、最高人民检察院、最高人民法院、公安部、共青团中央等单位的代表以及全国100余位知名专家、学者、政法微博先锋云集北京，共同分享微博在社会管理创新中发挥的作用。在本次会议上，正义网络传媒发布了《政法类微博影响力报告》2.0版。

峰会上，国家互联网信息办公室网络新闻协调局管理处处长侯召迅表示，鼓励国家各个部委开微博与民众互动。

广东省公安厅宣传处副处长黄志茂认为，公安机关较其他机关更加敏感，应该把握好度的问题。据他介绍，广东公安机关一直鼓励通过个人微博直接跟百姓打交道，但是个人微博如果标注了广东公安机关，一定要表明自己的身份，比如说社区民警和窗口服务，为百姓提供更加便捷的服务，百姓随时随地知道你是民警，更加便于沟通。由于政法微博发出去就代表官方声音，所以广东公安机关对政法微博和官员个人微博都很鼓励，但对个人微博有所规范，特别是一些敏感部门和保密部门，非常敏感的部门发微博的话可能就泄密了。

对此，浙江省人民检察院副巡视员岳耀勇也赞同，他说官方微博，特别是官员微博，应该进行严格规范，在官方微博和官员微博上，人的身份和人的职务密切联系在一起。因此，他建议应更多地以官方微博跟网友互动。对于官员微博，他并不赞成在微博上发一些跟官员身份不相称的内容。特别是政法官员，对某个案件发表评论的时候，必须考虑到自己的身份，不能对这个案件发表未经授权的评论。

甘肃省司法厅副厅长牛兴全认为，官员开微博不应当过分强调官员身份。他本人实名开微博时，也感到一些压力，因为这等于把自己的一切信息都发布出去了。但是经过大半年的实践，并没有发现有何不妥之处。

清华大学公共关系与战略传播研究所高级研究员侯锷认为，党政公职公务人员的官方背景信息为官员微博进行了“信用背书”，这是官员微博影响力的渊源，政法官员微博应尽可能地发挥其本身公职与网民“近水楼台”的天然吸引力，与网民做好互动和服务。比如陈士渠发布一条微博，网民心理上不会是把他作为普通公民，而是公安部打拐办主任。因此，官员发微博应该慎重，以政业为主业。此外，公众也希望看到一个官员真实的生活状态，可以保留一些自己的情感情绪和态度的表达，显示基于微博的个性领导力。

西安政治学院副教授、正义网络传媒研究院研究员傅达林在会议上表示，政法机关的官方微博可能就像温开水一样，应避免空话、大话、套话。傅达林认为，微博是一个新生事物，它跟博客和论坛有一个很大的区别，就是它给政法机关造成的影响，或者未来将可能造成的影响，不会像博客和论坛那样。每一个政法工作人员哪怕茶余饭后说的一句话，别人听到以后就有可能发到微博上，然后就会带来一些负面影响，这样的情况可能让我们的政法机关在舆情应对上任务更重了。虽然任务更重了，但不意味着我们没有章法可循和规律可循。我个人觉得，以前所有应对舆情的法则都可以应用到微博舆情当中来，包括信息要及时。傅达林表示，政法机关官方微博除了要及时回应舆论热点之外，可能最重要的是要把这个平台的功能定位搞清楚。举个例子来讲，冰水或者是滚烫水都可以在不同程度上遮掩水的品质，但是温开水不行，藏不了一点浊。微博可能就像温开水一样，你说的空话、大话、套话别人根本就不看，最重要的还是拿事实、用事实说话，这个原则是最重要的，任何时候都不能缺少。

腾讯网总编辑陈菊红在峰会上表示，微博已经成为互联网上最主流的应用。在微博强大的感召力下，政务机构和官员开微博的现象已蔚然成风。根据腾讯官方统计，目前超过两万个政务机构、公务人员开通了微博。政法类的政务微博也很活跃，比如说，前段时间，媒体上报道了广东中山出现首个通过微博自首的案例，这个事情非常有意思而且很有代表性。中山市公安局官方微博“@平安中山”收到网友私信，网友称想了解目前网上追逃人员自首的有关政策，并且询问“这种情况，如果自首能否取保候审”。中山警方对这则来自微博的自首信息高度重视，并积极动员其尽快自首。在得到“@平安中山”的答复后，该网友很快就“主动自首，争取宽大处理”。陈菊红表示，政法微博的最大好处就是走进群众，它的最大用处就是汇集民智，它最大的改变就是改变政法的服务水平，改变政法机关跟公民的关系。从这一点上讲，微博跟社会管理创新有着莫大的关系。

作为最高人民检察院主管、检察日报社主办的法治资讯门户网站，正义网历来重视政法微博问政研究工作。2011 年 4 月，正义网络传媒研究院曾推出《政法类微博影响力报告》1.0 版，对具有标杆效应和推广价值的部分政法机关、官员的实名微博进行了盘点，极大地鼓舞了政法机关方兴未艾的微博问政热情。此次《政法类微博影响力报告》2.0 版，正义网络传媒研究院组织了 30 多位舆情分析师和来自政法学界、传播学界等多个领域的专家，以腾讯微博为主要数据来源，客观反映政法类微博的网络生态，重点推介政法机关在微博运营和管理等方面的先进经验，遴选政法官员在微博上的典型做法，为各级政法机关决策者、管理者提供更多可资借鉴的参考案例和实践样本。

报告指出，政法机关是目前所有已开通的党政微博中最充分开发这一自媒体平台政治潜能的机关。在利用微博公开部门信息、服务民生、公共形象宣传、法律普及、执法办案等方面，政法机关积累了大量宝贵经验，微博问政制度建设初见成效、信息公开力度加大、公共形象明显提升。政法机关在新媒体平台利用多种传播载体摆脱了刻板、严肃的传统形象。

在肯定政法机关微博成绩的同时，报告还指出，目前，政法机关的微博问政依然存在冷热不均、更新不勤、管理失范、互动不够、应对不当等问题，很可能让网民做出“问政沦为作秀”的判断。

报告分析称，不同政法机关或因“网络恐惧”，或担忧增加工作压力，或人力不足等情况，对微博问政缺乏足够的热情。与社会公众日常生活密切相关的公安机关、干警是目前对微博使用热情最高、利用微博最为充分的部门。

在虚拟社会管理在政治上成为社会管理创新的组成部分后，越来越多的检察院和法院也都开始开通微博，但受法治对外界排斥的固有属性影响，而刻意与微博等新兴网络媒体保持距离，因而或者不开微博，或者是开微博后发布的内容较少，甚至出现了许多零发布的“空壳微博”。

政法机关微博网络影响力排行前十的依次是：山东省济南市公安局、广东省肇庆市司法局、广东省肇庆市公安局、广东省公安厅、广东省汕尾市公安局、广东省梅州市公安局、湖北省人民检察院、浙江省温州市公安局、云南省红河州公安局、河南省高级人民法院。

政法官员微博影响力排行前十的分别是：公安部打拐办主任陈士渠、江西省九江市公安局纪委书记段兴焱、浙江省海宁市司法局局长金中一、湖北省恩施州中级人民法院办公室主任刘国峰、云南省昆明市公安局新闻办主任姚志宏、湖北省人民检察院检察官袁明、广东省肇庆市公安局警察公共关系科科长陈永博、甘肃省司法厅副厅长牛兴全、广西防城港市检察院副检察长何文凯、广西壮族自治区人民检察院宣传处副处长何重任。

新疆首届政务微博论坛

活动名称：新疆首届政务微博论坛
主　　题：微政务，微创新——微博与社会服务创新
指导单位：新疆维吾尔自治区党委宣传部、新疆维吾尔自治区公安厅
新疆维吾尔自治区教育厅、新疆维吾尔自治区文化厅
新疆维吾尔自治区旅游局
主办单位：新疆维吾尔自治区人民政府新闻办公室、新浪微博
协办单位：新疆维吾尔自治区团委、新疆微群
时　　间：2011 年 12 月 27 日
地　　点：新疆·乌鲁木齐

2011 年 12 月 27 日下午，新疆首届政务微博论坛在乌鲁木齐市举行。本次论坛由自治区人民政府新闻办、新浪微博共同主办。同时，汇聚自治区主要政府机构官方微博的“新疆weibo 发布厅”和自治区政府新闻办官方微博“@新疆发布”正式上线。以“微政务，微创新——微博与社会服务创新”为主题，论坛重点探讨了通过微博这一互联网平台、促进网络问政和社会管理创新的路径。

新疆维吾尔自治区党委宣传部常务副部长吕焕斌在论坛上发表主旨演讲时表示，微博作为互联网的一种新应用，因其传播快、覆盖广、影响大的特点，已经成为信息传播、民意表达、舆论监督、政民对话的重要平台。新疆虽然地处祖国西北边陲，但是互联网的普及率很高。截至 2011 年底，新疆网民总数达到了 883 万，普及率为 40.89%，微博在新疆也得到了快速发展。吕焕斌说：“虽然新疆冬季的气温将近零下二十度，但我们对微博的热情和温度却丝毫不减。我们需要从维护最广大人民群众根本利益的高度，从加强党和政府执政能力建设的高度，从维护社会稳定和国家安全的高度，深刻认识并积极运用微博，把握微博管理的重要意义，引导和利用微博为社会主义服务，为人民群众服务，为推进新疆经济社会跨越式发展和长治久安营造良好的舆论氛围。”

新浪执行副总裁、新浪网总编辑陈彤致辞说：“新疆的声音需要传递出去，新疆的声音应该由弱变强，以微博为代表的互联网应该是有效的途径。今天的论坛和‘@新疆发布’的开通是一个起点。在今后，新浪网将密切配合新疆维吾尔自治区在微博和宣传等方面的相关工作，继续提供更新更好的政务微博应用平台和功能，服务自治区社会管理创新和民族共融工作。”

在论坛上，自治区教育厅、地震局等开通政务微博的新疆政府机构介绍了各自的“试水”心得，交流了创新社会管理、全面了解民意、疏通民情、吸纳民智的经验。清华大学公共关系与战略传播研究所高级研究员侯锷发布了首份《新疆政务微博年度报告》（以下简称“报告”），依据微博账号的影响力、活跃度、覆盖度和传播力等，报告

公布了“新疆政府机构微博2011年度影响力排名”和“新疆公务人员微博2011年度影响力排名”。其中，乌鲁木齐铁路局官方微博和新疆人民广播电台党委书记史林杰微博分别排名第一。

这份由新疆互联网信息办指导、新浪微博发布的报告显示，尽管地处偏远西部，新疆利用现代信息技术、网络技术，在微博发展方面位居全国前列。截至2011年11月底，全区已开设新疆政务微博300余个，其中政府机构微博和政府官员微博各占一半，涵盖公安、宣传、文教、旅游等多个职能部门，20个厅局级官员开通新浪微博。

新浪执行副总裁、新浪网总编辑陈彤致辞实录

尊敬的吕部长，各位领导、各位来宾，首先我代表新浪网对各位出席“新疆首届政务微博论坛”表示热烈的欢迎和诚挚的感谢。

不久前（2011年12月12日）在北京举行的“年度政务微博高峰论坛”中我曾经讲到，2011年可以被称为中国政务微博元年。在今年，政务微博的应用已经从局部试水走向全面应用，不仅在数量上已经超过2万个，而且在应用模式上已经从单纯的信息发布延展至社会服务、舆情应对等多个层面。今天，“新疆weibo发布厅”的上线无疑为2011年度中国政务微博的增添了一个亮丽的结尾，为“政务微博元年”增添浓郁的北疆特色。

从北京到新疆，有2个小时的时差，但新疆微博的发展却让我们感受不到时空的距离。自从2010年起，从政府部门到普通网友，新浪微博中新疆的用户不断增长。新疆各级各界政府机构对于微博的认识和运用水平令人印象深刻。截至2011年11月底，已开设新疆政务微博超过300个，涵盖公安、宣传、文教、旅游等多个职能部门，尤其在政务微博领域。接下来即将公布的新疆政务微博十大官员和政府机构微博就是其中的典型代表。

今天，为了总结和探讨新疆政务微博的发展特色，新浪网和自治区新闻办共同举办此次政务微博论坛，其间将有来自新疆政务微博的代表介绍运营经验，也有来自全国各地的专家学者与大家进行互动讨论。同时，还将发布首个新疆政务微博年度报告，全面梳理自治区政务微博的年度发展情况和特色。我们希望此次论坛能够为新疆政务微博的发展带来新的动力。

在今天的论坛期间，还将开通汇聚自治区主要政府机构官方微博的“新疆发布厅”。这无疑将成为新疆和全国政务微博应用中具有标志性意义的事件。今年，北京、上海、广州、湖北、成都等地微博发布厅陆续上线，“新疆weibo发布厅”的开通，意味着微博发布厅的政务微博应用模式已落足我国东西南北中主要地域。

吕部长曾经讲过，需要将新疆的声音传递出去，让新疆的声音由弱变强。我想以微博为代表的互联网应该是有效的途径。今天的论坛和“新疆发布厅”的开通是一个起点。在今后，新浪网将密切配合自治区在微博和宣传等方面的相关工作，继续提供更新更好的政务微博应用平台和功能，服务自治区社会管理创新和民族共融工作。

最后，我预祝此次论坛圆满成功，预祝大家新年快乐！

谢谢！

中共新疆维吾尔自治区委宣传部常务副部长吕焕斌演讲实录

各位来宾、各位朋友、各位同志们，岁末年初，在辞旧迎新的美好日子里，欢迎大家来到银装素裹的新疆，参加由自治区人民政府新闻办公室、新浪微博主办的“新疆首届政务微博论坛”。

在此，我代表自治区党委宣传部对各位嘉宾的到来表示热烈的欢迎，对论坛的成功表示热心的祝贺！

刚才陈总的讲话省略了500字，我在下面把它补上。

微博作为互联网的一种新应用，因其传播快、覆盖广、影响大的特点，已经成为信息传播、民意表达、舆论监督、证明对话的重要平台。2011年被称为“政务微博元年”。这一年发生了很多的事情，因为微博这样一个平台而被迅速地传播、扩大、扩散和放大，引来全国网民，甚至全体人民的围观。在每周、每天甚至每小时，微博上都有热点话题在被热烈讨论，或关系百姓民生，或关注社会正义，或揭露社会丑恶，或关爱弱势群体。这样庞大的群体观众，这样集中的意见表达，这样持续的有效传播，反映了人民群众参与管理社会事务的强烈愿望，也在转变着党和政府的执政理念和决策方式。可以说，微博开启了网络问政的新时代。

在2011年即将结束的时候，我们围绕“微政务、微创新、微博与社会服务创新”这样的主题来开展讨论，对微博的发展与应用、管理与建设、建立和引导进行深入的思考。

新疆虽然地处祖国西北边陲，但是互联网的普及率很高。截至2011年底，新疆网民总数达到了883万，普及率为40.89%，高于全国的平均水平，是西部地区网民普及率进入全国前十的唯一省区。与此同时，微博在新疆也得到了快速的发展。

具体体现在五个方面。

第一，自治区领导非常重视微博的作用。今年全国两会期间，自治区党委书记张春贤在互联网上开通实名微博，听取民生建议，引起巨大反响。张书记也成为当时中国互联网运用的最高级别的党政官员。3月17日自治区专门召开会议，专题研究全国两会期间网民在张春贤书记微博上的留言，部署对网民意见、建议、诉求的办理和回复工作。

我想，在微博上，对网民的留言如此重视，如此事无巨细进行回答的只此一家。张春贤书记在会上特别指出，要掌握和使用互联网工具，提高接收现代资讯本领，用好互联网这个平台，处理好互联网衍生的新问题。要重视社会管理创新，重视网络，学会“网来网去”。适应新形势，用好新媒体，建立群众沟通的平台机制，疏通联系群众的渠道，使社会诉求有渠道形成良性互动。

第二，自治区政府积极推动微博的应用。今年3月底，自治区人民政府办公厅下发了《关于围绕民生建设年，认真抓好政府网站，政民互动运用工作的通知》，要求各级政府和部门要建立“网络问政”平台，积极尝试利用微博等新形式进行交流，充分发挥微博信息来源广、使用方便、沟通便捷等特点，以开启民意表达的新方式，开拓公众参政议政的新渠道。

第三，自治区各地各部门纷纷开通政务微博。以发布信息进行对外宣传，搜集民情民意，以服务人民群众为主旨，自治区各级党政机关相继开通了官方微博，如自治区党委宣传部新闻处的“@全景新疆”和“@新疆美”，自治区公安厅的“@平安天山”，自治区教育厅的“@新疆教育厅”，自治区文化厅的“@新疆文化厅”，自治区旅游局的“@大美新疆”，自治区地震局的“@新疆地震局”，哈密市的“哈密政府网”等等。这样一批优秀的政务微博，在发布信息、开展宣传、联系群众、拓展服务等方面都形成了自己的特色，发挥了积极的作用。自治区团委还建立了全区最大的微博群——新疆微群。通过新媒体，凝聚青年群体，开展了大量有益活动。这些官方微博都是我本人非常关注的对象。

第四，涌现出一批有影响力的官员微博。自治区教育厅党组书记张德忠，自治区文化厅党组书记韩子勇，自治区旅游局党组书记池重庆，自治区团委党组书记罗夫永等同志的微博拥有众多的粉丝，产生了较大的影响，成为新疆政策、新疆精神、新疆文化的宣传员。

第五，自治区新闻媒体积极利用微博。自治区各新闻媒体充分吸纳微博的传播优势，积极利用微博传播平台，积极开通官方微博，与其他新媒体传播载体一样，不断提高自身的舆论引导能力、传播能力与水平。其中，影响较大的有新疆人民广播电台的“@直播新疆”，新疆电视台的“@彩虹映天山”，新疆经济报、新疆法制报等媒体官方微博。其中特别要提到的是，我们几位媒体的负责同志也是非常积极的微博参与者。新疆人民广播电台的党委书记史林杰同志的微博和新疆电视台党委书记的徐樟梅同志的微博已经成为新疆目前粉丝最多的（两个）个人微博。

微博的快速发展，迅速普及，在丰富信息服务，联系人民群众，反映社情民意，加强社会管理，进行舆论监督等方面发挥着越来越重要的作用。正如张春贤书记在谈自己进行微博实践的时候所讲到的：微博有利于做好民生建设，微博是听取民意、集中民智、了解民愿的重要途径。用好这种手段，可以更好地落实群众第一，民生优先，基层重要的执政理念。

微博有利于提升新疆对外形象，可以通过这一途径介绍新疆的变化和新疆人的努力，让外界进一步认识新疆，了解新疆，从而发现新疆的新，更好地展现大美新疆和各族人民的优秀品质，营造好创业、投资、旅游的环境。

党的十七届六中全会对发展健康向上的网络文化做出了部署。对加强网上舆论引导，唱响网上思想文化主旋律，加强对社交网络和及时通信工具的引导和管理提出了要求。积极运用互联网新技术、新应用服务群众，服务社会，是发展健康向上网络文化的重要内容。因此我们要认真贯彻落实积极利用科学发展、依法管理、确保安全的方针，按照善待、善管、善用的要求，积极探索思路和方法，逐步建立制度和机制，加强微博的建设和管理，做好微博的引导和利用，推动微博健康有序发展，更好地服务群众，造福社会。

下面提几点要求。

第一，主动参与微博应用，打造信息沟通平台。

鼓励各级党政机关、人民团体、企事业单位和公职人员开通微博，主动参与微博新媒体的应用，通过微博向人民群众提供更多的政务类、商务类、生活类、教育类、文娱类等实用信息，满足网民多样化、多方面、多层次的生活信息和精神文化需求。

党政干部可以通过微博走进群众，贴近群众，了解群众疾苦，倾听群众呼声，把中央和自治区的决策部署、惠民政策传递给群众，让大家切实体会到党的关心和温暖，感受到新疆积极向上的良好氛围。

第二，积极传播先进文化，占领网上舆论阵地。坚持贴近实际、贴近生活、贴近群众，更多地发布健康有益的新内容，更多展现积极向上的新风尚，更多弘扬助人为乐的新事迹，更多反映维护群众利益的新举措，更多宣传惠及百姓生活的新政策，使微博成为传播社会主义先进文化的新途径，公共文化服务的新平台，人民健康精神文化生活的新空间。知名博主要不断增进对国情、区情、社情、网情的了解，增强社会责任感，积极利用微博阐释科学理论，宣传社会主义核心价值体系，交流人生感悟和工作心得。推介文化产品，宣扬高尚品德，推动微博成为传播积极向上的信息和文明理性表达意见的平台。

第三，大力加强制度建设，规范微博发布管理。要配强配齐微博维护人员和管理人员，逐步建立和完善微博管理制度，明确微博内容发布程序和审核权限，及时了解公众对微博的意见和建议，做好信息收集整理和突发事件应对，加强微博的建设和管理。党政机关和公职人员应严格区分职务行为和个人行为。认真遵守政治纪律和组织纪律，认真维护微博，及时更新信息，提高沟通质量，加强良性互动，扩大社会影响。新闻媒体的记者和编辑开通实名微博，需经所在单位批准和认定，坚持围绕中心，服务大局，严格遵守新闻宣传纪律，不能擅自发布通过职务行为获取的信息。

第四，促进社会管理创新，更好地服务人民群众。以微博为代表的社会化自媒体的快速发展，打破了传统媒体主导的传播格局，社会舆论场的重心逐渐向微博等新型社会化媒体转移。信息流动更加不可控，社会管理面临巨大挑战。当前一些领域社会矛盾凸显，民众的利益诉求日益增多，并且依靠微博快速传播。以维护最广大人民群众根本利益，提高党和政府治国理政的能力为根本目标，党政机关、领导干部、公职人员应有效地利用微博，学习微博，善用微博，管理微博，搭建网上证明互动平台，疏导社会公众情绪，回应民众合理利益诉求，加强和创新社会管理。

第五，加强网上舆情监测，切实维护国家安全。微博是社交平台，是信息汇总渠道，同时也是强大的社会动员工具。在微博上，信息会以几何级数的传播速度迅速扩散，使网民在微博上实现动员、组织、串联。微博虽然是中性、开放的社交平台和信息平台，但因它特殊的传播方式，对社会稳定和国家安全形成重大影响。因此，在新疆我们一刻都不能放松对微博的管理，在鼓励微博发展和应用的同时，一定要做好微博信息监控和舆情监测。做到守土有责，守土负责，守土尽责，切实维护国家安全。

各位来宾、同志们、朋友们，新疆虽然地处祖国西北边陲，但在互联网的世界里，地球的任何一点都是中心。虽然新疆冬季的气温将近零下二十度，但我们对微博的热情和温度却丝毫不减。让我们从维护最广大人民群众根本利益的高度，从加强党和政府执政能力建设的高度，从维护社会稳定和国家安全的高度，深刻认识并积极运用微博，把握微博管理的重要意义，引导和利用微博为社会主义服务，为人民群众服务，为推进新疆经济社会跨越式发展和长治久安营造良好的舆论氛围。

元旦佳节将至，预祝大家新年快乐，合家幸福，万事如意。也祝愿我们全国各地来的专家、学者和微博知名人士能在新疆过得非常愉快！谢谢大家。

国家行政学院教授、博士生导师汪玉凯主旨演讲实录

大家好，非常高兴能够参加“新疆首届政务微博论坛”。听前面吕部长的介绍以前，我没想到新疆这个相对欠发达的西部地区，在利用现代信息技术、网络技术的新手段方面，在微博发展过程中竟然处在全国领先地位。我从这里似乎看到了新疆巨大的活力，也预见到张

春贤书记给我们讲的“新疆要跨越式发展和长治久安”的未来。

我们在讨论微博问政的时候，在讨论微博作为传递手段方式的时候，我们更应该关注它后面的关系，为什么微博会在这个时候发力，能够在网络问政、刺激政务转型方面发挥这么大的作用。从根本上来讲，这是中国社会民主政治发展、公民广泛参与的大环境造成的，如果说没有这样大的环境和背景，再行政性的手段也是发挥不了作用的。

我演讲的题目是《微博问政与政府转型》。

第一部分，网络参与成为公民参与的重要途径。第二部分，微博的崛起及其作用。第三部分，微博问政倒逼政府转型。

我今年7月份参加了人民网在杭州举办的微博大会，我当时提出“微博倒逼政府转型”，这个观点很快在全国传递开了。新浪网在北京举行了2011政务微博高峰论坛，我当时做了发言，我说“微博的快速兴起正在改变中国的官方和民间话语权的整体格局”，这个观点也被社会广泛地接受。我认为，我们在讨论微博发力、微博作用的时候，首先看到这是网民参与、公民参与大背景下的必然结果。公民参与是现代公共治理更重要的环节。政府、社会、市场三者共同治理社会，在讲到社会的时候，大家经常会遇到一个概念“公民社会”，公民社会是法律上的概念，就是强调公民的参与。我们在讲公民参与的时候有“广义的公民参与”和“狭义的公民参与”之分。“广义的公民参与”是指围绕政治选举展开的参与活动。“狭义的公民参与”是指公民、公众围绕政府的公共政策的制定，公共政策的贯彻落实所展开的影响活动。公众为了影响政府的政策制定，影响政策的实施过程，表达各种各样的诉求。这是狭义的公民参与。大概有三个基本要素，参与主体、参与途径、参与渠道。大家如果细分的话，博客里大量的还是白领、精英，相对来讲，农民参与的人数是比较少的，尽管全国可能有2.5亿博客，但是在13.4亿人口中，农民参与的是比较少的。

第一是谁来参与，通过什么样的方式参与，参与的渠道是什么。公民参与为什么在社会中这么重要？有两个基本理论依据。第一，人民群众是国家的主人，权利的主体在于公民。第二，人民群众对政府的公共职能，政府的政策制定有知情权、表达权、参与权、监督权。十七大报告讲的三个“四”为我们的公民参与，也为微博的崛起提供了制度上的保障。第一是民主选举、民主决策、民主管理、民主监督，叫“四个民主”。第二是“四种权利”，保障老百姓的知情权、参与权、表达权、监督权。第三个是“四个自我”，在中国的基层实行群众的自我教育、自我管理、自我约束、自我服务。这三个“四”，我认为在利益上讲给整个民主政治的发展提供了框架，也为微博的参与提供了重要的制度保障。

从中国目前国内参与领域来看，狭义的公民参与主要是围绕国家的经济社会发展、住房、医疗、教育、环境保护、公共卫生、突发事件、政府政策的公平公正等开展，都是公民参与的重点领域。例如，今年大连大概有上万人就因为PX项目落地大连以后出现了泄露而抗议，大连人通过这种表达方式，最后使政府宣布这个项目将永远撤出大连。为了表达他们的利益诉求，厦门这个城市不适合搞有化学物品威胁的项目、对人体有影响的企业，后来在大连出现了。随着经济社会的发展，老百姓对自己的生活、环境、身体健康，以及政策的公平公正性，关注度越来越高。我昨天在凤凰卫视（微博）做了半个小时节目，以广东乌坎事件来谈群体性事件的利益诉求。中央对上访事件，群体性事件，包括信访有三个80%的判断。第一，80%的老百姓诉求表达是有一定缘由的。第二，80%的问题是可以在下面解决的。第三，本来一些问题是完全可以很好解决的，但是我们没有很好地解决，最后导致事件越来越严重。所以大家看到，随着公民社会的发展，经济社会的发展，老百姓参政的意识越来越强烈，关注的领域越来越广泛。

第二，网络参与成为公民参与的重要途径。

按照我的理解，网络之所以能够给老百姓提供重要的参与途径，它有四个基本属性。①网络是一个开放的平台，它不是封闭的，谁都可以在网络上发表观点，在全世界任何一个角落，只要能登录网络微博2.0，都可以表达你的意见，发表观点。②它是一个公平表达的平台。在网络上不认职务，认意见。谁的意见被大家所接纳，谁就会受到拥护。上一次我在人民网做节目，在新浪网上有400万粉丝的网友和我一起在人民网上做节目，我是作为专家来谈，他是作为网民代表来谈，他为什么能在新浪上有好几百万的粉丝，不是因为领导职务高，他就是一个小小的编辑。③网络提供了虚拟平台。网络是一个虚拟世界，我们讲到网络社会的时候，都讲的是虚拟网络世界。尽管现在实行实名注册制了，但是在进行网络表达的时候，人们可以虚拟。④无条件平台。不受行政区域的限制，是跨区域的，这给人们表达提供了更广阔的视野。

从网络参与的特征来看，我认为网络参与主要有三大特征。第一，信息快速传递。这种信息快速传递是以计算机快速运算为基础。去年在全世界500强超级计算机评价中，中国获得第一名，我们的银河一号每秒钟运算达到2750万亿次。今年被日本夺走了，日本达到8612万亿次。无论在新浪，还是在百度，点击搜索新浪不到十分之一秒，就能把全世界151亿张网页全部扫描一遍。网络信息之所以传递快，是以现代计算机快速运算为技术支撑的。第二，排山倒海响应。一个观点一旦受到网民的关注，很快就会被放大。在前年有网民为救助小女孩，说“谁愿意转我的帖子，转一次捐一块钱”，不到9天有9000人转载了。去年一个同样救助小孩的帖子，要转一次捐一块钱，很快有40万人转了。今年达到了89万，同样转载一个帖子，多捐一块钱，有89万人转了帖子。任何事情一旦被网络关注以后，可能就会变成网络事件了。

第二部分，微博的崛起及其作用。

微博作为一种新的借助手段，我认为它最大限度适应了我们国家权力结构的环境。我在很多地方讲学，中国体制有很多优势，但是我们体制最大的遗憾，最大的问题是到现在都没有找到权力被有效制约的“四两拨千斤”的制度设计。但是我认为，如何想办法，使对国家权力制约到前面去，不至于走到最后不可收拾的地步。我认为，在这个方面网络参与，微博参与可能提供了一个前所未有的最大手段。从现在微博发展现状可以看到，去年年底是6300万人，今年上半年竟然达到1.95亿，半年时间增长了208%，是几何式地在放大。现在中国有4.85亿网民，实际上超过了5亿网民，有40%的网民都在利用微博。在这个过程中，政务微博异军突起，政府为了和网民进行互动，为了快速发布政府信息，我们好多公安部门率先在网上进行微博发布，特别是工商、税务、质监、医疗、教育五个和公众关联度比较高的政府机构，普遍在网上建立微博。

“@新疆天山”是自治区公安厅的微博，北京叫“@平安北京”，广东叫“@正义广东”，这些都是代表政府的官方微博。2010年全国搞了微博最有影响力的排行榜，大部分是以公安部门为主。年初公安上的微博打拐，这是非常典型的案例，通过微博打拐救助流浪儿童在社会上产生了广泛的影响，最后变成了公安部门的一个制度。

微博的作用可以概括为四点。

第一，对政府和社会行为进行监督，为腐败案件提供了大量的线索。前不久中纪委、监察部在人民大会堂讲演的时候说，他们开微博以后，一共有5万多条线索举报全国的官员贪污问题。这个成为他们最主要的获取一些官员行为不正、出现贪污问题的一个窗口。人人当记者，人人都在办报纸。有十万粉丝的一个微博博主等于办了发行十万份的报纸，这影响力是非常大的。

第二，广泛收集民意，了解民众的所思所想。利用微博以后，可以大量收集网民的意见，要了解这个时段、时候老百姓关注什么，想什么，包括一些网络事件，它反映一些主流民意，也是代表主流趋势，是政府制定政策、实施政策重要的依据。

第三，对政府公共政策及处理公共事务行为的评价，可以集聚社会共识，快速形成放大效应。比如，今年“7·23”动车追尾事故，微博用八个字来概括“发布、动员、拷问、反思”，这是完整的非常经典的案例。当两个动车追尾以后，没有任何媒体可以到现场那么快地报道，有1500人在车上坐着，有一些人受到惊吓了，但个人冷静下来以后快速地发微博，这个信息快速地放大。据新浪和腾讯两大微博群体统计，在这个时段内，新浪转发数十万条有关动车追尾的事故信息，就是快速信息发布，或者是“动员”。当事故发生以后，通过微博力量动员当地老百姓到现场去救援，动员老百姓到现场去献血，这些都不是政府动员的，是通过网上，通过微博动员起来的。“拷问”，有些报道说，因为恶劣的天气造成的动车追尾，救援还没有完成，有关方面包括网上网下开始广泛地拷问和追问。“反思”，人们最后反思这个体制，为什么铁道部在这个过程中会出现这么多的问题，大家深入地反思这个体制。最近铁道部提出要加快政企分开的步伐。

郭美美事件也是一个很典型的例子，本身是一个年轻小孩炫富，后来郭美美完全变成了符号，郭美美的事件像“人肉炸弹”，炸开了中国红十字会不规范的运转机制。从郭美美事件以后，中国红十字会加强了内部管理，在网上发布它的信息。

第四，政府利用微博可以及时与公众沟通，参与社会治理。必须要借助市场的力量，借助社会的力量。在这个网络参与过程中，微博是最主要的手段。

第三部分，微博问政倒逼政府转型。

微博异军突起以后，对政府的压力是非常大的，各级党政机构都面临着巨大的压力。在今年5月16日，奥巴马总统发布了网络控制的国际战略，美国提出了三条原则，当然是针对中国人来的。第一，在网络上，所有人要能够自由表达。第二，网络的信息要能够自由流通，不能随便断网。第三，在网络社会最大限度地保护个人隐私。这是美国在5月16日发布的网络控制国际战略，高调发布，引起国际社会的广泛关注。他加了一条，一旦美国的网络受到攻击，美国可以动用所有的手段打击任何一个国家。

我当时参加中央的一个座谈会，中央高层就问：美国为什么在这个时候发布这样一个网络国际战略呢？在很大程度上，他在争夺国际互联网的话语权，要继续把持国际互联网的规则制定权，掌握话语权，掌握规定制定权。所以在这里可以看到，在网络争夺上，国际上是非常激烈的。我们利用网络，利用微博在一定程度上给政府压力可能是一个好事，变成了一种动力，可以倒逼政府转型。

第一，促进政府改变施政理念和施政方式，更加亲民，正确体现以人为本。第二，促进政务公开，保障民主知情权、表达权、参与权、监督权。第三，政府公共政策及其处理公共事务的评价，积聚社会的共识，快速形成放大效应。第四，促进政府收敛自身的行为，遏制腐败，改进作风。

我们可以看到，在政务微博发展过程中也暴露出一些问题，也有很多深层次的问题需要我们研究。第一，微博这种碎片式的表达方式，对政府的服务提出了很大的挑战。面对的是成千上万，甚至几十万的人，这种碎片式的表达方式，是为主流提供服务吗？第二，政务微博服务内容应该有所侧重。比如说，新疆政府，应为综合政务微博，重点是一种导向型的服务，为大的趋势性的问题服务。而政府各个部门，如公安、税务、工商、文化教育主要是围绕具体的人展开服务。第三，微博服务不能回避网络民意的讨论。我们政务微博要参与网民对一些问题的讨论，和一些事件的讨论，要影响网民，但不能拒绝和武断地说哪个是正确的，哪个是不正确的。我的基本看法是，网络民意在一定时期反映的是主流民意。但不断地评论以后，网络民意也可能会发生改变，知道了事实真相以后，应尤其注重网络民意的改变。政府应该尊重网络民意，要参与和影响主流民意，但不能武断。

关于网络治理。网络治理是现代政府所有国家都不能回避的问题。在网络治理中我讲三句话。第一，要保障正常的公民参与权利，不能因为网络治理剥夺了老百姓的参与权、表达权。这是我们宪法规定的人民自由的表达权，一定要守住这个底线。第二，要严厉地治理网络水军。网络水军、网络推手、网络营销公司在网上造谣惑众也可以进行治理。第三，治理网络更需要法治，不能搞人治。在法制框架下加强网络治理。在法律范围内发言和表达，以这个东西来治理网络，将来会走上一个新的台阶。

谢谢各位！

清华大学公共关系与战略传播研究所高级研究员侯锷演讲实录
发布《2011新疆维吾尔自治区政务微博发展报告》

接下来，受新浪微博的邀请和委托，我发布《2011 年新疆维吾尔自治区政务微博发展报告》。整体的报告分三个部分，第一，新疆政务微博目前发展的现状。第二，发布2011 年新疆政务微博的机构微博和个人微博的排名前十。第三，对新疆政务微博未来的发展，根据目前的观察做出简明建议。

2011 年新疆的政务微博得到了迅猛的发展，2010 年仅有 5 个试水账号，但是 2011 年，尤其是从六七月份开始，成长速度非常快，截至 11 月底新疆政务微博总量达到 338 个，其中政府机构微博 177 个，官员微博 161 个。从分布的行业来看，气象、环保、文教、体育、质监与民生相关的政府职能机构数量最多，其次是公安微博、旅游微博、共青团微博。

2011 年新疆政务微博前十位的排名。

据新浪微博数据中心提供的统计数据，截至 2011 年 11 月，结合各个账号的活跃度、覆盖面、传播力三大观察数据指标选出了“2011 年政府机构微博排名”的前十。第一名是乌鲁木齐铁路局官方微博“@ 新疆铁路”，从影响力、活跃度、覆盖度和传播力四大指标看，均排名第一。“@ 新疆铁路”在 2011 年充分发挥了自己“火车头”的精神，在微博上有几个特点。第一是“最懂微博”。原创微博标签鲜亮、主题鲜明，图文匹配形象展示，也看得出“@ 新疆铁路”微博维护团队对微博工具的掌握运用非常的熟练。第二是“最互动”的微博。41% 的转发量，在和媒体、网民进行互动中，随时答疑解惑、温馨提醒，贴心服务。第三是“最拉风”的微博。除了发布一些铁路旅客运输班次等常规性信息外，他们是全疆旅游促销的一个微博热线，利用微博全面宣传新疆的人文风情、自然风光和特产风味，简直是新疆的“微博地理名片”。

第二名是新疆交警总队高等级公路支队的官方微博“@新疆高速交警”，全疆第一个以支队为单位开通官方微博的交警部门。“@新疆高速交警”微博给我们的观察印象突出一个字——“神”，像神一样庇佑在路上。首先他们很“神通”，在高速路上，所有的趣闻“破事儿”都难逃他的法眼，因为他们爱互动、爱学习，他们“微联网”了几乎所有省份的全国同行，及时共享五湖四海交通安全事故与路况提醒，形成一个以交警微博群为依托的强大交管信息源。其次他们也很“神武”，一丁点的车况、路况甚至天气预报信息，他们都能拎过来给你“以案说法”搞交通行车安全教育。身在“高速路”，管的却不仅是速度，更有着全方位服务群众民生诉求的“宽度”，微博公益、呼救捐血更及时、更全面、更有爱。今年三月份，有一位白血病患者需要紧急输血，“@新疆高速交警”在微博上发起了公益救援，及时动员并呼唤起整个社会的爱心参与。

第三名是哈密政府网官方微博“@哈密政府网”，也是新疆第一个开通的政府网站官方微博。“@哈密政府网”将传统的1.0时期的静态发布和微博互动进行了嵌入式的技术融合。在“@哈密政府网”微博上可以看到相关哈密各个政府职能部门的信息，把微博办成了一个综合的政务信息平台。在今年12月2日，“@哈密政府网”公布了一则哈密地委郭连山书记亲笔批示网友关于哈密高等教育发展意见的民声留言影印件。这是郭书记的指示内容：“认真阅读了网民朋友们的意见和建议。我认为大家对哈密的发展充满着关心与支持，很多建议很有价值、很有针对性、很符合我们的实际，可将建议、意见转有关领导、部门认真研究，在安排明年工作时予以考虑研究。这种方式征求意见，一定不能流于形式，要认真听取思考。衷心感谢大家对我们工作的支持帮助。”这样公开领导批示，最真切地传递了党委“一把手”对民意的重视和吸纳。所以我们对“@哈密政府网”评语是，他们是以web2.0链接web1.0电子政务应用与发展的“电子政务先锋”。他是新疆地方政府网站群中最具媒体意识的代表，在官网首页整合了官方微博，让微博成为政府网站信息传播的“快媒介”和联动引擎，快捷双向地进行政务信息公开和民声意见的反馈。每一个优秀的政务微博背后都有一个开明的领导！

排名第四是新疆党委宣传部新闻出版处的官方微博——“@全景新疆”。通过右边的几个案例截图就可以直观地看到其几个特色，2011年7月13日11点57分，这是“@全景新疆”开通微博之后发布的第一条信息，在这里可以看到，除了打招呼之外，对于微博的微表情他们运用得非常娴熟而且多。尤其是在12月1日发布的这一条微博，使用的手机、公交车、阳光等微博图标非常多，界面活跃可爱，给公众的印象首先就是亲和、可爱、很会沟通和宣传的一个政务微博的人格形象，传递出感性的力量。公众对“全景新疆”的第二个印象就是敬业。从案例截屏中可以看到，12月4日凌晨2点01分她才发布“晚安”微博；而早前的7月30日23时45分喀什市突发汽车冲撞人群的恶性案件，7月31日凌晨3点57分“@全景新疆”即上线微博作权威发布。可以说“@全景新疆”微博尽责履行了“以科学理论武装人，以正确的舆论引导人，以高尚的精神塑造人，以优秀的作品鼓舞人”的宣传职能。

排名第五的是“@果子沟交警大队”。线下交警的本职是指挥疏导交通，而“@果子沟交警大队”在今年11月份对辖区牧民进行牧场转场的时候，服务民生体现得更令人感动。

这张图片经过及时发布以后，国内许多网站和报纸都进行了转载。从疏导车辆交通到帮助牧民转场赶羊，交警的职能在民生需求当中得到了拓宽。从发布行车路况信息到发布降雪的天气预报，他们的“围脖”织得情系民生。未必每一位网友都有机会行驶上果子沟高速公路，但微博让更多的网友都记住了这一支便民服务的团队——“@果子沟高速交警”。

2011年新疆政务微博的机构排名当中，第六是“@新疆教育厅”。新疆教育厅刚才相关的代表也做了经验分享，在这里我们也可以看到，他们将“师者传道授业解惑”践行在了微博之上，把微博办成了新疆“微博电视台教育频道”。他们设置了许多的话题，比如说“每日国学”“古代维吾尔诗精选”等话题栏目，更成为微博上传承国粹与传播维吾尔民族文化的价值创造，颇受粉丝喜爱。他们通过微博及时互动解答网友的咨询，发布招考就业信息，关心基层教育一线教师的切身利益，教育微博成为他们收集民情民意的新渠道，更体现了“以人为本”的教育理念。

排名第七的是“@新疆文化厅”。文化有属性但无国界，新疆具有悠久、灿烂而优秀文化。2011年，新疆文化厅成为全疆政务微博的“排头兵”，是全国第二家、全疆第一家厅级单位开通的政务微博。至今，新疆文化厅已开通直属单位官方微博24个，以及11个工作人员的个人微博，且均展示在他们的官方微博首页，打造了一个微博上组织体系最健全的政务微博集群，并与工作人员个体微博形成良好的“矩阵式”互动格局。这样一来，相关文化事业的政府内部业务部门和网友公众在微博上就能够找到他们，随时进行直接的互动和联系。“@新疆文化厅”的领军者、新疆文化厅党组书记韩子勇说：“要通过网络新媒体，努力打造一个发布文化信息、传播新疆文化、改进文化工作、了解诉求和民意、与广大网民直接沟通互动的对外文化交流平台，扩大新疆文化的宣传阵地。”他们利用微博进行社区和文化舞台的节目预告，微博发布的文字方面也是非常令人敬仰。比如说在12月5日发布的这条播报新疆文化文物公开课的微博内容，最后一句：“无须请柬，不要门票，不要偶像，只需虔心一颗……”

排名第八是新疆巴州禁毒支队，新疆团委位列第九，新疆地震局位列第十。在这里，需要特别点评提一下“@新疆地震局”，因为咱们新疆处于地震频发区域，地震情比较频繁，也直接关系民生，所以倍受公众关注。2011年，它听从民意，“被迫”修改了一次名字，却赢得了网友的叫好与尊重。根据我们的观察，在这一年当中，不仅仅是因为通过“@地震在新疆”让全国网民知道了微博上的“@新疆地震局”，展示了政府倾听民意的良好形象，更重要的是在“12·1”喀什5.2级地震后，新疆地震局为公众和我们呈现了政务微博矩阵间高级别的、跨行政区域、跨职能的积极联动和沟通协同的典范案例。在微博上，他们与民众即时互动，第一时间播报灾情；他们与救援部门、气象部门争分夺秒通力合作、信息共享，政务微博强大的协同显示出“关爱生命、救援高于一切”的巨大社会效应；他们让公众看到了微博之上政府部门积极作为、全心为民的正向传播力、影响力，以及通过微博可以快速协同来解决民生问题的效能和信心。

我们可以分享一下他们当时的案例。在12月1日20时48分，新疆喀什地区的莎车县发生了5.2级地震，地震发生16分钟后的21时04分，他们就发出了第一条微博。不仅如此，现在右侧的截屏案例，也是我们所看到的2011年政务微博的一次最佳协同。随后在23分钟之后，他们进行了第二次灾情“微直播”：“网友们如果有震感的请简要表述，包括您的位置、感觉和看到的灾情，感谢您及时汇报震感”。从这里开始，他们利用微博“@”提醒功能，及时呼叫“@中国国际救援队”和“@全景新疆”，并在12月2日0时22分，“@中国国际救援队”微博响应，希望与“@新疆地震局”“@中国气象局团委”建立相关合作，“可否在每次地震之后协助我们提供震区气象信息，并提供所需防护衣物和装备建议等”。9时05分“@中国气象局团委”回应“@中国国际救援队”说：“提供气象信息是我们气象部门的职责，留下联系方式，以便进一步的沟通。感谢中国国际救援队所做出的贡献！”40多分钟之后，“@中国气象团委”转评“@新疆地震局”，同时给出未来三天（2011年12月2~4日）喀什地区莎车县气象信息：“最低气温零下5度，最高气温8到11度，风力不大，夜间较冷”和装备建议。这是一次跨职能、跨区域间政府微博在线的横向协同，也是目前在政务微博级别最高的一次联动。

下面，继续发布“2011年年度新疆公务人员微博影响力排名前十”。

第一名是新疆人民广播电台党委书记史林杰，他的微博是“@新疆电台史林杰”，第二名是教育厅党组书记赵德忠，微博昵称“@新疆赵德忠”，第三位是新疆电视台的徐樟梅书记，第四是自治区党委宣传部常委副部长吕焕斌先生；第五位是新疆党委宣传部副部长张可让，第六位是新疆文化厅党组书记韩子勇，第七位是罗夫永，第八位是“@大美新疆池重庆”，第九位是喀什地委委员、宣传部部长“@叶子飘落的轨迹”，第十位是“@阿瓦古丽微博”，她是哈密市公安局交警大队副大队长阿瓦古丽阿不力孜。

在这儿我们重点看一下几位官员微博在2011年度的表现。

排名第一的是新疆人民广播电台党委书记史林杰。我们对他的微博分析评价是：史书记是一位“微博控”，他的微博是一个“万花筒”，可以让每一个想走近新疆的人来了解新疆，因为他随时随地在直播着新疆，和自己身边的新疆故事。他的微博很活跃，因为“转发分享”就是他干了半辈子传播工作的乐趣。他的微博涉猎话题很广，因为他在用微博触探和体会着社会与人生。

第二位是教育厅党组书记赵德忠。赵书记的微博给我们的启示存在些许的感动。因为在这里可以看到，基层的教师问题，教育存在的些许的政策执行，因为执行而导致的一些不公的问题，还有组织建设的问题。他积极地在微博上进行批转。赵书记的微博可以成为目前新疆政务微博系统官员微博的“样板间”。他心系组织建设，与所在的单位及下属机构微博互动，在线批转公众的咨询求助，将微博视为“第二办公间”，有力地促进了工作。他谦虚谨慎，与部属及教育系统的师生互动，探讨教育改革和创新管理、声援执行不力而受到不公正待遇的基层教师，加深了上下级、官民之间的互解和互谅。他几乎有呼必应，悉心回复，树立了官员亲民的良好形象。他利用微博发表自己对教育体制的思考和观点，碰撞思维，征询意见……当一些官员在谨小慎微开微博的时候，他已经在微博上游刃有余，驾轻就熟。难能可贵的是，他利用微博在紧密地改进教育系统的工作。我们希望这样的官员微博能够更多一些，不仅仅是在传播，更重要的是在解决和保障教师的合法权益。

排名第三的是新疆电视台党委书记徐樟梅女士，她在微博上和部属个人微博、本单位官方微博之间的互动也是一个典范。她在微博上像是一个明星，本身官员微博具有一定的明星效应，可以通过自身微博的影响力和领导力来带动部属微博和机构官方微博的传播，既是资源的最大化利用更是对工作的协同和督导。

排名第四位的是自治区党委宣传部常务副部长吕焕斌的个人微博。从吕部长的微博中我们精选了三个案例。比如，电视台的同志发微博说“又一次的直播，又一次的并肩战斗，新闻中心这支能打硬仗的队伍再次出发了!”，吕部长看到后互动叮嘱说“开慢点”。在前一段时间乌鲁木齐机场大雾时滞留了许多的旅客，当时“@直播新疆”微博说“乌鲁木齐机场最忙的就是机场广播了，从早上到现在不停地说”，吕部长在转发时指正说“以后请说乌鲁木齐地窝堡国际机场”“请规范用词”。这让我们从点滴互动的碎片信息当中体会到了令人敬佩和感动的职业与严谨。总而言之，吕部长的微博是一个有情感、有态度、更有原则的微博形象。

排名第五的是党委宣传部副部张可让。张部长的微博原创居多，因为他的微博很个性——“我的微博我做主”。他将微博作为自己的思考以及发表思想的学术理论阵地。他积极地思考着意识形态领域的城市哲学、城市文化、新疆文化与政治经济等话题。可以说，读他的微博很有营养，是一个很有思想的微博。

排名第六的是新疆文化厅党组书记韩子勇。韩书记是一位深谙“微传播之道”的文化官员，一位全疆文化系统微博发展的重要推手。他除了利用微博宣传“大美新疆”的旅游文化，更积极思考和探讨传播之下所引发的社会变革。他关注民生，积极主张以微博来亲民问政并注重效益，而不仅仅是宣传。

我们再重点看一下排名第九的喀什地委委员、宣传部部长，我不知道他的实名，他的微博昵称是“@叶子飘落的轨迹”。不需要见到其人，我们通过微博一样可以透析到他的整个思想境界。他的互动是很活跃的，而令我们感动的是他的原创微博内容。比如说“教育公正是社会的基础，教育是公共服务，具有公益性，理应平等，惠及全民，但是现实是大量优质的教育资源在城市个别学校扎堆，而在农村和多数学校少得可怜，出身越底层，上的学越差，使其通过学习改变结构位置的希望变得更加渺茫，应重视配置资源，使全民享有同等受教育机会”。这是我随便宣读他的一条微博。诸如此类的微博思考非常多且非常理性。可以看出，“@叶子飘落的轨迹”在微江湖上是功力深厚、姿态低调但是论调一点都不低调，直言爽语话“社会”，真话实说惹“围观”的知识分子。他的微博关键词是“治理”，微博上充满了积极探求政府社会管理和对公共服务环境治理的政见思考，也得到了网友的积极反应和共鸣。我对“@叶子飘落的轨迹”的解读让我想起了泰戈尔笔下的蝴蝶，我虽然在天空中没有留下翅膀的印痕，但是我飞过了，我感觉他的昵称或许表达了这种执着追求的理念。他在微博上追求一种起码自己“飘”过、“飞”过而无憾的思想图腾。

第三，新疆政务微博发展建议。

目前新疆政务微博的传播参与非常之活跃，但是信息传播价值有待提升。用不客气的话来说，我们发挥了很好的“传声筒”功能，但是对传播和互动转播的价值还没有比较好的体现。因为现在大多数单位开通的微博，从职能等各方面看尚不健全，导致我们试图通过微博论证决策、组织实施和协同开展的空间不足，服务性还比较弱。从平台功能应用的角度来观察，新疆政务微博总体上的发展目前还不均衡，运行以及管理的水平有待提升。

建议如下。第一，建立新疆政务微博管理与服务的机制，打造功能完善、机能健全的政务微博组织矩阵。第二，要更多地关注民生，注重互动服务，提升舆情识别的敏锐性，反应快速，处置有力，向微博的活跃度要网友的满意度，向互动要公共服务的品质和效应，要网络公众的赞誉和口碑。第三，解放思想，谦虚谨慎，建立阳光积极、门户开放的“大互动”格局。这是我们所期待看到的，政务微博不仅仅要与我们官员微博、公务人员微博进行体制内的互动，还需要和媒体微博进行传播互动，还需要和可能影响到舆情舆论演进过程中的微博意见领袖进行互动，更需要和普通网民老百姓所发出的民意诉求进行及时高效的互动，这就是我们思考的立体的大互动格局。

非常感谢各位的聆听，发布完毕，谢谢大家！

新疆维吾尔自治区教育厅副厅长同继敏案例分享演讲实录

首先感谢新浪微博提供这样一个机会和大家进行交流。

教育厅为什么要开官方微博，这是很多人问到的一个问题，当然这与新浪副总编邓先生和新浪的张女士、郭女士十分热情的宣传，十分周到的服务有关。也与今年是自治区民生建设年、机关效能建设工作有关。

但最重要的是，我们开通“新疆教育”官方微博是想主动地去适应广大师生民主意识日益增强、利益诉求日益多样的新形式，疏通民意表达渠道，搭建了经常性联系师生、了解民情的平台。

微博传播快，覆盖广，影响大，是点面相结合的互动的新媒体平台，这么重要的阵地，政府部门不能缺席。有人说“要到群众中去，就要到微博中去”，我觉得讲得非常有道理。因为对自己的工作只有自己最有发言权，也最能让网民信服，这是我们开通新疆教育网络微博的一个理念，基于以上认识，我们于2011年7月27日新浪开通了“新疆教育厅”实名微博，而且新疆教育门户网站——“新疆教育信息网”首页突出了背景，运营了一个多月，在新浪最新出具的有关数据显示，新疆教育官方微博列全国政务微博人气榜排行第53位，政务微博影响力我们排名全国第77位，但有一项我们是领先的，在全国教育类政务微博评选中我们新疆教育官方微博名列第一，受到了网民的热切关注，也取得了一系列成效。

下面我简单介绍一下教育厅官方微博的运行情况。

第一，教育微博的发布原则。

教育微博应该坚持及时性、本土性、主动性三个原则。从我们最近半个月新疆教育厅被转发次数和评论次数最多的微博来说，第一条是12月8日18点发布的新疆大学吾守尔·斯拉木教授当选为院士，这是一条动态新闻类微博。这条消息发布以后迅速被网友转发，收到了很多的评论。这条消息最大的特点就是及时。我们第一时间登陆了中国院士官方网站进行核实，之后予以发布，最大程度凸显微博信息发布的及时有效性。其他的媒体都是第二天才报道的。

另外在消息的编辑上，我们遵循新闻消息发布的一般规律。采用了“标题+内容+图片”的方式。标题是新疆大学吾守尔·斯拉木教授当选院士，精选了要点，简明扼要。在内容中突出了新疆本土培养的第一位院士，与维吾尔族第一位院士，体现了新疆的地域特色，凸显了新疆人的自豪感。再加上“鼓掌”“赞”“给力”三个生动的表情也明确了我们政府的态度，与网民达到了良好的情感互动。再加上图片，也是增强了消息发布的可信程度。

第二条微博是11月23日发布的古代维吾尔诗选“没有无烟的火焰，没有不犯错误的好汉”。当时我们发布这个主要是宣传相互理解，相互团结，相互尊重，相互包容的理念。这是一条文化类微博，发布了以后也被大量的转发，收到了很多的评论。

教育类政务微博的功能应该具备鲜明的文化教育属性。与广义的新闻消息相比，它更容易得到网民的认可和互动，也清晰地表明了新疆教育厅的本职是教育的定位。这条消息的最大特点是本土性。刚开始我们发布的是“每日国学”，从国学经典上摘取名句予以点评，后来得到了网友的启示。有一位网友看了以后给我们提了好建议，我们讨论以后决定发布维吾尔古诗。当然在发布的时候也遇到了困难，比如说维吾尔族文字识别的时候不好处理，最后用图片的形式加以解决了，受到了新疆少数民族网友的热烈回应。

12 月 12 日发布了新疆玛纳斯县 115 辆线路车、班车变形成校车。这也在网上被反复转发。这是一条热点追踪类的微博，最大特点是纪实性，我们及时关注了社会的热点，正确地引导社会舆论。近段时间，甘肃、江苏、云南相继发生了校车安全事故，校车受到了全社会的关注。今年，网上有三大关注热点，第一是深圳朱校长，第二是虎妈狼爸的问题，第三是校车的问题，教育类今年网上议论最多，也是始终被大家关注的问题。对校车问题，我们也及时发布了相关的信息。

我们觉得，大家都在关注它，我们不能失声，不能默不作声，于是从新闻的信息中，从自治区各地出台的应对举措到管理办法，广泛地征集民意与网民进行互动，也报道了一些地方解决校车问题的一些好的经验和好的做法，最大限度地体现了政府对校车安全的重视，也收到了良好的社会效果。

这张图片是昌吉州玛纳斯县解决校车问题的图片，通过延伸公共服务来解决学生上下学的问题。当然还有很多，比如免费午餐，塔县儿童上学难等等，在微博中我们及时地发了言，表明了我们的态度，积极地进行引导，可以说做到了及时性、本土性、主动性，也赋予了政务微博生机与活力，保证了贴近、贴紧、贴实。

第二，教育微博关注人群。

这也是开办教育微博必须要关注的问题，人人都在关心，都在看教育微博。从关注人群看管理的重要性，要善于用好微博。教育微博谁在看？他们想从中得到什么资讯？想得到什么样的帮助？他们与教育微博的关系如何？这是我们十分关注的问题。从我们得到的新疆教育厅微博粉丝分布图来看，50 万粉丝遍布全国所有地区，这就意味着虽然我们是地方性、专业性的官方微博，但受到的关注来自社会的方方面面。人群具有极大的变动性、草根性，尽管他们也常常会提出质疑和负面的意见，但除了违反国家法律法规的言论以外，我们都没有做处理，因为我们认为如果关闭了，高高在上，也就失去了政务微博的意义和职能。

从这个图中可以看到，虽然粉丝中被关注的人数超过 50 人的仅占 9% 左右，按基数计算，再加上微博传播的裂变效应这是惊人的数据，一旦在微博上出现闪失，将在最短的时间内出现最坏的结果，这是不可避免的。粉丝越多，风险越大。因此，为了管好、用好微博，我们专门出台了微博管理制度，坚持实行先审核、后发布的制度，由专门人员管理，严格把关，最大限度地保证微博的正确性、思想性，后台也有专人在管理、把关，为了安全保密，经常改变密码。粉丝一旦达到一定的数字，在更好完成职能的同时，也面临着巨大的风险。因此我们的日常管理中，也建立健全相关的制度，在做好管理的同时，积极耐心地做好舆论疏导工作，用我们诚恳的态度去赢得民心。

第三，教育微博的主要职能。

教育微博看了以后觉得和别的单位微博不一样，有我们自己的特点。我们主要是以服务为主，答疑解惑，实用性比较强。教育微博最大的职能有两项：第一，及时发布各类与群众息息相关的教育政策信息；第二，及时解答民众关心的各类教育问题。

近期我们及时发布了关于招生、考试、就业相关的大量信息。12 月 1 日，连续发表了三条关于自学考试报名的信息，及时提醒广大考生注意相关事宜，并在通知中将查询的具体网址和页面也链接出来，及时进行发布，方便考生。除了教育厅官方微博，第一时间发布了招生考试的信息外，自治区招办也有专门的微博及时发布这方面的信息。

第四，解答问题。2012 年 1 月 16 日至 17 日，新疆教育厅将在新疆师范大学举办首届 2012 届教育部直属师范大学免费师范生专场招聘会。这是大家非常关注的事，通过各种方式给我们反映关于就业问题，特别是反映到我们赵书记那里。新疆各中小学老师可以接纳多少免费师范生，全部在网上进行了发布。让免费师范生知道，新疆哪所学校、哪个岗位缺什么人，可以主动地报名。这是及时发布的一些关于特岗教师，在职硕士学位等方面的消息。

教育厅除了教育官方微博以外，很多职能处室、主要领导也都相继开通了个人的官方微博。从运行情况来看，效果很好。前一阶段，赵德忠书记给地方教育行政部门领导打电话，反映了他们在工作中存在的一些问题。我们每年招录的特岗教师近万人，在个别地区这些教师的待遇没有得到及时保障，这些教师通过微博反映给了赵书记。赵书记打电话给当地教育行政部门领导，当地部门领导核实完以后，就问赵书记：“您怎么对我们本地的教育情况，特别是存在的问题这么清楚?”赵书记回答：“因为我开微博了。”很多基层老师通过微博把情况反映给赵书记。

微博是点面相结合的一种媒体，既可以点对点，又可以面对面，特别是通过私信的方式，我们都及时地进行答疑解惑。

最后谈一下今后怎么办。目前我们的微博还处于试水阶段，今后会在以下几方面继续努力。

第一，建立健全微博的管理制度，要打造一支政治素质过硬，业务本领高强的微博管理团队，特别是教育厅官方微博一定要有专门的团队去管理。

第二，进行资源整合。在新疆教育厅官方的主干下，想办法形成一个网络，成立新疆教育微博网络。现在在已经有一些厅领导和职能处室、地州教育局开通了微博的基础上，后续工作如何更多地将一些职能处室、部门以及基层教育管理部门和群众在微博上进行对接，实现开通微博单位之间的互动。

第三，更好地利用微博平台，积极地推动微访谈、微直播的应用。这个事提上议事日程了，要想办法创造条件，丰富手段，用好用活这个平台，更好地和师生网来网去，更好地为基层群众服务。这是我的一些体会，谢谢大家!

新疆维吾尔自治区地震局副局长、新闻发言人张勇演讲实录

很高兴今天有机会和大家一起交流。11 月 1 日 8 时 39 分微博上出了一个消息：“据中国地震台网测定，北京时间 2011 年 11 月 1 日 8 时 21 分，在新疆维吾尔自治区伊犁哈萨克自治州伊宁县巩留县交界处发现了地震，有关数据正在核实当中。”这是新疆地震局开通微博以后发的第一条消息。8 时 40 分新疆地震局官方微博发布了地震分布图，并评论“新疆的朋友赶快来说说情况”。到 8 时 55 分，一位网友发来评论说：“伊宁市震感强烈，窗户发生（出）了很大的声响。我被震醒，情况还好，估计有损失”。

11月1日当天，新疆地震局官方微博共发出29条微博，被转载了3194次，评论有746条。当天的粉丝人数就到5000人。实际上很凑巧，我们的微博就是11月1日开通的，而且这天发生了地震。

下面我首先向大家介绍“新疆地震局”开博的背景。

第一，有关地震部门肩负着网络舆论让我们看到了防震减灾宣传工作的任务艰巨。这些年汶川地震、海地地震、玉树地震、日本地震等，造成了大量的人员伤亡和经济损失。群众对地震的关注度越来越高，我们地震局党组一直在反思，新疆地震多，灾害重，强度大，在现在的科学水平下，地震预报尚不能做出准确的预报，如何提高新疆百姓的防灾减灾意识，加强宣传，如何发挥宣传的导向作用，争取民众的理解和支持，站在正确的角度看待地震，宣传防震减灾，这是我们一直在思考的问题。

第二，今年（2011年）3月份两会的时候，张春贤开通微博，成为开微博最高级别的官员，引起了广泛的关注。同时他的微博评论也引起了我们的重视。

第三，中国地震局陈建民局长批示，像重视地震监测预报工作一样重视新闻宣传工作。今年6月，中国地震局发布了《加强防灾减灾新闻宣传工作的意见和考核办法》。9月中国地震局召开了政府工作会议，新疆地震局党组认真研读这些文件之后，10月份决定成立新疆地震局官方微博工作组，并确定新疆地震官方微博的栏目，力求开辟出新疆地震局宣传工作的阵地。当时预期是11月1日开通微博，刚好就出现了前面的情况。

其次，新疆地震局开通微博的现状。

基本情况：新疆地震局官方微博到今天是57天，发布微博416条，粉丝量已经突破了4.1万；微博的内容设置包括微震情、微直播、微客户、微访谈四个栏目；成立了官方微博工作组，由党组书记局汪海涛任顾问，办公室主任任秘书长，工作组挂靠局办公室，由各部门抽调兼职人员组成。

管理制度：为规范官方微博管理，出台了《官方微博管理办法》共9章22条。新疆地震局官方微博开通以来，受到了广大网友和众多媒体的关注，先后接受了新华社新疆分社、新疆电视台、新疆人民广播电台、乌鲁木齐晚报、乌鲁木齐晨报等多家媒体的采访。扩大了地震部门在社会宣传方面的空间，与社会公众进一步拉近了距离。有网友评论说：“新疆地震局的速度好快，在地震后18分钟就开通了微博。”这种认可和我们开通官方微博前的准备工作是分不开的。

再次，新疆地震局开通官方微博的过程。

第一，明确定位，强化公共服务。地震以后，新闻报道量大，社会关注度高。从近年来的网络舆情看，公众已经不仅仅关注地震监测预报的情况，对房屋的抗震、设防以及震后的工作也给予了很多的关注和关心。社会各界希望地震部门在最大限度减轻地震灾害方面、保障人民生命财产安全方面和经济社会方面发挥更大的作用。我们通过开通官方微博架构起单位与网民之间的桥梁，提升了新闻宣传的能力。推进突发事件、新闻宣传和第三方舆论引导建设，完成信息发布、新闻报道、重大自然灾害事件的舆情搜集和信息、谣言应对等工作，明确开辟防灾减灾工作新阵地的定位和目标。

第二，精心策划，细化管理流程，为官方微博的成功开通保驾护航。我局在2011年上半年，开始筹备官方微博有关事宜，策划方案、最终编制成熟工作流程，制定出了微博管理办法，细化了责任分工，组建了网络发言人、网络信息员队伍和微博舆情监视员队伍，保证了官方微博的人员。邀请新浪微博有关专家进行培训，强化了工作人员的基本素质，为新疆地震局官方微博的开通奠定了坚实的基础。

第三，建立健全、完善内容设置，全面做好新闻宣传和舆论引导工作。官方微博是舆情引导的新平台，是地震谣言的处理场。为充分发挥舆情引导的作用，我们广泛结合调研，结合现场的工作情况，设置了微震情、微直播、微科普和微访谈四个栏目。

微震情栏目包括新疆境内大于三级地震的信息发布以及每一个新疆地震图的信息发布。我们考虑到要通过第一时间发布地震信息，最大限度地挤压谣言生产的空间。江苏的网友说："我小时候生活在新疆阿克苏，有几次切实感觉到了地震。现在回想起来，那种自然的力量让人感到恐惧。（希望）地震研究工作能在准确的预报方面有所突破。缅怀那些在地震中失去的生命。"

微直播栏目包括信息发布，通过应急工作的直播，第一时间反映地震现场应急、灾害情况以及救援工作，做好舆论引导工作。另外，还有策划以及编制其他的微博话题。比如我们对"我的一天"这个话题进行直播，期望有更多的人了解地震部门的工作。在第一个"我的一天"话题发布出去后有石家庄的网友说："可爱可敬的人，辛苦了。"乌鲁木齐网友"红色虽小"也关切地说："这么多的山路，能否借鉴一下登山时的装置，也让弟兄们省点力气。"

微科普栏目包括每日发布科普知识，同时结合特殊时段具体的热门话题，抓住有利的时机，及时进行科普的宣传，回答有关的问题，进行舆论引导，发布的科普知识从刚开始的文字叙述，到现在的图文并茂，有不少网友转发学习，提出问题，取得了良好的宣传效果。

微访谈、策划是在每月官方微博针对某一类的问题进行一次的专题访问，实际上通过对热点问题的讨论，邀请专家答疑解惑，巩固微科普的宣传效果，更好地普及知识。11月9日第一期微访谈聊了"新疆的那些事"，汪海涛的局长在近两个小时时间里解答网友问题49个。昨天下午，我又做了一期"聊聊地震灾害预防震减灾"，也回答了将近60个问题。

四大栏目在时间空间上的合理搭配，形成了新疆地震局官方微博的发展天地，广大热心的网友关注和支持、理解，更给我们的工作增添了动力。这57天来，在做好新闻宣传和舆论引导工作中也取得了一定的成效和经验。

最后，成效和经验。

第一，尊重公众，在沟通中赢得理解。随着新疆地震局官方微博直播救灾等情况，微博关注度剧增，微博昵称"@地震在新疆"开始在网友间激烈争论，大家可能都知道这个事情，并迅速引起国内众多媒体的关注和转载，新疆地震局官方微博一时间陷入了危机之中。交互性改变了以往的单纯传播模式，受众不再是被动接受的状态，而是主动参与。受众会积极参与到事件讨论中，发表自己的观点和看法，影响到我们对危机事件的处理。在这种情况下，面对网上引起的争论和舆论压力，我们首先保持与公众沟通，汪海涛局长多次面对媒体坦诚说出微博起名"@地震在新疆"的原因，既要方便检索，又要考虑到地理因素。所以，要有"地震"和"新疆"这两个词。二是因为"地震在新疆"是比较常见的自然现象，每年都有三万次地震，平均每天发生近百次。让我们的公众能够体会到地震是新疆的一个常态，我们要面对地震。

调整传播重点。在微博上发起了"是否修改微博名称"的网络投票。我们将更名权交给网友，并顺应公众的意愿，根据投票结果进行了更名，从而有效地扭转了负面的舆论趋势。改名当天，国内众多媒体进行了普遍的报道，汪海涛局长表示：网友的批评有利于新疆地震局更好地利用网络平台进行宣传，增强社会服务能力。新疆地震局官方微博工作组也表示：将继续利用微博平台与网友交流互动，及时发布相关的信息。

网友在这种动态沟通中，形成了这样一种观点“我们是被尊重的”，如此减少了我们的舆论压力，降低了危机恶化的可能性，争议消除了，但公众对地震的关注度还在持续地升温。北京网友说：“国家政府机关能够听群众的呼声是件好事。”沟通促进发展，更能带来理解。

第二，与民互动，开启地震应急工作新模式。官方微博提高了地震突发事件应急处置的效率，开创了新疆地震局灾情受理的新方式。地震发生之后，我们第一时间希望了解灾情，通过官方微博，很多网民把灾情报告给我们，在直播地震应急过程中，我们的微博管理员24小时值班，后方应急人员，现场工作队和工作人员，通过各种通信方式向微博管理员传递情况，及时发布现场情况与救援信息，使整个地震局不仅能通过电话等传统的途径向当地政府和我们的相关人员了解灾情，还能通过微博这个平台进行了解。网民特别是位于震区的网民，可以将灾情信息迅速发布到微博，地震局就可以通过微博自动获取更多的灾情信息。在伊犁地震中，我们请震区附近的朋友“说出你的位置、震感和看到的灾害情况”。这条微博发出之后，有很多网友评论回复，网友说：“伊犁宾馆，睡觉没感觉，不过同事和楼房居民震感强烈”。另一位网友说：“博乐到温泉，都有明显的震感，而且持续时间长强度大。”这些评论为新疆地震局提供了第一手灾情信息和震感情况。进一步拓宽了灾情信息的收集渠道，开启了地震应急工作新模式。

第三，图文并茂，建立新窗口。官方微博在日常工作中发布应急避险、自救、呼救等知识，图文并茂地直播地震部门以及其他部门在震后的工作：收集灾情，发布信息，现场救援，灾害调查损失评估等等。全程报道地震应急工作的各项工作，满足了公众的知情权。

11月1日和12月1日莎车的地震，微博直播持续了10天，发布信息160多条，共收到2000多名网友的评论，网民和社会各界对地震局从不了解到了解，从原来的冷嘲热讽向真心理解过渡。微博已成为我们宣传工作的新窗口。

第四，真诚沟通，建立政府关心群众的桥梁，是新的表达平台。受灾群众安置等内容让广大网民看到，党和政府以人为本，执政为民的执政理念，为政府和群众之间架起关爱和谐的桥梁，网民可以直接表达他们对知识的渴求，同时表达出他们对地震的认识和担心。对政府和地震部门提出的工作意见和建议，我们在地震应急的过程中，第一时间将国家自治区领导的指示精神发布到微博中，表达党和政府的关心，也同时表达了很多网友对灾区同胞的祝福。

第五，团队精神，确保微博管理组织的高效运转。新疆地震局官方微博网络发言人、网络信息队伍、微博监视员队伍保证了官方微博工作的落实，同时团队成员负责不同的工作内容，表现出不同的个性，发挥不同的特长，保证了微博工作组任务的完成。可以这样讲，我们微博开通两个月的时间，取得了很好的效果，但是毕竟我们是刚刚开始，只是一个起步。后面的工作还有很多需要我们探索，我们也希望通过和大家的交流，能够获取更多的营养，使我们的工作做得更好。谢谢大家！

‖ 2012 年度 ‖

北京卫生系统微博工作座谈会

活动名称： 北京卫生系统微博工作座谈会
主办单位： 北京市卫生局
时　　间： 2012 年 1 月 6 日
地　　点： 北京

2012 年 1 月 6 日上午，在北京市公共卫生热线（12320）服务中心召开北京卫生系统微博工作座谈会。北京市卫生局、北京市网管办、新浪网等单位有关领导出席并讲话。北京市卫生局宣传处、北京市公共卫生信息中心、北京市卫生宣传中心等单位领导参会。官方微博和个人微博影响力较大的 7 个单位领导和 5 名个人就如何开展微博工作交流了经验体会并提出了建设性意见。

近年来，北京卫生系统非常重视利用微博开展工作，2011 年 11 月 17 日，北京市卫生局在新浪网开通官方微博，仅 50 天发布微博 120 条，粉丝量达 48000 个。52 家单位和 58 个部门科室先后分别在新浪微博等网站开通了官方微博，52 家单位官方微博发布微博 1200 余条，单位官方微博粉丝量在 20000 以上的有 8 个，其中，北京急救中心、首儿所的官方微博粉丝量分别达到 70 万和 44 万。2205 名个人先后在新浪微博等网站开通了个人微博，个人微博粉丝量在 10000 以上的达 30 个，其中，北京协和医院急诊科主治医师于莺、北京友谊医院营养科营养师顾中一的个人微博粉丝量分别达到 42 万和 26 万。广大医务工作者利用业余时间，发布、转发、评论微博，加强与网友互动，进行“微访谈”等等，通过开展这些工作，使微博形成了一定的影响力，发挥了较好的宣传作用，在全国广泛宣传了医务人员的先进事迹，普及了医药养生常识，回答了网友的提问，大大方便了患者。另外，全系统建立了 8 人组成的网上文明传播志愿者队伍，每月向首都文明办上报工作量。

座谈会上，新浪网新闻中心合作总监王薇、微博主编刘清利分别对北京卫生系统如何发挥微博的作用提出了指导意见。北京市网管办网络评论处调研员副处长王强介绍了全市微博发展状况。北京市卫生局副局长、新闻发言人雷海潮对进一步利用微博开展工作提出了具体要求。据悉，北京市卫生局下一步将对全系统官方微博和个人微博进行整合，在新浪网建立微博矩阵，使微博发挥更大的作用。

（中广网北京 2012 年 1 月 6 日消息　记者　李文蕊　通讯员　张正尤）

“广播新时代·自媒体时代的广播”研讨会

活动名称：“广播新时代·自媒体时代的广播”研讨会

时　　间：2012年3月23日

地　　点：北京

2012年3月23日，由中央人民广播电台中国之声主办的“广播新时代·自媒体时代的广播”研讨会在北京举行，中央电视台副台长赵子忠出席研讨会并讲话，中国之声总监蔡小林主持研讨会。来自新浪网、中国新华新闻电视网、中国传媒大学、北京人民广播电台交通广播、上海广播电视台以及中央电台中国之声、央广新媒体等学界和业界专家与中国之声官方微博的粉丝代表齐聚一堂，以“@中国之声”在新浪网开辟官方微博粉丝突破200万为背景，对“自媒体时代广播如何更好地和新媒体形成合作共赢的新局面”这一主题进行了深入的研讨。

中国新华新闻电视网总编辑陆小华在研讨会上的发言辑录
微博的运用与广播竞争力提升
——以中国之声新浪微博为例

从2010年3月25日发出第一条微博，不到两年时间，中国之声新浪官方微博的粉丝数量达200多万，可以说成绩斐然。中国之声在利用新媒体工具、运用新传播手段方面走出了能够说服自己、说服别人的关键一步，应当得到足够的奖赏。

新闻媒体对如何运用新生传播工具应当具有足够的敏锐性、宽容度与发现力。微博作为一种新兴的社交工具，在催生新的网络社交形态的同时，自身也在一定程度上被媒介化，成为一种不能忽视的新传播平台，催生了新的传播形态。

传统媒体如何运用好这种新传播工具、新传播平台？中国之声的官方微博有了200多万粉丝以后该怎么做？

一、什么因素在影响传播

今天，我们不断在讲已经进入新媒体时代、新传播时代，在讲新媒体的竞争。前提问题是，什么样的因素在影响传播？或者更进一步，什么样的因素在影响传统媒体的传播地位？在我看来，至少有三个因素是不能忽略的。

一是载体。从某种角度看，传媒的发展史就是载体变革的历史。而载体的变革，不仅催生新的传播工具，同样也会催生新的传播形态、方法、格局。新载体以及新传播形态的出现，必然影响原有传统媒体的传播地位，促使其调整，以适应新的媒体的竞争。广播诞生，从一种新的技术到一种新的传播载体，新闻传播的时效观就被彻底改变，也迫使报纸的运作发生深刻变化。今天，一系列新媒体工具的迅速普及，也同样要求广播的传播理念与传播方法做出相应变化。

新媒体对传统媒体的冲击，已经从学者的预测变为让人心惊的现实。如果把报业作为观察新媒体冲击的风向标，2011 年的变化指向是清楚的。2011 年，美国报业广告总收入已经差不多与 60 年前的 1951 年处在同一水平。1951 年大约是 195 亿美元，2011 年只有 205 亿美元，美国报业广告总收入从 600 亿美元的最高点跌落到目前水平，还不到十年时间。

为什么会发生这样的变化？重要的因素是新媒体竞争的影响。广播出现后曾经引领了几十年风骚。电视诞生后，成为非常强势的媒体，广播被视为弱势媒体。21 世纪后，广播重新走强，是因为适应了移动需求。而在这之后，又出现一系列更新的媒体形态，往往是基于互联网与移动的载体。其实，微博不过是诸多体现移动特征的新媒体的一种形态，但却是传统媒体比较便于利用和运用的一种新传播形态。适应新载体的出现，适应新载体的传播方式做出相应变革，是传统媒体不能回避的课题。今天，传统媒体必须与新的载体结合起来，才能适应新媒体竞争时代。

二是需求。受众需求发生了什么样变化？用最简单的语言描述，就是移动需求正在成长为第一需求。广播的听众为什么增长如此迅速？正是移动需求的成长与广播适应移动需求的变化，才使广播摆脱了弱势媒体的地位。

三是力量。从受众的角度观察，什么样的力量在主导今天的传播机制，在左右传播效果？一是即时，二是分享。今天的受众和传媒更加要求和追求时效，最好是即时传播或者实时报道。从信息流动机制观察，过去是传播者向被传播者传播，是传播者与被传播者之间互动，今天是分享，是公众间的分享。是否处在传播者的地位，对传播效果已经不太重要。分享，给公众以不一样的感受。可以说，分享是今天影响传统媒体传播地位的更为重要的因素。从对公众互联网使用行为的调查结果可以看出，人们上网获取新闻的时间下降一半，而在社区网络上停留时间则增加了近两倍。今天，人们愿意花更多时间在微博上。深层次的驱动力量，是从分享式传播中获得不一样的感受。新媒体的传播，往往是以分享为主导模式与基本特征的传播。对今天的青年人来说，分享是一种更为有效的说服力量与传播机制。分享与传统传播模式的单向传播、互动相比，是有相当大区别的传播机制。

正因为分享是一种更为有效的传播机制，传统媒体更应主动地利用这种传播机制。而微博，是特征更为明显的分享式的传播平台。传统媒体把采集的内容，经过选择、加工，做成适应微博平台的内容产品，放在自己的官方微博上，看起来是给别的微博平台提供了内容，甚至还是无偿的。但换个角度看，是传统媒体利用微博这种分享式传播平台，利用分享式传播的力量，扩展了自己的影响。

二、应当具有什么样的理念

一个权威媒体，要更好地运用微博这种新传播工具，在新媒体格局中更有竞争力，还应当具有什么样的理念？在我看来，至少有三组理念的转换，是必需的。

1. 新媒体与新运作：媒体运作理念的变革

所谓媒体运作理念的变革，至少包括，要从静媒体到动媒体，从善于运用大众媒体到善于运用自媒体，从运作内容到运作平台。

（1）从静媒体到动媒体

从运作方式角度说，传统媒体总体上是静媒体，是按照一定的价值观、规则、方法去进行有组织传播的。尽管传统媒体多年来注重了解受众的需求，与受众互动，可是受传媒形态本身特性与载体实现可能的限制，总体上，报纸、杂志、广播、电视还是一种“点对面、一对多”的广播式传播。而新媒体是分享式传播，受众可以参与到传播中来，不仅是互动，而且可能是多点互动，受众间形成互相分享的传播形态，这种分享式传播的效应，给受众不同的感受和体验，说服方式与影响途径也有明显不同。新传播工具的媒介化，并不是把新传播工具演变成传统媒体，而是新传播工具被发掘出传播新闻信息和观点信息的功能。而其传播新闻信息与观点信息的方式，又与传统媒体有很大不同。这种不同，不仅体现在内容的处理模式和表现形态上，在传播机制上也有差异。即使同样是由传统媒体提供的信息，放在新媒体平台上，就不再是点对面的广播式传播，而是利用了新传播工具的分享式传播，或至少是介入了分享式传播的波涛中，利用了分享式传播的机制、力量，形成了新传播效应，获得了新媒体式的传播效果。因而，有认识、有策略、有方法这样做的传统媒体，就不再是简单的静媒体，而是利用新传播工具、新传播效应的动媒体。只是，这里的关键在于有认识、有策略、有方法。毕竟，动媒体更多的是如何获得分享式传播的效应，而不只是如何互动。

(2) 从善于运用大众媒体到善于运用自媒体

善于运用大众媒体，是传统媒体的看家本领。而新媒体是自媒体，传统媒体如何利用，如何走向善于运用，理念上就要更深一步。传统媒体被称为大众媒体，这主要是针对其传播方式而言的。因为其传播方式是一对多，传媒面对大众，具有广而播之的能力和地位。新媒体被称为自媒体，这主要是从其内容生成、生产而言的。因为其内容生产方式是公众自己采集、加工、提供的，处在不同的时点和位置，公众个人既可以是生产者，又可以是传播者，当然也是接受者。这两者的描述是不对称的。仔细分析，传统媒体的受众已不如新媒体的受众多，已不在一个数量级上。就受众数量、受众扩展速度、渗透能力而言，新媒体是更大众的媒体，可以称为泛大众媒体。传统媒体所提供的内容数量也不如新媒体，而且也不在一个数量级上。只是，在信息流的集中度，在信息选择结果的质量上，在其信息提供结果所形成的公信力、权威性上，目前新媒体总体上还不可能与传统媒体比肩而立，这在很大程度上是基于传统媒体的有组织采集、加工、提供的专业能力、标准、水准。

那么，如果把传统媒体的有组织采集、加工、提供的专业能力、标准、水准，移植到对新媒体的利用上，会不会获得更好的效果呢？答案当然是肯定的。以专业的采集、加工、提供，对接新媒体平台受众的需求与需求方式，显然比一般公众自然朴素地在新媒体平台上提供信息效果要好得多。这样对接可以有效增强传统媒体的影响力和竞争力。

(3) 从运作内容到运作平台

传统媒体的习惯思维是运作内容，运作内容是内容为王的物质基础，这当然是非常必要的。但仅仅运作内容，是否足以应对新媒体的竞争？可能远远不够。还应当以强化的理念与思维方式运作平台，不管是自己的平台，还是别的传统媒体平台，特别是新媒体平台。

为什么运作平台是重要的？因为，互联网领域此起彼伏的新竞争者，开始是产品级的竞争，到一定阶段后就是平台级的竞争。平台承载内容，但平台的运作者不一定自己生产内容，而更可能是通过一种机制选择内容、获取影响，进而创造一种机制汇聚内容。搜索引擎与微博服务商可以说都是在努力搭建平台，通过一种机制汇聚内容，使用者免费贡献内容，而平台获取了重要的影响。

这样的平台，传统媒体可否从另一角度去运作它，通过运用这样的平台获得新的影响？当然是可能并必需的。实际上，运作平台的思维，提示人们的，不仅是如何用好新媒体平台（包括微博平台），更包括如何以运作平台的思维重新实现自己。应当说，传统媒体本身就是一个平台，传统上是以传统的方式使用，今天需要更多地借用新媒体的思维去运用，把公众利用新媒体的方式、把新媒体平台利用内容的方式移植到你的平台上来，整合运用传统媒体平台与新媒体平台。对中国之声而言，今天已经拥有的200多万粉丝，就构成了一个新的特殊平台，应当以新的方式去运作。

2. 新媒体与新资源：媒体资源理念的变革

新媒体时代，什么是传统媒体的新资源？这需要以新的眼光看待所做过的事情，要以新的眼光看待传统媒体官方微博的粉丝，重新思考传统媒体官方微博如何定位，以新的眼光看待传统媒体官方微博的诸多评论，探索新的利用和运用方法。

如何看传统媒体官方微博的粉丝？这显然不能简单等同于一般微博粉丝。就个体而言，他们是这个微博的关注者；就整体而言，他们是传统媒体官方微博的新受众群，是传统媒体与新媒体的新接口，是传统媒体的新资源，是传统媒体施展影响力的新平台与新空间。在新媒体时代，要树立这样的新资源观、新空间观与新受众观。没有这样的新资源观、新空间观与新受众观，可能在某种意义上就浪费了已经拥有的200多万粉丝的价值。

如何看传统媒体的微博？同样不应局限于传统微博的定义与视角。微博是什么？对于普通公众，可能只是一个新玩意儿，只是一个分享信息的场所与说话的平台。而对于希望与新媒体融合的传统媒体，其官方微博，应当视为值得好好运作的新传播入口。仔细观察可以发现，通过微博提供链接而被点击的视频，在总点击量中所占比重越来越大。人们看了微博上的简短分享而去点开链接看视频。虽然，还没有看到关于通过微博上的链接收听广播的相关研究成果，还不能比较是否如网络视频一样，通过微博入口的点击量也在增加；但毕竟微博入口已经打开。有心的广播机构，就要争取让其官方微博成为扩展影响的新入口，去吸引21岁到30岁新的听众群亲近广播。官方微博也是传统媒体成为动媒体的一个重要支撑点，可以把广播所能覆盖的庞大受众群中的尽可能多的部分变为粉丝，让静媒体变成动媒体。有了粉丝以后，要好好维护粉丝群；同样，有了官方微博之后，要好好维护微博，使其成为新的发展空间。

广播是很重视听众反应的，那么，如何看待官方微博上的评论呢？是仅仅看到评论很高兴，仅仅满足于听众对我们的官方微博有互动、有分享，还是有策略地做出回应，把官方微博上的评论当成新的资源与空间？至少，可以问一句，中国之声官方微博的粉丝的评论，有回应吗？有摘取、筛选、利用吗？曾经有这样的案例，有网友在微博提了问题，引来很多评论。有人把这些评论重新梳理，总结针对所提问题的评论中，有多少条是继续拓展提出的问题；有多少条是提供解决办法；有多少条是相关议论。这样的梳理方式，应当给传统媒体人以启发。把官方微博上评论和转发中所附的评论予以筛选，这就是所谓动媒体的新报道资源，这是传统媒体介入分享式传播的可用空间。

3. 新媒体与新经营：媒体经营理念的变革

从传统媒体发展战略、模式调整层面看，有了官方微博，已经应用了新媒体，就要树立新的媒体经营理念，即要从经营终端到经营入口，从经营个体到经营群体，从经营时间到经营空间。什么叫从经营终端到经营入口？开始使用新传播工具、向新媒体终端提供新的内容或内容产品，是传统媒体适应新媒体的第一步选择。可以把这种选择称为开始经营终端。此时新的终端是什么？是微博。因此，传统广播继有效利用互联网广播后，还要有效利用微博，这是正确的选择。但如果仅仅把微博看作一个新终端，还是不够的。移动终端加移动互联网会催生一系列新的传播形态，微博不过是其中之一。微博是移动传播空间的新入口，是继续拓展传播形态与传播方式的新入口，传统广播通过互联网和移动互联网传播的新入口，是拓展新受众群的新入口。因而，在今天应当提出的新问题，就是如何从经营终端转向经营终端和经营入口并重，从经营终端走向经营入口。

什么叫从经营个体到经营群体？传统广播面对的是收听者，习惯上称之听众，但对其特征的掌握，却是粗疏的。因为主要依靠听众来信，而来信者基本上是个体，描述的是个体的感受。广播机构做出的反应是从个体相应推测到群体，因而总体上是经营个体。中国之声有了新媒体平台，中国之声有了新的终端，比如官方微博，有了200多万粉丝，总体上，可以说有了数据分析的条件，有了更真切地掌握群体特征的手段。那么，如何从经营个体走向经营群体？这对广播与新媒体的融合，是更为重要的。

什么叫从经营时间到经营空间？总体来看，广播电台是一个线性传播媒体，所有新闻与观点是按照时间轴线逐次传播的。对于广播、电视机构，基本模式是经营时间，一个竞争力强的广播频率就会有播广告时间不够与播新闻时间不够的问题。广播电台有了官方微博，其思维方式就要从经营时间走向经营时间与经营空间并重。官方网站、互联网广播客户端、官方微博、粉丝群就构成了这样的新空间。从网页打开官方微博，首先会跳出一组照片，这样的传播方式已不是时间线的传播，广播电台的传播平台已经从单纯的时间平台走向空间平台。这种空间平台如何去经营？如何实现即时分享？如何与原有传统终端和手段有效互补？这都值得重新认识、精心琢磨，并以新的方式经营运作。

三、可以有什么样的调整？

中国之声有了200多万粉丝之后应该怎么办？在这里提供两点建议。

1. 更组织化地管理官方微博

官方微博的管理维护模式与个人微博有许多重要不同，要有一些重要调整。现在看，中国之声官方微博可能有专人在管，但还是表现为自在性行动、个人化行动，还缺少策略、规则的约束与指导。打开中国之声官方微博看它关注了什么人，就可以看出其管理维护策　略与规则。有些媒体的官方微博，所关注的70%是内部人，20%是同行，但还有5%甚至不太适合传媒官方微博作为关注对象，他们与官方微博的传播地位所要求的形象与价值观诉求并不吻合。如果是把官方微博当作新的入口、空间、资源，就要更组织化地管理官方微博。

2. 更即时有规律地更新关键内容

官方微博要即时并有规律地更新内容，让粉丝形成有规律的接受期待，从而形成官方微博的特殊影响力。有的官方微博网页的照片还是两周前的。在我看来，至少每周应当更新，让受众打开看到的是本周的，而不应该是上周的。广播媒体的官方微博，应该更多展现广播记者在现场、广播记者在路上、广播记者在报道中的形象。这样，可以更有效地塑造形象、传播价值观。同样，官方微博所传播的其他内容也应该更及时。

中国互联网协会呼吁抵制网络谣言依法文明办网

2012年4月8日，中国互联网协会发出倡议，呼吁互联网行业履行社会责任，加强行业自律，自觉抵制网络谣言传播。倡议书说，网络谣言的传播成为一大社会公害，严重侵犯公民权益，损害公共利益，也危害国家安全和社会稳定，希望互联网业界采取有力措施抵制网络谣言，营造健康文明的网络环境，推动互联网行业健康可持续发展。

倡议书呼吁互联网业界严格遵守国家法律法规和行业自律公约，不为网络谣言提供传播渠道，配合政府有关部门依法打击利用网络传播谣言的行为。积极响应“增强国家文化软实力，弘扬中华文化，努力建设社会主义文化强国”的战略部署，制作和传播合法、真实、健康的网络内容，把互联网建设成宣传科学理论、传播先进文化、塑造美好心灵、弘扬社会正气的平台。

倡议书希望互联网企业增强社会责任感，承担社会责任，加强对论坛、微博等互动栏目的管理，积极引导网民文明上网、文明发言，坚决斩断网络谣言传播链条。建立、健全网站内部管理制度，规范信息制作、发布和传播流程，强化内部监管机制，加强对网站内容的甄别和处理，对明显的网络谣言应及时主动删除。

倡议书强调，要加强对网站从业人员的职业道德教育，提高从业人员对网络谣言的辨别能力，督促从业人员养成良好的职业习惯。号召提供互动信息服务的企业，遵守国家有关互联网真实身份认证的要求，同时要做好保护网民个人信息安全工作，提醒各类信息发布者发布信息必须客观真实、文责自负，使每个网民承担起应尽的社会责任。

倡议书提出，互联网企业要自觉接受社会监督，设置听取网民意见的畅通渠道，对公众反映的问题认真整改，提高社会公信力。希望广大网民积极支持互联网企业抵制网络谣言的行动，自觉做到不造谣、不传谣、不信谣，不助长谣言的流传、蔓延，做网络健康环境的维护者，发现网络谣言积极举报。

中国互联网协会抵制网络谣言倡议书

（2012年4月8日）

随着信息通信技术的快速发展，互联网已经成为民意表达的重要平台，对经济、政治、文化和人民生活产生着积极的影响。同时应当看到，网上不良、不实信息仍然存在，影响社会健康发展，特别是最近网络谣言的传播成为一大社会公害，严重侵犯公民权益，损害公共利益，也危害国家安全和社会稳定。共同抵制网络谣言，营造健康文明的网络环境已经成为社会各界共同关注的问题。为抵制网络谣言，营造健康文明的网络环境，推动互联网行业健康可持续发展，中国互联网协会向全国互联网业界发出如下倡议：

一、树立法律意识，严格遵守国家和行业主管部门制定的各项法律法规，以及中国互联播先进文化、塑造美好心灵、弘扬社会正气的平台。

三、增强社会责任感，履行媒体职责，承担企业社会责任，依法保护网民使用网络的权利，加强对论坛、微博等互动栏目的管理，积极引导网民文明上网、文明发言，坚决斩断网络谣言传播链条。

四、坚持自我约束，加强行业自律。建立、健全网站内部管理制度，规范信息制作、发布和传播流程，强化内部监管机制；积极利用网站技术管理条件，加强对网站内容的甄别和处理，对明显的网络谣言应及时主动删除。

五、加强对网站从业人员的职业道德教育，要求网站从业人员认真履行法律责任，遵守社会公德，提高从业人员对网络谣言的辨别能力，督促从业人员养成良好的职业习惯。

六、提供互动信息服务的企业，应当遵守国家有关互联网真实身份认证的要求，同时要做好保护网民个人信息安全工作，提醒各类信息发布者发布信息必须客观真实、文责自负，使每个网民承担起应尽的社会责任。

七、自觉接受社会监督，设置听取网民意见的畅通渠道，对公众反映的问题认真整改，提高社会公信力。

八、希望广大网民积极支持互联网企业抵制网络谣言的行动，自觉做到不造谣、不传谣、不信谣，不助长谣言的流传、蔓延，做网络健康环境的维护者，发现网络谣言积极举报。

警务微博标准化调研与实践论坛（湖北分论坛）

活动名称：警务微博标准化调研与实践论坛（湖北分论坛）

主办单位：湖北省公安厅、人民公安报社、腾讯科技（深圳）有限公司

时　　间：2012 年 4 月 13 日

地　　点：湖北 · 武汉

微博时代，公安部门如何实现社会管理创新？警民如何在网络上形成良性互动？警务微博如何体现政府职能部门的公信力和权威性？警务微博的标准化是否能够提升管理和运用的效率和水平？

2012 年 4 月 13 日，由政府管理部门、公安系统职能部门、产业研究机构、业界代表性企业等各界人士共同参与的"警务微博标准化调研与实践论坛（湖北分论坛）"在湖北武汉召开，探讨解决以上问题的行之有效的方法和经验。

湖北省公安厅党委委员、政治部主任李义龙介绍：通过两年多的迅猛发展，公安警务微博已经成为公安机关发布警务信息、搜集社情民意、助力侦查破案、增强警民互动、推进社会管理的重要窗口和阵地，是新时期加强警察公共关系建设、改善警察形象、提高警察队伍的科技化程度、促进社会和谐的一项重要举措。截至论坛召开前，湖北省公安警务微博总数已经达到 456 个，荣登"湖北十大政务微博""湖北最具影响力政务微博"榜首，吸引粉丝 260 余万，同时率先在全国推出首个省级公安系统微博服务平台——湖北公安微博服务厅。下一步，该省还将探索建立省市联动等新机制，使警务微博持续健康、有序发展。

论坛的发起单位之一——人民公安报社副总编辑孙福会对"@ 平安荆楚"的蓬勃发展给予肯定。他指出，互联网技术的高速发展，给信息的传播方式、群众的信息获取方式和警民的互动方式，都带来了新的变化。特别是微博时代的到来，各地警务微博纷纷上马，我们看到了警务微博的一些优点，也发现处在无序状态的警务微博也可能发生一些负面的情况，甚至波及公安部门的公信力和公安工作的严肃性，所以中央、公安部领导都非常重视这个问题。

论坛期间，以"@ 平安荆楚""@ 平安武汉"为省市局代表，以"@ 宜昌消防支队""@ 湖北高速交警""@ 湖北消防总队""@ 武汉交警""@ 湖北交警""@ 十堰车管"等为不同警种代表，"@ 公安县黄山头派出所""@ 平安建始"等派出所代表以及"@ 警察三哥""@ 八爪章鱼"等警察个人微博代表畅谈了微博工作的经验和遇到的困难。

研讨中，大家形成一致的意见是警务微博的标准化势在必行。关于如何制定警务微博的标准和推行警务微博的标准化，中国社会发展战略学会社会战略专业委员会副秘书长孙保罗说："标准化不能是一管就死，一放就乱。我们理解的标准化实际上是一套有效的后台支持系统：如警务工作的需求与互联网微博技术平台的结合，如各地警务微博的相互合作和重大事件的相互配合等等，搞好社会管理警务微博全国一盘棋的思维是必须有的。"

来自人民公安报、湖北省公安厅及各市县公安部门一线警务微博管理干部、中国发展战略学研究会社会战略专业委员会等专家、腾讯公司、媒体等各界人士 30 余人参加了讨论。

政务微博运维模式研讨会

活动名称：政务微博运维模式研讨会
主办单位：国家行政学院电子政务研究中心、中共银川市委办公厅
时　　间：2012 年 7 月 27 日
地　　点：宁夏·银川

2012 年 7 月 27 日，由国家行政学院电子政务研究中心、银川市委办公厅联合举办政务微博运维模式研讨会在银川举行。来自中央和国家机关有关部门、地方政府、部分高校和研究机构的专家学者及企业界代表 100 余人参加研讨会。国家行政学院电子政务研究中心主任王益民、中共银川市委常委、市政府常务副市长王久彬出席研讨会并致辞。

据悉，随着互联网技术的迅猛发展，中共银川市委、市政府以“了解民情、倾听民声、收集民意、解决民困”为宗旨，探索建立快捷、高效的党务政务网络平台，把微博作为加强和创新社会管理的重要举措，先后建立以“@微博银川”“@问政银川”为核心的银川市党务政务微博群，实现了群众“问政于政府”和政府“问计于公众”的有机统一，受到了各级领导、网络媒体和群众的好评。

在当天的研讨会上，代表们就政务微博运维规律与未来趋势、政务微博运维管理—银川模式、外交小灵通模式、成都模式及政务微博沟通策略等方面进行了深入讨论。

国家互联网信息办公室召开“推动社交网络健康发展经验交流会”

活动名称：“推动社交网络健康发展经验交流会”
主办单位：国家互联网信息办公室
时　　间：2012 年 9 月 7 日
地　　点：广东·深圳

2012 年 9 月 7 日，国家互联网信息办公室在深圳召开“推动社交网络健康发展经验交流会”，总结推广有关地区和部门积极运用微博等社交网络服务社会、联系群众、引导舆论，推动社交网络健康有序发展的工作经验，要求全力做好迎接党的十八大网上宣传管理工作，为党的十八大胜利召开创造良好的网上舆论环境。

中宣部副部长、中央外宣办、国家互联网信息办主任王晨在会上发表讲话指出，社交网络的快速发展给互联网建设和运用带来了新的重要机遇，为放大正面声音、回应社会关切、

服务人民群众提供了新平台，同时也对开展舆论引导、规范网络传播秩序带来了新挑战。我们要与时俱进、大胆探索，自觉把互联网宣传引导管理工作重点向社交网络延伸，推动社交网络在服务党和国家工作大局中发挥更大更积极的作用。当前，迎接党的十八大是网络宣传管理工作的重中之重，要围绕这个重点、突出这个重点、服务这个重点，进一步提高认识、统一思想，凝聚力量、形成共识，精心组织网上正面宣传，积极开展网上舆论引导，依法依规加强网上管理，迎接党的十八大胜利召开。

会议提出，推动社交网络健康发展，要积极主动作为，做大做强主流舆论，以正面声音引领多元多样多变的网上舆论。要大力倡导社会主义核心价值体系，善于发现和放大社交网络中的“美丽网事”“点滴感动”，推出更多体现时代精神、引领道德风尚的“平凡英雄”，宣传“最美人物”、倡导“最美精神”，着力弘扬社会正气、培育文明新风。要主动谋划、主动宣传，集中力量、集中资源，借助社交网络信息海量、传播快速的优势，将正面声音广而告之、传之于众，形成正面宣传的强大声势。要积极发展政务微博，目前我国政务微博认证账号总量已近 8 万个，这是开展网上舆论引导的重要力量。要利用政务微博在“网民问政”和“政府施政”之间搭起桥梁，保障人民的知情权、参与权、表达权、监督权，加强与网民沟通交流，及时发布权威信息，回应社会关切，引导网上热点，服务人民群众，走出一条在社交网络环境下开展舆论引导、加强舆论引导的新路子。

会议强调，目前，我国社交网络上传播谣言和虚假信息、拜金炫富、低俗恶搞、攻击谩骂、网络暴力等现象仍不时出现，危害网络环境，损害人们对社交网络的信任，社会各界反响强烈。要认真落实属地化管理和“谁主管谁负责”“谁经营谁负责”的要求，坚持日常管理和应急管理相结合，依法管理与技术防范相结合，行政监管与行业自律、公众监督相结合，突出管理重点，克服薄弱环节，切实规范社交网络传播秩序，坚决制止违法有害信息在网上传播。要加强社交网络管理制度建设，夯实社交网络管理基础。各类社交网站要切实落实信息安全责任，强化从业人员大局意识、法律意识、诚信意识，积极推进文明办网、文明上网，倡导社交网络公序良俗，形成社交网络文明有序的良好风貌。

会议对进一步做好迎接党的十八大网上宣传管理工作做了部署，要求各地互联网信息内容主管部门和各网站全力以赴、聚精会神，认真落实好迎接党的十八大的网上宣传管理各项工作。

会议由中央外宣办、国家互联网信息办副主任钱小芊主持。北京市委宣传部、上海市委宣传部、深圳市委宣传部和教育部、国务院食品安全办公室有关负责人在会上做了交流发言。各省、自治区、直辖市互联网信息内容主管部门负责人和中央新闻网站负责人，中央和国家机关有关部门同志等参加了会议。

（据新华网深圳 2012 年 9 月 9 日电）

第二届网络问政与舆情监测高峰论坛

活动名称：第二届网络问政与舆情监测高峰论坛
活动主题：微时代·大责任
主办单位：人民网、中共贵州省委宣传部
承办单位：人民网舆情监测室、贵州省委省政府贵州省互联网信息办公室
人民网贵州频道、人民在线
时　　间：2012 年 9 月 21 日
地　　点：贵州·贵阳

2012 年 9 月 21 日，第二届网络问政与舆情监测高峰论坛在贵阳市举行，论坛由人民网、贵州省委宣传部主办，以“微时代，大责任”为主题，探讨微博时代舆情监测体系对网络问政体系的积极因素。贵州省政府副秘书长潘小林同志宣读了贵州省委书记、省长赵克志的贺电。

中共贵州省委常委、宣传部部长喻红秋表示，论坛的主题是“微时代大责任”，是推动社会主义文化大发展、大繁荣的一种高度的自觉，围绕这个主题深入研讨，广泛交流，有助于提升网络管理和舆论引导水平，有利于推动我国网络文化健康发展。近年来贵州省主动适应、利用、依靠互联网，积极推动党政机关，特别是与民生积极互动的单位，开拓微博，群众的热点在哪里网络服务工作就跟进哪里，贵州省将以更加开放的心态问政于民，问计于民，问需于民。

论坛包括主题演讲、圆桌论坛、舆情报告发布等环节。语文出版社社长王旭明、国家行政学院电子政务专家委员会副主任汪玉凯与北京大学新闻学院副教授胡泳讲就大会议题做主题发言。

国家行政学院电子政务专家委员会副主任汪玉凯在论坛上说，在微博问政的大时代到来以后，对政府提出了很大的挑战，政府应该极应对微博，打造透明政府，实现民主决策的科学化、民主化，提高政府公信力和关注度，发挥微博的网络问政作用，提高政府的网络管理能力。

北京大学新闻学院副教授胡泳认为，问责式的网络问政非常重要。如果公民按照宪法和其他法律对当权者进行问责，在一个官本位的社会当中，会逐渐种下责任政治的种子，这个种植过程就是一个伦理提升的过程。

论坛上还发布了《2012 年地方党政机构舆情应对能力研究报告》，报告针对舆情监测情况，总结出热点事件发展走势和应对效果，反映目前地方各级党政机关舆情监测应对建设方面的实际。贵州省互联网信息办公室等十家单位获得 2012 年网络舆情监测管理奖，新确立的人民网舆情监测共建单位也同时举行了授牌仪式。中共贵州省委常委、宣传部部长喻红秋、人民网总裁兼总编辑马利等领导同志为获奖单位颁奖。

“2012 年网络舆情监测管理奖”授予有明确的网络舆论管理制度，在重大突发事件中应

对得体的十家党政机构，具体名单为：

中国文物信息咨询中心

贵州省互联网信息办公室

中共郑州市委郑州市政府

中共南京市委宣传部

成都市互联网宣传管理办公室

洛阳市公安局

中共南通市纪委

中共扬州市委宣传部

中共淮安市委宣传部

铁岭市互联网宣传管理局

中共贵州省委书记、省长赵克志的贺信全文：

贺　信

在党的十八大即将召开之际，“第二届网络问政与舆情监测高峰论坛”在贵阳举办，我谨代表中共贵州省委、贵州省人民政府表示热烈祝贺！向各位嘉宾表示热烈欢迎！

当今时代，随着信息技术的快速发展，互联网已经成为党和政府联系群众的重要纽带。网络问政是党和政府问政于民、问计于民、问需于民的重要形式，是保障群众知情权、参与权、表达权、监督权的重要方式，有利于提高决策的科学化民主化水平，有利于维护群众的合法权益，有利于加强和创新社会管理，有利于营造良好的舆论生态环境。近年来，微博的高速发展对我国公共舆论格局产生了深刻影响，本届论坛以“微时代·大责任”为主题，探讨微博时代舆情监测体系在网络问政体系中的积极作用，对于做好新形势下的网络问政和舆情监测具有十分重要的意义。

贵州省委、省政府高度重视网络问政，建立了对网民留言进行收集办理、督办回复、跟踪回访制度。近期我们还开通了省委与基层干部群众的“信息直通车”，搭建起与基层干部群众直接对话的桥梁。本届论坛在贵州省举办，为我们提供了难得的学习机会。我们将认真学习借鉴各兄弟省区市的成功经验和先进做法，健全制度，创新形式，加大力度，提高网络问政和舆情监测水平，努力为科学发展、同步小康营造良好的网络舆论环境！

祝本届论坛取得圆满成功！

中共贵州省委书记　赵克志

2012年9月21日

“相约西湖”杭州西湖微博论坛

活动名称：“相约西湖”杭州西湖微博论坛
主　　题：微博让生活更美好
主办单位：中国新闻社浙江分社、杭州西湖风景区管委会、中华文化国际传播联合会
时　　间：2012 年 10 月 25 日
地　　点：浙江·杭州

2012 年 10 月 25 日，围绕“微博让生活更美好”论坛主题，“相约西湖”杭州西湖微博论坛在西湖的一条游船中开幕。中国社科院著名学者于建嵘，历史学家雷颐，著名法律学者贺卫方，知名公益人士邓飞，以“梨花体”闻名诗坛的赵丽华等来自社会的各个领域的微博达人齐聚杭州，泛舟西湖论道微博。人民日报、中国新闻网等官方微博代表也畅谈传统媒体在微博时代面临的挑战与机遇。

杭州市副市长张坚庭出席论坛并致辞，他认为，今年增设了用微博的方式来表现西湖的美，是非常独特的。对于西湖的美，张建庭显得非常自信，“初来西湖的人，看了山水景观，不会太以为然，有一次我接待了一个世界遗产专家，我陪他逛了三天西湖，刚开始他和我说，这样的湖在世界上有上千个，但就在最后一天，在临走前，他激动地跟我说，这种湖在全世界是很少的，其中的文化内涵、人文的元素非常厚重”。张建庭举例：“我们泛舟在具有 2000 多年历史的西湖上，讨论的却是微博这一新生事物。”

在当天举行的开幕式上，作为主办方代表的中国新闻社社委会成员、浙江分社社长、中华文化国际传播联合会秘书长王旻致辞时表示，他期待古与新的对撞，能够充分激发各位微博达人的思想火花。

“微博已经成为探测中国的一个窗口，其最大的意义就是加速中国民间社会的发展，从信息的传递到通过微博组织、人员的联络。”中国社科院近代史所研究员、著名历史学者雷颐表示，微博的出现加速了中国民间社会的发展，同时政府作为信息的管理者，要做到与时俱进。

中国社科院著名学者于建嵘认为，微博满足了我们两个需求，微博不只是简单地表达我们的思想，而且可以重新组织社会，在他看来，微博最重要的特点就是社会组织功能，微博对视媒体有一个表达和社会组织的功能。

“微博打拐能够促成公安部门打拐政策的改变，免费午餐能够影响中央政府投入 160 亿元，再加上地方政府的配套资金，惠及 2600 余万在校学生，这些成果的取得都离不开微博”。凤凰周刊编委邓飞呼吁微博达人都应该是建设者，以微博的微力量推动社会进步，“无论是从信息的传播、社会问题的展现还是社会各界的动员、召集，微博都取得了极其重要的成果，如果说没有微博，就可能没有中国微公益这么发展的态势”。“对一些社会事件，

我们不需要去辱骂去批评。”邓飞希望广大媒体人要做到舆论监督和公益建设争取“两手都有”。

在北大法学院贺卫方看来，微博正在成为普及法律观念，并提高焦点案件关注度的一个平台。但他也指出，微博在篇幅、深入说理等方面存在局限性，“需要微博的短平快的传播，但也需要专家皓首穷经更系统的思想”。

著名律师陈有西称如今从管理者乃至知识分子，在沟通上面对微博这种传播工具，有很多技巧需要学习，关键要学会如何让自己的言论变得更为客观理性，更多地站在公众立场。

人民日报官方微博代表徐丹认为，时下媒体面临一个数字化的转型。为传播正能量，可利用传统媒体的优势，转化为一种力量来纪录时代。

除参加论坛讨论外，微博达人还将深入世界遗产地杭州西湖风景区，探寻西湖历史文化胜迹，用微博这一最“潮”的方式将西湖之美与广大网友分享。

“相约西湖”是杭州知名文化交流品牌，“相约西湖”杭州西湖微博论坛由中国新闻社浙江分社、杭州西湖风景区管委会、中华文化国际传播联合会主办。人民日报、新华社、中央电视台、中国新闻网、中国新闻周刊等知名官方微博也参与了此次活动。

上海市政务微博工作会议[1]

活动名称： 上海市政务微博工作会议
时　　间： 2012 年 10 月 25 日
地　　点： 上海

2012 年 10 月 25 日下午，上海市政务微博工作会议召开，总结政府部门在新形势下运用新媒体推进政务信息公开、加快转变职能、服务群众、接受监督的工作。中共上海市委副书记、市长韩正出席并讲话。市委常委、宣传部部长杨振武主持会议。

韩正说，上海正处于经济社会转型发展的关键时期，当前传播格局发生的变化、特别是新媒体发展，对政府依法履职、完善管理和服务提出了新要求。经过近一年的探索，上海政务微博群初步成为政府信息公开的传播平台，服务群众的重要载体，增强政府公信力的有效渠道，以及政府改进工作、接受群众监督的重要推动力。

韩正指出，上海政务微博群建设起步扎实，许多方面值得总结和改进。各级政府部门要切实转变思路，把握规律，勇于创新，敢于实践，以更包容的心态倾听群众的意见、建议和批评，更好发挥政务微博的强大功能。要以公信力为先，做到讲真话、道实情，确保政务微博成为真实权威信息的来源。以公众需求为本，始终把服务群众、回应关切放在首位；以"第一时间"为要，在重大事件和突发事件中快报事实、慎报原因，充分发挥新媒体优势，主动发布权威信息，及时回应群众关切。以平等交流为基础，坦诚对话，包容异见，以真诚负责的态度与公众进行交流和沟通。

会上，上海市政府办公厅、上海市政府新闻办、上海市公安局、浦东新区、申通集团、"@上海发布"办公室做交流发言。

上海市政府新闻办官方微博"@上海发布"自 2011 年 11 月 28 日上线以来，目前已在新浪、腾讯、东方、新民四个平台上集聚粉丝 450 多万，连续 46 周、10 个月位居新浪政务微博影响力周榜、月榜首位。同时，带动全市各委办局、区县、公共服务机构、社会群众团体 1400 多个机构的 2000 多个政务微博共同发展，覆盖粉丝近 3000 万人次，成为全国政务微博领域影响力最大的平台之一。上海市政府新闻办官方微博"@上海发布"、申通集团"@上海地铁 shmetro"、上海市公安局"@警民直通车—上海""@浦东高速交警"、上海市旅游局"@乐游上海"等先后进入新浪政务微博影响力榜前 3、前 10、前 50 和前 100 名。

---

① 《政务微博要把服务群众放首位韩正出席上海市政务微博工作会议》，上海市政府官方网站，http://www.shanghai.gov.cn/nw2/nw2314/nw2315/nw4411/u21aw672559.html。

北京市卫生系统官方微博工作经验交流会

活动名称：北京市卫生系统官方微博工作经验交流会

时　　间：2012 年 10 月 29 日

地　　点：北京

为进一步推进北京卫生系统官方微博健康发展，2012 年 10 月 29 日下午，北京市卫生局召开了北京卫生系统官方微博工作经验交流会。会议盘点了官方微博运行和管理工作开展一年来取得的成绩和收获并对今后工作做出布置，另外还印发了《北京市卫生局关于进一步做好北京卫生系统官方微博工作的意见》。北京市卫生局、北京市药监局、北京市中医局、北京市医管局的主管领导及有关处室负责人，各区县卫生局、全市各三级医院、北京市卫生局各直属单位主管新闻宣传的负责人和微博维护人员 150 余人参加了会议。

北京市卫生局副局长、新闻发言人雷海潮在交流会介绍，2011 年 11 月 17 日，北京市卫生局开通"@首都健康"官方微博，并作为北京市政府官方微博北京发布厅第一批上线成员单位，截至 2012 年 10 月底，"@首都健康"官方微博粉丝量已从 5 万增加到 107 万。北京卫生系统微博矩阵——"@首都健康"微博平台自 2012 年 4 月 9 日在新浪网正式上线以来，短短半年，成员单位已达 179 家，囊括区县卫生局、公共卫生单位、三级医院、医院科室以及专家等不同层面。截至 10 月 26 日，"@首都健康"微博平台已有粉丝 925 万多个，发帖量 12 万多，被转发量达 56 万多。

北京市公共卫生热线（12320）服务中心、北京大学第一医院、北京妇产医院、北京市红十字血液中心、大兴区卫生局 5 家单位分别就微博运维管理中积累的经验和体会做了典型发言。雷海潮副局长总结了北京卫生系统官方微博开展的工作和取得的成效与初步经验，分析了当前形势和问题，并对进一步推进微博工作提出了要求。他强调，各二级医院和区县卫生局所属疾控中心、卫生监督所、妇幼保健机构等公共卫生单位在 2012 年 11 月 30 日之前全部开通官方微博并加入"@首都健康"微博平台。已经开通官方微博的区县卫生局和有关医疗卫生机构要积极鼓励所属科室和知名专家开设微博，逐步构建各单位的微博小平台，进一步壮大和扩充"首都健康"微平台的成员数量和信息服务交流能力。各单位的官方微博工作要实现从无到有，从小到大，从大到好，从好到优的发展局面。北京市卫生局将继续开展各单位官方微博工作的绩效评价，并持续发布排名次序，促进各单位微博工作不断提高质量和水平。

北京市卫生局党委书记、局长方来英同志到会并讲话。他指出，北京卫生系统官方微博工作已经打下较好的基础，是卫生系统与社会沟通的重要资源与桥梁，一定要下大力气用好微博这个有影响力的工具，向社会传达"卫生系统一直在努力"的主题信息，宣传报道代表卫生系统可歌可泣的好故事，传播广大居民喜闻乐见的信息，加强与人民群众的多方联系。

卫生部新闻办主任宋树立、北京市外宣办副主任张劲林、北京市网管办网络评论处处长王强分别讲话。他们对北京市卫生局推动卫生系统官方微博的工作与成效给予了充分肯定，并对今后的发展方向提出了建设性意见。

会议还下发了《北京市卫生局关于进一步做好北京卫生系统官方微博工作的意见》，要求继续扩充“首都健康”微博平台阵容，各二级医院和区县卫生局所属疾控中心、卫生监督所等公共卫生单位在2012年11月30日之前全部开通官方微博。

中国地震台网中心地震速报微博工作座谈会

活动名称： 中国地震台网中心地震速报微博工作座谈会
时　　间： 2012 年 10 月 31 日
地　　点： 北京

2012 年 10 月 31 日，为了进一步提高服务社会的能力，中国地震台网中心在北京召开地震速报微博工作座谈会。新浪政务微博管理组、政府微博管理组以及人民网舆情监测室的负责人应邀参加了座谈会。

中国地震台网中心微博管理组介绍了“@中国地震台网速报”微博开通以来的运行情况，以及为提高微博发布效率基于开放接口的技术应用研发、运行和管理微博的心得体会等。与会人员就地震速报微博的运行和管理等问题进行了交流和讨论，并对将来的发展提出了很好的建议。

潘怀文主任对速报微博给予了充分肯定，对前期运行和管理给予了高度评价，提出“@中国地震台网速报”微博的定位是：速报地震信息，传播科学知识，增强防灾意识，减轻灾害损失。台网中心要进一步加强对微博的管理，更好地服务社会公众。

2012首届新浪健康中国年度盛典

活动名称： 2012首届新浪健康中国年度盛典
活动主题： 关爱无微不至，健康成就未来
主办单位： 新浪网、新浪网健康频道
承办单位： 北京首冠国际广告公司
时　　间： 2012年11月16日
地　　点： 北京

2012年11月16日，由新浪网、新浪网健康频道主办的2012新浪健康中国年度盛典颁奖典礼在京召开。卫生部、北京市卫生局、中国医师协会等领导，以及京沪两地多家知名三甲医院宣传负责人、优秀新媒体健康教育专家以及十多家主流媒体，亲临现场并见证了隆重的颁奖过程。

“关爱无微不至，健康成就未来——2012首届新浪健康中国年度盛典”是由新浪网健康频道主办的首届健康医疗领域年终评选活动。评选活动旨在总结2012年医疗卫生工作在新媒体领域的工作亮点，推动新媒体与医疗卫生领域的进一步合作，并以丰富医疗卫生领域与新媒体合作形式、搭建高效的大众互动平台为目的。

2012首届新浪健康中国年度盛典于2012年9月启动线上投票程序，全程参与投票的网民几十万，在投票的过程中，收集了大量网友对于医疗、保健、看病、就医等意见、信息。同时，盛典得到了来自卫生部新闻中心、三甲医院管理者的监督和支持，让评选的过程增加了权威性和科学性。

让微博与健康医疗联姻，是2012年发生在每个人身边的一件大事。作为整个活动的一大亮点，新浪微博贯穿整个2012年健康中国年度盛典。2012年，几百家公立医院、几千名医疗专家以及多家卫生医疗系统政府机构开设了新浪官方微博，利用新浪网和新浪微博发布健康教育知识、惠民政策。如北京卫生发布、12320等政府机构、首都儿研所、北京协和医院及其庞大的专家团队。他们其中的众多人因为微博改变了工作模式，因为微博增加了交流方式。他们已经习惯在微博上回复网友的健康疑问，有序地组织专家进行网络健康教育。

本次盛典还颁发了2012年网友最信任公立医院奖、最具网络人气专家奖、最具影响力媒体奖、最具影响力组织机构奖。

中国健康教育中心主任助理新闻办公室主任田向阳致辞实录

尊敬的各位领导、各位嘉宾，亲爱的各位同事同行、媒体界的朋友，还有我们新浪健康的各位同事，非常荣幸参加今天2012新浪健康年度盛典活动，在此，我代表中国健康教育中心、卫生部新闻中心毛群安主任和我自己对盛典表示祝贺！

我站在这儿看到大家，想到一句话，那就是“知识就是力量，但知识的价值更在于它被传播的深度和广度”。我们新浪健康作为一个媒体，特别是社交媒体、新媒体，在健康传播方面做了大量的工作，使我们的正确的、科学的健康知识能够走进千家万户。在此，中国健康教育中心、卫生部新闻宣传中心作为健康教育的专业管理机构，并代表公众，我们对新浪健康和新浪微博所开展的健康传播工作表示感谢！

我们现在都很清楚，第一，我们现在的疾病问题依然严峻，特别是我们现在出现了慢性病的井喷态势。第二，传染病并没有离开我们，依然在我们身边，所以疾病的教育传播形势目前不容乐观，这就需要我们把医学科学和防病保健的知识，变成我们公众自我保健、促进健康的力量和技能，我想这也是我们和媒体共同的责任。还有一个问题，我们现在面临的挑战，就是现在中国公众的健康素养还不高。2008 年全国健康素养监测的数据是 6.48%，也就是每一百个人当中只有六个半人具备了基本的健康素养。什么意思呢？就是仅有这么一个小众群体达到了医学科学和健康的基本的认知能力，不会被误导。所以我想，这为我们开展健康教育传播带来了空前的挑战，同时也为我们开展健康教育传播带来了重大的机遇。同时，世界卫生组织曾经认为，解决当代人类健康问题的两大重要的方法和策略，一个是免疫接种，第二个就是健康传播和健康教育，也就是知识和信息的传播，我想这也符合我们当代公众对健康信息的需求。也可以说，当我们经济发展到人均 GDP3000 到 5000 美元这个阶段的时候，人们的健康需求开始发生了变化，从治疗、从生活的温饱发展为更高的生活质量、更多的健康知识的需求，我想这都为我们开展健康传播提供了重要的机遇。新浪健康一直以来在健康传播方面做了大量的工作，我们也很高兴地和新浪健康特别是新浪微博合作，开通了中国健康教育中心、卫生教育宣传的官方微博。我也感谢新浪作为一个网络媒体对我们中国健康教育中心的支持，包括对全国各省健康教育部门的支持。在此，我们祝愿我们的新浪健康办得越来越好，不断地发展壮大，为老百姓的健康传递更多的知识和信息。

好，谢谢！

新浪网副总编辑赵添在新浪健康盛典上的致辞实录

各位领导，各位嘉宾，媒体朋友们：

大家下午好。首先，我谨代表新浪网感谢大家在这个寒冷的冬日，前来参加新浪健康频道的年度颁奖盛典。

2012 年是新浪微博飞速成长的一年，2012 年是新浪健康频道快速发展的一年，2012 年，更是我们众多医疗卫生界的企事业单位、政府机构和个人共同收获的一年。在这里，我最想代表新浪网全体员工表达的是，衷心感谢在这一年里曾给予新浪健康频道各种支持和帮助的机构、同人，感谢你们付出的努力。

回想这一年我们共同取得的成绩，我们所共同做过的事，仿佛还都历历在目。2012 年 3 月份，在北京市卫生局和有关部门的大力支持下，北京市 50 多家公立三甲医院开通了新浪官方微博。一时间，广大网友有了求医问药的正经渠道，有了最权威快速的资讯源头。

正是认识到了新浪微博的这一新鲜模式，在此之后，医疗卫生微博圈不断涌现出大量的明星微博和发布高质量原创内容的重量级微博账号。其中有大量战斗在一线的普通医生账号、卫生系统的重要领导账号，还有像国家药监局这类重量级机构官方账号。大家建言献计，积极表达意见，吸引了大量的针对医改、民生、疾病、保健等话题的积极讨论，医疗卫生圈交流气氛空前高涨。

在此，我们要特别感谢那些活跃在微博上的医护工作者。他们在辛苦地出门诊、上手术后，还要利用休息时间在微博上回复网友的提问，开展微访谈等健康教育工作。更有“北京卫生发布”“12320”等政府机构，定期组织医疗行业的专家进行网上健康宣教。正是有了你们的支持，新浪健康才得以通过网站和微博平台为广大网友实时解难答疑，传播正确的健康理念和医学常识，并为广大患者提供切实的求医问药服务。

与此同时，社会各界在开展健康公益和医疗救助方面也功不可没。相信大家还记得那个与病魔顽强抗争的白血病女孩鲁若晴，她的乐观和坚强曾感染了微博上的万千普通人。健康机构、公益组织、社会名流和普通网友纷纷伸出援手，使这个美丽的女孩从死神手里成功逃生。一个个类似的事件，让我们深深地体会到，医疗健康领域是一个充满正能量、充满爱的行业。

在此，我代表广大新浪网友对在座的各位领导、专家、媒体和企业表达深深的谢意，感谢大家一年来在健康公益和医疗救助方面做出的贡献！我也由衷地希望越来越多的个人和机构加入健康公益活动中来，让新浪网和新浪微博成为造福于病患、造福于弱势群体的首选公益平台。

新浪网作为中国门户网站的领军品牌，一直以为网友提供优质内容和贴心服务为己任。对于健康频道这样的生活服务类版块，我们始终致力于为网民提供健康教育，为患者提供便利服务，为医患搭建沟通渠道，为企业提供展示机会。经过一年多的努力，新浪健康已经初步形成了以优质内容、工具型产品和微博互动服务为支柱的多功能健康服务平台。在这里，广大网友不仅可以了解疾病和保健知识，获取医院和医生的诊疗信息，还可以通过我们的在线产品进行诊前和诊后咨询和预约挂号。在这里，医生、患者、专家、企业、媒体可以保持良好的沟通和互动，充分利用各自优势为国民健康贡献力量。

新浪健康是一个年轻的频道，有着巨大的发展空间。我们衷心希望与行业内的各类合作伙伴携手搭建起一个造福全民的健康服务平台。让我们一起努力。

谢谢大家！

中国医师协会常务副会长兼秘书长杨镜在盛典上的致辞实录

各位领导，各位嘉宾，媒体朋友们：

大家下午好。

首先，我要代表中国医师协会，向本次活动表示衷心的祝贺！感谢新浪网频道年度盛典颁给医师协会的“最具影响力组织机构奖”。我很高兴站在领奖台上，有机会跟大家分享我们在2012年内的工作感想，2012年，是我们医师协会奋发创新的一年，也是新浪微博在医疗领域发挥光亮的一年。

在2012年，我们隆重地颁发了第八届中国医师奖，第一次通过2012中国医师奖颁奖典礼新浪微博直播页面，成功地为“医师奖”的内涵、精神以及获奖医师的感人事迹进行了线上互动。众多新浪网和新浪微博的网友都参与了讨论。这是以往医师奖颁奖没有过的沟通宣传模式，在社会上产生了极大的反响，结果让我们很振奋。

在2012年11月，中国医师协会成功搭建好了中国医师协会—新浪微博群体工作平台，将中国医师协会下设的38个地方医师协会、39个专科医师分会、12个专业委员会以及协会高层领导，开设新浪微博认证账户共计97个，集体入驻中国医师协会—新浪微博并建立工作平台。

中国医师协会日常工作内容繁多且庞杂，从内部管理、工作交流以及对外宣传、大众宣教等工作中，甚至是了解医疗行业资讯、热点新闻方面，都需要强大的资讯和交流平台，而新浪网和新浪微博正好满足了协会的这方面需求。

大家都知道，中国医改近几年步伐非常快，各地都在大刀阔斧地出新规。与此同时，全国各地还在接连不断地出现砍医伤医事件，医闹、医患纠纷问题依然存在。如何在医改过程中，公开、广泛地征求意见、收集一线呼声，为医改建言献计，新浪网和新浪微博为协会提供了最为真实、高效的沟通平台。

未来，中国医师协会将秉承行业服务、协调、自律、维权、监督、管理的工作宗旨，继续探讨怎样结合新媒体传播方式为社会服务、为协会工作服务。

中国医师协会将利用新浪微博这一新颖的工作方式，提高协会内、外部沟通效率，加强与卫生工作者、普通大众的沟通，在规范医师管理培养、丰富医学科普内容、公益救助等协会工作上展开形式丰富的网络宣传活动。

新浪健康频道总监王屹在盛典上的致辞实录

各位领导，各位嘉宾，媒体同行们：

大家下午好。感谢各位对新浪健康盛典的参与和支持。在这里，请允许我为大家简要介绍一下新浪健康频道的最新发展情况。

大家都知道，先有的新浪网而后有的新浪微博，目前微博已成为新浪最亮眼的名片。新浪微博在诞生之后的三年时间里得到了快速的成长。今天上午刚刚发布的新浪2012年第三季度财务报告显示，新浪微博的注册用户数已经突破了4亿。目前，每天有上亿条微博发布，单个用户每天使用微博的时长超过了一个小时。这个数字还在不断地、快速地增长。

在座的各位很多都是我们微博的用户，大家都能够亲身感受到微博给我们生活带来的诸多变化：它改变了我们获取信息的方式，改变了我们与人沟通的方式，也改变了我们分享内容的方式。在医疗健康领域，微博同样带来了医患关系、健康教育模式和企业宣传方式上的改变。

微博改善了医患关系，很多网友正是通过微博了解到医生这个职业的酸甜苦辣。短短140个字，在医生和患者之家架起了沟通的桥梁。今年3月，首都健康微博矩阵上线，北京市卫生局领导下的70多家医疗机构集体开通了新浪微博。由此，公众得以在第一时间获得有关重大医疗公共事件、疫情、义诊和健康讲座等方面的实用信息。

健康微访谈是我们与医院、医生及合作媒体共同推出的实时健康咨询产品，它既能及时解决网友就诊前后的疑问，又能宣传推广医院的科室和医生，同时也拉近了医生与患者之间的情感距离。对于网友来说，微博上的医生不再是高高在上的权威人士，他们知道医生也在担心房价飞涨、担心子女入学问题，也在为生活奔波，而医生也能更直接地听到诊室之外患者的心声。

微博同样改变了健康教育模式，传统媒体在以全新的方式普及健康知识。同时，医生、专家、医疗机构也都变成了媒体人，从以往的媒体转述专家的说法，变成了原汁原味的“专家在说”。在一个热点事件被公众关注的瞬间，我们的健康教育就已经开始了。在第一时间传播科学正确的健康观念，阻止伪科学和谬误的流传是我们共同的责任。

商业世界已全面进入社交化时代。新浪微博依托强大的活跃用户数量及用户黏性，已在企业品牌营销中得以广泛应用，正改变着企业品牌营销方式和发展方向。微博为企业提供了与消费者及时互动的平台，通过更人性化、更情感化的内容，展现自己的品牌特色。

微博时代，医疗健康企业可以建立自己的微博名片，通过微博进行贴近公众的健康教育，通过微博去发现、救助急需帮助的患者。一次爱心帮助、一条贴心提醒、一次及时处理的消费者投诉，都变成了企业树立新媒体形象的最佳手段。这一切，每天都在微博上发生。

微博时代的新浪健康做了更多的尝试，更多的努力，以达到服务网民、服务患者、服务业界的目标。目前，新浪健康拥有以发布健康资讯和新闻报道为核心的内容平台，以查询和挂号服务为核心的产品平台，和以微博和博客为代表的互动平台。

2012 年健康频道在内容整合方面做出了多种尝试，目前比较成功的内容品牌有：挖掘深度新闻话题的“健康锐话题”，传播疾病防治知识的“艺说百病”和“谈病解药”，对流行说法进行点评、辟谣、答疑的“健康评谈”，还有发布健康消费习惯问卷的“生活小调查”，推荐生活保健小窍门的“跟 TA 学”，普及食品安全知识的：“吃的明白”和“鉴证食录”。此外，还有两档专家讲堂式的视频节目——“名医堂”和“养生坛”。

目前，新浪健康形成了包括疾病库、医院医生搜索引擎、在线挂号和微博咨询在内的全方位医疗产品，加上建设中的药品库，将建立起一个综合的网络医疗服务产品线，为网友在就诊前后提供充分的医疗周边服务。“疾病库”以词条形式介绍疾病基础知识，包括病理、症状、检查、诊断等内容；“药品库”目前尚在建设中，是集合药品搜索、药品信息、购买服务、互动交流的新型库产品；“搜医生”让网友可以在线查询医生的擅长领域、出诊时间、患者评价等，使患者就诊更有方向性；“免费在线挂号”产品覆盖了全国 70% 以上的三甲医院，后续还将增加挂号引导功能，改变目前患者盲目涌向大城市、大医院、大专家的状况。此外我们还通过微访谈的形式解答网友的疾病和健康方面的疑问。

以上是新浪健康频道的大致情况。在这里，我衷心期待业界的各位朋友继续关注和支持新浪健康。我相信，在大家的帮助和我们的努力下，新浪健康的明天会更强、更好。

谢谢！

附:2012新浪健康中国年度盛典公立力量获奖名单

网友最信任公立医院奖：

卫生部北京医院、地坛医院、复旦大学中山医院、北京协和医院、北京大学肿瘤医院
北京中医院、北京同仁医院、天坛医院、首都儿科研究所、泰达国际心血管病医院

最具网络人气专家奖：

王陇德、季加孚、马冠生、胡大一、谭先杰、黎功
翁维健、曾晓芃、顾晋、范志红、陈君石
最具影响力媒体奖：
健康时报、生命时报、大众医学（上海）、北京卫视 - 养生堂、糖尿病之友

最具影响力组织机构奖：

中国结核病防治、全国卫生 12320、中国医师协会、北京市卫生局

微政道——2012新浪政法微博年度高峰论坛

活动名称：微政道——2012新浪政法微博年度高峰论坛

时　　间：2012年11月29日

地　　点：北京

2012年11月29日，“微政道——2012新浪政法微博年度高峰论坛”在北京举行，来自全国25个省份的近200名公检法司法代表出席了此次论坛。论坛发布了《2012年度新浪政法微博报告》（以下简称“报告”），报告称目前新浪政法微博在微博数量、影响力及应用等方面方面均领先于其他微博平台。报告公布了全国政法微博影响力TOP20榜单，对政法微博典型运营案例进行分析，总结了全国政法微博的分布特点、发展趋势。论坛还针对政法微博的应用创新、微博时代的普法宣传等议题进行了深入探讨。

成功打造政法微博系统发展生态圈

报告显示，截至10月底，通过新浪认证的政法微博数量达17550个，较上年度增加近8000个，核心力量集中在基层。新浪微博针对基层政法机构微博的影响力、关注度评选出了“全国十大基层政法微博”。此外，还特别设立了政法微博十佳应用奖，以表彰在务实应用、创新发展、服务民生等方面有杰出表现的政法微博。综合全年表现，对进步最快的机构微博，评选出了“全国政法机构微博影响力飞跃奖”。

2012年下半年以来，最高人民检察院、司法部、最高人民法院等政法机关高层领导在不同场合对发展微博新媒体进行了密集表态，党的十八大报告更是提出“进一步深化司法体制改革，完善中国特色社会主义司法制度”，全力推进司法建设，让司法行为更加规范。因此，新浪一直致力于推进司法公开、建立法治公信，积极搭建我国政法机构与公众对话平台，并努力提升政法微博应用水准。凭借广泛影响力，新浪目前已经形成“微政道”的政务微博生态环境，并构建出政法微博系统发展的生态圈。

规模近两万：新浪成全国最大的政法微博平台

报告数据显示，2012年政法微博呈现出平稳持续增长趋势。2010年底通过新浪微博认证的全国政法微博数共600余个，2011年底接近10000个。2012年10月底，政法微博规模达17550个，较上年度增加近8000个，其中政法机构官方微博11450个，公职人员微博6100个，月均新增约为730个。

在地域分布上，政法微博已覆盖了全国31个省级行政区（港澳台地区除外）。截至2012年10月底，政法微博数量最多的5个地区依次为河南、江苏、山东、福建、浙江，数量分别达到 2358、2231、1852、1215、971 个，五省总数占全国政法微博总数的 49%。对比去年发布报告中的地域分布图可以发现，2012 年河南省政法微博明显发力，2011 年 11 月底仅 579 个，2012 年 10 月底发展到 2358 个，新增近 1800 个。

报告还显示，县处级以下基层机构和公职人员微博占全国政法微博的 86%，是政法微博组成的主体。基层部门逐渐认识到微博平台的作用，越来越善于利用微博新媒体扩大自身影响力，进行宣传、助推政务实施。同时，基层微博的发展也离不开其上级部门的大力支持，各行政级别的政法微博之间能够形成优势互补。厅局级政法微博尤其是机构微博，数量虽少，但综合影响力更大。政法微博的良性发展需要厅局级、省部级等共同参与、共同探索。

核心力量在基层“@ 平安北京”蝉联政法微博影响力榜首

报告对政法微博活跃度、传播力和覆盖度三大指标进行综合考量，公布了 2012 年度全国政法机构微博和公职人员微博影响力 TOP20 榜单。在全国 TOP20 政法机构微博中，有 18 个公安机关微博，1 个司法行政机关微博，1 个政法综治微博。公安微博的整体影响力持续增强，对比去年榜单，“@ 平安北京”仍居全国政法微博首位。“@ 广州公安”“@ 平安南粤”“@ 公安部打四黑除四害”等位居榜单之列。此外，“@ 平安中原”“@ 江宁公安在线”“@ 南京路况直播间”“@ 上海铁警发布”“@ 安徽公安在线”“@ 警民直通车—上海”等影响力凸显，入围 2012 年全国前十。

公职人员榜单中，县处级以下的政法基层公职人员微博多达 18 个，排名前十的政法公职人员微博分别为：“@ 陈士渠”“@ 段郎说事”“@ 陈里”“@ 中一在线”“@ 传说中的女网警”“@ 王于京”“@ 大学城周 sir”“@ 铁打的西瓜”“@ 交警大刘”“@ 杨华民”。微博为基层公职人员提供了一个倾听民意、推进工作、展示自我的平台。大量的政法基层公职人员加入新浪微博，对推进司法公开、政民良性互动发挥着不可忽视的作用。

此外，报告还把全国政法微博上半年与下半年的综合影响力数据进行对比，得出活跃度、传播力、覆盖度等方面综合进步最快的 10 名机构微博，评选为“2012 年度全国政法机构微博影响力飞跃奖”，分别为：“@ 余杭刑警”“@ 青岛公安”“@ 平安余杭”“@ 常熟颜港派出所”“@ 广东省高级人民法院”“@ 湖南检察”“@ 甘肃公安”“@ 常熟公安”“@ 南京市公安局白下分局”“@ 泉州公安”。

政法微博十佳应用奖出炉　集群化创新发展成新趋势

为表彰在务实应用、创新发展、服务民生等方面有杰出表现的政法微博，新浪微博评选出 2012 年度政法微博十佳应用，分别是：“@ 交通安全微博发布厅”、“@ 浙江检察微博发布厅”、“@ 豫法阳光微博群”、“@ 四川司法微博发布厅”、“@ 云南警方”“@ 平安北京”“@ 平安武侯”“@ 启东市公安局”“@ 深圳交警”“@ 平安宁夏”。集群化创新发展已成为政法微博发展新趋势。

公安部交通管理局新浪官方微博“@ 交通安全微发布”是集群化创新发展典范。“@ 交通安全微博发布厅”于 2012 年 9 月 26 日正式上线。全国 2600 余个基层公安交通管理部门政务微博、交通警察个人微博加入“发布厅”，发布的主要内容包括我国道路交通管理、交通安全政策法规、各地重大活动交通管理措施、重要节假日安全出行提示等服务性、实用性信息。同时，发布厅也带动各地结合典型案例，及时开展交通安全宣传，并汇集网上宣传交通安全的视频、音频资料，传播宣传交通安全知识，成为国内最大的政务微博发布厅，在交通安全方面发挥了显著作用。

“@平安宁夏”对宁夏地区政法微博发展发挥了引领作用。自开通以来，“@平安宁夏”多次策划组织清明路况直播、青年网友进警营等直播活动，通过微博介绍出入境、禁毒、交警等多个警种部门工作，得到了广大网友的理解和赞扬。2012 年 5 月 8 日下午，宁夏党委常委、政法委书记、公安厅厅长苏德良围绕“问政于民、共筑平安”，通过“@平安宁夏”微博与网友交流，他也是参与微访谈的国内最高级别的党政官员之一。访谈期间共收到网友提问 149 个，有的网民关心社会治安问题，有的关心城市交通问题，苏德良都毫不避讳亲自回复了 21 个，并要求“@平安宁夏”在一个星期内对其余问题逐一回复。政法部门官员放低姿态、问政于民，通过与网友对话交流，可以直接了解网友们普遍关心的问题，听取群众对政府的意见和建议，也体现了党政官员的执政智慧和管理方式创新。

“@平安武侯”则以其亲民姿态收到不少网友热捧。从“一日警察计划”微博活动，带网友体验派出所民警、110 巡警、刑事技术民警和便衣民警的工作状态，到“解救单身警察”计划，将优秀单身警察以微博形式推荐给网友，并成功解救多位单身警察，“@平安武侯”发布的“解救单身警察计划”，连续多日成为微博里和网络上的热点，众多单身女网友每天狂刷微博等待帅气的单身警察出现。以微博为平台搭建警民沟通桥梁，通过多种形式的策划和创新，加强警民之间交流，改善了警民关系。

政法微博模式多样新浪打造政法微博系统发展生态圈

经过三年多的发展，新浪政法微博已经形成以公安微博为主导，检察院、法院微博齐头并进的态势，在分布上呈现出省市县三级、个人和机构系统性蓬勃发展的生态圈格局。新浪政法微博在数量及影响力上均居全国之首。

公安微博形成省市县三级优势互补、机构微博和民警微博相互补充的格局，检察院、法院等司法微博也探索出了各自的发展模式，如以检察官个人实名认证微博为主的“北京检察模式”，以省市县三级人民法院联动为特色的“豫法阳光模式”，以普法宣传教育为主的“浙江普法模式”，以机关官方微博为主的“浙江检察模式”和“四川司法模式”。至此，新浪已打造出政法微博系统发展的生态圈。

在新浪认证的 10152 个公安机构微博中，地市级公安政务微博达到 1864 个，成为公安微博的主干。厅局级公安微博有 168 个，公安部治安管理局官方微博“@公安部打四黑除四害”及时发布公安部重大政务信息；县级及以下公安政务微博数以 8120 个占据公安政务微博总数的 80%，如“@江宁公安在线”“@浦东高速交警”等基层公安微博，他们处在与群众接触的第一线并深受网友欢迎。此外，5412 个认证的民警个人微博也对公安政务微博进行了有效补充，并形成了“@陈士渠”“@陈里”“@段郎说事”“@传说中的女网警”“@铁打的西瓜”等一批公安系统的意见领袖。微博为公职人员提供了一个倾听民意、推进工作、展示自我的平台。大量的政法系统公职人员加入微博，对推进司法公开、政民良性互动发挥着不可忽视的作用。

此外，随着微博数的增长和运营经验的丰富，检察院、法院等司法微博都探索出了各自的发展模式，2012 年 7 月，186 个实名认证的北京市检察官微博在新浪微博悄然上线，同时“@ 海淀检察”“@ 延庆检察”“@ 海淀检察院未检处”等检察院和各处室微博也对检察官微博进行了有效补充，从而形成了以检察官个人实名认证微博为主的“北京检察模式”。河南省市县三级共 183 个人民法院通过新浪微博对案件当事人进行了全天接访，并直播接访情况，开创出信访接待新方式，开辟了以省市县三级人民法院联动为特色的“豫法阳光模式”。

报告还指出，政法微博发展中不断涌现出新趋势。政务信息公开和民生服务成政法微博主要功能，政法部门领导通过微博与网友交流已成常态，同时，部分政法微博在应对突发事件中取得效果，不少政法微博开始重视微博活动策划和舆论引导，政法微博发展呈现出制度化、规范化发展态势。新浪微博已经凭借自身强大的影响力，打造出政法微博系统发展的生态圈。

据了解，在本次政法微博年度高峰论坛之后，新浪将于 12 月份在全国分区举办六场“微政道——2012 新浪政务微博应用交流会”，与各地区及各部门的政府微博代表充分交流并探讨政务微博应用之道。务实应用是政务微博长久发展的根本。2012 年，新浪政务微博除了在数量上继续保持全国领先地位之外，也更重视与各级政府机构及公职人员微博一起实现服务民生、务实应用的目的。

最高人民检察院政治部宣传部副部长李辉致辞实录

尊敬的周晓鹏副总编，各位领导，各新闻网络媒体朋友们，大家上午好，非常高兴参加今天的政法微博高峰论坛，这次论坛以“新媒体微政道”为主题，大家齐聚在这里，共同总结政法微博应用经验，深入交流探讨推动政法微博服务创新的新思路和措施，这对于提高政法微博的应用和管理能力具有重要的意义。在这里，我谨代表最高人民检察院政治部宣传部，对论坛的召开表示热烈的祝贺，对各位领导、专家、学者，以及各新闻网络媒体朋友们，长期以来对检察机关和检察工作的关心、关注、支持和配合表示衷心的感谢。

自 2009 年 8 月新浪网推出新浪微博以来，微博迅速发展成为最受关注的网络传播平台，也成为我国互联网最具标志性的事件。微博使整个社会的舆情环境及民意表达方式发生了根本性变化，成为反映网络舆情的主要渠道，也成为监察机关了解社情民意、汇集群众智慧以及扩大群众参与的重要渠道，是检察机关提升社会影响力、执法公信力、展示良好形象的重要载体。近年来，全国检察机关顺应形势的发展，不断强化运用新媒体扩大检察宣传的意识，特别是积极探索运用微博创新宣传载体，一些省、市、县检察院在新浪网开设了官方微博，着力打造网络宣传新平台、新阵地，加强与网民互动交流，及时回应网友关注，密切关注涉检舆情，有效开展舆论引导，逐渐赢得了网民和社会各界的肯定，有的还步入优秀政法微博行列，具有很强的社会影响力。

党的十八大提出全面建成小康社会的战略任务，目标很振奋人心，应该说中国的发展在不平坦中前进。特别是当前我们社会处在转型的特殊时期，各种复杂因素相互交织，在这种情况下导致社会深层次的矛盾也不断地涌现，危机事件从以前偶发逐渐向频发演变，这时候对于我们网络宣传，特别是对微博的应用提出很大的挑战。伴随着 10 亿手机用户、5 亿网民和 3 亿微博用户时代的到来，在人人都是通讯社，人人都有麦克风的形势下，网络传播突发事件现在不断地突出，对检察机关的工作也形成了挑战。这也是对我们检察机关目前网络宣传，特别是对微博的应用提出了非常大的现实课题。在这种情况下，我们怎么发挥微博的作用，特别是如何在新形势下，在微博的利用上发出我们的正面声音，对我们来说也是一个非常大的、新的挑战。在这方面我们也在不断地思考，不断提出自己新的目标。今天的活动对我们来说也是一个非常好的学习机会，今天很多专家学者要在我们论坛上发表重要的演讲，很多兄弟单位也有很多新鲜的经验分享给我们，我们想利用这个非常好的机会，向我们的专家学者学习，向各政法兄弟单位学习，始终坚持发挥微博问政、问计的作用，始终做到善待、善用新媒体，建设好、运用好新媒体，把我们检察机关打造成新媒体时代积极的参与者、建造者和推动者。我们也有一些工作方面新的思考，主要有三个方面。

一是稳步推进检察机关官方微博建设。鼓励支持地方检察机关特别是基层检察院能够积极开设微博。公安在这方面也是我们的榜样，公安作为老大哥已经走在了前面。我们要积极地学习公安机关很多好的做法，特别是在微博应用方面我们应该积极向公安兄弟学习，加快构建检察机关微博群，真正使微博成为检察机关的新阵地。推行“检务公开”的新平台，提升检察形象的新手段，切实增强检察宣传的针对性、实效性、吸引力和感染力。

二是大力加强舆论引导工作。特别是注重加强与新媒体的沟通。刚才周总也说了，目前在新浪微博里，用户达到4亿多，这的确是一个非常好的平台。我们加强跟各相关网络媒体积极的沟通，建立经常性的联系机制，重视网络评论，积极抢占舆论先机，充分发挥微博的检民沟通新桥梁、群众诉求表达新载体等重要功能，及时有效化解社会矛盾，平衡社会心理、理顺公众情绪，维护社会和谐稳定。

三是强化网络监督意识。主动接受网民监督，理性对待网民质疑，经常听取正反两方面意见，坚持网上问题网下解决，着力加强和改进检察工作和队伍建设，努力提升检察机关执法公信力和群众满意度。

最后，非常感谢新浪网提供了这次学习交流的机会。这次论坛活动设置内容非常丰富、紧凑，特别是具有很强的针对性和实践性。预祝本次论坛取得圆满成功。

谢谢大家！

最高人民法院办公厅副主任赵红致辞实录

尊敬的各位来宾，女士们、先生们，大家上午好！

很高兴有机会参加“2012新浪政法微博年度高峰论坛”，非常感谢新浪网提供这样一个交流平台，同时借此机会对长期以来关心和支持人民法院工作的各界人士、新浪网，以及其他媒体表示衷心的感谢！

最近几年来，微博的兴起让我们再一次深深感受到互联网的重要作用和强大力量。作为一种崭新的信息传播工具，微博在反映社情民意、进行舆论监督等方面发挥了不可替代的作用，已经成为实现党政机关与网民良性互动以及网络问政的重要渠道。党的十八大指出，保障人民知情权、参与权、表达权、监督权，是权力正确运行的重要保证，要让人民监督权力，让权力在阳光下运行。毫无疑问，微博以其便捷、开放、平等的特质，成为当前主要的群众监督方式之一。

顺应微博时代的新发展新需要，人民法院也在不断实践和探索如何利用微博与网民沟通互动，更好地司法为民，实现司法公正。在最高人民法院的推动和社会各界支持下，特别是在新浪网的支持下，全国很多法院开设了官方微博。这些法院通过微博主动发布各类司法信息，认真倾听群众呼声、了解群众愿望、回应群众关切，为群众参与司法、监督司法提供了便利条件。

同时，我们还欣喜地看到，很多法院利用微博在拓展司法为民渠道方面进行了有益的尝试。河南高院开设了“@豫法阳光”微博，从单纯的官方微博，逐步发展成集新闻发布、网上调解室、手机报和微直播活动为一体的集群化服务模式。广东、上海、北京、辽宁、安徽等地人民法院积极利用微博进行庭审直播、强制执行直播、微访谈、诉讼指南和法制宣传等各种活动，收到了很好的法律效果和社会效果，为法院微博的管理与应用积累了宝贵经验，提供了可资借鉴的范例。法院微博的开设和运用，有力地促进了司法公开、公正和公信。

办好法院微博，既需要专业的运营团队，更需要我们转变观念，紧紧把握时代脉搏，做到与时俱进。今天这次论坛，是我们进一步加强法院微博工作的有利契机。我相信，有新浪网强大的技术支持和先进的运营平台，有全社会的共同努力，包括法院微博在内的政法微博，必将在全面推进依法治国历史进程中发挥更大、更重要的作用。

最后，祝本次论坛圆满成功！

公安部办公厅副主任吕武钦致辞实录

尊敬的周晓鹏副总编，尊敬的各位来宾，各位同志，上午好！

今天新浪网、新浪微博在这里召开“2012 新浪政法微博年度高峰论坛”，为各级政法部门优秀政法微博交流工作经验，展示工作成效提供了一个很好的平台。各位同事互相学习，互相借鉴，取长补短，必将进一步促进各界政法微博的健康发展。在此，我代表公安部办公厅，对“2012 新浪政法微博年度高峰论坛”的召开表示热烈的祝贺！

一直以来从公安部到地方各级公安机关都高度重视公安微博的建设管理工作，公安部明确提出，要在全国范围内构建以省级公安政法微博为龙头，以地市公安微博为主干，省市县三级政法微博互补，政法微博与民警个人工作微博相互补充，具有鲜明特色的公安微博群。在各级公安机关和广大民警的共同努力下，全国公安微博蓬勃发展，得到了社会各界和广大人民群众的高度肯定。据不完全统计，目前全国公安机关仅在新浪开设的政法微博已达 10151 个，经过认证的民警个人工作微博有 5400 余个，覆盖公安机关、治安、交管、消防、禁毒等主要警种。公安微博在不断探索和发展中，内容日益丰富，表达日益亲切，功能日益拓展，服务日益更新，已经成为公安机关了解社情民意新渠道，加强警民沟通的新途径，引导社会舆论的新阵地，服务人民群众的新平台。

我们将借这次论坛的机会，认真学习各兄弟政法机关的好经验、好做法，坚持把面对面的群众工作与件对件群众工作结合起来，努力回应人民群众新期待、新要求，不断推动公安微博在服务人民群众、构建和谐警民关系中发挥更大的作用。

尊敬的各位来宾，各位同志，公安微博的蓬勃发展离不开广大网友和人民群众的支持与关心，离不开互联网站和新闻媒体、各位朋友的厚爱和鼓励。离不开各位专家学者的指导和帮助。年终岁末，既总结成绩也规划未来，相信这一次高峰论坛的成功举办，必将推动包括公安微博在内的全国政法微博进一步健康发展，产生重要影响，发挥重大作用。最后，祝2012新浪政法微博年度高峰论坛圆满成功。

谢谢大家！

微政道——2012 年新浪政务微博应用交流会之东北区域专场

活动名称： 微政道——2012 新浪政务微博应用交流会之东北区域专场
主办单位： 中共哈尔滨市委宣传部、新浪网
时　　间： 2012 年 12 月 4 日
地　　点： 黑龙江·哈尔滨

2012 年 12 月 4 日，“微政道——2012 新浪政务微博应用交流会之东北区域专场”在友谊宫举行，会议由中共哈尔滨市委宣传部与新浪网联合举办。黑龙江、吉林、辽宁三省的十余个地市互联网宣传管理系统干部、政务微博管理人员和微博信息员等近 200 人参加了会议。会议由新浪网政务微博负责人、人民网舆情专家、“@南京发布”等全国重要城市政务微博负责人就“创新管理社会之微博应用”“政府如何做好微发布”“官方账号及官员微博运营经验”等开展了专题讲座，并就东北地区政务微博发展趋势及新形势下如何提高政务微博平台影响力等问题展开交流和研讨。

在此次峰会上，人民舆情监测室副秘书长单学刚发布了《2012 年新浪政务微博报告》。截至 2012 年 10 月底，新浪认证的政务微博总数 60064 个，比去年同期增长 231%，政务微博发布微博总数约 3200 万条，平均每个政务微博的发博数为 531 条。目前新浪拥有 5.8 万基层微博，46 个部委微博落户新浪，是部委微博数量最多的微博平台。此外，新浪微博也成为我国政务微博集群化发展的最佳阵地，落户在新浪微博平台上的政务微博发布厅总数达 135 个。报告认为，新浪成为我国最具影响力政务微博平台。

此次峰会首次发布了 2012 年东北区域“十大政务机构微博”“十佳应用”等榜单。其中，辽宁政务机构微博占据前三位的分别是“@平安辽宁”“@大连公安”“@大连刑侦警犬管理大队”，官员微博占据前三位的分别是“@鞍钢郭明义”“@大连朱警官”“@大连兜兜”；黑龙江机构微博占据前三位的依次是：“@平安哈尔滨”“@哈尔滨铁路局”“@黑龙江省公安网安总队”，官员微博前三则被“@王影警察”“@石全-大雨”“@父者”摘得；吉林机构政务微博前三名为“@吉林出入境”“@吉林经侦”“@吉林省公安厅禁毒总队”，官员微博前三位分别为“@林炎志”“@丛露警务微博”“@刘冠呈”。

2012 年，政务微博进入民生应用年，成为民意汇集交流平台。微博的日常运营转向成熟制度化，形成有规可循的运营模式，制度化则有利于规范政务主体各方面协调运作，这也意味着微博进入平稳发展、成熟应用阶段。为表彰在务实应用、创新发展、服务民生等方面有杰出表现的政务微博，此次峰会特意评选出“东北区域十佳应用”。

入围十佳应用奖的政务机构微博包括，中共沈阳市委宣传部官方微博“@沈阳发布”、共青团辽宁省委员会官方微博“@辽宁共青团”、中共辽宁省委宣传部官方微博“@辽宁宣传”、吉林省气象科技服务中心官方微博“@吉林气象服务”、共青团吉林省委员会官方微

博“@吉林共青团”、黑龙江省公安厅官方微博“@龙警微博”、黑龙江省青年志愿者协会官方微博“@黑龙江青年志愿者”、中共哈尔滨市委宣传部官方微博“@哈尔滨发布”、黑龙江省五大连池风景名胜区管委会官方微博“@五大连池风景区”、中共哈尔滨市阿城区委宣传部官方微博“@金代故都_魅力阿城”。

据现场发布的《2012 年新浪政务微博报告》显示，东北三省政务微博正处于蓬勃发展阶段，微博数量快速增长。截至目前，辽宁省已有 1103 家政务机构、638 名公务人员落户新浪微博；黑龙江政务微博机构达到 371 家，公务人员微博达 410 家；吉林省虽起步较晚，但政务微博机构也达到 305 家，官员微博达 189 家。

在政务微博运营方面，“@沈阳发布”成为东北地区微博应用的典范。2012 年 7 月中旬，网络上大量散布“沈阳店铺关门”流言，严重影响市民生活。8 月 7 日早晨，沈阳市委宣传部官方微博“@沈阳发布”发布消息，否认采取过集中整治行动和高额罚款措施，希望广大业户“白日关门”的商铺店主勿信传言，正常营业。8 月 7 日下午，沈阳市委宣传部就此事再次发布 2 条微博进行声明。随后沈阳市工商局也表示结束打假行动，希望商户尽快恢复营业。政务微博辟谣引发了社会各界的广泛关注和讨论，随着辟谣的深入，社会秩序迅速得以恢复。政务微博借助其高效、快速、可信度强的特性，在发布权威信息、倾听民意、拉近政民距离方面发挥着不可忽视的重大作用。

从全国范围看，2012 年政务微博更加凸显贴民生、务实事、重应用的特点，公众对政务微博的认可度也不断提升。政务微博实现了由“宣传发布”到“服务民生”的转变，从倾听社情民意的问政平台，成长为常规化制度化的网络“办公平台”。从大量新浪微博平台统计数据来看，提高政务微博应用水准，为百姓办实事才是政务微博进一步发展的关键。政务微博平台的应用，目前正经历着一个低级往高级、由单一功能往复合功能演变的过程。这一过程中，是否能够不断提高微博应用水准，让微博成为务实办公平台，是政务微博持续发展的根本。

2012 年腾讯政务微博研讨会

活动名称： 腾讯政务微博研讨会
主办单位： 腾讯微博、深圳市网络媒体协会
时　　间： 2012 年 12 月 5 日
地　　点： 广东 · 深圳

2012 年 12 月 5 日，腾讯微博联合深圳市网络媒体协会就政务微博未来创新运营模式，在深圳召开研讨会。广东省委宣传部外宣办常务副主任张知干、深圳市互联网信息办公室主任钟海帆、深圳报业集团总编辑、深圳网络媒体协会会长宣柱锡以及来自全国各地的政府机构、政务微博代表，共同探寻政务微博的创新发展之路。

会上发布《2012 年腾讯政务微博报告》（以下简称《报告》）、《2012 政务微博重大事件及运营手册》（以下简称《手册》）等一系列政务微博年度汇总资料。据报告显示，腾讯微博平台内，政务微博相关账号收听总人数接近 2 亿。腾讯集团副总裁孙忠怀表示，经过 2011 年“政务微博元年”，2012 年的政务微博在微博平台功能技术发展的基础上，已跨入集群化、专业化、多元化的爆发阶段，进入更加务实的应用创新阶段。

人民舆情监测室副秘书长单学刚对《报告》进行深入解读。截至 2012 年 11 月 11 日，在腾讯微博认证的党政机构及公务人员微博已达到 70084 个，其中党政机构微博 45030 个，个人党政官员微博 25054 个，政务微博听众总数近 2 亿。腾讯政务微博无论在数量还是参与度上都持续加速领跑。同时，政务微博大规模创新应用涌现。微博车管所、微博查询违法信息、微博民生服务日、微博直播香港特首辩论会、电子问政平台等案例或功能带来政务微博的创新发展。

“发布厅”标志着政务微博应用上的突破性创新。“它聚合各个城市职能部门的微博，涵盖市民衣、食、住、行等生活的各个方面，为网民提供一站式政务生活平台。‘@上海发布’‘@深圳微博发布厅’‘@中国广州发布’‘@微成都’等政务微博发布厅上线，标志着政务微博的发展进入了一个‘集团军’作战的新阶段，而这背后则是政府职能理念的转变。”腾讯方面表示。“腾讯微博政府版微空间自今年以来就推出‘政务民生热线’‘信息监测平台’等诸多互动主题模块，就是为了保证普通微博网友与政务微博沟通中，建议、举报等互动信息能够在第一时间传递并被知晓，帮助各个组织机构探索出一条适合机构自身的政务微博之路。”腾讯微博事业部副总经理李方指出。

研讨会中，对于《报告》中所展示的政务微博发展地区间差距较大，个体间差异化不明显等问题也进行了讨论。据此，腾讯微博在会上发布了一份政务微博运营手册，旨在为政务微博运营提供实操指导。

手册特别提到政府公关人员应该用办媒体的方式来运作政务微博。“政务微博应该打破官与民话语系统的隔离，穿越被过滤的、经过包装的组织腔调。表述要能够适合微博语境，缩小与网民的距离感。”

微政道——2012 年新浪政务微博应用交流会之中南专场

活动名称： 微政道——2012 新浪政务微博应用交流会之中南专场
时　　间： 2012 年 12 月 6 日
地　　点： 河南·郑州

2012 年 12 月 6 日，“微政道——2012 年新浪政务微博应用交流会之中南专场”在郑州召开，来自河南、湖北、湖南、安徽、山东 5 省的 180 余名政务微博代表参加了本次交流会。会上公布了 2012 年度中南区政务机构以及公职人员微博 TOP10。

2012 年，政务微博进入民生应用年，成为民意汇聚交流的平台。中南地区各省政务机构和公职人员纷纷落户新浪微博，截至 2012 年 10 月底，河南、山东、安徽、湖南及湖北地区政务微博总量分别达到了 4071、3014、1243、1369、1719 个。其中，河南、山东两地政务微博总量分列全国第二、第五。在微博总量不断增加的同时，中南地区政务微博影响力也进一步凸显。

此次大会首次发布了 2012 年中南区域“十大政务机构微博”“十大公职人员微博”等榜单。“@平安中原”“@安徽公安在线”“@济南公安”摘得“十大政务机构微博”前三名。湖南省纪委预防腐败室副主任“@御史在途”、郑州交警五大队民警“@杨华民”、湖北省统计局副局长“@叶青”获得“十大政府公职人员微博”前三名。

中南政务微博大会奖项显示，河南地区政务微博发展势头尤为突出，中南地区十佳政务微博中，河南省公安厅官方微博“@平安中原”位居榜首，其影响力在全国政法机构微博中排名第二。“@豫法阳光”荣获全国十佳政法微博应用奖，表现出河南政务微博在整体发展情况及微博应用水准方面都相当高。

2012年度中南区政务机构微博 TOP10：

@平安中原　@安徽公安在线　@济南公安　@青岛发布　@湖南高速警察
@安徽省教育厅　@平安武汉　@湖南省旅游局官方　@豫法阳光
@湖北民生微博服务厅

2012年度中南区政府公职人员微博 TOP10：

@杨华民　@叶青　@御史在途　@滕章贵　@刘五一　@魏玉萍微博
@李平　@新港之音　@庾云彰　@李庆丰

2012年度中南区政务机构微博影响力飞跃奖：

@青岛公安　@湖南检察　@马鞍山发布　@中原红盾　@平安洛阳
@郑州铁路局、@江城故事、@平安荆楚、@山东公安、@济南交警
2012 年度中南区公职人员微博影响力飞跃奖：
@大皖警察　@海兮风兮　@祁金立　@黄李君　@龙啸六天　@焦守云
@珠城博警杨磊　@鲁艺兵　@粼粼的美好生活　@洛阳特警陈云锋

河南省首届政务微博发展论坛

活动名称： 河南省首届政务微博发展论坛

活动主题： 经济发展新常态下的中原移动互联网产业

主办单位： 河南省互联网信息办公室、河南省通信管理局

承办单位： 新浪网、河南省互联网协会

时　　间： 2012 年 12 月 7 日

地　　点： 河南・郑州

2012 年 12 月 7 日上午，由河南省委宣传部、河南省通信管理局主办的河南省首届政务微博发展论坛在郑州举行，河南省部分厅、局领导，18 个地市宣传部相关领导及互联网协会领导等 120 余人参加了此次论坛，共同探讨、展望河南政务微博的未来发展。

论坛期间，新浪网发布了《2012 河南政务微博白皮书》（以下简称《白皮书》），对河南省政务微博发展状况、趋势、运营案例进行了介绍和分享，并评选出了 2012 年度河南区域政务机构微博 TOP10 和政府公职人员微博 TOP10。

据《白皮书》分析，随着信息化的延伸和网络技术的飞跃，微博这一新兴社交平台得到了河南省各级政府部门的广泛重视。2010 年 9 月 9 日，洛阳龙门石窟景区微博在新浪微博通过官方认证，标志着河南省首家政务微博开始正式运营。截至 2012 年 10 月 31 日，河南共有政务微博 4071 个，包括 1786 家党政机构微博和 2285 个公职人员微博，已完全覆盖所辖 18 个地市，政务微博总数位居全国第二，处于领先位置。2012 年河南政务微博日常运营更加科学化、制度化、更加凸显贴民生、务实事、重应用的特点，实现了由"宣传发布"到"服务民生"的转变。在提升微博应用水准方面，"@豫法阳光"独创省市县三级人民法院联动模式，开创了网络问政的新模式。截至 2012 年 10 月底，河南省已开通 2285 个公职人员微博，数量居全国第二。中原地区的党政系统中亦涌现出一大批粉丝数多、影响力大、传播力广的微博意见风云人物。以郑州教训警务大队民警杨华民"@杨华民"、新郑市市长刘五一"@刘五一"为代表的许多公职人员利用个人微博服务于民，这对于官方在微博舆论场及时发声、正面引导、畅通民意、推进政务公开具有重要意义。

本届论坛还为获得全国微博十佳的河南微博机构颁发了证书，河南省高级人民法院官方微博"@豫法阳光"荣获全国十佳政法微博应用奖，新浪微博粉丝数突破 150 万。在 12 月 3 日公布的 2012 年度新浪政务微博报告中，河南省公安厅官方微博"@平安中原"拿下两个全国前十，其影响力在全国政法机构微博中排名第二，郑州铁路局官方微博"@郑州铁路局"也荣膺全国十大交通机构微博称号，从而进一步说明了河南政务微博在全国影响力的提升。

论坛上，共青团河南省委副书记郭鹏、洛阳市公安局政治部宣传处处长王海峰、郑州市委宣传部副部长李平、郑州市环保局技术中心书记王令、郑州公交公司优秀车长孙跃青作为

受邀嘉宾出席“河南政务微博未来展望”的圆桌讨论。嘉宾们认为，政务微博的功能不仅仅是宣传，更重要的是成为民意沟通及为民办事的平台。党政机关利用微博发布新闻消息是第一步，更重要的是要利用微博与民沟通，为民办事。利用官方微博与民沟通、为民办事，政务微博才能具有长久的生命力，才能得到网民的支持与拥护，才能做到可持续发展。因此，务实应用、贴近民生，必将成为河南政务微博下一阶段发展的主题。

河南省委宣传部副巡视员杨建在论坛上表示，中原大地正处于建设中原经济区的黄金机遇期，积极适应网络时代公开透明的舆论环境，利用网络媒体特别是“微博”等新兴媒体服务公众、引导舆论、凝聚共识，已经成为各级党政机关打造阳光政务，创新社会管理，推动经济发展，促进社会和谐稳定的紧迫要求和重要工作手段，要真正做到以微博问政于民，问需于民，问计于民。

第二届政法微博与社会管理创新峰会

活动名称：第二届政法微博与社会管理创新峰会
活动主题：微通民意　法聚共识
主办单位：正义网
学术支持：正义网络传媒研究院、中国人民大学危机管理研究中心
技术支持：福州数码控股有限公司
时　　间：2012年12月8日
地　　点：北京

2012年12月8日上午9时，由检察日报社正义网主办的“政法微博与社会管理创新”峰会在北京举行。本次峰会以“微通民意、法聚共识”为主题，邀请了10余位业界知名专家，100余位政法界微博代表，共同探讨政法微博如何“织出公信，赢得民心”。在本次峰会上，正义网络传媒研究院发布了《政法类微博影响力报告》3.0版，这是正义网络传媒两年内第三次发布政法类微博影响力报告。报告中公布八个政法微博年度推荐奖项、全国十佳政法官员年度影响力微博榜单、全国十佳政法机关影响力微博榜单和全国十佳政法机关公职人员影响力微博榜单。与会的专家、学者、政法微博代表纷纷表示，作为中央级法治类门户网站，报告在研究视角的客观中立、推选案例的实用价值等方面拥有自己的特色。

本次峰会分为“微公开——自媒体时代的司法文明”“微共识——法律共同体的理性共鸣”“微应对——官微公信力的自我提升”“微创新——社会管理的官微推动力”四场圆桌论坛。

微公开：自媒体时代的司法文明

微博的出现，为政法机关的信息公开工作，提供了全新的传播平台。然而，在应该公开哪些信息、怎样公开才能经得起舆论检验、微博公开面临哪些障碍等问题上，来自不同机关的政法微博管理者都有自己的见解。

微博直播庭审、执法办案等，都是目前政法机关微博信息公开的重要内容。但舆论对在微博上直播这些信息是否不利于审判独立、是否有泄密风险等仍存有质疑。知名政法微博博主“@段郎说事”、江西省九江市公安局纪委副书记段兴焱说：“我个人认为不影响审判独立也不存在泄密风险。关键在于司法人员是否较好地把握法律的尺度，即保护当事人或嫌疑人的合法权益”。湖北省人民检察院新闻处副处长段军霞则表示：“微公开非常有必要，但它应该是在一种规范有序的条件下进行的。在法律范围内能公开的，都需要向人民群众公开。”在山东省菏泽市中级人民法院微博管理员傅德慧看来，除了保护当事人的隐私权和遵守相关法律规定之外，微博信息公开还要注意两个原则，一是要看是不是有利于社会的稳

定，二是要看是否有利于矛盾的化解。甘肃省司法厅副厅长牛兴全认为，在信息公开的范围或者内容上，公众和司法业界之间存在很大区别。“比如说裁判如实地公开，在民众看来公开没有任何问题的。但是研究过具体案件上网的人就知道，其中有很多不宜在网上流传的东西，比如当事人的住所等私密信息，有些案件还涉及商业秘密。”

微博公开信息只是第一步，基于法律工作的相对专业性和微博信息的字数限制，如何让已公开的政法信息真正得到公众的理解和认可，经受住舆论的检验，也是目前政法机关微博信息公开所面对的问题。段兴焱认为，微博信息公开要想得到公众的理解和认可，应该具备四个条件：一是司法人员必须具有良好的专业素质，要让公开的信息真正具有法律权威性；二是公开的政法信息必须客观公正，要一切跟着客观事实走，而不是跟着感觉走或舆论走；三是公开的信息要将网络的常用语言和法律专业语言有机结合；四是放下身段，坐下来与公众面对面，“键对键”地平等交流。段军霞则结合湖北省人民检察院的微博实践提出，只要把握好公开的广度、深度和亮度，以法律为原则，坚守公正为民的底线，微博信息公开“越往前走，阳光越灿烂”。

微共识:法律共同体的理性共鸣

在微博舆论场，来自不同群体和阶层的网民、意见领袖、学者、传媒工作者经常出现阵营明晰的观点论战，有的甚至从微博约架演变成线下的人身攻击，甚至在政法系统、法学家、律师之间也经常出现类似的言语冲突。能否凝聚法律圈内的“微共识”，如何构建理性、有序的“法律舆论场”，向社会传递法治的正向能量，也是在社会转型期兴起的众多政法微博共同面临的一个问题。

对于上述问题，多位政法微博达人认为，促成法律圈共识的形成是长远目标，受诸多因素影响，短时期内难以实现。知名博主“@倾城”、湖北省恩施州利川市人民法院副院长刘国锋表示：“我们最需要达成和最缺乏的，目前也就是共识。公安、检察、司法行政、律师和整个法律界，有没有可能成为一个法律的共同体，依然是个问题。”山东省日照市岚山区司法局局长盛民则认为：“有群体的地方就应该有共识，这也是我们努力的方向。”云南省人民检察院宣传处处长赵安金认为，微博法律共同体形成的前提是本地政法系统的不同机关微博的普遍开通，然后才能通过互动看到共识。然而，在地方政法机关要不要开微博的问题上，“一把手”对微博的认识和态度成为至关重要的决定因素。“有些‘一把手’是不上网的，微博在他们的概念中是没有的，甚至单纯将微博视为负面信息的扩散地和谣言的传播地，进而认为，开还不如不开，开了是给自己找麻烦”，赵安金认为，正是因为领导的支持，云南省检察机关的微博实践才有了可能。盛民也认为，目前政法微博中基层工作者较多，“一把手”开微博的不多，“我们相互间在网上沟通也比较差，主要是缺少一些带头人”。

尽管在构建法律共同体和政法微博凝聚广泛共识的问题上，多位政法微博管理者存在观点分歧，但在锻造“底线共识”的问题上，意见大体趋同。广东省肇庆市公安局新闻办主任陈永博称：“我们的政法微博都是维护公平正义的，这应该是一个共识。在网络这个江湖上生存，第一是要以事实为依据，以法律为准绳；第二是我们要有正当的立场，维护的是国家和人民的利益；第三是我们要及时、客观、公正、准确地来说事儿。”

微应对：官方微博公信力的自我提升

2012 年以来，由于在日常的交流和突发公共事件中表现欠妥，部分政法微博自身的公信力同样受到外界的质疑。如何妥善处理这些问题，稳步提升官微的公信力，也成为改善政法微博官民互动效果的前提。

为了提升微博的影响力，少数政法机关微博管理人员过度迷恋“数据政绩”，不停地刷无关微博，乐见“僵尸粉”泛滥。对于这一问题，多位受访政法微博达人均持批评观点。上海市闵行区司法局局长金海民称，刚开通微博的，希望得到更多人的关注，这种心态应该是可以理解的；但一旦正常运营后，过多依赖于“僵尸粉丝”只会对整个工作起到负面效应。正义网络传媒研究院研究员傅达林表示：“一个政法微博做得好不好，并不完全取决于它拥有的粉丝量、点击量和转发量的多少，而是解决了多少实际问题。”在对待“僵尸粉”的问题上，上海市静安区检察院在微博上主动清理“僵尸粉”、与“粉丝崇拜”划清界限、专注于规范管理和解决实际问题的做法，受到政法微博业界的高度肯定。

一些政法微博在日常信息发布和互动中，为了拉近与网民的距离，经常使用“淘宝体”“凡客体”“元芳体”等网络化语言。部分网民认为，政法微博“卖萌”一旦过度，会损伤司法的权威和严肃性。对此，广东省肇庆市中级人民法院微博管理员麦彦彦表示：“网友们很喜欢网言、网语，在一些不太涉及原则性上的问题，有一点互动，比如说我们称呼粉丝叫作‘亲’，或者说‘这个朋友’，是可以的。但是如果有网友过来举报某某官员的一些渎职或者是贪污问题的话，我们就坚决不能卖萌，这是非常严肃的一个问题”。

除了日常的运营外，在突发公共事件的信息发布中，事发地的政法微博一旦缺席或者回应失当，难免会累及自身的公信力。因此，把握好一些突发事件应对的基本原则，对政法微博来说也是至关重要的。江苏省常州市公安局情报中心政委闵素珍认为，首先，要在第一时间发声，以免不实传言散布；二是播报事实，“千万不要在真有这个事情时去隐瞒”；三是报原因时，一定要慎重，要有依据；四是要不断地把这个事情后续的进展进行播报，告诉网友，职能机关也在努力处置这些事情；五是及时互动，在沟通中将事情解释清楚。

微创新：社会管理的官方微博推动力

创新微博运营方式，积极参与社会管理，更广泛地服务民生，也是政法微博影响力日益高涨的重要原因。与此同时，经过几年的快速增长，政法微博在创新方面也面临着一些困境。

进入群体焦虑期，一些网友由于不能调适情绪而在微博上做出直播自杀的行为，近年来引起舆论的关注。知名博主“@孙警官说事”、山东省济南市公安局孙健警官介绍了该局在微博上发现网友直播自杀信息后成功将其解救的案例，但同时也表示：“我们也在网上一直呼吁让大家保持冷静，如果在网上发布出一条轻生的信息，可能牵扯到社会各个层面的人去付出努力。我们不希望出现这种情况”。

“在社会管理创新当中，检察机关是一个参与者，也是一个监督者”，宁夏回族自治区人民检察院宣传处副处长薛正俭介绍了一起利用宁夏检察的官方微博来化解纠纷的具体案例。在当地开发区的商场扩建过程中，因可能存在火灾隐患和涉及自身的利益，部分居民与施工方肢体冲突，导致部分人员受伤。宁夏人民检察院在微博上看到相关信息后，主动发挥立案监督职能，第一时间要求相关所在地检察院进行调查，并根据调查结果向涉及的城建、城管等很多相关部门发出检察建议，最终使得设计方案得以调整，责任方对受损民众进行了赔偿，成功化解了矛盾。

以崭新的传播理念向公众普及法治理念和理性维权意识，是政法微博的一项重要功能。“过去是在街边摆摊设点，把我们宣传资料向人民群众发放，这样传统的模式已经不能完全适应时代发展的要求了”，段军霞表示。而据浙江省海宁市司法局法宣科副科长金士耀介绍，该局通过以案说法，以漫画、诗歌等多种形式“微普法”，还充分利用微博律师后援团在互动中为网民答疑解惑，受到了广泛欢迎。

在现实中，基层政法机关自发的微博创新也面临一些难题。北京市怀柔区人民法院研究室主任祝兴栋表示：“我们作为一个基层（人民）法院开通了微博，但上级机关或者更上级机关没有开通微博。从微博良性发展考虑，应确立一个相对完善的层级发展模式。”武汉大学信息管理学院教授沈阳建议，国家和省级层面应制定政法新媒体发展战略，明确政策，确定规则，提高微博问政的实效。

正义网执行总裁覃匡龙演讲实录
中立客观为报告亮点，八因素制约政法微博公信

在发布报告之前，我想先介绍一下这份报告的统计依据、研究方法和我们进行政法微博研究的价值取向。这次来参会的大多都是政法微博界的意见领袖，想必大家从不同渠道听说了，近期有两家微博运营商相继发布了政务或政法微博的研究报告。与他们的报告相比，作为国家互联网信息办公室直接管理的中央重点新闻网站，我们的报告在研究视角的客观中立、推选案例的实用价值等方面更有特色。

首先，在数据来源上，两家商业网站的报告以各自微博平台上的数据为统计依据，数据来源单一。未在其中一家开通微博的政法机关，无论表现如何优秀，都无法进入他们的统计视野。而我们的报告则以微博监测系统为基础数据来源，综合了国内所有微博运营商的政法微博数据，数据真实、来源齐备。

第二，在数据统计方法上，我们与其他两家商业网站大同小异，均是按照传播力、活跃度和引导能力来设计指标权重。不同的是，我们在数据统计的基础上，对18038个政法微博的内容进行了筛选剖析，剔除了2544个“空壳微博”和大批发布内容与政法职能无关的微博，最终得出各项综合数据和影响力微博榜单。“空壳微博”“僵尸粉”等问题的存在与运营商的微博营销策略直接相关，因此这些内容在他们的报告中成了禁忌话题。

第三，在价值取向方面，我们坚持以改进和推动政法微博的问政实效为研究导向，以2012年以来国内媒体有关政法微博的1950篇报道为研究重点，对近200万字的文本进行了深度挖掘，重点推出了地方政法机关在规范微博管理、利用微博进行信息公开、执法办案、舆情应对、官民互动、社会管理等方面的一大批先进典型，供政法微博管理者决策参考。相对来说，商业网站的报告则是“数据为王”，这样算出来的榜单对政法微博在社会管理和舆论引导中的实践参考价值不高，甚至催生了靠“买粉丝”“刷微博”争抢排名的“数据政绩

崇拜”问题。

第四，在研究范围上，由于商业网站的报告以数据作为唯一统计和排名依据，这会在政法机关不同系统中造成“强者越强，弱者越弱”的“马太效应”。如果公检法司四个系统中，某家长期处于领先地位，而其他几家不管做法多么优秀，都无法入围，长此以往，将不利于其他政法机关内部优秀经验的总结推广，也给政法微博在突发重大公共事件中的联动应对带来消极影响。而我们的微博报告“重做法、轻排名”，在公检法司四个系统中分别遴选先进典型，同时突出政法机关的联动协调和经验分享，并为政法微博公信力的长期维护和提升，提供了操作性更强的意见和建议。

下面，我来介绍一下这次报告的要点。正义网微博监测系统数据显示，截至2012年11月20日，公、检、法、司四类政法机关及其公职人员已开通官方微博的总数为18038个。其中，机关微博12606个，公职人员微博5432个。从分项数据来看，无论是在微博个数、发布总数和粉丝数上，还是在平均活跃程度和传播范围上，与其他三类政法机关相比，公安机关都有着明显的优势。

从地域分布来看，目前全国内地31个省级行政区均已有政法机关开通官方微博。其中，江苏省的数量位居第一，共计2107个。公安类微博最多的也是江苏（1991个），检察类微博最多的是北京（293个），法院类微博最多的是河南（428个），司法行政类微博最多的是浙江（147个）。

为引起各级政法机关对微博管理和日常更新维护的重视，审慎对待部分微博运营商的“粉丝营销”行为，我们在数据采集过程中，专门针对“空壳微博”进行了统计。结果显示，在公、检、法、司四个系统开设的实名认证微博中，“空壳微博”账号共计2544个，占政法微博总数的14.1%。从部门分布来看，由于微博基数较大，公安类“空壳微博”是最多的。

此外，我们还通过文本挖掘和专家评定，从12606个机关微博中评选出今年的年度推荐奖项，分别用来表彰在推动微博开通、规范微博管理以及利用微博进行信息公开、社会管理、舆情应对、法制宣传等领域的先进代表。这也是我们今年评出的重点奖项。这些入围者尽管从微博数据来看，排名未必都靠前，但从其做法来看，值得其他政法机关借鉴。同时，我们也根据微博数据加权运算后，在四个系统内分别推出了十佳机关和十佳个人。

2012年，政法微博做出了不少成绩，但也存在一些问题。我们研究发现，目前主要有八大因素制约着政法微博官民互动的效果。

第一，部分政法微博影响力有限，不足以对整体舆论形成推动作用；第二，在突发公共事件中，部分事发地政法微博失语妄语诳语，挫伤公信力，失去话语权；第三，少数政法微博奉行“粉丝崇拜”和“数据政绩”，用“刷粉”“刷无关微博”等形式来提高人气，放任“僵尸粉”泛滥，制造虚假泡沫；第四，部分政法微博过度“卖萌”，一味追求眼球效应，却在自身职能范围内的事情上无所作为；第五，个别机关陷入微博的“工具依赖”，对运营商提供的各种新兴微博应用缺乏甄别，趋之若鹜，偏向“形式主义”，“花样问政”沦为网民眼中的“作秀”；第六，个别机关盲目追求规模效应，不以实际需求为原则，不切实际地给下辖机构和人员下达“开通微博”的任务指标。失当的行政强制力也让“微博问政”变味儿走样；第七，个别微博管理失范，值班人员媒介素养缺失，致使微博发言混乱无序，无人问津；第八，微博功能定位不清，尤其是在职务犯罪、信访投诉等举报线索受理的问题上，仍然没有明确的判断。网民的诉求不能得到有效反馈，致使部分政法微博与网民之间的意见鸿沟正在扩大。

由此不难发现，如何处理与微博运营商的关系，怎样善待、善管、善用这一新兴媒体，是摆在地方政法机关面前的一道难题。今后，正义网也将与诸位和衷共济，以微博之力推动法治进步，为政法工作科学发展做出应有贡献。

全国公安文联副主席、公安部原新闻发言人武和平峰会演讲实录
政法微博是群众工作的新渠道新天地

微博的诞生使舆论环境乃至执法环境发生了巨大变化，它似一张无处不在的监督天网，为权力在阳光下运行提供了弥足珍贵的资源。法治领域的工作创新离不开微博，要善于从网意中发现民意，从民意导向公意，并且引向法意。

微博最起码在以下四个方面改变了舆情。一是改变了传统的舆论格局，形成了个人发布，公众愿听，大众评论，亿万人互动参与的巨型舆论广场。二是改变了传统的发布渠道。微博曝光，传媒跟进，政府回应，成了这样的一种传播渠道。三是形成了无处不在的监督。改变了过去自己的内部监督为众目睽睽的群众监督、网民监督，为权力在阳光下运行提供了弥足珍贵的政治资源。四是形成了民意诉求的窗口和渠道，改变了过去自说自唱信息严重不对称的强势状态。

百姓现在变信访为上网，变批评为曝光。信息你不说别人就会说，你不引导就会被引导，信息碎片你不注意，就会被公众聚焦关注，甚至导致“坏事就是好新闻”的现象，逼着我们改进群众工作的方法。因此从某种角度说，微博是密切联系群众和公正执法的宝贵资源。

10月9日，我们注意到国务院公报开通微博，说明微博已经成为政府认可的一个重要的信息渠道。面对微博时代的舆论环境，政法机关应在危机中看到机遇，把微博看成宝贵资源，为我所用，当作气象台、连心桥、民意窗、服务台。不仅会在现场执法，而且还会在舆论场上发微博。善于从网意发现民意，从民意导向公众意愿，为司法公开和社会管理创新服务，进一步密切我们政法机关和人民的关系。正基于此，各地政法机关的微博“忽如一夜春风来，千树万树梨花开”，开辟了专门与群众路线相结合的新渠道、新天地。

政法微博的作用至少体现在以下几个方面：一是微时代、微处理，有效处理危机事件；二是微博互动，交流护航保畅通；三是接受群众举报，回复社会期待，打击犯罪；四是查处害群之马，及时澄清谣言，维护执法形象；五是虚心听真言，在“拍砖”中提高公信力。微博是新兴媒体又是新生事物，需要认真总结经验，它减少了信息的传播环节，增强了我们的亲民性，可以跨行业跨部门与司法机关互动、联动，是管理创新的一个重要载体。

2012 全国高校新媒体发展论坛

会议名称：2012 全国高校新媒体发展论坛
主办单位：腾讯微博、腾讯网
时　　间：2012 年 12 月 10 日
地　　点：北京

2012 年 12 月 10 日，由腾讯微博、腾讯网发起的“2012 全国高校新媒体发展论坛”在北京举行。新媒体领域专家、全国各高校领导、党宣团委负责人、新闻学院院长以及高校微博运营人员等百余人汇聚一堂，共同围绕“新媒体时代的高校发展与人才培养”的主题进行交流探讨。论坛上还发布了《2012 中国高校微博发展报告》，并进行了团中央学校部与腾讯微博的战略合作签约仪式。

近几年，以微博为代表的新媒体发展迅猛，微博在中国高校的教育教学、校园文化、思政工作、形象塑造等方面都产生了意义深远的影响。据了解，截至 2012 年 11 月 29 日腾讯微博中高校微博认证账号数量已达 16166 个。高校微博认证账号数量不断增加，运营模式也在加快创新，有部分高校还建立起了系统化关系的微博体系。为了让微博更好地服务高校师生，摸索总结出可供借鉴的发展模式，腾讯微博与腾讯网发起了本次论坛。

论坛分为“新媒体发展现状及趋势”“高校应如何面对新媒体”“高校新媒体人才培养”三个主题环节。暨南大学新闻与传播学院院长范以锦、中国青年报社常务副社长张坤、腾讯微博副总经理李方、中国人民大学新闻学院副院长喻国明、中国政法新闻学院副院长刘徐州、华中科技大学新闻与信息传播学院副院长陈先红、中国传媒大学新媒体研究院党委书记张鹏洲等专家学者针对上述问题阐述了看法。武汉大学、天津大学、哈尔滨工程大学、重庆大学、南开大学等高校的党宣、团委老师也分享了他们在进行学校新媒体建设、运营过程中的经验心得。

论坛中，武汉大学信息管理学院教授沈阳发布了《2012 中国高校微博发展报告》。报告阐述了高校微博的发展现状，界定了高校微博具有塑造形象、加强交流、促进教学、提供服务、增加资源主要功能，并对高校微博中的一大批优秀案例做了深入剖析。针对高校微博存在的问题，报告指出，目前高校微博的“微观念”相对薄弱、定位不明确管理不完善、运营不到位、微博内容分散缺乏组织、影响力不够。而对于此上问题，高校微博应该提高“微意识”加强“微行动”、加强管理树立长期发展意识、运营精细化形成自身特色、强化微博宣传提高曝光率，同时线上线下有效对接双轨运行、加强微博联动扩大矩阵力量。

报告还对高校微博的发展趋势做了分析，认为高校微博日趋专业化规范化的同时，影响力和公信力也在逐渐提升，日后会发展为咨询及服务的重要渠道。关于高校微博的自身发展学校微博关系群会日益完善，并逐步建立于知名人士的直通渠道，官民合力助推的同时海外高校也会进驻微博并形成气候。

2011 年，团中央学校部与腾讯微博达成共建“全国高校团组织微博体系”的合作，大大拉动了 2012 年高校微博的发展。在本次论坛上，团中央学校部副部长杜汇良与腾讯微博总经理邢宏宇签署了双方的战略合作协议，此举将大大加强高校特别是高校团组织在新媒体领域的发展速度。据悉，在与全国高校新媒体发展论坛同步进行的“回响中国”腾讯网教育年度总评榜荣耀盛典上，颁发了“2012 年度高校新媒体应用先锋”奖项，沈阳师范大学、华中科技大学、华东理工大学、上海交通大学、中山大学、重庆大学、安徽理工大学团委、山东女子学院教务处、北京师范大学招生办、西安交通大学招生办榜上有名，为高校树立了新媒体榜样力量。

腾讯微博副总经理李方在论坛上的发言实录

大家下午好，我发现主会场在隔壁，我们是一个分会场，分会场要想不完全被主会场压下去的话，我们就要分享更给力，互动更精彩，希望我们下午达到这个效果。我分享的题目是关于新媒体，我代表腾讯分享一下关于新媒体的看法。演讲者没有 PPT 不会讲，听众没有 PPT 不爱听，但是我没有准备 PPT，所以让我们回归本源，大家看我能不能讲好，你们能不能听好。

1. 媒体的三次浪潮

新媒体应该由各位更资深的专家来定义，我愿意从一些趋势分享我对新媒体的看法。大家都知道，新媒体从大互联网大规模的应用应该有十几年的历史了，我也是传统媒体人，我们经过了三次非常显而易见跳槽的浪潮，第一年是 2000 年前后，一批媒体人义无反顾进入了互联网的媒体中。第二批跳槽浪潮就是 2005、2006 年，有一批传统媒体人跳到了门户网站，包括我今天的同事，陈菊红，很多南方报业的同人都一起到腾讯网从业。我记得非常清楚，2005 年 11 月份吴海宁写过一篇文章，报业危机和新媒体的崛起，当时他说，2005～2006 年那个时候对于报纸的发行以及广告可能面临一个拐点，他预言说，从那个时候起，门户网站将抢占更多的份额。但是转眼六七年过去，我们发现吴海宁那个警示已经又经历了一个大的转变，在 2009～2010、2011 年，传统媒体人又经历了一个门户网站跳槽的阶段，他们是感受到了什么？他们为什么说又通身到新一波浪潮中去？因为在座也有我很多以前的同事，我不愿意给人说这是一种什么趋势，我只是作为一个观察者谈一下为什么。

2. 新媒体带来的改变

在第三次浪潮里面，我们看到第一微博、第二移动互联网，就是手机端的应用，吸引了更多有志投身新媒体的人。下面我愿意从几个方面来分享，我们理解的新媒体是什么样的。

第一，我们认为应该是从以往的内容为王，到新媒体的渠道为王。以前十几年做旧媒体、做报纸，你只要文章写好，版面编好，故事写好就能成功，这是不言而喻的。但是新媒体时代这只是基本的功课，相对来讲比较重要的是，要占领新媒体，达到媒体的渠道这个可能目前来看是更重要的事情。

比如说，在两年前的微博一直到现在也是微博，包括最近一年、半年以来的微信，再到各种 App 新闻的客户端，或者各种内容的客户端，实际上他们想要达到的是一个什么东西。其实都是说，存在媒体，无论是传统媒体还是互联网媒体去占领渠道，占领平台的需求。

第二，我们发现的趋势是说，从编辑为王到用户为王。过去我们做报纸，或者做一个媒体的话，实际上我们再喊读者是上帝，我们内心想的是，编辑、记者才是无冕之王。但是在新媒体浪潮里面我们发现什么，第一内容是由全体用户提供，比如说郭美美事件，表哥事件等等，已经颠覆了编辑为王。

第二我们发现精英用户无论是对新媒体还是传统媒体来讲价值正在更高凸显出来，过去两年里面我们都可以看到，各方对于名人的争抢，名人需求的追求达到了非常变态的地位。很多名人可能就值5分，但是微博里面被炒到10分，这个是为什么？实际上在新媒体领域里面，名人精英用户的资源是你的核心资源，而不再是传统编辑的资源。大家都知道，在美国两年前有两份网站的报纸，一份叫作《纽约时报》，一份叫作《赫芬顿邮报》。纽约时报转型之前，一度认为因为赫芬顿邮报产生的价值大于纽约时报记者编辑放到网上文章的价值，后我们看到纽约时报在这方面做了非常彻底的转型，他也开始笼络出一大批作者资源。

我们看到FT、《华尔街日报》，甚至日本的一些报纸，他们都在向新媒体的转型中都在笼络中高端记者的资源。在国内的趋势同样是这样发生的，无论是境外媒体在国内的身影，还是胡舒立的财新，他们都在打造自己金牌的专栏队伍。这对过去的编辑为王，记者为王的局面来说发生了非常大的变化。再过几天我们腾讯将在三亚发布一个腾讯主打专栏产品的上线，我们也要签约几百名、甚至更多的专栏作家，我们要传递的理念是互联网上不再仅仅有免费劳动，高端精英的作者他们的劳动理硬体现价值，这是我们新媒体的愿景，我们认为这也是一个世界趋势。我们在中国愿意抢先做这件事情。

第三，大家都很清楚，用户阅读习惯的改变。今天上午我刚刚面试了一个以前做晚报，后来做手机客户端的兄弟。我问他，你做新闻客户端的时候，跟你以前做报纸的时候，最大工作方法的改变哪里？他说，在不是最重要的时段里面，我不敢上超过2000字的文章，不敢上太严肃的文章。一篇好的文章我要上的话，必须改写，第一标题改到13字以内，第二，内容改到几百字，现在不论是传统媒体，这种用户阅读习惯的改变，从传统的报纸端向手机端改变，大家喜欢更简洁，更突出，阅读更快的产品，这个不仅是对报纸，对门户网站也是很大的冲击。我们腾讯网现在也把体量慢慢压缩，以前大专栏要改短，我们不再以放出海量的新闻为唯一的价值点。

它将深刻影响到人类未来发展，接收信息的习惯问题。我也曾经跟朋友讨论，未来的人类社会还会不会有贝多芬、托尔斯泰出现。作为一个悲观主义者你会说不可能有贝多芬、托尔斯泰出现了，但是会有其他的人可能同样会反映社会的高度、深度，但是不再是批判社会主义的架构，也不再像大工业那样的交响乐队的架构，可能是新的方式。现在新媒体是探索新的表达方式，对我们未来，对我们自己，对我们的后代改变我们的思维习惯，改变整个文化的结构，我认为我们会站在一个非常敏感，或者说非常有挑战性的出发点上，真的是一个出发点。

第五个分享，新媒体和传统媒体在营利方式上会有改变。传统媒体是卖广告的，新媒体无论是基于互联网还是手机端，它是基于大数据时代精准触达广告的转化。无论美国那边像twitter、facebook都可能往这个方向转变。国内也是一样，像传统以广告品牌为营利点，比如说腾讯网，新浪、网易，他们也在探索能不能把他们的客户精准的画像，精准的投放一些长尾的广告，这是未来的特点。

3. 新媒体时代的专业主义

最后我想花时间分享一下关于新媒体时代的专业主义。专业主义就是快速、准确、全面，大概还有情怀。新媒体的专业主义是什么呢？我们不说这些情怀不再是我们的选项，新媒体是以客户为核心的，新媒体怎样服务好客户，可能是新媒体成败的关键。当然传统媒体也会说，读者就是上帝，但是其实我们自己想想，你知道你的读者在哪里吗？你知道你的读者百分比、成分是什么样的，你有数据吗？我们在这块都是比较薄弱一点，恰恰是新媒体有那么多海量用户在你这个平台上，利用你的渠道发言的时候，去活跃的时候，就打开了一扇大门，我们服务用户要更精准，这个是新媒体跟传统媒体不太一样的地方。

其实这里我想跟大家分享的是，在新媒体时代我们会发现无论对报纸、电视还是互联网，在我们的移动端，在微博、微信上大家有同等的机会，大家都是抢占渠道，抢占平台，所以我也祝愿网络的媒体能够取得成功，同时新媒体在探索中也能够取得成功，谢谢大家。

中国传媒大学新媒体研究院党委书记张鹏洲在论坛上的发言实录

我想首先要说一下新媒体的概念，新媒体我们的理解就是说，应该说目前还没有完整的定义，但是从传播学来讲，所有人向所有人传播，从技术上来讲，他是数字化，还有互动和个性化的角度来讲，所以说我们理解的新媒体应该是既有的内容的制作也有特性与支撑三方面。新媒体的出现不仅仅是说，对人才的要求，一方面他是需要人知道新媒体是什么，另外在新媒体的基础上怎么发展产业，怎么做技术的平台，怎么做内容，所以说我们培养新媒体应该说是交叉复合型人才，传播技术和艺术的结合。

这个人才应该说既传播，也知道怎么发展传播，怎么更好地实现所有的人向所有的人传播。我们学校 2008 年开的新媒体研究中心，我们开始有新媒体的示范基地，到 2011 年，我们是在全国教育部新闻传播学和通讯与信息研究学科的交叉学科下边成立了新媒体的专业，新媒体的专业现在既有博士点也有硕士点，这个专业分了三个方向，一个是新媒体的产业还有移动新媒体的技术和网络新媒体的技术。

我们这个学科也是应该说在全国是一个创举，我们专业向新媒体产业这块招的是文科的学生，毕业是文学的学位，我们的移动新媒体和网络新媒体技术授的是工科的学位。我们目前主要是研究生教育，主要包括三个方面，第一是课程研究的设置，既然要培养交叉和复合型的人才，我们在文科里面加了 20% 到 30% 的工科课程，在工科课程里面加了 20% 到 30% 的文科的课程，就是让大家了解的更全面一些。

第二个环节，我们强调动手能力，无论是从试验仪器，还是拍一些片子都是从实际的环节出发培养人才。

第三是在论文环节，我们更多是考虑到，应该说跟传统的媒体不一样，所以我们在这块，论文环节也更加自主一点，可以选题，也可以做一些内容和软件，也可以做一些说明，关键是看学生的一些兴趣。到目前为止，我们的新媒体学科也是刚刚的允许，也还是在研究阶段，有不成熟的地方请各位业界领导提意见。

暨南大学新闻与传播学院院长范以锦在论坛上的发言实录

大家好，我还是从默多克的 The Daily 被关闭来讲一下。这个报纸如果从人民币来讲有几个亿，现在亏损了几百万美元。很难运营下去，所以就关闭了。其实他的运营模式，还是严肃的传统媒体的运营模式。比如说这个可口可乐广告，你按下去他也会起来，这个就像玩游戏一样玩广告，这个后端的问题做得还是不错的。

前端就是内容不行，缺乏独特的内容。内容吸纳不了用户，广告做得再好，我作为一个用户不会花钱买广告来看。没有用户，你吸纳广告也吸纳不了。The Daily 新闻中心上百人，每年需要 2600 万美元支撑。没有依托任何报纸，每年能不能卖那么多钱，收那么多广告，他很早就有自己一条新的路子，最后还是前面的新闻没有做好出了问题。但是，非常有品牌影响力的报纸，建立新媒体之后，在新媒体里面也收费，也收得到，这是因为他有纸媒的品牌影响力，所以他就收了钱。

这个不依靠原有的品牌报纸的影响力，单独搞一个像新闻集团的报纸，难度比较大。打造品牌是一个非常长期的过程，我们说媒体是相对而言提升真正的差异化的经营，能够搞到华尔街日报的品牌，我们中国还是很难找到这么强的媒体。其实，做纸媒是品牌，转移到新媒体时可能就失去其品牌的特征。你放到新媒体上并没有非常明显的优势，我们国内的很多品牌纸媒准备搞新媒体的时候，同样你也没有收到钱。

我们现在传统媒体办的新媒体，转过去之后还有一个问题，没有解决新闻集团的 iPad 报，起码他的后端就是广告经营方面有了新的模式，但是我们还是延续传统的经营的模式。现在 iPad 报无非是三种，一种是像新闻集团一样自创造体系，自办 iPad 报。还有就是将现有的报刊复制，还有一种就是滚动发。美国新闻集团首席执行官鲁伯特·默多克认为 iPad 可能会拯救纸媒业，因为你不需要耗费纸张、墨水、印刷和运输。我觉得现在门户网站之所以能够火，非常强调的就是用户观念。比如说腾讯首先是对用户服务非常周到，等到你要进行个性化服务的时候，你就必须要分开。

运营理念是可以学的，我觉得现在强势的新媒体得有弹性，会越来越强。传统媒体介入新媒体目前还没有真正能够说起到良好的经济效益的。应该讲现在还在艰难的探索当中，有一部分会做得比较好，但是我们跟新媒体的对比差距是非常大的。我认为现在最艰难的就是怎么样找到市场模式、盈利模式。我觉得传统媒体介入新媒体一定要内容为王，技术为王，渠道为王都要结合在一起，新闻理念与技术理念并举。但是这个影响力怎么变成市场影响力？能够成为一种盈利的模式，这种理念是最难的。

不解决对接的问题肯定很难成功，就像百度搜索，如果他不想到竞价排名可以赚钱就没有盈利模式，没有盈利模式我们很多媒体是撑不住的，最后也会垮下去的，我的发言就到这里，谢谢各位。

共青团中央学校部大学处处长李骥在论坛上的发言实录

很高兴有机会跟大家分享一下，我们团中央对新媒体的思考和实践的做法。

我简要分享三方面的情况，第一我们对新媒体的理解。可以看到，事实上近期我参加了一些活动，大家都谈到了什么叫新媒体，新媒体可能有各种各样的特点，是个人可以生产、传播内容的工具。第二个是传播媒体，各种媒体的形式可以是综合的媒体。第三是一种微媒体，更多以短平快的方式展现。第四是靠互动吸引网民的参与。第五是动媒体，现在就是更多的人通过手机这样的终端在不受时空限制的能够进行一个个人自媒体的时代。第六个人库媒体。第七个是社媒体，是进行社交的媒体，这是我们关于新媒体特点的几点理解。

当然，为什么我们要运用新媒体开展我们的工作，或者我们为什么运用新媒体建构我们的组织，我认为是有以下四方面的背景，第一，社会信息化时代不可逆转的潮流，如果我们不运用新媒体，我们就落后于时代的潮流。第二，新媒体是当代大学生生存的客观环境。第三，新媒体是当代大学生生活的主观选择。第四，对于团中央组织来讲，我们工作找准大多数青年人的“聚集地”是开展青年群众工作的基本前提。现在的学生在哪呢？绝大多数在网上，因此，我们从事这项工作的组织就必须运用新媒体抢占这块阵地。

当然对于我们的工作来讲，我们要实现五个转变，工作理念转变，要适应新媒体的新特点和新优势，转变传统的工作理念。第二，工作方法转变，要主动运用学生喜欢、使用率高的新媒体工具和表达方式。第三，工作内容转变，既要打造网上新活动，也要拓展传统活动，形成线上、线下的互补。第四，工作机制要转变，构建学校共青团和各个层级之间的信息沟通。第五是组织建设转变。

运用新媒体，当然刚才有专家讲了，工具平台很多，究竟怎么用，我们首先选的是微博，现在有一个说法是有“两个中国”，一个是联播中国，一个是微博中国。刚才有人讲微博改变中国，有专家认为微博形成的大众权利在公众权利之外形成了大众权利，所以，迄今为止微博仍然是我们能够看到的学生喜欢的、参与度高的综合的个人媒体的门户这样一种方式，所以我们首先选择的切入点是微博体系的建设。

从2011年11月开始，我们正式在高校团组织启动了市级的微博工作，32个省级团委学校部官方微博，2174所高校团委官方微博，近40万个高校团支部的官方微博。

我们也是自然的积累过程，并没有大规模的推广，我们建立官方微博是要干什么？第一要实现工作展示和交流，我们要通过微博，让基层的团组织看到我们的工作。第二，通过微博的方式实现信息报送和传递，我们要实现一种信息的报送和传递功能。而且这里面我还想说微博新媒体提供了大范围的精准投放信息的渠道，这是过去传统媒体无法比拟的。第三就是思想引领和传播的平台，我们要去传播正面的社会的主流价值。第四，我们要成为活动组织和动员平台，第五我们要为学生的成长服务提供我们力所能及的服务。

所以，团中央学校部在考虑建立官方微博的时候，主要要建立五个平台，这是我们截取官方微博一部分页面，我们主要的功能是三部分，信息展示部分，上面有一部分是最近我们发出来的通知。中间大的是显示重点活动的照片和视频，下面是我们置顶的，有一个青春期与十八大的活动，而下面就是我们动态实时发布的信息。在中间区域这边是我们官方微博自己的标志，以及下面我们有省级团委学校部的官方微博，下面是我们一些推荐收听的内容，它的右边是我们几项重点活动的网站的链接和相关的内容。下面是我们提供关于考研、就业相关的链接，这个是官方微博主页面，这个是微博圈，我展示的是32个省级团委的官方微博，我们是聚集在一起的。

那么，建立了微博，刚刚我听到很多人提到，事实上建微博是一个方面，更重要的是用起来。我们建了一个话题，“我们20岁，青春正当时”，很多人参与。还有今年暑期“三下乡”的实践活动，吸引了100万人的参与。

这是我们和人民网，中国共产党新闻网在十八大前后做的百万学子寄语十八大的活动，这个活动目前为止是27万人参与。这个是我们线上的活动，我们团中央学校部逐步建立几个相对稳定的栏目，大家也可以看到我们有一个微思想的栏目。我们一位领导针对社会的热点问题发布了评论，迄今已经发布了40期了。在我们的听众当中获得的赞赏是比较多的，我们看到全部的转播和评论，还有阅读数量。我们还开展了一个阅读季的活动，现在的思考传播我们不在于告诉同学你要接受什么，而是把好的信息推荐给他，让他自己读，让他自己选择，自己判断，我们在各个高校推荐的这些名篇名作的基础上，还给大家推荐了放松心情、调整状态的微博。我们还有感悟十八大正能量正面传播的信息，总体来讲，就团中央学校部的官方微博来讲，我们目前侧重于以思想传播为主要内容的传播，以线上活动为主要方式的互动传播，我们也衷心希望和全国的高校一起把我们的新媒体应用做得越来越好。

武汉大学教授沈阳在论坛上的发言实录

非常高兴今天下午来这里跟大家交流学习，今天我来发布2012高校微博发展报告。

学术界对于微博的研究近年来是非常广泛的，高校微博研究的内容，包括发展现状的分析、大学生使用微博的情况、对高校的一些作用以及对大学生的影响，还有对教学的影响，这是高校对微博的研究内容。

我们可以看到，整个腾讯微博账号达到了16166个，在整个过程当中，985高校当中有21所高校开通了微博，在整个区域对比当中，我们可以发现西部地区尽管经济发展有一些不平衡，但是在新媒体应用方面还是比较到位的，这跟我们认知是有一定差异的。团中央在微博当中非常活跃，整体微博的量也非常高，我们可以看见最基层的团支部的微博的量得到了60万。我们可以看到在整个高校当中，像我们在80年代、90年代初期的时候，我们交流信息主要是座谈会，谈一些话题。现在越来越多在微博里面做开放式的交流，我们用微博也调研了1万多个网友，分析了他们使用微博的状况，当然还有很多同学完全不知道自己的大学开了微博，实际上运营的空间还比较大。

大学生在判断一条微博的可信度的时候，更愿意相信自己掌握的信息，第二个是博文本身的内容和传播力，微博名人影响力还不是最大的。我们可以发现大学生关注的点，和高校官博的点是不匹配的。大学生主要关注娱乐、八卦、新闻、情感，体育比赛大学生也比较活跃，我们看到整个微博的量在比赛开始达到高峰期。现在我们跟官员培训不需要说新媒体的重要性了，现在整个微博对于高校舆情的影响还是比较大的，还有一点增加了资源，包括招生、校友、媒体。我自己招的硕士研究生、博士研究生很多都是通过微博跟我交流的。

高校微博也有很多问题，比如说影响力不够，运营不到位，定位不明确，管理不完善。再一个就是缺乏组织，微博比较分散，整个高校的微博处于快速的发展过程中，我们刚才看到有很多形式，提几条建议，第一个就是提升我们的微意识，加强我们的微行动，学生看一个微博，更多是看微博带来哪些变化和行动，第二就是形成长期的发展，我们有关的部委，包括教育部应该形成社交媒体整体的战略，形成微博管理的制度，需要精细化运作，形成各种微博的特色，强化微博的宣传。我们可以看到，在整个过程当中，实际上现在也有几个趋势，第一个官民合力助推微博的趋势，还有海外的高校涌入微博的趋势，我们中国跟国外相比，竞争力比较弱的一块就是教育。在这块我们可以明显发现，海外的微博账号较大程度涌入微博中来。在这个里面，学校里面微博关系群，随着运营时间的增长，他的互动关系也会日益完善。整个高校微博会成为业务咨询的渠道。所以，从我们的角度出发，我们最后呼吁，就是通过新媒体来推动我们学校，学费低一点，补助多一点，师生互动频繁一点，官本位轻一点，学习和恋爱的条件好一点，谢谢大家，我的报告就到这里。

南开大学党委宣传部副部长丁峰在论坛上的发言实录

今天的话题我觉得首先主题是新媒体，微博是新媒体的一种，而且微博传播渠道是新媒体当中的一个移动互联网的手段。你想要了解新媒体或者信息，或者学校应对新媒体的环境，你还有 HTML 新的技术的应用，包括其他的各种新媒体的手段，所以我想从今天大主题，从新媒体的角度谈谈我们是怎么看这个新媒体的。

我觉得对新媒体，当然是以微博为主的传播手段，大伙都这样认为，它的利弊我就不用说了。高校怎么看待新媒体、利用好它，确实是现在重要的课题。我感觉，新媒体现在第一要从心态上调整过来，了解新媒体，这个包括具体做事情的各个部门的层面，同时也非常重要的是要有一定的渠道来改变咱们校领导这么一个观念问题。

第一次做微博开研讨会的时候，我记得在重庆，听到了肖书记的发言，感到很精彩，而且他身体力行地做这样的工作，我觉得像这样的校领导越多的话，学校应对新媒体的工作会越做越好。新媒体三者为王，不再是以前的内容为王，还有技术和渠道，但是校园里面有组织传播的优势，所以它的信息、它的权威性和发布，可以不做渠道，师生照样要接收信息。所以学校对新媒体接受的动力不是特别强，这个就是我们需要进一步改变的，要从观念上改变。

还有，原来我们只是一个麦克风，学校发出的东西是官方的、权威的，现在学校要放平心态看各种各样的评论。

第二是能力的建设，我们做高校新闻传播的机构，要带头在新媒体传播能力建设上做一个探索，总而言之我们要学习新媒体，探索新媒体，然后应用到实践当中去。我觉得这个是高校应对新媒体两个非常重要的方面。

中国人民大学新闻学院副院长喻国明主旨演讲实录

谢谢，刚一来到现场，我一下被吓住了，热气腾腾的样子，我就问旁边的工作人员，这是做传销吗？因为只有传销才会这样子。新媒体真的是激动人心的事情，说句题外话，前两天我刚一吃早饭的时候，手机就响了，他说你的工商银行的账户在山西消费了6000 元，工商银行提醒您注意自己的账户变动。我一下子就删掉了，但是删掉之余我想，这个诈骗队伍里面没人才吗？我想一定会有人能够把这个诈骗短信写得更有魅惑力，难道他们不作为吗？这里面一定是有道理的，我想了一下，觉得这里面真有道理。

因为我们都熟悉一种筛选，考试，比如说国考也好，高考也好，是人中选优，但是我们没有注意到还有另外一种考试，是往下筛选，人中选劣，把特别没有能力的人选出来，诈骗集团就是利用向下筛选的机制，如果他把这个短信写得很有魅惑力，连我们看了都心有疑惑，忍不住咨询一下，那么他接 1 万条短信的时候会收到多少回复？这么多人是有成本的。但是我们都知道，像我们这样的人，或者说 99.99% 不会因为他三言两句就去 ATM 机上转账，被他吓住了。但是他接了很多通电话，没有收益，诈骗事业如何进行呢？所以显然按照某种思维惯性，按照某种常识，我们想他应该把短信写得有魅惑力，这样做反而害了他。这就是盗亦有道，所以他做了反向筛选，把那些一眼望上去就是诈骗短信的东西，有人还非得确认一下，那么你就中奖了，你就是诈骗集团重点培养对象。看起来这是一个很弱智的短信里面包含的道理是极其深刻的，这就告诉我们面对一种情况，面对一种现象，我们不能按照过去的思维惯性画延长线，不能按照自己的逻辑直觉去做事情，而在新媒体这种浪潮和压力的冲击之下，我们的新闻教育，我们的传播教育事实上很多是凭惯性办事，这就是最大的问题。

我们学传播学的人都知道，像网络、微博改变了社会秩序和规则的新的传播形式出现，它不仅仅是增加了我们的传播平台和通路，如果我们看到仅仅是传播工具、传播平台、传播通路的话，我们对新媒体的理解就太肤浅了。它最深刻的改变的是人和人之间的关系，群体和群体之间的关系，更大程度上改变的社会力量对比，社会的游戏规则才是新媒介给我们带来的深刻的、重要的变化。如果不从这个意义上理解新媒体对这个世界造成的影响，并且从这个角度培养未来驾驭新媒体的人，这是一个绝大的错误。

但是我们的确看到这种教育引领的现状，涌现一大批教材，网络编辑学，网络写作学等等，结果视频一走红以后，又有视频什么，视频什么，微博出现的时候又有微博传播学，微博营销学，今天手机移动终端也出现了移动传播学等等。我们都知道数字化对我们来说意味着什么，万物皆可为，这就是数字化给我们带来的含义。如果我们的研究都是按这样介质扩张，建构我们的教育体系，总有一天我们有矿泉水传播学、凳子传播学，我们要开多少门课才让我们的学生毕业啊？今天就有这样的倾向，大量的学科堆积在学生面前，我们学校已经算是很紧凑地精简我们的课程了，学生学了这么多，学的是什么呢？都是介质类的传播学，这对我们很多学生是一个逻辑上的方向上的误导，他们真正应该抓住的东西没有抓住。

我觉得两个多月之前，我们在中山大学参加一次学术研讨会的时候，其中提到一个重要的情况，传播学在今天各领域里面走到了中心的位置。他们做了一个分析，看了近30年的情况，前25年经济学是社会科学里面的带头型的学科。但是最近五年情况发生了很大的变化，以网络研究为主导的传播学的研究已经在社会科学研究领域里面异军突起，成为规模、数量、影响力最大的一个学科的研究。

这告诉我们说什么，今天整个社会科学的运作，需要用传播学的视角、规则为整个社会做学科、学理的重构。今天，我们是来为政治学、社会学、心理学等等一系列的学科，为他们制定框架，决定逻辑的时刻，因此我们必须要站在更高社会的视角上，架构我们的学科，形成我们研究和教学的重点，这才是重要的。

所以，我们想说的这句话就是我们对于未来人才的培养，无论从研究还是教学的角度来说，要考虑一个大的结构上的变革，在大的结构性变革上讨论一下更加深层次的问题，而不是简单按照自己的直觉、惯性画延长线，这个延长线画的是没有道理的，这就是我开头作为下一段主持人说的有点不着边际的话，谢谢。

微政道——2012 年新浪政务微博应用交流会之西部专场

活动名称：微政道——2012 新浪政务微博应用交流会之西部专场
时　　间：2012 年 12 月 12 日
地　　点：四川·成都

2012 年 12 月 12 日，“微政道——2012 新浪政务微博应用交流会之西部专场”在成都召开，来自四川、陕西、新疆、重庆、贵州、云南、宁夏、甘肃等西部十省的 200 余名政务微博代表参加了本次大会。会上公布了各省政务微博影响力榜、西部地区十佳应用奖及影响力飞跃奖。会议就微政道时代政务微博发展趋势、政务微博定位与使用、如何利用微博实现政务协作等问题进行了分享和交流。会议指出，2012 年微博进入务实应用阶段，不断提升应用水准是政务微博持续发展的关键。

当天上午，新浪网副总编辑邓庆旭发表致辞，对西部各省政府部门在推动政务微博工作中所付出的努力表示感谢，并希望继续携手各地政府部门开创政务微博工作新局面。人民网舆情监测室秘书长祝华新作为特邀专家现场发表主题演讲，阐述其对政务微博发展趋势的专业看法。“@成都发布”“@问政银川”先后分享了政府新闻办微博运营经验、政务微博协作办公经验，为现场政务微博代表带来了不少有益启发。

2012 年，政务微博进入民生应用年，成为民意汇集交流的平台。西部地区各省政务机构和公职人员纷纷落户新浪微博，截至 2012 年 10 月底，西部十省的政务微博总数约为 1.1 万个，四川、陕西、新疆、重庆、云南等地政务微博数分别为 2434、2071、1791、1257、1160 个。其中，四川政务微博总量位居全国第 9，在西部地区居首位。

为突出西部地区各省的政务微博在务实应用、服务民生方面做出的积极贡献，本次大会还评选出各省政务机构微博 TOP10 和公职人员微博 TOP10，肯定了各地在政务微博建设和微博办公中取得的优异成绩，为西部地区政务微博的发展树立榜样。同时，对比上半年和下半年的影响力，对成长最快的政务微博，大会颁发了西部地区政务微博影响力飞跃奖，兰州市公安局交通警察支队东岗大队五中队官方微博（@东岗交警五中队）、重庆市彭水苗族土家族自治县官方微博（@微播彭水）、新疆妇联官方微博（@新疆靓丽女性）获得前三名。

此外，为表彰西部地区政务微博在创新应用上取得的成绩，大会特别评选出了西部政务微博十佳应用，获此殊荣的有：“@平安伊犁”“@重庆市人民政府新闻办公室”“@云南省省直机关团工委”“@武侯发布”“@平安宁夏”“@甘肃省教育厅”“@陕西发布”“@新疆温泉县宣传部”“@给力都江堰”“@重庆环保”等。四川、重庆、新疆三地均有两个政务微博入选十佳应用，体现了这些省份政务微博具有较高的应用水准。

2012 年以来，我国西部地区政务微博在发展中呈现出较强的集群化特征。政务微博的集群化发展便于同一地区不同部门或同一部门不同层级的政府机构高效沟通、协同发力、服务网民。

为打造都江堰市自主掌握的媒体平台，形成政务微博的集聚效应，2012 年 3 月 15 日，以都江堰宣传部官方微博“@给力都江堰”为主账号，涵盖全市 63 家市级部门、20 个乡镇（街道）及下辖 254 个社区共计 336 个政务微博的都江堰市政务微博发布厅正式上线运行。作为全省第一家基层政务微博发布厅，实现了基层政务微博的全域覆盖。今年 12 月上旬，都江堰市和新浪四川合作的基层政务微博考核软件开发成功，都江堰成为全省第一家运用考核软件对基层政务微博进行科学考核的单位。

“@重庆市人民政府新闻办公室”则在发布厅微博发展方面树立了典范。自认证以来，“@重庆市人民政府新闻办公室”共发布微博 4800 余条，粉丝达到 125 万，成为重庆地区重要的政务信息发布平台。2012 年 5 月，“@重庆市人民政府新闻办公室”牵头开通了“重庆微政务”发布厅平台，整合了 63 家重庆各级政府机构及企事业单位，迈出了微博问政、协作办公的关键一步。

此外，西部地区团委微博也取得突破性进展。2012 年，“@云南省省直机关团工委”开通了云南省直机关下属所有单位团委微博，形成云南省直机关团委微博矩阵。同时连续 3 个月发起大规模线上活动，征集“我身边的共青团”故事，积极拉近与网友的距离，不但取得了良好的互动效果，同时也提高了下属基层机构的微博应用能力，做到更好的为民服务。

务实应用、服务民生是政务微博持续发展根本。2012 年是政务微博民生应用、务实应用突飞猛进发展的一年。在这一年里，全国政务微博数量总数已经突破 6 万，在数量增长形势依旧迅猛的同时，政务微博更加注重亲民，务实与应用，以及真正利用微博为群众解决实际问题。同时，西部地区政务部门逐渐认识到微博平台的作用，越来越善于利用微博新媒体扩大自身影响力、进行宣传、助推政务实施，并且在应用、创新，服务民生等方面有着杰出的表现，呈现出全面发展的态势。

2012 年 8 月 15 日，“武侯微博政务厅”正式上线，武侯区下辖的 80 家政府部门开通微博并集体亮相。上线三个多月来，共收到微博问政 300 余条。截至目前，2012 年共计收到微博问政 600 余条，“@武侯发布”均 100% 进行了回应和处理，群众满意率达 95% 以上，受到网友广泛好评，为政务微博务实应用做出了表率。

在新浪 11 月底发布的《2012 年度新浪政法微博报告》报告中，“@四川司法”微博发布厅、“@平安武侯”双双入选“2012 年度全国政法微博十佳应用奖”。“@四川司法”微博发布厅集合了四川省司法厅、四川省监狱管理局及成都 15 个地市州司法局等在内的 129 多个司法机关微博，在普法宣传、政民互动方面发挥巨大作用，也为全国司法微博发展树立新标杆。“@平安武侯”则以其亲民形象深入人心。从“一日警察计划”微博活动，带网友体验派出所民警、110 巡警、刑事技术民警和便衣民警的工作状态，到“解救单身警察”计划，将优秀单身警察以微博形式推荐给网友，并成功解救多位单身警察，“@平安武侯”一直努力通过微博搭建警民沟通桥梁，通过多种不同形式的策划和创新，加强警民之间交流，改善警民关系。

“@平安伊犁”在新疆第一个成立微博办公室，坚持编辑精品微博，内容有微电影、动画、漫画等形式，同时还在全国公安微博中首次开通了“每周一播”固定视频播放栏目。“@平安伊犁”多次在微博上为游客、困难群众等各界人群提供救助。2012 年 6 月 30 日，新疆新源县与和静县交界发生 6.6 级地震，“@平安伊犁”立即对外转发了“@新疆地震局”权威信息，积极引导舆论，同时“@平安伊犁”管理小组人员奔赴地震灾区一线，全天候微博直播现场抢险救灾实况。开博6个月以来，“平安伊犁”粉丝突破5.3万，发表原创微博1500余条，受到了网友和媒体的高度关注和好评。

教育微博的崛起也成为西部地区政务微博亮点。自2012年4月23日上线以来，“@甘肃省教育厅”已发布微博1034条，粉丝达到222620个。通过及时传达上级政策指示、更新教育系统相关资讯、发布人力资源招聘等广受关注的信息，“@甘肃省教育厅”微博已成为甘肃地区教育系统面向广大师生、家长的崭新门户，对推进教育公平、公正起到了积极的促进作用。

从大量新浪微博平台统计数据来看，提高政务微博应用水准，为百姓办实事是政务微博进一步发展的关键。政务微博平台的应用，目前正经历着一个低级往高级、由单一功能往复合功能演变的过程。这一过程中，是否能够不断提高微博应用水准，让微博成为务实办公平台，是政务微博能否持续发展的根本。

政务微博泉城论坛

活动名称：政务微博泉城论坛
活动主题：政务微博与创新社会管理
指导单位：山东省网络文化办公室
主办单位：山东省济南市网络文化办公室、济南日报报业集团
承办单位：舜网
时　　间：2012年12月12日
地　　点：山东·济南

2012年12月12日，由山东省网络文化办公室指导，济南市网络文化办公室、济南日报报业集团主办，舜网承办的“政务微博泉城论坛”在济南市舜耕山庄举行。山东省网络文化办公室主任刘致福，十七地市网络办主任，省重点新闻网站负责人，济南市直机关等宣传部门负责人以及专家学者等200余人共同与会。本次论坛的主题是“政务微博与创新社会管理”。

活动中，新加坡南洋理工大学公共管理研究生院院长吴伟发表了以“政府危机管理”为主题的演讲，人民网舆情监测室主任分析师庞胡瑞就“政务微博与创新社会管理”与听众交流了政务微博的经验，“@南京发布”“@中国广州发布”“@济南公安”“@人民网”等官方优秀微博负责人也与与会人员进行了经验分享，新浪网政务微博总监丁正洪就政务微博未来发展新趋势、方向做了深入阐述。

随着微博对中国社会的影响力日益增强，微博舆论也逐渐引起各级政府部门的重视，大量的政府机构、政府官员纷纷开辟微博，政务微博成为政府发布信息、了解民意、汇集民智和官民沟通互动的重要平台。并在服务民众、亲民沟通、网络问政、舆情引导、应急救援、宣传推广等方面有积极的作用。

值得关注的是，2012年基层政务微博和部委微博发展迅速，他们更直接地倾听民意、服务民生，已成我国政务微博发展的中流砥柱，政务微博已经从问政渠道扩展为办公平台，成为我国最具影响力的政务微博平台。参与活动的部分单位表示，此次“政务微博泉城论坛”，通过专家以及优秀政务微博代表的阐述和经验交流，对微博在创新性社会管理中起到的作用有了更深层次的理解。

微政道——2012 新浪政务微博应用交流会之华北专场

活动名称：微政道——2012 新浪政务微博应用交流会之华北专场
时　　间：2012 年 12 月 18 日
地　　点：天津

2012 年 12 月 18 日，“微政道——2012 新浪政务微博应用交流会之华北专场”在天津正式召开，来自北京、天津、河北、山西、内蒙古 5 个省份以及在京中央部委共 150 余名政务微博代表参加了本次交流会。会上公布了 2012 年度华北各省政务微博影响力榜、影响力飞跃奖、十佳应用奖等系列榜单，同时还就政务微博如何贴近网民、服务民生等议题展开讨论。会议指出，2012 年微博进入民生应用年，不断提升应用水准是政务微博持续发展的关键。

当天上午，新浪网副总编辑周晓鹏在会上发表致辞，肯定了华北地区政务微博发展成绩，并希望继续携手各地政府部门开创政务微博工作新局面。清华大学公共关系与战略传播研究所高级研究员侯锷作为特邀专家现场发表主题演讲，阐述微政时代的政府社会化管理创新。随后，“@ 交通北京”“@ 河北发布”“@ 外交小灵通”分别从不同角度分享了其微博运营经验，为现场的政务微博代表带来了不少有益启发。

华北地区政务微博增长迅猛

2012 年，政务微博进入民生应用年，成为民意汇集、政民交流的平台。华北各省及中央部委政府机构和公职人员纷纷落户新浪微博平台，据统计，2011 年 10 月底华北政务微博总数为 3400 余个，截至 2012 年 10 月底发展到近 1 万个，约为去年的 3 倍。其中，北京、河北、内蒙古政务微博数分别为 3080、2535、1499 个。另外，全国 22 个省级政府已在新浪开通官方微博，华北五省均开通，如“@ 北京发布”“@ 河北发布”等已成为当地最受网民关注的政务微博之一。

本次大会公布了各省政务机构微博 Top10 和公职人员微博 Top10，肯定了各地在政务微博建设和微博办公中取得的成绩，为华北地区政务微博的发展树立榜样。同时，对比上半年和下半年的影响力，对成长最快的政务微博，大会颁发了华北地区政务微博影响力飞跃奖，“@ 智慧长阳”“@ 北京边检”“@ 山西共青团”“@ 天津市政府新闻办发布”“@ 石家庄发布”等入围。

为表彰华北地区政务微博在创新应用上取得的成绩，大会特别评选出了华北政务微博十佳应用奖，获此殊荣的有：“@ 北京市东城”“@ 京西门头沟”“@ 天津消防”“@ 天津高速公路”“@ 唐山发布”“@ 河北省旅游局”“@ 吕梁市新闻办公室”“@ 平安太原”“@ 鄂尔多斯旅游局”“@ 赤峰市敖汉旗公安局”。

在 2012 年政务微博的发展中，中央部委微博成为突出亮点，据统计，目前有包括外交部、公安部、卫生部、铁道部、商务部等在内的20个国家部委及下属部门开通了46个相关微博。本次大会还专门评选出了十大中央部委微博："@外交小灵通""@商务微新闻""@中国铁路""@中国青年志愿者""@公安部打四黑除四害""@国家林业局""@国务院公报""@中国药监""@中国维和警察""@中国旅游"等入选。同时，凭借政务微博运营过程中的创新应用，"@百名全国劳模微博厅""@微言大义话教育""@共青团12355""@中国地震台网速报""@交通安全微发布""@全国卫生12320"等荣获中央部委微博最佳应用奖。

重视务实应用华北政务微博影响力凸显

2012年是政务微博民生应用、务实应用突飞猛进发展的一年。在这一年里，全国政务微博总数已经突破6万，在数量增长形势依旧迅猛的同时，政务微博更加注重亲民，务实与应用，以及真正利用微博为群众解决实际问题。同时，华北各地政务部门逐渐认识到微博平台的作用，越来越善于利用微博新媒体扩大自身影响力、进行宣传、助推政务实施，并且在应用、创新、服务民生等方面有着杰出表现，呈现出全面发展的势态。

"@京西门头沟"是北京市门头沟区政府的官方微博。2012年9月，该官方微博依托"第三届北京国际山地徒步大会"推出"我是徒步达人"微博活动，通过线上政民互动、线下网友参与的方式将区内旅游资源及赛事宣传进行了双向推广，效果良好，培养了大量铁杆粉丝，增加政务微博的活泼性、实用性。为了进一步宣传推介门头沟区山水文化等各项特色资源，吸引广大市民走进门头沟，"@京西门头沟"还发起了"印象京西——2012微博摄影大赛"。在此次活动中，该微博共征集到近4000幅网友参赛照片，一时间形成网上对"#印象京西#"话题的热点讨论。该官方微博通过主动策划、发动网友参与活动，实现了对门头沟区的正面、积极宣传效果。

此外，天津市公安局消防局官方微博"@天津消防"经常通过微博活动宣传消防安全常识，和粉丝互动，并多次通过微博线索及时进行救援，赢得网友的肯定和支持。10月份，该微博开展的"消防常识我来答"线上答题活动吸引了不少粉丝的围观和积极参与，既为普通网民普及了消防常识，又有效地拉近了警民距离。通过微博，"@天津消防"还和当地企业达成合作，拍摄了消防公益片。

务实应用是政务微博长久发展的根本。2012年，新浪政务微博除了在数量上继续保持全国领先地位之外，也更重视与各级政府机构及公职人员微博一起实现服务民生、务实应用的目的。据了解，为了能让政务微博代表相互分享运营经验、共同探索政务微博发展之路，新浪将于2012年底在全国范围内分区举办六场"微政道——2012新浪政务微博应用交流会"，与各地区及各部门的政府微博代表及舆情专家、培训专家充分交流并探讨政务微博应用之道。

华北区域政府机构微博影响力飞跃奖

@智慧长阳：北京市房山区长阳镇人民政府官方微博

@北京边检：北京出入境边防检查总站官方微博

@晋中公安：山西省晋中市公安局官方微博

@山西共青团：共青团山西省委官方微博

@石家庄发布：河北省石家庄市人民政府新闻办公室官方微博

@青山人青山事：中共包头市青山区委宣传部官方微博

@天津市政府新闻办发布：天津市人民政府新闻办公室官方微博

@赤峰市公安局官方微博：内蒙古赤峰市公安局官方微博

@津彩青春：共青团天津市委员会官方微博

@承德旅游官方资讯：承德市旅游局官方微博

华北区域公职人员微博影响力飞跃奖

@桑源朔风：山西新闻网朔州频道副主编

@剑胆琴心高丽萍：山西吕梁市新闻办主任高丽萍

@忠恕达仁：保定市委宣传部副部长、市文明办主任

@永华的小菜园：河北省公安厅政治部副主任兼宣传处长

@李中增：内蒙古团委副书记

@盛世小评姒传双心语录：内蒙古满洲里市委宣传部副部长、文明办主任姒传双

@天津王翔宇：天津公务员

@天津禁毒总队丁国兴：天津市禁毒总队总队长丁国兴

@赴汤蹈火119：北京市公安局消防局副局长新闻发言人李进

@刑警曹志刚：北京市公安局刑侦总队五支队副支队长曹志刚

华北区域政务微博十佳应用奖

@鄂尔多斯旅游局：内蒙古鄂尔多斯市旅游局官方微博

@赤峰市敖汉旗公安局：内蒙古赤峰市敖汉旗公安局官方微博

@唐山发布：唐山市人民政府新闻办公室官方微博

@河北省旅游局：河北省旅游局官方微博

@天津消防：天津市公安局消防局官方微博

@天津高速公路：天津市高速公路管理处官方微博

@吕梁市新闻办公室：山西省吕梁市新闻办公室官方微博

@平安太原：太原市公安局官方微博

@北京市东城：北京市东城区官方微博

@京西门头沟：北京市门头沟区政府官方微博

中央部委十大影响力政府机构微博

@外交小灵通：外交部公共外交办公室

@商务微新闻：中华人民共和国商务部新闻办

@中国铁路：铁道部政治部宣传部官方微博

@中国青年志愿者：中国青年志愿者官方微博

@公安部打四黑除四害：公安部治安管理局、公安部“打四黑除四害”专项行动办公室官方微博

@国家林业局：国家林业局官方微博

@国务院公报：国务院公报微博

@中国药监：国家食品药品监督管理总局官方微博

@中国维和警察：中国维和警察官方微博

@中国旅游：国家旅游局官方微博

中央部委政务微博六大最佳应用

@百名全国劳模微博厅：全国总工会
@微言大义话教育：教育改革微博采访团官方微博
@共青团 12355：团中央权益部 12355 青少年服务台
@中国地震台网速报：国家地震台网官方微博
@交通安全微发布：公安部交通管理局宣传教育处官方微博
@全国卫生 12320：全国 12320 卫生公益热线官方微博

北京市十大影响力公职人员微博

@陈士渠：公安部打拐办主任陈士渠
@传说中的女网警：北京市公安局网警高媛
@潇远圆梦：女性节目资深策划人、中国妇女报刊协会副会长张小媛
@吃斋的猫 2011：外交官
@褚峰：共青团中央组织部副部长褚峰
@北京王惠：北京市政府新闻办公室主任王惠
@庹祖海 TuoZuhai：资深文化观察者，《网络时代的文化思维》作者
@老邹 laozou：《微博时代的新闻发布和舆论引导》《外交部发言人揭秘》等作者
@孟昆玉微博：北京市公安局公安交通管理局西城支队广安门大队民警孟昆玉
@陇原渔夫：农业部工作人员 水产科学爱好者

北京市十大影响力政府机构微博

@平安北京：北京市公安局官方微博
@北京发布：北京市政府新闻办公室官方微博
@我在 120 上班：北京急救中心官方微博
@北京消防：北京市公安局消防局官方微博
@交通北京：北京市交通委员会官方微博
@首都儿科研究所：首都儿科研究所官方微博
@北京市旅游发展委员会：北京市旅游发展委员会
@北京铁路：北京铁路局官方微博
@文明北京：首都文明办官方微博
@安居北京：北京市住房和城乡建设委员会官方微博

河北十大影响力公职人员微博

@刘星洪：秦皇岛经济技术开发区工委宣传部部长
@人众之人：河北旅游人事教育副主任
@挺进 007：河北省旅游局办公室主任
@霍琳：河北检察官霍琳
@周希胜：沧州市公安局渤海新区分局黄骅新城派出所指导员周希胜
@反腐联盟杜春艳：河北省唐山市公安局民警
@左春和：民盟河北省委文化委员会副主任
@片警吕建江：石家庄市公安局汇通派出所片警吕建江
@棒子粥走江湖：邯郸市峰峰矿区交通局行政复议员
@民警小唐：保定市公安局南市区分局民警

河北十大影响力政府机构微博

@河北公安网络发言人：河北省公安厅官方微博
@河北发布：河北省人民政府新闻办公室官方微博
@石家庄公安网络发言人：河北石家庄市公安局官方微博
@河北公安网：河北省公安厅官网关联微博
@石家庄共青团：河北省石家庄共青团官方微博
@微博河北：河北外宣官方微博
@河北共青团：共青团河北省委员会官方微博
@保定公安网络发言人：河北保定市公安局官方微博
@河北天气：河北省气象局官方微博
@邯郸公安网络发言人：河北邯郸市公安局官方微博

内蒙古十大影响力公职人员微博

@阿云嘎：内蒙古包头市旅游局副局长
@盛世小评：内蒙古满洲里市委宣传部副部长、文明办主任
@内蒙古呼伦贝尔刘翼：内蒙古呼伦贝尔市政协副秘书长刘翼
@内蒙团委任霄：内蒙古自治区团委宣传部部长任霄
@基层网警：巴彦淖尔市杭锦后旗公安局大队长
@代勤77：内蒙古人社厅信息中心副主任
@姜继飞：内蒙古通辽市青少年宫主任姜继飞
@李中增：内蒙古团委副书记
@藤崎雅也：内蒙古博物院事务管理中心主任
@薛华：大学生村官

内蒙古十大影响力政府机构微博

@内蒙古自治区团委：共青团内蒙古自治区委员会官方微博
@内蒙古消防：内蒙古消防总队官方微博
@内蒙古交警：内蒙古公安厅交管总队官方微博
@活力内蒙古：内蒙古自治区互联网信息办公室官方微博
@呼铁宣传：呼和浩特铁路局官方微博
@内蒙古经侦：内蒙古公安厅经侦总队官方微博
@内蒙古自治区地震局：内蒙古自治区地震局官方微博
@鄂尔多斯发布：内蒙古鄂尔多斯市官方微博
@北疆警务宣传：内蒙古公安厅宣传处官方微博
@集通铁路：内蒙古集通铁路集团公司官方微博

山西十大影响力公职人员微博

@中医老冯：山西中医学院附属医院副院长、教授冯明
@芝麻官悟语——王敬瑞：山西阳泉市副市长王敬瑞
@片警张世平：太原市公安局万柏林分局建矿派出所民警张世平
@_ 雄关漫道真如铁_ ：民盟山西省委秘书长 山西省政协委员
@太原公安第一博：太原公安局万柏林分局政委、原太原公安局发言人史水鸿

@金聋愚的传说：山西省太原市国家税务局信息中心主任
@吕梁张效彪：山西省吕梁市委常委、政府常务副市长
@女警吴丽：大同市南郊公安分局副局长
@山西张冰：山西省国家税务局信息中心副主任
@政协常委李国庆：民革山西省沁县支部主任委员，沁县政协常委

山西十大影响力政府机构微博

@平安太原：太原市公安局官方微博
@晋中公安：山西省晋中市公安局官方微博
@山西公安：山西省公安厅官方微博
@平遥古城：山西省平遥县委宣传部
@山西省旅游局官方微博：山西省旅游局官方微博
@太原铁路：太原铁路局官方微博
@五台山风景名胜区：山西省五台山风景名胜区
@共青团山西省 12355：山西省青少年维权中心
@山西省气象局：山西省气象局官方微博
@廉洁晋城：山西省晋城市纪委监察局官方微博

天津十大影响力公职人员微博

@南开 POLICE：天津公安南开分局 李浩
@天津贾岩：天津市河西区人民检察院检察委员会委员，办公室主任
@晒晒你的防范漏洞：天津市公安局指挥部网站可副科长范作为
@牛赓_ Amos：天津市公安局塘沽分局杭州道派出所科员
@乐舞乐章：天津市人民政府办公厅秘书于鹏洲
@Kojote：天津出入境检验检疫局科员
@动车之花：北京铁路局天津客运段列车长、铁道部火车头奖章获得者、全国铁路优秀共产党员标兵徐颖
@周唯达——达达的简单生活：天津市政协副主任科员
@王毅斋：天津市河东区人大常委会副主任王毅斋
@在路上——616：天津市公安交通管理局南开支队体育中心大队副大队长

天津十大影响力政府机构微博

@天津港公安局：天津市天津港公安局官方微博
@滨海高新区：天津滨海高新区工委宣传部
@滨海新区公安塘沽分局：天津市滨海新区公安局塘沽分局
@活力河西青年_ 河西团委：共青团天津市河西区委员会官方微博
@天津青年宫：天津青年宫
@天津站_ ：天津火车站官方微博
@精彩武清：天津武清开发区官方微博
@天津市气象服务中心：天津市气象服务中心官方微博
@天津河西检察官：天津市河西区人民检察院官方微博
@天津地铁运营：天津市地下铁道运营有限公司官方微博

新浪网副总编辑周晓鹏致辞实录

尊敬的各位领导，各位来宾，大家上午好，首先我代表新浪网对来自华北五省市的各位领导的光临，表示最衷心的感谢。

应该说时至今日大家对微博已经不再陌生了，对新浪政务微博大家已经不再陌生了，新浪微博的注册数已经超过4个亿，我们发展得非常迅速和迅猛，在2012年的新浪政务微博报告中我们可以看到，整个在新浪认证的机构和官员的微博超过6万，比去年增加了将近2倍，从这个数字可以看到整个政务微博在今年得到了一个非常迅猛的发展。

我们讲微博的出现，改变了网民上网的行为和媒体运营报道模式，同时也改变了政府与民众交流的方式，政务微博在这几年的运作当中看得很明显。以华北为例，咱们华北五省市政务微博总数超过1万。这其中我们可以欣喜地看到，省级的政务微博在华北五省已全部开通，而且我们华北五省当中包括了20多部门及其下属单位的60多个官方微博，对整体的政务微博都是非常有利的组成部分。

我一直讲微博的开通不是一个很难的事情，我相信在座很多的各位领导都应用过微博，微博开通不难；但是重要的一点，我们开完之后如何更好地使用，特别是对我们的政府和官员，如何认识和更好地使用，这是我们真正开通政务微博的目的之所在。正是基于这样的想法，我们今天在这里举行一个华北五省有关政务微博在应用交流方面的培训。

这里面我特别强调的是，今天的会议是由新浪来主办的，但是实际上会议的主角并不是我们，而是接下来我们来自各个地方的领导，我们政务微博的应用团队，还有包括清华大学侯锷老师的一个分享。在这个会议的环节我们还设立了一个对于华北五省政务微博的一个颁奖。像我们一直给出的观点一样，对于这个颁奖，对于我们来讲与其说是一个奖励，不如说是新浪对大家的一个致敬，正是大家一会儿要看到的。

华北各个政务微博的认真工作和努力，才能使我们的政务微博、新浪微博变得丰富多彩，也能让网民感受到政府部门运用新的实践平台，在实践创新中的努力，感受到这个时代的温度，应该讲在接下来的时间，我们希望通过今天这样一个会议，能够让大家在政务微博的使用跟交流方面达到这个会议的目的，也希望大家在天津工作和生活的愉快，谢谢大家！

‖ 2013 年度 ‖

微政道——2012 新浪政务微博应用交流会华东专场

活动名称： 微政道——2012 新浪政务微博应用交流会华东专场议程
主办单位： 新浪网
承办单位： 新浪财经
支持单位： 新浪江苏
时　　间： 2013 年 1 月 17 ~ 18 日
地　　点： 江苏 · 南京

2013 年 1 月 17 日下午，由新浪网主办、新浪财经承办、新浪江苏支持的“微政道——新浪政务微博应用交流会之华东专场”在南京开幕，来自华东地区政府微博代表及舆情专家、培训专家 120 余人参会。会议就微政道时代政务微博发展趋势、政务微博的应用与创新等问题进行交流。

2012 年，政务微博发展进入民生应用年，微博成为民意汇集交流的平台。华东地区各省政务机构和公职人员纷纷落户新浪微博，2012 年 10 月底发布的数据显示，华东地区政务微博总数约为 1.27 万个，约占全国政务微博总数的五分之一。而江苏政务微博数量较 2011 年底增长超过 300%，位居全国之首，也是全国唯一一个政务微博总数超过 6000 的省份。此外，江苏省政府机构微博 3768 个，公职人员微博 2454 个，均居全国首位。

从大量新浪微博平台统计数据来看，提高政务微博应用水准，为百姓办实事是政务微博进一步发展的关键。政务微博的应用，目前正经历着一个低级往高级、由单一功能往复合功能演变的过程，微博应用水平将成为决定政务微博持续发展的重要因素。

据了解，此次大会将颁发 2012 年四省市政务微博影响力奖、华东地区政务微博影响力飞跃奖、十佳应用奖等奖项。此外，部分政务微博代表还将分享政府新闻办微博运营、政务微博助力城市推广、公职人员微博应用等方面的经验。

“微政道”是由新浪在 2012 年下半年起重点推出的政务微博品牌活动，此前已举办了东北、华中、华北、西部、中南等五场大会。

表 1　2012 年度华东四省市机构微博影响力 Top10

上海		
影响力排名	用户昵称	认证说明
1	上海发布	上海市政府新闻办公室官方微博
2	上海地铁 SHMETRO	上海申通地铁集团运营管理部官方微博
3	警民直通车 - 上海	上海市公安局官方微博

续表

上海		
影响力排名	用户昵称	认证说明
4	上海铁警发布	上海铁路公安局官方微博
5	交通港航	上海市交通运输和港口管理局官方微博
6	上海工商	上海市工商局
7	浦东发布	上海市浦东新区人民政府新闻办公室官方微博
8	上铁资讯	上海铁路局官方微博
9	青春上海	中国共产主义青年团上海市委员会官方微博
10	上海食药监	上海市食品药品监督管理局官方微博

江苏		
影响力排名	用户昵称	认证说明
1	南京发布	南京市委宣传部新闻发布官方微博
2	江宁公安在线	南京市公安局江宁分局新浪微博社区委员会专家成员
3	南京路况直播间	南京市公安局交通管理局指挥中心
4	平安常州	江苏常州市公安局官方微博
5	平安江苏	江苏省公安厅官方微博
6	宿迁之声	宿迁市人民政府官方微博
7	南通公安	江苏省南通市公安局官方微博
8	微博江苏	江苏省人民政府新闻办公室官方微博
9	南京价格监测	南京市物价局官方微博
10	浦口发布	中共南京市浦口区委宣传部官方微博

浙江		
影响力排名	用户昵称	认证说明
1	服务乐清	乐清市网络新闻中心官方微博
2	浙江省旅游局	浙江省旅游局官方微博
3	宁波发布	宁波市政府新闻办公室官方微博
4	平安温州	温州市公安局官方微博
5	杭州市旅游委员会	杭州市旅游委员会官方微博
6	玩转安吉	浙江安吉风景与旅游管理委员会官方微博
7	余杭公安	杭州市公安局余杭区公安分局官方微博
8	舟山市旅游委员会	浙江省舟山市旅游局官方微博
9	宁波旅游局	宁波旅游局官方微博
10	浙江普法	浙江省司法厅、浙江省普法办官方微博

江西		
影响力排名	用户昵称	认证说明
1	南昌铁路	南昌铁路局官方微博
2	江西风景独好	江西省旅游局官方微博
3	中国最美的乡村婺源	江西婺源旅游景区官方微博
4	民生江西	中共江西省委宣传部网宣办官方微博
5	南昌发布	南昌市人民政府新闻办官方微博
6	江西共青团	共青团江西省委员会官方微博
7	赣交通厅应急指挥中心	江西省交通运输厅应急指挥中心官方微博
8	南昌地铁	南昌轨道交通集团有限公司
9	江西公安效能在线	江西省公安厅效能办官方微博
10	乐行南昌	江西省南昌市公安局交通管理局官方微博

表2　2012年度华东四省市公职人员微博Top10

上海		
影响力排名	用户昵称	认证说明
1	上海徐汇灵灵	上海市交通运输和港口管理局团委书记　焦琳
2	韩可胜	上海市浦东新区区委宣传部副部长　浦东新区文广影视局副局长
3	上海工商老徐	上海市工商局宣传部门负责人徐上
4	铁道尖兵	上海铁路局工作人员陈万钧
5	上海网警老猫	上海市公安局网安总队网警缪利斌
6	上海青联陈凯	全国政协委员,上海市外办副主任陈凯
7	海民视角	上海市闵行区司法局　局长金海民
8	侠骨柔情的杨华	上海市闵行区司法局法制宣传教育科科长杨华
9	石安 FHC	上海市食品安全委员会办公室副主任顾振华
10	杜明	上海市公安局徐汇分局民警杜明

江苏		
影响力排名	用户昵称	认证说明
1	章剑华博客	中共江苏省委宣传部常务副部长、江苏省书法院院长章剑华
2	遗产卫报	中国大运河联合申报世界文化遗产办公室综合处处长刘尚杰
3	交警王宏琪	江苏省南京市公安局交通管理局王宏琪
4	交警宣鸣	扬州市交巡警支队宣教办主任薛鸣
5	龙河清溪	网络宣传员、江苏省委宣传部王洪俊
6	金陵老道	南京市委宣传部潘涛
7	南京地铁公安施 SIR	南京市公安局地铁分局宣传民警施大江
8	指挥长在线	江苏省太仓市公安局110指挥中心指挥长俞锦清
9	我心向月	常州市委宣传部李吉祥
10	夜晚的朝圣	江苏南通海门市常乐镇镇长,作家张华

浙江		
影响力排名	用户昵称	认证说明
1	王于京	浙江金华武义公安局民警王于京
2	中一在线(金中一)	海宁司法局局长金中一
3	吴胜武007	第十一届全国青联委员、宁波市海曙区区长吴胜武
4	老辣陈香	中共台州市委宣传部干部陈玮麟
5	余杭公安胡冰	杭州市公安局余杭区分局警察公共关系科科长胡冰
6	鲍学军空间	浙江省教育厅副厅长鲍学军
7	一枚红薯叫沈 SIR	杭州市下城区公安分局治安防控机动队(下城 PTU)警长沈宏
8	嘉善老顾	浙江省嘉善县经济和信息化局巡视员顾富林
9	章剑	浙江省海盐县县长章剑
10	林警官在线	台州市公安局办公室副主任林月村

江西		
影响力排名	用户昵称	认证说明
1	段郎说事	九江市公安局民警段兴焱
2	江南浪子万军	铁路局工作人员、南昌铁路局党委副书记万军
3	九江旅游杜少华	九江旅游局局长杜少华
4	爱旅游爱赣州	江西省赣州市旅游局副局长罗沪京
5	新余李虹	江西省新余市侨联主席李虹
6	南昌交警徐永华	全国交警系统执法标兵南昌交警红谷滩大队三中队民警徐永华
7	江西曾萍	共青团江西省委党组副书记、副书记曾萍
8	晏明智	南昌地铁新闻发言人,南昌轨道公司工会专职副主席
9	洪城警方	南昌市公安局宣传处副处长叶红兵
10	蒙之	江西省余干县人民法院副院长吴学贤

表3　2012年度华东四省市十大机构微博飞跃奖

影响力成长排名	用户昵称	认证说明
1	下关微讯	南京市下关区委宣传部官方微博
2	海安发布	江苏海安县委宣传部官方微博
3	上海普陀	上海市普陀区人民政府新闻办公室官方微博
4	微常州	常州市人民政府新闻办公室官方微博
5	翠苑派出所	杭州市公安局西湖区分局翠苑派出所
6	上海民防发布	上海市民防办公室官方微博
7	世外仙居	仙居县风景旅游管理局官方微博
8	平安园区	江苏省苏州市公安局工业园区分局官方微博
9	新余发布	中共江西省新余市委宣传部官方微博
10	上海边检	上海出入境边防检查总站

表4　2012年度华东四省市十大公职人员微博飞跃奖

影响力成长排名	用户昵称	认证说明
1	麦小立	上海市食品药品监督管理局青年志愿者服务队队长范志宏
2	陈东有	南昌大学教授、博导，江西省委宣传部常务副部长
3	王蕾嘉兴	嘉兴市文化广电新闻出版局副局长
4	江西刘小玲	共青团江西省委宣传部部长刘小玲
5	警民桥－交警	浙江省温州市公安局交通警察支队科员
6	乃顾	共青团南通市崇川区委副书记
7	画家高云	江苏省文化厅副厅长、中国美协国画艺委会副主任、国家画院院委
8	YZLB	扬州刘蓓，扬州市委宣传部网络新闻处处长
9	新余袁帅	江西省新余市委宣传部干部
10	黄浦工商阿雷	上海市工商局黄浦分局官方微博管理员

表5　2012年度华东四省市十佳应用奖

昵称	认证说明	应用亮点
共青团上海市12355	上海共青团12355官方微博	共青团上海市12355，作为上海青少年权益保护组织，针对社会广泛关注的“随手拍照解救乞讨儿童”行动，能积极主动借助微博及时介入事件，邀请心理咨询师和律师分析了该事件涉及的心理和法律问题，发起了“上海12355解救乞讨儿童行动”，并通过微博向社会发出维护青少年合法权益的倡议，引起广泛关注
上海徐汇发布	上海市徐汇区新闻办公室	作新闻办，敢于尝试，规范管理，要求全区职能部门全部开通政务微博，并打造社区观念龙华街道率先开通街道办事处政务微博。其中天平街道“小巷总理”微博群初显成效，社区青年参与社区微博；湖南街道“梧桐之家”微博两新党建工作有声有色
上海发展改革	上海市发展和改革委员会官方微博	微博开办“全市大比价”特色栏目，将同一品牌同一规格商品（按条形码识别）在不同商家的价格进行比较，让大家足不出户即可获得别样的“价格攻略”。帮助人们完成了靠个人无法实现的比价工作，便民利民，引导商家合理确定商品价格
浦东高速交警	上海市公安局浦东分局交通警察支队高速大队	运用轻松的语言，将生活中的安全出行知识融汇于微博之中，尤其是通过微博给网友支招爆胎怎么办，在网络中引发网友热议。更有趣的是通过微博教网友如何调试后视镜，该条微博引发全国媒体的追捧

续表

昵称	认证说明	应用亮点
浙江公安	浙江省公安厅官方微博	在浙江全省公安系统建立政务微博系统考核，创新警民沟通渠道，真心帮助网民解决问题。坚持不说空话，不讲官话。通过微博，寻回两位出走少女，解救实现了甬嘉沪三地交警接力，警车全程开道护送病危婴儿等事件，“浙江公安”的“微力量”逐步显现
海曙小微	海曙区长热线微博、海曙区政府秘书	构建宁波市海曙区微博问政平台，并坚持不懈，节假日不休息。在若干次紧急事件中，调动各职能部门发挥了中枢功能作用
宿迁之声	宿迁市人民政府官方微博	2011 年 12 月 24 日开通，目前粉丝量 20 余万，发布微博 4400 多篇，在全国外宣类政务微博影响力排名稳定二十名以内，建立政务微博广场，发挥微博集群效应；拓展政务微博新应用，首创微博推广城市；建立与政府网站联结，增强政民互动效果
近海派出所	江苏省启东市公安局近海派出所官方微博	作为一个基层派出所微博，以轻松、亲民的个性赢得了广大网民的支持。9 月 18 日，近海派出所发布“我所警犬”的微博蹿红网络，被国内主流媒体、知名人士和广大网友关注，被评为“最萌公务员”，有效提升公安机关的亲民形象
瑶里景区	景德镇瑶里风景区官方微博	作为一个新兴景区，通过官方微博推广特色美食、景点的同时，能始终坚持以亲切有感染力的图文、视频，传播其文化概念。2012 年的“#青花瑶里#天青色等烟雨而我在等你”系列图文微博，成功传播瑶里——“瓷之源”概念
平安分宜	江西省新余市分宜县公安局官方微博	作为一个县级公安官博，局领导能亲自带队织微博，推出微博轮班制度，对微博上反映的情况始终第一时间回复、处理，@平安分宜亲切、活力的风格，有问必答、有求必应的态度得到广大网友认可，成为江西公安系统基层公安微博的典范

教育部前发言人、语文出版社社长王旭明演讲实录

各位领导，各位嘉宾，大家下午好。非常高兴也非常感谢新浪网提供这样一个机会，大家能够相聚在一起讨论一下微博这么一件事情，我刚才听了前面几个发言，特别有启发，尤其我们邓总这几句话，他说鼓励我们写微博的这些人，将成为引领历史、见证历史的一批人，这了不得啊，居然能够引领历史，见证历史，他给我们做了这么一个评价，确实给我们巨大的鼓舞。我非常赞同他说的这个微博，这个将成为人们的生活中的一部分，你无论喜不喜欢它，它都是你生活中离不开的一部分，这个判断是非常准的，给我们很多鼓舞。大家知道 2012 年，中国文化界有一个最大的事情就是莫言获得了诺贝尔文学奖，他获得了诺贝尔文学奖，在斯德哥尔摩的颁奖大厅上他发表了著名的演讲，他演讲的题目是：一个讲故事的人。我今天也想特别体验一下那种感觉，我知道今天不是颁奖的感觉，但是我站在这里我想体验那种感觉，我今天演讲的题目就是：他是一个讲故事的人，我是一个学发言的人。

一个学发言的人，回忆我十几年的人生历程，大概 5 年前我在教育部做发言人，在新闻发布会上发言，是代表政府发言，是学着代表政府在新闻发布会上发言，大概 5 年，从教育

部新闻发言人的位置上卸任了以后，我依然在学着发言，那是学着在微博的这样一个舞台上，或者在博客的舞台上代表自己发言。这个代表的人变了，范围和题材以及语言等等都发生了很大很大变化，但我觉得特别的有意思。咱们这辈子也没有莫言那种感觉了，但是我觉得写微博跟写博客最重要的一点就是要找感觉，我现在找到的是这种获奖的感觉。有一个网友说，他每天晚上就是看各地很多网友给他的回复，他们互相交流，然后有一种皇帝上朝的感觉，批阅各种奏文，来不及批阅了，就从中选择一二重点回复，我觉得那个网友的那种感觉就非常好。说来说去这是写微博和写博客需要找的一种感觉，但是上来我要给大家泼一点凉水，前面的热闹都过去了，如果说冷静地思考一下，我觉得刚才，我看了一些，包括我们政务微博和各种微博，我觉得要说一个点，最大的不足和不满的地方，我觉得我们好多写微博的人，无论是政务微博的还是不是政务微博的，那个感觉还没有找到。我真的觉得，我觉得这不是我要的感觉，太累，太重，我们中国人每一个人好像都在改造世界，改造历史，推动世界前进，其实没有必要那样，你就喜欢，你实实在在去做，你在兴趣中去学，那个感觉就来了。现在我跟大家说实话，我不喜欢看政务微博，我之所以不喜欢呢，那感觉不对，我看得累，当然除非我有意识，我想要寻找什么事情，要寻找什么答案，那当然另外说，所以我结合我自己这段思考，和我一些想法，今天想抛砖引玉给大家，希望能够引起大家的讨论。

我今天有的可能讲得很快就过去了，我觉得特别重要的，特别我想多说两句的是这个网络问政的一些最重要的一些点。

当然，我觉得这就不用说了，关于什么是微博，这个不用说了，很多专家概括，微博特点就不用说了。微博的政务功能，我觉得也不用说了。关于微博的理论概述，很多专家在这里，我都不说了。微博对政府管理的影响。我看了很多专家的论述，当然我觉得国家行政学院汪玉凯教授的这段话还是比较准确的。关于政务微博的分类，我特别想说一下，官方发布的政策信息，和官员发布的对政策的解读信息，这两类都属于政务微博，毫无疑问的。但是我个人认为，有一类政务微博还远远没有被重视，这一类的政务微博应该提到议事日程上来，而且按照主办方给我的这个题目，说未来发展的趋势，那我认为尤其这第三类的政务微博，倒是未来发展的趋势，就是现在我们有很多，现在其实这个官员和政务微博的数量和整个的网民涉及公共事件发表的信息那个量相比，我们官员和政府部门的发表的微博还是非常少的，他们没有统计这个数，我们只统计我们自己发了多少。其实原来说 Twitter、Facebook，在国外并没有像我们中国的微博承担这么重的政府的管理功能，没有承担这么多。我们国家微博之所以承担这么重的政治和政府管理的功能，是由我们特殊的国情所决定的。我觉得随着改革开放，文明进步，公民诉求的渠道的拓展，毫无疑问需要进步，未来的 10 年，或者更长一点的时间，就是那两类官方发布的政策信息，和官方发布的解读信息，我觉得一定会弱化，越来越少的。而第三种，网民发布的社会微博相比之下会越来越多，也就是说一个社会里头会有越来越多的公民，提高自己的政治素养，去关心社会和关心他人，这是一个社会文明的标志，现在我们的微博上面有很多是私人的那些事情，那些事情我个人认为随着时代的发展它的比重会越来越少，相对来说一定有大量的是社工的微博，所以我把网民发布的社工微博作为政务微博的第三类，我特别强调这一条，是因为现在的研究者里面还没有人把这个第三条列入其中，只研究前两者。因为我已经不代表官员也不代表政府发布什么信息，解读什么政策，我这几年重点做的，探讨的、实践的、推动的和在社会上能够产生一定影响的，就是第三类，而且我也坚信第三类所谓社工微博将是今后中国政务微博的一个发展的趋势。这个所面临的新的挑战，这都不用说了。今天不是讲课，在这些国家当中都有这么多的领导人，有这么多的微博，这个不用说了。

但是第二点我特别强调的是关于微博的两种意见，当然一种意见是正面的，微博发挥了很大很大的作用，这个不用说了，这还有美国的例子，都是说明，微博在政务管理当中发挥很大的作用，我特别想说这个反面的意见，一个是我们著名的哲学教授，也是我上大学的时候非常崇拜的，张玉伦说，大好时间花在140个字的游戏里，发表一些随兴的，不成熟的意见，我是没有功夫，有时候看到地铁里一车厢的人都盯着手上的小玩意，都在滑动或者按键，好像一车厢人都成了终端。接收器及微博是什么？是现代人虚荣心、表现欲、孤独感等东西的集中之地，但是我们怎么办？我们承认我们有表现欲，的确我们寻找不到其他的途径，这是没有错的，但是哲学是阐释人生的学问，认识到这一点，我们才对人生有深刻的理解。当然相比之下，我认为张先生对微博的理解比我们很多从事微博的实践者要多一层。那当然，这个刚刚获得诺贝尔奖的莫言先生在微博当中也曾经说过，他经常睡不着觉时闭上眼想象，此刻有数以千万条计的短信、微博，在不断地覆盖，上亿人在写微博，有谁的微博能留下来，绝大多数微博都是写作者自娱自乐、自我膨胀的产物。其实我们不都在自娱自乐，自我欣赏，自我陶醉吗，刚才我们所有的获奖者不都在陶醉着，我们获得赞美之词都在高兴着，都是一种陶醉。但是多多少少，在我们陶醉的时候有人给我们一点清新，有人摔我们一点石头让我们疼痛，有一点启发也没有什么不好。这是赞美之外的另外一种意见，我给大家说一下。当然中国党和政府高度重视这个就不说了。

其实说到人民日报的官微我特别想说，现在我看到的所有的官微，最有思想，邓总说的起到引领作用的，我认为是“@人民之声”，人民日报的官微。不管是新闻部门还是什么，看一看人民日报的人民微博，你比如说河南周口的平坟事件，以及光山的22个孩子被砍的事件，我们很多宣传部门，很多宣传官员都失声，而我们党中央最高的部门喉舌——人民日报发出了真正的人民之声，我们很多很多这个基层的宣传部门应该感到惭愧。包括我们很多的官方网，应该感到惭愧。因为这是人民日报，我们完全可以学习的。

政务微博的基础。现在我们很多部门特别热衷于开政务微博，但是不知道政务微博一定是在以前一些工作的基础上来开展的。什么基础？政府网站，你有没有？如果那个政府网站是很死的，死网（我们现在调查过，大概一半的政府网站是死网），如果你从来没有开办政府网站的经验，很难想象你那个微博能开好，所以政府网站还有官员到网上做客，与网民交流，网络直播，公务活动，等等，这些都是写好微博的基础。现在我一看我们很多这个官微，没有找到感觉，最根本的原因就是什么？它没有这些基础，我在教育部的时候，我曾经做过教育部的网站建设，也还评上了先进，也是那个基础，那个时候打下的基础，让我现在做一些官微的政策的解读的时候有一些感觉，所以打这个好的基础是非常重要的。

我特别强调一下，政务微博的伦理要求，政务微博的伦理要求，这个所谓政务微博的伦理要求，无论你是我刚才说的三类里面的哪一类，政务微博的伦理要求都是第一位的，但是，不幸的是，我们现在很多政务微博官员，或者说我们很多发政务微博的人，恰恰忘却了伦理要求，当然伦理是西方道德哲学的一个范畴，我们中国呢，是在改革开放以后，才把伦理学提上议事日程，但是实际上在我们中国，悠久的文明史当中文明学的概念始终是在浸透在人们的生活当中，以及代代相传的那样一些文化、基因里面，比如说我们中国一直传下来的君君臣臣父父子子，当君的要有当君的样子，当臣的要有当臣的样子，当爹的有爹的样子，做儿子的有做儿子的样子，每一个人都有伦理规范，这是最基本的要求。我们现在为什么医患矛盾紧张？北京大学有一个非常著名的年轻学者，我非常敬佩的年轻学者，就提出我们在当前医学教育当中忽视了最不应该忽视的一门学问就是伦理医学，著名的现代医学的奠基者希腊希波克拉底说医生有三宝，语言、药物、手术刀，把语言放在第一位，可见那个语言就是伦理学的要求。我们现在有多少不会讲话的大夫，有多少不会讲话的官员，有多少不会讲话的方方面面的人，激化了一系列的矛盾，实际上都是涉及伦理要求。发政务微博的伦理要求是什么？我认为最基本的伦理要求应该是这三个词，对发政务微博来讲最最基本的伦理要求应该是真和诚，真是什么？真就是不能假，诚，就是诚恳，真实、诚恳，这是发政务微博的最基本的要求，但是现在我们的不少官微当中虚的东西很多，我不敢说哪些是假的，但是至少我可以肯定地说虚的东西很多。所有真话，那当然不能都说出来，这是肯定的，一个人把所有的真话都说出来那是有点二百五。但是我们发政务微博要保证你说出来的所有话都是真话。这个要保证，问题是我们大量的话，经过事后证明都有做修饰。当然你可以不去发布，没有问题，但是不能瞎发布。同样类似的事情有很多，比如重庆市渝中区，蒋介石的行营被拆了，公众质疑，新闻发言人在官微上发布，我们这个不会拆除，我们这叫维修性拆除。北京市东城区的梁思成林徽因的故居被拆除了，文化委员的负责人也在官微上说，我们这不叫拆除，这叫维护性拆除。公众质疑你楼都拆了怎么还叫维护性的拆除？直到最后国家文物局新闻发言人在官微上发布说，维护性拆除说法站不住脚，违反《中华人民共和国文物保护法》。我举这些例子说明，我们发政务微博也好，官方微博也好，还是社工自己的微博也好，说假话没有人打死你，但是你不能说瞎话，说瞎话就有人要打你，但是我们现在还没有建立起一种说瞎话就要挨打的这种机制，说瞎话你怎么着吧？我就说瞎话，一个充满着说瞎话的国度是肯定没有出息的国度，是肯定要被打败的国度。所以我们今天在这个官微获得热热闹闹的各种奖项的时候，一定要对自己有一个最基本的道德底线，伦理道德底线，这就是说真话，说实话，不说假话，不说虚话。

其实刚才说得太严肃了，说得轻松一点，我有一个非常要好的朋友，也是很著名的人士，有一天，他邀请我参加他的一个活动，他是发言人第一个就是他讲话，这个主持人说，某某你来讲话，那我觉得这个很自然的，你组织这个活动，主持人请你来讲话肯定是安排好了，而且你自己也心知肚明，这毫无疑问，但是他非得上台来说这么几句，你看，又点上我了，又叫上我了，随时给我叫上来了，我没有准备，不过还好，我已经有应付记者提问的这个训练了，没关系，我就回答大家的问题。我就说，这多装啊！多装啊！问题是在我们的生活当中这种装的人特别特别多，特别特别显，让人特别特别别扭，我们不能以自己习惯装就不以为然，你不知道，你在习惯的同时，你已经违反了政务微博的伦理要求，关于善良和热爱我不说了，我之所以说政务微博，我觉得很多看到的人没有感觉，因为缺少这些修养，写政务微博要学，不是拿来就写的，我有激情，领导重视让我干就干了，绝对不是。写政务微博的人必须要具备这些修养。这些修养里头具体哪一个怎么体现，哪一个怎么体现，我今天不是讲课，我不多说了，我举一个例子，比如说心理修养。如果你写政务微博，你只能让人赞美，你只能让人夸你，我建议你别写这个微博。你从上微博、写微博第一天起，你就要有挨骂的心理素质，如果你没有这个素质，就是素养不够。所谓心理素质就是在承受某种压力面前的那种心理承受力，变通力，多方面心理素质的综合叫心理素养，你有吗？我曾经逗过我们某政府网站，我匿名地逗他一下，就是说有句话没有道理，马上得到了义正词严的回答，好像公安局要逮捕我似的那样一种反驳，我就知道他的心理素养有多么低，几乎没有。所以我们每一个人可以看一下自己，判断一下自己，其他方面的素养我不说了，除了具备这些素养之外呢，那还必须要有政务微博和这个写的基本的原则和方法。

那么政务微博和社工微博，我特别强调一条，政务微博一定要及时、准确、全面、有效，都不用说了这个大家去探索，现在有一个问题，就是政务微博要形象具体，生动感人，这个我特别建议大家，凡是写前两种政务微博的，要及时准确生动有效，没有问题。第三类突出生动形象具体感人，那个前两类轻易不要形象、具体、生动感人，但现在很多政务微博写作者片面地追求生动形象感人，比如说上海地铁曾经发布一个微博，对穿着暴透的人，说警惕啊，这容易引起骚扰，因此引起公众很大的反感。所有这些都说明我们片面地追求形象具体生动感人可能带来不好的结果，政务微博前两个首先做到及时准确全面有效，第三类微博才做到形象具体生动感人。

我们现在的政府的官方微博，一个最大的问题是不讲究写作，这个今天也不是重点讲的问题，实际上写好政府官方微博的基础，是你中小学学好语文，是语文的功底，记叙议论说明，夹叙夹议突出主题，字词句断关系等等这些都是语文的知识，但是我们现在政务微博里面的语言表达非常不讲究。包括用词，用句，包括这个谋篇布局还包括主题突出。比如说140个字的微博里面，我认为一定要有一个主题思想，这是最基本的东西，但是我们很多的微博没有，这种实际上是垃圾式的，除非真有那个莫言式的，能够留下来的那非常少。这些需要的写作技巧语言知识，不是一日之功，但是我希望我们在做政务微博创作者应该有所顾及，有所注意。当然，除此之外还要有文化知识，历史、政治、地理、美学、文学等等这些知识，这些我们也不展开说了。

政务微博与涉公微博的几种特殊方法，举例子与讲故事，讽刺与幽默、平白与含蓄，正说与反说，这是文化气的表现，这是高要求了。我们说前两类我们希望有一点文化气，就是稍稍有一点讲究，我现在在一个出版社工作我特别想摘出来能够传下去的优秀微博记录成册，让后人能够学的，或者能够代代相传下去的，实话说真没有多少，后来我放弃了这个念头，从我现在浏览到的微博看，大量都是文化快餐式的，当然这个也是本身特点所决定的，但是大量的文化快餐真的就一点留不下来什么，那也真是我们现在人的一种悲哀啊，当我们死了以后，老了以后，后来人不知道我们这些人在干什么，都抛弃掉了，没有记录下来的，那么我们真是像莫言所说的，真是那么一回事。但是我个人不服，我希望我们有志者创造一点能够留下来，存得住，对未来也有一点影响的微博，政务微博。

我觉得在写这个政务微博的时候呢，有的时候也不要考虑得这么重，有的时候，你比方说我们现在还有一点时间，我在最后5分钟的时间结束我的谈话的时候，我给大家抛砖引玉，我把我自己写的这个微博拿出来给大家批判。这是我自己这方面的追求。当然，先说教育的，因为我的微博里面说教育的是最多的。一个是林丹得了学位的，这个咱说异地高考吧，现在我们炒的最热的是异地高考制度，当很少有人涉及异地高考制度，只是形式，只是冰山一角，而真正异地高考催生什么？催生中国户籍制度的改革，我在发布微博的时候提出来这么一个观点。当然，教育问题里头我还提到关于内部改革和外部改革的问题。比如说具体一件事情，山东一16岁的女生被4名室友殴打4小时，与老师让学生陪酒死亡一样，必须追究领导的责任，当下无论中小学，无论公办民办，管理者疏忽造成的事故都应该判渎职罪。当然这些是关于教育的这个问题。大家知道最敏感的是政治，不愿意说政治，但是我觉得，得看你怎么说，比如说湖南的黄金大米事件，再次说明当下中国人尤其是知识分子做人伦理的严重缺失与不足，尽管那么多专家学者狡辩和不服，却抵不过不识字的老农民简单而朴素的反问，既然什么问题都没有，为什么偷偷摸摸？为什么不告诉我们？如此伤害他人的事情，无论动机多么伟大崇高，今后都不要发生。这是很少被知识分子这么谴责的，我看完以后我真是愤怒地谴责中国知识分子伦理已经低下到什么程度，他们不告诉学生，然后让学生吃黄金大米，吃完以后，他们还蒙骗上面，最后被暴露出来以后他们又狡辩说这是转基因实验，没有害的，谁都可以做。这是中国知识分子啊，我告诉大家，有一次开会，有人说，王旭明，你能说一下这件事吗？我说你这不是侮辱我吗？不说瞎话这不是常识吗？但是我们现在很我的专家学者都在说瞎话，这是一个例子，就是所谓的黄金大米的事件。我原来做教育发言人的时候不能做这种发言，因为你做这种发言你代表的是谁就非常疑惑，这是我后面要讲的问题。我最后要特别强调一点，作为政府官方微博千万别好像你就是人间烟火不食，什么都不接触。比如我曾经发表过很多关于《非诚勿扰》的微博，引起网民的特别的关注。比如发布的关于周杰伦的微博，能够6000多人转发，新浪网6000多人转发，比如说就这一条，6371个人转发，评论的有2000多个人，这是难以想象的。6000多人转发，再有就成千上万人来看这么一个东西。“这是昨天一项调查结果表明，当今青少年偶像排名第一名是的周杰伦，有人认为此形象应该警惕，我个人认为，周杰伦能自己创作歌曲，唱歌，还会弹钢琴，还会打篮球，还会双节棍，我说当下青年好眼光，为什么我们那么多的好男好女，竟无一个周杰伦。”很多人特别满足，“说你这么赞美我们家伦伦，我太高兴了，我代表我们家伦伦感谢你”，好肉麻的，他们说以前看你很严肃，不关心这个。我希望我们写政务微博的人，又是活生生的人，当然同时要经得住骂，我写另外一篇关于张杰的，很多张杰的粉就骂我，有时候就很难听，当然我有一定的心理承受力了，骂的是什么什么，“我代表我们家杰杰杀死你”，还有更脏的话不说了。

所以我们写政务微博的要千方百计地吸引受众，用自己多方面的生活情趣来吸引，我特别提出来，这个政务微博当中应该注意的5个问题。第一个问题呢，当然就是我刚才说的伦理要求，是必须的。我们宁可不写微博，也别瞎写不能胡写，不能乱写，一个人一辈子当中你不对公众造一次谣，不对公众说一次瞎话就成功了，那么有的同志说如果领导让我说怎么办，那个我留点秘密，底下培训的时候告诉你怎么办，但是我可以告诉你，我在说过的话当中没有造谣。第二点我特别提醒大家，就是网络问政当中的官员的职务行为与个人行为绝对不能混淆，不能互相取代，这个当前在我们中国政务微博当中，表现得很明显。我们很多官员，不发微博是不发，一发就收不住，什么都说，这不对的。你什么都说，你代表的是你个人还是你的那个部门。所以有的人老问我，“王旭明，你做教育部新闻发言人的时候你怎么不说你现在这些话，现在怎么都说了？”很简单的道理，我有严格的职务操守，你代表谁说话的时候你就要代表谁说话，我现在是代表自己，和原来代表教育部当然不一样。我们现在有一些政府的官微，那个话，我从那些话感觉不是你那个部门让你说的，是他自己的这种理解说出来的。这个很有问题，所以希望我们有职务的同志，不追求微博的量，我这是说话难听，希望大家汲取，不追求微博的量，而追求微博的质，什么叫微博的质？你自己的微博你就要写出来，另外与你所代表的单位无关，你代表政府单位的这个微博一定要一是一，二是二，十分严谨。第三个，我特别强调的一个问题就是，网络问政的实质是改变一种思维方式、行为方式和表达方式。这是网络微博的一个最根本的问题，是改变一种思维方式。思维方式是由线性思维到立体化思维，行为方式是由命令式、上传下达到讨论式交流式。表达方式是从读话说话到对话，这是三种方式根本的改变。线性思维到立体化思维，你到微博的空间里，是上下左右前后，不是点对点的。行为方式，我们官员特别喜欢命令，如果你仍然习惯命令，把那个习惯命令由会场上搬到微博里，那等于没有微博，现在有一些官微，带有命令式的，教育式的，甚至带有训导的，这种情况还挺多的。那真正的微博就是讨论交流，所以，你发表一个微博之后，当然允许人家反驳，你可以不理它，但是你不能不允许人家反驳，这就是微博思维的一种方式。当然，表达方式，我们习惯读话，读文件，读文章，读，后来我们改成说话，像我今天是说话，那当然，最好的是对话，而微博最值得借鉴的就是他的对话的方式，互相讨论的方式。

第四个问题就是网络微博应该是学习的过程。大家不要认为我有大学的文凭，研究生的文凭就不用学习，不是的，微博还是要学的，不知道大学里有没有微博专业，但是我个人认为政府应该专门培养一批人作微博的写手，代表政府，或者代表企业，或者代表哪个部门做微博写手，这个微博写手要有专门的训练，有专门的修养，不是随便一批人就可以了。当然这需要学和习。

我特别赞同胡泳教授的判断，他说网络问政的关键是问责，我们现在网络微博，我特别不希望成为公众和媒体的一场又一场的盛宴、狂欢，当盛宴和狂欢之后，一切还归于原来的起点，该怎么落后还怎么落后，该怎么倒退还怎么倒退。特别是官方微博顶多停留在服务的水平上，这个可能以后需要进一步改进。除了这五个方面的问题以外，我们再说一点轻松一点的话。微博是政治声音，你在岗可能很严肃，但是不在岗，抛开民主、透明、公开的这些大词汇，我可以讲，我微博有2千多条，我博客也有几百篇，然后我发现这特别能够滋养人生，能够防止老年痴呆、脑死亡，从这个角度讲，我们微博问政，微博人生，谢谢大家。

江苏省委宣传部常务副部长章剑华致辞实录

各位领导，女士们先生们，大家下午好。这一次新浪微博政务微博应用交流会，在我们江苏南京举办，我们感到非常荣幸，在此请允许我代表江苏省委宣传部对交流会的召开表示热烈的祝贺，向来自各地的各位嘉宾，表示热烈的欢迎。

刚刚我到达会议之时，我们桌上有一张《现代快报》的报纸，我看了一下，有一条新闻其中有几个数据，对我们江苏来说，感到非常自豪。这条新闻当中提供了这么几个数字：华东地区各省政务机构和工作人员由新浪微博2012年底的数据显示，华东区域政务微博为1.27万个，约占全国政务微博总数的1/5。而江苏政务微博数量较2011年底增长300%，位居全国之首，也是全国唯一一个政务微博总数超过6000的省份。此外，江苏省政政府机构微博3768个，工作人员的微博是2454个，均居全国首位。我们这个政务微博在全国来说发展得还是比较快，政务微博占到全国的1/10，特别是去年以来发展很快。我本人也是开微博比较早的一个政府工作人员，我看到今天，我的粉丝数近250万，在这些年开设微博的过程当中，对政务微博自己也有一些认识和体会，我认为人类文明的发展和传播是分不开的，有了传播，人类的文化的发展，超越了地域，也超越了时代，给人类文明的发展插上了翅膀。

再者，我们媒体的发展，我把它概括为四个阶段，最早是纸质媒体，书籍、报纸、杂志，接下来是电视媒体，广播、电视。第三个阶段是网络媒体，那么我认为在网络媒体之后，又有一个新兴的媒体，那就是自媒体，主要是手机微信，微博等等。我认为媒体的发展，尤其是网络媒体和自媒体的出现，给媒体的生态环境带来了巨大的改变和冲击，对新闻的定义，我认为也产生了一个革命性的转变。过去我们对新闻的定义，还是陆定一先生，最早对新闻的一个定义，后来我们的中国的新闻定义基本上按照陆定一先生这个定义，新闻是新近发生的事实的报道，这是我们的新闻定义。但是我认为，有了网络，特别是人们拥有了自媒体以后，这个新闻定义又必须完善和修正。我本人给新闻重新做了这么一个定义，不一定非常准确，我认为现在的新闻，是新近和正在发生的新闻事实的传播。事实的传播，一是不光是新近，二是正在发生的事件。另外一个，过去报道，就是必须由媒体报纸杂志、广播、电视台来进行报道，记者采访进行报道，它才成为新闻，现在不是，不一定要报道，事实一发生，它自然而然就可以传播开来，我们人人拥有媒体，人人都是记者。所以我们讲啊，这个媒体的、网络媒体的出现，自媒体的出现，给媒体的生态和新闻的定义都带来了很大的改变。

那么过去，当网络媒体、自媒体刚出现的时候，作为我们政府，开始确实认识不够，不以为然。后来，当发展到一定程度的时候，我们又点惊慌失措，不知怎么办，那么后来，我们认识到了网络媒体、自媒体的力量之后，我们又加强管理。这些年我们在管理方面，做了很多的事情，但是光管理不行，这些年来我们又开始学会应用自媒体，应用网络媒体，所以才有政务微博的出现。政务微博的出现，不是我们被动去管理，而是怎么样在网络上面，在自媒体方面，主动发声，增加政府的信心，增加网络的正能量。虽然这方面的实践时间不长，但是经过各方的努力，我认为这些年政务微博还是有了很大的发展，也取得了很好的成效，为我们的宣传，为我们的新闻，应该说增添了新的手段，新的力量。

我本人现在是分管新闻宣传，我们也多次到一线处理突发事件，现在突发事件的处理，很重要的一条，就是要搞好突发事件的应急新闻报道，也就是说要在第一时间，发出准确的信息，那么靠什么？过去靠报纸、杂志、广播、电视，我过去也在电视台当过十年的台长，开始是新闻的采写，后来重大的新闻有的时候也采取直播。但是，电视的直播，毕竟有很多的局限性，它要在第一时间直播是很难的，但是唯有微博能够在第一地点、第一时间发出信息。所以我们现在在处理新闻突发事件的时候往往用微博，才能够抢在第一时间发出准确的信息，所以政务微博对新闻发布尤其是突发事件的应急新闻发布有很重要的作用。当然，不光是突发事件，对于其他方面的新闻发布，我们的政务微博也起了很重要的作用，所以去年我们开设了“@微博江苏”，在很短的时间之内有比较大的发展，而且实践当中我们也充分认识到了政务微博的重要性。但是不管怎么样，政务微博对我们来说，还是一个新的课题，我们在应用的过程当中，还碰到许多的困惑，许多的难点，需要我们在实践当中来不断地总结和交流，来提高我们应用政务微博的水平和能力。

我想这一次交流会在我们江苏南京举行，在座的都对政务微博有很多的理论思考，实践经验，在交流会上大家进行交流，这为我们江苏提供许多交流的机会，给我们提供很多的经验，我希望这一次会议，我们江苏一方面介绍我们的做法，同时吸收大家好的经验，我们共同来探讨政务微博在发展过程当中遇到的一些问题。争取把政务微博办得更好。

我要讲的就这些，谢谢大家。

南京大学金陵学院传媒学院院长杨溟点评榜单演讲实录

各位尊敬的嘉宾、各位微友，大家下午好。首先我觉得刚刚经历了这个激情澎湃的颁奖，我特地设置了一个史上最喜庆的PPT，前两天我们新浪的团队把这个榜单给我，要我在一天之内把这个榜单点评给他们，那么我用最快的速度做一个微点评，不到之处请大家微微地体谅。

我们从整个政务微博的发展来看，它实际上是机构官微非常特殊的一个领域，从传统的分类里面来说，我们榜单里面包含了我们的各类综合型的微博的品种，除了我们问政类的可能略微弱一点。大家看到我用的这个例子是宁夏的微博，除此之外都囊括了，希望大家也可以关注到宁夏的政务的问政型的官微，它是有非常明确的要求，就是在工作时间一个小时之内必须有回答，所以它把各种机构和部门的官微都整合在一起。我们很欣慰地看到，在我们的榜单里面已经有非常多的变化，从最早期的分类模式，到目前更多的是协助型的政务微博。不再是单一型。从南京有了我们第一家微博城市广场，我们看到它背后的逻辑是更多地参与协作、交叉和互相地补充，我们举一个例子，用我们南京公安的浦口分局的政务微博，他和南京电视台的官微做了一个有效的互动，他不只是简单地互相转发，而是通过他们有效的合作最后帮助老人找到了羊，这个找的过程在当天晚上就作为南京直播的一个电视节目。

我们看到在华东政务上榜的政务微博里面，突出体现出在功能性和服务性上要远远高于其他的地区，有效性、新闻性、话题性也是有，但是特别突出的是在功能性和服务性上，由于时间关系我不说这个服务的差异，我特别提出一个比较经典的案例就是我们“@江宁公安在线”，我们新浪把这个论坛放在江宁是不是看到我们“江宁公安在线”提供了一种非常具有安全感的一个环境，我是一直在关注这个微博。这是它的微博页面，我们可以看到从话语的表达方式，到对微功能的这些应用、提示都有他非常明确的特点。最早它通过一些有关警犬的知识性的传播，获得了非常好的知名度，之后它有一系列的经典的长微博，微友说我们看不到这些经典的东西，就通过一个博客地址的连接为大家提供这样的服务。一些很小的功能的设置，我们比较看中的是什么？是对用户的需求的高度的重视，实际上所有的产品和应用的开发，所体现的都是用户的导向，就是我们的正规，我们是否能够真正去重视这些人的需求和他们的价值需求。这很重要。

旅游类的微博里面，我们看到杭州的旅委会表现出了杭州都市快报式的温婉，他们加入很多游戏化的服务的元素。这个游戏化是未来一个非常有意思有潜力的一个空间。值得大家注意的是在整个华东四省市的政务微博里面，法律服务类的比例呈非常快速的增长，我想这一方面和我们社会法制化的进程有关系，另外一方面，这背后有更多的可值得借鉴的，可供我们参考思考的内容。

那么这里面就提到我们刚才说到的公职人员的微博，实际上在中国，公职人员整体在微博、在社会化媒体上的表现一直是差强人意的，大家都知道，现实社会中的强势在虚拟空间里面其实恰恰是非常弱势的，有一些官员他直接在这个上面悄悄地聊天，结果被成千上万的微友悄悄地关注他还不知道，有一些官员在自己的官微上不得不自己加上马赛克来规避。通过新浪在公职人员微博的这么一种榜单排名，实际上是一种很好的引导。我选了几个比较特别的，作为标杆性的，或者比较经典的一些榜样。铁道尖兵虽然没有署实名，但是我们可以通过微博的观察看到，他是通过对个人的信息的整合来提供一种功能性的服务，可以看出他的新闻敏感性很强。我们关注了一下他关注的对象，他应该是一位有很多经验的人士，除了关注铁路交通和美女之外，还特别关注媒体。我们看到章剑华对媒体方面有很多高质量的发布。还有我们今天这个榜单的“@段郎说事”，他是一位公安干警，他用非常专业的媒体化的手段、栏目的设置来做了这么一个微博。在应用里面，这是我比较关注的，在整个应用里面，在我们景德镇，他们对这个陶瓷品牌的这个推广和传播应该是比较有效的，把媒体的手段基本上都用上去了。

另外，我想跟大家分享一下，就是对整个政务微博未来发展和今天的这个特点的一些思考。其实新浪很早就发布了政务微博的运营规范手册——十要十戒。大家比较了解英国在2009年发布了政府的政务微博的Twitter的使用指南，之后华尔街时报也发布了媒体员工说话的一些规范。我们可以看到他们里面详细规定了哪些内容要发布，哪些内容不能发，以及发这些内容的方式。包括效果的评估，他们是纳入官员的绩效考核的，如果我们有一天有这样的一个机制的话，对在座的各位的工作是一个极大的促进。那么他提出的这种使用策略，内容规范，绩效评估的方式，甚至都专门有政府和民众进行对话的这个模板，包括王室成员。话语方式会越来越生动，这是一种姿态。我们政务微博的运营者是高高在上、居高临下和一般的网民对话，还是采用一种平等的姿态和他们进行沟通和交流。另外我们媒介的素养要求会越来越高，不只是包括这种标杆式的时间和栏目的设置，还包括各种活动、策划、创意以及协作式的推进。这种协作我们后面会说到辫式——像辫子一样交互往前推的方式，不只是简单的转发。

这里面就说到，话语方式的接近性和互动方式的多样性。我们看到今天的微博上面还有不少的政务微博还是注重单向传播，或者是简单的宣传和发布，我们很少看到二次和三次的转发，并且以这个转发作为一个原创的起点，促成一件事情或者一个问题的解决。这个在报道上，如果从媒体上来说，就相当于常态性的新闻发布和深度报道、连续报道，那么这个可能会更加重要，就像邓总刚才说到的，北京地铁这几条地铁线路，对受众来说知道的不只是这个线路，可能还知道离我家多近，以及由于这个动迁，这一条路两边需要搬迁的商铺，以及换道之后还有其他的地方诞生了其他的商业机会，因为改道，这个商铺可以迁到哪个地方去，这些都是由一个信息点逐渐传播出去的，逐步深入的其他信息点，这个方面我们就体现了一个媒体的素养。

此外就是在政府的政务微博的客服代表的身份上，实际上我觉得背后是要有一整套的机制来配合的，不只是你上前台发了言和大家进行所谓的互动之后就完了。东航在2011年有600多空姐不上天，就专门做这个东航的官微，不仅是解决微博上的投诉，背后还有一整套的服务机制，花 10 个小时追回一个客户把手机落在飞机上的事情，这个飞机已经飞走了。东航从包头把这个手机追回交给乘客，这背后有一整套的机制的支撑。

还有，我们要理解，我们做政务微博的这个运营者是非常艰难的，有很多的工作，那么真正的改变其实不只是靠政务微博的策略，其实提高执政能力，提高社会管理的能力，这是根本之举。兰考大火这个事情，为什么一个简单的事情打了十几个电话没有回应，人民日报去采访受到冷遇，这么一件小的事情会一下放大变成一个重大事件，靠之前的网络舆情监测是无法得知的，所以任何一个小事件都可能成为一个引爆点。我们看到大部分的政府发言人都是采取前倨后恭的方式，前面很骄傲，后面很狼狈。

我们觉得政务微博在中国的发展空间非常之大，特别是在从管理型向服务型政府的转型过程中，它会充当非常重要的角色，我们对新加坡、韩国等这些国家的做过长期的课题的跟踪，我们觉得这三条是它们的一个基本点，以公众为中心，汇集所有人和无处不在。新加坡从 1999 年开始的这个电子公民中心，随着这个新媒体的不断出现，把很多的理念、最新的发展都融入执政理念中去，它提出的就是我能把所有可以用电子方式提供的服务整合给你，我把每一个公民从摇篮到坟墓的每一个阶段都切成碎片，在每一个阶段上给你提供这样的服务包，使政府成为人生旅途中的一个驿站。我觉得政务微博是可以起到这样的作用，就是服务型。同时，有商业模式，这点对新浪这样的微博平台来说也是可以考虑。也就是说政务微博并不是以营利为目的，但不等于他不应该用商业化的手段来运作，我一直坚持一个好的服务产品是可以付费的，如果消费者愿意为你这个产品付费，那么说明你是有价值的，所以是否付费是另外一个问题。英国也是把订阅产品作为它的微博 Twitter 考核的一个指标。随着问政功能的衍生，它会不断地提出新的产品出来，我们这里面提到，它的效果监控，它从搜索、从数据挖掘里面得到市民、公民对政府的各种各样的要求之后，会进行整理，一个是回答，一个是应对，甚至会把这个内容做成一个新的信息产品让公民去订阅。那么在这方面，我建议大家也可以参考一些媒体的官微。媒体的一些官微的页面的设置，包括功能的设置有很多可以借鉴的，比如爆料，它的爆料平台是保护个人隐私权的，但是他梳理了一条非常好的管道，我们政务微博为什么不能做呢？其实技术功能上已经完成，只不过我们在应用上要进行开发。此外，我要说的是重视意见领袖的常态性沟通。我在台湾演讲的时候发现他们把 Facebook 列入常态性的沟通，就是与重要的意见领袖注意保持沟通。这不是我们的“喝茶”，出了事请你来“喝茶”，他经常就某一个事件，或者日常的事件进行意见的沟通，达成一些共识，或者为达成共识形成一个基础。这样重大事件出现的时候，他们有一个良好的对话的基础，互相保持彼此的理解。

最后就是我前面说到的，游戏化商业和社会化商业在社交媒体平台上将有非常好的发展空间，因为微博的核心是人和人的关系，所以话题只是一个入口，而真正的研究是人，所以今天借这个机会，非常感谢我们邓总，感谢我们新浪的团队，特别想对我们从事政务微博运营的在座的各位微友表达我的敬意，因为政务微博的运营是非常了不起，值得尊敬和尊重的事业，你们是公民、社会和政府之间有生命力的一种神经，所以才能够保持这个社会健康有序、有活力地发展，其实政务微博在其中起了非常难得的作用，谢谢大家。再次祝贺，谢谢。

附：2012 新浪政务微博应用交流会之华东专场议题及流程

时间	活动安排
08:00～14:00	报到
13:00～14:30	来宾签到
14:30～14:35	主持人开场
14:35～14:40	主办方致开幕辞：新浪执行副总裁、总编辑陈彤
14:40～14:50	主旨致辞：江苏省委宣传部常务副部长章剑华（@章剑华博客）
14:50～15:30	微政务时代的政务微博发展趋势 主讲嘉宾：教育部前发言人、语文出版社社长　王旭明
15:30～15:45	颁奖典礼： 2012 年度华东四省市机构微博影响力 TOP10、公职人员微博 TOP10 2012 年度华东四省市十大机构微博飞跃奖、十大公职人员微博飞跃奖 2012 年度华东四省市十佳应用奖
15:45～16:25	案例分享一：政府如何做好微发布 主讲嘉宾：@上海发布“上海发布”办公室主任　宋炯明
16:25～17:05	案例分享二：政务微博助力城市推广 主讲嘉宾：@宿迁之声 宿迁市政府副秘书长　朱长途
17:05～17:45	新浪政务微博应用及产品使用培训 主讲人：新浪网政务微博运营主管　丁正洪
19:20～21:20	欢迎晚宴
9:00～9:40	案例分享三：公职人员如何用微博 主讲嘉宾：@陈士渠　公安部打拐办主任
9:40～10:40	圆桌讨论一 议题：政务微博如何走向创新、务实 主持人：复旦大学教授蒋昌建（@蒋大哥） 官方微博如何受欢迎？政务微博如何避免“形式主义”？微博与社会突发事件应对。 @上海发布　“上海发布”办公室主任　宋炯明 @上海地铁 SHMETRO　上海轨道交通运管中心媒体信息部经理　尹炜 @南京发布　南京发布总编辑　黄伟清 @浙江普法　浙江省司法厅法制宣传处　李爽 @宁波发布　宁波市委宣传部网宣处处长　方飞龙 @江宁公安在线 南京市江宁区公安局局长　周宁 @宿迁之声　宿迁市政府副秘书长　朱长途 @南昌发布　南昌市委外宣办外宣处处长　蔡杰 @平安分宜　江西分宜县公安局副局长　袁小华
10:55～11:55	圆桌讨论二 议题：政务微博的 2.0 时代，准备好了么？ 主持人：复旦大学教授蒋昌建（@蒋大哥） 微博时代政府面临的机遇与挑战（从发布到办事，从问政到行政，政务微博核心生命力在于为公众提供服务，官员微博对政务微博的影响） 教育部前发言人、语文出版社社长　王旭明（@王旭明） 江西省委宣传部常务副部长陈东有（@陈东有） 南昌铁路局党委副书记万军（@江南浪子） 浙江省宁波市海曙区区长吴胜武（@吴胜武 007） 浙江省海盐县副书记、县长章剑（@章剑） 江西省团委宣传部部长刘小玲（@江西刘小玲） 上海市工商局办公室主任徐上（@上海工商老徐） 上海市浦东新区区委宣传部副部长韩可胜（@韩可胜） 江苏省南京市委宣传部新闻处处长潘涛（@金陵老道）
11:55～12:00	闭幕

南京市宣传部长会议

活动名称： 南京市宣传部长会议
时　　间： 2013 年 1 月 23 日
地　　点： 江苏 · 南京

2013 年 1 月 23 日，南京市宣传部长会议召开。“一条主线”“两大导向”“三个关键”“四大攻坚战”“五大工程”“六大品牌”成为当年南京全市宣传思想文化工作的主旋律。

会议要求，全市宣传文化系统要围绕学习宣传贯彻党的十八大精神这“一条主线”，把握民生、务实“两大导向”，抓住巩固思想基础、有效引导舆论、推动改革创新“三个关键”部署推进全年工作。特别是在文化改革发展上要坚持以人民为中心的工作导向，以让人民满意为标准，提高文化产品和文化服务的质量和效益；把转变作风学风文风作为改进工作的重要机遇，努力提升宣传思想文化工作科学化水平。

2013 年，南京市宣传思想文化系统将攥紧拳头，打好文化产业发展、市民文明素质提升、亚青宣传、舆论引导“四大攻坚战”。以备战青奥会为目标，探索建立广泛覆盖报纸、广播、电视、新媒体等的体育赛事宣传运行模式，主动对接亚青会，统筹赛场内外报道，突出奥运精神、中国文化和南京元素；围绕亚青会、青奥会开展城市形象宣传推广，策划符合青年心理特点和国际传播规律的青奥话题、青奥事件、青奥活动。

推进政务微博等新媒体工具的应用，建立“南京发布”工作室，加强和网民特别是舆论意见领袖沟通的机制建设；建立健全新闻从业人员的管理规范，促进新闻报道的文风转变，深化“走转改”活动成效。

2013 年还将推进深入学习贯彻十八大精神工程、深化文化体制改革工程、提升公共文化服务质量工程、文化遗产保护传承工程、城市形象塑造与传播工程“五大工程”；做优质“梦在心中路在脚下”中国特色社会主义宣传教育品牌，践行新时期“南京追求”，培育核心价值观品牌，包括“创赢未来”创业创新创意品牌，“双城记”国际传播能力建设品牌，“南京出品”精神文化产品创作品牌，“志愿之城”公民道德建设品牌“六大品牌”。

中共南京市委政法委政法宣传调研工作会议

活动名称：中共南京市委政法委政法宣传调研工作会议

主办单位：中共南京市委政法委

时　　间：2013 年 4 月 2 日

地　　点：江苏·南京

2013 年 4 月 2 日，中共南京市委政法委召开全市政法宣传调研工作会议。这次会议的主题是：深入学习贯彻党的十八大精神，全面落实中央和省政法工作会议要求，切实将政法宣传和调研摆上重要位置，进一步形成推动和加强政法宣传调研工作的运行机制、创新举措和保障制度，为争创全省和谐稳定“首位市”谋划新思路，激发正能量，提升影响力。

中共南京市委常委、政法委书记刘志伟，市委常委、宣传部部长徐宁，南京市副市长、公安局局长徐锦辉等出席会议并讲话。江苏法制报社社长、总编辑马健，南京市公安局党委委员、政治部主任谢根明，及江宁区委常委、政法委书记刘维新在会上发言。

中共南京市委、市政府分管领导，市政法维稳部门主要领导，市委政法委副书记；市委政研室、宣传部分管领导，市政法部门分管领导，市政法部门宣传处室负责人，各区委政法委书记，各区委宣传部分管领导等参加会议。

中共南京市委常委、政法委书记刘志伟同志在会议上的讲话

召开这次会议，主要是深入学习贯彻党的十八大精神，围绕全市争创江苏和谐稳定“首位市”目标，对当前和今后一个时期加强政法宣传调研工作进行部署。政法宣传和调研工作都十分重要，同时又密切相关，因此将两项内容统筹研究部署。对于此次会议，市委宣传部、市委办公厅以及驻宁新闻单位高度重视，大力支持。徐宁部长就做好新形势下的政法宣传工作做了重要讲话，提出了明确要求，具有很强的指导性和针对性，大家一定要抓好贯彻落实。

近年来，全市政法系统积极开展政法宣传调研工作，形成了一批有质量的调研成果，推出了一批有影响的先进典型，打造了一批有特色的工作品牌，有力引导和推动了全市政法工作创新发展，为社会和谐稳定营造了良好的舆论环境，提供了有力的理论支持。特别是市委宣传部、市委政研室的指导帮助，驻宁各新闻媒体、研究机构的关心支持，为我们的工作提供了有力的协作配合和支持帮助，整体提升了政法宣传调研工作的层次和水平。在此，我谨代表市委政法委表示衷心的感谢！下面，我讲四点意见。

一、用更加宽广的视野，充分认识政法宣传和政法调研工作的重要作用

调查研究和宣传发动是党的工作的宝贵经验，也是政法工作的传统优势。在新的形势下，政法工作面临着一系列新情况新挑战，对政法宣传和调研工作提出了新的命题和任务。

（1）加强宣传调研是政法工作适应社会形势发展变化的迫切需要。南京正处于“第二个率先”的关键阶段，办好三件大事、打赢三大攻坚战、实现“三争一创”目标等战略任务，对全市的政法维稳工作提出了更高的要求也带来了更多的挑战。随着经济转轨和社会转型步伐加快、利益格局深刻调整、社会开放显著增强、各种思想文化交流交锋不断加剧，政法工作面临的形势和环境发生着深刻而复杂的变化，影响社会和谐稳定的因素更多、政法维稳工作的领域更广、对政法工作的评价考量更严。特别是随着全媒体、新媒体时代的来临，政法机关时刻处于社会舆论和公众评说的风口浪尖，对政法工作的失实炒作、过度解读、情绪发泄行为呈增多趋势，对政法队伍形象和社会稳定大局构成了负面影响。在新的历史条件和社会背景下，做好政法工作既要通过深入调查研究，推动工作部署、思路举措、体制机制更加科学完善，积极适应形势和任务需要；又要通过加强宣传发动，广泛凝聚社会共识，形成强大工作合力，进一步营造共保城市安宁、共促社会和谐的舆论导向和整体格局。

（2）加强宣传调研是政法工作满足人民群众期待需求的迫切需要。执法为民是政法机关的根本宗旨，让人民群众满意是政法工作的基本价值。在新的历史背景下，人民群众的利益诉求多元多样，对维护自身权益、实现社会公平正义的期待越来越高，对享有更多知情权、参与权、表达权、监督权的呼声越来越强烈；与此同时，群众反映诉求、表达愿望的方式纷繁复杂，少数群体和个人法律意识、法制观念不强，过度维权以及采用非理性方式表达诉求的现象屡见不鲜。加强政法宣传调研工作，既是为了全面准确地把握和了解人民群众的真实想法和迫切需求，不断加强和改进政法工作、提升执法为民水平；又是为了在全社会广泛营造法治精神，树立法律权威，着力在法治轨道上解决利益诉求、促进社会和谐。

（3）加强宣传调研是政法工作实现争先进位目标的迫切需要。和谐稳定争第一，是全市“三争一创”工作大局的重要内容和前提保障，是我市政法战线的重大责任和目标追求。近年来，全市政法战线紧紧围绕争当全省“和谐稳定首位市”目标，做了大量工作，取得了显著成效，也形成了一批有特色、有亮点的工作品牌。但对照“争首位”的标准和要求还有不小的差距，其中既存在理念不新、工作缺乏特色、绩效不明显的问题，也存在宣传力度不大、品牌影响力不高等不足，有的工作虽属我市首创并取得较好成效，往往由于宣传、总结不够，变成“墙内开花、墙外结果”。实践证明，政法宣传、政法调研都是战斗力。因此，南京政法工作要实现争先进位新目标，就必须更加重视和强化政法宣传调研工作，切实提高思与谋的水平，大力营造鼓与呼的氛围，积极推动争先思路更加清晰、工作质量更加提升、特色品牌更加鲜明、人民群众更加满意。

全市各级政法部门要从全局和战略的高度，深刻认识加强政法宣传调研工作的重要性和紧迫性，切实纳入总体布局，摆上重要位置，统筹推进落实，不断形成加强政法宣传调研工作的新动力和新成果。

二、努力开拓政法宣传工作新局面，不断激发政法工作正能量

中央领导同志对政法宣传工作一直高度重视，最近，中央政治局委员、中央政法委书记孟建柱同志专门批示：“加强政法宣传工作十分重要，这是新媒体时代对政法系统各单位执法能力与水平的检验，望总结成功经验，分析存在问题，切实提高领导工作水平”。根据中央领导同志的指示精神和上级领导机关的部署，当前和今后一个时期，全市政法宣传工作要以党的十八大精神为指引，紧扣政法主题、紧跟时代步伐、紧贴基层实际、紧连群众利益，深入宣传社会主义核心价值观和法治理念，切实提高宣传教育群众、应对引导舆论的能力和水平，不断满足人民群众的平安和法治需求，充分展示南京政法工作的发展进步和良好形象，为全市争创江苏和谐稳定“首位市”营造良好的舆论氛围和社会环境。从当前政法宣传工作面临的形势和任务出发，尤其要抓好以下四个方面：

（1）广泛凝聚促进社会和谐稳定的社会共识。在当前改革攻坚、矛盾凸显的背景下，尤其要通过深入宣传发动和教育引导，构建社会主流价值体系，培育良好的社会心态，保持社会和谐稳定局面。要按照“三个最大限度”的要求，把“和谐稳定争第一”目标纳入南京追求的重要内容，将宣传工作与政法工作的优势有机结合、统筹发挥，深入宣传南京“两个率先”的发展成果和美好前景，进一步提振信心、凝聚人心、团结鼓劲；深入宣传党的方针政策，特别是涉及民生利益的政策，要向群众宣传到位、解释清楚，坚持公开透明、阳光操作，努力取得群众的拥护和支持；深入宣传社会主义法治精神，加大法制宣传教育力度，在全社会推进法治思维确立和法律素质增强，引导人民群众选择理性合法的方式反映和解决问题。今年，要围绕全市打赢“三大攻坚战”的目标任务，集中开展政法维稳工作宣传和展示活动，广泛营造和谐稳定的社会氛围。

（2）积极反映政法事业的发展成果。围绕“和谐稳定争第一”目标，紧贴政法工作的中心任务和重要部署，加大政法主题宣传力度，积极反映政法战线的发展成果、特色亮点和先进典型，不断提升我市政法工作的影响力和美誉度。要充分展示平安南京、法治南京新形象，及时总结和反映社会管理创新工程、法治建设工程、“五有五无”平安社区（村）创建、亚青会安保等重点工作的新进展新成效，全面提升人民群众的知晓率、参与率和满意度；要集中反映政法队伍建设新成果，集中宣传加强政法队伍“五个能力”建设的新做法新成效，积极宣传政法战线涌现出的先进典型，力争选树形成一批在全国全省有重大影响的典型，树立和展示政法队伍可亲可敬可信的良好形象，今年组织开展的全市政法系统“双十佳”评选活动，要改进评选机制，扩大群众参与面，提高评选影响力和权威性；要精心打造政法工作新品牌，加大对基层政法工作的宣传报道力度，及时发现和总结基层工作的好经验好做法，加大宣传和推介力度，着力形成一批具有南京特色、实际效果和广泛影响的工作品牌。

（3）不断巩固扩大政法宣传阵地。组织协调各方力量，积极创新思路方法，巩固拓展宣传阵地，切实增强政法宣传工作的渗透力、吸引力和影响力。一要加强与各类媒体的深度合作。建立政法部门与广电、报社等主流媒体的联动合作机制，加强对网络和新兴媒体的组织引导，共同打造政法权威信息发布、法律知识普及、政法工作展示、先进典型宣传等政法宣传平台，积极培育具有南京特色、政法特点的品牌栏目。二要广泛营造社会宣传氛围。充分利用各类讲坛学堂、公益活动、户外宣传栏、移动终端等宣传文化阵地和手段，持续开展政法公益宣传，推动政法宣传工作深入基层、深入群众。深入推进警务、检务、审务公开，常态化地组织人大代表、政协委员以及基层群众走进政法机关，现场观摩执法活动，增进人民群众与政法机关的联系互动，寓宣传于监督之中。三要深入推进政法文化建设。积极创新文艺宣传形式，着力创作推出一批政法类文艺节目，组织开展“政法文化宣传周”活动，积极推动政法宣传融入广场、校园文化、社区文化活动之中，吸引群众广泛参与，不断扩大政法宣传的覆盖面。四要创新警民联系互动平台。加快推进市政法部门官方网站和微博建设，建立健全政法工作新闻发布机制，加强政法单位和广大干警与网民的沟通和互动，及时答复群众提问、疏导群众情绪。围绕群众关心关注的热点，定期设立互动话题，吸引人民群众广泛参与讨论，拓宽征集和引导民意的渠道。

(4) 切实增强社会舆论导控能力。随着现代信息传播手段的迅猛发展，加强社会舆论导控越来越成为提升维稳能力的重要环节。各级政法机关要按照“发现得早、研判得准、处置得好”的要求，加强与新闻媒体的密切配合，不断健全完善舆情监测分析、涉法涉稳信息发布、重大突发事件舆情应对等机制，综合提升舆论导控能力。要高度关注“微博引导舆论”“网络影响现实”等新的变化和特点，强化网络实时动态监控，积极回应和正确引导舆论关注、社会关切的热点难点问题，及时发现和处置可能引发炒作的苗头性、倾向性信息，牢牢把握网络舆情的主动权。要严格把握新闻报道纪律和原则，坚持尊重事实、顾全大局，加强对各类敏感案（事）件的舆论引导，一旦发生重大网络舆情，要做到在第一时间发声回应和疏导管控，及时发布权威准确信息，做好释疑解惑、安定人心工作，对恶意炒作、造谣煽动的，迅速开展网上侦查和落地查人，依法依纪严肃查处责任人。

三、不断提升调查研究水平，为政法工作发展提供有力的决策依据

面对全市政法工作的新形势新挑战新要求，必须不断加强调查研究这一基础性工作，努力把上级关于政法工作的部署要求与南京经济社会发展实际结合得更紧，使政法工作更加适应南京发展需要和人民群众需求，积极探索“和谐稳定争第一”的科学路径。

(1) 要聚焦重点，加强决策服务。要围绕全市政法工作中心任务，突出服务保障大局、维护公平正义、建设平安法治南京、强化基层基础、推动创先争优等重点内容，精心选择调研课题，加强调研组织实施，力求在事关全市政法工作的全局性、战略性、前瞻性问题的调查研究上取得重大成果和显著突破。当前，要重点研究如何更好地发挥政法工作在全市“办好三件大事、打赢三大攻坚战”中的作用；研究如何建立健全社会矛盾的预防化解机制，着力提升维稳工作能力；研究如何坚持以人民群众的平安和法治需求为导向、进一步提升社会公众安全感和法治建设满意度的思路对策；研究如何加强政法队伍“五个能力建设”、增强司法公信力、切实维护社会公平正义等等。市委政法委确定了一批重点调研课题，市政法各部门、各区委政法委要认真落实调研任务，力求形成一批高质量调研成果。

(2) 要改进作风，提升调研质量。要认真贯彻落实关于改进工作作风、密切联系群众一系列规定要求，切实改进调查研究方式方法，真正把政法调研工作作为体察民情、了解民意、凝聚民智的过程，通过扎实开展调研工作，提高新形势下群众工作能力和水平。要坚持求真务实，不走形式和过场，深入实际、深入基层、深入群众开展调研，广泛听取社会各界和管理服务对象的不同意见和建议，力求获得第一手资料；要着力破解难题，把解决现实问题作为调研之要，积极从基层成功实践、外地经验转化、理论指导实践、群众真知灼见中寻求破解难题的思路举措；要统筹方式方法，广泛运用座谈走访、蹲点调查、问卷调查、抽样调查、实地考察等手段，积极应用现代信息技术和手段进行资料的收集、整理和加工，进一步增强调研工作的体系性和科学性；要大力改进文风，调研报告和文章要敢讲真话、善谋实招、言简意赅、科学管用，具有鲜明的针对性和操作性。

(3) 要研以致用，促进成果转化。要高度重视调研成果的转化和运用，及时将调研成果转化为政策决策、应用于实践指导，增强调研工作的实际效果。各级政法部门要坚持做到“重大事项不调研不决策、先调研后决策”，根据调研情况进行综合分析研判，提升决策工作科学化水平；要及时将调研总结出的典型经验推广和提炼，有特别价值的要转化为工作机制；要建立调研成果交流和集中研讨机制，在相互交流和启发中促进政法调研工作水平整体提升。

四、加强组织领导，健全完善加强政法宣传调研工作长效机制

各级政法部门要加大组织领导力度，提升协调协同水平，建立完善规范运行机制，切实把政法宣传调研工作抓紧抓深抓实，不断提高对全市政法工作大局的贡献率。

（1）要摆上重要位置。各级政法部门要把政法宣传调研工作与中心工作同研究、同部署、同落实、同检查，健全各项管理制度，定期听取汇报，研究解决难题，确保政法宣传调研工作顺利推进。各级政法领导干部要带头开展宣传和调研活动，每年都要安排一定时间深入基层、深入群众，开展宣传和调研工作，并以此作为加强和改进作风的重要标准。要建立完善考核激励制度，把宣传调研工作情况列入全市政法综治考核指标体系，把宣传调研工作能力和成果作为干部考核的一条重要标准，及时表彰在政法宣传和调研工作上做出突出贡献的先进典型。

（2）要集成整合资源。要充分发挥我市宣传和调研资源丰富、人才集中的优势，加大组织协调力度，积极挖掘整合资源，最广泛地汇聚集成政法宣传调研工作合力。一方面，要加强政法系统内部资源整合，围绕重大宣传主题和重点调研课题，打破区域、部门、层级界限，创新集中宣传和联合调研方式，发挥整体作用，形成规模效应；另一方面，要紧紧依靠党委宣传部门和调研机构的帮助协调，全面拓展与驻宁新闻媒体、研究机构和专家学者的深度合作，通过建立政法宣传联席会议制度、合办宣传节目栏目、专家咨询建议、建设实践基地、培植树立示范样本等多种形式，不断提升我市政法宣传调研工作的层次。同时，根据中央和省委政法委关于加强中国长安网群建设的通知要求，要抓紧“南京长安网—江苏长安网南京频道”的启动建设，健全完善对上信息报送体系，扩大南京政法工作的影响力。

（3）要建强网络队伍。要进一步加强政法宣传调研力量建设，建立健全宣传调研工作机构和网络，市政法各部门要强化宣传调研机构的工作职能和人员配备，各区委政法委要明确分管领导和责任科室，明确专人负责，各街道（镇）和基层政法部门要进一步建设好政法宣传调研工作联络员和信息员队伍，有效形成全市政法宣传调研工作网络。在此基础上，通过定期举办政法宣传调研干部培训班，邀请新闻单位和专家学者进行培训授课等形式，促进政法宣传调研队伍的整体素质、工作能力和思想作风明显进步。与此同时，进一步加大对政法宣传调研工作的投入，保障经费、阵地和装备落实，确保各项工作顺利开展。

新形势下政法战线责任重大、任务艰巨，抓好政法宣传调研工作事关大局。让我们以党的十八大精神为指引，继续团结奋斗、创先争优，不断开创政法宣传调研工作的新局面，为推动全市政法工作科学发展、争创全省“和谐稳定首位市”，做出新的更大贡献！

中共南京市委常委、宣传部部长徐宁同志在会议上的讲话

在全市上下深入学习贯彻十八大精神之际，市委政法委今天在这里召开全市政法宣传调研工作会议，着眼新阶段提升政法宣传的效果，着眼提升全市的法治水平，着眼提升全市中心工作的法治保障，富有内涵，意义重大。刚才，会议介绍了相关政法单位宣传调研经验，并立足全市社会和谐稳定大局，对加强政法宣传工作做了重要部署。我作为宣传思想领域的

工作者，很振奋，很赞同。下面，我结合党的十八大关于宣传思想工作的要求，对政法宣传如何更好地围绕中心、服务大局、遵循规律、开拓创新讲三点想法与大家做个交流。概括起来，就是要把握三个关键词：创新思维、全媒体方法、准确指向。

一、以创新思维为起点，丰富政法宣传的内涵

党的十八大强调要全面推进依法治国、加强和创新社会管理。在十八大报告中，“法治”是一个出现频率较高的主题词，共出现了18次，“依法”一词出现了21次。法治是社会稳定的制度基础，舆论导向是社会稳定的思想基础。政法工作与宣传思想工作密不可分，目标一致。

要在法治环境宣传上创新。随着国际国内环境深刻变化，不稳定不确定因素明显增多，经济社会发展面临短期矛盾和长期矛盾叠加、结构性问题与周期性问题并存、各种潜在性矛盾和风险凸显等难题。改革攻坚带来利益关系深刻调整，利益诉求多元多样，合法诉求与非法诉求、深层问题与短期利益相互交织，特别是分配不公、贫富差距、官员腐败等问题突出，引发大量社会矛盾。化解社会矛盾，形成社会共识，就要求突出平安南京、法治南京建设成就的宣传，让市民切身感受到工作生活环境的安全感和幸福感；就要求突出政法系统倾心为民、锐意进取的宣传，让市民切身感受到法治环境的来之不易；就要求突出市民对政法建设的期盼与要求，让市民切身感受到政民一心优化法治环境的良好局面。

要在法治精神宣传上创新。法治意识和法治精神入脑入心，非一日之功。任何急躁冒进的思想都是要不得的。随着民主法治进程的加快，人民群众的法制意识、维权意识不断增强，对通过政法机关维护自身权益、实现社会公平正义的期待越来越高，对享有更多知情权、参与权、表达权、监督权的呼声越来越强烈。同时也要看到，信“人”不信法、信“情”不信法、信“访”不信法的现象依然存在，执行难、涉法涉诉上访增多等问题还在困扰着我们，法律的权威还没有在广大干部群众中真正有效树立起来。这就需要我们大力弘扬法治精神，提高全民法律素养，在全社会营造自觉学法、守法、用法的良好氛围。首先要加强领导干部和政府机关的法治宣传，这是法治精神培育的核心所在。各级领导干部和政府机关在城市法治中起好头、带好头，将起到十分重要和突出的示范效应。其次要让法制宣传教育更加接地气。在全社会深入开展法制宣传教育，使社会主义法治精神真正进社区、进乡村、进机关、进企业、进学校，真正入耳入脑入心。全社会法治精神的提高，全体公众对法治建设的参与与维护，才能达到十八大所要求的社会管理体系的优化。

要在政法典型宣传上创新。人是法治的核心与基础，人人守法、人人讲法、人人重法，社会才能和谐，城市才能有序，生活才能有保障。法治典型的宣传以鲜活的人和感动的事作为作料，政法宣传这道大餐才有可能更加味道鲜美。近几年，南京政法系统涌现出了“全国模范检察官”林志梅、舍生忘死救战友的优秀民警庞帮荣等许多先进典型。先进典型是宣传工作的巨大财富，反面典型也是宣传工作的重要素材。在挖掘、培养、宣传好先进典型的同时，要把不尊法、不守法的典型作为警示案例，树立法治环境的导向。导向是灵魂、是根本，要始终坚持团结稳定鼓劲、正面宣传为主的方针，把是否有利于人民群众的根本利益、有利于维护社会和谐稳定、有利于维护法律尊严、有利于政法工作发展进步作为典型宣传的根本标准。

二、以全媒体方法为基础，拓展政法宣传的平台

在全媒体时代，网络社会与现实社会相互作用不断加深，网络思维方式和表达习惯越来越深地影响到现实社会，造成现实社会中的矛盾和问题被集聚和发酵。政法工作面对的任何一个利益诉求群体都有渠道发声，任何一个工作失误都有可能被放大传播，加上“网络推手”的操控、敌对势力的插手，都会给社会稳定带来严峻挑战。这就需要我们尽快适应全媒体格局的调整和舆论生态变化，运用多种宣传手段，主动抢占舆论传播最高点。

要掌握主动。媒体事件和舆论引导的许多案例告诉我们，与其被动说，不如主动讲主动说。今年1月6日清晨，中石化金陵分公司因停电导致脱硫设施没能同步运转，导致二氧化硫泄漏。事发后的6小时左右，在污染轻微市民没有感觉、网络也未见负面舆论的情况下，市委宣传部和市环保局按照市主要领导的要求，主动召开新闻发布会，并通过官方微博进行说明，以市民健康为考量的信息公开态度，得到了媒体和舆论的高度评价。中青报在评论《长治的水，南京的天，知情权在其间》中，称赞南京的政务信息公开，认为这是执政者自信的体现，公开、透明、保障公众的知情权就是最好的阳光。公检法司等各个条口单位的业务工作，与市民的生活环境、利益的调节、矛盾的解决直接相关，无论是针对市民的个性问题还是涉及城市的公共话题，都需要在主动性上做足文章。主动讲主动说，离不开传统媒体的支持。新闻媒体具备新媒体所不具备的人力、平台和品牌优势，特别是在信息的挖掘、包装、深化上，在信源的可信度、权威力、传播力上，传统媒体是政务工作的重要支持，是表达民声的主要渠道。政法系统要与新闻单位联手，按照中央改文风的要求，在主动讲主动说的基础上，创新报道方式，丰富报道内容，做好政法宣传的主力军。

要抢占先机。这是新媒体传播形态的内在要求。现代信息传播技术的快速发展和应用，深刻改变了媒体格局和舆论生态，网络终端从固定向移动发展，网络传播呈现自媒体化趋势，人人可以随时随地向社会发布信息、表达意见，特别是微博的舆论集成、裂变传播、社会动员功能，使围观成为常态、谣言冲击真相、情绪宣泄干扰理性思考。微博微信等新型传播工具的运用，等于办了自己的通讯社，就具备了先讲先说的条件。政法系统在微博等自媒体的运用上已经积累了很好的经验，像“@平安南京”“@南京路况直播间”“@江宁公安”“@白下公安”等微博，积极回应网民诉求，主动服务网民需求，传播政法工作信息，打击澄清网络谣言，形成了政法自媒体运作的品牌效应。要积极总结、善于学习、广泛推广他们的经验做法，第一时间发布权威信息，第一时间全方位抢占舆论制高点，打好主动仗，掌握话语权，有效加强媒体管理、规范采访秩序。要提升技巧。从传播学意义上讲，宣传就是有关讲的艺术。不论是书面还是口头传播，巧讲巧说是争取传播对象、引导对象思维的突破口。比如这次南京的区域调整，有一些负面的声音，有一些牢骚情绪，市委宣传部积极策划，仔细分析市民的心态，通过“@南京发布”官方微博，以“在一起，更美好”为切入点，以充足的信息和权威的解读打消人们的疑虑，媒体在次日的报道中基本采用了官方微博的口径和角度，舆论引导取得了很好的效果。在个人媒介化、媒介个人化的背景下，任何领域的宣传，都要避免官言官语、雷人雷语，以受众愿意接受的方式，才能起到事半功倍的效果。

三、以解决现实问题为指向，增强政法宣传的实效

习近平总书记在全国政法工作会议上要求，全国政法机关要顺应人民群众对公共安全、司法公正、权益保障的新期待，进一步增强人民群众安全感和满意度，进一步提高政法工作亲和力和公信力，努力让人民群众在每一个司法案件中都能感受到公平正义。这就要求我们不断加强政法工作的内涵研究和调研工作，沉下心来，扎下身子，在基层一线、在网络舆论场中，收集、整理政法工作面临的新问题、新挑战、新机遇，认真做好“三个引导”。

做好认知引导。由于人们认知水平的局限，专业性、全局性、深层次的问题，往往还不能形成全面深入客观的认知。法规的贯彻、案件的侦判、社会的管理，当人们不能运用客观专业的眼光去审视时，往往会形成认知的偏差，进而产生压力性舆论，影响到社会管理与政府行政。要充分发挥意见领袖的作用，发挥媒体评论的导向，发挥“名嘴”名记等知名人士的示范，通过全方位、多层次的持续性宣传，提升市民群众对特定问题的认知水平，达到理解决策、支持行政、参与建设的效果。

做好情绪引导。应该看到，市民群众对来之不易的稳定环境，对不断改善的城市环境，对日益丰富的文化生活，总体上是满意的、肯定的、赞许的。这是主流，是前提，是大局。但利益格局的微调、城市建设的影响、生活环境的变迁等，都造成一定程度的社会心理失调。治理心理失调的最好方子，就是进行情绪上的引导。无论是城市干道的快速化改造，还是区划调整等民生关注度极高的城市变化，都极易成为媒体炒作的事件，但由于情绪引导到位，让市民网民主动吐槽，听他们倾诉，帮他们思考，取得了十分理想的舆论引导效果。政法宣传要提升市民群众对法治南京建设的满意度，就要捕捉心理层面的情绪变化，做好情绪引导。

做好行为引导。不知而行，充满着盲目性。知而不行，缺少了实践性。要把践行法治要求、体现法治水平，作为考量政法宣传成效的重要标准。要精心设计社区行、审判参与、司法公开等一系列生动活泼的载体，送上门宣传，请进来宣传，让市民群众在理解决策与行政的基础上，自觉对照法治要求，认识行为习惯中的不足，自觉尊法守法护法。

今年是学习宣传贯彻十八大精神的开局之年，是南京加快发展、实现两个率先的重要之年，也是亚青举办之年。市委市政府确立的三大攻坚战、十项重点工作，格外需要坚实稳定的法治环境，格外需要我们积极主动地引导关注、凝聚共识。让我们以“全省第一、全国领先”的目标定位，围绕中心、服务大局，锐意进取、扎实工作，为这份责任、使命做出更大更多的贡献。

第六届中美互联网论坛

活动名称：第六届中美互联网论坛

活动主题：对话、沟通、理解

主办单位：中国互联网协会、微软公司

时　　间：2013 年 4 月 9 日

地　　点：北京

2013 年 4 月 9 日下午，第六届中美互联网论坛在北京开幕。此次论坛以“对话、沟通、理解”为主题，来自中国和美国政府有关部门、学术机构和知名互联网企业代表，将围绕互联网发展治理进行对话交流。国务院新闻办公室、国家互联网信息办公室副主任钱小芊，美国国务院副国务卿罗伯特·霍马茨代表中美双方在论坛开幕式上发表了主旨演讲。工业和信息化部副部长尚冰、中国互联网协会理事长胡启恒，美国驻华大使骆家辉、微软公司 CEO 资深顾问克瑞格·蒙迪分别致辞。

钱小芊在题为《加强对话增进互信共同应对网络安全挑战》的主旨演讲中指出，在过去的一年多里，中国互联网继续保持积极发展态势，网络应用快速增长，移动互联网迅速崛起，互联网在加强和改进社会管理中作用凸显，网络互动交流更加活跃，传统媒体向互联网拓展步伐加快，网络正能量不断推动社会进步，互联网以更加迅猛的势头融入中国社会的方方面面，成为推动中国经济和社会发展、改变人们生活方式的重要领域和关键行业。中国立足于国情、立足于中国当前社会发展的阶段性特点，积极学习借鉴他国经验，逐步走出了一条具有中国特色的互联网发展和治理之路。同时，中国政府积极参与网络全球治理，提出了网络主权原则、平衡协调原则、必要治理原则、和平利用原则、公平发展原则和国际合作原则等一系列主张。

钱小芊强调，网络安全已经成为世界各国共同面临的重大挑战，特别是黑客攻击日益严重，成为全球互联网一大公害，需要合作应对。中国法律禁止任何形式的网络黑客行为，中国政府反对网络攻击行为的原则和立场是明确的、一贯的。当前，中美关系正处于承前启后的重要时期，网络安全问题已经成为中美关系中一个十分重要的问题。中美两国在促进互联网发展、维护网络安全等方面，存在共同利益，有着共同责任，应该进一步建立信任、建立信心，凝聚共识和力量，努力排除和减少各种干扰，增进两国间维护网络安全的战略互信，扩大两国互联网领域的互利合作，拓展互联网治理的交流协作机制，推动两国互联网领域的对话交流与合作发展。

工业和信息化部副部长尚冰在致辞中指出，近年来，中国互联网持续快速和健康科学发展，具有一定国际影响力的互联网产业格局已初步形成。当前，中国正处于全面建成小康社会的关键时期，工业和信息化部将会同相关部门，推动实施“宽带中国”战略，构建以企业为主体，市场为导向，技术、业务、产品为核心的互联网创新体系，促进互联网在工业、

农业、服务业等领域的深化应用。胡启恒在致辞中指出，目前，各国各地区都在大力支持本地互联网产业的发展并努力探索符合本国国情的互联网发展和治理模式。对话增进沟通，沟通促进理解，理解有助于缩小距离。中国互联网协会作为行业组织愿意继续积极发挥桥梁纽带作用，不断推动中美互联网业界在互联网发展和治理相关问题上的互相了解和借鉴。

美国国务院副国务卿罗伯特·霍马茨、美国驻华大使骆家辉、微软公司CEO资深顾问克瑞格·蒙迪就互联网治理、信息自由流动、知识产权保护等分别发表了意见。罗伯特·霍马茨评价了中国在互联网许多领域取得的发展成就，表示美中两国在互联网发展和治理方面的合作有巨大潜力，双方需要的是合作而不是对抗，美方将继续加强与中国在互联网领域的合作，包括积极开展多形式多层次可持续对话，增加交流的频次深度。希望两国在互利共赢基础上，采取建设性措施，共同解决互联网发展面临的一些问题。

论坛期间，中美两国与会代表将围绕隐私保护与数据安全、移动互联网、互联网治理、网络文化等议题进行深入探讨交流。

美国国务院、信息产业机构、信息技术产业理事会、亚马逊公司、思科公司、戴尔公司、eBay公司、谷歌公司、英特尔公司、脸谱公司、印第安纳大学等美国有关部门、互联网企业和研究机构代表，我国国家互联网信息办公室、全国人大常委会法制工作委员会、外交部、工业和信息化部、公安部、商务部、文化部、国家新闻出版广电总局、国务院法制办公室、中国社会科学院、中国工程院、中国互联网协会等单位代表，北京、广东、山东、四川等地互联网信息办代表，人民网、新华网、中国网络电视台、新浪网、搜狐网、腾讯网、百度网、奇虎360等互联网业界代表以及中国人民大学、中国传媒大学、北京邮电大学、上海交通大学的专家学者等，共230余人参加了论坛开幕式。据了解，此次中美双方参会人数超过了往届。

加强对话增进互信　共同应对网络安全挑战

——在第六届中美互联网论坛上的主旨演讲

（2013年4月9日）

中国国务院新闻办公室、国家互联网信息办公室副主任钱小芊

尊敬的罗伯特·霍马茨副国务卿、骆家辉大使、蒙迪、加菲德先生，尊敬的尚冰副部长、胡启恒理事长，尊敬的各位来宾、各位朋友，女士们、先生们：

中美互联网论坛自2007年底创办，到现在已经历六个年头。六年多来，伴随着互联网的快速发展，这个论坛不断成长，在促进中美互联网领域交流与合作中扮演着越来越重要的角色，发挥着越来越重要的作用。今天，我们两国互联网业界的新老朋友相聚在北京，济济一堂，共同出席第六届中美互联网论坛，我代表中国国务院新闻办公室、国家互联网信息办公室，对各位出席本届论坛表示欢迎，对为本届论坛乃至历届论坛的成功举办付出辛勤努力的中美两国有关部门、机构和工作人员表示感谢！本届论坛以“对话、沟通、理解”为主题，反映了两国互联网业界加强交流与合作的共同愿望、共同心声，以及对如何推动中美互联网领域交流与合作的共同认识，相信本届论坛将给中美互联网交流与合作带来新的活力、新的推动。

在过去的一年多里，互联网在中国继续保持快速发展态势，网民人数进一步增加，应用

水平进一步提高，市场规模进一步扩大，新业态新技术不断推陈出新，互联网以更加迅猛的势头融入中国社会的方方面面，成为推动中国经济和社会发展、改变人们生活方式的关键行业和重要领域。回顾一年多来，互联网在中国的发展呈现出以下几个特点：

一是网络应用保持快速发展。互联网在信息获取、文化生活、电子商务、交流沟通等方面的应用稳步增长，新产品加快普及。特别是微博客、微信成为发展最快的互联网应用，截至去年底，中国微博客用户规模达到3.09亿，微信用户规模达到3亿。近两年，电子商务在中国扩张迅速，越来越多的商家在传统销售模式外大力开拓网络渠道，网民也越来越热衷于网络购物。据统计，2012年网络购物用户规模达2.42亿，比2011年增长了24.8%；电子商务交易总额达8.1万亿元人民币，比2011年增长了27.9%。电子商务在推动中国转变经济发展方式中发挥了重要作用，成为中国经济新的增长点。

二是移动互联网迅速崛起。随着智能手机等移动终端的快速普及和无线网络技术的不断升级，移动互联网在中国蓬勃发展。截至去年底，中国手机网民数量达到4.2亿，占网民总数的74.5%，比2011年增长了18.1%，并仍然保持高速增长，手机已经成为第一大上网终端。不论是城市白领还是进城务工人员，大都通过手机刷微博、发微信、逛网店，手机上网成为社会时尚。去年，中国的手机微博客用户达到了2.02亿，占全部微博客用户的65.6%；网民使用手机进行网络购物的用户数是2011年的2.36倍，手机团购、手机在线支付、手机网上银行等手机移动应用用户比2011年都增加了80%以上。移动互联网使随时随地上网成为现实，正在深刻影响和改变着我们的生活。

三是互联网在加强和改进社会管理中作用凸显。近年来，中国政府致力于通过互联网推进服务型政府建设，积极鼓励、大力推动中央和地方政府部门开设政府网站和政务微博，提高管理公共事务、提供公共服务的能力。目前，中国97%以上的中央政府部门、100%的省级政府和98%以上的地市级政府部门开通了政府门户网站，政务微博账号数量超过17万个。互联网为中国政府和民众沟通交流搭起了新的桥梁和纽带。政府通过政府网站和政务微博及时发布政务信息，征询网民对重大政策措施的意见，促进了政府工作的公开透明。越来越多的人通过网络就政府工作表达意见建议，参与社会公共事务管理。各级政府重视网上反映的社会问题、民生问题，及时回应社会关切，接受社会监督，改进政府工作，解决反映的问题，民众与政府之间的沟通更加顺畅。

四是网络互动交流更加活跃。中国互联网一直保持着很高的互动交流程度，特别是随着微博客、微信等社交网络的快速发展，更多的网民参与网上内容创造。据对中国最有影响的10家网站统计，网民每天发表的论坛帖文和新闻评论达300多万条，每天发布和转发的微博客信息超过2亿条。互联网为人们传递和获取信息、增进彼此交流、表达意见建议搭建了新的更大平台。

五是传统媒体向互联网拓展步伐加快。报纸、电台、电视台等传统媒体在中国依然是最具权威、最有影响力的媒体。随着互联网的快速发展，传统媒体积极适应媒体格局的新变化，大力发展新兴媒体，加快推进报网融合、台网融合。近年来，人民日报、新华社、中央电视台等新闻媒体创办的人民网、新华网、中国网络电视台等网站迅速崛起，综合实力不断提升，成为中国网络媒体的中坚力量。传统媒体积极运用微博等新业务，开设法人微博或官方微博，大力提升传播力和影响力。人民日报法人微博自去年7月份上线至今年3月底，短短八个月“粉丝”量就迅速达到1058万，成为中国第一个千万级的媒体微博账号。传统媒体向互联网领域拓展，既为传统媒体发展注入了新的活力，也为中国互联网的繁荣发展提供了重要支撑。

六是网络正能量不断推动社会进步。去年以来，“最美妈妈”“最美司机”“最美医生”“最美教师”等一个个“最美”人物在中国互联网传播放大，在全社会激荡起一股向美向善向上的强大正能量。今年中国农历春节期间，中国互联网上发起了“温暖 2013 春节回家顺风车大型公益行动”，网民借助互联网平台提供或获取搭乘顺风车的信息，有 27 万多人参与，5000 多人获得帮助踏上了温暖的回家路。在中国，互联网不仅仅是信息传播的大众工具，也日益成为传递和弘扬社会主流价值观、加强公民道德建设、促进社会和谐、推动社会进步的重要力量。

了解这些特点，有助于了解我们在互联网领域正在经历什么。中国互联网在快速发展的同时，也面临着不少新的问题和新的挑战。一是互联网发展应用整体水平需进一步提升，以适应国家经济和社会的快速发展；网络诚信体系亟待建立和完善；网络技术研发和创新能力有待进一步提高。二是尽管近年来中国加快推进信息化建设，网络基础设施更加完善，数字鸿沟不断得到弥合，但互联网发展不够均衡，网络应用结构还不尽合理。三是违法有害信息和网络犯罪，包括传播淫秽色情、网络谣言等违法有害信息和网络暴力、网络欺诈、网络赌博等网络犯罪，严重危害社会、危害青少年身心健康。四是网络安全面临严峻挑战。

近年来，中国政府坚持积极利用、科学发展、依法管理、确保安全的方针，坚持法律规范、政府监管、行业自律、公众监督、技术保障相结合，大力推进互联网依法治理，努力营造文明和谐、健康向上的互联网环境。去年 12 月，中国全国人大常委会通过了加强网络信息保护的决定，把规范网络活动、管理网络社会、保护公民信息纳入了法律框架。中国国家互联网信息办公室会同有关部门，持续开展依法治理网络淫秽色情和网络谣言等专项行动，大力倡导文明办网、文明上网，推动互联网企业加强自律，畅通公众举报渠道，网络环境得到净化，网络生态明显改善。

自 1994 年中国接入国际互联网，我们立足于中国国情、立足于中国当前社会发展的阶段性特点，同时积极学习借鉴他国经验，逐步走出了一条具有中国特色的互联网发展和治理之路。近二十年来，中国政府致力于通过互联网促进经济发展方式转变、推进社会民主进步、提高人民生活水平，致力于加强互联网法制建设、依法维护网络空间秩序、依法维护网络信息自由安全流动，致力于在平等互利共赢的基础上加强国际对话与合作、与其他国家一道共享互联网发展之利和共同应对互联网带来的挑战。同时，我们在网络全球治理方面提出了一系列主张，这些主张包括：网络主权原则，就是一国境内的互联网属于国家主权管辖范围，各国的互联网主权应受到尊重和维护；平衡协调原则，就是包括信息自由流动与网络安全的平衡协调、网络使用者权利和义务的平衡协调等等，不应被偏废；必要治理原则，就是发挥政府、服务提供者和网络使用者等各利益相关方的作用，创造安全可信赖的网络环境，有效维护国家利益和社会公共利益，使人人能更好地享受互联网带来的益处；和平利用原则，就是各国不应利用网络技术和资源对他国实施攻击；公平发展原则，就是主张建立在联合国框架下的多边、透明和民主的国际管理机制，充分反映世界各国特别是广大发展中国家利益，消除数字鸿沟；国际合作原则，就是在平等互利、责任共担的基础上，共同促进互联网的发展。

随着互联网的发展，网络安全已经成为世界各国共同面临的重大挑战，特别是黑客攻击日益严重，成为全球互联网的一大公害。中国互联网还处于发展的初级阶段，在技术创新和安全防护等方面与互联网发达国家相比还有很大差距，中国同世界其他国家一样面临黑客攻击的严重威胁，是世界上黑客攻击的主要受害国之一。据中国国家互联网应急中心数据显示，仅今年1、2月间，就有6700多台中国境外的木马或僵尸网络控制服务器控制了中国境内的190余万台主机，5320多台境外主机通过植入后门对中国境内11420个网站实施远程控制。中国法律禁止任何形式的网络黑客行为，中国政府反对黑客攻击行为的原则和立场是明确的、一贯的。己所不欲，勿施于人。把网络空间军事化，向别国发起网络攻击，既违反中国的现有法律和互联网政策，也有悖于中国的传统文化和道德准则。

网络空间安全是全球性问题。越是全球性问题，越需要合作应对。中美两国在促进互联网发展、维护网络安全等方面，存在共同利益，有着共同责任。在这方面，我们应该进一步建立信任、建立信心。前段时间，一些人炒作所谓“中国网络威胁论”，这实际上是过去种种“中国威胁论”的新的翻版，同样没有什么事实根据。在加强互联网治理、应对网络安全挑战上，中国政府一贯主张通过对话增进了解与信任，开展交流与合作，反对没有事实根据的猜疑和指责。

女士们、先生们，去年11月召开的中共十八大和前不久召开的中国全国两会，选举产生了新一届中国党和国家领导人，习近平主席提出并阐释的“中国梦”引起了中国人民的强烈共鸣。中国的发展已站在了新的历史起点上。中国政府将坚持不懈地大力推动互联网在中国的建设发展，推动互联网的技术创新和普及运用，让互联网更好地服务于经济和社会发展，更好地惠及普通民众。可以预见，中国互联网将进入一个新的历史发展时期，这也将为中美互联网领域的交流与合作开辟更为广阔的空间。

当前，中美关系正处于承前启后的重要时期，网络安全问题已经成为中美关系中一个十分重要的问题。3月17日，中国国务院总理李克强在中外记者会上提出，在网络安全问题上“少一些没有根据的指责，多做一些维护网络安全的实事”“不否认中美之间有分歧，但只要我们相互尊重对方的重大关切，管控好分歧，就可以使共同利益超越分歧”。我们应进一步凝聚共识和力量，努力排除和减少各种干扰，坚定不移地推动两国互联网领域的对话交流与合作向前发展。为此，我提出三点建议：

第一、增进两国间维护网络安全的战略互信。建立战略互信是两国开展交流与合作的基础和前提。美国是全球信息化的引领者，是互联网强国，在网络空间占有绝对优势；中国是互联网大国，拥有世界上最多的网民数量和最大的网络经济市场，但远不是互联网强国。中美在互联网领域交流合作是大势所趋。两国互联网业界应登高望远，顺势而为，以中美关系大局为重，化解矛盾，共谋发展。双方应尊重彼此在发展历史阶段、信息化水平、文化传统、法律规定等方面的不同，尊重彼此重大关切，尊重彼此在推动互联网发展、保障网络安全方面所做的努力，增信释疑，求同存异。对网络安全问题，双方应加强对话磋商，坦诚沟通，增进互信，避免误判，及时妥善处理摩擦和分歧，努力建立中美在互联网领域互利合作共赢的关系。

第二、扩大两国互联网领域的互利合作。双方应加强在下一代互联网、移动智能终端、云计算、物联网、大数据等互联网技术研发、推广、安全保障等方面的合作，共同推动两国互联网的发展。中国政府将坚持对外开放的政策，进一步完善相关法律法规和政策，遵循世界贸易组织有关规则，努力创造稳定、透明、可预期的投资环境。我们真诚欢迎美国互联网企业到中国来投资兴业，共享中国互联网繁荣发展的机遇和成果。

第三、拓展互联网治理的交流协作机制。拓宽两国间对话渠道，建立政府、研究机构、行业组织以及企业之间多层次、多渠道的交流机制，阐释政策立场，回应彼此关切，共同探讨加强互联网治理、维护网络空间安全之策。强化互联网企业、公民和社会组织在网络空间的法律责任、社会责任、道德责任，加大对本国黑客攻击、传播计算机病毒等网络犯罪行为的打击力度。在网络安全执法、情报信息分析、先进技术应用等方面优势互补、相互支持，建立共同防止和打击网络犯罪的沟通联络、侦查协作等工作机制。

女士们、先生们，“一年之计于春”，春天是播种希望的季节。相信本届论坛在大家的共同努力下，将开启中美共同应对网络安全挑战、加强互联网领域交流与合作新的春天。预祝论坛圆满成功！

谢谢各位！

陕西省公安政务微博工作座谈会

活动名称：陕西省公安政务微博工作座谈会

时　　间：2013 年 5 月 10 日

地　　点：陕西 · 宝鸡

2013 年 5 月 10 日，陕西省公安厅在宝鸡召开全省公安政务微博工作座谈会，传达贯彻孟建柱同志、赵正永书记有关做好新媒体工作的重要批示精神，安排部署公安政务微博工作任务。陕西省人民政府省长助理、陕西省公安厅党委书记、厅长杜航伟出席会议并做重要讲话。陕西省公安厅党委副书记、副厅长雷鸣放传达孟建柱同志、赵正永书记有关讲话精神，并主持会议。陕西省电子政务办主任常忠华、公安部办公厅新闻中心处长郭贝出席会议。各市公安局、杨凌示范区公安局，省公安厅属各部门分管负责同志及管理员参加了会议。

杜航伟厅长在讲话中，充分肯定了陕西公安政务微博工作取得的成绩。就进一步做好当前和今后一个时期全省公安政务微博工作提出了四点要求：一是充分认识新媒体时代公安政务微博的现实意义。全省各级公安机关要认真学习领会孟建柱同志和省委赵正永书记的重要指示讲话精神，统筹把握“微时代”信息传播规律，主动适应信息传播格局，积极应用好公安政务微博传播平台，切实增强公安政务微博影响力，努力为推动全省公安工作发展进步提供良好舆论支持和强大精神动力。二是积极发挥新媒体时代公安政务微博的重要作用。要发挥维护稳定作用，抓住网上处置先机，加强对微博舆情的收集和交流互动；要发挥联系群众作用，了解掌握社会动态和群众意愿，准确把握苗头性、倾向性问题，及时回复网民留言、取信于网民；要发挥典型宣传作用，围绕公安中心工作，重点挖掘本地、本警种、本部门涉及民生的亮点和关注点，树立良好形象。三是切实加快新媒体时代公安政务微博的建设步伐。要领导带头重视，钻研和研究公安政务微博建设，带动本地区、本部门公安微博的发展；要尽快实现开通，最终形成建立全省公安政务微博群，形成互联互动；要加强信息报送，切实做好政务微博内容保障工作；要明确职能部门，理顺工作机制，畅通信息渠道，落实管理责任。四是扎实做好新媒体时代公安政务微博的规范管理。要规范信息发布，建立健全公安政务微博报备认证制度、审核发布制度，建立科学的考核评估体系，不断提升公安政务微博工作质量；要规范日常监管，切实加强对本地区公安政务微博和民警个人工作微博的监管和指导；要通过举办讲座、开展交流等方式开展培训，不断提高公安政务微博工作水平。

雷鸣放副厅长就贯彻落实好杜厅长重要讲话和会议精神强调，要切实抓好传达学习，确保公安政务微博工作推进有力、进展有序；要切实强化工作措施，尚未开通政务微博的地市公安局和有公共服务职能的厅属各部门必须于 6 月 1 日前开通，并落实专人负责；要完善运行机制，研究制定切实可行的管理办法，指导本地、本部门政务微博工作规范有序开展。

会上，“@陕西公安”政务微博做了工作报告，“@宝鸡公安”“@西安公安”等5个公安机构微博和个人微博代表进行了大会交流发言。公安部办公厅新闻中心处长郭贝、腾讯微博事业部政府微博主管林青、新浪陕西总经理付士山分别做了公安政务微博知识讲座。

（陕西省公安厅）

中国微博大会新媒体论坛

活动名称：中国微博大会新媒体论坛
主　　题："微博正能量·美丽中国梦"
主办单位：中国新闻社浙江分社、中共浙江桐乡市委、桐乡市人民政府
协办单位：浙江传媒学院
特别支持：新浪新闻中心、新浪传媒
时　　间：2013 年 6 月 15 日
地　　点：浙江·嘉兴

2013 年 6 月 15 日下午，围绕"新媒体时代的媒体机遇与挑战"这个主题，中国微博大会新媒体论坛在千年古镇乌镇开幕。

"新媒体的发展，丰富了媒介的版图！"浙江传媒学院党委副书记王文科在致辞中提到，微博对文化的发展和社会的进步，发挥着重要的作用。学校高度关注新媒体发展，关注微博的运用，以此服务业界发展。

随后，人民日报、新华社、央视、南方周末等媒体负责人共同探讨了新媒体时代，传统媒体向"微时代"的转型之路。

对于当今微博盛行的现状，微博达人们也有自己的看法。"微博是独特的信息舆论场，140 字是现实社会映射，也有裂变式传播力和拉杆式传播效果。微博对传统媒体带来冲击，但也给传统媒体带来机会。比如从微博上发掘新闻，进行核实和报道。社会应该是理性的，理想的微博也应该是理性占主导的。"中国新闻网总编辑陶光雄在大会上强调。

新华社国内部新媒体负责人贾奋勇认为："在现有的政策内，如何最大化发挥平台作用和专业作用，做好内容，值得大家探讨。我们应该面对一个更广泛的网络状态。但是，进军新媒体，目前还存在新媒体技术平台与传统舆论管理格局的矛盾，商业网站的管理等问题。"

"传统媒体在重大新闻的报道上，要注重在微博上抢新闻首发权。"新华社国内部副主任陈芸说，新华社在重大新闻的采访和报道上都会做精心的准备，并在微博上图文并茂地报道新闻。"今后有重大的新闻发生时，传统媒体要学会把抢夺新闻首发权的战争'打'到微博上去。"在陈芸看来，微博的信息能直达公众，并更有效地与公众进行互动，因此对于传统媒体来说，微博的重要性已经不言而喻。由于微博本身承载着巨大的信息量，且更新速度极快，打破了传统媒体一贯的报道节奏。"每天微博上突然冒出来的事情很多，对于我们记者的核实工作而言，是一个非常大的麻烦。不核实怕出错，等核实清楚了也许已经过气了，左右为难。"

"微博改变了人们的生活，也改变了信息生成的样式，在如今这个微博时代，人人都是记者，人人都有麦克风。"人民日报新闻协调部副主任丁伟表示，微博 140 个字的设置将莎

士比亚和平民推到同一水平线，然而，在这个舆论自由的平台上，传统媒体要想脱颖而出、有一席之地就必须发挥其原有的传播优势，即信息的权威性与及时快速。网络促进了生活转型，人们的生活正从纵向结构转向扁平快。“微博就是一个观点的‘自由交换市场’，它有浓重的中国烙印，其很多表达、传播特点上都有明显的矛盾、对立性。”丁伟说，如何在这个众声喧哗、对立矛盾丛生的舆论舞台上说话，抑或是中央电视台、《人民日报》等媒体该如何发表言论是个亟待解决的问题。传统媒体不仅要善于继承传统的表达优势，同时要适应网民受众的心态。“微博表达要遵循的一点是‘中道主义’，即在表达立场上舍两端而表中段，跳出二元对立的矛盾漩涡。”

对于官媒微博的发展，中央电视台官微负责人李浙表示，央视微博将凸显电视新闻优势：强化重视视频和图文优势，解读和弘扬公益传播正能量。硬新闻立博，她希望，微博可以给人带来可靠和依赖感。

媒体代表还和自媒体代表开展了对话，通过自由讨论的方式，共同进行了一场头脑风暴。

2013 陕西政务微博大会

活动名称： 2013 陕西政务微博大会
主　　题：“微言大义·政民互动·给力发展”
指导单位： 中共陕西省委宣传部
主办单位： 陕西省互联网信息办公室、陕西省电子政务办公室、新浪网、新浪微博
承办单位： 新浪陕西、陕西省网络文化协会
时　　间： 2013 年 7 月 4 日
地　　点： 陕西·西安

2013 陕西政务微博大会于 7 月 4 日上午 9 点在陕西宾馆召开，时任中共陕西省委宣传部常务副部长任贤良、陕西省公安厅副厅长陈里、陕西省电子政务办主任常中华、西安浐灞生态区管委会副主任常斌，以及陕西省市直有关部门主管宣传工作的代表、国内知名微博达人、全国优秀政务微博机构和政府微博负责机构代表、陕西省内新闻资讯类网站和频道负责人等共计 200 余人参加了活动。时任中共陕西省委宣传部副部长龚晓燕为大会致辞并发表讲话。

龚晓燕说，微博是打捞沉默生命的平台，作为一种新型的传播媒体和社交平台，微博正悄然改变着人们的交往方式、思维方式和生产生活方式。借助微博可以宣传党的主张，展示政府形象，密切党群关系，服务人民大众，表达公众诉求，可以传播天下大事，分享意见观点，开展舆论监督，进行参政议政，微博的发展对于推动生活进步注入了源源不绝的正能量。随着政务微博的迅速兴起，其在社会管理创新、政府信息公开、新闻舆论引导、倾听民众呼声、促进民主决策、树立政府形象等方面都起到了积极的作用。据相关数据统计，截止 2012 年 12 月 20 日，新浪网、人民网、新华网等多家微博网站共有政务微博帐号 17．2 万多个。据了解，陕西省政府高度重视政务微博的发展，陕西省委书记赵正永在全省宣传部长会议上要求全省宣传干部开微博，时常通过微博关注陕西的情况。陕西省委宣传部部长景俊海亲自部署，大力推动政务微博的发展。在各级单位的努力下，陕西省政务微博的影响力已越来越大，百姓的期待也越来越高。龚晓燕介绍说，截止 2012 年底，陕西在新浪网等网站上的政务微博数为 3434 个，排名全国第 17 位，影响力排在全国第 19 位。自陕西省政府政务微博平台“@陕西发布”开通以来，粉丝数已突破了 200 万，陕西省直宣传系统已有 25 家单位开设了实名注册的官方微博。龚晓燕最后表示，“我们将以此次会议为契机，探讨政务微博应用转变与发展趋势，分享优秀政务微博运营的案例，在曲折中进步，在交流中提高，推动陕西政务微博发展迈上新的台阶”。

大会以“微言大义、政民互动、给力发展”为主题，围绕政务微博应用转变与发展趋势、优秀政务微博运营案例分享、社会化数据运营与舆情等八个方面进行探讨交流，共同探寻微博在推动地方经济和社会发展中起到的作用。时任新浪网市场及地方站业务部总经理葛

景栋在演讲中表示，政务微博已经成为当前及未来一个时期中国政府社会管理与公共服务的新型沟通平台。微政务虽然替代不了现实政务，但微政务口碑却能反映现实政务。时任新浪网新闻中心副总监王薇作题为《政务微博应用转变与发展趋势》的演讲，她认为，做政务微博必须要有信心、要专心、有恒心，要经历一个初创期、发展期、平稳期的过程，要有长远的规划和模式。但其中最重要的就是互动，精髓在于互动。时任中国社会科学院新闻与传播研究所研究员姜飞以《中国政务微博的历史定位和社会功用》为题，发表了自己研究观点与看法。他认为，微博带来的变革依次表现在三个方面的“权”与“势”变迁中：第一，微博不断摆脱对传统媒体的依附而有了自己的“地盘”，且呈现出某种“反作用力”；第二，新媒体带来“权势”文化结构性变迁；第三，传统政权意义上的“群众”和传统媒体的“受众”发生改变。草根群体和政府官方在媒介对话形式上已发生了极大转变，那就是官方如果不办政务微博，或者不利用微博这个平台，其影响力就将被局限在很小的范围之内。中国传媒大学媒介与公共事务研究院高级研究员侯锷从政务微博与社会互动影响的视角，作了《微政时代的政府社会管理与服务创新》的主题演讲。他认为，以微博为典型代表的“微政时代”，开启了经由被动发布、主动发布向即时互动发布的新闻发布3．0时代，党委政府应当把每一个舆情当成一次危机和机会来审慎面对，增强掌控和引导舆论的责任意识，实现由“单纯灌输”向“交流传播”、由“单向宣传”向“互动传播”、由“侧重控制”向“策略引导”、由“被动应对”向“主动驾驭”、由“威权发布”向“问政服务”五个方面的综合转型。微博名人、著名微博辟谣专家郑东鸿诙谐幽默的演讲《社会化媒体时代的“谣言与真相”》引来了会场一片掌声。时任中国传媒大学网络舆情研究所总编辑窦含章作《政务微博舆情及应对策略》的专题演讲，他提出，“政务微博经营要有一颗娱乐的心，进入网民社会圈，并和他们形成有效交流”。时任新浪政府事业部高级营销主管郭敏作《新浪政务微博管理舆情监测与数据分析解读》分享。时任陕西公安厅副厅长陈里现身说法，结合个人实践和与会成员分享了《官员个人在政务微博中的作用》。

大会上还举办了陕西政务微博培训基地成立仪式，西北大学新闻传播学院韩隽教授、新浪陕西总经理付士山为培训基地揭幕，并向中国传媒大学媒介与公共事务研究院高级研究员侯锷、中国社会科学院新闻与传播研究所研究员姜飞、中国政法大学新闻学院副院长刘徐州、中国传媒大学网络舆情（口碑）研究所总编辑窦含章、浙江海宁司法局局长金中一、陕西省公安厅副厅长陈里、银川市委市政府微博“@问政银川”负责人周鹏、著名微博辟谣专家郑东鸿（@点子正）、西安航空基地党工委书记金乾生九位专家颁发基地导师聘书。据现场介绍，政务微博基地在陕西省委宣传部网信办的牵头下，由西北大学新闻传播学院与新浪陕西合作成立。据了解，该基地今后将开展开放式教学、分层次培训、结业考试等培训工作。通过微博内容发布、微博管理、微博舆情分析与监控等多个方面的课程培训，结合新浪在政务微博的发展经验积累，为参与学习的党员干部，提供更全面系统的讲师培训，进而为陕西省政务微博的运营水平提供全面支持和保障。据介绍，陕西政务微博培训基地将着重以下几方面的工作：一是开放式教学。培训基地在师资方面除新浪总部及陕西站将派驻具有一线实践经验的专业培训师和西北大学的讲师教授之外，还将邀请相关政务微博专家学者，以及各地政务微博负责人成立导师团队专业从事政务微博的培训；二是分层次培训。针对陕西省各厅局办及各地市县政府部门的领导阶层和微博编辑微博管理员等一线工作人员，分别进行政务微博领导策略和强化实战操作两个层面的培训；三是专业课程注重实战。具体课程包括：政务微博基础业务介绍、政运营维护、应用转变、发展趋势、舆情监管、案例分享、信息安全、数据分析、产品使用等专业化培训；四是结业考试发证持证上岗。培训结束后将由新浪陕西搭建政务微博考试系统，学员参加网络考试，学员成绩合格后，颁发《合格证书》，尽量达到全省各系统微博管理人员持证上岗。同时，在未来工作中，培训基地还将随时跟踪解决政务微博实践中的实际问题，并加强与各地政府的政务微博管理学习交流，不定期开展政务微博考察学习活动。

大会现场，银川市委市政府官方微博“@问政银川”负责人周鹏、陕西省人民政府官方微博“@陕西发布”负责人郭鹏，分析结合实践案例和与会嘉宾分享了政务微博在拉近政府与网民之间的距离，促进政府行政方式科学性和高效化方面取得的经验和成果。此外，大会上还举办了“基于移动互联网的政民互动”圆桌论坛。刘徐州、韩隽、陕西电信领导范建喜等共同参与了圆桌论坛。

陕西发布政务微博群座谈会

活动名称： 陕西发布政务微博群座谈会
时　　间： 2013 年 8 月 6 日
地　　点： 陕西·西安

2013 年 8 月 6 日，陕西发布政务微博群座谈会在西安召开。陕西省人民政府副秘书长张宗科，陕西省电子政务办、省网信办、陕西发布群中 30 家省直机关政务微博负责同志参加。会议传达了陕西省委省政府领导关于政务微博的有关指示精神，交流了开办以来的工作情况，统一了认识，提高了业务技能。

张宗科就进一步做好政务微博工作提出了四点要求。一是认真学习领会省委省政府主要领导的重要讲话精神，进一步提高做好政务微博工作的责任感、使命感。二是开拓创新，扎实工作，努力办好政务微博。准确及时地发布政府信息；真诚沟通积极帮助解决群众合理诉求；慎重稳妥地处置突发事件和公共舆情。三是狠抓落实，加快政务微博的建设步伐。落实《省政府办公厅关于进一步加强网民留言办理工作的通知》有关要求，按时完成相关任务。四是认真开好座谈会，进一步提升政务微博管理人员的工作能力。

座谈会上，与会人员进行了充分的交流，分析了全省政务微博发展的现状和面临的形势，确认把握好六个重点问题：一要高度重视政务微博鲜明的政治性；二要高度重视单位政务微博的特色性；三要高度重视政务微博的制度机制建设；四要高度重视政务微博的队伍建设；五要高度重视政务微博上网友的留言办理工作；六要落实省政府的要求，全力支持陕西发布工作。

（陕西省电子政务办公室）

网络名人社会责任论坛

活动名称： 网络名人社会责任论坛
主办单位： 国家互联网信息办公室
承办单位： 中央电视台财经频道、中国互联网协会、首都互联网协会
协办单位： 中国网络电视台
时　　间： 2013 年 8 月 10 日
地　　点： 北京

2013 年 8 月 10 日，由国家互联网信息办公室主办的“网络名人社会责任论坛”在中央电视台新址举行。

关于“网络名人”的界定。十几年前，人们对名人的理解还仅限于影视明星，而在当今这个网络时代，名人的定义和范围都在发生变化，名人的身份也变得越来越多种多样。

在新浪网总编辑陈彤看来，网络名人首先要具备较高的社会知名度，其次网上言论可以产生较大影响力。此外，一个很重要的特征是，网络名人不仅仅在专业领域被认可，在其他领域也能产生广泛认知度。

SOHO 中国董事长潘石屹自认没有达到“网络名人”这一标准。尽管这位地产商已经在新浪微博上拥有了超过 1500 万的粉丝，但他仍谦虚地表示“粉丝数量不重要”。在他看来，只要发言获得广泛传播，网络时代任何人都是“名人”。

优酷土豆首席执行官古永锵对此认同，他说：“在这个中国知名的视频分享网站上，无数拍客在用掌中的摄像机记录社会片段，赢得公众点阅，他们也是网络名人。”古永锵说，在雅安地震发生后，拍客们不仅及时记录下灾难状况，也会提出保障人身安全的建设性意见，体现出可贵的社会责任心。“互联网是一个追求真实、负责任的平台，但现在互联网的传播、转发、分享越来越快，一些信息尤其是不良信息很容易被放大，”古永锵说，“这种情况下，我们每一个人在互联网上，除原创的信息要负责任，分享、转播、转发都要负责任。”

“关注社会边缘人群和事件，力所能及传递爱心，用自己的社会影响力‘予人玫瑰’，只要做到这几点，就可以称得上被我们信赖的网络名人。”现场有观众发言指出。

网络空间属于个人还是公共？

人民网总裁廖玒认为，网络就是一个公共空间，无论是论坛、博客还是微博，它们都是网络名人成长的公共媒介和舞台，名人通过网络建立了对广大网民开放的传播平台，不同于私人之间通信和交流，因而在发言时必须考虑到受众。如果他的发言受欢迎，那么对他的头衔所代表的集体会有正向作用，反之会有负向作用。“我希望上网的人都能珍惜自己的麦克风，少一些戾气，多一些包容。我觉得互联网既是化解民怨的一个减压阀，又是国民心态的减压石。大家应该多发掘草根中的真善美，多传递一些正能量，来重振我们的诚信。”

“只要发表在微博上的内容，都应该被看作对公众发表的见解。”潘石屹认为，写在笔记本上的私人日记才属于个人空间，而微博是可以交流、互动和互相学习的平台，因而它的公共性显而易见。

在历史学者纪连海看来，正因为以微博为代表的网络空间具有公共性，网络名人的每一句言论都可能影响到别人，因而在发表感言或对社会事件加以评论时要格外慎重。“一般来讲，我都会冷静一下，过两天发言，我必须判断这是真新闻还是假新闻，还是一些人在网上不负责任地传递一些信息。”一些令人错愕的新闻第一时间被曝光，要先冷静地判断真伪再触碰，这一点对于实名认证过的网络名人尤为重要。纪连海还爆料说，他曾给一个转发过虚假新闻的资深媒体人发过私信，指责他没有经过核实就发布假新闻欠缺专业精神，甚至怀疑他是另有目的。纪连海认为，网络正在倒逼社会进步，无论中国还是外国，网络时代都是自媒体时代，而自媒体产生的大量转载一定会让社会进步。

“随意转发新闻造成网络轰动效应确实不太妥当，”陈彤说，“转发之前最起码应该首先上网搜索一下，查查到底有没有这回事。”

什么才是理想的网络环境？

“中国现在有5.9亿网民，还有55%的人没有上网，所以能上网的人都应该珍惜说话的机会，少些戾气，多些包容。”廖玒指出，互联网不仅是化解民怨的“减压阀”，更应该成为国民心态的“压舱石”，发掘草根中的真善美，重新提振诚信，传递正能量。

周小平认为，每个年代的人看待世界拥有不同的角度和眼光，在网上应该允许发出不一样的声音，特别是年轻一代和那些树立民族自尊心、自信心的好声音，才能够培育出理想的网络环境。

在陈彤看来，现在网上常常出现截然相反的事实和观点，两方都无法说服彼此，而且只维护自己的主张，不去分析他人是否也言之成理，这表明双方缺乏基本的互信，所以构建网络互信机制迫在眉睫，这样网络环境才能健康发展。

如何最大限度地避免和打击谣言，孙健主张政府官方一定要开微博，尽早地在第一时间发声，和大家积极地沟通，而且要掌握坦诚、真实的原则。他认为，一条谣言很多人都在转，包括好多大V、名人都在转，真正官方声音出来以后，澄清事实以后，反而没有人转。在信息传播过程中，有一些人在里边煽风点火、断章取义、捕风捉影，有大V也参加这样的事情，自然而然让政府的公信力减弱了，因此政府首先要早发声，去积极地沟通。对官方微博的局限性，孙健说，官方微博只能代表官方的声音，不能用个人微博发布，个人微博可以作为一个补充，它们是互补的状态。而当出现谣言，官方微博虽然会进行澄清但力道稍显不足时，还需要司法介入和管控。

对不实网络信息是“控”还是“引”？

面对网络上不时出现的虚假信息，网络管理者通常采取删帖或是发布新信息加以回应两种态度。这两种方式孰优孰劣？对话嘉宾对此表达了不同见解。

齐向东在论坛上说，很多造谣者在微博上给很多人造成很大伤害，或者造成非常严重的负面后果。但是澄清之后，这些人没有任何责任，不承担后果，违法成本太低，很少看到有人在微博上诽谤他人后被判刑或者赔钱。这样一种法治环境的建立，需要政府各方面尽快去推动。齐向东说，互联网的秩序会影响到现实社会的秩序。网上的很多事件，其实是有组织、有目的、有推手的，这里面有的可能是为了经济利益，也有的可能是为了个人恩怨。齐向东说，我国已经进入法治社会，但是法律细节的完善程度和国外相比还有较大差距。一种新的法治环境的建立，需要社会各方面一起推动。

胡延平发言时说，互联网也好，微博也好，都是民意表达的平台，甚至是反腐的利器。但同时，互联网也有必要本着理性建设性的原则，对舆论及时引导，让社会形成一个主流的共识和发展方向。互联网有两面性，它既有信号，又有噪音，既有正能量，又有负能量。我们国家处在社会转型期、互联网爆发期，充满各种矛盾。在这种情况下，大V以及所有网民需要思考的一个共同问题是，我们该怎样让互联网成为一个充满阳光的大社会，互联网究竟能为我们的福祉带来什么样的帮助。胡延平说，社会上有的问题，在互联网上一样会有，无论哪个国家都要去治理。从这个角度讲，他支持网络管控，对违法的、不真实的、危害国家利益的、对百姓共同福祉有损害的，这样的信息一定要删除，严重的还要追究法律责任。

陈里发言时说，责任是每一个人在社会上对周围人应尽的义务，担当是知道责任以后做还是不做，做就是敢担当。社会在发展，网络也在发展，网络对我们生活的影响在时时发生变化。陈里说，一个人、一个家庭、一个国家总有一段时间有一段路不太好走，互联网也是如此。当我们走过去之后再回头望的时候，你的价值、你的成就会让你肃然起敬，让你心潮澎湃，“希望我们共同维护互联网这个新世界，希望我们的中国梦通过网络早一天到来”。

“美国社交网站谣言没有满天飞的背后，是健全的社会法律体系，是公民对法律有敬畏之心，而我们是造谣之后没有惩罚机制，不用担心需要承担哪些法律制裁，因而谣言传播者有恃无恐，给了谣言可乘之机。”新媒体领域研究学者张国庆说。

在上海东方网总裁徐世平看来，互联网管理者的积极引导是主要手段，此外需要具备法律适用、道德延伸和文化熏陶三个条件，才不会给予不实信息散播的养分。

搜狐论坛版主高龙认为，微博时代每一个人都是“自媒体”。现在在网上造谣没有成本，大V们随便发一条，就会被很多人转发，成本是零；反之如果辟谣，则需要很多人来解释，一次又一次地解释，成本相当之大。所以，要增加造谣者的成本。高龙认为，辟谣属于事后补救的一种手段，各级部门等谣言出来后再辟谣，容易陷入被动，是一种弱势的表现。管控和引导要“两手抓两手都要硬”，除大V们要加强自律外，还必须加强法律监管，主动设置法律红线。高龙说，如果每一个草根网友在遇到有害信息时都能做到自律，同时大V们能带头传递更多的正能量，那对整个网络环境和社会环境而言，都是一个非常好的正面作用。这也是草根们对大V们的期待。

“网络社会应该人人都参与，民众不应该是被动教化、引导的对象。谣言应该受到法律制裁。让大V、网络名人去教化民众，提高民众的道德水平，这不靠谱。”潘石屹第一时间在自己微博上追加评论。

网络名人如何才能传递正能量？

DCCI互联网数据中心创始人胡延平认为，大V要理性，每个公民也不要有起哄和围观心态，而管理部门要能够运用互联网的思维治理互联网本身，这三方合力才能让网络释放出引领社会进步的正能量。

张国庆认为，现在国人在网上戾气重的背后是读书的人变少了。当从书中获取的知识越来越少，人们的逻辑感和对事情的判断力就会下降，也不会再抱着知书达理的心态面对各种问题。“专业就是力量，大V们要多在自己的专业里发言，碰到非专业问题时多问问别人，或者积极调查。网络名人的社会属性更强一些，他们承载一些社会责任，但同时又有自己个性的东西，容易被人追捧。”

“我们是不是给大V太大压力了?”济南市公安局民警孙健带来另一个角度的思考。他认为，大V也需要利用微博、微信放松心情，不要把传递社会正能量的重任只交给网络名人，而忽视每一个普通网友所发挥的力量。

潘石屹对这个观点表示认同。他不认为大V的道德水平就一定会更高，在网络世界人人平等，而他的社会责任就是凭良心讲真话。

参加座谈会的网络名人一致认为，网络空间是现实社会的延伸，现实社会的法律和道德规范都应适用于网络空间，任何人都应对自己在网上的言行负责任。

在论坛举行期间，现场情况通过微博发出后，引起网民热议。多数网民认为，网络名人影响的人多，承担的责任也更大，更应避免传播不实信息，应为汇聚和传播正能量发挥更大的作用。一个“大V”有很多粉丝，应考虑到传播信息时履行哪些责任和义务。一些网民认为，讨论网络名人的社会责任问题十分必要，进行专题讨论正当其时。

此次论坛由国家互联网信息办公室主办，中央电视台财经频道、中国互联网协会、首都互联网协会承办。论坛内容于2013年8月18日在中央电视台财经频道《对话》栏目播出。

评论：凝聚共识需要“底线意识”①

“七条底线”是对网络发言中不良现象的一次合理纠偏，也是对建立理性公共舆论空间提出的约束性规范。

随着互联网的飞速发展，中国社会的话语空间得到极大拓展，形成了一个异常复杂又精彩纷呈的网络舆论场。我们需要一个怎样的互联网言论环境？该如何善待高科技时代的信息红利？不久前的网络名人社会责任论坛上，形成了共守法律法规底线、社会主义制度底线、国家利益底线等“七条底线”的共识，为网络发言制定了合理的规则。

近年来，借助“自媒体”的蓬勃发展，各领域的知名人士在网络上积累了大量的粉丝和拥趸，成为中国的“新意见阶层”和重要的舆论结构。去年的钓鱼岛事件，许多网络名人呼吁“理性爱国，从我做起”，成为当时偏激情绪的一剂有效的缓释良方。人民日报法人微博曾经借重阳佳节，联合“@北京发布”“@上海发布”“@成都发布”“@南京发布”等政务微博，组织“我和爸妈合个影”活动，是舆论引导的一次创新。

然而，网络名人的发言并不总是作为正能量出现。比如针对社会转型期的一些复杂问题，或是针对一时一地的具体事件，网络讨论竟然演变成恶语相向和人身攻击，继而激化成“微博约架”，甚至到签售现场“递刀”。一旦拳头取代舌头出场，理性对话便戛然而止。还有一些网络名人，在公共事件的信息传播过程中缺乏严谨求证，成为谣言的“二传手”，进一步增加了网络信息的辨识难度。

一个成熟的公共空间，需要各方意见在规则框架内理性表达。通过规则，社会得以在复杂多元的话语空间中建立成熟的协商对话和沟通机制，更好地让民众表达合法诉求，促进社会良性互动，凝聚更多向善的社会力量。网络名人们日益积累的话语权，有可能成为启动舆

① 董海博:《凝聚共识需要“底线意识”》,《人民日报》,2013年8月19日,第5版。

论的“核按钮”，不能不慎之又慎。他们更应当成为规则的身体力行者，成为传递规则意识的重要桥梁。

近些年的诸多公共事件告诉我们：对峙和冲突无助于解决问题，协商对话、建立合理的沟通和监督机制，才能更好地厘清民意脉络，让民生民意得到更多的关注和解决。一味地谴责和质疑，只会加剧社会信任的撕裂，过分渲染不满情绪也只会进一步放大社会“破窗效应”，给网络空间带来更多的戾气和不安全感。互联网中一些超越底线的情绪宣泄，不仅无助于弥合社会信任，无助于推动中国社会的健康发展，反而会加剧不良情绪蔓延，进一步灼伤和刺痛更多的民众。

网络发言需要规则和底线，这应当成为意见各方彼此尊重并充分践行的网络行为准则。“七条底线”是对网络发言中不良现象的一次合理纠偏，也是对建立理性公共舆论空间提出的约束性规范。健康、成熟的社会，既需要敢于向社会不公发起挑战，更需要“新意见阶层”以维护法律法规的尊严为己任，积极为公民的合法权益鼓与呼，遵守社会公共秩序，凝聚新媒体时代“做法律和道德上正确的事”的社会共识，努力成为互联网空间信息的过滤器，不传谣、不造谣，以自身的努力赢取更多的支持。

对于互联网意见表达各方，尤其是掌握巨大话语优势的网络名人们，深刻感知“底线意识”，遵守网络发言的底线，才有助于更好地塑造和凝聚社会共识，建立起更成熟和充分的民意表达和监督机制。

2013全国大学生新媒体发展论坛

活动名称：2013全国大学生新媒体发展论坛
主　　题：微"博"未来
指导单位：共青团中央学校部
主办单位：共青团北京市委员会、新浪微博
承办单位：共青团北京科技大学委员会
时　　间：2013年8月18~21日
地　　点：北京

2013年8月19日，"2013全国大学生新媒体发展论坛"在北京召开。论坛由共青团中央学校部、北京团市委、新浪微博联合主办，论坛以"微'博'未来"为主题，分"社交媒体时代的青年创新""创新人才培养：新媒体助力大学生人才成长""创新信息传播：官方微博矩阵服务青年学子""创新共青团工作：新媒体用与发展"等话题进行交流，探讨新媒体时代下青年思想、人才培养的方向和趋势。全国20多个省级团委学校部代表、高校代表和来自全国20多个城市的100多所学校校园新媒体大学生代表出席开幕式。

会议发布了《2013中国大学生微博发展报告》，报告由中国科学院心理研究所、新浪微博数据中心、北京团市委联合发布。报告指出，新浪微博大学生用户迅速增加，截至2013年6月底，已经突破3000万，高校日使用用户超过1000万，微博改变了许多大学生的日常生活。仅2012年一年，全国高校就有1500万大学生积极参与了在微博上发起的"绿植领养""圆梦中国"等各类话题活动。其中，"绿植领养"微公益项目北京大学、复旦大学等全国1042所高校开展了线下落地活动，累计发放种子330多万份，微博线上参与人数达316万。

报告还从大学生用户的基本属性、微博使用状况等方面进行全面分析，推出系列影响力排行榜，包括十大高校官方微博、团委官方微博、社团官方微博、最受大学生关注的十大名人微博、媒体版微博、企业版微博，华中科技大学、青春师大（江西师范大学团委）、清华大学微博协会、何炅、头条新闻、360安全卫士分别位列各排行榜的榜首。

在本届论坛上，北京团市委与新浪微博签订战略合作协议。双方将整合各自优势，联合开展具有影响力的线上线下互动微博活动，构建青年微博矩阵体系，推动北京青年微博协会建设，并联合开展青年微博使用现状、特点及趋势研究，更好地利用新媒体服务青年，引领青年弘扬正能量。

北京青年报社发布100万"北青求实基金"。重金奖励为社会热点事件进行澄清调查的编辑记者；并开设"北青照谣镜"专栏，同步进行北青网、北青报微博、北青微信公众号、北青新闻客户端重点推送。承担团市委机关报和主流都市报的新闻媒体责任，鼓励开展深入、客观、翔实的调查报道，帮助社会澄清网络谣言，引导民众传递正能量，弘扬社会主义

核心价值观。

团中央学校部副部长李骥、北京市政府新闻办主任、市新闻发言人王惠、北京团市委书记常宇、副书记杨海滨、北京青年报社总编辑余海波、新浪微博副总经理魏莉等出席论坛。北京科技大学党委副书记谢辉等全国20多个省级团委学校部代表、高校代表和来自全国50多个城市的100多所学校校园新媒体精英大学生代表齐聚北京，与袁岳、邓飞、人民日报、新华社微博负责人等关注青年群体成长的知名博主、高校新闻传播学院专家学者代表交流互动。

共青团中央学校部副部长李骥致辞实录

各位嘉宾、各位同学，大家上午好。首先我想代表团中央学校部对来自全国各地的代表表现热烈的欢迎！借此机会对一直以来支持共青团工作，关心青年学生成长发展的社会各个机构，政府各个机构的所有领导和嘉宾们，谢谢你们！

今天很高兴来参加全国大学生新媒体发展论坛，当然我们还要举办一个关于全国绿植领养的主题活动。我想参加这样一个论坛借此机会我想谈三点感想与大家分享：

第一，我认为新媒体的快速发展和迅速普及是时代的不可逆转的潮流。我记得我第一次来北京是1994年，那个时候我在中关村的一个楼上看到瀛海威的标牌，那是我们国家第一个做电子邮件，那个时候我们还不知道这个网络会有什么样的应用，但是短短的十几年、不到二十年的时间，我们整个社会，整个世界已经被互联网深深地改变。从我们互联网的使用用户，各种新媒体的应用的层出不穷，我们可以看出来它迅速地改变了我们的生活，而且是不可逆转的潮流，而且我认为这仅仅是新媒体给我们改革社会的刚刚开始，未来还会有什么样的变化，我觉得仍然无法预料。所以有人说，每一次人类社会关于“路”的改革都会给人类社会带来深刻变革。像丝绸之路，航路，等等，每一次“路”的改革都会给人类的社会和生活带来极大的改革。所以我个人的认识，网络为基础的新媒体的应用的发展是时代不可逆转的潮流。

第二，对于共青团组织，学校组织等来讲，这些现实存在的组织，新媒体发展给我们带来什么样的影响，确确实实给我们带来了机遇和挑战。我认为机遇和挑战在三个方面，为我们组织机构带来了很大的挑战。就是它既给我们提供了一种新的建构我们组织的可能的技术条件，它也给我们组织，我们这些青年学生，我们相互联系，相互交流，相互沟通，有一些新的方式变化。有大量的自组织出现，有大量建构组织出现，这些对我们拥有现实组织的组织来讲它是一个巨大的机遇也是挑战。第二，它也给我们带来了工作内容的机遇和挑战。过去我们在现实传统的组织当中我们无法开展的活动我们现在可以开展了。比如说，我们和新浪搞的绿植领养活动，我们搞的圆梦中国的大型活动，我们借助网络新媒体快速全覆盖的巨大的全民化的传统，我们能获得更多的资源的对接，整合，而且是精准的投放。我认为它给我们工作内容也带来了不同。当然它也给我们工作机制带来了很多挑战，也带来了很多机遇。微博带来的是我们以前无法想象的，我们共青团组织也好，我们高校媒体也好，我们的学生组织也好，我们都会面临这些，我们怎么利用网络互动的特性，参与特性，快速组织动员的特性来开展活动，需要我们在工作机制上也要做出调整。

第三，这种挑战和影响，挑战不一定是坏事，但是网络新媒体带给我们的确确实实有正能量的传播，也负能量传播，它给我们带来的是很复杂的影响。在这个过程当中作为共青团组织来讲，我们非常希望我们和新浪和所有的社会各界能够共同在一起合作，能够一起为传递社会正能量，我们要做更多的工作。有负能量的传递这是一个客观现实，甚至不可避免，但是我们这样一些方方面面的力量，如果能够聚集在一起，如果能够汇聚在一起，为做正能量传播做更多的工作，我认为这是未来微博的责任所在和希望所在。所以我也代表团中央在这儿邀请我们的社会各个方面，我们所有媒体，我们所有的同学一起来参与当中，参与到这样一种用我们个人微小的力量，博取我们美好的未来。

共青团北京市委副书记杨海滨致辞实录

尊敬的各位领导、各位嘉宾，来自全国各高校的大学生朋友们，大家好。非常高兴大家从全国各地赶来参加2013 全国大学生新媒体发展论坛，这是团中央学校部、北京团市委、新浪微博联合举办的新媒体年度盛会，在此我代表组委会对大家的到来表示热烈的欢迎，希望大家在为期三天的论坛中分享精彩体会和思考，尽情展现新媒体魅力。

当前新媒体发展速度已不能用简单的迅猛就能形容，因为新媒体已经成为青年生活的一部分，我们在对青年群体的调研中发现大学毕业生在租房的时候能否上网已经成为选择出租房的基本标准。有人说吃穿住行，上网这是当代青年学生的五大件，更有甚者说大学生可以不吃饭，但是不能不上网，可见新媒体给青年带来的深刻影响已经形成社会共识。

我们看到新媒体对大学生的影响可以概括为三个词语：第一个，广泛。绝大多数大学生都能熟练使用互联网，浏览新闻，观看视频，网络购物和社交等。微博媒体深刻影响着大学生对世界的认知和看法。第二个，多样。随着新媒体技术的发展，影响青年思想的新媒体形式更加多样化。新媒体舆论场本身在不断细分，有人称网站、论坛都已经成了传统媒体，微博、微信、社交网站等迅速崛起并拥有了相对固定的人群。第三个，融入。新媒体技术紧密融入大学生生活和学习之中，其影响也更加润物细无声。这是大学生的思想动态经常因某一事件触发而炒起。总之，新媒体构成了当今中国最重要的信息聚合平台和舆论场。在这个领域里最主要的用户是青年，最活跃的人群是青年，最需要加强服务和引导的也是青年，我们要想影响大学生，凝聚大学生，引导大学生，离开新媒体是不可想象的。在这种情况下北京团市委在北京市委，团中央领导下，把新媒体工作进行谋划，我们开通官方微博青年说，建立全市两千个骨干微博组成的北京共青团的微博矩阵，形成全市各级团组织密切联动机制，其中高校团组织和大学生微博占相当比例。通过微博这个平台我们开展了温暖一冬等活动，并结合青年会建设形成推动青年社会风尚的良好局面。结合网络电台建设，推动新媒体转型，与北京电视台联合打造青年频道，与北京广播电台联合打造青年广播等，形成完整的全媒体体系。

今天团中央学校部，团市委，新浪微博共同举办本次论坛，论坛上将发布2013 全国大学生微博发展报告，团市委与新浪微博还要签订战略合作协议。北京青年报总编辑还要发布北青求实基金，这些都是团市委与社会各界共同承担社会责任，引导青年大学生传递正能量，弘扬社会主义核心价值体现的重要表现。我们要通过论坛举办，请各界专家和大学生朋友为新媒体发展趋势，对大学生群体思想引导规律等方面提供智慧，使我们的新媒体成为大学生成长、成才的重要平台。

最后，再一次向各位领导、专家和大学生朋友们表示感谢。祝本次论坛取得圆满成功！谢谢。

北京市政府新闻发言人、北京市政府新闻办主任王惠演讲实录

各位朋友，各位同学，各位亲，很高兴在这里见到大家。我以前在北京电视台工作过13年，还做过很长时间的报纸工作。二十多年的报纸从业经验，可能我应该成为一个老的传媒人吧，但是今天我忽然发现我成了一个局外人。为什么呢？大家都成了传播者。自从有了互联网以后人人变成了麦克风，人人成了通讯社，这是什么意思呢？就是到这个时代大家不得不思考，每个人都被绑住了，被什么呢？被互联网。我们都微住了，什么微住了？微博。过去大家都问吃饭了吗，现在问你微了吗？今天这个时代就是这样的，大家一定要知道，我们进入一个新时代，这个时代就是信息化时代，什么叫信息化时代呢？实际上，在我们每个人身边都有一个传播链，这个链上有三个环节，一个是信息的制造者，一个是信息的传播者，还有一个信息的接受者。你是谁？可能你过去说我就是一个信息的接受者，错了，今天你不是，你是三者兼备的人。同时，你也是传播者，你接一个电话，写一个微博，你可能是跟别人发一个短信，你全是在传播信息的，你不是传播者吗？所以今天那些老传播者我们都觉得很郁闷，突然我们觉得“@作业本”什么的厉害极了，他们成了主要的新闻传播者了。大家知道每个人都有可能是这样的。所以当你成了三者兼备的时候，各位说，我们不研究互联网，不研究微博，不研究新媒体行吗？当然不行。因为你要知道，不知道什么时候你还没有准备好，你可能被传播了。或者你今天想说的事情人们没注意，不想说的事情被研究了，所以我们就被传播了。我想说的第一层意思，感谢共青团学校部，市委，新浪。

我在这里只想给大家提出三个问题，有一个问题刚才李部长已经替补已经我问了，我想问的是大家思考过了吗，互联网的出现，微博、微信出现给我们舆论格局带来了什么变化？我引到舆论格局而不是生活，什么是舆论格局呢？就是传播的方式大变了。过去我们是什么传播方式呢？是单向传播。20世纪人们有两大发明，一个发明是飞机，它让地球变小了；一个发明是电视，它让传播快捷了。电视的出现真的挺了不起的，我自己也做过很长时间电视人，我知道因为有了电视大家的知情权平等了。过去不是这样的，过去一个信息的传递，在报纸刚刚产生的时候，谁都看报纸吗？有了广播以后也不是所有人都听广播。电视让你在同一时间有了知情权，这个格局变了，但是这个变化还是没有互联网厉害。到了新时代互联网一下把单向传播彻底给改变了，变成了交互传播。就是大家都在传播，大家都在接收信息，也就是说今天谁接受，谁传播，谁都可以传播，谁都可以接受。刚才李部长说了，这给大家提供了重要的机会，你已经成为媒体了，你制造的信息不管你愿不愿意你都传播了，这个时候你还要接收信息。大家知道吗，我们要对这个传播格局要有认识，虽然我的学业还没有完成，做什么工作还没有确定，大家你能确定的是我能传播信息，我是一个媒体，我是一个媒介的平台，这就是你们。所以大家要知道这个问题，好好地思考。我只是提一个建议，供大家来思考，我并没有回答大家的问题。

第二个我想提出的问题是，谁将来是网络的达人。当然是你们，对不对？所以你们要想一想，如果你做了网络达人呢？谁网络达人？互联网，新媒体就是把原来很多权威的信息，它把你给变成碎片化了。或者权威的机构也消减掉了。很多新的权威媒体和权威的信息在产生。在哪里产生？在民众中。民众今天有很多人他们可以成为达人，他们可以去影响别人，很可能他影响的这个人再影响别人，那效益就放大了。就像刚才我们那位专家做的分析说的，如果你的消息被大V转播了，可能会引起全国很多人的关注。谁是今天互联网弄潮儿，当然不是我们，我们早已是拍在沙滩上的那个。你们是正好乘风破浪往前行走的人，是你们。所以我非常感谢团市委，我们在2011年北京市建立了微博发布厅，当时第一批成员单位就是团市委，团市委青年说在这20多个月里发挥了非常大的作用，他们不仅主动对外传播信息，更主要的是他们把北京市二级成员单位也建立起来了。同学们你们积极加入微博时代，你们开始发声，你们开始影响别人，这是多么好啊。你们发现了吗，你们已经找到了第一个职业了，你们已经是媒体人了，如果你们真的做得很好，我相信余主编会欢迎你们的，而且你们还能领到刚才说的基金呢。现在中国网上的人已经快6个亿了，使用微博的只有3亿，其中十分之一是你们，你们很可能变成微博的精英，时代等着你们，请你们行动起来吧。

我想问的第三个问题是，当你们成为微博达人的时候你们想做什么。我们常常问自己三个问题，我是谁？我在干什么？我打算还要干什么？所以我请大家也问问，如果你们当了微博达人以后，你们想干什么？所以今天我想互联网的环境给我们提出的机遇和挑战都很大，首先机遇就是我们大家都可以传播我们希望传播的信息了，但是也有很大的挑战，互联网让人爱，也让人恨，爱的地方太多了，它无疆界，快速，让我们工作省去了很多环节。恨的地方是它不分真假。所以我想请大家考虑的，第一个，时代的责任感，你们要在微博上体现时代的责任感。我非常欣赏北青报刚才的作为，照谣镜，太好了，大家知道现在天天都有人造谣，天天都有人辟谣，我们该信谁呢？在传播中间为什么走调了呢，可能你说的是真话，但是到了受众耳朵中就成假的了，这是为什么呢？我们需要更多有责任的人有担当，他们开始说真话，准确的话，也许这个并不是全部的，也许我今天不能完全地告诉你，但是我说的每句话都是真的，这需要的就是责任感。第二，需要大家专业的精神。因为新闻真的是一个专业，并不是大家都成了新闻传播者，太好了，我想说什么就说什么。从新闻产生的那天就有规矩，那就是真实，这是我们的生命。所以大家要知道，如果你想当传播者，如果你想当网络大V，请你从真实开始。每一个字，每一句话，每一个事情都是真的，只要从我们嘴里说出来绝不可能有假的，那才是立身之本。所以大家一定要记住真实是我们的立身之本。大家想当大V，你们要记住对我们的国家和人民有感情，因为是国家和人民养育了我们，我们所做的一切我们都要回报他们，无论我们做多少都不够，所以我们写微博的每一个字都是回报他们，请你们用你们的感情来回报养育我们的国家，养育我们的人民。只要你们怀着这样的一份感情，你们的微博就会受欢迎，你们就会成为微博达人，你们就能为我们国家的形象起到一个非常重要的作用。到那个时候你就会感觉到，我在微博上可以大有作为。希望大家成为微博达人。谢谢大家。

“免费午餐”和“中国水安全计划”发起人邓飞演讲实录

现在看到了很多“免费午餐”的好朋友们，再次谢谢你们，感谢你们的帮助。

刚才听了一下王惠老师说的谣言，我觉得咱们对谣言不要过于害怕，第一，像这种谣言，就算是谣言，它也是有一个社会的必然的东西。第二，我们不可能去要求每个人在发微博的时候，都像潘石屹一样都请律师来看一看。我觉得这个太扯了，也做不到。我们只要按照我们的本心去发就可以了，这是我们的权利。

第二，微博是信息流通工具，就算是谣言也可能会被净化。如果一句话没说好，我就会去遭受批评，我就会去看，是我说错了。

我最近在写一本书，把我们这两年的经验，心路历程写出来。由一个批评者怎么变成一个合作者，一个建设者，一个记者，我们是怎么样联合一群记者，大学生，我们的小职员，政府的公务员，我们怎么样齐心协力，把免费午餐的工作，把不可实现的工作做完呢？我们是怎么样一个一个完成公益项目？我跟大家分享的就是两个字：创新。

我是一个传统的调查记者。我在杂志社，我们以前是没有微博的，但是我们很幸运，在2009年我们遇到了微博。我一直认为微博是上帝赠予我们最好的礼物。首先它实现了我们最高层次的言论自由。它起来一个组织工具，它能把我们每个人，以前我们像一地碎玻璃的人连接起来，那我们就有了新的力量。我们用微博我们采取了一种方法，就是集群的方法。我们在网上发出一条之外，就会有志同道合的朋友，我们就建一个群，每个人在里面都发表意见。在创新中我们找到新的力量，第一个叫柔软的力量。原来我们是批评者，是愤怒的力量。现在我们发现柔软的力量更加有张力。当我们把孩子的困境展现出来打动了无数的网友，我们也得到了捐款，我们把中国人的善良激活了，我们改变了国民的人格。我们以前是不关心外人的，我们关心的是自己。第二个力量我认为是透明的力量。我们每一步都在网上，我们要求每个学校的每一天的开支都报上去，我们向大家展示我们的诚实，所以我们也不担心了。第三个，联合的力量。我们把免费午餐的门槛降低了。我们鼓励大家捐三块钱，人人可为，大学生也参与到这里。甚至我们告诉大学生，我们不需要你们的捐款，因为你们也是消费者，但是你们可以把你们的时间，把你们的专业，给我们，这样就实现了物尽其才，人尽其用。我们联合当地的乡村和政府，最后形成了社会，商业，政府三方面的联合。这就形成了一种合作的洪流来实现改变。

第二个分享的是，我们做的“免费午餐”帮助了很多孩子；还做了“大病医保”，就是为每个孩子买份保险；我们还做了“棉衣计划”；还有保护候鸟的，8月24号我们要开一个发布会，我们做了一个社会水安全，我们通过七个板块支持国家，打击水污染，能够确保每个中国人都会有干净的水，这足以可以证明只要我们愿意改变，只要采取行动，每个人都可以变成革命者，在座的每个同学也是可以的。

第三个，我们的现状和未来。1978年的时候中国的经济濒临崩溃，那时候国家实在没办法，放开了市场，就有了现在的市场经济，这个开放导致了我们国家的国力大步增长，但是我们在经济发展的同时也付出了惨痛的代价，我们付出了水、土壤、空气，还有无数的农民工以及他们的身体健康。这个时候我们需要的是进一步的改革。我们经济改革红利已经耗尽，这时候我们注意到我们国家领导人在注意放开我们社会，就好像1978年放开市场一样，这样的话民间组织，社会力量会得到一个保护的机会，这时候会有很多的发展空间，我也想在座的年轻人，我们也可以抓住这个历史机遇，进入到创业中来。

第四个，我们的一些计划，今年我们要把水的问题尝试着去解决。第二个，做一个乡村儿童联合公益，把那些项目拉到一个社区去，做成一个平台，那里面有助学的，心理辅导的，只要涉及乡村儿童项目，全部在这里可以自由流通，社会资源全部在上面流通，让它自我运转，形成一个内在的循环。我们的志愿者还做了一个计划，就是帮助农民卖农产品。

最后，我在湖南大学我们做了一个中国公益创业研究院，我去帮助这个学校跟学生交流，我希望把我们的战术和想法怎么样告诉更多的年轻人，我们希望他们跟我们一起来改变。刚才王惠老师还说到，我们怎么样才能够成为微博达人？我想，对社会有价值我们才能成为达人。因为我们对社会是有用的，是价值的，我们才能被认可，才能被尊重，如果我们没有价值，我想我们是成不了大V的。

最后我要跟大家讲的是我们不抱怨，要温和的改变，我们要联合起来。谢谢。

“中国政务微博路在何方”高层论坛

活动名称：“中国政务微博路在何方”高层论坛
主办单位：新浪网、新浪微博、宿迁市委市政府
时　　间：2013年9月7日
地　　点：江苏·宿迁

2013年9月7日，由新浪网、新浪微博、宿迁市委市政府联合主办的“中国政务微博路在何方”高层论坛在美丽的骆马湖畔举办。业界专家学者、微博意见领袖以及来自全国30多个省市县的政务微博负责人齐聚宿迁，共同探寻中国政务微博的发展之路。

作为一次全国性的政务微博论坛，此次活动旨在解读政务微博发展趋势，研究政务微博发展方向，探讨微博给中小城市带来的机遇和改变。中共宿迁市委书记蓝绍敏，市委副书记、代市长王天琦和宿迁市党政领导班子全体成员，宿迁市人大、政协主要领导，各县（区）、市各有关部门主要负责人和微博运维人员参加论坛。

蓝绍敏在论坛上致辞，以幽默诙谐的语言阐述了自己的微博观。“微博给我带来了诸多的收获、感悟和快乐”，蓝绍敏认为，对于个人而言，微博是公开的日记，是心灵的交汇，是友谊的纽带；对于政府而言，微博已经成为发布政务信息的渠道，成为政民沟通的桥梁，成为社会发展的“助推器”和“稳压器”。

谈及宿迁市人民政府官方微博——“@宿迁之声”的探索和创新之路，蓝绍敏表示，“作为市委书记，对于政务微博的发展，我一向的态度是‘参与、鼓励、宽容、正视’。”他指出，微博虽小，却折射出大社会，蕴含着大智慧，可以做出大文章。政务微博作为一种新型传播工具，作为推动社会管理创新的有效方式，正以其独有的灵活性和灵敏度，越来越受到社会的关注、政府的支持及公众的认可，也必将在传递政府声音、畅通政民联系、回应百姓诉求等方面发挥越来越重要的作用。

论坛上，中国公共外交协会秘书长、外交学院客座教授宋荣华，资深媒体人、《工人日报》社会周刊编辑部主任石述思，人民网舆情监测室副秘书长、《网络舆情》副总编辑单学刚，武汉大学教授沈阳等微博界的专家学者、微博达人纷纷发表主题演讲，全面分析政务微博的现状、趋势和发展机遇。“@宿迁之声”“@北京发布”“@南海发布”“@玩转安吉”“@海安发布”“@仪征热线”等政务微博的负责人从不同角度、不同层面分享了政务微博运营的经验和做法。

论坛最终通过了《中国政务微博高层论坛·宿迁宣言》，与会的政务微博同仁郑重宣示，共同倡议“发布好声音，传递正能量”。

（据人民网北京2013年9月9日电　王先进）

第四届全国道德模范座谈会

活动名称：第四届全国道德模范座谈会
时　　间：2013 年 9 月 26 日
地　　点：北京

2013 年 9 月 26 日下午，第四届全国道德模范座谈会在京召开。中共中央总书记、国家主席、中央军委主席习近平在北京会见第四届全国道德模范及提名奖获得者，并发表讲话。中共中央政治局常委、中央文明委主任刘云山参加会见并出席第四届全国道德模范座谈会。下午 3 时许，习近平等中央领导同志来到京西宾馆会议楼前厅，同参加会见的同志们握手，并同大家合影留念，发表讲话。刘延东参加会见并在座谈会上宣读了表彰决定。刘奇葆参加会见并出席座谈会，栗战书参加会见。

第四届全国道德模范及提名奖获得者、往届全国道德模范代表、中央宣传思想工作领导小组成员、中央文明委委员出席座谈会，各省（区、市）和新疆生产建设兵团党委宣传部部长、文明办主任等参加座谈会。

2013 年 4 月，中央宣传部、中央文明办、解放军总政治部、全国总工会、共青团中央、全国妇联发出《关于开展第四届全国道德模范评选表彰活动的通知》，该活动旨在深入贯彻落实党的十八大精神，充分发挥道德模范榜样引领作用，广泛动员人民群众参与道德实践，推动社会道德水平进一步提高，形成实现中国梦的强大精神力量。活动由中央文明委统筹安排，中央宣传部、中央文明办、解放军总政治部、全国总工会、共青团中央、全国妇联主办。评选表彰颁奖典礼——《圆中国梦 德耀中华》于 2013 年 9 月 26 日晚在北京举行。

第四届全国道德模范评选表彰活动自 4 月启动后，318 名候选人助人为乐、见义勇为、诚实守信、敬业奉献和孝老爱亲的感人事迹，通过媒体广泛传播，引发社会强烈共鸣。基层干部群众认为，道德模范集中体现了传统美德和时代新风，充分展现了社会道德主流。连续四届全国道德模范评选表彰活动，评选出 1000 多名全国道德模范和提名奖获得者。北京市西城区机关干部认为，评选道德模范是凝聚社会道德力量的重要举措，道德模范集中体现了中华民族的优秀品质，集中反映了社会进步的时代潮流。

网民“@ 春风朝气”说，评选道德模范就是寻找“提灯的人”，把他们聚集在一起，会释放出夺目的光芒。网民“@ 许三多”说，身边有如此之多的道德模范，表明那种渲染道德滑坡的说法不符合实际，崇德尚义仍是当下社会的主流。活动自 2013 年 7 月 16 日启动网络投票，社会各界投票踊跃，投票人次超过 1 亿。在群众强烈呼吁下，投票截止时间从 8 月 16 日推后到 8 月 25 日。越来越多的人把投票过程变为学习道德模范的过程，崇尚、热爱、学习、争当道德模范的良好风尚在全社会形成。百度贴吧、凯迪社区等成为网民热议候选人平台，网民通过微博大量发表感想和思考，新浪微博相关帖文近 100 万条。

学习全国道德模范加强公民道德建设[①]

——在第四届全国道德模范座谈会上的讲话

（2013 年 9 月 26 日）

刘云山

评选表彰全国道德模范，是激励和引导广大群众参与道德实践、推进社会主义核心价值体系建设的重要举措。从 2007 年至今，中宣部、中央文明办、解放军总政治部、全国总工会、共青团中央、全国妇联共举办了四届全国道德模范评选表彰活动，群众参与度越来越高、覆盖面越来越广、社会影响力越来越大，一大批德耀中华的道德模范涌现出来，弘扬了真善美，高扬了正气歌，感动了全中国。这一届全国道德模范评选活动，在总结以往经验的基础上，进一步体现了坚持群众路线、评群众群众评的特点，体现了面向城乡基层、广泛发动参与的特点，体现了重在教育引导、重在推动实践的特点，营造了学习先进、争当模范的浓厚社会氛围。本届评选产生的 54 位全国道德模范，来自全国各地、各行各业，都有感人至深的事迹，集中展示了公民道德建设的丰硕成果，展示了当代中国人民的良好精神风貌，展示了我们时代的精神高度、道德高度，是“最可爱的人”，是“最美的中国人”。习近平总书记亲切接见全国道德模范并发表重要讲话，对精神的力量、道德的力量做了精辟阐释，对道德建设在实现国家富强、民族振兴、人民幸福过程中的重要作用做了深刻论述，对全国道德模范评选表彰工作给予充分肯定，对全国道德模范的感人事迹和崇高品格给予高度评价，对进一步加强公民道德建设提出明确要求。要深入学习贯彻党的十八大精神和习近平总书记重要讲话，大力弘扬道德模范崇高精神，扎实推进社会公德、职业道德、家庭美德、个人品德建设，为实现中华民族伟大复兴的中国梦凝聚起强大的精神力量和有力的道德支撑。

第一，切实重视道德力量。

道德是社会关系的基石，是人际和谐的基础。自古以来，始终有一种强大的道德力量牵引着社会文明进步。中华文明源远流长，孕育了厚德载物、德行天下的优良传统，成为中华民族生生不息的强大动力。我们党历来重视道德建设，始终把弘扬中华民族传统美德、加强社会主义思想道德教育作为极为重要的战略任务来抓。现在，我们正站在新的起点上，朝着新的目标迈进。实现党的十八大提出的“两个一百年”奋斗目标，实现中华民族伟大复兴的中国梦，既需要夯实雄厚的物质基础，又需要构筑强大的精神力量。习近平总书记在全国宣传思想工作会议上明确指出，只有物质文明建设和精神文明建设都搞好，国家物质力量和精神力量都增强，全国各族人民物质生活和精神生活都改善，中国特色社会主义事业才能顺利向前推进。在今天的讲话中又特别强调，精神的力量是无穷的，道德的力量是无穷的，要高度重视和切实加强道德建设，弘扬真善美，传播正能量。这些都充分表明了我们党对道德建设的高度自觉，对推动社会文明进步的责任担当。

近年来，各地各部门认真贯彻中央部署，扎实推进社会主义核心价值体系建设和群众性精神文明创建，深入进行理想信念教育、爱国主义教育、社会主义荣辱观教育，广泛开展学雷锋活动、学习先进典型活动，进一步巩固和发展了思想道德建设的主流。干部群众的民族

① 刘云山:《学习全国道德模范 加强公民道德建设》,《人民日报》2013年9月28日,第2版。

自信心、自豪感大大增强，道德荣誉感和道德自觉性得到提升，公民文明素质和社会文明程度不断提高。层出不穷、灿若星斗的先进典型和道德模范，就是道德建设成果的生动缩影，是社会文明进步的精彩写照。同时要看到，国内外环境深刻变化、经济社会深刻变革，人们的思想观念、价值取向日益多元，追求真善美与道德行为失范相互交织，诚信缺失、价值观扭曲的问题还较为突出，社会反映强烈、群众期待解决，加强道德建设任务依然十分紧迫、十分繁重。

国无德不兴，人无德不立。“德高望重”“德才兼备”“德艺双馨”，都是对人的最高评价，也充分表明道德的力量是强大的持久的，不会随时代变迁而削弱，不会因环境变化而褪色。“道之以德，齐之以礼，有耻且格”；“德足以怀远”。加强道德建设事关民族凝聚力、向心力，事关国家发展、社会和谐，事关人民幸福、安居乐业。要从全局和战略的高度，充分认识道德建设的重大意义，认真贯彻习近平总书记重要讲话精神，以高度的责任感使命感推进道德建设实践，更好地弘扬中国精神、凝聚中国力量，共同创造物质富裕、精神富足的美好生活。

第二，深入学习道德模范。

人民群众是推动社会进步的主体，也是道德实践的主体；人民群众在创造美好生活的同时，也充满对高尚道德情操的向往和追求。崇德尚义是中华文化的鲜明底色，见贤思齐是中国人民的共同心理。从雷锋、焦裕禄到郭明义、杨善洲，从劳动模范、时代先锋到“最美司机”“最美妈妈”“最美教师”，从“五讲四美三热爱”到“讲文明树新风”，持续不断的向先进典型学习活动，充分展示了人民群众中蕴含的道德热情，也充分体现了道德建设广阔而深厚的社会基础。只要调动了群众的热情、用好了群众的力量，道德建设就有了源头活水，就有了不竭动力。我们要顺应社会期待，大力推动学习道德模范的生动实践，不断激发人民群众投身道德建设的积极性主动性创造性。

我们的道德模范是有形的正能量，是鲜活的价值观，是社会主义道德建设的重要旗帜。学习道德模范，既要见人见事，更要见思想见精神。要学习道德模范助人为乐、关爱他人的高尚情怀，在关心他人、帮助他人中，实现内心的充实、获得人生的美满。要学习道德模范见义勇为、勇于担当的无畏精神，危难关头挺身而出，考验面前坚守正气，彰显舍己为人、扶危救难的人间大义。要学习道德模范以诚待人、守信践诺的崇高品格，老老实实做人、踏踏实实做事，用诚实守信构建人与人之间的互信。要学习道德模范敬业奉献、勤勉做事的职业操守，干一行爱一行，钻一行精一行，立足本职岗位创造一流业绩。要学习道德模范孝老爱亲、血脉相依的至美真情，常怀感恩之心、敬爱之情，将心比心、推己及人，形成人之亲、家之亲、国之亲。

学习道德模范，贵在知行统一、重在身体力行。要引导人们从身边做起，从小事做起，从最基本的道德规范做起。要把良好道德行为落实到日常生活和工作之中，在家庭孝敬父母、夫妻和睦、教育子女；在单位尊重他人、团结友善、勤勉工作；在社会热心公益、礼貌待人、履行责任。平凡和伟大之间没有绝对界限，把每一件小事做好就是不平凡。要像道德模范那样，“勿以善小而不为”，多办举手之劳的好事，多办惠及他人的实事，聚细流为江河、积小善为大善。要认真践行基本道德规范，养成良好道德习惯，在公共场所、邻里相处、行路驾车、网上交流等方方面面都做到遵德守礼、遵规守法，坚守道德底线、法律底线。要高度重视提升文明旅游素质，引导人们在旅游出行中注意自我提醒、自我约束，杜绝不文明行为，以实际行动维护文明中国、礼仪之邦的良好形象。

第三，培育文明道德风尚。

环境塑造人，环境也改变人。道德品质的培育、行为习惯的形成，是内在因素和外在条件相互作用的结果。孔子“里仁为美”的名言、孟母为子三迁的故事，说的都是社会环境对人的影响。有了好的社会氛围，人们就能在耳濡目染、潜移默化中得到思想启迪、心灵净化。因此，培育良好的道德风尚，始终是推进道德建设的重要着力点。

舆论承担着引导社会风尚的重要责任，倡导什么、反对什么，褒扬什么、贬斥什么，直接影响着人们的行为取向和社会风气。要始终坚持正确的价值取向、舆论导向，唱响主旋律、汇聚正能量，充分运用各种宣传资源，大力宣传良好的道德行为，展示高尚的道德情操，营造崇德向善、扶正祛邪的浓厚氛围，形成知荣辱、讲正气、做奉献、促和谐的社会风尚。要充分发挥道德模范等先进典型的示范作用，以发现的眼光和关爱的情怀，挖掘闪光事例、报道凡人善举，用群众身边的榜样激励人、感召人。要发挥好党报党刊、电台电视台等主流媒体的作用，发挥好都市类媒体和互联网等新兴媒体的优势，运用报告座谈、展览展示、公益广告等方式，把好人好事传开，为道德模范喝彩，让道德高尚的人成为人们心中的偶像。要注意发挥舆论监督、社会监督、道德评议的作用，对那些道德失范、诚信缺失的现象，对那些见利忘义、丧失底线的行为，予以有力批评和鞭挞，弘扬真善美、贬斥假恶丑。

以文化人、以文育人，是我国传统道德教育的一大特色，是培育文明道德风尚的有效途径。一首好的歌曲、一部好的影视剧，往往能唤起亿万群众对人间真情的向往、对美好情操的追求。要加强对文化产品创作生产的引导，创作更多优秀文艺作品，以丰满的人物形象、感人的故事情节、深刻的思想内涵，讴歌道德模范的高尚情操，给人以精神养分、给人以道德力量。要始终牢记社会责任，坚持社会效益第一，把社会主义核心价值体系的要求体现到创作实践中，在是与非、善与恶、美与丑的评判上确立起正确的价值坐标。需要特别指出，礼敬有德之人、关爱道德模范，体现着社会的文明程度。许多道德模范都是普通百姓，他们心地善良、品德高尚，但日子过得比较清苦。各地各部门要热情关心道德模范，帮助解决工作、生活中的实际困难，解除他们的后顾之忧，并健全完善褒扬激励机制，树立起关爱好人、好人好报的鲜明导向。

第四，合力推进道德建设。

精神文明重在建设，良好道德要靠养成。人民群众对加强道德建设的认识高度一致，对解决道德领域突出问题的愿望十分强烈，关键在于实践、付诸行动，推动各方面都尽到责任、每个人都尽到义务。只要我们狠狠地抓，一天不放松地抓，动员各方面力量共同来抓，就一定能够见到更大成效，不断提升全社会的思想道德水平。

道德规范是观念性的，而道德建设是实实在在的工作。要把道德建设融入改革发展各方面，融入国民教育和精神文明建设全过程，融入党的建设全过程。要注意同正在开展的党的群众路线教育实践活动结合起来，引导广大党员干部牢记党的宗旨，常修为政之德，常怀爱民之心，做社会主义道德建设的示范者、引领者。要扎实推进社会主义核心价值体系教育，大力倡导富强、民主、文明、和谐，倡导自由、平等、公正、法治，倡导爱国、敬业、诚信、友善，开展形式多样的主题教育活动，使社会主义核心价值观成为全体人民的共同追求。要进一步突出精神文明创建工作的思想道德内涵，深入推进文明城市、文明村镇、文明单位创建活动，吸引人民群众广泛参与道德实践。要强化各级各类学校的思想道德课建设，做好进教材、进课堂、进学生头脑的工作，引导青少年从小养成良好的道德行为习惯。要加强道德领域突出问题专项教育和治理，大力推进政务诚信、商务诚信、社会诚信和司法公信建设，加大对失信行为的惩戒力度，让人们真切感受到道德的力量、文明的力量。

道德建设是一项常做常新的工作，社会实践也在不断提出新的课题，必须坚持与时俱进，以改革创新的精神做好工作。要深入挖掘中华优秀传统文化中的道德内涵，深入研究社会主义新风尚的时代特征，从丰厚的民族传统和生动的社会实践中汲取营养，不断丰富公民道德建设的内容。要积极适应社会生活的新变化和群众接受习惯的新特点，更加注重大众化、普及性，探索更多推进道德建设的有效途径和办法。要注意运用互联网、手机等新兴媒体，运用数字报刊、移动电视、微信、微博等新的传播方式，打造道德建设的新平台。要善于把道德教育体现到各个领域的行政管理、行业管理、社会管理之中，体现到法律法规的建设之中，综合运用经济、法律、行政等多种手段，引导人们确立正确的价值准则。要大力发扬求真务实的作风，做实功而不务虚名，重实干而不谋功利，以“钉钉子”的精神推进工作，锲而不舍、久久为功，推动道德建设取得更多实实在在的成果。

加强道德建设，需要各级党委、政府充分认识肩负的责任。习近平总书记在全国宣传思想工作会议上强调要树立大宣传的工作理念，强调形成宣传思想工作的合力，一个重要的方面，就是要在思想道德建设上形成齐抓共管、共同推进的工作格局。各地各部门要认真贯彻“两手抓、两手都要硬”的方针，切实负起促进两个文明共同发展的责任，把公民道德建设放在重要位置，督促有关方面把思想道德建设各项任务落到实处。各级文明委、文明办要加强统筹协调、加强督促指导，推动各相关部门和单位认真履行职责、形成工作合力。各级工会、共青团、妇联等群众团体以及各种社会组织，都要主动做好所联系人群的工作，不断扩大道德建设的覆盖面和影响力，为推动经济社会全面发展进步做出应有贡献。

（本文系中共中央政治局常委、中央书记处书记、中央精神文明建设指导委员会主任刘云山2013年9月26日在第四届全国道德模范座谈会上的讲话，发表时有删节。）

陕西高院召开全省中级法院网络新闻宣传工作推进会

活动名称：陕西高院召开全省中级法院网络新闻宣传工作推进会
时　　间：2013 年 10 月 24 日
地　　点：陕西

2013 年 10 月 24 日上午，陕西高院召开全省中级法院网络新闻宣传工作推进会，贯彻落实全国、全省法院信息化建设工作会议精神，检查落实年初省高院提出的有关信息化建设工作任务，重点就推进陕西省法院官方微博建设与管理、网络庭审视频直播等工作提出了要求和任务。陕西省法院党组成员、政治部主任谭晓峰出席会议并讲话，省法院宣教处处长、网络新闻中心主任贾明会主持会议，各中级法院分管院领导、宣教处处长、新闻宣传中心负责人、省法院网络新闻中心、信息中心负责人及相关人员参加了会议。

会上，各中院汇报了官方微博建设和网络视频庭审直播工作情况；安康市汉滨区人民法院院长邬一波介绍了该院官方微博管理经验；会议还组织学习了相关文件，与会人员就网络新闻宣传工作纷纷发表意见并提出了很好的意见和建议。

谭晓峰主任在总结讲话中要求，陕西全省三级人民法院要充分认识网络新闻宣传工作的重要性、紧迫性，必须主动适应新媒体环境和公众参与方式的新变化、新发展，把握新媒体传播规律，进一步加强法院官方微博的建设和应用，未开通的法院要在 2013 年 11 月底之前全部开通，同时要在微博管理、服务群众、沟通互动、人员配备、物质装备上多下功夫；各级人民法院要结合自身条件，积极推进网络庭审直播工作。

“新媒体环境下的政法宣传创新”研讨会*

活动名称：新媒体环境下的政法宣传创新研讨会
主办单位：中国政法大学政法宣传与舆情研究中心
时　　间：2013 年 11 月 4 日
地　　点：北京

2013 年 11 月 4 日，由中国政法大学政法宣传与舆情研究中心主办的“新媒体环境下的政法宣传创新”研讨会在中国政法大学学院路校区科研楼举行。研讨会以“@ 晋中公安”“@ 晋中发布”等政务微博的发展为例，结合公安政务微信的发展现状，对当前“微政务”的发展模式和存在问题进行了交流，多角度深入探讨了政法宣传的新媒体创新。

中国政法大学政法宣传与舆情研究中心主任刘徐州在致辞中指出，全面提升新媒体时代政法宣传工作水平，为政法事业发展进步营造良好舆论环境，业已成为全国政法机关的普遍共识。“我们注意到，面对新的信息传播格局、社会舆论生态、公众参与方式，很多政法机关主动出击，充分运用微博、微信等互联网应用，积极搭建与人民群众沟通交流、凝聚共识的新平台，不断加强政法宣传创新，政法宣传工作传播力、影响力得以显著增强。”刘徐州表示，实践中的很多新经验需要及时总结分享，其中遭遇的新挑战、新课题也需要实务界和学界联合研究探讨。

山西省晋中市公安局官方微博“@ 晋中公安”负责人畅泽文在主题报告中说，“@ 晋中公安”历经两年多的探索，积极搭建解民忧、办实事平台，树立亲民公安形象，取得了良好的效果。他最直接的感触是：“网络不可怕，网民很可爱”“谁开微博谁受益，谁不开微博谁倒霉”。通过实践，晋中公安从创新理念、完善政策、健全机制等方面入手，结合微博、微信、官方网站、博客、热线电话和 QQ 群等综合平台，不断总结经验，创新预防化解社会矛盾的方式。畅泽文介绍说，“@ 晋中公安”在各种探索试错中，自觉不自觉地思考了公安微博“为了谁、依靠谁、我是谁”的问题，渐渐超越了仅仅为了宣传的职责目标，逐步明晰了自身定位和优势。

与会人员认为，晋中公安“三级建博”“两天必复”“博来博去”的运营机制和办法，有效实现了晋中各警种各部门的协调联动，多个渠道多种方式为网民排忧解难、办实事，切实拉近了警民的关系。

全国公安政务微信协作联盟负责人、中国警察网编辑陈文峰就全国公安微信的发展现状做了交流和经验分享。在中国警察网探索利用微信进行政法宣传方面，他重点介绍了每周六、周日推出的封面人物报道。系列报道选择普通的基层民警，以平实的视角讲故事，注重

---

* 崔文佳、史昊、吴思：《探索政务微博转型创新政法宣传工作——“新媒体环境下的政法宣传创新”研讨会在中国政法大学召开》，中国警察网，http://news.cpd.com.cn/n3569/c20218083/content.html，最后访问时间：2013 年 11 月 4 日。

图文并茂，传播效果良好。陈文峰表示，2013 年 5 月份，依托中国警察网微信平台发起的全国公安政务微信协作联盟，目前已经有 18 个地区的 55 家政务公安微信通过审核成为正式的会员单位，覆盖 50 万的微信用户，成为一个整合资源、分享经验交流平台。

长期跟踪研究政务微博微信的中国传媒大学媒介与公共事务研究院高级研究员侯锷认为，当前“微变革”环境下的政务微博，在传播理念、实务应用操作上已经出现许多严重违背新媒体传播规律的“跑偏”现象，“政务新媒体”应当以“政务”为主业，应当是“政务在新媒体”，老百姓对政务微博等新媒体的期待，绝不是希望转变政府职能去“办媒体”，而是借助新媒体平台来互动和为群众的利益关切服务。“@ 晋中公安”的微实践经验值得各地政务微博借鉴。他还对政务微博的发展前景做出预测，对政务微信和政务易信的发展现状、问题及趋势进行了分析。

中央电视台《今日说法》的主编王宝卿从电视人的角度分析了新媒体的本质。他认为，对于政法宣传而言，传统媒体这个渠道基本是畅通的。新媒体的政法宣传，关键是找准契合点。晋中市政府新闻中心主任郭贵虎从历史性的视角，阐释了政府宣传理念的时代变迁，分析了基层政务微博的发展困境和成因。中国政法大学法制新闻研究中心主任姚泽金副教授认为，在新的传播格局之下，政法宣传创新的社会背景、主体动力、趋势走向需要持续的研究跟进，需要比较的视野。正义网舆情事业部主任助理杨刚、《新华月报》执行副主编郭凤琴、中国警察网官方微博运营负责人刘健、“@ 晋中发布”微博管理员刘威和常春、“@ 寿阳发布”微博管理员王德光等，也就当前政务微博管理中积累的经验和存在的问题发表了意见。

2013 全国高校新媒体发展论坛

活动名称：2013 全国高校新媒体发展论坛

主　　题："微时代"的高校声誉管理与校园文化建设

主办单位：腾讯网、腾讯微博

承办单位：东南大学

指导单位：教育部新闻办、团中央学校部

时　　间：2013 年 11 月 14～16 日

地　　点：江苏·南京

2013 年 11 月 14～16 日，"2013 全国高校新媒体发展论坛"在江苏南京举行。教育部、团中央相关负责人，新媒体领域专家，各高校领导、党宣团委负责人、新闻学院院长及高校微博运营人员等两百余人汇聚一堂，共同围绕"'微时代'的高校声誉管理与校园文化建设"的主题进行交流探讨。论坛上还发布了《2013 高校学生微博使用行为研究报告》，并进行了首届高校微视大赛启动仪式。教育部原新闻发言人王旭明、东南大学党委副书记刘波、团中央学校部副部长李骥、腾讯微博总经理李方等出席了活动。

随着新媒体的进一步发展，中国高校的教育教学、校园文化、思政工作、形象塑造等诸多方面越来越受到新媒体的深刻影响。截至论坛召开前，腾讯微博有 5.81 亿注册账户，其中有明确身份标识的高校在校学生用户约 1100 万。高校官方微博、官方微信数量不断增加，运营模式也不断创新，在此基础上，许多高校建立了系统化关系的微博体系，并进行了卓有成效的运作。为了让以微博、微信、微视为代表的新媒体更好地服务广大高校师生，进一步探索总结出可借鉴的发展模式，腾讯微博与腾讯网发起了本次论坛。

武汉大学信息管理学院沈阳教授发布了《2013 高校学生微博使用行为研究报告》，该报告将研究对象聚焦于高校大学生用户群体，阐述了微博校园用户使用状况，通过调查统计数据从多角度对高校学生的微博使用行为进行分析，从客观上了解高校学生的微博使用行为习惯、使用态度和使用需求。同时，还对高校学生的微博内容、评论情况、地域分布等进行分类统计，判断其情感倾向和微博舆论特点，深入探究高校学生在热门舆情事件中的参与度与微博行为差异特征，并做出规律总结与趋势预测，为高校学生的微博行为引导和高校舆情管理提供参考意见。同时，原教育部新闻发言人王旭明、重庆大学党委副书记肖铁岩也分别围绕论坛主题做了专题报告。

此次论坛表彰了在 2013 年度中国高校新媒体领域的优秀个人及团体，梳理了高校新媒体榜样力量。东南大学、重庆大学、武汉理工大学、天津大学等三十余所高校分获四大类奖项。获奖代表也和其他与会高校代表一起，通过主题分享、论坛讨论等环节，交流了彼此的先进经验和心得感悟。

而该论坛的又一亮点，当属"微视"在高校面前的首次亮相。作为腾讯公司新推出的

一款视频类移动社交产品，微视正以极快的速度进驻人们的手机，特别是在青年大学生中产生了很大的影响。8秒的时间，你会用视频创意讲述一个怎样的故事，已成为新潮大学生们争相讨论的话题。而在此次论坛上启动的“首届高校微视大赛”，势必助推这一风潮，在全国大学校园掀起一股“微视创意风”。

语文出版社社长、原教育部新闻发言人王旭明的主旨演讲内容实录

各位老师、各位同学大家上午好，非常高兴今天有这样一个跟大家相聚的机会，我有一种久违的感觉，虽然这是和我已经渐行渐远的时代，但是站在这儿还是有一种被激荡起来的青春，能与各位分享我感到很骄傲和自豪。

今天会议给我的时间是半个小时到四十分钟，因为后面还有很多更精彩的发言，我就把我自己的思考的理论框架给大家，然后我们有兴趣再进一步深入探讨。我们就不看PPT了，PPT容易分散精力，这也是微博的一个特征，碎片化的东西，也不是不好，我曾经对反对微博的人说，我们就是一群碎片化的人，我们愿意在碎片化当中享受人生，这个也没有什么不好，但毕竟是一个特点。我觉得我们没有了PPT，没有了声、光、电的东西，我们集中思考一下也好。

今天讨论的这个主题我非常感兴趣，我觉得我们主办方确实是下了一番功夫，高校的声誉管理，不知道是谁想起来的词，反正是非常有讲究的。大家知道声誉管理本来是经济学里面的一个词，管理学里面的词，管理企业要讲声誉，所谓声誉就是名声和信誉。作为高校当然有它的名声和信誉的问题，从这个角度讲呢，对声誉管理来进行研究很有必要。从定义上说，声誉管理可以理解为，从战略层面进行全方位的管理，进行持续和一定力度的传播，传播单位或者企业的价值观、商业模式、产品和服务等，这就是他的声誉管理。我特别欣赏美国一个著名的学者凯文杰克逊，他提出一个声誉资本的概念，我非常赞同声誉资本。他从名声和信誉的角度介绍如何建立和维护声誉资本。建立我姑且不说，我今天重点想谈谈如何维护声誉资本的问题。我非常赞同美国这位学者的观点。我的观点就是我们维护高校声誉资本必须唱好三部曲。我给这个三部曲也概括为发声、积极发声、积极发有质量之声。当然维护声誉资本有很多方面，我主要是从这个方面进行切入和探讨。

第二个问题，我们说一下现状，高校的声誉资本管理的现状。这里面也毋庸讳言，我们还是从问题入手，希望我们今天这个论坛不仅仅是歌功颂德的论坛，我希望我们所有论坛从找缺点开始，找不足开始，不希望成为炫耀成绩的舞台，成为回忆过去的平台，成为宣传自己政绩的平台。当前高等学校声誉资本的现状，我认为我们全社会，包括我个人，对我们大学总体的评价不高，对我们大学教育、大学教师、大学生总体评价走低。有很多原因，我不能一一涉及，但是有一个原因必须说，为什么持续走低，我非常赞成李方先生在演讲当中提出的，古往今来高校应该是开风气之先，我以为不仅仅是微博时代和微信时代，什么什么时代，不管什么时代只不过是一个载体，是一个框，框可以变化，问题是框里面的东西是什么，如果框里面装的是陈旧的、是落后的、是不与人民群众利益相一致的东西，即使我们插上再先进的翅膀也是落后。从这个意义来讲，我们当前高校的声誉资本之所以维护得不好，其中有一个原因就是我们不发声，不积极发声，和发出了没有质量的声音。当然我们在这里

必须声明，我们说维护声誉资本有一个前提，就是你的工作必须要做好，如果你工作做不好，比如说你做的是很糟很糟的工作，那你怎么也维护不了你的声誉资本。换句话说，新闻发言人取代不了所有，大家知道我们铁道部的新闻发布会，大家说很不好，很不成功，我说那个不成功首先不在于新闻发布会，而在于我们工作没做好，如果工作没做好，做得很糟，让新闻发言人在那里面，他也无能为力，这是一个前提，就是工作一定要做好。我们首先有一个初步的判断，我们国家高等学校虽然刚才说存在这样那样的问题，但是一条是值得肯定的，不全是不好方面，还是有很多可圈可点的地方，还是有很多成绩在那里摆着。但是关键是这个成绩的资本我们怎么维护，如果不好好维护，成绩会变成缺点和不足，因为对于广大受众来说，不知道高校取得了什么成绩，你做得怎么怎么不容易，他们不知道这些，需要我们维护这个声誉资本，如果我们维护的过程中缺少技巧就会带来一系列问题。

我们下面进入第三个环节，就是我们如何维护声誉资本。在探讨如何维护声誉资本的时候，我反复强调我的观点，如何维护声誉资本，就是要发声，要积极发声，要积极地发出有质量的声音。这是我们维护声誉资本的一个非常非常重要的方面。一个是我们维护声誉管理的伦理学原则，所谓伦理大家知道，就是调整人们之间关系的规范、原则和依据，所谓伦理学就是道德学的范畴，研究人与人之间的关系。我特别想跟大家分享美国学者凯文杰克逊他提出的声誉资本的概念，他有一句话，声誉资本是一个很重要的概念，声誉资本是一种无形资产，它包括什么呢？包括真诚、信任、尊严、同情和尊重等。在实际的商业活动中，作为决定性因素的声誉资本比任何的有形资产都更为重要。声誉资本是无形资产，但是他在很多时候，很多场合下，很多条件下，比有形资产更重要。这个我感受特别深。也就是说，真诚、信任、尊严、同情、尊重等等这些东西，作为我们高等学校的宣传部部长，我们的校长书记，我们在这方面做得如何？再往远了说，作为我们的执政党，在这方面做得如何？同志们，这是一个严肃的问题，维护声誉资本其实不仅仅是高校管理者面临的问题，也是我们执政党面临的问题。当然，刚才李方先生说道，高等学校必须领风气之先，走在时代的前面，作为文明的传承者、继承者，社会发生这样那样的问题的时候，高校不能发生，但是不幸的是我们社会发生这样那样的问题的时候，我们高校不仅同样发生，而且有些方面的问题比社会还严重。我再举具体的例子来说，我们刚刚公审完了薄熙来，还有正在中央纪委审查的刘铁男案件等等，他们这些人损坏了我们党的执政声誉资本，他们一个最大的问题就是损坏了我们党的执政资本。“休假式治疗”是谁发明的，薄熙来发明的，应该坚决听党的话，但是由于薄熙来说休假式治疗，公开造谣，由一推开，我们对所有领导人的话都可能有疑问，如果你对所有领导人讲话都有疑问，都不信，那我们声誉资本就大大下降。刘铁男案件刚刚出来的时候，国家能源局新闻发言人说这是造谣诬蔑，我们要报警，不幸的是五个月以后，真正被抓的是刘铁男。这样的官谣比民谣还可怕。我们高等学校自己发生这样那样的事情时，我们是不是把真相公开了，我们有没有遮挡的行为，我们有没有造谣的行为。我们不能打着维护党的利益就造谣，不能打着维护国家利益就造谣，这是毫无道理的。所以维护声誉资本不仅仅在我们的社会生活各个方面，在高校也同样存在。

大家可以想想我们习近平总书记刚刚当选时和新闻界的朋友们见面时候的三句话：新闻界的朋友们大家好，让大家久等了，我很高兴和大家见面。一句让大家久等了，这是对人尊重的表现。大家知道那次我们新闻发布会延长了一点时间，但是其他领导没有一个说记者朋友大家辛苦了，让你们久等了，这是尊重。我参加了很多会议，很少听老师或者领导对我们的学生说，同学们你们好，你们辛苦了，让你们等了这么半天。我们新当选的领导人有一系列的表现证明他们在维护声誉资本方面的探索。我们从声誉的角度来讲，这一年来，他们在这方面肯定成功了，在声誉方面觉得我们这个党中央还好，还不错，还有点样子，他通过这一系列行为，大家可以看到习近平同志的讲话，他讲话的方式和其他领导也是不一样的，他不照本宣科，也不慷慨激昂，也不趾高气扬，平易近人地缓缓道来的风格，赢得了很多的声誉。这方面我们不得不说，高等学校在维护声誉资本方面，我们的工作做得还不够，还相当不够。比如说某大学，国家给了一个多亿的科研项目，其中课题组负责人贪污了一千多万，十分之一被他个人贪污了，这样的事情被媒体曝光以后，我们听不到这所大学的声音，就连起码的忏悔和道歉也没有。比如说最近发生了一件事，某大学一个大学生在篮球场上打篮球的时候猝死，这是我们每个学校经常发生的，对这样的事情我们听不到这个学校真诚的善良的、非常有感情的表达。我们听不到这个声音。某大学已经形成惯例，每年几个月的时间让几千个学生到富士康做廉价劳动力，这是中央媒体曝光的，曝光以后我们听不到这个学校的任何声音，终于听到校长露面了，是辩解，找理由，他的辩解和找理由，无疑使这个学校的声誉又下降了一分。所有这些事情，几乎每天都发生在高等学校里面，我们听不到本来应该听到的声音，我们李方先生说的，领时代之先地表达真诚的道歉，表达真诚的歉意、敬意，或者说哀悼，或者慰问，或者同情，等等，我们听不到。后来我就在想，我们中国人，我们当下人类最美好的感情不是爱情，我们常常认为人最美好的感情是爱情，那不对，人最美好的感情是歉意、敬意等等。但是在大学我们听不到这个。所以，第一点，就是我们在声誉管理当中一定要坚持伦理学的原则。第二个，我们在声誉管理的时候有一个最佳的时机，维护声誉管理有一个最佳的时机，时机的概念非常重要，我认为声誉管理贵在平实，比如说我们宣传正面的典型，我们宣传的好人好事等等，重在学校的特色，就是你这个学校和其他学校有什么不同，昨天我跟刘波书记吃完饭以后，在校园里面走了一圈，刘书记跟我说了一下校园，我发现真是这样，在我们校园里面找不到一个红布标语，这在其他大学里面比比皆是，这所学校里面没有，古朴学风，非常难得，本来大学就应该是这样，大学不需要花里胡哨，大学需要的是沉静和智慧。去过那么多大学以后，我至少在这一点上发现了全国第一所真正的大学。但是，我很奇怪，我们的宣传是不是抓住了这一点，是不是像我感触这么深，有没有传播出去，但是可惜的是没有出去，至少我没看到，所以贵在特色。第三，关键点是危机时，维护一所高校的声誉管理，关键的时候是你发生天灾人祸的时候是面对媒体记者不想说的时候，那时候恰恰是维护学校声誉管理的最关键时候，但是几乎所有学校在这方面都败下阵来，我没有看到很成功的经验。这是我要强调的，维护高校的声誉管理一定要抓住最佳时机。比如你们学校一个学生突然死了，这时候，其实是学校最怕的时候，但是作为宣传部部长，作为我们学校的新闻中心等等，这是最好的给你学校树立威信的时候。但是现在学校包着、藏着，很多维护高校声誉资本的时机大家都放过去了，所以在社会上，大家对教育的判断就是最保守，最不民主，最不开放等等。最近我听到一个事例，印尼着大火，印尼的总统向旁边下游的两个国家——马来西亚和新加坡人民道歉，以总统的身份道歉，为什么向这两个下游的国家道歉呢，他说因为我们这儿着火，那个烟飞了下游国家，影响到了他们。韩亚航空最近在美国出了事，我们中国的两名学生死亡，就这样一件事情，韩亚航空公司的三巨头，竟然在中国的几大主要媒体上联名向中国人民道歉，我说这些国外的机构，从美国的911布什演讲，我们都可以看出来，这些人，他们都抓住了最好的时机，就是出事了，抓这个时机维护自己企业，维护自己的声誉资本。由于出了这个事，不仅使这个企业没有败下来，而且名声还上来了，多好。我特别希望大学能够从中借鉴这样的成功经验。其实我们国家也有，上海的大火，当时的上海市委书记俞正声和市长韩正处理得非常好，两三个小时以后电视就滚动播出俞正声衣衫不整，头发凌乱，那个眼睛还迷迷糊糊的，到了现场，这个效果太好了，赶到了现场，赶到了医院慰问，然后在人民广场献花圈，然后在人代会提议，把这个写作班子删去的话补上，这场大火是一场永远的教训，等等。上海这场大火损失很重，但是反过来使上海人处理公共危机方面的声誉得到了提升。相反，北京的大雨，由于不及时不公开，没有非常好地做工作，因此，北京的声誉资本是下降的。总而言之，一个结论就是希望大家抓住维护声誉资本的时机，希望所有高校抓住你们出现天灾人祸的时候，你们出现不幸的事情的时候，你们出现不想说的事情的时候，这时候恰恰是我们大展身手的时候。

第三个是声誉管理的一些基本方法，第一个方法，一定要快说事实，多说态度，慎说原因。第二个，一定要坚持真实说、迅速说，抢先说。第三个，我们这个高校千万别什么事都干不了的就去干宣传，什么都不会干的让他当跑腿的了，不对的，一定要让懂新闻，会传播，有政治素养、业务素养和心理素养，并且具备公关能力的人去做宣传。这是一个基本方法。现在普遍的问题是另外一个现象，我们的文化软实力，我们的宣传工作质量不高，非常不高，我刚刚从土耳其参加一个国际书展回来，我每次参加国外文化展最深切的感觉就是我们中国真是土豪，大土豪，我们必须从土豪上升为资本家，大资本家，那么就要提高文化素质。在国外举办的论坛上，我在国外论坛上听中国人讲话，讲些我们中国人都听不明白的话，我就想，肯定外国人听不明白，你想连中国人都听不明白的话，外国人怎么可能听明白，不可能的。果然不假，我问的几乎所有外国人都是呵呵，不知所云的讲话是最悲哀的讲话。你讲了半天，哭了半天，不知道谁死了，这都是很悲哀的事情。我非常同意李希光先生的言论，他说我们中国有这么多新闻学院，中国是全世界传播学院、新闻学院最多的，专家、学者、教授都是最多的，我们有最多的学新闻的人，有最多的教新闻的人，最多的学传播的人，最多的教传播的人，但是我们的传播能力很低下。所以我说在中国选择学习新闻传播也是最悲哀的事情，为什么呢？李希光说他问过哥伦比亚新闻学院的院长："你们要求教师还要在国家核心期刊上发表论文上吗？"这个院长一脸的恍惚说："我们没有这个要求，我每次讲完课以后就回到办公室给纽约时报写专栏。"他们学新闻的、学传播的搞什么论文，我在这里郑重地反对学新闻的学传播的写论文，有本事去写文章，写新闻去。李希光的这些观点我非常赞成，也希望我们能够有所改进。

第四个，我想说声誉管理的渠道和途径，当然，包括报纸、电视、广播、手机等等，现在是网络，我不展开说了，网络包括网站，包括微博、微信，包括微视等等，这些都是维护声誉管理的渠道和途径。但是在这里我特别要说一句的是，所有广播、电视、报纸、微博等等，所有都取代不了以新闻发言人为核心的新闻发布会。这不是我们国家的，美国比我们走在前面多得多，美国一位专家统计，55%以上的信息来源于新闻发言人的新闻发布会，所以我们现在有些新闻发言人以微博来取代新闻发布会，这是非常糟糕和极端的做法。至于为什么说新闻发布会不能被微博、微信取代，我就说一句话，新闻发布会截至目前，是覆盖面最广、受众最多、影响最大的传播形式。而且是一对所有的传播形式，可能几十个记者，可能几百个记者，是其他途径无法取代的，而且是面对面的，微博无法面对面。人际交流，面对面是无法被别人取代的交流形式。这就是我们课堂授课永远不会被网络授课、被远程授课所取代，一样的道理。

第五，我讲一下最后一个问题，也是最关键的问题，维护高校声誉管理方面，话语表达的方式转变是最重要的。北京外国语学院的院长提出，思想解放才能使话语方式转变，他希望来一次思想大解放运动，促进话语方式转变，我非常赞成。我本来还有一个音频资料，我们看看话语方式的转变，我就给大家举个例子，习近平当选为总书记以后第一次面对电视，他参观复兴之路展览，发表了一段18分钟的讲话，他直接面对镜头，他不仅面不改色心不跳，而且娓娓道来，就像聊天一样，那样的话语方式的转变确实是我们应该学习的。从思想认识上我们一定要提高对话语方式转变的认识。从技术层面来讲，请大家一定要记住，说话是需要学习的。学习是学和习的意思，大家知道我们孔子说过，学而时习之，学和习是两个字，我们几乎所有的论坛是学并不习，我希望有学和习结合的论坛，我特别希望高校新媒体论坛第三届的时候，变成一次学和习的论坛，我说完以后，有人上来辩论和质疑，那是学和习。从技术层面来讲有三个，一个是说话的对象要分清，第二个是说话的词语要辨析。我们讲演、讲话、讲座、讲课这四个词都有讲，但是又是不一样的。我们很多专家学者把讲课放到讲演上，把讲座放到讲课上等等，这样造成了很多混乱。第三个是话语，说话的形式，一定要知道我们说话有口头语，有声调，有神态，等等。总之，我们说话要学习。当然，最重要的说话，我们无论说什么话，无论什么说话形式，一定要有会讲故事的方法，一定要有灵魂和观点、思想，这也是当下我们中国人在国内外交流当中最缺乏的，最差的，一个是不会讲故事，我们会讲道理，一二三四我们会讲，但是讲了半天道理没有思想，当然，讲道理的大脑取代不了讲故事的大脑，我希望我们以后开会的时候，用更多的学校生动的例子告诉我们，你们学校发生的变化，即使是正面的宣传。

虽然我非常想跟大家继续分享，但剩下的时间不多了，我给大家出五道题，第一题，假如你们学校突然发生学生死亡事件，你对媒体说的第一段话是什么？第二题，如果你们学校的书记校长突然因为贪污腐败被抓起来了，完全有可能的，那么被逮起来以后，你作为宣传部部长或者新闻发言人，你对媒体说的第一段话是什么？第三题，当突发事件发生了，无论天灾人祸，最适宜表达的时间是几个小时以内？第四个问题，你对本校学术争端引发的各种纠纷，你如何面对媒体回答？第五题，学校某项新政策出台后，最好的发布形式和发布的方法应该是什么？

同志们，我告诉大家，大家也都知道，希拉里·克林顿曾经说，中国在二十年以后会成为世界上最穷的国家，她有五个理由，其中有一个理由就是我们中国缺少思想。死去的撒切尔说，中国不会成为世界上最富有的国家，因为这个国家没有思想，没有向世界输出思想。我认为这是他们对中国的误解，这个需要大学的精英们粉碎他们对我们的预言。我们要记得马丁·路德·金说的话，一个国家的成功绝不取决于他的财富的坚实，公共设施的华丽，而取决于他公民的文明素养，人们的远见卓识和品德的高下，这才是真正的厉害和真正的力量。而中国真正的厉害和力量我认为首先来自高校，首先来自在座的各位，我们共勉，谢谢大家！

团中央学校部副部长李骥主旨演讲实录

首先感谢腾讯网的邀请，非常感谢东南大学对于本次论坛给予的大力支持。我是第一次来这个论坛，去年办了一次，我因为工作原因没有参与。很高兴有机会和大家分享我对新媒体的一些看法。

首先，我始终认为社会的信息化是时代不可逆转的潮流，不管你喜不喜欢，这个社会已经信息化了。各种新媒体的运用是一个明显的标志。尤其对于大学生来讲，对高校校园来讲，网络、手机、新媒体已经成为大学生和高校校园的成长环境和生活方式，讲生活方式的时候，这是学生的内在主观选择。现在这种低头族、拇指族越来越多，以网络手机新媒体运用为标志的新媒体环境已经成为大学生的成长环境和生活方式。也有人曾经这样讲过，说每一次一个路的改变，对人类发生很深的影响，比如公路还有天路，还有我们以新媒体运用为主的“网路”，这些路的改变出现，对我们人类生活生产、对我们的经济社会影响是巨大的，是深远的，是长久的。而网络新媒体对人类的影响才刚刚开始。所以，我首先觉得这是一个时代不可逆转的潮流，而对我们做高校工作，比如共青团组织来讲，在这样的时代怎么样才能够抢占一个制高点，能够获得一些主导权，这是我们需要考虑的。我们也很高兴，从2011年开始和腾讯一起合作，我们建立了高校的四级高校团组织微博体系。为什么我们要建这样的组织，因为我们希望发挥网络时代集群的优势，网络化的优势，扁平化的优势，实现共青团组织网络化。我们希望通过这样一个微博体系，能够把我们现实当中庞大的高校共青团从上到下组织起来，能够联系起来，成为我们的一个组织动员的平台，一个交流展示的平台，一个互动的平台。包括我们现在还有一系列的活动，我们建立了微信的公共平台，我刚才看到腾讯已经在推广微视了，我们也在考虑怎么更好地运用。对于高校共青团来讲，或者对高校的其他部门来讲，怎么样在这样一个时代运用好新媒体，我个人有这么几点想法。

第一是要做顶层设计，因为新媒体的发展是一种强大的技术，而这种技术的优势在于能够进行大规模的集成。我个人认为，这是要避免单兵作战，要的是顶层设计的规模效应。我们强调在各个地方各个高校有自己的探索，但是如果要获得更好的主动权，我们要在更高的层面上做更好的设计，做整体的设计，然后集约到一起，才有更好的效益。第二，需要基层做更多的探索和创新，当然新媒体的运用除了微博微信，或者说微视以外，还有很多高校做了很好的探索，基于移动互联网的，南开有“南开你知道吗”这样的运用，很多的高校现在基于校园开发了很多移动网的运用。我们整个校园里面对互联网的运用需要各个学校做新的探索。当然，同时我觉得互联网的运用还需要做更前瞻性的跟踪，或者说我们要着眼于未来来开发，我们不能在应用方面只是跟在技术的后面，所以我觉得，这次论坛主办的很重要的意义是我们要探讨未来，互联网的应用还有什么新的技术承载方式，还有什么样的可能，对于我们的校园生活来讲，对于我们校园组织和管理来讲，怎么样主动跟上这样的潮流，而不只是在这个技术潮流后面追赶，要从顶层的设计，从我们创新的运用，从我们自己的前瞻跟踪这几个方面加强。

这是我对互联网应用的看法，也感谢腾讯组织这样的活动，给我们团组织的同志们提供这样的机会，大家互相交流学习，预祝本次论坛取得圆满成功，谢谢大家。

东南大学党委副书记刘波主旨演讲内容实录

谢谢各位，我统计了一下，我今天已经是第四次还是第五次到这个台上了，欢迎辞以后有两到三次颁奖，然后主办方让我做一个主旨发言，出的题目是高校领导如何对待新媒体。上午沈阳老师说微信微博有原住民、移民、难民，我估计属于从难民往移民移动的状态，我的微信和微博的使用的导师是我高中的女儿以及我的学生，跟肖书记比，我还是本着敬业的精神对待，我们有一个团队，我们团委帮我经营一些东西。今天下午跟大家分享，我说两个方面的问题。

第一个，我们现在对待新媒体有什么样的认识。从高等教育诞生以来，他的功能和职能都是在不断完善，从最早的时候，从教会到大学，提炼为人才培养的职能，之后不断地丰富和完善，到美国的时候，他认为社会服务，大学应该走向社会，走出象牙塔，以科学研究作为它的职能。之后胡锦涛同志在清华一百年校庆的时候提出文化传承和创新也应该是大学的职能，大学职能在不断地演变，这个演变一定是根据社会需求变化而来的，最早是培养绅士，然后是研究，研究社会和自然，研究人本身，然后又是为社会服务，到现在中国的大学代表提出来，要进行文化的传承和创新等等，不断地丰富职能。这个过程中我们深刻体会到大学作为知识的阵地或者战场，或者它垄断的地位在逐渐下降，电视刚出来的时候，就有人说大学要关门了，网络出来的时候，也有人这样预测。大家看到在信息洪灾，包括现在阅读量大量增加的时候，现在每天的信息是怎么选择和判断的，包括学习。我们现在传统的课堂质量一定是在下降，早上的时候，有人说，上课的时候老师告诉我们关手机，但是腾讯说把手机开着，不断地进行互动。这些方式都在冲击着传统的课堂。现在我们到欧美一些大学看，他们已经改造传统的教室，不是一个讲台，是分为几组，里面有设备，不断地互动。传统的课堂方式被冲击。现在麻省有很多一流大学把公开课放到网上，对我们老师是非常大的挑战，真的会改变我们所有的一切。大学传授知识的功能肯定是在下降的，但是它依然还是这么欣欣向荣，这么多年轻人向往大学，一定是他的文化功能在起作用。这里是一个一群年轻人的梦工厂，是一群年轻人在这儿互相碰撞，寻找友情，享受爱情的地方。上午有人说这是最大的梦群体，我们这里不管出身怎么样，现在这样的社会，唯一在大学里面，最穷的孩子可以跟最富的人在一起。这是大学提供给我们的一个文化功能。这样的文化功能既是一个知识的高地，更是文化和创新的高地。

这是高等教育的职能和使命，一定要顺应时代的变化，包括技术的演变，包括世界观、价值观的演变。

第二个问题，在后时代我们怎么看待学生。上午肖书记说现在是学生反哺老师的时代，我很认同。传统时代是不听老人言，吃亏在眼前，现在中年和老年是被嘲笑和抛弃的一代人，后时代是年轻人的时代，他们用技术，用他们超前的思维，用传统老人听不懂的话告诉你一个全新的世界，这个世界我们怎么看待学生？怎么定位老师？我在学校里面说最吸引学生的一句话，到东南大学我们怎么看待学生，我们从来把学生看作我们前进的动力，看成我们灵感的来源，看成我们合作的伙伴，这个话高中生特别喜欢听，他觉得到这儿老师把我当伙伴当灵感，当动力，很好。什么样的学生观是我们对待学生态度的表现。我们面对教育的时候，不是老师对学生简单的灌输，或者引导，或者塑造，而应该是共为主体，共同开发和面对这个世界。在这样的教育主题论的观点下，老师怎么定位，老师一定有存在的价值和意义，就像我刚才说，知识传授功能在下降，但是知识思维是不可替代的，还有人生阅历，怎么把点上的东西连成整体，让学生看到整体，怎么把碎片化、微时代、浅阅读时代，蒙在世界本质上的迷雾扫开，这是老师的作用和功能，他们可以用自己的人生阅历、知识体系建立来帮助年轻人。我们有家长开放日，有家长给我们写信，他们说，你们很好，尊重学生，给他们鼓励，给他们成长的沃土，但是他说，请你们记住，他们毕竟还年轻，必要的引导还是非常重要的，把你们更多的人生经验，甚至你们经历的苦难告诉他们，这是必要的。我们说，我们现在教育观点是两种，一个是怎么顺应天性，美国的教育观，怎么顺应天性，怎么最大限度地帮助他们天性里面的那一点，传统中国是预设一个完美的人格，我们用这个人格塑造人，这两种都太极端，需要综合一下，我们传统的中庸的教诲，不走极端，以这样的价值观面对教育，既要尊重学生天性，尊重他的创造性、他的爱好。在这个过程中，我们确立这样的学生观，有这样的态度，我们面临全球化和网络化时代带来的新挑战，会有更大的底气。在这样的新挑战面前，我们看到的是全球全体的青年人在不同的时区，对同样一个事物会有更多的观点和看法。在这个问题上，我们中国青年眼界还不够宽，我们多次到国外大学访问，每次去都会找一些当地比较优秀的年轻人，跟他们谈一谈，包括到我国台湾也是，我们体会很深的是，特别是牛津的学生，他们的历史和世界意识非常强，我们谈到中国，他们会讲历史，从终极关怀的心态谈人类的未来，这个恰恰是我们自己在教育中应该弘扬的。我们应该给学生看到世界的精彩，看自己人生达到什么样的高度，应该是学了知识以后，既有一个崇高的心灵，也有一个容忍、宽容世俗社会现象的包容的情怀，这个才是我们应该面对这个时代的挑战。

在这样的认识前提下，作为大学，我们该怎么对待新媒体，我们反对它，或者排斥它，转过身不理，都不是科学的态度，而是热情地拥抱，和它融为一体，毫无原则地接纳也不可取，我们首先要确立一个理性的、积极的态度，来对待新媒体。对他们的话语体系和青春思维，我们要跟上，包括一些青春片，从我自己来讲，不太愿意看，包括赵薇来拍电影，当时她和学校联系的时候，她是被几个学校赶出去，他们找到我，效果还挺好。这种青年人喜爱的东西，我想再用以前传统的排斥、反对，或者不理睬的态度都不好，我们应该以一个理性积极的态度面对，也学会或者是借鉴、欣赏、尝试这些新的语言，当然肖书记上午说，这会让我们的语言贫乏化、庸俗化，你跟他交流的平等基础上告诉他什么是好的，什么是优雅的，这样才可以。如果一开始就聊不起来，他就不理你了，我们还要一起看更好的东西、更有尊严的东西。

第二个，我们作为高校的领导，因为事物是辩证的，总有积极和消极的方面，如果把消极扩大就是危机，如果一个危机来了，你挖掘放大积极一面，就会形成一个正能量，我们高校领导或者宣传部门，要做的就是怎么挖掘正能量，形成一个积极向上的文化流，这是必要的。早上我特别受启发，沈老师说大学之大在于大师大爱和大新，我们原来一直说，大学非大楼也，大师也。现在在南京地区学生宿舍装空调都变成招生的条件。大楼是必要的，因为现在我们物质条件发达了。大楼，还有大师，当然要有大师，要有更好的老师，这些老师不仅仅在于他的知识传授，更多的是智慧的引领，智慧的点醒是必要的。还有是大爱，沈老师上午还说了一个大美，就是品位，文化品位。我们是从南大门到大礼堂的主干道，现在不挂横幅，大家从南大门往这边拍照片很好看，以前有横幅，照片不好看。另外我还丰富了这个观点，有大新，就是创新，对新事物的宽容态度，和兼容并蓄的态度，这样的态度才能使我们汲取正能量，形成积极向上的，大爱大美的文化流。

最后，我分管宣传工作，我和宣传部的同事也讨论过，高校的宣传部门，宣传思想部门在这个时代应该成为什么样的角色定位，我说我有三个想法，第一，大家要做理论先锋，虽然现在是浅阅读时代但是深厚的阅读，什么事情怎么来的，深刻的哲学思考是要的，如果你停留在比较浅层次是不行的。第二个，还应该做文化的使者，现在我们说中国梦提出来以后最凝聚人心的特点就是觉得他淡化意识形态色彩，更多的是把人内心的东西凝聚在一起，这就是文化的力量。如果我们还强调政治性很强的东西，没有人听，其实很多的教育都是可以在文化中实施的，应该是润物细无声的过程。第三是做传播的能手，我们虽然是宣传部，但是要发挥传播的功能，传播是平等的，客观的，中性的，传播过程中，你蕴藏着自己的价值导向，这个面目是可爱的。如果说让我们高校领导面对新媒体，我们要有一个理性的、积极的，友好的，甚至是可爱一点的形象，示于媒体，和大家一起平等交流，共同探讨高等教育、人类发展、社会发展面临的问题，这时候我们强调一个共同的价值观，我们是一个共处共存共生，朝着共赢的方向努力的集体。这是我们中华传统智慧带给我们的思考，也是我们中华传统智慧应该对世界文明做出的贡献。

就给大家分享这些感受，请大家多提宝贵意见，谢谢。

全国法院司法公开工作推进会

活动名称：全国法院司法公开工作推进会
主办单位：最高人民法院
时　　间：2013 年 11 月 27 ~ 28 日
地　　点：广东·深圳

2013 年 11 月 27 日，全国法院司法公开工作推进会在广东深圳召开，中共中央政治局委员、中央政法委书记孟建柱会前就会议的召开提出明确要求，最高人民法院院长周强出席会议并讲话。

孟建柱指出，党的十八届三中全会对全面深化改革做出重大部署，对深化司法体制改革提出明确要求，强调要加快建设公正高效权威的社会主义司法制度，健全司法权力运行机制，推进审判公开，推动公开法院生效裁判文书，这为人民法院推进司法改革提供了重大历史机遇。

孟建柱强调，各级人民法院要深入学习贯彻党的十八届三中全会精神，切实把思想和行动统一到党中央关于全面深化改革的重大部署上来，认真履行宪法法律赋予的职责，进一步做好司法公开各项工作，以推进司法公开三大平台建设为契机，不断扩大司法公开范围，创新司法公开形式，使司法公开三大平台成为展示社会主义法治文明的重要窗口、保障当事人诉讼权利的重要手段、履行人民法院社会责任的重要途径，努力让人民群众在每一个司法案件中都感受到公平正义，推动司法改革成果更多更公平地惠及全体人民。

周强指出，党的十八大和十八届三中全会强调推进权力运行公开化、规范化，并明确提出推进审判公开、推动公开法院生效裁判文书、确保权力在阳光下运行等要求，各级人民法院要深入学习贯彻党的十八届三中全会精神，统一思想认识，明确目标任务，推进审判流程公开、裁判文书公开、执行信息公开三大平台建设，全面深化司法公开，努力实现阳光司法，不断提升司法公信力，让人民群众在每一个司法案件中都感受到公平正义。

周强指出，推进司法公开，是全面深化司法改革的必然要求，是新媒体时代满足人民群众对司法工作新期待的必然要求，也是提升司法水平和司法公信力的必然要求。只有全面落实司法公开原则，始终确保审判权在阳光下运行，才能有力推进司法改革进程；只有充分利用新科技，不断扩大司法公开范围、拓宽司法公开渠道、创新司法公开方式，才能适应新媒体环境带来的新变化，更好地实现人民群众对司法工作的知情权、参与权、表达权和监督权。推进司法公开有利于促进司法公正、提升法官能力、强化责任意识、防止司法不公、统一法律适用，彰显人民法官公正廉洁司法的良好形象。

周强强调，要大力推进司法公开三大平台建设，充分发挥现代信息技术的重要作用，推动深化司法公开工作取得实质性进展。各级法院要开发完善统一的审判流程查询系统，增加审判工作透明度；要积极推动裁判文书上网工作，逐步实现四级人民法院依法能够公开的裁判文书全部上网公开，形成倒逼机制，进一步提升法官的司法技能和业务素养；要通过公开执行信息争取群众对法院执行工作的理解，最大程度挤压利用执行权寻租的空间，加大对拒不执行判决的“老赖”曝光力度，进行信用惩戒，积极推进执行信息公开平台与社会诚信体系对接，促进社会诚信建设。

周强强调，推进司法公开，要着力实现“四个转变”：变被动公开为主动公开，变内部公开为外部公开，变选择性公开为全面公开，变形式公开为实质公开。不断完善三大平台的互动功能、服务功能和便民功能，把深化司法公开变成人民法院和人民群众双向互动的过程。推进三大平台建设，要切实把握好“四个关系”：在实施进度上，要把握好整体规划与分步推进的关系；在范围尺度上，把握好推进司法公开与遵循司法规律的关系；在价值取向上，要把握好推进司法公开与加强权利保护的关系；在方式方法上，要把握好利用先进技术与更新思想观念、提高司法能力的关系。

周强要求，各级人民法院要将推进三大平台建设作为当务之急，科学谋划、迅速行动、狠抓落实，确保取得效果。要把三大平台建设作为“一把手”工程，积极主动争取党委、人大、政府及相关部门的支持；要做好统筹协调，完善配套机制，加强司法公开管理部门与审判、执行部门的沟通配合；要强化对三大平台建设工作的检查评估，注重三大平台运行的系统性、顺畅性和有效性。

会上，周强亲自启动了中国裁判文书网和各高级人民法院裁判文书平台联通按钮，标志着中国裁判文书网已于今日与31个省市区高院及新疆生产建设兵团分院的裁判文书实现联网。浙江高院、武汉中院和深圳中院在会上通过视频短片的形式介绍了深化司法公开的主要做法和经验。

最高人民法院副院长李少平主持会议，副院长贺荣出席会议。广东省委副书记、政法委书记马兴瑞，广东省委常委、深圳市委书记王荣，广东省高级人民法院院长郑鄂致辞。最高人民法院有关部门负责人，各高级人民法院、部分司法公开试点人民法院的负责人、新闻媒体记者等100多人参加会议。

据人民网深圳2013年11月27日电（记者　张　雨）

最高人民法院院长周强在全国法院司法公开工作推进会上的讲话

深化司法公开促进司法公正①

党的十八大和十八届三中全会强调推进权力运行公开化、规范化，并明确提出推进审判公开、推动公开法院生效裁判文书、确保权力在阳光下运行等要求。习近平总书记在中央政法工作会议上强调，要坚持以公开促公正、以透明保廉洁，增强主动公开、主动接受监督的意识，让暗箱操作没有空间，让司法腐败无法藏身。人民法院必须认真学习贯彻党的十八大、十八届三中全会精神和习近平总书记在中央政法工作会议上的重要讲话，全面深化司法公开，努力维护司法公正，促进社会公平正义。

① 周强：《深化司法公开促进司法公正》，中国法院网，https：//www. chinacourt. org/article/detail/2014/01/id/1208016. shtml，最后访问时间：2018年12月26日。

一、充分认识推进司法公开的重要意义

推进司法公开，是人民法院依法履行职责的必然要求，是实现司法公正、破解司法难题、提升司法公信力的重要措施，是促进司法民主的重要途径，也是社会政治文明和法治程度的重要标志。各级人民法院要充分认识做好新时期司法公开工作的重要意义，进一步增强推进司法公开的自觉性和紧迫感。

（1）推进司法公开，是全面深化司法改革的必然要求。建立公开透明的权力运行机制，完善各领域的办事公开制度，是党中央全面深化改革的一项重要内容，也是时代要求和大势所趋。司法公开是确保审判权依法独立公正行使的关键，也是司法工作取信于民的关键。解决制约司法公正、影响司法公信力的体制机制障碍，推进司法公开工作是重要突破口。多年来，各级人民法院在推进司法公开方面做了大量卓有成效的工作，但仍然存在一些问题。如有的法院领导对司法公开的重要性、紧迫性认识还不到位，甚至有畏难、抵触情绪；有的法院只满足于选择性公开，公开内容不多，公开力度不够，甚至流于形式；有的法院对当事人和人民群众的司法需求和司法关切缺乏及时有效的回应，等等。人民法院只有全面落实司法公开原则，下决心克服司法公开工作中存在的困难和问题，确保审判权在阳光下运行，才能有力推进司法改革进程，圆满完成党的十八届三中全会提出的司法改革任务。

（2）推进司法公开，是新媒体时代满足人民群众对司法工作新期待的必然要求。随着我国经济社会不断发展，人民群众对公共事务日益关切，对司法工作也有了更多新要求和新期待。同时，伴随信息技术的飞速发展，微博、微信等新媒体使信息传播速度、扩散方式和受众数量以几何倍数迅速增加，资讯格局、话语模式和舆论环境都发生了深刻变化。人民群众对法院工作信息量和信息获得渠道的需求越来越多，归根结底是对司法为民公正司法的要求和期盼更高了，对社会公平正义的关注度更高了。从2011年开始，中国社科院法学所每年都会发布《中国司法透明度年度报告》，对全国法院的司法公开工作进行评估。一些学术机构和社会组织也着手对法院的公开工作进行评鉴。各级人民法院只有坚持与时俱进，充分利用新科技，不断扩大司法公开范围、拓宽司法公开渠道、创新司法公开方式，才能适应新媒体环境带来的新变化，更好地实现人民群众对司法工作的知情权、参与权、表达权和监督权，增进人民群众对法院审判、执行工作的了解和理解。

（3）推进司法公开，是提升司法水平和司法公信力的必然要求。公开是自信的表现，是光明正大的表现。推进司法公开有利于促进司法公正、提升法官能力、强化责任意识、防止司法不公、统一法律适用。通过公布审判流程、裁判文书和执行信息，群众就能够看见法官付出的努力，就能够明白案件为什么这样判，就能够避免“暗箱操作”，司法公信力就会得到显著提升。尤其是将各级人民法院裁判文书在互联网公布，既有利于强化广大法官的责任心，也可以产生倒逼作用，鼓励先进、鞭策后进，提升法官司法能力，促进法官职业化建设。只要我们足够自信、严谨和负责，各项工作完全经得起社会的检验；只要我们坚持司法公开，就会不断提升司法能力水平，彰显人民法官公正廉洁司法的良好形象。

去年以来，最高人民法院建成了中国裁判文书网、中国法院庭审直播网，开通了最高人民法院微博、微信和新闻客户端，成立新闻局和信息技术服务中心，出台一系列关于司法公开的意见和规定，充分显示了人民法院坚持阳光司法、推进司法公开的信心和决心。地方各级人民法院在深化司法公开方面也进行了积极有效的探索，积累了许多好的经验。特别是浙江高院、深圳中院、武汉中院推进司法公开三大平台建设的做法，上

海法院审判全程公开、江苏法院庭审录音录像、河南法院裁判文书上网等工作，都走在全国法院前列。各级人民法院要认真学习借鉴这些法院的经验做法，进一步强化措施，狠抓落实，持之以恒地推进司法公开。

二、全面推进司法公开三大平台建设

去年以来，为贯彻中央关于进一步深化司法体制改革的总体部署，推进阳光司法，最高人民法院提出建立完善审判流程公开、裁判文书公开、执行信息公开三大平台，并选择部分法院开展试点工作。这是人民法院深化司法公开的一项重大举措。各级人民法院要按照最高人民法院要求，以“天平工程”建设为基本载体，努力实现三大平台的一体建设和整体推进，充分发挥现代信息技术的重要作用，推动司法公开工作取得实质性进展。

（1）建设审判流程公开平台。人民法院对案件的立案、庭审、宣判等诉讼过程，都应当依法向当事人和社会公开。各级人民法院要以政务网站为基础平台，通过手机短信、电话语音系统、电子触摸屏、微博、微信等技术手段，为公众和当事人提供全方位、多元化的司法服务。要开发完善统一的审判流程查询系统，方便当事人查询案件进展情况，增加审判工作透明度。要充分发挥审判流程公开平台在远程立案、公告、送达、庭审、听证方面的辅助功能，大力推进诉讼档案电子化工程，切实提升工作效率，减轻当事人讼累。要积极创新庭审公开方式，以视频、音频、图文、微博等方式及时公开庭审过程。要加强科技法庭建设，对庭审活动全程进行同步录音录像，并方便当事人依法查阅。

（2）建设裁判文书公开平台。裁判文书是人民法院审判工作的最终产品，是承载全部诉讼活动的重要载体。最高人民法院已经在去年7月1日开通了中国裁判文书网，积极推动本院符合条件的裁判文书全部上网，并实现了中国裁判文书网与各高院裁判文书传送平台的联网，这意味着全国3000多个法院的裁判文书将集中传送到统一的网络平台上公布，这是一项史无前例的浩大工程。各级人民法院要克服畏难情绪，打破本位思维，积极推动裁判文书上网工作，逐步实现四级人民法院依法能够公开的裁判文书全部上网公开。在互联网公布裁判文书要以公开为原则，不公开为例外，不得人为设置任何障碍。要完善中国裁判文书网的检索查询系统，方便公众按照不同关键词检索。要通过推动裁判文书上网，形成倒逼机制，提高文书质量，加强裁判说理，进一步提升法官的司法技能和业务素养，确保法律的正确统一适用，增进公众对裁判文书的理解，维护司法裁判的权威。同时，加强对司法裁判的社会监督，促进公正司法。

（3）建设执行信息公开平台。执行信息是人民法院在执行案件过程中产生的各类信息，体现了人民法院执行裁决权和执行实施权的运行状况。人民法院应当建立统一的执行信息公开平台，通过公开执行信息，让公众和当事人及时了解人民法院为实现当事人的胜诉权益所采取的执行措施，争取群众对法院执行工作的理解。要将执行实施权的运行过程作为执行公开的核心内容，最大程度挤压利用执行权寻租的空间，充分发挥执行公开的防腐功能。要完善执行信息查询系统，开发执行信息短信发送平台，方便当事人查询、了解执行案件进展情况。要为各类征信系统提供科学、准确、全面的信息，积极推进执行信息公开平台与社会诚信体系对接，促进社会诚信建设。对拒不执行或逃避执行的失信者公开曝光，予以信用惩戒，构成犯罪的，依法追究刑事责任，破解人民群众反映强烈的执行难问题。

三、正确把握司法公开的原则

推进司法公开，要求各级人民法院不断更新观念，着力实现“四个转变”：一是变被动公开为主动公开。要深刻认识司法公开工作的重要意义，使司法公开真正成为每个法院、每位法官的自觉行动，通过公开掌握主动、开诚布公，以人民群众看得见的方式实现公平正义。二是变内部公开为外部公开。要彻底摒弃司法神秘主义，树立司法自信，让司法权力在阳光下运行，大大方方、真诚坦率地接受人民群众的检验和监督。三是变选择性公开为全面公开。要克服畏难情绪，摆脱面子思想，不怕群众“挑毛病”，不忌讳法官“出洋相”，勇于直面裁判文书全面公开之后的“阵痛期”，将深化司法公开作为改进法院工作、提升司法水平的有利契机。四是变形式公开为实质公开。要不断完善司法公开三大平台的互动功能、服务功能和便民功能，把深化司法公开变成人民法院和人民群众双向互动的过程，将司法公开三大平台建设成人民法院密切联系群众的桥梁纽带。

推进司法公开三大平台建设，规范三大平台运行机制，要切实把握好“四个关系”：一是在实施进度上，把握好整体规划与分步推进的关系。司法公开三大平台建设是一项系统工程，必须在最高人民法院的统一指导下，在各高级人民法院的统筹规划下，以“天平工程”建设为基本载体，有计划、分批次推进。由于各地经济条件和发展程度不一，推进工作不能急躁冒进，更不能重复建设、浪费资源。经济发达地区人民法院和司法公开示范人民法院，应当率先完成建设任务。具备条件的人民法院可以在完成“规定动作”的同时，结合本地实际，积极探索创新，做好“自选动作”，及时总结经验。二是在范围尺度上，把握好推进司法公开与遵循司法规律的关系。司法公开不是盲目公开，应当依法、有序、有度，严格遵循司法规律。要根据审判、执行工作的特点，严格甄别，科学界定公开与不公开、依职权公开与依申请公开、对公众公开和对当事人公开的信息范围。执行信息公开的时机和节点，应当与审判流程公开有所区别，避免影响执行效果。人民法院要充分发挥政务微博在第一时间发布资讯、破除谣言、沟通民意的作用，但也要规范微博运行，不得发表不当言论。三是在价值取向上，把握好推进司法公开与加强权利保护的关系。在互联网公布裁判文书意义重大，但在具体操作时，应当注重维护公民隐私和个人信息安全，对当事人的身份证号码、个人住址、银行账号等信息应当进行技术处理，防止被不当利用。对未成年人的信息更应当严格保密。但是，裁判文书毕竟是公共产品，承载着促进司法公正、统一法律适用、开展法制教育等功能，人民法院在决定裁判文书是否应当上网、对当事人是否应当做隐名处理时，要把是否有利于实现公平正义作为最终的把握标准。四是在方式方法上，把握好利用先进技术与更新思想观念、提高司法能力的关系。现代信息技术是人民法院推进司法公开的重要保障和主要媒介。各级人民法院必须顺应互联网技术变革的大趋势，在利用最新科技、打造信息平台上动脑筋、下功夫。同时，还要提高广大法官对深化司法公开的认识，增强自觉性和责任感，提高司法公开的能力和水平。

四、加强对司法公开工作的组织领导和工作落实

各级人民法院要严格按照中央和最高人民法院的要求，将全面推进司法公开三大平台建设作为当务之急，科学谋划、迅速行动、狠抓落实，确保司法公开三大平台建设取得实实在在的效果。

（1）加强组织领导，强化工作保障。最高人民法院统一指导全国法院司法公开三大平台建设，制定指导意见，开发配套软件，制定评估标准。各高级人民法院具体统筹辖区内司

法公开三大平台建设工作，完善实施细则，协调解决问题，总结推广经验。各级人民法院领导要高度重视，把司法公开三大平台建设作为“一把手”工程，列入重要议事日程，积极主动争取党委领导、人大、政府及相关部门的支持。要切实采取有效措施，不断完善硬件设施和技术条件，为司法公开三大平台建设提供有力物质保障。

（2）做好统筹协调，完善配套机制。各级人民法院要明确管理机构，专门负责推进司法公开三大平台建设工作。要建立有效的协调机制，加强司法公开管理部门与审判、执行部门的沟通配合，增强一线法官推进司法公开的责任心。要强化上级法院对下级法院的指导责任，及时总结经验，纠正工作偏差。要厉行节约，务实有序，减少重复劳动，确保司法公开平台的各类信息一次录入、自动生成，既方便公众和当事人使用，又不额外增加一线法官工作负担。要将公众通过平台提出的意见建议作为人民法院加强审判管理的重要依据，最大限度发挥司法公开三大平台的功能作用。

（3）加强督促检查，狠抓工作落实。要采取督查、抽查和自查相结合的方式，强化对司法公开三大平台建设工作的检查评估，注重三大平台运行的系统性、顺畅性、有效性和安全性。要扎实做好司法公开三大平台的宣传工作，确保人民法院深化司法公开的举措为群众知悉。要真抓实干，让司法公开三大平台的效果体现在实处，坚决不搞“面子工程”，以卓有成效的工作，努力维护司法公正，提升司法公信力。

新形势下，人民法院工作既面临前所未有的重大机遇，也面临前所未有的挑战和考验。各级法院要紧密团结在以习近平同志为总书记的党中央周围，牢牢把握机遇，勇于迎接挑战，扎实勤奋工作，以深化司法公开为重要突破口，积极推进司法体制改革，完善司法工作机制，不断推动人民法院工作科学发展，为建设法治中国、实现中华民族伟大复兴的中国梦提供更加有力的司法保障。

（本文系周强在全国法院司法公开工作推进会上的讲话，发表时有修改）

改善网络舆论生态研讨会

活动名称： 改善网络舆论生态研讨会
指导单位： 国家互联网信息办公室
主办单位： 人民网
协办单位： 四川省互联网信息办公室
承办单位： 人民网舆情监测室、成都市网联网信息办公室
时　　间： 2013年11月30日
地　　点： 四川·成都

2013年11月30日，由国家互联网信息办公室指导，人民网主办，四川省互联网信息办公室协办，人民网舆情监测室、成都市互联网信息办公室承办的“改善网络舆论生态研讨会”在成都举行。国家互联网信息办公室专职副主任彭波出席会议。

本次改善网络舆论生态成都研讨会就政务微博和主流媒体微博这两支微博“国家队”的合作事宜，达成8条“成都共识”，并将成都作为改良网络舆论生态的实验基地。会议指出，成都是互联网普及率较高的城市，新闻发布和突发事件处置经验丰富，政务微博“@成都发布”、城市微博“@微成都”在国内处于领先位置。成都市愿意为全国政务微博和主流媒体微博的交流提供长期对话平台，把成都作为一个改良网络舆论生态的实验基地。

在改善网络舆论生态成都研讨会上，人民网舆情监测室与成都市互联网信息办公室还联合发布了《2013年政务微博、媒体微博发展报告》。报告不仅分析了政务微博、媒体微博发展现状，还介绍了“@外交小灵通”“@公安部打四黑除四害”等个性鲜明的政务微博和“@人民日报”“@新华社发布”等媒体微博运营案例，分享政务微博、媒体微博运营管理经验。

中共四川省委宣传部常务副部长、网信办主任邹吉祥，中共成都市委常委、宣传部部长白刚参加会议。

中共四川省委宣传部常务副部长、省网信办主任邹吉祥致辞实录

尊敬的彭波部长，
尊敬的曹焕荣荣主任、廖玒总裁，
各位远道而来的朋友们：

上午好！孟冬时节，巴蜀大地依然生机盎然。今天，我们非常高兴迎来在蓉城召开的改善网络舆论生态成都研讨会。我受省委常委、宣传部部长吴靖平同志的委托，谨向研讨会的召开表示热烈的祝贺！向出席研讨会的各位领导、各位嘉宾莅临四川成都表示诚挚的欢迎！向长期以来关心、支持四川经济社会发展的朋友们表示衷心的感谢！

四川是中国西部大省，区域面积48.5万平方公里，辖21个市州，183个县，人口九千万。四川历史悠久、人杰地灵，自古享有天府之国的美誉，四川文化、古蜀文化、三国文化、民族文化、红色文化等交相辉映；九寨沟、黄龙溪、都江堰、青城山、峨眉山、乐山大佛、熊猫等文化和自然遗产享誉世界。

四川现有网民三千多万人。近年来，四川高度重视互联网宣传工作，在国信办的关心、支持下，不断完善互联网管理体制，成立了互联网信息办公室，充实了网络管理专业力量，建立了网络舆论引导、舆情应对机制。

当前，四川按照“正能量”是总要求，“管的住”是硬道理的思路，主动研究互联网条件下宣传思想工作规律，积极探索对互联网建设与管理，进行总体设计，对网络宣传舆论资源进行整合，对网络社会与现实社会进行统筹管理，加快构建大网络、大舆情、全媒体工作格局，组织动员社会各个方面的力量共同做好互联网工作，努力营造积极、健康的网络生态、舆论生态，为全省经济社会发展和灾后恢复重建创造良好的舆论环境。

改善网络生态、舆论生态是互联网信息管理者、从业者、专家、学者共同的政治责任、历史责任和时代担当。政务微博、媒体法人微博、名人微博要积极恪守“七条底线”，做网上正能量的传播者，弘扬先进文化的创造者，净化网络空间的现行者，国家良好形象的塑造者；发挥好“八个带头”的积极作用，共同推进为民、文明、诚信、法治、安全、创新的网络空间建设，让网络空间晴朗起来，共同维护网上的精神家园。

最后，祝改善网络舆论生态成都研讨会成功举办！衷心希望各位领导和来宾一如既往地关心四川、支持四川，多到四川视察指导！祝大家在四川成都期间身体健康、工作顺利！

谢谢。

研讨会通过政务微博和主流媒体微博有关互动合作的“成都共识”全文

我们已经前进到微博舆论场域，与率先享用信息化红利的中国民众在一起。我们把恽代英、邹韬奋、范长江的如椽之笔，延伸为今天的鼠标和键盘话语权。我们相信：与网民真诚平等对话，政务公开透明，回应社会关切，一定能得到网民的认同和尊重。

我们在一个相对陌生的舆论场域耕耘。为建设一个为民、文明、诚信、法治、安全、创新的网络空间，让网络空间清朗起来，需要相互扶持，相互鼓励。由国家互联网信息办公室指导，人民网主办，四川省互联网信息办公室协办，人民网舆情监测室和成都市网信办承办，我们相聚蓉城，就政务微博和主流媒体微博这两支微博“国家队”的合作事宜，达成“成都共识”如下：

一、关注民生，形成新的话语表达机制和传播方式。坚持说真话，坚决不说假话，努力少说空话；多说有营养的话，实心实意地说老百姓的贴心话；代表主流说权威的话。

二、做恪守互联网“七条底线”的表率。保证信息真实，加强对互动内容的核实，抵制恶意炒作，切断谣言的传播链条；提倡理性表达，倡导文明用语，采用规范的信息来源，努力带头营造健康向上的网络舆论生态。

三、形成微博传播绩效的合理评价体系。不单纯看微博的粉丝数，关注粉丝的质量（活粉，加V粉丝）胜过粉丝的数量，关注日均发帖数、帖文转评数，被网友@的次数，特别是政务微博和主流媒体微博相互@数，形成正能量绩效的评价体系。政务微博可适当组织公益活动，激发网友互动；恪守本职，审慎对待商业营销、抽奖等一味追求转发的做法。

四、搭建微博运营交流平台。考虑到单个政务微博、主流媒体的法人微博的信息采集渠道单一，覆盖面有限，本次研讨会倡议政务微博和主流媒体的法人微博建立一种交流平台，在志愿的前提下，以QQ群、微信群为渠道，进行沟通联络，在尊重版权的前提下，实现创意互动、信息共享、评论交流和人才往来，同时避免内容同质化。

五、积极传播政务微博信息。在遇到突发公共事件时，主流媒体的法人微博主动转评政务微博发布的第一手权威信息，扩大信息传播的数量级。

六、相互支撑提高议程设置能力。政务微博对当地网民具有广泛的影响力，主流媒体的法人微博善于设置议题，建议双方合作，定期推出“微博联播”话题，如帮爸爸妈妈拍照，派出所的一天等，放大社会正能量。

七、联手扶持专家型“中V”。主流媒体微博和政务微博发现和鼓励专家型“中V”网友，在其熟悉的专业领域理性表达，帮助群众理解政府公共治理的全部复杂性，同时代表群众监督政府部门和各级干部积极履责，成长为有舆论影响力的网络名人。

八、将成都作为改良网络舆论生态的实验基地。成都是互联网普及率较高的城市，新闻发布和突发事件处置经验丰富，政务微博“@成都发布”、城市微博“@微成都”在国内处于领先位置。成都市愿意为全国政务微博和主流媒体微博的交流提供长期对话平台，把成都作为一个改良网络舆论生态的实验基地。与会者赞赏成都市网信办为本次研讨会做出的贡献，希望继续进行多领域、多层次的沟通。

媒体法人微博知名账号座谈会

活动名称： 媒体法人微博知名账号座谈会
主办单位： 国家互联网信息办公室
承办单位： 人民日报社
时　　间： 2013 年 12 月 4 日下午
地　　点： 北京

2013 年 12 月 4 日下午，国家互联网信息办公室主办、人民日报社承办的媒体法人微博知名账号座谈会在人民日报社举行，人民日报、新华社、中央人民广播电台、中央电视台、光明日报、经济日报、中国新闻社、法制日报、中国青年报、北京电视台、环球时报、京华时报、北京晚报等 21 家主流媒体机构的微博账号负责人参加此次交流活动。与会人士一致认为，媒体法人微博账号理应成为在微博平台传播正能量的主力军，为凝聚改革正能量发挥积极作用。

近年来，微博在我国发展迅速，据统计，截至 11 月底，我国微博账号总量已经突破 13 亿，仅在新浪和腾讯微博客平台，媒体机构微博账号已达 3.7 万个，仅“@人民日报”“@新华视点”“@央视新闻”三大媒体法人微博在新浪平台就有超过 3000 万粉丝，微博已经成为网上信息传播的主要途径之一。

主流媒体通过微博平台及时发布权威信息，传播正能量，为改善网上舆论生态发挥了积极作用。在谈及主流媒体法人微博发展现状及作用时，国家互联网信息办公室网络新闻协调局局长刘正荣以“影响越来越大，独特作用进一步凸显”做评。

主流媒体充分利用微博等先进传播平台，是适应信息技术发展的需要，更是改善网上舆论结构和做好网上舆论工作的迫切需要。去年 7 月 22 日凌晨，人民日报法人微博上线运营。16 个月以来共发布微博 19000 余条，在人民网、新浪、腾讯三大平台上共有粉丝 2500 多万，每条微博的平均转发量超过 3000 次，在新浪、腾讯的媒体微博影响力排行榜上长期排第一，树立了权威、理性、亲和的形象。

“事实表明，只要善用主流媒体所办的微博，完全可以成为我们党治国理政的重要资源和重要手段。”人民日报社新闻协调部主任曹焕荣表示，尽管互联网治理“晴空初见”，但是要让网络进一步“清朗起来”，还有赖于大家的长期努力。在这一过程中，主流媒体法人微博账号理应成为推动微博健康发展的中坚力量，成为在微博平台上传播正能量的主力军。

2013 年 11 月 12 日、15 日，最早诞生于 2010 年全国两会前夕的“@新华视点”微博率先发出十八届三中全会公报和《中共中央关于全面深化改革若干重大问题的决定》一组微博报道，该组报道新浪、腾讯两大平台转发评论就达到 49715 条次，总阅读量超过 1.5 亿次。新华社国内部新媒体工作室主任贾奋勇在分享经验时说，截至目前，“@新华视点”微博在五大微博平台拥有粉丝总量超过 5300 万，在微传播平台上充分发挥了权威、有效、正能量、主旋律的作用。

在座谈会上，人民日报、新华社、中央人民广播电台、中央电视台、经济日报、光明日报、中国日报、中国新闻社、中国青年报、法制日报、环球时报、国土资源报、北京电视台、京华时报、北京晚报、北京青年报等21家主流媒体的微博运营负责人都认为，要通过各个方面的共同努力，让微博挤出非理性泡沫，回归理性平和的交流氛围。

“主流媒体法人微博的责任，就是要在微博平台上唱响主旋律，为全面深化改革凝聚最大社会共识。”中央电视台新闻中心策划部主任周庆安表示，新媒体的舆论场中有各种不确定因素，包括表演和炒作、极端意见和情绪性表达，在很大程度上影响了某些网民的看法。媒体法人微博及时传递客观全面的信息，也有利于问题的解决、力量的凝聚。

在座谈会上，许多与会代表也认为，媒体法人微博账号之间，以及与网民之间的互动还需要加强，建议媒体账号更多地根据网络特点，结合自身所长，更多地发布原创消息和评论，增加在众多账号里的辨识度，展现自身独特的媒体气质。

刘正荣也建议主流媒体法人微博账号能够办出特色，走差异化发展之路，进一步改进话语方式，讲得直白，让人听得明白。

“应更加贴近实际、贴近生活、贴近群众，主动去发现和挖掘，大力弘扬真善美，把社会生活中向上、向善的力量充分地展示出来，为树立好风气做出贡献。”刘正荣还希望，主流媒体法人微博要把亿万中国人民追梦、圆梦的奋斗足迹，干事兴业的生动故事充分讲述出来，动员和激励更多的人理解改革、支持改革、参与改革，不断凝聚改革正能量。

座谈交流结束后，与会人员还参观了人民日报法人微博运营平台。

（新华网北京2013年12月4日电　记者　韩元俊）

第三届网络舆情高峰论坛

活动名称：第三届网络舆情高峰论坛

活动主题：互联网：建设者和正能量

主办单位：人民网

承办单位：人民在线、中共武汉市委宣传部

时　　间：2013 年 12 月 6 日

地　　点：湖北·武汉

2013 年 12 月 6 日，第三届网络舆情高峰论坛在湖北省武汉市开幕，百余名官员、专家、网络名人齐集一堂，共同探讨网络舆情引导管理面临的新问题、舆情应对的新思路。本次论坛以“互联网：建设者和正能量”为主题，由人民网主办，人民在线与中共武汉市委宣传部共同承办。人民日报社原副总编辑张虎生，中共湖北省委外宣办、省政府新闻办、省网管办主任王中桥，中共武汉市委常委、宣传部部长李述永，人民日报社湖北分社社长顾兆农，人民网副总裁、舆情监测室主任罗华等出席会议，100 位来自中央和地方党政机关和企事业单位的领导干部和专家学者齐聚论坛，共同探讨网络舆情发展的新形势、新理念，为新时代的网络格局添砖加瓦。

人民网副总裁、舆情监测室主任罗华表示，如今的互联网既可能成为正能量的扩音器，也可能成为负舆论的搅拌机。他呼吁党政宣传部门增强“正”的意识，创新互联网管理方式方法，“有的做法或许有效，现在未必有效；有的过去不合时宜，现在也许势在必行；有些过去不可逾越，现在则需要突破”。

中共武汉市委常委、宣传部部长李述永代表武汉市委市政府，对论坛的召开表示祝贺。她表示，共商新形势下网络舆情管理新思路是很有必要的，既能提升各级党政机关的执政能力，也有利于清理整治网络中的雾霾，让网络空间更加明朗。

论坛上，时任外交部新闻司参赞邹建华、武汉大学互联网科学研究中心主任沈阳、人民网舆情监测室秘书长祝华新等，围绕政务公开、网上群众工作等话题，探讨了新网络时代的官民互动。

同时，百余名官员、专家、网络名人在本届论坛携手发布了《“正能量”武汉宣言》。宣言表示，将以武汉为圆心、正能量共识为半径，构建中国政务公开的新媒体格局。宣言中说，目前我国已经前进至微博舆论场，政府微博、政务微信构成的网上新舆论阵地已经成为思想文化发展的“小岗村”。如何引导和管理网络舆论，让正面舆论成为主流舆论，成为各级网络监管部门亟待解决的问题。因此，宣言提出七条倡议：让政务信息公开成为主流；坚持“正能量”的释放；共同营造健康向上的网络舆论生态；推动网络“正能量”的放大；加强“正能量”的区域性、传播性；共同扶植有“正能量”的意见领袖；把武汉作为“释放正能量、共筑中国梦”的实践基地。

会上，32家在网络舆情监测和管理领域成绩突出的单位，分别获得人民网第三届网络舆情监测“特别贡献奖”和“创新管理奖”。

评委会对“创新管理奖”给出的颁奖理由是：互联网汇集改革的洪流，今天，新媒体成为舆论的前沿阵地。“创新管理奖”获奖单位能以自身为圆心、责任为半径在所在领域，乃至艰苦基层率先建立起一种参政议政的沟通体系。公共参与渠道畅通、民主实践屡结硕果、网络问政渐成制度，不断创新管理打造政务好声音。

评委会给出“特别贡献奖”的获奖理由是：网络舆情的发展离不开体制内决断力的推动，获奖者能以自身的强优势、高视角、接地气推动舆情事业发展，以讲真话、办实事、推法治推进社会管理创新。“特别贡献奖”正是对这种精神的最高褒奖，鼓励一年来为舆情事业的繁荣、网络舆论的对冲而做出卓越努力的单位。

中共武汉市委常委、宣传部部长李述永在论坛上的发言全文

尊敬的张副总编，尊敬的各位领导各位来宾女士们先生们：

大家上午好！

12月的武汉阳光和煦，景色宜人，在这个层林尽染的季节，由人民网主办，武汉市委宣传部、人民网湖北频道和人民在线共同承办的第三届网络舆情高峰论坛让我们相聚一堂，共谋发展。借此机会，请允许我代表中共武汉市委、武汉市人民政府向出席论坛的人民日报、人民网领导，各大知名网站领导，各位专家学者和兄弟省份网宣部门的同人们表示热烈的欢迎，向各位长期以来对武汉网宣工作的关心和支持表示衷心的感谢。本届论坛以互联网建设者和正能量为主体，是学习贯彻落实十八届三中全会精神和习总书记8.19讲话精神的重要举措，是网络媒体对自身担负社会责任的思考研究，是网宣部门如何理念创新、手段创新和工作创新的探索研讨，相信围绕论坛的主题共商新形势下网络舆情引导和管理的新思路、新途径，定能有助于提升各级党政机关的舆情应对能力和在新舆论环境中的执政能力，定能有利于涤清和整治网络世界中的各种雾霾、噪音，让我们的网络空间更加清新明朗。

武汉是一个很具有特点的城市，这个城市的特点最突出的有这样几点。一是武汉是一个自然资源非常丰富的城市，这也是上天对武汉的一种厚爱。这个城市山水相依，刚柔并济，一城江水半城山，拥有江城和百湖之市的美誉，武汉有166个湖泊，群山环绕，龟山和蛇山对面。二是武汉也是中国经济地理中心，是重要的综合交通枢纽，所以用“九省通衢”来形容武汉，被誉为中国的立交桥。三是武汉是一个拥有3500多年历史的文化名城，从我们的盘龙城开始，就具有比较丰厚的商业文化，3500多年以来武汉创造了很多个中国的第一，特别是在19世纪初的时候我们成为中国近代工业的发祥地，正因为武汉近代工业的坚实的物质基础，才催生了中国革命中的、建设中的很多次改变。同时武汉这个城市在目前经济社会发展中在全国也有它重要位置，我们有过这样一个落后的时候，有过领先的时候，现在也处于一个奋起直追的时候，武汉的科技实力排在全国前列，在校大学生是世界第一，有130万的在校大学生，所以武汉是一个活力之城。武汉经济总量经过这几年的努力位于全国城市的前十名，再现了武汉大复兴的良好势头。今年七月份习总书记到武汉调研的时候对武汉提出来的“复兴大武汉”给予了高度认可。武汉的发展繁荣也离不开健康向上的网络舆论环

境，离不开广大网民的共同参与，离不开各大网站的大力支持，多年来武汉市委市政府在推动经济社会全面发展的过程中高度重视网络宣传管理工作，将网上舆论工作作为宣传思想工作的重中之重来抓，取得了初步的成效，这次论坛得以在武汉举办，既是人民网和各兄弟省份对武汉互联网宣传和管理工作的关心和支持，又为我们提供了一个很好的学习机会。我相信通过本次论坛的成功举办，必将对武汉市的互联网工作、宣传工作产生积极的推动作用。

下一步我们将加强网络宣传管理，不断健全网络突发事件处置机制，激励网络意见领袖、网络名人、广大网民和网络媒体人争当社会主义事业的建设者、正能量的传递者，形成正面引导和依法管理相结合的网络舆论工作的新格局。我们也恳请各位领导、各位专家对武汉的工作多批评指正，多提宝贵意见，多建言献策，帮助我们改进工作，提升服务水平，更好借助于网络这个平台为建设国家中心城市、复兴大武汉营造领袖的舆论氛围。同时我们也希望大家在论坛工作之余借此机会多看一看武汉，领略大武汉独特的魅力。

最后，衷心祝愿论坛圆满成功，祝愿各位代表在汉期间工作顺利，身体健康!

人民日报社原副总编辑张虎生在第三届网络舆情高峰论坛上的发言全文

同志们、朋友们:

感谢主办方人民网的盛情邀请，今天能够在朝着建设国家中心城市宏伟目标阔步迈进的大武汉和新闻宣传战线的诸多同人交流互动，刚才罗华副总裁、李述永副部长发表了弘扬主旋律、传播正能量的热情讲话，使在座同志深受启迪和鼓舞。今天我发言的题目是：致力提高网络舆论质量的几点思考。

大家都知道以互联网为代表的新媒体日益成为各种信息的集散地和社会舆论的放大器，日益成为思想舆论交流、交融、交锋的重要场域，面对未来一个较长时间将成为常态的形势，随时全面掌握舆情，实时科学研判舆情，加强和改进舆情工作，着力提升网络舆情质量，就成为一项重要而紧迫的任务。从大家多年的实践经验来看，提高网络舆情质量的关键就是要坚持不懈践行16字方针，那就是重在认识、贵在研判、功在实用、精在学习。

首先是重在认识。党中央一再强调拓宽社情民意表达渠道，健全社会舆论分析汇集机制，高度重视新媒体对社会舆论、对党领导人民群众推进中国特色社会主义事业的重要影响和巨大作用。在多种表达中察民情，在批评牢骚中知民心，舆情信息工作已经成为新闻宣传战线和各行各业一项具有创新性的工作，在实践和开拓中建立起覆盖广泛的工作体系，确立服务大局、服务决策的工作宗旨，总结出围绕大局关注大势、把握大势的工作重点，正因为坚守了中央关于网络舆情工作的宗旨和重点，舆情信息工作迅速走上正轨，逐步取得主动，为党的宣传思想工作创造了成功新鲜经验。实践证明，包括网络舆情信息在内的舆情信息工作，已经成为各级领导掌握情况、判断形势、科学决策、指导工作的重要途径。

互联网的广泛普及为营造文明和谐的网络文化生态、形成网上舆论引导强势提供了广阔平台的同时，也为观察和汇集证实明显的社情民意和舆论动态，提供了十分灵敏的晴雨表和风向标。立足网络，以网为主，加强和改进网上舆论舆情信息综合分析研判，着眼于建好用好管好互联网，深入研究网络新业态、新技术和网络文化现象，就互联网文化发展网络文化建设和管理建言献策，着力于构建舆情引导新格局，加强对重点新闻网站的专题性、阶段性和重大事件宣传效果的评估并提出建议，是在互联网正在成为信息社会基本工具的新形势下给我们提出的目标和要求。

新的更高要求促使我们必须进一步认识肩负职责的重要性，没有认识的提高，就不会有工作的改进创新，通过学习和工作实践大家认识到，面对国际国内深刻复杂变化的形势，面对互联网等新媒体对于舆论影响的更加凸显，网络越来越成为信息的特殊场域，能够以工作成果为党和政府提供网络舆情信息服务和决策参考依据，是一项事关党和国家工作大局，事关牢牢掌握意识形态领域主导权的严肃政治任务。我们一定要始终保持高度责任心和使命感，凝聚起团结创新严谨高效的团队合力，在互联网发展与网络文化建设和管理方面既要当好哨兵，又要当好参谋。要紧紧围绕大局、大势和大事，坚持在第一时间全面反映重要思想动态，社会热点，敏感问题，搜集信息一要快、二要全，切不可局限于报道一般的社会新闻、新闻轶事、名人花絮之类的琐事，也不能一边倒，只报一面，不报另一面，更掌握动态，以服务大局为宗旨。

其次是贵在研判。提高网络舆情信息服务质量贵在研判，分析得越深入参考价值越大，为了不仅仅能够反映事物的现象，还能尽可能揭示事物的本质和规律，提供可供参考的工作建议和对策建议，逐步提高研判的质量和水平。在汇集研判，形成舆情材料的全过程要贯彻“三坚持”的原则。

一是坚持科学理论为指导。面对海量的舆情信息和多变的思想观念，时刻不忘用马克思主义这个显微镜和望远镜去观察和思考，有了科学理论的指导就能心中有数地辩证分析网上思想舆情信息和社会思潮的核心观点和主要倾向，比较深入地分析其产生原因、影响范围、发展趋势和相互联系。只有在正确理论指导下，经过去伪存真、由此及彼、由表及里的加工整理舆情信息才有信息价值。

二是坚持服务大局，服务决策。从党和国家的工作大局出发，紧紧配合重大决策部署，各个时期的重要任务，重要宣传报道战略，力求用一个政治家的目光看网评网，为领导决策提供舆情信息服务。

三是坚持围绕中心，关注大事，把握大势。密切关注网民对国内外重大事件的思想反应，关注互联网发展以及网络文化建设和管理的新动向新问题，为正确引导和有效处置提供参考。需要强调的是，正确的认识和科学判断形势是做好舆情工作的前提和基础，既不能只报喜不报忧，也不能迟报错报漏报，既要尽快改变一般性信息多，分析性信息少的弊端，更不能出现分析失当的错误。比如最近有的舆情突出美国副总统拜登明确表示美国在中国设立防空识别区，但是随后他在日本竟要中国撤销防空识别区，这充分暴露了美国外交历来要弄两面派手法的老套路，同时也看出我们一些新媒体人缺乏判断，用人失当的弱点。

再次是功在实用。网络舆情信息工作归根到底是为大局和决策服务的，这是辩证唯物主义认识论和反应论的基本标志，好的对策建议和工作建议总是具有全局观念，有助于决策参考，可以转化为决策思想和决策措施。舆情信息的实用性最终要体现在对对策的建议上，为此在形成舆情中既要实事求是地反映情况和问题，又要下力提出一些具有针对性、科学性、可行性的建议和对策，比如对每年一份的互联网最新统计报告不能只抓取若干数字，一报了之，而要从上千个分类统计数字的梳理和归纳中看出隐含在数字背后的网络发展新趋势。记得有一年按照刘云山同志的指示，大家潜心分析研究，归纳出互联网传播日益呈现大众化、媒体化、数字化趋势，并且据此提出充分认识互联网综合性平台的重要作用，着力建设一批战略性骨干网站，推动各级党政领导干部成为懂网用网的带头人等对策建议，在当年召开的宣传部部长座谈会上刘云山同志就将互联网传播的大众化、媒体化、数字化作为总论国际国内形势的重要特点之一。需要强调的是，深度分析是全面提高舆情信息质量的根本途径，分析越深入，信息价值就越大，提出的政策建议就越有战略性、针对性和操作性，在领导决策指导工作中的作用就越大。

总体而言，我们现在所做的舆情就事论事多，深度分析少，只能说当好的了兵，还没有当好参谋。与此同时，在运用多种形式进行舆情分析上也欠缺功夫，常常是报了就完，缺乏连续性、系统性、多样性。建议在事关大局的事情上有阶段性的舆情分析，有专题性的舆情分析，也要有综合性的舆情分析，给领导因势利导添助力。在舆情编写上也要更加考究，不要事无巨细，也不要不讲逻辑，杂凑一锅，可以按照事实和事件的轻重先重后轻，也可以按照政治、经济、社会、文化、民生来排列，重大事件的网上舆情可以分为正面与负面两部分分别反映，也可以集体反映。所选素材一定要文字简约，抓住观点，用语一定要原汁原味，切忌使用煽动性、蛊惑性、攻击性的言辞。中央主要领导曾经指示，你们做舆情工作一定要原汁原味，要贯彻实事求是的原则，但是这个原则不是有文必录、有文照录，在这个方面要特别注意，核心的观点一定要抓住原汁原味的反映，但是前面的修饰词和副词要特别斟酌，有一些是避讳性的，有一些是攻击性的，有一些是隐喻性的，像这些事情要特别注意。

最后是精在学习。学而后知不足，用而更知不足，在工作历练中大家可能都会深感本领的恐慌，认识到作为一个舆情工作者必须学习学习再学习，不断夯实自己的理论功底和业务功底，自觉运用马克思主义的立场观点方法观察问题分析问题，对纷纭复杂的网上舆情信息做出精确的筛选和内在的判断，把握事情的内在规律和本质，要逐步增强政治意识、大局意识、责任意识，不断提高政治敏锐性、政治鉴别力和综合分析研判能力。舆情信息工作涉及面广，各个领域的专业性很强，报送材料的文字表达要求很高，这就迫切要求我们学习多方面的知识，打牢业务根底，力争成为党和人民需要的复合型人才。舆情学现在已经成为一门新兴学科，真诚希望业内同仁尽早成为这门学习的奠基人和带头人。

最后，赠送大家一句话，无论是新闻学、传播学还是舆情学，都会叮嘱我们的从业人员，唯其深入方能浅出，唯其厚积方能薄发。

人民网副总编辑、人民网舆情监测室副主任、人民在线总经理董盟君在论坛上的发言全文

尊敬的各位领导、同志们：

大家好！

第三届网络舆情高峰论坛即将进入尾声，但关于这个时代的“正能量”和“建设者”的话题却刚开始，我们期待能以今天作为一个起点，为正能量欢呼，为建设者鼓劲。

一天的会议，毫无疲倦，因为这是思想的饕餮盛宴。从开场高屋建瓴的致辞，再到《政务微博群体与网络舆论生态研究报告》的发布，让我们看到了在“微”时代下，网络舆论生态的变迁和正能量的释放；下午伴随专家的精彩演讲和《武汉宣言》的发布，我们会场进入圆桌论坛的高潮时段，总结经验、传播理念。

作为总结，从今天的会议针对舆情的探讨中思考，应当承认：网络舆论在倒逼制度创

新、加强社会监督等方面发挥了积极的作用。但同时，网络舆论也给当今的社会管理带来了一系列的新情况、新挑战，如果不加以科学监测、及时引导，就可能导致十分严重的后果。近段时间来，互联网的规范化、现代化治理，备受网民赞许。政府部门与主流媒体的互动呈现出良好的舆论引导功效。这为我们加强网络舆情监测，正确引导舆论提供了很大的帮助。

我们应当认识到，互联网是治国理政的重要工具。网络的发展，一方面不断挑战传统社会管理模式，冲击现实社会秩序，甚至带来舆论引导危机、信息安全危机等；但另一方面，互联网本身是一个开放、平等、中立的平台，用好了，可以弘扬社会正气、通达社情民意、引导社会热点、疏导公众情绪、搞好舆论监督，成为治国理政的重要工具。

互联网已成为民意集散地、问政新平台，各级领导干部应该直面应对、勇立潮头，要知网懂网、用网管网，成为建设清朗网络空间的“排头兵”；各级政府机构应积极探索利用政务微博、微信等新媒体，及时发布各类权威政务信息，并充分利用新媒体的互动功能，以及时、便捷的方式与公众进行互动交流。

我们要在喧嚣舆论场不断传递“正能量”，要在构建健康网络舆论生态方面做好以下三点。

第一，对舆情热点做出快速反应。如果说报纸的报道周期按“天”计算；电视的报道按“小时”计算；网络报道的时间则精确到分秒，随时记录“此刻”的事。在网络时代，如果对一些热点舆情不能第一时间做出反应并在恰当时间给予回应，就可能时时落后、处处被动。因此，重视时效应该成为做好网上舆论工作的重要考量指标。

第二，对网络舆情做出准确判断。社会转型期的舆情环境错综复杂，尤其是网络舆情纷繁复杂，既有网民理性建言，也有网民恶意谩骂，既有网民解疑释惑，也有网民造谣传谣。我们如果不对网络舆情做出准确判断，就难以掌握舆论引导的“度”。这就要求我们健全重大舆情会商研判制度，加强对网络舆情的科学性分析，着力提高甄别能力。

第三，对舆情回应做出及时评估。评估舆论反响是做好网上舆论引导工作的重要一环。做好效果评估，需要对网络舆论生态进行深入研究，对舆情走势进行透彻分析。在此基础上，用平等对话、科学引导，取得舆情回应的实效。

只要我们牢牢掌握网络舆论引导工作的领导权、管理权、话语权，在众说纷纭中凝聚共识，在众声喧哗中传递“正能量”，就能真正发挥鼓舞人、激励人的作用，从而巩固壮大网上主流思想舆论。

最后，在此次武汉网络舆情高峰论坛即将结束之时，衷心地祝愿舆论场“正能量”能更多更给力，也期待达成的“武汉宣言”能更好地成形。

谢谢大家！

人民网副总裁、舆情监测室主任罗华在论坛上的发言全文

尊敬的虎生同志，尊敬的中桥主任、述永部长，各位领导、各位同志：

大家好！在“第三届网络舆情高峰论坛”在武汉顺利召开之际，我谨代表人民网对各位领导和嘉宾的光临表示热烈欢迎和衷心感谢。

2013 年，互联网舆论板块发生重大变化。今年七八月以来，随着有关部门开展的互联网专项整治活动的有力推进，随着“两高”关于打击网络谣言司法解释的出台，我们看到，

互联网上的舆论力量对比正在发生变化，正能量开始覆盖负能量，网络戾气有所缓解。今年8月19日，习近平总书记在全国宣传思想工作会上强调宣传思想工作在党和国家全局工作中的极端重要性，指出“意识形态工作是党的一项极端重要工作”“互联网已经成为舆论斗争的主战场”。10月15日，《国务院办公厅关于进一步加强政府信息公开回应社会关切提升政府公信力的意见》又指出，要“进一步做好政府信息公开工作，增强公开实效，提升政府公信力”，并特别强调着力建设基于新媒体的政务信息发布和与公众互动交流新渠道。

在这样的背景下，我们应该认识到，互联网舆论斗争是一项长期、艰巨的任务。如何加强网络法制建设和舆论引导，确保网络信息传播秩序和国家安全、社会稳定，已经成为摆在我们面前的现实突出问题。

随着网络传播日趋碎片化，网络生态日益复杂化，互联网在保障公众表达和社会监督的积极功能之外，其潜在的负面效应也越来越明显地表现出来。互联网既可能成为正能量的扩音器，也可能成为负舆论的搅拌机，处置不好是社会的“心头之患”，处置得当是党和政府治国理政的新平台。尽管目前互联网治理“晴空初见”，但要让网络进一步“清朗起来”，还有赖于我们的长期努力。

本届网络舆情高峰论坛的主题是“建设者与正能量”。为构建健康网络生态，弘扬主旋律，传递正能量，我们党政宣传部门就要按照十八届三中全会的要求，坚持积极利用科学发展、依法管理、确保安全的方针，加大依法管理网络力度，加快完善互联网管理领导体制，确保国家网络和信息安全；要强化互联网信息监测，健全互联网舆论引导体系，积极构建全媒体工作格局，不断提升网络舆论的引导力，牢牢掌握网络舆论的领导权，确保互联网正常运行、应用和安全；要把互联网信息工作放到意识形态安全的高度，不断从领导体制、机构设置、人员编制、经费保障、设施设备等方面予以强化和保障。

为构建健康网络生态，我们应进一步增强阵地意识，既要把互联网建设成为宣传党和政府主张的重要阵地、通达社情民意的重要渠道、引导网络舆论的重要平台，也要积极适应新形势新要求，注意采用新技术新手段，加强对微博、微信等新媒体的舆论引导和舆情监测。

由人民网主办的网络舆情高峰论坛已经是第三届，回首这几年的变化，网络舆论引导工作的无论是外部环境、社会条件，还是工作对象、工作方法都已大不一样，有些做法过去有效，现在未必有效；有些过去不合时宜，现在却势在必行；有些过去不可逾越，现在则需要突破。相信这次高峰论坛必将在充分交流经验的基础上，促进我们进一步增强做好引导网络舆论工作的责任感和使命感，做互联网正能量的传播者，壮大主流思想舆论，铸造健康网络环境！

最后，感谢武汉方面对这次会议给予的大力支持，谢谢大家！

人民网舆情监测室秘书长祝华新发表演讲
网上舆论工作的12个关键词

祝华新秘书长将网络舆论工作的12个关键词归结为“舌头”“拳头”“大V”“中V”“阵地战”“游击战”“净网”“媒体把关”“传播预警机制”“舆情BOT工程”“救火”和“思想建设”。

“舌头”和“拳头”。祝华新秘书长认为未来网上舆论工作将进入专业化、精细化的舆论博弈阶段，在这个阶段需要“拳头”“舌头”并举，以“舌头”为主，以“拳头”为辅。也就是发挥党新闻宣传的看家本领，更多意识形态工作要用意识形态手法来进行，网上的舆论工作以正面引导为主。我们党要站在群众中间去倾听民意，而不是站在群众的对立面去打压舆论，未来网上舆论工作要以舆情应对为主，以舆论斗争为辅。

“大V”和“中V”。随着打击造谣传谣“大V”，祝华新秘书长做出判断，时政类“大V”作为一个阶层将要集体退场，一批有专业背景的“中V”影响凸显，他建议国新办和各地网管部门鼓励和包容知识分子在自己的熟悉的领域主动建言，推出“中V扶持计划”。总结一个概念，就是要警惕杂家，要包容专家。

“阵地战”和“游击战”。“阵地战”贵在旗帜鲜明，表明态度，例如新华社通稿、人民日报的评论，以及中央电视台新闻联播长达3分钟的某个专题节目、专题新闻，这样的“阵地战”是很必要的。但除了在中规中矩的主流媒体上发出正面的声音之外，我们更应该借助自媒体社会化媒体巧妙地释放某些事实真相，对网上的偏激舆论形成一种对冲。

“净网”和“媒体把关”。前期把网络治理的重点放到消除网上的一些有害信息很有必要，但网络是通过网络的信息分享性是通过信息的自由流动动态实现的，网络意见平衡凝聚共识也是通过不同取向的意见表达来动态平衡的。主流媒体把好关，专业新闻媒体把好关，把握好主流媒体的价值取向，加强对媒体记者网站编辑、体制外的视频作家的专业素质素养培训是一个新的课题。

“传播预警机制”和“舆情BOT工程”。建议引入正面传播绩效评估机制，评估两点：一是政府在连篇累牍地毯式轰炸的正面宣传之后，老百姓对推出的政策是更认可了，还是更警惕了？电视台、党报、受众对政府的评价是更高了，还是评价更低了？建立一个舆情监测、舆情应对的工作机制。如何监测舆情，如何上报信息，如何做决策，如何做新闻发布，如何进行舆情应对、舆情监测的新闻发布人才的培训，做成一个BOT工程，由宣传部门牵头，帮助部委办局、实体业务部门健全业务工作机制和舆情应对的业务团队。

“救火”和“思想建设”。宣传部门网管部门是突发事件的救火队，发生热点事件，赶紧要去灭火是必要的，但是宣传的常规性工作是思想性建设。除了应对各种突发事件，应当针对今天的社会主流人群做思想建设工作，从扭转、滋养网络舆论生态，新闻舆论生态做起，增加舆论场的植被，避免人心的沙化，让社会的戾气化解，让人心回暖。

同时，祝华新秘书长还提出“三个不能忘记”，一是在网络舆论管理和网络舆论工作中，要尊重人民群众的四权，群众的知情权、参与权、表达权、监督权，二是恪守知识分子工作的底线，包容网上的“中V”，三是网上舆论工作以正面宣传为主。

中国外交部新闻司参赞邹建华在论坛上的发言全文

各位尊敬的领导、各位嘉宾，各位朋友：

大家好！今天非常高兴有机会到武汉与大家进行交流，今天我要跟大家交流的是就新媒体的迅猛发展给媒体生态和舆论格局带来的变化和挑战，与大家分享一下我的一些看法。

我先讲一讲变化，大家可以先看一张图片，这个是前年在山东济南发生的一个事件，就是一个女狱警下班以后修自行车，由于不满，致使她的丈夫殴打这个修车的老人，引起众人的愤怒，大家纷纷举起手机，回去就是信息发布，发微博。另外一组图片更有说服力，上面这个图是2005年波兰籍的教皇保罗上任的时候，下面是黑压压一片，没有任何亮光，到了今天拉美籍的教皇上台的时候，台下亮晶晶一片，大家手上都是IPAD、苹果、安卓等各种手机，就是回去发到微博和微信里面了。现在微博的迅猛发展，真正人人都可以是记者，自媒体的时代，它的发展颠覆了以往大众传媒或者是政府机构和企业机构垄断新闻源的局面，现在每个人都可以成为新闻发布者。在某种程度上颠覆了过去的传媒格局，微博的发展引起了传媒格局的变化是超乎我们的想象，现在自媒体大量的涌现，“大V”越来越多，现在新的形势是政务微博和媒体微博也发展得非常快。

现在越来越多的人以各自独特的方式扮演着一个人的通讯社的角色，比如冯小刚就把他自己的微博称之为冯通社，任志强是任氏媒体，影响力非常大，这是中国媒体生态变化最深刻的地方之一。姚晨的新浪粉丝有将近5700万，韩寒新浪微博粉丝2626万，任志强新浪微博粉丝1574万，冯小刚的新浪微博粉丝1427万。微博已经成为中国最重要、最主流的媒体，影响力最大的媒体，随着众多舆论中心迅速向微博转移，微博现在已经成为网民收发新闻、爆料、诉冤的首选载体，在自媒体迅速发展膨胀的同时，传统媒体影响力在下降，生存空间受到挤压，并出现变化。报纸的发行量越来越少，电视的开机率越来越低，最高的时候70%多的开机率，现在就是30%左右，电视没有人看了，报纸也没有人看了。

给大家再看两张比较能说明问题的图片，在济南公开审理薄熙来，这是微博直播，没有像过去新华社发稿、电视台直播，而是直接采用微博形式，传统媒体媒体在外面、在微博上发现信息和寻找信息。另外一张图片很说明问题，凤凰卫视的节目主持人在节目过程中低头看自己的手机，是在看微博，因为微博更快，有人起了一个名字叫作传统媒体在新媒体面前低下了高昂的头。上海交大上半年发布了中国的微博报告，报告里面显示中国的报纸发行量过百万的报纸在那一年只有19份，现在估计更少了。但是随着微博客户用户群体的迅速扩大，现在产生了一大批动辄数十万粉丝的“大V”账号，超过十万的有1.9万个，100万以上的3000多个，实际上不止这么多，新浪微博的可能有四五千个，1000万以上的大概是300多个。传统媒体感到的紧迫感，人民日报的社长前年在复旦大学的研讨会上说现在微博女王姚晨让人民日报有了强烈的危机感，姚晨的粉丝当时是1955万，他说这意味着她每次发言的受众比人民日报发行量多出近七倍，现在这个数字更多了，可能是翻倍了。在这种压力之下，我估计是人民日报微博出现了，传统媒体为了延续自己的影响力必须借助微博这个平台，现在人民日报微博办得相当好，因为敢于直面问题，网言网语用得比较好，深受大家的欢迎，现在粉丝是1100多万了，有人预言说以后人民日报的微博的影响要超过人民日报。

我刚才谈了很多都是在讲微博，我的题目就是关于新媒体，新媒体时代下，现在我们称为新媒体的主要就是三个：微博、微信和新闻客户端。现在传统的门户网站已经成为传统的媒体了，真正称得上新媒体的就是这三个。虽然现在微信发展迅猛，已经过了3亿了，但是我们仍然处于微博时代，因为微信和微博的功能不一样。微信是一个社会化的关系平台和服务平台，主要是用于社交和服务的，这也是腾讯当时对它的设计基本设想。它的媒体属性并不强，因为微信相对封闭的，微信的一些运行的限制，也不允许它成为一个与微博相提并论的信息发布平台和开放的言论平台。特别是认证规定，要500粉丝以上才能认证，很多想开政务微信的人感到很头疼，每天发布数量的限制，公共平台，每个服务号只能发一条消息，评论功能的缺失，不能评论等等，决定了它更适合成为一个朋友间沟通、交流的平台、公众服务的平台。

我们的政务微信也要做，但是最终方向估计还是一个服务平台。我们微信在干什么呢？大家都有微信，现在很多人在微信的时间比在微博的时间还要长，但是微信能够干什么呢？关注公共平台的很少，基本上都是活跃在各自的朋友圈里面，晒照片、心灵鸡汤、人生感悟。斯诺登爆料中国微信的最新内幕，美国已经窃取了百万中国人的微信内容，奥巴马问是什么内容，中情局长说35%是心灵鸡汤、历史经典，25%是吃货们在炫耀美食，旅游者炫耀美景，30%是养生秘方。奥巴马继续问他剩下的10%呢？他说剩下的10%的是不转发死全家，奥巴马听完转身就走，马上就给普京发过去了。现在"死全家"的少了，但是养生秘方非常多，基本上就是干这个的。我们现在虽然是三大新媒体，但我们还是处于微博时代，尤其是舆情引导，在政务新闻发布和危机公关上主要面对的还是微博，微博已经深入我们生活的各个方面。

虽然现在打击造谣，网络治理，活跃度下降了，很大一部分流量已经被微信带走了。但是它现在还是一个最重要的媒体，我们的生活已经被微博渗透了，各个方面，政治、经济、文化，无不打上它的烙印，各个重大的舆论事件不是被它引发就是被它引爆和放大，不管你上不上微博，你不可能不受它的影响，你可以没有微博，但是不可能不受微博的影响。踪观近年来一系列的重大舆论事件和热点事件基本上都和微博有关系，危机公关原来讲网络上没有出现的事情就不能称为危机，现在说微博上不反映的构不成危机，因为最后一个群体就在这上面，我们的政府机构、企业、媒体越来越多地开始借助这个平台，越来越多的政务微博和企业微博上线。今年年初新浪认证的政务微博就已经8万了，现在更多了，新浪和腾讯微博认证15万个，企业认证的微博就有25万个，截至去年年底媒体在新浪认证的官方微博当时是将近18000个，微博已经抢占中国的舆论制高点，微博已经毋庸置疑是中国舆论的最高点，要想进行舆论引导、新闻发布一定要在这上面发声，第一时间发声。

政府部门和企业组织要想进行这方面的工作就要注册微博，比如说国务院微博，去年在新浪上线了，今年在腾讯又上线了，国务院开了官方微博——@国务院公报。现在不仅是中国人在抢占舆论阵地，外国人也在抢占舆论阵地，这次英国首相访华，自己开了一个微博，亲自直播微博动态，自己是发布者，这是过去不可想象的，边活动边发布。全世界已经有了微博的国家元首前年就是60多个了，现在的很多元首，像奥巴马和普京基本上都是用自己的微信，自己在微博上私信，这可能是一个笑谈，也有可能一些不重要的事情在上面互动。联合国副秘书长去年也开通了新浪微博，联合国秘书长潘基文选中了新浪微博和网友进行交流，现在国外政要扎堆新浪微博，已经有100多个外国政要进行认证，有800多万海外用户，所以它是名副其实的舆论高地。这种迅猛发展给我们带来一个挑战，李长春同志说随着网络微博等的迅速发展，每一个人现在都成了一个通讯社，这对宣传思想部门是一个挑战，对于政府部门的媒体应对、舆情引导也是一个巨大的挑战，微博作为一种全新的信息发布和传播方式，对中国社会各个领域的介入和渗透日益广泛，已经成了舆论中心的中心。

前些年互联网已经成了舆论的中心，但是现在微信发展得那么迅猛，微博还是网络舆论中心的中心，特别是在突发事件信息传播的速度和广度上有了新的飞跃，以前的一些舆论引导的概念，一些应对的策略和技巧、应对方式现在基本上都不够用了，先后出现了"黄金24小时""黄金6小时""黄金4小时"，还有上海的"3个小时应对"，现在"黄金6小时"在微博的冲击下已经不是灵丹妙药了，"黄金4小时"已经有时候是黄金不再了，有可能是等不到4个小时。特别是舆论高地，原来在传统媒体，现在在网络上已经移位了，这就对我们各个部门突发事件的应对能力、舆论引导能力和新媒体的应用能力都提出了挑战，需要我们创新思路，要有新策略和新手段。

现在有一个矛盾，我们媒体发展得很快，但是应对手段跟得很慢，新闻发言人机制是传统的，严格来讲相对应的是传统媒体，比如出现这个事以后，现在发了一个新闻发布，明天见报，黄金24小时，24小时之内进行应对就有可能引导舆论，但是现在的媒体发展得很快，到了网络时代以后就变成了黄金6小时。网络时代有一个相对应的应该是网络发言人，但是媒体发展得太快，现在网络发言人在各个地方，都已经开始建立，有些还没有开始运行，有些还没有建立起来，我们都已经进入微博时代了。相应来说网络时代应该是网络发言人。在微博时代现在发布的平台，新闻发言人应该转移阵地，应该充分利用政务微博进行新闻发布，才来得及。但是现在有一个矛盾，现在很多地方都已经进入微博时代，有些已经到了微信时代，但是现在很多地方的新闻发言人机制都没有建立，有些地方我们说建设新闻发言机制，我说这个太晚了，现在的微博时代传统的新闻发言人制度，不跟网络结合的，都是一个过时的概念。新闻发言人最重要的是要学会应用网络和微博平台，才能成为一个名副其实的新闻发言人。我到一个地方讲课以后，它的市委书记说学习掌握了黄金4小时，我说现在要继续学习，现在要学我的黄金1小时，现在发展太快，给我们带来挑战。

如何应对？新闻发布、危机公关都是讲在第一时间抢占舆论高地，微博时代怎么抢第一时间，舆论高地在什么地方？我们用什么方式来抢？现在很多地方还没有搞清楚这个问题，我经常发现很多人说这个东西留在发布会去发布，不是按照时间来的，走了一个形式，一定要在什么报纸和媒体上见，都很晚了，现在必须要抢时间，要学会抢这个高地。要找准微博时代的第一时间，这是在中央文件中的，中办马上发的文件，我是起草小组的，我就是想要把第一时间定下来，我们要向地方一把手追责，形成新闻发布的倒逼机制，地方一把手主要负责同志负责，第一时间不定就追不了责，三天以后都是第一时间，微博时代可能就是一个小时左右，不然第一时间就是滥用，比如发生矿难事件以后，质检总局的领导都去了，当地的领导都没有去，这明显是“第八时间”了。

很多专家学者写文章探讨“第一时间”，什么是“第一时间”呢？但是实际上意义不大，我们在媒体意义上来说这是一个动态的概念，没有一个一成不变的“第一时间”，在不同的媒体和媒体生态环境下第一时间内涵不断变化，我们先后出现了黄金24小时、6小时、4小时、3小时和黄金1小时。黄金6小时是什么呢？这是过去的网络局提出来的，没有黄金6小时这个概念，但是因为人民网出现了黄金4小时的概念，我给它套上了一个黄金6小时，意思是一样的。网络的早期状态，网络的特点是危机发生以后3个小时网上开始有反应，6个小时开始传播，12个小时形成一定的态势，我们应该在6个小时之内采取措施。黄金4小时认为突发事件发生以后有微博客，黄金4小时媒体以QQ群、人气高的BBS等为代表，产生快速舆论传播的黄金4小时媒体，在4个小时之内，就有可能将突发事件传播发展为有重大舆论影响力的实践，所以有关部门要在4个小时之内发布消息，这样才能产生舆论主导权，避免事件的扩大，如果你在这4个小时内默不出声，那么影响舆论的关键时期就会没有，负面舆论就会铺天盖地，后期的应对就会遇到困难。

在微博时代有时候黄金4小时也会感到苍白无力，因为随着微博的迅猛发展，微博一秒钟之内上线的信息是1900万，一天在微博上的信息是2.5亿条，这是一个庞大的数据，发布得非常快，新闻周期再一次缩短，过去新闻数据以日计，网络时代是以小时计，微博时代是秒新闻时代的到来，在相应的应对上，以小时计算的黄金6小时和4小时可能会无力，特别是现在网民出现对突发事件的同步直播，央视的大楼着火，“7·23”动车事件都是同步直播。三车逼停超车质问，前不不久发生的。在桂林有一个人超车，三个车把它逼停了，下来说你知不知道这是我们首长的车，你欺负我们首长。这在网络上传播得非常快，实际上官方回应了，回应得比较慢，这是三个私家车，没有任何首长，在这种情况下多一秒钟就造成多一秒钟的危害，越早越好。这个时候固守“黄金6小时”“黄金4小时”也没有用了，能多早就多早。舆论高地在什么地方呢？现在向网络转移了。现在我们讲人民群众在哪里舆论引导就在哪里，我们有一个领导同志说过一句话，根据形势发展的需要我们要把网上舆论引导工作作为宣传思想工作的重点来抓，重中之重，思想宣传工作是做人的工作，人在哪里重点就应该在哪里，人都不在传统媒体上，人现在在网络媒体上了，必须向网络转移。我国网民有近6亿人，我们手机网民有4.6亿，微博用户达到3亿多人，很多人特别是年轻人基本上不看主流媒体，大部分信息从网上获取，必须正视这个现实。

以什么方式抢占舆论制高点呢？我发明几个词，叫“以网治网、网来网去”。网上发生的事情在网上迅速解决，特别是以微博解决，现在很多部门和地方还是说这个事情很紧迫，明天要开发布会，要在发布会上去说，你在发布会上说就是几个小时过去了，是怕说完了以后发布会上就没有东西可说了，这个比较自私，还是担心自己的脸面问题，我们还是要以大局为重，迅速表态，不要去等下午的报告会。你可以讲三拍，新媒体冲击我们的媒体三拍，舆论引导也是三拍，先微博后网站，最后是新闻发布会。网来网去，怎么抢占舆论制高点，以快对快，争分夺秒，必须要快，越早就越有助于舆情消退，否则会产生新的网络责任。

我们有一句话是指导国内新闻发布事件，早说事实慎讲原因再报态度，在微博冲击下这一条受到挑战，有时候一个事实在4小时、1小时内根本调查不清楚，但是不能不说话，这个时候就先说态度，第一时间讲话。危机公关、新闻发布的态度是最重要的，有了一个好的态度，很多危机就不会出现，有了好的态度大事就会变成小事，但是现在出了事一般都是对着来的，都是恶语相加，严厉声讨，最后说要保留打官司的权利，基本上是这个态度，把这个事情恶化了。现在只有利用微博这个平台才能做到快，现在微博传播很快，能够在1个小时之内使一个名不见经传的小事成为影响全国的重大舆论事件，比如说江西宜黄拆迁事件，就45分钟，可以炒作成一个很太的舆论事件。现在微博传播得很快，要想应对得快，必须借助能够与微博传播的速度相匹配的平台工具，现在没有一个平台的传播速度大于微博了，我们一定要借助它本身，可喜的是政务微博越来越多，不断上线，正在平衡舆论场。

在微博时代，政府和企业开微博是大势所趋，不能缺席，缺席等于自断其臂。新闻发布人必须是这个政务微博的负责人才能做得快，但是现在全国的政务微博和新闻发布团队是两拨人马，新闻发布是新闻发布的，政务微博是政务微博的，所以在发现危机以后，发布信息的时候要层层审批，不可能做到最快。现在北京每个局的发布都是政务微博发言人担当，这样可以做到快，但是很遗憾，国内不管是政务微博还是企业微博、媒体微博都存在很多问题，效果并不是太理想，时效性、针对性、互动性和公信力都需要进一步改进和提高。现在我们发现一些政务微博平时的民生服务做得很好，但是在突发事件面前往往装聋装哑，沉默不语。这与领导体制有关系，没有领导在上面，有的是外包的，有些是小青年发一点网语网语，搞一点心灵鸡汤，追求发了多少条，没有真正干事，政务微博的最大价值就是要在第一时间揭露突发事件来引导舆论和公众情绪，与小道消息和谣言赛跑，这是它最大的功能。但是现在很多人没有干这个，装聋装哑。不管政务微博的民生服务做得多好，不管平时降低身段、网语网语、卖萌，多有人气，但是你面对突发事件的时候沉默不语，或者是说谎，你的政务微博的公信力、影响力就会丧失殆尽。

最后，祝本届论坛圆满成功，谢谢大家。

附：第三届网络舆情高峰论坛《“正能量”武汉宣言》全文

我们已经前进到微博舆论场，中国民众开始享受信息化红利带给我们的便捷和对社会的变革。

回眸改革开放三十多年来，“南方讲话”一直鼓舞着我们在物质生活领域突飞猛进，而三十年后由政务微博、政务微信构成的网上新舆论阵地已经成了思想文化发展的“小岗村”。

今天，“红色大V”话语权已经得到肯定，在国内宣传思想文化领域具有举足轻重的作用。参看刚才发布的“正能量”案例，我们不禁为所取得的点滴成绩而自豪。

10月15日国务院发布了《关于进一步加强政府信息公开回应社会关切提升政府公信力的意见》。意见提出，要进一步加强平台建设、加强机制建设、完善保障措施。我们相聚武汉再一次以正能量的名义发布“武汉宣言”共同打造推动政务公开，提升政府公信力，让我们守护良知、维护正义、坚守法治！

一、政务信息公开要成为主流。政务信息公开成为提升政府公信力，打造阳光政府的必要条件，要让政务信息公开成为主流做法。

二、坚持“正能量”的释放。要在坚持“七条底线”的原则下，简直释放正能量，关爱民生，坚持“网上群众路线”把老百姓当成自己的贴心人。

三、共同营造健康向上的网络舆论生态。要通过政务信息间的互动、媒体间信息的融通实现舆论的信息融合，打造政务信息发布的“联合舰队”。发挥组织优势、集体优势、集团优势营造健康网络舆论生态秩序。

四、推动网络“正能量”的放大。政务信息的发布要借助主流媒体的协助，发布正能量，推动网络传播，扩大信息传播的数量级和信息覆盖面。

五、加强“正能量”的区域性、传播性。正能量的释放要形成“全国一盘棋，地方广开花”的传播格局，形成地方上鲜明特色、区域传播优势的正能量案例。

六、以人为本，共同扶植有“正能量”的意见领袖。主流媒体和地方宣传部门要善于“发现和鼓励”普通网友，打造普通人的正能量释放，塑造意见领袖，推动正能量落实到民众间，形成人人传播正能量，人人争当“正能量大V”的网络热潮。

七、把武汉作为“释放正能量、共筑中国梦”的实践基地。在古代武汉站位九省通衢，在现今武汉融通网络文明，是全国网络“正能量”释放集中、舆论呼吁度最高的地区。

我们期待未来中国政务公开的新媒体格局能以武汉为圆心，“正能量”共识为半径，为神州大地打造充满正能量的网络“中国梦”。

附：网络舆情监测“创新管理奖”获奖单位名单（共22家）：

最高人民检察院政治部宣传部
中共河南省纪律检查委员会
中共山东省委对外宣传办公室
湖北省公安厅
中共满洲里市委宣传部
中共汉阳区委宣传部
中共深圳市委宣传部
中共贵阳市委宣传部
中共扬州市委宣传部
云南大理州委组织部现代远程教育办公室
国家文物局政策法规司
中共南通市纪律检查委员会
北京市公安局新闻办公室
洛阳市公安局
贵阳市公安局
包头市互联网信息办公室
中共镇江市委宣传部
中共淮安市委宣传部
中共无锡市委宣传部
中共南昌市青山湖区委
中共北京市顺义区委宣传部
浙江卫视

附：网络舆情监测“特别贡献奖”获奖单位名单（共10家）：

中央纪律检查委员会宣传教育室
最高人民法院新闻局
教育部新闻中心
中华全国总工会宣传教育部
中共武汉市委宣传部
山西省政府信息公开指导中心
内蒙古自治区互联网信息办公室
中共山东省委宣传部网络文化办公室
中共贵州省委宣传部
中共北京市西城区委宣传部

‖2014 年度‖

2013 湖南省第二届网络文化节之湖南政务微博论坛

活动名称：2013 湖南省第二届网络文化节之湖南政务微博论坛

主办单位：中共湖南省委宣传部、中共湖南省委互联网宣传办公室、湖南省互联网信息办公室

承办单位：新浪微博、新浪湖南

活动时间：2014 年 1 月 14 日

活动地址：湖南·长沙

2014 年 1 月 14 日，由中共湖南省委宣传部、中共湖南省委互联网宣传办公室、湖南省互联网信息办公室主办，新浪微博和新浪湖南承办的“2013 湖南省第二届网络文化节之湖南政务微博论坛”在长沙珠江花园酒店举行。中共湖南省委副秘书长、省互联网信息办公室主任卿立新，第十一届全国人大代表、凤凰古城文化投资公司董事长叶文智等领导与嘉宾出席。

卿立新在致辞中首先总结了 2013 年湖南政务微博的发展情况，他认为，2013 年是湖南省政务微博蓬勃发展的一年，大事件、大动作、大反响不断。2013 年，湖南的政务微博账号从最初的 13 个发展到现在上千的规模，并涌现出“@湖南消防”“@湖南省交警总队”“@湖南高速警察”“@湖南省旅游局”等一批知名度较高的微博账号，为展示湖南良好形象、服务全省经济社会发展做出积极贡献。卿立新指出，湖南省委书记徐守盛曾强调，要“把做好网上舆论工作作为重中之重”，壮大我省网上正面声音，敢于开展网络舆论斗争；要高度重视舆论监督工作，积极健康、客观公正的舆论监督是我们直面问题推进工作的重要镜鉴。同时，徐守盛同志也多次指示，要加强政务微博建设，全力打造倾听网上民声、疏导网上民意、集纳网上民智的最短路径。

在总结成绩的同时，卿立新就全省政务微博建设提三点希望：一是要着眼推进社会治理能力现代化，将政务微博打造成为回应型政府平台；二是要把网上舆论工作作为宣传思想工作重中之重，将政务微博打造成为引导社会舆论重要载体；三是要加强网上群众工作新方式，将政务微博打造成为疏导网上民意最短路径。

新浪营销中心副总经理李峥嵘针对政务微博做主旨演讲，她认为，移动互联网发生了一场不可逆转的革命，进入全媒体时代，平面、电视、互联网、移动四大介质并存交融。未来媒体将极度细化，媒体会变成小成本、小团队的制作，而不是很重的团队、很高的成本。媒体不再是赚大钱的行业，传媒作为一个独立的产业黄金时代已经结束，大众媒体将会逐步消

失，每个人都是媒体，企业、政府有自己的媒体。同时她强调，社会化媒体时代已经到来，信息传播环境已经发生了翻天覆地的变化。每一个粉丝都是一个有价值的传播自媒体，我们需要重视和随时关注与应对网民公众的声音。善用社会化传播，借势而为，重视日常的口碑建设、危急时刻的及时响应与迅速应对。在微博传播革命的背后，于政府、企业、机构而言，社会化媒体时代被赋予了新的机会与挑战。关于对政务微博运营的启发与思考，李峥嵘提出了三点意见和建议：一是推动观念转变，实现从“俯视”到“平视”的转变；二是实现从“管理”到“服务”的转变；三是政务微博成为市民群众提出政府服务意见的受理平台，要用网络来倒逼行政改革，再造行政流程。

第十一届全国人大代表、凤凰古城文化投资公司董事长叶文智也就“新媒体在政府活动、旅游发展中的应用”做了主题分享，他认为，新媒体在政府活动、旅游发展中的运用是未来旅游市场的潮流方向，新媒体的介入必然对湖南旅游市场的发展注入新的思路和动力。

作为中共湖南纪委监察厅的官方微博“@三湘风纪”负责人也介绍了微博开通近两个月来的经验，同时分享通过开通官微，积极引导网络舆论，获得网友肯定的历程。下一步“@三湘风纪”将完善栏目设置，并增加微视频、微评论、微文化、微专题等一系列特色栏目，更好地传递信息，监督舆论、宣传湖南。

最后，作为“湖南省最会卖萌的政务微博”“@湖南高速警察”负责人，湖南省公安厅交通管理局高速公路管理支队政委王千雄也分享了官博的运营经验。他认为，政务微博运营要获得成功，首先是资讯新鲜，将“小微博”做成服务的“大窗口”，为民众出行提供便利，营造良好的道路交通环境。二是微博要有创意，学会与网友用生活化、口语化的语言进行沟通。三是积极传播正能量，参与爱心救助，警民携手建立长期互动机制。

目前，新浪认证的政务微博总数超过 10 万个，政务微博不仅全面覆盖全国 34 个省级行政区，更在团委、法院、气象、新闻办等部分垂直领域实现多个省份和不同层级的合纵连横。2013 年，湖南的政务微博账号从最初的 13 个发展到现在上千的规模，并涌现出“@湖南消防”“@湖南省交警总队”“@湖南高速警察”“@湖南省旅游局”等一批知名度较高的微博账号，为展示湖南良好形象、服务全省经济社会发展做出积极贡献。

郭明义微博座谈会

活动名称：郭明义微博座谈会
主办单位：中共辽宁省委宣传部、光明日报社
时　　间：2014 年 2 月 28 日
地　　点：北京

2014 年 2 月 28 日，由中共辽宁省委宣传部、光明日报社共同举办的郭明义微博座谈会在北京举行，来自中央及地方的理论界、新闻界专家学者分别从郭明义微博与社会主义核心价值观、与现代传播方式、与网络阵地建设等不同角度，深刻剖析了郭明义微博现象。

与会者纷纷表示，郭明义微博的实践，实际上就是社会主义核心价值观在微博上的培育和弘扬。近 4 年来，郭明义坚持不懈通过微博弘扬社会主义核心价值观，积极传播正能量。在微博上，郭明义不端架子、不做样子，把自己平时的生活工作情况和参加爱心活动的感受与网民分享，使典型真实可靠、可亲可敬、可学可用。郭明义微博的成功不仅是对郭明义的肯定，更是对道德力量和榜样力量的肯定，许多人通过郭明义微博和他一道奉献爱心、弘扬正气，进一步彰显了社会正能量。郭明义微博的出现，为微博本身树立了新的话语模式和价值追求。当前，以微博为代表的网络文化迅速壮大，要把握其规律，积极并善于利用“美言”传播“美德”，努力使之成为培育社会主义核心价值观和推动学雷锋常态化的重要阵地。

全国道德模范、“当代雷锋”郭明义自 2011 年 3 月 5 日开通新浪实名微博后，目前已拥有 2000 多万名粉丝。通过郭明义微博，5.7 万多人参与了爱心活动，捐赠善款 1000 多万元，1 万多人得到帮助。

中宣部副部长王世明，中共辽宁省委常委、宣传部部长范卫平，光明日报总编辑何东平出席座谈会并讲话。“当代雷锋”郭明义到会发言。来自中国社科院、国家互联网信息办公室网络新闻协调局、光明日报社、中国人民大学、新浪网、人民出版社、东北新闻网等部门和单位的专家学者参加了座谈。

2013年“法院系统新媒体应用十佳评选”颁奖仪式暨研讨会

活动名称： 2013年“法院系统新媒体应用十佳评选”颁奖仪式暨研讨会

主办单位： 光明网

时　　间： 2014年4月18日上午

地　　点： 北京

2014年4月18日上午，由光明网主办的2013年“法院系统新媒体应用十佳评选”颁奖仪式暨研讨会在京召开。

为助推“阳光司法”深入开展，2014年初，光明网法治频道推出“助力司法公开——法院系统新媒体应用十佳评选”。2014年4月18日，评审委员会在网友投票的基础上，最终评选出10个获奖法院。广西高级人民法院、陕西省高级人民法院、河北省高级人民法院、河南省高级人民法院、四川省高级人民法院、济南市中级人民法院、烟台市中级人民法院、辽宁康平县人民法院、黑龙江省鸡西市鸡冠区人民法院等十个单位获得“十佳法院”称号。

颁奖仪式由光明日报社策划部副主任吴小京主持。国家互联网信息办公室网络新闻宣传局宣传处处长温革，光明日报社副总编辑、光明网总裁兼总编辑陆先高，最高人民法院新闻局副局长陈海发，中央政法委信息中心副主任朱玉彪，中央党校政治学法学教研部主任、博士生导师张恒山，中国法学会、中国法律咨询中心主任赵晓谦担任评委并为获奖单位颁奖。

陆先高指出，光明网是中央重点新闻网站中唯一的思想理论网站，司法公开是中国法治化进程的重要环节，在这个过程中，光明网秉承光明日报的新闻态度和价值取向，坚持“新闻视野，文化视角，思想深度，理论高度”十六字办网方针，充分发挥新媒体传播速度快，范围广的特点，一直不遗余力地贡献着“正能量”。此次“新媒体助力司法公开——2013法院系统新媒体应用十佳评选”活动就是光明网积极探索的一个成果。同时期待在司法领域，光明网能够再接再厉，为司法公开做出更大贡献。

广西高级人民法院、陕西省高级人民法院、济南市中级人民法院、烟台市中级人民法院、辽宁康平县人民法院的代表在研讨会上发言并交流了法院系统新媒体应用方面的心得体会。

2014 政务微博微信高峰研讨会

活动名称： 2014 政务微博微信高峰研讨会

主　　题： “双微联动，服务升级”

时　　间： 2014 年 5 月 6 日

地　　点： 北京

2014 年 5 月 6 日，以“双微联动，服务升级”为主题的 2014 政务微博微信高峰研讨会在北京正式召开，来自 40 多个政府机构的近百名代表参加了本次盛会。会上透露，截至 4 月底，腾讯开通政务微博数近 18 万，政务微信认证数超过 5000 个，其中，有 21 家政府机构同时开通微博微信，实现双微联动，政务新媒体应用将进入全新的“双微时代”。

会上，腾讯正式推出政务微博微信模板，将微博微信平台打通，在微信公众平台可直接进行微博的读写操作以及转发、评论。微博作为信息平台具有强媒体属性，一直是政府信息公开的重要平台，而微信是服务平台，侧重服务属性，为政府便民服务提供了广阔空间。这两大产品在功能上的打通互补，让政务公开实现信息有效触达的同时提升公共服务能力，打造公众服务的全新理念，并最快发现舆情，处理网民需求，将危机化解在萌芽之中。

同时，腾讯还推出专门的政务微空间，通过后台对系统内机构账号进行分级管理，可在线上完成数据指标分析和子账号的业绩评估，并自动收集整理群众口碑诉求，在线完成诉求派送及绩效考核，让微博管理更加高效。

双微融合与政务微空间两大产品的结合，通过绩效考核和联动展示，为政务新媒体管理提供新的利器，期待此举，将推进政务新媒体应用实现新跨越。

北京大学新媒体研究院、国家竞争力研究院成立大会暨2014新媒体论坛

活动名称：北京大学新媒体研究院、国家竞争力研究院成立大会暨2014新媒体论坛
时　　间：2014年6月25日
地　　点：北京

2014年6月25日，北京大学新媒体研究院、国家竞争力研究院成立大会暨2014新媒体论坛在北京大学正大国际会议中心举行。中华全国新闻工作者协会名誉主席邵华泽教授，全国政协常委、经济委员会副主任、原工信部部长李毅中等出席了会议。来自清华大学、中国人民大学、中国传媒大学等院校的专家学者，产业界著名企业领导及校内部分相关职能部门、院系领导等200余人出席会议。会议由北京大学新媒体研究院院长谢新洲教授主持。

在成立大会上，北京大学常务副校长刘伟代表北京大学宣读了关于成立新媒体研究院和国家竞争力研究院的决定，并宣布两院成立。刘伟表示，北京大学始终将服务于国家发展战略作为自己的光荣使命和重要任务，始终将这一主题贯穿于学校发展和学科建设。成立新媒体研究院和国家竞争力研究院，是北京大学支持国家迈向网络强国的重要举措，也是新形势下学校全面加强和改进高校新型智库建设的必然要求。研究院的发展建设要以党的十八大精神为指引，积极响应“圆梦北大、筑梦中华”的号召，充分依托北京大学的丰富学术资源和国际交流网络，发挥自身特色和优势，在充分借鉴国内外相关经验基础上，对具有中国特色的新型高校智库建设的自身发展逻辑进行分析，对其功能定位与实现机制进行积极探索。同时，要立足学术，构建新媒体理论支撑体系，形成产学研互动格局。要积极推动新媒体理论体系与方法论创新，与国外学科发展前沿定期交流、密切合作，参与全球新媒体理论创新探索。研究院要立足于学术研究与商业运营的协同互动，积极引导新媒体产业管理方式和商业模式的创新，在现有成果的基础上继续深入探索，构建新媒体创意成果孵化平台。

研究院的筹建得到了邵华泽主席的亲切关怀和悉心指导。他为新单位的成立题词：“勤学、修德、明辨、笃实。”他表示，研究院的成立，是继十三年前北京大学新闻与传播学院成立之后，北大新闻传播学研究新的里程碑；也是北京大学适应形势需要，强化服务国家战略意识，聚焦重大战略性理论和实践问题研究的重大举措。

受全国政协常委、经济委员会副主任、原工信部部长李毅中的委托，国务院国有资产监事会主席寻寰中代为宣读了发言。发言指出，北京大学国家竞争力研究院的成立，是适应经济社会发展要求，建设富强、文明、民主、和谐社会主义强国的一项重要决策。国家竞争力研究是一个综合性很强的重大课题，对于如何搞好国家竞争力研究院建设，他提出三点要求：一是国家竞争力研究要有丰富的内涵，需要汇集各个领域的优秀人才开展专业研究、跨界研究、综合研究；二是国家竞争力研究要充分利用先进的信息技术，建立与国家竞争力研究和评价相匹配的大数据平台；三是国家竞争力研究院要理论与实际紧密结合，长远和现状

紧密结合，建设服务于政府、社会和企业的一流智库。

周其凤院士在致辞中指出，国家竞争力问题，不仅仅关系到一个国家的前途和命运，也关系到国际资本的流向。成立北京大学国家竞争力研究院，建设一支高水平的研究队伍，对不同国家的竞争力战略实践开展研究，发现国家相对繁荣的原因，识别分析国家在竞争力方面的优势和劣势，提出增强我国国家竞争力的方案和对策，具有十分重要的现实意义。他要求，国家竞争力研究院不仅要以国家竞争力为核心，开展国家竞争力、产业竞争力、区域竞争力、企业竞争力、市场竞争力、大数据竞争情报等领域的研究，还要承担党和政府交办的、与国家竞争力相关的研究课题，为中央领导决策提供参考。

在 2014 新媒体论坛上，新华社新媒体中心常务副主任陈凯星、亿赞普科技集团董事长罗峰、易车网总裁李斌，分别就传统媒体的转型、大数据应用和新媒体时代品牌 3. 0 打造等话题做了主旨演讲。随后论坛还就新媒体发展前景展望等问题进行了学界与业界的相关对话。北京大学新闻与传播学院杨伯溆教授、清华大学新闻与传播学院党委书记金兼斌、华为首席媒介官芮斌、新周刊总主笔闫肖峰、九易广告总经理傅杰、未来电视有限公司首席销售官林震、新浪微博常务副总经理曹增辉等共同参与了对话。

此外，中联部原常务副部长李北海，中纪委原副部级巡视专员戴俭明，中宣部新闻出版局局长张凡，教育部语言文字应用管理司司长、国家语言文字工作委员会副主任姚喜双教授，国家新闻出版广电总局数字出版司司长张毅君，北京科学技术研究院院长丁辉，人民日报理论部主任张首映，中国记协书记处书记祝寿臣，中央人民广播电台副总编辑杨文延，国家互联网信息办公室移动网络管理局副巡视员侯召讯等也出席了大会。

首届“法院微博学院奖”颁奖典礼暨法院微博研讨会

活动名称：首届“法院微博学院奖”颁奖典礼暨法院微博研讨会
时　　间：2014 年 7 月 11 日
地　　点：北京

2014 年 7 月 11 日上午，由中国政法大学法治传播研究中心、中国政法大学新闻传播学青年教师创新团队、中国政法大学信息安全与网络犯罪“智库”研究团队联合举办的首届“法院微博学院奖”颁奖典礼暨法院微博研讨会在中国政法大学研究生院举行。中国政法大学校长黄进、中国政法大学光明新闻传播学院院长陆小华等校方领导和十家获奖法院代表出席了颁奖典礼。

北京市高级人民法院、北京市第一中级人民法院、广东省高级人民法院、广西壮族自治区高级人民法院、河南省高级人民法院、菏泽市中级人民法院、黑龙江省高级人民法院、济南市中级人民法院、南京市中级人民法院和天津市高级人民法院获得了首届法院微博学院奖。

本次“法院微博学院奖”评比活动致力于进一步提升我国司法公信力、践行法治中国理念、鼓励各级各类法院通过全媒体全方位推进司法公开，提升法院对重大、敏感法治事件的舆论疏导作用。有别于其他评选，此次评选评比指标包括法院微博内容、形式、品牌、功效等 6 大类 36 项指标，几乎涵盖法院微博传播工作的各个方面。

颁奖典礼后召开了微博工作的交流研讨会，十家获奖单位代表分别介绍微博工作经验。

“2014 中国政务微博路在何方”高层论坛

活动名称：2014“中国政务微博路在何方”论坛
主　　题：开启政务微博服务新纪元
主办单位：新浪网、微博
承办单位：新浪江苏、宿迁市人民政府
时　　间：2014年7月25～26日
地　　点：江苏·宿迁

2014年7月25日至26日，由新浪网、新浪微博和宿迁市人民政府联合主办，新浪江苏承办的2014“中国政务微博路在何方”论坛在宿迁市正式举办。本届论坛主题为“开启政务微博服务新纪元”，业界专家学者、微博意见领袖和来自全国部分省市的知名政务微博负责人，就政务微博发展态势与未来发展方向进行专题研讨。中共宿迁市委副书记、市长王天琦出席论坛开幕式并为新浪政务微博学院苏北分院揭牌。宿迁市人民政府党组成员、秘书长郭金出席论坛相关活动。

王天琦首先代表宿迁市委、市政府对参加2014“中国政务微博路在何方”高层论坛的各位嘉宾表示了热烈的欢迎。王天琦介绍，这是他第二次参加论坛。第一次是去年，耳闻目睹了嘉宾们的风采，受益匪浅。“但那次没有讲话的任务，比较轻松。这次安排我一个讲话任务，顿觉压力巨大，因为我始终敬畏互联网，敬畏互联网上表达的民意，所以我更愿意聆听、悄悄地聆听。”

王天琦笑称自己很落伍、很愚钝，一直在追随互联网的脚步，“我用短信，你们用了微博；我还没用微博，你们又用微信了；我刚学微信，你们又推荐无秘了；我嘉奖政务微博先进工作者时，微博已开始给大V发工资了……因为我赶不上微博，所以愈发敬佩能够刷博的你们，在此向你们致敬！因为这份敬意，我会守望你们，守护政务微博，真诚而坚定地支持政务微博事业的发展，做一个政务微博好市长。”

王天琦强调，随着经济社会的不断发展，公众的需求层次也在悄然改变，突出表现为对探求深层次信息的欲望更加强烈，对各种权利的诉求和主张不断增加。政务微博，之所以受到众多网民的青睐和推崇，根源就在于其满足了公众的需求。这也可以从宿迁“鼎鼎有民”网络问政的实践中得到印证。

王天琦指出，对于政务微博而言，要永葆生机，必须在落实好“四权一效能”上下功夫：落实好发展权、知情权、表达权、监督权，提升行政效能。不仅要听得了好话、听得进正面的声音，更要虚心接受群众的“吐槽”和“拍砖”，善于从质疑、不满甚至不同意的发声中，纠正偏差失误，从而规避让人遗憾的决策代价，通过强有力的监督问政，倒逼问题的解决。提升行政效能，通过多部门共建共用，开展微博办公，在微博上实现信息交流、文件交换，减少浪费，提高效率。

截至2014年上半年，新浪认证的政务微博总数已经达到12万个，相较于2013年底，党政机构微博总体增幅为26.3%，公职人员微博的数量总体上增长比例为4.4%，增长趋于平缓。政务微博的发展速度令人瞩目。新浪微博副总裁葛景栋表示，通过微博依法促进政务公开，在发挥微博媒体传播优势同时，打造出“服务与传播”双轮驱动模式。

论坛上，新浪微博副总裁葛景栋、清华大学新闻与传播学院教授沈阳、中国传媒大学媒介与公共事务研究院高级研究员侯锷、中华民营企业联合会副会长杨建国、《工人日报》社会周刊编辑部主任石述思、延参法师等分别做了主题演讲，全面分析政务微博的现状、趋势和发展机遇。“@最高人民检察院”“@平安北京”“@北京地铁”“@问政银川”“@深圳交警”“@郑州市城市管理局”等政务微博的负责人从不同角度、不同层面分享了政务微博运维的经验和案例分享。

论坛还通过了《2014新浪城市政务微博报告——宿迁发展报告》，来自全国30多个省市县的政务微博一起达成“宿迁共识”：

> 坚持七条底线，服务经济建设大局，在自律和他律中取得平衡，为网民服务，助网络和谐，把脉网情，回暖民意。扶正抑偏，持中致和，促进互联网生态体系的健康发展。
>
> 紧跟移动潮流，增强社交话语权。坚持语言表达自信、与民互动自信和舆论监督自信。公开一切可公开的，公开一切能公开的，公开一切要公开的。
>
> 促进微问政持续升级，实现公众指尖上的服务，跨越空间、瓦解时间、重塑关系和创新服务，结合大数据思维、互联网思维、用户思维和底线思维，让网民点赞。
>
> 推动微政务系统的完善，打通微博、微信和政务App的数据连接，实现政务办事大厅的移动化，有效整合政务传播、城市营销和市民网络服务，打造高效、时尚、便捷的网络政府。
>
> 倡导全媒体政民互动，做好网民、政务微博和媒体的三方联动，发展粉丝团，提升政务微博的魅力指数，让有价值的文，构建出高公信力的人，积聚起好口碑的群，带来实在实效的行。
>
> 进一步推动社会的网络化、移动化和社交化，把网络作为改革创新的切入口，把网情作为执政行政的重要变量，思辨真伪，让官员成为移动互联网的行家里手，敏锐把握网络带来的颠覆性变化，坚守初心，适应挑战，赢得时代。

2014 华中五省首届政务高峰论坛

活动名称：2014 华中五省首届政务高峰论坛

时　　间：2014 年 9 月 24 日

地　　点：湖南·长沙

2014 年 9 月 24 日下午，“2014 华中首届政务高峰论坛”在长沙举行。来自湖南、湖北、河南、江西、安徽中部五省的政务微博微信负责人、知名学者等三百余人参与讨论，共话移动互联时代政务服务发展之路。

数据显示截至今年 9 月，经腾讯微博平台认证的政务微博已超过 18 万个，其中党政机构微博 115174 个，党政官员微博 69576 个；经腾讯微信平台认证的政务微信已达到 6000 个。

同时，由中国传媒大学媒介与公共事务研究院高级研究员侯锷发布的《华中地区政务微信发展报告》显示，截至今年 8 月底，华中地区（河南、湖南、湖北、江西、安徽）目前共有政务微信 1298 个，占全国总量的 14.74%，河南、湖北相对发展较快，位居区域排名前两位，政务微信已经形成了全覆盖、分层级、网格化建制。

对此，华中五省政务微博、微信管理运营者认为微博、微信这两大产品在功能上的打通互补使政府部门可以在信息公开和便民服务两大核心工作中并驾齐驱，实现真正的双向融合。在让政务公开实现信息有效触达的同时提升公共服务能力，打造公众服务的全新理念，并最快发现舆情，处理网民需求，将危及化解在萌芽之中。

2014 年 2 月湖南制定出台了《关于鼓励移动互联网产业发展的意见》，为广大在湘发展的移动互联网企业释放出多项政策利好。从今年起湖南省本级财政将连续 5 年每年整合 2 亿元专项资金，支持移动互联网产业发展，为广大在湘发展的移动互联网企业释放出多项政策利好。

论坛上，湖南省委网宣办和腾讯大湘网就“湖南微政务”政务微信号举行签约仪式。“湖南微政务”微信公众号将是华中地区首家省级政务微信公众平台。该微信平台拟融合“微博、微信、微视”三大发布平台，在手机端开设湖南省政务办事大厅，聚焦民生服务和正能量传播。

湖南省委宣传部副部长杨金鸢表示，伴随移动互联网愈演愈烈的时代之变，打通网络问政“最后一公里”，打造不下班的“网上政府”，是时所必须，是势在必行。而政务微信所拥有的即时传播和社会动员优势，使“指尖上的政民对话”成为可能，进一步帮助政府提升公信力。

附　获奖名单：

一、华中地区 2014 年上半年度政务微博影响力奖

湖南高速警察、湖南交警、安徽检察、安徽发布、安徽公安在线、精彩洛阳、豫法阳

光、郑州铁路局、平安中原、中原红盾、河南共青团、文明河南、湖南高速公路、南昌铁路、江西风景独好、红色天平、江西公安、武汉发布、湖北省人民检察院、武汉铁路局

二、2014 年上半年度政务微博传播力奖

湖南消防、长沙警事、铜陵发布、宿州发布、阜阳发布、平安中原、微博驻马店、武汉教育、武汉城管、江西发布、南昌市政公用集团

三、2014 年上半年度政务微博管理创新奖

湖南共青团、湖南天气、安徽公安交警在线、六安发布、淮南发布、精彩洛阳、河南消防、湖北省消防总队、平安武汉、南昌发布、南昌人力资源保障发布

四、2014 年上半年度政务微信亲民服务奖

湘潭公安、长沙黄花国际机场、河南高速公安、豫法阳光、武汉大学口腔医院、武汉交警、湖北高速交警、平安荆楚、新余发布、平安九江

气象政务门户网站及新媒体研讨会

活动名称： 气象政务门户网站及新媒体研讨会
主办单位： 中国气象局气象宣传与科普中心、中国气象报社
时　　间： 2014年11月27日
地　　点： 北京

气象政务门户网站及新媒体研讨会召开

——顺势而为提升新媒体环境下气象舆论引导力*

新媒体环境下如何推进媒体融合发展，全媒体时代如何传播正能量、建好舆论场，政务新媒体如何运营更有成效，气象微博微信如何更加人性化……围绕相关话题，2014年11月27日，中国气象局气象宣传与科普中心、中国气象报社在北京举办气象政务门户网站及新媒体研讨会。中国气象局副局长许小峰、国家互联网信息办公室网络新闻信息传播局副局长陈云峰出席会议。

会上，陈云峰提出，在“微”时代要深入了解和掌握国家相关战略部署和方针政策，加强对国家大政方针的宣传和解读，吸引民众参与气象议题，提升气象舆论引导力；要加强政务门户网站信息内容管理和安全管理，通过培养网评网宣队伍，有效提升传播力。

许小峰谈到，要深刻认识社会发展的新趋势、新格局、新变化，加强互联互通和信息共享，推动传统媒体与新兴媒体融合发展。要顺势而为，把握媒体融合及新媒体传播的客观规律；要加强能力建设，充分利用气象信息资源，体现集约、高效和亲民，努力构建新形势下的气象宣传科普工作体系；要注重时效，加大对气象宣传科普效果的评估，使气象服务更具亲和力和影响力。

来自国家互联网信息办公室、中国政府网、人民日报社、新浪网、腾讯网、搜狐网等部门、单位的有关领导和专家，各省（区、市）气象局和中国气象局各直属单位相关负责人一起进行了交流。专家从不同角度对全媒体时代新常态新特点、媒体融合中的机构转型发展、新媒体建设与运营等进行了探讨。中国政府网编辑部主任唐月卫对新时期政府网站发展理念及思路进行阐述，提出打造传播主流声音的重要平台、在权威发布信息的同时第一时间做好解读和评论、收集社情民意服务决策，打造多元业态整合发展的平台等观点。人民日报社微博运营室主编王舒怀介绍了在媒体融合发展时代的机构传播转型的一些特点，提出在融合中引导、在引导中融合、在主流声音覆盖新兴媒体方面取得新突破等观点。中国气象报社介绍了中国气象局门户网站及中国气象局官方新媒体运行维护情况，提出在新媒体环境下气象门户网站集群和官方新媒体发展设想，希望通过建立联动协同机制，构建网站和新媒体业

---

* 《中国气象报》2014年11月28日，第1版。

务评测体系，推动气象部门政府信息发布、在线服务、互动交流以及科技科普文化等五个平台建设，促进《中国气象报》、中国气象网和气象政务微博、微信、新闻客户端等新媒体更好地服务社会公众。

互联网为气象部门宣传党和国家方针政策、开展公共气象服务、普及气象科学知识搭建了重要的窗口和平台。加强全国气象部门政务门户网站及新媒体建设，既是大势所趋，也是机遇所在。此次召开气象政务门户网站及新媒体研讨会，旨在深入贯彻落实中央《关于推动传统媒体和新兴媒体融合发展的指导意见》、《国务院办公厅关于进一步加强政府信息公开回应社会关切提升政府公信力的意见》，以及国家互联网信息办公室下发的《即时通信工具公众信息服务发展管理暂行规定》精神，加强全国气象部门政务门户网站及新媒体的建设和互动交流，构建新媒体环境下的气象宣传科普工作体系，强化气象服务，及时公开信息，回应社会关切，科学引导舆论。

（中国气象报记者　张玮鸥　庄白羽报道）

2014 湖南政务微博高峰论坛暨新浪政务微博学院湖南分院成立仪式

活动名称： 2014 湖南政务微博高峰论坛暨新浪政务微博学院湖南分院成立仪式
指导单位： 中共湖南省委宣传部、中共湖南省委互联网宣传办公室、湖南省互联网信息办公室
主办单位： 新浪网、新浪微博、中南大学
承办单位： 新浪湖南
时　　间： 2014 年 12 月 16 日
地　　点： 湖南・长沙

2014 年 12 月 16 日，由中共湖南省委宣传部、中共湖南省委互联网宣传办公室、湖南省互联网信息办公室指导，新浪网、新浪微博、中南大学主办，新浪湖南承办的 2014 湖南政务微博高峰论坛暨新浪政务微博学院湖南分院成立仪式在中南大学国际报告厅盛大举行。湖南省委宣传部副部长杨金鸢、中南大学党委副书记高山、新浪微博运营副总经理陈丽娜、新浪地方业务 & 政府合作副总经理李峥嵘等领导与嘉宾出席。

作为“中国价值湖南新起航”湖南省第三届网络文化节的一部分，2014 湖南政务微博高峰论坛邀请了“@ 南京发布”“@ 巴松狼王”“@ 当老师的那点事”等最具微博影响力的专家学者、意见领袖齐聚中南大学。论坛同时成立了新浪政务微博学院湖南分院，现场聘请 8 位本地优秀微博达人担任学院讲师，分享政务微博运营经验。讲师包括“@ 御史在途”湖南省纪委预防腐败室副主任陆群、“@ 年轻人杂志”彭力、新浪湖南总经理涂坚毅、中南大学党委宣传部副部长李磊、中南大学孟川瑾博士、“@ 湖南高速警察”邓伟忠、“@ 长沙地铁”贺宁、“@ 湘潭公安”禹亚钢。

湖南省委宣传部副部长杨金鸢出席并致辞，他表示互联网已成为一个纵横各方面的连接器，这个连接器以千亿网而动全局之势，向政治、经济、文治、军事、文化五位一体，全面渗透，全面交融，可谓“一网打尽天下事”。

“在微时代里，人在哪里，政府服务领域就要拓展到哪里。”杨金鸢称，微博作为互联网时代的弄潮儿，肩负大众传媒与社交互动双重属性，已成为人们获取信息、发表观点、社会交往的重要渠道，它的诞生让人人都有了麦克风，人人都成了自媒体。但是，微博不微，微博不薄，微博是见微知著，无微而不至。政务微博无疑是打通网络问政最后一公里的好载体，是打开党群交心最后一扇窗的好平台，是打造不下班的网上政府的好举措。

“中南大学跟新浪微博有一种天然的结合。”中南大学党委副书记高山表示，新浪政务微博学院湖南分院是第一个省级微博学院，中南大学和互联网，和现在的微时代是在共同进步、共同成长。互联网时代，有很多的碰撞，有很多的难处，但是我们有决心和

信心一起应对微时代新的挑战，在中南大学这么一片沃土上把学院办好，成为微博政务人才的摇篮。

杜少中在论坛中表示，微博不是宣传部门开，微博更多的是由职能部门开。因为，出现很多问题是各个方面的问题，不是宣传部门产生的问题，宣传部门管舆情，但宣传部门不能在政务微博包打天下。针对微博负面声音的不断出现，杜少中认为传播的过程是很痛苦的，有很多人骂你，有很多他的粉丝拍砖、谩骂，甚至侮辱性的语言让你长时间受煎熬。但是，实践证明你只要把正确的声音、科普的声音坚持住，最终的胜利是属于你的。

“政务微博要做靠谱的发布君，做敢说话的纯爷们。”“@南京发布”负责人认为，粉丝的信任与喜爱就是政府的公信力，这就是政务微博的最大价值之一。有的微博面对舆情能不管就不管、能不说就不说，有的“微博逻辑”让人匪夷所思，这些账号最终成为被围观的笑料，网民不糊涂，不敢发声就不发声，能不发声就不发声，发假声的政务微博结局一定很惨。“说正事是政务微博的底线，也是品牌。”

5年来，作为微博的亲历者和见证者，新浪政府合作部副总经理李峥嵘称，微博是一个正能量随时流淌和迸发的平台。在这样一个大平台上，每一个个体、每一个政府机构都应该去想，在这样一个大情怀下，我们应该做什么，包括新浪自己也在时时刻刻思考这个问题。

新浪湖南总经理涂坚毅现场提出了一个疑问，“想对唱衰微博的网友说一句，什么仇?什么怨?”2010年，新浪微博建立了专业的政务微博团队。五年来，政务微博已经超过12万个，总粉丝数达到16亿人。微博经历了很多的发展阶段，比如起步期、井喷期，曹国伟先生也表示微博现在进入了价值深度挖掘和深度定位时期。

在大会现场，新浪湖南揭晓了“2014湖南最具影响力政务微博奖”，获奖微博分别是：“@湖南高速警察”“@湖南政务微博厅”“@三湘风纪”“@湖南省交警总队”“@湖南消防”“@长沙交警官方微博”“@湘潭公安”“@湖南省旅游局官方”“@长沙警事”“@长沙地铁”。同时，“@中南大学”荣获“最具魅力校园微博奖”。

“@巴松狼王”杜少中在2014湖南政务微博高峰论坛上的主题演讲实录

我的微博名字叫作“@巴松狼王”。当初为什么开微博？都说2011年是政务微博的元年，我不是知道是元年才开的微博，是当年1月5日开微博时撞上了元年。那时候我还是环保局的副书记、副局长、巡视员，当时也是传统媒体的新闻发言人。按照当时的要求，网络也要建立新闻发言人制度，所以我琢磨了一下，离退休还有好几年呢，估计这活儿也不会给别人，所以自己就先试试水。

“环保需要互联网，不能非得有了钱才想起环境”

早前，我参加了在乌镇举行的互联网大会。有人问，我来互联网大会干什么？你是干环保的，你到互联网大会上干什么？我说，一是环保需要最广泛的公众参与，互联网可以给大家这样一个平台；二是环保需要多方合作，互联网可以给朋友们提供更多的机会；三是环保需要信息对称，互联网可以让信息不断趋向对称，让公众的知情权、参与权更好地落地，参与互联网要守法守规矩，当然是其中之一。

不能非得有了钱才想起环境。在乌镇，互联网大会像马云这样的风云人物当然是大会的骄子，大家都在追捧。但是，我发了这样一条微博，“乌镇，再一次听到马云说他最关心的是生态环境，只能说有这种认识比没有强，不过我高兴得有点儿早了，当他说理想时是想让更多的企业挣更多的钱，难得阿里巴巴有钱了才想起了环境，环境是被人糟蹋完了才被记起的东西，我为环境总是被慈善的地位哭泣！”同时我@了潘石屹。我在两个视频中看到马云说他最关心的是生态环境，实际上我们看这样一些发达企业在为环境做出什么？在这个问题上几乎是一点儿贡献都没有。因此，我提出了这样一个问题。当然，后来我在网上浏览，再没有看到马云说他最关心的是生态环境了。

“互联网传播环境正能量要守规矩”

利用互联网传播环境的正能量，一要讲科学，二要守规矩。其实，我从我的微博经历中体会了最深刻的一点，就是要用互联网和微博传播正能量，这尤其是政务微博的责任。为什么我和潘石屹很熟悉了？因为，这确实是打出来的交情，我们在网上说环境问题的时候，我在发言中也说了，我非常喜欢小潘，因为他提的问题我不管用什么方式，用多少材料去解读，他总是继续质疑，这样就给了我不断解读的机会。如果一个问题提出来，我一回答他就明白了，或者他就不说话了，那我就没法再给别人解读，如果老是我自己解读就绝对是自说自话，但他总是在提问，总是在质疑，其实也不光他一个人。

传播的过程是很痛苦的，有很多人骂你，有很多他的粉丝拍砖、谩骂，甚至侮辱性的语言让你长时间受煎熬。但是，实践证明你只要把正确的声音、科普的声音坚持住，最终的胜利是属于你的。

另外，在网上确实有相当一群人传播的不是正能量，或者说有些人嘴里说的是很好听的词，但是实际上本意并不是什么正能量的含义。比如，我在网上和网络大V何斌有一个言论自由的讨论，一开始不是我和他在讨论，是我在批评一种现象。我的微博是这样说的：“一有法通过免不了雀跃，有法总比没法强？其实不然，有些中看不中用的话，有了还不如没有。有了法，让那些制造假药的人倾家荡产了吗？有了您的法，坑蒙拐骗的少点了吗？有人说，法没有这种功效，那就不用您了吧？”同时，我@了别人。然后，我就把这条还@给了何斌。我说，希望立法时多问问，可惜网上不少学法、管法的就是不研究法。然后，何斌回复说：“依法治国就靠你们这些法盲了，博主识相点，以后不要@我，无言论自由就别跟我说法治。”我说：“抱歉，您老说言论自由，我当真就有啥说啥了，不知道您这‘自由’是单向的。”这是我们的第一个回合，然后第二个回合，何斌和我讨论了一晚上，我终于弄明白了他的所谓的“言论自由”核心一句话，你不让批评宪法就是言论不自由。因为私信的内容也要守规矩，私信内容一般是不能在外面披露的，那样有点儿不太合适。所以，我第二天发了一条微博：“前天我犯错误了，一位学者老说言论自由，我当真就有啥说啥了，结果学者不高兴了，里外数落我半天，您这言论自由是单向的，看您的微博还有什么不自由？难道内心有什么奇葩想说说不出来？悲催我的好奇心。”这些微博的阅读量还是很大的，都是几十万次的阅读量。

“政务微博最显著特点就是要互动”

过去新闻发言人和媒体打交道，基本的形式是新闻发布会、通报会、招待会、采访等，有了新媒体以后，我们就有了一个常设的发布厅、双向发布会，并且坚持与公众和传播媒体互动。

政务微博最显著的特点就是要互动，我们的生命力就是接地气。过去，传统媒体不承认新媒体，北京有一个著名的传统媒体大佬说我就不知道什么叫新媒体，我只知道传统媒体，在传统媒体面前微博什么都不是，这是一个权威说的，他现在还是权威。其实，他说了以后，当然在网上被骂得狗血喷头，但实际上这种观点不是他一个人有，传统媒体一开始都不用微博，我当新闻发言人后期在写微博时，有些媒体说要采访我，或者有什么新的环境事件需要我发声的时候，有的时候我接受采访，有的时候我跟他们说“这个内容已经在我的微博中发了，你们可以看我的微博”，有的媒体明确说“我们就不用微博”。但是，坚持了一段时间以后，很多媒体在设置采访内容的时候，都会参考你的微博。

当然，在微博中争论最多的还是关于环保。比如，我在10月发的一条微博，发了北京空气质量，最敏感的就是PM2.5，原检系是很多专业机构和北京市环保局的一些机构发的东西，我看了这条东西以后，它符合我们长期对大气污染成因研究的一些趋势，所以我就把这个成果转发了。但是，这个成果一般说也很难有人看得这么仔细。所以，我把这个成果特别需要公众知道的摘录了，就是前面一句话“区域贡献约占20%～80%，本地贡献约占20%～30%，主要是汽车尾气、施工扬尘污染”，有人转发了，说这条微博真的有趣，开车的从来不觉得自己造成了污染。这条微博被阅读490万次，评论200多条，接着任志强和潘石屹在此基础上开展了论战。因为，我@他们俩，他们俩从来不说污染源，而他们所从事的行业是四大污染源之一。然后，潘石屹说，杜局，领导说了算。然后，任志强说，领导从来不说花纳税人的钱是怎么治理的，更不会说为什么越治越污染。然后，我接着说：“急眼了，不如小潘淡定，但比小潘实在。”如果回应到那种程度，应该说我们还没有给公众一个真正科学的结论。所以，我接着说，污染防治的一个原则是谁污染谁治理，不能都是政府出钱，包括一些污染企业包括土豪开发商，就是想用全体纳税人的钱给他们擦屁股，还振振有词……我也@了他们，然后接着做了评论，有人问排污费干什么去了？政府干什么去了？问得好。排污费收的数额少，品种少，政府对违法排污行为失之于宽、失之于管，这些不管治就没法治。

我说“顺风车是好事”，好事的理由有五条，一是防止空气污染，少开车；二是增强人与人互动，促进和谐；三是有利于发扬办好事的风尚；四要不搞特殊化；五是把好做法固化，也要防止钻空子。《北京青年报》在发这条微博的基础上同时加了评论，他们的题目是《杜少中：顺风车不能搞特殊化》，是选了一个内容说的，实际上这是他们的真正观点。但是，我说的两个部分几个观点才是比较全面的，这也是传统媒体的惯用手法，就是标题党。但是，它是在和新媒体互动的过程中实现的标题党，在这个过程当中是多赢的，传统媒体多了渠道，新媒体被承认了，同时我们也多了话语权。你作为一个源头，话语权更充分了。

“政务微博不能糊弄老百姓”

社会矛盾与信息对称，敏感问题，问题是怎么敏感的？我在卫生部讲课，讲完课之后有人问卫生系统的敏感问题好像比环境系统的敏感问题要多，对医务人员的侵害都是敏感问题引起的。我说，就举一个卫生系统的例子，看能不能说明这个问题。比如，一个病人，你告诉他癌症晚期，回去准备后事，下礼拜估计就完了。这时候，他就觉得这事很不能接受，全家人都不能接受。但是，如果你在他是一个健康人的时候，就向他传播健康信息，说怎么才能健康。然后，在他有了问题的时候，你又告诉他你出了问题。然后，在他病严重的时候，你又告诉他你已经癌症早期、中期、晚期，那这时候的问题就不敏感了。那么，所有的社会矛盾是不是可以用这个比喻来推理？国外是在决策之前炒，炒得一塌糊涂，最后决策了就这么办。我们都是决策之前捂着，一揭锅就炒，决策执行也会走样。今天政府的工作还可以只做不说吗？已经不可能了，因此我们要多说"人话"，少说"官话"，传统媒体够使吗？多说人话，少说官话，也不是说官话不能说，只是说要少说，也不是说官话就不是人话，因为我们所说的人话是让更多的人能听得懂的话，实际上官话也是需要的，没有人拿着微博办事的，都是拿官方的文件去办事。

当然，对公务员来说，会想、会说、会写、会干是基本的功能，每一个领导都希望自己的下属能够写东西，能够把话说好说完整。当然，能说、能写是在会想的基础上进行的，把一个问题想清楚，有了一定的语言表达能力才能说清楚，有了一定的写作能力才能写清楚，有了一定的协调能力才能干清楚。因此，我们今天实际上面临的是观念、心态和本领的一些考验和挑战。

接下来的问题是微博该谁开？微博怎么开？时间关系，我就想用两句话说明观点。我觉得，微博不是宣传部门开，微博更多的是由职能部门开。因为，出现很多问题是各个方面的问题，不是宣传部门产生的问题，宣传部门管舆情，但宣传部门不能在政务微博包打天下。微博怎么开？应该建立网络、组织培训、有效运行，不能糊弄老百姓。我有亲身经历的例子，开了一个微博，堂堂的一级政府开了一个微博，找两个小编去运作。然后，只会跟老百姓练太极拳，搞点文字游戏，最后什么问题都不解决。我们要想开微博实际上不是另辟蹊径，是激活原来的机制，弥补原来的缺失，使政府运转更有效。

"政务微博是政府机构联系群众的纽带"

现在，说到微博、微信，很多人都有自己的看法，甚至惊呼微信要全面超越微博，微信要代替微博，其实这是多余的。我跟陈彤刚有微信，陈彤跟我交流，我就跟他说，你们大可不必担心，虽然说新浪不会拿微博挣钱，开微博这么有影响的事居然没挣着钱，腾讯会挣钱，腾讯的工具也确实比较好，虽然是有这样的缺陷，但这并不能说微信就能代替微博。因为，这两个东西的作用是不一样的。

微博就是一个媒体，微信就是朋友圈，我用微信，也用微博，我是2011年1月5日开的微博，2011年下半年开的微信，同时都用，实际上有相互补充的作用，但不能替代。而且，就政务微博来说，尤其不应该把微博丢掉，微博在很大程度上可能过去是一个社交媒体，是屌丝们一块儿玩的，那么今天政务微博恰恰是把它作为联系群众的一根非常好的纽带、非常好的一个平台，应该说它是我们必须掌握的一个工具。

当然，现在很多领导的心里在诅咒，希望微博早点自生自灭，这样就省了一个事儿。其实，因为微博老有人骂你，希望骂声你听不见了。但是，如果骂声不在微博上出现，那骂声还在老百姓心里。如果你不用微博，不用一定的形式去解读这些骂声，那骂声永远会存在。所以，有了微博以后，依法行政的各项事务可能会更接地气。

"@南京发布"官方微博负责人在湖南政务微博高峰论坛上的主题演讲实录

这几年，微博也好，微信也罢，生态环境发生着重大的变化，有好也有坏，不管怎么样，微博运营人员必须在顺应环境的同时，保持内心的一份坚守，这样才能保持新媒体的生命力。

一、"说正事是政务微博的底线"

对定位的坚守。说正事是政务微博的底线，也是品牌。这个品牌，别的微博是扛不起来的，但假如没有这个品牌，政务微博就失去了自己的属性，变得什么都不是。政务微博的信息是有选择有目的的，每一个政务微博的博主都是所在单位的策划包装师，不坚守这一点，我们很快会在茫茫信息海洋中迷失自己，变得不伦不类。粉丝对政务微博是有期许的，不管是骂你，还是来求证，都是基本围绕本单位的业务范围，这是粉丝对政务微博的期许，关注是希望获得正经的信息，获得权威的信息，现实中我们也发现不少账号已经在开始发猫猫狗狗或者吃喝玩乐，或者非本地性的政务信息，这样的信息只能是点缀，不能是主页，不然我们就真的成了资讯直通车。当政务微博也开始海发垃圾信息时，结局一定很惨。

对服务的坚守。为人民服务是党和政府的口号，落实到微博中就是要经营好微博。经过"@南京发布"这些年的实践，政务信息中适合微博平台发布的是服务类的信息，政务微博结合当下热点提供粉丝需要的微博服务。政务微博的双向性主要体现在与粉丝产生互动和关系，其次以私信和回复的方式提供二次服务，增加粉丝的黏性。不过，这一点对政务微博来说有时候顶着很大的压力，因为很多信息以任务的形式发布，其中有相当信息的品质，我们说"呵呵"。当然，政务微博新媒体是否能承担大量的任务，这是仁者见仁智者见智的，但政务微博一定要分析信息品质，考虑大家的感受。不考虑受众感受，硬宣传强推广，不做服务质量的宣传，是计划经济的思维，不管你要不要，我就这些，你要接受，在市场经济时代自然没人陪你玩，最后陷入自说自话的微博，结局一定也很悲惨。

二、"政务微博要做靠谱、敢说话的发布君"

对权威与透明的坚守。政务微博要做靠谱的发布君，做敢说话的纯爷们。在网上，不论有多少喷子在现代的社会环境里也不敢说假话，有时我们在做发布时，虽然有时无法说出全部的真话，但要保证说出的话都是实实在在的真话。开微博本身是多一事，政务微博的敢想敢为才能换取粉丝的信任与喜爱，而粉丝的信任与喜爱就是政府的公信力，这就是政务微博的最大价值之一。有的微博面对舆情能不管就不管，能不说就不说，有的微博的逻辑让人匪夷所思，这些账号最终成为被围观的笑料，网民不糊涂，不敢发声就不发声，能不发声就不发声，发假声的政务微博结局一定很惨。

对社会媒体本性的坚守。随着政务部门的入驻和微博属性的增强，自然有人希望微博变成网上大喇叭，这其实违背了微博的游戏规则。我们开微博，就是交好朋友，但没有哪个朋友会天天教你大道理。社交媒体的本质是平台，大家都在同一个平台上，谁也没有比谁站得好。微博用户70%以上是大学本科以上的学历，不需要谁对谁进行说教，政务微博的号召力不是自己封的，也不是靠说教说出来的，是靠定位、服务、权威、透明建立起来的。忘记社交媒体的本质，就是不遵守游戏规则，其结局也一定很悲惨。

三、"政务微博的自我风格要不断发展创新"

对风格的坚守。现在，政务微博在自我风格上不继续发展和创新而选择复制，可爱卖萌成标配，心灵鸡汤成必备，能让政务微博继续生存下去的是自己的独特风格与品质，每一个政务微博根据自己的工作性质、覆盖范围与生活贴近程度，应该形成自己的发博特色，选材角度、受众群体和运营方向要重视，“@南京发布”就一直保持自己的独特风格。很多政务微博都发心灵鸡汤，都发美食，很多政务微博其实虚胖浮肿，很少看到折腾出什么动静来，对排名考核倒是很在意，其实这也是政绩观的变相体现，让自己最终成为自娱自乐的游戏，而追求模仿其他账号不停地发布，粉丝最终厌烦它，这样的结局也是很悲惨的。

对正确情绪的坚守。说实话，这一点作为一个微博运营人员，我做得不好。因为，我本身是一个情绪容易激动的人。然而，在现在的微博生态下，我们更需要对自我情绪有一个良好的保持。我们开办政务微博的初衷是交朋友，要以朋友的身份和大家平等交流，发出我们自己的声音。然而，现在微博生态环境不是非常健康，有时候甚至成为斗争的场所，非左即右，左派动不动就上纲上线，右派动辄骂你，政务微博常常夹在中间里外不是人。作为政务微博的博主，很多时候要么陷入恐慌，要么陷入困境，如果发帖时确认自己的信息是走过标准流程发布的信息，完全可以无视所有的攻击与伤害。其实，网民的攻击也是一种情绪的宣泄，作为政务微博要有让网民宣泄的气量。“@南京发布”的一个观点是对网民的情绪进行引导，而不是引火，如果自己对自己的立场和情绪都不能控制，都不能坚守的话，那就成了对网民情绪变相地迎合，那还谈什么引导呢？这个时候，往往自己先陷入无尽的谩骂和指责中，不停地出错，然后就没有然后了。

对责任的坚守。其实，作为一个博主，我不想把维护政务微博说成是多么高尚的事情，只是觉得运营政务微博需要对工作责任的坚守。运营政务微博开始了就不能停下来，很多账号对运营人员是没有补贴的，义务加班、义务职守，运营人员要有责任感。一个有责任心的团队，可以面对一切挑战。

新浪政府合作副总经理李峥嵘在湖南政务微博高峰论坛上的主题演讲实录

新媒体时代，是聆听、对话与服务的时代。那么，2014年，新浪做了什么，2015年，我们还会做什么？

刚刚过去的#国家公祭日#微话题，阅读量达到了19.8亿人次，祭奠参与者127万人。我想说的是，数字是冰冷的，但冰冷的数字背后是大情怀。

5年来，作为微博的亲历者和见证者，我自己一个亲身的感受是：微博是一个正能量随时流淌和迸发的平台。在这样一个大平台上，每一个个体，每一个政府机构都应该去想，在这样一个大情怀下，我们应该做什么，包括新浪自己也在时时刻刻思考这个问题。

2014年，政府机构在面对新媒体上有两个特别明显的趋势，第一个趋势是政府机构越来越追求全媒体的平台覆盖，强化政务信息的“聚合式”传播效能。

微博和微信如何错位运营？我们看到很多政务类机构已经找到了非常好的发展定位和发展趋势。在很多政务垂直领域行业越来越细分。举个例子，今年的司法系统在“司法公开”下，把微博和庭审直播做了全面的打通，新浪也深度参与其中，对江苏省、广东省、河北省到地级市的法院系统布置庭审直播的应用，也将是我们2015年的工作重点之一。

2014年11月，我参加了“杭州发布”的上线发布会，它在腾讯微博、新浪微博、人民新华、阿里来往等国内主要社交上同步上线，但有主次之分，可见他们全平台覆盖的策略。

同时，“平安北京”也推出了整个移动新媒体服务平台，包含了微博、微信、博客、微事和新媒体客户端，这是第二个非常明显的趋势。

2014年我们做了什么？新浪微博一共做了三件事。一是为政务微博构建传播+服务驱动支撑体系。二是与各地微博共建联盟机制，我们希望在突发事件的时候，在日常信息发布的时候，在一个城市发生重大活动的时候，能够建立起一个联动的信息发布平台，特别是在突发事件的时候。今年一年在“深圳暴雨”“昆山爆炸”这样的社会公众突发事件时，已经形成了一套运转非常良好的、与各级政府连同发声的快速辟谣机制。三是加大政务微博培训力度，在各地落地新浪政务微博学院。我们从一个账号开始做，到今天有了一个分层特别合理的专家团队，有了非常系统的培训课件，最重要的是有了各级政府对我们的支持，是时候加大分院落地速度了。

从大的微博平台来看，新浪继续加强基础传播服务，那么服务体现在哪儿？我举了其中两个例子，一是新浪和中国地震台网加强了震级信息推送。我们可以做到在地震发生10秒钟以后，将地震消息推送给当地所在用户。目前，这个信息推送已经覆盖全国所有地级市，下一步我们将和国家气象局合作，对极端气象天气做有效推送，我们希望为微博上的用户提供更加贴近身边的服务。二是前天刚上线的深圳交警，这是一个比较活跃的账号，他们开通了粉丝平台，在这个平台上可以做几件事：第一，随时可以查询违规；第二，可以对电子监控信息进行查询；第三，可以对罚款进行缴费。这个平台已经完全上线了，不管是和国家大机构合作，还是覆盖到每一个地级城市政务微博账号，新浪微博的平台除了能够快速传播服务以外，也能够为他们的粉丝提供更加有效、更加直接的服务。

回顾2014，有一组数据，可以说明微博依然是中国最大的新媒体舆论场。截止到10月，在微博上认证的政府机构12万个，总粉丝数高达16亿人，超过百万粉丝的政务微博337个，这一年来政务微博是日益活跃的一支生力军。

2015年，我们想做什么？就想做一件事。我们希望把新浪整个的平台，从新浪网门户的影响力，加上手机新浪网整个平台的影响力，和微博平台打通，还有全国二十几个地方站，这是一支更接地气的部队，完全打通，让微博为中国政府机构提供新闻发送、热点机构推荐的平台，微博在这里将扮演重要的角色，我们希望把最新的服务和最新的产品应用随时告诉大家，能够为大家提供最好的培训和各种服务的支持。

目前，我们给各级政务机构提供的服务包括三种，第一种是紧密围绕微博应用的微博产品体系，比如政务管家帮你做绩效考核。第二种是粉丝平台的应用、舆情热点事件的发送和导控服务，比如国家地震局在地震发生时，你如何精准地告知你要告知的用户。第三种是大数据方面的服务，我们帮助你们做整个微博账号的健康管理，以及在舆情发生的时候帮助你们做更精准地分析和应对策略。

腾讯2014西北首届政务高峰论坛

活动名称：腾讯2014西北首届政务高峰论坛
主　　题："双微联动、服务升级"
指导单位：陕西省委网信办指导
主办单位：腾讯网、微信、腾讯微博、腾讯大秦网
时　　间：2014年12月18日
地　　点：陕西·西安

2014年12月18日，以"双微联动、服务升级"为主题的腾讯2014西北首届政务高峰论坛在西安举行，来自西北各省政务微博、微信标杆单位政府代表、互联网界的资深专家等百余人参加了本次盛会，共同研讨政务管理在移动互联网时代下的变革和升级。

本次政务高峰论坛发布四大奖项，分别为西北政务微博影响力奖、管理创新奖、政务传播力奖、微信亲民服务奖，近50家政府单位获奖。

陕西省委网信办副主任张琳、陕西省电子政务办公室主任常忠华等领导出席论坛并致辞。陕西省委网信办副主任张琳致欢迎词时对陕西电子政务的推动工作进行了介绍，他说，陕西是西北门户，地理位置重要，有着悠久的历史文化积淀，有着得天独厚的交通、能源、科教等资源。当今的陕西，经济持续较快发展，社会和谐稳定，政治生态良好，法制建设加快，富裕陕西、和谐陕西、美丽陕西正在从蓝图逐渐变为现实。在新媒体的大背景下，陕西大力推进网络安全和信息化工作，在全国率先整合组建了全新的省委网信机构，目前，网络安全和信息化统筹推进格局基本形成。张琳说，本次高峰论坛为我们提供了一次很好的交流沟通契机。希望兄弟省区市网信部门为我们传经送宝，我们也将虚心向各位领导、专家请教学习，用你们的宝贵经验和知识推动陕西政务新媒体的建设发展。同时，张琳表示，政务微博、微信，是政务新媒体两大平台，虽功能不同、各有优势，但都发挥着信息公开、为民服务、沟通民意、引导舆论等重要作用，二者互为补充、相得益彰。近些年来。陕西政务微博、微信建设发展速度较快，也取得了一些成效，但与发达省区市相比，我们的工作还有较大差距。为此，我们将结合陕西实际，推动政务新媒体发展、提升政务信息水平，着眼统筹推进政务网站、微博、微信、党政客户端四位一体建设、发展、运用。

腾讯大秦网总裁吴菁介绍了腾讯微博微信产品特点，希望与各级政府部门探讨、分享先进的互联网应用体验搭建沟通平台，通过今天的峰会能够更好地了解各级政府部门对新媒体等互联网产品的需求，更好地做政府服务与民众需求的连接器，提供更顺畅、便捷的产品体验和服务。

中国传媒大学媒介与公共事务研究院高级研究员侯锷发布了《2014 西北区域政务微博微信发展报告》。报告显示，截至 2014 年 11 月 30 日，经过腾讯微博平台认证全国政务微博总量已超过 18 万个，泛西北 6 省区域（陕西、甘肃、宁夏、青海、新疆、内蒙古）政务微博已达到 19535 个，其中党政机构微博 13253 个，公务人员微博 6282 个。腾讯政务微博较去年同期增长率为 49.91%。截至 2014 年 11 月 1 日，全国政务微信总量已逾 13047 个。其中，泛西北 6 省区目前共有政务微信 2494 个，占全国总量的 18.63%。

据了解，为更好地服务政府，腾讯政务还将全面推出政务互联网一体化解决方案，梳理打包出一揽子以提升政府传播、服务、管理效能为核心目的产品资源，最终帮助政府实现政务信息公开、政府用户服务以及政府内部管理的互联网化。

第三届中原网络文化发展论坛暨2014年度政务微博峰会

活动名称：第三届中原网络文化发展论坛暨2014年度政务微博峰会
活动主题：经济发展新常态下的中原移动互联网产业
主办单位：河南省互联网信息办公室、河南省通信管理局
协办单位：河南省互联网协会、新浪河南
时　　间：2014年12月26日
地　　点：河南·郑州

2014年12月26日，第三届中原网络文化发展论坛暨2014年度政务微博峰会在河南省郑州市举行。来自河南省内外的互联网管理机构、相关企业负责人、专家学者和互联网从业者150余人，通过学习、交流和思想碰撞，积极为河南省互联网行业发展建言献策。

本次论坛主题为“经济发展新常态下的中原移动互联网产业”，由河南省互联网信息办公室和河南省通信管理局主办，河南省互联网协会、新浪河南协办。论坛围绕实现“中原崛起、河南振兴、富民强省”的总目标，就经济发展新常态下实现河南互联网业的新发展等议题展开研讨。

河南省互联网信息办公室主任何彧希望全省互联网从业者能通过这个平台畅所欲言、共谋发展，为河南信息化建设奠定坚实的产业基础。河南省互联网信息办公室副主任、省通信管理局副局长赵会群表示，应以本次活动为契机，进一步加快移动互联网发展和大数据的应用，促进人民共享发展成果，更好地服务地方经济社会发展。北京缔元信互联网数据技术有限公司CEO秦雯在论坛上做主旨演讲。

此次论坛还举办了“移动互联网与产业升级探寻”和“河南政务微博发展方向”两大分论坛，发布了《2014年河南政务微博白皮书》，并颁发了2014年河南政务微博、媒体微博等年度奖项。

河南省互联网信息研究中心、新浪微博、新浪河南联合发布了《2014河南政务微博白皮书》，公布了年度8个奖项：

2014年度河南十大政务微博影响力奖

@平安中原、@清风中原、@豫法阳光、@平安洛阳、@文明河南

@清风漯河、@精彩河南、@郑州铁路局、@微博洛阳、@河南教育

2014年度河南十大公职人员微博影响力奖

@赵云龙、@杨华民、@刘五一、@疯狂大象、@5A嵩县范小红

@民警刘会永、@肿瘤专家陈小兵、@艾路邦、@郑州杨芳、@大河寒江雪

2014年度河南政务微博民生服务奖

@河南高速公安、@郑州东高铁站、@郑州交巡警、@河南消防

2014 年度河南十大媒体微博影响力奖

@河南日报、@大河报、@河南交通广播、@郑州晚报、@郑州新闻广播

@河南商报、@河南新闻广播、@大河网、@东方今报、@中原网

2014 年度河南爱心公益微博奖

@河南小蚂蚁志愿服务队、@豫残联盟、@文明郑州微博

2014 年度河南政务微博创新应用奖

@河南共青团、@清风郑州、@国网河南电力、@河南司法行政在线

2014 年度河南政务微博亲民奖

@郑州市城市管理局、@绿色郑州、@平安商丘、@河南省旅游局官方微博、@郑州供销

2014 年度河南政务微博影响力飞跃奖

@河南网信、@河南政府网、@社科在线、@周口发布

2014 年中国高校新媒体高峰论坛

活动名称： 2014 中国高校新媒体高峰论坛

主办单位： 上海交通大学

协办单位： 云瓣科技

时　　间： 2014 年 12 月 27 日

地　　点： 上海交通大学闵行校区

为回顾总结 2014 年高校新媒体建设经验、提升高校新媒体建设的社会引领作用，促使高校新媒体向“智媒体”“全媒体”形态转型，2014 年 12 月 27 日，“回顾与展望”——2014 年中国高校新媒体高峰论坛在上海交通大学闵行校区举行。来自上海、南京、苏州、武汉、西安、南昌、芜湖等全国近 20 所高校、近百位嘉宾和新媒体骨干与会。大会还邀请了新浪微博、SchoolMedia 高校新媒体联盟、云瓣科技等新媒体科技公司参会，共话高校新媒体的过去和未来。

上海市高校新媒体主管机构代表段洪涛致辞，他鼓励一线高校新媒体人，要紧跟技术发展趋势，紧抓“三微（微博、微信、微视频）一端（客户端）”，紧盯用户需求，努力实现从追赶潮流向掌握主导权甚至引领权方向的转型，讲述好高校故事，传播好高校声音，守护媒体人的责任与使命。

大会主办单位、上海交通大学党委宣传部部长胡昊介绍了上海交通大学近年来在新媒体建设方面的成就，传达了交大校领导对于此次高校新媒体峰会论坛寄予的厚望及对与会嘉宾的欢迎。他还宣布上海交大“双微”工作室成立。

主题发言中，上海交通大学网络文化工作室代表马仁义来以《上海交通大学研会微博发展特色和经验总结》为题，为新媒体微博建设提供了重要实践经验；上海团市委官方微信“青春上海”负责人陈晨琪就《如何让有意义的事情有意思》做趣味演讲，以活泼的形式为大家梳理了新媒体建设的一些建议；新浪微博校园渠道经理潘永强以《2014 年高校微博发展盘点》为题，为 2014 年新媒体微博建设进行了系统性总结，也为接下来新一年新媒体微博建设指引了发展方向；云瓣科技代表雷恒就微信建设做了《智慧媒体的变革及应用场景》的演讲，对如何构建起微信建设发展框架做了深度剖析，并对高校新媒体深度开发提供了规划性建议；SchoolMedia 高校新媒体联盟负责人刘克亮就微信建设提出了大胆设想，以《微信运营得用户分享行为分析与猜想》为题，在微信运营及内容建设上提出了创新性建议，为新媒体微信运营团队打开了新思路；南昌大学新媒体团队负责人、学贝南大运营负责人曾庆萌以南昌大学的新媒体运营实践为例，进行了《高校新媒体运营技巧和实战操练》的演讲，为高校新媒体运营提出了合理化发展建议。此外，云瓣科技推出“微信控”编辑器产品，表达了技术团队对高校新媒体建设的支持。

现场访谈中，来自全国多所高校的新媒体团队负责人从各自运营的角度出发，共同探讨了高校新媒体建设的发展繁荣之路。与会各高校新媒体领导、官方新媒体团队和自媒体人员纷纷表示，在新媒体快速发展的时刻，此次高峰论坛召开恰逢其时，有助于全国高校新媒体同人得以面对面交流，推动高校新媒体蓬勃发展。

‖ 2015 年度 ‖

2015 移动政务峰会

会议名称： 2015 移动政务峰会
会议主题： 新形势 · 新常态 · 新思维
主办单位： 人民日报社、新浪、微博
时　　间： 2015 年 1 月 27 日
地　　点： 北京

2015 年 1 月 27 日，以“新形势 · 新常态 · 新思维”为主题的 2015 移动政务峰会在京举行。人民日报社在会上发布《2014 年度政务指数报告》，对国内十多万家党政机构网络政务实际绩效和影响力进行考量。峰会上，来自业内的著名人士为“微博 5 年特殊贡献奖”“全国十大公务员微博”等 20 个奖项获奖代表颁奖。

参会嘉宾及演讲观点：

徐丰（国信办移动网络管理局负责人）：政务微博发挥着不可替代的作用
杜飞进（人民日报社副总编辑）：政府要善用移动“麦克风”
曹国伟（新浪 CEO 兼董事长）
杜红（新浪首席运营官）
王高飞（微博 CEO）：推动移动政务微博再上新台阶
葛景栋（微博副总裁）：政务微博迎来新常态需要新思维
喻国明（中国人民大学新闻学院副院长、教授）：政务治理须有三个关键转型
沈阳（清华大学新闻与传播学院教授）：政务微博的模式演进
祝华新： 人民网舆情监测室发布《2014 年人民日报政务指数报告》
@问政银川： 微博与“@问政银川”的共同成长之路
@微言教育： 传播教育正能量唱响教育好声音
@深圳交警： 明确目标合理定位坦诚沟通贴心服务
@南京发布分享： 如何做一个新鲜的政务微博

国家网信办移动网络管理局负责人徐丰致辞实录

尊敬的各位领导、来宾：

今天我临时代替彭波副主任来出席我们的活动，我首先代表国信办和移动局作为职能业务局表个态，对整个政务新媒体的建设，我们将全力支持，全力推动，全力做好服务。

政务新媒体已经发展到两微一端，应该说政务微博是政务新媒体最初的业态，现在依然

发挥着不可替代的作用，而且涌现出勃勃生机。今天，新浪微博与人民日报一起举办2015移动政务峰会，也是中央级的主流媒体响应中央的号召，推进传统媒体与新媒体融合的一次重要的活动。今天到场的都是来自各地政府的代表、各个行业的专家，所以我利用这个场合表个态，国家互联网信息办公室将在推动政务新媒体方面积极做好各项工作，也欢迎大家能够对我们的管理、对我们的政策、对我们所推出的一系列的举措，提供智力支持，用你们的实践来不断丰富我们的管理内涵，释放出更好的效果，真正推动政务新媒体能够迈上新的台阶，发挥更大的作用。

今天的政务峰会有三个新，新形势、新常态、新思维。我想这三个新既是今天的主题，也是我们做好政务新媒体的一个永恒的命题。

我们如何面对新的形势？如何适应新的常态？如何以新的思维来不断地推进我们政务媒体的建设？我很期待在接下来的各个环节听各位领导和专家建言献策，更期待我们能一起不断在实践中丰富新形势、新常态、新思维的内容，能够真正把我们的政务新媒体这项工作推进得更好。

再次对大家表态，我积极做好服务，谢谢大家。

微博CEO王高飞致辞实录:推动移动政务微博再上新台阶

尊敬的各位领导、各位嘉宾，朋友们:

非常高兴参加2015移动政务高峰论坛，与各位领导和专家共同探寻移动互联时代政务微博的发展趋势和应用方向。也借此机会，向一直以来关心和支持微博发展的各位领导、各界朋友表示衷心的感谢!

在信息技术革命日新月异的时代背景下，我国互联网呈现了积极的新变化，移动互联网用户在2014年首次超过PC用户，达到5亿多人，手机成为网民的“第一上网终端”，网民每天通过手机上网超过4小时，很多人特别是年轻人群大部分信息通过手机获取。毫无疑问，我国已全面进入移动互联网时代。

随着移动互联网重要性的提升，中央网络安全和信息化领导小组也随之成立，习近平总书记亲任组长，充分体现了党和政府对互联网的重视。习总书记对互联网的一系列重要论述以及新年致辞中对网络语言的应用，折射出驾驭新媒体已成为提升政府执政能力的重要标志，把新媒体的运用纳入政府日常工作中，也逐渐成为政府工作的新常态。

早在新浪微博诞生后不久，新浪便意识到以微博为代表的社交媒体将改变我们社会、经济和生活的方方面面，其中包括政府的沟通和管理方式。以政务微博为代表的新兴政务沟通平台的重要性显而易见。为此，我们在政府有关方面的指导下，组建了专业的政务微博团队，为政务微博提供全方位的咨询和服务。5年来，从中央到地方形成了蔚为壮观的微博矩阵，部委微博与基层微博齐头并进，政务微博的数量和质量齐增，截至2014年底，新浪微博平台认证的政务微博达到13万个，并涌现出粉丝数超过1000万的政务微博。越来越多政务微博的活跃度、传播力、影响力在持续高速增长，它们在社会管理创新、政府信息公开、新闻舆论引导、倾听民众呼声、树立政府形象方面发挥了积极作用。可以说，政务微博已成为各级政府的“标配”。

从长远看，推动移动政务微博运营、管理和评价体系的科学化、规范化，有利于提升政府机构政务微博的传播力、互动力和服务力。前不久，我们联合人民日报推出了政务指数数据产品，此次双方又进一步合作推出《2014年度政务指数报告》，融合了微博的数据优势和人民日报对移动政务的权威解读，为全面、客观、公正考核政府的移动政务能力提供了科学依据，也为政府不断提升自己的移动政务能力提供了决策参考。

面对政务微博成为政府工作新常态，微博要有新作为。展望未来，微博将不断加强产品和服务创新，尤其是移动端的创新，积极打造移动服务平台，尽我们所能，努力帮助提升政务服务的效率。同时，新浪还将进一步打通微博、新浪网两大优势平台，实现支持政府资源的互补和互通。我们看到以政务新媒体学院、微博公开课等为载体的线下活动，进一步加强了针对政务微博运营的智库建设和服务。

与此同时，微博将继续践行社会责任，恪守“七条底线”，遵循“九不准”，营造健康向上的网络环境，进一步利用微博平台汇聚和增强主流舆论影响力，弘扬主旋律，激发正能量，使网络空间风清气正。

最后，微博愿意携手各级政府、人民日报等机构，多方联动、优势互补，共同推动移动政务微博再上新台阶，让公众通过移动政务微博获得更好的服务，为实现中国梦做出积极贡献。谢谢大家！

微博副总裁葛景栋先生演讲实录：解读移动政务微博发展方向

尊敬的各位领导，各位来宾，大家下午好。

作为平台运营方，请允许我代表新浪网和新浪微博，向各位领导和来宾具体汇报微博平台上的发展新形势，在微博实效行政成为新常态下的观察和思考，以及我们下一步工作的方向。

第一部分：微博平台的新形势。

首先，我们来看一下，微博平台的发展新形势。作为全球领先的中文社交媒体，微博不仅连接了我们的社交关系，也带给中国网民更多表达个人观点的空间，微博上一直活跃着大量意见领袖、社会各界人士和草根网民。2014年12月31日人民网舆情监测室发布的《2014年中国互联网舆情分析报告》显示，微博的舆论环境正在发生令人欣喜的变化。

在微博上，网民对突发事件和敏感议题的态度趋于冷静，对热传中的事实和观点诘问多了，多元观点形成对冲。根据人民网舆情监测室用德尔菲法对8年来160个热点做评估后的数据分析来看，微博上体制内媒体、意见领袖、网民这三大舆论场域，已经走出了2009年以来共识度最低的状态。到2014年内蒙古呼格案再审，网民对政府的认同度是3.33。

进一步分析这种形势变化背后的原因，我们可以看到以下几方面。

首先，传统大V关注的内容向多元话题转变。比如当冰桶挑战来临的时候，微博上200多位明星及其他各界网络名人积极投身参与，仅两周活动的话题阅读量就突破47亿，将渐冻人等罕见病群体带入公众视野。

其次，精英中V的作用在明显提升，特别是一些在特定领域或地域有相当影响力的行业意见领袖，他们在微博上日渐活跃。根据人民网舆情监测室的分析，网络上知识分子意见领袖中3/4多数的意识形态倾向中立，而且这部分“中性意见领袖”在微博上具有最大的影响力，这些中性言论的增加让极端派不断被边缘化，理性的声音在微博上逐渐占据主流，并且得到网友的认可。

微博上的行业意见领袖凭借自身的专业及影响力做了大量积极的工作，“微博助农”是一个非常有代表性的领域。目前，微博上已经形成了由涉农专家、涉农企业、涉农政务机构和官员、涉农高校、地方媒体等构成的社会化新农人互动互助生态。这些专业中小V的总数已经超过1500个，微博助农已经从简单的公益宣传向推动解决三农问题、推动安全农产品生产、推动微商扶贫等方向发展。

举个例子，甘肃省成县县委书记李祥通过微博平台，将地处欠发达地区的成县核桃一下子传播到大江南北，几乎家喻户晓，仅半个月内就收获了500份订单，众筹30万元，成为当年农产品微营销的最大赢家，而李祥本人也被网友亲切称呼为“核桃书记”。

再次，草根网民更愿意在微博参与话题热议和公益表达。网友的个人生活炫示更多地转向了微信朋友圈，但微博作为草根网民围观和参与热点话题平台的价值在不断增强。2014年冬，在南京市委宣传部和新浪江苏联合推出的纪念南京大屠杀77周年“国家公祭日”纪念活动中，微博上有大量的草根网民积极参与，短短四天内，微博上#国家公祭日#话题凝聚了20亿阅读量、40万发帖讨论、130万网民在手机端参与了祭奠。

最后，我们分析带来舆论场深刻变化的最重要元素，还是政务微博及主流媒体微博的全面进入，这些“国家队”的活跃程度和影响力不断增强，并在网络舆论场中发挥着越来越重要的作用。重大舆情事件面前，主流媒体与政务微博协同响应，引导舆论方向，提升了网民对体制的向心力。

前不久香港明星赵雅芝在微博上晒了一张经过天安门的照片，并附言“每次路过天安门都会深深感受到自己作为一个中国人的骄傲”，本来是一条真情流露的爱国感言，却遭到部分非理性网民毫无理由的讥讽谩骂，一时间微博留言和朋友圈内到处都是对赵雅芝的侮辱与攻击。面对这种网络暴力，《人民日报》《环球时报》等主流媒体迅速做出反应，通过微博发表文章进行反击和引导，新浪微博也第一时间调动政府微博助理、头条新闻、媒体小喇叭、头条博客等多个官方账号、以及新浪新闻、新浪博客等多个内容频道对相关正面舆论进行扩散，“@思想火炬”、“@平安武汉”、“@无锡发布”等政务微博也主动参与发声，使正面理性的爱国声音迅速占据舆论主流。

通过这个案例也可以看出，主流媒体新媒体和政务微博、微博平台积极配合，形成多方合力就能构建积极、正面的舆论氛围，使主流价值观得到弘扬。

在以上微博舆情形势发生新变化的背后，新浪微博也采取了多项举措为舆情控制引导服务，特别是在举报机制、谣言处理和提升传播效果上建立了行之有效的产品和服务体系。

第一，微博进一步完善了不良信息举报及辟谣机制，充分调动网民的力量，发现不良信息主动举报、网友专家甄别判定、依照社区公约及时处置。

微博是一个信息公开传播的社交媒体平台，在用户公开传播互动中具有一定的自净化能力，我们抓住微博的这一特点，把不良信息甄别的权利交给用户，并为此设立了微博社区委员会，目前该委员会已经拥有4万名普通成员和2000名专家成员，他们协助站方判定不实信息等违规内容，已成为微博里参与社区管理的重要力量。截至目前，微博全站累计收到用户举报2600万次，举报受理率维持在90%以上，用户举报的首次平均响应时间已经从2013年底的17小时，缩减到目前的8小时，处理准确率和满意度也在不断提升。

与此同时，我们还上线了不实信息舆情监测系统，对于高转发、高举报的不实信息实现全时段监测并自动报警，网友力量和大数据监控的双重结合，让微博的辟谣机制更为完善科学。

第二，我们还通过技术手段提升了重点政务信息的传播效率。我们推出了“粉丝头条”和公共信息区域推送服务平台，加强了重要信息的针对性传播和精准推送。

去年5月，深圳遭遇2008年以来的最大暴雨，当地民生部门第一时间发布微博预警，同时利用“粉丝头条”加强传播效果，确保微博发布后24小时内，粉丝登陆微博时，政府发布信息出现在头条位置。经推送，@深圳微博发布厅24小时阅读量增长28倍，单条微博阅读数高达43万次，实现了良好的传播效果。

我们还开发了公共信息区域推送功能，通过对用户曾使用过的地理位置信息、IP地址等大数据的分析，在当地发生突发性事件时，可以第一时间将政府公告信息微博推送给当地的微博用户，准确率在99%以上。我们与中国地震台网中心合作，发布的地震快讯实现了在10秒内向震中所在地的微博用户推送信息。用户手机网络畅通且微博处于登陆状态就可以收到信息，而无需关注相关账号，这充分体现了移动互联网时代的创新产品传播优势。

通过这一系列工作，微博的信息流降噪效果提升，信息的传播效率提高，在各方共同努力下，微博实效运营成为网络行政新常态。

第二部分：政务微博迎来新常态，需要新思维。

面对新常态，我们应当以什么样的新思维来指导政务微博的运营，让政务微博在建设服务型政府、弘扬正能量、传播主流价值观的过程中发挥更大的作用呢？

2014年12月17日，国家互联网信息办公室专职副主任彭波提出了“移动舆论场互联网思维”的概念，要求我们学会用互联网的方式搞定移动互联网的难题，并提出了主动、平等、即时、数据、O2O五大关键词。这已经为我们指明了政务微博在新常态下的新发展思路。我们将其解读为两种态度和三种能力要求。

一是平等的态度。以微博为代表的新媒体平台使政府与公众的距离更近，放下身段听民声、集民意，才能在新媒体上与公众建立对话。在今年的新年贺词中，习总书记用了“蛮拼的”“为人民点赞”这些网友熟悉的语言，在微博上引发了热议。这其实传递出明确的信号，那就是我们的政府机构正在自上而下地适应移动互联网时代的话语体系，将平等的态度贯彻到日常工作中。

平等代表着尊重。这里面既包括对互联网文化的尊重，也包括对每个网民个体的尊重。含真情才能说真话，有实意才能做实事。政务微博应当以更柔性化的方式与网民沟通。

二是主动的态度。对于主动，主要可以体现在两种场景中。一方面，当网络舆情发生时，政务微博应当在第一时间应对，才能掌握舆论主动，才有可能化危为机。

2014年初，三亚市重点整治旅游市场环境期间，歌手王芳在微博吐槽，说在三亚旅游时买的水果被调包。微博上这种吐槽经常有，这个吐槽也没有@任何一个政府部门，但三亚市政府新闻办、三亚市工商局等机关毫不回避，主动承担，在当天就通过微博和投诉人取得联系，了解事件经过并做出相关处理，事后这位网友特意发微博表示感谢，网友说：“三亚市政府，你让我在相信国家正在变好的信念上又增添了一份希望。”正是有了这种主动的态度，公众利益得到维护，政府形象得到改善，对三亚城市形象的不利影响也得以挽回。

另一方面，政务微博应当与网络上有影响力的意见领袖结成“网络统一战线”，借助大

V 的力量为自己代言。社交媒体使每个人都具备了媒体属性，利用网络名人的传播能力和个人影响力，将他们的粉丝转化成为正能量的受众和二次传播者，可以形成人人影响人人的传播效应，从而帮助政务微博更好地了解民情民意、传播主流价值观。

根据我们的不完全统计，2014 年各地政府组织了 180 场网络大 V 的对话和体验活动，几乎每两天就有一次。重庆市委市政府曾经邀请 55 位意见领袖一起“做一回重庆人”，活动 4 天发布原创微博 1180 多条，受众覆盖 1.7 亿人次，吸引了 400 多家国内外媒体报道。江苏省旅游局邀请来自台湾的作家、旅游观察家王翎芳和其他几位旅游、美食达人深入江苏 13 个城市，开展了一场“江苏寻味之旅”，该活动在微博上的阅读量超过 1.2 亿人次，通过视频、图片等方式使江苏的美食和文化得到很好的传播。

有了平等、主动的态度，还需要具备相应的能力才可实现即时、数据、O2O 的要求。具体到政务微博的运营当中，我们认为系统管理、快速响应和综合服务三大能力的提升至关重要。

第一，政务微博的系统管理能力主要体现在，要建立规划、实施、考核、创新的微博系统管理程序，并依托大数据平台建立科学、可量化的评价指标体系。微博和人民日报携手，推出政务微博指数，为政务微博提供了一套全面的评价标准。该指数对政务微博的运营质量不再以粉丝数、发布量等单一指标来评价，而是抓住微博传播力、服务力、互动力的核心价值，以原创微博量、主贴回复率、转评互动数、收发私信数等数据指标，全面评估政务微博运营效果。

第二，政务微博的快速响应能力主要体现在应对突发事件和舆情的及时性上。人民网舆情监测室曾提出过“黄金 4 小时”原则，强调的就是新闻发布的及时性，政府要第一时间发声、第一时间处理问题，做突发事件的“第一定义者”。微博快速传播的特点也决定了，微博上的舆情处置在很短时间内都有可能产生“最大变数”，这就要求政务微博应当有上前一步、抢先一时的意识来争取主动。

政务微博运营过程中的很多案例证明，在突发事件面前反应迟滞则事态很可能发展失控。去年 9 月 13 日广东博罗发生民众反对建垃圾焚烧厂的群体性事件，实际上在 9 月 10 日微博上就有相关内容在传播，但当地政府并未充分重视，以致发生了数千人参与的群体性事件。可以形成鲜明对比的是，昆明 PX 项目引发市民游行和微博负面舆情，昆明市长李文荣第一时间开通认证个人微博，对 PX 项目的传言进行回应并结合专家观点进行科普知识传播，最大程度上取得了市民和公众的理解。

第三，具备以 O2O 为代表的综合服务能力，要求政务微博具备更强的资源协调能力。现阶段政务微博提升综合服务能力可以说是顺天时、接地利、达人和。

十八大报告明确提出服务型政府应具备的四大标准和四大目标，从中央到各省区市均推出政府职能转变和机构改革的相关举措，旨在加快推进建设服务型政府。在各级政府的重视和推进下，“两微一端”已经成为政府机构重要的服务平台，政务微博正是其中的主力。

作为政务微博的平台方，我们也努力为政务微博提升综合服务能力提供可靠的产品支撑。去年，我们强化了政务微博粉丝服务平台产品开发。政务微博通过微博粉丝服务通道，可以提供智能回复、业务预约、信息推送等高效便民的政务服务。北京地铁、上海发布、深圳交警等数千个政务机构微博已经在使用粉丝服务产品，并取得良好效果。

此外，在“北京发布”的示范作用下，微博上有 40 多家政府机构开通了政务微博服务微官网，利用微博平台为公众提供整合的各项政务服务。

围绕微博平台，还有很多第三方提供了可定制的移动政务服务，比如我们与专业视频直播机构共建互联网直播系统，将公开审理案件的庭审现场音视频信号传送至各级法院官方微博，实现网上庭审直播，仅湖北就有武汉中院29个法庭、武汉基层院13个法庭接入直播，目前这个服务功能正在向全国法院系统开放。

在政务微博务实运营的新常态面前，坚持平等和主动的态度，提升系统管理、快速响应和综合服务三种能力，必将推动政务微博的运营水平迈上下一个新高度。

第三部分：展望2015，新浪网和微博的计划。

展望2015年，我们将以更加主动积极的姿态，让新浪网和微博成为推动移动政务健康发展的中坚力量。对此，新浪网和微博都做了充分的准备。

首先，我们将进一步打通新浪网、微博两大优势平台，实现资源的互补互通。尤其是在移动端，新浪新闻客户端加微博客户端共覆盖了数亿用户，平台资源的整合可以保证信息能快速到达用户。而经过十年发展的新浪博客，也依然汇聚着中国最具影响力的意见领袖，对网络舆论的影响同样不容小觑。我们会充分调动这些中坚力量，共同参与营造正面、积极、主流的舆论环境。另外，新浪网新闻中心正在建设“政务频道”，将努力满足当前各级政府部门在新闻传播、形象宣传、政务信息公开、新媒体融合等方面的新需求。

其次，在资源整合的基础上，通过深入策划、多方动员、一线报道，形成合力，达到宣传效果最大化。今年，新浪网、微博、新浪地方站及海外各站点将联合推出纪念抗日战争胜利70周年大型主题报道，以及“一带一路”“重走丝绸之路”大型主题策划活动，在世界互联网舞台上发出中国的最强音。

最后，新浪会以政务新媒体学院、微博公开课等贯穿线上线下的服务为载体，进一步加强针对政务微博的运营智库建设。目前我们在全国已经开设了5家政务新媒体学院地方分院，2015年我们将会走得更快，加大覆盖。同时我们将完善学院的培训课程体系，使之更符合移动互联网发展趋势，并与人民网舆情监测室、清华大学、中国人民大学等专业研究机构合作，扩充学院的专家团和讲师团力量，全面提升学院的专业服务水平。

尊敬的各位领导、各位来宾，正是在各位领导的关心下，在各位政务微博运营伙伴的共同努力下，政务微博才迎来了实效运营的新常态。新常态开启新征程，让我们以新思维建设各级政务微博，使之成为网聚正能量、弘扬主旋律、倾听民声、为民服务的主阵地，共同迎来移动政务的新时代。

谢谢大家！

中国人民大学新闻学院副院长、博导喻国明教授演讲实录：互联网逻辑和社会治理的三大转型

对于传播和传播领域的管理，过去在很大程度上是构建在对于机构的运作和管理逻辑之上的。换句话说，整个社会传播的基本元素是以机构为单位存在的，但是互联网激活的是以个人为传播的单位，当个人成为传播者、自媒体的时候，我们的媒体管理经验很大程度上显得无能为力，处在无所作为的焦虑状态。

在互联网上构建政府的影响力也是一样。在传统的思维下构建影响力，传播区域有限，

但是在互联网上，如果不按照互联网的规则和逻辑去做事，很大程度上是以有限搏无限，完全不能起到应有的作为。这是互联网带来的新形势和新常态，需要有新思维和新模式去应对。

对于目前中国的政务社会治理，我认为有三个方面需要进行关键性的转型。

第一，强人政治转变成平民政治。

这是角色转型，以及和这种角色相适应的行为和语言逻辑的转型。

传统上，“官方”扮演了一种强人政治角色。强人政治下权力和真理站在一起，有了权力在一定程度上就代表着掌握了真理，公众与领导机构和领导者不是一种平等交流的关系，而是一种服从命令听指挥的关系。整个社会对于领导机关表达出来的任何话语和政策举措，都是贯彻执行，不去质疑和挑战，这是强人政治下的社会法则。但是互联网的人际网络把整个传播、社会权利资源重新分配，强人政治的因素已经不复存在了。因为过去对于强人政治的传播政策是建立在新闻、旧闻、不闻的基础上，通过有选择的信息释放构建出“高大上”的形象。而在今天的社会，领导者的正面、侧面和背面都会被看到，高大上、伟光正的角色很难扮演了，所以在今天，政府和领导要用平民政治去跟公众沟通、交流和引导，建立自己的权威和合法性，才能真正带领社会从今天走向明天。

第二，传播重心的转移。

过去政府在进行社会沟通和舆论引导的时候，更大程度上借助于摆事实、讲道理，但是多少次的舆论引导和社会沟通的实践，无一例外地证明，仅仅摆事实和讲道理，效力已经越来越低。因为今天是多元化的社会，存在不同的利益圈子，不同的利益圈子有各自的道理和逻辑，并且谁都能把自己的道理和逻辑说得振振有词。因此，社会认同就不仅仅是凭借事实和道理就能够产生认同感，而是靠讲感情，讲政治，这是高于事实和道理的传播沟通的第一关键要素。

情感是什么，情感判断是什么，政治判断是什么？本质上是一种关系判断。今天人们在消费信息的时候，我们以为他是在消费信息的逻辑、信息的内容，其实他是在消费信息的关系。不限于你说的是什么，而是谁在说，用什么方式说，用什么语气说，用什么口气和姿态说。你跟我是什么关系，是传播有效、舆论沟通、找到共识点的最关键的东西。换句话说，在今天的社会沟通中，大众传播时代仅仅凭着摆事实、讲道理就能实现的社会沟通，已经具备了人际传播的性质，人际传播具有很多非逻辑、非理性的成分。

今天人们在所有的逻辑和事实判断之前已经有了一种情感判断和关系判断，而这种关系判断成为人们是否产生认同感的关键所在。

因此，我们在营造社会沟通和寻找社会共识的过程中，与其把所有精力放在摆事实、讲道理上，不如营造一种“我们心连心”、“我们是利益共同体”、“我们是一个战壕里的战友”这种关系，这才是宣传、引导具有说服力的关键之所在。没有这一点，你说的任何道理，都可能不被接受。狼有吃羊的一千个理由，羊也有一万个不被你吃的道理。只有你们站在一个战壕里面，站在一条船上，生死与共，患难共当，你说的话才能入耳、入脑、入心，这是今天政治思想工作的前提。什么是政治正确，就是永远和大多数人站在一起。不是老百姓要什么，我们就简单地服务他们什么、跟随他们什么，只有站在一起，才能影响他、带领他；站在老百姓的对立面，只能产生对抗，不能产生任何有效的引导。

第三，影响力模式的转变。

由于个人因素的激发，整个社会关联连接呈现复杂的态势，单兵突进、刺激反应式的投入产出的效果已经成为过去。那种毕其功于一役的做法已经成为过去，我们必须有一种系统的解决方案。互联网的盈利模式，不是羊毛出在羊身上，而是羊毛出在猪身上，然后由猴子买单，说明整个链条构造出现了复杂的态势，在政务方面，价值链的构造也需要有跨界的关联和系统整合的工作模式、影响力模式。

因此在很大程度上，政务微博要有O2O模式。这种政务的关联只是一种表达，只是其中的一个成分、一个内容，更大程度上是要串联起政府所掌握的各种各样资源，为社会提供完整的解决方案。

在微博上，哪怕政府再熟练、再内行，仅仅靠说恐怕未必能够胜于那些有影响力的大V，因为作为政府机构，你的话语表达方式是受到限制的。十八般兵器不是拿起什么就能用，大V可以想用什么用什么，他可以破口大骂，可以情绪化，但政务微博不行。政务微博跟个人相比，最大的不同是拥有更多的实体资源，包括政府资源、社会资源。政务微博如果能够连接政府和社会、老百姓，实实在在地为社会提供服务和解决方案，权威影响力才能够真正建立起来。不是靠怎么说，而是看能为社会提供什么样的综合服务产品和政策产品，这才是重中之重，才是构建政务微博影响力和权威的关键之所在。

清华大学新闻与传播学院教授沈阳演讲实录：政务微博新常态

移动政务浪潮汹涌而至，政务微博已成新常态。从内容到服务，从服务到互动，政务微博是当下中国最为便利的官民互动平台、信息公开渠道、公民表达阵地。指尖服务必能提升电子政务效能，提高网民满意率。

第一，内容、服务、关系三位一体，政务微博进入3.0时代。早期1.0时代，政务微博以内容发布为主；在2.0时代实现了内容加互动；在3.0时代又增加了一些服务和关系的元素。

3.0时代，政务微博需要回归到一种新常态。那么，以微博为渠道，真正为民众服务，就要做到内容、服务、关系并重，在“群”的互动与“行”的建构中释放政务微博的价值，使政务微博深植于民生，更强调实用功能和关系构建，成为城镇化的利器、信息化的焦点、服务化的平台。

第二，格局：“国家队”领跑，地方账号全面发力。政务微博的发展是顶层设计和基层实践相结合的产物。2013年3月26日，国务院召开第一次廉政工作会议，李克强总理提出，我国的微博用户数以亿计，有些政府信息不及时公开，容易引起群众的不满，产生负面影响；2013年10月15日，国办100号文件《关于进一步加强政府信息公开回应社会关切提升政府公信力的意见》，7次提到政务微博，确立了“政务微博”的官方媒介地位；2014年4月，《国务院办公厅关于印发2014年政府信息公开工作要点的通知》中明确提到要“加强新闻发言人制度和政府网站、政务微博等信息公开平台建设”。2014年5月4日，国家安全监管总局办公厅印发《政务微博微信发布运行管理办法》。在顶层的推动下，“国家队”领跑政务微博队伍。@中国政府网、@国务院公报、@证监会、@国土之声、@民政微语、@外交小灵通、@中国地震台网速报、@微言教育、@商务微新闻、@公安部打四黑除四害等成为国家队的实力队员。

基层政务更是遍地开花，从2009年第一家政务微博诞生到如今，单是在新浪微博上，就有超过13万认证的政务微博，其中机构类政务微博将近10万个。

第三，内容：民生信息增量大，窗口作用凸显。2015年政务微博发展会有一个重大趋势，更多资源会向移动互联网倾斜，会有很多的闭环服务。比如，政务微博办事厅将实现从单打独斗到集体作战，横向到边、纵向到底的微博矩阵，部门联动提升服务效能；粉丝服务平台将成为查询、办理及互动，提供定制化、差异化服务，“营销+服务”的转型；民生支付微窗口将打通支付接口，打通线上办事和线下办公。

第四，服务：功能渠道拓展，O2O释放服务力量。政务的O2O正在释放出一种活跃的力量，现在的评价指标更多的是一些转评，除此之外，它还应该包括粉丝互动活动和线下活动。O2O服务力量也应该包括：线上线下信息闭环；业务功能整合；渠道拓展&服务落地。

评价指标将从纯粹追求转评量转移到追求博主和粉丝的互动数及线下活动量（上）。时政自媒体、大V、网友代表、百姓发言人参加政府新闻发布会也会逐步兴起。

政务大厅将逐步探索搬入政务微博，政务微博将向政府的移动官网发展。

第五，关系：发力垂直细分领域，“接地气”中“涨人气”。政务微博正在形成“政务微博+”的模式，从而连接各个行业。比如郑州的西瓜办关注第一产业农业，整合、聚合了一些跟农业相关的单位和人物，包括企业、农民。当一个政务微博真正在线下去连接粉丝的时候，一定是有生命力的，在这里边包括了其他一些账号也都在做的连接工作。比如，今后怎么样把政务微博和教育进行连接，庭审如何提升政务系统。

政务微博+农业：开通农产品销售“绿色通道”；联合新农人，创新营销方式；政务大V宣传助推广。

政务微博+医疗：实名认证名医线上咨询解惑（公益+收费）；诊前咨询—预约挂号—线下面诊—线上随访”的服务闭环；联合政府部门，加强监管保障。

第六，互联网思维把握用户痛点，实现资源整合。首先，要有用户思维，即从用户的角度出发，有由上而下转为由下而上的思路；其次要有资源整合的力量，除信息发布功能外，进行拓展，实现多样化的资源组合。

第七，智慧政务：无限逼近微政务功能最大值。现在微博里面除了时政还有一块非常活跃的是娱乐。娱乐代表了“90后”，所以政务微博应该更多关注年轻人，因为娱乐和90后年轻人都在微博里面，所以政务微博还有非常大的空间，在无限逼近中实现政务微博向新的方向发展。

第八，大数据平台构建与政务效能评估。政务微博需要大数据协助做工作。当然如果能够跟其他的数据整合起来，那就更好了。比如，可以将政务微博同政府信息公开的数据整合起来。政府有很多数据库，将这些数据库中的数据纳入政务微博里面进行查询，将对实现数据之间的打通产生非常大的价值。对于中国时政意见领袖而言，微博是他们最活跃的舆论场，因为意见领袖的个人英雄主义色彩非常浓重，微博仍然具有个性化。对于政府而言，微博同样具有特别的价值。我们分析了人文地理里面谈到的一条线，叫作胡焕庸线，可以看到微博与这条线的关系。不能说西部经济相对东部落后，人口稀少，就发展不好政务微博，我们可以看到西部反而可以利用新媒体崛起，这意味着用好新媒体可以成为落后地区赶超发达地区的一个优势。

“2014 检法系统新媒体应用评选”活动颁奖仪式暨研讨交流会

活动名称：“2014 检法系统新媒体应用评选”活动颁奖仪式暨研讨交流会

指导单位：光明日报、最高人民法院新闻局、最高人民检察院新闻办、中央网信办网络新闻信息传播局

主办单位：光明网

时　　间：2015 年 4 月 24 日

地　　点：北京

2015 年 4 月 24 日上午，由光明网主办的“2014 检法系统新媒体应用评选”活动颁奖仪式暨研讨交流会在光明日报社举行。

“2014 检法系统新媒体应用评选”活动由光明日报、最高人民法院新闻局、最高人民检察院新闻办、中央网信办网络新闻信息传播局指导，光明网主办，2014 年 10 月启动，经网络投票、专家评审委员会评议，最终评出了检法系统各 10 家获奖单位。

光明日报副总编辑陆先高，中央政法委宣教室副主任、信息中心负责人陈里，人民法院报副总编、最高人民法院新闻局副局长陈海发，最高人民检察院新闻办公室副主任肖玮，国家互联网信息办公室网络新闻传播局处长程志良，光明网总经理陈建栋出席活动并为获奖单位颁奖。

颁奖仪式后，云南省高级人民法院、新疆维吾尔自治区高级人民法院、北京市第二中级人民法院、山东省烟台市中级人民法院、四川省广元市人民检察院、山东省聊城市人民检察院、北京市丰台区人民检察院、福建省闽侯县人民检察院、陕西省蒲城县人民检察院 9 家获奖单位围绕“新媒体应用与司法公开”主题，就新媒体环境下，人民法院如何以司法公开促司法公正、利用新媒体新技术便民诉讼和调解，人民检察院如何利用新媒体新技术便民举报、立案、反腐、反渎职等，进行了现场交流。

获奖名单（排名不分先后）

法院系统：

北京市第二中级人民法院

重庆市云阳县人民法院

新疆维吾尔自治区高级人民法院

福建省高级人民法院

黑龙江省高级人民法院

云南省高级人民法院

青海省格尔木市人民法院
山东省烟台市中级人民法院
河南省南阳市中级人民法院
江苏省昆山市人民法院

检察院系统：

北京市丰台区人民检察院
天津市人民检察院
河北省邯郸市复兴区人民检察院
江苏省泰州市姜堰区人民检察院
福建省龙岩市人民检察院
福建省闽侯县人民检察院
山东省聊城市人民检察院
河南省郑州市人民检察院
四川省广元市人民检察院
陕西省蒲城县人民检察院

2015 中国新媒体传播学年会

活动名称：2015 中国新媒体传播学年会

主　　题：新媒体、新格局、新视野

主办单位：中国网络传播学会

承办单位：重庆大学新闻学院

时　　间：2015 年 5 月 16 ~ 17 日

地　　点：重庆

2015 年 5 月 16 日，由中国网络传播学会主办、重庆大学新闻学院承办的“2015 中国新媒体传播学年会”在重庆大学举行。来自美国南卡罗来纳大学、布法罗纽约州立大学、香港城市大学、台湾世新大学、澳门大学、北京大学、清华大学、中国人民大学、中国传媒大学、南京大学、浙江大学、武汉大学、四川大学、华中科技大学、山东大学、厦门大学、吉林大学、重庆大学等海内外著名高校，以及中国社科院新闻与传播研究所、中国科学院科技政策与管理科学研究所等科研院所，北京市网信办等政府管理部门等 80 余家单位的专家学者以及国内外高校的博士生、硕士生 250 余人，共聚山城重庆，探讨新媒体发展的理论与现实问题。

年会开幕式由重庆大学新闻学院名誉院长、新华社原副社长兼常务副总编辑马胜荣教授主持。重庆大学党委副书记肖铁岩致开幕词，对参会嘉宾的到来表示感谢和欢迎，对 2015 新媒体传播学年会的召开表示热烈祝贺。他说：“长期以来，重庆大学都以实力强劲的工科为人所道，但进入新世纪以来，我校在综合性上取得了长足的发展。我校新闻学院就是这种发展的一个亮点。”他指出，新媒体已经成当今人们学习工作与生活不可或缺的工具，新媒体已经成了我们生存环境，就像离不开水和空气，现代人也离不开新媒体，新媒体已经成了我们这个时代的重要特征之一，称现在是新媒体时代完全不过分。肖铁岩说，中国新媒体传播学年会的召开，让他感到非常高兴。他说：“因为我们可以通过年会，向各位专家求教。我相信，本次年会的举行，必将对中国的新媒体传播学研究产生深远的影响，也必将大大促进重庆大学新媒体的传播、研究、教学和实践。”

中共重庆市委宣传部副部长张永才代表重庆市委宣传部对各位专家的出席表达了衷心感谢与热烈欢迎，并对会议的重要意义给予了充分肯定。他说，媒体融合，新媒体的发展和传统媒体的转型，是当前的热点。享誉新闻教育界的专家学者齐聚山城重庆，探讨新媒体发展大计，充分体现了大家对重庆新闻教育与新闻传播事业的关心和厚爱、对新媒体传播学科建设发展的责任和担当。“本届年会确定的主题是‘新媒体、新格局、新视野’，这个主题非常好，很好地契合了媒体传播新格局和新趋势，契合了新媒体传播的现实需求和未来方向。”“我相信各位专家学者在本届年会上的思想激荡、交流互动，一定会凝聚成智慧共识，必将推动重庆新闻传播实业和新闻传播学科教育的蓬勃发展，必将取得融媒体发展理论研究

与创新实践的丰硕成果。”

北京市互联网信息办公室参会代表追溯了北京市互联网信息办公室与新媒体网络传播学年会的渊源，提出行业的发展离不开理论的支持，同时理论研究的发展也离不开与社会各界的合作。他表示，“礼失求诸野，识浅问于学”，网信办工作的进步，与过去十年、二十年新媒体网络实践、研究的进步是分不开的。

中国新闻史学会会长陈昌凤教授因公未能出席，做了书面致辞，新闻学院党委书记卓光俊代为宣读。陈教授对董天策院长履任新一届学会会长表示衷心祝贺。回顾新媒体传播学会发展历程，她认为，面对当前媒介生态环境的变化，海内外相关学者、专家汇聚一堂，共同交流分享有关新媒体发展的前沿问题，本身就标志着新媒体研究的发展和进步。

中国网络传播学会创会会长杜骏飞教授反思了新媒体学科研究以及新媒体传播学年会召开的意义。希望所有参会人员都能珍藏学会一路走来珍贵的历史回忆，并沿着文化脉络不断向前。

重庆大学新闻学院院长董天策教授在致辞中表达了担任新任会长的感受。中国网络传播学会自创建以来，团结广大学者和学子开展学术研究与交流，形成一个有优良学术文化的学术共同体。作为新任会长，他希望聚合学会同仁与专家学者的智慧，致力于学会的新发展，开拓学会的新局面。

开幕式后，大会进入主题演讲。美国布法罗纽约州立大学传播系教授洪浚浩做了题为《新媒体与新时代》的发言，集中分析了新媒体时代的特征，新媒体对社会的影响以及造成影响的因素。北京大学新闻传播学院教授胡泳总结了影响互联网发展的政治、市场和公众三种力量以及相对应的三种治理模式。

针对云计算、物联网之后兴起的大数据这一具有颠覆性的技术变革，香港城市大学媒体与传播学系教授祝建华提出，收视率研究是一个成熟的大数据专业，传媒业拥抱大数据之际应该总结相关经验教训，少走弯路。台湾世新大学副校长陈清河教授展示了新媒体下大数据的数字化生活，其必将对健康、娱乐等社会各领域进行全新的改造。

美国南卡罗来纳大学新闻与大众传播学院魏然教授围绕当前学术期刊出版竞争激烈、传播研究期刊的快速增长，以及存在的论文出版问题，提出大数据、云计算等技术极速发展的趋势下，学术期刊评鉴应该与时俱进。中国传媒大学新闻学院邓炘炘教授代学院院长刘昶教授宣讲了题为《网络传播：技术意识形态迷思及其批判》的论述，涉及信息和传播新技术与文化传承，信息和传播新技术与文化传播和网络传播创新，以及新闻报道理念演进三部分。

中国人民大学新闻学院彭兰教授分析了互联网群体互动效果的两大争议点——群氓的智慧还是群体性迷失，并解析了自己的观点。重庆大学新闻学院院长董天策教授在追溯网络群体性事件研究历史进路的基础上，试图厘清该研究领域的学术渊源、研究视域和研究焦点，指出了大部分的“网络群体性事件”并不科学，大多数所谓的“网络群体性事件”其实是“网络公共事件”，只有少数情况是“网络集体行动”与“网络动员”。

上海萌泰网络科技股份有限公司总经理李军强调了数据调研对社会科学研究的重要意义。大数据不是新概念，不会颠覆社会科学，但是能够极大地弥补传统社会科学研究的不足之处。

本次年会开幕前一天（2015 年 5 月 15 日）晚上，中国网络传播学会举行了全体理事会议。会议通报了学会常务理事会关于学会换届的情况，创建中国网络传播学会的南京大学新闻传播学院执行院长杜骏飞教授卸任，会长由重庆大学新闻学院院长董天策教授接任。

2015 年 5 月 17 日上午 10：40，“2015 中国新媒体传播学年会”闭幕式在重庆大学国际会议厅隆重举行。闭幕式由中国网络传播学会副会长、澳门大学传播系教授吴玫主持。闭幕式上，各分组讨论的主持人或评议人报告了各组研讨情况。

宁波诺丁汉大学徐小鸽教授报告了专题一“比较移动研究”的研讨，他们对移动研究的文献梳理主要涉及移动教育、移动使用、移动广告、移动政务、移动社交媒体等，移动研究作为一门学科正在形成，它的特色是跨学科、质化和量化的结合，以及比较研究。

清华大学新闻与传播学院金兼斌教授报告了专题二“网络游戏研究”的研讨情况，五篇论文涉及网络游戏舆论场、法律环境、用户和玩家的文化生产和赋权、系统的制造甘愿、游戏内容和情景。论文所用方法多元——量化与质化结合，并能够在几个重要研究点上深入展开，对社会环境和效果有深度影响。

浙江大学传媒与国际文化学院韦路教授报告了分论坛一“新媒体发展与传播学科创新”的研讨，围绕新闻教育、聚焦数据新闻及伦理与法制三个主题来展开，论文选题有现实意义，注重研究方法的规范性。不足的是对于现象的描述太多，解释性的研究较少。

重庆大学新闻学院彭逸林教授报告了分论坛二“传统媒体的转型与媒介融合”的研讨，论文有案例分析、文本分析、实际观察、调查和专访，但是在媒介转型的案例解剖上深度不足。

兰州大学新闻与传播学院王君玲副教授报告了分论坛三“社交媒体与媒介素养”的研讨，关注的主题是新的媒介形态和社交媒体的使用行为，各篇论文的量化方法总体上用得好，但理论的深入还不够，有待于进一步提升。

重庆大学新闻学院曾润喜研究员报告了分论坛四“新媒体与网络文化”的研讨，讨论的主题主要是两个：新媒体时代社会思潮的传播与国家安全，文化传播尤其是少数民族的文化传播。存在的问题是大多从宏观的视角考察，且学理分析不足。

澳门大学传播系吴玫教授报告了分论坛五“新媒体与策略传播”的研讨，该分论坛侧重于应用传播的实务型研究，比较新颖的是《阅后即焚：瞬时性社交产品的用户心理－行为逻辑——基于 Snapchat 和咔嚓的比较研究》这篇论文，大家对于其研究方法进行了较多的讨论。该分论坛的不足，总体上是理论建构与研究方法有失平衡。

东北师范大学黄松爱副教授报告了分论坛六“新媒体舆论与公众参与”的研讨。“这个年会，给了我太多的心跳。组织得这么好，让我心跳。重庆大学的美丽，让我心跳。代替胡泳老师去评议，让我心跳。”她说，该分论坛主要围绕政府的力量、市场的力量、公众的力量，来探讨舆论和公民参与的问题。研究视角十分广泛，包括哲学、伦理学、社会文化学、符号学、传播学等。其中，一位大三学生的定量研究，设计和研究很规范，“这样年轻，火花四溅，给了我深刻的印象”。

天津师范大学新闻传播学院赵雅文教授报告了分论坛七“新媒体平台发展”的研讨，主题可分为宏观理论和微观案例，总体上各具特色，现场讨论较多的是对“互联网＋”理论热的思考。

华南理工大学新闻与传播学院苏宏元教授报告了分论坛八“新媒体话语”的研讨，内容及选题都较丰富，主要分为网络新闻标题、弹幕技术、网络语言研究三类。整体上看，分论坛中有较多新的思维和方法的运用，诸如符号互动论、社会分层理论、话语分析等，最大特色是多元化、跨学科。

重庆大学新闻学院张小强副教授报告了分论坛九“新媒体与国家治理”的研讨，论文分为三类：比较规范的实证研究；从政府视角切入的实务研究；具体问题的思考。值得注意的是，研究中要特别注意概念的清晰界定，研究内容与研究结果之间理应富有逻辑。

南京大学新闻传播学院巢乃鹏教授报告了分论坛十“新媒体与议程设置”的研讨，学科多元化，聚焦的问题多元化，方法多元化且切入视角较好，不足的是理论建构的意识不强。

云南大学新闻学院孙信茹教授报告了“网络与新媒体学术沙龙”的研讨。她指出，从具体的研究方法来看，理论概念的界定和厘清需要思考和推敲；从研究的逻辑推演来看，研究对象和研究结论的逻辑关系应当富有学理。

闭幕式上的一个重要内容，是宣布本次年会的优秀论文评奖结果并颁奖。中国网络传播学会副会长、清华大学新闻与传播学院金兼斌教授代表本届年会优秀论文评委会宣布最佳论文奖结果。他说，评委们从选题的现实意义、研究的学术规范性以及研究本身的学术价值几个评选原则出发，采用匿名评审方式，分别独立提出优秀论文候选名单，然后合议评审，决定获奖作品。

重庆大学新闻学院郭小安研究员、浙江大学传媒与国际文化学院刘于思博士，获年会教师最佳论文奖；重庆大学新闻学院梁辰曦、清华大学新闻与传播学院宋阳忆、浙江大学传媒与国际文化学院亓力、华中科技大学公共管理学院钟声扬和马宁，获年会学生最佳论文奖。

在颁奖仪式后，浙江大学传媒与国际文化学院韦路教授发表致辞。他首先提议大家用十秒钟的掌声向马院长、董院长和他们的师生团队致敬，并对此次年会给予高度评价。他表示，作为下届年会的承办单位，浙江大学会以此次年会为榜样，再接再厉，并期待明年与大家相聚。

中国网络传播学会会长、重庆大学新闻学院院长董天策教授发表致谢辞：感谢中国网络传播学会对重庆大学新闻学院的信任，感谢与会来宾的支持，感谢专程从美国、香港、台湾远道而来进行主题演讲的魏然教授、洪浚浩教授、祝建华教授、陈清河教授，感谢学会秘书处特别是新任秘书长曾润喜研究员的辛勤操持，感谢年会会务组和会议志愿者的热情服务！

中国网络传播学会副会长、澳门大学传播系吴玫教授代表中国网络传播学会宣布2015中国新媒体传播学年会胜利闭幕，2016中国新媒体传播学年会将由浙江大学传媒与国际文化学院承办。

首届全国环境互联网会议

活动名称： 首届全国环境互联网会议暨环境保护双微上线仪式
活动主题： 新常态下环境新媒体的战略选择
主办单位： 中国环境报社、中国环境新闻工作者协会、环境保护部信息中心
环境保护部环境规划院、中国公共关系协会
中国传媒大学媒介与公共事务研究院、山东省公益环保联合会
承办单位： 山东省环境保护宣传教育中心、新浪网、新浪微博、中国环境网
《新环境》、清华大学媒体融合发展研究中心
中国传媒大学健康与环境传播研究所、中关村空气污染防控联盟山东省环境保护科学研究设计院、山东省环保技术服务中心
协办单位： 亿利资料集团有限公司、山东国舜建设集团有限公司
山东东明石化集团有限公司、驾道科技有限公司
北京环境交易所有限公司
时　　间： 2015 年 6 月 1 日
地　　点： 山东 · 济南

2015 年 6 月 1 日，首届全国环境互联网会议在济南召开。会上，由环境保护部宣传教育司主管的“中国环境新闻”微博、微信正式上线开通，将及时通过“双微”发布环保重要新闻，传递中国环保权威声音。山东省副省长于晓明出席会议并致辞，环境保护部副部长潘岳发表讲话，全国政协外事委员会副主任王国庆、中国公共关系协会常务副会长兼秘书长王大平等出席会议及高峰论坛。

在环保部“双微”上线环节，由潘岳启动了“中国环境新闻”微博、微信正式开通。他表示，全国地市级环保部门建立官方微博的不到一半，其中还有近 1/3 属于“僵尸”，很长时间不更新，而县一级环保部门建立微博、微信的更少。潘岳指出，互联网促进了公众环境意识的进一步觉醒，公众对环境保护的关注无处不在。要尊重和保障公众的知情权、参与权、监督权，运用互联网思维。信息公开要与公众形成互动，积极回应公众关切，与公众平等沟通。公开信息不能报喜不报忧，沟通交流不能听不得逆耳之言，既要能说成绩，又要敢说问题；既要能听肯定，又要敢听批评。据介绍，“中国环境新闻”微博、微信由环境保护部宣传教育司主管、环保部宣教中心和中国环境报社主办，开通后将及时发布环境保护重要新闻，回应公众关切，传递中国环保权威声音，充分利用新媒体平台传播优势，向公众传播环保科普知识，解读最新环境政策，提供环境信息服务，传递绿色生活理念。

中国公共关系协会常务副会长、秘书长王大平在会议上指出，随着互联网和新媒体时代的到来，环保与公关的关系愈加密切，环保需要公关，公关助力环保，传播生态文明理念和

加强环保公关建设是中国公共关系协会的重大责任与使命。公共关系沟通是一项信息传递、反馈、再传递、再反馈，如此循环且螺旋上升的交流活动。沟通的目的主要是增进彼此认识和了解，促进双方达成共识，建立信任、合作、支持的互利互惠关系。在济南全国环境互联网会议期间，由环保部门、媒体和其他环保社会组织的新媒体以及热心环保的新媒体代表性人士组成全国环境新媒体联盟并达成“济南共识”，旨在2015年世界环境日来临之际大力宣传生态文明理念、增强全民环保意识，打造更具感染力、影响力的环境话语体系和传播平台，为建设美丽中国广泛凝聚社会力量。

在为期1天的会议中，来自环保部门、新闻媒体、科研机构等领域的200余位嘉宾以“新常态下环境新媒体的战略选择”为核心，围绕“互联网+”时代环境传播面临的机遇和挑战、环保部门与媒体如何良性互动、环保部门与网络名人如何取得共识等主题展开热烈讨论。与会嘉宾普遍认为，应善用互联网思维和新媒体力量，推动环保信息公开和环保法制建设，积极开展舆论引导，形成互联网背景下的环境保护大格局。

在全国首届环境互联网会议暨环境保护双微上线仪式上，中央网信办网络信息传统局副局长汪祥荣先生用新媒体的方式，点击开通会议和联盟官网——新环境网。同时，全国环境新媒体联盟成立。联盟由环保部门、媒体和其他环保社会组织的新媒体以及热心环保的新媒体代表性人士自愿组成。同时，新浪政务新媒体学院环保分院也在会上正式成立。

会议上，全国环境新媒体联盟主要发起人、知名环保人、网络名博杜少中宣读《全国环境新媒体联盟宣言·济南共识》。共识的主要内容是：

> 第一，努力践行社会主义核心价值观，倡导生态文明。联盟成员必须自觉认真遵守国家各项法律法规，恪守底线，若有违反视为自动退出联盟。
>
> 第二，秉承“爱国、公益、务实、理性”的理念，大力普及环境科学知识，积极推动环境信息公开，广泛动员公众参与，整合各类社会资源，搭建依托互联网协同合作的环境建设新平台。
>
> 第三，发挥环境新媒体在舆论传播引导中的积极作用，监督各类环境违法行为，鞭挞不作为和乱作为，形成防治污染的社会合力，传递环境正能量，推动环境保护各项实际工作。
>
> 第四，坚持“接地气”网上网下互动，坚持环保公益行动，坚持着眼解决环境问题，开展研究培训形成环保民间智库，促进政府、企业、媒体、专家与公众及时沟通，促进人与环境和谐发展，共同努力实现美好的中国梦！

全国政协外事委员会副主任王国庆演讲实录：在新常态下要高度重视新媒体，为更多蓝天白云繁星闪烁共同营造好的舆论环境

很高兴这次有机会到这里参加这么一个论坛，又叫高端论坛。刚才于省长、潘部长讲话的时候，我就在想我说什么，我想到的都被潘部长说完了。但是既然站在这儿，我还是想利用这个机会，就环境保护和互联网新媒体这个话题谈一点自己的想法。时间有限，昨天晚上

说我就是五六分钟，我想讲两句话，一句是新媒体在新常态下，我们必须在思想上高度认识现在的环境。

因为在原来媒体格局比较单一、宣传方式主要是点到面的这种垂直形式，现在已经变成多元、变成互动，在这种情况之下，我们必须有新的思维、有新的方式。特别是互联网现在的移动终端，比如手机，现在在快速发展，正像潘部长刚刚讲到，有很多东西我们原来并没有认识到现在处在这种状态。特别是环境问题，是关系国家安危、关系民族前途命运的这么一个大问题。而有了互联网以后，有了这些移动媒体以后，这个媒体很容易就成为社会高度关注甚至会引起社会动荡的一个大问题。所以我们现在一定要从思想上认识现在新常态下的舆论形成、舆论传播方式的变化，一定要走在前面。

如果我们还是停留在以前对媒体的那种观点、那种方式上，我想我们会很被动。原来国务院新闻办公室也管互联网管了好多年，我们国家的互联网发展起来，国家新闻办十多年二十年的发展过程中发展起来的，我们一直在思考这个问题：我们为什么要发展互联网？发展互联网，我们不是为了管，而是为了用。如何把互联网用好，现在是个很大的问题。现在这个问题显得越来越突出，特别是现在是移动通信，我们的手机现在不仅仅是一个通话工具，而且成为信息传播的重要工具。如何把这个管好、用好，这个问题现在确实已经非常严肃地摆在我们面前。不仅仅环境问题，其他问题也这样，刚刚说了，环境问题是很突出的问题，我们必须高度重视。

我一直在想，互联网、移动通信很麻烦，确实很麻烦，现在说起来头都疼。刚才于省长说了，在市里面当市委书记的时候，好多事情都是管不上来的，现在真是每时每刻都把我们放在火上烤。我一直在想这个问题，水和火。如果我们的先人仅仅采取一种消极的躲或者是管或者是控制的话，我想今天我们可能还在树上，可能还在追逐猎物。所以只有我们积极面对它，在管的同时要用好。我想新媒体也是这样。

第二句话，我想如何把它用好？要善于运用，特别是我们的环保问题，我觉得是一个两难的问题。经济发展不可能不加大开放，不可能不多用各种能源。我们不发展，蓝天白云、繁星闪烁，可能这是很容易的事情。前两年我去非洲，我就看到晚上天上星星真多，白天蓝天白云，老百姓坐在房前屋后说话聊天，因为他们的自然环境不错，肚子饿的就到树上采果子吃。那儿的环境好，但是那儿确实欠发达，产业转移总有一天会把那边的蓝天白云变得像今天这样。所以这是个两难的问题。

如何让熊掌和鱼兼得？在这个过程当中，可能需要我们环保与媒体结合好，好多事情我们一边做一边说，有的时候可能动作不一定那么大，说话一定要大。因为一方面，我想环境问题要唤起公众的重视；另一方面，也要给我们有关部门，包括企业增加一点压力。这样才能把环境问题处理好。

所以我想在这方面，如何用好，今天我本来有好多话想说的，因为现在我们普遍，也是我们的文化传统，可能也是这些年方方面面大家的经验教训，所以好多我们的领导干部都不太愿意讲，都不太敢讲。所以遇到这些问题的时候，都不会主动引导、主动回应。所以你看最近我们有好多例子都是这样，不只是我们环保，环保在这方面也有这样的项目，刚才潘部长讲到 PX 项目，我了解到我们有关部门从来没有事先的引导，往往是等老百姓上街散步去了，才想起来舆论引导。所以怎么做，我们确实有很多文章。

这两年我们看到一些案例，比如铁道部原来的发言人是一个很优秀的发言人，但是就7·23动车事故的时候，7·24的那场发布让他黯然离场，甚至说了一句“我以后再也不跟媒体打交道”。所以这个问题，我们不仅仅要敢讲，还要会讲。怎么会讲？可能有两方面，一是培训。我现在从行政领导岗位退了以后，还包括王大平他们，一起推一个全国领导干部的培养基地，我们想把它变成能提高我们媒介素养、提高我们跟媒体打交道本领的这么一个实实在在的机制。昨天晚上我们跟部长也在对接，我们也很愿意为全国的环保干部量身定制，要设计一套课程、教材、方法，让我们在这方面提高。

另一方面很重要的，就是要在实践中提高，还要敢说。在这儿，我想呼吁一下，确实要有一个宽松的环境，我们各级领导对我们的干部敢说、愿说，有的时候说错一句半句不是那么严重的问题的话，不要求全责备，谁不说错话？我们也呼吁我们的新媒体要形成一种好的风气，要有一种宽松的环境。哪个干部一说错一句话，到处是拍砖的，人肉搜索，弄不好连他的初恋情人、儿子、老婆都搜出来。另外还有我们的媒体，也要为我们领导干部会说、敢说营造一个好的环境，也要善待我们这些敢说话的人。所以只有形成这样的环境，我们才可以。刚才潘部长也说了，我们也愿意为关心环保问题的媒体，包括网络大V，我们和环保部一起办班，同时这种方式，为我们环境保护这个话题，为我们国家更好的发展建设，为我们有更多的“蓝天白云、繁星闪烁”，我们来一起共同营造一个好的舆论环境。

国家环境咨询委员会委员、天津大学法学院院长孙佑海演讲实录：利用新媒体推动环境保护法治建设

尊敬的各位领导：

非常感谢邀请我来参会，我的演讲题目是《如何运用互联网和新媒体推进环境法治》。

因为时间关系，我讲两句话，一句话，推进环境法治，必须充分发挥互联网、新媒体的作用。为什么这么说？我们知道，党的十八大提出依法治国，建设法治中国的理论要求。党的十八大四中全会专题研究依法治国建设，成为社会主义法治国家的方案。我们在环境保护领域，来贯彻中央关于建设法治中国的方案，就是要研究怎么样运用法律思维和法治方式，来推动环境保护工作，使环境保护工作在新的形势下，来满足人民群众的新要求和新期待。

在这方面，我觉得媒体是已经发挥了，现在正在发挥，将来还会发挥它的作用。但是随着形势的发展，随着新技术的发展，互联网新媒体将发挥越来越大的作用。因为十年前，互联网就是新媒体，但是近年来，随着传统的PC互联网向移动互联网的转型，三网融合的普及，手机、移动电视、IPTV等互联网新媒体得到快速发展，微博、微信、微视等互联网新媒体的广泛应用，使新媒体对环境保护工作的影响越来越大，因此我们必须要充分发挥这个新抓手的作用，来推进环境保护工作。

从怎么贯彻中央的精神，运用互联网新媒体来推进环境保护工作再上一个新的台阶？我建议，要高度重视和充分发挥互联网新媒体的手段，来促进人们生态环境保护、生态文明建设法制观念理念的提升。我们党现在要依法行政，依法行政就离不开互联网和新媒体的推进作用。具体来说是这么几个方面。

（1）充分发挥互联网新媒体作用，推进环境立法。首先是立法的东西。具体是三个方面。一是要充分发挥互联网新媒体的宣传平台作用，大力宣传环境立法，让人民群众积极参与到环境立法当中。二是要充分发挥互联网新媒体的交互式平台作用，为社会公众讨论环境立法提供一种新的平台。三是要充分发挥互联网新媒体的信息发布的平台作用，及时公布立法规划、立法征求意见稿和社会各界的立法建议，让人民群众真正能够参与进来。这是立法。

（2）如何运用互联网新媒体推进环境执法？这里主要有三个方面。一是要促进信息公开，促进环保部门及时、完整地发布各类环境执法的信息，包括我们执政的信息，要通过互联网新媒体发布。二是要提供环境执法的一些线索，发挥新媒体的作用、互联网的作用，通过曝光各类环境污染和生态负债问题，为环境执法部门提供线索，方便他们查处各类违法行为。三是要充分发挥互联网新媒体的作用，有效监督环境执法，有效监督环境保护和监督管理部门的不作为、滥作为等行为。这也是要充分发挥。

（3）充分运用互联网新媒体推进环境司法。环境司法主要是讲公安局要抓那些严重污染环境的人、检察院要及时进行起诉、法院要及时进行审判。在这方面，一是要促进司法公正，通过充分发挥社会公众对环境案件的知情权，加强社会监督，从而促进法院的每个判决，做到公正合理。二是要推进环境司法，推动互联网的新闻媒体平台，及时公布裁判文书、案件审理信息、案件执行信息，通过司法公开倒逼司法公正。三是要监督环境司法行为，有效监督公安机关是不是及时侦查环境犯罪，检察机关是不是依法起诉，也要监督人民法院是不是依法公正审理案件。

（4）重新运用互联网新媒体，推进环境守法。在环境守法方面，我们首先通过互联网新媒体这种方便、快捷的手段，让人民群众马上第一时间知晓新公布的《环保法》，法院新判决出来的新的环保案件。其次通过人民群众喜闻乐见的方式知道哪些是合法的、哪些是不合法的，要知道怎么做。当然也要充分发挥监督的功能。

（5）如何运用互联网新媒体推进环境法律服务。这里主要是讲两个方面，一是环境律师，二是环境法律工作者。就是要通过环境互联网的平台，使环境服务的情况及时公布，让人民群众在第一时间找到最好的律师。环境律师也要通过互联网的平台，及时做好宣传、咨询的工作。因为在新的时代下，律师的作用非常大。

最后，做个简短的结论，在互联网新媒体时代，广大网民的环保诉求日益高涨，如何运用互联网环境法制是这个全新的课题，我们要运用互联网新媒体，推进环境科学立法、民主立法，推进环境严格执法，推进环境公正司法，推进环境全民守法，推进良好环境法律服务，把公众对环境保护的关注转化为解决环境问题的正能量，从而为建设社会主义生态文明做出新的更大的贡献。谢谢各位领导。

人民日报新媒体中心负责人丁伟演讲实录：宣布由人民日报新媒体中心、人民网舆情监测室、新浪微博、清华大学媒体融合发展研究中心、中国传媒大学健康与环境传播研究所联合发布的《全国环保类政务新媒体榜单》

作为一个新闻记者，我有一个非常深刻的印象，从来没有哪个单位像环境保护这样，和媒体、和舆论要天然地走在一起。当前环境保护和环境宣传，都在许多两难的矛盾中艰难前行。和上世纪80年代、90年代，甚至到本世纪初的环境宣传的态势相比，和人民群众现在日益增长的环保需求相比，与新媒体风起云涌的舆论格局相比，我们还有许多课题需要破解，还有许多工作要迎头赶上。

正是为了促进环保事业与环保宣传更加紧密的结合，更好地发挥媒体，尤其是新媒体在环保事业中的信息传播、社会动员、舆论监督的作用，受本次大会组委会的委托，我们人民日报新媒体中心，联合人民网舆情监测室、新浪微博、清华大学媒体融合发展研究中心，共同发布环保类政务新媒体排行榜。有三个榜，一个是“双微”排行榜，首先看环保系统双微派，排前十位的是山东环境、临沂环境、青岛环保、重庆环保、日照环境、温州环保、江苏环保、微言环保、绿色郑州、无锡环保。

下面我们再看微博排行榜。在微博排行榜里，前十位是山东环境、临沂环境、青岛环保、日照环境、重庆环保、武汉环保、上海环境、微言环保、威海环境。我们可以看到，在微博的前几位里面，山东的环保表现比较抢眼，在前五位有三个山东下属的环保账户。

接下来我们看微信排行榜，在微信排行榜的前十位账号是温州环保、浙江环保、微言环保、乐清生态环保、山东环境、杭州环保、北京环保宣传、新疆环保、天津环保宣传、陕西环保。

大家看看这个榜单，和刚才的微博榜单相比，发生了一个明显变化，就是浙江的表现非常抢眼。在前15位的微信账号里面，浙江省占据了很重要的分量。

榜单的情况大致就这样，我们发现，无论是山东环保还是浙江环保，他们在微博和微信里面的抢眼表现，我想和地方环保部门的高度重视是密不可分的。而且这种经验是可以复制的。只要是我们地方的环保部门重视，我想促进环保宣传力的提升并不是一件十分困难的事。

让我们共同努力，推动中国的环境保护事业更上一层楼。

附:参与嘉宾名单

杨明森：中国环境报社社长
潘　岳：环境保护部副部长
于晓明：山东省人民政府副省长
王国庆：全国政协外事委员会副主任
汪祥荣：中央网信办网络新闻信息传播局副局长
王大平：中国公共关系协会常务副会长兼秘书长
陶德田：环境保护部宣传教育司司长
李宗国：山东省委宣传部副巡视员
张　波：山东省环境保护厅厅长
杜少中：全国环境新媒体联盟主要发起人
贾　峰：环境保护部宣传教育中心主任
程春明：环境保护部信息中心主任
刘国正：中国环境新闻工作者协会秘书长
孙佑海：国家环境咨询委员会委员、天津大学法学院院长
董关鹏：中国传媒大学媒介与公共事务研究院院长
苏桂锋：国务院国资委新闻中心副主任
任志强：中国房地产业协会副会长、知名企业家
王金南：环境保护部环境规划院副院长兼总工程师

颜梓清：中关村空气污染防控联盟理事会主席
田继生：亿利资源集团有限公司总裁
丁　伟：人民日报新媒体中心负责人
祝华新：人民网舆情监测室秘书长、《网络舆论》总编辑
沈　阳：清华大学媒体融合发展研究中心主任
孟　波：新浪网副总编辑
傅　涛：中国水网/中国固废网总编
贾奋勇：新华社国内部新媒体工作室主任、新华视点负责人
朱红军：南方周末编委、社会新闻部、绿色新闻部总监
刘鉴强：中外对话副总编辑
洪文军：解放军报社总编室全媒体协调组组长
曹　林：中国青年报编委、社评部主任、首席评论员
邓　飞：免费午餐发起人、凤凰周刊记者部主任
李　颖：中国传媒大学健康与环境传播研究所副所长
石述思：工人日报社会周刊编辑部主任
刘少华：人民日报海外版记者
郑东红：新华社辽宁分社记者
袁小靓：独立时评人、自由撰稿人
黄小山：北控环境品牌总监
董秀娟：山东环境保护厅副厅长
苗加兴：天津环境保护局副局长
游　炜：山西环境保护厅纪检组长
李　剑：内蒙古环境保护厅副厅长
卢春中：浙江环境保护厅副厅长
陈　卫：重庆环境保护局副局长
彭　勇：四川环境保护厅副厅长
丹巴曲桑：西藏环境保护厅副厅长
孙玉龙：甘肃环境保护厅副厅长
宋春康：青岛市环境保护局局长

附：会议日程表

时间	大会主题	参会嘉宾
09:00～09:20	开幕式	主持人：杨明森（中国环境报社社长） 山东省人民政府副省长于晓明致辞 环境保护部副部长潘岳致辞
09:20～10:00	高峰论坛	主持人：董关鹏（中国传媒大学媒介与公共事务研究院院长） 王国庆（全国政协外事委员会副主任、国务院新闻办原副主任） 汪祥荣（中央网信办网络新闻信息传播局副局长） 王大平（中国公共关系协会常务副会长兼秘书长） 张波（山东省环境保护厅厅长） 陈卫（重庆市环境保护局副局长） 孙佑海（国家环境咨询委员会委员、天津大学法学院院长）
10:00～10:15	上线及成立仪式	1. 环境保护部环境保护双微上线 2. 全国环境新媒体联盟成立 3. 新浪新媒体学院环保分院成立 4. 新环境网开通 5. 全国环境新媒体联盟主要发起人杜少中宣读联盟宣言
10:15～10:35	主题演讲	任志强（中国房地产业协会副会长、知名企业家）
10:35～10:50	发布环保类政务新媒体榜单	发布机构：人民日报新媒体中心、人民网舆情分析室、新浪微博、清华大学媒体融合发展研究中心、中国传媒大学健康与环境传播研究所 发布人：丁伟（人民日报新媒体中心负责人）

续表

时间	大会主题	参会嘉宾
11:00～12:00	主题对话：互联网+，环境传播面临哪些机遇和挑战？	主持人：贾峰环境保护部宣传教育中心主任 祝华新（人民网舆情监测室秘书长、《网络舆论》总编辑） 沈阳（清华大学媒体融合发展研究中心主任、教授、博导） 朱红军（南方周末编委、社会新闻部、绿色新闻部总监） 程春明（环境保护部信息中心主任） 苗加兴（天津市环境保护局副局长） 宋春康（青岛市环境保护局局长） 颜梓清（中关村空气污染防控联盟理事会主席）
14:00～15:00	主题讨论1：环保部门VS环保新媒体：互联网+，对环保部门意味着什么？	主持人：王金南（环境保护部环境规划院副院长兼总工程师） 李剑（内蒙古自治区环境保护厅副厅长） 孙玉龙（甘肃省环境保护厅副厅长） 徐效梅（新疆维吾尔自治区环境保护宣教中心主任） 杨松峰（陕西省环境保护宣传教育中心副主任） 韩松涛（郑州市环境保护局副局长） 边登荣（成都市环境保护局纪检组长） 詹炜（武汉市环境保护信息中心主任）
15:05～16:10	主题讨论2：环保部门VS环境媒体：怎样在线上线下良性互动？	主持人：刘国正（中国环境新闻工作者协会秘书长） 苏桂锋（国务院国资委新闻中心副主任） 孟波（新浪网副总编辑） 贾奋勇（新华社国内部新媒体工作室主任、新华视点负责人） 刘鉴强（中外对话副总编辑） 游炜（山西省环境保护厅纪检组长） 黄承梁（山东省生态文明研究中心主任） 凌越（北京市环境保护宣传中心主任） 傅涛（中国水网/中国固废网总编清华大学环境学院环境产业研究中心主任）
16:20～17:40	主题讨论3：环保部门VS网络大V：怎么样取得更多共识？	主持人：刘国正（中国环境新闻工作者协会秘书长） 贾峰（环境保护部宣传教育中心主任） 张波（山东省环境保护厅厅长） 卢春中（浙江省环境保护厅副厅长） 曹林（中国青年报编委、社评部主任、首席评论员） 邓飞（免费午餐发起人、凤凰周刊记者部主任） 石述思（知名时评人、工人日报社会周刊编辑部主任） 郑东红（知名时评人、新华社辽宁分社记者） 参与互动：洪文军（解放军报官方微博“军报记者”负责人） 刘少华（人民日报海外版记者、侠客岛负责人） 袁小靓（独立时评人、自由撰稿人） 黄小山（北控环境品牌总监）

最高人民检察院“互联网+检察工作”座谈会

活动名称：最高人民检察院“互联网+检察工作”座谈会

时　　间：2015年7月3日

地　　点：北京

2015年7月3日，最高人民检察院在京召开“互联网+检察工作”座谈会，邀请中央有关部门和新闻单位、互联网媒体、企业以及互联网专家学者，共同探讨互联网与检察工作的融合发展问题。座谈会由最高人民检察院常务副检察长胡泽君主持，检察长曹建明出席并做了重要讲话。

曹建明强调，“互联网+”时代，检察工作机遇与挑战并存。各级检察机关要积极贯彻党中央关于“互联网+”的重要战略部署，顺势而为，以开放包容的姿态，探索构建“互联网+检察工作”的工作模式，与互联网主动融入、主动互动、相向而行，做好互联网时代检察工作的“+”法。

曹建明对中央有关部门、中央各新闻单位、各互联网媒体、企业和专家学者对检察工作的关心关注和指导帮助表示感谢。他说，人类社会已经进入互联网时代，互联网以其高速度、大容量、交互性和开放性，迅速融入经济社会的方方面面，正在深刻地改变着人们的生产生活方式，有力推动着社会发展。党中央对互联网事业高度重视，党的十八大以来，习近平总书记鲜明提出了“建设网络强国”的战略思想和目标任务。李克强总理在今年的政府工作报告中第一次明确提出“制定‘互联网+’行动计划”。这是党中央从协调推进“四个全面”战略布局出发，顺应互联网时代发展大势，做出的重要战略部署，充分表明“互联网+”已经上升为国家的发展战略之一。

曹建明指出，“互联网+”，并不是互联网与各个传统行业一加一的简单、机械叠加，是一个极具想象力和创意的新理念、新模式，是极具战略意义和实践价值的网络环境社会下的战略行动计划，也是中国经济社会和信息化深度融合的成果和标志。它要求我们站在互联网这样一个平台上，更加准确把握好传统与创新的关系，以更加开阔的视野，更加重视运用互联网思维，使用云计算、大数据、移动互联网、物联网等现代信息技术，推动互联网与经济社会生活各领域的深度融合，激发全社会创新智慧与创造活力，不断提升自己的创新力、生产力和竞争力，不断衍生催生新产品、新业务、新模式。

曹建明指出，“互联网+”对检察工作的影响同样是全方位的。一方面，日新月异的互联网信息技术是检察机关加强司法管理、提升司法效能的重要支撑，也是深化司法公开、提升司法公信力的重要手段；另一方面，飞速发展的互联网信息技术也给我们带来了纷繁复杂的社会管理问题和法律问题。特别是借助互联网、利用互联网技术实施的犯罪行为日益增多，不仅增加了检察机关的司法办案难度，也提高了检察机关依法惩处职务犯罪、信息安全犯罪的技术门槛。各级检察机关必须顺势而为，既要充分运用信息网络技术，提升检察工作现代化水平，又要充分履行职能，维护网络信息安全；既要善于利用互联网推动科技强检，又要依托互联网打造阳光检务；既要自觉接受网络媒体的舆论监督，又要紧紧依靠网络媒体凝聚检察工作正能量。

曹建明强调，要依托信息网络技术，推动检察工作创新发展。当前，以信息技术为核心的新一轮科技革命正在孕育兴起，互联网日益成为创新驱动发展的先导力量。在新的形势下，各级检察机关要牢固树立向科技要警力、向信息化要战斗力的理念，更加充分运用互联网发展成果，以信息化引领检察工作现代化。要善于运用信息网络技术，提升司法办案能力。把全国检察机关的电子检务工程打造成“智慧检务工程”，高度重视大数据在行政执法和刑事司法衔接、职务犯罪侦查、强化诉讼监督中的作用，探索研发“检察机关电子证据云平台和指挥侦查平台”，建设“两法”衔接平台，推动侦查指挥、远程取证、智能鉴定、行贿犯罪档案查询等检察业务流程再造，不断提高发现犯罪、惩治犯罪和法律监督的能力和水平。要善于运用信息网络技术，增强司法管理效能。更加重视完善以统一业务应用系统为核心和基础的电子检务工程，对办案流程进行统一的规范化设计，对重要环节实行节点控制，有效保证严格规范司法。要善于运用信息网络技术，拓宽司法公开的广度和深度。善于运用网络传播规律，创新改进网上宣传，大力加强网上检察服务大厅、检察机关门户网站、“两微一端”等新媒体建设，完善人民检察院案件信息公开网，形成系统化的“检察网阵”，构建阳光检务信息公开平台和便民服务平台，增强检察工作透明度，让人民群众更便捷地了解、监督检察工作。

曹建明强调，要充分履行检察职能，坚决维护网络安全。信息网络技术应用越深入，经济社会发展就越发依赖互联网，相伴而生带来的网络风险或安全问题也越发严峻。没有网络安全就没有国家安全。十二届全国人大常委会第十五次会议表决通过的新国家安全法，首次明确“网络空间主权”。维护网络安全是检察机关的一项重要任务，事关国家安全和社会公共利益，事关公民人身财产安全，事关现代化国家治理体系。各级检察机关要深刻认识网络安全面临的新形势，深入研究网络犯罪的新特点，依法履行检察职能，坚决惩治网络攻击、网络入侵、网络窃密、散布违法有害信息等犯罪，坚决惩治利用网络敲诈勒索、诈骗、赌博、制造传播谣言、传播淫秽信息、窃取公民个人信息、侵犯个人隐私、侵犯知识产权等犯罪，维护国家网络空间主权、安全和发展利益。要结合办理各类网络犯罪案件，分析网络管理的薄弱环节和突出问题，及时向有关部门提出加强管理、建章立制的建议，促进提高网络管理法治化、规范化水平，加强网络法治建设，促进互联网经济繁荣发展。

曹建明指出，要大力提升互联网思维，主动学习应用现代信息技术。互联网已经融入检察工作的方方面面，每个检察人员特别是检察机关各级领导干部，要牢固树立“民主、开放、参与”的互联网思维，更加注重基于互联网的特征来创新和改进工作，克服消极防范心态和本领恐慌，创新思维，推动互联网技术与检察工作的深度融合。要加强有针对性的教育培训，提高全体检察人员运用大数据能力，提高司法效能和办案质量。要主动接受互联网媒体的舆论监督，主动争取互联网企业的技术支持，进一步提高法律监督能力和水平，把互联网变成改进和创新检察工作的新平台。

最高检常务副检察长胡泽君主持会议。国家互联网信息办公室专职副主任彭波、新华社副社长慎海雄讲话。最高检副检察长李如林、湖北省检察院检察长敬大力出席会议。中央政法委、国信办有关部门负责人，部分中央政法媒体及其网站、国内知名互联网企业负责人和专家，最高检相关业务厅局和检察日报社负责人以及部分地方检察院负责人参加座谈会。北京邮电大学互联网治理与法律研究中心主任李欲晓、腾讯副总裁谢呼分别就“‘互联网+’的法治思考”“‘互联网+’与检察工作的融合创新”做了发言。湖北省检察院、江苏省苏州市检察院、内蒙古自治区呼和浩特市赛罕区检察院介绍了在“互联网+检察工作”领域的探索和成效。

据悉，此次座谈会是在正义网创办15周年之际召开的。正义网作为最高检主管、检察日报社主办的法治资讯门户网站，创办15年来，紧紧围绕党和国家工作大局以及检察工作全局，坚持专业化发展、市场化运营和精细化管理，从开办之初单一的检察日报电子版信息登载服务，逐步建成拥有新闻采编、主题宣传、信息技术服务等综合业务体系，拥有博客、视频、微博、微信、客户端等全媒体平台，拥有健全的现代企业管理制度和严格的检察信息服务管理制度的现代互联网传媒企业，成为新媒体时代检察网络宣传的主阵地和主渠道。

国家互联网信息办公室副主任彭波出席座谈会并讲话。出席座谈会的还有：最高检副检察长李如林，新华社副社长慎海雄，中央政法委政法综治信息中心负责人陈里，国家互联网信息办公室网络新闻传播局副局长陈云峰。中央法制类新闻单位及其网站负责人、最高检机关部分内设机构和直属事业单位负责人，阿里巴巴集团、搜狐网、新浪网、今日头条、澎湃新闻、凤凰网等国内知名互联网企业负责人也参加了此次座谈会。

综合《检察日报》北京2015年7月3日电（记者王治国　戴佳）

“互联网+检察工作座谈会”发言摘要*

——探索互联网与检察工作结合的有效途径

湖北省人民检察院检察长　敬大力

近年来，湖北省检察机关认真贯彻中央、最高检部署，以打造“鄂检网阵”新媒体平台体系为主要抓手，探索互联网与检察工作的结合途径，取得明显效果。

坚持先行先试。2008年我们强调网民就是真实的群众，做好新时期的群众工作，既依靠“脚板”，也要做好“指尖上的群众工作”。为此，对省检察院门户网站改版升级，并推动130个检察院当年全部开通了门户网站，同年9月又依托新浪网开设官方博客。

推进多元传播。2011年以来，全国省级检察院第一个官方微博、第一个官方微信、第一个手机客户端在湖北应时而生，其中“湖北检察”手机客户端是当时“苹果商店”App中唯一的检察资源。2014年6月全省130个检察院全部开通了官方微博、微信，今年6月集体入驻影响力较大的“今日头条”客户端，实现了“两微一端”全覆盖。

实现融合发展。一是推进全省检察门户网站于2014年12月全部完成升级改版，形成了一体化网站群。二是推进微博、微信“全关注”和“全推介”，要求全省检察人员全部关注检察微博微信，向社会各界推介检察微博微信，省检察院在腾讯网、新浪网建设了微博微信发布厅，将130个检察院的官方微博、微信整合在一个平台上，实现了集群化运行。三是推进检察新媒体形成矩阵。将全省检察门户网站群、博客群、微博群、微信群、客户端群整合

* 最高人民检察院官方网站，http：//www. spp. gov. cn/zdgz/201507/t20150704_ 100781. shtml。

在“鄂检网阵”之下，三级检察院联通、信息共享，网民可通过其中一个平台进入全省检察机关其他新媒体平台，实现了矩阵式运行。

根据现有条件和工作实际，目前我们对互联网的应用主要体现在检察宣传、检务公开、便民服务等方面。

利用互联网立体化传播，提升宣传效能。依托“鄂检网阵”，把重点工作、感人事迹及时传递到社会；坚持全媒体“发声”、多媒体发布，运用动漫视频、图解新闻、H5 网页、话题专栏等方式宣传检察职能和工作成效。同时，借助“鄂检网阵”关注社会舆论，建立起 169 人的网络新媒体管理员、网评员队伍，运用涉检舆情监测系统 24 小时全网巡查，健全了监测联网、预警联合、导控联手、处置联动的涉检舆情收集、分析和导控联动机制，对社会关注的重大敏感案件事件及时有效发声，引导网民理解支持检察工作。

全方位公开，深化阳光检务。运用检察院案件信息公开网，依托“鄂检网阵”设置的权威发布、鄂检直播、公示公告等检务公开栏目，及时权威发布职务犯罪案件信息 400 余条；发布案件程序性信息 2 万余条、法律文书 3000 余份；加强与网民的互动，对网民提出的意见、建议和诉求，件件有回复、事事有回音。

多平台沟通，强化便民服务。借鉴 O2O 运行模式，使互联网成为检察服务的渠道和平台。自主研发了网上受理中心、约见检察官等 10 多个服务平台，开发出 17 项检察业务查询与办事功能，将“鄂检网阵”打造成通达社情民意、提供便民服务的新平台。在网上开辟“检察长信箱”“部门直通车”等检民互动栏目，广泛收集和听取民意。将检察机关综合性受理接待中心各项窗口服务功能整合到官方网站、微信等平台中，打造出网上“12309”平台，具有报案、举报等“七合一”功能，实现了接访、信函、案件受理等“六整合”，提供网上网下“一站式”服务。

经过持续努力，省检察院先后荣获了全国优秀政务微博、全国十大政法机关影响力微博、全国政法微信问政新锐奖等多项荣誉。

激发新动能　营造新生态　提升新能力

江苏省苏州市人民检察院检察长　王君悦

近年来，苏州市检察机关立足检察职能，积极探索运用“互联网 +”思维和技术，促进互联网与检察业务、检务公开、检察为民深度融合，破解检察工作难题、规范司法行为、增强法律监督实效。

运用“互联网 + 业务”思维，激发公正司法新动能。创新搭建业务对接平台强化办案。对内，利用移动互联网络，开发了“检务通”系统，即时处理公文传阅、通知通告等事务性工作；全面运用全国检察机关统一业务应用系统，强化对司法办案活动的动态监控。对外，搭建“两法衔接”信息共享平台，通过平台及时发现并督促移送刑事案件线索；牵头研发了“政法信息综合管理平台”，打造政法机关之间的信息“高速路”。2013 年 4 月全面推广运用以来，刑事案件平台流转率达 98.3%，被中央政法委列入政法机关跨部门网上办案试点地区。

探索运用远程视频技术推动办案。依托检察工作办案区、派驻检察室，建立远程视频提讯室、监控室等，“足不出户”即可实现讯问、接待、出庭支持公诉，相关数据同步采集、存储、传输，受到曹建明检察长等领导肯定。

强化侦防信息化建设促进办案。与公安、房产等多家单位共建侦查基础信息平台，利用互联网开展网上初查，深入开展线索分析研判。与省检察院、基层检察院共建职务犯罪案件侦查指挥平台、线索库、预防资料库，实现资源共享、互利互惠。我市检察机关“两化”建设相关做法被省检察院推广。

运用“互联网+公开”思维，营造公信检察新生态。成立全国首家检察新媒体中心。2013年7月我院建立了检察新媒体中心，将全市两级检察院网络信息、技术与人才等资源有机整合，定期发布案件进展情况以及权威检务信息，监测、转办和处置涉检网络舆情，开展网络普法等，形成强大的网络宣传和舆情引导合力。

搭建“互联网+”开放共享平台。全市11家检察院全部开通官方微博、微信平台，统一名称和标识，加强“两微”管理，规范发帖程序和涉检网络舆情处置流程，完善检察新媒体制度。微信平台增设了案件查询、活动预约、行贿犯罪档案查询、法律咨询等服务功能，为公众提供高效便捷的司法服务。

提升“互联网+”公开宣传效果。通过检察院案件信息公开网、官方微博、微信群等，及时公布检务和案件信息动态，回应社会关切。去年10月以来，我市检察机关发布案件信息、法律文书总量约占全省1/4，相关做法被最高检作为全国典型事例通报。

运用“互联网+服务”思维，提升司法为民新能力。在苏州检察门户网站创办“网上检察为民服务中心”，集中了检务公开、在线申诉、网上举报、律师接待预约等服务功能，努力提供网上“一站式”情景服务。

推广运用“律师服务系统”，为律师办理网上身份认证、预约会见阅卷和提交意见等业务；开发“4e”行贿犯罪档案查询平台，为申请人提供网上申请、网上查询、网上送达和网上验证等一体化远程服务。

注重大数据深度分析与运用，尝试建立大数据中心，开发司法办案风险评估预警处置平台、检委会议事系统、大业务软件分析系统、羁押必要性审查系统等个性化软件，深入挖掘数据资源，为党委政府及检察工作提供深度决策参考。

信息化带动整体工作上台阶

内蒙古自治区呼和浩特市赛罕区人民检察院检察长　云志宏

近年来，我院全面贯彻落实最高检“科技强检”要求，不断提升检察技术和信息化应用水平，有力带动了全院整体工作上台阶。2012年，我院被最高检命名为“全国检察机关四化建设示范院”。

充分应用新媒体平台，积极提升检务公开能力。针对网络的信息主渠道特性，我院建成了门户网站，开通了微博、微信和手机客户端，构建起了“赛检网群”信息发布、互动平台，全力打造“指尖上的阳光检察”。

拓展宣传内容。通过门户网站及时公开查办和预防职务犯罪工作部署、我院办理的有较大影响案件的进展和结果、检察人员违法违纪处理结果等内容，收到良好效果。

及时发布案件信息。将“应当公开”案件的法律文书在规定时间节点“晒”上网，自觉接受社会监督。今年以来，我院上网公开法律文书200份、发布重要案件信息33篇。

创新宣传手段。充分发挥新媒体信息传播快、覆盖广、影响大、社会动员能力强的特点，及时在“赛检网群”上推送检察动态。去年5月赛检官方微博、微信发送第一条信息以来，已持续推送130余期500余条信息，社会关注度不断攀升。

舆情处置应对得力。高度重视网络舆情应对，指派专人负责日常监控。如对近期发生的一起舆情事件，第一时间发布官方通报，澄清不实言论，回应网民质疑。

广泛运用海量网络资源，不断提升司法办案能力。建立了案情分析室、侦查指挥中心，装备了远程数据传输警用车。远程数据传输警用车可向侦查指挥中心实时传送侦查取证现场画面，平面距离范围38公里，检察长在指挥中心即可指挥调度现场侦查。指挥中心和案情分析室还能实时监控警务区的询问、讯问情况，根据案件进展，通过内线电话双向交流沟通，指挥干警调整问话策略。

采取“互联网+群众举报+传统侦查手段+基础数据分析”模式，将“互联网+”巧妙地应用到职务犯罪查办上。2012年，我院在查办一起贪污拆迁补偿款案过程中，嫌疑人拒不认罪。因被征用房屋已拆除，有关部门无法提供拆迁现场情况，取证工作一度陷入僵局。自侦和技术部门干警通过互联网查找、数据信息恢复等技术手段，成功复原了该村拆除前全貌图，成功告破涉案13人、金额1500余万元贪污、渎职大案。

积极搭建互联互通平台，有效提升群众工作能力。近年来，我院持续加大基础设施建设投入，通过提高检察科技含量和信息化水平，提升群众工作效能。

建成远程视频接访系统。在较为偏远的黄合少镇建设了标准化派驻检察室，并设计配置远程视频接访终端，与院机关的远程视频接访中心连接，让群众在家门口就能与检察干警“面对面”交流。

打造功能完善的案管服务大厅。设置触摸式电子查询系统，当事人、律师可自主查询案件程序性信息和法律文书；通过门户网站在线受理查询预约、网上举报等，受到群众好评。

从九个方面完善相关立法

北京邮电大学互联网治理与法律研究中心主任　李欲晓

互联网的发展经历了三个阶段，在第三阶段，传统社会中的结构、规则、方式方法、工具发生了变化，人们的衣食住行、工作、娱乐、生活等方方面面也都发生了改变。

具体而言，“互联网+”带来的变化主要体现在七个方面：传统社会的信息生产、应用、传播的效率大幅度提高；社会综合资源优化配置成为可能；公众自主管理个人事务、参与社会事务、影响国家决策能力显著提升；社会事务更加依赖于全数据处理，而非抽样，经济和法律规则不可避免要发生调整；规则的作用更大，人为因素的影响力更小；信息作为社会生产要素的作用更突出；全球性网络规则将伴随传统社会和网络的结合而出现。

在网络环境下，社会出现了本质性变化——碎片化，包括碎片化的信息、碎片化的网络、碎片化的生活和碎片化的应用。而网络基础环境、人的基本权利、网络公共服务、群众性关系，成为面向碎片化网络社会的规则体系构架应该考虑的因素。

因受本国经济发展、社会文明以及信息基础设施建设程度的不同制约，各个国家在网络社会发展中居于不同阶段。网络与现实社会发展速度的不同步和人类社会对网络的适应性差异，以及不同国家和地区网络发展环境的不同，导致大量问题的出现。

尤其是在“互联网+”阶段，数字鸿沟依然会存在，且会出现数据寡头垄断。网络空间的立法、执法、监管等，在相对较长的一段时间里会出现滞后状态。因此，移动互联网、物联网、大数据、跨境电子商务、人工智能等信息传播和扩散带来的新问题必须要关注。

比如，这些年大幅度建设云计算基地，相应的规则、法律体系规则的构建还与其不相适应；物联网涉及的接口安全、标识资源安全、数据安全、隐私安全等，这些安全隐患急需彻底解决。

再比如，互联网信息服务、电子商务，比如说网络爬虫技术、广告插件技术，这些技术出现时对于个人信息、隐私都存在巨大的安全威胁。数据挖掘、深度分析技术，是否应该从法律角度予以考虑？我们需要意识到网络时代个人信息搜集是不可回避的事情，但是同时要知道在社交网络、电子商务中，个人信息利用搜集的重点是什么。个人信息保护重点就是防止滥用而不是禁止搜集，搜集应该遵循相关的原则。对于个人信息保护、商业利益边界要重新划分，保障知情权、用户自主控制权，相关立法应该完善。

具体到“互联网+”的立法，应从九个方面着手：网络空间安全的法律体系，个人网络信息空间权利保护体系，关键基础设施保护的法律，促进互联网信息服务发展的法律，促进网络社会发展的法律，规范网络信息空间的法律，提升网络空间的立法、司法、执法行政监管能力，保护未成年人，构建网络空间的国际规则等。

还有空间可以进一步挖掘

腾讯公司副总裁　谢　呼

“互联网+”是以互联网平台为基础，利用信息通信技术，与各行业的跨界融合，推动产业转型升级，并不断创造出新产品、新业务与新模式，构建连接一切的新生态。

根据相关统计，在当前全国政务“互联网+”涉及的业务领域和职能类别中，检察系统排名前列，尤以检察领域信息化建设、“两微一端”的开通为大众所称道。如最高检的微信公众号，关注人数非常多，还有深圳市南山区检察院的“案件公开审查会”微博直播。检察机关对一些社会关注度高、影响重大的疑难复杂案件公开审查的过程进行实时直播，让更多公众及时了解案情、发表意见、参与讨论，大大提高了案件办理的透明度。还有一些大型活动的直播，比如检察长接访等，拉近了检察机关与老百姓的距离。

由此可见，在“互联网+”检察方面，我们已经做了很多工作，具备了很好的基础。现在，在信息公开、便捷服务、案件侦办等方面，还有一些空间可以进一步挖掘。

在信息公开方面，对应检察机关最主要的就是检察资讯的发布和案件信息的公开以及检察宣传。互联网所具有的开放、透明、互动等特点，与司法公开有着天然的连接优势，特别是社交平台，可以极大地提高信息的覆盖率、提高公众的参与度。此外，通过社交平台与民意的互动，检察机关还可以通过对民意进行大数据分析，实现为检察决策提供服务。

在便捷服务方面，目前，全国各地很多检察机关都开设了一定的检务服务。未来，我们的方向可以在提高服务的使用效率方面，在服务的标准、服务平台与支付平台的连接、服务与大数据的连接上进一步思考。整合现有资源，真正找到公众关心的“痛点”，为公众解决具体问题，提高服务质量，建立服务品牌，扩大影响力。

在案件侦办领域，基于互联网的大数据和云计算也是大有可为。例如，可以通过互联网数据整合，建立反腐败情报数据库，用数据助推破案。此外，还可以用社会化的数据来建立人的模型，通过对“数据人”的“微表情分析”判断其心理状况，为侦查人员提供参考。这些探索和尝试将为大数据在检察系统的应用提供多种思路。

2015 全国青少年新媒体论坛

会议名称： 2015 全国青少年新媒体论坛

会议主题： 新形势·新常态·新思维

主办单位： 人民日报社、新浪、微博

时　　间： 2015 年 8 月 19 日

地　　点： 北京

“2015 全国青少年新媒体论坛”于 8 月 19 日在北京开幕，此次论坛由共青团中央学校部、教育部新闻宣传中心共同指导，微博主办，围绕“新媒体与青年融合、创新与成长”的相关话题进行交流，为政府代表、微博名人、校园菁英、行业专家、高校学者搭建一个多方对话平台，共同探讨新媒体时代下青年思想、人才培养的青年论坛活动。

论坛发布了《中国校园微博发展报告（2015）》。报告由华东政法大学法制新闻研究中心、复旦大学国际公共关系研究中心联合发布，微博提供数据支持。该报告通过校园微博用户整体现状、个性分析、使用习惯、微博服务功能、热门教育话题等角度全方位呈现了当前青少年用户使用微博的情况。

报告指出：微博是学生群体了解最新社会动向的重要窗口。微博平台服务功能的专业化、人性化使用户黏度加大。对于整个青少年群体而言，微博是学习交流、社交娱乐的重要平台；对于学校而言，微博是资源整合、公关宣传的重要阵地。微博已成为国家教育发展中实现“教育信息化”的重要实践基地。

一、青少年微博用户超五千万，已进入全天候活跃状态

报告指出，截止到 2015 年 6 月底，新浪微博共计有超过 5000 万名青少年用户，其中大学生占 7 成多，剩下近 3 成为高中生用户。2015 年上半年微博用户总体增幅为 23.37%，多数省份青少年微博用户实现增长。以大学生用户为例，其中北京、湖北、江苏等增幅较大，北京市取代广东省成为大学生用户数量最多的地区。同时有 110 所 211 高校开通校园官方微博，985 和 211 院校的用户基本全面覆盖。

青少年微博用户中，大学生活跃用户明显高于高中生。高中生均活跃度为 0.59，大学生活跃度为 0.67。2015 年上半年，青少年用户的登录时段除晚上睡眠时间外，登录时段没有特别明显的峰值，数据峰值和谷值相差不大，这意味着学生用户已经进入全天候活跃状态。

二、大学生用户宣言“我们不脑残”，高频词汇彰显“正能量”

根据报告的年龄段分类，微博高中生用户在标签使用时除了凸显自己的学生身份外，还积极地表明了自己的生活风格——“宅”与“睡觉”。同时认为自己喜欢“文艺”，更是自由、时尚与“吃货”的代表者；而从大学生用户的标签使用情况来看，大学生是一群喜欢“宅”的“吃货”，是典型的音乐和旅游爱好者，比高中生更喜欢运动和小说。值得一提的是，大学生还喜欢用“我们不脑残”这样的表述来界定自己。

从报告对微博文字所涉及的16854个关键词进行的词频统计和排序结果看，所有高频词汇均带有鲜明的“正能量”特征，其中最为高频的用词为“生活”“喜欢”“努力”“人生”“幸福”等。青少年微博用户的学习生活中正能量十足。

三、微博使用移动化明显，苹果手机最受欢迎

从微博发布源来看，数据显示学生用户的微博使用具有鲜明移动化特点。截至2015年6月，高中生用户通过移动端发布微博总量占比83%；大学生通过移动端发布微博总量占比65%。

而从大学和高中用户发布微博时手机品牌的使用情况看，两个群体在终端使用的品牌选择上基本一致。苹果、三星和OPPO分别稳居品牌使用前三，大学生这三个品牌的使用总占比92%，高中生这三个品牌的使用总占比为88%，略低于大学生。

四、微博大数据客观再现问题：教育公平引关注

教育公平一直是广大用户关心的重要问题，微博大数据也全面客观反映了这种现象。研究发现，北京、广东、江苏、河南、山东等人口及教育大省对“教育公平”这一话语的关注度最高。

以主体性用词来看，对教育公平阐述的视角在于“教育资源分配”、“异地高考”、“城乡差距”和“国家政策”四个方面；以策略性用词来看，微博中对“教育公平”这一话题集中的视角体现在推动教育现状改革、解决教育不公平现象、缩小城乡差距这三个方面；以修饰性用词来看，教育公平存在的资源配置不均衡，城乡差距、教育腐败问题体现的是社会的不公平，是当前为公众和媒体所关注的热点话题，从数据来看，公众对有更好的教育环境有很高的期待。

除了《中国校园微博发展报告（2015）》的发布，论坛揭晓了2015全国最具影响力教育官微、2015全国最具影响力高校团委官微、2015全国大学生“绿植领养”优秀高校等奖项，其中上海交通大学、北京大学、武汉理工大学分列教育官方微博排行榜前三；四川大学锦城学院、江西师范大学、四川医科大学分列高校团委官方微博排行榜前三；潍坊科技学院、西华师范大学、四川医科大学则分列大学生“绿植领养”排行榜前三。

另外，微博校园与参会高校共同启动了“微博校园菁英计划”，计划旨在挖掘和培养一些热爱微博并且愿意产生校园原创内容的在校大学生，同时微博将给予学生们一定的扶持资源，鼓励他们编辑产出优秀的校园内容。微博校园负责人魏莉在启动仪式上表示，校园菁英计划主要聚焦三点：第一，微博将继续践行社会责任，在教育部、共青团中央指导下联合高校新媒体运营相关部门，共建全国高校新媒体；第二，微博将致力于推动共青团工作的微博运营、管理和评价体系的科学化、规范化，提升共青团和高校校微博的传播力、互动力和服务力；第三，充分利用微博的影响力，挖掘在各个领域有才能的年轻人，鼓励他们能够通过微博实现自我价值的提升，成为一个可能改变世界的人。

气象宣传科普工作研讨会

活动名称： 气象宣传科普工作研讨会
主办单位： 中国气象局气象宣传与科普中心
时　　间： 2015年9月8日
地　　点： 北京

气象宣传科普工作研讨会在京召开许小峰要求强化主动意识重视传播效果规范宣传科普业务*

为进一步谋划“十三五”目标发展，增强气象宣传科普能力，2015年9月8日，中国气象局气象宣传与科普中心（以下简称“宣传科普中心”）在京召开气象宣传科普工作研讨会。中国气象局党组副书记、副局长许小峰出席研讨会并强调，要强化宣传与科普的主动意识，重视传播效果，使该项工作能够真正实现业务化、规范化和流程化。

许小峰对宣传科普中心成立三年来所做的工作给予充分肯定，并表示，长期以来，中国气象局党组高度重视气象宣传与科普工作，并通过成立宣传科普中心来整合气象部门的宣传与科普资源，发挥合力。他希望宣传科普中心充分利用现有的平台，调动更多的力量来组织做好宣传与科普工作，并将这项工作真正实现业务化、规范化和流程化；其他单位除了配合宣传科普中心的工作外，还要积极投入宣传与科普工作，主动发声。

许小峰强调，宣传科普工作还要在表现形式、传播渠道上下功夫，重视科普效果，让公众能够更好地接受和理解气象知识；在理念和认识上进一步提升，强化主动意识；提高宣传与科普的科技手段，深化其内涵，增加其广度与深度，寻找到这项工作的规律性；要强化与媒体、行业、外部门和国际上的沟通与合作，有效开拓科普传播领域。

研讨会上，来自中国气象局各职能司和直属单位的有关领导畅谈了气象宣传与科普方面的体会与感受，并为宣传科普中心的未来发展献策献计。他们表示，气象宣传科普工作应努力结合国家、社会发展需求，精心策划和打造更多的科普精品和宣传品牌；下大力气推动气象宣传科普作者队伍的建设。同时与更多的外部门联动，加强部门在科普宣传方面的沟通与合作。

据记者了解，宣传科普中心自2012年8月成立以来，在中国气象局党组的领导下，在

---

* 中国气象局官方网站，http：//www.cma.gov.cn/2011xwzx/2011xqxxw/2011xqxyw/201509/t20150908_292525.html。

有关职能部门和各兄弟单位的大力支持和帮助下，以加强和拓展气象宣传和科普工作、强化公共气象服务、提升气象服务效益为使命，以承担全国气象宣传与科普工作的策划、组织实施和业务指导为职责，不断加强宣传科普能力建设，在筑牢舆论主阵地、创新科普新形式、推动媒体大融合等方面进行了积极的探索和有益的尝试。

（中国气象报记者　吴　越　纪家梅）

“新媒体时代的政治生态与执政方式”理论研讨会

活动名称：“新媒体时代的政治生态与执政方式”理论研讨会
主办单位：上海市社会科学创新基地（党的执政能力方向）
承办单位：华东师范大学中国特色社会主义研究中心、《探索与争鸣》编辑部
华东政法大学公民社会与公共治理研究中心
时　　间：2015 年 10 月 9 日
地　　点：上海

2015 年 10 月 9 日，“新媒体时代的政治生态与执政方式”理论研讨会在上海华东师大闵行校区举行。学术会议由上海市社会科学创新基地（党的执政能力方向）主办，华东师范大学中国特色社会主义研究中心、《探索与争鸣》编辑部、华东政法大学公民社会与公共治理研究中心共同承办。来自北京大学、中国人民大学、福州大学、江西师范大学、山西省社会科学院、上海社会科学院、中国浦东干部学院、南京政治学院等高校和研究机构的 60 多位学者出席了研讨会，诸学者从各自的研究领域和社会观察出发，围绕当代中国的政治生态、现状评估、执政方式等多重视角展开了热烈而富有成效的讨论。

研讨会上，围绕如何辩证地看待新媒体的政治功能与社会功能，与会学者展开了充分的学术讨论。华东师范大学著名学者、国际冷战史研究专家沈志华教授说：“一方面，政治发展中许多问题的解决，不仅需要有价值和理念，还需要有新的技术手段，这就使得新媒体成为党和政府提升执政能力的重要载体；另一方面，新媒体对传统的舆论有了很大的挑战，对传统的政治观念、政治行为以及政治制度产生潜移默化的影响，从而于无形中建构起新型的政治文化。”

华东师范大学政治系郝宇青教授指出，政治与环境历来都有密切的关系，柏拉图、孟德斯鸠以及我国古代的商鞅都有过相关论述；技术与环境的变迁有很大的相关性，当前基于互联网的新媒体正在改变我们的生活方式，也在重新塑造国家、政党、社会、民众之间的关系；在新媒体技术赋权下，权威政治日益转变为“去魅”的日常政治，党的执政方式应做出适当转变，适应新媒体时代的到来。

上海社会科学院胡健研究员认为，通过历史考察可以看出历史环境的变迁会推动执政方式的变化，借助新媒体，极个别人的怨恨心理或不满情绪可以得到释缓，政府也可以未雨绸缪，不至于把小事变成大事，减少突发事件爆发的可能。新媒体在某种意义上给党和政府的治理理念和施政方式提出了新的要求。

长期在《探索与争鸣》杂志社担任主编并对当代中国社会思潮极为敏感而富有洞察力的上海市社联秦维宪研究员指出，新媒体可以而且应该成为探讨合法性的新载体。新媒体的裂变特征能够产生几何级数式增长的能量，正潜在地影响中国政治的进程并改变我们当下的政治生态，当前新媒体已然成为网络政治的重要推手。

前些年极为兴盛而如今仍然在发挥影响的微博，以及现在成为社交媒体新宠的微信等新传播形式，也成为与会学者讨论的话题焦点。华东师范大学解超教授认为，以微博、微信为代表的全新信息传播媒体，为民众拓宽了政治活动的空间和渠道，成为开展各种政治活动、实现公民权利和参政议政的有效途径，日渐深入地改变着政治生态环境，也在重新塑造国家、政党、社会、民众之间的关系，相应地要求党的执政方式应做出适当转变。在“网络思想众筹”环境下，新媒体实现了传播的大众化，执政党的动员方式和决策方式要适应这种新的政治生态环境的变化。因此，加强党在新媒体时代执政能力建设，对推进国家治理体系和治理能力现代化将产生重要作用和积极意义。

北京大学国际关系学院孔凡军教授认为，随着新媒体时代的到来，沿用旧有的社会管理显然已经无法适应新形势的发展。一是微博为公众参政、议政提供了新的工具和渠道；二是微博也极大拓展了党和政府密切联系群众的渠道。华东师范大学周尚文教授认为，在经历近年来网络信息技术迅速发展的同时，新媒体在中国政治生活中的影响力愈加凸显；当前新媒体已经日益成为推动政府改革的便利工具以及民众反腐的新形式。山西省社会科学院侯玉花研究员认为，近年来中国政治发展的一个醒目现象就是网络新媒体政治的迅速发展，新媒体成为影响和引导网络舆情的重要手段。为顺应互联网传播移动化、社交化和视频化趋势，传统媒体积极运用大数据、云计算等新技术，发展移动客户端、手机网站等新应用新业态，以新技术引领媒体融合发展。

执政党的意识形态建设，也成为研讨会上另一个重要的讨论话题，众学者都对当代中国的意识形态建设献计献策，提出了很多具有可操作性的建议，也在理论上进行了深刻反思。华东师范大学政治学系杨建党副教授认为，在新媒体时代，关于意识形态建设的“共意”形成具有重要意义。首先，在定位上，突破传统意识形态诠释，创新意识形态建设新范畴。其次，在观念上，将新媒体话语主导权作为国家最重要软实力之一来建设。再次，在方式上，以法治来贯彻意识形态建设的全过程。最后，在结构上，搭建新媒体与意识形态建设的“对接平台”，使新媒体成为意识形态建设创新的“活水之源”。

在新媒体时代，执政党应该如何改善宣传方式才能达到将主导性的政治价值传播给普通民众的效果，这也成为学者们关心的话题。中国人民大学国际关系学院蒲国良教授认为，在新媒体时代，执政党面对着更加复杂的内外形势，面临更多的内外风险，必须高度重视，妥善应对。华东师范大学国际问题研究所所长陆钢教授认为，大数据时代的决策调研在数据采集的规模、广度以及速度方面都是前所未有的，“一带一路”是使用大数据决策模拟的理想领域，大数据决策预警系统在专家的协助下，结合历史数据和国家正常形态的数据，以建立可以参照的国家健康形态的指标体系。

山东大学当代社会主义研究所所长王建民教授指出，新媒体的健康有序发展，离不开法律保障。只有坚持依法执政，推进新媒体依法有序运用，才能为新媒体发展提供保障。因此依法治网，一方面要尽快完善相关法律，另一方面要对一些网络违法行为进行惩罚。

河北省第二届新媒体舆论引导战略研讨会

活动名称：河北省第二届新媒体舆论引导战略研讨会
主办单位：河北省互联网信息办公室
协办单位：河北省张家口市互联网信息办公室、长城网
时　　间：2015 年 11 月 18 日
地　　点：河北·张家口

2015 年 11 月 18 日，河北省第二届新媒体舆论引导战略研讨会在张家口举行，本次活动由河北省互联网信息办公室主办，张家口市互联网信息办公室、长城网协办。研讨会邀请了“@巴松狼王”“@赴汤蹈火的老兵”、新华社国内部新媒体工作室主任贾奋勇、中国传媒大学媒介与公共事务研究所高级研究员侯锷等国内近 20 名网络专家、网络名人参加。

近年来，网站、客户端、微博、微信等为代表的新兴媒体不断发展，网络舆论引导工作越来越重要。如今，京津冀协同发展上升为国家战略、北京携手张家口成功获得 2022 年冬奥会举办权、张家口获批建设国家可再生能源示范区，河北省和张家口市面临千载难逢的历史机遇，进一步加强网络舆论引导，更好地发挥新媒体舆论引导作用，显得尤为重要。

研讨会上，网络专家和网络名人纷纷为加强新媒体舆论引导提出意见和建议。他们表示：不少新媒体采用网言网语、接地气的方式进行传播，取得了一定的效果，但是新媒体必须慎重，要防止低俗内容传播；新媒体要主动处理相关信息，倾听来自社会各方面的“民声”，及时回应各方关注；网络传播要研究传播方式，讲究互联互通。此外，各位专家还表示：随着新媒体不断发展，新媒体应该健全各项机制，从业人员要加强培训，提升能力和素养。

针对北京携手张家口筹办 2022 年冬奥会，网络专家和网络名人表示：冬奥会要倾听筹办过程中的民声，广聚民智，把冬奥会办成令世界人民难忘的冬奥会。与会的网络专家和网络名人还呼吁：新媒体和网络名人要多为冬奥会聚人气，多讲冬奥会精彩故事，为筹办和举办冬奥会创造良好的舆论环境。

（长城网张家口 2015 年 11 月 18 日讯　记者　张世豪　陈美冉）

“新媒体环境下网络正能量传播”研讨会

活动名称：“新媒体环境下网络正能量传播”研讨会
主办单位：首都文明办宣教信息中心、人民网舆情监测室
时　　间：2015年12月1日
地　　点：北京

2015年12月1日，由首都文明办宣教信息中心和人民网舆情监测室联合主办的“新媒体环境下网络正能量传播”研讨会在京召开。中国社会科学院社会学研究所研究员单光鼐、中国人民大学新闻与社会发展研究中心主任喻国明、中国传媒大学新闻学院副教授詹新惠、人民网舆情监测室常务副秘书长单学刚等专家学者汇聚一堂，共同研讨新媒体舆论环境建设和网络正能量传播。

首都文明办副主任韩龙彬与会并与嘉宾进行深入交流。北京市各区县文明办、首都文明网等单位代表一行20余人参加了研讨会，部分代表与嘉宾就正能量传播实践进行探讨。

一、舆论环境复杂多变　专家建言正能量传播

人民网舆情监测室常务副秘书长单学刚指出，随着“两微一端”的崛起，舆论环境变得更加纷繁复杂，加强网络正能量建设显得尤为重要。在社交媒体时代，现实会在互联网上呈现，而互联网又会反作用于现实，网络正能量建设需要全民积极参与。

中国社科院研究员单光鼐教授认为虽然当前的网络舆情环境比较复杂，但无需过于担心，“我们要对整个社会形势的变化充满自信”。对于网络正能量的传播，单光鼐教授建议政府部门应做到信息公开、依法执政与迅速回应。

而中国人民大学喻国明教授在谈及如何建立网络正能量时说：“只有站在老百姓中间，永远跟大多数人站在一起，才有可能重新找到舆论话语权，建立网络正能量。”

中国传媒大学詹新惠教授从实际应用的角度出发分享了网络正能量传播的四个切入点，即内容、形式、渠道和互动。“未来要把正能量传播当成内容产品去运营”，注重功能提供、用户参与和数据分析。

人民网舆情监测室副秘书长韩长青指出，网民的真实诉求很多时候就是追求真相与责任，这体现了网民积极参与政治、参与国家责任政府的建立，是正能量的一个表现，因此，如何看到和回应这些真实诉求是相关部门需要做的。

人民网舆情监测室主任舆情分析师朱明刚结合近期发生的北京地铁哺乳事件与南航旅客突发疾病事件表示，进行舆论引导时宜“疏”不宜“堵”，而“疏”的重要前提是培养网民理性表达的积极性，用大量理性的言论对冲情绪性的表达，这样“正能量就会慢慢地培育起来了”。

二、网民正义感是正能量的基石

在讨论环节，北京市海淀区文明办代表发言称，在自媒体时代，人人都是正能量的推广

点，海淀区基于此推出了App，鼓励群众参与正能量的传播，让人人都当正能量的宣传者。北京市西城区文明办代表也从队伍、活动、渠道三方面阐释了本区的正能量传播工作，并就政府活动如何长久凝聚年轻一代中坚力量向与会专家提问。

对此，社科院研究员单光鼐教授和人民网舆情监测室主任分析师汪大伟一致认为，需要用内容和形式上的创新来拉动群众的广泛参与。此外，汪大伟认为，对“正能量”的内涵需要重新定义，除了传统意义上的正面信息以外，网络舆论在道德审判中表现出来的正义感是正能量的基石，应当鼓励并引导网民合理地表现自己的正义感。当前，中国网民已经走过网络意见表达两极分化的阶段，中间力量在崛起，网民同情心、同理心也在提升，网络正能量建设的舆情环境正在好转。

三、网络正能量是新媒体时代的一股清流

韩龙彬副主任对本次研讨会的启示意义与指导意义给予了充分肯定，并表示互联网不仅仅是一个传播渠道，更重要的是它提供了一个重要思维——互联网思维，如何在互联网时代运用互联网思维做好网络正能量传播将是今后一个重要课题。

最后，与会专家表示：做好网络正能量传播，第一，要树立典型，并把所树典型与广大网民利益相结合；第二，要快速回应，从人民群众的实际需求出发切实回应网民关心的问题；第三，要举办更具针对性的倡议活动，传递网络正能量。

在新媒体时代，网络正能量恰似网络舆论环境中的一股清流，不仅对健康和谐网络舆论环境的构造有着重要导向作用，还推动着经济社会更好更快发展。作为人民网舆情监测室全力打造的高端对话平台，“新媒体会馆”主题沙龙未来将会持续关注网络正能量的传播，助力新媒体环境下良好网络环境的营造。

首届全国新媒体时代统战工作研讨会

活动名称：首届全国新媒体时代统战工作研讨会
主办单位：中央统战部信息中心
承办单位：贵州省委统战部
时　　间：2015 年 12 月 2 ~3 日
地　　点：贵州·贵阳

2015 年 12 月 2 日至 3 日，首届全国新媒体时代统战工作研讨会在贵州省贵阳市召开。中央统战部副部长陈喜庆出席会议并讲话，中共贵州省委常委、省委统战部部长刘晓凯出席会议并致辞，中央统战部信息办、信息中心主任王丕君作总结讲话。中央统战部、各民主党派中央、全国工商联，各省（区、市）及全国副省级城市党委统战部有关负责同志参加会议。

会前，贵州省委书记陈敏尔会见了陈喜庆一行。陈敏尔对中央统战部长期帮助和支持贵州经济社会发展表示感谢，对举办这次会议给予充分肯定，认为是帮助贵州完成寻找蓝海之路——通过信息化、互联网等科技创新和融合发展实现“弯道取直、后发赶超”，是中央统战部与时俱进、开拓创新的举措。

陈喜庆在讲话中说，近年来，党和政府高度重视新媒体的发展。习近平总书记在中央统战工作会议上强调，要加强新媒体从业人员和网络意见人士的统战工作。《中国共产党统一战线工作条例（试行）》把新的社会阶层明确为统战工作对象，并对其中的新媒体从业人员统战工作提出了具体要求，顺应了新媒体时代的发展大势。中央统战部、各民主党派中央、全国工商联、统战系统单位，各省、自治区、直辖市和副省级城市党委统战部围绕适应新媒体时代的发展变化进行了很多有益的探索，基本形成了纵向全链接、横向全覆盖的网站集群，逐步构建起全方位的统一战线新媒体宣传阵地，统战宣传渐入佳境。

陈喜庆强调，巩固共同思想政治基础是统战工作的本质要求。统一战线开展思想引导工作，要主动适应新媒体时代的要求，抓紧实现从信息发布向舆论引导转变，从传统阵地向网络阵地转变，从自上而下向双向互动转变。要善于利用新媒体提高舆论引导水平，充分发挥党外代表人士的独特作用，在净化网络空间、弘扬主旋律等方面发挥正能量。要树立新媒体理念，借助新媒体手段，搭建新媒体平台，通过具有交互性、便捷性的新媒体，“倒逼”统战工作方式方法“转型升级”，推动统战工作创新发展。要坚定政治方向，把握特点规律，更新理念方式，提高工作能力，遵循新媒体表现的新特点、蕴含的新要求，打造一支懂统战、懂新媒体的统战干部队伍。

贵州省委常委、省委统战部部长刘晓凯在致辞时，代表贵州省委、省政府向中央统战部、各民主党派中央、全国工商联以及各兄弟省份长期以来对贵州经济社会特别是对毕节试验区、黔西南试验区的建设发展给予的关心、支持和帮助表示感谢。他介绍了贵州省委贯彻落实中央统战工作会议精神和《中国共产党统一战线工作条例（试行）》的有关情况，以及贵州统一战线服务贵州经济社会发展的有关举措和成就。他指出，首届全国新媒体时代统战工作研讨会在贵州召开，为贵州提供了难得的学习机会，充分体现了中央统战部对深入学习贯彻中央统战工作会议精神和《中国共产党统一战线工作条例（试行）》的高度重视，充分体现了中央统战部对贵州统战工作的关心和厚爱，必将有力推进新媒体时代统战工作迈上一个新的台阶。

中央统战部信息办主任、信息中心主任王丕君在总结时指出，陈喜庆同志的讲话对新媒体时代统战工作进行了深刻的分析，极富指导性和可操作性。贯彻落实陈喜庆同志讲话精神，首先要提高认识，必须看到新媒体对全人类的广泛而深刻的影响，必须看到统一战线成员已经受到新媒体广泛而深刻的影响，必须看到统战工作的思维、思路、方式、方法、路径都受到了新媒体的影响。要进一步明确工作目标，要服务于巩固统一战线共同思想政治基础的本质要求，服务于党和国家的全局任务和工作，服务于统一战线的工作对象。要进一步研究工作举措，切实研究符合实际的举措、符合新媒体特点和规律的方式方法。要进一步提高干部素质，通过加强学习培训促进统战干部了解、熟悉新媒体，从而增强与新媒体从业人员交流、交往、交融的信心和本领。

上海市、浙江省、贵州省、厦门市党委统战部和长沙市开福区江湾社区负责人在会上作了交流发言。与会代表还围绕“新媒体时代统战工作面临的新形势、新挑战和新任务”“新媒体时代统战工作的思路、举措和方法”等主题进行了交流讨论。

会议期间，与会代表考察了贵阳大数据应用展示中心、贵州朗玛信息技术股份有限公司、中国西部众创园·梦空间、中国西部众创园·联合智造创客空间、贵阳市观山湖区世纪城统战工作站。

各省、自治区、直辖市及副省级城市党委统战部有关负责同志，各民主党派中央、全国工商联有关负责同志等90余人参加了会议。

2015 湖南政务新媒体高峰论坛

活动名称：2015 湖南政务新媒体高峰论坛
指导单位：中共湖南省委宣传部、湖南省互联网信息办公室
主办单位：新浪网、新浪微博
承办单位：新浪湖南
活动时间：2015 年 12 月 11 日
活动地址：湖南·长沙

2015 年 12 月 11 日下午，“2015 湖南政务新媒体高峰论坛”在湖南豪布斯卡酒店举行。论坛以推动“互联网 +”的发展为目标，邀请新媒体专家及知名大 V，探讨湖南“互联网 + 政务”发展态势，展示湖南微政务“双微”（微博、微信）矩阵建设成果，同时为政务新媒体更好发展提供助力。湖南省委网信办副主任贺弘联出席大会并致辞。

论坛现场，知名专家、中山大学传播与设计学院副院长张宁以及“@ 江宁公安在线”等新媒体大 V 做专题演讲，分享政务新媒体成功案例，探讨新媒体的管理和运营的策略。同时，还发布了“2015 湖南最具影响力政务微博”和“2015 湖南年度最具影响力自媒体”等榜单。

本次论坛是湖南省第四届网络文化节的重大主题活动之一，由湖南省委宣传部、湖南省委网信办指导，新浪网、新浪微博主办，新浪湖南承办。

中共湖南省委网信办副主任贺弘联在论坛上的致辞实录

尊敬的各位来宾、各位朋友，女士们、先生们：

大家下午好！今天，我们欢聚一堂，在这里举行“2015 湖南政务新媒体高峰论坛”，共同研判政务新媒体发展方向与趋势，共同探讨进一步大力推进网络问政、网络助政、网上办事等一系列“互联网 +”与“+ 互联网”的服务转型，进一步推进“让数据多跑路，群众少跑腿”的网上群众工作升级版，打造“指尖上的亲民政府”。这既是一件大力繁荣网络文化的盛事，更是一件提升政府治理能力现代化的大事。在这里我受湖南省委副秘书长、省委网信办主任卿立新同志委托，谨代表湖南省委网信办、湖南省互联网信息办，对论坛的举办表示热烈祝贺！向远道而来的各界朋友表示诚挚欢迎和衷心感谢！

2015 湖南政务新媒体高峰论坛是湖南省第四届网络文化节 27 个重大主题活动之一，是湖南省委宣传部、省委网信办践行十八届五中全会精神，加强网上内容建设、唱响主旋律、弘扬正能量的一个重点项目，也是引领网络湘军、服务湖南发展的一个重要举措。活动承办方新浪湖南成立四年来，紧紧围绕省委、省政府工作大局，在积极引导社会舆论和大力推进网络政务服务上做了大量工作，已成为网络湘军的重要成员。希望新浪湖南把此次高峰论坛

办成网络文化和网络政务建设的新起点、新航标。

移动互联网的发展正在引发人类一场全新的集体大迁徙。我们所处的大数据时代已经没有人能够成为旁观者。不融入网络、顺应潮流就可能面临被边缘化的风险。按照“人在哪里，党执政的触角就要延伸到哪里；人在哪里，政府服务的领域就要覆盖到哪里”的原则，政务新媒体承担着因时而动、顺势而为，努力把政府为民服务的角色意识、与民沟通的谦卑姿态树立起来的时代使命。

近年来，湖南各级党委政府按照省委书记徐守盛“让数据多跑路，群众少跑腿”的指示精神，真正把网上群众留言当家书、把网上群众来信当家信、把网上群众期待当家事，高度重视把网上最偏远的民生诉求摆到各级党委政府最贴近的案头去解决，使网上听民声、解民意、化民怨成为彰显执政形象、提升政府治理能力现代化的新风尚。截至目前，全省各级党委政府开通建设的政务微博超过4500个，政务微信超过500个，大家熟悉的“@湖南微政务”“@湖南消防”“@湖南高速警察”“@长沙发布”“@长沙警事”“@湘潭公安”“@湖南省旅游局官方”“@衡阳发布”等一批优质账号，只是我省微政务矩阵中的代表与缩影。

借此机会，我对政务新媒体提三点建议。

一要始终把传递党和政府声音的责任扛在肩上。政务新媒体是党和政府在移动互联网时代的喉舌与耳目，要始终坚持传递党和政府声音、公开权威资讯、引导社会舆论、服务广大民众的立网宗旨，旗帜鲜明地唱响时代主旋律、传播主流价值观，使之成为网民信赖的权威官方信息公开和服务平台。

二要始终把为民便民的服务大写于网。政务新媒体本质上就是便民利民的新平台，就是网上政府的重要窗口和办事大厅，要进一步建立健全“白＋黑”“5＋2”“7×24”的网上服务机制，建立健全网上留言办理的采集、回复和回访机制，真正把“互联网＋政务服务”的办事效率、政府诚信大写于网。

三要始终把建设清朗网络空间的使命牢记于心。一个个政务新媒体就是一面面弘扬社会正气、化解网络戾气、共建公益文明空间的旗帜，要不断增强感染力、吸引力、亲和力，努力在政民互动、同频共振中寻求化解矛盾和问题的最大公约数，努力团结更多网民特别是新媒体人士共同参与微政务的建设和共享，用我们的键盘或指尖演奏一首首温馨暖心的正气歌，为湖南实现全面小康社会、书写中国梦的湖南篇章注入强大的正能量。

最后，预祝2015湖南政务新媒体高峰论坛圆满成功！

谢谢大家。

中山大学传播与设计学院教授、副院长、中山大学公共传播研究所副所长张宁在论坛上的主题演讲实录：互联网舆情研判与危机传播

我谈一下网络舆情，首先什么是网络舆情？“舆情”这个词倒退20年的时候根本没出现过。现在什么叫网络舆情呢？它是由特定突发事件引发，以互联网为主要活动平台的社会态度。

为什么网络舆情要花很多的时间呢？突发、好奇、惨烈、死亡的事件更容易引发社会关

注，这是网络舆情的特点。

我给大家看的是现实生活中发生的交通事故，死人非常多，但是这些事情能不能成为网络舆情呢？不能，它太平常了，交通事故天天在发生，我们说的是非常刺激、好奇、在平常生活中看不见的事件。

舆情危机发生之后，我们应该怎么办？先在本地政府的框架下对问题进行分级处理，我们的危机管理都有分级法，在分级法里面我提醒大家，我们看到的很多分类是国家宏观的标准，我们要放在本地政府的框架下对问题进行解决。

对具体舆情的矛盾和关系进行分析，要有一个细化，然后我们要给出具体的意见等待反馈。具体怎么样分类分级呢？

一是特别重大的舆情，特点是什么？它的影响面非常广，危害面非常大。比如对政府来说，马航、汶川大地震都是非常危急的舆情。二是重大舆情，跟本地的关联特别大。三是较大的舆情，较大的舆情跟上面AB级的舆情可能不同，它可能没有现场，就是在网络上炒作的一件事，但是人人都在讨论，像郭美美事件。四是跟我们关系不大，但容易炒作的。像一个工厂的老板说年末要发奖金，把钱全部套现出来，这是容易在网络上引起波澜的。刚才说一个危机发生了之后我们要发现它中间的关系是什么。官民关系、警民关系、劳资关系、贫富关系等在我们国家是特别容易引起舆情炒作的。

（现场播放视频）

这是一段视频，看舆情事件是怎么在网络上生成的。

刚才看完这个视频，我解释一下，有一次我跟王先生一起吃饭，他说明天有一篇新闻叫《咆哮哥》，是他策划的。王先生去政府办事，递上一张表格，表格被退回来了，因为对方现在不收表了，并告诉王先生今天下午两点半再来。但是网上贴出的政府工作时间是到12点，没说11点半就不收表了。偏偏王先生又是著名的维权人士，想着一定要让老百姓知道。于是他悄悄把录音打开，刚开始的时候他声音比对方的声音还大，其实就是故意激怒他。这个公务人员开始的时候还是好声好气，只是王先生声音很大，最后工作人员忍不住了。但是王先生在网上放出的音频是把前面部分剪掉了的，只把后面公务员特别大的声音爆出来了。这个王先生是一个著名的网友，连论坛的版主都认识，版主就给他把这件事挂在置顶的位置上。还说要给这个事件起一个好听的名字，现在都叫什么什么哥，跟政府有关的叫什么门，特别符合互联网的性格，他们当天起了一个名字叫《咆哮哥》，所以第二天门户网站都来报道了。

我给大家讲这个案例是想说明任何一个人都能引发网络舆情事件。如果像王先生懂得传播手段的话一下就能成功。我和王先生一起吃饭的时候，把六家报纸找过来，其中四家报纸把《咆哮哥》当头版头条登出来。以前老百姓没有办法发出他们的声音，现在有了互联网平台，任何一种声音只要有足够的传播能力都能浮现出来。

比如说像干部提拔的过程中，我们在网络上公示一个副局长才21岁。这是个争议非常强的警民关系。还有这个贫富关系，比如深圳的撞车案，警方明明已经确认这个人就是肇事者了，这个人开着豪华宝马，但他是建筑工地的工人，明显是顶包的。热门事件特别容易引起舆情，这些情况告诉大家，拿出一个态度来，不管是什么关系，我们请权威出来发表。

危机发生后网民有从众心理、盲从心理，要关注反映网民心理的大数据。还有信息图片真假难辨。有一家人参加婚礼发了微信朋友圈，我们的微信朋友圈是最不安全的，大家觉得全都是我认识的人，很难传到外面去，不想被北方的几个网站报道出来，新郎是当地国企的富二代，于是这件事情吵得沸沸扬扬。

中山嫁女儿的时候有一个习俗，人人都要穿成这个样子的，没钱借都要借钱穿成这样来，人人都是这样的。我们不懂中山的习俗觉得是富二代，我们不懂得背景的话很容易引起舆情的危机。

总引发炒作的是哪些东西？在舆情的初始阶段一定要注意这些：强烈刺激，敏感，离奇，受害人是弱势群体、妇女、儿童、老人的事件，这些有被炒作的倾向。

我们政务微博非常重要的作用是平常跟民生沟通发布政务的信息，其实最重要的是危机发生的时候怎么把自己的声音传播出来。以前我们政府经常要干什么呢？求媒体、电视给我们报道出来，现在有自媒体了，我们为什么不能利用危机发生时的作用呢？

如果要发图片一定是远景和宏观的，一定要避免血腥的场面，这种有伦理争议的图片最好不要出现。这个图片一定要非常有可靠性，网友现在非常厉害，说扫黄结果是几年前的图片，用旧图片对我们的形象有损失。PS 能力不行就不要弄出来了。

我们的政务微博应该知道 10 个做法。

第一，主动出声、定义事件。当有一些新闻发生的时候，你要确定这个事实是不是真的。比如航空公司强迫乘客推飞机，你看看有没有不正常的？有两个人穿的是一模一样的，其实是飞机场的工作人员在推飞机。我们一定要注意在发图片的时候你的立场，第一个是真实性，有一个网友拍了一个照片，大巴熄火了，警察叔叔帮忙推大巴，公安微博发了一下，他说最美警察推大巴，场面令人感动。这样好不好？这是网友拍的我们转发一下，我们一定要谦虚，这个东西贴出来以后网友的第一反应是你不去推谁去推，这个当然能转发，你直接就写这是我们应该做的就可以了。

第二，不断更新、补充信息。我们发出的消息恐怕有偏差，一定要在危机发生之后耳听六路。

第三，如有谣言、及时回应。我们怎么去判断一个消息是谣言呢？有这么几个方法：科学依据、一般常识、规则和规章程序。这是连人民网都转载的一条微博：警察为了控制交通阻塞居然把枪都拔出来了。清明节去上坟你不让我，我不让你，警察没有办法的情况下把枪拔出来了，这件事情被一个站在远处的人看到，塞车要拔枪吗？一定要有科学的判断。

第四，按照情况选择图片。我告诉大家，图片、视频有一个非常大的副作用，它一定会把危机放大，我们看完之后自动放大了，看到大火熊熊你想到的是损失过亿。所以我们传播图片和视频的时候一定要慎重。

这个是曾经在广东发生的交通事故，当时发生完了之后，网友在论坛上已经发这些照片出来了，而我们的政务微博第一个出来的照片是这样的。网友的照片已经让我们觉得现场不得了了，但是我们政务微博发出的第一张照片是在讨论怎么解决这个危机。

第五，如果被“@”，先证真伪。如果不明确，我们有宏观的原则，直接打一个电话去相关的部门问是真是假。

第六，运用知识、科学方便。我们也需要更多的人文知识和社会经验，一般突发事件的处理程序是第一步怎么样、第二步怎么样要知道。当然人文关怀也是非常重要的。

这是一个非常有名的企业家，在马航事件第二天发了这样一张照片，给每位高管买了一百万的保险，跟大家的心理不太一样。网友说祝你们的高管早晚拿到这一百万。所以这个帖子应该是一个月以后再发更合适，等事件平息，我们以后防止危机要买保险，大家要知道我们的社会心理是什么样的。

第七，如有争议，政务微博客观发声。比如两个民间的人士发生争分的时候，我们一定要理性发声。我们对法律不了解的时候不要去谈法律，就谈我们这个部门最熟悉的。敏感话题太敏感了怎么办呢？我觉得还是等权威信息的发布。政务微博也要保护自己，在网络上出现也是一个个体，这个个体要跟网民一样，然后谨慎评论。我们的政务微博也要远离利益。

第八，引导议题、另辟角度。首先，不要让大家只看到一个片断图景，要让大家看到全景图，警察是开枪了，但是这个人有没有提前挑衅呢？其次，要用另外一种角度看问题，救护车应该是24小时待机，24小时加慢油的，不可能出现油不够的情况。最后，我们现实的客观性和局限性在哪里？推荐更合适的话题，与其我们再讨论这个话题，步入另外一个话题更加有效、更加有建设性。

第九，要密切观察、视情况而应对。网络言论的通病是什么？就是公私不分，干涉隐私、人身攻击，这是整体网络舆情的通病。

第十，网络舆情引导的定位。感性的东西要尽量避免，要预判网络的兴奋点，比如突发灾难性事件、连续性灾难事件、戏剧性冲突等。

最后跟大家说，我们的政务微博在传播的时候，规则还是在这儿，一定要符合政府的政策导向，不能泄密的东西还是要保密。我们是教育微博就只讲教育界的事情，规范要非常清楚，不情绪化、不偏激、不愤青。即使我们是政务微博，我们在批评别人的时候也要慎重，我们不太建议去批评其他的单位，把自己的事情做好就行。我就对政务微博的运营提这些，不对的地方请大家批评指正，谢谢大家！

新浪网营销中心政旅合作副总经理张跃颖在论坛上的主题演讲实录

各位领导、各位来宾：

大家下午好！

今天非常开心，有幸能够代表新浪来到湖南，其实我2012年就来过湖南，当时也是开政务大会，三年后湖南的政务微博有了新的发展，许多职能机构微博都发展得非常好，也总结了非常多的经验。我们新浪微博作为一个平台方其实非常愿意和非常高兴跟在座各政务微博共同探讨。

整个微博发展的六年里，政务微博也有了非常大的规模上的扩大。我们跟大家共同探讨政务微博在应用和使用中的一些经验，以及在这个过程中更好地应对我们的舆情，更好地发布政府的正面信息，今天我给大家分享的主题叫《政务微博的定位与价值演进》。

12月9号刚刚结束的新浪微博的第一届V影响力峰会，在北京大饭店里面，各界的领导都来到峰会，领导们对政务微博的价值也有相关说明，这里我给大家分享一下。

一、微博已经进入了一个秩序回归时代

这次大会中央网信办的网络信息传播局局长对我们的微博给了这样的一个阐述，第一，微博已经进入了一个秩序回归时代，从蛮荒时代到金字塔时代，到现在为止是微博秩序回归时代，微博经过六年已经走向了良性的舆论环境。微博扮演三个角色，可能各位领导都有体会，因为我们大家的努力，现在政务微博全国有14.5万个机构的账号，我们微博的平台基本上能够扮演这三个角色：一是突发事件的稳定器；二是正面内容聚合器，包括很多的民间好故事、政府很好的政策、祖国的大好河山，大家看到更多的是这些方面的信息；三是公益行动的孵化器，可以说微博的价值在领导的眼里是这样的。

也有更多研究的老师、教授对我们的微博有这样的评价，沈阳老师说微博已经完成代际更替的过程，能够很好地在这个平台里辨别真伪。

第二，微博已经进入一个收入长尾化阶段，很多大V和企业通过微博来进行营销。

第三，信息流富媒体化，微博平台目前不单纯是文字发布，大家在座的是使用微博比较熟练的朋友，特别是像秒拍上的短视频，微博上提供很多互动、打赏等服务。

新浪微博的CEO王高飞对整个微博有这样一段话：通过微博平台可以很好地实现政府、百姓、企业之间的良性互动，打通社会治理的“微循环”。我们拿一个小的案例来说，微博+地震，目前很多地震的信息都在微博上发布，从2008年汶川大地震的时候，那个时候还没有微博，新浪承担的就是媒体报道的角色，主要的信息都来源于传统媒体的转载，有了微博以后我们看一下变化，我们看到整个微博的角色和定位，微博在地震报道中扮演着重要的角色。

在这里面我们可以看到整个微博当时是通过72小时高效、快速发布，当时雅安寻人的话题得到了非常多网友的互动，访问量超过3000万人次。发的私信有33万多条，通过微博平台能够更好地为这样一个事件进行有效的互动传播和解决问题。

二、微博构建社会化城市服务体系

到了2015年我们进行了深入的合作，有了地震以后自动发布，几秒内就能到达地震所在区域，还有就是地震周边的定向信息，可能通过微博的大数据分析达到一个数据的传达。从这个案例我们可以看到，从微博的角度上来讲，我们从媒介到服务到场景延伸，已经完成了社会化城市服务平台的核心构成。微博账号是更好进行社会化服务的组成部分，其实新浪一直在思考，我个人也一直负责政务微博的工作，政务微博在智慧城市里到底扮演什么角色？我们跟城市服务结合，通过三个方向进行思考：开放、动态、协调。

第一个是开放，开放就是微信和微博特别重要的区别，开放带来了平等，开放带来了科学决策。第二个是动态，原来的被告知与主动发现是不同的，老百姓获取信息的点是非常多了，不同的场景获取不同的信息，在这个动态的信息获取过程里面，我们如何才能够很好地为老百姓服务？服务老百姓的动态需求，如果进行引导解决？

第三个就是协调，可以说协调能更好地为老百姓提供服务。政府职能部门之间线上微博矩阵完善，线上到线下全面打通，受理、转办、督办、回复、公开接受监督五位一体。在这样三个特点的情况下，微博也做好了准备，微博有企业账号100多万个，政府账号15万个以上，这是2015年第三季度的数据。现在我们的微博已经从省、市、县区以及二、三线城市延伸到基层，为我们深度地服务于百姓的需求做了很好的准备。在整个过程里面，已经形成了政务微博的生态环境。

微博的技术日益完善，通过大数据的开发，政府更好地进行研判、数据分析以及网络动态掌握。我们微博产品也日益完善，包括四个方面，从信息公开到政务协同到掌握舆情到精准触达，能更好地展示我们政府机构的形象。在政务协同部分也有微博政务管家、微助理、粉丝服务等，在技术上我们做了非常多的准备。

社会化城市服务体系有三大构成：微博发布、微博问政、微博行动。微博发布核心的关键词是热点发声、热点辟谣和正能量宣传。热点发声大家接触比较多，热点辟谣是新浪提供的非常专业的工具。从热点发声我们举个例子，平安北京在2013年的时候就已经开通了热点警情事件当日通报机制，转评赞总数45万以上，大家非常热情地把这个事件起名叫“北京蓝”，也值得我们共同思考和学习。

三、微博构建城市化行政公开体系

另一方面是构建城市化行政公开体系，我给大家举一个案例，整个法院系统从高院下来有公开执法、阳光司法的政策和要求。法院系统视频+微博庭审直播体系，在阳光执法的平台搭建中，有700个法院参与到这个平台里面。从社会化行动协同体系来讲，核心的关键词是微博矩阵，如何把矩阵管理进行规范化、制度化、线上线下工作流程化是最难的。各地真正实现这些的政府机构账号还是比较少的。刚才湘潭公安的领导有分享，湘潭公安已经形成了协同办公的体系，从垂直的公安系统里面，湘潭公安通过公布信息、跟网民互动、及时交流，最后进行线下的公开抓捕，比如27分钟抓贼等，它的影响力进入百强，并且是湖南省第二。我们可以做一个总结，湘潭公安在垂直系统里面更好地形成了协同办公的方式，更好地服务于群众，收集破案线索，发动群体参与，然后进行抓捕。

在整个城市综合模式方面做得很好的还是问政银川，问政银川是做得比较完整的。通过问政银川多年的努力，主要领导批示的文件减少近54%，2014年全市信访总量下降15%，2015年前十个月的信访总量较2014年再次减少了20%。

我们希望以问政银川模式为蓝本，与更多城市共建“互联网+微博平台”。现在在微博上有很多这样的入口，很多个地市已经开通了，最后我给大家分享一段话是政务新媒体专家侯锷对于政务微博的最高境界和本质回归的一段总结：“政务微博的最高境界与本质回归就是社会治理创新。当微博已经成为城市服务的标准配置，通过多层级、多层次的政务微博服务体系，沟通社会、联动社会、服务社会，也必然能够形成‘互联网+’时代党委领导、政府主导、社会协同、民众参与的新型社会治理格局。”谢谢大家！

“@江宁公安在线”运营负责人王海丁在论坛上的主题演讲实录

开始这个主题之前我先说两句废话，今天是新浪的主场，我要说一点微信的事，在座的很多人都很关注这个事，一直有一种说法：“微博不行了，现在要赶快去做政务微信，微博过几年可能就完了。”大家认同这种说法吗？我不认同，因为新媒体有人把它叫作“两微一端”，微博、微信和各种App。微博和微信是平级的东西，那些App没有一个能做到如此有影响力的，这两个东西有什么区别和共同点呢？

我给大家说一说它们的历程。最早微博刚出来的时候没有微信，拿着手机就能发微博。都知道新浪做新闻绝对是牛，微信想把新闻做到新浪这样短期也不太可能。现在人人都有微信，但是不一定每个人都有微博。一旦发生重大事件的时候，微信是永远跟不上微博的。天津港事件发生的时候，当天晚上我的微博首页就被这个事刷屏了，我打开微信永远是歌舞升平，卖面膜的、晒小孩的、晒美食的。我的微信圈还有不少警察，关注天津港的事很少。这是微博、微信两家属性不同带来的趋势。而且重特大事件微博非常有优势，微信朋友圈过度封闭了。

我们在这儿开会就可以想象是一个巨大的朋友圈，我们分享一个很有意思的东西，但是隔壁的会议室你不知道在干什么。微博是外面一群大妈在跳广场舞，我不需要关注它，它们是不同的，如果有能力我建议你们把微博和微信都抓好，但是能力只够做一样的话，我考虑优先做好微博，因为一旦出了事微信是救不了你的。一旦发生特大事件，微博的重要性就凸显出来了。

很多人知道江宁公安在线，我最擅长的是危机公关，但是我们江宁真没出过特大的事，有时候我们应对特别快。但是我可以拍胸脯说，我们一旦没有快速应对一定会成为特大事件。

下面开始今天的主题，新媒体时代有四大变革，我这有无数的案例跟大家表现这种变革，这种变革不是学术性的，是政务新媒体自身的发展。

大家知道警方微博永远是政务微博里做得最好的，为什么公安做得好？因为吃亏吃得多，一旦警察跟普通老百姓发生纠纷，你只要稍微防御性地挡一下，马上就说警察打人了，手机掏出来开始拍你。但是我们现在也有自己的平台了，感谢新浪微博给我们这个平台，我们终于有了发声的渠道和空间。过去我们没有平台，开发布会还要叫记者来。传统媒体跟过去大不一样了，去年以来传统的纸媒出现了危机，很多纸媒关停了。

即便是我们的权威传统媒体也会提供虚假新闻。突然有一天晚上微博上所有的大V媒体都在发一条信息，“新加坡的前总理李光耀先生去世”，不到一个小时全删了，这个事给我们一个很大的启示。

社会舆论阵地的未来属于新媒体，我这里举一个例子。这条微博来自《西游记之大圣归来》的动画片，转发一万五不算多，这条微博意义很重大，我先给你们念一遍：“8月16号票房突破9亿，在这样的日子里，不得不说小编的感慨多过喜悦，这个世界最大的幸福是黑夜之后总有红日照常升起。”他配了九宫图，为什么我说它很重要，无数人被这条微博感动了，因为8月12的时候天津港发生了大爆炸，8月16号大家已经知道伤亡情况非常惨烈，但是电影票房突破9亿是要庆祝的，如果全国人民都在悲伤的时候你去庆祝一定会被人喷。

9亿5000万的票房对一部国产动画片来说不能叫奇迹了，简直是“神迹”！从来没有人想象一部国产动画片能达到9亿5000万的票房。在微博上除了政府机关都在讨论，一粒米上雕刻了大圣的图像，比你去砸钱打广告效果好得多，随之而来拿奖无数，新闻联播也上了，最后主管部门还专门开研讨会，它的成功是偶然的吗？不是，回过头来再看一条微博，有这样高情商的人在团队运作，成功就是必然。

刚刚接受采访的时候有记者同志问我，你们有没有去拉粉丝？我说没有，我们的粉丝一直增长非常缓慢，但是又很稳定。从来没有出现某一个事件带动一大批粉丝，今天才有157万粉丝，这个粉丝数一点都不多。相对于它的影响力和互动的频率真的一点都不多，跟我们并列一个梯队的政务大V几百万是起步，我一百多万真的不算多。但是为什么大家都喜欢它？有人会主动去推广你的东西，只要你的东西足够好，内容为王。

这也是我为什么一直跟我的同行说，我们都把自己的身份转换一下，你们不是政府的工作人员，你们也不是做传媒的工作人员，你们是谁？你们是推销员，我也是推销员。怎么样让更多的人喜欢它、传播它？小米就是靠营销做起来的，《西游记之大圣归来》也是一样，如果没有微博它能取得9亿票房吗？绝对不可能。把你们想象成一个推销员，把自己的产品做好，找到一个好的路子。

最后我说一个跟我们政府机关关系比较大的，天天来转发微博，没人互动。如果遇到这种困惑我给你一个思路，大家现在都知道微博矩阵了，一个优秀的微博矩阵的关系应该是怎么样的？天天发几十个原创，这个都是你的原创吗？不一定，你发的东西能吸引别人吗？不一定，人民日报比你发的还早，你觉得谁会去看你的？不去跟你的矩阵做互动的话，你这个微博是很难把它做起来的。一个良好的互动关系的矩阵应该是什么？矩阵内部应该先做起来，我今天只发十条微博，我看兄弟单位发的好不好？别的单位发的很好，我帮它转发一下，第二天你做出好的东西，我相信它也会帮你转发。这个时候最优质的资源能够得到最大效率的转化，你一天发十条根本没人转，一天只集中精力做一条，这一条转了成百上千。我一个星期只写一篇到两篇真正的原创，一个星期有一条转发三万多的你还发什么。集中精力做好内容。

最后再说一个小点，传统的舆情应对特点是事件调查、媒体跟踪、媒体发布。有了新媒体，恭喜你，你有主动权了，你有了官方发布的平台。越来越多的网友发现，媒体发的东西未必靠谱，政府发布的东西往往是最靠谱的，这就是新媒体为我们政府机关带来的最大好处，好好享受新浪微博给我们带来的平台，如果真正出事你已经来不及了，一定要做一个基础性的工作，你的官方发布平台缺乏公信力，真的出了事再去发没人信，一定要做好前期准备。今天就跟大家交流这些，谢谢大家！

湘潭市公安局党委委员、政治部主任席晓刚在论坛上的主题演讲实录

尊敬的各位领导、各位嘉宾，下午好！

非常荣幸有机会跟大家汇报，今天我要分享的题目是《践行微警务，构建连心桥》。湘潭公安是2013年5月20日开通的，在两年半中，我们始终追随着“聆听好声音、凝聚正能量、打造微警务、服务大民生”的宗旨，打造湘潭人最好用、管用、有用的政务微博。下面我将从四个方面做汇报。

一、做贴心客服，打造第一民生服务平台

服务是我们整个微博的生命，我们把做好民生作为湘潭公安的核心竞争力，以服务赢民心，脚踏实地，努力成为最受欢迎的平台。我们现在是超常规的15小时工作制，我们的值班员坚持一边发信息，一边在线值守，开通以来累计接受了23600余名群众的咨询求助，被网民评为“最有爱的公安微博”。

我们每天七点半开始，只要有网友咨询我们，有问必答，网上公安局反映的问题实时督办，对办理的情况实时跟进，两年多我们利用微警务做到了线上办理，实现了O2O的服务模式。此外，我们推行全面服务，通过新浪微博对我们的支持，实现网上咨询、网上预约、网上办事、网上投诉多种功能，能够满足市民24小时咨询，为网友提供贴心服务。

二、积极作为，打造第一警务工作平台

我们利用微博来参与办案，发动群众、指挥调度，从开通以来累计抓获了60余名犯罪嫌疑人。我们主动参与一些公益行动，树立湘潭公安的形象，这两年我们开展了结合自身特点的活动，这些活动得到了网民广泛的好评，这些活动确实对我们自身的宣传起到了很好的作用。问题来了就不退缩，敢于面对问题，通过处理一系列的负面舆情，不断赢得网友的信任与支持，而且团结了一批粉丝，构建了坚实的公共关系。在面对舆情问题的时候我们更有信心、更有理念。

三、主动发声，打造第一信息发布平台

第一，要实时发布，开通以来我们湘潭公安发布了重大活动，争取成为湘潭本土最强的

官方声音，今年最有体会的是10月26号一个民警在出警的过程中英勇牺牲，引发了网络对民警牺牲的悲痛，广泛宣传了这位烈士英勇牺牲的正能量。湘潭公安通过这个事件上升到第五名。第二，保证信息的传递，得到了很多媒体机构和网友的赞许。第三，实情发布，强调信息的真实。

四、乐谋善导，打造第一舆论引导平台

谣言止于真相，做好舆情的引导。第一，要加强巡查提早发现，湘潭公安开展了舆情的巡查，有问题不可怕，只要有解决问题的决心，真诚面对，不回避。第二，整体联动，对于重大的舆情联合行动，尽可能调动资源和力量，打好组合拳，努力探索运用法制的思维来整治违法行为，净化网络环境。第三，主动发声，抢占先机。

湘潭公安这几年做了一些探索，我们的成绩微不足道，我们是新媒体的建设者，作为一名新媒体的新兵，我们将永远保持学习的心态，为幸福湘潭建设做出新的贡献。

谢谢大家！

第二届媒体融合与传播创新发展研讨会

活动名称：第二届媒体融合与传播创新发展研讨会
指导单位：中共陕西省委宣传部、中共陕西省委网信办
主办单位：人民日报社陕西分社、西安交通大学新闻与新媒体学院
承办单位：人民日报传媒广告有限公司陕西分公司、人民网陕西频道
时　　间：2015 年 12 月 12 日
地　　点：陕西·西安

在互联网思维推动下，传统媒体的新媒体战略如何做好顶层设计又怎样摸着石头过河；在众声喧哗中，新媒体碎片化传播如何避免信息失真、导向偏差等问题；在融合过程中，新媒体和传统媒体如何做到导向一致、形新神定；在信息爆炸时代，主管部门如何积极应对、统筹管理。

2015 年 12 月 12 日上午，由中共陕西省委宣传部、中共陕西省委网信办指导，人民日报社陕西分社和交大新闻与新媒体学院共同主办，人民日报传媒广告有限公司陕西分公司和人民网陕西频道承办的第二届媒体融合与传播创新发展研讨会在西安交大举行。

本届研讨会主要围绕媒介融合、传播创新、舆情分析三个核心内容，邀请权威专家、互联网精英、宣传部门官员进行深入的理论探讨、案例解析、经验分享。西安交通大学党委常务副书记王小力、陕西省委宣传部副部长钟顺虎、陕西省委网信办副主任张琳分别致辞，研讨会由人民日报社陕西分社社长王乐文主持。

媒介形态的不断变化和传播方式的日新月异，引发媒体格局重组和舆论生态的变异。中央从巩固文化阵地、壮大主流思想队伍的大局出发，提出加快推进传统媒体与新兴媒体融合的重大战略举措。研讨会上，专家、官员分别发表主旨演讲，围绕这些问题展开讨论。

人民日报社陕西分社社长王分社乐文在致辞中说，中央从巩固文化阵地、壮大主流思想队伍的大局出发，提出加快推进传统媒体与新兴媒体融合的重大战略举措。人民日报社陕西分社和西安交通大学新闻与新媒体学院主办本次研讨会就是为了探索通过媒体融合和传播创新，寻找信息传播的“春天”。

近年来，人民日报社以传统媒体和新兴媒体“两手抓”实现“两手硬”，已经由过去的一份报纸，转变为全媒体形态的“人民媒体方阵”，成为拥有报纸、杂志、网站、电视、广播、电子屏、手机报、微博、微信、客户端等 10 多种载体、数百个终端载体的媒体集团。目前，人民日报客户端累计下载量突破一亿，人民日报共有 129 个微博，粉丝数突破 1.8 亿；拥有 124 个微信公众号，用户数突破 1300 万。一个传统媒体与新兴媒体并举、官方声音与民间舆论呼应的舆论引导格局初步形成，一个形态各异、载体多样的现代传播体系初具雏形。

西安交通大学党委常务副书记王小力说，当前，我国正在加快推进“互联网+”发展进程，实现互联网与传统行业深度融合。如何进一步推动媒介资源、生产要素的有机有效整合，在媒体融合发展的道路上走稳、走快、走好，已成为学界和业界共同关注的议题。陕西省委宣传部与西安交通大学共建的新闻与新媒体学院，正在致力于网络与媒体融合、数字技术与网络传播、新媒体与社会信息安全、舆情监测与分析等具体学科前沿技术创新和社会发展的需要。

中共陕西省委宣传部副部长钟顺虎认为，人民日报社陕西分社和西安交通大学新闻与新媒体学院联合举办媒体融合与传播创新发展研讨会，为各宣传部门与新闻单位推进传统媒体和新兴媒体深度融合提供有益平台，具有重要意义。一年来，陕西各级宣传部门与新闻单位一起，深入贯彻落实讲话精神，切实把推进媒体融合发展作为一件大事来抓，采取多种措施，加快推动传统媒体和新兴媒体深度融合，内容产品更加丰富，用户规模持续扩大，政府与媒体传播力、公信力、影响力明显增强，进一步巩固和壮大了主流舆论阵地，融合发展取得了良好开局，展现出更加广阔的前景。

陕西省委网信办副主任张琳表示，当前互联网技术裂变式发展，带来了国内外媒体格局的深刻调整和舆论生态的重大变化，他积极认同了以人民日报为代表的中央主流媒体以及南方报业、上海报业各地媒体在融合发展方面的有益尝试与长足进步，但同时也认为媒体融合发展仍处于起步和探索阶段，需要提高思想认识、加强统筹规划、创新运营模式。对于陕西的新媒体发展成绩，张琳表示，陕西省委出台政策、拿出专项资金，扶持重点网络媒体发展壮大已经初见成效，陕西媒体融合发展迈出了坚实步伐，出现竞相发展的良好态势。

人民日报社新媒体中心客户端运营室主编刘晓鹏表示，人民日报担当主流媒体责任，主动布局移动传播领域，实现了以客户端为基础，以微博、微信为两翼，与各类互联网新闻平台互通互联的传播模式，在新媒体影响力中位列前茅。这说明在新的舆论环境和传播生态下，全社会和广大用户对人民日报等主流媒体，通过融合发展继续担当主流媒体的责任和使命，有着很高的期许。

陕西日报社社长张仁华在致辞中表示，从最早的《边区群众报》到如今陕西日报传媒集团，陕西日报一直承担着传递党和政府决策信息、记录陕西人民艰苦奋斗历史的重要使命。在新媒体融合方面，陕西日报也在一直进行积极探索，取得了可观成绩。尽管当前新媒体融合仍面临许多的问题，但在一些基本要素上大家已经形成了共识，一个最基本的要素就是内容为王，首先必须提供有价值的信息，其次是强有力的技术支撑，以及新的商业模式。

中共西安交通大学党委宣传部部长刘谦以《新媒体改变我们》为题，详细介绍了西安交大新媒体建设发展情况，并分享了交大在利用新媒体提升高校传播影响力方面的经验。刘谦认为，新媒体具有“信息内容极丰富”“瞬间传遍全世界”“传播链条裂变式”“受众积极来参与”等特征，是新时期下高校新闻宣传的重要渠道。

中共延安市宝塔区区委宣传部副部长孙霞以《弹指间且看媒体“回归路”》为题，分享了作为一名基层宣传干部，在新媒体融合形势下的感受。孙霞表示，新媒体时代的到来，为延安宝塔这片红色热土、这个经济社会发展相对滞后的西北小城带来了新的机遇。宝塔区政府信息办、区委网信办、区委外宣办三部门通力合作，信息整合，统一出口，同步推送。宝塔区政府门户网站、“宝塔宣传”官方微博、“宝塔山下”微信公众号、“魅力宝塔”手机客户端、“宝塔资讯”微信公众平台五大新媒体构成了宝塔区对外宣传的立体式架构，起到了较好的正面宣传和舆论引导作用。

西安交通大学人文学院副教授黄蓉以《社会心理和问题意识：群体性事件舆论引导策略》为题做了主题报告。如何引导群体性事件舆论？黄蓉认为，引导必须置于公开行政、规则至上的基本框架之中。“重建、重塑规则信任至关重要。政府作为社会治理的关键主体，必须率先示范。对群体性事件舆论的包容是引导的基本原则，而尊重、还原事实则是群体性事件舆论引导的前提与基础。”

如何应对网络舆情？西安交通大学新闻与新媒体学院讲师张立围绕大数据环境下的舆情研究和决策做了主题报告。张立在报告中提到，对于社会舆情治理而言，大数据环境是一把双刃剑。社会舆情通过一定的媒体方式形成并传播，对社会秩序和公共组织的形象都产生重要影响，因而往往受到社会的广泛和高度关注。在大数据环境下，应用大数据管理技术来改善及提高社会舆情治理决策与服务水平，尤其对于社会舆情的治理可以起到非常直接的作用。

西安交通大学新闻与新媒体学院院长李明德发言并做题为《关系建构与融合传播：〈人民日报〉“两微一端”传播技巧初探》的报告。他说，《人民日报》“两微一端”，通过合理平衡的公共话语空间的分配，保证了建立在各阶层相互理解与关照基础上的对话与沟通，从而既努力矫正人们的主观偏狭、推动意见表达宽度的拓展，又通过对各方意见的适度调控疏导社会意识。

参加本次研讨会的还有新华社陕西分社社长李勇、中央人民广播电台陕西记者站站长黄立新、经济日报社陕西记者站站长张毅、光明日报社陕西记者站副站长张哲浩、西安日报社社长夏泽民。陕西省各地市、厅局、区县、高校、企业等300多人参会。

‖ 2016 年度 ‖

第四届中原网络文化发展论坛暨 2015 年度政务新媒体峰会

活动名称：第四届中原网络文化发展论坛暨 2015 年度政务新媒体峰会
活动主题：互联网服务——媒体发展新空间
主办单位：河南省互联网信息办公室、河南省通信管理局
协办单位：河南省互联网协会、河南省网络媒体协会、新浪河南
时　　间：2016 年 1 月 20 日
地　　点：河南·郑州

2016 年 1 月 20 日，由河南省互联网信息办公室、河南省通信管理局主办，河南省互联网协会、河南省网络媒体协会、新浪河南共同承办的第四届中原网络文化发展论坛暨 2015 年度政务新媒体峰会在郑州举行。

本届论坛以“互联网服务——媒体发展新空间”为主题，紧贴媒体发展实际和现实困境，以互联网服务为切入点，探讨媒体如何紧跟发展步伐，抢抓机遇，以互联网新技术、新业态、新模式为推动力，促进媒体发展进一步向服务领域延伸，不断满足人民群众日益增长的个性化、分众化、多样化需求，以此促进和推动媒体更好发展。

河南省委宣传部副部长、省委网信办主任何彧在致辞中强调，河南省新型媒体要把握好以下四个重点：明确目标，强化互联网思维，着力打造一批形态多样、手段先进，具有竞争力的新型主流媒体，全面提升媒体的传播力、公信力和影响力；内容制胜，把内容建设摆在突出位置，以内容优势赢得发展优势；融合创新，继续加快新型媒体和传统媒体的深度融合，做到优势互补、一体发展。双效统一，坚持社会主义发展方向，坚持以人民为中心的工作导向，坚持把社会效益放在首位，社会效益与经济效益相统一，大力弘扬主旋律，提升精气神，凝聚正能量。何彧主任表示，互联网服务前景广阔，潜力巨大，相信通过专家、学者和行业精英的交流碰撞，此次论坛一定会对河南新媒体的良性发展起到重要的开启思路，催化创新的作用。

论坛上，主办方公布了政务微博获奖单位，其中“@河南日报”“@大河报”等荣获河南十大媒体微博影响力奖，“@清风中原”等荣获 2015 年度河南十大政务微博影响力奖，“@郑州市城市管理局”等荣获 2015 年度河南政务微博亲民互动奖，“@河南检察”等荣获河南政务微博创新应用奖，“@河南网信”等荣获 2015 年度河南政务微博卓越传播奖，“@大河寒江雪”等荣获 2015 年度河南公职人员微博影响力奖。

附：政务微博获奖名单

2015 年度河南十大媒体微博影响力奖

@河南日报@大河报@河南新闻广播@大河网@东方今报

@映象网@河南商报@中原网@大象融媒@郑州新闻广播

2015 年度河南政务微博亲民互动奖

@郑州市城市管理局@国网河南电力@平安郑州

@郑州东高铁站@郑州交巡警一大队

2015 年度河南十大政务微博影响力奖

@平安中原@清风中原@文明河南@平安洛阳@豫法阳光

@精彩河南@平安商丘@微博洛阳@郑州铁路局@河南教育

2015 年度河南政务微博卓越传播奖

@河南网信@河南共青团@周口发布@微博商丘@社科在线

2015 年度河南政务微博创新应用奖

@河南检察@河南司法行政在线@河南消防@清风郑州@郑州中院

2015 年度河南十大公职人员微博影响力奖

@赵云龙@刘五一@杨华民@肿瘤专家陈小兵@农家参谋长范小红

@疯狂大象@大河寒江雪@人参姐姐的微博@钢城民警@杨芳说反腐

2016政务V影响力峰会

活动名称：2016政务V影响力峰会
主　　题：倾听·对话·服务
主办单位：人民日报、微博、新浪网
时　　间：2016年1月20日
地　　点：广东·广州

2016年1月20日，由人民日报、微博、新浪联合举办的“倾听·对话·服务——2016政务V影响力峰会”在广州举行。中央网信办网络新闻信息传播局局长姜军、人民日报社新媒体发展中心负责人丁伟、广东省网信办副主任曾胜泉、微博CEO王高飞、人民网副总编辑祝华新、中国传媒大学媒介与公共事务研究院高级研究员侯锷、中山大学传播与设计学院院长张志安等相关领导和专家出席，与百余位各地政务微博代表齐聚一堂，共同探讨政务新媒体的发展方向。

中央网信办网络新闻信息传播局局长姜军发表了题为《进入主阵地形成新纽带》的致辞，希望各级各类政务微博更加主动地扮演好“凝心聚力新纽带”、“网上舆论压舱石”和“公益力量引导者”三种角色，并发挥好三重功能。

峰会发布了《2015政务指数微博影响力报告》（以下简称“报告”）。报告显示，截至2015年12月31日，微博平台认证的政务微博达到152390个，保持稳定增长。微博也成为最大的政务信息发布新媒体平台。2015年政务微博发博量达到2.5亿条，阅读量达到1117亿人次。政务微博在社会管理创新、政府信息公开、网络舆论引导、倾听民众呼声、树立政府形象、群众政治参与等方面起到了积极作用，成为首个打通社会治理微循环的平台。

一　党政新闻发布账号“火力全开”，微博正能量反哺社会

报告显示，全国党政宣传系统微博账号超过3万个，构成政务微博的最大矩阵。党政宣传系统的微博运营水平也处于领先地位。上海、南京、成都的党政新闻发布账号进入政务微博十强。排名前100的政务微博中，党政新闻发布账号超过20个。账号的分布也覆盖了不同城市，既有中国政府网这样的国家机关，也有上海、北京、天津等省级发布账号，还有南京、广州、西安等省会城市，宿迁、徐州、哈密等城市的新闻发布类微博也进入百强。

党政新闻发布类账号的运营方式、反应速度和主动性均有提升。昆明市政府通过“@昆明发布”征集市民对于昆明“十三五”规划的意见，收集到400多条网友意见，其中120多条被提供给昆明市“十三五”规划编制起草小组进行分析研究并合理吸纳。“@广东发布”也组织“粤创粤新”广东创新驱动发展主题大型网络采风活动，获得较好效果。

在民生关切的热点事件中，政务微博的联动性也进一步增强。2015年政务、民生、社

会热点相关大事件的微博阅读量超过 2000 亿人次。在东方之星沉船事故、天津港爆炸、“9·3”阅兵等社会热点事件中，政务微博不仅跨行业、跨区域联动，而且和媒体微博也充分联动。报告指出，微博仍有强势的舆论场聚集效应，同时微博上舆论自净、自律趋势更加明显。微博上正能量扩展必然会反哺线下社会，进而改善社会舆论生态。

二　近九成政务微博在基层，广东成为政务微博第一大省

基层政务微博的比例进一步扩大，运营能力也不断提升。这不但成为政务微博生态良性发展的基础，同时也完善了公共治理的神经末梢。县处级以下政务微博达到 135717 个，占比接近 90%。在 2015 年政务微博影响力榜服务力指数最高的 10 个账号中，县处级以下的基层政务微博占 5 个。

不过整体而言，中央机构政务微博的运营水平仍然较高。有 14 个中央机构政务微博进入榜单前 100。2015 年，国防部、文化部、国家发改委、空军等国家及中央机构开通了官方微博，国家及中央部委相关微博总数超过 100 个。

政务微博数量超过 1 万个的省份增加到 3 个。广东已开通政务微博 12240 个，成为政务微博第一大省。政务微博整体发展趋稳。省份政务微博竞争力排行榜推出以来，江苏连续三次排名榜首。城市政务微博竞争力排名上，南京也第二次夺得冠军。南京、成都、广州、深圳、青岛、西安、苏州都连续三次进入该榜单前十。

三　政务微博更“人格化”，成为政民互动首选平台

报告指出，政务微博制度化建设已经成为“标配”。不少政务微博都建立了较为规范的运营机制以及突发事件应对流程，微博运营人员也以更熟悉互联网的“80 后”和“90 后”为主。

团队专业化使政务微博更具人格化特征。深圳交警在其官方微博发布“十二星座酒驾排行榜”，以网民熟悉的“星座”作为沟通载体，使普法教育取得更好效果。报告指出，政务微博诞生于新媒体土壤，应当以通俗的方式传达信息，传递出“自然人”的人情味。

这也使微博在政民互动中发挥了更积极的作用。2015 年政务微博共收到网友私信 3.3 亿条，回复评论 1642 万条。这表明网友已经习惯于通过微博与政府部门进行沟通。

四　倾听、对话、服务，政务微博打通社会治理微循环

“互联网 +”战略全面实施，对政务微博提出新要求。通过“互联网 + 政务”方式构建服务型政府，多部门联动才更为有效。例如，银川就以“@问政银川”为核心，将 514 个账号组成矩阵，2015 年“@问政银川”转办事项的办结率达到 97%。“中国昆明发布厅”的 106 个账号，2015 年平均每天发布微博超过 700 条、回应网友问题超过 10 个，比 2014 年增长 118%。

“互联网 +”时代，政务微博成为政府部门提高社会治理效率的有力抓手。在信息流转、政民互动、部门联动上的优势，是政务微博在社会治理中发挥作用的基础。随着政务微

博运营能力的提升，其“履职”已经开始跨部门和跨平台，政府部门可以在微博上倾听公众需求、与公众对话、为公众提供服务、解决公众遇到的实际问题，实现社会治理微循环。

五　微博5亿资源护航政务微博，做好社会治理连接器

微博 CEO 王高飞表示，微博在做好突发事件稳定器、正面能量聚合器、公益行动催化器的同时，也会积极适应“互联网＋”的新特点和新变化，扮演好社会治理连接器的角色。微博已经成立专门的政务微博运营支持团队，并为政务相关内容设置专门入口以增加曝光。为加强正能量传播，微博建立了政府、媒体、公益组织联动的协同传播机制。2015 年微博投入价值 2 亿元的资源，用于扶持政务微博发展，2016 年投入的资源价值将达到 5 亿元。

2016 年微博将强化“行业垂直模式＋区域综合模式”相结合的政务微博矩阵，同时进一步开放大数据，配合政府部门构建多层级、全响应的社会服务管理体系。微博还将重点针对信息公开、政务协同、舆情管理、精准触达四个方面，完善政务相关产品技术体系。此外，微话题、微访谈等产品也将继续为政务微博提供运营支撑。

峰会上，人民日报新媒体中心、微博、新浪、国资委新闻中心联合成立扶贫助农新媒体联盟，联合政务微博、媒体和微博名人，运用互联网手段和思维扶贫助农。联盟成立后的第一个助农活动“我为家乡代言”也同时启动。“@ 国资小新”“@ 中国广州发布”“@ 成都发布”“@ 南京发布”“@ 小梁县长（广西天峨县副县长梁昌旺）”作为联盟的首批成员参与其中。

微博和新浪网还宣布启动“V 影响力中国行——十二城”大型品牌活动。2016 年，微博将联合各垂直领域活跃用户，以新媒体视角，用体验式营销的方式，携亿万网友共同去解读有故事的城市。“V 影响力中国行”首站在广州开启。

中央网信办网络新闻信息传播局局长姜军在峰会致辞实录：进入主阵地形成新纽带

各位来宾、各位朋友：

大家好！很高兴在羊年岁尾与各位相聚羊城，共同回顾一年来政务微博取得的发展。我谨代表中央网信办网络新闻信息传播局，对“2016 政务 V 影响力峰会”的召开表示诚挚祝贺！

新出炉的《2015 政务指数微博影响力报告》，全面而生动地展现了去年一年政务微博深入发展的丰硕成果，令人振奋。实际上，回望过去六年的演进历程，政务微博已经成为“互联网治理”与“社会治理”两大时代命题“同频共振”的重要载体。在权威发布、亲民互动、智慧服务、凝聚人心等多个方面，各级各类政务微博发挥着不可替代的作用，逐步成为立体化、多功能的舆论引导和综合服务平台，成为推动网络空间治理的一支重要力量，更成为“十二五”时期中国互联网发展的一大亮点。

自 2014 年 2 月中央网络安全和信息化领导小组成立，我们遵照习近平总书记有关“正能量是总要求，管得住是硬道理”的重要指示精神，运用网络传播规律，积极推动以政务微博为代表的“互联网＋政务”建设，让现实空间的“正规军”不断进入网络空间的“主阵地”。为此，去年 2 月，中央网信办在河北石家庄召开了政务新媒体建设发展经验交流会，并出台相关文件，对政务微博等政务新媒体的建设、发展和管理，提出指导性意见。

2015年1月11日，总书记主持召开中央全面深化改革领导小组第二十次会议，审议并通过了《关于全面推进政务公开工作的意见》，强调要更加注重实效，不断创新政务公开方式。这也为政务微博的下一步发展指明了方向，毫无疑问，政务微博在未来将肩负起更加重要的使命。今年是“十三五”的开局之年，政务微博应围绕努力实现创新、协调、绿色、开放、共享“五大发展理念”，发挥更大作用。为此，我希望各级各类政务微博，更加主动地扮演好三种角色，发挥好三种功能。

一是凝心聚力新纽带。当前，按照中央要求，中央网信办正组织全网开展以习近平同志为总书记的党中央治国理政新思想新成就网上宣传。各级各类政务微博应结合自身特点，形成微传播阵势，通过更有针对性的宣传引导和更加有效的信息服务，将高屋建瓴的新思想、新实践、新成就，化为“接地气”的微话题、微行动、微服务，建起党和政府与网民、百姓之间凝心聚力的新纽带。

二是网上舆论压舱石。在突发公共事件的舆情演化中，政务微博要坚持原则，忠实履职，及时发布权威信息，积极对冲各种负面情绪和不实之词，主动引导网民和社会公众明辨是非，凝聚共识，特别是应通过矩阵建设，有效聚合各方正能量，推动网络空间不断清朗。

三是公益力量引导者。当前，网络公益方兴未艾，政务微博由于自身所具有的特点优势，在这方面大有可为。各级各类政务微博应积极根据职能定位，助推网络公益事业发展，针对包括网络扶贫在内的各类公益活动和议题，加大投入、加强策划，为让互联网发展成果更好地惠及13亿中国人，不断贡献力量。

希望各级各类政务微博账号以今天的峰会为契机，交流经验、拓展合作，让政务微博在建设网络强国的征途中，贡献出更大的价值与力量。为此，中央网信办网络新闻信息传播局，愿与各有关部门和各级各类政务微博账号加强沟通协作，共同为之努力！

最后，祝峰会圆满成功！

谢谢大家！

2016中国教育政务新媒体年会

活动名称：2016中国教育政务新媒体年会

主办单位：中国教育学会教育新闻宣传分会

承办单位：四川大学

时　　间：2016年1月21～22日

地　　点：四川·成都

2016年1月21日至22日，由中国教育学会教育新闻宣传分会主办、四川大学承办的2016中国教育政务新媒体年会举行。教育部办公厅副主任、新闻办主任续梅，中国教育学会常务副会长、中国教育学会教育新闻宣传分会主任委员刘堂江，教育部新闻宣传中心执行副主任余冠仕，四川省教育厅机关党委书记、党组成员张澜涛，四川大学党委书记杨泉明，四川大学党委副书记周学东等领导出席年会。从最初的教育系统新媒体工作推进会发展为今天的教育政务新媒体年会，连续举办四年的这一活动已经成为教育系统新媒体人交流互动的重要平台。

据了解，近年来教育政务新媒体阵容不断发展壮大，以教育部新闻办新媒体账号"微言教育"为核心发起成立的教育系统官方微博微信联盟，经过四年发展，截至2016年初，联盟成员总数已达865家，其中包括200家总盟成员单位和北京、上海、河南、江苏、浙江等地建立的分盟成员，上下联动的教育系统新媒体宣传格局初步形成。

为推进各地、各校进一步做好政务新媒体工作，此次会议还发布了"2015年度教育政务新媒体排行榜"，并评选出"2015年度教育系统新媒体综合力十强"、"2015年度教育系统优秀官方微博"、"2015年度教育系统优秀官方微信"等。

"2015年度教育政务新媒体排行榜"由第三方研究机构发布，分为省级教育部门微博、微信传播力榜，地市级教育部门微博、微信传播力榜，高校微博、微信传播力榜6个榜单。根据排行榜进行综合评价，四川省教育厅、北京市教委、上海交通大学、北京大学、武汉大学、东北大学、厦门大学、浙江大学、西南交通大学、四川大学10家单位的官方微博、微信获得"2015年度教育系统新媒体综合力十强"称号；广东省教育厅、浙江省教育厅、上海市教委、清华大学、中国海洋大学、华中科技大学、华东师范大学、天津大学、中南大学、电子科技大学10家单位的官方微信获得"2015年度教育系统优秀官方微信"称号；河南省教育厅、陕西省教育厅、江苏省教育厅、安徽省教育厅、甘肃省教育厅、武汉理工大学、山东大学、郑州大学、陕西师范大学、河南大学10家单位的官方微博获得"2015年度教育系统优秀官方微博"称号。此外，上海交通大学、北京师范大学还成为教育部新闻办"微言教育"发起的"微言TEAM"计划入选团队。

会上，来自业界和学界的两位专家分别为与会代表做了题为《政务新媒体如何上头条》《中国教育政务新媒体大数据及未来发展趋势》的专题报告。与会代表还参加了

“教育新媒体，教育好声音”圆桌论坛，阐述了自己在教育政务新媒体实践中的经验、心得和感悟。

来自全国32个省级教育行政部门、75所教育部直属高校，以及部分其他高校、地市教育部门的130多位新媒体负责人参加了此次年会。四川省内60余位地市教育局、省属高校的新媒体负责人列席会议。

《中国司法公开新媒体应用研究报告（2015）》发布会

活动名称：《中国司法公开新媒体应用研究报告（2015）》发布会
时　　间：2016年3月24日
地　　点：北京

2016年3月24日，中国社会科学院法学研究所、新浪网法院频道与中国社会科学出版社联合举行《中国司法公开新媒体应用研究报告（2015）》发布会。

《中国司法公开新媒体应用研究报告（2015）》系中国社会科学院法学研究所国家法治指数研究中心相关成果，并被纳入中国社会科学出版社“国家智库”系列。报告以宪法、诉讼法及最高人民法院相关司法文件为依据，对人民法院近年来的庭审网络及微博视频直播状况进行了初步考察，并与西方发达国家相关司法公开制度和实践进行了比较。结果显示，中国的司法公开已经走在国际前列，以庭审微博视频直播为代表的司法公开新举措，正在助推中国司法公开对西方的弯道超车。其中，许多基层人民法院和中级人民法院表现出了极大的创新精神。但由于技术标准有待统一等原因，中国在司法公开上仍然有很长的路要走。就此，《中国司法公开新媒体应用研究报告（2015）》提出了针对性的政策建议。

最高人民法院有关部门负责人，部分高级人民法院以及中国法学会、北京大学、西南政法大学、中国社会科学院法学研究所、中国社会科学出版社、新浪网法院频道有关负责人出席了发布会。

“2015 检法系统新媒体经典案例”推荐活动颁奖仪式暨研讨交流会

活动名称：“2015 检法系统新媒体经典案例”推荐活动颁奖仪式暨研讨交流会

指导单位：光明日报社、中央政法委宣教室、最高人民法院新闻局、最高人民检察院新闻办

主办单位：光明网

时　　间：2016 年 4 月 28 日

地　　点：北京

2016 年 4 月 28 日上午，由光明日报社、中央政法委宣教室、最高人民法院新闻局、最高人民检察院新闻办指导，光明网主办的“2015 检法系统新媒体经典案例”推荐活动结果正式揭晓，活动颁奖仪式暨研讨交流会在京举办，检法系统各 10 家单位获奖。

中央政法委宣教室副主任邹小龙，最高人民法院新闻宣传领导小组副主任王玲，最高人民检察院新闻办公室副主任林琳，国家互联网信息办公室网络新闻传播局副局长孙凯，以及主办单位光明日报副总编辑陆先高，光明网总裁、总编辑杨谷出席活动并为获奖单位颁奖。

“2015 检法系统新媒体经典案例”推荐活动经过初选、网上公开投票、专家评选三个阶段最终评选出获奖单位。活动自启动以来，获得了社会各界的高度关注和网友的积极参与。3 月 24 日，光明网启动了自主研发的“光明云投”网上投票系统，为网友投票供技术支撑，保障了 98 万网上投票用户的正常参与。4 月，按照公众支持率和评委支持率的综合排名，最终从法院、检察院中评选出“2015 检法系统新媒体经典案例”各十名。

光明网组织的检法系统新媒体活动已经连续举办了三年，逐渐形成品牌活动。光明日报副总编辑陆先高在回顾这三年的历程时表示，光明日报社、光明网一直在探讨、摸索如何充分发挥光明日报融媒体平台的传播优势，在融媒体的框架下，运用图、文、视频、H5 技术等新媒体形式积极“发声”，为弘扬社会主义法治理念、深化司法改革做好传播工作。

最高人民法院新闻宣传领导小组副主任王玲表示，长期以来，光明日报社、光明网依托自身影响力以及媒体的优势，对法院系统司法为民、公正司法、司法改革等各方面工作给予了大力支持，为法院践行司法为民、公正司法营造了积极、良好的舆论氛围。

最高人民检察院新闻办公室副主任林琳对活动给予充分肯定，他说，“检法系统新媒体经典案例”系列活动，为推动全国检法系统宣传工作的新发展做出了积极的努力，下一步将更加重视检察新媒体建设，尽快形成检察新媒体集群，增强检察机关在网络社会的凝聚力和影响力，努力把新媒体打造成了解社群民意，促进公平、正义，展示检察形象的重要平台。

颁奖仪式后，各家获奖单位代表围绕“如何利用新媒体助力司法改革”的主题，就新媒体环境下人民法院、检察院如何利用新媒体形式活泼、互动性强的特点促进阳光司法、司法公正进行了现场交流。

获奖名单（排名不分先后）

法院：

北京市高级人民法院

福建省高级人民法院

江西省高级人民法院

陕西省高级人民法院

云南省高级人民法院

北京市第四中级人民法院

山东省烟台市中级人民法院

北京市东城区人民法院

福建省连城县人民法院

淮南市谢家集区人民法院

检察院：

天津市人民检察院

山东省人民检察院

广西壮族自治区人民检察院

浙江省杭州市人民检察院

四川省自贡市人民检察院

山东省聊城市人民检察院

北京市东城区人民检察院

北京市西城区人民检察院

北京市海淀区人民检察院

福建省闽侯县人民检察院

（光明网北京2016年4月28日电记者：丁玉冰　陈　畅）

中国文化网络传播首届高峰论坛

活动名称： 中国文化网络传播首届高峰论坛

指导单位： 北京师范大学、国家互联网信息办公室网络新闻信息传播局

主办单位： 中国文化网络传播研究会、北京师范大学新闻传播学院

时　　间： 2016年5月14日

地　　点： 北京

2016年5月14日，中国文化网络传播首届高峰论坛在北京师范大学举行。中国文化网络传播高峰论坛的召开，在中国网络文化建设与传播史上具有里程碑意义，这是全国首个聚焦中国文化网络传播领域的大型学术论坛，定位于打造中国文化通过互联网走向世界的高端智慧平台。论坛以促进中华优秀文化的创造性转化和创新性发展，弘扬网上正能量，建设网上精神家园，引导网络文化健康发展，服务国家软实力提升为使命。

中国文化网络传播首届高峰论坛由北京师范大学、国家互联网信息办公室网络新闻信息传播局指导，中国文化网络传播研究会、北京师范大学新闻传播学院共同主办。来自国家网信办、教育部、团中央等相关负责同志，楼宇烈、郝正省、郦正、喻国明、刘少杰、陈劲等50余位相关领域著名学者，以及网站与出版文化机构负责人、企业家等各界嘉宾出席论坛并参与研讨。本届高峰论坛立足于汇聚各界智慧，进一步推动中国文化网络传播研究，促进文化界、社科界和互联网等领域的广泛交流与合作，构筑权威性、品牌化、高层次的学术文化交流平台。

国家互联网信息办公室网络新闻信息传播局局长姜军、北京师范大学党委副书记刘利出席论坛开幕式并致辞。中国文化网络传播研究会副会长兼秘书长金海峰代表主办方致辞并宣读倡议书。论坛为期一天，包括主论坛与5场分论坛。

论坛开幕式上，中国文化网络传播研究会与上海金桥经济技术开发区管委会及上海市数字内容产业促进中心宣布合作创建“中国文化网络视听基地”，并签订了合作项目书。北京师范大学党委副书记刘利、国家互联网信息办公室网络社会工作局副局长范小伟、教育部思想政治工作司副司长张文斌、北京师范大学党委组织部部长方增泉、北京师范大学新闻传播学院执行院长喻国明、中国文化网络传播研究会会长黄朴民为中国文化网络传播研究会、北京师范大学新闻传播学院联合成立的“青少年网络素养专业委员会”揭牌。北京师范大学新闻传播学院万安伦教授发布了《中国网民数字阅读状况调查报告（2016）》。

四位著名专家做了论坛主旨发言。他们分别是：北京大学哲学系楼宇烈教授，北京师范大学新闻传播学院执行院长喻国明教授，中国人民大学社会学理论与方法研究中心主任刘少杰教授，清华大学经济管理学院陈劲教授。

当天下午举行了“传统文化的现代传播”“网络文化回顾与展望”“当代中国的网络社会”“一带一路与互联互通”“网络阅读与文化传播”五场分论坛。其中，在分论坛一上，

中国文化网络传播研究会与中国文联文艺资源中心共同成立“网络文艺中心”并进行签约仪式。

中国文化网络传播首届高峰论坛为中国文化通过互联网走向世界搭建了最高层次的交流研讨平台。本届论坛上所有专家学者的研讨发言综述和提交论文将作为学术成果结集出版，进一步向社会传播。

中央网信办网络新闻信息传播局局长姜军在开幕式上的致辞实录

尊敬的刘利书记，各位领导、专家，各位朋友：

大家上午好！

很高兴在北师大这样一所“学为人师，行为世范”的百年名校，围绕互联网时代中华优秀传统文化的传播与弘扬，与大家展开交流与探讨。我谨代表中央网信办网络新闻信息传播局，向中国文化网络传播首届高峰论坛的召开表示热烈祝贺，向各位专家学者致以诚挚的问候！

十八大以来，以习近平同志为总书记的党中央高度重视建设社会主义文化强国。总书记深刻指出，中华民族创造了源远流长的中华文化，也一定能够创造出中华文化的新辉煌。今年4月19日，习近平总书记在网络安全和信息化工作座谈会上指出，网络空间是亿万民众共同的精神家园。要加强网络内容建设，做强网上正面宣传，培育积极健康、向上的网络文化，用社会主义核心价值观和人类优秀文明成果滋养人心、滋养社会。总书记的深刻论断为在当前形势下推动网络文化建设指明了方向，也更加彰显出今天这场高峰论坛的价值所在。

“观乎人文，以化成天下。”文化建设关乎国运长久，关乎民心所向，是谋万世、谋全局的大事。网络为文化发展提供了机遇，也带来了挑战。因此，在当前，加强中华优秀传统文化的网络传播，推动体现中国价值、富有中国特色的网络文化建设，具有十分重要的现实意义。

中央网信办自成立以来，高度重视优秀传统文化的网上传播和网络文化建设工作，先后组织实施了中华传统文化网络传播工程，开展了“中华优秀传统文化网上行”等系列活动。今年起，我们又推出了网络文艺创作传播工程，全方位、多领域发力，推动网络文化的繁荣发展。在经济全球化与信息网络化条件下，如何进一步加强网络文化建设，让互联网这一最先进的世界文明成果与最悠久的中华文化相得益彰、交相辉映，是我们大家需要共同思考的重大问题。我们愿在四个方面与大家共同努力。

一是坚持导向。文化应是多姿多彩，网络空间应是天朗气清。要在推进网络文化繁荣发展的过程中，坚持以人民为中心，培育和践行社会主义核心价值观，牢牢把握意识形态工作领导权和话语权，完善网络管理领导体制，加强网上思想文化阵地建设，净化网络环境。

二是注重方法。网络文化的建设与传播，要讲求方式方法，更要强调互联网思维，尊重网络传播规律，积极开发网络文化创新产品，以效果为导向，润物无声、成风化人，让中华优秀传统文化通过网络更加深入人心。

三是广开渠道。文化本身就是多元多样的。文化如同生态，物种越丰富，生机越盎然，因此要沟通上下，连接内外，广辟路径，充分发挥智库平台作用，吸引和借助一切力量共同参与推动中华优秀传统文化的网络传播。

四是交流互鉴。文化因交流而多彩，文明因互鉴而丰富。要保持文化的生命力、吸引力和影响力，必须坚持开放包容的精神，通过网络将中华优秀文化介绍给世界各国，同时也是把各国优秀文化引入国内，吸收世界文明精华，汲取中华复兴伟力。

今后，中央网信办网络新闻信息传播局愿同各位专家学者加强沟通协作，为推动网络文化繁荣发展，在网络空间更好地传播弘扬中华优秀文化，而共同努力。

最后，预祝中国文化网络传播首届高峰论坛圆满成功！

谢谢大家！

附：论坛主讲人与发言题目

一、主论坛

1. 楼宇烈（北京大学哲学系教授、哲学系东方哲学教研室主任、宗教研究院名誉院长、学术委员会委员），发言题目：《中国传统文化精神》。

2. 喻国明（教育部“长江学者”特聘教授，国务院学位委员会新闻传播学学科评议组成员，北京师范大学新闻传播学院执行院长），发言题目：《网络文化建构的新范式》。

3. 刘少杰（中国人民大学社会学理论与方法研究中心主任、教授、博士生导师），发言题目：《网络社会的时空拓展与社会治理》。

4. 陈劲（教育部“长江学者”特聘教授，清华大学经管学院教授、博士生导师，清华大学技术创新研究中心主任），发言题目：《企业国际化与中国文化网络传播》。

5. 万安伦（北京师范大学新闻传播学院教授、院长助理、博士生导师，出版科学与文化研究中心主任），宣读题目：《中国网民数字阅读现状报告》。

二、分论坛一：“传统文化的现代传播”

1. 黄朴民（中国人民大学国学院教授、图书馆馆长，中国文化网络传播研究会会长），论坛主持与学术总结。

2. 金海峰（中国文化网络传播研究会法人代表、秘书长，长春大学网络国学院院长、教授），发言题目：《诗书礼乐——为往圣继绝学》。

3. 冉茂金（中国文联文艺资源中心副主任），发言题目：《传统文化的网络传播》。

4. 张殿英（中国电影乐团原艺术指导、国家一级作曲、中国民族管弦乐学会原副会长兼秘书长），发言题目：《我对中国民乐及网络传播现状的认识与期望》。

5. 刘祯（文学博士，中国艺术研究院研究员、博士生导师，梅兰芳纪念馆书记、副馆长，中国文化网络传播研究会副会长），发言题目：《梅兰芳与文化传播》。

6. 杨青（音乐教育家、古琴艺术家，中国琴会副会长、秘书长，非物质文化遗产古琴艺术传承人，中国文化网络传播研究会副会长），发言题目：《“乐教”在当今社会的现实意义》。

7. 侯茜（中国画院党委副书记、画院执行总监），发言题目：《中国传统艺术的不传统弘扬》。

8. 单承彬（曲阜师范大学国学院执行院长、文学院院长），发言题目：《传统文化传播与普及的思考》。

9. 纪清远（北京画院国家一级美术师、北京市文史研究馆馆员、中国画学会常务理事，纪晓岚研究会顾问），发言题目：《在网络传播中有关传统诗书画艺术的审美要点》。

10. 张智华（北京师范大学艺术与传媒学院教授、博士生导师，中国文化网络传播研究会副会长），发言题目：《中国网络文化发展路径——兼论中国传统文化精华如何转化为网络文化》。

三、分论坛二："网络文化回顾与展望"

1. 张洪忠（北京师范大学新闻传播学院副院长、教授、博士生导师），论坛主持与学术总结。

2. 史安斌（清华大学新闻与传播学院副院长、教授、博士生导师），发言题目：《构建全球互联网文化新格局：解析"中国方案"的历史溯源和现实考量》。

3. 倪宁（中国人民大学新闻传播学院教授、博士生导师），发言题目：《网络文化散论》。

4. 石刚（首都经济贸易大学文化与传播学院院长），发言题目：《网络语言的传播机制及其控制》。

5. 施旭升（中国传媒大学教授、博士生导师），发言题目：《网络文化的一个方面：互联网+时代的戏曲生存策略分析》。

6. 王宇红（中国传媒大学教授、博士生导师），发言题目：《中国网络节目与网络文化发展的关系》。

7. 卢蓉（中国传媒大学教授、博士生导师），发言题目：《触网影视剧"网络基因"探析》。

8. 狄多华（中央网信办《网络传播》杂志主编），发言题目：《网络文化的微传播》。

9. 万兴亚（未来网总编辑），发言题目：《探究网络文化吹响青少年向网络世界进军的号角；点赞中国文化，建设网络中国》。

10. 王海（中国青年网副总编辑），发言题目：《中国互联网发言的回顾与展望》。

11. 伍刚（中央人民广播电台高级编辑，央广网副总裁，哈佛大学访问学者），发言题目：《网络时代中华文明的伟大复兴》。

12. 张顺平（腾讯网儒释道频道主编），发言题目：《互联网平台与文化创新》。

13. 黄胜友（网络大V，青联资深委员，中国民俗摄影协会会员），发言题目：《充分利用互联网，形象助推旅游》。

四、分论坛三"当代中国的网络传播"：

1. 邴正（吉林大学常务副校长、教授、博士生导师，中国社会学会副会长），论坛主持与学术总结。

2. 刘少杰（中国人民大学社会学理论与方法研究中心主任、教授、博士生导师），发言题目：《网络社会的时空拓展与社会治理》。

3. 邹广文（清华大学马克思主义学院教授、博士生导师），发言题目：《互联网时代的文化传承》。

4. 谢俊贵（广州大学教授博士生导师），发言题目：《网络社会风险规律及其相应策略》。

5. 黄少华（浙江大学宁波理工学院教授、博士生导师），发言题目：《网络社会的结构性风险》。

6. 包霄林（光明日报评论部原主任），发言题目：《网络传播生态的文化特性》。

7. 王芳（南开大学商学院教授、博士生导师，南开大学网络社会治理研究中心主任），发言题目：《微信群社会结构及其演化：基于文本挖掘的案例研究》。

8. 张喜才（中国文化网络传播研究会专家委员会常务副主任，原吉林省社会科学院副巡视员、秘书长、研究员），发言题目：《网络社会组织的文化使命》。

五、分论坛四："一带一路与互联互通"

1. 陈劲（教育部"长江学者"特聘教授，清华大学经管学院教授、博士生导师，清华大学技术创新研究中心主任），论坛主持与学术总结。

2. 陈山枝（大唐电信集团副总裁、电信技术研究院副院长，教授级高级工程师、博士生导师），发言题目：《信息丝绸之路——从移动通信看"一带一路"的机遇与挑战》。

3. 陈甬军（中国人民大学商学院教授、博士生导师，中国人民大学中国经济改革与发展研究院副院长），发言题目：《"一带一路"战略的经济本质及其对互联互通的影响》。

4. 程亚文（中国文化网络传播研究会理事，上海外国语大学国际关系与公共事务学院特约研究员，中国人民大学国际事务研究所特约研究员），发言题目：《当代世界的知识短缺与中国文明使命》。

5. 廖凡（中国社会科学院国际法研究所研究员、科研处副处长），发言题目：《"一带一路"与"走出去"战略中的法律问题》。

6. 孟宪实（中国人民大学国学院教授、博士生导师），发言题目：《丝绸之路研究整体史论》。

7. 孟庆枢（东北师范大学文学院教授、博士生导师），发言题目：《"一带一路"互联互通与新型大国理念》。

8. 潘知常（南京大学新闻传播学院教授、博士生导师，南京大学城市形象传播研究中心主任，澳门电影电视传媒大学筹委会执行主任），发言题目：《"一带一路"与中国跨境电商的发展空间》。

9. 王义桅（中国人民大学国际关系学院教授、博士生导师，国际事务研究所所长，欧盟研究中心主任），发言题目：《论一带一路建设的十大关系》。

10. 姚中秋（北京航空航天大学人文与社会科学高等研究院教授，弘道书院山长），发言题目：《以天下秩序引领人类》。

11. 朱琦（文化部对外文化联络局副局长），发言题目：《"互联网＋"与一带一路的文化交流》。

六、分论坛五："网络阅读与文化传播"

1. 万安伦（北京师范大学新闻传播学院院长助理、教授、博士生导师），论坛主持与学术总结。

2. 郝振省（全国政协委员，中国编辑学会会长，北京印刷学院数字出版研究院院长），发言题目：《数字出版与数字阅读》。

3. 魏玉山（中国新闻出版研究院党委书记、院长），发言题目：《我国数字阅读调查的基本情况》。

4. 乔还田（中国编辑学会副会长、编审），发言题目：《网络数字化也应"内容为王”》。

5. 张志强（全国出版专业学位教育指导委员会副主任委员，南京大学出版研究院常务副院长、教授、博士生导师），发言题目：《关于网络阅读的几点思考》。

6. 蒋重跃［《北京师范大学学报》（社科版）总编辑，教授］，发言题目：《网络阅读时代如何保证学术成果的内在质量》。

7. 龙杰（高等教育出版社副总编辑，中国编辑杂志社主编、编审），发言题目：《网络阅读与人的发展》。

8. 梁志国（北京师范大学出版集团音像出版社社长），发言题目：《关于增强教育产品的黏性和传播力的思考》。

网民自发传播正能量主题研讨会

活动名称： 网民自发传播正能量主题研讨会

时　　间： 2015 年 6 月 12 日

地　　点： 北京

2015 年 6 月 12 日，主要互联网媒体、新闻传播行业专家，以及活跃在互联网空间的网民代表在“网民自发传播正能量主题研讨会”上，就 6 月 2 日“东方之星”沉船事件发生后出现的网络传播新趋势进行了深入探讨。与会人员表示，网民的表现出乎意料地统一，谣言类、攻击类信息变少了，对正能量积极传播变多了。而在过去，灾难事件面前，正能量信息的传播主要是由官方或几大中央新闻媒体来推动，在此次沉船事件中，正能量的传播主体变成了网民自己。网民对正能量的需求从外向内延伸，过去像是一种外在的诉求，而现在却变成了内心的需求。

一、数据显示，正能量更能贴近网民内心

中国传媒大学互联网信息研究院副院长李未柠介绍，此次沉船事件发生后，一些发声的网络大 V 大都是在传播正能量的信息，相对来说负面质疑的声音较少。另外，她发现在有关沉船事件的新闻报道的评论里，网民的跟帖都偏向于正向，普通网友传播正能量的热度非常高，这跟以前相比非常不一样。

百度副总编辑郑文彬介绍，“东方之星”沉船事件发生后，百度贴吧的数据显示，50% 的网民都是在讨论“如何救援”等正能量话题。到沉船“头七”这天，正能量比例上升至 80% 。“我们有理由相信，大多数网民都是善良的，他们最关注的是怎么去救人。”

新浪微博副总经理陈丽娜介绍，“东方之星”沉船事件发生之后，有一条微博出乎意料地得到了 17 万个转评赞。微博内容是：今天这么多关于沉船事故的新闻里，我最感动的是为了降低水位方便救援，三峡大坝蓄起了水，使通过水库的水从每秒 1.7 万立方米降到 7000 立方米，这个新闻淹没在了茫茫多的新闻里，不起眼，但是能从这看到这种统领全国人命为重的责任与能力，真的很怀疑除了中国其他国家有没有这种魄力与能力。陈丽娜说，在这条微博里，那些发自内心的、真实的、理性的评论收获的赞最多。这条微博并不是官方的“刻意安排”，但是反映出了网民内心真正的正能量。这条微博发布的时间、产生的效果、微博主人的身份出现得都很突然，不过陈丽娜表示：“网友的自发正能量很大程度上还是依赖于政府及时的信息发布和媒体正面的舆论引导，如果央媒没有这样一条新闻，也就无从谈起他的点评，我觉得这是一个基础，只有这步工作做好了，网友才能正面积极地回应。”

二、灾难面前，网民更加关注如何解决问题

新华网副总编辑周红军介绍，在报道此次沉船事件时，新华网没有使用以往的祈福、直播、在线寻人平台等传统方式，而是采用了网民 Q&A 的形式，通过对贴吧、论坛、微博上网民的留言进行提炼，找出网民最关心的问题，并用专业网民提供的专业知识去解答诸如“为何不把船尽快扶正”“为何不尽快切割船体”等问题。虽然有些回答并不是百分之百准确，但对网民来说，却是真正起到了解疑释惑的作用。

《传媒大观察》首席执行官薛陈子表示，在这次灾难中，并没有像往常一样集中爆发一批网络谣言，他认为这主要是因为主管部门的重拳整治，让网民更加注重事情真相，而不是人云亦云。

腾讯网副总编辑李游认为，在灾难性报道面前，负面信息容易被扩大，但网民却是善良的，他们非常关注正能量的出现，所以灾难事件报道中挖掘网友好的一面非常重要。

人民网舆情监测室秘书长祝华新说，通过此次沉船事件的报道，感觉互联网舆论生态趋于理性平和。他认为这种趋势体现了社会整个心态的改观，同时也发现，网民最需要的其实是事实真相，灾难面前，要通过科普知识来消除公众的质疑。

三、专家观点，网络管理需要新的思考

在北京大学新闻学院副院长、博士生导师吴靖看来，这次舆论报道并没有那么出乎意料，她认为出现这种趋势与近年来对互联网乱象的整顿、网络技术平台对舆论的塑造作用、网民的情感结构以及现在的社会思潮都有关系。她说：“网络舆论是具有一定的自我净化、自我反思、自我调适能力的，但是在过度商业化的环境下，有少数人根据市场的需求来策划和制造网络舆论，就会出现用特定的情绪去煽动网民的情况。所以在信息爆炸的情况下，网络管理不应该仅仅停留在传统的审查，或者是堵截的模式之上，而是思考怎么样对公民开放，具有亲和力和公正性，让大家拥有相对平等的资源来进入竞争之中。”

中国社科院新闻传播研究所研究员、中国舆情调查实验室执行主任、首席专家刘志明认为，出现网民自发传播正能量这种趋势是必然的。这种趋势也需要引起管理者的思考，政府管理者应该逐渐成为一个规则制定者，而不应该是舆情的直接管理者。

此次网民自发传播正能量主题研讨会由国家互联网信息办公室组织举办，与会人员从各自不同的角度表示，此次沉船事件的报道与以往不同，正能量传播的责任从传统媒体转向了网民自身。网民不仅仅是受众，也是传播主体，网民相互教育、相互引导，这是网络传播格局中一个非常值得欣喜的变化。另外，与会专家表示，网络生态反映的是一个社会的心态，如果说网上舆情是一个民情的体现，那网络生态就是一个社会生态的折射。希望这次事件能成为一个标志性起点，让网络生态进入一种良性的互动循环的局面。

河北省第三届新媒体舆论引导战略研讨会*

活动名称：河北省第三届新媒体舆论引导战略研讨会

主办单位：河北省互联网信息办公室

协办单位：河北省石家庄市互联网信息办公室

承办单位：中共正定县委宣传部、中共井陉县委宣传部

时　　间：2016年6月28日

地　　点：河北·石家庄

2016年6月28日，由河北省互联网信息办公室主办、石家庄市互联网信息办公室承办的河北省第三届新媒体舆论引导战略研讨会近日在石家庄顺利召开。“@巴松狼王”“@传媒老王”“@侯锷”“@赴汤蹈火的老兵”“@生态梦人”“@刘仰”“@袁国宝”“@吴法天”“@那世钢”“@老左识途”“@刘晔爱旅行”“@地瓜熊老六”“@梦遗唐朝”等十余位在全国有较高知名度和影响力的网络大咖和石家庄本地部分活跃微博、微信自媒体账号负责人参加了研讨会。中共河北省委外宣局局长、省网信办主任张砚平出席会议并讲话，省网信办专职副主任牛兰东主持会议。石家庄市网信办主任张惠致欢迎辞。

与会网络大咖就新媒体发展态势、网络格局、网络生态、舆论引导等话题展开分析探讨，为通过互联网讲好河北故事、传播河北声音、提升河北形象出谋划策、传经送宝。与会网络大咖认为，河北有源远流长的历史文化，有慷慨悲歌的杰出人物，有众多独特的人文和自然景观，又具有诸多代表现代发展方向的看点，可以在网络宣传上更有主动性、宣传内容上更加人性化、宣传形式上更加多样化、宣传团队上更加专业化、宣传方式上更接地气，将宏观层面的事物与每个人的切身利益相关联，以人民群众喜闻乐见的方式去传播，效果会很好。新媒体与传统媒体的最大不同之处在于其传播方式的革命，新媒体的崛起是技术赋权，把话语权赋予了广大网民，每个人都有一个话筒，这种传播是指数级的、大体量的，舆论引导应该像大禹治水一样，宜疏不宜堵，需要将舆论引导工作和社会治理相结合，通过“互联网+政务”统筹起来，既要抓网络舆论场的引导，又要注重通过网络改善民生，老百姓说好才是真的好。

各位网络大咖轮流发言后，张砚平主任首先代表河北省网信办向各位大咖来河北参加活动表示热烈的欢迎和衷心的感谢。他在讲话中表示，13位网络大咖在发言中提出了很多富有创见的新思考、新见解、新概念，对于我们更好地理解和贯彻习近平总书记重要讲话精神，提升河北网信工作水平很有帮助。

张砚平主任强调，近年来，随着互联网尤其是移动互联网的迅猛发展，以“两微一端”等为代表的新兴媒体已经成为新闻宣传的主阵地和舆论争夺的主战场，网络舆论引导工作的

---

* 中国网信网，http://www.cac.gov.cn/2016-06/29/c_1119135868.htm。

复杂性和重要性也日益凸显。

长期以来，河北省高度重视网上舆论工作，尤其是习近平总书记发表“4·19”重要讲话以后，河北省在全国率先召开了省级网信工作座谈会，原省委书记赵克志同志做了重要讲话，为河北的网信事业发展规划了路线图。在京津冀协同发展上升为国家战略的大背景下，河北的区位优势更加明显，发展潜力更加巨大，当然，网上舆论工作面临的形势也更加严峻复杂，进一步加强网上舆论引导工作尤为重要、更为紧迫。

张砚平主任强调，为进一步提高河北省网络舆论引导工作能力，尤其是善于联系团结网络大咖在网上为河北正面发声，河北于2013年8月和2015年11月，连续举办了两届新媒体舆论引导战略研讨会，结交了很多网上各界人士，吸收了很多好的工作理念和做法，取得了良好的效果。可以说举办“新媒体舆论引导战略研讨会”已经形成了具有河北特色的一个工作品牌。各位老朋友、新朋友齐聚河北，畅谈“新媒体环境下如何提升网上舆论引导成效”，把长期以来积累的网上舆论引导的理念、经验和举措拿出来进行分享，为河北的工作提供了参考和借鉴，为河北省推进京津冀协同发展、建设经济强省美丽河北提供了良好的舆论支持。

随后，张砚平主任从“经济河北、美丽河北、厚重河北、英雄河北、德善河北、富强河北”六个角度，向与会网络大咖介绍了河北的经济、社会、历史、文化、自然等有关情况，并代表河北省网信办，向首次来河北参会的6位老师颁发了“河北省网络舆论引导特邀咨询”聘书。

（王立鹏　苏　磊　刘昆鹏）

第十四次全国检察工作会议

活动名称： 第十四次全国检察工作会议

主　　题： 在新的历史起点上，奋力开创检察事业新局面

主办单位： 最高人民检察院

时　　间： 2016 年 7 月 20～21 日

地　　点： 吉林·长春

2016 年 7 月 20 日，第十四次全国检察工作会议在吉林省长春市开幕。最高人民检察院检察长曹建明出席会议并做重要讲话。他强调，全国各级检察机关要深入贯彻党的十八大和十八届三中、四中、五中全会精神，深入学习习近平总书记系列重要讲话精神，认真学习贯彻孟建柱同志的重要指示精神，紧紧围绕“四个全面”战略布局，牢牢把握“三个强化”要求，明确“十三五”时期检察工作发展思路和总体要求，不忘初心，继续前进，在新的起点上奋力推进中国特色社会主义检察事业。

曹建明在第十四次全国检察工作会议上指出，要加强检察公共关系建设，善于与社会和媒体沟通，主动接受社会监督，实现检察工作与社会公众良性互动，努力赢得最广泛的理解支持。

会议期间，与会代表认真学习讨论了习近平总书记关于政法工作检察工作的重要指示、孟建柱同志重要批示和曹建明检察长重要讲话精神，对《“十三五”时期检察工作发展规划纲要（稿）》进行讨论并提出意见建议。浙江、西藏、山东、广东、吉林、重庆、福建七个省级检察院检察长，以及最高检刑事申诉检察厅、新闻办公室、检察技术信息研究中心负责人，做了大会发言，交流了经验。

运用检察新闻宣传带动提升检察公共关系

原最高人民检察院检察长曹建明在第十四次全国检察工作会议上指出，要加强检察公共关系建设，善于与社会和媒体沟通，主动接受社会监督，实现检察工作与社会公众良性互动，努力赢得最广泛的理解支持。这是最高检首提检察公共关系建设，对检察机关加强履职能力建设，提高社会沟通能力，为检察工作营造良好外部环境具有重大而深远的意义。

检察公共关系内涵

公共关系是社会组织为了塑造良好的组织形象，通过传播和双向沟通手段影响公众的科学和艺术。公共关系是社会组织主动作为的一种管理职能，其对象是社会公众，核心是双向互动，目的是塑造良好主体形象，争取公众的理解与支持，为组织的发展营造和谐社会关系环境。

检察公共关系，是指检察机关在职能管理过程中，有意识或有计划地通过多种方式、途

径与社会公众进行信息交流，促进检民良性互动，最终提升检察形象和检察公信力，赢得社会公众的广泛信任与支持。和谐的检察公共关系有助于检察机关依法履行法律监督职能，自觉接受社会监督，让公众充分了解、支持、信任检察工作。

建设检察公共关系是一项系统工程，检务公开、检察新闻宣传、代表委员联络、检律关系构建等系列工作，均是检察机关与公众实现平等双向沟通互动的方式，是建设和谐检察公共关系的有效途径。其中，检察新闻宣传工作通过发布解读信息、塑造管理品牌、服务沟通互动、感知收集民意，满足公众知情权、参与权、表达权、监督权，在建设检察公共关系中大有可为。

检察新闻宣传工作在建设检察公共关系中发挥不可替代的作用

建设检察公共关系，核心是检察机关与社会公众之间实现有效沟通互动，以争取公众广泛支持，建立检民和谐关系。检察新闻宣传工作正是一个通过传媒实现信息互通的过程，是弘扬检察主旋律、传播检察正能量、塑造检察好形象、提升检察公信力的重要手段。

（一）检察新闻宣传工作通过发布信息、减少误读，满足公众知情权，奠定建设和谐检察公共关系的基础。检察公共关系最广泛的主体是社会公众，对于专业性极强的检察机关，公众只有充分了解才能产生理解与信任。检察新闻宣传工作是检察机关面向公众的一个窗口，通过大众媒介传递检察信息被社会公众普遍接受。新媒体时代检察新闻宣传工作呈现新的格局，目前检察机关已建成拥有 1.2 万个官方微博、微信、客户端账号，超过 1 亿粉丝关注的检察新媒体矩阵，成为连接检察机关与社会公众的新桥梁。运用传统大众媒介和新媒体，检察机关进一步畅通信息发布渠道，及时主动公开信息，权威全面做出解读，有效回应公众关切，形成发布、解读、回应的有效衔接。通过不断拓展信息公开的范围和深度，最大限度确保信息公开的准确性、权威性、及时性、完整性，检察机关增强司法办案透明度，减少检察信息盲点，减少社会公众对检察工作的误读，夯实建设和谐检察公共关系的基础。

（二）检察新闻宣传工作通过塑造品牌、管理声誉，赢得公众信任，厘定建设和谐检察公共关系的重点。品牌是一种相对稳定的识别标志，是品质优异的核心体现。树立检察机关忠诚、公正、清廉、文明的法律监督者品牌，是建设和谐检察公共关系的重点。检察新闻宣传工作通过广泛宣传检察工作强化法律监督、维护公平正义取得的新成就、新进展，大力宣传检察队伍涌现出的先进典型、先进事迹，塑造忠诚、公正、清廉、文明的法律监督者品牌，实现品牌效应。检察机关通过塑造品牌、管理声誉，获得社会正面评价，赢得公众的理解与支持，与公众建立稳定的信赖关系。

（三）检察新闻宣传工作通过服务公众、双向互动，满足公众表达权，拓展建设和谐检察公共关系的有效途径。检察新闻宣传工作突破单向传播局限，更加重视与社会公众的双向沟通。检察微博、微信等新媒体的发展打破了时间、空间限制，大大提高了为公众提供信息服务的效率和质量。通过检察新媒体平台，社会公众既可以运用转发、评论、跟帖等方式，与检察机关进行平等自愿、及时充分的信息交流，又可以主动向检察机关检举申诉，为检察机关司法办案提供有价值的线索。这种双向沟通让公众的声音被倾听，检举受重视，满足了公众表达权，增强了公众主动参与检察工作的热情，拉近了检察机关与公众的距离，提升了公众在检察机关面前的尊严感。

（四）检察新闻宣传工作通过感知社会、收集民意，满足公众监督权，形成建设和谐检察公共关系的强劲推力。检察新闻宣传工作不仅是检察机关向公众宣传法律、解释政策的渠道，还是收集社情民意、回应群众关切的有效途径。检察新闻宣传工作通过多种传播平台，及时掌握舆论动态，追踪社会热点问题，收集公众对检察工作的意见建议，为检察工作科学决策提供信息支持和意见参考，形成辅助检察决策及其执行的特殊力量。检察新闻宣传工作通过实时监测检察舆论环境，了解公众对检察工作的批评质疑，注重根据网络舆情开展信息发布，及时回应关切，接受监督批评，保障公众监督权，有效化解舆论危机，为检察事业发展营造良好舆论生态。

新形势下通过新闻宣传工作促进检察公共关系建设的四点思考

（一）构建多元化传播格局，以信息公开提升检察工作公信力。面对新媒体时代的发展变化，检察公共关系建设必须有效整合传统媒体、网络媒体、检察新媒体、自媒体等各种力量，构建多元化多层次传播格局。当前，要着重推进检察新媒体标准化规范化建设，建成硬件配置合格、人员配置到位、管理运营规范的检察新媒体。创新新媒体发展方式，培养新媒体检察意见领袖，支持激励检察自媒体发展，加强资源共享和联通互动，发挥好检察新媒体联盟矩阵效应。统筹运用多种媒体和传播手段，继续加大信息公开力度，对于公众关心的检察重点工作进展、社会热点案件执法办案情况等内容，可以公开的一律公开，充分保障公众知情权，以公开透明取信于民。

（二）强化综合运用媒体能力，以有效传播增强检察品牌影响力。伴随着数字化浪潮下读屏时代的来临，公众信息接收习惯发生重大转变，要求检察新闻宣传工作破除传统宣传理念，不断提升媒介素养，善于正确认识媒体、有效运用媒体。既要用好检察宣传主阵地，又要统筹系统外媒体，特别要增强运用新媒体的能力，不断拓宽检察舆论阵地。开展多层次、多类别新闻传播活动，针对不同媒体形态和不同公众关注兴趣，主动设置议题，讲好检察故事，提供多元化新闻素材。创新传播方式，丰富网络宣传手段，运用图片、视频、H5、VR等多种新媒体表达方式，深挖掘、精加工检察新闻资源，提高检察信息传播力，增强检察品牌影响力。

（三）加强信息服务建设，以沟通互动增加检察工作亲和力。建设检察公共关系的核心在于检察机关与公众间的良性互动，检察新闻宣传工作要发挥连通内外的功能，高度重视公众的参与权和表达权，进一步畅通诉求渠道，强化信息服务，建立完善民意监测、收集及回应机制。加强对涉检新闻报道、网帖、留言的收集分析，切实掌握社会公众对检察机关重要决策部署和重点工作的思想动态、意见建议，汇总整理合理化建议，为领导决策提供参考，为司法办案等提供线索情报；妥善回应公众质疑，及时澄清不实传言，减少公众对检察工作的误读；利用检察新媒体搭建信息服务平台，让公众足不出户便可享受便捷的信息服务，办理案件程序性信息查询、职务犯罪档案查询、辩护与代理网上预约等检察业务。

（四）注重危机应对处置，以制度建设维护检察形象美誉度。正面形象塑造和负面舆情应对是公共关系建设的一体两面，涉检负面舆情一旦处置不当，会严重损害检察机关形象，伤及检察公信力。检察机关要通过教育培训、实战演练，继续强化舆情意识、危机意识，建立健全监测研判、评估预警、应对处置机制。建立新闻宣传部门与司法办案部门实时对接机制、检察形象修复机制，涉检负面舆情出现时，做到第一时间监测收集、第一时间报送、第一时间分析研判处置、第一时间向社会回应，及时化解危机，及时修复形象，重树权威公信，最大限度维护检察形象美誉度。

（最高人民检察院新闻办公室）

最高检首提“检察公共关系”建设突出强调检察工作与社会公众良性互动

央视网讯 2016 年 7 月 20 日，最高人民检察院检察长曹建明在第十四次全国检察工作会议上指出，要加强检察公共关系建设，善于与社会和媒体沟通，主动接受社会监督，实现检察工作与社会公众良性互动，努力赢得最广泛的理解支持。

曹建明强调，要全面深化检务公开，保障人民群众有序参与。创新检务公开载体和平台，完善案件信息公开系统。深化法律文书释法说理。重视检察机关服务群众和司法办案公共区域建设，统一检察服务大厅功能设置，为群众提供“一站式”服务。整合 12309、民生服务热线等功能，研发检察服务信息平台。全面开展检察开放日活动。

曹建明指出，要遵循司法规律和新闻传播规律，大力加强检察新闻宣传，构建多元化多层次传播格局。巩固发展《检察日报》等检察宣传主阵地，推进新闻发布制度化建设，加强各级院新闻发言人队伍建设，强化正面宣传引导，传播检察好声音，为检察工作营造良好舆论生态。加强检察新媒体标准化规范化建设，促进资源共享和联通互动，培育扶植优秀检察自媒体，打造检察新媒体联盟矩阵。

曹建明强调，要完善接受外部监督制约机制。健全代表委员联络机制，拓展网上联络平台。健全接受其他政法机关制约机制，落实分工负责、互相配合、互相制约的制度设计。依法接受律师监督，构建新型检律关系。配合司法行政机关选任管理人民监督员，自觉接受人民监督员监督。完善特约检察员和专家咨询委员制度。探索建立检察机关司法公信力考核评价体系。

中央网信办“遏制网络恶俗炒作现象”专题研讨会*

活动名称：中央网信办“遏制网络恶俗炒作现象”专题研讨会

时　　间：2016年9月9日

地　　点：北京

2016年9月9日下午，中央网信办组织召开“遏制网络恶俗炒作现象”专题研讨会，研究如何揭批和遏制网络恶俗炒作现象。中央网信办副主任任贤良主持会议并讲话。

任贤良同志指出，近年来，网络直播快速兴起。网络直播作为一种新应用、新模式，为丰富网络文化、满足人们精神文化需求提供了新的平台，为更多的人展示才华、实现梦想提供了新的舞台。但是，一些所谓“网红”为吸引粉丝，利用直播平台以低俗、色情等内容吸引网民关注，而这些直播平台不履行主体责任，给恶俗“网红”提供传播平台，甚至为其推波助澜。网络恶俗炒作严重破坏了网络传播秩序，背离了社会主义核心价值观，是对主流意识形态的消解，触及网络文明的底线。如果任其发展，将严重污化网络空间，对网民特别是青少年网民的人生观、价值观、世界观产生负面影响。

任贤良同志强调，我们必须采取有力措施，坚决遏止网络恶俗蔓延滋长的势头，努力构建清朗的网络空间。一是广泛深入揭批，形成对网上恶俗炒作人人喊打的舆论氛围；二是开展专项行动，严厉打击网上恶俗炒作行为；三是强化责任落实，严格把住恶俗信息网上传播的关口；四是部门各司其职，形成综合治理网上恶俗炒作现象的工作合力；五是动员社会力量，倡导社会组织和广大网民共同抵制网络恶俗炒作。

相关部门参会同志认为，要敢于发声、敢于亮剑，对网络恶俗炒作要有明确的批评态度，进一步明晰职责、统筹联动，依法依规加强监管。

地方网信办负责同志表示，严格落实“重双基、强双责”要求，进一步强化对网站管理者与从业者的培训教育，强化自律与行业监督，强化部门联动和公众监督，推动社会共治。

群团和社会组织负责人倡议，要发动社会各方面力量，号召广大网民自觉抵制并积极举报网上不良信息，为年轻一代的健康成长提供良好的网络环境。

相关媒体网站负责人表态，要落实主体责任，完善审发、举报机制，向社会输送有品格、有品位的新闻信息，勇于遏制恶俗势头，正本清源。

与会专家学者建议，要落实各部门责任，通过完善实名制和黑名单等相关法律法规和监管措施，建立有效的追责机制。

公安部、文化部、国家工商总局、新闻出版广电总局、共青团中央、全国妇联等部门相关负责人，地方网信办主要负责人，中央重点新闻网站和商业网站负责人，部分专家学者以及网络社会组织负责人参加会议。

---

* 中国网信网，http://www.cac.gov.cn/2016-09/10/c_1119543188.htm。

2016“互联网+交通出行服务”论坛

活动名称： 2016“互联网+交通出行服务”论坛
活动主题：“智慧交通 融合创新”
指导单位： 公安部交通管理局
主办单位： 公安部交通管理科学研究所、人民日报媒体技术股份有限公司
高德地图、新浪微博
支持单位： 公安部道路交通安全研究中心、交通运输部路网监测与应急处置中心
中国智能交通协会
时　　间： 2016年9月28日
地　　点： 北京

2016年9月28日，由公安部交通管理局指导，公安部交通管理科学研究所、人民日报媒体技术股份有限公司、高德地图、新浪微博联合主办的2016（首届）“互联网+交通出行服务”论坛在北京召开。本次论坛以“智慧交通 融合创新”为主题，旨在分享创新服务及技术成果，倡导交通管理大数据与新媒体等互联网+手段应用，进一步提升政府职能部门的决策水平和服务社会的能力。

公安部交通管理局、工业和信息化部科技司、人民日报媒体技术股份有限公司负责人在大会主论坛发表致辞。公安部交通管理科学研究所书记孙正良、交通运输部路网监测与应急处置中心副主任王刚、高德集团总裁俞永福、新浪微博首席执行官王高飞等部门企业领军人物分别围绕大数据在交通管理当中的创新趋势、互联网+道路交通出行服务创新、利用微博等新媒体平台的服务创新、互联网背景下传统出行平台面临的机遇和挑战、共享出行的大数据调度等议题做了专题演讲。

公安部交通管理局、高德地图针对即将到来的国庆出行高峰发布了《中国主要城市节假日出行预测报告（2016年国庆节）》，提供了国庆节期间十大热门景区、十大热门交通枢纽等出行大数据预测内容，涉及全国20余省区市，300余景区，覆盖超过280个城市，预测超过1000个收费站的周边交通拥堵情况，并提供超过570套不同热门堵点的绕行方案。公安部交通管理局、央视新闻新媒体和新浪微博联合启动了“国庆安全出行微直播”活动，9月30日至10月7日全国主要城市、高速公路交警将通过微直播的方式，向国庆出行群众提供更多安全出行服务。据介绍，2016年以来，公安部交通管理局已指导高德地图连续发布了多次节假日出行预测报告，通过便于群众接受的方式发送出行提示、预警，不完全统计已影响超过7亿人次，节假日期间单日节约用户出行时间约400万小时。据新浪微博首席执行官王高飞介绍，“微博上每天有百万条交通相关信息，成为交通服务优化的重要方向。微博还可以强化政务公开与互动，提升政府治理能力”。在出行诱导方面，互联网、移动互联网发挥越来越重要的作用。

论坛期间还举办了“新平台、新力量——公安交管新媒体公众服务创新”和“新技术、新理念——交通大数据应用”等两个分论坛。来自国内各地交通管理部门的创新带头人分享了国内交通管理领域的创新案例，如武汉交警在互联网+交通管理上的探索与实践，深圳交管运用互联网+手段提升交管警务效能，广州交警在交警出行服务上的演进与创新，江苏省高速发布高速公路恶劣天气管控系统，中国交通通信信息中心运输信息化所借助互联网重塑驾驶培训公共服务业，等等。IBM 公司的科学家凌棕博士也分享了他山之石——欧美智慧交通与管理经验，给国内交通管理创新带来重要启示。同时，来自全国各地的公安交管新媒体账号、交通出行领域相关企业、研究机构数百位嘉宾共同见证了“公安交管十大影响力微博账号（2016 年）”、“交通出行服务十佳创新案例”和“公安交管十大飞跃力微博账号（2016 年）”颁奖仪式。

据了解，近年来全国公安交管部门贯彻落实国家大数据战略和“互联网+”行动，聚合政府、企业、科研机构等各方力量，推动管理创新，提升服务能力。截至目前，全国所有省份均已启用“全国互联网交通安全综合服务管理平台”，注册个人用户 4869 万、单位用户 10 万，手机 App 下载安装总量达 1481.4 万，通过手机 App 注册用户 559.7 万，平台累计提供各类服务 1.15 亿次。各地公安交管部门还延伸了服务触角，联合互联网企业不断拓展交通安全宣传和出行服务的广度、深度，与人民网、新浪微博、高德地图等互联网平台推出了节假日出行预测报告、团雾道路预警和出行高峰绕行攻略等出行服务信息，全国公安交管部门在新浪微博开通认证了 4300 余个账号，日均发布微博数量超过 1.5 万条，成为服务群众重要阵地。

公安部交管局相关负责人表示，下一步，公安交管部门将以“互联网+”为驱动，通过信息化、智能化引领大数据时代公安交通管理发展，以数据采集和应用为核心、以公开发布为常态、以预防事故为关键、以便民服务为根本，推动交通管理领域的技术创新、服务创新、模式创新，营造更加安全、畅通、文明、和谐的道路交通环境，让广大群众享受到更多改革红利和便捷服务。

附录：

交通出行服务十佳创新案例（2016 年）

广东省广州市公安局交通警察支队（案例：广州交警 e 出行服务平台）
吉林省公安厅交通警察总队（案例：互联网+交通大数据服务出行）
国交信息股份有限公司（案例：互联网+智慧驾培公共服务）
广东省深圳市公安局交通警察局（案例：深圳交警互联网随手拍举报平台）
江苏省公安厅交通警察总队（案例：高速公路恶劣天气管控信息发布系统）
湖北省武汉市公安局交通管理局（案例：武汉交警大数据出行服务案例）
山东省青岛市公安局交通警察支队（案例：青岛市智能交通管理服务项目）
天津市公安交通管理局（案例：天津互联网+智慧交通信息融合发布系统）
贵州省交警总队（案例：贵州省农村道路交通安全综合监管云平台）
江苏省交通运输厅公路局（案例：互联网+公路路网管理与应急指挥系统）

公安交管十佳影响力微博账号（2016 年）

广东省深圳市公安局交警支队官方微博：@深圳交警
天津市公安交通管理局官方微博：@天津交警

湖南省高速公路交通警察局官方微博：@湖南高速警察
山东省青岛市公安局交通警察支队官方微博：@青岛交警
广东省广州市公安局交警支队官方微博：@广州交警
北京市公安局公安交通管理局官方微博：@北京交警
湖北省公安厅高速公路警察总队：@湖北高速交警
重庆市公安局交巡警总队官方微博：@重庆交巡警
山东省潍坊市公安局交通警察支队官方微博：@潍坊交警
湖北省武汉市公安局交通管理局官方微博：@武汉交警

公安交管十佳飞跃力微博账号（2016年）

山东省济南市公安局交通警察支队官方微博：@济南交警
江苏省南京市公安局交通管理局官方微博：@南京交警
吉林省长春市公安局交通警察支队官方微博：@长春交警
新疆维吾尔自治区乌鲁木齐市城市快速路交警大队官方微博：@快速路交警
贵州省公安厅交警总队官方微博：@贵州省公安厅交警总队
陕西省西安市公安局交通警察支队官方微博：@畅通西安
浙江省公安厅高速公路交通警察总队温州支队、温州市公安局高速公路交通警察支队官方微博@温州高速交警
安徽省公安厅交警总队官方微博：@安徽公安交警在线
江苏省盐城市公安局交通巡逻警察支队官方微博：@盐城交警
山东省公安厅高速公路交通警察总队官方微博：@山东高速交警

河南省首届网络舆情高峰论坛

活动名称：河南省首届网络舆情高峰论坛
指导单位：人民日报社河南分社
主办单位：人民网
承办单位：人民网舆情监测室、人民网河南频道
时　　间：2016 年 10 月 19 日
地　　点：河南·郑州

2016 年 10 月 19 日，河南省首届网络舆情高峰论坛在郑州举行，众多舆情专家齐聚一堂，为河南舆情形势把脉，并现场为地方舆情应对“问诊开方”。

本次论坛由人民日报社河南分社指导，人民网主办，人民网舆情监测室、人民网河南频道承办。论坛致力于在当下的舆情环境下，协助有关主管部门与时俱进，更灵活地开展舆情工作，有效地回应公众关切，如何变被动应对为主动预防，营造良好舆论氛围。

论坛上，人民网舆情监测室秘书长、《网络舆情》内参执行总编辑祝华新就“网络舆情：政务舆情回应的帮手”的主题，中国社会科学院社会学研究所研究员单光鼐就“舆情的辨析与研判”的主题，分别做了精彩的主题演讲，得到了与会者的一致好评。

下午的圆桌论坛上，人民网舆情监测室秘书长祝华新、人民网舆情频道总编辑朱明刚分别与河南部分地市宣传部门负责人及众多企事业单位代表、河南网络大 V 一道，以实际案例为基础，深入剖析网络舆情形成原因，总结舆情应对技巧，互动不断，妙语连珠。

2006 年以来，人民网就一直在积极探索新媒体环境下的舆情监测和研究工作。在国内最早组建专业的舆情监测机构，创办了最早的舆情专业频道和国内唯一有刊号的《网络舆情》，积极为各级党政机关、企事业单位和社会团体提供支持和服务，享有较高的知名度和美誉度。

人民网副总编辑董盟君表示，希望本次河南首届《网络舆情》读者高峰论坛的成功举办，能够成为人民网助力河南各级党政机关、企事业单位做好舆情工作的又一次有力尝试，为提升网络舆论引导水平，增强网络空间安全管理能力提供支持和帮助。

中共河南省委宣传部副部长李宏伟，人民网副总编辑、人民在线总经理董盟君，人民日报社河南分社采访部主任马跃峰及人民网河南频道总编辑李东风等出席论坛并致辞。河南省直及各省辖市 200 多名代表参加了论坛开幕式。

（人民网郑州 2016 年 10 月 19 日电　徐　驰　时　岩）

首届“中国新闻发言人论坛”

活动名称：中国新闻发言人论坛
活动主题：“讲好中国故事　当好新闻发言人”
主办单位：国务院新闻办公室、中国浦东干部学院
承办单位：中国浦东干部学院领导与传播研究中心、复旦大学国际公共关系研究中心
时　　间：2016 年 11 月 5 日
地　　点：上海

2016 年 11 月 5 日，由国务院新闻办公室、中国浦东干部学院主办的“中国新闻发言人论坛”在中国浦东干部学院举行。来自全国各地的 80 余名政府部门和中央企业新闻发言人、专家学者、媒体负责人在上海齐聚一堂，围绕“讲好中国故事　当好新闻发言人”主题，进行了深入交流讨论。

20 世纪 80 年代初，我国正式建立新闻发言人制度。三十多年来，新闻发言人以“高举旗帜、引领导向，围绕中心、服务大局，团结人民、鼓舞士气，成风化人、凝心聚力，澄清谬误、明辨是非，联接中外、沟通世界”为己任，始终站在新闻舆论工作第一线，成为中国改革开放和现代化建设的见证者、参与者、推动者和贡献者。

中宣部副部长、原国务院新闻办主任蒋建国在论坛上表示，伴随着中国改革开放和现代化建设发展起来的新闻发布事业，具有鲜明的中国特色和时代特征。这充分体现了党和政府以人民为中心的宗旨理念，充分反映了国家治理体系和治理能力现代化的建设发展，充分展示了中国特色社会主义的自信开放。他提出，在新形势下，新闻发言人应该做到“心中有底气、善于设议题、讲究时度效、会用全媒体”。

来自各个方面的新闻发言人和专家学者各抒己见。新闻发布过程中经常遇到热点问题，发言人怎么处置？国防部新闻发言人杨宇军表示，热点问题是时代的声音，在新媒体时代，要实现有力有效引导舆论，就需要新闻发言人直面困难、迎接挑战、迅即应对，坚持做到“热处理”。

新闻发言人们表示，新闻发言人是一项制度。担任新闻发言人，是在扮演这项制度当中的重要角色，既当好讲故事的人，也当好讲故事的组织协调人。“要用老百姓喜闻乐见的方式，使内容更接地气、更聚人气，对受众形成实实在在的影响。”国家发展改革委新闻发言人赵辰昕说。

人力资源和社会保障部新闻发言人李忠认为，要想“说得好”、让新闻发布取得更好的效果，最基本的前提是要工作“做得好”。“民生领域的新闻发布，与群众的切身利益密切相关。如果没有从群众利益出发制定出台实实在在的利民惠民政策，新闻发布只能是无源之水、无本之木。”李忠说。

（新华社上海 2016 年 11 月 5 日电　记者　郭敬丹）

中央宣传部副部长、国务院新闻办公室主任蒋建国在论坛开幕式上的致辞

尊敬的各位嘉宾，
各位新闻发言人，
各位专家学者和媒体朋友，
同志们：

大家好！

由国新办与浦东干部学院联合举办的这次中国新闻发言人论坛，将为大家提供一个交流经验、研讨问题的平台。在此，我谨代表国新办对出席论坛的各位新闻发言人、媒体人和专家学者表示热烈欢迎，对参与和支持论坛举办的相关单位表示衷心感谢。

习近平总书记关于党的新闻舆论工作系列重要论述，深刻阐明了新闻舆论工作的地位作用、职责使命、方针原则、任务要求和根本保证，为新形势下新闻舆论工作提供了思想武器和行动指南。新闻发布工作是党的新闻舆论工作的重要组成部分。20世纪80年代初，按照中宣部和中央对外宣传领导小组部署，我国正式建立新闻发言人制度。30多年来，新闻发言人以“高举旗帜、引领导向，围绕中心、服务大局，团结人民、鼓舞士气，成风化人、凝心聚力，澄清谬误、明辨是非，联接中外、沟通世界”为己任，始终站在新闻舆论工作第一线，成为中国改革开放和现代化建设的见证者、参与者、推动者、贡献者。伴随着中国改革开放和现代化建设发展起来的新闻发布事业，具有鲜明的中国特色和时代特征。

一是充分体现了党和政府以人民为中心的宗旨理念。全心全意为人民服务是我们党的根本宗旨，是我们全部事业的出发点和归宿。人民是国家的主人，对国家各项事业具有知情权、参与权、表达权和监督权。开展新闻发布工作，就是要让广大人民了解党和政府在想什么、干什么，已经做了什么，还要做什么，让党和政府决策部署看得见、听得懂，可参与、能监督，最大限度地赢得人民支持拥护，凝心聚力，共同为国家建设发展贡献智慧和力量。

二是充分反映了国家治理体系和治理能力现代化的建设发展。新闻发布制度化，是国家治理体系和治理能力现代化的题中应有之义。国家治理现代化是一个庞大的系统工程、复杂的渐进过程，运用新闻发布制度等推动国家信息公开是其中的基础部分、前提条件。特别是随着我国进入统筹推进“五位一体”总体布局和协调推进“四个全面”战略布局的新阶段，不断提高新闻发布工作制度化、规范化水平，越来越成为国家治理现代化的迫切需要。

三是充分展示了中国特色社会主义的自信开放。当今世界已成为你中有我、我中有你的命运共同体和利益共同体。中国的发展进步举世瞩目，国际社会从来没有像现在这样关注中国。中国从哪里来？走什么路？到哪里去？需要我们以高度的道路、理论、制度、文化自信和开放的姿态，用真实、权威的声音告诉世界。同时，还要大大方方讲中国对世界的好，让世界知道中国人民已经为世界做了什么贡献，还要做出什么贡献，让世界读懂中国，让中国走向世界。

同志们！

不久前，党的十八届六中全会做出全面从严治党的重大决策部署，党中央治国理政方

略、“四个全面”战略布局渐次展开，深度推进。党和国家事业站在新的起点上，对新闻发布工作提出了更高要求，加强和改进新闻发布工作重要而紧迫。我们要总结经验、发扬成绩，努力推进新闻发布制度更健全、发布覆盖更广泛、发布内容更丰富、发布形式更多样、发布队伍更强大，大力提高新闻发布工作水平。这里，我借这次论坛机会，就“讲好中国故事 当好新闻发言人”论坛主题讲一点看法，这就是我认为要当好新形势下的新闻发言人应该做到：心中有底气、善于设议题、把握时度效、会用全媒体。

第一，心中有底气。党的十八大以来，以习近平同志为核心的党中央创造性地提出一系列治国理政新理念新思想新战略，在改革发展稳定、内政外交国防、治党治国治军各方面取得巨大成就，国家实力日益强大，国际地位日益提高。做好新闻发布工作有着坚实基础和底气。我们要进一步坚定中国特色社会主义的道路自信、理论自信、制度自信、文化自信，增强政治意识、大局意识、核心意识、看齐意识，以舍我其谁的使命感和担当精神投身新闻发布工作。

第二，善于设议题。议题设置是提升新闻发布质量和效果的关键环节。做好议题设置，需要吃透上情、下情、国情、世情，尊重新闻传播规律，尊重受众接受习惯，把党和政府想说的、媒体关注的、公众关心的话题有机结合起来，及时回应社会关切。在开展突发事件和社会热点舆论引导时，尤其要找准思想认识的共同点、情感交流的共鸣点、利益关系的交汇点、化解矛盾的切入点，使发布的信息可亲、可信、可用，收到聚同化异的良好效果。

第三，把握时度效。时度效，是检验新闻舆论工作水平的标尺，也是衡量新闻发布得失成败的标准。时，就是力争第一时间发布，不让权威声音落在社会舆论后面；度，就是恰如其分掌握舆论引导的力度和尺度，不夸大也不缩小；效，就是以新闻发布效果为导向，有统筹、分层次、讲策略，力争效果最大最优。把握时度效，说到底是要选择正确时候、采取正确方式、发布正确信息，用生动事实、典型案例、翔实细节，把自己的声音传播出去。

第四，会用全媒体。全媒体对于新闻发布工作，是挑战更是机遇。挑战在于，在舆论多元的环境中，做好新闻发布工作的要求更高、难度更大；机遇在于，传播的平台和途径更加多样，发布的信息能够传播得更广更远。新闻发布要根据不同内容、针对不同受众、选择不同载体进行信息传播，特别是要适应新媒体对传播语言提出的新要求，善于把文件语言口语化，把抽象概念形象化，把深刻道理通俗化，让新媒体受众愿听、想听、入脑、入心。

同志们！

黄浦江流经上海、注入长江，见证了中国近代以来风云激荡、沧桑巨变。问苍茫大地，谁主沉浮？数风流人物，还看今朝！今朝，我们要坚持和发展中国特色社会主义伟大事业，推进党的建设新的伟大工程，进行具有许多新的历史特点的伟大斗争，实现“两个一百年”、中国梦的伟大目标，迫切需要坚强的领导核心。党的十八届六中全会明确习近平总书记的核心地位，正式提出“以习近平同志为核心的党中央”，这是党和国家大局的迫切需要，是实践检验认知的必然结果，是全党共识和人民意志的集中反映，是团结统一和兴旺发达的成功标志。核心是思想的旗帜，核心是政治的灵魂，核心是行动的统帅。我们要在思想上政治上行动上与习近平同志为核心的党中央始终保持高度一致，紧密团结在以习近平同志为核心的党中央周围，用更加积极有为的工作，为新闻发布事业发展做出更大贡献！

预祝论坛圆满成功！

谢谢大家。

上海市委常委、宣传部部长董云虎出席论坛并发表致辞

尊敬的建国副部长，
各位新闻发言人，
各位专家学者，
同志们：

今天，国务院新闻办公室、中国浦东干部学院在这里举行中国新闻发言人论坛。来自中央和全国各地的新闻发言人、专家学者齐聚上海，围绕“讲好中国故事，当好新闻发言人”这一主题深入研讨，这是党的新闻舆论工作领域的一件大事。中宣部高度重视，蒋建国副部长专程来沪出席论坛并全程给予指导。首先，我代表上海市委、市委宣传部，向出席本次论坛的蒋建国副部长、各位新闻发言人和专家学者表示热烈的欢迎！向中宣部、国新办和来自中央和全国各地的新闻发言人、专家学者长期以来对上海宣传思想文化工作的关心支持表示衷心的感谢！

阐释好中国道路，传播好中国声音，讲述好中国故事，是习近平总书记站在党和国家战略全局的高度提出的重大任务，是时代赋予全国宣传思想文化战线的重大责任。新闻发言人作为党和政府联系群众、沟通媒体的桥梁和纽带，站在党的新闻舆论工作第一线，懂政策、知情况、会说话，在阐释传播党和政府主张、生动鲜活讲好中国故事方面，承担着重要使命，也具有特殊的优势。举办中国新闻发言人论坛，对于推动新闻发言人讲好中国故事，宣传好以习近平同志为核心的党中央团结带领全国各族人民统筹推进“五位一体”总体布局，协调推进“四个全面”战略布局，坚定不移坚持和发展中国特色社会主义的理论成就和实践成就，具有极其重要的意义。

中宣部、国新办高度重视政府新闻发布制度的建设和完善，不断加强和改进新闻发言人工作，推动建立了国务院新闻办、各部委和地方政府三个层级的新闻发布和新闻发言人机制，在政策解读、信息发布、热点难点焦点问题引导、重大突发事件应对等方面发挥了十分重要的作用，也为讲好中国故事夯实了坚实的组织基础、制度基础和人才基础。上海坚决贯彻落实中宣部和国新办决策部署，于 2003 年在全国省级政府中率先推出新闻发言人制度，逐步形成了涵盖市委、市政府、各区、各委办局，以现场新闻发布会为主干，以网络发布、书面发布为补充的新闻发布体系，并坚持从时度效着力、体现时度效的要求，掌握时机、把握分寸、注重效果，努力做到适时、适度、适当，有力维护了党和政府的良好形象，有效反映了全国和上海改革发展的重大成效，为上海创新驱动发展、经济转型升级营造了良好舆论氛围。

上海作为中国改革开放的前沿阵地，正在加快建设国际经济、贸易、金融、航运中心，具有全球影响力的科技创新中心和社会主义现代化国际大都市，努力当好全国改革开放排头兵、创新发展先行者。其中有许多鲜活生动的故事需要大力挖掘、深入宣传。我们要以此次论坛为契机，主动学习借鉴中央单位、各兄弟省区市的成功经验和有效做法，进一步完善新闻发布制度，更加充分地发挥新闻发言人的作用，不断提高新闻舆论的传播力、引导力、影响力、公信力。我们衷心希望中宣部、国新办一如既往地给予有力指导，希望中央单位和各兄弟省区市的同志们一如既往地给予大力支持

和帮助。

最后，预祝本次论坛圆满成功，成果丰硕！

谢谢大家！

中国浦东干部学院副院长王金定出席论坛并发表致辞

尊敬的蒋建国部长，
尊敬的各位领导，
各位专家，
各位来宾：

大家上午好！

全国新闻发言人论坛今天在中国浦东干部学院开幕了。作为本次论坛的主办单位之一，请允许我代表中国浦东干部学院，对各位领导、各位专家学者和嘉宾的到来表示热烈的欢迎和衷心的感谢！

各位领导、各位专家，当前，全党上下正在深入学习贯彻十八届六中全会精神，学习贯彻习近平总书记系列重要讲话精神和治国理政新理念新思想新战略，统筹推进“五位一体”总体布局、协调推进“四个全面”战略布局，一心一意为实现“两个一百年”奋斗目标而努力。新闻发布制度的建立和完善是国家治理体系和治理能力现代化的重要体现。在21世纪信息飞速发展的今天，各种信息铺天盖地，新闻发言人作为一个权威的信息来源，实际上是架起一座政府与社会沟通的桥梁，对于推进党务政务公开、加强民主监督，以及维护社会安定和谐，具有非常重要的意义。总体上看，我国的新闻发言人制度还是一个相对比较新鲜的事物，需要得到党委政府的高度重视和制度层面的切实保障，也需要媒体和公众更多的关注和支持，同时自身也需要苦练内功、提高本领。今天我们相聚在这里举办这样一个论坛，就是希望为新闻发言人营造一个良好的学术氛围，提供一个沟通交流的平台，以分享经验心得，探讨解决存在的问题，提升从事新闻发言人工作的素质和能力，促进新闻发言人事业的持续健康发展。

各位领导、各位专家，中国浦东干部学院作为中央直属中组部管理的国家级干部培训机构，按照中央的要求，坚持以改革创新、走中国特色社会主义的时代精神为教学主线，突出政治性、实践性、开放性，努力探索一条现代化、高水平、具有自身特色和优势的办学新路子。从建院之初就开设领导干部媒体素养和危机管理能力培训课程，开设“媒体沟通情景模拟”“新闻发布情景模拟”“电视访谈情景模拟”等行为训练课程，许多方面具有原创性，在全国干部教育机构中起到了示范作用，在广大领导干部中产生了积极影响。从2012年开始，我院与国务院国资委、国务院新闻办合作，连续举办了8期全国新闻发言人培训班和3期中央企业新闻发言人培训班。时至今日，新闻发言人培训班已经成为学院的品牌班次，全国几乎所有设置新闻发言人的中央国家机构和省级政府机构已派员来院学习培训，大部分央企的新闻发言人也来过学院参加培训，培训效果得到广大学员的广泛好评，我院也被国务院新闻办确定为固定的培训基地。学院的新闻发言人培训工作之所以取得这些成绩，离不开国务院新闻办、国务院国资委等单位的精心指导，离不开上海市委市政府及市委宣传部、新闻办、上海报业集团、上海文广集团等部门单位的支持和帮助，也离不开在座各位及所在部门单位的大力支持和密切配合，对此，我代表学院向大家表示衷心的感谢！

希望大家利用好参加这次论坛的机会，畅所欲言、彼此切磋，碰撞出思想和智慧的火花，为我国新闻发言人事业的又好又快发展献计献策、贡献力量，同时也希望各位一如既往地关心支持中国浦东干部学院的建设发展。

最后，预祝全国新闻发言人论坛圆满成功！祝大家身体健康、工作顺利！

谢谢大家！

复旦大学党委书记焦扬出席论坛并发表致辞

尊敬的蒋建国主任，

尊敬的各位领导，

各位新闻发言人，

各位来宾：

上午好！

在党的十八届六中全会胜利闭幕后不久，在全党全国人民深入贯彻落实六中全会精神之时，“中国新闻发言人论坛”在上海隆重召开了，这是一件非常值得庆贺的事情。我谨代表复旦大学，向论坛的召开表示热烈的祝贺。同时，我作为一名曾经战斗在新闻发言人一线的“老兵”，向来自全国的新闻发言人表示崇高的敬意！

党中央、国务院高度重视新闻发布工作。党的十八届三中全会通过的《中共中央关于全面深化改革若干重大问题的决定》明确要求“推动新闻发布制度化”。在党中央、国务院高度重视下，在国务院新闻办大力推动下，我国的新闻发布工作近年来取得了很大成绩。目前，新闻发布制度已在全国范围内建立起来，许多部门和地方还建立了例行新闻发布制度。新闻发言人队伍成长壮大，成为开展、推进新闻发布工作的重要力量。新闻发布形式越来越多样，内容越来越丰富。突发事件发生后，及时主动组织新闻发布，已经成为各地各部门的共识和普遍做法。

上海市人民政府于2003年6月就开始建立了新闻发布制度，推出了上海市人民政府新闻发言人。上海是全国最早建立新闻发布制度和设立政府新闻发言人的省份。经过十三年的风风雨雨，经过十三年的奋力前行，上海不仅让自身的新闻发布制度建设得以不断完善，为推进上海治理体系和治理能力现代化做出了突出的贡献，而且为我国的新闻发布制度建设提供了宝贵的“上海经验”。我作为十三年前第一位走上新闻发布前台的上海市人民政府第一位新闻发言人，感到由衷的自豪和光荣。我还记得，十年前，当国内著名的一家新闻媒体要我谈谈担任上海新闻发言人的体会时，我说，作为一名上海的新闻发言人，就是要“策划好上海的形象、塑造好上海的形象、传播好上海的形象、维护好上海的形象”。我在担任上海市人民政府新闻发言人的五年间，就是这样倾力而为的。

各位新闻发言人、各位来宾，复旦大学是全国最早参与到我国新闻发布制度建设中来的高校之一。2004年，国务院新闻办公室就在赵启正同志的倡议下，在复旦大学和清华大学两所著名的高校设立了“国务院新闻办公室省部级新闻发布评估组”。十二年来，设立在复旦大学的评估组，在国新办的领导下，为国新办的新闻发布评估、新闻发布调研、新闻发布研究、新闻发布培训等方面都做了大量的工作，取得了一定的成绩。与此同时，复旦大学的评估组也为上海的新闻发布工作，提供了许多的智力支持和决策支持。复旦大学为能帮助我国新闻发布事业做了一点工作而感到欣慰。

各位新闻发言人、各位来宾，复旦大学的建设必须面向国家重要需求，对接国家重大战略，着眼于国家发展的根本问题、核心问题，这也是践行习近平总书记在高校视察时所多次要求的高校要在“对接国家战略方面着手，为科技创新提供永续动力，承担起历史使命”。复旦大学将调动一切可以调动的资源，发挥一切可以发挥的力量，为我国新闻传播事业发展，为我国新闻发布制度建设等，做出我们应有的努力和更大的贡献。

今年3月底，刘奇葆同志在与全国新闻发言人培训班学员座谈时曾说，“新闻发言人要敢担当，在潮头起舞，不怕打湿羽毛，需要时能站出来、冲上去”。沧海横流，方显出英雄本色。我衷心祝愿我国的新闻发言人不忘初心，勇于前进，在实现“两个一百年”奋斗目标和实现中华民族伟大复兴中国梦的新长征路上再创佳绩！

谢谢大家！

中国人民大学新闻学院院长赵启正出席论坛并发表致辞
培养新闻发言人的几点建议

多年来，中国的新闻发言人制度逐步健全，通过推进政务公开、加强服务型政府建设、保障群众知情权和监督权，密切了与广大公众的联系，对促进社会和谐发展起了积极作用。

政府新闻发布对国内外均有强大的舆论引导作用，对外则承担着公共外交的责任，向世界说明中国的真实情况，包括说明中国的国情、内外政策，回答对中国的问题，解疑释惑，从而改善国际舆论环境。

随着国内外形势的发展和实践经验的积累，新闻发言人制度建设需要进入“从有到优”的新阶段，加强培养新闻发言人是当务之急。

新闻发言人制度面临的新形势

伴随着我国国力的蓬勃发展，我国所面临的国际形势、舆论环境、公众信息需求发生着巨大变化，这种变化的速度甚至超过了很多制度改革和法规建设的速度。新闻发言人制度改进的迟缓，将会集聚公众的不满，难于纾解社会可能的动荡，也给网络和国外媒体炒作和攻击的机会。

因此，中国政府各部门的新闻发布会的数量、发布的及时性、发布内容的范围和回答问题的质量需要大幅度的提高。

新闻发布制度的建设包括制度建设和加强新闻发言人的培养

当前，国内外新的现象和事件不断出现，公众新的兴奋点和国际舆论借助新媒体得到迅速传播，对发言人的素质的挑战也越来越大。新闻发言人的素质可以概括为：政治成熟、立场正确、勇于负责；内知国情、外知世界、兼修文化；讲究逻辑、有理有节、善待记者。毫无疑问，“政治成熟、立场正确”应是必须坚持的首要原则。

发言人都需要注意以下几点。（1）专门的培训。（2）专职的和岗位需要相对稳定，也需要较高的级别（敢承担，有威望）。我国行政职务系列没有新闻发言人的位置，兼职的新闻发言人自然就难以全心全意做好发言人的工作。（3）需要建立一个有编制的日常工作团队。如果只孤立地设立发言人而不设立团队，发言人的知识面是难以适应政府新闻发布工作的需要的。新闻发言人应当能及时了解本单位的重要进展和相关舆论，列席本单位的重要会议。(4) 政府部门制定、发布、实施任何可能产生较大社会效应的政策时，都应同时考虑相关的“议程设置”，打了无准备之仗，往往就会陷入被动回答的状态，导致议程失控。

有时对发言人的一些失误的体谅仍显不够。发言人除了自身以高度的责任心去勇敢面对之外，政府各部门的领导必须为发言人提供更多的支持和保护。

我国的政府新闻发言人制度需要较完整的专门法规的支撑和保证。我国最早的关于新闻发言人的文件有两个，即中宣部、中央对外宣传领导小组联合下发的《关于实施〈设立新闻发言人制度〉和加强对外国记者工作的意见》和中央对外宣传领导小组制定的《新闻发言人工作暂行条例》(都是 1983 年)。国务院在 2007 年通过并于 2008 年 5 月 1 日正式施行的《中华人民共和国政府信息公开条例》有助于新闻发言人开展工作。在 2008 年北京奥运会前发布了《中华人民共和国外国常驻新闻机构和外国记者采访条例》。国办发〔2013〕100 号国务院办公厅《关于进一步加强政府信息公开回应社会关切提升政府公信力的意见》，为进一步做好政府信息公开工作，增强公开实效，提升政府公信力，提出了重要的新规定，我们必须认真贯彻，但它仍不是关于新闻发言人制度的专门的法规。尽快制定出我国政府新闻发言人制度的法规的确是一项急迫的任务。

中国新闻发言人论坛主旨演讲摘编①

积极稳妥回应涉军热点敏感问题

国防部新闻发言人　杨宇军

问题是时代的声音，热点敏感问题是矛盾困难在舆论层面的集中反映。首先，一些热点敏感问题与国家安全、国计民生密切相关。妥善回应这些问题，对外可以宣示政策立场，争取国际社会支持；对内可以凝聚社会共识，促进矛盾问题解决。其次，热点敏感问题是躲不开、绕不过的坎儿。记者主动提出来，就给了我们引导舆论、解决问题的机会。最后，热点敏感问题的关注点往往容易预测。只要发言人准备充分、应对出色，正能量信息就会广泛传播。

敢于担当，坚持热点问题“热处理”。进入新媒体时代，做到“秘而不宣、少说多做”越来越难，官方不说，媒体会报；中方不讲，外方会炒。听任热点问题自生自灭、以拖待变，已难以大事化小、小事化了。要实现有力有效引导舆论，就需要我们直面困难、迎接挑战、迅即应对，坚持做到“热处理”。

坦诚面对，巧用负面问题传播正能量。热点敏感问题中最令人头疼的要数事故案件、天灾人祸。过去有些同志习惯于关门查问题，开门讲成绩，报喜不报忧；发生突发事件，只说英雄壮举；出了丑闻，只想防媒拒媒，不想澄清事实。这种做法只能使“明”问题变成“暗”问题，真相扑朔迷离，谣言漫天飞舞。近年来，我们加大信息的公开透明力度，努力将负面问题转化为正面舆论。

统筹施策，综合应对抓好时度效。一是用工作机制做支撑。近年来我们初步建立了覆盖

---

① 《人民日报》2016 年 11 月 7 日，第 13 版。

全军、架构合理、运行顺畅的工作机制，力争第一时间核实情况、研究对策、拟制口径，确保信息发布工作具有更高的质量效益。二是用综合应对做保障。三是用精准口径做武器。对外斗争中，发言人的力量不在于声调有多高昂，也不在于言词有多激烈，关键在于占据法理和道义的高度、掌握事实的力度、把握政策的尺度，确保表态有理、有利、有据、有节，达到良好的引导效果。

把握时度效讲好发展改革故事

国家发展改革委新闻发言人　赵辰昕

所谓时，我理解为时机、周期和节奏。对政府新闻舆论工作而言，时机的把握可以分为两类。一类是主动释放、正面阐述，时机选择的主动权在我。另一类是被动回应、解疑释惑，时机是个窗口期，稍纵即逝。这两类又可能互相转化，主动发布给“料”足、做得好，负面舆情出现的概率就小；负面舆情应对及时、有效，往往又能给正面发布创造机遇、提供条件。新闻舆论工作要达到理想的效果，一定要有一个多层次报道、多渠道作用的周期。新闻舆论工作有节奏，才有吸引力，该鼓点分明时要鼓点分明，该浅吟低唱时要浅吟低唱，让受众爱听、想听、追着听。

所谓度，我理解为力度、掌控度和接受度。力度不够，引不起足够关注，难以形成持续热点；用力过猛则过犹不及，很可能会引起公众的抵触。新闻舆论工作一定要牢牢掌控主导权，一要掌控内容，二要掌控形式，三要掌控效果。新闻舆论关键是要让人接受，要做到随时对舆情心中有数，对受众的变化有准确评估，根据这些情况对工作进行灵活调整。

所谓效，我理解为传播效果、到达效果和影响效果。没有有效传播，任何内容都是无效的。要建立媒体渠道和媒体关系，把我们的内容传播出去。传播并不等于到达，要使内容到达受众，就要深入研究新闻传播规律，适应分众化、差异化传播趋势，使我们的内容“入眼、入耳”。要用老百姓喜闻乐见的方式，使我们的内容更接地气、更聚人气，“入脑、入心”，对受众形成实实在在的影响。

在具体工作中，我们重点抓住五个方面来把握时度效，讲好发展改革故事：一是加强谋划策划；二是畅通传播渠道；三是拓展方式方法，既对传统宣传方式进行创新完善，又根据形势任务变化拓展新的方式；四是统筹内宣外宣，面对全世界的受众，必须通盘考虑内外两方面的接受度；五是做好监测评估，这是不断总结提升的基础。

增强民生领域新闻发言的“底气”

人力资源社会保障部新闻发言人　李　忠

我认为，增强民生领域新闻发布工作的“底气”，主要来源于以下几个方面。

说得好首先是要工作做得好。要做到政策制定与舆论引导良性互动，一方面，要倾听民意，汇聚民智，使公共政策统筹兼顾各方面利益，更加具有可行性；另一方面，民生领域尤其要加强政策宣传，合理引导预期，最大限度赢得社会共识。目前，我部建立了例行发布与专题发布相结合的新闻发布制度，在每个季度举行例行新闻发布会的基础上，根据需要随时举行专题新闻发布会。这些新闻发布会都有一个相同的出发点，就是针对媒体和广大群众关注的现实问题，加强政策解读，解疑释惑。

说得好就要政策业务精。民生领域新闻发言人，直接面对媒体解读公共政策，遇到的问题政策敏感性很强，所以必须熟悉政策的前因后果、来龙去脉，这样才能胸有成竹，心中有数。如果对政策一知半解、吃得不透，一旦面对十分具体的政策问题，即使有再高超的新闻发布技巧，心理素质再过硬，也只能“哑然失语”“无可奉告”，对媒体而言，自然是不解渴、不过瘾。

说得好就要舆情判得准。民生领域新闻发布之前，新闻发言人首先需要了解，当前舆论最关注什么？记者最想了解什么？发布新闻后的舆论焦点可能是什么？这就需要对舆情做深入的分析研判，并对热点问题有针对性地准备答问口径，特别是对于一些群众高度关注的社会政策问题，要认真研判信息发布后的宣传效果和舆情态势，系统研究政策制定过程中的各个节点和环节……这样才能有针对性地回应舆论关切，释放更多的信息，达到最好的新闻舆论效果。

说得好还要容错有机制。面对新闻媒体，新闻发言人要勇于担当、敢于发声，组织上特别是领导同志也应该多为新闻发言人开展工作创造条件、提供保障，鼓励他们积极发声，宽容他们的失误。

高度重视沟通讲好政府故事

上海市政府新闻发言人　徐　威

信息公开是政府的法定责任。在新的媒体环境下，如何向民众传递信息，解释政府的政策，赢得民众理解和支持，是全世界政府面临的共同课题。

沟通需要大量的信息传递和反馈，需要很多交流和情感投入，在新媒体环境下，沟通的环境、渠道和方式都在变，沟通实在费时费力，成本很大，所以不能光靠自觉。这几年来，中办、国办、中宣部和国务院新闻办先后下发文件，对改进政务信息发布，加强政策解读和回应公众关切等工作提出明确要求。我的理解，就是用更多刚性要求强化领导干部的沟通意识，提高大家的沟通能力。

2015 年，上海制定了《关于进一步加强上海信息发布工作的意见》，把中央和中宣部、国新办各种文件的要求具体化。简而言之，一是进一步强化主要领导既是“信息发布的第一发言人”，又是“应急处置的第一责任人”；二是加强政务新媒体建设，提升政府与民沟通的能力。

自 2008 年起，上海市市长每年出席记者招待会、新闻发布会。领导带头，不光是发布信息，更是表达一种强烈的与民沟通、讲清道理的意愿，也是锻炼讲好政府故事的重要机遇。

近几年来，“上海发布”政务微博和微信影响力在全国政务新媒体中始终居于前列，政务新媒体的建设，让政府部门和官员在实践中感受沟通的挑战、提高沟通能力。

赵启正同志说过：没有新闻素养，执政能力就不完整。我的理解，沟通能力、讲道理的能力也是新闻素养，也是执政能力。所以我建议加强高层培训，特别是对省部级领导干部的专业培训。我们要培养造就更多高级别的、善讲道理的“第一发言人”，提高他们与民沟通的意识和能力，提高他们解释公共政策的能力。

发言人制度帮助中国石化塑形象

中国石化新闻发言人　吕大鹏

新闻发言人，不仅仅是一个人，而是一个制度，更是一种开放的态度。它在中国顺利运行的10年，无不折射出中国改革开放带来的巨大变化，同时也给社会生活的方方面面带来了实实在在的影响和变化。比如中国石化，最近5年来负面舆情的五连跌，就与新闻发言人制度的实行密不可分。我们的做法有如下三种。

一是完善制度保障发言。我们制定了中国石化对外新闻宣传管理办法，实施了牵头单位负责制度。同时，从2012年起，我们还建立了两级发言人制度，在总部和150多家二级单位均设立发言人，并每年对他们进行培训和模拟演练，新闻发布水平明显提升。

二是创新方式提升发言。5年来，除了组织30多场正式的新闻发布会，我们还坚持组织月度媒体沟通会，请业内专家（其中很大比例是院士）来给跑口记者讲课，帮助他们成为专家型的编辑记者，受到媒体朋友的好评和欢迎。

三是加强升级主动发言。我们发现，即便处置好所有的负面舆情也不能彻底扭转企业的形象。必须同时主动出击，持续做好新闻发布。但慢慢发现，这还不够，还需要建立和维护好公共关系，于是我们开始策划组建品牌活动。但我们随后发现，搞好公共关系还不够，还要注重打造长期品牌形象，如果再进一个层次，就是要触及企业更深层次的价值传承和塑造。这就是企业文化，它也是企业的核心竞争力。

目前我们正在海外业务区域积极推进新闻发言人制度，基本做法是“有问必答、有访必接、有求必应”。我始终认为，为媒体提供有效的信息，是最好的公关，也是最大的尊重。

讲好中国故事提升话语能力

北京大学国家战略传播研究院院长　程曼丽

从理论上说，讲好中国故事、传播好中国声音是自主性的话语建构过程，对于目前的中国来说，这种建构非常必要。党的十八大以来，以习近平同志为核心的党中央在内政外交方面不断推出新举措，立足于地区和全球战略的新思想、新理念也相继提出，包括“亚洲新安全观”“人类命运共同体”“新型大国关系”“一带一路”等。这些新思想、新理念不但是中国改革开放近40年来的一种自我超越，同时也超越了长期以来占据国际社会主体地位的西方思想体系和发展模式。这种超越性的发展格局，要求我们改变“拿来主义”的传统观念，进行理论探索与创新，建立一套与之相适应的全新的话语体系，并对其进行深入阐释和广泛传播。

目前的中国正处于新的战略发展机遇期，信息传播、话语建构方面的主导意识非常必要，在世界政治、经济格局发生深刻变化、新旧思潮发生剧烈碰撞的当下尤其如此。话语权力不是天然的禀赋，而是大国博弈的结果。一个国家是否具有话语主导权，除了硬实力方面的因素之外，还取决于它的价值观念和话语体系是否能够正确回答和解决当今世界面临的重大问题，推动人类社会的发展与进步。

美国学者约瑟夫·奈曾经指出，“软实力说到底，就是一种叙事的能力”，而习近平总书记在全国宣传思想工作会议上所强调的“打造融通中外的新概念新范畴新表述，讲好中国故事，传播好中国声音”指的就是这种能力。在我看来，所谓的讲故事不仅仅是讲事实，而是在认识事实的基础上进行理论抽象和话语创新，展现事物的联系性，揭示事物的深刻意涵和本质特征。在信息过载、碎片化阅读的互联网时代，特别需要建立这种思维。

2016中国传媒经济与管理年会

——“舆论新格局·传媒新常态”学术研讨会

活动名称： 2016 中国传媒经济与管理年会——“舆论新格局·传媒新常态”学术研讨会

主办单位： 中国新闻史学会传媒经济与管理研究委员会、西安交通大学、中共陕西省委网络安全和信息化领导小组办公室

承办单位： 西安交通大学

时　　间： 2016 年 11 月 5 日

地　　点： 陕西·西安

中国新闻史学会传媒经济与管理研究委员会、西安交通大学、中共陕西省委网络安全和信息化领导小组办公室联合主办的 2016 中国传媒经济与管理年会——“舆论新格局·传媒新常态”学术研讨会 2016 年 11 月 5 日在西安交通大学召开。来自中央网信办、国家新闻出版广电总局、全国记协以及北京大学、清华大学、复旦大学、中国人民大学、西安交通大学等海内外近百所高校的专家学者与青年学子围绕“传媒、经济、舆论、管理”开展深入研讨。

开幕式上，陕西省人大常委会副主任、西安交通大学党委书记张迈曾指出，西安交通大学新闻与新媒体学院的发展要坚持“一支持、两结合”的方针路线：“一支持”是要支持青年的发展，“两结合”则是要求新闻与新媒体学院的发展，须将校内资源以及其他学院的力量整合起来，开阔视野，并借助校外力量，打造有学术特色的新闻与新媒体学院。

中央网信办网络新闻信息传播局舆情阅评处处长甄澄结合习近平总书记在 2016 年 10 月 9 日关于实施网络强国战略会议上的讲话、党的十八届六中全会讲话、红军长征胜利 80 周年等系列讲话中“传播正能量”的主旨精神，提出网络管理有三个“可以做得更好”：第一，如何更好地推动网络空间，传播正能量；第二，如何更好地掌握网上舆论引导主动权；第三，如何更好地推动社会治理。希望以此次年会为契机，更加凝聚共识，助推传媒业发展。

国家新闻出版广电总局发展研究中心政策所、信息所所长李岚表示，随着国家各项政策的强力推进，广电迎来发展的新契机。传统广电行业抓住机遇，积极全面推进“广电＋”“宽带广电”战略，利用互联网思维平台实现多种资源的有效整合，“以我为主，为我所用”，实现产业链重构和跨界融合，调整产业发展结构，以广电为内核向外不断拓展。实现一体共生，打造新势力，开启中国传媒发展的新篇章。

全国记协书记处书记顾勇华指出，业界应当通过深入学习习近平总书记关于实施网络强国战略的系列讲话精神，从解决新闻真实性、新闻评论准确性、新闻专业性等方面问题入手，借“一带一路”东风建立在国际上叫得响的舆论格局。

中国传媒经济与管理研究委员会会长喻国明指出，传媒经济经过多年发展，现在正是走

向国际学术舞台的一个良好的契机，应当做到“有所作为，有所表达”。喻国明在大会上宣布中国传媒经济与管理研究会会刊正式发行，微信公众号也即将上线，这一举措对弥补日常交流的限制，促进成果展示、信息交流、规范入会组织形态等方面具有重要意义；还表示中国传媒经济与管理研究委员会计划在明年召开两次学术会议，欢迎大家踊跃参加，积极交流。

开幕式上，还为“2016年中国传媒经济年度观点奖”“2016年中国传媒经济与管理年会教师优秀论文奖”“2016年中国传媒经济与管理年会青年学子优秀论文奖”获得者颁发了证书。

目前，中国的传媒经济和传媒产业生态正处在前所未有的战略关键期，如何凭借“互联网+”行动计划的“东风”再造与重塑传媒产业生态已经成为学界和业界共同面对的议题。11月5日下午至6日上午，本次学术研讨会还分设了“媒介融合与传媒产业发展”“传媒经济与管理基础理论”“政府规制与传媒产业发展”“传媒经济与管理跨学科前沿”“青年学子论坛”等6个分论坛进行深入研讨。

（央广网西安2016年11月5日消息 记者 雷 恺）

第二届中外警察公共关系论坛

活动名称：第二届中外警察公共关系论坛
主办单位：中国人民公安大学、中国国际公共关系协会
协办单位：广西壮族自治区公安厅
承办单位：广西警察学院、南宁市公安局
时　　间：2016 年 11 月 18 日
地　　点：广西・南宁

2016 年 11 月 18 日，由中国人民公安大学、中国国际公共关系协会主办，广西壮族自治区公安厅协办，广西警察学院、南宁市公安局承办的第二届中外警察公共关系论坛在南宁开幕，来自新加坡警队，中国香港、澳门警队，以及各地公安机关、高等院校的 200 多名专家、代表参加了本次论坛的交流活动。

中国国际公共关系协会常务副会长兼秘书长赵大力，中国人民公安大学副校长田全华，广西警察学院党委书记、院长周彬，自治区公安厅党委委员、南宁市副市长、市公安局党委书记、局长唐斌，澳门代表团团长、澳门海关助理关长黄国松等在开幕式上致辞。

赵大力会长在大会致辞时指出，近年来，公安工作面临着比以往更加严峻而复杂的挑战，一系列涉警舆情事件不仅将公安队伍推向了风口浪尖，也在警察队伍内部造成了严重的迷失与茫然，对我们做好警察本职工作、讲好警察故事提出了更高的要求。但我们的警察队伍并没有被严峻的现实压垮，他们仍然在努力前行，忠诚履职，传播正能量。这样的实际情况给我们警察公关人提出了更高的要求：流汗甚至流血是警察职业的固有风险，广大民警在入职之初就有此准备，但是警察的泪水绝不能也不应因恶意攻击、无知谰言而流，在这一点上，警察公关人责无旁贷。中国国际公共关系协会将一如既往发挥好在公关领域的专业优势和组织优势，为警察公共关系工作做好坚实的后盾！

会议期间，近 40 位中外警察公共关系专家在大会主会场和分论坛分别针对警察公共关系与公安改革、警察公共关系品牌建设、警察公共关系战略建设、警察公信力与内聚力建设、警察理念传播、警察与媒体关系、警察公信力评价、警察与公众沟通管理、警察与公众合作关系管理等议题，发表了专题讲演，介绍警察公共关系领域的最新研究成果，交流警察公关实务经验，探讨警察公共关系未来的发展走向。

警察公共关系是政府公共关系的重要组成部分，也是中外警队共同关注的重点研究领域。加强警察公共关系建设，既是中国新时期公安工作的需求，也是公安机关践行人民警察核心价值观的集中体现。近年来，我国警察公共关系建设得到较大发展，在学术理论研究方面，形成了较为完善的警察公共关系理论体系，培养了一批警察公关工作人

才；在应用实践方面，各级公安机关运用警察公关思维创新社会管理，助推公安改革，设立公关工作部门，建立新闻发布制度，开办政务微博、微信，组织开展各类警营公关活动等，取得了突出成效，为加强警民沟通交流，密切警民关系，塑造警察良好形象，提升社会管理能力，促进社会和谐发展发挥了重要作用，也为我国政府公共关系发展探索了新的思路。

在这一进程中，中国人民公安大学、中国国际公共关系协会等相关部门充分发挥学术带头和行业领军作用，定期组织中外警察公共关系论坛、中国最佳警察公共关系案例赛等一系列顶级学术活动，搭建起最具影响力的警察公共关系交流平台，使各地公安机关得以充分学习借鉴中外警察公共关系的先进理念和做法，迅速提升理论研究及实践应用水平，促进警察公共关系良性发展。

本次会议共收到论文 85 篇，其中 9 篇论文被评为一等奖，13 篇论文被评为二等奖，16 篇论文被评为三等奖，论文获选大会交流的 9 个学生团队获得警察公共关系未来之星称号，有五年以上带领警察公共关系团体获得市级以上表彰取得突出业绩并参与全国交流推广的 13 名骨干获得首届警察公共关系杰出人才称号，5 名领导干部获得警察公共关系领导推动者奖（获奖名单附后）。赵大力会长为相关获奖者颁奖。

会议期间，赵大力会长还出席了中国国际公共关系协会警察公共关系专业委员会理事会会议，就如何进一步开展警察公共关系工作做出重要指示。

入选论坛大会交流的文章

序号	姓名	文章题目	作者单位
1	王汀、方淼、张景翔	基于社交媒体的纽约市警察公共关系	中国人民公安大学 纽约大学
2	郭泰、李易尚	德国警察在突发事件中的舆论引导应急策略研究——以德国慕尼黑枪击案为例	中国传媒大学 中国人民公安大学
3	阎子晨、王骥驰、李余程、陈赓、崔哲	以色列警民合作反恐:实践及借鉴	中国人民公安大学
4	王硕、邹颖超、王博	伦敦大城市警察多元化与平等性战略计划研究	中国人民公安大学 北京市公安局海淀分局 北京市首都国际机场公安分局
5	江沅龙、杨皓旭、张耀中	“公民警校”视域下的警察公共关系品牌建设研究	中国人民公安大学
6	张海波	美国警察公共关系建设对我国的启示	中国人民公安大学
7	徐海波	中美警察公共关系的对比和分析	中国刑事警察学院
8	黄晗阳	浅谈新时期下网络舆论对基层警务活动的影响、分析与对策	中国人民公安大学
9	段三山、胡岘阁	机遇与挑战并存:“自媒体时代”下警察公共关系的建设与发展	中国人民公安大学

警察公共关系杰出人才奖获奖名单

姓名	性别	单位	职务
马翠琳	女	福建省厦门市公安局	宣传处处长
万新玲	女	广东省珠海市公安局	新闻办公室副主任
申杨帆	男	重庆市公安局刑侦局	主任科员
刘　刚	男	广西壮族自治区南宁市公安局	宣传处处长
刘自力	男	广东省深圳市公安局	网宣科副科长
刘　颖	女	山东省潍坊市公安局	宣教科科长
陈克俭	男	安徽省芜湖市公安局交警支队	警察公共关系科副科长
张宏志	男	北京市公安局海淀分局	办公室主任
张振贵	男	广东省广州市公安局	宣传处处长
李招德	男	广东省肇庆市公安局	副局长
郑宝湘	男	澳门特别行政区司法警察局	社区警务及公共关系处处长
音卫东	男	安徽省合肥市公安局	新闻发言人，网安支队支队长
温扬勤	男	广东省佛山市公安局	警察公共关系科科长

警察公共关系领导推动者获奖名单

姓名	性别	单位	职务
韦小菊	女	广西壮族自治区南宁市公安局	党委副书记
关长波	男	辽宁省公安厅	政治部副主任
刘少波	男	北京市公安局海淀分局	政委
李庆春	男	山东省济宁市公安局	指挥中心主任
姜　杰	男	安徽省芜湖市公安局交警支队	调研员

第二届中外警察公共关系论坛论文获奖名单

一等奖9个

1. 南宁市公安局：《南宁样本：一个发展中城市的警察公关探索实践》（撰稿人：刘刚）

2. 芜湖市公安局交警支队：《探索运用构建社会监督机制，改善和提升警察执法形象——主动寻求社会监督，着力改善警察形象》

3. 赵新利：《日本警察吉祥物的公关传播研究》

4. 张振贵：《新媒体传播环境下广州公安警察公共关系建设实践与探索》

5. 张戈、冯思昀：《消防官微与公众、媒体互动的新探索：开启警民互助互谅互信舆论生态全新范式》

6. 刘颖、郭涌：《树立法治思维 彰显执法自信 让交警执法活动在阳光下规范运行》

7. 澳门司法警察局：《澳门警察民意搜集机制》

8. 马翠琳、黄晓洁：《实战化反诈宣传宣出战斗力》

9. 珠海市公安局高新分局、联合国际学院课题组：《信任度与警察公共关系：以境外研究为鉴》

二等奖13 个

1. 詹伟、郑怀庆：《基于公共关系视角的警察维权机制建设研究》

2. 朱乾：《关于民警形象与执法为民的辩证思考》

3. 澳门司法警察局：《论从沟通机制建立警民互信》

4. 李华湘、岑明活：《浅论警察与公众沟通管理的作用及其建议——以澳门治安警察局为探索载体》

5. 李庆春、段英辉：《济宁市中公安分局创新“1 + 3”网格联系模式》

6. 刘洪强：《创新收集民意新理念，开辟服务民生新渠道》

7. 四川省达州市公安局通川区分局：《全警公关 人人塑形象》（撰稿人：代婵）

8. 珠海市公安局：《媒介融合资源整合数据聚合——打造珠海公安全媒体宣传阵地》

9. 盖东升：《向人民报告对人民负责开辟警察公共关系建设新路径》

10. 南宁市公安局：警鹰展翅击长空空中警察护平安（撰稿人：何亮、刘刚、黄小东）

11. 姚晓莉：《试论互联网 + 时代的警察公共关系建设》

12. 吴建国、蒋丽萍、袁梦来：《创新社会治理视角下深化警察公共关系建设的实践与探索——以江苏常州社区民警徐卫星“多元共治”新做法为例》

13. 佛山市公安局：《佛山舆论回应型沟通管理模式》

三等奖16 个

1. 郑健聪：《警民同心共建小区打假机制》

2. 周美艳、任立斌：《习近平“总体国家安全观”视域下的警察公共关系战略建设》

3. 杨大同：《小机构好活动盘活大格局》

4. 何佳霖、朱皖丽、李胤澄：《浅析警察“窗口”服务职业礼仪运用》

5. 韩秀杰：《基层公安机关涉警舆情危机风险评估与预防初探》

6. 廖喜良：《政府搭台，企业、社会组织唱戏：中山再掀反酒驾宣传高潮——中山市反酒驾“蓝色风暴”活动体会》

7. 刘颖：《潍坊交警支队组训少年交警先锋队拓展警察公共关系新思路》

8. 奚晓红：《浅谈如何组织社会力量创建新型警民合作车管服务模式》

9. 李震、刘红保：警察公共关系在非正常死亡处置工作中的运用探析

10 姬文清、李斌：《论警察公共关系危机的应对与管理——以贵州威宁警察枪击案为例》

11. 河北省公安厅：《警媒共寻“河北公安形象代言人”彰显警队新形象——河北省公安厅“我青春我代言”大型新闻宣传活动》（撰稿人：张伟娜）

12. 南宁市公安局兴宁分局：《借助微信自媒体开展新时期社区警务工作》（撰稿人：黄斌、黄礼）

13. 南宁市公安局青秀分局：《警医携手协作构筑医患平安》（撰稿人：陈桂恩）

14. 珠海市公安局警察公共关系研究所课题组：《珠海“志愿警察”与新加坡“志愿特警”制度的比较研究》（撰稿人：王宇声、万新玲、赵琳）

15. 厦门市公安局：《积极打造“互联网＋群防群治”新模式》

16. 朱祥明：《论巴州地区和谐警察公共关系的构建》

第二届中外警察公共关系论坛学生论文获奖名单

一等奖3个

1. 王汀、方焱、张景翔：《基于社交媒体的纽约市警察公共关系》

2. 张海波：《美国警察公共关系建设对我国的启示》

3. 郭泰、李易尚：《德国警察在突发事件中的舆论引导应急策略研究》

二等奖6个

1. 江沅龙、杨皓旭、张耀中：《“公民警校”视域下的警察公共关系品牌建设研究》

2. 段三山、胡岘阁：《机遇与挑战并存：“自媒体时代”下警察公共关系的建设与发展》

3. 黄晗阳：《浅谈新时期下网络舆论对基层警务活动的影响、分析与对策》

4. 徐海波：《中美警察公共关系的对比和分析》

5. 阎子晨、王骥驰、李余程、陈赓、崔哲：《以色列警民合作反恐：实践及借鉴》

6. 王硕、邹颖超、王博：《伦敦大都市警察多元化与平等性战略计划研究》

第二届“全国法院新媒体学院奖”揭晓仪式*

活动名称：第二届“全国法院新媒体学院奖”揭晓仪式
时　　间：2016年11月26日
地　　点：北京

光明日报北京2016年11月26日电（记者马兴宇、李克）　第二届“全国法院新媒体学院奖”26日在北京揭晓。山东省高院、北京市高院、上海市高院、济南市中院4家法院获综合类“法院新媒体学院奖”，河南省高院、信阳市中院、广西高院等14家法院分别获“微博学院奖”“微信学院奖”“客户端学院奖”。

不同于单纯依靠数据挖掘与分析技术对新媒体进行排名的传统评奖方式，本次评奖在对法院微博、微信和客户端相关数据进行定量分析的基础上，邀请30余位法学、新闻学、政治学知名专家担任评委，依据内容、形式、品牌等6大类30余项指标，对初期入选的20家法院微博、21家法院微信和15家法院客户端进行评比并最终确认获奖名单。

获奖单位代表、学界代表以“法制制度与传播”为题进行了深入研讨，对司法舆情监测与制度引导、司法制度改革与司法公信力形象建设、公检法司新媒体管理与制度建设等主题做延伸讨论。新浪微博对此全程直播。

第二届“全国法院新媒体学院奖”由中国政法大学法制传播研究中心、中国政法大学制度学研究院、中国政法大学政治传播青年教师学术创新团队联合主办，始于2014年，旨在促进各级各类法院通过新媒体全方面、全过程推动司法制度改革、司法公开、公正司法，有效对重大法治事件、敏感法治事件进行舆论疏导。得到了学界、新闻传播界和众多网民的好评和支持。

会后，中国政法大学党委副书记、副校长常保国宣布中国政法大学制度学研究院成立。这是国内首家专门以制度为研究对象的学术研究机构，中国政法大学副校长李树忠任院长。

---

* 《光明日报》2016年11月27日，第4版。

第二届检察新媒体创意大赛颁奖仪式暨“新媒体与检察公共关系”研讨会*

活动名称：第二届检察新媒体创意大赛颁奖仪式暨“新媒体与检察公共关系”研讨会

主办单位：检察日报社、浙江省人民检察院

承办单位：浙江省桐乡市人民检察院

时　　间：2016年12月8日

地　　点：浙江·桐乡

2016年12月8日，由检察日报社、浙江省人民检察院联合主办，浙江省桐乡市人民检察院承办的第二届检察新媒体创意大赛颁奖仪式暨“新媒体与检察公共关系”研讨会，在世界互联网大会的永久会址——桐乡市乌镇举行，来自全国各地检察机关的新媒体代表，以及法律界和媒体界的代表，围绕主题展开深入研讨。

本届大赛共有91件作品分别摘取图文类、H5类、音视频类的金奖、银奖、铜奖，16个单位荣获组织奖。颁奖仪式上，检察日报社、浙江省检察院的有关领导为大赛获奖代表颁发奖杯、奖状。

这是检察日报社第二次举办新媒体创意大赛。2015年6月检察日报社举办首届检察新媒体创意大赛时，H5微场景展示正成为广大网友的掌上阅读新宠，因此，当时大赛所征集的作品仅仅限于H5作品。

如今，检察新媒体的发展已上高速路，顺应可视化、移动化、数据化的大方向，检察新媒体不断以公众熟悉、喜欢的方式吸引更多人的了解、关注和参与。2016年6月13日，全国检察机关实现“两微一端”全覆盖，在全国政法系统中率先建成了四级新媒体矩阵，全国检察新媒体官方账号11710个，总粉丝数有9000多万个；全国检察机关有一定知名度的自媒体账号89个，拥有粉丝数248万个。

2016年7月，最高人民检察院检察长曹建明在第十四次全国检察工作会议上首次提出“检察公共关系建设”。作为建设检察公共关系重要手段的检察新闻宣传工作，主动适应媒体融合发展趋势带来的新变化，认清责任、找准定位、提升实效，是新形势下弘扬检察主旋律、传播检察正能量、塑造检察好形象、提升检察公信力，建设和谐检察公共关系的重要使命。

在此背景下，《检察日报》举办了第二届检察新媒体创意大赛，作品征集范围由H5扩展到微信图文和音视频，进一步鼓励基层检察机关的新媒体创作，加强新媒体在构建检察公共关系中的重要作用。

---

* 最高人民检察院官方网站，http：//www. spp. gov. cn/spp/zdgz/201612/t20161216_ 175844. shtml。

大赛评奖流程分为初评、复评、定评三个阶段。初评阶段采取网络投票方式，复评、定评阶段，分别邀请清华大学法学院副院长张建伟、中国政法大学法学院副院长许身健、最高检新闻办副主任肖玮等法学专家、新媒体专家组成评委会进行了严格评选。

此次参赛作品呈现的一个特点是检察新媒体发展水平的地域分布不平衡：东南沿海地区的检察新媒体工作较发达，作品数量多且质量较高，而西部地区的参赛作品较少，这也从一个侧面反映出西部检察新媒体发展水平相对落后。调动更多的西部省份积极参与、提升检察新媒体的创作热情和水平，将是第三届检察新媒体创意大赛的努力方向。

本届大赛征集的作品，均由检察官创作完成，内容既巧妙结合了社会热点，又紧贴检察工作，从专业法律视角、检察视角解读社会热点，制作通俗易懂、老百姓乐于接受的新媒体作品。

从社会视角解读检察工作，能够给人更多“代入感”。全国检察机关深入开展危害食品药品安全犯罪专项立案监督活动时，怎样既宣传了专项活动，又让人民群众知道如何维权？河南省平顶山市卫东区人民检察院创作的RAP动漫《找谁说理去》，以有浓浓地域特色的河南话开唱，歌词选自该院办理的危害食药安全犯罪案件，语言凝练、通俗易懂，画面简洁夸张，旋律流畅优美，一经推出便在当地群众的微信圈里刷了屏。

反贪检察官是怎么办案的？很多群众都很好奇。河南省郑州市中原区人民检察院的H5作品《反贪风暴》以漫画的形式，对“房妹”案的查办场景进行了再现。闪入，对话，加上节奏感强的音乐，检察官坚持不懈查办此案所付出的艰辛鲜活地呈现了出来。在复评会上，评委一致认为这个作品：“文字内容专业审慎，人物形象饱满，故事生动感人。”

节日纪念日，更是让检察官发挥想象力的契机。2016年七夕，四川省南充市顺庆区人民检察院推出的《七夕丨牛郎：我的女友是检察官》，讲述了织女成为检察官后，牛郎的不开心生活：她曾经为爱痴狂，现在却似乎只有工作才能给她爱的供养。文章通过讲述织女在公诉、控申、政治处、民行等岗位上的工作状态，以俏皮轻松的语言介绍了各个科室的核心工作。形式上，则借鉴了微信朋友圈的发动态、留言回复功能，字体可爱，排版清新好读。

此次新媒体创意大赛还吸引了法律自媒体的参与。在一直与奥斯卡最佳男主角奖失之交臂的莱昂纳多·迪卡普里奥终于获奖时，“法律读库”标新立异，以《奥斯卡最佳外语检察短片（小李子看后，默默地把小金人还了回去）》为题，推出了一部原创检察题材视频，从儿童视角展示检察官的形象。视频中，萌娃们天真无邪地对检察官提问，通过双方口语化的交流，让人们对不同职务的检察官有了更深的了解。尤其在视频最后，小朋友问，姐姐，你什么时候最美啊？检察官回答，应该是在法庭上说出那句话的时候：“我受西城区人民检察院的指派，以国家公诉人身份，出席法庭支持公诉，并依法履行法律监督职能……”余音绕梁，荡气回肠。参赛作品不仅对社会热点进行法治化解读，还能对法治热点进行社会化表达，充分利用了新媒体实用性和互动性的特点，加强了与受众的沟通交流。

每年的举报宣传周都是检察机关的一项重要活动。2016年，广西壮族自治区人民检察院推出了互动小游戏《举报宣传周的正确打开方式，快来测测你是不是“法律小达人”》，群众可以在H5小游戏中以回答问题的方式，了解关于举报的法律知识，题目设置新颖，风格轻松，音乐明快，互动性非常强，检察宣传也更有针对性。

此次新媒体大赛的参赛作品中，有很多来自检察院公号的常设精品栏目。因持续性的经营，这些栏目定位明确、内容深刻、紧跟热点话题，形成了自己独特的品牌，给受众带来更多的阅读期待，广受好评和欢迎。

“第一次，段义和以这种方式离开了自己的办公室。办公桌上的笔还在等他在厚厚的文件上签下自己的名字，那辆供他上下班专用的小车依然等在院子里。走过院旁，他似乎听到它传来发动机突突轰鸣的声音。而他知道，从此以后，他再也不会回来了。”

炸药，情人，死刑，以此作为开始，山东省人民检察院微信公众号的《周末故事》栏目讲述了副省级高官段义和的人生迷局，备受网友关注。《〈周末故事〉：炸药？情人？死刑——一名副省级高官的人生迷局这样破解》这个音频作品在第二届检察新媒体创意大赛中斩获音视频类金奖。

《周末故事》是山东省人民检察院新媒体工作室自2016年起倾力打造的原创音频栏目，每周六上午通过该省检察院官微播出。每期节目由原创音频作品和文字作品两部分组成。音频作品由解说、当事人同期声加配乐编辑而成。为了与当下新闻信息的碎片化、表象化有所区别，栏目一开始就确定了权威、真实、深刻的定位，致力于对案件进行最真实的还原和最深刻的剖析。开播以来，该栏目转播量已达数千万次，拥有了固定的阅读群，产生较强的品牌影响力和号召力。

和《周末故事》类似，此次参与新媒体创意大赛的作品，还有来自福建省莆田市秀屿区人民检察院的《细说反贪》系列图文。《细说反贪》栏目以武侠风解读反贪工作和反贪故事，绝世武功的精髓，都在反贪检察官的办案过程中有了清晰的对照，主题内容结合得非常巧妙。其中，《戏说反贪｜武林绝学篇》获得了此次大赛图文类银奖。

如今，单一的图文宣传已经不能满足受众的需求，检察新媒体宣传必须主动顺应传播规律和受众习惯的变化，通过漫画、图表、视频、音频等形式发布信息、解读政策，优化用户体验，增强信息传播的有效性。

此次新媒体创意大赛的参赛作品，既有丰富的图文和漫画，也有图片、视频、音频等内容，检察官自拍、自导、自演、自唱，通过文字、画面和声音，立体展现了检察宣传的主题内容，体现了较高的专业水准。

《520表白日｜桐乡市人民检察院的检察官们竟集体表白!》以拍摄图片的方式，让不同岗位的检察院工作人员手写表白“情话”，在网络节日“520”这一天表达在镜头前。这些图片中，既有案管科检察官表白律师“三证交到我手上，给你一套阅卷房”，也有保安大哥表白检察大楼“人在塔（楼）在”。

“庄严检徽高悬熠熠生光，雪莲绽放宛如你我飞扬，阳光洒满一方热土那条路，让我们走往正义指引的方向……”浅吟轻唱的天山检察版《南山南》，在原唱红遍大江南北时推出，填词、演唱全部由乌鲁木齐市天山区人民检察院干警完成。歌词反映了检察官的工作生活，不一样的曲风透出了浓浓的检察深情。

检察官如何和贪官斗智斗勇？广东省广州市黄埔区人民检察院用微电影《局》来告诉你。这部微电影讲述了检察官卓志铭怀疑荣国辉在多个项目招投标过程中向国家工作人员输送巨额利益，但在侦查过程中，每当接近真相的那一刻，所有的证据都会消失殆尽，案件调查陷入了僵局。本剧所有主演均为该院干警，一个眼神、一个动作，都源自真实的办案经历。

文学即人学。同样，作为检察形象代言人的检察官，也应该成为新媒体青睐的主角。正如《今日头条》政府合作部总监包艳红在研讨会上所说：“我们能够看到检察新媒体的选题操作方向：人们更关注的话题不是‘检察’，而是‘检察官’。”

附　创意大赛获奖作品名单

H5类金奖作品:《反贪风暴》——河南省郑州市中原区人民检察院

图文类金奖作品:《七夕丨牛郎：我的女友是检察官》——四川省南充市顺庆区人民检察院

图文类金奖作品:《520表白日丨桐乡市人民检察院的检察官们竟集体表白!》——浙江省桐乡市人民检察院

音视频类金奖作品:《奥斯卡最佳外语检察短片》——法律读库

H5类金奖作品:《举报宣传周的正确打开方式，快来测测你是不是“法律小达人”》——广西壮族自治区人民检察院

新浪河南助力商丘经济社会发展高峰论坛

活动名称： 新浪河南助力商丘经济社会发展高峰论坛

主办单位： 中共商丘市委宣传部、新浪河南

协办单位： 新浪河南商丘

时　　间： 2016 年 12 月 9 日

地　　点： 河南·商丘

2016 年 12 月 9 日，由中共商丘市委宣传部、新浪河南主办，新浪河南商丘承办的新浪河南助力商丘经济社会发展高峰论坛在商丘举行。中共商丘市委宣传部副部长贾忠顺、新浪河南总经理乔新出席并分别致辞。

贾忠顺在致辞中强调，当今世界互联网已经融入了社会生活的方方面面，深刻改变着人们的生产生活方式，成为推动经济社会发展和人类文明进步的重要力量。随着移动互联网技术的变革和发展，微博、微信和移动客户端等互联网新兴媒体迅速崛起，施政环境、媒体格局、舆论生态和传播方式均发生了深刻变化，因此，各级领导要善于学习，与时俱进，研判形势，把握大局，推动政务信息发展与公共服务创新，加快媒体融合发展，唱响主旋律，发挥正能量，促进全市经济社会持续健康发展。

新浪河南总经理乔新在致辞中说，新浪河南是河南地区规模最大和最具影响力的门户网站。新浪河南与商丘之间的合作，适逢天时、地利、人和。天时，是我们认为当下的时代要求，必将促使我们之间联姻联手。地利，是商丘的发展已经具备了互联网思维助力的基础。人和，是新浪河南的团队对河南省情非常了解、对本地化战略认识透彻，能够成为商丘市委市政及各级部门的好搭档。因此，我们期待以今天举行的论坛为起点，让新浪和商丘能够携手前行，在宣传创新、资源整合、区域影响力构造及城市品牌建设等各方面，形成合力、创出佳绩。

面对飞速发展的新媒体和互联网传播，党委政府部门如何借助这些新的媒介处置社会生活中的突发事件、提高治网理政的能力和水平？本次论坛特别邀请了中国传媒大学媒介与公共事务研究院高级研究员、新浪政务新媒体学院特聘教授侯锷，河南省委《党的生活》杂志社总编辑、2016 新媒体影响力盛典“年度‘政’能量网络名人”获得者赵云龙，分别就此问题与参会者分享了他们的生活实践和研究成果。

侯锷教授和赵云龙总编辑围绕习近平总书记今年“4·19”重要讲话精神和国办配套出台的“61 号文件”要求，结合刚刚结束的第三届世界互联网大会的精神和成果，分别向大家进行了题为《新媒体传播环境下的治网理政》和《领导干部的网络意识》的演讲。侯锷教授着重阐述了在传统媒体日渐式微、新媒体日渐式强的新环境下，面对各种各样的突发事件和人民群众的不同诉求，党委政府领导干部要积极主动，顺势而为，发挥微博、微信等新媒体的传播优势加强回应社会关切，快速处置，化被动为主动。赵云龙总编辑则结合他的工

作、生活实践，重点介绍了面对人民群众日益变化的生活、生产需求，提出新媒体及新媒体人要“接地气”，要办实事、办好事，要传递正能量。特别要关注和关心困难群众的需求，想方设法给他们雪中送炭、雨中送伞，帮助他们解决实际困难和问题。两位专家的演讲，理论联系实际，且深入浅出、生动活泼，令人醍醐灌顶、豁然开朗，受到与会人员的好评。

中共商丘市委宣传部外宣办主任吴孝海，全市各县（区）委常委、宣传部部长，主管新闻和网信工作的副部长、外宣办主任、网信办主任、新闻科科长，市直宣传思想文化系统各单位主要负责人、业务科室负责人，市直各部门（单位）新闻发言人，市直有关部门（单位）政务新媒体管理人员、部分新媒体代表人士和部分离退休老干部共200多人出席了本次论坛。

“新媒体的社会影响与挑战”学术研讨会

活动名称：“新媒体的社会影响与挑战”学术研讨会
主办单位：首都师范大学文学院
协办单位：美国太平洋大学太平洋学院、《现代传播》杂志社
时　　间：2016 年 12 月 12～13 日
地　　点：北京

“新媒体究竟如何影响了我们的生活？”“新媒体对文化带来了什么样的冲击？”“新媒体给国家治理带来了什么样的机遇与挑战？”2016 年 12 月 12 日至 13 日，在北京金龙潭酒店举行的“新媒体的社会影响与挑战”学术研讨会围绕着上述问题展开了深入讨论。研讨会由首都师范大学文学院主办、美国太平洋大学太平洋学院与《现代传播》杂志社协办。开幕式由首都师范大学文学院副院长洪波教授主持，首都师范大学校长宫辉力教授、文学院院长马自力教授、美国太平洋大学传播系主任董庆文教授致辞。

宫辉力教授指出，新媒体的广泛普及不仅给社会发展创造了新的发展机遇，同时也带来了严峻的挑战。在“双 12”这个新媒体造就的又一个节日里，放弃对这个狂欢节的直接参与，冷眼旁观、冷静思考、碰撞观点，讨论新媒体对社会的影响及其所带来的挑战，格外有意义。

美国纽约州立布法罗大学传播系教授、哈佛大学费正清中国研究中心研究员洪浚浩，中国人民大学教授陈力丹，清华大学新闻与传播学院教授尹鸿，中国人民大学教授金元浦，北京大学教授张颐武，中国传媒大学教授、《现代传播》杂志主编胡智锋，中国传媒大学教授赵子忠，河北大学教授白贵，北京大学教授陆地，我校文化研究院常务副院长陶东风教授，南开大学教授周志强等传播学界知名专家先后做了大会主题发言。

研讨会还举办了“新媒体条件下国家治理的机遇与挑战”“新媒体与影视艺术发展”“文化产业与媒体变革”“新媒体条件下的青年文化”“新媒体传播的伦理与规范”五个相关分论坛。来自国内外传播学、文化研究领域的 60 多名学者参加了研讨。学者们有的探讨“互联网与怨恨社会的陷阱”，有的分析互联网 + 背景下的新媒体产业，有的探挖“微时代带来的挑战与机遇”，有的则透过美国大选分析社交媒体的威力和新媒体时代的政治营销策略，而新媒体时代的青年文化论坛更是讨论了诸多学生们所关注的文化热点。

研讨会嘉宾发言观点摘如下。

洪浚浩：新媒体对社会影响的五种类型

哈佛大学费正清中国研究中心研究员、美国纽约州立布法罗大学传播系洪浚浩教授在《新媒体如何影响社会》的发言中表示，新媒体带来的影响是前所未有、史无前例的。新媒

体带来了一个新的世界，“媒体对社会的巨大威力来源于它的本质特性：人体无限延伸和超越时空范围的局限以及一种社会力量”。洪教授表示，这是一种颠覆性、革命性的改变。与此同时，洪教授提出了两“新”，一是新时代：我们所处的时代正在由信息时代转向传播时代；二是新世界：我们的世界正在由现实世界（有限）转向虚拟世界（无限）。至于新媒体是如何影响新世界的，洪教授在发言中说，从表层原因看是个人行为到社会运行方式的极大改变，从深层原因看是社会的各个领域的结构重组改变。而具体到其影响类型，又可以分为五类。第一，核武器型：导致全面的摧毁性的社会突变。第二，发动机型：引领和推动社会变革。第三，催化剂型：促进各类社会转型。第四，新平台型：产生和扩展各种公共空间。第五，润滑剂型：增强执政者与公众的沟通和社会和谐。而一个社会的政治及社会阶段，新媒体承担的社会角色以及发展程度，执政者管理新媒体的能力，都成为新媒体的决定因素。洪教授指出，新媒体将继续极大程度和范围改变人们的生活方式与行为方式，这是我们所无法回避的。

陈力丹：互联网重构了我们的社会生活

中国人民大学新闻学院陈力丹教授在名为《互联网重构了我们的社会生活》的发言中，首先阐释了传播的三个发展阶段，即前 Web——“机器网络”、Web1.0——“内容网络”和 Web2.0——“关系网络”。继而陈教授表示，在 10 年内，我们将进入“智能一切”的时代，那时将逼近 Web3.0，即物物相连的“终端网络”时代。“5G 会满足多样化场景和及时的新闻挑战，5G 将渗透到物联网等领域，与工业设施、医疗器械、医疗仪器、交通工具等深度融合。”陈教授还指出，互联网对生活和社会结构的影响趋势有以下几方面：一是空间极度压缩，交往速度越来越快；二是人的真实社会角色与身份被剥离；三是互联网构建的虚拟世界对传统传媒产业产生巨大冲击；四是传统的传播顺序与格局将被改变；五是人的记忆方式和内容偏向发生变化；六是传统构词法被解构。而与此同时，社交媒体的普遍使用，对中国网民的信息生产、情感价值结构造成了很大影响：一是社交虚拟化，熟人网络与陌生人网络整合成为一种发展趋势；二是微信群呈现“茧房化”的现象；三是代际、群际存在刻板印象和不通约的现象越发常见；四是群体性孤独“Together Alone”普遍存在；五是私人领域叠加到公共领域，公共领域愈来愈呈现私人属性。对此，陈教授指出，互联网不仅是一类渠道、手段，它发现、激活了分散在每个人身上的各种有价值的资源，重新配置和加以整合。对于我们来说，需要看清将要发生的变化，才能尽早做出战略调整。

尹鸿：“互联网+”为“文创+”插上了翅膀

清华大学新闻与传播学院尹鸿教授在大会做了《文创+与互联网+的新产业时代》的主题发言，尹鸿教授首先对“文创+”和“互联网+”的发展做了具体的阐释，尹鸿教授表示，“文创”的发展过程是由文化到产业、由文化产业到文化创意产业再到大文化产业。而如今的“文创+”的价值链的直接经济价值大，而影响力价值小，其产业规律是版权经济上的创意驱动和注意力价值。而移动互联网则是发生在各个领域，包括通信+媒介+生活，当前的互联网生态是一种人人相接、物物相连、点点相通的状态。尹鸿教授还将新媒体的特点进行表述，他提到，新媒体与传统媒体对比看来，新媒体传播是点对点、网状的传播，而传统媒体则是点对面、一次线性传播，新媒体具有泛传播、泛文化、云计算与万联网的特点。互联网与文创思维的融合表现为：用互联网思维改造传统产业，包括用户本位、需求向导、创新驱动、传授一体和部落聚集、IP 众筹。在此基础上，我们可以说，互联网 + 为文创 + 带来了新的多样化渠道、新的分众化受众、新的垂直化市场。所以说，“互联网 +” 为 “文创 +” 插上了翅膀，文创 + 与互联网 + 的融合共同打造中国创造的新产业时代。

金元浦：将“内容为王”打造为新媒体的新路径

中国人民大学文学院金元浦教授在《我国新媒体发展的新路径与新创造》的主题发言中认为，我国正处在社会大转型期，主流媒体具有不小的优势，而在目前的市场中，新媒体由 BAT（百度、阿里、腾讯）三家介入。由于 VR（虚拟现实）、AR（增强现实）、MR（混合）的出现，2016 年被称为 “VR” 元年。目前我国新媒体的发展特点为 IP 呈现泛娱乐、具有中国特色、拥有巨大的网络小说市场。在日本的 IP 是由漫画改编动漫再改编成电影，而韩国则是由游戏改编成为各种文化产品形式的情况下，目前中国的新媒体发展要求 “内容为王”。

张颐武：新媒体创造了新的社会

北京大学中文系张颐武教授在名为《新媒体的文化冲击：意义与结构》的主题发言中，通过列举三个传播案例分别说明了三种社会现象：从 “罗尔事件” 看中国中产阶级的崛起，从 “傅园慧事件” 看 90 后被互联网建构的生活方式与价值观，从 “oppo、vivo 国产手机的逆袭” 看中国三四线城市消费力的释放与底层民众自我表达空间的扩大。而张教授表示，新媒体促使社会发生结构性的变化，创造了新的社会。张教授还表示，自 20 世纪 90 年代以来的全球化浪潮，最开始是西方世界主导，中国追随，互联网产品如 Twitter、Facebook 等引领潮流。但现在西方搞颜色革命，频频出现 “黑天鹅” 事件，西方内部中产阶级推动 “逆全球化”。反而是中国的 90 后、中产阶级愿意同全球化接轨，在当下社会，中国新媒体的新生力量逐渐崛起，“中国在全球化过程中反客为主，扮演越来越重要的角色，中国的改变必然引起世界的改变”。

赵子忠：新媒体的科技使命感至关重要

中国传媒大学新媒体研究院院长赵子忠教授发表了名为《新媒体产业的社会影响》的主题演讲。在发言中，赵教授指出，新媒体是 “所有人对所有人的传播”，并具体阐释了当下互联网思维下的多种思维模式，包括用户思维、平台思维、跨界思维、社会化思维、大数据思维、流量思维、迭代思维、极致思维（智能手机的小屏幕）、简约思维等一系列变化。赵教授将自己所经历互联网发展的简史进行了生动描述，并在此基础上指出，新媒体对整体经济形态产生了巨大冲击，无论是在资本市场、产业环境，还是渠道建设、受众变迁、技术创新等方面都影响较大，在互联网 +、云计算、大数据、O2O、移动互联网等多种新媒体参与的未来社会，新媒体的科技使命感至关重要。

胡智锋:主体重构——电视媒体的未来发展

“全球化”“媒介融合”“国家需求”，是教育部“长江学者”特聘教授、中国传媒大学《现代传播》主编、传媒艺术与文化研究中心主任、中国高校影视学会会长胡智锋教授对于当前“新环境”的精准概括，胡教授以《新环境下电视媒体的发展与创新空间》为发言题目，以“电视媒体”这一传统媒体为研究主体，对新环境下媒体的发展空间提出新的路径。胡教授认为，当前电视媒体既有困境又有优势，以后将如何发展？他在此基础上提出“主体重构”的发展之路：通过“部门重构、资源整合”对生产主体进行重构，通过“台网重构、跨屏传播”对传播主体进行重构，通过“用户思维、多种方式”对营销主体进行重构，以此打造新环境下“走新路、靠自己人、打文化牌”的电视媒体创新空间，并寄予了“态度决定一切，细节影响成败，诗意提升现实，智慧改变世界”的美好愿望。

白贵:网媒的跨文化叙事应有国家战略的考量

河北大学新闻传播学院白贵教授发表了《新闻叙事之伊斯兰媒介形象建构对“一带一路”倡议推进的影响——基于新浪网和新华网的研究》的发言，在发言中，白教授从叙事学、新闻学角度入手，对新华网与新浪网有关“伊斯兰”的新闻进行研究分析，并指出，门户网站对“伊斯兰”新闻的叙事多将伊斯兰、穆斯林与恐怖主义紧密相连，叙事主题凸显“恐怖”色彩，新闻叙事话语“他者”化严重。基于此实例，白教授认为，“‘媒介现实’成了人们认识世界的主要来源，媒介的意义构成功能对现代社会的作用实在不可小觑”。而在当下社会，媒体对伊斯兰媒介形象的建构与传播在整体上影响了民众对伊斯兰国家和穆斯林的客观认知，并引发了一定的恐慌情绪，他指出，这对我国“一带一路”倡议的推进与发展形成了社会阻力，不利于中国与伊斯兰国家和穆斯林的“民心相通”，从根本上与“一带一路”建设的舆论宣传相冲突。“客观、全面、平衡、舆论引导”，是白教授在总结后对于新闻叙事的建议。

陆地:新媒体的“水性”

以互联网为代表的新媒体有“如水之德”，近人之性。这是北京大学新闻与传播学院陆地教授在发言中提出的重要观点，在名为《新媒体的自信、自由与自新》的发言中，陆教授认为互联网具有“水之八德”，具有公开、公平、公正、创新、平民化与包容等特点。在此基础上，陆教授将“新媒体”的类似特征进行延伸，将新媒体描述为“自信”“自由”与“自新”的媒体形式。他指出，自信是新媒体与生俱来的特点，值得传统媒体学习；新媒体的“自由”化使得信息生产力极大提高，并体现出按需索取、人人平等和共创共享的“自由”；而理念、技术与功能及运作模式的不断更新与人性化，又给新媒体带来了无穷的活力和灵性。总之，强烈的水性与人性是新媒体生机不断的特征与来源，传统媒体当充分借鉴，或可在未来市场有一席之地。

陶东风：从根源上把握微时代的特征

首都师范大学文化研究院常务副院长、首席专家陶东风教授所做的《微时代的机遇与挑战》的发言，以微时代的微文化为主题进行阐述。陶教授指出，“当前的‘微’不是封闭的，而是开放的、自觉的，是富有普遍联系和对话的‘微’”。这是一场技术发展所引发的全面变革：政治上，与日常生活更加紧密地联系；经济上，满足每个消费者的个性化需求；文化上，转变为“小叙事、微叙事，平民化、草根化”。同时，陶教授对于微信与微博的“两微”进行了探讨，它们在一定程度上影响和塑造了我们的公共生活和私人生活，但同时加剧了日常生活的虚拟化倾向，促进了媒体事件的偶发化发生。而媒介溢出，甚至会引发公共性的群体事件，会强化公众的焦虑情绪。只有从根源上把握微时代的特征，才能够提升、引导设置媒体框架的能力。

周志强：怨恨社会与互联网的表达冲动

来自南开大学文学院的周志强教授所做的《互联网与怨恨社会的陷阱》的主题发言中，周教授首先基于情绪的政治学，将互联网时代的情绪政治做了具体分析和阐述，周教授指出，如果我们按照社会情绪的总体类型来观察中国，可以粗略地把中国社会情绪政治的发展划分为仇恨社会（十年“文革”）、愤怒社会（80年代）和怨恨社会（最近20年），而在此基础上，周教授继续对当下社会的“怨恨”与互联网的“情绪政治”之间的联系进行了具体讲述。周教授以《余罪》和《权力巅峰》等网络官场小说的写作伦理为例，认为这些作品“以恶制恶”的故事形式，以及其中体现的“屁民主义”和“民粹主义”，都是怨恨社会的情绪表达。而在这其中，互联网在扮演着无组织的社会想象的角色，网络官场小说，正是这种激情表达的一种极端的形式，也是互联网欲望表达的内在文化逻辑。

董庆文：如何利用好社交媒体，成为新的问题

美国太平洋大学传播系主任董庆文教授以《社交媒体的威力》为题做了发言，董教授基于美国太平洋大学所做的“一个在美国总统大选前的大学生问卷调查”，以“社交媒体帮助特朗普获胜”为例阐述了关于社交媒体的巨大影响力，董教授认为，社交媒体的方便性、必备性、易得性、开放性、时效性超过了电视，并因此影响受众。第一，社交媒体赋予普通人的参与力：帮助美国选民直接表达自己的思想观点，获得政治参与；第二，社交媒体取消新闻媒体中间人，使得百姓社交媒体的政治讨论具有不可估量的政治影响，而在过去，这种影响力来自广播报纸的新闻记者。但同时，社交媒体的便利、易用、简便，使得其缺乏可靠性和权威性，使人们狂热于反面新闻、假新闻，该如何利用好社交媒体，成为新的问题。

曹小杰：中国互联网文化的浮现：结构协商与话语生产

曹小杰副研究员从国家维度、社会维度、市场维度三个方面对中国互联网文化的历史发展、

主体互动、话语实践进行了梳理及分析。他认为，毫无疑问，经过不同主体间的系列角力和结构化的协商过程，中国互联网文化一点点生产出了其文化正当地位。十几年前几乎无迹可寻的诸如“互联网文化”、“网络文化”或“赛博文化”等词语，今日早已随处可见，并且稀松平常。早期网络语言的生长意味着，在主流的话语体系中生产出了一种新的可能性。原本相对一维的话语体系出现了缝隙，这种缝隙是设计者对互联网技术期盼之外的东西。

罗自文:新媒体条件下的社区传播与社会治理

罗自文教授以媒体实践的困惑和社区成员的困惑为切入点，探讨了新媒体条件下，社区如何利用媒体进行社会治理，进而实现媒体的发展和社区的善治。首先，他指出，传媒四大功能之一的“社会协调功能”与治理基本任务之一的“协调社会关系”相对应，媒体介入社会治理具有其理论依据；其次，他从传播的视角、公共领域的视角、善治的视角分别阐述了媒体介入社会治理的必要性；最后，他提出要构建真正的社区传播体系，并坚信新媒体条件下社区的媒体治理大有可为。

纪莉:移动媒介、权力与道路空间——以网络出租车服务的合法性演变为例

纪莉教授以出租车的发展历史为切入点，指出对于传统出租业司机城市街道空间既是他们实现经济效益的场所，也是他们表达反抗诉求的政治场域。通过对“神州专车 vs Uber”“天津罢运”等案例的分析，她展示了移动媒介时代的合法性冲突与网络空间中的话语消解“战术”，并对空间、权力与移动媒介之间的关系进行了分析。基于此，她提出了五点结论：第一，公共交通一直是政府配置公共资源的重要领域，随着网络出租车服务的涌入，政治权力对道路空间的支配权和传统的管理结构模式面临着挑战；第二，资本运转下的网络出租车服务平台通过转化城市空间中失业的潜在风险群体以及灵活调配城市市民的闲置车辆资源而受到政治权力的宽待；第三，传统出租行业司机群体通过罢运行为来彰显自身对城市道路空间的受制度应许的合法性，但过度庞大的网络出租车司机群体和城市消费群体使得政治权力对传统出租行业的罢运诉求表现出“无能为力”的状态；第四，基于资本培养和移动媒介普及之下的千万级日订单量和数亿级注册数量使得网络出租车服务不再是“黑车”身份的失语地位，并获得了与政治权力对话、参与道路空间再生产的资格；第五，资本扩张对城市空间的塑造能力成为必备的推动力量。

赵卫防:创新与跨越:互联网时代的电影艺术

中国艺术研究院赵卫防教授所做的以《创新与跨越：互联网时代的电影艺术》为题的发言，从以下几个方面，突出关于互联网对于电影艺术的重要影响。第一，电商营销改变院线售票方式，并且开拓了电影营销的新渠道，开拓了电影艺术传播的方式。观众可以从网上通过预告片了解电影内容。由互联网用户电影观众，实现网影双赢，而网络影评直接促成受

众选择。第二，院线电影的网络发行。2015年内地近800部影片拿到龙标，院线发行仅300多部，其他转向网络平台渠道发行。第三，“微电影”的产生。这一电影形式仅有互联网这一个传播渠道。微电影不仅建立了新的电影艺术形态，也建立了电影艺术新的传播渠道。第四，网络大电影，成为互联网时代电影艺术传播的另一新渠道。网络大电影改变了中国商业电影的电影语言新规则，成为中国类型电影的新型试验场。更为重要的是，这种电影艺术新形态同样创造了电影艺术新的传播方式，特别是诞生于此的弹幕形式创立了作品与受众之间的互动，这对电影艺术的传播来说是突破性的。赵教授指出，互联网时代的电影艺术传播表现在以上四个方面，而这四个方面，表现出一种创新与跨越。

陈林侠：电影的微信传播及其竞争力——以《釜山行》《隧道》为例

中山大学文学院中文系陈林侠教授所做的《电影的微信传播及其竞争力——以〈釜山行〉〈隧道〉为例》的发言，以微信传播的特殊状态作为理论基础，以电影《釜山行》和《隧道》作为实例，对电影如何借助微信传播进行分析，他指出，第一，从设置议题来说，仍然集中在故事内容，这意味着故事内容应当成为影片开发时最重要的对象。而且，对故事，它要求感官刺激和理性控制两种元素的适当并存。第二，从价值立场来说，微信趋于传统、保守。这要求电影故事特别需要对负面因素把握分寸。在保持影像感性力量的前提下，电影应当尽可能地回避微信平台抵触的信息。第三，形式感较强的艺术电影非常适合于微信传播。同时，陈教授对电影的微信传播提出建议，他认为，当下中国电影应当对网络、手机、平板等新媒体、移动媒体充分关注。而对功能强大的微信传播来说，应当发挥引导消费、设置议题的作用。

陈霖：美剧迷跨文化接收中生活方式的想象和建构——以《生活大爆炸》豆瓣小组为例

苏州大学新媒介与青年文化研究中心副主任、传媒学院陈霖教授做了《美剧迷跨文化接收中生活方式的想象和建构——以〈生活大爆炸〉豆瓣小组为例》的发言。陈教授使用爬虫软件对相关豆瓣小组的帖子进行抓取，以跨文化和认同问题、传播问题为主要视角，以生活方式和亚文化理论为理论依托，对美剧迷的接收活动进行分析，对话语活动进行收集和观察，进而对生活方式进行建构和想象。从以下方面展开。第一，时尚由模仿进入日常。美剧迷将自己在美剧中看过的东西引入日常生活，成为时尚。第二，技术的越界。年轻人看美剧的过程会遭遇网络技术问题，新媒介技术成为年轻人自我世界的通口。第三，他们将美剧作为观察视角，在差异中进行对自我认同的追寻。第四，年轻人经验的介入、重构与融合，将自我经验代入的过程中产生其他的副文本，对美剧本身进行重构，进而达到文化融合。通过分析，陈教授指出，美剧迷跨文化的接收预示着新媒介技术和审美活动的日常化，美剧迷的生活方式建构值得研究，我们在此基础上做出一个尝试。

郑以然：网络神曲中的北京城市空间

郑以然老师选取了两首网络神曲《感觉身体被掏空》和《五环之歌》作为研究对象，

以北京城市生存空间为切入点，描述当前都市人群的生存焦虑。她指出以往网络神曲的基本特点是非主流和反传统，而在 2016 年 7 月，彩虹合唱团的《感觉身体被掏空》，标志着出现专门为网络而制作的神曲的出现。这些歌曲使用网络符号吸引观众注意力，与网络常见的表达方式高度一致。她指出，与当代城市人生活的高度贴合，使得这两首歌曲借用空间作为批判武器，成为被城市边缘化的人群在网络上表达都市体验的方式。郑老师指出，在歌曲中，北京的典型空间作为极具象征性的符号出现，引起人们的强烈共鸣。北京存在严重的空间等级分化，关于中心与边缘，关于等级秩序的隐喻，标志着北京空间的两极，而对自身境遇的不满足，造成城市人群的普遍焦虑。从中心向边缘逐渐递减，居住在几环成为经济能力与身份地位的象征，而“五环”和“回龙观”作为城市标志的出现，成为居住在五环外的人群的象征，这一城市界限不再是一种地理界限，而是一种心理界限。

2016 年度政法新媒体峰会

活动名称： 2016 年度政法新媒体峰会
主　　题： 智慧法治数据天下
主办单位： 正义网
指导单位： 国家网信办移动网络管理局、中央政法委政法综治信息中心
最高法信息中心、最高检检察技术信息研究中心、司法部信息中心
协办单位： 中国长安网、法制网、中国法院网、中国警察网、民主与法制网
学术支持： 中国政法大学光明新闻与传播学院、中国人民大学危机管理研究中心
中国传媒大学新媒体研究院、正义网络传媒研究院
时　　间： 2016 年 12 月 15 日
地　　点： 北京

2016 年 12 月 15 日，2016 年度政法新媒体峰会在京举行。峰会上，来自政法机关、高校、媒体、互联网企业的与会嘉宾，围绕大数据时代政法机关新媒体在提升社会治理方面如何“智能进化”展开研讨。

本届峰会由正义网主办，中国长安网、法制网、中国法院网、中国警察网、民主与法制网协办，主题为“智慧法治数据天下”。活动得到国家网信办移动网络管理局、中央政法委政法综治信息中心、最高法信息中心、最高检检察技术信息研究中心、司法部信息中心的指导。

2016 年里，人工智能在棋盘上战胜了围棋大师，“移动直播”在全球迅速铺开，“网红经济”“个人 IP”“内容创业”“机器人社交”等一系列新词汇影响着人们的生活。在技术进步的背后，智能化与数字化，是两大关键要素和主要推手，“互联网 + 法治建设”同样离不开“智能引擎”的牵引和“数据洪流”的驱动。“我们必须掀起一场‘头脑风暴’，培育数据文化，以更加开放的心态推进政法数据资源共享共用。”活动主办方负责人表示，这也是组织召开此次峰会的初衷。

为推动现代互联网和大数据技术在政法工作中的创新应用，不断提升社会治理的智能化水平，交流各地的先进经验，正义网首次组织并评选出了“2016 年度互联网 + 法治建设十大典型案例”，分别是：内蒙古自治区司法厅的社区服刑人员定位管理系统、吉林省公安厅的“互联网 + 公安”综合服务平台、上海市人民检察院的上海 12309 检察服务平台、上海市高级人民法院的大数据信息系统、江苏省人民检察院的苏检 e 访通、浙江省高级人民法院的智慧法院、江西省高级人民法院的法媒银平台、江西省司法厅的法律服务网上平台、山东省济宁市人民检察院的济宁检察大数据平台、河南省公安厅的互联网 + 便民服务平台。

据悉，2016 年，政法机关在推进信息化、智能化方面取得许多突破。这一年里，政法

新媒体建设同样是亮点纷呈。全国检察机关实现了“两微一端”全覆盖。峰会上，正义网还发布了2016年度“全国检察新媒体建设运营100强”榜单，分别评出检察微博、微信、头条号、新媒体作品和自媒体各20强，同时还评选出了“全国检察新媒体年度贡献奖”和“全国检察新媒体优秀奖”，表彰对在微博、微信、头条号建设运营方面均表现突出的检察机关。“这是我们在多年来全国检察新媒体评选的基础上，又一次系统性地对各地优秀典型进行梳理，为检察新媒体规范化、标准化、矩阵化运营提供可资借鉴的经验和范本。”上述负责人说。

与会专家认为，当前，政法新媒体正经历“智能进化期”。峰会上，国家网信办、中国政法大学等有关领导还就互联网+法治建设成就、政法新媒体发展趋势做了主旨发言。与会嘉宾围绕政法新媒体的智能转型、新信息技术的政法应用等展开了深入探讨和交流。

检察日报社领导峰会致辞实录

尊敬的各位领导、各位嘉宾：

大家下午好！

首先，我谨代表检察日报社、正义网，对各位领导、嘉宾，以及新闻媒体的朋友们莅临本次峰会，表示热烈的欢迎和衷心的感谢！

对于全球信息技术和互联网行业来说，即将过去的2016年，是极不平凡的一年。

人工智能在棋盘上战胜了围棋大师；“移动直播”在全球迅速铺开；虚拟现实加快普及；“网红经济”“个人IP”“内容创业”“机器人社交”等一系列新词汇影响着我们的生活，也深刻推动着社会舆论生态的变迁。

在技术进步的背后，智能化与数字化，是两大关键要素和主要推手，而“互联网+法治建设”同样离不开“智能引擎”的牵引和“数据洪流”的驱动。

在今年10月21日全国政法干警学习讲座上，孟建柱书记深刻指出，我们正处在大数据时代，以移动互联网、大数据、云计算和人工智能为代表的现代科技正在改变我们的生产生活方式。如果我们看不清趋势、拒绝变革，就将失去一代人甚至几代人的未来。

因此，我们必须掀起一场“头脑风暴”，培育数据文化，以更加开放的心态推进政法数据资源共享共用。这也正是我们将本次峰会主题确定为“智慧法治 数据天下”的初衷。

我们欣喜地看到，2016年，人民法院围绕信息化3.0版建设目标，加快推进“智慧法院”建设，法信平台上线、司法大数据公司成立，一系列成就令人瞩目。最高人民检察院在今年印发检察工作“十三五”规划纲要和科技强检“十三五”规划纲要，首次写入“智慧检务”“数字检察”等全新理念，提出构建智慧检务应用体系。公安部、司法部也在推进信息化、智能化方面取得许多突破。

可以说，2016年“互联网+法治建设”蹄疾步稳、成绩斐然。

2016年，政法新媒体建设同样浓墨重彩、亮点纷呈。

我很荣幸地向大家报告，在多年来全国检察新媒体评选的基础上，正义网组织了2016年度“全国检察新媒体建设运营100强”。这是继今年全国检察机关实现“两微一端”全覆盖后，我们对各地优秀典型的又一次系统性梳理，为检察新媒体规范化、标准化、矩阵化运营提供可资借鉴的经验和范本。

更加值得关注的是，在中央政法委政法综治信息中心、最高法信息中心、最高检检察技术信息研究中心，以及司法部信息中心的共同指导下，正义网首次举办了年度“互联网+法治建设十大典型案例”评选。稍后，我们将揭晓评选结果。

通过评选，我们对政法新媒体和“互联网+法治建设”有了更多、更深入的认识。在这里，先与大家分享几点个人的看法。

一是相比于任何奖状和排名，工作实绩更加重要。围绕自身职能，提升运营能力，服务广大群众，是政法新媒体建设的根本目的。因此，无论是否入围、获奖，我们都不应为排名所累、被得失所困，永远不忘初心，不断进步。

二是要大力推动政法新媒体与互联网技术的深度融合。当前的政法新媒体，正在经历一个“智能进化期”。它已经不再满足于以往的宣传报道、舆论引导等角色。未来的政法新媒体，应该以信息技术为支撑，以内容建设为根本，强调技术研发和应用，从而打通政法机关公共关系建设的“最后一公里”。

三是继续保持政法新媒体的法治定力。政法新媒体代表着政法机关的公共形象，应该时刻坚持专业定位，保持司法工作者应有的严谨理性。在网络围观中捍卫司法公正，在众声喧哗中保持法理定力，有守有为，敢于担当。

四是强化政法新媒体队伍的整体意识。在舆论生态高度多元的今天，政法新媒体肩负着宣传法治理念、凝聚法治共识的光荣使命。因此，每一个政法新媒体人，不论级别高低，不分工作领域，都应当胸怀大局、把握大势、着眼大事，打好团结牌，拧成一股绳。

五是将“开放、平等、协作、分享”的互联网精神更多地带入“互联网+法治建设”中来。充分发挥政法机关、互联网企业、技术社群、民间机构和公民个人的作用，乘众人之智，集千虑之得，在共识中共建，在共建中共享，在共享中共治，在共治中共赢。

以上是我的几点浅见，抛砖引玉，请大家指正。

新年即将到来，我代表检察日报社、正义网，预祝各位在新的一年里身体健康、万事如意！

谢谢大家！

附:2016年全国检察新媒体建设运营100强评选活动获奖名单

一、全国检察新媒体100强

1.“全国检察微博20强”获奖单位（按行政区划排序）：

北京市人民检察院

河北省人民检察院

河北省保定市人民检察院

吉林省人民检察院

黑龙江省人民检察院

江苏省溧阳市人民检察院

江苏省镇江市人民检察院

江苏省丹阳市人民检察院
浙江省人民检察院
安徽省人民检察院
福建省人民检察院
山东省人民检察院
河南省人民检察院
湖北省人民检察院
广东省肇庆市人民检察院
四川省成都市人民检察院
云南省人民检察院
云南省德宏州瑞丽市人民检察院
陕西省人民检察院
新疆维吾尔自治区人民检察院

2.“全国检察微信20强”获奖单位（按行政区划排序）：

河北省人民检察院
河北省保定市人民检察院
内蒙古自治区人民检察院
江苏省人民检察院
江苏省苏州市人民检察院
江苏省镇江市人民检察院
浙江省人民检察院
浙江省杭州市人民检察院
福建省人民检察院
山东省人民检察院
山东省烟台市栖霞市人民检察院
山东省菏泽市人民检察院
河南省人民检察院
河南省新乡市人民检察院
湖北省人民检察院
湖北省武汉市人民检察院
广西壮族自治区人民检察院
贵州省人民检察院
云南省人民检察院
陕西省人民检察院

3.“全国检察头条号20强”获奖单位（按行政区划排序）：

北京市人民检察院
河北省人民检察院
河北省唐山市人民检察院
内蒙古自治区通辽市人民检察院

黑龙江省人民检察院
黑龙江省七台河市勃利县人民检察院
江苏省人民检察院
江苏省扬州市人民检察院
江苏省扬州市邗江区人民检察院
安徽省人民检察院
安徽省马鞍山市花山区人民检察院
山东省人民检察院
广西壮族自治区人民检察院
广西壮族自治区南宁市西乡塘区人民检察院
四川省人民检察院
四川省成都市人民检察院
四川省巴中市人民检察院
贵州省人民检察院
陕西省人民检察院
陕西省人民检察院西安铁路运输分院

4. “全国检察新媒体作品20强”获奖名单（按报送单位行政区划排序）：

天津市人民检察院：《【H5】天津检察机关未成年人检察工作纪实》
浙江省杭州市人民检察院：《我这么努力，只为配得上这身制服》
安徽省合肥市庐阳区人民检察院：《漫话检察之一封举报信的奇幻漂流》
福建省厦门市人民检察院：《动画RAP闽南歌，检察官这样嗨翻国庆》
福建省龙岩市人民检察院：《我就是我，不一样的岩检酱》
江西省南昌市东湖区检察院：《歧途之少年，亦为国家之将来——未成年人刑事检察官手记》
山东省人民检察院：《【周末故事】FM：我想弄死他，反正我才十四岁，不必偿命》
山东省烟台市栖霞市人民检察院：《失独老人的检察官儿子》
河南省平顶山市人民检察院：《检察RAP动漫〈找谁说理去〉邀您来观看》
广东省人民检察院：《一生一故事》
广东省广州市黄埔区人民检察院：《万万没想到，检察官也成段子手了》
广东省广州市南沙区人民检察院：《微商的那些套路，离法律底线有多远?》
广西壮族自治区人民检察院：《五四特刊丨颜值、才气俱佳，火炬手检察官传递不一样的精彩》
广西壮族自治区柳州市人民检察院：《优秀公诉人修炼宝典》
广西壮族自治区玉林市博白县人民检察院：《博白未检少侠的“刀”》
海南省海口市人民检察院：《【走近一线检察官③】杜伟：为了理想而努力生活》
重庆市渝北区人民检察院：《【H5】80后检察官们！如此认真的撩人，真的好吗?》
贵州省人民检察院：《啥叫员额制检察官？看完这些问答你就明白了!》
云南省楚雄彝族自治州人民检察院：《【直检研究所】What？检察官维护正义的最强之力，竟然不是“洪荒之力”!》

新疆维吾尔自治区乌鲁木齐市天山区检察院：《【视频采访】您想说点啥——检察官有话说》。

5. “全国检察自媒体20强”获奖名单（按其作者单位行政区划排序）：

@法律读库（最高人民检察院检察技术信息中心主任赵志刚）

@潇洒哥的历史天空（北京市人民检察院新闻办副主任杨永浩）

@检察百科（北京市人民检察院法律政策研究室检察官梁景明）

@检事微言（北京市人民检察院第一分院检察官赵鹏）

@天津贾岩（天津市人民检察院新闻处贾岩）

@CU检说法（江苏省苏州工业园区人民检察院检察员王栋）

@陈小轴（浙江省杭州市人民检察院陈泉）

@刑事实务（浙江省舟山市定海区人民检察院姚海华）

@辣笔小丸（浙江省台州市仙居县人民检察院检察官助理胡雨晴）

@检道在线（安徽省亳州市谯城区人民检察院张道讲）

@法律读品（福建省福州市平潭县人民检察院政治处副主任陈锦）

@法治连万家（福建省漳州市龙文区人民检察院政工科副科长赖青汗）

@沧海传播（山东省烟台市人民检察院宣教处副处长常洪波）

@法检要闻三分钟（河南省南阳市内乡县人民检察院信息中心科员赵耀）

@明镜观察（湖北省人民检察院新闻处副处长袁明）

@江哥论剑（湖南省人民检察院舆情办副主任江世炎）

@潇湘海潮（湖南省长沙市人民检察院检察委员会专职委员周礼文）

@御史书童（广东省广州市黄埔区人民检察院公诉二科副主任科员郑帆）

@何文凯（广西壮族自治区防城港市人民检察院副检察长何文凯）

@检察官张聪（宁夏回族自治区固原市人民检察院政治部副主任张聪）

二、“全国检察新媒体年度贡献奖”获奖名单（按行政区划排序）：

北京市人民检察院

天津市人民检察院

河北省人民检察院

河北省唐山市人民检察院

河北省保定市人民检察院

内蒙古自治区人民检察院

内蒙古自治区呼和浩特市人民检察院

吉林省人民检察院

黑龙江省人民检察院

上海市人民检察院

江苏省人民检察院

江苏省苏州市人民检察院

江苏省镇江市人民检察院

浙江省人民检察院

浙江省杭州市人民检察院

安徽省人民检察院
福建省人民检察院
山东省人民检察院
山东省济南市人民检察院
河南省人民检察院
河南省新乡市人民检察院
湖北省人民检察院
湖南省人民检察院
广西壮族自治区人民检察院
四川省成都市人民检察院
贵州省人民检察院
云南省人民检察院
陕西省人民检察院
甘肃省人民检察院
宁夏回族自治区人民检察院

三、“全国检察新媒体优秀奖”获奖名单（按行政区划排序）：

山西省人民检察院
辽宁省人民检察院
江苏省常州市武进区人民检察院
江苏省扬州市江都区人民检察院
福建省福州市人民检察院
福建省莆田市人民检察院
江西省人民检察院
山东省济宁市人民检察院
山东省菏泽市牡丹区人民检察院
海南省人民检察院
重庆市人民检察院
云南省文山壮族苗族自治州人民检察院
陕西省西安市新城区人民检察院
青海省人民检察院

首届气象微博影响力研讨会

活动名称：首届气象微博影响力研讨会

主办单位：中国气象局气象宣传与科普中心、新浪微博

协办单位：北京气象新视野传媒科技有限公司、微博天气通

时　　间：2016 年 12 月 16 日

地　　点：北京

2016 年 12 月 16 日，由中国气象局气象宣传与科普中心、新浪微博主办，北京气象新视野传媒科技有限公司、微博天气通协办的首届气象微博影响力研讨会在京召开。来自中国气象局、中央气象台以及各地多个气象行业机构和主管部门的代表及专业人士会聚研讨会，共同探索更好搭建气象行业与社会公众沟通新渠道。

中国气象局副局长许小峰对研讨会成功举办表示祝贺。作为气象微博积极参与者，他认为气象微博的发展背后汇聚了多种力量：实践的力量推动气象微博在创新大潮中前进，群众的参与和拼搏汇聚成互联网的重要力量，科技的力量支撑气象微博不断前行，市场的力量营造了沟通互动良好局面，勤奋的力量背后意味着无数的汗水和努力。在他看来，在互联网的群体中，就是需要一些走在前面的人、有影响力的人发挥重要作用，推动气象微博前行，“在国家科技革命浪潮中掀起浪花”。

天气信息是微博网友最关注的公共服务信息之一。搭乘互联网的高速列车，目前全国气象部门官方新媒体建设发展势头良好，一批传播力、互动力、影响力高的气象政务微博正成为气象工作的“助推器”、气象服务的“传播手”。截至目前，气象机构在新浪微博开设的认证微博总数为 1317 个，省级以上气象部门均已实现通过微博与公众互动。其中粉丝数超过百万的账户包括气象北京、中国气象局、天津气象、深圳天气、广东天气、河北天气等，内容主要涉及为公众分析气象疑惑、普及气象知识、便民气象服务、气象灾害防灾预警等。“气象微博会有巨大的发展空间”，新浪微博生活产品部总经理江科认为，防灾减灾、气象现代化与气象科普、用户行为分析、灾害分析等都可以成为气象微博未来的发展方向。

首届气象微博影响力研讨会还颁发了气象类政务微博和专业用户奖项。在政务微博中，“@ 深圳天气”“@ 气象北京”“@ 中国气象局”获得最具影响力奖，“@ 广州天气”“@ 江苏气象”“@ 中央气象台”获得最佳内容奖，“@ 中国天气”“@ 广东天气”“南京气象”获最佳互动奖，“@ 龙江气象”“@ 海口市气象台”“@ 东莞天气”获最快进步奖。在气象自媒体中，“@ 中国气象爱好者”“@ 大脸撑在小胸”“@ 卞赟”“@ weatherman 信欣”等专业人士也分别获得气象微博最具人气奖和新锐人物奖。

此外，在该研讨会上，新浪微博天气通宣布推出全新微博内容众创平台，并启动气象领域专业用户的扶持计划，鼓励专业人士在微博上开展气象科普。

首届全国互联网智库峰会暨第四届网络舆情论坛

活动名称： 首届全国互联网智库峰会暨第四届网络舆情论坛
主　　题：“十三五”供给侧改革背景下舆论新格局
指导单位： 中央网信办互联网舆情中心
支持单位： 中共海南省委宣传部
主办单位： 人民网、中共海口市委宣传部
承办单位： 人民网海南频道、人民网舆情监测室、人民在线、人民网新媒体智库
协办单位： 中共海口市龙华区委、中共海口市美兰区委、海口市会展局
中国联合网络通信有限公司海南分公司、椰树集团
海口市秀英区石山镇、海南石斛健康产业股份有限公司
海南卓津蜂业有限公司
时　　间： 2016 年 12 月 21 ~23 日
地　　点： 海南・海口

2016 年 12 月 21 ~23 日，“首届全国互联网智库峰会暨第四届网络舆情论坛”在海南省海口市隆重召开。本次论坛以“‘十三五’供给侧改革背景下舆论新格局”为主题，深入探讨互联网内容建设与供给、政务舆情回应和互联网智库建设的新理念、新思路、新格局。此次论坛由中央网信办互联网舆情中心指导，中共海南省委宣传部支持，人民网、中共海口市委宣传部主办，人民网海南频道、人民网舆情监测室、人民在线、人民网新媒体智库承办，中央及各省区市宣传和网信领导、国内顶级专家、知名学者智囊、政务新媒体代表、官方媒体双微、网络名人等 200 余人参加会议。

海南省委常委、宣传部部长许俊，中央网信办互联网舆情中心主任汪祥荣，海南省委宣传部常务副部长、网信办主任常辅棠，人民网总裁牛一兵，人民日报社海南分社社长陈伟光，海口市委常委、宣传部部长王忠云等出席开幕式。

许俊在致辞中表示，本次论坛以“十三五”供给侧改革背景下舆论新格局为主题，探讨互联网内容建设、政务舆情回应和引导的新理念、新思路、新格局，正是贯彻落实习总书记讲话精神以及“十三五”规划的一次重要的理论研讨和生动的实践交流，对于探索一条具有中国特色的治网之道，打造健康有序的互联网舆论生态环境，实现国家网络空间治理体系和治理能力的现代化，具有重要的意义。

牛一兵在致辞中表示，即将迎来创办二十周年的人民网是中共中央机关报、人民日报所属的重点新闻网站和大型国有传媒文化上市公司。二十年来人民网一直秉承权威性、公信力办网宗旨，不忘初心，永远前行，在网络媒体发展中一直处于引领地位，在网络舆论生态中努力发挥领航者、排头兵和中流砥柱、定海神针的作用。一直重视社会研究和舆情引导工作，2008 年成立了人民网舆情监测室，是国内最早开展舆情和新媒体研究的机构之一，经

过多年探索不仅成果斐然，还为各级党政机关、企事业单位和社会团体提供支持和服务。在此基础上，去年以来人民网又顺应时代潮流，依托党报党网的权威性和资源优势，建设发展新媒体智库。如今已经成功入围中国智库索引，新媒体智库精心打造的互联网建设发展与管理的海南样本等成果也将在这次论坛上发布。

王忠云在致辞中表示，“互联网＋”正在成为海口的城市名片和发展支撑，海口是海南当之无愧的“‘互联网＋’创新引领者”。截至目前，海口市集中打造了近30个互联网产业集聚区及创新创业平台，入园企业总数超过1000家，服务企业带动创业人数超过12000人，集聚和示范效应明显。从经济效益上看，2016年1～11月，互联网相关产业营业收入达142亿元，同比增长24%，约占全省的比重为51.3%。预计全市互联网全年实现营收约155亿元，同比增长23%，占全省的比重为48.4%。真诚欢迎社会各界为海口互联网新经济出谋划策，推动互联网产业发展。

在这次会议上，在这次会议上，汪祥荣在致辞中表示，近年来各级党政机关和领导干部围绕走好网上群众路线、勇于创新、积极探索，取得显著成绩。但是在利用互联网扁平化、信息化推进政府的社会治理精准化、公共服务高效化方面，一些地方政府和部门仍然存在不少问题，尤其是在大数据时代，对不少政府部门而言，要实现用数据说话、用数据决策、用数据管理、用数据创新，这是对社会治理理念、社会治理能力等方面的综合考验。互联网智库完全可以扮演网络空间多元治理当中的一员，当前越来越多中国本土互联网智库逐渐走向多个全球化的平台，以更加巧妙、更加智慧的方式，向国际社会输出中国道路的影响力，中国要争夺国际话语权，就需要政府和智库等非官方力量台前台后相互默契。

会上，人民网舆情监测室副主任、人民在线总经理董盟君发布《互联网舆论治理成效研究报告》。报告通过多维度分析研究发现，2016年特别是下半年以来，在国家网信办和各方面的共同努力下，互联网舆论环境得到了进一步改观，在多个维度取得了良好成效，网络空间呈现“云销雨霁 天朗气清”的互联网舆论新气象。同时仍需看到的是，互联网治理是一个长期复杂的过程，实现互联网治理的制度化、法治化、常态化和持久性还需各方面的共同努力。

在论坛开幕式上，人民网舆情监测室和人民网新媒体智库精心打造的《互联网建设、发展与管理的海南样本》《2016全国政务舆情回应指数评估报告》等报告正式发布。同时还举行了2016年“‘互联网＋’政务传播创新奖”、2016年“政务舆情回应优秀奖”、2016年“城市新媒体传播优秀奖”、2016年“全国政法新媒体建设优秀奖”颁奖仪式。在随后举行的圆桌论坛环节，与会嘉宾围绕“互联网经济与未来展望”展开激烈讨论。

为了更好地研究互联网舆论生态，为各级政府机关提供决策参考，人民网与腾讯网，人民在线与海口日报达成战略合作意向，启动签约仪式，在场嘉宾见证了这项合作的正式签署。

此外，论坛还围绕“互联网治理与网络群众路线”“新媒体时代政法宣传与舆情引导工作”“互联网智库、网络舆论与公共决策”“政务舆情回应机制与新媒体建设”等主题举行多场圆桌论坛并发布“海口宣言”，“百家城市新媒体合作伙伴”也在会上正式启动。

2016年是“十三五”规划开局之年，中国网络舆论新生态逐步显现，依法治网步入快车道，互联网管理进入“新常态”，“互联网＋”战略与“双创”逐步推进，运用国家大数据战略助推“十三五”经济社会发展换挡升级，具有重要意义。自2011年开始，人民网已主办了三届“网络舆情论坛”，探讨网络舆情管理和引导的理念、观点和思路，获得了很好的社会反响。此次会议也将秉持往届高规格、权威性、前瞻性、指导性、影响力和持续性的特点，为加速我国区域经济发展和“互联网+”战略实施建言献策，实现互联网新时代的新跨越。

在23日举办的分论坛上，人民网舆情监测室副秘书长、人民网新媒体智库高级研究员刘鹏飞代表课题组发布了《2016年全国政务舆情回应指数评估报告》。报告显示，2016年成为政务公开与舆情回应政策推出实施的集中突破年，研究发现，全国政务舆情回应成效已显著提升，迈入48小时新常态，特重大事件24小时内回应。

为了表彰和鼓励2016年在全国政务公开舆情回应工作中表现优异的单位，人民网舆情监测室与人民网新媒体智库发布了“2016年全国政务公开舆情回应十大优秀案例”，并为公安部刑侦局、北京政务新媒体矩阵、哈尔滨发布、G20杭州峰会工作组、深圳微博发布厅、三亚市旅游发展委员会、南京政务新媒体矩阵、上海发布、广州发布、海口发布等获奖单位代表颁发了获奖证书。

据介绍，为更全面地评估各省份在政务舆情回应与处置方面的综合能力，课题组从舆情事件重要性、议程设置力、政务传播力、应急响应力、舆论引导力、事件应对力、机制修复力七个一级指标（维度），对2016年的646个政务舆情案例进行了全面的分析。据统计，里约奥运会、山东徐玉玉遭遇电信诈骗案、魏则西事件、G20杭州峰会、全国多地暴雨洪灾、网约车新政、山东济南非法经营疫苗案、神州十一号载人飞船发射成功、上海女孩逃离江西农村谣言事件、超强台风莫兰蒂、7·19台湾游览车火灾事故、罗一笑捐款事件风波、江苏龙卷风冰雹灾害、哈尔滨“天价鱼”事件等成为热点事件。

在全国政务舆情回应指数方面，公安部、中国气象局、国家安监总局、国家卫计委、中国民用航空局、外交部、教育部、国家旅游局、人力资源和社会保障部、交通运输部等进入部委前十名。同时，北京、上海、浙江、江苏、广东、四川、宁夏、福建、云南和新疆进入各省区市前十名。

刘鹏飞介绍，2016年国内政务舆情呈现“低开高走”发展态势，第三季度成为舆情高发期。从1月至11月的案例看，广东、河南、北京、上海、湖南、四川、江苏属于公共舆情事件发生最为密集的省份，事件传播影响也较大。其次为山东、河北、云南、湖北等省份，舆情事件爆发密度仅次于第一梯队。整体而言，西部省份热点舆情事件较少。另外，影响涉及全国范围的舆情有87件，境外地区（含港澳台）有15件，网络空间有24件。

在舆情行业分布方面，2016年社会治理领域共发生141起舆情事件，占整体的21.8%。其次为公共安全、教育领域、公安司法、吏治反腐、交通运输等。从舆情事件涉及的职业群体来看，官员、教师、警察、医生、学生等成为今年舆情事件的高频词，也在一定程度上反映出公共舆情事件的群体标签属性。

报告显示，自媒体在舆论场中的作用日渐上升，许多事件都是由网民率先在自媒体平台领域曝光信息，经由互联网传播扩散形成舆情事件的，比例约占三分之一。传统媒体一锤定音，舆论引导力与权威性逆势上升，比例约占六成，特别是部委舆情，社会治理力度、政策执行力的增强。同时，政府通过门户网站公布改革政策法规等信息引发舆论，与网民进行互动，电子执政能力有所增强。

据统计，2016年舆情响应主要在地市、县级层面，占比分别为33%和31%，省级和乡镇都分别占12%，这与舆情事件集中于基层有关。有特重大公共事件为中央高层所关注

(2%)，如2016年11月24日江西省宜春市丰城发电厂三期在建项目发生冷却塔施工平台坍塌特别重大事故。习近平总书记立即做出重要指示，要求江西省和有关部门组织力量做好救援救治、善后处置等工作，尽快查明原因，深刻吸取教训，严肃追究责任。3月山东济南非法经营疫苗案发生后，李克强总理迅速做出批示，要求食药监总局、卫生计生委、公安部加强协同配合，彻查“问题疫苗”流向和使用情况。国务院相关部门当即组成联合调查组实地调查处置。

此次报告发现全国90%的事件传播周期在一周以内，97%的事件传播周期都在15天之内。舆情周期在3天之内的事件占总样本的62%；传播周期在4~7天的占28%。刘鹏飞认为，这说明舆论注意力的短平快规律，一方面是小微舆情依然多发，此外，与2016年政务舆情政策推动和各地政务机构回应能力的提升也有很大关系。也有部分事件在传播过程中持续曝出新进展，如雷洋案、贾敬龙案、“韩春雨事件”“网约车新政”等受到持续关注。

与此相对，2016年以来，响应速度显著提升，早期预警、干预能力也有提高。政府回应率达到87%，57%以上的事件政府首次响应在事发24小时之内，有73%的事件政府部门在48小时之内（含24h）做出了首次回应。“快速反应，及时出击”为减缓事态恶性发展发挥了重要作用。

2016年借助权威媒体首先发声的约占37%，政府网站和新闻发布会占比分别为12%和8%。信息公开渠道呈现多元化趋势，如G20杭州峰会、云南“元谋9·17特大泥石流事件”等都是通过新闻发布会、政务新媒体以及传统媒体构建回应与传播矩阵，确保权威信息的公开范围广，实现更强的议程设置力和真实权威信息的高效传播。刘鹏飞认为，这些统计数字说明随着党和政府对于政务公开和舆情回应的重视，各级政务机构的努力，2016年政务舆情回应速度有显著提升，即将进入24小时回应的新常态。建议新媒体环境下，要善于与时间“赛跑”，努力让权威声音跑在各类新闻消息的前头，争当舆论事件的“第一定义者”和“第一解释者”。

本次会议就达成的相关共识发布《海口宣言》。宣言全文如下：

一、构筑行业自觉自律的舆论新格局。严格遵守法律法规，遵守公共秩序，发扬道德风尚，自觉维护网络新闻信息传播秩序。

二、打造人民群众表达诉求的“直通车”。媒体“两微一端”、城市政务新媒体要加强与网民互动沟通，积极做好舆情回应工作。察民情、汇民意、聚民智，理性看待网民意见，多些包容与耐心，努力建好、用好政民互动平台。

三、捍卫新闻真实和社会公平正义。新媒体工作者需要坚守新闻职业操守，对公共治理议题的解读要全面客观、严谨公正，为网络信息去伪存真，为网络情绪扶正抑偏。

四、完善内部治理、激励与约束机制，落实主体责任。进一步规范包括微博、微信、移动App在内的各类网络平台采编发稿流程，建立健全内部管理监督与有效激励机制，不断加强“两微一端”等新媒体业态的专业管理水平，共同维护良好网络生态。

五、讲好中国故事，传播好中国声音。以社会主义核心价值观为指引，着力打造融通中外的新概念、新范畴、新表述，积极引导国际社会客观准确地了解和认识中国，讲好中国故事，积极传播城市优秀人文、历史、风物与正能量，充分展现奋发有为、积极向上的精神风貌。

六、推动全社会形成网络版权保护的良好舆论氛围。充分尊重他人的合法版权，强化自律意识，不以任何方式传播未经授权的作品，抵制各种侵权行为。积极配合版权管理部门的日常监管，自觉维护良好的网络版权保护秩序。

七、探索建立城市新媒体资源和技术共享机制。城市新媒体应提升合作层次，推动信息共享、内容生产、资金投入和传播创新等方面的深入合作，互利共赢，共同促进新媒体行业的健康、快速、可持续发展。

八、为政府提高科学决策和管理水平提供智力支持。加强城市新媒体智库建设与协同创新研究，创造新媒体智库知识生产的新方式，不断推动智慧城市建设和地方智库发展，推进国家治理体系和治理能力现代化，促进党政部门决策科学化。

‖ 2017 年度 ‖

2016 山东政务微博颁奖典礼*

活动名称：2016 山东政务微博颁奖典礼
主办单位：新浪网、微博、新浪山东
时　　间：2017 年 1 月 4 日
地　　点：山东·济南

2017 年 1 月 4 日下午，新浪山东上线三周年庆典在山东大厦举行。由新浪网、微博、新浪山东共同主办的“2016 山东政务微博颁奖典礼”作为庆典重要组成部分同步进行。山东省互联网信息办公室常务副主任李宗国，山东省委统战部副部长张静，山东省环保厅副厅长董秀娟，山东省人民政府新闻办公室副主任、新闻发布处处长陈强，山东省卫计委宣传处处长王恩健，山东省武警总队宣传处处长狄帮聚，山东省公安厅交通管理局副局长胡家兴，山东省高速交警总队副总队长王村天，济南高新区发展战略与宣传策划局局长逄锦波及企业代表等 700 余人出席本次活动，共同回顾 2016 山东政务微博这一年，探索政务微博发展新方向。

李宗国在开场致辞中提到，商业网站在建设晴朗网络空间、引导社会舆论、反映社情民意等方面发挥着积极重要的作用。应当充分发挥网络媒体传播优势，“加强网络内容建设，做强网上正面宣传，培育积极健康、向上向善的网络文化，用社会主义核心价值观和人类优秀文明成果滋养人心、滋养社会，做到正能量充沛、主旋律高昂，为广大网民特别是青少年营造一个风清气正的网络空间”，为我省开创经济文化强省建设新局面，营造良好氛围，广泛凝聚共识，汇聚强大力量。

在随后的环节中，“最具影响力山东各体系十佳政务微博”“2016 年度山东政务微博卓越传播奖”“2016 年度山东最佳快速应对政务微博”等 17 个奖项逐一揭晓。具体名单如下。

2016 年度山东最受网友关注政务微博

@山东省旅游发展委员会　@山东体育

2016 年度山东政务微博卓越传播奖

@淄博发布　@青岛发布

2016 年度山东政务微博优秀运营奖

@文化山东　@微博济南

2016 年度山东最佳快速应对政务微博

@青岛市市南区发布　@山东高速交警

---

* 2016 山东政务微博颁奖典礼在济南举行，新浪山东，http：//sd. sina. com. cn/news/2017 - 01 - 04/detail - ifxzczfc6940710. shtml。

2016 年度山东最佳创新应用政务微博

@青岛市旅游局官方微博

2016 年度山东最佳亲民政务微博

@山东消防　@烟台旅游官方微博

2016 年度山东最佳热议政务微博

@烟台发布　@济南交警

2016 年度最具影响力山东省直机构政务微博

@山东共青团　@山东省旅游发展委员会　@山东高法　@山东环境
@山东交警　@山东消防　@山东高速交警　@山东发布
@文化山东　@山东体育

2016 年度最具影响力山东党政新闻发布微博

@青岛发布　@威海发布　@潍坊发布　@荣成发布　@山东发布
@微博济南　@临沂发布　@环翠发布　@淄博发布　@青岛城阳发布

2016 年度最具影响力山东旅游系统政务微博

@山东省旅游发展委员会　@青岛市旅游局官方微博　@济南市旅游发展委员会
@威海市旅游发展委员会　@烟台旅游官方微博　@日照市旅游发展委员会微博
@山东省旅游信息中心　@淄博市旅游局官方微博　@济宁市旅游局官方微博
@临沂市旅游发展委员会官方微博

2016 年度最具影响力山东环保系统政务微博

@山东环境　@临沂环境　@日照环境　@青岛环保　@济南环保　@德州环境
@青岛环境监测　@泰安环境　@枣庄环保　@烟台环境

2016 年度最具影响力山东公安系统政务微博

@德州运河公安分局　@济南交警　@青岛交警　@青岛公安　@济南公安
@潍坊交警　@淄博警方　@禹城公安 110 在线　@山东交警　@潍坊公安

2016 年度最具影响力山东司法系统政务微博

@济南中院　@山东高法　@菏泽中院　@菏泽巨野县法院　@高密普法
@青岛市中级人民法院　@博山法院崮山法庭　@淄博法院在线
@济南市商河法院　@菏泽牡丹区法院

2016 年度最具影响力山东团委系统政务微博

@山东共青团　@青春济南　@山东师范大学团委　@济宁医学院团委
@共青团青岛市委　@山东大学威海团委　@荟萃石工　@东营区共青团
@山东理工大学团委　@青岛市市北区团委

2016 年度最具影响力山东交通系统政务微博

@济南铁路　@山东交通出行　@山东海事　@济南西站
@青岛高速出行服务平台　@青岛交通运输　@威海公路在线
@京沪高铁泰安站　@烟台海事微政务　@京沪高铁枣庄站

2016 年度最具影响力山东医疗卫生系统政务微博

@济南献血者之家　@青岛卫生计生官微　@淄博卫生　@健康山东
@临沂市人民医院慈善微博　@青岛市中心血站　@淄博卫生人才

@李沧区卫生和计划生育局　@青岛经济技术开发区第一人民医院

@聊城市疾病预防控制中心

2016 年度最具影响力山东景区官方微博

@崂山风景区官方微博　@台儿庄古城官方　@泰山风景区　@威海刘公岛景区

@泉城欧乐堡梦幻世界　@山东威海西霞口　@济南方特东方神话

@沂蒙山旅游区龟蒙景区　@天下第一泉　@青岛海昌极地海洋公园

截至 2016 年 12 月中旬，微博平台上山东政务微博认证账号数量达到 9163 个，累计覆盖人数达 1. 34 亿人。截至 2016 年 12 月 15 日，山东政务微博年发布量达到 293 万条，同比增长约 145%，转发评论量达 1378 万条，是去年的 11. 6 倍。展望 2017 年，是移动舆论场更加发力的一年，山东的政务微博必将在连接山东政府和山东人民、打造政府行政新舞台领域承担更多责任和使命。

2017 中国教育政务新媒体年会

活动名称：2017 中国教育政务新媒体年会
主办单位：中国教育学会教育新闻宣传分会
承办单位：武汉大学
时　　间：2017 年 1 月 5 ~6 日
地　　点：湖北·武汉

2017 年 1 月 5 日至 6 日，中国教育政务新媒体年会在武汉大学图书馆举行，本次年会由中国教育学会教育新闻宣传分会主办。年会发布了《2016 中国高校政务新媒体发展报告》。教育部党组副书记、副部长沈晓明出席并讲话。他强调，教育政务新媒体要坚定方向，坚持创新，强化保障，不断提升教育政策传播的影响力。年会发布了《2016 中国高校政务新媒体发展报告》和《中国教育政务新媒体武汉宣言》。

沈晓明指出，教育新媒体要承担起更重要的使命，必须坚持正确的政治方向。要牢牢坚持党性原则，教育政务新媒体必须姓党。要牢牢坚持正确舆论导向，把坚持正确舆论导向贯穿教育新媒体的各个环节，做到守土有责、守土负责、守土尽责。

沈晓明强调，发展教育新媒体必须坚持创新。一是内容创新，从政府部门“自说自话”，转变为让师生说话、让校长说话、让家长说话、让广大群众说话，及时反映人民群众关心的热点难点问题。二是形式创新，紧紧把握信息技术领域的变革，不断采用新的技术形式，不断提升传播效果。三是机制创新，实现新旧融合，打造教育新媒体“中央厨房”；上下联通，打造以“微言教育”为龙头的教育政务新媒体综合平台；内外互动，借力发展，拓展关心教育、支持教育的新媒体“朋友圈”。

沈晓明要求，要强化教育新媒体的各方保障。在观念方面，让新媒体真正成为本部门加强政务公开、提升治理能力的重要平台；在队伍方面，组织机构、岗位设置、经费投入、职称评定等要向新媒体宣传队伍倾斜；在制度方面，进一步完善政务公开制度，建立健全新媒体综合考评制度，发挥激励、引导和评价作用。沈晓明希望教育新闻宣传战线带着感情、带着责任做好教育政务新媒体，让政策发布“活起来”，让热点回应“多起来”，让与民互动“暖起来”。

会议期间，微博校园、新浪微博数据中心、克劳锐、中国校园市场联盟联合发布《2016 中国高校政务新媒体发展报告》。报告详细阐述了高校政务新媒体的价值定位与责任担当，提出由传播力、影响力、公信力、引导力构建的“四力建设”，并利用微博大数据，总结高校政务新媒体发展概况和高校新媒体用户画像，对高校政务新媒体的发展有重要的建设意义。

微博成为众多高校新媒体传播的标配。从第一所高校开通官方微博开始，经过 7 年的积累，微博始终深耕校园市场，在学生用户方面，拥有了 5200 万的学生群体用户，大学生日活跃用户达到 1350 万，高度活跃用户占比 70%；在学生社团方面，有 3.5 万个高校社团进入微博平台组织开展活动；在高校覆盖率方面，有超过3000所大中专校园，包括全部985、211高校。根据《中国教育政务发展报告》统计，截至2016年12月31日，已开通官方微博的高等学校1168个，累计粉丝量2725万，累计发博量310万条。其中，华中科技大学于2009年9月11日注册成为第一所认证官博高校；北京电影学院粉丝量达到2196711，位居高校中粉丝量排名第一；河南大学以25373条发博量跃居为发博量第一的高校；中山大学认证账号量为242个，成为矩阵搭建最完善的高校。微博市场渠道部副总经理魏莉女士表示："微博已成为90后大学生最重要的自我表达平台之一，年轻化趋势日益凸显。而微博也在不断地沉淀用户，助力高校官微运营，推动高校政务新媒体找准自己的价值定位，发挥责任使命，促进了教育政务新媒体的发展。"

学生用户的积累、高校官微的活跃、校内矩阵的完善等，这些都使得教育政务新媒体的发展更加迅速，互动更加紧密。高校在微博互动传播中更加有趣多变，呈现出"人格化"趋势，拉近了与微博网友的距离，树立了高校敢于面对社会公众、注重民主平等、自信开放的形象。

随着新媒体在高校政务工作中的作用力越来越明显，微博也逐渐成为高校政务发挥聚合、引领价值的关键渠道。《2016中国高校政务新媒体发展报告》特别提出高校新媒体"四力建设"——传播力、影响力、公信力、引导力。高校新媒体影响力一定程度上是传播力的"指示器"。如今，高校在用户以及社会中的信息覆盖程度、发声频次、发博次数都得到显著提高，上海交通大学、武汉大学、厦门大学、浙江大学、北京大学等十所院校入选年度部属院校官博传播力前十强。除了传播力和影响力，微博也推动了高校政务工作的公信力建设，成为高校科研成果、官方声明、文化活动等重大事件的"新闻发言人"。同时，新媒体对于高校政务也有着很强的引导力。2016年初，民谣《南山南》风靡一时，南京大学官微发布微博"你在北京的寒夜里，大雪纷飞，我在南京的艳阳里，四季如春"并配图校内风景，北京大学官微隔空接龙，引发全国高校改编大接龙。本次高校官微歌曲改编事件充分体现了新媒体在价值引导、舆情引导、议题引导方面的强大力量。

为了更好地助力高校政务工作的"四力建设"，会议宣布了"2017教育政务新媒体扶持计划"，在内容、技术、资金等方面对高校政务工作的传播提供支持，帮助高校实现自身官微平台的升级，推进校园自媒体的品牌化，巩固高校宣传阵地，培养更多青年人才。

微博作为最受年轻人欢迎的新媒体平台，将持续关注传播载体的变化趋势，优化升级自身平台，与高校形成合力，促进高校政务工作的发展。随着直播、短视频等信息传播载体成为移动端的全新趋势，这些工具更符合当代年轻人的信息获取需求，微博将引导高校将其更好地运用到政务工作中，吸引用户互动参与，优化用户体验，增强用户粘性，助力高校微博的生态完善。

微博作为高校政务新媒体传播的主要阵地，极大推动了高校政务工作的进展。未来，微博也将继续发挥平台力量，秉持开放运营战略，为高校聚集更多资源，赋能高校，进一步放大校园正能量的声音，引领积极的社会价值取向，孵化更多的高校创业团队，成就更多高校学子的创新梦想。

150多位来自全国32个省级教育部门、75所教育部直属高校以及其他单位的新媒体相关负责人参加了会议。会上，教育部"微言教育"微博、微信、客户端正式升级为教育部政务新媒体平台。同时，原有的全国教育系统官微联盟升级为"中国教育政务新媒体联盟”。联盟成员也由2013年的50家扩至1200家。目前，90%的省级教育部门和100%的直属高校开通了新媒体平台。

为推动全国教育政务新媒体有序发展，会议发布了《中国教育政务新媒体武汉宣言》。《宣言》提出了以下四点共识。

一是坚定政治方向。坚持党性原则，坚持正确舆论导向。始终把政治方向摆在第一位。

二是坚持内容为重。不断提升教育政策、信息整合能力。

三是顺应技术发展。充分利用新媒体技术传播快、交互强等特点，不断提升教育政策、信息传播的影响力。

四是发挥集群效应。打造全方位、多层次、多声部的教育新媒体矩阵。

最高人民检察院检察新闻宣传工作座谈会

活动名称：最高人民检察院检察新闻宣传工作座谈会

主　　题：加强检察机关与新闻媒体互动 发挥法律监督与媒体监督合力

主办单位：最高人民检察院

时　　间：2017 年 1 月 6 日

地　　点：北京

2017 年 1 月 6 日，最高人民检察院召开检察新闻宣传工作座谈会，听取中央新闻媒体、网络媒体、中央有关单位新闻宣传部门负责人对检察新闻宣传工作的意见建议。最高人民检察院检察长曹建明主持座谈会并讲话。他强调，各级检察机关要加强与新闻媒体的“全天候”互动，更加主动地接受新闻媒体监督，提高检察新闻宣传实效，共同汇聚社会正能量推进法治中国建设。

参加当天座谈会的有人民日报社副总编辑王一彪、新华社副社长周树春、中央政法委宣教室主任查庆九、全国人大常委会办公厅新闻局副局长曲卫国、全国政协办公厅新闻局副局长张海霞、中央电视台副台长魏地春、法制日报社总编辑伍彪、人民网副总编辑潘健等。座谈会上，与会各位同志结合从事新闻工作的实践经验，围绕加强检察机关与新闻媒体沟通合作、完善检察公共关系建设、增强检察新闻舆论传播力引导力等方面提出了许多有针对性和建设性的意见建议。

在认真听取大家的发言后，曹建明首先对中央新闻媒体、网络媒体和中央有关单位新闻宣传部门长期以来给予检察工作特别是对新闻宣传工作的真诚关心、大力支持和精心指导表示感谢。他说，近年来，通过新闻媒体的宣传报道，有力地宣传、展示和塑造了检察机关的良好形象，有力促进了检察机关精准开展法律监督，有力推动了检察机关规范司法、严格司法和廉洁司法，有力提升了社会公众对检察机关的认同感和信任度，有力改善了检察机关网络舆论生态，推动了检察机关公信力的稳步提升。可以说，新闻媒体在推动法治中国建设、促进检察工作发展中，发挥着越来越重要的作用，产生了越来越深远的影响。

曹建明指出，检察机关和新闻媒体在探求事实真相、维护公平正义、凝聚法律共识、增进法治观念方面有着共同的目标追求和责任使命。必须从全面依法治国的角度出发，加强检察机关与新闻媒体的“全天候”互动，共同强化法治思维，实现遵循司法工作规律与遵循新闻宣传规律相统一，保障公民知情权、舆论监督权与保障司法机关依法独立公正行使职权相统一，在推动法治中国建设进程中汇聚正能量、彰显责任担当。

曹建明强调，各级检察机关要高度重视检察公共关系建设，主动接受舆论监督，提高运用检察信息服务新闻媒体的意识、能力和实效。要主动推进司法公开，统筹运用多种媒体和传播手段，继续加大信息公开力度，对人民群众的重大关切，给予持续地信息发布、回应，充分保障公众和媒体的知情权。要加强与新闻媒体特别是新媒体的合作，不断完善检察机关网络宣传和舆论引导平台，促进资源共享和联通互动。要创新传播方式，丰富宣传手段，主动提高检察新闻传播力，特别是运用新媒体的能力。

（《法制日报》北京2017年1月6日讯　记者　周　斌）

以下摘发本次座谈会上部分同志的发言。

汇聚法律监督与新闻监督的正能量

人民日报社副总编辑　王一彪

《人民日报》作为党中央机关报，一直以来都非常重视检察工作的宣传报道。围绕最高检重点推进的工作，以及社会公众普遍关心的热点话题，我们记者采写了不少有影响的报道。这些报道，既有宏观的“面”，又有微观的“点”；既突出成绩、介绍经验，又把稳舆论方向，提出意见建议，取得了比较好的社会效果。工作中，我们与检察机关保持着良好的关系。在新闻采访、策划、宣传方面，最高检以及全国各级检察机关都给予了《人民日报》很大支持。

关于检察机关与社会公众和新闻媒体的关系，我谈三点看法。一是要主动发声，增进公众对检察工作的了解和理解。检察机关是法律监督机关，处于诉讼环节的中间位置。可能还有不少群众对检察机关、检察工作不太了解。但随着法律知识的普及和公民法律意识、参与意识的增强，社会公众对检察工作的认知已经发生了变化，检察机关被推到了与群众接触的第一线。如果检察机关与群众沟通不力、信息发布不畅，一个很小的问题很容易演变为公众聚焦的大问题。所以，检察机关主动发声、及时发声非常重要。二是要协同配合，加强检察机关与新闻媒体之间的联系。司法机关与新闻媒体性质不同，司法机关是“沉着”的，这种“慢思维”是由法律权威性决定的。如果法律一天一个样，恐怕也会让人不知所措。但是，“沉着”不代表“沉默”，“慢思维”也不意味着“不说话”。检察机关应当积极适应时代发展要求，善于利用媒体传播优势，通过媒体积极释放检察工作信息，主动回应公众关切。三是要形成合力，汇聚法律监督与新闻监督的正能量。与检察机关刚性的法律监督不同，新闻监督的覆盖面更广、传播速度更快、实现方式也更灵活。在不同情境下，两者结合起来，就能充分发挥1+1>2的力量。

多角度多形式报道检察工作成就

新华社副社长　周树春

2016年，新华社继续高度重视对检察工作的报道。概括起来有四个特点。第一，遵循新闻规律，加强和改进时政活动的报道，创新报道形式，运用新媒体、图片、文字等多种形式，充分展现检察工作的特点。第二，突出检察工作的顶层设计，结合基层事例，多角度充分报道检察改革的新成就新突破。新华社记者深入基层，采写了全面深化司法体制改革述评、检察机关公益诉讼试点全面破冰等一批稿件，在重点栏目推出，向社会各界展现了检察机关推进司法体制改革、提升司法公信力的重要举措。第三，围绕最高检各项工作，开拓创新检察机关日常新闻报道，紧密跟踪检察机关工作重点，采写了一批新闻时效性强的报道，包括查办厅级以上领导干部职务犯罪案件的报道，跟踪报道聂树斌、陈满再审案件等。第四，以典型报道为抓手，展现检察队伍中司法为民的先进人物，以及基层检察院的典型经验。

2017 年是全面深化改革向纵深推进的关键一年，我们将积极稳妥地加大检察领域司法改革的报道。期待最高检提前部署，对涉及改革的重要环节，特别是涉及百姓切身利益的改革举措，及时给媒体“喂料”，把检察工作、检察改革的成效、声音及时传递好。检察新闻社会关注度高，一些新闻线索容易引发炒作，应更好地利用权威发布平台，提高对检察新闻的舆论引导能力、驾驭能力。

进一步推动检务公开，回应社会关切

全国人大常委会办公厅新闻局副局长　曲卫国

感谢《检察日报》对人大工作的充分报道，我们将继续为媒体做好服务工作。提两点建议。第一，按照法律规定，检察院是法律监督机关，目前人民群众对基层的执法状况都比较关心，我认为检察机关应该加大对基层执法活动的法律监督力度。第二，进一步推动检务公开，积极回应社会关切。我们看到检察机关的检务公开做得非常不错，全国四级检察院“两微一端”全覆盖，有 4000 多名新闻发言人。希望在今年全国两会期间，最高检能够借助全国两会平台，展示检察工作，宣传检察工作，回应社会关切。我们也将继续在媒体和检察机关中间发挥好桥梁和纽带作用。

宣传报道好检察工作新发展新成就

求是杂志社副总编辑　黄中平

作为党中央机关刊，我们宣传的重点是以习近平同志为核心的党中央治国理政的新理念、新思想、新战略。今年我们有一个宣传主题是迎接党的十九大，其中有一项内容就是怎么展现十八大以来我们国家取得的新成就、新经验。在这些方面，《求是》有一些报道经验和优势，希望最高检能给我们提供一些十八大以来检察工作取得新成就、新举措、新进展的报道素材，包括对一些重大理论问题、实践问题的探索。我们国家自改革开放以来，有非常明显的“四大转变”，第一个转变是工作重心转移到经济建设上来，这已经完成了。第二个转变是从传统的计划经济转移到市场经济上来。第三个转变是现在正在做的，党的十八大以来，进入经济发展新常态之后，怎么转变发展方式。第四个转变是国家治理体系、治理能力怎么协调推进，让法治成为治国理政的基本方式。这个转变还是一个新的课题，司法机关的经验具有非常重要的价值，希望检察机关给我们提供探索经验。

创作更多检察题材影视剧

中央电视台党组副书记、副台长　魏地春

中央电视台对检察新闻宣传工作一直高度重视，我们以《新闻联播》《焦点访谈》《今日说法》等栏目为主力，以新闻频道、社会与法频道为主要平台，形成了全方位、一体化、高质量、多节目形态的检察新闻宣传格局。我们强化舆论引导，保持对检察系统各项工作的报道力度，不间断推出新闻专题报道和动态新闻，先后策划了《检察官在行动》《法治中国行》《依法治国推动力》等系列节目，取得了很好的宣传效果。我们突出报道检察系统的先进人物，对张飚、彭少勇等优秀检察官的事迹进行追踪报道，在央视网及新媒体平台集中展示，赢得广大群众赞扬。我们关注检察工作各项改革举措，重点围绕全国检察机关在深化司法体制改革、强化法律监督、纠正冤假错案、境外追逃追赃等方面工作开展报道，有效引导社会舆论。建议检察机关加大创作检察题材影视作品的力度。影视剧是一个很重要的宣传载体，覆盖面广、影响力大，可以起到春风化雨润物无声的作用。以后我们可以共同策划、彼此合作，找到好的切入点和题材，通过讲故事的方式，把法治精神、法治文化传递给更多的老百姓，提高全民的法治素养。

在检察深度报道上加强合作

光明日报社国内政治部主任　薛　冬

《光明日报》多年来把检察工作报道作为重点报道之一，力求大事不漏。据不完全统计，2016 年，《光明日报》、光明网共报道各级检察机关的新闻百余条。2017 年，我们将一如既往地做好检察工作的报道。最高检在许多涉及国计民生的重大事件和工作中都发挥了重要作用，我们报道了其中的一些内容，但在涵盖面及报道深度上还不够，如打击电信网络诈骗犯罪、查办职务犯罪大要案、集中惩治和加强预防扶贫领域职务犯罪、办理公益诉讼案件，以及最高检依法履行法律监督职能及检察改革、检察官典型等方面，我们愿意与最高检新闻宣传部门紧密合作，把检察好声音及时传递给社会。2016 年，检察机关还有一些好做法，比如积极参与校园欺凌专项治理，开展“法治进校园”全国巡讲活动，检察院在公安机关设立派驻检察室，印发《“十三五”时期检察文化建设规划纲要》等，这些都值得深度报道。希望最高检给予支持，《光明日报》将组织报道力量，全力做好报道。

突出检察新闻报道的“经济味”

经济日报社副社长　林跃然

我们非常关注检察机关服务经济发展、保障经济安全的新举措新亮点，力图将检察新闻做出《经济日报》特色。近年来，检察机关既强化检察监督，在保障稳增长、促改革、调结构、惠民生、防风险上想办法，又在规范自身司法行为、改进办案方式方法上下功夫，这些都是非常值得深入挖掘报道的领域。刚刚过去的一年，检察机关的重点工作都在《经济日报》上有所呈现，尤其是对检察机关各种聚焦民生热点的专项行动，我们策划了许多深度报道。2017 年我们将进一步强化经济特色，加强和改进检察新闻宣传报道。首先，加强全媒体报道，借助新媒体，让检察新闻第一时间呈现。其次，做强深度报道，重点报道检察机关打击风险型经济犯罪，依法严惩非法吸收公众存款、集资诈骗等犯罪，以及在证券期货领域新型犯罪方面的典型案例。最后，开拓报道领域，不仅要报道关系群众切身利益的司法改革、经济案件，还要关注检察机关在履行法律监督职能过程中提出的检察建议、调研报告等，这些都能让检察新闻报道更有“经济味”，有利于推动法治中国建设。

用讲故事的方式传播检察新闻

工人日报社社长　孙德宏

《工人日报》主要面对全国职工，这么多年一直非常重视法治报道，检察工作报道尤其多。对于广大职工而言，劳动关系是件非常重要的事情，涉及的法律问题范围非常广，因此，《工人日报》做了大量报道。

提两条建议。一是，我们特别期待用讲故事、说案例的方式向职工读者普法，给他们讲怎样依法维护自己的权益等。下一步，我们期待检察机关能提供一些典型的、涉及职工劳动关系合法权益的内容进行深入交流，我们也愿意拿出更多版面，因为我们的读者群有这样迫切的需要。二是，希望能够直面社会热点。这次2016年度十大检察新闻、十大法律监督案例评选，下了非常大的功夫，“双十大”中有社会热点，期待能够更直接、更及时地向社会呈现出来。从《工人日报》角度来看，面对广大职工读者群，我们愿意以更快的时间、更多的版面以及我们所有的“两微一端”几十个新媒体矩阵做好这方面的工作。

检察工作的透明度越来越高

中国青年报社社长　张　坤

有几点看法和建议。首先，最高检对新闻宣传工作非常重视，在维护司法正义方面影响非常好。其次，这次交流对我们而言是一个学习机会。近年来，检察机关在深化司法改革、发挥检察职能方面的形象焕然一新，检察工作的透明度也越来越高，特别是一些具体案件的报道，都是老百姓非常关心的，比如保护食品安全、打击网络诈骗犯罪、青少年维权、公益诉讼等。最后，青年是重中之重。《中国青年报》现在的移动用户，仅大学生就达500多万人。下一步，希望在青少年维权、普法教育、青年检察官典型报道等方面，能得到最高检更多的支持。

让女检察官典型宣传更有温度

中国妇女报社总编辑　孙钱斌

2016年，《中国妇女报》要闻版关于检察工作的重点报道有38篇，主要包括两方面内容：未成年人检察工作报道，女检察官典型宣传。从性别媒体角度开展检察工作报道，我提三条建议。第一，继续向我们推荐优秀女检察官典型。女检察官的报道比较有温度，人情味浓，故事性强，传播效果好。第二，把男女平等基本国策纳入检察干部的教育培训课程体系。男女平等是我们国家的宪法原则，也是基本国策。因此，在出台法律、制定政策、编制规划、部署工作时要充分考虑两性的现实差异和妇女的特殊利益。如果能够通过培训提高检察队伍的国策意识，就可以更好地在司法实践中维护妇女权益。第三，善于利用热点法治新闻事件来传播检察工作，更多地从人民群众司法公平正义获得感的角度来宣传检察改革成效。从2016年3月1日起，《反家庭暴力法》的实施，在国内外反响都非常好，充分体现了我们国家人权事业的进步，希望检察机关更加重视在这部法律实施中所发挥的宣传作用。

注重宣传基层检察官先进事迹

法制日报社总编辑　伍　彪

谈两点想法。第一，希望检察机关更注重基层检察官先进事迹的宣传报道。相对公安机关和法院，群众对检察机关的感受不是特别深，但是现在检察机关办了很多涉及民生的案件，实际上更多的人都体会到检察官对老百姓私权的保护，因此，希望通过人物的宣传拉近与老百姓之间的距离。第二，希望检察机关在注重新媒体建设的同时，能够继续关注和重视传统媒体的宣传。各个机关都通过自己的新媒体直接和读者进行对话，但是，传统媒体的宣传渠道和阵地依然十分重要，尤其是政法机关、政法媒体更应该建设好、利用好这个渠道和阵地。

加强解释性报道和深度报道

人民法院报社总编辑　赵　翔

2016年检察新闻宣传工作可谓大事连连，亮点多多，异彩纷呈。总结起来有以下三个显著特点。一是紧紧围绕中心，积极服务大局。如最高检出台了发挥检察职能服务非公经济健康发展“18条意见”；老虎、苍蝇一起打，及时权威发布反腐败信息；国际追逃追赃战果累累，“百名红通”头号嫌犯杨秀珠回国自首等。二是回应社会关切，及时精准到位。准确把握新闻宣传工作的时、度、效，如及时介入深圳特大滑坡事故调查等，及时发布打击电信网络诈骗犯罪、扶贫领域职务犯罪、校园欺凌专项治理等信息，回应社会关切准确到位。三是运用多种形式，形成立体格局。主要包括两个方面：一方面是新媒体建设突飞猛进，实现了全国检察机关“两微一端”全覆盖；另一方面是影视作品，2016年推出的电视剧《人民检察官》令人印象深刻，最近又推出《因法之名》，影视作品宣传工作效果非常好，让大家耳目一新。提个建议：司法改革现在已经进入深水区，面临的都是硬骨头。建议检察机关下一步在司法改革过程中加强解释性报道和深度报道，对广大检察干警和社会公众做好舆论宣传引导工作。

检察新媒体建设值得学习

人民公安报社总编辑　孙福会

《人民公安报》《检察日报》《人民法院报》是兄弟媒体，三家报社一直保持着密切的联系和沟通交流。《检察日报》办得非常好，我们也从中学到了很多东西。我们和最高检新媒体、正义网、正义网新媒体的联系也很多，从中受益匪浅。

《人民公安报》在要闻版上经常刊登最高检的新闻。最近，最高检发布的五起环保领域公益诉讼指导性案件，我们也都在要闻版做了报道。下一步，希望与检察系统进一步加强联系，特别是学习新媒体矩阵建设，这方面检察机关在政法系统中是走在前面的。公安机关面比较大，人比较多，新媒体建设发展也很快。人民公安报社正在建设“两微一端”新媒体联盟，这个联盟建立起来后，可以进一步向检察新媒体学习，加深联系，特别是在重大政法宣传工作中希望能够相互沟通、协同配合。

加大典型案例和大要案信息披露力度

中央人民广播电台新闻节目中心主任　蔡小林

2016年以来，检察机关依法惩治腐败、推进各项改革、提起公益诉讼试点、未成年人检察工作、纠正冤假错案工作等等，央广都在重要节目中予以报道。

为了更好地加强合作，我提四点建议：第一，重大司法解释、重要举措出台，可以以发布会的形式加强报道，或者配发专家解读；第二，针对社会热点新闻，经常发布一些典型案例，解疑释惑，回应社会关切；第三，在法律允许的范围内，加大公众关心的大案要案的披露力度，检察官可以揭秘其中的重要情节；第四，最高检的日常调研成果如果配上典型案例，可以转化成大众能够听懂的法治课，可以加大类似内容的发布和解读力度。

把检察宣传与普法宣传有机结合起来

中央电视台社会与法频道总监　王广令

社会与法频道是中央电视台法治宣传的专业频道，历来重视检察工作的宣传报道，始终把检察宣传与普法宣传有机结合，既讲好检察故事，塑造检察官良好形象，又举案说法，向人民群众弘扬法治精神。2016年，社会与法频道在最高检的支持下，打造推出了“12·4”国家宪法日特别节目《宪法的精神法治的力量——CCTV2016年度法治人物颁奖》，检察官潘志荣、高洁峰当选年度法治人物。他们的事迹很感人，很有说服力，完美诠释了人民检察官的奉献精神。同时，频道的众多常规栏目始终坚持宣传典型检察官的优秀事迹和检察工作。2017年，社会与法频道将继续加强与检察系统的联系，在宣传工作中实现更广泛的合作。

加强沟通协作,回应社会关切

新华网副总裁　汪金福

感谢最高检2016年对新华网工作的大力支持，胡泽君常务副检察长在全国两会期间专门到新华网和网友互动，最高检新闻发言人也专门到新华网就最高检工作报告进行解读。

加强检察工作报道一直是新华网作为中央重点新闻网站履行职责的重要环节。现在网络热点事件频发，几乎每一周都有新的热点，其中有些涉及司法机关，我们期待在新的一年得到最高检更有力的支持，在关注社会热点、回应群众关切上形成合力，使新华网这个重要的传播平台在澄清谬误、明辨是非、凝聚人心方面发挥更大作用。

（文稿统筹　郭洪平　王　地　史兆琨　摄影　程　丁　张　哲）

新媒体时代评论的变化与思考研讨会*

活动名称： 新媒体时代评论的变化与思考研讨会

时　　间： 2017 年 1 月 13 日

地　　点： 北京

2017 年 1 月 13 日，由《新华每日电讯》与阿里巴巴集团联合举办的“新生态·新方法·新表达——新媒体时代新闻评论的变化与思考”研讨会在京举行，新华社、《人民日报》、中央电视台、《中国青年报》、《新京报》、新浪等十多家媒体的评论或新媒体部门负责人，就媒体融合背景下，主流媒体评论如何加快转型、牢牢占领媒体高地进行了卓有成效的沟通和研讨。

《新华每日电讯》评论部负责人在研讨会上表示，如今的舆论格局、传播生态发生了剧烈变化，媒体评论也应该进行“供给侧结构性改革”，分析新的受众在哪里、新的需求在哪里，提供更加“适销对路”的评论产品，从而更加有效地引导舆论。

人民日报社交媒体运营副总编结合《人民日报》微博运营的案例指出，主流媒体在新媒体时代的发声环境、发声方式和所面对的受众都已经变了，要通过“三感”——高情感、设计感、节奏感，“三力”——共情力、故事力、交响力，更好地与年轻网友打交道。

《北京青年报》评论部主任深入剖析了网上流行的“反逻辑体评论”“信号体评论”“煽动体评论”等不良现象，认为在媒介融合的变革时代，媒体有三大品质不能变，即严肃认真的写作态度、务实负责的理性精神与和谐融合的共生原则。

（张书旗）

---

* 《新华每日电讯》2017 年 1 月 14 日，第 3 版。

2017 政务 V 影响力峰会

活动名称：2017 政务 V 影响力峰会
主　　题：创新·协同·共治
主办单位：《人民日报》、微博、新浪网
时　　间：2017 年 1 月 19 日
地　　点：广东·广州

2017 年 1 月 19 日，“2017 政务 V 影响力峰会”在广州举行。中央网信办、各地政务微博管理和运营人员代表、政务新媒体研究者与微博平台方一起，回顾总结了 2016 年政务微博的发展情况，并对政务微博的发展趋势进行了探讨。

人民日报社新媒体中心副主任刘晓鹏表示，在移动传播布局中，用好微博这个社交平台是十分重要、具有战略意义的一环。微博作为广场式传播的代表，在整个社会的舆论场上依然发挥着不可替代的作用。主流媒体和党政机关作为微博社交关系中的一员，在信息传播的过程中，担负着政务信息和主流价值传播的任务，需在互动中达成共识，获得情感与理念的最大公约数。

在本次峰会上，《人民日报》和微博联合发布《2016 政务指数·微博影响力报告》（简称《影响力报告》）。报告显示，截至 2016 年底我国已开通政务微博 164522 个。规模继续扩大的同时，政务微博参与社会治理的能力也不断提升。随着政务新媒体“两微一端”格局的确立，政务微博、媒体微博、意见领袖和公众也逐步实现了移动互联网上的同频共振。

微博强力赋能，政务微博做到“四个最大”

微博仍是国内规模最大的移动政务平台，这不仅体现在政务类账号的数量上，还体现在政务信息的发布量、阅读量和互动量上。《影响力报告》的数据显示，截至 2016 年底我国共开通政务机构微博 125098 个，公务人员微博 39424 个。无论账号规模还是类型的丰富程度，在政务新媒体“两微一端”中都保持领先。政务微博的运营能力也持续提升。2016 年政务微博共发博 7469 多万条，总阅读量超过 2605 亿次，阅读量超过 100 万的有 12000 多条。政务微博的总互动量也超过 51 亿次。

作为最重要的政务信息发布平台，政务微博在信息发布上也紧跟用户习惯的变化实现与时俱进。随着移动直播的普及，政务微博已经开始广泛使用这种最新的媒介形式。2016 年政务微博进行了 5000 多场直播，累计观看人数达 1.61 亿。在公安部交管局和微博联合发起的“全国交警直播月”中，100 多个城市的交警部门进行了直播，总观看量达 1225 万次。此外，中国法院网还和新浪共建庭审公开网，推动利用互联网进行庭审直播。

为推动政务微博提升运营实效，微博也持续投入优质资源，赋能政务微博的发展。过去 2 年来，微博已投入价值 7 亿的资源，用于政务信息传播和政务微博影响力的提升。2017 年微博还将投入 10 亿资源，并进一步完善短视频、直播、同城等相关产品，更好的赋能政务

微博以提升运营实效。

同时，微博也持续与政府部门携手，发挥在政民互动、协同服务方面的优势，打造共建、共治、共享的社会治理模式。2016 年 5 月，微博和公安部联合推出全国辟谣平台，以网警巡查官微和公安微博为主，接受网友对所有网络平台上不实信息的举报，实现了全网谣言一站式举报和处理。公安部儿童失踪信息紧急发布平台也在微博、支付宝、高德等平台同步上线。通过将位置数据向失踪儿童周边用户推送信息，上线半年来该平台已找回儿童 533 名，找回率达 93%。2017 年 1 月，一位网友正是看到微博推送的信息后提供了线索，两个小时就找回一名失踪儿童。

矩阵协同提升空间，社会治理能力升级

不过，政务微博的整体发展水平，仍与互联网发展现状对政府治理的要求存在差距。峰会上，中国传媒大学媒介与公共事务研究院高级研究员、政务新媒体实验室主任侯锷在发布的《2016 中国政务微博矩阵发展报告》（简称《矩阵发展报告》）中指出，政务微博工作与政府行政职能挂钩，产生了强大的政务服务、舆论引导的聚合效果。政务微博矩阵不仅仅能够优化政府行政流程、提高行政效率、节约行政成本，更能够从源头疏解社会舆论风险，凸显社会治理的综合效益。但是当前，政务微博仍存在“门难进”“事难办”“多跑路”的情况。公众遇到问题时依然在线上找不到相应职能的政务微博，或者相关政府部门在微博上推诿“失语”。政府部门未能打通微博线上线下协同治理的“最后一公里”，传统网络问政平台与新媒体平台融合不足，形成了民意“盲区”。

同时，优秀政务微博向“头部账号”集中，并不能满足公众在互联网上对政务服务不断增长的需求，这有可能成为政务微博发展的最大瓶颈。要破解这一难题，政府部门需要有“公共社交”思维，主动接纳民意诉求信息并高效反馈给现实行政服务和社会治理系统，以组织为单位推进政务微博的线上线下协同联动，建立微博矩阵组织管理体系和配套机制。

不少城市的政务微博在日常运营以及应对突发事件时，已经实现了多部门线上联动。山东省环保厅联动本省 17 市环保局，每天发布城市能见度排名，公开网民最关注的空气质量问题，各市、区、县环保官微也参与转发。目前#每日能见度#的话题阅读量已达 1 亿。在抢险救灾、极端天气应对等领域，矩阵联动往往能发挥出更大作用。2016 年 6 月盐城市阜宁县遭遇强冰雹和龙卷风灾害，盐城交警官方微博 3 天发博 91 条，关注抗灾动态和路况信息，并与公安、消防等部门官微联动，取得了良好的灾情报道和紧急应对效果。

但是，政务微博的矩阵化仍需要向城市综合治理领域延伸。《矩阵发展报告》认为，政务微博应加强部门内部和跨层级、跨区域、跨职能的立体协同，并建立逐级回应、督导考核的机制，以提高城市综合治理的能力。以银川为例，“@ 问政银川”负责协调矩阵内部运行，2016 年共转办督办微博事项 25196 件，办结率达 94%。2016 年 11 月 8 日，有网友反映某停车场门口的地钉对行人安全造成隐患，1 分钟后“@ 问政银川”就在微博上向“@ 银川市政管理”转办，9 分钟后“@ 银川市政管理”响应回复，次日下午处理完成后又在微博上给出办结答复。

这是我国首次发布政务新媒体矩阵发展的专题研究报告。为了更好的引导政务微博矩阵化发展，政务微博矩阵评价指标还将被纳入微博与《人民日报》共同搭建的政务微博整体评价体系中。

聚焦“两微一端”成为共识，政务微博与媒体同频共振

虽然政务新媒体平台不断出现，但聚焦“两微一端”已成为政务部门在移动互联网时代的共识。随着“两微一端”各自产品定位、用户习惯的成熟，政务微博的定位更明确。人民网舆情监测室秘书长祝华新表示，起步早、粉丝多、影响力大是政务微博独有的优势。遇到重大事件，网民习惯于第一时间在微博上查看政府相关部门发布的消息，或向政府相关部门进行咨询。这也使微博成为最大的民意汇集地。

独有的传播和互动机制，使政务微博形成多职能、多层级、跨地域的多重矩阵，同时还能与媒体微博产生联动，从而形成更强的集群和协同效应。在 2016 年的“南海仲裁案”、天宫二号发射、G20 峰会等一系列重大事件中，政府部门、权威媒体、网络意见领袖在微博上密切配合，达到了同频共振的效果。

浙江省教育宣传舆论工作暨教育政务新媒体建设推进会

活动名称： 浙江省教育宣传舆论工作暨教育政务新媒体建设推进会
时　　间： 2017 年 3 月 30 日
地　　点： 浙江 · 杭州

2017 年 3 月 30 日上午，浙江省教育宣传舆论工作暨教育政务新媒体建设推进会在杭州召开。会议部署了 2017 年的教育宣传舆论工作，强调要坚定政治方向，顺应技术发展，打造全方位、多层次、多声部的教育新闻宣传新格局，突出坚持和发展中国特色社会主义、实现中华民族伟大复兴中国梦这一主题，突出迎接宣传贯彻党的十九大和浙江省第十四次党代会这条主线，突出坚持稳中求进的工作总基调，围绕中心，服务大局，更好地汇聚教育改革发展的强大正能量。

浙江省教育厅副巡视员吴永良出席会议并讲话。吴永良指出，过去一年，全省教育宣传舆论工作在围绕中心和服务大局中，唱响了主旋律，取得了新成效，实现了新发展。各地各校要站在新的历史方位，准确把握新形势、新任务、新挑战，增强教育宣传舆论工作的主动性、针对性、有效性，为建设教育强省、率先实现教育现代化营造更好的舆论氛围。

2016 年，浙江省教育宣传舆论工作在围绕中心和服务大局中，唱响了主旋律，取得了新成效，实现了新发展。会议强调，要站在新的历史方位，准确把握新形势、新任务、新挑战，增强教育宣传舆论工作的主动性、针对性、有效性。要讲好浙江教育故事，提高浙江教育声音“分贝”，刷新浙江教育形象“颜值”。要深入组织宣传党的十九大和省第十四次党代会精神，在广大师生中大力宣传中国梦和社会主义核心价值观，切实做好各级各类学校开展投身剿灭劣Ⅴ类水行动的宣传，大力宣传优秀教师的先进事迹，为教育事业发展凝聚人心、汇聚人才。要善于发现、广为宣传教育改革发展中的工作典型，深入报道他们的成功经验和积极成效。要充分运用各类新媒体和传统媒体，讲好教育现代化的故事，讲好教育民生的故事，讲好服务经济社会的故事。

会议强调，要守好教育舆论阵地，坚持正确舆论导向并贯穿教育媒体的各个生产环节，强化舆论引导，抓好热点回应，着力提高教育舆情的应对处置能力。要打造一支教育宣传铁军，高度重视教育报刊通讯员队伍建设，充分利用各类教育媒体平台，了解群众所思所想，积极回应网民关切。会议要求，要用好改革创新引擎，充分发挥“@教育之江”微博、微信以及浙江教育报刊总社主办的《浙江教育报》《小学生时代》《中学生天地》等“一报五刊两微一网”的主渠道、主阵地作用。让更多的优秀教育报刊走进学校、惠及师生。要加强教育新媒体建设，创新内容、形式、机制，突出媒体特色，善于设置议题，精准定位受众，强化效果导向。

会议表彰了 2016 年度浙江省教育宣传工作先进集体、浙江教育年度新闻人物和影响力人物、浙江教育新闻奖获得者。宁波大学、浙江工商大学、浙江商业职业技术学院、杭州市富阳区教育局、丽水市教育局相关负责人，年度新闻人物代表诸暨牌头中学教师王惠丰在会上进行了交流发言。

教育部新闻宣传中心执行副主任、教育部政务新媒体执行总编辑余冠仕作了专题报告。他结合教育部政务新媒体“@微言教育”等具体案例，就如何理解、怎样办好教育政务新媒体进行了深度分享。余冠仕认为，新媒体时代的传播形态、渠道和模式都发生了变化，传播的核心是人与人的沟通与交流，这个本质不会变。抓住这一本质，教育政务新媒体要以用户为中心，改变说话方式，做好政策“发布厅”、用户“服务厅”和新闻“茶餐厅”。教育官微联盟要上下联动做好沟通，让联盟“动起来”“联起来”“活起来”，打造教育官微“朋友圈”。

浙江各市、县（市、区）教育局有关负责人，浙江省部分高校宣传部有关负责人，浙江教育年度新闻人物和影响力人物，浙江省教育厅有关处室和直属单位负责人参加了会议。

会上，举行了中国教育政务新媒体联盟浙江联盟成立仪式，发布了《中国教育政务新媒体联盟浙江联盟宣言》：

一是坚持党性原则。坚定政治方向，坚持正确舆论导向，担负起时代赋予的职责使命，为坚持中国道路、弘扬中国精神、凝聚中国力量鼓与呼。

二是坚持内容为重。弘扬主旋律，追求真善美，讲好浙江教育故事，唱响浙江教育好声音，记录浙江教育改革发展的时代篇章。

三是顺应技术发展。勇立潮头，倾听时代声音，呼吸时代气息，和时代的节奏一起脉动，充分运用新技术新应用创新媒体传播方式，占领信息传播制高点。

四是发挥集群效应。以中国教育政务新媒体联盟为龙头，打造浙江教育新媒体矩阵，有效联动、资源共享、聚合传播，不断提高新媒体的传播力、引导力、影响力和公信力。

全国政务微博矩阵发展学术研讨会

活动名称：全国政务微博矩阵发展学术研讨会
主办单位：中国传媒大学媒介与公共事务研究院、人民网舆情监测室
承办单位：新浪微博
时　　间：2017 年 4 月 21 日
地　　点：四川・成都

2017 年 4 月 21 日，由中国传媒大学媒介与公共事务研究院联合新浪微博、人民网舆情监测室共同举办的全国政务微博矩阵发展学术研讨会在成都举行。研讨会聚焦政务微博矩阵发展建设、政务微博运营绩效评估与榜单改版议程，与会的全国政务微博矩阵运营代表和政务新媒体领域知名专家学者进行了开放、务实的研讨交流。

关于政务微博矩阵发展议程，中国传媒大学媒介与公共事务研究院政务新媒体实验室主任侯锷从习近平总书记关于网信工作的系列重要讲话解读，和近年来中办国办相关政务新媒体发展规范性政策研究的角度，对《政务微博矩阵审计考核评估表》以及配套的《政务微博矩阵管理体系考核指标对应政策解读表》进行了对应性专题诠释。

针对当前部分政务微博以蹭热点、蹭明星而竞逐“数据上榜”的虚假政绩现象，人民网舆情监测室朱燕披露了政务微博“十大蹭榜黑技法”，祝华新秘书长对当前政务微博绩效评估指标与榜单修订方案草案进行了讲解，并广泛征求和听取了与会代表关于政务微博排行榜的意见和建议。

此次研讨会闭会前，与会的全体代表就政务微博发展达成了“成都共识十条”，全文如下。

关于政务微博矩阵发展

一、政务微博矩阵发展模式，体现了以习近平同志为核心的党中央治国理政和网络强国“线上线下协同治理”的新理念、新思想、新战略，是全面深入贯彻习近平总书记系列重要讲话精神和推进中办国办相关政策实施的重要且可行的策略方案。

二、政务微博虽具有一定媒体属性，但其根本属性不是媒体，而是政民互动与服务的线上延伸，是党委政府走“网上群众路线”的最佳捷径和公信力建设的“窗口”。各级党政部门要充分运用好政务微博，在运营中应坚持以发布为基础、互动为核心、服务为根本。

三、政务微博矩阵的积极功能和根本意义在于，提高政务微博在组织层面回应政务舆情的综合“准备度”，建立健全网民诉求表达机制、民意利益协调机制和群众合法利益的保护机制，引导网民依法行使权利、有序参与舆论、理性表达诉求、依法解决纠纷，从而化解社会矛盾。

四、政务微博矩阵模式是通过互动和服务来构建党委领导、政府主导、社会协同、网民参与、法治保障的新型社会治理体制和格局，是解决当前政务微博组织创新能力不足、解决民意诉求期待不足，并激发政务微博传播与服务效能的系统的解决方案。

关于政务微博运营评估榜单

五、由于职能、层级、发展阶段的不同，不同系统政务微博的运营各有侧重。政务微博运营评估需逐步区分党务与政务、发布与服务类账号，对账号从政务职责、所在行业、所属层级等方面进行更细致的分类化评估，广泛发现优秀活跃的基层政务微博和坚持服务为老百姓办实事的政务微博，进一步激发全国政务微博特别是基层政务微博的创新活力与服务能力，提升广大人民群众的获得感。

六、公众对政务新媒体的第一期待是权威的政务信息公开与服务，政务微博的政务属性应大于其媒体属性，应为网民提供独家的政务信息，及时有效回复网民关切。政务微博需重视帖文的政务含量，鼓励多发布与本职工作、本地网民需求相关的政务内容，减少不相关的内容。同时倡导政务微博多发原创内容、改善内容同质化的现状，反对简单抄袭或转发热门内容。

七、积极鼓励政务微博重视微视频、网络直播等新型传播方式，努力占据新闻宣传的前沿阵地。

八、政务微博在发声、回应、与民互动时应保持谦抑包容的态度，语言应符合公职身份和职业伦理，反对官微运营人员借政务微博进行个体化、情绪化，甚至价值倾向明显偏激的表达。在突发事件和热点问题中，政务微博通过还原事实真相、做出理性解读或符合公权身份的表态，应从为人民服务的角度出发，重在弥合舆论撕裂、促进各方互相理解与达成共识。对于发言不当引起舆论撕裂的政务微博，将否决其带来的“数据性上榜”。

九、反对政务微博盲目追星，正如网友建言，“政务账号不该成为明星的‘粉丝团团长’”。对于一味“蹭明星热点”的政务账号，政务微博影响力榜单将采取减分、不计相关转评数据等相应举措。

十、政务微博榜单评估将避免仅靠转评数来考察运营绩效，引入网民点赞数等指标，综合考察博文的社会认同度。

附　政务微博十大“蹭榜”黑技法

朱燕　人民网舆情数据中心

为了更好地评估、把脉政务微博的发展现状，自 2012 年开始，人民网舆情监测室就制定了政务指数微博影响力排行，其他一些第三方机构和部分政务系统、地区内部也先后推出了一些有针对性的新媒体榜单。然而，这些榜单起到引领和示范作用的同时，部分政务机构由于盲目追求排名，采取了一些不恰当的手段“蹭榜”，对整个政务新媒体的生态产生了一定负面影响。比如最常见的“蹭热点”和“傍明星”行为，以及为博眼球的恶意营销，等等。

作为从事政务新媒体研究的一员，笔者一直在思考如何更为科学、合理地优化政务微博的评估体系。根据长期观察，笔者总结了政务微博十大“蹭榜”黑技法，并提出了相应的规避思路与措施，旨在促使政务机构反思政务新媒体生态、回归政务核心价值。

问题一：缺乏策划常常不合理“蹭热点”

政府机构工作内容相对严肃，把严肃内容进行通俗化演绎，需要有创意、接地气的策划。然而，部分政务微博由于自身原创能力和策划能力的缺乏，只能拙劣地“蹭热点”。比如在发布单调的政务信息时，增加不相关的热点话题标签，试图通过网民搜索来刷阅读量，某段时间内流行什么，就全部转发什么。比如近期李达康书记的表情包很火，部分政务微博直接拿来当配图，并不考虑与文章内容是否相符；有些账号急于在热点事件中刷存在感，匆忙间发表了不当言论，因为负面行为上了微博热搜榜……盲目“蹭热点”的实质，是政务微博对短期关注度的急功近利和对专业解读的不求进取。由于粉丝数、阅读量、转发量等数据被直接标注出来，是可以展示的“成就”“政绩”，而踏踏实实、基于网民实际需求的有效互动和服务，则不一定能体现。因此，部分账号不愿在内容和服务上下功夫，反而在搭热点事件的“便车”上越发积极，引发了网民对官微专业性和公信力的质疑。

如何把枯燥、严肃的政务内容变得更吸引人？其实可以“借船出海”，而“船”的形态多种多样，比如借势当下热门节目。春节期间《中国诗词大会》热播，“飞花令”也成为热门游戏，“@微言教育”和“@中国大学生在线”联合推出了#微言教育网络诗词大会#活动，玩转“网络飞花令”，受到不少网民喜爱……

问题二：为求关注沦为“明星后援会”

不少政务微博故意发布与业务内容或本职工作完全无关的明星信息，只为吸引粉丝关注从而提高阅读量、转发量。一些政务微博在“早安”“晚安”“心灵鸡汤”等本来就与本职工作无关的内容后面附上“小鲜肉”照片，而这些照片与微博内容也没有任何关联。有些在微博文章下，故意给出明星的微博话题吸引网民点击，而这些明星话题也与政务微博的内容八竿子打不着。还有些政务机构赋予一些明星诸如“荣誉大使”“代言人”等身份，自认为“名正言顺”地发布明星的动态、行程、照片，甚至为他们开设微话题，俨然成为打理明星微博的“经纪人”，或是其粉丝的“后援会”。

目前，蹭明星现象较为严重的主要有公安、团委、气象等系统，被蹭明星一般以“小鲜肉”为主，如王凯、TFboys、鹿晗、张艺兴是最易被“傍”的明星。部分政务账号对于某一明星特别热爱，几乎沦为其“微博后援会”。比如“@德州运河公安分局”“@柳州公安”最爱王凯；“@龙江气象”动辄就提许魏洲，甚至还常谈及其通告行程；“@江苏气象”最关注靳东；“@郑州市气象局”则是每天轮流发胡歌、王凯、鹿晗的相关信息……

问题三：“不务正业”眉毛胡子一把抓

不少政务账号在发布内容时脱离了机构的政务属性，本职内容与生活内容形成了“倒挂”，比较突出的几类表现有：打开官微页面，如果不看其账号名称，只看其发布内容，竟然辨别不出其所属系统；本职领域内容欠缺或是缺乏深度解读，网络流行语、表情包、段子充斥官微……

“@郑州市气象局”无关政务的内容较多，运营人员几乎每天都会发布自己的早晚餐照片。有网友质疑：“你要记住你是个气象博主，不是美食博主。”小编则回复：“对啊，我就是个爱吃的美食博主。”显然个人色彩太浓。

问题四：矩阵僵硬成为“工作 OA”

部分政务微博误以为矩阵建设就是兄弟单位或本地政务微博间简单的相互关注和转发评论，或者出于榜单的压力，上级单位要求下级单位对自身的微博内容进行转发、评论，以增强阅读量、评论数等。这种矩阵建设只是“表面上的”矩阵，或者说“僵尸矩阵”，矩阵的效用，并没有落到为民服务和与民互动的实处。

比如，山东环保类新媒体建设处于全国环保系统前列，近两年来，季度报告环保分系统榜单中，前二十位账号，山东省能占据一半，并且入围账号涉及省级、地市级、县级，整体实力较强，矩阵建设比较完善。以“@临沂环境”为例（其在季度环保分榜中常常位列前三），发布的环保领域内容不少，专业相关度较高，信息也较及时。但下面的转评赞几乎都来自兄弟单位和下属单位，且留言非常简单，仅仅是一个表情“点赞”，或直接转发，少有普通网民参与。相关负责人表示，“政务矩阵的建设确实很难，如果没有上级对下级的转发要求，可能这些系统内的互动都没有了”。这种两难的局面引人反思。

正面案例如“@湖南公安在线”跨境救助被困旅客。2017 年 3 月 23 日，“@湖南公安在线”发布文章，介绍通过微博互动，成功帮助因丢失护照而被困韩国首尔的湘南籍旅客小田回国的全过程。这已是年内“@湖南公安在线”第三次通过微博互动帮助境外旅客回国。相关负责人表示，“看起来是微博矩阵做得好，实际上线下工作我们没少做，我们与当地户籍等部门联系畅通，因此可以第一时间联系到相关办事机构。其实政务新媒体运营人员自身的体制内资源和人脉也很重要”。

问题五：只重发布而忽略跟踪跟进

在突发事件上，不少政务微博虽然在舆情回应方面做到了不失位、不失语，但信息公开“烂尾”的情况也频频出现。不少危机事件，由于事发突然且原因一时尚未查清，很多政务微博都会在初次通报中强调“正在调查”，承诺“查清后会进一步通报”。但从实际看，不少政务微博并没有真正履行承诺对这些事件进行后续跟进，许多通报中的“调查中”最终都成为信息发布的“口头禅”和“规定动作”，涉事地区或系统的官方微博的公信力受到影响。比如某地发生火灾，消防和公安类官微及时通报了火情和出警情况后，但没有公布后续的调查信息如起火原因、处理情况等等。

问题六：个体立场代替官方立场

随着政务机构对网络舆论场的谙熟，越来越多的政务微博做到了用接地气的语言、用“休闲装”而非“西装”的形象与网民互动。然而，官微用语的通俗化，有时也伴有个人化、情绪化的问题，特别是这半年来，部分政务微博的不当言论引起了网民的反感和抵触，甚至形成了政府部门整体的负面标签。

2017 年 2 月 25 日，国家旅游局宣布对云南丽江古城景区等 3 家 5A 级旅游景区做出严重警告处理决定。当地区委宣传部官方微博在与网民互动中称，“你最好永远别来！有你不多无你不少！”该条微博被截图并引发大量关注。同样，3 月 25 日晚，针对“山东辱母杀人案”，“@济南公安”疑似发布微博回应“情感归情感，法律归法律，这是正道”，此后又发布一张“毛驴撞大巴”图片，引发网民争议。

政务微博是政务机构对外展示的窗口，而非运营人员个人的宣传平台。政务微博运营人员在发声、回应、与民互动时应保持谦抑包容的态度，语言应符合公职身份和职业伦理，切勿借政务微博进行个体化、情绪化，甚至价值倾向明显偏激的表达。

问题七：政绩思维怒刷/买转评赞

目前，一部分政务微博不思考真正提高自己影响力的方法，却通过购买粉丝和转评赞的方式，恶意提升诸如粉丝数、转发量、评论量等数据，以提高服务力、互动力的得分。这些政务微博，表面看起来转评数据不错，但点进去，全是没有实际内容的留言，甚至只有表情、数字、字母的留言，明显出自专门用来刷数据的“小号”或“僵尸粉”。一些微博运营人员明确向笔者透露，“接到过卖转评赞的电话，但被我们拒绝了”。

问题八：恶意营销/态度傲慢不顾网民评价

部分政务故意借用出位的话语、立场、价值观，在热点事件或重大议题中博眼球，或是态度傲慢、无礼，不顾及网民的评价。目前政务微博排行榜的一个问题是，部分账号因为负面事件、话语、价值观吸引大量网友围观、转评，产生了“数据性上榜”的现象。

在2016年“王宝强离婚”事件中，“@菏泽巨野县法院”即时“表态”，微博发文“一纸声明，高下立判，王宝强就这样赶绝孩子他妈妈！”引发网友大量围观，该微博上了微博热搜榜，甚至成为商业网站的热点新闻。几天后，该条微博被删除，官微致歉。政务微博以这样的立场和话语表态，未免有失品格与风格，并且，官微本身的不当言论，成为次生舆情之一，对舆论场造成了极大撕裂。

2016年3月23日，“@湘潭公安”发布微博“唐嫣罗晋？长沙出太阳了？如何分辨自己的脸型？来看看湘潭公安微博，你不知道的事！”接下来就开始宣传用私信侦破案件的好事。

该微博本来是在讲好事，但是运营人员却将毫不相关的“明星”信息光明正大地放在第一行以刷阅读量。有网友对此表示“蹭热度能到这种不要脸的程度，不服不行啊”“sb从来不缺人”；还有网民表示“我就喜欢这种办实事的”。官微回复“蜀黍只是想让更多人知道，这样能更好地想网民之所想，急网民之所急”。其实，政务微博的“蹭热度”“傍明星”“恶意行销”，也与部分网民喜欢低俗内容的趣味有关，两者的“共谋”对舆论场生态造成了恶劣的影响。

问题九：泛泛互动难以有效服务

部分政务微博缺乏与网民的互动，粉丝留言数据也较少，有些即使有留言，也都是些无关紧要的内容或文字、表情，政务服务含金量较少。即使是在分系统内排名前二十的账号，不少微博下，连一条粉丝留言都没有。部分政务微博还通过购买留言的行为，以增加阅读量、转发量等数据。

正面案例如“@南京旅游”私信服务网民。“@南京旅游”曾向笔者谈及一个案例，“某网友在夫子庙为弟弟祈福，请了30元香，结果香没经手就被工作人员放入功德箱，他心里有意见，就私信我们。我们帮忙联系夫子庙，还一个一个功德箱去确认，最后协调完，夫子庙把请香的钱网上打给了他……其实网友私信我们，没有公开‘@’，已经很给面子了，因为如果事情处理不好，说不定就变成大舆情了。虽然这样的私信服务很多，但是由于评估机制的问题，我们在榜单上排名也不靠前，但我们还是会一直这样做”。

问题十：解构榜单远离政务核心价值

由于地区、系统、部门级别的差异，有时排行并不能完全反映实情，或是有所偏颇。另外，不少运营人员由于受到考核压力，也会绞尽脑汁地琢磨排行的指标，有时只在最有影响力的指标上下功夫；有时知道具体的指标后，达到相关的数据就算“任务完成”，并不考虑该微博发出后，具体起到了什么样的作用；有时还雇佣相关运营公司刷数据……排名本身是为了有关部门对各政务新媒体的发展有个大概的了解与把握，也起到表扬先进、刺激落后的作用，但当只追求排名，或是对排名的重视超过了政务服务本身时，榜单原有的意义已经被解构，甚至产生了反效果。

其实部分优秀的政务微博，已经开始不讲究粉丝与榜单排名，而是回归本职工作，认为“基层政务微博不用和中央级官微比影响力，把本地服务做好即可”。比如“@湖南公安在线”表示“领导很开明说不用太关注排名，把内容做好就行”。

榜单改进设想

1. 在评估体系中，使用技术手段剔除“蹭热搜”、“蹭明星”、蹭热点等的微博数据；
2. 政务微博评估指标增加“专业指数”；
3. 对宣传类和服务类微博进行区分；
4. 优化私信数据考核；
5. 对于政务微博因负面事件、恶意营销产生的转评数据，进行删除或减分；
6. 对重大舆情的信息发布、回应情况都予以跟踪，不当的情况进行扣分，等等；
7. 年度报告排名中增加专家人工评分项，增设类似“专家奖”等鼓励优秀政务微博；
8. 年度排行中加入抽检和举报环节等等。

结语

为了改善政务新媒体生态、更合理地评估政务微博的发展，2017 年 4 月 21 日，由中国传媒大学媒介与公共事务研究院、人民网舆情监测室联合新浪微博共同举办的全国政务微博矩阵发展学术研讨会在成都举行。会议围绕政务微博矩阵建设、政务微博运营绩效评估与榜单改版，达成了政务微博发展“成都共识十条”。接下来，政务微博评估体系也将围绕这十点共识，进行新一轮的修订和完善，对政务微博进行更为科学、公平、公正的系统评估和规范引导。

第四届“检法系统新媒体应用案例”推荐活动颁奖仪式暨研讨交流会

活动名称：第四届“检法系统新媒体应用案例”推荐活动颁奖仪式暨研讨交流会

指导单位：光明日报社、中央政法委政法综治信息中心、最高人民法院新闻局、最高人民检察院新闻办、中央网信办移动局

主办单位：光明网

协办单位：派派

时　　间：2017 年 5 月 26 日

地　　点：北京

2017 年 5 月 26 日下午，由光明日报社、中央政法委政法综治信息中心、最高人民法院新闻局、最高人民检察院新闻办、中央网信办移动网络管理局指导，光明网主办、熟人社交软件派派协办的第四届“检法系统新媒体应用案例”推荐活动结果正式揭晓，活动颁奖仪式暨研讨交流会在京举办。会上公布了“十佳新媒体案例”获奖名单，并为获奖单位代表颁奖。

目前，以数字化、互联网为代表的新媒体正大力改变着司法公开的方式，为满足大众的知情权提供了新的传播渠道。从本次活动征集的案例中不难看出，检法系统通过两微一端、头条号等多种平台，运用图文、视频、漫画、直播、H5、VR 全景、人工智能等多种新媒体形式大力推进阳光司法。这些都体现了政法机关努力适应移动互联网时代信息传播需求，打造信息传播新平台的积极表现，也是主动掌握舆论引导权，引导媒体对案件规范报道，健全司法机关监督制约机制的体现。

光明日报社副总编辑陆先高在致辞中表示，光明日报社深度研判和把握媒体融合的大趋势，建立起了以光明网、融媒体中心为核心，以优质内容、新技术、新应用为基础的融媒体发展格局，愿与全国检法系统一道，积极运用新媒体、新技术进行司法信息的有效公开和互动，做检法系统应用新媒体进程的推动者。

颁奖仪式后，各家获奖单位代表围绕新媒体领域的创新举措和经验，就当前环境下人民法院、检察院如何利用新媒体形式多样、互动性强的特点促进阳光司法、公正司法进行了现场交流。

北京市高级人民法院政治部副主任、新闻办主任郭京霞介绍道，该院审理的案件中，复杂、新类型案件，涉明星犯罪案件层出不穷，因此，在策划新媒体作品时，要努力寻找审判执行和社会关注的“结合点”。北京市通州区检察院党组书记、检察长祁治国在交流时说，通州检察一直致力于以专业视角发检察之声，第一时间帮助公众辨明真伪。云南省高级人民法院分享了用 VR 全景式体验的方式引导诉讼参与者体验法院诉讼、立案、审判工作的大致流程。

经过全国法院和检察院的大力推荐，本次活动共有 32 家法院、60 家检察院通过初选进入网络投票，期间约有 198 万人次参与了投票。经过网络投票、评审委员会审议，共有 20 家单位获得“十佳新媒体案例”奖，法院和检察院各十家。

经过前三届活动的沉淀和积累，光明网组织的检法系统新媒体应用活动已形成品牌。在未来，光明网还将继续深耕检法系统新媒体应用这个具有深远意义的课题，积极开展司法机关与媒体的良性互动。

“十佳新媒体案例”获奖名单（排名不分先后）

法院

北京市高级人民法院
重庆市高级人民法院
云南省高级人民法院
黑龙江省高级人民法院
北京市第一中级人民法院
天津市第二中级人民法院
北京市第四中级人民法院
江苏省南京市中级人民法院
广东省佛山市中级人民法院
福建省三明市中级人民法院

检察院

江苏省人民检察院
山东省人民检察院
北京市人民检察院第四分院
甘肃省人民检察院
北京市通州区人民检察院
海南省海口市人民检察院
广东省深圳市福田区人民检察院
湖南省娄底市娄星区人民检察院
福建省福州市鼓楼区人民检察院
四川省攀枝花市东区人民检察院

新媒体与青年工作创新研讨会

活动名称：新媒体与青年工作创新研讨会
主办单位：中国青年政治学院、北京大学新媒体研究院
承办单位：中国青年政治学院新闻传播学院新媒体与青年发展中心
时　　间：2017 年 6 月 17 日
地　　点：北京 · 中国青年政治学院

2017 年 6 月 17 日，由中国青年政治学院、北京大学新媒体研究院主办，中国青年政治学院新闻传播学院新媒体与青年发展中心承办的 2017 年“新媒体与青年工作创新研讨会”在中国青年政治学院举行。中国青年政治学院副校长林维教授、北京大学新媒体研究院院长谢新洲教授出席会议并致辞，对新媒体研究和青年工作领域的定期交流与对话表示支持和期待。同时，来自共青团中央、北京大学、中国青少年研究中心、北京师范大学等高校、青少年研究机构的专家学者也齐聚中国青年政治学院，就如何利用新媒体加强服务青年的阵地建设、青年工作的具体部署等议题展开研究与讨论。

本次研讨会由中国青年政治学院新闻传播学院执行院长罗自文教授主持，中国青年政治学院新闻传播学院杜智涛副教授首先介绍了新媒体与青年发展研究中心的基本工作及本次会议的主要议题，包括剖析近期中共中央、国务院印发的《中长期青年发展规划（2016 ~ 2025 年）》中对青年工作创新提出的新要求；探讨新媒体环境下青年工作面临的新形势与新问题；探讨团组织微信公众号建设的功能定位与传播效力；分享基层团组织微信公众号建设经验等等，并启动了 2017 年基层团组织新媒体运营情况的调研工作。

随后，谢新洲教授以《新媒体与青年研究：当代中国的“显学”》为题首先发言。中国青少年研究中心副主任张良驯则对《青年发展规划》进行了深入剖析，阐述了其对于青年工作的创新意义。同时，共青团中央学校部副部长廉思教授从时代角度出发，以《大变革时代中国青年发展趋势》为题进行了发言。共青团中央宣传部网络舆论处处长、中国青少年新媒体协会副秘书长吴德祖结合微博、微信、QQ 等各个平台上“共青团中央”账号的发展和建设实践，理论联系实际，具体介绍了新媒体围绕团中央日常工作进行的宣传工作。除此之外，北京师范大学新闻传播学院的徐敬宏教授、《中国青年报》评论部冯雪梅主任、中国青年政治学院青少年研究院青年研究所所长沈杰、北京市团市委网络发展中心副主任陈永伟，以及新媒体与青年发展研究中心研究员余晶莹也进行了精彩发言。

最后，在场专家学者就 2017 年基层团组织新媒体运营情况的具体调研安排、“新媒体与青年政治参与研究”的设计思路与调查问卷进行了热烈探讨，为下一步的青年工作研究提出了思路与建议。

2017“互联网+城市交通管理”创新论坛

活动名称：2017“互联网+城市交通管理”创新论坛
活动主题：“智交通·大出行·新生态”
指导单位：公安部交通管理局
主办单位：公安部交通管理科学研究所、高德地图、新浪微博
协办单位：清华大学可持续交通研究中心
支持单位：公安部道路交通安全研究中心
时　　间：2017年7月26日
地　　点：北京

2017年7月26日，由公安部交通管理局指导，公安部交通管理科学研究所、高德地图、新浪微博联合主办的2017（第二届）“互联网+城市交通管理创新”论坛在北京举办。本次论坛以“智交通·大出行·新生态”为主题，共同探讨城市交通管理创新方法和新思想，进一步提升政府职能部门的决策水平和社会服务能力，为智慧交通乃至智慧城市的建设，提供智力支持。

公安部交通管理局副巡视员李泽军参加会议并致辞，公安部交通管理科学研究所所长王长君、高德集团总裁俞永福、中国城市规划设计研究院智能交通与交通模型所所长吴子啸、新浪微博CEO王高飞、摩拜单车CEO王晓峰等机构、企业的领军人物分别围绕互联网+交通管理中的出行服务创新、城市交通的互联网+进化论、城市交通特征与规律的大数据解析、基于微博等新媒体平台的服务创新以及共享出行的城市责任等议题进行了专题分享。演艺界明星汪峰也专门为此次论坛发来视频，呼吁公众携手，倡导绿色出行。

论坛期间，“数据创新·服务民生”城市交通管理创新应用和“文明交通·智慧出行”城市交通管理创新宣传两个分论坛亦成功举办。中国传媒大学媒介与公共事务研究院政务新媒体实验室主任侯锷进行了“交通新媒体矩阵发展解读”的主题演讲。来自全国各地交通管理部门的创新带头人分享了交通管理领域的创新案例，如武汉市交管局在交警智能化智慧化建设上的探索与实践，深圳市交管局运用互联网+手段构建“民意引领警务的社会共治格局”，上海市交警总队“互联网+公安交通管理”的实践，广州市智能交通信号灯探索，以及苏州市公安局互联网+交通事故研判分析平台等。

据悉，在公安部交通管理局、公安部交通管理科学研究所等单位的指导和支持下，高德地图已经与国内包括北京、上海、广州、深圳等在内的100多个城市就建设“智慧交通”展开合作。同时论坛也举行了2017年度“互联网+城市交通管理”十佳创新奖、“互联网+城市交通管理”十佳飞跃奖以及“互联网+城市交通管理创新”十佳交警直播账号、全国交警执法直播十佳主持人四大奖项的颁奖仪式。

公安部交管局相关负责人表示，公安交通管理部门将继续以“互联网+”为驱动，通

过信息化、智能化、技术化引领大数据时代公安交通管理发展，与相关企业加强合作，全方位推动交通管理领域的技术创新、产品创新、服务创新、模式创新，营造更加安全、文明、绿色、和谐的道路交通环境，让广大民众切实享受到更多“互联网＋”的创新红利。

附：中国传媒大学媒介与公共事务研究院高级研究员侯锷在论坛的演讲实录：公安交管新媒体应建立治理型的“大交通”矩阵

顺应移动互联网发展规律，创新互联网＋交通治理

中共十八届三中全会通过的《中共中央关于全面深化改革若干重大问题的决定》专列一章部署创新社会治理体制，这是我党成立以来在党的正式文件中第一次提出“社会治理”概念。从“社会管理”到“社会治理”，体现了党的执政理念的转变和提升，那就是从传统的单一政府管制方式向多元主体参与的共商共治发展，从单一政府行政手段向“以人民为中心”的群策群力和多种手段并用发展。正如习近平总书记所指出的：“治理和管理一字之差，体现的是系统治理、依法治理、源头治理、综合施策。”因此，在当下互联网日益深刻影响社会全面发展的大时代和大背景下，我提议，在交通管理领域，我们是否也应当顺应移动互联网发展的大潮流，遵循新媒体传播规律，继续加强和创新构建交通管理，在交管领域同样形成由“交通管理”向“交通治理”的精细化管理升级，进而构建党委领导、政府主导、社会协同、网民参与、法治保障的新型交通治理格局。

当前，我国的社会治理模式正在从传统“家长式”的政府单向管理转向政民（借助新媒体平台）双向互动，从以前没有互联网参与的单纯线下管控转向互联互通互动的线上线下融合，从原有单纯的政府监管向更加注重社会参与的协同治理转变。同样，在交通管理领域，亿万网民借助移动互联网随时随地分享自己的衣食住行、生活体验和公共评议，特别是在“行”的方面，对文明出行、有序通行和道路畅通非常关切。因为，没有人愿意固守宅居而放弃户外的阳光世界。因此，对于线下交通治理的所见所闻、切身感受，甚至关于交通治理现象和问题的监督、思考意见和优化建议，也会自然而然地被他们表达在自己的社交媒体，尤其是开放交互传播的微博。可以说，微博最大限度地满足了人民群众的知情权、参与权、表达权和监督权。如此以来，社会是社会的社会，城市是市民的城市，交通也必然是通行者、交通参与者的交通，而不再是政府的社会、市长的城市和交管部门的交通，这是社会治理的回归，也是今天我们所探讨互联网传播环境下的大交通治理的回归。通过微博观察，我们也欣喜地见证着这一场万众参与共商共管共治的，正在进行着的别开生面的“互联网＋交通治理”的伟大实践和深刻变革。

目前，随着我国改革开放的深化发展，全国正处于决胜全面小康社会的历史性阶段，人民群众的物质文化生活水平持续提高，各大城市的机动车保有量继续攀升。然而近来来，即便是三线城市，交通拥堵也已日渐成为普遍现象，这也成为人民群众呼声最高、忍耐力最差的民生焦点。一方面，我们观察到，由此所滋生和引发的交通安全事故、社会热点舆论事件和直接构成对群众生命财产的损害也愈来愈多，交通治理作为城市治理的“顽疾”之一，也面临前所未有的挑战和社会期待。而另一方面，在这种网络参与下的社会发展的转型期，不仅仅是公安交管业务，各个政府职能部门在各行各业的公共事务服务方面，人手不足、财政投入欠缺（比如说，城市交通监控设备覆盖率低）成为最普遍和乏善可陈的两大困惑。

由此导致的现状是，城市交通治理的问题日趋繁重而窘迫，民众对交通改善的诉求愈发难以满足，而城市交管部门的行政者却愈发疲惫乏力，形成了一个恶性循环的怪圈。这难道真是城市文明发展所催生的“交管癌症”吗？我看不是，根本在于我们的交通管理思路与治理思维僵化和落伍了，没有与日新月异的新媒体时代与时俱进。我们对社会参与力量没有足够的重视，对新媒体参与下的网络社会力量没有充分的借力，正处于一种刻舟求剑的尴尬境地。

当然，就全国范围来看，互联网+交通治理已经有了先行者，而且他们借助新媒体与社会民众互动服务的创新实践已经产生了积极良好的社会效益。以政务微博“@深圳交警”为例，我们先来分享深圳交警在2015年微博上的一则实例。

2015年10月17日下午，有深圳市民网友在其微博上发出了一条在南光高速公路上用手机现场抓拍、移动即时发布的9辆占用应急车道行驶的交通违法车辆，车辆牌照清晰可见，并“@”深圳交警官方微博。微博发出后5分钟，“@深圳交警”快速响应并互动回复，“占用应急车道9辆车，共（罚）27000（元），（扣）54分。核实后，我们将奖励你450元”。围观的网民欢呼雀跃，一来为深圳交警的雷厉风行表示赞许，二来在微博上“奔走相告”，并热情表示“以后坐车再也不睡觉了”“现在就开车去高速拍照”“以前错过了不少发财的机会”等等，一时间热闹非凡，该条微博也被迅速转评互动3万多次。在这里，我们所看到的正是深圳交警为全国全网所奉献和呈现的最为典型的“互联网+交通治理”模式。这种模式就是交管创新的“网络群众路线”，借助并发动群众参与的力量，以政民互动为基本行为范式，来进行系统而广泛的城市交通违法的共同治理。

同时，我们所看到的是一种借力互联网参与的治理机制，即线上线下一体化融合的警务协调机制。由此我们也可以真实地感受到另一种交通治理场面：路面警力不足？现在7X24小时全天候服务，路面只要有车辆，车内的司乘人员就是流动巡查、协助执勤的“便衣交通警察”！一些路段没有安装摄像头？只要你敢侥幸交通违法，任意目击者随时随地抓拍的手机，就是随处自由安放的移动摄像头！这是一种最为精益的交通治理机制，也是一种最为精细化的交通管理和治理手段。走的是网上群众路线，打的是交通治理的“人民战争”！

事实上，自2014年“@深圳交警”就利用微博开设了#微博查违法#栏目，接受网友举报。仅2017年1月至5月，深圳交警就接受网友微博参与的交通违法举报9466宗，依法查处510宗；通过#微博查违法#、#交警队喝茶#等微博话题公开发布109宗。通过这一则案例的实证分析我们可以看出，深圳交警通过微博调动了最广泛的社会力量参与到城市交通共治的公共事务中来。或许有些朋友会说，这有什么稀罕的，这不就是多年前微博上早就有的“随手拍”吗？我想说，“随手拍”只是民众自觉自愿随手拍照进行网络参与行为的第一步，难得的和至为关键的是后一步，也就是认认真真、扎扎实实地把这些“随手拍”来的社会和城市治理的死角、盲区、问题加以重视，并且机制化、常态化地将其纳入政府行政的业务流程中来，事大事小都把事当事，做到事事有回音有落实。而不是叶公好龙式的停留在口头动员或流于形式，而真正在问题面前时，却视而不见不回应，置若罔闻不行动。重视民意，关键在于尊重民意、顺应民意、吸纳民意并执行民意，这才是真正的“以人民为中心”的“互联网+交通治理”。

面对全面升级的新型“政务舆情观”，公安交管新媒体积极创新应用

十八大以来，习近平总书记对互联网安全和信息化工作高度重视，先后多次发表专题系列重要讲话，与此同时，在每一次重要讲话的背后，中办国办国信办也均及时跟进出台的一系列相关规范性政策文件，对如何利用好政务新媒体沟通和服务社会，提供了一系列的规范指引和标准。譬如2013年“8·19”讲话之后的“100号文件”，2016年的3次重要讲话后，先后密集性出台的“8号文件”“61号文件”“80号文件”，以及2017年以来的“24号文件”和国办公开办的“13号函”等等，都全面、系统地阐述和规范了当“网民来自老百姓，老百姓上了网，民意也就上了网”之后，党务政务工作如何与互联网融合相嵌来全面开展政务公开工作，以及在政务公开过程中及时回应社会关切和政务舆情的相关具体要求。特别是2016年的“61号文件”《关于在政务公开工作中进一步做好政务舆情回应的通知》中，首次创新性地命名和使用“政务舆情”，反映出国家治理对于来自网络空间的“网络舆情观”的重大理念升级。即赋予了“舆情”在社会治理层面的紧密关联性：“网民”的背后是“公民、市民”，“舆情”的背后有民生，民生的背后是政务服务的责任，从而贯通了从“舆情”到“政务”的政府主导责任和主动担当意识。

这种新型的“政务舆情观”，对于全国公安交管结合新媒体的创新治理，同样具有极大的指导意义。

当越来越多的老百姓上网以后，快捷的自媒体生产和传播方式能够使广大网民将线下交通管理的现场，以图文信息、短视频等方式即时上传至网络，从而由围观公议形成相关的政务舆情。与其说他们手中是一部部手机，传播的是一条条见证性的交通实况，不如说那是散布于城市角落的公共信息采集员和终端记录仪。问题在于我们以怎样的心态和姿态去积极地和网民交互、回应，并进一步地不断完善、改进和创新我们的治理机制。

当前，全国交警新媒体在交通安全宣传教育、路况发布和疏通引导、交通安全执法直播、警民互动交通治理以及应急协同服务群众等5个方面做出了大量的实践和创新应用，但是从整体表现来看，后两个方面相对较弱，需要从以自我为中心的宣传、向网民所期待的互动与服务两个方面来进行升级和深耕细作，进一步加强新媒体在交通治理方面的综合服务效能。基于良好互动的社会舆论效益才是最好的宣传，也是最好的交通安全教育，而这一切只是过程，政民同心共治所达成的“善治”交管格局，才理应是我们所要实现的终极目标。

公安交管新媒体应建立服务型的“大交通”矩阵

目前，全国公安交管新媒体内部垂直矩阵已经形成，从最上层的公安部交管局到各省市区的公安交管部门，再到县市区的公安交警、高速交警等等，自上而下、横向分工业已形成纵横交错的矩阵架构。但是，客观理性地来观察和评价，当前的公安交管矩阵还不健全不完整，矩阵的效力尚未全面或实质性地发挥出应有的功效。主要表现在矩阵流于外在表面的形式化。矩阵不是简单的散兵游勇式的账号图标堆砌，而是矩阵成员在业务流程与协作关系上的关联；矩阵不是成员单位账号的“集合点名”，而在于由其内部的沟通联动，一致性地对外部社会网民进行互动服务；矩阵不是公安交管内部兄弟单位之间简单的协同转发，以成为声势浩大的“仪仗队”，或者彼此成为单一宣传职能的“啦啦队”，而是以上下左右（多层级、跨区域、多警种、多主体）的紧密协作和协同，快速响应民意诉求、解决具体问题、化解交管政务舆情潜在的社会矛盾。

在此，我想提示各位，为什么今天我们在探讨和解读交管新媒体发展的逻辑上，先探讨的是政务新媒体如何面对社会公众的参与，而后再说“矩阵”的话题。前者，可以说是政务新媒体在“单兵战术”层面的政策和理论解读，而后者是组织层面的“集团战略”。正如从现实的国际社会发展格局来看，没有哪一个国家可以在自身发展过程中独善其身，因此习近平总书记在全球治理中提出了“人类命运共同体”的概念和理念，以“共建共享”为治理之本，意在加强世界各国之间合作交流。从微观到全国交通治理视之，大交通如何服务于大社会，同样需要“共”的理念和组织行为来确保落实。

譬如，我们虚拟一个特殊场景。今日凌晨，一场百年不遇的暴风骤雨突袭某市，道路两旁的大树被连根拔起，或遮挡了交通信号灯和标志路牌，或横亘于马路中间截断交通。同时，自然灾害造成某路段供电线路中断，道路护栏受压后严重损毁、路面碾压后出现坑洼，有排水井盖破裂并被垃圾等异物堵塞，已形成区域性严重积水……与此同时，因该恶劣自然灾害事件的连锁损害，倒下的大树砸中一辆路边的通行车辆，车内有司乘人员受伤并困于车内，现场情况危急。在这一特殊的场景和情境下，同一事件，必然引发多角度、多维度的网络舆论关注和社会关切。尽管突发事件的主场景和焦点问题依然是交通应急业务，但是却全然不可能是公安交警这一独立职能可以“全能型”线下作业处置、线上权威发布来引导舆论的，其涉及路政、运政、市政、城管、园林、电力、卫计委、宣传等多个职能部门，只有通力合作、各司其职，线下大救援，线上“大矩阵”方可全面立体地展开工作。垂直指挥、横向协同、服务民众，展示给网络社会的是政府多主体参与、多职能协同、多层次联动，以及跨区域驰援的线上线下合作机制。这就是线上矩阵的意义。

最后，必须明确一点，当前关于新媒体的“矩阵”已经被严重套用和滥用，出现了许多完全概念化了的“伪矩阵”。“新媒体矩阵”绝不是传统媒体、网站或类网站的“信息孤岛”，矩阵的核心和本质内涵是“一共三互”，即矩阵成员主体间的目标共存（实现交通治理的文明、有序和畅通）、关系互联（直接关联）、信息互通（直接对话）和行为互动（直接交互）。此四大要素如果缺其一，都不是真正意义上的矩阵。从这一角度来讲，除了微博完整地具备矩阵的形式要件和传播机理，其他新媒体平台上的账号主体，虽然存在于同一个媒介平台空间，但彼此之间“老死无法往来”，只能“遥相致意”进行内容的“搬运”或“转载”，均只能以“序列”和“集群”的游离态存在。因此，我们今天所探讨的公安交管“新媒体矩阵”，也只能是“微博矩阵”，谢谢大家。

附录

2017“互联网+城市交通管理”十佳管理创新奖

上海市公安局交通警察总队：交通违法治理创新

广东省广州市公安局交通警察支队：基于互联网+交通大数据的信号灯控制

广东省深圳市公安局交通警察局：勤务管理的精细化和机动化

湖北省武汉市公安局交通管理局：互联网+综合出行服务

广西壮族自治区南宁市公安局交通警察支队：电动自行车综合治理

浙江省杭州市公安局交通警察支队：文明礼让斑马线

江苏省无锡市公安局交通警察支队：基于汽车电子标识的重点车辆监管

山东省济南市公安局交通警察支队：改善慢行出行环境

陕西省西安市公安局交通管理局：停车综合治理

浙江省海宁市公安局交通警察大队：精细化交通组织和信号控制优化

2017 年度全国交警微博执法直播十佳账号

天津市公安局公安交通管理局官方微博：@ 天津交警
吉林省公安厅交警总队官方微博：@ 吉林省交警总队
陕西省西安市公安局交警支队官方微博：@ 畅通西安
江苏省无锡市公安局交警支队官方微博：@ 无锡交警
山东省青岛市公安局交警支队官方微博：@ 青岛交警
山东省潍坊市公安局交警支队官方微博：@ 潍坊交警
江西省公安厅交通管理局官方微博：@ 江西省公安厅交通管理局
广东省深圳市公安局交警支队官方微博：@ 深圳交警
湖南省长沙市公安局交警支队官方微博：@ 长沙交警官方微博
云南省昆明市公安局交警支队官方微博：@ 昆明交警

2017 年度全国交警微博执法直播十佳主持人

北京市公安局公安交通管理局朝阳支队：敖翔
天津市公安局公安交通管理局：倪文竞
吉林省公安厅高速交警总队：王卓
辽宁省锦州市交警支队：孙丰月
江苏省无锡市公安局交警支队：夏哲
浙江省杭州市交警支队：潘鸿江
山东省潍坊市公安局交警支队：郭诵
湖北省武汉市公安交通管理局：焦艳
广东省深圳市公安局交警支队：熊崇君
广西壮族自治区南宁交警支队：吴舜

2017 年度“互联网＋城市交通管理”十佳微博飞跃奖

北京市公安局公安交通管理局官方微博：@ 北京交警
河北省石家庄市公安局交通管理局官方微博：@ 石家庄交警
内蒙古包头市公安局交通管理支队官方微博：@ 包头交警
重庆市交警总队官方微博：@ 重庆交巡警
山东省济南市公安局交警支队官方微博：@ 济南交警
浙江省宁波市公安局交通警察局官方微博：@ 宁波交警
河南省郑州市公安局交通巡逻警察支队官方微博：@ 郑州交巡警
广东省广州市公安局交警支队官方微博：@ 广州交警
广西壮族自治区南宁市公安局交警支队官方微博：@ 南宁路况
甘肃省兰州市公安局交警支队官方微博：@ 兰州公安交警

2017 政务 V 影响力（年中）峰会

会议名称： 2017 政务 V 影响力峰会
会议主题： 新标准·新模式·新起点
主办单位： 人民日报社新媒体中心、微博、新浪网
时　　间： 2017 年 7 月 28 日
地　　点： 天津滨海新区

2017 年 7 月 28 日，由人民日报社新媒体中心、微博、新浪网联合主办的 2017 政务 V 影响力峰会在天津滨海新区举行，来自中央网信办、人民日报社、滨海新区和全国各地的政务微博一线运营人员参加了此次峰会，围绕“新标准·新模式·新起点”的主题展开研讨。会上，人民日报社公布了新版“政务指数”评价体系，微博正式宣布推出“政务微博矩阵升级计划”。该计划旨在推动政务微博运营实效升级，“@ 共青团中央”“@ 中国反邪教”“@ 滨海发布”“@ 成都服务”“@ 湖南公安在线”等 13 家机构首批加入。

人民网舆情监测室在峰会上发布了新的政务指数微博影响力评价体系。人民网舆情监测室常务副秘书长单学刚介绍，新的评价体系有几大变化。第一，结合账号职能对政务微博整体进行了更科学的分类，并针对不同分类制定了不同的评价指标权重——职能部门侧重考察其“服务力”，宣传部门则侧重“传播力”，同时取消总榜，代之以更细化的行业分榜，鼓励政务微博专业化、差异化发展；第二，对考核指标进行调整，增加了以点赞率作为基础的“认同度”指标，将网友对政务微博的态度直接纳入评价体系中；第三，鼓励政务微博多发布与自身职能定位相关的内容，因此在考核时将剔除因不当言论和与账号自身职能无关的言论带来的数据；第四，新的评价体系中还加入了视频指数，鼓励政务微博多使用视频、直播等新型传播方式。此外，年度政务指数报告公布前，还将增加公示环节，并邀请专家对政务微博进行专业评审，并引入公众监督、举报涉及“负面事件”、“数据性上榜”、恶意营销等行为的账号。

峰会上，中国传媒大学媒介与公共事务研究院高级研究员、政务新媒体实验室主任侯锷针对年初“2017 政务 V 影响力峰会（广州）”发布的政务微博矩阵标准体系，从理论与实践，新理念、新思想、新战略和中办国办政策三个层面，进一步对政务微博矩阵发展建设标准进行了《政务微博矩阵管理体系考评指标综合解读》的专题讲解。侯锷指出，2017 年 5 月，国务院办公厅政务公开办公室发出《关于进一步做好政务新媒体工作的通知》，指出部分政务新媒体存在“有平台无运营”“有账号无监管”“有发布无审核”的问题，明确要求开设政务新媒体要集中力量做优做强一个主账号，有条件的地方和部门要建立上下联动、整体发声的新媒体矩阵，这为政务新媒体的升级指明了方向。作为国内最大的政务新媒体平台，微博在矩阵化方面已经具备了体量庞大且结构完备的基础，在越来越多的地区和行业中，微博矩阵日趋成熟，并涌现出“@ 问政银川”“@ 成都服务”“@ 湖南公安在线”等多

种类型的政务微博矩阵。

作为平台方，为更有效推进政务微博矩阵的发展，微博在峰会上宣布推出“政务微博矩阵升级计划”，从矩阵管理产品、权益资源两个角度赋能政务微博矩阵，从而确保参与该计划的政府机构完善矩阵构建、强化矩阵组织管理、全面提高矩阵效能和影响力。会上，“@共青团中央”“@中国反邪教”“@滨海发布”“@天津交警”“@成都发布”“@成都服务”“@湖南公安在线”@南昌铁路”“@昆明发布”“@平安洛阳”“@沈阳环保”“@问政银川”“@新疆检察”等13家机构，联合微博共同启动“政务微博矩阵升级计划”，成为该计划的首批合作机构。

峰会还揭晓了通过公开征集、评议最终选出的政务服务矩阵、政务服务案例、基层政务微博、创新应用案例、快速响应案例、政务公开案例、服务力话题、知政观察团观察员八大类奖项。“@问政银川”“@昆明发布”“@成都服务”“@天津交警”“@固原发布”“@新疆检察”“@平安洛阳”“@深圳交警”“@沈阳环保”“@马鞍山发布”获得十佳政务服务矩阵。

当天，微博和人民网舆情监测室还联合发布《2017年上半年人民日报·政务指数微博影响力报告》（简称“报告”）。数据显示，截至2017年6月30日，经过新浪平台认证的政务微博达到171411个。与一季度相比，各省政务微博拥有率并未发生明显变化，但活跃度显著提升。

在竞争力前十的省份中，中西部地区和东部地区各占五个。不过整体而言，东部地区省份的竞争力仍然领先。城市竞争力方面，前十名的城市保持稳定，不过前一百名中有30%的城市排名相比上季度提升了10位以上，二线中等发达城市与三四线城市间的竞争尤其明显。

作为国内最大的政务新媒体平台，微博始终致力于为政务微博提供更好的产品和服务。随着评价体系的全面升级，以及政务微博矩阵升级计划的推进，政务微博的运营实效有望得到进一步提升。

峰会同期举办了“V力汇聚滨海”大V行活动，来自全国极具影响力的政务微博代表和微博自媒体齐聚天津，通过走访考察天津国际邮轮母港、华泰汽车有限公司生产线、卡梅隆公司、海鸥手表厂、滨海新区文化中心、天河一号超算中心、康师傅方便面印象馆、中新天津生态城、滨海航母主题公园、大沽口炮台遗址博物馆等滨海新区优秀企业和地标性城市景观，深入了解滨海新区在经济、政治、文化、城市风貌等方面的特点，多维度、全方位地展现了滨海形象。百名政务大V亲身感受了滨海风貌和新区政企创新，和千万网友一起品读滨海韵味、感知新区发展。

中共天津市委宣传部副部长、网信办主任王芸致辞实录

各位领导，各位来宾，媒体朋友们：

大家下午好！今天我们共聚“新标准·新模式·新起点——2017政务V影响力峰会”，把脉政务微博发展趋势，分享“互联网+政务服务”的创新经验，这既是一件大力繁荣网络文化的盛事，也是一件推进政府治理能力现代化的大事。在此，我代表天津市委网信办、天津市互联网信息办公室向大会的召开表示热烈祝贺，对出席大会的领导嘉宾、专家学者和各界朋友致以诚挚的问候和衷心的感谢。

作为政务公开和政民互动的首选品牌，政务微博已成为“互联网治理”与“社会治理”两大时代命题同频共振的重要载体，在社会管理创新、政府信息公开、网络舆论引导、倾听民众呼声、树立公众形象等多个方面发挥着不可替代的作用。我们看到，随着众多政务微博的日益活跃，在网络舆论生态中，微博的自净功能正在显现，理性声音已显著增强。政务微博的快速崛起和稳健发展，彰显了新媒体时代政府的传播自信，也为党委、政府了解民情民意、汇聚民心民智提供了“快速通道”。

近年来，天津市各级党委政府认真落实中央和市委、市政府的部署要求，积极借助互联网问政于民、问需于民、问计于民，把网上民生诉求摆到党委政府最贴近的案头去解决，通过“互联网+”的工作方式，权威解读政策，积极回应关切，为群众做好事、办实事、解难事。“上网察民情，下网解民忧”正日益成为天津市推动政府治理能力现代化的新风尚，形成了以“@天津发布”为龙头，以市级党政部门、区、团体企事业单位为骨干的政务微博矩阵，涌现了“@滨海发布、@平安天津、@天津气象、@天津消防、@津彩青春”等一大批覆盖面广、传播力强、影响力大的政务微博。作为其中的佼佼者，“@滨海发布”主动创新技术手段，利用移动视频直播，全面展示滨海新区发展成就，多媒体报道重大活动，把政府服务延伸到网友身边，荣获京津冀政务新媒体影响力奖和最佳政务直播奖，打造了“移动直播+政务服务”的天津样本。

面对新标准，适应新模式，迎接新起点，我们将围绕百姓服务体验，持续引导政务微博等政务新媒体创新服务模式和运营方式，深耕移动端正能量传播阵地，在网络内容建设中展现天津风采，在网络产品打磨中凸显工匠精神，释放指尖上的“政能量”，使“掌上政务”成为天津亮丽的风景线。加快建设总集成、全覆盖的“津云”大数据平台，充分发挥各类政务新媒体的矩阵协同作用，组建网上传播“集团军”和“合唱团”，形成立体多样、导向一致、主旋律响亮的网上舆论场，构筑网上网下同心圆，为全面建成高质量小康社会、建设社会主义现代化大都市凝聚创新竞进、改革发展的磅礴力量。

朋友们，30天后，第十三届全国运动会将在天津开幕，届时欢迎各位嘉宾、各位同人和各位媒体再次莅临天津，与我们共同见证这场体育盛事，宣传报道大赛盛况，传播天津声音，展示天津形象。

最后预祝本次活动圆满成功！

中共天津市滨海新区区委副书记郑会营在峰会上的致辞实录

各位领导、各位来宾、媒体界朋友和广大网友，大家下午好！

首先，我代表中共天津市滨海新区委员会、天津市滨海新区人民政府，对2017全国政务V影响力峰会在天津滨海新区举办表示热烈祝贺！对各位领导、嘉宾和媒体界朋友们光临滨海新区，表示诚挚欢迎！

今年是滨海新区纳入国家发展战略的第11个年头。11年来，滨海新区区委、区政府坚定不移地贯彻落实中央、市委各项决策部署，坚持稳中求进的工作总基调，主动适应经济发展新常态，凝心聚力，攻坚克难，创新实干，取得了不平凡的业绩。高端产业、创新要素大规模聚集，各项重大改革措施先行先试，经济总量高速增长，城市面貌日新月异，创造了令人称颂的“滨海速度”、“滨海效益”和“滨海精神”。滨海新区形成了航空航天、电子信息、汽车及装备制造、石油化工、生物医药、轻工纺织、新能源新材料等具有代表性的八大优势产业。航空航天产业形成了由大飞机、直升机、无人机、大火箭和人造卫星等构成的“三机一箭一星”产业格局和设计、制造、研发等整体发展产业体系，中国航天大国梦想在滨海新区腾飞；电子信息产业聚集了天河、中芯国际、曙光等知名企业，成为亚洲最大的高性能计算机生产基地；汽车产业已形成了以一汽丰田、长城汽车、星马汽车为主体的汽车整车生产基地，现代冶金业面对钢铁产能过剩和国际市场需求低迷的形势积极调整产品结构和经营策略，拓展企业发展空间，保持稳定增长；石化产业在结构调整和产业升级上取得重大突破，中海油、中石油依托新油气田投产和老油气田改造，中石化天津公司百万吨乙烯、千万吨炼油装置达产增效；生物制药产业已聚集了包括大型生物医药制造企业、传统中医药生产企业、生物医药孵化器和医疗器械企业在内的100多家企业，产业规模近100亿元，年均增长率近40%；新能源新材料产业正在形成一定规模的产业集群，光伏电池生产项目落户新区，东汽风电、明阳风电在滨海设生产基地，津能大神堂风电厂、龙源马棚口风电厂、国电沙井子风电厂等项目进展顺利；轻工纺织产业链日益完善，天津高新纺织工业园全面建成投产后，园区聚合科研、生产、营销、物流等资源，形成了完整的产业链条。

2016年，滨海新区完成地区生产总值10002.31亿元，成为国家级新区中首个GDP突破1万亿元的新区。今年上半年，滨海新区整体经济保持平稳增长，地区生产总值增长7.6%，一般公共预算收入增长9%，其中税收收入增长19.7%；实际利用外资完成40.34亿美元，同比增长11.1%；实际利用内资完成672.34亿元，同比增长15.8%；外贸出口额2478.4亿元，增长11.6%；城乡居民人均可支配收入分别增长8.5%、8.7%。

未来五年，滨海新区将紧紧围绕“五位一体”总体布局和“四个全面”战略布局，以“五大发展理念”和“三个着力”重要要求为引领，以改革开放创新为根和魂，全力掀起开发开放新高潮，争当京津冀协同发展排头兵，用足用活一带一路、自测贸易实验区和自主创新示范区的政策叠加的优势，努力实现建设从严治党的示范之城、效速兼取的实力之城、对接国际的开放之城、充满活力的创新之城、绿色宜居的生态之城、和谐共享的幸福之城的奋斗目标。

滨海新区取得的成就，离不开党中央、国务院和天津市委、市政府的坚强领导，离不开全国各地的大力支持和自身的拼搏奋斗，也离不开媒体的关注和支持。

近年来，网络和新媒体迅猛发展，越来越受到中央和地方各级党政部门的高度重视。习近平总书记反复强调网络和新媒体建设、发展、应用的重大意义，提出了一系列重要要求，把“互联网+”变成优化政务服务、畅通信息渠道的工具，及时回应人民群众的重大关切，更好地维护党和政府的威信。

政务微博在政务公开与服务、信息传播与采集、舆论引导与交流等环节发挥着重要作用，是党委、政府走“网上群众路线”的最佳路径和公信力建设的“窗口”。2017政务V影响力峰会确定“新标准·新定位·新起点”的主题，就是要站在新的历史高度，抓住新的发展机遇，实现政务公开、创新宣传、互动服务的新突破。

滨海新区区委、区政府近年来大力推动政务新媒体建设，目前区内已经形成覆盖全面、功能完备的政务新媒体服务体系，共开办了100多个官方微博账号、100多个官方微信公众号和10个客户端，建成以“@滨海发布”政务双微、天津滨海政务新闻客户端、文化随行运行平台、滨海手机台等为重点的区级移动政务平台，形成以“@滨海发布”等区级政务新媒体为主体，以各功能区、各委办局、街镇的政务新媒体为骨干的滨海新区政务新媒体矩阵，日益发挥重要作用。这次政务V影响力峰会成功举办，必将推动“@滨海发布”等政务新媒体发展迈上一层新台阶，为滨海新区的改革发展鼓劲造势、凝聚共识、积聚力量，为实现中央对滨海新区的功能定位目标做出更大贡献。

最后，衷心感谢中央网信办对滨海新区长期以来的支持和对本次峰会的指导，感谢天津市委宣传部、市委网信办长期以来的支持帮助，感谢新浪、微博及所有来宾、朋友们长期的关注、关心和厚爱。祝2017全国政务V影响力峰会圆满成功！

谢谢大家！

新浪微博副总裁曹增辉在峰会上的致辞实录

尊敬的各位领导、各位来宾、媒体朋友：

大家下午好！

非常高兴与大家相聚在美丽的天津滨海新区，共同回顾分享上半年政务微博的丰硕成果，共同探讨政务微博发展的新标准、新模式、新起点。在这里我代表微博，向关心和支持微博发展的各位领导、各界朋友表示感谢，并向所有的政务微博一线运营人员致以诚挚的敬意。

近年来，党中央、国务院高度重视互联网发展工作，在习总书记关于网络发展建设的多次重要讲话精神基础上，2017年3月国务院办公厅发布了《2017年政务公开工作要点》，提出“要用好管好政务新媒体，健全内容发布审核机制，强化互动和服务功能”，5月发布了《关于进一步做好政务新媒体工作的通知》，对全国政务新媒体工作做出了更加明确、细致的规范和要求。

微博作为政府、媒体两微一端的重要组成部分，始终积极落实党中央关于互联网工作的相关精神和要求，我们在产品、数据、技术、资源等多个维度做出了大胆创新。以产品为例，除持续火热的短视频、微博直播之外，微博今年陆续推出了微博问答、微博故事、微博云剪、微博新鲜事等产品与工具，进一步丰富了微博的内容及互动方式。这些努力让微博有了新的进步，截止2017年一季度，微博日活跃用户达到1.54亿，月活跃用户达到3.4亿，已连续十二个季度保持30%以上的快速增长。

就政务微博多年发展来看，其取得了诸多骄人的成绩，政务公开工作更加坚决和自信，政民互动更加高效和紧密，政府形象、网友满意度获得极大提升。今年上半年，政务微博继续高速发展，总数量已超过17万，头部核心用户数已接近一万个，比去年同期增长56%，阅读量、互动量等也显著增长。今天我们将为上半年在政务公开、互动服务、快速响应、创新应用等方面做突出成绩的政务微博以及政务新媒体的观察者们颁奖。我们有理由相信，在辉煌的成绩之前，政务微博将继续快速成长，并开启以下新方向。

首先，在全民信息共享的时代，快速响应、公开透明、有效联动的权威发布将成为政务新媒体信息发布的新标准。我们将在本次峰会上，与人民日报一道对政务微博评价体系进行全面升级，发布新版“政务指数”评价体系，使其更加科学、更加严谨、更加符合新时代的特征。我们坚信，快速、透明、联动、准确的政务新媒体信息发布新标准的建立和健全，将有效的提升政务公开的时效性、专业性、规模性、权威性，有助于形成以发布为基础、互动为核心、服务为根本的政务微博工作新局面。

其次，在“互联网+政务”的大势下，更具成效的矩阵式政务服务将成为政务新媒体工作的新模式。我们欣喜地看到，越来越多的政务微博在做好信息发布的基础上，投身到矩阵政务服务中来，不论大事小事，无不彰显了政务微博“为人民群众排忧解难”的终极属性。我们今天将联合多家政府机构共同启动政务微博矩阵升级计划，希望借此推动并帮助各级政务微博矩阵成长、增加矩阵的深度和广度、提升矩阵服务实效，真正强化互联网时代政务微博参与社会服务的效能。

微博作为新媒体阵营的中坚力量，将继续全力支持政府新媒体工作，以多元、定制化的产品形态为政府提供丰富的呈现方式；以独特的社会化传播机制为政府提供独一无二的群众沟通渠道；以强大的技术优势为政府提供一流的数据保障和技术支持；以扎实的工作和服务提升各地政务官微的网络影响力。我们坚信，通过大家的共同努力，随着此次峰会所倡导的政务微博评价新标准、矩阵服务新模式的建立健全，政务微博必将站立于响应更快速、政务更公开、沟通更顺畅、服务更高效的新起点，必将为各级政府通过新媒体参与社会综合服务提供强大动力。

尊敬的各位领导、各位来宾，微博将迎来自己八岁的生日，过去的八年间，微博在中央网信办的领导下，在各级政府、社会组织、媒体的支持和帮助下，屡创佳绩，硕果累累。今后，微博将继续坚持开放、共享、创新、协同的发展理念，助力“互联网+政务”工作再上新台阶！

最后，祝愿本次峰会获得圆满成功！谢谢！

首届全国“两微一端”百佳评选启动仪式

活动名称： 首届全国“两微一端”百佳评选启动仪式
主　　题： 移动互联，触动未来
指导单位： 国家互联网信息办公室、教育部、工业和信息化部、文化部
国家新闻出版广电总局
主办单位： 中国互联网发展基金会
学术支持： 北京大学新闻与传播学院、清华大学新闻与传播学院
中国人民大学新闻学院、中国传媒大学新闻学院、复旦大学新闻学院
武汉大学新闻与传播学院、中国社会科学院新媒体研究中心
时　　间： 2017 年 11 月 3 日
地　　点： 北京·人民日报社

2017 年 11 月 3 日，由中国互联网发展基金会主办的首届全国“两微一端”百佳评选启动仪式在人民日报社举行。

来自国家互联网信息办公室、教育部、工业和信息化部、文化部、国家新闻出版广电总局等指导单位的相关领导，北京、上海、广东网信部门相关负责人，百佳评选专家及新闻媒体代表参加了启动仪式。中国互联网发展基金会理事长马利，国家互联网信息办公室移动网络管理局局长方楠等出席并致辞。

马利在致辞中表示，首届全国“两微一端”百佳评选是中国互联网发展基金会创立之初提出的十大活动之一，目的就是希望形成科学合理的移动互联网生态、有效激励和约束行业规范，鼓励移动互联网上“发出好声音，提升正能量”，激发新媒体创新、创造的能力，推动移动互联网更好地服务社会、服务大众。

方楠在致辞中表示，截至 2017 年 6 月底，我国手机网民规模达 7.24 亿，中国已全面驶入了移动互联网发展的快车道、加速期。近年来，按照中央有关决策部署，中央和地方各主流媒体紧抓机遇、乘势而上，全方位加强以“两微一端”为代表的移动新媒体建设；移动客户端向各领域深度渗透、加速融合、相互促进，已成为经济发展新动能、科技创新新领域、社会服务新平台。

在刚刚闭幕的十九大上，习近平总书记多次提及网信相关工作，为加快建设网络强国进一步指明了前进方向，提供了根本遵循。这一系列重要指示对于移动互联网，尤其是“两微一端”在内容质量、运营管理、舆论导向等方面也提出了新要求新挑战。本届“两微一端”百佳评选，以习近平新时代中国特色社会主义思想为指引，旨在深入学习贯彻党的十九大精神，弘扬社会主义核心价值观，营造积极健康向上的网络环境，激发移动端自觉传播正能量。

此次首届全国“两微一端”百佳评选，将本着公平公正、科学合理、公开透明的原则，

突出权威性、代表性、导向性，充分发挥标杆示范作用，让一批健康向上、技术领先、百姓喜爱、行业认可的“两微一端”引领移动互联网发展。

据介绍，本届评选活动为期3个月，评选范围涉及政务、媒体、企业类微信公众账号，机构类微博账号，由企业开发、在中国大陆市场运营的活跃App。通过公开场景客观数据分析、网民投票、专家评审等环节，最终将评出百佳“两微一端”，其中微信30名、微博30名、App40名。

启动仪式上，首届全国“两微一端”百佳评选网民投票通道正式开启。即日起至12月3日，网民可通过评选活动官网、官微进行投票。

官方网站：http：//100best. org. cn

官方微博：@两微一端百佳评选

官方微信公众账号：两微一端百佳评选

联系邮箱：100best@ cidf. net

微政四川——2017 政务新媒体年会

活动名称：微政四川——2017 政务新媒体年会
主　　题：新时代·新政务·新未来
指导单位：四川省人民政府新闻办公室、四川省人民政府信息公开办公室
主办单位：四川新闻网传媒集团
承办单位："四川发布"、中共西昌市委、西昌市人民政府
时　　间：2017 年 12 月 7 日
地　　点：四川·西昌

2017 年 12 月 7 日，以"新时代·新政务·新未来"为主题的"微政四川——2017 政务新媒体年会"在四川省西昌市邛海边拉开帷幕。来自四川全省的上百家政务新媒体大咖齐聚西昌，把脉四川政务新媒体发展，共享政务新媒体发展方略，携手展望四川政务新媒体发展前景。

本次会议由四川省人民政府新闻办公室、四川省人民政府信息公开办公室指导，四川新闻网传媒集团主办，"四川发布"、中共西昌市委、西昌市人民政府承办。中共四川省委外宣办（省政府新闻办）副主任代光举、四川新闻网传媒集团党委书记兼董事长张志跃、四川省人民政府信息公开办副主任冯俊锋出席大会并致辞。

四川省委外宣办、四川省政府新闻办副主任代光举在会上强调，政务新媒体要在创新上下功夫。要积极推进理念、内容、技术、应用、体制、机制等全方位创新，充分利用好网络传播新技术新手段，不断在内容上推陈出新；要把握传播特点和规律，适应分众化、差异化传播趋势，坚持问题导向，直面社会热点，主动回应网民关切，着力提升传播力和影响力；要重视和加强人才队伍的培养和引进，完善发布机制，强化业务能力，有效提高核心竞争力。

中共凉山州委常委、宣传部部长曾令举致辞并表示，政务新媒体发展是大势所趋，民心所向。川网传媒集团党委书记、董事长张志跃在会上表示，在省委宣传部的统一安排部署下，四川新闻网传媒集团创新网络传播方式，充分用好新媒体矩阵，用群众语言讲述百姓故事。2017 年，包括四川新闻网、四川手机报、"四川发布"、"麻辣社区"在内的集团旗下各项业务均保持良好发展势头。2018 年，川网集团将在新时代的春风下，踏上新征程，争取更大的新作为。

四川省政府信息公开办副主任冯俊锋指出，让政府的信息和声音通过新媒体传播，使政策更容易被理解，让老百姓看得到、听得懂、能监督，是政府管理创新和法治政府建设的必然要求。

中共西昌市委书记李俊代表中共西昌市委、市人民政府和西昌人民向广大来宾表示热烈欢迎，他表示，承接"黄金十年"成就，立足"七彩西昌·阳光水城"的城市发展定位、"1566"经济社会发展方略和总体谋划，西昌将开创"铂金十年"新篇章，并将通过新成立

的全媒体新闻中心与公众加强交流，拉近距离。

在本届年会上，川网传媒集团副总编辑、“四川发布”总编辑简文敏现场发布了《2017四川政务新媒体大数据报告》（以下简称《报告》）。《报告》对全省政务新媒体进行取样分析，剖析其年度运营现状，总结运行经验，从内容、渠道等多方面对四川省政务新媒体未来发展提出建议。

《报告》指出，2017年，在四川“互联网+政务服务”工作积极推进的态势下，四川省政务微博运营实效不断提升，市（州）和县（区、市）政务微博已成为四川省政务微博的中坚力量。但政务微博发展不平衡、与民互动还需增强等问题依旧存在。四川政务新媒体要不忘初心，持续讲好新时代“四川故事”。

此外，《报告》还对全省省直部门、市州、区县级政务新媒体账号，及十一类职能部门政务新媒体账号在2017年的影响力进行了综合排名，同时发布了四川全省政务新媒体优秀案例。

四川省人力资源和社会保障厅、“@锦江发布”、“@天府双流”/“双流汇”获政务公开优秀案例；“@四川公安”“@微茂县”“@阿坝微博”获应急引导优秀案例奖；“@成都工商”、“犍为交通”、“成都公安微户政”获政务服务优秀案例奖；“看金牛”“@凤之城广元”/“广元政务”“文旅成华”获新媒体矩阵建设优秀案例奖；“微凉山”“美丽大邑”“印象金堂”获城市营销优秀案例奖；“四川会展”“川越海峡”“锦绣青羊”获零距离互动优秀案例奖。

十佳政务新媒体账号评奖中，“@四川教育”/“@四川省教育厅”“@四川公安”“@四川旅游”/“旅游四川”等荣获“2017年度四川十佳省直部门政务新媒体”称号，“成都发布”“南充播报”等10个政务新媒体账号被评为“2017年度四川十佳市（州）政务新媒体”；“中国宣汉”“微九寨”“金犍为”等区县政务新媒体账号荣获“2017年度四川十佳区县政务新媒体”称号；“@成都高新”“@醉美邛崃”等被评为“2017年度四川十佳区县政务新媒体（成都地区）”。

此外，年会现场还表彰了2017年度四川省国企、民营企业优秀新媒体账号。在“2017年度四川十佳国企新媒体”中，“成都移动”“四川电信”“四川联通”综合指数名列前茅，而“成都红旗连锁股份有限公司”“全友官微”“郎酒集团”等则成为“2017年度四川十佳民企新媒体”中的佼佼者。四川省阿坝州茂县县委宣传部官方微博——“@微茂县”凭借其在突发灾难前及时的应急发布、积极的舆论导向等优秀表现获得微政四川“2017年度特别价值政务新媒体大奖”。

抓住政务新媒体发展机遇，打通政府和老百姓沟通交流的最后一厘米。在本届政务新媒体年会上，“四川发布”与中共西昌市委宣传部、四川大学文学与新闻学院、中国传媒大学新媒体学院等单位签订了战略合作协议，携手发展。

据了解，依据双方约定，“四川发布”将与西昌市委宣传部旗下的西昌全媒体新闻中心进行合作，双方将充分发挥双方的资源优势，全面拓展合作领域，优化宣传模式，拓宽宣传渠道。会上，西昌市委宣传部常务副部长撒建军率领“西昌发布”、西昌广播电视台、西昌市发改局、西昌市公安局、西昌市教科知局等政务新媒体正式集体入驻“四川发布”发布号。今后，四川全省乃至全国可以在第一时间阅知西昌市最新的政治、经济、文化、社会、民生等权威信息，这也为西昌市搭建了网络传播的新平台。

此外，为解决新媒体人实践理论结合缺失的问题，“四川发布”与四川大学文学与新闻学院共同建立了“新媒体‘双创’实验室”。将通过“四川发布”强大的技术、平台优势，联合四川大学文学与新闻学院进行新媒体人才孵化培养。同时，通过“四川发布”的媒体实践资源平台，携手自媒体企业、传媒相关企业，给予实验室学员实践、就业的机会，形成学以致用的闭环。

会上，四川新闻网传媒集团还与中国传媒大学新媒体研究院共同成立了“全国政务新媒体创新学院”。全国政务新媒体创新学院的成立，将成为四川新媒体领域的发动机、孵化器和智库。据悉，双方将定期在四川举办“全国政务新媒体高峰论坛”，就政务新媒发展趋势、政务新媒体管理运营进行交流和讨论。制作创意新媒体产品，如创意短视频、VR、AR和政务新媒体机器人等。

作为本次年会的承办方，四川发布的总编辑简文敏现场发布了《“秋实计划”——2017四川发布“发布号”发展报告》（以下简称《报告》），解读自2016年“秋实计划”启动以来“四川发布”发布号的发展情况。《报告》显示，仅仅一年，“四川发布”客户端发布号就迎来了536个小伙伴的加入，共产生了198790条信息，内容涵盖了政务消息、生活信息、漫画读物等多个领域。2017年8月，“四川发布”客户端发布号还迎来了西昌市委书记李俊的个人账号入驻。多种类型的账号入驻使得“四川发布”发布号内容资源库进一步丰富。

“‘四川发布’拟通过发布号一体化聚合平台实现一体化运营，集中管理、整合资源，实现集群服务、集体发声。”简文敏说。此外她还透露，2018年“四川发布”拟对坚守原创、长期深耕优质内容的自媒体发布号给予扶植。“我们将给予优质自媒体发布号全年共计百万元的补贴，优秀文章还可获得在四川发布‘三微一网多端’矩阵平台上各首页推广，增加优秀文章曝光度和影响力。”简文敏说。

此次盛会还邀请到了北京师范大学新闻传播学院执行院长喻国明教授、中国传媒大学新媒体研究院副院长曹三省教授、中国地震台网中心数据服务部副主任侯建民、“国资小新”主编张灏然等知名学者、专家进行主题演讲。

喻国明教授指出，互联网是一种全新的“高维媒介”，它对于“个人”为基本社会传播单位的赋权与“激活”是互联网对我们这个社会的最大改变。他表示，互联网构造了一个全新的社会场域。如何在这种以个人为基本单位的社会传播的格局下激活、匹配和实现生态型的资源配置和功能整合，便成为当下包括传媒领域在内的整个社会的一场深刻革命。

新时代背景下，政务新媒体要求新求变，求共识、共建、共享、共治、共赢，要讲好四川故事。在年会上，《四川政务新媒体·西昌宣言》向政务新媒体从业者发出以下倡议。

一、深入学习贯彻党的十九大精神，把学习宣传贯彻习近平新时代中国特色社会主义思想作为政务新媒体的重大政治任务，学深悟透、入脑入心、指导实践、推动工作。

二、坚持以人民为中心的发展思想，打通服务群众的“最后一公里”，让政务新媒体成为党委政府与群众交流沟通的新平台，成为了解群众、贴近群众、为群众排忧解难的新途径，成为发扬人民民主、接受人民监督的新渠道。

三、凝心聚力，携手共建政务新媒体线上线下“同心圆”。政务新媒体以和平发展、合作共赢为主题，通过政务新媒体矩阵建设打破信息壁垒、加强信息共享，提升为民服务效率，让百姓少跑腿、信息多跑路，成为察民情、汇民意、聚民智、解民忧的政民互动平台。

四、作为四川政务新媒体人的担当，讲述好四川故事、传播好四川声音、树立好四川形象。利用移动互联网做好重大主题宣传，创新宣传方式，拓宽报道领域，弘扬主旋律，凝聚精气神，传递正能量，为谱写中国梦四川篇章凝聚强大力量。

中共凉山州委常委、宣传部部长曾令举，中共凉山州委宣传部副部长、外宣办主任巫照华，中共西昌市委书记李俊，中共市委常委、宣传部部长唐军也出席了本次年会。人民网、新华网、中新网、中国日报网、《四川日报》、四川广播电视台、《华西都市报》、凤凰网、新浪四川、今日头条等中央、省级、地方媒体及主流网络媒体对本次会议进行了全面报道，“四川发布”客户端、微博进行了现场直播。

首届中国军事网络媒体高峰论坛[①]

活动名称：首届中国军事网络媒体高峰论坛
活动主题：强军兴军与新时代网络媒体责任担当
指导单位：中央网信办、中央军委政治工作部
承办单位：中国人民解放军国防大学
时　　间：2017 年 11 月 24 日上午
地　　点：北京·国防大学红山口教学区

在全党全国全军阔步迈进新时代、同心共筑中国梦之际，由中央网络安全和信息化领导小组办公室、中央军委政治工作部指导，国防大学主办的首届中国军事网络媒体高峰论坛于 2017 年 11 月 24 日上午开幕。260 余名嘉宾齐聚一堂，共商网络发展大计、共绘强军兴军愿景。

本届论坛深入学习领会党的十九大精神和习主席决策指示，以习近平新时代中国特色社会主义思想为指导，以“强军兴军与新时代网络媒体责任担当”为主题，通过主旨演讲、主题发布等形式，研讨了网络媒体如何在民族复兴的伟大征程中高擎思想火炬、激发奋进力量，如何在砥砺前行的强军路上强化打赢导向、服务练兵备战，如何在多元激荡的社会思潮中立起价值主导、凝聚军心意志，如何在深刻变革的媒体格局下规范传播秩序、推动健康发展，充分发挥互联网优势，大力培塑强军兴军新形象，为实现党在新时代的强军目标、全面建成世界一流军队营造良好的网络舆论氛围。经过热烈深入的探讨，与会人员一致认为，新时代走中国特色强军之路、全面推进国防和军队现代化，迫切需要广大军事网络媒体助推加力。网络媒体要强化“四个意识”，做党的创新理论的真诚传播者；聚焦强军目标，做建设一流军队的坚定支持者；坚守精神家园，做先进军事文化的大力弘扬者；维护网络安全，做红色舆论阵地的忠实守望者。

中央网络安全和信息化领导小组办公室、中央军委政治工作部领导出席并致辞。中央军委国际军事合作办公室、人民日报社、新华社、解放军报社，360 公司、一点资讯、国防大学、中国网络空间研究院等单位领导与专家分别进行了主题演讲。相关媒体联合署名发布了“携手新时代 聚力强军梦”网络倡议，《网络传播》杂志发布了 2017 年度中国军事网络媒体传播力榜。

（据中国军网北京 2017 年 11 月 24 日电　记者　李景璇）

中央网信办副主任任贤良在论坛上的致辞实录

尊敬的禹光副主任、杰明政委，同志们，大家上午好！

初冬时节天朗气清，红山脚下层林尽染。很高兴与大家相聚在我国最高军事学府、建军

---

① 中国军网，http：//www. 81. cn/2017MIMS/index. htm。

治军领导骨干的培育基地——国防大学。我谨代表中央网信办，对中国军事网络媒体高峰论坛的召开，表示热烈的祝贺，对各位嘉宾和媒体朋友们表示诚挚的欢迎！

“兵者，国之大事”。中国特色社会主义进入了新时代，国防和军队建设也进入了新时代。习近平总书记在十九大报告中指出，国防和军队建设正站在新的历史起点上，面对国家安全环境的深刻变化，面对强国强军的时代要求，必须全面贯彻新时代党的强军思想。2015年12月，总书记在视察解放军报社时强调，要紧跟强国强军进程，弘扬改革创新精神，做到政治上更强、传播上更强、影响力上更强，为实现中国梦强军梦提供有力的思想舆论支持，深刻阐释了新闻宣传舆论工作对于推动强军兴军的重要作用。此次，军地联合主办以“强军兴军与新时代网络媒体责任担当”为主题的论坛，正是进一步推动掀起学习宣传贯彻十九大精神热潮，站在新起点新方位，谋划新时代强军思想宣传阐释与舆论引导的重大举措，具有十分重要的理论和现实意义。

党的十八大以来，以习近平同志为核心的党中央坚定不移走中国特色强军之路，全面推进国防和军队现代化，人民军队体制一新、结构一新、格局一新、面貌一新。长期以来，广大军事网络媒体积极传播国防和军队改革的丰硕成果，忠实记录实现强军梦的光荣进程，涌现了一批现象级的精品力作，在网络空间凝聚起强大正能量。2017年7月，中央网信办会同中央军委政治工作部开展“同心共筑强军梦网络媒体国防行”活动，组织62家网络媒体的140余名采编人员，行程2.3万多公里，深入陆军、海军和武警部队19个基层单位及边海防一线部队实地体验、积极宣传五年来全军和武警部队深入学习贯彻习主席强军思想的新实践新成果。活动发布原创稿件1065篇，发布信息23.6万条，累计点击量高达42.7亿，在广大网民中引起强烈反响，中央军委领导对活动予以了肯定。十九大胜利闭幕后，为认真贯彻落实十九届中央政治局第一次会议关于推动十九大精神进军营的重要指示，我办在第一时间联合中央军委政治工作部主动筹划，精心策划，准备通过组织网络媒体采编人员集中报道等多种方式，融通多媒体资源，开展线上线下联动，充分展示部队官兵学习贯彻党的十九大精神的鲜活经验和生动实践。

在互联网和新媒体快速发展的形势背景下，为实现中国梦强军梦提供更加坚强有力的思想舆论支持，是广大军事网络媒体义不容辞的责任和使命，借此机会，我提出以下建议。

一是全力做好十九大精神网上宣传报道。学习宣传贯彻党的十九大精神，是当前和今后一个时期全党全军全国的首要政治任务。广大军事网络媒体要将开展十九大精神网上宣传作为头等大事抓紧抓好，要把准导向、严格纪律，抓住关键、聚焦发力，结合强军兴军的重大实践举措，组织好十九大精神网上评论理论解读，开设好十九大系列专题专栏，进一步丰富载体、创新手段，有效引导广大官兵把军心意志凝聚在党的旗帜下。

二是积极宣介新时代强军思想权威声音。广大军事网络媒体要高度自觉地维护党中央和中央军委权威，坚定不移传播权威声音，让党的主张成为网络空间最强音。要紧贴改革进程和官兵思想实际，把实施改革强军战略的丰富内涵和重大意义讲清楚、阐释透，把国防和军队改革中涌现的先进典型和感人事迹宣传好、报道足，进一步为强军兴军营造良好的网上舆论环境。

三是不断强化网上涉军内容建设与管理。广大军事网络媒体要主动研究和把握涉军信息网络传播规律和新媒体发展规律，一手抓涉军内容建设，一手抓涉军传播秩序，注重策划引领宣传，强化主体责任落实，围绕激发强军精神、汇聚强军力量、助推强军实践，有效加强议题设置，进一步重视传播手段的建设和创新，提高传播力、引导力、影响力、公信力，为全军坚定不移走中国特色强军之路提供有力舆论支撑。

四是建设高素质军事网络媒体人才队伍。媒体竞争的关键是人才竞争，媒体优势的核心是人才优势。广大军事网络媒体要在实践中加快造就一支政治坚定、业务精湛、作风优良、让党和人民放心的新闻工作队伍。努力培养一批熟军事、懂网络、善传播的新闻采编骨干，不断创新机制、开放聚才，为强军兴军伟大实践做好思想舆论宣传领域的人才储备。

风劲帆满海天远，雄师阔步新征程！同志们，国防和军队建设正站在新的历史起点上，让我们更加紧密团结在以习近平同志为核心的党中央周围，以习近平新时代中国特色社会主义思想为指引，不断巩固壮大网上涉军舆论阵地，进一步推动兴起学习宣传贯彻党的十九大精神热潮，为实现党在新时代的强军目标、全面建成世界一流军队营造更加积极有利的舆论氛围。

最后，预祝中国军事网络媒体高峰论坛取得圆满成功！谢谢大家！

军委政治工作部副主任禹光在论坛上的致辞实录

各位领导、各位嘉宾，同志们、朋友们：

在全党全军全国人民满怀豪情学习十九大、奋进新时代之际，由中央网信办、中央军委政治工作部指导，国防大学主办的首届中国军事网络媒体高峰论坛开幕了。论坛以“强军兴军与新时代网络媒体责任担当”为主题，旨在深入学习领会党的十九大精神和习主席决策指示，充分发挥网络特有优势，大力培塑强军兴军新形象，为实现党在新时代的强军目标、全面建成世界一流军队营造清朗的网络舆论空间。举办这次论坛，既是军地网信战线学习宣传贯彻党的十九大精神的重要举措，也是军事网络媒体共商发展大计、助力强军兴军的业界盛会。在此，我代表中央军委政治工作部，向来自全国网信战线、军委机关和科研院校的领导和专家表示热烈欢迎！向关心支持军队网络舆论事业的媒体朋友表示诚挚敬意！向精心筹备这次论坛的国防大学表示衷心感谢！

党的十八大以来，在以习近平同志为核心的党中央坚强领导下，人民军队全面贯彻习近平强军思想，贯彻新形势下的军事战略方针，深入推进政治建军、改革强军、科技兴军、依法治军，扎实推进备战打仗，实现了政治生态重塑、组织形态重塑、力量体系重塑、作风形象重塑，人民军队重整行装再出发，在中国特色强军之路上迈出了坚定步伐。网络媒体始终与人民军队站在一起，紧紧围绕实现党在新时代的强军目标，大力宣传习近平强军思想，生动反映国防和军队建设光辉成就，充分展示全军官兵投身强军事业的崭新风貌，在培塑军队良好形象、汇聚强军磅礴力量上，发挥了生力军作用。

党的十九大擘画了全面建设社会主义现代化国家的宏伟蓝图，吹响了全面建成世界一流军队的冲锋号角。开启新征程，肩负新使命。网络媒体如何在民族复兴的伟大征程中高擎思想火炬、激发奋进力量，如何在砥砺前行的强军路上强化打赢导向、服务练兵备战，如何在多元激荡的社会思潮中立起价值主导、凝聚军心意志，如何在深刻变革的媒体格局下规范传播秩序、推动健康发展，是需要我们深入思考研究的重大课题。本届论坛，军地领导和媒体大咖济济一堂，可谓群贤必至、群英荟萃。衷心希望通过深入探讨、群策群力，在以下六个方面达成共识。一是在立起精神旗帜上达到新高度。新的时代灯塔照亮新的时代征程。党的十九大确立了习近平新时代中国特色社会主义思想的历史地位、习近平强军思想在国防和军队建设中的指导地位，论坛应把大力学习宣传党的理论创新最新成果作为首要政治任务，进一步把认识向高处提领、学习向信仰扎根、研究向纵深推进，引领兴起学习宣传贯彻热潮，高扬举旗铸魂、维护核心的主旋律。

二是在聚焦备战打仗上催生新动能。备战打仗是军队的主责主业。习主席两次视察军委联指中心，亲自筹划重大演训活动，亲自决策重大军事行动，在全军立起备战打仗鲜明导向。作为军事网络媒体论坛，就是要牢固确立战斗力这个唯一的根本的标准，深入研究网络舆论助推深化军队改革、助推战斗力生成提高的作用机理，大力营造研究军事、研究战争、研究打仗的浓厚舆论氛围，推动军队各项工作向能打仗、打胜仗聚焦。

三是在传承红色基因上搭建新平台。红色基因是共产党人的精神内核，是人民军队的生命密码。希望论坛围绕回答“传承红色基因、担当强军重任”这一重要课题，把挖掘红色资源、讲好红色故事、弘扬红色精神作为繁荣发展先进军事网络文化的重要内容，激活红色基因的新特质和正能量，彰显红色基因的时代价值和文化自信，激励官兵不忘初心、牢记使命、永远奋斗，争做“四有”新时代革命军人。

四是在守望舆论阵地上强化新担当。在互联网这个意识形态斗争的主战场、主阵地、最前沿，必须守土有责、守土尽责，敢于亮剑、敢于斗争。论坛应着眼捍卫意识形态安全和政权安全，分析斗争形势，研究斗争策略，激发斗争精神，理直气壮维护党对人民军队绝对领导的根本原则和制度，理直气壮地捍卫英雄，旗帜鲜明地批驳错误政治观点，坚决遏制涉军有害信息传播蔓延，不断壮大强国强军主流舆论声音。

五是在促进融合发展上开创新局面。“犁”与“剑”演绎永恒的历史变迁，富国与强军奏响民族兴盛的激昂乐章。做好军民融合发展这篇大文章，网信领域大有可为。作为军民融合发展新领域，论坛应着力推动网络媒体观念融合、资源整合、力量聚合，把强军声音传播得更远更广，着力推动军民融合发展战略研究宣传，促进这一国家战略落地生根、开花结果。

六是在加强队伍建设上拿出新举措。实现网络强国、信息强军的战略目标，必须打造一支过硬的网络舆论队伍。希望论坛把加强网络舆论队伍建设特别是作风纪律建设作为研讨重点加以突出，引导军地网络舆论部门按照政治强、业务精、作风好的标准，从严求实搞好学习教育和纪律整顿，以自身过硬素质推动网络舆论事业创新发展。

同志们、朋友们，登临百望山，新时代万千气象催人奋进；论道红山口，互联网助力强军前景无限。让我们以本次论坛为新的起点，携手打造更加清朗的网络舆论空间，为强国强军事业做出新的更大贡献！

谢谢大家！

中央军委国际军事合作办公室主任胡昌明在论坛上的演讲实录
学习贯彻习近平新时代中国特色社会主义思想，努力提升中国军队国际话语权

尊敬的禹光副主任、吴政委，各位领导、导师，各位嘉宾，女士们、朋友们，大家上午好！

今天很荣幸能够到国防大学——中国国防最高学府来学习，而且参与这样一个重大的新

时代的主题演讲。

大家都知道，奥巴马能够当选为美国总统，网络发挥了很重要的作用。大家也知道，特朗普先生，世界说他是推特总统，特别会运用网络媒体。

我选择十九大为主题。十九大精神是最大的话语权，这个话语权集中体现了我们中国综合实力、经济实力、国防实力、文化实力等等。在全球受到广泛认同的基础上贯彻十九大精神是个中心任务。现在，世界各国围绕中共十九大好评如潮。昨天我给驻华的使节和武官宣讲了一下，当然我主要是用一个多小时和他们交流，回答他们的问题。这个世界对十九大的评价，从网络上总体来看，有这么几点：认为后十九大时代是中国参与改造国际秩序的一个新时代，是中国改造这个全球治理模式的新时代，是发展中国家学习和借鉴中国模式、使自己的人民走上富裕道路的新时代，是中国在新时代战略崛起的标志，当然也对十九大之后要实现“两个百年目标”所面临的挑战进行了客观的分析。

我想就从这里讲，我讲的题目是“学习贯彻习近平新时代中国特色社会主义思想，努力提升中国军队国际话语权”。第一个问题，提升我军国际话语权的重大现实意义。

国际话语权是指信息的传播力、影响力、公信力，既是力量，也是权利。实际上也是向世界传播和宣传我们中国的思想力、领导力。

提升我国话语权是我们这个大国强军适应新时代国际形势发展变化的新要求，也是开展合作斗争、维护我们国家利益的重要手段。我是这么理解的。

一、提升我军国际话语权是新时代的必然要求。习近平主席强调，军队要为实现“两个一百年”目标、实现中华民族伟大复兴提供战略支撑。国家发展进入新时代，需要提升国际话语权。目前，我国已进入中国特色社会主义新时代，随着我国综合国力不断增强、海外利益的持续拓展，来自外界的疑虑和阻力必然随之增大。现在美国的战略界都在纷纷研究十九大，他们研究的十九大和我们研究十九大的角度不一样。十九大召开之际，我见了美国的六个战略问题专家，那个时候，十九大刚刚闭幕，他们中最多的已经读了四次十九大报告。展现我军和平、威武之师的良好形象，对外可增信释疑，对内可振奋精神，对敌可实施威慑，为国家发展塑造有利的环境。世界新军事革命发展趋势要求提升话语权。以信息技术为核心的世界新军事革命深入发展，世界主要国家均将舆论战纳入新型作战样式，国际话语权已成为大国军事斗争的主要领域，这一点以色列表现得非常突出，以色列有一个话语权部队，就是发言人部队，充分地利用网络，他们的口号是既要打赢战争，更要打胜战略。实践证明，国家间的军事斗争，舆论仗要早于军事仗，并贯穿军事仗始终，迟于军事仗结束，提升军事话语权就是抢占军事斗争的主动权；网络时代的新形势要求我们提高国际话语权。在制天、空、海、陆权等传统领域之外，网络时代又出现了一个制信息权，话语权就是广义上的信息权，是国家力量、国家利益、国家形象的延伸和重要体现，可以说谁掌握了网络话语权，谁就占据了这个领域斗争的主动权。

二、提升我军国际话语权是建设世界一流军队的必然要求。习主席提出，到21世纪中叶把中国军队全面建成世界一流军队的宏伟目标。这不仅要求军队硬实力达到世界一流，军队软实力也要达到世界一流，既能“压服”“打服”，更要能“说服”。国际话语权是软实力的重要体现，是我军战斗力的重要组成部分。刚才禹光副主任已经说了这个问题。第一，提升话语权就是提升战斗力。话语权等软实力以硬实力为基础，以综合实力为基础，十九大就是话语权。硬实力如果弱，软实力就强不到哪里去。软实力相对硬实力，会放大、策应、延伸、影响硬实力，是硬实力的倍增器、转换器。建设世界一流军队，我军必须高度重视道义的争夺、舆论的攻防、信息的传播等软实力建设问题，像提高战斗力那样提升国际话语权。第二，提升话语权就是“谋势”。从某种意义上说，话语权也可以说是一种舆论态势的塑造力。这不是一兵一卒的运用，也不是一城一池的得失，而是一种战略态势的塑造，是一种谋势、用势和造势的战略能力。在我国强军的伟大征程中，我们行的是合作共赢的“王道”，而非零和博弈的“霸道”，需要通过提升国际话语权，向世界广泛宣传中国特色的军事文化、军事战略、军事理论、军事行动，使世界明白我们防御性的国防政策、积极防御的国防战略有着必然的历史逻辑和深厚的文化起点，从而认同我国军事力量的建设和运用。第三，提升话语权其实是使中国军队的声音走在中国军队力量前面，大踏步推动军事力量“走出去”。军队从来就是外向性的力量，一支不能走出国门、走向世界的军队很难成为世界一流军队。我军迈步走出去，履行国际责任、维护世界和平、拓展国家利益，迫切需要提升国际话语权，有序有效地传播中国军队好声音。所以，我们要建好军事网络媒体这个重大的战略平台。

三、提升我军国际话语权是构建人类命运共同体的必然要求。大道之行也，天下为公。习近平新时代中国特色社会主义思想，明确中国将坚持和平发展道路，推动构建人类命运共同体。这是新时代中国共产党人的时代观、世界观和天下观，反映了以习近平为核心的中国共产党人的远大抱负和人文情怀。我们这支队伍是构建人类命运共同体的重要平台，中国军队承担着维护世界和平、促进共同发展的使命任务，也迫切需要不断加强和提升国际话语权。一方面，我们要通过话语权提升我军国际公共安全产品的价值感召力。从我们工作的角度来看，我们今年在国际维和、海上护航、人道主义救援等方面做出了突出贡献，付出了巨大牺牲，从理论到贡献都提供了广泛的公共产品。这一点，国际社会广泛认同。我们前不久在美国外交杂志上发表了一篇关于中国维和对世界的贡献，实际上就是宣传习近平十九大关于构建人类命运共同体的思想。这个外交刊物自1921年创办以来，我们国家官方官员在这上面发表文章只有三次，第一次是中央党校副校长郑必坚，第二次是外交部副部长傅莹，这次是我们。这是在美国外交刊物上发表我们的文章，宣传我们对世界和平事业的贡献，是我们中国发展进入新时代的一种力量，也是十九大对世界传递的一种正能量和力量。特朗普这次访华，我数了一下，先后五次祝贺中国共产党十九大胜利召开，世界一片茫然，昨天我问了几个外国的驻华委员，他们很滑头，他说我们中立，不持立场。我记得美国国务院发言人说了一句很值得深思的话，中国的发展道路符合中国人民对美好生活的追求，好像是这个意思，在美国能够说这种话，这不是十九大的力量吗？另一方面，要通过话语权增强我国国际合作对外影响力。党的十九大报告明确指出，要不断增强意识形态领域主导权和话语权。这需要我们提升国际话语权，更积极有效地宣传我们恪守的维护世界和平、促进共同发展的外交政策宗旨，宣传我们致力于推动建设相互尊重、公平正义、合作共赢的新型国际关系，宣示共同、综合、合作、可持续的新安全观，宣示我国防御性的国防政策和防御性的军事战略方针，同时注重放大国家、责任、勇敢、奉献等世界各国军队共同的价值理念，对意识形态对抗的声音，通过我们网络媒体和其他传播平台来进行斗争和交融，最终实现融合和融化。

第二个方面，提升我军国际话语权的工作指导的问题。这是我的建议。

一是必须坚持服务国家政治大局。二是必须坚持敢于亮剑。对外传播要自信透明，不能搞被动回应式的应付了事，过去只做不说、多做少说在新媒体高度发达的新时代下是严重不适宜的。官方不说，媒体会报，中方不讲，外方会炒，我军虽然在军事上不主动打第一枪，但是舆论上我们提倡主动出拳、打出第一枪和先发制人。针对西方对我们的炒作、攻击、诬蔑等恶劣行径，我们更要敢于亮剑，打破西方的话语权垄断和舆论霸权。为此，我们在策划重大军事行动的时候，必须注重议题设置，做好风险预估、危机预警、措施预置、工作预案等工作。凡事预在先、做在先，先声夺人、掌握主动。

三是必须坚持创新驱动。习近平十九大报告里面讲的非常清楚，我们要按照这个精神推动网络传播创新发展。四是必须坚持吸收外来。在全球化背景下，军队的国际话语权建设始于中国，我们的目标则是面向世界。我们在筹划各项工作时，要注重吸纳世界各种优秀文明成果，以更加开放、更加包容的态度，按照“和而不同、兼收并蓄”的原则，加大跨文明间的交流、跨文化间的互动。此外，对西方国家在国际话语权建设方面的经验做法也要善于去伪存真，取其精华，弃其糟粕，既不排外也不唯外。五是坚持统筹协调。

第三个方面是提升我军国际话语权的相关思考和做法。

一是努力构建新时代中国特色军事话语体系。我们要以习近平新时代中国特色社会主义思想为指导，加强理论研究，构建与大国强军地位相匹配的新时代中国特色军事话语体系。做强做大我们的网络媒体。第一，坚持以习近平强军思想为根本遵循。党的十九大牢固确立了习近平强军思想在国防和军队建设中的指导地位，为构建新时代中国特色军事话语体系提供了根本遵循，为提升我军国际话语权提供了正确方向。第二，全面贯彻国家安全战略。这是构建新时代中国特色话语体系的政策依据。要通过各种平台，努力宣介人类命运共同体、外交政策宗旨、新型国际关系、新安全观、正确义利观等等新思想、新理念，讲好军队爱好和平和强军兴军故事，传播中国军队声音。第三，坚持弘扬中国特色社会主义文化。中国特色社会主义文化蕴含着中华民族最深层次的精神追求，是中华民族独特的精神标识，是中国人民胜利前行的强大精神力量。我们要大力弘扬党领导人民在革命、建设、改革中创造的革命文化和社会主义先进文化，弘扬我军在90年英勇奋斗、砥砺前行中形成的优良传统和时代精神。

二是努力讲好中国军队故事、传播中国军队最强音。在语言表达上要把握坚持中国特色与国际语言表达的辩证关系，遵循对外传播规律，坚持中国理念。要用外国人听得懂的话，讲解人类命运共同体，翻译出来人家国外理解的意思。对十九大报告，我们国家组织了很多外国专家进行翻译，外国人一看，效果就不一样。习主席就此提出表扬。运用外国受众易于接受的语言，跨越不同文化和意识形态的障碍鸿沟。第二，在传播方式上通过各种形式，包括我们国际军事合作在内的形式，来建立国际对外传播的常态化的机制和平台。我们最近的做法，比如适时召开新闻发布会、媒体吹风会、武官情况介绍会，网络媒体采取的很多做法，很好地传播了中国的声音、中国军队的声音，使中国军队的声音在国际上能够落地。第三，在舆论导向上密切跟踪国内外舆情动向，对苗头性动向性问题要及时疏导，对公众关切的重点问题主动回应，对舆论聚焦炒作的热点问题有效引导，最大限度地减少杂音噪音，发出中国军队强音。

三是努力打造一支敢打必胜的涉军网络人才队伍。四是努力探索网络传播特点规律。借助网络媒体的开放性即时性，增强我军国际话语权的影响力。比如最近我们发布的“歼－20”系列装备，围绕“台独”问题我们讲了一句话，“只要不搞台独，何必胆战心惊”，引起了网络舆论强烈反响，评价我们军队说得有豪气，有硬气。第二，要借助网络媒体差异化分众化，提高我军国际传播的受众面。主动借助新媒体的传播优势，推动媒介融合发展，形成“大宣传”工作格局，努力拓展我军国际传播力的受众面。第三，借助网络媒体互动化体验化，提升我军国际传播的亲和度，提高受众存在感，从传统媒体的“填鸭式”信息“冷”输出向新媒体时代情感化信息“热”交流转变，让我军发出的声音既能够镇得住场面，又能暖得了人心。

我的演讲完毕。谢谢大家。

人民日报社副总编辑王一彪在论坛上的演讲实录

充分发挥全媒体优势，为强军兴军加油助力

尊敬的任贤良副主任，尊敬的禹光副主任，尊敬的吴杰明政委，尊敬的各位领导、各位专家，同志们，大家上午好!

首先非常感谢中央网信办、中央军委政治工作部长期以来对人民日报社工作的支持和关心，也特别感谢国防大学给我这样一次参加论坛并作发言的机会，这是一次很好的学习机会。举办首届中国军事网络媒体高峰论坛，共同探讨网络媒体在新时代强军兴军中的责任担当，将对推动涉军网络宣传报道，促进军事网络媒体健康发展，产生重要影响。这对于我们是一次很好的学习机会，我在这里结合人民日报社的工作实际，向大家做一个简要的汇报。

作为党中央机关报，《人民日报》诞生于解放战争即将胜利之际，也就是1948年6月15日。近70年来，《人民日报》忠实记录人民军队发展历程，热情讴歌革命军人精神风貌，为推进国防和军队现代化做出了党报人的积极努力。现在《人民日报》专门设有《国防周刊》，人民网作为中央重点新闻网站的排头兵非常重视军事网络传播，专门开设军事频道，全天候、全方位关注军队的建设和发展。

党的十八大以来，在习近平强军思想指引下，国防和军队改革取得历史性突破。政治建军、改革强军、科技兴军、依法治军、练兵备战、军民融合，各方面都取得了非凡的成就。讲好中国军人的故事，传递中国军队的声音，是新闻媒体包括网络媒体的重要职责和使命。《人民日报》坚持正确政治方向和舆论导向，坚持围绕中心、服务大局、充分发挥全媒体优势，国防和军队报道数量上有新的提升，质量上也有新的提高。

在这里简要举几个例子。2015年世界反法西斯战争暨中国抗日战争胜利70周年，2016年中国工农红军长征胜利80周年，2017年又是中国人民解放军建军90周年。在这样重大时间节点的系列报道中，人民日报社的同志们始终保持战斗的姿态，积极策划、精心组织、全方位采访、全景式展现、全媒体报道，运用多种形式和手段，浓墨重彩进行宣传，在军内外、社会上引起强烈反响。除了推出系列特刊和重点报道之外，我们还不断在新媒体方面进行创新与探索，比如，2015年“9·3”纪念日，《人民日报》中央厨房运用VR技术对阅兵盛况进行了全景式的转播。2016年纪念长征报道，《人民日报》解读习主席重要讲话的新媒体稿件被全网广泛采用。《人民日报》客户端推出快闪视频“长征原来如此青春”，大家可能都有印象，播放量超过了5000万次。“我心中的长征纪念地”参与评选的80个候选地总得票数超过1.7亿。2017年，《人民日报》全媒体、全方位报道了朱日和大阅兵，人民网参加了中央网信办和中央军委政治工作部开展的“同心共筑强军梦”活动，刚才任贤良主任讲到这个活动，开展了网络媒体国防行活动、与战士一起迎接祖国第一缕阳光的直播活动。

人民网独家策划了回访习主席走过的部队系列采访、老兵来信大型征文活动。《人民日报》客户端推出“H5”产品“快看，这是我的军装照”成为网络爆款，目前访问量已经接近11个亿。为迎接党的十九大，人民网推出“我的组长”系列报道，其中包括国防篇，实现强军目标，建设世界一流军队，被各大网站转发。人民日报社新媒体中心在中央网信办和中央军委政治工作部指导之下，参与习主席带领我们强军的重大网络宣传活动，制作播出系列微视频，取得很好的传播效果。十九大闭幕后，《人民日报》发挥全媒体优势，对十九大报告涉军内容进行了全面、准确、深入的解读，我们将继续做好这方面工作。

同志们，强大的军队，巩固的国防，是实现中华民族伟大复兴的战略支撑，中国特色社会主义进入新时代，国防和军队建设也进入了新时代，对军事网络媒体而言，也可以说是赶上了一个好时代。做好新时代的军事网络传播，要求我们全面贯彻党的十九大精神和习近平强军思想，贯彻新形势下军事战略方针，为实现党在新时代的强军目标营造良好舆论环境。借此机会，我就军事网络媒体进一步做好强军兴军报道谈一谈认识和体会。

一是要紧紧围绕军队跟党走，牢牢把握正确舆论导向，强化军事网络媒体的责任与担当，坚持党的领导是中国特色社会主义取得胜利的根本保证。实现强国梦、强军梦，更是必须坚持党对军队的绝对领导，在90年不平凡的光辉岁月中，人民军队始终跟党走，号召革命理想高于天的坚定信念，成为中华民族实现独立解放和伟大复兴的坚强保障。在网络信息纷繁复杂的大背景下，军事网络媒体必须紧紧围绕听党指挥这个强军之魂，切实加强国史、党史、军史宣传教育，把党的好声音传播到军营，引导广大官兵增强听党指挥的自觉和自信。当前，要继续切实做好十九大精神在网络平台的宣传报道，推动习近平新时代中国特色社会主义思想深入军营、凝聚军心，营造全军听党指挥、跟党走的浓郁氛围，这是主流网络媒体最大的政治任务，也是我们的责任使命之所在。

二是要紧紧围绕强军打胜仗，精准对接军队根本之责，增强军事网络传播的专业性和感召力。军队是要准备打仗的，一切工作都必须坚持战斗力标准，向能打仗、打胜仗聚焦。十九大报告把军队根本职责说得非常明白，我们的军事报道就要立足强军目标，始终聚焦部队实战化军事训练，更好地把官兵积极性、主动性、创造性充分地激发出来。这几年《人民日报》陆续推出聚焦战斗力标准，聚焦演兵场，聚焦训风、演风转变和实战化训练的系列报道。《人民日报》新媒体和人民网注重加大来自部队训练演习一线的宣传，充分展示了广大官兵献身国防、矢志打赢、练兵备战的良好风貌，做好新时代的军事报道，就要始终聚焦强军打胜仗，认真落实战斗力标准，以专业化的角度和视野来进行报道，在网上凝聚实现中国梦、强军梦的正能量。

三是要紧紧围绕培养军地通用人才，大力传播中国特色网络文化，增强军事网络传播的文化含量。军营是青年官兵成长成才的大熔炉，这里的青春很出彩。长期以来，人民军队为我国国防和军队现代化，为我国改革开放和现代化建设培养和输送了大批优秀军事人才、军地通用人才。我们网络媒体要深入挖掘基层官兵、基层部队的先进典型，大力宣传有灵魂、有本事、有血性、有品德的革命军人楷模，充分展现新时代官兵的良好精神风貌。要着眼部队官兵需要，遵循网络传播规律，不断推出紧跟时代，主题突出，特色鲜明的网络文化产品和服务，为广大官兵更好地成长成才提供平台，搭建舞台。要充分展现当代青年官兵朝气蓬勃、坚守奉献的青春形象，引导和吸引全社会更多的有志青年投身军营，为建设强大的人民军队凝聚充足的后备力量。

四是要紧紧围绕军民融合战略，坚持富国强军相统一，促进军事网络传播，更好地服务党和国家工作大局。我们的军队是人民军队，我们的国防是全民国防，适应军事高科技迅猛发展的新形势，党中央积极倡导形成军民融合深度发展的新格局，着力构建一体化的国家战略体系和能力，我认为这是国家层面的战略。促进军民融合深度发展，需要全社会各方面的共同努力，也需要网络媒体积极的引领和推动。我们要深入宣传军民融合发展的重大战略意义，宣传军民融合发展在法治建设、创新体系、重点区域和产业方面的新思路、新举措、新成效，为加快形成全要素、高效益的军民融合深度发展格局营造良好的舆论环境。要继续做好军爱民、民拥军，以及地方各级党委政府关心支持军队发展的宣传报道，做好退役军人管理保障工作的宣传报道，谱写军民鱼水情深的新篇章。

五是要紧紧围绕传播创新，充分发挥全媒体优势，增强军事网络媒体的传播力、引导力、影响力、公信力，这也是习近平主席在十九大报告中对我们整个宣传媒体舆论工作提出的要求。2015 年，习近平总书记视察解放军报社发表重要讲话，特别强调了传播创新。面对媒体格局、舆论生态、受众对象、传播技术的深刻变化，必须以内容创新为根本，大力推进理念、技术、手段、体制、机制等全方位的创新，准确把握角色和定位，推动媒体融合向纵深发展，保持旺盛的新闻生产力和传播活力。《人民日报》已经从过去的一张报纸发展成为众多新媒体平台和终端的全媒体矩阵，覆盖用户达 6.35 亿，今后，我们将在继续做好《人民日报》这张大报国防和军队报道的同时，用全报社的力量、全媒体的资源，为报道军队提供全方位的服务。我们要积极推动传播方式创新，深入部队基层一线，掌握第一手材料，用新锐的视角和思考，充分展示人民军队威武之师、文明之师、和平之师的良好形象。

同志们，新时代、新征程，改革强军在路上，战斗永远在前方。《人民日报》全媒体将继续强化责任担当，牢牢把握正确舆论导向，唱响新时代的强军战歌，推出有高度、有温度、有深度的军事报道精品，为把人民军队全面建成世界一流军队做出我们应有的贡献。

最后，预祝此次高峰论坛取得圆满成功。谢谢大家！

新华社副社长刘思扬在论坛上的演讲实录
为强军兴军提供有力舆论支持

尊敬的各位领导、各位嘉宾，同志们，上午好！

非常高兴参加首届中国军事网络媒体高层论坛，我谨代表新华社对论坛的举办表示热烈祝贺！

新华社诞生于86年前硝烟弥漫的战争年代，当时最重要的报道领域正是军事新闻报道，战争年代，新华社就在军队众多单位设有分支机构，新华社记者首先是敢于冲锋的战斗员，只是比普通战士多了两样武器——笔和相机。在和平年代，军事新闻报道仍是新华社最重要的报道领域之一。新华社军事记者见证并记录了人民军队发展进程中的每个历史瞬间，可以说，近 90 年来，新华社与人民军队血脉相连、携手共进。当今世界正面临着前所未有的大变局，没有一个巩固的国防，没有一支强大的军队，和平发展就没有保障，中国梦就难以实现。作为党的新闻舆论重镇，宣传强军思想、激发强军精神、汇聚强军力量、助推强军实践，是新华社义不容辞的责任和使命。

移动互联网时代的到来，正在加速重构舆论生态。习近平总书记指出，人在哪里，新闻舆论阵地就应该在哪里。近年来，新华社提出打造网上通讯社的构想，紧紧围绕通讯社主体业务，不断拓展新媒体传播渠道。新华网在2017年中国互联网企业100强榜单中居中央重点新闻网站首位，新华社两微一端用户超过4.4亿，面向移动互联网的线上新闻生产系统——现场云，吸引了2300多家媒体和机构入驻，新华社在脸书、推特等海外社交媒体帐号吸引粉丝量超过5000万，形成了完整的新媒体传播矩阵，平台终端影响力进一步凸显。

在网络社会化、社会网络化的今天，网络空间正在加速演变为战略威慑与遏制的新领域，新的意识形态斗争的阵地。网络社交舆论关乎党和国家的政治安全，关乎强军兴军伟业，作为具有强大传播力、影响力的国家通讯社，新华社着力坚持党性原则、传承红色基因、狠抓创新创意、讲好强军故事，利用立体多样的手段、先进的现代传播体系，有效引导网络社情舆论。

一是牢牢把握正确的政治方向和舆论导向，坚定不移传播党中央和中央军委的声音。在党的十九大召开前夕，新华社精心筹划，连续推出九篇综述，对以习近平同志为核心的党中央领导和推进强军兴军的战略举措进行全面解读，为党的十九大召开营造了良好的舆论氛围。在建军90周年到来之际，新华社围绕习主席领航人民军队，向世界一流军队迈进的立意，精心制作、推出微视频《大国强军梦》，在新华社所属平台上线以后迅速成为现象级产品，累计观看过亿次。

随着改革强军大幕的拉开，新华社权威发声、权威解读，通过多种新媒体手段，把实施改革强军战略的丰富内涵和重大意义讲清楚，把党中央和中央军委部署讲清楚，把事关官兵切身利益的改革举措讲清楚，有效引领了网络舆论，起到了良好的传播效果。

二是利用互联网的特点和优势，切实提高传播力、引导力、影响力、公信力。在神舟十一号载人航天任务报道中，新华社开创天地结合的报道形式，请航天员景海鹏、陈冬以新华社太空特约记者的身份在太空进行现场报道，网络总阅读量1.6亿次，网民互动超过10万次。在甲午战争爆发120周年之际，新华社打破传统观念，邀请军事名家撰写“军事名家的甲午殇思”系列稿件，通过新华社所属平台播发，各类终端载体受众达10亿人次，在众多知名网站上线并在20多家电视台播出。2017年7月，新华社重磅推出主题网络直播“红色遵循，强军之路”走进湖北、湖南、河北、辽宁、江西等多个军事纪念场馆，被各大直播平台和国内网站社交平台广泛转播，起到了零距离展示当代军人风采，增强全民国防意识的效果。

三是揭示优良传统的当代价值，武装人、引导人、塑造人、鼓舞人。在纪念建军90周年的报道中，新华社从人民军队90年辉煌历史中精选课题，并制作系列漫画，展示给人们一个意想不到的解放军形象，报道浏览量突破1.2亿人次。2015年新华社组织大型系列报道，2017年9月，新华社又推出了英雄系列融媒体报道，浏览量突破1.6亿人次，网友留言突破了30万。

四是面向部队基层和官兵，为强军兴军会聚强大能量。2017年八一建军节来临前夕，新华社推出微电影《今天我们正战斗》，这部完全采用实弹实爆拍摄的微电影，用气吞万里的画面展现出新一代革命军人的全新形象，总浏览量突破2500万次。2017年，新华社推出微记录电影《生死线上的青春绽放》，全程跟拍中越边境我国扫雷部队官兵的作业实况，内容真实感人，画面震撼人心，网络浏览量超过3000万次。

各位嘉宾、朋友们，在党的十九大，习主席着眼国家安全环境新变化和强国强军新要求，对坚持走中国特色强军之路，全面推进国防和军队现代化做出新的战略筹划和全面布局，科学回答了新时代建设什么样的军队、怎样建设军队等一系列重大的问题，为实现党的新时代的强军目标、全面建成世界一流军队提供了根本遵循。

强军兴军新征程的开始，对国家通讯社引导我国社会舆论的实践也提出了更高的要求。

一、作为党的新闻舆论工作主力军，新华社必须不断推出与强军兴军新征程相匹配的精品力作，记录奋斗征程，书写时代华章。围绕习主席强军思想，结合传承红色基因、担当强军重任的主题教育，我们要提前策划、精心阐释，确保推出的作品体现一流水准。要不断推进军事新闻内容产品化，努力将内容优势转化为传播优势，持续用创新型内容产品，占领新媒体阵地。

二、稳妥把握社交舆情，有效引导网络舆论。当前，意识形态领域进入问题易发多发期，网上网下舆情叠加共振，新华社舆情分析系统数据显示，当前境内网络涉军舆论总体平稳，国际舆论对我军关注度持续上升，我军有担当、有作为履行大国责任的形象初步成形，同时强军兴军使网民对国防和军队建设的心理预期陡升，舆论对军队作战能力、政策制度、作风纪律的诉求标准提高，个别外媒热炒“中国威胁论”的情况时有出现，为此新华社要精心组织网络涉军舆论引导工作，加大正面宣传力度，改进报道方式方法，切实增强军事新闻报道的吸引力、感染力、说服力。

三、构建军事新闻报道内外并重的工作格局，扭转军事新闻报道重对内轻对外的惯性思维，努力形成与我国综合实力和国际地位相适应的军事新闻对外传播能力，掌握中国特色强军之路的解释权、中国军队形象的塑造权，要主动设置议题，精心策划推出系列报道，加强对中国军队光辉历程、性质、宗旨、发展变化、使命任务的宣传，使中国军队为世界和平做出的贡献获得更加广泛的认同。

要加强军事外交对外报道，结合反恐、联演联训和地区安全等重大国际热点展现负责任大国的形象，同时加强海外社交媒体直播、短视频和图文报道，全方位提升对外传播影响力。

我的发言完毕，谢谢大家。

解放军报社社长李秀宝在论坛上的演讲实录

新时代军事网络媒体实践与展望

各位领导、各位嘉宾，同志们，朋友们，

首先感谢中央网信办、军委机关有关部门对《解放军报》工作的支持，感谢人民日报社、新华社以及国防大学对解放军报社各方面的关心和帮助。在全党全军深入学习贯彻党的十九大精神之际，我们相聚在满山红叶的百望山下。百望山，号称“太行前哨第一峰”；军事网络媒体，是意识形态斗争的前沿阵地。此时此地，我们举办首届中国军事网络媒体高峰论坛。一种神圣的使命、开阔的情怀、壮美的意境，在我们的心中油然升起。在这里，我想就“新时代军事网络媒体实践与展望”这个话题，谈三个层面的感想和心得，与大家分享。

一、军事网络媒体的新时代，“新”在使命责任更重大，创业空间更广阔，根植罗霄井冈，脉承延河太行。《解放军报》是中央军委机关报，是党在军队的喉舌，在党的舆论宣传工作中历来具有定音锤、压舱石、风向标的特殊作用。党和军队的历代领袖和统帅，始终深切关注着解放军报的建设和成长。

2015 年 12 月 25 日，习近平主席视察解放军报社并作出“三个坚持”“三个更强”的重要指示，充分体现了党的领袖、军队统帅对军事媒体融合发展和传播创新的殷切期望。此后一年间，习主席关于新闻舆论工作作出一系列重要指示，提出一系列新思想新观点新论断。在党的十九大报告中，习主席关于做好意识形态工作直接或间接涉及网络和信息安全方面的论述，就有25处之多。

习主席的指示，就是党的意志、国家战略、统帅号令。这些年，我们把使命感、紧迫感转化为工作执行力，雷厉风行，只争朝夕。解放军报社党委把2016年确定为“融合发展突破年”，核心任务是搭建传播平台、完善融合体系、统筹媒介资源。2017年，解放军报全新改版，不但版面内容焕然一新，而且编辑跟着版面走，打破了军报沿袭60多年的人员编制界限和部门壁垒；解放军报社“融媒体指挥中心”和“全媒体采编系统”建成投入使用。这两件事，初步实现了媒体融合中最难的人力和媒资的血脉畅流，是解放军报社推进媒体融合发展闯关成功的标志性举措。

如今，解放军报融媒体有了全新的阵容、全新的平台和全新的机制，驶上了高速发展的快车道。中国军网进入中央重点新闻网站序列并跻身十强，解放军报“两微一端”进入全国主要新闻网站移动端五强，军报微博微信粉丝达4000万级。军报有了“解辛平文章”这样的传统媒体驰名品牌，也有了《战斗宣言》《中国力量》《八月一日》这样的新媒体“现象级”产品。今年8月1日，解放军报又一个全新的客户端“国防在线”上线运行。军报融媒体、新矩阵发生了从资讯型到应用型、从媒体型到社交型、从受众型到用户型的拓展、革新和跨越。

这种变化，在解放军报社没有先例，而且力度空前，但还远远不是我们理想的境界。我和同事们有一个共同的感觉：中国特色社会主义新时代，也是军事网络媒体的新时代；我们处在新的历史方位，也面临新的创业空间。我们过去所做的一切，只是这个新时代的序幕，我们未来的使命责任更重大，做大做强主流军事网络媒体的任务更紧迫，更长的征程还在前面，更美的风景也在前面。

二、军事网络媒体的新时代，“新”体现在一切都在变化中，明趋势才能知路径。历史的长河潜流深沉，要经过时间的沉淀，才能发现水道令人惊叹的转换。就在最近的两年间，《解放军报》融媒体从“平台相加”迈向“血脉相融”，从“内容优势”迈向“传播优势”，从“技术助跑”迈向“技术领跑”。这些变化压茬推进，高潮迭起，汇聚成扑面而来的思想风暴。

我和同事们常常在想：为什么我们的部门设置和人员编制60多年雷打不动，这些年破天荒地重新组合？为什么我们一份发行量47万份的报纸，文章阅读量动辄上百万、上千万甚至破亿？为什么我们这样一家传统纸报制作的视频，这些年能够被美联社、BBC等国际传媒大鳄多次关注？为什么我们以往习惯于复制粘贴的编辑队伍中，这些年出现了前端呈现编辑和技术研发编辑？为什么我们以往建网站、建客户端、办微博、办微信都落在别人后面，如今却能拥有全国第一个军事新闻VR频道、全国第一张全媒体AR报纸？

变化本身，并不能解释变化。真正推动这些变化的，是习主席对媒体传播创新的高度重视，是党中央促进媒体融合发展的正确决策，是信息网络时代技术飞速进步允许“弯道超车”甚至“换道超车”的发展机遇。军事网络媒体进入新时代，要求我们承前启后，继往开来，谋划新方略，明确新路径。

总结既往，前瞻未来，我认为新时代军事网络媒体的发展，将呈现出这样几个趋势。

一是军事新闻优质内容向所有传播端口加速扩散，要求我们不但要做好内容本身，而且要做好“内容+”，让内容运营成为军事网络媒体发展的“刚需”；二是技术成为基础设施，尤其是以大数据、云计算支撑的人工智能技术，将在军事网络媒体中得以运用，并衍生出千姿百态的呈现形式；三是军民融合海纳百川，与技术公司合作、购买通用传媒技术服务将成为军事网络媒体发展新常态；四是融媒体指挥中心“中央厨房”将焕发活力，进一步重构内容生产流程和组织架构逻辑、拓展内容分发渠道，从而最终实现整个军事媒体的再造；五是军事传媒旗舰将拥有入驻式聚合平台，为部队媒体、社会媒体和军事自媒体提供人力密集、资金密集、技术密集的公共服务。这意味着，中国军事网络媒体将结伴同行、集群生长，携手为新时代强军兴军的伟大事业鼓与呼。

三、军事网络媒体的新时代，“新”在涌现一代新人，新时代呼唤新生代。习主席指出，媒体核心优势是人才优势。发出中国军队好声音、讲述中国军人好故事，需要我们把军事网络媒体新生代的培养摆在突出位置，加快打造一支政治合格、数量充足、业务精湛、焕然一新的融媒体集团军。

他们将是能上战场的新生代。军队存在的理由是打赢战争，军事媒体天然的使命是走向战场。军事网络媒体不是一般意义上的媒体，而是一种新型作战力量。现役军人记者是这个新生代的主力部队、快反部队，我们要选准人才、配强力量、抓好培训，确保一声令下，奔赴战场，不辱使命。

他们将是基因跨界的新生代。美国《纽约时报》曾提出组建“斜杠团队”，塑造具备多种能力、能同时担任多重角色的创新型复合型媒体人才。新媒体创意属于复合创意，除了内容创意，还有产品创意、视觉创意、技术创意，具有互联网思维、懂数字开发、懂产品设计、懂用户体验、懂互动交互的军事网络媒体新生代将应运而生。

他们将是畅流共享的新生代。对新时代军事网络媒体人才的培养和使用，我们应当以互联网开放、畅流、共享的理念，拆掉用人机制的围墙，从多方面积聚力量，采取小中心、大外围的方式，让全军和社会的网络媒体人才不为我所有、但为我所用，创造一个全新的军事网络媒体人才格局。

他们将是全员转型的新生代。目前，会使“十八般兵器”的军事网络全媒人才还属于“特种兵”，很能干但数量少，远不能满足融合发展需要。我们亟须加快全员融合转型，推动名记者、名编辑、名评论员、名主持人到新媒体平台上施展拳脚，开办原创栏目，培育品牌公号，成为传播涉军正能量的一代“新网红”。

他们将是组织灵活的新生代。在新媒体中，记者和编辑的粗放分工已经陈旧过时，代之以许多新型岗位。随着军队新闻机构改革特别是文职人员大量进入军事媒体，我们应当允许他们采取灵活实际的组织架构。我感觉，类似产品孵化室、创意工作室的组织形态，可能更有利于军事网络媒体人才的快速成长。

各位领导，各位嘉宾，同志们、朋友们，传统的印刷机，无法驱动新媒体的车轮，需要我们媒体领导既有高端站位和底线思维，又有现代理念和开明作风。首届中国军事网络媒体高峰论坛，为我们拓展了思路、启迪了心智、凝聚了共识、坚定了信心。相信在中央网信办和军委机关的指导下，军事网络媒体一定能够树大根深，越做越强，实现习主席提出的“政治上更强、传播上更强、影响力上更强”的宏伟目标。谢谢大家！

360集团董事长兼CEO周鸿祎在论坛上的演讲实录

迎接网络安全新时代，勇担强军新使命

尊敬的任副主任、禹副主任、吴政委，各位媒体朋友大家好！

前面领导的发言都很精彩，我很受启发。这个地方对我而言并不陌生，因为今年我已经是第

三次来国防大学，前两次是与国防大学战略班和信息化班的将军们进行交流，虽然360不是一家以媒体为主业的公司，但是360和大家有着共同的使命，就是致力于维护国家网络空间安全、服务国家强军兴军的战略。

习总书记在十九大报告提出建设世界一流军队的目标，军队要向能打仗、打胜仗聚焦，当前我们面临严峻的网络安全形势，就如何实现网络强军，我提出以下几点思考和建议。

习总书记在十九大报告中指出中国特色社会主义进入新时代，我非常喜欢这个词，我认为网络安全也进入了新时代，这个新时代，我们称之为大安全时代。大安全时代有几个关键词，由于时间有限，我就简单地分享几个关键词。第一，叫新的威胁。习总书记讲过一句话，没有网络安全，就没有国家安全。很多人都知道这句话，但具体怎么去理解，包括在十九大报告中也指出了网络安全等非传统安全威胁在影响国家安全。新闻学的一个特点，我觉得就是网络攻击，实际上这每天都在发生，而不是需要等到传统战争发生以后才会有网络攻击。今年5月12日全球爆发的勒索病毒，实际上就是一场网络战的预演，全球100多个国家受到影响，我国的一些敏感单位也受到了严重影响，包括一些加油站，汽车加不了油，有些地方出入境办理不了，它的破坏率最大，是因为黑客利用美国国安局泄露了网络武器，在这个泄露之后，我们做了一些研究发现我国一些重要的敏感单位在一两年前就已经被美国类似的网络武器渗透和扫描过，说明在和平时期，网络攻击从来没有停止过。在过去几年里面我们配合国家安全机关一共发现了36起国外情报机构对我们敏感网络的渗透和潜伏。

第二个威胁，网络攻击现在开始向基础设施领域蔓延。这几年无论大家炒的万物互联、物联网、车联网，包括工业互联网给我们带来更加智能方便的工作生活，它把物理世界和现实世界连接在一起，这就使过去所谓在虚拟空间中的网络攻击都可以直接蔓延到物理世界。举个最典型的例子，乌克兰这两年已经成为黑客的练兵场，过去军队要出动轰炸机扔炸弹才能摧毁电力系统，现在黑客通过网络攻击就可以摧毁电力系统，造成大规模停电。我们可以看，今天为什么讲不能再孤立地把网络安全看成仅是计算机、电脑或者是网络、手机这一个领域的安全，其实网络安全已经贯穿了国防安全、国家安全、社会安全、基础设施安全甚至人身安全。比如像最近大家关注的车联网，所有的智能汽车，现在最担心的就是它实际上是装了四个轮子的手机，都在实施联网。智能手机、无人驾驶汽车一旦被劫持，会直接影响到人身安全。

新的威胁带来巨大挑战，挑战我们认为有两点，第一是防御越来越困难。为什么呢？因为我们现在已经进入了一切皆可编程、万物都要互联的世界。今天连你打个车，叫个外卖，都要借助互联网，更不用说今天各种程度不同的人工智能系统，系统越先进，便越复杂，系统都是构建在软件之上，只要人写的软件就一定会有错误和漏洞，平均每一千行的代码有三四个漏洞，目前系统最大的问题是系统的规模越来越大，里面的漏洞也越来越多。只要有漏洞就一定会被人抓住利用，一旦利用了未知的漏洞，这个系统无论你建得多么固若金汤，都会被攻击进来。网络攻击的形式带来了巨大的挑战。

第三个最大的挑战是人性的弱点。人是网络安全最薄弱的环节，最后带来的也就是你无论多么强大的网络技术都架不住人违反管理制度带来的问题。所以，究其根本，网络面临两个最大的挑战，一个是技术的漏洞，一个是人的漏洞，应对大威胁、大挑战，需要制定和实施新的战略和大的战略。习总书记高屋建瓴地提出，没有网络安全就没有国家安全，他把网络安全上升到前所未有的国家高度，先后成立了中央网络安全和信息化领导小组、军民融合委员会，今年网络安全法正式实施，可以看到新时代的网络安全战略初步确定。在技术上我们也提出，面对目前新的攻击战略，改变过去以隔离、以防守、以防御为主的思想，并提出两个观点，第一是最好的进攻和威慑才是防守，这就不展开谈。第二，我们现在说防御思想，假设网络一定会被攻破，甚至我们和美国的第一任网军司令在进行交流的时候，他也提出美国已经转变了这种作战思想，不再假定网络像马奇诺防线一样牢不可破，而是假定一定被人攻破的情况下如何快速发现、快速封堵、快速回溯、快速挽回损失。

第四，网络安全的发展离不开大量的网络安全人才，中国是一个网络大国，具有人口基数，我们要变为网络强国，就要培养更多的网络安全人才。网络安全行业未来将是一个智力密集型的行业，现在人才缺口在50万~100万。2014年以来，我们多次向网信办和中央领导讨论网络安全人才的问题，后来得到领导的全力支持。2015年教育部将网络空间安全设为一级学科，中央网信办也支持在武汉创建国家级网络安全学院，360与各个大学进行合作，进行网络安全人才的培训。

第五个关键词是大数据，刚才讲了，新时代网络安全的一个特点，就是网络安全的防御，所有的攻击都是未知的，已经发生的东西对方不会再用，已经很难靠传统的识别旧有的攻击方式来进行防御，唯一的解决方式就是大数据，也就是说基于全网的所有电脑和网络流量的数据，通过人工智能的方式，我们现在已经可以成为全球拥有网络大数据最大的企业，我们也正是这样才成功地在过去几年里发现了多起网络渗透事件。习总书记指出，要全天候、全方位展示网络安全态势，2015年我向习总书记演示360的网络安全态势感知的时候说，这是基于全球大数据建立的全球网络攻击的预警系统，就像军队的预警机和雷达一样，在现代化作战里面，如果没有雷达和预警机，根本就谈不上如何应战。

还有最后一个关键词，叫大合作。新的时代，网络安全没有一个企业或者政府，我认为可以独自应对，必须进行跨企业、跨部门、跨地域、跨国家的大合作，才能应对这种威胁和挑战。习总书记在2015年第二届世界互联网大会上提出来构建网络空间安全命运共同体，十九大报告提出要构建人类命运共同体，共同应对网络安全等非传统威胁，所以我想重点提军民合作，也就是军民融合，也是中央对此非常重视。我们现在和军队的很多部门也都开始了这种合作的探讨，放眼全球，美国在安全领域的军民融合远远走在世界的前列，这也是美国网络安全全球领先的重要原因。和传统领域不太一样，网络安全的人才、技术和数据多在企业，军民合作的空间比较广阔。只有通过灵活市场机制，军民融合，才能培养人才。

360这几年最大的一件事是回归，我们原来是中国最大的网络安全企业，用户规模也在全球保持最大，论实力，在全球排到前三，但原来我们是一家美国上市公司，后来为了响应网络安全号召，三年前我们筹集了100亿美金，把资产从美国买回来，现在变成一家完全内资的公司。虽然是一家民营企业，但是我们也希望在网络安全方面能够和军队各个方面合作，希望360一家民营企业能成为在网络安全方面的国家队中的一支，我们能贡献我们的技术、数据优势和网络安全人才，为军队的网络安全、为网络强军做出自己的贡献。从我们回归以后，从“9·3”阅兵、金砖会议、一带一路、G20，一直到刚刚结束的十九大网上安保都是360在领衔操作。

时间有限，最后汇报一下我们虽然不是媒体公司，但是我们现在也有360导航、360搜索、快视频、北京时间等一系列内容平台，在拥军爱军、清朗舆论空间方面也做了一些工作。举两个例子，前一段时间，360 旗下北京时间网站对国际军事比赛2017 库尔勒赛区进行了为期15 天的全程直播，累计点击量达到2.7 亿次，全网转发累计点击量接近6 亿，形成了一个现象级的传播。今年国庆前夕，我们向全网推送了韩卫国司令员（陆军司令员韩卫国）写给入伍新兵的一封信，点击量达到1.4 亿，极大地激发了全社会的拥军热情，未来我们希望继续做力所能及的工作。

最后谢谢各位领导，欢迎各位领导有机会到360 视察工作。谢谢大家。

凤凰网联席总裁、一点资讯总裁陈彤在论坛上的演讲实录

中外军队借助网络媒体信息传播的几点思考

各位首长好、朋友好，非常激动能够在这里和大家交流。

我从小就是在军队大院长大的，父母都是军人，我看到第一份报纸是《解放军报》，看了很多年。我上小学写作文主要是摘抄《解放军报》。说到这个话题，我非常自豪的就是《解放军报》的微博帐号，我是深度参与早期开通工作的成员之一，因为当时我在新浪，我也有幸是新浪网和微博的联合创始人，这两个产品我都是从最早期开始做的。从最早期一直到3 年前，一共有17 年。

军报由于各种原因，开通得比较晚，无论是央视新闻还是新华社的“中国网事”、《人民日报》，都是比较晚的。一开始我们很希望用军报的名义，但由于各种原因，最后使用了军报记者的一个称呼，这是在2013 年年底。2 年以后，习总书记就去军报视察，通过军报记者微博向全军官兵问候，我当时虽然已经离开，也感觉到军功章上也有我的一份，感到很荣幸。现在这个微博的粉丝已经超过了1500 万。

向各位领导汇报一下我们做出的成绩。2011 年年底，当时是四代隐形机试飞，当时我所在的新浪聘请了成都当地的资深拍客拍到了这个飞机起飞、降落和试飞过程比较完整的视频，这段视频后来被国际社会广为引用，包括西方的几大电视台、通讯社，美联社直接打电话问我能不能用，我说打上我们网站的LOGO 就可以用，当时也不算先例，应该说达到了很好的传播效果。

几个月前长征五号发射失败，我所在的凤凰网和一点资讯在第一时间，（我认为是）首家发表了深度分析文章，长征五号的心脏病、中国航天的智慧和尴尬，从技术角度深度分析了长征五号的进步和问题，包括它的研发团队平均年龄只有35 岁，得到了非常好的反响，促进了大家对产品的认识。不到一天，我们又印发了一篇文章叫《再谈长征五号：没有失败的航天不叫航天》。从民间的领域解读了航天的失败。从统计数据看，这些年我国航天的成功率还是非常高的。

这次来准备的是比较轻松的话题，一些可以小规模探讨的东西，但是没想到是这么大的场面，但是我也来不及改，还是谈一谈我从事网络媒体将近20 年的一点感受。

我认为传播军队形象、传播军事话题，目前最应该使用的手段是网络和影像。我最早知道美军的形象是看电影，美军戴着钢盔去抓小鸟，过一会儿又喝啤酒吃香肠，我第一次知道啤酒这个词是从那个片段知道的。显然美军不是那样的形象。刚才有一位首长提到，国际话语权的问题，实际上我觉得我军在这个方面可能是有很大空间的。前几个月在中印边界对峙期间，我去YouTube 上寻找视频，有关中印冲突的视频，也有我方的视频，但都是几年前央视七套的或者凤凰卫视的一些老节目，而且都是中文的。当今的相关节目全是英文的，并且

有关这个事件发的头一条视频，是印军拍摄的一段视频，这段视频也是整个事件的导火索，我想有没有可能我们自己或者民间的力量，大规模的去开通英文的社交网络帐号，比如推特、YouTube、脸谱。美军的做法就不用说了，这是一个使其默认的先天的产品，法军也做得不错。法军在几年前的“守猫行动”期间，法国国防部官网更新的照片的数量和质量将近是平时的十倍，照片的清晰度也是平时的十倍，大概一兆一张照片。短暂的战争也有非常引人注意的亮点，法国的轰炸机从法国本土起飞，飞到了马里袭击叛军，又降落在马里旁边的邻国，最后帮着政府军歼灭了叛军，当时国防部的官方数据更新得非常迅速。后来战争一结束，又回到了正常更新状态。

几个建议如下。充分利用民间力量，应该相信正规的网络媒体是真心宣传我军正面形象的，在严格保守核心机密的前提下，增加对网络媒体的开放程度。再一个建议是增加对军迷的开放程度，鼓励军营开放、军舰开放和军民互动，以积极乐观的内容为主。我来之前，这是我和军事频道的团队联合得出的结论，以积极乐观的东西为主，适当控制个人悲情主义的东西，来宣传正面典型。应该说，整个媒体环境并不太好，由于自媒体的冲击，由于去中心化。这会儿正好是提升我军媒体竞争力的机会，应该提高他们的待遇，从社会上招聘优秀的人才，按照新闻传播自身的规律去做事情，提高新闻的专业能力。比如这张照片拍得好，这张照片抓住了点，传播肯定好。

另外，我刚才说过，现在应该有两种传播形式是最有利于传播军事形象的，一个是网络，一个是影视。大家都在谈论《战狼2》，它的成功是少有的显示我们战士真实形象的一个作品，老同志喜欢它，因为感到了我们祖国的强盛；年轻人喜欢它，男孩觉得这是我要努力效仿的偶像；女孩觉得这是我喜爱的、崇拜的偶像。这种片子，票房这么高，有它内在的原因。我们回想过去几年其他军事题材的东西，至少我认为电影还是比较失败的，可能说得严重一点，从《大决战》开始，就没有特别说得过去能够成为经典电影的军事题材的影片，我不知道我这个话说得重不重，其实一些经典影片还是很不错的，比如《南征北战》，好像是1953年看的《南征北战》。前一段时间，我在B站上看《南征北战》，特别感动也特别兴奋的就是B站上的用户用弹幕去解释一些细节，因为《南征北战》的一个特点是拍摄人员是参战部队，里面很多武器是当年真实的武器，出现了什么武器，比如坦克车、吉普车、冲锋枪，马上就有弹幕说，这是什么什么武器，很多东西都是非常细致的解读。另外，有一个镜头是我军发起冲锋，马上就有人说，这是三三式的冲锋阵势，我理解三三式的意思是三个战士构成三角形，这样就互相有一个关照。我建议在座的跟有关的各位可以认真琢磨，深度军事迷对经典电影的解读。有没有可能出一些类似片子的高清修复版，比如说老版《渡江侦察记》《英雄儿女》等等，相比较来说，我们最近几年的军事影片，比如《建国大业》《建军大业》就不用说了，《建军大业》没有人谈论，因为过度娱乐化，过度为迎合青年观众用小鲜肉来扮演。我们同意《战狼2》男主角应该不算小鲜肉的，不能过于迎合票房的效果。

我的建议就此告一段落，希望能对各位的传播工作起到一定的作用。谢谢！

国防大学教授张召忠在论坛上的演讲实录

利用两微一端，用正能量引导舆论的几点体会

首长、同志们，各位媒体朋友大家好，非常高兴今天能邀请我来参加这个会。我已经退休两

年半了，没想到还有机会参加这样的一个会议。刚才大家的发言都从国家层面、军队层面、媒体平台等宏观的战略的很高大上的角度谈了看法和建议。我是退休老头，只能从“局座”的角度来说说。

刚才听讲话，我就在回放电影，过去这20年他给我打了多少电话，让我到新浪去开微博、开博客，我说人家不让去，原来让去，1999年那个时候，他们还有英文的页面，那个时候我就去，我当时去一讲，新浪让我整瘫痪了。退休以后，我说我先开个微信公众号吧，因为他们老找我，我就开了，开了以后第二天给我打电话，说你得请示。我说我注册了，拿着我的身份证，不行，得批。所以，感谢各级领导慎重的审批。我的微信公众号还差一个月就到两年，微博已经整整一年了。这一年来的收获，我跟大家说一说，今天我的主题是两微一端。我的微信公众号，刚才我在下面看到的最新数据是227万，微博767万粉丝，各个客户端中，今日头条是446万、一点资讯是120万，我还在B站开了一个，专门针对90后、00后，还在蜻蜓FM开了一个音频，播放量6.3亿人次。我做的这些工作，都是我一个人做，我背后有一个小团队，也是我自己花钱。

我为什么想起退休干这个事？因为我退休的时候是两年半以前，当时网络环境不好，对军队有这样和那样的一些误解。关于军队现代化建设、军队武器装备的发展，包括军队的一些英雄人物等军事历史的东西。这些误解让我们都认为是对军队的攻击、谩骂、诬蔑等各种批判。我感觉我得用讲故事的办法跟大家聊聊天，我认为很多事情是我们自己封闭、不解释，导致他们产生的一些误解。我说反正我退休了，我从我个人的角度说说这些事情。开始开微博、微信公众号时，我的网络空间里面有很多人留言骂我。现在经过这两年以后你们可以去看，没有，基本上一个骂的也没有。昨天我发的这条微博，刚才我看已经近300万阅读量、1万多评论，一个骂我的也没有，一个说负面消息的也没有。这就是用我自己的影响力讲道理，来影响和引导舆论，而不是简单地批评他们这个不对那个不对。

怎么能做到让这帮网络上的人相信你，说你说得对，而且不侮辱你的人格。首先，我感觉，不要过多地解释，不要过多地批判他们。我从来不解释，你随便黑我、骂我，我不解释，我也不跟人对骂。还有一个，要跟他们一块交朋友，让他感觉张将军不再是以前服役期间的那个将军，不再是那个全国知名的专家教授，就是一个老头儿，跟我们一样。我就刻意地把我打造成这种形象。网上很多传我这两年退休以后坐地铁的照片，其实我坐地铁已经8年了，我是配车的，但是8年来，我基本上没要过车，退休以后一次都没要过。我都是自己开车或者是坐地铁，跟社会有接触，跟老百姓有接触。我前天发了一条微博，就说穿秋裤的事，我说你们90后、孤寡老人，今年又开始养生了，去年你们还说不穿秋裤、露脚踝，我跟你们学，我去年一冬天没穿秋裤，为了跟孩子们一块闹。我说今年你们怎么早早地都把秋裤穿上，我到现在还没有穿秋裤，我说咱们就是扛冻。我跟你们一块。各方面，你要学他们的语言，在网上跟他们评论。他们评论说上网这么多年，没见过一个像我这样大量地发表评论，他们都不相信是我自己打的字，我的微博确实是我一个人，不允许别人参与。因为这个有点风险。评论非常非常多，你想想一万多点赞，经常是六七千的评论，我不说每一条都评论，但大部分都评论，光回复他们就得要花三四个小时、四五个小时，跟大家进行交流。他说别的大V都不跟我们交流，“局座”老跟我们交流。慢慢到现在，基本实现这个目标了。

我写的书《悄悄话》中，我一句都没写我自己多牛，我过去干过什么事情，什么将军啊，我的书里面都不再有这种简介。我退休之后从零开始，重新做人，网络上从零起步，跟大家一块摸爬滚打。遇到了很多困难，最大的困难是没钱。我有个错误的理解，我以为我搞国防教育已经二十几年了，我退休以后自己搞个新媒体，我想肯定很多人给我赞助点钱什么的，结果一个没有。这是个很大的问题，只要你说搞爱国主义教育、搞国防教育，没有人赞助你。我试过，都不行。那我就自己出钱，媒体采访我说，你不担心后面有人超过你？我说我不担心。谁一个月拿十几万来干这个，爱国主义教育、国防教育，而且持续不断。我是别处挣点钱全贴补在这上面了，没办法。军人不干则已，干就把这个事干下去。不能哪天停更了。干下去，就是你天天更新，天天做这些事情，就需要强大的恒心，有时候身体不好了，有时候事情忙，但是再忙再累，我都要坚持。今天周四，我每周四有个微信公众号的视频，周二、周四都有，我是前天晚上12点开始录音，录半个小时，你想我几点睡觉。

我做电视到今年25年，25年来，在各级组织的培养教育下，我知道哪些该说，哪些不该说，我知道守规矩，我知道政治纪律。我这25年做做电视节目，一直处于风口浪尖，尤其伊拉克战争搞直播，每天都是两三个小时、三四个小时，都是突发的事情。所以我接触的都是非常敏感的事情。我基本上知道底线是什么。我虽然经常挨批评，但是没有受过处分，这就不错了。军事的事情，很多事情非常敏感，尤其像我，影响力这么大，各平台粉丝加起来2000万，所以我必须非常慎重。当然尽管非常慎重也要放开，不能噤若寒蝉。

我感觉自己受到这么多粉丝的拥戴，最重要的一个因素是搞好内容，内容为王。我这些内容包括每天的图文推送，有文字，每周二、周四、周日在我的微信公众号，发三次音频，每一个音频长约半个小时，每周五就会更新一次视频，视频节目是20多分钟。我所有的这些节目，很多人整天问我，说我们要转载，要授权，我就公开发布，你们都看到过。我说我微博上的内容，微信公众号的内容，我录播的所有的音频、视频，免费发布，不要再问我，我也不要再授权，我没有版权。搞爱国主义教育、国防教育，要钱？没有钱，我不收你们钱，你们随便转载。

前不久看宣传塞罕坝精神的节目，就是一片大沙漠，去了一帮人在那里种树，我就是那个种树的老人，一天种一棵树，一年360天，我能种三四百棵树，就是一个小环境。如果我们军队有更多的人能够在网上做一些爱国主义国防教育的宣传，大家都去栽树，慢慢像塞罕坝一样，几百亩的人工林、几万亩的人工林，就为北京防沙、抗沙、改善气候、提供氧气、改善环境，做一个非常好的铺垫。你说退休了，能干点啥啊？一个是不给组织、领导添麻烦，再一个是不给社会添麻烦。你说我坐地铁都站着，都给年轻人让座。我做不了什么贡献了，还坐着干啥？所以我很自觉。我现在出差，都是背着个双肩包，直接坐高铁，坐地铁就走了，没有任何的迎送，一直是这样，感觉特别好，感觉每天特别高兴。跟这帮孩子们天天在网上开玩笑，我懂得那些网络语言，很多年轻人甚至都不知道，我基本上做到和年轻人同步。我就是塞罕坝那个种树的老人。谢谢大家。

中国网络空间研究院院长杨树桢在论坛上的演讲实录

深入学习宣传贯彻党的十九大精神，积极推进互联网涉军舆论空间法治化建设

尊敬的军委政治工作部禹光副主任，尊敬的中央网信办任贤良副主任，尊敬的国防大学吴杰

明政委，尊敬的各位嘉宾，各位朋友：

非常荣幸受军委政治工作部的邀请，来庄严的国防大学参加首届中国军事网络媒体高峰论坛。

在全党全国全军正在兴起深入学习宣传贯彻党的十九大精神的热潮之际，军委政治工作部和国防大学、网信办举办首届中国军事网络媒体高峰论坛，这是深入学习宣传贯彻党的十九大精神的重要举措。毛主席曾经说，革命全靠两杆子，枪杆子和笔杆子。他说共产党是左手拿着传单，右手拿着枪弹，才可以打倒敌人的。这次论坛以“强军兴军与新时代网络媒体责任担当”为主题，抓住了信息时代事关党、国家、军队事业发展的重大问题，体现了枪杆子与笔杆子的结合，体现了党管军队与党管媒体的结合，体现了强军兴军与网络强国的统一，具有十分重要的意义。

当今时代，以信息技术为代表的新一轮科技和产业革命形成势头，为我军信息化建设事业跨越发展提供了宝贵的机遇，为展现我军文明之师、威武之师的良好形象，提供了广阔的舞台。但同时，我们要看到，网络病毒、网络窃密、网络攻击等威胁国家的军事安全，网上一些歪曲党史、军史、国史，鼓吹军队国家化、丑化革命先烈、涉军政治谣言等等有害信息，干扰国防和军队建设，面对复杂、严峻的网络安全态势和尖锐的意识形态斗争形势，迫切需要我们以习近平新时代中国特色社会主义思想为指导，积极推进互联网涉军舆论空间法治化建设，为推进国防和军队建设，实现党在新时代的强军目标，营造良好的网络环境，提供有力的网络安全保障。

推进互联网涉军舆论空间法治化建设，是全面依法治国的必然要求。党的十九大报告强调，全面依法治国是中国特色社会主义的本质要求和重要保障，是党领导人民治理国家的基本方式。网络空间不是法外之地，只有运用法治的思维和法治的方式，发挥法治在明晰权责、惩治犯罪、保障安全上的积极作用，才能把“四个全面”战略布局落到实处，确保国家长治久安。

推进互联网涉军舆论空间法治化建设，是坚持依法强军的应有之义。党的十九大报告明确提出，坚持政治建军、改革强军、科技兴军、依法治军。其中我理解，政治强军是立军之本，改革强军是必由之路，科技兴军是核心驱动，依法治军是重要的保障。回顾我们军队的发展史，我们党领导人民军队是一靠理想、二靠纪律，是唱着《三大纪律八项注意》不断从胜利走向胜利的。敌对势力在网上制造种种错误言论，目的就是搞乱我们军队的思想，动摇党对军队绝对领导的根基。只有推进互联网涉军舆论空间的法治化建设，打牢官兵听党的话、跟党走的思想根基和法治根基，才能永葆人民军队的性质、宗旨、本色，把人民军队建成一流军队。

推进互联网涉军舆论空间法治化建设是坚持依法治网的需要。近年来，中央网信办和有关部门不断加强互联网领域的立法，出台了《网络安全法》《互联网新闻信息服务管理规定》，以及群组社区帐号跟贴评论等一系列法律法规，有效地规范了网络，互联网是一张网，网络舆情不分军队和地方，只有推进互联网涉军舆论空间法治化建设，才能充分发挥法治的权威和强制性作用，才能更好地规范网络传播秩序，营造天朗气清、生态良好的网络空间。

各位嘉宾、各位朋友，网络空间已经成为继陆海空天之后的第五疆域，成为国家安全面临的最现实的、最常发生的威胁。身处没有硝烟的战场，聚焦能打仗、打胜仗是我们共同的目标。维护网络空间清朗，捍卫人民军队的良好形象，是我们的共同责任。借此机会，我就推进互联网涉军舆论空间法治化建设提五点建议。

第一，壮大阵地，大力宣传习近平强军思想，以及军队和国防建设的新成就。习近平强军思想是新时代中国特色社会主义思想的军事篇，是人民军队的强军之道、致胜之道，我们要深入研究信息时代涉军舆论宣传工作的特点和规律，发挥互联网的传播优势，建好、用好各类网络传播平台，丰富传播载体，创新传播手段，大力宣传总书记强军思想，大力宣传人民军队的光辉历程，大力宣传国防和军队建设的历史性成就，大力宣传军爱民、民拥军的光荣传统和感人事迹，让习近平强军思想统领涉军网络舆论阵地，让正面宣传像清新的空气一样充满网络，充满社会。我们要增强网上涉军宣传工作的传播力、引导力和影响力、公信力，提升网上涉军正面宣传的到达率、阅读率和点赞率，奏响强军兴军的主旋律，弘扬爱军拥军的正能量。

第二，强化手段，坚决反对和抵制各类涉军网络不良信息。人民军队是人民民主专制的坚强柱石和保卫祖国的钢铁长城。军队也是各国敌对势力网上制造谣言的重点对象。我们要建立完善涉军舆情管理长效机制，加强军地联动，积极运用人工智能、大数据等技术手段，切实提高网络舆情的发现率、判断率和处置率，坚决反对和抵制诋毁党对军队的绝对领导，歪曲党史、军史、国史，丑化革命先烈，捏造传播涉军政治谣言，泄露国防机密，攻击国防安全和军队建设方针政策，否定攻击军队改革，挑拨军民鱼水关系，等涉军网上有害信息。坚决打赢涉军网络斗争的胜利，维护国家政治安全和意识形态安全。

第三，完善法治，依法维护涉军网上宣传舆论传播秩序。令行禁止、王者之师。十九大报告明确提出，全面从严治军，推动治军方式根本性变革，提高国防和军队建设法治化水平。我们要坚持科学立法，着眼涉军网络内容管理面临的最突出问题，加快推进涉军网络内容法规制度建设，为规范涉军网络空间秩序提供有力的法律保障。要严格执法，加强对涉军违法有害信息的行政执法，着力增强法规制度的执行力。要加强涉军法律法规的网上宣传教育，明确网络空间也有军事禁区，让国防底线不可触碰，人民军队神圣不可侵犯，成为全体网民的普遍共识和自觉行动。

第四，平战结合，筑牢攻防兼备的网络空间安全屏障。当前，网络安全威胁已经超越了军与民的身份，模糊了平与战的界限，重塑了胜与败的标准，更新了发展与安全的关系，严重威胁国家政治安全和经济社会安全，我们要牢固树立正确的网络安全观，统筹推进传统安全领域和新型安全领域的军事斗争准备。发展新型作战力量和保障力量，加快军事智能化发展，提高基于网络信息体系的联合作战能力、全域作战能力，有效塑造态势，管控危机，遏制战争，打赢战争。要坚持平战衔接，军民融合，以安全保发展，以发展促安全，强化关键基础设施安全保障能力，全方位感知网络安全态势，及时做好分析研判和动态评估，筑牢国家的网络安全防线。

第五，广泛动员打一场营造强军兴军、拥军爱军的良好网络舆论环境的人民战争。毛主席曾经说，真正的铜墙铁壁是什么？是群众。军民团结如一人，试看天下谁能敌。我们要认真贯彻落实网络意识形态工作责任制和网络安全工作责任制，建立网络综合治理体系，提高网络综合治理能力，完善政府监管、网站自净、社会监督、网民自律的网络社会综合治理模式，形成网络综合治理一盘棋格局。要像搞国防动员一样，广泛发动社会各方面的力量参与涉军网络舆论工作。强化军地协同，聚合军地优势，深化网上军民鱼水情，共筑网上网下同心圆，共同建设好、发展好、维护好网络空间这个亿万民众共同的精神家园，为实现中国梦、强军梦凝聚起强大的网络精神力量，营造良好的网络舆论环境，提供有力的网络安全保障。谢谢大家！

解放军报社网络传播中心主任、中国军网国防部网武天敏总编辑代表网络媒体宣读并发布“携手新时代、聚力强军梦”网络倡议

携手新时代聚力强军梦
——首届中国军事网络媒体高峰论坛网络倡议

在全党全国全军阔步迈进新时代、同心共筑中国梦之际，全国军事网络媒体齐聚国防大学，学习贯彻党的十九大精神，共绘强军兴军愿景，共话网络媒体责任。国防和军队建设已站在新的历史起点上，人民军队正朝着全面建成世界一流军队迈进。走中国特色强军之路、全面推进国防和军队现代化，迫切需要广大军事网络媒体助推加力。在此，我们郑重做出如下倡议。

强化“四个意识”，做党的创新理论的真诚传播者。新时代的精神灯塔照亮新时代的宏阔征程。党的十九大确立了习近平新时代中国特色社会主义思想的历史地位、习近平强军思想在国防和军队建设中的指导地位。军事网络媒体要拥抱新时代、奋进新时代，把深入宣传习近平新时代中国特色社会主义思想、突出宣传习近平强军思想作为首要政治任务，为民族复兴高擎思想火炬，为强军兴军立起精神旗帜。

聚焦强军目标，做建设一流军队的坚定支持者。实现党在新时代的强军目标、全面建成世界一流军队，是中华民族伟大复兴的战略支撑。在人民军队由大向强迈进的关键阶段，军事网络媒体要提高政治站位，准确把握宣传导向，大力宣传人民军队政治建军、改革强军、科技兴军、依法治军和备战打仗、军民融合的新实践新成就，大力营造研究军事、研究战争、研究打仗的浓厚舆论氛围，为强军兴军提供强大思想舆论支撑。坚守精神家园，做先进军事文化的大力弘扬者。军队为使命而存在，文化因使命而闪光。建设中华民族共同的精神家园，履行我军新时代使命任务，需要先进军事文化的滋养激励。军事网络媒体要有文化强国、文化兴军的情怀和担当，紧紧围绕“传承红色基因、担当强军重任”，大力推动先进军事网络文化产品创作，着力提升网络文化传播能力和服务能力，在塑造中国心、民族魂、强军志上有更大作为。

维护网络安全，做红色舆论阵地的忠实守望者。在互联网这个意识形态斗争的主战场、主阵地、最前沿，军事网络媒体肩负重任、责无旁贷，必须守土有责、守土尽责，敢于亮剑、敢于斗争，坚决维护党对人民军队绝对领导的根本原则和制度，旗帜鲜明地批驳错误的政治观点，决不给涉军有害信息传播蔓延提供空间，决不泄露军事秘密，坚定维护政治安全和军事信息安全。

强国必须强军，军强才能国安。新时代新征程，军事网络媒体是助推强国强军的重要力量，波澜壮阔的强军事业为军事网络媒体提供了广阔的舞台。让我们不忘初心、牢记使命，深入学习宣传贯彻党的十九大精神，弘扬爱国拥军的优良传统，营造主旋律更加响亮、正能量更加强劲的涉军舆论环境，为实现中国梦强军梦做出更大贡献！

特此倡议。

倡议发起网站：

人民网、新华网、中国网、国际在线、中国日报网、央视网、中国青年网、中国经济网、中国台湾网、光明网、中国广播网、中国新闻网、中青在线、中国军网、国防部网、法制网、中工网、未来网、环球网、海外网、中国搜索、华夏经纬网、全军政工网、新华军网、中国军视网、央广网军事分网、军队人才网、中国载人航天网、全军武器装备采购信息网、中国国防动员网、全国征兵网、千龙网、中国首都网、中华网、北京时间、北青网、东方网、中国江苏网、浙江在线、中国江西网、大众网、华龙网、四川新闻网、军报记者网、中国陆军网、中国海军网、中国空军网、中国武警网、国际防务学院外宣网、湖南省国防教育网、河南省国防教育网、百度新浪网、新浪微博、腾讯网、凤凰网、网易网、搜狐网、一点资讯、今日头条、360、优酷网、爱奇艺、铁血、超级大本营、鼎盛网、米尔网、飞扬军事、四月网、战略网、UC 军事、快手、看了吗。

倡议发起新媒体帐号：

国防部发布、军报记者、钧正平工作室、八一青春方阵、央广军事、CNR 国防时空、中国军视网、央视军事报道、现代后勤、装备科技、中国民兵、东线瞭望、东部战区、南部战区、西部战区、中部战区、空军发布、中国海军发布、军科人、国防科大、人民武警、北部战区陆军、向雷锋学习、当代海军、东海舰队发布、南海舰队、北海舰队、人民前线、西陆强军号、亮剑东南、我们的天空、中原国防、局座召忠、第一军情、铁血舰队。

倡议发起单位：

中国军事文化研究会、首都互联网协会、网络传播杂志。

附：《网络传播》杂志2017年度中国军事网络媒体传播力榜

荣获 2017 年度中国军事网络媒体（新闻网站）传播力 20 强名单：

中国军网、中国军视网、新华军网、国防部网、人民网军事、央广军事分网
中国网军事、环球网军事、未来网军事、中国陆军网、中工网军事、光明网军事
中国青年网军事、军报记者网、观察者军事、中国空军网、华夏经纬网军事
中国海军网、中国新闻网军事、中国武警网

荣获 2017 年度中国军事网络媒体（微信公众号）传播力 20 强名单：

军报记者、铁血军事、解放军报记者部、中国军视网、人民武警、局座召忠
中国军网、中部战区、中国武警网、CNR 国防时空、央广军事、复兴军事
中国空军网、人民前线、当代海军、我们的天空、南部战区、钧正平工作室
装备科技、央视军事报道

荣获 2017 年度中国军事网络媒体（微博）传播力 10 强名单：

军报记者、央广军事、中国军视网、新浪军事、CNR 国防时空、我们的天空
CCTV 军事报道、国防部发布、军事纪实、微博军事

2017 微博健康医疗影响力论坛

活动名称： 2017 微博健康医疗影响力论坛
——暨中国健康科普联盟成立和中国医师协会年会
指导单位： 国家卫生与计划生育委员会
主办单位： 中国科学技术协会、中华医学会、中国医师协会、中国移动
微博、爱问医生
时　　间： 2017 年 12 月 6 日
地　　点： 北京

为进一步落实全国卫生与健康大会精神及《“健康中国 2030”规划纲要》，促进健康教育信息服务，2017 年 12 月 6 日，由国家卫生计生委指导，中国科学技术协会、中华医学会、中国医师协会、中国移动、微博、爱问医生等成员单位在北京共同举办“2017 微博健康医疗影响力论坛——暨中国健康科普联盟成立和中国医师协会年会”，中国健康科普联盟正式宣布成立，中国健康科普主场启动。

中国医师协会会长张雁灵、中国科协科普部副部长钱岩、北京朝阳医院理事长封国生、中华医学会科普部唐芹、中华医学会科普分会主任委员王立祥、中国健康科普联盟主席郭树彬，以及新浪微博副总裁曹增辉出席会议。

在 2017 微博健康医疗影响力论坛前夕，国家卫生计生委宣传司副司长宋树立接受采访时表示，党的“十九大”报告指出，中国特色社会主义已经进入新时代，社会主要矛盾已经转化为人民群众日益增长的美好生活需要和不平衡不充分发展之间的矛盾，对于健康信息来说，这种矛盾表现的尤为突出。“人民群众对自己的健康越来越关注，可是健康科普信息，特别是优质的健康科普信息显得供给严重不足。”宋树立希望，联盟能够充分发挥专家资源优势和学科知识优势，为百姓提供通俗易懂、喜闻乐见的健康科普知识，把健康送到老百姓身边。

中国医师协会会长张雁灵对会议的召开表示祝贺。张会长指出，现在大力推进健康科普，比任何时候都更重要，具有时代的意义。人类的健康是一个社会发展、社会进步的目标。发展的目的是以人为中心，而人的健康是首选的一个问题。张会长希望今后的健康科普要面向社会，总的原则有三点，一是要广泛地宣传和发动群众，让大家都参与投身到健康科普中来。二是要进一步提高或者有针对性地开展当前和今后的科普工作，提高科普水平，改进和加强工作。三是构建新的科普推广格局。

张雁灵指出联盟的顶层设计非常重要，一是要有所为、有所不为。设计好就要扎实推进。二是要动员专家，特别是我们的大专家做科普工作。三是要有重点，应该以十九大报告作为工作重点，面向基层、面向大众、面向边远地区，同时把涉及人民群众健康的一些关键问题，比如，慢性病、不良生活习惯等作为科普工作的重点。张雁灵强调，国务院审批通过

了每年的8月19日作为“中国医师节”。“中国医师节”的设立是因为全社会尊重医生这个职业，也体现了党中央、国务院和全国人民对医生的关怀。为此，医生应该回馈社会、回馈百姓、回馈大众，为13亿老百姓做一些应该做的工作，其中包括健康中国建设。这就是我们医师协会应该做的事情。相信健康联盟成立以后，专家教授们会很好地研究推进这项工作。中国医师协会全力支持科普分会和联盟做好今后的健康科普工作。

在论坛上，中华医学会科学普及分会主任委员王立祥提出，中国健康科普联盟的未来，将会愈加强大，为我们科学健康知识的传播带来更多鲜活的血液。中国科协科普部副部长钱岩希望中国健康科普联盟能够生产出更多更专业更精彩的健康科普产品，满足人民对美好生活的向往。北京朝阳医院理事长封国生表示，医院作为医疗体系中不可或缺的一环，将发挥它独特的专业学术优势，一如既往地支持中国科普信息的传播。

“医学科普做好了，就能避免一部分医患矛盾，更能减少疾病的发生，而科普也是医生工作的升华。”郭树彬说，如今，越来越多的机构和个人开始重视科普。但在他看来，重视程度仍然不够。“健康科普投入收益很大，国外相关资料显示，对健康科普如果投入一块钱，能得到七八块钱的回报，而我国在健康事业上投入很大，见效却很少，因此我希望通过健康科普做到防病和治病，减少健康支出。”郭树彬说。“中国健康科普联盟”得到了国家卫生计生委及其他相关委办局的支持和指导，旨在实现更高水平的全民健康，全面地推动中国健康教育知识的普及。联盟成立后，将推出系列健康中国工程，其中包括由中国科学技术协会、卫计委指导，中华医学会、中国医师协会主办，爱问医生承办的“中国健康科普主场”。他表示，联盟成员一定是专业医生或健康宣教专家，由这些人发布面向全国的科普知识能够更加精准。“我希望联盟成立后用权威的专业资源通过更广泛的传播平台，将知识更大程度上传播给公众。”郭树彬表示，联盟成立后，将重点做以下两方面工作：第一，集合全国最主要的专业人员，包括医生和健康教育者，组成科普内容生产队伍；另一方面是通过各种有效平台，把内容发布在更广泛的频道上，使得广大公众获取准确信息。“我希望有影响力的大V和专业医生们，能够把他们的知识传播出去，联盟的成立会给这些科普知识更多的传播机会。”郭树彬说，健康科普事业是国家大事，也是媒体和个人的大事，希望所有有责任的人参与到健康科普联盟中来，为健康科普的传播做出贡献，为中华民族的健康做出贡献。

“联盟”正式成立后，将推出系列健康中国工程，如“中国健康科普主场”，中国健康科普联盟秘书长王良华在现场表示，“中国健康科普主场”将会为人们打造一个健康信息科学严谨、知识结构全面立体、传播方式系统连续，能够惠及全民的健康科普知识传播平台。不仅仅局限于平台本身，还会以微博、微信进行渠道出口，以医生的专业科学内容为基石，打造“爱问百科”；模拟临床可追溯性，让科普文章可追溯可查证。更令人惊喜的是，它还连接着个人预约，为医生导流，形成科普和医疗的闭环。

当天，各方领导和特邀医生代表手触启动球，正式宣布“中国健康科普主场”落地爱问医生平台。

2017微博健康医疗影响力论坛召开的同时，同步召开了中国医师协会科普分会年会，中国医师协会科普分会会长郭树彬为大家展示汇报了2017年的工作成果。《医师报》主编张艳萍、北京大学第一医院党委副书记刘玉和等围绕“如何做好新时期的健康科普”的主题进行了深入浅出的研讨，就如何提高健康科普的权威性，如何组织有规划的健康科普，新时代健康科普的手段、方式如何与时俱进等问题发表了真知灼见。

随后，颁发了“2017 健康科普先进奖”，该奖项由中国健康科普联盟根据 2017 年医疗健康工作中对健康科普知识的创作和传播做出突出贡献的医生、医院和医疗媒体机构做出表彰。

作为健康领域的独角兽，新浪微博万众瞩目，副总裁曹增辉表示，微博是一个平台生态，是为内容创作者提供社交资产累积的平台。在健康医疗领域，微博致力于为健康医疗工作者树立医生品牌、传递健康科普，拉近医患关系。曹增辉认为，就健康医疗领域多年发展来看，取得了诸多骄人的成绩，涌现出了一大批大 V 医生和行业领袖，微博让健康科普工作者更加坚定和自信，医患互动更加高效和紧密，医生形象、网友患者满意度获得极大提升。

会上颁发了“微博 2017 十大影响力医疗大 V”奖和“微博 2017 互联网先锋”奖。作为新媒体阵营的中坚力量，微博将继续全力支持健康科普工作，以多元、定制化的产品形态为医疗健康工作提供丰富的呈现方式；以独特的社会化传播机制为健康医疗工作者提供独一无二的沟通渠道。

论坛最后，大 V 医生章蓉娅与大家分享了《新时代自媒体的挑战和策略》的演讲，作为一名医生和媒体人，其表达了医疗科普传播的信念和希望。

微博新的社会阶层人士联谊会

活动名称：微博新的社会阶层人士联谊会
时　　间：2017 年 12 月 21 日
地　　点：北京

2017 年 12 月 21 日，微博新的社会阶层人士联谊会（以下简称“微博新联会”）成立大会正式召开。北京市委统战部副部长严卫群、中央统战部八局二处副处长张昕晔、北京市委统战部新的社会阶层处处长薛晏、首都互联网协会副会长杨苏、微博公司高管及微博新联会部分理事出席了成立大会。会议审议通过了《微博新的社会阶层人士联谊会章程》，选举产生了第一届会长和常务埋事，微博 CEO 王高飞当选为首任会长。

微博作为中央统战部新媒体企业第一批统战联络站试点单位之一，积极响应号召，按照北京市委统战部指导意见，经首都互联网协会党委批准成立了微博新联会，旨在加强微博新阶层人士的联谊和交流，推动平台健康发展，共建清朗网络空间，巩固最广泛的爱国统一战线。微博新联会主要由公司中高层党外人士组成，第一届理事成员由微博党委和公司管理层共同推选，共 104 名。

北京市委统战部严卫群副部长对微博新联会的成立表示祝贺。他指出，网络新媒体成员是新的社会阶层人士的重要组成部分，微博是新媒体的主要平台之一，在新媒体从业人员中占据的权重很高。微博一直在党建和统战工作中走在前列，希望微博新联会未来在政治、人才、服务和标杆意识方面，继续发挥在新媒体领域的引领作用。

“作为新的社会阶层的一份子，我们的中心思想是爱国爱党爱社会主义，我们的核心价值是勤劳敬业、诚信友爱，我们得益于这样伟大的时代，必当要以更多的奉献去回馈社会。”王高飞在会议上表示，微博将继续发挥平台优势，聚合宣传资源，为党和政府做好新媒体中代表人士的工作提供最有力的支持，主动与“网络大 V”交流交心，为弘扬主旋律、唱响正能量付出最大的努力。

微博一直在积极开展党建与统战工作。2015 年 12 月，微博成立党委组织，积极主动发挥党委在公司统战工作的领衔作用，目前公司中共党员的比例为 14%，所有核心重要岗位都有党员。同时，微博也是中央统战部新媒体企业第一批统战联络站试点单位，是积极开展党建和统战工作的互联网代表性单位。

2017 陕西政务 V 影响力峰会

活动名称： 2017 陕西政务 V 影响力峰会

指导单位： 陕西省互联网信息办公室、陕西省电子政务办公室

主办单位： 新浪、微博

承办单位： 新浪陕西、浐灞生态区

时　　间： 2017 年 12 月 28 日

地　　点： 陕西·西安

2017 年 12 月 28 日，由陕西省互联网信息办公室、陕西省电子政务办公室指导，新浪网、微博主办，西安浐灞生态区管理委员会联合新浪陕西承办的 2017 陕西政务 V 影响力峰会在西安浐灞生态区隆重举行。陕西省政府电子政务办公室主任李肇亚、共青团陕西省委副书记徐永兵、陕西省电子政务办网站处处长马参、陕西省网信办新闻处副处长鄢凡军、陕西省工商局广告处处长刘寒、西安市网信办网络宣传处处长朱继春、西安市网信办网管处处长杨晓强、浐灞生态区管理委员会副主任成斌、新浪陕西总经理付士山以及陕西百余名优秀政务新媒体代表出席了峰会。

陕西省政府电子政务办主任李肇亚在致辞中表示，当前微博问政已逐渐成为热点和趋势，政务微博已发展为政府信息公开的新平台，为政民互动、回应关切提供新途径，成为网络舆情应用的新阵地。2017 年陕西政务微博继续保持蓬勃发展势头，截至 2017 年 9 月 31 日，陕西新浪政务微博共 6869 个，其中机构官方微博 5252 个，公务人员微博 1617 个，政务微博已全面进入 3.0 时代。政务微博运营者应顺应新时代经济社会发展的需求，不断提升政务微博的运营水平。

新浪陕西总经理付士山现场发布了《2017 年度陕西地区政务微博报告》。他表示，六年前的今天，“新浪陕西”在西安的大唐西市也就是古丝绸之路的起点举行了隆重的新浪陕西上线仪式，六年间，新浪陕西肩负着新浪网和新浪微博的重托，落户到陕西这块古老而充满活力的土地上，为助力陕西地方经济社会等各方面的发展进行了坚持不懈的努力，尤其是在新浪微博服务于陕西各级政府方面进行了大量的创新和探索。在微博拓展期，从陕西省团委系统集体入驻新浪微博，到百家高校集体入驻新浪微博，再到十八大前夕“@陕西发布”正式上线，从省市县各级政府不断的政务微博培训，再到举办陕西省首届政务微博大会和“政务微博走三秦”等一系列活动，支持政务机构通过网络问政来切实服务公众、服务社会，得到了陕西省市网信部门的多次表彰和奖励。

在由人民网舆情监测室制作、微博提供数据支持的人民日报“2017 年三季度政务微博影响力排行榜”中，“@陕西消防”“@陕西省教育厅”“@陕西治安”“@汉唐网”“@西铁资讯”等 19 个党政官方微博在各系统的排名进入全国前 10，西安、宝鸡、榆林、渭南、汉中、咸阳等 6 个城市进入全国城市政务微博竞争力排行榜 TOP100，陕西在全国省份政务

微博竞争力排行榜排名第 7。

此次峰会，主办方特别邀请中国传媒大学媒介与公共事务研究院高级研究员侯锷、成都服务运营中心运营总监徐剑箫、共青团陕西省委工农部部长魏延安、新浪政务新媒体学院副总编蔡幼林等专家，为峰会发表了主题演讲。

陕西政务 V 影响力峰会是一场政务新媒体领域的行业峰会，大会在挖掘和盘点陕西优秀政务微博的同时，现场颁发了 2017 年度陕西省十大政务微博、2017 陕西省十大公职人员微博、2017 陕西省优秀政务微博运营奖等奖项，其中“@ 陕西发布”“@ 陕西政法”“@ 陕西省教育厅”“@ 陕西消防”“@ 三秦青年”“@ 西铁资讯”“@ 西安发布”“@ 畅通西安”“@ 宝鸡团市委”“@ 白水法院”获得 2017 年度陕西省十大政务微博奖项，“@ 浐灞生态区”“@ 西铁客服在线”等获得 2017 年度陕西省优秀政务微博运营奖。

2017 年度政法新媒体峰会

活动名称： 2017 年度政法新媒体峰会
主　　题： 不忘为民初心·牢记法治使命
指导单位： 中央政法委宣传指导室
中央网信办移动网络管理局
主办单位： 正义网
协办单位： 法制网、中国法院网、中国警察网、民主与法制网
学术支持： 中国政法大学光明新闻传播学院中国传媒大学新媒体研究院
正义网传媒研究院
技术支持： 广州市德善数控科技有限公司、科大讯飞股份有限公司
时　　间： 2017 年 12 月 29 日
地　　点： 北京

不忘为民初心，牢记法治使命。12 月 29 日，2017 年度政法新媒体峰会在北京召开。中央政法委宣教室副主任侯召迅、中央网信办移动网络管理局副局长卢岚与来自全国政法、网信系统的领导和高校专家学者等齐聚一堂，交流分享了新时代新媒体在法治中国建设方面的先进理念经验和前沿问题。峰会上，主办方正义网发布《问政九年·新媒力量——政法新媒体影响力报告》，2017 年度全国检察新媒体建设运营 100 强和全国检察新媒体矩阵建设奖名单也一并公布。

据悉，2017 年政法新媒体峰会是由正义网主办，法制网、中国法院网、中国警察网、民主与法制网等协办，中国政法大学光明新闻与传播学院、中国传媒大学新媒体研究院、正义网传媒研究院等提供学术支持。

作为本届峰会重要的发布内容，《问政九年·新媒力量——政法新媒体影响力报告》分为政法新媒体矩阵影响力分析、十大政法新媒体影响力案例、政法新媒体繁荣发展共同倡议三部分内容。

报告认为，经过九年的实践探索，全国政法新媒体在内容、服务、功能、管理、协同等各方面已经取得飞速的发展。以中央政法委为圆心，由法院、检察、公安、司法行政机关各条线共同组成的政法新媒体矩阵，历经阵地建设、规范管理、信息开放、服务升级、功能优化、智能进化后，已经进入品牌竞合的 2.0 阶段。

“正义网结合历年研究成果，选取了各级政法机关利用新媒体开展信息公开，发掘案件线索，澄清网络谣言，提供司法援助，回应民意关切等方面最具代表性的十个影响力典型案例。”主办方负责人介绍。

记者注意到，“最高检微信通报于欢案调查进展”“最高法微博引导聂树斌再审案舆论”“厦门警方微博征集网友线索破获无名女童被害案”等案件入选十大政法新媒体影响力案

例。

峰会上，在中央政法委宣教室和中央网信办移动局的指导下，正义网联合法制网、中国法院网、中国警察网、民主与法制网共同发起《新时代全国政法新媒体繁荣发展共同倡议》，倡议不忘为民初心，牢记法治使命，共同推动政法新媒体事业的繁荣发展。

此外，主办方还发布了2017年度全国检察新媒体建设运营100强名单和全国检察新媒体矩阵建设奖。据介绍，2017年度全国检察新媒体建设运营100强评选活动由最高检新闻办公室指导，历时两个月，根据影响力、活跃度、吸引力、认可度、传播力等五个指标，最终评选出相关奖项。

在经验分享和学术论道环节，正义网常务副总裁钱贤良、最高检检察技术信息研究中心副主任刘品新、中国传媒大学政务新媒体实验室主任侯锷、中国社会科学院网络新媒体研究室主任孟威、北京市高级法院政治部副主任郭京霞、上海市闵行区司法局局长金海民、广东省肇庆市公安局公共关系科陈永博等来自政法系统、新闻媒体以及高校的多位嘉宾就政法新媒体的建设问题进行了讨论。

“年度政法新媒体峰会已经连续举行七届，旨在通过交流分享不断增强政法新媒体的法治传播力，引领政法新媒体在平安中国、法治中国建设的道路上砥砺前行。”主办方负责人说。

（正义网北京2017年12月29日电　记者　于　潇　见习记者　郭璐璐）

检察日报社社长李雪慧在峰会上的致辞实录

尊敬的各位领导、各位嘉宾，大家下午好！

首先，我谨代表检察日报社、正义网，对各位领导、嘉宾，以及新闻媒体的朋友们莅临本次峰会，表示热烈的欢迎和衷心的感谢！

当前，以信息技术为代表的新一轮科技和产业革命正在萌发，为我国经济社会发展注入了强劲动力。搭乘互联网和数字经济发展的快车，中国开启了建设网络强国、数字中国、智慧社会的新时期。与此同时，全面深化司法体制改革和互联网治理体系变革进入关键时期。网络空间渐趋清朗，政法舆论生态不断改善。人民群众对政法机关加强和改进新媒体工作的期待也在日益提升。

面对新形势新变化，党的十九大确立的习近平新时代中国特色社会主义思想，必然成为未来全国各级政法机关通过建设新兴媒体阵地参与法治中国、网络强国、数字中国和智慧社会建设的根本遵循和行动指南。

2017年，政法新媒体的发展呈现出三个特点。一是司法信息的价值重新回归。权威信息常态发布、议题设置沁润人心、普法力作竞相呈现，为形成全民尊法、学法、守法、用法的网络氛围，提供了充足的内容供给。二是矩阵联动的合力不断提升。智慧警务、智慧检务、智慧法院、智慧法务等政法信息化建设深入推进，让新媒体的融合联动能力显著增强，为政法机关通过矩阵协同开展执法办案、便民服务、社会治理等工作提供了强大的技术支撑。三是民本情怀彰显司法文明。在内容创作、信息发布、舆情回应、法律服务等新媒体工作中，政法机关坚持以人民为中心，不断夯实加固政法工作的群众基础，让法治正能量跨出政法圈，迈入法律圈，走进网友的朋友圈，根植百姓的生活圈。

2017 年，也是政法新媒体开启问政征程的第九年。为了直观反映九年来政法新媒体的社会影响力，呈现政法机关网络问政的精彩瞬间，推动新时代政法新媒体的繁荣发展，在中央政法委宣教室和中央网信办移动局的指导下，正义网将在本届峰会上发布新媒体研究报告，并将联合中央法制类网站发起关于政法新媒体未来发展的共同倡议。

在政法新媒体矩阵建设中，检察机关率先在全国政法系统中实现了“两微一端”的四级全覆盖。为了进一步推动检察新媒体的建设，在最高检新闻办指导下，正义网举办了第三届“检察新媒体建设运营”年度评选活动。峰会期间，将公布获奖名单并颁奖，还将邀请贡献卓著的政法新媒体代表分享他们的实践经验。

一切过往，皆为序章。正如本届新媒体峰会的主题“不忘为民初心牢记法治使命”所说，政法新媒体为民服务的初心不能忘，法治建设的使命不能改。中央政法委宣教室和中央网信办移动局的两位领导将在会议期间做深入的阐述。

观大势方可成大业，谋长远才能赢未来。如何立足新时代，谋划新目标，体现新担当，开启新征程，峰会邀请了知名专家学者共同研讨政法新媒体未来发展的新航向。期待今天的峰会能够结出丰硕的研究成果！

值此新年来临之际，我谨代表检察日报社、正义网，预祝各位在新的一年里身体健康、万事如意！谢谢大家！

覃匡龙在峰会的报告发布辞实录

各位领导、各位嘉宾：

大家下午好！

现在，我代表正义网发布《问政九年·新媒力量——政法新媒体影响力报告》。本报告由三部分组成，分别是政法新媒体矩阵影响力分析、十大政法新媒体影响力案例、新时代全国政法新媒体繁荣发展共同倡议。

在报告第一部分，我们判断，经过九年的实践探索，以中央政法委为圆心，由法院、检察、公安、司法行政机关各条线共同组成的政法新媒体矩阵建设，已经进入品牌竞合的 2.0 阶段。

在品牌竞合期，政法新媒体矩阵建设有四个特点。

一是在舆论引导、司法公开、法治普及、便民服务等方面的矩阵建设目标和任务高度一致。二是基于职能、层级、地域和发展差异，同一地域的不同条线之间、同一条线的不同层级之间、同一层级的不同地域之间，在品牌建设、智能改造、用户连接等方面存在一定的竞争关系。三是单一主体组建的微博、微信、头条号、企鹅号、一点号等新媒体网阵内部面临平台融合、差异运营、错位发展、线上线下相统筹的新课题。四是在基本实现阵地纵向到底、横向到边的基础上，仍需要加强品牌集群、信息共享、流程互联、行动衔接等立体化改造。

为了反映政法新媒体九年来的运营效果，为品牌竞合期的路径选择提供数据和案例参考，我们结合政法新媒体矩阵的发展现状，对政法、公安、法院、检察、司法行政机关开设的官方微博、微信、头条号被新闻媒体和非媒体网站刊载的次数进行统计后，以新闻媒体影响力和网络影响力两项指标的加权运算，得出其综合影响力分值。

通过数据分析发现，政法新媒体呈现三个发展特征：一是先锋示范，树立政府网络问政新风；二是舆情响应速度快、回应质量高；三是新媒体品牌建设进入竞合期。对于政法新媒体的现状，我们提出三点分析：一是民本情怀和法治底色不断彰显；二是矩阵联动问政效果突出；三是“互联网＋政法服务”体系初步形成。

具体而言，公安新媒体的发展特征有：一是建设创新成效领跑全系统，二是品牌孵化培育意识超前，三是智媒融合引领服务新方向。其发展现状有：一是业务服务精细化程度高，二是信息传播力影响力广，三是信息化智能化水平高。

法院新媒体，发展特征有：一是首开政法新媒体问政先河，二是大要案庭审直播影响深远，三是顶层设计和矩阵规划起步早。其发展现状有：一是审判、执行信息最受舆论关注，二是庭审微直播成为最热门应用，三是司法辅助功能的用户连接力强。

检察新媒体，发展特征有：一是平台调整迁移速度快效果好，二是“两微一端”率先覆盖全国，三是精品内容创作成建设运营重点。其发展现状有：一是内容从职务犯罪领域向民生领域倾斜，二是检察新媒体工作室初具规模，三是新媒体法治宣传舆论引导渐成常态。

司法行政新媒体，发展特征有：一是基层探索起步较早，二是首创全国政府机关微博发公文先例，三是传统“老娘舅式”调解方式升级。其发展现状有：一是开启新时代全民普法新气象，二是内容着重体现人性化管理，三是资源整合助力公共法律服务体系建设。

报告的第二部分是正义网结合历年研究成果，分别选取各级政法机关利用新媒体予以信息公开，发掘案件线索，澄清网络谣言，提供司法援助，回应民意关切等方面最具代表性的十个典型案例，分别是：

一、最高法微博引导聂树斌再审案舆论

二、最高检微信发布于欢案答记者问详情

三、“@公安部打四黑除四害”权威发声引导招远案

四、济南中院微博直播薄熙来案庭审

五、四川司法厅微博援助农民工讨薪事件

六、云南检察借助新媒体纠正钱仁风冤案

七、“@江宁公安在线”发布史上最长警方通报辟谣

八、陕西公安大V微博直播华山游客疏散事件

九、厦门警方微博征集网友线索破获无名女童案

十、湖北检察接受微博举报成功查办一起玩忽职守案

报告的第三部分，是正义网在中央政法委宣教室和中央网信办移动局指导下，与法制网、中国法院网、中国警察网、民主与法制网联合发起的《新时代全国政法新媒体繁荣发展共同倡议》。倡议书全文如下。

网聚新媒正能量绘出法治同心圆

——新时代全国政法新媒体繁荣发展倡议书

自2009年全国首个政法微博开通以来，新媒体日益成为政法机关开展信息公开、便民服务、业务受理、民意采集、普法宣传、官民互动等工作的重要平台。

面对全面依法治国深入推进、现代信息技术迭代提速、网络舆论生态纷繁复杂的新形势，如何在党的十九大精神指引下，坚守为民初心，激活矩阵合力，讲好法治故事，传播法律常识，续写问政新篇，凝聚法律共识，引领社会风向，迈向繁荣发展的新征程，成为每个政法新媒体不得不面对的崭新考验。

在此，正义网联合法制网、中国法院网、中国警察网、民主与法制网向全国政法新媒体发出如下倡议：

1. 坚持正确导向，恪守阵地职责。以人民为中心，把体现人民利益、反映人民愿望、维护人民权益、增进人民福祉落实到新媒体建设运营全过程，确保政治效果、法律效果、社会效果有机统一，充分供给正向信息，主动抵制有害言论。

2. 坚守法治思维，捍卫司法权威。以法律为遵循，保证信息公开、诉求受理、民意采集、舆论引导、法治宣传等各项工作依法开展，做遵法学法守法用法的表率，在全社会根植法治信仰，不断提振中国司法的公信力。

3. 树立品牌意识，繁荣法治文化。以“三贴近”为原则，提升法治故事讲述水平，创作、生产、传播一批思想精深、艺术精湛、制作精良的新媒体精品力作，发掘、培育、打造一批有较强影响力公信力的新媒体品牌账号，让人民群众听得见法言，读得懂法语，摸得到公平，看得见正义。

4. 科学设置议题，主动引导预期。以引导力为重点，善于在个案中及时公开信息，还原事实真相，普及法律知识，传递法治追求，最大限度地保障人民群众对司法工作的知情权、参与权、表达权、监督权，培育自尊自信、理性平和、积极向上的社会心态，找到最大公约数，绘出法治同心圆。

5. 优化矩阵结构，提高便民效能。以服务力为支撑，立足法治、规范管理、突出应用、连接群众，推动矩阵均衡、融合发展，让工作流、技术流、信息流高效融通，激活矩阵动能，让数据多跑路，让群众少跑腿。

回顾过往，全国政法新媒体始终奋战在传播法治声音、推动司法进步、记录改革风云、守望公平正义的最前沿。站在新的历史起点，让我们携起手来，不忘为民初心，牢记法治使命，共同推动政法新媒体的繁荣发展，为将其建设成政法宣传舆论工作的主阵地、普法和法治教育的新渠道、业务工作服务群众的新窗口、政法事业接受社会监督的新平台、彰显法治文明的新载体做出积极贡献！

正义网

法制网

中国警察网

中国法院网

民主与法制网

2017 年 12 月 29 日

报告发布完毕，谢谢大家！

‖ 2018 年度 ‖

2017 年度全国公安政务新媒体伙伴大会

活动名称： 2017 年度全国公安政务新媒体伙伴大会
主办单位： 人民公安报社
协办单位： 蚂蚁金服集团
承办单位： 中国警察网
联合承办： 新浪微博
时　　间： 2018 年 1 月 18 日
地　　点： 广东・广州

2018 年 1 月 18 日，“2017 年度全国公安政务新媒体伙伴大会”在广州开幕，本次会议由人民公安报社主办、蚂蚁金服集团协办、中国警察网和新浪微博联合承办，旨在进一步探讨各地新媒体如何实现信息资源共享，优势互补，有效提升公安政务新媒体的权威性和影响力，并对 2017 年度全国公安政务新媒体账号进行表彰颁奖。来自全国各地百余家官方新媒体账号负责人和运维人员参加了本次会议。

会议就当前公安政务新媒体的建设与发展，如何进一步加强公安政务新媒体矩阵建设进行了深入探讨，对各地公安机关在政务新媒体运营中面临的实际问题和发展瓶颈展开交流。商讨建立公安政务新媒体协作新模式，充分发挥政务微博与政务微信的服务功能，为传递公安队伍正能量做出努力。

会议对 2017 年度全国公安政务新媒体账号发展情况进行了盘点。其中，“@公安部打四黑除四害”“@江宁公安在线”“@正警事儿”“@平安南粤”等公安政务新媒体账号在影响力传播方面表现优异；“@平安重庆”“@安徽公安在线”“@深圳公安”等多家公安政务新媒体账号，在公安政务新媒体矩阵建设方面成绩突出；“@厦门交警”“@武汉交警”等公安政务新媒体账号，在公安政务新媒体创新服务方面名列前茅。

会议针对公安政务新媒体账号共评出影响力传播奖、网络先锋奖、创新服务奖、法制宣传奖、矩阵建设奖、新锐奖、影视创意奖、年度飞跃奖等 8 大类奖项并颁奖。大会还公布了“十大反电诈新媒体作品”和“十大打击互联网新型犯罪经典案例”。

在公安部刑侦局指导下，蚂蚁金服集团在会上宣布启动“天朗计划”。“天朗计划”旨在联合警方、企业、运营商、媒体等各方协同，针对欺诈链路中涉及的网络黑灰产业等环节，精准打击，共建网络安全生态体系。

为了进一步推动公安政务新媒体发展，实现平台资源的有效利用，在本次会议上，中国警察网与新浪微博举行了加强深度合作的签约仪式。

附　获奖名单

全国公安政务新媒体最影响力传播奖

微博：

公安部治安管理局暨打四黑除四害专项行动办公室官方微博：@公安部打四黑除四害

公安部刑事侦查局官方微博：@公安部刑侦局

公安部交通管理局官方微博：@公安部交通安全微发布

江苏省南京市公安局江宁分局官方微博：@江宁公安在线

北京市公安局官方微博：@平安北京

上海市公安局官方微博：@警民直通车上海

广东省公安厅官方微博：@平安南粤

广东省广州市公安局：@广州公安

公安部消防局（现应急管理部消防局）官方微博：@中国消防

公安部宣传局、公安部“和谐警民关系建设”官方微博：@警民携手同行

微信：正警事儿、湖北公安、警苑心语

全国公安政务新媒体最创新服务奖

微博：

山东省公安厅高速公路交通警察总队官方微博：@山东高速交警

山东省青岛市公安局交通警察支队官方微博：@青岛交警

微信：

吉林出入境、淮安淮阴公安微警务、厦门交警、武汉交警、温州交警、济南车管

诸城公安、广州交警、七都公安微警务、铜陵公安在线

全国公安政务新媒体最矩阵建设奖

微博：

安徽省公安厅官方微博：@安徽公安在线

重庆市公安局官方微博：@平安重庆

天津市公安局官方微博：@平安天津

江苏省公安厅官方微博：@平安江苏

广东省深圳市公安局官方微博：@深圳公安

福建省泉州市公安局官方微博：@泉州公安

微信：赣州公安、平安驿站

全国公安政务新媒体最新锐奖

微博：

广东省深圳市公安局刑事警察支队官方微博：@深圳刑侦局－深圳 CID

陕西省西安市公安局交通警察支队官方微博：@畅通西安

河北省张家口市公安局官方微博：@张家口公安网络发言人

重庆市大渡口公安消防支队官方微博：@大渡口消防支队

重庆市九龙坡公安消防支队官方微博：@九龙坡消防支队（现名为“@重庆九龙坡

消防”）

安徽省公安厅网络安全保卫总队官方微博：@安徽网警巡查执法

微信：龙警、四川消防、甘肃消防、警方、平安阜阳、平安无为、吉林警事

全国公安政务新媒体最网络先锋奖

微博：

四川省公安厅官方微博：@四川公安

湖南省公安厅官方微博：@湖南公安在线（2018年修订变更为“@湖南公安”）

广西壮族自治区公安厅官方微博：@广西公安

山东省德州市公安局运河分局官方微博：@德州运河公安分局

北京市公安局网络安全保卫总队官方微博：@首都网警

江苏省公安厅网络安全保卫总队官方微博：@江苏网警

湖北省十堰市公安局东岳分局官方微博：@十堰市公安局东岳分局

广东省深圳市公安局交通警察支队官方微博：@深圳交警

广东省公安消防总队官方微博：@广东消防

河南省洛阳市公安局官方微博：@平安洛阳

微信：苏州公安微警务、警探、南方法治报、重庆交巡警、民生66

全国公安政务新媒体最年度飞跃奖

微博：

江苏省常熟市公安局官方微博：@常熟公安

天津市公安交通管理局官方微博：@天津交警

湖北省武汉市公安局官方微博：@平安武汉

河北省公安厅官方微博：@河北公安网络发言人

湖北省公安厅官方微博：@湖北公安

安徽省亳州市公安局官方微博：@亳州公安在线

济南市公安局交通警察支队官方微博：@济南交警

安徽省马鞍山市公安局官方微博：@马鞍山公安在线

陕西省公安消防总队官方微博：@陕西消防

微信：平安中原、公安主持人、滁州公安、湖州公安、青岛交警

全国公安政务新媒体最影视创意奖

微博：

四川省成都市公安局官方微博：@平安成都

重庆市公安局渝中区分局官方微博：@平安渝中

湖南省高速公路交通警察局官方微博：@湖南高速警察

安徽省六安市公安局官方微博：@六安公安在线

重庆市公安消防总队官方微博：@走近中国消防

微信：虹口公安分局、杜桥交警

全国公安政务新媒体最法制宣传奖

微博：

山东省公安厅交通管理局官方微博：@山东交警

四川省广元市公安局官方微博：@ 平安广元
中国警察网安徽站官方微博：@ 中警安徽
福建省石狮市公安局官方微博：@ 石狮公安
湖南省公安厅官方微博：@ 湖南公安（2018 年修订变更为“@ 湘警民生”）
云南省公安厅官方微博：@ 云南警方
广西壮族自治区柳州市公安局官方微博：@ 柳州公安
陕西省榆林市吴堡县公安局官方微博：@ 吴堡公安
陕西省西安市公安局交通警察支队经开大队官方微博：@ 西安交警经开大队
福建省厦门市公安局官方微博：@ 厦门警方在线
陕西省公安厅官方微博：@ 陕西公安
山东省潍坊市公安局官方微博：@ 潍坊公安
山东省青岛市公安局官方微博：@ 青岛公安
山东省公安消防总队官方微博：@ 山东消防

微信：织里老蔡驿站、瓷都公安、鹤庆警方、濉溪警方、当涂公安、晋江公安、滨州队长、吉林市公安局、福鼎警讯、于都公安、乐行南昌、蕉城公安

十大反电诈新媒体作品

《全国首部线上防骗手册》（重庆市公安局网安总队）
《我们在行动》（唐山市反通讯网络诈骗中心）
《松江警务报道》（上海市公安局松江分局）
《民警李建国》（常州市公安局高新区分局）
《系列反诈漫画》（宁波市公安局）
《全国首个线上防骗竞赛》（浙江省公安厅）
《小明被骗记》（上海市公安局浦东分局）
《西游防骗记》（泉州市公安局）
《她绑架了自己》（上海市公安局政治部宣传处）
《全民反诈益起来》（温州市反通讯网络诈骗中心）

十大打击互联网新型犯罪经典案例

跨境电信网络诈骗案（中新合作）——公安部刑侦局
“飓风行动”系列专项——广东省公安厅
“7·13”跨境贩卖银行卡案——浙江省杭州市公安局
“3·13”刷单诈骗案——宿迁市公安局刑警支队
部督“9·22”特大跨国电信网络诈骗案——吉林省白山市公安局
“4·18”特大跨国网络赌博案——珠海市公安局网警支队
杜某非法经营案——重庆市公安局江北分局经侦支队
“8·7”系列利用木马程序非法获取交易订单数据案——湖州市公安局网警支队
“1·17”特大跨省跨境信用卡诈骗案——上海市公安局经侦总队
江苏“系列木马案件”专项——江苏省南京市公安局网安支队

2018 中国教育政务新媒体年会

活动名称：2018 中国教育政务新媒体年会
主办单位：中国教育学会教育新闻宣传分会
承办单位：上海交通大学
时　　间：2018 年 1 月 18～19 日
地　　点：上海交通大学

2018 年 1 月 18 日至 19 日，“2018 中国教育政务新媒体年会”在上海交通大学举行，来自 32 个省级教育行政部门、75 所教育部直属高校及部分教育政务新媒体联盟成员单位的宣传部门负责人参加。

年会发布了“2017 年度教育政务新媒体综合力十强”名单，分别是：四川省教育厅、北京市委教育工委市教委、河南省教育厅、浙江大学、上海交通大学、武汉大学、厦门大学、北京大学、四川大学、天津大学。

“教育政务新媒体星火计划”在年会上启动。该计划将致力于打造百家教育政务新媒体骨干、依托千家教育政务新媒体平台、辐射万家教育政务新媒体，实现重大策划联动、重要节点频动、日常保持互动。由教育部政务新媒体“@微言教育”发起成立的中国教育政务新媒体联盟再次扩容，目前联盟成员总数已达 1500 家。

会议期间，学界专家围绕新媒体背景下的教育新闻宣传工作分别作报告，业界代表分享新媒体运营的新思路、新技术。与会代表还参加了 4 场新媒体互动工作坊，交流工作实践中的心得体会。

“宜疏不宜堵，宜快不宜迟，宜诚不宜怼。”对于如何应对舆情，北京科技大学党委宣传部常务副部长、新闻中心主任于成文说，“我们更多是在讨论舆情出来之后怎么应对，其实我们应该在事件发生之前就提前做好预案，把工作往前移，进行舆情防控。另外，我们对待媒体要以诚相待，在发现舆情时及时和媒体沟通”。

在北京外国语大学党委宣传部常务副部长、新闻中心主任陈海燕看来，处理高校舆情危机还要注意方式方法。“为什么我们常说舆情应对很难，这是因为媒介环境的变化。我们面对的是网络舆论场，由于话语体系的差别，高校在处理舆情时可能会让社会产生误解，因此要及时调整工作思维。”

教育部新闻办主任、办公厅巡视员续梅表示：“高校人员都应提高媒介素养，要把危机应对落到制度建设上，完善舆情应对机制，这样才能不惧热点。同时，我们要有定力，是谣言快速辟谣；是工作有失误的，正视问题，表明态度，立即纠正；是公众理解有偏差的，及时解读，加大宣传。”

据介绍，教育系统政务新媒体发展迅速，目前 90% 以上的省级教育部门、100% 的教育部直属高校开通了新媒体平台，逐步形成全方位、多层次、立体化的教育政务新媒体矩阵。

2018 政务 V 影响力峰会

会议名称：2018 政务 V 影响力峰会
会议主题：初心 · 使命 · 新征程
主办单位：《人民日报》、微博、新浪网
时　　间：2018 年 1 月 23 日
地　　点：北京

2018 年 1 月 23 日，由《人民日报》、微博、新浪网联合主办、中国传媒大学媒介与公共事务研究院指导的“初心 · 使命 · 新征程——2018 政务 V 影响力峰会”在北京举行。中央网信办、《人民日报》、全国政务微博优秀代表、政务新媒体领域知名专家学者与微博平台方一起，回顾总结了 2017 年政务微博的发展情况，共同探讨新时代政务微博的发展方向。

本次峰会上，《人民日报》和微博联合发布《2017 政务指数 · 微博影响力报告》（简称《影响力报告》）。报告显示，截至 2017 年底，经过微博平台认证的政务微博达到 173569 个。其中政务机构官方微博 134827 个，公务人员微博 38742 个。政务微博的规模继续稳定增长，并朝矩阵化、专业化、垂直化的方向发展。

本次政务 V 影响力峰会首次采用“1 +4”模式，包含 1 个主论坛和“‘金纽带’政务创新传播论坛”“‘金旗帜’央企论坛”“‘金梧桐’县域论坛”“学术论坛”4 个分论坛，更全面、更深层次的与各领域政务微博对话。

中央网信办移动网络管理局局长方楠在致辞中表示，政务微博经历 8 年的发展，在政务公开、创新宣传、互动服务、社会化治理等方面持续深入探索、积极实践，不断取得新的创新与突破，成为推动政务公开、开展舆论引导等工作不可或缺的平台。未来，政务微博在“互联网 + 社会治理”这一领域中所发挥的作用和影响力还将进一步增强。微博正逐渐完善政务新媒体矩阵，搭建更加高效的政务机构和公众互动沟通协作平台，为打造共建共治共享的社会治理格局发挥重要作用。

新时代政务新媒体传播与服务并重

根据《2017 政务指数 · 微博影响力报告》，当前，政务微博规模数量依旧保持稳中有升的势头。2017 年，政务微博在传播和服务上均表现优秀。根据微博公布的数据，政务微博在 2017 年总发博数 8092 万，较 2016 年增长了 8%，政务微博总粉丝量达到 24.6 亿，较 2016 年增长了 12%，新增粉丝中 30 岁以下的用户占到了 82%。政务微博总阅读量 3303 亿、总互动数 54.5 亿。

中国传媒大学媒介与公共事务研究院政务新媒体实验室主任侯锷在大会同时发布的《2017 年度政务微博矩阵发展报告》中表示，以“@问政银川”“@昆明发布厅”“@成都服务”等政务微博矩阵为代表的政务微博矩阵主题单位，依托于强化政府全职能触网下的微博在线行政和施政方式，以倾听、互动、沟通和服务，替代了政务舆情工作的封闭、灌

输、管控和对峙，引导网民依法有序参与、文明表达和理性建言，拓宽了新时代社会主义协商民主的参与渠道，整合了社会各阶层的公众意见并辅以科学决策，从而逐步实现了网络舆论生态和网络政治参与大气候的整体改良。据不完全统计，“@问政银川”2017年通过微博共接到求助18000多件，办结18000多件，办结率达到97.14%。“@湖南公安在线”十次成功跨国救助网友，充分展示了政务部门通过新媒体服务群众的诚意与效能。“@马鞍山发布”为群众修电梯、修水管、修不平之路，晒“僵尸微博”、晒“慵懒散”，晒服务之心，真诚、及时的服务得到了网友的广泛称赞，充分体现了官微矩阵协同的重要意义。

2017年的8月8日，四川九寨沟遭遇7.0级地震，“@中国地震台网速报”第一时间发布的全网首发地震信息，24小时内阅读量超过1亿人次，在信息传播速度、覆盖广度上都创造了政务微博的新纪录。此外，在宁波动物园老虎伤人事件、西安地铁问题电缆等事件中，“@宁波东钱湖旅游度假区管委会”“@西安发布”等相关官微都做到了反应迅速、处理果断，以主动公开、积极回应的姿态赢得了网友的普遍点赞。

同时，政务微博能够更加高效的完成在年轻群体中的信息传播。广大政务微博对新媒体传播新方式的理解和重视不断加强，在政务公开上，视频化表达逐渐成为主流表达方式。2017年，头部政务微博日均发布视频微博数达到9023条，较2016年增长了149%。微博作为政务直播的主阵地，2017年头部政务微博直播场次11000多场，总观看量达到3.84亿人次。这些数字凸显了新技术在政务公开中发挥着越来越重要的作用。2017年，常州市公安局新北分局打造了“民警李建国”、深圳市公安局龙岗分局打造了“民警何大柱”、哈尔滨铁路局打造了“铁妞”等，都是以轻松幽默的方式、专业的视频制作、系列化的内容发布，传播政务信息，科普专业知识，获得大量年轻网友的喜爱，成为当之无愧的政务网红。有“萌台”之称的“@中央气象台”在微博开展“我给台风起名字”征集活动，引发了民众的热情参与，相关热搜人气达30万，话题阅读量达5738万。

微博夯实政务新媒体优势：内容流量产品全方位扶持

政务微博是微博生态中最为重要的部分之一，其实时性和权威性，也彰显了微博独特的价值。根据微博对政务新媒体多年的运营经验，政务微博的特性可以用“睿传播、心服务”来概括，即通过科学、恰当的方式帮助政府权威声音，快速有效地传播，同时运用转、评、“@”、私信等交互手段，响应群众需求，用心服务且深入群众，为网友切实解决实际问题。

微博表示，未来将继续对政务微博进行全方位扶持，进一步夯实政务新媒体领先优势。在内容策划方面，微博将协助政务微博结合政府优势，着力为政府打造一批IP化的线上线下活动策划，共同讲好中国故事；在资源方面，微博将开放包括流量、培训、智库等的多方面资源，协助政务微博保持优质稳定和精细化运营；在支持政务矩阵发展上，2017年微博已经开启政务微博矩阵升级计划，并形成了以各地各系统为龙头账号的矩阵34个，涵盖账号853个，2018年将继续加强矩阵各类标准建设，扶持更多的服务型矩阵体系。在产品层面，微博继续开发更多更加适合政府定位的微博产品，协助建立各级政务微博矩阵，持续完善现有政务微博评价体系。

同时，微博将更加注重协助政务微博进行视频直播等全媒体传播。2017年微博联合亿幕推出云剪系统，主要为政府、媒体等机构用户提供视频素材管理、视频剪辑和发布服务。2018年，微博将推动云剪系统和政务类型帐号合作，扩展素材规模和类型，降低政务机构视频制作发布门槛，帮助政务微博实现更深更广的传播覆盖。

此次峰会上，微博首次为“@平安北京”“@中国气象台”“@中国地震台网速报”“@辽宁交通”“@微博商丘”等全国20家政务微博的运营人员及团队代表颁发“金牌政务主编”荣誉奖项。大会最后，20家“金牌政务主编”代表与微博副总裁曹增辉共同发布了“政务微博初心宣言”。该宣言提出，政务微博在发展中应“尊重每一位网民，倾听他们的心声；重视每一条发布，解读时代最强音；聚焦每一次互动，沟通民意汇聚民智；做好每一次回应，快速准确传播真相；重视每一条诉求，构建可持续对话通道；尽责每一次服务，事到实处民生无小事；关注每一次协同，积极参与社会化服务；夯实每一次进步，打造互联网+政务新模式”。据介绍，该宣言的撰写主要来自政务微博一线运营人员，旨在总结过往政务微博的成功经验、为更多政务微博的良性运营和发展建设提供指导。

作为本届峰会的重要组成部分，在当天上午的“总编与学者共话政务微博新趋势”学术分论坛上，中国传媒大学媒介与公共事务研究院政务新媒体实验室主任侯锷发表了《关于对微博、政务微博为代表的政务新媒体角色研究中的若干议题探讨》的演讲。

中央网信办移动网络管理局局长方楠在峰会上的致辞实录

尊敬的各位嘉宾各位朋友，大家下午好！

很高兴能够参加今天“初心·使命·新征程——2018政务V影响力峰会”，同大家一起回顾初心，共同畅想新时代政务新媒体的发展和未来。我谨代表中央网信办、移动局向“2018政务V影响力峰会”的召开表示热烈祝贺，向各位嘉宾、各位学者致以诚挚的问候！

习近平总书记在十九大报告中指出，要加强互联网内容建设，建立网络综合治理体系，营造清朗的网络空间，善于运用互联网技术和信息化手段开展工作。2016年中办、国办印发《关于全面推进政务公开工作的意见》，明确提出要发挥新闻网站、商业网站以及微博、微信、移动客户端等新媒体的网络传播力，提高宣传引导的针对性和有效性。2017年，中办、国办还印发了《关于促进移动互联网健康有序发展的意见》（这个网上都有，是公开的），指出推动各级党政机关积极运用移动新媒体发布政务信息，提高信息公开、公共服务和社会治理水平。习近平总书记重要讲话和党中央国务院的决策部署为我们做好政务新媒体工作提供了根本遵循、努力方向和更高要求。

据初步统计，截至2017年底，以微博、微信、客户端、政务号及政务客户端为代表的政务新媒体已经涵盖中央地方各级宣传、公安、司法、团委、旅游、医疗卫生、工商税务、交通、市政等各个系统和领域。其中，新浪政务微博帐号超过17万，腾讯政务微信工众号超过51万，政务类App超过1000多个。在传播党和政府的声音、开展政策解读、回应公众关切等方面发挥了积极作用。各地区、各部门以及广大党员干部主动适应新要求，公开政务信息，引导网上舆论，凝聚社会共识，网上网下共筑“同心圆”，取得了显著成效。

政务微博经过八年的时间，在政务公开、创新宣传、社会化治理等方面持续深入探索，积极实践，不断取得新的创新和突破，成为推动政务公开、开展舆论引导等工作不可或缺的平台。未来，随着5G移动通信技术的普及，社交媒体和人工智能、虚拟现实等技术深度结合，政务微博在“互联网+社会治理”这一领域中所发挥的作用和影响力将进一步增强。

2018年是贯彻党的十九大精神的开局之年，是改革开放四十周年，是决胜全面建成小康社会，实施“十三五”规划承上启下的关键一年。新时代赋予新使命，新征程谱写新篇章，做好新时代政务新媒体工作，要全面贯彻党的十九大精神，以习近平新时代中国特色社会主义思想为指导，牢牢坚持党的领导，牢牢坚持正确的思想导向，充分发挥网络传播互动体验分享的优势，听民意、惠民生、解民忧，凝聚社会共识，不断提升政务新媒体的传播力和引导力，形成共同防范社会风险，共同构筑同心圆的良好局面，与广大网民推进政务公开，开展舆论引导，倾听民众心声。

我们愿同各方加强沟通合作，推动政务新媒体积极健康有序发展，为进一步加强移动端正能量传播，构筑清朗的网络空间而共同努力。

最后，祝本届峰会取得圆满成功！

提前祝大家新春愉快，谢谢大家！

第二届“五个十佳”公安网络正能量精品揭晓暨全国公安新媒体矩阵启动仪式

主办单位： 公安部、中央网信办

承办单位： 公安部宣传局
中央网信办网络评论工作局

协办单位： 中国警察网、新浪网、腾讯网、清华大学新闻与传播学院、迪思传播

学术支持： 清华大学新闻与传播学院
中国人民大学新闻与社会发展研究中心

协作支持：《人民日报》、人民网、新华社新媒体中心

时　　间： 2018 年 2 月 1 日

地　　点： 北京

2018 年 2 月 1 日，第二届“五个十佳”公安网络正能量精品征集评选活动揭晓暨全国公安新媒体矩阵启动仪式在京举行。本次活动以“V 聚正能量”为主题，旨在以习近平新时代中国特色社会主义思想为指导，深入贯彻落实党的十九大精神，以及落实中央和部党委关于加强新媒体建设的工作要求，推动各地公安机关充分运用新媒体讲好警察故事，展示公安工作成果，促进社会沟通能力建设。公安部党委委员、部长助理王俭出席会议并为获奖代表颁奖。

本次活动由公安部、中央网信办主办，公安部宣传局、中央网信办网络评论工作局承办，中国警察网、新浪网、腾讯网、清华大学新闻与传播学院、迪思传媒协办。揭晓仪式总结展示了党的十八大以来公安新媒体宣传的优秀成果，揭晓颁发了“五个十佳”奖项及提名奖，以大数据解读的方式发布了《2016～2017 年度公安网络正能量白皮书》，并邀请业界专家和公安机关内外有影响力的新媒体账号，共同启动了全国公安新媒体矩阵。人民网、优酷、爱奇艺、新浪微博、腾讯视频等网络媒体对仪式进行了同步直播。

此次揭晓仪式通过展示公安网络正能量优秀作品，树立了公安队伍的良好形象，增进了群众对公安工作的理解支持，激励公安新媒体以有责任、有担当的姿态，努力创作有情怀、有温度的作品，发好公安声音、讲好警察故事、树好队伍形象，共同凝聚起强大的网络正能量。“全国公安新媒体矩阵”是由公安部宣传局会同人民公安报社、中国警察网，在前期广泛调查研究的基础上，共同发起并组建的，由公安部宣传局组织统筹，人民公安报社具体负责，秘书处设在中国警察网。

目前，矩阵囊括了“@ 公安部打四黑除四害”“@ 平安北京”“@ 警民直通车 - 上海”“@ 江宁公安在线”等 60 个政务官号和“@ 法医秦明”“Police”微信号等 10 个自媒体帐号。此外，矩阵还积极从全国招募有专业特长的公安新媒体人才为矩阵建设贡献力量。与此同时，全国公安新媒体矩阵还成功邀请了《人民日报》、人民网、新华社新媒体中心等中央主要媒

体和重点商业网站及其新媒体，作为协作支持单位；清华大学新闻与传播学院、中国人民大学新闻与社会发展研究中心作为学术支持单位。

启动后，“全国公安新媒体矩阵”将进一步整合公安新媒体优质资源，加强顶层设计、完善工作机制、提升原创水平，在发好公安声音、讲好警察故事、树立公安形象、密切警民关系等方面发挥重要作用。同时，进一步增进公安新媒体之间、公安新媒体与传统媒体之间、公安新媒体与社会媒体之间，以及网上与网下的交流互动，促进公安新媒体健康发展，不断提升网络新媒体时代公安宣传工作的传播力、影响力，为营造良好的网络环境贡献力量。

2018 年 2 月 2 日，为更好地学习、宣传、贯彻习近平新时代中国特色社会主义思想，发好公安声音、讲好警察故事、树好队伍形象，实现网络空间共建共治共享，全国公安新媒体矩阵正式对外发布《全国公安新媒体矩阵宣言》。宣言强调，全国公安新媒体矩阵将以实际行动，为公安新媒体健康规范发展做出示范榜样，为推动公安宣传工作发展进步发挥积极作用，为公安机关履行新时代中国特色社会主义保驾护航的神圣使命营造良好舆论环境。

《全国公安新媒体矩阵宣言》全文如下。

全国公安新媒体矩阵各成员单位发表联合宣言，谨以自律，共同发展：

一、矩阵成员以习近平新时代中国特色社会主义思想为指引，自觉践行对党忠诚、服务人民、执法公正、纪律严明总要求，坚决维护党中央权威和集中统一领导，严格遵守国家法律法规和公安机关纪律规定，为公安新媒体树立示范榜样。

二、矩阵以发好公安声音、讲好警察故事、树好队伍形象、密切警民关系为已任，积极落实“三同步”工作机制，与时俱进、开拓创新，围绕中心、服务大局。

三、矩阵践行健康科学的新媒体发展理念，倡导网络空间共建共治共享原则，愿同社会媒体一道，共享优质、高效、丰富的信息资源和交流渠道，实现互利共赢、共同成长。

四、矩阵提倡重信守诺，坚决抵制造谣传谣和蓄意欺骗，弘扬主旋律、传播正能量，共同参与网络空间治理，营造清朗网络空间。

五、矩阵尊重一切知识产权，竭尽所能保障原作者权益。

不忘初心，牢记使命。全国公安新媒体矩阵将以实际行动，为公安新媒体健康规范发展做出示范榜样，为推动公安宣传工作发展进步发挥积极作用，为公安机关履行新时代中国特色社会主义保驾护航的神圣使命营造良好舆论环境。

2017 年度“两微一端”百佳评选榜单揭晓仪式*

活动名称： 2017 年度“两微一端”百佳评选榜单揭晓仪式

主　　题： 移动互联·触动未来

指导单位： 国家互联网信息办公室

教育部

工业和信息化部

文化部（原）

国家新闻出版广电总局（原）

主办单位： 中国互联网发展基金会

学术支持： 北京大学新闻与传播学院

清华大学新闻与传播学院

中国人民大学新闻学院

中国传媒大学新闻学院

复旦大学新闻学院

武汉大学新闻与传播学院

中国社会科学院新媒体研究中心

时　　间： 2018 年 2 月 6 日

地　　点： 北京·人民日报社

2018 年 2 月 6 日，2017 年度“两微一端”百佳评选榜单揭晓仪式在人民日报社举行。本届评选活动以习近平新时代中国特色社会主义思想为指引，旨在深入学习贯彻党的十九大精神，弘扬社会主义核心价值观，营造积极健康向上的网络环境，激发移动端自觉传播正能量。中国互联网发展基金会理事长马利、国家互联网信息办公室移动网络管理局局长方楠等出席会议并致辞。本届评选由国家互联网信息办公室、教育部、工业和信息化部、文化部、国家新闻出版广电总局指导，由中国互联网发展基金会主办。

中国互联网发展基金会理事长马利在致辞中表示，当前，我国正进入从移动互联网向智能互联网发展的关键阶段，微博、微信、客户端、微视频、移动支付、各类移动应用和互联网创新层出不穷，极大地便利了网民的生活。此次活动历经三个月的紧张有序、科学细致的评选，旨在形成科学、合理、有效的互联网行业规范，鼓励移动互联网“发出好声音，提升正能量”，激发新媒体创新创造的能力，更好地服务社会、服务大众。

国家互联网信息办公室移动网络管理局局长方楠在致辞中表示，为深入学习、宣传、贯

---

* 2017 年度“两微一端”百佳评选榜单揭晓仪式在京举行，新华网，http：//www. xinhuanet. com/fortune/2018 - 02/07/c_ 129807782. htm。

彻党的十九大精神和习近平新时代中国特色社会主义思想，此次“两微一端”百佳评选活动突出权威性、代表性、导向性、时代性，聚焦营造清朗的网络空间，着眼更好发挥先进典型的标杆示范作用和行业引领作用，吸引了业界各方的广泛参与，吸引了广大网民的热烈互动，是促进移动互联网更好地服务群众生产生活、推动经济社会发展的积极探索和有力举措。

北京大学新闻与传播学院院长陆绍阳代表学术支持机构做主题发言，介绍评选的程序和标准。陆绍阳在发言中指出，本次评选流程力求完整全面，客观数据与主观评判相结合，评选活动分为客观数据筛选、网民投票、专家评选、指导评审四个环节，各阶段评选相互独立，从不同角度对所选帐号和 App 进行多角度全方位的考察，四个阶段的评分按照一定权重记录得分，产生百佳获奖名单。

本次揭晓仪式共颁发了 10 个奖项，分别是：微信影响力十佳榜单、微信贡献力十佳榜单、微信创新力十佳榜单、微博影响力十佳榜单、微博贡献力十佳榜单、微博创新力十佳榜单、App 影响力十佳榜单、App 用户服务十佳榜单、App 创新力十佳榜单、App 用户体验十佳榜单。

复旦大学新闻学院副院长周葆华、人民网舆情数据中心（人民网舆情监测室）副主任祝华新、中国信息通信研究院产业与规划研究所副所长徐志发分别就微信、微博、App 榜单进行学术点评。周葆华在微信榜单点评中指出，本次入选的微信账号覆盖政务、媒体、文化、科教、健康、公益等诸多门类。根据 2017 年前 10 个月的数据统计，获评微信账号共发布文章 4 万多篇，总阅读数超过 20 亿，总点赞数超过 5600 万，生产 10 万 + 高影响力文章超过 12000 篇。获评账号在功能服务、内容传播上具有紧扣时代、引领价值，创新语态、创意传播，创新服务，造福百姓，等显著特点。

祝华新在微博榜单点评中指出，此次获评的微博账号在社会热点舆情中起到了议程设置者和舆论压舱石的作用，弥合了舆论撕裂，凝聚了社会共识。在贡献力方面，获评账号借助微博推动“互联网 + 社会治理”的机制创新。在创新力方面，获评账号开创了新闻宣传和政务公开的新的话语方式。

徐志发表示，此次上榜的 App 影响力十佳账号长期坚持传播党和人民群众的声音，具备正确的舆论导向，代表着全社会的主流价值观，提供的服务在广大人民群众中具有巨大影响力。App 用户服务十佳账号长期以来为广大人民群众提供了便捷友好的移动互联网特色服务，让广大消费者拥有了更多的获得感与满足感，为经济社会发展发挥了积极作用。App 创新力十佳账号是我国产业界积极践行国家创新驱动战略的代表，体现了互联网创新探索与成长的方向，对行业进步发挥了重要的创新引领作用。App 用户体验十佳账号则为广大消费者提供了极佳的服务体验，得到广大用户的推崇和好评。

揭晓仪式上，“两微一端”获评代表依次上台，领取证书与奖杯。上海市政府办公厅上海发布办公室副主任、主编周凯，人民日报社新媒体中心社交媒体运营一室徐丹，滴滴出行相关负责人分别代表微信、微博、App 优秀账号分享了运营经验。

附　2017年度“两微一端”百佳评选榜获奖名单

微博影响力十佳榜单

人民日报社微博：@人民日报

中央电视台新闻中心官方微博：@央视新闻

中国广播网军事频道官方微博：@央广军事

公安部消防局官方微博（现应急管理部消防局官方微博）：@中国消防

China Daily 中国日报官方微博：@中国日报

最高人民检察院官方微博：@最高人民检察院

新华社微博：@新华视点

国务院国资委新闻中心官方微博：@国资小新

中国维和警察官方微博：@中国维和警察

国防部新闻局官方微博：@国防部发布

微博贡献力十佳榜单

北京市公安局官方微博：@平安北京

公安部治安管理局暨打四黑除四害专项行动办公室官方微博：@公安部打四黑除四害

武汉大学官方微博、教育官微联盟成员：@武汉大学

侵华日军南京大屠杀遇难同胞纪念馆官方微博：@侵华日军南京大屠杀遇难同胞纪念馆

中国科学院官方微博：@中科院之声

新疆维吾尔自治区人民检察院官方微博：@新疆检察

广州地铁官方微博：@广州地铁

国家林业局（现国家林业和草原局）官方微博：@国家林业局（现@国家林业和草原局）

国家地震台网官方微博：@中国地震台网速报

中共宁夏回族自治区银川市委办公厅市政府办公厅官方微博：@问政银川

微博创新力十佳榜单

广东省深圳市公安局交警支队官方微博：@深圳交警

中共江苏省南京市委宣传部新闻发布官方微博：@南京发布

故宫博物院官方微博：@故宫博物院

江苏省南京市公安局江宁分局：@江宁公安在线

人民网微博：@人民网

中央和国家机关工作委员会《紫光阁》杂志社官方微博：@紫光阁

央视国际网络有限公司官方微博：@央视网

中国气象局官方微博：@中国气象局

中国大熊猫保护研究中心官方微博：@中国大熊猫保护研究中心

三星堆博物馆官方微博：@四川广汉三星堆博物馆

微信影响力十佳榜单

人民日报　新华社　央视新闻　中央纪委监察部网站　微言教育

最高人民法院　中国政府网　中国之声　长安剑

微信贡献力十佳榜单

国家博物馆　新疆访惠聚　微故宫　中国艺术头条　北京大学

军报记者　国家图书馆　京医通　加油一起成长　工信微报

微信创新力十佳榜单

侠客岛　人民网　清华大学　果壳网　上海发布

参考消息　中国天气网　深圳交警　新华网　国是直通车

App 影响力榜单

国务院　人民日报　新华社　铁路 12306　央视新闻

澎湃新闻　腾讯新闻　界面新闻　光明日报　经济日报

App 用户服务榜单

应用宝　美团　饿了么　百度地图　高德地图

神州专车　蚂蜂窝　最美天气　国家数字图书馆　去哪儿旅行

App 创新力榜单

央视影音　滴滴出行　摩拜单车　咪咕灵犀　优酷

嘀嗒拼车　美图秀秀　看了吗　得到　唱吧

App 用户体验榜单

WPS Office　有道词典　讯飞输入法　航旅纵横　交管 12123

飞常准　B612 咔叽　金山词霸　下厨房　Keep

社会组织宣传工作座谈会

活动名称：社会组织宣传工作座谈会

主办单位：民政部办公厅、民政部社会组织管理局

时　　间：2018 年 2 月 11 日

地　　点：北京

2018 年 2 月 11 日，民政部办公厅、民政部社会组织管理局（社会组织执法监察局、社会工作司）邀请部分中央媒体、部属媒体、网络媒体和自媒体代表在北京召开了社会组织宣传工作座谈会。会上，代表们分享了 2017 年在社会组织（社会工作、志愿服务）方面的报道经历与体会，对正在开展的曝光和打击非法社会组织行动表示肯定与认同，并就进一步加强和创新 2018 年新闻宣传工作提出了意见建议。民政部党组成员、社会组织管理局（社会组织执法监察局、社会工作司）局长詹成付出席会议并主持。

与会代表认为，社会组织、公益慈善、社会工作、志愿服务涉及人间冷暖、人心向善，关乎社会文明进程，是全媒体时代新闻宣传的“富矿”，需要广大媒体共同用心呵护、广泛正面宣传和深度挖掘报道。同时，这些领域公众关注度高、基层群众辨识能力弱，一些组织、人员打着国家战略旗号、编着“国字号”社会组织头衔到处招摇撞骗，风险因素多，危害程度大，需要广大媒体加强曝光警示。

与会代表表示，“铁肩担道义，妙手著文章”是媒体人的职责所系。各类新闻媒体应共同严格遵守相关宣传纪律和职业操守，报道社会组织活动、采访社会组织负责人、开通社会组织账号服务前，首先确认该组织的合法性、查验有无在民政部门登记，坚决不给非法社会组织“背书”、不为其宣传造势提供媒体渠道或网络空间。一经发现非法社会组织线索，应积极主动向民政部门反映或投诉举报，共同参与清理非法社会组织的“人民战争”。

与会代表建议，社会组织登记管理机关要进一步提升公共传播意识、媒体发声素养和舆情处置能力；要立足贴近基层，多提供有代表性的社会组织典型案例，多组织赴基层集中采访采风；要立足贴近时代，加大与主流媒体对接力度和“两微一端”推送力度，强化“互联网 +”思维，充分运用新技术、新手段、新平台开展线上线下融合宣传；要立足贴近群众，把握年轻化、分众化、差异化传播趋势，探索并采取插图、动漫、视频等手机端用户喜闻乐见的方式，增强社会组织（社会工作、志愿服务）宣传的传播力、公信力、影响力。

詹成付回应了与会代表提出的问题及意见建议。他指出，学习贯彻落实党的十九大精神，推动社会组织、社会工作和志愿服务健康有序发展，打造共建共治共享的社会治理格局，需要发挥社会各方作用，离不开新闻媒体的大力支持和正确舆论引导。2018 年，社会组织管理局将认真贯彻全国民政工作会议关于加强新闻宣传工作的决策部署，在部党组统一领导下，始终坚持正确的政治方向和舆论导向，进一步聚焦主业、服务大局，及时、全面、准确、权威地做好政策法规和重大举措解读；进一步聚焦热点、把握态势，积极稳妥做好新

闻发布、信息公开与舆情应对，拉近与新闻媒体的距离，提升与主流媒体、新兴媒体、网络平台的合作系数；进一步聚焦问题、走进基层，协调、支持、配合新闻媒体讲述社会组织、社会工作、志愿服务参与脱贫攻坚好故事，传播公益慈善好声音，揭批非法社会组织危害性，助推广大社会组织、专业社工、志愿者以及社会公众明辨是非、凝心聚力，共同营造山清水秀发展环境。

《人民日报》、新华社、《光明日报》、《中国日报》、中央人民广播电台、中央电视台、中国新闻社、新华网、人民网、中国网、澎湃网、“长安剑”、“@国资小新”、“@共青团中央”、“@侠客岛”、“@学习小组”、“共产党员”微信公众号、“政知见”微信公众号、腾讯公益平台、新浪微博、今日头条、《中国社会报》、《公益时报》、《中国民政》杂志、《中国社会组织》杂志、《中国社会工作》杂志等媒体单位的记者代表、运营负责人员应邀出席座谈会。中央网信办网络社会工作局、民政部办公厅新闻办相关代表和社会组织管理局相关负责同志、部分处室负责人参加了座谈会。

《中国日报》北京2018年2月12日电（记者　李　磊）

浙江省教育宣传暨教育政务新媒体建设工作会议

活动名称： 浙江省教育宣传暨教育政务新媒体建设工作会议
时　　间： 2018 年 3 月 29 日
地　　点： 浙江

2018 年 3 月 29 日，2018 年度浙江省教育宣传暨教育政务新媒体建设工作会议在浙江传媒学院行政楼报告厅召开。浙江省教育厅副巡视员吴永良，浙江传媒学院党委书记杨立平，党委副书记宣裕方，浙江省各市县（市、区）教育局分管负责人、办公室（新媒体管理部门）负责人，各高校宣传部（新媒体管理部门）负责人，浙江省教育厅各处室、直属单位负责人参加了会议。

杨立平在致辞中指出，浙江传媒学院是伴随改革开放春风成长起来的专业传媒艺术院校，办学四十年来为国家新闻宣传和传媒事业发展输送了大批专业人才，成为全国传媒人才培养主要基地、精品文化创作基地、浙江省文化智库。当前，新媒体正深刻改变着知识生产和传播、人际交往、技术创新的模式，也成为意识形态和宣传工作的重要阵地。近年来，浙江传媒学院认真贯彻落实习近平总书记关于新闻宣传工作的重要讲话精神，管得住是硬道理，正能量是总要求，形成了以微博、微信为主导，以品牌为引领，融合教师学生、融通线上线下、贯穿课堂内外、多方互动传播的新模式，初步构建了融媒体平台建设、内容建设、品牌建设并驾齐驱的发展格局，牢牢掌握网上舆论的工作主导权、话语权，使主旋律更响亮、正能量更强劲。浙江传媒学院将继续发挥自身学科的专业优势与特点，为浙江省新闻宣传和高校政务新媒体建设做出更多贡献。

浙江省委教育工委、省教育厅办公室主任陈峰从浙江教育现状、新时代浙江教育现代化建设的总体思路、2018 年的重点工作、做好教育宣传工作的着力点四个方面全面解读浙江省教育系统工作会议精神。他表示，教育宣传要用改革来突破体制障碍，实施教育现代化和教育强省战略，传播高校科技创新成果，让教育成果走进社会，服务社会。

浙江省教育厅副巡视员吴永良在讲话中指出，2017 年浙江省教育宣传工作顺应大势、服务大局，外树形象、内聚信心，为教育改革发展提供了良好的舆论支持。全省教育宣传工作紧扣迎接、宣传和贯彻党的十九大精神、浙江省第十四次党代会精神这条主线，坚持正确导向，坚定服务大局，忠诚履职，务实担当，用更响亮的主旋律、更强劲的正能量，激励广大干部师生奋进新时代、开启新征程。2018 年浙江省教育宣传工作要紧紧围绕学习宣传贯彻党的十九大精神这条主线，以习近平新时代中国特色社会主义思想为指导，增强“四个意识”，坚定“四个自信”，牢记使命、担当有为，不断唱响新时代深化教育改革发展主旋律，合力谋划新时代教育宣传工作“奋进之笔”。

会议上，中国教育报刊社全媒体中心运营总监李凌结合自己多年的从业经验，分享了教育政务新媒体运营的心得体会。他谈到互联网宣传舆论阵地取决于用户需求，新媒体运营者要重建与用户之间的联系，运营者要善于运用数据统计生成“用户画像”，提供个性服务。办好教育新媒体要具备用户意识、参与意识、服务意识、专业意识、技术思维、导向意识这六个“思维转变”。

“你所要树立的典型，他的时代意义在哪里？他的典型性在哪里？他的示范性又在哪里？只有想清楚这几个问题，才能找到他们在这个时代积极向上的特质。”《光明日报》浙江记者站站长严红枫通过33年记者生涯的亲身经历，以麻风村医疗团队、万少华团队照顾烂脚病老人、姚玉峰先进事迹为例，深入挖掘如何采访切合时代需要，摸准时代脉搏的人物典型。

大会还对2017年全省教育宣传工作先进集体、浙江教育年度新闻人物和影响力人物、浙江教育新闻奖、浙江优秀教育新媒体及先进工作者进行了表彰。

（2018年3月31日浙江传媒学院全媒体中心　明　月　严晨宇　沈才韬　徐苹苹）

政务V讲坛·2018北京政务微博发展研讨会

活动名称： 政务V讲坛·2018北京政务微博发展研讨会

主办单位： 人民日报社新媒体中心、清华大学、微博、新浪网

时　　间： 2018年4月19日下午

地　　点： 北京·新浪大厦

2018年4月19日下午，由人民日报社新媒体中心、清华大学、微博、新浪网联合举办的“政务V讲坛·2018北京政务微博发展研讨会”在北京新浪大厦举办。这也是在纪念2016年“4·19”习近平总书记在网络安全和信息化工作座谈会上的重要讲话两周年背景下，为重温讲话精神，让学者与政务微博一线负责人有更多了解和沟通，探讨政务微博运营先进经验的一次学术发展研讨会。人民日报社新媒体中心副主任刘晓鹏、清华大学新闻与传播学院常务副院长陈昌凤、微博副总裁曹增辉、北京市人民政府新闻办公室网络发布处处长张轶群，以及清华大学、中国传媒大学、北京市各区县政务新媒体负责人共同参加了此次研讨会。

人民日报社新媒体中心副主任刘晓鹏在研讨会上的致辞实录

尊敬的陈院长、增辉总，尊敬的各位专家、各位朋友，大家下午好！

很高兴来到新浪总部，与各位一起探讨北京政务微博发展这个很重要的话题，两年前的这个日子，习近平总书记召开了网络安全和信息化工作座谈会，并发表重要讲话，“提出建设网络良好生态，发挥网络舆论引导反映民意的作用”，总书记在党的十九大报告中也强调加强互联网的内容建设，建立网络综合治理体系，营造清朗的网络空间。应该说，自党的十八大以来，在多方努力下网络舆论生态发生了很多积极的变化。

今天来到新浪总部，我们一起探讨微博这个话题。微博即将进入第九个年头，我们共同见证了微博的成长和变化，也见证了微博舆论场的风起云涌。作为传播海量信息的社交媒体，因为广场式传播的特性，微博成为互联网上信息、思想、情感交汇交融的重要平台，全国上下都在贯彻习近平新时代中国特色社会主义思想和十九大精神之际，我们共同探讨政务微博的发展，将是有意义有价值的交流。作为党中央机关报，《人民日报》不拘一格的互联网传播，用社会化平台进行传播，我们的初心很明确，就是借助社交媒体，传播党中央的声音，用权威快速的新闻、高品质的内容满足公众信息需求，抵挡思想迷雾，涵养科学理性，凝聚社会共识，增进价值认同。

微博是《人民日报》移动传播布局中最先发力的一环，微博对我们来说一直是非常重要的传播平台，近三年来在推出的各类主题传播中，包括2016年“中国一点都不能少”、2017年“十九大”和“我爱你中国”到2018年“两会”和“中国很赞”系列的新媒体传

播，在广大微博粉丝的积极传播下都创造了海量的传播记录。党的十九大期间，《人民日报》单条微博“你好十九大”，转发突破500万次。秉承参与沟通、记录时代的理念，用饱含真情实感、真才实料的产品，赢得了广大粉丝的信任与喜爱，在新浪微博的粉丝数已经突破5700万。我们认为作为主流媒体用好社会化平台，需要多一点同理心，多一些共情力，忧患着人民的忧患，欢乐着人民的欢乐，感动着人民的感动。这样才能更好地满足人民美好生活的需要，也才能担负起应当承担的政治责任和社会责任。

今天，北京市的各位领导一起参加了这个座谈会，北京市委市政府和相关部门对人民日报社新媒体的成长提供了非常多的帮助和支持。《人民日报》微博诞生于2012年7月22日凌晨，是在一个北京的大雨之夜，在守护相望的过程中，我们在微博上发出第一声，我们永远不会忘记。这两年系列推出的“我爱你中国”和“中国很赞”的活动得到北京市政府的大力支持，在此表示衷心的感谢。在微博运营中，北京市政务微博一直是《人民日报》微博的好朋友好伙伴，今后我们将继续大力合作，共同在微博平台上壮大正能量。今天还非常高兴和清华大学新闻与传播学院的专家一起探讨这个话题，政务微博的问题，人民日报社新媒体中心和清华大学也有非常好的合作关系，人民日报社和清华大学新闻与传播学院有共建关系，日常联系非常多，特别感谢清华大学为我们培养了非常多优秀的新媒体人才，希望能够在未来给予我们更多的支持。在微博运营过程中，我们与微博平台有非常好的沟通，微博的整个互联网产品功能有了非常多的变化，有了很多新的发展。在这个平台上做好内容是人民日报社新媒体的本分，未来我们还将努力做出更好更多的微博内容，借助微博的新技术、新应用，更好地为粉丝服务。特别感谢增辉总及其带领的创新、务实、高效的团队，我们期待未来携手合作，在微博平台上打造更精彩的内容和活动。

期待聆听各位专家学者还有各部门微博负责同志的真知灼见，谢谢大家！

清华大学新闻与传播学院常务副院长陈昌凤在论坛上的致辞实录：

尊敬的刘晓鹏主任、曹增辉总、张轶群主任、陈丽娜总，
各位亲爱的朋友、嘉宾、主持人徐丹校友，

大家下午好！

非常高兴今天能够跟新浪还有人民日报社新媒体中心联合主办这次政务V讲坛。今天北京政务V讲坛发布会在社交媒体的引领者新浪总部召开，作为联合主办方我谨代表清华大学新闻与传播学院感谢各位嘉宾的莅临指导，也感谢新浪新媒体的领袖搭建了非常有意义的研讨平台。

自从WEB升级换代以来，政务管理也搭上新技术的快车，进入了新的发展时代。微博改变了中国的舆论生态与传播生态，九年前央视的《新闻联播》报道了时任国务院新闻办主任王晨在政务微博上的一次讲话，我记得央视的标题是“我国将积极运用微博服务社会”，从那一刻起，微博就已经进入了主流，它是被主流化认可的媒体。此后，政务微博成为政府管理工作中的建设重点，十年来为中国的政府服务工作提供了信息发布、民众沟通、政民交流方面积极有效的平台。《人民日报》的“人民观点”专栏曾发表这样的观点：如果说媒介已来到双向交流的2.0时代，那么政府治理同样进入了2.0时代，从高音喇叭、报纸、刊物的宣讲变成了新闻发布、网络留言的互动。它特别指出了微博在整个政务生态中的

积极作用，也就是说以微博为代表的社交媒体平台凝聚了社会共识，汇集了各类信息，起到了重要的引领作用。微博也已经并仍在改变和提升着政务管理的时代精神，让人民和政府之间的沟通更加密切。它已经发挥了主流作用，已经成为所谓的主流媒体。

新浪微博自创办以来对整个中国社会的生态和民众关系发挥了特别重大的作用，按照头条新闻大数据统计，在2015年微博政务类信息已经总结出五类。服务性、趣味性、当地化、互动性和专业性强的这些信息在社交媒体上得到广泛的传播。在此背景下，政务微博就要重视大数据、智能化、移动化等新技术带来的新工具运用，重视互联网不断发展带来的新理念，这些理念包括新型的社区观、新型的身份观、新型的融合观。在信息技术的发展之下，它确实已经开始逐步瓦解了现代社会中已经形成的某些制度和结构，并正在构建一种新的社会结构，这种新的社会结构有其内在的逻辑，这些逻辑主导了生产、生活、权利、文化等重要的社会活动，已经形成了一种新的社会形态。这种新的社会形态在卡斯特尔那里被称作“网络社会”，主要社会功能和社会进程都是围绕着网络这样一种关系而展开的。

在这种新的形态下，我们不断运用微博这样的社交媒体发展政务传播以及完善政府管理有非常积极的重要意义。清华大学新闻与传播学院创建于2002年，首任院长是《人民日报》原总编辑范敬宜先生。刘晓鹏主任说到，我们两个单位之间有非常密切的互动，确实如此，首任院长是正部级领导。现任院长是国务院新闻出版署原署长柳斌杰先生，也是正部级领导。学院在很高的背景下开展教育研讨研究工作，同时我们学院跟新浪也有非常密切的合作，新媒体中心的主任彭兰教授同时也是学院的实务教学研究中心教授、主任，另外一位新媒体界非常熟悉的专家沈阳，都在引领着我们学院的新闻传播新媒体研究，而且跟新浪有了更多的密切合作。新闻学院以素质为本、实践为用、培养高手为办学宗旨，以人才培养、学术贡献、社会声誉、国际影响为职责，建设国内顶尖、世界一流的新闻传播学科。我们非常努力地把优秀的学子吸引过来，比如刚才讲到的徐丹，还包括他的夫人都是我们学院的毕业生。为此，我们努力建成了中国顶尖的新闻传播学院，同时正在建设世界一流的新闻传播学科，着力打造中国特色的新闻传播学教育体系，在实务教学和国际化方面取得明显的成果，我们也希望今后有更多的机会跟实务界有密切的合作交流，希望今天通过这样一个活动能够为未来教学研各个方面带来更积极的影响。

祝愿今天的会议圆满成功，谢谢各位！

微博副总裁曹增辉在论坛上的致辞实录

尊敬的刘主任、陈院长、各位领导，大家下午好！

在这个美好的春天里，首先我代表微博欢迎各位来到新浪总部大厦，参加今天的“政务V论坛·2018北京政务微博发展研讨会”。我本人非常高兴有机会和各位专家老师，尤其是政务微博的负责人学习探讨北京政务微博的发展。

刚才几位老师提到，今天4月19日，正值习总书记在网信工作座谈会上讲话两周年的日子。习总书记在“4·19”讲话中强调，让互联网成为我们同群众交流沟通的新的平台，成为了解群众、贴近群众、为群众排忧解难的新的途径，成为发扬接受人民监督新的渠道。新浪微博始终积极落实党中央以及北京关于互联网工作的相关精神和要求，非常高兴在过去两年的时间里微博平台继续保持了快速的发展，到去年年底，微博每天的活跃用户1.7亿，每月的活跃用户规模接近4亿。与此同时，我们看到微博的政务微博取得非常快速的发展，到目前为止，微博的政务微博帐号达到17.3万，粉丝超过24亿。政务微博获得了非常大的传播量和互动量，2017年阅读量达到3300亿，互动量达到55亿。可以说，在微博这样一个传播网络中，我们的政务微博在传播体系里面获得了非常巨大的成长。这样的成长，这样的数据，其实和各地政务微博的协作密不可分。

我们自己内部有一个“123”的工作思路。什么是“123”？希望微博打造“一个优质平台”的环境，同时秉承“两个核心”的发展理念，做好“三方面平台”的助力工作。

打造一个优质的平台。希望营造一个清朗和谐的平台环境。习总书记针对环境工作强调“绿水青山就是金山银山”，相信这句话对于互联网对于微博的平台是同样适用的，只有一个非常好的互联网平台环境，才能推动互联网业务，更好发展。微博过去不断加强平台的生态治理，包括在微博成立之初推出了社区公约，我们站在平台的角度上来界定微博上的社交行为规范，包括谣言治理、投诉等等。2018年按照微博的舆论环境变化还在不断针对热搜话题规范管理，包括在各个指导部门的指导下其实不断展开各项专项治理工作，针对大的互联网平台来说是非常重要的。

秉承两个核心的发展理念——锐传播、新服务，这也是微博这个平台能给政务微博带来的思考。希望政务可以以恰当的形式在微博上得到快速的传播，运用多种手段让群众和政府部门有更好的互动沟通，为网友解决更多实际的问题。政务微博是微博整个生态中密不可分也极其重要的部分，政务微博的实时性、权威性、互动性以及过去两年的沟通和服务性，不断凸显了微博这样一个平台对于政务部门非常独特的价值。我们过去在不断分享一些案例，像“@中国地震台网速报”能够第一时间发布几乎所有的地震信息，包括我们的公安部门，今天“@平安北京”的同志也在。对于拉近群众和我们的关系，政务微博扮演了非常好的桥梁作用。

做好三方面平台的助力。希望在产品上有创新，不断能够给我们的政务媒体提供非常好的传播和互动的产品形式，策略上更好地服务大家，资源上更好地予以支撑。

过去讲“赋能”讲得比较多，放到政务微博上也是同样适用的。在产品方面，过去短视频、直播，以及如何快速把视频的内容进行剪辑像云剪，还有述评内容的传播像微博故事等等，不断丰富政府政务微博通过微博传播内容的诉求和传播效果。去年底今年初，政务微博、媒体微博开通了评论审核、二次编辑等等，这些都是基于政务微博的实际需要，不断沿着微博本土化的产品去优化。

在应用策略上，今年继续坚持政务垂直化运营，包括同城化的策略。在这样的策略下，我们已经和绝大部分的政务微博机构有了比较密切的日常对接服务，这样的话使政府能够和网友有一个非常好的交流和互动的空间。

资源投放方面，微博会持续投入优质的资源，我们希望投入的资源正好能够把政务微博优质的内容在微博里面传播得更好，让它能够产生更好的影响力，除了在关系流、微博推荐流的位置，我们可以开出更多的资源和更好的位置给政务和媒体微博，放大内容的传播效果。

我们是一家总部在北京的公司，北京是全国的政治、文化、国际交流、科技创新中心，北京政务微博的发展也是走在全国的前列，也涌现出典范式的政务微博帐号，比如平安北京、北京发布等等，在北京的政务微博矩阵中发挥了非常重要的协调和统领作用。微博平台也希望积极寻求和北京各级政府部门更加深入的合作，我们也希望为北京新时代的首都建设贡献自己的一份力量。

最后，祝大家在政务V论坛上能够聊出干货聊出火花，有所得有所悟。欢迎大家常来新浪走走看看，大家可能有一些新的感悟，多多交流。

感谢大家！

清华大学新闻与传播学院教授沈阳发布《2017北京政务微博发展报告》

我们在微博、短视频等方面一直在进行跟踪，今天跟大家交流的核心内容是北京地区的政务微博整体发展状况以及我们最新的思考。应该来说，北京在中国的舆论场当中具有非常特殊的地位，北京这个地方一直舆论力量非常强，国家部委包括各类网络的活跃者，把这个叫作网络舆论的主要人口和舆论领袖。在这里面可以看到，报告有几个部分：总体发展情况、发展差异、典型事件、总结、建议。

从整体情况来看，海淀区的微博开通量为370，朝阳区为269，今后与人口数据相结合，有些区域人比较少，那是不是微博开得少就是做得不好？不一定，需要把其他的相关数据再整合进来进行分析。发博量，东城区为22万条。互动量东城区为96万条，对微博的评估一个是传播力，在微博中的阅读量怎么样，另一个是你的服务能力，你发博的情况，包括有关部门提供的素材。第三个是互动能力。你和网友之间的互动。第四个是认同度。大家在微博上点赞的情况，详细分析我们后续的情况。北京的政务微博中基层社区的微博量是最高的，大概950个左右，卫计系统474个，财政2个。不同的部门之间分布差异性还是非常大的，发博量卫计部门25万条，公安系统的互动情况应该说是非常活跃的，实际上网民在网络当中一旦碰到事情，对于政府机构来说应该树立起正面的联系能力，老百姓碰到事，需要@公安部门，政务新媒体当中的本源平台，老百姓碰到事情第一时间去到哪里？媒体成为新媒体办公的本源平台。我们号召网友到媒体上进行更深度的互动，把微博作为本源平台，可以看到对政务微博的分析。

对微博的量做了一个分布的分析，比如微博数高于100的，有50~100的，按照这个量级做了分布。在这里面打分，高分的微博帐号在不同的领域当中分布是有差异的，海淀区高分帐户占1%，东城区占8%。通过这样一个数据可以看到，每个区域当中先进的或者说做得比较好的微博总的比例是多少，这是开通微博量在100以上，以及不同等级的微博占比情况的分析。50~100的微博区不同类型的微博比例关系，有一些区几乎没有做得好的微博，这需要我们注意。比较优秀的微博类别集中在外宣、工商管理、交通运输、法院等行业当中。

开通量不同微博的占比情况。做得比较好的微博的经验，一个是更新比较及时，发博原创率比较高。微博高峰期和上网高峰期吻合，早晨9点~10点，下午2点~3点，晚上9点~10点，在三个周期当中发博比较高。政务微信发文比较高的时间点一般是上午上班快结束的时候，比如11点钟和下午5点钟量比较高。短文发布可以随时随地发，微博的特点是非常方便，有一些比较优秀的帐号如“@京环之声”“@北京发布”之类，发博量非常高。我们反对一种倾向，即利用机器自动发微博，全国的政务微博中有这种极个别的状况。还有一个经验要跟大家互动，互动是非常辛苦的，但是互动是获得铁粉最有效的一种手段，你愿意跟他聊天，愿意陪着他，像男生对待女朋友一样，要有这种精神，那么政务微博就做得比较好了。

发布形式当中，包括图片、视频。经常有人问我，我的政务微博要不要卖萌？卖萌的程度跟领导的接受程度有关。你的领导实在接受不了，你就少卖一点，如果你的领导比较开明，这时候你的卖萌程度可以略微高一点。不同的类型，不同种类的政务微博风格有差异性，所有的语言和调性总结为四种：正性语言，适合发正式内容；亲性语言，比较适合进行互动；怂性语言；魔性语言，对于网友们玩得比较正能量但是又有魔性的内容可以转发一下。

多做线上线下活动，促进线上线下内容融合。北京的政务微博做得比较好，两会通过数据新闻、图片，通过设置话题来获得高关注度。包括教育类的问题，校园的霸凌事件，延庆警方还有北京市教委做出快速反应，小的舆情演化为重大的恶性舆情，在于发出声音的及时性不够。在实践刚一出来时，要第一时间发布我们的信息，可以借鉴娱乐明星的发布方式。他们经常选择半夜12点发，半夜一发出来，第二天所有报纸登的是昨天发的信息。娱乐明星掌握了这样一种规律。

另外一个事件是野生动物园事件，这里面很多微博帐号进行了转发，这种联动还是非常有价值的。包括“平安北京”的快速点评，也是非常有意义的。我原来一直提倡10分钟内进行快速及时化的点评，任何一个消息出来之后老百姓特别希望听到官方的声音，政府是怎么看这个问题的，到底有没有采取措施。如果你在10分钟内或者更长一点时间内能给予评论或者某个重要媒体进行评论，这时候大家就知道这个事件大致的发展方向是怎样的。包括地震系统做的微博也非常棒，还有文化系统传播北京的民俗文化就包括北京非常有意思的事，以及北京的特色，在这方面的工作都做得比较成功。

刚才谈到北京的整体情况，在直播方面做过一些尝试，刚才看到17小时不间断地直播北京。相对来说直播比发文本要求更高。原来我经常发微博，有一天晚上躺在床上想我要不要玩一把直播？后来想想还是算了。直播里面有一点要素，颜值即正义，颜值不高转发量还是不高。17小时不间断直播北京，从主持风格，到镜头、团队的配合、不同帐号的联动，都是需要技巧的。

刚才北京市的领导谈联动，我就想到一个问题，今天政务微博的地区内联动做得不错，我们希望实现更大范围内的联动。跟北京地区的企业、媒体、网络达人，甚至包括其他关心北京的方方面面的人联系。很多人发私信，沈老师你转我的微博。我常常想，你不转我的，我为什么要转你的？我们要平等看待粉丝互动的意愿，可以扩大一点范围来实现更加强大的矩阵。

充分利用民间制作的作品UGC，南京一个市民曾经发过一个视频，用无人机拍摄的“最美南京”，这个非常棒。这样一个视频政府去做的话可能没有必要，要花大量纳税人的钱，不如把老百姓做得非常好的内容筛选出来。比如评选一下这个领域当中最佳的网友作品，送一点小的纪念品，这样的话就可以把互动搞得更好。UGC的内容充分运用起来，解决了内容不足的矛盾。也有很多政务微博人员说我今天不知道发什么，网友已经帮你做好了，可以进行转发或者一起联动。

关于短视频。政务新媒体在未来两年对短视频的应用将会更加广泛，特别是随着5G的上线。我今天来新浪大厦，在路上坐车基本没用手机，如果我看文字眼睛吃不消，但是如果我看视频流量又很费钱。一旦5G大规模普及之后，你坐在车上一定会看视频。5G一旦大规模应用，我们的视频流量将大幅度增长，政务这块可以考虑增加视频应用。这个视频不一定需要拍得非常正或者非常精致，实际老百姓特别喜欢看原生态的内容。

对此，我们给出一些建议。

第一，实现更加广泛的网络统一战线，跟更多的网友进行联动。政府做决策的时候，能够把决策的社会调研做得更加充分，洞察民情民意，在未来的政务新媒体发展中是比较重要的。

第二，利用网络当中的特色和新的东西。比如H5，去年《人民日报》的H5做得非常成功，八一建军节解放军的军装照，我刚开始忍住不转发，后来看到我的朋友圈有一个长得很丑的人用那个军装照变得很帅我就忍不住开始发了。我们需要运用网友喜闻乐见的形式传播我们的理念。对于政策的通俗化解读，我们需要从老百姓的角度来解读，假设北京做一个物价调整，能不能非常清楚地告诉大家，比如收入在10万块钱以上的人影响是什么，5万~10万的影响是什么，年收入5万块钱以下的影响是什么，如果能够做到精细调整的话，对老百姓来说就比较方便。

第三，严格按照信息公开和政务公开条例，及时进行信息发布。有的条例明确规定重大突发事件5小时之内必须说话，我们去年有一些舆情事件我个人后来想了一下为什么会发生这些事件？主要的原因在于政务的信息发布没有特别及时，怎样降低部门协调的信息成本，下级部门把应对方案都写好了，因为等上级部门决策，这时候我们需要降低决策的成本，缩短决策链条，快速地面对公众进行发布。发布信息当中，有的部门用的发布图片蓝底白字，这种色彩的搭配我问了心理学家，他说这种色彩搭配不一定完全合适。我们可以在很多细节上做一些新的打磨。

第四，基层组织微博人员不够，以微博为核心的平台作为本源平台，你不需要到处去发，政务新媒体一上就是五六个平台、十几个平台，现在提供自媒体开放的平台至少有20家，我们是不是都要去？不必要。政务新媒体只需要能够及时地发布信息，跟网友进行互动，让自己的信息被更多其他的媒体引用就可以了。我们在系列突发事件处置当中千万不要把主流媒体的作用消灭掉，主流媒体没有声音的话，大家对这个事件的了解是不充分的。现在政务新媒体最核心的问题是政府到底在做什么，让老百姓了解政府的一系列决策，科学化、透明化以及一些处置措施。至于事件的来龙去脉，包括社会心理，包括当事人的想法，很多都可以使用主流媒体引进，让它们跟进。这时候这个事件才能得到比较充分的报道，才能比较有效预警社会风险。

第五，站在群众的角度。我自己也经常走群众路线，把我们小区里面修自行车的大爷加成微信好友，偶尔跟他交流。有一次坐我们学校的校车，发现校车司机对学校领导、教授的八卦非常了解，我如获至宝，赶紧加成微信好友。不择溪流汇成信息大海，需要跟各类网友进行互动。

别的地方网友零零散散地骂他，在微博上网友是始终如一地骂他，能不能分析一下这个状况？这种就是我们非常好的互动对象，你多跟他交流，看到底是什么状况。

第六，大数据。很多网友的问题是相似的，当开通政务帐号运营了一段时间后，可能面对人员的流动，如果下一个来的是新手那怎么回答网友的问题？这就需要比较好的政务FAQ，老百姓问你这个部门，哪些问题怎么回答？这个FAQ是基于人工智能的，自动筛选出回答的答案，你可以Push出去。这方面在未来应该有一个往前推进的机制。

第七，希望所有的政务新媒体不要仅仅追求数据，而是要追求怎么样才真正树立起政府的公信力。

这是我今天跟大家分享的。谢谢大家！

微博政府事业部运营总监徐丽华的主题分享实录

北京政务微博平台发展策略

大家第一次来到新浪总部，这是特别难得的机会，我们今天“政务V讲坛”非常希望学界还有一线的运营人员，真正能够在实践经验和理论上实现一次面对面的交流以最终提升政务微博的影响力。

下面跟大家分享北京政务微博的发展以及我们平台能为大家做什么，我想这也是北京的官微非常希望了解的。今天很多嘉宾是第一次参加政务微博的活动，我先向各位汇报微博整体的情况。首先看微博平台的发展，从2009年8月份到现在已有九年时间，目前微博平台的用户日活跃用户、月活跃用户都保持持续增长，我们2017年第四季度财报数据中微博日活跃用户1.72亿，在移动端的用户比例占到93%，移动化也是当前移动互联网时代非常显著的用户特征。

从用户的属性上可以看到，微博用户的年龄非常年轻化，35岁以下占到90%以上，我们需要了解受众才知道我们应该给他们提供什么样的内容和服务。微博用户的地域分布可能也和很多人之前的认知有差异，其实相对来讲，一线城市微博用户占比比较低约16%，随着我们在三四线城市的下沉，三四线城市的用户占比均达到了25%左右，尤其是四线城市占比最高为27.8%。从用户的性别看，女性用户更喜欢上微博，在学历上呈现高学历化的特点。

再看平台的产品演进，在过去的九年里，平台从最初最简单的140个字的图文到现在不断丰富的形式，有视频、直播以及微博新鲜事、问答、故事等等，我们的产品不断朝着更强互动性、更加多媒体化甚至IP化的方向去提升微博在用户市场的竞争力和吸引力。

关于我们的运营策略，其实之前看到有些互联网产品在运营发展出现下降趋势时很难再回升，但微博通过我们强运营的策略用户是在不断增长的。其中第一个策略是垂直化，为什么垂直化？目前整个平台按照兴趣进行垂直化，细分了将近60个领域，政务也属于其中的一个。同时，政务也是月阅读量过百亿的垂直分类。政务微博的影响力现在来说是排名非常靠前的，不低于娱乐明星等领域。在社会时政类领域的报道和舆论引导方面，政务和媒体微博的传播力、引导力、影响力巨大。不管当前还是下一阶段我们都是舆论场的主流声音。

这是今年两会期间微博的一些数据，可以看到短视频和直播成为移动互联网时代内容生产和消费的主要形态。

第二部分是关于北京政务微博的发展情况分享。首先我们从全国政务微博的发展情况来看，目前认证的政务微博总数为17.3万，这些政务微博在微博上的粉丝资产达到25亿左右（不排重的数据）。而这些粉丝也很年轻化，82%都是30岁以下的微博网友。就北京政务微博来讲，总数2500多个，去年一年的总发博有109万条，总阅读83亿，总互动1.8亿次。那么，对比全国四个直辖市的情况看，账号个数上海最多，北京第二；北京的政务微博平均发博量、阅读量都高于其他三地，说明还是比较活跃、受关注度也很高。在全国各省政务微博竞争力排名中北京居第11位，处于全国中上水平。再看北京各个区县政务微博的发展情况，城六区相对活跃、影响力也更大。此外，北京的基层微博像街道社区的官微占比超过三分之一。

去年，整个北京地区的政务微博发博量原创率排在前三的是“@交通北京”“@京环之声”“@气象北京”，可以看出这些都是政府职能服务部门，交通、环保、气象的服务属性非常强，发布大量服务民生的实用信息；从阅读量看，“@平安北京”最高，其次是“@气象北京”和“@北京地铁”，服务网民生活的内容更受欢迎，传播更广泛；互动量上，前两个都是公安微博。我们北京的官微都用微博干什么？这里有几个典型的案例，一是权威发布，“@北京住建委”在房地产调控新政发布的时候短时间内阅读量达到2000万，也是微博快速传播的一个优势。二是突发回应，2017年8月24日，“@北京西城”回应后海酒吧开查“歌手证”传闻不实，及时辟谣，平息社会舆论。这条微博的阅读量超过1000万。三是政民交流，“@北京发布”的“一把手访谈”持续在做，都是区县一把手、委办局一把手参与，是品牌活动了，微访谈目前来说是能够直接听到网民想什么、跟网民交流的互动产品。四是互动服务，北京昌平有一个话题“平平回复”，长期坚持微博回复网友各种投诉建议，已办理近8000件，承诺5日内必有#平平回复#。

那么，今天大家都很关心的是，微博平台能为大家提供哪些支持和服务，主要包括五个方面。

一是政务微博的运营策略升级，基于微博的整体发展策略，制定政务微博策略，为政务微博的内容触达、矩阵管理助力。近一两年平台也有很大产品上的变化、机制上的改观，帮助大家去提升我们内容的触达。首先是本地化和兴趣热门，本地内容的发现和有效触达，尤其是政务、媒体的官方内容是微博在同城信息流最重要的组成部分。关于信息流的改版，早期微博是通过关注关系去看我们关注的人都发了什么。目前关注流的右边还有一个热门流，这是根据目前大家最关注最关心的内容去做兴趣推荐，主动把热门优质内容提供给我们的用户，让我们的用户快速地去看到他想看的和平台最热的内容是什么，在一些重要的突发事件或者重大政策发布的时候，我们也会在热门流里面把政务微博第一时间发布的内容进行推荐或者置顶。还有，政务微博一直做的矩阵，去年我们启动矩阵升级计划，也是对微博矩阵深度的扶持，包括产品、资源、曝光等等。目前我们跟中央部门还有地方的官微都在合作矩阵升级计划，包括北京的12320热线。

二是产品功能的升级，跟大家做一下汇报，像微官网、微管家、微舆情，这些产品都是我们在运营的工具效能上帮助政务微博的运营人员做效率上的提升。微官网是把传统的政府网站和微博做一个连接，包括对矩阵的展现。微管家产品，也是北京整个交通系统官微的管理和协同办公，微舆情是基于全网的舆情产品，帮助我们监测、预判舆情，做危机应对管理。基于内容的产品，我们的超级话题和微博新鲜事帮助我们在目前信息过于分散的情况下实现聚合，让我们快速看到事件的全貌。像直播、问答等，这个是基于场景化的互动性比较好的内容产品形态。今年我们也联合了包括消防、气象、医疗等等不同的垂直部门策划了微博政务问答周，很受网友的欢迎。微博云剪是基于视频的快速剪辑和发布到微博的视频工具产品，目前我们也给政务开通了权限，欢迎大家来使用。

三是专家智库的资源，可以给微博提供更多的动力和支持。像我们自己的微博智库以及去年运营的知政观察团，像平安北京的负责人也是我们专家组的成员，经常为政务微博运营提供非常有益的实操性的建议。还有我们一系列线下的活动，比如星火计划是基于线下的矩阵培训交流为主的活动，政务V讲坛今天是第一期，我们希望搭建业界跟高校、专家大咖的交流平台。

四是建立多元的激励机制，作为政务微博的运营主编，需要向上汇报我们的微博做了什么，也很需要被网友、被领导认可。包括去年我们开始做典型案例的征集，集合了资深专家和主编来进行案例的评审，是除了客观分数榜单之外，我们多元化的去补充政务微博的激励体系，主要激励那些可能无法让数据上榜却认真运营微博服务的网友的官微。政务微博年度大会上，我们首次评选了20位全国政务金牌主编，这些人可以说对政务微博的建设发展做出了非常大的贡献，也是非常有情怀的一群人。今天在座的每位负责人都是政务微博真正的幕后英雄，今天跟各位的交流我也特别感动，九年来，我们跟北京的官微还是第一次做这样的活动，尤其是今天在“4·19”这样一个有意义的日子我个人真的非常感动。

五是在日常运营策划上，我们会携手大家共建城市形象、政务形象，像“北京政在说”是去年开始跟北京政务微博共同运营的活动，对北京政务微博的整体发展，在回应、发布、联动上是有较多促进作用的。关于城市品牌共建，我们跟北京东城旅游委员会、徐州、广州打造了一些有影响力的品牌活动，像#17小时寻找北京#、#12小时爱上徐州#、#广式生活#等等。也希望今后在更大程度上和大家实现联动。

以上是我今天的分享，希望后面的专家和一线主编能够有更精彩的交流和分享。感谢大家!

清华大学新闻与传播学院教授彭兰“政务V讲坛”上的主题演讲实录

政务微博讲述北京故事

2009年9月，当时我有一个在新浪工作的学生把我拉进了新浪微博，那时候新浪微博还处于试运行阶段，我是新浪微博最早的一批用户，也一直坚持到现在九年时间快过去了，一直在坚守着。我想之所以能够坚持到现在，在我看来可能是因为，新浪微博应该在中国是很难得的一个公共信息的传播平台，在这里咱们在座的各位所运营的政务微博是这中间非常重要的一种支持力量。今天有幸跟大家进行交流，我觉得是特别兴奋的。我只是一个研究者、一个用户，具体怎么讲好北京故事，在座的各位还有圆桌讨论中间要来加入的各位会有更多的实际心得。我更多跟大家分享相对抽象的个人想法，可能需要大家的案例来填充，给我做更好的支撑。

今天越来越多听到这样的说法，“讲好北京故事”“讲好广州故事”“讲好中国故事”，在这种说法的背后有这样一种变化，今天越来越重视对外的传播，不仅仅是中国对世界的对外传播，可能也包括我们每一个政府机构在自己的组织外的对外传播意识的增强，这应该是值得高兴的事情。在这样一句话的背后隐藏着我们真正的传播策略的改变，讲故事变成今天的新的传播策略。为什么今天需要更多的去讲故事？从我的观察角度来说，我想这在一定程度上是因为我们整个传播模式的变化，技术范式的变化实际带来了传播模式的变化。过去的传播都是所谓大众传播，都是点对面的传播，但是今天我们可能越来越多的是以人为媒的传播。我们在微博里面通过每一个用户的人际关系桥梁进行信息的扩散，在这样一种新的传播模式面前，我们更多的要去打动人心，因为人心是我们的传播渠道。这也是很多政务微博开始重视讲故事这样一件传播策略的基点，是它的出发点。要讲好故事需要更多的去理解人心洞察人心，在座各位的工作中，我相信有很多的观察。今天可能需要对你自己的这些粉丝群体的心态、情绪有更好的把握，我们需要对整个中国网民的情怀，对他们的心理柔软支柱进行洞察，我们要关注到不同群体的焦虑。现在谈到最多的所谓中年油腻，95 后、90 后开始担心秃头的事情，可能都是今天人性当中的某些侧面，我们还需要更多的数据支持，让我们对今天的社会思潮、社会大的动向有更好的把握。

在这样的基础之上，语态改变的寻找过程中，我们讲故事要从什么地方出发？定位在什么基调上？最终目的是实现什么样的效果？从基调来说，我们讲故事有的是宏大叙事，当我们中国面向世界去讲中国故事的时候，我们可能会想到高铁，想到移动互联网，很多新的创新。这是宏大叙事，很多时候我们需要宏大叙事，这是一种全景，千里江山图式的描绘。如果要从我们的角度特别是各个政务微博的角度去讲故事的话，可能还有很多时候需要去注意微观的叙事，把镜头放在人这样具体着眼点上。除了千里江山图，可能很多人愿意看清明上河图，我们要去看清明上河图里面的每个具体的人，在这种社会风景、社会风情之中每个人的表现，把握宏大叙事和微观叙事之间的平衡。一方面宣传我们的工作，需要我们做的事情被更多人知道，让机构的故事被更多人知道，最后落实在人的角度，人的出发点从讲故事的策略来说会比工作这个出发点更为重要、更有价值。

我们在讲故事的时候主角放在谁的身上？以我们自己为主还是以我们要去打动的对象为主？我和你的关系也是时时刻刻需要去关照的，有时候也要做出平衡。从我们的受众而不是从我们的角度出发，所有政务微博工作的一个核心就是要更好地树立我们的公众形象，树立我们的品牌，树立我们能够被公众认可和接受的形象。来自国外的信任度是怎么形成的？有四个因子，在分子上可以给我们产生正像影响的有 Trust 信任、Credibility 可信任度、Reliability 可靠度、Intimacy 亲密度。分母上有 Self - orientation 自我意识导向。

建立在我把你打动了，我能够让你卷入的基础上。刚才沈阳教授提到的军装照案例，打动你，卷入你，分享军装照，表达很多人无法实现的从军梦，这个梦大家做一做也很美好，这样一种情感上的打动、这种卷入是我们讲故事时特别需要把握的。

案例“最美南京”，整个活动中民间摄影师的故事让我更感兴趣，城管和我们的网民之间，我们可能误解了他们，也有一种行为并不是太得当，这是我们关注的问题，我们可能没有像摄影师那样，用这样一种方式把城管当成普通人，进行深层次的记录和跟踪。从类似的案例里面可以看到今天政务微博在运营中脑洞大开的行动，其实这的确会使更多的公众参与，这些参与给我们带来的延伸价值可能会远远超出美景的分享或者参与活动本身。

刚才刘晓鹏也提到“共情”，我们去讲述故事，我们做传播策略宣传的时候，也时时刻刻要想，这个真的是不是能够让我们和我们的传播者交流时产生共情，所谓的同理心也好，这些都是讲故事能够比其他传播手段更容易达到的效果。大家今天都注重讲故事注重语态变化，这不是特别让人愉快的一些事情，如果为了讲故事制造故事、编故事，比如新婚之夜抄党章，它在真实性方面打了折扣，很多网民可以看出来是摆拍的。这个故事到底打不打动人也是有争议的，为了讲故事摆拍甚至编造一些东西，今天网民的眼睛是雪亮的，我们也要防止走到这样一个危险的方向。你把行动做好了，不需要太多语言的美化，我们注意到很多的政务微博，我关注了很长时间的公安系统城市群的微博，这也是政务微博的代表，就实实在在给大家做事情，没有太多言语上的花样，但是同样能够打动人。所谓的讲故事还是术的层面，不是道，不能代替行动，也不能代替专业政府职责的履行。小编们完全不顾自己的政务定位，天天跟网民去卖萌的话，相信我们的形象也很难长久持续下去。虽然平时时沟通需要策略地讲故事，在危急时刻需要直面，但坦诚沟通仍然是必不可少的。

这是我的分享，谢谢大家！

中国传媒大学政务新媒体实验室主任侯锷演讲实录

政务微博在网络强国战略下的社会新治理思维

各位领导、政务微博的同仁大家下午好！

今天是习总书记的“4·19”讲话两周年纪念日，这个日子对于当前近8亿中国网民而言，无疑也是我们的一个重要的“政治生日”！因为，总书记“4·19”重要讲话一锤定音，“网民来自老百姓，老百姓上了网，民意就上了网”，这是第一次明确回答了中国网民“是谁”、“从哪来”、“执政者如何面对网民”以及在“老百姓上了网”之后，作为执政党和政府要在互联网环境走一条什么样的路等一系列根本性、出发性的原则和原点问题。我们都知道，在2013年我们依法治网全面开启之前，网络一直被喻为虚拟空间，网民也被称作“洪水猛兽”，但是现如今越来越多的领导干部不再这样提了，我国的依法治网、网络实名制以及一系列的网信规范举措，可以说基本完成了网络社会“市民化”的改造。线下“以人民为中心”、线上“以网民为中心”的治国理政与网络强国战略思想在习近平新时代中国特色社会主义思想体系中逐步确立。所以说，“4·19”讲话是自1994年4月20日中国接入国际互联网之后的整整22年里，中国网民一直等待中国共产党人回答的一个重大命题。因此，老百姓上了网，是我们所面临的最新国情和最大的互联网政治形势。

就我个人研究媒介的方法而言，我认为我们不仅仅要研究新兴媒介的传播机制，还要研究当个体的“人”上了网之后，组织类的党委政府为什么也要上网、如何上网、又该怎样去做，网民上网之后的网络表达是一种需求释放，这就与政府官方上网之后保障供给形成一个配对的新型网络公共关系。这么多的层级、这么多的职能纵横交错起来，如何去开展、经营和推进一个有序的新媒体社会发展。所以我的研究一方面从新闻传播的老本行老套路介入，但是最重要的是从组织行为学和社会学的角度切入，因为微博是由人上网之后的镜像构建出的一个与现实社会人文思想交流匹配同一性的新型现实社会，它并不虚拟，依法治网之后，线上的网民就是线下的公民和市民，如果要否认这一点，那只能再被网民说“政府又要耍流氓了”。

我们先把网络强国战略的来龙去脉简要梳理一下。十八大之后关于网信和宣传思想工作，总书记开启指引的第一次讲话是“8·19”讲话，这次讲话提出了我党宣传思想工作所面对的互联网是最大变量，互联网环境下的意识形态工作是一项极端重要的工作，提出怎么讲好中国好故事，传播中国好声音，创新思想宣传工作要把重心放在基层，等等。这可以说是一个提纲挈领的问题。随后，在2014年的“2·27”讲话中首次提出了“网络强国”的概念，指出“网络强国”是事关国家安全和国家发展、事关广大人民群众工作生活的“重大战略问题”，强调“网络强国”战略部署要与“两个一百年”同步推进。到了2015年，十八届五中全会进一步将“网络强国”概念明确升级为完整的“网络强国战略”，并强调在“十三五”规划纲要中对实施“网络强国战略”做出重要部署，“网络强国战略”从这里开始，正式进入了一个新的思想节点和实践节点，十八届五中全会将网络强国战略正式写进决议，可以说踏上了新征程。接下来是刚刚开题我就重点汇报的2016年“4·19”讲话，“网民来自老百姓”，是“老百姓”上了网，这一句话就像一个定海神针，也完全消除了我们在此前还尝试从网络治理成果、舆论环境清朗现状等角度，以学术论证来引导我们不能再用定势思维去看待网民的必要性。不必讨论了，一锤定音很明确：“网民来自老百姓”，动员领导干部是要上网去看一看，去走网上群众路线，并且详细提出了“一多六及时”的网信工作行动要领。这里就不多说了。随后，就是2016年的“10·09”讲话，这是超出我们意料的将媒介理论与现实执政相结合的专业性极强的一次指引。比如，“六个加快”中的“第五快”——要加快利用网络信息技术推进社会治理。还有最为关键和精辟的，关于社会治理模式的“三个转变”：从单向管理变为双向互动、从线下变为线上线下协同、从过去由政府的单一监管向社会协同治理转变，强调要深刻认识互联网在国家管理和社会治理中的作用。截至目前最新的论述，也就是去年十月份在党的十九大报告中所提出的社会治理“四化”问题、新闻舆论“四个力”的问题。系统地这样分析下来，我们可以清晰地看到，我们党对互联网的认识已经远远不是一个网络媒体的宣传功能，以媒为介，互动传播，更重要的是现在已经形成了线下治国理政战略与线上网络强国战略两大战略的互动和呼应的关系。或者对执政党来说，现在更重要的是将互联网新媒体作为一种战略运用工具。“网络强国战略”中的这个“强”，不仅仅是指网络结构体量的大小、内在力量的强弱，更重要的是以“网络”为战略空间和战略策略工具，来“使中国强大”的方法论战略，唯有这样来理解和认识“网络强国战略”，才是最根本的把握。

另外，这次我的题目是“社会治理新体系”。说到这，今天下午最大的收获之一就是与彭兰老师刚才演讲时我对她所呼应的，我们从传统媒体进入网络新媒体之后，要做的一个基本面是如何去接地气、打动人心地讲好故事、感召民心、凝聚社会认同，但是“讲好”故事或讲“好故事”并不可以替代所有的现实政务职能。习总在十九大提出，中国特色社会主义绝不是靠敲锣打鼓可以实现的，全党必须付出更加艰苦卓绝的努力。互联网发展到现在，网上网下形成一体化的共生态，有害信息或者涉及的黄赌毒信息有网监、网安、网信部门履职尽责治理，但是除此外，存在的大量民意利益诉求依然来自线下的民生问题，社会的主要矛盾发生变化之后，人民群众对日益增长的美好生活的需要也在不断地借助新媒体进行表达，这种更高品质的诉求与现实公共行政和服务出现偏差所产生的意见、建议，当然会带有情绪、抱怨和怨气，那谁来面对和解决？单靠讲故事？显然不现实。根本上还是要借助互联网扁平化的互动对话交流，听民意、惠民生、解民忧，解决现实问题。这就是我在今年的蓝皮书报告中所提出和思考的，中央对复合型的新时代治国理政与网络强国两大战略体系已经形成“并轨”思维，互联网治理既不能凭借权力干预的单一路径，通过宣传手段或强权干预规范网络舆论秩序和解决思想问题，这种“新治理能力”也成为国家治理体系和治理能力现代化的关键。

人们常说水落石自现，当水池子里的水变清澈之后，原本潜伏和隐藏的问题就容易被发现，网络社会所暴露的社会主要矛盾也必然要去正视和面对。以前有观点说，因为网络不能代表全部真实的民意，所以下一句怎么接？我们要干什么？以前的回答是我们可以不必当真，可以忽略不计，因为我们认为它是虚拟的，因为它是鱼龙混杂的。但是现在网络环境清朗，网络表达依法理性文明，再也无法通过“404”就可以过得去这道坎。近年来，通过许多重大案件也可以解读到这种细微的变化。比如说2016年天津市二中院审理的翟岩民案，包括去年的谢阳律师案，我们可以看到一些死磕派的律师早期在境外力量组织下，抹黑英雄、歪曲党史国史，以此动摇我们的社会主义核心价值观，那还原澄清它不就完了？但是现在人家打法都变了，从务虚到务实，那些微博上开放传播的维权民怨，成为他们最好的说辞和“把柄”，这却是我们没有及时解决或没来得及解决的民生问题。老百姓上网表达的是各种各样具体和个性化的利益诉求矛盾，这些现实而具体的民生问题不解决，老百姓就会不满意、不答应、不高兴，但是如果这些问题无人梳理，党委政府上了网却没有体系化、组织化地去面对和解决的话，我们追求意识形态的安全也一定是空谈，是海市蜃楼。所以，2018年2月28日，微博开放了评论管理功能，我们就倡议全体政务微博不使用这项功能，谁用谁自残，谁用谁自损，让民意表达，在表达中互动，在互动中解决，没有什么不可以应对的，要不然，我们“四个自信”恐怕只因为这一个动作就已经示弱了。

现实社会的治理无法脱离网络这一并不虚拟的网络社会来规避执政风险而实现长治久安。网络确实改变了我们整个社会的底层架构。2011年喻国明老师提出了一个观点，微博的崛起是社会力量的崛起，微博的发展是整个社会组织结构的变革和重构。政务微博与核心治理体系之间的关系，线下是从中央到地方的上传下达、层级汇报，但是网络时代无处不在的网民通过信息互联互通，可以一键呼叫党中央国务院，已经打破组织权力运行的条框边界。因此对于微博，除了从媒介新闻传播的角度来看待，恐怕还需要从社会学的角度、社会治理的角度来进行深层次的综合判断。自微博开通以来，网络民间力量直接推动政府行动，共建共治共享成为微博“互联网+社会治理”的核心内涵。

2001年、2012年的微博打拐、免费午餐、清网行动，政务微博网上宣传动员、网下行动取得了良好的治理效果。据我不完全观察统计，起码有七位犯罪嫌疑人躲在网吧里看到清网行动、限时自首的“优惠政策”之后，通过微博私信来打听相关消息，通过线上沟通，进行线下投案。2012年甘肃校车案后，教育部及时做出规范，国务院出台发布《校车安全条例》。2013年网络上没有底线的流言蜚语炒作，微博涉诉案件越来越多，“两高”及时出台司法解释以及《刑诉法9》修订，微博可以在民事侵权诉讼中作为电子证据。2014年，瓷娃娃中心发起微博“冰桶挑战”，助推中国公益2.0。2015年南航急救门、北京地铁哺乳门推动了我国院前急救系统的改革。2016年陈静瑜医生在微博上呼吁解决绿肺转运的遗憾，六部委联合发文使“中国肺源转运绿色通道”依法建立，2017年邪教涉及利用网络宣传，两高再规范，等等。这都是由微博发起和助推的已经产生实际作用的国家治理实践。再比如，从2017年开始，湖南省公安厅规定中国公民在境外可以基于微博进行跨国救助，到现在被网民写入出境游的攻略级必知项目。你在境外护照丢失、行李被抢、遭遇抢劫等等回不了国怎么办？只要上微博找“@湖南公安”，就能解决问题。以前他们受理湖南人民的诉求，现在全国各省的网友都可以反映相关诉求，直接“@”湖南省公安厅官方微博，你就能回国回家了。再来看，我们追踪研究了七年的银川实验田，基于历史性的数据比较，问政银川政务微博矩阵的服务绩效数据显示，最初书记不批示办不下去，现在整个机制化规范化的政务微博业务流程已经非常成熟。2015年数据出现了“拐点”，政务微博越来越娴熟了，民意诉求的受理量竟然开始下降了。只能说，原来的许多“老鼠洞”现在越堵越少，在这个问题上不会重复出现，已经实现了十八届四中全会提出的根源治理、源头治理、系统治理、依法治理，这一点在银川已经见效。

最后谈一下新治理体系中的“治”和“理”之间的关系。这几年我一直在思考，现在我们已经有7.72亿网民，每天都在不同网络空间活跃着，政务微博有17万多，政务微信2017年也突破10万，其他各类平台的入驻号更多。但是一个现实的问题是，国运形势一片大好，为什么来到互联网空间，我们的外宣和网信的工作压力越发增大了？为什么？特别是现在“改造微博”的背后，究竟是谁在改造谁？对此，我想必须要理清三个问题：逻辑次序的问题、优先序次的问题、战术策略与战略的问题。微博舆论场治理，是先“治”还是先“理”？治理的本质就是沟通。沟者，渠道也；通者，通达、抵达、通畅。“治”，是在制度框架下的规范约束；而“理”，则是疏通和解决问题。这正如“矛”永远会出现在“盾”之前，先有“矛”出现了，才可能让人想到用“盾”去抵挡防御。但是现在我们可以看到，之所以把“治”的这面“盾”，放在了“理”的“矛”之前，大多数原因是此前“理”得太少而不得不“治”。这就是一个优先的次序问题，战术策略与战略的问题。我们的研究发现，绝大多数的舆情危机并不是由外宣或者网信所直接引发的，但是因为前边没有好好地“理”政，也只有一出现问题就把这两只队伍推到第一线去“治”政，这是一个治理怪圈。

超时了，我今天的演讲就先到这了，谢谢各位！

“@平安北京”主编郭涛在“政务V讲坛”上的分享实录

政务微博如何做好舆论引导工作

大家都在扇扇子，感觉很热但纳闷为什么主办方不给开空调？经我们调查，中关村科技园的中央空调在5月份才能够集中开放。知道原因后是不是大家情绪就稳定些了？做政务微博也一样，需要向公众解释这个事儿是怎么回事，解释清楚了，大家的情绪一下子就起来了。

“@平安北京”成立到现在，经历过大大小小的舆情事件，给我很深的感触是，网络舆情的“情”有时候就是网民的情绪，有很多事百姓不是不知道政府在努力做，不是不知道这个事有其他原因，但是问题存在的时候大家有情绪需要发泄。

“天下武功，唯快不破。止戈为武，所向披靡”，这是市公安局处理涉警类、突发重大敏感案件所坚持的原则，但是不能萝卜快了不洗泥，那如何才能又快又准确？网络舆论是现实问题的折射，任何一个舆情事件的发生都是对现实问题的反映，任何一个舆情事件的成功处置，都是网上引导和网下处置同步推进、线上线下共同解决的结果。

西单大悦城事件，有的人猜测是恐怖袭击，在春节这么重要的结骨眼，很多人询问到底怎么回事，评论在微博的其他内容留言，是不是外地人、是不是精神病人、报复社会、公共安全等等，外地人、精神病人经常会衍生出很多棘手问题，这不是对外地人的歧视，而是网络上“外地人”这个词容易扎眼，引起相互攻击。网民心目中地域黑的问题仍然在掐架，这是道德层面的东西，我们今天不展开说。大家知道精神病人发病时的行为不承担刑事责任。正常生活环境中，精神病人本身是弱势群体，但在网络舆情中一说到精神病人反而变成相对强势的个体或者群体，大家对精神病人进行吐槽甚至唾骂，也责备其家属为什么不把他控制好，而受害方会得到很大的同情和怜悯，这人拿刀砍了你不用承担任何责任，其实不是的，如果警方有司法鉴定和工作过程中发现精神病人作案时不是发病期，只是有精神病史，那还是要接受刑法的处罚。但是某舆论生态环境中涉及精神病人这几个字时一定要考虑周全，这个人的身份在整个事件中起到了什么样的作用。

再说西单大悦城事件，半小时内私信收到的图片和视频，商场保安图片出来之后，网络上同步发生的事件，舆情方向有所变化。半个小时以内监测到，公安局警情通报系统已经通报了，我们第一时间启动了7+X舆情处置方案。4小时内两次发布，两天内最终发布。事情发生在1：10分左右，第一条微博出来是2：32，相隔1小时多。时间、地点、嫌疑人人数，是否有人受伤，“警方迅速处置，当场抓获一名男性犯罪嫌疑人，并将受伤人员送往医院救治”。恐怖势力很少一个人单独作案，这个通报隐讳地提到这个事情跟恐怖袭击没关系。半小时内流量过千万，警方在两小时之内对这个事件本身进行了定性，对整个案情进行了完整的交代。网上血淋淋的图片和冲击力视频的来源全部被找到，这样还有没有谣言能传出来？也会有，但是非常少，谣言的内容顶多是对朱某某的身份或者为什么要砍人进行猜测，但是没有市场。

在同步的新闻口径受到关注的时候，这两张图片在大家的朋友圈里面出现过，西单女民警，非常漂亮勇敢，还有逆行的保安。大多数的网民都觉得这件事情可以再讨论，尤其是事件发生过程中一名人民警察、一名商场保安非常有冲击力的动作掀起舆论，引起大V转发，觉得这是中国的正能量。春节的喜庆氛围下，大家不愿意看到那些暴力、血淋淋的场面，削弱了事件本身造成的舆论压力和影响，我们也愿意看到这样一个正能量的转折点的出现。

第三天凌晨12点，新闻通报把这个人的整体情况向社会做了进一步的交代，解释了为什么会做出这样的行为。北京警方要表明态度，把能说的而不涉及警务秘密的事实全部向大众开放，体现了我们的态度和自信。同时，让别有用心的人没有任何机会，尤其在春节祥和的气氛中，通报这个事到此为止，整体评论和大家对这个事件的关注也到此为止。

第二件事，发生在2017年两会召开的前一天，地铁10号线车厢内一男子拒绝并辱骂地铁扫码女子的视频，在网络上迅速传播。这个事件让我印象非常深刻，整个事件的处置过程是局领导在半夜三点直接指挥，落地查人，网上同步开展的，非常成功。视频拍摄于3月4日中午11：30左右，网络大V“@北京人不知道的北京事儿”发布微博，两小时以内转发、评论超过3000条，评论迅速超过10000。评论有人说“外地人、公共安全、摆拍、冷漠、愤怒”，一个男人面对一个女人，比他矮那么多，这个男人的嘴一直非常脏，很多人在评论区留言，这个人将女人推出地铁涉嫌杀人。

当晚我跟领导研判的时候，领导认为这件事情已经构成违法。我们所面临的网络生态就是这样的，这个事肯定是警方的管辖责任。这个事处置的整体过程，4月23日至5月2日凌晨2点多启动7+X专班，凌晨2：25第一条口径发出。7+X机制，包括指挥调度部门，还有刑警等等，涉及案件处置的部门，主责部门在舆情中比如法制部门肯定会涉及法律问题，包括发布新闻口径的时候专不专业，法制部门对此必须把关。X是事件发生处置的主责单位，就是公交总队。7家单位马上一起过来解决问题。一次跟贴，三次发布。在原发热点微博下留言，是请示主管主任之后在10：49的留言，点赞达到了19000多。

事情在网上发布，几号线都不知道。有人说我电动车丢了，警察为什么不管？其实如果通过视频什么东西都能够找到的话，中国就不会有走失人口了。我们要表明态度，我们正在核实相关情况。我们不能立刻解决，但是要告诉大家下一步警方怎么解决。我们11点发布微博，《新京报》在12点发布新闻。薛之谦对视频内容进行转发，留言超过40万，包括高晓松、知名的网络大V都开始转发，跟李晨、范冰冰谈恋爱的热度类似。这个哥儿们自投罗网，个人的微博被网民找到了，政务微博小编这么长时间的感触是，网友的力量是无穷大的。虽然遭到很多人的唾骂，1点多他自己发了微博，把事情简单交代了一下。视频里面没有说扫码，只看到他一直在推她、辱骂她。他的微博发了一段时间之后删掉，我第一时间进行了截图。他属于自投罗网型的，网友提供线索的时候，一定不要不当回事，很有可能是我们最需要的线索，你要花很多精力去解决这个事，网友只给你发了一条评论就做到了。针对这个视频我们已经关注并开展调查，这就已经定性了，维护公民人身权利和公共秩序是公安机关的法定职责，对于违法行为公安机关必会展开工作。

早晨6：43，这个男子被我们查获，17岁，接受审理。当晚评论有6000多条。两个感触，不要以为大家都睡觉了，其实大家都在等你。

“@平安北京”的新闻口径，我们现在不怎么用“平安北京蓝”的图片了，为了求快，制作的过程都省略了。3月6号最终评论达到17000多，阅读3000多万，由于这个男子不满18周岁，第一次违反《治安管理处罚法》，按照法律规定可以不进行行政拘留5日处罚。男子被行政拘留，对大家也是一次很好的普法。最近“@北京发布”发的北京积分落户，感觉公安机关好像权利很大，违反了《治安管理处罚法》，一次就扣了30分，所以大家一定要遵纪守法，你认为自己没事，其实很多时候涉嫌违法。

媒体的报道，对我们予以了充分肯定。这件事为什么成为热点？公共安全、地域歧视、城市顽疾、冷漠围观，但凡涉及一个或者两个，我想就能够引发热点。男青年对女青年辱骂、推搡的过激反应，激起网友对公共安全的担忧。

如何成为热点？首发视频、本身视觉的冲击力、大V转评、媒体跟进，跟我们发声处置舆情的过程是一致的，非常有代表性。

提出五个应对措施。

第一，扁平指挥。这是我们最核心的内容，如果警方没有一个直接的指挥，舆情事件要等很久，警方需要调查。提高舆情应对，减少决策层级，让有决定权的、有调查指挥权的、有网络发布权的能够同桌决议，最大限度地减少在环节上的时间消耗。局长、主任、7家主管领导一起开圆桌会议，线上口径拟定，线下同步抓人。扁平指挥，但凡哪个政务部门有完善的指挥部门，舆情处理起来就会非常快捷方便。

第二，信息同步。对外发布信息，而且信息的准确与否，能够跟事件本源的信息同步，应该建立一套信息的搜集途径，汇总所有信息，而不是分散在各个部门，越分散越出现差异，影响研判和发布的准确性。假如发生在中关村园区，指挥部门把情况通报给7+X单位，几个领导坐在一起，这个事到底怎么回事，让当事处理的民警和负责人直接到现场，还有比这个大几倍的屏幕，现场4G信号回传，看当时的情况。高科技给我们提供了太多的方便。

第三，及时会商。实时会商，根据这个事发生的情况，整个事件的参与过程，全流程会商，而不是仅开始和结束时坐在一起会商。

第四，动态评估。要有明确的维度判断和信息数据支撑，关系度、关联度、伤害度、持续度、复杂度、热度和情绪趋同度都是要考虑周全的。评估对后续处置非常重要。

第五，通报互动。外地的很多政务类微博忽视了通报互动，包括日常互动，还有事件发生后的互动，我们“@平安北京”也会考虑让“@平安昌平”“@平安朝阳”来选择发发布，事件的层级没有落实到层次上，我们进行动态评估，选择哪个帐号发布。但是我们需要做到一点，让哪家发布，它应该有能力做后续的通报互动，而避免发生“毛驴怼大巴”“丽江多你一个不多少你一个不少”，如果有这种回复的话，说明团队一没有经验，二没有纪律，三没有处置过相关事件，不会与网友互动。

本身对外发布新闻信息是为了什么？是让大家了解事实，让群众的知情权、表达权和监督权能够最大体现，但是关闭评论之后，这几个权也就关上了，你发出的信息是为了干什么？我们总结了九点：

1. 对自身工作和引导应对能力没有信心，怕被质疑。

2. 日常与粉丝互动少，遇事更应对不来。

3. 领导没有充分授权编辑，编辑不敢擅自答复。

4. 发布部门不了解具体情况，想回应也是无米之炊。信息不同步。

5. 没有团队支持，无管理后台。没有团队支撑，遇到突发事件完全没有底。

6. 没有操作规范，随意关闭限评功能。应该有内部的规范流程，这个功能不要随便使用，有的地区自己已经关了。

7. 主管领导还是传统的“单向宣传理念”，“我说你听”就好。

8. 没有认识到互动是引导的重要方式和途径。中央财经大学一名男同学杀害了女同学，校园里都在指责大学封锁消息，大学也有自己的考虑，是为了让同学回到教室安心学习。学校发生这种事件很有杀伤力，恐怖情绪传播非常快。事件发生两小时之后，我们在下面评论了一句话，“不要对谣言进行传播，对家属进行二次伤害”。跟上文不太一致的话语，完全可以写在评论里，让大家可以看得到。

9. 不习惯网络的问答方式。

舆情事件就是这个事是什么，怎么办，最后怎么说。是什么？正本清源、客观判断、高度参与。

怎么办？三同步、密切配合、合理合法。

怎么说？技巧运用、情理法、互动表态。

通报要坚持三个原则，人性化，讲得通、听得懂、有细节。法理性，用足说透法律依据，有些事非常复杂，这个事在中国可能法律还有不完善的地方，需要谁去解读？普通的网民不学法，这个事合理不合法、合法不合理，我们要做的是与在座的专家老师和学者共同以事释法。有情感，用词避免冷漠生硬。

态度决定尺度，尺度决定透明度，透明度决定信任度。

我的发言就到这里，谢谢大家！

“@南京发布”主编徐晨在“政务V讲坛”上的分享实录

今天分享的是南京发布的一些实战经验，分享的主题是“@南京发布”在做些什么，我们的日常运维、稿件机制和舆情应对。

“@南京发布”最早在2011年开通了政务微博，也是全国最早开通的第一批政务微博帐号，最初作为南京市委宣传部的官方新媒体平台，现在“@南京发布”是南京市委市政府的新媒体平台。目前“@南京发布”的团队加上我们的执行主编共有7个人，包括执行主编和5位编辑，主要负责内容的生产。

在长期的探索过程中，我们制定了一些自己的运维制度。

审核制度。“@南京发布”确立了三级把关制度，编辑审核、群内审核、主编审核，所有的内容并不是编辑完就可以直接发布的，编辑仅是信息的采集者或者整理者，将内容可以编辑完整理完发到群里，供所有人了解信息，大家可以对编辑的内容进行评论或者改编。最后交给主编审核，主编审核通过以后我们的微博才能正式发出去，发出去的微博要求做到5~10分钟的实时追踪，看一下这条微博的评论转发能造成什么样的影响，坚持的最大原则是不轻易删贴，尽可能不要关闭评论。

涉及南京地区的特殊舆情，比如外交、城墙、绿化、政府官员的信息，要向分管部长甚至常委部长做汇报，通过之后才能正式发布。

条口制度。我们编辑只有五个人，但是要整合全南京的信息，在广泛的信息之中截取市民或者网民最关心的内容。因此我们根据发布属性和特征，将需要关注和联系的部门分为六大类：区县、民生、媒体、时政、经济、文体。所有的编辑据此有对应的条口，并且能找到相应部门的主要负责人，在想要进行信息发布的时候，可以第一时间找到相关负责人了解情况。

项目制度。在南京发布，我们希望编辑不仅是撰写稿件的人，同时也是一个小项目的负责人，可以独立承担小型的项目，更好地整合资源，丰富内容。目前我们的主要项目有三个，分别是：“最南京，全民拍”“金陵文脉”“技术支持”。

经过了3年时间的磨合，“最南京，全民拍”是我们目前最成熟的项目。目前“全民拍”主要有两个团队，城市摄影队和视频团队，城市摄影队的人员主要是来自民间的专业摄影师，他们一方面可以拍摄南京的美景，丰富内容，还可在遇到突发事件时第一时间到现场拍摄。另外，我们还成立了视频团队，与南京市的企业、报业、广电视频团队形成联盟，生产专题化的精品短视频。

另外开设“金陵文脉”栏目，主要讲述南京的历史文化故事，彰显南京文化的自信。目前我们将其分为两条线路：专家解说和部门合作。专家解说方面，我们联系了文化类的记者、历史文化学者，希望他们为南京的历史做一个专家式解说，可以加深历史文化的深度。另外，我们与文广新局、南京市众多博物馆合作，挖掘南京过往的历史、有趣的故事、南京特有的文化元素，展现南京的厚重、金陵的情怀。

技术支持。新媒体时代，单纯的图文已经不足以满足网民需要，可视化的新闻对于内容传播有一加一大于二的效果。“@南京发布”没有自己的技术团队，因此我们积极与外部优秀技术团队合作生产内容。一种是与媒体联动，请他们做可视化新闻的解读。另外，我们与文广新局、南京市众多博物馆合作，挖掘南京过往的历史、有趣的故事、南京特有的文化元素，展现南京的厚重、金陵的情怀。

好稿制度。我们参照报业体系对发布稿件进行考核。发稿数量方面，要求每人每月发布微博不少于120条，其中原创比例要达40%以上。另外也要求编辑必须制作原创微博。希望编辑不只是整合微博消息，同时也要具备记者的能力，能够自主选题、自主采访，创造更多更好的原创内容。当月好稿分A、B、C三等，评定标准主要参照微博的转发、评论、点赞数量和微信阅读量，原创稿件结合实际工作量进行评判。

接下来想和大家分享我们的稿件选用标准，即重解读重互动。

不是用一副非常严肃的面孔来告诉大家这个是政府媒体，你需要来关注我们。而是希望跟粉丝成为更好的朋友，尽可能做到有问必答。主打政务消息，关注南京温暖温情的故事，并且通过图片、视频打造城市宣传产品。

“南京发布”是发声的平台，又是沟通的桥梁。

重大政策原生发布。南京目前形成了每周厉行新闻发布会制度，第一时间与发布会取得联系，对相象关内容提前策划，也会第一时间发布市委市政府的重要信息，媒体也会直接转载南京发布的内容。

热点事件设置议程。每年12月13日是国家公祭日，南京发布要提前半个月进行专题策划设置议程，当天会对国家公祭仪式进行文字直播，并设置一些议题让大家讨论，去年由南京发布参与的这个话题总阅读量接近1亿。其中，微博“南京大屠杀和我有什么关系?”是南京财经大学的学生在知乎的回答，并例举了为证实南京大屠杀的历史事实人们所做出的努力，解释了这段历史对普通人的影响。我们在知乎找到该条内容并在与原作者沟通后进行了部分改动予以发布，去年这条微博阅读量有662万，点赞2万多。

开设了政务微解读栏目。配合党委政府做好政务信息公开，是“@南京发布”第一要务！“@南京发布”主动“上门服务”，与40家党委和政府机关达成合作，帮助他们策划、制作内容，让政务信息有人看、能看懂。

去年，南京向高校留宁毕业生发放租房补贴，只要在南京工作的毕业生，出示相关租房证明，南京将发放部分租房补贴。具体的申补流程非常复杂，我们将网友征询的问题汇总后，做了多个专题解读，尽可能让粉丝以此为指南，办理业务更便捷。

为了做好政务微解读，“@南京发布”与南京报业集团的《南京日报》成立新媒体内容合作小组，因为涉及重大消息，编辑对事件的了解程度不如跑了一二十年的专业记者更有经验、角度更明确，为了让内容更具专业化，我们会请报业集团的记者对内容进行解读，从而让内容说人话、好理解。

开设了政务微调查栏目。聚焦热点话题，开设投票功能让粉丝参与民生时政。去年针对微博上热议的话题“租购同权”，我们发起一个投票：你觉得房屋拥有者和租房者应该享有怎样的权利？当天微博阅读量达到285万，当天晚上央视《新闻1+1》报道了这件事，并且引用了此条政务微调查微博下面的网友评论。

2017年“@南京发布”上百条投票调查，我们希望通过这样的方式一方面可以对政府的信息进行很好的宣传解读，另一方面也有利于搜集民意，提供群众视角和群众智慧。

内容要正，入耳入心才是能量，这是我们坚持的事情，宣传南京的正能量。

我们在微博上开设#恩正南京人#的话题，讲述有关南京的故事，留意转发打动人心的图片，这些故事或温暖、感动，或者能改变对他人的认识，又或者充满了力量……

2016年我们做过一个经典案例，“退伍了我能带走搜救犬战友吗?”2016年有一个消防官兵当时要退伍了，想将一只跟着自己的老搜救犬带走。实际上在消防系统中，士兵退役，消防犬永远属于国家，不能带走。我们和南京消防沟通后，通过网络征求意见发布了这样一条微博，“你同不同意他把这只狗带走?”这条微博的阅读量有3690万，包括孙俪、动漫基地等多个明星在转发，最终相关部门做出决定，允许消防员带消防犬回家。带有南京城市温度的新闻在新媒体上刷屏。

我们将城市宣传作为产品，希望通过美图和视频让更多人了解南京、爱上南京。

“最南京·全民拍”最初是通过图片展示南京风光，目前又拓展了短视频。除了网友自发使用话题，发布个人作品外，我们还邀请专业摄影师或视频制作团队，发布高质量的城市宣传产品。目前该话题的阅读量达到4.7亿，南京的摄影爱好者基本都知道这个话题。

舆情方面，我们坚持打通渠道、事实回应、情绪引导。

全媒体环境下任何一个事实都是盖不住的，尤其是坏消息。每次发生突发事件的时候，政府还没有发声，新媒体就基本刷屏了，非常多的人解释这件事情，但是事情是真是假并不知道，这就要求相关部门必须对舆情有所感知，如何应对尤为重要。后发制人只会受制于人，哪怕解释是对的，别人也不相信。

打通渠道有问必答。南京在这方面本身就有很好的基础。南京市有一个新闻发言人制度，要求全市党委和政府职能单位作为信息发布的责任主体，遇到重大事件要第一时间回应，在此基础上南京发布有固定的处置机制，第一时间找到部委办局的发言人，第一时间核实，督促他们对这件事情发声，而且这个机制保证了我们在对舆情发声的时候可以自主采访。

2016年网上疯传山东问题疫苗事件，我们跟12345取得联系，了解到事件爆出后五天内他们接到关于疫苗方面的诉求已经达到186个，实际上对12345投诉渠道来说是这非常高的投诉量，我们把大家的问题集中起来，针对这些问题和市疾控中心、市食药监局做了联合回复，打消了大家对于疫苗事件的疑虑。

突发事件实时回应。南京最早制定了突发事件的1小时回应机制，从最早网传“失学儿童扫马路”到去年“扬子石化爆炸”，都是第一时间回应处置。

2016年我们在微博收到非常多关于“江宁万达发生砍伤事件”的消息，当晚我们与江宁的执法部门取得联系，相关情况正在调查。事件发生9点钟多，大概晚上12点钟江宁发布作为主管宣传单位对这件事情进行了回复，我们第一时间对这个事情进行转发。第二天，江宁公安在线对这个事情予以详细论述，网友私信南京发布当天谣传的真相。在对相关信息进行第一时间转发的同时，我们将网友私信内容发布出来进行解疑。

南京发布面对舆情处治的时候，由于及时的回复，不掩饰，不逃避问题，直面问题。一方面可以帮助政府更好地发布消息，另外一面可以得到网友的谅解，从而使得更多的网友更信任我们，使政府的公信力达到更好的论证。更多的网友遇到网络舆情的时候，第一时间@我们，告诉我们现场发生了什么事情。

情绪的引导，有温度、重沟通是南京发布一直做内容的姿态。要求所有的编辑必须脱去说教，增加亲和力，所说出来的话都是轻松易懂、有温度的。

2018年1月南京接连遭遇两次特大暴雪。1月4日南京迎来了首场大雪，当晚南京部队官兵、城管、公安等多个单位部门上街扫雪。1月5日早晨南京所有的主干道清扫完毕，南京一夜无雪的马路照片刷爆了新媒体。

1月24日，迎来比上一次还强的暴雪。在整个事件的传播过程中，我们分为几个重要阶段：雪前准备、跟踪雪情、扫雪黑科技、观赏雪景。

雪前我们便将相关部门应对雪情的工具、人员及要求及时发布出来。25日，雪中我们开设了#此刻，我们在现场#栏目，通过图片、视频、文字及时跟踪当天除雪、交通疏导、25日凌晨很多人一夜未眠、整场雪清扫完毕等多个现场情况。当然，全国城市遭遇这场大暴雪的不止我们一个，除了彰显南京相关单位应对大雪的实干精神外，“@南京发布”转发的视角，从人文转向科技化，别人扫雪靠人我们就上机器，27日开始持续发布南京在扫雪中引入黑科技高温热熔车等多个设备，让城市治理有了新角度。28日，发布多组雪景美图，号召网友赏雪观景，疏导雪天带来不便的情绪。那几天南京人非常骄傲，很多西安人过来留言说南京应对大雪做得太好了。

以上是“@南京发布”在运营过程中的一些经验和体会。最后总结下来便是：我们争取的是人心，人心向背决定了宣传的效果，“@南京发布”一直以来对于内容的研判和舆情的研判都取决于人心，贴近人心、争取人心是“@南京发布”一直在做的事情。

谢谢大家！

第五届“政法系统新媒体应用案例”推选活动颁奖仪式暨研讨交流会

活动名称： 第五届“政法系统新媒体应用案例”推选活动颁奖仪式暨研讨交流会
指导单位： 光明日报社、公安部宣传局、最高人民检察院新闻办
最高人民法院新闻局、中央网信办移动局
主办单位： 光明网
支持单位： 新浪微博、今日头条、清博大数据
协办单位： 宏立诚集团
时　　间： 2018 年 6 月 14 日
地　　点： 北京

2018 年 6 月 14 日，第五届“政法系统新媒体应用案例”推选活动颁奖仪式暨研讨交流会在京举行。会上，“优秀新媒体案例奖”和“最具影响力新媒体奖”揭晓，并为获奖单位代表颁奖；“光明舆情”发布《2017 年政法系统新媒体应用蓝皮书》以及“政法大数据舆情分析系统”“政法新媒体监测系统”。

本次活动由光明日报社、公安部宣传局、最高人民检察院新闻办、最高人民法院新闻局、中央网信办移动网络管理局指导，光明网主办，新浪微博、今日头条、清博大数据提供数据支持。《光明日报》副总编辑陆先高、公安部宣传局副局长王志勇、最高人民检察院新闻办网宣处处长殷毅、最高人民法院新闻局网络处处长朱世亮等先后致辞，光明网总裁、总编辑杨谷，中央网信办移动网络管理局微传播处处长张琳等出席。

“光明日报”副总编辑陆先高在致辞中表示，光明网组织的政法系统新媒体应用活动已是第五个年头，在这五年里，光明网与政法系统的同人们共同努力，将政法工作与新媒体的融合推进到了一个新的高度，取得了良好的社会反响。希望以此次活动为契机，共同推动大数据、新媒体在全国政法系统中的应用，为阳光司法做出更大贡献。

公安部宣传局副局长王志勇说，全国各地公安机关和公安民警主动适应新媒体时代的新要求、新挑战，主动占领网络新媒体平台阵地，不断提升社会沟通能力和服务群众的水平，打造了一批具有社会影响力的公安新媒体账号。另外，创新应用微直播、微访谈、微视频的方式，精心打造走心的新媒体作品，在凝聚警心、激励斗志，展示队伍良好形象，增进社会支持等方面发挥重要作用。

最高人民检察院新闻办网宣处处长殷毅介绍，近年来，检察机关新媒体建设取得了长足发展，尤其 2016 年以来全国检察机关实现全覆盖以后，不断升级打造检察新媒体的矩阵，实现集体联动发声，提高了新媒体作品的网络宣传效果，形成了检察品牌的特色栏目，为检察机关提升网络舆论传播力、影响力和公信力打下了坚实的基础。

最高人民法院新闻局网络处处长朱世亮表示，如今新媒体发展日新月异，新媒体已成为

法院联系群众、沟通群众的重要平台。全国法院宣传部门一直在探索创新，很多新媒体平台尝试利用更好的形式、更活泼的内容来宣传法院工作，今后也将进一步创新载体，为人民群众提供愿意看且具有实用性的内容。

在全国政法系统的大力支持下，经过大数据分析和研判、网络投票、评审委员会审议，江苏省南京市公安局江宁分局、河南省人民检察院、山东省高级人民法院、上海市公安局等45家单位在评选中脱颖而出，荣获2017年度全国政法系统“优秀新媒体案例奖”和“最具影响力新媒体奖”。

在研讨交流环节，北京市公安局等12家获奖单位代表介绍了各自在新媒体领域的创新举措，展现了政法系统通过新媒体传播平台开展司法公开、舆论引导、普法宣传、便民服务的优秀案例。他们一致认为，要不断加强对新媒体传播规律和社会公众信息需求规律的研究，积极运用短视频、直播等创新性手段，讲好法治故事、传播政法声音。

与往年相比，本届活动充分运用了大数据分析手段，通过分析2017年度政法系统新媒体运营传播数据，由光明舆情对公检法新媒体建设情况进行全面评估，形成了《2017年政法系统新媒体应用蓝皮书》。同时，光明网还为政法部门打造了大数据舆情分析产品——“政法大数据舆情分析系统”和“政法新媒体监测系统”，前者有助于建立高效有序的舆情应对工作机制，后者可一站式获知政法新媒体传播矩阵的宣传效果。

经过前四届活动的沉淀与积累，光明网组织的政法系统新媒体应用活动形成了良好品牌，已覆盖全国公检法机关，不仅为该系统的新媒体建设提供了广阔的展示平台，也让新媒体时代的政法宣传更加可亲、可信、可用，有效推动司法改革成果惠及更多群众。

第五届“政法系统新媒体应用案例”推选活动获奖名单

2017公安系统“最具影响力新媒体奖”（10家）

江苏省南京市公安局江宁分局
广东省珠海市公安局交通警察支队
北京市公安局
江苏省南京市公安局
天津市公安交通管理局
江苏省苏州市公安局
湖北省武汉市公安局
深圳市公安局交通警察支队
上海市公安局
四川省公安厅

2017检察系统“最具影响力新媒体奖”（10家）

河南省人民检察院
山东省人民检察院
河北省人民检察院
福建省福州市鼓楼区人民检察院
河北省保定市人民检察院

福建省人民检察院
江苏省人民检察院
浙江省温州市人民检察院
云南省人民检察院
福建省福州市马尾区人民检察院

2017 法院系统“最具影响力新媒体奖”（10 家）

山东省高级人民法院
湖南省长沙市中级人民法院
山东省济南市中级人民法院
福建省泉州市鲤城区人民法院
陕西省高级人民法院
山东省济宁市中级人民法院
湖南省高级人民法院
广西壮族自治区高级人民法院
福建省福清市人民法院
北京市高级人民法院

2017政法系统“优秀新媒体案例奖”（15家）

上海市公安局
湖北省武汉市公安局刑事侦查局
辽宁省公安厅
浙江省温州市公安局交通警察支队
浙江省杭州市公安局
黑龙江省人民检察院
浙江省龙泉市人民检察院
福建省莆田市人民检察院
四川省南充市营山县人民检察院
江西省赣州市南康区人民检察院
福建省高级人民法院
福建省南安市人民法院
广西壮族自治区河池市中级人民法院
湖南省长沙市天心区人民法院
浙江省慈溪市人民法院

（光明网北京 2018 年 6 月 14 日电记者　李政葳　陈　畅）

第二届中国传播创新论坛

活动名称：第二届中国传播创新论坛

活动主题：新时代中国传播创新：动力与路径

主办单位：武汉大学媒体发展研究中心、武汉大学新闻与传播学院

合办单位：央视市场研究、CTR 媒体融合研究院、《新闻与传播研究》杂志、《现代传播》杂志、《国际新闻界》杂志、《新闻大学》杂志、《新闻与传播评论》杂志、《中国媒体发展研究报告》杂志、武汉大学跨文化传播研究中心

时　　间：2018 年 6 月 15 ~17 日

地　　点：湖北·武汉大学

2018 年 6 月 15 至 17 日，第二届中国传播创新论坛在武汉大学召开。本届中国传播创新论坛的主题为“新时代中国传播创新：动力与路径”，旨在立足中国传播问题，通过学界、业界的跨界对话，为进入综合改革创新阶段的中国媒体提供新经验、新方法和新理念。

此次会议由武汉大学媒体发展研究中心、武汉大学新闻与传播学院主办，主办方特意组织中国传媒业界与学界的名家形成跨界对话。学界专家主要来自台湾政治大学、香港城市大学、中国人民大学、中国传媒大学、复旦大学、华中科技大学、清华大学、浙江大学、暨南大学等高校，业界专家主要来自《人民日报》、中央电视台、澎湃新闻、腾讯、微博、今日头条、湖北广播电视台、《长江日报》、斗鱼等媒体。会议共设 10 场分论坛，议题分别为“中国传播理论创新发展”“媒体融合的中国实践”“新时代的媒体创新”“社会连接与传播发展”“新时代的跨文化传播实践”“媒介生态与进路”“中国传播路径创新与效果”“新媒体语境下的传播创新”“跨文化传播研究的理论与方法”“中国传播创新的趋势与方向”。虽然学界偏向于探讨中国传播创新的价值，而业界则偏向于讨论中国传播创新的技术路径，但这种跨界的学术对话还是形成了四大共同焦点。

一、聚焦“动力和路径”。学界和业界都关注到互联网时代中国媒体转型大浪潮中的焦虑和不安，不论是传统媒体的生态重塑，还是原生新媒体的变革之路，都充满了不确定性；站在选择的十字路口，媒体正在经历一种“边飞行边换引擎”的探索过程，当下的我们可能比任何时候都需要聚焦中国传播创新的动力和路径。专家们指出，国家制度的创新、技术的更新优化、用户的行为变迁和文化的多元生长是我们创新的动力来源，传统媒体转型需要回补传播缺口，这将是一种重建社会连接的裂变。对动力和路径的关注点转移要求我们直面变革本身，这应该是由思维、业态、用户、技术、产品和体制机制构成的全媒体生态系统变迁。除业界创新外，类似计算传播学的新兴学术研究也是中国传播创新向动力和路径转移的可能道路。

二、聚焦“中国范式”。专家们认为，改革开放 40 年以来，中国传播始终在焦虑中发展，进而呈现多种观点的创新和争议。新时代以来，中国传播正在经历多样性的创新和转

型，实践者、研究者都在不断地尝试、调整和反思。比如，网络直播作为一种新兴文化模式也可以推动网络强国建设。当然，技术平台的出现可能会领先于社会对传统领域的定位，这要求新媒体更多地承担社会责任。有专家指出，中国国际传播划分为第一个十年和下一个十年，新时代开启的制度创新将更好地提升中国对外传播的能力。其间，我们需要更多地总结和提炼传播的方式和规律，比如，通过跨文化教育中的多元文化共享模式有效拓展讲好中国故事的道路选择。专家们的发言都表明，中国传播实践的每一步发展都应该有理论的提炼和抽象，以回应国际社会对中国的深度关切。

三、聚焦“媒介融合与互联网治理”。专家们在讨论中认为，“中国传播”是一个融文化中国、人类命运共同体、国际传播新秩序于一体的概念，中国传播的创新、创新的中国传播在当下同等重要，彼此间可以共同发展、彼此激励。讨论焦点之一是媒体融合，中央级媒体通过新创设的微信公众号等新媒体矩阵不断进行话语创新和调试，地方传统报业通过报网融合等一些列改革举措“做擅长的事情”，地方广播电视媒体从技术创新中寻找到了可行道路。有学者用新型主流媒体的四组概念和功能辨析了当下中国媒体融合的现象和问题。这些实践表明，传统媒体的融合发展在国家制度保障的基础上，正在多头并进、多渠道发展，并取得了一些突出成效。讨论焦点之二是互联网社会治理，微博等新媒体的发展为政府开启了公共社交传播的新时代，政府开始转换话语体系进行角色转变。比如我国教育新媒体矩阵正在践行政务服务、政治传播理念和方法的创新，中国电视节目测评也结合新兴技术和大数据研究进行测评方法创新。与会者的发言表明，中国传播已经呈现出很多有价值，也有争议的传播形态，比如直播中的伦理问题，这要求中国传播创新和创新的中国传播在彼此建构中更需要聚焦一些社会上普遍的热点、难点问题，从中思考中国传播创新的特色范式。

四、聚焦“本土化传播理论建构”。专家们共同表达了本土化传播理论建构的重要性、迫切性，认为实践总是当下的社会行动，容易受到时空限制，只有理论才能成为超越时空的有效知识，建构我们与历史和未来对话的途径。有的提出新时代中国新闻传播学科的再学科化；有的认为构建人类命运共同体是以“赋权”为核心理念的全球传播（新全球化）模式；有的在“中式全球化”理论基础上，提出“通”这一中国概念从沟通到全球通发展的可能性；有的在对选择螺旋理论再思考后，提出中国研究中可借鉴的理论模型和融合之路；有的拓展了视觉框架及其深层元语言结构的分析方法。讨论中，大家认为网络社会的确使主流典范陷入困境，研究者要有建构本土化理论的勇气和智慧，当然，本土化理论亦需要世界性的呼应。

武汉大学的研究团队在会议闭幕式上推出了《中国传播创新研究总体报告》，他们认为当下的中国传播创新是一个基于互联网传播形态的传播体系，表现为社会传播、政治传播、文化传播、对外传播、媒体传播的融合结构，具体包括传播能力、社会治理、媒体传播、跨文化传播等维度。武汉大学创立的“中国传播创新论坛”就是要从互联互通的全球视野，探索中国传播创新的路径，从中国传播的发展道路中提练中国理论，共同推动中国传播研究取得突破性进展。

2018 互联网+城市交通管理创新论坛

活动名称：2018 互联网+城市交通管理创新论坛
活动主题：新时代·新交通·新出行
支持单位：公安部交通管理局
主办单位：公安部交通管理科学研究所、高德地图、新浪微博
时　　间：2018 年 7 月 25 日
地　　点：北京

2018 年 7 月 25 日，由公安部交通管理科学研究所主办的 2018（第三届）“互联网+城市交通管理”创新论坛在北京成功举办。本届论坛旨在进一步提升政府职能部门的决策水平和社会服务能力，为智慧交通乃至智慧城市的建设，提供智力支持。国内外互联网+城市交通管理及相关行业的核心管理者和参与者汇聚一堂，围绕“新时代·新交通·新出行”主题，共同探讨城市交通管理创新方法和新思想。公安部交通管理局相关领导在大会主论坛发表致辞。

论坛上，国家发改委经济运行调节局交通处处长刘希龙、中国智能网联汽车产业创新联盟专家委员会主任李克强、中国城市规划设计研究院交通分院院长赵一新、清华大学交通研究所所长陆化普，以及广东省公安厅交通管理局处长张卫华，分别围绕互联网+城市交通管理中的新思考、探索创新、交通与大数据的融合等分享见解，共同为城市“治堵”而努力。

论坛期间，以“改革·创新·智慧·便民”为主题的城市交通管理创新应用论坛和以“新互动·新表达”为主题的城市交通管理创新宣传论坛亦成功举办。来自全国各地交通管理部门的创新带头人分享了各自交通管理领域的创新案例，如河北省秦皇岛市交通警察支队政委杨映辉介绍了穿针引线式的交通管理探索与实践，广东省中山市公安局交通警察支队副政委江佩薇介绍了中山构建互联网+智慧交通-立体服务体系的探索，为国内交通管理创新带来了重要启示。

论坛还颁发了 2018 年度交通管理科技十佳创新应用奖和 2018 年度“互联网+城市交通管理”十佳微博飞跃奖、2018 年度“互联网+城市交通管理”十佳多媒体创新奖。

公安部交管局相关负责人表示，未来公安交管部门将继续以“互联网+”为驱动，通过信息化、智能化、技术化引领大数据时代公安交通管理发展。未来将继续携手企业、学术机构、专家，强化数据采集和应用、常态化公开发布信息、重在预防事故、根在便民服务，全方位推动交通管理领域的技术创新、产品创新、服务创新、模式创新，营造更加安全、文明、绿色、和谐的道路交通环境，让广大民众切实享受到更多“互联网+”的创新红利。

附：获奖名单

2018 年度交通管理科技十佳创新应用奖

湖南省长沙市公安局交通警察支队：“情指勤督”新型勤务机制应用

山东省青岛市公安局交通警察支队：交通大数据支撑上合峰会交通安保
浙江省杭州市公安局交通警察支队：城市交通大脑创新应用
广东省公安厅交通管理局：互联网+行车管理
湖北省武汉市公安局交通管理局：互联网+“五智”交通管理
江西省南昌市公安局交通警察支队：互联网交通安全综合服务平台和12123App
福建省泉州市公安局交通警察支队：公安交通管理集成指挥平台用户活跃度最高
新疆伊犁哈萨克自治州公安局交通警察支队：交警执法站重点车辆检查最多
云南省昆明市公安局交通警察支队：互联网大数据+科学施工交通组织
陕西省宝鸡市公安局交通警察支队：网上视频巡查应用最佳

2018年度“互联网+城市交通管理”十佳微博飞跃奖

浙江省公安厅交通管理局官方微博：@浙江交警
湖南省公安厅交警总队官方微博：@湖南省交警总队
河北省公安厅交通管理局官方微博：@河北交警微发布
安徽省淮北市公安局交警支队官方微博：@淮北公安交警在线
湖北省公安厅高速公路警察总队官方微博：@湖北高速交警咸宁大队
内蒙古自治区呼和浩特市公安局交通管理支队官方微博：@呼和浩特交警
浙江省温州市公安局交警支队官方微博：@温州交警
山西省公安厅交通管理局官方微博：@山西交警
河南省洛阳市公安局交警支队官方微博：@洛阳交警
西藏自治区公安厅公安交通管理局官方微博：@西藏交警

2018年度“互联网+城市交通管理”十佳多媒体创新奖

天津市公安局交通管理局官方微博：@天津交警
广东省深圳市公安局交通警察局官方微博：@深圳交警
江苏省南京市公安局交通管理局官方微博：@南京交警
湖南省高速公路交通警察局官方微博：@湖南高速警察
北京市公安局公安交通管理局官方微博：@北京交警
山东省潍坊市公安局交通警察支队官方微博：@潍坊交警
山西省公安厅交通警察总队官方微博：@山西高速交警五支队
湖北省武汉市公安局交通管理局官方微博：@武汉交警
江苏省盐城市公安局交警支队官方微博：@盐城交警
广东省珠海市公安局交警支队官方微博：@珠海交警

2018 全国环境互联网会议

活动名称： 2018 全国环境互联网会议

活动主题： 互联网＋时代，利用大数据推进生态环境治理

主办单位： 中国环境报社、贵州省环境保护厅、中国环保产业协会互联网＋专业委员会（筹）

支持单位： 深圳市博安达信息技术股份有限公司

时　　间： 2018 年 7 月 29～30 日

地　　点： 贵州 · 贵阳

2018 年 7 月 29 日至 30 日，全国环境互联网会议在贵阳市召开。此次会议的主题为“互联网＋时代，利用大数据推进生态环境治理”。

生态环境部新闻发言人、宣教司司长刘友宾在主旨演讲中表示，此次会议对于宣传贯彻落实全国生态环境宣传工作会议精神，进一步传播好生态环境保护的网络正能量，具有积极意义。他表示，政务新媒体首先姓“政”，是政府工作的重要组成部分。权威、及时、准确地提供政府部门行政资讯，表达政府部门的立场态度，是政务新媒体的首要职责。同时，政务新媒体还要有真诚的服务态度、强烈的责任担当和充分的开放互动；对一些网民的“吐槽”“拍砖”，要有开放包容的胸襟和气度；对一些不正确的言论，要善于引导，推动形成全社会崇尚生态文明的良好氛围。

生态环境部应急中心副主任马建华在介绍信息化对强化大气污染综合治理攻坚行动督查巡查中的支撑作用时表示，大数据和信息化科学集成了多途径数据，实现了督查巡查的精准化。在污染源自动监控方面，基本建成了覆盖全国的自动监控网络体系，可以实时掌握重点企业污染物排放情况；利用大气热点污染热点网格，提高了大气污染监管执法的精准性；利用 12369 举报平台，可以分析发现环境热点问题；统计企业工业用电信息，则可以筛选督查巡查重点。面对量大面广的污染源和污染防治的严峻形势，他建议要加快大数据基础设施、管理和应用体系的建设，提高执法监管效率。

此次会议发布了全国环境政务新媒体影响力排行榜。在省级最具影响力机构综合榜单中，北京市环境保护宣传中心、山东省环境保护厅和四川省环境保护厅进入前三名。市级最具影响力机构综合榜依次是成都市环境保护局、武汉市环境宣传教育中心和临沂市环境保护局。在微信方面，省级最具影响力公众号分别是京环之声、广东环境保护和四川环保，市级最受认同公众号分别是成都环保、宿迁环保和武汉环境。在微博方面，省级最易传播官方账号分别为山东环境、重庆环保和京环之声，市级最具人气的官方账号为德州环境、枣庄环保和滨州环保。

此次会议还首次发布了 2018 智慧环保创新案例，它们是：北京市环境监察总队应用热点网格技术开展精准大气执法；卫星遥感强力支撑生态保护红线区环境监管（江苏省）；福

建省环境监察执法平台；山东省污染源自动监测动态管控系统；张掖生态环境监测网络管理平台构成“天眼”守护祁连山；襄阳市大气污染源清单在臭氧污染防治中的应用；天津市宁河区露天焚烧高架视频监控系统；沧州市热点网格技术在大气污染防治中的应用；济宁市建设三级信息平台深化网格化环境监管体系；商洛市环境监控应急指挥中心系统。相关环保部门负责人在会上进行了经验交流。

附：生态环境部新闻发言人、宣教司司长刘友宾在会议上的主旨演讲实录

同志们、朋友们：

今天，中国环境报社在这里隆重召开“2018 年环境互联网会议”，对于宣传贯彻落实全国生态环境宣传工作会议精神，凝聚各方面智慧，汇集互联网力量，进一步传播好生态环境保护的网络正能量，具有积极意义。借此机会，我就如何做好生态环境宣传和政务新媒体工作，与大家交流三点想法。

一、生态环境宣传工作面临新的历史机遇

2018 年 5 月 18 日至 19 日，全国生态环境保护大会在北京胜利召开。大会结束后的第十天，5 月 29 日至 30 日，生态环境部召开了全国生态环境宣传工作会议，李干杰部长出席会议并做了近 3 个小时的重要讲话。

在讲话中，李干杰部长明确指出了生态环境宣传工作的地位和作用。他说，生态环境宣传和舆论引导工作是一项十分光荣、极端重要、专业很强的政治性工作，是推进生态环境领域治理体系和治理能力现代化的重要组成部分。打好污染防治攻坚战，宣传工作也是主战场、主阵地，宣传教育这支队伍也是主力军和冲锋队。宣传工作就是生产力。宣传部门是生态环境事业的“战略支援部队”，为打好打胜污染防治攻坚战提供强有力的战略性、基础性、支撑性保障。

对于舆论监督的作用，李干杰部长指出：生态环境部门加大执法督察力度，主动曝光问题和有关责任人并督促问题整改、追究责任，会受到群众的理解和拥护，不仅没有负面影响，而且集聚正能量，提高政府公信力，增强全社会解决生态环境问题的信心和希望。事实证明了这样一个道理：主动客观地曝光生态环境问题也是正面宣传。

李干杰部长强调，当前和今后一段时期，全国生态环境宣传工作的核心任务就是广泛深入宣传习近平生态文明思想和全国生态环境保护大会精神，重点部署了五大重点工作：牢牢把握新闻宣传的话语权和主导权，始终占领网络传播主阵地，全面增强讲好中国生态环保故事的本领，壮大生态环保事业统一战线，加强生态环境系统全面从严治党宣传工作。

李干杰部长还特别强调了宣传工作要落实四个责任，他说，各级生态环境部门主要负责同志要带头抓宣传，当好“第一新闻发言人”；要落实生态环境系统业务部门主体责任，落实各地环保部门的属地责任，落实生态环境保护工作者的职业责任。并要求宣传队伍要成为生态环境保护铁军中的“尖兵”。

李干杰部长的讲话，既提出了目标任务，也交给我们方法路径，是我们做好当前和今后一段时期生态环境宣传工作的思想遵循和行动指南。

二、“@生态环境部”的探索和实践

2016年11月22日，“@环保部发布”两微开通上线。2018年3月22日，“@环保部发布”正式更名为“@生态环境部”。自开通至今，生态环境部官方两微共发布信息1万余条，累计阅读量超过4亿，粉丝数目前共169万。此外，我们还建立了覆盖全国生态环保系统所有地市级环保部门的新媒体矩阵。

一是做好权威环境信息发布，保障公众知情权。

“环保部发布”开通第二天就发布了正在进行的中央环保督察的动态信息。此后，“环保部发布”发挥了重要信息源作用，第一时间为媒体和公众提供了关于中央环保督察的重大新闻信息。

在今年6月中央环保督察“回头看”过程中，两微先后通报了53个地方表面整改、假装整改、敷衍整改的典型案例。引发媒体和社会各界广泛关注。

截至目前，“生态环境部”共发布中央环保督察相关微博400多条，这些信息详细记录和回顾了中央环保督察从河北试点到覆盖全国，再到“回头看”的历史进程。在微博上，“中央环保督察”话题阅读量超过6700万，体现了公众的高度关注。

2017年，“大气十条”收官战逐步展开。2017年4月6日，原环境保护部启动有史以来国家层面直接组织的最大规模大气污染防治强化督查行动。“环保部发布”同步设立了“打好蓝天保卫战”话题，及时发布大气治理措施及进展、空气质量状况、重污染预警、大气环境科普知识等内容。截至2018年1月21日，“打好蓝天保卫战”话题阅读量达2680万。

二是及时回应热点舆情，加强舆论引导。

2017年4月18日，河北等地发现超大工业污水渗坑，航拍图片触目惊心，公益组织和媒体的推送文章迅速刷屏。19日，“环保部发布”即连续发布信息，予以积极回应，这是“环保部发布”首次在突发环境舆情事件中凸显“快速响应”作用，也让我们有效运用新媒体的威力。19日回应华北渗坑污染事件一则微博阅读量高达500多万，被评为2017年政务微博“十佳快速响应案例”第一名。

2017年9月18日，上海一家企业发布“紧急求助函”称，其原材料供应商因环保问题将被关停，会造成“3000亿元”损失。由此，“环保冲击实体经济”的舆论再度泛起。

19日，我部“环保部发布”两微迅速反应，转发新京报评论《别夸大环保冲击实体经济》，20日转发澎湃新闻消息《浦东回应滚针工厂关停致300万辆汽车减产：9个月前已通知》，以此表明我部态度并正面引导舆论。随后，6小时内密集转发新京报社论、环球时报评论、民间环保组织自媒体评论14篇。两微异乎寻常密集发声，引发媒体进一步关注。

之后，我们采取一系列相关措施，继续转发主流媒体相关报道和评论文章，与环保NGO、网络大V相互转发互动，通过例行新闻发布会正面回应，十九大记者招待会上，李干杰部长以“相得益彰”“正相关”等标志性语言精辟阐述了环境保护与经济发展的关系，形成更加广泛的社会共识。

三是讲好环保故事，展现环保人风采。

2017年进入采暖季后，陆续有媒体报道在京津冀区域的一些村庄和社区，出现了天然气气量不够、来气不稳等情况，影响居民做饭和取暖，让群众受冻，有人因此质疑“煤改气”政策。

原环境保护部第一时间向京津冀及周边地区“2+26”城市下发《关于请做好散煤综合

治理确保群众温暖过冬工作的函》特急文件，明确提出坚持以“保障群众温暖过冬”为第一原则。并迅速抽调部机关各司局和在京直属单位2367人组成839个组，对京津冀区域冬季采暖情况进行大走访、大督查。

在此期间，通过“环保部发布”平台，我们第一时间转发了《中国青年报》记者独家专访清华大学姚强教的报道《“气荒”之问》，分析了“气荒”症结所在。

在“摆事实，讲道理”的同时，“环保部发布”注重发布“有力度，有温度”的重点信息。设立了“清洁供暖一线”话题，发布了微博《蓝天与温暖同在，环保人在行动——2017年冬季供暖保障专项督查》，制作了新媒体产品《暖气和好空气，一个也不能少》，用图片和短视频讲述环保人员在供暖保障专项督查中真实感人的故事，增进了广大网友对环保人的理解和认可。

四是主动融入重要历史时刻，记录时代风云。

“环保部发布”在重要历史时刻不缺位，结合生态环保工作实际，及时跟进，力求第一时间做出反应，其中一些产品取得了较好反响。

2017年10月18日十九大开幕当天，我们即制作发布长图《一图读懂十九大报告中的“美丽中国”》，这个新媒体产品的单条微博24小时内阅读量即突破1500万，创“环保部发布”官微上线以来阅读量最高记录。

在今年的全国两会上，机构改革成为热议话题，而环境保护部是此次改革涉及的部门之一，受到各方高度关注。

3月19日上午，李干杰部长在全国人大会议上宣誓就任新组建的生态环境部部长后，亮相人民大会堂北门的部长通道，回答媒体提问。我们第一时间整理出李干杰部长在部长通道答记者问的图文实录，该条信息发布后，被各大媒体广泛引用。

此后，在生态环境部挂牌之际，我们在第一时间推出长图“从小环保到大环境”，细数了从1973年以来，中国环保机构45年的发展轨迹。

今年3月22日，随着机构名称的变更，“环保部发布”正式更名为“生态环境部”。让我们感动的是，一条不足300字的更名启示，微博的24小时阅读量破千万，留言内容中，大多是网友的温馨问候。

新浪政务新媒体学院为此特别写了一篇关于“环保部发布”官方微博的文章。文中评述，“@环保部发布”涵盖多维度内容，积极回应网民关切，将声音和态度置于阳光之下，很好地塑造了环保部的政府部门形象。

三、努力做好政务新媒体工作

对于政务新媒体，我们试水时间不长，还是新手。对新媒体的许多规律和特点还在认识中。新媒体本身也在发展之中，需要我们不断的学习和实践。在新媒体工作的探索实践中，我们主要有以下几点体会。

一是办好政务新媒体，要有明确的职能定位。政务新媒体首先姓“政”，是政府工作重要组成部分，是政务信息服务的新型媒介和载体。也就是李干杰部长讲的，是网络时代政府部门的“信息窗口”“形象窗口”，权威、及时、准确提供政府部门行政资讯，表达政府部门的立场态度，是政务新媒体首要职责。国务院办公厅政府信息与政务公开办公室《关于进一步做好政务新媒体工作的通知》要求：开设政务新媒体的政府和部门要建立明确的工作规范，不得发布与政府职能没有直接关联的信息，并指定在编人员专人专岗负责政务信息发布工作。建立信息发布审核机制，严格把关发布内容，重大信息发布要经本单位主要负责同志或分管领导签批同意。充分体现了对政务新媒体信息发布严肃性、权威性、准确性的高度重视。

当前，污染防治攻坚战已经全面打响，7个标志性战役、四大专项行动已经全部启动。生态环境保护政务新媒体有责任及时向公众传递这些新进展。生态环境部党组高度重视污染防治攻坚战的方法和策略。强调要做到“六个坚持”，即坚持稳中求进、坚持统筹兼顾、坚持综合施策、坚持两手发力、坚持突出重点、坚持求真务实。生态环境类政务新媒体也要及时传递好这些新要求、新观点，引领生态文明建设和生态环境保护新潮流。

二是办好政务新媒体，要有真诚的服务态度。用互联网的语言，就是要树立用户思维。网民就是用户，关注就是惠顾，网民到我们新媒体平台的跟帖和留言，是对我们的信任，我们都要密切关注，这是生态环境舆论的重要“晴雨表”，是社情民意的最好“瞭望台”，不能充耳不闻，视而不见。要提供优质的内容产品，使网民来有所得、去有所获、成为“回头客”；要热忱相迎，注意看网民的“脸色”，关注网友留言和给我们发送的消息，该回应的信息要及时回应，合理的意见要及时汲取。对一些网民的“吐槽”“拍砖”，要有开放包容的胸襟和气度，有则改之，无则加勉，不能“神回复”，避免“雷人雷语”。

政务新媒体“姓政”，要“勤政”，不能“懒政”。有的政务新媒体“有平台无运营”“有账号无监管”“有发布无审核”，这就是“懒政”的表现。2018年4月，我们公开通报了一批“有平台无运营”“零发稿”或久不更新的政务账号，并要求各地政务新媒体要做到每日更新，就是希望各级生态环境部门增强服务意识，改进服务态度，“勤政”而不“懒政”。

三是办好政务新媒体，要有强烈的责任担当。负责政务新媒体工作的，尽管是一个部门、一个处乃至几个人的一个小团队，也要承担起一级政府部门对外宣传的职责。新媒体工作团队，包括业务终端的“小编”，都要把思想站位提升到足够的高度，把握形势，主动作为。“小编”不“小”，一言一语代表着整个部门的形象，肩负的责任很重，工作要求很高，需要勇于担当，不断提高专业素养。当然，也要看到，随着生态环境保护进入深水区，环境执法势必触动一些违法排污者的私利，面对诸如“环境执法影响经济发展”等不正确言论，要善于引导，不当“吃瓜群众”，敢于表达立场和态度，敢于接招，敢于回应，要理直气壮的传播绿水青山就是金山银山的理念和实践。

四是办好政务新媒体，要有充分的开放互动。不能封闭僵化、自娱自乐，而要敞开大门、借势借力。要做好垂直平台的互动，发挥全国生态环境系统新媒体矩阵功能，不断形成合力。我们既要求各地生态环保部门转发部里的重要信息，也开设了“各地环保头条”，转发重要的地方新闻。我们既对外发布消息，也开设了“环境新闻速览”栏目，及时转发优秀的环境新闻报道。要探索与其他互联网平台互动，今年六五环境日，我们与新浪微博、阿里巴巴公益平台、支付宝蚂蚁森林、今日头条和抖音等平台开展合作互动，取得了很好效果。要加强与网民的互动，要通过设置公众参与议题，并通过有趣的形式吸引网民参与。今年六五环境日的主题歌，我们提前发布了歌谱和配乐，各地网民热情参与、踊跃试唱，给我们发过来的有儿童版、老年版，有独唱版、合唱版，有美声版、通俗版，有各地方言版、“走音版”，还有乐器演奏版，等等。这次尝试，使我们获得了很多有益的经验和启示。

办好政务新媒体，责任重大，使命光荣。我们将不断探索，不断改进，加强与公众的联系沟通，努力提供更多、更优质的生态环境政务资讯。

谢谢大家！

2018 年政务 V 影响力（天津）峰会

会议名称： 2018 政务 V 影响力（天津滨海）峰会
会议主题： 效·能
指导单位： 天津市委网信办
主办单位： 人民日报社新媒体中心、微博、新浪网
协办单位： 中共天津市滨海新区区委宣传部、区委网信办
承办单位： 新浪天津
学术支持： 中国传媒大学媒介与公共事务研究院
技术支持： 微博云剪
时　　间： 2018 年 8 月 3 日
地　　点： 天津·滨海新区

2018 年 8 月 3 日，由天津市委网信办指导，人民日报社新媒体中心、新浪网、微博联合主办，中共天津市滨海新区区委宣传部、区委网信办协办，新浪天津承办的 2018“效·能”政务 V 影响力峰会在天津滨海新区举行。当天，来自中央网信办、人民日报社、国务院扶贫办等中央部委、媒体及全国各地 400 余位政务新媒体代表共聚峰会现场，围绕如何提升政务新媒体运营效能进行了分享和讨论。中国传媒大学媒介与公共事务研究院进行学术支持，微博云剪提供技术支持。

微博仍是国内最大的政务新媒体平台。截至 2018 年 6 月，经过认证的政务微博达到 17.58 万个。伴随机构改革的推进，国家市场监督管理总局、中国海警局官方微博开通上线，文化与旅游部、生态环境部、应急管理部等部委的官方微博也相继“变身”。上半年，政务微博的传播能力、服务意识和运营实效都得到进一步提升，日常的响应、联动、协作更加成熟。数据显示，2018 年上半年政务微博的总粉丝已经达到 29 亿，总阅读量达到 1523 亿次。

政务微博服务矩阵初具雏形

人民网舆情数据中心发布的《2018 年上半年人民日报·政务指数微博影响力报告》（以下简称《报告》）指出，社会治理重心向基层下移，政府及社会组织利用政务微博发布信息、解读政策和办事服务的能力也向基层下移。不过，各职能部门利用基层微博加强公共服务和民生保障的能力并不均衡。仅以开通率为例，在县级行政单位中，公安行业的微博开通率为 78%，活跃率超过 85%，而部分行业开通率不到 25%，活跃率不到 50%。据不完全统计，目前通过微博开展政务服务的账号覆盖 20 多个行业、30 个地市，共计 4362 个账号，呈增长趋势。

随着政务微博账号体系与政府行政职能体系的全面对接，构建政务微博服务矩阵的条件已经成熟。除了较早开展政务微博服务矩阵实践的银川之外，成都、昆明、马鞍山等城市和

新疆检察系统、湖南公安系统、北京 12345 便民服务中心、天津交警系统，也都开展了政务微博服务矩阵运营。2018 年上半年，“昆明发布厅”对网民反映问题的办结率达到 85.3%，@成都服务对市民及企业诉求的按时办结率达到 93.5%。

中国传媒大学媒介与公共事务研究院政务新媒体实验室主任侯锷表示，网民在微博上反映的问题，需要具有相应职能的政务微博及时介入，进而到线下通过依法行政的服务解决。只有互联网管理部门和相关职能部门各司其职、通力协作，才能避免角色错位、职能越位和功能缺位，这也是政务微博矩阵的可期效能。

微博多举措助力政务微博运营升级

为推动政务微博持续提升运营实效，微博也从推动内容传播、完善服务矩阵等方面，对政务产品和服务体系进行了全面升级。

在提升政务内容发布与传播方面，微博正在升级政务微博发布内容的标签，通过原创、首发、独家、权威等内容标签，对应不同内容，以提高重要内容在信息流和搜索结果中的曝光量。在此次峰会上，微博云剪联合“@共青团中央”“@中国大学生在线”“@天津交警”“@宣讲家网站”“@南京发布”等代表共同启动政务新媒体资产管理系统。该系统旨在为政务微博提供多媒体内容资源的集纳存储、二次传播、矩阵分发、资源推广、数据统计服务。通过该系统，政务微博可以进行内容资源的存储、浏览、检索、共享、剪辑和发布。

人民日报社新媒体中心副主任刘晓鹏在峰会上的致辞

各位领导、各位嘉宾、各位同人！下午好！

很高兴和大家一起相聚天津滨海新区，共同参加 2018 政务 V 影响力峰会。我代表主办方之一的人民日报社新媒体中心，衷心感谢大家参加此次峰会。

习近平总书记强调，各级党政机关和领导干部要提高通过互联网组织群众、宣传群众、引导群众、服务群众的本领。今天的峰会，聚焦新时代政务微博发展，就是探讨运用微博这个基于互联网的社会化平台，做好群众工作的具体体现。微博不仅是一个物理空间、技术平台，更是由平台方、发布者和亿万粉丝建立起来的，信息、思想、情感共同体，交汇、交锋、交融共同体。9 年多来，我们共同见证微博成长。互联网裂变发展，新技术、新应用不断涌现。微博“广场传播”的开放特性，让它始终有着重要价值。微博让信息发布和传播实现瞬时生成、海量扩散，也为权威信息、准确信息提供了便捷传播渠道；微博让态度与观点激荡碰撞，成为舆论热点生成策源地，也为党政机关、主流媒体寻求“最大公约数”提供了场域；微博让各种情感借助转发快速传递，也成为凝聚人心、集聚正能量的路径。同时，微博平台不断推进技术与运营创新，为更多呈现方式、交互方式、服务方式提供了空间。

微博对人民日报社新媒体中心来说，一直是非常重要的传播平台。近三年，我们推出的各类主题传播，在微博平台上不断创造新的传播纪录。2016 年的“中国一点都不能少”，2017 年的“十九大”和“我爱你中国”、2018 年的“中国很赞”，2018 年 5 月 12 日，人民日报微博推出的《生生不息》创造了单条微博转发超过 2000 万的新纪录。用饱含真情实感、真知灼见、真材实料的内容产品，赢得广大粉丝信任与喜爱，在新浪微博粉丝数已突破 5900 万，逼近 6000 万整数关口。

作为党中央机关报，《人民日报》布局移动互联网、用社会化平台进行传播的初心，就是借助社交媒体，壮大主流思想舆论，我相信这一点和广大政务微博的运营者是共通的。开博6年来，我们始终坚持正确的政治方向、舆论导向、价值取向，用权威、准确、快速的新闻，用高品质的内容产品，满足公众需求，涤荡思想迷雾、涵养科学理性、凝聚社会共识、增进价值认同。我们始终秉承“参与、沟通，纪录时代”的理念，在同粉丝真诚沟通中保持“同理心”，提升“共情力”。我们始终追求用互联网传播规律办好微博，适应平台载体变革，运用大家喜爱的方式和工具服务粉丝，大量提升了短视频、直播等内容输出。

同时，我们始终保持开放合作的态度，愿意借助微博和大家一起开创更广阔的合作空间。在微博运营中，各类政务微博一直是《人民日报》微博的好朋友、好伙伴。希望大家一如既往支持人民日报社新媒体中心的工作，在权威信息发布、主题传播组织、粉丝服务拓展方面携手共进。

在微博运营过程中，我们与微博平台有着良好的沟通，这里我们要再次感谢微博、新浪对人民日报新媒体的大力支持。新时代、新起点，我们也希望能和微博一起进一步拓展合作范围，开掘合作深度。我们要感谢天津市、滨海新区对此次峰会的大力支持。

通过此次峰会的举办，我们有机会近距离感受天津市和滨海新区，在落实国家京津冀协同发展战略中的新作为、新进步、新气象，领略滨海新区的勃勃生机。我们也希望同天津市和滨海新区在新媒体建设和运营中进一步加强合作。

期待在此次峰会上聆听到各位专家和政务微博运营者的真知灼见和有益经验，我们也将进一步学习借鉴，落实习近平总书记的要求，推进网上宣传理念、内容、形式、方法、手段等创新，把《人民日报》微博办得更好。

谢谢大家。

天津市委宣传部副部长、网信办主任王芸精彩致辞

各位领导，各位来宾：

大家下午好！在滨海新区这片创新的沃土上，举办“2018年政务V影响力峰会”，就是要集聚各方智慧，把脉发展趋势，为政务微博的理论研究、政策机制和实践发展提供交流和合作的平台。在此，我谨代表中共天津市委网信办、天津市互联网信息办公室，向莅临本次峰会的领导嘉宾表示热烈欢迎和衷心感谢。

“互联网+政务服务”是党中央赋予我们的使命职责所在，也是党委政府各部门面临的崭新时代课题。政务微博经历8年的发展，在政务公开、创新宣传、互动服务、社会化治理等方面持续探索、积极实践，不断取得新的创新与突破，成为推动政务公开、开展舆论引导等工作不可或缺的平台。近年来，天津市各级党委政府认真落实中央和市委、市政府的部署要求，积极探索政务微博建设管理的实践路径和成功模式，通过互联网问政于民、问需于民、问计于民，着力在重大主题宣传中打造传播亮点、在沟通民众中优化惠民政策、在数据分析中感知社会心态，促进信息公开、宣传引导和民生服务等功能有机融合，持续提升权威声音的传播力、引导力、影响力、公信力，也为推动天津实现高质量发展提供了有力舆论保障。

2017年7月，人民日报社、微博、新浪网和滨海新区首次联合举办了政务V影响力峰

会。其后，在各方面的关心支持下，今年举办了第二届，我提议，将峰会永久落户滨海新区，这也是贯彻落实全国网络安全和信息化工作会议精神的具体行动，更将对我市政务新媒体建设发展产生有力推动作用。滨海新区是改革开放的试验田，也是改革开放的排头兵，更是信息产业发展重镇。这里拥有完整齐备的信息产业链，涌现出国家超算中心、飞腾、麒麟、中科曙光等一批网信领军企业，在信息产业的强劲带动下，滨海新区保持着良好的发展态势，为政务新媒体发展提供了最适合的土壤。

有专家说：人类在21世纪的进步将会是20世纪的一千倍，科技改变世界遵循的是加速回报定律，政务微博的建设发展是一场必须赶上时代列车的自我革命。感谢主办方人民日报社、微博、新浪网，感谢各位专家、朋友们通过峰会这个平台给我们指出了方向，给予的期望，也增强了我们的决心和信心，我们将及时把大家的好理念、好想法付诸实施，争当排头兵，种好天津政务微博发展建设试验田，更好占领舆论制高点，把握时代话语权。

最后，预祝本次活动圆满成功！期待明年的今天，我们再次相聚美丽的滨海之城——天津。

微博CEO王高飞在峰会上的致辞

尊敬的王主任、邓部长、刘主任，各位领导、各位嘉宾，大家下午好！

很高兴和大家相聚在美丽的滨海。最近气温高，但酷暑难挡大家的热情，我们今天下午将和400位来自全国各地的嘉宾代表共同分享上半年政务微博发展的成果与变化、展望未来的新路径。作为主办方之一，我首先要代表微博向各位的到来表示热烈的欢迎，向关心和支持微博发展的各位领导、专家表示诚挚的感谢，并向所有的政务微博一线运营人员致以真诚的敬意。

2015年1月，我们联合人民日报社在北京举办了首届全国政务峰会，至今已经过了3年多。这是我们第六届政务峰会，也是政务峰会第二次来到滨海。我们此次峰会的主题是“效·能”，在此跟大家分享我作为微博服务提供者最深的3点感受。

第一，回望过去，9年坚守，各级各部门政务微博运营成效显著。春种一粒粟，秋收万颗子，政务微博从最初的几个到成千上万，一直持续增长到现在的17万+。这不仅仅是数字规模的壮大，更重要的是从中央部委到地方不同层级、各个职能领域的政务微博，都在此过程中见证了政务公开的实效，积累了丰富而宝贵的治理经验。政务微博发展的9年，涌现出了一批又一批典型的政务微博现象。宣传、公安微博成为我们在突发事件中的第一信源，春节期间北京西单大悦城行凶案发生2个小时后，我们就通过“@平安北京”微博了解到案情。法院的庭审直播，由微博开始成为常态，最高人民法院对顾雏军案再审的直播持续至凌晨，黑龙江省高院对社会关注的汤兰兰案及时公开回应，我们感受到新媒体让法治精神、正义信念感染了更多网友。生态环境部的李干杰部长在5月全国生态环境宣传工作会议上提到，要把网民的“表情包”作为生态环境保护工作的”晴雨表”，对网民反映的问题要及时回应处置。于精神上重视、到业务中推进，这也是近两年在环保攻坚战重任面前，环保官微赢得广大网友关注和支持的重要原因。

第二，纵观当下，政务微博为新时代政府效能提升带来有力支撑。在座的都是在政务新媒体领域的优秀代表，也是新时代政府“效能”的推进者、诠释者。过去，以政务微博服务矩阵为特色模式的宁夏银川几乎被外界认为是孤本独苗，今天，我们十分欣慰网络问政的理念和成功经验，正在被四川成都、安徽马鞍山、云南昆明等更多城市复制，也在政府各职能领域逐步渗透，比如“@新疆检察”“@湖南公安”“@北京12345”“@天津交警”等。据统计，2018年上半年，“昆明发布厅”总计办理网民反映的问题5000多项，办结率85.3%。“@成都服务”自行研发了“政务新媒体信息接入平台”，提升了办件效率和智能化程度，整合了多种渠道，实现了一站式服务，上半年累计处理市民及企业诉求近9万条，按时办结率93.5%。

第三，展望未来，政务微博的效能升级将持续并延伸至更多领域。国务院办公厅今年4月印发的《2018年政务公开工作要点》明确提出，“充分发挥政务微博、微信、移动客户端灵活便捷的优势，做好信息发布、政策解读和办事服务工作，进一步增强公开实效，提升服务水平”。6月印发的《进一步深化“互联网+政务服务”推进政务服务“一网、一门、一次”改革实施方案》提出“推动政务服务向‘两微一端’等延伸拓展，为群众提供多样性、多渠道、便利化服务”。在这两份文件中，国办对政务微博发展定位与方向的明确厘清，让我们对政务微博的健康发展、效能强化充满了更多的信心和期待。2018年，我们已经全面加大对政务微博产品开发、资源支持、团队建设等的投入。希望通过我们在产品、服务、运营上的创新，为政务微博发展持续提供动力。我们也将继续携手全国各级政务机构、在各职能垂直领域，不断探索并打造共建、共治、共享的社会化服务新模式，做好“互联网+政务”时代，政务新媒体公开与服务效能的最佳阵地。

最后，再次向各位表示感谢，预祝今天的峰会圆满成功！

天津市滨海新区区委常委、区宣传部部长邓光华在峰会上的致辞实录

尊敬的晓鹏主任，高飞老总，王芸主任，还有莅临本次峰会的各位领导，各位来宾以及媒体界的各位朋友，大家下午好！

在我们改革开放迎来40周年的关键节点，在我们天津滨海新区加快构建现代化经济体系，推动高质量发展的关键阶段，来自全国各地的政务大V们聚集在滨海新区，共同分享政务新媒体发展的经验，共同谋划政务新媒体未来的发展，这对我们来说是非常难得的学习机会。

在这里，我也代表滨海新区区委、区政府对全国政务V影响力峰会的召开表示热烈的祝贺，对各位领导、嘉宾和我们媒体界朋友们长期以来对天津滨海新区的关注、支持表示衷心的感谢。

滨海新区的开发开放是国家战略，长期以来滨海新区最为大家熟知的可能是这里的产业、港口和实体经济。这些年，我们形成了航空航天、汽车和装备制造、生物医药、石油化工等八大支柱产业，2017年以来我们着眼于落实新的发展理念，又提出打造三大经济——集聚经济、开放经济和智能经济，明确了未来经济发展的四大产业主攻方向，一个是打造自主可控的基础软硬件产业体系，打造世界级的航空航天装备产业基地以及全球领先的动力和储能电池的产业基地，还有最有全球影响力的生物制药研发中心。

但是今天，我在这里特别想向大家介绍的是滨海新区不仅是一座现代化的产业之都，也是一座具有深厚历史底蕴的宜居宜业之城。就在举行峰会的酒店旁边，可能有很多朋友昨天也参观了，我们有四次抗击西方列强入侵的大沽口炮台，有见证中国唯新图强的大沽船坞遗址，也有亚洲最早的永利碱厂，滨海新区还有北塘海鲜、塘沽的板画和汉沽的评剧等等，滨海新区这座城市是从历史和文化当中走来，虽然我们建了一片盐碱荒滩，但是却有独特的城市品质和深厚的文化底蕴。比如面向大洋、挺立潮头开放包容的城市特质，比如建立当代工业文明和实体之上的崇尚实干的精神，昔日大沽口抵敌御外、今日开创不息的自强文化。

我们滨海新区落实天津市五个现代化天津的要求，提出创建繁荣宜居智慧新城的奋斗目标，大力发展教育、文化、卫生、体育各项事业，就是既要巩固硬实力，又要扩大我们的软实力，让更多的企业和员工能够创业在滨海，生活在滨海。

这次V峰会的主题是效和能，我理解这既是加快治理能力和治理体系现代化的重要内容，也是包括滨海新区在内的各级政府孜孜以求的目标，我们早在1984年，滨海新区所属的经济技术开发区就提出了为投资者提供方便，让投资者赢得利润的理念。2006年5月，滨海新区成为继上海浦东新区之后第二个国家级的综合配套改革试验区。我们在行政管理体制、金融体制、土地管理体制、涉外经济体制等一系列方面先行先试，在全国率先成立行政审批局，使109枚印章变为一枚，我体会到所有这些在很大程度上跟今天峰会主题强调的“效能、革命”是结合在一起的。

我体会到，政府进一步推动效能革命，关键取决于三个方面，一是理念，二是制度，三是技术，这也是滨海新区区委区政府正着力推进的工作。

理念上，我们按照天津市委市政府的要求，要打开脑袋上的精门，积极融入“一带一路”，实施京津冀协同发展重大国家战略，服务其中、受益其中，树立产业第一、企业家老大的理念，切实让企业在新区放心投资，安心置业，精心发展。制度上进一步深化天津自由贸易试验区的建设，打造更高能级的开发开放新平台，全面创购扩大开放的营商环境，确保天津8条、滨海50条等一系列优化营商环境的措施在我们这里落地实施，打出一条税费、融资、用工、生活和降低制度性交易成本的组合拳，打造一个低成本、高效率、服务优、讲诚信的发展环境。

我认为效能的第三个方面体现在技术上。今天的大数据、云计算及人工智能技术的进步无疑正在广泛深刻地推动着政府的效能革命，今天上午非常有幸跟新浪微博老总和各个方面进行了很好的接触。新技术的发展对政府的效能革命是根本性的推动，滨海新区正在加快智慧城市建设，规划设立了1+4+N的智慧城市体系框架，积极推动互联网+政务体系和电子市民中心的建设，进一步提高政务工作的时效性和为民服务的有效性，大力推进传播手段的建设和创新，树立服务型政府的良好形象。

最后，借今天峰会的机会，衷心的感谢中央网信办和天津市委宣传部、市委网信办等各部门对新区长期以来的支持和对这次峰会的指导，也要感谢人民日报社、新浪微博和所有的来宾、朋友们长期以来对滨海新区的关注、关心和厚爱。

最后，祝“效·能——2018政务V影响力（天津滨海）峰会”取得圆满成功。谢谢大家！

附:峰会颁奖奖项及名单

最佳政务微博矩阵（授予矩阵核心账号代表）

中国反邪教政务微博矩阵团队：@中国反邪教
天津市公安交通管理局政务微博矩阵团队：@天津交警
新疆维吾尔自治区人民检察院政务微博矩阵团队：@新疆检察
湖南省公安厅政务微博矩阵团队：@湖南公安
安徽省马鞍山市政务微博矩阵团队：@马鞍山发布
中共银川市委市政府政务微博矩阵团队：@问政银川
四川省成都市人民政府政务微博矩阵团队：@成都服务
云南省昆明市委市政府政务微博矩阵团队：@昆明发布
宁夏回族自治区银川市公安局政务微博矩阵团队：@平安银川
宁夏回族自治区固原市政务微博矩阵团队：@固原发布

最佳基层政务微博

辽宁省大连市公安局治安管理支队户籍管理大队官方微博：@大连户口身份证
河南省洛阳市公安局车站派出所官方微博：@平安洛阳－车站派出所
江苏省南京市公安局江宁分局官方微博：@江宁公安在线
辽宁省营口市交通局执法队官方微博：@营口市交通局执法队
宁夏回族自治区银川市西夏区城市管理综合执法局官方微博：@西夏城管
云南省昆明市官渡区环境保护局官方微博：@官渡区环境保护局
安徽省绩溪县公安局金沙派出所官方微博：@绩溪县金沙派出所
中共安徽省肥东县委宣传部官方微博：@肥东发布
宁夏固原市西吉县委宣传部官方微博：@西吉发布
山西省运城市盐湖区上郭乡路家庄村民委员会官方微博：@山西路家庄

最佳快速响应案例奖

中国铁路总公司官方微博：@中国铁路
上海市人民政府新闻办公室官方微博：@上海发布
中国铁路上海局集团有限公司官方微博：@上海铁路局（时微博名称：@上铁资讯）
安徽省公安厅官方微博：@安徽公安在线
南京地铁集团有限公司官方微博：@南京地铁
安徽省宣城市公安局官方微博：@宣城公安在线
西安半坡博物馆官方微博：@西安半坡博物馆志愿者团队
安徽省安庆市人民政府暨安庆市委宣传部新闻发布：@安庆发布
中共陕西省米脂县委员会宣传部官方微博：@米脂发布
湖南省衡阳市公安局蒸湘分局官方微博：@衡阳蒸湘公安

最佳政务服务案例奖

北京市人民政府便民电话中心、北京市非紧急救助服务中心官方微博：@北京12345
广东省深圳市公安局交警支队官方微博：@深圳交警

天津市便民服务专线平台官方微博：@天津8890
湖南省高速公路交通警察局官方微博：@湖南高速警察
中共宁夏回族自治区银川市委办公厅、市政府办公厅官方微博：@问政银川
共青团四川省成都市委员会官方微博：@成都共青团
四川省成都市人民政府政务服务中心官方微博：@成都服务
河南省郑州市城市管理局官方微博：@郑州市城市管理局
云南省昆明12345市长热线官方微博：@昆明12345市长热线
安徽省淮南市公安局交通管理局：@淮南公安交警在线
福建省厦门市城市管理行政执法局官方微博：@厦门城管
广东省肇庆市旅游局官方微博：@肇庆市旅游局
新疆维吾尔自治区博尔塔拉蒙古自治州人民检察院官方微博：@博州检察
安徽省滁州市委宣传部官方微博：@美好滁州
辽宁省沈阳市法库县人民检察院官方微博：@法库检察

最佳政务公开案例奖

国务院办公厅中国政府网运行中心：@中国政府网
最高人民法院官方微博：@最高人民法院
最高人民检察院官方微博：@最高人民检察院
生态环境部官方微博：@生态环境部
国家地震台网官方微博：@中国地震台网速报
北京市公安局官方微博：@平安北京
成都市人民政府新闻办公室官方微博：@成都发布
浙江省杭州市中级人民法院官方微博：@杭法观微
天津市滨海新区政府官方微博：@滨海发布
湖南省衡阳市公安局官方微博：@衡阳市公安局

首届西南地区政务新媒体（微博）学术论坛

活动名称：首届西南地区政务新媒体（微博）学术论坛
活动主题：由发布到服务
指导单位：四川省人民政府新闻办、四川省人民政府信息公开办
主办单位：四川新闻网传媒集团、微博
承办单位：@四川发布
学术支持：中国传媒大学媒介与公共事务研究院
时　　间：2018年9月28日
地　　点：四川·成都

2018年9月28日下午，由四川新闻网传媒集团、微博共同主办，四川发布承办的首届西南地区政务新媒体（微博）学术论坛在成都召开。本次论坛以“由发布到服务”为主题，邀请了政府领导、国内知名专家、学者以及来自西南各省的政务新媒体主编，近150名参会者共同探讨政务新媒体线上发布、政府宣传、社会化服务的最优实现途径。

四川省人民政府信息公开办公室副主任包建明，四川新闻网传媒集团董事长张志跃，微博党委副书记、执行总编辑陈丽娜，中国传媒大学媒介与公共事务研究院院长助理鲁心茵出席本次论坛并致辞。中国传媒大学政务新媒体实验室主任侯锷、微博政务运营总监徐丽华、四川发布总编辑简文敏等发表主题演讲。本次论坛由中国传媒大学媒介与公共事务研究院提供学术支持。

由发布到服务——专家学者共议政务微博发展新方向

国务院办公厅2018年4月印发的《2018年政务公开工作要点》中明确提出，“充分发挥政务微博、微信、移动客户端灵活便捷的优势，做好信息发布、政策解读和办事服务工作，进一步增强公开实效，提升服务水平”。6月印发的《进一步深化“互联网+政务服务”推进政务服务“一网、一门、一次”改革实施方案》提出，“推动政务服务向‘两微一端’等延伸拓展，为群众提供多样性、多渠道、便利化服务”。通过这两份文件，国办对政务微博发展定位与方向进行了厘清。对于微博等新媒体功能予以重新定位——政务新媒体不仅仅是媒体，更是服务平台。

四川省人民政府信息公开办公室副主任包建明表示，当下政务新媒体的建设及应用，已被提升到治国理政、定国安邦的高度。继国办发文之后，四川省也正式发文明确要求，要充分发挥政务微博、微信、移动客户端等新媒体平台灵活便捷、互动性强的优势，做好信息发布、提升服务水平，进一步增强公开时效。各级各部门都积极通过政务新媒体平台加大政务信息公开力度，为群众开展办事服务，实现让信息多跑路、百姓少跑腿，打通便民服务最后一公里，满足社会公众对政务服务的切身需求，加快法制政府、服务型政府建设，推动政务公开更加透明，政务服务更加高效。

四川新闻网传媒集团董事长张志跃表示，自2013年成立以来，四川新闻网传媒集团依托在新媒体领域的权威地位和运营优势，在坚持内容建设的同时，努力推动新媒体建设，逐步完成了由单一新闻网站向互联网信息综合服务企业的战略转型。为进一步发挥政务新媒体的宣传和服务作用，巩固四川政务新媒体矩阵建设在西部的“领头羊”地位，在四川省政府新闻办、省政府信息公开办的指导下，四川发布承办了此次论坛，希望能借助此次论坛，探讨线上发布、政府宣传、社会化服务的最优实现途径。按照省政府新闻办、省政府信息公开办的具体要求，川网集团将秉承“权威发布+政务服务”的要求，深化政务新媒体的媒体属性和服务性。

微博执行总编陈丽娜介绍，自2009年11月首个政务微博诞生在湖南省桃源县以来，政务微博便以星火燎原之势在全国各地发展。9年以来，政务微博从最初的几个持续增长到现在的17万+。政务微博在9年的探索中形成了政务矩阵联动模式，有效延伸了政府服务的广度和深度。她表示，2018年，微博已经全面加大了对政务微博产品开发、资源支持、团队建设等的投入。希望通过在产品、服务、运营上的创新，为政务微博发展持续注入动力。将继续携手全国各级政务机构、在各职能垂直领域不断探索并打造“共建、共治、共享”的社会化服务新模式。

从“发布”到“服务”，政务微博发展应该如何转变？中国传媒大学媒介与公共事务研究院院长助理鲁心茵表示，在加强政务新媒体“服务”功能的同时，也要更加重视其“媒体”功能的一面，要将完善服务、提升质量与公开透明、积极回应同步纳入政务新媒体发展计划，使二者兼顾协同、相互促进。政务微博的发展要更加深入地挖掘互联网技术在数据分析、政务管理、科学决策等领域内的应用，充分运用创新科技提升服务品质；要将完善服务、提升质量与公开透明、积极回应同时纳入政务新媒体发展计划；服务工作的改善根本在于提升服务意识。

主题演讲：微博助力完善社会化治理

云南省昆明互联网新闻中心副主任李飒、中国地震台网中心数据服务部副主任侯建民分别通过实践案例进行了经验分享。同时，微博政务运营总监徐丽华、四川发布总编辑简文敏分别围绕“微博如何助力完善社会化治理”“四川政务新媒体（微博）矩阵体系与建设”发表主题演讲。

徐丽华：政务微博9年的发展历程本质上即是政务新媒体由发布到服务的过程。当前，无论是地震、台风这样的重大灾害还是日常的网友求助，诸多官微的表现都彰显出政务新媒体由发布到服务的时效、高效、成效。微博平台一直致力于为政务微博发展提供动能，2017年以来我们先后启动了政务微博矩阵升级计划和产品升级计划，在政务新媒体矩阵建设、政务属性产品开发、政府服务场景潜能挖掘、政务微博多元发展赋能等方面，探索并持续助力新时代政务新媒体的新发展。

简文敏：政务新媒体的“媒体”只是一种工具、一种介质，把政务服务放到这些载体、介质上，更好地满足老百姓日益增长的生活文化需求，让服务延伸到老百姓触手可及的、方便实用的平台上。这是我们对“政务新媒体”这个名词所进行的思考。

李飒：2018年昆明只开了110多场大的现场新闻发布会，跟2011年以来每年的数量差不多。政务公开的需求增大，按理说这个数字不应该停滞在110，为什么会这样呢？就是因为有了政务新媒体。很多时候在一些突发公共事件发生后，我们没有通过新闻发布会，而是直接通过微博进行随时随地的新闻发布，这也成为近几年我们昆明政务新媒体服务的主流和方向。

侯建民：政务新媒体的价值，最重要的是得到网友的认可和信赖，地震发生以后谁在第一现场？是网友，九寨沟地震的第一条视频就是网友提供给我们的。这是一种双向的互动服务，我们给网友提供宏观的震情服务，网友给我们提供了更为大量和具体的震后灾情反馈与评估服务，对我们工作的帮助还是挺大的。

圆桌讨论：由发布到服务的解决之道

围绕“由发布到服务”的圆桌讨论环节，微博政务运营总经理李峥嵘，“四川发布”副总编辑宋林风，“成都发布”总编辑谭麟、“成都服务”总监徐剑箫、“问政银川”负责人周鹏就政务微博的发展新方向展开了圆桌讨论。

李峥嵘：微博上的服务场景是独特的，它对各级政务职能部门提出了更高的要求，其中之一便是能否及时响应用户随时随地发起的不确定的诉求。平台方要做的就是在技术和产品层面，做好信息与服务供给和需求之间的匹配，这是我们一直探索的方向。

徐剑箫：越来越多的部门把服务放到移动互联网上来，但是老百姓不一定能记住他要办的业务具体应该跑哪一个部门。我们现在建立了一个矩阵管理运行模式，它最好的地方就是让市民记住“@”“@成都服务”，老百姓把问题给我，我来分解再回复给你，政府给老百姓跑腿。

周鹏：新闻发布、政务服务、应急引导等功能如果由一个部门集成，网友“@”的量很大时会处理不过来而产生网络负面舆情，所以我们要分工明确，各司其职，“@问政银川”的主要功能就是收集、接收和受理民意诉求，然后再通过银川市政务微博矩阵体系去分解指派和督导解决实际问题。

宋林风：我们理解服务有三个层面，一是信息服务，比如我们发布了很多民生信息、政务公开信息、政策解读等等，这就是一种服务；第二层服务是互动，四川要求省直部门全面开通政务微博，我们就把网友的问题及时反馈给相关部门；第三层服务是在线办事，这也是我们目前尝试努力的一个方向。

谭麟：由发布到服务，如果没有服务跟进，政务新媒体会离网友越来越远，发布得越多反而距离越远。而且，如果只做服务不做发布的话，很多信息都会被淹没。所以我觉得发布和服务是一体两面的事情。

现场发布《2018年中国西南区政务新媒体（微博）发展报告》

西南政务微博发展现状如何？根据国办文件，应该怎样做好接下来的工作？中国传媒大学政务新媒体实验室主任侯锷在论坛现场发布了《2018年中国西南区政务新媒体（微博）发展报告》（以下简称《报告》）。《报告》显示，截至2018年8月底，西南地区机构类政务微博总量已达17279个，占全国机构类政务微博的12.56%。其中四川省8267个，占比47.84%，位居西南各省市第一。同时，《报告》从传播力、服务力、互动力和认同度四个维度综合评判，揭晓了2018年1月1日至2018年8月31日西南地区的十大党委外宣/政府新闻办官方微博、十大政务服务官方微博、十大政法系统官方微博、十大基层（县处级及以下）外宣官方微博、十大基层（县处级及以下）政务服务官方微博、十大社会团体官方微博6大政务微博榜单。其中，“@成都发布”“@重庆天气”“@平安重庆”“@新都资讯”“@成都地铁”“@成都共青团”分获各榜单第一名。

《报告》认为，政务微博必须走出“媒体化”的发展误区和偏颇路径，政府职能的政务微博应该以立足主业、发挥优势、履职服务为第一要务，以线上线下互动服务所产生的鲜活好故事、好题材和好的民意口碑舆论，为法人媒体的宣传报道提供“源头活水”，政务微博应当与媒体法人微博形成新闻舆论工作的上游业务供应链关系，而不是僭越媒体职能。侯锷发布《报告》时称，“政务新媒体矩阵”有三个关键要素：一是矩阵的权力协调机制，一个矩阵必须有领导者的角色，能够协调指挥线上线下的行政业务职能，且这个“领导者”不是“自封”的，而是组织授权保障下的指令与服从；二是督导流转机制，能够通过体制内的组织分工和联动协作来完成对网民“@”表达诉求的回应并自信公示结果；三是考核问责机制，在矩阵中应当存在考核指标体系以及考核问责的权力运行架构。如果没有这三个重大且基本的组织机制化保障，就不能说这是一个有机体的“矩阵”，而只是一盘散沙的“集合”。

侯锷表示，政务新媒体的服务不应局限于单向“发布”。“党务政务公开”与“新闻发布”是统一的“硬币的两面”，是最基础的资讯服务，满足的是网络社会公众最基本层面的“知情权”；交互对话、互动回应是拉近政民距离的情感服务，是满足公众的“表达权”和“监督权”；扩大社会参与、感知社会态势、畅通沟通渠道、辅助决策施政，是更深层次地将政务微博工作融入网络强国战略体系中的社会新治理的“大服务”，这才是真正实现网络社群民主政治权力的“参与权”。他表示，网络舆论的引导不仅仅要靠引导本身来完成，更重要的是要解决根本问题。“既要解决实际问题，又要解决思想问题”，根本上来说，不解决实际问题，舆论与思想问题就很难解决。所以要打赢意识形态保卫战、赢得舆论必须用好基层政务新媒体的服务功能，民意基础决定上层建筑。

联合宣言：新形势下政务新媒体（微博）新使命

在论坛上，“@四川发布”“@昆明发布”“@四川交通”“@达州发布”以及新浪微博的代表上台共同发布“新形势下政务新媒体（微博）新使命”的宣言。宣言表示，政务微博虽具有一定的媒体属性，但其根本属性不是媒体，而是政民互动与服务的线上延伸，是党委政府走“网上群众路线”的最佳捷径和公信力建设的“窗口”。并联名发出以下倡议。

> 以新时代中国特色社会主义思想、党的十九大精神和习近平在全国宣传思想工作会议上的重要讲话精神为指导，不断提高政务新媒体信息传播力、引导力、影响力、公信力，持续推动政务新媒体由发布到服务的深刻转变；依托政务新媒体平台和大数据、人工智能等新技术，创新宣传方式，弘扬主旋律。坚持运用政务新媒体唱响主旋律、壮大正能量、提振精气神；提升政务新媒体平台矩阵建设和政务服务办事功能完善，延伸社会治理触角，实现“让百姓少跑腿、信息多跑路”，打通便民服务“最后一公里”；不忘初心，牢记使命，锐意改革创新，勇于担当作为，奋力开创政务新媒体在传播党和政府声音、回应社会关切、提升在线服务水平工作新局面，不断谱写新的时代篇章。

政务新媒体发展论坛暨新时代政务微博—业界学界对话研讨会

活动名称：政务新媒体发展论坛暨新时代政务微博—业界学界对话研讨会
主办单位：北京师范大学新媒体传播研究中心、微博智库、微博政务
时　　间：2018年10月18日
地　　点：北京师范大学·京师大厦

2018年10月18日14时，政务新媒体发展论坛暨新时代政务微博—业界学界对话研讨会在北京师范大学京师大厦顺利召开。会议由北京师范大学新媒体传播研究中心、微博智库、微博政务联合主办，由北京师范大学新媒体传播研究中心主任张洪忠主持。北京师范大学、中国人民大学、中国社会科学院新闻与传播研究所、中共中央党校（国家行政学院）、中国社会科学院大学、中国传媒大学及《中国青年报》的相关专家学者与国内多个政务微博主编进行了对话交流。

北京师范大学新媒体传播研究中心主任张洪忠表示，微博是社交平台媒体里最开放的一个平台，是一个真正的公共空间，意味着自由地进入和平等地交流。政务微博在整个媒介生态系统里涉及政府层面，可以有效帮助政府了解舆论场，更好地与民众进行互动。政务微博作为政务新媒体中的佼佼者，是电子政务工作的得力帮手，也是“互联网+政务”发展关注的重点。

在研讨会上，清华大学教授史安斌在发言中表示，外媒已经将微博作为构建我国国家形象的重要媒介、重要信息的来源，大部分政务微博运营者做的是很基层的工作，但这个工作对构建整个国家形象，起了非常重要的作用。这也表明微博政务具备不可替代的作用。同时他对政务微博的发展提出建议，首先对微博传播效果要有更精细化的测量，其次微博除了为政府部门提供平台，更要为政务服务提供智库支持，最后希望微博平台方能为基层政务微博运营者提供更专业化的运营指导。

北京师范大学新闻传播学院教授吴晔认为，从用户的角度很难体会微博每一个看似简单的产品背后都要有一整个团队作为支撑，这是很不容易的一件事。而政务微博具有权威和实时两大特点。从个人使用微博的角度，吴晔指出，想要及时回应微博私信，做到消息发布和回复的及时，可以接入机器问答运营系统，这对改善政务微博的运营情况具有重要作用。

中国人民大学新闻学院副教授黄河认为，学界目前的关注点是政务新媒体的发展和政府形象的构建。政务新媒体已经到了重新审视自己角色和功能的关键节点。政府的一把手究竟如何认识新媒体、看待新媒体是政务新媒体发展的重点问题。我们需要做的是将如何看待政务微博发展问题的视角转回原点，将真正影响政府服务的价值凝练出来，从更高层面思考我们如何利用这些价值为社会和政府带来变化。

中国社会科学院新闻与传播研究所副研究员刘瑞生说，媒介发展的大背景下，中国政治

生态在显性的发生变化，政治逐渐媒介化。十九大强调了一个词“政治协商”，而“政治协商”的重点在于政策制定之后与公众进行沟通，在沟通中使得公众理解和接纳。政务微博在这方面做了许多工作，可以继续将经验梳理出来去发挥更大的优势。

中共中央党校（国家行政学院）高级经济师郭全中说，可以从三方面转变领导对新浪微博的态度，同时提出政务微博的发展方向，即如何与智慧政务进行有效地无缝对接，平台方可以从深层面思考政务微博的转型问题。

中国社会科学院大学副教授向征认为，首先，微博的生命力在于青年群体。当青年舆论力和领导力足够强大时，就会倒逼领导层面去重视微博平台。其次，政务微博运营方的生命力在于公信力，公信力是连接发布者和浏览者的重要纽带。最后，政务微博平台方的生命力在于服务，对不同的对象所选择的服务方式是不同的。

中国传媒大学教授张毓强说，微博是基于自由主义的信息民主化原则产生的。政务微博是党和国家在技术和社会深度改革推动下所产生的新方式，具有政务服务以及一定程度上的说服功能。政务微博作为新浪微博和政府之间的桥梁，强化了新型信息传播平台的合法性。同时他提出对微博发展的六点建议：一是建立安全性话题选择的标准；二是进一步优化技术通道，形成更加便利的产品优势；三是强化与党和政府可对话资源的建设，增强服务意识；四是强化对社会服务性的对接；五是强化知识产权内容形式的呈现；六是强化政务微博平台对于政务微博运营者的服务性。

《中国青年报》编委曹林说，新浪微博对中国政府信息公开和信息透明做出了重大贡献。政务新媒体内容输出的方式一改传统媒体时代官方语言的表达形式，使内容更加贴近百姓。在突发事件中，政务微博应扮演信息发布和沟通的桥梁，要找准自己的定位，保持自身的专业性。同时政务微博要保持自身的公共性，公共性才是政务微博发展的基础。

对于政务微博的发展，新华网副总编辑刘洪认为，政务微博要接地气，去掉“假大空”的东西。领导不重视，新媒体发展不起来。政务微博工作者要避免犯低级错误，保持自身的基本素养。同时也要允许容错率，保留平台里的不同声音。

新浪微博副总编辑汪抒建议，作为沟通政府和公众的网络平台，政务微博要逐步规范化、专业化。机构账号成为政务微博发展主力，基层政务微博比重占据绝对优势，有效实现政务服务的本地化。

新浪微博政务运营总监徐丽华认为，要区别重视政务微博在政务新媒体中处于引领发展的地位，并从发展微博同城、矩阵升级计划、改造产品功能、建立专家智库、发掘激励优秀政务微博、共建城市品牌五方面介绍政务微博发展策略。

本次研讨会特别邀请了中共南京市委宣传部官方微博“@南京发布”主编张洋珊，天津市公安局官方微博“@平安天津”主编李浩，北京市东城区官方微博“@北京东城”主编王彤，北京市人民政府便民电话中心、北京市非紧急救助服务中心官方微博“@北京12345”主编勾剑锋，以及国家生态环境部官方微博“@生态环境部”主编徐萍萍等参与了研讨。张洋珊说，政务新媒体主要做的是将心比心、和人说话，而不是把干巴巴的报纸体搬上政务微博。李浩认为，政务微博的三大特点是互动、透明、信息链，强调了政务微博在政务新媒体中的突出作用。王彤以同新浪微博合办的活动为例，探讨了政务新媒体传播的创新手段，认为应着力通过政民双向互动实现有效传播。勾剑锋认为，政务微博的蓬勃发展改变了运营的方式，也改进了发布形式和内容。徐萍萍结合生态环境部官方微博的运营实践，对政务微博作为新闻信息发布的平台经验进行了分享，认为运营政务微博需要保证信息的公开，并及时传递声音，引导社会舆论。

研讨会上，北京师范大学新媒体传播研究中心研究员韩晓乔发布了《2018 政务微博运营情况调查报告》。报告显示，当前政务微博对重大事件的回应速度总体较快，超过七成的政务微博对重大事件的首次回应时间在事发 3 小时以内。其次，政务微博作用显著，搭建了政府和民众之间沟通的桥梁，同时兼具公信力高、时效性强、互动性强的特点。

致　谢

特别感谢以下单位对本年鉴编纂所提供的文献数据资料等支持：

最高人民法院·人民法院新闻传媒总社（rmfygg. court. gov. cn）
最高人民法院·中国裁判文书网（wenshu. court. gov. cn）
最高人民检察院·检察日报社·正义网（jcrb. com）
人民日报社新媒体中心
人民网舆情数据中心（yuqing. people. com. cn）
正义网传媒研究院（yq. jcrb. com）
人民网舆论与公共政策研究中心
新浪网（sina. cn）
微　博（weibo. com）

特别鸣谢微博（WEIBO）对本年鉴所提供的资助！

本书编者
2019年1月1日